А.Г. БАЛАКАЙ

СЛОВАРЬ
РУССКОГО РЕЧЕВОГО ЭТИКЕТА

Формы доброжелательного обхождения

6000 слов и выражений

Второе издание, исправленное и дополненное

Москва
«АСТ-ПРЕСС»
2001

УДК 80
ББК 81.2Рус-4
Б20

Федеральная программа книгоиздания России

Рекомендовано к изданию
Международным съездом русистов
(Красноярск, 1–4 октября 1997 г.).

Рецензенты:

Н. И. ФОРМАНОВСКАЯ,
доктор филологических наук, профессор

В. Д. БОНДАЛЕТОВ,
*доктор филологических наук, профессор,
заслуженный деятель науки Российской Федерации*

Л. П. ГРУНИНА,
*кандидат филологических наук, доцент,
зав. кафедрой исторического языкознания
Кемеровского госуниверситета*

Балакай А. Г.
Б20   Словарь русского речевого этикета: 2-е изд., испр. и доп. — М.: АСТ-ПРЕСС, 2001. — 672 с.

ISBN 5-7805-0681-7

Словарь русского речевого этикета — самое полное на сегодняшний день справочное пособие, словник которого содержит около 6000 слов и устойчивых формул приветствия, обращения, знакомства, просьбы, приглашения, предложения, совета, благодарности, извинения, пожелания, поздравления, похвалы, комплиментов, утешения, соболезнования, прощания. Словарь богато иллюстрирован примерами из произведений русской художественной литературы, народных говоров, разговорной речи и просторечия. Адресован широкому кругу читателей: учащимся школ, лицеев и гимназий, студентам, учителям русской словесности, специалистам-филологам, этнографам, психологам, культурологам — всем, кто интересуется русской культурой общения.

УДК 80
ББК 81.2Рус-4

ISBN 5-7805-0681-7   © «КОМПАНИЯ «АСТ-ПРЕСС», 2001

*Будьте братолюбивы друг ко другу с нежностью;
в почтительности друг друга предупреждайте...*

(Римл., XII, 10)

*Не пропустите человека, не поприветствовав его,
и доброе слово ему молвите.*

(Из Поучения Владимира Мономаха)

Предисловие

Предлагаемый вниманию словарь русского речевого этикета — одно из первых справочных изданий подобного рода[1]. По объёму словника это наиболее полное на сегодняшний день собрание слов и устойчивых словесных формул, традиционно употребляемых или употреблявшихся ранее в типовых ситуациях вежливого, дружески-доброжелательного или официального общения.

Создание максимально полного словаря речевого этикета, необходимого и как справочное пособие для широкого круга читателей, и как источник научных сведений для специалистов, — актуальная и весьма сложная задача, которую невозможно решить в один приём: нет пока полных картотек вербальных знаков этикета русского литературного языка, просторечия и народных говоров; нет единства мнений об объёме самого понятия «речевой этикет», следовательно, и о границах предмета описания.

Речевой этикет понимается как система языковых знаков и правил их употребления, принятых в данном обществе в данное время с целью установления речевого контакта между собеседниками и поддержания общения в эмоционально положительной тональности в соответствии с речевой ситуацией: *здравствуйте, здоро́во живёте, моё почтение, позвольте честь заявить; добро пожаловать, милости просим, ангел за трапезу, приятного аппетита, хлеб да соль, чай да сахар, беленько тебе, море под кормилицу, Бог помочь; спасибо, спаси тя Христос, благодарю вас, позвольте выразить вам мою сердечную признательность; сударыня, православные, гражданин начальник; будьте здоровы, до новых встреч, пока. Пользуюсь случаем выразить Вам своё глубокое чувство уважения, с которым остаюсь, Милостивый Государь, Вашим покорнейшим слугою (подпись адресанта). Примите уверения в глубочайшем к Вам почтении... Честь имею быть Ваш покорнейший слуга... С искренним уважением и признательностью Ваш...* и т. п.[2]

Речевой этикет — универсальное языковое явление, присущее всем народам мира. Вместе с тем каждый язык обладает своим запасом слов и выражений (тезаурусом), отражающим национальную специфику речевой вежливости.

Богатейший словарно-фразеологический состав русского вежливого обхождения формировался веками на исконно русской основе, хотя и не без влияния (в отдельные периоды довольно значительного) западноевропейской речевой культуры. Сформировавшийся в условиях эволюционных и революционных общественных преобразований, межэтнических и межгосударственных связей, он хранит отпечатки сословных, профессиональных, религиозных, морально-этических, политических, национальных, половых, родственных и возрастных отношений между людьми.

Речевая культура народа при всей целостности и самобытности — явление в социально-лингвистическом отношении многослойное, многообразное и исторически изменчивое. Можно по-разному относиться к отдельным словам и выражениям (*сударь, батюшка, товарищ, господин; извиняюсь, извиняйте; Примите уверения в неизменном к Вам почтении; окажите любезность; не слабо! пока! бывай!* и т. п.), но нельзя не признать, что по сути своей знаки речевого этикета не «пустые формальности», не «прикраса речи», а самостоятельные культурно-исторические ценности, важнейшие средства регуляции поведения, без которых не может обойтись ни один человек, ни одно общество.

Русский речевой этикет и речевая культура в целом сегодня, как никогда, нуждаются в сохранении, глубоком, всестороннем изучении, посильной и разумной реставрации. «Лучший способ обогащения языка — это восстановление прежде накопленных, а потом утраченных богатств»[3]. Необходимо собрать и сберечь веками накопленные сокровища русской вежливости. Это нужно для того, чтобы помнить и понимать речевую культуру предшествующих поколений, чтобы не утратить самое главное «отцово знанье» — доброе слово, и в конечном счёте для того, чтобы в меру разумения воспользоваться этим наследием для расширения современного языкового поля благожелательности.

Решению этих задач призван способствовать словарь русского речевого этикета XIX–XX вв., потребность в котором давно назрела[4].

Словарь русского речевого этикета задуман и составлен как:

1. Толковый словарь языковых единиц функционально-семантического поля доброжелательного, вежливого общения. В словарных статьях даются краткие определения («толкования») значений этикетных слов и выражений, с указанием на типичные условия их употребления («речевые ситуации»).

2. Словарь-справочник, т. е. описательный словарь. Это означает, что он не является строго нормативным, а стремится отразить знаки речевого этикета разных социальных сфер и территориальных говоров русского языка[5]. Принцип нормативности описания выдерживается лишь частично: а) расстановкой ударений; б) указанием отдельных грамматических форм; в) стилистическими пометами, устанавливающими сферу и границы употребления слова или его значения; г) цитатами, показывающими употребление слова или выражения в конкретной речевой ситуации; д) отражением некоторых особенностей орфографии.

В задачу составителя не входило давать оценки: «правильно — неправильно» и рекомендации: «так надо говорить — так не надо говорить». Подобные указания более уместны в практикумах по речеведению. Задачам словаря больше отвечает информация «так (было) принято говорить (писать) в такой-то социальной или возрастной среде, в такой-то ситуации». При наличии соответствующих помет и иллюстраций русскоязычный читатель сам сможет определить, в каких случаях уместно употреблять данное слово или выражение.

Предисловие

Задачи словаря потребовали включения материала в относительно широких хронологических рамках: от И. А. Крылова, А. С. Грибоедова, А. С. Пушкина до наших дней. За два столетия речевой этикет, чутко реагирующий на социальные преобразования, претерпел значительные количественные и качественные изменения, проявляющиеся: а) в выходе отдельных единиц (слов и выражений) из активного употребления; б) в появлении новых единиц; в) в изменении — сужении и расширении — семантики единиц; г) в изменении сферы употребления единицы в целом или отдельных её значений; д) в изменении эмоционально-экспрессивной окраски и стилевой принадлежности единиц.

Состав словника, содержащиеся в словарных статьях пометы и иллюстрации, свидетельствующие о периоде и сфере употребления единиц, позволяют представить русский речевой этикет в его ретроспективе и современном состоянии.

Предлагая читателю свой многолетний труд, понимаю, что создание полного словаря русской вежливости по существу только начинается. Как завет, повторяю слова великого русского подвижника В. И. Даля: «Много ещё надо работать, чтобы раскрыть сокровища нашего родного слова, привести их в стройный порядок и поставить полный хороший словарь; но без подносчиков палаты не строятся; надо приложить много рук, а работа черна, невидная, некорыстная...»

Сердечно благодарю всех добрых людей, кто помогал мне благословениями, советами и словарными материалами, кто посодействовал выходу в свет 1-го и 2-го изданий. Хотелось бы верить, что Доброе слово будет востребовано людьми разных поколений и жизнь словаря продолжится.

А. Г. Балакай

---

[1] См.: *Акишина А. А., Формановская Н. И.* Русский речевой этикет: Пособие для студентов-иностранцев. 3-е изд. М., 1983; Они же. Этикет русского письма: Пособие для студентов-иностранцев. 2-е изд. М., 1983; *Формановская Н. И.* Употребление русского речевого этикета. 2-е изд. М., 1984; *Формановская Н. И., Шевцова С. В.* Речевой этикет. Русско-английские соответствия: Справочник. М., 1990; *Балакай А. Г.* Доброе слово: Словарь-справочник русского речевого этикета и простонародного доброжелательного обхождения: В 2 т. Кемерово, 1999.

[2] Строго говоря, это лишь часть речевого этикета, нормы которого не только предписывают, но и запрещают употребление определенных слов и выражений в тех или иных речевых ситуациях. Самостоятельную этикетную значимость имеют также нулевые знаки: молчание и умолчание. Однако включить в словарь весь этот обширный и безусловно важный материал не представляется возможным.

[3] *Солженицын А. И.* Русский словарь языкового расширения. М., 1990. С. 3.

[4] См.: *Формановская Н. И., Акишина А. А.* Русский речевой этикет в лексикографическом аспекте // Словари и лингвострановедение. М., 1982; *Балакай А. Г.* О проекте словаря русского речевого этикета // Культура речи в разных сферах общения: Тезисы докл. Всероссийск. конференции. Челябинск, 1992; Он же. Словарь русского речевого этикета (Проспект). Новокузнецк, 1993; Он же. О составе и структуре словаря русского речевого этикета XIX—XX вв. // Материалы международного съезда русистов в Красноярске 1–4 октября 1997 г. Красноярск, 1997. Т. 2. С. 85–86.

[5] Естественно, никакой словарь не в состоянии объять необъятное. По известной пословице — *Что ни город, то норов, что ни деревня, то обычай* — найдётся, без сомнения, немало местных слов, выражений или вариантов, не вошедших в словарь. Составитель будет признателен всем, кто пришлёт свои дополнения и замечания по адресу: 107078, Москва, Новорязанская ул., дом 8а, корп. 3.

Состав и структура словаря, лексикографическая характеристика знаков речевого этикета

Состав словаря

§ 1. Словарь содержит лексику и фразеологию русского речевого этикета, то есть слова и устойчивые словесные формулы, узуально воспроизводимые членами языкового коллектива (или его отдельных социальных, профессиональных, территориальных групп) с целью установления речевого контакта и поддержания вежливых, доброжелательных или официальных отношений в ситуациях приветствия, обращения и привлечения внимания, знакомства, просьбы, совета, приглашения, извинения, благодарности, поздравления, пожелания, комплимента, похвалы, одобрения, утешения, сочувствия, соболезнования, прощания и некоторые другие.

Основную часть словника составляют вербальные знаки, функционирующие, как правило, в ситуации непосредственного общения коммуникантов в прагматических координатах «я — ты — здесь — сейчас»: *здравствуйте, благодарю, милости просим, добро пожаловать* и т. п.

Вместе с тем составитель счёл целесообразным включить в Словарь знаки речевой обходительности, частично не вписывающиеся в систему вышеназванных координат.

а) Некоторые слова и выражения, характерные, главным образом, для эпистолярного речевого этикета, адресованные через посредство адресата третьему лицу; например: *Кланяюсь Вашим сёстрам*, или передаваемые говорящим собеседнику от третьего лица: *Н. Вам кланяется.*

б) Слова и формулы, выражающие вежливое, учтивое или почтительное отношение к третьему лицу: *Его Превосходительство. Их Сиятельство. Имел счастье знать вашего батюшку* и т. п.; комплименты, по форме адресованные 3-му лицу, близкому, дорогому для адресата, а также похвалу того, что ему принадлежит (домашнего животного, помещения, наряда, вещи), например: *[Молчалин:] Ваш шпиц — прелестный шпиц, не более напёрстка, я гладил всё его: как шёлковая шёрстка!* *[Хлёстова:] Спасибо, мой родной.* А. Грибоедов. Горе от ума.

в) Некоторые вводные слова и выражения, являющиеся показателями языкового, нравственного, религиозного самосознания говорящего: *Извините за выражение. Не во гнев (не в обиду) будь сказано. Не к ночи будь помянут. Не тем будь помянут. Царствие (царство) ему (ей, им) небесное* и т. п.

г) Пословицы, поговорки, прибаутки, обычно употребляемые в обиходно-бытовом общении в этикетных ситуациях: *С кем не бывает! Грех да беда на кого не живёт! И на старуху бывает проруха! Без стыда лица не износишь!* (при утешении, ободрении собеседника). *Будь здоров, расти большой, не будь лапшой!* (шутл.), *Приятного аппетиту целовать вам Никиту!* (шутл. или грубовато-шутл.) и т. п.

§ 2. В словарь не вошли:

Слова, хотя и несущие на себе отпечаток профессионального речевого этикета, однако выполняющие прежде всего номинативную функцию: *височки, волосики, завивочка* (в речи парикмахеров); *брючки, складочки, жилетик* (в речи портных).

Слова и номинативные сочетания, обозначающие этикетные жесты, телодвижения: *сделать ручкой, целовать руку, снять шляпу* (перед кем-л.). Однако, если такие сочетания употребляются в качестве устойчивых формул с фразеологическим значением, они включаются в словник. Например: *жму руку, кланяюсь, бью челом* (в эпист. стиле).

Некоторые узколокальные диалектные слова и выражения, а также фонетические диалектизмы типа *пасибо* («спасибо»).

Имена собственные, которые хотя и имеют большой «удельный вес» в тематической группе обращений (*Ваня, Ванечка, Ванюша, Ванюшечка, Ванюшка, Ванятка, Ванька, Иван, Иван Петрович, Петрович, Иванов*), однако, в силу своей многочисленности и индивидуальности, потребовали бы значительного увеличения объёма словаря[1]. Учитывая большую этикеную значимость личных собственных имён в обращении, составитель счёл возможным ограничиться краткими обобщающими статьями «Имя», «Имя-отчество», «Отчество», «Фамилия».

Индивидуально-авторские образования и употребления. Критериями включения в словарь языковых единиц и отграничения их от окказиональных речевых образований служат отмеченность данной единицы в словарях русского языка XIX—XX вв. или наличие в картотеке Словаря, как правило, не менее двух примеров употребления данного знака из разных источников.

Структура словаря

§ 3. Словарь состоит из двух частей: 1) Толкового словаря и 2) Тематического указателя. Такое построение отвечает интересам пользователя в поисках информации от текста к смыслу и от смысла к тексту.

§ 4. В Толковом словаре слова расположены по алфавитно-гнездовому принципу: в «гнездо» объединены слова, имеющие общий корень и начальную букву, а приставочные образования с этим же корнем следует искать на ту букву, с которой начинается приставка. Например, в статью с заглавным словом **Друг** входят обращения: Друже. Друженька. Дружечка. Дружище. Дружок. Дружочек. Други. Друзья; ♦ Бесценный друг. ♦ Верный друг. ♦ Дорогой друг. ♦ Любезный друг (♦ Друг любезный). ♦ Милый друг (♦ Мил друг) и др. Эпистолярная формула: ♦ Твой друг (подпись адресанта). Формы просьбы: ♦ Будь/те другом (♦ Будь друг). Приветствие-комплимент при знакомстве: ♦ Друзья наших друзей — наши друзья и т. п. Обращения **Подруга**. Подруженька. **Подружка** следует искать на букву **П**.

В больших по объёму гнёздах для упорядочения и облегчения поиска нужного знака жирным курсивным шрифтом выделяются словоформы-указатели. Например: ***Будете. Будь/те.***

Гнездовое расположение способствует осуществлению лексикографического принципа «минимального толкования» и одновременно позволяет представить знаки речевого этикета не только в их современных значениях, но и отчасти в их историко-этимологических слово- и фразообразовательных связях. Гнездо даёт возможность выделить лексические основы, с большей или меньшей степенью регулярности встречающиеся в составе единиц русского речевого этикета (см., например: -бог- //-бож-, -господ- // -господь-, здрав- // -здоров-, -добр-, -мил-, -люб- и др.). Гнездовой способ «заставляет» читателя хотя бы отчасти видеть знак в системе, следовательно, способствует более точному пониманию его значений и оттенков.

Возникающие обычно трудности, связанные с поиском слов и фразеологических выражений, сведены до минимума за счёт Тематического указателя, в котором знаки речевого этикета в рамках тематических групп расположены в алфавитном порядке с указанием соответствующих вокабул.

§ 5. Варианты слов и выражений, «Вы-ты»-формы даются в одной статье и помещаются в круглых скобках: ♦ **Честь имею (кланяться),** ♦ **(Желаю) (Вам, тебе) Всего (самого) доброго (хорошего, наилучшего).** В словах отглагольного образования «Вы»-форма обозначается путём отделения форманта -*те* косой чертой: **Здравствуй/те. Извини/те. Разреши/те** и т. п.

§ 6. Омонимы, то есть слова и выражения, одинаковые по произношению и написанию, но разные по значению, помечаются цифровыми индексами:

А,[1] *частица. Разг.* **1.** Вопросительный отклик на обращение в обиходно-бытовых ситуациях. [СЦСРЯ — 1847 толкует как «Отклик простонародный вместо ась»]. [Аркадина:] Петруша! [Сорин:] А? [Аркадина:] Ты спишь? [Сорин:] Нисколько. А. Чехов. Чайка.

А,[2] *междом. Разг.* [Произносится с разной степенью длительности.] Употр. перед обращением для выражения радости, радушия при встрече, появлении, узнавании родственника, приятеля, знакомого, равного или низшего по положению. — *А, милый князь, нет приятнее гостя,* — *сказал Билибин, выходя навстречу князю Андрею.* Л. Толстой. Война и мир.

♦ **Ваше (твоё) здоровье!**[1] *Разг.* Краткий тост. ♦ **Ваше (твоё) здоровье**[2]. *Обл.*

и *прост.* Почтит. крестьянское обращение к высшему по положению.

Фразеология

§ 7. Под фразеологией речевого этикета понимаются устойчивые в языке и традиционно воспроизводимые в определённых речевых ситуациях сочетания слов различной степени семантической слитности и мотивированности значения, употребляемые в общении с целью установления речевого контакта и поддержания вежливых, доброжелательных или официальных отношений: ♦ **Спокойной ночи.** ♦ **Доброе утро.** ♦ **Будьте здоровы.** ♦ **Примите (мои, наши) поздравления** и т. п. Эти устойчивые словесные формулы помещаются в алфавитном порядке по первому компоненту, если не входят в состав словарно-фразеологического гнезда, или за знаком ♦ («ромб») под соответствующим гнездовым словом. Гнездовым является слово, повторяющееся в составе фразеологических единиц и обладающее наибольшей этикетной значимостью. Например: ♦ **Доброе утро!** ♦ **Добрый день!** ♦ **Добрый вечер!** ♦ **Доброй ночи!** — под словом **Добрый**. ♦ **Счастливо оставаться!** ♦ **Счастливого пути (Счастливый путь)!** — под **Счастливый**.

В случаях, когда компоненты фразеологической единицы обладают равной этикетной значимостью (например: ♦ **Милостивый государь**), единица приводится в словарных статьях на все знаменательные слова, которые в неё входят, но её объяснение даётся один раз под словом, которое является грамматически опорным, структурно организующим (**Государь**). В других статьях, где приводится эта фразеологическая единица, даётся отсылка к слову, под которым она получает объяснение.

Фразеосхемы (идиоматичные синтаксические модели) помещаются под соответствующими служебными словами. Например: **С (Со),** *предлог.* **1.** ♦ **С** + сущ. тв. пад. со знач. события (+ **Вас/тебя**). Типизированная модель формул приветствий и поздравлений по случаю события. (Сокращение формулы ♦ **Поздравляю вас с...** Чаще употр. в разг. речи и просторечии.) ♦ **С новосельем!** ♦ **С законным браком!** ♦ **С днём рождения!** ♦ **С праздником!** ♦ **С приездом!** ♦ **С Новым годом!** и т. п.

Строение словарной статьи

§ 8. В словарной статье даётся многосторонняя характеристика слов и устойчивых словесных формул речевого этикета.

Заглавные слова и формулы речевого этикета печатаются в начале статей с абзаца **жирным рубленым шрифтом.** Слова, не являющиеся самостоятельными знаками речевого этикета, а употребляющиеся только в составе устойчивых словесных формул, печатаются ***жирным рубленым курсивным шрифтом*** и помещаются для удобства отыскания по алфавиту в начале словарной статьи. Слова и формулы речевого этикета, включённые в словарное гнездо, печатаются **полужирным рубленым шрифтом.** Все отсылочные слова печатаются вразрядку. Грамматические определения, стилистические пометы и иллюстрации печатаются *светлым курсивом*.

§ 9. В заглавном слове или в некоторых словах гнезда отмечается ударение в том случае, когда его постановка может вызвать, с точки зрения автора, затруднение у читателя, даются «ты - вы»-формы, орфографические варианты и особенности произношения (если они этикетно значимы). Приводятся сокращённые грамматические формы слова как знака речевого этикета. Далее следуют условные обозначения и пометы, указывающие на время и сферу активного употребления слова, стилистические особенности. В квадратных скобках даётся краткая этимологическая справка в тех случаях, когда этимология проясняет современное этикетное значение слова или выражения.

§ 10. Значения многозначного слова или выражения отмечаются арабскими цифрами: **1. 2. 3.** и т. д. Смысловые оттенки отделяются двумя параллельными чертами — ∥. Оттенки употребления отделяются одной чертой — |.

§ 11. После характеристики значений и употреблений слова за знаком ♦ («ромб») помещаются устойчивые формулы речевого этикета, в состав которых входит заглавное слово.

Определение значений слов и устойчивых словесных формул

§ 12. Значения слов и формул речевого этикета раскрываются путём их краткого описания.

§ 13. Отличительная особенность семантики этикетных слов и выражений заключается в том, что они являются не столько знаками, называющими понятия, сколько знаками-перформативами (словами-поступками), которые, в силу их стереотипной воспроизводимости в типовых ситуациях, полностью или частично идиоматизировались, то есть переосмыслились, утратив в большей или меньшей степени смысловую связь с этимологически составляющими компонентами.

Другая, не менее важная особенность состоит в том, что значение вербальных знаков этикета ситуативно связано и синтаксически обусловлено. Это означает, что круг речевых ситуаций, в которых функционирует тот или иной знак, может быть очень узким или относительно широким, но всегда — узуально ограниченным. Игнорирование этого обстоятельства, произвольное расширение говорящим сферы употребления знака ведёт либо к нарушению норм речевого этикета, к дискомфорту в общении, либо — если это делается сознательно — к языковой игре, имеющей свои прагматические цели и самостоятельную этикетную значимость.

Ситуативно связанные, нередко синкретичные, значения и оттенки бывают трудно определимы, они растворены в ситуативных употреблениях знака, что создаёт немалые сложности в его лексикографическом описании.

Вместе с тем регулярная воспроизводимость знака позволяет выделить повторяющиеся, типовые речевые ситуации и, соответственно, определить узуальные компоненты значения, а также наиболее явные оттенки переносного употребления знака.

§ 14. Словарное описание значений включает в себя следующие семантические признаки знака:

1. Инвариантное значение, тема события («что»): форма обращения, приветствия, благодарности, поздравления, извинения, просьбы, прощания и т. п.
2. Социостилистическое значение («какое»): почтительное, учтивое, ласковое, шутливое, фамильярное и т. п. (см. § 24).
3. Функционально-ситуативное значение («в какой ситуации»). Определяются компоненты речевой ситуации, в которой обычно употребляется (или употреблялся) знак.

а) Адресант («кто говорит»): пол, возраст, социальное, профессионально-должностное положение, отношение к адресату (старший, равный, младший[3] по возрасту и социальному положению), уровень образования, место постоянного проживания (город, село) и др.
б) Адресат («кому говорится»): знакомый, незнакомый, родственник, пол, возраст, отношение к адресанту (старший, равный, младший по возрасту или социальному положению), свой — чужой и др.
в) Способ общения: контактный, дистантный (письмо, разговор по телефону).
г) Место общения («где обычно говорится»): за обедом, на свадьбе, на похоронах и т. п.
д) Время общения («когда обычно говорится»): утром, вечером, днём, на ночь, перед отправлением в путь, во время или перед началом какого-л. дела и т. п.
е) Цель и мотив общения: привлечение внимания, установление или поддержание речевого контакта, желание сделать приятное собеседнику, проявить к нему внимание, намерение обратиться с просьбой и т. п.

В общем виде схема описания семантики знака речевого этикета представляет собою «цепочку» семантических параметров: «какое» — «что» — «употребляемое (или употреблявшееся) обычно» — «кем» — «по отношению к кому» — «где» — «когда» — «каким способом» — «с какой целью».

§ 15. Набор дифференциальных признаков, как и их последовательность, для разных единиц могут быть различными. Для одних единиц необходимо указание на все или почти все перечисленные признаки, для других — какие-то признаки окажутся несущественными. Например, для формы приветствия *Здравствуй/те* избыточным было бы указание на способ общения, так как форма эта одинаково употребительна в контактном и дистантном общении, в устной и письменной речи. А для таких форм прощания, как *Обнимаю, Целую, Жму руку,* необходимо указание на их употребляемость в дистантном общении (в письмах, телеграммах, в разговоре по телефону).

Некоторые семантические признаки выражаются имплицитно. Например, цель общения часто заключается в самом инвариантном значении знака (*извините, спасибо*), отдельные характерные признаки адресанта — в пометах, указывающих на сферу употребления (*прост., обл.*).

§ 16. Соблюдению лексикографического принципа «минимального толкования» способствует гнездовое расположение родственных слов и производных выражений с синонимичными функционально-ситуативными значениями, что позволяет не только устранить повторения, но и сократить, а в некоторых случаях и вовсе исключить, описание, ограничившись лишь необходимыми пометами.

При толковании оттенков значений, в сомнительных и затруднительных случаях составитель стремился следовать практическому правилу Л. В. Щербы: «Не мудрствуй лукаво, а давай как можно больше разнообразных примеров..., хорошими считаются те словари, которые дают много примеров»[4].

Грамматическая характеристика слов

§ 17. Знаки речевого этикета образуются на базе слов, словосочетаний и предложений. Превращение слова-наименования в знак речевого этикета — это прежде всего изменение функции слова, сопряженное с изменением его лексических и грамматических признаков. В результате регулярной стереотипной воспроизводимости в предписанных общественным этикетом ситуациях слово может полностью или частично десемантизироваться, изменить свое категориальное грамматическое значение, утратить былую способность к словоизменению. Так, слова *извините, простите, благодарю, здравствуйте* и др. перешли в этикетные знаки, сохранив лишь отдельные черты глагольного типа, которые более заметно проявляются во вторичных образованиях: ♦ *(От всего сердца) (от всей души) (сердечно, душевно, горячо, искренне) благодарю (Вас, тебя) (за...).* ♦ *Прости/те (меня, нас) (великодушно, ради Бога) (за)...*

От собственно глаголов, глагольных словосочетаний и предложений этикетные знаки отличаются более или менее жесткими ограничениями в образовании грамматических форм: ♦ *(Я) Поздравляю (Вас, тебя)* — знак речевого этикета. Но: *(Я) поздравлял (буду поздравлять, поздравил бы) (Вас, тебя); (Ты) поздравляешь (поздравлял, будешь поздравлять, поздравил бы) (меня, нас, его, их); (Он) поздравляет (меня, его, нас)* и т. п. — не знаки речевого этикета.

Функционируя постоянно в составе диалогического единства в прагматических координатах «я — ты — здесь — сейчас», знаки этикета либо обладают синтаксически ограниченным значением, либо выступают в речи как синтаксически нечленимые предложения с узуально ограниченной парадигмой лица, времени и наклонения.

§ 18. В словарной статье избирательно указываются грамматические признаки, присущие слову как знаку речевого этикета.

Указание на часть речи даётся в случаях, необходимых для более точного определения этикетной семантики, например: **Почтенный,** *в знач. сущ.* **А,**[1] *частица.* **А,**[2] *междом.* **Глубоко,** *нареч.* ♦ *Глубоко уважающий Вас (тебя);* ♦ *Глубоко скорбим (скорблю) (о...)* и т. п. Однако следует иметь в виду, что в составе устойчивых формул частиречное значение компонента полностью или частично утрачивается. В приведённых примерах *глубоко* выступает не столько как обстоятельство меры и степени, но прежде всего как интенсификатор вежливости знака в целом.

Грамматические формы рода у существительных отмечаются сокращённо (*м., ж.; м. и ж.*) только в случаях, когда требуется уточнить адресную направленность обращения.

Аюшка, *м. и ж.* ▨ *Обл.* Ласковое обращение. ▭ — *Аюшка мой, подь сюда.* — *Нет моей аюшки.* (Даль. СРНГ). **Боля́ва,** *м. и ж.* ▨ *Обл.*
1. Милый, дорогой, любимый человек. <...>

Боля́ка, ж. ⌧ *Обл. Шутл.* и *ласк.* Милочка, душенька.

Род и число имён прилагательных отмечается окончаниями: **Дорогой,** -ая, -ое; -ие. Род местоимений — соотносительными формами: **Ваш, Ваша.**

Формы числа существительных указываются только в случаях, когда имеются ограничения в их образовании, или соотносительные формы числа отличаются по значению, или когда форма не соответствует прямому значению: **Брат.** <...> **2.** *Только ед. Разг. Дружеск.* или *фамильярн.* обращение к равному или низшему по положению, возрасту; «в этом значении слово *брат* принимает все оттенки ласки, приязни, снисхождения и гордого самовозвышения». (В. Даль). Употр. в сочет. с «ты»-формами обычно без ударения в интер- или постпозиции. *[Фамусов:] Что за оказия! Молчалин, ты, брат?* А. Грибоедов. Горе от ума. <...> **4.** Обычно в форме мн. ч. *Братья. Патетич.*, *возвыш.* обращение к людям, объединённым общими условиями, положением, связанным общим делом, интересами и т. д.; единомышленники, собратья. *Смело, братья! Туча грянет, закипит громада вод, Выше вал сердитый станет, Глубже бездна упадёт!* Н. Языков. Пловец. <...> *Братья славяне! Солнце свободно восходит над нашей жизнью. Кончается кошмарная ночь германского кровавого пиршества.* А. Толстой. От русского писателя Алексея Толстого. <...>. ♦ **Благодарим (Вас). 1.** *Мн.* от Благодарю. **2.** *В знач. 1 л. ед. ч.* ⌧ *Прост.* Почтит. к высшему или равному по положению. *«Будьте милостивы, обещайте наперёд, что нашу просьбу непременно исполните...» — вставши с места и низко кланяясь, сказал Марко Данилыч.* <...> *«Ежели можно будет исполнить ваше желанье, всегда готова, — сказала Марья Ивановна. — Только я, право, не знаю...» — «Нижайше благодарим за ваши золотые слова», — радостно воскликнул Марко Данилыч.* П. Мельников (Печерский). На горах. | С оттенком самоуничижения или иронии. ▱ *[Банщик — клиенту:] И на этом даре благодарим вас! За веничек ещё с вас, а можем и так положить...* Е. Иванов. Меткое московское слово.

Указание на синтаксическую позицию даётся в случаях: а) Если значение знака синтаксически ограничено: **Молоде́ц,** м. и ж., *в знач. сказуем. Разг.* Похвала, одобрение в адрес собеседника. *[Миловидов:] Молодец ты, баба! Вот это мне на руку! Этаких я люблю.* А. Островский. На бойком месте. **Молодцо́м,** *в знач. сказуем. Разг.* То же, что Молодец (во 2 знач.). *— Ну, друг любезный, поздравляю, поздравляю! — сказал Сергей Андреич, остановясь перед Алексеем. — Соболя добыл и чёрно-бурую лису поймал!.. Молодцом!..* П. Мельников (Печерский). В лесах. б) Если то или иное значение реализуется при употреблении знака в препозиции, интерпозиции или постпозиции (см., например, Брат во 2 знач.).

Стилистическая характеристика слов и выражений

§ 19. Богатство русского речевого этикета заключается в стилистическом многообразии синонимических средств выражения приветствия, обращения, извинения, благодарности и т. п. Например: *Здравствуй/те! Здравствуйте вам! Здравствуйте беседовать! Здорово! Здоров! Здорово были! Доброго здоровья (здоровьица, здоровьечка)! Здорово живёте (живёшь)! Здорово дневали! Здорово ночевали! Здравия желаю (желаем)! Приветствую! Приветствую Вас! Разрешите (позвольте) вас приветствовать (поприветствовать)! Привет! Приветик! Привет честной компании! Привет от старых штиблет! Добрый день! Добрый вечер! Доброе утро! Моё почтение! Наше Вам (почтение)! Наше вам с кисточкой! Наше вам сорок одно! Дай пять! Держи пять! Держи краба! С пальцем девять! Салют! Салам. Хелло!* и др. Приведённые формы приветствия имеют разную сферу употребления, разные социальные и экспрессивно-стилистические характеристики, объективно присущие единицам как результат их исторического функционирования в определённых типовых ситуациях. Эти характеристики образуют социостилистическое значение знака и определяют признаки: 1) обобщённого адресанта, 2) обобщённого адресата, 3) обстановки общения с точки зрения официальности-неофициальности, 4) тональности общения, 5) контактного или дистантного способа об-

Стилистическая характеристика слов и выражений

щения, 6) письменной или устной формы общения и др.

Например, формула ♦ **Здравия желаю!** объективно, на уровне языка, характеризует обобщённого адресанта как лицо среднего или старшего возраста, мужского пола, военнослужащего в настоящем или прошлом, либо близкого по роду деятельности к военизированной службе (полицейский, милиционер, пожарный и т. п.); обобщённого адресата как старшего по возрасту или должностному положению; обстановку общения — официальную или полуофициальную; тональность общения — уважительную, учтивую или почтительную; способ общения — контактный, форму общения — устную. *«Здравствуйте, товарищи красноармейцы!» — громко, приветливо проговорил командующий. «Здравия желаем!» — ответило несколько голосов.* Г. Берёзко. Ночь полководца.

От социостилистического значения, объективно присущего самой языковой единице, следует отличать стилистическое употребление, то есть стилистическую тональность, обусловленную конкретной речевой ситуацией, взаимоотношениями конкретных коммуникантов. Речевая стилистическая тональность может совпадать или отчасти не совпадать с объективной тональностью знака. В последнем случае создаётся стилистический эффект разрушения речевого стереотипа, происходит дополнительное приращение прагматических смыслов (шутка, ирония, почтительность, лесть, заискивание, отчуждение, сближение и т. п.); важную смысловую роль при этом играют интонация и контекст. Ср.: *[Трубач:] Здравия желаю вашему степенству. [Булычов (удивлён):] Здорово. Садись.* М. Горький. Егор Булычов и другие. *Встав с постели, Аркадий раскрыл окно — и первый предмет, бросившийся ему в глаза, был Василий Иванович. <...> Он заметил своего молодого гостя и, опершись на лопатку, воскликнул: «Здравия желаем!»* И. Тургенев. Отцы и дети. *И тут только мальчик сообразил, что, всецело занятый своим обмундированием, он забыл всё на свете — и кто он такой, и где находится, и к кому явился по вызову. <...> «Товарищ капитан, по вашему приказанию явился красноармеец Солнцев». — «Вот это другой табак! —* смеясь одними глазами, сказал капитан Енакиев. *— Здравствуйте, красноармеец Солнцев». — «Здравия желаю, товарищ капитан!» — лихо ответил Ваня. Теперь уж капитан Енакиев не скрывал весёлой, добродушной улыбки. «Силён! <...> Теперь я вижу, что ты солдат, Ванюша».* В. Катаев. Сын полка. *«Здравствуйте, Иван Сергеевич». — «Здравия желаю», — буркнул Иван и, не глядя на конторского, заторопился к выходу.* В. Прокофьев. Такие дела. *Перед Алёшиным шёл пожилой мужчина и то и дело поднимал кепку, когда обгонявшие парни здоровались с ним. «Привет, дядя Федя!» — «Дяде Феде моё нижайшее!» — «Здравия желаю, дядя Федя!»* Е. Воеводин. На том стоим.

§ 20. В Словаре отмечаются прежде всего и главным образом социостилистические значения, присущие словам и выражениям как единицам языка. Из стилистических оттенков единицы даются те, которые относительно регулярно встречаются в речи. Примеры нерегулярного, в том числе окказионального, употребления приводятся в тех случаях, когда они помогают раскрыть узуальное значение единицы.

§ 21. Стилистические пометы используются для характеристики тех единиц, которые ограничены в своём употреблении. В словарной статье стилистические пометы даются после помет и условных обозначений, характеризующих степень устарелости и употребительности знака (см. § 25), а при их отсутствии — после грамматической характеристики: а) перед цифрами, отмечающими значения слов, если помета относится к многозначному слову в целом; б) после цифры, если помета относится к данному значению и его оттенкам; в) после знаков ‖ и |, если помета относится к оттенку значения или употребления. **Голу́бчик.** ♦ **Мой голубчик (Голубчик мой).** *Разг. Ласк.* обращ. к родственнику или близкому знакомому (мужчине, женщине, ребёнку). Нередко употр. в сочет. с терминами родства (*дедушка, голубчик; голубчик дедушка*), с именем, именем-отчеством, фамилией (*голубчик Машенька; голубчик Иван Васильевич; голубчик Денисов*). *[Арина Власьевна (мужу):] Как бы, голубчик, узнать: чего Енюша желает сегодня к обеду, щей или* борщу? И. Тургенев. Отцы и дети. <...> ‖ Ласк. обращ. к незнакомому или малознакомому, обычно младшему по возрасту, низшему по положению. «*Голубчик,* — *нежным голоском сказала Анна Михайловна, обращаясь к швейцару,* — *я знаю, что граф Кирилл Владимирович очень болен. Я за тем приехала... я родственница... Я не буду беспокоить, голубчик...* <...>. *Доложи, пожалуйста*». Л. Толстой. Война и мир. | С оттенком снисходительности, фамильярности. *[Отрошкевич (Соловьёву):] Голубчик, это вопрос философский, а я философией никогда не занимался. Помимо же всего, у меня железный затылок, а у тебя размягчённый, интеллигентский. По моим наблюдениям, пули очень любят такие затылки.* Б. Лавренёв. Дым. *Подошёл мальчуган лет четырнадцати* <...>. *Небрежно оглядел их,* — *видимо, барчук.* — «*Скажите, это чьё имение?..*» — *спросила Даринька.* — «*Наше, Великокняжье!*» — *бросил мальчуган и приостановился.* — *А вам кого надо?..*» — «*Нам, голубчик, никого не надо,* — *сказал Виктор Алексеевич,* — *а ты вот что скажи...*» — «*Почему говорите мне "ты"?.. я не привык к "тыканью"!.. И вовсе я вам не "голубчик"!..*» И. Шмелёв. Пути небесные. | С оттенком порицания, угрозы, злорадства. — *Да, это, голубчик, чёрт знает, что вы говорите такое! Ведь это стыдно и позорно!* Н. Ежов. Алексей Сергеевич Суворин. — *Что, голубчик! попался к ведьме в лапы!* — *крикнул он [Иудушка], покуда Степан Владимирыч целовал его руку.* М. Салтыков-Щедрин. Господа Головлёвы.

§ 22. Пометы, указывающие на сферу употребления знака.

Обл., т. е. областное слово, выражение (или значение); употребляется в народных говорах. **А́й-бо**, *междом.* ⚜ *Обл. Фольк.* Означает призыв или усиливает обращение к кому-либо (обычно в сочетании с местоимениями *ты* и *вы*). ⚐ *Возговорит князь-ет Михайло тут Слова ласковые: «Ай-бо вы, князья мои, бояры, Вы, советнички потайные!»* (СРНГ). **Голова́,** *м. и ж.* <...> **2.** ⚜ *Обл.* Фамильярн. или дружеск. обращение к кому-л. ⚐ *Экой ты, голова, чтобы ти придти вчерася к нам.* ⚐ *Нет, голова, я не пойду, мне теперь не время.* ⚐ *Полно, голова, тужить!* ⚐ — *Измолотили?* — *Нет, голова, не успели.* (СРНГ).

Прост., то есть просторечное слово, выражение или значение; употребляется в устной некодифицированной речи города и села; имеет наддиалектный, нелитературный или «псевдолитературный» характер: *братан, земеля, прошу пардону, мерси боку, премного благодарны (на угощении)* и т. п.

В речи носителей литературного языка просторечные слова и выражения могут использоваться как элемент языковой игры[5], шутки, которая в соответствующей речевой ситуации способствует установлению речевого контакта и создаёт атмосферу свободного, непринуждённого общения.

Проф., то есть профессиональное слово, выражение; употребляется в кругу лиц одной или смежных профессий: ♦ **Семь футов под килем!** *Проф.* Преимущ. в речи моряков. Пожелание счастливого пути уходящим в плавание. ♦ **Гвоздь в шину!** ⚜ *Проф.* В речи шофёров. Доброе шутл. пожелание счастливого пути шофёру (от противного, как ♦ **Ни пуха ни пера**).

В тех случаях, когда слово или выражение вышло за пределы профессионального речевого этикета, расширило сферу употребления, пояснение даётся в этимологической справке: ♦ **Ни пуха ни пера!** ♦ **Желаю (Вам, тебе) ни пуха ни пера.** *Разг.* Полушутливое пожелание собеседнику удачи в задуманном или начатом деле. *Машины тронулись и медленно поплыли к воротам. «Ни пуха ни пера. Счастливого пути!» — слышалось из толпы.* Б. Полевой. Повесть о настоящем человеке. <...> ‖ В речи студентов, школьников — пожелание удачно сдать экзамен, зачёт. В ответ обычно говорят: *К чёрту! (Пошёл, иди к чёрту!)* <...> [Первонач.: из речи охотников, пожелание удачи отправляющемуся на охоту, высказанное в отрицательной форме, чтобы не сглазить, если пожелать прямо удачи].

Фольк. или *Нар.-поэт.*, т. е. фольклорное слово, выражение; употребляется (или употреблялось) обычно в народно-поэтической речи, в фольклорных жанрах: песнях, частушках, сказках, былинах. ♦ **Добрый молодец.** ♦ **Сокол (ты мой) ясный.** ♦ **Куда путь держишь?** и т. п. ♦ **Гой еси**, *междом.* ⚜ *Фольк.* Употр. (часто в сочетании с местоим. *ты, вы*) при обращении к кому-л. «*Вызыва-*

тельное восклицание, ободрительный вызов». В. Даль.

Традиц.-поэт., то есть слово или выражение, традиционно употреблявшееся в поэзии определённого стиля или направления (романтизм, классицизм, сентиментализм и др.). **Сильфида.** ⚡ *Традиц.-поэт.* <...> *В знач. сказуем.* Возвыш. или шутл. комплимент в адрес лёгкой в движениях, изящной девушки, женщины. *Вы сами знаете давно, Что вас любить немудрено, Что нежным взором вы Армида, Что лёгким станом вы Сильфида.* А. Пушкин. Ел. Н. Ушаковой. *Варвара Павловна мастерски сыграла блестящий и трудный этюд Герца. У ней было очень много силы и проворства. «Сильфида!» — воскликнул Гедеоновский. «Необыкновенно!» — подтвердила Марья Дмитриевна.* И. Тургенев. Дворянское гнездо.

§ 23. Пометы, указывающие на функционально-стилевую принадлежность знака в литературном языке.

Знаки речевого этикета функционируют, как правило, в диалогическом единстве и потому в основном принадлежат устной речи. Их функционально-стилистическая дифференциация проходит главным образом по оси «официальное-неофициальное». Параллельно по этой же оси проходит дифференциация эпистолярных слов и выражений.

Маркированным членом стилистической оппозиции являются официальные, в том числе и официально-возвышенные знаки.

Что касается другого, самого многочисленного класса неофициальных знаков, то он представлен межстилевыми и разговорно-обиходными единицами. Границы между последними весьма нечётки и расплывчаты не только в историческом, но и в современном рассмотрении. Соответственно, нечеткими и расплывчатыми остаются критерии их лингвистического разграничения[6].

Для характеристики функционально-стилевой принадлежности знаков в Словаре приняты следующие пометы.

Офиц., т. е. официальное слово или выражение; употребляется в официальном общении, публичных выступлениях, речах, дипломатических посланиях, официально-деловой переписке и т. п. ♦ **Объявляю благодарность (за)...** *Офиц.* Формула служебного поощрения младших должностных лиц. *За отличное несение патрульно-постовой службы объявляю благодарность...* (Из приказа). ♦ **Разрешите (позвольте) выразить (сказать, высказать) слова (глубокой, безграничной, искренней...) благодарности (Вам) (за...)** *Офиц.-возвыш., риторич.*

Разг., т. е. разговорное слово, выражение (или значение); употребляется, как правило, в разговорно-обиходном стиле, в живом, непринуждённом общении близких или знакомых друг другу лиц. Нередко имеют в своём составе уменьшительно-ласкательные суффиксы. По отношению к межстилевым единицам выступают как несколько сниженные синонимы. В отличие от просторечных не выходят за рамки литературной нормы. **Братишка.** **1.** *Разг.* Ласк. или уменьш.-ласк. обращение к брату. ▭ [Старшая сестра — брату:] *Ну, здравствуй, Пашка, здравствуй, братишка! Как ты вырос за год, прямо не узнать!* **2.** *Прост.* Дружеск. или фамильярн. мужск. обращ. к приятелю, а также к малознакомому или незнакомому, равному или младшему по возрасту, положению. [После революции вошло в просторечие из матросской среды]. *Иной раз хочется подойти к незнакомому человеку и спросить: ну как, братишка, живёшь? Доволен ли ты своей жизнью?* М. Зощенко. Счастье.

Эпист., т. е. эпистолярное слово или выражение; употребляется, как правило, в дружеских, семейно-бытовых, официальных письмах, записках, телеграммах, поздравительных открытках, адресах и т. п. **Обнимаю. Целую.** ♦ **Жму (Вашу) руку.** ♦ **(Остаюсь) с (искренним, неизменным, глубоким) уважением (и преданностью) Ваш...** ♦ **Ваш покорный слуга...** и т. п.

§ 24. Пометы, указывающие на эмоционально-экспрессивную тональность знака.

Знаки речевого этикета употребляются с целью установления и поддержания вежливых, доброжелательных отношений между собеседниками. Поэтому среди словарных единиц преобладают знаки с эмоционально-положительной тональностью.

Пометы, указывающие на тональность знака, могут быть как общего, так и частного характера. *Экспрессив.*, т. е. экспрессивное слово или выражение; произносится обычно с ярко выраженными эмоциями, чувством (удивления, радости, восторга и т. п.): **Ба-ба-ба!** ♦ **Кого я вижу!** ♦ **Какая встреча!** ♦ **Какая прелесть!** и т. п. *Возвыш.*, т. е. возвышенное слово или выражение; употребляется в торжественной, эмоционально-приподнятой речи: ♦ **Друзья мои!** ♦ **Позвольте (мне) (от вашего имени) поздравить (поблагодарить, поприветствовать)...** *Высокопарн.* — высокопарное, чрезмерно торжественное, напыщенное. *Куртуазн.* — куртуазное, изысканно-вежливое, любезное. *Почтит.* — почтительное. *Учтив.* — учтивое. *Уважит.* — уважительное. *Вежл.* — вежливое. *Ласк.* — ласковое. *Друженск.* — дружеское. *Шутл.* — шутливое (с разнообразными оттенками: *почтит.-шутл., грубовато-шутл.*, но, как правило, не обидное для адресата). *Сниж.*, т. е. сниженное, обиходное слово или выражение; употребляется в разговорной речи, просторечии: **Здорово! Пока!** ♦ **Держи хвост пистолетом!** *Снисх.* — снисходительное. *Самоуничижит.* — самоуничижительное. *Фамильярн.* — фамильярное, излишне непринуждённое, бесцеремонное. *Ирон.* — ироническое.

Пометы, определяющие эмоционально-экспрессивную тональность, ставятся после помет, указывающих на стилевую принадлежность знака (если они имеются). В случаях, когда указание на тональность включено непосредственно в толкование значения слова или выражения, помета курсивом не выделяется. **Друг,** *м. Разг.* Форма дружеского или фамильярного, преимуш. мужского, обращения к знакомому или незнакомому. *«Друг, оставь покурить!»* В. Высоцкий. Он вчера не вернулся из боя... ▬ [Мужчина — прохожему:] *Друг, не подскажешь, как до «Спортсмена» доехать?*

§ 25. Пометы и условные обозначения при словах и выражениях, вышедших или выходящих из употребления.

В связи с тем, что многие из помещённых в Словаре слов и фразеологических единиц вышли из активного употребления или в силу определённых социолингвистических причин значительно сузили сферу употребления, в бесспорных случаях даются указания на

период активного употребления знака: «В дореволюц. России», то есть до 1917–1919 гг.; «в 1-й пол. XIX в.»; «со 2-й пол. XIX в.»; «с 20–30-х гг. XX в.» и др. После устаревших, вышедших или выходящих из употребления слов и выражений, после цифры, указывающей на значение, после знаков ‖ и |, обозначающих оттенок значения или употребления, ставится знак ⌛ («песочные часы»). ♦ **Ваше Императорское Величество.** ⌛ В дореволюц. России закреплённая законом форма офиц. обращения к императору или императрице <...>. ♦ **Ваше царское величество** ⌛ В XIX в. как офиц. обращ. к царю уже почти не употр. Чаще встречается в фольклорных текстах.

Иллюстрации

§ 26. В словарной статье к большей части значений и оттенков значений слов и формул речевого этикета даются иллюстрации, которые служат важным дополнительным, а в некоторых случаях — основным средством характеристики слов и выражений, указывают на сферу их употребления, раскрывают социо-стилистическое значение единицы в определённой речевой ситуации.

§ 27. Приводятся иллюстрирующие примеры из художественных, публицистических, мемуарных авторских произведений; из произведений русского фольклора (в записях XIX–XX вв.); из частных писем; из живой разговорной речи, в том числе радио- и телепередач. Некоторые примеры, прежде всего диалектного характера, заимствованы из использованных словарей (см. «Лексикографические источники») и справочных пособий по этикету, изданных в XIX–XX вв. Перед примерами из разговорной речи ставится знак ▬ («шпала»).

§ 28. Из-за ограниченного объёма Словаря не иллюстрируются некоторые производные слова и формулы, а также их варианты. Не даются примеры к диалектным словам и выражениям, если в соответствующих источниках, откуда взяты эти единицы, иллюстрации отсутствуют.

Пояснительные замечания составителя, а также указания на принадлежность реплик тому или иному действующему лицу даются в квадратных скобках.

Сокращения в цитатах обозначаются тремя точками в ломаных скобках <...>. Реплики в диалогах даются без абзацев, в кавычках, со знаком тире.

Если выделение структурного элемента письма (обращения, приветствия, комплимента и др.) в отдельную строку является этикетно значимым, для обозначения конца строки в примерах используется знак / («косая черта»).

Этимологические справки

§ 29. Сведения об этимологии слов даются в квадратных скобках: а) к словам иноязычного происхождения; б) к некоторым непроизводным словам и фразеологическим единицам, этимология которых проясняет их современное этикетное значение. **Браво!** [Заимств. из итал. яз. в нач. XIX в. в связи с распростр. итал. музыки. Возглас одобрения в итал. опере; bravo — «молодец»; «отлично, прекрасно»; «сильно, смело»]. **Спасибо.** <...> [«Нар. сокращ. ♦ Спаси Бог!» В. Даль. «Староверы избегают этого выражения, потому что они видят в нём «спаси бай» и усматривают якобы в *бай* название языческого бога». М. Фасмер]. Сведения по этимологии взяты в основном из указанных ниже этимологических словарей.

Орфография и некоторые особенности этикета письменной речи

§ 30. В Словаре даются сведения об употреблении прописных букв в официальных, вежливых, почтительных обращениях (*Вы, Его Превосходительству Действительному Статскому Советнику, Ваше Превосходительство, Всемилостивейший Государь* и т. п.). В цитаты из официальных и полуофициальных писем XIX — начала XX вв., опубликованных в советское время, составитель Словаря в некоторых случаях счёл возможным внести конъектуры, основанием для которых послужили фотокопии отдельных писем А. С. Пушкина, И. С. Тургенева, Л. Н. Толстого и др., а также доступные письмовники XIX в. В случаях, когда практика письма допускала или допускает орфографические варианты, в статьях приводятся оба варианта с указанием на их социостилистические различия, если такие различия имеются. Слова *Бог, Господь, Всевышний, Богородица, Матерь Божья, Царица Небесная* в составе устойчивых выражений по восстанавливающейся традиции пишутся с прописной буквы. В остальных случаях в иллюстрациях сохраняется орфография печатного источника.

---

[1] См.: *Тихонов А. Н., Бояринова Л. З., Рыжкова А. Г.*. Словарь русских личных имён. М.: ШКОЛА-ПРЕСС, 1995.

[2] Отмечая условность формул этикета, А. С. Пушкин писал: «Мы всякий день подписываемся *покорнейшими слугами*, и, кажется, никто из этого не заключал, чтобы мы просились в камердинеры» (Собр. соч.: В 10 т. М., 1959—1962. Т. 6. С. 404).

[3] С целью сокращения словарных толкований термины «старший» и «высший» (по возрасту, положению) употребляются как синонимы; соответственно — «младший», «низший».

[4] *Щерба Л. В.* Опыт общей теории лексикографии // Щерба Л. В. Языковая система и речевая деятельность. Л.: Наука, 1974. С. 285.

[5] См.: Русская разговорная речь. Фонетика. Морфология. Лексика. Жест / Под ред. Е. А. Земской. М.: Наука, 1983. С. 172—214.

[6] В спорных и неясных случаях составитель не ставил стилистических помет, учитывая общеязыковую тенденцию к расширению состава межстилевых единиц.

Лексикографические источники

Александрова З. Е. Словарь синонимов русского языка / Под ред. Л. А. Чешко. 2-е изд. — М.: Сов. энциклопедия, 1969.

Бабкин А. Н., Шендецов В. В. Словарь иноязычных выражений и слов: В 2 т. 2-е изд. — Л.: Наука, 1981—1987.

Бирих А. К., Мокиенко В. М., Степанова Л. И. Словарь русской фразеологии: Историко-этимологический справочник / Под ред. В. М. Мокиенко. — Спб.: Фолио-Пресс, 1998.

Греч Н. Учебная книга российской словесности. — Спб., 1819. Ч. 1.

Даль В. И. Пословицы русского народа: В 2 т. — М.: ИХЛ, 1984.

Даль В. И. Толковый словарь живого великорусского языка: В 4 т. 2-е изд. — М., 1955.

Жуков В. П. Словарь русских пословиц и поговорок. 5-е изд. — М.: Русский язык, 1993.

Максимов С. В. Крылатые слова. — Спб., 1891. (Репр. изд. — М.: ТЕРРА, 1995).

Михельсон М. И. Русская мысль и речь. Своё и чужое. Опыт русской фразеологии: Сборник образных слов и иносказаний. — Спб., 1902—1904. (Репр. изд. — М.: ТЕРРА, 1994. Т. 1—2).

Словарь русских народных говоров. — М.: Изд-во АН СССР — РАН, 1965—1999. (Вып. 1—33, продолжающееся издание).

Словарь русского языка, составленный Вторым отделением Императорской Академии наук / Под ред. Я. К. Грота. Т. 1—4. — Спб., 1891—1895.

Словарь русского языка: В 4 т. 2-е изд. / Под ред. А. П. Евгеньевой. — М.: Изд-во АН СССР, 1981—1984.

Словарь синонимов русского языка: В 2 т. / Под ред. А. П. Евгеньевой. — М.: Изд-во АН СССР, 1970—1971.

Словарь современного русского литературного языка: В 17 т. — М.; Л.: Изд-во АН СССР, 1950—1965. 2-е изд.: В 20 т. (продолжающееся).

Словарь церковно-славянского и русского языка, составленный Вторым отделением Императорской Академии наук. — Спб., 1847. Т. 1—4.

Современный словарь иностранных слов. — М.: Русский язык, 1993.

Толковый словарь русского языка / Под ред. Д. Н. Ушакова: В 4 т. — М., 1935—1940.

Фасмер М. Этимологический словарь русского языка: В 4 т. 2-е изд. / Под ред. О. Н. Трубачева. — М.: Прогресс, 1986—1987.

Фелицына В. П., Прохоров Ю. Е. Русские пословицы, поговорки и крылатые выражения: Лингвострановедческий словарь / Под ред. Е. М. Верещагина и В. Г. Костомарова. — М.: Русский язык, 1979.

Фелицына В. П., Мокиенко В. М. Русские фразеологизмы: Лингвострановедческий словарь / Под ред. Е. М. Верещагина и В. Г. Костомарова. — М.: Русский язык, 1990.

Формановская Н. И., Шевцова С. В. Речевой этикет. Русско-английские соответствия: Справочник. — М.: Высшая школа, 1990.

Формановская Н. И. Употребление русского речевого этикета. 2-е изд. — М., 1984.

Фразеологический словарь русских говоров Сибири / Под ред. А. И. Фёдорова. — Новосибирск: Наука, 1983.

Фразеологический словарь русского литературного языка конца XVIII—XX вв.: В 2 т. / Под ред. А. И. Фёдорова. — Новосибирск: Наука, 1991.

Фразеологический словарь русского языка / Под ред. А. И. Молоткова. 2-е изд. — М.: Сов. энциклопедия, 1968.

Хороший тон. Правила светской жизни и этикета / Сост. Юрьев и Владимирский. — Спб., 1889. (Репр. изд. — М., 1991).

Черных П. Я. Историко-этимологический словарь современного русского языка. — М.: Русский язык, 1993. Т. 1—2.

Шанский Н. М., Боброва Т. А. Этимологический словарь русского языка. — М., 1994.

Шанский Н. М., Зимин В. И., Филиппов А. В. Школьный фразеологический словарь русского языка. Значение и происхождение словосочетаний. 2-е изд. — М.: Дрофа; Русский язык, 1997.

Список сокращений

англ. — английское
безл. — безличное
вводн. — вводное
вежл. — вежливое
возвыш. — стилистически возвышенное
воинск. — воинское, употребляемое в среде военных
галантн. — галантное
говор. — говорится, говорят
греч. — греческое
В. Даль — В. И. Даль. Толковый словарь...
детск. — детское
др.-русск. — древнерусское
дружеск. — дружеское, дружески
ед. — единственное число
ж. — женский род
зап. — записано
звательн. ф. — звательная форма
знач. — значение
интимн. — интимное, интимно
ирон. — ироническое, иронически
ит. — итальянское
куртуазн. — куртуазное
ЛГ — Литературная газета
л. — лицо грамматическое
ласк. — ласковое, ласково
м. — мужской род
С. Максимов. — С. Максимов. Крылатые слова...
малоупотр. — малоупотребительное
междом. — междометие
М. Михельсон. — М. И. Михельсон. Русская мысль и речь...
мн. — множественное число
молодёжн. — молодёжное
нареч. — наречие
нар.-поэт. — народно-поэтическое
неодобр. — неодобрительное, неодобрительно
обл. — областное
обращ. — обращение
офиц. — официальное, официально
первонач. — первоначально (имело значение, употреблялось)
погов. — поговорка
посл. — пословица

почтит. — почтительное, почтительно
преимущ. — преимущественно
приветл. — приветливое, приветливо
прост. — просторечное
проф. — профессиональное
радушн. — радушное
разг. — разговорное
револ. — революция (Октябрьская 1917 г.)
самоуничижит. — самоуничижительное
сниж. — стилистически сниженное
снисх. — снисходительное, снисходительно
собир. — собирательное, собирательно
сочет. — сочетание слов
СРНГ — Словарь русских народных говоров
СРФ — Словарь русской фразеологии... под ред. В. М. Мокиенко (1998)
СУ — Толковый словарь... под редакцией Д. Н. Ушакова
сущ. — существительное
СЦСРЯ—1847 — Словарь церковно-славянского и русского языка... 1847
традиц.-поэт. — традиционно-поэтическое
тюрк. — тюркское
удар. — ударение
укоризн. — укоризненное, укоризненно
укр. — украинское
уменьш.-ласк. — уменьшительно-ласкательное
употр. — употребляется, употреблялось
устн. — устный
ф. — форма (грамматическая)
фамильярн. — фамильярное, фамильярно
М. Фасмер — М. Фасмер. Этимологический словарь...
фольк. — фольклорное
франц. — французское
ФСРГС — Фразеологический словарь русских говоров Сибири
ФСРЛЯ — Фразеологический словарь русского литературного языка
ШФС — Шанский Н. М., Зимин В. И., Филиппов А. В. Школьный фразеологический словарь...
шутл. — шутливое, шутливо
экспрессив. — экспрессивное
эпист. — эпистолярное

Условные обозначения

[ ] — знак «квадратные скобки» применяется: а) при передаче особенностей произношения; б) для пояснения примера-иллюстрации; в) для указания на имя или фамилию говорящего персонажа в драматических произведениях; г) для исторических и этимологических справок.

( ) — знак «круглые скобки» применяется: а) для указания на вариативные компоненты формул речевого этикета; б) для пояснения особенностей употребления.

‖ — знак «две параллельные черты» применяется для отделения оттенка значения.

| — знак «вертикальная черта» применяется для отделения оттенка употребления.

/ — знак «косая черта» применяется для указания конца строки в письмах и некоторых других текстах, где расположение строк может быть этикетно значимо.

<…> — знак «многоточие в ломаных скобках» применяется для сокращения внутри цитат.

⌛ — знак «песочные часы» применяется для указания устаревших или устаревающих слов и выражений, а также их семантических вариантов и грамматических форм.

▭ — знак «шпала» применяется для отделения примеров-иллюстраций из устной разговорной речи.

♦ — знак «ромб» применяется для обозначения устойчивых формул речевого этикета.

Русский алфавит

Аа (а)	**Бб** (бэ)	**Вв** (вэ)	**Гг** (гэ)	**Дд** (дэ)	**Ее** (е)	**Ёё** (ё)	**Жж** (жэ)	
Зз (зэ)	**Ии** (и)	**Йй** (и краткое)	**Кк** (ка)	**Лл** (эль)	**Мм** (эм)	**Нн** (эн)		
Оо (о)	**Пп** (пэ)	**Рр** (эр)	**Сс** (эс)	**Тт** (тэ)	**Уу** (у)	**Фф** (эф)	**Хх** (ха)	
Цц (цэ)	**Чч** (че)	**Шш** (ша)	**Щщ** (ща)	**Ъ** (твёрдый знак)	**Ыы** (ы)			
Ьь (мягкий знак)	**Ээ** (э оборотное)	**Юю** (ю)	**Яя** (я)					

А,¹ *частица. Разг.* **1.** Вопросительный отклик на обращение в обиходно-бытовых ситуациях. [СЦСРЯ — 1847 толкует как «Отклик простонародный вместо *ась*»]. *[Аркадина:] Петруша! [Сорин:] А? [Аркадина:] Ты спишь? [Сорин:] Нисколько.* А. Чехов. Чайка. | Без вопросительной интонации — отклик на зов. *«Зинаида Мартыновна!» — окликнул её сзади голос Лукашина. — «А — а!» — откликнулась она голосом просыпающейся.* П. Боборыкин. Из новых. **2.** Употр. с вопросит. интонацией после предложений как обращение к собеседнику, равному или младшему по возрасту, положению, побуждающее подтвердить, поддержать сказанное; не так ли? не правда ли? — *Ну, батюшка Михайло Митрич, — обратился он [полковой командир] к одному батальонному командиру <...> — досталось на орехи нынче ночью. Однако, кажется, ничего, полк не из дурных... А?* Л. Толстой. Война и мир. *[Рагозин] схватил мальчика за руку и повёл к рисункам. — Смотри. Нравится, а?* К. Федин. Необыкновенное лето. **3.** При повторении обращения для усиленного привлечения внимания. *[Дарья:] Барышня, а барышня! Где вы тут?* А. Островский. Бедная невеста. — *Иван Африканович, а Иван Африканович? — вдруг обернулся Мишка. — А ведь у меня эта бутылка-то не распечатана.* В. Белов. Привычное дело. **4.** Употр. после глагола в повел. накл. для некатегорич. усиления просьбы. — *Ты сбегай в магазин, а, — просит Василий. — От неё мне легчает. Хоть ненадолго, а отпустит.* В. Распутин. Василий и Василиса. ‖ В составе формул согласия с мнением собеседника или утвердительных ответов на вопрос равного или младшего по возрасту, положению: ♦ **А ка́к же.** ♦ **А то ка́к же.** ♦ **А ты думаешь ка́к.** ♦ **А то́ нет.** ♦ **А то кто́ же** и т. п. *Разг.* Употр. в устном контактном общении. *«Неужели вы каждый день в департаменте до седьмого часа сидите?» — «А то как же!»* М. Салтыков-Щедрин. В среде умеренности... *«А чистый народ, ребята, — сказал первый. — Белый, вот как берёза белый, и бравые есть, скажи, благородные». — «А ты думаешь как? У него от всех званий набраны».* Л. Толстой. Война и мир. *«Страшно их [танки] истреблять?» — «А то нет! Ещё как страшно-то».* Н. Емельянова. Хирург. ‖ В ответных вопросит. обращениях о делах, жизни, здоровье: ♦ **А Вы́ как поживаете?** ♦ **А как Ва́ши дела?** и т.п.

А,² *междом. Разг.* [Произносится с разной степенью длительности]. Употр. перед обращением для выражения радости, радушия при встрече, появлении, узнавании родственника, приятеля, знакомого, равного или низшего по положению. — *А, милый князь, нет приятнее гостя, — сказал Билибин, выходя навстречу князю Андрею.* Л. Толстой. Война и мир. *Дверь из передней отворилась. Вошёл низенький, седенький человек в бархатном сюртучке. — А, Франц Иванович! — воскликнул Овсяников. — Здравствуйте! Как вас Бог милует?* И. Тургенев. Однодворец Овсяников. — *А-а-а! Андрей Ильич! Наконец-то вы к нам пожаловали!* А. Куприн. Молох.

Августе́йший, -ая, -ее; -ие. [От лат. augustissimus — «священнейший, высочайший», титул римских, а позднее немецких императоров]. ⌛ Титул, офиц. этикетный эпитет, прилагавшийся к именам нарицательным, обозначавшим императора и членов императорской семьи. *Я и семейство Пушкиных милостями покойного Августейшего Монарха взысканы превыше меры и для упрочения всех Его благодеяний, как и для основы безбедного существования дальнейшему, может быть, потомству поэта решаюсь прибегнуть к Вашему Высокопревосходительству с покорнейшею просьбою исходатайствовать у Всемилостивейшего Государя продолжение права исключительного печатания сочинений Пушкина двум сыновьям его по конец их жизни.* Н. Н. Ланская (Пушкина). Письмо министру народного просвещения А. С. Норову, нояб. 1856. — *И не удивляйтесь, что не только военный министр, но и августейший император и король Франц не будут осчастливлены вашею победой; да и я, несчастный секретарь русского посольства, не чувствую никакой особой радости.* Л. Толстой. Война и мир. *Ея Императорское Величество Государыня Императрица Александра Феодоровна съ Августейшими Дочерьми* (подпись под фотографией в ж. «Историч.

вестник», 1915, т. CXXXLX). ♦ **Августейший Монарх.** ⌧ *Офиц. Эпист.* «В русском языке формы обращения в письмах к Государю Императору определяются законом, а именно: *Августейший Монарх! / Всемилостивейший Государь! /* или: *Ваше Императорское Величество!*» Хороший тон. Правила светской жизни и этикета (1889). ♦ **Августейшая особа.** О монархе или члене его семьи, имя которого называть нежелательно по этическим или каким-л. др. соображениям.

Агу́, *междом. Разг.* Ласк. обращение к младенцу с целью привлечь его внимание, вызвать улыбку. Часто употр. в сочетании с другими ласковыми обращениями: «моя рыбочка», «мой птенчик» и т. п. [Ребёнок] *было разревелся, но словами: «Агу, агу, душенька» и прищёлкиванием пальцев ‹...› Чичикову удалось его переманить к себе на руки.* Н. Гоголь. Мёртвые души. **Агунюшки. Агу́сеньки. Агушеньки.** *Матрёна, сердитая и строгая, купала в корыте ребёнка и корявой рукой плескала на него воду, приговаривая: — Агунюшки! Агунюшки! Чистенькие будем, беленькие будем.* Л. Андреев. В подвале. | Шутл. [*Настя отворачивается и плачет. Баклушин берёт её за руку:*] *Ну, перестаньте, Настасья Сергеевна! Настенька! Ну, рассмейтесь! Ну, агунюшки, дитя моё милое! Ну, какой я муж? Я ведь шалопай совершенный. Ну, рассмейтесь!* А. Островский. Не было ни гроша, да вдруг алтын.

Адьё́ (**Адье. Адьё**). [Франц. *adieu*; ит. *addio*; «прощай/те, до свидания». Сращение предлога *a* и *dieu* «Бог». Ср. русск. ♦ **С Богом!** Заимств. в XIX в.] ⌧ Форма светского прощания, употреблявшаяся в России в дворянской полиязычной среде. *Addio, поклон всем твоим, до свидания.* А. Пушкин. Письмо П. А. Вяземскому, 2 янв. 1831. *Adieu, Marie, — сказал он* [Андрей Болконский] *тихо сестре, поцеловался с нею рука в руку и скорыми шагами вышел из комнаты.* Л. Толстой. Война и мир. ‖ С расширением сферы употребления в русск. разг. речи и просторечии эти формы приобрели разнообразные социостилистические оттенки: от манерно-«галантерейных» (в речи мелких чиновников, приказчиков, лавочников, мещан и т. п.) до фамильярно-ирон. или дружески-шутл. (в совр. употреблении). [*Домна Пантелеевна (у окна):*] *Никак, князь подъехал? И то он.* [*Нароков:*] *Ну, так я уйду ‹...› через кухню. Адье, мадам.* [*Домна Пантелеевна:*] *Адье, мусье!* А. Островский. Таланты и поклонники. [*Коровкин:*] *Хорошо... Да ты постой, ведь надо же проститься... Adieu, mesdames i mademoiselles!.. Вы, так сказать, пронзили...* Ф. Достоевский. Село Степанчиково и его обитатели. *— Ну, прощайте Александр Николаевич. — Он* [Колька] *вздохнул и приподнял картуз... — Всего лучшего пожелаю... До свидания... Адье...* Б. Савинков. То, чего не было. *Ипполит Матвеевич задержался в передней и шепнул Бендеру: «Так вы не тяните. Они там». — «Вы стяжатель, — ответил пьяный Остап, — ждите меня в гостинице. ‹...› Адье, фельдмаршал! Пожелайте мне спокойной ночи».* И. Ильф, Е. Петров. 12 стульев. [*Андрей:*] *Нет, не эта. (Рвёт записку.) Потерял. Ладно, завтра сам отправлю. Адью!* [*Вадим:*] *Шалопай ты, Андрей!* [*Галя:*] *До свидания!* В. Розов. В добрый час.

Ай,[1] *частица.* ⌧ *Прост. и обл.* **1.** Вопросительный отклик на обращение; то же, что и **А**[1] (в 1 знач.). ▭ *«Даша!» — «Ай, что тебе?»* **2.** Употребляется при повторном обращении к кому-либо для усиленного привлечения внимания. ▭ *Маха, ай Маха!* СРНГ. **А́инька. А́иньки. А́юшка**[1]. **А́юшки. А́я.** *Обл.* Ласковый, приветл. ответ, чаще на обращение детей. ▭ *«Тятька!» — «Аинька?»* ▭ *«Мама, дай хлеба!» — «Аюшка? Сичас дам».* ▭ *«Дядя Иван!» — «Ая?»* СРНГ. *Дверь распахнулась. Вошёл Егор с ношей в руках. «Михеич!» — «Аиньки?» — «Зажги огонь».* В. Шукшин. Любавины.

Ай[2] (и **Ай, ай, ай!**) *Междом. Разг.* **1.** Употр. для выражения удивления, похвалы, восхищения, поощрения и т. п. (нередко в сочетании с *как, какой*). *— Ай! ай! ай! какой голосок! Канарейка, право, канарейка.* Н. Гоголь. Записки сумасшедшего. *Глядит подрядчик, дивится, Кричит, подлец, оттудова: «Ай молодец, Трофим!»* Н. Некрасов. Кому на Руси жить хорошо. **2.** Выражает сожаление, сочувствие. *— Как же это так вам не дали отпуска, Иван Егорыч, ай-ай-ай...* В. Панова. Спутники. ♦ **Ай да** (+ имя собственное или нарицательное)! *Разг., экспрессив.* Восклицание, выражающее похвалу, одобрение, восхищение. То же, что **Ай**[2] (в 1 знач.). *Красавица наша за-*

думалась, глядя на роскошь вида, <...> как вдруг слова «Ай да дивчина!» поразили слух её. Н. Гоголь. Сорочинская ярмарка. *Ай да Таня. Спасибо, милая, за письмо.* Л. Толстой. Письмо дочери. 18 окт. 1885. *Пётр Михайлыч хлопал в ладоши. — А-га! ай да Настенька! Молодец у меня.* А. Писемский. Тысяча душ. *Старик только умилялся и бормотал: — Ай да невестушка! Ай да красавица, матушка!* А. Чехов. В овраге. ♦ **Ай да ну!** *Ай да ну, Павел Николаевич! Молодец!* ♦ **Ай же ребята!** *Прост.* Шутл. двусмысленная похвала.

Ай-бо, *междом.* ▨ *Обл. Фольк.* Означает призыв или усиливает обращение к кому-либо (обычно в сочетании с местоимениями *ты* и *вы*). ☞ *Возговорит князь-ет Михайло тут Слова ласковые: «Ай-бо вы, князья мои, бояры, Вы, советнички потайные!»* СРНГ.

Айн момент. См. Момент.

Алло́ (и **Аллё**). [Англ. hallo, hullo — «алло! слушаю!»]. **1.** Обращение или ответ на обращение (звонок) в разговоре по телефону, означает: «у телефона», «слушаю», «вы меня слышите?» *Аллё! — заговорил заведующий. — Петрович? Здоров. Я это, да. Слушай, у тебя нет... Тут он сказал какое-то непонятное слово. — Нет?* В. Шукшин. Змеиный яд. *На другой день он не стал дожидаться, когда позвонит жена, набрал номер сам. — Алё, Соня!.. Здравствуй, Соня! Мингали. У меня всё в порядке.* В. Куропатов. Жена бригадира. **2.** *Прост.* Оклик, употр. при непосредственном обращении (обычно на отдалении от адресата). *[Астор:] Алло, хозяин, не была здесь одна англичанка?* А. Н. Толстой. Махатма. *— Алло, Козлевич! — крикнул Остап снизу. — Вам ещё не надоело?* И. Ильф, Е. Петров. Золотой телёнок. *[Антон:] Алло, почтенные жители! ... Никого.* А. Арбузов. Потерянный сын. ‖ ▨ *Морск.* «Оклик с судна или на судно: Эй, слушай! У нас, впрочем, более окликают именем судна, прибавляя *на*; напр.: *На Смоленске! На Воеводе!* или просто: *На корабле! На бриге!* А оттуда отзываются: *Алло* или *есть,* т. е. слушаем». В. Даль.

Алмазный, -ая; -ые. ♦ **Алмазный мой.** ▨ *В знач. сущ. Прост.* Ласк. или льстиво-почтит. женское обращение к равному или высшему по положению. | В обращ. к равному или младшему — ласк. или снисходит. Употр. преимущ. в речи пожилых женщин (в том числе — свах, гадалок и т. п.). *[Устинья Наумовна:] До вечера не дожить; ты, алмазный, либо пьян, либо вовсе с ума свихнул. [Подхалюзин:] Уж об этом-то вы не извольте беспокоиться, вы об себе-то подумайте, а мы знаем, что знаем.* А. Островский. Свои люди — сочтёмся! *[Старуха-гадалка:] <...> а будет тебе, алмазный, дальняя дорога и интерес в казённом доме, а бояться тебе, бриллиантовый, надо человека рыжего, недоброго, а позолоти ручку, яхонтовый...* А. и Б. Стругацкие. Понедельник начинается в субботу.

Аля-улю́! *Прост.* Шутл.-фамильярн. форма прощания. Употр. в современной молодёжной речи.

Ами́нь. *Обл.* Ответ хозяев на молитву Господи Иисусе Христе, Сыне Божий, помилуй нас!, которую входящий произносит перед дверью или входя в избу. Употр. преимущ. среди староверов. *Проклятов дома, на Урале, никогда не божился, а говорил «ей-ей» и «ни-ни»; никогда не говорил «спасибо», а «спаси тя Христос»; входя в избу, останавливался на пороге и говорил: «Господи Иисусе Христе, Сыне Божий, помилуй нас!» — и выжидал ответного «Аминь».* В. Даль. Уральский казак. *«Господи Иисусе Христе, Сыне Божий, помилуй нас!» — проговорил Фомушка, постучавшись в дверь. «А кто-ся там?» — послышался изнутри разбитый старческий голос. — «Все мы же — богомолы-братья, люди Божии, свой народ». «Аминь!» — ответил тот же голос. И Фомушка с Гречкой вошли в чистую и просторную горницу.* В. Крестовский. Петербургские трущобы. *Учащийся грамоте входит к своему учителю и, стоя у дверей, говорит: «Молитвами святых отец наших, Господи Иисусе Христе Боже наш, помилуй нас!» Учитель говорит: «Аминь!» В старину ученик, войдя, кланялся: «Спасибо на аминь, на Иисусовой молитве».* С. Максимов. Крылатые слова. *Из сеней в кухню дверь заперта. Петро постучался. «Господи Иисусе Христе, помилуй нас». — «Аминь», — откликнулись из-за двери.* М. Шолохов. Тихий Дон. ♦ **Аминь хто крешшо́ной?** ▨ *Обл.* Обращ. «Бывает иногда вопросом стучавшемуся у ворот дома со стороны хозяина или хозяйки или случившегося за воротами человека внутри двора или сеней». «Так иногда окликают хозяева кого-либо, подошедшего к их дому, или этот подошедший тех, кто находится внутри дома». СРНГ. ♦ **Есть ли кому аминь отдать?** ⌂ *Обл.* Обращ. Есть кто в избе? (В. Даль) ♦ **Аминь-аминь!** ⌂ *Обл.* То же, что Ба-ба! СРНГ. ♦ **Аминь будь.** ⌂ *Обл.* **а)** Слава Богу. **б)** Означает полное несогласие с мнением другого лица. СРНГ. ♦ **Аминь под бок (бочок).** ⌂ *Обл.* Пожелание отходящему ко сну, как Спокойной ночи, Приятный сон. — *Ложись, внучек, аминь под бочок.* **Аминь-слово.** ⌂ *Обл.* Не во вред будь сказано. Оберег. *Аминь-слово, он уж к дому приверует,* т. е. «не во вред будь сказано, он рачителен к хозяйству». СРНГ.

А мы уж хотели кошку в лапти обувать да за вами посылать. *Разг.* Шутл. погов.; говорится входящему гостю, которого собравшиеся заждались или якобы заждались. *[Пётр (у двери):] Вот и я к веселью-то как раз. Мир вам, и я к вам. [Груша:] Милости просим. А мы только хотели кошку в лапти обувать да за вами посылать.* А. Островский. Не так живи, как хочется.

Ангел. 1. *В знач. сказуем.* Похвала, комплимент в адрес доброго, кроткого, благочестивого человека, являющегося, по мнению говорящего, идеалом, воплощением лучших человеческих качеств. *[Полина:] Ничего не знаю, ничего не читала... что вы иногда говорите, ничего не понимаю, решительно ничего. [Жадов:] Вы ангел! (Целует у ней руку.)* А. Островский. Доходное место. *[Гаев:] Крошка моя. (Целует Ане лицо, руки.) Дитя моё!.. (Сквозь слёзы.) Ты не племянница, ты мой ангел, ты для меня всё. Верь мне, верь...* А. Чехов. Вишнёвый сад. *[Дмитрий Карамазов — Алёше:] — Ты ангел на земле. Ты выслушаешь, ты рассудишь, и ты простишь.* Ф. Достоевский. Братья Карамазовы. **2.** *Преимущ. в сочет.* ♦ **Ангел мой** (♦ **Мой ангел**). ⌂ Ласк. обращение к близкому, любимому человеку, равному или младшему по возрасту, чаще к женщине, девушке, ребёнку. *[Калька с франц. mon ange]. Старушки с плачем обнялись, И восклицанья полились. «Княжна, mon ange!» — «Pachette!» — «Алина!» — «Кто б мог подумать?» — «Как давно!» — «Надолго ль?» — «Милая! Кузина!»* А. Пушкин. Евгений Онегин. *Приезжай, мой ангел, к нам в Михайловское, всех лошадей на дорогу выставлю.* А. Р. Яковлева. Письмо А. С. Пушкину, 6 марта 1827. *Бабушка заговорила трогательным, нежным голосом: «Поди сюда, мой дружок, подойди, мой ангел».* Л. Толстой. Детство. *А красивая дама томно стонала, прижимая тонкий кружевной платок к глазам: — Ах, Трилли, ах, боже мой!.. Ангел мой, я умоляю тебя. Послушай же, мама тебя умоляет.* А. Куприн. Белый пудель. *[Лидочка (Муромскому):] <...> вот подушка — что, хорошо? [Муромский (усаживаясь и смотря на дочь):] Хорошо, мой ангел. Хорошо!* А. Сухово-Кобылин. Дело. *[Тёща — зятю:] Приятно, если женщина образованна... Я сама воспитывалась, понимаю... Но для чего, mon ange, крайности?* А. Чехов. Тёща-адвокат. ‖ Ласковое светское обращение мужчины к женщине или, реже, женщины к мужчине, находящихся в близких, интимных отношениях. *Здравствуй, жёнка, мой ангел, не сердись, что третьего дня написал я тебе только три строки; мочи не было, так устал.* А. Пушкин. Письмо Н. Н. Пушкиной, 8 дек. 1831. *[Наталья Дмитриевна:] Мой ангел, жизнь моя, Бесценный, душечка. Попошь, что так уныло? (Целует мужа в лоб.) Признайся, весело у Фамусовых было.* А. Грибоедов. Горе от ума. *[Князь — княгине:] Послушай, мой ангел, я не хочу, чтоб ты называла брата Григорий Александрович: Григорий Александрович — это так важно, точно вы будто вчерась токмо познакомились.* М. Лермонтов. Княгиня Лиговская. *«Благодарю вас, ангел нежный...» — взволнованно сказал Вагаев, взял руку, поцеловал запястье, выше... — дальше не позволял рукавчик.* И. Шмелёв. Пути небесные. ‖ *Разг.* Ласково-снисходит. обращ. к знакомому или малознакомому, младшему по возрасту, положению. *На конец того дела является голубка вся опять в слезах и опять с своими охами да вздохами. — Вздыхай, — говорю, — ангел мой, не вздыхай, хоть грудь надсади, но как я хорошо петербургские обстоятельства знаю, ничего тебе от твоих слёз не поможется.* Н. Лесков. Воительница. *— Слухом земля полнится, — понизил он голос, — молва такая идёт, будто вы на баррикадах чудеса делали, Георгиевский крест заслужили... Ну, ну, вот уж и рассердился... Экий характер какой... Не буду, ангел, не буду...* Б. Савинков. То, чего не было.

| Ирон. [*Солёный (Тузенбаху):*] *Через двадцать пять лет вас уже не будет на свете, слава богу. Года через два-три вы умрёте от кондрашки, или я вспылю и всажу вам пулю в лоб, ангел мой.* А. Чехов. Три сестры. ♦ **Ангел** (чего-л.). ⚜ *Высок., традиц.-поэт.* [*Хлестаков:*] *Прощайте, Антон Антонович!.. Очень обязан за ваше гостеприимство!.. Прощайте, Анна Андреевна!.. <...> Прощайте, ангел души моей Марья Антоновна!* Н. Гоголь. Ревизор. | *Шутл. Получил я, ангел кротости и красоты, письмо твоё, где изволишь ты, закусив поводья, лягаться милыми и стройными копытцами.* А. Пушкин. Письмо Н. Н. Пушкиной, 2 окт. 1835. ♦ **Ангел во плоти.** То же, то А н г е л (в 1 знач.) Чаще *шутл.* или *ирон.* ▱ *Да ты, мой милый, по сравнению с ними ангел во плоти!* ♦ **Ангел встречу (навстречу).** ⚜ *Обл.* Приветствие-пожелание встречному в пути. ♦ **Ангел за тра́пезу.** ⚜ *Прост.* Приветствие-пожелание обедающим, как Х л е б-с о л ь. Употр. в речи верующих людей. ♦ **Ангел-хранитель (Ангела-хранителя) в путь (тебе, Вам).** Пожелание доброго пути при расставании. ♦ **Ангел-хранитель над тобой.** Доброе пожелание при расставании. [*Маргаритов (дочери):*] *Не обижай отца, не отказывайся наперёд от счастья, которого он тебе желает. Ну, прощай!* (*Целует Людмилу в голову.*) *Ангел-хранитель над тобой!* [*Людмила:*] *И над тобой, папа.* А. Островский. Поздняя любовь. ♦ **Господь с тобой и ангелы в изголовье.** ⚜ *Обл.* Пожелание спокойной ночи. См. Г о с п о д ь. ♦ **Будь/те ангелом.** *Экспрессив.* Пожалуйста, очень (тебя, Вас) прошу. [*Фёдор Павлович:*] *Голова болит, Алёша... Лёша, утоли ты моё сердце, будь ангелом, скажи правду!* Ф. Достоевский. Братья Карамазовы. *Елена Сергеевна шлёт самый лучший привет Анне Ильинишне и, будь ангелом, ещё раз позвони на квартиру; а руке твоей не миновать поцелуя, вспомни моё слово. Твой М. М.* Булгаков. Письмо П. С. Попову, 6 июля 1934. ♦ **(Поздравляю) С днём ангела (с ангелом)**, т. е. с именинами. *Поздравляю тебя со днём твоего ангела, мой ангел, целую тебя заочно в очи — и пишу тебе продолжение моих похождений.* А. Пушкин. Письмо Н. Н. Пушкиной, 26 авг. 1833. *У Дариньки захолонуло сердце, когда читала она написанное знакомым почерком:* «*С Ангелом, Дари!..*» И.-Шмелёв. Пути небесные. ♦ **Ангелу-хранителю злат венец, а имениннику многая лета (доброго здоровья)!** ⚜ Поздравительное пожелание имениннику в день ангела. См. также М н о г а я л е т а. ♦ **(Тихий) Ангел пролетел.** Шутл. реплика, которую обычно произносят, чтобы нарушить внезапно наступившее неловкое молчание в ходе общей беседы. [*Тригорин:*] *Я люблю удить рыбу. Для меня нет больше наслаждения, как сидеть под вечер на берегу и смотреть на поплавок.* [*Нина:*] *Но, я думаю, кто испытал наслаждение творчества, для того уже все другие наслаждения не существуют.* [*Аркадина (смеясь):*] *Не говорите так. Когда ему говорят хорошие слова, то он проваливается.* [*Шамраев:*] *Помню, в Москве в оперном театре однажды знаменитый Сильва взял нижнее до. А в это время, как нарочно, сидел на галерее бас из наших синодальных певчих, и вдруг, можете себе представить наше крайнее изумление, мы слышим с галереи:* «*Браво, Сильва!*» — *целою октавой ниже... Вот этак (низким баском): браво, Сильва... Театр так и замер...* (*Пауза.*) [*Дорн:*] *Тихий ангел пролетел.* [*Нина:*] *А мне пора. Прощайте.* А. Чехов. Чайка. ♦ **Человек не ангел (♦ Люди не ангелы).** *Посл.* Людям свойственно ошибаться, все имеют недостатки. Говорится в оправдание или в утешение кому-либо. **Анѓелёнок. Ангелóк. Ангелóчек. А́нгелушка. А́нгельчик.** Уменьш.-ласк. к А н г е л (в 1 и 2 знач.). *Что это у вас за ангелочек эта Адочка, что за прелесть!* И. Тургенев. Дворянское гнездо. [*Василиса Петровна:*] *Теперь же сынок-то ваш, наш ангельчик, сюда приехал.* А. Островский. Воспитанница. [*Лидочка (подбегая к отцу):*] *И точно, принарядитесь, папашенька, право, принарядитесь. Что вы в самом деле стариком прикинулись!.. Ангельчик вы мой...* (*целует его*) *пойдёмте... душенька моя...* (*ещё целует*). А. Сухово-Кобылин. Свадьба Кречинского. [*Девушка:*] *Да нет; да нет; пожалуйте денег. Вот по этому счёту.* [*Жазиков:*] *Поверьте, я вам заплачу, всё сполна заплачу. <...> Приходите завтра; всё получите сполна. Прощайте, ангелочек вы мой!* И. Тургенев. Безденежье. **Ангелю́точка.** *Обл.* Ласк. обращ. **А́ндел.** *Обл.* То же, что А н г е л (во 2 знач.). *Отомкнула* [*старуха*] *сундук. — Это*

сынишка моего одежонка. Хоть всё понеси, андел мой, благодетель!.. Оболокайся, я самоварчик согрею. Б. Шергин. Мартынко. Кишкин рассказал ему новость относительно Кедровской дачи. Это известие заставило Петра Васильевича перекреститься. — Неужто правда, андел ты мой? А? Ах, боже мой... Ах, друг ты мой, какое ты словечко выговорил! Д. Мамин-Сибиряк. Золото. **Анделёнок. Анделёночек.** Обл. Уменьш.-ласк. к Андел.
♦ **Андели послали.** Обл. Особенно нежное приветствие ребёнку. СРНГ. **Ангельский,** -ая, -ое; -ие. Этикетный эпитет, употр. в составе формул комплиментов. [Уланбекова:] Я, кажется, никому зла не сделала. [Василиса Перегриновна:] Какое же зло? Да вы, по своему ангельскому сердцу, и мухи не обидите! А. Островский. Воспитанница. — Что делать-с! — заметил Гедеоновский. — <...> А как погляжу я на вас, моя барыня, нрав-то у вас истинно ангельский; пожалуйте-ка мне вашу белоснежную ручку. И. Тургенев. Дворянское гнездо. «Я твою Аграфену Александровну отвёл вниз сам и передал хозяйским дочерям, уговорил и успокоил, внушил, что тебе надо же оправдаться, так чтоб она не мешала...» Митя вскочил и бросился к нему. «Ангельская вы душа, благодарю за неё! Буду, буду спокоен...» Ф. Достоевский. Братья Карамазовы. **Андельной,** -ая, -ое; -ые. Обл. Милый, родимый (при обращении). СРНГ.

Ариведерчи (и **Аривидерчи**). [Итал. Arivederci — До свидания! Прощай/те!] «Ариведерчи!» — сказал я Анне-Марии. — «До свидания! — ответила она. — Привет Ленинграду. Думаю, мне повезёт и я побываю там». С. Высоцкий. Венеция, вид с моло. ∥ Разг. Форма дружеск.-шутл. или фамильярн. прощания в русскоязычной (преимущ. молодёжной) среде. [Первый мичман:] Вы близоруки, милорд. Хотите, открою секрет, кому желают служить матросики? Совсем задаром. Для друга. [Второй мичман:] Горю любопытством. [Первый мичман:] Большевикам, сэр... Мы ещё с вами увидим необыкновенные вещи. Рекомендую подумать... А я — спать. Ариведерчиа, миа кара... (Уходит.) Б. Лавренёв. Разлом. «Я рада за тебя, Вика. Аривидерчи!» — Они приложились щекой к щеке — это считалось, что поцеловались. С Машей Вика целовалась в губы: Маша не красилась. «До свиданья, девчонки.» С. Шуртаков. Одолень-трава. «Сань, через десять минут — последний автобус...» — «Уже и так ухожу. Аривидерчи». Т. Горбулина. Улица Коммунарка, чётная сторона.

♦ **А сейчас помолчим, только вот на какую тему?** Разг. Шутл. реплика, которую обычно произносят, чтобы нарушить внезапно наступившее неловкое молчание в ходе общей беседы. См. также: ♦ Ангел пролетел. ♦ Милиционер (футболист, хулиган, цыган) родился.

Ась (**Ась. Асе́. Асё́. Аси́. Ася́**). Частица. Прост. и обл. ▣ **1.** Вопросительный отклик на обращение; то же, что А[1] (в 1 знач.). «В просторечии обозначает вежливость, а более ласку, и может быть переведено фразой: «Что тебе надо, голубчик?» или «Что вам угодно?» СРНГ. «Граф!» — горестно вслух воскликнул Александр. — «Ась?» — откликнулся один гребец. И. Гончаров. Обыкновенная история. «Дядя!» — тихо позвал он. — «Ась?» — торопливо отозвался Терентий. М. Горький. Трое. ▣ «Дедушко!» — «Ася?» СРНГ. **Асенька (Асинька). Асеньки. Асенько (Асинько). Асинь. Асечки (Асички). Асетко. (Аситько). Асюшка.** ▣ Обл. Ласк. Чаще употр. в ответ на обращение детей. «Мать на зов своего малютки дитяти никогда не скажет ась, но асенька». СРНГ. ▣ «Нянька, знаешь ли што?» — «Асеньки?» — «Мама!» — «Асиньки, деточка?» СРНГ. «Ну-ко, Болдырко, чисти картофель!» — говорит жена мужу. — «Асинько-й?» — «Чисти, говорят». Ф. Решетников. Между молодыми. **2.** Употребляется после предложений как обращение к собеседнику, побуждающее подтвердить, поддержать сказанное; не так ли? не правда ли? То же, что А[1] (во 2 знач.) «Осторожность никогда не мешает... ась?» — с язвительной полуусмешкой заметил Нежданов. — «Именно, брат Алексей, не мешает никогда». И. Тургенев. Новь.

Аю́шка.[1] См. Ай[1].

Аю́шка,[2] м. и ж. В знач. сущ. ▣ Обл. Ласковое обращение. Аюшка мой, подь сюда. — Нет моей аюшки (В. Даль. СРНГ).

Ая́йка, м. и ж. ▣ Обл. Задушевный друг, товарищ. ∥ Дружеское обращение. **Аяюшка.** Ласк. [Тат. Ая — хозяин дома]. СРНГ.

Б

Ба! *Междом. Разг.* **Ба! ба! ба! (Ба, ба, ба!)** Употр. преимущ. в мужской речи для выражения радостного или шутл. удивления при неожиданной встрече с близким знакомым, приятелем, равным или младшим по возрасту, положению. *[Наталья Дмитриевна:] Вот мой Платон Михайлыч. [Чацкий:] Ба! Друг старый, мы давно знакомы, вот судьба!* А. Грибоедов. Горе от ума. *«Возможно ли? — вскричал я. — Иван Иваныч, ты ли?» — «Ба, ба, ба, Пётр Андреич! Какими судьбами? Откуда ты? Здорово, брат».* А. Пушкин. Капитанская дочка. *— Ба, ба, ба! — вскричал он [Ноздрёв] вдруг, расставив обе руки при виде Чичикова. — Какими судьбами?* Н. Гоголь. Мёртвые души. *— Ба, ба, ба! Пётр Петрович!.. Как поживаете?* И. Тургенев. Пётр Петрович Каратаев. ♦ **Ба! знакомые всё лица!** Шутл. или ирон. восклицание при неожиданной встрече приятелей, близких знакомых, равных по возрасту, положению. [Крылат. выражение из комедии А. С. Грибоедова «Горе от ума»].

Ба́ба. [Общеслав. Возникло в детск. речи как удвоение слога *ба*. Ср. подобные: М а м а. П а п а. Д я д я и др.] **1.** *Разг. Только ед.* **Баба** и звательн. форма **Баб.** Обращ. внуков к бабушке. ☞ *«Баба, а баб!» — «Аюшки?»* СРНГ. *Бабушка прекратила причитания, прижала меня к себе и перекрестила. «Ешь и ступай к дедушке на заимку». — «Один, баба?» — «Конечно, один. Ты уж вон у меня какой большой! Мужик!»* В. Астафьев. Последний поклон. *«Я скоро вернусь, а ты пока почитай что-нибудь». — «Ничего, баб».* Е. Мин. Дела семейные. | В сочет. с именем собственным. ☞ *«Баба Даша, пойдём к нам?» — «Завтра, внучек, приду»* (1991). **2.** *Прост. Только в сочет. с именем собств.* Обиходн. обращ. детей (реже подростков, юношей, девушек) к знакомой старушке. ☞ *Баба Ульяна, мамка сказала, корову подоит и придёт* (1991). **3.** *Прост.* **а)** ⌧ В дореволюц. России грубовато-фамильярн. мужск. обращ. старшего по возрасту, положению к замужней крестьянке, дворовой и т. п. *«Эй, баба, баба!» — закричал Иван Иванович, кивая пальцем. Старуха подошла к забору. — Что это у тебя, бабуся, такое?» — «Видите сами, ружьё».* Н. Гоголь. Повесть о том, как поссорился Иван Иванович с Иваном Никифоровичем. *— Милости просим. Да покойно ли тебе будет в сарае? Я прикажу бабам постлать тебе простыню и положить подушку. Эй, бабы! — вскричал он [Хорь], поднимаясь с места, — сюда, бабы!.. А ты, Федя, поди с ними. Бабы ведь народ глупый.* И. Тургенев. Хорь и Калиныч. *Великий князь сошёл с парохода, поставил ноги на суконном помосте и гаркнул, закручивая ус: «Зда-р-р-рова, бабы!!!» Среди поморок произошло смятение: «Сам ты баба! Бабами сваи бьют. Подёмте, жёнки, домой! Какой это князь, слова вежливо не умеет оболванить». Заворотились и уплыли, степенно шурша сарафанами.* Б. Шергин. Двинская земля. **б)** ⌧ Грубовато-фамильярн. мужск. обращ. к знакомой женщине, равной или низшей по положению. *[Миловидов:] Молодец ты, баба! Вот это мне на руку! Этаких я люблю!* А. Островский. На бойком месте. ‖ **Бабы,** *мн.* Обиходно-просторечн. обращ. к знакомым женщинам, равным или низшим по положению. Употр. преимущ. в сельск. местности. *«Скоро она кончится, война-то? — спросила вдруг Лиза. — Ты, Максимушка, оттуда, скажи ты нам — долго ещё ждать?» <…> «Скоро, бабы, скоро, — ответил Максим. — Сами знаете, наши до самой Германии дошли».* В. Распутин. Живи и помни. *«Здорово, бабы!» — «Здравствуй, здравствуй, Михайло». — «Чего весёлой-то?» — «А-а...» — «Не привёз невесту-то?» — «Нет, бабы, не вышло дело». — «Голова-то, поди, болит?» — «Болит, бабы», — признался парень и сел на приступок.* В. Белов. Привычное дело. | В устах женщины такое обращ. к односельчанкам, соседкам, подругам воспринимается обычно как дружеское, «на равных». *— Бабы, веселей! Бабоньки, повеселей! — говорила Марья, проходя мимо работающих.* Г. Медынский. Марья. *«У-у, праздник-от, праздник-от у нас, бабы!» — загудели старухи. «Вот это встретины дак ветретины!»* Ф. Абрамов. Дом. **4.** *Только ед.* ⌧ *Прост.* Грубовато-строгое обращ. мужа к жене. Употр. преимущ. в крестьянском обиходе. *Обращение с женою у Александра Афанасьевича было самое простое, но своеобразное: он ей* говорил «ты», а она ему «вы», он звал её «баба», а она его Александр Афанасьевич... Н. Лесков. Однодум. *Строгий на дому Пантелей Прокофьевич и то говорил жене: — Слышь, баба, Наташку не буди. Она и так днём мотается.* М. Шолохов. Тихий Дон. *Оставляя на жену хозяйство, <...> он давал жене строгий наказ: — А ты, баба, веди хозяйство по-разумному: не гнушайся мелкими делами, коль крупных нет.* А. Новиков. Причина происхождения туманностей. **5.** ⚠ *Обл. Только ед.* Обращ. к повитухе. *Повитуха привыкла к общительности и любила разговаривать с мужчинами. — «Да то будто нет! Мужик-то с войны валом навалился, а бабам страсть наступила...» — «Ты вот что, баба: нынче сюда один малый без шапки прискакал — жена у него никак не разродится, — он тебя, должно, ищет, а ты пробеги-ка по хатам да попроси, он здесь где-нибудь».* А. Платонов. Чевенгур. **Баба́ка.** ⚠ *Обл.* То же, что Бабушка (в 1 знач.). *Бабака, ты хвораешь?* СРНГ. **Баба́лька.** ⚠ *Обл.* То же, что Бабака. **Баба́ня.** ⚠ *Обл. Ласк.* обращ. к бабушке. **Баба́ша.** ⚠ *Обл.* То же, что Бабаня. **Баба́шенька.** ⚠ *Обл. Ласк.* к Бабаша. *Бабашенька, дай караваец.* СРНГ. **Ба́бенка.** *Обл.* То же, что Бабенька. *Скажи, бабенка, далече ль или близко наш тятенька ездил?* СРНГ. **Ба́бенька.** *Разг. Ласк.* к Бабушка. *«Ну, птички мои, ну, что? — говорила бабушка <...>. — Ну, что, Верочка? вот умница: причесалась». — «И я, бабенька, и я!» — кричала Марфенька.* И. Гончаров. Обрыв. *Заходит [солдат] в деревню, забегает в крайнюю избу: — Бабенька, пусти переночевать.* Страсть. Сказка. Зап. в 1915. **Ба́бина.** ⚠ *Обл.* Обращ. к замужней женщине. *Здравствуй, бабина.* СРНГ. **Ба́бица.** ⚠ *Обл.* Приветливое обращение к женщине средних лет. *— Здорово, бабица!* СРНГ. *Звонкие с утра и ещё не загорелые бабы на ходу дожевывали что-то, одна по одной подходили к брёвнам: «Ой, милые, а ведь грабли-то забыла!» — «Здорово, Ивановна!» — «День-то, день-то, краснёхонек!» — «Косить-то куда нонь, бабицы, за реку?»* В. Белов. Привычное дело. **Ба́бка. 1.** *Прост. Фамильярн.-снисх.* или *пренебрежит.* обращ. высшего по положению к незнакомой или малознакомой пожилой, бедно одетой женщине, старухе. *После них пришла на брёвна бабка Ев-*

столья со внуком. Она долго и мудро глядела на синее небо, на зелёное поле, покачивала ребёночка и напевала <...> «Здорово, бабка!» — вдруг услыхала она наигранно панибратский голос. — «Поди-тко, здравствуй». — «Бригадира не видела?» — «Я, батюшка, за бригадиром не бегаю. Не приставлена». — «Как... не приставлена?» — «А так». — «Я, бабка, из газеты», — сбавил тон пришелец, усаживаясь на брёвнах. — «Писатель?» — «Ну, вроде этого. — Мужчина закуривал. — Как силосование двигается?» В. Белов. Привычное дело. **2.** ⚠ *Обл.* Нередко в сочетании с именем собств.: *Бабка Дарья. Бабка Устинья* и т. п. Обиходн. обращ. к пожилой знакомой женщине. *Рослая, дородная, величественная с виду старуха стояла на крыльце, грозно хмурясь и прижимая к груди огромного, разъевшегося на вольных харчах рыжего кота. «Здорово, бабка!» — из уважения к возрасту старой хозяйки любезно приветствовал её Размётнов и слегка коснулся пальцами старой папахи. — «Слава Богу. Чего пожаловал, хуторской атаман? Хвались», — басом отвечала ему старуха.* М. Шолохов. Поднятая целина. **3.** ⚠ *Обл.* В сочет. с именем собств. Обиходн. обращ. взрослых внуков к бабушке, как *Папка* — к отцу, *Мамка* — к матери. *Поклонился тут Илья бабке. — Спасибо тебе, бабка Лукерья, за перья, а пуще того за наставленье. Век его не забуду.* П. Бажов. Синюшкин колодец. **4.** ⚠ *Прост. Шутл.* обращ. мужа к жене, обычно в семье пожилых супругов, когда у них есть внуки. ⌧ «*А что, бабка, ужинать мы сёдня будем?» — «Будем, дедка, будем».* (1992). **Ба́бонька. 1.** *Разг. Только ед. Ласк.* обращ. внучат к бабушке. *«Ой, бабонька!» — От полноты чувств я обнял её за шею и побадал головою. — «Ладно уж, ладно, — легонько отстранила меня бабушка. — Ишь, лиса-патрикеевна, всегда бы был такой ласковый да хороший».* В. Астафьев. Последний поклон. **2.** *Прост. Ласк.* или *фамильярн.* обращ. к женщине. *Светлыми, в кружеве морщин глазами глядит бабка Дроздиха на Аксинью, качает головой под горькие слова рассказа <...>. — «Придёшь, бабонька, пораньше завтра. Чуть займётся зорька, придёшь. К Дону пойдём, к воде».* М. Шолохов. Тихий Дон. *— Позволь, бабонька, — сказал фельдшер, — ври, да не завирайся. Чем больна-то?* М. Зощенко. Пациентка. *Бабушка <...> вынула из-под лавки бутылку с вином, на ходу начала наливать в рюмку и протяжно и певуче приговаривать: — А ну, бабоньки, а ну, подруженьки! Людям чтоб тын да помеха, нам чтоб смех да потеха!* В. Астафьев. Последний поклон. *— Здорово живёте, бабоньки! — сказал мужчина, сняв фуражку и поклонившись налево, где около одного дома разговаривали шесть женщин.* Ф. Решетников. Глумовы. *— Эй, бабоньки! — кричали суходольские мужики. — Приходите вечерком под копёнку, потолкуем.* Е. Носов. Шумит луговая овсяница. **Ба́бочка.** Разг. То же, что Ба́бонька (в 1 и 2 знач.). ▭ *Бабочка, смотри, какой жук ползёт!* (1992). *Старуха, снова начинающая кашлять, садится отдохнуть у ворот. — Который тебе год, бабочка? — Да, поди, девяносто лет, милая.* Г. Успенский. Примерная семья. *— Куда и определить тебя, бабочка, не знаю... забыла всё, поди? Может, в Лошкареве должности тебе попросить? — маялся он [старик] перед профессорской женой.* Л. Леонов. Русский лес. *Вошли в жарко натопленную кухню. Приезжий снял башлык, <...> поклонился сидевшим на лавке бабам — хозяйке и снохе. «Здорово живёте, бабочки!» — «Слава Богу», — сдержанно ответила ему хозяйка, выжидательно, вопрошающе глянув на мужа: «Что это, дескать, за человека ты привёл и какое с ним нужно обхождение?»* М. Шолохов. Поднятая целина. **Бабо́шь.** (удар.?) ◊ Обл. Ласк. обращ. внучат к бабушке. ▭ *Бабошь, а бабошь, дай хлебца.* СРНГ. **Бабука.** (удар.?) ◊ Обл. Бабушка. *Одна из казачек, старая, высокая, мужественная женщина, с противоположного двора, подходит к бабуке Улитке просить огня, в руке у неё тряпка. «Что, бабука, убрались?» — говорит она. — «Девка топит. Аль огоньку надо?» — говорит бабука Улитка, гордая тем, что может услужить.* Л. Толстой. Казаки. **Бабу́ля (Бабу́ль). Бабу́ленька. Бабу́лечка. Бабу́лька. Бабу́ня (Бабу́нь). Бабу́нечка. Бабу́нюшка. Бабу́ся (Бабу́сь). Бабу́сенька. Бабу́сечка.** Разг. **1.** Ласк. к Ба́бушка (в 1 знач.) *«В добрый час! Господь благословит!» — кричала с крыльца бабушка. — Ты же, Саша, пиши нам из Москвы!» — «Ладно. Прощайте, бабуля». — «Сохрани тебя Царица Небесная!»* А. Чехов. Невеста. ▭ *«Внуча, детонька моя, ты из дома напиши мне, как доехали, а то маме некогда всё». — «Напишу, бабулька...»* (1992). *За плетнём Игнатов сынишка в песке играет. «Бабуня!» — «Аюшки, внучек?» — «Поглянь-ка, бабуня, чего вода принесла».* М. Шолохов. Коловерть. *«А как вас зовут, матушка?» — «Да звали Варварой Гавриловной», — растерянно отвечала старушка. — А теперь по имени никто не зовёт. Внучка называет «бабусей», — а соседи — так то просто «бабкой».* К. Паустовский. Дым отечества. **2.** Обращ. значительно младших по возрасту к старушке. (Может иметь различные оттенки: ласк., приветл., шутл.-снисх., фамильярн. в зависимости от содержания разговора, социального положения адресанта и адресата, уровня их культуры и образования.) *«Кто там?» — закричала она [старуха], глухо кашляя. — «Пусти, бабуся, переночевать. Сбились с дороги».* Н. Гоголь. Вий. *— Приходит бабка Стукалова и говорит: «Взвесь-ка мне, доченька, кило сахару». Валентина взвесила. «Спасибо те, милая», — это опять бабка. А Валентина вдруг, что никогда с ней такого не бывало, говорит бабке в ответ: «Пожалуйста, бабуся. Приходите ещё». Смекаешь?.. Валентинину культуру общения ты на себе каждый день испытываешь — знаешь. И вдруг — «пожалуйста, бабуся».* В. Куропатов. Едришкина качель. *— Тоскую по нём, родная бабунюшка. На своих глазыньках сохну! Не успеваю юбку ушивать — что ни день, то шире становится... Пройдёт мимо база, а у меня сердце закипает... упала б наземь, следы б его целовала... Может, присушил чем? Пособи, бабунюшка! Женить его собираются... Пособи, родная! Что сто́ит — отдам.* М. Шолохов. Тихий Дон. *[Дама — старушке:] «Посмотрите, бабулечка, что наделал столяр — запятнал чёрным лаком наружную полку буфета и ушёл». — «Эти пятна надо циклевать...» — «Бабулечка, завтра день моего рождения! Будут гости. Вот вам лак и кисточки. Займитесь этой полочкой, а потом я угощу вас чаем с мёдом».* Б. Шергин. Пословицы в рассказах. *«А что я такого сказал? — гремит парень. — Разве я его обидел? Кузьма, я обидел тебя?» — «Пока ничего обидного не было», — осторожно отвечает Кузьма. — «Во! Слышала, бабуся! Кузьма не обиделся. Ну, бабуся, опять ты на меня тянешь!»* В. Распутин.

Деньги для Марии. ▫ *Прихожу на почту, спрашиваю: «Почему газет нету?» — «Не волнуйтесь, бабуля, это там в Москве задерживают».* (Из радиопередачи, 1992). **Бабу́ша (Бабу́ш).** *Обл.* То же, что Бабушка (в 1 знач.). *«Бабуш, а бабуш, — спрашивала Алёнка шёпотом, — чудо тебе сегодня снилось?» — Зевая и крестясь, бабка Авдотья некоторое время читала молитвы <...>. — «Снилось, — говорила она вполголоса неожиданно ясно. — Много всякого снилось, знать, конец близится-то, близится, внуча, сырой землёй шибает».* П. Проскурин. Судьба. **Ба́бушка. 1.** Обращение внуков к бабушке. *Прощайте, милая бабушка, прошу вашего благословения, целую ваши ручки и остаюсь покорный внук / М. Лермонтов.* М. Лермонтов. Письмо Е. А. Арсеньевой, апр. 1836. *«Ну, ты как?» — обращается она к старшему внучку, Петеньке. — «Ничего, бабушка, вот на будущий год в офицеры выйду».* М. Салтыков-Щедрин. Господа Головлёвы. **2.** *Разг.* Вежл. обращ. младшего по возрасту к старушке. *Старушка подошла к приказчику и протянула ему картонку, зашитую на прорехах суровыми нитками. — Не надо, бабушка, так отпустим, — заявил приказчик.* А. Платонов. Чевенгур. *Завьялиха, привычная к поздним посетителям, скоро открыла ему. «Я книги возьму, бабушка». — «Возьми, милай, возьми... Я одной тут надысь печку растопила, отсырели дровишки, хоть плачь».* В. Шукшин. Любавины. | В сочет. с именем собств. — *Бабушка Шура, сколько вам лет?* ‖ Обращ. к знахарке, повитухе, ворожее. *Однажды попросили её: — Бабушка Авдотья... Ты лечишь, пособничаешь, поучила бы...* П. Еремеев. Обиход. *Уже за несколько недель беременная женщина начинала просить: — Бабушка Анисья, ты уж не оставь меня!* В. Гиляровский. Москва и москвичи. **Ба́бынька.** ▫ *Обл.* и прост. То же, что Бабонька (в 1 знач.). *Один раз — ночью — лежит Моря на печи, — не спится. Свесила голову и видит. Отворилась дверь, вошла какая-то лохматая баба, вынула Дуничку из люльки и — в дверь — и была такова. Закричала Моря: — Бабынька, бабынька, Дуньку страшная баба унесла. Кикимора. Сказка.* Из собр. А. Н. Афанасьева. **Ба́унька.** ▫ *Обл.* То же, что Бабонька (в 1 и 2 знач.). *[Спиридоньевна (оскаляясь):] Опасается она, поди,*

баунька, его шибко? [Матрёна:] Как бы кажись, мать, не опасаться? А. Писемский. Горькая судьбина. **Ба́ушка.** ▫ *Обл.* Бабушка. *«А ты, милая моя, чево ко мне. Ко мне, знахарке, так просто не ходят...» — «Помоги, баушка! Ребёночек у меня сучит ножками, не спит по ночам».* П. Еремеев. Обиход. **Ба́ушенька.** ▫ *Обл.* Ласк. к Баушка. *Поехал королевич в зелёные луга. Навстречу тут ему старушка идёт. — Старушенька, баушенька, рассуди мой сон?* Сказка. Зап. Киреевский, 1860. ▫ *А девки и говорят: — Ой ты, баушенька! ты бы накормила да напоила.* СРНГ.

Баже́ный, -ая; -ые. **Бажа́ный. Бажа́тный. Бажо́ный. Бажо́ной. Баже́ненький.** *В знач. сущ.* ▫ *Обл.* Ласк., приветл. обращения к собеседнику; чаще — к близкому, любимому, родному человеку (ребёнку, девушке, женщине); милый, любимый, желанный, дорогой. ▫ *Ох! ты мой баженой!* СРНГ. *«Что я спрошу тебя, Аниса, почему ты за старого пошла?» — «С дику, бажоной. Перед подружками нать было похвастаться, что муж иностранец».* Б. Шергин. Аниса. ▫ *Доконно знаю, что вы теперь бродите искать, не попадётся ли вам где пивца чашка. Разве вам праздника-то мало было, ещё не успели набражничаться? По-моему, ужо́, бажоные, льзя и перестать, да приняться и за дело.* СРНГ. **Бажа́тик. Баже́ник. Баже́ничек. Баженочек. Бажене́ночек. Баже́ньчик.** ▫ *Обл.* Милый, дорогой, голубчик. **Баже́ница. Баже́нка. Баже́нька.** ▫ *Обл.* Милая, дорогая, голубушка, душенька. СРНГ.

Бай-бай. [Англ. bye-bye — «пока»]. *Разг.* Шутл. молодёжн. форма прощания. ▫ [На автобусной остановке прощаются девушка с юношей:] *«Ну, ладно, пока, Лёш». — «Бай-бай, Леночка!»* (1992).

Барин, ▫ *Прост.* В дореволюц. России — обращение лиц из простонародья (крестьян, дворовой прислуги и т. п.) к дворянину, помещику, господину или к богато одетому, важному на вид мужчине. *Когда Охотников с Прокудиным подошёл к своей квартире, у самого палисадника увидели они Ефима, стоявшего с письмом в руке. — Вот, барин, — сказал он торжественно, снимая шапку, — письмо от ея сиятельства княгини Натальи Фёдоровны, с дворецким прислано.* Е. Шумигорский. Роман принцессы Иеверской. *— Смотри, барин,* ентка. *Бабушка <...> вынула из-под лавки бутылку с вином, на ходу начала наливать в рюмку и протяжно и певуче приговаривать: — А ну, бабоньки, а ну, подруженьки! Людям чтоб тын да помеха, нам чтоб смех да потеха!* В. Астафьев. Последний поклон. — *Здорово живёте, бабоньки!* — *сказал мужчина, сняв фуражку и поклонившись налево, где около одного дома разговаривали шесть женщин.* Ф. Решетников. Глумовы. — *Эй, бабоньки!* — *кричали суходольские мужики. — Приходите вечерком под копёнку, потолкуем.* Е. Носов. Шумит луговая овсяница. **Ба́бочка.** *Разг.* То же, что Ба́бонька (в 1 и 2 знач.). ▱ *Бабочка, смотри, какой жук ползёт!* (1992). *Старуха, снова начинающая кашлять, садится отдохнуть у ворот. — «Который тебе год, бабочка?» — «Да, поди, девяносто лет, милая».* Г. Успенский. Примерная семья. — *Куда и определить тебя, бабочка, не знаю... забыла всё, поди? Может, в Лошкареве должности тебе попросить? — маялся он [старик] перед профессорской женой.* Л. Леонов. Русский лес. *Вошли в жарко натопленную кухню. Приезжий снял башлык, <...> поклонился сидевшим на лавке бабам — хозяйке и снохе. «Здорово живёте, бабочки!» — «Слава Богу», — сдержанно ответила ему хозяйка, выжидательно, вопрошающе глянув на мужа: «Что это, дескать, за человека ты привёл и какое с ним нужно обхождение?»* М. Шолохов. Поднятая целина. **Бабо́шь.** (удар.?) ⊠ *Обл. Ласк. обращ. внучат к бабушке.* ▱ *Бабошь, а бабошь, дай хлебца.* СРНГ. **Бабу́ка.** (удар.?) ⊠ *Обл. Бабушка. Одна из казачек, старая, высокая, мужественная женщина, с противоположного двора, подходит к бабуке Улитке просить огня, в руке у неё тряпка. «Что, бабука, убрались?» — говорит она. — «Девка топит. Аль огоньку надо?» — говорит бабука Улитка, гордая тем, что может услужить.* Л. Толстой. Казаки. **Бабу́ля (Бабу́ль). Бабу́ленька. Бабу́лечка. Бабу́лька. Бабу́ня (Бабу́нь). Бабу́нечка. Бабу́нюшка. Бабу́ся (Бабу́сь). Бабу́сенька. Бабу́сечка.** *Разг.* **1.** *Ласк.* к Бабушка (в 1 знач.) «*В добрый час! Господь благословит!» — кричала с крыльца бабушка. — Ты же, Саша, пиши нам из Москвы!» — «Ладно. Прощайте, бабуля». — «Сохрани тебя Царица Небесная!»* А. Чехов. Невеста. ▱ *«Внуча, детонька моя, ты из дома напиши мне, как доехали, а то маме некогда всё». — «Напишу, бабулька...»* (1992). *За плетнём Игнатов сынишка в песке играет. «Бабуня!» — «Аюшки, внучек?» — «Поглянь-ка, бабуня, чего вода принесла».* М. Шолохов. Коловерть. «*А как вас зовут, матушка?» — «Да звали Варварой Гавриловной, — растерянно отвечала старушка. — А теперь по имени никто не зовёт. Внучка называет «бабусей», а соседи — так то просто «бабкой».* К. Паустовский. Дым отечества. **2.** *Обращ. значительно младших по возрасту к старушке. (Может иметь различные оттенки: ласк., приветл., шутл.-снисх., фамильярн. в зависимости от содержания разговора, социального положения адресанта и адресата, уровня их культуры и образования.)* «*Кто там?» — закричала она [старуха], глухо кашляя. — «Пусти, бабуся, переночевать. Сбились с дороги».* Н. Гоголь. Вий. — *Приходит бабка Стукалова и говорит: «Взвесь-ка мне, доченька, кило сахару». Валентина взвесила. «Спасибо те, милая», — это опять бабка. А Валентина вдруг, что никогда с ней такого не бывало, говорит бабке в ответ: «Пожалуйста, бабуся. Приходите ещё». Смекаешь?.. Валентинину культуру общения ты на себе каждый день испытываешь — знаешь. И вдруг — «пожалуйста, бабуся».* В. Куропатов. Едришкина качель. — *Тоскую по нём, родная бабунюшка. На своих глазыньках сохну́! Не успеваю юбку ушивать — что ни день, то шире становится... Пройдёт мимо база, а у меня сердце закипает... упала б наземь, следы б его целовала... Может, присушил чем? Пособи, бабунюшка! Женить его собираются... Пособи, родная! Что сто́ит — отдам.* М. Шолохов. Тихий Дон. [Дама — старушке:] «*Посмотрите, бабулечка, что наделал столяр — запятнал чёрным лаком наружную полку буфета и ушёл». — «Эти пятна надо циклевать...» — «Бабулечка, завтра день моего рождения! Будут гости. Вот вам лак и кисточки. Займитесь этой полочкой, а потом я угощу вас чаем с мёдом».* Б. Шергин. Пословицы в рассказах. «*А что я такого сказал? — гремит парень. — Разве я его обидел? Кузьма, я обидел тебя?» — «Пока ничего обидного не было», — осторожно отвечает Кузьма. — «Во! Слышала, бабуся! Кузьма не обиделся. Ну, бабуся, опять ты на меня тянешь!»* В. Распутин.

Деньги для Марии. ▫ *Прихожу на почту, спрашиваю: «Почему газет нету?» — «Не волнуйтесь, бабуля, это там в Москве задерживают».* (Из радиопередачи, 1992). **Бабу́ша (Бабу́ш).** *Обл.* То же, что Бабушка (в 1 знач.). *«Бабуш, а бабуш, — спрашивала Алёнка шёпотом, — чудо тебе сегодня снилось?» — Зевая и крестясь, бабка Авдотья некоторое время читала молитвы <...>. — «Снилось, — говорила она вполголоса неожиданно ясно. — Много всякого снилось, знать, конец близится-то, близится, внуча, сырой землёй шибает».* П. Проскурин. Судьба. **Ба́бушка. 1.** Обращение внуков к бабушке. *Прощайте, милая бабушка, прошу вашего благословения, целую ваши ручки и остаюсь покорный внук / М. Лермонтов.* М. Лермонтов. Письмо Е. А. Арсеньевой, апр. 1836. *«Ну, ты как?» — обращается она к старшему внучку, Петеньке. — «Ничего, бабушка, вот на будущий год в офицеры выйду».* М. Салтыков-Щедрин. Господа Головлёвы. **2.** *Разг.* Вежл. обращ. младшего по возрасту к старушке. *Старушка подошла к приказчику и протянула ему картонку, зашитую на прорехах суровыми нитками. — Не надо, бабушка, так отпустим, — заявил приказчик.* А. Платонов. Чевенгур. *Завьялиха, привычная к поздним посетителям, скоро открыла ему. «Я книги возьму, бабушка». — «Возьми, милай, возьми... Я одной тут надысь печку растопила, отсырели дровишки, хоть плачь».* В. Шукшин. Любавины. | В сочет. с именем собств. — *Бабушка Шура, сколько вам лет?* ‖ Обращ. к знахарке, повитухе, ворожее. *Однажды попросили её: — Бабушка Авдотья... Ты лечишь, пособничаешь, поучила бы...* П. Еремеев. Обиход. *Уже за несколько недель беременная женщина начинала просить: — Бабушка Анисья, ты уж не оставь меня!* В. Гиляровский. Москва и москвичи. **Ба́бынька.** ▫ *Обл.* и *прост.* То же, что Бабонька (в 1 знач.). *Один раз ночью — лежит Моря на печи, — не спится. Свесила голову и видит. Отворилась дверь, вошла какая-то лохматая баба, вынула Дуничку из люльки и — в дверь — и была такова. Закричала Моря: — Бабынька, бабынька, Дуньку страшная баба унесла. Кикимора. Сказка. Из собр. А. Н. Афанасьева.* **Ба́унька.** ▫ *Обл.* То же, что Бабонька (в 1 и 2 знач.). *[Спиридоньевна (оскаляясь):] Опасается она, поди,*

баунька, его шибко? [Матрёна:] Как бы кажись, мать, не опасаться? А. Писемский. Горькая судьбина. **Ба́ушка.** ▫ *Обл.* Бабушка. *«А ты, милая моя, чево ко мне. Ко мне, знахарке, так просто не ходят...» — «Помоги, баушка! Ребёночек у меня сучит ножками, не спит по ночам».* П. Еремеев. Обиход. **Ба́ушенька.** ▫ *Обл.* Ласк. к Ба́ушка. *Поехал королевич в зелёные луга. Навстречу тут ему старушка идёт. — Старушенька, баушенька, рассуди мой сон?* Сказка. Зап. Киреевский, 1860. ▫ *А девки и говорят: — Ой ты, баушенька! ты бы накормила да напоила.* СРНГ.

Баже́ный, -ая; -ые. **Бажа́ный. Бажа́тный. Бажо́ный. Бажо́ной. Баже́ненький.** *В знач. сущ.* ▫ *Обл.* Ласк., приветл. обращения к собеседнику; чаще — к близкому, любимому, родному человеку (ребёнку, девушке, женщине); милый, любимый, желанный, дорогой. ▫ *Ох! ты мой баженой!* СРНГ. *«Что я спрошу тебя, Аниса, почему ты за старого пошла?» — «С дику, бажоной. Перед подружками нать было похвастаться, что муж иностранец».* Б. Шергин. Аниса. ▫ *Доконно знаю, что вы теперь бродите искать, не попадётся ли вам где пивца чашка. Разве вам праздника-то мало было, ещё не успели набражничаться? По-моему, ужо́, бажоные, льзя и перестать, да приняться и за дело.* СРНГ. **Бажа́тик. Баже́ник. Баже́ничек. Бажёночек. Баженёночек. Баже́нь-чик.** ▫ *Обл.* Милый, дорогой, голубчик. **Баже́ница. Баже́нка. Баже́нька.** ▫ *Обл.* Милая, дорогая, голубушка, душенька. СРНГ.

Бай-бай. [Англ. bye-bye — «пока»]. *Разг.* Шутл. молодёжн. форма прощания. ▫ [На автобусной остановке прощаются девушка с юношей:] *«Ну, ладно, пока, Лёш». — «Бай-бай, Леночка!»* (1992).

Барин, ▫ *Прост.* В дореволюционной России — обращение лиц из простонародья (крестьян, дворовой прислуги и т. п.) к дворянину, помещику, господину или к богато одетому, важному на вид мужчине. *Когда Охотников с Прокудиным подошёл к своей квартире, у самого палисадника увидели они Ефима, стоявшего с письмом в руке. — Вот, барин, — сказал он торжественно, снимая шапку, — письмо от ея сиятельства княгини Натальи Фёдоровны, с дворецким прислано.* Е. Шумигорский. Роман принцессы Иеверской. — *Смотри, барин,* взялся за гуж, не отставать! — сказал Тит, и Левин услыхал сдержанный смех между косцами. Л. Толстой. Анна Каренина. *Какой-то господин с портфелем, с холёной бородой, в расстёгнутой хорьковой шубе, спрашивал у дворника: «Скажите, мой дорогой, что там за толпа? Что там, собственно, происходит?» — «Хлеба требуют, бунтуют, барин».* А. Толстой. Хождение по мукам. *«Добрый день, барин!» — Насмешка теперь это слово — барин! У ней не насмешка, а привычка. Это плетётся из города соседка-няня, идёт-мотается.* И. Шмелёв. Солнце мёртвых. ‖ Обращение ямщика, извозчика к седоку. *— Эй, пошёл, ямщик!.. — Нет мочи: Коням, барин, тяжело; Вьюга мне слипает очи, Все дороги замело.* А. Пушкин. Бесы. *— Не чертыхайся, барин, что конь шибко понёс, тута спуск с Рождественской горки... Держись, барин, за что легче...* Е. Иванов. Меткое московское слово. ♦ **Батюшка-барин (Барин-батюшка).** ⌛ *Прост. Почтительно-ласк.* — *Он-то вас довезёт, батюшка-барин, а мои уж лошади вовсе стали.* Л. Толстой. Метель. *— Барин-батюшка, — заговорила женщина <...>, — подайте на хлеб... Хоть малость какую...* Д. Григорович. Рождеств. ночь. *«Хочу-у-а-а!» — закатывался, топая ногами, кудрявый мальчик». <...> — «Ах, боже мой! Ах! Николай Аполлоныч!.. Батюшка-барин!.. Успокойся, Трилли, умоляю тебя!» — опять засуетились люди на балконе.* А. Куприн. Белый пудель. ♦ **Барин хороший.** ⌛ *Прост. Вежл. или ласк.* обращ. лиц из простонародья к незнакомому барину, господину, представительному на вид мужчине из штатских. *[Гавриловна:] Здравствуйте, барин хороший! [Леонид (кланяется):] Здравствуйте! [Гавриловна:] А что, барин, чай, вам скучно в деревне-то? [Леонид:] Нет, ничего.* А. Островский. Воспитанница. *Оборванный мальчишка остановился перед ним, робко посмотрел на него, протянул руку... — Христа ради, барин хороший...* — *Петушков достал грош.* И. Тургенев. Петушков. *— Барин хороший, золотой мой барин, дай мне руку. По лицу вижу, — богатый будешь, большой начальник будешь, — канючила Людмила и взяла-таки руку Передонова.* Ф. Сологуб. Мелкий бес. **Баринóк. Бáринушка.** ⌛ *Разг. Ласк. или сочувств.* обращ. к барину или малолетнему сыну барина. — *Баринушка, баринок ты мой.* В. Даль. *Но однажды как-то случайно, зашла она [Евпраксеюшка] в столовую в то время, когда Иудушка наскоро доедал кусок жареного гуся, и вдруг ей сделалось жутко. <...> — Баринушка! что такое? что случилось? — бросилась она к нему в испуге.* М. Салтыков-Щедрин. Господа Головлёвы. **Бáрыня.** ⌛ *Прост. Обращ.* лиц из простонародья (прислуги, крестьян, дворовых и т. п.) к жене барина, госпоже, а также к богато одетой, важной на вид женщине. *Вот, слышно, горничная сошла вниз, потом вернулась. «Барыня! — сказала она и постучала в дверь. — Барыня!» — «Что такое?» — спросила Юлия. — «Вам телеграмма!»* А. Чехов. Три года. *Лодыжкин обиделся и надел на голову картуз. — Собаками, барыня, не торгую-с, — сказал он холодно и с достоинством. — А этот пёс, сударыня, можно сказать, нас двоих <...> кормит, поит и одевает.* А. Куприн. Белый пудель. ♦ **Матушка-барыня.** ⌛ *Прост. Почтит.* *[Улита:] Да вот ещё, матушка-барыня, уж и не знаю, как вам доложить. [Гурмыжская:] Говори, что такое!* А. Островский. Лес. *— Уж так плох, матушка-барыня, так плох, — присовокупила скотница, качая головою, — лица на нём, сударыня, нетути...* Д. Григорович. Бобыль. ♦ **Барыня-сударыня (♦ Сударыня-барыня).** ⌛ *Прост. Вежл.* *Говорит старик своей старухе: «Здравствуй, барыня сударыня дворянка! Чай, теперь твоя душенька довольна».* А. Пушкин. Сказка о рыбаке и рыбке. *— И вам, раскрасавица наша, поклон, — продолжал он [Ежевикин], обращаясь к девице Перепелицыной. Что делать, сударыня-барыня: подлец!* Ф. Достоевский. Село Степанчиково и его обитатели. **Бáрынька** ⌛ *Прост. Ласк. или уничижит.* к Барыня. *[Первый матрос:] Где офицерьё? [Татьяна:] Какое офицерьё? [Первый матрос:] Ты, барынька, не заливай. Мы тоже сами царской фамилии и умеем кушать миноги с фаршированными баклажанами.* Б. Лавренёв. Разлом. **Бáрич.** ⌛ *Прост. Обращ.* лиц низших сословий к сыну барина, молодому барину. **Барчýк.** ⌛ *Прост. Обращ.* лиц низших сословий к малолетнему или молодому сыну барина. — *Ну ж и одёжи на вас, барчук... Ровно в мороз! — усмехнулся Федос, одевая мальчика.* К. Станюкович. Нянька. *Петя, не дождавшись того, чтобы все* экипажи проехали, прежде других хотел двинуться дальше и начал решительно работать локтями; но баба, стоявшая против него, на которую он первый направил свои локти, сердито крикнула на него: — Что, барчук, толкаешься, видишь — все стоят. Что ж лезть-то! Л. Толстой. Война и мир. **Ба́рышня. 1.** ⚡ *Прост.* Обращ. лиц из простонародья (прислуги, дворовых, крестьян и т. п.) к молодой незамужней дочери барина. «Скоро ли рассветёт?» — спросила Наталья. — «Теперь уж полдень, — отвечала служанка». — «Ах, боже мой, отчего так темно?» — «Окна закрыты, барышня». А. Пушкин. Арап Петра Великого. Он [Рудин] ходил по плотине, а Наталья спешила к нему прямо через поле, по мокрой траве. — Барышня! барышня! вы себе ноги замочите, — говорила ей горничная Маша, едва поспевая за ней. И. Тургенев. Рудин. *[Иван Сидоров (Лидочке):]* Позвольте, барышня вы наша, ручку поцеловать. *(Подходит и целует у неё руку — она целует его в лоб.)* Добрая, добрая наша барышня. А. Сухово-Кобылин. Дело. **2.** Обращ. к девушке. **а)** ⚡ *Разг.* До революции употр. преимущ. по отношению к девушке благородного происхождения или симпатичной, нарядно одетой городской девушке. *[Надя:]* Знаешь, тётя, выходим мы из лесу — вдруг трое пьяных рабочих... понимаешь? <...> Улыбаются и говорят: «Барышни вы наши милые...» М. Горький. Враги. Елена была уже два года замужем, но её очень часто называли барышней, что иногда льстило ей, а иногда причиняло досаду. А. Куприн. Морская болезнь. Александр Степанович вышел к пруду, подошёл к хорошенькой мещанской девице, показал сторублёвую бумажку и сказал: — Барышня! Если вы сейчас в полном вашем наряде прыгнете в пруд и окунётесь с головою, то эта сторублёвочка будет ваша. В. Вересаев. Невыдуманные рассказы. **б)** ⚡ *Прост.* В период революции и гражд. войны — ирон. или уничижит. обращ. революционно настроенного лица к «классово чуждой», нарядно одетой девушке. *[Годун (с облегчением):]* Едем... Будьте здоровы, Татьяна Ивановна. *[Татьяна:]* Всего хорошего. <...> *[Ксения:]* Красный адмирал, а мне «до свидания»? *[Годун:]* До свидания, барышня. *[Ксения:]* Штраф! Не барышня, а товарищ. *[Годун:]* До свидания, товарищ барышня. Б. Лавренёв. Разлом. Он [Павка] встал и, надвинув на лоб кепку, что всегда у него являлось признаком злости, проговорил, подбирая наиболее деликатные слова: — Вы бы, барышня, ушивались куда-нибудь, что ли. Н. Островский. Как закалялась сталь. ‖ ⚡ *Прост.* В речи пожилых людей — вежл. или ласк. обращ. к городской девушке. «Берегите Медведева Мишку! — обернувшись приказала Настя. — Я к нему скоро в гости приду». — «Будь покойна, барышня!» — пообещал колхоз. А. Платонов. Котлован. Она [Лена] терпеливо кивала на его попытки помочь чужой беде с помощью таких умных и нарядных слов. «Очень складно у вас получается. Это, пожалуй, правильно вы сказали, что песня — обратная сторона молитвы. Ну, что ж, и на том спасибо вам...» — «Благодарить не за что пока, милая барышня», — смутился он [Вихров]. Л. Леонов. Русский лес. ‖ ⚡ *Прост.* Обращ. к служащей бюро, канцелярии; кассиру, телефонистке. *[Дунька:]* Елисатового тут нету, барышня? *[Панова:]* Нету, барышня. *[Дунька:]* Я-то уж не барышня, признаться. *[Панова:]* А вы не признавайтесь. *[Дунька:]* Ну, этого уже платочком не закроешь. К. Тренёв. Любовь Яровая. *Подхожу к аппарату. Звоню срочно. — Алло, — говорю, — барышня, дайте в ударном порядке уголовный розыск. Обкраден, говорю, вчистую.* М. Зощенко. Телефон. **в)** В современном речевом обиходе — разг., шутл. обращ. к девушке. *Меня обогнали явно спешащие две девушки. — Веселей, барышни! — поторопил я, подумав, что они явно бегут к началу телефильма...* В. Крупин. Боковой ветер. *А дяденька, вылезавший возле неё из полотняных штанов, поинтересовался игриво: «Ну, как водичка, барышня?»* Т. Горбулина. Улица Коммунарка, чётная сторона. *Раздаётся телефонный звонок. Мингали снимает трубку: — Четвёртый участок... Вам Алдакаева, барышня? Пожалуйста, Алдакаев на проводе... А-а-а, это ты, Соня!* В. Куропатов. Жена бригадира. ♦ **Матушка-барышня.** ⚡ *Прост.* Почтит. обращ. крестьян к дочери барина. *Сильфидой показалась княжна Калиновичу, когда она стала мелькать в толпе и, раздавая бабам и девкам пряники и ленты, говорила: «Вот вам, миленькие, возьмите». Нельзя сказать, чтоб всё это принималось с особенным удовольствием или* с жадностью; девки, неторопливо беря, конфузились и краснели, а женщины смеялись. Некоторые даже говорили: «Что это, матушка-барышня, беспокоите себя понапрасну? Не за этим, сударыня, ходим». А. Писемский. Тысяча душ.

Баро́н. ▨ [Дворянский титул (ниже графского) в Западной Европе; в России введён при Петре I для высшего слоя дворянства (обычно прибалтийского, немецкого происхождения); лицо, носящее этот титул]. Неофиц. обращение высших или равных по положению к барону. *Прими сей череп, Дельвиг, он Принадлежит тебе по праву. Тебе поведаю, барон, Его готическую славу.* А. Пушкин. Послание Дельвигу. *Любезнейший барон, мне непременно нужно Вас видеть — могу я приехать в среду в 12 часов утра или в 5? Дайте мне знать одним словом в Буживаль. Заранее благодарю.* И. Тургенев. Письмо Г. О. Гинцбургу, конец 1880 — нач. 1882. *Войдя в кабинет, он [генерал Меллер-Закомельский] остановился перед князем и, не прося его сесть, сказал: «Я здесь воинский начальник, и потому все переговоры с неприятелем должны быть веденый через меня. Почему вы не донесли мне о выходе Хаджи-Мурата?» — «Ко мне пришёл лазутчик и объявил желание Хаджи-Мурата отдаться мне», — отвечал Воронцов, бледнея от волнения, ожидая грубой выходки разгневанного генерала и вместе с тем заражаясь его гневом. «Я спрашиваю, почему вы не донесли мне?» — «Я намеревался сделать это, барон, но…» — «Я вам не барон, а ваше превосходительство». И тут вдруг прорвалось долго сдерживаемое раздражение барона. Он высказал всё, что давно накипело у него в душе. <…> «Ваше превосходительство! Я прошу вас не говорить того, что несправедливо», — перебил его Воронцов. — «Я говорю правду и не позволю…» — ещё раздражительнее заговорил генерал. В это время, шурша юбками, вошла Марья Васильевна и за ней невысокая скромная дама, жена Меллера-Закомельского. «Ну, полноте, барон, Simon не хотел вам сделать неприятности», — заговорила Марья Васильевна. «Я, княгиня, не про то говорю…» — «Ну, знаете, лучше оставим это. Знаете, худой спор лучше доброй ссоры. Что я говорю…» — Она засмеялась. И сердитый генерал покорился обворожительной улыб*ке красавицы. *Под усами его мелькнула улыбка.* Л. Толстой. Хаджи-Мурат. ♦ **Господин баро́н.** Офиц.-учтив. *«Магнус, как ты попал к принцессе?» — воскликнул барон по-немецки, забыв обычную свою сдержанность в обращении с людьми, стоявшими ниже его по общественному положению. «Меня рекомендовал граф Пален ея шталмейстеру, господин барон. <…> Когда ея светлость изволит быть у старой императрицы <…>, — самодовольно отвечал Магнус, — всегда меня берут с собою, господин барон».* Е. Шумигорский. Роман принцессы Иверской. **Бароне́сса.** ▨ Неофиц. обращение высших или равных по положению к жене или дочери барона. *[Леонид Фёдорович:] Пойдёмте, однако, в дом. Баронесса, пожалуйте!* Л. Толстой. Плоды просвещения. ♦ **Госпожа баронесса.** Офиц.

Ба́тя. **1.** ▨ Прост. и обл. Обращение взрослого сына к отцу. *Пантелей Прокофьевич замолчал, оглядывая Григория испытующе и долго. «Раздевайся, батя, назяб ить, небось?» — «Ничего. Терпится».* М. Шолохов. Тихий Дон. *Но тут зазвонил телефон, и Клим Андреевич, недовольно поморщась, снял трубку. «Фролов слушает». — «Здравствуй, батя». — «Алло… кого вам?» — «Папа, это я», — сказала трубка. «Юрка… Ты?» — «Ну, да. Я приехал, батя. Сегодня утром прилетел».* А. Рекемчук. Соло на ударных. | В некот. областях России такое обращ. к отцу считается невежливым, грубо-пренебрежит. **2.** Прост. Ласк., уважит. или фамильярн. обращ. юноши, мужчины к старшему по возрасту. *Возле Семёна присел под ветлой сухонький рыжебородый старичок <…>. — Устал, батя? — посочувствовал Пётр.* Шадрин. Лизавета. *Пашка прервал словоохотливого старика: «Ладно, батя, я тороплюсь». — «Давай, давай». — Старик опять зевнул.* В. Шукшин. Классный водитель. **3.** ▨ Обл. Обращ. к деду, тестю, свёкру, крестному отцу, старшему брату, дяде, приятелю. СРНГ. *Подошёл дед Гришака <…>. — Батя, идите в курень с Богом! Простынете тута.* М. Шолохов. Тихий Дон. *[Притыкин:] Нет, доктор, вы меня извините, а какая приятность в том, чтобы рыбу удить, я не могу понять! [Доктор (угрюмо):] Рыба — молчит… [Монахов:] Что вы, батя, вообще понимаете? Весьма немного…* М. Горький. Варвары. *Яков Лукич постучал,* сноха вынула из пробоя засов. «Ты, батя?» — «Я». — Он плотно притворил за собой дверь. М. Шолохов. Поднятая целина. **Ба́тенька. 1.** *Прост.* и *обл.* Ласк., уважит. обращ. к отцу. *«Нашла жениха, дурёха, — упрекнул отец, — только и доброго, что чёрный, как цыган. Да рази я тебе, моя ягодка, такого женишка сыщу?» — «Не нужны мне, батенька, другие...» — Наталья краснела и роняла слёзы.* М. Шолохов. Тихий Дон. **2.** Батенька (мой). *Разг.* ⌂ Дружеск. или фамильярно-шутл. мужск., обращ. к собеседнику, равному или младшему по возрасту, положению. Употр. преимущ. с «Вы»-формами в речи интеллигентов старшего поколения. *— Да вы, батенька, знаете ли, что такое земская служба? — говорил он [профессор], сердито сверкая на меня глазами.* В. Вересаев. Без дороги. *Чехов недавно прибыл из Петербурга и казался весь полон новыми ощущениями, когда я зашёл его навестить. — Ну, батенька, и городок! — сообщил Чехов, рассказывая о поездке. — Прелесть! Восхитительный город.* Н. Ежов. Алексей Сергеевич Суворин. *Улыбаясь, прижмурив глаза, он [Ленин] с наслаждением вытянулся в кресле и, понизив голос, быстро продолжал: — Какая глыба, а? Какой матёрый человечище! Вот это, батенька, художник...* М. Горький. В. И. Ленин. *— Вы, батенька мой, зачем пожаловали? — этими словами в прихожей классической гимназии остановил инспектор Тыква входившего гимназиста Корпелкина.* В. Гиляровский. Неудачник. **3.** Батенька (и Батенько). ⌂ *Обл.* Ласк. обращ. к деду, свёкру, другу, приятелю. СРНГ. ♦ **По батеньке** (называют, кличут). ⌂ *Прост.* То же, что ♦ **По батюшке. Ба́тька.** *Прост.* (и **Батько́.** *Обл.*). **1.** ⌂ *Обл.* Обращ. к отцу. *В это время подъехал Остап. «Батько! — сказал он. Тарас не слышал. — Батько, это ты убил его?» — «Я, сынку!»* Н. Гоголь. Тарас Бульба. **2.** Батька. Батько. ♦ Батька мой. ⌂ *Прост.* и *обл.* Обращ. жены к мужу (среди пожилых супругов, у которых есть дети). *«Ну, матушка, — сказал он [Иван Кузьмич], — коли ты уж всё знаешь, так пожалуй оставайся; мы потолкуем и при тебе». — «То-то, батька мой, — отвечала она, — не тебе бы хитрить».* А. Пушкин. Капитанская дочка. *— Батько, встань! Караул на улице кричат! — будила мещанка спавшего мёртвым сном мужа.* А. Писемский. Тысяча душ. **3.** ⌂ *Обл.* Обиходн. или фамильярн. обращ. женщины к мужчине. *«Вот и живу я, кумушка, ровно божедом в скудельнице, — говорил Иван Григорыч Захаровне. — Один как перст! Слова не с кем перемолвить, умрёшь — поплакать некому, помянуть некому». — «Что ты, батька, — возразила Аксинья Захаровна, — детки по родительской душеньке помянники».* П. Мельников (Печерский). В лесах. *[Неизвестный человек] заказал бабам лапти плесть, длиной в один аршин <...>. — Да уж что, батько, больно ногасты твои-те <...>, уж не черти ли, грехом? — не доверилась баба.* Л. Леонов. Барсуки. ⚯ *Ты, батько, нынче богат стал.* СРНГ. **4.** ⌂ *Обл.* Обращ. крестьян к священнику. *«Суета сует, — сказал священник, — и Кирилу Петровичу отпоют вечную память, всё как ныне и Андрею Гавриловичу, разве похороны будут побогаче да гостей созовут побольше, а Богу не всё ли равно!» — «Ах, батька! и мы хотели зазвать весь околоток, да Владимир Андреевич не захотел».* А. Пушкин. Дубровский. *Слово за слово, говорит поп Максимычу: «Едешь ты, говорит, к Макарью — привези моей попадье шёлковый, гарнитуровый сарафан да хороший парчовый холодник». А хозяин и ответь ему: «Не жирно ли, батько, будет? Тебе и то с меня немало идёт уговорного; со всего прихода столько тебе не набрать».* П. Мельников (Печерский). В лесах. | В просторечии такое обращение имеет фамильярную окраску и малоупотребительно. *«Так называют простолюдины священника заочно».* (СЦСРЯ-1847). *— После какого батьки? Как вы смеете священника так называть!.. Чтоб я не слыхал больше этого!* Н. Лейкин. Ребятишки. **5.** ⌂ *Обл.* и *прост.* Обращ. к атаману, командиру воинск. соединения, партизанск. отряда, казачьего войска (преимущ. в южн. обл. России и на Украине). *Рощин козырнул и вышел, уже за дверью слыша, как Махно говорил Чугаю: — Один — «батька Махно», другие — «батька Махно», ну а ты, что скажешь батьке Махно?..* А. Толстой. Хмурое утро. **6.** ⌂ *Обл.* Обращ. к посажёному отцу, крёстному отцу, дяде, свёкру, старшему брату. СРНГ. **Батю́ня** (и звательн. ф. **Батю́нь**). **Батю́нюшка.** ⌂ *Обл.* Ласк. обращ. к отцу. ⚯ *Дорогие мои родители, батюня*

Никита Степанович, а равно мамуня Марина Петровна. СРНГ. **Ба́тюнька.** ⍰ *Обл.* Ласк.-фамильярн. обращ. к собеседнику. ▭ *Ах ты, ба́тюнька!* СРНГ. **Ба́тю́ш.** ⍰ *Обл.* **1.** Обращ. к отцу. ▭ *Шё ты, батюш? Ба́тюш, ба́тюш! Иди ужинать.* СРНГ. **2.** Обращ. снохи к свёкру. **3.** Обращ. к священнику. **Ба́тюшка. (Ба́тюшко.** *Обл.*) **1.** ⍰ Почтит. обращ. к отцу. *[София:] Позвольте, батюшка, кружится голова; Я от испуги дух перевожу едва; Изволили вбежать вы так проворно, Смешалась я.* А. Грибоедов. Горе от ума. *— Нет, батюшка, — отвечал почтительно Алексей, — я вижу, что вам не угодно, чтоб я шёл в гусары; мой долг вам повиноваться.* А. Пушкин. Барышня-крестьянка. | ⍰ *В нар.-поэт. речи* употр. с постоянными эпитетами или приложениями государь, кормилец, родимый, сударь и др. ▭ *Встань-проснися, родной батюшка!* (песня). *Громко я звала родителя: — Ты приди, заступник батюшка! Посмотри на дочь любимую.* Н. Некрасов. Кому на Руси жить хорошо. *Сын говорил да таково слово: — Ты ей, да государь мой батюшка: Не вывести измены с каменной Москвы...* СРНГ. **2.** ⍰ *Обл.* Почтительное обращение к свёкру, тестю. ▭ *«Свекровушку называли матушкой, свёкра — батюшкой».* СРНГ. *Свёкру-батюшке Поклонилася: Свёкор-батюшка, Отними меня От лиха мужа, Змея лютого!* Н. Некрасов. Кому на Руси жить хорошо. *«А ты бы луку пожевала с хлебцем да приложила, сразу вытянет», — сердобольно посоветовал Яков Лукич ‹...›. Сноха блеснула на него глазами, но ответила смиренно: «Спасибо, батюшка, и так пройдёт...»* М. Шолохов. Поднятая целина. **3.** ⍰ *Прост.* Ласк. обращ. жены к мужу. *«Ну, ты уж зачнёшь, — сказал Потап Максимыч. — Дай только волю. Лучше б ещё по чашечке налила». — «Кушай, батюшка, на здоровье, кушай, воды в самоваре много. Свеженького не засыпать ли?» — молвила Аксинья Захаровна.* П. Мельников (Печерский). В лесах. *«Дурьи головы!» — хрипло взревел Поливанов ‹...›, закрутился по избе, затем выхватил из ступы в углу толкач и хряснул им по деревянной бадье с водой у порога ‹...›. «Ахти мне!» — жалобно охнула Лукерья, волчком кружась вокруг мужа и не решаясь подсунуться ближе. — Батюшко, батюшко! — крестила она его издали. — С нами крестная сила! Батюшко! Хату развалишь, батюшко!»* П. Проскурин. Судьба. **4.** ♦ Батюшка (ты мой). ⍰ *Прост.* и *обл.* Доброжелат. обращ. к собеседнику. **а)** *Учтив.* или *почтит.* к старшему по возрасту, положению (нередко в сочет. с именем-отчеством для выражения повышенной вежливости, учтивости, доброжелательности). Употр. преимущ. в речи лиц среднего и старшего возраста с «ты»- и «Вы»-формами. *[Городничий:] А! Здорово, соколики! [Купцы (кланяясь):] Здравия желаем, батюшка!* Н. Гоголь. Ревизор. *Людей у Мардария Аполлоныча множество, и все одеты по-старинному ‹...›. Гостям они говорят «батюшка».* И. Тургенев. Два помещика. | *Шутл.-почтит.* *Отец и благодетель! На днях послал я к тебе горчаковскую 1000; отпиши, батюшка Павел Васильевич, получил ли всё исправно.* А. Пушкин. Письмо П. В. Нащокину, 3 авг. 1831. *Дорогой Иван Сергеевич, батюшка! Как я рад был получить от Вас весточку!* А. Твардовский. Письмо И. С. Соколову-Микитову. **б)** *Учтив.* обращ. к равному или младшему по возрасту, положению. *У окна сидела старушка в телогрейке и с платком на голове. Она разматывала нитки ‹...›. «Что вам угодно, батюшка?» — спросила она, продолжая своё занятие. Я отвечал, что приехал на службу и явился по долгу своему к господину капитану ‹...›, но хозяйка перебила затверженную мною речь. «Ивана Кузьмича дома нет, — сказала она, — он пошёл в гости к отцу Герасиму; да всё равно, батюшка, я его хозяйка. Прошу любить и жаловать. Садись, батюшка».* А. Пушкин. Капитанская дочка. *[Фамусов:] А, батюшка, признайтесь, что едва Где сыщется столица, как Москва. [Скалозуб:] Дистанции огромного размера. [Фамусов:] Вкус, батюшка, отменная манера...* А. Грибоедов. Горе от ума. *Прощайте, мой батюшка, Александр Сергеевич. За ваше здоровье, дружочек, я просвиру вынула и молебен отслужила, поживи хорошенько, самому слюбится.* А. Р. Яковлева. Письмо А. С. Пушкину, 6 марта 1827. *Нехлюдова ввели в кабинет ‹...›. — Здравствуйте, батюшка! Извините, что в халате принимаю: всё лучше, чем совсем не принять, — сказал он [генерал], запахивая халатом свою толстую, складками сморщенную сзади шею...* Л. Толстой. Воскресение. *[Матрёна (дяде Никону):] Шёл бы ты,*

батюшко старичок, домой... тоже умаялся, чай, с дороги. Из кушанья ничего уж больше не будет, извини на том! А. Писемский. Горькая судьбина. «Бабушка, — сказал Егорушка, — я спать хочу». — «Ложись, батюшка, ложись, — вздохнула старуха, зевая. <...> — Ложись, батюшка, спи... Христос с тобой, внучек... Дыню-то я убирать не стану, может, вставши покушаешь». А. Чехов. Степь. [Тёща «лестится» к зятю:] *Батюшка, Ванюшка, Иван Маркович, что было да прошло.* Соболька. Сказка. Зап. в 1927. *Вдруг открывается окно и какая-то вредная старушенция подаёт свой голос: — Чего, говорит, тебе, батюшка? Из соцстраха ты или, может, агент?* М. Зощенко. Утонувший домик. *Васька остановился, засмущался, а Куров сказал про рогатину: «Вроде Васька. Брось, батюшко, потачину-то, долго ли глаз выткнуть». — «Не-е-е!» — заулыбался мальчонка. — Я иссо и завтла буду бегать, и вчела буду бегать, и...» — «Ну, ну, бегай, ежели. Медаль-то за какие тебе позиции выдали? Больно хорошая медаль-то, носи, носи, батюшко, не теряй».* В. Белов. Привычное дело.
в) С оттенком мягкого упрёка к близкому знакомому или младшему родственнику (сыну, внуку, племяннику). [Марья Дмитриевна (Пьеру):] *Хорош, нечего сказать! хорош мальчик!.. Отец на одре лежит, а он забавляется, квартального на медведя верхом сажает. Стыдно, батюшка, стыдно! Лучше бы на войну шёл.* Л. Толстой. Война и мир. **5.** Учтивое обращ. к священнику, монаху. *Старый священник подошёл ко мне с вопросом: «Прикажете начинать?» — «Начинайте, начинайте, батюшка», — отвечал я рассеянно.* А. Пушкин. Метель. *Многоуважаемый батюшка, / Позвольте обратиться к Вам с некоторой для Вас, вероятно, неожиданной просьбой. А именно: где именно в Библии находятся известные изречения: «Смерть, где жало твое?» и «Нет больше подвига, как если кто душу свою положит за другую душу» (или «за брата своего»). Сообщением подлинных славянских текстов Вы бы крайне меня обязали.* И. Тургенев. Письмо В. А. Прилежаеву, 21 авг. 1882. *[Сперанский:] Утомительно будет вам, батюшка. День и ночь служение. [Толстой монах:] Нужно потрудиться для монастыря.* Л. Андреев. Савва. *А в самом начале Великого поста приехала к отцу Игнатию незнакомая пожилая женщина. «Панихиду бы отслужили, батюшка... — попросила она. — Сына я завтра хороню... Убили его...» — «Звали-то как сына?» — «Михаилом, батюшка».* Н. Коняев. Дальний приход.
♦ **Ба́тюшка (ты) наш.** ⚇ Почтит. обращ. крестьян к барину, помещику. — *Батюшка ты наш! Вы отцы, мы ваши дети! Не давай в обиду Фоме Фомичу! Вся бедность просит!* — *закричали ещё раз мужики.* Ф. Достоевский. Село Степанчиково... — *Батюшка ты наш, Сергей Александрыч!..* — *дрогнувшим голосом запричитал Лука, бросаясь снимать с гостя верхнее пальто и по пути целуя его в рукав сюртука.* Д. Мамин-Сибиряк. Приваловские миллионы. ♦ **Благода́нный батюшка.** ⚇ Обл. Почтит. обращ. к свёкру, тестю. ♦ **Богода́нный батюшка.** ⚇ Обл. Почтит., торжеств. обращ. к отчиму, свёкру, тестю, крёстному отцу, посажёному отцу. ♦ **Сударь-батюшка.** ⚇ Прост., нар.-поэт., преимущ. в женск. речи. **1.** Ласк. обращ. к отцу, свёкру. *Однажды мать ушла ненадолго в соседнюю комнату и явилась оттуда одетая в синий, шитый золотом сарафан, в жемчужную кику; низко поклонясь деду, она спросила: «Ладно ли, сударь-батюшка?»* М. Горький. Детство. **2.** Ласк., приветл. обращ. к мужчине. *[Ананий Яковлев:] А вас, извините на том, не чаял здесь захватить... Позвольте, по крайности, хоть полтинничком поклониться... (Даёт ей полтинник.) [Спиридоньевна:] Ой, чтой-то, сударь-батюшка!.. оченно вам благодарна... (Целует у него руку.)* А. Писемский. Горькая судьбина. **Батюшка-барин (Барин-батюшка).** См. Барин. **Батюшка-царь (Царь-батюшка).** ⚇ Фольк. В сказках, народных песнях, преданиях и т. п. почтит. простонародное обращение к царю. См. Царь. ♦ **Как Вас (тебя) по батюшке (звать, называть, величать)?** Прост. Вопросит. обращение при знакомстве без посредника с равным или младшим по возрасту, положению. Употр. как выражение желания обращаться к собеседнику уважительно, по имени-отчеству (или по отчеству). «*Кушайте, кушайте, — потчует Марья. — Герасим... как звать вас по батюшке?» — «Андреич». — «Кушайте, Герасим Андреич».* Л. Андреев. Баргамот и Гараська. «*Ну, слава Богу!.. На утешительном слове благодарю покорно, батюшка, —*

сказала мать Назарета. — Как имечко-то ваше святое?» «Василий». — «По батюшке?» — «Борисов». — «Утешили вы меня, Василий Борисыч». П. Мельников (Печерский). В лесах. «Тебя, Анатолий, как, значит, по батюшке-то?» — «Егорович». — «И как ты, Егорыч, думаешь <...> эту лошадку объезжать?» В. Куропатов. Завтра в Чудиновом бору. **Батя́ка.** ▣ *Обл.* Обращ. к брату (чаще к старшему). ‖ «Это обычное слово обращения у гребенцов: *А ты, батяка, что тут скажешь?*» СРНГ. **Батя́ня.** ▣ *Обл.* Ласк. обращ. к отцу, брату, приятелю. СРНГ. ▱ *Пойдём, батяня, на работу* (В. Даль). «*Батяня, а копнить, грести, кто будет?*» — *робко спросила Дуняшка.* — «*А ты чего будешь делать?*» — «*Одной, батяня, не управно*». М. Шолохов. Тихий Дон. **Батя́нька. Батя́нюшка.** ▣ *Обл.* Ласк. обращ. к отцу. **Ба́цка. Ба́чка (Ба́чко).** ▣ *Обл.* **1.** Обиходн. или ласк. обращ. к отцу. **2.** Обращ. к священнику. [*Мужичок, нанятый вятчанами в попы,*] *Встал средь церкви и сказал: «Слушайте, вятчане, буду вам читать!»* — «*Читай, бацка!*» ▱ *Благослови, бачко!* СРНГ. **3.** Обращение к свёкру или тестю. **4.** Ласк.-фамильярн. обращ. к собеседнику. ▱ *Иных, бачка, за что ссылали?* ▱ *Что же нам делать, бачка? Так и искони у нас ведётся; дочка родит, сама и водится с ребёнком.* СРНГ. «*Плохо, брат, ты живёшь*», — *говорил я хозяину-вотяку* <...>. — «*Что, бачка, делать? Мы бедна, деньга бережём на чёрная дня*». А. Герцен. Былое и думы.

Беда́. 1. Несчастье, горе. Употр. в составе устойчив. сочетаний, служащих для утешения, ободрения собеседника: ♦ *Не беда!* ♦ *Не велика беда!* ♦ *Лёгкая беда! Обл.* ♦ *Что за беда!* ♦ *Экая (эка) беда!* ♦ *Подумаешь, беда (какая)!* ♦ *Горе не беда!* ♦ *Одна беда не беда!* ♦ *Эта беда не беда!* ♦ *Беда не беда, лишь бы не было греха!* ♦ *Грех да беда на кого не живёт!* ♦ *Грех да беда с кем не была!* ♦ *По ком беда не ходила!* ♦ *Лиха беда, да сбывчива! (И крута гора, да забывчива, и лиха беда, да сбывчива! т. е. пройдёт, минёт, забудется.)* ♦ *Лиха́ беда начало. Разг.* ♦ *Твоя беда износится* (т. е. забудется, пройдёт). *Обл.* ♦ *То не беда, что денег просят; а то беда, как даёшь, да не берут! Шутл.* ♦ *Коли быть беде, то её не минуешь.* ♦ *Покорись беде, и беда покорится!* ♦ *Пришла беда — не брезгуй и ею!* и мн. др. *Дмитрий Фёдорович почтительно поцеловал его руку и с необыкновенным волнением, почти с раздражением произнёс: «Простите великодушно за то, что заставил столько ждать. <...>» — «Не беспокойтесь, — перебил его старец, — ничего, несколько замешкались, не беда...»* Ф. Достоевский. Братья Карамазовы. — *Да, не знаешь, где найдёшь, где потеряешь,* — *сказал мужик, стараясь принять весёлый вид,* — *день дню рознь: пивал пьяно да ел сладко, а теперь возьмёшь вот так-то хлебушка, подольёшь кваску — ничаво, думаешь, после схлебается! по ком беда не ходила! Эх! Варвара, полно тебе, право...* Д. Григорович. Антон-горемыка. «*И — помяни ты мое слово!* — *ещё нищими подохнем, нищими!*» *Бабушка взяла руки его, села рядом с ним и тихонько, легко засмеялась.* — «*Эка беда! Чего испугался — нищими! Ну, и — нищими!*» М. Горький. Детство. *Воеводша посидела малым делом, прикушала обительского взварцу да сыченого мёду, а потом стала прощаться.* — *Ничего, твоя беда износится,* — *успокоила её на прощанье игуменья.* — *А воеводу твоего игумен утихомирит <...>. А ты не кручинься без пути... Мы не выпустим Охоню.* Д. Мамин-Сибиряк. Охонины брови. **2.** *Обл.* Горемыка, несчастный человек, бедняга. Употр. сочувственно по отнош. к человеку, возбуждающему жалость, сострадание. ▱ *Беда ты экая, ведь пересядешься* [т. е. «надорвёшься»]. СРНГ.

Бе́дность. ♦ *Бедность не порок. Погов.* Говорится в утешение тому, кто стыдится своей бедности. *Она* [мать] *советовалась со своим мужем, с некоторыми соседями, и наконец единогласно все решили, что видно такова была судьба Марьи Гавриловны, что суженого конём не объедешь, что бедность не порок, что жить не с богатством, а с человеком, и тому подобное. Нравственные поговорки бывают удивительно полезны в тех случаях, когда мы от себя мало что можем выдумать себе в оправдание.* А. Пушкин. Метель. «*Сегодня вас не ждали, батюшка, говядинки не привезли*». <...> — «*И без говядинки обойдёмся, на нет и суда нет. Бедность, говорят, не порок*». И. Тургенев. Отцы и дети. — *Полноте, бедность не порок; и в бедности добрые люди живут хоро-*

шо. Н. Помяловский. Молотов. ♦ **Подайте (милостыню) на бедность (Христа ради).** Просьба, мольба нищих. См. Подать. Христос.

Бедный, -ая, -ое; -ые. [Общеслав., первоначально обозначало «Вынужденный подчиниться силе» < «несчастный»]. В реч. этикете употр. только в полн. форме. *Разг. Экспрессив.* Употр. самост. в знач. сущ. или в сочет. с существ. и местоимениями вы, ты; мой (моя, мое, мои) при выражении сочувствия, жалости, сострадания к собеседнику. «*Он, бабушка, на последних экзаменах из «Начатков» срезался...» — «Ах, бедный ты, бедный! Как же это ты так? Вот они, сироты, — и то, чай, знают!»* М. Салтыков-Щедрин. Господа Головлёвы. *[Наташа (Ирине):] А ты устала, милая, бедная моя девочка! (Целует Ирину.) Ложилась бы спать пораньше.* А. Чехов. Три сестры. *[Нил:] Однако я бы поел чего-нибудь... Мне скоро на дежурство идти... [Цветаева:] На всю ночь? Бедный!* М. Горький. Мещане. *Он тихо целовал её худые руки. «Трудно тебе, бедная моя!» — «Ну, бедная! Сейчас ничего. Вот утром да! Пала духом. Тогда стала бедная».* В. Вересаев. Невыдуманные рассказы. ♦ **Бедный (ты) мой!** ♦ **Бедная (ты) моя головушка!** *Разг. [Марья:] Головушка ты моя бедная... Опять мне тебя жалко, Кузьма. Ну как же ты так?* В. Шукшин. Любавины. **Бе́дненький.** *Ласк.* к Бедный. *Ей захотелось что-нибудь сказать ему [Андрею], что-нибудь хорошее, своё, но не найдя больше, с чего начать, она попросила: «Покажи, где ранило-то». Он расстегнул рубаху и открыл на груди красноватые рубцы. Настёна осторожно погладила их. «Бедненький... убить хотели... совсем зажило, не болит?»* В. Распутин. Живи и помни. **Бедня́га,** *м.* и *ж. Разг. Экспресс.* То же, что Бедный (Бедная). — *Бедняга,* — *сочувственно произнёс хозяин и покачал головой,* — *ну, дайте ему паспорт, если уж он так хочет.* М. Булгаков. Мастер и Маргарита. **Бедня́жка. Бедня́жечка.** *Ласк.* к Бедняга. *[Наташа гладит Ольгу по щеке:] Ты, бедняжка, устала! Устала наша начальница?* А. Чехов. Три сестры. *Однажды Клавдия рассказала ему [Листопаду], как она жила в ту зиму в Ленинграде. Его поразила жалость: — Маленькая, маленькая, бедняжечка моя!* В. Панова. Кружилиха. **Бедня́к.** ⌕ *Прост.* То же, что Бедняга. **Бедола́га.** *Прост.* То же, что Бедняга. — *И всё же, брат, трудна у нас дорога! Эх, бедолага! Ну, спи, Серёга!* В. Высоцкий. Милицейский протокол.

Безграничный, -ая, -ое. Исключительный, безмерный. **Безгранично,** *нареч.* Очень, исключительно. Интенсификаторы вежливости, экспрессивности, употр. в формулах благодарности, комплиментов. *Ваше письмо меня безгранично порадовало и подбодрило.* А. Чехов. Письмо А. Н. Плещееву, 9 февр. 1888. ♦ **С чувством безграничного почтения и совершенной преданности / Остаюсь душевно Вас почитающий** (Подпись адресанта). ⌕ *Эпист. Офиц.* Заключительная формула вежливости, учтивости.

Безмерный, -ая, -ое; -ые. Очень большой. **Безмерно,** *нареч.* Очень. Интенсификаторы экспрессивности при возвыш.-вежл., учтив. или почтит. выражении благодарности или других доброжелательных чувств к собеседнику. *У меня нет слов, чтобы выразить Вам мою безмерную благодарность... Безмерно обязан... Безмерно счастлив...* и т. п. *Дорогой Александр Васильевич, безмерно благодарю Вас за Ваши хлопоты и письмо...* А. Блок. Письмо А. В. Гиппиусу, 26 апр. 1901. *[Михаил (входит):] Анна Захаровна, позвольте поздравить с возвратом под свой кров <...>. Чему безмерно рад-с... [Анна:] Вы не постарели, дядя Миша... молодец! Рада видеть вас... [Михаил:] И я! Душевно...* М. Горький. Васса Железнова (Мать).

Без проблем. *Разг.* То же, что ♦ **Нет проблем.** *«А вот этот чемодан в углу, я выброшу его, ничего?» — спросил я у Кати в первый же день. «Без проблем», — ответила она.* М. Угаров. Разбор вещей.

Без спотычки и конь не пробежит. ⌕ *Посл.* Каждому свойственно ошибаться, каждый может попасть в затруднительное, неловкое положение. Употр. как форма утешения собеседника, оправдания его ошибки, оплошности. *«Ошибку я понёс, Яша... Как подумаю, что под горячую руку хотел сделать, волосья на голове вздымаются <...>». — «Забудь про это... Без спотычки и конь не пробежит».* Е. Поповкин. Большой разлив.

Бе́ло (тебе, Вам)! ♦ **Беленько (тебе, Вам)!** ⌕ *Обл.* Приветственное пожелание женщине, девушке, стирающей, полощущей бельё или моющей пол. ⬜ «Беленько, Матрёна Саввична!» — «Спасибо, родимая!» — «Чего моешь?» — «Да вот, робячьи подгудки». ⬜ Беленько вам! Ишь как чисто моется! СРНГ. ⬜ Марфа, ты стираешь? Беленько тебе. ⬜ Придёт человек, а я стираю, он скажет: «Беленько тебе». ФСРГС. На реке бьёт вальком прополосканное бельё младшая невестка из соседней избы: «Беленько!» — услышит и она короткое приветствие. С. Максимов. Крылатые слова. ♦ **Бело в корыто!** ♦ **Бело (рубахи) мыть!** ♦ **Бело намывать!** ♦ **Бело мыть да стирать!** ♦ **Бело полоскать!** ♦ **Бело колотить!** ♦ **Бело на воде!** ♦ **Бело на платье!** ⬜ «Чего делаешь?» — «Да вот в избе лажу мыть». — «Ну дак бело мыть тебе!» — «Спасибо!» СРНГ. ♦ **Белы лебеди летят.** См. Лебеди лететь!

Беляночка (и **Белянушка**). *Обл.* Ласк. обращение к любимой девушке, женщине (белолицей или белокурой). ⬜ Ой, моя волвеночка, Да белая беляночка, Не боишься ль ты зимы? (Песня). ⬜ «Милая беляночка, Скажи-ка, чем белилася?» — «С измалетства всё такая, Беленькой родилася». Частушка. *Ах ты, моя белянушка, что поры тебя не видывала!* ⬜ Прощайте, девушки-белянушки, Любые парешки! СРНГ. **Белянчик.** *Обл.* Ласк. обращ. матери к ребёнку или девушки к возлюбленному, жены к мужу. ⬜ Сизанчик, белянчик ты мой! СРНГ. [Белянка, беляночка — «светловолосая, белолицая, чистая лицом». Белянчик — «белокурый, белолицый». Даль].

Береги/те себя. Сочувств., заботл. Просьба-пожелание, совет. Употр. обычно как знак внимания, заботы, любви при прощании, расставании с родным, близким или давно знакомым человеком. *«Я уезжаю в Новосибирск, всё будет в порядке». Он [Саша] не хотел говорить «Сибирь» и сказал «Новосибирск». <...> Путая приготовленные слова с теми, что пришли к ней сейчас, она [мать] сказала: «Береги себя, всё это пройдёт. Обо мне не беспокойся, я поступаю на работу».* А. Рыбаков. Дети Арбата. *[Бабушка, прощаясь с внучкой:] Поезжай с Богом, удачи тебе, береги себя (1997). | Эпист.* Заключительная формула в конце письма к близкому, родному человеку. *Ты получила письмо из Питера? Янина в Москве теперь должна быть.*

Мать — напишет. Береги себя. / Алексей. М. Горький. Письмо Е. П. Пешковой, 27 сент. 1903. Ну, до свидания, берегите себя, будьте здоровы. А. Блок. Письмо Н. А. Нолле-Коган, 8 янв. 1921.

Бес (меня) попу́тал. См. Попутал бес (грех, лукавый, нечистый).

Беседа. ♦ **Беседа Вам!** ⏳ ♦ **Беседа Ваша!** ⏳ ♦ **Беседе (беседке) Вашей!** ⏳ *Обл.* Формы приветствия подошедшего к беседующим или входящего — присутствующим. ♦ **Мир на беседе!** ⏳ ♦ **Мирно беседе!** ⏳ ♦ **Мирной беседе!** ⏳ ♦ **Мир (честно́й) беседе!** ⏳ *Обл.* См. Мир[1]. ♦ **К Вам на беседу!** ⏳ *Обл.* Последние слова при прощании, с которыми обращаются уходящие к остающимся. СРНГ. ♦ **Доброму соседу на беседу!** ⏳ *Прост.* Почтит. или шутл. приветствие. — *Доброму соседу на беседу!* — *подойдя к столу вместе с Гречкой, сказал Фомушка, обратившись к майору. — Примешь, что ль, в компанию, ваше высокоблагородие?* В. Крестовский. Петербургские трущобы. ♦ **Бывайте с беседой.** ⏳ *Обл.* См. Бывайте. ♦ **Просим милости на беседу.** ⏳ *Обл.* Вежл. ответ на приветствие ♦ **Мир честной беседе.** *Подошёл Василий Борисыч, снял шапку, низенько поклонился и молвил: «Мир честной беседе». — «Просим милости на беседу», — приветно ответили ему и раздвинулись, давая место пришедшему собеседнику.* П. Мельников (Печерский). В лесах. **Беседуй/те.** ⏳ *В знач. межд. Обл.* **1.** Форма приветствия. ⬜ *Беседуй, Иван Иваныч! Куды это ты собираешься?* ⬜ *Беседуйте, люди добрые! Де мне тут выйти на дорогу?* СРНГ. ‖ Приветствие при входе в избу, если хозяева ничем не заняты, как Бог по́мочь, при работе; Хлеб-соль, за столом и пр. (В. Даль). **2.** Приглашение садиться. ⬜ *Беседуйте на лавку.* ⬜ *Беседуйте, гостями будете.* ⬜ *Приходишь, так говорят: «Беседуйте» — значит, садитесь.* СРНГ. **3.** Приглашение заходить в гости. ⬜ *Беседуйте к нам.* ♦ **Здравствуйте беседовать.** ⏳ См. Здравствовать. [Беседа — «взаимный разговор, общительная речь между людьми...» и «собрание, общество, кружок, сход или съезд для беседования». В. Даль].

Бесконечный, -ая, -ое; -ые. Очень большой. **Бесконечно,** *нареч.* Очень. Интенсификаторы экспрессивности при возвыш.-вежл., учтив. или почтит. выражении благодарности или других доброжелательных чувств к собеседнику. *(Моя вам) Бесконечная признательность. (Я тебе, Вам) Бесконечно признателен;* и т. п. *За письмо, которое Вы прислали мне, я бесконечно благодарен Вам и долго, долго буду считать себя Вашим должником.* А. Чехов. Письмо Н. П. Кондакову, 26 янв. 1904.

Бесподобный, -ая, -ое; -ые. Исключительный по своим положительным качествам, несравненный. Комплимент, употр. в возвыш.-эмоциональной речи. *Вы бесподобная актриса... Ваш бесподобный голос...* и т. п. *[Аннушка (откусывая нитку):] Вот, барышня, и готово. Сами скроили, сами и сшили, не хуже другой портнихи. [Отрадина:] Да, разумеется, не хуже. [Аннушка:] И какое бесподобное платье вышло. [Отрадина:] Ну, уж и бесподобное!..* А. Островский. Без вины виноватые. | ⌛ В куртуазн. обращ. *Царь к царевне выбегает, За белы руки берёт, Во дворец её ведёт И садит за стол дубовый И под занавес шелковый, В глазки с нежностью глядит, Сладки речи говорит: «Бесподобная девица, Согласися быть царица!»* П. Ершов. Конёк-горбунок.

Бесподо́бнейший. Элатив к Бесподобный. | ⌛ В обращ. *Бесподобнейший барин Дмитрий Васильевич* (I пол. XIX в.). **Бесподобно,** *нареч.* Прекрасно, великолепно. ▭ *Вы бесподобно играли!* ▭ *«Как я выгляжу?» — «Бесподобно!»* ‖ Безл., в знач. сказуем. — *<...> вообрази себе: полосочки узенькие-узенькие, какие только может представить воображение человеческое, фон голубой и через полоску всё глазки и лапки, глазки и лапки, глазки и лапки... Словом, бесподобно!* Н. Гоголь. Мёртвые души.

Беспокоить. ♦ **Не беспокоит?** *Проф.* Вопросит.-участливое обращение врача к пациенту, парикмахера к клиенту. — *Здесь не беспокоит? — Где беспокоит? — Что беспокоит?* (т. е. болит, вызывает неприятные ощущения). *Пудрить, ради утончённости, старались «с воздуха», за нос во время бритья не брать и вообще ничем «не беспокоить». «Головку», «личико» и «волосики» вытирать мягко, осторожно и как бы с должной бережливостью к их высоким качествам.* Е. Иванов. Меткое московское слово. ♦ **(Вас) беспокоит** (фамилия, или Ф. И. О., должность, звание адресанта).

Разг. Форма представления собеседнику, равному или высшему по положению. Употр. обычно с «Вы»-формами в деловом разговоре по телефону или в письме к незнакомому адресату. ▭ *Алё! Николай Константиныч? Ивлев беспокоит. Здравствуйте!* (1992). ♦ **(Вас) беспокоят из** (название учреждения, организации). Употр. в служебн. телеф. разговоре, содержание которого не имеет межличностного характера. При необходимости адресант может представиться и после этого задать вопрос «с кем я говорю?». ▭ *Здравствуйте. Это из жилуправления беспокоят. Скажите, пожалуйста, машина вышла?* (1993). ‖ ♦ **Не смею (более, больше, долее) (Вас) беспокоить (своим присутствием).** ⌛ См. Смею.
♦ **Осмеливаюсь беспокоить (Вас) просьбою.** ⌛ См. Осмелюсь.

Беспокоиться. ♦ **Не беспокойтесь (Не беспокойся). 1.** Утешение, уверение собеседника в благополучном исходе дела, в искренности намерений говорящего. *Не беспокойтесь, всё будет хорошо.* **2.** Форма опосредованного выражения благодарности за оказанный знак внимания, предлагаемую услугу («не беспокойте себя из-за меня, я не стою вашего беспокойства»), а также вежливого отказа от предложения, приглашения, совета. *Он достал бумажник. — Нет, не беспокойся, спрячь деньги назад, — сказала Лизавета Александровна.* И. Гончаров. Обыкновенная история. **3.** Вежл. ответ на извинение. *Дмитрий Фёдорович почтительно поцеловал его руку и с необыкновенным волнением, почти с раздражением произнёс: «Простите великодушно за то, что заставил столько ждать. <...>» — «Не беспокойтесь, — перебил его старец, — ничего, несколько замешкались, не беда...»* Ф. Достоевский. Братья Карамазовы. ♦ **Не сто́ит беспокоиться.** *Вежл.* ♦ **Не извольте беспокоиться (беспокоить себя).** ⌛ Учтив. к высшему по положению. См. Изволить. ♦ **Напрасно беспокоились (беспокоился).** Форма опосредованного выражения благодарности. *[Ахов (чинно раскланиваясь):] Здравствуйте! Опять здравствуйте! [Круглова:] Пожалуйте, пожалуйте! [Ахов:] Получили? [Круглова:] Покорно благодарим, Ермил Зотыч. (Агния молча кланяется.) Покорнейше благодарим! Уж больно ты расщедрился. По нас-то уж это и доро-*

го, кажись. (Кланяется.) Напрасно беспокоились. [Ахов (очень довольный):] Хе, хе, хе! Как так напрасно? [Круглова:] Да ведь, чай, дорого заплатил? А. Островский. Не всё коту масленица. [Мать Таисея], опомнившись, быстро схватила поднос с кулебякой и, подавая его с поклоном Манефе, умильным голосом проговорила: «Не побрезгуй убогим приношением — не привёл Господь видеть тебя за трапезой, дозволь хоть келейно пирожком тебе поклониться... Покушай нашего хлеба-соли во здравие». — «Напрасно, матушка, беспокоилась, право, напрасно», — сказала Манефа, однако взяла из рук Таисеи поднос и поставила его на стол. П. Мельников (Печерский). В лесах. — Напрасно беспокоились, — говорил именинник, принимая от меня кулёк. А. Левитов. Погибшее, но милое созданье.

Беспокойство. ♦ Извините (Простите) за беспокойство. См.: Извините. Простите. ♦ Какое беспокойство я Вам (тебе) доставил! *Экспрессив.* Выражение извинения за причиненные неудобства, хлопоты. ♦ Не сто́ит беспокойства. То же, что Не беспокойтесь (во 2 знач.). Не стоит беспокоиться. «Мама, напои Зябликова чаем!..» — «Не стоит беспокойства!» — приподнявшись со стула, ответил старшина. Ю. Герман. Я отвечаю за всё.

Бесценный, -ая, -ое; -ые. ⧖ *Экспрессив., возвыш.* Дорогой, милый. Этикетный эпитет-комплимент, употр. преимущ. в составе эпист. обращений к другу, близкому, любимому человеку. ⧈ *Мой бесценный друг! Бесценная маменька!* и т. п. *Мой первый друг, мой друг бесценный! И я судьбу благословил, Когда мой двор уединенный, Печальным снегом занесенный, Твой колокольчик огласил.* А. Пушкин. И. И. Пущину. *Извини меня, бесценный друг, что я так неблагодарно отплатил за твоё дружеское расположение...* Н. Гоголь. Письмо Г. И. Высоцкому. 17 янв. 1827. *Милый, бесценный Евгений Павлович. Получил Ваше письмо. Позвольте обнять Вас крепко.* А. Блок. Письмо Е. П. Иванову. 28 июня 1904. ‖ ♦ **Бесценная моя.** В знач. сущ. *Ласк.* или *игриво-интимн.* мужск. обращение к близко знакомой женщине, возлюбленной, супруге. *[Кринкина:] Ах, оставьте глупости! Какая интеллигенция! Просто появилась новая юбка в городе, вот*

вы и растаяли <...>. [Дудукин:] Ревнуете, бесценная моя? А. Островский. Без вины виноватые.

Бесценнейший. ⧖ Элатив к Бесценный. *Бесценнейший друг и брат! Ты не досадуй, что я до сих пор позамедлил ответом на милое твоё письмо...* А. Грибоедов. Письмо С. Н. Бегичеву. 18 мая 1825. *Наконец пишу к вам, бесценнейший Михаил Семёнович...* Н. Гоголь. Письмо М. С. Щепкину. 29 апр. 1836.

Бис! *Межд.* [От франц. bis < лат. bis «дважды»]. Возглас, выражающий восторг публики, просьбу повторения или продолжения номера, исполненного актером, музыкантом и т. п. *[Гимназисты] сбирались у самых дверей, чтобы видеть лучше барышень и знаменитой актрисе <...> крикнуть «бис».* А. Н. Толстой. Хромой барин. *После каждого моего номера публика усердно хлопала и кричала: — Браво! Бис!* Радунский. Записки старого клоуна.

Битая посуда два века живёт. *Посл.* Человек, получивший ранение или увечье, может прожить ещё очень долго. Употр. как форма утешения, ободрения собеседника. *«Сонь, Сонь, ты чего?» — «Ранили! Васяту моего ранили!» — «Тьфу на тебя! Зазря испугала. Не убили и ладно». — «В госпиталь его свезли! — надрывалась Софья. — В полевой». — «Так это же хорошо, дура! Вон Матвей Крученков в госпитале лежит. Жан Петриченков из госпиталя не вылазит». И уж никого не трогало малое Софьино горе, ведь только похоронная страшна была в те лихие годы. А ранен, что ж, отлежится, крепче станет, битая посуда два века живёт.* Ю. Нагибин. Бабье царство.

Благо. Добро, благополучие, счастье. ♦ **Благо дающим.** ⧖ *Возвыш.* формула благодарности за помощь; пожертвование, подаяние. [Соотносится с устойчивым сочетанием *Всякое даяние благо*, по форме, но не по смыслу восходящим к изречению из Послания апостола Иакова: *Всякое даяние благо* (т. е. благое, доброе) *и всяк дар совершен* (т. е. совершенный) *нисходят свыше, от Отца светов.* 1; 17]. *[Манефа:] Была в некоем благочестивом доме, дали десять рублей на милостыню. <...> Святыми-то руками доходчивее, нечем грешными. [Глумов (вынимая деньги):] Примите пятнадцать рублей от раба Егорья. [Манефа:] Благо дающим! [Глумов:] Не забывайте в молитвах!* А. Островский. На всякого мудреца довольно простоты. ♦ *Желаю Вам (тебе) всех благ (всяческих благ, всяческого блага)!* ♦ *Дай (Пошли) Вам (тебе) Бог (Господь) всех благ (всяческих благ, всяческого блага)!* Формулы возвыш. пожелания благополучия и материального достатка. *Прощайте, целую вас заочно. Пошли вам Бог всякого добра, а с тем вместе и высшее всех благо — вдохновение.* / *Гоголь*. Н. Гоголь. Письмо В. А. Жуковскому, окт. 1841. ♦ *Всех благ (Вам, тебе)!* Разг. Дружеск. или фамильярн. форма пожелания благополучия при прощании, поздравлении. *[Изотов:] Ну, до свидания. [Лидия:] В город? [Изотов:] Нет, мы здесь ночуем. Всех благ!* М. Горький. Сомов и другие. *Алёша, смутившись, глянул на его погоны <...>. «Я поздравляю вас, майор. Всех благ, майор!» — исправил свою оплошность Алёша. Майор Илюхин улыбнулся ему и взял под козырек: «Счастливо оставаться!»* А. Рекемчук. Прощальный вальс. ♦ *Всякого блага!* То же, что ♦ *Всех благ. Мы со всевозможным усердием желали отъезжающему доброго пути и всякого блага.* А. Пушкин. Выстрел. ♦ *(Желаю) Мира и благ Вам (тебе)!* См. Мир¹.

Благове́рный, -ая; -ые. **1.** Титул царя или князя (царицы или княгини), много способствовавших укреплению православия и причисленных церковью к лику святых. Употр. при церковном богослужении. **2.** *В знач. сущ.* ♦ *Благоверный мой.* ♦ *Моя благоверная.* Разг., шутл. Называние и обращение мужа к жене или жены к мужу. *Несколько минут брат и сестра молчали. — Ты, братец, поссорился с женой? — спросила, наконец, Лизавета Васильевна. Павел молчал. — Ты не огорчайся, друг мой, — мало ли что бывает в семействе? Я с моим благоверным раза три в иной день побранюсь.* А. Писемский. Тюфяк. *«Садитесь здесь, — говорила Вера Иосифовна, сажая гостя возле себя. — Вы можете ухаживать за мной. Мой муж ревнив, это Отелло, но ведь мы постараемся вести себя так, что он ничего не заметит». — «Ах ты, цыпка, баловница... — нежно пробормотал Иван Петрович и поцеловал её в лоб. — Вы очень кстати пожаловали, — обратился он опять к гостю, — моя благоверная написала большинский роман и сегодня будет читать его вслух».* А. Чехов. Ионыч. *[Жена — мужу (в гостях):] Ну, что, мой благоверный, не пора ли нам домой?* (1995).

Благоволи́те (сделать что-л.). В сочет. с неопр. ф. глагола образует формулы почтит., учтив. или офиц. просьбы, требования, приказания. *Благоволите, Ваше Императорское Величество, обратить внимание на прилагаемую статью о Соловьёве <...>.* К. Победоносцев. Письмо Александру III, 1 окт. 1888. *[Алупкин:] Николай Иванович! ваш становой первый плут-с. [Балагалаев:] Гм! Однако вы сильно выражаетесь. [Алупкин:] Нет, позвольте, позвольте! благоволите выслушать...* И. Тургенев. Завтрак у предводителя. *Копию пьесы благоволите выслать заказной бандеролью.* А. Чехов. Письмо Ф. А. Фёдорову-Юрковскому, 8 окт. 1889. — *Доктор Борменталь, благоволите предъявить Шарика следователю,* — приказал Филипп Филиппович, овладевая орденом. М. Булгаков. Собачье сердце. ‖ В формулах почтит. или офиц.-учтив. извинения, поздравления, приглашения. *Макарий Силуаныч расправил бакенбарды и старался выпрямиться в креслах. — Благоволите, сударь, извинить, но я обязан заметить вам... не барина, а их сиятельства, князя Фёдора Константиныча...* И. Шмелёв. Пути небесные. *Благоволите принять почтительное поздравление с...* (Образец поздравительного письма, а́дреса.) Хороший тон. Правила светской жизни и этикета (1889). | Шутл.-ирон. *Непременно благоволили (апраксинский слог) просить сенатора Полетику, чтобы он непременно благоволил мне прислать для прочтения книги, привезенные Ломоносиком.* П. Вяземский. Письмо А. И. Тургеневу, 29 апр. 1825. См. также: Соблаговоли/те.

Благогове́ние. Глубокое уважение, почтение. Употр. преимущ. в составе эпист. устойчивых сочетаний для офиц. выражения почтительного отношения к лицу, значительно высшему по положению. *Милостивый Государь / Александр Христофорович, / С благоговением и благодарностию получил я через Ваше Превосходительство отзыв Государя Императора.* А. Пушкин. Письмо А. Х. Бенкендорфу, 10 сент. 1827. **Благогове́йный,** -ая, -ое; -ые. Исполненный благоговения. Этикетный эпитет, употр. обычно в составе формул эпистолярных комплиментов в адрес лица, значительно высшего по положению. *С благоговейною преданностью имею счастье пребыть Вашего Императорского Высочества / всепреданнейший / Михаил Лермонтов / Тегинского пехотного полка поручик.* М. Лермонтов. Письмо Вел. кн. Михаилу Павловичу, 20—27 апр. 1840.

Благодарение (Вам, тебе). ⌛ *Возвыш.* Благодарность. ♦ Прими/те (наше, моё) благодарение (наши, мои благодарения). ⌛ *Покамест прими мои сердечные благодаренья; ты один изо всех моих товарищей, минутных друзей минутной младости, вспомнил обо мне кстати или некстати.* А. Пушкин. Письмо Я. Н. Толстому, 26 сент. 1822. *И матери и белицы низко поклонились игуменье. Казначея мать Ираида за всех за них молвила: «Твоими, матушка, стараньями, твоим попеченьем!.. Не от уст, от сердец наших прими благодаренье».* — *«Спаси Христос, матери, спасибо, девицы... Всех на добром слове благодарю покорно»*, — с малым поклоном ответила Таисея, встала и пошла из келарни.* П. Мельников (Печерский). В лесах. ♦ Благодарение (тебе, Вам, Вашей милости и т. п.). ⌛ *[Иван Сидоров:] Вы, батюшко, ваше высокоблагородие, простите меня — мы люди простые... [Тарелкин:] Ничего, братец, говори: я простых людей люблю. [Иван Сидоров:] Ну вот и благодарение вашей милости.* А. Сухово-Кобылин. Дело. ♦ Благодарение Богу (Создателю, Господу, Всевышнему). ⌛ Слава Богу. *Разг.* Учтив. ответ на этикетные вопросы: Как здоровье? Как поживаете? и т. п. *[Беркутов:] Здравствуйте, Вукол Наумыч! (Подаёт руку.) [Чугунов:] Моё почтение, Василий Иваныч! Давно ли пожаловать изволили-с? [Беркутов:] Только что приехал. Очень приятно вас видеть. Как поживаете, Вукол Наумыч? [Чугунов:] Благодарение Создателю, Василий Иваныч, не жалуюсь. [Беркутов:] Душевно рад.* А. Островский. Волки и овцы. *«Вы-то как без меня поживали?» — спросила Манефа. — «Благодарение Господу. За вашими святыми молитвами всё было хорошо и спокойно», — сказала уставщица Аркадия.* П. Мельников (Печерский). В лесах.

Благодарить. ♦ Позвольте благодарить Вас (за...). ⌛ ♦ (Я) могу только благодарить (Вас)... ♦ Как мне Вас (тебя) благодарить! ♦ (Уж) (просто) (не знаю) как мне Вас (тебя) (и) благодарить!.. ♦ Нет (не найду) слов (чтобы) благодарить Вас (тебя)!.. ♦ Век (всю жизнь, до конца своих дней) буду Вас (тебя) благодарить!.. ♦ Детям (и внукам своим) закажу (накажу) благодарить Вас (тебя)!.. и т. п. Формулы офиц.-учтивого или экспрессивного выражения благодарности. *Позвольте мне, Милостивый Государь Афанасий Николаевич, ещё раз сердечно Вас благодарить за отеческие милости, оказанные Вами Наталии Николаевне и мне. Смею надеяться, что со временем заслужу Ваше благорасположение.* А. Пушкин. Письмо А. Н. Гончарову, 7 июня, 1830. *Я не знаю, право, как Вас благодарить за все Ваши хлопоты по делам моих protégés, но Вам это не в диво. Вы очень, очень добры (без шуток и преувеличенья).* И. Тургенев. Письмо Е. Е. Ламберт, 11 мая 1860. *[Крутицкий:] Ты мне с первого раза понравился; я уж за тебя замолвил в одном доме словечко. [Глумов:] Мне сказывала Софья Игнатьевна. Я не нахожу слов благодарить ваше превосходительство.* А. Островский. На всякого мудреца довольно простоты. *«Гениальная мысль! — восторженно перебил Митя, — как благодарить мне вас, Кузьма Кузьмич?» — «Ничего-с», — склонил голову Самсонов. — «Но вы не знаете, вы спасли меня...» — «Не стоит благодарности-с».* Ф. Достоевский. Братья Карамазовы. *«Да вам шкатулки не надо ли?» — «Что это вы, Семён Иванович? Ей-богу, вы нас совсем конфузите... Мы и слов не найдём благодарить вас». — «Эва что!» — добродушно заключал Семён Иванович, и шкатулка оставалась у Претерпеевых.* Г. Успенский. Нравы Растеряевой улицы. *[Анна:] Господи, как я рада! Даже и благодарить вас... нет слов! [Васса:] И не надо. Ты — заслужила.* М. Горький. Васса Железнова. *«Виктор Александрыч, — заговорила Нюра, — за кофточку-то... я уж и не знаю, как благодарить. Дай Бог здоровья жене вашей, деткам, если есть...» — «Должны быть по идее». — «Не заругали бы вас дома-то. Скажут: такое добро, а кому-то отдал». — «...» — «Ничего... Носите на здоровье, Нюся. В Крыму, даст Бог, увидимся».* В. Шукшин. Печки-лавочки. ♦ Не гостям хозяина, а хозяину гостей благодарить надо. *Погов.* Употр. как скромный ответ хозяина на благодарность гостей за гостеприимство. ♦ **Это я должен Вас благодарить.** Вежл. ответ на благодарность. **Благодарю.** ♦ **Благодарю Вас (тебя).** ♦ **Благодарю (Вас, тебя) за** (что-л.). ♦ **Благодарю (Вас, тебя) за то, что... 1.** Широкоупотр. формы вежл. или учтив. выражения благодарности за оказанное внимание, услугу, подарок и т. п. Употр. преимущ. в речи образованных лиц среднего и старшего возраста; самостоятельно (как вежливый отклик на знак внимания, незначит. услугу) или в сочет. со словами-распространителями (для выражения повыш. вежливости, учтивости, а также для указания на причину благодарности). [София:] *Благодарю вас за билет, А за старанье вдвое.* А. Грибоедов. Горе от ума. *Благодарю тебя за ты и за письмо.* А. Пушкин. Письмо К. Ф. Рылееву, 25 янв. 1825. — *Право, мне нечего рассказывать, дорогой Максим Максимыч... Однако прощайте, мне пора... я спешу... Благодарю, что не забыли... — прибавил он, взяв его за руку.* М. Лермонтов. Герой нашего времени. «Я тебя вызвал, чтоб оставить при себе». — «Благодарю вашу светлость, — отвечал князь Андрей — но я боюсь, что не гожусь больше для штабов», — сказал он с улыбкой, которую Кутузов заметил.* Л. Толстой. Война и мир. — *Друг мой, — говорю, — ведь я не со злости какой, или не для своей корысти, а для твоего же добра! — толкую ей, и по головке её ласкаю, а она всё этак скороговоркой: — Хорошо, хорошо, благодарю вас, Домна Платоновна, благодарю.* Н. Лесков. Воительница. *Всякий раз, когда она [сестра Гаврика] являлась в лавке, он вежливо подавал ей стул, приглашая: «Присядьте, пожалуйста!» — «Благодарю!» — кратко говорила она и, кивая головой, садилась.* М. Горький. Трое. *Филипп Филиппович, стукнув, снял трубку с телефона и сказал в неё так: — Пожалуйста... да... благодарю вас. Виталия Александровича попросите, пожалуйста. Профессор Преображенский. Виталий Александрович? Очень рад, что вас застал. Благодарю вас, здоров...* М. Булгаков. Собачье сердце. [Из рассказа крестьянина Овсянкина:] *Дочка его [князя Гагарина] Софья Андреевна ходит, бывалича, по избам: «Дай, Иван Фёдорович, хлебца», «дай, Анна Степановна, хлебца». Отрежешь ей кусочек, она в муфточ-*

ку: «Спасибо, благодарю тебя», — *и руку жмёт. А прежде к ней не подступись.* К. Чуковский. Дневник. Зап. 10 июля 1921. *Я держалась поначалу скованно, церемонно, пытаясь произвести на мадам Бринер приятное впечатление своей воспитанностью. Бормотала поминутно: «Благодарю вас!» — на спинку дивана не опиралась, сидела вытянувшись, сложив руки на коленях.* Н. Ильина. Дороги и судьбы. ▭ [Две женщины-приятельницы А. и Б. покупают проездные абонементы в киоске на трамвайной остановке]. *[А. (расплачиваясь):] Благодарю. (Отходят.) [Б.:] Что это ты ей «благодарю»? [А.:] А что? [Б.:] Очень культурная? Сказала б «спасибо» да и всё. А то как наша Лидка. Та тоже: «добрый день», «добрый вечер...»* (1991). | В сочет. с интенсификаторами вежливости и экспрессивности: *глубоко, душевно, искренно, много, нижайше, от всей души, очень, покорно, покорнейше, премного, сердечно, от всего сердца, чувствительно и др. Искренно благодарю Вас за подарок, который изволили Вы пожаловать моему новорождённому...* А. Пушкин. Письмо Н. И. Гончаровой, 14 июля 1835. *Милостивая государыня тётушка / Василиса Кашпоровна! / Много благодарю за присылку белья...* Н. Гоголь. Иван Фёдорович Шпонька... *Переждав, пока кончится смех, Фатьян продолжал: «Чувствительно вас благодарю за неоставленье. Иноземцы меня выучили, а вы меня выручили». — И Фатьян поклонился народу в землю. Бабы встали и ответили Фатьяну поясным поклоном...* Б. Шергин. Дождь. *Милая Маня! Благодарю, благодарю глубоко и сердечно за твоё великодушие.* С. Есенин. Письмо М. П. Бальзамовой, весна 1913. *Дорогой Иван! Сердечно благодарю тебя за подарок, которым я был очень тронут. <...> Спасибо ещё раз. Буду хранить этот прибор среди самых дорогих для меня вещей. / Твой Александр.* А. Твардовский. Письмо И. Т. Твардовскому, 14 авг. 1955. **2. Благодарю (Вас).** Форма вежливого согласия или отказа. *[Инна Александровна:] Устали, голубчик. Поесть не хотите? [Трейч:] Благодарю вас, я кушал дорогой.* Л. Андреев. К звездам. *«Владимир Владимирович, хотите вареников?» — «Благодарю вас». — «Благодарю вас да или благодарю вас нет?»* В. Катаев. Трава забвенья. ‖ В сочет.

со словами *Нет уж...* выражает категорическое несогласие с мнением, советом, предложением собеседника. ▢ «*Ну, поезжай сама*». — «*Нет уж, благодарю! Я в прошлый четверг ездила, хватит с меня*» (1991). **Благодарим (Вас). 1.** *Мн. от Благодарю.* **2.** *В знач. 1 л. ед. ч.* ⌛ *Прост. Почтит. к высшему или равному по положению.* «*Будьте милостивы, обещайте наперёд, что нашу просьбу непременно исполните...*» — *вставши с места и низко кланяясь, сказал Марко Данилыч.* <...> — «*Ежели можно будет исполнить ваше желанье, всегда готова,* — *сказала Марья Ивановна.* — *Только я, право, не знаю...*» — «*Нижайше благодарим за ваши золотые слова*», — *радостно воскликнул Марко Данилыч. П. Мельников (Печерский). На горах.* | *С оттенком самоуничижения или иронии.* [*Банщик — клиенту:*] *И на этом даре благодарим вас! За веничек ещё с вас, а можем и так положить...* Е. Иванов. Меткое московское слово. ♦ **(Адресант) благодарит (адресата) (за...).** *В знач. 1-го лица.* ⌛ *Эпист. Формула офиц.-учтив. выражения благодарности в письме, записке. Александр Пушкин сердечно благодарит Игнатия Семёновича Зеновича за его заочное гостеприимство. Он оставляет его дом, искренно сожалея, что не имел счастия познакомиться с почтенным хозяином.* А. Пушкин. Письмо И. С. Деспоту-Зеновичу, 8 авг. 1824. ♦ **Благодарю (благодарим) за внимание.** *Форма вежл. заключения публичной речи, выступления.* ▢ [*Ведущий телепередачи:*] *Наша передача закончена, благодарим вас за внимание* (1991). ♦ **Благодарю Вас за всё (за то), что Вы для меня** (кого-л.) **сделали!** *Экспрессив., возвыш. форма благодарности.* ♦ **Благодарю за компанию.** *Форма учтив. прощания с собеседниками, попутчиками, в компании с которыми случилось провести какое-то время.* ▢ «*Мне пора, благодарю за компанию*». — «*И вас тоже. Всего доброго!*» (1992). ♦ **Благодарю за комплимент.** *Вежл. отклик на лестное замечание.* [*Цыганов:*] *Надежда Поликарповна ушла, а вдали от неё — я чувствую себя не на своём месте...* [*Надежда:*] *Как хорошо вы говорите комплименты... сразу и не поймёшь даже...* [*Цыганов:*] *Благодарю за комплимент.* М. Горький. Варвары. ♦ **Благодарю за службу.** *Воинск. Уставная форма поощрения. Употр. в устной форме старшим по чину, званию по отнош. к подчинённым по службе. Половцев вскрыл конверт, быстро пробежал письмо, близко придвинул его к фонарю, сказал:* «<...> *Рассвет не застанет вас в дороге?*» — «*Никак нет. Добежим. У нас кони добрые*», — *ответил бородатый.* — «*Ну, ступайте. Благодарю за службу*». — «*Рады стараться!*» — *Оба разом повернулись как один, щёлкнули каблуками, вышли.* М. Шолохов. Поднятая целина. ♦ **Благодарю за совет.** *Учтив. выражение благодарности.* || *Ирон. Ответ на поучение, наставление собеседника.* [*Николай:*] *Говорить надо спокойно.* [*Михаил (едва сдерживаясь):*] *Благодарю за совет. Он очень мудр, но мне не годится!* М. Горький. Враги. ♦ **Благодарю (благодарим) за угощение,** *говорит гость, вставая из-за стола или прощаясь с хозяевами.* ♦ **Просим прощенья, благодарим за угощенье!** ⌛ *Шутл.* ♦ **Благодарю (Вас) за честь, (но, только)...** *Учтив. отказ в ответ на приглашение, предложение, совет.* — *Василий Дмитрич, я благодарю вас за честь,* — *сказала графиня смущённым голосом, но который казался строгим Денисову,* — *но моя дочь так молода, и я думала, что вы, как друг моего сына, обратитесь прежде ко мне. В таком случае вы не поставили бы меня в необходимость отказа.* Л. Толстой. Война и мир. ♦ **Благодарю (благодарим) на** (чем-л.) ⌛ *То же, что Благодарю за (что-л.) Форма сохранилась в составе некоторых устойчив. сочетаний:* ♦ **Благодарю (благодарим) на угощении.** ⌛ ♦ **Благодарю (Вас, тебя) на добром слове.** ♦ **И на том (Вас, тебя) благодарю.** «*А я думаю так: настоящие мужчины мне больше по душе, чем крикуны, и если ты, Давыдов, ненароком собьёшься с пути, то, не поднимая шума, шепни мне на ухо. Как-нибудь я помогу тебе выбраться на твёрдую дорогу. Договорились?*» — «*Благодарю на добром слове,* — *уже серьёзно сказал Давыдов, а сам подумал:* «*Вот чёртов сын! Всё пронюхал...*» *Чтобы не подчёркивать серьёзности своей последней фразы, добавил:* — *Удивительно добрый секретарь у нас, прямо на редкость!*» М. Шолохов. Поднятая целина. ♦ **Благодарю, не ожидал!** *Вежл. или шутл. ответ на сюрприз, неожиданный комплимент.* [*Карандышев:*] *Я желаю, чтобы Ларису Дмитриевну* окружали только избранные люди. [Вожеватов:] Значит, и я к избранному обществу принадлежу? Благодарю, не ожидал... А. Островский. Бесприданница. [Достигаев:] Я вас, товарищ Рябинин, слушал на митингах и — уважаю! [Рябинин (Тятину):] Кажется, вот в таких случаях говорят: благодарю, не ожидал! [Достигаев:] Нет, давайте серьёзно. М. Горький. Достигаев и другие. ♦ **Заранее (Вас, тебя) благодарю.** Форма благодарности за будущую услугу в связи с ранее высказанной просьбой. *Я бы очень был Вам благодарен, если б Вы захотели прийти ему на помощь своей богатой опытностью парижской жизни и науки. <...> Заранее благодарю Вас и жму Вам руку. / Преданный Вам Ив. Тургенев.* И. Тургенев. Письмо Г. Н. Вырубову, 29 авг. 1874. ♦ **Покорно (покорнейше) (Вас) благодарю (благодарим).** ⌛ **1.** Учтивая или почтит. форма благодарности. *[Хлестаков:] Нет ли у вас денег взаймы? [Артемий Филиппович:] Есть. [Хлестаков:] Покорнейше вас благодарю.* Н. Гоголь. Ревизор. *«Извольте получать», — сказал Самоквасов, положив на стол три красненьких и пододвинув их рукой к игуменье. Быстро с места поднявшись и деньги приняв, отвесила низкий-пренизкий поклон мать Таисея. «Благодарим покорно, родимый ты мой Пётр Степаныч, — заговорила она сладеньким голосом. — Благодарим покорно за ваше неоставление. Дай вам Господи доброго здравия и души спасения. Вовеки не забудем вашей любви, завсегда пребудем вашими перед Господом молитвенницами».* П. Мельников (Печерский). В лесах. *[Купавина:] Подите сюда, Вукол Наумыч! (Чугунов входит.) Садитесь! [Чугунов:] Благодарю покорно. Сяду, сяду-с. (Садится.)* А. Островский. Волки и овцы. *[Ракитин:] Знаете ли что, Алексей Николаич? Не у многих молодых людей столько здравого смысла, сколько у вас. [Беляев:] Покорно вас благодарю за комплимент.* И. Тургенев. Месяц в деревне. | С оттенком иронии. *«Для чего это вы, Катерина Львовна, в одиноком положении постель надвое разостлали?» — как-то мудрено вдруг спросил он жену. — «А вас всё дожидала», — спокойно глядя на него, ответила Катерина Львовна. — «И на том благодарим вас покорно...»* Н. Лесков. Леди Макбет Мценского уезда. **2.** Вежл. форма согласия или отказа.

Клим вдруг решил: «Знаешь, Варя, пойдём-ка домой! Иван Петрович с нами — хорошо?» <...> — «Покорно благодарю, — говорил Митрофанов. — Я к вам — с радостью». М. Горький. Жизнь Клима Самгина. *«Закусите!» — попотчевал Пётр Михайлыч купца. — «Благодарим покорно: закушено грешным делом!» — отвечал тот, дохнув луком.* А. Писемский. Тысяча душ. *Одна девица в синем сарафане <...> отказалась идти. — «Покорно благодарим». Откланивалась, но в хоровод не шла, её чуть не последнюю приглашали.* Б. Шергин. Дорогая гора на Мезени. ‖ Ирон. или язвит. ответ, отвергающий замечание, предложение или совет собеседника. *[София:] Позвольте, батюшка, кружится голова; я от испуги дух перевожу едва; Изволили вбежать вы так проворно, Смешалась я. [Фамусов:] Благодарю покорно, Я скоро к ним вбежал! Я помешал! я испужал!* А. Грибоедов. Горе от ума. *[Марья Антоновна:] Да что ж делать, маменька? Всё равно через два часа мы всё узнаем. [Анна Андреевна:] Через два часа! покорнейше благодарю.* Н. Гоголь. Ревизор. *«Отчего вы не служите в армии?» — «После Аустерлица! — мрачно сказал князь Андрей. — Нет, покорно благодарю, я дал себе слово, что служить в действующей русской армии я не буду».* Л. Толстой. Война и мир. *[Берсенев:] Поразмысли, да только не теряй времени. В обрез его осталось. [Штубе:] Служить этому быдлу? Забыть честь и достоинство офицера и дворянина? Покорно благодарю.* Б. Лавренёв. Разлом. **Благода́рствую. Благода́рствуй/те. Благода́рствуем** (ед.- почтит. и мн.). ⌛ Прост. То же, что Благодарю (тебя, Вас), Спасибо (тебе, Вам). *Благодарствуй за письмо — оно застало меня посреди хлопот и неприятностей всякого рода.* А. Пушкин. Письмо П. А. Вяземскому, 1 сент. 1828. *«Максим Максимыч, не хотите ли чаю?» — закричал я ему в окно. «Благодарствуйте, что-то не хочется». — «Эй, выпейте! Смотрите, ведь уж поздно, холодно». — «Ничего, благодарствуйте...»* М. Лермонтов. Герой нашего времени. *— Благодарствуйте, что сдержали слово, — начала она [Одинцова], — погостите у меня: здесь, право, недурно.* И. Тургенев. Отцы и дети. *[Левша] вдруг начал беспокойно скучать. Затосковал и затосковал и говорит англичанам: — Покорно благодарст-*

вуйте на всём угощении, и я всем у вас очень доволен и всё, что мне нужно было видеть, уже видел, а теперь я скорее домой хочу. Н. Лесков. Левша. *[Устинья Наумовна:]* Мамзельку, коли хочешь, высватаю! *[Подхалюзин:]* Покорно благодарствуйте, нам пока не требуется. А. Островский. Свои люди — сочтёмся! «*Ну, Иванушка Петрович, — Молвил Месяц Месяцович, — Благодарствую тебя За сынка и за себя*». П. Ершов. Конёк-Горбунок. *Дорогой Гриша! Я получил твоё письмо, за которое благодарствую тебе.* С. Есенин. Письмо Г. А. Панфилову, осень 1912. «*Проходите, сваточек, проходите!*» *— упрашивала Ильинична. — «Ничего, благодарствуем... пройдём*». М. Шолохов. Тихий Дон. *Благодарствуем, Катерина Петровна, за угощение, за приятную беседу. Просим к нам бывать! — кланялись женщины.* В. Астафьев. Последний поклон.

Благодарность. Употр. преимущ. в составе офиц., офиц.-возвыш., риторич. формул благодарности. ♦ **Выражаю Вам (тебе) (свою, нашу) (безграничную, безмерную, бесконечную, большую, великую, глубокую, горячую, душевную, искреннюю, огромную, сердечную...) благодарность (за...).** ♦ **Позвольте (разрешите) выразить Вам (мою, нашу, глубокую, искреннюю, сердечную...) благодарность.** ♦ **Приношу (позвольте, разрешите принести) (Вам) благодарность (слова глубокой, сердечной... благодарности).** ♦ **Примите мою (нашу) благодарность.** ♦ **Хочу (хотелось бы) сказать (высказать) слова глубокой (сердечной...) благодарности...** ♦ **Хочу (хотел бы, хотелось бы) засвидетельствовать Вам свою (глубокую, душевную, искреннюю, сердечную...) благодарность.** ♦ **(Я) должен (считаю своим долгом) выразить Вам (глубокую, искреннюю...) благодарность (чувство горячей, искренней благодарности), (сказать слова благодарности)...** и т. п. *Позвольте мне принести Вашему Превосходительству чувствительнейшую мою благодарность за письмо, которое удостоился я получить.* А. Пушкин. Письмо А. Х. Бенкендорфу, 5 марта, 1828. *[Кузовкин (трепещущим голосом):] Позвольте мне теперь... в такой для меня торжественный день — изъявить мою благодарность за все милости... [Елецкий (перебивая его, строго):] Да за что же, за что, Василий Семёныч, вы нас благодарите?.. [Кузовкин:] Да-с. Да ведь всё-таки-с вы мои благодетели...* И. Тургенев. Нахлебник. *[Акулина (прохожему):] Проходи, садись, гостем будешь. [Прохожий:] Приношу благодарность. Покушать бы, если бы можно. [Марфа:] Ничего не видамши сейчас и покушать. Что ж, разве по деревне не прошёл? [Прохожий (вздыхает):] По званию своему непривычен я. А так как продуктов своих не имеем... (Акулина встаёт, достаёт хлеб, отрезает и подаёт прохожему.) (Берёт хлеб.) Мерси. (Садится на коннике и жадно ест.)* Л. Толстой. От ней все качества. «*Милостивый Государь Г... З...! Почитаю за особое удовольствие и честь выразить Вам свою сердечную благодарность за...*». «*Примите, за Ваше доброе ко мне расположение, мою чувствительную благодарность. Душевно преданный с почтением / В... С...*» (образцы благодарственных писем). Хороший тон. Правила светской жизни и этикета (1889). *Милый Боря. / Приношу Тебе мою глубокую благодарность и любовное уважение за рецензию...* А. Блок. Письмо А. Белому, 24 марта 1907. *Дорогой-дорогой Борис Леонидович! Примите мою глубокую благодарность за письма, доверие, объяснение «Званого вечера», за всё Ваше доброе ко мне отношение!* М. Юдина. Письмо Б. Л. Пастернаку, 20 дек. 1953. *Выражаем сердечную благодарность коллективам разреза «Байдаевский» и комбината питания ЗСМК за оказание помощи в организации похорон К... И... В... / Родные и близкие.* («Кузнецкий рабочий». — 1993). ♦ **Объявляю (Вам, тебе) благодарность.** *Офиц.* Формула служебного поощрения подчинённых. *Объявляю благодарность за отличное несение патрульно-постовой службы сержантам И..., П..., С..., рядовым Н..., Ш... (Из приказа командира войск. части).* ♦ **(Моя, наша) Благодарность тебе (Вам).** *Разг.* Форма благодарности равному или низшему по положению. *Но опасения его [Щукаря] не оправдались: все ели и усердно хвалили, а сам бригадир Любишкин даже сказал: «В жизни не едал такого кондера! Благодарность тебе, дедок, от всей бригады!»* М. Шолохов. Поднятая целина. ♦ **У меня нет (не хватает) слов, чтобы выразить Вам свою глубокую (без-**

граничную, горячую...) благодарность!.. *Возвыш. Экспрессив.* [Вася (проникновенно):] Людмила Сергеевна, нет слов, чтобы выразить мою благодарность... А. Арбузов. Моё загляденье. ♦ **Тысяча благодарностей!** *Разг. Экспрессив.* ♦ **С благодарностью (С чувством благодарности)... 1.** В сочет. с глаг. — формула учтив. или офиц. благодарности. *Возвращаю вам с великой благодарностью присланную вами после всего случившегося сумму.* К. Симонов. Живые и мёртвые. **2.** *Эпист.* В сочет. с подписью адресанта — заключит. формула благодарственного письма. *С чувством благодарности и глубокого уважения / В. Д.* ♦ **Не сто́ит благодарности.** Вежл. ответ на благодарность за незначительную услугу или когда говорящий из вежливости, скромности принижает значимость своей услуги. *[Лыняев:] Да разве вы обязаны развлекать меня? Это скорей моя обязанность, но и я... извините, и я могу предложить вам только поскучать со мной вместе. [Глафира:] И прекрасно, очень вам благодарна. [Лыняев:] Не стоит благодарности. [Глафира:] Нет, очень стоит. [Лыняев:] Да за что же? [Глафира:] За спокойствие, разве этого мало?* А. Островский. Волки и овцы. ▭ *[Девушка у телефона-автомата — прохожему:] «Будьте добры, не разменяете мне пятнашками?» — «Сейчас посмотрим... вот, пожалуйста». — «Ой, спасибо вам большое!..» — «Не стоит благодарности»* (1992). ♦ **Не стоит благодарности за такие малости.** *Прост., шутл.* См. ♦ **Салфет вашей милости.** ♦ **Какие могут быть благодарности!** ♦ **Что за благодарности!** *Разг. Экспрессив.* Ответные реплики на благодарность близкого знакомого, равного или младшего по возрасту, положению. ♦ **Взяток не берём, а благодарности принимаем.** *Разг.* Шутл. ответ на благодарность, поздравление (в том числе и с вручением подарка).

Благода́рный, -ая; -ые (-рен, -рна; -рны). ♦ **Я благодарен Вам (тебе) за...** ♦ **Я благодарен Вам (тебе) (за то), что...** ♦ **Во всём благодарен** 🕮, т. е. за всё. | Чаще употр. со словами-интенсификаторами для экспрессивного выражения благодарности. ♦ **Очень (весьма, бесконечно, чрезвычайно...) Вам (тебе) благодарен (за...)!** ♦ **Я так Вам (тебе) благодарен (за...)!** ♦ **Как я Вам (тебе)** благодарен (за...)! ♦ **Не могу выразить (передать), как (насколько) я Вам (тебе) благодарен!** ♦ **Вы не представляете (представить себе не можете), как я Вам благодарен (за...)!** и т. п. *«Слушай, — встал с места Иван Фёдорович, поражённый последним доводом Смердякова и прерывая разговор, — я тебя вовсе не подозреваю и даже считаю смешным обвинять... напротив, благодарен тебе, что ты меня успокоил. Теперь иду, но опять зайду. Пока прощай, выздоравливай. Не нуждаешься ли в чём?» — «Во всём благодарен-с. Марфа Игнатьевна не забывает меня-с и во всём способствует...»* Ф. Достоевский. Братья Карамазовы. *Митрофанов поднялся со стула и сказал: «Извиняюсь, заговорился. Очень вам благодарен за отсрочку». — «Заходите иногда посидеть», — пригласил Самгин. Поблагодарив ещё раз, Митрофанов ушёл.* М. Горький. Жизнь Клима Самгина. *[Годун (принимает от Софьи Петровны чай):] Весьма благодарен.* Б. Лавренёв. Разлом. *[Люся] Притянула за руку Анну Павловну и шепнула: — Анна Павловна, милая! Я вам так благодарна за вашу всегдашнюю заботу обо мне! Я не представляю, что бы я без вас делала.* В. Вересаев. Невыдуманные рассказы. *[Хохлакова] выбежала провожать его [Перхотина] даже до передней. — Как я вам благодарна! Вы не поверите, как я вам теперь благодарна за то, что вы зашли ко мне к первой <...>. Мне очень лестно бы было вас принимать и впредь в моём доме.* Ф. Достоевский. Братья Карамазовы. *Не могу Вам передать, насколько я благодарен Вам за то, что Вы взялись за труд, посвящённый семье Симбирцевых.* А. Фадеев. Письмо Б. Л. Беляеву, 14 ноября 1951. ♦ **Заранее Вам (тебе) благодарен.** ♦ **(Я) буду (Вам, тебе) (очень, чрезвычайно** и т. п.**) благодарен (за...; если...).** ♦ **(Я) был бы (Вам, тебе) (очень, чрезвычайно** и т. п.**) благодарен (за...; если...).** Формулы выражения благодарности за будущую услугу в связи с высказанной просьбой. *«Любезный Федя, выручи друга из беды, не дай ему погибнуть в цвете лет, пришли 250 руб., асс. <...> А я, брат, буду тебе благодарен до гробовой доски...»* И. Тургенев. Безденежье. *Я была бы бесконечно благодарна Вам, если бы Вы написали мне, надо ли мне заниматься поэзией.* А. Ахматова. Письмо В. Я. Брюсову, 1910. ♦ **Мно-**

го (Премного) благодарен (Вам). ♦ Много (Премного) благодарны (Вами). ⸸ ♦ Чувствительно (чувствительнейше) Вам благодарен. ⸸ Формы почтит. благодарности, а также учтивого согласия или отказа от предложения, угощения. «*Ну, что твоя тётка, здорова?*» — «*Здорова, Иван Афанасьич. Много благодарны*». И. Тургенев. Петушков. «*А ты, Флёнушка, что не пьёшь? Пей, сударыня: не хмельное, не вредит*». — «*Много благодарна, Потап Максимыч,* — *с ужимочкой ответила Флёнушка.* — *Я уж оченно довольна, пойду теперь за работу*». П. Мельников (Печерский). В лесах. *Фомушка опять толкнул локтем своего соседа и наполнил рюмки.* — *Это вы для меня-с? Чувствительнейше благодарен и на том угощении,* — *отказался Иван Иванович, решась быть осторожнее.* В. Крестовский. Петербургские трущобы. *Матушка Агния <...> перекрестилась на сад, в окошко и умиленно пропела: «А мы к вашей милости, сударь, премного вами благодарны за заботы о нас, сиротах... втайне творите, по слову Божию... спаси вас Господи, Христос воскресе*». И. Шмелёв. Пути небесные. *Пелагея замахала руками:* — *Нет, нет, Онисья Захаровна! Премного благодарны. И сами никого не звали, и к другим не пойдём. Не можем. Лежачие.* Ф. Абрамов. Дом. ♦ **Много (премного) благодарен за честь, но...** ⸸ Формула вежл. отказа. «*Господа,* — *говорит он [Хвалынский] обыкновенно приступающим к нему дворянам, и говорит голосом, исполненным покровительства и самостоятельности,* — *много благодарен за честь; но я решился посвятить свой досуг уединению*». И. Тургенев. Два помещика. ♦ **Благодарные мы.** ⸸ Прост. *Не выпуская из рук свёртка, он [Шалый] вытер рукавом слезинку и докрасна вымытое по случаю необычайного для него события лицо, сказал охрипшим голосом:* — *Струмент нам, конечно, нужный... Благодарные мы... И за правление, за ихнюю эту самую... Спасибо и ишо раз спасибо!* М. Шолохов. Поднятая целина. ♦ **Благодарный Вам** (подпись адресанта). Эпист. Заключит. формула письма с выражением благодарности.

Благода́рствую. Благодарствуем. См. Благодарить.

Благоде́нствие. ⸸ Полное благополучие, достаток; счастливая жизнь, процветание. Употр. в формулах возвыш. пожелания. ♦ **Желаю (Вам, тебе) благоденствия.** *[Частный пристав:] Имею честь поздравить вас, ваше высокоблагородие, и пожелать благоденствия на многие лета! [Городничий:] Спасибо, спасибо!* Н. Гоголь. Ревизор.

Благоде́тель. [Заимств. из ст.-сл. яз. < Букв. «делающий добро»]. **1.** ⸸ Почтит. (нередко с оттенком самоуничижения) обращение к мужчине, высшему по положению, который оказал, постоянно оказывает или может оказать покровительство, помощь. Употр. часто в ситуациях просьбы, благодарности. *Почтеннейший, мой дражайший благодетель. / Сейчас мне в департаменте объявил К. К. Родофиникин, что к Вашему Сиятельству отправляется курьер с ратификациями <...>. / С чувством полного уважения, любви и благодарности Вашего Сиятельства всепокорнейший слуга / А. Грибоедов.* Письмо И. Ф. Паскевичу, 12 апр. 1828. — *Ах, батюшка! ах, благодетель мой!* — *вскрикнул Плюшкин <...>. — Вот утешили старика! Ах, Господи ты мой! ах, святители вы мои!..* Н. Гоголь. Мёртвые души. *Захар ушёл, а Обломов начал читать письмо [от старосты] <...>: «...В недоимках недобор: нынешний год пошёл доходцу, будет, батюшка ты наш, благодетель, тысячи яко две помене...»* И. Гончаров. Обломов. *Но при этом он [князь Яков] не мог терпеть излияния благодарности. Чуть, бывало, начнёт кто-нибудь по получении просимого куша: «Благодетель вы наш! чем и как благодарить вас?!»* — *князь тотчас же нахмуривал брови и тоном, решительно не допускавшим дальнейших возражений, произносил: «Ну, будет! довольно!»* В. Крестовский. Петербургские трущобы. ‖ ⸸ Прост. Ласк. обращ. к равным или низшим по положению. *[Пётр:] Здорово. [Матрёна:] Здравствуй, благодетель. Здравствуй, касатик. Хвораешь, видно, всё. И старик мой как жалеет. Поди, говорит, проведай. Поклон прислал. (Ещё раз кланяется.)* Л. Толстой. Власть тьмы. «*Чем дерево дворянское Древней, тем именитее, Почтенней дворянин. Не так ли, благодетели?*» — «*Так!*» — *отвечали странники <...>.* — «*Ну, вижу, вижу: поняли!*» Н. Некрасов. Кому на Руси жить хорошо. | Шутл. или ирон. *Вот тебе, мой благодетель, первая глава — с Богом.* А. Пушкин. Письмо М. Л. Яковлеву, 5 июля

1834. *[Платон (Барабышеву и Мавре Тарасовне):]* Уж на что учтивее и политичнее: дочь-девушку, богатую невесту, при себе целовать позволяете! И кому же? Ничтожному человеку, прогнанному приказчику! Ах, благодетели, благодетели вы мои! А. Островский. Правда — хорошо, а счастье лучше. **2.** ⌘ *В знач. сказуем.* ♦ **Вы (ты) (мой) благодетель.** ⌘ Формула комплимента при выражении благодарности. «*Chère Анна Михайловна*, — *сказал он* [*князь Василий*] *с своей всегдашней фамильярностью и скукой в голосе.* — <...> *сын ваш будет переведён в гвардию, вот вам моя рука. Довольны вы?*» — «*Милый мой, вы благодетель! Я иного не ожидала от вас, я знала, как вы добры*». Л. Толстой. Война и мир. | *Шутл. или ирон.* [*Мышлаевский:*] *Алёша, возьми меня к себе.* [*Алексей:*] *С удовольствием. Я и сам хотел тебя вызвать. Я тебе первую батарею дам.* [*Мышлаевский:*] *Благодетель...* М. Булгаков. Дни Турбиных. **Благодетельница.** ⌘ *Женск.* к Благодетель. [*Василиса Перегриновна:*] *Раненько встали, благодетельница! Заботы-то у вас больно много.* А. Островский. Воспитанница. [*Миша (Ступендьеву:)*] *Оне мне ничего эдак собственно не говорили-с ... а так-с ... Помилуйте, ведь вы оба мои благодетели. Вы мой благодетель, а Дарья Ивановна моя благодетельница, притом же оне мне и родственница. Как же мне не радеть... (Берёт его под руку.)* И. Тургенев. Провинциалка. ♦ **Будь/те благодетелем (благодетель).** ♦ **Будьте благодетельны.** ⌘ Очень вас (тебя) прошу; будьте так добры; пожалуйста. Интенсификаторы просьбы, мольбы. [*Жевакин:*] *Нет уж, я бы просил, чтобы на другой меня не женили. Уж будьте этак благодетельны, чтобы на этой.* Н. Гоголь. Женитьба. | *С оттенком самоуничижения к высшему по положению.* [*Шрейбрун:*] *Будьте благодетель, я стою на краю гибели... поддержите меня.* Н. Некрасов. Утро в редакции. «*Будьте благодетелем! Ребятишки малые не емши сидят! Не откажите!*» — *жалобно умолял рыжий со слезами в голосе.* В. Крестовский. Петербургские трущобы. | *Шутл.-самоуничижит. к равному по положению, близкому знакомому, приятелю. Будьте благодетелем, распорядитесь, чтобы я получил свой гонорар не позже 31 декабря.* А. Чехов. Письмо Н. А. Лейкину, 24 дек. 1886.

Благодея́ние. ♦ **Сделайте благодеяние (мне, нам).** ♦ **Можете ли Вы (Не могли бы Вы) сделать (такое, сие) благодеяние?** ♦ **Вы бы сделали истинное благодеяние, если бы...** ⌘ Формы почтит. просьбы к высшему по положению или шутл.-возвыш. — к равному. *Если в Ярополье есть у Вас какой-нибудь ненужный Вам повар (только бы хорошего, честного и неразвратного поведения), то Вы бы сделали нам истинное благодеяние, отправя его к нам — особенно в случае нашего отъезда в деревню.* А. Пушкин. Письмо Н. И. Гончаровой, 14 июля 1835. ♦ **Век не забуду Ваше благодеяние (Вашего благодеяния)!** ⌘ *Экспрессив.* Благодарность высшему по положению за значительную помощь, услугу. См. Век. ♦ **Почту (сие) за благодеяние.** ⌘ Формула учтивости при выражении просьбы к высшему по положению, а также ответ на предложение или намерение, высказанное высшим по положению, сделать что-л. в интересах адресанта. *Милостивый Государь / Граф Александр Иванович. Доставленные мне по приказанию Вашего Сиятельства из Московского отделения Инспекторского архива книги получить имел я честь. Принося Вашему Сиятельству глубочайшую мою благодарность, осмеливаюсь беспокоить Вас ещё одною просьбою* <...>. *Если угодно будет Вашему Сиятельству оные донесения и рапорты (с января 1774 по конец того же года) приказать мне доставить, то почту сие за истинное благодеяние. / С глубочайшим почтением, преданностию и благодарностию честь имею быть, Милостивый Государь, / Вашего Сиятельства / покорнейший слуга / Александр Пушкин.* А. Пушкин. Письмо А. И. Чернышеву, 8 марта 1833.

Благонадёжны. ♦ **Будьте благонадёжны.** ⌘ *Прост.* Будьте уверены, не сомневайтесь, не беспокойтесь. Употр. обычно как положительный ответ на просьбу, распоряжение. «*Так я могу на вас надеяться?*» — *крикнул я ему вслед.* — «*Будьте благонадёжны!*» — *раздался его самоуверенный голос.* И. Тургенев. Странная история. — «*Так уж не оставьте вашей милостью*», — *снова начала она упрашивать его* <...>. — «*Будьте благонадёжны!*» Н. Наумов. У перевоза.

Благополу́чие. ♦ **Желаю (желаем) (тебе, Вам) (всякого, всяческого) благополучия.**

Пожелание, употр. обычно при прощании, поздравлении. — *Прощай, Василиса. Желаю тебе всякого счастья и благополучия.* И. Тургенев. Петушков. ▭ *Благополучия, счастья, любви вашему дому!* (Пожелание молодым на свадьбе). [Благополучие — из ст.-сл. яз. Словообр. калька с греч. eutychia. Благая — «хорошая» и полука (получаи) — «случай, судьба». Букв. «хорошая судьба»].

Благополу́чный, -ая, -ое; -ые. В формулах пожеланий и приветственных поздравлений. ♦ **Желаю (Вам) благополучного (путешествия, возвращения...).** ♦ **С благополучным (прибытием, возвращением...).** *[Городничий:] Не смеем никак удерживать, в надежде благополучного возвращения. [Хлестаков:] Как же, как же, я вдруг.* Н. Гоголь. Ревизор. ▭ *«Здравствуйте, Наталья Петровна. С благополучным возвращением!» — «Спасибо. Ну, как вы тут?»* (1991). ‖ Только крат. ф. В сочет.: ♦ **Всё благополучно.** Всё хорошо, всё в порядке. Обычный ответ на вопросы: Как жизнь? Как дела? и т. п. Широко употр. в частных письмах. *У нас всё благополучно, Оля здорова, я тоже здоров.* А. Чехов. Письмо А. И. Зальцу, 18 марта 1904. ♦ **Будьте благополучны.** *Будьте здоровы и благополучны, желаю всего хорошего Вам и всем Вашим.* А. Чехов. Письмо А. С. Суворину. 17 июля 1903. ‖ Краткий тост. *[Михайла:] На, пей. [Прохожий (не пьёт):] Пейте сами. [Михайла:] Ну, будет ломаться. [Прохожий (пьёт):] Будьте благополучны.* Л. Толстой. От ней все качества.

Благоро́дие. ♦ **Ваше Благородие.** ⌛ В дореволюц. России формула титулования и офиц.-почтительного обращения к офицерам и чиновникам с 14 по 9 класс включительно, а также к их жёнам. С 1832 г. этот титул получили и почётные граждане. *Пехотный солдат подошёл к костру, присел на корточки, всунул руки в огонь и отвернул лицо. — Ничего, ваше благородие? — сказал он, вопросительно обращаясь к Тушину. — Вот отбился от роты, ваше благородие; сам не знаю где. Беда!* Л. Толстой. Война и мир. *— «Почему вы не исполняете приказ по армии и называете меня и вашего полкового командира "благородиями"?» — «У нас приказ ещё не читали, ваше благородие».* А. Лебеденко. Тяжёлый дивизион. ‖ *Прост.* Почтит. обращ. к представителю власти, человеку благородного происхождения или к богато одетому, представительному на вид мужчине. *Столяр присел к нам, пел песни и всё просил меня прочесть ту песню, которую он спел. В заключение величал меня «сударь», «Ваше благородие». Надо заметить, что я выдал себя за лакея...* П. И. Якушкин. Журнал пешехода (1845—1846). ▭ *[Сторож в мертвецкой — посетителю:] Привычка, ваше благородие! Мне всё едино... Вы вот брезгаете, а я здесь отобедать могу. Такие же люди, только без дыхания.* Е. Иванов. Меткое московское слово. ♦ **Его (Их) благородие.** При почтит. указании на третье лицо или при обозначении титула адресата в письмах (употр. в дат. пад. с прописной буквы). *[Шатала:] Их благородие изволили говорить: режь — я и резал.* А. Сухово-Кобылин. Смерть Тарелкина. *Его Благородию / Алексею Александровичу / Бакунину. / В Москве. / У Поварской, в Хлебном переулке, в доме Волковой.* И. Тургенев. Адрес на обороте письма А. А. Бакунину, 3 апр. 1842. ∣ В годы и после революции — *ирон. Большое тело кочегара легко повернулось к солдатам, он взмахнул платком и закричал: — Эй, ваши благородия...* М. Горький. Жизнь Клима Самгина. *«Завтракать будешь?» — спросила жена. Иван отказался — не хотелось. — «С похмелья?» — полюбопытствовал Наум. — «Так точно, ваше благородие».* В. Шукшин. Волки.

Благоро́дный, -ая, -ое; -ые. Отличающийся высокими моральными качествами; безукоризненно честный, самоотверженный, великодушный. Употр. как этикетный эпитет-комплимент при почтит. эмоц.-возвыш. обращении к собеседнику. ∣ ⌛ В XIX в. в этом слове ещё нередко сопутствует оттенок устаревшего к наст. времени значения «принадлежавший к знатному роду, к привилегированному обществу». *Благородное собрание! Благородный рыцарь!* и т. п. *[Лиза (Валькирину):] Нет, благородный человек! Я не хочу воспользоваться твоим самоотвержением, а ты также не захочешь унизить меня: теперь твоё предложение — почти милостыня, в которой я буду упрекать себя.* В. Одоевский. Живой мертвец. *[Варравин (Расплюеву):] Верите ли, благородный человек, что по этим обстоятельствам ему [Тарелкину] неоднократно и в рожу-то плевали. А. Сухово-Кобылин. Смерть Тарелкина. [Гурмыжская:] Не думаешь ли ты, что стеснишь меня?.. Напротив, я была бы очень рада! [Несчастливцев:] Благородная женщина! Не расточай напрасно предо мною сокровища твоего сердца! А. Островский. Лес. ‖ В значении сказуем.: ♦ **Вы (ты) благородный (человек).** Комплимент. [Исаев:] Мишель, спасибо за откровенность, Ты благородный человек. И. Тургенев. Месяц в деревне. [Софья:] У вас муж такой милый, такой благородный! [Евлалия:] Да, действительно благородный и добрый человек. А. Островский. Невольницы. ♦ **У Вас (у тебя) благородное (доброе) сердце.** См. Сердце. ♦ **Это очень благородно с Вашей (твоей) стороны.** Одобрение собеседника за великодушный поступок. **Благороднейший.** Элатив к Благородный. [Бахчеев] теперь ходил за Фомой, как собачка, смотрел на него с благоговением и к каждому слову его прибавлял: «Благороднейший ты человек, Фома!» Ф. Достоевский. Село Степанчиково... **Благородно,** нареч. к Благородный. ⚭ Вы поступили благородно. ⚭ Вы обошлись со мною благородно.

Благослове́ние. [1. Возглас священника или архиерея, которым начинается богослужение. 2. Осенение крестным знамением верующих, совершаемое священником или архиереем в определённые моменты богослужения с возгласом «Мир всем». 3. Осенение крестом, крестным знамением или иконой с произнесением молитвы; напутственное пожелание благополучия, удачи, успеха. Благословение дают обычно духовные лица прихожанам или младшим по сану; родители — детям, старшие — младшим по возрасту, положению]. В обиходе благословением нередко называют всякое разрешение, напутствие, пожелание удачи. ♦ **Дай/те благословение.** Благослови/те, дай/те разрешение. ⚭ [Приходит Иван-царевич к матери:] — Дай мне, — говорит, — благословение ехать в другой город торги торговать, животы наживать и за по пути себе жену искать. Про Ивашку-Пепелышку. Сказка. Зап. в 1946. ♦ **Прошу (твоего, Вашего, родительского, святого...) благословения.** ⚜ 1. Почтит.-возвыш. или учтив. просьба благословить, дать согласие на что-л. Князь ей в ноги, умоляя: «Государыня-родная! Выбрал я жену себе, Дочь послушную тебе, Просим оба разрешенья, Твоего благословенья: Ты детей благослови Жить в совете и любви». А. Пушкин. Сказка о царе Салтане... «Родимый мой батюшка! прошу ни злата, ни серебра, прошу твоего родительского благословения!» (Невеста-родителю. В. Даль). 2. Эпист. Форма выражения почтит. отношения к родителям, старшим родственникам. Употр. обычно в начальной или заключит. части письма наряду с комплиментами, формулами добрых пожеланий, прощания и приветов. Прощайте, милая бабушка, будьте здоровы и покойны на мой счёт, а я, будьте уверены, всё сделаю, чтобы продолжить это спокойствие. Целую ваши ручки и прошу вашего благословения. / Покорный внук / М. Лермонтов. М. Лермонтов. Письмо Е. А. Арсеньевой, март—апрель 1836. Человек двадцать родных было у Янова — русский человек без них не живёт, — и он отписывал каждому порознь и поименно милостивого государя или государыню, любезного, возлюбленного или вселюбезнейшего — а затем нижайший, глубочайший, усердный, преусердный или другого разбора поклон; называл себя мы, сестру или брата вы, испрашивая у родителей, дядей, тёток и прочих, у каждого порознь, их родительского или родственного благословения, навеки нерушимого... В. Даль. Денщик. Милые, дорогие мои родители! В первых строках моего письма посылаю Вам своё сыновнее почтение, заочно низко кланяюсь и прошу у Вас Вашего родительского благословения, которое поможет мне верой и правдой нести военную службу... (образец письма родителям). Военная хрестоматия для полковых учебных команд, ротных, эскадронных и батарейных школ (1887). ♦ **Благословение (моё Вам, тебе, Н.).** ⚜ Эпист. Формула благословения, пожелания благополучия. Употр. чаще в заключении письма к младшему по возрасту, положению. Я, слава Богу, здоров, мой друг. <...> Наши делали чудеса, особливо кирасиры, и взяли французских пять пушек. / Детям благословение. / Верный друг Михайла Г.-Ку. М. И. Кутузов. Письмо жене, 25 авг. 1812. ♦ **Да будет (пребудет) над Вами святое (Божие...) благословение!** Возвыш. То же, что ♦ **Да благословит вас Бог!** Бог в помощь вам в трудах ваших! Не унывайте, бодритесь. *Благословенье святое да пребудет над вашей кистью, и картина ваша будет кончена со славою. От души вам, по крайней мере, желаю. / Ваш весь Н. Г.* Н. Гоголь. Письмо А. А. Иванову, 1851. ♦ **Ваше Благословение.** ⚡ Почтит. обращение к священнику. *«Священники белого духовенства почётно зовутся: ваше благословение, как протопопы и благочинные высокоблагословение, а чёрное духовенство преподобие».* В. Даль.

Благослове́нный. 1. *Только в крат. ф. в сочет.:* ♦ **Будь благословен (Благословен будь).** Форма благословения. *[Корчагин], наклонив голову, сказал: «Благослови, отче». <...> Бакин перекрестил его голову и сказал: «Будь благословен».* Ф. Решетников. Глумовы. ♦ **Будьте благословенны (Будь благословен/на. Будь благословенно).** ♦ **Да будет благословен.** *Возвыш.-риторич.* Формы похвалы, возвеличивания, благого пожелания в адрес собеседника, его качеств, дел. *В движениях чётких степенна, Ты делом простым занята. Да будет благословенна Двойная твоя красота!* М. Дудин. Женщине, шьющей распашонку. **2. Благослове́нный. Благословле́нный. Благословлённый.** *В знач. сущ.* ⚡ *Обл.* Милый, любезный. Ласковое обращение. ▪ *Здорово, благословенный! Что с тобой, благословлённый?* ▪ *Не плачь, мой благословлённый.* ▪ *Благословленный ты мой!* СРНГ.

Благослови́ть / Благословля́ть. Перекрестив кого-л., осенив крестом или иконой и произнеся слова молитвы, выразить напутственные пожелания благополучия, удачи, успеха с целью предохранения адресата от нечистой силы. ‖ Выразить своё согласие, одобрение в связи с началом какого-л. дела; доброжелательно направить кого-л. на что-л. ♦ **Благословляю Вас (тебя) (на...).** *Кутузов вышел с Багратионом на крыльцо. — Ну, князь, прощай, — сказал он Багратиону. — Христос с тобой. Благословляю тебя на великий подвиг. — Лицо Кутузова неожиданно смягчилось, и слёзы показались в его глазах. Он притянул к себе левою рукой Багратиона, а правою, на которой было кольцо, видимо, привычным жестом перекрестил его и подставил ему пухлую щёку, вместо которой Багратион поцеловал его в шею. — Христос с тобой! — повторил Кутузов и пошёл к коляске.* Л. Толстой. Война и мир. *Обнимаю тебя крепко — детей благословляю — тебя также.* А. Пушкин. Письмо Н. Н. Пушкиной, 14 июля 1834. *Благословляю тебя, мой дорогой. Спокойной тебе ночи, если она возможна на войне. Вечно твоя мать — Ираида Фонвизина-Костяева.* В. Астафьев. Пастух и пастушка. ♦ **Бог (Господь, Всевышний) Вас (тебя) благословит.** ♦ **Благослови Вас (тебя) Бог (Господь, Всевышний).** ♦ **Да благословит Вас (тебя) Бог (Господь, Всевышний, небо...).** *Возвыш.* Формы благословения, пожелания добра и благополучия, употр. часто при выражении благодарности, прощании, а также как форма согласия родителей на брак сына или дочери. *Старушонка хлеб поймала: «Благодарствую, — сказала. — Бог тебя благослови; Вот за то тебе, лови!»* А. Пушкин. Сказка о мёртвой царевне... *Обнимаю сильно вас, и да благословит вас Бог. <...> Не в силах больше писать. Весь ваш Гоголь.* Н. Гоголь. Письмо П. А. Плетнёву, 7 янв. 1842. *А до тех пор — будьте здоровы и тысячу раз да благословит вас Бог.* И. Тургенев. Письмо Полине Виардо, 29 мая 1849. *[Старец Зосима (паломнице):] «Девочка на руках-то?» — «Девочка, свет, Лизавета». — «Благослови Господь вас обеих, и тебя и младенца Лизавету. Развеселила ты моё сердце, мать. Прощайте, милые, прощайте, дорогие, любезные». Он всех благословил и глубоко всем поклонился.* Ф. Достоевский. Братья Карамазовы. *«Теперь я еду и прошу её руки, и желаю, чтоб она осталась моей невестой», — заключил, с заметным усилием над собой, Калинович. «Да, да, конечно, — пробормотал старик и зарыдал. — Милый ты мой Яков Васильич! Неужели я этого не замечал?.. Благослови вас Бог; Настенька тебя любит; ты её любишь — благослови вас Бог!» — воскликнул он, простирая к Калиновичу руки. Тот обнял его.* А. Писемский. Тысяча душ. *[Муромский (Кречинскому, который просит руки его дочери):] Может, и действительно воля Божья! Ну, благослови Господь! Вот, Михайло Васильевич, вот вам её рука, да только смотрите...* А. Сухово-Кобылин. Свадьба Кречинского. *Перед светом Яков Лукич разбудил спавшую в боковой комнатушке свою восьмидесятилетнюю старуху мать. Коротко рассказал ей о целях приезда бывшего сотенного командира <...>. — «Благо-

словите, мамаша?» — «Ступай на них супостатов, чадунюшка! Господь благословит! Церква закрывают... Попам житья нету... Ступай!» М. Шолохов. Поднятая целина.
♦ **Благослови/те (меня на...)** Обращ. к духовному лицу, а также к родителям, старшим родственникам и др. уважаемым лицам с просьбой дать благословение, доброжелательное напутствие, согласие на задуманное дело. *После того мужской пол благословлялся и опять-таки по чину, по ряду и в очередь <...>. Творя перед игуменьей по два метанья [«поклона»] со словами: «Матушка, прости! Матушка, благослови!», каждый выслушивал уставной ответ Манефы: «Бог простит! Бог благословит!..» Ни слова больше... Стройно, по чину, обрядную встречу справляла.* П. Мельников (Печерский). В лесах. *Иванушко рано запросился у матери в море. Четырнадцати лет приступил вплотную. «Мама, как хошь, благослови в море идти!» Мама заревела, как медведица: «Я те благословлю поленом берёзовым! Мужа у меня море взяло, сына не отдам!» — «Ну, я без благословения убегу».* Б. Шергин. Ваня Датский. *Благослови меня, мой друг, на благородный труд. Хочу писать «Пророка»...* С. Есенин. Письмо Г. А. Панфилову, осень 1912.
♦ **Благослови/те (мне)** (делать/сделать что-л.). ⚜ Обращ. к духовному лицу или к родителям, старшим родственникам, лицам, высшим по положению, с просьбой разрешить сделать что-л. *«Благословите здесь остаться», — просящим голосом вымолвил Алёша. — «Ты там нужнее. Там миру нет. <...> И знай, сынок (старец любил его так называть), что и впредь тебе не здесь место».* Ф. Достоевский. Братья Карамазовы. *Рано перед лазорями, мать обряжается у печки. Мытницы подойдут с вёдрами и мочалками, справят челобитье: «Благослови-ко, хозяюшка, полы шоркать!» Мать равным образом поклонится в пояс: «Мойте-ко, голубушки, благословясь!»* Б. Шергин. Старые старухи. ♦ **Благословите под злат венец стать, закон Божий принять (чудный крест целовать).** ⚜ Обрядовая просьба жениха и невесты к родителям дать благословение на брак. ♦ **Благословите** что-л. Обращ. к духовному лицу освятить своим благословением что-л. (обычно о еде, питье, перед началом трапезы). *[Добровольский (склонясь):] Благословите. [Распутин (благословляет):] Благослови Господь. [Добровольский (целует ему руку, берёт рюмку):] Благословите питие. [Распутин:] Благослови Господь. [Добровольский (выпрямляясь, зычно):] За здоровье его императорского высочества государя наследника. (Выпивает одним духом).* А. Толстой. Заговор императрицы. ‖ **Дай/те согласие на что-л.** *[Хлестаков:] Анна Андреевна, не противьтесь нашему благополучию, благословите постоянную любовь!* Н. Гоголь. Ревизор. ♦ **Благослови/те путь.** ⚜ *Обл.* Обрядовое обращение, просьба уходящих в море к остающимся на берегу. ♦ **Святые отцы благословляют.** ⚜ *Обл.* Ответ на просьбу: *Благословите путь.* *При этом следует заметить, что молитвенные возгласы, призывание имени Божия нигде не применяются столь часто, как ввиду вероятных опасностей при плаваниях по водам. <...> Например, при подъёме якоря для плавания судна по Белому морю в Соловецкий монастырь кормщик говорит: «Благословите путь». Ему отвечают одни: «Святые отцы благословляют» и другие: «Праведные Бога молят».* С. Максимов. Крылатые слова.

Блаженство. ♦ **Ваше Блаженство.** Титулование и официально-почтительное обращение к патриарху в некоторых восточных странах. Патриархи Константинопольский, Московский и всея Руси именуются *Ваше Святейшество*, другие восточные патриархи — *Ваше Блаженство*. ♦ **Моё блаженство.** ⚜ *Возвыш., интимн.-ласк.* Называние возлюбленной (возлюбленного). *Ты — моё Солнце, моё Небо, моё Блаженство. Я не могу без Тебя жить ни здесь, ни там.* А. Блок. Письмо Л. Д. Менделеевой, 10 нояб. 1902. ‖ *Разг. Шутл.-игрив.* мужск. обращение к любимой женщине. *[Коринкина:] Да кто вам сказал, что я ревную? Я вам сейчас докажу противное! [Дудукин:] Доказывайте, моё блаженство.* А. Островский. Без вины виноватые.

Блеск! *В знач. сказуем. Разг.* Форма экспрессив. выражения похвалы, восхищения. Употр. преимущ. в современной молодёжной речи. ▱ *«Ой какая симпатичная брошка! Вер, дай посмотреть... Где купила?» — «Сестра подарила». — «Блеск!»* (1994). ‖ То же, что блестяще. См. **Блестящий.** ▱ *Ты блеск как выглядишь!*

Блестя́щий, -ая, -ее; -ие. В формулах экспрессив. похвалы, комплиментов. **а)** Великолепный, роскошный. *Блестящий наряд! Блестящие апартаменты!* **б)** Обладающий прекрасной внешностью, манерами, прекрасно одетый. *Я ещё помню вас блестящим гвардейским офицером.* **в)** Выдающийся, замечательный, превосходный. *Вы делаете блестящие успехи. Блестящая статья!* **Блестяще.** Замечательно, великолепно. *Блестяще написано!*

Бог. ♦ **Бог (в, на) по́мощь!** *Разг.* ♦ **Бог помо́чь!** ⌛ *Прост. и обл.* ♦ **Бог на́ помочь с силой!** ⌛ *Обл.* ♦ **Бог (Вам, тебе) в помощь** (делать что-л.; в каком-л. деле). *Разг.* Формы приветственного пожелания работающему или пожелания успеха, удачи в предстоящих делах. *Бог в помочь вам, друзья мои, В заботах жизни, царской службы И на пирах разгульной дружбы, И в сладких таинствах любви!* А. Пушкин. 10 октября 1827. *Близ большой дороги засевал мужик поляну. На то время ехал царь, остановился против мужика и сказал: «Бог в помочь, мужичок!» — «Спасибо, добрый человек!»* Загадки. Сказка из собр. А. Н. Афанасьева. *Народу тьма! Там белые Рубахи баб, да пёстрые Рубахи мужиков, Да голоса, да звяканье Проворных кос. «Бог на́ помочь» — «Спасибо, молодцы!»* Н. Некрасов. Кому на Руси жить хорошо. *[Трейч:] Я сам теряюсь в догадках. Завтра я иду туда. [Ирина Александровна:] Бог вам в помощь, голубчик. Благословляю вас, как сына.* Л. Андреев. К звёздам. ♦ **Помога́й (помоги́) (Вам, тебе) Бог (Боже, Господь, Царица Небесная...)!** См. ♦ **Помога́й Бог!** ♦ **Бог на́ поль (на́поль)!** ⌛ *Обл.* Приветствие при полевых работах; а также пожелание успехов в каком-л. деле, как ♦ **Бог в помощь!** ♦ **Бог на (по) пути!** ⌛ *Обл.* Дорожное приветствие-пожелание. *Выходит старичок со сторонушки: «А здравствуйте-тко, братцы добры молодцы, А старый казак ты Илья Муромец, А молодой Добрынюшка Микитинич!» — А он-то их знает, да они не знают, кто: «А здравствуй-ка ты ещё, дедушка!» — «А Бог вам на пути, добрым молодцам...»* Михайло Потык. Былина. ♦ **Бог навстре́чу!** *Обл.* Приветствие встретившемуся путнику. ♦ **Бог на дорогу, Никола в путь!** *Прост.* ♦ **Бог по дороге, а чёрт стороной!** *Прост.* Формы прощального пожелания благополучного путешествия, счастливого пути. *Распрощался с ним Потап Максимыч. Ровно сына родного трижды перекрестил, крепко обнял и крепко расцеловал. <...> — Храни тебя Господь!.. Бог на дорогу, Никола в путь, — сказал Чапурин оторопевшему Василию Борисычу. — Ворочайся, голубчик, скорее...* П. Мельников (Печерский). В лесах. *«Ой, товарищи, не поворотить ли нам обратно, пока не поздно, — глядите, чего с дорогой делается!» Но мы твёрдо решили ехать вперёд. «Ну, тогда, как говорится, Бог по дороге, а чёрт стороной, съезжаем с профиля на обочину...»* Р. Рома. Одна из дорог. ♦ **Бог на прива́ле.** ⌛ *Обл.* Приветствие отдыхающим путникам. ‖ Приветствие отдыхающим, беседующим; то же, что Беседуйте. ♦ **Бог на проще́нье.** ⌛ *Обл.* Формула прощания. См. Прощение. ♦ **Бог за товаром.** ⌛ *Прост. и обл.* Приветствие, с которым обращались к торговцу. *Один боярин выехал на торжище к Горшене и говорит ему: «Бог за товаром, Горшеня!» — «Просим покорно». Горшеня.* Сказка. Из собр. А. Н. Афанасьева. ♦ **Бог даст (♦ Если Бог даст).** См. Дай Бог. ♦ **Благослови тебя (Вас) Бог!** См. Благословить. ♦ **Дай (Пошли́) Бог (Боже, Господь, Господи) (тебе, Вам)** (чего-л. доброго, благоприятного, желаемого). См. ♦ **Дай Бог.** ♦ **Пошли́ Бог.** ♦ **Не дай Бог.** См. Не дай Бог (Господь). ♦ **Избави Бог.** См. Избави. ♦ **Спаси Бог.** ♦ **Бог (тебя, Вас) спасёт!** ⌛ См. Спаси. ♦ **Бог воздаст (тебе, Вам) (за...)** ⌛ ♦ **Да воздаст Вам Бог (Господь) за...** ⌛ ♦ **Бог (Царь небесный) заплатит (тебе, Вам) (за...).** ⌛ ♦ **Бог наградит (вознаградит) (тебя, Вас) (за...).** ⌛ См. ♦ **Награди Вас Бог.** ♦ **Бог не оставит (тебя, Вас) (своими милостями) за...** ⌛ Формы учтивой набожной благодарности. «*Образ вещания, употребляемого в таком случае, когда мы за оказанные благодеяния сами возблагодарить не можем, а молим Бога да ущедрить его*». (СЦСРЯ — 1847). — *Будьте вы и мне родным отцом... в моём сиротстве... как были вы Груне, — с низким поклоном чуть не до земли отчаянным голосом сказала вся в слезах Дуня, обращаясь к Потапу Максимычу. — Войдите в трудное моё положение. Бог не оставит вас за то своими милостями.* П. Мельников

(Печерский). На горах. — *Фёдор Иваныч, Бог вас наградит за вашу доброту, а вы примите теперь из рук моих вашу жену.* И. Тургенев. Дворянское гнездо. *Косматые, трясущиеся старухи с клюками совали вперёд иссохшие пергаментные руки, выли: «Красавец писаный! Дай тебе Бог здоровечка!» — «Барыня, пожалей старуху, сироту несчастную». — «Голубчики, милые, Господь Бог не оставит вас...»* М. Булгаков. Белая гвардия. ♦ **Укрепи тебя (Вас) Бог.** См. Укрепи. ♦ **Упаси́ Бог (Боже упаси).** См. Упаси. ♦ **Храни (Сохрани) Бог.** См. Храни. ♦ **Бог (Господь, Христос) с Вами (с тобой).** *Разг.* 1. Доброе пожелание, благословение, напутствие при прощании. *Благословляю тебя, мой ангел. Бог с тобою и детьми.* А. Пушкин. Письмо Н. Н. Пушкиной, 14 мая 1836. ▱ *Со мной, красной девушкой, со мной распростился: Ты прости — прощай, моя любезная, Прощай, Бог с тобою.* (Нар. песня). Зап. в 1840-х гг. — *Ну, Иванушка Петрович, — Молвил Месяц Месяцович <...>, Ну, прощай же! Бог с тобою!* П. Ершов. Конёк-горбунок. 2. ♦ **Бог с тобой (с Вами)** и ♦ **Бог с тобой (с Вами) совсем.** Форма выражения вынужденного согласия; примирительный ответ на извинение, оправдание. — *Ну, Бог с вами, давайте по тридцати и берите их себе!* Н. Гоголь. Мёртвые души. — *Ну, ну, не оправдывайся... Бог с тобой, Бог с тобой!.. Только впредь смотри, а то, ей-богу, Митя, несдобровать тебе...* И. Тургенев. Однодворец Овсяников. *«Ну, Бог с тобой! Иди!» — Сказал Последыш ласково. — Я не сержусь на глупого, Я сам над ним смеюсь».* Н. Некрасов. Кому на Руси жить хорошо. 3. Форма выражения несогласия со словами, поведением собеседника. *«Имение заложу или продам». — «Бог с тобой, что ты, Борюшка! Долго ли так до сумы дойти».* И. Гончаров. Обрыв. *[Селиверст:] Вы только напрасно меня обидеть изволили, Аркадий Артемыч, — Бог с вами! (Михрюткин молчит.) Бог с вами совсем!* И. Тургенев. Разговор на большой дороге. *«Хорошо! Так, по-вашему, я так ничтожен, что даже не стою ответа, — вы это хотите сказать? Ну, пусть будет так, пусть я буду ничто». — «Да нет же, Фома, Бог с тобой! Ну когда я это хотел сказать?»* Ф. Достоевский. Село Степанчиково... | Употр. при утешении собеседника, обычно в сочет.: ♦ *Не плачь же, Бог с тобой!* ♦ *Не кручинься, Бог с тобой!* и т. п. ♦ **Бог труды любит.** *Погов.* Употр. как форма поощрения, похвалы, одобрения в адрес тех, кто трудится. *Под Кольчугином к нам подошёл пастух с берестяною трубою под мышкой, в зипунишке, и, поглядывая хитро, не торопясь молвил: — Трудитесь, ребятки? — И присевши легко над водою, помочив рассохшуюся трубу и опять поднявшись на лёгкие ноги, поощрительно прибавил: — Ну, трудитесь, трудитесь! Бог труды любит...* И. Соколов-Микитов. На перекате. ♦ **Как (тебя, Вас) Бог (Господь) милует?** См. Как. ♦ **Бог милует.** *Прост.* ♦ **Под Богом.** ▱ *Прост.* ♦ **(Пока) Бог (Господь, Всевышний) грехам терпит.** ▱ *Прост.* ♦ **Бога гневить нечего.** ▱ *Прост.* Хорошо, благополучно, слава Богу. Учтив. ответы на вопросы при встрече: Как живёте? Как здоровье? и т. п. *[Огудалова:] Как поживаете, как дела ваши? [Паратов:] Гневить Бога нечего, тётенька, живу весело, а дела не важны.* А. Островский. Бесприданница. *«Как здоровьишко, отец?» — спросил его Фёдор. — «Хорошо, Бог милует».* В. Шукшин. Любавины. *[Спиридоньевна (жеманно):] Здравствуйте, батюшка Андрей Яковлевич, какой нарядный да хороший стали! Как живёте-можете? [Андрей Яковлев:] Ничего-с: помаленьку, Бог грехам терпит...* А. Писемский. Горькая судьбина. *«Ну как вас, дорогих моих Господь милует? Здоровы ли все у вас?» — спрашивала Манефа, садясь на кресло и усаживая рядом с собой Аграфену Петровну. «Вашими святыми молитвами», — отвечали зараз муж и жена. — Как ваше спасение, матушка?» — «Пока милосердный Господь грехам терпит, а впредь уповаю на милость Всевышнего», — проговорила уставные слова игуменья, ласково поглядывая на Аграфену Петровну.* П. Мельников (Печерский). В лесах. ♦ **Бог (тебя, Вас) простит (Бог тебя прости).** См. Простить. ♦ **Бог тебе (Вам) судья! (Бог тебя суди!)** ▱ *«Говорится, когда кому за оказанное зло сами воздать не можем или не желаем, а оставляем суду Божию».* (СЦСРЯ — 1847). ‖ Употр. для выражения прощения, снисхождения к проступку адресата (с оттенком смирения). ♦ **Слава Богу.** См. Слава. ♦ **Благодарение Богу.** См. Благодарение. ♦ **Богу Иису-**

су. ⚡ *Обл.* Ответ на благодарность. «*Спаси Христос, сероглазая!*» — «*Богу Иисусу*». М. Шолохов. Тихий Дон. ♦ **Побойся (Побойтесь) Бога!** См. Побойтесь. ♦ **С Богом! 1.** *Разг.* Форма благословения, напутственного прощального пожелания. Часто употр. в сочет. с глаг. движения *ступай/те, иди/те, поезжай/те* и т. п. *Отвечает золотая рыбка: «Не печалься, ступай себе с Богом».* А. Пушкин. Сказка о рыбаке и рыбке. *Только провожая сына уже с крыльца, старик немного как бы заметался, полез было лобызаться. Но Иван Фёдорович поскорее протянул ему для пожатия руку... Старик вмиг осадил себя. — Ну, с Богом, с Богом! Приезжай, всегда буду рад. Ну, Христос с тобою!* Ф. Достоевский. Братья Карамазовы. — *Ну, с Богом,* — *перекрестила бабушка Кольчу-младшего.* — *Хорошенче смотри за платком-то — жуликов да мазуриков в городе развелось тучи.* В. Астафьев. Последний поклон. «*Собралась я,* — *грустно сказала она. — Пойду дальше». — «С Богом! — благословила её Василиса. — Иди, Александра, иди. Земля у нас одна, так и иди по ней. А я за тебя молиться буду».* В. Распутин. Василий и Василиса. **2.** Разрешение, согласие, благословение начать что-л.; пожелание успеха, удачи в каком-л. деле. *Милорадович <...>, молодецки салютуя, осадил лошадь перед государем. — С Богом, генерал,* — *сказал ему государь.* Л. Толстой. Война и мир. *Не знаю, должен ли я радоваться месту, которое Вы получили. <...>, но если через это место Вы можете достать себе порядочное количество уроков — то с Богом!* И. Тургенев. Письмо И. Ф. Миницкому, 12 мая 1853. ♦ **С Богом жить!** *Обл.* Прощальное пожелание молодым (В. Даль). ♦ **Оставайтесь с Богом.** *Разг.* Форма прощания уходящего, отъезжающего. ♦ **Куда (откуда) Бог несёт?** См. Куда. Откуда. ♦ **Кого Бог несёт (дарует, даровал)?** См. Кто. ♦ **Сам Бог Вас (тебя) послал!** *Разг. Экспрессив.* Радушный приветственный возглас при неожиданной, но желанной встрече. «*Здравствуй,* — *говорю,* — *Леканида Петровна!» — «Ах, душечка,* — *говорит,* — *моя, Домна Платоновна, такая-сякая немазаная! Сам Бог,* — *говорит,* — *мне вас послал». А сама так вот ручьями слёз горьких и заливается.* — «*Ну, я говорю,* — *Бог, матушка, меня не посылал, потому что Бог ангелов бесплотных посылает, а я человек в свою меру грешный...*» Н. Лесков. Воительница. ♦ **Чем Бог послал.** ⚡ *Разг.* Тем, что есть. Говорится обычно хозяевами при угощении, приглашении гостей к столу. *[Кабанова:] Что ж, кум, зайди! Закуси чем Бог послал! [Дикой:] Пожалуй. [Кабанова:] Милости просим!* А. Островский. Гроза. *И наконец наступает молчание, которое должна использовать хозяйка, раскрыв двери и говоря: «Пожалуйте, чем Бог послал...» — «Знаем мы, чем Бог тебя посылает»,* — *подумает каждый из гостей и, хлопнув себя по коленкам, встанет и войдёт в столовую...* А. Н. Толстой. Барон. *После завтрака Чохов подошёл ко мне вместе с капитаном. — Владимир Александрович, не пожалуете ли вы ко мне сегодня пообедать чем Бог послал?* В. Вересаев. Чохов. (♦ **Просим не прогневаться! Чем Бог послал.** ⚡ *Прост. Учтив., самоуничижит.*). *Надивиться не могли Снежковы на убранство стола, на вина, кушанья, на камчатное бельё, хрусталь и серебряные приборы. <...> Смекнул Потап Максимыч, чему гости дивуются. Повеселел. Ходит, потирая руки, вокруг стола, потчует гостей, сам приговаривает: — Не побрезгуйте, Данило Тихоныч, деревенской хлебом-солью... Чем богаты, тем и рады... Просим не прогневаться, не взыскать на убогом нашем угощенье... Чем Бог послал! Ведь мы мужики серые, необтесанные, городским порядкам не обыкли...* П. Мельников (Печерский). В лесах. ♦ **Что Бог даровал?** ♦ **Что Бог послал?** См. Что? ♦ **Бог милости прислал.** ⚡ *Прост.* Приветствие при встрече (обычно в связи с приятным событием). *Мать Манефа ударила в кандию, и всё смолкло. — Здравствуйте о Христе Иисусе,* — *сказала она, обращаясь к сиротам. Те враз поклонились ей до земли. — Бог вам милости прислал,* — *продолжала Манефа, — а Потап Максимыч Чапурин кланяться велел.* П. Мельников (Печерский). В лесах. <...> *к почтовой конторе подкатилась монастырская бричка с дородной и ласковой матерью Левкадией и смешливой <...> послушницей Павлой на козлах; у закрытых дверей конторы стоял седоусый Капендюхин. «Здравствуй, Нифонт! Бог милости прислал!» — «Благодарствуйте»,* — *ответил городовой.* М. Горький. Городок Окуров. *Камердинер отправился на* половину князя <...>. «Ваше сиятельство!.. а ваше сиятельство! Бог милости прислал...» — «А!.. что?..» — пробормотал князь спросонок. «Бог милости прислал вашему сиятельству», — почтительнейше повторил камердинер. «Какой милости?» — «Корзинку с цветами-с... <...>. От бельгийского консула... приказали кланяться и отдать вашему сиятельству». — «От какого бельгийского консула? <...> Что это ты пьян, что ли?» — «Никак нет, ваше сиятельство, а только я докладываю, что от бельгийского консула... Бог милостью посетил... корзинка с цветами...» В. Крестовский. Петербургские трущобы. ‖ *Обл.* Вежл. ответ на приветствие, поздравление: Помолимшись! вернувшихся из церкви. *[Силан (Параше с поклоном):] Помолимшись! [Параша:] Бог милости прислал, дядюшка Силантий.* А. Островский. Горячее сердце. ♦ **Бог напитал, никто не видал (а кто и видел, тот не обидел).** *Погов. Шутл.* Говорится после еды. — *Спасибо за хлеб, за соль. Бог напитал, никто не видал,* — *подмигнул он Кириллу и неожиданно ласково усмехнулся.* К. Федин. Первые радости. — *Ух, хорошо!* — *крякнул он [дедушка], отнимая от кружки рот, <...>. Если бы я был царём, всё бы эту воду пил... с утра бы до ночи! <...>. Ну вот, Бог напитал, никто не видал, а кто и видел, тот не обидел... Ох-ох-хонюшки-и!* А. Куприн. Белый пудель. ♦ **Ваши (твои) бы речи (слова) да Богу в уши!** *Разг.* Дал бы Бог! Хорошо бы! Шутл. ответ на доброе пожелание. *«Дай тебе Господи с нашей руки да куль муки!»* — *«Ваши бы речи да Богу в уши!»* С. Максимов. Крылатые слова. ♦ **Вот (Вам, тебе) Бог, а вот порог.** *Разг.* Уходи/те, можете (можешь) убираться. Недружелюбн. форма прощания. [Выражение связано с христианским обычаем креститься на иконы, входя в дом и уходя из дома]. *Не стерпела такого хозяйка Гуреевна, подошла к колдунам, показала рукой на божницу: «Вот вам, дорогие гости, Бог,* — *говорит,* — *а вот порог!»* — *и другой рукой на выход.* И. Соколов-Микитов. На реке Невестнице. ♦ **Бога видишь, дверь знаешь.** *Разг.* Не удерживаю, можешь уходить. Вежл.-сухое прощание. ♦ **Богом (Христом Богом) прошу (молю, умоляю).** См. Просить. Молить/ся. Умолять. ♦ **Век буду (за тебя, за Вас) Бога молить.** ♦ **Заставь/те за себя (век, вечно) Бога молить.** См. Молить/ся. ♦ **Ради Бога (Бога ради). 1.** Ради Бога (Всевышнего, Господа, самого Господа Бога, Создателя, Творца Небесного, Христа) (сделайте что-л., не делайте чего-л.). *Разг.* Интенсификаторы экспрессии в составе формул просьбы, мольбы, извинения, утешения. *Ради Господа Бога оставьте «Черкешенку» в покое; Вы больно огорчите меня, если её напечатаете.* А. Пушкин. Письмо М. П. Погодину, май 1827. *[Катерина (кидаясь на шею мужу):] Тиша, не уезжай! Ради Бога, не уезжай! Голубчик, прошу я тебя!* А. Островский. Гроза. *Под горой бледный гусарский юнкер, одною рукой придерживая другую, подошёл к Тушину и попросился сесть. — Капитан, ради Бога, я контужен в руку,* — *сказал он робко. — Ради Бога, я не могу идти. Ради Бога! Видно было, что юнкер этот уже не раз просился где-нибудь сесть и везде получал отказы. Он просил нерешительным и жалким голосом: — Прикажите посадить, ради Бога.* Л. Толстой. Война и мир. *Что со мною будет! Что ещё мне готовит судьба? Ради Христа, зайдите ко мне теперь же, Макар Алексеевич. Зайдите, ради Бога, зайдите.* Ф. Достоевский. Бедные люди. — *Господин смотритель!.. Василий Иванович, голубчик... лошадей!.. лошадей мне, милостивый государь, ради Бога, поскорее!* В. Короленко. Убивец. *Письмо принесла с почты Дуняшка. Почтмейстер, вручая его, кланялся, тряс плешиной, униженно разводил руками: — Вы, ради Бога, простите меня, письмо-то я распечатал.* М. Шолохов. Тихий Дон. ▭ *Ты только, ради Бога, не расстраивайся, ради Бога, не плачь. Вот увидишь, всё устроится как нельзя лучше, вот поверь мне* (1995). ‖ ♦ **Ради Бога (не надо, не стоит).** *Разг. Экспрессив.* Интенсификатор отказа от предложения. *Девица с непонятным беспокойством в глазах встала и сказала: «Мне пора, спасибо за компанию». — «Мы довезём вас до вашей квартиры в автомобиле». — «Ой, нет, нет, не надо! Ради Бога, не надо. Ой, нет, нет, спасибо!»* А. Аверченко. Весёлый вечер. **2.** ♦ **Ради Бога!** (♦ **Бога ради!** ♦ **Да ради Бога!**) *Разг.* Да, конечно, разумеется, пожалуйста. Экспрессив. форма согласия в ответ на просьбу. ▭ *«Валь, можно ручку возьму на минутку?»* — *«Ради Бога!»* ▭ *«Здесь не занято?*

Можно я рядом сяду?"» — «*Ради Бога!*» (1996). | *Разг.* Радушный ответ на благодарность. ☐ [*Ведущий телепередачи — участникам программы:*] «*Большое спасибо, что нашли время прийти на нашу передачу!*» — «*Ради Бога!*» (1995). ♦ **Для Бога (Бога для).** ⬛ *Обл.* То же, что ♦ Ради Бога (в 1 знач.). ☐ *Передай для Бога.* ☐ *Для Бога сними меня с камушка белого.* СРНГ. *Степан Семёныч, для Бога, научи ты меня, холопа твоего, куда голову приклонить... Хоть в монастырь иди...* А. Н. Толстой. Пётр Первый. *Дорогой Павел Владимирович, / Бога для, будьте сегодня к 7 часам у Н. С. Таганцева, чтобы кончить дело Венгерова с Павленковым.* В. Гаршин. Письмо П. В. Засодимскому, 9 февр. 1887. ‖ В составе многочисленных пословиц и поговорок, употребляемых при утешении, ободрении собеседника. ♦ **Бог (Господь) милостив!** ♦ **У Бога милости (милостей) много!** ♦ **Человек с лихостью, а Бог (Господь) с милостью!** ♦ **Мы с печалью, а Бог (Господь) с милостью!** ♦ **От всякой печали Бог (Господь) избавляет.** ♦ **Бог не без милости (казак не без счастья).** ♦ **Бог (Господь) даст день, даст и пищу.** ♦ **Кто Богу не грешен (царю не виноват)!** (Все не без греха, с каждым может случиться). ♦ **Один Бог без греха!** ♦ **Всё от Бога!** ♦ **Бог (Господь) всё к добру строит.** ♦ **Что Бог (Господь) ни делает, всё к лучшему.** ♦ **На всё воля Божья!** ♦ **Все (мы) под Богом ходим!** ♦ **Человек предполагает, а Бог (Господь) располагает.** ♦ **Бог (Господь, Христос) терпел и нам велел.** ♦ **Бог (Господь) по силе крест налагает.** ♦ **Видно (знать), так (Господу) Богу угодно (было).** ♦ **Так уж Бог (Господь), видно, судил (велел).** ♦ **Бог (Господь) не выдаст — свинья не съест!** ♦ **Бог (Господь) дал, Бог (Господь) и взял!** *Не горюй, не убивайся об утрате.* ♦ **Бог отымет, Бог и (по)даст.** ♦ **Кого Бог любит, того и наказует.** ♦ **Не нашим умом, а Божьим судом.** ♦ **С Богом не поспоришь!** ♦ **Бог (Господь) видит, кто кого обидит.** ♦ **Бог (Господь) виноватого найдёт.** ♦ **Бог (Господь) неправду сыщет!** и др. «*Господи Боже мой! Вишь какие новости! Что из этого будет?*» — «*И, матушка!* — *отвечал Иван Игнатьич.* — *Бог милостив: солдат у нас довольно, пороху много, пушку я вычистил. Авось дадим отпор Пугачёву. Господь не выдаст, свинья не съест*». А. Пушкин. Капитанская дочка. «*С тобой, Машенька, пришла посидеть,* — *сказала няня,* — *да вот княжовы свечи венчальные перед угодником зажечь принесла, мой ангел*», — *сказала она, вздохнув.* — «*Ах, как я рада, няня*». — «*Бог милостив, голубка*». Л. Толстой. Война и мир. «*Ну что? как?*» — *тревожно спрашивает старуха барыня.* — «*У Бога милостей без конца, Арина Петровна!*» — *отвечает доктор.* М. Салтыков-Щедрин. Господа Головлёвы. *Толпа баб, разных кумушек, тёток, золовок и своячениц окружала Акулину <...>. — Не плачь, говорила какая-то краснощёкая старуха, — ну, о чём плакать-то? Слезами не поможешь... знать, уж Господу Богу так угодно... Да и то грех сказать: Григорий парень ловкий, о чём кручинишься? Девка ты добрая, обижать тебя ему незачем, а коли по случай горе прикатит, коли жустрить начнёт... так и тут что?.. Бог видит, кто кого обидит...* Д. Григорович. Деревня. *— Ничего, Михайло Потапыч, не сумлевайся очень-то: Бог не без милостей, казак не без счастья. Пронесёт и нашу тучу мороком.* И. Мамин-Сибиряк. Верный раб. *— Полно... не круши себя,* — *говорил Пантелей, гладя морщинистой рукой по кудрям Алексея. — Не ропщи... Бог всё к добру строит: мы с печалями, он с милостью.* П. Мельников (Печерский). В лесах. *— Ну, ребятки!* — *просветлённо поднял и свою чарочку дедушко Селиван. — Бог не выдаст — свинья не съест. Авось обойдётся...* Е. Носов. Усвятские шлемоносцы. **2.** *Бог. Только в функ. сказуем.* Возвыш. форма восхищённого отзыва о мужчине, юноше необычайной творческой одарённости, мастере своего дела. [*Сальери:*] *Какая глубина! Какая смелость и какая стройность! Ты, Моцарт, бог и сам того не знаешь.* А. Пушкин. Моцарт и Сальери. | ♦ **Вы (ты) мой бог.** *Возвыш. экспрессив.* Комплимент, выражение любви, ласки в адрес обожаемого мужчины, юноши. [Калька с франц. mon dieu]. *— Я для чего пришла?* — *исступленно начала она [Катерина Ивановна] опять, — ноги твои обнять, руки сжать, опять сказать тебе, что ты бог мой, радость моя, что безумно люблю тебя.* Ф. Достоевский. Братья Карамазовы.

Богатый. ♦ **Богатого улова!** Приветственное пожелание рыбаку. ♦ **Богатый (Бога-**

тым) будешь. ♦ **Быть тебе богатым.** *Разг. Шутл.* поговорка (якобы примета). **1.** Употр. с целью загладить неловкость по отношению к знакомому, равному или младшему по возрасту, положению, которого при встрече (или голос которого в телефонном разговоре) адресант сразу не узнал. См. также: ♦ **Не узнал — богатым будешь. 2.** Говорится в адрес нежданного гостя, пришедшего во время обеда. *Самовар на столе сипел, Надежда с Царицей пили чай. «Чай да сахары!» — приветствовал хозяев от порога Ванятка. «Прямо к столу угодил. Быть тебе богатым... Садись, Иван Евсев!» — пригласил его хозяин, пододвигая к столу табуретку...* Б. Можаев. Мужики и бабы. ♦ **Чем богаты, тем и рады.** См. **Рад.**

Богатырь. *Разг. Восхищ.* или *шутл.* Комплимент, похвала в адрес мужчины (юноши) высокого роста, крепкого телосложения, отличающегося большой физической силой. — *Такого богатыря помыть, что гору с места, ваше благородие, своротить [говорят банщики клиенту с намёком на щедрые чаевые].* Е. Иванов. Меткое московское слово. ǁ *Шутл.* О крепком, здоровом ребёнке (мальчике). Часто в сочетании с междометиями и усилит. частицами. ⊏ *Ух, какой богатырь!* ⊏ *Десять фунтов! Какой богатырь! — Это ещё что! Вчера родился бутуз двенадцати фунтов.* Четверик. Голубая река. *«Вот вам ваш богатырь». Фенечка приняла ребёнка к себе на руки.* И. Тургенев. Отцы и дети.

Богиня (моя). *Экспрессив.* Восторженное обращение к любимой, обожаемой женщине. *[Иванушко] схватил её руки и, целуя, проговорил: — Люблю, обезумел, богиня!* А. Толстой. Егор Абозов. | *Шутл. [Надежда:] И всегда Егор Петрович говорит прекрасно. [Цыганов:] Нам придётся стрелять друг в друга, Жорж, я это чувствую!.. Богиня моя, уйдёмте прочь от него... он скверно действует мне на нервы... Давайте гулять по саду и говорить о любви...* М. Горький. Варвары. ♦ **Вы (ты) моя богиня.** Форма комплимента, экспрессивного выражения любви, ласки. [Калька с франц. ma déesse]. — *Я твой раб, — воскликнул он, — я у ног твоих, ты мой владыка, моя богиня.* И. Тургенев. Затишье. *Ты, Ангел Величавый, Ты — Богиня моих земных желаний. Я без конца буду влюблённый, буду страстный, буду Твой поклонник и раб.* А. Блок. Письмо Л. Д. Менделеевой, 31 мая 1903.

Божа́т. ⊏ *Обл.* **1.** Обращ. к крёстному отцу. **2.** Обращ. к приёмному отцу. **3.** Обращ. к родному дяде. **Божа́тка.** ⊏ *Обл.* **1.** Обращ. к крёстной матери. **2.** Обращ. к тёте. **3.** Обращ. к повивальной бабке. *Что было на душе у матроса Василия Пачина? Смятение и дым... — «Божат, а божат, — позвал он Евграфа Миронова, когда пришли с беседы, — запряги мне лошадь!» <...> «Где его ночью будешь искать?» — пробудилась за шкапом тётка. Она вышла в одной рубахе. — Утро-то вечера мудренее, ложись-ко спать». «Пойду, божатка, пешком. Валенки только дайте».* В. Белов. Год великого перелома. **Божа́тко. Божа́ток.** То же, что Божат (в 1 знач.). **Божа́точка. Божа́тушка.** Ласк. к Божат. Божатка.

Бо́жья по́мочь (тебе́). ⊏ *Обл.* То же, что ♦ **Бог помочь.** *Говорит-то Вольга таковы слова: «Божья помочь тебе, оратай-оратаюшко, Орать, да пахать, да крестьяновати...».* Микула и Вольга. Былина. Зап. в 1871. ⊏ *Воду черпает Анютка, Божья помочь, Аннушка.* СРНГ.

Боле́зный, -ая, -ое; -ые. **1.** ⊏ *Прост.* и *обл. Сочувств.* В обращении к человеку, вызывающему сострадание, жалость. *Больно мне тебя жалко, болезный ты мой, вот так и рвётся душенька из груди моей к тебе на стречу.* Из письма крестьянина Г. Я. Захарова Н. А. Некрасову, 20 апр. 1869. *И мальчика привезли в дом отца. Там встретила его смешная старуха с длинным крючковатым носом и большим ртом без зубов. <...> Но когда он рассмотрел на её сморщенном лице чёрные глаза, ласково улыбавшиеся ему, — он сразу доверчиво ткнулся головой в её колени. — Сиротинка моя болезная! — говорила она бархатным, дрожащим от полноты звука голосом и тихо гладила его рукой по лицу.* М. Горький. Фома Гордеев. *Анна Ивановна отведёт меня в детскую, очистит печёное яичко, даст молочка... И всё жалеет: «Болезные вы, болезные...»* И. Шмелёв. Лето Господне. ǁ ⊏ *В знач. сущ.* О преступнике, получившем наказание; осуждённом, ссыльном. *Болезному милость творить — с Господом Богом говорить.* В. Даль. **2.** ⊏ *Обл.* Ласково-сочувственное обращ. к близкому, любимому человеку (часто в сочет. с местоимениями *ты мой, моя; вы мои*). «Сердечный, милый, желанный, жадобный, кого люблю, по ком сердце болит». В. Даль. «Что ж, дело доброе, коли человек надёжный. Облегчение от трудов получишь, болезный ты мой», — говорил отец Михаил. — «Надёжный человек», — молвил Потап Максимыч. П. Мельников (Печерский). В лесах. | К высш. по положению при выражении просьбы, извинения. — *Прости, болезный!.. Извиняй на слове глупом. Ой, прости, не казни ты меня,* — голосил старик, ноги атамановы обнимая. М. Шолохов. Родинка. ♦ **Дева болезная.** См. Дева. **Болезненький.** ⌛ *Обл.* Миленький, желанный. Ласк. обращ.

Болезнь. ⌛ *Обл.* Обращение, выражающее ласку, нежность, любовь. ⇒ *Болезнь моя больная, матушка ты моя.* СРНГ. ♦ **Болезнь в подполье, а Вам здоровье!** *Прост.* Пожелание тому, кого моют, парят в бане. См. Здоровье. **Болезенка. Болезка. Болезочка.** ⌛ *Обл. Ласк.* Милочка, душенька, желанная. ⇒ *Ты пожалуй ко мне, солнышко, как на сряду ко мне свадебку со желанною болезенкой.* Свадебная песня. ⇒ *Не моя ли болезочка и с другим гуляет?* СРНГ. **Болесть.** ⌛ *Обл.* **1.** Сожаление, соболезнование; то же, что Болезный (в 1 знач.). ⇒ *Болесть ты моя, горюшко ты моё!* **2.** Ласк. обращ. ⇒ *Ах ты моя болесть!* СРНГ. ♦ **Болести в землю, могута в тело, а душа заново к Богу!** ⌛ *Обл.* Пожелание здоровья и благополучия. **Болечка,** м. и ж. ⌛ *Обл.* Милочка, душенька; голубчик, милёнок. ⇒ *Купи, болечка, платочек По моей головушке, Выйду замуж за тебя — Подарю золовочке.* Частушка. ⇒ *Ох, жалочка, ох, болечка, Чем ты набелилась? — Я корову подоила, молоком умылась.* СРНГ. **Болява,** м. и ж. ⌛ *Обл.* **1.** Милый, дорогой, любимый человек. **2.** Несчастный, вызывающий сострадание, сочувствие. **Боляка,** ж. ⌛ *Обл. Шутл. и ласк.* Милочка, душенька.

Больно, нареч. *Прост.* То же, что Очень. Интенсификатор вежливости, экспрессивности. Употр. в составе формул похвалы, комплиментов. ⇒ *— Ну, кума, больно девка у тебя хороша! Статна да обходительна така!* (1993).

Большой, -ая, -ое; -ие. Интенсификатор вежливости и экспрессивности, употр. в составе разнообразных формул реч. этикета. ♦ **Большое спасибо.** ♦ **Большой привет.** ♦ **Вам (тебе) большой привет от** Н. ♦ **С большим удовольствием.** ♦ **Желаю больших успехов.** ♦ **С большим уважением** и т. п. *[Черёмушкина:] Я, собственно, с большой просьбой к вам, Антон Николаевич. Читательский актив нашей библиотеки очень хотел бы встретиться с вами...* А. Арбузов. Потерянный сын. ♦ **Большой вам любви и маленьких деток!** *Разг., шутл.* Пожелание молодым на свадьбе. **Большой-пребольшой.** *Разг. Усилит.* ⇒ *Спасибо вам большое-пребольшое!* **Большущий,** -ая, -ее. *Разг.* Элатив к Большой. ⇒ *У меня к тебе большущая просьба.* ⇒ *Большущее спасибо тебе за всё!*

♦ **Большому кораблю — большое (и) плавание!** *Посл.* Комплиментное пожелание успехов. *[Городничий:] Да, признаюсь, господа, я, чёрт возьми, очень хочу быть генералом <...>. [Аммос Фёдорович:] Большому кораблю — большое плавание.* Н. Гоголь. Ревизор. *Тот же швейцар в подъезде Адмиралтейства принял фуражку, поздравил [Седова] с чином и сказал: — Сколько служу, а вот, пожалуй, не припомню, чтобы серебряные погоны кому-нибудь меняли на золотые. Ну дай вам Бог, дай Бог! Большому кораблю — большое плавание.* Н. Пинегин. Георгий Седов.

Бонжу́р. [Бонжур — франц. bonjour — «добрый день! здравствуй/те»]. Форма светского приветствия, употреблявшаяся в дворянской полиязычной среде. *[Капитан Чуханов:] А! вот и они. (Входят Вера, Мухин, m-le Bienaine, Варвара Ивановна.) Моё почтение всей компании. [Вера (мимоходом):] Здравствуйте... (Бежит к Анне Васильевне.) Bonjour, maman. [Г-жа Либанова (целуя её в лоб):] Bonjour, petite... (Мухин раскланивается.) Monsieur Мухин, милости просим... я очень рада, что вы нас не забыли...* И. Тургенев. Где тонко, там и рвётся. || С расширением сферы употребления в русской разг. речи и просторечии эта форма приобрела разнообразные социостилистические оттенки, от манерно-«галантерейных» (в речи приказчиков, мелких чиновников, лавочников, мещан и т. п.) до фамильярно-ирон. или дружески-шутл. (в совр. разг. речи). *[Шура:] Вот сестрица шествует важно. Бонжур мадам! Каман са ва? [Варвара:] Уже одиннадцать, а ты не одета, не причёсана... [Шура:] Начинается.* М. Горький. Егор

Булычов и другие. [Люська:] А, здравия желаю, ваше превосходительство! Бонжур, мадам Барабанчикова! [Чарнота:] Здравствуй, Люсенька! М. Булгаков. Бег. *Остап приблизился к пожирателям шашлыка и элегантнейшим образом раскланялся с Персицким. — Бонжур! — сказал репортёр. — Где это я вас видел, дорогой товарищ? А-а-а! Припоминаю. Художник со «Скрябина»! Не так ли?* И. Ильф, Е. Петров. 12 стульев. *А жить-то надо, надо жить красиво. Передохни, расслабься — перекур! Гуд дэй, дружище! Пламенный бонжур!* В. Высоцкий. Баллада о маленьком человеке.

Борони́ Господи (Господь)! См. Оборони.

Боя́рин. [Вероятно, общеслав. Восходит к *бой* < *бои*. Первонач. «боец, воин, дружинник». Высшее (в начале жалованное, а позднее наследственное) звание в Московской Руси, а также лицо, носившее это звание]. **1.** ⌛ В XIX в. употр. как архаичн. форма почтительного обращения крестьян, мелких служащих к барину, помещику. *Христос Воскресе! / дорогой ты мой боярин / Николай Алексеевич. / Дай Бог тебе всякого благополучия и доброго здравия да поскорей бы воротитца в Карабиху...* Из письма крестьянина Г. Я. Захарова Н. А. Некрасову, 20 апр. 1869. *Но когда совсем исчезает одна надежда, часто восходит другая: ввечеру, когда [помещик] Лука сидел один в грустной безнадёжности, пришёл к нему один консисторский приказный, весьма гнусного и скаредного вида и пахнущий водкою, и сказал ему: Слушай, боярин: я знаю твою скорбь и страдание и вижу, что из всех, кого ты просил, никто тебе помочь не искусен, а я помогу.* Н. Лесков. Простое средство. ‖ **Боля́рин.** ⌛ В сочет. с именем собств. употр. для почтит. называния лиц привилегированных сословий в особо торжественных ситуациях (при величании, молитвах за здравие, за упокой и т. п.). *«А кто же здесь схоронил знаменитого тупейного художника?» — «Губернатор, голубчик, сам губернатор на похоронах был. Как же! Офицер — его и за обедней и дьякон, и батюшка «болярином» Аркадием называли. И как опустили гроб, солдаты пустыми зарядами вверх из ружей выстрелили».* Н. Лесков. Тупейный художник. **2.** Боярин, Бояре. ⌛ Обл., фольк. Свадебные чины, гости на свадьбе. ◆ **Большие бояре.** ◆ **Малые бояре.** *«Бояре, на свадьбах, все приезжие, а молодые: князь и княгиня».* В. Даль. ⌦ *Потихонько, бояре! Помаленько, дворяне!* ◆ **Пар Вам, бояре!** См. Пар. **Боя́рыня. 1.** ⌛ Женск. к Боярин (в 1 знач.). **2.** ⌛ Обл. Фольк. О женщине, невесте, жене и т. п. (в народн. песнях — как выражение особого уважения). ⌦ *Ходит-похаживает Молода жена-боярыня.* СРНГ. **Боя́рышня.** ⌛ Обл. То же, что Барышня (в 1 и 2 знач.). ⌦ *Завчерась здесь бояры́шня прогуливалась; третьего дня здесь барышня прогуливалась.* СРНГ.

Бра́во! [Заимств. из итал. яз. в нач. XIX в. в связи с распростр. итал. музыки. Возглас одобрения в итал. опере; bravo! — «молодец»; «отлично, прекрасно»; «сильно, смело»]. Возглас, выражающий одобрение, похвалу, восхищение, восторг. *— Ого, Наташа, браво!.. — искренне изумился Мирон и нагнулся над чертежом; Наташа так и вспыхнула от его похвалы.* Ф. Гладков. Энергия. *[Жанна (Двойникову):] Но ты, надеюсь, понимаешь, что я сделаю всё, чтобы остановить тебя. <...> Ты мне дорог. [Ипполит:] Браво!.. Вот это довод. Молодец, женщина.* А. Арбузов. Выбор. | Ирон. *[Поликсена (Арише и Потрохову):] Превосходно! Чудно! Браво! Вы при мне хоть бы посовестились!* А. Островский. Трудовой хлеб. **Брави́ссимо!** Усилит. к Браво. [Ит. bravissimo — «прекрасно, превосходно»]. *Вам нетрудно себе представить, сколько удовольствия мне дало это чтение. Браво! Браво! Я счастлив, я тысячекратно поздравляю вас, жму вам руку изо всей силы. Ещё раз браво! И я бросаю шляпу высоко в воздух. <...> Бррррррависсимо!* И. Тургенев. Письмо Полине Виардо, 11—16 июля 1849. *[Окоёмов:] В моём положении рисковать нельзя: ведь такой шаг только раз в жизни можно сделать. [Лупачёв:] И что же? [Окоёмов:] Более полутораста тысяч доходу. [Лупачёв:] Брависсимо!* А. Островский. Красавец мужчина.

Браные (бра́ны) гости. См. Гость.

Брань на вороту́ не виснет. Посл. Ругательства, обидные, оскорбительные слова забываются, можно стерпеть. Употр. как форма утешения собеседника, обиженного чьей-л. бранью, грубым обхождением. *— Вы с Алексеем Иванычем побранились? Велика беда! Брань* *на вороту не виснет. Он вас побранил, а вы его выругайте...* А. Пушкин. Капитанская дочка.

Брат. 1. Малоупотр. обращение к брату. Употр. преимущ. в препозиции в возвышенно эмоциональной речи или в ситуации конфликта, отчуждения. — *Брат, сядь!* — проговорил Алёша в испуге, — *сядь, ради Бога, на диван. Ты в бреду, приляг на подушку, вот так. Хочешь полотенце мокрое к голове? может, лучше станет?* Ф. Достоевский. Братья Карамазовы. — *Брат!* — *торжественно проговорил Павел Петрович. Николай Петрович дрогнул, ему стало жутко, он сам не понимал почему.* — *Брат,* — *проговорил Павел Петрович,* — *дай мне слово исполнить одну мою просьбу.* И. Тургенев. Отцы и дети. *И вот почему, когда они стали уходить с Анфисой Петровной, заплакал, зарыдал больной Григорий: «Брат, брат, не горячись!.. Брат, брат, не забывай, что сделал для нас Егорша...»* Ф. Абрамов. Дом. **2.** Только ед. Разг. Друджеск. или фамильярн. обращение к знакомому, родственнику, равному или младшему по возрасту, положению; «в этом значении слово *брат* принимает все оттенки ласки, приязни, снисхождения и гордого самовозвышения». В. Даль. Употр. обычно без ударения в интер- или постпозиции. *[Фамусов:] Что за оказия! Молчалин, ты, брат?* А. Грибоедов. Горе от ума. *Никого я не знала умнее Пушкина. Ни Жуковский, ни князь Вяземский спорить с ним не могли — бывало, забьёт их совершенно <...>. Жуковский смеётся: «Ты, брат Пушкин, чёрт тебя знает, какой ты — ведь вот и чувствую, что вздор говоришь, а переспорить тебя не умею...»* А. Смирнова-Россет. Рассказы о Пушкине, записанные Я. П. Полонским. *Меня в дверях встретил казак мой с испуганным лицом. «Плохо, ваше благородие!»* — *сказал он мне.* — *«Да, брат, Бог знает когда мы отсюда уедем!»* М. Лермонтов. Герой нашего времени. *[Хлестаков:] Литераторов часто вижу. С Пушкиным на дружеской ноге. Бывало, часто говорю ему: «Ну что, брат Пушкин?»* — *«Да так, брат,»* — *отвечает, бывало,* — *так как-то всё...»* Большой оригинал. Н. Гоголь. Ревизор. *Белоголовый человек <...> отстегнул передок, судорожно дернув кожу, и, помогая барину спуститься на землю, поцеловал у него руку.* — *«Здравствуй, здравствуй, брат,»* — *проговорил Лаврецкий,* — *тебя, кажется, Антоном зовут? Ты жив ещё?» Старик молча поклонился и побежал за ключами.* И. Тургенев. Дворянское гнездо. *[Фирс (Гаеву):] Извольте, сударь, надеть, а то сыро. [Гаев (надевает пальто):] Надоел ты, брат.* А. Чехов. Вишнёвый сад. *И когда я ему [Е. В. Барсову] прочёл «Казнь», он даже прослезился и сказал:* — *Это, брат, для грядущих поколений. Света долго не увидит.* В. Гиляровский. Друзья и встречи. *Он [папа] снял со своей полки какую-то книгу и сказал: «Давай-ка, брат, почитаем чудесную книжку про собаку».* В. Драгунский. Старый мореход. ‖ В интерпозиции может сближаться по функции с модальной частицей. — *Нутка, нутка, сударка! смотри на меня! тяжела?* — *допрашивала опытная старушка провинившуюся голубицу <...>.* — *То-то! ещё вчера я смотрю поджимаешься ты! Ходит, хвостом вертит — словно и путёвая. Да ведь меня, брат, хвостами-то не обманешь! Я на пять вёрст вперёд ваши девичьи штуки вижу!* М. Салтыков-Щедрин. Господа Головлёвы. *Семён Иванович чувствует потребность добыть из кухарки хоть какую-нибудь крупицу утехи своему наболевшему самолюбию.* — *Возьми,* — *говорит он кротко, и потом добавляет не без негодования,* — *то-то, брат Авдотья, у нас всё так! Барин-то когда чай отпил, а ты только, Господи благослови, трогаешься за самоваром.* Г. Успенский. Нравы Растеряевой улицы. **3.** Обращ. членов религиозного братства, монахов друг к другу. *Один большой подвижник, опытный в духовной жизни, однажды подошёл к иноку и сказал: «Брат, открой тайну своей души, как ты достиг того, что никогда не раздражаешься?»* Б. Холчев. Беседы о Молитве Господней. ‖ ⚑ «Сим именем называют друг друга христиане равного исповедания» (СЦСРЯ — 1847). **Бра́тие.** Церк. ⚑ Обращ. к единоверцам. *[Игумен (Африкану):] Ваше высокопреосвященство! (Монахам.) Братие! Сподобились мы владыку от рук нечестивых социалов спасти и сохранить!* М. Булгаков. Бег. | Шутл. к приятелям. *Мне разрешили на днях политическую и литературную газету. Не оставьте меня, братие!* А. Пушкин. Письмо И. В. Киреевскому. 11 июля 1832. **Братья. 1.** Мн. к Брат (в 1 знач.). *Братья, то есть, испугались, Зачесались и замялись. А Иван им* стал кричать: «Стыдно, братья, воровать!» П. Ершов. Конёк-горбунок. — Ну, братья дорогие, — Лиза высоко подняла сполна налитую рюмку, — спасибо, что не погнушались худой сестры... Не дивитесь, не дивитесь — за стопку взялась. С радости! Ф. Абрамов. Дом. **2.** Возвыш. обращ. к людям, объединённым общими условиями, положением, связанным общим делом, интересами и т. д.; единомышленники, собратья. *Смело, братья! Туча грянет, Закипит громада вод, Выше вал сердитый встанет, Глубже бездна упадёт!* Н. Языков. Пловец. *Поступило предложение устроить перерыв на десять минут, но сейчас же, как только восстановилась тишина, Подтёлков кинул в жарко согретую толпу: — Братья казаки! Покуда мы тут совещаемся, а враги трудового народа не дремлют.* М. Шолохов. Тихий Дон. *Братья славяне! Солнце свободно восходит над нашей жизнью. Кончается кошмарная ночь германского кровавого пиршества.* А. Толстой. От русского писателя Алексея Толстого. ♦ **Бра́тия и се́стры.** *Церк.* Обращ. священника к пастве. ▭ *Дорогие братия и сестры! Возлюбленные о Христе братия и сестры!* ‖ **(Братья и сёстры)** *Высок., риторич.* Обращение к согражданам. *Товарищи! Граждане! Братья и сёстры! Бойцы нашей армии и флота! К вам обращаюсь я, друзья мои!* И. Сталин. Из выступл. по радио 3 июля 1941 г. *Сыновья и дочери России, братья и сёстры, ради жизни и свободы, чести и достоинства, отбросим наши разногласия, преодолеем сомнения и страх, объединимся и спасём себя и наших потомков!* «Русский вестник», № 1, 1993. ♦ **Любезный брат.** **1.** Учтив. или возвыш. обращ. к брату. **2.** Обращ. членов масонского общества друг к другу. — *Но соблюди, любезный брат, да не украшают перчатки сии рук нечистых.* — *В то время, как великий мастер произносил эти последние слова, Пьеру показалось, что председатель смутился.* Л. Толстой. Война и мир. ♦ **Брат почестный.** ⌧ *Обл., Фольк.* Так почтит. называют брата невесты, присутствующего на свадьбе в качестве шафера. ♦ **Брат кресто́вый.** ⌧ ♦ **Брат назва́ный** ⌧. Обычно в сочет. с местоим. *мой;* употр. в фольк. как почтит обращ. к побратиму. ♦ **Наш брат.** *Разг.,* только в речи мужчин. Мы; такие, как мы. *[Мыкин (приятелю):] По-*

смотри ты на себя, такой ли ты был прежде. Что, брат, видно, укатали сивку крутые горки? Нет, нашему брату жениться нельзя. Мы работники, Уж служить, так служить; для себя пожить после успеем, коли придётся. А. Островский. Доходное место. **Брата́к** ⌧ *Обл.* Обращ. к родному или двоюродн. брату, а также к другу, товарищу. **Брата́н.** **1.** *Прост.* и *обл.* Мужск. обращ. к родному или двоюродному брату. *«Васька! Братан...» — хотел крикнуть Павел, но крика не вышло. Он только сел на помосте и обнял брата.* В. Белов. Год великого перелома. *Вышли братья на широкий двор. «Ну, братаны, — говорит Иван-царевич, — давайте силу пробовать, кому быть набольшим».* Иван — коровий сын. Сказка из собр. А. Н. Афанасьева. **2.** *Обл.* и *прост.* Мужск. обращ. к соседу, другу, приятелю, знакомому, равному или младшему по возрасту, положению. ▭ *Куда, братан, идёшь? — постой меня! — Я пойду с тобой, вместе повадней будет обем-то. — Да, братан, нонче добро сеять-то, шибко ведрено стоит.* СРНГ. ▭ *[Студент — товарищам:] Привет, братаны!* (1996). **Брата́нушко.** ⌧ *Обл.* **1.** Брат. *«Кто летит?» — «Василий-царевич. А кто сидит?» — «Фёдор-царевич». — «Ну каково же, братанушко, сидеть!» — «Да не худо. С голоду не уморит, да и насыта не накормит — фунт хлеба да фунт воды». — «Эка, паря, вот попали!»* СРНГ. **2.** *Ласк.* обращ. к двоюродному брату. ▭ *Ты, двоюродный братанушко, Ты оседлай-ко коня.* СРНГ. **3.** *Ласк.* обращ. к постороннему человеку. ▭ *Старик-от вышел на улицу да и говорит медведю-ту: — Медведюшко-братанушко! Ты возьми верхь-от репки-то, а мне отдай исподь-то.* СРНГ. **Брата́нчик.** *Обл. Ласк.* к Братан. ▭ *Нет, братанчики, надо разыскать средства какие-нибудь.* СРНГ. **Бра́танька.** ⌧ *Обл.* Уменьш.-ласк. к Брат, Братец. **Брата́ня.** ⌧ *Обл.* **1.** Ласк. обращ. к брату. **2.** Ласк. мужск. обращ. к человеку. **Брата́т.** ⌧ *Обл.* Обращ. к брату. ▭ *Ждём тебя, дорогой братат.* СРНГ. **Брата́ха.** ⌧ *Обл.* **1.** Обращ. к брату. **2.** Ласк. обращ. к знакомому и незнакомому, равному или младшему по возрасту, положению. **Брата́ш.** ⌧ *Обл.* Обращ. к двоюродному брату. ▭ *Плохо живём, браташ.* СРНГ. **Брата́ша.** ⌧ *Обл.* Уменьшит.-ласк. к Брат, Братец. [Михаил (Петру и Григорию):] *Так, так, браташи! Собрались, значит, к брату-колхознику? <...> Долгонько, долгонько собирались. Когда в последний раз виделись? Семь лет назад, когда матерь хоронили? Так?* Ф. Абрамов. Дом. **Братва́.** Собир. Прост. Дружеск. или фамильярн. мужское обращ. к приятелям, компании. [После революции вошло в просторечие из матросской среды]. *[Матрос — товарищам:] А всё же, братва, неладно Артём с Лохматовым поступил. В самом деле, не царский режим, чтоб так человека...* Б. Лавренёв. Разгром. *Нет, братва, поднимай выше; мы не только комсомольцы, мы есть гегемон революции.* «Комс. правда», № 162, 1925. ▭ *[Из разговора девятиклассников:] «Братва, физики не будет!» — «Откуда взял?» — «Девчонки сказали»* (1994). **Бра́те.** ▯ Обл. Почтит. обращ. к брату или монахов друг к другу. *В полночь вздохнуло море, затрепетало пламя свечей, послышался голос Олешин: — Здрав буди, Кирик, брате и господине!* Б. Шергин. Любовь сильнее смерти. **Брате́йка.** ▯ Обл. **1.** Обращ. к родному, двоюродному, сводному или названому брату. **2.** Мужск. обращ. к другу, товарищу. **Брате́йко.** ▯ Обл. Ласк. обращ. к брату. ▭ *Мой голубочек, братейко, замовь словечушко за меня, за девку младую* (Свадебн. причит.). **Брате́йник.** ▯ Обл. Обращ. к брату. **Бра́телко (Бра́телько).** ▯ Обл. **1.** Ласк. обращ. к брату. ▭ *Родимый ты мой брателко, Кто тебя вспоил-вскормил?* ▭ *Сестра брату говорила: Ох ты брат-ле, ты мой братец, Брателко родимый!* ▭ *Меньшего все любят, все брателко зовут.* СРНГ. — *Дак уж не придёте? — дрогнувшим голосом спросила Анисья. — Может, я не так приглашаю? — И вдруг она старинным, поясным поклоном поклонилась брату: — Брателко Павел Захарович, сделай одолженье...* Ф. Абрамов. Пелагея. ‖ Обращ. к двоюродному, сводному или названому, крестовому брату. ▭ *Царь и говорит ему: — Ах ты, брателко названый! Для чего же мы запись сделали, чтобы друг без друга думы не думать и совета не советовать.* СРНГ. **2.** Обращ. к племяннику. **3.** Обращ к другу, товарищу. **Брате́льник.** Обл. **1.** Обращ. к брату. *И тут из горницы вышел Игнатий с женой. — Брательник! — заревел Игнатий, растопырив руки. — Васька! — И пошёл на него. <...> Братья поцеловались.* В. Шукшин. Игнаха приехал. ‖ Обращ. к двоюродному, сводному или названому, крестовому брату. **2.** Обращ. к родственнику (не брату), приятелю, товарищу, знакомому, равному по возрасту, положению. *Его поддержали. — «Верно толкуешь!..» — «В точку стрельнул, Манжуло!..» <...> — «Го-го-го!.. Ха-ха-ха!.. Подсыпай ему, брательник!» — понеслись над костром крики.* М. Шолохов. Путь-дороженька. **Брате́на.** ▯ Обл. **1.** Обращ. к брату. ‖ Обращ. к двоюродному, сводному или названому, крестовому брату. **2.** Обращ. к другу, товарищу. **Брате́нек.** ▯ Обл. **1.** Обращ. к родному или двоюродн. брату. **2.** Ласковое, вежливое обращение к мужчине. ▭ *Ну, братенек, набрался страху.* ▭ *На войне, братенек, конец тебе будет.* СРНГ. **Брате́ник.** ▯ Обл. **1.** Обращ. к брату. ▭ *Не-е, братеник, не то ты баишь.* СРНГ. ‖ Обращ. к двоюродному или сводному брату. **2.** Ласк., вежл. обращ. к мужчине. *Жили-были поп с попадьёй. Вот он, вишь ты, поехал нанимать казака; только что едет поп по деревне — попадается ему мужик. — «Здорово, батюшка!» — «Здравствуй, братеник!»* Шут. Сказка из собр. А. Н. Афанасьева. **Брате́нко.** ▯ Обл. Уменьш.-ласк. к Брат. Братец. *Дудочка и говорит: «Ты поиграй, ты поиграй, Родной братенко! Не ты меня погубил, не ты меня потерял».* СРНГ. **Бра́тень.** ▯ Обл. Обращ. к родному или двоюродн. брату. **Бра́тенька (Бра́тенько).** ▯ Обл. Уменьш.-ласк. к Брат. Братец. ▭ *Пеки блины, Селянки жарь, Шурёночек, братенька мой.* СРНГ. **Бра́теня.** ▯ Обл. Обращ. к родному или двоюродному брату. **Бра́тец. 1.** Разг. Обращ. к брату. *Алёнушка говорит: «Не пей, братец, козлёночком станешь».* Сестрица Алёнушка и братец Иванушка. Сказка. *Капитан, бывший свидетелем этой сцены и всё что-то хмурившийся, вдруг проговорил: «Я полагаю, братец, девице неприлично переписываться с молодым мужчиной». — «Да, пожалуй, по-нашему с тобой, Флегонт Михайлыч, и так бы; да нынче, сударь, другие уж времена, другие нравы».* А. Писемский. Тысяча душ. *«Запоём, слышь, пьёт», — заметил Потап Максимыч. — «Не греши напрасно, братец, — возразила Манефа. — Мало ль что люди наплетут!»* Мельников (Печерский). В лесах. ‖ Обл. Обращ. к старшему брату. *Переступив порог, Дуняшка сказала: «Ну, здравствуй, бра-*

тец! Прибился к дому?» М. Шолохов. Тихий Дон. ‖ *Мн.* **Братцы.** *Обычно в сочет. с эпитетами (милые, дорогие, родные и т. п.).* «Ой вы, молодцы честные, Братцы вы мои родные», — Им царевна говорит... А. Пушкин. Сказка о мёртвой царевне... Осердились, конечно, родные! — «В случае, к нам и глаз не показывай!» «Спасибо братцы милые, сестрицы любезные! Помнить буду!» П. Бажов. Горный мастер. ‖ *Обл. Вежл. или ласк. обращ. к брату мужа, деверю.* ⬛ Назову я свёкра батюшком, Назову свекровку маменькой, Назову деверей братцами, Назову золовок сестрицами. За это млада да не буду худа. (Нар. песня). ‖ *Обл. Ласк. или шутл.-ирон. обращ. к брату жены, шурину.* **2.** *Разг. Дружеск. или фамильярн.-снисходительное обращение к равному или младшему по возрасту, положению.* [Чацкий:] Ругают здесь, а там благодарят. [Платон Михайлович:] Ох, нет, братец! у нас ругают Везде, а всюду принимают. А. Грибоедов. Горе от ума. [Хлестаков:] <...> начальник отделения со мной на дружеской ноге. Этак ударит по плечу: «Приходи, братец, обедать!» Н. Гоголь. Ревизор. [Аркадий (Базарову):] «Отчего ты не хочешь допустить свободы мысли в женщинах?». — «Оттого, братец, что, по моим замечаниям, — свободно мыслят между женщинами только уроды». И. Тургенев. Отцы и дети. «Да вы, дядюшка, какой-то Фрол Силин, благодетельный человек, как я погляжу». — «Ну, нельзя же, братец, нельзя: это ничего. Я им давно хотел подарить», — прибавил он [дядя], как бы извиняясь... Ф. Достоевский. Село Степанчиково... Я сказал папе: «Папа, купи мне грушу! <...>» — «Сколько же стоит такая груша?» — поинтересовался папа. — «Пустяки какие-нибудь, — сказал я. — Рублей десять или пятьдесят». — «Ты спятил, братец, — сказал папа. — Перебейся как-нибудь без груши». В. Драгунский. Друг детства. ♦ **Братец (ты) мой.** — Меня, братец ты мой, так и подкинуло. На лавке-то. В. Белов. Плотницкие рассказы. ‖ *Мн.* **Братцы (мои).** *Прост. Дружелюбн. обращ. к группе лиц, знакомых и незнакомых.* И тут Ермил про мельницу Народу рассказал: <...> — Ну, братцы! видит Бог, Разделаюсь в ту пятницу! Не дорога мне мельница, Обида велика! Н. Некрасов. Кому на Руси жить хорошо. Офицеры почти упрашивали солдат: «Братцы, вы уж постарайтесь пройти молодцами перед корпусным. Не осрамите». А. Куприн. Поединок. Яков махал руками и кричал высоким надорванным голоском: — Братцы! Красненькие! Товарищи!.. М. Шолохов. Путь-дороженька. [Хваткин:] Братцы матросики, послушайте своего брата! Не верьте христопродавцам-большевикам. Б. Лавренёв. Разлом. Я, братцы мои, не люблю баб, которые в шляпках. М. Зощенко. Аристократка. Следуя завету учителей, и Реформатский не боялся, ошибившись, в этом признаться и изложить по-новому. «А в прошлый раз я вам, братцы, наврал. Не так это надо понимать, а вот эдак!» Н. Ильина. Дороги и судьбы. **Братцы-кролики.** *Разг. Шутл. обращ. к равным или младшим по возрасту, положению.* [Возникло на основе широкоупотребительного русского обращения Братцы и переосмысленного англ. выражения brer Rabbit — братец Кролик — персонаж американских (негритянских) сказок. СРФ]. ⬛ [Пришедшая с работы мать — детям:] Ну, как дела, братцы-кролики? **Бра́течек.** ⬛ *Обл. Уменьш.-ласк. к Брат. Братец.* **Бра́течко.** ⬛ *Обл. То же, что Братечек.* **Бра́тик. 1.** *Разг. Ласк. к Брат. Братец (в 1 знач.). Братик мой родненький!* **2.** *Обычно мн. ч.* **Братики.** *Прост.* ⬛ *Ласк. обращ. к собеседникам, окружающим.* — Братики, сестрички, обратите внимание на убожество моё. Подайте, Христа ради, что милость ваша будет. М. Булгаков. Белая гвардия. «Медведи-то медведями, а вот слыхивали мы, что ты большой мастер играть на дуде, петь старинные песни. Покажи-ка нам своё искусство». <...> — «На дуде? Эх, братики, дуда-то моя, чай, теперь уж рассохлась: двадцать лет в руки не брал, навряд ли вспомню играть». И. Соколов-Микитов. Дударь. **Бра́тику.** ⬛ *Обл. Ласк. к Брат. Братец. У дедушки слипались глаза. Сергей зевал и потягивался. — Что, братику, разве нам лечь поспать на минуточку? — спросил дедушка.* А. Куприн. Белый пудель. **Брати́ло.** ⬛ *Обл. Обращ. к брату. С Михаила словно сто пудов сразу свалили — вот как его обрадовал приход брата, и он, закуривая и добродушно скаля зубы, спросил: «Ну, как, братило, живём?» — «А хорошо живём, ходить нынче начали...»* Ф. Абрамов. Дом. **Бра́тич.** ⬛ *Обл. Обращ. к брату.* **Бра́тичек.**

△ *Обл.* Уменьш.-ласк. к Братич. **Брати́чка.** △ *Обл.* То же, что Братенко. **Брати́ш.** △ *Обл.* Ласк. обращение. **Брати́шечка.** *Разг.* **Брати́шечко.** *Обл.* Уменьш.-ласк. к Братишка (в 1 и 2 знач.). *Братишечко сядет на постели, взглянет в окно, тихонько скажет: «Абрикосиха прошла. Соболев куда-то идёт. Древние, а ходят. А я уж не могу». <...> — «Братишечко, не горюй. Другой бы и рад, как мы, дома посидеть, полежать, да некого в лавку или в аптеку послать».* Б. Шергин. Из дневников. *Я говорю [гардеробщику]: «Братишечка, а вдруг да дрянь останется? Не в театре же, говорю. Выдай, говорю, [пальто] по приметам. Один, говорю, карман рваный, другого нету».* М. Зощенко. Баня. **Брати́шка. 1.** *Разг.* Уменьш.-ласк. к Брат (в 1 знач.). ▭ *[Старшая сестра — брату:] Ну, здравствуй, Пашка, здравствуй, братишка; как ты вырос за полгода, прямо не узнать* (1992). **2.** *Прост.* Дружеск. или фамильярн. мужск. обращ. к приятелю, а также к малознакомому или незнакомому, равному или младшему по возрасту, положению. [После революции вошло в просторечие из матросской среды]. *К Пухову подошёл большой главный матрос. — Ты что, братишка, говори чаще.* А. Платонов. Сокровенный человек. *Жуков некоторое время всматривался в лицо Гаврика. — А! — наконец сказал он. — Теперь, братишка, и я тебя признал.* В. Катаев. Хуторок в степи. *Иной раз хочется подойти к незнакомому человеку и спросить: ну, как, братишка, живёшь? Доволен ли ты своей жизнью?* М. Зощенко. Счастье. **3.** *Обл.* Двоюродный или троюродный брат. **Брати́шко.** *Обл.* Брат, братец. **Брати́ще.** △ *Обл.* Ласк. обращ. к брату. ▭ *Здорово, братище!* СРНГ. **Бра́тка. Бра́тко́.** *Обл.* **1.** Ласк. обращ. к брату (чаще к старшему). ▭ *Братка, дай мне хлеба.* ▭ *Братка приедет. Сестра и говорит: «Пойдём, братка, в город».* СРНГ. *[Макар] запустил в лагун ковшик, повернулся к Егору. — Давай, братка... хочу с тобой выпить. И с тобой, Марья. Дай вам Бог жизни хорошей, как говорят...* В. Шукшин. Любавины. ‖ Обращ. к двоюродному брату. **2.** Дружеск. или фамильярн. обращ. к собеседнику. ▭ *Что ж ты, братка, платишь оброк?* ▭ *Ты, братка мой, лучше про это и не спрашивай.* СРНГ. *«Чего это за армия? Капля с мокрого носу». — «Э-э! Малый! — задребезжал несогласным смехом дедушка Селиван. — Снег, братка, тоже по капле тает, а половодье собирается».* Е. Носов. Усвятские шлемоносцы. **Бра́тке́.** △ *Обл.* Обращ. к брату. ▭ *Как-то рано, братке?* СРНГ. **Брато́к. 1.** *Прост.* Ласк. к Брат (в 1 знач.). *Когда братья сели за стол, Алексей поднёс брату первому стаканчик. <...>. — Живём, браток, не то чтобы в диковинку, а ничего, хозяйственно, — сказал Алексей, когда кончили хлебать борщ.* А. Толстой. Хождение по мукам. *Артём, отодвинув от себя пустую чашку, сказал, обращаясь к Павке: — Ну, так вот, браток. Раз уж так случилось, держись теперь настороже.* Н. Островский. Как закалялась сталь. **2.** *Прост.* Ласк., дружеск. мужск. обращ. к собеседнику. *«Ты что же, всю войну за баранкой?» — «Почти всю». — «На фронте?» — «Да». — «Ну и мне там пришлось, браток, хлебнуть горюшка по ноздри и выше».* М. Шолохов. Судьба человека. *Врач резал вдоль и поперёк, Он мне сказал: «Держись, браток!» <...> — И я держался.* В. Высоцкий. Тот, кто раньше с нею был. | *Мн.* **Братки́.** *— А-а, была не была! — наконец тряхнул головой Николай и, воротясь к столу, потянулся за кружкой. — Давайте, братки. А то так и водка выдохнется.* Е. Носов. Усвятские шлемоносцы. **Брато́чек.** *Прост.* Ласк. к Браток (в 1 и 2 знач.) ▭ *[Сестра — младшему брату:] Браточек, ты в какой воде плавал, каким соляром мазан?* Б. Лавренёв. Разлом. **Бра́точка.** △ *Обл.* Ласк. к Брат. Братец. **Брату́нька.** △ *Обл.* Уменьш.-ласк. к Братуня. ▭ *Как тя, братунька, бранить-то?* (т. е. «как звать?»). СРНГ. **Брату́нюшка.** △ *Обл.* Уменьш.-ласк. к Братуня. *— Федя... Братунюшка! Родненький...* М. Шолохов. Бахчевник. **Брату́ня.** △ *Обл.* Ласк. к Брат. Братец. **Брату́ха.** △ *Обл.* **1.** Уменьш.-ласк. к Брат (в 1 знач.). *Игнат с база пришёл, следя грязными сапогами. — Ну, здорово, братуха!.. С прибытием.* М. Шолохов. Коловерть. ‖ Обращ. к двоюродному, сводному или названому, крестовому брату. **2.** Дружеск. мужск. обращ. к собеседнику. *Выйдя от сотника, Григорий увидел взводного урядника. — «Конь мой... Гнедой где?» — «Он, братуха, целый».* М. Шолохов. Тихий Дон. **Брату́хна.** △ *Обл.* Уменьш.-ласк. к Брат (в 1 знач.), иногда при укоре брату. *Братухна ты мой, як ты* много берёшь. СРНГ. **Брату́ша.** ⚜ *Обл.* **1.** Обращ. к названому брату. **2.** ж. Приветл. обращ. к женщине: сестра. «Это привет всякой женщине». СРНГ. **Брату́шка.** *Обл.* **1.** Уменьш.-ласк. к Брат. *Петро привычным движением вскинул в седло своё сбитое тело <...>. — Братушка, пирожки! Пирожки забыл! Пирожки с картошкой!.. — Дуняшка козой скакнула к воротам.* М. Шолохов. Тихий Дон. **2.** Обращение к незнакомому или малознакомому человеку: Братец. Товарищ. ▱ *А как я, братушка ты мой, по чужим углам помаявши, и думать аж страшно.* СРНГ. | Шутл. или ирон. обращ. к казаку. — *Сдавайтесь, красные казачки, беспатронники! А то, братушки, нагоним вас на склизкое!..* М. Шолохов. Шибалково семя. **Бра́тченька.** ⚜ *Обл.* **1.** Ласк. обращ. к старшему брату. ▱ *Ну-ка, братченька, помоги.* СРНГ. **2.** Ласк. обращ. к деверю, брату мужа. **Бра́тчик.** ⚜ *Обл.* **1.** Ласк. обращ. к брату. ▱ *Ты, братчик мой, слушайся меня.* ▱ *Братчик, куды ходил?* СРНГ. ‖ Обращ. к двоюродному или сводному брату. **2.** Ласк. обращ. к брату мужа или к мужу сестры. **3.** Доброжелат. обращ.: Товарищ. Братец. ▱ *Братчик, пошли.* СРНГ. **Бра́тька.** ⚜ *Обл.* **1.** Брат. *Братька, чекай, чекай, чекай...* СРНГ. ‖ Уменьшительно-ласк. обращ. к старшему брату. ▱ *Съезди за меня, братька, по воду.* СРНГ. ‖ Обращ. к двоюродному брату. **2.** Обращ. к дяде. **Бра́тьюшка.** ⚜ *Обл.* Уменьш.-ласк. к Брат. Братец. **Брати́он.** ⚜ *Обл.* Ласк. к Брат. Братец. **Бра́тя.** ⚜ *Обл.* **1.** Обращ. к брату. ‖ Ласк. к Брат. Братец. ▱ *Обменились оне [братья] перстьми друг с другой. — Слушай, братя, кака тебе невзгода будет, пушай твоё кольцо почернет у тебя на руке. Друг другу мы будем знать.* Два брата. Сказка. Зап. в 1927. **2.** Двоюродный брат. **Братя́га (и Братя́ха).** ⚜ *Обл.* Обращ. к приятелю, товарищу, знакомому, равному по возрасту. ▱ *Э, братяга, пойдём поиграем с девками в караводе.* СРНГ.

Брёвничком за брёвничко, дай вам Бог до́мичка. ⚜ *Обл.* Приветливое пожелание строящим дом.

Бриллиа́нтовый (Брильянтовый), -ая; -ые. *В знач. сущ.* ⚜ *Прост.* Ласк. или льстивое, преимущ. женск., обращение к лицу, высшему или равному по положению. — *Я-то думаю: кто пришёл? А это сами барин, золотой ты мой, красавчик ненаглядный!* — говорила старуха. — *Куда зашёл, не побрезговал. Ах ты, брильянтовый! Сюда садись, ваше сиятельство, вот сюда на коник,* — говорила она, вытирая коник занавеской... Л. Толстой. Воскресение. *[Устинья Наумовна (целуясь):] Здравствуй, Аграфена Кондратьевна! Как встала, ночевала, всё ли жива, бралиянтовая? [Аграфена Кондратьевна:] Слава Создателю! Живу — хлеб жую; целое утро вот с дочкой балясничала.* А. Островский. Свои люди — сочтёмся! *[Ананий Яковлев (вынимая из кисы драдедамовый платок и подавая его матери):] Пожалуйте-с! [Матрёна (целуя его в локоть руки):] Ай, батюшка, благодарствую, красавец мой брильянтовый!* А. Писемский. Горькая судьбина. ‖ В совр. речи сохранились преимущ. в обращ. цыганок-гадалок к прохожим. *«Дай, дай руку-то, бриллиантовый!»* — говорила цыганка гортанным нездешним голосом. — *«Дай! А положи на руку один двугривенной».* Павел Рогов поискал мелочь в кармане. — *«Не жалей, касатик, всё положь! Эх, вижу, что не скупой. Но послушай-ко, что скажу! Не возносись, золотой».* В. Белов. Год великого перелома.

Брось/те. ♦ **Брось/те (горевать, плакать, расстраиваться...).** *Разг.* Перестань/те, не надо (горевать, плакать...). Форма дружеск. утешения собеседника. Нередко употребляется с другими формами утешения. *[Мышлаевский:] Лена, золотая! Пей белое вино. Радость моя! Рыжая Лена, я знаю, отчего ты так расстроена. Брось! Всё к лучшему.* М. Булгаков. Дни Турбиных. — *Брось расстраиваться, Фёдор Фёдорович,* — *сказал Бережной,* — *дивизия у нас хорошая, один Барабанов обедни не испортит.* К. Симонов. Живые и мёртвые. *Чудик стал успокаивать брата: — Брось, не расстраивайся. Не надо. Никакие они не злые, они психи. У меня [жена] такая же.* В. Шукшин. Странные люди. ▱ *[Девушка — плачущей подруге:] Да брось ты! Нос распухнет.* 1992. ‖ Утешительный, примирительный ответ на извинение. *«Простите,* — *сказала она.* — *Это была плохая шутка. Я бестактная дура». Ему стало жаль девушку. Бедняжка захотела просто пошутить с незнакомым человеком, и вот какая получилась бодяга! «Бросьте, ей-богу! Всё в порядке.* — *Гущин улыбнулся. — Для чего* им нужны эти волосы?» — «Для париков». — Девушка тоже улыбнулась, поверив, что не причинила ему боли. Ю. Нагибин. Срочно требуются седые человеческие волосы.

Будем! (♦ **Ну, будем!**) *Прост.* Краткий тост (сокращение от ♦ **Будем здоровы (живы, живы-здоровы).** ▭ «*Ну, будем, мужики!*» — «*Давай*». — «Бум» (1992). См. Живой. Здоров[1]. ♦ **Будем живы — не помрём!** См. Живой. ♦ **Будем знакомы.** См. Знакомить/ся.

Будет. ♦ **Будет (тебе, Вам)!** *В знач. сказуем. Прост.* Просьба прекратить делать что-л.; довольно, хватит, перестань/те. Нередко употр. в сочет. с неопр. ф. глагола, в том числе в составе формул утешения. — *Будет, не плачь, дедушка,* — <...> *суровым тоном проговорил Лёнька.* М. Горький. Дед Архип и Лёнька. — *Будет тебе, Никифоровна, выть-то!* — *сказал он [Захар Павлович] одной бабе, плакавшей навзрыд и с поспешным причитанием.* А. Платонов. Чевенгур. **Бу́де** (и **Бу́дя**). *Обл. Серпилин погладил рукой её соломенные, жёсткие* <...> *волосы и без раздумий сказал первые пришедшие на ум слова:* — *Буде плакать-то! Какая у тебя вина передо мной? А того, кто помер, уже не воротишь; значит, и перед ним* — *без вины.* К. Симонов. Живые и мёртвые. ♦ **Да бу́дет** (что-л.)! ♦ **Пусть будет** (что-л.)! *Высок., торжеств.* Формулы пожеланий. — *Мы робки и добры душою. Ты зол и смел* — *оставь же нас, Прости, да будет мир с тобою.* А. Пушкин. Цыганы. *Прости, балладник мой, Белева мирный житель! Да будет Феб с тобой, Наш давний покровитель!* К. Батюшков. К Жуковскому. ♦ **Всё будет хорошо (в порядке, нормально, прекрасно....).** Формула утешения или ободрения собеседника. ▭ *Не беспокойся, мама, всё будет хорошо.* ♦ **Будет день — будет пища.** *Посл.* Всё обойдётся, образуется. Говорится в утешение, ободрение тому, кто тревожится о своем завтрашнем дне, беспокоится, что нечего будет есть, не на что жить и т. п. ♦ **Будет и на нашей (вашей, твоей) улице праздник.** ♦ **Будет платье и на нашей братье.** *Посл.* Употр. как формы утешения: не надо унывать, всё образуется, осуществятся и наши надежды, придёт и к нам удача, благополучие; восторжествует справедливость. — *Жизнь у тебя не сегодня кончается, будет и на твоей улице праздник. За нас держись, мы не чужие. Переживём как-нибудь.* В. Тендряков. Не ко двору. — *Ничего,* — *сказал я ему.* — *Имей терпение, брат! И на твоей улице будет праздник.* В. Арсеньев. В горах Сихотэ-Алиня.

Будете (Будешь). ♦ **Вы к нам будете?** ⌛ Вопросит. обращение, нередко означающее приглашение собеседника в гости. *[София:] Вы вечером к нам будете? [Скалозуб:] Как рано? [София:] Пораньше; съедутся домашние друзья Потанцевать под фортепиано...* А. Грибоедов. Горе от ума. ♦ **Проходи, гостем будешь.** См. Гость. ‖ *Разг.* В знач. связки наст. времени в составе формул обращения, при знакомстве, выяснении происхождения, места жительства, родства, социального положения и т. п. ♦ **Вы (сами) откуда будете?** ♦ **Ты (сам) чей (кто) будешь?** ♦ **Вы кто (ему, ей) будете?** ♦ **Вы (сами) из каких будете?** и т. п. *[2-й мужик:] Ты чья же будешь? [Таня:] А Аксиньи, солдатки покойной, сирота.* Л. Толстой. Плоды просвещения. *«Ты из каких же будешь?»* — *Турчин спросил.* — *«А я светский человек буду».* О царе Петре... Фольк. Зап. в 1903. *«Ты сам откуда же будешь?»* — *«Мы рязанские...»* А. Серафимович. В пути. — *Извиняюсь, господин, вы не Астахов будете?* М. Шолохов. Тихий Дон. *[Пеструхин:] Вы сами кто будете, товарищ, по происхождению? [Манюшка:] Мой папаша крестьяне были.* М. Булгаков. Зойкина квартира. — *А вы кто по званию будете?* — *вдруг переходя на «вы», спросил боец, попристальнее взглянув на полуседую синцовскую бороду.* К. Симонов. Живые и мёртвые.

Будь/те. ♦ **Будь/те ангелом.** См. Ангел. ♦ **Будь/те благодетелем.** См. Благодетель. ♦ **Будьте благонадёжны.** См. Благонадёжны. ♦ **Будьте благополучны.** См. Благополучный. ♦ **Будьте благословенны.** См. Благословенный. ♦ **Будьте великодушны.** См. Великодушный. **Будь/те готов/ы.** См. Готовый. ♦ **Будьте добры.** См. Добрый. ♦ **Будь другом.** См. Друг. ♦ **Будьте здоровы.** См. Здоров[1]. ♦ **Будьте ласковы.** См. Ласковый. ♦ **Будьте любезны.** См. Любезный. ♦ **Будьте милостивы.** См. Милостивый. ♦ **Будьте при месте.** См. Место. ♦ **Будьте в надежде.** См. Надежда. ♦ **Будьте отцом (родным).** См. Отец. ♦ **Будьте без сомнения.** См. ♦ Не сомневайтесь (во 2 знач.). ♦ **Будьте спокойны.** См. Спокойный. ♦ **Будьте счастливы.** См. Счастливый. ♦ **Будьте умницей.** См. Умный. ♦ **Будьте как дома.** Пожалуйста, без церемоний, располагайтесь, чувствуйте себя свободно. Форма обращения гостеприимного хозяина к гостю. [«Есть люди, которые дают себе право принимать эту стереотипную фразу за настоящее позволение считать всё своим и поэтому не церемонятся в самом широком смысле этого слова <...>.» Правила светской жизни и этикета (1889)]. — Убедительно и вас прошу не беспокоиться и не стесняться, — внушительно проговорил ему старец... — Не стесняйтесь, будьте совершенно как дома. Ф. Достоевский. Братья Карамазовы. «Знакомьтесь, брат с сестрой», — сказал дядя Коля. «Это Витя?» — радостно спросила девушка. «Витя, собственной персоной. — Дядя разделся, взял у Витьки чемодан. — Раздевайся, Витька, будь как дома. Где все-то?» — «Телевизор у Баевых смотрят». В. Шукшин. Позови меня в даль светлую. ♦ **Будь/те как дома, но не забывайте, что вы в гостях.** Разг. Шутл. — к приятелям, друзьям (употр. чаще в молодёжн. речи). ♦ **Не к ночи будь помянут.** ♦ **Не тем будь помянут.** См. Поминать. ♦ **Не во гнев (в обиду) будь сказано.** См. Гнев. ♦ **Будь по-вашему (по-твоему).** Разг. Форма выражения согласия в ответ на предложение, просьбу, требование собеседника. Поговорив с крестьянами, С балкона князь кричит: «Ну, братцы! будь по-вашему!» Н. Некрасов. Кому на Руси жить хорошо. **Будь!** 1. Прост. Дружеск. или фамильярн. форма прощания [сокращ. от Будь здоров в 1 знач.]. — Оправдаем вас, Мирон Иванович. В завтрашнем номере дадим поправку... Дадим, дадим, Мирон Иванович... И я бы, конечно, возмутился. Понимаю, чего же. Ну, будь здоров... Не сержусь. Нет. Будь... — Редактор положил трубку и обратился к Валову... В. Куропатов. Односельчане. Истекало время его увольнения, и катер был готов отвалить от причала, и надо было прощаться. Мы обнялись. — «Ну будь!» — «Будь!» В. Сафонов. Николай Рубцов. 2. Прост. То же, что Будь здоров (во 2 знач.). См. Здоров[1]. ♦ **Завтра**

будь: су́сло дуть! ⏃ Обл. Шутл. форма приглашения в гости при прощании.

Буера́ком путь! ⏃ Обл. Шутл. пожелание доброго пути (вероятно, от противного, как ♦ Ни пуха ни пера. ♦ Гвоздь в шину. Ямщик оглянулся: всё ли-де готово, ладно ли уселся, не забыл ли чего? «С Богом!» — отвечаю я ему. «С Богом со Христом!» — проговорил он и ударил по лошадям. «Скатертью дорога!» — подговорил кто-то со стороны. «Буераком путь!» — подшутила разбитная девушка из гостивших и угощавшихся пряж. С. Максимов. Крылатые слова.

Бы, *частица.* **Бы (б).** В составе форм сослаг. наклонения обозначает различные оттенки смягчённой или подчёркнуто вежливой просьбы, предложения, совета. ⧠ Не могли бы вы уделить мне несколько минут? ⧠ Я попросила бы вас здесь не курить. и т. п. [Глафира:] Выпили бы чаю... [Калмыкова:] Спасибо, Глаша, некогда. М. Горький. Достигаев и другие. — Ты бы, Серёжа, всё-таки поговорил с Лидией. М. Пришвин. Кащеева цепь. ‖ В офиц.-возвыш. формулах пожеланий и поздравлений. ⧠ Хотел бы Вас поздравить и пожелать Вам...

Бывает. Безл. Разг. Утешительный, примирительный ответ на извинение, оправдания адресата. [Роббер:] Зоя Денисовна, примите мои глубочайшие извинения, от имени Ивана Васильевича тоже. [Зоя:] Ну, какие пустяки. Бывает, бывает. М. Булгаков. Зойкина квартира. ⧠ «Извините, погорячился...» — «Ничего, бывает» (1992). ♦ **Всё бывает.** ♦ **Со всяким бывает.** ♦ **С кем не бывает.** ♦ **Это бывает.** 1. То же, что Бывает. 2. Говорится в утешение или оправдание тому, кто (чаще по своей вине, оплошности) попал в неприятное, затруднительное положение; совершил ошибку, проступок. На добрых глазах Лоры выступили слёзы, верхняя губа её задрожала, и она, всхлипнув, припала к плечу Анжелики. А Анжелика гладила её по спине и говорила: — Ничего, девочка, всё бывает. Сейчас война, и много нервных. Ю. Герман. Подполковник медицинской службы. ⧠ [Студентка — подруге:] Ну что ты в самом деле... Ну погорячились, с кем не бывает. Завтра помиритесь... Не квась глаза (1992). ♦ **Всё (всякое) (в жизни) бывает.** ♦ **И не такое (в жизни) бывает.** ♦ **Мало ли что в жизни бывает.** Формы утешения: ничего не поделаешь, неприятности в жизни неизбежны. ♦ **Бывает и медведь летает.** *Шутл.* ♦ **Бывает и костыль (палка, оглобля) стреляет.** *Шутл.* ♦ **Бывает и у девушки муж помирает.** *Шутл.* Чего только в жизни не бывает. ♦ **И на старуху бывает проруха** [т. е. ошибка, промах, оплошность]. *Шутл.* ♦ **И на Машку бывает промашка.** *Шутл.* Со всяким может случиться, и опытный, бывалый человек может ошибиться. ♦ **И на небе гро́зы бывают (случаются).** ♦ **Бывают в жизни огорченья (как хле́ба нет, так ешь печенье).** ♦ **Бывает хуже, но реже.** *Шутл.* Утешение, ободрение.

Быва́й/те! *Прост. и обл.* **1.** Дружеск. форма прощания [сокращ. от ♦ Бывай/те (жив/ы) здоров/ы]. *Егор затоптал окурок, поднялся. — «Ну, бывай. Забегай». — «Будь здоров. Сам заходи».* В. Шукшин. Любавины. *На другой день Юра в воротах столкнулся с Сашей. «Привет!» — «Здравствуй!» — «Я слыхал, у тебя неприятности в институте?» — «От кого слыхал?» — «Видел Лену». — «Всё уладилось», — хмуро ответил Саша. «Да? Ну, прекрасно, — Шарок не скрывал усмешки. — Быстро тебе удалось восстановиться». — «Удалось. Бывай».* А. Рыбаков. Дети Арбата. ♦ **Бывай/те к нам (у нас).** *Обл.* Форма приглашения собеседника в гости, обычно при прощании. *«Бывайте к нам — говорят, уходя из гостей на прощание хозяевам дома. Заходите к нам в гости».* ⊠ *Бывайте у нас за всяко просто.* ⊠ *Многажды раз бывай ему делали, т. е. приглашали в гости.* СРНГ. ♦ **Бывайте с беседой.** ⊠ *Обл.* Форма приглашения в гости. Говорится обычно гостями при прощании с хозяевами. ♦ *Заходите к нам в гости.* ♦ *Бывайте к нам.* ♦ **Просим к нам (у нас) бывать.** ⊠ *Учтив.* [Надежда Антоновна:] *Благодарю вас, нам пора ехать. Прошу вас бывать у нас.* [Васильков:] *Когда прикажете?* А. Островский. Бешеные деньги. — *Благодарствуем, Катерина Петровна, за угощение, за приятную беседу. Просим к нам бывать! — кланялись женщины.* В. Астафьев. Последний поклон. **2.** Бывай. То же, что ♦ Будь (Бывай) здоров (во 2 знач.). Употр. в формулах тостов, пожелания благополучия. *— Ну, Игорь Савыч, расти разумный да удачливый! — произнёс он* [Иван Иванович] *величественно, словно индеец во время военного совета. — Одним словом, бывай со всем тебе, парень, предназначением!* В. Липатов. Игорь Саввович. ♦ **Бывай/те (живы) здоровы!** См. Живой. Здоров[1].

Быть. ♦ **Быть (жить) тебе семь веков на людских па́метях (на людской памяти)!** См. Жить. ♦ **Быть по-твоему (по-Вашему).** *Разг.* Форма выражения согласия, обычно после колебаний, раздумий, с предложением, планом, или в ответ на настойчивые просьбы, уговоры собеседника. *Зная упрямство дядьки моего, я вознамерился убедить его лаской и искренностию. «Друг ты мой, Архип Савельич! — сказал я ему. — Не откажи, будь мне благодетелем; в прислуге здесь я нуждаться не стану, а не буду спокоен, если Марья Ивановна поедет в дорогу без тебя. Служа ей, служишь ты и мне, потому что я твёрдо решился, как скоро обстоятельства дозволят, жениться на ней». Тут Савельич всплеснул руками с видом изумления неописанного. «Жениться! — повторил он. — Дитя хочет жениться! А что скажет батюшка, а матушка что подумает?» — «Согласятся, верно согласятся, — отвечал я, — когда узнают Марью Ивановну. Я надеюсь на тебя. Батюшка и матушка тебе верят: ты будешь за нас ходатаем, не так ли?» Старик был тронут. «Ох, батюшка ты мой Пётр Андреич! — отвечал он. — Хоть раненько задумал ты жениться, да зато Марья Ивановна такая добрая барышня, что грех и пропустить оказию. Ин быть по-твоему! Провожу её, ангела божия, и рабски буду доносить твоим родителям, что такой невесте не надобно и приданого».* А. Пушкин. Капитанская дочка. ♦ **Быть по сему.** ⊠ *Разг., шутл.* То же, что ♦ Будь по-твоему (Вашему). [Первонач. — надпись императрицы Елизаветы на докладе о присоединении Пруссии]. ⊠ *«Ну так что, Степан Андреич, решил? поедем завтра в Сосновку? Смотри, погода какая стоит... потом жалеть будешь». — «Ладно, уговорили, быть по сему. Гулять так гулять».* (1996).

В

Вал в подо́енку! ⌇ *Обл.* Приветственное пожелание женщине, доящей корову; то же, что ♦ **Море под корову (кормилицу)!** ♦ **Река молока!** ♦ **Ведром тебе!**

Вам не дашь Ваших лет. ♦ **Никогда бы не дал(а) Вам (тебе) столько (лет).** ♦ **Вы выглядите (гораздо, намного...) моложе своих лет.** *Разг.* Комплимент женщине или мужчине среднего и старшего возраста, когда она (он) объявляет о своём возрасте или когда возраст собеседникам известен. *После, уже помывшись <...>, попили в предбаннике чаю. А Галина Аристова, которая была моложе лет на 15, восхищалась: «Фигура — прямо как у девушки, а кожа-то кожа — натуральный шёлк. Нет, Надежда, тебе твоих лет ни один специалист не даст, сама себе в дочки годишься. Да мужики от такого тела...»* Н. Катерли. Тот свет.

Василий Иванович. ⌇ *Обл.* Вежливое обращение русского ко всякому чувашу, имя которого ему неизвестно. «Приветствие от русского чувашину, им незнаемому по имени». СРНГ. *«Почётное прозвище всякого чувашина».* ☞ *«Кто стучится?» — «Я, Василий Иванович», — отвечает чувашин. — «Что надо?» — «А поп Васька дома? Его надо».* В. Даль.

Ваш. 1. См. **Вы. 2.** ♦ **Ваш (Ваша)** (+ подпись адресанта). *Эпист., в частн. письмах.* Преданный Вам, находящийся в Вашем распоряжении, готовый помочь, оказать услугу. Эпистолярный комплимент, выражение вежливости, которым заканчивается письмо к знакомому адресату. Пишется с заглавной буквы, обычно в отдельную строку. *Прощайте, жена вам кланяется. / Ваш Л. Толстой.* Л. Толстой. Письмо Н. Н. Страхову, 25—26 янв. 1877. *Мы Вас обожаем!!! Спасибо заранее. / Ваша М. В. Юдина.* М. В. Юдина. Письмо Б. Л. Пастернаку, 4 февр. 1947. | Со словами-интенсификаторами: ♦ **Весь Ваш,** *только мужск.* ♦ **Всегда (навсегда, навек, навеки) Ваш...** ♦ **Искренне Ваш...** ♦ **Ваш душою (сердцем)...** ♦ **Ваш по гроб жизни...** *Экспрессив.* ♦ **Ваш (искренний, преданный) друг.** К близким знакомым, друзьям. *У меня чисто, ничего не осталось после здешней альманашной жатвы, а писать ещё некогда. / Весь ваш А. П.* А. Пушкин. Письмо М. П. Погодину, 17 дек. 1827. *Повторяю ещё раз, что я готов Ваши «Приложения к истории русского языка» для пользы славянской науки напечатать. / Ваш душевно преданный / И. В. Ягич* И. В. Ягич. Письмо А. А. Шахматову, сент. 1881. *Милый Чуковский! / Это уж свинство. Из-за того только, что я «передержал» шутку — в чём и извиняюсь, — Вы к нам не заходите. И Мария Карловна и я по Вас соскучились. Если нет времени зайти, то хоть напишите, что не сердитесь. / Ваш душою / ауктор «Поединка» А. Куприн.* А. Куприн. Письмо К. Чуковскому. *Надеюсь, — до свиданья. Да хранит Вас Пресвятая наша Заступница, Матерь Божия. / Всегда Ваша М. В. Юдина.* М. В. Юдина. Письмо Б. Л. Пастернаку, 30 марта 1959. *Обнимаю Вас, дорогой друг. / Ваш по гроб жизни / А. Твардовский.* А. Твардовский. Письмо И. С. Соколову-Микитову. ‖ В письмах к родным в сочет. со словами *брат, сын, отец* и т. п. *Ещё раз, большое спасибо за деньги. Будьте здоровы. / Ваш сын Ал. Блок.* А. Блок. Письмо отцу, дек. 1904. ♦ **Ваш покорный слуга...** См. **Слуга. 3. Ваша, Ваше.** В формулах титулования и офиц.-почтит. обращения: ♦ **Ваше Благородие.** См. **Благородие.** ♦ **Ваше Благословение.** См. **Благословение.** ♦ **Ваше Блаженство.** См. **Блаженство.** ♦ **Ваше Величество.** См. **Величество.** ♦ **Ваше Высокоблагородие.** См. **Высокоблагородие.** ♦ **Ваше Высокопревосходительство.** См. **Высокопревосходительство.** ♦ **Ваше Высокопреосвященство.** См. **Высокопреосвященство.** ♦ **Ваше Высокопреподобие.** См. **Высокопреподобие.** ♦ **Ваше Высокородие.** См. **Высокородие.** ♦ **Ваше Высочество.** См. **Высочество.** ♦ **Ваше здоровье.** См. **Здоровье.** ♦ **Ваша Милость.** См. **Милость.** ♦ **Ваше почтение.** См. **Почтение.** ♦ **Ваше Превосходительство.** См. **Превосходительство.** ♦ **Ваше Преосвященство.** См. **Преосвященство.** ♦ **Ваше Преподобие.** См. **Преподобие.** ♦ **Ваша Светлость.** См. **Светлость.** ♦ **Ваше Святейшество.** См. **Святейшество.** ♦ **Ваше Сиятельство.** См. **Сиятельство.** ♦ **Ваше Степенство.** См. **Степенство.** ♦ **Ваша Честь.** См. **Честь;**

и некот. др. **Вашескоро́дие.** ⌘ *Прост.* (Только в устной речи). Стяжённая форма обращения: «Ваше высокородие» или «Ваше высокоблагородие». «*Налим? — спрашивает барин, и глаза его подёргиваются лаком. — Так тащите его скорей!» «Ужо дашь полтинничек... Удружим ежели... Здоровенный налим, что твоя купчиха... Сто́ит, вашескородие, полтинник... за труды...*» А. Чехов. Налим.

Ва́ше-ство (Ваше ва́шество). ⌘ *Прост.* (Только в устной речи). Стяжённая форма обращений: «Ваше превосходительство», «Ваше высокопревосходительство», «Ваше сиятельство». *Он [сановник] спросит, например: какой сегодня день? — Ему почтительнейше докладывают: «Пятница сегодня, ваше с...с...с...ство».* И. Тургенев. Отцы и дети. «*Ты знаешь, Григорий, я тебя возьму в конюшие, а? Хочешь?» — «Рад стараться, ваше-ство».* А. Эртель. Гарденины. *Червяков кашлянул, подался туловищем вперёд и зашептал генералу на ухо: — Извините, ваше-ство... Я вас обрызгал... Я нечаянно...* А. Чехов. Смерть чиновника. | В обращ. к незнакомому господину, чин которого говорящему неизвестен. | В совр. употр. — *шутл.-почтит.* или *ирон.* обращ. к близкому знакомому, старшему или равному по возрасту, положению. «*Что ж ты добро портишь? — сказал Прокоп, кидая это Серганово изделие. — Был гвоздь, а теперь финти-флюшка». — «Виноват, ваше-вашество! — гаркнул Серган, выпучив глаза и вытягиваясь по швам. — Счас исправлюсь».* Б. Можаев. Мужики и бабы.

♦ **Ва́сь-сия́сь.** ⌘ *Прост.* (Только в устной речи). Стяжённая форма обращения: «Ваше сиятельство». См. Сиятельство. **Ваше́ть.** ⌘ *Обл.* Вы, Ваша милость, Ваша честь. Форма вежл. обращ. ⎯ *Вот ужо для вашети готово жито в осети* (т. е. в овине). В. Даль. **Ва́шец.** ⌘ *Обл.* Вы, Ваша милость. ⎯ *Ты вашец* (т. е. барин)*, я вашец, а кто же хлеба пашец?* В. Даль.

Вашим добром, да Вам же чело́м. См. Челом бью.

Вашими (святыми) молитвами. ♦ **Вашими (святыми) молитвами как шестом (клюкой) подпираемся.** *Прост.* Набожно-учтив. или шутл. (нередко с оттенком иронии) ответ на обычные при встрече вопросы: «Как живёте?» «Каково поживаете?» и т. п. *Сойдя с паперти, шедшая впереди всех Манефа остановилась, пропустила мимо себя ряды инокинь, и, когда вслед за ними пошла Марья Гавриловна, сделала три шага ей навстречу. Обе низко поклонились друг другу. «Здравствуете ли, сударыня Марья Гавриловна? — ласково спросила у неё мать Манефа. — Как вас Господь Бог милует, всё ль подобру-поздорову?» — «Вашими святыми молитвами, матушка, — отвечала Марья Гавриловна. — Вы как съездили?»* П. Мельников (Печерский). В лесах. *[Устинья Наумовна:] Как живёте-можете, бралиянтовые? [Подхалюзин:] Вашими молитвами, Устинья Наумовна, вашими молитвами.* А. Островский. Свои люди — сочтёмся! *[Ломов:] Как изволите поживать? [Чубуков:] Живём помаленьку, ангел мой, вашими молитвами.* А. Чехов. Предложение. *Встретил меня А. радушно, просто, вышел из-за стола (так теперь заведено у крупных партийных работников, так меня и Демичев встречал), от души пожал руку. «Ну как живём-можем, Фёдор Александрович? Как здоровье? Как творческие успехи?» — «Благодарю. Вашими молитвами». — «Ну, ежели нашими молитвами — отлично. Мы тут частенько молимся за здоровье творческой интеллигенции. На этот счёт у обкома взгляды широкие — признаём Господа Бога». В таком вот непринуждённо-шутливом тоне — с шутками, с прибаутками — мы поговорили о моём круизе вокруг Европы, дали надлежащую — партийную — оценку поступку Рябкова, оставшегося в Англии, и только после этого я стал излагать суть дела, по поводу которого пришёл.* Ф. Абрамов. Свой парень.

Ведро́м тебе! ⌘ *Обл.* Приветственное пожелание женщине, доящей корову, как ♦ **Бог помощь.** ♦ **Море под корову (кормилицу)!** ♦ **Вал в подоенку!** ⎯ *Ведром тебе! Маслом цедить, сметаной доить* (подойнице). В. Даль.

Век. ♦ **Век до́лог, всем по́лон.** *Посл.* В жизни всякое бывает. Употр. как форма утешения того, кто удручён чем-л., переживает случившуюся неприятность. ♦ **Поживёшь на веку́, поклонишься и хряку́.** ⌘ *Погов.* В жизни всякое (и не такое) пережить случается. Употр. как форма утешения собеседника, расстроенного, удручённого необходимостью просить, унижаться перед неуважаемым человеком. ♦ **В долгий век, (и) в добрый час.** См. В добрый час. ♦ **Век буду Бога молить (Богу молиться) (за тебя, Вас).** См. Молить/ся. ♦ **Век (вовек, вовеки) не забуду (Вас, тебя, Вашу, твою милость, Ваше, твоё благодеяние).** *Прост. Экспрессив.* Формы благодарности за оказанную услугу или за будущую услугу в связи с ранее высказанной просьбой. *[Фёдор Иваныч:] Да уж я тебе говорю. Он говорит: со старухой посоветуюсь, да и с Богом. [Таня:] Так и сказал?.. (Взвизгивая.) Ах, голубчик, Фёдор Иваныч, век за вас буду Бога молить! [Фёдор Иваныч:] Ну ладно, ладно.* Л. Толстой. Плоды просвещения. *— Прощай, ангел, давеча ты за меня заступился, век не забуду.* Ф. Достоевский. Братья Карамазовы. ♦ **Заставь/те век о себе Бога молить.** См. Молить/ся. ♦ **В кои-то веки!** ⌛ *Прост.* Радостный возглас при встрече со знакомым, приятелем, с которым давно не виделись. *Лубков, по обыкновению, молча сидел на ступеньках крыльца, когда с ним поравнялся Порфирыч. — А-а! Батюшка, Прохор Порфирыч! В кои-то веки!..* Г. Успенский. Нравы Растеряевой улицы.

Велел Бог, чтобы ты помог. *Прост.* Шутл.-фамильярн. ответ близкому знакомому, приятелю, родственнику, равному или младшему по возрасту, на приветствие-пожелание ♦ **Бог в помощь!** или ♦ **Помогай Бог!**

Великий, -ая, -ое; -ие. **1.** ⌛ *Только в полн. ф.* Постоянный эпитет в составе монархических, духовных и др. высоких титулов. *Великий государь. Великий герцог. Великий канцлер. Великий магистр* и др. *Всепресветлейший, Державнейший, Великий Государь Император Александр Павлович, Самодержец Всероссийский, Государь Всемилостивейший! / Просит Александр Пушкин, а о чём, тому следуют пункты: <...>.* А. Пушкин. В коллегию иностранных дел, 2 июня 1824. ♦ **Великий князь.** а) В Киевск. Руси и в период феодальной раздробленности — титул главного князя, а также владетелей крупнейших княжеств. б) В русском централизованном государстве (конец XV — нач. XVI в.) — титул московского князя. в) ♦ **Великий Князь.** ♦ **Великая Княгиня.** ♦ **Великая Княжна.** В Российской империи — титулы членов императорской фамилии. ‖ Постоянный эпитет некоторых выдающихся по исторической роли лиц. *Пётр Великий. Екатерина Великая.* **2.** Необычайно одарённый, гениальный, очень хорошо знающий своё дело, искусный, выдающийся по своим способностям, качествам. Этикетный эпитет, употр. в качестве комплимента в возвыш. обращениях или в функц. сказуем. *Великий старец, изреките, оскорбляю я вас моею живостью или нет? — вскричал вдруг Фёдор Павлович...* Ф. Достоевский. Братья Карамазовы. | Шутл. *— Вы великий гид — сколько мне тут открыли чудесного...* А. Арбузов. Сказки старого Арбата. **3.** Очень большой. Этикетный эпитет, употр. в качестве интенсификатора вежливости, экспрессивности. ♦ **Великое спасибо (тебе, Вам).** *Возвыш.* ♦ **У меня к Вам (к тебе) великая просьба.** ♦ **Я к Вам (к тебе) с великой просьбой.** *Разг.* ♦ **С великим (превеликим, величайшим) удовольствием.** Очень охотно. Ответ на приглашение, просьбу. *— Спасибо вам великое, родной мой, — сказал он дрожащим голосом.* А. Куприн. Поединок. *[Агния:] Вы пойдёте? [Ипполит:] Даже с великим моим удовольствием-с.* А. Островский. Не всё коту масленица. **Величайший,** -ая, -ее. *Разг.* Элатив к Великий.

Великодушный, -ая; -ые; -шен, -шна; -шны. ♦ **Вы (ты) великодушный человек.** ♦ **Вы (так) великодушны! (Ты так великодушен!)** ♦ **Как Вы великодушны!** Формы комплимента при экспрессивном выражении благодарности собеседнику. *«Успокойтесь, прошу вас. Я прикажу в конторе, чтобы эти деньги высылали на ваше имя». Она зарыдала, потом успокоилась <...>. «Вы великодушны без конца, мосье Лаптев».* А. Чехов. Три года. ♦ **Будьте великодушны (Будь великодушен).** Форма повышенно вежл. просьбы, извинения. *— Нежданов! будь великодушен! Дай мне руку... Не откажись простить меня.* И. Тургенев. Новь. *На ресницах у Фендрикова повисли слёзы. — Прослужил честно и беспорочно... Говею ежегодно... Даже отец протоиерей могут подтвердить... Будьте великодушны, ваше высокородие.* А. Чехов. Экзамен на чин. *[Влас:] Многоуважаемая! Будьте великодушны, дайте чаю и закусить. [Саша:] Сейчас подам. Котлет угодно?* М. Горький. Дачники. *[Штубе:] Я заставил вас долго ждать? Будьте* великодушны. *Устал и позволил себе немножко отдохнуть... [Полевой:] Бонжур, Лео... Знакомьтесь — полковник Ярцев. [Штубе:] Очень рад познакомиться. Ещё раз простите. [Ярцев:] Пожалуйста. Какой тут этикет! Люди свои.* Б. Лавренёв. Разлом. ♦ **Как (это) великодушно (с твоей, Вашей стороны)!** Экспрессив. комплимент (часто при выражении благодарности). | Ирон. *[Несчастливцев:] Ну, если богатая помещица отказывает бедной девушке в приданом, так не откажет бедный артист. (Аксюше.) Поди сюда, дитя моё! [Гурмыжская:] Это очень великодушно с твоей стороны! [Несчастливцев:] Надеюсь!* А. Островский. Лес. **Великодушно,** *нареч.* Интенсификатор вежливости в сочетании: ♦ **Простите (извините) (меня) великодушно.** Учтив. Формула извинения, употр. обычно образованными людьми среднего и старшего возраста. См. Извини/те. Прости/те.

Великолепный, -ая, -ое; -ые; -ен, -на; -ны. Очень хороший, красивый, превосходный; производящий сильное впечатление. Часто употр. в составе формул экспрессив. комплиментов, похвалы, одобрения. ♦ **Вы (сегодня, как всегда) великолепны! (Вы просто великолепны!)** ♦ **Какой у Вас (тебя) великолепный (костюм, наряд... великолепная причёска, брошка...).** ♦ **Вы великолепная (женщина, хозяйка, мастерица...).** *«А что это у вас, великолепная Солоха?» <...> — «Как что? Рука, Осип Никифорович!» — отвечала Солоха.* Н. Гоголь. Ночь перед Рождеством. *[Вершинин (Маше, целует руку):] Вы великолепная, чудная женщина. Великолепная, чудная!* А. Чехов. Три сестры. ♦ **Всё было (просто) великолепно!** Комплимент хозяевам в благодарность за угощение, гостеприимство. **Великолепно,** *нареч.* ♦ **Вы (сегодня, как всегда) великолепно выглядите.** ♦ **Вы великолепно танцуете (готовите, поёте...).** ‖ *В знач. сказуем.* ⌐ **Великолепно! Чудесно! Браво!** ⌐ *Здесь у вас просто великолепно!* и т. п. *Через час он [основатель музея Вернаховский] уже разглядывал наши самодельные издания. — Великолепно! Я как раз искал таких умельцев.* Б. Шергин. Миша Ласкин. *«Вы сделали эту штуку ради Александра Марковича!» — басом воскликнула Анжелика. — Да, не отрицайте. Это великолепно, Вячеслав Викторович,* это

чудесно. *Вы — прелесть. Я в восторге...» — «Очень рад!» — буркнул Баркан.* Ю. Герман. Подполковник медицинской службы.

Велича́ть/ся. **Как тебя (Вас) звать-величать?** ⌛ *Нар.- поэт. и прост.* Как твоё (ваше) имя или имя-отчество? Формула доброжелательного или шутливого обращения при знакомстве с кем-л. ⌐ *Царь спрашивает его: «Как тебя, казацкий атаманушка, зовут по имени и величают по отчеству?» — «Вот так-то», — говорит Прохор Митрич.* Фольк. Рыжечка. Зап. в XIX в. ♦ **Как Вас (тебя) величать? (величают?),** т. е. как твоё отчество? Вопрос, означающий намерение говорящего обращаться к собеседнику уважительно, вежливо по отчеству или имени-отчеству. См. Отчество. *Он [Чохов] согнал с лица замороженную улыбку и смиренно спросил: «А как вас по имени-отчеству величать?» — «Владимир Александрович». — «Буду помнить-с».* В. Вересаев. Чохов. ♦ **Как изволите величаться?** ⌛ *Почтит.,* иногда с оттенком шутливой приподнятости. *— Через несколько минут ваша комната будет готова принять вас, — воскликнул он [Василий Иванович] с торжественностию, — Аркадий... Николаич? так, кажется, вы изволите величаться?* И. Тургенев. Отцы и дети. См. Как.

Величество. ♦ **Ваше Величество,** м. и ж. Офиц. обращение к монарху или его супруге. [От лат. *Majestas*. Первонач. употр. в Риме для обозначения высшей власти государства, потом императоров; в Европе титул *Величества* носили римско-германские императоры, потом и другие монархи]. ♦ **Ваше Императорское Величество.** ⌛ В дореволюц. России полная форма офиц. обращ. к императору (императрице). *«В русском языке формы обращения в письмах к Государю Императору определяются законом, а именно: Августейший Монарх! / Всемилостивейший Государь! или Ваше Императорское Величество!»* Правила светской жизни и этикета (1889). *Ваше Императорское Величество. / Всемилостивейший Государь. / Дело, о котором я чувствую обязанность говорить Вашему Величеству, важно для России и для всего мира, и только от Вашего Величества, после Бога, зависит должное его свершение.* В. Соловьёв. Письмо Николаю II <1888?>. *Директор гимназии Нико-*

лай Павлович пришёл в наш класс немного возбуждённым. — Если государь обратится к кому-либо из вас, надо ответить и добавить обязательно «ваше императорское величество». Березарк. В самом начале века. Императрица обняла и поцеловала своих августейших родственников и, смеясь, заметила принцессе: — «Право, вы оба такие милые и юные, будто новобрачные». — «Ваше величество, вы слишком милостливы», — отвечала принцесса, улыбаясь. Е. Шумигорский. Роман принцессы Иеверской. ♦ **Ваше царское величество.** В XIX в. как офиц. обращ. к царю малоупотр. Чаще встречается в фольклорных текстах. От и спрашивает его царь: «Ну как, мужичок, можешь нет излечить мой дворец?» — «А что у вас происходит, ваше царско величество?» О сварливой бабе. Сказка. Зап. в 1937. ♦ **Его Величество Государь Император.** ♦ **Её (Ея** — эпист., **Их) Величество Государыня Императрица.** ♦ **Его (Её, Ея** — эпист., **Их) Императорское Величество.** При почтительном указании на третье лицо или при обозначении титула в официальных письмах, посланиях. — Его величество, верно, пожелает вас видеть, но не нынче<...>. До свидания, очень благодарю вас. Государь император, вероятно, пожелает вас видеть, — повторил он [военный министр] и наклонил голову. Л. Толстой. Война и мир. Милостивый Государь / граф Александр Христофорович, / Пользуясь драгоценным своим правом, имею счастие повергнуть на рассмотрение Его Величества сочинение, которое весьма желал бы я напечатать... А. Пушкин. Письмо А. Х. Бенкендорфу, 11 апр. 1835.

Вельмо́жный, -ая; -ые. Польск. и укр. Этикетный эпитет в учтив. обращении к незнакомому, равному или высшему по положению. ♦ **Вельможный пан.** См. Пан.

Ве́рбушка. Нар.-поэт. Ласковое обращение к девушке. Да не сизой голуб воркует, голубушку будит: Стань, деушка, стань, вербушка, радость, разбудись. (Нар. песня).

Верить. ♦ **Верите (ли). (Веришь ли).** Вводн. частица. Разг. Форма привлечения внимания собеседника к тому, о чём говорящий сообщает или намерен сообщить. — Всё казаки поразули. Чистили для полковника избу, выносили их [убитых]. Жалости смотреть, ребя-

та, — сказал плясун. — Разворочали их: так живой один, веришь ли, лопочет что-то по-своему. Л. Толстой. Война и мир. — Хе-хе. Мы одни, профессор? Это неописуемо, — конфузливо заговорил посетитель. — <...> Верите ли, профессор, каждую ночь обнажённые девушки стаями. Я положительно очарован. Вы — кудесник... М. Булгаков. Собачье сердце. **Верь/те.** ♦ **Верь/те слову.** ♦ **Верь/те совести.** Вводн. Разг. Формы уверения собеседника в истинности сообщаемого. — Извините, сударь, за беспокойство, — начал настройщик умоляющим голосом, — но, верьте... я человек болезненный, ревматический. Мне доктора приказали ноги в тепле держать... А. Чехов. Сапоги. — А зараз, Александр Анисимович, добродетель мой, верьте слову — боюсь! Боюсь за эти семь кругов посеву протянут меня в игольную ушку, обкулачат. М. Шолохов. Поднятая целина. «Господи, что мне делать с пьяным мужем!» — «Глаша, я не пьян... Верь совести, не пьян». Н. Лейкин. Наши за границей. ♦ **Верь/те (Прошу верить) чувствам (преданного Вам, любящего, уважающего... Вас)** (подпись адресанта). Эпист. Заключительная формула вежливости, выражающая уверение в доброжелательном отношении к адресату. Прости и верь чувствам преданного тебе / Николая Алексеева. Н. Алексеев. Письмо А. С. Пушкину, 23 янв. 1835. Милостивый государь, / Приношу вам свою благодарность за присылку вашей книги, которую я прочту с величайшим удовольствием. <...> / Прошу вас верить в мои лучшие чувства. / Преданный вам Ив. Тургенев. И. Тургенев. Письмо Анатолю Франсу, 8 апр. 1876.

Верноподданный. Эпист. В Российской империи — форма подписи в письмах к монарху. «Указом 15 февраля 1786 года Екатерина повелела не подписываться на прошениях к ней рабом, но верноподданным. Понятно, что это было дело простой формальности». Н. Добролюбов. Русская сатира в век Екатерины. <...> Вашего Императорского Величества верноподданный / Александр Пушкин. А. Пушкин. Письмо Николаю I, 11 мая 1826. <...> Вашего Величества верноподданный / граф Лев Толстой. Л. Толстой. Письмо Александру II, 22 авг. 1826. <...> имею счастие пребывать Вашего Императорского Величества верноподданный /

Владимир Соловьёв. В. Соловьёв. Письмо Николаю II, <1888?>. **Верноподданнейший.** ⌛ Элатив к Верноподданный. *Есмь с глубочайшим благоговением / Всемилостивейший Государь! / Вашего Императорского Величества / верноподданнейший / Дмитрий Сенявин.* Д. Сенявин. Письмо Александру I, 31 марта 1814.

Ве́рный, -ая, -ое; -ые. **1.** Правильный, точный, такой, какой нужен. Употр. нередко со словами-интенсификаторами *очень, совершенно, абсолютно* и т. п. в составе формул похвалы, одобрения, поддержки слов или поступков собеседника или близких ему лиц. ▭ *Вы сделали очень верный шаг.* ▭ *Ты на верном пути.* **2.** Постоянный, неизменный в своих добрых чувствах к адресату. ♦ **Верный (тебе, Вам; твой, Ваш)** (подпись адресанта). ⌛ Эпист. Комплимент, заключающий письмо к давно знакомому, равному или высшему по положению. *Прощайте. Завтра чем свет Амлих мой окажет курьерскую свою борзость. Ложусь спать. / Верный вам / Грибоедов.* А. Грибоедов. Письмо Н. А. Каховскому, 19 окт. 1820. *Прощай, любезный Александр; не замешкайся, будь здоров, помни о своём милом семействе, а иногда и обо мне. / Верный твой / А. Грибоедов.* А. Грибоедов. Письмо А. В. Всеволожскому, 8 авг. 1823. *По следующей почте я намерен ещё тебе сказать кое об чём; а до того времени не забудь твоего верного, всегда и везде тебя любящего старинного друга / Н. Гоголя.* Н. Гоголь. Письмо Г. И. Высоцкому, 17 янв. 1827. **Ве́рно. 1.** Нареч. к Верный (в 1 знач.). ▭ *Вы умеете очень верно оценивать ситуацию.* ♦ **Верно говоришь (говорите, сказано).** То же, что Верно (во 2 знач.). **2.** *В знач. утвердит. частицы. Разг.* Да, конечно, правильно. Употребляется при подтверждении слов собеседника как выражение согласия, солидарности с его мнением. **Верно, верно.** ♦ **Совершенно верно.** ♦ **Что верно, то верно.** *«А как же дети?» — спросил Пётр. «А дети не золото — не украдут!» И опять ответ Лизы пришёлся старухам по душе: «Верно, верно, Лизка! Смалу не испотешишь — человеком вырастет».* Ф. Абрамов. Дом. *[Лунц:] Он не только работник, он — талант. [Поллак:] Совершенно верно.* Л. Андреев. К звёздам. **3.** ♦ **(А) верно (ли), что...? Верно? Верно (я) говорю?** Вопросит. обращения, употребляющиеся в начале или после предложений с целью побуждения собеседника подтвердить, поддержать сказанное; правда? не так ли? а? *«Классовая точка зрения совершенно вычёркивает гуманизм, — верно?» — «Совершенно правильно», — отвечал он.* М. Горький. Жизнь Клима Самгина. ▭ *«Да тут работы на два часа, мы и сами справимся. Верно я говорю?» — «Да конечно!»* (1994). ▭ *«А верно, что солдатам перед боем сто грамм давали?» — «Когда как... приходилось и не емши воевать... всяко бывало...»* (1990).

Верх совершенства. См. Совершенный.

Весёлый, -ая, -ое; -ые. ♦ **Весёлый час!** Обычно в сочет. ♦ **Добрый день! Весёлый час!** ⌛ Эпист. Прост. Форма приветствия, употр. преимущ. в письмах к родственникам или друзьям. См. Добрый. ♦ **С весёлым днём!** *Обл.* Утреннее приветствие, пожелание (ФСРГС). ♦ **Как (каково) спали-почивали? (весело ль вставали)?** См. Как. Каково. ♦ **Что не весел? (что головушку повесил?)** См. Что. ♦ **Ве́село работать!** ⌛ *Обл.* Приветственное пожелание работающему.

Вести́мо, *в знач. утверд. частицы.* ⌛ *Прост.* Да, разумеется, конечно, правда, так. Употр. при подтверждении чьих-л. слов как выражение согласия, солидарности с мнением собеседника. *«Послушай-ка, Хорь, — говорил я ему: отчего ты не откупишься от своего барина? <...> Всё же лучше на свободе». <...> Хорь посмотрел на меня сбоку. «Вестимо», — проговорил он.* И. Тургенев. Хорь и Калиныч. *«Надо попробовать, — молвила Флёнушка. — Тут ведь удальство нужно. А не то и невесту у тебя отобьют, и бокам на придачу достанется...» — «Вестимо», — согласился Самоквасов.* П. Мельников (Печерский). В лесах. ♦ **Вестимо (что) так.** ♦ **Вестимо(е) дело.** ⌛ *Прост.* То же, что Вестимо. *[Агафон:] Кому масленица, кому великий пост. Ох, ох, ох... [Спиридоновна:] Вестимо, что так.* А. Островский. Не так живи, как хочется.

Весьма́. Очень. Интенсификатор вежливости при учтивом выражении благодарности, похвалы. ♦ **Весьма благодарен.** ♦ **Весьма обязан.** ♦ **Весьма польщён.** ♦ **Весьма признателен.** ♦ **Весьма тронут.** ♦ **Весьма похвально** и т. п. Употр. преимущ. в речи образованных лиц среднего и старшего возраста. — *Я весьма, весьма благодарен тебе. Это — и дружеская, и родственная услуга.* И. Гончаров. Обыкновенная история. *[Миша:] Пардон! Но — дело не в слове... оно глубже... Мы — то есть я и папаша — относимся к вам лично с большим вниманием... [Протасов (сухо):] Весьма тронут...* М. Горький. Дети солнца.

Ветер. ♦ **Ветра в паруса!** ♦ **Попутного ветра!** Формы пожелания счастливого пути [первонач. морякам]. ‖ Напутственное пожелание успехов в каком-л. деле, начинании. *Старый механик тогда понял, почему Василий Иванович в вицмундире, и не удивился предложению. Он крепко пожал руку претенденту, поблагодарил за честь, сказав, что был бы рад такому зятю, и вышел, весело проговорив своим приветливым баском: «Сейчас пошлю к вам Сонечку. Дай вам Бог попутного ветра!»* К. Станюкович. Василий Иванович. ▱ *Ветра в паруса, коммерсанты!* (1992). ▱ *Попутного ветра, выпускники!* (1993). | Ирон. Можешь уходить, скатертью дорожка. ▱ *[Мужчины в ресторане:] «Надоело всё... уеду я отсюда...» — «Молодец, уедет он... Давай! Попутного ветра!.. ты уедешь, а мы тут как?»* (1991). ♦ **Какой ветер занёс?** ♦ **Какие ветры занесли?** ♦ **Каким ветром (занесло)?** ♦ **Какими ветрáми (занесло)?** Разг. Употр. в устном общении. Как вы (ты) здесь оказались (оказался)? Что привело вас (тебя) сюда? [Первонач., очевидно, было связано с плаваньем под парусами. Имеется соответствие во франц. яз. Quel bon vent vous amene?]. Формы вопросит. обращения при неожиданной встрече близкого знакомого, приятеля. *[Городулин:] Имею честь представиться. [Мамаева (с упрёком):] Хорош, хорош! Садитесь! Каким ветром, какой бурей занесло вас ко мне? [Городулин (садится):] Ветром, который у меня в голове, и бурей страсти, которая бушует в моём сердце.* А. Островский. На всякого мудреца довольно простоты. *(Входит Каренин. Оглядывается.) [Федя:] А, Виктор. Вот кого не ждал. Раздевайся. Каким ветром тебя сюда занесло? Ну, садись. Слушай, Виктор, «Не вечерняя».* Л. Толстой. Живой труп. *Но вдруг на лице его показалась улыбка. — Базиль Базилич! Старый крокодил! Какими попутными ветрами?* — воскликнул он

[пристав] театрально радостным тоном. — *Чёрт тебя знает, сколько времени не видались!..* А. Куприн. Жидовка. *Гомон вырос сразу. Многие из пришедших были сослуживцы казаков подтелковской команды. Зазвучали обрадованные восклицания, смех. «Тю, однокашник. Тебя каким ветром занесло?» — «Ну, здорово, здорово, Прохор!» — «Слава Богу».* М. Шолохов. Тихий Дон. *«Это каким тебя добрым ветром занесло?» — веселея, спросил Степан. «Да вот иду по селу, вижу — окна замуравели, зацвели серебряными цветиками. Дай, думаю, загляну. Хоть печку растоплю им — не то замёрзнут».* Б. Можаев. Мужики и бабы.

Ветля́ный, (ветляно́й, ветля́вый), -ая. ⧖ Обл. В обращении: милый, любезный. ▱ *Ветляный ты мой, хлеб-то нынче дорог.* СРНГ.

Вечность. ♦ **Целую вечность не видались (не виделись; тебя не видел).** Разг. Форма выражения радости от встречи с близким знакомым, приятелем, с которым долго не виделись.

Вечный, -ая. Этикетный эпитет, употр. в составе формул пожелания: ♦ **Вечная память** (кому-л.). ♦ **На вечную (долгую...) память** (кому-л.). См. Память. ♦ **Вечный покой** (кому-л.). ♦ **Дай Бог (ему, ей, им) вечный покой!** См. Покой. ♦ **Вечная слава** (кому-л.). См. Слава.

Взаимно. Разг. Ответ на приветствие, поздравление, пожелание, комплимент равному или младшему по возрасту, положению. *«Рад вас видеть». — «Взаимно». «Поздравляю вас с праздником». — «Взаимно». «Желаю вам всяческих успехов». — «Взаимно». «Счастлив был с вами познакомиться». — «Взаимно»;* и т. п. *«Моя милиция меня бережёт», — гордо сказал капитан Буков. — Если ещё что появится, обращайтесь без никаких». — «Спасибо, Алексей Степанович. Будьте здоровы». — «Взаимно».* И. Грекова. Пороги.

Взойдёт солнышко и к нам во двор. ⧖ Посл. Употр. как форма утешения, ободрения собеседника.

Взойди́/те. ⧖ Прост. Приглашение пришедшему войти в помещение; то же, что Войди/те. Заходи/те. *[Мирон (кланяясь):] Марфе Севостьяновне! [Марфа:] Мирон Липатыч! Да взойдите, ничего... (Мирон входит.)*

Какими судьбами? А. Островский. Невольницы.

Вива́т! [Лат. vivat — «пусть живёт»] Возвыш. форма приветствия, выражающая воодушевление, восторженное одобрение. *Подъехав к широкой реке Вилии, он [Наполеон] остановился подле польского уланского полка, стоявшего на берегу. — Виват! — также восторженно кричали поляки, расстраивая фронт и давя друг друга, для того чтобы увидать его.* Л. Толстой. Война и мир. *Когда кончился диспут и граф Строганов поздравил Грановского, раздались Vivat! Vivat!, продолжавшиеся с четверть часа.* А. Герцен. Дневник (23 февр. 1845). *[Елена (Бессеменову):] Знаете, я ещё, может быть, — не обвенчаюсь с ним! Вы рады, да? О, это очень может быть! Вы — не пугайтесь прежде время! Я буду, так, просто жить с ним... без венца... но вам — не дам его! Не дам! Вы — более его не станете мучить, нет! И он не придёт к вам — никогда! Никогда! Никогда! [Тетерев:] Виват! Виват, женщина.* М. Горький. Мещане.

Ви́деть. ♦ **Вас (Тебя) ли я вижу!** ♦ **Кого я вижу!** *Разг., экспрессив.* Возгласы радостного (или притворно-радостного) удивления при нечаянной встрече со знакомым, приятелем, родственником, равным или младшим по возрасту, положению. *[Дульчин:] Кого я вижу! Ирина Лавровна! [Ирина:] Ах, Вадим, ах! [Дульчин:] Какими судьбами? Я сейчас сам к вам собирался...* А. Островский. Последняя жертва. *«Здесь батя?» — спрашивал девичий голос. «Охонюшка, милая... да тебя ли я вижу, свет мой ясный!» — откликнулся Арефа, подходя к оконцу. — Да как в город попала, родная?»* Д. Мамин-Сибиряк. Охонины брови. ♦ **Живого (живых Вас) видеть!** см. Живой. ♦ **Рад Вас (тебя) видеть!** См. Рад. **Ви́дите (ли). Видишь (ли).** ♦ **Изволь/те видеть.** *Вводн. Разг.* Употр. для привлечения внимания к чему-л., при желании подчеркнуть какое-л. обстоятельство. *Дома лишь осталась Маврушка; видите ль, у ней всю ночь Болели зубы; чуть жива таскалась.* А. Пушкин. Домик в Коломне. *— Видишь, Надя, какое дело выходит, — заговорил старик, — не сидел бы я, да и не думал, как добыть деньги, если бы моё время не ушло. Старые друзья-приятели кто разорился, кто на том свете...* Д. Мамин-Сибиряк. Приваловские миллионы. *[Валя:] Магазин ему мой, видишь, не понравился!* А. Арбузов. Иркутская история. *Лукерья Фоминична влюбилась, извольте видеть, в одного приезжего из столицы, который <...> в это самое время женился на одной богатой вдове.* Д. Григорович. Просёлочные дороги. **Вишь. Вишь ты,** *частица. Прост.* То же, что Видишь (ли). *«Вишь ты, — сказал один [мужик] другому, — вон какое колесо! Что ты думаешь, доедет то колесо, если б случилось, в Москву или не доедет?» — «Доедет», — отвечал другой.* Н. Гоголь. Мёртвые души. *Оттого-то сын мой красный Завернулся в мрак ненастный <...>. Всё грустил, вишь, по сестрице, Той ли красной Царь-девице.* П. Ершов. Конёк-горбунок.

Вина́. ♦ **(Это) Моя вина. (Это) Я виноват(а).** Выражение признания своей вины. Употр. либо в сочет. с формами извинения (*извините, простите*), либо самостоятельно, как форма извинения. ♦ **Приношу свою вину.** ☧ *Учтив.* ♦ **Признаю свою вину.** *— Я, ребята, виновата, Признаю вину свою. Я согласна встать, ребята, Даже сзади буквы Ю.* Б. Заходер. Буква Я. ♦ **Это не твоя (не Ваша) вина.** ♦ **Тут нет твоей (Вашей) вины.** Формулы утешения собеседника. ♦ **Была вина, да вся прощена.** *Прост.* Примирит. ответ на извинение. Говорится также, когда речь заходит о давней провинности. ♦ **(Мне) Из твоей вины не шубу шить.** *Прост.* Грубоватый ответ на извинения: Виноват. ♦ **Моя вина** и т. п., употр. по отношению к низшему по возрасту, положению, когда говорящий не удовлетворён извинениями. *[Мавра Тарасовна:] Поди-ка ты сюда поближе! [Филицата:] Ох, иду, иду. (Подходит.) Виновата. (Кланяется, касаясь рукой пола.) [Мавра Тарасовна:] Мне из твоей вины не шубу шить. Как же это ты недоглядела? Аль, может, и сама подвела?* А. Островский. Правда — хорошо, а счастье лучше.

Винова́т, -а. ♦ **Я виноват(а) перед Вами (тобой)...** ♦ **(Я) чувствую себя виноватым (виноватой) (перед Вами, тобой), (что... за то, что...)...** Выражения признания своей вины. Употр. либо в сочет. с формами извинения (*извините, простите*), либо самостоятельно, как формы извинения (с указанием на причину или без указания, если причина очевидна). *Я много виноват перед вами,* почтеннейшая маменька, что не писал вам тотчас по моём прибытии в столицу. Н. Гоголь. Письмо М. И. Гоголь, 3 янв. 1829. *Виноват, что дня три не отвечал на ваше письмо. Я ужасно был занят всё это время.* Л. Толстой. Письмо Т. А. Ергольской, 5 дек. 1856. *«Прости меня, Дуня, — сказала она [Маша], протянув ей руки, — я виновата перед тобою... Мне, право, совестно...» — «Ой, полноте, Марья Петровна, чтой-то вы, чем это вы виноваты передо мною-то?» — перебила несколько удивлённая девушка. — «Да как же, за два месяца вот жалованье не заплатила».* В. Крестовский. Петербургские трущобы. *Дорогой товарищ Семёнов! / Я чувствую себя очень перед тобой виноватым за то, что так долго не давал отзыва на твой роман «Двадцать первый год».* А. Фадеев. Письмо А. М. Семёнову, март 1939. **Виноват. 1.** Форма учтив. извинения, то же, что Извините. Простите. *В дверях губернский предводитель столкнулся с Левиным. — Виноват, извините, пожалуйста, — сказал он, как незнакомому, но, узнав Левина, робко улыбнулся.* Л. Толстой. Анна Каренина. *«Нет, нет, ты постой! — заговорил Обломов. — Я спрашиваю тебя: как ты мог так горько оскорбить барина? <...>» — «Виноват, Илья Ильич, — начал он [Захар] сипеть с раскаянием, — это я по глупости, право, по глупости...»* И. Гончаров. Обломов. *— Виноват, — круто остановился пристав у стола. — Я, кажется... обознался. — Он щёгольски приложил ладонь к козырьку фуражки. Кашинцев, полуприсев, довольно неуклюже сделал то же самое. — Простите великодушно... Принял вас за своего коллегу, почайновского пристава, — этакое фатальное совпадение. Ещё раз — виноват...* А. Куприн. Жидовка. *Рослый человек вежливенько потеснил: — Виноват, прошу прощения. — И вдруг обернулся: — Материн! Федя!* В. Тендряков. Свидание с Нефертити. **2.** Форма вежл. обращ. к незнакомому. ▬ *Виноват, не подскажете, где тут техотдел?* (1993). **3.** Форма вежливого возражения, выражения несогласия с собеседником. *[Телегин:] В самоваре уже значительно понизилась температура. [Елена Андреевна:] Ничего, Иван Иваныч, мы и холодный выпьем. [Телегин:] Виноват-с... Не Иван Иваныч, а Илья Ильич-с.* А. Чехов. Дядя Ваня. *[Соловьёв:] Революция, в которую все мы верили, как в невесту... [Острошкевич:] Виноват, я с самого начала считал её шлюхой.* Б. Лавренёв. Дым. **4.** Форма выражения непонимания или недопонимания собеседника: «Я вас не понял; я не уверен, что правильно вас понял; пожалуйста, повторите или поясните то, что вы сказали». *Шариков выплеснул содержимое рюмки себе в глотку, сморщился, кусочек хлеба поднёс к носу, понюхал, а затем проглотил, причём глаза его налились слезами. «Стаж», — вдруг отрывисто и как бы в забытьи проговорил Филипп Филиппович. Борменталь удивлённо покосился: «Виноват...» — «Стаж! — повторил Филипп Филиппович и горько качнул головой. — Тут уж ничего не поделаешь — Клим...»* М. Булгаков. Собачье сердце. ♦ **Виноват так виноват.** ♦ **Круго́м виноват.** *Разг.* Усилит. к Виноват (в 1 знач.). *Виноват, Ваше сиятельство! кругом виноват. Приехав в деревню, думал распишусь. Не тут-то было.* А. Пушкин. Письмо В. Ф. Одоевскому, 30 окт. 1833. *[Ольга:] Послушайте, Василий Петрович... скажите мне откровенно, что такое с вами вчера поутру случилось? [Кузовкин:] Виноват-с, Ольга Петровна, кругом виноват.* И. Тургенев. Нахлебник. ♦ **Призна́юсь, виноват.** *Разг.* ♦ **Виноват, ошибка вышла.** *Разг.* Извините, ошибся. *«Если даже по вашему международному праву рассуждать, — усмехнулся судья язвительно, — то корабль «Россия» был уже продан и стал «Йорком», и его территория была уже территорией его величества английского короля!» — «Английского короля?!.. — выговорил с удивлением Иван Бебешин, и по лицу его пробежало как усмешкой. — Значит, виноват, ошибка вышла...» — И он закусил губы.* И. Шмелёв. Орёл. ♦ **Виноват, исправлюсь.** Употр. нередко с примирительно-шутл. оттенком. *Слушая всё это, Серпилин злился на Бойко, но уважал в нём то, что стояло за его словами, — решимость выполнить свой долг хотя бы ценой порчи отношений. «Два раза за день связь с вами терял», — добавил Бойко. — «Насчёт связи — виноват, исправлюсь».* К. Симонов. Живые и мёртвые. ♦ **Бо́гу виноват.** *Прост.* *[Купцы (кланяясь):] Виноваты, Антон Антонович! [Городничий:] Жаловаться? А кто тебе помог сплутовать <...>? [Один из купцов:] Богу виноваты, Антон Антонович! Лукавый попутал. И закаемся вперёд жаловаться. Уж какое хошь удовлетворение, не гневись только! Н. Гоголь. Ревизор. ♦ **Кто Богу не грешен (царю не виноват)?** См. Грешный. ♦ **Ты в этом (ни в чём) не виноват (Вы не виноваты).** Форма утешения, ободрения собеседника. *Слёзы Машины, наконец, тронули старуху. — Перестань плакать, — сказала она, — я на тебя не сердита: знаю, что ты ни в чём не виновата, моё дитятко.* А. Погорельский. Лафертовская маковница. **Это я виноват (перед Вами, тобой)…** Ответ на извинение, признание в своей вины в случившемся.

Винюсь. ♦ **(Я) Винюсь перед тобой (Вами).** ⌑ *Прост.* Форма признания своей вины, извинения; то же, что Виноват. ♦ **Я виноват перед тобою (Вами).** *Я получил письмо твоё ещё февраля 12-го и почти неделю промедлил ответом. Винюсь, прости меня!* Н. Гоголь. Письмо М. П. Погодину, 20 февр. 1833. *[Любовь Гордеевна:] Ты, Митенька, <…> не попомни моих прежних слов, это только девичья глупость была одна. Я винюсь перед тобой!* А. Островский. Бедность не порок. *Многоуважаемая и дорогая Любовь Яковлевна. / Винюсь перед Вами: я до такой степени заболтался и недоволен всеми своими писаниями <…>, что мне страшно и приступить к воспоминаниям о В. Д. Комиссаржевской, которые Вы мне заказали для альманаха.* А. Блок. Письмо Л. Я. Гуревич, 9—14 апр. 1910.

Виртуо́з. В знач. сказуем. Комплимент в адрес высокотехничного музыканта, исполнителя. ‖ Шутл. похвала в адрес собеседника или третьего лица, достигшего высокой степени мастерства в каком-либо деле. ▭ *[Солдаты у турника:] Ты смотри, смотри что делает! Виртуоз! Притормози, Вадик, сапоги потеряешь* (1990). **Виртуозка.** *Разг.* Женск. к Виртуоз. *Марья Дмитриевна заговорила о музыке. «Я слышала, моя милая, — начала она, — вы удивительная виртуозка». — «Я давно не играла, — возразила Варвара Павловна, немедленно садясь за фортепьяно, и бойко пробежала пальцами по клавишам. — Прикажете?» — «Сделайте одолжение».* И. Тургенев. Дворянское гнездо.

Влады́ка. 1. ⌑ *Возвыш., торжеств.* Обращение к правителю, обеспеченному всей полнотой власти; властелину. *Владыки! вам венец и трон Даёт Закон — а не природа…* А. Пушкин. Вольность. **2. Владыка и Владыко.** Почтит. неофиц. обращ. к архиерею (епископу, архиепископу, митрополиту, патриарху). *Звоню Шкловскому. Он как будто ждал меня, сидел у телефона. «Алексей Иванович? Скажите, вам звонил митрополит Нью-Йоркский и Северо-Американский? <…> Позвоните ему или рано утром или поздно вечером. Кстати, вам известно, каким образом к нему следует обращаться?» — «Каким?» — «Владыка! Я специально узнавал, — звонил к компетентным товарищам».* Л. Пантелеев. Я верую. *[Игумен (Африкану):] Ваше высокопреосвященство! (Монахам.) Братие! Сподобились мы владыку от рук нечестивых социалов спасти и сохранить! (Монахи облекают взволнованного Африкана в мантию, подают ему жезл.) Владыко! Прими жезл сей, им же утверждай паству…* М. Булгаков. Бег. ♦ **Высокопреосвященный (Высокопреосвященнейший) Владыко.** ♦ **Преосвященный (Преосвященнейший) Владыко.** *Возвыш.-почтит.* обращ. к архиерею.

Власть. ♦ **Ваша (твоя) власть.** ⌑ *Прост.* Как вам (тебе) угодно, как хотите, ваше право; поступайте по своему усмотрению. Вежл. форма согласия (часто вынужденного) с мнением, намерением, решением собеседника, высшего или равного по положению. *Крестьянин этот незадолго перед сим отвечал приказчику: «Нет у меня ни гроша, батюшка Иван Тимофеевич, власть ваша».* В. Даль. Грех. ‖ В конструкции с противит. союзами «но», «только», «однако», «а» и др. выражает вежл. несогласие: «Вы, конечно, вправе поступать как считаете нужным, но я с этим не согласен, остаюсь при своём мнении, решении». *[София:] Счастливые часов не наблюдают. [Лиза:] Не наблюдайте, ваша власть; А что в ответ за вас, конечно, мне попасть.* А. Грибоедов. Горе от ума.

В моги́лке, что в пери́нке. ⌑ *Прост.* Фраза, которую нередко произносят, чтобы утешить родственников, сердобольные старушки на похоронах, когда могильный холмик насыпан и наступает время всем уходить с кладбища. ‖ Иногда подобные «комплиментные» фразы говорят могильщики, с намёком на чаевые.

Внимание! *В знач. междом.* Форма привлечения внимания публики, аудитории; призыв сосредоточиться, выслушать, прочитать. *[Кирпичников:] Внимание! Внимание! Внимание! Не будьте же трусливы, как овцы, Сюда едут на страшное дело вас сманивать Траубенберг и Тамбовцев. С. Есенин. Пугачёв.* ▭ *Внимание! / 20 августа в 16 час. в актовом зале института состоится встреча с депутатом Государственной думы М... В... Я... / Приглашаются все желающие. Объявление, 1996.*
♦ **Прошу (попрошу) внимания!** — *Купите заграничного употребления нож для шинкования капусты и перестаньте быть грустны! <...> Прошу внимания! Раз, два — капуста готова для питательного супа... Е. Иванов. Меткое московское слово. [Геннадий (артистам):] Попрошу внимания! Обстоятельства заставляют нас спешить. М. Булгаков. Багровый остров. [Волынский:] Товарищи, заседание продолжается. На очереди вопрос о дополнительной эмиссии денежных знаков Южной республики. Прошу внимания. Б. Лавренёв. Дым.* ▭ *[Учительница:] Камчатка, попрошу внимания, урок ещё не окончен! (1992).* ♦ **Минуту (минутку, минуточку) внимания!** — *Минуту внимания, господа, — внушительно крикнул благообразный старик с длинными волосами. М. Горький. Жизнь Клима Самгина.* ♦ **Вниманию (зрителей, слушателей, покупателей...).** Начальная формула объявлений. *Вниманию собаководов-любителей! В книжном киоске вы можете купить книги по кинологии, а также поводки, шлейки, ошейники для своих любимцев. (Объявление на выставке 1992).* ♦ **Благодарю (спасибо) за внимание.** См. Благодарю. Спасибо. ♦ **(Я) весь внимание.** Шутл.-учтив. ответ на обращение, просьбу выслушать. *[Турусина:] У меня к вам просьба, Иван Иваныч. [Городулин:] Весь внимание. [Турусина:] Я насчёт Машеньки. Нет ли у вас кого на примете? А. Островский. На всякого мудреца довольно простоты.* ♦ **Обрати/те внимание.** Форма привлечения внимания собеседника, читателя или аудитории к тому, что говорящий или пишущий намерен сообщить. ▭ *Вот, обратите внимание: всё в целости и сохранности.* ♦ **Обратите внимание на** (+ сущ. или мест. вин. пад.) Привлечение внимания к объекту. ♦ **Обращаю Ваше внимание на** (+ сущ. вин. пад.) *Офиц.* ♦ **Прошу (Разрешите, Позвольте) обратить (Ваше) внимание на...** (что-л., кого-л.) *Вежл.-офиц.* ♦ **Должен (считаю долгом, вынужден) обратить Ваше внимание на...** *Офиц.* с оттенком долженствования, необходимости. **Позволю (себе) обратить Ваше внимание на...** *Учтив.* или *офиц.* ♦ **Смею (осмелюсь) обратить Ваше внимание на...** ⚜ *Учтив.* к высшему или равному по положению. ♦ **Окажи/те внимание.** ⚜ Удостойте, почтите своим вниманием. Форма учтив. просьбы, приглашения в адрес высшего или равного по положению. *Мартынко осмелел: «Ваше королевское величество, окажите монаршее внимание с выпитием рюмочки при надлежащей закуске!» — «Ха-ха-ха! Вы в состоянии короля угощать?» Б. Шергин. Мартынко.*

Внимательный, -ая; -ые; -лен, -льна; -льны. Заботливый, чуткий, предупредительный. ♦ **Вы очень (так) внимательны.** ♦ **Вы (ты) такой внимательный!** Формулы комплимента при учтив. выражении благодарности собеседнику за оказанную помощь, проявленные знаки внимания. **Внимательно,** нареч. Интенсификатор вежливости в формуле ответа на обращение: ♦ **Я Вас внимательно слушаю.** См. Слушать.

В ногах правды нет. *Погов.* Употр. в неофиц. обстановке, когда гостя, посетителя просят сесть. *«Здравствуйте вам! С добрым вечерком!» — Соня расстегнула верхний крючок шубёнки и ослабила затянутую на шее шаль, оставаясь стоять возле дверей. «Садись вон на скамью. В ногах правды нет», — сказала хозяйка, не отрываясь от чулка и не сделав ни малейшего движения навстречу гостье. Б. Можаев. Мужики и бабы. — Присаживайтесь, Григорий Петрович, — с преувеличенно вежливой улыбкой сказал Весельчаков, — в ногах правды нет. А. Чаковский. У нас уже утро. — Отчего же вы не садитесь, Игорь Саввович? — мягко спросил Валентинов, тоже стоящий возле кожаного кресла в ожидании, когда сядет гость. <...> — В ногах, как известно, правды нет! <...> Садитесь, садитесь, и забытое вспомнится... В. Липатов. Игорь Саввович. «Ну, садись, раз уж пришёл! — улыбался Слава. — В ногах правды нет». — «Но правды нет и выше!» Грустно усмехнулись. Старая, проверенная шут-*

ка. В. Попов. Грибники ходят с ножами. [Этимология поговорки неясна. По одной версии, восходит к старинным казням, когда подвешивали подозреваемого и били по ногам, добиваясь правды. По другому предположению, в старину помещик, обнаружив пропажу чего-л., потраву своих полей и т. п., собирал крестьян и заставлял их стоять, пока не назовут виновного. ШФС].

В норме. *Прост.* То же, что Нормально (в 1 и 2 знач.). Употр. преимущ. в совр. молодёжн. речи. *(В комнату вбегает Кузьма Балясников, молодой человек вполне современной наружности, удивительно в то же время напоминающий Балясникова-старшего.) [Кузьма:] Здравствуй. [Балясников:] Привет. (Подождав.) Как себя чувствуешь? [Кузьма (швыряет свою болонью в дальнее кресло):] В норме!* А. Арбузов. Сказки старого Арбата.

Внучек (и **Внучо́к**). **1.** Ласковое обращение к внуку (преимущ. малолетнему). *За плетнём Игнатов сынишка в песке играет. «Бабуня!» — «Аюшки, внучек?» — «Поглянь-ка, бабуня, чего вода принесла!»* М. Шолохов. Коловерть. **2.** *Прост.* Ласковое или шутливое обращение пожилых людей к мальчику, молодому человеку. *[Платон:] Прощайте, бабушка. [Барабошева:] Прощай, внучек! Бабушка я, да только не тебе.* А. Островский. Правда — хорошо, а счастье лучше. **Внучо́нок. Внучо́ночек. Внучо́чек.** Уменьш.-ласк. к Внучек (Внучо́к) в 1 знач. **Вну́чка. 1.** Обращение к внучке. **2.** *Прост.* Ласк. обращение пожилого человека к девочке или девушке. **Вну́ка.** ▱ *Обл.* То же, что Внучка (в 1 знач.). *Меня она [бабушка] называла не внучкой, а внукой — по-старинному.* В. Панова. О моей жизни. **Вну́ча.** *Обл. и прост.* Ласк. обращение к внучке. ▱ *[В автобусе девочка 5–6 лет:] Бабушка, скоро приедем? — Скоро, внуча, скоро* (1991). **Внучéнька. Вну́чечка.** Уменьш.-ласк. к Внучка (в 1 и 2 знач.). **Вну́чушка.** *Обл. и прост.* Ласк. к Внучка (в 1 знач.). *Наталья подошла. «Ты чего же, внучушка, рада небось? Ась?» — «Я и сама не знаю, дедуня», — призналась Наталья.* М. Шолохов. Тихий Дон.

Во!¹ (**Во, во**). *Частица. Прост.* Форма выражения согласия или подтверждения правильности сказанного собеседником. *«Я, пожалуй, приду к тебе завтра утречком». — «Во, во!»* —

радостно закивал Игнат. А. Караваева. Лесозавод.

Во!² *Междом.* Употребляется в восклицательных предложениях для экспрессив. выражения высокой оценки называемого, обозначаемого, как похвала, одобрение. Нередко сопровождается жестом: сжатая в кулак кисть с поднятым вверх большим пальцем. *— Во! — одобрял Пётр Иванович. — Настоящая слеза! Только надо бы немножко пожалостливее.* А. Новиков. Причина происхождения туманностей.

Вовéк не забýду (тебя, Вас). *Разг.* То же, что ♦ Век не забуду (тебя, вас). *«Покорно вас благодарю... Вовек не забуду вас...» — начал было Алексей. — «Уж будто и вовек», — лукаво улыбаясь и охорашиваясь, молвила Марья Гавриловна. — «По гроб жизни!..» — горячо воскликнул Алексей и сделал порывистый шаг к Марье Гавриловне.* П. Мельников (Печерский). В лесах. См. Забыть.

Вода́. ♦ **Вода́ б книзу, а сам(а́) б ты кверху**, т. е. расти большой (большая). ♦ **С гу́ся вода, с лебедя вода, а с тебя, моё дитятко, вся худоба́** (а с Ванечки вся худоба). ♦ **С гу́ся вода, с тебя худоба на пустой лес, на большую воду.** *Прост.* Ласк. или шутл. пожелания, которые произносит мать, бабушка или няня, купая ребёнка. [От старин. наговора, когда спрыскивают в болезни водою]. *Я держал его [сына] — тёплого и скользкого — на руке, а жена поливала из кувшина, и мы оба, смеясь от счастья, приговаривали: — С гуся вода, с гуся вода, с мальчика худоба!* В. Катаев. Святой колодец. *«А дедушка как обольёт меня! — хвалился он перед Колей. — А я хоть бы что!» — «С гуся-лебедя вода, с нашего Ванечки вся худоба», — добавляла мама.* В. Крупин. Братец Иванушка.

В одно́м поко́е. *Обл.* Как обычно, без особых перемен. Ответ на вопросительное обращение при встрече. ▱ *— Жив ли ты собе? — В одном покое.* СРНГ.

Возблагодари́ть (тебя, Вас; тебе, Вам). ▱ Отблагодарить. ♦ **(Не знаю,) Как (чем) мне возблагодарить Вас!** ♦ **(У меня) Нет (не хватает) слов, чтобы возблагодарить Вас!** и т. п. ▱ Экспрессив. формулы благодарности. *Бесценнейший ответ ваш на письмо моё я получил. Не знаю, чем возблагодарить вам,* *почтеннейший дяденька Пётр Петрович...* Н. Гоголь. Письмо П. П. Косяровскому, 3 окт. 1827.

Возлю́бленный, -ая, -ое; -ые. ⌛ *Возвыш.* Любимый. ♦ **Возлюбленный брат (сын).** ♦ **Возлюбленная сестра (дочь).** Возвыш. обращ. ▭ *[Царь (сыну):] Домогайся, возлюбленный мой сын, всё ж таки есь дурно, што твоя стрела не наушла. Царевна-старушка. Сказка. Зап. в 1927. Над гробом стоял черноусый немецкий пастор ‹...› и произносил надгробную проповедь. Он говорил: — Возлюбленный брат! Ты наконец достиг того успокоения и отдыха, которого тщетно жаждал всю свою жизнь. В. Вересаев. Невыдуманные рассказы.* | Возвыш.-шутл. *По праздникам Пётр Михайлыч был ещё спокойнее, ещё веселее. — Не угодно ли вам, возлюбленный наш брат, одолжить нам вашей трубочки и табачку? — говорил он, принимаясь за кофе, который пил один раз в неделю и всегда при этом выкуривал одну трубку табаку. Эта просьба брата всегда доставляла капитану большое наслаждение. А. Писемский. Тысяча душ.* ♦ **Возлюбленные о Господе (о Христе) (братия и сёстры).** Возвыш. обращ. священника к прихожанам, а также к лицам духовного звания, монахам и монахиням. *Возлюбленные о Господе Преосвященные архипастыри, досточтимые пастыри и весь клир церковный, честные иноки и инокини, боголюбивые миряне — чада нашей Святой Церкви, жительствующие по всей Руси и во многих государствах мира на всех континентах! / С глубоким чувством духовной радости, от всего сердца, исполненного самых высоких переживаний, поздравляю вас, дорогие мои, с нынешним великим праздником — рождеством по плоти Господа Бога и Спаса нашего Иисуса Христа! Из поздравительного послания Патриарха Алексия II (1999 г.).* **Возлюбленный. Возлюбленная.** ⌛ *В знач. сущ. Высок.* Обращ. к близкому, любимому человеку. *Давыд Фёдорович взял Виссариона за руку. — Верь мне, возлюбленный, что величайшие истины я тебе открываю. Ты не пожрёшь — тебя пожрут. И никогда средствами для достижения цели не стесняйся. П. Гнедич. Смерть курьера Мамошина.* ♦ **Возлюбленный мой.** ♦ **Возлюбленная моя.** Высок., традиц.-поэт. Любимый мой, любимая моя. *[Изора:] Возлюбленный! Лик твой сияет! Весь ты страсть и весна! А. Блок. Роза и крест.*

Во́зом (воза́ми) вози́ть! ⌛ *Прост. и обл.* Приветственное пожелание работающим (заготавливающим в лесу дрова, собирающим хворост, косящим траву, жнущим хлеб и т. п.). ♦ **Дай Вам Господи возами возить, а дома костром класть!** *Обл.* Пожелание заготавливающим дрова. ♦ **Возом не свозить, носом не сносить!** ♦ **Возами бы Вам не вывозить да мешками не выносить!** ⌛ *Прост.* Пожелание жнецам, молотильщикам. *«Да люди, — говорит [дурак], — молотят, а я в их бросал палками да камнями, они, — говорят, — меня и прибили». — «Дурак, ты бы так, да не так, ты бы пошёл, шапочку снял: "Бог помочь вам, добрые люди, трудиться, возами бы вам не вывозить, да мешками не выносить"». Ванька-дурак. Сказка. Зап. в 1950-х гг.*

Возрази́ть (Возража́ть). ♦ **Разрешите (Позвольте) (мне) возразить (Вам).** *Учтив.* ♦ **(Я) Позволю себе возразить (Вам).** *Учтив.* ♦ **(Я) Вынужден Вам возразить.** ♦ **(Я) Должен Вам возразить.** Формы вежливого выражения несогласия со словами собеседника. Нередко в целях предотвращения или смягчения возможной конфликтной ситуации употр. в конструкциях с обращениями, комплиментами, а также с интенсификаторами вежливости: извините, простите, мне очень жаль, но..., к сожалению и т. п. ▭ *Искренне благодарю Вас за глубокий и беспристрастный отзыв, почти со всеми Вашими замечаниями я согласен, а вот по поводу «последствий распада» позволю себе возразить...* (Из письма автора рецензенту, 1993). **Не возражаете? (♦ Вы не возражаете? ♦ Ты не возражаешь?) Вы не возражаете (не будете возражать), если...? ♦ Если Вы не возражаете (ты не возражаешь)...** Формы вежл. вопросит. обращений с целью получить согласие адресата на действие, которое намеревается совершить говорящий. ▭ *Я форточку открою, если вы не возражаете?* ▭ *Можно я здесь сумку поставлю, не возражаете? (1992). «А теперь мы покурим на улице, — встал Антошка, — не возражаете?» — «Мы с удовольствием посекретничаем с Лилечкой». ‹...› Друзья быстренько вышли. В. Лихоносов. Когда же мы встретимся?* ♦ **Не возражаю. (♦ Я не**

возражаю). Формы вежл. или офиц. согласия в ответ на предложение, просьбу. *Мужчины отвернулись. И, отвернувшись, поговорили малость. «Какое отношение к коньяку?» — спросил конструктор негромко. «У меня? Хорошее». — «Рюмочку — не возражаешь? КВК». — «Что это, коньяк?» — «Да. Генеральский». — «Не возражаю».* В. Шукшин. Печки-лавочки.
♦ **Не смею возражать.** См. Смею.

Возьми/те на себя труд (сделать что-л.). ⚡ Учтив. просьба к равному или низшему по положению. [Калька с франц. prendre la peine de... Компонент *на себя* — из контаминации с оборотом *взвалить на себя*. СРФ]. *Вложенный здесь конверт возьмите на себя труд передать Роману Ивановичу; челом бью о пересылке по адресу.* А. Грибоедов. Письмо Н. А. Каховскому, 27 дек. 1820.

Возьми/те себя в ру́ки. Успокойся (успокойтесь). Формула утешения, совета. ♦ **Вам (тебе) надо (нужно, необходимо) взять себя в руки.** ♦ **Вы должны (ты должен) взять себя в руки.** С оттенком необходимости, долженствования. Употр. обычно в сочет. с другими формами утешения, сочувствия. *«Какое дело — доклад... — тяжело переведя дыхание, сказал Орджоникидзе <...>. — Поживи со мной, Серёжа, может быть, не придётся увидеться...». Киров подошёл к нему, взял за руку, посмотрел в глаза. «Отбрось это от себя. И ложись в постель, вызови врача. Приступ стенокардии всегда сопровождается страхом. Возьми себя в руки. Куда мне звонить насчёт машины?» — «Я сам позвоню».* А. Рыбаков. Дети Арбата. ⚬ *Успокойтесь, голубчик, возьмите себя в руки, не надо так расстраиваться* (1991). ⚬ *Ерунда! Не падай духом, возьми себя в руки. Мы с тобой и не такое видали* (1994).

Во имя + род. п. сущ. или местоимения + **прошу (умоляю, заклинаю) сделать или не делать что-л.).** Формула экспрессивной, эмоц.-возвыш. просьбы, мольбы. ⚬ *Во имя всего святого умоляю, не делай этого!*

Во имя Отца и Сына и Святого (Свята́го) Духа. Краткая молитва, которой набожные христиане (преимущ. старшего и пожилого возраста) начинают всякое дело; её произносят гости, входя в дом, вместо приветствия или перед приветствием (как и молитву «Господи Иисусе Христе, Сыне Божий, помилуй нас»), на что хозяева обычно отвечают: А м и н ь. *(Из дверей трактира показывается Кондратий. Оглядывается и тихонько входит.) [Кондратий:] Во имя отца и сына и святого духа. [Савва:] Аминь. Только очень вы запоздали, почтенный!* Л. Андреев. Савва.

Воистину. ♦ **Воистину так.** ⚡ Прост. Формы подтверждения истинности сказанного собеседником, выражения согласия, солидарности с ним. *Выходил воевода на улицу, С ним дьячок приказной, Елистратушка. Говорил воевода: «Жарища, мол». Поддержал Елистраша: «Воистину-с». Воевода задумался думою: Из Москвы приезжают болярины Проверяти его, воеводу-то. И сказал воевода: «Ох, холодно». Поддержал Елистраша: «Воистину-с».* И. Сельвинский. Песня. ♦ **Воистину воскре́се! (Воистину Христос воскресе! Воистину!)** Ответ на пасхальное приветствие-поздравление «Христос воскресе!» *Он [Нехлюдов] оглянулся на Катюшу. Она вспыхнула и в ту же минуту приблизилась к нему. «Христос воскресе, Дмитрий Иванович». — «Воистину воскресе», — сказал он. Они поцеловались два раза и как будто задумались, нужно ли ещё, и как будто решив, что нужно, поцеловались в третий раз, и оба улыбнулись.* Л. Толстой. Воскресение. — *Моя супруга, бабушка, Сынишки, даже барышни не брезгуют, целуются С последним мужиком. «Христос воскрес!» — «Воистину!» Крестьяне разговляются, пьют брагу и вино...* Н. Некрасов. Кому на Руси жить хорошо. *«Христос воскресе!» — поцеловала его хозяйка, где они жили с тёткой. «Спасибо», — сказал он. «Да не спасибо, нехристь, а ещё из города! Воистину воскресе!»* Ф. Светов. Отверзи ми двери.

Войди/те (и Входи́/те). Формы разрешения, приглашения войти в помещение в ответ на обращение (стук в дверь или просьбу) посетителя: «Можно?» «Разрешите (войти)?» и т. п. (**Войдите** обычно употр. по отношению к тому, кто ещё находится за дверью. **Входи/те** — к входящему). *Сижу я раз после этого случая дома, а кто-то стук-стук-стук в двери. — Войдите, — отвечаю, не оборачиваясь.* Н. Лесков. Воительница. *Чагатаев постучался в дверь, и так как перегородки между комнатами и сама стена коридора были тон-*

кие, то сразу три девичьих голоса сказали: «Войдите». А. Платонов. Джан. Он [Давыдов] немного открыл дверь и, покашливая вовсе не оттого, что першило в горле, негромко обратился к учительнице: «Разрешите войти?» — «Входите», — прозвучал в ответ тонкий девичий голос. Учительница повернулась лицом к Давыдову, удивлённо приподняла брови, но узнав его, смущённо сказала: «Входите, пожалуйста». М. Шолохов. Поднятая целина. «Здравствуйте!» — «О! Иван! Входите, входите, — «обрадовался» режиссёр. — Проходите же! Каким ветром?» В. Шукшин. Чудик.

Войди/те в моё (наше, его) положение. Формула настоятельной, убедительной просьбы. Отнеситесь ко мне (к нам, к нему) со вниманием, участием; вникните, посочувствуйте. *[Сандырова:] Знаю, знаю, вы, конечно, только исполняете приказание; но, Пётр Степаныч, войдите в наше положение и помогите.* А. Островский. Счастливый день. *[Шпигельский:] Так как же, Михайло Александрыч, помогите мне, сделайте одолжение. [Ракитин:] Да чем же могу я вам помочь, Игнатий Ильич? [Шпигельский:] Как чем? помилуйте. Вы, Михайло Александрыч, войдите в моё положение. Собственно я в этом деле сторона, <...> а только моё положение действительно неловко.* И. Тургенев. Месяц в деревне.

Волшебник. В знач. сказуем. Экспрессив. Употр. (часто с усилит. словами *просто, прямо, настоящий*) как восторженная похвала, комплимент в адрес юноши, мужчины, удивляющего, восхищающего своими способностями делать что-л. сложное, незаурядное легко и быстро. ▭ *Да вы просто волшебник, Иван Григорьич, как вам это удалось?* (1992). ♦ **Маг и волшебник.** См. Маг. **Волшебница.** Женск. к Волшебник. ‖ Галантн. или шутл. мужск. комплимент в адрес близко знакомой молодой женщины, чарующей, пленяющей своим обаянием и красотой. *И не смейте мне говорить такие слова, обаятельница, волшебница!* Ф. Достоевский. Братья Карамазовы.

Волшебный, -ая, -ое; -ые. Сказочно-прекрасный; пленительный, чарующий. Эпитет, употр. в формулах комплиментов при выражении восторженной похвалы, восхищения. *Заграничный на это головой заболтал, заухмылялся, нахваливать Евлаху стал: «Волшебные руки, Ефляк Петрош! Волшебные руки!* П. Бажов. Железковы покрышки. ▭ *Вы прекрасно пели, у вас волшебный голос* (1992).

Воля. ♦ **Воля Ваша (твоя).** *Разг.* Как вам (тебе) угодно; как хотите; поступайте по своему усмотрению. **а)** ⚠ Форма вежл., покорного согласия (нередко вынужденного) с намерением или решением собеседника, высшего по положению. ▭ *Немного погодя, день или два, приезжает царь к пастуху в дом. — «Здравствуй, добрый человек! Я хочу на твоей дочери жениться». — «Твоя воля, государь».* Дочь пастуха. Сказка из собр. А. Н. Афанасьева. **б)** Поступай как знаешь, дело твоё. Ответ на несогласие собеседника принять предложение, последовать совету. Употр. при нежелании спорить, переубеждать адресата, равного или низшего по положению. — *Не хочешь — как хочешь. Твоя воля. У нас такое правило — мы никого насильно не заставляем.* В. Катаев. Сын полка. ♦ **Воля Ваша (твоя), (но, а, однако, только)...** Формула вежливого отказа, возражения, а также выражения сомнения в правдивости слов собеседника, в целесообразности его намерения, правильности принятого им решения. *«Воля твоя, Настя, ты врёшь». — «Воля ваша, не вру».* А. Пушкин. Барышня-крестьянка. *«Ну, батюшка, воля ваша, хоть по две копейки пристегните». — «По две копеечки пристегну, извольте».* Н. Гоголь. Мёртвые души. — *Нет, воля ваша, — возразил начальник отделения, — не могу с вами согласиться.* В. Одоевский. Привидение. *[Ольга:] А как зовут эту девушку... вот что собой недурна... и платье на ней голубое?.. [Прасковья Ивановна (с недоумением):] Голубое... А да, точно-с! Это вы про Машку-с изволите спрашивать-с. Воля милости вашей, — а только она озорница такая — что и господи! Непокорная вовсе — да и поведенья тоже нехорошего. А впрочем, как вам угодно будет-с.* И. Тургенев. Нахлебник. — *Я слышал, вы собираетесь подавать в суд на старуху, избившую своего внука. Воля ваша, но стоит ли поднимать шум и трескотню?* В. Тендряков. Чудотворная. ♦ **Вольному воля.** *Разг.* Что ж, поступай как хочешь, как считаешь нужным. Обычно употр. в ответ на несогласие собеседника с предложением, советом говорящего, на намерение поступить по-своему. *«Спасибо* вам, Василий Михайлович, но я уже решил твёрдо: в аспирантуру не поеду». — «Вольному воля», <...> — полуудивлённо-полунасмешливо пожал плечами декан. И. Лазутин. Суд идёт. «А вы куда, Мария Васильевна? — спросил Возвышаев. — Сейчас Радимов приедет, рыбы привезёт. Уху будем варить». — «Я не хочу. Заночую в Гордееве у своей бывшей хозяйки», — сухо ответила Мария. «Ну, вольному воля, — сказал Возвышаев. — Завтра к обеду быть здесь... На большой сбор». Б. Можаев. Мужики и бабы. [Из посл.: ♦ **Вольному воля, а спасённому рай.** «Оставьте меня, пожалуйста!» — «Как знаете!.. Вольному воля, спасённому рай, только напрасно вы не соглашаетесь». А. Чехов. Утопленник. «Я останусь». — «Тебе же лучше хотел. За семьёй поеду, тебя отомчу». — «Останусь». — «Вольному воля, спасённому рай», — отозвался Прон и ушёл. В. Крупин. Ямщицкая повесть. | Шутл. [Варлаам:] Что же ты не подтягиваешь, да и не потягиваешь? [Григорий:] Не хочу. [Мисаил:] Вольному воля... [Варлаам:] А пьяному рай, отец Мисаил! А. Пушкин. Борис Годунов. ♦ **На всё воля Божья (Господня).** Так Богу угодно, надо смириться, ничего не поделаешь. Формула утешения. «На прошлой неделе сгорел у меня кузнец, такой искусный кузнец и слесарное мастерство знал». <...> — «На всё воля Божья, матушка!» — сказал Чичиков, вздохнувши, — против мудрости Божией ничего нельзя сказать...» Н. Гоголь. Мёртвые души. Если бы не коридорный Марко, то мы бы забыли время есть и пить, но он бдел над нами и много делал и для покойника. Он его обмывал, одевал и рассказывал, что надо купить и где поставить, да и нас уговаривал успокоиться. — На всё воля Господня! — говорил он. — Мы все, как трава. Н. Лесков. Интересные мужчины.

Вообрази/те. Вводн. Обращение к собеседнику с целью привлечь его внимание к тому, что говорящий намерен сообщить как нечто неожиданное, достойное удивления, внимания. — Вообрази, — продолжал Кирила Петрович, — исправник приехал его схватить и уверяет меня, что это сам Дубровский. А. Пушкин. Дубровский. Становиха, придя из бани домой, нашла мужа в гостиной. «Зачем следователь приезжал?» — спросил муж. «Приезжал сказать, что Кляузова нашли. Вообрази, нашли его у чужой жены». А. Чехов. Шведская спичка.

В(о) первых строках моего (своего) письма сообщаю... Прост., эпист. Формула зачина в бытовых письмах, следующая обычно после приветствия. Милые, дорогие мои родители! В первых строках моего письма посылаю Вам своё сыновнее почтение, заочно низко кланяюсь и прошу у Вас Вашего родительского благословения, которое поможет мне верой и правдой нести военную службу... (образец письма родителям). Военная хрестоматия для полковых учебных команд, ротных, эскадронных и батарейных школ (1887). Павел Рогов медленно, слово за словом продиктовал письмо брату: «Добрый день или вечер, здравствуй дорогой брат Василий Данилович. Во первых строках своего письма сообщаю, что наш отец Данило Семёнович был увезён из деревни в раён и больше от ево нет никаких вестей». В. Белов. Год великого перелома. Максиму Воеводину пришло в общежитие письмо. От матери. <...> В шуме и гаме большой людной комнаты рабочего общежития зазвучал голос матери: «Здорово, сынок Максим! / Во первых строках нашего письма сообщаем, что мы живы-здоровы, чего и тебе желаем...» В. Шукшин. Ваш сын и брат.

Вопрос. ♦ **Можно мне (Могу я) задать (Вам, тебе) вопрос?** Формула вежл. вопросит. обращения к собеседнику, равному или старшему по возрасту, положению. ♦ **Вопрос можно?** Разг. По городу шёл степенный мальчик-крепыш и изредка обращался к встречным, к тем, кто, по его мнению, заслуживал доверия: — Вопрос можно, товарищ? Мы, стало быть, пастухи... Г. Троепольский. Белый Бим Чёрное Ухо. ♦ **У меня (У нас) к Вам вопрос:** ... С оттенком официальности. К равному или младшему по возрасту, положению. ♦ **Извините (Простите) за нескромный вопрос.** См. Извините. Простите. ♦ **Что за вопрос!** Разг. Экспрессив. Да, ну конечно же! Положительный ответ знакомому, равному или младшему по возрасту, положению на вопрос или просьбу, высказанную в форме вопросит. обращения. «Можно, я у вас посижу, а то до электрички ещё два часа?» — «Что за вопрос! Сейчас чайку поставим» (1996). «Значит, я могу с ними работать?» — «Что за вопрос! Они даже рады будут». (1997).

Восторг! В знач. сказуем. Разг., экспрессив. Замечательный; замечательно. Похвала, комплимент. *[Мотовилин (взял пирожок, попробовал):] Не пирожки, а восторг! [Полина:] Спасибо. Приятно, когда твою работу хвалят.* Э. Брагинский. Детектив на семь персон. ▱ *Свитерочек у тебя просто восторг! Сама связала?* (1996). ♦ **Я в восторге (от Вас, от тебя, от Вашего рассказа, пения...).** *«Вы сделали эту штуку ради Александра Марковича! — басом воскликнула Анжелика. — Да, не отрицайте. Это великолепно, Вячеслав Викторович, это чудесно. Вы — прелесть. Я в восторге...» — «Очень рад!» — буркнул Баркан.* Ю. Герман. Подполковник медицинской службы. *Вы молодчина, я восхищён глубиной Вашей прозорливости и не мог не высказать Вам восторга по этому поводу.* Б. Пастернак. Письмо М. В. Юдиной, 18 янв. 1954 г.

Восторгаться. ♦ **Я восторгаюсь (не устаю восторгаться) Вами (тобой; Вашим талантом, Вашей красотой, Вашим умом...)!** *Экспрессив.* Формулы похвалы, комплимента.

Восхити́тельный, -ая, -ое; -ые; -лен, -льна, -льно; -льны. Вызывающий восхищение; прелестный. Употр. часто в составе форм комплимента, восторженной похвалы. *— Ты сегодня просто восхитительна до невероятности, Оля! — сказал я, невольно залюбовавшись ею.* М. Салтыков-Щедрин. Брусин. *— Очень мне грустно покидать ваш восхитительный вечер, — сказал он [князь Василий] Анне Павловне.* Л. Толстой. Война и мир. **Восхитительно,** *нареч.* Очень хорошо, прекрасно. ▱ *Выглядите вы сегодня просто восхитительно!* ‖ В знач. сказуем. *Когда он кончил [петь], Лиза похвалила мотив, Марья Дмитриевна сказала: «Прелестно», а Гедеоновский даже крикнул: «Восхитительно! и поэзия и гармония одинаково восхитительны!»* И. Тургенев. Дворянское гнездо.

Восхищаюсь. ♦ **Я восхищаюсь Вами (Вашим поступком, нарядом** и т. п.**).** ♦ **Я восхищён Вами (Вашим поступком, Вашим талантом...)!** *Экспрессив.* Формулы комплиментов. *«А вам, monsieur Калинович, верно, не нравится моя амазонка?» — «Напротив, я только не говорю, а восхищаюсь молча», — отвечал он и многозначительно взглянул на княжну, которая в свою очередь отвечала ему довольно продолжительным взглядом.* А. Писемский. Тысяча душ.

Восхищение. Восхищение! ♦ **Какое восхищение!** ♦ **Просто восхищение!** *Разг. Экспрессив.* Формы выражения восторга, похвалы; комплименты. ♦ **Хочу (хотел бы) выразить (засвидетельствовать ⚜) Вам своё (моё) восхищение (вами, вашим поступком...).** ♦ **Примите моё (наше) восхищение!** ♦ **Разрешите (позвольте) выразить Вам моё восхищение (вами, вашим поступком...).** *Возвыш.* или *галантн.*

Вот, *частица.* 1. *Усилит. Разг.* В восклицательных предложениях, выражающих восхищение, похвалу, одобрение, благодарность, употр. (с ударением) как интенсификатор экспрессивности. ♦ **Вот молодец!** ♦ **Вот умница!** ♦ **Вот (это) подарок, так подарок!** и т. п. *Поглядел Матюха и говорит: — <...> Вот девка! Сама не пропадёт и дружка не подведёт!* П. Бажов. Кошачьи уши. *[Глафира:] Завтра утром Донату будут отправлять муку, мешок возьмёшь у него. [Лаптев:] Вот спасибо!* М. Горький. Егор Булычов и другие. 2. *Указат.* ♦ **Вот (вам, тебе) (Н.).** Формула представления при знакомстве через посредника. *Молодая женщина поспешно встала, обратясь к Печорину с каким-то очень неясным приветствием, потом подошла к князю и сказала ему: «Mon ami, вот господин Печорин, он старинный знакомый нашего семейства... Monsieur Печорин, рекомендую вам моего мужа».* М. Лермонтов. Княгиня Лиговская. *[Зоя (Лотохину):] Вот мой муж, Аполлон Евгеньич Окоёмов! <...> Это, Аполлон, наш родственник, Наум Федотыч Лотохин. [Окоёмов:] Ах, очень рад! очень приятно познакомиться.* А. Островский. Красавец мужчина. *[Анна:] Ты с женой-то познакомь! [Семён:] Обязательно! Наташа, вот она — Анюта! Помнишь, я тебе говорил, колошматила меня всё?..* М. Горький. Васса Железнова. *— Вот тебе, Аркаша, племянница моя, она теперь круглая сирота: пои, корми, одевай и обувай.* А. Платонов. На заре туманной юности. ♦ **Вот Вам (тебе) моя рука.** См. **Рука.** ♦ **Вот такой!** См. **Такой.** ♦ **Вот это да!** См. **Да.**

Время. ♦ **Время всё лечит (залечит).** ♦ **Время — лучший лекарь.** ♦ **Время переходчиво.** ⚜ Огорчения со временем пройдут, неприятности забудутся. Формулы утешения. ▱ *Не скучай в нынешний случай: время переход-*

чиво. В. Даль. [*Время — лучший лекарь* — калька с лат. Восходит к словам древнегреч. поэта Менандра (342–291 гг. до Р. Х.): «Время — исцелитель всех неизбежных зол»].

Все-... начальная часть сложных прилагательных, употр. обычно в форме элатива в составе этикетных формул выражения высшей степени почтительности. *Всемилостивейший. Всенижайший. Всеподданнейший. Всепокорнейший* и др.

Всеавгусте́йший, -ая, -ее. ⌘ Этикетный эпитет, употр. в особо торжеств. случаях при обращении подданных к монарху. «Всесвященнейший, всех достопочтеннейший, всех величеством, славою и честию превосходящий. Прилагается же сие название особам самодержавным». (СЦСРЯ — 1847). См. Августейший.

Всевы́шний. См. Бог.

Всего хорошего (доброго, лучшего, наилучшего...)! *Разг.* [Сокращ. от ♦ *Желаю (Вам, тебе) всего (самого) хорошего (доброго, лучшего, наилучшего...)!*]. Формула вежлив. пожелания благополучия при прощании, поздравлении, выражении благодарности. *Поздравляю Вас и всех ваших с Новым годом и желаю всего хорошего. / Ив. Тургенев. Письмо Н. А. Щепкину, 14 дек. 1878. «Мне сюда!» — сказал Клим, остановясь на углу переулка. Дьякон протянул ему свою длинную руку, левою рукою дотронулся до шляпы и пожелал: «Всего доброго».* М. Горький. Жизнь Клима Самгина. *— Засиделся у вас, мне на работу скоро пора, ещё домой зайти. Всего доброго! Покорно вас благодарю за предоставленное угощение с уважением. Посещайте и вы нас.* Е. Иванов. Меткое московское слово. *Очень рад был Володя твоему большому письму. Может, ещё как-нибудь напишешь. Ну, всего хорошего.* Н. Крупская. Письмо М. И. Ульяновой, 8 февр. 1916. *[Годун:] Едем... Будьте здоровы, Татьяна Евгеньевна. [Татьяна:] Всего хорошего. Не забудьте книжку. (Подаёт.)* Б. Лавренёв. Разлом. *[Геннадий (по телефону):] Евгений Ромуальдович? Не узнал голоса. Как же... С супругой? Очаровательно. Прямо без четверти восемь пожалуйте в кассу... Всего добренького. (Вешает трубку.) Метёлкин, будь добр, скажи кассиру, чтобы загнул два кресла во втором ряду этому водяному чёрту.*

М. Булгаков. Багровый остров. *Всего лучшего. Будем рады узнать, как вы устроены в Праге. <...> Наш сердечный привет Вам и Анаст. Серг. / Ваш В. Вернадский.* Письмо И. И. Петрункевичу, 21 авг. 1924. **Всего!** *В знач. междом.* Форма дружеск. или фамильярн. прощания. [Сокращ. от ♦ *Всего хорошего (доброго, лучшего, наилучшего)*]. Получила распространение в 20 гг. XX в. *Есть ещё и другая пилюля доброжелательства: «Всего!» На этом обыкновенно прекращаются телефонные разговоры, после этого — отбой.* С. Волконский. О русском языке (1923). *«Теперь вы знаменитый, с вами страшно на улице раскланиваться — ещё, чего доброго, не ответите». — «Отвечу». — «Ну, всего». — «Всего».* В. Катаев. Автор. *«До свидания!» — сказал Синцов. «Всего!» — отозвался Малинин, на секунду приоткрыв глаза и вновь закрыв их.* К. Симонов. Живые и мёртвые. *[Степан:] Наклёвывается разговорчик — я побежал. Не плачьте, девушка, ваш Борис — золото! Эх, у меня дома тоже! Ну что ты с ними поделаешь! Не горюйте! Всего! (Убежал.)* В. Розов. Вечно живые.

Всем взял (взяла́). *Разг.* Обладает многими достоинствами. Похвала, комплимент в адрес собеседника или третьего лица. *[Княгиня:] Как думаешь? уж нет ли у него Зазнобы тайной? [Мамка:] Полно, не греши: Ты всем взяла: красою ненаглядной, Обычаем и разумом. Подумай: Ну в ком ему найти, как не в тебе, Сокровища такого?* А. Пушкин. Русалка. *Ну, правду же мне сказали: хороша ты собою! И лицом, и станом — всем взяла.* М. Загоскин. Аскольдова могила. *— Ты ведь всем взял — делом, добротой, талантливостью. Любая с радостью пойдёт за тебя.* Г. Серебрякова. Из поколения в поколение. ♦ **Всеми статями вышел (вышла).** *Разг.* Хорош(а) во всех отношениях. ▭ *О Наталье худа молвить нельзя. Эта всеми статями вышла, умна и из хорошего дому.* П. Еремеев. Обиход.

Всем *N* (дат. п. мн.ч.) *N* (им. п. ед.ч.)! *Разг. Экспрессив.* Формула комплимента, одобрения, восторженной похвалы в адрес собеседника или того, что им сделано, что ему принадлежит. ▭ *Ты, Пётр Степаныч, у нас всем головам голова (всем купцам купец, всем силачам силач и т. п.). Айе — всем портным портной, всем покроям закрой!* Е. Иванов.

Меткое московское слово. *За столом шумно. «Ну, кума, и пирог! — кричит Члибеев. — Всем пирогам пирог». — «Где уж там! Я думала, что совсем не выйдет».* А. Аверченко. Рождественский день у Киндяковых.

Всеми́лостивый, -ая, -ое. ⌇ Употр. преимущ. в форме элатива: **Всеми́лостивейший**, -ая, -ее. ⌇ Этикетный эпитет в составе формул почтит. обращения подданных к царю, членам царской семьи: ♦ **Всемилостивейший Государь.** ♦ **Всемилостивейшая Государыня**, а также прилагавшийся к исходящим от них действиям (повелениям, распоряжениям и т. п.). *Монарх повелевает представить его себе и спрашивает, какое имеет он до него дело. «Прикажите, всемилостивейший государь, прежде поднести мне чарку вина, умираю я с похмелья, а денег нет и полушки».* Фольк. Совет пушечного мастера царю Петру (Зап. в XVIII в.). *Ваше Императорское Высочество! / Всемилостивейший Государь! / Прошедшего 16-го апреля был я, по Высочайшему повелению, посажен на месяц под арест.* И. Тургенев. Письмо Вел. кн. Александру Николаевичу, 27 апр. 1852. *Получил я письмо Вашего Превосходительства, уведомляющее меня о Всемилостивейшем отзыве Его Величества, касательно моей драматической поэмы.* А. Пушкин. Письмо А. Х. Бенкендорфу, 3 янв. 1827. **Всемилости́вейше**, нареч. *С чувством глубочайшего благоговения принял я книгу, Всемилостивейше пожалованную мне Его Императорским Величеством.* А. Пушкин. Письмо А. Х. Бенкендорфу, 24 февр. 1832.

Всенижа́йший, -ая, -ое; -ие. ⌇ Этикетный эпитет в составе формул почтит. приветствия, просьбы, прощания, комплиментов при самоуничижит. обращении к лицу, значительно высшему по положению. *ВСЕМИЛОСТИВЕЙШАЯ ГОСУДАРЫНЯ! / ВАШЕ ИМПЕРАТОРСКОЕ ВЫСОЧЕСТВО по сродной Сердцу ВАШЕМУ благости, неоднократно соизволяли принимать с благоволением маловажные труды мои. Удостойте, ВСЕМИЛОСТИВЕЙШАЯ ГОСУДАРЫНЯ, и ныне с таковым же благоволением принять 1-ю часть издаваемых мною сочинений моих как малый знак той беспредельной привязанности и преданности, коими к драгоценной особе ВАШЕЙ я преисполнена. / ВАШЕГО ИМПЕРАТОРСКОГО ВЫСОЧЕСТВА / Всенижайшая / Девица Анна Бунина. / Марта 22 дня 20-го года.* А. Бунина. Письмо Великой княгине Марии Павловне, 1820. ♦ **Всенижайшее почтение.** ♦ **Всенижайшая просьба.** ♦ **Всенижайший раб (Ваш).** ⌇ Эпист. См. Раб. ♦ **Наше (Вам) всенижайшее.** См. ♦ Наше вам.

Все (мы) под Богом (ходим). Прост. Никто не гарантирован от непредвиденных опасностей, неприятностей, бед; всё с каждым может случиться. Употр. часто при утешении того, с кем произошло несчастье. ▭ [Пожилая женщина — знакомой:] *Ну, ничего, даст Бог, нога-то заживёт, ты молодая ещё... Вот ведь как... все под Богом ходим. Спасибо хоть все живы остались...* (1992).

Всепо́дданнейший. ⌇ Эпист. Этикетный эпитет, употр. в составе формул представления или подписи подданного в офиц. письме к монарху. *Всеподданнейший Вашего Императорского Величества / (чин, имя, фамилия).* **Всепо́дданнейше**, нареч. *Представляя всеподданнейше по повелению Вашего Императорского Величества проект публикации о издании сочинений Пушкина, осмеливаюсь просить разрешения Вашего на её напечатание.* В. Жуковский. Просьба на имя Императора Николая Павловича о разрешении печатания издания сочинений А. С. Пушкина.

Всепоко́рный, -ая, -ое. ⌇ Употр. преимущ. в форме элатива: **Всепоко́рнейший**, -ая, -ее. ⌇ Этикетный эпитет в составе формул повышенной учтивости, почтительности, употр. преимущ. в эпист. стиле. *[Жазиков, садится за стол и пишет:] «Ваше Превосходительство, позвольте мне прибегнуть к Вам с покорнейшей (поправляет) всепокорнейшей просьбой: не можете ли Вы мне дать взаймы на несколько дней триста рублей ассигнациями...»* И. Тургенев. Безденежье. ♦ **Ваш всепокорнейший слуга.** ⌇ См. Слуга. *Я об вас всегда буду хороших мыслей, даже почитаю долгом отзываться об вас с благодарностию. Вы обо мне думайте, как хотите. / Милостивый Государь / ваш всепокорнейший / А. Грибоедов.* А. Грибоедов. Письмо Ф. В. Булгарину, окт. 1824. | Шутл. *Ваше Атмосфераторство! / Милостивейшая Государыня, / София, дочь Александрова!.. / ваш раб всепокорнейший Михайлов, сын Юрьев, бьёт челом вам.* М. Лермонтов.

Письмо С. А. Бахметьевой, июль 1832. *Теперь вот тебе всепокорнейший отчёт.* А. Пушкин. Письмо Н. Н. Пушкиной, 28 апр. 1834. **Всепокорно. Всепокорнейше,** нареч. *[Прохор Прохорович:] Всепокорнейше благодарю за ваше родственное внимание.* А. Писемский. Ипохондрик.

Всепре́даннейший, -ая, -ее; -ие. ⚜ *Эпист.* Этикетный эпитет-комплимент в составе заключительных формул почтительности в письме к монарху или членам царской семьи. *С благоговейною преданностью имею счастье пребыть Вашего Императорского Высочества / всепреданнейший / Михаил Лермонтов / Тегинского пехотного полка поручик.* М. Лермонтов. Письмо Вел. кн. Михаилу Павловичу, 20—27 апр. 1840.

Всепресветле́йший, -ая. ⚜ «Величание или титул царствующего государя и государыни». В. Даль. *Всепресветлейший, Державнейший, Великий Государь Император Александр Павлович, Самодержец Всероссийский, Государь Всемилостивейший! / Просит Александр Пушкин, а о чём, тому следуют пункты: <...>.* А. Пушкин. В коллегию иностранных дел, 2 июня 1824. *Всепресветлейший, Державнейший / Великий Государь Император / Николай Павлович, / Самодержец Всероссийский, Государь Всемилостивейший! / Просит коллежский секретарь / Иван Сергеев сын Тургенев; / а о чём, тому следуют пункты: <...>.* И. Тургенев. Прошение Николаю I, 3 апр. 1845.

Все там будем (да не все сразу; не все в одно время). (♦ **Всем там быть — кому раньше, кому позже.**) *Разг.* Люди смертны, каждый в своё время умрёт. Употр. часто на похоронах, при утешении родных и близких покойного, а также при известии о чьей-л. смерти. — *Ну, чё, Соколко, прощай давай. Все там будем, да не в одно время... — Бабушка ещё хотела что-то сказать, но её душили слёзы.* В. Потанин. Воспоминания о Соколе. — *Ну, идём, — сказал Валька Дождевой. — Слезами горю не поможешь, — хоть никто и не плакал. — Все там будем.* В. Шефнер. Ныне, вечно и никогда.

Всех благ (Вам, тебе)! ♦ **Всякого блага!** См. Благо.

Всё будет хорошо. ♦ **Всё будет прекрасно.** ♦ **Всё будет в порядке.** ♦ **Всё будет нормально.** ♦ **Всё будет в самом лучшем виде.** *Разг.* Сделаю так, как вы хотите. ♦ **Всё будет в ажуре,** т. е. хорошо. *Разг. Молодёжн., фамильярн.* ♦ **Всё будет о`кей.** ♦ **Всё будет путём,** т. е. в порядке, хорошо, отлично. *Разг. Молодёжн. фамильярн.* Формы утешения, ободрения. Употр. по отношению к тому, кто удручён чем-л., испытывает какие-л. трудности, неприятности, тревогу, беспокойство, неуверенность в благополучном исходе дела. Часто в сочет. с др. формами утешения, ободрения: ♦ **Не беспокойся (Не беспокойтесь).** ♦ **Не волнуйся.** ♦ **Не дрейфь** (прост.) и т. п. — *Александра Андреевна, успокойтесь, говорю... я, поверьте, чувствую, я не знаю, чем заслужил... только вы успокойтесь... всё хорошо будет, вы будете здоровы.* И. Тургенев. Уездный лекарь. *Пётр хитро подмигнул матери и снова заговорил, успокоительно помахивая рукой: — Не беспокойтесь! Всё будет в порядке, мамаша! Чемоданчик ваш у меня.* М. Горький. Мать. *Потом он проводил её по коридору уснувшего госпиталя и попрощался с нею за руку, чего раньше не делал, а она взглянула ему близко и прямо в глаза и сказала: — Ну, спокойной ночи, товарищ подполковник. Ни пуха вам ни пера! Всё будет прекрасно, я уверена!* Ю. Герман. Подполковник медицинской службы. *Режиссёр в репетиционной комнате умолял актёров: — Голубчики, только не волнуйтесь! Всё будет хорошо.* В. Шукшин. Артист Фёдор Грай. ⚜ *[Студентка (подруге):] Не бери в голову — всё будет о`кей* (1992).

Всё было очень хорошо (чудесно, мило, весело, вкусно...). Формула комплимента при выражении благодарности хозяевам за гостеприимство, угощение (обычно при прощании).

Всё в руках Господних. ⚜ ♦ **Всё в воле Божьей.** ⚜ Формулы утешения, ободрения собеседника, выражение надежды на благополучный исход дела. Употр. преимущ. в речи пожилых набожных людей. *[Иван Сидоров (Муромскому):] Не крушися, мой отец, — ей не крушися; всё в руках Господних!* А. Сухово-Кобылин. Дело.

Всё ещё впереди (у Вас, у тебя). ♦ **У Вас (у тебя) ещё вся жизнь впереди.** Формулы утешения, ободрения младшего по возрасту (юноши, девушки, молодой женщины, молодого мужчины). *В темноте Зида протянула руку, нащупала его голову, погладила. «Не огорчайся, ты молодой, всё у тебя впереди. Сколько тебе осталось? Два года». — «Два года четыре месяца», — уточнил Саша. «Они пролетят быстро, Сашенька. Освободишься, уедешь».* А. Рыбаков. Дети Арбата. ▭ — *Успокойся, не надо плакать. Ты молода, умна, обаятельна, у тебя вся жизнь впереди...* (1994).

Всё к лу́чшему. ♦ **Всё к лучшему в этом лучшем из миров.** *Возвыш.* или *шутл.* ♦ **Что Бог ни делает — всё к лучшему.** ♦ **Что ни делается — всё к лучшему.** Формулы утешения, ободрения собеседника; выражение надежды на благоприятный исход дела вопреки опасениям. — *Всё к лучшему, дядюшка,* — *шепнул я ему.* — *Видите, как всё это теперь отлично уладилось?* Ф. Достоевский. Село Степанчиково... *[Мышлаевский:] Лена, золотая! Пей белое вино. Радость моя! Рыжая Лена, я знаю, отчего ты так расстроена. Брось! Всё к лучшему. [Шервинский:] Всё к лучшему.* М. Булгаков. Дни Турбиных.

Всё ми́нется, одна правда останется. См. Мину́ть.

Всё образу́ется. См. Образу́ется.

Всё перемелется. См. Переме́лется.

Всё пройдёт. См. Пройдёт.

Всё устро́ится. Всё будет хорошо. Формула утешения, ободрения собеседника, выражения надежды на благополучный исход дела. *Правда, он [Иудушка] слегка побледнел и бросился к матери с криком: «Маменька! душенька! Христос с вами! успокойтесь, голубушка! Бог милостив! всё устроится!»* М. Салтыков-Щедрин. Господа Головлёвы.

Встре́ча. ♦ **Вот так встреча!** ♦ **Какая (приятная...) встреча!** *Разг. Экспрессив.* Формы выражения удивления, радости при неожиданной встрече с давним знакомым, приятелем, с которым давно не виделись. *[Нина] позвонила у двери, где не было никакой таблички. Открыл ей Швейцер <...>. «Везёт мне!» — закричал Швейцер. — Какая встреча! <...> Входите! Татьяна Андреевна дома».* К. Паустовский. Дым отечества. ▭ *О-о! Кого я вижу! Вот так встреча! Коля, дорогой, ты откуда?* (1991). ♦ **До (скорой, новой) встречи (в...).** ♦ **До новых встреч (в, на...).** Формы прощания с пожеланием, намерением встретиться вновь. См. До.

Всяк умрёт, как смерть придёт. *Прост.* То же, что ♦ Все там будем.

В тесноте́, да не в оби́де. *Посл.* Употр. как форма ободрения, утешения тех, кто вынужден жить, размещаться совместно с кем-л. в тесноте, а также как шутл.-доброжелат. ответ на извинение собеседника за то, что его присутствие стесняет окружающих. *Все комнаты были прочно заняты приезжими <...>, но в то же время в них довольно охотно впускались новые приезжие, причём говорилось приветливо: — Э, так уж и быть! Говорит пословица: «В тесноте, да не в обиде!»* С. Сергеев-Ценский. Севастопольская страда. *«Вам и самим-то негде жить, а вы ещё нас к себе выписали! Стесним мы вас совсем!» — «Ничего, в тесноте, да не в обиде»,* — *возразил Иван Иванович.* А. Коптяева. Дерзание. *«Стесняю я вас»,* — *говаривала вечерами Ася, но каждый раз Таня перебивала: «В тесноте, да не в обиде!.. Как-нибудь перезимуем вместе».* В. Саянов. Страна родная. См. также: ♦ Где тесно, там и место. ♦ Где потеснее, там и дружнее (веселее).

Входи́/те. См. Войди́те.

Вши в голову! *Обл.* Пожелание (от противного) смотрящим в голове (т. е. ищущим, нет ли вшей), как «Ни пуха ни пера».

Вы, *местоим.* (Вы, в письм. речи). Широкоупотр. форма вежливого обращения к одному лицу. [Употребление *вы* по отношению к одному лицу высокого положения (господину, князю) встречается уже в памятниках русской письменности XI—XVI вв., что связано, вероятно, с влиянием византийской речевой традиции. Однако распространение в качестве почтительного, вежливого обращения *вы (Вы)* получило в Петровскую и особенно — в послепетровскую эпоху под влиянием западноевропейского, в частности немецк. и франц., речевого этикета. *[Стародум:] Служил он Петру Великому. Тогда один человек назывался ты, а не вы, тогда не знали ещё заражать людей столько, чтобы всякий считал себя за многих.* Д. Фонвизин. Недоросль. В XIX в. обращ. на «Вы» стало нормативным в светской речевой учтивости, прежде всего по отношению к лицам привилегированных сословий. *[Домна Пантелеевна:] Неужто всякому «вы» говорить? [Нароков:] Да в простонародье все на «ты». [Домна Пантелеевна:] «В простонародье!» Скажите, пожалуйста! А ты что за барин? А. Островский. Таланты и поклонники. «Обращаться на "вы" к окружающим начал <...> Александр III. Мне представляется, что таким образом между культурным слоем и народом была поставлена ещё одна, ранее не существовавшая преграда». А. Столыпин. Россия в эпоху реформ. «Нет-с, это, — отвечаю, — <...> у меня может на совести остаться: вы защитник отечества и вам, может быть, сам государь "вы" говорил». — «Это, — отвечает [улан], — правда: нам когда чин дают, в бумаге пишут: "Жалуем вас и повелеваем вас почитать и уважать"». Н. Лесков. Очарованный странник. После револ. 1917 г. обращ. на «Вы» значительно сузило сферу своего распространения как «недостаточно демократичное», уступив разговорно-просторечному обращению на «ты». «Вы... вы...» — кто-то обратился к Кособугрову. — «Не "выкай", пора привыкнуть к "ты"». М. Шолохов. Ревизор.]. Обращение на «Вы» имеет множество стилистических оттенков в зависимости от личных, возрастных, половых, социальных взаимоотношений адресата и адресанта. Как форма вежливого обращения вы употребляется по отношению: **а)** К незнакомому или малознакомому человеку. Он [попутчик] лукаво улыбнулся и значительно взглянул на меня. «Вы, верно, недавно на Кавказе?» — «С год, отвечал я. <...> — А вы давно здесь служите?» М. Лермонтов. Герой нашего времени. [Осип:] Ну, кто же спорит; конечно, если пойдёт на правду, так житьё в Питере лучше всего. Деньги бы только были, а жизнь тонкая и политичная: кеятры, собаки тебе танцуют, и всё, что хочешь. Разговаривает всё на тонкой деликатности, что разве только дворянству уступит; пойдёшь на Щукин — купцы тебе кричат: «Почтенный!» <...> Галантерейное, чёрт возьми, обхождение! Невежливого слова никогда не услышишь, всякий тебе говорит «вы». Н. Гоголь. Ревизор. **б)** К юридическому лицу в офиц.-деловой переписке. Прошу Вас... На Ваш исх. № 234/311 от 05. 09. 1989 г. сообщаем... Рассмотрев Ваше предложение об увеличении поставки... и т. п. **в)** К знакомому в официальной, служебной обстановке в присутствии других лиц. Опять пробили часы. Нонна встала. «Вы что, уходите?» — взметнулся Листопад. «Да», — сказала она. <...> Простившись с главным конструктором, вышла в переднюю, Листопад — за нею, в полной растерянности: он надеялся, что она дождётся ухода главного конструктора <...>. «Не уходи! — сказал он. — Он скоро уйдёт». В. Панова. Кружилиха. **г)** К старшему по возрасту, положению в неофиц. обстановке. — А вы кто по званию будете? — вдруг переходя на «вы» спросил боец, попристальнее взглянув на полуседую синцовскую бороду. — Уж не полковник ли? Или подымай выше? К. Симонов. Живые и мёртвые. ▭ «Тётя Зина, вы маму не видели?» — «Здравствуй, Наташа... Была утром в огороде... Ты одна приехала или с Витей?» — «Нет, он в ночную сегодня» (1992). ‖ Вежл. обращ. прислуги к барину, детям барина. [Лиза:] Пустите, ветреники сами. Опомнитесь, вы старики... [Фамусов:] Почти. А. Грибоедов. Горе от ума. — Ну ж и одёжи на вас, барчук... Ровно в мороз! — усмехнулся Федос, одевая мальчика. К. Станюкович. Нянька. ‖ Вежл. обращ. детей к родителям, младших к старшим в семье. [Было распространено в XIX в. преимущественно среди привилегированных сословий, а также в купеческой и мещанской среде. В традициях семейного речевого этикета сохраняется в некоторых областях России]. — Что это значит, папа? — сказала она [Лиза] с удивлением, — отчего вы хромаете? Где ваша лошадь? А. Пушкин. Барышня-крестьянка. — Да-с! Про меня напечатали! Теперь обо мне вся Россия знает! Вы, мамаша, спрячьте этот нумер на память! Будем читать иногда. А. Чехов. Радость. При этом не мешает заметить, что Сенатор был двумя годами старше моего отца и говорил ему ты, а тот в качестве меньшего брата — вы. А. Герцен. Былое и думы. [Наталья (бежит):] Идите скорее — дядя Прохор... [Анна (невольно):] Умер? [Наталья (отшатнувшись):] Ой, сестрица, что вы? [Васса (глядя на Наталью):] Что ты в самом деле, Анна? С чего бы это ему помереть? М. Горький. Васса Железнова (Мать). Милый папа. / Поздравляю Вас с Праздниками и Новым Годом. Желаю Вам искренне здоровья и всего лучшего. А. Блок. Письмо отцу, 30 дек. 1903. [Дуняшка] на окрики отца, смеясь, отмахивалась. — Вы, батя, своё дело управляйте, а я братушке так уложу, что до Черкасского не ворохнется. М. Шолохов. Тихий Дон. «Не беспокойтесь, мама», — сказал Саша. «Ну, в добрый час! — сказала мать. — Родной ты мой! Голубчик мой единственный! Счастливо тебе!» В. Панова. Саша. Но он-то [М. С. Горбачёв] родом из южной деревни, где родителям говорят «вы», а с незнакомыми здороваются. «Известия», 17 окт. 1992. ‖ ⁂ Прост. Вежл. или почтит. обращ. жены к мужу. [Вышневская:] Я слышала от Акима Акимыча, с вами несчастье. Не падайте духом. Вы ужасно переменились. Вы дурно себя чувствуете? Я послала за доктором. А. Островский. Доходное место. Обращение с женою у Александра Афанасьевича было самое простое, но своеобразное: он ей говорил «ты», а она ему «вы»; он звал её «баба», а она его Александр Афанасьевич; она ему служила, а он был её господин... Н. Лесков. Однодум. д) К равному по возрасту, положению (близкому знакомому, коллеге, другу, приятелю) в неофиц. обстановке. (В XIX в. преимущ. в кругу лиц из привилегиров. сословий; в XX в. — преимущ. среди интеллигентов старшего поколения). Когда через несколько времени я вошёл к нему [Тургеневу], то не узнал своего рабочего стола. — Как вы можете работать при таком беспорядке? — говорил Иван Сергеевич, аккуратно подбирая и складывая бумаги, книги и даже самые письменные принадлежности. А. Фет. Мои воспоминания. — Напрасно уезжаете! — говорят мне знакомые, поздним вечером прощаясь со мной на вокзале. — Добрые люди только съезжаются в Петербург. Чего вы там не видали? Лесов, сугробов? И. Бунин. Новая дорога. Александр Иванович! Милый голубчик, совсем Вы меня избалуете. И. Репин. Письмо А. И. Куприну, 1927. Как-то я сказала: «Здорово, правда, что я купила машину?» — «А я-то вас отговаривала. Говорила: "Не покупайте, Наташа, машину, купите лучше шубу!"». В ответ я долго смеялась. Она [Ахматова] выдумала насчёт «отговаривала» и насчёт «шубы». Это была её манера шутить. Н. Ильина. Дороги и судьбы. ‖ ⁂ В обращении детей и подростков друг к другу (в подражание речевому этикету взрослых). — Знаете что? — сказала вдруг Сонечка, — я с одними мальчиками, которые к нам ездят, всегда говорю ты; давайте и с вами говорить ты. Хочешь? — прибавила она, встряхнув головкой и взглянув мне прямо в глаза ‹...›. — Давай...те, — сказал я в то время, когда музыка и шум могли заглушать мои слова. Л. Толстой. Детство. — Я вас уже целый час жду, Красоткин, — с решительным видом проговорил Смуров, и мальчики зашагали по площади. Ф. Достоевский. Братья Карамазовы. | ⁂ В обращ. супругов. Малоупотр. Нельзя было глядеть без участия на их взаимную любовь. Они никогда не говорили друг другу ты, но всегда вы: вы, Афанасий Иванович; вы, Пульхерия Ивановна. «Это вы продавили стул, Афанасий Иванович?» — «Ничего, не сердитесь, Пульхерия Ивановна: это я». Н. Гоголь. Старосветские помещики. — Я вам, Ульяна Фёдоровна, что доложу, — начал Ефрем, — я на постоялый двор теперича поеду сам; и вы уж будьте ласковы, матушка, дайте мне опохмелиться винца стаканчик. И. Тургенев. Постоялый двор. Да, я должна сказать, что мы с Виктором Владимировичем были на «вы» ‹...›. Мы, как познакомились, всю жизнь были на «вы», никак не могли перейти на «ты». Н. М. Малышева-Виноградова. Страницы из жизни В. В. Виноградова. е) К человеку, с которым ранее были на «ты». Переход с обычного «ты» на «Вы» имеет разные причины и, соответственно, разные оттенки значений. ‖ Отчуждение, охлаждение, переход на официальные отношения. «Ты лжёшь, мерзавец! — вскричал я в бешенстве, — ты лжёшь самым бесстыдным образом!» Швабрин переменился в лице. «Это тебе так не пройдет, — сказал он, стиснув мне руку. — Вы мне дадите сатисфакцию». А. Пушкин. Капитанская дочка. [Войницкий:] Что вам от меня угодно? [Серебряков:] Вам... Что же ты сердишься? Если я в чём виноват перед тобою, то извини, пожалуйста. А. Чехов. Дядя Ваня. Когда Чапаев был взволнован, обижен или ожидал обиды, он часто переходил на «вы». Д. Фурманов. Чапаев. «Господи! Неужели ты не можешь понять, что у меня, как у всякого человека, могут быть свои и радости, и горести. Неужели даже час нельзя принадлежать себе?» — «Ну хорошо, хорошо! Можете оставаться сколько угодно с самим собою». Когда она [жена] обижалась на него, то переходила на «вы». В. Крупин. В её городе. ‖ При почтит., уважит. обращ. к собеседнику, с которым раньше были на «ты», после долгой разлуки, за время которой адресат значительно повзрослел или достиг высокого общественного положения. *Встретившись в гостиной с Соней, Ростов покраснел, он не знал, как обойтись с ней. <...> Он поцеловал её руку и назвал её вы — Соня. Но глаза их, встретившись, сказали друг другу «ты» и нежно поцеловались. <...> — Как, однако, странно, — сказала Вера, — выбрав общую минуту молчания, — что Соня с Николенькой теперь встретились на «вы» и как чужие.* Л. Толстой. Война и мир. «*...Ну, а ты как? Небось, уже статский? А?» — «Нет, милый мой, поднимай повыше, — сказал толстый. — Я уже до тайного дослужился... Две звезды имею». Тонкий вдруг побледнел, окаменел, но скоро лицо его искривилось во все стороны широчайшей улыбкой; <...> «Я, ваше превосходительство... Очень приятно-с! Друг, можно сказать, детства и вдруг вышли в такие вельможи-с! Хи-хи-с». — «Ну, полно! — поморщился толстый. — Для чего этот тон? Мы с тобой друзья детства — и к чему тут это чинопочитание!» — «Помилуйте... Что вы-с... — захихикал тонкий, ещё более съёживаясь. — Милостивое внимание вашего превосходительства... вроде как бы живительной влаги...»* А. Чехов. Толстый и тонкий. ▢ [Пожилой инженер рассказывает:] *Я когда институт в пятьдесят восьмом закончил, приехал на несколько дней домой. Ну, как водится, сели за стол. И знаешь, что запомнилось? Отец меня тогда первый раз на «вы» назвал... В письмах-то и раньше писал: «Здравствуйте, наш дорогой и любимый сын Виктор Терентьевич! Во первых строках своего письма сообщаю, что все мы живы-здоровы, чего и вам от всей души желаем...» Но то в письмах, а тут, понимаешь, живём...* (1991). | Шутл. или ирон. ▢ [Дочь пришла из школы:] *«Мама, а нас сегодня телевидение снимало!» — «Что вы говорите! Это в честь чего же?»* (1992). | Подчёркнуто-офиц. «*В какую цену ваши огурцы?» — спрашивает она [дама] бородатого мужика. «Как вы сказали?» — «Я сказала, в какую цену ваши огурцы?» — дама напирает на слово «ваши», и в устах её это слово звучит торжественно и брезгливо. — «Это мои, стало быть?» — мужичок наливается краской. — «В-в-вваши. Именно». — «Чего ты меня выкаешь?» — взрывается мужичок. — Чай, как у всех. Чего ты меня завыкала, а?» — «Вы меня не тычьте!» — «Я и не думал тыкать». <...> — «Что такое, земляки? Кто кого тыкал?» — «Да нет. Ничего такого не было, — разрешает сомнения торговец огурцами. — Не тыкала она меня, а выкала. Безо всякого уважения. "В-вв-вввваши огурцы сколько стоят?" Врастяжечку. Сквозь зубы. Как с нелюдем. Я так не привык. <...> Подойди ко мне по человечески! Мы и выкаем и уважаем. И тыкаем и тоже уважаем...»* С. Романовский. Вятский рынок. | По общему правилу «*местоимения Вы и Ваш пишутся с прописной буквы как форма выражения вежливости при обращении к одному лицу (физическому или юридическому) в официальных документах, личных письмах...»* Д. Розенталь. Прописная или строчная? Опыт словаря-справочника. — М., 1984. Однако в эпистолярной практике и в печати это правило не всегда строго соблюдается. Регулярно прописная буква употребляется при подчёркнуто вежливом обращении в поздравит. адресах и открытках, в письмах к незнакомому или малознакомому адресату, равному или старшему по возрасту, положению, а также в офиц.-деловой корреспонденции.

Вы́броси (вы́брось) из головы́ (сердца, памяти) (что-л., кого-л.). *Прост.* Грубовато-просторечн. форма утешения: постарайся забыть что-л., кого-л., не расстраивайся, успокойся. ▢ [Женщина, лет 40, — своей знакомой:] *Ну что ты, в самом деле! Выбрось это из головы, не расстраивайся* (1991).

Вы́глядите (Вы́глядишь). ♦ **Вы (ты) (сегодня) хорошо (очень хорошо, замечательно, прекрасно, великолепно, очаровательно** и т. п.**) выглядите (выглядишь).** Комплимент, употребляемый преимущественно по отношению к девушке, женщине. — *А ты, Леночка, ей-богу, замечательно выглядишь сегодня. И капот тебе идёт, клянусь честью, — заискивающе говорил Мышлаевский.* М. Булгаков. Белая гвардия. ♦ **Вы (очень) молодо выглядите.** Комплимент женщине или мужчине среднего и старшего возраста. ♦ **Вы (ты) (сегодня) выглядите (выглядишь) молодцом (молодчиком).** *Разг.* Похвала, одобрение, комплимент. См. Молодец.

Вы думали свежи, а это всё те же. *Прост.* Шутл. говорят хозяевам (близким знакомым, друзьям, родственникам) нередкие гости, а также те из них, которые недавно вышли или ушли, а затем вернулись. Фразу ♦ **Мы думали свежи, а это всё те же** иногда говорят в шутку сами хозяева частым гостям, приятелям, младшим и равным по возрасту родственникам, если уверены, что те на такую шутку не обидятся.

Выздоравливай/те! Пожелание больному при прощании.

Выкушай/те (на здоровье, заугоду). *Прост.* Вежл. просьба выпить чаю, кофе, вина. [*Вожеватов:*] *Я и чай-то холодный пью, чтобы люди не сказали, что я горячие напитки употребляю.* [*Огудалова:*] *Чай-то холодный, только, Вася, ты мне крепко налил.* [*Вожеватов:*] *Ничего-с. Выкушайте, сделайте одолжение! На воздухе не вредно.* А. Островский. Бесприданница.

Вынужден, -а; -ы. В сочет. с неопр. ф. глагола образует формулы офиц. просьбы, требования, отказа, согласия или несогласия с оттенком необходимости, долженствования поступить так в соответствии со служебными обязанностями, нормами морали, сложившимися обстоятельствами и т. п. ♦ **(Я) Вынужден Вам возразить.** ♦ **(Я) Вынужден Вас просить.** ♦ **(Я) Вынужден Вас огорчить, но...** ♦ **(Я) Вынужден Вам отказать...** и т. п. «*В таком случае я вынужден буду требовать от вас удовлетворения*». — «*То есть в каком это смысле... удовлетворения?*» — «*Известно в каком смысле*». — «*Вы меня вызовете на дуэль?*» — «*Точно так-с, если вы не откажетесь от мазурки*». И. Тургенев. Затишье.

Выпить. ♦ **Предлагаю выпить за** (кого, что-л.) ♦ **Выпьем за** (кого, что-л.). ♦ **Давайте выпьем за** (что или кого-л.). Формы предложения, пожелания выпить вина в честь чего или кого-л.; краткие тосты. — *Мы сейчас пили за здоровье дорогого нашего брата и его невесты; я предлагаю вам выпить теперь за здоровье Дмитрия Рудина!* И. Тургенев. Рудин. — *Вот — душа!* — *кричал Бурмистров, наливая водку.* — *Выпьем за дружбу! Эх, не волен я в чувствах сердца!* — *Выпили, поцеловались, Тиунов крепко вытер губы, и беседа приняла спокойный, дружеский характер.* М. Горький. Городок Окуров. ♦ **Выпьем (давай выпьем, предлагаю выпить...) на «ты» (на брудершафт).** Предложение выпить в знак заключения дружбы и перехода в обращении на «ты». [*Пить на брудершафт* полукалька с нем. Brüderschaft trinken, где Brüderschaft — «братские отношения, братство». СРФ]. Употр. чаще в мужском кругу. *Владимир Николаич с подчёркнутым сожалением перевёл взгляд на стол, налил в фужеры шампанского. «Выпьем на брудершафт?» — «Как это?» — не поняла Груша. «А вот так вот берутся... Дайте руку. Вот так вот берут, просовывают, — Владимир Николаич показал как, — и выпивают. Вместе. Мм?» Груша покраснела. «Господи!.. Да для чего же так-то?» — «А вот — происходит... тесное знакомство. Мм?» — «Да что-то я... это... Давайте уж прямо выпьем!» — «Да нет, зачем же прямо? Всё дело в том, что тут образуется кольцо». <...> «Да давайте прямо выпьем, какого лешего мы будем кособочиться-то?» — «Так образуется два кольца. Неужели непонятно? После этого переходят на "ты". «Ну и перейдём на "ты"... без этих фокусов». — «Мы сломаем традицию. Традицию не надо ломать. Смелей!.. Просовывайте сюда вот руку... — Владимира Николаича даже слегка трясло. — Музыка такая играет!.. Мы её потом ещё разок заведём». — «Вот наказание-то!» — воскликнула Груша. И засмеялась.* В. Шукшин. Позови меня в даль светлую. ♦ **Выпьем (давайте выпьем, предлагаю выпить) мировую.** Предложение выпить в знак примирения. ♦ **Испей маленько да выпей всё!** *Прост., шутл.* ♦ **Кто не выпил до дна, не пожелал добра!** *Шутл.* Формы настойчивой просьбы выпить вина, с которыми хлебосольный хозяин обращается к гостю. ♦ **Выпьем (выпей/те) на дорожку (на падог, подожок, посошок).** ♦ **Выпьем (выпей/те) стремянную (вышибальную, закурганную...).** Предложение гостю выпить на прощание, перед уходом, отъездом. См. также: ♦ **Посошок на дорожку.**

Вырос (Выросла)-то как! *Разг., экспрессив.* Один из распространённых комплиментов при встрече взрослого с ребёнком (подростком, девушкой, юношей), которого он давно не видел. *Здравствуй, Дунюшка, здравствуй, моя красавица,* — *молвила Аркадия, об-*

ращаясь к дочери Марка Данилыча. И трижды поликовалась с ней. — Выросла-то как, пригожая какая из себя стала, — любовалась на Авдотью Марковну мать Аркадия. П. Мельников (Печерский). В лесах.

Вы́ручить. Выручи́/те. Выруча́й/те. *Разг.* Форма обобщённой просьбы, которая может быть разъяснена, если из ситуации непонятно, в чём нуждается говорящий. [Чапурин] снял шапку, посмотрел на все четыре стороны и молвил: «Порадейте, господа купцы, выручите!» Получаса не прошло, семь тысяч в шапку ему накидали. П. Мельников (Печерский). В лесах. ♦ **Вы́ручил/и ты (Вы) меня.** ♦ **Спаси́бо, (что) вы́ручил (ты меня).** Формулы благодарности за оказанную помощь, услугу. «Здравствуй, дядя Костя». — «Здоров, здоров, Генаша. Откуда путь держишь?» — «С работы. Должок вот тебе принёс». Генка вытащил из-под ремешка часов сложенную вчетверо трёхрублёвку. — «Спасибо, выручил». В. Куропатов. Едришкина качель. — Ну спасибо, братцы, — поклонился Бурнашев изрядно захмелевшим плотникам. — Выручили, уж как выручили. Помурыжили, за нос поводили, но завершили. В. Личутин. Любостай.

Высо́кий, -ая, -ое; -ие. Выдающийся по значению, важный, ответственный, почётный. Этикетный эпитет, употр. в стереотипных формулах благодарности, комплимента. ♦ **Благодарю́ за высо́кую честь (высо́кое дове́рие, высо́кую награ́ду** и т. п.**).** Отъезжая на несколько времени из Петербурга, я вновь прошу Ваше Превосходительство оказать моему труду высокое внимание Ваше. М. Лермонтов. Письмо А. М. Гедеонову, около 20 дек. 1835. ♦ **Высо́кие Догова́ривающиеся Сто́роны.** *Офиц., дипломат.* Название сторон, ведущих переговоры на уровне глав государств и правительств, послов и т. п. ♦ **Высо́кий гость.** *Офиц. Уважит.* о руководителе или высокопоставленном представителе иностранного государства, прибывшем с визитом. **Высоко́,** *нареч.* Интенсификатор положительной оценки в формулах комплимента, похвалы. ▫ Мы высоко ценим ваш талант. ▫ Н. высоко отозвался о вашей новой книге. **Высоча́йший,** -ая, -ее; -ие. **1.** Элатив к Высокий. Интенсификатор экспрессивности в формулах благодарности, комплиментов и т. п. ▫ Благодарю за высочайшую честь... ▫ С высочайшим почтением... **2.** ⌛ В доревол. России — этикетный эпитет, относящийся к императору (императрице). *Подать прошение на Высочайшее имя. Высочайшее повеление. Высочайшее соизволение. Высочайший приказ* и т. п. Спешу Вас всепокорнейше известить, что уведомление о Высочайшем соизволении Государя Императора печатать мною написанную Историю о Пугачеве <...> получить имел я честь. А. Пушкин. Письмо Л. В. Дубельту, 5 марта 1834. ‖ Предназначенный для императора (императрицы). *В одно утро был опять наш министр с высочайшим докладом.* А. Куприн. Царский писарь. **Высоча́йше,** *нареч.* <...> Государь Император Высочайше соизволил меня послать в поместье моих родителей, думая тем облегчить их горесть и участь сына. А. Пушкин. Письмо Б. А. Адерасу, окт. 1824. *Письмо ваше <...> я имел счастие докладывать Государю Императору, и Его Величество, приняв благосклонно просьбу Вашу, Высочайше повелеть мне соизволил спросить графа Паскевича-Эриванского, может ли таковой перевод брата Вашего последовать.* А. Бенкендорф. Письмо А. С. Пушкину, 7 апр. 1831.

Высокоблагоро́дие. ♦ **Ва́ше Высокоблагоро́дие,** м. и ж. ⌛ В доревол. России — формула титулования и офиц.-почтит. обращения к военным и гражданским чинам 6, 7, 8 классов по Табели о рангах (штаб-офицеру, капитану, майору, полковнику; коллежскому асессору, надворному и коллежскому советникам), а также к их жёнам. *[Частный пристав:] Имею честь поздравить вас, ваше высокоблагородие, и пожелать благоденствия на многие лета! [Городничий:] Спасибо, спасибо! Прошу садиться, господа!* Н. Гоголь. Ревизор. *Капитан крикнул на Сучкова: «Стой как следует! <...> Это ты вчера на суп жаловался?» — «Да». Капитан топнул ногой и грозно крикнул: «Как ты смеешь так отвечать начальству?! Спроси у взводного, как нужно отвечать?» — «Господин Гаврилов, как ему нужно отвечать?» Капитан совсем вскипел: «Не "господин Гаврилов", а "господин взводный" или по имени-отчеству, и не "ему", а "его высокоблагородию"!» — «Господин взводный, как этому высокоблагородию нужно отвечать?» — «"Так точно" нужно говорить, "никак нет", "слу-*

шаю-с"». — «Так точно, ваше высокоблагородие!» В. Вересаев. Невыдуманные рассказы. [Швач (догоняя Штубе, вполголоса):] Ваше высокоблагородие... ваше высокоблагородие... [Штубе:] В чём дело? Да не тычься высокоблагородием. Услышат. [Швач:] Слушаю, ваше высок... господин лейтенант. Б. Лавренёв. Разлом. | Прост. Титулование и почтит. обращ. к представителю власти (офицеру, чиновнику и т. п.) с 14 по 6 класс. Употр. с целью исключить возможную ошибку в обращении (когда чин адресата говорящему точно неизвестен), либо вместо «ваше благородие» с целью польстить адресату при обращ. с просьбой, жалобой, извинением. *Здравия желаю, ваше высокоблагородие!» — прокричал этот солдат, выкатывая глаза на Ростова и, очевидно, принимая его за больничное начальство.* Л. Толстой. Война и мир. *Смотрю, из двери идёт квартальный поручик и говорит: «Что ты здесь, женщина, этак шумишь?» «Помилуйте, — говорю, — ваше высокоблагородие, меня так и так сейчас обкрадено».* Н. Лесков. Воительница. ♦ **Его (Ея** — эпист., **Их) Высокоблагородие**. Офиц.-почтит. указание на третье лицо, а также форма титула адресата (в дат. пад.) в офиц. и личн. письмах. *Вахмистр оставил меня при карауле и пошёл обо мне доложить. Он тотчас же воротился, объявив мне, что его высокоблагородию некогда меня принять, а что он велел отвести меня в острог, а хозяюшку к себе привести. «Что это значит? — закричал я в бешенстве. — Да разве он с ума сошёл?» — «Не могу знать, ваше благородие, — отвечал вахмистр. — Только его высокоблагородие приказал ваше благородие отвести в острог, а её благородие приказано привести к его высокоблагородию, ваше благородие!»* А. Пушкин. Капитанская дочка. *Ея Высокоблагородию / Милостивой Государыне / Александре Осиповне / Ишимовой.* А. Пушкин. Письмо А. О. Ишимовой, 27 янв. 1837.

Высокоблагослове́ние. ♦ **Ваше Высокоблагословение,** м. Почтит. обращение к протоиереям. *«Священники белого духовенства почётно зовутся: ваше благословение, как протопопы и благочинные высокоблагословение, а чёрное духовенство преподобие».* В. Даль. ♦ **Его (Их) Высокоблагословение.** При указании на 3-е лицо, а также формула титула адресата в офиц. письмах (в дат. пад.).

Высокопочте́нный, -ая; -ые. ⌛ «Достойный высшего почтения». (В. Даль). ‖ Этикетный эпитет в составе почтительных обращений, а также комплимент в адрес 3-го лица.

Высокопревосходи́тельство. ♦ **Ваше Высокопревосходительство,** м. и ж. ⌛ В дореволюц. России — формула титулования и офиц.-почтит. обращения к высшим военным и гражданским чинам 1 и 2 классов по Табели о рангах (генерал-фельдмаршалу, генералу от инфантерии, генералу от кавалерии, генералу от артиллерии; государственному канцлеру; действительному тайному советнику; к министрам), а также к их жёнам. *Он хлопнул в ладоши и звякнул в колокольчик. Вошёл вестовой. Генерал оглядел его подозрительно: «Ты... употребил?» — «Никак нет, ваше высокопревосходительство». — «А я говорю, что употребил». — «Слушаю, ваше высокопревосходительство».* Ю. Тынянов. Смерть Вазир-Мухтара. *«Ты доволен им?» — спросил Кутузов у полкового командира. И полковой командир <...> вздрогнул, подошёл вперёд и отвечал: «Очень доволен, ваше высокопревосходительство».* Л. Толстой. Война и мир. *«Сколько же ты хочешь, старик?» Дедушка снял картуз. Лицо его приняло учтивое, сиротское выражение. — «Сколько вашей милости будет угодно, барыня, ваше высокопревосходительство... Мы люди маленькие, нам всякое даяние — благо...»* А. Куприн. Белый пудель. *Деникин сел и сказал с мягкой душевностью: «Ваше высокопревосходительство, позвольте как человек человеку, задать вам вопрос». — «Я слушаю вас, Антон Иванович». — «Лавр Георгиевич, почему вы так непреклонны?»* А. Толстой. Хождение по мукам. | Прост. Почтит. или льстивое обращ. к значительно высшему по положению (не генералу). *Приехал [знаменитый доктор] — страху на всех нагнал. Две минутки только с больной посидел, вышел строгий-то-расстрогий! — и пальцем погрозился на всех. <...> А купец и спрашивает его шепотком, смиренно: «Уж развяжите душу, ваше высокопревосходительство, уж к одному концу: помрёт моя супруга?»* И. Шмелёв. Лето Господне. ♦ **Его (Ея** — эпист., **Их) Высокопревосходительство.** При почтит. указании на

3-е лицо или при обозначении титула адресата (в дат. пад.) в письмах. *Его Высокопревосходительству, господину / Министру народного просвещения, Тайному Советнику / и Кавалеру, Аврааму Сергеевичу Норову / Коллежского секретаря Ивана Тургенева / Прошение.* И. Тургенев. Официальное письмо министру народного просвещения, 27 марта 1856.

Высокопреосвяще́нство. ♦ **Ваше Высокопреосвященство,** м. Формула титулования и офиц.-почтит. обращения к митрополиту или архиепископу. ♦ **Его Высокопреосвященство.** При почтит. указании на 3-е лицо или при обозначении титула адресата в офиц. письмах. *[Де Бризар (Махрову):] Ну, у тебя и документ спрашивать не надо. По волосам видно, что за птица! Крапилин, свети сюда! [Паисий (влетает):] Что вы, что вы? Это его высокопреосвященство! Это высокопреосвященнейший Африкан! [Де Бризар:] Что ты, сатана чернохвостая, несёшь? (Махров сбрасывает шапку и тулуп.) (Всматривается в лицо Махрову.) Что такое? Ваше высокопреосвященство, да это действительно вы?! Как же вы сюда попали?* М. Булгаков. Бег. ♦ **Высокопреосвященный (Высокопреосвященнейший) Владыко.** См. Владыка (во 2 знач.).

Высокопреподо́бие. ♦ **Ваше Высокопреподобие,** м. Титулование и почтительное обращение к архимандриту, игумену, протоиерею. — *Мы должны сильно извиниться, ваше высокопреподобие, — начал Миусов, с любезностью оскаблясь, но всё же важным и почтительным тоном, — извиниться, что являемся одни без приглашённого вами спутника нашего, Фёдора Павловича.* Ф. Достоевский. Братья Карамазовы. *Ваше Высокопреподобие, достопочтеннейший отец протоиерей, возлюбленный во Христе брат наш. / Всеблагий Господь благословил Вас таким долголетием, в продолжении священного сана, которое для большинства составляет предел человеческой жизни...* Из речи священника Тверитина в празднование 50-летия служения в духовном звании протоиерея г. Кузнецка Павла Стабникова при поднесении юбиляру иконы Христа Спасителя 29 нояб. 1879. ♦ **Его (Их) Высокопреподобие.** При почтительном указании на третье лицо или в официальных письмах при обозначении титула адресата (в дат. пад.).

Высокоро́дие. ♦ **Ваше Высокородие,** м. и ж. ⌘ В дорев. России — формула титулования и офиц.-почтит. обращения к чиновным лицам 5 класса (статскому советнику, обер-берггауптману, а также к бывшим бригадирам, военным чинам русской армии XVIII в., средним между генералом и полковником) и их жёнам. | *Прост.* Почтит. или льстивое обращ. к значительно высшему по положению. *[Несчастливцев:] Поди сюда! [Восмибратов:] Желаю здравствовать, ваше высокородие! Имени отчества не знаю-с...* А. Островский. Лес. *[Цыганов:] Ну, благодарю вас... возьмите себе вот это... [Дунькин муж:] Ваше высокородие... (Хочет поцеловать руку.) [Цыганов (брезгливо):] Это лишнее, мой друг... идите!* М. Горький. Варвары. *Пришибеев <...> делает руки по швам и отвечает хриплым, придушенным голосом, отчеканивая каждое слово, точно командуя: «Ваше высокородие, господин мировой судья! Стало быть, по всем статьям закона выходит причина аттестовать всякое обстоятельство во взаимности».* А. Чехов. Унтер Пришибеев. *[Становой:] «Это что у тебя?» — «Поросята, ваше высокородие!» — «Дурак! Я сам вижу, что поросята! А вопрос — жирные ли?» — «Очень жирные, ваше высокородие!»* В. Вересаев. Невыдуманные рассказы. *Выхожу я из кузницы, как полагается, чёрный от угля. Вижу — полковник, по погонам, и при нём адъютант... «Помилуйте, — говорю, — ваше высокородие. Дело я своё до тонкости знаю».* М. Шолохов. Путь-дороженька. ♦ **Его (Ея** — эпист., **Их) Высокородие.** При учтив. указании на 3-е лицо или при обозначении титула адресата (в дат. пад.) в письмах. *Полтавской губ., город Прилуки, село Туровка. / Ея Высокородию / Варваре Яковлевне Карташевской.* И. Тургенев. Адрес на конверте письма В. Я. Карташевской, 21 февр. 1883. *Ея Высокородию / Анне Андреевне Гумилёвой. / Царское Село, Малая, 63.* А. Блок. Адрес на конверте письма А. А. Ахматовой, 18 янв. 1914.

Высокостепе́нство. ♦ **Ваше Высокостепенство.** ⌘ В дорев. России — формула офиц.-почтит. обращения к владетельным ханам и муфтиям. ‖ Почтит. (хотя офиц. не установленное законом) обращение или комплиментное величание состоятельных и особо знатных лиц из непривилегированных сосло-

вий; «иногда народ честует так жалованных и более почётных волостных голов» (В. Даль).
♦ **Его Высокостепенство.** При учтив. указании на 3-е лицо или при обозначении титула адресата (в дат. пад.) в письмах.

Высокоуважа́емый, -ая, -ое; -ые. ▧ Достойный высокого уважения. Этикетный эпитет, употр. обычно при подчёркнуто вежливом, почтительном обращении к равному или старшему по возрасту, положению (с оттенком официальности или торжественности) в сочетании с именем-отчеством адресата, со словами *господин, госпожа,* с наименованиями титула, звания, должности. *Высокоуважаемая / Н... Н... / Спешу Вам засвидетельствовать свое нижайшее почтение и просить Вас о снисходительном извинении в том, что <...> / С чувством безграничного почтения и совершенной преданности / Остаюсь душевно Вас почитающий / (подпись)* (Образец извинительного письма). Хороший тон. Правила светской жизни и этикета (1889). | Комплимент в адрес 3-го л. *Милостивый Государь, Константин Степанович! / Я получил от вас извещение об избрании меня в члены-корреспонденты Академии наук и диплом на это звание. Прошу покорно передать высокоуважаемому собранию, удостоившему меня этой чести, мою глубокую признательность. / Примите, Милостивый Государь, уверение в совершенном почтении и преданности. / Граф Лев Толстой.* Л. Толстой. Письмо К. С. Веселовскому, 11 апр. 1874.

Высокочти́мый, -ая, -ое; -ые. ▧ То же, что Высокоуважаемый, но с большей степенью почёта. Употр. при обращ. к высшему по положению. *Высокочтимый Сергей Николаевич. / До нас* (таких-то)*, дошла радостная весть, что 4-го сего февраля совершится полвека доблестного служения Вашего Царю и Отечеству...* (Из образца коллективного поздравительного письма). Хороший тон. Правила светской жизни и этикета (1889). — *А я бы вам... я бы вам... если бы захотели, я бы вам кое-что весьма интересное, высокочтимый князь, мог бы сообщить, к тому же предмету относящееся...* Ф. Достоевский. Идиот. ‖ Комплимент в адрес 3-го лица.

Высохни глазами! ▧ *Обл.* Перестань плакать, успокойся. Форма утешения. — *Будет тебе,* — *сказала старушка,* — *иль уж капитализм наступает: душа с советской властью расстаётся. Мы их кокнем! Высохни глазами-то.* А. Платонов. Ювенильное море.

Высо́чество. [Ср. Нем. Hoheit, франц. Altesse]. ♦ **Ваше Высочество,** м. и ж. ▧ Формула титулования и офиц.-почтит. обращения к членам царствующего дома; королевской фамилии. *Я не мог на то согласиться, ибо это было бы против моей совести; но теперь мысль, что Его Императорское Величество и Ваше Императорское Высочество, может быть, разделяете сомнение в истине слов моих, мысль эта столь невыносима, что я решился обратиться к Вашему Императорскому Высочеству <...> и просить Вас защитить меня во мнении Его Императорского Величества, ибо в противном случае теряю невинно и невозвратно имя благородного человека.* М. Лермонтов. Письмо Вел. князю Михаилу Павловичу, 20–27 апр. 1840. *«Ваше высочество»,* — *едва имел силы проговорить Охотников.* — *«Забудьте о титулах, mon cher Alexis, и зовите меня просто Louison. Так меня называл мой брат, и я хочу из ваших уст услышать это имя».* — *«Я не смею...» Принцесса весело рассмеялась.* Е. Шумигорский. Роман принцессы Иеверской.
♦ **Его (Ея** — *эпист.,* **Их) Высочество.** При почтит. указании на 3-е лицо или при обозначении (в дат. пад.) титула адресата в офиц. письмах. — *А я так убеждён и, основываясь на последнем письме, которым почтил меня его высочество эрцгерцог Фердинанд, что австрийские войска <...> теперь уже одержали решительную победу и не нуждаются более в нашей помощи,* — *сказал Кутузов.* [Австрийский] *Генерал нахмурился.* Л. Толстой. Война и мир.

Вытьём делу не пособи́шь. *Погов., грубовато-сниж.* То же, что ♦ Слезами горю не поможешь.

Выше голову! См. Держи голову выше.

Г

Галантный. Изысканно вежливый, любезный (обычно об отношении мужчины к женщине). [Франц. galant — «вежливый, обходительный»]. ‖ *В функц. сказуем.* В составе формул (преимущ. женск.) комплиментов в адрес мужчины, юноши. ♦ **Какой галантный!** ♦ **Вы (такой) галантный;** т. п. *Он позвонил Юдифи. «Где же вы? Я вам очень благодарна за трюфеля — вы галантный человек».* Ф. Светов. Отверзи ми двери.

Гвоздь в шину! ⌧ *Проф.* В речи шофёров. Доброе шутл. пожелание счастливого пути шофёру (от противного, как ♦ Ни пуха ни пера).

Где пьют, там и льют. (♦ **Где пьётся, там и льётся**). ♦ **Где пировать, тут и пиво наливать (проливать).** *Разг., шутл. Погов.,* употр. (нередко в сочет. со словами «ничего», «пустяки», «бывает») как утешение или ответ на извинение того, кто за столом нечаянно пролил вино.

Где тесно, там и место. ♦ **Где потеснее, там и дружнее (веселее).** *Посл.* То же, что ♦ В тесноте, да не в обиде.

Гей! *Междом.* ⌧ *Разг.* (только в устном общении). *Экспрессив.* Форма привлечения внимания; возглас, которым окликают кого-л. при обращении. *Через две минуты мы поравнялись с человеком. — Гей, добрый человек! — закричал ему ямщик. — Скажи, не знаешь ли, где дорога?* А. Пушкин. Капитанская дочка. *Гей вы, ребята удалые, Гусляры молодые, Голоса заливные! Красно начинали — красно и кончайте...* М. Лермонтов. Песня про <...> купца Калашникова.

Гениальный, -ая, -ое; -ые. *Разг.* Очень хороший, чрезвычайно удачный. Употр. в составе формул экспрессивных комплиментов, похвалы одобрения. ▱ *Гениальный план!* ▱ *Гениальная мысль!* и т. п. *[Гусев:] Я хотел, чтобы из окна моей квартиры всегда было видно море... [Женя:] У тебя гениальная квартира! [Гусев:] Ну! У меня гениальная квартира, гениальная служба, вот такие друзья.* М. Рощин. Валентин и Валентина. **Гениа́льнейший,** -ая, -ее; -ие. *Разг.* Элатив к Гениальный. *Когда Заплатина объявила своему мужу фамилию нового жильца, Виктор Николаич сначала усомнился, а потом с умилением проговорил: — Ведь ты у меня гениальнейшая женщина!.. А!.. Этакого осетра в жильцы себе заполучила... Да ведь пожить рядом с ним, с миллионером... Фу, чёрт возьми, какая, однако, выходит канальская штука!..* Д. Мамин-Сибиряк. Приваловские миллионы. **Гениально,** *нареч.* ▱ *Гениально придумано!* ▱ *Вы сегодня гениально сыграли!* и т. п. ‖ *В знач. сказуем.* Восторженная похвала; одобрение того, что кем-либо сделано, задумано. *Наверное, как Саня, сочинил когда-то четыре строки, а оценщики были не такими сердитыми, закричали, небось: «Гениально! Прочти на бис!..» — он и угодил в кабалу, почувствовал, что обязан отработать и оправдать...* Т. Горбулина. Улица Коммунарка, чётная сторона. | ♦ **Гениально, шеф.** *Шутл.* Из кинокомедии «Бриллиантовая рука», широко популярной в 1970—90-е гг. Нередко для усиления шутки произносится в подражание актёру А. Папанову: «[h]ениально ш[эу]!»

Гений, м. и ж. *В знач. сказуем.* ♦ **Вы (ты) гений!** *Возвыш.* или *шутл.* Форма выражения восторженной похвалы в адрес собеседника, его таланта, мастерства; сообразительности, находчивости и т. п. *Своё восхищение её стихами или радость по поводу того, что она хорошо выглядит, я выражала примерно так: «Вам не кажется, мэм, что вы просто гений?» И: «До чего вы сегодня красивы, мэм!» Она [Ахматова] откликалась: «Не льсти, не люблю, как говорил купец у Островского».* Н. Ильина. Дороги и судьбы. *[Аллилуя:] Это вам Гусь выправил документик. Ну, знаете, ежели бы вы не были женщиной, Зоя Денисовна, прямо бы сказал, что вы гений. [Зоя:] Сами вы гений. Раздели меня за пять лет вчистую, а теперь — гений... Вы помните, как я жила до революции?* М. Булгаков. Зойкина квартира. *«Может быть, мне попробовать?» — неожиданно для себя сиплым голосом спросил Нешатов. «Ой, Юрочка, золотко, будьте отцом родным!» — «Есть у вас схема?» — «Где-то есть». Нашли схему. <...> Наконец-то он чувствовал себя на месте. Через некоторое время писки и чириканья прекратились, и опять возник синтетический голос, вещавший о неограниченных возможностях кибернетики... «Хватит», — сказал Нешатов* и выключил голос. «Юрочка, вы гений». — «Просто грамотный инженер. Даже не инженер, а техник...» И. Грекова. Пороги. ▭ [Девушки примеряют перешитую шапочку:] — Машка, ты гений! Ну-ка, дай-ка прикину (1992). ♦ **Вы (ты) мой добрый гений.** *Возвыш.* или *шутл.* Форма комплимента и благодарности человеку, приносящему, по мнению говорящего, счастье, удачу, оказывающему благотворное влияние. [Калька с франц. bon génie. С XVIII в. Гений (*устар.*) в знач. «дух». Считалось, что у человека есть два гения — добрый и злой, первый приводит к добру, второй толкает на дурное. ШФС].

Герой. 1. *Возвыш.* обращение к человеку, совершившему подвиг, проявившему личное мужество, стойкость, готовность к самопожертвованию. «*Ты вразумил меня, герой, — Со вздохом голова сказала, — Твоя десница доказала, Что я виновен пред тобой...*» А. Пушкин. Руслан и Людмила. ‖ *Разг.* Шутл. или ирон. *Доктор подошёл к Пашке. «Как дела, герой!» — «Лучше всех».* В. Шукшин. Живёт такой парень. «*Улетел...*» — *сказал в тишине молодой голос. — «А может, в моторе заело что али горючее кончилось», — <...> заговорил солдат <...>. — «Вы потише, герои, ещё приманите», — сторожко сказал стариковский голос сверху.* Л. Леонов. Русский лес. **2.** *В функц. сказуем.* ♦ **Вы (ты) (просто, прямо..., настоящий) герой!** *Возвыш.* похвала, комплимент в адрес человека, совершившего подвиг, проявившего мужество, стойкость, готовность к самопожертвованию. ‖ *Разг.* Шутл. похвала в адрес того, кто отличился в каком-л. деле. *[Мамаева:] Так вы решительно отказываетесь от невесты? [Глумов:] Решительно. [Мамаева:] Да вы знаете ли, чего вы себя лишаете? [Глумов:] Денег. Променяю ли я рай на деньги? [Мамаева:] Да ведь много денег, двести тысяч. [Глумов:] Знаю. [Мамаева:] Кто же это делает? [Глумов:] Тот, кто истинно любит. <...> [Мамаева:] Вы герой! Вы герой! Ваше имя будет записано в историю. Придите в мои объятия.* А. Островский. На всякого мудреца довольно простоты. *[Баба Шура] Порассматривала обновлённую баню, повосторгалась, поцокала языком, повсплескивала руками. — Ну вы прямо герои. Тогда пойдёмте обедать, всё уже на столе.* В. Куропатов. Завтра в Чудиновом Бору. **Героиня.** Женск. к Герой (во 2 знач.). *[Гурмыжская:] При всём моём желании остаться навсегда вдовой (томно) и даже отказаться навсегда от света, я решила пожертвовать собой. Я выхожу замуж, чтоб устроить имение и чтоб оно не досталось в дурные руки. [Милонов:] Это героический подвиг! Вы героиня!* А. Островский. Лес.

Герр. [Нем. Herr — «господин, сударь»]. Употр. обычно в сочет. с фамилией или наименованием лица по должности, званию. **1.** Форма официального обращения к гражданину Германии или др. немецкоязычн. государств. *Герр комендант. Герр профессор.* **2.** В русскоязычн. среде шутл. или ирон. обращение к знакомому, приятелю. *Они шли к себе домой от губернатора, как вдруг из проезжавших мимо дрожек выскочил человек <...> и с криком: «Евгений Васильевич!» — бросился к Базарову. — «А! это вы, герр Ситников», — проговорил Базаров, продолжая шагать по тротуару.* И. Тургенев. Отцы и дети.

Гигант. *В знач. сказуем.* Шутл., фамильярн. форма похвалы, восхищения в адрес того, кто обладает большой физической силой, смекалкой, предприимчивостью; кому удалось сделать что-л. неординарное. Употр. преимущ. в речи молодёжи. — *Ну ты, Вася, гигант! Какую фазенду завернул!* (1991). ♦ **(Ты) Гигант мысли (и отец русской демократии).** *Разг., шутл.* Похвала в адрес сообразительного собеседника. [Из. сатирического романа И. Ильфа и Е. Петрова «12 стульев»].

Гип! (Гип-гип-гип!) *Межд.* [<Англ. Hip — «Ура!»] Возглас приветствия (чаще в адрес группы лиц). *Пароход тронулся. Хозяева, члены яхт-клуба, махали нам с пристани шляпами и кричали: «Гип-гип-гип!» Мы махали шляпами в ответ и тоже кричали: «Гип-гип-гип!.. Спасибо за гостеприимство!»* В. Вересаев. В. Г. Короленко и Н. Ф. Анненский. | *Ирон. Hip!, Hip!, Hip! Ритеры Лифляндии, столпы нашей бюрократии, полиции и экзекуции...* А. Герцен. Статьи из «Колокола».

Гладкой дорожки! (Гладенькой дорожки!) *Обл.* Пожелание счастливого пути отъезжающим.

Глаз. ♦ **Глаз — ватерпа́с** (у кого-л.). *Разг. Шутл.-одобрит.* Похвала тому, кто обладает точным глазомером. [Ватерпа́с — измерительный прибор]. ♦ **Глаз — ватерпа́с, сердце — компа́с.** Шутл. похвала в адрес умелого, опытного, проницательного человека. ♦ **Глаз намётан (набит)** (у кого-л., чей-л., в чём-л., на чём-л.). Одобрение, похвала в адрес того, кто опытен, сведущ, может сразу, по первому взгляду, впечатлению определить что-л. ♦ **Глаз не отвести (не оторвать)** (от кого-л., чего-л.). В знач. сказуем. Разг. Очень красивый, очаровательный. ▱ *Какая ты сегодня нарядная да красивая, просто глаз не отвести* (1992). ♦ **Глазам (своим) не верю!** Разг. Возглас радостного удивления при неожиданной встрече со знакомым, с которым адресант давно не виделся. ▱ [Мужчина средних лет — женщине:] *«Глазам своим не верю, ты откуда?!» — «Да вот, сестра тут у меня живёт, приехала поproведать»* (1992). ♦ **Глаза боятся (страшатся), а руки делают.** Посл. Употр. как форма ободрения, утешения младшего или равного по возрасту, положению, огорчённого большим объёмом предстоящей физической работы.

Глубо́кий, -ая, -ое; -ие (и элатив: **Глубоча́йший**). Очень сильный, очень большой (о чувствах). Этикетный эпитет, употр. в качестве интенсификатора вежливости, экспрессивности в составе формул обращений, благодарности, комплиментов, соболезнования и др. **Глубокое (глубочайшее) уважение (почтение). Глубокая (глубочайшая) благодарность (признательность). Глубокая скорбь.** ♦ **Разрешите (позвольте) выразить (Вам) глубокую благодарность за...** Офиц., возвыш. ♦ **С глубоким уважением** (подпись адресанта). Эпист. ♦ **С глубочайшим уважением имею честь быть Вашим преданным слугою** (подпись). ⌛ Эпист. (в адрес старшего по возрасту, положению). ♦ **С глубоким прискорбием (извещаем о...; узнали о...).** В извещениях о смерти, в соболезнованиях. ♦ **Глубокий поклон.** Низкий, почтительный. См. Поклон. **Глубоко́,** нареч. ♦ **Глубоко благодарю (Вас за...).** ♦ **Глубоко благодарен (признателен) (Вам за...).** ♦ **Глубоко уважаемый** (Н.). ♦ **Глубоко уважающий (любящий...) Вас (тебя)** (подпись адресанта). Эпист. ♦ **Глубоко скорбим (вместе с Вами) о...** [Виктория:] *Здравствуйте, господа! (Общий гул приветствия.)* [Отрошкевич:] *Глубоко уважаемая Виктория Львовна, как старший в чине, приветствую вас от имени собравшихся фендриков и желаю рождаться ещё бесчисленное множество раз.* Б. Лавренёв. Дым. *Низко кланяюсь Вам и шлю привет Зинаиде Николаевне и Лёнечке. / Глубоко преданная Вам / Юдина.* М. Юдина. Письмо Б. Л. Пастернаку, 9 янв. 1955. *Мы снова будем жить по-прежнему и даже должны лучше. / Глубоко любящий тебя / С. Есенин.* С. Есенин. Письмо М. П. Бальзамовой, 12 июня 1913.

Глубокоуважа́емый, -ая, -ое; -ые. Этикетный эпитет при официальном или почтительном обращении к лицу, занимающему высокое общественное положение или пользующемуся особым уважением, почётом. Употр. обычно в сочетании с именем-отчеством адресата, со словами *господин, товарищ, коллега,* с наименованиями титула, звания, должности. (В письмах усложнённое обращение пишется обычно отдельной строкой). *Глубокоуважаемый господин / Присылкою обоих Ваших трудов: <...> Вы проявили большую любезность, и я сердечно благодарю Вас за это.* А. Лескин. Письмо А. А. Потебне, 13 марта 1881. *Глубокоуважаемый Владимир Иванович / Простите, что решаюсь обеспокоить Вас вопросом о Ваших работах.* П. Флоренский. Письмо В. И. Вернадскому, 30 ноября 1927. *А уж если* [обращаться] *к президенту, то слово «глубокоуважаемый» в начале обращения нисколько не помешало бы, не правда ли, уважаемый фтизиатр?* Ю. Соколов. Я к вам пишу — чего вам сделать. // Известия. — 28 ноября 1991. ‖ Субстантивированное обращение «глубокоуважаемый» к незнакомому, употреблённое в интер- или постпозиции, обычно имеет оттенок снисходительности или иронии. ▱ [Пожилой, интеллигентного вида мужчина — работнику жилищного управления:] *Видите ли, глубокоуважаемый, я ведь не собираюсь оправдываться, я пытаюсь вам объяснить, что я не намерен платить за воду, которой у меня уже две недели нет в квартире* (1996).

Глубокочти́мый, -ая, -ое; -ые. ⌛ Почтит.-возвыш. То же, что Глубокоуважаемый. ▱ *Глубокочтимые господа!*

Гляди́/те (-ка). Разг. **Глянь-ка (-ко, -кось).** Прост. и обл. Формы привлечения внимания к происходящему или к тому, о чём говорится. ▭ [Разговаривают соседки:] — Мария! Ты гляди-ко, мой что удумал: будем, грит, в Шушталеп переезжать, сват уж там дом сторговал. (1991). ‖ В составе формул совета, наставления, предостережения. ▭ [Бабушка — малолетним внукам, которые пытаются кормить телёнка:] — Вы глядите там осторожней с им, он бодается (1993).

Гнев. ♦ **Не во гнев будь сказано. (♦ Не во гнев сказать).** ⌥ *Вводн. Прост.* Формула извинения, употр. при высказывании собеседнику чего-либо нелицеприятного; не гневайтесь, не сердитесь, извините за выражение. — *Я к твоей милости пришёл, Пацюк! — сказал Вакула, кланяясь снова. <...> — Ты, говорят, не во гнев будь сказано... — сказал, собираясь с духом, кузнец, — я веду об этом речь не для того, чтобы тебе нанести какую обиду, — приходишься немного сродни чёрту.* Н. Гоголь. Ночь перед Рождеством. — *Человек от природы робкий, иной раз, не во гнев будь вам сказано, и подступиться к вам не смеет.* А. Писемский. Леший. *[Райский (Аянову):] А как я наслаждаюсь красотой, ты и твой Иван Петрович этого не поймёте, не во гнев тебе и ему — вот и всё.* И. Гончаров. Обрыв. ♦ **Не во гнев твоей милости, не в зазор твоей чести.** ⌥ В. Даль.

Говорит — Москва! ⌥ *Обл.* «Высшая похвала у казака красноречивому. Выше этой похвалы нет, но эта похвала не за уменье зубоскалить, говорить шутки и т. п., а за серьёзный, деловой разговор, для всех убедительный». СРНГ.

Годится. *Прост.* **1.** Форма похвалы, одобрения чего-л. принадлежащего собеседнику или сделанного им. (Употр. преимущественно в совр. молодёжной речи). *[Кущак (преподносит Галине цветы):] С новосельем. Сердечно поздравляю. [Валерия (идёт по комнате):] Ну-ну, дайте, дайте взглянуть. [Саяпин:] Годится, годится. Подходящая изба. [Кущак:] Славная квартирка, славная. Желаю, желаю. От души.* А. Вампилов. Утиная охота. **2.** Форма выражения согласия; положительный ответ на просьбу, предложение. *Шашка говорила: «Чтобы больше никаких капканов, сынок. Я завтра же устраиваюсь на работу, пойду уборщицей в столовую. <...>. Там нас будут кормить. Ты вернёшься в школу. Годится?» И маленький, худой Чума, повиснув у неё на шее, отвечал: «Годится, мама. Я хочу пойти в школу лётчиков».* Л. Петрушевская. Маленькая волшебница.

Го́жий. *Обл.* Хороший, пригожий красивый, приятный. Употр. в формулах похвалы. ▭ *Гожий парень.* ▭ *Гожая ж девка.* ▭ *Малец такой хороший, гожий малец.* СРНГ. **Гоже (Го́жо),** нареч. *Обл.* Хорошо; очень хорошо, отлично. ▭ *Гоже ты спел песню.* ▭ *Гожо пальто сидит.* ▭ *Гожо больно пиво-то у тебя.* СРНГ. ‖ *Безл. в знач. сказуем.* — *Гоже у тебя тут, — ленивым шмелём гудел Подифор Кондратьевич <...>. — Хорошо, говорю! Душе просторно. И сердце стукает ровно.* М. Алексеев. Вишнёвый омут.

Гой (и Гой еси́). *Междом.* ⌥ *Фольк.* Былинная формула приветствия. Употр. при вежл. обращении к кому-л., часто в сочетании с местоимениями *ты, вы.* [*Гой* — повел. накл. глагола *гойти* — «здороветь, хорошо жить, здравствовать». *Еси́* — форма связки *быть* во 2-е л. ед. ч. *Гой еси* — буквально значит «Здоровей, будь здоровым!» РФС]. *Выезжает Володимир-князь во чисто поле погулять и наехал на Суханьшу Замантьева. «Ты гой еси, добрый молодец! Какой ты есть и откудова? Если верной силы — побратаемся, а неверной силы — переведаемся». Говорит тут Суханьша Замантьев сын: «Ты гой еси, батюшко, Владимир-князь Сеславьевич, солнышко красное! Неужели ты не узнал Суханьшу Замантьева?»* Про Суханьшу Замантьева. Зап. в 1860. *Царевич взошёл в избушку и видит: на печи, на девятом кирпичи, лежит Баба Яга, костяная нога <...>. — Гой еси, добрый молодец! Зачем ко мне пожаловал?* Свет-луна. Сказка из собр. А. Н. Афанасьева. *Доживает век адмирал-вдовец: И вручает он, умираючи, Глебу-старосте золотой ларец. «Гой ты, староста! береги ларец!»* Н. Некрасов. Кому на Руси жить хорошо.

Голова́. 1. *В знач. сказуем. Разг.* Умный человек. Похвала, одобрение в адрес собеседника или третьего лица. — *Я, кажется, человек и честный, и не то чтобы совсем глупый — напротив, добрые люди ещё «головой» зовут — а ни за что-таки приняться не могу.* М. Салтыков-Щедрин. Губернские очерки. ▭ — *Да ты, я вижу, брат, голова, я бы так не додумал-*

ся. 2. ▨ Обл. Фамильярное и дружеское обращение к кому-л. — Экой ты, голова, чтобы ти придти вчера к нам. ▨ — Нет, голова, я не пойду, мне теперь не время. ▨ — Полно, голова, тужить! ▨ — Измолотили? — Нет, голова, не успели. «В некоторых деревнях к каждому слову прибавляют: бат (брат?) или голова. — Вот, голова, приехал вчера, голова, зять и мы, голова, пошли, голова, к старосте. СРНГ. **Голо́вушка.** ▨ Обл. Ласк. — Нет, головушка, мне некогда сегодня косить. ▨ — Эх, голоушка, как я буду советовать тебе? Ты сам в разуме. СРНГ. ♦ **С головой.** Умный, толковый. [Фамусов — Скалозубу:] Позвольте, батюшка, Вот-с — Чацкого, мне друга Андрея Ильича покойного сынок: Не служит, то есть в том он пользы не находит, Но захоти — так был бы деловой. Жаль, очень жаль, он малый с головой, И славно пишет, переводит. А. Грибоедов. Горе от ума. ♦ **Не голова, а Дом Советов** (у кого-л.). Прост. Шутливая похвала в адрес умного, сообразительного собеседника или третьего лица. (Употр. в советский период.)

Го́лубь. Разг. Ласк. обращение к мужчине, юноше, мальчику. Употр. в сочет. с «ты»-формами. [Перчихин:] Василь Васильич! Голубь! Что ты это? Чего кричишь? Тебе бы радоваться надо... М. Горький. Мещане. Слёзы катились по усохшему лицу тётки Дуни <...>. — В Скиту живу, голубь, в Скиту, — рассказывала она о себе. — По-нонешнему-то в Дивном горске. В. Астафьев. Последний поклон. | Ирон. «Прилетел, голубь?» — торжествующе спросил Разметнов. Усмешливо поглядывая на него, Дымок ответил: «Явился...» М. Шолохов. Поднятая целина. ♦ **Голубь мой.** Тётя Настя, не читая морали, спросила: «Ну так что, голубь мой, буду приводить приговор в исполнение?» Жорик уговорами, мольбами и заверениями выпросил у тёти Насти прощения. В. Куропатов. Разлюли-малина. ♦ **Голубь мой ясный (сизый, сизокрылый** и т. п.). Нар.-поэт.; ласк. или шутл.-ирон. — Доброй ночи тебе, сердце моё ненаглядное, голубь горячий мой, братец родной! — говорила она [Катерина], нежно прижав его голову к груди своей. Ф. Достоевский. Хозяйка. Дошли до церкви. Яков, сипло покашливая, прошептал: «Петруха, ты, голубь мой ясный, неприметнее и ловчее нас, тебя не заметют...» М. Шолохов. Путь-дороженька. Авдотья Тихоновна сначала подошла к дочери, поцеловала её: «Господь с тобою, доченька. Будь счастлива, голубонька! — Потом огляделась, расцвела ещё больше и, вся светясь, направилась к... Ивану Полетаеву. — Здравствуй, голубь сизый! Женишок родной!» М. Алексеев. Вишнёвый омут. «Ты это что же, Тарас? — удивился Семёныч. — Что расчёт-то не додаёшь?» — «А так, голуб мой сизокрылый... Не чужие, слава Богу, сочтёмся», — бессовестно ответил Мыльников, лукаво подмигивая. Д. Мамин-Сибиряк. Золото. || **Голуби**, мн. Прост. Ласк., шутл. или ирон. обращ. к лицам мужск. и женск. пола. А мужик покачивал головой и ахал: «Да как же это вы так... да дело-то какое... голуби вы сердешные... <...> да вас прямо Господь на меня навёл!.. Чудеса-а!.. И. Шмелёв. Пути небесные. — А! Детишки мои, сизы голуби! — воскликнул Яков Тарасович, являясь в дверях. М. Горький. Фома Гордеев. **Голу́ба.** ♦ **Голу́ба моя.** ♦ **Голу́ба душа**, м. и ж. ▨ Прост. Ласк. или фамильярно-ирон. обращение к мужчине, женщине, ребёнку. — Ну ты чего, чего, — тётя тронула Фросю за плечо, Фрося уронила голову ей на грудь. — Уймись, голуба моя, ты ж не нарочно. В. Куропатов. Разлюли-малина. Тогда архивариус очень тихо спросил: «А деньги?» <...> «Голуба, — пропел Остап, — ей-богу, клянусь честью покойного батюшки. Рад душой, но нету, забыл взять с текущего счёта». И. Ильф, Е. Петров. 12 стульев. Лида ничего не успела сказать. Её опередила баба Маня: «<...> Хоть помнишь ли, что вчера-то натворил?» — «А что я натворил?» — Женька взглянул на бабку Маню, потом мельком на Надежду Калязину и смутился. <...> — «А то, голуба душа. Преступленье содеял: электричество Надежде оборвал». В. Куропатов. С лёгким сердцем. || Обл., ж. Милая, дорогая. Вальяжно улыбнувшись, игриво отряхал от воображаемой грязи руки, брал девку под локоток — по-городскому! — увлекал её к выходу. «Уйдём, голуба, не люди здесь, одна бяка, навоз...» Агафонов заводил своего «захара» и, одной рукой обнимая «голубу», а другой лихо крутя баранку, <...> гнал машину в бор... В. Куропатов. Калека. **Голуба́рь.** ▨ Прост. и обл. Ласк. Милый Коля! Ради революции, не обижайся на меня, голубарь! С. Есенин.

Письмо Н. К. Вержбицкому, 26 янв. 1925. **Голубёнок. Голубёночек.** ▨ *Обл. и прост. Ласк.* ▭ *Голубёнок мой отрада, околеешь — буду рада. Частушка.* ▭ *Голубёнок мой Серёжа, На тебя вся надёжа. Частушка.* ▭ *Михаил, голубёнок мой.* ▭ *Филюшка, голубёночек ты мой, мне жить уж немного осталось. СРНГ. — Егорушка, голубёночек, ужли ж ты жив?..* Л. Леонов. Барсуки. **Голубёша. Голубёюшко**, м. и ж. *Обл. Ласк.* То же, что Голубчик. Голубушка. ▭ *Ты, голубёша, не сумлевайся. Подь ко мне, голубёша. СРНГ. Она* [Матрёна] *рядом сядет, мою-то руку себе на голову тянет: «Матюша, полно-ка, голубеюшко! Мы не одни, деревня-та как за нас восстала...»* Б. Шергин. Матвеева радость. **Голубóк.** *Разг. Ласк.* обращ., обычно старшего по возрасту, к мужчине, юноше, мальчику. — *Ну, как дела, голубок? Замирился с маменькой? — спрашивал Федос подошедшего тихими шагами Шурку.* К. Станюкович. Нянька. *«Подарок?» — «Нет... Просто письмишко. Да ты не спеши, голубок. Почти что два месяца с лишком Я с почты его приволок».* С. Есенин. Анна Снегина. **Голубóчек.** *Разг. Ласк.* к мужчине, юноше или ребёнку (девочке или мальчику). ▭ *Машенька, голубочек мой, как я по тебе соскучилась!* (1992). ♦ **Голубочек сизый.** *Нар.-поэт. Ганя Косых лежал в гробу, а вокруг него голосили. — Ох, да на кого же ты нас покинул?! Эх, да отлетал ты, голубочек сизый, отмахал крылышками.* В. Шукшин. Любавины. | *Шутл. — Ах, когда помрёшь ты, Милый мой дедочек? Ах, когда помрёшь ты, сизый голубочек? — Во середу, бабка, во середу, любка, Во середу, ты моя сизая голубка* (Шуточн. молодёжн. песня). **Голýбчик.** ♦ **Мой голубчик (Голубчик мой).** *Разг. Ласк.* обращ. к родственнику или близкому знакомому (мужчине, женщине, ребёнку). Нередко употр. в сочет. с терминами родства (*дедушка, голубчик; голубчик дедушка*), с именем, именем-отчеством, фамилией (*голубчик Машенька; голубчик Иван Васильевич; голубчик Денисов*). [*Арина Власьевна (мужу):*] *Как бы, голубчик, узнать: чего Енюша желает сегодня к обеду, щей или борщу?* И. Тургенев. Отцы и дети. [*Пётр:*] *Что мне себя жалеть-то? Уж и так пропащая моя голова, заодно пропадать-то! Говори, моё солнышко, что тебе нужно: золота, серебра, каменьев самоцветных — себя заложу, а тебе подарю.* [*Груша:*] *Ничего мне, голубчик ты мой беленький, не надо, всего у меня довольно.* А. Островский. Не так живи, как хочется. *«Володя! — говорит она, — ты, голубчик, лёгенький! сходил бы потихоньку да подслушал, что у них там». — «С удовольствием, бабушка».* М. Салтыков-Щедрин. Господа Головлёвы. [*Алеша Карамазов (мальчикам):*] *Голубчики мои, — дайте я вас так назову — голубчиками, потому что вы все очень похожи на них, на этих хорошеньких сизых птичек.* Ф. Достоевский. Братья Карамазовы. *Наташа побежала в дом и на цыпочках вошла в полуотворенную дверь диванной, из которой пахло уксусом и гофманскими каплями. «Вы спите, мама?» — «Ах, какой сон!» — сказала, пробуждаясь, только что задремавшая графиня. «Мама, голубчик, — сказала Наташа, становясь на колени перед матерью и близко приставляя своё лицо к её лицу. — Виновата, простите, никогда не буду, я вас разбудила. Меня Мавра Кузминишна послала, тут раненых привезли, офицеров, позволите? А им некуда деваться; я знаю, что вы позволите...» — говорила она быстро, не переводя духа.* Л. Толстой. Война и мир. [*Ольга Николаевна:*] *Я тоже. Можно мне здесь присесть?* [*Анна Ивановна:*] *Пожалуйста, голубчик, вот колбаса, вот сыр...* Л. Андреев. Дни нашей жизни. — *Тише, Марья Францевна, тише, голубчик... Ради Бога... Услышат... Воля Божья...* — *лепетала толстая.* М. Булгаков. Белая гвардия. ‖ *Ласк.* обращ. к незнакомому или малознакомому, обычно младшему по возрасту, низшему по положению. *«Голубчик, — нежным голоском сказала Анна Михайловна, обращаясь к швейцару», — я знаю, что граф Кирилл Владимирович очень болен. Я за тем приехала... я родственница... Я не буду беспокоить, голубчик... ‹...›. Доложи, пожалуйста.* Л. Толстой. Война и мир. | *С оттенком снисходительности, фамильярности.* [*Отрошкевич (Соловьёву):*] *Голубчик, это вопрос философский, а я философией никогда не занимался. Помимо же всего, у меня железный затылок, а у тебя размягчённый, интеллигентский. По моим наблюдениям, пули очень любят такие затылки.* Б. Лавренёв. Дым. *Подошёл мальчуган лет четырнадцати ‹...›. Небрежно оглядел их, — видимо, барчук. — «Скажите, это чьё* имение?..» — спросила Даринька. «Наше, Великокняжье! — бросил мальчуган и приостановился. — А вам кого надо?..» — «Нам, голубчик, никого не надо, — сказал Виктор Алексеевич, — а ты вот что скажи...» — «Почему говорите мне "ты"?.. я не привык к "тыканью"!.. И вовсе я вам не "голубчик"!..» И. Шмелёв. Пути небесные. | С оттенком порицания, угрозы, злорадства. — Да, это, голубчик, чёрт знает, что вы говорите такое! Ведь это стыдно и позорно! Н. Ежов. Алексей Сергеевич Суворин. — Что, голубчик! попался к ведьме в лапы! — крикнул он [Иудушка], покуда Степан Владимирыч целовал его руку. М. Салтыков-Щедрин. Господа Головлёвы. Глазки отца Василия сосредоточились на четырёх фигурках. — Идите-ка сюда, голубчики! Н. Островский. Как закалялась сталь. **Голу́бка.** ♦ **Голубка моя (Моя голубка).** Ласк. обращение к женщине, девушке, девочке. *Подруга дней моих суровых, Голубка дряхлая моя! Одна в глуши лесов сосновых Давно, давно ты ждёшь меня.* А. Пушкин. Няне. «Ну, что, Марьюшка, — ласково обратилась Манефа к головщице, — я тебя и не спросила: как ты поживала? Здорова ль была, голубка?» — «Слава Богу, матушка, вашими святыми молитвами», — отвечала, целуя Манефину руку, головщица. П. Мельников (Печерский). В лесах. [Софья Петровна:] Таня, голубка, тебе тяжело? У меня сердце разрывается смотреть на тебя. [Татьяна:] Вздор, мама, не будем об этом говорить... Б. Лавренёв. Разлом. **Голубо́нька. Голу́бынька.** Обл. и прост. Ласк. обращ. к женщине, девушке, девочке. ▱ *Нонь прошу тебя, голубонька сердешная, Ты пожалуй во хоромное строеньице.* ▱ *Ты пойдёшь, наша подруженька, Ещё наша да голубонька.* ▱ *Кумынька-голубынька, а моя кумынька-голубынька, что я тебе скажу, послухай-ка!* СРНГ. [Матрёна:] Хошь тоже много спасибо и добрым людям: подвели, может, да подстроили... [Спиридоньевна:] Один у нас, голубонька, добрый человек, злодей наш бурмистр Калистрат Григорьич... А. Писемский. Горькая судьбина. Настасья Хохлушка всплакнула на радостях: какую сношеньку Господь Бог послал им! Поцеловала Дарьюшку, обмочила её щёку мокрым носом. «Што ты, милая? Поди, поди усни, голубонька. Я сама...» М. Алексеев. Вишнёвый омут. **Голу́бочка.** ♦ **Голу́бочка моя.** ⌘ Прост. и обл. То же, что Голубонька. — *Ночью-то я ещё через неё страху имела! Лежит-лежит она, да вдруг вскочит, сядет на постели, бьёт себя в грудь: «Голубочка, — говорит, — моя, Домна Платоновна! Что мне с собой делать?»* Н. Лесков. Воительница. ▱ *Сестрица-любочка, белая голубочка, суженый у ворот стоит.* ▱ *Голубочка моя, Вера, Приголубила, пригрела.* Частушка. СРНГ. **Голу́бушка.** ♦ **Голубушка моя.** Разг. Ласк. обращ. к женщине, девушке, девочке. *Благословляю вас — будьте здоровы. Целую тебя. Как твой адрес глуп, так это объедение! В Псковскую губернию, в село Михайловское. Ах ты, моя голубушка! А в какой уезд и не сказано.* А. Пушкин. Письмо Н. Н. Пушкиной, 29 сент. 1835. *Я поднял голову: перед огнём, на опрокинутой кадке, сидела мельничиха и разговаривала с моим охотником <...>. «Голубушка, Арина Тимофеевна, вынеси мне стаканчик винца!» Мельничиха встала и исчезла во мраке.* И. Тургенев. Ермолай и Мельничиха. *Галя, голубушка! Спасибо за письмо, оно меня очень обрадовало.* С. Есенин. Письмо Г. Н. Бениславской. | Ласково-снисх. обращ. к низшей по положению, младшей по возрасту, незнакомой или малознакомой. — *Вот что, голубушка, принеси-ка ты нам водочки да закусить что-нибудь! — отдаёт он [доктор] приказание, останавливаясь в дверях...* М. Салтыков-Щедрин. Господа Головлёвы. *Исполнитель улыбнулся и отечески-ответственно сообщил ей: «Голубушка моя, мне гвоздей нужно 10 тонн».* А. Платонов. Ювенильное море. | Ирон., нередко с оттенком укоризны, угрозы или злорадства. ▱ *Допрыгалась, голубушка!* ▱ *Что ж это вы, голубушка, опаздываете?* ‖ **Голубушка.** ⌘ Обл. Ласк., преимущ. женск. обращ. к собеседнику или собеседнице. *Заходит [старший брат] к старушке, а старушка недалеко от этого короля жила. «Что, бабушка, у вас здесь новенького?» — «О, голубушка, много, много нового».* Заклятый сад. Сказка. Зап. в 1915.

Гора́ с горо́й не схо́дится, а челове́к с челове́ком схо́дится (всегда́ сойду́тся). Посл. Говорится обычно с радостью при неожиданной встрече со знакомым после долгой разлуки или с надеждой на встречу при расставании на неопределённое время. *Когда он [Кольцов] впервые увидел возле своей* постели Малышева и узнал его, тот засмеялся и сказал: «<…> Правильно старики говаривали, что гора с горой не сходится, а человек с человеком всегда сойдётся». В. Кораблинов. Жизнь Кольцова. — Ну что же, Лидия Петровна, вот и пришёл я. Обычно в таких случаях говорят: гора с горой не сходится, а человек с человеком... Г. Марков. Завещание. — Боже мой! Артём! — воскликнула Наталья Жозефовна, увидев великана<...>. — Вот уж верно сказано: гора с горой не сходится... Л. Кассиль. Чаша гладиатора.

Гора́зд, -а; -ы. (и **Гора́здый,**) -ая; -ые. ▨ *Прост.* и *обл.* Искусный, способный, ловкий, сведущий. В знач. сказуем. употр. как похвала, комплимент. «*В кого это ты, батюшка, уродился такой живчик, да на всё гораздый?*» — *ласково говорила она [бабушка Викентьеву].* И. Гончаров. Обрыв. *Тут старушонка и говорит [Илье]: «Ну, ладно. Побаловали — и хватит. Вижу, что ты парень гораздый да удалый».* П. Бажов. Синюшкин колодец. ♦ **Наш Тарас на всё горазд (и водку пить, и овин молотить.)** *Посл.* Употр. как шутл. похвала. ♦ **Можете ли гора́здо?** ▨ *Обл.* См. Мочь.

Гордокня́жая. ▨ *Обл. Фольк.* Почтит. обращение к сватье в свадебном обряде. *Уж ты сватья, ты, сватьюшка, да гордокня́жая сватьюшка!* СРНГ.

Го́ре. ♦ **Какое горе!** ♦ **Горе-то какое!** *Разг. Экспрессив.* ♦ **Вас (всех нас) постигло большое (огромное) горе (несчастье).** ♦ **У Вас большое горе.** *Офиц.* Фразы, употр. при выражении сочувствия, соболезнования адресату, переживающему горе, утрату. ♦ **Кто горя не знавал!** ♦ **Горе да беда с кем не была!** *Прост.* Со всяким горе может случиться, в жизни всякое бывает. Поговорки, употр. (преимуществ. пожилыми людьми) в утешение собеседнику, испытывающему жизненные трудности, утраты. ♦ **Носи платье — не смётывай, терпи горе — не ска́зывай.** См. Терпеть. ♦ **Всего горя не перепла́чешь (даст Бог, ещё много впереди).** ▨ *Прост.* То же, что ♦ **Слезами горю не поможешь.** ♦ **Подумаешь, горе (какое)!** *Прост.* Это не горе, не сто́ит расстраиваться из-за этого. Форма дружеск. утешения. — *А ты не горюй,* — *погодя советовала Зверева,* — *чего тебе горевать? Они все мерзавцы, они там разных соболей надевают. Не горюй, слышишь, Старосельская. Ну вот. Подумаешь, горе... Тебе что, зайцев жалко?* Ю. Герман. Наши знакомые. ♦ **Это (твоё, Ваше) горе — полгоря (с полгоря).** *Разг.* Не слишком большое горе, не так уж всё плохо. — *Твоё горе с полгоря. Жизнь долгая, будет ещё и хорошего и дурного, всего будет.* А. Чехов. В овраге. ♦ **Горе не беда!** *Разг. Шутл.* формула утешения, ободрения собеседника. ♦ **Горе (Го́рюшко) ты моё (горькое, горемычное).** *Разг.* Ласк.-сочувств. обращ. к близко знакомому или родному человеку, испытывающему житейские трудности, неудачи. | Может употр. с оттенком мягкой укоризны, когда адресат испытывает неудачи по своей вине, неосторожности, неловкости и т. п. ♦ **Го́ре (горюшко) (ты моё) лу́ковое!** *Разг. Шутл.-сочувств.* или *шутл.-укоризн.* Часто в обращ. к ребёнку. ▭ *Что же ты опять в лужу-то залез, горюшко моё луковое!* **Горебе́дный,** -ая. *Обл., фольк.* В знач. сущ. Несчастный, горемычный. Сочувств. обращ. ▭ *Умаялась, горебедная!* **Горево́й,** -ая. *Обл.* То же, что Горебедный. ▭ *Горевой ты мой, слезовой ты мой.* СРНГ. **Горемы́ка,** м. и ж. «*Не горюй,* — *кричит,* — *болезный, Горемыка мой нетрезвый, слёзы вытру я!*» В. Высоцкий. Две судьбы. **Горемы́чный,** -ая. ‖ В знач. сущ. *Прост.* Сочувств. обращ. к несчастному, вызывающему жалость, сострадание человеку. *Есть было нечего. «Ступай в деревню,* — *сказала бабушка,* — *есть же хорошие люди». И я пошёл. Деревня была совсем близко. Я прошёл через греблю и очутился у первой хаты. На стук вышла хозяйка. Я так жалобно попросил у неё корочку хлеба, что она прослезилась. Она сказала: «Боже мой, такой малютка... Заходи, заходи, чей ты, горемычный?»* Ю. Нагибин. Трубка. **Горю́ша,** м. и ж. *Обл.* То же, что Горемыка. **Горю́шка.** *Обл. Ласк.* к Горюша. **Горю́шенька.** *Обл. Ласк.* к Горюша. *Чу! песня за деревнею, Прощай, горюшка бедная! идём встречать народ!* Н. Некрасов. Кому на Руси жить хорошо. *Ну, Василий и жалел эту девоху: «Теперь, поди, взаперти сидит, да слёзы льёт, моя горюшенька».* П. Бажов. Ермаковы лебеди.

Горжу́сь Вами (тобой). ♦ **Я горжусь Вами (тобой).** Похвала, комплимент в адрес собеседника. — *Ну я кое-что рассказал — язык-то у меня, поди, заметили, немножко подвешен. Она и совсем: «Я вами горжусь, — говорит, — вашим талантом». Вот тут-то я и разомлел. В самую ведь десятку попала: горжусь, говорит.* В. Куропатов. Третья заповедь.

Го́рлинка. ♦ *Горлинка моя.* Разг. Ласк. обращение к женщине, девушке. *«Аркаша, у других есть матери <...>, старшие сёстры, а у меня никого, <...> ах, как это тяжело, Аркаша!» — «Горлинка, не нужно падать духом!..»* Д. Мамин-Сибиряк. Любовь. *[Григорий] Мотнул головой, нагибаясь, переламываясь надвое, сжал подвернувшуюся Аксиньину ногу. — Аксютка, горлинка моя!* М. Шолохов. Тихий Дон. **Го́рлица.** То же, что Горлинка. *Опёнкин за обедом, пока ещё не опьянел, продолжал чествовать бабушку похвалами, называл Верочку с Марфинькой небесными горлицами.* И. Гончаров. Обрыв.

Го́рько! *В знач. междом.* По русскому обычаю — употр. как шутл. просьба поцеловаться, с которой за свадебным столом обращаются гости к новобрачным (тем самым как бы подсластить вино). *Разлили вино, выпили, и Дуня маленько пригубила. «Горько!» — вскричал на всю комнату Чапурин. «Горько!» — сказала и Аграфена Петровна. «Надо жениху с невестой поцеловаться, тогда и вино сладко будет», — сказал Потап Максимыч.* П. Мельников (Печерский). На горах. *Девушка обняла жениха за шею и потянулась к нему, чтобы сказать что-то на ухо, но движение это, понятое неверно, обмануло и разочаровало пассажиров с теплохода. «Горько!» — негромко подбросил кто-то сзади. «Горька-а-а!» — обрадованно, во всё своё могучее горлышко, приседая, взревел парень рядом с Виктором.* В. Распутин. Вверх и вниз по течению.

Горя́чий, -ая, -ее; -ие. Только в полн. ф. Исполненный глубокого чувства, сердечный, душевный. Этикетный эпитет, употр. в качестве интенсификатора эмоционально-возвыш. тональности в сочет.: ♦ **Горячий привет.** ♦ **Горячее спасибо.** ♦ **Горячее желание (пожелание)** и др. *«Командиру 5-ой роты моё горячее спасибо!» — продолжал корпусный командир. «Где вы, капитан? А, вот!» — генерал несколько театрально, двумя руками поднял над головой фуражку <...> и низко поклонился Стельковскому. «Ещё раз благодарю вас и с удовольствием жму вашу руку».* А. Куприн. Поединок. *«Дмитрий! — писала Анна. — <...> Шлём тебе и всем боярским штурмовикам свой горячий привет...»* Н.Островский. Как закалялась сталь. **Горячо,** нареч. ♦ **Горячо благодарю.** ♦ **Горячо обнимаю.** Эпист. ♦ **Горячо поздравляю.** ♦ **Горячо желаю...** и др. *Горячо обнимаю Вас и Ан. Серг., дорогой, горячо любимый друг.* В. Вернадский. Письмо И. И. Петрункевичу, 14 июня 1927.

Господа́рь. ⌛ Обл. Хозяин дома; обращ. к хозяину дома. **Господарёк. Господарёчек.** ⌛ Обл. Уменьш.-ласк. к Господа́рь. **Господа́рка.** ⌛ Обл. Хозяйка дома; обращ. к хозяйке дома. **Господа́рыня.** ⌛ Обл. Госпожа, сударыня. **Господа́рушка.** ⌛ Обл. Ласк. к Господарыня.

Господи́н. 1. ⌛ В дореволюц. России форма вежл. или офиц. обращения к мужчине из привилегир. сословия. Как самост. форма устного обращ. употр. преимущ. низшими по положению к незнакомому представительному на вид мужчине (обычно штатскому). *Относительно автора письма ясны только два момента: 1) это был человек одного круга с Лермонтовым <...>, 2) он не был военным — часовой называет его «господин» и «барин», а не «ваше благородие» или другим воинским обращением к офицеру.* А. Никольская. Пропавшие письма. *Маленький круглолицый офицерик, ещё совершенный ребёнок, очевидно, только что выпущенный из корпуса, <...> строго обратился к Пьеру. — Господин, позвольте вас попросить с дороги, — сказал он ему, — здесь нельзя.* Л. Толстой. Война и мир. *— Господин!.. — раздался довольно приятный женский голос, — господин! — Иван Афанасьевич поднял глаза. Из форточки булочной выглядывала девушка лет семнадцати и держала в руке булку. <...> — Вот вам, сударь, булка, — сказала она, посмеиваясь...* И. Тургенев. Петушков. ▱ *[Парикмахер — клиенту:] Вам, господин, надо поберечь волосики, а то женщины теперь на волос первое дело смотрят. Давайте головку вымоем?* Е. Иванов. Меткое московское слово. ♦ **Господин мой.** ⌛ Обл. Возвыш.-почтит. обращ. к господину, хозяину, благодетелю. *Однажды Яков пал мастеру в ноги с воплем и со слезами: «Господин мой, доброхот мой! Непо-*

стижно велика печаль твоя обо мне. Не стою я тебя». Б. Шергин. Ушаков и Яков Койденский. ♦ **Господин** (+ *фамилия или наименование адресата по должности, званию, роду занятий*). Широкоупотр. формула вежл. или офиц. обращения к мужчине (преимущ. из привилегированного сословия). «*Господин прапорщик!* — сказал я как можно строже. *Разве вы не видите, что я к вам пришёл?*» — «*Ах, здравствуйте, Максим Максимыч! Не хотите ли трубку?*» — отвечал он [Печорин], не приподнимаясь. М. Лермонтов. Герой нашего времени. «*Господин адъютант, защитите. Что ж это?*» — кричала лекарша. Л. Толстой. Война и мир. *Но маленький следователь <...> обратился к Мите и твёрдо, громко и важно произнёс: «Господин отставной поручик Карамазов, я должен вам объявить, что вы обвиняетесь в убийстве отца вашего, Фёдора Павловича Карамазова, происшедшем в эту ночь».* Ф. Достоевский. Братья Карамазовы. «*Господин доктор!* — прокричал Студзинский из тьмы, — *будьте любезны принять команду фельдшеров и дать ей инструкции*». М. Булгаков. Белая гвардия. [*Парикмахер в комиссариате полицейского участка в 1917 г.*] *Господин дежурный* <...>, *а господин дежурный, нельзя ли протокола не составлять и гражданину нового правительства протекцию и уважение предоставить?* Е. Иванов. Меткое московское слово. *Приезжий по-прежнему улыбался Половцеву и Лятьевскому* <...>: «*Прошу знакомиться, господа офицеры: ротмистр Казанцев. Ну, а хозяев вы, господин Казанцев, знаете. Теперь, господа, к делу...*» М. Шолохов. Поднятая целина. ‖ Вежл. или офиц. называние 3-го лица. *Догадываясь, что это, должно быть, жена хозяина, он [Калинович] вежливо спросил: «У себя господин Зыков?» — «У себя, но он болен»,* — отвечала дама. А. Писемский. Тысяча душ. **Господа́**, *мн.* Вежл. или офиц. обращ. к мужчинам в привилегиров. среде. *Офицеры, каждый занятый своими письмами, ничего не заметили.* «*Господа,* — сказал им Сильвио, — *обстоятельства требуют немедленного моего отсутствия*». А. Пушкин. Выстрел. [*Городничий:*] *Я пригласил вас, господа, с тем, чтобы сообщить вам пренеприятное известие: к нам едет ревизор.* Н. Гоголь. Ревизор. «*Господа, не хотите ли пить шампанское,* — пригласила вдруг Настасья Филипповна. — *У меня приготовлено. Может быть, вам станет веселее. Пожалуйста, без церемоний*». Ф. Достоевский. Идиот. | Вежл. обращ. к незнакомым собеседникам, публике, аудитории (без различий соц. положения, пола, возраста). Получило распространение преимущ. в городск. среде во II пол. XIX — нач. XX в. *Нахохотавшись досыта, Помещик не без горечи Сказал: «Наденьте шапочки, Садитесь, господа!» «Мы господа не важные, Перед твоею милостью И постоим...» — «Нет, нет! Прошу садиться, граждане!» Крестьяне поупрямились, Однако делать нечего, Уселись на валу.* Н. Некрасов. Кому на Руси жить хорошо. [*Кулыгин:*] *Сегодня, господа, воскресный день, день отдыха, будем же отдыхать, будем веселиться каждый сообразно со своим возрастом и положением.* А. Чехов. Три сестры. *Среди публики бегал рваный мужичонко, торговец трубками для наблюдения затмения, и визжал: «Покупайте, господа, стёклышки, через минуту затмение начинается».* В. Гиляровский. Трущобные люди. | ♦ **Господа́** (+ *наименов. по должности, чину, званию, соц. положению*). Формула вежл. или офиц.-публичн. обращ. к равным по положению. [*Комендант*] *вынул из кармана бумагу и сказал нам: «Господа офицеры, важная новость! слушайте, что пишет генерал».* А. Пушкин. Капитанская дочка. [*Чапурин*] *снял шапку, посмотрел на все четыре стороны и молвил: «Порадейте, господа купцы, выручите!» Получаса не прошло, семь тысяч в шапку ему накидали.* П. Мельников (Печерский). В лесах. «*Господа присяжные!* — мягко и внушительно говорит прокурор. — *Взгляните на лицо этого человека...*». М. Горький. Трое. *Половцев заговорил вполголоса: «Ну, господа казаки, час близок! Кончается время вашего рабства, надо выступать».* М. Шолохов. Поднятая целина.
♦ **Господа́ старики** (**старейшины**). ⌀ Обл. Почтит. публ. обращ. к пожилым людям на крестьянской сходке. *Дрогнуло сердце у тятеньки, выступил он вперёд, поклонился: «Господа старейши... Ручателем буду, прикажите миловать, оставить Владимира, а я вина вам выставлю».* П. Еремеев. Обиход. *Но Александр Четвёртый, натягивая штаны, низко поклонился на все четыре стороны и, застёги-*

вая последнюю пуговицу, сказал: «Премного благодарствую, господа старики, а только я этим ничуть не напужанный!..» М. Шолохов. Путь-дороженька. *Григорий тогда встал на шофёрское сиденье: «Господа старики и старухи! (В южных слободах любят это почтительно-отжившее обращение).* А. Платонов. Впрок. **2.** После Февр. и Окт. революций 1917 г. обращ. *господин, госпожа, господа* по отношению к гражданам России (затем СССР) заменяются на *гражданин, гражданка, граждане; товарищ, товарищи.* До середины 30-х гг. обращ. *господин, господа* ещё встречаются в неофиц. общении лиц старшего поколения, принадлежавших прежде к образованной, привилегир. части общества, не принявших революц. преобразований в речевом этикете или употреблявших старые формы вежливости по укоренившейся привычке. ◻ [В 1917 г. парикмахер в полицейском участке обращается к журналисту:] *Я вот здесь встаю, а вы, не знаю как вас величать, господин-гражданин, облокотитесь к барьеру. Ну вот-с...* Е. Иванов. Меткое московское слово. *[Сторож] Позвал деда и сказал: «Вот привёл к вам на хватеру товарища советского сотрудника». <...> «Оно конечно, мы не прочь, — сказал дед. — А мандаты у вас имеются, господин товарищ?»* М. Шолохов. Нахалёнок. *«Если вам угодно, чтобы вас перестали именовать фамильярно "Шариков", и я, и доктор Борменталь будем называть вас "господин Шариков"». — «Я не господин, господа все в Париже!» — отлаял Шариков. — «Швондерова работа!» — кричал Филипп Филиппович...* М. Булгаков. Собачье сердце. *Тень озабоченности лишь на лице моей мамы. Встретив [в 1937 г.] бабушку на вокзале, она уже успела рассказать ей о тревожном визите. Но на бабушку это не произвело должного впечатления, и сейчас она повторила то, что уже говорила дочери: «Я не понимаю, господа (бабушка иногда путала, и обращалась по-прежнему, и произносила так — госпа-а), не понимаю, к чему эта паника».* Б. Гусев. Мой дед Жамсаран Бадмаев. ‖ Ирон. или пренебреж. «Это слово употребляется коммунистическими деятелями в ироническом значении по отношению к своим противникам. *"Но довольно! Надо бы написать особую брошюру, чтобы перебрать все перлы ренегатства у подлого ренегата Каутского. На "интернационализме" господина Каутского нельзя не остановиться..." В. И. Ленин».* А. Селищев. Язык революционной эпохи. *Он [Серый] держал в руках котёнка. «Держи, корешки, подарок!» — И метнул котёнка на койку Солженицына. Тот вскинулся: «Ты чего животное мучаешь! И вообще ты... Серый, и мы тебе не кореши». Он только пригнулся на миг, но даже ухмылку не стянул. «Для кошек это не мучение. Они прыгают с четвёртого этажа. Надо знать, господа интеллигенты».* Л. Копелев. Утоли моя печали. *[Настя:] Гнёт пятаки [жених], зубами вскрывает боржомные бутылки. А ну-ка попробуйте, господа интеллигенты.* А. Арбузов. Счастливые дни несчастливого человека. ‖ В советский период — офиц.-вежл. обращ. к иностранцам или иностранцев к советским гражданам. ◻ *Господин посол.* ◻ *Господин президент.* ◻ *Господин Кауфман.* ◻ *Дамы и господа.* ‖ С начала 90-х гг. обращения *господин* (в сочет. с фамилией или названием адресата по должности, профессии), *господа, дамы и господа* возвращаются в офиц. и публ. речь представителями российских политич. партий и движений рыночной ориентации, государственного чиновничьего аппарата, деловых и коммерческих кругов. Вместе с тем употребляется негативно (иронич. или пренебреж.) противниками новой политики, приводящей к резкому социальному и имущественному расслоению общества на «господ» и «не господ». [По данным журналистского опроса москвичей в конце 1990 г.] «Обращения *сударыня* и *господа* воспринимались как непривычные». В. Трофименко, А. Волгин. Поговорим об этикете. *Сегодня нас не могут насторожить слова о трудовой частной собственности, а завтра, когда миллиардеры теневой экономики и мафиозные деньги позволят сделать частную собственность доминирующей, не приведёт ли это к реставрации капитализма? Поддержит ли нас народ, товарищи депутаты? И так хочется сказать в адрес тех депутатов, кто это предлагал, не товарищи, а господа депутаты.* Из выступ. депутата Н. Петрушенко на сессии Верх. Совета СССР, 1990. [Из читательского письма в газету:] *«Нечего хитрить,* товарищи журналисты, или, может быть, уже господа?» Нет-нет да и прорвётся: «Эти господа демократы». Конечно, никакие мы не господа, ничем мы не владеем, собственности у нас никакой, но и как оскорбление это вряд ли можно принять. Новое время. — 1991. — № 2. [Из читательского письма М. С. Горбачёву:] *Прошу ответить мне из Кремля, почему в Москве некоторые обращаются к аудитории словами «господа» вместо «товарищи»? Кто разрешил «известинцам» в рекламе Московской товарной биржи написать слово «господа»? Это газета наша, а не буржуйская. Известия. — 28.11.1991. Меня всё время терзают этими вопросами. Начинают: Кто вы, товарищ Горбачёв? Или господин Горбачёв? Коммунист, социалист, демократ? М. Горбачёв. Каждый народ — это Божье явление (ЛГ. — 4.12.1991).* ▭ *Господа, вы слушаете радио России (1992).* ▭ *[Ведущий телепередачи:] Добрый вечер, дамы и господа! (1992). Господа предприниматели! Размещайте свою рекламу в газете «Русский Восток»! (Рекл. объявл.). «Русский Восток», № 3, 1993. Дамы и господа! Вы хотите развлечься и прекрасно отдохнуть? (Из рекл. объявл. 1994).* | *Шутл.* ▭ *[Мужчина — к очереди у киоска:] Кто последний, господа? (1995).* ♦ **Господин хороший (добрый, почтенный...).** *Прост.* Вежл. обращ. к незнакомому, высшему по положению мужчине (обычно штатскому). *Толпа зрителей заволновалась, поднялся говор, крики, но скоро всё стихло, и среди мёртвой тишины раздался негромкий, но важный голос. Это говорил старик Иван. — Дозволь, господин добрый, сказать мне слово. Прошу вас, братья, дайте мне первому покончить. Старше я всех вас, девяносто лет мне через год стукнет, а медведей вожу я сызмала. В. Гаршин. Медведи. «Это что за безобразие!» — захрипел он [человек во фраке] сдавленным, испуганным и в то же время начальственно сердитым шепотом. — Кто позволил? Кто пропустил? Марш! Вон!..» <...> «Господин хороший, дозвольте вам объяснить...» — начал было деликатно дедушка. А. Куприн. Белый пудель. Господа мои хорошие, — взывает солдат, дёргая ворот шинели, обнажая острый кадык. — Надобно искать причину этого разрушительного дела <...>. И что это значит: война?*

М. Горький. Жизнь Клима Самгина. | Шутл. или ирон. к равному или младшему по возрасту, положению. — *И как это есть такие умные люди, что для них газеты лучше этих напитков, — начал мужчина с павлиньими перьями, наливая себе ликёру. — А по моему мнению, вы, господа почтенные, любите газеты оттого, что вам выпить не на что. А. Чехов. Маска. Как жить дальше поморскому крестьянину, господа политики и экономисты, мудрые вершители нынешнего бардака? Как дальше жить, господа хорошие. «День». — 1992. — № 48. Старики говорили: «Пока гром не грянет, русский мужик не перекрестится». Господа хорошие, уже прогремело много громов, что-то не видно, чтобы вы перекрестились! Из письма А. Беляева в газету «Русский вестник», № 1, 1993.* **Господу́шка.** *Обл.* Ласк. к Господин, госпожа. **Госпожа́.** Учтив.-офиц. обращ. к даме. Употр. чаще в сочет. с фамилией. *[Трейч:] Успокойтесь, госпожа Терновская. Я убеждён, что Николай жив. Л. Андреев. К звездам. [Куртов:] Министр продовольствия госпожа Христина Падера изволила поручить мне передать вам этот пакет. Н. Вирта. В одной стране. Ладья в датский город пришла скорополучно. Русский мореходец <...> идёт по городу. Видит: в тёмном месте стоит женщина, пригожая собой. <...> подошёл, спросил учтиво: «Госпожа, ты ждёшь кого-то?» Она потупилась, молчит. Б. Шергин. Гость с Двины.* ♦ **Госпожа хорошая (добрая...).** *Прост.* Почтит. (преимущ. крестьянское) обращ. к даме. | Шутл.-ирон. *Вот что, госпожа хорошая: во-первых, Шура пусть этот год будет дома, а ты поезжай учиться. С. Есенин. Письмо Е. А. Есениной, 10 авг. 1922.*

Госпо́дь (и звательн. форма **Го́споди**). ♦ **Дай (Пошли) (Вам, тебе) Господь (Господи)** (чего-л. доброго, благоприятного, желаемого). *Прост.* Одна из наиболее распространённых формул пожелания благополучия, здоровья и т. п. То же, что ♦ **Дай (Пошли) (Вам, тебе) Бог (Боже).** *Будьте здоровы — и дай Вам Господь благополучно миновать мартовский подводный камень. / Весь Ваш Ив. Тургенев. И. Тургенев. Письмо М. М. Стасюлевичу, 11 февр. 1878. [Целовальник] тряхнул головой и обратился к гостю: «Ну, что же, Прохор Порфирыч, как Бог* милует?» — «Вашими молитвами». — «Нашими? Дай Господи! За тобой двадцать две...» Г. Успенский. Нравы Растеряевой улицы. *[Дунькин муж:] Ваше благородие! Помогите больному и несчастному... [Цыганов (достаёт монету):] Пожалуйста... извольте! [Дунькин муж (вздрагивая от радости):] Дай вам Господи... пошли вам... (Захлебнулся и исчезает.)* М. Горький. Варвары. ♦ **Дай тебе, Господи, с нашей руки куль муки!** ⌑ *Прост.* Шутл. пожелание благополучия. ♦ **Да пошлёт Вам (тебе) Господь (Бог, Всевышний)...** *Возвыш.* *Обнимаю Вас и всех сотрудников, посвятивших свои жизни памяти моего отца, и благодарю за всё, что вы все сделали и в Москве, и в Ясной Поляне в его память. / Да пошлёт вам всем Господь здоровье и силы! / Ваша Александра Толстая.* А. Толстая. Письмо А. К. Бабореко, 22 окт. 1974. ♦ **Не дай (Не приведи, Избави) Господь (Господи)** (чего-л.). Оберег, пожелание избежать чего-л. крайне нежелательного; ♦ **Не дай Бог.** ♦ **Избави Бог.** *Избави тебя Господи встретиться с нею! Она дочь (с левой стороны) известного попрошайки и шута горохового библиографа С. Д. Полторацкого.* И. Тургенев. Письмо Я. П. Полонскому, 11 янв. 1878. ♦ **Господь (Бог) дал, Господь (Бог) и взял.** ⌑ *Прост.* Всё в Божьей воле, не нужно отчаиваться. Формула утешения, употр. обычно пожилыми набожными людьми в адрес того, кто понёс утрату (смерть близкого, разорение и т. п.). *«А что до вас касается, моя душенька, — прибавила Кирилловна, сложив в кислую улыбочку свои кошачьи губы, — у нас всегда место для вас найдётся, и нам очень будет приятно, если вы у нас погостите до тех пор, пока опять справитесь и обзаведётесь домком. Главное — унывать не нужно. Господь дал, Господь взял и опять даст, всё в его воле».* И. Тургенев. Постоялый двор. [< Из Библии. Когда Иову сообщили, что дом упал на детей его и они умерли, «Тогда Иов встал, и разодрал верхнюю одежду свою, остриг голову свою, и пал на землю, и поклонился, И сказал: наг я вышел из чрева матери моей, наг и возвращусь. Господь дал, Господь и взял; да будет имя Господне благословенно!» Иов, 1, 19–21]. ♦ **Господь (Бог, Христос) терпел и нам велел.** *Прост.* Формула утешения, ободрения. *«Не шуми, мать! Господь терпел и нам велел. Он, страдалец, терновый венок надел и плакал кровяными слезами».* М. Шолохов. Поднятая целина. ♦ **Господи, благослови.** Краткая молитва, ставшая устойчивым выражением, употр. перед началом всякого дела, особенно — сложного, ответственного, рискованного. *Они подъехали к старому мрачному дому на Воздвиженке и вошли в сени. — Ну, Господи, благослови, — проговорил граф полушутя, полусерьёзно; но Наташа заметила, что отец её заторопился, входя в переднюю, и робко, тихо спросил, дома ли князь и княжна.* Л. Толстой. Война и мир. *[Профессор Преображенский] выпрямился, глянул на собачью голову и сказал: — Ну, Господи, благослови. Нож. — Борменталь из сверкающей груды на столике вынул маленький брюхатый ножик и подал его жрецу.* М. Булгаков. Собачье сердце. ♦ **Господи, благослови; новая новинка — старая брюши́нка.** ⌑ Тот, «кто принимается есть новую новинку (первый поспевший плод) должен перекреститься: Господи, благослови; новая новинка — старая брюшинка. Потум есть». С. Максимов. Крылатые слова. ♦ **Благослови Господь.** Форма благословения, пожелания благополучия. См. Благословить. ♦ **Господи Иисусе Христе (Сыне Божий), помилуй нас.** ⌑ Молитва, которую пришедший произносит за дверью, прежде чем войти в дом, на которую хозяева отвечают «Аминь». Употр. преимущ. среди староверов. *Проклятов дома, на Урале, никогда не божился, а говорил «ей-ей» и «ни-ни»; никогда не говорил «спасибо», а «спаси тя Христос»; входя в избу, останавливался на пороге и говорил: «Господи Иисусе Христе, Сыне Божий, помилуй нас!» — и выжидал ответного: «Аминь».* В. Даль. Уральский казак. *Учащийся грамоте входит к своему учителю и, стоя у дверей, говорит: «Молитвами святых отец наших Господи Иисусе Христе Боже наш, помилуй нас!» Учитель говорит: «Аминь!» В старину ученик, войдя, кланялся: «Спасибо на амин, на Иисусовой молитве».* С. Максимов. Крылатые слова. *Из сеней в кухню дверь заперта. Петро постучался. «Господи Иисусе Христе, помилуй нас». — «Аминь», — откликнулись из-за двери.* М. Шолохов. Тихий Дон. ♦ **Господь над нами.** ⌑ *Прост.* Вежл. ответ на приветствие:

«Честь и место!» ⬚ «Честь и место!» — «Господь над нами». — «Садись под святые». В. Даль. ♦ **Господь (Бог, Христос) с тобой (с Вами). 1.** Доброе пожелание, благословение, напутствие при прощании. *Машку, Сашку рыжего и тебя целую и крещу. Господь с вами.* А. Пушкин. Письмо Н. Н. Пушкиной, 21 окт. 1833. *[Хлёстова:] Молчалин, вон чуланчик твой, Не нужно проводы; поди, Господь с тобой.* А. Грибоедов. Горе от ума. *[Аня:] Прощай, дядя. [Гаев (целует ей лицо, руки):] Господь с тобой.* А. Чехов. Вишнёвый сад. *Сейчас получил твою короткую записку; я пишу чаще, чем раз в неделю, был ли у тебя Надеждин? / Господь с тобой.* А. Блок. Письмо матери, 27 нояб. 1916. *Володя, милый, / что ты нас забываешь? <...> Как твоя работа и планы на зиму? После Царского я задыхаюсь в Городе. / Целую тебя — Господь с тобой. / Твоя Анна.* А. Ахматова. Письмо В. К. Шилейко, 18 мая 1925. **2.** ⬚ *Прост.* Ласк. выражение доброжелательности, расположения к собеседнику. *Серый Ларионыч ласково говорил: «Ну и забавник ты, Господь с тобой!» — «Утешитель», — поддерживал его Жихарев.* М. Горький. В людях. *[Михаил:] Ты — не казни себя... [Антипа (тронут, наклонился, поцеловал сына в лоб; выпрямился):] Ну, Господь с тобой... Спасибо, брат! Это мне хорошо... Помоги тебе Бог за то, что сказал так... Отец... Отец, брат Михайло, это тоже ведь не просто — мясо, это живой человек с душою, он тоже — любит!* М. Горький. Зыковы. **3.** Форма выражения вынужденного согласия; примирительный ответ на извинение, оправдание. *[Горкин] Хочет отнять берёзку, но я прошу. «Ну, Господь с вами, — говорит он задумчиво, — а только, непорядок это».* И. Шмелёв. Лето Господне. **4.** Форма выражения несогласия, удивления поступкам или словам собеседника, упрёка, протеста. *«Вязать его, это тот самый, который украл у доброго человека кобылу!» — «Господь с вами! за что вы меня вяжете?»* Н. Гоголь. Сорочинская ярмарка. *Степан Сергеич ходил с Матрёною по комнатам и искал, где нагадила кошка. Матрёна заглядывала под диваны, отодвигала шкафы и посмеивалась под нос: «Господь с вами, барин, какие тут кошки! Дух — лучше и быть нельзя».* В. Вересаев. Невыдуманные рассказы. ♦ **Господь с тобой и ангелы во изголовье.** ⬚ *Обл.* Пожелание спокойной ночи. *Выдохлась, умолкла докторша, заткнула гранёный длинный флакон, укутала мои ноги старой пуховой шалью, будто тёплой опарой облепила, да ещё сверху полушубок накинула и вытерла слёзы с моего лица щипучей от спирта ладонью: «Спи, пташка малая, Господь с тобой и ангелы во изголовье».* В. Астафьев. Последний поклон. ♦ **Господь (тебе, вам) встречу!** *Обл.* **1.** То же, что ♦ **Бог навстречу. 2.** То же, что ♦ **Бог в помощь.** ♦ **Помогай Бог.** *«Подожди вот: устроюсь на работу, я тут всем покажу... Антон не только воевать умеет. — Вино разогрело его душу, он разговорился. — На городской Доске почёта буду... Мои портреты на демонстрации понесёте... Не веришь?» — «Господь тебе встречу...» — «Теперь я начальником станции не пойду. Я — не мальчишка... Так, тётка Марья?..»* В. Чугунов. Таёжина. ♦ **Господь (Бог) тебя (Вас) храни (сохрани).** ♦ **Да хранит (сохранит) тебя (Вас) Господь (Бог).** См. **Храни (Сохрани) Бог (Господь...).** ♦ **Спаси тебя (Вас) Господь (Бог).** См. ♦ **Спаси Бог.** ♦ **Господь (Бог) тебя (Вас) наградит (не оставит) (за...).** *Прост.* Формула учтив. набожной благодарности. *Если вы возьмёте на себя труд, прочитав какую-нибудь книгу, набросать об ней несколько слов в мою суму, то Господь Вас не оставит.* А. Пушкин. Письмо И. В. Киреевскому, 11 июля 1832. См. ♦ **Награди Вас Бог.** ♦ **Кого Господь (Бог) дарует (даровал, принёс)?** ⬚ *Обл.* Кто там? Оклик хозяина дома стучащемуся у ворот, стоящему за дверью. См. **Кто.** ♦ **Как Господь (Бог) милует?** ⬚ *Прост.* Приветл. обращ. при встрече (со знакомыми, близкими). Как дела? Как жизнь? ♦ **Пока (милосердный) Господь (Бог) грехам терпит.** ⬚ *Прост.* Хорошо, благополучно. Слава Богу. Ответ пожилых набожных людей на этикетные вопросы при встрече о делах, самочувствии и т. п. *«Ну как вас, дорогих моих, Господь милует? Здоровы ли все у вас?» — спрашивала Манефа, садясь на кресло и усаживая рядом с собой Аграфену Петровну. — «Вашими святыми молитвами, — отвечали зараз и муж и жена. — Как ваше спасение, матушка?» — «Пока милосердный Господь грехам терпит, а впредь уповаю на милость Всевышнего»,* —

проговорила уставные слова игуменьи, ласково поглядывая на Аграфену Петровну. П. Мельников (Печерский). В лесах. ♦ **Привёл Господь (Бог) свидеться.** ⌾ *Разг.* Выражение удовлетворения, радости от встречи. *После службы игумен, подойдя к Потапу Максимычу, познакомился с ним: «Любезненькой ты мой! Касатик ты мой! — приветствовал он, ликуясь с гостем. — Давно была охота повидаться с тобой. Давно наслышан, много про тебя наслышан, вот и привел Господь свидеться».* П. Мельников (Печерский). В лесах. ♦ **Чем Господь (Бог) послал.** См. Бог. ♦ **Прости (меня), Господи** (♦ **Господи, прости**). ♦ **Господи, прости меня, грешного.** ♦ **Господи, прости мою душу грешную.** ⌾ *В знач. вводн. Разг.* Формула извинения, употр. при резком, грубом, нелицеприятном высказывании. *[Чацкий:] Я только что спросил два слова Об Софье Павловне: быть может, нездорова? [Фамусов:] Тьфу, Господи прости! Пять тысяч раз Твердит одно и то же!* А. Грибоедов. Горе от ума. *— Сам бы околевал над работой! Собака, право слово, собака, прости Господи!* И. Гончаров. Обыкновенная история. *«Замолчи, батя!» — с сердцем прикрикнул на него Поливанов. — Если спать хочешь, полезай, полезай назад, поздно...» — «Не хочу я спать, — возмутился дед Макар, шибко двигая лохматыми бровями. — Акимка, что ты родного отца гонишь из-за стола, сукин сын? Турещина-то какая, крест скинули, к старым почёту, как к чёрту... Господи, прости меня, грешного, в полночь, в нечистый час язык осквернил».* П. Проскурин. Судьба. ♦ **Господь (Бог) простит (тебя, Вас).** См. Простить. ♦ **Господь (Бог) тебя (Вас) суди.** ♦ **Господь (Бог) тебе (Вам) судья.** См. Бог. ♦ **Ради Господа (Бога).** См. Бог. Ради.

Гость. ♦ **Гость дорогой.** ♦ **Гости дорогие (Дорогие гости).** Вежл., приветл. обращение хозяев к гостям. *«Отдохнуть бы вам с дорожки-то, гость дорогой, — молвила Юдифа Васильюу Борисычу, — после трапезы отдохнуть не вздумается ли?»* П. Мельников (Печерский). В лесах. *Рассердилась, значит [Груша], что велят ей меня потчевать, но, однако, свою должность исполняет: заходит ко мне за задний ряд, кланяется и говорит: «Выкушай, гость дорогой, про моё здоровье!»* Н. Лесков. Очарован-

ный странник. *Наконец Фрося, разрумянившаяся от суеты, оглядела стол, осталась собой довольна, с лёгким поклоном обернулась к нам: «Ну, гости дорогие, спасибо, что наведались. Присаживайтесь, попьём чайку».* В. Куропатов. Разлюли-малина. **Гостёк. Гостенёк. Гостенёчек. Гостенёчки. Гостечки. Гостюшки. Гостюшка** (м. и ж.). *Прост.* и *обл. Ласк.* Употр. самостоят. или в сочет. с этикетными эпитетами «милый», «дорогой» и т. п. *[Илья] Только сказал, сейчас старушонка объявилась и ласково говорит: «Милости просим, гостенёк дорогой! Давно поджидаю».* П. Бажов. Синюшкин колодец. *— Милости просим, дорогой гостюшка, Семён Евдокимович.* К. Седых. Даурия. *Дед распахнул одну створку дверей, бабушка другую и напевно, с плохо скрытым волнением стали приглашать гостей: «Милости прошу, гостеньки дорогие! Милости прошу отведать угощения нашего небогатого. Уж не обессудьте, чего Бог послал».* В. Астафьев. Последний поклон. *«Потеснитесь, гостечки!» — упрашивал Петро, толкая разопревшие от пляса бабьи животы.* М. Шолохов. Тихий Дон. ⌑ *Уж вы гости мои, хорошие гостьюшки. Гости мои да вы дорогие* (песня). ♦ **Бра́ные (бра́ны) гости.** ⌾ *Обл., фольк.* Избранные, уважаемые. Форма почтит.-возвыш. обращения к гостям на свадьбе. *«Дружка приводит жениха, говоря: «Батюшка родимый, матушка родимая, гости браные, гости званые! Благословите князя молодого за престол посадити, хлебом-солью огородити».* СРНГ. ♦ **Гостеньки почита́ны.** *Обл., фольк.* Обращ. дружки к гостям (в свадебном приговоре). ♦ **Гостей (Гостя) принимаете?** *Разг.* Только в устном контактн. общении. Шутл. вопросит. обращение входящих гостей к хозяевам, вместо Можно? или Разрешите войти? *В тот же вечер кто-то широко и неожиданно распахнул дверь кухни, где Софичка сидела и ужинала. «Принимаешь гостя?» — раздался насмешливый голос бригадира. «Заходи», — сказала она, вставая ему навстречу.* Ф. Искандер. Софичка. ♦ **Принима́й/те гостей (хозяева)!** ♦ **Принима́й/те гостей со всех волостей!** *Разг.* Только в устн. контактном общении. Встречайте, привечайте. Шутл. фразы входящих в дом или во двор гостей. Обычные ответы хозяев: «Милости просим!» «Гостям всегда рады!» «Давно Вас дожидались!» и т. п. *«Принимай гостей, Мирон Григорьевич!»* — *«Гостям завсегда рады. Марья, дай людям на что присесть».* М. Шолохов. Тихий Дон. ♦ **Приходите (заходите) (к нам) в гости.** ♦ **Пожалуйте (милости просим) (к нам) в гости.** ▨ Формулы приглашения в гости. ♦ **Вы (ты) всегда желанный гость (в нашем доме).** Приглашение-комплимент. ♦ **Ваши (твои) гости.** ▨ *Прост.* и *обл.* Вежл. положительный ответ на приглашение в гости. *[Аполлинария Панфиловна:] Ну вот, может быть, увидимся. Прощайте! К нам милости просим. [Вера Филипповна:] Ваши гости.* А. Островский. Сердце не камень. *Едем и только то одного, то другого останавливаем. «В девять часов к "Яру"!» — говорит коротко каждому дядя. А люди, которым он это сказывает, все почтенные такие старцы, и все снимают шляпы и так же коротко отвечают дяде: «Твои гости, твои гости, Федосеич».* Н. Лесков. Чертогон. ♦ **(Проходите, входите, заходите; садитесь, присаживайтесь), гостем будете (будьте гостем).** *Разг.* Приветл. приглашение хозяев вошедшему в дом. *[Акулина (к прохожему):] Проходи, садись, гостем будешь. [Прохожий:] Приношу благодарность. Покушать бы, если можно.* Л. Толстой. От ней все качества. *— Садись, Анна Исаишна, гостья будешь, — обычный привет сказала ей Филипьевна.* П. Мельников (Печерский). На горах. *«К тебе, Николай Кириллыч. Не обессудь, что поздно!» — «Милости просим, будь гостьей».* А. Неверов. Баба-Иван. *Председатель ‹...› принял Давыдова в доме правления колхоза как старого приятеля: «А-а-а, дорогой товарищ Давыдов! Балтийский морячок! Каким ветром тебя занесло в наш отстающий по всем показателям колхоз? Проходи, садись, дорогим гостем будешь!»* М. Шолохов. Поднятая целина. ▨ *[Пожилая женщина — подруге:] Легка, легка ты, дева, на помине! Здравствуй, здравствуй, подружья моя задушевна. Проходи, Матрёна Егоровна, гостейкой будешь. Ну, разболокайся. Какая ты сёдни нарядница...* П. Еремеев. Обиход. ♦ **Проходи (садись) — гость будешь, вином угостишь (бутылка есть) — хозяин будешь.** *Прост., шутл.* Приветл. обращ. к гостю (с намёком: «неплохо бы выпить»). *«Садись — гость будешь, вина купишь — хозяин будешь!» — крикнул бородач-банкомёт, тасовавший карты.* В. Гиляровский. Москва и москвичи. ♦ **Редкое свиданье — приятный гость!** ▨ *Разг.* Радушное приветствие — комплимент гостю, с которым хозяева давно не виделись. ♦ **Незваный гость лёгок, а званый тяжёл** («на званого всё паси: званый приёма ждёт» В. Даль). ♦ **Незваный, да желанный!** ♦ **Нежданный гость лучше жданных двух!** и др. Поговорки, которые приветливые хозяева говорят в ответ на извинения гостя за то, что пришёл неожиданно, без приглашения (в том смысле, что «незваный, нежданный гость хуже татарина»). *«Я, Клавдия Георгиевна, к Семёну Емельяновичу на минуту, — сказал Брюханов и тут увидел Пекарева, вышедшего в коридор, и протянул ему руку. — Ты что, Семён, хмур? — удивился он насмешливо. — Гостю не рад, так я ненадолго». — «Гостю мы рады, а незваному вдвойне, люди как-никак русские. Проходи, Тихон, мы сегодня как раз тебя вспоминали, вот, — Пекарев указал на жену, — всё заботится, вот, говорит, без женского присмотра человек. Проходи», — пригласил Пекарев, сторонясь, пропуская Брюханова к себе в комнату.* П. Проскурин. Судьба. ♦ **Гость на порог — счастье в дом.** ▨ ♦ **Гость на́ гость — хозяину радость.** ▨ Поговорки, которыми радушный хозяин встречает гостей. *— Милости просим, милости просим. Старые люди говорили: «Гость на порог — счастье в дом».* Н. Рыленков. На озере Сапша. ♦ **Хороший гость (всегда) к обеду!** ♦ **Гость на хрен, на редьку — дорогой гость!** ▨ Приветл. говорят обедающие или собирающиеся обедать хозяева неожиданно пришедшему гостю, приглашая его к столу. ♦ **Хоть не богат, а гостям рад.** ♦ **Пошли Бог гостей, и хозяин будет сытей.** *Шутл.* ♦ **Принёс Бог гостя, дал хозяину пир.** *Шутл.* ♦ **Гость во власти хозяина.** *Шутл.* ♦ **Гость хозяину не указчик.** *Шутл.* ♦ **У себя как хочешь (пей, ешь), а в гостях как велят.** *Шутл.* ♦ **Только кости на собак покидайте, дорогие гости, а опри́чь того, чтобы (на столе) всё чисто было.** *Шутл.* ♦ **В гостях воля хозяйская.** *Шутл.* ♦ **Го́сти — люди подневольные.** *Шутл.* Поговорки, употребляемые гостеприимными, хлебосольными хозяевами. *Один Лепёшкин на минуту задумался и начал прощаться. «Что же это вы, Аника Панкратыч?» — удивилась Ляховская. «Да уж так-с, Софья Игнатьевна. Никак не могу-с». <...> — «Аника Панкратыч боится Игнатия Львовича», — объяснил Половозов, показывая глазами на террасу. «Ах вот в чём дело... — засмеялась Ляховская, — а слыхали пословицу, Аника Панкратыч: "в гостях воля хозяйская"...»* Д. Мамин-Сибиряк. Приваловские миллионы. ♦ **Гостю воля, гостю честь.** Как угодно, как хотите. Ответ на отказ гостя (выпить, закусить). *«Какую вы водку предпочитать изволите?» — «Я до обеда ничего не пью». — «Помилуйте, как это можно! А впрочем, как вам будет угодно. Гостю воля, гостю честь. Ведь здесь у нас по простоте».* И. Тургенев. Затишье. ♦ **Гость дорогóй, да день середнóй** (постный). ⌧ ♦ **Мил гость, да велик пост.** ⌧ Говорится хозяином в извинение, что не может в силу каких-л. обстоятельств ещё лучше угостить гостя. ♦ **Дóма хорошо, а в гостях лучше.** Шутл. переиначенная поговорка; комплимент хлебосольным, гостеприимным хозяевам. ♦ **Пора гостям и честь знать.** ♦ **Милые гóсти, не надоели ли вам хозяева?** Шутл. Говорит обычно кто-либо из гостей, приглашая остальных собираться домой. ♦ **Гости, ведь не соха у тебя в поле торчит.** ⌧ ♦ **Гости, ведь дома не семеро по лавкам.** ♦ **Коли гость рано подымается, так ночует** (♦ **Который гость рано подымается, тот ночевать хочет**). ⌧ Шутл. Просьба или требование хозяина, чтобы гости не уходили, погостили ещё. ♦ **Гость гости, а пошёл — прости!** ⌧ Погов. Употр. как вежл. намёк хозяев засидевшемуся гостю. *Как гости ежели загостились шибко, [дедушка] скажет прилично — вежливо... — «Гости — гостите, а поедете — простите». И пойдёт спать. Ну, всех... как ветром!.. - ф-фы!..* И. Шмелёв. Лето Господне.

Госудáрев, -а, -о; -ы. ⌧ Обл. Любимый, дорогой. ⌧ *Госудáрева ты наша, наша милая подруженька!* СРНГ.

Госудáрь. 1. ⌧ В дореволюц. России — учтив. неофиц. (преимущ. устное) обращение к царю. *«Ваше величество, — ответил Пушкин, — я давно ничего не пишу противного правительству <...>». — «Вы были дружны со многими из тех, которые в Сибири?» — продолжал государь. — «Правда, государь, я многих из них любил и уважал и продолжаю питать к ним те же чувства».* Записано Н. И. Лорер со слов Л. С. Пушкина. *«Ведь мы не на Царицыном Лугу, Михаил Ларионович, где не начинают парада, пока не придут все полки», — сказал государь <...>. «Потому и не начинаю, государь, что мы не на параде и не на Царицыном Лугу, — выговорил он ясно и отчётливо. <...> — Впрочем, если прикажете, ваше величество», — сказал Кутузов, поднимая голову и снова изменяя тон на прежний тон тупого, нерассуждающего, но повинующегося генерала.* Л. Толстой. Война и мир. ‖ При почтит. упоминании царя или членов царской семьи. *«Государями» чествуют у нас всех членов царской семьи, ставя почёт этот перед саном, где к сану или званию подданного прилагается господин: Государь Император, Государь Великий Князь <...>; поныне царю говорим и пишем: Всемилостивейший Государь; велик. князьям: Милостивейший Государь; всем частным лицам: Милостивый Государь.* В. Даль. **2.** ⌧ Прост. Почтит. обращ. крестьян к барину, помещику, вельможе, чиновнику и т. п. *Он [Дубровский] поспешно его распечатал и прочёл следующее: «Государь ты наш, Владимир Андреевич, Я, твоя старая нянька, решилась тебе доложить о здоровье папенькином!»* А. Пушкин. Дубровский. *[Старик] сиплым голосом произнёс: «Заступись, государь!» — и снова стукнул лбом в землю [перед помещиком].* И. Тургенев. Бурмистр. *Марко был в своей каморке, — верно, молился перед неугасимой, и сейчас на зов вскочил. «Сударь, — говорит, — Август Матвеич! Вас ли, государь, вижу».* Н. Лесков. Интересные мужчины. ♦ **Батюшка государь.** ⌧ Прост. и фольк. обращ. к царю; то же, что ♦ **Батюшка царь.** ♦ **Государь (мой, родной) батюшка.** ⌧ Нар.-поэт. Учтив. обращ. к отцу. См. Батюшка (в 1 знач.). *И я с батюшкой речи говорила: — Государь ты, мой Батюшка родимый, Не отдавай ли меня, батюшка, младу замуж...* (песня.) *Придя к «кончине живота», он [сын кормщика] пишет отцу в Онегу: «Государь батька! Уже хочу умереть. Поспеши притти и отпустить меня».* Б. Шергин. Ответ отца. ♦ **Государь мой.** ⌧ В XVIII — нач. XIX в. — вежл. эпист. обращение к низшему по положению

«В письмах же к прочим лицам она [форма обращения] есть следующая: к высшим: *Милостивейший Государь, Милостивейшая Государыня, Милостивый Государь;* к равным: *Милостивый Государь мой;* к гораздо низшим: *Государь мой».* Н. Греч. Учебная книга российской словесности (1819). «Отцы наши писали к высшему: *милостивый государь;* к равному: *милостивый государь мой;* к низшему: *государь мой».* В. Даль. ‖ В устн. общении XIX в. — вежл. обращ. к собеседнику (обычно младшему по возрасту или низшему по положению). «Я слышал про вас, — продолжал проезжающий [старик, обращаясь к Пьеру], — и про постигшее вас, *государь мой,* несчастье. ‹...› Весьма сожалею о том, *государь мой».* Л. Толстой. Война и мир. *Василий Иванович кряхтя опустился на сено* [возле Аркадия и Базарова]. — *Напоминает мне ваше теперешнее ложе, государи мои,* — начал он, — *мою военную жизнь, перевязочные пункты, тоже где-нибудь этак возле стога, и то ещё слава Богу.* И. Тургенев. Отцы и дети. | С оттенком официальности. *Негров встал в ознаменование конца заседания и сказал:* — *Только прошу вас не думать о Любонькиной руке, пока не получите места. После всего советую, государь мой, быть осторожным: я буду иметь за вами глаза да глаза.* А. Герцен. Кто виноват? ‖ После револ. — шутл. или ирон. обращ. к собеседнику, нередко с оттенком снисходительности. Употр. преимущ. в речи интеллигентов старшего поколения. *Горький с чёрной широкополой шляпой в руках очень свысока, властным и свободным голосом:* «Не то, *государи мои,* вы говорите. Вы, как и всякая власть, стремитесь к концентрации, к централизации — мы знаем, к чему привело централизацию самодержавие...» К. Чуковский. Дневник. Запись 19 апр. 1920. «*Позвольте, позвольте!* — *Прозоров не успевал за мыслью доктора* ‹...›, — *значит, вы всё-таки признаёте классовую борьбу?»* — «О нет, *государь мой,* эта борьба отнюдь не классовая». В. Белов. Год великого перелома. ♦ **Всемилостивейший Государь.** ♦ **Всемилостивейшая Государыня.** ⚜ В дореволюц. России установленная законом форма обращ. к императору (императрице). *Всемилостивейший Государь! / В 1824 году, ...частие заслужить гнев покойного им...легкомысленным суждением каса-*тельно афеизма, изложенным в одном письме, я был выключен из службы и сослан в деревню, где и нахожусь под надзором губернского начальства. / Ныне с надеждой на великодушие Вашего Императорского Величества, с истинным раскаянием и твёрдым намерением не противуречить моими мнениями общепринятому порядку (в чём и готов обязаться подпиской и честным словом) решился я прибегнуть к Вашему Императорскому Величеству со всеподданнейшею моею просьбою. / ‹...› осмеливаюсь всеподданнейше просить позволения ехать для сего или в Москву или в Петербург, или в чужие краи. / Всемилостивейший Государь, / Вашего Императорского Величества / верноподданный / Александр Пушкин.* А. Пушкин. Письмо Николаю I, 11 мая — первая пол. июня 1826. *Ваше Императорское Величество! / Всемилостивейший Государь! / Уже два раза имел я счастье обращаться письменно к Вашему Величеству — и оба раза мои просьбы были приняты благосклонно; удостойте меня, Государь, и на этот раз — своего высокого внимания.* И. Тургенев. Письмо Александру II, 22 янв. 1863. ♦ **Ми́лостивейший Госуда́рь.** ♦ **Ми́лостивейшая Госуда́рыня.** ♦ **Ми́лостивый Госуда́рь.** ♦ **Ми́лостивая Госуда́рыня.** ⚜ Формы офиц.-учтив. обращ. к высшим и равным по положению. (В письмах правила этикета требовали написания слов с прописной буквы, однако в письмах к равным это требование соблюдалось нерегулярно, преимущ. как знак подчеркнуто офиц. вежливости. В неофиц. и полуофиц. письмах к равным или низшим по положению допускались сокращения, сигли: **М. Г., М. г.** или **м. г.**) Письмо к малознакомому мужчине или даме начинают обращением «Милостивый Государь» или «Милостивая Государыня». Если письмо адресуется к особе высокопоставленной, то к словам «Милостивый Государь» прибавляется «Ваше Превосходительство» или «Ваше Сиятельство», смотря по чину или титулу ‹...›. Без употребления же титулов к «равным» себе обыкновенно пишут: «Милостивый Государь!» а также: «Милостивый Государь! Князь или Граф! Николай Семёнович!» Хороший тон. Правила светской жизни и этикета. 1889. *Милостивый Государь / Граф Александр Христофорович. / Генерал Дубельт сообщил мне желание Вашего Сиятельства,* чтобы бумаги Пушкина рассматривались бы мною и им в вашем кабинете. В. Жуковский. Письмо А. Х. Бенкендорфу, 5 февр. 1837. *Известен случай, когда сенатор, приехавший с ревизией, в обращении к губернатору (а губернатор был из графов Мамоновых и славился своей гордостью) вместо положенного «Милостивый государь!» написал «Милостивый государь мой!» Обиженный губернатор ответное письмо начал словами: «Милостивый государь мой, мой, мой!» — сердито подчеркнув неуместность притяжательного местоимения «мой» в официальном обращении».* Ю. Лотман. Беседы о русской культуре. *С ума ты сошёл, милый Шишков; ты мне писал несколько месяцев тому назад: Милостивый государь, лестное ваше знакомство, честь имею, покорнейший слуга... так что я и не сразу узнал моего царскосельского товарища. Если заблагорассудишь писать ко мне, вперёд прошу тебя быть со мною на старой ноге. Не то мне будет грустно.* А. Пушкин. Письмо А. А. Шишкову, авг.—нояб. 1823. *Пребываю с совершенным почтением и преданностию, Ваш, Милостивый Государь, покорнейший слуга / А. Бенкендорф.* А. Бенкендорф. Письмо А. С. Пушкину, 9 июля 1826. *Милостивая Государыня / Александра Осиповна, / Крайне жалею, что мне невозможно будет сегодня явиться на Ваше приглашение.* А. Пушкин. Письмо А. О. Ишимовой, 27 янв. 1837. *Милостивая государыня, / тётушка / Василиса Кашпоровна! / Много благодарю вас за присылку белья <...>. / С совершенным почтением, милостивая государыня тётушка, пребываю племянником / Иваном Шпонькою.* Н. Гоголь. Иван Фёдорович Шпонька и его тетушка. *В ожидании вашего ответа с истинным уважением, имею честь быть, / милостивый государь, ваш покорный слуга Л. Н.* Л. Толстой. Письмо Н. А. Некрасову, 15 сент. 1852. *Милостивый государь Егор Петрович! / Получив вчера от Вас моё стихотворение «Поля», я крайне был удивлён, что цензура вымарала в нём почти весь его смысл...* А. Майков. Письмо Е. П. Ковалевскому, 6 дек. 1861. *Милостивый Государь / многоуважаемый Фёдор Михайлович, / собирался сегодня заехать повидаться с Вами <...>.* В. Соловьёв. Письмо Ф. М. Достоевскому, 1873. *М. г. / Болезнь помешала мне написать обещанную вам повесть. <...> / Верьте в моё искреннее желание исполнить обещанное и примите уверение в совершенном почтении. / Ив. Тургенев.* И. Тургенев. Письмо А. Ф. Марксу, 24 сент. 1882. *Милостивая Государыня, / Мадам Беренгович! / Не имея отличного удовольствия знать Вас близко, боюсь, что сочтёте моё письмо к Вам за невежество.* А. Куприн. Мирное житие. ‖ В устн. обращ. к незнакомому — офиц., учтив; к знакомому — офиц., с оттенком отчуждения, или шутл.-ирон. *«Бог с ними, с журналами русскими, — ответствовал надменно Сенковский. — В России всё слишком неустойчиво, слишком молодо и уже успело между тем состариться». Собственно он повторил его же слова. «Милостивый государь, — вдруг побледнел Грибоедов. Он встал. — Вы, кажется, забыли, что я тоже русский и трепать имя русское почитаю предосудительным».* Ю. Тынянов. Смерть Вазир-Мухтара. *Милостивая государыня Наталья Николаевна, я по-французски браниться не умею, так позвольте мне говорить вам по-русски, а вы, мой ангел, отвечайте мне хоть по-чухонски, да только отвечайте.* А. Пушкин. Письмо Н. Н. Гончаровой, 29 окт. 1830. *[Обговорив условия дуэли] Павел Петрович достал свою трость... «Засим, милостивый государь, мне остаётся только благодарить вас и возвратить вас к вашим занятиям. Честь имею кланяться». — «До приятного свидания, милостивый государь мой», — промолвил Базаров, провожая гостя. Павел Петрович вышел, а Базаров постоял перед дверью и вдруг воскликнул: «Фу-ты, чёрт! как красиво и как глупо! Экую мы комедию отломали! Учёные собаки так на задних лапках танцуют <...>».* И. Тургенев. Отцы и дети. ‖ После революции — сохранялось в речи интеллигентов старшего поколения. В дальнейшем стало употр. шутл.-ирон. по отношению к знакомым. *«В таком случае вы можете оставаться в кепке, а вас, милостивый государь, прошу снять ваш головной убор», — внушительно сказал Филипп Филиппович. — «Я вам не милостивый государь», — резко заявил блондин, снимая папаху.* М. Булгаков. Собачье сердце. | С 90-х гг. XX в. — снова начинает употребляться как подчёркнуто «несоветское» обращ. к публике, аудитории. ▪ *Милостивые государи и государыни! Этот зал, любезно предоставленный нам дирекцией Дома учёных Российской академии* наук, знавал и лучшие времена. Ю. Антонов. Вступительное слово на открытии конгресса «Близ есть, при дверехъ» 19 нояб. 1992. *Милостивые государи и государыни! Русские люди! Газету «Русский Восток» читали от Иркутска до Тихого океана ваши прадеды*. «Русский Восток», № 3, 1993. **Милостисдарь (Милстивсдарь. Милсдарь).** ▨ *Прост.* (Только в устной речи). Стяжённые формы обращения: «Милостивый государь», нередко с оттенком снисходительности. — *А в котором часу вам приходить написано, милостисдарь? — крикнул поручик, всё более и более неизвестно чем оскорбляясь, — вам пишут в девять, а теперь уже двенадцатый час!* Ф. Достоевский. Преступление и наказание. *Червяков шагнул за ним и забормотал: «Ваше-ство! Ежели я осмеливаюсь беспокоить ваше-ство, то именно из чувства, могу сказать, раскаяния!..» <…> Генерал состроил плаксивое лицо и махнул рукой. «Да вы просто смеётесь, милостисдарь!» — сказал он, скрываясь за дверью.* А. Чехов. Смерть чиновника. *«Ну, так как же вы, милствсдарь, опишете всё это?» — бодрым голосом сказал Бунин. «Я бы описал так, — ответил я, — чёрный силуэт трамвайного столба с перекладиной в виде коромысла наверху и рядом яркая луна. Всё». — «Молодец, — сказал Бунин, — именно так и надо…»* В. Катаев. Трава забвения. *Евланя стал спрашивать меня <…>. «У тебя есть столько детей?» — «В смысле духовном или физическом?» — «В любом». — «Нету». — «Да, милсдарь, не исполнили вы свой долг на земле».* В. Крупин. Повесть о том, как… **Госуда́рыня.** ▨ Женск. к Государь (в 1 и 2 знач.). **Матушка-государыня.** ▨ *Прост.* и *фольк.* Почтит. обращ. к царице, императрице. ♦ **Государыня (моя, родна) матушка.** ▨ *Нар.-поэт.* Ласк., почтит. обращ. к матери. *Матушка! Да чьи ж это кони, Государыня, да чьи вороные? — Дитятко, Ивановы кони, Милое, его вороные* (песня). **Госуда́рынька.** ▨ *Прост.* и *фольк.* Уменьш.-ласк. обращ. к молодой женщине, девушке.

Гото́вый, -ая; -то́в, -то́ва; -то́вы. ♦ **(Всегда) готовый к услугам.** ▨ *Эпист.* комплимент; учтив. заключительная формула перед подписью, как *Ваш покорный слуга*. (Пишется в отдельную строку). *«Готовая к услугам*, подписываются женщины вместо *покорная слуга».* В. Даль. *«Любезный Пётр Андреевич, пожалуйста, пришли мне с моим мальчиком сто рублей, которые ты мне вчера проиграл. Мне крайняя нужда в деньгах. / Готовый ко услугам / Иван Зурин».* А. Пушкин. Капитанская дочка. ♦ **Готов служить (Вам, Вашей милости).** ♦ **Готов к услугам.** ♦ **Готов стараться.** ▨ Формулы вежливого согласия, выражающие готовность что-л. сделать для собеседника в ответ на его просьбу, предложение. *[Коробкин:] В следующем году повезу сынка в столицу на пользу государства, так, сделайте милость, окажите ему вашу протекцию, место отца заступите сиротке. [Городничий:] Я готов с своей стороны, готов стараться.* Н. Гоголь. Ревизор. *«А я вот что, Алексеюшка, думаю, — с расстановкой начал Потап Максимыч. — <…> Я бы тебя в приказчики взял. Слыхал, чать, про Савельича покойника? На его место тебя». — «Благодарим покорно, Потап Максимыч, — отвечал обрадованный Алексей. — Готов служить вашей милости со всяким моим удовольствием».* П. Мельников (Печерский). В лесах. ♦ **Будь готов (Будьте готовы)!** ▨ *Офиц.* приветствие пионеров, членов детской коммунистической организации. Ответ: ♦ **Всегда готов(ы)!** *«Пионеры! К борьбе за дело <…> партии будьте готовы!» — «Всегда готовы!»* [Частично заимств. из уставного обращения скаутов].

Граждани́н. Офиц. обращение к незнакомому мужчине. (Вошло в широкое употребление после Февр. революц. 1917 г. вместо отменённого *господин*). — *Позволь, гражданин, на чаишко, Вам к мельнику надо? Так вон!.. Я требую с вас без излишка За дальний такой перегон.* С. Есенин. Анна Снегина. ▭ *[Торговец книгами:] Позвольте книги вам в руки, знакомый гражданин, дать на подержание? Вон городовой гнать меня идёт, не велят здесь торговать, а без товара ко мне претензий никаких нет…* Е. Иванов. Меткое московское слово. ‖ *Офиц.* Обращ. в практике юридич. отношений; обычно в сочетании с фамилией, званием, наименованием по должности. (В офиц. письмах нередко заменяется сокращением-сиглем: **гр.**). *«Я воевать не пойду никуда!» — вдруг хмуро тявкнул Шариков в шкаф. Швондер оторопел, но быстро оправился и учтиво заметил Шарикову: «Вы, граж-*

данин Шариков, говорите в высшей степени несознательно. На воинский учёт необходимо взяться». М. Булгаков. Собачье сердце. ‖ С 1917–18 гг. обращ. гражданин в большевистской, а позднее советской среде получает идеологическую значимость: «не свой», в противоположность обращ. *товарищ* («свой»). «*Гражданин*, забери свои вещи с прохода, здесь товарищ станет», — обратился он [Павка] к тому, кого звали Мотькой. Н. Островский. Как закалялась сталь. *Казалось, обращение — это дело воспитания, вкуса, культуры. Однако в нашем социалистическом обществе по тому, как обращаются к человеку, можно судить о его политической ориентации, идеологии, классовой принадлежности. Обращением как бы сразу определяется статус гражданина: если товарищ, то, стало быть, наш, идеологически проверенный, классово чистый. Господин — тут внимание, этого можно подозревать во всём: в контрреволюционности, эксплуататорских наклонностях, антикоммунизме. Гражданин — тут уж явный уголовный подтекст. Был товарищ, а стал гражданин подследственный.* В. Трофименко, А. Волгин. Поговорим об этикете. 1990. — *Гражданин Рогов!* — строго произнёс милиционер и снова уселся к столу. — Мы вынуждены тебя арестовать и доставить в район! В. Белов. Год великого перелома. *В дверь купе постучали.* «Да!» — *сказал следователь. Вошёл Иван... Правый рукав его новёхонького пиджака весь был мокрёхонек до плеча.* «Здравствуйте, гражданин следователь». *Следователь, забыв своё важное положение, громко засмеялся.* <...> «Почему же я — гражданин?» — *спросил следователь, отсмеявшись.* «А как?» — «Обыкновенно — товарищ». *Проводник понял наконец, в чём дело, и чуть не захлебнулся в восторге от своей догадливости. Даже вскочил.* «Рано!.. Рано гражданином-то. Это потом, чудак!» В. Шукшин. Печки-лавочки. *Едет подвыпивший рабочий, который по всем признакам является выходцем из деревни. Да он и не скрывает этого. Напротив, он подчёркивает своё деревенское происхождение.* «Тётеньки, милые, — *говорит он соседкам*, — выпил, жена родила. Мужика родила. И вы, батя, не ругайтесь, ладно?» — *обращается он к хмурому человеку пенсионного возраста.* «Ка-кой я тебе батя? — *взрывается хмурый человек.* — Сколько живёшь в городе, а не можешь научиться обращению». — «А как же, к примеру, я должен бы вас называть?» — *вдруг трезвеет рабочий.* «Как! Не слыхал слово "гражданин"?» — «Э, нет, — *качает головой рабочий.* — Так нельзя. "Гражданин" лагерное слово». Ф. Абрамов. В трамвае. ♦ **Гражданин начальник.** *Прост.* Форма офиц. обращения подследственных, обвиняемых, заключённых к представителю власти: следователю, работнику ИТУ. «Вот этого человека, — *сказал опер*, — зачислишь раздатчиком на кухню. Понял?» — «Слушаюсь, гражданин начальник», — *ответил нарядчик, с любопытством на меня поглядывая.* В. Всеволодов. Минлаг. «Ну, расскажи, как думаешь жить, Прокудин?» — *спросил начальник.* <...> «Думаю заняться сельским хозяйством, гражданин начальник». — «Товарищ». — «А?» — *не понял Егор.* «Теперь для тебя все — товарищи», — *напомнил начальник.* В. Шукшин. Калина красная. | Шутл. или ирон. *Володя Горячев открыл дверцу «Волги», кивнул:* «Садись, гражданин начальник, подвезу. Глядишь, потом передачу в тюрьму без очереди пропустишь». — «Спасибо, Володя, я пройдусь». В. Астафьев. Печальный детектив. ♦ **Гражданин хороший.** ⚥ *Прост.* Вежл. обращ. к незнакомому. *Лев Ильич, отчего-то смущаясь, достал три рубля.* <...> *женщина туже опоясалась шалью* <...> — Спаси вас Христос, гражданин хороший, и дамочке вашей душевной с вами радости да детишек... Ф. Светов. Отверзи ми двери. **Гражда́нка.** Офиц. обращ. к незнакомой женщине. *Порывисто, как всё было в ней, она [Даша] придвинулась и поцеловала его [красноармейца] в шершаво-горячую щёку.* «Это вы оставьте, — *сказал угрожающе*, — это вам, гражданка, не поможет...» А. Толстой. Хождение по мукам. [Яков:] Вот теперича ты и войди в понятие: куда мне с ним [ребёнком] деваться? <...> Возьми его от лиха! Берёшь?.. Вот спасибо, гражданка!.. М. Шолохов. Шибалково семя. ▨ [В магазине:] Гражданка, встаньте в очередь! (1991). ‖ *Офиц.* Обращ. как к юрид. лицу: ▨ *Гражданка Иванова*. **Гражда́ночка.** *Прост.* Вежл. обращ. к незнакомой женщине (чаще — к равной или младшей по возрасту. Вошло в просторечный обиход после рево-

люции). *[Разносчик яблок:] Ананасов! нету... Бананов! нету... Антоновские яблочки 4 штуки 15 копеек. Прикажите, гражданочка!* В. Маяковский. Клоп. *«Гражданочка, нам, значит... Вот!»* — *Николай Иванович достал из кармана удостоверение.<...> — «Мест у нас нет и не предвидится», — сказала администраторша.* В. Белов. Целуются зори... ▣ *[Пожилой мужчина в трамвае:] Вы бы нас, гражданочка, пропустили, нам не скоро ещё выходить (1992).*
Гра́ждане. Офиц. обращ. к публике, аудитории, прохожим, встречным. *Нахохотавшись досыта, Помещик не без горечи Сказал: «Наденьте шапочки, Садитесь, господа!» — «Мы господа не важные, Перед твоею милостью И постоим ...» — «Нет! нет! Прошу садиться, граждане!» Крестьяне поупрямились, Однако делать нечего, Уселись на валу.* Н. Некрасов. Кому на Руси жить хорошо. *Граждане, солдаты отныне свободной русской армии, мне выпала редкая честь поздравить вас со светлым праздником: цепи рабства разбиты. В три дня, без единой капли крови, русский народ совершил величайшую в истории революцию.* А. Толстой. Хождение по мукам. *В Гремячий Лог приехали перед вечером. <...>. «Здравствуйте, граждане! Где тут конюшня?» — «Доброго здравия, — за всех ответил пожилой казак, донеся руку до края заячьей папахи. — Конюшня, товарищ, вон она, которая под камышом».* М. Шолохов. Поднятая целина. *Обращаюсь к пассажирам: «Граждане, говорю, допустите меня в серединку сесть».* М. Зощенко. Пассажир. *[Власти] советовали: — Перебирайтесь-ка, граждане, тоже в Тимофеевку — там вам и врачи, и клуб, и почта, и ещё много чего нужного вам каждый день...* В. Куропатов. Завтра в Чудиновом Бору. | В сочет. *Граждане пассажиры. Граждане пешеходы. Граждане отдыхающие* и др.

Граф. ⌛ В дворянской среде — вежл. неофиц. обращение к мужчине, носящему графский титул. Как одиночное обращ. употр. преимущ. в устном общении по отношению к близкому знакомому. *[Граф:] Стало быть, вы всё-таки скучаете иногда? [Дарья Ивановна:] Вас это удивляет, граф? Вы вспомните, я имела счастие быть воспитанной в доме вашей матушки.* И. Тургенев. Провинциалка. *Долохов, как будто напомнил ему [Ростову], что ему неприлично было шутить, перебил его: — Когда прикажете получить деньги, граф?* Л. Толстой. Война и мир. | *Эпист.* В неофиц. и полуофиц. письмах употр. в сочет. с именем-отчеством или с этикетными эпитетами *любезный, почтеннейший, милый* и т. п. как более вежливая форма обращения. *Сделай одолжение, любезный граф, когда ты пойдёшь с твоими непобедимыми, то подмети наших оставшихся.* С. Марин. Письмо М. С. Воронцову, 3 июля 1812. *Граф Лев Николаевич! Обаяние Вашего имени велико, все грамотные люди мира прислушиваются к Вашим словам, и, вероятно, многие верят в их правоту...* М. Горький. Открытое письмо Л. Н. Толстому, 5 марта 1905. | В офиц. письмах к особам, имевшим графский титул, следовало писать: *Ваше Сиятельство, Сиятельнейший Граф. Сиятельнейшая Графиня.* После чего следовали другие учтивые обращения, в том числе — по имени-отчеству. См. Сиятельство. **Графи́ня.** ⌛ Вежл. неофиц. обращ. к жене или дочери графа. *Граф и графиня рады были, что я разговорился. «А каково стрелял он?» — спросил меня граф. — «Да вот как, ваше сиятельство: бывало, увидит он, села на стену муха; вы смеётесь, графиня? Ей-богу, правда».* А. Пушкин. Выстрел. *Здравствуйте, милейшая графиня. Я приехал благополучно сюда и поселился в Удельной конторе на Пречистенском бульваре...* И. Тургенев. Письмо Е. Е. Ламберт, 18 янв. 1860. **Графи́нечка. Графи́нюшка.** ⌛ Разг. Уменьш.-ласк. *— И хорошее дело, графинечка, — сказал дядюшка. — Только с лошади-то не упадите, — прибавил он, — а то чистое дело марш! — не на чем держаться-то.* Л. Толстой. Война и мир. *Граф призвал меня в комнаты и говорит графинюшке: «Вот, — говорит, — мы, графинюшка, этому мальчишке спасением своей жизни обязаны.* М. Лесков. Очарованный странник.

Грех. ♦ **Есть (был) грех.** *Прост.* Да, (было, случалось). Подтверждение своего проступка, признание своей вины, слабости, а также неприятного события, в котором говорящему пришлось участвовать. *«А тебя журил?» — обратился он [Нил Андреич] к другому [чиновнику]. — «Был грех, ваше превосходительство», — говорил тот, скромно склоняя и гладя рукой голову.* И. Гончаров. Обрыв. *«Вы меня ограбить хотели?» — спокойно и незлобно спро-*

сил он. — «Есть, ваша милость!.. Есть грех наш перед вами!» — раскаянно поклонился Фомушка. В. Крестовский. Петербургские трущобы. | *Разг., шутл.* Тут из соседнего купе пришла делегация девушек. «Сергей Фёдорыч... простите, пожалуйста...» — «Ну, ну», — сказал профессор. «Мы вас узнали... вы по телевидению выступали...» — «Выступал. Был грех». — «Пойдёмте к нам... Расскажите нам, пожалуйста... Мы вас приглашаем к себе. Мы — рядом». В. Шукшин. Печки-лавочки. ♦ **Мой грех.** ♦ **Признаю свой грех.** *Прост.* Я виноват. *Ползком ползёт Савелий-дед, Бледнёшенек как смерть: «Прости, прости, Матрёнушка! — и повалился в ноженьки. — Мой грех — недоглядел!»* Н. Некрасов. Кому на Руси жить хорошо. — *Мой грех был, что богатую взял. На сундуки позарился...* В. Пикуль. Баязет. ♦ **Грех (бес, лукавый, нечистый) попу́тал.** См. Попутал. ♦ **Грех пополам.** ▯ *Обл. и прост.* Предложение что-либо оспариваемое поделить пополам. [Выражение — из старинной судебной практики, когда при недостаточной доказанности иска, при невозможности определить ущерб и при обоюдной вине сторон суд по взаимному согласию последних определял ответчику уплатить половину той суммы, которая с него взыскивается истцом. Судебный обычай перешёл сначала в торговлю, где «грехом» считалась разница между запросами торгующихся сторон, которую делили пополам; затем оборот вошёл в более широкую сферу употребления. Максимов, Михельсон, СРФ]. ♦ **Грех жаловаться.** См. Жаловаться. ♦ **Живу (живём), пока Бог грехам терпит.** ▯ ♦ **Во греха́х, да на ногах.** ▯ *Прост.* Ответы на обычный при встрече вопрос: как живёте (поживаете)? *[Вихров:] Здравствуйте, почтенный Максим Федотыч, как поживаете? [Русаков:] Слава Богу, живём, пока Бог грехам терпит.* А. Островский. Не в свои сани не садись. ♦ **Кто́ без греха́!** ▯ *Прост.* ♦ **Кто без греха и кто бабе не внук?** ▯ *Прост., шутл.* ♦ **Один Бог без греха.** ▯ *Прост.* ♦ **Грех да беда на кого не живёт?** ♦ **Грех́ да беда с кем не была?** ▯ *Прост.* ♦ **С кем греха не бывает?** ♦ **Без греха века не проживёшь (изживёшь), без стыда лица (рожи) не износишь.** ▯ *Прост.* ♦ **От греха не уйдёшь.** ▯ *Прост.*

♦ **На грех мастера нет.** ▯ *Прост.* Формулы оправдания, примирения, а также утешения, ободрения провинившегося. ♦ **Беда не беда, лишь бы не было греха.** ▯ См. Беда. *Назревал новый конфликт, это понял Михаил Аверьянович и поспешил погасить искру раньше, чем из неё возникнет пожар. — Ладно, сват. Успокойся. С кем греха не бывает? Они, рассукины дети, кого хочешь выведут из себя... Садитесь все! Подвезу! — По пути к недопаханным полям помирились.* М. Алексеев. Вишнёвый омут.

Грешный, -ая. ♦ **Я, грешный (грешная).** ♦ **(Я,) Грешный человек.** ♦ **(Я,) Грешник.** ♦ **(Я,) Грешница.** ▯ *В знач. приложения или сказуем. Прост.* Виноват, каюсь. — *Люблю, грешный человек, пустословить на сытый желудок.* А. Чехов. Пассажир 1-го класса. | *Шутл.* [Кулыгин:] *Если тринадцать за столом, то, значит, есть тут влюблённые. Уж не вы ли, Иван Романович, чего доброго... (Смех.) [Чебутыкин:] Я старый грешник, а вот отчего Наталья Ивановна сконфузилась, решительно понять не могу.* А. Чехов. Три сестры. *[Шишкин (указывая на Нила):] А то я смотрю на него и — завидую, грешный человек! [Нил:] Не завидуй — я уже всё съел.* М. Горький. Мещане. ♦ **Грешным делом.** *В знач. вводн.* ▯ *Прост.* Признание своей вины, промаха, слабости. — *Маленечко ошибся, — промолвил мой возница, — в сторону, знать, взял, грешным делом.* И. Тургенев. Стучит. **Гре́шен**, -а. ▯ *Прост.* Виноват. Форма признания своей слабости, вины. «*Ты по ночам пьёшь пунш!..*» — «*Грешен, бабушка, иногда люблю выпить*». И. Гончаров. Обрыв. ♦ **Кто Богу не грешен (царю не виноват)?** *Посл.* Кто Богу не грешен, кто бабе не внук? *Посл.* Все не без греха, каждый ошибается. Употр. как формы утешения провинившегося.

Гроб. ♦ **По гроб (жизни, дней) благодарен (обязан) (тебе, Вам)!** ▯ *Экспрессив.* Формула выражения благодарности за оказанную помощь, услугу; или: ♦ **По гроб (жизни, дней)...** ♦ **До гроба (До гробово́й доски) обяжете (буду обязан тебе, Вам) (буду помнить, не забуду тебя, Вас)!** (При выражении настоятельной просьбы, мольбы). [Горский:] <...> *Извольте, я с удовольствием...* [Чуханов:] *Батюшка! по гроб обяжете...* И. Тургенев. Где тонко, там и рвётся. «*Покорно вас благодарю... Вовек не забуду вас...*» —

начал было Алексей. — «Уж будто и вовек», — лукаво улыбаясь и охорашиваясь, молвила Марья Гавриловна. — «По гроб жизни!..» — горячо воскликнул Алексей и сделал шаг к Марье Гавриловне. П. Мельников (Печерский). В лесах. «Вам надо десять тысяч, — сказал Опальский, — завтра же я вам их доставлю; что вы ещё требуете?» — «Помилуйте, — вскричал восхищённый Дубровин, — что я могу ещё требовать? <...> Жена, дети опять с хлебом; я, она до гробовой доски будем помнить...» Е. Баратынский. Перстень. *Купец умел с народом обходиться! Кого хочешь обвести мог. — Постарайтесь, — говорит, — старички, а я уж вам по гроб жизни.* П. Бажов. Две ящерки. *Анатолий приблизился. — Прон, — сказал он. — По гроб и после него я твой должник...* В. Крупин. Ямщицкая повесть. ♦ **До гро́ба (по гроб) Ваш / твой (Ваша / твоя) (любящий тебя, преданный Вам / тебе).** ⌘ *Эпист.* В сочет. с подписью адресата заключит. формула уверения в неизменной верности, признательности, любви, готовности к услугам. *Прощай, целую Платона и Сашу, остаюсь по гроб любящий тебя брат.* Т. Грановский. Письмо сестре. Весна 1831. *А я до гроба твой — неизменный, верный, всегда тебя любящий Николай Гоголь.* Н. Гоголь. Письмо Г. И. Высоцкому, 26 июня 1827. *«Исхитритесь — известите нас о вашем здоровье и о том — зимовать ли нам здесь, в Костроме, или подаваться в Москву?.. За всем тем остаюсь преданный до гроба вам и Дарье Дмитриевне Кузьма Нефедов».* А. Толстой. Хождение по мукам. ♦ **Хоть в гроб ложись.** *Прост.* Шутл.-ирон. ответ на обычный при встрече вопрос: «как жизнь?» ⌘ *«Привет, как жизнь?» — «Жись — хоть в гроб ложись».*

Гуд ба́й! [Англ. Good bye! — До свидания! Прощайте!] *— Good bye! — прощались мы печально со старухой Вельч.* И. Гончаров. Фрегат «Паллада». *«Good bye! — сказал поручик и покинул гостеприимный перекрёсток, где они обменивались этими приятными речами.* Л. Леонов. Белая ночь. ‖ *Разг.* В совр. русскоязычной (преимущ. молодёжной) среде форма дружеск. или фамильярно-шутл. прощания. ⌘ *«Ты мне завтра позвонишь?» — «Постараюсь». — «Ну, гуд бай!» — «Пока».* (Из разговора студенток по телефону, 1992). **Гудба́йте.** *Прост., манерно-шутл.* (Контаминация англ. *Good bye* и русск. *Прощайте.* Ср. *Пардоньте*). *Елена сидела за рабочим столом. Она передала Игорю письмо — и снова за свою машинку. Игорь сказал: «Гудбайте вам». Елена серьёзно ответила: «До будущего».* М. Коршунов. Подростки.

Гуля́й/те. ⌘ *Обл.* Пожалуйте, приходите, заходите; проходите. Приглашение (в гости, к столу). ♦ **Гуля́йте к нам (в гости).** ⌘ *Гуляй к нам почаще.* ⌘ *Гуляй к нам о праздники.* В. Даль. ⌘ *Благодарим за угощение! Прощайте! Да к нам гуляйте ж!* СРНГ. *— Ну, вот, гуляйте-ка к столу, гуляйте! — посмеиваясь и подталкивая гостей, распоряжался хозяин в синей, толстого сукна поддёвке.* В. Шишков. Угрюм-река.

Гуля́нье вам (тебе)! ⌘ *Обл.* Приветственное пожелание подошедшего гуляющим, играющим, празднующим какое-л. событие. *Немного погодя входит в избу такой молодец — что на поди! Кровь с молоком. «Здравствуйте, — говорит, — красные девицы». — «Здравствуй, добрый молодец». — «Гулянье вам!» — «Милости просим гулять к нам».* Упырь. Сказка из собр. А. Н. Афанасьева. ‖ ♦ **Гуля́нье тебе!** ⌘ *Обл.* Ответ на приветственное пожелание в бане: ♦ **Нали́ванье тебе!** *Один наливает воду в чан: «Наливанье тебе!» — Ответ: «Гулянье тебе! Сиденье к нам!»* С. Максимов. Крылатые слова.

Гу́т(ен) мо́рген! [Нем. Guten Morgen! — Доброе утро!] *Bonjour, Madame: guten Morgen.* И. Тургенев. Письмо П. Виардо, 4–7 авг. 1849. ‖ *Разг.* В совр. русскоязычной (преимущ. молодёжной) среде — форма дружеск. или фамильярно-шутл. приветствия. *Нелёгкий век стоит перед тобой, И всё же — гутен морген, дорогой!* В. Высоцкий. Баллада о маленьком человеке.

Гу́тен таг! [Нем. Guten Tag! — Добрый день!] *Жена моя тебе кланяется очень. Между тем позволь мне завладеть стихами к Анне Петровне. Ещё прощай! Guten Tag!* А. Дельвиг. Письмо А. С. Пушкину, 15 сент. 1826. ‖ *Разг.* В совр. русскоязычной преимущ. молодёжной среде — форма дружеск. или фамильярно-шутл. приветствия. ⌘ *«Гутен таг!» — «Привет, немец». — «Я не немец, я только говорю по-немецки»* (Из диалога школьников, 1994).

Да, частица. **1.** *Утвердит.* Употр. как форма выражения согласия или подтверждения в ответ на вопросительное обращение. ▭ *«Я завтра к Петровым собираюсь, ты поедешь?»* — *«Да».* ▭ *«До универсама я доеду [на этом автобусе]?»* — *«Да, доедете».* **(Да, да. Да, да, да).** *Разг. усилит. «Вы... меня любите?»* — *«Да... да... да...»* — *повторил он с ожесточением, всё более и более отворачивая своё лицо.* И. Тургенев. Дым. *Потом я заговорил о его последних книгах стихов <...> и честно признался, что до этих книг я отдавал ему дань глубокого уважения, а полюбил его всем существом после переделкинских пейзажей. «Да-да-да-да-да, вы правы (он [Б. Пастернак] любил повторять «да») — я только после этих книг человеком стал».* Н. Любимов. Неувядаемый цвет. ‖ Употр. для вежливого поддержания разговора. *Наш благодетель обернулся. Он опомнился, он составил план действий: надо развлекать Ахматову разговором. О чём бы ей интересно? О Париже, разумеется. Недавно он там был. Ещё раз убедился в любви к нам простых французов. Анна Андреевна время от времени произносила: «Да, да». Я молчала гробом. <...> Тема о Париже исчерпана. Благодетель мучительно ищет новую тему, нашёл, обернулся: «А у меня на даче до чего хорошо, благодать!»* — *«Да, да».* — *«Вы как-нибудь непременно приезжайте!»* Молчание. Пауза. Он добавил, видимо, уже от отчаяния: *«Я вам рыбалку организую!»* — *«Благодарю вас».* Наступило прочное молчание. Н. Ильина. Дороги и судьбы. **2.** *Вопросит.* Отклик на обращение (нередко с повторением: **да-да**). *[Васса:] Рашель! [Рашель:] Да? [Васса:] Живи с нами...* М. Горький. Васса Железнова. *«Простите, товарищ полковник...»* — *Воропаев быстро повернулся на голос. «Да-да?»* П. Павленко. Счастье. ▭ *[Звонит телефон. Хозяйка снимает трубку:] Да? Слушаю.* ‖ Ответ на стук в дверь, нередко употр. со словами войдите, пожалуйста и т. п. *О том уж не знаю, как и писать, когда поднимался на третий этаж и остановился у двери квартиры 22. Услышал за дверью разговор <...>. По голосу узнал жену. Я постучал и услышал: «Да-да! Пожалуйста!»* И. Твардовский. У нас нет пленных. ‖ Употр. в конце вопросит. предложения или сразу после него для побуждения собеседника к ответу; не правда ли? не так ли? *«Я изменился, да?»* — *спросил он, заметив, что я гляжу на него.* В. Каверин. Два капитана. **3.** *Усилит.* [Без удар.] То же, что Пусть. Употр. в эмоц. возвыш. речи, в формулах пожелания, приветствия, здравиц и т. п. ♦ **Да сохранит Вас Бог!** ♦ **Да здравствует...** ♦ **Да будет...** и т. п. — *Мы робки и добры душою, Ты зол и смел — оставь же нас, Прости, да будет мир с тобою.* А. Пушкин. Цыганы. *Лицо князя было так необыкновенно торжественно, что Пьер испуганно встал, увидав его.* — *Слава Богу!* — *сказал он.* — *Жена мне всё сказала!* — *Он обнял одною рукой Пьера, другою* — *дочь.* — *Друг мой Лёля! Я очень, очень рад.* — *Голос его задрожал. Я любил твоего отца... и она будет тебе хорошая жена... Бог да благословит вас!..* Л. Толстой. Война и мир. *Да хранит Вас Провидение! Низко кланяюсь Вам и шлю привет Зинаиде Николаевне и Лёнечке. / Глубоко преданная Вам / Юдина.* М. Юдина. Письмо Б. Л. Пастернаку, 9 янв. 1955 г. ♦ **Ай да** (+ имя собств. или нарицат.)! ♦ **Вот это да!** ♦ **Вот да!** ♦ **Это да!** *Разг., экспрессив.* Восклицания, выражающие похвалу, одобрение, восхищение.

Давай/те. 1. В сочет. с неопр. ф. или с ф. 1 л мн. ч. буд. вр. образует формулы приглашения, предложения, просьбы, побуждения к совместному действию. ▭ *Давайте знакомиться.* ▭ *Давай помиримся.* ▭ *Давайте посидим.* ▭ *Давай закурим.* ▭ *Давай/те выпьем (за...)* и т. п. — *Устали вы, мамаша! Давайте-ка ляжем спать!* — *сказал Егор улыбаясь. Она простилась с ним и боком, осторожно прошла в кухню.* М. Горький. Мать. — *Давай, мужики, по последней,* — *сказал Захар.* — *Пора, засиделись. Хозяйка вон носом клюёт.* П. Проскурин. Судьба. **2.** Форма выражения согласия (обычно в ответ на предложение «Давайте что-л. делать, сделаем?»). *Егор налил три стакана. «Ну, давай, сосед,* — *за хорошее житьё».* — *«Давай»,* — *охотно согласился Фёдор.* В. Шукшин. Любавины. ▭ *«Давайте споём»* — *«Давайте».* **3.** Давай. *Прост.* Форма дружеск. или фамильярн. прощания. *Закурили. Сразу как-то не о чем стало говорить. «До* свиданья, отец, спасибо». — «Давай». В. Шукшин. Охота жить. ▭ [Прощаются приятели:] «Ну, пока». — «Давай. Позвони завтра». — «Ладно. Привет там». — «Ага» (1992). **4.** *Прост.* То же, что Дай/те. ♦ **Давай Бог.** См. Дай Бог.

Давно́ (Давне́нько). ♦ **Давно (Давненько) тебя (Вас) не видел (не видела).** ♦ **Давно (Давненько) (мы с Вами, с тобой) не виделись (не видались).** ♦ **Что-то давно (давненько) Вас (тебя) не видно было;** и т. п. *Разг.* Устойчивые фразы, употр. при встрече со знакомым, с которым давно не встречались. *Полковница моя очень ей обрадовалась и в то же время при появлении её будто немножко покраснела, но приветствовала Домну Платоновну дружески, хотя и с немалым тактом... «Что это вас давно не видно было, Домна Платоновна?» — спрашивала её полковница. «Всё, матушка, дела», — отвечала, усаживаясь и осматривая меня, Домна Платоновна.* Н. Лесков. Воительница. *Лаптев нагнулся и поцеловал его [отца] в руку, потом в губы. — Давненько не видались, милостивый государь, — сказал старик. — Давненько. Что ж, прикажешь с законным браком поздравить? Ну, изволь, поздравляю.* А. Чехов. Три года. *Я встал. И лишь только пола Коснулся дрожащей ногой, Услышал я голос весёлый: «А! Здравствуйте, мой дорогой! Давненько я вас не видала...»* С. Есенин. Анна Снегина. *Открыла [дверь] маленькая желтолицая жена Порая. Она сразу узнала Фёдора Ивановича и пропела: — Давненько, давненько! А у нашего дядика Борика сегодня опять день механизатора.* В. Дудинцев. Белые одежды. ♦ **Давно (давненько) хотел (желал, мечтал) с Вами познакомиться.** См. Познакомиться.

Дай Бог (Боже, Господь, Господи) (тебе, Вам) (чего-л. доброго, благоприятного, желаемого). *Разг.* Одна из самых распространённых в обиходе формул пожелания добра и благополучия, употр. по разному поводу, чаще при поздравлении, выражении благодарности, при прощании. *— К тебе пришёл, Пацюк, дай Боже тебе всего, добра всякого в довольствии, хлеба в пропорции! — Кузнец иногда умел ввернуть модное слово...* Н. Гоголь. Ночь перед Рождеством. *[Мурзавецкая:] Прощайте, дорогие гости! (Смотрит на Купави-* ну.) *Добрая у тебя душа, Евлампеюшка! Дай тебе Бог счастья, (шёпотом) мужа хорошего!* А. Островский. Волки и овцы. *«Прощай, Матрёша; ты мне пожелай счастья». — «Ну, дай-то вам Бог, князь, счастья большого», — сказала Матрёша Анатолю с своим цыганским акцентом.* Л. Толстой. Война и мир. *Он [Сизов] обернулся к осуждённым, которых уже уводили, и громко сказал: — До свиданья, Фёдор! И — всё! Дай вам Бог!* М. Горький. Мать. *— Давай, братка... Хочу с тобой выпить. И с тобой, Марья. Дай вам Бог жизни хорошей, как говорят... А ещё... — он [Макар] качнулся, — ещё детей поболе, сынов. Штоб не переводились Любавины на земле...* В. Шукшин. Любавины. *Ежели [гость] говорун, да не забудется — пожелает хозяину на прощанье: — Дай тебе Боже... Чтоб кони у тебя без спотычки, коровы без передою, да в закромах хлебушко без переводу!* П. Еремеев. Обиход.
♦ **Дай (Вам, тебе), Бог (Господь) здоровья (здоровьечка).** См. Здоровье. ♦ **Дай Бог Вам здоровья и (да) капра́льский (генеральский) чин!** ▨ Пожелание военному, нередко шутливое. *[Скалозуб:] Да, чтоб чины добыть, есть многие каналы; Об них как истинный философ я сужу: Мне только бы досталось в генералы. [Фамусов:] И славно судите, дай Бог здоровья вам И генеральский чин...* А. Грибоедов. Горе от ума. | Шутл. или ирон. пожелание благополучия и успешного продвижения по службе, мужчине, не обязательно военному. *«Мы люди старого века, мы полагаем, что без принси́пов <...>, принятых, как ты говоришь, на веру, шагу ступить, дохнуть нельзя. Vous avez changé tout cela [вы всё переменили], дай вам бог здоровья и генеральский чин, а мы только любоваться вами будем, господа... как бишь?» — «Нигилисты», — отчётливо проговорил Аркадий.* И. Тургенев. Отцы и дети. ♦ **Дай Боже, чтоб всё было гоже!** ▨
♦ **Дай Бог износить (обнову) да лучше нажить!** ▨ ♦ **Вашим пожиткам дай Бог нажитки (прибытки)!** ▨ ♦ **Дай Бог нажить не прожить (наживать не проживать).** ▨
♦ **Дай Бог самому жить, а дому гнить (другой наживёшь).** ▨ *Шутл.* ♦ **Дай Бог многие лета!** (имениннику). См. Многая лета.
♦ **Дай Бог поздравствовать тебе ещё много лет** (здоро́во, счастливо прожить)!

◊ **Дай Бог этому не быть, другое нажить!** (об угощении, выпивке). ◊ **Дай Бог носить не переносить, возить не перевозить!** 1. Приветственное пожелание убирающим урожай, заготавливающим дрова. 2. Приветственное пожелание считающему деньги. ◊ **Дай Бог Вам этим кусочком в Христовый день разгове́ться!** ◊ *Обл.* Приветственное пожелание хозяевам, разделывающим скотскую тушу. ◊ **Дай тебе Бог из колоска осьми́ну, из единого зернышка каравай!** Приветственное пожелание сеющему или жнущему хлеб. ◊ **Дай (Вам) Бог под злат венец стать (встать) и закон Божий принять!** ◊ **Дай Бог вам жизни под венцом да с одним концом.** *Прост.* Пожелания жениху и невесте, новобрачным. ◊ **Дай Вам Бог совет да любовь!** ◊ **Дай вам Бог деток, что колосьев, да богатства (денег), что волосьев!** *Прост.* Пожелание новобрачным. ◊ **Дай Бог долго жить, здраву быть.** ◊ **Дай Бог (вам) жить да богатеть, спереди горбатеть.** См. Жить. ◊ **Дай Бог нашему дитя́ти на ножки ста́ти, дедушку величати, отца с матерью почитати, расти да умнеть, ума-разума доспеть.** Пожелание на крестинах. ◊ **Дай Бог (в) (добрый) час!** Пожелание удачи, благополучия в каком-л. начинании, деле. *«Да, брат. Вот свадьбу затеяли...» — «Дело доброе!.. Дай Бог час!.. Конечно...»* Г. Успенский. Будка. ◊ **Дай Бог добрый путь** (пожелание уезжающим, уходящим). ◊ **Дай Бог, чтоб пилось да елось, а служба на ум не шла.** *Шутл.* (У В. И. Даля с помет. *солдатск.*). ◊ **Дай Бог, чтоб земля на нём лёгким пухом лежала!** О покойнике. См. ◊ **Земля пухом.** ◊ **Дай Бог счастливо день дневать и ночь ночевать!** ◊ **Дай Бог в честь да в радость (в лад да сладость).** См. Честь. ◊ **Дай Бог нашему теля́ти волка поймати.** *Шутл.-ирон.* Пожелание успеха тому, в чьих способностях сомневаются. *[Прохор:] Соберу тысячу замков — продам в музей... тысяч за двадцать. [Васса:] Ну ладно, ладно! Дай Бог нашему теляти волка поймати.* М. Горький. Васса Железнова. ◊ **Дай тебе Бог (Господи) с нашей руки куль муки.** *Шутл.* ◊ **Дай Бог не последнюю** (рюмку за одним столом пьём — ещё поднесут). *Шутл.* Двусмысленное пожелание, тост. *Я растворил сахар, и Олёша прямо из бутылки дополнил стакан. Налил себе и Козонкову. «Мы уж тебя давно, парень, ждём-то, вон и Настасью за тобой посылали», — сказал Авенир и поднял стопочку. «Дай Бог не последнюю», — сказал Олёша.* В. Белов. Плотницкие рассказы. ◊ **Дай Бог на Пасху!** *Прост. Шутл.-фамильярн.* Очень хороший, красивый, прекрасный. Похвала, комплимент в адрес кого-л. *«Но ты и вправду в этом венке красивая. Девочка — дай Бог на пасху!» — «Не говори глупостей. Давай лучше бросим венки в воду, поглядим, куда они поплывут».* В. Шефнер. Сестра печали. ◊ **Дай Бог царство (царствие) небесное.** См. ◊ **Царство небесное.** ◊ **Дай Бог. (Дай-то Бог. Дал бы Бог).** Формы согласия, поддержания мнения собеседника, а также ответы на добрые пожелания. *«Бессонница. Всё поясница болит, и нога, что повыше косточки, так вот и ломит». — «Пройдёт, пройдёт, матушка. На это нечего глядеть». — «Дай Бог, чтобы прошло...»* Н. Гоголь. Мёртвые души. ▫ *«Не беспокойся. Всё будет хорошо». — «Дай-то Бог».* ◊ **Дай Бог и тебе (Вам) того же.** Ответ на добрые пожелания. ◊ **Давай Бог.** *Обл. и прост.* Пожелание успеха, благополучия. *«В четверг, как рассвенется, выезжать на порубку». — «Как вы, господа старики?» — «В добрый час!» — «Давай Бог!»* М. Шолохов. Тихий Дон. ◊ **(Если) Бог даст.** *Разг.* Выражение надежды на благополучный исход дела, на лучшее. Употр. при утешении собеседника. *Никита обхватил её голову, прильнул к плечу. — Бог даст, Никитушка, нас минует беда, — проговорила матушка и прижалась губами к волосам Никиты.* А. Н. Толстой. Детство Никиты. *«Ах, Митя, мне так страшно!» — «Ничего, Бог даст, всё образуется».* Б. Можаев. Мужики и бабы. ‖ Употр. как выражение-оберег. *Сегодня у нас пятница — мой экзамен в понедельник — выезжаю я отсюда в четверг. Если Бог даст, я в то воскресение в Москве. До свидания. / Тургенев.* И. Тургенев. Письмо А. А. Бакунину, 1 мая 1842. ▫ *«Васе-то ещё сколь служить?» — «К лету, даст Бог, приедет»* (1990).

Дай/те. Разреши/те, позволь/те. ◊ **Дай/те (мне твою, Вашу) руку.** ◊ **Дай/те пожму твою (Вашу) мужественную (честную) руку!** *Разг.* См. Рука. ◊ **Дай (давай, держи)**

пять. *Прост. Дружеск.* или *фамильярн.* форма мужского приветствия, поздравления, прощания (сопровождается протягиванием руки для рукопожатия). ⇔ *Давай свою пять.*
♦ **Дай (держи) краба.** *Прост.* То же, что ♦ **Дай пять.** ♦ **Дай/те я тебя (Вас) поцелую (расцелую) за это!** См. *Поцеловать.*
Далеко́ ль (ли)? ♦ **Далёко (дале́че ли) собрался (пошёл, путь держишь)?** ⌇ *Прост.* Форма обращения к встречному или к тому, кто собрался куда-л. идти. «*Далеко ль?*» — спрашивают извозчики, вместо *куда?*» В. Даль. «*Пошёл человек, не спрашивай «куда» — удачи ему не будет. Говори: «Далеко ли пошёл?»* П. Еремеев. Обиход. *Когда Дементий с Машей, в дорожном одеянии с огромными рюкзаками за спиной, ввалились в квартиру к Вике, та испуганно попятилась и почему-то очень тихо, сдавленным голосом спросила: «Куда?»* — «*Ну вот, закудыкала, пути не будет, —* сбрасывая рюкзак на пол, нарочито сурово отозвалась Маша. *— На кудыкину гору!.. Разве так надо спрашивать?»* — «*А как?»* — «*Далеко ли собрались, добрые люди? Присядьте на дорожку, мы вас чайком угостим, а ещё маленького Вадимчика вам покажем — вот как надо». Все дружно засмеялись, а потом друг за другом устремились в Викину комнату.* С. Шуртаков. Одолень-трава. «*Доброе утро, бабушка!»* — *крикнул Афанасий.* — «*Далече ль направился?»* — «*Да вот на горку хочу подняться, на деревню поглядеть».* — «*Ступай с Богом, да недолго. Скоро завтракать будем».* С. Грамзин. После войны. *Заходит [Иван] в эту избушку. Старушка сидит. «Здорово, бабушка». «Здорово, добрый молодец. Далеко ли идёшь, далеко ли путь держишь?» — «Разыскиваю, бабушка, Прекрасную Елену».* Иван-перекати горошек. Сказка. Зап. в 1971.
Далеко́ пойдёшь! *Разг.* Добьёшься успехов в жизни; есть способности, талант. Похвала, комплимент в адрес собеседника, младшего или равного по возрасту, положению. *Генерал с улыбкой потрепал его [Бориса Друбецкого] по плечу. — Ты далеко пойдёшь, — сказал он ему и взял с собою.* Л. Толстой. Война и мир. ⇔ *[А. и С. собираются уходить от В. [В. (шутливо):] Сергей, я тобой восхищаюсь! Ты далеко пойдёшь! [А. (шутливо):] Пока что он далеко поедет.* Русская разговорная речь. М., 1983. ♦ **Далеко пойдёшь, если милиция не остановит.** *Разг. Шутл.* или *ирон.* в адрес знакомого, приятеля, равного или младшего по возрасту.
Дальние (долгие) про́воды — лишние слёзы. См. *Долгий.*
Да́ма. а) ⌇ В дореволюц. России *дамой* называли женщину из привилегированного общества. В качестве обращения употреблялось преимущ. в сочет. ♦ **Дамы и господа!** *У нас никому не нравилась эта дама, которую, по правде говоря, даже не шло как-то называть и дамою — так она была груба и простонародна...* Н. Лесков. Железная воля. *Раньше в Одессе говорили «дама». Теперь: «женщина».* И. Гофф. Из записных книжек. б) После революции в городск. просторечии малоупотребит. (преимущ. женск.) обращение к незнакомой, интеллигентного вида женщине. ⇔ *[В парикмахерской Ленинграда:] Дама, вы последняя? Скажите, пожалуйста, что я за вами занимала, я сейчас подойду* (1983). *Потому что я из рабочей семьи. К интеллигенции себя никогда не относила и не отношу. Независимо от того, кем я сегодня работаю. Во мне нет той крови, когда люди претендуют «дамой» называться. Для этого нужны поколения.* (Из письма читательницы в газете «Кузнецкий рабочий», 29 янв. 1992). **Да́мочка.** ⌇ *Прост.* Ласк. или фамильярн., преимущ. мужск., обращ. к одетой по-городскому женщине, равной или младшей по возрасту. *[Мишка Соломин (Кате):] Вот такие дела, дамочка... Не желаете говорить, а молчать-то — страшнее...* А. Толстой. Хождение по мукам. *Я получила права и вступила в Большой Мир Водителей. И вот он гаишник-шутник. Он с серьёзным видом говорит мне: «Нарушаете, дамочка, нарушаете... А где вторая запаска? По новым правилам запасных колёс должно быть два!»* А. Литвинова. Как договориться с гаишником. ♦ **Дамы и господа.** а) ⌇ В дореволюц. России — офиц.-вежл. обращение к привилегиров. публике. б) В СССР — офиц.-вежл. публичное обращ. к гражданам иностранных (несоциалистических) государств. *Дорогие товарищи, уважаемые гости, дамы и господа!* ‖ С конца 80 — начала 90-х гг. начинает употребляться в офиц.-торжеств. обстановке преимущ. к финансово состоятельной публи-

ке. *Дамы и господа! Областной Дом моделей открыл в Кемерове салон по реализации своих готовых изделий на первом этаже гостиницы «Центральная».* Рекламное объявление по радио (1992). ▣ *[Ведущий телепередачи:] Добрый вечер, дамы и господа, судари и сударыни! Добрый вечер, дорогие друзья!* (1992).

Дата. Эпист. В офиц.-деловых письмах местоположение даты (числа) определяется стандартной формой: либо в штампе с реквизитами организации, помещённом на официальном бланке в левом верхнем углу, либо, если реквизиты организации помещены в ширину листа, после наименования и адреса получателя письма в правой верхней четверти листа. Датой офиц.-делового письма считается дата его подписания. Дата является поисковым признаком и употребляется при ссылке на письмо. Даты в письме должны оформляться цифровым способом. Элементы даты приводятся в одной строке арабскими цифрами в последовательности: число месяца, месяц, год. Число месяца и месяц записываются двузначными цифрами, год — либо двузначной цифрой, либо полностью: 01. 12. 99 или 23. 01. 2000 (после числа и месяца ставятся точки; после года точка необязательна). ‖ В личных неофициальных письмах местоположение и оформление даты строго не регламентировано: дата может ставиться либо в верхней, либо в нижней части листа. (▣ В XIX в. местоположение даты зависело от чина и ранга адресата: «В письмах к равным себе число ставится в верху листа, к старшим же в низу. Замечание сие гораздо важнее, нежели думают: не одному отказано от места, которое бы его обогатило, за то только, что он ошибся в такой безделице». Правила светского обхождения о вежливости. М., 1829).

Де́ва. ▣ *Обл.* Дружеск. или ласк. обращение к лицу женского пола (в том числе к замужней и пожилой женщине). Употр. преимущ. женщинами по отношению к равным или младшим по возрасту, знакомым, подругам, родственницам. — *Легка, легка ты, дева, на помине! Здравствуй, здравствуй, подружья моя задушевна. Проходи, Матрёна Егоровна, гостейкой будешь. Ну, разболокайся. Какая ты седни нарядница...* П. Еремеев. Обиход. *Это сообщение бабу Шуру заинтересовало. «А может, ты кроить умеешь?» — «Я закройщицей и работала». — «Так ты, дева, может, скроила бы кофтёнку Евгении...» — «Пожалуйста. Могу хоть сейчас».* В. Куропатов. Завтра в Чудиновом Бору. ‖ Ласк. обращ. к девушке; обращение девушек друг к другу. «Так всегда называют в Южной Сибири девушки одна другую». ▣ — *Ой, дева, ведь я петлю спустила у чулка; зажги-ко лучину да посвети.* СРНГ. ♦ **Де́ва боле́зная.** ▣ *Обл.* Ласк. обращ. к подруге. ♦ **Де́ва-ма́тушка.** ▣ *Обл.* Вежл. обращ. к женщине. *Останавливая одну за другой встречных баб, Титовна спрашивала: «Дева-матушка! Ты ещё не чула новость-то?»* СРНГ. **Дева́ха.** ▣ *Обл.* и *прост.* Дружеск. или фамильярн. обращ. к девушке. ▣ *Полно, деваха! А ты, деваха, пойдёшь на Желмино, али не пойдёшь? [Девушка (подруге):] Пойдём, деваха, ко мне вечеровать.* ▣ *Полюбите нас, девахи, мы ведь парни славны.* СРНГ. *Рита встала на колесо и вмиг оказалась наверху. Усадили на брезент, набросили ватник: «Подремли, деваха, часок...»* Б. Васильев. А зори здесь тихие... **Дева́хонька.** ▣ *Обл.* Уменьш.-ласк. к Деваха. **Дева́ча.** ▣ *Обл.* Обращ. к девушке. ▣ *Ты, девача, это не дело говоришь.* СРНГ. **Де́вица.** ♦ **Девица-красавица.** ♦ **Краса́ девица.** ♦ **Кра́сна девица.** ▣ *Фольк.* Приветливые обращ. к девушке. *Девицы, красавицы, Душеньки, подруженьки, Разыграйтесь, девицы, Разгуляйтесь, милые!* А. Пушкин. Евгений Онегин. (Песня девушек). *[Сват:] Что ж, красные девицы, вы примолкли? Что ж, белые лебёдушки, притихли? Али все песенки вы перепели? Аль горлышки от пенья пересохли?* А. Пушкин. Русалка. *Она [Марфа Митревна] села тут да всё выплакивает: «Уж вы гой еси, девицы-души красные! Вы ведь все живёте да с отцом, с матушкой, Уж и я-то живу да красна девица, — Ни отца у меня нет да родной матушки, Некому за меня да заступить теперь, Заступить-то за меня да пожалеть меня».* Идолище сватает племянницу князя Владимира. Былина. Зап. в 1898–1899. ‖ Шутл. Обращ. к младшей по возрасту. *По скорости пришла на беседу Аграфена Петровна с развесёлой, говорливой Дарьей Никитишной. «Ну что, красны девицы? Чем время коротаете? — весело спрашивала Никитишна. — Чем забавляетесь, про какие дела речь-беседу ведёте?» —*

«Да так, — ответила Флёнушка. — Особым ничем не занимаемся... Переливаем из пустого в порожнее». П. Мельников (Печерский). В лесах. ▣ «Куда это ты, девица, навострилась?» — «На улицу, ма, скоро приду» (1990). ‖ *Обл. Дружеск., ласк. или сочувств. обращ. пожилых женщин друг к другу.* — *Ах, девица, ты забыла меня, николи не навестишь.* СРНГ. **Девичка.** ⬚ *Фольк. и обл. Ласк. к Девушка.* ▣ *Девичка-круглоличка, красавица моя, <...> когда замуж за меня?* СРНГ. **Дéвка.** ⬚ *Обл. и прост. Обиходн. обращ. к знакомой крестьянской девушке, подруге, родственнице, равной или младшей по возрасту.* — *Ну, девка, — смог проговорить Сафронов. — Сознательная женщина — твоя мать.* А. Платонов. Котлован. ‖ *В речи пожилых женщин-крестьянок это обращение употр. как дружеск. и по отношению к близкой знакомой, соседке, родственнице, независимо от возраста.* «*Здравствуй, Евстольюшка*». — «*Ой, ой, Степановна, проходи, девка, проходи*». — *Старухи поцеловались.* В. Белов. Привычное дело. *О возрасте старухи говорили так:* — *Я, девка, уж Ваську, брата, на загорбке таскала, когда ты на свет родилась.* — *Это Дарья Настасье.* — *Я уж в памяти находилась, помню.* В. Распутин. Прощание с Матёрой. ‖ ⬚ *Обл. В знач. частицы при обращ. к любому лицу, независимо от возраста и пола.* ▣ *Ну, девка, ничё ты не наудил сёдни.* ▣ [*Жена — мужу:*] *Ой, девка, бежит самовар-от.* ▣ — *Во, девки, морозяка,* — *говорила, обращаясь ко мне, казачка* (1929). СРНГ. **Дéвки,** *мн. Прост. Обращ. старших или равных к крестьянским девушкам.* [*Прасковья Ивановна:*] *Едут?* [*Трембинский:*] *Девок зовите сюда, девок!* [*Прасковья Ивановна (кричит в коридор):*] *Девки! Девки!* И. Тургенев. Нахлебник. <...> *сходит Иван Елизарьевич к гармонисту, уговорит, приходит к нам весёлый. С порога порадует:* «*Ну, девки... Веселитесь до утра под гармошечку Петра. Собирайте подруг — веселитесь напропалую!*» П. Еремеев. Обиход. ‖ *Женск. обращ. к знакомым девушкам и женщинам. Клавдия поторапливала колхозниц:* «*Нажимайте, девки, нажимайте. Небушко нас ждать не станет...*» В. Куропатов. Ржавые гвозди. **Дéвонька (дéвонько, дéвунька, дéвынька).** ⬚ *Обл. и прост.* **1.** *Ласк. обращ. старших к девушке, девочке. Тогда старушка и говорит* [*Дуняше*]: «*Пойдём-ко, девонько, ко мне. Одна живу*». П. Бажов. Кошачьи уши. — *Не в цацки же играем, девоньки,* — *вздохнул старшина.* — *О живых думать нужно: на войне только этот закон.* Б. Васильев. А зори здесь тихие... ▣ [*Пожилая женщина — незнакомой девушке:*] *Батюшки, девонька, да как ты в таких штанах ходишь, ведь жарынь-то какая!* (1992). **2.** *Дружеск. обращ. знакомых женщин друг к другу. Серёжку она берегла больше, чем самоё себя, как, впрочем, делают это все матери. Когда ему сровнялся год, старая и мудрая Настасья, этот добровольный Журавушкин опекун, посоветовала:* — *А ты, девонька, подоле не отымай его от грудёв-то. Для одного-то рта хлебушка хватит, а для двух отколь ты его возьмёшь?* М. Алексеев. Хлеб — имя существительное. — *Ой, девыньки, да ведь в согласии-то каком наши матушки-то с батюшками жили.* В. Боровик. У града Китежа. ‖ *Шутл. обращ. мужчины к знакомой женщине. В каждом слове Супрунихи — чистая правда. Но и Алексей Алексеевич отвечает правдой же:* «*Колхоз, девонька,* — *дело добровольное*». В. Куропатов. Завтра в Чудиновом Бору. **Девóня. Девóнюшка.** ⬚ *Обл. Ласк. к Девушка,* Девонька. **Дéвочка. 1.** *Обращ. к незнакомой девочке.* — *Ты кто ж такая будешь, девочка?* — *спросил Сафронов.* — *Чем у тебя папаша-мамаша занимались?* А. Платонов. Котлован. **2.** *Чаще в сочет.* ♦ **Девочка моя (♦ Моя девочка).** *Ласк. или сочувств. обращ. к дочери, младшей родственнице, близкой знакомой.* [*Ольга — Ирине:*] *Не плачь, моя девочка, не плачь... я страдаю.* А. Чехов. Три сестры. *Мн.* **Девочки.** ▣ «*Здравствуйте, а Катя дома?*» — «*Нет, девочки, она ещё в музыкальной, но проходите, она скоро придёт*». — «*Нет, спасибо, мы потом зайдём*» (1992). ‖ *Разг. женск. Обращ. к подругам, сослуживицам.* ▣ — *Ой, девочки, чуть не забыла: Валя вчера звонила. У них всё хорошо* (1993). ‖ *Проф. арго. Обращ. старшего по должности к членам женского коллектива (магазина, парикмахерской, столовой, ресторана и т. п.).* — *Девочки, в субботу работаем на ярмарке* (1992). **Дéвушка. 1.** *Разг. Обращ. к незнакомой девушке, молодой женщине.* [*Пропотей:*] *При девке этой не стану говорить, она игуменье —*

наушница. [Таисья (озлилась):] Я — не девка, жулик! <...> [Донат:] Ты, девушка, будь умницей, — уйди! И ты, Глаха ... М. Горький. Достигаев и другие. *Пишу «гражданка», потому что в то легендарное время дореволюционные слова вроде «барышня» или «мадемуазель» были упразднены, а слово «девушка» как обращение к девушке, впоследствии введённое в повседневный обиход Маяковским, ещё тогда не вошло в моду и оставалось чисто литературным.* В. Катаев. Трава забвения. *В палату вошёл доктор, посмотрел на часы. «Девушка, милая, сколько вы обещали пробыть?» — «Всё, доктор, ухожу. Поправляйтесь, Павел».* В. Шукшин. Любавины. *Передёрнулась Саня и хотела в калитку зайти, а цыганка ей говорит: «Девушка, девушка, погоди!»* Т. Горбулина. Улица Коммунарка... **2.** *Прост.* Обращ. к продавщице, официантке, приёмщице службы быта и т. п. *[Ланцов:] Девушка, получите с нас. (Входит официантка, Ланцов расплачивается).* Н. Погодин. Цветы живые. *«Девушка, здравствуйте! Как вас звать?» — «Тома». — «Семьдесят вторая! Жду, дыханье затая...»* В. Высоцкий. 07. *Магазин оказался совсем рядом, <...> и Лёшка опять даже присвистнул — так велик был выбор баянов и всяких гармоней. «Девушка, а девушка?» Продавщица отсутствующими глазами глядела куда-то поверх голов...* В. Белов. Целуются зори. **3.** ⌧ Девушка (и **Де́ушка.** *Обл.*). Дружеск. или ласк., преимущ. женск. обращ. к равной, замужней, вдове, старой женщине. ▱ *[Одна старушка — другой:] Ну-тко, деушка, кака беда со мной стряслась!* ▱ *У тебя, девушка, свёкор-от ещё жив?* СРНГ. *Магазин открылся в десять часов, бабы ждали выпечки хлеба и со смаком обсуждали новость: <...> «Ой, ой, ведь не рассчитаться Иван-то Африкановичу!» — «А всё вино, вино, девушки, не было молодца побороть винца!»* В. Белов. Привычное дело. ‖ ⌧ *Обл.* В знач. частицы при обращении к любому лицу независимо от возраста и пола. ▱ *Ну, девушка, в магазин товару лико что навезли.* СРНГ. ♦ **Кра́сна (кра́сная) девушка.** *Обл.*, фольк. То же, что ♦ **Красна девица.** *Где ходила, где ходила, красна девушка? — Сокликала свою родню-породушку* (свадебн. песня). СРНГ. *Говорит Ванюшка: — Пошто, красная девушка, едак со мной не гуляешь, как вы едак сейчас? Царе-*

вна-старушка. Сказка. Зап. в 1927. **Де́вча. 1.** ⌧ *Обл.* Девка, девушка. ▱ *Ты, девча, это не дело говоришь.* СРНГ. **2.** *Обл.* и *прост.* Собир. То же, что Девчонки, Девчата. (В городе употр. преимущ. в детск. речи). *«Девча, кто в резинку играть будет?» — «Чур, чур, я первая!»* (1992). **Девча́та.** *Разг.* **1.** Обращ. к девочкам-подросткам, девушкам. Вошло в широкий речевой обиход из просторечия в 20-х гг. *«В комсомольской среде мужская часть молодёжи называется «ребята», а женская — «девчата» или «девушки» (реже)».* А. Селищев. Язык революционной эпохи. *«Давай, ребята, начинай!» — с этими словами Митька Кручинин, полуобнажённый, в одних штанах, не глядя на Польку Паву, но чувствуя на себе восхищённый взгляд её, подцепил трёхрогими деревянными вилами огромную кучу соломы <...>. «Давай, девчата, начинай!» — точно эхо, отозвалась Полька Пава и прямо меж горбылей простенка влепила полупудовый шматок вязкой глины, замешенный на соломе.* М. Алексеев. Вишнёвый омут. *Он [старшина] уж и рот раскрыл, и брови по-командирски надвинул, а как в глаза их напряжённые заглянул, так и сказал, словно в бригадном стане: «Плохо, девчата, дело».* Б. Васильев. А зори здесь тихие... ▱ [Девушка — к незнакомым, примерно равного возраста:] *Девчата, где мороженое брали?* 1992. **2.** *Прост.* Дружеск. или фамильярн. обращ. к знакомым женщинам, равным или младшим по возрасту, положению. **Девчо́нка.** *Прост.* Дружеск. или фамильярн. обращ. к девочкам, девушкам. Употр. старшими или равными (преимущ. во мн. числе). *Старый Ванька захохотал. — Теперь мы помрём! — говорил он. — Не горюй о нас, девчонка...* А. Платонов. Джан. ▱ [Студентка — подругам:] *Девчонки, словарь есть? Передайте, пожалуйста.* (1992). **Девчо́ночка.** *Прост.* Ласк. *«Эх, девчоночки вы мои, девчоночки! Съели-то хоть кусочек, спали-то хоть вполглазика?» — «Не хотелось, товарищ старшина...» — «Да какой я вам теперь старшина, сестрёнки? Я теперь вроде как брат. Вот так Федотом и зовите. Или — Федей, как маманя звала...»* Б. Васильев. А зори здесь тихие... **Девчо́нушка (Девчену́шка).** *Прост.* и *обл.* Ласк. обращ. к девушке. ▱ *Ой, девчонушка размилая! С кем, девчоночка, ночку гуля-*

ла? **Девчу́рка. Девчу́шка. Девчу́шечка.** *Прост. Ласк. обращ.* старших к девочкам, девушкам. ▱ [Бабушка — внучке и её подругам:] *Принесите-ка, девчушечки, водички, надо картошку помыть* (1991). **Ди́вчина.** *Прост. и обл.* Девушка. **Ди́вчинушка.** *Прост. и обл. Ласк.* к Дивчина. ▱ *Ты, дивчинушка, радость моя, Я на тебе не женюся.* СРНГ.

Де́верь. ⚭ *Малоупотр. шутл., обращ.* к брату мужа. Вежливо к деверю обращаются по имени, имени-отчеству или *братец* (устар). ▱ *Назову я свёкра батюшком, Назову свекровку маменькой, Назову деверей братцами, Назову золовок сестрицами. За это млада да не буду худа.* (Нар. песня). **Деверёк. Деверёчек.** ⚭ *Разг. Ласк.* **Девери́лко. Девери́лушка. Девери́лушко. Девери́нушка. Девери́нушко. Деве́рьице. Деве́рьюшка. Деве́рюшка. Деве́рюшко.** ⚭ *Обл. Фольк. Ласк.* или *шутл. обращ.* к деверю. ▱ *Меня станет свёкор бить, Деверилко, уж ты меня отними.* ▱ *Деверилушка, мужнин брат, Проводи меня у клетку спать.* ▱ *Деверинушка не чужой, Деверинушка — мужнин брат, Проводи меня к мужу* (песня). ▱ *А же вы деверьица названые! Не знаю Михайлы Потыки сына Иванова.* ▱ *Навстречу мне деверёк. Деверьюшка, батюшка, проводи меня домой.* ▱ *Деверюшка, деверёк, невестушки не сберёг* (песня). СРНГ.

Дед. 1. *Разг.* Обращение внуков к деду. В детск. речи это чаще редуцированная, звательн. ф. от **Деда. Де́до** (*прост. и обл.*), как Па(п). Ма(м). Ба(б). ▱ *Деда, а дед, расскажи сказку* (1990). *Сидит этот старик и ножичком вырезывает из сосновой коры что-то, а парнишко, видно внучонок, наговаривает: «Ты, дедо, сделай, чтобы лучше Митюнькиного наплавочек был».* П. Бажов. Железковы покрышки. | В сочет. с именем собственным: *Деда Митя. Деда Паша. Деда Иван.* **2.** *Прост. Шутл. обращ.* жены к мужу (обычно, когда в семье уже есть внуки). ▱ *Иди, дед, топи баню, ребята скоро приедут.* **3.** *Прост. Фамильярн. обращ.* (на «ты») к пожилому человеку. *А когда проснулся — из лесу выехало двое конных. Один из них крикнул деду: «Иди сюда, дед!»* М. Шолохов. Родинка. *Вскоре его догнала лошадь с подводой. Пётр Александрович не стал просить его подвезти, а лишь взглянул на мужика-возницу. И тот остановил лошадь. «Са-* *дись, дед, вижу, откуда идёшь. Что ж мы не православные?» — «Ну спасибо, подвези, ради Бога».* Б. Гусев. Мой дед Жамсаран Бадмаев. *«Ты чем тут занимаешься, дед?» — спросил старика лётчик.* К. Паустовский. Шиповник. ‖ Более вежлив. — в сочет. с полным именем собственным (*дед Иван, дед Григорий*) или с эмоциональными эпитетами *милый, дорогой* и т. п. *Он [пан] и говорит: «Вот что, дед Захар, я оченно уважаю твои заслуги перед моим папашей, но внуков твоих вызволить не могу. Они коренные смутьяны. Смирись, дед, духом».* М. Шолохов. Лазоревая степь. *[Андрей (Ферапонту):] Милый дед, как странно меняется, как обманывает жизнь!* А. Чехов. Три сестры. **4.** *Прост. Шутл. мужск.* (преимущ. молодёжн.) *обращ.* к приятелю. То же, что Старик (в 3 знач.). *Ко дню моего приезда Стасик был изнурён недельным запоем. Он выпросил у меня рубль и коричневые перфорированные сандалии. Затем рассказал драматическую историю: «Дед, я чуть не разбогател. Я придумал исключительный трюк…»* С. Довлатов. Заповедник. ‖ В Сов. Армии неофиц. солдатск. обращ. к старослужащему. ▱ *Пошли, дед, чифанить* [«есть»] (1970). **Де́да.** *Прост. и обл.* Дед Иларий кадушечку делал, говорит ему солдат: *«Брось, деда, делать, всё одно всё сгорит».* Деда говорит: «А чо, зажигать чо ли будут?» А. Герасимов. Повесть о Дубческих скитах. ‖ *Обл.* К отцу свёкра, свекрови, тестя, тёщи. ▱ *Деда, идите ужинать!* СРНГ. **Деда́й.** ⚭ *Обл.* Дедушка. ▱ *Раньше деда называли дедай. Счас ещё можно услышать.* ▱ *Дедай, ты мне якорь сделай.* СРНГ. **Деда́н.** ⚭ *Обл., фамильярн.* То же, что Дед (в 1 и 3 знач.). ▱ *Дедушка — дедан! Куда бабушку девал? Под овин пихнул, метлой заткнул.* СРНГ. **Деда́ня. Де́данько. Де́дачка. Де́динька. Де́дичка.** ⚭ *Обл. Ласк.* детск. или женск. к Дед (в 1 и 3 знач.). ▱ *Приятно нам эта, дедичка, слышать, как вас пороли.* СРНГ. **Де́дко.** ⚭ *Обл.* Дед, дедушка. *Старый пастух ласковый попался, жалел сироту, и тот временем ругался. «Что только из тебя, Данилко, выйдет? О чём хоть думка-то у тебя?» — «Я и сам, дедко, не знаю…»* П. Бажов. Каменный цветок. *Однажды [Алексей] возвращался с покоса домой и в дядловском мелколесье набрёл на колхозное стадо. Пастух, дедко Знобишин, сидел на дряхлом пне,* опустив локти на колени, разговаривал о чём-то с Клавкой <...>. «Здравствуй, дедко Знобишин». — «Здоровенько бегаешь. С покоса, надоть быть? Погодка — сенцо на граблях сохнет». И. Акулов. В вечном долгу. | Фамильярн. — к незнакомому или малознакомому пожилому мужчине. *Егоровича затянули в свою компанию какие-то нездешние вербованные: «Дедко, а дедко?» — «А?» — «На-ко дёрни стопочку <...>. — Давай, давай, батя!..»* В. Белов. Целуются зори... **Дедо́к**. Прост. Ласк. или фамильярн. к Дед (в 3 знач.). — *Мы — красные, дедок ... Ты нас не бойся, — миролюбиво просипел атаман. — Мы за бандой гоняемся, от своих отбились...* М. Шолохов. Родинка. **Деду́ля (деду́ль)**. Разг. Ласк. к Дед, Дедушка. [Внучка:] *Дедуля, баба сказала картошки накопать* (1991). — *Дедуль! А дедуль!* — *закричав у самого уха, обратилась к старику Галина. — Костя на обед не приходил? А отец с матерью?* Е. Рожков. Формула счастья. **Деду́ленька. Деду́лечка**. Разг. Ласк. Обычно детское или женское обращ. **Деду́ня (Деду́нь)**. То же, что Дедуля. [Внучка:] *Ой, дедунь, проходи. А мы тебя ещё вчера ждали* (1992). [Кассир:] *Дедуня, мне ещё пятнадцать копеек надо, а эти три рубля ты себе забери* (1992). **Деду́нюшка**. Прост. и обл. Обычно детск. или женск. обращ. *Мишка вовсе исчезает за дверью. Выглядывая в щёлку, пытливо караулит каждое движение деда, потом заявляет: «Погоди, погоди, дедунюшка!.. Вот выпадут у тебя зубы, а я жевать тебе не буду!.. Хоть не проси тогда!»* М. Шолохов. Нахалёнок. **Деду́ся. Деду́сенька. Деду́сечка**. Разг. Ласк. То же, что Дедуля. Дедуленька. **Де́душка**. Разг. (**Де́душко**. Обл.). **1.** Вежл. обращ. внуков к деду. *«Ах! что ты? что ты, внученька? <...> Нам правды не найти». — «Да почему же, дедушка?»* Н. Некрасов. Кому на Руси жить хорошо. — *Дедушка, ты не спи, ты уж выспался,* — *сказал нынче утром Афоня дедушке.* А. Платонов. Цветок на земле. **2.** Разг. Вежл. или ласк. обращ. значительно младшего по возрасту к старику. *«Что, дедушка, тяжело было на каторге?» — «Несладко, барин».* Д. Мамин-Сибиряк. Разбойники. *Вот подошёл этот Семёныч, поздоровался. Ребята радёхоньки, зовут его к себе: «Садись, дедушко,* похлебай ушки с нами».* П. Бажов. Про Великого Полоза.

Де́ло. ♦ **И то дело.** ♦ **Доброе дело.** ♦ **Милое дело.** ♦ **Нужное дело.** ♦ **Хорошее дело** и т. п. Разг. Формы похвалы, одобрения чего-л. совершённого собеседником или высказанных им намерений. — *Отцу пособлять пришёл, Натал Гаврилыч? Дело, друг, дело. Давно пора, а то где ж ему одному управиться.* П. Бажов. Таюткино зеркальце. *«Куда Бог несёт?» — спросила Манефа. — «Имею усердие отцу Софронтию поклониться, — ответил Василий Борисыч. — Завтра, сказывают, на его гробнице поминовение будет, так мне бы очень желательно там побывать». — «Доброе дело, Василий Борисыч, доброе дело», — одобряла московского посланника Манефа.* П. Мельников (Печерский). В лесах. [Елена (входит):] *Здравствуйте, Василий Васильевич! Здравствуйте, Акулина Ивановна... [Бессеменов (сухо):] А... вы-с? Пожалуйте... что скажете? [Елена:] Да вот — деньги за квартиру принесла... [Бессеменов (более любезно):] Доброе дело... Сколько тут? Четвертная... [Елена:] Я не люблю быть в долгу... [Бессеменов:] Распрекрасное дело! Зато всяк вам и доверит...* М. Горький. Мещане. См. также Милый. Хороший. ♦ **Вестимо(е) дело.** Прост. ♦ **Знамо дело.** Прост. ♦ **Известное дело.** Разг. Действительно, точно, так. Употр. как подтверждение сказанного собеседником, для поддержания разговора. См. Вестимо. Знамо. Известно. [Аким:] *Ладишь, значит, как себе лучше, да про Бога, тае, и запамятуешь, думаешь лучше, <...> ан хуже много, без Бога-то. [Пётр:] Известное дело! Бога помнить надо.* Л. Толстой. Власть тьмы. ♦ **Грешным делом.** См. Грех. ♦ **Дело Ваше (твоё).** Разг. Как хотите, поступайте по своему усмотрению, часто — в ответ на несогласие собеседника, на отказ следовать совету. *«Так не пойдёте со мной?» — «Да нет, знаете, в другой раз как-нибудь». — «Ну, дело ваше»* (1991). [Стогов:] *Мне тебя жалко. [Полина:] Не верю. [Стогов:] Это — дело твоё, не верь.* М. Горький. Фальшивая монета. ♦ **Дело поправимое.** См. Поправимое дело. ♦ **Дело пытаешь аль от дела лытаешь?** Прост. и обл. Фольк. Куда, с какой целью идёшь? Вопрос встречному, равному или младшему по возрасту. «*Отколь будешь, девица?*» — *спросила её та женщина.* — «*Из Комарова, тётушка*», — *робко ответила Таня‹...›.* — «*Что раненько таково?.. Куда идёшь — пробираешься? Дело пытаешь, аль от дела лытаешь?*» — *спросила она.* — «*По своему делу*». П. Мельников (Печерский). В лесах. [Лытать — обл. уклоняться от дела, шляться, шататься]. ♦ **Как (твои, Ваши; у тебя, у Вас) дела? (Как делишки?)** См. Как. ♦ **Дела́ как сажа бела́.** *Прост.* Неважно, так себе. Шутл. или с оттенком горькой иронии ответ на обычный при встрече со знакомым вопрос «Как дела?» «*А как твои дела?*» — *спросит.* — «*Да наши дела как сажа бела. Вы как, батюшка?*» — «*Живём и мы, скажет, по грехам нашим, тоже небо коптим*». Ф. Достоевский. Записки из Мёртвого дома. «*Николай Лексеич! Опять, вишь, встретились*». — «*Как дела, Степан?*» — «*Наши дела как сажа бела, Николай Лексеич. Работаем! Да только харчи вздорожали. Опять же штрафуют часто. Очень недоволен народ*». П. Лосев. На берегу великой реки. ♦ **Дела идут, контора пишет (рупь дадут, а два запишут).** *Прост.* Шутл. ответ на вопрос: Как дела? ♦ **Дела, как в Польше (тот пан, у кого денег больше).** *Прост.* Шутл. ♦ **(Какие у нас дела!) Дела у прокурора, у нас делишки.** *Прост.* Шутл.-фамильярн., преимущ. мужск., ответы на вопрос «Как дела?»

День плакать, а век радоваться! См. Радоваться.

Деньги. ♦ **Деньги — дело наживно́е.** ♦ **Деньги не голова: наживное дело.** ♦ **Деньги потерял — ничего не потерял.** *Погов.* Говорятся в утешение тому, кто огорчён тем, что растратил или потерял свои деньги. ♦ **Не в деньгах счастье.** *Погов.* Совет равному или младшему по возрасту, положению не гнаться за деньгами, не рассчитывать на богатство как залог счастливой жизни. «*Зарплата, правда, небольшая. Да я за зарплатой и не гонюсь...*» — «*И не надо гнаться*, — *одобрила Даша.* — *Не в деньгах счастье, Это и раньше говорили*». П. Нилин. Жучка. ♦ **Не с деньгами (богатством) жить, а с человеком (с добрыми людьми).** *Погов.* Добрый нрав, характер, хорошие отношения между людьми дороже денег, богатства. **1.** Употр. как форма совета старших молодым людям при выборе жениха, невесты ценить прежде всего человеческие качества, а не на богатство. **2.** Употр. как форма утешения, ободрения тех, кто выходит замуж или выдаёт дочь за небогатого, женится на небогатой. ♦ **Всем бы денежкам вашим покатом со двора, а на их место сто на сто!** ⌛ *Прост.* Шутл. пожелание хозяевам. ♦ **Деньги будут — заходи.** См. Заходи/те.

Деревня горит! ⌛ *Обл.* Приветственное пожелание сбивающему масло, как Масло на мутовку. Масло комом.

Держа́внейший, -ая. ⌛ *Офиц. Эпист.* Один из этикетных эпитетов Российского императора (императрицы), употр. в офиц.-делов. бумагах, направляемых подданными на высочайшее имя. *Всепресветлейший, Державнейший, Великий Государь Император Александр Павлович, Самодержец Всероссийский, Государь Всемилостивейший! / Просит коллежский секретарь Александр Пушкин, а о чём, тому следуют пункты: ...* А. Пушкин. Прошение в Коллегию Иностранных дел. 2 июня 1824.

Держи. Сокращение от ♦ **Держи руку (карда́н, корягу, краба, пять).** *Прост.* Формула дружеск. или фамильярн. мужск. (преимущ. молодёжн.) приветствия, прощания, поздравления с рукопожатием. «*Разумный ты человек, Савельич. Как сосед соседу говорю тебе. А я — дурак. Верно сказано. Держи*». — *Володя сунул Григорию Савельичу свою крупную, но немного сейчас вялую пятерню, поднял чемодан и пошёл со двора.* В. Куропатов. Хомо сапиенс. ▭ [*Студент — приятелю, вышедшему с экзамена:*] «*Ну как?*» — «*Порядок*». (*Показывает четыре пальца*). — «*Держи пять*». (1991). См. также Рука.

Держи голову (нос) выше (повыше)! *Разг.* Дружеск.-шутл. форма ободрения родственника, приятеля, знакомого, равного или младшего по возрасту, положению. *Он [папа] обнял меня за плечи и сказал, когда мы шли домой: «Это всё ещё будет в твоей жизни. И трава, и речка, и лодка, и собака... Всё будет, держи нос повыше!»* В. Драгунский. Старый мореход. ♦ **Выше голову!** *Разг.* «*Ничего, это ничего,* — *всхлипывала Варя, утирая платочком слёзы.* — *Это пройдёт. Я, должно быть, утомилась... Мало спала...*» — «*Нет,*

нет! Это оттого, что мало выпила, — крикнул Герасимов. — Мы сейчас, пожалуй, повторим по полной, по полной...» — «Выше голову, Варя!» Б. Можаев. Мужики и бабы. Поведение ассистента в самом деле было бездарным: он не мог улыбнуться, сделать той малости, ради которой и явился к нему Гай. «Голубчик, — говорил он, — вы же одарённый и умный человек, почему вы такой робкий?» Но перед ним по-прежнему маячила безжизненная маска. «Выше голову! — Гай сделал последнюю попытку расшевелить. — С таким руководителем вы не пропадёте! Завтра с утра я жду вас на кафедре!» Ю. Нагибин. Пик удачи.

Держи хвост пистолетом (морковкой, трубой)! *Разг.* Дружеск.-шутл. ободрение, употр. по отнош. к родственнику, приятелю, близкому знакомому, равному или младшему по возрасту (чаще — мальчику, юноше, мужчине).

Держи/те себя в руках. Формула совета при утешении. В сочет. со словами *надо, нужно, необходимо, должен* совет приобретает оттенки необходимости, долженствования. Употр. обычно в сочет. с другими формами утешения, сочувствия. ▭ *Ничего, всё, даст Бог, обойдётся. Вы только не падайте духом, держите себя в руках* (1991).

Держись (Держитесь). *Разг.* Форма ободрения собеседника, находящегося в трудном, опасном положении. *Старик подвигал туда-сюда бровями, словно сметая в кучку остатние мысли, какие ещё собирался вымолвить, но, смешавшись, махнул рукой. — Ну, да ладно... Хотел ещё чево сказать, да што тут говорить... Ступайте с Богом, держитеся... Это и будет вам моё слово. На том и выпейте.* Е. Носов. Усвятские шлемоносцы. *Врач резал вдоль и поперёк, Он мне сказал: «Держись, браток!» Он мне сказал: «Держись, браток!» — И я держался.* В. Высоцкий. Тот, кто раньше с нею был... ♦ **Вот так и держись.** *Разг.* Форма похвалы, одобрения собеседника, равного или младшего по возрасту, положению. — *Молодец, Маклак! Вот так и держись.* — *Зиновий хлопнул Федьку по плечу.* — *Бей своих, чтоб чужие боялись...* Б. Можаев. Мужики и бабы.

Дети. **1.** Обращение родителей, а также вообще старших по возрасту к детям. *Встал родитель, покаянно перекрестился, да и говорит: «Вот, дети, никогда не скажите, что этот вот праздник маленький. У Бога все большие!»* П. Еремеев. Обиход. *Я приеду к Пете, я приеду к Поле. — Здравствуйте, дети! Кто у вас болен? Как живёте, как животик?* В. Маяковский. Кем быть? **2.** Возвыш.-покровительств. или шутл. обращение старшего к значит. младшим по возрасту. *«Дети! — промолвила она [Одинцова] громко, — что, любовь чувство напускное?» — Но ни Катя, ни Аркадий её даже не поняли.* И. Тургенев. Отцы и дети. ♦ **Дети мои.** *Возвыш.* ▭ *[Отец жениха, поздравляя молодых:] Будьте счастливы, дети мои, живите в мире и согласии* (1992). — *Слушайте, дети мои! — вдруг сорвавшимся голосом крикнул полковник Малышев, по возрасту годившийся никак не в отцы, а лишь в старшие братья всем стоящим под штыками, — слушайте!* М. Булгаков. Белая гвардия. **Детишки.** *Разг.* Уменьш.-ласк. к Дети (в 1 знач.). *У меня секретов нет, — слушайте, детишки, — папы этого ответ помещаю в книжке.* В. Маяковский. Что такое хорошо и что такое плохо. **Детёшки.** ⌀. *Обл.* То же, что Детишки. **Дети́на.** ⌀. *Прост.* и *обл.* Фамильярн. или дружеск. мужск. обращ. старшего по возрасту или положению к парню или холостому мужчине. *«О чём задумался, детина? — Седок приветливо спросил. — Какая на сердце кручина, Скажи, тебя кто огорчил?»* (Нар. песня). **Дети́нушка (Детинушко).** ⌀. *Прост.* и *обл.* Ласк. к Детина. **Де́тка.** ♦ **Детка моя.** **1.** *Разг.* Ласк. обращ. к дочери, сыну. — *Мама, гляди: воробей! — Молчи, детка, молчи! — сказала мать.* А. Чехов. Беглец. *[Соня:] Я люблю его, мама, он такой славный! [Марья Львовна:] Соня, детка моя, ты будешь счастлива!* М. Горький. Дачники. **2.** **Детка.** *Прост.* Ласк., преимущ. женск. обращ. к чужому ребёнку. — *Мальчик, а мальчик! Поди-ка, детка, сюда, напои бабушку водичкой.* В. Куропатов. Завтра в Чудиновом Бору. *Попадья, проходя мимо Мишки, больно ущипнула его за руку и ласково улыбнулась: «Идите, детки, в сад, не мешайте здесь!»* М. Шолохов. Нахалёнок. ‖ *Разг.* Ласк. обращ. старшего по возрасту, положению к младшему (чаще — к родственнице, близко знакомой девушке, женщине). — *Зина! — тревожно закричал Филипп Филиппович* [домработнице], — убирай, детка, водку, больше не нужна! М. Булгаков. Собачье сердце. [Турбин — сестре:] Леночка, если сегодня я почему-либо запоздаю и если кто-нибудь придёт, скажи — приёма нет. Постоянных больных нет... Поскорее, детка. М. Булгаков. Белая гвардия. Детка моя, когда бы ты знала, какой тоской полон я, желая тебя видеть. М. Горький. Письмо Е. П. Волжинской, 6 июня 1896. | Шутл.-покровительственно. (За дверью голоса, и нарядная горничная впускает Екатерину Ивановну, в чёрной бархатной шубке, вуали и шляпке, и Ментикова — последний без верхнего платья.) [Екатерина Ивановна:] Здравствуйте, детки! Как тут у вас весело. Не целуйте руку в перчатке, Павел Алексеевич, я не люблю, когда целуют в перчатках. Л. Андреев. Екатерина Ивановна. **Де́тонька. Де́точка. ♦ Де́точка (де́тонька) моя́.** Разг. Уменьш.-ласк. к Детка. Приуныли наши ребятушки. Матери сказали, та и вовсе вой подняла: «Ой, да что же это, детоньки, поделалось! Да как мы теперь жить станем!» П. Бажов. Змеиный след. И в это-то время отворяется дверь и является сам Демидов с Перским и говорит: «Здравствуйте, деточки!» — Все молчали. <...> Демидов повторил: «Здравствуйте, деточки». — Мы опять молчали. <...> Тогда Перский, видя, что из этого произойдёт большая неприятность, сказал Демидову громко, так что все мы слышали: «Они не отвечают, потому что не привыкли к выражению вашему «деточки». Если вы поздоровается с ними и скажете: «здравствуйте, кадеты», они непременно вам ответят». Н. Лесков. Кадетский монастырь. [Екатерина Ивановна — мужу:] Да, слушай. Нет, ты слушай внимательно. [Григорий Дмитриевич:] Слушаю, деточка. Л. Андреев. Екатерина Ивановна. «Куда это вы, деточка, направились?» — внезапно раздаётся за моей спиной голос одной из наших старушек хозяек. А. Никольская. Пропавшие письма. ▫ [Бабушка провожает внучку на вокзале:] Внуча, детонька моя, ты из дома напиши мне, а то маме некогда всё. (1992). ▫ [Девочка в автобусе — старушке:] «Бабушка, садитесь, пожалуйста». — «Сиди, сиди, родненькая». — «Садитесь, садитесь». — «Спасибо, деточка. Дай Бог тебе здоровья» (1992). | С оттенком жалости, сочувствия. [Соня (прижимаясь к няне):] Нянечка! Нянечка! [Марина:] Ничего, деточка. Погогочут гусаки — и перестанут... Погогочут — и перестанут... А. Чехов. Дядя Ваня. — Тётя Зина в испуге спрашивала: «Деточка, что с тобою?» Ксения била кулаками по подушке и повторяла: «Тётя, тётя, зачем ты мне не объяснила, что значит выйти замуж?!» В.Вересаев. Невыдуманные рассказы. **Де́тушки.** ⌛ Прост. и фольк. Ласк. к Дети. Качая младшего сынка, крестьянка старшим говорила: — Играйте, детушки, пока! Н. Некрасов. Соловьи. — Умирать, мой друг, всем придётся! — сентенциозно произнесла Арина Петровна. — Не чёрные это мысли, а самые можно сказать... божественные! Хирею я, детушки, ах, как хирею!.. М. Салтыков-Щедрин. Господа Головлёвы. Комендант обошёл своё войско, говоря солдатам: «Ну, детушки, постоим сегодня за матушку государыню и докажем всему свету, что мы люди бравые и присяжные!» Солдаты громко изъявили усердие. А. Пушкин. Капитанская дочка. Не доехавши до дому вёрст пять ли, десять ли, старичок встал и говорит [молодым]: «Ну, детушки, поезжайте! Я не буду уже с вами больше». Фольк. Николай-чудотворец. Зап. в 1915 г. **Дету́к (Дитю́к).** ⌛ Обл. Обращение к мужчине; то же, что Дядя (в 3 знач.). ▭ Что продаёшь, детюк? СРНГ. **Ди́тенько.** ⌛ Обл. Ласк. к Дитя (дитё). Дитё моё дитенько, Что ходишь невесело? (Песня). СРНГ. **Дитёнок.** ⌛ Обл. и прост. Ласк. обращ. к ребёнку. «А то ещё каменный цветок есть <...>. Несчастный тот человек, который каменный цветок увидит». — «Чем, бабушка, несчастный?» — «А это, дитёнок, я и сама не знаю». П. Бажов. Каменный цветок. **Дитю́ся. Дитю́сенька.** Разг. Интимно-ласк. [Любовь Андреевна — Анне:] Ненаглядная дитюся моя. (Целует ей руки.) Ты рада, что ты дома? Я никак в себя не приду. А. Чехов. Вишнёвый сад. **Дитя́. ♦ Дитя́ моё.** ⌛ 1. Возвыш. обращ. к ребёнку (обычно в поэтич. речи). К отцу, весь издрогнув, малютка приник; Обняв, его держит и греет старик. — Дитя, что ко мне ты так робко прильнул? В. Жуковский. Лесной царь. Спи, дитя моё, усни! Сладкий сон к себе мани. А. Майков. Колыбельная песня. 2. Ласк. или покровительств. обращ. старших по возрасту, родных, близких людей к девушке. Но, дверь тихонько отпирая, Уж ей Филипьевна седая Приносит на подносе чай: «*Пора, дитя моё, вставай*». А. Пушкин. Евгений Онегин. *[Людмила:] Как я рада за тебя, папа! [Маргаритов:] За меня? Мне уж, Людмила, ничего не нужно; я для тебя живу, дитя моё, для одной тебя.* А. Островский. Поздняя любовь. *[Наталья Петровна (обнимает её одной рукой и притягивает к себе:)] Вера, дитя моё, будь со мной, как бы ты была с твоей матерью, или нет, лучше вообрази, что я твоя старшая сестра, и давай потолкуем вдвоём обо всех этих гусарах... Хочешь?* И. Тургенев. Месяц в деревне. *[Войницкий — Соне (проведя рукой по её волосам:)] Дитя моё, как мне тяжело! О, если б ты знала, как мне тяжело!* А. Чехов. Дядя Ваня. ♦ **Благословенное дитя**. ⬚ *Обл. Фольк.* ▱ *Уж ты свет моё солнышко, ты дитя благословенное! Ты живи, моя голубушка* (песня). СРНГ. **Дитятко**. ⬚ *Прост. Ласк.*, преимущ. женск. обращ. к ребёнку или к лицу, значит. младшему по возрасту. *Женщина и верно котомочку расстегнула и пальцем манит к себе Танюшку: «Иди-ко, дитятко, погляди на моё рукоделье».* П. Бажов. Малахитовая шкатулка. *При обязательном труде* [т. е. при крепостном праве] *была в Егорьевском бабушка — всё знала. Вот пристав Богословский её и зовёт. «К чему, бабушка, эта заря?» — «А к непогоде, дитятко, к непогоде».* Фольк. Старушка и пристав. Зап. в 1938. — *Иду я по базару, хотела туфли сменить, смотрю, а она* [девочка] *на лодочке-то сидит, знаешь, там лодочка-то каменна, уковырнутая? — Слазь, — говорю ей, — дитятко, не ровён час, застудишься...* Т. Горбулина. Улица Коммунарка, чётная сторона.

Джентльме́н. [Англ. gentleman — 1. В англ. обществе — «вполне порядочный человек», т. е. человек, строго следующий светским правилам поведения (первонач. — человек, относящийся к привилегированным слоям общества). 2. Корректный, воспитанный, благородный человек]. **1.** *В знач. сказуем. Разг.* Шутл. или ирон. комплимент в адрес знакомого, внешне корректного, по-европейски одетого юноши, мужчины. *Иван Иванович был одет по-праздничному: в сером галстуке «чёрная бабочка» <...>. Глянув на Ивана Ивановича, Николай Кораблев протянул: — О-о-о! Вы просто джентльмен.* Ф. Панфёров. Борьба за мир. ♦ **Вы вели (повели) себя как (настоящий, истинный) джентльмен,** т. е. достойно, благородно, как подобает воспитанному мужчине. Комплимент юноше, мужчине. **2.** *Обычно во мн. ч. Шутл.* обращ. к друзьям, знакомым, реже — к незнакомым, равным или младшим по возрасту, положению. — *Пахнет порохом! — радостно возвестил Лёва Православный. — К барьеру, джентльмены! К барьеру! Не робеть.* В. Тендряков. Свидание с Нефертити. *Приезжают к нам московские «челноки» торговать. Ну, а он у них — самый главный начальник. «Челноки» — по частным квартирам, а этот — в гостинице, в одноместном номере. Красавец, сил нет. Весь из себя в малиновом пиджаке. Златая цепь — это святое. То он с тростью, то с каким-то немыслимым чемоданом-кейсом. К женщинам обращается «сударыня», мужикам нашим у пивного ларька говорит «джентльмены». Те изумлены до икоты, но приосаниваются. А девчонки, конечно, млеют.* И. Катерли. Тот свет. ♦ **Будьте джентльменом** (сделай/те что-л.). *Разг.* Шутл.-комплиментная просьба сделать что-л. приличествующее благовоспитанному юноше, мужчине; как подобает джентльмену. *[Серафима:] Коля, будьте джентльменом, проводите даму до трамвайной остановки.* Н. Погодин. Цветы живые.

Джиги́т. [Тюрк. — смелый наездник; храбрый мужчина. *Долго лопотали, вскочил чёрный* [татарин], *подошёл к Жилину: — Урус, говорит, джигит, джигит урус! Джигит по-ихнему значит «молодец».* Л. Толстой. Кавказский пленник.] **1.** *В знач. сказуем. Разг.* В русскоязычн. среде — шутл. похвала, одобрение в адрес ловкого, смелого мальчика, юноши, молодого мужчины. ▱ [*Студенты возле колхозного поля садятся обедать. Подъезжает машина, в кузове которой стоит улыбающийся студент Курбан А., лезгин. Он привёз с полевого стана флягу с молоком. Радостные голоса:] Ура! Ай да Курбан! Ну, джигит!* (1974). **2.** *Разг.* Шутл. обращение к ребёнку. ▱ [*Пожилой мужчина в переполненном автобусе усаживает стоявшего рядом малыша к себе на колени:] Ну, иди сюда, джигит, будем в окошко мультики смотреть* (1992).

Ди́вный, -ая, -ое; -ые. Удивительный, прекрасный, чудный. *Экспрессив. Возвыш.* эпитет-комплимент. ▣ *Ваш дивный голос...* ▣ *Благодарю вас за дивный вечер* и т. п. ‖ В знач. обращения или сказуемого. Возвышенно-страстный или манерный комплимент в адрес любимой женщины. «*Опишите меня, Вольдемар!*» — *говорила дамочка, грустно улыбаясь. <...> «Чудная!* — *лепечет писатель, целуя руку около браслета.* — *Не вас целую, дивная, а страдание человеческое! Помните Раскольникова? Он так целовал».* А. Чехов. Загадочная натура. *[Надежда (спокойно):] Это просто даже неприлично, Сергей Николаевич! Как будто я какая-нибудь этакая... [Цыганов:] Вы — дивная, вы — редкая... страшная. И я люблю вас — поверьте мне! Люблю, как юноша... Вы... сила!* М. Горький. Варвары. **Дивно**, *нареч.*, или *в знач. сказуем.* ▣ *Вы дивно пели!* ▣ *Дивно, чудно!*

Для друга (и) семь вёрст не око́лица. (♦ **Для милого дружка́ и семь вёрст не око́лица.**) *Разг.* Фраза, которую говорят при встрече собеседнику в качестве шутл. комплимента с целью подчеркнуть, что ради встречи с ним, близким, дорогим человеком, и длинный, окольный путь кажется коротким. *В задумчивости <...> о странности положения своего стал он [Чичиков] разливать чай, как вдруг отворилась дверь его комнаты, и предстал Ноздрёв никак неожиданным образом — Вот говорит пословица: «Для друга семь вёрст не околица!» — говорил он, снимая картуз. — Прохожу мимо, вижу свет в окне, дай, думаю себе, зайду, верно, не спит.* Н. Гоголь. Мёртвые души. *[Старый князь Николай Андреевич] подошёл к князю Василию. «Ну, здравствуй, здравствуй, рад видеть».* — *«Для милого дружка семь вёрст не околица», — заговорил князь Василий.* Л. Толстой. Война и мир.

Для (милого) дружка́ и серёжка (серёжку) из ушка́. *Разг.* Для близкого дорогого человека ничего не жалко. Положительный шутл.-комплиментный ответ на просьбу. *Муж моей сестры <...> отсчитал две тысячи и сказал: «Для милого дружка и серёжка из ушка».* М. Салтыков-Щедрин. Мелочи жизни. В сфере сеяния. *Понадобился кому гвоздик, лоскуток сукна, старые башмаки вместо калош во время грязи, — где взять их, как не у старьёвщика, и от дяди Игната не бывало никогда отказа. «Для дружка последняя серёжка из уш-* *ка»,* — *промолвил <...> он, удовлетворяя просьбу.* В. Кокорев. Старьёвщик. — *Ладно, ладно! для дружка И серёжку из ушка! Отыщу я до зарницы Перстень красной Царь-девицы.* П. Ершов. Конёк-горбунок.

До + (сущ. род. пад. со знач. времени, события). Типизированная модель формул прощания с намерением, пожеланием встретиться вновь (иногда с указанием времени и места встречи). Может употребл. в составе усложнённых форм прощаний в сочет. со словами *прощай/те, пока* и др. При офиц. или повышенно вежл. прощании употр. в сочет. с обращением. [Вероятно, сокращение от ♦ **Прощайте до...**]. ♦ **До свидания.** ♦ **До скорого свидания.** ♦ **До приятного свидания.** ▣ *Любезн.* ♦ **До скорого.** *Прост.* ♦ **До свидания в...** ♦ **До свиданьица.** *Прост., ласк.* ♦ **До свиданья, милое (нежное) созданье.** *Прост., шутл. или ирон.* ♦ **До завтра.** ♦ **До вечера.** ♦ **До (новой, скорой) встречи (в...).** ♦ **До следующего письма.** ♦ **До поба́ченья** [Укр. ♦ **До побачення**]. В русскояз. среде — *шутл.* ♦ **До первого поцелуя!** ▣ До свидания (В. Даль). ♦ **До осени (лета, ночи, утра...)** и т. п. *[Самозванец:] Итак, друзья, до завтра, до свидания. [Все:] В поход, в поход!* А. Пушкин. Борис Годунов. *Жду вашего ответа, чем скорее, тем лучше. Если бы вы знали, как я теперь жажду обнять вас! До свидания! Как прекрасно это слово.* Н. Гоголь. Письмо С. Т. Аксакову. 5 марта 1841. *[Доктор:] Ну прощайте! [Барыня:] Не прощайте, а до свидания. Вечером я вас всё-таки жду; без вас я не решусь.* Л. Толстой. Плоды просвещения. *[Дарья Ивановна:] Граф, я заранее прошу у вас извинения за провинциальный наш обед. [Граф:] Хорошо, хорошо... До свидания в Петербурге, провинциалка!* И. Тургенев. Провинциалка. *Павел Петрович достал свою трость... «Засим, милостивый государь, мне остаётся только благодарить вас <...>. Честь имею кланяться».* — *«До приятного свидания, милостивый государь мой»,* — *промолвил Базаров, провожая гостя.* И. Тургенев. Отцы и дети. *[Дороднов:] Заходи завтра вечерком! Не бойся, неволить не буду, лёгоньким попотчую. [Маргаритов:] Хорошо, хорошо, зайду. [Дороднов:] Ну, так, значит, до приятного.* А. Островский. Поздняя любовь. *И — по до-*

мам, давно пора. Пойдут ребята девок провожать, новые встречи назначать. «До свиданья!» — «До скорого свиданья!» П. Еремеев. Обиход. [Ксения:] Значит, помните уговор, Володька. Завтра в полдень вы ждёте меня с лошадьми на Крестовском, у «Стрелы». И не опаздывать! [Полевой:] Рад стараться. До сладостного свидания, несравненнейшая из всех девушек. Б. Лавренёв. Разлом. [Замыслов (у сцены):] Юлия Филипповна! Пожалуйте! [Юлия Филипповна:] Иду! (Шалимову) Пока до свиданья, господин цветовод! М. Горький. Дачники. Мальчик пошёл вон из трактира. — Фи-ю-ю! — свистнул сапожник вслед ему. — До свидания, нежное создание! М. Горький. Трое. [Кошкин:] Связь держим через заросли на пустыре. Ну, до скорого. [Любовь:] До свидания! Торопись! К. Тренёв. Любовь Яровая. Появился особый жаргон «комиссариатских девиц». <...> Вместо «до свидания» говорят «пока». Вместо «до скорого свидания» говорят — «до скорого». К. Чуковский. Дневник. Запись 30 марта 1920. А вам в ноги припадаю, родители мои старые, горевые, батюшка и матушка. Не печальтесь, не плачьте, жив. Во весь рост стою я, меньшой ваш сын, шире плечами стал, могутней. До радостного свиданьица!.. И. Шмелёв. Письмо молодого казака. «Ну, счастливо, Африканович, с Богом». — «До свиданьица, ежели...» — «Пока...» В. Белов. Привычное дело. Учительница стояла на ступеньках школы, защищая ладонью глаза от солнца: «До новой встречи, товарищ военком». Улыбнулась. Н. Островский. Как закалялась сталь. Целую тебя, родная моя. До скорой встречи. Не грусти и постарайся не очень ослабеть физически. А. Фадеев. Письмо А. В. Фадеевой. 9 авг. 1942. До встречи в эфире (прощание диктора радио со слушателями — 1990). До другого письма! / Твой Гоголь. Н. Гоголь. Письмо М. П. Погодину, 22 сент. 1836. [Доктор:] Ну, так до свидания, до вечера. (Уходит.) Л. Толстой. Власть тьмы. [Берсенев:] До ночи, дети. Леопольд, будь любезен появиться завтра на крейсере. Б. Лавренёв. Разлом. «Прощай, моя голубка, До новых журавлей». С. Есенин. Зелёная причёска... [Матвеевна:] До завтра, Нюрок. [Нюра:] До свидания. В. Розов. В день свадьбы. ▫ «Ну, я пошёл». — «Пока». — «До четверга» (1994).

Добре́ть. Расти, формироваться, становиться сильным, красивым, статным (о человеке). ♦ **Соро́чке (обно́вке) пропадать, на плечах бы тлеть, а могу́тным плеча́м добре́ть да добре́ть!** ▫ *Прост.* Шутл. пожелание здоровья и благополучия тому, на ком видят или кому дарят обнову. ♦ **Соро́чке б тоне́ть, а тебе (моё дитятко) добре́ть!** ▫ *Прост.* Пожелание, которое пришёптывает мать, бабушка или няня, надевая рубашку на ребёнка. [Тоне́ть, т. е. истончаться, изнашиваясь].

Добро́[1]. Сущ. В просторе́ч. формулах пожеланий благополучия, достатка. ♦ **Добру расти́, (а) худу по норам ползти́!** ▫ ♦ **Жить, богатеть, добра наживать, лиха избывать!** ▫ ♦ **Добро кверху, а худо ко дну!** ▫ ♦ **До́брому добро, а худому пополам ребро!** ▫ ♦ **Желаю Вам (тебе) (всякого, всяческого) добра...** и т. п.

Добро́[2]. **1.** Нареч. Прост. Хорошо. В формулах выражения похвалы, одобрения. *Олёша ещё ходил около бани, разглядывал свою работу. Но я уже сидел на полке в сухом, лёгком, ровном жару и вздрагивал от подкожного холода. — Добро, парень, добро протопил. <...> Париться-то будешь?* В. Белов. Плотницкие рассказы. **2.** Безл. в знач. сказуем. Разг. Хорошо. Форма одобрения, похвалы. *Командир соединения, обычно не особенно щедрый на похвалу, на сей раз изволил даже заметить: — Добро!* Н. Устьянцев. Почему море солёное. *Погодя запищал зуммер телефона, и Александр Маркович услышал голос командующего: «Значит, собираетесь, товарищ военврач?» — «Да вроде бы на товсь!» — ответил Левин. «Что ж, добро, добро. Ну, привет Москве, давно я там не был...».* Ю. Герман. Подполковник медицинской службы. ▫ «Деда, я всю кашу съела». — «Вот и добро, умница. А молочко пила?» (1991) **3.** ▫ В знач. утвердит. частицы. Хорошо, ладно, согласен; пусть будет так. ▫ «Приходи же». — «Добро, приду» (В. Даль). **До́бре.** Обл. и прост. То же, что Добро[2] (во 2 и 3 знач.). *«Что бы такого поесть мне, Пульхерия Ивановна?» — «Чего же бы такого? — говорила Пульхерия Ивановна, — разве я пойду скажу, чтобы вам принесли вареников с ягодами, которые я приказала нарочно для вас оставить?» — «И то добре»,* — отвечал Афанасий Иванович. Н. Гоголь. Старосветские помещики. *«Так что же, приезжайте щей откушать; а если нет, так рассержусь, право рассержусь <…>». — «Благодарю вас. Буду, если позволите. Сейчас только в суд заеду». — «Добре, добре, вот это по-нашему, по-приятельски. До свиданья», — говорил Пётр Михайлыч.* А. Писемский. Тысяча душ. *«Здоровеньки булы, братки!» — «Здравствуйте, товарищ. Я председатель колхоза, а это — секретарь партячейки». — «Добре! Ходимте у хату».* М. Шолохов. Поднятая целина. **Добро́м**, нареч. По-хорошему. ♦ **Не поминайте лихом (худом), коли добром нечем (не помянете).** См. ♦ Не поминайте лихом. ♦ **Добром — так вспомни, а злом, так по́лно!** *Обл.* Пожелание ика́ющему [от поверья: когда человек ика́ет, значит, в это время его кто-то вспоминает]. *Иная наелась блинов до икоты, — ей: «Добром — так вспомни, а злом, так полно!»* С. Максимов. Крылатые слова. ♦ **Добром прошу (Вас, тебя).** См. Просить.

Доброде́тель. ♦ **Добродетель мой.** ⌛ *Обл. и прост.* То же, что Благодетель. *— Да, прислали грамоту, — с гордостью продолжал Яков Лукич. <…> — Советская власть энти года диктовала как? Сей как ни мога больше! Я и сеял <…>. А зараз, Александр Анисимович, добродетель мой, верьте слову — боюсь! Боюсь, за эти семь кругов посеву протянут меня в игольную ушку, обкулачут.* М. Шолохов. Поднятая целина. **Доброде́тельница.** Женск. к Добродетель. **Доброде́й (и Доброди́й).** ⌛ *Обл.* То же, что Добродетель. *«А мать твоя?» — «И матери не знаю. По здравому рассуждению, конечно, была мать; но кто она, и откуда, и когда жила — ей-богу, добродию, не знаю».* Н. Гоголь. Вий.

Доброде́тельный, -ая; -ые. ⌛ *Обл. и прост.* Этикетный эпитет в почтит. обращ. к равному или высшему по положению в ситуациях просьбы, благодарности. *— Ради Бога, добродетельная Солоха, говорил он [дьяк], дрожа всем телом <…>. — Ох, спрячьте меня куда-нибудь!* Н. Гоголь. Ночь перед Рождеством. ♦ **Будьте доброде́тельны.** ⌛ *Почтит.* То же, что ♦ Будьте добры. *Будьте добродетельны, сообщите мне, пошло что или нет из них [стихов], так как я нахожусь на военной службе и справиться лично не имею возможности. / Уважающий и почитающий Вас / Сергей Есенин.* С. Есенин. Письмо Л. Н. Андрееву. 30 окт. 1916 г.

Добро́ пожа́ловать (в…, к…, на…)! Форма вежливого, радушного приветствия-приглашения входящему, пришедшему, приехавшему, а также приглашение прийти, приехать, войти, зайти. ▭ *Добро пожаловать, рады вас видеть, проходите, пожалуйста!* ▭ *Добро пожаловать к нам в субботу на новоселье!* ▭ *Добро пожаловать в наш город!* и т. п. *— А, ваше благородие! — сказал Пугачёв, увидя меня. — Добро пожаловать, честь и место, милости просим.* А. Пушкин. Капитанская дочка. *— Добро пожаловать!.. Милости просим!.. — радушно проговорил Михайло Василич Алексею, когда тот, помолившись иконам, кланялся ему, Арине Васильевне и всему семейству. — Значит, добрый человек — прямо к чаю!..* П. Мельников (Печерский). В лесах. *Павел Петрович вынул из кармана панталон свою красивую руку с длинными розовыми ногтями <…> и подал её племяннику. Совершив предварительно европейское «shake hands» [рукопожатие], он три раза, по-русски, поцеловался с ним, то есть три раза прикоснулся своими душистыми усами до его щёк и проговорил: «Добро пожаловать!»* И. Тургенев. Отцы и дети. ♦ **Добро́ жа́ловать. (Прошу́ доброжа́ловать. Доброжа́лую).** ⌛ *Обл.* **1.** Вежлив. ответ на приветствие. *«Бог помочь тебе стадо пасти!» — говорит [пастуху] Василий-царевич». — «Добро жаловать, Василий-царевич».* Царь-девица. Сказка из собр. А. Н. Афанасьева. *Входят [молодцы] во палату белокаменну, Крест кладут по-писаному, Поклон ведут по учёному: «Здравствуешь, ласковый Владимер-князь!» — «Добро жаловать, удалы добры молодцы!»* Добрыня Никитич и Василий Казимирович. Былина. Зап. в 1871. *«Здравствуйте, Иван Евсеевич!» — «Поди-коть, добро жалую».* СРНГ. **2.** Форма радушного приглашения гостей войти в дом, садиться к столу. *«Всем свахам дружки наливают в стакан вина или мёду <…>, и свахи невесты кланяются, просят "доброжаловать" всех в избу».* СРНГ. *Собирает скоро Марфушка почесен пир, Зазывает своих подружек любимых, Ай зовёт-то она Домну Фаламеевну: «Добро жаловать, Домна Фаламеевна, Хлеба-соли ко мне есть да сладка мёда пить!»* Дмитрий и Домна. Былина. Зап.

в 1899. **Добропожа́ловать.** *Обл.* «*Здорово, Иван Григорьевич! С Новым годом вас, с новым счастьем!*» — «*Также и вас, Иннокентий Иванович*», — *отвечает хозяин*, — *приходи-ко добропожаловать*». — *Вот с таких-то здорованьев бывают случаи, что «заводится гулянка».* СРНГ.

Добросе́рдный, -ая; -ые. ⌛ *Прост. и фольк.* Добросердечный, добрый, отзывчивый. ‖ *В знач. сущ. Ласк.* обращение к человеку, оказавшему помощь, услугу, или к тому, на чью помощь рассчитывают. Употр. обычно при выражении просьбы или благодарности. *День-деньской сдирала она [дочка] грязь с печи, побелила, и только присела отдохнуть, слышит таковы слова: «Спасибо, добросердная, уважила. Вот тебе клубочек, приведёт он тебя к богатствам»* (сказка). П. Еремеев. Обиход.

Доброта́. ♦ **Вы (ты) сама доброта!** *Возвыш.* Формула комплимента, употр. обычно при экспрессив. выражении благодарности. **Добро́тушка.** ⌛ *Обл. и фольк. Ласк.* обращение к женщине-родственнице (в свадебных песнях). *Вы добротушки, желанны родны тётушки...* СРНГ.

Доброхо́т. ⌛ *Обл.* **1.** *Ласк.* обращение к мужчине, к собеседнику, особенно малознакомому, приветствие прохожему. ▱ *Откулева, доброхот?* ▱ *Жалкий (т. е. милый) мой доброхот.* ▱ *Чего тебе, доброхот?* ▱ *А не велики ли наши посевы, доброхот!* «*Голубчик, так обращаются к человеку впервые, не зная его имени и отчества. При отсутствии крепостного права и при незнании слова барин в Онежском у ‹езде› доброхотом называли в дореволюционное время и приезжих интеллигентов, и высоких должностных лиц, проезжавших по тракту*». СРНГ. *Дивясь и ужасаясь, детина шагнул к человеку твёрдым шагом: «Кто ты, доброхот мой? Откуда ты?» Незнакомый человек говорит: «Ужели ты меня не узнаёшь?»* Б. Шергин. По уставу. **2.** *Фольк. Ласк.* обращение к отцу, к родителям (в народных песнях, причитаниях). ▱ *Доброхот, кормилец батюшко!* ▱ *Доброхот, ты мой батюшка И родная матушка, Что сегодня не будите Меня молодешеньку...* (свадебная песня). СРНГ.

Доброхо́тинка. ⌛ *Обл., фольк. Ласк. обращ.* к брату (в народных песнях, причитаниях). ▱ *Знать, разгневался, сердитый доброхотинка, На сестрицу ты свою сдвуродимую.* СРНГ.

Доброхо́тница. ⌛ *Обл. и фольк. Ласк. обращ.* к матери (в народных песнях, причитаниях). ▱ *Принеси, моя желанна доброхотница, Хорошу жемчужну перевязочку.* СРНГ. ▱ *Что ласкательница моя и доброхотница, Моя матушка Агафья Кондратьевна!* ▱ *Ты послушай ‹...›, Моя ласкашница, моя доброхотница, моя матушка Агафья Кондратьевна!* СРНГ.

До́брый, -ая, -ое; -ые. **1.** Отзывчивый, исполненный доброты, сочувствия к людям, готовности помочь. ‖ *В знач. сказуем.* Употр. в составе формул похвалы, комплиментов; часто при выражении просьбы или благодарности. ♦ **Вы (ты) добрый (человек, юноша, мальчик; добрая душа, женщина, девушка, девочка...)** ♦ **Какой ты (Вы) добрый!** *Экспрессив.* ♦ **Вы так (очень, слишком) добры́.** *Учтив.* ♦ **Как Вы добры!** — *Послушайте, Максим Максимыч!* — *сказал Печорин, приподнявшись*, — *ведь вы добрый человек*, — *а если отдадим дочь этому дикарю, он её завтра зарежет или продаст...* М. Лермонтов. Герой нашего времени. «*Какой ты добрый!*» — *молвила Сноха черноволосая И старика погладила По белой голове.* Н. Некрасов. Кому на Руси жить хорошо. *Я не знаю, право, как Вас благодарить за все Ваши хлопоты по делам моих protégés, но Вам это не в диво. Вы очень, очень добры (без шуток и преувеличенья).* И. Тургенев. Письмо Е. Е. Ламберт, 11 мая 1860. «*Как друг, я прошу, а как императрица и тётка* — *приказываю вам об этом не думать*». ‹...› — «*Вы так добры, ваше величество*». Е. Шумигорский. Роман принцессы Иеверской. «*Это хорошо, что вы смеётесь. Я вижу, что вы добрейший молодой человек*», — *сказала генеральша.* — «*Иногда недобрый*», — *отвечал князь.* Ф. Достоевский. Идиот. *Она ‹...› взяла брата за руку и продолжала слабым беззвучным голосом: «Какой ты, Алёша, добрый... Какой ты умный... Какой из тебя хороший человек вышел!»* А. Чехов. Три года. — *Добрая ты душа, Анфиса!* Е. Носов. Шумит луговая овсяница. **2.** *Только в полн. ф.* Хороший, отличный. *Разг.* Этикетный эпитет в составе формул похвалы, одобрения, комплиментов. *[Скопидомов:] Анюта, напой нас чаем. (Оглянувшись.) А! у тебя уже всё готово! то-то добрая хозяйка! Своя ноша не тянет.*

«Российский феатр», ч. XLII, 210. *Вы Федору-то облагодетельствовали, родная моя! Это доброе дело вы сделали, друг мой, это вы очень хорошо сделали. Доброе дело!* Ф. Достоевский. Бедные люди. **3.** Этикетный эпитет-комплимент в составе ласк., приветлив. (преимущ. эпист.) обращений к знакомому, близкому человеку, равному или старшему по возрасту. Часто употр. в ряду с эпитетами милый, славный, хороший и т. п., а также в сочет. с местоимением мой (моя, мои). — *Добрая, милая Марья Ивановна! не старайтесь лишить меня последнего утешения...* А. Пушкин. Метель. *Нет под рукой бумаги, простите, Анна Абрамовна, простите, милая, хорошая, добрая <...>, простите за то, что не писал Вам.* С. Есенин. Письмо А. А. Берзинь, дек. 1924. — *Нехорош он у вас, добрый друг маменька! ах, как не хорош!* — *воскликнул Порфирий Владимирыч, бросаясь на грудь матери.* М. Салтыков-Щедрин. Господа Головлёвы. ‖ ◆ **Мой добрый.** ◆ **Моя добрая.** *В знач. сущ. <...> Но прощайте, моя добрая, до следующего письма!* Н. Гоголь. Письмо А. О. Смирновой. 22 февр. 1847. ‖ ⌛ *Прост.* В составе учтив. или ласк. обращ. к незнакомому (нередко в связи с выражением просьбы, благодарности, извинения). *Толпа зрителей заволновалась, поднялся говор, крики, но скоро всё стихло, и среди мёртвой тишины раздался негромкий, но важный голос. Это говорил старик Иван. — Дозволь, господин добрый, сказать мне слово. Прошу вас, братья, дайте мне первому покончить. Старше я всех вас, девяносто лет мне через год стукнет, а медведей вожу я сызмала.* В. Гаршин. Медведи. ▭ *«Спасибо тебе, добрая девочка», — сказала старушка (Сказка). — Попервам, веришь, добрая гражданка, слезьми плакал с ним [с ребёнком], даром что извеку допережь слёз не видал.* М. Шолохов. Шибалково семя. ▭ [*Женщина рассказывает:*] *После работы подошла к киоску хлеба купить. Стоит подросток. Я взяла хлеб, хотела в пакет положить, а он просит: «Немного хлеба, добрая женщина...» Я и отдала ему булку.* (1999). ◆ **Добрые люди (Люди добрые).** *Прост.* и *нар.-поэтич.* Вежл. обращ. к окружающим (нередко с просьбой о помощи или с целью привлечь внимание к происходящему). *На площадь на торговую Пришёл Ермило (в городе Тот день базарным был), Стал на воз, видим: крестится, На все четыре стороны Поклон, — и громким голосом Кричит: «Эй, люди добрые! Притихните, послушайте, Я слово вам скажу!»* Н. Некрасов. Кому на Руси жить хорошо. *Шорох дождя, и заливистый собачий брех. — Хозяин! Эй, добрые люди! Пустите, ради Христа, заночевать.* М. Шолохов. Тихий Дон. *Молодушка, почти девчонка, горько-прегорько плачет, всем показывает новорождённого младенца, у всех спрашивает: «Поглядите, люди добрые, ну разве не похож ребёнок на моего мужа, разве не похож?»* И. Соколов-Микитов. Записи давних лет. *Хозяин поднялся навстречу нежданным гостям <...>. — «Доброго здоровья, люди добрые». — «Там добрые или нет — не знаю, — ответил Захарыч, пожимая руку старому знакомому, — а вот промокли мы изрядно».* В. Шукшин. Двое на телеге. [В древнерусском языке формула *люди добрые* (потом *люди лучшие*) означала «феодалы, господа», то есть имело значение «стоящий надо мной, вышестоящий». Б. А. Ларин]. ◆ **Добрый человек.** ⌛. *Прост.* Вежл. обращ. к незнакомому. *Через две минуты мы поравнялись с человеком. — Гей, добрый человек!* — *закричал ему ямщик. — Скажи, не знаешь ли, где дорога?* А. Пушкин. Капитанская дочка. — *Кто ты, и откудова, и какого звания, добрый человек?* — *сказал сотник ни ласково, ни сурово.* Н. Гоголь. Вий. *Старик взглянул в окно и остановился. «Здравствуй, добрый человек», — сказал он, приподнимая над коротко остриженной головой свою шапочку. — «Здравствуй, добрый человек», — отвечал Оленин.* Л. Толстой. Казаки. — *Ты что ж это, добрый человек, «здравствуйте» не сказал, а на жительство располагаешься?* — *спросил хозяин, с изумлением разглядывая незваного гостя.* М. Шолохов. Тихий Дон. *Человек со связанными руками несколько подался вперёд и начал говорить: «Добрый человек! Поверь мне...» Но прокуратор <...> тут же перебил его: «Это меня ты называешь добрым человеком? Ты ошибаешься. В Ершалаиме все шепчут про меня, что я свирепое чудовище, и это совершенно верно».* М. Булгаков. Мастер и Маргарита. ◆ **Добрый мо́лодец.** ⌛. *Фольк.* Вежл. обращ. старшего по возрасту к юноше, молодому мужчине. *И как приехал Илья Муромец в Киев-град,* въезжает прямо на княжеский двор и входит в палаты белокаменные, Богу молится и князю кланяется. Князь киевский спрашивает: «Скажи, добрый молодец, как тебя зовут и из которого города ты уроженец?» История о храбром и славном богатыре Илье Муромце... Из собр. А. Н. Афанасьева. | *Шутл.* или *ирон.* Только что хочу у него взять эти пятаки, как вдруг кто-то прямо мимо нас из темноты вырос и говорит: «Что, добрые молодцы, кого ограбили?» Н. Лесков. Грабёж. [Егор:] «А ты откуда знаешь про... Откуда всё знаешь?» — «Знаю, добрый молодец!» — сказал Гринька и захохотал. — Я всё знаю». В. Шукшин. Любавины. ♦ **Мир (Свет) не без добрых людей.** *Погов.* Обязательно найдутся добрые люди, которые не оставят в беде. **1.** Употр. как форма ободрения собеседника, нередко со словами: «ничего, Бог милостив...» и т. п. **2.** Употр. при выражении благодарности. Нередко со словами: «вот и верно говорится, правду говорят...» и т. п. «Неужели ни у кого не найдётся лишней удочки?» — проговорил он подавленно. Кроткая голубизна его взгляда мгновенно решила дело: я тут же предложил ему на выбор одну из своих удочек. Он выбрал гибкое недлинное удилище с капроновой леской и маленьким острым крючком. «Если бы вы дали мне ещё один крючок, — сказал он жалобно. — Они так легко обрываются». И этого добра у меня было достаточно. Я дал ему ещё несколько крючков разных размеров. Гость сразу повеселел и воскликнул: «Мир не без добрых людей!» Ю. Нагибин. Ночной гость. — Спасибо тебе, Иван Данилович. Вот уж верно говорится, что свет не без добрых людей. Ю. Лаптев. Заря. ♦ **Добрый (хороший) гость (человек) к обеду (к чаю).** *Разг.* Приветл. обращ.-комплимент в адрес неожиданного гостя, пришедшего, когда хозяева обедают. «Добро пожаловать!.. Милости просим!..» — радушно проговорил Михайло Васильич Алексею, когда тот, помолившись иконам, кланялся ему, Арине Васильевне и всему семейству. — Значит, добрый человек — прямо к чаю!.. — промолвил голова. — Зла, значит, не мыслит». «Какие ж у меня могут быть злые мысли?.. Помилуйте, ваше степенство», сказал Алексей. — «Да это я так. К слову молвится, — смеялся Михайло Васильич. — Садись-ка, гостем будешь».

П. Мельников (Печерский). В лесах. ♦ **Доброе утро!** (♦ **Доброго утра!** ♦ **С добрым утром!**) ♦ **Добрый день.** ♦ **Добрый вечер.** Формы вежл. приветствия при встрече, соответственно: утром, днём, вечером. [Имеются соответствия во франц. и немецк. языках. Bon matin! Guten Morgen! Bon jour! Guten Tag! Bon soir! Guten Abend!]. Формы с обратным порядком слов ♦ **Утро доброе.** ♦ **День добрый.** ♦ **Вечер добрый** имеют несколько сниженный, непринуждённо-обиходный оттенок. «С добрым утром, Дмитрий Иванович». — «Здравствуйте, Аграфена Петровна. Что новенького?» — спросил Нехлюдов шутя. Л. Толстой. Воскресение. [Дуня:] С добрым утром, Сенечка. [Семён:] Ну, и тебя тоже. Как отец? М. Горький. Васса Железнова (Мать). [Берсенев:] Доброго утра, товарищи матросы. [Все:] Здравия желаем, господин капитан первого ранга! Б. Лавренёв. Разлом. «Здравствуйте, Пётр Фёдорович!» — вскричал Иван Иванович <...>. — «Доброго дня желаю любезному другу и благодетелю Ивану Ивановичу!» — отвечал городничий. Н. Гоголь. Повесть о том, как поссорился Иван Иванович с Иваном Никифоровичем. [Муратов (сходя в сад):] Какая поэтическая картина: варенье варят, сладкие стихи читают... Добрый день, Павла Николаевна, вы всё хорошеете! Отставной проповедник правды и добра — приветствую! Здравствуй, Миша... М. Горький. Зыковы. Через собратьев ты переступаешь, Но успеваешь, всё же успеваешь Знакомым огрызнуться на ходу: — Салют! День добрый! Хау ду ю ду! В. Высоцкий. Баллада о маленьком человеке. — Доброго вечера желаю вам, матушка, — сказал Ипатов, подходя к старухе и возвысив голос. — Как вы себя чувствуете? И. Тургенев. Затишье. Потом кто-то кашлянул; открылась дверь, и на пороге показался улыбающийся, довольный староста, Константин Орехов. «Добрый вечер!» — раздался его сочный, грудной голос. Лев Николаевич поднялся, присел. «А, Константин, здравствуй! — протянул он ему руку. — Проходи, проходи! Тебе видно? Мы тут сумерничаем с Борисычем, мечтаем». И. Тенеромо. Л. Н. Толстой — пастух. Вошёл Юрий Александрович. Очень удивился, увидев секретаря райкома, заметно растерялся... И от растерянности улыбнулся и сказал громко: «Добрый вечер, товарищ секретарь!» — «Здравствуйте». В. Шукшин. Любавины. ♦ **Добрый день, весёлый час (весёлая минутка)!** Эпист. Прост. ♦ **Добрый день или (а может) вечер.** Эпист. Прост. Формулы приветствия, употр. преимущ. в письмах к родственникам, друзьям или близким знакомым. *Павел Рогов медленно, слово за словом продиктовал письмо брату: «Добрый день или вечер, здравствуй дорогой брат Василий Данилович. Во первых строках своего письма сообщаю, что наш отец Данило Семёнович был увезён в район и больше от ево нет никаких вестей ‹...›». В. Белов. Год великого перелома. Дорогой Николай Николаевич! / Добрый день или вечер! Я опять в Николе. Время сейчас в приходе такое... Н. Рубцов. Письмо Н. Н. Сидоренко, 19 нояб. 1964. В газету вложено письмо от Маркела Тихоновича. Сошнин его нетерпеливо разорвал. «Добрый день! Весёлый час! Дорогой мой сынок Лёня. Изболелось моё сердце об вашем здоровье. Были бы у меня крылушки, прилетел бы к вам. А не улетишь...». В. Астафьев. Печальный детектив.* | 🕮 *Добрый день, весёлый час, Счастливая миниточка! Здравствуй, аленький цветочек, Коля-незабудочка. Частушка.* ♦ **Добрый день, а может, вечер, не могу об этом знать, это дело почтальона, как сумеет передать.** Эпист. Прост., шутл. ♦ **Добрый день, весёлый час, пишу письмо и жду от Вас!** Эпист. Прост., шутл. Зачины дружеск., любовных или семейно-бытовых писем. ♦ **Доброй (спокойной) ночи.** Форма доброжелательного прощания на ночь, перед сном. *[Исправник:] Вашу руку, madame! Анна Фёдоровна, будьте здоровы! Сергей Николаевич, так я жду... кое-чего! Почтенная Татьяна Николаевна, доброй ночи... [Богаевская:] Рано пожелал, батюшка... больно щедр! [Исправник:] Для вас — мне ничего не жалко ‹...› Всех благ! М. Горький. Варвары. Засиделся я с тобою, а завтра что? Ну, пожелаю доброй ночи и приятных снов. С. Есенин. Письмо М. П. Бальзамовой, 1913.* 🕮 *[В поезде две недавно познакомившиеся пассажирки прощаются перед тем, как разойтись по своим купе:] — «Ну, доброй ночи!» — «Приятного сна» (1991).* ♦ **Доброго пути.** (♦ **Добрый путь.** ♦ **В добрый путь**). 1. Прощальное пожелание удачи, благополучия отправляющемуся в путь. *Князь им вымолвил тогда: «Добрый путь вам, господа, По морю по Окияну К славному царю Салтану; От меня ему поклон». А. Пушкин. Сказка о царе Салтане... Едут [братья] по дороге, видят, старик стоит. «Куда, добрые молодцы, путь держите?» — «Далёк наш путь, дедушка!» — «Ну, добрый путь вам, только не трусьте. Эта дорога в город повернёт, а эта — в самый трудный путь!» Богатый купец. Сказка. Зап. в 1951. Григорий вздохнул: «Скучаю по хутору, Петро». ‹...› — «Приезжай проведать», — кряхтел Петро, наваливаясь животом на острую хребтину лошади и занося правую ногу. — «Как-нибудь». — «Ну, прощай!» — «Путь добрый!» М. Шолохов. Тихий Дон.* ‖ Пожелание успехов, благополучия начинающему какое-л. большое, важное дело; то же, что ♦ **В добрый час! 2.** Приветственное пожелание встречному. *Легко вздохнули странники: Им после дворни ноющей Красива показалася Здоровая, поющая Толпа жнецов и жниц. ‹...› «Путь добрый! А которая Матрёна Тимофеевна?» Н. Некрасов. Кому на Руси жить хорошо.* ♦ **Добрых встреч!** Разг. Пожелание при прощании отъезжающему, отправляющемуся в путь. *Угостивши «на доброе здоровье», меня проводили обычным всей св. Руси и вековечным напутствием: «Счастливого пути!» «Добрых встреч!» — подговорил кто-то сбоку. С. Максимов. Крылатые слова.* ♦ **Доброй ухватки.** Обл. Пожелание доброго пути. ♦ **В добрый час.** ♦ **Добрый час (Час добрый) (тебе, Вам).** Разг. ♦ **Дай Бог в добрый (добрый час)!** Разг. ♦ **В добрый (Во святой) час архангельский (благовещенский).** Прост. Пожелание удачи, благополучия отправляющемуся в путь или начинающему какое-л. дело. *«В добрый час! Господь благословит!» — кричала с крыльца бабушка. — Ты же, Саша, пиши нам из Москвы!» — «Ладно. Прощайте, бабуля». — «Сохрани тебя Царица Небесная!» А. Чехов. Невеста. [Каменщик:] Значит — с понедельника начинаем? [Мастаков:] Да. [Каменщик:] Час добрый! М. Горький. Старик. Совершили рукобитье, освятили добрыми, надёжными словами: — Благослови Господи, в добрый час! Сватья разняла руки родителей жениха и невесты. П. Еремеев. Обиход. На крыльце Петро про-*

щался с родными <...>. — *Ну, с Богом. Час добрый,* — *проговорил старик, крестясь.* М. Шолохов. Тихий Дон. *[Главнокомандующий (Африкану):] Владыко, у меня будет конфиденциальный разговор с командующим фронтом. [Африкан:] В добрый час! В добрый час! (Все выходят, и Хлудов остаётся наедине с главнокомандующим).* М. Булгаков. Бег. *[Андрей:] Ладно, без сентиментальностей!.. (Трясёт брату руку.) [Маша:] Час добрый!* В. Розов. В добрый час. ♦ **В добрый час молвить (в худой промолчать).** ♦ **В добрый час будь сказано.** *Прост.* Обереги. Прибавляются к сказанному, чтобы предотвратить неудачу, не сглазить. ♦ **Доброго здоровья (здоровьица, здоровьечка).** (♦ **Доброе здоровье, здоровьице, здоровьечко).** *Разг.* Формулы приветливого пожелания при встрече или прощании. Часто употр. как самост. формы приветствия или прощания. См. Здоровье. ♦ **На (доброе) здоровье.** См. Здоровье. ♦ **На (добрую) память.** См. Память. ♦ **Спасибо (благодарю) на добром слове.** ♦ **На добром слове кому не спасибо!** ⌧ См. Спасибо. ♦ **На добрый привет добрый ответ.** ⌧ *Разг.* Шутл. ответ на радушное, ласковое приветствие равному или низшему по положению. ♦ **Добрый привет и кошке люб.** ⌧ *Прост.* ♦ **Доброе (ласковое) слово и кошке приятно.** *Разг.* Шутл. Благодарный ответ на комплимент, ласковое слово. ♦ **Будьте (так, столь) добры́ (Будь добр. Будь добра́.)** Пожалуйста, прошу вас (тебя). Интенсификатор вежливости в формулах просьбы или (в сочет. с неопр. ф. глагола) распоряжения, требования. *Будьте так добры, пришлите мне экземпляр моей повести, ежели это возможно.* Л. Толстой. Письмо Н. А. Некрасову, 27 нояб. 1852. *Калинович понял, что время уехать, и встал. — Monseur Калинович, может быть, будет так добр, что отобедает у нас? — произнесла вдруг Полина.* А. Писемский. Тысяча душ. *Уважаемый тов. Литвинов! / Будьте добры, если можете, то сделайте так, чтобы мы выбрались из Германии и попали в Гаагу. Обещаю держать себя корректно и в публичных местах «Интернационала» не петь. / Уважающие Вас / С. Есенин / Айседора Дункан.* С. Есенин. Письмо М. М. Литвинову, 29 июня 1922. — *Капитан Студзинский,* — *обратился к нему полковник,* — *будьте добры отправить в штаб командующего отношение о срочном переводе ко мне поручика...* М. Булгаков. Белая гвардия. (♦ **Будь/те добрым.** *Разг.).* [*Лидия Павловна:] Послушайте — будьте добрым подержать мою лошадь, я вам заплачу. [Матвей:] Ладно... Я могу... [Лидия Павловна:] Пожалуйста.* М. Горький. Варвары. (♦ **Будь добрый.** *Прост.).* *Услышал купец про золото и стал умолять [Ванюшку:] Будь добрый, пусти меня в мешок! Я отдам тебе свою тройку за это. Ванюшка-дурачок.* Сказка. Зап. в 1970-х гг. — *Передайте мой баул, Миша, будьте такой добрый.* А. Кабаков. Последний герой. (♦ **Будьте до́бреньки.** *Прост., ласк.).* ⌧ *[Старушка в райсобесе (молодому мужчине):] Будьте добреньки, сынок, где тут по пенсиям?* (1991). ♦ **Не будете ли Вы (столь, так) добры́** (сделать что-л.)? ♦ **Если бы Вы были (столь, так, настолько) добры́...** Подчеркнуто вежл. просьба. *[Лариосик (интимно Николке):] Рубашка, впрочем, у меня здесь, кажется, есть одна. Я в неё собрание сочинений Чехова завернул. А вот не будете ли вы столь добры дать мне кальсоны? [Николка:] С удовольствием. Они вам будут велики, но мы их заколем английскими булавками. [Лариосик:] Душевно вам признателен.* М. Булгаков. Дни Турбиных. **Добре́йший.** ⌧ Элатив к Добрый (в 3 знач.). *Добрейший и почтеннейший Владимир Рафаилович!* Ф. Кони. Письмо В. Р. Зотову, 18 мая 1856. *Здравствуйте, добрейший, милый Ивин Сергеевич.* И. Борисов. Письмо И. С. Тургеневу, 22 февр. 1862. *Добрейший Константин Яковлевич, / Простите, пожалуйста, что поздно откликаюсь на ваше милое письмо.* В. И. Ламанский. Письмо К. Я. Гроту, 17 марта 1889.

Доводи́ться. ♦ **Ты (Вы) ему (ей, им) кем дово́дишься (дово́дитесь)?** ♦ **Он (она) тебе (Вам) кем дово́дится?** *Разг.* (♦ **Как он Вам дово́дится?** *Прост.)* Вопросы о родстве, с которыми обычно обращаются к собеседнику с целью продолжить знакомство, найти общий предмет для продолжения беседы. *[Фамусов:] Ах! батюшка, сказать, чтоб не забыть: Позвольте нам своими счесться, Хоть дальними, — наследства не делить; <...> Как вам доводится Настасья Николавна?* А. Грибоедов. Горе от ума.

Дово́льный, -ая; -ые; -лен, -льна; -льны. Получивший удовлетворение, удовольствие от кого или чего-л. Употр. преимущ. в кратк. ф. в составе формул похвалы, одобрения.
♦ **Я (очень, весьма, чрезвычайно...) дово́лен Вами (Вашей работой, Вашим сыном...).** Похвала старшего по возрасту, положению. *Вскоре Литвак пожимал нам руки. Текст, составленный мною, одобрил безоговорочно. Более того, произнёс короткую речь: — Я доволен, товарищи. Вы неплохо потрудились, культурно отдохнули. Рад был познакомиться.* С. Довлатов. Компромисс. ♦ **Я (очень) дово́лен (нашей встречей, беседой..., что мы так приятно побеседовали...).** Комплимент собеседнику перед прощанием.
♦ **Много (премно́го) дово́льны (Вами).**
♦ **Очень (много, премно́го; оченно) дово́льны на (угощенье, ласке...).** ⌛ *Прост.* Учтив. формы благодарности равному или высшему по положению. *«Господи, какое у вас дурное помещение! — сказала она [Юлия приказчикам], всплескивая руками. — И вам здесь не тесно?» — «В тесноте, да не в обиде, — сказал Макеичев. — Много вами довольны и возносим наши молитвы милосердному Богу».* А. Чехов. Три года. *«Не прогневайтесь, гости дорогие, на нашем убогом угощенье, — с низким поклоном сказала им Таисея. — Не взыщите Бога ради на наших недостатках... Много гостям рады, да не много запасливы». — «Чтой-то вы, матушка?.. Помилуйте! — молвил удалец, что был одет по-немецкому. — Оченно довольны остались на вашей ласке и угощенье».* П. Мельников (Печерский). В лесах. *«Эх, и прокачу я вас, Евгений Николаич!» — «Прокати, на чай получишь». — «Премного вами довольны».* М. Шолохов. Тихий Дон.

Дозволе́ние. ⌛ То же, что Позволение.
♦ **С Вашего дозволе́ния.** ⌛ Если вы позволите, если не будете возражать. Формула вежливости, употр. при высказывании просьбы или намерения сделать, предпринять что-л., на что требуется предварительное согласие собеседника. *Наконец Шабашкин тихонько отпер двери, вышел на крыльцо и с униженными поклонами стал благодарить Дубровского за его милостивое заступление. Владимир слушал его с презрением и ничего не отвечал. «Мы решили, — продолжал заседатель, — с вашего дозволения остаться здесь ночевать; а то уж темно, и ваши мужики могут напасть на нас по дороге. Сделайте такую милость: прикажите постлать нам хоть сена в гостиной; чем свет, мы отправимся восвояси».* А. Пушкин. Дубровский.

Дозво́ль/те. ⌛ *Прост.* Позволь/те, разреши/те. Употр. обычно в сочет. с неопр. ф. глагола в составе формул почтит. приветствия, поздравления, благодарности, обращения с просьбой, вопросом к высшему по положению, а также в учтив. обращ. мужчины к женщине: ♦ **Дозво́ль/те (сделать, сказать, спросить).** *[Мать Таисея], опомнившись, быстро схватила поднос с кулебякой и, подавая его с поклоном Манефе, умильным голосом проговорила: «Не побрезгуй убогим приношеньем — не привёл Господь видеть тебя за трапезой, дозволь хоть келейно пирожком тебе поклониться... Покушай нашего хлеба-соли во здравие».* П. Мельников (Печерский). В лесах. *Начальник конторы сам перо в чернильницу обмакнул и подаёт мне: «Подписывайся, кормщик». Я говорю: «Дозвольте, господин начальник, чин справить, у дружины спроситься».* Б. Шергин. Егор увеселялся морем. *«Ваше благородие, дозвольте вас прокатить по старой памяти?» — обратился Григорий к Евгению, заискивающе улыбаясь.* М. Шолохов. Тихий Дон. *Знакомясь с покупателями, [Большаков] обычно спрашивал: «Дозвольте узнать, как ваше святое имечко?» И потом долго и упорно торговался.* Е. Иванов. Меткое московское слово. *— Дозвольте же в ручку поцеловать, Домна Павловна! Вот-с...* М. Зощенко. Коза. *Та ушла, хозяину рассказала, хозяин подходит: «Симушка, — с уваженьем к ей, — дозволишь ли мне пройти в твою комнату?» — «Что ты, друг мой любезной, проходи, шесть лет мы с тобой не видалися...»* Жена сапожника. Сказка. Зап. в 1925.

До́ктор, м. и ж. *Разг.* Вежл. обращ. пациентов или младшего мед. персонала к врачу (обычно на «вы»). *Сквозь сон и пелену пота, застилавшую мне глаза, я видел счастливые лица акушерок, и одна из них мне сказала: «Ну и блестяще же вы сделали, доктор, операцию». <...> — «Всё в порядке, — сказал я, — можете больше не приезжать». — «Благодарю вас, доктор, спасибо!»* М. Булгаков. Стальное горло.

В сочет. с «дорогой», «милый», «многоуважаемый» и т. п. стилистическая окраска обращения зависит от выбранного этикетного эпитета. *Любезнейший доктор, / Я получил Вашу телеграмму — а потом и письмо — и вот теперь посылаю Вам рапорт о состоянии моего здоровья — или болезни. И. Тургенев. Письмо Л. Б. Бертенсону, 28 авг. 1882.*

Долг. ♦ **Это мой (наш) (служебный, моральный...) долг.** Вежл. ответ на благодарность. «*Просто не знаю, как вас благодарить. Спасибо вам огромное!» — «Ну что вы, не стóит. Это мой долг» (1993).* ♦ **Я в (большом, неоплатном и т. п.) долгу перед Вами (у Вас).** Формула выражения благодарности за оказанную услугу, проявленные знаки внимания. *Я в долгу перед вами: два раза почтили вы меня лестным ко мне обращением и песнями лиры заслуженной и вечно юной. А. Пушкин. Письмо Д. И. Хвостову, 1832. Не Вы, а я у Вас в долгу, и в долгу неоплатном. О, ради всего святого в мире, позвольте мне быть Вашим должником, считать Вас моим благодетелем, отцом. В. Белинский. Письмо П. П. Иванову, 5 февр. 1835 г. Я в долгу перед Вами, Fethie carissime, но отчасти извиняюсь тем, что употребил истекшую неделю на окончание повести, которая уже сдана в «Библиотеку для чтения»... И. Тургенев. Письмо А. А. Фету, 13 — 16 марта 1860.* ♦ **Я в долгу не останусь.** Отблагодарю, вознагражу, окажу ответную услугу. Употр. обычно при выражении просьбы или благодарности. *— Не знаю, как и благодарить вас, — говорил Обломов <...>. — Очень, очень благодарен вам и в долгу не останусь, особенно у Маши: шёлковых платьев накуплю ей, как куколку одену. И. Гончаров. Обломов. [Тихой:] Ты чего услышишь — ко мне. Понял? Я в долгу не останусь... Понял? Знаешь ведь, как живут мои верные. Озолочу. Н. Вирта. Хлеб наш насущный. — Спасибо, спасибо, Оксенья Ивановна! За мной не пропадёт, в долгу не останусь, — поблагодарила прочувственно Пелагея и, завязав жакеты в большой плат (нельзя подводить человека, который добро тебе сделал), отправилась домой. Ф. Абрамов. Пелагея.* ♦ **Считаю (почитаю, полагаю...) (своим, приятным, прямым...) долгом** (сказать, высказать, выразить, поздравить, поблагодарить, пожелать, засвидетельствовать почтение...). Формула офиц. вежливости, светской учтивости. *— Я не знаю, Дарья Михайловна, удастся ли мне быть в Москве; но если соберусь со средствами, за долг почту явиться к вам. И. Тургенев. Рудин.* ♦ **Почту́ (сочту́) за долг** (сделать что-л. угодное Вам). ♦ **Сочту́ (почту́) первым долгом** (сделать что-л. угодное Вам). ⚐ Формулы учтивого предложения или учтив. положительные ответы на просьбу, приглашение. *[Пелагея Егоровна:] Зайди ужо вечерком к нам, голубчик, поиграете с девушками, песенок попоёте. [Митя:] Премного благодарен. Первым долгом сочту-с. А. Островский. Бедность не порок.* ♦ **Поставляю (себе) за долг (долгом)** (сказать, сделать что-л.). ⚐ Офиц.-учтив. Формула офиц. вежливости, светской учтивости. *Так как я действительно в Москве читал свою трагедию некоторым особам <...>, то поставляю за долг препроводить её Вашему Превосходительству в том самом виде, как она была мною читана... А. Пушкин. Письмо А. Х. Бенкендорфу, 29 ноября 1826. Приятным долгом поставляя Вас, Милостивый Государь, о сем уведомить, пребываю с совершенным почтением и преданностию / Ваш, Милостивый Государь, / покорнейший слуга / А. Бенкендорф. А. Бенкендорф. Письмо А. С. Пушкину, 7 апр. 1831. «Вы ведь, кажется, москвич?» — продолжал редактор, когда Калинович сел. «Да... Но, впрочем, последнее время я жил в провинции <...> и, приехав сюда, — прибавил он несколько официальным тоном, — я поставил себе долгом явиться к вам и поблагодарить, что вы в вашем журнале дали место моему маленькому труду». — «О, помилуйте! Это наша обязанность», — подхватил редактор, быстро опуская на ковёр глаза... А. Писемский. Тысяча душ.*

Долгий. ♦ **(Желаю Вам, тебе) долгих лет жизни.** Пожелание долголетия, которое чаще адресуется людям среднего и пожилого возраста. *[Ветераны пишут в газету:] «Многие из нас выписывали эту газету, а сейчас мы <...> расстаёмся с ней на века...» [Корр.:] Прежде всего хочется пожелать ветеранам долгих лет жизни, чтобы расставание «на века» имело не только риторический характер. Ю. Соколов. Я к вам пишу — чего вам сделать. Известия, 28 нояб. 1991.* ♦ **В долгий век и добрый час!**

☝ *Разг.* **1.** Пожелание успеха, благополучия. То же, что ♦ **В добрый час. 2.** И вам то (того) же. Ответ на доброе пожелание. ♦ **Век долог — всем полон.** См. Век. ♦ **Долгие (дальние) проводы — лишние слёзы.** *Посл.* Употр. как форма завершения затянувшегося прощания, обычно с теми, кто уходит, уезжает надолго. *[Кабанов:] Прощай, сестрица! (Целуется с Варварой.) Прощай, Глаша! (Целуется с Глашей.) Прощайте, маменька! (Кланяется.) [Кабанова:] Прощай! Дальние проводы — лишние слёзы.* А. Островский. Гроза. *— Ладно! — беря Анну за руку, тихо выговорил: — Дальние проводы — лишние слёзы! Не плачь! Прости, Аньша! Жди на Покров — пришлю сватов. В наш дом пойдёшь! В Устюг!* В. Иванов. Чёрные люди. *Перекрестились на иконы. Обнялись. Во дворе ярко горели фонари у коляски. «Провожу тебя до заставы», — сказал Александр. — «Ne vous derangez pas [не беспокойтесь], — сказал ему Николай и прибавил по-русски: — Долгие проводы — лишние слёзы».* А. Виноградов. Повесть о братьях Тургеневых.

Должен, -жна; -жны. В составе формул благодарности, извинения, утешения и некот. др., с оттенком необходимости, долженствования. *Во-первых, прежде всего я должен благодарить вас за посылку, сестру за песни <...>.* Н. Гоголь. Письмо М. А. Максимовичу, 9 нояб. 1833. *Любезнейший Александр Николаевич, / Прежде нежели что-нибудь сказать Вам, должен я первым делом выразить Вам душевную благодарность за радушный приём мне в Вашем милом кружке...* А. Майков. Письмо А. Н. Островскому, 1855. *— Мы должны сильно извиниться, ваше высокопреподобие, — начал Миусов, с любезностью оскалбляясь, но всё же важным и почтительным тоном, — извиниться, что являемся одни без приглашённого вами спутника нашего, Фёдора Павловича.* Ф. Достоевский. Братья Карамазовы. *— Друг мой! — сказала [Лидия Ивановна Каренину] <...>. — Вы не должны отдаваться горю. Горе ваше велико, но вы должны найти утешение.* Л. Толстой. Анна Каренина.

Должник. ♦ **Я Ваш (твой) должник. (Я считаю себя Вашим должником).** То же, что ♦ **Я у вас (тебя) в долгу.** *За письмо, которое Вы прислали мне, я бесконечно благодарен Вам и долго, долго буду считать себя Вашим должником.* А. Чехов. Письмо Н. П. Кондакову, 26 янв. 1904.

Доня, *ж.* ☝ *Обл.* Ласк. обращение к дочери. **Донька. Донча. Донюшка.** То же, что Доченька, дочушка. *Вернулся с ответом он [Гетько] к вечеру. Привёз синий клочок обёрточной сахарной бумаги; вынимая его из-за пазухи, подмигнул Наталье. — Дорога невозможная, моя донюшка!* М. Шолохов. Тихий Дон.

Дорогой, -ая; -ие. Этикетный эпитет в составе ласк., дружеск., приветл. обращения к близкому знакомому, приятелю, родственнику. *Дорогой Владимир Галактионович, я в большом унынии, ибо чувствую, что начинаю сбиваться с пути.* М. Горький. Письмо В. Г. Короленко, 23 июня 1895. *Дорогая Анна Андреевна! Все эти дни о Вас ходили мрачные слухи, с каждым часом упорнее и неопровержимее.* М. Цветаева. Письмо А. А. Ахматовой, 31 авг. 1921. *Лёня, дорогой — за письмо спасибо — пишу в расчёте, что и моё письмо тебя всё-таки застанет ещё в Москве.* Ю. Домбровский. Письмо Л. Варпаховскому, 1957. *«Разруха, Филипп Филиппович». — «Нет, совершенно уверенно возразил Филипп Филиппович. — Нет. Вы первый, дорогой Иван Арнольдович, воздержитесь от употребления самого этого слова».* М. Булгаков. Собачье сердце. | В советский период получили широкое распространение формулы обращения с эпитетом *дорогой (дорогая, дорогие)* как к знакомым, так и к малознакомым и незнакомым в неофиц. и полуофиц. обстановке. *Когда он [писатель] вошёл, мы сразу все встали, он подошёл к столу, а Раиса Ивановна сказала: — Дорогие ребята, сегодня у нас в гостях наш любимый писатель Иван Владиславович...* В. Драгунский. Независимый Горбушка. ▭ [Из письма на радио:] *Дорогие сотрудники редакции! Не подумайте, что я пишу так, лишь бы обратиться. Вы действительно стали мне дорогими, близкими людьми* (1992). ▭ [Диктор радио:] *Дорогие наши слушатели, пусть этот день будет для вас счастливым!* (1992). ♦ **Дорогой друг.** ♦ **Дорогие друзья.** См. Друг. ♦ **Дорогой товарищ** (+ Фамилия). ♦ **Дорогие товарищи.** См. Товарищ. ‖ С местоим. **мой, наш** в сочет. с именами собственными или нарицательными: ♦ **Мой дорогой...**

♦ **Дорогой наш... ♦ Дорогие мои (наши)...** *Возвыш.-риторич., дружеск.* или *интимн.* «*Тише, тише,* — *перебил его [брата] Павел Петрович ‹...›. Итак, это дело решённое: Фенечка будет моею belle soeur». — «Дорогой мой Павел! Но что скажет Аркадий?»* И. Тургенев. Отцы и дети. — *Мой дорогой друг,* — *сказал Чаадаев, с сожалением глядя на Грибоедова,* — *вы, как то свойственно и всякому человеку, полагаете самым важным то, что вам ближе.* Ю. Тынянов. Смерть Вазир-Мухтара. — *Дорогая моя Маша! Где вы раньше были, почему я давно-давно не встречал вас?* А. Платонов. Возвращение. | *Ирон.* ▭ *[Царь говорит жене:] Ну, теперь, жена моя дорогая, к суду!* Солнышко, голуба и месяц. Сказка. Зап. в 1927. ‖ *В знач. сущ. Дружеск., ласк.* или *интимн.* обращение к знакомому, близкому, родному человеку. *[Трофимов (Любови Андреевне):] Продано ли сегодня имение или не продано — не всё ли равно? ‹...› Успокойтесь, дорогая. Не надо обманывать себя...* А. Чехов. Вишнёвый сад. *Известно: добрая кума добавит ума. Вон она, легка на помине... — Проходи, дорогая, садись на оголовок лавки, какое у тебя ко мне заделье?* П. Еремеев. Обиход. *Моя Дорогая, моя Милая, моя Несказанная, до чего я опять хочу сегодня быть с Тобой вдвоём только и больше ни с кем никогда.* А. Блок. Письмо Л. Д. Менделеевой, 15 мая 1903. *[Марья Львовна (протягивая руки навстречу Варваре Михайловне):] Дорогая моя! Идите ко мне!.. [Варвара Михайловна:] Что с вами? Он вас оскорбил?* М. Горький. Дачники. *Я встал. И лишь только пола Коснулся дрожащей ногой, Услышал я голос весёлый: «А! Здравствуйте, мой дорогой! Давненько я вас не видала...»* С. Есенин. Анна Снегина. *Дорогие мои! / Пользуюсь оказией, чтобы написать вам несколько слов.* П. Струве. Письмо сыновьям, 3 февр. 1920. ▭ *«Дорогой, куда поехал?»* — *«Дорогая, на Кавказ». — «Дорогой, возьми с собою». — «Дорогая, много вас!»* Частушка. | *Разг. В обращ.* к малознакомому или незнакомому, равному или младшему по возрасту, положению. Употр. с различными оттенками: ласк., покровительств., ирон.-снисх., фамильярн. *И в ту же секунду раздался жужжащий голос человека с брюшком на длинных ногах: — Менее всего, дорогой и уважаемый, менее всего в наши дни уместна мистика сказок, как бы красивы ни были сказки.* М. Горький. Жизнь Клима Самгина. *Какой-то господин с портфелем, с холёной бородкой, в расстёгнутой хорьковой шубе, спрашивал у дворника: «Скажите, мой дорогой, что там за толпа? Что там, собственно, происходит?» — «Хлеба требуют, бунтуют, барин».* А. Толстой. Хождение по мукам. *Певица Сионицкая пела в «Русалке» Наташу, Михайлов — князя. Она вокруг него мечется на сцене, а он на неё ни малейшего внимания. Она ему за кулисами: «Вы должны меня обнять!» — «Дорогая моя! Никак невозможно! Как я вас могу обнимать? Я — князь, а вы — простая крестьянская девушка».* В. Вересаев. Невыдуманные рассказы. *«Эх, профессор, если бы вы открыли способ, чтобы и волосы омолаживать!» — «Не сразу, не сразу, мой дорогой»,* — *бормотал Филипп Филиппович.* М. Булгаков. Собачье сердце. *Им объяснили, чтобы не ругаться: «Мы просим вас, уйдите, дорогие! Те, кто едят, ведь это — иностранцы, А вы, прошу прощенья, кто такие?»* В. Высоцкий. Мы в очереди первые стояли... **Дорогу́ша**, *м.* и *ж. Разг. Дружеск., ласк.* обращение к знакомому, равному или младшему по возрасту, положению. *[Егор — Любе (по телефону):] Ночую-то? А вот тут где-нибудь на диванчике... Да ничего! Ничего, мне не привыкать. Ты за это не беспокойся! Да, дорогуша ты моя!.. Малышкина ты моя!..* В. Шукшин. Калина красная. ▭ *[Мать будит дочь:] Вставай, дорогуша, всё на свете проспишь.* 1992. | *С оттенком фамильярности. Как-то Андрею позвонил заместитель управляющего Иван. — Лобанов, дорогуша, пришли ко мне домой кого-нибудь из твоих мальчиков — приёмничек мой что-то скис.* Д. Гранин. Искатели. **Драго́й**, *-ая; -ие.* ▭ *Традиц.-поэт. О Делия драгая! Спеши, моя краса: Звезда любви златая Взошла на небеса.* А. Пушкин. К Делии. **Дража́йший**, *-ая; -ие.* ▭ *Элатив* к *Драгой. Дорогой. Почтит. Прощайте, дражайший папенька! / Ваш послушнейший и покорнейший сын / Николай Гоголь-Яновский.* Н. Гоголь. Письмо В. А. и М. И. Гоголям, 1 окт. 1824. *[Павел Владимирович писал матери:] Деньги, столько-то на такой-то срок, дражайшая родительница, получил, и, по моему расчёту, следует мне ещё шесть с полтиной дополучить, в чем и прошу меня почтеннейше извинить.* М. Салтыков-Щедрин. Господа Головлёвы. | *Экспрессив.* В ряду с другими этикетными эпитетами употр. в составе эмоц. обращений. *Любезнейший дражайший и милейший мой Иван Сергеевич, наконец-то я собрался писать и вам.* В. Белинский. Письмо И. С. Тургеневу, 1847. ‖ *В знач. сущ.* Дружеск. обращ. к равному. *Прощайте, дражайший. Кланяйтесь от меня всем достопримечательностям Москвы, и древним и новым, которые я полюбил. / До свидания. / Ваш А. Майков.* А. Майков. Письмо А. Н. Островскому, 1855. | *Фамильярно-ирон. Остап вытащил бумажник, отсчитал двести рублей и повернулся к главному директору предприятия: — Гоните тридцать рублей, дражайший, да поживее: не видите — дамочка ждёт. Ну?* И. Ильф, Е. Петров. 12 стульев.

Доро́дный; -дны. Рослый, крепкий; видный, красивый, статный. ▫ *Нар.-поэт.* Этикетный эпитет в обращ. к былинному богатырю: ♦ **Доро́дный добрый мо́лодец.** *Приходил* [*Дюк Степанович*] *во матушку й Божью церковь, Он снимает кивер со головушки, А он крест кладёт да й по-писаному, А поклоны ведёт да й по-учёному, На две, три, четыре сторонки поклоняется, А он князю Владимиру й в особинно, Его всем князьям да й подколенным. <...> Говорит тут князь Владимир таковы слова: «Ты откулишный, дородный добрый молодец, Из коёй земли да из коёй орды; Ты какого отца да ты есть матери, Как же тебя да именем зовут, Удалого величают по отчеству?»* Дюк Степанович. Былина. Зап. в 1921. См. также Удалой. Добрый.

До сва́дьбы заживёт. См. Заживёт.

Доспе́ть/ся. ♦ **Доспе́ю уваже́ние.** ▫ *Обл.* Формула приветствия, как ♦ **Моё почте́ние.** ▭ *Скачил он* [*молодец*] *через осударственную крепость во двор, зрявкал лёгким голосом: — Здравствуйте, доспею уважение.* Два брата. Сказка. Зап. в 1927. ♦ **От сло́ва не доспе́йся (доспе́йсь).** ▫ *Обл.* Оберег, оборонительно-заклинательная поговорка при произнесении бранного, непристойного слова или упоминании нечистой силы. *«Слова, употребляемые при рассказах о болезнях и под. (как бы предохраняющие)».* СРНГ.

Доста́вить (Доставля́ть). ♦ **Доста́вь/те (нам, мне) удово́льствие.** ♦ **Не могли́ бы вы доста́вить (нам, мне) удово́льствие** (сделать что-л.). ♦ **Не откажи́те(сь) доста́вить удово́льствие** (сделать что-л.). ♦ **Вы доста́вили (нам, мне) (огро́мное, и́стинное, неизъясни́мое...) удово́льствие (наслажде́ние...)** (чем-л.). См. Удовольствие.

Досто́йный, -ая, -ое; -ые. ▫ Обладающий высокими положительными качествами. Этикетный эпитет-комплимент в составе формул учтив. обращения. *— Не погнушались мной, милая, достойная барышня, — нараспев протянула Грушенька всё с тою же милою, радостною улыбкой.* Ф. Достоевский. Братья Карамазовы. ‖ *В знач. сказуем.* Благородный, порядочный. ▭ *Вы достойный человек.* **Досто́йнейший.** Элатив к Досто́йный.

Достолюбе́зный, -ая; -ые. ▫ Этикетный эпитет, употр. в составе почтит. или шутл.-возвыш. обращений. *Достолюбезный дяденька Борис!* М. Горький. Письмо Б. В. Бергу, 4 июля 1893. ♦ **Бу́дьте (столь, так) достолюбе́зны.** ▫ Возвыш.-учтив. просьба. *«Кто там?» — послышался через минуту женский голос. — «Это я-с!» — начал жалобным голосом Муркин, становясь в позу кавалера, говорящего с великосветской дамой <...>. — Будьте, сударыня, столь достолюбезны, дайте мне мои сапоги».* А. Чехов. Сапоги.

Достопочте́нный, -ая; -ые. ▫ Весьма почтенный, достойный почтения, уважаемый. Этикетный эпитет, употребл. в составе возвыш.-риторич., почтит. или офиц. обращений на «Вы»: **а)** К незнакомым или малознакомым лицам. ▭ *Достопочтенная (достопочтеннейшая) публика.* ▭ *Достопочтенные господа.* ▭ *Достопочтенные читатели и т. п. Трудов напрасно не губя, Любите самого себя, Достопочтенный мой читатель.* А. Пушкин. Евгений Онегин. **б)** К знакомому, обычно старшего возраста или занимающему видное положение в обществе. *[Иосиф:] Достопочтенный Алексей Матвеевич... [Губин:] Чего? [Иосиф:] Богом вас прошу — заплатите за гусей, коих вы перестреляли...* М.Горький. Достигаев и другие. **в)** Подчёркнуто вежл. к равным или низшим по положению, но старшим по возрасту (может употребляться с оттенком иронии или снисходительности). *[Акулина Ивановна (зевая):] Охо-хо! Скушно что-то... И как это по вечерам скушно всегда... Хоть бы* ты, Терентий Хрисанфыч, гитару свою принёс да поиграл бы... [Тетерев (спокойно):] При найме мною квартиры, достопочтенная Акулина Ивановна, я не брал на себя обязанности увеселять вас... М. Горький. Мещане. **Достопочте́ннейший**, -ая; -ие. Элатив к Достопочтенный. *Ваше Высокопреподобие, достопочтеннейший отец протоиерей, возлюбленный во Христе брат наш. / Всеблагий Господь благословил Вас таким долголетием, в продолжении священного сана, которое для большинства составляет предел человеческой жизни... Из речи священника Тверитина в праздновании 50-летия служения в духовном звании протоиерея г. Кузнецка Павла Стабникова при поднесении юбиляру иконы Христа Спасителя 29 нояб. 1879. Милостивый Государь, / Достопочтеннейший о Господе Иван Семёнович! При сем честь имею возвратить летопись Вашу и прошу меня извинить, что долго продержал её. <...> / Желаю Вам и ближним Вашим Милостей Божьих, / имею честь быть Вашим покорнейшим слугой / Миссионер, Протоиерей В. Вербицкий. В. Вербицкий. Письмо И. С. Конюхову, 12 авг. 1879.* ‖ *В знач. существ.* Подчёркнуто вежлив. обращ. к незнакомому или малознакомому, равному или младшему по возрасту, положению (может употр. с оттенком снисходительности или иронии). *[Муромский:] Уж я не знаю, излагать ли мне вам мои опровержения. [Варравин:] Достопочтеннейший, к чему? был и я молод, любил и я диспутоваться; теперь минуло; познал я жизнь; познал я и существенность...* А. Сухово-Кобылин. Дело.

Достоуважа́емый, -ая; -ые. Весьма уважаемый, достойный уважения; многоуважаемый. Этикетный эпитет, употребл. в составе почтит. или офиц. обращений на «Вы» к старшему или равному по возрасту или положению. — *Может быть, вы, достоуважаемый Тарас Кирилыч, что-нибудь до-ба-ви-те?* А. Куприн. С улицы. ‖ Шутл. *Спешу порадовать Вас, достоуважаемая Лидия Стахиевна.* А. Чехов. Письмо Л. С. Мизиновой, 21 янв. 1893. ‖ *В знач. сущ.* Подчёркнуто вежлив. обращ. к незнакомому или малознакомому, равному или младшему по возрасту, положению (может употр. с оттенком снисходительности или иронии). *«А как же, барин, «Исаия, ликуй!» не будет?!» — «Какой «Исаия?» — «Вона! Какой! Я, брат, люблю, чтобы всё честью честью». <...> — «Да ведь, дорого будет стоить вам, достоуважаемый!» — твердил еврей-адвокат. — «А тебе какая забота? Деньги всегда при нас. Ты только действуй, а мы платить будем». И купец дождался своего: венчался в четвёртый раз и слышал «Исаия, ликуй».* Н. Ежов. Алексей Сергеевич Суворин.

Досточти́мый, -ая; -ые. Достойный почитания; высокочтимый, глубокочтимый, глубокоуважаемый. Этикетный эпитет, употр. в составе возвыш.-почтит. обращения обычно к лицу высокого звания, чина. — *Сладки мне ваши речи, досточтимый мною Константин Фёдорович, — произнёс Чичиков.* Н. Гоголь. Мёртвые души. *[Протодиакон] Размахнулся воскрылием рукавным, чуть владыку не зацепил, и испустил рыканием: — Ваше преосвященство, досточтимый владыка... от мудрости слово онемело.* И. Шмелёв. Лето Господне.

Дочь. Малоупотр. обращение родителей к юной или взрослой дочери. ǀ В зависимости от сложившихся в семье норм обращения может употр. как в обиходной, так и в возвыш. речи, а также в конфликтной ситуации с оттенком отчуждения, отстранения. — *Дочь, а дочь, не пора ли нам ужинать? Давай-ка на стол собирать. — Вот такие вот дела, дочь... — Ну, что ж, дочь, ты уж у нас теперь не маленькая, решай сама. — Ну спасибо, дочь, порадовала родителей!* и т. п. ǀ В сочет. с эпитетами «дорогая», «любимая» и т. п., местоимениями «моя», «наша», а также с именем собственным употр. преимущ. в возвыш. речи и эпистол. стиле. *Здравствуй, наша дорогая и любимая дочь Надя!* (из частного письма, 1968). ♦ **Ми́лая дочь. 1.** Ласк. обращ. к дочери. *Пришёл царь-отец и сказал: «Ну, милая дочь, делать тебе нечего в темнице, когда ты всё знаешь. Иди в царство и любуйся на жизнь».* Протопей-прапорщик. Сказка. Зап. в 1901. *У нас родитель не очень-то отпускал [на вечёрку]. Вот когда Иван Иосифович ходил в парнях — иди, мила дочь, братец там доглядит...* П. Еремеев. Обиход. **2.** Прост. Ласк. обращ. пожилого человека к девочке, девушке, молодой женщине; родственнице (не к дочери), знакомой, реже — к малознакомой или незнакомой. ▣ [Бабушка — малолетней внучке:] *Что ты, что ты, мила дочь, рази ж так можно!* (1990). ♦ **Дочь моя. 1.** Возвыш. экспрессив. обращ. к дочери. *Луна передвинулась, и в комнате стало темнее, когда о. Игнатий поднял голову и зашептал, вкладывая в голос всю силу сдерживаемой и долго не сознаваемой любви и вслушиваясь в свои слова так, как будто слушал не он, а Вера. — Дочь моя, Вера! Ты понимаешь, что это значит: дочь? Доченька! Сердце моё, и кровь моя, и жизнь моя. Твой старый... старенький отец, уже седой, уже слабый...* Л. Андреев. Молчание. **2.** Обращ. священника, монаха; духовника к прихожанке. *Отец Василий <...>, величественный и торжественный, сияя золотом, уже спрашивает молодых, по любви ли они соединяют на веки вечные юные свои сердца, не было ли над ними совершено насилия. Андрей <...>, сверкнув белой костью зубов, сказал: "По любви, батюшка". — "Ну, а ты, дочь моя?" — обратился отец Василий к Ульке. "По любви, батюшка",* — *сказала она машинально...* М. Алексеев. Вишнёвый омут. **До́ча.** Прост. **1.** Ласк. обращ. к дочери. *Из своей дальней комнаты выходила мать. "Ты чего, доча?" — присаживалась на край постели. — "Так... Привиделось страшное..." — "Ничего, милая",* — *мать, как бывало в детстве, троекратно крестила её...* В. Куропатов. Завтра в Чудиновом бору. **2.** Ласк. обращ. пожилых к девочке, девушке. ▣ [Пожилая женщина в трамвае — девушке:] *Ты сходишь, доча?* (1992). **До́ченька. 1.** Ласк. обращ. к дочери. *Мать тоже одевается потеплее, уговаривает Наташку: "Мы сейчас, доченька, мигом сходим. Ладно?"* — *Наташка смотрит на них и молчит.* В. Шукшин. Далёкие зимние вечера. *Здравствуй, дорогая доченька! Ты у меня, доченька, совсем молодец, исправно пишешь письма...* Из письма майора Е. И. Дашунина дочери, 20 сент. 1942. ‖ Прост. Ласк. обращ. родителей мужа к снохе (невестке). *"Батюшка, дайте я пойду проведаю, как там",* — *наконец сказала Фрося и, испугавшись собственной решимости, примолкла, опустила глаза, очевидно, для того только, чтобы не видеть, как отнесутся к её намерению остальные. "Пойди, доченька, да осторожнее",* — *согласился Михаил Аверьянович и сурово поглядел на мать, же-*ну и старшую сноху, как бы заранее пресекая возможное осуждение с их стороны поступка младшей невестки.* М. Алексеев. Вишнёвый омут. **2.** Прост. Ласк. обращ. к знакомой, малознакомой или незнакомой девочке, девушке, женщине. Употр. преимущ. в речи пожилых. *«Зимой я увидел, как погиб под грузовиком человек. В толпе больше всего говорили не о нём, а о том, что, может быть, у него дома остались дети, жена, старики... Жалели их. Это очень русская черта. И приветливость у нас часто выражается в таких словах: роднень-кий, родимень-кий, сынок, бабушка...» Франсуаза вспыхивает: «А, вот что это значит! Я на улице спросила одну пожилую женщину, как найти нужную мне улицу, а она сказала мне "доченька"». — «Вот именно, Франсуаза, она хотела обратиться к вам ласково». — «Значит, она хотела сказать, что я могла бы быть её дочерью? Но разве она не заметила, что я иностранка?» Я рассмеялся: «Конечно же она заметила, но она именно потому и назвала вас доченькой, что вы иностранка, чужая в этом городе — вы же её спросили, как пройти куда-то». — «Ах!» — Франсуаза заинтересована. Я продолжаю: «Если вы иностранка, вы, значит, одна в Ленинграде. Пожилая женщина, называя вас доченькой, не хотела непременно сказать, что вы её дочь. Она называла вас так потому, что у вас есть мать или была мать. И именно этим она вас приласкала». — «Как это по-русски!»* Д. С. Лихачёв. Заметки о русском. **Дочери́на. Дочери́нка.** ▣ Обл. Ласк. То же, что Доченька (в 1 знач.). *Научи меня, мати, научи свою дочину, Кака пахати, как боронити, Как лён-от сеяти? — Этак, доченька, этак, дочеринка, Этак, голубушка моя, Этак, молоденькая!* СРНГ. **До́чечка.** То же, что Доченька (в 1 и 2 знач.). *Да позвольте, дочечка вы моя,* — *пишете, ангельчик, чтоб мне займов не делать?* Ф. Достоевский. Бедные люди. **До́чи.** ▣ Обл. Звательн. форма от Дочь. ▣ *Гуляй, дочи, до полночи! — Где, дочи, была? — Мне сказал сударь-батюшка: — Не ходи, дочи, на улицу, На мост на калинов.* СРНГ. **До́чка. 1.** Разг. Ласк. обращ. к дочери. *Дочери указал на неправильность чистки никелевого самовара <...>. — Надо, дочка, кирпичной пылью чистить, а не песком.* А. Новиков. Причина происхождения туманностей. ‖ Прост. Ласковое обращ. к снохе. *Когда сорочины свекрови отвели, свёкор мне и говорит: — Свези меня, дочка, в приют. <...> — Ох и разобиделась же тогда я на него.* В. Куропатов. Слепой дождь. **2.** *Прост. Ласк. обращ. пожилых к девочке или девушке.* — *Девушке было так хорошо <...>. Ей захотелось сказать старикам что-нибудь приятное. «Дедушка, а вы весь год здесь живёте?» — спросила она первое, что пришло в голову. «Весь год, дочка».* В. Шукшин. Двое на телеге. **Дочу́рка. Дочу́рочка.** *Разг. Уменьш.-ласк.* к Дочь (в 1 знач.). **До́чушка. До́чушь.** *Прост. Ласк.* То же, что Доченька (в 1 и 2 знач.). — *Зёрнышко моё, дочушка!* — приглушённо звенела мать, — *цветочек мой, не уходи, Танюшка!* М. Шолохов. Тихий Дон. *«Сколько годов тебе, дед?» — спрашивает, возясь у печи, Кулинка. — «Годов-то, годов, дочушь, много, чай, за сто перекатило...»* И. Соколов-Микитов. На тёплой земле.

Драгоце́нный, -ая, -ое; -ые. Очень дорогой, дражайший; милый. Этикетный эпитет, употр. в составе эмоц.-возвыш. комплиментов, обращений. *Он уехал из Петербурга, не доставя мне для меня драгоценный знак Вашего благосклонного воспоминания.* А. Пушкин. Письмо А. А. Фукс, 19 окт. 1834. — *А потому и мы благодарим вас с покорностью, гость драгоценный!* — *И он* [игумен] *поклонился Фёдору Павловичу в пояс.* Ф. Достоевский. Братья Карамазовы. | *Шутл.-ирон.* ▨ *«Не кажется ли вам, драгоценная тётя Маша, что животным место на улице?» — «Да оно же, дорогуша, никому не мешает».* (Из разговора соседок по коммунальной квартире). **Драгоценный (мой). Драгоценная (моя).** *В знач. сущ. Ласк. или интимн. обращение. И он стал меня цаловать-ласкать, И цалуя всё приговаривал: — Отвечай мне, чего тебе надобно, Моя милая, драгоценная.* М. Лермонтов. Песня <...> про купца Калашникова. — *Сюда, красавица, сюда, на диванчик, милости просим! Тут, драгоценная, вам будет удобнее.* Д. Григорович. Недолгое счастье. *[Чубуков:] Как поживаете? [Ломов:] Благодарю вас. А вы как изволите поживать? [Чубуков:] Живём помаленьку, ангел мой, вашими молитвами и прочее. Садитесь, покорнейше прошу... Вот именно, нехорошо соседей забывать, мамочка моя. Голубушка, но что же вы так официально? Во фраке, пер-* чатках и прочее. Разве куда едете, драгоценный мой? *[Ломов:]* Нет, я только к вам, уважаемый Степан Степаныч. А. Чехов. Предложение. *Голос кого-то из домашних:* «Корней Иванович! К вам идёт такая-то!» *Голос сверху:* «Остановите её! Скажите, что я умер!» *Но удержать посетительницу не удаётся, поздно, и вот она стучит каблучками по лестнице, и затем слышен разыгрывающий радостное удивление голос Корнея Ивановича:* «Вот это кто! Душенька! Драгоценная!» *Звуки поцелуев. К ужину на веранде Корней Иванович появляется один, без дамы.* «Едва догадалась уйти! Два часа украла!» Н. Ильина. Дороги и судьбы.

Дро́ля, м. и ж. ▨ *Обл. и нар.-поэт.* Милый (милая), любимый (любимая), возлюбленный (возлюбленная). *Ласк. обращение к возлюбленному (реже к возлюбленной), обычно в частушках. Дроля, я не виновата, ты меня и не вини. Я любила, любить буду, Ты характер измени.* Частушка. *Дроля милый, дроля милый, Как ты мило говоришь; Ты мою любовь пытаешь — Свою на сердце таишь.* Частушка. **Дро́лечка. Дро́ленька. Дролёночек. Дро́лик. Дро́лька. Дро́люшка.** *Уменьш.-ласк.* к Дроля. СРНГ.

Друг. 1. *Разг. Дружеск.,* преимущ. мужское, обращение к другу, приятелю, старому знакомому, с которым давно на «ты». *«Ну, как живёшь, друг?» — спросил толстый, восторженно глядя на друга. — «Служишь где? Дослужился?» — «Служу, милый мой! Коллежским асессором уже второй год и Станислава имею».* А. Чехов. Толстый и тонкий. *[Размётнов] Отозвал Нагульнова в сторону, схватил его руку.* — Макар, друг, за вчерашнее не серчай... *Наслухался я детского крику, своего парнишку вспомянул, ну и защемило...* М. Шолохов. Поднятая целина. *Нынче вырвалась, будто из плена, весна, По ошибке окликнул его я: «Друг! Оставь покурить...»* В. Высоцкий. Он вчера не вернулся из боя. **2.** *Прост.* Приветл. или фамильярн., преимущ. мужск., обращ. к лицу муж. пола, равному или младшему по возрасту, положению. — *А что, друг, где здесь пройти на дорогу?* В. Даль. *[Фамусов (Молчалину):]* Друг, Нельзя ли для прогулок Подальше выбрать закоулок? А. Грибоедов. Горе от ума. *[Городничий:]* Ну, что, друг, тебя накормили хорошо? *[Осип:]* Накормили, покорнейше благодарю; хорошо накормили. Н. Гоголь. Ревизор. *[Васса (усмехаясь):] Значит, дело — грех? До чего доходят... чтобы лень свою оправдать... Помнится — был эдакой странник <...>. Сидит в кухне и проповеди говорит вот такие же — дескать, все дела рук человеческих — грех один. А я и говорю: «Ты, милый, положи хлеб-то, не тронь его, не ешь, он руками сделан. Не греши-ка, друг, да уходи вон...» — Так и прогнала.* М. Горький. Васса Железнова (Мать). *«Когда являться?» — «А там всё указано. Послезавтра уже быть на призывном. Иметь при себе котелок, ложку, всё такое. Ну-ка, друг, распишись».* Е. Носов. Усвятские шлемоносцы. **Бесценный друг**, м. и ж. Возвыш. Употр. преимущ. в письмах, посланиях к близкому, дорогому человеку. *Мой первый друг, мой друг бесценный! И я судьбу благословил, Когда мой двор уединенный, Печальным снегом занесенный, Твой колокольчик огласил.* А. Пушкин. И. И. Пущину. *Прощай, бесценный друг мой, люби меня и помни; скоро ли свидимся, не знаю.* А. Грибоедов. Письмо С. Н. Бегичеву, 4 сент. 1817. *«Деньги, столько-то и на такой-то срок, бесценный друг маменька, от доверенного вашего... получил», — уведомлял, например, Порфирий Владимирович.* М. Салтыков-Щедрин. Господа Головлёвы. *Дорогая моя, друг бесценный, не откажите мне написать, что хочет от меня Николаев.* С. Есенин. Письмо А. А. Берзинь, 3 авг. 1925. ♦ **Верный друг**, м. и ж. Возвыш. Ласк., дружеск. или интимн. *Она [Наина] сквозь кашель продолжала Тяжёлый, страстный разговор: «Так, сердце я теперь узнала; Я вижу, верный друг, оно Для нежной страсти рождено; Проснулись чувства, я сгораю, Томлюсь желаньями любви... Приди в объятия мои...»* А. Пушкин. Руслан и Людмила. *[Тарелкин (Мавруше):] Ты понимаешь ли, верный друг Мавруша, какую я бессмертную шутку играю?* А. Сухово-Кобылин. Смерть Тарелкина. ♦ **Дорогой друг**, м. и ж. Возвыш., преимущ. эпист. обращ. к приятелю или близкому знакомому. *Спасибо тебе, дорогой друг, за поздравление, которое пришло ко мне вчера.* М. Булгаков. Письмо А. Г. Гдешинскому, дек. 1939. *Дорогой друг, / Коли это письмо дойдёт до Вас, вспомните ли Вы меня?* Ю. Домбровский. Письмо Л. Варпаховскому, 1956. ‖ В советском реч. этикете форма обращ. *«Дорогой друг!»* нередко употр. и по отношению к незнакомому человеку, обычно в тиражированных приглашениях или поздравлениях от имени обществ. организаций. *Дорогой друг! Приглашаем тебя на Новогодний праздник.* ♦ **Любезный друг**. Ласк., приветл. обращ. к приятелю или близко знакомому человеку. *[Чацкий (Горичу):] А кто, любезный друг, велит тебе быть праздным? В полк, эскадрон дадут. Ты обер или штаб?* А. Грибоедов. Горе от ума. *Я ждал тебя, любезный друг, вчера, по слову Нащокина, а нынче жду по сердцу.* П. Чаадаев. Письмо А. С. Пушкину, май 1830. *Прощай, любезный друг, и прошу тебя, будь уверен во мне и думай, что я никогда не скажу и не сделаю ничего тебе огорчительного. Прощай, милый друг, бабушка также к тебе пишет.* М. Лермонтов. Письмо С. А. Раевскому, 8 июня <1838>. | В препозиции — обычно возвыш. *Любезный друг! Не вместе ли с тобою ещё юношами жили мы на высотах Альбано <...> и зачитывались Гоголем до упаду.* А. Сухово-Кобылин. Письмо Н. Д. Шепелеву, 20 февр. 1869. | Ирон., с оттенком укоризны. *[Михрюткин:] Ефрем, а Ефрем! [Ефрем:] Чего изволите? [Михрюткин:] Да что, ты спишь, должно быть, на козлах-то? Как же ты не видишь, что у тебя под носом делается, а? Любезный ты мой друг.* И. Тургенев. Разговор на большой дороге. ♦ **Друг любезный**, м. и ж. Разг. Фамильярн. или ирон. обращ. к собеседнику, употр. чаще в интер- или постпозиции. *— Эх, друг любезный! — проговорил Базаров [обращаясь к Аркадию], — как ты выражаешься!* И. Тургенев. Отцы и дети. *— Ничего, — говорю, — друг любезный, не поделаешь: не ты первая, не ты будешь и последняя.* Н. Лесков. Воительница. *Паротина жена, как приехала домой, похвасталась [мужу]: — Теперь, друг любезный, я не то что тобой, и Турчаниновым не понуждаюсь.* П. Бажов. Малахитовая шкатулка. ♦ **Милый друг**, м. и ж. Ласк. или интимн. обращ. к близкому, любимому человеку. *Ты не можешь вообразить, милый друг, как обрадовался я твоему письму.* А. Пушкин. Письмо П. В. Нащокину, 23–30 марта 1834. *— Я надеюсь на вас, милый друг, — сказала Анна Павловна [Лизе] тоже тихо...* Л. Толстой. Война и мир. *Милый друг Александр Иванович, я де-*

сять дней тому назад сюда приехал — но всё был в деревне и только недавно поселился на старой своей квартире. *И. Тургенев. Письмо А. И. Герцену, 25 сент. 1861. Милый друг Юния! Мне кажется, что я ещё ни одного письма не начинал иначе, как извинением, что не писал... А. Майков. Письмо Ю. Д. Ефремовой, 30 сент. 1847. Милый друг. / Я потому не писал Тебе давно, что мало имел слов в запасе. А. Блок. Письмо А. Белому, 29 сент. 1904.* ▭ [Спрашивает девушка у Вани:] *Скажи, мой милый друг, нашто мне кольцо украл, куда его девал? Царевна-старушка. Сказка. Зап. в 1927. Милый друг, / опускаю эту открытку в Москве, проездом в Кисловодск, где пробуду до 24—25 июля. А. Ахматова. Письмо В. К. Шилейко, 19 июня 1927. Здравствуй, милый друг! Поздравляю с Новым годом! Желаю здоровья и счастливой жизни! Из письма капитана Г. А. Васёва жене, 13 дек. 1943.* ∣ *Фамильярн.* или *ирон.*, обычно в форме ♦ **Друг милый**, употр. в интер- или постпозиции по отношению к лицу мужск. пола, равному или младшему по возрасту, положению, с которым говорящий не состоит в дружеских отношениях. *«Разве это можно?» — недоверчиво, но уже с испугом в голосе спросил Фома. — «У нас, друг милый, всё можно!» Фома опустил голову и, исподлобья посмотрев в лицо крёстного, вздрогнул, думая: «Посадит... не пожалеет...» М. Горький. Фома Гордеев. «Напрасно, — говорю, — вы, Ломна Платоновна, так о моей хозяйке думаете: она женщина честная». — «Да тут, друг милый, и бесчестья ей никакого нет: она человек молодой». Н. Лесков. Воительница.* ♦ **Мил друг.** ⌛ *Прост.* Ласк., приветл. обращ. к собеседнику, равному или младшему по возрасту, положению. *А рядом вахмистр в рыжей оправе бороды спорит с батарейцем: «Ничего не будет! Постоим сутки — и восвояси». — «А ну как война?» — «Тю, мил друг! Супротив нас какая держава на ногах устоит?» М. Шолохов. Тихий Дон.* ∥ *Нар.-поэт.* Ласк. обращ. женщины или девушки к возлюбленному в народн. песнях. ♦ **Мил-сердечный друг.** ⌛ *Нар.-поэт.* Ласк., женское обращ. к возлюбленному, мужу, близкому, родному человеку. *А она [Груня] плачет и говорит: «Знаю я, Иван Северьяныч, всё знаю и разумею; один ты и любил меня, мил-сердечный друг мой, ласковый...» Н. Лесков. Очарованный странник. Взяла Катя мешок и заплакала-запричитала. Ну, как девки-бабы по покойнику ревут: «На кого ты меня, мил-сердечный друг, покинул», — и протча тако. П. Бажов. Горный мастер.* ♦ **Мой друг** (♦ **Друг мой**), *м.* и *ж.* Приветл. обращ. к близкому знакомому, приятелю или родственнику, равному или младшему по возрасту. (В препозиции обычно — *возвыш.*) В XIX в. было широкоупотр. как в мужск., так и в женск. речи; в советск. и постсоветский периоды употр. значит. реже, в возвыш. или фамильярно-снисх. мужск. обращ. к другу, знакомому. *[Хлёстова:] Ну, Софьюшка, мой друг, Какая у меня арапка для услуг: Курчавая! горбом лопатки!.. А. Грибоедов. Горе от ума. [Алексей:] Ну, мой друг Акулина, непременно буду в гости к твоему батюшке, к Василью-кузнецу. А. Пушкин. Барышня-крестьянка. Пока свободою горим, Пока сердца для чести живы, Мой друг, отчизне посвятим Души прекрасные порывы! А. Пушкин. К Чаадаеву. [Платон:] Маменька, маменька, да ведь меня в яму, в яму! [Зыбкина:] Да, мой друг. Уж поплачу я над тобой, да, нечего делать, благословлю тебя да и отпущу. А. Островский. Правда — хорошо, а счастье лучше. — Не будем больше говорить, мой друг, — сказал Пьер. Так странно вдруг для Наташи показался этот его кроткий, нежный, задушевный голос. — Не будем говорить, мой друг, я всё скажу ему; но об одном прошу вас — считайте меня своим другом. Л. Толстой. Война и мир. — Ну, здравствуйте, мой друг, садитесь и рассказывайте, — сказала княгиня Софья Васильевна [Нехлюдову] со своей искусной, притворной, совершенно похожей на натуральную, улыбкой. Л. Толстой. Воскресение. — О, друг мой, Аркадий Николаич! — воскликнул Базаров, — об одном прошу тебя: не говори красиво. И. Тургенев. Отцы и дети. Выпивая рюмку за рюмкой, он [Ромашов] глядел на Веткина умоляющими глазами и говорил убедительным, тёплым, дрожащим голосом: «Мы все, Павел Павлыч, все позабыли, что есть другая жизнь. <...> Друг мой, как мы живём! Как мы живём!» А. Куприн. Поединок. Другой офицер, подпоручик Епифанов, любил задавать своему денщику мудрёные, пожалуй, вряд ли ему самому* понятные вопросы. «Какого ты мнения, друг мой, — спрашивал он, — о реставрации монархического начала в современной Франции?» И денщик, не сморгнув, отвечал: «Точно так, ваше благородие, это выходит очень хорошо». А. Куприн. Поединок. Уверяли, что Виргинский, при объявлении ему женой отставки, сказал ей: «Друг мой, до сих пор я только любил тебя, теперь уважаю...» Ф. Достоевский. Бесы. [Варвара Михайловна:] Поди прочь, Сергей. [Басов:] Друг мой... [Варвара Михайловна:] Я никогда не была твоим другом... и ты моим... никогда! Мы были только мужем и женой. Теперь мы чужие. Я ухожу. М. Горький. Дачники. Итак, мой друг, часто вспоминаю тебя, нашу милую Эмилию... С. Есенин. Письмо А. Б. Мариенгофу, 1921. «Не надо нервничать, мой друг, — Врач стал чуть-чуть любезней, — Почти у всех людей вокруг Истории болезней». В. Высоцкий. История болезни. ♦ **Мой дорогой (бесценный, верный, любезный, милый) друг,** м. и ж. [Имеются соответствия в ряде европейск. языков. Ср. франц. Mon ami; cher ami; mon cher ami — «мой дорогой, любезный, милый друг»]. ♦ **Сердечный друг (♦ Друг сердечный. ♦ Друг ты мой сердечный),** м. и ж. Разг. Ласк. «Как недогадлива ты, няня!» — «Сердечный друг, уж я стара, Стара; тупеет разум, Таня». А. Пушкин. Евгений Онегин. «А, Бондаренко, друг сердечный», — проговорил он [Николай Ростов] бросившемуся стремглав к его лошади гусару. — Выводи, дружок», — сказал он с тою братскою весёлою нежностью, с которой обращаются со всеми хорошие молодые люди, когда они счастливы. — «Слушаю, ваше сиятельство», — отвечал хохол, встряхивая весело головой. Л. Толстой. Война и мир. ‖ ⌛ Обращ. к возлюбленному, к возлюбленной. *Сердечный друг, желанный друг, Приди, приди: я твой супруг!* А. Пушкин. Евгений Онегин. [Катерина Львовна:] ⟨...⟩ ежели ты, Серёжа, мне да изменишь, ежели меня да на кого да нибудь, на какую ни на есть иную променяешь, я с тобою, друг мой сердечный, извини меня, — живая не расстанусь. Н. Лесков. Леди Макбет Мценского уезда. ♦ **Друг сердечный, таракан запечный.** Прост. Шутл. или ирон. обращ. к родственнику, приятелю, знакомому, равному или младшему по возрасту, положению. «Федя, ты в неё влюблён!» — «Что за вздор! Будто нельзя...» — «Ты в неё влюблён, друг ты мой сердечный, таракан запечный», — протяжно запел Авдей Иванович. И. Тургенев. Бретёр. ♦ **Друг (ты мой) ситный.** Прост. Шутл. или фамильярн. обращ. к приятелю, близкому знакомому или родственнику, равному или младшему по возрасту. — Ну! — закричал Тимофей Васильевич, — Серёга! Ты ли это, друг ситный? М. Зощенко. Не надо иметь родственников. | С оттенком укоризны. — Ну, друг ситный, не будет тебе больше никаких гостинцев, не заслуживаешь, — она [бабушка] уже не смотрит на тебя. Ю. Стефанович. Тутовый шелкопряд. ♦ **Друг си́тцевый.** Прост. То же, что Друг ситный. Употр. обычно с оттенком укоризны. *Игнат боролся с каким-то монголом. Монгол был устрашающих размеров. — Э-ээ... Друг ситцевый! — весело орал Игнат. — У нас так не делают. Куда ты коленом-то нажал?!* В. Шукшин. Ваш сын и брат. ♦ **Твой друг** (подпись адресанта). Эпист. См. Твой. ♦ **Будь/те другом (Будь друг)** (сделай то, о чём я прошу). Разг. Формула неофиц. просьбы к знакомому, равному или младшему по возрасту, положению. Употр. преимущ. с «ты»-формами. [Шпигельский:] Право, Михайло Александрыч (сбоку обнимая его), будьте друг, замолвите словечко... И. Тургенев. Месяц в деревне. *Милый Вася! Тысячу приветов тебе и тысячу лучших пожеланий. Будь другом, милый! Устрой мне этой вещью гонорар в 10 червонцев. В ней 90 строк.* С. Есенин. Письмо В. В. Казину, 28 июня 1924. «Я тут по камням полазаю, оглянусь, а ты, Маргарита, дуй за бойцами. И скрытно — сюда. И чтоб смеху — ни-ни!» — «Я понимаю». — «Да, там я махорку свою сушить выложил: захвати, будь другом. И вещички, само собой». — «Захвачу, Федот Евграфыч». Б. Васильев. А зори здесь тихие... **Друга́н.** Прост. (преимущ. молодёжн.) и обл. Мужское обращ. к другу, приятелю. ⇒ Привет, друган! (1992). **Дру́ги,** мн. (♦ **Други мои**). ⌛ Возвыш. или шутл.-риторич. То же, что Друзья. Употр. преимущ. в мужск. речи. [Арина Петровна:] Вот чай-то уже кончили, вели-ка подавать ужин, да и на покой! Так-то, други мои! Разбредёмся все по своим местам, помолимся, ан сердце-то у нас и пройдёт... М. Салтыков-Щедрин. Господа Головлёвы. — *Други мои!* — начал [Закревский], с трудом поднявшись, так как был стиснут с обеих сторон. — *Мы сегодня собрались, чтобы... Чтобы отпраздновать как следует — по-русски!* — *бракосочетание этих молодых людей.* В. Шукшин. Любавины. ♦ **Други милые.** ⌧ *Прост. Ласк.* к знакомым и незнакомым. — *А вам бы, други милые, Спросить Ермилу Гирина,* — *сказал, подсевши к странникам, Деревни Дымоглотово Крестьянин Федосей.* Н. Некрасов. Кому на Руси жить хорошо. — *Эй, други милые, приятели советные: Марко Данилыч, Михайло Васильич, кум, именинник и вся честная беседа! Наливай вина, да и пей до дна!.. Здравствуйте, рюмочки, здорово, стаканчики!.. Ну, разом все! Вдруг!..* П. Мельников (Печерский). В лесах. ♦ **Други-товарищи.** ⌧ *Прост.* — *Вы что тут народ беспокоите?* — *прямо спросил он.* — *Езжайте себе, други-товарищи, дальше.* А. Платонов. Чевенгур. *Первый стакан* — *иной посуды в питейном деле Пётр Житов не признавал* — *выпили, конечно, за блудного сына, за его возвращение в родные края, и тут уж Егорша дал течь: «Да, други-товарищи, мать-родина, как говорится, за хрип взяла...»* Ф. Абрамов. Дом. **Дру́же.** ♦ **Дру́же мой.** ⌧ *Прост.* и *обл. Дружеск. мужск. обращ.* к приятелю, знакомому; реже — к малознакомому или незнакомому, равному или младшему по возрасту, положению. *[Корпелов (Грунцову):] Друже, заведи супругу, сделай милость, заведи!* А. Островский. Трудовой хлеб. *[Царь] спрашивает Рыжечку: «Чем тебя, друже мой, дарить-жаловать? Говори! Ничего не пожалею».* Рыжечка. Сказка. Зап. в XIX в. *[Николай Иванович] достал бумагу и сел писать своему давнишнему другу. «Друже мой, Иван Семёныч!* — *начал он.* — *Здорово! Захотелось вот написать тебе. Увидел сейчас во сне деревню нашу и затосковал...»* В. Шукшин. Два письма. **Дру́женька.** *М.* и *ж. Обл.* **Дру́жечка. (♦ Дру́жечка моя.)** *М.* и *ж. Обл.* **1.** *Ласк. обращ.* (молодых) супругов друг к другу. ⌧ *Прикажи мне, милый дружечка, как мне малолетних возрастать.* СРНГ. *Аксинья бешено целует лицо его, шею, руки, жёсткую курчавую поросль на груди. В промежутки, задыхаясь, шепчет, и дрожь её ощущает Григорий: «Гриша, дружечка моя... родимый... давай* уйдём. Милый мой! Кинем всё, уйдём». М. Шолохов. Тихий Дон. **2.** Дружечка. *Ласк. обращ.* к дру́жке на свадьбе. *Иван Мороз и ещё два парня из Фросиной родни подбежали к ‹...› воротам и заперли их перед храпящими мордами разгорячённых коней.* — *А ну-ка, дружечка, подкинь на водку! Приморозились мы тут, вас ожидаючи!* М. Алексеев. Вишнёвый омут.

Дружи́ще. *Разг. Дружеск. мужск. обращ.* к приятелю, близкому знакомому, равному или младшему по возрасту, положению. *Извини, пожалуйста, дружище, что я надоедаю тебе своими поручениями: на то и дружба.* И. Тургенев. Письмо И. И. Маслову, 28 окт. 1873. *Скажи мне, пожалуйста, любезный дружище, отчего при твоей известной страсти к переписке я с полгода от тебя не получал никакого письма?* А. Майков. Письмо М. П. Заболоцкому-Десятовскому, 1855 — 1856. *За деньги, за книги* — *спасибо Вам, дружище.* М. Горький. Письмо Н. Д. Телешову, 22 дек. 1900. *Сегодня ко мне под вечер, Как месяц вкатился Прон: «Дружище! С великим счастьем! Настал ожидаемый час!»* С. Есенин. Анна Снегина. ‖ *Прост. Дружеск.* или *фамильярн.* — к незнакомому, равному или младшему по возрасту, положению. *Чья-то рука приподняла шинель, нагнулось к Петьке безусое обветренное лицо, улыбка ползёт по губам.* — *Живой, дружище? А сухари потребляешь?* М. Шолохов. Путь-дороженька. *Помните товарища первого секретаря обкома?.. Он был вам товарищ? Вы по-товарищески входили к нему в кабинет и говорили: «Дружище, что-то ты забурел! Говорят, дворец себе отгрохал?»* Ю. Соколов. Я к вам пишу — чего вам сделать. // «Известия», 28 нояб. 1991.

Дружо́к. *Разг. Ласк. обращ.* к лицу муж. или женск. пола, обычно младшему по возрасту или положению. Часто употр. в обращ. родителей к детям, взрослого к ребёнку. — *Ложись, голубушка, ложись, мой дружок,* — *сказала графиня, слегка дотрагиваясь рукой до плеча Наташи.* — *Ну, ложись же.* Л. Толстой. Война и мир. *[Петя:] Папа, я тебе не помешаю, если останусь здесь? [Сергей Николаевич:] Нет, дружок.* Л. Андреев. К звёздам. *«Послушай, дружок,* — *отечески проговорил ротмистр,* — *когда ты непотребными словами оскорбляешь людей, одетых в ту же форму, ко-*

торую носишь сам, ты этим оскорбляешь свой собственный мундир». В. Трубецкой. Записки кирасира. [Павла:] Не понимаю. Это ты шутишь? [Софья:] Многого ты, дружок, не понимаешь... [Павла (грустно):] Да. Всё не так, как я думала... М. Горький. Зыковы. | Фамильярно-снисх. к незнакомому или малознакомому. «Но у меня имеются определённые директивы», — взыграл председатель, заботясь прежде всего о своём престиже <...>. Обращало на себя внимание, насколько внушительней теперь, с оттенком полупрезрения даже прозвучал ответ Дюрсо. — «Ну, давайте же, дружок, не будем затягивать, позднее время плюс к тому не мне объяснять в солидной аудитории правильный режим сна...» Л. Леонов. Пирамида. ‖ ⌧ Обл. «Прозвище, данное онежанам-бурлакам, вероятно, в силу их привычки называть каждого молодого парня дружком, а девочек — подружками». «Вставай, вставай, дружки, вставай, молодцы, каша сваривши, горох пригоревши, — так будили онежан-бурлаков на сплавах кашевары из местных (новгородских) крестьян». СРНГ. ♦ **Мил дружок.** Нар.-поэт. Ласк., обращ. девушки, молодой женщины к возлюбленному. *Поглядела из лесочка Дуняха и говорит: «Нет, видно, мил дружок Митюша, не приводится тебе за мной идти, зря тут себя загубишь и меня подведёшь».* П. Бажов. Кошачьи уши. **Дружо́чек**, м. и ж. ♦ **Мой дружочек.** ♦ **Миленький дружочек.** Разг., ласк. — *Потешь же, миленький дружочек! Вот лещик, потроха, вот стерляди кусочек!* И. Крылов. Демьянова уха. *[Наталья Дмитриевна (мужу):] Ах! мой дружочек! Здесь так свежо, что мочи нет, Ты распахнулся весь, и расстегнул жилет.* А. Грибоедов. Горе от ума. *Отсылаю вам вашу книжку, дружочек мой, Варенька, и если вы, дружочек мой, спросите мнения моего насчёт вашей книжки, то я скажу, что в жизнь мою не случалось мне читать таких славных книжек.* Ф. Достоевский. Бедные люди. *[Лидочка:] Что это, папенька? [Муромский (присмирев):] Ничего, мой дружочек, мы так с тёткой говорили...* А. Сухово-Кобылин. Свадьба Кречинского. *[Астров:] Скажи там, Вафля, чтобы заодно кстати подавали и мне лошадей. [Телегин:] Слушаю, дружочек.* А. Чехов. Дядя Ваня. **Дружья-братья. Дружьё-братьё (приятели).**

⌧ Обл. (нар.-поэт.?) Друзья, товарищи, приятели. ⌐ *Вы дружья-ле, братья, приятели!* ⌐ *Ай же вы дружьё-братьё хороброе!* ⌐ *Уж вы слушайте, дружьё-братьё-приятели, Уж вы пейте чаи, кофеи горячие.* СРНГ. **Друзья́.** ♦ **Друзья мои.** Дружеск. обращ. к равным и младшим по возрасту, положению; к приятелям, близким знакомым, родственникам. В препозиции и постпозиции нередко эмоц.-возвыш., торжественное. *Друзья мои, прекрасен наш союз!* А. Пушкин. 19 октября. *Что вы делаете, друзья, и кто из наших приятелей отправился туда, отколь никто не воротится?* А. Пушкин. Письмо М. Л. Яковлеву, 19 июля 1831. *Павел Петрович облобызался со всеми <...> и, выпивая вторично налитый бокал, промолвил с глубоким вздохом: «Будьте счастливы, друзья мои!»* И. Тургенев. Отцы и дети. — *А вы, чай, думаете, даром состояние матери досталось! — продолжала Арина Петровна. — Нет, друзья мои! даром-то и прыщ на носу не вскочит: я после первой-то покупки в горячке шесть недель вылежала!..* М. Салтыков-Щедрин. Господа Головлёвы. *[Серебряков:] Друзья мои, пришлите мне чай в кабинет, будьте добры! Мне сегодня нужно ещё кое-что сделать.* А. Чехов. Дядя Ваня. — *А теперь, друзья мои, — сказал Бендер <...>, — мы с Зосей Викторовной немного погуляем, а вам пора на постоялый двор, бай-бай.* И. Ильф, Е. Петров. Золотой телёнок. | В советский период получило широкое распространение как публичное обращение к равным и младшим по возрасту, положению. *«Друзья мои...» — повторяя слова Сталина, прошептал Синцов и вдруг понял, что ему уже давно не хватало во всем том большом и даже громадном, что на его памяти делал Сталин, вот этих сказанных только сегодня слов: «Братья и сёстры! Друзья мои!», а верней — чувства, стоящего за этими словами.* К. Симонов. Живые и мёртвые. *Был у нас урок пения <...>. Борис Сергеевич всё время морщился и кричал: «Тяните гласные, друзья, тяните гласные!..»* В. Драгунский. Слава Ивана Козловского. ♦ **Дорогие друзья.** Возвыш.-риторич. обращ. к аудитории, публике, компании. *Мужики одобрительно запереглядывались, и лектор, оставив карту и подойдя к столу, обратился к ним: — Дорогие друзья! Есть ещё одно немаловажное обстоятельство,* не учтённое германскими горе-стратегами. Е. Носов. Усвятские шлемоносцы. ▭ [Ведущий телепередачи:] *Добрый вечер, дорогие друзья!* (1992). | *Ирон.* (чаще в форме ♦ **Друзья дорогие**). ▭ [Преподаватель (студентам):] *Нет, друзья дорогие, так дело не пойдёт, извольте готовиться основательно!* (1992). См. также Дорогой. ♦ **Милые друзья.** *Доверительно-дружеск., ласк.* Но следствия нежданной встречи Сегодня, милые друзья, Пересказать не в силах я. А. Пушкин. Евгений Онегин. См. также Милый.

Друзья наших (моих) друзей — наши (мои) друзья. Формула приветствия и комплимента при знакомстве через посредника; «приветливое слово лицу, рекомендованному близким другом». М. Михельсон. [Франц. Les amis de nos amis sont nos amis]. <...> *я совершенно оробел, когда она* [Софья Ивановна], *пристально глядя на меня, сказала мне: «Друзья наших друзей — наши друзья». Я успокоился и вдруг совершенно переменил о ней мнение только тогда, когда она, сказав эти слова, замолчала и, открыв рот, тяжело вздохнула.* Л. Толстой. Юность. *Входим в кабинет.* <...> *важная фигура в генеральском мундире приветливо спешит нам навстречу, протягивая обе руки Андрееву-Бурлаку. Обнялись. Расцеловались. Говорят на «ты».* <...> *Нас представили. «Очень... Очень рад... Друзья моих друзей — мои друзья... Пойдёмте закусить».* В. Гиляровский. Мои скитания. ♦ **Ваши друзья — наши друзья.** [Франц. Vos intimes — nos intimes]. *Вася представил меня князю как своего друга. — Очень рад! Значит, нам новый товарищ! — И крепко пожал мне руку. «Vos intimes — nos intimes!» Ваши друзья — наши друзья!* В. Гиляровский. Люди театра.

Дружба. ♦ **Окажи/те дружбу** (сделайте что-л.). ⌧ Формула просьбы к приятелю, близкому знакомому; будь/те другом. [*Тропачев:*] *Вы поёте, друг мой?.. Ах, сделайте одолженье, покажите нам свой талант!* <...> *Окажите же дружбу... а?* [*Кузовкин:*] *Увольте-с, сделайте милость.* И. Тургенев. Нахлебник. ♦ **Сделай/те дружбу.** ⌧ [Калька с франц. faites-moi l'amitié.] То же, что ♦ **Окажи/те дружбу.** [*Репетилов:*] *Ах, Скалозуб, душа моя, Постой, куда же? Сделай дружбу.* А. Грибоедов. Горе от ума. *«Не прикажете ли ещё чашечку?» — «Покорно благодарствую»,* — отвечал Иван Иванович, ставя на поднос опрокинутую чашку и кланяясь. *«Сделайте одолжение, Иван Иванович!»* — *«Не могу. Весьма благодарен».* — При этом Иван Иванович поклонился и сел. *«Иван Иванович! Сделайте дружбу, одну чашечку!»* — *«Нет, весьма обязан за угощение».* — Сказавши это Иван Иванович поклонился и сел. Н. Гоголь. Повесть о том, как поссорился Иван Иванович... ♦ **Не в службу, а в дружбу** (сделай/те что-л.). *Разг.* Формула дружеск. просьбы к равному или младшему по возрасту, положению. Употр. тогда, когда просят оказать услугу по доброте, из любезности, а не по обязанности. [*Мурзавецкий:*] *Ну, пожалуйста, Павлин Савельич, ну, будь другом, ну, я тебя прошу. Не в службу, а в дружбу, братец, понимаешь?* А. Островский. Волки и овцы. — *Не в службу, а в дружбу. Умоляю, голубчик... Во-первых, поклонись Ольге Павловне, а во-вторых, свези ей одну вещицу. Она поручила мне купить ручную швейную машину, а доставить ей некому. Свези, милый.* А. Чехов. Один из многих. — *Не в службу, а в дружбу, девушка, сбегай в цех к матери, скажи, что секретарь горкома велел ей кланяться.* Б. Полевой. Глубокий тыл. [*Калошин:*] *Дочка! Будь добра, беги-ка ты, разыщи его!.. Слышишь?* [*Виктория:*] *С чего ради я побегу?* [*Калошин:*] *Найди его! Поговори с ним! Скажи, что кается, мол, администратор* <...>. *Ну! Не в службу, а в дружбу!..* [*Виктория:*] *Какая это у нас с вами дружба? Бегите сами, а мне спать пора.* А. Вампилов. Прощание в июне. ♦ **За (нашу) дружбу!** Краткий тост. См. За.

Дружеский, -ая, -ое; -ие. Этикетный эпитет в формулах приветствия, благодарности, комплиментов в адрес друга, приятеля, близкого знакомого, равного или младшего по возрасту, положению. **Дружеский привет** (кому-л.). ♦ **С дружеским приветом** (подпись адресанта). *Эпист.* См. Привет. ♦ **Благодарю (Вас, тебя) за дружеское участие (отношение...).** *Пользуюсь случаем поблагодарить от всей души лично Вас за дружеское отношение ко мне, за хороший тон ваших славных писем и за это деликатное, даже щепетильное внимание ко мне.* М. Горький. Письмо К. П. Пятницкому, 25 июля 1900. **Дружески,**

нареч. *Прощай, дружески тебя обнимаю, крепко. Мой Шерасмин свидетельствует своё почтение.* А. С. Грибоедов. Письмо П. А. Катенину, февр. 1820. *Дружески жму вам руку и остаюсь / любящий Вас / Ив. Тургенев.* И. Тургенев. Письмо И. П. Борисову, 1 дек. 1867. *Буду Вам очень признателен, если Вы ответите на это письмо. / Дружески жму руку. / М. Горький.* М. Горький. Письмо Р. Роллану, 27 июля 1923.

Дурак родился. *Прост.* Шутл. реплика, которую произносят, чтобы нарушить внезапно наступившее и затянувшееся молчание в ходе общей беседы. См. ♦ Тихий ангел пролетел. ♦ Человек (милиционер, футболист, хулиган, цыган) родился. *На минутку все смолкли; слышен был только стук ножей и вилок. «Дурак родился!» — сказал хозяин. Все засмеялись. «Но, Платон Иваныч, позвольте вам заметить, что если всегда в подобные минуты должен непременно родиться дурак, таким образом их должно быть уж чересчур много на свете!» — заметил Митенька.* М. Салтыков-Щедрин. Помпадуры и помпадурши.

Дурачок (мой). **Дурочка** (моя). **Дурашка** (мой, моя). *Разг.* Ласк. обращение с мягкой укоризной к близкому, любимому человеку, младшему или равному по возрасту. — *Ах, дурачок, дурачок!* — *продолжала Арина Петровна всё ласковее и ласковее,* — *хоть бы ты подумал, какая через тебя про мать слава пойдёт! Ведь завистников-то у неё* — *слава богу! и невесть что наплетут! Скажут, что и не кормила-то и не одевала-то... ах, дурачок, дурачок!* М. Салтыков-Щедрин. Господа Головлёвы. *Алина подошла к Лютову и, гладя его редкие волосы, спросила тихо: «Побили тебя?»* — *«Ну, что ты! Пустяки», — звонко вскрикал он, нагибаясь, целуя её руку. — «Эх ты, дурачок мой», — сказала она.* М. Горький. Жизнь Клима Самгина. *«Дедушка, а персики! Вона сколько! На одном дереве!»* — *«Иди* — *иди, дурашка, чего рот разинул!»* — *подталкивал его [Серёжу] старик.* А. Куприн. Белый пудель.

Ду́ся. ♦ **Дуся моя,** *м. и ж. Разг.* Ласк. или шутл. обращение к родному или близко знакомому человеку, младшему или равному по возрасту; милый, душенька. *«Что там такое, Иван Мартиньянович?»* — *спрашивает он [Яхонтов], наклоняясь с лошади. «А, дуся моя, это вы?* — *говорит сладко, как всегда, Тумаковский <...>. — Не знаю, золото моё! Какой-то олух на штык напоролся».* А. Куприн. Поход.

Душа́. ♦ **Душа моя,** *м. и ж.* [*Душа.* «Человек прямой и добродушный, откуда и привет: *душа моя*». В. Даль.] ⌂ *Разг.* Ласк. или дружеск. обращение к родственнику, родственнице; приятелю, приятельнице, равным или младшим по возрасту. Употр. как самостоятельно, так и в сочет. с фамилией, именем адресата. *Что ты? душа моя Катенин, надеюсь, что не сердишься на меня за письмо, а если сердишься, так сделай одолжение перестань.* А. Грибоедов. Письмо П. А. Катенину, 19 окт. 1817. *Прощай, душа: не ленись и будь здоров.* А. Пушкин. Письмо П. В. Нащокину, 21 июля 1831. *[Городничий:] Ты, душа моя, обращалась с ним так свободно, как будто с каким-нибудь Добчинским. [Анна Андреевна:] Об этом я уж советую вам не беспокоиться.* Н. Гоголь. Ревизор. *Дурак пошёл и заплакал. «О чём, душа, плачешь?»* — *спрашивает его жена. Мудрая жена.* Сказка из собр. А. Н. Афанасьева. *[Базаров (Аркадию):] «Романтик сказал бы: я чувствую, что наши дороги начинают расходиться, а я просто говорю, что мы друг другу приелись».* — *«Евгений...»* — *«Душа моя, это не беда; то ли ещё на свете приедается!»* И. Тургенев. Отцы и дети. — *Нет, душа моя, для меня уж нет таких балов, где весело,* — *сказала Анна, и Кити увидела в её глазах тот особый мир, который ей не был открыт.* Л. Толстой. Анна Каренина. *Душа моя! Я буду здесь недолго. Переведу деньги в банк, чтоб не заниматься разыскиваниями, и приеду на Кавказ.* С. Есенин. Письмо Н. К. Вержбицкому, 6 марта 1925. *«Это как же,* — *не понял я,* — *дом ваш здесь, а колодец там...»* — *«А просто, душа моя».* — *Бабушка подняла на меня глаза.* В. Куропатов. Слепой дождь. | С оттенком ласковой фамильярности по отношению к незнакомому, малознакомому. *«Как тебя зовут, душа моя?»* — *«Акулиной», — отвечала Лиза, стараясь освободить пальцы от руки Алексеевой, — да пусти же, барин, мне и домой пора».* А. Пушкин. Барышня-крестьянка. *[Репетилов:] Ах! Скалозуб, душа моя, Постой, куда же? сделай дружбу. (Душит его в объятиях.)* А. Грибоедов. Горе от ума. *[Ноздрёв (Чичикову):] Поцелуй меня,* *душа, смерть люблю тебя.* Н. Гоголь. Мёртвые души. **Душа-де́вица.** ◊ *Нар.-поэт.* «*Ну это, — говорит жених, — Прямая небылица! Но не тужи, твой сон не лих, Поверь, душа-девица!*» *А. Пушкин. Жених.* **Душа-зазно́бушка.** ◊ *Нар.-поэт.* См. Зазноба. ♦ **До́брая (любезная, милая...) душа.** *Прост.* «*Ну, до свидания*», — *сказал князь Андрей, протягивая руку Тушину.* «*До свидания, голубчик, — сказал Тушин, — милая душа! прощайте, голубчик*», — *сказал Тушин со слезами, которые неизвестно почему вдруг выступили ему на глаза.* Л. Толстой. Война и мир. — *Здорово, Натальюшка, душа любезная! Здравствуй, тёть Фрось. Дайте на вас в последний разок погляжу.* Е. Носов. Усвятские шлемоносцы. ♦ **Всей душой.** *Разг.* Охотно, с большим желанием; всегда готов помочь. Употр. обычно в ответ на просьбу, благодарность. *[Мурзавецкая:] Прощай, Вукол, спасибо. [Чугунов:] Коли опять что понадобится, только, благодетельница, мигните, я всей душой.* А. Островский. Волки и овцы. ♦ **Всей бы душой, но...** *Разг.* Формула вежливого отказа при желании, но невозможности выполнить просьбу. ♦ **Ваш душою** (подпись адресанта). *Эпист.* См. Ваш. ♦ **(Всей) душой преданный Вам (тебе)** (подпись адресанта). *Эпист.* См. Преданный Вам (тебе). ♦ **От (всей) души.** Искренне, горячо. Интенсификатор вежливости, учтивости, экспрессивности, употр. при выражении благодарности, просьбы, приглашения, пожелания благополучия, поздравления, сочувствия. *Государь обратился к офицерам:* «*Всех, господа (каждое слово слышалось Ростову, как звук с неба), благодарю от всей души*». Л. Толстой. Война и мир. *От всей души обнимая, остаюсь / Твой Гоголь.* Н. Гоголь. Письмо М. П. Погодину, 20 февр. 1833. *Прошу Вас от всей души, помогите Вы устроить вечер.* А. Блок. Письмо А. Н. Чеботаревской, 19 янв. 1908. — *Итак, поздравляю, капитан, — Яхно ещё раз встряхнул руки Озерова, — от всей души поздравляю!* М. Бубеннов. Белая берёза. ♦ **Душой рад** (кому-л., чему-л.). ◊ То же, что ♦ **Душевно рад.** «*Здравствуй, Марья Гавриловна! Здравствуй, сердобольная вдовушка!» — с низким поклоном весело молвила знахарка, подойдя к сидевшей на луговине Марье Гавриловне. — Много про тебя наслышана, а Бог привёл напоследях только с тобой видеться». — «Душой рада с тобой видеться, Наталья, извини, что не знаю, как величать по отчеству. Не привёл Господь прежде ознакомиться, но с хорошим человеком знакомство николи не поздно свести*». П. Мельников (Печерский). В лесах. **Душа мера (Душа меру знает).** *Разг.* **1.** Приглашение есть, пить вдоволь, сколько хочется. ▣ *Пейте, ешьте, гости дорогие — душа меру знает!* **2.** Спасибо, сыт, больше не могу. Форма вежливого отказа от предложения ещё выпить, покушать. «*Да ты пей, милый человек‹...›», — убеждал нищий, насильно тыча ему расплёсканную рюмку. — «Душа меру знает... Как перед Богом — не могу», — вежливо расшаркался Зеленьков с видом сердечного сожаления...* В. Крестовский. Петербургские трущобы. **Душа́ка,** *ж.* ◊ *Обл.* Обращ. пожилых женщин друг к другу. — *Здорово, душака!* СРНГ. **Ду́шаль (мой),** *м.* ◊ *Обл. Ласк.* Милый, любимый, возлюбленный. **Душа́нюшка,** *ж.* Душенька, душечка (к женщине, девочке). **Душа́тка,** *ж.* **Душа́точка,** *ж.* ◊ *Обл.* Душенька, душечка. **Душенёк,** *м.* ◊ *Обл.* Дружок, миленький. **Ду́шенька (моя),** *м.* и *ж. Разг. Ласк.* обращ. к близко знакомому, родственнику (преимущ. к женщине, девушке). Душенька. *Завтра мы отправляемся в Тейран, до которого отсюда четыре дня езды.* А. Грибоедов. Письмо Н. А. Грибоедовой, 24 дек. 1828. *Князь Андрей обошёл диван и в лоб поцеловал её [Лизу]. — Душенька моя! — сказал он слово, которое никогда не говорил ей. — Бог милостив...* Л. Толстой. Война и мир. *[Муромский (подходит к Лидочке и ласкает её:] Ну, ты, моя душенька, не будешь плакать, а? [Лидочка:] Ах, папенька! как я счастлива!* А. Сухово-Кобылин. Свадьба Кречинского. *Правда, он [Иудушка] слегка побледнел и бросился к матери с криком:* «*Маменька! душенька! Христос с вами! успокойтесь, голубушка! Бог милостив! всё устроится*». М. Салтыков-Щедрин. Господа Головлёвы. «*Что ж, душенька, пойдём обедать*», — *сказала Собакевичу его супруга.* Н. Гоголь. Мёртвые души. | *Ласк.*, иногда с оттенком фамильярн. в обращ. к незнакомому или малознакомому, младшему по возрасту, низшему по положению. *[Марья Антоновна:] Душенька Осип, какой твой барин хорошенький!* Н. Гоголь. Ревизор. *[Жевакин (девчонке):] Пожалуйста, душенька, почисть меня.* Н. Гоголь. Женитьба. *[Жазиков:] Как вас зовут, душенька моя? [Девушка:] Матрёной.* И. Тургенев. Безденежье. ♦ **Во всех ты, душенька, нарядах хороша.** См. Хороший. **Ду́шечка (моя),** м. и ж. Разг. То же, что Душенька. *Приносит она самоваришко, сели мы чай пить, она и говорит: «Что, — говорит, — я, Домна Платоновна, надумалась?» — «Не знаю, — говорю, — душечка, чужую думку своей не раздумаешь».* Н. Лесков. Воительница. *«Мама, душечка, голубушка!» — закричал [Серёжа], бросаясь опять к ней и обнимая её.* Л. Толстой. Анна Каренина. *— Не езди, душечка, ангел мой, не езди! Я решительно от тебя этого требую <...>. Я тебя не отпущу. Я хочу глядеть на тебя. Смотри, какой ты сегодня хорошенький! — Говоря это, Настенька взяла Калиновича за руку.* А. Писемский. Тысяча душ. *Прилетел [змей трехглавый], сразу к душечке своей: «Ох, душечка, я устал». Она его ласкает: «Где же ты, душечка, был столь время, долго летал?» — «Фух, а от тебя, душечка, русским духом пахнет».* Сын от целовка. Сказка. Зап. в 1970. | *Завсегдатаи воскресных приёмов прекрасно помнят, как <...> Евгений Васильевич [Богданович] встретил одного из крупнейших государственных деятелей, занимавшего ответственный государственный пост: когда гость подошёл к генералу и, по обыкновению, громко назвал себя, старик, несмотря на слепоту, ловко избежал рукопожатия, охватил вошедшего обеими руками за плечи и сказал во всеуслышание: «Душечка, как я рад вас видеть! Вспомнили старика! Ах, душечка, знаете, во дни моей юности, когда вас ещё и на свете не было, у князя Белосельского был очень умный лакей. И вот приедет к князю какой-нибудь этакий... этакий... гость, лакей принимает у него пальто или шинель, а сам спрашивает: «Вы, сударь, когда уйдёте?» Безошибочный, шельмец, был... Ну, я это, душечка, просто так, анекдот, знаете... Садитесь, пожалуйста!» — Конечно, гость поспешил убраться.* А. Никольская. Да будет воля моя. **Ду́шка.** ♦ **Ду́шка моя,** м. и ж. Разг. **1.** Ласк. или шутл. обращ. к равному или младшему по возрасту, положению (чаще — к женщине, девушке, ребёнку). *Душка моя, посылаю тебе два письма, которые я распечатал из любопытства и скупости...* А. Пушкин. Письмо Н. Н. Пушкиной, 19 апр. 1834. *Что ты делаешь, душка? что твоя хозяйка? что Марья Ивановна?* А. Пушкин. Письмо П. В. Нащокину, около 20 мая 1831. *«Папочка!» — вскрикнула Саша, с укоризной смотря на отца. — «Что, душка?»* Ф. Достоевский. Село Степанчиково... *Кричу: «Дедушка, слезь с печи!» — «Что с тобой, баит, дитятко?» — Заплакала я тут: «Не хочу, говорю, умирать». — А потом и согрешила: «Дедушка, говорю, умри за меня!» — «Рад бы, говорит, душка дорогая, рад, да это дело Божье».* М. Пришвин. В краю непуганых птиц. ▫ *Душка моя Марьюшка, Живот мой Трифоновна!* СРНГ. *[Барышня (Вырубовой):] Поздравляю вас... Мама просила вам передать цветы. [Вырубова:] Здравствуйте, душка. (Целует её.)* А. Толстой. Заговор императрицы. **2.** Игривая похвала, комплимент в адрес знакомого (знакомой). Употр. часто в сочетании с «какой, какая (ты, вы)...» при выражении благодарности, восхищения. *[Коринкина:] Ну, Гриша, милый, сделай для меня это удовольствие! (Обнимает и целует Незнамова.) <...> [Незнамов:] Ну, что ж, извольте: я сегодня свободен. <...> [Коринкина:] Вот это мило! Вот это душка!* А. Островский. Без вины виноватые. **Душо́к.** ▫ Обл. Ласк. Душенька, дружок. ▫ *Душок мой!* Обращение с лаской к младенцу, малышу. СРНГ. **Душо́нок.** ▫ Обл. **Душо́ночек.** ▫ Обл. **Душо́чек.** ▫ Обл. Возлюбленный, милый. **Ду́шуль (и Ду́шунь),** м. и ж. Обл. Ласк. В обращ. — душенька, душечка. ▫ *Пойдём-ка, душуль, на охоту, — потуряем троху зайцев.* СРНГ.

Душе́вный, -ая, -ое; -ые. Искренний, сердечный. Интенсификатор вежливости, учтивости в этикетных формулах соболезнования, благодарности, комплимента. ♦ **С душевным прискорбием** (узнали о... сообщаем о...). ♦ **Благодарю Вас (тебя) за душевное участие...** ♦ **С душевной признательностью (благодарностью)** (подпись адресанта). Эпист. **Душе́вно.** Очень, всей душой, искренне, горячо. Интенсификатор вежливости, учтивости. ♦ **Душевно рад (тебя, Вас видеть).** Форма радушного приветствия знакомого. *[Анна:] Вы не постарели, дядя Миша... молодец! Рада видеть вас...*

[Михаил:] *И я! Душевно...* М. Горький. Васса Железнова. *Адвокат Иконников <...> принял Болотова как старый знакомый: «Рад очень... Душевно рад... Все ли в добром здоровье? <...> надеюсь, батюшка, обедать будете у меня?» — хрипло, с одышкой говорил он, пожимая Болотову обе руки.* Б. Савинков. То, чего не было.
♦ **Душевно рад (был) познакомиться.**
♦ **Душевно (Вам, тебе) благодарен (признателен).** *Душевно благодарен вам, добрая Катерина Федосеевна, что вы вспомнили меня, вступая в союз с другом моим Иваном.* И. Пущин. Письмо Е. Ф. Малиновской, 19 окт. 1845. *[Алексей:] Да вас никто не гонит, снимайте пальто, пожалуйста. [Лариосик:] Душевно вам признателен. [Николка:] Вот здесь, пожалуйста. Пальто можно повесить в передней. [Лариосик:] Душевно вам признателен. Как у вас хорошо в квартире!* М. Булгаков. Дни Турбиных. ♦ **Душевно Вам (тебе) преданный (Вас, тебя любящий, уважающий)** (подпись адресанта). ⌀ Эпистолярный комплимент, формула вежливости в заключении письма. *Надеюсь, что Вы и все Ваши здоровы; прошу передать Вашей супруге мой искренний и дружеский привет — и крепко жму вам руку. / Душевно Вам преданный / Ив. Тургенев.* И. Тургенев. Письмо Н. И. Тургеневу, 10 февр. 1860. *Желаю Вам скорого и окончательного выздоровления и крепко жму Вашу руку. / Душевно преданный Вам / Александр Блок.* А. Блок. Письмо С. К. Маковскому, 29 дек. 1909.

Дядя. 1. Обращение к брату отца или матери, а также к мужу сестры отца или матери (часто в сочетании с именем собственным). *«Ах, дядя, какой вы странный! всё целуетесь!» — «Отчего же и не поцеловаться! Не чужая ты мне — племяннушка! Я, мой друг, по-родственному!»* М. Салтыков-Щедрин. Господа Головлёвы. *[Люба:] Дядя Петя, так мы не пойдём. [Пётр Семёнович:] А что?* Л. Толстой. И свет во тьме светит. 2. Обращ. к знакомому мужчине: **а)** *Разг.* В сочет. с именем собств. уважит. к мужчине (односельчанину, соседу, сослуживцу, дальнему родственнику), значительно старшему по возрасту. *[Пётр:] Так как же, дядя Аким? [Аким:] Получше, Игнатьич, как бы получше, тае получше...* Л. Толстой. Власть тьмы. *— Оставайтесь здесь, дядя Вася! — сказал Игорь Саввович [шофёру]. — Заезжать не будем.* В. Липатов. Игорь Саввович. | *Михаил и не заметил, как подъехал косильщик <...>: «Дядя Миша, закурить е?» — «Какой я тебе, к дьяволу, дядя? Племянничек выискался!» <...> «А чего? Сам в позапрошлом году сказал: зови дядей Мишей. Не помнишь, на Октябрьской супротив школы пьяный встретился?»* Ф. Абрамов. Дом. **б)** *Прост. Шутл.* мужск. обращ. к близкому знакомому мужчине, независимо от возраста. *[Перчихин:] Божьей дудке — почтение! Синиц ловить идём, дядя? [Тетерев:] Можно.* М. Горький. Мещане. ‖ ⌀ *Прост.* В дореволюц. русской армии доброжелательное неофиц. обращ. к старому солдату. *«Скажи-ка, дядя, ведь недаром Москва, спалённая пожаром, французу отдана?»* М. Лермонтов. Бородино. *«Положи шинель, ты, дядя», — обратился он [Тушин] к своему любимому солдату.* Л. Толстой. Война и мир. **3.** Обращ. к незнакомому мужчине. **а)** *Разг.* Обращ. ребёнка к мужчине. *Девочка <...> разглядела среди стенных лозунгов карту СССР и спросила у Чиклина про черты меридианов: «Дядя, что это такое — загородки от буржуев?»* А. Платонов. Котлован. *В половине двенадцатого <...> в Старгород вошёл молодой человек лет двадцати восьми. За ним бежал беспризорный. «Дядя, — весело кричал он, — дай десять копеек».* И. Ильф, Е. Петров. 12 стульев. **б)** *Прост. Фамильярн.* мужск. обращ. к равному или старшему по возрасту; равному или низшему по положению. *Увидев дворника на пути со середины улицы к плитняку, [извозчик] обращается к нему: «Ты, что ли, поднял, дядя?» — «Кого поднял?» — «Да гайку-ту; отдай, пожалуйста».* В. Даль. Петербургский дворник. *«Ну, дядя! Два двугривенных Плати, не то проваливай!» — Сказал ему [деду] купец.* Н. Некрасов. Кому на Руси жить хорошо. *Гляжу — лежит выпивший человек, ревёт и шапкой морду утирает. — Вставай, — говорю, — дядя! Ишь разлёгся на двуспальной.* М. Зощенко. Трезвые мысли. **Дя. Дядь.** *Разг.* (только в устн. речи). Звательн. формы к Дядя. *Мальчик взял конфету, но одной пищи ему было мало. — Дядь, отчего ты самый умный, а картуза у тебя нету?* А. Платонов. Котлован. *«Танюшке до него [соседа] дела нет — у неё, видишь? и вход отдельный, и участок* разделён. Но пытался и её воспитывать». — «Ну и как?» — «Да, дя Паша, точно, дя Паша, бу сделано, дя Паша". А сама всё по-своему». Н. Катерли. Тот свет. «Здравствуй, дядь Костя». — «Здоров, здоров, Генаша. Откуда путь держишь?» В. Куропатов. Едришкина качель. **Дяденька**, *м.* **1.** *Разг. Ласк.-почтит.* к Дядя (в 1 знач.). *[Наташа (Корпелову):] Чайку бы поскорей, устала, а денег не принесла, дяденька, подождать велели.* А. Островский. Трудовой хлеб. *Не знаю, чем возблагодарить вам, почтеннейший дяденька Пётр Петрович; между теперешними вашими заботами и недосугами вы всё-таки находите время писать ко мне...* Н. Гоголь. Письмо П. П. Косяровскому, 3 окт. 1827. **2.** *Разг.* То же, что Дядя (во 2 знач.). а) *Уже под плетью взмолился Володька: «Дядинька Иосиф, отведи!..»* П. Еремеев. Обиход. б) *Дяденька! Сколько я за это время людей видел! Самолучших людей!* М. Горький. Письмо Л. В. Средину, 8 дек. 1899. ‖ ◫ *«А скажи, дяденька, — сказал рябой солдат Еремеев, — что с Одинцовым сталось, без вести он, что ли, пропал?» — «Это через наиба Наумова», — отвечал Акульев.* Ю. Тынянов. Смерть Вазир-Мухтара. **3.** То же, что Дядя (в 3 знач.). *Один из мальчишек подбежал к Левину. «Дяденька, утки вчера туто были!» — прокричал он ему...* Л. Толстой. Анна Каренина. *Ваня обеими руками стащил с головы шапку и сказал: «Здравствуйте, дяденька!»* В. Катаев. Сын полка. ♦ **Дя́дечка (Дя́дичка. Дя́дечку,** *обл.)* Разг. Ласк. или учтив. к Дядя (в 1 и 3 знач.). (Употр. преимущ. в женск. и детск. речи). *[Варя:] Правда, дядечка, вам надо бы молчать. Молчите себе и всё.* А. Чехов. Вишнёвый сад. ▱ *[Женщина в электричке — мужчине в ватнике:] Дядечка, ничего, я тут сумку поставлю?» — «Ставь, ставь»* (1992). *Васька помолчала. «Дядечку, — спросила она погодя, — а для чего я тут сижу?» — «Очереди дожидаешь». <...> Сухоедову стало жалко её. Он сказал: «Ты не бойся, девочка». — «Я, дядечку, не боюсь», — сказала Васька.* В. Панова. Спутники. **Дя́дька.** *Прост. и обл.* То же, что Дядя (в 3 знач.). *Долбышев откромсал тесаком ещё ломоть, сунул Петьке. «Только нет у меня на тебя надёжи! Так соображаю я, что сбежишь ты от нас! Порубать бы тебя — куда дело спокойнее!» — «Нет, дядька, напрасно ты так ду-*маешь. Зачем я от вас буду убегать». М. Шолохов. Путь-дороженька. *Дядька Кося! — встал в солнечном проёме ворот Пашка Гыга. — Каких [коней] выводить? Которых?* Е. Носов. Усвятские шлемоносцы. **Дядю́шка.** *Разг. Ласк.* или *учтив.* к Дядя (в 1–3 знач.). *«Что такое, Базаров? — Аркадий усмехнулся. — Хотите, дядюшка, я вам скажу, что он, собственно, такое?» — «Сделай одолжение, племянничек».* И. Тургенев. Отцы и дети. *[Осип:] Послушай, малый: ты, я вижу, проворный парень; приготовь-ка нам что-нибудь поесть. [Мишка:] Для вас, дядюшка, ещё ничего не готово. Простого блюда вы не будете кушать, а вот как барин ваш сядет за стол, так и вам того же кушанья отпустят.* Н. Гоголь. Ревизор. *«Та стражения была настоящая», — сказал старый солдат <...>. — «И то, дядюшка. Позавчера набежали мы, так куда те, [французы] до себя не допущают».* Л. Толстой. Война и мир. *Тренька ругал мастера: «Выискал ты реку, дядюшка Фатьян. Преудивительные народы: без денег обитают». Фатьян отмахивался: «Молчи ты, хилин рассудительный».* Б. Шергин. Изящные мастера.

Е

Единственный, -ая. *Возвыш.* Несравненный, самый любимый. Этикетный эпитет, употр. в составе экспрессивн. обращений, комплиментов в адрес близкого, любимого человека. *С нетерпением жду от тебя ответа, милый, единственный, бесценный друг.* Н. Гоголь. Письмо Г. И. Высоцкому, 26 июня 1827. ‖ *В знач. сущ.* ♦ **Единственный мой (♦ Единственная моя).** *Моя Любовь, моя единственная. Я получил сегодня два твоих письма.* А. Блок. Письмо Л. Д. Менделеевой, 31 мая 1903. *Он торопливо снимал с неё одежды, путаясь в них и замечая, как она бледнела и крупные редкие слёзы катились по её щекам. — Милая моя, желанная, единственная.* Б. Можаев. Мужики и бабы. ♦ **(Мой) единственный и неповторимый. (♦ Единственная и неповторимая).** *Возвыш.* или *шутл.*

Ежели. См. Если.

Ем, да свой (*а ты ря́дом постой* или *а ты о́даль стой; а ты так постой...*). ♦ **Ешь,**

да свой. *Прост.* Грубовато-шутл. ответы на приветствие «Хлеб (да) соль» тому, с кем не считают нужным церемониться или кого не желают приглашать к столу. [Дунькин муж:] <...> Просто — человек, который хоть несколько сыт, уже почитает себя начальством... Хлеб да соль! [Матвеев:] Ем, да свой... [Дунькин муж:] Деревенский? Хорошо в деревнях хлеб пекут. М. Горький. Варвары. *К обедающим Бородиным подошёл Якуша Ротастенький: «Хлеб-соль, Андрей Иваныч!» — «Едим, да свой, а ты так постой», — бойко отчеканил Федька. «Ты у кого это выучился, у Маркела, что ли?» — сердито одёрнул его отец. «А это у него зубы прорезаются», — усмехнулся Якуша, присаживаясь на разостланный брезент. «Давай, работай!» — Андрей Иванович подал ему ложку и пододвинул чашку с мясным супом. «Да я уж отстрелялся, — сказал Якуша, но ложку взял. — У вас вроде баранина?»* Б. Можаев. Мужики и бабы. ▫ [*Старушки чаёвничают. Входит их знакомая.*] *«Здоровечко, хлеб да соль!» — «Едим, да свой. Присаживайся, Тоня, с нами»* (1992).

Ерунда. ♦ **Ерунда какая!** ♦ **Это (такая) ерунда!** *Прост.* Пустяки, не сто́ит (благодарить, извиняться, расстраиваться). **1.** Ответы на экспрессивные выражения благодарности, извинения. *В ресторане он заказал бутылку шампанского и подал юркому человеку, официанту, бумажку в двадцать пять рублей и сказал: «Спасибо. Сдачи не надо». Официант даже растерялся... «Очень благодарю, очень благодарю...» — «Ерунда», — сказал Егор. И показал рукой, чтоб официант присел на минуточку.* В. Шукшин. Калина красная. **2.** Формы дружеск. утешения равного или младшего по возрасту, положению: «случившееся не сто́ит того, чтобы так расстраиваться». ▫ [*Девушка утешает плачущую подругу:*] *Ну что ты, Танька... Ерунда какая! Подумаешь, завтра же помиритесь* (1992). ♦ **Ерунда (Пустяки) по сравнению с мировой революцией.** См. Пустяки.

Если. (**Ежели.** ⌧ *Прост.*) *Союз.* В составе формул вежливости, употр. в ситуациях, когда требуется согласие адресата (ненастойчивой просьбы, совета, предложения, приглашения, извинения): ♦ **Если можете...** ♦ **Если можно...** ♦ **Если Вас не затруднит...** ♦ **Если Вам не трудно (не затруднительно)...** ♦ **Если Вы не возражаете...** ♦ **Если (Вы) позволите (разрешите)...** ♦ **Если желаете...** ♦ **Если угодно...** ♦ **Если хотите...** ♦ **Что если (бы)...** ♦ **А (что) если бы...** и т. п. *Также ежели можете, то пришлите мне полотна и других пособий для театра.* Н. Гоголь. Письмо В. А. и М. И. Гоголям, 22 янв. 1824. *«<...> я завтра около твоей усадьбы похожу и, если позволишь, останусь ночевать у тебя в сенном сарае». — «Милости просим. Да покойно ли тебе будет в сарае? Я прикажу бабам постлать тебе простыню и принести подушку».* И. Тургенев. Хорь и Калиныч. [*Надежда Антоновна:*] *Господа, я гуляю, мне доктор велел каждый вечер гулять. Кто с нами?* [*Васильков:*] *Если позволите.* [*Надежда Антоновна (приятно улыбаясь):*] *Благодарю вас, очень рада.* А. Островский. Бешеные деньги. *— Если позволите, — сказал князь, — я бы подождал лучше здесь с вами, а там что же мне одному?* Ф. Достоевский. Идиот. *Она сдерживала себя, но любовь и страх так завопили внутри неё, что всё-таки вырвались наружу: «Вы только не отсылайте его от себя. Если можно. Пусть с вами и дальше будет». — И снова повторила: «Если можно!»* К. Симонов. Живые и мёртвые. *Очень извиняюсь... Разрешите спросить... Если вас не затруднит. Здесь есть такая картинная галерея, Третьяковская называется... Как мне до неё пройти?.. Очень извиняюсь...* В. Тендряков. Свидание с Нефертити. *— Послушай, маска, а если бы мы поужинали?* Д. Мамин-Сибиряк. Общий любимец публики. | [*Юлия Филипповна:*] *Господин Сомов! Где моя роль?* [*Семёнов:*] *Семёнов, если позволите!* М. Горький. Дачники. ♦ **Если Бог даст.** *Разг. Оберег.* См. Дай Бог.

Е́сочка, *м. и ж. Обл.* Ласк. обращение; соколик, голубчик, голубушка, душенька. СРНГ.

Есть! *Междом. Военн.* [В XIX в. — *морск.*] Уставный ответ подчинённого на приказание, означающий, что команда понята и принята к исполнению. *«Брам-фалы отдай!» — «Есть!» — «Право руля!» — «Есть право, есть!»* В. Даль. *Слышен голос командира: «Право на борт!» — «Есть право на борт!»* Б. Лавренёв. Так держать! *«Раненых придётся перевязывать здесь, Котлярова». — «Есть, товарищ майор медицинской службы».* А. Первенцев. Огненная земля. ♦ **Есть такое дело.** *Разг.* Употр. преимущ. в мужск. речи. **1.** Да, действительно, ты прав. Формула согласия с суждением, замечанием, вопросом собеседника. **2.** Хорошо, согласен, пусть будет так. Положит. ответ на просьбу, приглашение. *«Так, значит, в двадцать тридцать, товарищ Лобачев?» — «Есть такое дело!»* Егоров. Третий эшелон. [От воен. ответа Есть!].

Есть кто до́ма? *Разг.* Вопросит. обращение подошедшего к калитке (дверям) или входящего в избу; употр. в ситуации, когда хозяев не видно, с целью оповестить о своём приходе, получить их ответный отклик, разрешение войти. ♦ **Есть (ли) кто живой (живая душа)?** *Разг., шутл.* У Бородиных светилась горница; окна передней избы холодно поблескивали, точно слюдяные. Рано они убрались, подумал Кречев, подходя. В боковом кармане он нёс бутылку рыковки и надеялся посидеть за самоваром. На стук щеколды никто не вышел в переднюю избу. Он рванул на себя дверь, нырнул в темноту и громко спросил: *— Есть кто-нибудь живой?* Б. Можаев. Мужики и бабы. ♦ **Есть ли крещёные?** ⌛ *Прост. и обл.* «<...> *Пойти посмотреть самому», — прибавил он [дядя Онуфрий], направляясь к лесенке. «Есть ли крещёные?» — раздался в то время вверху громкий голос Потапа Максимыча. — «Лезь, полезай, милости просим», — громко отозвался дядя Онуфрий.* П. Мельников (Печерский). В лесах. ♦ **Есть ли кому аминь отдать?** ⌛ *Обл.* См. Аминь.

Есть о чём горевать (кручиниться, плакать...)! *Разг.* Форма утешения; убеждение собеседника в том, что случившееся с ним не представляет серьёзной опасности, большой беды. *Пошёл Андрей домой, ниже плеч голову повесил и рассказывает жене, какую царь задал ему службу. «Есть о чём кручиниться! — Марья-царевна говорит. — Это не служба, а служишка, служба будет впереди». Поди туда — не знаю куда...* Сказка из собр. А. Н. Афанасьева.

Ешь/те. В поговорках, употр. хлебосольными хозяевами, угощающими гостей: ♦ **Ешьте, пейте, хозяйского хлеба не жалейте!** ⌛ ♦ **Пирог ешь, хозяйку тешь; а вина не пить, хозяина не любить!** ⌛ ♦ **Ешь (-пей), дружки́, набивай брюшки́ (по самые ушки, точно камешки)!** *Шутл. — Кушайте, господа, — угощала Грушина. — Ешьте, дружки, набивайте брюшки по самые ушки.* Ф. Сологуб. Мелкий бес. ♦ **Ешь, пока хлеб (рот) свеж.** ♦ **Ешьте, пока не почернешьте.** *Прост. Шутл.* ♦ **Я не видал, как ты ел, покажи!** *Прост. Шутл.* просьба хлебосольного хозяина к гостю, отказывающемуся от угощения: *«Я сыт, ел уже».* ♦ **Ешь, кума, девятую шанежку, я ведь не считаю.** *Прост. и обл. Шутл.* положительный ответ хозяина или хозяйки на высказанное в застолье намерение гостя взять с общего блюда ещё кусочек (бутерброд, пирожок, ватрушку, пряник и т. п.). [Шаньга, шанежка — *обл. «печёное изделие в виде ватрушки или лепёшки»*].

Ещё бы! ♦ **Ещё бы нет!** ♦ **Ещё бы не...** *Разг.* Да, конечно, само собой разумеется, иначе и быть не может. Возглас согласия, солидарности с мнением собеседника. *[Наталья:] А я — не люблю [Вассу]. [Людмила:] Она это знает. [Наталья:] Да, ещё бы не знать.* М. Горький. Васса Железнова. ⌛ *«Теперь у них руки развязаны, своего они не упустят». — «Ещё бы!»* (1993).

Ещё не вечер. *Разг.* Не надо (не будем) унывать, отчаиваться: ещё не всё потеряно, ещё есть шансы на успех. Форма утешения, ободрения.

Ещё не родила́. См. Пока не родила.

Ещё чашечку (рюмочку, тарелочку...). *Разг.* Формула радушного угощения, предложения ещё выпить, покушать. *«Соседушка, мой свет! Пожалуйста, покушай». — «Соседушка, я сыт по горло». — «Нужды нет, Ещё тарелочку; послушай: Ушица, ей-же-ей, на славу сварена!»* И. Крылов. Демьянова уха. *«Не прикажете ли ещё чашечку?» — «Покорно благодарствую», — отвечал Иван Иванович, ставя на поднос опрокинутую чашку и кланяясь. «Сделайте одолжение, Иван Иванович!» — «Не могу. Весьма благодарен». — При этом Иван Иванович поклонился и сел. «Иван Иванович! Сделайте дружбу, одну чашечку!» — «Нет, весьма обязан за угощение». — Сказавши это, Иван Иванович поклонился и сел.* Н. Гоголь. Повесть о том, как поссорился Иван Иванович... ♦ **Ещё по стопке и жмём на кнопки.** *Прост. Шутл.* «Ну, ещё по одной (давай выпьем), и всё» (хозяин гостю).

Жадо́ба, м. и ж. ⚜ Обл. Милый, любимый, возлюбленный; милая, любимая, возлюбленная. **Жадоби́на. Жадоби́нка. Жадоби́ночка. Жадо́бинушка. Жадо́бочка. Жадо́бушка.** Ласк. обращ. к милому, дорогому, любимому человеку; другу, подруге, возлюбленному, возлюбленной; ребёнку, сестре, брату. ▱ *Где ты была, моя жадобушка?* СРНГ. **Жа́до́бный.** ♦ **Жадо́бный мой.** ♦ **Жадо́бная моя.** ⚜ Обл. Милый, дорогой, желанный. Приветливое, ласк. обращ. (часто употр. при просьбе). **Жа́до́бненький. Жадобнёшенький.** *Жадобный ты мой, не надо ли чего?* ▱ *Ах ты моя жадобная!* СРНГ.

Жалею. 1. ♦ **(Я) (очень, крайне, ужасно...) жалею, что... (об этом, о том, что...).** Формула выражения сожаления по поводу случившихся неприятностей с адресатом и / или адресантом, а также в связи с обстоятельствами, воспрепятствовавшими осуществлению их намерений. *Жалею, что время не позволяет мне повергнуть мой труд Вашему рассмотрению. Мнения и замечания такого человека, каков Вы, послужили бы мне руководством и ободрили бы первый мой исторический опыт.* А. Пушкин. Письмо Д. Н. Бантыш-Каменскому, 1 мая 1834. *Тут я взглянула на его лицо и остановилась. Я видела, что била его каждым словом. Он не говорил ничего, но один вид его заставил меня замолчать. «До свиданья, Надежда Николаевна, — сказал он. — Очень жалею, что огорчил вас. И себя тоже. До свиданья». — Он протянул мне руку (я не могла не дать ему своей) и вышел медленными шагами.* В. Гаршин. Происшествие. *Милый Александр Васильевич, ужасно жалею, что ты не застал нас...* А. Блок. Письмо А. В. Гиппиусу, 7 мая 1906. *Дорогой Сергей Михайлович! Я очень жалею, что мне не удалось до Вашего отъезда ближе познакомиться с Вами и поговорить с Вами о Вашей работе в кино, которую я оцениваю исключительно высоко.* А. Фадеев. Письмо С. М. Эйзенштейну, 22 авг. 1933. ‖ В сочет. со словами «не могу», «не имею возможности» и т. п. употр. как форма вежл. отказа. *Милостивая Государыня / Александра Осиповна, / Крайне жалею, что мне невозможно сегодня явиться на Ваше приглашение.* А. Пушкин. Письмо А. О. Ишимовой, 27 янв. 1837. **2.** *Чаще в ф. прош. вр.:* ♦ **Жалел (жалели) Вас /тебя.** Форма выражения сочувствия, сострадания собеседнику, пережившему неудачу, несчастье. *[Молчалин:] Как удивлялись мы! [Чацкий:] Какое ж диво тут? [Молчалин:] Жалели вас. [Чацкий:] Напрасный труд.* А. Грибоедов. Горе от ума. **3.** ⚜ Обл. Люблю (тебя). В крестьянском речевом обхождении XIX в. милому, любимому человеку не говорили «люблю», а «жалею тебя». Отсюда многочисленные обращения, выражающие ласку, любовь. См.: **Жалёна (мой, моя). Жалёный. Жалёнушка. Жалкий. Жалкенький. Жалоба. Жалочка. Жаль**[2] **и др. Жа́лко,** безл. То же, что Жалею (в 1 и 2 знач.). — *Долли, милая!* — *сказала она [Анна], — я не хочу ни говорить тебе за него, ни утешать; это нельзя. Но, душенька, мне просто жалко, жалко тебя всею душой.* Л. Толстой. Анна Каренина. *Кланяюсь всем вам троим с Фёдором Ивановичем. Очень жалко, что не мог прийти к вам. Подцепил где-то лихорадку.* С. Есенин. Письмо А. М. Ремизову, 24 апр. 1915. **Жаль**[1]**.** Безл. То же, что Жалко. ♦ **Мне очень (искренне) жаль, что...** Формула выражения сожаления. *Очень мне жаль, что я не простился ни с Вами, ни с обоими Мирабо.* А. Пушкин. Письмо А. И. Тургеневу, 9 июля 1819. — *Жаль, жаль, что князь всё нездоров, — и, сказав ещё несколько общих фраз, он [Ростов] встал.* Л. Толстой. Война и мир. *[Ракитин:] Итак, вам ничего не нужно из города? [Беляев:] Ничего, спасибо. Но мне жаль, что вы уезжаете. [Ракитин:] Покорно вас благодарю... Поверьте, что и мне тоже...* И. Тургенев. Месяц в деревне. *[Анна (Долли):] Я вижу твои страдания, и мне, не могу тебе сказать, как жаль тебя!* Л. Толстой. Анна Каренина. ‖ Ответ на отказ собеседника от приглашения, предложения, совета. *[Колесов:] Нас ждут. <...> Чапаева, восемнадцать, комната сорок два. Ну?.. Соглашайтесь! Ручаюсь, скучно не будет. [Таня:] Нет... И потом меня тоже ждут. [Колесов:] Жаль...* А. Вампилов. Прощание в июне. ♦ **(Мне) очень жаль, но...** Формула вежливости, употр. обычно при вынужденном прощании, отказе в ответ на просьбу, приглашение, а также при выражении несогласия с мнением собеседника. ▭ *Мне очень жаль, но я вынужден вас оставить. К сожалению, мне пора ехать.* ▭ *Очень жаль, но прийти сегодня не смогу: занят* и т. п. — *Мне очень жаль, дорогой Макс, но нахожу, что в обоих случаях вы неправы.* Е. Шумигорский. Роман принцессы Иеверской.

Жалёна (мой, моя), м. и ж. ⌁ *Обл.* «По ком сердце болит, кого жалею, люблю; желанный, жадоба, жадобный, болезный, милый». В. Даль. Ласк. обращение. **Жалёнушка.** ⌁ *Обл.* Уменьш.-ласк. **Жалёный,** -ая, -ое; -ые. ⌁ *Обл.* Любимый, милый. *Жалёное ты моё дитятко!* СРНГ. **Жа́лкий,** -ая; -ие. ⌁ *Обл.* **1.** Дорогой, милый. — *Заходи ты ко мне, жалкая моя.* СРНГ. **2.** *В знач. сущ.* Ласк. обращ. — *Прощай, жалкий, прощай, милый, золотой.* СРНГ. **Жа́лкенький (мой).** ⌁ *Обл.* Ласк. Миленький мой. — *Помилуй, жалкенький мой! За что ты меня?* — *Шапчонку сдёрнул Лукич, на колени жмякнулся, руки атамановы хватал, целуя...* М. Шолохов. Родинка. **Жало́ба,** м. и ж. ⌁ *Обл.* Ласк. сочувств. обращ. к милому, дорогому человеку, вызывающему жалость. ▭ *Жалоба ты моя, (мой).* СРНГ. **Жа́лобливый,** -ая, ое. ⌁ *Обл.* Милый, дорогой. ▭ *Жалобливое ты моё дитятко!* СРНГ. **Жалобну́ша,** м. и ж. ⌁ *Обл.* Возлюбленный, милый. ▭ *Жалобнуша, жалобнуша, Жалобнуша, жаль тебя, Мне расстаться, не видаться, Не видаться никогда.* СРНГ. **Жа́лобный,** -ая, -ое. ⌁ *Обл.* Ласк. Милый, дорогой. ▭ *Жалобное ты моё дитятко!* СРНГ. **Жа́лобочный,** -ая, -ое. ⌁ *Обл.* Дорогой, милый, желанный. **Жа́лочка,** ж. ⌁ *Обл.* Ласк. Милая, любимая. ▭ *Ох, жалочка, ох, болечка, чем ты набелилась? — Я корову подоила, молоком умылась.* СРНГ. **Жаль.²** (Жаль моя), м. и ж. ⌁ *Обл.* Ласк. обращ. Милый, дорогой; милая, дорогая. ▭ *Ты зазноба, жаль моя, зазнобушка.* СРНГ. *Щукарь испугался, умоляюще моргая, сказал: «Сёмушка, жаль моя! Повыньшай ты из глаз иголки! У тебя глаза зараз стали, как у цепного кобеля, злые и вострые...».* М. Шолохов. Поднятая целина. **Жа́ля,** ж. ⌁ *Обл.* Милочка. ▭ *Гляди, жаля, берегися, тебе хочут присушить.* СРНГ.

Жа́ловать. ♦ **1.** Награждать, благодетельствовать. ♦ *Вы нас давно не жаловали своим посещением.* ♦ *Что-то Вы нас совсем не жалуете.* Шутл. упрёк гостю, даме за редкое посещение. **2.** Приходить, навещать, посещать. ♦ **Давно (давненько) Вы к нам не жаловали.** *Почтит.* к высшему по положению или *шутл.* к равному. См. Давно вас не видел. *Давно не изволили жаловать к нам в город, ваше сиятельство.* А. Писемский. Тысяча душ. ♦ **Жалуй/те (к нам).** ⌁ *Обл.* и прост. Форма вежл. приглашения. — *Так вы заходите же к нам, когда удосужитесь... Посидим, покалякаем. Оченно будем рады,* — *провожая гостя, говорил Марко Данилыч. <...> — Милости просим, мы люди простые, и жалуйте к нам попросту, без чинов.* П. Мельников (Печерский). На горах. **3.** *Обл.* Называть по отчеству, величать. ♦ **Как тебя жалуют?** Формула знакомства. ▭ *Как тебя молодца именем зовут, Жалуют тебя по отчеству?* СРНГ. ♦ **Прошу любить и (да) жаловать.** См. Просить.

Жа́ловаться. ♦ **Не жалуюсь.** ♦ **Грех жаловаться.** *Разг.* Всё благополучно, хорошо, неплохо. Ответы на обычные при встрече вопросы: Как дела? Как жизнь? Как здоровье? и т. п. См. также Пожаловаться.

Жду, -ём. ♦ **Жду (ждём) (тебя, Вас) (к себе, к нам) (в гости).** Формы приглашения. Употр. обычно при прощании после предварительной договорённости о встрече или в сочетании с другими формами приглашения («Приходите», «Приезжай/те» и т. п.). *Любезный Иван Петрович! / Мы Вас ждём завтра в понедельник к 2 часам* — *утром мы съездим с Фетом, с новыми собаками для приучения их к себе* — *но мы в 12 часов будем дома.* — *Итак до свидания* — *жму Вам руку. / Ваш / Ив. Тургенев. / Воскресение.* И. Тургенев. Письмо И. П. Борисову, 25 июня 1861. *[Мамаева (Глумову):] Ну, прощайте, душа моя! Жду вас сегодня вечером.* А. Островский. На всякого мудреца... ♦ **Буду (будем) ждать.** «*Когда будете опять у нас, мы попросим вас прочесть что-нибудь*». — «*Если вам угодно*», — *проговорил Калинович и начал откланиваться.* — «*Непременно, мы вас будем ждать*», — *повторила Настенька ещё раз, когда Калинович был уже в передней.* А. Писемский. Тысяча душ. ♦ **Жду (нашей) встречи.** *Эпист.* ♦ **Жду (Вашего, твоего) ответа.** *Эпист.* Заключит. формулы прощания в письмах к родственникам, друзьям или близким знакомым. *До сви-*

данья, милый. / Целую и жду встречи. / Твой Сергей. С. Есенин. Письмо А. Б. Мариенгофу, весна, 1923. С нетерпением жду от тебя ответа, милый, единственный, бесценный друг. Н. Гоголь. Письмо Г. И. Высоцкому, 26 июня 1827. Прощайте. Жду ответа вашего с нетерпением. <...> / Вас сердечно любящая / Варвара Доброселова. Ф. Достоевский. Бедные люди. Целую Вас крепко и жду Вашего ответа./ Ваш Сашура. А. Блок. Письмо отцу. 29 сент. 1901. ♦ **Жду ответа, как соловей лета.** *Прост. Эпист. Шутл.*

Желанный, -ая, -ое; -ые. **1.** Такой, которого желают видеть, к которому стремятся. В реч. этикете употр. как эпитет в составе формул комплиментов. ♦ **Вы всегда желанный гость.** См. Гость. ♦ **Незваный, да желанный.** ♦ **Что нам званые, были бы жданные (желанные)!** *Разг.* Комплиментные ответы на извинение гостей, пришедших неожиданно, без приглашения (в том смысле, что «незваный гость хуже татарина»). **2.** ⌛ *Возвыш. Нар.-поэт.* Милый, дорогой, любимый, возлюбленный. Эпитет при ласк. обращении к близкому, любимому человеку (часто в сочет. с *мой*). *Сердечный друг, желанный друг, Приди, приди: я твой супруг!* А. Пушкин. Евгений Онегин. ▭ *Желанный ты мой, кормилец, батюшка! Носи-ка ты зеленым вином, не обнашивай. Меня-то, горькую, не обрашивай* [т. е. не бросай, не оставляй]. СРНГ. ‖ В знач. сущ. ⌛ *Обл. и прост.* — *Поди, родная, нацеди им* [вина], — сказала бабушка Улита, обращаясь к дочери. — *Из начатой налей, желанная.* Л. Толстой. Казаки. *[Шиш] Ложку полну хватил... и затрёс руками, из глаз слёзы побежали. Ехидна подружка будто не понимает: «Что ты, желанный? Неуж заварился?»* Б. Шергин. Сказки о Шише. ▭ *Колокольчики забрякали, Затопал вороной. «Ты готова ли, желанная? — Приехал за тобой».* Частушка. **Жала́нный. Жала́дный. Жола́дный.** ⌛ *Обл.* То же, что Желанный. ▭ *Жаланно-то моё дитятко, кто тебя обижае-то?* СРНГ. *Нюша плакала, повторяла: «Да что ты, жоладный, я сама их в лавке брала...»* Т. Горбулина. Улица Коммунарка, чётная сторона. **Жаланненький.** ⌛ *Обл. Ласк.* ▭ *Нишни, нишни, жаланненький!* — *ласкает мать или бабушка плачущего мальчугана.* СРНГ. **Жала́нник.** ⌛ *Обл.* Ласк. Милый, дорогой человек. ▭ *Сударичок ты мой! Желанник — слова означают ласку.* СРНГ. **Жала́нница.** ⌛ *Обл.* Женск. к Жаланник. *Жаланница моя, скажи-ка, как здоровье-то матери?* СРНГ. **Жала́ннушка,** м. и ж. ⌛ *Обл.* Милый, дорогой; милая, дорогая. *Как-то, уж снежок выпал, девка вышла на крыльцо. Шиш к ней. «Жаланнушка, здравствуй». Та закланялась, запохахатывала.* Б. Шергин. Сказки о Шише. **Жела́нчик. Жела́нщик.** ⌛ *Обл.* Милый, дорогой; возлюбленный.

Жела́ть. 1. В ф. 1-го л. желаю, желаем употр. в составе формул добрых пожеланий (в том числе тостов) при поздравлении, прощании, а также в связи с тем, что адресату предстоит осуществить, пережить в ближайшее время. Сочетается с род. пад. сущ., субстантивир. прилагательного; с инфинитивом или входит в состав сложного предложения с союзом *чтобы*. Часто употр. в сочет. с интенсификаторами вежливости, экспрессивности: горячо, сердечно, от всей души, от всего сердца и т. п. ♦ **Желаю (тебе, Вам)** (+ род. пад. сущ. или субстантивир. прилагат.). ♦ **Желаю (Вам, тебе) доброго здоровья, счастья и новых творческих успехов!** ♦ **Желаю (Вам, тебе) всего (самого) наилучшего!** ♦ **Желаю Вам успехов в труде и счастья в личной жизни.** Широко распростр. в советский период формулы офиц. пожелания при поздравлении. ♦ **Желаю вам деток, как на дереве веток.** ♦ **Желаю вам столько мордашек, сколько в поле ромашек.** *Разг., шутл.* Пожелания молодым на свадьбе; и т. п. *«Однако Михаил Илларионович, я думаю, вышел, — сказал князь Андрей. — Желаю счастья и успехов, господа», — прибавил он и вышел, пожав руки Долгорукову и Билибину.* Л. Толстой. Война и мир. *«Прощайте, желаю благополучного пути туда и обратно», — проговорил с какими-то гримасами капитан.* А. Писемский. Тысяча душ. *Засим целую Ваши милые ручки и желаю Вам всего, чего Вы только сами пожелаете. / Ваш Ив. Тургенев.* И. Тургенев. Письмо М. Г. Савиной, 13 янв. 1883. *[Людмила:] Иди, Пятёркин, больше ничего не надо. [Пятёркин:] Желаю вам счастья на сей день и до конца века. (Уходит.) [Людмила:] Услужливый какой.* М. Горький. Васса Железнова. *[Вася:]* Всё, что вы рассказали, товарищ Валентинов, очень волнует, но, к сожалению, никак не может мне помочь в моём сложном положении. Поэтому я попрощаюсь и пойду домой. <...> Желаю вам обоим успехов в труде и личной жизни. А. Арбузов. Моё загляденье. ▭ Желаю вам бодрости духа, улыбок от уха до уха до уха! (Шутл. пожелание. Зап. в 1996). ♦ **Желаю Вам (тебе) (того, то), чего Вы (ты) сам/и себе желаете (желаешь)**. *Разг.* При сем, любезный друг, я целую ваши ручки с позволения вашего сто раз и желаю вам то, чего и вы желаете, и пребуду к вам с искренним почтением. / Арина Родионовна. А. Р. Яковлева. Письмо А. С. Пушкину, 30 янв. 1827. ♦ **Желаю Вам (тебе)** (+ неопр. ф. глагола). ▭ *Желаю вам хорошо отдохнуть.* ▭ *Желаем тебе всегда оставаться такой же милой, обаятельной, весёлой и счастливой.* ▭ *Желаем паре молодой дожить до свадьбы золотой!* (молодожёнам). Фатьян, выйдя из пустой палатки, весело крикнул: «Желаю всем эти обновки сто лет носить, на другую сторону перевернуть да опять носить!» Б. Шергин. Дождь. ♦ **Желаю, чтобы...** ▭ *От всей души желаю, чтобы исполнились ваши планы.* ▭ *Желаю, чтобы удача вам улыбнулась и т. п.* «Вот всё у вас, как на параде, — заговорил он [Шариков], — салфетку — туда, галстук — сюда, да "извините", да "пожалуйста-мерси", а так, чтобы по-настоящему, — это нет. Мучаете сами себя, как при царском режиме». — «А как это "по-настоящему", позвольте осведомиться?» Шариков на это ничего не ответил Филиппу Филипповичу, а поднял рюмку и произнёс: «Ну, желаю, чтобы все...» — «И вам также», — с некоторой иронией отозвался Борменталь. М. Булгаков. Собачье сердце. ♦ **И Вам (тебе) того (же) желаю.** Ответ на доброе пожелание. *Поздравительный гул; слышнее других голоса: [Частного пристава:]* Здравия желаем, ваше высокоблагородие! *[Бобчинского:]* Сто лет и куль червонцев! *[Добчинского:]* Продли Бог на сорок сороков! <...> *[Городничий:]* Покорнейше благодарю! И вам того ж желаю. Н. Гоголь. Ревизор. ♦ **Чего и Вам (тебе) от всей души желаю (желаем).** ⌧ *Эпист.* ▭ *Мы все живы-здоровы, чего и вам от всей души желаем.* (Из частного письма). ♦ **Здравия желаю.** См. Здравие.

♦ **Желаю здравствовать.** См. Здравствовать. **2.** В ф. 2-го л. желаешь, желаете употр. в составе форм вежл. вопросит. обращений с целью предложения, приглашения. **Желаете?** ♦ **(Не) Желаете (ли)** (*чего-л., сделать что-л.*)? ♦ **Если Вы желаете (ты желаешь), (я могу... можно было бы...)** (*сделать что-л*). *А потом так. Те девки, что ходили в кругу, подходят к любому парню — каждая к своему — и говорят с поклоном: «Желаете по горнице пройтись?» — И руку подают. Встают два парня, их целуют — это не считается зазорным, обидным...* П. Еремеев. Обиход. ▭ *«Ещё чашечку не желаете?»* — *«Нет, спасибо большое».* ▭ *«Мы завтра на концерт идём, не желаете ли с нами?»* — *«Благодарю вас, с удовольствием»* (1989). ♦ **Что (чего) желаете?** *Разг.* Форма вежл. вопросит. обращения, ненастойчивого предложения. ‖ *Проф.* Вежл. обращ. официанта, продавца к посетителю.

Жена. Только ед. *Разг.* Малоупотр. обращение мужа к жене. В зависимости от принятых в семье норм обращения может употр. с различными эмоциональными оттенками: от строгого, отстранённо-псевдоофициального до шутливо-интимного. *Что это значит, жена? Вот уж более недели, как я не получаю от тебя писем.* А. Пушкин. Письмо Н. Н. Пушкиной, 30 июля 1834. *[Большов:] Жена, поди сюда! [Аграфена Кондратьевна:] Сейчас, батюшка, сейчас!* А. Островский. Свои люди — сочтёмся! *«Жена, ставь ему пареную картошку!» — сказал Зворычный.* А. Платонов. Сокровенный человек. *Мать же и особенно сёстры были решительно против [женитьбы], чуть ли не в глаза называли Нину старухой и распутницей. Анатолий оскорбился, встал из-за стола, велел Нине: «Собирайся, жена, — сделал нажим на втором слове, — поехали...»* В. Куропатов. Завтра в Чудиновом Бору. ǀ Чаще употр. в сочет. с мест. *моя* и с эпитетами *милая, дорогая, любезная* и т. п. *Жена моя милая, жёнка мой ангел — я сегодня уж писал тебе, да письмо моё как-то не удалось.* А. Пушкин. Письмо Н. Н. Пушкиной, 30 апр. 1834. *Дорогая моя жена! Милая дочурка! То, чего я добивался в течение полутора лет, свершилось...* Из письма гв. капитана Л. А. Павловского жене, 5 янв. 1943. ♦ **Молодая (младая) жена** (Имя-отчество).

⌛ *Нар.-поэт.* Учтив. обращ. к молодой замужней женщине. См. Молодой. **Жёнка.** ⌛ **1.** *Только ед. Разг. Ласк.-шутл.* Обращ. к жене. *Прощай, жёнка. Не жди от меня уж писем, до самой деревни. Целую тебя и вас благословляю.* А. Пушкин. Письмо Н. Н. Пушкиной, 19 сент. 1833. **2.** *Жёнка. Жёнки (мн.). Прост. и обл.* Обращение к женщине, обычно к хорошо знакомой. *Муж в год на недельку заглянет, мне и ладно. Думаю, так и надо. Да! Потом та, другая на ухо: «Чего ты, жёнка, с мужиком нарозь?.. Смотри, Авдотья, наживёшь беду».* Ф. Абрамов. Дом. *Великий князь сошёл с парохода, расставил ноги на суконном помосте и гаркнул, закручивая ус: «Здар-р-рова, бабы!!!» Среди поморок произошло смятение: «Сам ты баба! Бабами сваи бьют! Подёмте, жёнки, домой! Какой это князь, слова вежливо не умеет оболванить».* Б. Шергин. Двинская земля. **Жёночка,** -и. ⌛ *Прост. и обл.* **1.** *Ласк.* обращ. к жене. **2.** Обычно во мн. ч. *Приветл.* обращ. к замужним женщинам. *Управляющий к народу: «Вот что, жёночки и девицы: вы в памяти, в сознаньи эти юбки-кофты покупали».* Б. Шергин. Дождь. **Жёнушка.** *Ласк.* к Жена. *И говорит тут Рахта Рагнозерский: «Эх ты, жёнушка моя милая, Как сходил я в каменну Москву, Всю потратил свою силушку».* Былина про Рахту Рагнозерского. Зап. в 30-х гг. XX в. — *Как ты меня испугала, моя милая, недобрая жёнушка.* А. Куприн. Морская болезнь. **Жи́нка.** *Укр. и обл.* То же, что Жена. *«Ну, жинка! а я нашёл жениха дочке!» — «Вот как раз до того теперь, чтобы женихов отыскивать!»* Н. Гоголь. Сорочинская ярмарка.

Жениху и невесте — сто лет (жить) вместе! *Разг.* Пожелание молодым на свадьбе.

Женщина. 1. *Прост.* Обращение взрослого адресанта к незнакомой женщине; обычно на улице, в обществ. местах. (В XIX в. употр. крайне редко в городск. среде, в сочет. с «ты»-формами в адрес женщины из простонародья). *Смотрю, из двери идёт квартальный поручик и говорит: «Что ты здесь, женщина, этак шумишь?» — «Помилуйте, — говорю, — ваше высокоблагородие, меня так и так сейчас обкрадено».* Н. Лесков. Воительница. | В сочет. с «Вы»-формами получило широкое распространение в городском просторечии в советский период. Язык свидетельствует, что русские не знают, как обращаться друг к другу. «Товарищи» упразднены, «граждане» по глупости начальства превратились в нечто сомнительное, «господа», принятые с недавних пор в официальных бумагах, в живой речи практически не звучат. Обыватель (а он главная движущая сила истории, что бы ни думали президенты и мэры) титулует друг друга по половому признаку: «Эй, мужчина!» и «Эй, женщина!» Это страшно, потому что свидетельствует о национальной растерянности, о социальной наготе. А. Панченко. Папа Московский, или Язык как диагност // Общая газета. 1993. 29 окт. — 4 нояб. ⌛ *[На улице:] «Женщина, вы перчатку обронили!» — «Ой! Спасибо!»* (1994). **2.** *Прост.* Пренебреж. или шутл. мужск. обращ. к близко знакомой женщине; супруге. *[Васильевна:] Ну, да уж вы... (Уходит.) [Ступендьев (ей вслед):] Не рассуждай, женщина.* И. Тургенев. Провинциалка. *Здороваясь с Дашей, он [Говядин] сказал без всякой причины насмешливым голосом: «Я за вами, женщина. Едем на Волгу». Даша подумала: «Итак, всё кончилось статистиком Говядиным», — взяла белый зонтик и пошла за Семёном Семёновичем вниз к Волге...* А. Толстой. Хождение по мукам. ⌛ *[Муж — жене (шутливо):] «Удались, женщина, мы сами разберёмся». — «Ага, разберётесь вы... Ну, ладно, разбирайтесь, я потом посмотрю, как вы разберётесь..»* (1993). **Женщины,** мн. Обращ. взрослого к группе (коллективу) женщин, равных или низших по положению. [Получило распространение в советск. период, первоначально как альтернатива *обл.* и *прост.* бабы, бабоньки и «буржуазному» дамы, сударыни]. *И он сказал прозой бабам-вдовам, смотревшим на него с удивлением и улыбкой сочувствия: «Ступайте, женщины, копать канаву дальше, машина эта — интервентка, она была за белых, теперь ей неохота лить воду в пролетарский огород».* А. Платонов. Родина электричества. | При вежл., доброжелат. обращ. употр. в сочет. с этикетными эпитетами уважаемые, дорогие, милые и т. п. *Дорогие женщины! Для вас в левобережном микрорайоне по ул. Свердлова, 4 открыт косметический салон...* (Объявление по радио, 1992).

Милые женщины! Поздравляем вас с праздником 8 Марта и от всей души желаем вам счастья! Оставайтесь всегда милыми и прекрасными! Здоровья вам и благополучия! / Мужчины КБ (поздравление на доске объявлений в НИИ, 1991).

Живой, -ая; -ые. (и **Жив,** -а; -ы). ♦ **Жив (живой) (ещё, пока, покуда)?** *Прост. и обл.* Приветливый вопрос к знакомому при встрече, означающий: «Здоров ли?» «Как живёшь?» *Белоголовый человек <...>, помогая барину спуститься на землю, поцеловал у него руку. «Здравствуй, здравствуй, брат, — промолвил Лаврецкий, — тебя, кажется, Антоном зовут? ты жив ещё?» Старик молча поклонился и побежал за ключами.* И. Тургенев. Дворянское гнездо. *[Пётр:] Здравствуй! Жива ли покуда: (Целует Аксюшу.) [Аксюша:] Видишь, что жива. Ну, говори скорей!* А. Островский. Лес. *[Семён (отцу):] Здорово, батюшка! Дяде Ефиму, дяде Митрию — почтение! Дома здоровы ли? [2-й мужик:] Здорово, Семён. [1-й мужик:] Здорово, братец. [3-й мужик:] Здорово, милый. Жив ли?* Л. Толстой. Плоды просвещения. *Ты жива ещё, моя старушка? Жив и я. Привет тебе, привет.* С. Есенин. Письмо матери. *У ворот старинна избушечка, кабыть из-под ягой бабы. Постучался. «Хозяйка жива?» — «Жива маленько-то...» Хорошая беленькая старушоночка у оконца вяжет.* Б. Шергин. Митина любовь. *Не успела Надежда подумать про подругу, как та — вот она — заливисто крикнула с улицы: «Надька! Живая пока? Отпирай!»* Н. Катерли. Тот свет. ♦ **Жив ли ты собе́?** *Обл.* Как живёшь, как поживаешь? СРНГ. ♦ **Живого (живых) (Вас) видеть!** ⌧ *Обл.* Приветствие или доброе пожелание при встрече, после приветствия. *Степан одевался, пыхтя окурком сигары, от дыма жмуря заспанный глаз. Пантелей Прокофьевич шагнул через порог не без робости <...>. «Здравствуй, сосед! Живого видеть...» — «Здравствуйте».* М. Шолохов. Тихий Дон. *[Дед Щукарь] вломился в дом правления колхоза, еле переводя дух, — к Давыдову: «Здорово живёте, товарищ Давыдов! Живенького вас видеть». — «Здравствуй».* М. Шолохов. Поднятая целина. ♦ **Живые-крепкие?** ⌧ *Обл.* Приветствие или вопрос при приветствии: «Жив ли?» «Здоров ли?» *Майор встречает гостей на улице, кричит мальчику: «Здорово, земеля! Живой-крепкий?! Молодец!»* Б. Екимов. Отцовский дом спокинул я... ⌦ *Живой-то, крепкий-то?* СРНГ. ǁ Только в кратк. ф.: ♦ **(Как) жив/ы-здоров/ы?** ♦ **Все ли живы-здоровы?** Этикетные вопросы к знакомому при встрече, употр. обычно после приветствия. *«С приездом вас, Дмитрий Иванович!» — с трудом выговорила она [Катюша], и лицо её залилось румянцем. «Здравствуй... Здравствуйте, — не знал он, как, на «ты» или на «вы», говорить с ней, и покраснел так же, как и она. — Живы, здоровы?»* Л. Толстой. Воскресение. *Спрашивает [Самоквасов]: «Что в скиту? Нет ли каких новостей? Все ли живы-здоровы?» — «Все, слава Богу, живы-здоровы, — отвечает Ермило Матвеич, — а новостей никаких не предвидится».* П. Мельников (Печерский). На горах. ♦ **Живы, пока (поколе) (милосердный) Господь (Бог) грехам (грехи) терпит.** ⌧ ♦ **Живы своими грехами, Вашими молитвами.** ⌧ *Прост.* ♦ **(Все) (слава Богу) живы (и) здоровы.** Обычные ответы на этикетные вопросы при встрече «Как поживаете?» «Как дела?» и т. п. *«Как вы там?» — спросил он. «Ничего, живы-здоровы. Мать без тебя тоскует».* В. Шукшин. И разыгрались же кони в поле. ♦ **Мы (все) (слава Богу) живы-здоровы, чего и Вам от всей души желаем.** ⌧ *Эпист.* Формула пожелания благополучия в бытовых письмах к родственникам, знакомым. ♦ **Будьте (бывайте, оставайтесь) живы (и здоровы, живы-здоровы).** Пожелание благополучия при прощании. *Что-то Сашка и Машка? Христос с вами! будьте живы и здоровы, и доезжайте скорее из Москвы.* А. Пушкин. Письмо Н. Н. Пушкиной, 17 апр. 1834. *И как там было не махнуть рукой: «Бывайте живы!» Не обернуться, не вздохнуть О многом, друг служивый.* А. Твардовский. Дом у дороги. ♦ **Будем живы (здоровы).** *Разг.* Краткий тост. *«Будем живы, мужики!» — Полина подмигнула нам, сделала вдох и выпила рюмку до дна.* В. Астафьев. Последний поклон. ♦ **Будем живы — не помрём!** *Разг.* Шутл. форма утешения, ободрения приятелей, близких знакомых, с которыми говорящий заодно. *Я одну политбеседу Повторял: — Не унывай. Не зарвёмся, так прорвёмся; Будем живы — не по-*

мрём. Срок придёт, назад вернёмся, Что отдали — всё вернём. А. Твардовский. Василий Тёркин. ‖ Шутл. тост. *[Дергачев:] Давай, Илья. (Разливает.) Живы будем — не помрём. [Еремеев (не уловил смысла):] Помрём, помрём.* А. Вампилов. Прошлым летом в Чулимске. ♦ **Жив, курилка!** *Разг. Шутл.* Радостное приветственное восклицание при встрече с приятелем, старым знакомым, с которым давно не встречались (употр. преимущ. в мужск. общении). [В русских народных говорах *курилкой* шутливо или иронически называют пьяниц, гуляк, кутил — «прожигателей» жизни. Ср.: *курить вино*, т. е. изготавливать путём перегонки спирт, самогон; *винокур, винокуренный*. Происхождение выражения *Жив курилка!* возводят также к старинной народной игре, в которой играющие, перекидывая друг другу горящую лучину-«курилку», поют: *Жив, жив курилка! Жив, жив, да не умер...*, пока она не погаснет. СРФ]. *Через минуту Леденев уже сидел у него [Корчагина] и радостно тряс ему руку: «А, жив, курилка? Ну, чем ты меня порадуешь?»* Н. Островский. Как закалялась сталь. *С порога [Вячеслав] полез обниматься: «Жив курилка! Здравствуй, старый сыч. Наконец-то подал голос».* В. Тендряков. Свидание с Нефертити.

Живо́т (мой), *м. и ж.* ⌛ *Обл.* Ласк. обращение: «жизнь моя». ▭ *Душка моя Марьюшка, Живот мой Трифоновна!* СРНГ. **Живото́к. Живото́чек.** Уменьш.-ласк. к Живот. ▭ *Животок, побывай у меня (народн. песня).* ▭ *Друг ты мой да и Аннушка, животок сердце Леонтьевна!* ▭ *Ты присядь, присядь, лунёк, Присядь, милый животок, Потихоньку. Ты надёжа, мой дружок, ты сердечный животок!* СРНГ. ▭ *Иванушка, мой батюшка, Василюшка животочек, Тот мой миленький дружочек.* ▭ *Ровно миленький дружочек, Иванушка животочек.* ▭ *Жена ль, моя жёнушка, Дорогие мои животочки. Подари сыночка.* СРНГ. ♦ **С живото́м!** ⌛ *Обл.* С выздоровлением! С новорождённым! Форма поздравления роженицы. СРНГ.

Жизнь. ♦ **Жизнь моя.** *М. и ж.* Возвыш. обращение к дорогому, любимому человеку; кто является источником счастья, радости; от кого зависит судьба, или жизнь говорящего. *Прощай, радость, жизнь моя! знаю — едешь без меня. (Песня). И взмолилась: «Жизнь моя! В чём, скажи, виновна я? Не губи меня, девица!»* А. Пушкин. Сказка о мёртвой царевне... *[Васильков:] Однако ты порядочная мотовка! [Лидия (кидается ему на шею):] Ну, прости меня, душа моя, жизнь моя! Я сумасшедшая, избалованная женщина, но я постараюсь исправиться.* А. Островский. Бешеные деньги. *«Груша, жизнь моя, кровь моя!» — бросился подле неё на колени Митя и крепко сжал её в объятиях.* Ф. Достоевский. Братья Карамазовы. ♦ **Дай Бог вам жизни под венцом да с одним концом.** См. ♦ **Дай Бог.** ♦ **Жизнь не по молодости, смерть не по старости.** *Посл.* И в молодые годы умирают. Форма утешения того, кто сокрушается об умершем в молодом возрасте. ♦ **Жизнь прожить (пережить) не поле перейти.** *Посл.* В жизни неизбежны трудности, невзгоды. Форма утешения, ободрения того, кто огорчён житейскими неудачами. ♦ **Как жизнь?** См. Как. ♦ **Лёг — свернулся, встал — встряхнулся: вот (и вся моя) моя жизнь.** ⌛ ♦ **Жизнь бьёт ключом (и всё по голове).** ♦ **Жизнь всё хуже: юбка всё у́же.** (В женск. общении.) ♦ **Жись — только держись.** ♦ **Жись — хоть помирать ложись.** *Прост.* Шутл. ответы на обычный при встрече с близкими знакомыми, приятелями вопрос: «К а к ж и з н ь?» ♦ **Такова (такая уж) жизнь.** [Франц. C'est la vie.] *Разг.* Ничего не поделаешь, надо принимать всё как есть. Форма утешения.

Жить. ♦ **Как живёшь (живёте)?** Один из широкоупотребительных этикетных вопросов при встрече. См. Как. *«С приездом. Что же, приехал нас проведать?» — словоохотливо заговорил старик. «Да, да. Что же, как вы живёте?» — сказал Нехлюдов, не зная, что говорить.* Л. Толстой. Воскресение. ♦ **Живём, (да) хлеб жуём, (а ино и посаливаем** ⌛**).** *Прост., шутл.* ♦ **Живём — хлеба не жуём, проглотим — подавимся.** ⌛ *Прост., шутл.* ♦ **Живём — крошки клюём.** *Разг., шутл.* ♦ **Живём, день да ночь, и сутки прочь (так и отваливаем)!** *Шутл.* ♦ **Живём помаленьку (потихоньку).** *Разг.* ♦ **Живём потихоньку, жуём полегоньку.** *Шутл.* ♦ **Живём, пока Бог (милосердный Господь) грехи (грехам) терпит.** *Прост.* ♦ **Живём не широко, а узким Бог помилует.** ⌛ *Прост. Шутл.* ♦ **Живём — покаш-**

ливаем, ходим — похрамываем. ⧖ *Прост. Шутл.* ♦ **Живём в лесу, молимся колесу.** *Прост. Шутл.* ♦ **Живём в лесу, молимся пенью, да и то с ленью.** ⧖ ♦ **Живём хорошо: за нуждой в люди не ходим, своей хватает...** и др. *Прост. Шутл.* Ответы на приветлив. вопросы при встрече: «Как живёте?» «Как жизнь?» «Как живы-здоровы?» и т. п. *[Устинья Наумовна (целуясь):] Здравствуй, Аграфена Кондратьевна! Как встала, ночевала, всё ли жива, бралиянтовая? [Аграфена Кондратьевна:] Слава Создателю! Живу — хлеб жую; целое утро вот с дочкой балясничала.* А. Островский. Свои люди — сочтёмся! *Звонко, радостно целуя Потапа Максимыча, кричал он [Колышкин] на весь дом: «Крёстный!.. Ты ль, родной?.. Здорово!.. Здорово!.. Что запропал?.. Видом не видать, слыхом не слыхать!.. Все ли в добром здоровье?» — «Ничего — живём да хлеб жуём, — отвечал, улыбаясь, Чапурин. — Тебя как Господь милует?.. Хозяюшка здорова ль?.. Деточки?»* П. Мельников (Печерский). В лесах. *[Несчастливцев:] Вы как здесь поживаете? [Карп:] Какая наша жизнь, сударь! Живём в лесу, молимся пенью, да и то с ленью.* А. Островский. Лес. ♦ **Живите с Богом!** ♦ **Живите с миром!** *Прост.* ♦ **Живите в любви и согласии!** ♦ **Живите да радуйтесь!** ♦ **Живите дружно и счастливо!** и т. п. Добрые пожелания, употр. часто как напутствие молодожёнам. *[Гордей Карпыч (обнимает Митю и Любовь Гордеевну):] Ну, дети, скажите спасибо дяде Любиму Карпычу да живите счастливо. (Пелагея Егоровна обнимает детей.) <...> [Пелагея Егоровна (девушкам):] Ну-ка, девушки, весёленькую... да, весёленькую... Уж мы теперь свадьбу-то по душе отпируем, по душе...* А. Островский. Бедность не порок. ♦ **Живите Божьими милостями, а мы Вашими!** ⧖ *Прост.* Доброе пожелание при встрече, поздравлении, прощании. *«Здравствуйте, крещёные, многолетствуйте, люди добрые! Жить бы вам Божьми милостями, а нам вашими!» — громко крикнул Чапурин артели рабочих и, сняв картуз, поклонился. «На добром слове благодарны. С приездом поздравляем! Всякого добра пошли тебе Господи! <...>», — весело и приветливо заголосили рабочие.* П. Мельников (Печерский). На горах. *«Прощенья просим!» — «На свиданье прощаемся. Живите Божьими милостями, а мы вашими». — «Путь вам чистый».* С. Максимов. Крылатые слова. **Живи!** *Прост. Фамильярн.* форма прощания с равным или младшим по возрасту, положению. *«Живи, товарищ», — сказал Ленин ещё один раз.* А. Платонов. Впрок. ▫ *[Студенты прощаются:] Ну, давай, живи! (1992).* ♦ **Жить, поживать да добра наживать!** ♦ **Жить да молодеть, добреть да богатеть!** ⧖ ♦ **Жить, богатеть, добра наживать, лихо избывать!** ⧖ ♦ **Жить (Вам) да радоваться!** Пожелания благополучия при поздравлении, прощании. *[Устинья Наумовна:] Ну, дай вам Бог жить да молодеть, толстеть да богатеть. (Пьёт.) Горько, бралиянтовые! (Липочка и Лазарь целуются.)* А. Островский. Свои люди — сочтёмся! ♦ **Жить да богате́ть, спе́реди горбате́ть!** ⧖ *Обл. и прост.* Шутл. пожелание жить в довольстве и достатке, тучнеть. ‖ При пожелании новобрачным или хозяйке дома *спереди горбатеть* означает «беременеть, благополучно вынашивать и рожать детей». ♦ **Дай (Вам, тебе) Бог (Господи) долго жить, здраву быть!** ⧖ ♦ **Живцам жить, мертвецов хоронить (мёртвых поминать)!** ⧖ *Прост.* ♦ **Жить тебе сто годов с годом!** *Разг.* ♦ **Жить (Вам, тебе) сто годов, нажить сто коров, меринов стаю, овец хлев, свиней помостье, кошек шесток, собак подстолье!** ⧖ *Прост. Шутл.* Формы заздравных пожеланий. *Со всеми отец пошутил, каждой [женщине] ласковое словечко подарил. А уж они-то ему! «Опять весёлый, соколик наш!» — «Дай, Господи, долго жить, здраву быть!..»* И. Шмелёв. Лето Господне. ♦ **Жить (быть) тебе (Вам) семь веков (сто лет) на людских памятях (на людской памяти)!** ⧖ *Прост.* Экспрессивн. форма доброго пожелания при выражении благодарности кому-л. за помощь, услугу. ♦ **Жить бы ему (ей, им) ещё да жить.** Формула сочувствия, сожаления об умершем (говор. обычно в присутствии родственников покойного). *Толстый господин утирает слёзы (сейчас он отправил в рот кусок ветчины с горчицей) и спрашивает: «А сколько дорогому покойнику было лет?» — «Шестьдесят». — «Боже, — качает головой толстяк. — Жить бы ему ещё да жить».* А. Аверченко. День человеческий.

Житьё. ♦ (Наше) Житьё — вставши да завытьё. ☒ *Прост.* Неважно, плохо. Шутл. ответ на обычный при встрече вопрос: «Как (Ваше, твоё) житьё?»

Жму руку. См. Рука. ♦ **Жму длань.** *Шутл.-возвыш.* ♦ **Жму лапу.** ♦ **Жму пять.** *Дружеск., шутл.* Формы мужского прощания при дистантном общении. *Прощайте, carissimo; жму вашу лапку и целую ручку вашей жены. Ваш И. Т.* И. Тургенев. Письмо П. В. Анненкову, 10 июля 1861. *Засим и Вам крепко длань жму. / Ваш А. Максимыч.* М. Горький. Письмо В. В. Бергу, 4 июня 1893. ‖ Форма выражения благодарности, поздравления при дистантном общении. «*Алло, слушаешь? Старший лейтенант Мересьев у телефона. Передаю трубку». У уха зарокотал незнакомый сиплый бас: «Ну, спасибо, старший лейтенант! Классный удар, ценю. Спас меня. Да. Я до самой земли его проводил и видел, как он ткнулся... Водку пьёшь? Приезжай на мой КП, за мной литр. Ну, спасибо, жму пять. Действуй!*» Б. Полевой. Повесть о настоящем человеке.

З

За,[1] *предлог.* ♦ **За + (**сущ. или местоим. вин. пад.**).** *Разг.* Формула краткого тоста (сокращ. от. ♦ Давай/те выпьем за... Выпьем за... ♦ Предлагаю выпить за...). ♦ **За встречу!** ♦ **За дружбу!** ♦ **За (твоё, ваше) здоровье!** ♦ **За здоровье** (кого-л. из присутствующих или отсутствующих)**!** ♦ **За всё хорошее!** ♦ **За успех** (чего-л., чей-л.)**!** ♦ **За тебя (вас)!** ♦ **За тех, кто...** ♦ **За родителей, вырастивших и воспитавших...** и т. п. «*За здоровье любезных гостей моих!» — провозгласил хозяин, откупоривая вторую бутылку — и гости благодарили его, осушая вновь свои рюмки.* А. Пушкин. Гробовщик. *Григорий присел к столу... Оставшееся в бутылке Степан разлил поровну в стаканы, поднял на Григория задёрнутые какой-то дымкой глаза. «За всё хорошее!» — «Будем здоровы!» Чокнулись. Выпили.* М. Шолохов. Тихий Дон. *Бабосов поднял рюмку и важно произнёс: «За мировую революцию!» Саша прыснул, но, видя, что его весёлое настроение никто не подхватывает, крякнул, как с мороза, и торопливо опрокинул рюмку, поспевая за другими.* Б. Можаев. Мужики и бабы. «*За знакомство», — сказала Мария и чокнулась с Иваном, потом с отцом. «И за дружбу», — добавил Родионов и первый выпил.* В. Шукшин. Любавины. *Он разлил в стаканы вино, потирая руки, оглядел стол. «Как будто всё. Ну, давай поближе, Анна. Давай за встречу. Поднимай. Сколько лет не видались». — «За встречу», — повторила она.* В. Распутин. Встреча. *Все переминались, ждали чего-то с посудой в руках, покашливали. Августа нашлась первая, расшибла напряжение: «Ну, подняли, подняли! Рука-то не казённая! Мама, за твоё здоровье! Тятя, с именинницей тебя!»* В. Астафьев. Последний поклон.

За.[2] *В знач. сказуем.* ♦ **Я — за.** *Разг.* Я согласен, одобряю, поддерживаю. Форма выражения согласия с предложением. ▱ «*А что если нам самим съездить, а?» — «Я — за». — «Ну, вот и договорились».* (1992).

Забава, *м. и ж.* ☒ *Прост. и обл., фольк.* Милый, любимый; милая, любимая. Обращение к любимому парню или любимой девушке (обычно в песнях, частушках). *Не ищи, забава, девочку, Ведь лучше не сыскать: Буду батюшку и матушку Поклонами встречать.* Частушка. **Забáвочка. Забáвушка,** *м. и ж.* Ласк. к Забава. *Чем, забавочка, возносишься — зелёным пиджаком. У сороки лучше гнёзда, Чем у вас с балконом дом.* Частушка.

Забегáй (в гости, на огонёк). *Прост.* Заходи при случае. Форма ненастойчивого приглашения в гости, употр. при прощании с родственником, приятелем, знакомым, равным или младшим по возрасту, положению, проживающим в одном городе (селе) с адресантом. *Егор затоптал окурок, поднялся. «Ну, бывай. Забегай». — «Будь здоров. Сам заходи».* В. Шукшин. Любавины. ▱ [Две женщины прощаются в автобусе:] «*Ну, ладно, забегай, время будет...» — «Ага. Пока»* (1992). ♦ **Будешь рядом — забегай, будут деньги — высылай!** *Разг., шутл.* Обычно в молодёжной речи, при прощании с приятелями.

За Богом молитва, а за государем служба не пропадает. ☒ Церемонно-учтив. ответ на поздравление в связи с получением чина, награды. «*С получением чина. Поздравляю вас с таким-то чином, получа высокомонаршую милость, и желаю степень до степени выше дойти, и даруй Бог достойному* достойное получить!» — «Благодарствую и желаю вам всякого благополучия. За Богом молитва, а за Государем служба не пропадает». С. Максимов. Крылатые слова.

Забо́тник (ты мой), м. **Забо́тница (ты моя)**, ж. ⊠ *Обл.* Ласк. обращение к тому, кто оказал или постоянно оказывает заботу, внимание говорящему. *Из-за слёз, не видя Гули Большакова, старик нашарил его руками и обнял: «Заботник ты мой, печальник ты мой, доброхот ты мой, Гулюшка! Не я украшение, это вы, молодые, великодушные, — всемирное наше украшение!»* Б. Шергин. Лебяжья река.

Забы́ть. (Забыва́ть). ♦ **Забудьте (об этом).** ♦ **Забудьте всё, живите как в раю.** *Разг.* Формы утешения. ♦ **Забудем прошлое.** *Разг.* Предложение помириться, забыть прежние обиды. *«Друзья! К чему весь этот шум? Я, ваш старинный сват и кум, Пришёл мириться к вам, совсем не ради ссоры; Забудем прошлое, уставим общий лад!»* И. Крылов. Волк на псарне. *«Ну, — промолвил [князь Шадурский] с тяжко сорвавшимся вздохом, — забудем всё прошлое... простим друг другу... Если виноват — каюсь... Вот вам рука моя!»* В. Крестовский. Петербургские трущобы. ♦ **Я уже и забыл об этом.** ♦ **Всё (уже, давно) забыто.** Примирительные ответы на извинение. ♦ **Век (вовек, до гроба, до гробовой доски, до конца дней...) не забуду (Вас, тебя; Вашей / твоей доброты, чем я Вам / тебе обязан...).** *Разг.* Формула экспрессивного выражения благодарности равному или высшему по положению. *И царевичу потом [лебедь] Молвит русским языком: «<...> Ввек тебя я не забуду: Ты найдёшь меня повсюду, А теперь ты воротись, Не горюй и спать ложись».* А. Пушкин. Сказка о царе Салтане... *— Помни, Анна: что ты для меня сделала, я никогда не забуду. И помни, что я люблю и всегда буду любить тебя, как лучшего друга.* Л. Толстой. Анна Каренина. *— Прощай, ангел, давеча ты за меня заступился, век не забуду.* Ф. Достоевский. Братья Карамазовы. *— Не знаю, как и благодарить вас, Потап Максимыч. До смерти не забуду ваших благодеяний. Бог воздаст вам за ваше добро, — сказала Дуня, подходя к Чапурину и ловя его руку, чтобы, как дочери, поцеловать её.* П. Мельников (Печерский). На горах. См. также: Век. Вовек. Гроб.

♦ **Вы нас совсем забыли! (Ты нас совсем забыл!)** *Разг.* Полушутл. упрёк гостю за то, что редко навещает. Говорится не столько в укоризну, сколько в целях комплимента: «вы для нас долгожданный и желанный гость». *[Юлия:] А, Лука Герасимыч, здравствуйте! [Дергачев:] Честь имею кланяться <...>. [Флор Федулыч (кланяясь и подавая руку):] Честь имею... Прошу извинить! [Юлия:] Забыли, Флор Федулыч, забыли. Прошу садиться.* А. Островский. Последняя жертва. *Дьячиха встретила Арефу довольно сурово. Она была занята своею бабьей стряпнёй <...>. «Здравствуй, Домна Степановна». — «Здравствуй, Арефа Кузьмич. Каково тебя Бог носит? Забыл ты нас совсем».* Д. Мамин-Сибиряк. Охонины брови. ♦ **Не забывай/те (нас, меня; заходи/те, звони/те, пиши/те).** *Разг.* Формула приглашения в гости; просьба навещать, писать письма, звонить по телефону. Употр. обычно при прощании. *Не забывай же, пиши ко мне.* Н. Гоголь. Письмо Н. Я. Прокоповичу, 25 янв. 1837. *Полина была так любезна, что оставила своих прочих гостей и пошла проводить их через весь сад. — Пожалуйста, monsieur Калинович, не забывайте меня. Когда-нибудь на целый день; мы с вами поговорим, почитаем.* А. Писемский. Тысяча душ. *[Ольга (Кузовкину):] Прощайте, Василий Семёныч... Когда вы к себе переедете — не забывайте нас. Я буду рада вас видеть.* И. Тургенев. Нахлебник. ◩ *[Торговец (покупателю):] Милости просим как-нибудь ещё зайти, у меня по вашей части для вашей милости кое-что новенькое есть. Пожалуйста, не забывайте!* Е. Иванов. Меткое московское слово. *Витька встал... Подал Юрке руку. «Пока». — «До свиданья. Пиши». — «Ладно. Ты тоже пиши. До свиданья, деда». — «До свиданья, Витька. Не забывай нас».* В. Шукшин. Позови меня в даль светлую. ♦ **Прошу не забывать (нас, меня).** *Учтив.* *[Флор Федулыч:] Но, во всяком случае, прошу не забывать-с! Милости прошу откушать как-нибудь. Я всякий день дома-с; от пяти до семи часов-с. [Юлия:] Благодарю вас. Постараюсь, Флор Федулыч.* А. Островский. Последняя жертва. *Спасибо за «Колокол». Вперёд прошу не забывать. / Крепко жму тебе руку и остаюсь / преданный тебе / Ив. Тургенев.* И. Тургенев. Письмо А. И. Герцену, 23 окт.

1860. ♦ **Кланяйся своим, да не забывай и наших.** См. Кланяться.

Загляде́нье. ♦ **На загляденье.** *Разг. Экспрессив.* Похвала, комплимент. Употр. нередко с усилит. частицами *просто, прямо.* ▱ *Кофточка у тебя, ну просто загляденье!* (1990). ▱ *Кораблик-то неуж сам сделал? Прям на загляденье!* (1992). ▱ *Дочь такая у вас выросла — на загляденье.* (1992).

Загля́дывай/те (к нам). *Прост.* Навещайте нас, заходите при случае. Форма ненастойчивого приглашения в гости при прощании с равным по положению. *Отдав телеграмму Вермелю, человек попросил закурить и рассказал, что он бывший краснофлотец береговой службы, зовут его Крынкин <...>. — Заглядывайте! — сказал он Вермелю, прощаясь. — Я как последний из могикан. За моим кубриком — один лес, туман да медведи.* К. Паустовский. Дым отечества.

Заде́рживать. ♦ **Я Вас больше не задерживаю.** *Офиц.* Формула завершения делового разговора, аудиенции, совещания, употр. высшим по положению. *«Возьмите, — ткнул в него бумагами Паскевич, — мнение моё благоприятное. Более вас, господа, не задерживаю».* Ю. Тынянов. Смерть Вазир-Мухтара. *[Пустовойтенко:] Ваше величество, генерал Аршаулов только что оттуда — рассказывает: румынские офицеры на фронте — все в корсетах, нарумяненные, с дамами... Разумеется, драпают при первом выстреле. [Царь:] Крайне неприятно. Я вас больше не задерживаю, генерал. (Пустовойтенко кланяется и уходит.)* А. Толстой. Заговор императрицы. *«Мы вас больше не задерживаем, товарищ Козулин, — сказал председатель. — Идите работайте. — Заходите, если что понадобится». — «Спасибо». — Фельдшер поднялся, надел шапку, пошёл к выходу. <...> Милиционер и председатель ещё некоторое время сидели, глядя на дверь.* В. Шукшин. Даёшь сердце. *«Все мы только люди, — подумал Карцев и поднялся, — я вас больше не задерживаю, Геннадий Георгиевич. Думаю, что в ближайшие дни вы мне понадобитесь...»* В. Липатов. Игорь Саввович. ♦ **Не смею больше Вас задерживать.** *Учтив., офиц. или ирон.* См. Смею.

Заезжа́й/те (к нам почаще). *Разг.* Форма приглашения в гости. Употр. при прощании с тем, кто бывает проездом в городе (селе), где проживает адресант. *Вскоре вышел директор. Дед провожал его. «Заезжайте почаще, — приветливо говорил дед, — чай, по дороге. То и дело шмыгаете тут».* В. Шукшин. Калина красная.

Заживё́т. ♦ **Всё заживёт.** *Разг.* Формы утешения травмированного собеседника или его близких. ▱ *[Пожилая женщина (знакомой):] Ну, ничего, даст Бог, нога-то заживёт, ты молодая ещё... Вот ведь как... все под Богом ходим. Спасибо хоть все живы остались...* (1992). *Худощавый и низкорослый, Средь мальчишек всегда герой, Часто, часто с разбитым носом Приходил я к себе домой. И навстречу испуганной маме Я цедил сквозь кровавый рот: «Ничего! Я споткнулся о камень, Это к завтраму всё заживёт».* С. Есенин. Всё живое особой метой... ♦ **До свадьбы заживёт.** *Разг. Шутл.* утешение по поводу незначительных ушибов, боли и т. п. огорчений. Часто употр. по отношению к ребёнку, молодому человеку, девушке. ▱ *[Мать мажет ребёнку царапину йодом:] Ничего, ничего, не плачь, до свадьбы заживёт* (1992). *Смеялась потом до упаду, говорила: «Не трусь, до свадьбы, мол, заживёт, а как ты думаешь — красоту наводить?!»* Т. Горбулина. Улица Коммунарка, чётная сторона. *Но что Андрею так плохо, Дмитрий не знал, сказали ведь, что на своих ногах ушёл из цеха, перегрелся маленько. — Ничего, Андрюшка, — сказал он. — До свадьбы заживёт. Врач-то у тебя какой мировой!* В. Кочетов. Братья Ершовы.

Зазно́ба (♦ **Зазно́ба моя**), *ж.* **Зазно́бушка,** *ж.* ▱ *Прост. и нар.-поэт. Ласк.* обращ. к возлюбленной. *Пожалей, моя зазнобушка, Молодецкого плеча.* Н. Некрасов. Коробейники.

Зазно́бина, *ж.* ▱ *Обл.* Возлюбленная, любимая. **Зазно́бинка,** *м. и ж.* ▱ *Обл. Ласк.* Милый, возлюбленный; милая, возлюбленная. **Зазноби́ночка,** *м. и ж.* ▱ *Обл. Уменьш.-ласк.* к Зазнобинка. **Зазно́бочка,** *ж.* ▱ *Обл. Ласк.* Милая, возлюбленная.

За́йка (мой). За́инька (мой, моя). За́йчик (мой). *Разг. Ласк.* или *интимн.* обращение к близкому, любимому человеку (преимущ. к ребёнку, девушке).

Закача́ешься. *В значении сказуемого. Прост. Экспрессив.* Очень хороший, восхитительный; очень хорошо, восхитительно. Форма комплемента, похвалы, восхищения в адрес чего-л. принадлежащего адресату или сделанного им. Употр. преимущ. в речи молодёжи. ▭ *Какой ты себе наряд сообразила — закачаешься!* ▭ *Ну и квартирка у тебя — закачаешься!* ▭ *Знакомьтесь: мой старый друг, Василий Петрович. Мастер на все руки. Между прочим, печи кладёт — закачаешься* (1990). *В спальне — она же была рабочей комнатой жены — Светлана достала из ящичка трельяжа небольшую красивую коробочку, раскрыла. «Подарок вам, гражданин тридцатилетний мужчина! — сказала она. — Вершина технического прогресса». Он увидел превосходнейшие японские часы <...>. «Спасибо! — Он сделал алчное лицо. — Подарок — закачаешься! Клёвый подарок! Зеркально! Фирмачи с катушек долой...»* В. Липатов. Игорь Саввович.

Заклинаю (Вас, тебя) (чем-л. самым дорогим). *Экспрессив.* Форма настойчивой просьбы, мольбы. [Соня (Астрову):] *Зачем же, зачем вы разрушаете себя? Не надо, не надо, умоляю, заклинаю вас.* А. Чехов. Дядя Ваня. *Заклинаю вас всем, что есть святого на этом свете, — скажите мне правду.* И. Тургенев. Уездный лекарь. *«Послушайте, князь, — сказала она, — я никогда не просила вас, никогда не буду просить, никогда не напоминала вам о дружбе моего отца к вам. Но теперь я Богом заклинаю вас, сделайте это для моего сына, и я буду считать вас благодетелем», — торопливо прибавила она.* Л. Толстой. Война и мир. [Начальник станции (кричит в телефон):] *Христофор Фёдорович! Христом-Богом заклинаю: с четвёртого и пятого пути все составы всплошную гони на Таганаш! Сапёры будут! Как хочешь толкай! Господом заклинаю!* М. Булгаков. Бег.

Залётка (мой, моя), м. и ж. *Прост. и обл. Фольк.* Обращение к возлюбленному или — реже — к возлюбленной (обычно в частушках). *Вышла Александра и ещё без музыки, встав перед Толей, пропела: — Поиграй, залётка милый, поиграй, повеселюсь. Меня дома не ругают, посторонних не боюсь.* В. Крупин. Во всю Ивановскую. **Залёта**, м. и ж. *Обл.* То же, что Залётка. ▭ *Мой милёнок на войне, Он воюет на коне. Ты воюй, залёта, там, А я выйду, дроби дам.* **Залёточка.** *Уменьш.-ласк.* к Залётка. ▭ *Залёточка, залёточка, накажет*

тебя Бог За твоё неверно слово, за мою верну любовь. ▭ *Ой, залётка дорогой, Залёточка родненький! Одевайся потеплей — Вечерок холодненький.* СРНГ.

Залюбуешься. *В знач. сказуем. Разг., экспрессив.* Очень хороший, красивый; очень хорошо, красиво. Похвала, комплимент. ▭ [Бабушка (внучке):] *Ой, Машенька, какая ты красивая в этом платьице, ну просто залюбуешься!* (1995).

Заметь/те. Форма привлечения внимания собеседника к сообщаемому. — *Происшествие с вами уже не первое. Во всех подобных опасных случаях, когда ни один ямщик не решится везти, обращаются к этому молодцу, и он никогда не откажется. И заметьте: никогда он не берёт с собой никакого оружия.* В. Короленко. Убивец.

Замечательный, -ая, -ое; -ые. *В знач. опред. или сказуем. Экспрессив.* Очень хороший, превосходный, прекрасный. Похвала, комплимент в адрес собеседника, близких, дорогих ему людей или того, что ему принадлежит, что им сделано. [Шура:] *Послушайте, вы замечательный! Я не думала, что вы такой хитрый, весёлый... такой простой... как шар! Я...* [Рябинин (Тятину):] *Расхвалила, точно покойника...* М. Горький. Достигаев и другие. *«Дарья Дмитриевна, — проговорил он* [Телегин] *наконец, — вы замечательная... Я вас боялся до смерти... Но вы прямо замечательная!» — «Ну, вот что — идёмте завтракать», — сказала Даша сердито. — «С удовольствием».* А. Толстой. Хождение по мукам. *Милый, дорогой Евгений Павлович. / Во-первых, простите меня, что я без конца не отвечаю на Ваше милое и замечательное письмо.* А. Блок. Письмо Е. П. Иванову, 15 июня 1904. **Замечательно,** нареч. — *Знаешь, ты тогда так хорошо пел... ну, просто замечательно пел!* А. Рекемчук. Мальчики. | *В знач. сказуем. А на берегу безудержно хохотала Тоня. — Браво, браво! — кричала она, хлопая в ладоши. — Это замечательно!* Н. Островский. Как закалялась сталь. *И всё же топоры застучали, ножовки заширкали — и вскоре павильон необходимости воздвигся на зелёной лужайке, радуя глаз. Расчувствовавшись, я сказал: — Замечательно! Теперь, если приедут ко мне в гости какие-нибудь писатели, я могу и показать: вот, мол,* что построили мне здешние мастера. Ю. Ким. Вкус тёрна на рассвете.

Замо́лвите слово (словечко, словцо́) (за меня, нас; о ком-л.). *Разг.* Просьба к собеседнику походатайствовать при случае перед тем, от кого зависит принятие решения. *[Шпигельский:] Право, Михайло Александрыч (сбоку обнимая его), будьте друг, замолвите словечко <…>. Батюшка, отец, благодетель! Две рыжих на пристяжке, гнедая в корню. Похлопочите! [Ракитин (улыбаясь):] Ну, хорошо, хорошо…* И. Тургенев. Месяц в деревне. *Я хотел… просить вас, чтобы вы замолвили за меня словечко князю.* М. Салтыков-Щедрин. Помпадуры и помпадурши. *Так вот при случае замолвите о нём словечко.* А. Чехов. Письмо А. С. Киселёву, 5 июля 1896.

За (одного) битого двух небитых даю́т (да и то не берут). *Посл.* Один бывалый человек сто́ит двух (нескольких) неопытных. Употр. как формула шутл. ободрения, утешения того, кого побили, отругали, наказали; кто побывал в трудном положении. (Обычно в сочет. с другими формами утешения: *ничего, не переживай, подумаешь* и т. п.). *«Ведь я, други, самой матушке в ручки прошение наше слёзное подал. А ейный гайдук, ежова голова, два раза меня за это самое нагайкой вытянул». Горбун-подьячий <…> сказал: «За битого двух небитых дают… А ты на службу определяйся».* В. Шишков. Емельян Пугачёв. *Как всегда, после ужина горбун подошёл к кострищу и подсел к старикам. — Это верно, что туго вам в лесу довелось, братцы! — елейным голосом затянул он. — Но то помните, что за битого двух небитых дают.* Е. Фёдоров. Каменный пояс.

Запоздни́лся я (Запозднилась я…) (пора домой, дома уже, наверное, беспокоятся и т. п.**).** *Разг.* Одна из стереотипных фраз, которую гость, а чаще гостья произносит с интонацией самоосуждения, извинения перед тем, как попрощаться с хозяевами. ▫ *[Женщина, лет 45, в гостях у подруги:] Запозднилась я, дома, поди, на иголках сидят* 1992. См. также: Засиделся я.

За посто́й деньги платят, а посиде́лки даром. *Разг.* Шутл. поговорка, употр. обычно, когда гость, посетитель в ответ на приглашение сесть говорит: «*Ничего, спасибо, я постою*».

За́просто, без мягких, чем Бог посла́л. ▫ *Прост.* Приглашение угощаться без стеснения, без церемоний. См. Бог.

За-ра́ди (зара́ди, за ради) Бо́га (Христа, всего святого…). ▫ *Прост.* То же, что Ради Бога. См. Ради².

Зароди́ Господь и на Вашу долю. ▫ *Прост.* Вежл. ответ хлебопашца на пожелание богатого урожая.

Засвиде́тельствовать. См. Свидетельствовать.

Засиде́лся я… (у Вас, тебя). ♦ **Засиде́лась я…** *Разг.* Пора уходить домой. Одна из стереотипн. фраз, которую гость произносит перед тем, как попрощаться с хозяевами. — *Ахти, засиделась я у вас, сударыня, — вдруг встрепенулась Анисья Терентьевна. — <…> Прощайте, сударыня Дарья Сергеевна.* П. Мельников (Печерский). На горах. *«Ну, мне пора… Совсем засиделся. — Сима встал и начал прощаться. — Спасибо за угощение! В Сергачеве будете — милости просим к нам». — «Сами заходите почаще!» — отозвалась Надежда от кровати. — Когда на базар заедете… Когда и просто по пути». — «Спасибо, спасибо!» — Сима вышел.* Б. Можаев. Мужики и бабы. ▫ *[В гостях у подруги:] «Ой, засиделась я у вас, пора домой, Миша уж, наверно, с работы пришёл». — «Ну что ты, ещё пять только, посиди ещё, редко видимся».* (1992).

Заси́м, нареч. ▫ (<За сим). Затем, после этого. Употр. в составе устар. формул прощания: ♦ **Заси́м прощай/те (до свидания, счастливо оставаться).** ▫ ♦ **Засим прощения просим.** ▫ *Прост.* ♦ **Засим остаюсь покорный слуга (готовый к услугам, преданный Вам** и т. п.**).** ▫ *Эпист.* «*Государь мой премилостивый, / Я до тех пор не намерен ехать в Покровское, пока не вышлете Вы мне псаря Парамошку с повинною; а будет моя воля наказать его или помиловать, а я терпеть шутки от Ваших холопьев не намерен, да и от Вас их не стерплю, потому что я не шут, а старинный дворянин. Засим остаюсь покорным ко услугам / Андрей Дубровский*». А. Пушкин. Дубровский. *За сим остаюсь навсегда вам преданный и благодарный / Лермонтов.* М. Лермонтов. Письмо А. И. Тургеневу, дек. 1839. — *Господин Маркелов, — подхватила Марианна, — сделал мне предложение; а я ему отказала. Вот* всё, что я имела сказать вам; засим — прощайте. И. Тургенев. Новь. — Нет, я уж к себе-с. Я вот на его кобылке и доеду, — показал он на сторожа. — Засим прощайте-с, желаю вам полное удовольствие получить. Ф. Достоевский. Братья Карамазовы. «Засим счастливо оставаться», — поднимаясь с места, сказал Пётр Степаныч. «Повремени, сударь, — молвила Манефа. — Без хлеба-соли из кельи гостей не пущают. Чайку хоть испей...» П. Мельников (Печерский). В лесах. | Шутл. Жена тебе кланяется. Портрета не присылает, за неимением живописца. Засим прощения просим. А. Пушкин. Письмо П. В. Нащокину, 3 авг. 1831.

Заскакивай. *Прост.* Форма дружеск. или фамильярн. приглашения при случае заходить в гости. Употр. преимущ. в совр. молодёжн. речи при прощании с близким знакомым, приятелем. ▭ [На остановке троллейбуса девушка прощается с подругой:] «*Будешь рядом — заскакивай*». — «*Ладно. Пока*» (1993).

Заставь/те за себя (о себе) (век, вечно) Бога молить! См. Молиться.

Затем, *нареч.* **Затем остаюсь...** (подпись адресанта). *Эпист.* Затем остаюсь весь ваш / Гоголь. Н. Гоголь. Письмо М. П. Балабиной, 12 июля. 1841. ♦ **Затем прощайте (желаю Вам всего хорошего)...** *Преимущ. эпист.* | В устном общении употр. с учтиво-официальным или шутливым оттенком. [Марина (возвращается с подносом, на котором рюмка водки и кусочек хлеба:)] Кушай. (Астров пьёт водку.) На здоровье, батюшка. (Низко кланяется.) А ты бы хлебцем закусил. [Астров:] Нет, я и так... Затем всего хорошего! (Марине.) Не провожай меня, нянька. Не надо. А. Чехов. Дядя Ваня.

За тобой, как за каменной стеной. *Погов.* Комплимент в адрес близко знакомого человека, друга, родственника, означающий: «с тобой я чувствую себя в безопасности, надёжно, уверенно, ничего не боюсь, ни о чём не забочусь». *Подняли тост за Валю, чтобы она чувствовала себя членом нашей семьи. (Валя была секретарём райкома, её недавно поставили к нам для укрепления связи.) «Мы за Валей, как за каменной стеной», — сказал У. В этом комплименте два смысла: каменная стена суть высокая ограда, за которой безопасно. Но из-за этой каменной стены без ведома и согласия Вали не очень-то улепетнёшь на волюшку вольную.* Г. Горышин. Мой мальчик, это я.

Затрудни́т. ♦ **Вас не затруднит** (сделать что-л.)? ♦ **Если (Вас) не затруднит (Если Вам не затруднительно)** (сделайте то, о чём прошу). Формулы вежл. просьбы. ▭ [Из разговора сослуживцев:] «*Пётр Николаич, если не затруднит, захватите и моё заявление, вы ведь в главный корпус?*» — «*Давайте*» (1991). ♦ **Меня это (ничуть, нисколько, совсем) не затруднит. 1.** Положит. ответ в тон на просьбу: «Вас не затруднит...?» «Если вас не затруднит...?» **2.** Формула вежливости при предложении собеседнику помощи, услуги. [В поезде] *Две дамы от души состязаются в любезности.* «*Позвольте, разрешите, я полезу на верхнюю полку*». — «*Да нет, зачем же? Я могу туда прекрасно полезть*». — «*Но меня это нисколько не затруднит!*» — «*Меня это тоже ничуть не затруднит. Что вы!*» — «*Прошу вас, устраивайтесь внизу. Честное слово, меня ничуть не затруднит...*» — «*Нет, пожалуйста, пожалуйста...*» *Внизу, на диване, полулежит здоровенный парнина и, отложив «Огонёк» в сторону, с интересом слушает дам.* В. Шукшин. Печки-лавочки.

Заходи́/те. 1. Форма приглашения в гости; употр. обычно при прощании со знакомыми, живущими в одном городе, селе. ♦ **Заходи/те (к нам) (в гости) (ещё, почаще, непременно).** [Дороднов:] *Заходи завтра вечерком! Не бойся, неволить не буду, лёгоньким попотчую.* [Маргаритов:] *Хорошо, хорошо, зайду.* А. Островский. Поздняя любовь. «*Ну, прощайте, Макар Алексеевич. <...> Не забывайте меня, заходите почаще*». Ф. Достоевский. Бедные люди. — *Ну, прощайте, спасибо вам, Иван Ильич. Вы очень славный и добрый. Мне легче не стало, но всё же я вам очень, очень благодарна. <...> Заходите к нам в свободный часок, пожалуйста.* — *Она* [Даша] *улыбнулась, встряхнула ему руку и вошла в подъезд, пропала там в темноте.* А. Толстой. Хождение по мукам. *Лунев разжал свою руку, — рука Якова слабо опустилась.* «*Ну, Яша, прости...*» — «*Бог простит! Заходи?*» — *Илья вышел, не ответив.* М. Горький. Трое. *Егор затоптал окурок, поднялся.* «*Ну, бывай. Забегай*». — «*Будь здоров.*

Сам заходи». В. Шукшин. Любавины. **2.** Приглашение хозяина гостю (посетителю) войти в помещение. *«Заходи, заходи, товарищ Пряслин, — встретил его Торяпин и кивнул на стул у дверей, — присаживайся».* Ф. Абрамов. Дом. *«Здравствуй, сват». — «Здравствуй, здравствуй, сватьюшка, заходи, садись»* (1991). ♦ **Заходи, гостем будешь.** *Разг.* К знакомому. ▱ *«Здравствуй, Иван Алексеич». — «А-а! Петро! Заходи, гостем будешь. Чаю хочешь?»* (1992). ♦ **Заходи (Проходи), гостем будешь, бутылка есть — хозяином будешь.** *Прост. Шутл.* См. **Гость**. ♦ **Деньги будут — заходи.** *Шутл. Молодёжн.* ▱ [Молодой человек, погостив, прощается с товарищем:] *«Ну, спасибо этому дому, пойдём к другому. До свиданья». — «Пока. Деньги будут — заходи».* (1992).

Зашиби́сь. *В знач. сказуем. Прост., жарг. Экспрессив.* Очень хороший, замечательный, превосходный; очень хорошо, замечательно, превосходно. Форма похвалы, восхищения в адрес чего-л. принадлежащего адресату или сделанного им. Употр. преимущ. в мужск. общении как эвфемизм вместо ещё более вульгарной, непристойной формы. ▱ *«Привет, Колян! Каким ты сёдня фраером, однако. Пинжачок где-то оторвал — зашибись... Иван не звонил?» — «Не-а»* (1991).

Звать. *В сочет.:* ♦ **Как Вас (тебя) звать (зовут)?** ♦ **Как Вас (тебя) звать-величать?** ♦ **Как Вас (тебя) зовут-кличут?** и т. п. См. **Как.** ♦ **Меня зовут** + (имя; имя-отчество; имя, отчество, фамилия). Формула представления при знакомстве. *«Вы — мать Павла Михайловича? Здравствуйте! Меня зовут — Наташа...» — «А по батюшке?» — спросила мать. «Васильевна. А вас?» — «Пелагея Ниловна». — «Ну вот мы и знакомы...»* М. Горький. Мать. ▱ [Преподаватель — студентам-первокурсникам:] *Здравствуйте. Меня зовут Наталья Николаевна Гончарова. Я буду вести у вас занятия по античной литературе* (1992).
♦ **Зовут зовуткой (а величают уткой).** *Прост.* Шутливо-уклончивый ответ на вопрос: «Как тебя зовут?» Употр. редко, когда адресат по каким-л. причинам не расположен к знакомству. *«Здравствуй, бабка! — сказал я как можно приветливее. — Тебя уж не Мануйлихой ли зовут?» <...> — «Прежде, мо-*жет, и Мануйлихой звали добрые люди... А теперь зовут зовуткой, а величают уткой. Тебе что надо-то?» — спросила она недружелюбно и не прекращая своего однообразного занятия.* А. Куприн. Олеся.

Звони́/те. *Разг.* Этикетное приглашение при случае пообщаться по телефону. Употр. при прощании со знакомым, равным или низшим по положению. ▱ [В электричке женщина прощается со случайно встреченной знакомой:] *«Ну ладно, пойду я, мне выходить. До свиданья. Рада была вас встретить». — «Я тоже. Всего доброго. Звоните». — «Спасибо. И вы тоже»* (1991). ▱ [На улице прощаются два приятеля, мужчины средних лет:] *«Ну, ладно, Ваня, пока!» — «Давай, Витя. Звони. Привет там своим». — «Ага. Ты тоже».* (1992). ▱ [Юноша — приятелю (по телефону):] *Пока. Звони* (1992). ♦ **Звони/те, если что.** *Разг. Он плохо соображает, этот всю жизнь подозреваемый мужчина <...>. «Звоните, если что», — сказала я ему и пошла по пересечённой местности бульвара к метро. Я уходила категорически, не оставляя возможности идти за собой.* Г. Щербакова. Митина любовь.

Здоро́в, -а; -ы. ♦ **Здоро́в/ы?** ♦ **Здоро́в ли ты? (Здоровы ли Вы?)** ♦ **Все (ли) (живы-)здоровы?** ♦ **Как живы-здоровы?** Этикетные вопросы о здоровье, самочувствии собеседника или его близких. Употр. как знаки внимания, расположения при встрече с родственником, приятелем, знакомым (равным или низшим по положению), а также в письмах к ним. *Здоров ли ты, душа моя, каково поживаешь, и что твои?* А. Пушкин. Письмо П. В. Нащокину, 3 авг. 1831. [Хлестаков:] *Здравствуй, братец! Ну, что ты, здоров? [Слуга:] Слава Богу.* Н. Гоголь. Ревизор. *Вронский вошёл в вагон. Мать <...> подала сухую руку сыну и, подняв его голову от руки, поцеловала его в лицо. «Получил телеграмму? Здоров? Слава Богу».* Л. Толстой. Анна Каренина. *Пётр Михайлыч, с своей стороны, подошёл к нему, расшаркался и отдал почтительный поклон. <...> «Здоровы ли вы?» — сказал князь, дружески сжимая руку Петра Михайловича. — «Благодарю вас покорно, слава Богу живу ещё», — отвечал тот.* А. Писемский. Тысяча душ. [Полевой (целует ей руку):] *Доброго здоровья, Софья Петровна. Как поживаете? Здоровы? Разре-*

шите представить — Алексей Алексеевич Ярцев. [Софья Петровна:] Очень рада. Прошу садиться, господа. Б. Лавренёв. Разлом. ♦ **Надеюсь (полагаю, не сомневаюсь...), что ты здоров (Вы здоровы)...** *Эпист.* Форма опосредованного пожелания здоровья, благополучия. *С моей стороны, жду твоего письма; уверен, что ты и все твои здоровы, так как я всегда был уверен в жизни и здоровье своём и своих.* А. Пушкин. Письмо П. А. Плетнёву, 16 июля 1831. ♦ **Будем здоровы!** Краткий тост при совместном выпивании вина в дружеск. неофиц. обстановке. *Григорий присел к столу... Оставшееся в бутылке Степан разлил поровну в стаканы, поднял на Григория задёрнутые какой-то дымкой глаза. «За всё хорошее!» — «Будем здоровы!» Чокнулись. Выпили. Помолчали.* М. Шолохов. Тихий Дон. *«Вот тебе сто грамм...» — Акимович налил и поставил стакан на край стола. <...> — «Ну что ж, — вошедший хохотнул. — Будем здоровы, Акимыч!» — «Давай, давай. Поливай».* О. Ждан. Впотьмах. ♦ **Здоровы будем!** 1. *Обл. и прост.* Форма приветствия. *У Антона Коробова на смуглом лице светлые глаза и светлая, ровно подрубленная бородка. <...> «Здоровы будем, мир честной», — приветствовал он. «Здоров, коли не шутишь», — отозвался доброхот.* В. Тендряков. Пара гнедых. 2. То же, что ♦ Будем здоровы! ♦ **Будь/те здоров/ы!** 1. Вежл., дружеск. форма прощания; пожелание здоровья, благополучия при прощании. *Будьте здоровы все, и Христос с вами.* А. Пушкин. Письмо П. А. Плетнёву, 11 июля 1831. *Поцелуй за меня ручку у Варвары Александровны и прощай. Будь здоров и счастлив. / Твой Лермонтов.* М. Лермонтов. Письмо А. А. Лопухину, 12 сент. 1840. *Ну, прощайте же, маточка, Христос с вами, будьте здоровы.* Ф. Достоевский. Бедные люди. *[Матвеевна:] Спешат все... доспешатся... Будь здорова. [Нюра:] До свидания.* В. Розов. В день свадьбы. 2. Краткий тост, адресованный виновнику торжества или тому, кто угощает. *[Михайла (наливает чашки и подвигает матери, а потом и прохожему):] Пей и ты. [Прохожий:] Приношу чувствительную благодарность. Будьте здоровы. (Выпивает.)* Л. Толстой. От ней все качества. *[Троекуров:] На-ка, выпей! [Иосиф:] Спаси вас Христос! Будьте здоровы. Ух... Ка-*

кая... неожиданная жидкость! М. Горький. Достигаев и другие. *«Ладно, выпей: давай-ка посуду... Да пока принесут... Пей, кому говорю». — «Будь здоров!» — «Обязательно буду».* В. Высоцкий. Встреча. 3. Пожелание чихнувшему. *Он чихнёт — ребята хором: «Дядя Стёпа, будь здоров!»* С. Михалков. Дядя Стёпа. *«Башня» [дама с высокой причёской] неожиданно чихает. «Будьте здоровы! — говорит старушка и берётся за сердце. — Как вы меня напугали!» — «Чем?» — «Извините, чихом...»* С. Романовский. Вятский рынок. ♦ **Будь здоров на сто годов (а что жил, то не в зачёт).** *Разг., шутл.* Приветствие-пожелание в адрес близкого знакомого, родственника. Употр. при встрече, поздравлении, прощании, а также как краткий тост или шутл. пожелание чихнувшему. *«Будь здоров на сто годов, Евстратыч, — проговорил Турка, с жадностью опрокидывая стакан водки.* Д. Мамин-Сибиряк. Золото. ♦ **Будь здоров, расти большой.** Пожелание ребёнку при поздравлении или когда он чихнёт. ♦ **Будь здоров, расти большой, (да) не будь лапшой.** *Разг. Шутл.* ♦ **Будь здоров, не кашляй.** *Прост. Шутл.* или *фамильярн.* прощание с близким знакомым, приятелем, равным или младшим по возрасту. ♦ **Будьте (Бывайте) здоровы, живите богато (а мы уезжаем до дому, до хаты), (а я отправляюсь до дому, до хаты).** ♦ **Будьте (Бывайте) здоровы, живите богато, насколько позволит ваша зарплата.** *Разг.* Формы шутл. прощания с хозяевами. ♦ **Будь здоров, Иван Петров!** *Разг. Шутл.* ♦ **Будь здорова, моя черноброва!** *Разг. Шутл.* ответы на приветствие, а также пожелания при прощании с близко знакомым адресатом, равным или младшим по возрасту. ♦ **Будь здорова, как вода, богата (плодовита), как земля.** *Прост.* Шутл. пожелание замужней женщине, хозяйке. ♦ **Здоровы будьте (будете).** *Прост.* Форма приветствия. *[Дуня (вносит чай):] Здравствуй, Вассушка. [Васса:] Здорова будь.* М. Горький. Васса Железнова (Мать). [Пожилая женщина выходит из подъезда и здоровается с соседками:] *«Здоровы будете». — «Здравствуй, Матвеевна. Далёко ли?»* (1993). ♦ **Бывай/те здоров/ы (жив/ы-здоров/ы).** 1. *Прост.* Формула прощания. *—Пойду, — ко-*

ротко ответил Александр, ни на кого не глядя. — Что ж сидеть... скоро утро. Ну, бывайте здоровы. А. Куприн. Лесная глушь. — Ну прощай, брат. Бывай здоров. Ты не вылётывай вперёд других, а то горячих смерть метит! Берегись там! — кричал Петро. М. Шолохов. Тихий Дон. Батюк взял телефонную трубку и приказал соединить себя с командиром, к которому хотел ехать Серпилин. — ‹...› Жди его... Когда? ‹...› К одиннадцати тридцати будет... Ко мне ничего нет? После того, как встретитесь, позвони мне. Бывай здоров. К. Симонов. Живые и мёртвые. **2.** *Обл.* Формула приветствия. *Навстречу начдиву выехала группа всадников. Передний из них, одетый по-кубански, загорячил вороного коня, подскакал к начдиву и, осадив, сказал резким, повелительным голосом: «Бывайте здоровы, товарищ, с кем я говорю?» — «Вы говорите с начальником морозовско-донской дивизии, здравствуйте, товарищ, а вы кто будете?» А. Толстой. Хождение по мукам.*

Здоро́в! *Междом.* См. Здорово².

Здорова́! *Междом.* См. Здорово².

Здорове́й видали. *Разг.* Шутл. ответ на приветствие знакомого, приятеля «здорово» или «здоров». Употр. обычно в мужской компании. ⬜ *«Здорово были!» — «Здоровей видали. Привет, подсаживайся».* 1993.

Здорове́ньки! ♦ **Здорове́ньки булы́!** *Междом.* См. Здорово².

Здорове́нько! *Междом.* См. Здорово².

Здорове́ть тебе! ⌛ *Обл.* Будь здоров.

Здоро́во,¹ *нареч.* Благополучно, хорошо.
♦ **Здоро́во (ли) живёшь (поживаешь; доехал, съездил** и т. п.**)?** ⌛ *Прост. и обл.* Этикетные вопросы при встрече, приветствии. *Поклонились ему атаманы казачие: «Здравствуй, Василий Буслаевич! Здорово ли съездил в Ерусалим-град?» Смерть Василия Буслаевича. Былина из собр. Кирши Данилова. А матушка Манефа как раз сама налицо. Вышла из боковушки, приветствует приезжую гостью. «Здравствуй, Аграфенушка! Иван Григорыч, здравствуйте! Здорово ли поживаете?» — Не отвечая на вопрос игуменьи, Иван Григорыч с Аграфеной Петровной прежде обряд исполнили. Сотворили перед Манефой уставные метания, набожно вполголоса приговаривая: «Прости, матушка, благослови, матушка!»* П. Мельников (Печерский). В лесах. ‖ Форма приветствия. *Так вот они затеяли По-своему здороваться На утренней заре. На башню как подымется Да рявкнет нам: «Здо-ро-во ли Живёшь, о-тец И-пат?» Так стёкла затрещат! А тот ему, оттуда-то: «Здо-ро-во, наш со-ло-ву-шко! Жду вод-ку пить!» — «И-ду!»* Н. Некрасов. Кому на Руси жить хорошо. ♦ **Здорово жить!** *Прост. и обл.* Пожелание благополучия. ‖ Краткий тост. *«У-у, праздник-от, праздник-от у нас, бабы!» — загудели старухи. — «Вот это встретины дак встретины!» — «Ну, здорово жить, гости дорогие!»* Ф. Абрамов. Дом. ♦ **Здорове́нько ли поживаешь?** ⌛ *Прост. Обл. Войдя в келью, Пахом помолился на иконы и затем подошёл к тому и другому старцу под благословение. «Здоровенько ли, Пахом Петрович, поживаешь?» — неподвижно сидя на кожаном диване, ласковым голосом спросил отец Израиль. «Всё слава Богу», — отвечал Пахом.* П. Мельников (Печерский). На горах. ♦ **Здорово ль парился?** *Прост.* Приветствие идущему из бани. (В. Даль)

Здоро́во!² *Междом. Прост.* Широко распростр. форма приветствия при встрече с родственниками, приятелями, знакомыми, к которым говорящий обычно обращается на «ты». *[Фамусов (Чацкому):] Ну выкинул ты штуку! Три года не писал двух слов! И грянул вдруг как с облаков. (Обнимаются.) Здорово, друг, здорово, брат, здорово.* А. Грибоедов. Горе от ума. *[Семён (отцу):] Здорово, батюшка! Дяде Ефиму, дяде Митрию — почтение! Дома здоровы ли? [2-й мужик:] Здорово, Семён. [1-й мужик:] Здорово, братец. [3-й мужик:] Здорово, милый. Жив ли?* Л. Толстой. Плоды просвещения. *— Смотрят мужики — что за диво! — Ходит барин в плисовых панталонах, словно кучер, а сапожки обул с оторочкой; рубаху красную надел и кафтан тоже кучерской; ‹...› и лицо такое мудрёное, — пьян, не пьян, а и не в своём уме. «Здорово, говорит, ребята! Бог вам в помощь». Мужики ему в пояс, — только молча: заробели, знаете.* И. Тургенев. Однодворец Овсяников. *Когда Мотя приблизился к нам развинченной походкой пресыщенного денди, добродушный Шаша вскочил и, не могши сдержать порыва, простёр руки сиятельному другу: «Мотька! Вот, брат, здорово!» — «Здравст-*

вуйте, здравствуйте, господа!» — солидно кивнул головой Мотька и, пожавши наши руки, опустился на скамейку... А. Аверченко. Молодняк. *Пелагея готова была разорвать свою сватьюшку, сестру жены двоюродного брата из соседней деревни, — так уж не к месту да и не ко времени была эта встреча! А заговорила, конечно, по-другому, так, как будто и человека для неё дороже на свете нет, чем эта краснорожая баба с хмельными глазами. — Здорово, здорово, сватьюшка! — сказала нараспев Пелагея да ещё и поклонилась: вот мы как свою родню почитаем.* Ф. Абрамов. Пелагея. *И в это время во двор вышел Мишка. Он сказал: «Здорово!» И я сказал: «Здорово!»* В. Драгунский. Он живой и светится. ‖ *Прост.* Дружеск. или фамильярн. приветствие незнакомому или малознакомому, равному или низшему по положению. *Троекуров узнал заседателя Шабашкина и велел его позвать. Через минуту Шабашкин уже стоял перед Кирилом Петровичем, отвешивая поклон за поклоном и с благоговением ожидая его приказаний. — Здорово, как, бишь, тебя зовут, — сказал ему Троекуров, — зачем пожаловал?* А. Пушкин. Дубровский. *Высокий сутуловатый мужчина, подойдя вплотную, сказал приглушённым баском: «Здорово, браток!» — «Здравствуй». — Я пожал протянутую мне большую, чёрствую руку.* М. Шолохов. Судьба человека. *«Здорово, хозяин!» — наигранно бодро говорит проезжий. Егор молчит, посапывая, ковыряет новую вершу. — «Здравствуйте!» — уже слабее повторяет проезжий. — Переночевать нельзя ли у вас?»* Ю. Казаков. Трали-вали. ♦ **(А) Здорово, здорово!** *Прост.* Радушное (чаще ответное) приветствие знакомому, равному или младшему по возрасту, положению. Обычно выражает расположение говорящего к общению, интерес, внимание к собеседнику. *«Здорово, Максим! Вот привёл Бог где увидеться!» Дед прищурил глаза: «А! Здорово, здорово! откуда Бог несёт? И Болячка здесь? здорово, здорово, брат!»* Н. Гоголь. Заколдованное место. *«Здорово, Мишка!» — обрадовался Синцов, тряся обеими руками тяжёлую, как гиря, руку своего старого приятеля <...>. — «Здорово, здорово!» — ухмыляясь, отвечал Мишка и вытирал свободной рукой пот, лившийся с его круглого, как сковородка, лица. —*

Когда ты сюда подскочил?» К. Симонов. Живые и мёртвые. *<...> Митька пошёл по деревне, увидел Курова, который у крыльца насаживал чьи-то грабли. «Здорово, дедко!» — Митька остановился. — «Здорово, брат, здорово. Вроде Митрий». — «Ну». — «Вот и хорошо, что родину не забываешь...»* В. Белов. Привычное дело. ♦ **Здорово вам (тебе, -те).** ⌂ *Обл.* ♦ **Здорово, дед, на сто лет!** ⌂ *Прост. Шутл.-фамильярн.* ♦ **Здорово, шишка елóва!** *Прост. Шутл.-фамильярн.* ♦ **Здорово, я бык, а ты корова!** *Прост. Шутл.* Приветствие или ответ на приветствие (преимущ. в детск. речи). ♦ **(Старый знакомый,) снова здорово!** *Прост.* Приветствие при повторной встрече или после недавней встречи. *[Филицата:] Снова здорово, соседушка! [Зыбкина:] Здравствуй, Филицатушка!* А. Островский. Правда — хорошо, а счастье лучше. ♦ **Здорово, коль (коли, если) не шутишь.** *Прост.* Шутл. или фамильярн. ответ на приветствие знакомого, приятеля, равного или младшего по возрасту, положению (обычно в мужск. общении). ♦ **Здорово, ваше здоровье, на все четыре ветра!** ⌂ *Обл.* Ответ на приветствие встречных в море промысловиков, купцов. *Капитан берёт медную посеребрённую трубу-рупор и кричит: «Путём-дорогой здравствуйте!» Те отвечают: «Здорово, ваше здоровье, на все четыре ветра!»* Б. Шергин. Мурманские зуйки. ♦ **Здорово бываешь!** ♦ **Здорово были!** *Прост.* и *обл.* Обиходное приветствие родственнику, близкому знакомому, односельчанину, равному по положению. *В избу вошли Кузьма, Федя и Яша. «Здравствуйте». — «Здорово были». — Емельян Спиридоныч сел, тревожно разглядывая поздних гостей.* В. Шукшин. Любавины. *«Здорово были». — Недоглядовы, пожалуй, единственные люди, которых Юрка приветствует сам. «Проходи, Юрей, проходи», — тётя Даша суетливо подтаскивает ему табуретку.* В. Куропатов. Калека. ♦ **Здорово в избу!** ⌂ *Обл.* Приветствие входящего в дом. *«Здорово в избу, ...а ему от хозяев: Лезь в избу!»* СРНГ. *«Лезь на избу! поди, пожалуй! просим!»* (В. Даль). ♦ **Здорово живёте (живёшь-можешь)!** *Прост.* (**Здорово живетё!** *Обл.*) Приветствие при встрече, при входе в жилое помещение. *Вошёл [барин] в хату, Богу помо-*

лился, хозяевам поклонился: «Здорово живёте, хозяин с хозяюшкой!» — «Добро пожаловать, господин!» Барин и мужик. Сказка. Зап. в 1884. (Отворяется дверь. Входит десятский Тарас и оборванный прохожий.) [Тарас:] Здорово живёте. Вот вим постояльца привёл. [Прохожий (кланяется):] Хозяевам моё почтение. Л. Толстой. От ней все качества. Подозвал его сосед как-то в праздник. «Здорово живёшь, Иван Алексеев!» — «Слава Богу». М. Шолохов. Алёшкино сердце. От жениха стали приходить дружки, торопить. Бывало придут: «Бог помощь. Живёте здорово, Пётр Герасимович, Марья Ивановна, Степанида Максимовна, вси крещёные. Как здорово живёте?» М. Пришвин. В краю непуганых птиц. ♦ **Здорово ночевали!** *Прост. и обл.* **(Здорово ночевали, спали-почивали!** *Шутл.*). Утреннее приветствие при встрече, при входе в дом. Дед шёл к Чевелихину. «Здорово ночевал», — приветствовал он своего друга. — «Слава Богу, ничего». В. Яковлев. Сивка. Чуть не плача, собирала она жалкие остатки от своих припасов, когда встал перед нею Алёшка. «Здорово ночевала, тётка Хлебновна». — «Здорово ночевала тебе. Гляди!» — «К счастью это, тётка Хлебновна. К счастью». И. Акулов. В вечном долгу. ♦ **Здорово дневали!** *Обл. и прост.* Дневное или вечернее приветствие. Вечером прибежал к Гавриле соседский парень, на образа второпях перекрестился. «Здорово дневали!» — «Слава Богу». М. Шолохов. Чужая кровь. ♦ **Здорово вечеряли!** *Обл. и прост.* Вечернее приветствие, чаще — при входе в дом. ♦ **Здорово (сидите, стоите, едите...)!** *Обл. и прост.* Приветствие тем, кто стоит, сидит, ест и т. п. ♦ **Здорово заговелись, на хрен, на редьку, на кислу капусту!** *Прост.* Приветствие в заговенье или в пост. ♦ **Здорово молиться (молились, молился)!** *Обл. и прост.* Приветствие пришедшим из церкви. ♦ **Здорово идёшь!** *Обл. и прост.* Приветствие встретившемуся путнику. ♦ **Здорово парился!** *Обл. и прост.* Приветствие идущему из бани. **Здоров.²** *Обл. и прост.* Стяжённая форма от Здорово². ▢ *Здоров, кума!* СРНГ. Один мотоцикл резко повёртывает и тормозит. «Здоров!» — «Здоров!» Это знакомый парня. В. Крупин. Юность. «Здравствуй, дядя Костя». — «Здо-

ров, здоров, Генаша. Откуда путь держишь?» — «С работы...» В. Куропатов. Едришкина качель. **Здорова́.** *Обл.* То же, что Здорово². ▢ *Здорова, Кирилл!* СРНГ. ♦ **Здоровеньки булы́!** *Укр.* (в русскоязычн. среде — *шутл.*) приветствие. Дверь хлопнула. Павел поднял голову. Рыжие усы Гриця весело шевельнулись: «Здоровеньки булы!» В серых глазах парня чуялась застойная хохляцкая грусть. В. Белов. Год великого перелома. Когда приходил Захарыч, он спрашивал в первой избе: «Николай Егорыч дома?» — «Иди, Захарыч!» — кричал Колька, накрывал работу тряпкой и встречал старика. «Здоровеньки булы!» — так здоровался Захарыч — «по казацки». «Здорово, Захарыч!» В. Шукшин. Странные люди. **Здоро́веньки.** *Обл.* Приветствие при встрече; ответ на приветствие. СРНГ. [Мужчина средних лет, возвращающийся с работы, соседским мальчикам:] «Здоровеньки, мужики!» — «Здрасьте». (1991). **Здоро́венько.** *Прост.* «Здравствуй, Шура». — «Здоровенько. У своих была?» (1993). ♦ **Здорове́нько ночевал/и.** *Прост. и обл.* То же, что ♦ Здорово ночевали.

Здо́рово! ♦ **Как (Просто) здо́рово!** *Прост. Экспрессив.* Удивительно, превосходно. Форма восхищения, похвалы, комплимента. Через месяц, наверное, Гришаня сам заговорил о книге: «Лёшка, как ты здорово написал. Я две страницы прочитал да в серёдке посмотрел. Скажу тебе, всё правда. Одну правду ты написал. Ну, молодец, скажу тебе! Ой молодец!» В. Личутин. Любостай. «Я уж работаю. Из восьмого ушёл. Два года в ПТУ. Я монтажник по электросетям, работа денежная», — шутит он, вернее, пытается шутить, потому что застеснялся вдруг. «Как здорово», — говорит она. Парень доволен. В. Крупин. Юность. **Здо́ровски.** *Прост. Молодёжн.* То же, что Здорово. «Сонь, дай померить [очки]!» — «Мартышка и очки». — «Здоровски, на отрыв». Т. Горбулина. Улица Коммунарка, чётная сторона.

Здоро́вье. ♦ **Как (Каково) здоровье (твоё, Ваше; родных, близких)?** ♦ **Как (Вы, ты, Ваши близкие) в своём здоровье?** *Прост.* ♦ **Что Ваше (твоё) здоровье?** и т. п. Этикетные вопросы при встрече, приветствии, употр. в качестве знаков внима-

ния к собеседнику с целью начать или поддержать беседу. См. Как. Каково. Что. *Расшаркавшись перед князем, он [Кадников] прямо подошёл к княжне, стал около неё и начал обращаться к ней с вопросами: «Как ваше здоровье?» — «Хорошо», — отвечала она. — «Как изволите время проводить?» — «Хорошо», — отвечала опять княжна и взглянула на Калиновича, который стоял у одного из окон <...>.* А. Писемский. Тысяча душ. *«Аксинья Захаровна как в своём здоровье, Параша?» — догадалась наконец спросить Марья Гавриловна. — «Живут помаленьку», — отвечал Потап Максимыч.* П. Мельников (Печерский). В лесах. ♦ **Доброго здоровья! (♦ Доброе здоровье!)** *Разг.* 1. Формулы вежл. или учтив. приветствия, употр. преимущ. людьми среднего и старшего возраста. *[Полевой (целует руку Софьи Петровны):] Доброго здоровья, Софья Петровна, как поживаете? Здоровы?* Б. Лавренёв. Разлом. *«Здравствуйте, граждане! Где тут конюшня?» — «Доброго здоровья, — за всех ответил пожилой казак, донеся руку до края заячьей папахи. — Конюшня, товарищ, вон она, которая под камышом».* М. Шолохов. Поднятая целина. 2. ♦ **Доброго здоровья!** Формула вежл. или учтив. прощания. *[Хороших (поднимает трубку):] Столовая слушает... Доброе утро... Открылись... Ремонт? Идёт ремонт, заканчиваем... Нет-нет, полный день работаем. <...> Когда пожелаете, вам мы всегда рады... Доброго здоровья. (Положила трубку.)* А. Вампилов. Прошлым летом в Чулимске.
♦ **Желаю (тебе, Вам) (доброго, крепкого, сибирского...) здоровья...** Широкоупотр. формула пожелания при поздравлении, прощании. *Дорогие папа и мама! / Поздравляю вас с Новым годом! Желаю вам крепкого здоровья, счастья, всего самого доброго...* Из поздравительной открытки (1993). ♦ **Здоровья вам многолетнего на всех ветрах!** ▣ *Обл.* Приветствие встреченным в море рыбакам, промысловикам, купцам. *Обгоняем поморскую ладью. Они кричат нам: «Путём-дорогой здравствуйте!» Я отвечаю: «Вам здоровья многолетнего на всех ветрах!»* Б. Шергин. Егор увеселялся морем. ♦ **Дай (пошли) Вам (тебе) Бог (Господь) здоровья (здоровьица, здоровьечка).** *Прост.* 1. Пожелание здоровья. 2. Форма благодарности, похвалы в адрес собеседника или 3-го лица. *«Лечились бы, — сказал, покачав головой, студент. — Зайди как-нибудь ко мне в Сердюковку, я хины дам». — «Спасибо, Миколай Миколаевич, дай Бог вам здоровья. Пробовали мы лечиться, да что-то ничего не выходит», — безнадёжно развел руками Степан.* А. Куприн. Болото. *[Елена (появляется с халатом и туфлями):] Сейчас же в ванну его. На! [Мышлаевский:] Дай Бог тебе здоровья, Леночка.* М. Булгаков. Дни Турбиных. ♦ **Здоровья тебе (Вам)!** *Разг.* Пожелание здоровья (обычно в ряду с другими добрыми пожеланиями). ⊟ *Здоровья тебе, счастья и успехов!* ♦ **Здоровье в голову!** ▣ *Обл.* Вежл. ответ на приветствие, доброе пожелание. *«Спорынья в тесто (в квашню)!» — говорят той, которая месит тесто. — Сто рублей в мошню или здоровье в голову, — её ответ».* СРНГ. *Хозяин вернулся из бани, помылся, попарился: «С лёгким паром!» — и ответ находчивого: «Здоровье в голову!»* С. Максимов. Крылатые слова. ♦ **Болезнь в подполье, а Вам (тебе) здоровье!** ▣ *Обл.* Пожелание тому, кого моют, парят в бане. *И все молодцы [парильщики] в один голос закричали: «Радость-то нам какая! Мы с вас, Сергей Ваныч, остатнюю болезнь, какая ни есть, скатим! Болезнь в подполье, а вам здоровье!..».* И. Шмелёв. Лето Господне. ♦ **Бог дал живот (жизнь), даст и здоровье.** ▣ *Прост.* Говор. в утешение больному или его родственникам. ♦ **За Ваше (твоё) здоровье!** ♦ **За здоровье** (кого-л. из присутствующих или отсутствующих)! ♦ **Ваше (твоё) здоровье!**[1] ♦ **Здоровье** (кого-л. из присутствующих или отсутствующих)! ▣ Краткие тосты. *[Кузовкин (встаёт):] За здоровье почтенного хозяина... и хозяйки. (Кланяется, пьёт и садится. Иванов тоже кланяется и пьёт молча.)* И. Тургенев. Нахлебник. *«Позвольте и мне предложить мой тост, — сказал Калинович, вставая и наливая снова всем шампанского. — Здоровье одного из лучших знатоков русской литературы и первого моего литературного покровителя! — продолжал он, протягивая бокал к Петру Михайлычу, и они чокнулись. — Здоровье моего маленького друга! — обратился Калинович к Настеньке и поцеловал у ней руку. Он в шутку часто при всех называл Настеньку своим маленьким другом. — Здоровье храброго капи-*

тана! — присовокупил он, кланяясь Флегонту Михайлычу, — и ваше!» — отнёсся он к Пелагее Евграфовне. — «Ура!» — заключил Пётр Михайлыч. Все выпили. А. Писемский. Тысяча душ. *[Елизавета:] Всё пойдёт хорошо! Ведь всё — очень просто! Очень просто, Вася... [Достигаев:] Умница моя! Твоё здоровье. [Павлин:] На многие лета! [Бородатый (идёт):] Выпиваете?* М. Горький. Достигаев и другие. *[Кудимов (наливает всем шампанского):] С вашего разрешения — за вас, за наше знакомство. (Все встают.) <...> [Бусыгин:] Твоё здоровье, папа. [Кудимов:] Ваше здоровье. [Сильва:] Ваше здоровье. [Сарафанов:] Спасибо, спасибо. Но у меня другой тост, друзья...* А. Вампилов. Старший сын. ‖ На основе этих формул в русском просторечии сложилось множество производных, в том числе шутливых тостов-прибауток: ♦ **За здоровье того, кто любит кого!** ♦ **За здоровье тех, кто любит всех!** ♦ **За здоровье тамошних и здешних и всех наших присердечных!** ♦ **За здоровье глаз, что пленили нас (что глядят на нас)!** ♦ **За здоровье лошадей, что возят милых гостей!** и мн. др. *Энтальцев <...> подкидывает меня под потолок и шепчет мокрыми усами в ухо: «Мальчик милый, будь счастливый... за твоё здоровье, а там хоть... в стойло коровье!» Даёт мне попробовать из рюмки, и все смеются, как я начинаю кашлять и морщиться.* И. Шмелёв. Лето Господне. ♦ **Ваше (твоё) здоровье.²** ⧖ Обл. и прост. Почтит. крестьянское обращение к высшему по положению. *Здесь [в Нижегородской губернии] крестьяне величают господ «ваше здоровье» — титло завидное, без которого все прочие ничего не значат.* А. Пушкин. Письмо П. А. Вяземскому, 5 нояб. 1830. ✉ *Я пришёл до твоего или к твоему здоровью, я твоему здоровью говорил (почёт или величанье, употребляемые крестьянами).* В. Даль. *«Спасибо на добром слове, Потап Максимыч. Что смогу да сумею сделать — всем готов служить вашему здоровью», — отвечал Алексей.* П. Мельников (Печерский). В лесах. | Шутл. или с оттенком иронии. *«Так вашему здоровью, стало быть, желательно-с, чтобы я его оставил?» — с заигрывающей улыбкой обратился он [Лука] к Маше. «Ты его не тронешь больше!» — твёрдо и решительно проговорила она.* В. Крестовский. Петербургские трущобы. ♦ **Здорово, ваше здоровье, на все четыре ветра!** См. Здорово². ♦ **На (доброе) здоровье. 1.** *Разг.* Радушное пожелание при угощении, вручении подарка. *[Марина (возвращается с подносом, на котором рюмка водки и кусочек хлеба:)] Кушай. (Астров пьёт водку.) На здоровье, батюшка. (Низко кланяется.)* А. Чехов. Дядя Ваня. *Приходят казаки, четверо их пришло. Помолились Богу, сели за стол. Вина выпили. Господи, благослови, за пироги принялись. <...> А я угощаю: «Кушайте, — говорю, — на здоровье... Мы вам рады всегда...»* Б. Савинков. То, чего не было. ✉ *[Тётя подаёт племяннику подарок, курточку:] Это тебе от нас с дядей Витей. Носи на здоровье* (1990). **2.** *Разг.* Ответ на благодарность за угощение, подарок, услугу, а также положительный ответ на просьбу; то же, что Пожалуйста (во 2 и 3 знач.). *Наелся-напился Андрюха, как на самом большом празднике <...>, ящеркам поклонился. «На угощенье, хозяюшки! <...>» — «На здоровье, гостенёк! На здоровье».* П. Бажов. Две ящерки. *«Сдаётся, тебе можно верить, Валера. Я уж и поверила. Принеси ты мне эту газетку...» — «Ну! Какой вопрос!» — «Спасибо, внучек». — «На крепкое здоровье, бабушка».* А. Ткаченко. Цветок Гёте. *В город приехали ещё до света. «Спасибо», — сказал лейтенант, спрыгнув на землю. «На здоровье».* В. Шукшин. Любавины. **3.** *Прост.* Пожелание чихнувшему. То же, что Будьте здоровы (в 3 знач.). *[Иосиф:] На доброе здоровье! [Троекуров (подумав):] Да ведь я не чихнул. [Иосиф:] Тогда — простите, ослышался!* М. Горький. Достигаев и другие. ♦ **Доброго здоровьица (здоровьечка) (тебе, Вам)!** ♦ **Как здоровьице (здоровьечко)?** ⧖ ♦ **Все ли в добром здоровьице (здоровьечке)?** ⧖ ♦ **На здоровьице (здоровьечко)!** *Прост., ласк., приветл. Николай подвинулся к столу. «Доброго здоровьица!» — «Спасибо!» — ответил Будилов.* М. Горький. Три дня. *Мы слышали заглушённые бабьи голоса: «Здоровьица вам, Сергей Ваныч!..» «Банька, Господь даст, всё посмоет!»* И. Шмелёв. Лето Господне. *«Михал Михалычу!» — сказал Наседкин, протягивая руку. «А! Иван Вианорыч!» — сдержанным ласковым баском ответил староста. — Все ли в добром здоровьечке?»* А. Куприн. Мирное житие. *Баба Ивга весело и радушно угощала ребят: «Ешьте,*

ешьте, мои голубята! Ешьте на доброе здоровьечко!» В. Осеева. Васёк Трубачёв и его товарищи. Когда заседание кончилось, председательствующий сам под руку привёл Егоровича в специальный, для президиума, буфет. <...> — Ну, ничего, ничего. На концерт остаётесь? Надо, надо, товарищ Воробьёв. Прошу. <...> Ваше здоровьице. — Председательствующий выпил, закусил и попрощался с Егоровичем за руку. В. Белов. Целуются зори... На середине комнаты к Клаве подошла Анна Глебовна, раскрыла перед её глазами свои вместе сложенные ладони — и в них плеснулось янтарное ожерелье. — Лучшей невестки, Клавушка, я вовек не желала. Носи на здоровьице. Это отец Никеши принёс мне со службы... И. Акулов. В вечном долгу. ♦ Твоему здоровьицу! ⌇ Обл. То же, что ♦ За твоё здоровье. «Сходатый наливает стакан вина и, поднося отцу невесты, говорит: «Ну-ка, сваточек!» Тот говорит: «Твоему здоровьицу!» СРНГ.

Здрав, -а; ы. ♦ **Здрав будь (буди)!** ⌇ Обл. и прост. **(Будь здрав!** ⌇) Формулы приветствия, пожелания благополучия при встрече, прощании и т. п. (см. ♦ Будь/те здоров/ы). И увидел он [Богумир] в вечерних сумерках, что к нему подъезжают три мужа на конях. И сказали они: «Здрав будь! Что ищешь ты?» Велесова книга, гл. 3. В полночь вздохнуло море <...>, послышался крик гусиный и голос Олёшин: «Здрав буди, Кирик, брате и господине!» Б. Шергин. Любовь сильнее смерти. Прощай. / Будь здрав. / Верный твой А. Г. А. Грибоедов. Письмо Ф. В. Булгарину, янв.—февр. 1825. | Шутл. [Королевич:] Так вот, Коленька, не защищай позиции Ипполита. Не поддерживай его понапрасну. (Улыбнулся. Обнял его.) Ну, будь здрав. Ларочку свою поцелуй от меня... Лялю, естественно, тоже. [Двойников:] Передай своей жене, что я очень по ней соскучился. А. Арбузов. Выбор.

Здра́вие. ⌇ То же, что Здоровье. ♦ **Желаю (Вам, тебе) здравия (и...).** ⌇ ♦ **(Адресант) желает (адресату) здравия (и успехов, благополучия...).** ⌇ Эпист. Учтив.-офиц. ♦ **Надеюсь видеть (застать, найти) Вас в добром здравии.** ⌇ Эпист. Формулы пожелания здоровья, благополучия при встрече, прощании, поздравлении. Кланяюсь всем вашим и желаю вам здравия и спокойствия. А. Пушкин. Письмо П. А. Вяземскому, 3 авг. 1834. Надеюсь при своём возвращении найти Вас и всё семейство Ваше в добром здравии. А. Пушкин. Письмо М. Н. Загоскину, 14 июля 1830. | Шутл. Тверской Ловелас С.-Петербургскому Вальмону здравия и успехов желает. А. Пушкин. Письмо А. Н. Вульфу, 27 окт. 1828. ♦ **Здравия желаю! (♦ Здравия желаем!) 1.** Уставная форма приветствия в армии (полиции, милиции или др. военизированных службах) младшего по званию в ответ на приветствие старшего по званию. [Главнокомандующий:] Здравствуйте, господа! [Штабные:] Здравия желаем, ваше высокопревосходительство! М. Булгаков. Бег. Капитан Тиунов <...> сидел на табуретке перед бараком и курил. «Это ты, Сучков? Здравствуй!» — «Здравия желаю!» <...> — «Садись». — «Я, ваше высокоблагородие, постою». В. Вересаев. Невыдуманные рассказы. «Здорово, комбат! Прибыл?» — «Здравия желаю...» — «Назначение получил?» — «Так точно». К. Симонов. Живые и мёртвые. ‖ Мужское офиц.-вежл. или почтит. приветствие. Встав с постели, Аркадий раскрыл окно — и первый предмет, бросившийся ему в глаза, был Василий Иванович. <...> Он заметил своего молодого гостя и, опершись на лопатку, воскликнул: «Здравия желаем!» И. Тургенев. Отцы и дети. [Люба (входит):] Здравствуйте, Яков. [Столяр:] Здравия желаю, барышня. Л. Толстой. И свет во тьме светит. [Аметистов (по телефону):] Товарищ Гусь? Здравия желаю, Борис Семёнович. В добром ли здоровье? М. Булгаков. Зойкина квартира. Бутошник-старичок <...> весело кричит: «Здравия желаю, Сергей Иваныч! в баньку?.. Это хорошо, пар лёгкий!..» И. Шмелёв. Лето Господне. | Дружеск.-шутл. к равному. «Здравия желаю, гражданин начальник!» — всегда одинаково приветствовал давнего соратника по труду на желдортранспорте Володя Горячев <...> и стискивал чужую руку, проверяя силу. В. Астафьев. Печальный детектив. **2.** ⌇ Возвыш. или офиц. Мужск. пожелание здоровья, благополучия при поздравлении. Поздравительный гул, слышнее других голоса [частного пристава:] Здравия желаем, ваше высокоблагородие! Н. Гоголь. Ревизор. **3.** Офиц. Форма прощания, употр. преимущ. среди военных. [Капитан] Тиунов скрипнул зубами и бросился к столу за револьвером. Остановился, повернулся. «Уходи скорей, говорю тебе!» — «Здравия желаю!» — Сучков откозырнул и вышел из барака. В. Вересаев. Невыдуманные рассказы. *По лицу «полковника» было не особо заметно, что он рад, но Надежда улыбнулась, как могла обворожительно, сказала что-то насчёт прелестных козляток, и старик смягчился: «Хорошо, что в доме поселился культурный человек. Вечером загляну, а сейчас здравия желаю».* Н. Катерли. Тот свет. ♦ **Здравия желаем, с похмелья умираем: нет ли гривен шести, душу отвести?** ⌂ Шутл. приветствие, пожелание. *[Дядя Никон (первый наливает и пьёт):] Здравия желаем, с похмелья умираем: нет ли гривен шести, душу отвести...* А. Писемский. Горькая судьбина. См. также: ♦ **С праздником поздравляю, с похмелья умираю: нет ли гривен шести, душу отвести? Здравия.** ⌂ *Обл.* То же, что ♦ Здравия желаю (в 1 знач.). ▢ *Приходит к царю богатырь: — Здравия, ваше императорское величество! Я пришёл с этим богатырём побороться.* Про двух царевичей... Сказка. Зап. в 1967. ♦ **Многолетнего здравия!** ⌂ *Обл.* Учтив. приветствие при встрече знакомых. ♦ **Рад Вас (тебя) видеть в добром здравии.** ⌂ Форма радушного приветствия при встрече. — *О, ваша светлость, видеть вас рад в добром здравии!* В. Соловьёв. Фельдмаршал Кутузов. ♦ **Во здравие.** ⌂ То же, что ♦ На (доброе) здоровье (в 1 знач.). *И, полно, что за счёты; Лишь стало бы охоты, А то во здравие: ешь до дна!* И. Крылов. Демьянова уха. *[Мать Таисея], опомнившись, быстро схватила поднос с кулебякой и, подавая его с поклоном Манефе, умильным голосом проговорила: «Не побрезгуй убогим приношеньем — не привёл Господь видеть тебя за трапезой, дозволь хоть келейно пирожком тебе поклониться... Покушай нашего хлеба-соли во здравие».* П. Мельников (Печерский). В лесах. ♦ **За здравие.** ⌂ *Возвыш.* То же, что ♦ За здоровье (кого-л.). **Здра́вьице.** *Прост.* В формулах ласк. приветствия, пожелания: ♦ **Доброго здравьица!** ♦ **На доброе здравьице** и т.п. *[Закатов:] Доброго здравьица, господа. Его превосходительство не прибыл?* К. Тренёв. Любовь Яровая.

Здра́вствовать. ♦ **Здравствовать (кому-л.)!** ⌂ *Экспрессив.* Приветственное восклицание; здравица в адрес кого-л. *Долбышев, стоя на козлах во весь рост, махал лохматой папахой и, багровый от натуги, орал: «Батькови здравствовать! Ур-ра-а!..»* М. Шолохов. Путь-дороженька. ♦ **Желаю здравствовать. 1.** ⌂ Пожелание здоровья, благополучия, многолетия, употр. при встрече, поздравлении, прощании. *Маленький старый священник <...> певучим голосом прочёл о рабе Божием Евстафии и рабе Божией Зейнабе <...> и, окая, произнёс: «Поздравляю с бракосочетанием законным и здравствовать желаю многие лета».* Ю. Тынянов. Смерть Вазир-Мухтара. *«Эхма! — вскричал сапожник, притопнув ногой по полу. — И рот широк, да не по мне пирог! Так тому и быть! Одно слово — желаю здравствовать вам, Пётр Якимыч.» — «Чего ты мелешь?» — миролюбиво спросил Петруха. «Так я, — от простоты сердца!» — «Стало быть, поднеси тебе стаканчик, — к этому ты клонил? Хе-хе!»* М. Горький. Трое. **2.** *Возвыш.* Почтит., преимущ. мужск., форма приветствия. *[Городничий (немного оправившись и протянув руки по швам):] Желаю здравствовать. [Хлестаков (кланяется):] Моё почтение.* Н. Гоголь. Ревизор. *[Купец:] Хозяюшке наше почтение! Барышня, желаю здравствовать.* А. Островский. Старый друг лучше новых двух. **3.** Офиц.-почтит., преимущ. мужск., форма прощания. *В этом месте Матвей Семёнович взглянул на свои часы нового золота и заторопился: «О-ля-ля! Как я заболтался... Семья помещика Гузикова ждёт меня на пикник, и если я запоздаю, это будет нонсенс. Желаю здравствовать! Желаю здравствовать! Привет родителям!..»* А. Аверченко. Молодняк. *На это ушло минуты две, потом бравый милицейский голос доложил: «Игорь Саввович, полковник пять минут назад выехал к вам на разгонной машине. Желаю здравствовать!» — «Спасибо, дежурный!»* В. Липатов. Игорь Саввович. ♦ **Илье-пророку злат венец, а хозяину здравствовать!** ⌂ *Обл.* Приветствие-пожелание тем, кто ест «новую новинку» (зелёную кашу или новый хлеб). С. Максимов. Крылатые слова. ♦ **Хозяину (хозяевам) желаем здравствовать, всех нас перездравствовать!** ⌂ *Прост.* Приветствие гостей хозяевам. ♦ **Да здравствует (♦ Пусть здравствует) (кто-л.)!** *Высок.* Пожелание успеха, здоровья, благополучия и процветания кому-л.; здравица. *Аплодисменты нарастали, смешивались со стуком опрокидываемых сидений, отодвигаемых пюпитров, все встали, сверху крикнули: «Да здравствует товарищ Сталин! Ура!..». Все закричали: «Ура! Да здравствует великий штаб большевизма! Ура! Да здравствует великий вождь мирового пролетариата! Ура! Ура! Ура!».* А. Рыбаков. Дети Арбата. ♦ **Как здравствуете (здравствуешь)?** См. Как. ♦ **Здравствуешь (здравствуете) ли?** Обл. Как здоровье? Всё ли благополучно (подобру-поздорову)? Этикетные вопросы при встрече со знакомым. *Сойдя с паперти, шедшая впереди всех Манефа остановилась, пропустив мимо себя ряды инокинь, и, когда вслед за ними пошла Марья Гавриловна, сделала три шага ей навстречу. Обе низко поклонились друг другу. «Здравствуете ли, сударыня Марья Гавриловна? — ласково спросила у неё мать Манефа. — Как вас Господь Бог милует, всё ль подобру-поздорову?» — «Вашими святыми молитвами, матушка, — отвечала Марья Гавриловна. — Вы как съездили?»* П. Мельников (Печерский). В лесах. **Здравствуешь!** (♦ **Ты здравствуешь!**) ⌧ Обл. Приветствие при встрече или в письме. *Идут они [молодцы] в палаты белокаменные, крест кладут по-писаному И поклоны ведут по-учёному, Поклоняются на все стороны, князьям, боярам — на особицу. «Здравствуешь, Владимир-князь И со душечкою со княгинею!»* Добрыня Никитич и Василий Казимирович. Былина. Зап. в 1871. *«Проходи, проходи!» — сказала Лиза. <...> Не в чужой дом входишь. Раньше кабыть небоязливый был». Она, не без натуги, конечно, рассмеялась, а потом — знай наших — вытерла руки о полотенце и прямо к нему [бывшему мужу] с рукой: «Ну, здравствуешь, Егор Матвеевич! С прибытием в родные края».* Ф. Абрамов. Дом. *Кузьма подъехал к ручью. «Здравствуй... те», — сказал он и улыбнулся. «Здравствуешь». — Марья тоже улыбнулась.* В. Шукшин. Любавины. *Здравствуешь, мама, пишу твой сын...* (СРНГ). **Здравствуй/те!** Самая употребительная форма приветствия при встрече, знакомстве, обращении по телефону, в письме. *Заходил-то Дюк да в Божью церковь, Он крест кладёт да по-писаному, Поклон ведёт да по-учёному. Бьёт челом да на все стороны, Владимиру-князю-то в особинку: «Здравствуй, солнышко Владимир-князь!» Говорил Владимир таково слово: «Ты здравствуй, удалый добрый молодец! Ты коей земли, да ты коей орды, коего отца да чьей матери?»* Дюк Степанович и Чурила Пленкович. Былина. Зап. в 1871. *«Здравствуйте, Марья Дмитриевна! — воскликнул звучным и приятным голосом всадник. — Как вам нравится моя новая покупка?» Марья Дмитриевна подошла к окну. «Здравствуйте, Woldemar! Ах, какая славная лошадь! У кого вы её купили?»* И. Тургенев. Дворянское гнездо. *(Ананий Яковлев сначала помолился перед образом, потом поклонился три раза матери в ноги и, приложившись к иконе, поцеловался с ней.) [Матрёна:] Здравствуй, батюшка, сокол мой ясный!* А. Писемский. Горькая судьбина. *[Липочка:] Ах, да вот и она! Здравствуй, Устинья Наумовна! [Устинья Наумовна:] Не больно спеши! Есть и постарше тебя. Вот с маменькой-то покалякаем прежде. (Целуясь.) Здравствуй, Аграфена Кондратьевна! Как встала, ночевала, всё ли жива, бралиантовая?* А. Островский. Свои люди — сочтёмся! *«Здравствуйте, Павлин Фёдорович», — пропела мать, когда человек, скрипя ботиночками, поравнялся с ними, и низко поклонилась. «Доброго здоровья», — кивнул человек. «Мама, кто это?» — спросил Микша, зачарованными глазами провожая этого человека. «Учитель. Ребят учит». — «А зачем ты ему поклонилась?» — «А затем, что ему все кланяются. Учитель», — опять повторила мать.* Ф. Абрамов. Поездка в прошлое. *Я подошёл. «Здравствуйте», — сказала мне девочка и варежкой отодвинула со лба чёлку. «Здравствуйте» совсем не было выражением нашего знакомства, просто знак сельской вежливости.* Г. Шергова. Заколоченные дачи. *Митрофановы — люди в селе новые, всего второй год живут, совсем, считай, чужие люди. Но в то же время и соседи. Однако соседи не самые близкие, не те, к кому за всякой мелочью бежишь, а так «Здравствуйте» — «Здравствуйте» — и разошлись.* В. Куропатов. Ржавые гвозди. *Здравствуй, Маня! / Глубоко благодарю за твоё письмо <...>.* С. Есенин. Письмо М. П. Бальзамовой, 12 июня 1913. *Ни лебединой шеи, ни чёлки, ни ломаных линий — ничего из ахматовского, по портретам знакомого облика. И всё же эта высокая, пол-*

ная, седая женщина, медленно ступившая на веранду, медленно, без улыбки, отчётливо произнёсшая: «Здравствуйте!» — любезно и величаво наклонившая голову в ответ на призывы нервно суетившейся Серафимы Ивановны («Сюда, сюда прошу вас!»), могла быть только Ахматовой. Н. Ильина. Дороги и судьбы.

Здрасьте (Здрасте). Форма беглого произношения приветствия в обиходно-разговорной речи и просторечии. «*Пелагея Сергеевна, моё почтение!*» *— кричит он [Николай Тимофеевич] хорошим, здоровым баритоном. — «А, здрасьте!» — говорит Полинька, подходя к нему.* А. Чехов. Полинька. *Я обогнал их и сказал: «Драсс...» — «Драсс...» — ответил, узнав меня, Петька и тонно приложил руку к старой артиллерийской фуражке без кокарды.* В. Катаев. Трава забвенья. ‖ ▫ Пожелание здоровья, благополучия (при встрече, прощании, поздравлении и т. п.). *При сей верной оказии доношу вам, что Марья Васильевна Борисова есть цветок в пустыне, соловей в дичи лесной, перла в море и что я намерен на днях в неё влюбиться. / Здравствуйте; поклонение моё Анне Петровне, дружеское рукопожатие баронессе etc.* А. Пушкин. Письмо А. Н. Вульфу, 27 окт. 1828. *И, напившиеся [на царской свадьбе], народ Что есть мочушки дерёт: «Здравствуй, царь наш со царицей!»* П. Ершов. Конёк-горбунок. ♦ **Здравствуй/те Вам (тебе).** ▫ *Прост. и обл.* Вежл. приветствие. «*Здравствуйте вам». — «И тебе, дева, здравствуй. — Баба Шура подвинулась плотнее к Семёну Григорьевичу, освобождая место для Лизы. — Садись-ка рядком с нами».* В. Куропатов. Завтра в Чудиновом Бору. *— Да ты ай встрел её [Катю]? Вишь ты, приветила. А с нашим братом разговаривать не охотница. Но зато уж завсегда: «Здрасте». — «Здрасте вам». И в лавке опять же всё молчком, но обходительно. Хоть кто скажет, обходительно.* И. Акулов. Родительский день. ♦ **Здравствуйте беседовать.** ▫ *Обл.* Приветствие разговаривающим. «*Крестьянин, подходя к другим, разговаривающим, говорит им: «Здравствуйте беседовать!»* СРНГ. ♦ **Здравствуйте, с кем не видались (не виделись, кого не видел)!** *Разг.* *Тут расхлестнулась дверь, и, грохая сапогами, ввалился Федорок Селютан. «Здравствуйте, с кем не виделись!» — загремел он от порога. — Кого* ждут, а кто и сам идёт». — «У нас лишних не бывает, — отозвался хозяин. — Присаживайся, Фёдор». Б. Можаев. Мужики и бабы. ♦ **Путём-дорогой здравствуйте.** ▫ *Обл.* «*Встречающиеся поморы в море приветствуют: Путём-дорогой здравствуйте, — на что обыкновенно отвечают: Здорово, ваше здоровье, на все четыре ветра».* СРНГ. *Обгоняем поморскую ладью. Они кричат нам: «Путём-дорогой здравствуйте!» Я отвечаю: «Вам здоровья, многолетного на всех ветрах!» От них опять доносится: «Куда путь правите?» Я отвечаю: «Из Архангельского города в Мурманское море...»* Б. Шергин. Егор увеселялся морем.
♦ **Здравствуй в новый год!** ▫ *Обл.* Пожелание имениннику. ♦ **Здравствуй на многие лета (века) (многолетно)!** ▫ *Обл.* Возвыш. Почтит. пожелание благополучия; приветствие. *Как приехал к Воронежу царь Пётр, так к Сидорке поклон послал: «Здравствуй, атаман, на многие лета! Спасибо тебе за твою правду, за то, что на Воронеже ты у меня порядки завёл».* Фольк. Зап. в 1827. *Я оглянулся и... повалился в ноги им, старой дружине моей <...>. «Голубчики... Единственные... Простите». Они встали, все как один, и ответно поклонились мне большим поклоном: «Здравствуй многолетно, дорогой кормщик и друг Егор Васильевич!»* Б. Шергин. Егор увеселялся морем. *Пир во дворце! <...> царь с царицею сели в колесницу, земля дрожит, народ бежит: «Здравствуй, — кричат, — на многие века!»* Сказка о серебряном блюдечке и наливном яблочке (Из собр. А. Н. Афанасьева). ♦ **Дай (Вам, тебе) Бог (Господь) здравствовать (много лет)!** *Прост.* Доброе пожелание. — *Кума! Домна Карповна, дай тебе Господь много лет здравствовать и детишкам твоим всяческа благополучия от Царя Небесного... да...* Д. Григорович. Деревня. ♦ **Здравствуйте о Христе Иисусе!** ▫ *Обл.* Приветствие, употр. в речи верующих (преимущ. староверов). *Мать Манефа ударила в кандию, и всё смолкло. — Здравствуйте о Христе Иисусе, — сказала она, обращаясь к сиротам. Те враз поклонились ей до земли. — Бог вам милости прислал, — продолжала Манефа, — а Потап Максимыч Чапурин кланяться велел.* П. Мельников (Печерский). В лесах. ♦ **Здравствуйте и вы (И ты здравствуй).** ▫ *Обл. и прост.* Ответное приветствие. *Я огля-*

нулся. <...> Несколько человек с фонарями приближались к нам. «Здравствуйте», — сказали они, приблизившись и разглядев нас. «Здравствуйте и вы», — лаконически ответил Якуб. В. Короленко. Эпизоды из жизни искателя.
♦ **(А!) Здравствуй/те, здравствуй/те! (Здрасьте, здрасьте)!** Радушное (чаще ответное) приветствие знакомому, равному или младшему по возрасту, положению. Обычно выражает расположение говорящего к общению, интерес, внимание к собеседнику. *[Варвара Капитоновна:] Вот и вы, Вероника! [Вероника:] Здравствуйте, Варвара Капитоновна! [Варвара Капитоновна:] Здравствуйте, здравствуйте! Боренька все глаза на двери просмотрел.* В. Розов. Вечно живые. *Через несколько мгновений Вася Федюнин <...> поднялся на крыльцо. «Здрасьте», — сказал почтительно и с достоинством. «Здравствуй, здравствуй, молодец. Говорю, шибко пить захотела, не пожалеешь глоточка?»* В. Куропатов. Завтра в Чудиновом Бору. | С оттенком иронии или укоризны в ответ на приветствие провинившегося, совершившего предосудительный поступок. *«Здорово, бабы!» — «Здравствуй, здравствуй, Михайло». — «Чего весёлой-то?» — «А-а...» — «Не привёз невесту-то?» — «Нет, бабы, не вышло». — «Голова-то, поди, болит?» — «Болит, бабы», — признался парень и сел на приступок.* В. Белов. Привычное дело. ♦ **Здравствуй, здравствуй, свет мой ясный (друг прекрасный, чёрт глазастый...).** *Прост.* Формула шутл. или грубовато-ронич. приветствия в адрес близкого знакомого, приятеля, родственника, равного или младшего по возрасту. ♦ **Здравствуйте, на что собак дразните?** ⌛ *Прост.* Шутл. приветствие хозяина близко знакомому гостю. *— А! Здравствуйте, на что вы собак дразните? — сказал Иван Никифорович, увидевши Антона Прокофьевича, потому что с Антоном Прокофьевичем никто иначе не говорил, как шутя.* Н. Гоголь. Повесть о том, как поссорился Иван Иванович... ♦ **Здравствуй, здравствуй, садись (проходи) да хвастай.** *Разг.* Шутл. приветствие близкому знакомому, равному или младшему по возрасту. *Я <...> ступил в Олёшины сени. «Здравствуйте!» — «Проходите да хвастайте». Настасья обмахнула лавку домотканым передником.* В. Белов. Плотницкие рассказы. ♦ **Здравствуйте, коли (если) не шутите.** *Разг.* Шутл. ответ на приветствие. *К бывшему «курощупу» — деду Акиму Бесхлебнову — пришли они в курень, когда вся бесхлебновская семья завтракала... «Здравствуйте, хозяева!» — Найдёнов стащил свою промасленную кепку, приглаживая поднявшиеся вихры. «Здравствуйте, коли не шутите», — ответил, чуть заметно улыбаясь, простой и весёлый в обхождении Аким Младший.* М. Шолохов. Поднятая целина. ♦ **Здравствуй ты, многолетствуй я, ночевать пусти к своей милости.** ⌛ *Прост. Шутл.* ♦ **Здравствуй ты, здравствуй я, здравствуй, милая моя!** ⌛ *Прост. Шутл.* Прибаутки, формы шутл. дружеск. приветствия. **Здравствую! (♦ Ты здравствую!)** ⌛ *Обл.* Приветствие. *Встречу Терентищу Весёлые скоморохи, Скоморохи — люди вежливые, Скоморохи очестливые, Об ручку Терентью челом: «Ты здравствую, богатый гость И по имени Терентище!»* Гость Терентище. Былина. Из собр. Кирши Данилова. ♦ **Здравствуй, молодая!** *Обл.* Форма выражения удивления, недоумения, несогласия. [«Взято из народного анекдота, в котором рассказывается, как простоватый муж, не признаваемый своей женою, обратился к ней со словами: — Здравствуй, молодая! Я твой Фёдор...» СРНГ].
♦ **Здравствуйте пожалуйста! (Здрасьте пожалуйста!)** *Прост.* Форма выражения удивления, недоумения, несогласия. *«Семён, ты брось эту затею, — строго сказала Зинка. — Я срамиться не стану и ни на какой суд не пойду». — «Здрасьте пожалуйста! Кому-то и срам, а тебе почёт. Ты пострадала на фронте классовой борьбы. Ты в герои выйдешь, дура. Если не заботишься о своём будущем, так мне не мешай».* Б. Можаев. Мужики и бабы.

Здравствуй/те! См. Здравствовать.

Зев в кросна́ (чтобы я прошла)! (♦ Зев кроснам, чтобы я прошла). ⌛ *Обл. Женск.* приветствие-пожелание работающей за ткацким станком. [Чтобы челнок легко перебрасывался в зев, т. е. в пространство между верхними и нижними нитями основы]. || ⌛ Присловье при входе в избу, где стоит ткацкий стан, оберегающее хозяев от «сглаза». ⌂ *Соседка зайдёт, поздоровкается и скажет так: зев кроснам, чтоб я прошла, сглазят, пу-*

тается основа. СРНГ. ▭ *Ой, кума, ткёшь? Зев тебе в кросна!* (1970). ♦ **Зев в бе́рдо!** ⌘ *Обл.* ▭ «*Вот кто ткёт, дак ему говорят: зев в бердо*». СРНГ. [Бердо — принадлежность ткацкого станка]. ♦ **Ткэв (пев) да зев!** ⌘ *Приветствие ткущим.* СРНГ.

Земля пу́хом (кому-л.). ♦ **Да будет (Пусть будет) земля пухом** (кому-л.). *Возвыш.* ♦ **Дай Бог, чтоб земля на нём лёгким пухом лежала!** ♦ **Лежи земля на нём (ней) лёгким пёрышком!** *Прост.* ⌘ Добрые пожелания в адрес умершего. Употр. на похоронах, поминках или (*вводн.*) при упоминании об умершем в разговоре; нередко в сочет. с другими добрыми словами (по обычаю говорить об умершем только хорошее). — *А не помнишь ли ты Васю из Таганрога? Вася-Василёк? Ну что нас веселил. Хороший парень был. Как говорится, пухом ему земля.* В. Муссалитин. Старые шрамы. — *Крепко мы в те поры вздорили с покойным, господином Ворониным, ругались нещадно, — да будет земля ему пухом, хорош был мужик, стать бы ему истинным моряком, не дожил, жалко.* Ю. Герман. Россия молодая. *Несколько минут постояли перед могилой. — Прощай, наш боевой товарищ! Мы никогда не забудем тебя... Мы отомстим за твою смерть! Пусть земля будет тебе пухом. — Дальше говорить Бондаренко не мог, отвернулся в сторону, смахнул слезу.* В. Пичугин. Повесть о красном галстуке.

Земля́к. *Прост.* Дружеск. или фамильярн. мужск. обращение к уроженцу одной с адресантом местности, равному или низшему по положению. Употр. обычно, когда адресант и адресат находятся вдали от родных мест. *Я получил ваше письмо, любезнейший земляк, через Смирдина.* Н. Гоголь. Письмо М. А. Максимовичу, 9 нояб. 1833. *Тарантьев ушёл было в переднюю, но вдруг воротился опять. — Забыл совсем! Шёл к тебе за делом с утра, — начал он уж вовсе не грубо. — Завтра звали меня на свадьбу: Рокотов женится. Дай, земляк, своего фрака надеть, мой-то, видишь ты, поотёрся немного...* И. Гончаров. Обломов. *Пуще отца родного возрадовался Алексей знакомому мужичку <...>. — Дядя Елистрат!.. Земляк!.. — крикнул он ему, не выпуская из рук повода коренной савраски. — Яви Божескую милость — подь сюда.* П. Мельников (Печерский). В лесах. ‖ Дружеск. или фамильярн. мужск. обращ. к незнакомому. — *Земляк, нет ли закурить? — протянул тот, что лежал на верхней полке над головой Егора Петровича.* А. Новиков. Причина происхождения туманностей. **Земля́че.** ⌘ *Обл.* Чувствительно *благодарю вас, земляче, за «Наума» и «Размышления»...* Н. Гоголь. Письмо М. А. Максимовичу, 2 июля 1833. **Земляч́ок.** *Прост. Ласк. или фамильярн.* — *А ну-ка, земляк, стяни мне сзади шинель! Потуже, потуже, не бойся, не лопну. <...> Ну, вот теперь ладно. Спасибо вам, землячок!* А. Куприн. Поход. *Но фурштат, не обращая внимания на наименование генерала, кричал на солдат, запружавших ему дорогу: «Эй! землячки! держись влево, постой!»* Л. Толстой. Война и мир. **Земе́ля. Зёма.** *Прост., молодёжн.* (получило распространение в 60—80-х гг. XX в. преимущ. в солдатск. среде). *Валерка пожал руку конвоира и заметил Косте: «Здорово, земеля!» Костя притормозил тачку <...>. «Привет». — «Слышь, зёма — с натугой сказал Валерка, выжимая гирю, — вас это... лупить намереняются... Ха-ха... Лечить будут... под дембель».* С. Каледин. Стройбат. *Дорофеев опустился на дерево и сквозь смех прокричал: «Назад, земеля, проверка!»* В. Чугунов. Таёжина. **Земля́чка.** *Разг. Женск.* к Земля́к. «*Фома Алексеевич!» — удивилась Маня. — «Да ты как здесь?» — «Здорово, землячка, то-то мне верно подсказали, где тебя укараулить, — Фома с достоинством потряс её руку. — Мы ить нынче в обед из колхозу в двадцать подвод сюда на месяц, по договору...».* П. Проскурин. Судьба.

Земляни́ночка (моя). **Земляни́ченька. Земляни́чина. Земляни́чинка,** *м.* и *ж.* ⌘ *Обл. Фольк. Ласк.* обращение к любимому (любимой) в частушках. *Сядь-ка рядом, сядь-ка рядом, земляниночка моя, Мы разделим скуку-горе, Не тоскуй ни ты, ни я.* СРНГ.

Знакомить/ся. ♦ **Вы знакомы?** ♦ **Вы не знакомы?** Вопросит. обращения посредника к тем, кого он хочет познакомить друг с другом. Вопросы эти могут быть адресованы и одному лицу, которого хотят представить кому-л. [Знакомство через посредника происходит обычно с подчёркнутой вежливостью, учтивостью. Правила этикета требуют, чтобы мужчину представляли женщине; младшего по возрасту, званию, положению — старшему; гостя — хозяевам; посетителя, нового сотрудника — официально-должностному лицу, руководителю и т. п. При этом посредник, как правило, сначала называет имя (имя, отчество, фамилию, звание, чин, должность и т. п., в зависимости от степени официальности обстановки) лица, которому представляет гостя, сотрудника, а затем — имя и проч. представляемого лица. В ситуации, когда имя того, кому представляют, известно, посредник называет только представляемого.] — *Вы не видали ещё, — или: — вы не знакомы с ma tante? — говорила Анна Павловна приезжавшим гостям и весьма серьёзно подводила их к маленькой старушке в высоких бантах, выплывшей из другой комнаты, как скоро стали приезжать гости, называла их по имени, медленно переводя глаза с гостя на ma tante, и потом отходила. Все гости совершали обряд приветствия никому не интересной и не нужной тётушки. <...> Ma tante каждому говорила в одних и тех же выражениях о его здоровье, о своём здоровье и здоровье её величества, которое нынче, слава Богу, лучше.* Л. Толстой. Война и мир. *[Анна Дмитриевна (Лизе):] Вы знакомы? (Указывает на князя Абрезкова.) [Князь Абрезков:] Как же, я имел честь быть представленным. (Здороваются за руку. Садятся.) Моя племянница Нелли мне часто говорит про вас. [Лиза:] Да, мы дружны были очень.* Л. Толстой. Живой труп. ♦ **Будьте знакомы:** ... Формула представления собеседников друг другу при знакомстве через посредника в неофиц. обстановке. *[Красильников] Спросил вполголоса, деловито: «Супруга ваша?» — «Да, женился. Будьте знакомы. Катя, это тот самый мой ангел-хранитель, помнишь — я рассказывал...»* А. Толстой. Хождение по мукам. *Ректор института привёл его к нам на кафедру и представил: «Товарищи, будьте знакомы: ваш новый заведующий, профессор Флягин Виктор Андреевич. Прошу любить и жаловать». Флягин отдал нам общий поклон, слегка принагнув голову, словно бы от подзатыльника.* И. Грекова. Кафедра. **Знакомьтесь... (Знакомься...).** Обращение посредника к тем, кого он хочет познакомить, прежде чем представить их друг другу, аудитории; или предложение собеседникам самим представиться друг другу. *[Полевой:] Бонжур, Лео... Знакомьтесь — полковник Ярцев. [Штубе:] Очень рад познакомиться.* Б. Лавренёв. Разлом. *«Сестра моя... Груша — знакомьтесь», — представил Николай. Груша по-молодому ещё стройная, ладная, тоже поднялась, подала руку. «Владимир Николаевич», — назвался гость. «Груша».* В. Шукшин. Позови меня в даль светлую. ♦ **Прошу знакомиться:** ...Формула офиц. представления посредником одного или нескольких лиц. *Приезжий по-прежнему улыбался Половцеву и Лятьевскому глубоко посаженными серыми глазами: — Прошу знакомиться, господа офицеры: ротмистр Казанцев. Ну, а хозяев вы, господин Казанцев, знаете. Теперь, господа, к делу.* М. Шолохов. Поднятая целина. ♦ **Давай/те знакомиться.** Разг. Форма приглашения к знакомству без посредника в неофиц. обстановке, употр. по отношению к равному или младшему по возрасту, положению. *«Входите, это ведь вам я сейчас заказывала пропуск? Давайте знакомиться. Галина Николаевна Морозова». — «Сержант Золушкин», — ответил Дмитрий.* В. Солоухин. Мать-мачеха. *[В гостинице:] В дверь постучали. Лагоев открыл, посторонился <...>. «Добрый вечер. Буду вашим соседом до утра». — «Ну что ж, давайте знакомиться».* Н. Почивалин. Среди долины ровныя. ♦ **Будем знакомы:** ... Разг. То же, что ♦ Давайте знакомиться. *Синцов доложил как положено. Начальник штаба взял у него из рук предписание, прочёл, попросил удостоверение личности, посмотрел, вернул и, сняв и положив на стол пенсне, протянул Синцову руку. «Будем знакомы: полковник Пикин».* К. Симонов. Живые и мёртвые. ▭ *[В студенческом общежитии в комнату вселяется новый жилец:] «Здорово, парни. Меня к вам... не возражаете?» — «Давай. Вон кровать»* [свободная]. *(Ставит сумку, подходит к каждому, пожимает руку:) «Будем знакомы — Сергей». — «Игорь». — «Саша». — «Ну вот и порядок. Вы с какого* [факультета]*?»* (1992). ▭ *[Новый учитель (ученикам:)] Будем знакомы, меня зовут Алексей Александрович, я ваш новый учитель физики* (1992). ♦ **Просим покорно знакомым быть...** ⚑ *Прост.* Учтив. формула представления при знакомстве. *«Наше вам наиглубочай-*

шее!.. — молвил Марко Данилыч, снимая картуз и низко кланяясь Василию Борисычу. — Хоша лично ознакомиться до сей поры не доводилось, однако много про вас наслышан... Просим покорно знакомым быть: первой гильдии купец Марко Данилов Смолокуров». — «Очень рад вашему знакомству, — сказал Василий Борисыч, подавая руку Смолокурову. — Сами-то вы из здешних мест будете?.. С Ветлуги?» П. Мельников (Печерский). В лесах. ♦ **Вперёд будем знакомы.** *Прост.* ♦ **Позвольте (наперёд) быть знакому?** *Прост.* Вежл. фразы, употр. при прощании с новым знакомым. *Досужев (Жадову): Ну, прощай! Вперёд будем знакомы! Захмелел, брат. (Жмёт Жадову руку.) <...> Ты меня строго не суди! Я человек потерянный. Постарайся быть лучше меня, коли можешь. А. Островский. Доходное место. «Где ж его адрес? скажите, пожалуйста», Дубовский сказал. Калинович сейчас же записал и, так как выспросил всё, что было ему нужно, и, не желая продолжать долее беседу с новым своим знакомым, принялся сначала зевать, а потом дремать. Заметив это, Дубовский взялся за шляпу и снова, с ласковой заискивающей улыбкой проговорил: «Надеюсь, что позволите быть знакому?» — «Очень рад», отвечал Калинович, не привставая и только протягивая руку. А. Писемский. Тысяча душ.* ♦ **Давайте познакомимся.** ♦ **Позвольте (разрешите) Вас познакомить.** См. **Познакомиться.**

Знакомство. ♦ **(Я) (очень) рад (был) нашему знакомству.** См. **Рад.**

Знаменательный, -ая, -ое; -ые. Важный, имеющий особую значимость. Оценочный эпитет, употр. в формулах комплиментов и поздравлений. ▪ *В этот знаменательный для Вас и всех нас день позвольте, дорогой А. В., поздравить Вас и пожелать Вам...* ▪ *Ваша новая работа — знаменательное событие не только в стенах театра, но и в культурной жизни всего города. (Из поздравления актрисе в день юбилея).*

Знамо. ♦ **Знамо дело.** *Прост.* Да, конечно, так. Формы выражения согласия, подтверждения правильности сказанного собеседником. *«Ну что, ребята? — ласково говорил он [землемер], — хорошо я вам отрезал земельку-то? <...> Количество десятин не от меня за-* *висит...» — «Знамо дело: вашей милости что прикажут, то и есть». Н. Успенский. Старое по-старому. «Перестань!» — резко оборвал парень. — <...> У меня своя башка на плечах». — «Знамо дело», — согласился Никитич. В. Шукшин. Охота жить. [Салов:] Завтра-то приходи. [Сергеевна:] Знамо. Пока. В. Розов. В день свадьбы.*

Знатный, -ая, -ое; -ые. *Прост.* Замечательный, отменный. Употр. в выражениях похвалы, восхищения. *[Зыбкина — Грознову (указывая на Платона):] Вот, Сила Ерофеич, сынок-то мой, про которого говорили. [Грознов:] Парень знатный! А. Островский. Правда — хорошо, а счастье лучше. «Ну, как протезы? То-то, благодари Бога, что есть на свете мастер Зуев!» — по-стариковски хвалился протезист <...>. «Спасибо, спасибо, старик, работа знатная», — бормотал Алексей. Б. Полевой. Повесть о настоящем человеке.*

Знать. ♦ **Знаете (знаешь).** ♦ **Знаете ли (знаешь ли).** ♦ **(А) знаете (знаешь) что...** *В знач. вводн. слов.* Форма привлечения внимания собеседника к предмету разговора. В зависимости от интонации принимает различные оттенки (доверительности, приязни, расположения к собеседнику). Часто служит для оживления беседы, придания ей непринуждённого, откровенного характера. — *У азиатов, знаете, обычай всех встречных и поперечных приглашать на свадьбу. М. Лермонтов. Бэла. [Хлестаков:] Я, знаете, этак люблю в скучное время прочесть что-нибудь забавное... Н. Гоголь. Ревизор. — А знаете, князь, вы мне очень нравитесь. Давешний ваш случай у меня из ума нейдёт. Ф. Достоевский. Идиот. [Надя:] Знаешь, тётя, выходим мы из лесу — вдруг трое пьяных рабочих... понимаешь? [Полина:] Ну вот! Я всегда говорила тебе... М. Горький. Враги. Хотелось мне, знаете ли, как бывало в младенчестве, подышать грибным воздухом. К. Паустовский. Карабугаз. — А знаете что? Дом-то мы новый ещё ведь и не посмотрели! Ну и ну, ну и ну! Сидим, всякую муть разводим, а про самое-то главное и позабыли. Ф. Абрамов. Дом.* **Знашь.** *Прост.* То же, что **Знаешь.** *[Иван (царю):] Постой немножко, Прикажи сперва окошко В почивальне затворить, Знашь, чтоб темень сотворить. П. Ершов. Конёк-горбунок.* ♦ **Вы**

не знаете? (Ты не знаешь?) Вопросительное обращение. *Фрося отошла немного от мечущего мужика, но он опять подобрался к ней. — Вы не знаете, — спросила она его, — что курьерский поезд номер второй, он благополучно едет?* А. Платонов. Фро. ♦ **Пора и честь знать.** См. Пора.

Золо́вочка. Золо́вушка. *Прост. Ласк.-шутл. или ирон.* обращение к золовке, т. е. сестре мужа (в некот. обл. — к жене брата). *«В старину, а может быть и теперь, сёстры не любили или очень редко любили своих невесток, то есть жён своих братьев, отчего весьма красноречиво называются золовками».* С. Аксаков. Семейная хроника. Вежл. к золовкам обращаются по имени, имени-отчеству или *сестрица* (устар.).

Золото. *Разг.* **1.** *Обычно в знач. сказуем.* Похвала, комплимент в адрес собеседника или третьего лица. *[Отрадина:] Для меня и это [платье] хорошо: у меня золотых приисков нет. [Муров:] Зато ты сама чистое золото.* А. Островский. Без вины виноватые. — *В работники хочешь? — сказал он Алексею. — Что же? Милости просим. Про тебя слава идёт добрая, да и сам я знаю работу твою: знаю, что руки у тебя золото...* П. Мельников (Печерский). В лесах. — *Ах, какой пекарь! Золото!* М. Горький. Коновалов. **2.** Золото. ♦ **Золото моё.** Ласковое обращение, преимущ. к знакомому. *Мужики загремели: «Кормилец, дождались мы тебя!» Бабы заголосили: «Золото, серебро ты сердечное!»* Н. Гоголь. Мёртвые души. *Суд есть и в городе и в деревне. В городе судят, моё золото, городских, а в деревне гольдаугенских.* А. Чехов. Ненужная победа. *[Наташа] кинулась ей на шею. — Даша, золото моё!* Ф. Гладков. Энергия. **Зо́лотко.** ♦ **Золотко моё. Золотце.** ♦ **Золотце моё.** *Разг.* Формы ласк. обращ. к близкому знакомому или родственнику (обычно к равному или младшему по возрасту). — *Здравствуй, красавица, любимица, Танечка, золотко, — причитала толстуха.* В. Ажаев. Далеко от Москвы. *А уж мамаша-то не нарадуется [на дочку], что ни слово, то — золотко, что ни вздох, то — любушка, красота, свет души Варварушка.* К. Федин. Братья. — *Золотце ты моё, Сенюшка, соколик мой ясноглазый!* Вс. Иванов. Долг. *Зазвонил телефон. Катя кинулась к нему. «Мама, тебя», —* позвала она увядшим голосом. *Это оказалась Даная. «Анна Кирилловна, золотко, мне просто необходимо с вами поговорить. Можно, я сейчас приду?» — «А не поздно ли?» — «Я на минуточку. Только облегчу душу, и всё».* И. Грекова. Пороги. ♦ **Золото ненаходное.** ⌇ *Обл.* — *И меня, слышь, жаловать [Егор] стал... всё меня так: «Золото ненаходное»! Со мной советуется. <...> Да, «золото ненаходное»... А «золото ненаходное» только одно и было у нас... у-шло, касатик, золото-то наше...* — *Он [Горкин] трясётся головой в платочек.* И. Шмелёв. Лето Господне. ♦ **Золото (золотко, золотце) (ты) моё самоварное (бронзовое).** *Разг., шутл.-ирон.* — *Берегут нас, золотце ты моё бронзовое, бе-ре-гут, — насмешливо протянула Иринка.* Е. Мальцев. От всего сердца.

Золотой, -ая; -ые. *Разг.* **1.** Очень хороший, замечательный, ценный. Этикетный эпитет, употр. в составе формул похвалы, комплимента. *[Глеб:] Правда ваша, у вас глаз на это верный, золотой глаз — убыль есть.* А. Островский. Правда — хорошо, а счастье лучше. ♦ **Золотая голова. а)** О светлом, ясном уме. **б)** О способном, даровитом человеке. — *Я горячка — а ты голова, золотая голова!* И. Тургенев. Конец Чертопханова. ♦ **Золотая душа.** ♦ **Золотое сердце.** ♦ **Золотой характер.** ♦ **Золотой человек. а)** О добром, мягком характере. **б)** Об отзывчивом, добром человеке. *[Иудушка:] Ах, маменька, маменька! Золотая у вас душа — право! Кабы не вы — ну что бы я в эту минуту делал!* М. Салтыков-Щедрин. Господа Головлёвы. — *О, вы, русские, — сказал он [Инсаров], — золотые у вас сердца! И он, он ухаживал за мной, он не спал ночи.* И. Тургенев. Накануне. ♦ **Золотые руки.** *Разг.* Похвала в адрес умелого, искусного человека. *Дед <...> шершавой ладонью долго гладил мускулистую, тугую спину Фёдора. — Ты дорогой работник, в рот те на малину!.. Золотые руки!..* М. Шолохов. Батраки. ♦ **Годы молоды́, да руки золоты́.** *Обл.* «*Неужели они, папа, тройма трехмачтовый корабль поставить могут? Подмастерья-то вовсе молоды*». — «*Годы молоды, да руки золоты. А Канон! Нет таких дел человеческих, чтобы ему не под силу*». Б. Шергин. Рождение корабля. ♦ **Золотые слова (твои, Ваши). (♦ Золотое твоё слово).** *Разг.* Форма выражения полного согласия с собеседником, одобрения сказанного им. *Проезжающий в царскую ссылку человек выговорил им однажды: «Не в ту сторону воюете, друзья!» — «Против кого же нам воевать?» — «Против тех, кому ваша рознь на руку». — «Золотое твоё слово, — отвечали Губа да Щека. — Мы таких, как ты, согласны уважать…»* Б. Шергин. Лебяжья река. **2.** Золотой. ♦ **Золотой (ты) мой.** ♦ **Золотая (ты) моя.** В знач. сущ. Разг. Ласк. или льстивое обращение. *Кордонный держал за ворот Гришку, который ревел во весь голос и приговаривал, горько всхлипывая: — Ей-богу не знал!.. отпусти!.. Золотой, отпусти! батюшка, не знал!.. Золотой, не знал!…* Д. Григорович. Кошка и мышка. *— Тятенька, золотой, возьми меня с собой! — каждый раз просила Наташка.* Д. Мамин-Сибиряк. Золото. *— Я-то думаю: кто пришёл? А это сам барин, золотой ты мой, красавчик ненаглядный! — говорила старуха. — Куда зашёл, не побрезговал. Ах ты, брильянтовый! Сюда садись, ваше сиятельство, вот сюда на коник…* Л. Толстой. Воскресение. *Геннадий Геннадьевич <…> забормотал сконфуженно и бессвязно: — <…> Вы извините, серебряный мой… Вот видите — инсинуирующее письмо… <…> Ох уж эта «периферия»!..» «Периферия», золотой мой, всегда недовольна.* Б. Савинков. То, чего не было. *Настенька подпрыгнула и выпустила жаворонка [«булочку»] из рук. Бедная птица упала прямо в свежий курящийся коровий блин. Увидя такое, Настенька залилась слезами. На её плач из дому выбежала мать, приняла дочь на руки и, смеясь и утешая, понесла в дом. — Бог с ним, доченька! Не плачь. Я тебе ещё испеку. Не плачь, моя золотая!* М. Алексеев. Вишнёвый омут. ‖ Ласк. обращ. к рыжеволосому, белокурому как комплимент. *[Мышлаевский:] Лена, золотая! Пей белое вино. Радость моя. Рыжая Лена, я знаю, отчего ты так расстроена. Брось! Всё к лучшему.* М. Булгаков. Дни Турбиных. *— Сергунь! Золотой! Послушай!* С. Есенин. Анна Снегина. ♦ **Золотой мой, серебряный!** ▣ «Лесть или ласка». В. Даль. ♦ **Золотой мой, по краям серебряный.** Разг. Шутл. ♦ **Золо́тенький (ты мой).** Разг. Уменьш.-ласк. к Золотой (во 2 знач.). *— Золотенький ты мой дорогунчик! На пряничек! — бормочет Шурка.* В. Смирнов. Открытие мира.

Зять. *Разг.* Малоупотр., с оттенком отчуждения или шутл., обращение к мужу дочери, сестры или золовки. ▣ [Дочь с мужем пришли к родителям. Встречает тёща, лет 40–45] — *Привет! Так, зять, не разувайся, тащите [муку́] сюда* (1992). | В просторечии и нар.-поэт. речи вежл. обращ. к зятю обычно сопровождается эпитетами *милый, любезный, дорогой* и т. п. *Тесть давай гостить, угушать. — Что, любезный зять, у меня будешь жить или у старика сапожника?* Иван-царевич и чудесный помощник. Сказка. Зап. в 1927. *Старуха глянула на то полотенце, признала работу своей дочери и говорит: «Ах, зять любезный! Не чаяла с тобой видеться; здорова ли дочка?»* Мудрая жена. Сказка из собр. А. Н. Афанасьева. В обиходе родственники чаще обращаются к зятю по имени или ласк.-шутл.: **Зятёк. Зятенёк. Зятенёчек. Зя́тюшка.** *— Послушай, зятёк! заплати, пожалуйста. У меня нет ни копейки в кармане.* Н. Гоголь. Мёртвые души. *На хутор к Куделину заявился верхом Юрка Левша и, войдя в избу, степенно поздоровался с сестрой, племянником, придавил нос меньшой и с добродушной насмешкой в глазах подсел к самому хозяину, доплетавшему в эту неделю десятую пару лаптей <…>. «Здорово бываешь, зятёк», — сказал он Фоме приветливо; тот, покосившись, шумно отодвинулся вместе с сиденьем <…>; своего занозистого, спорого и на слова и на руку шурина Фома не очень-то долюбливал. «Здравствуй, коли не шутишь».* П. Проскурин. Судьба. *К вечеру стук застучал, гром загремел — приехал Гром Громович. Вышел его Иван-царевич встречать. — Здравствуй, зятенёк!* Беломонет — богатырь. Сказка. Зап. в 1946. *[Настасья:] Я мать родная. Ты меня послушай, родимый зятюшка, Нечай Григорьич!* А. Островский. Воевода. *— А ты, зятюшка, не очень-то баб слушай… — тайно советовал этот мудрый тесть.* Д. Мамин-Сибиряк. Хлеб.

И

И Вам то же (того же желаю). ♦ **И Вам желаю успехов (счастья, здоровья…).** ♦ **И Вас (тоже) поздравляю.** ♦ **И Вы (тоже) заходите (к нам в гости).** ♦ **И Вам спаси-**

бо. ♦ И (я) Вас благодарю. ♦ И Вы меня извините (простите). *Разг. Вежл.* ответы на поздравления, добрые пожелания, приглашение в гости (при прощании), благодарность, извинение. «До приятного свидания...» — «Будьте здоровы!» — «И вам также». Г. Успенский. Нравы Растеряевой улицы. *Осторожный шум у двери разбудил её, — вздрогнув, она увидела открытые глаза Егора. «Заснула, прости!»* — *тихонько сказала она. «И ты прости...» — повторил он тоже тихо.* М. Горький. Мать. *«Спасибо, Павел Митрофанович!»* — *Она потупилась на минуту, потом взглянула на него с виноватой улыбкой и сказала тихо: «Ради Бога извините! Я так часто была несправедлива к вам. А вы честный и мужественный человек. Извините». — «Об чём вы, Марья Васильевна! Всё это пустяки. <...> Извините и вы меня, ежели в чём виноват»,* — *сказал Кречев и вышел.* Б. Можаев. Мужики и бабы. *Бойко <...> стоял у стола и говорил по телефону: «Всё ясно. Понятно! И вам желаю того же!»* К. Симонов. Живые и мёртвые. | *Шутл.* или *ирон. Шариков <...> поднял рюмку и произнёс: «Ну, желаю, чтобы все...» — «И вам также»,* — *с некоторой иронией отозвался Борменталь.* М. Булгаков. Собачье сердце. ♦ И Вам (тебе) не хворать. *Обл.* Ответ на прощание-пожелание: ♦ Будьте здоровы. *«Ну, Фрося Бурлакова, будь здорова!» — «И вам не хворать...»* (Из кинофильма «Приходите завтра»). ♦ И тебя (Вас) тем же концом по тому же месту! *Прост. Шутл.* или *фамильярн.-ирон.* ♦ Чего и Вам (тебе) от всей души желаю (желаем). *Эпист.* См. Желать.

И в корню́, и в пристя́жке. *Прост. и обл.* Похвала, комплимент в адрес собеседника или третьего лица, много работающего, способного на всякую работу. [«В корню (в корню)» — т. е. в оглоблях (о лошади); «в пристяжке» — т. е. запряжённая рядом с коренной лошадью].

Идеа́л. ♦ Вы (ты) — идеал (чего-л.). *Возвыш. Экспрессив.* Комплимент, высшая оценка совершенства каких-либо личностных качеств адресата или близкого, дорогого ему человека. Употр. преимущ. в речи образованных людей. ▭ *Для всех нас вы идеал справедливости и порядочности.* ▭ *Ты воплощённый идеал красоты.* ♦ Вы (ты) — мой идеал. Возвыш. или интимн. комплимент в адрес возлюбленной. *Ты — мой идеал не только «там», но и «здесь». И это было так всегда с тех пор, как я Тебя встретил.* А. Блок. Письмо Л. Д. Менделеевой, 23 дек. 1912.

Идеа́льный, -ая, -ое; -ые. Отличный, превосходный. Этикетный эпитет-комплимент. Употр. в возвыш. или шутл. речи. ▭ *Вы идеальная хозяйка!* ▭ *«Ну, брат, да ты идеальный муж!» — «Ага, вот только жена об этом не догадывается»* (1994).

Идёт.[1] ♦ Вам (тебе) идёт (это платье, эта стрижка, шляпка, этот костюм, цвет...). Подходит, т. е. хорошо выглядите в этом платье, костюме; с этой стрижкой. Широкоупотр. форма комплимента. *«Ну, глядите!» — сказала Нюра. Кофточка так её скрасила, так преобразила!.. Нюра покраснела под взглядами мужчин. Засмеялась милым своим смехом. «Идёт вам». — «Это кому же вы такое богатство везёте?» — спросила Нюра. «Носите на здоровье», — просто сказал конструктор. «Да что вы!» — испугалась Нюра. «Ничего, носите. Это так вам к лицу!.. — Смугловатый джентльмен улыбнулся. — У нас хватит. Ах, как она вам идёт! Шик-блеск — тру-ля-ля, как мы говорим, когда заканчиваем какую-нибудь конструкцию».* В. Шукшин. Печки-лавочки. (♦ К Вам идёт [2]) *[Софья:] Вы сами платье шили? [Павла:] Сама. А что? [Софья:] Идёт к вам. [Павла:] Я люблю, чтоб всё было свободно...* М. Горький. Зыковы.

Идёт.[2] *Частица. Разг.* Ладно. Согласен. Договорились. Положительный ответ на просьбу, предложение, приглашение равного или низшего по положению. *[Чиновник] и говорит мужику: «Если дашь мне на чай, я тебя научу, как оправдаться!» — «Сделай божескую милость, батюшка, будь отцом родным — заплачу!» — «Идёт». На суде.* Сказка. Зап. в 1887. *«Господа, лето кончается, необходимо попировать последний раз на лоне природы<...>». — «Идёт!..» — «Прекрасно!..»* А. Серафимович. У холодного моря. || Идёт? *С вопросит. интонацией.* Употр. после предложений как обращение к адресату, побуждающее подтвердить, поддержать сказанное. *Приезжай завтра? Идёт? Телеграфируй, если согласен. Остановишься у нас, Знаменская, 20. Обнимаю, целую, кланяюсь. Пришёл Миклашевский.*

/ А. М. Горький. Письмо Л. Н. Андрееву, 13–15 ноября 1904. ♦ **Куда ни шло.** (♦ **А, куда ни шло!** ♦ **Ну да куда ни шло.**) *Разг.* Ладно уж; пусть уж будет так; так и быть, согласен. Формы выражения согласия (обычно после размышлений, колебаний или после уговоров, уступок со стороны просящего). *[Мураш:] Полно, чего тебе бояться? Непохожа Снегурочка на наших баб и девок. [Бобыль:] Куда ни шло, останься, Лель.* А. Островский. Снегурочка. *— По рублику за вечер. — Колесов поморщился и, подумав, сказал: — По рублику и мы можем дать, куда ни шло.* М. Ростовцев. Страницы жизни. *[Ева:] Пей сейчас же, притворщик этакий! [Лунд:] Э, куда ни шло! Пусть всё случится, как ты хочешь, мама, — я послушный сын.* А. Арбузов. Европейская хроника.

Иди/те с Богом. *Разг.* Пожелание благополучия, благословение, напутствие при прощании. *[Кутузов (Андрею Болконскому):] Иди с Богом своей дорогой. Я знаю, твоя дорога — это дорога чести.* Л. Толстой. Война и мир. ‖ *Прост.* Форма вежл. выпроваживания нежеланных гостей, посетителей. См. также ♦ **С Богом**.

И жнец, и швец, и на дуде́ игре́ц. *Прост.* На все руки мастер. Похвала, комплимент в адрес собеседника или близкого ему человека. *«Мама, <...> вот мы Аркашку Макаренко сейчас поминали. Ведь и человек, и работник был...» — «Был, — с горячностью подхватила Михайловна. — Был и швец, и жнец, и на дуде игрец...»* В. Куропатов. Чёрный мальчик и белое облако.

Избавь/те. *Разг.* Оставь/те меня (в покое), не принуждай/те. Форма настоятельной просьбы или решительного отказа в ответ на просьбу, предложение, приглашение собеседника. *[Соня:] Пожалуйста, не капризничай. Может быть, это некоторым и нравится, но меня избавь, сделай милость!* А. Чехов. Дядя Ваня. *«Я вот вас и хочу просить, Анна Михайловна. Пойдёмте к ней вместе, расскажете, что это вы мне дали одежду». Анна Михайловна брезгливо ответила: «Нет уж, избавьте пожалуйста! Очень жалею, что вы не сочли нужным предупредить, на что вам это было нужно».* В. Вересаев. Невыдуманные рассказы. ♦ **Избави Бог (Боже, Господи) (Вас, тебя от** чего-л.**).** *Прост. Экспрессив.* Оберег; то же, что ♦ **Не дай Бог.** — *Избави Бог, Парашенька, Ты в Питер не ходи!* Н. Некрасов. Кому на Руси жить хорошо. *Балясников: И пусть! Разве не радость работать для самих себя? Христофор: Уж не хочешь ли ты забраться, избави тебя Бог, в башню из слоновой кости? Ох, не сносить тебе головы, Фёдор.* А. Арбузов. Сказки старого Арбата.

Известно. ♦ **Известное дело.** *Разг.* Да, конечно, так. Формы выражения согласия, солидарности с мнением собеседника. *[Степанида:] А уж как она, бедная, нам рада-то будет. [Агафон:] Известно, рада будет.* А. Островский. Не так живи, как хочется. *«Пришлым столы на дворе, чай, будут?.. Не обносить же их варенцами». — «Известное дело, — согласилась Манефа. — Не по ихним губам сладки кушанья...» <...> «А ведь и в самом деле, Чапурин потачки не даст», — молвил Самоквасов. — «Известно, не даст, — согласилась Флёнушка. — От него не уйдёшь».* П. Мельников (Печерский). В лесах.

Извинение. ♦ **Примите мои (наши, искренние, глубокие) извинения. (Примите моё... извинение).** Формула офиц.-учтив. извинения. *М. Г. N. N. / Примите благосклонно моё извинение. / Имею честь быть Вашим покорнейшим слугою. / Ф... Я...* (образец извинительного письма). Хороший тон: Правила светской жизни и этикета (1889). *[Роббер:] Наталья Николаевна, примите моё глубочайшее извинение. Вы хотите — я на колени стану! [Мымра:] Ах, что вы, что вы!* М. Булгаков. Зойкина квартира. ♦ **Приношу (приносим) (свои) извинения...** ♦ **Позвольте (разрешите) принести Вам мои (искренние...) извинения.** *Офиц., учтив.* *«Приношу прежде всего извинение за нарушение, так сказать, вашего молитвенного настроения, — начал, расшаркиваясь, галантный Чубиков. — Мы к вам с просьбой. <...> Не можете ли вы помочь нам каким-либо указанием, разъяснением...» — «Ах, не спрашивайте меня!» — сказала Марья Ивановна...* А. Чехов. Шведская спичка. ♦ **(Я) готов принести Вам свои извинения (за..., если...)** *Учтив.* ♦ **(Я) хочу (хотел бы, мне хотелось бы) принести Вам свои... извинения (за...).** ♦ **(Я) должен (считаю долгом) принести Вам свои извинения.**

Офиц., учтив. С оттенком необходимости, долженствования. ♦ (Адресант) **приносит свои извинения** (адресату). *Эпист., офиц., учтив.* ♦ **Прошу извинения (извинений ⚠).** *Учтив.* или *офиц.* Не зная, что дяденька в Апалихе, я не писал к нему, но прошу извинения и свидетельствую ему моё почтение. М. Лермонтов. Письмо М. А. Шан-Гирей, 20—21 дек. 1828. — *Прошу, господа, извинения, что позволил напроситься в вашу дружескую компанию.* Н. Лесков. Интересные мужчины. «*Прошу извинения*, — продолжал становой, — *по обязанностям моей службы, до сих пор ещё не имел чести представиться вашему сиятельству*». — «*О, помилуйте! Я знаю, как трудна ваша служба*», — подхватил князь. А. Писемский. Тысяча душ. — *Сударыня*, — сказал Химиков, снимая свою чёрную странную шляпу и опуская её до самой земли. — *Прошу извинений, если ваше ухо было оскорблено несколькими грубыми словами, произнести которые меня вынудила необходимость.* А. Аверченко. Страшный человек. ♦ **Прошу Вас о снисходительном извинении в том, что (…)** ⚠ *Эпист. Офиц., учтив.* Высокоуважаемая / Н… Н…/ Спешу Вам засвидетельствовать своё нижайшее почтение и просить Вас о снисходительном извинении в том, что <...> / С чувством безграничного почтения и совершенной преданности / Остаюсь душевно Вас почитающий (подпись адресата). (Образец извинительного письма). Хороший тон. Правила светской жизни и этикета (1889). ♦ **Прошу принять (мои, наши) (глубокие, искренние) извинения.** *Офиц., учтив.* ♦ (Адресант) **просит** (адресата) **принять его (глубокие, искренние) извинения.** *Эпист., офиц., учтив. Важные и неотложные дела не позволяют воспользоваться П… И… С… приглашением, которым почтил Н… Н… М… / Он просит принять его извинения и уверение в истинном уважении и преданности* (образец записки). Хороший тон. Правила светской жизни и этикета (1889). ♦ **Я должен (буду должен, считаю долгом) просить (попросить) у Вас извинения (за…)** *Учтив.* С оттенком необходимости, долженствования. *Глумов: Я должен буду просить извинения у вашего превосходительства. Крутицкий: Что такое, мой любезный, что такое? Глумов: В вашем трактате некоторые*

слова и выражения оставлены мной без всякого изменения. А. Островский. На всякого мудреца довольно простоты. ♦ **Тысяча (тысячу) извинений!** *Разг. Экспрессив.* [Калька с франц. mille pardon!] *Ресторанный воздух точно воскресил в нём ту наигранную, преувеличенную и манерную любезность, которой отличаются актёры вне кулис, на глазах публики. Случалось, что кто-нибудь тянулся через него к стойке. Тогда он [Славянов-Райский] учтиво и предупредительно отодвигался вбок, делал свободной от рюмки рукой плавный, приглашающий жест и произносил великолепным тоном театрального старого барина: «Тысячу извинений… Пра-ашу вас».* А. Куприн. На покое. [*Полина:*] *Деловые разговоры при мне… с утра… [Михаил:] Тысяча извинений, но я буду продолжать.* М. Горький. Враги. ♦ **Приношу (Вам) тысячу извинений (за то, что…)!** *Экспрессив., учтив. Оба, приблизившись к девице, осмотрели её с ног до головы, и вежливо приподняли свои цилиндры. — Сударыня, — сказал Петерс, — приношу вам от имени своего и своего товарища тысячу извинений за немного бесцеремонный способ знакомства. Мы, знаете, народ простой и в обращении с дамами из общества не совсем опытны.* А. Аверченко. Весёлый вечер. ♦ **Не стоит извинений.** *Вежл.* ответ на извинение.

Извинить/ся. Извинять/ся. Извини́/те. Широкоупотр. форма вежл. извинения. **а)** Самостоятельно, без слов-распространителей, без объяснения причин (т. к. они очевидны) употр. в устном контактном общении как форма извинения за незначительный проступок, неловкое поведение, доставленное беспокойство, неудобство, за невольное или вынужденное нарушение норм этикета, либо как обычный знак внимания, вежливости. [*Городничий (немного оправившись и протянув руки по швам):] Желаю здравствовать! [Хлестаков (кланяется):] Моё почтение!.. [Городничий:] Извините. [Хлестаков:] Ничего…* Н. Гоголь. Ревизор. *К стене была приставлена щётка. Рядом стояла корзина с мусором. Я прошёл мимо и опрокинул корзину ногой. — Ох, извините!* Д. Тарасенков. Человек в проходном дворе. ▱ [Телефонный звонок:] «*Алло! Это автобаза?» — «Нет, квартира». — «Извините*» (1992). **б)** В сочетании с местоименными распространителями, обращениями или словами-интенсификаторами вежливости, экспрессивности имеет более личностную, более вежливую тональность, произносится с ясно выраженной просительной интонацией. ♦ **Извини/те (меня), пожалуйста.** ♦ **Извини/те (меня) великодушно.** *Учтив.* Преимущ. в речи образованных людей среднего и старшего возраста. *Василий Иванович поднялся. — Пойдёмте, господа! Извините великодушно, коли наскучил. Авось хозяйка моя удовлетворит вас более моего.* И. Тургенев. Отцы и дети. ♦ **Извините меня ради Бога!** *Разг. Экспрессив.* ♦ **Извини/те (меня) ради Христа!** ⌛ *Прост.[Граф (подходя к Дарье Ивановне):] Дарья Ивановна, вы, пожалуйста, извините меня: я сегодня, к сожалению, не могу у вас остаться долее, но я надеюсь, что в другой раз...* И. Тургенев. Провинциалка. *[Дудаков (растерянно):] Вот! И... совершенно не имел в виду... Павел Сергеевич, вы меня извините... Это совершенно случайно... Я так... смущён...* М. Горький. Дачники. **в)** В составе формул с указанием причины извинения. ♦ **Извини/те (меня, пожалуйста) за** (что-л.). *Восторженность не идёт к Вам, скажу по совести. Нужно быть более скептиком — это ценнее, а главное — это красивее. Извините за совет...* М. Горький. Письмо Б. В. Бергу, 1 окт. 1895. *[Иван] Потёр ладонью лоб, сказал: «Вы... это... извините за вчерашнее, наговорил я там...»* В. Шукшин. Любавины. ♦ **Извини/те (меня) на** (чём-л.). ⌛ *Прост. и обл. Выпив, она поклонилась дворецкому. «Князю надобно кланяться»,* — *заметил тот. «Ну, батюшка, дуры ведь мы: не знаем. Извини нас на том»,* — *отвечала баба и отошла.* А. Писемский. Тысяча душ. ▱ **Извини на грубом слове.** ♦ **Извините мне** (что-л.). ⌛ *Извините мне, прошу Вас, мою, быть может, слишком нецеремонную откровенность; но я счёл долгом высказать Вам моё впечатление вполне.* И. Тургенев. Письмо К. К. Случевскому, 26 дек. 1860. *Великодушно извините мне невежливость мою — до сего дня не собрался ответить на Ваши письма...* М. Горький. Письмо М. М. Коцюбинскому, 15 сент. 1909. ♦ **Извини/те (меня, пожалуйста) за то, что...** ♦ **Извините, что...** ♦ **Извини/те, если...** *«Будет нам разговаривать! Я вам в последний раз говорю: ржи у меня нет». — «А, нет! Ну, извините, что обеспокоил! Премного вам благодарен. До свидания».* В. Вересаев. Невыдуманные рассказы. *«Кто там? Войдите»,* — *раздался голос Фенечки. «Это я»,* — *проговорил Павел Петрович и отворил дверь. Фенечка вскочила со стула <...>. — Извините, если я помешал»,* — *начал Павел Петрович.* И. Тургенев. Отцы и дети. *[Войницкий:] Что вам от меня угодно? [Серебряков:] Вам... Что же ты сердишься? Если я в чём виноват перед тобою, то извини, пожалуйста.* А. Чехов. Дядя Ваня. ‖ *Разг.* В бессоюзных конструкциях: ▱ *Извините, не заметил.* ▱ *Извините, я нечаянно.* ▱ *Извините, мне пора.* ▱ *Извините, не провожаю* и т. п. ♦ **Извините (простите) мою смелость.** ⌛ *Учтив.* извинение за возможное нарушение субординации, строгих правил этикета при обращении к высшему по положению. — *Татьяна Борисовна,* — *заговорила умоляющим голосом гостья,* — *извините мою смелость; я сестра вашего приятеля Алексея Николаевича К***, и столько наслышана от него об вас, что решилась познакомиться с вами.* И. Тургенев. Татьяна Борисовна и её племянник. **г)** *Вводн.* При употреблении в речи сниженных или откровенных, нелицеприятных для собеседника слов. — *Твой батюшка покойный, извини, уж на что был вздорный, а хорошо сделал, что швейцара тебе нанял...* И. Тургенев. Дворянское гнездо. *[Ольга:] Ты, Маша, глупая. Самая глупая в нашей семье — это ты. Извини, пожалуйста.* А. Чехов. Три сестры. *[Целованьева:] У вас у самой, извините, характер серьёзный, вроде бы мужской; вам бы взять мужчину тихого...* М. Горький. Зыковы. *«Вы откулешны будете, мастер?» — «Мы европейских городов. Прошлом годе англиску королеву золотом покрывали, дак нам за услуги дедлом из своих рук и двухтрубной мимоносец для доставки на родину. Опять французскому президенту, извините, плешь золотили».* Б. Шергин. Золочёные лбы. ♦ **Извини/те за выражение.** ♦ **Извини/те за грубое слово.** ♦ **Извините за любопытство.** ♦ **Извини/те за нескромный вопрос (за нескромность).** ♦ **Извини/те за откровенность (прямоту).** ♦ **Извини/те за сравнение** и др. Формы выражения говорящим этической оценки своего словоупотребления, речевого поведения. *[Бессеменов (с удивлением и досадой):] Смотрю я на тебя, Терентий Хрисанфович, и дивуюсь. Человек ты... извини за выражение, совсем... никудышный... никчёмный, но гордость в тебе — чисто барская. Откуда бы?* М. Горький. Мещане. *Хионья и осмелилась: «В свою очередь, Лев Павлович, окажите любезность дамам выпить с ними кофейку. Также, извините за нескромный вопрос, почему бы вашей супруге не приехать сюда?»* Б. Шергин. Мимолётное виденье. *Извините за откровенность, но я Вас полюбил с первого же мной прочитанного стихотворения.* С. Есенин. Письмо А. В. Ширяевцу, 21 янв. 1915. **д)** ♦ **(Вы меня) Извините (но, нет, не могу...).** Употр. при выражении отказа, несогласия, возражения, протеста. *[Несчастливцев:] Так не дадите? [Гурмыжская:] Извини, мой друг, не могу.* А. Островский. Лес. ▭ *[Продавец антикварной лавки (покупателю):] С кукушкой вам? Извините, с кукушкой пока не имею.* Е. Иванов. Меткое московское слово. *[Муромский:] Жесток ваш закон, ваше превосходительство. [Варравин (улыбаясь):] Извините, для вас не переменим.* А. Сухово-Кобылин. Дело. *[Штубе:] Я не могу. Я не здоров... [Береснев:] Ну, это извини, мой милый. Не настолько ты нездоров. И пока я командую кораблём и не списал тебя, будь добр нести службу нормально.* Б. Лавренёв. Разлом. *«Как не в моде [плюшевки]?» — удивилась Пелагея. — У нас который год нарасхват...» — «То раньше. Вы, пожалуйста, извините меня, Пелагея Прокопьевна, но эти жакеты в магазине висят с прошлого года».* Ф. Абрамов. Пелагея. ♦ **Нет (уж) извини/те.** (♦ **Ну уж нет, извини/те).** Разг. Экспрессивное возражение, отказ. *[Полина:] Ты думаешь, что я молчала-то почти год, так и всё буду молчать? Нет, извини!* А. Островский. Доходное место. *[Наталья Степановна:] Опомнитесь, Иван Васильевич! Давно ли они [Лужки] стали вашими? [Ломов:] Как давно? Насколько я себя помню, они всегда были нашими. [Наталья Степановна:] Ну, это, положим, извините! [Ломов:] Из бумаг это видно, уважаемая Наталья Степановна.* А. Чехов. Предложение. ♦ **(Ну уж нет) извини-подвинься!** Прост. Шутл.-ирон. или фамильярн. Несогласие, отказ в ответ на просьбу, предложение.

▭ *[Мужчина (приятелю):] Я тебе тот раз [элетродвигатель] предлагал — ты не взял. А теперь — извини-подвинься, самому нужен* (1993). **е)** Употр. при вежл. обращении к незнакомому с вопросом или просьбой; чаще в препозиции, с «Вы»-формами. ▭ *Извините, не подскажете, как до вокзала доехать? ▭ Извините, в техотдел как пройти? ▭ А вы, извините, кто ему будете? ▭ Извините, вам кого?* ♦ **Извините за беспокойство.** Подчёркнуто вежл., офиц.-учтив. обращ., обычно в речи лиц старш. поколения. *«Садитесь, — говорю я гостю. — Что скажете?» — «Извините, профессор, за беспокойство...» — начинает он, заикаясь и не глядя мне в лицо.* А. Чехов. Скучная история. ♦ **Извините меня, если можете.** Употр., когда говорящий признаёт всю тяжесть своей вины перед адресатом. ♦ **Это Вы (ты) меня извини/те.** ♦ **И Вы (ты) меня извини/те.** Ответы на извинение; взаимное извинение. ♦ **Извините, что мало едите.** Разг. Шутл. ответ хозяйки на благодарность гостей за угощение. ♦ **Не извини/те.** ⓧ *Обл.* Не взыщи/те, извини/те. *«Извинить — значит обвинить, повинить, признать виновным, почему и говорят: не извините вм. извините, т. е. не обвини, не вини, не взыщи».* В. Даль. *Ну, не извини, пожалуйста, на угощеньи, мы люди простые.* ▭ *Не извините, ежели чем согрубил.* СРНГ. ♦ **Прошу (Вас, тебя) извинить (меня).** ♦ **Прошу извинить (меня) за...** (сущ. вин. пад.). ♦ **Прошу извинить (меня) за то, что...** ♦ **Прошу извинить, что...** ♦ **Прошу извинить, если...** ♦ **Прошу извинить (меня), но...** Учтив. или офиц. *— Может быть, я ошибаюсь, — сказал [Каренин жене]. — В таком случае я прошу извинить меня.* Л. Толстой. Анна Каренина. *— Прошу извинить! прошу извинить! Видит Бог, не знал, — пробурчал старик и, осмотрев с головы до ног Наташу, вышел.* Л. Толстой. Война и мир. *Деньги, столько-то и на такой-то срок, драгайшая родительница, получил, и, по моему расчёту, следует мне ещё шесть с полтиной дополучить, в чём и прошу вас меня почтеннейше извинить.* М. Салтыков-Щедрин. Господа Головлёвы. *[Андрей:] Я заложил дом, не испросив у вас дозволения... В этом я виноват, да, и прошу меня извинить. Меня побудили к этому долги...* А. Чехов. Три сестры. *«Вывезут. Это* я вам обещаю. И по факту с ячменём разговор кое с кем будет. Ну, а вас прошу извинить». — «Да что вы...» В. Куропатов. Ржавые гвозди. ♦ **(Я) должен (считаю своим долгом) извиниться (перед Вами, тобой) (за…).** Офиц.-учтив. Он [Базаров] приблизился к ней, но и тут не поднял глаз и глухо промолвил: «Я должен извиниться перед вами, Анна Сергеевна. Вы не можете не гневаться на меня». — «Нет, я на вас не сержусь, Евгений Васильич, — отвечала Одинцова, — но я огорчена». И. Тургенев. Отцы и дети. ♦ **(Я) хочу (хотел бы) извиниться (перед Вами, тобой) (за…).** Формула извинения за ранее совершённый проступок. ⇨ *Я хочу извиниться перед вами за вчерашнее.* ♦ **(Я) готов извиниться (перед Вами) (за…; если…).** Форма выражения готовности признать свою вину, исправить оплошность. Употр. обычно, когда говорящий допускает, что его слова, поступки могут восприниматься собеседником как обидные или оскорбительные. ♦ **(Даже не знаю) Как мне извиниться перед Вами!** Экспрессив. «*Елена Васильевна, сию минуту я еду в магазины, кликну клич, и у вас будет сегодня же сервиз. Я не знаю, что мне и говорить. Как перед вами извиниться? Меня, безусловно, следует убить за сервиз. Я ужасный неудачник*, — отнёсся он [Лариосик] к Николке. — *Я сейчас же в магазины*», — продолжал он Елене. М. Булгаков. Белая гвардия. ♦ **Не стóит извиняться (Вы не виноваты).** Вежл. ответ на извинение. **Извиняй/те.** ⚠ Прост. и обл. *Работник <...> равнодушно сказал [Науму]: «Хвалят тебя в округе: коновал, мол, хороший... оно и точно, а сам собою человек ты неласковый». — «Ну, брат, извиняй, таким мать родила!»* М. Шолохов. Батраки. ⇨ *Извиняйте уж нас.* **СРНГ. Извиняюсь.** Прост. **а)** Форма извинения. «Со времени войны (1914 г.) в России вошёл в широкое употребление словесный знак вежливости-извинения «извиняюсь» (извиняюс). По основе и по форме это образование употреблялось и раньше «Опять тысячу раз извиняюсь, что сбиваюсь с прямой дороги в сторону» — писал Гончаров. «Извиняюсь, что не ответил никому до сих пор» — в «Дневнике писателя» Достоевского. Отличие от теперешнего *извиняюсь* заключалось в том, что *извиняюсь* в речи Гончарова, Достоевского и других находилось в сочетании с другими словами в предложении и имело обычное реальное значение, — значение выражения извинения, искреннего, иногда глубокого раскаяния, что подчёркивалось словами «1000 раз» и т. п. Посредством этой формы извиняется и взволнованный чеховский дядя Ваня. «Ну, ну, моя радость, простите... Извиняюсь (целует руку)». Совсем не то по своему реальному и формальному значению теперешнее *извиняюсь*: оно употребляется отрывочно, вне сочетания с другими словами, служит формальным словесным знаком, произносимым при определённых обстоятельствах, — знаком, мало соответствующим этим обстоятельствам: полного значения просьбы здесь не выражается». А. Селищев. Язык революционной эпохи (1928). «Кому не известна формула большевицкой вежливости — «извиняюсь»? Сколько прекрасных русских слов есть для того же самого «Виноват». Но разве можно признать себя виноватым? «Простите». Да наплевать мне, прощаете ли вы меня или нет. А я сам «извиняюсь» и будет с вас. Ужаснейшее слово и ужаснейшее с ним поведение: прежде вам наступали на ногу и говорили: «Простите», а теперь вам говорят «Извиняюсь» и — наступают вам на ногу». С. Волконский. О русском языке (1923). «*Что*, — спрашивает Шиш, — *аль не признали?» Мужичок говорит: «Лицо будто знакомое, а не могу вспомнить...»* — *«Да мы тот там год на даче в вашей деревне жили». — «А-а-а!.. Извиняюсь!.. Очень приятно-с!»* Б. Шергин. Шиш складывает рифмы. **б)** Употр. при обращении к незнакомому. *Голова с любопытством разглядывала девушку. — Я извиняюсь, вы кто будете?* В. Шукшин. Лёля Селезнёва с факультета журналистики. — *Очень извиняюсь... Разрешите спросить... Если вас не затруднит. Здесь есть такая картинная галерея. Третьяковская называется... Как мне до неё пройти... Очень извиняюсь...* В. Тендряков. Свидание с Нефертити. **в)** Вводн. При употреблении в речи сниженных или откровенных, нелицеприятных для собеседника слов. — *Неужто ж забыли вы меня, Матвей Максимыч? — обидчиво поершился Егор Иваныч. — Брыкина, Ивана Гаврилыча, сынок я! Как вы пастушонком, извиняюсь, с отцом своим бегали, мамынька наша, извиняюсь, всё шутили, что в печку вас спать положит. Мамынька нам и сказывали... Л. Леонов. Барсуки. **г)** Употр. при экспрессив. возражении, протесте. — *Помилуйте,* — *уверенно ответил человек,* — *как же так без документа? Это уж — извиняюсь. Сами знаете, человеку без документов строго воспрещается существовать.* М. Булгаков. Собачье сердце.

Изволить. 1. ▨ Хотеть, желать. ♦ **Изволите (изволишь)** (что-л., сделать что-л.)**?** ♦ **Не изволите ли (не изволишь ли)** (чего-л., сделать что-л.)**?** ▨ Разг. Формулы вежл. или учтив. вопросит. обращения к высшему или равному по положению. — *Не изволишь ли покушать?* — *спросил Савельич.* А. Пушкин. Капитанская дочка. — *Да не изволишь ли сенца? Вот целый стог: я куму услужить готова.* И. Крылов. Волк и лисица. **2.** В сочет. с неопр. формой глагола употр. вместо личных форм этого глагола. **а)** ▨ При выражении почтительности по отношению к старшему по возрасту, положению, а также к незнакомому или малознакомому гостю, посетителю, покупателю и т. п. *[София:] Позвольте, батюшка, кружится голова; Я от испуги дух перевожу едва; Изволили вбежать вы так проворно, Смешалась я.* А. Грибоедов. Горе от ума. *[Городничий:] Да не нужно ли вам в дорогу чего-нибудь? Вы изволили, кажется, нуждаться в деньгах? [Хлестаков:] О, нет, к чему это?* Н. Гоголь. Ревизор. *Послышалось шлепанье туфель, и снова появился Василий Иванович. Через несколько минут ваша комната будет готова принять вас,* — *воскликнул он с торжественностью.* — *Аркадий Николаич? так, кажется, вы изволите величаться?* И. Тургенев. Отцы и дети. ǁ Почтит. о 3-м лице, высшем по положению. — *Слышите, как изволят ходить,* — *сказал Тихон, обращая внимание архитектора на звуки шагов князя.* — *На всю пятку ступают — уж мы знаем...* Л. Толстой. Война и мир. **б)** При выражении шутл.-ирон. или неодобр. отношения к равному или младшему по возрасту, положению: *[Хлёстова (Репетилову):] А ты, мой батюшка, неисцелим, хоть брось. Изволил вовремя явиться!* А. Грибоедов. Горе от ума. *[Васса:] Что у вас такое? [Прохор:] Невестушка ваша изволила взбеситься — пожалуйте.* М. Горький. Васса

Железнова (Мать). ♦ **Чего (что) изволите?** ▨ Почтит. обращ. к высшему по положению (господину, посетителю, покупателю и т. п.), а также учтив. ответ на обращение. *«Захар!»* — *с чувством повторил Илья Ильич. «Чего изволите?»* — *едва слышно прошептал Захар и чуть-чуть вздрогнул, предчувствуя патетическую речь.* И. Гончаров. Обломов. *Торговали ужурские купцы Любовиковы ‹...›. И к каждому покупателю с поклоном: «Что изволите, любезный?»* П. Еремеев. Обиход. ♦ **Как изволите.** ▨ Как вам будет угодно, как прикажете, как пожелаете. Почтит. ответ на распоряжение, возражение или пожелание высшего по положению. **Изволь/те** (делать, сделать что-л.). В сочет. с неопр. формой глагола употр. вместо повелит. наклонения этого глагола **а)** ▨ В составе формул вежл. просьбы, совета, приглашения. *Работники говорят [царю]: «Извольте пальчик послюнить и её [блоху] на ладошку взять».* Н. Лесков. Левша. *Я заворочался на сене. Ермолай встал и подошёл ко мне.* — *Картофель готов-с, извольте кушать.* И. Тургенев. Ермолай и мельничиха. *[Тарелкин:] Так я вот о чём прошу: Извольте меня оценить; ни, ни, ни... Извольте оценить... Я отсюда без того не выйду — оцените!* А. Сухово-Кобылин. Дело. **б)** ▨ В составе формул офиц. приказания, распоряжения. *«Диспозиция,* — *желчно вскрикнул Кутузов,* — *а это вам кто сказал?.. Извольте делать, что вам приказывают».* — *«Слушаю-с!»* Л. Толстой. Война и мир. — *Ни слова! Ни жеста!* — *вскрикнул Раскольников, удерживая Разумихина; затем, подойдя чуть не в упор к Лужину:* — *Извольте выйти вон!* — *сказал он тихо и раздельно,* — *и ни слова более, иначе...* Ф. Достоевский. Преступление и наказание. **Изволь/те.** В знач. частицы. ▨ Да, согласен, пожалуйста, будь по-твоему (по-вашему). *«Позвольте мне сегодня пойти в гости»,* — *сказала однажды Настя, одевая барышню. «Изволь; а куда?»* А. Пушкин. Барышня-крестьянка. *[Купцы:] Да что триста! Уж лучше пятьсот возьми, помоги только. [Хлестаков:] Извольте: взаймы — я ни слова, я возьму.* Н. Гоголь. Ревизор. *[Тетерев:] Акулина Ивановна! А не осталось ли чего-нибудь от обеда? Каша или в этом роде чего-либо?.. [Акулина Ивановна:] Изволь, батюшка, есть. Поля, принеси-ка там... [Тете-*

рев:] Премного благодарен. М. Горький. Мещане. ♦ **Изволите видеть (понимать, представить...).** ⌛ *Вводн.* Учтив. формы привлечения внимания к тому, что сказал или намерен сказать адресант. — *Вот, изволите видеть, я тогда стоял в крепости за Тереком с ротой — этому скоро пять лет.* М. Лермонтов. Бэла. *«Вот твой царский стремянной Поклялся твоей брадой, Что он знает эту птицу <...>, И её, изволишь знать, Похваляется достать».* П. Ершов. Конёк-горбунок. *[Муромский:] <...> ну только возьми он этот камень да и заложи ростовщику Беку, — то есть не этот камень, а подложный, ваше превосходительство, — изволите понимать — подложный...* А. Сухово-Кобылин. Дело. ♦ **Не извольте беспокоиться.** ⌛ *Учтив.* **1.** Утешение, уверение собеседника (обычно высшего по положению) в благополучном исходе дела, в искренности намерений говорящего. — *Вхожу. <...> Тут же другие две девицы, сёстры, — перепуганы, в слезах. «Вот, говорят, вчера была совершенно здорова и кушала с аппетитом; поутру сегодня жаловалась на голову, а к вечеру вдруг вот в каком положении...» Я опять-таки говорю: «Не извольте беспокоиться», — докторская, знаете, обязанность, — и приступил.* И. Тургенев. Уездный лекарь. *[Мурзавецкая:] Вот и сослужи своей благодетельнице службу великую, избавь её от заботы! Ведь иссушил меня племянничек-то. [Чугунов:] Ничего-с, можно-с, не извольте беспокоиться.* А. Островский. Волки и овцы. *[Баян:] Я донесу... они легонькие... не извольте беспокоиться... за те же деньги.* В. Маяковский. Клоп. **2.** Формула учтив. опосредованного выражения благодарности за оказанный знак внимания, предлагаемую услугу («я не стою вашего беспокойства»), а также вежливого отказа от предложения, приглашения, совета. *[Хлестаков:] Что вы, господа, стоите? Пожалуйста, садитесь! [Артемий Филиппович:] Не извольте беспокоиться!* Н. Гоголь. Ревизор. **3.** Учтив. ответ на извинение, оправдание. *[Ольга:] Мне Павел Николаич сказывал... Мне это, поверьте очень неприятно... [Кузовкин:] Не извольте беспокоиться... Много благодарен... я так-с.* И. Тургенев. Нахлебник. ♦ **Не извольте гневаться (сердиться** и т. п.**).** ⌛ Учтив. извинение перед высшим по положению. *[Анна Андреевна:] Знаешь ли ты, какой чести удостоивает нас Иван Александрович? Он просит руки нашей дочери. [Городничий:] Куда! Куда!.. Рехнулась, матушка! Не извольте гневаться, ваше превосходительство: она немного с придурью, такова же была и мать её.* Н. Гоголь. Ревизор. *[Кузовкин:] А петь я не могу... Вы сами изволили видеть-с <...>. [Елецкий:] Ну, как вам угодно-с. [Кузовкин (тоскливо):] Не извольте на меня гневаться, Павел Николаич... [Елецкий:] И, полноте! С чего вы это взяли?* И. Тургенев. Нахлебник. ♦ **Не извольте огорчаться (отчаиваться** и т. п.**).** ⌛ Учтив. форма утешения высшего по положению. *[Михрюткин:] Ведь я пропал, совершенно пропал... Пропала моя головушка... Отнимут у меня и это последнее удовольствие... [Селиверст:] Не извольте отчаиваться, Аркадий Артемьич.* И. Тургенев. Разговор на большой дороге. ♦ **Не извольте сомневаться.** ⌛ То же, что ♦ **Не извольте беспокоиться** (в 1 знач.).

Из ко́лоса осьми́нка, из зерна коври́га! (♦ **Из колоска осьминка из единого зёрнышка каравай!**) ⌛ *Обл.* Приветственное пожелание жнецам.

Изменились. ♦ **Вы ничуть (совсем, совершенно) не изменились**, т. е. не постарели, выглядите молодо. Комплимент знакомому (знакомой) при встрече после длительной разлуки. Употр. чаще по отношению к лицам среднего и старшего возраста. ▱ *Здравствуйте, Валентина Николаевна!» — «Здравствуйте, здравствуйте!.. Я вас сразу и не узнала...» — «Да? А вот вы нисколько не изменились». — «Ну что вы... спасибо... Нет, Маша, годы идут... Ну, как вы?»* (1992). *[Рашель:] Ты, Люда, не изменилась, всё такая же милая, даже как будто и не выросла за эти два года. [Людмила:] Это плохо? [Рашель:] Конечно — нет!* М. Горький. Васса Железнова. ♦ **Как Вы изменились (повзрослели, похорошели...)!** ▱ *Как ты изменился! Окреп, возмужал. Совсем взрослый.* | ♦ **Как вы изменились!** Так иногда говорят не в силах скрыть удивления, чтобы не сказать «Как вы постарели!» *Но, войдя в комнату и сжимая веки от света, Ипполит Матвеевич увидел, что от былой красоты не осталось и следа. «Как вы изменились!» — сказал он невольно. Старуха бросилась ему на шею. «Спасибо, — сказала она, —*

я знаю, чем вы рисковали, придя ко мне. Вы тот же великодушный рыцарь».* И. Ильф, Е. Петров. 12 стульев.

Изумруд (ты) мой (брильянтовый, яхонтовый). ⌛ *Прост.* Ласк., преимущ. женск. обращение к мужчине, юноше. *Она отвечает. «Какие, — говорит, — такие дела? Отчего же их прежде не было? Изумруд ты мой брилиянтовой!» — да и протягивает опять руки, чтобы его обнять<...>. Постоянно он [князь] дома не сидит<...>, а Груша одна и в таком положении... в тягости. Скучает. «Мало, — говорит, — его вижу», — а перемогает себя и великатится: чуть заметит, что он день-другой дома заскучает, сейчас сама скажет: — Ты бы, — говорит, — изумруд мой яхонтовый, куда-нибудь поехал, прогулялся...* Н. Лесков. Очарованный странник. *«Пришла? Изумруд мой яхонтовый!..» — «Ой, Митя! У меня ноги подкашиваются».* Б. Можаев. Мужики и бабы. **Изумрудный, -ая; -ые.** *В знач. сущ.* (♦ **Изумрудный мой.** ♦ **Изумрудная моя).** ⌛ *Прост. Устинья Наумовна (целуясь с Липочкой): Вот и до тебя очередь дошла. Что это ты словно потолстела, изумрудная? Пошли, Творец! Чего ж лучше, как не красотой цвести!* А. Островский. Свои люди — сочтёмся!

Илье-пророку злат вене́ц, а хозяину здравствовать! ⌛ *Прост.* Приветствие-пожелание. *В Мышкинском сборнике (1779) указаны и такие приветы, которые не требуют ответа, таков тем, кто ест новую новинку (зелёную кашу или новый хлеб): «Илье-пророку злат венец, а хозяину здравствовать!» — ответ не требуется («промолчит»).* С. Максимов. Крылатые слова.

Именно. ♦ **Именно так.** ♦ **Вот именно.** *Разг.* Да, действительно, так. Формы подтверждения истинности сказанного собеседником, выражения согласия, солидарности с ним. Употр. нередко с целью поддержания беседы. *«Племянники не родные дети; нынче и на родных-то детей нельзя положиться; и в них иногда нет утешения». — «Именно так, именно...» — подтверждала Феоктиста Саввишна. Разговор ещё несколько времени продолжался на ту же тему. Наконец, Феоктиста Саввишна начала прощаться.* А. Писемский. Тюфяк. *«Пожалуй, и в самом деле к Васе поеду». — «Имянно, имянно! А я тебе логун мёду нацежу — воронка. Отвезёшь Васе. Выпьете... Авось и сойдётесь с ним. Поезжай, поезжай...»* Б. Можаев. Мужики и бабы. *Франсуаза вспыхивает: «А, вот что это значит! Я на улице спросила одну пожилую женщину, как найти нужную мне улицу, а она сказала мне «доченька». — «Вот именно, Франсуаза, она хотела обратиться к вам ласково».* Д. С. Лихачёв. Заметки о русском.

Иметь. Употр. в составе устойчивых формул вежливости, учтивости. ♦ **Имею (имел, буду иметь) счастье** (+ неопр. ф.). ♦ **Не имею (не имел) счастья** (+ неопр. ф.). См. Счастье. ♦ **Имею (имел, буду иметь) удовольствие** (+ неопр. ф.). ♦ **Не имею (не имел) удовольствия** (+ неопр. ф.). См. Удовольствие. ♦ **Имею (имел, буду иметь) честь** (+ неопр. ф.). ♦ **Не имею (не имел) чести** (+ неопр. ф.). См. Честь.

Имя (собственное, личное). **1.** Обращение по имени — самая распространённая форма обращ. к родственникам, друзьям и близким знакомым, равным или младшим по возрасту. Полное («паспортное») имя *Геннадий, Валентина* в обращ. употр. сравнительно редко, в основном к взрослым, при разговоре на серьёзную тему. В дореволюц. России пользование полным именем было прерогативой дворян. В неофиц. общении наиболее употребительны обиходные имена: *Гена, Валя.* В общении с детьми, друзьями, подругами используются имена с эмоционально-оценочными суффиксами: *Генаша, Генка; Валечка, Валюша, Валька,* а также звательные формы: *Ген, Валь.* Выбор той или иной формы имени в обращении определяется конкретной речевой ситуацией (характером взаимоотношений адресата и адресанта, предметом разговора, целью обращения), а также семейными и местными традициями. *Для отца он — Минька. Для матери — Минюшка. Для деда — в ласковую минуту — постреле́ныш, в остальное время, когда дедовские брови седыми лохмотьями свисают на глаза, — «Эй, Михайло Фомич, иди, я тебе уши оболтаю!» А для всех остальных: для соседок-пересудок, для ребятишек, для всей станицы — Мишка и «нахалёнок».* М. Шолохов. Нахалёнок. *Однажды, когда он [дядя Костя] выступал у них в седьмом классе, Генка Никитин спросил: «А за что вы получили орден Крас-*

ной Звезды?» — «Видишь ли, Геннадий...» — Он так и обратился по-взрослому — Геннадий. И стал рассказывать... В. Куропатов. Едришкина качель. [Наташа:] Андрюшанчик, отчего ты молчишь? [Андрей:] Так, задумался. А. Чехов. Три сестры. Раньше мать называла хохла Андрей Онисимович, а сегодня, не замечая, сказала ему: «Вам, Андрюша, сапоги-то починить надо бы, так вы ноги простудите». — «А я в получку новые куплю! — ответил он, засмеялся и вдруг, положив ей на плечо длинную свою руку, спросил: — А может, вы и есть родная моя мать? Только вам не хочется в том признаться людям, как я очень некрасивый, а?» Она молча похлопала его по руке. Ей хотелось сказать ему много ласковых слов, но сердце её было стиснуто жалостью, и слова не шли с языка. М. Горький. Мать. — Ой, Вань, гляди, какие клоуны! Рот — хоть завязочки пришей... Ой, до чего, Вань, размалёваны, И голос, как у алкашей! В. Высоцкий. Диалог у телевизора. **2.** ♦ **(Я)** (имя адресанта). ♦ **Меня зовут** (имя адресанта). ♦ **Моё имя (Павел. Анна...)**. Формулы представления при знакомстве с равным или старшим по возрасту, положению. *«Ну, чего же вы стоите? Можете сесть, вот здесь. — И она указала на камень. — Скажите, как вас зовут?» — «Я Павка Корчагин». — «А меня зовут Тоня. Вот мы и познакомились». Павка смущённо мял кепку. «Так вас зовут Павкой? — прервала молчание Тоня. — А почему Павка? Это некрасиво звучит, лучше Павел. Я вас так и буду называть».* Н. Островский. Как закалялась сталь. *Профессор представил сына: «Сын». — «Иван», — сказал сын. Иван тоже назвался: «Иван». Профессор засмеялся. «Нюра», — сказала Нюра. И подала ладонь лодочкой.* В. Шукшин. Печки-лавочки. ♦ **Это —** (имя представляемого лица). ♦ **Вот** (имя представляемого лица). Формулы представления посредником младшего (ребёнка, подростка, юноши, девушки) старшему по возрасту. *Все они вошли в комнату, девочки чинно присели перед гостем. — Вот-с, рекомендую, — проговорил хозяин, — мои дочки-с. Эту вот Катей зовут-с, а эту Настей, а эта вот моя свояченица, Марья Павловна...* И. Тургенев. Затишье. **3.** Эпист. Подпись, заключающая письмо к тому, кто обычно обращается к пишущему по имени. *Пока больше не знаю, что писать. / Любящий тебя Серёжа.* С. Есенин. Письмо Г. А. Панфилову, 1913. ‖ ▧ *«Молодые девушки подписываются полным собственным именем и фамилией; замужние дамы ставят только начальную букву своего имени и полную фамилию. В письмах к особам высокопоставленным подпись ставится в самом низу страницы, значительно отступая от текста письма».* Хороший тон. Правила светской жизни и этикета (1889).

Имя-отчество. 1. Обращение по имени-отчеству — самая распространённая в России XIX—XX вв. форма вежливого, уважительного обращения к взрослому человеку. В дореволюц. России «отчество могло иметь две формы: *Пётр Иванов сын* и *Пётр Иванович*. Первая форма отчества (получившая название полуотчества) надолго стала основной, официально употребляемой для лиц всех сословий. <...> При обращении к недворянам слово «сын» в обиходе обычно опускалось. <...> Вторая форма отчества (со старославянским — *вич*) со времени её возникновения на исходе XVI в. употреблялась как элемент особо почётной формы обращения (имя и отчество). Право пользоваться ею рассматривалось как милость, и сам государь указывал, кого следует писать с-*вичем*, <...> Екатериной было повелено особ первых пяти классов писать с-*вичем*, чинов VI—VIII классов — полуотчествами, а всех остальных — только по имени, без отчества. Именование с-*вичем* на этом этапе было несомненным признаком дворянской принадлежности. Затем эта форма отчества стала получать всё более широкое распространение в сфере частных отношений дворянства и чиновничества, а с середины XIX в. — и других сословий» (Л. Е. Шепелев. Титулы, мундиры, ордена Российской империи. Л., 1991). [Пётр I:] *«Молодец!.. Андрей Андреевич, пиши указ... Как тебя, — Жигулин Иван, а по батюшке?..» Жигулин раскрыл рот, поднялся, глаза вылезли, борода задралась... — «Так с отчеством будешь писать нас?.. Да за это — что хошь!..» И как перед Спасом, коему молился об удаче дел, повалился к царским ножкам...* А. Толстой. Пётр Первый. [Городничий:] *Эй, кто там? (Входит квартальный.) А, это ты, Иван Карпович! Призови-ка сюда, брат, купцов.* Н. Гоголь. Ревизор. — *Послушайте, Максим Максимыч!* — *сказал Печорин, приподнявшись,* — *ведь вы добрый человек,* — *а если отдадим дочь этому дикарю, он её зарежет или продаст.* М. Лермонтов. Бэла. — *За песни да за басни мне с восемнадцати годов имя было с отчеством. На промысле никакой работы задеть не давали. Кушанье с поварни, дрова с топора — знай пой да говори!* Б. Шергин. Двинская земля. — *Всех я навеличиваю. А прежде так, одним только именем у нас [в Сибири] не называли — нехорошо, неуважительно считалось. <...> Если девку полуименем назовут на улице, на людях — позор той девке! Уж обязательно навеличивали, не забывали о родительской чести <...>. Явятся ребята к нам и просят: «Дядя Иосиф, пустите Ксению Иосифовну на вечорку». <...> Гостей обносили рюмками обязательно на подносе и при этом каждого навеличивали.* П. Еремеев. Обиход. *Она [тётя Эдме] обращается ко мне так: «мадам Наташа». Я к ней: «мадам». Как не хватает здесь нашего доброго русского обычая имени-отчеств. И уважительность в этой манере обращения, и тепло, и дружелюбие. Лишь у нас в России...* Н. Ильина. Дороги и судьбы. **2.** В составе формул представления при знакомстве. *Тут Владимир-князь стал молодца выспрашивать: «Ты скажи-ко, ты откулешний, дородный добрый молодец, Тебя как-то молодца, да именем зовут, Величают, удалого, по отчеству?» Говорил-то старый казак да Илья Муромец: «Есть я с славного из города из Мурома, Из того села да с Карачарова, Есть я старый казак да Илья Муромец да сын Иванович».* Илья и соловей-разбойник. Былина. Зап. в 1871. *«Папаша,* — *сказал он [Аркадий],* — *позволь познакомить тебя с моим добрым приятелем, Базаровым, о котором я тебе так часто писал. Он так любезен, что согласился погостить у нас». Николай Петрович быстро обернулся и, подойдя к человеку высокого роста, в длинном балахоне с кистями, <...> крепко стиснул его обнажённую руку, которую тот не сразу ему подал. «Душевно рад,* — *начал он,* — *и благодарен за доброе намерение посетить нас; надеюсь... позвольте узнать ваше имя и отчество?»* — *«Евгений Васильев»,* — *отвечал Базаров ленивым, но мужественным голосом <...>. «Надеюсь, любезнейший Евгений Васильич, что вы не соскучитесь у нас».* И. Тургенев. Отцы и дети. *«А вы, смею спросить, тоже из господ будете?»* — *«Нет, я саратовский купец Никита Фёдоров Меркулов».* — *«Так-с. Хорошее дело, подходящее... <...> Я и сам, государь мой, алатырский купец Василий Петров Морковников».* П. Мельников (Печерский). На горах. *«Чего он испугался, чудак?»* — *удивился Давыдов, заметивший, как побледнел хозяин, как губы его едва шевелились, объятые дрожью. <...> «Гостем будете, проходите в горницу...»* — *«Я зашёл потолковать с тобой. Как имя-отчество-то?»* — *«Яков, сын Лукин»* — *«Яков Лукич? Так вот, Яков Лукич, ты очень хорошо, толково говорил на собрании о колхозе».* М. Шолохов. Поднятая целина. **3.** В дат. или им. пад. Разг. Форма приятельского, преимущ. мужск. приветствия. Употр. исключительно в устной форме при контактном общении. Нередко сопровождается приветственным жестом или рукопожатием. [Вероятно, сокращенная форма от (*Моё / наше почтение*) *Ивану Петровичу!* (*Привет*) *Константину Ивановичу!* (*Здравствуй/те*) *Николай Семёнович!* и т. п.]. *«Михал Михалычу!»* — *сказал Наседкин, протягивая через прилавок руку. «А! Иван Викторович»,* — *сдержанным ласковым баском ответил староста.* — *Все ли в добром здоровьичке?»* А. Куприн. Мирное житие. — *Павел Михайлович,* — *радушно поздоровался Залесский с Татищевым.* — *Сколько лет, сколько зим!* Н. Гарин-Михайловский. Вариант. — *Ивану Африкановичу,* — *сказал бригадир, подавая руку, и тоже сел на брёвна.* — *Как думаешь, не будет дожжа-то?* В. Белов. Привычное дело. *За три или четыре шага, прежде чем подать руку, он [А. Блок] делал приветливые глаза — прежде чем поздороваться и вместо привета просто констатировал ваше имя и отчество: «Корней Ив<анович>», «Николай Степ<анович>», произнося это имя как здравствуйте.* К. Чуковский. Дневник (запись 12 авг. 1921). **4.** Эпист. Подпись (обычно в сочетании с фамилией), заключающая письмо к малознакомому или незнакомому адресату. Имя и отчество пишутся полностью, чтобы адресат при ответе не затруднялся в обращении. *Простите, что, не зная вашего имени и отчества, не пишу его на адресе и в обращении к Вам.* Т. Сухотина

(Толстая). Письмо В. В. Вересаеву, 1902. ‖ Правила этикета требуют написания на конверте имени, отчества и фамилии адресата полностью. Если по каким-л. причинам это невозможно, имя и отчество заменяются инициалами; более вежливой считается форма с постановкой имени, отчества или инициалов перед фамилией адресата.

И на Вашей (нашей) улице будет праздник. *Посл.* См. Будет.

И на Машку бывает промашка. *Посл.* См. Бывает.

И на небе гро́зы бывают (случаются). *Посл.* См. Бывает.

И на старуху бывает проруха. *Посл.* См. Бывает.

И не нам чета́ без до́ли живу́т. ⌛ *Посл.* Употр. как форма утешения, ободрения себя и своих близких при испытании житейских тягот.

И не наши се́ни подла́мываются. ⌛ *Посл.* Говорится в утешение себе и своим близким в связи с утратой чего-л.

И почище нас, да слезо́й умыва́ются. ⌛ *Посл.* Употр. как форма утешения, ободрения себя и своих близких при испытании житейских тягот.

Искренний, -яя, -ое; -ие. Этикетный эпитет, интенсификатор вежливости, учтивости, употр. в составе формул приветствия, пожеланий, комплиментов, сочувствия и т. п. (преимущ. в эпист. стиле). *Примите же мой искренний привет и сердечное пожелание Вам всего доброго.* М. Горький. Письмо Г. Уэлсу, 1920. **Искренно (искренне).** *Нареч. Но я надеюсь всё это исправить — и во всяком случае благодарю Вас за память обо мне и приглашение. / Искренно Вам преданный / Ив. Тургенев.* И. Тургенев. Письмо О. А. Киреевой, 4 февр. 1860. *[Телятьев:] Честь имею вам представить друга моего, Савву Геннадьича Василькова. [Надежда Антоновна:] Очень приятно. [Васильков:] Искренно желал. Знакомства в Москве не имею.* А. Островский. Бешеные деньги. *Искренно Вам сочувствую и понимаю Ваше настроение <...> / Искренно уважающий Вас / Александр Блок.* Письмо В. П. Веригиной, 25 дек. 1906. ♦ **Искренне Ваш** (подпись адресанта). *Эпист.* См. Ваш. ♦ **Искренне преданный Вам** (подпись адресанта). *Эпист.* См. Преданный. ♦ **Искренне уважающий Вас** (подпись адресанта). *Эпист.* См. Уважать.

Испола́ть! *Междом.* [Греч. Σις πολλα ετη — «многие лета». Употр. в церковной службе для приветствования архиерея]. *[Африкан:] Воззри с небес, Боже, и виждь и посети виноград сей, его же насади десница твоя! [Монахи (внезапно запели):] Исполла эти, деспота!.. («Многая лета, владыка!»).* М. Булгаков. Бег.

♦ **Испола́ть тебе (Вам)!** ⌛ **1.** *Нар.-поэт.* Формула вежл. приветствия. *Возговорит сам батюшка Володимир-князь: Исполать тее, Соловейко-разбойничек! Как тея взял это Илья Муромец?* Илья и Соловей-разбойник. Былина из собр. П. В. Киреевского. **2.** *Возвыш.* Форма похвалы, благодарности и доброго пожелания: Хвала! Слава! Ай да молодец! Славно! Спасибо! ⚬ *Исполать вам, доблестные воины!* (СУ). ⚬ *Исполать тебе, парень, что потрудился.* СРНГ. | *Шутл. или ирон.* — *«Я здесь никого не знаю <...>, а берусь вам собрать в месяц пятьсот рублей». — «Ну, исполать вам!..» — засмеялся Николай Иванович.* В. Вересаев. Без дороги. *Суворин даже подпрыгнул на месте. — Да это, голубчик, чёрт знает, что вы говорите такое! <...> вы с двумя газетными евреями, испугавшись японского плена, решили, что самое лучшее, самое умное — это бежать в Петербург! Браво, г. Шуф! Спасибо! Исполать вам...* Н. Ежов. Алексей Сергеевич Суворин. ‖ *Обл.* Помоги Бог! ⚬ *Исполать, Дунюшка, жить с такой свекровью! Да другая и недели не прожила с ней.* СРНГ.

Исполне́ние жела́ний! ⌛ *Прост.* Пожелание чихнувшему. *Когда кто-нибудь чихал, о. дьякон издалека кричал весёлым голосом: «Исполнение желаний! За милую душу!» — и кланялся.* Л. Андреев. Жили-были.

Истинный, -ая, -ое; -ые. Этикетный эпитет, интенсификатор вежливости, учтивости, употребляемый в составе формул приветствия, пожеланий, комплиментов и т. п. (преимущ. в эпист. стиле). *С истинною преданностию честь имею пребыть Вашего превосходительства покорнейший слуга / Михайла Лермонтов.* М. Лермонтов. Письмо Н. Ф. Плаутину, февр.—март 1840. ♦ **Истинная правда (Ваша, твоя).** *Прост.* ♦ **Истинное слово (Ваше, твоё)!** *Прост.* ♦ **Истинно (так).** *Прост.* Формулы подтверждения истинности сказанного собеседником, выражения согласия, солидарности с ним. [*Гурмыжская:*] *А тем, что завтра же утром их здесь не будет. У меня не гостиница, не трактир для таких господ.* [*Улита:*] *Истинно, матушка-барыня.* А. Островский. Лес. «*Что ж,* — *подхватил Потап Максимыч.* — *Лишь бы вино с разумом ладило, а то отчего ж не прогулять до утра?*» — «*Истинно так*», — *подтвердила беседа, кроме Василья Борисыча.* П. Мельников (Печерский). В лесах.

К

-ка, *частица*. *Разг.* В обиходн. речи придаёт оттенок непринуждённости, простоты общения. Употребление словоформ с частицей -ка уместно при неофиц. обращении к родственнику, близкому знакомому, равному или младшему по возрасту, положению. *Ермолов, ездивший для осмотра позиции, подъехал к фельдмаршалу.* «*Драться на этой позиции нет возможности*», — *сказал он. Кутузов удивлённо посмотрел на него и заставил его повторить сказанные слова. Когда он проговорил, Кутузов протянул ему руку.* «*Дай-ка руку,* — *сказал он, и, повернув её так, чтобы ощупать его пульс, он сказал:* — *Ты нездоров, голубчик. Подумай, что ты говоришь*». Л. Толстой. Война и мир. — *Да знаешь ли что, Михей Андреич?* — *вдруг сказал Обломов.* — *Съезди-ка ты. Дело ты знаешь...* И. Гончаров. Обломов. — *На-ка, выпей лучше...* — *мягко попросила мать.* М. Горький. Мать. *Желаю Вам бодрости, а главное энергии. И беритесь-ка за хорошую работу,* — *в конце концов, это лучшее, что мы можем делать на сей земле.* / *Крепко жму руку.* / <...> *А. Фадеев.* А. Фадеев. Письмо С. М. Эйзенштейну, 16 янв. 1935. — *Давай-ка, сынок, избу-то приберём, а то здесь, как в хлеву.* Ф. Гладков. Вольница. **-ко. -кось. -ко́се. -ко́си. -ко́су. -ко́-те. -ко́тесь.** *Обл.* То же, что -ка. — *Кликни-ко мою!* — *крикнул Михаил издали Таньке, жене Зотьки-кузнеца.* Ф. Абрамов. Дом. — *Нет, сынок... Крышка...* — *Старик тяжело задышал:* — *Ох, да-кось воды... Помочи голову.* — *Он взглянул на колыхавшийся огонёк лампадки и перекрестился...* В. Шишков. Угрюм-река. ▱ *На-кося тебе калачика.* ▱ *Прочитай-ко-те.* СРНГ.

Кабы Вам пять-шесть сразу! *Прост.* Шутливое пожелание рыболовам-удильщикам.

Кавалер. [Франц. cavalier; итал. cavaliere — «всадник, кавалерист, воин, мужчина».] **1.** ⚔ *Прост. Вежл.* обращение к солдату. *Положение моё при всём этом было очень странное: мне, как солдату, всякий говорил ты, начиная от полковника и полковницы и до денщиков, одни только горничные были вежливее, называли меня кавалером, почтенным и Вакхом Сидоровичем.* В. Даль. Вакх Сидоров Чайкин... [*Грознов: Здравия желаю, ваше степенство! Барабошев: Как прозываешься, кавалер? Грознов: Сила Ерофеич Грознов.*] А. Островский. Правда — хорошо, а счастье лучше. «*А что, кавалер, тяжёленька служба-то ваша?*» — *спросил голова.* «*Как тебе сказать?.. Пошёл на службу, потерпи и нужду, без того нельзя*», — *отвечал солдат.* П. Мельников (Печерский). На горах. **2.** Обычно в сочет. с *мой, милый, любезный* и т. п. *Разг. Женск.* игривое обращ. к знакомому мужчине, чьи ухаживания она принимает. [*Лебёдкина (Николаю):*] *Ну, идёмте! (Поёт из «Периколы».)* «*Я готова, я готова!*» (*Николай берёт шляпу, повязывает на шею кашне.*) *Поживей, поживей, мой милый кавалер!* А. Островский. Поздняя любовь. ‖ ⚔ Обращ. женщины лёгкого поведения, проститутки к незнакомому мужчине. *Раскольников тронулся дальше.* «*Послушайте, барин!*» — *крикнула вслед девица.* «*Что?*» *Она законфузилась.* «*Я, милый барин, всегда с вами рада буду часы разделить, а теперь вот как-то совести при вас не соберу. Подарите мне, приятный кавалер, шесть копеек на выпивку!*» Ф. Достоевский. Преступление и наказание.

Кажется. ♦ **Мне кажется**, *вводн.* Употр. для смягчения категоричности суждения, содержание которого может быть неприятным для собеседника. [*Анна (искренно):*] *Я вам противна, да? Поймите,* — *я не могу жить иначе...* [*Лидия:*] *Простите меня... но, мне кажется, ваша... такая любовь* — *тяжела ему!* М. Горький. Варвары.

Казак, *м. и ж.* В знач. сказуем. *Прост.* Похвала, одобрение в адрес удалого, храброго мужчины, юноши. ‖ *Шутл.* В адрес бойкого, подвижного ребёнка, подростка, девушки, юноши. ▣ *Казак девка!* ▣ *Казак парень!*

Как. I. *Нареч. вопросит.* **1.** В составе вопросит. обращений при встрече со знакомым: *Как живёте? Как дела? Как успехи? Как самочувствие?* и т. п. Этикетные вопросы, имеющие множество стилистических вариантов, употребляются обычно после приветствия и служат знаками внимания к адресату, средством установления речевого контакта и, как правило, не требуют пространного ответа. Ответы нередко так же стереотипны, как и сами вопросы, и тоже являются своеобразными знаками речевого этикета. (См. «Ответы на вопросительные обращения» в Тематическом указателе.) В традициях русского общения на подобные вопросы не принято отвечать в слишком розовых тонах, тем более эмоционально сообщать о своих успехах и удачах ♦ **(Ну) Как Вы (ты; Ваши / твои близкие)?** *Разг.* Наиболее общий вопрос, означающий: *Как живёте? Как дела? Как успехи? Как самочувствие?* и т. п. [*Тропачев:*] *А, вот вы? Ну, как вы?* [*Кузовкин:*] *Слава Богу-с — покорнейше благодарю-с.* И. Тургенев. Нахлебник. *Дверь скрипнула. Рукавов оглянулся и увидел прижавшегося к притолоке и молча на него смотревшего Заклятьева. — А, здравствуйте! — равнодушно сказал Рукавов. — Вот приятный визит. Входите... Ну, как дома? Всё благополучно? Чаю хотите?* А. Аверченко. Сазонов. ♦ **Как (Ваши, твои) дела?** *Разг.* К равному или младшему по возрасту, положению. *«Ну, как дела? — спросил Колька Бирюков <...>. — Как жизнь?» — «Ничего, — ответил я. — Нормально».* А. Рекемчук. Мальчики. *Муравей сороконожке Повстречался на дорожке. — С добрым утром! Как дела? — Сорок лапок подала. И пока он лапки жал, Тут и вечер набежал.* Э. Гольцман. Встреча. ♦ **Как делишки?** ♦ **Как делишки, как детишки (как здоровьице твоё)?** ♦ **Как делишки? Сколько на сберкнижке?** *Разг., шутл., дружеск.* ▣ *«Ой, Светка, здравствуй!» — «Приве-ет!!» — «Ну, как ты? Как делишки, как детишки?» — «Ничего, а ты как?» — «Да я тоже ничего, учусь вот»* (1995). ♦ **Как (Вы) живёте (поживаете)?** ♦ **Как живёшь?** ♦ **Как поживаешь?** ♦ **Как поживают (Ваши, твои) (близкие)?** *Разг.* Наиболее распространённые вопросительные обращения к знакомым при встрече. [*Капочка:*] *Здравствуйте, дяденька!* (*Подходит и целует дядю.*) [*Неуеденов:*] *Как живёшь, Капочка?* (*Садится.*) [*Капочка:*] *Слава Богу, дяденька. Покорно вас благодарю.* А. Островский. Праздничный сон до обеда. *«Как твои поживают?» — спросила Манефа Самоквасова. — Дядюшка Тимофей Гордеич здоров ли... Тётушка, сестрицы?» — «Здравствуют вашими святыми молитвами», — ответил Пётр Степаныч.* П. Мельников (Печерский). В лесах. *На одной из бойких улиц города Илья увидал Пашку Грачёва. <...> «Каким ты фертом...» — сказал Илья. Пашка крепко стиснул его руку и засмеялся. Его зубы и глаза блестели под маской грязи весело. «Как живёшь?» — «Живём, как можем, есть пища — гложем, нет — попищим, да так и ляжем!.. А я ведь рад, что тебя встретил, чёрт те дери!»* М. Горький. Трое. *«Как живёшь?» — спросил Алмазов у Семёна растерянно, не зная, о чём сказать. «Как живём?» — опять завопил Семён. — Живём — хлеб жуём. Наша житье известная».* И. Соколов-Микитов. Пыль. *«Как поживаете?» — «Ничего себе. Вы как?» — «Спасибо. До свидания. Заходите». — «Зайду. До свидания. Спасибо».* А. Аверченко. День человеческий. *Людмила Караваева встретила возле универмага давнюю подругу Галину Зайцеву. «Здравствуй». — «Здравствуй. Как поживаешь?» — «Да живу помаленьку. А ты?» — «Ой, да что я. Галина махнула рукой, горестно вздохнула. — Беда у нас».* В. Куропатов. Единственная возможность. ♦ **Как живёте-можете (живёшь-можешь; живётся-можется)?** ⌛ *Прост.* [*Аграфена Кондратьевна:*] *Кушай, батюшка, на здоровье! Садиться милости просим; как живёте-можете?* [*Рисположенский:*] *Какое уж наше житьё! Так, небо коптим, Аграфена Кондратьевна.* А. Островский. Свои люди — сочтёмся! *Зиновий Борисыч вошёл, озираясь, помолился, зажёг свечу и ещё огляделся. «Как живёшь-можешь?» — спросил он супругу. «Ничего», — отвечала Катерина Львовна и, приставая, начала надевать распашную ситцевую блузу.* Н. Лесков. Леди Макбет Мценского уезда. | *Шутл. Лишь в воскресные дни* [*отец*], *садясь за стол, спрашивал, посмеиваясь: «Ну, Настасья Петровна, как живёте-можете, растёте-ма-*

тереете?» — «Ничего, папаня... матереем!» в тон ему пищала восьмилетняя Настасья Петровна. Л. Леонов. Барсуки. ▭ *Как живёте-можете, удальцы-мужчины?* ♦ **Как живёте-кормитесь?** ⌛ *Прост. и обл. Вежл.* крестьянское обращение; как поживаете? (В. Даль). ♦ **Как живёте-любитесь?** *Прост. и обл.* При встрече с молодожёнами. *А Аксинья при встречах смутно улыбалась, темнея зрачками, роняла вязкую тину слов: «Здорово, Гришенька! Как живёшь-любишься с молодой жёнушкой?» — «Живём...» — отделывался Григорий неопределённым ответом и норовил поскорее уйти от ласкового Аксиньиного взгляда.* М. Шолохов. Тихий Дон. ♦ **Как живёте, хлеб жуёте?** *Прост., шутл.* *«Как живёте, хлеб жуёте?» — деловито спросил Лёшка. «А чего нам делается? Нового председателя поставили».* С. Воронин. Проездом. ♦ **Как живёте, караси?** *Разг., шутл.* К близким друзьям, к детям. *Затем он [Маяковский] спросил традиционное: «Как живёте, караси?» — «Ничего себе, мерси», — отвечал я столь же традиционно. Это было двустишие из моей уже давно изданной детской книжечки под названием «Радиожираф», которое понравилось Маяковскому, и он пустил его в ход, так что в нашей компании, а потом по всей Москве оно сделалось как бы шуточным военным паролем.* В. Катаев. Трава забвенья. ♦ **Как живёте, как животик (не болит ли голова)?** *Разг., шутл.* К близким друзьям, к детям. [Из детск. стихотворения В. В. Маяковского «Кем быть?»] ♦ **Как жизнь?** *Разг.* К близкому знакомому, равному или младшему по возрасту, положению. ▭ *— Как жизнь? — Лёг — свернулся, встал — встряхнулся (вот моя жизнь).* В. Даль. *«Как жизнь, Паша?» — спросил Синцов, сев в «виллис» позади Артемьева. «Пока плохая», — сказал Артемьев.* К. Симонов. Живые и мёртвые. | *На обычное «Как жизнь?» Светлов отвечал по-разному, но всегда очень серьёзно: «Постепенно». «Задумчиво». «Соответственно».* В. Субботин. 1000 фраз Светлова. ♦ **Как жизнь молодая?** *Разг., шутл.* или *фамильярн.* *Петра Родька тоже зачислил в свои родственники: «Как жизнь молодая, дядя Петя?» Не свои, чужие слова, даже фамильярные, а Петру было всё-таки приятно.* Ф. Абрамов. Дом. ♦ **Как (Ваше, твоё; у Вас, у тебя) житьё (житьё-бытьё)?** *Прост.* — *Как ваше житьё? — Наше житьё: вставши да за вытьё. (Наготьё да босотьё).* В. Даль. *Федот примотал вожжи; свесил ноги, прилёг поудобней. Вздремнуть ему не удалось. «Как у вас житьё?» — спросил Штокман, подпрыгивая и качаясь на сиденье. «Живём, хлеб жуём».* М. Шолохов. Тихий Дон. ♦ **Как житьишком?** ⌛ *Прост.* Как увидят, [рабочие Таютку] сейчас разговор: «А, Натал Гаврилыч!» — «Как житьишком, Натал Гаврилыч?» — «Отцу пособлять пришёл, Натал Гаврилыч? Дело, друг, дело». П. Бажов. Таюткино зеркальце. ♦ **Как (Ваше, твоё) здоровье?** ♦ **Как здоровье (Ваших близких)?** ♦ **Как здоровьишко?** *Прост.* ♦ **Как Вы (ты) в своём здоровье?** ⌛ *Обл.* **Как здоровьем?** *Прост.* ♦ **Как живы-здоровы?** *Прост.* Обычные вопросы при встрече со знакомым любого возраста (чаще в обращ. к взрослому, пожилому человеку). *[Балагалаев:] Ну, как ты? (Садится.) [Мирволин:] Слава Богу-с, Николай Иваныч, слава Богу-с. Как вы в своём здоровье? [Балагалаев:] Я ничего. В городе был?* И. Тургенев. Завтрак у предводителя. *[Бородкин:] Наше вам почтенье, Авдотья Максимовна. [Авдотья Максимовна:] Здравствуйте, Иван Петрович. Здорова ли ваша маменька? [Бородкин:] Слава Богу, покорно вас благодарю. Ваше как здоровье-с? [Авдотья Максимовна:] Понемножку. Вы тятеньку дожидаетесь?* А. Островский. Не в свои сани не садись. *Дед Гришака держал на коленях Библию. Из-под очков в позеленевшей медной оправе он глянул на Григория, открыл в улыбке белозубый рот. «Служивый? Целенький? Оборонил Господь от лихой пули? Ну слава Богу. Садись». — «Ты-то как здоровьем, дедушка?» — «Ась?» — «Как здоровье, говорю?»* М. Шолохов. Тихий Дон. *«Как здоровьишко, отец?» — спросил его Фёдор. «Хорошо, Бог милует».* В. Шукшин. Любавины. ▭ [Корр.:] *Вопрос, так сказать, человеческий: как здоровье? [Ю. Никулин:] Ничего. Как у нас в цирке говорят: «Как здоровье?» — «Наливай!» Это значит: ничего ещё. (Из телеочерка «Все любят цирк», 1991).* | *У входа в своё потасканное заведение стоял, прислонясь к дверному косяку и скрестив руки, гробовых дел мастер Безенчук. <...> «Почёт дорогому гостю!» — прокричал он скороговоркой, завидев Ипполита Матвее-*

вича. — С добрым утром!» Ипполит Матвеевич вежливо приподнял запятнанную касторовую шляпу. «Как здоровье тёщеньки, разрешите узнать?» И. Ильф, Е. Петров. 12 стульев. ♦ **Как здравствуете (здравствуешь)?** *Обл.* Как здоровье? Всё ли благополучно? Этикетный вопрос при встрече со знакомым. *Остановив Власову, он [трактирщик] одним дыханием и не ожидая ответов закидал её трескучими и сухими словами: — Пелагея Ниловна, как здравствуете? Сынок как? Женить не собираетесь, а? Юноша в полной силе для супружества.* М. Горький. Мать. ♦ **(Ну,) Как оно "ничего"?** *Прост., шутл.-фамильярн.* Вопрос при встрече, то же, что Как жизнь? Как дела и т. п. *Обращаясь к попутчикам, новый пассажир говорил с развязной фамильярностью, будто век знал их. Слова сыпал часто, с присвистом: — Приветик, хлопцы! Ну как оно "ничего"? Едем, выходит? Красота!* И. Акулов. В вечном долгу. ♦ **Как (Ваше, твоё) самочувствие?** ♦ **Как Вы себя чувствуете? (Как ты себя чувствуешь?)** *Разг.* Как здоровье? Как настроение? *[Обольянинов:] Зоя, к вам можно? [Зоя:] Нет, Павлик, погодите, я ещё не одета. Как вы себя чувствуете? [Обольянинов:] Сносно. Мерси.* М. Булгаков. Зойкина квартира. *Вздохнув, Бомзе двинулся навстречу другому служащему. «Ну, что, — спросил он, заранее печально улыбаясь, — как самочувствие?» — «Да вот, — сказал собеседник, — сегодня утром из командировки…»* И. Ильф, Е. Петров. Золотой телёнок. *[Из разговора приятелей по телефону:] «Как ты себя чувствуешь?» — «Благодарю, хорошо. Ты как?» — «Приезжай — увидишь. Есть новости из Кривощёкова».* В. Лихоносов. Когда же мы встретимся? ‖ К тому, кто болен или недавно перенёс болезнь, волнения, неприятности. *[Тетерев:] Вы как? Лучше чувствуете себя? [Татьяна:] Ничего, спасибо. Меня об этом спрашивали раз двадцать в день… Я чувствовала бы себя ещё лучше, если б у нас было менее шумно.* М. Горький. Мещане. *«Лежите, лежите, что вы! — воскликнула девушка, подходя к Гринькиной койке <…>. — Как вы себя чувствуете? <…>» — «Железно», — сказал Гринька.* В. Шукшин. Гринька Малюгин. ♦ **(Ну, Ну-с) Как мы себя чувствуем?** *Разг.*, нередко с оттенком наигранной бодрости. Обращение доктора к больному. *[Доктор:] Здравствуйте! Как мы себя чувствуем? [Булычов:] Неважно. Плоховато лечишь, Нифонт Григорьевич. <…> Ты давай мне самые злые, самые дорогие лекарства: мне, брат, обязательно выздороветь надо!* М. Горький. Егор Булычов и другие. ♦ **Как (Вас, тебя) Бог (Господь) милует?** ⌛ *Прост.* Как поживаете? Всё ли благополучно? *Вошед не торопясь в избу, он [Воропаев] отсунул от себя левой рукой старуху свою, которая, закричав от радости: «Ох ты, родимый мой!» — бросила было веретено своё и кинулась сдуру обнимать мужа. Он помолился преспокойно иконам, между тем как жена заливалась слезами; потом уж вымолвил: «Здравствуйте», поцеловал старуху свою, дочерей, малых сыновей и внуков. Вошли и приезжие четыре сына. <…> Вскоре сбежались и замужние дочери и кто был на селе из зятьёв; тут пошли шурья, свояки, свояченицы, тёщи, невестки, кумы, кумовья — русский человек без сродников не живёт, — и набралась полная изба. Отцу своему Воропаев-отец поклонился в ноги, жена ему поклон в ноги; словом, всё пошло своим порядком, и сродники кланялись низко отцу, дюжему плотнику, целовались с сыновьями его, говорили приличные речи, как следует по закону, например: «Как вас Бог миловал? Подобру ли, поздорову? Соскучились мы по вас совсем» — и прочее…* В. Даль. Хмель, сон и явь. *[Целовальник] тряхнул головой и обратился к гостю. «Ну, что же, Прохор Порфирыч, как Бог милует?» — «Вашими молитвами». — «Нашими? Дай Господи! За тобой двадцать две…»* Г. Успенский. Нравы Растеряевой улицы. ♦ **Как (Вас, тебя) Бог носит?** ⌛ *Обл.* Как живёте? ▭ *— Ну, как Бог носит ноне, кума?* СРНГ. ♦ **Как тебя Дух Святы́й соблюдает?** ⌛ *Обл.,* (отмечено у старообрядцев). Как живёшь? *«Как тебя Дух Святый соблюдает, Пахомушка?» — спросил хозяин, когда приезжий уселся на стул возле больной. «Хранит покамест милостивый, — отвечал Пахом. — Слава в вышних ему!»* П. Мельников (Печерский). На горах. ♦ **Как Ваше спасенье?** В обращении к монаху или монахине. *«Ну как вас, дорогих моих, Господь милует? Здоровы ли все у вас?» — спрашивала Манефа, садясь на кресло и усаживая рядом с собой Аграфену Петровну. «Вашими святыми молитвами, — отвечали зараз и муж и жена. — Как ваше спасенье, матушка?» — «Пока милосердный Господь грехам терпит, а впредь уповаю на милость Всевышнего», — проговорила уставные слова игуменья, ласково поглядывая на Аграфену Петровну. П. Мельников (Печерский). В лесах. ♦ **Как спали? ♦ Как спалось? ♦ Как почивали (спали-почивали) (весело ли вставали)?** ▨ *Прост., шутл.* ♦ **Как встали, ночевали?** ▨ *Прост.* Обращ. к родственникам, близким знакомым, гостям при утреннем приветствии. *Встав с постели, Аркадий раскрыл окно — и первый предмет, бросившийся ему в глаза, был Василий Иванович <…>. Он заметил своего молодого гостя и, опершись на лопатку, воскликнул: «Здравия желаем! Как почивать изволили?» — «Прекрасно», — отвечал Аркадий.* И. Тургенев. Отцы и дети. [*Устинья Наумовна (целуясь):*] *Здравствуй, Аграфена Кондратьевна! Как встала, ночевала, всё ли жива, бралиянтовая?* [*Аграфена Кондратьевна:*] *Слава Создателю! Живу — хлеб жую; целое утро вот с дочкой балясничала.* А. Островский. Свои люди — сочтёмся! [*Маша:*] *Здравствуйте.* [*Варвара (целует её):*] *Как спали, дорогие мои?* [*Маша:*] *Благодарю вас.* [*Князь:*] *Я спал как младенец.* А. Н. Толстой. Касатка. (*Из соседней комнаты выходит Нина. Она в халате и с полотенцем на плече.*) [*Нина (Сильве):*] *Доброе утро...* (*Бусыгину*) *Ну, здравствуй... братец...* (*Бусыгин и Сильва здороваются.*) *Как спалось?* [*Сильва:*] *Спасибо, хорошо.* А. Вампилов. Старший сын. ♦ **Как (работа) работается? ♦ Как отдохнули? ♦ Как съездили (доехали, добрались)? ♦ Как настроение? ♦ Как успехи? ♦ Как учёба?** и т. п. Вопросы частного характера при встрече со знакомым, чаще — к равным или младшим по возрасту, положению. См. также: Каков. Каково. ♦ **Как Вы думаете (Как ты думаешь)?** *Разг.* Вопросит. обращение с целью получить совет, выяснить мнение, заручиться согласием, поддержкой собеседника. «*Маменька, знаете, что мне в голову пришло? <…> Как вы думаете, не заняться ли мне медициной?» — «Как знаешь, мой друг, — отвечала с обычной кротостью Бельтова, — одно страшно, Володя, надобно будет тебе подходить к больным, а есть прилипчивые болезни».* А. Герцен. Кто виноват? «*Как ты думаешь, Сергей, верно я поступила?» — непривычно робко спросила Варя. «Снявши голову, по волосам не плачут. Огрела Горемыкина, об этом и вспоминать не стоит, значит, того заслужил».* А. Степанов. Семья Звонаревых. **2.** В составе вопросит. обращений при знакомстве без посредника с равным или младшим по возрасту, положению. ♦ **Как Вас (тебя) зовут (звать)? ♦ Как Ваше (твоё) имя (имя-отчество)? ♦ Как Вас звать (величать) прикажете?** ▨ *Прост., учтив.* ♦ **Как Вас по батюшке?** *Прост.* ♦ **Как (Ваша, твоя) фамилия?** *Офиц.* ♦ **Как он (она) Вам доводится?** *Прост.* См. Доводиться. ♦ **Как тебя жалуют?** ▨ *Обл.* См. Жаловать. ♦ **Как ты пишешься?** ▨ *Прост.* и *обл.* Как твоя фамилия (имя, отчество)? «*А как тебя зовут, моя певунья?» — «Кто крестил, тот знает». — «А кто крестил?» — «Почему я знаю».* М. Лермонтов. Герой нашего времени. ▭ [*Лавочник (покупателю):*] *Как ваше имечко с отчеством по папаше? Иван Терентьевич? Покажите Ивану Терентьевичу что есть наилучшего, дайте приём по чести и положению.* Е. Иванов. Меткое московское слово. *Вот* [*Илюха*] *и спрашивает: «Ты чья, красна девица? Скажись, как тебя звать-величать?» Девчонка усмехнулась и говорит: «Бабкой Синюшкой люди зовут, а гораздому да удалому, да простой душе и такой кажусь, какой видишь».* П. Бажов. Синюшкин колодец. «*Как вас звать?» — спросил Егорка. «Лиза. А вы Дима... А вы...» — «А он Егор». — «Вот и чудесно. — Она посмотрела на обоих, сравнила. Каждому из них хотелось понравиться ей. — Чудесно. Будем поступать втроём».* В. Лихоносов. Когда же мы встретимся? «*Деда! — с той же непринуждённой улыбкой сказала девушка. — К нам гость». <…> — «Ну вот и хорошо. А я как раз самовар ставил. Как звать-то прикажешь?» — «Алексеем», — улыбнулся Алёша. «Доброе имя», — похвалил старик.* Б. Метальников. Алёшкина любовь. **3.** *Нареч. определительное.* Очень, весьма, чрезвычайно. Употр. в качестве интенсификатора экспрессивности в формулах приветствия, просьбы, благодарности, пожеланий, комплиментов. ♦ **Как я рада (счастлива) (видеть Вас)! ♦ Как было бы чудесно, если бы Вы** (сделали то, о чём прошу)! ♦ **Как я Вам благодарна! ♦ Как выросла (посвежела, похорошела...)! ♦ Как Вы добры (смелы, великодушны...)! ♦ **Как Вам идёт (это платье, эта стрижка...; улыбаться...)!** ♦ **Как Вы хорошо (молодо...) выглядите!** и т. п. *Бедный дяденька, вам будет холодно, а вы и не напомнили, когда я был с вами, про тулуп, а между тем ещё и своё отдали. Ах, как вы добры!* Н. Гоголь. Письмо П. П. Косяровскому, 3 окт. 1827. *[Городничий:] Осмелюсь представить семейство моё: жена и дочь. [Хлестаков (раскланиваясь):] Как я счастлив, сударыня, что имею в своём роде удовольствие вас видеть. [Анна Андреевна:] Нам ещё более приятно видеть такую особу.* Н. Гоголь. Ревизор. *[Грознов:] Купец от ваших денег не разбогатеет, а себя разорите. [Зыбкина:] Уж как я вам благодарна! Женский ум, что делать-то, всего не сообразишь...* А. Островский. Правда — хорошо, а счастье лучше. *— Как ты посвежела, Долленька, — говорил он жене, ещё раз целуя её руку...* Л. Толстой. Анна Каренина. *— Здравствуй, голубушка моя Настасьюшка, — говорила Аграфена Петровна, крепко обнимая подругу детства. — Ох ты моя пригожая! Ох ты моя любезная!.. Да как же ты выросла, да какая же стала пригожая!..* П. Мельников (Печерский). В лесах. *Надев на Антонину туфли, она потащила её вместе с платьем к столу, и, пока Антонина примётывала подол, Женя уже гладила рукава. — Ах ты, дуся моя, — говорила она, поправляя на ней рюши и воланы, — если бы ты только знала, как к тебе это идёт! И ничего, что летнее, мужики — дураки, они не понимают.* Ю. Герман. Наши знакомые. **4.** В составе формул выражения согласия с решением, распоряжением собеседника или ответа на его отказ. ♦ **Как (Вам, тебе) угодно.** См. **Угодно**. ♦ **Как прикажете.** ⛛ Ответ высшему по положению. ♦ **Как знаете (знаешь).** *«Ну, что тебе надобно?» — спросил я его наконец. «А так-с, пришёл узнать-с, что не могу ли их благородию чем-нибудь-с...» — «Не нужен ты мне; ступай». — «Как прикажете-с, как угодно-с... Я думал, что, может быть-с, чем-нибудь-с...»* И. Тургенев. Жид. *«Оставьте меня, пожалуйста!» — «Как знаете!.. Вольному воля, спасённому рай, только напрасно вы не соглашаетесь...»* А. Чехов. Утопленник. **II.** *Частица.* В составе формулы утвердительного ответа: ♦ **Как не (+** неопр. или личн. ф. глагола из последней реплики собеседника**).** *Разг. «Скажи, пожалуйста, — сказал Лугин после некоторого молчания, сунув дворнику целковый, — кто живёт в двадцать седьмом номере?» Дворник поставил метлу к воротам, взял целковый и пристально посмотрел на Лугина. «В двадцать седьмом номере?.. да кому там жить! он уж Бог знает сколько лет пустой». — «Разве его не нанимали?» — «Как не нанимать, сударь, нанимали».* М. Лермонтов. У граф. В... был музыкальный вечер. *«Ну, приходи на Андрюшу взглянуть: я тебя велю накормить, одеть, а там как хочешь!» — сказал Штольц и дал ему денег. «Приду; как не прийти взглянуть на Андрея Ильича? Чай великонек стал! Господи! Радости какой привёл дождаться Господь! Приду, батюшка, дай Бог вам здоровья и несчётные годы...» — ворчал Захар вслед уезжавшей коляске.* И. Гончаров. Обломов. *[Борис:] Знали бабушку нашу Анфису Михайловну? [Кулигин:] Ну как не знать! [Кудряш:] Как не знать!* А. Островский. Гроза. *«Вон топор-от бы насадил мне, уж до чего дожили, что чурку исколоть нечем стало». — «Как не насадит, насадит».* В. Белов. Привычное дело. ♦ **Как же! (Как же, как же!)** ♦ **А (то) как же!** *Разг.* Да, конечно, само собой разумеется. Утвердительный ответ на вопросительное обращение; согласие со словами собеседника. *[Хлестаков:] И что же, скажите пожалуйста, есть у вас детки? [Артемий Филиппович:] Как же-с, пятеро; двое уже взрослых.* Н. Гоголь. Ревизор. *«Очень, очень жалко, — проговорила Марья Дмитриевна. — По-родственному, ведь он мне, Сергей Петрович, вы знаете, внучатный племянник». — «Как же-с, как же-с. Как мне не знать-с всего, что до вашего семейства относится? Помилуйте-с».* И. Тургенев. Дворянское гнездо. *«Комбайн работал?» — спросил наконец Семён. — «А как же».* С. Антонов. Поддубенские частушки. ♦ **Как можно!** См. **Можно**. **III.** *Союз сравнительный.* **1.** В составе разг. и прост. формул ответов на вопросительные обращения при встрече: *Как дела? Как жизнь? Как живёшь (поживаешь)?* и т. п. ♦ **(Дела) Как сажа бела.** *Разг., шутл.* ♦ **(Жизнь) Как в Польше: тот пан, у кого денег больше.** *Разг., шутл.* ♦ **Как у картошки: если зимой не съедят, весной (обязательно) посадят.** *Прост., шутл.-фа-*

мильярн., *преимущ. мужск.* ♦ **Как у арбуза: живот растёт, а хвостик вянет.** *Прост., шутл.-фривольное, мужск.* ♦ **Как на пароходе: горизонты широкие и земли не видать, тошнит, но плывём.** *Разг., шутл.* ♦ **Как у жёлудя: кругом одни дубы, и каждая свинья съесть норовит.** *Разг., шутл.-ирон.* ♦ **Как в сказке: чем дальше, тем страшнее.** *Разг., шутл.* ♦ **Как у пуговицы: что ни день, то в петлю.** *Разг., шутл.* и др. Мария присела к нему на кровать. «Как дела?» Ивлев усмехнулся, глотнул пересохшим горлом. «Как сажа бела». В. Шукшин. Любавины. **2.** В составе комплиментов в форме сравнения. ♦ **(Вы, ты) (сегодня, в этом наряде…) Как цветочек.** См. Цветочек. ♦ **Как картинка.** ♦ **Как королева.** См. Королева. ♦ **Как куколка.** См. Куколка. ♦ **(Вы поступили, повели себя…) Как (настоящий) джентльмен.** См. Джентльмен; и т. п.

Каков, -а́, -о́; -ы́. **1.** *Местоим. вопросительное.* В составе разговорно-обиходных и просторечных формул вопросительных обращений к знакомому при встрече выполняет ту же функцию, что и вопросит. наречия К а к. К а к о в о. ♦ **Каковы Ваши (твои) дела?** ♦ **Какова здоровьем?** и некот. др. Он [князь], бывало, если проиграется где-нибудь ночью, сейчас утром, как встанет, идёт в архалучке ко мне в конюшню и говорит: «Ну что, почти-полупочтеннейший мой Иван Северьяныч! Каковы ваши дела?» — он всё этак шутил, звал меня почти-полупочтенный, но почитал, как увидите, вполне. А я знал, что это обозначает, если он с такой шуткой идёт, и отвечу, бывало: «Ничего, мол: мои дела, слава Богу, хороши, а не знаю, как ваше сиятельство, каковы ваши обстоятельства?» Н. Лесков. Очарованный странник. *Степановна слушала и тоже успевала говорить:* «А я, матушка, уж давно к вам собиралась-то, а тут, думаю, дай-ко схожу попроведаю». — «Дак какова здоровьем-то?» — «И не говори, Евстольюшка, две неделюшки вылежала, и печь не могла топить, вот как руки тосковали». В. Белов. Привычное дело. **2.** *Местоим. определительное.* Выполняет ту же функцию, что и местоим. Какой (во 2 знач.) в разговорно-обиходных формулах экспрессивной похвалы, комплимента с от-

тенком удивления, восхищения. *Каков красавец! Каков молодец! Какова девка!* и т. п. — Ого! — вскричал генерал, смотря на образчик каллиграфии, представленный князем, — да ведь это пропись! Да и пропись-то редкая! Посмотри-ка, Ганя, каков талант! Ф. Достоевский. Идиот.

Каково́. *Нареч. вопросит. Прост.* В составе вопросит. обращений при встрече со знакомым. То же, что Как (в I. 1 знач.). ♦ **Каково живёте (живёшь, живёшь-можешь)?** ♦ **Каково поживаешь (поживаете; поживается)?** ♦ **Каково (Ваши, твои) дела (делишки) идут?** ♦ **Каково здоровье (твоё, Ваше)?** ♦ **Каково Вы в своём (Вашем) здоровье?** ♦ **Каково спали (спалось; почивали)?** ♦ **Каково спали-ночевали, весело ли вставали?** *Шутл.* ♦ **Каково (Вас, тебя) Бог носит?** ⌾ *Обл., шутл.* ♦ **Каково Вас Господь перевёртывает?** ⌾ *Обл., шутл.* Как поживаете? (Шутл. ответ: ♦ **Да перекладываемся из кулька в рогожку**); и др. «Ну, что, брат, каково делишки, Клим, идут?» <…> — «Делишки, барин? Да не худо». И. Крылов. Откупщик и Сапожник. *Каково здоровье твоё, душа моя?* А. Дельвиг. Письмо А. С. Пушкину, 20 марта 1825. [Подхалюзин:] А! Устинья Наумовна! Сколько лет, сколько зим-с! [Устинья Наумовна:] Здравствуй, живая душа, каково попрыгиваешь? [Подхалюзин:] Что нам делается-с. А. Островский. Свои люди — сочтёмся! «Что, гости дорогие, каково спали-ночевали, весело ли вставали?» — радушно улыбаясь, приветствовал Потапа Максимыча с товарищами отец Михаил. «Важно спали, честный отче!» — ответил Потап Максимыч… П. Мельников (Печерский). В лесах. *Вот она и выходит к чаю, обнимает мужа:* — Каково почивал, миленький? Н. Чернышевский. Что делать? Подыметё [занавесочку] — значит, с добрым утром, Макар Алексеевич, каково-то вы спали, или: каково-то вы в вашем здоровье, Макар Алексеевич? Ф. Достоевский. Бедные люди. *Дьячиха встретила Арефу довольно сурово. Она была занята своею бабьей стряпнёй* <…>. «Здравствуй, Домна Степановна». — «Здравствуй, Арефа Кузьмич. Каково тебя Бог носит? Забыл ты нас совсем». Д. Мамин-Сибиряк. Охонины брови. «Здорово, Степановна!» — Иван Африканович бодрился, стукал нога об ногу. «Проходи-ко, Африканович, куда ездил-то? А это кто с тобой, не Михайло?» — «Он, он». ‹...› — «Каково живёшь-то?» — «А добро!» — сказал Иван Африканович. «Ну и ладно, коли добро. Не родила ещё хозяйка-то?» — «Да должна вот-вот». В. Белов. Привычное дело. ♦ **Каково, а?** *Разг., экспрессив.* Форма выражения удивления, восхищения.

Какóй, -áя, -óе; -и́е. *Местоим.* **1.** *Вопросит.* В составе вопросит. обращений при знакомстве с собеседником. ♦ **Вы из каких будете? (Ты из каких будешь?)** *Прост.* Кто вы по происхождению, социальному положению? *[Прохожий:] Приношу благодарность за гостеприимное радушие. [Марфа:] Сам-то из каких будешь, из крестьян али ещё из каких? [Прохожий:] Я, мать, ни из крестьян, ни из дворян. Обоюдоострого сословия.* Л. Толстой. От неё все качества. ♦ **Вы какие?** *Обл.* Вы откуда родом, из каких мест? *Почему-то радостно засмеявшись, он [Есенин] передразнил меня: «Бо-ог простит! А вы с Севера!» спросил: «А вы какие?» Он опять засмеялся: «Мы вот какие: у нас в Рязани пироги с глазами. Их едят, а они глядят».* Б. Шергин. Есенин. ♦ **Какое (Ваше, твоё) имя (и отчество; и звание)?** *Обл.* Как вас зовут? *Жил-был один человек ‹...›. Пошёл в город ‹...›. Зашёл прямо [к царю] во двор. Поклонился. «Здравствуй!» — «Ну, расскажи, какой человек, какое имо и звание?»* Дурак-Сибиряк. Сказка. Зап. в 1946. ♦ **Какого роду-племени?** ♦ **Какой веры-племени?** ♦ **Какого отца, какой (которой) матери сын?** *Прост. и обл., фольк.* ♦ **Коей (какой) земли, какой орды?** ♦ **Которой земли, какой украины?** ♦ **Коей (какой) земли, какой литвы?** и др. *Обл., фольк.* Кто ты? Откуда ты? Чей ты? *Да и стал-то старой тут выспрашивать: «Ой ты ой еси, удалой добрый молодец! Да скажись ты мне нонче, пожалуйста: Да какой ты земли, какой вотчины, да какого ты моря, коя города, Да какого ты роду, коя племени? Да и как тя, молодца, именем зовут, Да и как прозывают по отечестви?»* Бой Ильи Муромца с сыном. Былина Зап. в 1904. *И спросил Михайло добра молодца: «Ты, удалой дородный добрый молодец! Ты какого отца, которой матери? Я твому бы отцу ведь поклон отвёз».* Братья Дородовичи. Былина. Зап. в 1871. *Они стали у неё выспрашивать: «Ты которой земли, какой украины?»* Женитьба Пересникина племянника. Былина. Зап. в 1901. *Как ехал-то Добрынюшка скорёшенько, Как нагнал-то богатыря да чужестранного, Скричал Добрыня тут да во всю голову: «Как сказывай топерику, какой земли, Какой же ты земли да какой орды, Чьего же ты отца да чьей матери?»* Добрыня и Настасья. Былина. Зап. в 1938. *Ты скажи-тко, поляница, мни, поведай-ко, Ты коей земли да коей литвы?* СРНГ. *Он бежал из N-ского острога, где содержался за бродяжество, и некоторое время слонялся без дела, пока судьба не столкнула его, в одном заведении, с Костюшкой и его товарищами. ‹...› «А вы, спрашивают, кто такие будете, какого роду-племени?» — «А это, говорю, дело моё. Острог — мне батюшка, а тайга — моя матушка».* В. Короленко. Убивец. *Одна такая ватажка и объявилась в здешних местах ‹...›. И набежали так-то на старых людей. Сейчас спрашивать, конечно: — Что за народ? Какой веры-племени?* П. Бажов. Дорогое имечко. ♦ **С какого Вы (ты) года (рождения)?** То же, что ♦ **Сколько Вам (тебе) лет?** ♦ **Каким ветром (Какими ветрами)?** ♦ **Какими путями?** ♦ **Какими судьбами?** *Разг., экспрессив.* Выражения удивления, радости при неожиданной встрече знакомого, приятеля. См. Ветер. Путь. Судьба. ♦ **Вы по какому вопросу (делу)?** *Едет Еруслан день с утра до вечера, с красна солнышка до закату. ‹...› Приехал в тридесятое государство. Двери открыла девушка-покоевка, спрашивает: — Кто ты есть таков? По какому делу пожаловал? Как про тебя сказывать?* Сказка о славном, могучем богатыре Еруслане Лазаревиче (из собр. А. Н. Афанасьева). ‖ При офиц. обращ. к посетителю. *[В райисполкоме] — Мужчина, вы по какому вопросу. — Я насчёт пенсии... — Это вам в двадцать четвёртый, на втором этаже надо. — Спасибо* (1990). **2.** *Определительное.* Употр. в качестве интенсификатора экспрессивности в формулах приветствия, похвалы, комплиментов, сочувствия. ♦ **Какая (приятная, неожиданная...) встреча!** ♦ **Какие гости!** *Разг., экспрессив.* Радостное, иногда шутл., восклицание при неожиданной встрече со знакомыми. *Его не удивило, что дверь квартиры ‹...› открыла Дуняша. — О, Господи! Какие гости! — весело закричала она. — А я самовар вскипятила — прислуга бастует! М. Горький. Жизнь Клима Самгина. ♦ **Какие люди (по улицам ходят, и без охраны)!** *Шутл.* ♦ **Какие люди в Голливуде!** *Шутл.* При встрече с близкими знакомыми, приятелями (преимущ. в совр. молодёжн. речи). ♦ **Какой молодец!** ♦ **Какая красавица (стала)!** ♦ **Какой хорошенький (красивый, симпатичный).** ♦ **Какая прелесть!** ♦ **Какая красивая (брошка, кофточка...)!** и т. п. Формы экспрессивной похвалы, комплимента. «*Какой весёленький ситец!*» — воскликнула во всех отношениях приятная дама, глядя на платье просто приятной дамы. «*Да, очень весёленький*». Н. Гоголь. Мёртвые души. *Попадья, с бросившеюся кровью в лицо, схватилась за блюдо, которое, несмотря на то что она так долго приготовлялась, она всё-таки не успела подать вовремя. И с низким поклоном она поднесла его Кутузову. Глаза Кутузова прищурились; он улыбнулся, взял рукой её за подбородок и сказал: — И красавица какая! Спасибо, голубушка!* — Он достал из кармана шароваров несколько золотых и положил ей на блюдо. Л. Толстой. Война и мир. *[Спиридоньевна (жеманно):] Здравствуйте, батюшка Ананий Яковлич, — какой нарядный да хороший стали! Как живёте-можете?* А. Писемский. Горькая судьбина. *Шумно влетела Варвара, бросилась к Лидии, долго обнимала, целовала её. <...> Потом кричала в лицо Алины: — Боже, какая красота! По рассказам Лиды я знала, что вы красивая, но — так! До вас даже дотронуться страшно.* М. Горький. Жизнь Клима Самгина. *Но новоприбывший военный обозреватель оказался на редкость милым, скромным человеком. Улыбнулся всем, а молодому секретарю сказал даже комплимент: «Какие у вас хорошие ботиночки!» — «Да, — самодовольно согласился секретарь. — Почти новые. Второй год всего ношу».* А. Аверченко. Специалист по военному делу. *У их, у бажоных, уж и волосы в шапочку слиплись. А он хвалит: — Ах, кака прелесь! Ох, кака краса!* — *Те сидят довольнёхоньки...* Б. Шергин. Золочёные лбы. — *Какой вы молодец! Милый...* — *говорила она и смотрела на Лёньку ласково, точно гладила по лицу ладошкой.* В. Шукшин. Лёнька. — *Здравствуй, Егорка, как я рада! Боже мой, ты на каникулы?*

Какой ты импоза-антный, — *произнесла она в нос*, — *красивый и возмужал, Господи!* В. Лихоносов. Чистые глаза. ♦ **Какая жалость!** ♦ **Какая (тяжёлая, огромная) потеря (утрата)!** ♦ **Какое несчастье (горе)!** и т. п. Формы экспрессивного выражения сожаления, сочувствия. ♦ **Какая ерунда (чепуха)!** ♦ **Какие глупости!** ♦ **Какие пустяки (мелочи)!** *Разг., экспрессив.* Формы утешения, ободрения близко знакомого собеседника: случившееся не стоит внимания, тем более расстройства.

Канарейка. ♦ **Канареечка (ты моя) (милая...).** *Разг. Ласк.* о ребёнке или девушке с приятным голосом. — *Ай! ай! ай! какой голосок! Канарейка, право, канарейка.* Н. Гоголь. Записки сумасшедшего. *Бабушка выглянула из сенок и, хлопнув себя по фартуку, запела ещё протяжней и умильней, чем пела мне: — Да ягодницы-то наши являются! Да пташки вы, канарейки милые!* В. Астафьев. Последний поклон. ♦ **Пташечка ты моя, канареечка.** См. Пташка.

Кану́н да свеча́. ♦ **Кану́н да ла́дан.** ♦ **Канун да молитва (моли́твенка).** ▣ *Обл.* Пожелание в адрес покойника (при встрече с похоронной процессией). «*За что тебя, дурак, били?*» — «*Да вот там какую-то чурку [покойника] несут. Я поднял крышку, плюнул*». — «*Экой ты дурак! Ты бы сказал: Канун да свеча!*» Набитый дурак. Сказка. Зап. в 1964. [Канун — моленье, панихида по усопшем; поминальный обед. В. Даль].

Каса́тик. ♦ **Касатик (ты) мой (наш).** *Прост.* **Коса́тик.** *Обл. Ласк.* женск. или стариковское обращение к мужчине, юноше, мальчику. *[Никита:] Что ж, матушка, аль и вправду женить меня? Я рассчитываю, что совсем напрасно. Опять-таки и мне бы неохота. [Матрёна:] И-и! Касатик, зачем женить? Живёшь да живёшь. Это старик всё. Поди, родной, мы и без тебя все дела рассудим.* Л. Толстой. Власть тьмы. «*А что, бабушка, вы, небось, из города?*» — *спросил Антон у старушки, сгорбленной и едва передвигавшей от стужи ноги. «Из города, касатик*». Д. Григорович. Антон-горемыка. Крещенский вечер. *Наши уехали в театры. <...> Горкин напился малинки и лежит укутанный, под шубой. Я читаю ему Евангелие, как крестился Господь во Иордане.*

Прочитал, — *он и говорит*: — *Хорошо мне, косатик... будто и я со Христом крестился, все жилки разымаются. Вырастешь, тоже в ердани окунайся.* И. Шмелёв. Лето Господне. **Каса́т. Каса́тчик.** *Обл. Ласк. обращ. старших к молодому человеку, мальчику.* СРНГ. **Каса́тка. Касаточка.** *Разг.* **Каса́тушка.** *Прост.* **Коса́тушка.** *Обл. Ласк., преимущ. женск. или стариковск. обращ. к женщине, девушке, девочке. Ильинична оживилась, заговорила с заметной тревогой:* — *Что делать* — *не знаю. Надысь опять кричала. <...> Я к ней: «Чего ты, чего, касатка?» А она: «Голова что-то болит, маманя».* М. Шолохов. Тихий Дон. *Идёт родная матушка, Не будит* — *пуще кутает: «Спи, милая, касатушка, Спи, силу запасай!»* Н. Некрасов. Кому на Руси жить хорошо. *[Людмила:] Скажите, отцы, Сила Силыч Копылов здесь, что ли, проживает? [Расплюев:] Здесь, касатушка, здесь. [Тарелкин:] Что тебе, матушка, нужно?* А. Сухово-Кобылин. Смерть Тарелкина. *Из дверей выплыла Настасья Павловна в длинном розовом халате: «Марусенька! Душечка милая! Какими судьбами? Иди ко мне, касаточка моя...» Мария вбежала на веранду и кинулась в объятия к Настасье Павловне: «Как вы тут поживаете?»* — *«Слава Богу, всё хорошо... А ты смотри как изменилась! Похудела... Строже стала. Или костюм тебя старит? Не пойму что-то».* Б. Можаев. Мужики и бабы.

Каюсь. *Разг. Признаю свою вину, ошибку; сожалею. Форма извинения. «А вы меня, Порфирий Петрович, извините насчёт давешнего... я погорячился», — начал было совершенно уже ободрившийся, до неотразимого желания пофорсить, Раскольников. «Ничего-с, ничего-с... — почти радостно подхватил Порфирий Петрович. — Я и сам-то-с... Ядовитый характер у меня, каюсь, каюсь!»* Ф. Достоевский. Преступление и наказание. — *Ну,* — *промолвил он с тяжко сорвавшимся вздохом,* — *забудем всё прошлое... простим друг другу... Если виноват* — *каюсь... Вот вам рука моя!* В. Крестовский. Петербургские трущобы.

Киса. *Разг.* ♦ **Ки́са моя (мой).** ♦ **Киска моя (мой).** ♦ **Кисонька (кысонька) моя.** *Ласк.-шутл. Обращение родителей к ребёнку (чаще к девочке). «Послушайте,* — *сказал вдруг великий комбинатор,* — *как вас звали в детстве? <...> Ипа?» — «Киса»,* — *ответил Ипполит Матвеевич, усмехаясь.* И. Ильф, Е. Петров. 12 стульев. ‖ *Интимн., ласк. Обращение к женщине или мужчине.* — *Ну, киса, я прошу тебя. Ты же видишь, я измучилась.* А. Щелоков. Второй старт.

Клад. ♦ **Настоящий (чистый) клад.** ♦ **Просто (прямо) клад.** *В знач. сказуем. Разг. Похвала, комплимент в адрес собеседника или его близких.* — *Да и невестки же у тебя, Григорий Петров <...>!* — *сказал он.* — *Не бабы, а чистый клад!* А. Чехов. В овраге.

Кла́дезь премудрости. *Разг., шутл. Похвала, комплимент в адрес собеседника или близкого ему человека, обладающего, по оценке говорящего, большими знаниями, мудростью.* ▱ *Ну и дед у тебя, просто кладезь премудрости!*

Кла́няться. ♦ **(Низко, земно, сердечно...) Кланяюсь Вам (тебе, Вашим близким...).** **1.** *Эпист. Форма учтив. приветствия, выражения уважения, почтения адресату или его близким, знакомым; употр. преимущ. в заключит. части письма. Матушке легче, но ей совсем не так хорошо, как она думает; лекаря не надеются на совершенное выздоровление. / Сердечно кланяюсь Вам и сестре. / А. Пушкин.* А. Пушкин. Письмо Н. И. Павлищеву, 2 мая 1835. *Прощай, добрый слышатель; отвечай же мне на моё полуслово. Княгине Вере я писал; получила ли она письмо моё? Не кланяюсь, а поклоняюсь ей.* А. Пушкин. Письмо П. А. Вяземскому, 29 нояб. 1824. *Кланяюсь Вам в ножки и целую Вашу руку.* — *Я Вам напишу из Парижа, куда прошу мне написать несколько строк poste restante. До свидания в Эмсе. Кланяюсь Вашему мужу и всему Вашему дому. / Преданный Вам / Ив. Тургенев.* И. Тургенев. Письмо Е. Е. Ламберт, 29 апр. 1860. *Прощайте, любезный Михаил Сергеич, с беспокойством жду вашего ответа. Душевно кланяюсь Марье Ивановне и целую ваших детей. / Л. Толстой.* Л. Толстой. Письмо М. С. Башилову, 8 дек. 1866. *А Адель Петровне* — *скажите, что кланяюсь я ей земно и с почтением глубоким, по приезде же её в Нижний город нанести ей визит за высокую честь сочту.* М. Горький. Письмо Б. В. Бергу, 4 июня 1893. *Итак, низко кланяюсь и пребываю непокорной слугой Вашей. Кланяюсь Зинаиде Николаевне.* М. Юдина.

Письмо Б. Л. Пастернаку, 8 дек. 1953. **2.** ♦ **(Низко, земно, до земли, в ноги...) Кланяюсь Вам (Вашим близким) (за..., что..., за то, что...).** ☒ *Экспрессив.* Формула выражения благодарности. *Корнилов изо всей силы, как это обычно изображают на памятниках, осадил коня, откинул голову, крикнул отрывисто: — Спасибо, мои орлы! Благодарю вас за блестящее дело и ещё раз за то, что захватили снаряды... Низко вам кланяюсь...* А. Толстой. Хождение по мукам. *«Думаешь про тот случай с погоревшими немцами забыли? Не поверишь, Ефросинья, я тебя тогда спас, детей твоих спас». — «Ежели спас, земно тебе кланяюсь...»* П. Проскурин. Судьба. **3. Кланяюсь Вам (тебе) (в ноги, в ножки).** ☒ *Прост., самоуничижит.* или *шутл.* Усиленная просьба, мольба. *Вечером того же дня Марко Данилыч при Дуне и при Дарье Сергеевне говорил своей гостье: — <...> Как хотите, Марья Ивановна, гневайтесь не гневайтесь, а уж я буду униженно и слёзно просить вас, в ножки стану кланяться и не встану, покамест не получу вашего согласия. Погостите у нас подольше, порадуйте Дунюшку...* П. Мельников (Печерский). На горах. ♦ **Кланяется Вам (тебе)** (адресант). ☒ *Прост., эпист.* Формула учтив. приветствия, употр. обычно после обращения в начале письма. *Касьян, недоумевая, развернул синий клочок от рафинадной пачки. Неровными полупечатными буквами там было накарябано: «Родной брат Касьян Тимофеич. / Кланяется тебе твой родной брат Никифор Тимофеич и Катерина Лексевна. А притить мы не можем, со всем нашим удовольствием, а нельзя. Завтра я призываюсь, так что притить не могу, нету время. <...> А так у нас всё хорошо, все живы-здоровы. / Твой родной брат Никифор Тимофеич».* Е. Носов. Усвятские шлемоносцы. ♦ **Честь имею кланяться.** См. **Честь.** ♦ **Кланяйтесь (Кланяйся; Прошу кланяться) (от меня, от нас)** кому-л. Приветствие, выражение учтивости в адрес третьего лица (как правило, близкого адресату). Употр. обычно при прощании. *Кланяйся от меня почтенному, умнейшему Арзамасцу, будущему своему тестю — а из жены своей сделай Арзамаску — непременно. / Жду писем.* А. Пушкин. Письмо А. А. Дельвигу, окт.–нояб. 1825. *«Кланяйтесь Потапу Максимычу, — молвила Марья Гавриловна. — Скажите: всей бы душой рада была у него побывать, да вот здоровье-то моё какое. Аксинье Захаровне поклонитесь, матушка, Параше...» — «Будем кланяться»,* — чинно, с лёгким поклоном вполголоса ответила Манефа. П. Мельников (Печерский). В лесах. *Крепко обнимаю Вас и весь Ваш дом, за исключением Жителя и Буренина, которым прошу только кланяться и которых давно бы уже пора сослать на Сахалин. <...> / Будьте хранимы небом. / Ваш А. Чехов.* А. Чехов. Письмо А. С. Суворину, 9 дек. 1890. *Крепко целую вас, мои любимые. <...> Кланяйтесь всем знакомым.* П. Струве. Письмо сыновьям, 3 февр. 1920. *«Здравствуйте, Борис Леонидович». — «А-а-а, — он [Пастернак] некоторое время не узнаёт меня, как бы спускается с неба на землю. — А-а-а... здравствуйте, здравствуйте... Что дома? Как Анна Андреевна?.. Как мама?.. Кланяйтесь, кланяйтесь им от меня!..»* М. Ардов. Мелочи архи... прото... и просто иерейской жизни. ♦ **(Н.) Вам (тебе) кланяется (кланялся).** ♦ **(Н.) Вам (тебе) велел (приказал, наказал, просил) кланяться.** ☒ Просил, поручил передать привет. Формулы учтивого приветствия, передаваемого говорящим адресату от третьего лица. *Видел я Вяземских, Мещерских, Дмитриева, Тургенева, Чаадаева, Горчакова, Дениса Давыдова. Все тебе кланяются: очень расспрашивают о тебе, о твоих успехах; я поясняю сплетни, а сплетен много.* А. Пушкин. Письмо Н. Н. Пушкиной, 8 дек. 1831. *«Ну что соседки? Что Татьяна? Что Ольга резвая твоя?» <...> «Вся семья здорова; кланяться велели».* А. Пушкин. Евгений Онегин. *Пьер отвечал на вопросы графини, ей самой ненужные и никого не интересующие, о том, что князь Василий постарел и что графиня Марья Алексеевна велела кланяться и помнит и т. д.* Л. Толстой. Война и мир. *[Мирволин (Балагалаеву):] Журавлёва доктора видел-с, вам кланяться приказал.* И. Тургенев. Завтрак у предводителя. *Ну, до свидания, Антон Павлович! Поклон Вашей маме и сестре. Жена тоже кланяется Вам.* М. Горький. Письмо А. П. Чехову, июнь 1900. *[Из письма отца к сыну:] «Встретил я намедни Пашку Грачёва — помнишь ли, с тобой учился? И он кланяться велел. Потом кланяется тебе тётка Марья и ещё сестра Груня...»*

В. Тендряков. Свидание с Нефертити. ♦ **Кланяйся нашим, как увидишь своих.** ♦ **Кланяйся своим, да не забывай и наших.** ▣ *Прост., шутл.* или *фамильярн.* Формы прощания со знакомым, приятелем, равным или младшим по возрасту, положению. ♦ **Приказали кланяться, да не велели чваниться.** ▣ *Прост., шутл.* или *фамильярн.* Ответ на назойливые расспросы о ком-л. ♦ **Кланяйся по-новому, а живи по-старому.** *Посл.* Употр. как форма совета: следуя современной моде в одежде, манерах и т. п., в главном нужно руководствоваться извечными жизненными ценностями.

Классный, -ая, -ое; -ые. *Разг., экспрессив.* Отличный, превосходный. Эпитет, употр. в формулах похвалы, комплимента в адрес собеседника, его близких или того, что ему принадлежит, что им сделано. *«Алло, слушаешь? Старший лейтенант Мересьев у телефона. Передаю трубку». У уха зарокотал незнакомый сиплый бас: «Ну, спасибо, старший лейтенант! Классный удар, ценю. Спас меня. Да. Я до самой земли его проводил и видел, как он ткнулся... Водку пьёшь? Приезжай на мой КП, за мной литр. Ну, спасибо, жму пять. Действуй!»* Б. Полевой. Повесть о настоящем человеке. **Классненький**, -ая, -ое. *Разг.* Уменьш.-ласк. к Классный. ▣ *[Студентка — подруге:] Лен, покажи колечко?.. Какое классненькое!* (1999). **Классно**, *нареч.* Прекрасно, превосходно, отлично. *Попадавшиеся навстречу сотрудники приветствовали меня: «Как провели отпуск?», «Классно выглядите!» и шутливыми «Мы в восхищении!»* Н. Котова. Сначала. ∥ *Безл., в знач. сказуем.* ▣ *Квартирка у тебя что надо, и район хороший, парк рядом, транспорт... Вообще классно. Поздравляю* (1990).

Клёв. ♦ **Клёв на уду!** *Обл. и прост.* ♦ **Хорошего клёва (Вам, тебе)!** *Разг.* Пожелания рыбаку удачного лова. *На реке бьёт вальком прополосканное бельё младшая невестка из соседней избы <...>. Детки её тут же подле ловят рыбу на удочку: «Клёв на уду!» — и в ответ от них: «Увар на ушицу».* С. Максимов. Крылатые слова. — *Ах рыбак, безвестный рыбак! <...> Спасибо тебе, земляк мой, за такой неожиданный и самый дорогой в моей жизни гонорар! И клёв тебе на уду!* В. Астафьев. Самый памятный гонорар. ▣ *— Рыбалить, что ль? — Да так, схожу погляжу... — Ну, хорошего клёва! — Спасибо...* (1992).

Клёвый, -ая, -ое; -ые. *Прост., преимущ. в совр. молодёжн. жаргоне.* Очень хороший, отличный; модный, современный. Похвала, высшая оценка какой-либо вещи. *В спальне — она же была рабочей комнатой жены — Светлана достала из ящичка трельяжа небольшую красивую коробочку, раскрыла. «Подарок вам, гражданин тридцатилетний мужчина! — сказала она. — Вершина технического прогресса». Он увидел превосходнейшие японские часы <...>. «Спасибо!» — Он сделал алчное лицо. — Подарок — закачаешься! Клёвый подарок! Зеркально! Фирмачи с катушек долой».* В. Липатов. Игорь Саввович. **Клёво.** *Прост.* Очень хорошо. *[Иосиф Бродский] опять завёлся: «А какого чёрта вы вообще читаете стихи? Стихи вслух должен читать только человек, который их написал!» — «Ну что ты, старик! — вступился за меня милейший Вика Голышев. — Это ты уж загнул. Чувак клёво читает стихи. Нет, ты хреновину порешь, старик!»* М. Козаков. Актёрская книга.

К лицу (Вам, тебе). ♦ **Вам (тебе) к лицу (эта шляпка, причёска, блузка...; этот галстук, берет...).** *Разг.* Формула комплимента; то же, что ♦ Вам идёт. См. Идёт[1].

Князь. [В Древней Руси звание правителей-государей, первоначально избираем. народн. собранием (вече) и призываемых к правлению на определённых условиях (ряд), а позже утвердивших за собою наследственную власть в области-отчине. Делились на удельных и великих князей. С образованием централизованного государства удельные князья постепенно переходили в состав великокняжеск. (с 1547 царского) двора. До XVIII в. звание князя было только родовым. С начала XVIII в. титул князя стал также жаловаться царём высшим сановникам за особые заслуги.] **1.** ▣ *Вежл. неофиц.* обращение к мужчине или юноше, носящему княжеский титул. *Любезнейший князь. Много благодарю вас за присылку приятных произведений вашего пера.* А. Грибоедов. Письмо В. Ф. Одоевскому, сент. 1823. *Итак, подпишитесь, князь! извольте заплатить, Ваше сиятельство, стерпится — слюбится. Не скупитесь. А когда-то* *нам свидеться? / А. П. А. Пушкин. Письмо В. Ф. Одоевскому, апр.—май 1835.* | В сочет. с именем-отчеством как более вежливая форма обращения. *Князь Пётр Андреевич, / Признаюсь, что одна только надежда получить из Москвы русские стихи Шапеля и Буало могла победить благословенную мою леность. Так и быть; уж не пеняйте, если письмо моё заставит зевать ваше пиитическое сиятельство... А. Пушкин. Письмо П. А. Вяземскому, 27 марта 1816. — Внимайте, князь Лев Николаевич! — внушительно и торжественно подхватил Лебедев. — Ой, не упускайте! Ой, не упускайте!.. Ф. Достоевский. Идиот.* | *Эпист.* В офиц. письмах к особам, носившим княжеский титул, надлежало писать: *Ваше Сиятельство, Сиятельнейший Князь, Сиятельнейшая Княгиня.* После чего следовали другие учтивые обращения, в том числе — по имени-отчеству. **2.** ⌂ *Фольк.* Жених, новобрачный. ♦ **Великий Князь.** ⌂ См. Великий. ♦ **Светлейший князь.** См. Светлость. ♦ **Сиятельный (Сиятельнейший) князь.** См. Сиятельство. ♦ **Солнышко-князь.** См. Солнце. **Кня́зенька (и Кня́зинька).** *Ласк.* или *шутл.-фамильярн.* к Князь (в обращ. старшего или равного по возрасту, положению к близкому знакомому, приятелю, родственнику, носящему княжеск. титул). *«Она любит вас, князь? Говорят, даже очень любит?» — «Страсть надоела: но, слава Богу, на моё счастье, они с Иваном Голованом большие друзья». <...> А Евгенья Семёновна покачала головою и, улыбнувшись, промолвила: «Эх, вы, князенька, князенька, бестолковый князенька: где ваша совесть?» А князь отвечает: «Оставь, пожалуйста, мою совесть. Ей-богу, мне теперь не до неё...» Н. Лесков Очарованный странник.* **Кня́зюшка.** *М. Ласк.* к Князь. **Княги́ня.** ⌂ Вежл. неофиц. обращ. к жене князя. (В офиц. письмах — с прописной буквы.) *Я получил, Княгиня, ваше письмо от 15 числа сего месяца; я прочёл в нём с удовольствием выражение чувств благодарности ко мне за то участие, которое я в вас принимаю... Из письма Николая I М. Н. Волконской, 21 дек. 1826. Здравствуйте, княгиня. Как досадно, что вы не застали меня в Москве; javais tant de choses á vous dire. А. Пушкин. Письмо В. Ф. Вяземской, 4 авг. 1830.* ♦ **Княгиня молодая.** ♦ **Княгиня молода жена.** ⌂ *Фольк.* Возвыш. обращ. к новобрачной (обычно в свадебном обряде). *Как ведь тут Борисушко да не ослышался, Поскорешенько он ведь тут домой пошёл. И пришёл-то он к своей да молодой жены: «Уж ты гой еси, княгиня молода жена! А накинул на меня ведь князь службу великую, Посылает меня князь ведь съездить ко синю морю...» Князь Борис Романович. Былина. Зап. в 1898.* ♦ **Великая Княгиня.** См. Великий. **Княги́нюшка.** ⌂ *Ласк.* к Княгиня (в 1 и 2 знач.). ⌐ *Когда просватают, пороги кричат: «Княгинюшка, подарите, не подаришь — спокаешься, а подаришь — спохвалишься, ты нас будешь дарить, мы тебя будем хвалить». СРНГ.* **Кнезги́ня. Князи́ня. Князи́нюшка.** ⌂ *Обл.* Княгиня, княгинюшка. ⌐ *Хорошо, — говорит [Омелюшка своей невесте], — кнезгиня, всё твоё дело будет хорошо исполноё. Омелюшка. Сказка. Зап. в 1927. — Чем же вас, князинюшка, будем подчивать? СРНГ.* **Княжна́.** ⌂ **1.** Вежл. неофиц. обращ. к незамужней дочери князя. *После нескольких минут молчания я сказал ей, приняв самый покорный вид: «Я слышал, княжна, что, будучи вам вовсе незнаком, я имел уже несчастие заслужить вашу немилость... что вы меня нашли дерзким... неужели это правда?» — «И вам бы хотелось теперь меня утвердить в этом мнении?» — отвечала она с иронической гримаской, которая, впрочем, очень идёт к её подвижной физиономии. М. Лермонтов. Герой нашего времени.* **2.** ⌂ *Фольк.* Княжной называют невесту от обручения до девичника. *СРНГ.* ♦ **Великая Княжна.** См. Великий.

Ковы́ль по дороге! *Обл.* Приветствие-пожелание встречному: добрый путь.

Когда будем помирать, тогда будем горевать. *Погов.* Употр. как форма шутл. ободрения, утешения: не следует раньше времени горевать, сокрушаться.

Кого я вижу! См. Кто.

Колесо́м доро́га! *Обл.* То же, что Скатертью дорога! ‖ Возглас, которым дети приветствуют стаи прилетающих или улетающих на юг гусей, журавлей.

Ко́ли (Коль). *Прост.* Если. ♦ **Коли (коль) Бог даст.** См. Дай Бог. ♦ **Коли будет на то Ваша милость.** См. Милость. ♦ **Простите, коль виноват.** См. Простить.

Коллега, м. и ж. [Лат. col-lega — «сослуживец, товарищ по корпорации, товарищ по специальности».] Вежл. обращение к сослуживцу, товарищу по работе, совместной учёбе в высшей школе, по профессии. Употр. преимущ. в среде интеллигенции (учёных, медиков, актёров, музыкантов, художников, писателей и др.). *Перед обедом доктор Ильяшенко и студент Воскресенский искупались. <...> — Вылезайте, коллега, — сказал доктор, поливая пригоршнями свой толстый белый живот. — Так мы до обморока закупаемся.* А. Куприн. Корь. *Профессор пожурил молодого человека за рискованное путешествие в столицу, видимо, пешком, ради столь очевидных пустяков. — Вы зря раздевались, коллега, — пробубнил бывший учитель. — У нас прохладно, и не следует искать неприятностей сверх отпущенных на нашу долю историей.* Л. Леонов. Русский лес. *— А ложиться вам нельзя, — сказал Левин, — нельзя, товарищ Розочкин, нельзя, коллега. Вы у нас один. Вы нам нужны. Да, вот так. До свидания, коллега.* Ю. Герман. Подполковник медицинской службы. *И тотчас зазвонил телефон. Ну конечно. Это уж всегда так... — Извините. — Он [композитор] встал, подошёл к телефону. — Да... А, здравствуйте, коллега!* А. Рекемчук. Мальчики.

Колотись да бейся, а всё же надейся. ♦ **Колотись да бейся, а на Бога надейся.** ⚜ *Погов.* Употр. как формы ободряющего совета тому, кто теряет уверенность в успехе, благополучном исходе дела, отчаивается. *«А если не найдём воды», — боязливо спросила Ксения, заглядывая ему в глаза. — «Знаешь: колотись да бейся, а всё же надейся! А так на некормленой да непоеной лошади недалече уедешь».* В. Канин. На тропе Батыевой.

Командир. *Разг.* Неофиц. обращение подчинённого по службе к начальнику воинского или военизированного подразделения. ‖ *Прост.* Дружеск. или фамильярн. обращ. штатского мужчины к незнакомому или малознакомому военнослужащему (из младшего или среднего начальствующего состава). *Прошла тачанка с пулемётом, накрытым шинелью. «Командир! — позвал нищий. — Вот парень может подтвердить. Чисто». — «Хорошо», — ответил мужчина в плаще внакидку, в фуражке без кокарды.* В. Крупин. Ямщицкая повесть. ‖ *Прост.* Дружеск. или фамильно-льстивое обращ. водителей к работнику госавтоинспекции: (сержанту, старшине, младшему офицеру). ☞ *Виноват, командир, нарушил, ну извини...* (1992). ‖ *Прост.* Дружеск.-фамильярн. мужское обращ. пассажира к водителю такси. ☞ *— Командир, два счётчика — в аэропорт?* (1992). ♦ **Товарищ командир (полка, батальона...).** ♦ **Товарищи командиры.** *Воинск.* Формы уставных обращений в Красной (и позднее в Советской) армии. См. Товарищ.

Комплимент. ♦ **Не сочтите (это) за комплимент, (но Вы сегодня великолепны, очаровательны...).** Формула комплимента. ♦ **Вы делаете мне комплимент.** ♦ **Благодарю (спасибо) за комплимент.** Вежл. ответы на комплимент.

Кому что на роду́ написано. *Разг.* ♦ **Кому что Бог даст.** *Прост.* ♦ **Кому повешену быть, тот не утонет.** *Прост., шутл.* ♦ **Кому быть задушенному в женских объятиях, тот не утонет (не заблудится...).** *Прост., шутл.* ♦ **Кому сгореть, тот не утонет.** *Прост., шутл.* ♦ **Кому суждено опиться, тот обуха не боится.** ⚜ *Прост., шутл.* и др. Формы утешения, ободрения собеседника; говорится чаще в свой адрес в ответ на выраженное беспокойство собеседника о судьбе говорящего. ☞ *— Ты там, Витька, поосторожнее, на рожон-то шибко не лезь... — Не беспокойся, сестрёнка: кому суждено сгореть на работе, тот не утонет* (1991).

Конечно. *Разг.* Да, разумеется. Положительный ответ на вопросительное обращение, просьбу, предложение; форма выражения полного согласия со словами собеседника. *[Любовь Гордеевна (взглянув на Митю):] Может быть, кто-нибудь и любит кого-нибудь, да не скажет: надобно самому догадаться. [Лиза:] Какая же девушка в мире может сказать это! [Маша:] Конечно.* А. Островский. Бедность не порок. *«Дедуль, можно мне на улицу?» — «Конечно». — «А бабушка не отпускает». — «Тогда, значит, нельзя».* В. Крупин. Детство. *— К вам приблизится мужчина С чемоданом, скажет он: «Не хотите ли черешни?» Вы ответите: «Конечно», — Он вам даст батон с взрывчаткой, — Принесёте мне батон.* В. Высоцкий. Пародия на плохой детектив.

♦ **Конечно (Вы правы, это так...), но...** Формула вежливого возражения, выражения несогласия или неполного согласия с собеседником.

Конь о четырёх ногах, (да) и тот спотыкается. *Посл.* Каждый может ошибиться и оказаться в затруднительном положении. Употр. как форма утешения, ободрения в оправдание ошибки, оплошности собеседника или близкого ему лица.

Ко́реш. *Прост.* Приятель, друг. Дружеск.-фамильярн. мужск. обращение к приятелю, знакомому, а также к незнакомому, равному или младшему по возрасту, положению. — *Кэреш, подари пиджак, у бабы живу, без пиджака сам понимаешь...* В. Сафонов. Николай Рубцов. *Подошёл пьяный с огурцом. «Граждане! Длинный какой огурец! А я его за рупь двадцать отдам! За весь огурец один рупь и двадцать копеек — на бутылку не хватает, граждане!» Другой помятый гражданин, стоявший в очереди, оживился немного, перестал даже покачиваться: «Покупаю, кореш! Только одно условие...»* В. Конецкий. Огурец на вырез.
♦ **Корешо́к.** ♦ **Корешо́чек.** Ласк. к Кореш. **Кореша́. Корешки́.** *Мн. Он [Серый] держал в руках котёнка. «Держи, корешки, подарок!» — И метнул котёнка на койку Солженицына. Тот вскинулся: «Ты чего животное мучаешь! И вообще ты... Серый, и мы тебе не кореши».* Л. Копелев. Утоли моя печали. **Ко́рень. Корефа́н.** *Жаргон.* То же, что Кореш.

Корми́лец. ♦ **Кормилец (ты) мой.** ⌦ *Прост.* Ласк., с оттенком самоуничижения, крестьянское (преимущ. женск. и стариковское) обращение к мужчине. Так почтительно обращались крестьяне и к главе семейства, и к барину, и к односельчанину, и к незнакомому мужчине. ▱ *Шла через лес беременная баба, навстречу той бабе Зельнин-разбойник. «Здравствуй, баба!» — говорит Зельнин. «Здравствуй, батюшка». — «Узнала ты, баба, меня?» — «Нет, кормилец, не признала».* Злодей Зельнин. Фольк. Зап. в XIX в. *Захар ушёл, а Обломов начал читать письмо [от старосты]. «Милостивый государь, <...> ваше благородие, отец наш и кормилец, Илья Ильич...»* И. Гончаров. Обломов. *«Здорово, Архаровна», — произнёс Антон, видимо недовольный присутствием гостьи. «Здравствуй, кормилец ты мой», — отвечала, вздыхая, старуха и тотчас же наклонила голову и явила во всей своей наружности признаки величайшей немощи и скорби.* Д. Григорович. Антон-горемыка. *Аксинья Захаровна, оставшись с глазу на глаз с мужем, стала ему говорить: — Максимыч, не серчай ты на меня, кормилец, коли я что не по тебе молвлю, выслушай ты меня, ради Христа.* П. Мельников (Печерский). В лесах. *Он гордился тем, что отец его был крестьянин и что сам он в юности пахал землю. Но от этого былого крестьянства остались только мудрёные поговорки, слово «кормилец», густая, лопатою борода да незыблемый авторитет человека, не из книг, а из жизни знающего деревню.* Б. Савинков. То, чего не было. *Больше всего поразило меня в деревне то, что мужик, угощая меня, нищего, всё же называл меня кормилец: «Покушай, кормилец...»* К. Чуковский. Дневник. Зап. 9 марта 1921. | *Шутл.* или *ирон.* При выражении просьбы или благодарности приятелю, близкому знакомому. *Милый! победа! Царь позволяет мне напечатать Годунова в первобытной красоте <...>. Слушай же, кормилец: я пришлю тебе трагедию мою с моими поправками — а ты, благодетель, явись к Фон-Фоку и возьми от него письменное дозволение...* А. Пушкин. Письмо П. А. Плетнёву, 5 мая 1830. *«А может, у меня заночуешь?» — «И это можно», — не нашёлся иного сказать растерявшийся Андрей. И Марина, мстя за глупое слово, согнула в поклоне полнеющий стан. «То-то спасибо, кормилец! Уважил бедную вдову. А я-то, грешница, боялась, думала — откажешься».* М. Шолохов. Поднятая целина.
Кормилец-батюшка. ♦ **Кормилица-матушка.** ⌦ *Прост., нар.-поэт.* Ласк. обращ. к отцу, матери в нар. песнях, свадебном обряде, в причитаниях и т. п. **Кормилица.** ⌦ *Прост.* **Корми́лка.** ⌦ *Обл.* Ласк. обращ. к женщине, обычно старшей по возрасту. СРНГ. **Кормилушка (мой, моя),** *м.* и *ж. Обл.* Ласк. и почтит. обращ. к мужчине и женщине (обычно старшей). ▱ *Прости, матушка питомая, Прости грешную, кормилушка, Ради Спас Христа, Честной Матери.* СРНГ.

Короле́ва. В знач. сказуем. ♦ **Какая королева!** ♦ **Ты (просто, настоящая...; как, словно) королева!** *Разг., экспрессив.* Восторженная, нередко шутл., похвала в адрес красивой, нарядной девушки, женщины. Когда Настенька вышла совсем одетая, он [отец] воскликнул: — Фу ты, какая королева! bene!.. optime!.. Ну-ка, поверни головку... хорошо... право, хорошо... Мать-командирша, ведь Настенька у нас прехорошенькая! А. Писемский. Тысяча душ.

Ко́тик. ♦ Котик мой. Котёночек (мой), *м. и ж. Разг.* **1.** *Ласк.* обращ. родителей к ребёнку. ▫ [Бабушка ласкает двухлетнего внука:] *Золотко ты моё, котик мой, цыпулечка* (1992). **2.** *Интимн.* Обращ. к возлюбленному или возлюбленной. *До свидания пока, котик...* М. Горький. Письмо Е. П. Волжинской, 11 авг. 1896.

Ко́сти це́лы — мя́со нараста́ет. ♦ Были бы кости (целы), а мясо нарастёт. *Погов.* Употр. как формы утешения, ободрения того, кто был ранен, травмировался, перенёс операцию, а также того, о ком присутствующие говорят, что он очень похудел, осунулся и т. п.

Кото́рый. *Местоим., вопросит.* ♦ Скажите, пожалуйста, который час? См. Сказать. ♦ С которого Вы (ты) года (рождения)? *Прост.* То же, что ♦ С какого года (рождения)? ♦ Сколько вам (тебе) лет? ♦ Которой земли, какой украины? ▫ *Обл.* См. Какой. ♦ Который (из вас) будет (Н.)? ▫ *Прост.* Вопросит. обращение к одному или нескольким незнакомым адресатам с целью найти того, кто интересует говорящего, кого он разыскивает. [Загорецкий:] *Который Чацкий тут?* — *Известная фамилия. С каким-то Чацким я когда-то был знаком.* — *Вы слышали об нём?* [Графиня внучка:] *Об ком?* А. Грибоедов. Горе от ума.

Коха́ный, -ая, -ое; -ые. ♦ Коханый мой. *Укр. и обл.* Милый, любимый (мой). **Коханая моя.** Милая, любимая (моя). **Коханчик. Коханка. Кохалина.** *Обл. Ласк.* обращения к близкому, любимому человеку. ‖ *Интимн.* обращ. к возлюбленному, возлюбленной.

Кра́ля. [Польск. krala — королева.] Красавица, красотка. ♦ Какая (ты) краля! ♦ (Ты) Настоящая (истинная, просто...) краля! *В знач. сказуем. Прост.* Шутл. комплимент к близкой знакомой, родственнице, нарядной, красивой девушке, женщине, равной или младшей по возрасту. Употр. с «ты»-формами. — *Ишь ты, краля какая, Параша!* — лю-буясь на жену, говорил Пётр Савич. Ф. Решетников. Глумовы. ‖ В функции обращения — *шутл.* [Мурзавецкая:] *Спасибо этому дому, поедем к другому! Прощайте, крали! Уж не знаю, скоро ли попаду к тебе.* [Купавина:] *Я сама к вам заеду.* А. Островский. Волки и овцы.

Кра́лечка. Уменьш.-ласк. к Краля. [Лидочка:] *Здравствуйте, папенька!* [Муромский (повеселев):] *Ну вот и она! Кралечка ты моя!* (Берёт её за голову и целует.) *Баловница!* А. Сухово-Кобылин. Свадьба Кречинского. *Дариньке у цыган нравилось. Любаша гладила её руку, засматривала в глаза, ластилась:* — *Шепни, кралечка, нашла по сердцу?* И. Шмелёв. Пути небесные.

Краса́. ▫ **1.** Красота. ♦ Какая краса! ♦ Краса да и только! *Разг.* Формы экспрессивной похвалы, восхищения. ♦ (Вы, ты, он, они) Краса и гордость (чего-л.). *Возвыш.* Украшение, слава чего-л. Похвала, комплимент. **2.** *Традиц.-поэт.* Красавица. ♦ Моя краса. ▫ *Традиц.-поэт. О Делия драгая! Спеши, моя краса: Звезда любви златая Взошла на небеса.* А. Пушкин. К Делии. ♦ Краса моя несравненная (ненаглядная). ▫ *Нар.-поэт.* ‖ В совр. употр. — *шутл.* Ласк. или комплиментное обращение к девушке, молодой женщине. ♦ Девица-краса. (♦ Краса девица). ▫ *Нар.-поэт.* См. Девица.

Краса́вец. ♦ Ты (Вы) краса́вец. ♦ (Ты просто, прямо) Красавец писаный. ▫ *Прост., нар.-поэт.* В совр. употр. — *шутл.* ♦ Какой (ты) красавец (стал)! *Экспрессив.* ♦ Ты такой же красавец, как и был (не изменился ничуть). В адрес близкого знакомого, приятеля после длительной разлуки. ♦ Красавец мужчина! *Шутл.* ♦ Да такого красавца ещё поискать надо! ♦ Как такого красавца не полюбить! ♦ Как перед таким красавцем устоять! *Разг.* Комплименты, нередко с шутл. или ирон. оттенком, в адрес красивого мужчины, юноши. [Леонид (подходя):] *А я думал, что ты обманешь меня — не придёшь.* [Надя:] *Отчего вы так думали?* [Леонид:] *Да ведь ты говорила, что не любишь меня.* [Надя:] *Мало ли что девушки говорят, а вы им не верьте. Как вас не любить, красавца этакого.* А. Островский. Воспитанница. *Приятели троекратно облобызались и устремили друг на друга глаза, полные слёз. Оба были при-*

ятно ошеломлены. — Милый мой! — начал тонкий после лобызания <...>. — Ну да погляди же на меня хорошенько! Такой же красавец, как и был. Такой же душонок и щёголь! Ах ты, Господи! А. Чехов. Толстый и тонкий. — **Красавец** ты!.. — не дав ему договорить и всхлипнув от полноты чувств, сказала тётя Поля, стоя перед ним и оглядывая с ног до головы так гордо, словно сама произвела его на свет Божий. К. Симонов. Живые и мёртвые. «**Красавец**, Наташ, правда? — хвалил Никита друга, нацеплявшего чужой галстук у зеркала. — Если его приодеть, заменить брюки со вздутыми коленками модными, — никто не устоит». — «Изумительное трепло!» — отвечал Егорка. В. Лихоносов. Чистые глаза. ‖ ♦ **Красавец (какой)!** *Разг.* Похвала в адрес того, кто или что принадлежит собеседнику. ▱ — Это ваш пёс? У, красавец какой! ▱ — Твой катер? Красавец, красавец, ничего не скажешь! **2. Красавец (ты мой).** ♦ **Красавец (ты мой) писаный (ненаглядный...).** Ласк. или льстивое, преимущ. женское, обращение к юноше, мужчине. [Ананий Яковлев (вынимая из кисы драдедамовый платок и подавая его матери):] Пожалуйте-с! [Матрёна (целуя его в локоть руки):] Ай, батюшка, благодарствую, красавец мой брильянтовый! А. Писемский. Горькая судьбина. Косматые, трясущиеся старухи с клюками совали вперёд иссохшие пергаментные руки, выли: «Красавец писаный! Дай тебе Бог здоровечка!» «Барыня, пожалей старуху, сироту несчастную». «Голубчики милые, Господь Бог не оставит вас...» М. Булгаков. Белая гвардия. — Ты, красавец, не пугай! — с быстротой и привычкой к людям сказала старая цыганка. А. Платонов. Чевенгур. | Ирон. Но тётка Варвара всем телом повернулась к бухгалтеру: — Так ты куда ж, красавец писаный, этот остаток заприходовал? В. Тендряков. Не ко двору. **Красаве́ц!** ♦ **Какой красаве́ц!** *Прост.* Шутл.-ирон. похвала, комплимент. **Краса́вчик.** ♦ **Какой (экий, эдакий...) красавчик!** ♦ **Красавчик ты мой!** ♦ **Красавчик (ты) мой писаный.** ♦ **Красавчик (ты) мой ненаглядный.** *Разг.* Ласк. к Красавец. Употр. преимущ. в женск. и старикoвск. речи. Правой рукою мамашу Дед обхватил, а другой Гладил румяного Сашу: — Экой красавчик какой! Н. Некрасов. Дедушка.

«Хоть ещё разочек дай обнять тебя, Енюшечка, — простонала Арина Власьевна. Базаров нагнулся к ней. — Да какой же ты красавчик стал!» — «Ну, красавчик не красавчик, — заметил Василий Иванович, — а мужчина, как говорится: оммфе [Франц. homme fait — настоящий мужчина]». И. Тургенев. Отцы и дети. [Евгения:] Ну, прощай, мой милый, красавчик мой писаный. [Миловидов:] Прощай, красота моя! (Целуются и уходят.) А. Островский. На бойком месте. — Я-то думаю: кто пришёл? А это сам барин, золотой ты мой, красавчик ненаглядный! — говорила старуха. — Куда зашёл, не побрезговал. Ах ты, брильянтовый! Сюда садись, ваше сиятельство, вот сюда на коник, — говорила она, вытирая коник занавеской... Л. Толстой. Воскресение. **Краса́вица.** ♦ **Ты (Вы) красавица.** ♦ **(Ты просто, прямо) Красавица писаная.** ⌛ *Прост., нар.-поэт.* В совр. употр. — шутл. ♦ **Какая (ты) красавица (стала)!** *Экспрессив.* ♦ **Ты такая же красавица, как и была (не изменилась ничуть).** В адрес давней знакомой, подруги после длительной разлуки. ♦ **Да такую красавицу ещё поискать надо!** *Экспрессив.* ♦ **Как такую красавицу не полюбить!** *Шутл.* ♦ **Ну как перед такой красавицей устоять!** *Шутл.* Комплименты, нередко с ласк.-шутл. или игривым оттенком, в адрес женщины, девушки, девочки-подростка. — Красавица, краля-то моя! — сказала из-за двери вошедшая няня. — А Сонюшка-то, ну красавицы!.. Л. Толстой. Война и мир. «Почему? Кажется, заметна?» — «О да, заметна; вы чрезвычайная красавица, Аглая Ивановна. Вы так хороши, что на вас боишься смотреть». Ф. Достоевский. Идиот. [Старушка] Спросила Дариньку: — Вас, барышня, тут крестили, у нашего Богоявления? Ну, в самой этой, другой и нет. В самую эту и кунали. А теперь вон красавицы какие! И. Шмелёв. Пути небесные. Надо ли говорить, Эсфирь, как я желаю успеха тебе и как я рад, что ты живёшь и работаешь, такая умница и красавица? А. Фадеев. Письмо Э. И. Шуб, 1 марта 1935. «Валя!.. — невольно сказал Иван, пожимая ей руку. — Ты когда успела так вырасти?» — «Годы, годы, Иван... Вы уж сколько не были дома-то?» — «Да ну, сколько?.. Ну, может, много. Только ты всё равно не выкай, я не привык как-то. Ты... ну,

Валя, Валя...» Валя засмеялась довольная. «Что Валя?» — «Красавица ты прямо». — «Да ну уж...» — «Вот так мы её тут и испортили, — встрял Сеня. — Каждый, кто увидит: Красавица! Красавица! А ей это на руку». — «Сеня, ты же первый так начал», — с улыбкой сказала Валя. «Когда?» — «Когда из армии пришёл. Ты что, забыл?» — «Так то я один, а то вся деревня, языки вот такие распустили...» — «Нет, Сеня, тут распускай, не распускай, а факт остаётся фактом. — Иван сел на стул. — Как живёшь-то, Валя?» В. Шукшин. Брат мой... ▫ — Чья же это девочка-то, такая красавица, да какая она у вас ласточка! СРНГ. ‖ Разг. Употр. преимущ. с «ты»-формами. Ласк. или комплиментное обращение к незнакомой девушке, молодой женщине. ▫ Не пой, красавица, при мне Ты песен Грузии печальной: Напоминают мне оне Другую жизнь и берег дальный. А. Пушкин. Не пой, красавица, при мне... — Послушай, красавица, — сказал я девушке. — Покажи мне, пожалуйста, дорогу на Ириновский шлях, а то из вашего болота во веки веков не выберешься. — Должно быть, на неё подействовал мягкий, просительный тон, который я придал этим словам. А. Куприн. Олеся. Загорелый, зубастый мещанин в картузе, подмигивая бабам, кричит весело и задорно: — Эй, красавицы, подходи!.. Беспроигрышная!.. Сама катает, сама летает!.. И. Соколов-Микитов. На тёплой земле. По заглохшей лесной дороге [Рита] выбралась на шоссе, остановила первый грузовик. «Далеко собралась, красавица?» — спросил усатый старшина ‹...›. «До города подбросите?» Б. Васильев. А зори здесь тихие... ▫ [Цыганка на вокзале подходит к девушке:] Позолоти ручку, красавица, всю правду тебе скажу, радость у тебя скоро будет... (1992). **Красавица моя (Моя красавица).** Разг. Ласк. обращ. к родственнице, близкой знакомой, возлюбленной. ▫ Ты хочешь непременно знать, скоро ли буду у твоих ног? изволь, моя красавица. А. Пушкин. Письмо Н. Н. Пушкиной, 14 июля 1834. В то время застенчиво, тихими шагами, вошла графиня в своей токе и бархатном платье. — Уу! моя красавица! — закричал граф. — Лучше вас всех!.. — Он хотел обнять её, но она, краснея, отстранилась, чтобы не измяться. Л. Толстой. Война и мир. ▫ «Милый

мой, пойдём домой». — «Пойдём, моя красавица, Мы туманчиком пройдём, Никто не догадается». Частушка. | [Коринкина:] А! Вы здесь! Ну, да, конечно, где же вам и быть! [Дудукин:] Ах, красавица моя! [Коринкина:] Что такое за красавица! Что за фамильярность! У меня есть имя и отчество! А. Островский. Без вины виноватые. ‖ Ирон., с оттенком осуждения к младшим по возрасту, положению. [Барыня:] Что, красавицы? Что тут делаете? Молодцов поджидаете, кавалеров? Вам весело? Весело? Красота-то ваша вас радует? Вот куда красота-то ведёт. (Показывает на Волгу.) Вот, вот, в самый омут. Что смеётесь? Не радуйтесь! (Стучит палкой.) А. Островский. Гроза. [Мать (дочери):] Явилась, красавица? Я уж все глаза в окно проглядела... ты что ж так поздно? — Ну, мамуля, ещё десять только... (1991). **Де́вица-краса́вица (Девицы-красавицы).** См. Девица. **Краса́ва (моя).** Обл. Ласк. обращ. к девушке или молодой женщине. ▫ Подойди-ка ко мне, красава. ▫ Не тужи, красава, что за милого попала. СРНГ. **Краса́вушка (моя).** Обл. Ласк. к Красава. Медведь вечером спрашивает Марью: «Что ты, красавушка, что ты такая весёлая?» — «А как мне весёлой не быть, батю с мамушкой во сне видела». Зайчик Иванович. Сказка из собр. А. Н. Афанасьева. Как-то, уж снежок выпал, девка вышла на крыльцо. Шиш к ней: «Жаланушка, здравствуй. — Та закланялась, запохохатывала. — Красавушка, ты за меня замуж не идёшь ли?» Б. Шергин. Куричья слепота.

Краси́вый, -ая, -ое; -ые; -ив, -ива, -иво; -ивы. Имеющий привлекательные черты лица, отличающийся стройностью, изяществом движения; привлекательный на вид. В составе формул комплиментов. ♦ Вы (ты) (очень, такая...) красивая (такой красивый). ♦ Какая Вы (ты) красивая! (Какой Вы красивый!) ♦ У Вас (у тебя) красивая жена (красивый муж, красивые дети...). ♦ У Вас (у тебя) (очень) красивое платье (красивая брошка, красивые глаза, волосы, голос...); и др. [Цыганов:] Вы стали ещё красивее... И что-то новое явилось у вас в глазах... [Лидия:] Вероятно, это скука... М. Горький. Варвары. Меня наполняет горячая нежность и благодарность Вам за то, что Вы — в мире, за то, что Вы такая — и красивая, и прекрасная, и окрылённая, и тихая, весёлая и печальная... А. Блок. Письмо Л. А. Дельмас, 6 мая 1914. — *Сколько б ни доказывала, а, видать, не доказала, — улыбнулся её горячности Серпилин. — Красивая женщина, всё у тебя есть, что надо.* <...> *Он на тебя любоваться должен, а ты до чего себя довела?* К. Симонов. Живые и мёртвые. ♦ **Оставайтесь (оставайся) такой же молодой, красивой (таким же молодым, красивым...).** Пожелание-комплимент. **Краси́во,** *нареч.* ⌐ *Ты очень красиво пишешь, у тебя прекрасный почерк.*

Краси́т. ♦ **Вас (тебя) красит эта причёска (стрижка...),** т. е. идёт, к лицу. Комплимент. ♦ **Не место красит человека, а человек место.** *Посл.* Не так уж важно, какую должность занимает человек, важно, ка́к он её исполняет. Употр. как форма утешения, ободрения в адрес того, кто со смущением говорит о своей невысокой должности. ♦ **Не дом хозяина красит, а хозяин дом.** *Посл.* Употр. как шутливый комплимент гостя в ответ на извинение хозяина за бедность, неприглядность своего жилища.

Кра́сный, -ая, -ое; -ые; -ен, -на, -но; -ны. Красивый, прекрасный. ⌑ *Нар.-поэт.* | В совр. употр. — *шутл.* Этикетный эпитет называния девушки и в приветливом обращении к ней. ♦ **Красна́ деви́ца. (Кра́сная деви́ца.)** ♦ **Деви́цы — души́ кра́сные.** См. Девица. ♦ **Красна́ (кра́сная) девушка.** *Обл., фольк.* См. Девушка. ♦ **Красный мой (Красная моя).** *Обл., нар.-поэт.* Ласк., приветливое обращение. ⌐ *На кого ты, красный мой, обнадеялся,* <...> *Что покинул меня, горе-горькую!* СРНГ. ♦ **Красны́ Ваши белила!** *Обл.* Приветствие-пожелание стирающей, полощущей бельё. ♦ **Кра́сно моё на золоте.** *Обл., фольк.* Ласковое обращение. СРНГ. ♦ **Красное (моё) солнышко.** См. Солнце. **Красно́,** *нареч. Прост.* Красиво. — *Красно-то вы говорите, красно,* — *заметил Крупов,* — *а всё же мне сдаётся, что хороший работник без работы не останется.* А. Герцен. Кто виноват?

Красови́тый. *Обл.* Очень красивый, прекрасный. В формулах похвалы, комплимента. ⌐ *Красовитая осанка.* **Красови́то,** *нареч.* Очень красиво. ⌐ *Красовито расписано!* ‖ В знач. безл. сказуем. *Старуха переводила разговор на приятное: «Уж и красовито у тебя, Егорович. Как сады, цветут на блюде».* — *«То-то!»* — *соглашался Губа.* Б. Шергин. Лебяжья река. **Красови́тушка.** *Обл.* То же, что Красавчик ты мой.

Красота́. В знач. сказуем. *Разг.* Удивительно, поразительно. В восторженных отзывах о ком-л. или о чём-л. красивом, вызывающем восторг, о том, кто или что выглядит красиво, прекрасно, очень нравится говорящему. Употр. в формулах экспрессив. похвалы, комплимента. ♦ **Какая красота!** (♦ **Красота-то какая!**) ♦ **Изумительная (неописуемая...) красота!** *Экспрессив.* — *Ну и гребёт... Красота!* — *наблюдая за Черкизовым и любуясь им, сказал Павлин.* Н. Никитин. Северная Аврора. [*Валерия (проходит на кухню):*] *Холодная? Горячая?.. Красота!.. Газ? красота!..* <...> *Так, так, так... А здесь? Восемнадцать квадратов?* [*Галина:*] *Да... Кажется.* [*Валерия:*] *Красота!* А. Вампилов. Утиная охота. ‖ О привлекательной, красивой внешности. ♦ **Глядя на Вашу красоту...** ♦ **Любуясь Вашей красотой...** ♦ **При Вашей (твоей) красоте...** ♦ **С Вашей (твоей) красотой...** и т. п. Формулы комплиментов в адрес собеседницы. [*Юлия:*] *Всё это напрасно, Флор Федулыч, мне ничего не нужно.* [*Флор Федулыч:*] *Не то что напрасно, а обойтись нельзя без этого. Уж если у нас бабы, пудов в восемь весом, в таких экипажах разъезжают; так уж вам-то, при вашей красоте, в забвении-с быть невозможно-с.* А. Островский. Последняя жертва. ♦ **Красота́ моя.** ⌑ *Прост.* Ласк. или шутл. обращение к родственнице, близкой знакомой, возлюбленной. *Мой ангел, я писал тебе сегодня* <...>. *Вечер у Нащокина, да какой вечер! шампанское, лафит, зажжённый пунш с ананасами — и всё за твоё здоровье, красота моя.* А. Пушкин. Письмо Н. Н. Пушкиной, 2 сент. 1833. [*Евгения:*] *Ну, прощай, мой милый, красавчик мой писаный.* [*Миловидов:*] *Прощай, красота моя!* (*Целуются и уходят.*) А. Островский. На бойком месте. ♦ **Красота моя несравненная (писаная, неописанная...).** ⌑ *Прост. Возвыш., нар.-поэт.* или *шутл.* Обращ. к родственнице или близко знакомой девушке, молодой женщине. [*Дудукин:*] *А вы, красота моя неописанная, не извольте гневаться, я изящное люблю во всех видах.* <...> *Тут* ревновать неуместно. [Коринкина:] Да кто вам сказал, что я ревную? Я вам сейчас докажу противное. [Дудукин:] Доказывайте, моё блаженство! А. Островский. Без вины виноватые. | *Шутл.* или *ирон.* Женск. обращ. к младшему родственнику или близко знакомому юноше, молодому мужчине. *[Красавина:] Красота ты моя писаная, разрисованная! Всё ли ты здоров? А у нас все здоровы: быки и коровы, столбы и заборы. [Бальзаминов:] Я ещё и говорить-то с тобой не хочу. Вот что!* А. Островский. За чем пойдёшь, то и найдёшь. ♦ **Красота Вашей чести.** *Шутл.* ответ на шутл. пожелание ♦ Салфет вашей милости. ♦ **На красоту.** *Обл.* Очень хорошо. Похвала. ▫ *Сделано на красоту.* СРНГ. **Красо́тка.** *Разг.* Хорошенькая, миловидная (о женщине, девушке). *[Сашенька (ласкается к матери):] Нет, поглядите, какая она у нас красотка... Ну просто чёрт побери!* А. Арбузов. В этом милом старом доме. || *Прост.* Приветл. мужск. обращение к девушке, женщине. *Заиграй, сыграй, тальяночка, малиновы меха. Выходи встречать к околице, красотка, жениха.* С. Есенин. Заиграй, сыграй, тальяночка... **Красоту́ля (мой, моя). Красоту́лечка (мой, моя).** *Разг.* Ласк. обращ. к близкому, любимому человеку (к младенцу, дочери, матери, возлюбленной). ▫ *Мамулечка-красотулечка, я скоро приду* (1994).

Крепи́тесь. (Крепи́сь.) Мужайтесь, терпите. Форма ободрения собеседника, испытывающего физическую и / или душевную боль, переживающего житейские трудности, неудачу, несчастье. Употр. обычно с ласк., дружескими обращениями, а также с другими формами утешения, ободрения. ▫ *Крепитесь, голубчик, Бог милостив, всё обойдётся.*

Кре́пкий, -ая, -ое; -ие. Хороший. ♦ **Желаю Вам (тебе) крепкого здоровья...** Пожелание, употр. обычно при поздравлении или прощании. ♦ **(Желаю Вам / тебе) крепкого сна.** То же, что Спокойной ночи. || Ответ на пожелание: Спокойной ночи. ♦ **Живые-то крепкие? ♦ Живые-крепкие.** См. Живой. **Кре́пко,** *нареч.* Интенсификатор экспрессивности в эпист. формулах прощания с близким человеком: ♦ **Крепко жму (Вашу, твою; Вам, тебе) руку.** ♦ **Крепко (Вас, тебя) обнимаю.** ♦ **Крепко целую.** ♦ **Крепко обнимаю тебя.** *Я часто хочу, чтобы ты пришла, когда ты не приходишь.* А. Блок. Письмо матери, 1 окт. 1906. *Крепко целую вас, мои любимые. Часто очень хочется перелететь к вам.* Б. Струве. Письмо сыновьям. 3 февр. 1920. *Крепко жму руку. Привет Риве и всем родным. Good bye. / Александр.* А. Фадеев. Письмо И.И. Дольникову, апр.—июнь 1924. См. Обнять. Рука. Целую.

Кресто́вый, -ая, -ое; -ые. ♦ **Брат (братец) (мой) кресто́вый.** *Прост.* и *обл., фольк.* 1. Обращ. к побратиму (другу, приятелю, с которым поменялись нательными крестами в знак дружбы и братства). 2. Обращ. к собеседнику, у которого с адресантом один крёстный отец или одна крёстная мать. ♦ **Сестра крестовая.** *Обл.* и *прост., фольк.* 1. Обращ. к названой сестре (близкой подруге, с которой поменялись нательными крестами). 2. Обращ. к собеседнице, у которой с адресантом один крёстный отец или одна крёстная мать. ♦ **Крестовый батюшка (батюшко).** *Обл.* Обращ. к крёстному отцу. ♦ **Крестовая матушка (маменька, божатушка).** *Обл.* Обращ. к крёстной матери. ▫ *Моя приёмная матушка, крестовая божатушка.* СРНГ. ♦ **Крестовое дитятко.** ♦ **Крестовый мой сын (сыночек, сынушка).** ♦ **Крестовая моя дочь (доченька, дочушка).** *Обл.* Ласк. обращ. к крестнику или крестнице. ▫ *Отлетаешь, крестовое дитятко, От своего-то тёплого гнёздышка.* СРНГ. ♦ **Крестовый кум (кумушко).** ♦ **Крестовая кума (кумушка).** *Обл.* Обращ. к крёстному отцу или крёстной матери родителей крестника или крестницы. ▫ *Выпей-ко чару, мой крестовый кум, Михайло Скопин, сын Васильевич.* СРНГ. **Кресто́вый.** В знач. сущ. *Обл.* 1. То же, что ♦ Крестовый брат. 2. Ласк. обращ. к собеседнику; то же, что Христовый. ▫ *— Ну полно, Петро! полно, крестовый, ругаться-то — грех!* СРНГ. **Крестовая.** В знач. сущ. *Обл.* 1. То же, что ♦ Крестовая сестра. 2. Приветл. обращ. к подруге или вообще ко всякой женщине; то же, что Христовая. ▫ *Мы, крестовая, с тобой Буйны головушки, Попадай ко мне в снохи, А я к тебе в золовушки.* СРНГ. | *Прост.* В речи карточных гадалок *крестовый, крестовая* употр. по отношению к брюнетам, брюнеткам.

Крещёный. ♦ **Крещёный человек.** ⊠ *Прост.* Формы обращения пожилых людей к незнакомому. *Игуменья лежала в другой комнате на деревянной кровати. Та же послушница пригласила гостей к самой. — Кто там, крещёный человек? — спрашивал старушечий брюзжащий голос. — Никак ты, попадья?* Д. Мамин-Сибиряк. Охонины брови. **Крещёные.** ♦ **Мир крещёный.** ⊠ *Прост.* Обращ. к окружающим. *В окошко бы по деревенскому стукнуть — высоко, не достанешь. <...> — Эй вы, крещёные!.. Отомкните хоромы-то!* П. Мельников (Печерский). В лесах. *Вечером народ соберётся, я сказываю. Мужиков людно сидит, торопиться некуда, кабаков нет. Вечера не хватит — ночи прихватим... Дале один по одному засыпать начнут. Я спрошу: «Спите, крещёные?» — «Не спим, живём! Дале говори...»* Б. Шергин. Двинская земля. ♦ **Всем крещёным яму!** ⊠ *Обл.* Приветствие-пожелание входящего в избу (В. Даль).

Крёстный. *В знач. сущ. Разг.* Обращение к крёстному отцу. *[Аристарх:] Что ты, красавица моя, по городу-то бродишь? [Параша:] Крёстный, как бы мне с Васей повидаться?* А. Островский. Горячее сердце. ♦ **Крёстный папенька.** ⊠ *Учтив. У церковных ворот пересек мне дорогу маленький семинаристик, в длиннополом нанковом зелёном сюртучке. «Здравствуйте, папенька крёстный», — проговорил он. Когда я его крестил, — совершенно не помню. «Здравствуй, милый! Ты чей?» — «Отца дьякона, папенька крёстный», — отвечал он.* А. Писемский. Плотничья артель. **Крёстная.** *В знач. сущ. Разг.* Обращение к крёстной матери. *«А ты, крёсна, пошто в город-то?» — спросил Лёшка Настасью. «Да в церкву».* В. Белов. Целуются зори... **Крёстна (Крёсна).** *Обл. и прост.* ▱ — *Крёсна, ты куда полотенце положила, чё-то найти не могу.* (1996). ♦ **Крёстная маменька (Маменька крёстная).** ⊠ *Учтив.* ♦ **Мама крёсна.** *Обл., детск.* **Крёстинька.** *Обл. Ласк.* к Крёстная. *«Чтой-то с тобой творится, Настя? Ровно ты не в себе?» — сказала она. «Ничего, крёстнинька», — весело отвечала Настя, но заметив пристальный взгляд, обращённый на неё крёстной матерью, покраснела, смешалась.* П. Мельников (Печерский). В лесах. **Крёстник.** *Разг.* Обращ. к крёстному сыну. **Крёстничек.** *Разг. Ласк.* к Крёстник. *Говорит ему Самсон Самойлович: — Ай же крестничек ты мой любимый, Старый казак да Илья Муромец! А й не будем мы да и коней седлать.* Илья и Калин царь. Былина. Зап. в 1871. *Володька Рыжий, крёстный, которому было по пути, пошёл рядом с Захаром и на повороте <...> придержал Захара за плечо. — Знаешь, Захарка, Поливанов обхаживает тебя, смотри, крестничек, не зацепись за эту кошку-то. Крючья навострены до блеска, вмиг пронзит.* П. Проскурин. Судьба. **Крестница.** *Разг.* Обращ. к крёстной дочери.

Крови́нка (моя). Крови́ночка (моя). Крови́нушка (моя). Кро́вушка (моя), м. и ж. *Обл., нар.-поэт.* Формы ласк. или жалостливого обращения к своему ребёнку, внуку или внучке. — *Никонушка, несчастный ты мой, кровинка моя сердечная.* М. Горький. Жизнь Матвея Кожемякина. *Соскочил атаман, бинокль с убитого сдёрнул <...>, с чулком сорвал сапог и на ноге, повыше щиколотки, родинку увидел с голубиное яйцо. <...> — Сынок!.. Николушка!.. Родной!.. Кровинушка моя...* М. Шолохов. Родинка. *И виделась мне бабушка в чёрных одеждах. Опершись на черёмуховый таяк, она нависла над окном, молила, просила: — Батюшко! Подай голос! Живой ли ты, кровинушка моя?* В. Астафьев. Последний поклон.

Крошка. *Разг.* **1. Крошка (мой, моя).** *Ласк.* обращ. к ребёнку. ‖ В сочет. со словами *мой, моя* — обычно в речи матери, бабушки, няни. *[Даша] улыбнулась и шагнула к девочке. — Ах, какая замечательная кукла!.. Вот она бежит к тебе, крошка.* Ф. Гладков. Цемент. **2.** *Ласк., интимн.* обращ. к девушке, женщине. *Только станет смеркаться немножко, Буду ждать, не дрогнёт ли звонок, Приходи, моя милая крошка, Приходи посидеть вечерок.* А. Фет. *Только станет смеркаться немножко... [Гаев:] Крошка моя. (Целует Ане лицо, руки.) Дитя моё!.. (Сквозь слёзы.) Ты не племянница, ты мой ангел, ты для меня всё. Верь мне, верь...* А. Чехов. Вишнёвый сад. *Жена ждала Игната у вагона. Осталось полторы минуты. Она вся изнервничалась. «Игнат, это... это чёрт знает что такое, — встретила она мужа со слезами на глазах. — Я хотела чемоданы выносить». — «Порядок! — весело гудел Игнат. — Максим, пока! Крошка, цыпонька, — в вагон». Поезд тронулся.* В. Шукшин. Ваш сын и брат. ♦ **Кро-**

шечка моя. *Разг. Уменьш.-ласк. к* Крошка моя *(в 1 и 2 знач.).* [*Аграфена Кондратьевна (дочери):*] *Ступай, ступай, моя крошечка; дверь-то побережнее, не зацепи. Посмотри-ко, Самсон Силыч, полюбуйся, сударь ты мой, как я дочку-то вырядила! Фу ты, прочь поди! Что твой розан пионовый!* А. Островский. Свои люди — сочтёмся! *Теперь пуговки, дружок мой! Ведь вы согласитесь, крошечка моя, что мне без пуговок быть нельзя; а у меня чуть не половина борта обсыпалась!* Ф. Достоевский. Бедные люди. **Крошечка-Хаврошечка. Крошечка-хорошечка.** *Разг* Ласк.-шутл. обращ. взрослого к ребёнку. ▱ *Сколько же тебе лет, кроха? покажи на пальчиках.* **Кроха (моя). Крохотка (мой, моя). Крохотуля (моя, моя). Крохотулечка (мой, моя).** *Разг. Уменьш.-ласк. обращ. к своему ребёнку.*

Кругóм двадцать. *Обл. Что надо; всё при ней. Мужск. похвала, одобрение дородной женщины.* ▱ *Эта женщина мне очень по душе — дородная, полная, просто кругом двадцать, как говорится.* СРНГ.

Крутой, -ая, ое; -ые. *Разг. Очень хороший; производящий сильное впечатление; неординарный (о вещи, продукции, обстановке). Оценочный эпитет, употр. преимущ. в молодёжн. речи 1990-х гг. в составе формул похвалы.* ▱ *Крутая у тебя машинка (о компьютере).* **Круто.** *Разг. Форма выражения восхищения чем-л. необычным, неординарным.* «*Сам что ли сделал?*» — «*Мало-мало сам*». — «*Круто*». — «*Кумекаем...*» (1997).

Кряж. ♦ **Какой кряж!** *Прост. Похвала, восхищение в адрес крепкого коренастого мужчины, парня.* — *Ешь, Фомушка, ешь! Вишь ты какой кряж вырос! есть куда хлеб-соль класть!* М. Салтыков-Щедрин. Пошехонская старина.

Кто, *местоим.* **1.** *Вопросительное. В вопросит. обращениях при знакомстве без посредника с целью узнать имя, фамилию, социальное положение, род занятий собеседника.* ♦ **Вы (ты) кто?** ♦ **Вы (ты) кто такой (будете, будешь)?** ♦ **Сами-то кто будете (Сам-то кто будешь)?** *Прост.* | *Для конкретизации вопроса употр. формула:* ♦ **Вы (ты) кто (по званию, по профессии, по национальности...) (будете, будешь)?** *Красноармеец заговорил со мной. «С ними едешь»? — «Не, я один». — «А сам-то кто будешь?» — «Электротехник».* А. Платонов. Впрок. *Как вовсе глухая ночь настала, слышит — голос женский запел. Потом голос спрашивает: — Ты, молодец, кто такой будешь и зачем пришёл?* П. Бажов. Травяная западенка. ▱ — *Кто такие?* — *Мы псковские* (шутл. ответ). ♦ **Вы (ты) кто ему (ей, им) будете (будешь)?** ♦ **Вы (ты) кем ему (ей, им) доводишься?** *Прост. Вопрос к собеседнику о родстве с общим знакомым, с целью продолжить знакомство, найти общий предмет для продолжения беседы.* «*Ты Казанцевым-то кто будешь?*» — *полюбопытствовала бабушка, не отрывая взгляда от дождя. «Никто, случайный ночевальник».* В. Куропатов. Слепой дождь. **Кто?** ♦ **Кто это?** ♦ **Кто там?** ♦ **Кто тут?** *Разг. Вопросы к тому, кого говорящий не видит из-за темноты или кто стоит за дверью, за воротами. Зиновию Борисычу надоело стоять за дверью да слушать, как жена спит: он постучался. «Кто там?» — не совсем скоро и будто как сонным голосом окликнула Катерина Львовна. «Свои», — отозвался Зиновий Борисыч.* Н. Лесков. Леди Макбет Мценского уезда. *Игуменья лежала в другой комнате на деревянной кровати. Та же послушница пригласила гостей к самой. «Кто там, крещёный человек?» — спрашивал старушечий брюзжащий голос. — Никак ты, попадья?» — «Я, многогрешная, матушка...»* Д. Мамин-Сибиряк. Охонины брови. ▱ *Кто там?* — *Сто грамм.* ▱ *Кто?* — *Конь в пальто.* — *Кто?* — *Дед Пихто и бабка Ёлка.* (Шутл. ответы знакомого, приятеля, родственника, стоящего за дверью). ♦ **Кого Бог (Господь) принёс (даровал, дарует)?** *Прост. Кто там? Вопросит. обращ. к стоящему у ворот или стучащемуся в дверь. Подъехав к скиту, путники остановились у ворот и дёрнули висевшую у калитки верёвку. Вдали послышался звон колокола, залаяли собаки, и через несколько времени чей-то голос стал изнутри спрашивать: «Кого Господь дарует?»* — «*Люди знакомые, отец вратарь*», — *отозвался паломник.* П. Мельников (Печерский). В лесах. ♦ **Вам кого?** *Разг. Вопросит. обращ. к незнакомому посетителю. В воротах с ними встретился Лакей, какой-то буркою Прикрытый: «Вам кого? Помещик за границею, А упра-*

витель при смерти!..» — И спину показал. Крестьяне наши прыснули: *По всей спине дворового Был нарисован лев.* Н. Некрасов. Кому на Руси жить хорошо. *Стою, булочку доедаю. А на крыльце человек и пошевелился. «Вам кого?» — «Дозвольте с вами на крылечке посидеть, опоздал на пароход».* Б. Шергин. Митина любовь.
♦ **Кого потерял?** *Прост.* Тебе кого, что нужно? Кого ищешь? Обращ. к незнакомому, равному или младшему по возрасту, положению, с целью помочь. *Мимо Фроси прошли четыре женщины с железными совковыми лопатами, позади них шёл мужчина — нарядчик или бригадир. — Кого потеряла здесь, красавица?* А. Платонов. Фро. **2.** *В знач. определительного.* В восклицаниях при неожиданной встрече со знакомым, приятелем, родственником.
♦ **Кто к нам пришёл (приехал)!** *Разг., экспрессив.* ♦ **Кто к нам пожаловал (припожаловал)!** *Разг., почтит.* или *шутл.* Радостные восклицания при появлении нежданного, но приятного (или якобы приятного) гостя. *Это было как чудо. Ничего не слышали, ничего не чуяли — ни звона кольца в калитке, ни шагов на крыльце — и вдруг он. <...> — Ох, ох, кто пришёл-от к нам, кто пожаловал... Садись, садись, Григорий Иванович... Где любо, там и садись... — Раиса заливалась соловьём, новенькой метёлкой бегала вокруг Григория, и она не притворялась.* Ф. Абрамов. Дом. *«Валюха, приветик!» — крикнул ей Вася. Заблажив: «Ой, кто к нам пришёл!» — девка рухнула с печи, норовя попасть в объятия Васи.* В. Астафьев. Последний поклон. *Но вместо Сенечки появился председатель сельсовета Акимов Евдоким — квадратный широколицый мужик в чёрном пиджаке и флотской тельняшке. «Вот, оказывается, кто к нам припожаловал, — гудел он, подминая скрипучие ступени. — Здравствуйте, Мария Васильевна! Рады вас видеть», — протягивал он свои короткие толстые ладони с затейливой татуировкой.* Б. Можаев. Мужики и бабы. *Вздрагивая прижатыми локтями, вниз сбежал академик Посошков — всё в том же выцветшем тренировочном костюме. «Да? — сказал он, не узнавая гостя. И тут же просиял: — Эге, кто к нам приехал! Кто к нам прие-ехал! Федя Дежкин! Кандидат наук Фёдор Иванович Дежкин! Здравствуй, дружок...»* В. Дудинцев. Белые одежды. ♦ **Кого я вижу!** *Разг., экспрессив.* Возглас радостного или притворно-радостного удивления при нечаянной встрече со знакомым, приятелем, родственником, равным или младшим по возрасту, положению. *Папа сидит в комнате фрейлин, близко наклонившись к этой последней, держа её руку в своей руке. При появлении Ниночки он сконфуженно откидывается назад и говорит с немного преувеличенной радостью и изумлением: — А-а! Кого я вижу! Наша многоуважаемая дочь! Ну, как ты себя чувствуешь, свет моих очей?* А. Аверченко. День делового человека. *(С улицы появляется Васенька, останавливается в воротах. В его поведении много беспокойства и неуверенности, он чего-то ждёт. На улице послышались шаги. Васенька бросается к подъезду; в воротах появляется Макарская. Васенька спокойно, изображая нечаянную встречу, идёт к воротам.)* [Васенька:] *О, кого я вижу!* [Макарская:] *А, это ты.* [Васенька:] *Привет!* [Макарская:] *Привет, кирюшечка, привет. Что ты здесь делаешь?* А. Вампилов. Старший сын. См. также: Видеть.

Кто без греха (и кто бабе не внук)? См. Грех.

Кто Богу не грешен, царю не виноват? См. Грешный.

Кто мал не бывал, кто пелёнок не марал? *Посл.* В молодости каждый ошибался, совершал необдуманные, конфузные поступки. Форма шутл. утешения, ободрения собеседника, обычно младшего по возрасту, положению. Употр. обычно в ситуации оправдания и извинения.

Кто не умер в пелёнках, не умрёт и в портянках. *Посл.* Употр. как форма шутл. утешения, ободрения уходящего на службу в армию или его родственников.

Кто старое помянет, тому глаз вон. *Посл.* Всё, инцидент исчерпан, забудем об этом. Говорится в знак примирения, а также как ответ на извинение. *«Я уезжаю надолго, и, согласитесь, хоть я и не мягкое существо, но мне было бы невесело унести с собою мысль, что вы вспоминаете обо мне с отвращением». Анна Сергеевна глубоко вздохнула <...>. «Кто старое помянет, тому глаз вон, — сказала она, — тем более, что, говоря по совести, и я согрешила тогда если не кокетством, так* чем-то другим. Одно слово: будем же приятелями по-прежнему». И. Тургенев. Отцы и дети. [Даша:] Ах, тятенька, в глаза-то тебе глядеть мне совестно. [Агафон:] Ну, что старое толковать!.. Бог с тобой! Кто старое помянет, тому глаз вон. А. Островский. Не так живи, как хочется. Доктор всю ночь не мог уснуть от стыда и досады на себя, а утром, часов в десять, отправился в почтовую контору и извинился перед почтмейстером. — Не будем вспоминать о том, что произошло, — сказал со вздохом растроганный Михаил Аверьяныч, крепко пожимая ему руку. — Кто старое помянет, тому глаз вон. <…> Садитесь, покорнейше прошу, мой дорогой. А. Чехов. Палата № 6. ♦ **Кто старое помянет, того чёрт на расправу потянет.** (С намёком на то, что ссора и обида — дело человеческое, а злопамятство — дьявольское.)

Куда́, нареч. (**Куды́,** прост.). Вопросительное. ♦ **Куда идёте (идёшь)?** ♦ **Куда направляетесь (направились, направился)?** ♦ **Куда путь держишь?** *Прост., фольк.* или (в совр. употр.) *шутл.* ♦ **Куда Бог несёт?** *Прост.* или *шутл.* (к знакомому). ♦ **Куда Бог послал?** *Обл.* Формы вопросит. обращений к собравшемуся куда-л. или, после приветствия, к встречному в пути, к зашедшему или заехавшему путнику. *Обл.* В некот. областях спрашивать «Куда?» собравшегося в дорогу или встречного в пути не принято из поверья: якобы этим словом можно расстроить путнику дело, «закуды́кать путь»; поэтому спрашивают: «Далеко ли?» *Едут [братья] по дороге, видят, старичок стоит. «Куда, добрые молодцы, путь держите?» — «Далёк наш путь, дедушка!» — «Ну, добрый путь вам, только не трусьте».* Богатый купец. Сказка. Зап. в 1951. *Избушка повернулась к лесу глазами, к Марфе воротами, она зашла. Там сидит старушка и говорит: — Что ты, девушка, зашла? Куда идёшь, куда путь держишь? Куда, — говорит, — тебя, девушка, Бог послал? Волей-неволей али своей охотой?* Марфа, крестьянская дочь. Сказка. Зап. в 1961. *Рядом с нами идёт молодец лет за двадцать. <…> «Куда-й-то едете, барин?» — спросил он меня. «В Зарайск, почтеннейший, а вас куда Бог несёт?» — «В Коломну».* П. Якушкин. Зарайский дневник (1846). *После обеда между братьями всегда почти происходил следующий разговор: «Куда это путь изволите направлять: верно, на птиц своих посмотреть?» — говорил Пётр Михайлыч, когда капитан, выкурив трубку, брался за фуражку. «Да-с, нужно побывать», — отвечал тот. «С Богом! Вечером будете?» — «Буду-с», — отвечал капитан...* А. Писемский. Тысяча душ. *«Егоровна, оступись, летишь ты сломя голову... Куды?» — «На кудыкину гору». — «А всё ж... Свашить?»* П. Еремеев. Обиход. ♦ **Куда путь (путь-дорогу) правите?** *Прост. и обл.* Обращ. к встречным на проходящем мимо судне (употр. среди поморов). *В далях морских другой кораблик блеснёт парусом, ровно чайка крылом. Надо с ним поморским обычаем поздороваться. Капитан берёт медную, посеребрённую трубу-рупор и кричит: «Путём-дорогой здравствуйте!» Те отвечают: «Здорово, ваше здоровье, на все четыре ветра!» Мы опять: «Куда путь-дорогу правите?» Ответ уж издалека донесёт: «Из Стокгольма в Архангельской!..»* Б. Шергин. Мурманские зуйки. ♦ **Куда (куды) след держишь?** *Обл.* Вопрос встречному. *— А вот, свет, куды держишь след?.. — В работники наняться.* СРНГ. ♦ **Куда (куды) с добром! (Куда тебе с добром!)** ♦ **Куда (куды) тебе!** ♦ **Хоть куда (куды).** ♦ **Куда (куды) хошь.** *Прост. и обл.* Очень хорошо, очень хороший. Формы похвалы, одобрения. *Дом куды с добром, большой, с верандой.* *Куды хошь парень.* *Наша на каникулы приехала. Стала куды тебе. Шибко хорошая стала.* СРНГ. *Двенадцать лет мальчонке, а такой уже смекалистый да расторопный. И картошку мне выполол, и крылечко починил, и дров мы с ним напилили... Куды, говорю, с добром парень. Дай бы Бог так и дальше.* В. Куропатов. Слепой дождь.

Куде́сник. *В знач. сказуем.* Похвала в адрес искусного умельца, мастера; то же, что **Волшебник.** *— Хе-хе... Мы одни, профессор? Это неописуемо, — конфузливо заговорил посетитель. — Пароль доннёр, двадцать пять лет ничего подобного! — субъект взялся за пуговицу брюк, — верите ли, профессор, каждую ночь обнажённые девушки стаями... Я положительно очарован. Вы — кудесник!* М. Булгаков. Собачье сердце. **Куде́с.** *Обл.* То же, что **Кудесник.** *Ну и кудес! Лико, что сработал.* СРНГ. **Куде́сница.** *Женск.* к **Кудесник.**

Кузе́н. [Франц. cousin.] В доревол. России в дворянской полиязычной среде обращение к двоюродному брату, а также к дальнему кровному родственнику в одном колене с адресантом. **Кузи́на.** [Франц. cousine.] Обращ. к двоюродной сестре, а также дальней кровной родственнице в одном колене с адресантом. Употр. чаще с местоимениями *мой, моя*, а также с этикетными эпитетами *дорогой, дорогая; милый, милая* и др. *При имени Лаврецкого Марья Дмитриевна вся всполошилась, побледнела и пошла к нему навстречу. «Здравствуйте, здравствуйте, мой милый cousin! — воскликнула она растянутым и почти слезливым голосом, — как я рада вас видеть!» — «Здравствуйте, моя добрая кузина, — возразил Лаврецкий и дружелюбно пожал её протянутую руку. — Как вас Господь милует?»* И. Тургенев. Дворянское гнездо.

Куколка. *В знач. сказуем. Разг.* Комплимент в адрес нарядной хорошенькой девочки, девушки, женщины. Обычно в форме сравнения ♦ **Как (просто, словно) куколка.** Комплимент этот употр. в адрес женщины не без двусмысленности, так как одно из переносных значений слова *кукла* — «бездушный, пустой человек» (чаще о женщине). ♦ **Моя куколка.** *Разг. Ласк.* обращ. к маленькой девочке (чаще к дочке, внучке, племяннице). *«Дети мои, простите маму. Я не хочу быть обузой. <...> Аннушка, куколка моя, будь разумницей...»* В. Личутин. Любостай. ‖ Интимн.-ласк. обращ. к близкой, любимой девушке, женщине.

Кум. 1. *Прост.* Обращение родителей крестника или крестницы к крёстному отцу. ‖ Обращ. крёстного отца или матери к отцу крестника или крестницы. ‖ Обращ. крёстной матери к крёстному отцу. *Подойдя к прилавку, кума Марья, бывало, долго щупала куски разноцветного ситца, выбирая на платье, <...> умильно просила приказчика-кума, видалого человека: — Кум Арсеня, отмерь-ка мне энергичного ситцу, такого, что в городе теперь носят...* И. Соколов-Микитов. Записи давних лет. *Ксения подошла к комоду, достала платок. «Вот, смотри, кум, какой гостинец мне. <...> Не забыл меня сынок. Помнил, так что ты зря на него...» — «А я ничего, кума. Так, к слову пришлось...»* С. Воронин. Проездом. **2.** *Прост.* В крестьянском обиходе доброжелат. обращение к односельчанину, соседу, приятелю в кругу лиц среднего и пожилого возраста (видимо, по старой пословице: *Четыре двора, в каждом дворе кум да кума*). *«Здорово, кум Фаддей!» — «Здорово, кум Егор!» — «Ну, каково, приятель, поживаешь?»* И. Крылов. Два мужика. *«Давай-ка присядем на канаве, Карпушка, да покалякаем. Можа, соврёшь что-либо. Без твоей брехни прямо как без курева, ей-богу. Соври, голубок», — смиренно попросил Илья Спиридонович. «Некогда мне, кум, — он всех затонских мужиков именовал кумовьями, — тороплюсь».* М. Алексеев. Вишнёвый омут. **Куманёк. Куманёчек.** *Прост. Ласк.* обращ. к куму. *Куманёк, побывай у меня, Куманёчек, побывай у меня!* (народн. песня). *«Кум... кум... не губи, детишки у меня!..» — «Не могу, и не проси, Миколай Михалыч». Но тут отцу подоспела помощь. Мать, почуя неладное, быстро наполнила большую кружку самогоном, положила на кусок чёрного хлеба ломтик сала и выскочила во двор. Преградила путь Михайле, заголосила, запричитала: «Куманёк, родненький... не откажи, выпей первачку... толечко нончесь нагнали... и куды ты торопишься, Василич?.. Яшенка ждёт, и картошки нажарила с салом... Поди в избу, родимай!..» — «Ну, ну, кума... вот разве что только для тебя один-единственный глоток...»* М. Алексеев. Карюха. **Ку́мушко (Кумушко́). Кумушо́к.** *Обл.* То же, что **Куманёк.** СРНГ. **Кума́. 1.** *Прост.* Обращение родителей крестника или крестницы к крёстной матери. ‖ Обращ. крёстного отца или матери к матери крестника или крестницы. ‖ Обращ. крёстного отца к крёстной матери. *«Что, кума, — вскричал вошедший кум, — тебя всё ещё трясёт лихорадка?» — «Да, нездоровится», — отвечала Хивря...* Н. Гоголь. Сорочинская ярмарка. *«Кума, что я забыла, праздник этот у нас в числе?» — «Что тебе застило, кума, не в числе!»* П. Еремеев. Обиход. *Кума, сойди с ума, купи вина.* Шутл. поговорка с намёком: не угостишь ли? **2.** *Прост.* В крестьянском обиходе доброжелат. обращение к женщине в кругу лиц среднего и пожилого возраста. *«У нас уж колос сыпется, Рук не хватает, милые». — «А мы на что, кума? Давай серпы! Все семеро Как станем завтра — к вечеру Всю рожь твою сожжём!»* Н. Некрасов. Кому на

Руси жить хорошо. | ✲ В городском обиходе — шутл.-фамильярн. Мужск. обращ. к незнакомой пожилой женщине из простонародья. *В обжорке брали «сухими» только квартальные, постовые же будочники довольствовались «натурой» — на закуску к водке: — Ну-ка, кума, режь-ка пополам горло! Да лёгкого малость зацепи...* В. Гиляровский. Москва и москвичи. **Ку́мушка.** Прост. Ласк. к Кума. *[Бобчинский:] Прощайте, Анна Андреевна! [Добчинский:] Прощайте, кумушка!* Н. Гоголь. Ревизор. ▭ *А лисичка собрала всю разбросанную по дороге рыбу в кучку, села и ест себе. Навстречу ей идёт волк: «Здравствуй, кумушка!» — «Здравствуй, куманёк!»* Лисичка-сестричка и волк. Сказка. Зап. в 1848. ▭ *Спасибо, кумушка, на бражке, а с похмелья головушка болит* (В. Даль). ‖ Обл. Женск. обращ. к подружке. *Вы, кумушки, голубушки, Подружки мои! Кумитеся, любитеся, Любите меня!* СРНГ. ♦ **Приходи́, кума́, любоваться (смеяться)!** См. Любоваться.

Куми́р (мой). ♦ **О, мой кумир!** М. и ж. Возвыш.-патетич., экспрессив. Обращение к тому, кто является предметом обожания, восторженного поклонения. — *Милый, кумир мой, отрок богоравный, на одну минуту, только дай мне на одну минуту полюбоваться твоими плечиками.* Ф. Сологуб. Мелкий бес. ‖ *В знач. сказуем.* ♦ **Вы (ты) мой кумир.** Возвыш. экспрессив. Комплимент, выражение любви, восхищения в адрес обожаемого человека.

Куша́й/те. Разг. ♦ **Кушай/те, пожалуйста.** Формы вежл. угощения. (*Бальзаминова идёт на кухню и приносит на двух тарелках хлеб и колбасу и ставит на стол.) [Бальзаминова:] Кушайте. [Красавина:] Я ни от чего не отказываюсь. Всё добро, всё на пользу. Ничем не брезгаю.* А. Островский. Праздничный сон — до обеда. *Мы сидели и молчали. Чухонка принесла самовар. Иван Иваныч подал мне чай и сахар. Потом поставил на стол варенье, печенье, конфеты, полбутылки сладкого вина. — Вы извините меня за угощение, Надежда Николаевна. Вам, быть может, неприятно, но не сердитесь. Будьте добры, заварите чай, налейте. Кушайте: вот конфеты, вино.* В. Гаршин. Происшествие. ‖ *Прост.* То же, что Пейте. *Полковница вновь наполнила пивом стаканы, а мне придвинула мою нетронутую кружку: — Кушайте же,*

не обижайте нас. В. Гиляровский. Москва и москвичи. ♦ **Кушайте на здоровье. 1.** Вежл. угощение. **2.** Вежл. ответ на благодарность за угощение. ▭ *«Вот, доченька, возьми-ка ещё ватрушечку, эту сама съешь, а эту братику отнесёшь, скажешь, от бабы Маши». — «Спасибо». — «Кушайте на здоровье»* (1990). ♦ **Куша́йте зау́году.** Обл. То же, что ♦ **Кушайте на здоровье.** — *Кушайте зауугоду,* — *угощала бабушка. — Сейчас что на это смотреть.* В. Крупин. Братец Иванушка. ♦ **Кушайте, гости, не стыдитесь, рушайте гуся, не студите!** ✲ Погов. ♦ **Про тебя, про света всё приспето; щуки да сиги́, кушай да сиди!** Погов. Шутл. Формы радушного угощения. ♦ **Приятно кушать (Вам, тебе).** См. Приятный. ♦ **Пожалуйте чай кушать.** ✲ Учтив. приглашение к чаю (употр. нередко в речи горничных, лакеев). | В совр. употр. — шутл. ♦ **Кушать подано.** ✲ Учтив. доклад слуги, лакея. См. Подать. ♦ **Кушай с булочкой.** Разг. Шутл. или ирон. ответ на благодарность.

Л

Лаго́жий, -ая, -ее; -ие. Обл. **1.** Хороший, пригожий, красивый. Оценочный эпитет в формулах похвалы, комплиментов. ▭ *Ишь, какая девка-то. Лагожая девка да не найдёт женихов, тогда прямо стыд.* СРНГ. **2.** ♦ **Лаго́жий (мой).** *В знач. сущ.* Ласк. обращение к собеседнику: любимый, лапушка. [От обл. Ла́года — «лад, мир; кротость, доброта в обращении с людьми»].

Лад. Разг. Мир, согласие, любовь, дружба. ♦ **Лад да совет (вам)!** ♦ **Дай вам Бог лад да совет!** ✲ Разг. Пожелание счастливой, согласной жизни жениху и невесте, молодожёнам; то же, что ♦ **Совет да любовь.** *«Я женюсь!» — «На Верочке?» — «На ней... Всё уже решено и улажено. ‹...›» — «Ну, коли всё уже кончено, стало быть, толковать нечего; дай Бог вам лад да совет!»* И. Тургенев. Два приятеля. ♦ **Где мир да лад, там и Божья благодать.** Погов. ♦ **Где лад да совет, там и горя нет.** Погов. Употр. как формы совета, наставления молодым жить дружно, не ссориться. ♦ **Дай Бог в честь да в радость, в лад да сладость!** См. Честь.

Ла́да, м. и ж. ♦ **Лада мой (моя).** ▨ *Нар.-поэт.* Милый, любимый (мой); милая, любимая (моя). Ласк. название возлюбленными, супругами друг друга; их обращение друг к другу (обычно в народн. песнях). ▭ *Пробудись, моя милая лада* (песня). ▭ *Уж как я то ли, горюшница, Без тебя, мой лада милая, Оскорбила лицо белое, Помутилися от слёз да очи ясные.* СРНГ. **Ла́до.** ▨ *Обл.* Учтив. женск. обращ. к мужу. *Пришла домой да расплакалася: — Ах ты, свет моя ладо милое! На что ты губил брата милого, Брата милого, родимого?* СРНГ. **Ладушка (мой, моя).** ▨ *И втапоры его молода жена Стала ему кланятися и перед ним убиватися: «Гой еси ты, мой любезный ладушка, Молоды Дунай сын Иванович! Оставь шутку на три дни, Хошь не для меня, но для своего сына нерождённого».* Дунай сватает невесту Владимиру. Былина из собрания Кирши Данилова. ‖ **Ладушка.** *Разг.* Ласк. мужск. обращ. к девушке, молодой женщине. — *Вот спасибо тебе, ладушка, за твой щедрый дар: нам это всяких боеприпасов важней!.. то — дело отваги да рук человечьих, а твоё — из глазу в глаз передаётся. Смотри, ведь плачут люди-то! — после долгой всеобщей паузы сказал командир и от лица всех поцеловал Полю.* Л. Леонов. Русский лес. [Единого мнения об этимологии нет. 1. От названия славянской языческой богини любви и супружества *Лада* (зватель. ф. *Ладо*). 2. От славянского божества любви *Ладо*. 3. От общеслав. лад — «мир, согласие, любовь».]

Ла́дный, -ая, -ое; -ые. Эмоционально-оценочный эпитет в формулах похвалы, комплиментов. **1.** *Разг.* Добротно сделанный, хорошо устроенный, удобный в пользовании (о вещи, помещении). ▭ *Ладная у тебя телега!* ▭ *Спасибо за подарок. Ладный ножичек!* ▭ *Ладный, ладный пиджачок.* **2.** *Прост.* Хороший, умелый (о собеседнике или близком ему человеке). ▭ *Вот и сын у тебя подрос, смотрю — ладный хозяин будет.* (1993). **3.** Хорошо сложенный, стройный (о человеке). *Ребят Глафира навела... целую рощу! Парней хоть всех в Преображенский полк записывай. И девки не отстали. Рослые да здоровые, а красотой в мать. На что Михей Кончина строгого слова человек, и тот по ребятам сестру признал. Седой уж в ту пору был, а смирился. Зашёл как-то в избу и говорит: «Ладные у тебя, сестра, ребята. Вовсе ладные».* П. Бажов. Золотые дайки. ▭ *Какой ты красивый да ладный стал!* ♦ **Ладный собой.** *Прост. и обл.* Красивый, пригожий. Похвала, комплимент. ▭ *И собой ладная, и хозяйка в дому.* СРНГ. ♦ **Будь он ладен! (♦ Будь она ладна!)** *Обл.* Шутл. экспрессив. похвала. *«Глянь, лицо-то у мужика сияет, как медный таз. Чо с ним?» — «Дак, баба парнишку родила». — «Ах, будь она ладна... Молодца, молодца, Ульяна!»* П. Еремеев. Обиход.

Ладно. 1. Нареч. к Ладный (в 1 и 3 знач.). *Разг.* ▭ *Ладно сработано, молодец.* ▭ *Ладно сложен, крепко сбит, чем не жених!* **2.** Безл., в знач. сказуем. *Разг.* Хорошо. Похвала, одобрение. *Достала Танюшка шкатулку, показывает, а женщина поглядела маленько, да и говорит: — Надень-ко на себя — виднее будет. — Ну, Танюшка, — не того слова, — стала надевать, а та знай похваливает: — Ладно, доченька, ладно! Капельку только поправить надо.* П. Бажов. Малахитовая шкатулка. **3.** *В знач. утвердит. частицы. Разг.* Форма выражения согласия в ответ на просьбу, приглашение, предложение собеседника. *В комнату вошёл мой ямщик, и у него с хозяином пошли переговоры и советы. Оба ещё раз обратились ко мне, прося остаться. Но я настаивал. <...> — Ладно, — сказал ямщик, как будто неохотно соглашаясь с хозяином. — Будут тебе лошади.* В. Короленко. Убивец. *И я даже не стал отнекиваться, когда Гошка передал мне это приглашение, дескать, приходи на день рождения. «Ладно, — кивнул я. — Приду. А ты где живёшь?» — «Да здесь, рядом. На Беговой. В шесть часов», — сказал Гошка. «Ладно».* А. Рекемчук. Мальчики. ♦ **Ладно Вам (тебе)** (делать что-л.)! *Разг.* Просьба, требование прекратить делать что-л.; то же, что Будет. ▭ *Ладно вам баловать-то, неслухи.* ▭ *Ладно плакать, беда не велика.* ♦ **Ладно, чего там (понимаю, я не сержусь, прощаю...).** *Разг.* Формула примирительного ответа на извинение. ♦ **Ладно, чего там (не сто́ит благодарности).** *Разг.* Формула ответа на экспрессивное выражение благодарности. ♦ **Ну, ладно, пошёл (пойду; побежал, побегу) я.** *Разг.* См. Пойду. **Ла́ден.** *В знач. утвердит. частицы. Обл.* То же, что Ладно (в 3 знач.). ▭ *«Так ты это сделаешь?» — «Ла-*

ден, ладен, батюшка!» СРНГ. **Ла́дненько.** Разг. Ласк. Валечка накрыла всё салфеткой. «Через полчаса заберёте», — сказал Сталин. «Ладненько! Будет сделано». — Валечка вышла. А. Рыбаков. 35-й и другие. **Ла́днушко.** Обл., ласк., приветл. **Ла́душки.** Разг., ласк., приветл. **Лады́.** Прост., дружеск. То же, что Ладно (в 3 знач.). Баранов указал на дверь кабинета. «Неудобно как-то без самого-то», — отказался войти Сметанин. Баранов открыл дверь. «Ничего, ничего... я его знаю». — «Тогда лады». Они прошли в кабинет. Е. Пермяк. Старая ведьма.

Ла́дый, -ая, -ое; -ые. ♦ **Ла́дый мой.** Обл. Милый, сердечный, возлюбленный. ▱ Ладый мой, не жури меня. СРНГ.

Ла́нюшка. ♦ **Ла́нюшка моя.** Обл. Формы ласк. обращения к близкой, любимой девушке, женщине. Мокрым от слёз лицом Варя ткнулась в его широкую грудь. Давыдов стоял не шевелясь, то хмурясь, то удивлённо поднимая выгоревшие брови. Сквозь сдавленные рыдания еле расслышал: «Меня сватают... За Ваньку Обнизова... Маманя день и ночь меня пилит: "Выходи за него! Они живут справно!"». <...> Овладев собой, он спросил чуточку охрипшим голосом: «А ты? Что же ты, моя ланюшка?» М. Шолохов. Поднятая целина.

Лапа. Лапа (моя). **Ла́понька (моя). Лапо́чка (моя). Ла́пушка (моя).** Разг. Формы ласк. обращения к близкому знакомому, родственнику (обычно к ребёнку, девушке, женщине). Поговори мне о себе — о военных поселеньях. Это всё мне нужно — потому, что я люблю тебя — и ненавижу деспотизм. Прощай, лапочка. А. Пушкин. Письмо П. Б. Мансурову, 27 окт. 1819. [Кочкарёв:] Иван Кузьмич! Лапушка, милочка! Ну хочешь ли, я стану на колени пред тобой? Н. Гоголь. Женитьба. [Пётр:] Здравствуй, Груша! Здравствуй, моя лапушка! Здравствуйте, девушки. [Груша:] Здравствуйте и благодарствуйте! А. Островский. Не так живи, как хочется. — Девки! Лапушки! И чего вы на приезжего человека гляделки вылупили? Ай у меня хуже? — Немолодой выбритый досиза казак, хохоча, обхватил длинными руками целый табун девок, прижал их к стене. М. Шолохов. Тихий Дон. | Фамильярно-снисх. К малознакомому или незнакомому, равному или младшему по возрасту. — А ну, лапонька, в сторонку! — прохрипел кому-то один, и Раиска еле узнала того весёлого, что их мешок нёс. М. Рощин. Двадцать четыре дня в раю. ♦ **Какая ты (у меня) лапочка (лапонька, лапушка)!** Разг., экспрессив. Ласк. восторженная похвала в адрес близкого, любимого человека (чаще — ребёнка). ♦ **Будь/те лапушкой (лапонькой, лапочкой).** Разг. Интенсификатор экспрессивности при выражении ласковой просьбы к родственнику, приятелю, близкому знакомому. Надежда в финале своей речи, попросила меня: «Антоша, будь лапушкой, пообещай, что поищешь работу, чтобы нормальная и для тебя не противная, и что вот по этим объявлениям напишешь и сходишь, посмотришь!» <...> — «Ладно, — сказал я. — Ладно». А. Слаповский. Анкета.

Ласковый, -ая; -ые. ♦ **Ласковый мой (Ласковая моя).** В знач. сущ. Обл. и прост. Ласк., приветл. обращение к собеседнику. Раненый-от вовсе ослаб. Вот и говорит своей нареченной: — Прощай, милая моя невестушка! Не судьба, знать, нам пожить, помиловаться, деток взрастить. <...> прощай, моя ласковая. П. Бажов. Дорогое имечко. | Подчёркнуто-вежл., с оттенком превосходства в конфликтной ситуации — к младшему по возрасту, положению. — Ты, ласковый, не наживал это, чтоб раздаривать, — обидчиво заметила тёща. — Понёвка-то бабки моей, мне от матери отошла. Нынче такого рукоделья не найдёшь... В. Тендряков. Не ко двору. Цыган вежливо поздоровался и стал нас расспрашивать: кто мы, куда держим путь и почему не идём к костру? «Это табор Баро Шыро?» — спросила бабушка, и я увидел, как порывисто вздымается её стянутая шалью грудь. «А хоть бы и так?» — отозвался цыган, играя цепочкой. — Разве Баро Шыро тебе дорогу переступил? Баро Шыро — простой человек, гостям рад, гостями весел. Ступайте до табора, ласковая моя, желанными гостями будете!» — И не в лад дружественным словам в тесно сведённых к переносью глазах цыгана сверкнула какая-то зловещая насмешка. Ю. Нагибин. Трубка. **Ласка́вый (мой). Ласко́вый (мой).** Обл. ▱ Панок ласкавый! ▱ Уж мы с тобой, мой ласковый, А и в волю с дружком наживёмся. СРНГ. ♦ **Будь/те (так) ла́сков/ы.** Обл. и прост. Интенсификатор вежливости в формулах просьбы, вопросительного обращения; то же, что Пожалуйста. ♦ Будь/те (так) добры (любезны). «После потолкуем с тобою, земляк, побольше; теперь же мы едем сейчас к царице». — «К царице? А будьте ласковы, панове, возьмите и меня с собою!» Н. Гоголь. Ночь перед Рождеством. — Я вам, Ульяна Фёдоровна, что доложу, — начал Ефрем, — я на постоялый двор теперича поеду сам; и вы уж будьте ласковы, матушка, дайте мне опохмелиться винца стаканчик. И. Тургенев. Постоялый двор. [Дед и бабушка] стали приглашать гостей: «Милости прошу, гостеньки дорогие! Милости прошу отведать угощения нашего небогатого. Уж не обессудьте, чего Бог послал». А дед сам себе в бороду: «Проходите, будьте ласковы, проходите!» В. Астафьев. Последний поклон. **Ла́сковец.** ⚜ *Обл.* Приветл., почтит. обращение: милостивец, покровитель мой (Даль. СРНГ). **Ласка́тельница. Ла́скашница (моя).** *Обл., фольк.* Ласк.-почтит. обращ. к матери. ▱ *Что ласкательница моя и доброхотница, Моя матушка Агафья Кондратьевна!* ▱ *Ты послушай <…>, Моя ласкашница, моя доброхотница, моя матушка Агафья Кондратьевна!* СРНГ. **Ласточка (моя).** *Разг.* **Ла́стонька (моя).** *Обл.* **Ла́стушка (моя).** *Обл.* Формы ласк. обращения к близкому знакомому, родственнику (обычно к ребёнку, девушке, женщине). *[Лотохин (целуя Сусанну):] Здравствуй, моя ласточка! Как прыгаешь? [Сусанна:] На удивленье! Здорова и весела.* А. Островский. Красавец мужчина. *— Полно, а ты полно, Флёнушка!.. Полно, моя дорогая!.. — взволнованным донельзя голосом уговаривала её сама до слёз растроганная Манефа. — Ну что это тебе запало в головоньку!.. Верю, моя ластушка, верю, голубушка, что любишь меня… А мне-то как не любить тебя!..* П. Мельников (Печерский). В лесах. *[Анисья:] Только б не сходил он от нас. [Матрёна:] И не сойдёт, ласточка. Всё глупость одна.* Л. Толстой. Власть тьмы. *Молодые глаза бабки Клани Шестерни ласково глядели на Анютку: — Вот каково бывает, ластонька! — повторила Кланя, коснувшись плеча девушки.* В. Липатов. Серая мышь. *«У нас давно уже все готовы, и не хватало звезды». — «Да какая же я звезда? — пожимал плечами Егор. — Меня никто не знает». — «Умоляю! Егорушка, ты же наш воспитанник! Ласточ-*

ка, умоляю!» В. Лихоносов. Когда же мы встретимся? **Ле́бедь,** *м.* (и *ж.* ⚜) ♦ **Ле́бедь мой.** ♦ **Ле́бедь моя.** ⚜ *Прост. Нар.-поэт.* Ласковое обращение к близкому знакомому, родственнику. *— Тебе неловко сидеть, Платонида! Сядь, лебедь, сюда ближе.* Н. Лесков. Котин доилец и Платонида. *Тут наслезилась она, девичьим делом, и подаёт ему узелок. — Возьми-ко, лебедь мой, Васенька! Не погнушайся хлебушком с родной стороны да малым моим гостинчиком. Рубахи тут да поясок браный. Носи — не забывай!* П. Бажов. Ермаковы лебеди. **Лебе́дик (мой).** *Прост.* и *обл.* **Лебедёк (лебедок) (мой). Лебедёнок (мой). Лебедёночек (мой). Лебедо́чек (мой).** *Обл.* Ласк., женск. обращ. к близкому знакомому, родственнику, обычно младшему по возрасту. *На площадку неуклюже вышла соседка Евдокия Васильевна — в валенках, в изрядно поношенной цигейковой дохе <…>. Увидела меня, засмеялась: — Ну, лебедик, как я? Поди матрёха-матрёхой?..* В. Куропатов. Третья заповедь. ▱ *Ну что, лебедик, дошёл?* ▱ *Ах ты, мой кормильчик, ненаглядный ты мой, лебедёночек беленький!* СРНГ. ‖ *Фольк.* Обращ. к возлюбленному, жениху. ▱ *Лебедочек ты беленький — Братец ты мой миленький!* (свадебн. песня). ▱ *Лебедёк, лебедёк, Гаврилушка!* ▱ *Лебедок-то у нас — Семёнушка.* СРНГ. **Лебе́дики (мои).** *Прост.* и *обл.* Ласк. обращ. к собеседникам, равным или младшим по возрасту, положению. *— Так-то вот, лебедики мои.* **Лебеди́н.** *Обл. Фольк.* Эпитет жениха или возлюбленного. *Ох ты, Ваня, лебедин!* СРНГ. **Лебёдка (моя).** ⚜ **Лебёдочка (моя).** ⚜ **Лебёдушка (моя).** *Обл.* и *прост., нар.-поэт.* Формы ласк. обращ. к девушке или молодой женщине. *[Сват:] Что ж, красные девицы, вы примолкли? Что ж, белые лебёдушки, притихли? Али все песенки вы перепели? Аль горлышки от пенья пересохли?* А. Пушкин. Русалка. *[Бастрюков:] Жизнь моя, лебёдка! Пройди весь свет от края и до края, <…> Ищи другого парня, не найдёшь, Чтоб так любил, как я.* П. Островский. Воевода. *— Слыхала, девонька, слыхала, — молвила знахарка. — <…> Всё знаю, лебёдушка… Николи не видывала в глаза твоей Марьи Гавриловны, а знаю, что вдовица она добрая, хорошая.* П. Мельников (Печерский). В лесах. *Прихо-*

дил [Фёдор] домой грязный, усталый, весёлый. — Лебёдушка моя, есть хочу, ноженьки не держат, — и, стараясь походя щипнуть Стешу, на весь дом довольно хохотал, когда в ответ получал тумака. В. Тендряков. Не ко двору. ♦ **Лебеди лететь!** (♦ **Лебеди летели!** ♦ **Лебеди летят!** ♦ **Белы лебеди летят!** ♦ **К вам белы лебеди летят!**) *Обл.* Приветствие стирающей бельё, моющей или подметающей пол. Употр. преимущ. в женской речи. ▢ — Когда баба моет пол, то соседка говорит ей: «Лебеди летят!» СРНГ. ▢ — Мыла пол я, пришла соседка: «Лебеди летят тебе, Нюра!» ▢ — О! У вас поломытницкий? Ну дак лебеди летят! «Лебеди летели!» — «Мои пролетели (или "Спасибо" отвечают)». ▢ — Если скажут тому, кто полощет бельё, «Лебеди летят!» — значит, желают, чтоб бельё чистое и белое было. ▢ — «Лебеди летели!» — потому что лебеди белые, чистые, такое и бельё должно быть. Л. Зорина. «С малиновой речью...». ♦ **Лебеди (Вам, тебе) на бук (на буки)!** *Обл.* То же, что ♦ Лебеди лететь (стирающей бельё). [Бук — деревянный чан для стирки белья.] См. также: ♦ **Чайки летят!**

Лёгкий, -ая, -ое; -ие; -гок, -гка; -гки. Этикетный эпитет в составе формул добрых пожеланий, приветствий, обращений. ♦ **Лёгкого (тебе, Вам) пути!** ♦ **Лёгкой (тебе, Вам) дороги (дороженьки)!** ♦ **Лёгкого (тебе, Вам) ветра (по пути)!** 1. *Прост.* Пожелания при прощании уходящему, отправляющемуся в путь. ▢ [Лавочник, провожая покупателя к выходу:] Будьте здоровы! Прощайте!.. Лёгкого вам ветра по пути! В другой раз вам к дому ближе по прямой улице. Е. Иванов. Меткое московское слово. И баба Шура отстала от старика. Она и Семён Григорьевич, проводив «бронебойную артиллерию» за ворота, напутствовали: «С Богом». — «Лёгкого вам пути. Вы уж там будьте поообходительнее с ём...» В. Куропатов. Завтра в Чудиновом Бору. 2. *Обл.* Приветствие-пожелание встречному путнику. ♦ **Лёгкого (Вам, тебе) поля!** *Обл.* Пожелание крестьянину. | ▨ Пожелание уходящим на войну (на «поле брани»). ▢ И уже вослед крикнул больным надрывным голоском: «Ну дак придяржите ево! Не пущайте дале! Не посрамите знамё-он!» — «Постоим, отец! Постоим!» — «Тади лёгкого поля вам, лёгкого поля!»

Старик трижды поклонился белой головой, касаясь земли снятой шапкой. Е. Носов. Усвятские шлемоносцы. ♦ **Лёгких (тебе) дверей!** ▨ *Обл.* Пожелание при прощании ходоку, свахе. «Ну, застоялась я тут, Ксения. Пимишки застыли. Так, бегу, свахе тоже мягонькова кусочка охота. С миру по нитке, а мне, бобылке, всё на пропитку...» — «Лёгких дверей, Егоровна!» П. Еремеев. Обиход. ♦ **Лёгкого (Вам, тебе) пару!** *Разг.* ♦ **Пар (Вам, тебе) лёгкий!** *Прост.* Пожелания идущему в баню. ♦ **С лёгким паром!** *Разг.* Поздравление, пожелание доброго здоровья только что попарившемуся в бане, пришедшему из бани. См. **Пар**. ▢ [Ведущий:] А вы что желаете идущему в баню? [В. А. Солоухин:] Лёгкого пару. А когда из бани идёт — «С лёгким паром!» (Из телепередачи «Тема», 27 сент. 1994). ♦ **Лёгкое (ему, ей, им) лежание (вечный покой, царство небесное).** *Прост.* Доброе пожелание в адрес умерших. ‖ *В знач. вводн.* При упоминании в разговоре об умерших. ▢ Отец твой, покойничек, лёгкое ему лежание, царство небесное, бывало, как встретит меня, всё нахваливает да о детях расспрашивает... Много мне помогал, хоть уж сам хворал. (1992). ♦ **Лежи земля на нём (ней) лёгким пёрышком.** *Прост.* То же, что ♦ **Земля пухом**. ♦ **Лёгкое твоё порожденье.** *Обл.* Учтив. обращение роженицы к повивальной бабке (с пожеланием, чтобы рука её была лёгкой при принятии родов). ▢ Бабуся моя горная, Порождение твоё лёгкое! Примись, бабусенька, За мою головку: Дам тебе, бабусенька, буруню коровку! СРНГ. ♦ **Лёгкая у тебя рука (У тебя рука лёгкая).** *Разг.* Всё у тебя хорошо, ловко выходит, за что ни возьмёшься. Похвала, комплимент. Часто употр. при просьбе помочь, сделать или начать делать что-л. важное, ответственное. ▢ Курица заквохтала, сажать парить надо. Пойдём, Маруся, пособи мне яичек выбрать: у тебя рука лёгкая (1995). ♦ **Легки ли, девушка, твои встречи?** ▨ *Обл.* Женск. обращ. к знакомой, соседке при встрече: как поживаешь? («Спрашивается при встрече на выходах куда». В. Даль). Встретилась с соседкой: «Легки ли, девушка, твои встречи?» — и ответа не ждёт, не нуждается. С. Максимов. Крылатые слова. ♦ **Лёгок (легка, легки) на помине!** *Разг.* ♦ **Лёг-**

кий на помин. *Обл.* ♦ **Лёгонький на поминках!** *Обл.* Шутл. восклицания при появлении общего знакомого, обычно равного или младшего по возрасту, положению, о ком только что упоминали в беседе. ⌐ *А вот и Алёша, лёгок на помине! Ты где так долго, мы уж думали, не придёшь.* (1993). ♦ **Легко́ (Вам, тебе) попариться!** *Прост.* То же, что ♦ **Лёгкого пару!** ⌐ *[Банщики — клиенту:] Легко вам попариться — желаем супруге понравиться!* Е. Иванов. Меткое московское слово. ♦ **Легко́ (Лёгко) ли!** *Обл., экспрессив.* **1.** Форма выражения удивления, сочувствия: подумать только! какое несчастье! какая напасть! ⌐ *Лёгко ли, моя матушка! У соседки <...> самолучший сарафан украли!* **2.** Утвердительный, уверенный ответ: да, конечно, разумеется. *«Найдешь ли дорогу?» — «Лёгко ли!»* (конечно!) СРНГ. ♦ **Лёгкая беда!** *Обл.* Это не беда, не стоит из-за этого расстраиваться. Форма утешения, ободрения собеседника. ♦ **Легонько ему (ей) икни́сь.** *В знач. вводн. Прост. и обл.* Полушутл. выражение-оберег, употр. при упоминании в речи об отсутствующем, к которому говорящий относится с любовью, симпатией. [От народн. поверья: когда человек ика́ет, значит, о нём вспоминает кто-то.] ⌐ *Мой муж (легонько ему икнись)...* СРНГ. ♦ **Легонько (Лёгонько) тебе в доро́гу!** *Обл.* То же, что ♦ **Лёгкой дороги!**

Леди. [Англ. lady. 1. Жена лорда или баронета в Англии. 2. Наименование замужней женщины из аристократической среды в Англии]. ‖ *Разг.* В совр. молодёжной русскоязычной среде — шутл.-комплиментное мужск. обращение к знакомой молодой женщине, равной или младшей по возрасту, положению. ⌐ *О, моя прекрасная леди!* [От названия кинофильма.] | *Прост.* Фамильярно-шутл., игривое мужское обращ. к незнакомой или малознакомой девушке, молодой женщине. *«Леди, извините, что я осмелился прервать вашу глубокомысленную беседу, но...» — Я замолчал: передо мной стояла Оля Мороз. Она ничуть не удивилась, увидев меня. «Нонна, мы с тобой леди!» — сказала она. «Продолжайте, пожалуйста, — сказала её подруга. — Вы очень красиво говорите».* В. Козлов. Солнце на стене. ♦ **Леди и джентльмены.** *Разг.* В русскоязычн. (преимущ. молодёжн.) среде —

шутл. или претенциозно-манерное обращ. к публике.

Лезь в и́збу. *Обл.* Ответ на приветствие ♦ **Здорово в избу!** См. **Здорово²**.

Лёля, *ж. Прост. и обл.* Обращение крестника или крестницы к крёстной матери. ⌐ *Лёля, ты когда к нам придёшь?* ‖ *М. и ж. Обл.* Обращ. к крёстной матери или к крёстному отцу. **Лёлька,** *ж.* **Лёлечка,** *ж. Прост. и обл.* Ласк. к **Лёля**.

Лепота́. ⊠ Красота, краса, пригожество; благообразие; великолепие. ⌐ *Лепота кака у тя в дому!* | В совр. общении употр. в формулах шутл.-возвыш. похвалы, комплимента.

Лестный, -ая, -ое; -ые. Приятный, дающий удовлетворение самолюбию. Оценочный эпитет, употр. в речи образованных людей в составе формул комплиментов при выражении благодарности, при знакомстве, а также в учтивых ответах на комплименты. *Милостивый Государь / Михайло Николаевич, Прерываю увлекательное чтение Вашего романа, чтоб сердечно поблагодарить Вас за присылку «Юрия Милославского», лестный знак Вашего ко мне благорасположения.* А. Пушкин. Письмо М. Н. Загоскину, 11 янв. 1830. *[Анна Петровна:] Благодарю вас за лестное для нас предложение.* А. Островский. Бедная невеста. *С ума ты сошёл, милый Шишков; ты мне писал несколько месяцев тому назад; Милостивый государь, лестное ваше знакомство, честь имею, покорнейший слуга... так что я не узнал моего царскосельского товарища. Если заблагорассудишь писать ко мне, вперёд прошу тебя быть со мною на старой ноге. Не то мне будет грустно.* А. Пушкин. Письмо А. А. Шишкову, авг. — нояб. 1823. **Лестно,** *нареч.* ⌐ *Благодарю Вас за то, что Вы так лестно отозвались о моей последней работе* (Из частн. письма, 1996). ‖ *Безл., в знач. сказуем.* ♦ **(Мне весьма, очень) Лестно познакомиться (с Вами).** *«Евгений Васильич, познакомьте меня с вашим... с ними...» — «Ситников, Кирсанов», — проворчал, не останавливаясь, Базаров. «Мне очень лестно, — начал Ситников, выступая боком, ухмыляясь и поспешно стаскивая свои уж чересчур элегантные перчатки. — Я очень много слышал...»* И. Тургенев. Отцы и дети. ♦ **(Мне очень) Лестно слышать (это) (от Вас).** Ответ на комплимент. *[Огудалова:] Экой сокол!*

Глядеть на тебя да радоваться. [Паратов:] Очень лестно слышать от вас. Ручку пожалуйте! (Целует руку). А. Островский. Бесприданница. «Я сегодня получила письмо от Макарова. Он пишет, что ты очень изменился и понравился ему». — «Вот как? Лестно». М. Горький. Жизнь Клима Самгина.

Лет до ста́ расти вам без старости! *Возвыш., ритор.* Формула заздравного пожелания. [Трансформированная строка из поэмы В. Маяковского «Хорошо!» *Лет до ста / расти / нам / без старости. / Год от года / расти / нашей бодрости.*] ▭ [Отец жениха поздравляет молодых на свадьбе:] *Желаю вам любви и согласия, крепкого здоровья на долгие годы. Лет до ста расти вам без старости!* (1997).

Лихо́й, -ая, -ое; -ие. *Разг.* Оценочный эпитет, употр. в формулах одобрения, похвалы (преимущ. в адрес мужчины, юноши). **1.** Смелый, храбрый, удалой. ▭ *Лихой парнишка!* ▭ *Каким ты был, таким ты и остался, Орёл степной, казак лихой...* (песня). **2.** Ловкий, бойкий, проворный в работе. *Хорошая баба, лихая на работу.* В. Вересаев. К спеху. *[Я] всё кидал [снопы], пока не перебросил на подводу целую копну. <...> «Ты, я вижу, лихой работник», — сказал он, вставая.* В. Беляев. Старая крепость. **Лихо,** *нареч. Разг.* Хорошо, здо́рово, ловко; бойко. ▭ *Лихо придумано!* ‖ *Безл., в знач. сказуем. [Он (потирая руки):] Всё! Дело сделано — мы продемонстрировали наряды! [Она:] А вам они понравились? [Он:] Лихо. Ослепительно в какой-то мере.* А. Арбузов. Старомодная комедия.

Ло́вкий, -ая, -ое; -ие; -ок, -ка́; -ки́. *Разг.* Оценочный эпитет, употр. в формулах одобрения, похвалы. **1.** Сноровистый, умелый, искусный. ▭ *Ловкий наездник!* ▭ *Ловкая хозяйка!* **2.** Сообразительный, находчивый, умеющий найти выход из трудного положения. ▭ *Ловкий мальчонка, всё на лету схватывает.* ‖ *Ирон.* Хитрый, изворотливый. — *Ловкий ты парень, Матюха. Всё норовишь чужими руками работать.* Г. Марков. Строговы. **Ловко,** *нареч.* ▭ *Это ты молодец, ловко придумал.* ‖ *Безл. в знач. сказуем. Разг.* Форма выражения восхищения, одобрения, удивления. *Вот Груня схватила широкую деревянную лопату и быстро стала отгребать зерно. — Ловко! — восхищённо отметил он.* Е. Мальцев. От всего сердца. — *Триста тысяч?.. Этак ты всю нашу Фатьянку купишь и продашь... Ловко! Умён, тебе и деньгами владеть.* Д. Мамин-Сибиряк. Золото.

Лу́чше (и) не спра́шивай/те. *Разг.* Плохо. Ответ на вопросы при встрече: «Как дела?» «Как жизнь?» «Как здоровье?» и т. п.

Лу́чше ма́ленькая ры́бка, чем большо́й тарака́н. *Посл.* Употр. как форма шутл. утешения, ободрения того, кто огорчён незначительным (по сравнению с ожидаемым) результатом, успехом.

Лу́чше пло́хо е́хать, чем хорошо́ идти́. *Посл.* Употр. как форма шутл. утешения, ободрения того, кто жалуется на неудобство в транспорте, медленную с задержками езду.

Лу́чше хлеб с водо́ю, чем пиро́г с бедо́ю. *Посл.* Употр. как форма утешения того, кто жалуется на свою бедность.

Лу́чший, -ая, -ее; -ие. Самый хороший. Оценочный эпитет, употр. в формулах одобрения, похвалы, комплиментов. ♦ **Вы (ты) (самый) лучший (самая лучшая) (из...).** [Машенька:] *Всё равно. Вы самая лучшая женщина, какую я знаю, и вас я беру примером для себя. (Обнимает тётку.) Я тоже хочу жить очень весело; если согрешу, я покаюсь. Я буду грешить и буду каяться так, как вы.* А. Островский. На всякого мудреца довольно простоты. ♦ **Вы (ты) лучше всех.** Самый хороший, замечательный, прекрасный, не имеющий себе равных среди окружающих. Комплимент. *«Как может быть вам скучно на бале?» — «Отчего же мне не может быть скучно на бале?» — спросила Анна. Кити заметила, что Анна знала, какой последует ответ. «Оттого, что вы всегда лучше всех». Анна имела способность краснеть. Она покраснела и сказала: «Во-первых, никогда; а во-вторых, если б это и было, то зачем мне это?»* Л. Толстой. Анна Каренина. [Александра:] *Ты лучше всех на свете, Максимушка, спасибо тебе за всё...* Э. Брагинский. Это всё из-за дождя. ♦ **Вы (ты) для меня лучше всех на свете.** Самый дорогой, самый любимый. *Анна <...> рассказывала сыну, какая в Москве есть девочка Таня и как Таня эта умеет читать и учит даже других детей. «Что же, я хуже её?» — спросил Серёжа. «Для меня лучше всех на свете». — «Я это знаю», — сказал Серёжа, улыбаясь.*

Л. Толстой. Анна Каренина. ♦ **Лучше всех.** *В знач. нареч.* Очень хорошо. Похвала. *«Хорошо я тянул?»* — *спросил в конце работы Ваня. Дедушка с трудом разогнулся, разломал поясницу и засмеялся. «Лучше всех!»* В. Крупин. Детство. ♦ **Лучше всех (да только никто не завидует).** *Разг. Шутл.* ответ на вопросы при встрече с приятелем, близким знакомым: Как дела? Как жизнь? и т. п. *Доктор подошёл к Пашке. «Как дела, герой!» — «Лучше всех».* В. Шукшин. Живёт такой парень. ♦ **Лучше некуда.** ♦ **Надо бы лучше, да некуда.** ♦ **Лучше не бывает.** ♦ **Лучше не придумаешь (и придумать нельзя).** ♦ **Лучше (и) не скажешь.** ♦ **Лучше не напишешь** и т. п. **1.** *Разг., экспрессив.* Очень хорошо. Формулы похвалы того, что принадлежит собеседнику, сделано, сказано, написано им. **2.** ♦ **Лучше некуда.** ♦ **Надо бы лучше, да некуда.** ♦ **Лучше не бывает.** *Разг. Шутл.-ирон.* ответы на вопросы при встрече с приятелем, близким знакомым: Как дела? Как жизнь? и т. п. Как правило, такие ответы означают: «неважно, плохо». ⌐ *[Встретились приятели, мужчины лет 40—50:] «Привет! Ну, как жизнь?» — «Лучше не бывает». — «Да? А что так?» — «Замотался... Слушай, займи полтинник?»* (1997). ‖ *В знач. сущ.* ♦ **(Желаю Вам) Всего лучшего!** *Разг.* Пожелание при прощании; форма прощания. См. Всего. ♦ **Пусть всё лучшее сбудется, а плохое забудется.** *Разг.* Пожелание близкому знакомому, приятелю, родственнику при поздравлении. См. также: ♦ **Всё к лучшему.**

Льстить. ♦ **Вы мне льстите.** *Разг.* Полушутл. ответ на комплимент. *[Граф:] Я ещё не так это спел, как бы следовало. Но как вы мне аккомпанировали, боже мой! Я вас уверяю, никто, никто мне так не аккомпанировал... никто! [Дарья Ивановна:] Вы мне льстите. [Граф:] Я? это не в моём характере, Дарья Ивановна. Верьте мне, c'est moi qui vous le dis. Вы великая музыкантша.* И. Тургенев. Провинциалка.

Люба (моя), *м. и ж. Обл.* Милый (мой); милая (моя). Ласк. обращ. к кому-л. ⌐ *Ох-ти, люба, солнышко-то уж высоко, а мы спим.* СРНГ. **Люба́ва. Люба́вушка. Люба́ша. Люба́шенька. Люба́шечка.** *Обл.* Формы ласк. обращения (преимущ. к девушке, молодой женщине). **Люба́ночка.** *Обл. Фольк.* Возлюбленная. ⌐ *Эх ты, милочка, любаночка! Накажет тебя Бог.* Частушка. СРНГ. **Люба́нчик.** *Обл.* Возлюбленный. **Лю́бка.** *Обл.* Ласк. обращ. к женщине, девушке. ⌐ *Моя ты любка.* ‖ Обращ. женщин друг к другу. ⌐ *Ай, нет, любка, не пойду.* СРНГ. **Любо́нька. Любо́чка. Любу́лька. Любу́лечка. Любу́сечка.** *Обл.* Ласк. обращ. к женщине, девушке (чаще к дочери, сестре, жене). ⌐ *Да как же тае, любочка, Чужим людям угодить.* — *Подожди, бабулька, подожди, любулька.* — *Кумусичка, любусечка, не бей малых вутенят.* СРНГ. **Лю́бушка (мой, моя),** *м. и ж. Обл.* Милый, любимый; милая, любимая. Ласк. обращ. — *Хозяин! Любушка ты моя! Будешь дочерю выдавать — Михейку в поезжане допусти. Уж я поеду, так видно будет! Сквозь полымя проскачу и волоска на коне не опалю.* М. Шолохов. Тихий Дон. **Любуша́шечка,** *м. и ж. Обл.* Любимый, любимая. **Лю́бчик.** *Обл.* Ласк. женск. обращ. к любимому, возлюбленному; к жениху. ⌐ *Неженатый, вожеватый. Разголубчик, любчик мой.* ⌐ *К двору подъезжает, хозяйка встречает:* — *Поди, мой любчик, поди, сиз голубчик.* СРНГ.

Любезность. ♦ **Не откажите в любезности** (сделать, сделайте что-л.). ♦ **Окажи/те любезность** (сделать, сделайте что-л.). Формулы интенсификаторов учтив. просьбы, приглашения; то же, что Будьте любезны. Пожалуйста (в 1 знач.). *Этак сидим однажды у Хионьи, не то по пятой, не то по девятой чашечке кофейку налили, а Лев Павлович и заходит. «Не откажите в любезности бросить письмо...» (Почтовый ящик у нас на воротах.) Хионья и осмелилась: «В свою очередь, Лев Павлович, окажите любезность дамам выпить с ними кофейку...»* Б. Шергин. Мимолётное виденье. *И вдруг звонок от него.* — *Приветствую тебя, Егор Владимирович,* — *кричал в трубку Антон как ни в чём не бывало,* — *я на Ярославском вокзале, до отхода поезда* — *час. Не смог бы ты оказать любезность и приехать?* В. Лихоносов. Когда же мы встретимся? ♦ **Сделай/те любезность. 1.** То же, что ♦ **Окажи/те любезность. 2.** Учтив. или галантно-шутл. положительный ответ на просьбу; утвердит. ответ на вопросит. обращение, высказанное намерение; то же, что

Пожалуйста (во 2 знач.). ♦ Сделай/те одолжение (во 2 знач.). ▭ [Аспирантка прощается с профессором:] «Николай Иванович, спасибо вам большое за помощь, завтра-послезавтра съезжу в Новосибирск; как вернусь, можно я вам позвоню?» — «Сделайте любезность». (1975).

Любезный, -ая, -ое; -ые; -зен, -зна; -зны.
1. ⌧ *Только в полн. ф.* Милый, дорогой. Этикетный эпитет в составе вежл. или дружеск. обращений к родственнику, приятелю, близкому знакомому, равному или младшему по возрасту, положению. В XIX в. широко употр. в эпист. стиле. *С живейшим удовольствием увидел я в письме вашем несколько строк К. Ф. Рылеева, они порука мне в его дружестве и воспоминании. Обнимите его за меня, любезный Александр Александрович, как я вас обниму при нашем свидании. / Пушкин.* А. Пушкин. Письмо А. А. Бестужеву, 21 июня 1822. *Любезный мой друг, Александр Сергеевич! Я, слава Богу, здорова, целую ваши ручки и остаюсь вас многолюбящая няня ваша Арина Родионовна.* А. Р. Яковлева. Письмо А. С. Пушкину, 6 марта 1827. *Любезный дедушка! / Имею счастие известить вас, наконец, о моей свадьбе и препоручаю мужа моего вашему милостивому расположению.* Н. Пушкина. Письмо А. Н. Гончарову, 24 февр. 1831. *Двенадцать лет, любезный друг, я не писал тебе... Не знаю, как подействуют на тебя эти строки; они писаны рукою, когда-то тебе знакомою.* В. Кюхельбекер. Письмо А. С. Пушкину, 12 февр. 1836. *[Репетилов:] Ах, мой создатель! Дай протереть глаза; откудова? приятель!.. Сердечный друг! Любезный друг! Mon cher!* А. Грибоедов. Горе от ума. *Дубровин оставил своих гостей и поехал к Опальскому <...>. — Любезный Дубровин, — сказал он ему, — кончина моя приближается: мне предвещает её внезапная ясность моих мыслей...* Е. Баратынский. Перстень. *[Каркунов:] Любезная супруга моя, Вера Филипповна <...>. Торжественно объявляю. (Достаёт из кармана бумагу и передаёт Вере Филипповне.) На, возьми! Всё, всё представляю.* А. Островский. Сердце не камень. *— Это не нам судить, — сказала госпожа Шталь, заметив оттенок выражения на лице князя. — Так вы пришлёте мне эту книгу, любезный граф? Очень благодарю вас, — обратилась она к молодому шведу.* Л. Толстой. Анна Каренина. *Целый год безмолвствовал племянник; Татьяна Борисовна начинала уже беспокоиться, как вдруг получила записочку следующего содержания: «Любезная тётушка! / Четвёртого дня Петра Михайловича, моего покровителя, не стало».* И. Тургенев. Татьяна Борисовна и её племянник. *«К самому короткознакомому принято писать просто: "любезный N. N. и т. д."».* Правила светской жизни и этикета (1889). | Шутл. или с оттенком иронии. *[Тятин:] Любезный братец... [Звонцов:] Некогда мне! [Тятин:] Ничего, успеешь совершить подвиги ума и чести. [Звонцов:] Это что за тон?* М. Горький. Достигаев и другие. *[Она:] Любезный Родион Николаевич, стоит вам чуть разозлиться, как вы тотчас теряете всё своё обаяние.* А. Арбузов. Старомодная комедия.

2. **Любезный. Мой любезный. (Моя любезная.)** *В знач. сущ.* ⌧ а) *Прост.* Милый, дорогой. Ласк., приветливое обращение к равному или низшему по положению. *Если увидишь Вяземского, то спроси, как ему переслать его 1000? или нет ли у него здесь долгов, или не хранить ли её до его приезда. Прости, любезный, будь здоров и не хандри.* А. Пушкин. Письмо П. В. Нащокину, 9 июня 1831. *— Извините, генерал, — перебил его Кутузов и тоже поворотился к князю Андрею. — Вот что, мой любезный, возьми ты все донесения от наших лазутчиков у Козловского.* Л. Толстой. Война и мир. *Ситцы, бумазея, сатин, шелка разные, сукна и полусукна, драпы, бобрики — кому угодно удоволят душеньку весёлые купцы. И к каждому с поклоном: «Что изволите, любезный?»* П. Еремеев. Обиход. *Мартынко подаёт ей молодильного яблока: «Баба, нако съешь!» Баба доверилась и съела. «Парень, чем ты меня накормил, будто я вина испила?» Она была худа, морщевата, рот ямой; стала хороша, гладка, румяна. «Это я ли? Молодец, как ты меня эку сделал? Мне ведь вам нечем платить-то!» — «Любезна моя, денег не надо».* Б. Шергин. Мартынко. ‖ ♦ **Любезная моя (Моя любезная).** *Прост. и обл., нар.-поэт.* Обращ. к возлюбленной, супруге. *Целовал-миловал он Марью Вомиановну, целует он, сам прощается: «Прощай, свет, моя любезная!»* Ванька Удовкин сын. Былина. *[Бородкин (поёт):] Вспомни, вспомни, моя любезная, Нашу*

прежнюю любовь, Как мы с тобой, моя любезная, Поигрывали, Осенние тёмные ночи Просиживали. А. Островский. Не в свои сани не садись. **б)** *Фамильярн.-снисх.* Обращ. к низшему по положению. *Он позвонил. Вошёл Иван и вопросительно глянул. — Можешь, любезный, идти, — сказал снисходительно Чаадаев. Это я так позвонил.* Ю. Тынянов. Смерть Вазир-Мухтара. *— Э-э! Любезный! поди-ка сюда, — сказала она [Марья Дмитриевна] притворно-тихим и тонким голосом. — Поди-ка, любезный... — И она грозно засучила рукава ещё выше. Пьер подошёл, наивно глядя на неё через очки. — Подойди, подойди, любезный! Я и отцу-то твоему правду одна говорила, когда он в случае был, а тебе-то и Бог велит.* Л. Толстой. Война и мир. *Между тем Владимир Андреич заехал к Перепетуе Петровне, но хозяйки не было дома. Кураев велел к себе вызвать кого-нибудь поумнее из людей. На зов его явилась Пелагея. — Скажи, любезная, — начал Владимир Андреич, — Перепетуе Петровне, что приезжал Кураев, будущий её родственник, и что-де очень сожалеет, что не застал их дома, и что на днях сам опять заедет и пришлёт рекомендоваться всё своё семейство, которое всё её очень уважает. Ну, прощай; не переври же!* А. Писемский. Тюфяк. *«Э-э, постой-ка, любезный, — начальственным басом протянул толстый господин в золотых очках. — Ты бы лучше не ломался, мой милый, вот что тебе скажу. Собаке твоей десять рублей красная цена, да ещё вместе с тобой на придачу... Ты подумай, осёл, сколько тебе дают!» — «Покорнейше вас благодарю, барин, а только... — Лодыжкин, кряхтя, вскинул шарманку за плечи, — только никак это дело не выходит, чтобы, значит, продавать».* А. Куприн. Белый пудель. **3.** *В знач. сказуем. или определения.* Обходительный, предупредительный, учтивый; доброжелательный. ♦ **Вы (ты, он) очень (такой...) любезный (человек, кавалер...).** *Разг.* ♦ **Какой Вы (ты) любезный!** *Разг., экспрессив.* ♦ **Вы очень (так) любезны.** *Учтив.* ♦ **Как Вы любезны!** *Экспрессив.* ♦ **Это очень (так) любезно (с Вашей стороны).** *Учтив.* ♦ **Вы были так любезны (Он был так любезен) (согласившись, что согласился** выполнить просьбу, оказать услугу и т. п.**).** ♦ **Благодарю Вас за любезное письмо...** *Эпист.* ♦ **(Адресант) считает (почитает) за честь воспользоваться любезным приглашением** (адресата). *Эпист., учтив.* Формулы комплиментов в адрес собеседника или его близких, употр. чаще при выражении благодарности. *[Фамусов (Скалозубу):] Любезный человек, и посмотреть — так хват. Прекрасный человек двоюродный ваш брат.* А. Грибоедов. Горе от ума. *Любезнейшая Марья Александровна, / Я до сих пор медлил ответом на Ваше любезное письмо из Гейдельберга, потому что хотел в то же время известить Вас о напечатании «Институтки».* И. Тургенев. Письмо М. А. Маркович, 6 янв. 1860. *[Монахов:] Вам надо снять дом Богаевской, лучший дом в городе... знаете, такой барский! Кстати, она здесь ещё, кажется... Я вам сейчас устрою это... (Быстро идёт.) [Цыганов:] Но позвольте... вы так любезны... Послушайте!* М. Горький. Варвары. *Всё, что вы пишете о моих стихах, очень любезно. Но мне раз навсегда не дано верить похвалам. Зато всякой брани я верю слепо.* А. Ахматова. Письмо А. Ранниту, 24 мая 1962. ♦ **Будьте (так, столь) любезны** (сделайте, сделать что-л.). *Учтив. или офиц.-вежл.* Интенсификатор вежливости при выражении просьбы, распоряжения или извинения. *Будьте так любезны, сообщите мне, могу ли я получить экземпляр поручаемой мне вещи на немецком языке...* А. Блок. Письмо А. А. Измайлову, 27 окт. 1909. *— Поручик Мышлаевский. Пожалуйте сюда. Вот что-с: поручаю вам электрическое освещение здания полностью. Потрудитесь в кратчайший срок осветить. Будьте любезны овладеть им настолько, чтобы в любое мгновение вы могли всюду не только зажечь, но и потушить.* М. Булгаков. Белая гвардия. *— Угрозыск тут ни при чём. А что на вас я подумал — будьте любезны, извините. Несчастье, это действительно человека пригнает.* М. Зощенко. Часы. *В сентябре Первый медицинский институт объявил дополнительный приём. Антонина подала заявление и была допущена к испытаниям. Сидоров сказал, что это очень трудно, почти невозможно — и работать, и учиться, — но всё-таки отчего не попытаться, раз «так уж загорелось». — Но имей в виду, товарищ, — сказал он в заключение, — будь любезна учесть, что до весны я тебя с работы* не сниму, хоть удавись. Человека на твою должность у меня сейчас нет — сама должна понять. Ю. Герман. Наши знакомые. *[Зилов (набирает номер по телефону):] Общежитие?.. Будьте любезны, пригласите из сороковой комнаты Ирину... Рожкову, Ирину Николаевну...* А. Вампилов. Утиная охота. ‖ Форма вежл. или учтив. согласия на предложение или обещание сделать что-л. в интересах адресанта. *«Рейсы не задерживаются?» — «Через несколько минут выясню, Игорь Саввович». — «Будьте любезны».* В. Липатов. Игорь Саввович. ▱ *«Вам не душно? Может быть, открыть окно?» — «Будьте любезны...»* 1992. ‖ ♦ **(Вот) Будьте любезны.** *Разг., только в устн. общении.* Форма привлечения внимания собеседника к тому, что хочет рассказать или продемонстрировать говорящий. *Барышня говорит: — Кнопка не работает, будьте любезны.* М. Зощенко. Телефон. ♦ **Не будете ли Вы столь (так) любезны (добры)** (выполнить просьбу, принять приглашение, предложение)? Формула подчёркнуто учтивой просьбы, предложения, приглашения. **Любезнейший (мой).** ▱ Элатив к Любезный (в 1 и 2 знач.). *Любезнейший друг, коли ты будешь что-нибудь писать о Телеграфе, не можешь ли его спросить, как он ухитрился произнести грозный суд о ходе Катенинской трагедии...* А. Грибоедов. Письмо Ф. В. Булгарину, янв.—февр. 1825. *Здравствуй, любезнейший Пушкин. / До сих пор жду от тебя ответа и не могу дождаться.* И. Пущин. Письмо А. С. Пушкину, 18 февр. 1825. *Тысяча и тысяча благодарностей, любезнейшая Анна Петровна, за бесценное письмо Ваше, переданное через м-ль Керн.* С. Л. Пушкин. Письмо А. П. Керн. *Любезнейший барон Гораций Осипович, / Это письмецо Вам вручит г. Шполянский.* И. Тургенев. Письмо Г. О. Гинцбургу, 6 сент. 1882. *[Крутицкий:] Прошло время, любезнейший Нил Федосеич, прошло время. Коли хочешь приносить пользу, умей владеть пером. [Мамаев:] Не всякому дано.* А. Островский. На всякого мудреца довольно простоты. ‖ *В знач. сущ.* К низшему по положению. *[Фамусов:] Любезнейший! Ты не в своей тарелке. С дороги нужен сон. Дай пульс... Ты нездоров. [Чацкий:] Да, мочи нет: мильон терзаний Груди от дружеских тисков...* А. Грибоедов. Горе от ума. *[Городничий (Осипу):] Любезнейший, ты перенеси всё ко мне, к городничему, — тебе всякий покажет.* Н. Гоголь. Ревизор. *«Садитесь, — сказал Аракчеев, — князь Болконский». — «Я ничего не прошу, а государь император изволил переслать к вашему сиятельству поданную мною записку...» — «Изволите видеть, мой любезнейший, записку я вашу читал», — перебил Аракчеев, только первые слова сказав ласково, опять не глядя ему в лицо и впадая всё более и более в ворчливо-презрительный тон.* Л. Толстой. Война и мир. *[Зоя:] Что это значит, любезнейший? Как вы пробрались без звонка? [Аллилуя:] Извиняюсь. У меня ключи от всех квартир.* М. Булгаков. Зойкина квартира. ♦ **Любезнейший моему сердцу** (Н.). ▱ *Куртуазн.* или *шутл.* Формула обращения. *Ну, Михаил Семёнович, любезнейший моему сердцу! половина заклада выиграна: комедия готова.* Н. Гоголь. Письмо М. С. Щепкину, 10 авг. 1840. **Любезненький (мой).** ▱ *Прост.* и *обл.* Ласк. к Любезный во 2 (а) знач. *[Пелагея Егоровна (Мите:)] И что это с ним сделалось? Да ведь вдруг, любезненький, вдруг!* А. Островский. Бедность не порок. *«Где она? Как её отыскать?» — радостно воскликнула Дунюшка. <...> — «А вот уж это я и не знаю, любезненькая», — отвечала Таифа.* П. Мельников (Печерский). На горах. **Любе́зница.** *Обл.* Ласк. обращ. к дорогой, близкой женщине, девушке. ▱ *И побежала она к своей матери жалиться: — Мамушка, любезница, мине муж всё бьёт.* СРНГ.

Люби́мый, -ая, -ое; -ые. ♦ **Люби́мый мой** (Н.). **1.** Широкоупотр. эпитет в ласк. обращ. к близкому, дорогому, любимому человеку. *[Марфа Митревна] Целует дядюшку во уста сахарные, Сама бьёт челом, кланяется во резвы ноги: «Ай спасибо тебе, дядюшка любимый мой, Ай на хлебе-то тебе, на соли-то, На всяких твоих да на словах ласковых!»* Идолище сватает племянницу князя Владимира. Былина. Зап. 1898–1899. *«Любимый сын мой, Что с тобой?»* С. Есенин. Письмо от матери. *Горячо обнимаю Вас и Ан. Серг., дорогой, горячо любимый друг.* В. Вернадский. Письмо И. И. Петрункевичу, 14 июня 1927. *Здравствуй, моя дорогая, любимая мама! Как я благодарен тебе за большое, тёплое письмо...* Из письма мл. лейтенанта Б. К. Кириллова матери, 10 окт. 1940.

2. Любимый (мой). Любимая (моя). *В знач. сущ. Ласк. обращ. к возлюбленному, возлюбленной. Любимая, ну, что ж! Ну, что ж! Я видел их и видел землю...* С. Есенин. Цветы мне говорят: прощай... *Целую тебя, будь здорова, моя любимая...* Из письма полковника В. И. Полосухина жене. 4 нояб. 1941. **Любименький (мой). Любименькая (моя).** *Разг., уменьш.-ласк.*

Любить. ♦ **Я люблю Вас (тебя). 1.** Выражение любви, привязанности, симпатии к родственнику, другу, близкому знакомому или другому лицу, кто вызывает у адресанта эти чувства. *Она [книга] будет Вам доставлена непременно, Вам, любимому моему поэту; но не ссорьте меня с смоленским губернатором, которого, впрочем, я уважаю столь же, сколько Вас люблю. / Весь Ваш.* А. Пушкин. Письмо Н. И. Хмельницкому, 6 марта 1831. *— Люблю я вас, Александр Сергеич: ей-богу, славный вы человек! — Бахтияров поклонился. — Право, ей-богу, — продолжал Мансуров, — я очень склонен к дружбе.* А. Писемский. Тюфяк. *[Любовь Андреевна (нежно):] Родные мои... (Обнимая Аню и Варю.) Если бы вы обе знали, как я вас люблю. Садитесь рядом. Вот так.* А. Чехов. Вишнёвый сад. *Я за вашу дружбу держусь. Обнимаю Вас и люблю.* М. Цветаева. Письмо Л. В. Веприцкой, 9 янв. 1940. **2.** Формула объяснения в любви, выражения сердечной склонности, влечения к возлюбленной или возлюбленному. *— Катерина Сергеевна, — проговорил он [Аркадий] дрожащим голосом и стиснув руки, — я люблю вас навек и безвозвратно, и никого не люблю, кроме вас. Я хотел вам это сказать, узнать ваше мнение и просить вашей руки, потому что я и не богат и чувствую, что готов на все жертвы... Вы не отвечаете? <...> Посмотрите на меня, скажите мне одно слово... Я люблю... я люблю вас... поверьте же мне!* И. Тургенев. Отцы и дети. *Она сомкнула перед ним занавески и, когда он ткнулся лицом в её лицо сквозь жёсткую занавеску, выпалила: — Я тебя люблю!* В. Астафьев. Пастух и пастушка. **3.** ♦ **Люблю Вас (тебя) за... (за то, что Вы..., когда Вы...).** ♦ **Вот (за это) люблю!** *Разг., экспрессив.* Это мне в вас (в тебе) очень нравится. Формулы похвалы, комплимента. *— Эх, хват! за это люблю! — говорил Черевик, немного подгулявши и видя, как* нареченный зять *его налил кружку величиною с полкварты и, нимало не поморщившись, выпил до дна, хватив её потом вдребезги.* Н. Гоголь. Сорочинская ярмарка. *— Вот люблю дружка Ванюшу! Взвеселил мою ты душу.* П. Ершов. Конёк-горбунок. *[Ахов:] Ты закон знаешь? <...> Как родителев почитать, как старших? [Агния:] Знаю. [Ахов:] Да мало его знать-то, надобно исполнять. [Агния:] Я исполняю: я всё делаю, что маменьке угодно, из воли её не выхожу. <...> [Ахов:] Вот за это люблю. [Агния:] Покорно вас благодарю.* А. Островский. Не всё коту масленица. *[Семён:] Люблю я, когда вы сердитесь... смешно очень! [Прохор:] Государственный ум у тебя, право!* М. Горький. Васса Железнова. ♦ **Люблю молодца за обычай!** *Прост., экспрессив.* Похвала, одобрение в адрес лица мужск. пола, равного или младшего по возрасту, положению. [*Обычай здесь «умение, сноровка»*]. *Любезный сын мой, Миша!.. Спасибо, что ты мне, отцу, поручил Голомянниковых; люблю молодца за обычай.* В. Даль. Отец с сыном. ♦ **Люби/те и жалуй/те.** *Разг.* То же, что ♦ **Прошу любить и жаловать.** См. **Просить.** *Они проговорили допоздна, а на следующее утро повеселевший Половцев позвал Якова Лукича к себе. — Вот, дорогой Яков Лукич, это — член нашего союза, так сказать, соратник, подпоручик, а по-казачьему — хорунжий, Лятьевский Вацлав Августович. Люби его и жалуй.* М. Шолохов. Поднятая целина.

♦ **Любящий Вас (тебя).** ♦ **Любящая Вас (тебя).** *Эпист.* В сочет. с подписью адресанта — формула комплимента в заключении письма к близкому, любимому человеку. Часто употр. в сочет. с интенсификаторами: *горячо, искренне, нежно, неизменно, сердечно* и др. *«Моя молитва будет вечно об вас. О! как мне грустно, как мне грустно, как давит всю мою душу. Господин Быков зовёт меня. Вас вечно любящая / В.».* Ф. Достоевский. Бедные люди. *Об остальных книгах собираюсь написать маленькие рецензии. / Любящий и уважающий Вас / Ал. Блок.* А. Блок. Письмо П. П. Перцову, 9 дек. 1903. *Желаю Вам счастливых праздников и нового года. Крепко жму Вашу руку. Любящий Вас / С. Булгаков.* С. Булгаков. Письмо А. Белому, 13–17 дек. 1910. *Вот и всё. Пишите. Я целую вас, скажите всем, что нехорошо так забывать, я же люблю и думаю, и вспоминаю!*

/ *Любящая вас Саша.* А. Л. Толстая. Письмо А. И. Толстой-Поповой и П. С. Попову, 11 мая 1930.

Любоваться. ♦ **(Я всегда, просто) Любуюсь Вами (тобой).** *Разг.* Похвала, комплимент. *[Надежда:] Я вас знаю... вы каждый день мимо нашего дома на лошади скачете... А я смотрю и любуюсь — точно вы графиня или маркиза... Очень красиво это! [Лидия:] Я часто вижу ваше лицо в окне и тоже любуюсь им... [Надежда:] Благодарю вас! Похвалу красоте своей и от женщины слышать приятно...* М. Горький. Варвары. ♦ **Приходи, кума, любоваться.** *Обл.* Похвала, высокая оценка чего-л. ⌐ *Ишь как наличники обделал, ну просто приходи, кума, любоваться!* (1989).

Любовь. ♦ **Любовь моя,** м. и ж. *Возвыш., традиц.-поэт.* Обращение к возлюбленному, возлюбленной. *[Хлестаков:] Прощайте, любовь моя... нет, просто не могу выразить! Прощайте, душенька! (Целует ручку у Марьи Антоновны.)* Н. Гоголь. Ревизор. *Моя Любовь, моя единственная. Я получил сегодня два твоих письма.* А. Блок. Письмо Л. Д. Менделеевой, 31 мая 1903. ♦ **Любовь-душа.** *Обл., нар.-поэт.* Ласк. обращ. к возлюбленной, невесте, супруге. *Привыкай-ка, любовь-душа, К моему-то уму-разуму, К моему-то роду-племени.* СРНГ. ♦ **Дай вам Бог любовь да совет!** ♦ **Любовь да совет (и горя нет).** См. Совет. ♦ **Мир да любовь.** См. Мир. Пожелания молодожёнам. ♦ **С (горячей, неизменной, сердечной...) любовью** (подпись адресанта). *Эпист.* Формула комплимента в заключении письма к близкому, любимому человеку. *Прощай, моя дорогая, с истинною любовью твой / В. Соловьёв.* В. Соловьёв. Письмо Е. В. Селевиной, 27 янв. 1872. ♦ **Не дорог подарок, дорога любовь.** См. Не дорог подарок... ♦ **Привет за привет, любовь за любовь, а завистливому — хрену да перцу, и то не с нашего стола.** См. Привет.

Любый, -ая, -ое; -ые; люб, люба, любо, любы. *Обл. и прост.* **1.** Милый, любимый, дорогой, желанный. Говорится в адрес того, кого любим, кто нравится. *Царь-девица тут встаёт, знак к молчанью подаёт, покрывало поднимает И к прислужникам вещает: «Царь велел вам долго жить! Я хочу царицей быть. Люба ль я вам? Отвечайте! Если люба, то признайте Володетелем всего И супруга моего!» Тут царица замолчала, На Ивана показала. «Люба, люба! — все кричат. — За тебя хоть в самый ад! Твоего ради талана Признаём царя Ивана!»* П. Ершов. Конёк-горбунок. ⌐ *Любый (люб) ты мне.* **2. Любый (мой). Любая (моя).** В знач. сущ. То же, что Любимый (мой). Любимая (моя). *«Алёшенька, посидим ещё». <...> — Она сплела свои руки на его шее, приговаривая: «Любый ты! Любый мой!»* И. Акулов. В вечном долгу. ⌐ *Спи, моя жёнушка-подружка, Вот тебе в головы подушка! Спи, моя любая, дорогая, Вот тебе в головы другая (прибаутка).* **3.** *Обл.* Любезный. ⌐ *Эй, любый, ходи-ка суды!* СРНГ. **Любенький (и Любонький).** *Обл.* Ласк. к Любый. ⌐ *Любенькие, родненькие мои! Что ето ено такое?* СРНГ. *Отец засмеялся и подхватил Мишку на руки. «Брешут они, мой родной! Я на пароходе плавал. <...>» — «С кем ты воевал?» — «С господами воевал, мой любонький. Ты ещё мал, вот и пришлось мне на войну идти за тебя».* М. Шолохов. Нахалёнок. **Любо.** *Безл., в знач. сказуем. Обл.* Хорошо, нравится, по душе. Форма похвалы, одобрения. *Только как стали к дому-то подыматься, я ещё спросил: «Папа, тебе любо ли?» — «Как не любо. Пускай-ко наши толстосумы поскачут. Они Кононка-то никак четвёртый год добывают... А второе мне любо, что ты его художества насмотришься и золотых наслушаешься словес».* Б. Шергин. Рожденис корабля. ‖ **Любо!** Возглас, у казаков выражающий согласие с оратором, одобрение сказанного им. ♦ **Любо (да) дорого (поглядеть, смотреть).** *Разг.* ♦ **Любо (да) мило.** *Прост.* ♦ **Любо с два (Любо да два)!** *Обл.* ♦ **То ли любо!** *Обл.* Очень хорошо, прекрасно, восхитительно, отлично. Формы экспрессив. похвалы. ⌐ *Вот работу выполнил — любо два!* СРНГ. **Люботá.** *Обл.* То же, что Красота.

Люди. *Прост.* Обращение к окружающим. *Князев ёрзнул на телеге, подвинулся поближе к Федюнину, тронул его за руку: «А твоё какое мненье?» — «Как и ваше: кооперироваться надо нам...» — «Правильно!» — подала свой густой и зычный голос баба Женя. — Давайте-ка, люди, артельно жить...»* В. Куропатов. Завтра в Чудиновом Бору. ♦ **Люди добрые.** См. Добрый. ♦ **Люд честнóй.** См. Честной.

Люд | Мад

Людско́е сча́стье, что вода́ в бре́дне. *Погов.* Счастье, удача непостоянны, быстро проходят. Употр. как форма утешения собеседника, огорчённого неожиданным изменением своей жизни к худшему.

Люкс. [Франц. luxe — роскошь]. *Разг., экспрессив.* Восторженная похвала, высокая оценка качества какой-л. вещи, принадлежащей адресату, или его подарка. Употр. преимущ. в речи молодёжи и лиц среднего возраста. *[Шнейдер (достал из своего огромного портфеля велосипедный звонок):] Ну? Такой подойдёт? [Степан (звонит):] Экстра. Люкс. (Целует Шнейдера.)* А. Арбузов. Вечерний свет.

Ляг да усни́; встань да будь здоро́в! *Прост.* Пожелание спокойной ночи, здорового сна. ♦ *Ляг да усни; встань да будь здоров! Выспишься — помолодеешь!* В. Даль.

Ля́лечка (моя́). *Прост. и обл.* Ласк. обращение матери к младенцу.

М

Маг и волше́бник. ♦ **Маг и чароде́й.** *В знач. сказуем.* ♦ **Вы (ты) (просто, прямо, настоящий...) маг и волшебник (маг и чародей).** Формы шутл. похвалы, комплимента в адрес юноши, мужчины, удивляющего, восхищающего своими незаурядными способностями делать легко и быстро что-л. сложное, незаурядное. — *Это наш доктор, Иван Эдуардович. Маг и волшебник! Может в один миг поднять на ноги.* П. Боборыкин. Ходок. *[Инспектор] сказал: «Вы прямо маг и волшебник. Полтора месяца всего назад мы были на этом участке, и он был сплошная мерзость запустения».* Н. Гарин-Михайловский. Инженеры. *Дверь мягко открылась, и вошёл некто настолько поразивший пса, что он тявкнул, но очень робко. «Молчать! Ба-ба-ба! Да вас узнать нельзя, голубчик!» Вошедший очень почтительно и смущённо поклонился Филиппу Филипповичу. «Хи-хи... Вы — маг и чародей, профессор», — сконфуженно вымолвил он. <...> — Я положительно очарован. Вы — кудесник!* М. Булгаков. Собачье сердце. [*Маг и волшебник* — крылатое выражение из комедии А. В. Сухово-Кобылина «Свадьба Кречинского»].

Мада́м. [Франц. madame — госпожа, сударыня.] **1.** В доревол. России учтив. обращение на европейский (французский) манер к замужней женщине из привилегир. сословия или к незнакомой женщине, одетой по-городскому. Употр. с «Вы»-формами. В сочет. с фамилией — офиц. *«Как европейское поставить в параллель С национальным — странно что-то! Ну как перевести мадам и мадмуазель? Ужли сударыня!»* — забормотал мне кто-то... А. Грибоедов. Горе от ума. *«Юрий Алексеевич, — продолжала щебетать Петерсон, — ведь вы, кажется, на сегодня назначены? Хорош, нечего сказать, дирижёр!» — «Миль пардон, мадам. Се ма фот!.. Это моя вина!* — воскликнул Бобетинский, подлетая к ней. <...> — *Ваш-шу руку. Вотр мэн, мадам. Господа, в залу, в залу!»* А. Куприн. Поединок. *И не знаю, сколько бы времени продолжалось это оцепенение, если бы с набережной кто-то не закричал мне: — Эй, мадам! Сударыня!* В. Гаршин. Происшествие. [Торговец антикварной лавки — покупательнице:] *Я, мадам, антиквар со времён Ивана Великого! Через мои руки сорок сороков прошло. Не какой-нибудь верти-крути.* Е. Иванов. Меткое московское слово. | Шутл. обращ. к знакомой. *[Мурзавецкая:] Ну, будущая мадам Лыняева, просим любить да жаловать!* А. Островский. Волки и овцы. **2.** Вежл. Обращ. воспитанниц к гувернантке, гимназисток к начальнице гимназии; клиенток к модной портнихе, владелице салона, содержательнице модного магазина и т. п. *«Вы уже не девочка», — многозначительно сказала начальница, втайне начиная раздражаться. «Да, madame», — просто и почти весело ответила Мещерская.* И. Бунин. Лёгкое дыхание. *«Ты, Городцова, — любимым ученицам начальница говорила «ты», а «вы» в гимназии было плохим знаком начальницыного недовольства и нелюбви, — ты, Городцова, стала учиться хуже, что это значит? <...> Я надеюсь, что в будущем году ты опять займёшь твоё место...» — «Да, мадам», — тихо ответила Ава, приседая и отходя своею угловатой мужскою походкой, с пылающим, как жар, некрасивым лицом.* И. Соколов-Микитов. Ава. ‖ После револ. сохранялось преимущ. в городском просторечии (в сфере частной торговли и бытового обслуживания, в мещанской и нэпманской среде). *[Розалия Павловна:] 2.60 за этого шпрота-переростка? [Продавец:] Что вы, мадам, всего 2.60 за этого кандидата в осетрины!* В. Маяковский. Клоп. | ☒ В речи революционно настроенной публики употр. иронически-пренебрежительно по отнош. к женщине из интеллигентной или «мелкобуржуазной» среды. *[Ванечка:] Спокойно, мадам. Никого не режем. Мы с мандатом. [Зоя:] А, позвольте. Я поняла! Это Уголовный Розыск. [Пеструхин:] Вы угадали, мадам Пельц.* М. Булгаков. Зойкина квартира. | В совр. употр. — шутл.-фамильярн. обращ. к близко знакомой женщине. ☞ *Бонжур, мадам, как поживаете, как селяви?* (1996). **Мада́мочка.** ☒ Прост. Ласк. или ирон. к Мадам. *Всё это гадалка объяснила вдове, употребляя слова и термины, принятые в среде графологов, хиромантов и лошадиных барышников. — Вот спасибо вам, мадамочка, — сказала вдова — уж я теперь знаю, кто трефовый король. И бубновая дама мне тоже очень известна.* И. Ильф, Е. Петров. 12 стульев. | Фамильярно-ирон. *[Татьяна:] На каком основании вы врываетесь, как разбойники? [Первый матрос:] Ну-ну, мадамочка, без хаю. Где офицерьё?* Б. Лавренёв. Разлом. **Меда́м.** [Франц. mesdames, мн. ч. к madame]. ☒ Мн. ч. Обращ. к дамам. *Княгиня, сидя встречавшая всех дам, при его появлении привстала и протянула ему руку. Даже генеральша как бы вышла из раздумья и кивнула ему головой несколько раз. — Bonjour, mesdames, — произнёс, шепелявя, толстяк и, пожав руку княгини, довольно нецеремонно и тяжело опустился около неё на диван, так что стоявшие по бокам мраморные амурчики задрожали и закачались.* А. Писемский. Тысяча душ. *Тут являются эти две знакомые барышни, отчаянно флиртуют и вообще просят их посадить в общую залу — посмотреть на спектакль. Монтёр говорит. — Да ради бога, медам. Сейчас я вам пару билетов устрою. Посидите тут, у будки.* М. Зощенко. Монтёр. | Манерно-галантное обращ. к женщине. *Офицерская шинель при её появлении вскочила с дивана, изобразила наиприятнейшую улыбку, расшаркалась туфлями и прилично запахнулась. — М-медам! — произнёс хриплый бас, налегая особенно на букву «е», вероятно, ради пущего шику. — Же сюи шарме! Чему обязан счастьем зреть...* В. Крестовский. Петербургские трущобы. **Меда́м и месьё.** ☒ Прост. Манерно-вежл. обращ. к публике. | В совр. употр. в русскоязычн. среде — шутл. обращ. к знакомым, друзьям.

Мадемуазе́ль. [мадъмуазэл'] [Франц. mademoiselle — барышня, сударыня.] ☒ В дореволюц. России форма вежл.-офиц. обращения на европейский (французский) манер к девушке, незамужней женщине из привилегир. сословия или к незнакомой девушке, одетой по-городскому. Употр. с «Вы»-формами. По отношению к знакомой может употр. в сочет. с полным именем или фамилией адресата. *При прощании князь, пожимая с большим чувством ему руку, повторил несколько раз: «Очень, очень вам благодарны: вы нас так заняли, и mademoiselle Полина, вероятно, будет просить вас посещать их и не забывать». — «Ах, да, пожалуйста, monsieur Калинович! Вы так нас этим обяжете!» — повторила почти умоляющим голосом Полина.* А. Писемский. Тысяча душ. *«Я не знаю... я ничего не знаю...» — слабым голосом проговорила наконец Соня. «Нет? Не знаете?» — переспросил Лужин и ещё несколько секунд помолчал. — Подумайте, мадемуазель, — начал он строго, но всё ещё как будто увещевая, — обсудите, я согласен вам дать ещё время на размышление».* Ф. Достоевский. Преступление и наказание. *Вынув папиросу изо рта, Сухарько, франтовато изогнувшись, поклонился: «Здравствуйте, мадемуазель Туманова. Что, рыбу ловите?» — «Нет, наблюдаю, как ловят», — ответила Тоня.* Н. Островский. Как закалялась сталь. | Шутл.-ирон. к родственнице или близкой знакомой. *[Оленька:] Когда сами увидите, тогда и говорите; а до тех пор нечего вам толковать да казни разные придумывать. [Татьяна Никоновна:] То-то уж я и вижу, что ты губы надула. Ну, извините-с (приседает), что об такой особе да смели подумать. Извините-с! Пардон, мадмуазель! [Оленька:] Нечего извиняться-то! Вы всегда сначала обидите, а потом извиняетесь.* А. Островский. Старый друг лучше новых двух. *«Коля, это нечестно! При чём тут царь, когда говорят об отечестве? — сказала молчавшая весь вечер Анюта, строго сведя брови. — Нехорошо плевать на своих предков. Совестно! Ты какой-то и не рус-*

ский, татарин ты белобрысый». Все засмеялись. «Ну, конечно! Вы правы, мадемуазель. Я осмелился говорить о безумии национализма». Б. Можаев. Мужики и бабы. **Мамзе́ль.** ⚜ Прост., ирон. Наташа испуганными глазами заглянула в лицо раненого офицера и тотчас же пошла навстречу майору. «Можно раненым у нас в доме остановиться?» — спросила она. Майор с улыбкой приложил руку к козырьку. «Кого вам угодно, мамзель?» — сказал он, суживая глаза и улыбаясь. Л. Толстой. Война и мир. [Костюмов:] Что с вами, мамзель? [Дунька:] Да вот цепляется самошедшая баба! К. Тренёв. Любовь Яровая.

Майский день, именины сердца! Разг. Шутл. экспрессив. похвала того, кто сделал нечто такое, что доставляет наслаждение. [Из поэмы Н. В. Гоголя «Мёртвые души». — Да, — промолвил Манилов, уж она, бывало, всё спрашивает меня: «Да что же твой приятель не едет?» — «Погоди, душенька, приедет». А вот вы наконец и удостоили нас своим посещением. Уж такое, право, доставили наслаждение... майский день... именины сердца].

Ма́лый, -ая, -ое; -ые. **1.** Маленького роста, возраста. ♦ **Мал золотник, да до́рог.** Посл. Употр. как форма похвалы того, кто хотя и молод и/или мал ростом, но имеет много достоинств, положительных качеств. Вот Петров — и мал золотник, да дорог, мастер будет, а Зверев и видный, и шумный, а как патефонная пластинка: без иголки не играет. Н. Дементьев. Повесть о любви. ♦ **Мал, да удал.** Разг. (♦ **Малый, да удалый.** Прост.). ♦ **Маленький, да удаленький.** Разг. Шутл. похвала в адрес мальчика, подростка, который, несмотря на свой малый возраст, рост, обладает незаурядными качествами. **2. Ма́лый.** В знач. сущ. Прост. Преимущ. мужск. обращение к незнакомому или малознакомому мальчику, подростку, юноше, а также к мужчине, младшему по возрасту. Иные помещики вздумали было покупать сами косы на наличные деньги и раздавать в дом мужикам по той же цене; но мужики оказались недовольными и даже впали в уныние; их лишали удовольствия щёлкать по косе, прислушиваться, перевёртывать её в руках и раз двадцать спросить у плутоватого мещанина-продавца: «А что, малый, коса-то не больно того?» И. Тургенев. Хорь и Калиныч. Очнулся я тоже не знаю через сколько времени и вижу, что я в какой-то избе и здоровый мужик говорит мне: — Ну, что, неужели ты, малый, жив? Н. Лесков. Очарованный странник. Прошёл Петька до тюрьмы. У ворот часовые. — Эй ты, малый, не подходи близко!.. Стой, говорят тебе!.. Тебе кого надо? М. Шолохов. Путь-дороженька. «Чего это за армия? Капля с мокрого носу». — «Э-э! Малый! — задребезжал несогласным смешком дедушко Селиван. — Снег, братка, тоже по капле тает, а половодье собирается». Е. Носов. Усвятские шлемоносцы. Он [дядька] крикнул: — Держи решето, малый! — и ловко сунул мне его на колени. В. Драгунский. Поют колёса... ‖ ⚜ Обращ. к слуге, лакею. [Осип:] Послушай, малый: ты, я вижу, проворный парень; приготовь-ка нам что-нибудь поесть. [Мишка:] Для вас, дядюшка, ещё ничего не готово. Простого блюда вы не будете кушать, а вот как барин ваш сядет за стол, так и вам того же кушанья отпустят. Н. Гоголь. Ревизор. ♦ **Добрый малый.** ♦ **Славный малый.** ♦ **Смышлёный малый.** ♦ **Малый не промах.** ♦ **Малый с головой** и др. Формы похвалы, комплимента в адрес знакомого, равного или младшего по возрасту, положению. [Фамусов — Скалозубу:] Позвольте, батюшка, Вот-с — Чацкого, мне друга Андрея Ильича покойного сынок: Не служит, то есть в том он пользы не находит, Но захоти — так был бы деловой. Жаль, очень жаль, он малый с головой, И славно пишет, переводит. А. Грибоедов. Горе от ума. «А отец у тебя славный малый. Стихи он напрасно читает и в хозяйстве вряд ли смыслит, но он добряк». — «Отец у меня золотой человек». И. Тургенев. Отцы и дети. **Мало́й.** Прост. и обл. То же, что Малый. ⚜ [Извозчик (мальчику-половому):] — Малой, смотайся ко мне на фатеру да скажи самой, что я обедать не буду, в город еду. В. Гиляровский. Москва и москвичи. **Маленький (мой). Маленькая (моя).** Разг. Ласк. обращ. к ребёнку. Она принесла из кутника ножницы и расстелила на столе лоскут. Сергунок и не почуял даже, как щёлкнуло у него за ухом. Сероватая прядка ржаным колоском легла на тряпочку. Митюнька же лежал неудобно, зарылся головой в бабушкину подмышку, его пришлось повернуть, и он, на миг разлепив глаза и увидев перед собой ножницы, испуганно захныкал. — *Не бойся, маленький,* — *заприговаривала Натаха.* — *Я не буду, не буду стричь. Я только одну былочку. Одну-разъединую травиночку. Папке надо. Чтоб помнил нас папка. Пойдёт на войну, соскучится там, посмотрит на волосики и скажет: а это Митины! Как он там, мой Митюнька? Слушается ли мамку? Ну, вот и всё! Всё и готово! Спи, золотце моё. Спи, маленький.* — *И ещё один колосок, светлый, пшеничный, лёг на тряпочку с другого конца.* Е. Носов. Усвятские шлемоносцы. ‖ Ласк. или интимн. к близкой, любимой девушке, женщине. *Моя маленькая Бу, прежде всего — о вещах. Я дал Мане 100 р., в прошлый раз дал ей на дорогу 20 р.* А. Блок. Письмо Л. Д. Блок, 28 мая 1917. *Однажды Клавдия рассказала ему [Листопаду], как она жила в ту зиму в Ленинграде. Его пронзила жалость:* — *Маленькая, маленькая, бедняжечка моя!* В. Панова. Кружилиха. **Малéц.** *Прост.* Обращ. взрослого к незнакомому мальчику, подростку. *Солдат с трубкой прищурил глаза, улыбнулся Мишке:* — *Как же туда спуститься, малец?* М. Шолохов. Нахалёнок. **Мáлушка,** м. и ж. Обл. Ласк. обращ. к кому-л. ▱ — *Ну, малушка, послал нам Господь сухменные лета!* СРНГ. **Малыш.** *Разг.* Ласк. обращ. к ребёнку (чаще к мальчику). *По полу шлёпают чьи-то босые ноги.* — *Кто там?* — *спросил он [приезжий] снова* — *и около кровати неожиданно увидел Мишку.* — *Тебе чего, малыш?* М. Шолохов. Нахалёнок. **Малышка.** *Разг.* Ласк. обращ. взрослого к ребёнку (чаще к девочке). ♦ **Малышка (малышечка) моя.** *Разг.* Ласк. обращ. матери, бабушки или няни к ребёнку, чаще к девочке. ‖ Ласк., интимн. мужск. обращ. к близкой, любимой девушке, женщине. **Малютка (мой, моя). Малюточка (мой, моя),** м. и ж. *Разг.* Ласк. обращ. матери, бабушки или няни к младенцу, маленькому ребёнку.

Мальчик. 1. Обращение взрослого к незнакомому мальчику. *Я сел на порог и стал глядеть на руку, в которой зажата была гладкая палочка. «Сыграйте, дяденька, ещё».* — *«Что тебе, мальчик, сыграть?»* В. Астафьев. Последний поклон. — *Мальчик, а мальчик! Поди-ка, детка, сюда, напои бабушку водичкой.* В. Куропатов. Завтра в Чудиновом Бору.

‖ ⚁ В дореволюц. России обращ. к малолетнему слуге в господском доме, в торговом, ремесленном заведении. *Осип Абрамович, парикмахер, поправил на груди посетителя грязную простынку, заткнул её пальцами за ворот и крикнул отрывисто и резко:* — *Мальчик, воды!* Л. Андреев. Петька на даче. **2.** *Разг.* Чаще в сочет. ♦ **Мальчик мой (♦ Мой мальчик).** Ласк. эмоц.-возвыш. обращ. матери или отца к сыну. *Она [мать] взяла сливу и положила перед мальчиком плитку шоколада. Мальчик концами пальцев отодвинул шоколад и обиженно нахмурился.* — *Кушай, мальчик мой, кушай. Дай, я тебе разверну.* В. Вересаев. Невыдуманные рассказы. *«Вот и я об этом говорю. Видишь ли, мой мальчик»,* — *учительно, в профессорской манере, начал старший Вихров <...>. «Ага,* — *загораясь, нащуривался Вихров-младший,* — *значит, труд и борьба не годятся для твоих целей морального исследования?»* Л. Леонов. Русский лес. **Мальчики. 1.** Обращ. взрослого к мальчикам, подросткам. ▱ *Вы из какого класса, мальчики?* **2.** Дружеск. обращ. к приятелям, знакомым (молодым людям). *[Первая девушка:] Ну вот, мальчики, мы почти дома. [Бусыгин:] Почти* — *не считается.* А. Вампилов. Старший сын. *Таборский не дал договорить Михаилу. Зычно, по-командирски рванул:* — *По коням, мальчики! Живо! А ты, Пряслин, до полного выздоровления* — *запрещаю являться на развод.* Ф. Абрамов. Дом. **Мальчишки.** *Разг. Дружески-фамильярн.* ▱ *[Девятиклассница* — *одноклассникам:] Мальчишки, сегодня идите, а завтра с утра вы дежурите на лестнице* (1990). **Мальчугáн.** *Разг.* Ласк. обращ. взрослого к незнакомому ребёнку (мальчику). — *У меня сердце колет,* — *сказал артист-медведь,* — *а вы, Гоша, «бежим». Пойдём потихоньку. Давай, мальчуган,* — *сказал он мне,* — *давай мою голову, ничего не попишешь.* В. Драгунский. Мой знакомый медведь.

Мáма. 1. Самое распространённое и употребительное обращение сына или дочери к матери. *«Мама!»* — *прозвучал по всему столу её детски-грудной голос. «Что тебе?»* — *спросила графиня испуганно, но, по лицу дочери увидев, что это была шалость, строго замахала ей рукой...* Л. Толстой. Война и мир. *Попрощались. Фёдор вспомнил, что у матери нет на дорогу* харчей. — *Погоди, мама, пойду спрошу у хозяйки, может, хоть меру хлеба даст*. М. Шолохов. Батраки. «*Мама, куда мы идём? Домой?» — «Нет, маленький, мы идём в гости*». В. Катаев. Отче наш. — *Вечером-то домой прихожу, меня сын первым делом: «Мама, мойся. Я воды горячей нагрел»*. Ф. Абрамов. Дом. **2.** *Прост. и обл. Вежл. обращ. к свекрови или тёще*. — *И отступилась свекровь, с той поры не приступала... После, когда болела в последнее время — двенадцать недель лежала, просила: «Уж ты прости меня, Симушка, ругала я тебя иногда». — «Бог простит, мама!»* П. Еремеев. Обиход. «*Мама, а как же насчёт выручки?» — спросила Надежда. «Какая вам выручка, черти полосатые? Вы пенсию получаете и ни копейки не даёте!» Вы — это снохи.* Б. Можаев. Мужики и бабы. **3.** ◊ *В сочет. с именем:* ♦ **Мама Нина (Галя...).** *Обл. Обращ. к своей кормилице, молочной матери*. *Из кабины выскочил смазливый черноглазый паренёк <...>. «Чего, мама Лиза?» — «Куда едешь-то? В какую сторону?» — «На склад, — парень махнул в сторону реки. — За грузом»*. Ф. Абрамов. Дом. **Мама-поро́да.** *Обл. Ласк. обращ. к матери.* СРНГ. **Ма. Мам.** *Разг. Звательн. ф. к* **Мама.** *(Употр. чаще в детск. речи).* «*Ма, а ма!» — «Аюшки, сыночек?»* СРНГ. — *Я пойду к Юре, ма. В шашки играть*. С. Шапошникова. Начальник угрозыска. *Мать в ограде снимала с верёвки стылое бельё. На снегу около неё лежал узелок. «Мам, чо эт у тебя?» — «Неси в избу. Опять раздешкой выскакиваешь!»* В. Шукшин. Далёкие зимние вечера. *Я пришёл домой весёлый, потому что я стал рыцарем, и, как только мама с папой пришли, я сказал: — Мам, я теперь рыцарь. Нас Борис Степанович научил!* В. Драгунский. Рыцари. **Мама́. Мама́н.** [*Франц.* maman — *мама, маменька, мамаша.*] ◊ *До револ. обращ. к матери (реже — к свекрови или тёще) на французский манер в дворянской полиязычной среде*. [*Ваня и Катя (вбегают):*] *Мама, иди скорей.* [*Марья Ивановна:*] *Иду, иду.* Л. Толстой. И свет во тьме светит. — *Матап, матап, — вскричала, вбегая в комнату, смазливая девочка лет одиннадцати, — к нам Владимир Николаич верхом едет!* И. Тургенев. Дворянское гнездо. *Ипполит Матвеевич <...>, учтиво улыбаясь, двинулся навстречу входившей в комнату тёще — Клавдии Ивановне. «Эппопе-эт, — прогремела она, — сегодня я видела дурной сон. — Слово «сон» было произнесено с французским прононсом. <...> — Я очень встревожена. Боюсь, не случилось бы чего». <...> — «Ничего не будет, маман. За воду вы уже вносили?»* И. Ильф, Е. Петров. 12 стульев. **Мама́ка.** *Обл. Мать, мама, мамаша.* ▭ *Вот, мамака, начну рыбой откармливать тебя...* Г. Коновалов. Былинка в поле. **Мама́ня.** (*и зватeльн. ф.* **Мама́нь**). **1.** *Прост. и обл. Обращ. к матери. Дома мать, грустная, собирала в дорогу сына. Наблюдая за ней, Павел видел: скрывает от него слёзы. «Может, останешься, Павлуша? Горько мне на старости одной жить. Детей сколько, а чуть подрастут — разбегутся. Чего тебя в город-то тянет? И здесь жить можно. Или тоже высмотрел себе перепёлку стриженую? Ведь никто мне, старухе, ничего не расскажет. <...>». Павел взял её за плечи, притянул к себе: «Нет, маманя, перепёлки! А знаешь ли ты, старенькая, что птицы по породе подружку ищут? Что ж я, по-твоему, перепел?» Заставил мать улыбнуться.* Н. Островский. Как закалялась сталь. **2.** *Обл. Обращ. к бабушке.* **3.** *Обл. Обращ. к свекрови. Ильинична оживилась, заговорила с заметной тревогой: — Что делать — не знаю. Надысь [Наталья] опять кричала. <...> Я к ней: «Чего ты, чего, касатка?» А она: «Голова что-то болит, маманя». Правды ить не добьёшься.* М. Шолохов. Тихий Дон. **Мама́нька.** *Обл.* **1.** *Обращ. к матери; мама, матушка. Мать возится у печки, кончает стряпаться. Подошёл Митька боком, сказал, глядя в сторону: — Маманька... испеки пышек... я бы отнёс энтим, какие в сарае сидят... пленным.* М. Шолохов. Бахчевник. *Дома [Санька] матери в ноги: «Где хошь, к утру сотенну добывай! Нать в Норвегу». — «Дитетко, не плавай! Санюшка, не теряйся!» — «Маманька, напрасно... Папы скажи — уехал либо добыть, либо домой не быть...»* Б. Шергин. Аниса. **2.** *Обращ. к свекрови.* ▭ *Я, маманька, до Митревны хочу сходить.* СРНГ. **3.** *Обращ. к крёстной матери.* **Мама́нечка. Мама́нюшка.** *Обл. Ласк. к* **Маманя.** *Построжавшим лицом женщина повернулась к дочери: «Варька?!» А та только и могла прошептать: «Маманя!» — и, кинувшись к матери, низко склонившись, плача счастли-*

выми слезами, стала целовать её сморщенные, натруженные долголетней безустанной работой руки. <...> — Маманюшка, родненькая, я за ним хоть на край света пойду! Что он скажет, то я и сделаю. Хоть учиться, хоть работать — всё сделаю!..» М. Шолохов. Поднятая целина. **Мама́ша.** 1. ⌛ *Разг. В наст. время — обл.* Почтит. обращ. к матери. Употр. чаще с «Вы»-формами. *Дети говорили матери «мамаша» и «вы», целовали у неё руку.* В. Вересаев. В юные годы. *«Значит, что это настоящее, да? Мама, вы спите?» — «Нет, душа моя, мне самой страшно, — отвечала мать. — Иди». — «Всё равно я не буду спать! Мамаша, мамаша, такого со мной никогда не бывало!»* Л. Толстой. Война и мир. *— Мамаша, вы даже бледны, успокойтесь, голубчик мой, — сказала Дуня, ласкаясь к ней...* Ф. Достоевский. Преступление и наказание. *Дорогая мамаша, свяжи, пожалуйста, мне чулки шерстяные и обшей по пяткам.* С. Есенин. Письмо Т. Ф. Есениной, окт. 1916. 2. ⌛ *Разг. В наст. время — обл.* Учтив. обращ. к тёще или свекрови. *Берг поспешно выскочил, поцеловал ручку графини, осведомился о её здоровье и, выражая своё сочувствие покачиваньем головы, остановился подле неё. — Да, мамаша, я вам истинно скажу, тяжёлые и грустные времена для всякого русского.* Л. Толстой. Война и мир. *«С вечеру надо было кизяков наложить. Они б в печке подсохли», — недовольно бурчала Ильинична. «Забыла, мамаша. Наша беда», — за всех отвечала Дарья.* М. Шолохов. Тихий Дон. ▣ *Мамаша, папаша — жених называет моих.* ▣ *Он её тоже мамашей называет, невестину-то мать.* СРНГ. ▣ *«Курские папаша, а мы тятя говорим, свекровка у нас мама, у курских мамаша, а по-теперешнему время всё смешалось».* Г. Оксман. Устойчивое и изменчивое в лексике. 3. *Обл.* Обращ. к крёстной матери. ▣ *Кто матушкой звал, кто мамаша, кто крёсная.* СРНГ. 4. *Прост., фамильярн.* Обращ. к незнакомой пожилой небогато одетой женщине, значительно старшей по возрасту, равной или низшей по положению. *Рядом со мной — гражданка в тёплом платке. Сидит она вроде сильно уставшая или больная. <...> — Мамаша, — говорю я гражданке. — Гляди, пакет унесут. Убери на колени.* М. Зощенко. На живца. *«Эй, а ты куда, мамаша?» — «А туда ж, — домой, сынок».* А. Твардовский. Василий Тёркин. *Софья Александровна тоже пыталась пробиться [в закрывающийся магазин], но не сумела. <...> Продавщица — у неё было толстое, красное, обмороженное лицо — грубым голосом твердила: «Мамаша, отойдите, мамаша, не мешайте!» — «Будьте добры, я очень прошу вас».* А. Рыбаков. Дети Арбата. ‖ *Разг., проф.* (только с «Вы»-формами). Обращ. работниц современных детских учреждений к матери ребёнка. ▣ *[В больнице медсестра — посетительнице:] Мамаша, это ваш ребёнок? Вы его от себя не отпускайте, а то он в кабинеты заглядывает, мешает* (1992). **Мама́шенька. Мама́шечка.** *Разг.* Ласк. к Мамаша (преимущ. в 1 знач.). *— Мамаша! — проговорил он [Прохор] и привстал. <...> — Милая моя мамашенька... Я вырос, я не дам тебя в обиду. Ты — дороже отца. Не дам.* В. Шишков. Угрюм-река. ▣ *Маменька, мамашенька, Не ругай за Сашеньку. Погляди, мамашенька, — Хороший мальчик Сашенька.* Частушка. *«Господи! какой этот дядя глупый!» — восклицает младшая из девиц. — «А вы бы, молодая особа, язычок-то на привязи подержали!» — замечает доктор и, обращаясь к Арине Петровне, прибавляет: — Да что же вы сами, мамашечка! сами бы уговорить его попробовали!»* М. Салтыков-Щедрин. Господа Головлёвы. **Мама́шка.** *Обл.* ⌛ 1. Обращ. к свекрови ▣ *Мамашка зовут свекровью и свёкра так: мамашка, папашка. Это сейчас — маманя, папаня.* 2. Обращ. к мачехе. ▣ *У нас неродных (матерей) мамашка зовут.* СРНГ. **Ма́мелька.** *Обл.* Ласк. детск. обращ. к матери. ▣ *Мамелька, дай варенница.* СРНГ. **Ма́менька.** 1. ⌛ *Разг.* Учтив. или ласк. обращ. детей к матери. *«Маменька, это нельзя; посмотрите, что на дворе! — закричала она [Наташа]. — Они остаются!..» — «Что с тобой? Кто они? Что тебе надо?» — «Раненые, вот кто! Это нельзя, маменька; это ни на что не похоже... Нет, маменька, голубушка, это не то, простите, пожалуйста, голубушка... Маменька, ну что нам-то, что мы увезём, вы посмотрите только, что на дворе... Маменька!.. Это не может быть!..»* Л. Толстой. Война и мир. *[Дормедонт:] Вы, маменька, ничего не замечаете во мне? [Шаблова:] Нет. А что? [Дормедонт:] Да ведь я, маменька, влюблён. [Шаблова:] Ну, что ж, на здоровье. [Дормедонт:] Да ведь, маменька, серьёзно. А. Островский. Поздняя любовь. *Всю зиму я жила сама не своя. Дочери говорят: «Ты, маменька, что-то задумала». Я отвечала: «Задумала сплавать в Москву на месяц. Вы взрослые, с отцом будете управлять хозяйством».* Б. Шергин. Соломонида Золотоволосая. **2.** ⌛ *Разг.* В наст. время — обл. Учтив. обращ. к тёще или свекрови. *Графиня заплакала. — Да, да, маменька, очень тяжёлые времена! — сказал Берг.* Л. Толстой. Война и мир. *[Катерина:] Для меня, маменька, всё одно, что родная мать, что ты, да и Тихон тоже тебя любит. [Кабанова:] Ты бы, кажется, могла и помолчать, коли тебя не спрашивают. Не заступайся, матушка, не обижу, небось. Ведь он мне тоже сын; ты этого не забывай!* А. Островский. Гроза. *[Надежда Антоновна:] Медведь! Недавно женился и всё за делом. [Васильков:] Одно другому не мешает, маменька. [Надежда Антоновна:] Что за маменька! [Васильков:] Слово хорошее, ласкательное и верно выражает предмет. [Надежда Антоновна:] Ну, хорошо, хорошо.* А. Островский. Бешеные деньги. **Маменька-крёсна.** *Обл.* Обращ. к крёстной матери. ▱ *Маменька крёсна, дай безменчика.* СРНГ. ♦ **Маменька родимая.** ⌛ *Нар.-поэт.* Ласк. обращ. к матери. *Как поехал князь Михайло На грозну службу велику, Оставлял свою княгиню, И княгиню Екатерину, Своей маменьке родимой: «Уж ты, маменька родима! Уж ты пой-корми княгиню, И княгиню Екатерину, Белым хлебом да калачами...» Мать князя Михайла губит его жену.* Былина. Зап. в 1889 — 1901. **Мами́за.** *Обл.* Мама, мамочка. **Маме́ка. Ма́ми́ка.** *Обл.* Мама, матушка. ▱ *Кому же ты, мамека, всё слила? Мамика, ты что ко мне не заходишь?* СРНГ. **Ма́мина. Ма́минка.** *Обл.* Ласк. детск. обращ. к матери. ▱ *Проводи меня, мамина!* СРНГ. **Ма́мистая.** *Обл.* Обращ. к матери. *«Мамистая... употребляется тогда, когда хотят придать обращению оттенок ласки и игривости».* СРНГ. **Ма́мистя.** *Обл.* Мама, мамочка. ▱ *Ой ты, мамистя, мамистя!* СРНГ. **Ма́мичка.** *Прост.* Детск. То же, что Мамочка. **Ма́мишна.** *Обл.* То же, что Мамина. **Ма́мка. 1.** *Обл.* Детск. обращ. к матери. *Но Мишка ни на шаг не отстаёт от неё: мать в погреб — и он за ней, мать на кухню — и он следом. Пиявкой присосался, за подол уцепился, волочится. — Ма-а-амка!.. Ско-реича вечерять!..* М. Шолохов. Нахалёнок. **2.** *Обл.* Обращ. к свекрови. ▱ *Мы мать-то мамой звали, а свекровку — мамкой, свёкра — тятькой.* СРНГ. **3.** ⌛ *Прост.* Обращение к кормилице, няньке. **Мамо́к. Мамо́ка.** *Обл.* Ласк. обращ. к матери. ▱ *Они всегда ласково: мамока и папока.* СРНГ. **Ма́монька. Ма́мынька.** *Обл.* **1.** Ласк. обращ. к матери; мама, маменька. *Мать начала спрашивать у своей дочери без зятя: «Какова тебе, дитятко, жизнь?» — «Мамонька, жизнь мне худая, с первого слова всё делай, другого не жди».* Строгий зять. Сказка. Зап. в 1902. *— Пусти нас, мамынька, с девицами снежок пополоть, — просилась меньшая дочь у Аксиньи Захаровны.* П. Мельников (Печерский). В лесах. *Старшие братья этому не завидовали, а малые сами матери говорили: — Мамонька, пора поди Мите новые сапоги заводить. Гляди, ему на ногу не лезут, а мне бы как раз пришлись.* П. Бажов. Хрупкая веточка. **2.** Учтив. обращ. к свекрови. ▱ *Свекровушку мамонькой надо звать.* СРНГ. **3.** *Обл.* Учтив. обращ. к жене священника. ♦ **Мамонька родимая.** ⌛ *Нар.-поэт.* *«Мамонька родимая, Головушка побаливат». — «Не обманывай, дитя, Тебя тоска одаливат».* СРНГ. **Ма́мочка. 1.** *Разг.* Ласк. к Мама (в 1 знач.). *[Петя (ласково):] Ну успокойся, мамочка, всё обойдётся.* Л. Андреев. К звёздам. *[Варя:] Ваши комнаты, белая и фиолетовая, такими же и остались, мамочка. [Любовь Андреевна:] Детская, милая моя, прекрасная комната...* А. Чехов. Вишнёвый сад. *А дочь их замужняя Анна Спросила: «Не тот ли поэт?» — «Ну да, — говорю, — он самый». <...> — «Ах, мамочка, это он! Ты знаешь, Он был забавно Когда-то в меня влюблён...»* С. Есенин. Анна Снегина. **2.** *М. и ж.* ⌛ *Прост.* Ласк.-фамильярное обращ. к знакомому или знакомой. *[Незнамов:] Что за комедия? Скажи, пожалуйста! [Миловзоров:] Никакой комедии, мамочка, всё очень просто.* А. Островский. Без вины виноватые. | Ласк.-шутл. или интимн. Мужск. обращ. к близкой женщине, возлюбленной, супруге. *Но Илья Андреевич нашёл, что этого жанра уже довольно, и деловито, по-хозяйски сказал, целуя её [жену] в лоб: — Тебе, мамочка, немного лучше, оденься, выйди, нужно будет лёгкую закуску со-*

орудить... А. Куприн. Хорошее общество. Скажи — скучно тебе без меня? Мне, мамочка, совсем плохо... М. Горький. Письмо Е. П. Волжинской, 21 мая 1896. **Ма́мука.** Обл. Мама, мамочка. ⇔ Ох, мамука ты моя! СРНГ. **Маму́ля** (и звательн. ф. **Маму́ль**). Разг. Ласк. обращ. к матери. Любимая моя мамуля, родная моя голубка! Прости, что так долго не писал тебе. А. Фадеев. Письмо А. В. Фадеевой, 9 авг. 1942. **Маму́лечка.** Разг. Уменьш.-ласк. ⇔ Ну, мамочка, ну, мамулечка, ну разреши, пожалуйста, я ненадолго... (1994). **Маму́ня** (и звательн. ф. **Маму́нь**). Обл. Обращ. к матери. Но однажды мать настойчиво стала добиваться ответа. «Женись, Андрюша! Мне чугуны не под силу ворочать. Любая девка за тебя — с грабушками. У кого будем сватать?» — «Не буду, мамуня, не приставай!» — «Заладил одно да добро! Гля-ко, у тебя вон по голове уже заморозки прошлись. Когда же надумаешь-то?» М. Шолохов. Поднятая целина. **Ма́мунька. Маму́нюшка.** Обл. Ласк. к М а м у н я. ⇔ Мамунюшка, радонюшка, ко мне милый приходил. СРНГ. **Маму́ся. Маму́сечка.** Разг. Ласк. обращ. к матери. **Ма́мухна.** Обл. 1. Фольк. Ласк. обращ. к матери. 2. Фольк. Обращ. к свекрови. «Невестухна, дитятухна, нет на тебя погибели: ни волка, ни медведя, ни злого человека!» — «Свекровка, мамухна, я медведев не боюсь, от волка обороню́ся, от человека отпрошу́ся». СРНГ. 3. Фольк. Обращ. к тёще. 4. Ласк. обращ. бабушки к внучке. **Маму́ша.** Обл. Мама, мамочка. **Маму́шка.** 1. Обл. Ласк. (преимущ. детск.) обращ. к матери. [Анюта:] Мамушка! Бабка зовёт. Л. Толстой. Власть тьмы. Сестрёнка к отцу спрячется под пиджак, кричит: «Вот, мамушка, у тебя и нету деушки, я ведь папина!» — «Ну дак что, я тебе и платьев шить не буду». Б. Шергин. Детство в Архангельске. ⇔ «Мамушка, а мамушка!» — «Аюшки, мой сыночек?» СРНГ. 2. ⚤ Ласк. к М а м к а (в 3 знач.). 3. Обл. Обращ. к свекрови. 4. Обл. Ласк.-фамильярн. мужск. обращ. к незнакомой или малознакомой женщине. Прохор, любуясь круглым красивым лицом казачки, с удовольствием вслушиваясь в мягкий тембр её низкого контральтового голоса, крикнул: — Эх, мамушка! На черта тебе мужа искать! М. Шолохов. Тихий Дон. ♦ **Ма́мушка-поро́душка.** Обл., нар.-поэт. Ласк. обращ. к матери. ⇔ Породушка моя мамушка, какую ж ты меня горькую зародила! СРНГ. **Маму́шь.** Обл. Мать, мама. **Ма́мца. Ма́мча́.** Обл. Мама, мамочка. ⇔ Ты, мамча, не беспокойся! СРНГ. См. также: М а т ь.

Марья́жный мой. Обл. Возлюбленный, любимый мой. Ласк. женск. обращение. Иван Полетаев и Фрося возвращались в Савкин Затон дальней лесной дорогой. Шли не торопясь. Говорили мало, больше целовались, всякий раз останавливаясь. «Марьяжный мой, — шептала Фрося, обливая лицо его светом больших, ясных родниковых глаз. — Мой, мой! Ведь правда, Вань, мой ты... весь мой! Ну, скажи!» — «А то чей же? Знамо, твой». М. Алексеев. Вишнёвый омут.

Ма́сленый (мой). Масленая (моя). Обл. Ласк., преимущ. женск. обращение к близкому или приятному человеку.

Масло (маслице) ко́мом! ♦ Масло на муто́вку (мутовочку)! Обл. Приветствие-пожелание сбивающему масло. ♦ Маслом цедить, сметаной доить! Обл. Приветствие-пожелание хозяйке, доящей корову.

Маста́к. В знач. сказуем. Прост. Похвала, комплимент в адрес умелого, искусного в каком-либо деле юноши, мужчины. — Я решаюсь спросить у тебя совета, тем более что ты в этих делах мастак. Ф. Достоевский. Униженные и оскорблённые.

Мастер. В знач. сказуем. Разг. Похвала в адрес человека, достигшего большого умения, мастерства в своём деле. «Ну, Алексеюшка, — молвил Потап Максимыч, — молодец ты, паря. И в глаза и за глаза скажу, такого, как ты, днём с огнём поискать. Глядь-ка, мы с тобой целу партию в одно утро обладили. Мастер, брат, неча сказать». — «Спасибо на добром слове, Потап Максимыч. Что смогу да сумею сделать — всем готов служить вашему здоровью», — отвечал Алексей. П. Мельников (Печерский). В лесах. Захарыч косился на верстак. «Не кончил ещё?» — «Нет. Скоро уж». — «Показать можешь?» — «Нет». — «Нет? Правильно. Ты, Николай... — Захарыч садился на стул. — Ты — мастер. Большой мастер. Только никогда не пей, Коля. Это — гроб. Понял? Русский человек талант свой может не пожалеть...» В. Шукшин. Странные люди. | Шутл.

Зазвенели рюмки, тарелки с закуской пошли по рукам. Макс ловко резал гуся. «Мастер!» — сказал Саша. «Был бы гусь...» — Юра протянул свою тарелку. А. Рыбаков. Дети Арбата.
♦ **Мастер своего дела.** ♦ **Мастер первого (высшего, экстра) класса.** *Разг., экспрессив.*
♦ **Мастер на все руки.** *Разг.* В адрес человека, искусного во всяком деле, ремесле. *[Ольга:] Посмотрите, какую рамочку для портрета подарил мне сегодня Андрей! <...> Он у нас и учёный, и на скрипке играет, и выпиливает разные штучки — одним словом, мастер на все руки. Андрей, не уходи! У него манера — всегда уходить! Поди сюда! (Маша и Ирина берут его под руки и со смехом ведут назад.)* А. Чехов. Три сестры. **Мастери́ца.** Женск. к Мастер.

Мата́ня, м. и ж. Обл. ♦ **Мата́ня мой (моя),** м. и ж. **Мата́лька (мой, моя),** м. и ж. **Матанёчек (мой),** м. **Мата́нечка (мой, моя),** м. и ж. **Мата́нька (мой, моя),** м. и ж. **Мата́нюшка (мой, моя),** м. и ж. Обл., фольк. Милый, милая; возлюбленный, возлюбленная. Ласк. называние и обращение к любимому парню или к любимой девушке (обычно в частушках). ▭ *Из-за кого ходил, старался, Из-за кого ноги ломал? Из-за тебя, моя матанечка, Под ёлкой ночевал.* Частушка.

Мать. 1. *Разг.* Обращение взрослого сына к матери. Малоупотребительное, граничит с невежливостью. Употр. обычно в серьёзном разговоре, нередко с оттенком отстранения, или в эмоциональной речи в конфликтной ситуации. *Не дождавшись от него ответа, Дарья взмолилась: «Может, хошь деда с бабкой твоих перенесли бы... а, Павел? Кольцовы с собой увезли своих... два гроба. <...> Оно, конечно, грех покойников трогать... Да ить ишо грешней оставлять. Евон что творят! А ежели воду пустют...» — «Сейчас не до того, мать, — ответил Павел. — И так замотался — вздохнуть некогда. Посвободней будет, перевезём. Я уж думал об этом <...>». «Косить-то нонче будете, нет?» — «Не знаю, мать. Ничего пока не знаю». Она пожалела его, не стала вязаться с расспросами.* В. Распутин. Прощание с Матёрой. ‖ Малоупотр. обращ. к тёще. *— Вот что, мать, — повторил Давыдов, — Варвара любит меня, я тоже люблю её...* М. Шолохов. Поднятая целина. | *— Это Надя с Анатолием вскорости после женитьбы и приехали ко мне в гости. Ну, Надя [бывшая сноха], как и раньше, всё кличет меня: мама, мама. Анатолий слушал, слушал да и спрашивает: «А мне-то, Наталья Егоровна, как вас называть и кем я вам буду?» — «А будь, — говорю ему, — хорошим мужем моей Наденьке, а тогда и мне станешь хорошим человеком. А называй меня, как тебе назовётся». — «Ну, — говорит, — и добро, мать, договорились». Так с тех пор матерью и зовёт. А чего, пусть, мне глянется...* В. Куропатов. Слепой дождь. **2.** *Прост.* Обращ. мужа к жене (обычно, когда в семье уже есть дети). *После чая Маякин говорил жене: — Ну-ка, мать, дай-ка сюда Библию-то...* М. Горький. Фома Гордеев. *— Начнём, пожалуй! — вернувшись с веранды и делая вид, что ничего не произошло, весело проговорил Карцев, алчно потирая рука об руку. — Давай, мать, сюда водочку. Я ведь ваши коньяки не пью...* В. Липатов. Игорь Саввович. **3.** *Прост.* Доброжелат. обращ. к знакомой женщине (подруге, соседке и т. п.). Употр. обычно с «ты»-формами в интер- или постпозиции. *[Аграфена Кондратьевна:] Хорошо бы это, уж и больно хорошо, только вот что, Устинья Наумовна, сама ты, мать, посуди, что я буду с благородным-то зятем делать! Я и слова-то сказать с ним не умею, словно в лесу.* А. Островский. Свои люди — сочтёмся! *Пришедшая мужественная казачка садится на приступок с намерением поболтать. «Что твой-то, мать, в школе?» — спрашивает пришедшая. «Всё ребят учит, мать. Писал, к празднику будет», — говорит хорунжиха.* Л. Толстой. Казаки. *[Акулина Ивановна:] А что тебе деньги? Всё равно зря промотаешь. [Перчихин (усаживается):] Верно, мать! Деньги мне не к рукам... верно!* М. Горький. Мещане. ‖ *Прост.* Приветливо-фамильярное обращ. младшего по возрасту к незнакомой женщине, равной или низшей по положению. *— И ты напрасно огорчаешься, мать. — Это простое приветливое слово сразу ободрило Анфису Гавриловну, и она посмотрела на гостя, как на своего домашнего человека.* Д. Мамин-Сибиряк. Хлеб. | *Разг.* Шутл. молодёжн. обращ. к девушке-подруге. *Танюха уже не раз на работе подталкивала локтем Маню, шептала, что Трегубов опять на неё пялится, и удивлялась бесчувственности подруги. — Да ты ай камен-*

ная, мать? — простодушно спрашивала она. — Такого ладного мужчину уж я бы не упустила. П. Проскурин. Судьба. ▭ [Из разговора девятиклассниц:] «Ой, девчонки, я и географию, и биологию сегодня сдала!» — «Ну, ты, мать, даёшь!» (1994). ♦ **Мать** (+ церковное имя собственное). Называние монахини; форма обращения к ней. *Капендюхин внушительно поднял руку и остановил её [монахиню]: — Вы, мать Левкадия, слухов не пускайте!* М. Горький. Городок Окуров. ♦ **Мать (ты) моя.** *Прост.* Приветливо-доброжелательное или ласковое, преимущ. женское обращ. к знакомой собеседнице, равной или младшей по возрасту, положению. «*Я... я хочу...* — *Лиза спрятала своё лицо на груди Марфы Тимофеевны*. — *Я хочу идти в монастырь»*, — *проговорила она глухо. Старушка так и подпрыгнула на кровати*. «*Перекрестись, мать моя, Лизочка, опомнись, что ты это, Бог с тобою*, — *пролепетала она наконец*, — *ляг, голубушка, усни немножко; это всё у тебя от бессонницы, душа моя».* И. Тургенев. Дворянское гнездо. *[Аграфена Кондратьевна:] Что ж ты, Фоминишна, проклажаешься? Беги, мать моя, проворнее.* А. Островский. Свои люди — сочтёмся! *— Погляди-ка на меня, дружочек мой*, — *продолжала Перепетуя Петровна, обращаясь к племяннице*, — *как ты похорошела, пополнела. Видно, мать моя, не в загоне живёшь? Не с прибылью ли уж?* А. Писемский. Тюфяк. **Ма́та,** м. и ж. *Обл.* Приветл. обращ. к другу, подруге; употр. чаще среди женщин. **Ма́ти.** *Обл.* **1.** ⚐ *Фольк.* Обращ. к матери. ▭ *На что, мати, счастливую родила, Счастливую, талантливую, Красную девушку отгадливую?* СРНГ. **2.** Обращ. к жене. «*Мати! — завопил Михаил. — Давай пятак на бутылку!» Раиса со вздохом покачала головой: «Господи, и когда только ты поумнеешь».* Ф. Абрамов. Дом. **3.** Обращ. к крёстной матери. СРНГ. **Ма́тка.** ⚐ *Обл.* То же, что Мать (в 1–3 знач.). *Выходи-тко ты, матка родная, Состренивай Свою чадыньку, Ай, чадыньку Порожданного.* СРНГ. *Помню, на масленицу пекла матка овсяные блины. <...> Я ем, а отец хомут отодвинул и говорит: «Ну как, Олёша, не перевалил ещё на пятый десяток?» — «Нет, тятя, до сорока два с половиной осталось». Сидим. «Дотянул?» — «Дотянул, — говорю, — тятя». А сам еле пышкаю.*

«*Ну, коли дотянул, так давай, матка, собирай ему котомку, пусть в Питер с мужиками идёт!»* В. Белов. Плотницкие рассказы. *[Матрёна:] К священнику что ли пошёл — не знаю... [Спиридоньевна (взглянув в сторону):] Идёт вон, матка!.. Назад ворочает...* А. Писемский. Горькая судьбина. **Ма́тонька. Ма́точка.** *Обл.* **1.** Ласк. обращ. к матери; мамочка. ▭ *Ай, маточка, прости! больше не буду.* СРНГ. **2.** Ласк. обращ. к знакомой. *Подносить вино вышел камердинер князя, во фраке и белом жилете. <...> После мужиков следовала очередь баб. Никто не подходил. «Подходите!» — повторял несколько раз дворецкий. «Палагея, матка, подходи: чего стоишь?» — раздалось, наконец, в толпе. «Ой, нет, матонька! другой год уж не пью», — отвечала Палагея.* А. Писемский. Тысяча душ. *Доложу я вам, маточка моя, Варвара Алексеевна, что спал я сию ночь добрым порядком.* Ф. Достоевский. Бедные люди. **Ма́туха. Ма́тухна.** *Обл.* Мать, мамочка. ▭ *Ой, матухна, тошно мне, Сударыня, тошно мне, Сам не знаю, почему.* СРНГ **Ма́ту́ша (Ма́ту́шь).** *Обл.* Мать, мамочка. Обращ. к матери, свекрови. ▭ *Матушь, надо ле хлеба-ту?* СРНГ. **Ма́тушка. 1.** ⚐ Почтит. обращ. к матери. «*Опять кулисы и опять актрисы?» Его мать, говорящая о его женщинах, была оскорбительна. «У меня дела, матушка. Вы всё меня двадцатилетним считаете». <...> Она любовалась им в лорнет. «Где же твой Лев и твоё Солнце?» Александр осторожно усмехнулся. «Лев и Солнце, маменька, уже давно покоятся у ростовщиков в Тифлисе...»* Ю. Тынянов. Смерть Вазир-Мухтара. *«Машенька! — сказала она ей, — скорей оденься получше; мы пойдём в гости». — «К кому, матушка?» — спросила Маша с удивлением. «К добрым людям», — отвечала мать.* А. Погорельский. Лафертовская маковница. *Батюшка и матушка, Я ваша одинакушка, Живу без милого дружка, — Какая скромна деушка.* Частушка. | ⚐ В нар.-поэт. речи употр. с постоянными эпитетами и приложениями *родимая, родна(я) сударыня, голубушка, государыня* и др. *«Матушка моя родная! Ты, княгиня молодая! Посмотрите вы туда: Едет батюшка сюда».* А. Пушкин. Сказка о царе Салтане... *Говорил Петрой Петрович таковы слова: — Ай ты, свет моя да родна матушка! Не татарина на-*

ехал я в чистом поле, А й наехал братца себе родного, Молодца Луку да я Петровича. Королевичи из Крякова. Былина. Зап. в 1871. [*Матрёна:*] Что, сынок? [*Никита:*] Матушка родимая, не могу я больше. Ничего не могу. Матушка родимая, пожалей ты меня! [*Матрёна:*] Ох, напугался же ты, сердечный. Поди, поди. Винца, что ль, выпей для смелости. Л. Толстой. Власть тьмы. **2.** ⌂ *Обл.* Почтит. обращ. к свекрови или тёще. ▭ «*Свекровушку называли матушкой, свёкра — батюшкой*». СРНГ. *Мавра а скажи свекровке: матушка, мол, а у нас воры были! Свекровка сплрлива была: «Не воры, девушка, а ветром накидало... Ночь-те шумлива!»* Л. Леонов. Барсуки. **3.** ⌂ *Прост.* Ласк. обращ. мужа к жене. [*Наталья Дмитриевна (целует мужа в лоб):*] Признайся, весело у Фамусовых было. [*Платон Михайлович:*] Наташа-матушка, дремлю на балах я... А. Грибоедов. Горе от ума. *Возвратясь в спальню, он застал свою жену в постели и начал молиться шёпотом, чтобы её не разбудить. Однако она проснулась. «Это ты, Василий Иваныч?» — спросила она. «Я, матушка!»* И. Тургенев. Отцы и дети. *Марфа за сорок лет совместной жизни с Антипом так и не научилась понимать: когда он говорит серьёзно, а когда шутит. «Вочем, шей». — «Шью, матушка, шью».* В. Шукшин. Одни. **4.** М а т у ш к а (ты моя). ⌂ *Прост. и обл.* Доброжелат. обращ. к собеседнице. **а)** *Учтив.* или *почтит.* к старшей по возрасту, положению (нередко в сочет. с именем-отчеством для повышения учтивости, доброжелательности). Употр. преимущ. в речи лиц среднего и старшего возраста с «ты»- и «Вы»-формами. «*Я, матушка Прасковья Ивановна, очень люблю ваши булки*», — *сказал он ей*. «*Тэк-с, тэк-с*». — «*Очень хороши, знаете, очень даже*». — «*Кушайте, батюшка, на здоровье, кушайте. С нашим удовольствием*». И. Тургенев. Петушков. [*Огуревна:*] Матушка Вера Филипповна, чай-то сюда прикажете подавать али сами к самоварчику сядете? А. Островский. Сердце не камень. *Рыдание, раздирающее, ужасное, вырвалось тогда из груди Акулины; слёзы градом брызнули из погасавших очей её, и она упала в ноги доброй барыне...* «*Что ты?.. что ты?.. что с тобой?* — *говорила та, силясь поднять бабу.* — *Успокойся, милая! О чём кручиниться?.. Бог даст, здо-

рова будешь... перестань...*» — «*Матушка!.. матушка... ты... ведь ты одна... одна приголубила мою сиротку...*» — *И она снова повалилась в ноги доброй барыне*. Д. Григорович. Деревня. **б)** *Ласк., доброжелат.* К равной или младшей по возрасту, положению. «*Здравствуйте, батюшка. Каково почивали?*» — *сказала хозяйка, приподнимаясь с места.* ⟨...⟩ «*Хорошо, хорошо*, — *говорил Чичиков, садясь в кресла.* — *Вы как, матушка?*» Н. Гоголь. Мёртвые души. *Верхом её* [*императрицы Марии Фёдоровны*] *внимания к собеседникам было обращение: «батюшка» и «матушка», и речь её всегда носила характер доброжелательности и наставительности, хотя говорила она по-русски не совсем правильно, с лёгким немецким акцентом.* Е. Шумигорский. Роман принцессы Иеверской. [*Анфиса (подходит к Маше):*] Маша, чай кушать, матушка. *(Вершинину.)* Пожалуйте, ваше высокоблагородие... простите, батюшка, забыла имя-отчество... А. Чехов. Три сестры. *Степановна слушала и тоже успевала говорить: «А я, матушка, уж давно к вам собиралась-то, а тут, думаю, дай-ко схожу проведаю». — «Дак какова здоровьем-то?» — «И не говори, Евстольюшка, две неделюшки вылежала, и печь не могла топить, вот как руки тосковали...»* В. Белов. Привычное дело. ▭ [*Взрослая дочь (пожилой матери):*] «*Ну чё ты, мама, мучишься. Я потом сама всё сделаю*». — «*Как же, Валя-матушка, а я на чё?*» 1997. **в)** С оттенком мягкого упрёка — к близкой знакомой, родственнице (дочери, внучке, племяннице). *Слуга вошёл и подал графине книги от князя Павла Александровича. «Хорошо! Благодарить, — сказала графиня. — Лизанька, Лизанька! да куда ж ты бежишь!» — «Одеваться». — «Успеешь, матушка. Сиди здесь. Раскрой-ка первый том; читай вслух...»* А. Пушкин. Пиковая дама. «*Петя, ты глуп*», — *сказала Наташа.* «*Не глупее тебя, матушка*», — *сказал девятилетний Петя, точно как будто он был старый бригадир.* Л. Толстой. Война и мир. «*Таисья, ты чево говоришь? Ну-ко, матушка, перекрестись*». — «*А чево?*» — «*Ой, девушки, у меня ведь и труба не закрыта*». В. Белов. Год великого перелома. ‖ *Обл.* Доброжелат. обращ. к собеседнику (независимо от пола и возраста). «*Ну, что же, где баба-то твоя, Агафокл Иваныч? Какая те-*

перь у тебя?» — деланно-шутливым голосом спросил Николай. «Что ты, что ты, матушка! Такие ли теперь времена! — воскликнул Агафокл и тоненьким благочестивым голоском позвал: — Ираида Васильевна, а Ираида Васильевна, поставь-ка, радельница, самоварчик». А. Эртель. Гарденины. *В народной речи Ярославской области встречается регулятив матушка. Так обращаются не к матери, не к свекрови или тёще, а к любой женщине и даже к любому мужчине для выражения общей доброжелательности. (Звучит он и тогда, когда говорят с животными).* «Что ты всё записываешь, матушка?» — спрашивала автора этих строк старушка, с которой он долго беседовал в одной из деревушек под Рыбинском. Она сидела у крыльца своего дома и следила за игравшим на траве внуком. «Не бегай, не бегай так, матушка!» — то и дело остерегала она его. В. Гольдин. Речь и этикет (1983). **5.** Учтив. обращ. к монахине, а также к жене священника. Он слушал воркующий шепоток, и тут появилась Дашенька. Она не вошла в покой, а остановилась под виноградом, молвив послушливо: «Что, матушка, угодно?» <...> Матушка Агния сказала: «Ну, сероглазая моя, подойди поближе, не укусят». И. Шмелёв. Пути небесные. У попадьи на ситцевое платье накинута шаль, в тонких ехидных губах застыла недоумевающая улыбка. <...> «Феклуша, где же постовала бьют?» — «И вот тебе крест! Своими глазыньками видала, матушка, как его били!» М. Шолохов. Путь-дороженька. ♦ **Матушка (ты) наша.** ⌇ ♦ **Матушка-барыня.** ⌇ *Прост.* Почтит. обращ. крестьян, прислуги к госпоже, барыне, помещице. См. Барыня. ♦ **Матушка-сударыня (Сударыня-матушка).** ⌇ **1.** *Нар.-поэт.* Почтит. обращ. к матери. **2.** *Прост.* Почтит. обращ. низшего по положению к госпоже, хозяйке. «Я видела, — прибавила Глафира Ивановна, приветливо взглянув на него, — ты уже в саду распорядился: дорожки подчищены — спасибо». Павел низко поклонился. «Рад стараться, сударыня-матушка», — промолвил он. «Хорошо, хорошо». И. Тургенев. Собственная господская контора. ♦ **Матушка-царица (Царица-матушка).** ⌇ *Прост.* Почтит. неофиц. обращ. к царице (в XIX–XX вв. употр. преимущ. в фольклоре). *— Вспомни, матушка-царица,* Ведь нельзя переродиться... П. Ершов. Конёк-горбунок. ♦ **Богоданная матушка.** ⌇ *Обл., фольк.* Почтит., торжеств. обращ. к свекрови, тёще, крёстной матери (обычно в деревенском свадебном обряде). **Матца.** *Обл.* Ласк. обращ. к матери. **Ма́тынька. Ма́тышка.** *Обл.* То же, что Матонька. **Ма́чка.** *Обл.* **1.** Обращ. к матери; то же, что Матушка (в 1 знач.). **2.** Обращ. к свекрови. **3.** Обращ. к бабушке. **4.** Обращ. к жене священника. ⌇ *Мачка! Колды-жо ты на гости-те к нам?* СРНГ.

Мае́стро. [Итал. maestro.] Почтит. называние и обращение к выдающемуся деятелю искусства (чаще к музыканту, композитору, дирижёру). | В разг. речи — дружески-шутл. обращ. к знакомому музыканту, художнику, артисту. *На другое утро хозяин и гость пили чай в саду под старой липой. «Маэстро!» — сказал между прочим Лаврецкий, — вам придётся скоро сочинять торжественную кантату». — «По какому случаю?» — «А по случаю бракосочетания господина Паншина с Лизой».* И. Тургенев. Дворянское гнездо. | *Разг.* Дружески-шутл., комплиментное обращ. к тому, кто виртуозно, артистично выполняет свою работу. *— Ну, как дела, маэстро? — спрашивал его при встрече Капустин. Мересьев поднимал большой палец. Он не преувеличивал. Дела подвигались хотя и не очень ходко, но уверенно и твёрдо.* Б. Полевой. Повесть о настоящем человеке.

Мёд. ♦ **Вашими (твоими) бы устами (да) мёд пить.** *Погов.* Хорошо, если бы всё было именно так, как вы говорите. Употр. как шутл. ответ на комплимент, пожелание или предсказание успеха, благополучия, а также как форма одобрения сказанного собеседником. *[Барбарисов:] Я такой человек: несправедливость меня возмущает; я хочу, чтоб каждый получал должное, по своим заслугам. [Елохов:] Кабы вашими устами да мёд пить.* А. Островский. Не от мира сего. *«Этакого молодца взаперти держать! Дайте-ка ему волю, он расправит крылышки, да вот каких чудес наделает: нахватает там чинов!» — «Вашими бы устами да мёд пить! Да что вы мало взяли пирожка? возьмите ещё!»* И. Гончаров. Обыкновенная история. ♦ **Вашим (твоим) бы мёдом да нас по губам.** *Погов.* Форма шутл. одобрения сказанного собеседника. ♦ **Сладок мёд, да не по две ложки в рот.** *Посл.* Употр. как форма шутл. отказа от настойчивого предложения ещё выпить, покушать; говор. обычно в ответ на упрёки хозяев: «Вы что-то совсем мало едите, ничего не пьёте, или не вкусно?» и т. п. — Бывало, не выдерешься с этого пиру, беседы: только поднялся, — ну, мол, спасибо, соседушка, сладок мёд, да не по две ложки в рот, ко двору пора! — опять силком на лавку валят: стой, сват, давай ещё по единой, по стремянной выпьем! И. Бунин. Божье дерево. ♦ **С умным разговориться, что мёду напиться.** См. Умный. **Медови́нка,** *м. и ж. Обл.* **Медо́вый.** *В знач. сущ. Обл.* Формы ласк. обращения к собеседнику. СРНГ.

Мезо́нька. *Обл.* Дорогой, любимый. Ласк. обращение (обычно к младшему, любимому ребёнку в семье). ▱ *Мезонька ты моя!* СРНГ.

Ме́лочь. ♦ **Это мелочь (мелочи).** ♦ **Всё это мелочи.** ♦ **Какие мелочи!** *Разг.* Пустяки, не стоит беспокойства. **1.** Формы утешения, ободрения собеседника, младшего по возрасту, положению: уверение его в том, что случившееся с ним не представляет для него серьёзной опасности. **2.** Ответы на благодарность или извинение. ▱ *«Извините, я доставил вам массу хлопот, спасибо вам большое!» — «Ну что вы, это мелочи. Не стоит благодарности»* (1992).

Мерси́. [Франц. merci — спасибо, благодарю.] *Междом. Разг.* Форма благодарности, употреблявшаяся в России в дворянской полиязычной среде наряду с другими галлицизмами. | С расширением сферы употребления в русской разг. речи и просторечии форма эта приобрела разнообразные социостилистические оттенки: от манерно-«галантерейных» (в речи приказчиков, мелких чиновников, лавочников, цирюльников, мещан и т. п.) до фамильярно-шутл. в совр. разг.-обиходн. речи. *Брат хотел взять образок, но она остановила его. Андрей понял, перекрестился и поцеловал образок. Лицо его в одно и то же время было нежно (он был тронут) и насмешливо. — Merci, mon ami. — Она поцеловала его в лоб и опять села на диван. Л. Толстой. Война и мир. «Я скоро пришлю вам вашу лошадь. Она уже почти совсем выезжена. Мне хочется, чтобы она с места поднимала в галоп, и я этого добьюсь». — «Merci... Однако мне совестно. Вы сам её выезжаете... это, говорят, очень трудно...»* И. Тургенев. Рудин. *[Градобоев:] Значит, кончено дело? [Курослепов:] Кончено. [Градобоев:] Ну! [Курослепов:] Что, ну? [Градобоев:] Если дело кончено, так что? [Курослепов:] Что? [Градобоев:] Мерси. [Курослепов:] Какая такая мерси? [Градобоев:] Ты не знаешь? Это покорно благодарю. Понял теперь? Что ж, я задаром для тебя пропажу-то искал?* А. Островский. Горячее сердце. *[Анна:] Садитесь, пожалуйста... [Притыкина:] Мерси! Я давно говорю Архипу, мужу то есть: «Окаянный! Познакомь с инженерами!»* М. Горький. Варвары. *Мужичок говорит: «Лицо будто знакомое, а не могу вспомнить...» — «Да мы тот там год на даче в вашей деревне жили». — «А-а-а!.. Извиняюсь!.. Очень приятно-с!» — «Как супруга ваша?» — продолжал Шиш. — «Мерси. С коровами всё... Да вы присядьте ко мне, молодой человек. Подвезу вас». Шишу то и надо.* Б. Шергин. Сказки о Шише. | *Ирон. «Ты не спишь?» — осторожно проговорил Половозов, когда жена открыла глаза. «Нет, не сплю, как видишь...» — сухо отвечала Антонида Ивановна. <...> «А ты у меня умница, Тонечка». — «Merci». — «Нет, серьёзно умница...»* Д. Мамин-Сибиряк. Приваловские миллионы. *«В общем, ты довольно выпукло пишешь, хотя... чтоб не получилось разногласий с кем-нибудь, можно бы и не так выпукло», — осторожно намекнул он. «Мерси, — иронически кивнул Вихров. — Но с топором надо говорить на его же беспощадном языке».* Л. Леонов. Русский лес. ♦ **Мерси Вам.** ♦ **Мерси Вас.** ♦ **Больше мерси.** *Прост.* Манерное или шутливое выражение благодарности. ▱ *[Парикмахер (прощаясь с клиентом):] Ах-с, марси вас, марси за похвалу, много раз марси! Приятно, что угодил!* Е. Иванов. Меткое московское слово. *[Второй мичман:] Оставьте препирания и сдайте вахту. [Первый мичман:] Принимайте на здоровье. Всё гладко. На море полный штиль, а в Кронштадте и, между прочим, в Петербурге — революция. Шесть котлов под парами, программа социал-демократов без изменений, на бакштове катер и шестёрка, а вечером в Луна-парке нас ожидает мисс Лили... [Второй мичман:] Мерси* вас. Вахту принял. [Первый мичман:] Обратно вас. Вахту сдал. Б. Лавренёв. Разлом. ♦ **Мерси боку́.** [Франц. merci beaucoup — большое спасибо, много благодарен.] ♦ **Гран мерси.** [Франц. grand merci — большое спасибо.] *Из благородных он будто бы был и в военной службе служил, но всё своё промотал и в карты проиграл, и ходит по миру <...>. «Верно, — говорит, — ты происхождения из господских людей?» «Да, — говорю, — из господских». — «Сейчас, — говорит, — и видно, что ты не то, что эти свиньи. Гран-мерси, — говорит, — тебе за это». Н. Лесков. Очарованный странник. «Да, — сказал Остап, — так это вы инженер Щукин?» — «Я. Только уж вы, пожалуйста, никому не говорите. Неудобно, право». — «О, пожалуйста! Антр-ну, тет-а-тет. В четыре глаза, как говорят французы. А я к вам по делу, товарищ Щукин». — «Чрезвычайно буду рад вам служить». — «Гран мерси. Дело пустяковое». И. Ильф, Е. Петров. 12 стульев. [Обольянинов (во фраке):] Здравствуй, Манюша. Здравствуйте. [Аметистов:] Маэстро, моё почтение. [Обольянинов:] Простите, я давно хотел попросить вас: называйте меня по имени и отчеству. [Аметистов:] Чего же вы обиделись? Вот чудак человек! Между людьми одного круга... Да и что плохого в слове «маэстро»? [Обольянинов:] Просто это непривычное обращение режет мне ухо, вроде слова «товарищ». [Аметистов:] Пардон-пардон. Это большая разница. Кстати о разнице: нет ли у вас папиросочки? [Обольянинов:] Конечно, прошу вас. [Аметистов:] Мерси боку. М. Булгаков. Зойкина квартира.*

Мёртвый не без гроба, живой не без кельи. (♦ **Мёртвый не без могилы, живой не без места**). ⌧ *Погов.* Употр. как форма утешения, ободрения близких, огорчённых отсутствием у адресанта места жилья, работы. ⌧ *[Из разговора с уезжающим в город знакомым:] — А с жильём как, знакомые-то хоть на первое время есть? — Ничего, устроюсь как-нибудь; мёртвый не без могилы, живой не без квартиры (1992).*

Ме́ры нет. *Обл.* Очень, в высшей степени. Интенсификатор экспрессивности, употр. в формулах похвалы, одобрения. ⌧ *Красив он — меры нет. СРНГ.* ♦ **Всех мер.** *Обл.* Очень хороший, обладающий всеми достоинствами.* ⌧ *Девочка — что скажешь? Всех мер. СРНГ.*

Место. ♦ **Будьте при месте (местечке).** *Обл.* Форма учтив. приглашения гостя садиться. *[Матрёна Пименовна] пригласила гостей в избу и, пятясь в сторонку, пропустила их. <...> — Присаживайтесь, гостеньки. Никифор Григорьевич, Алексей Анисимович. Будьте при местечке. И. Акулов. В вечном долгу.* ‖ *Обл.* Форма доброго пожелания при прощании. ♦ **Почёт и место.** См. Почёт. ♦ **Честь и место.** См. Честь. ♦ **Где тесно, там и место.** См. В тесноте, да не в обиде. ♦ **Светлое ему (ей) место.** См. Светлый.

Мешать. ♦ **Я Вам (тебе) не мешаю?** *Разг., употр. только в устн. общении. Вежл. вопросит. обращение к знакомому собеседнику с намерением остаться с ним ещё на некоторое время, продолжить беседу. Она [Даша] протянула ему руку. Телегин сказал: «Я видел, как вы садились на пароход. В сущности, мы ехали с вами в одном вагоне от Петербурга. Но я не решался подойти, — вы были очень озабочены. Я вам не мешаю?» — «Садитесь», — она пододвинула ему плетёное кресло. А. Толстой. Хождение по мукам.* См. также: Не помешал? ♦ **Не буду (больше) Вам (тебе) мешать.** *Разг.* Фраза, которую говорящий произносит (с оттенком извинения) перед прощанием с собеседником, занятым каким-л. делом. ⌧ *«Ну, ладно, пойду я, не буду больше вам мешать». — «Ну что вы! Вы мне ничуть не помешали, напротив, я очень рад...» (1991).*

Миле́ди. [Англ. milady — наименование знатной замужней женщины или жены лорда в Англии.] ‖ *Разг.* В современной русскоязычной (преимущ. молодёжной) среде — шутл.-фамильярн. обращ. к близкой знакомой, приятельнице. *«Эта песня не для них», — сказала Лиза. «Миледи, я вас на первом туре попрошу её спеть». В. Лихоносов. Когда же мы встретимся?*

Милиционер родился. *Прост., шутл.* То же, что ♦ (Тихий) Ангел пролетел. См. также: ♦ Футболист родился. ♦ Хулиган родился. ♦ Цыган родился. ♦ Человек родился.

Миллиа́рдный, -ая, -ое; -ые. *Обл.* Очень хороший. В формулах похвалы, одобрения собеседника, его близких или того, что ему принадлежит. ☐ *Миллиардная ты баба, вот что я тебе скажу!*

Миллио́нный, -ая, -ое; -ые. *Обл.* То же, что Миллиардный. ☐ *Экой мальчик миллионный.* ☐ *Баба-то миллионная, ей цены нет, это — хорошая.* СРНГ.

Мило́рд. [Англ. milord — наименование аристократа, лорда в Англии.] ‖ **Милорд.** *Разг.* В русскоязычной преимущ. молодёжной среде — шутл.-фамильярн. или ирон. обращ. к близкому знакомому, приятелю. *[Вожеватов:] Честь имею представить вам нового друга моего: лорд Робинзон. [Огудалова:] Очень приятно. [Вожеватов (Робинзону):] Целуй ручки! (Робинзон целует ручки у Огудаловой и Ларисы.) Ну, милорд, теперь поди сюда!* А. Островский. Бесприданница. *[Первый мичман:] Вы близоруки, милорд. Хотите, открою секрет, кому желают служить матросики? Совсем задаром. Для друга. [Второй мичман:] Горю любопытством. [Первый мичман:] Большевикам, сэр... Мы ещё с вами увидим необыкновенные вещи. Рекомендую подумать... А я — спать. Ариведерчиа, миа кара...* Б. Лавренёв. Разлом.

Милосе́рдие. ♦ **Окажи/те милосердие.** Усиленная просьба, мольба. — *Пётр Михайлыч!* — *обратился он с той же просьбой к Годневу,* — *не погубите молодого человека. Царь небесный заплатит вам за вашу доброту.* — *Проговоря эти слова, Медиокритский стал перед Петром Михайлычем на колени. Старик отвернулся.* — *Ваше высокородие, окажите милосердие,* — *молил он, переползая на коленях к городничему.* А. Писемский. Тысяча душ.

Милосе́рдный, -ая, ое; -ые. ⌛ *Прост.* Этикетный эпитет, употр. в составе учтив. обращений к высшему по положению, обычно в ситуации просьбы. — *Милосердные господа!* — *захрипел он [Захар].* — *Помогите бедному, увечному в тридцати сражениях, престарелому воину...* И. Гончаров. Обломов. *«А опять теперь насчёт строения,* — *скорбно заговорила мать Юдифа.* — *Сломают, и всё пропадёт ни за денежку».* — *«На своз бы кому продали»,* — *в ответ Юдифи тихо, чуть слышно промолвил приземистый, сенденький, рябоватый, с болезненно слезящимися глазками, московский купец Порохонин. <...>* — *«Продать-то кому, милосердный благодетель Никифор Васи-*

льич? Покупщиков-то где взять?» — *молвила ему мать Юдифа.* П. Мельников (Печерский). На горах. ♦ **Будь/те милосердны/м.** *Экспрессив.* Форма усиленной просьбы, мольбы. **Милосе́рдый,** -ая, -ое; -ые. ⌛ То же, что Милосердный. *Сказала старая княгиня:* — *Будь милосерд, родной мой князь! К тебе пришли мы с просьбой ныне.* И. Суриков. Василько.

Милосе́рдствуй/те. *Обл.* То же, что Помилосердствуй/те (во 2 знач.). *Затопила Настя печь... Что такое? Дым в трубу не идёт, а в избе по полу стелется. Степан ползком через порог да на улицу, а тут уж человек пять ждут его не дождутся. «Ты чего,* — *спрашивают,* — *ай костёр посреди избы разложил?» <...> «Что вы,* — *говорит,* — *православные? Милосердствуйте. Настя печь затопила, а дым в избу валит».* Б. Можаев. Мужики и бабы.

Ми́лостивец. ⌛ *Прост.* Почтительное (преимущ. крестьянское) обращение к высшему по положению (помещику, барину, господину или кому другому, кто оказывает или может оказать милость, благодеяние). *[Матвей (Жазикову):] Милостивец вы наш, кормилец вы наш, послушайтесь меня, старого дурака! Я и дедушке вашему служил, и батюшке вашему, и матушке...* И. Тургенев. Безденежье. *Матушка Агния, которую молча раскутала черничка, стала искать иконы, посмотрела во все углы, перекрестилась на сад, в окошко, и умиленно пропела:* — *А мы к вашей милости, сударь, премного вами благодарны за заботы о нас, сиротах <...>. Примите, милостивец, благословение обители, освящённый артос...* И. Шмелёв. Пути небесные. | *Вежл.,* с оттенком укора обращ. к собеседнику, равному по положению. *[Константин:] Ну, так я тебе повторю: «Я тебя понял». [Иннокентий:] Говори, милостивец, ясней!* А. Островский. Сердце не камень. **Ми́лостивица.** ⌛ Женск. к Милостивец.

Ми́лостивый, -ая, -ое; -ые. **1.** ⌛ Этикетный эпитет, употр. в составе учтив. обращений. **Ми́лостивый госуда́рь. Ми́лостивая госуда́рыня.** См. Государь. ‖ ⌛ *Прост.* В составе почтит., с оттенком самоуничижения, обращений с просьбой к высшему по положению. ☐ *Милостивый господин.* ☐ *Милостивая гос-*

пожа. ▭ *Барин наш милостивый* и т. п. — *Матушка! Королевна! Всемогущая!* — *вопил Лебедев, ползая на коленках перед Настасьей Филипповной и простирая руки к камину, — сто тысяч! Сто тысяч! Сам видел, при мне упаковывали! Матушка! Милостивая! Повели мне в камин: весь влезу, всю свою седую голову в огонь вложу!* Ф. Достоевский. Идиот. — *Петра Кузьмич! господин Спица! майор ты наш милостивый!* — *просительски заклянчили бабёнки.* — *Уж уважь ты нас, сирот, доставь младенцев-то до завтрева!..* В. Крестовский. Петербургские трущобы. **2.** ⌛ Этикетный эпитет, прилагавшийся к почтительным наименованиям действий, повелений, распоряжений значительно высшего по положению. *Милостивое писание ваше я получил, в котором изволишь гневаться на меня, раба вашего, что-де стыдно мне не исполнять господских приказаний.* А. Пушкин. Капитанская дочка. — *Помилуйте... Что вы-с...* — *захихикал тонкий, ещё более съёживаясь.* — *Милостивое внимание вашего превосходительства... вроде как бы живительной влаги...* А. Чехов. Толстый и тонкий. | Шутл. *Уж не воспоследовало ли вновь тебе от генерал-губернатора милостивое запрещение со мною переписываться?* А. Пушкин. Письмо П. А. Плетнёву, 26 марта 1831. **Милостивейший,** -ая, -ее; -ие. Элатив к Милостивый. ♦ **Милостивейший государь.** ♦ **Милостивейшая государыня.** См. Государь. **Ми́лостиво,** нареч. к Милостивый (во 2 знач.). *Государь Император весьма милостиво изволил сказать, что он не хочет отрывать меня от моих исторических трудов, и приказал выдать мне 10 000 рублей как вспоможение.* А. Пушкин. Письмо Е. Ф. Канкрину, 6 сент. 1835. *Из всех пышных оборотов царского режима вертелось в голове только какое-то «милостиво повелеть соизволил».* И. Ильф, Е. Петров. 12 стульев. ♦ **Будь/те милостив/ы.** ⌛ Прост. Интенсификатор вежливости, учтивости при обращении с просьбой (обычно к высшему по положению). *[Слесарша (Хлестакову):] Не позабудь, отец наш! Будь милостив!* Н. Гоголь. Ревизор. — *Будьте милостивы, обещайте наперёд, что нашу просьбу исполните...* — *вставши с места и низко кланяясь [Алымовой], сказал Марко Данилыч. <...> домишко у меня, изволите*

видеть, не тесный, есть где разгуляться... Так вы бы, пока не устроились в Фатьянке, погостили у нас... П. Мельников (Печерский). На горах. *[Тарелкин (Варравину):] Будьте милостивы, выкупите меня разочек; не морите измором, ради Бога!* А. Сухово-Кобылин. Дело. ‖ В устном контактном общении может употребляться как самостоятельная формула просьбы, когда её содержание понятно адресату. *«Хорошо, оставим географию. Что вы из арифметики приготовили?» — «И арифметику не отчётливо... <...> Постарел для умственной деятельности... Будьте столь милостивы, ваше высокородие, заставьте вечно Бога молить». На ресницах у Фендрикова повисли слёзы.* А. Чехов. Экзамен на чин. ♦ **Бог милостив.** См. Бог.

Ми́лость. ♦ **Ваша (твоя) милость.** ⌛ Прост. Вы (ты). Почтит. обращение к высшему по положению (обычно к штатскому, не имеющему официального титула). *«А я к тебе иду, пан писарь». — «А я к твоей милости, пан голова».* Н. Гоголь. Майская ночь... *«А, старина, здравствуй!» — воскликнул Базаров. — «Здравствуйте, батюшка Евгений Васильевич», — начал старичок и радостно улыбнулся, отчего всё лицо его покрылось морщинами. «Зачем пожаловал? За мной, что ль, прислали?» — «Помилуйте, батюшка, как можно! — залепетал Тимофеич <...>. — В город по господским делам ехали да про вашу милость услыхали, так вот и завернули по пути, то есть — посмотреть на вашу милость... а то как же можно беспокоить!»* И. Тургенев. Отцы и дети. *Повеселел Алтынников: «Моя, выходит, мельница!»* — *«Нет! — говорит Ермил. Подходит к председателю. — Нельзя ли вашей милости Помешкать полчаса?»* Н. Некрасов. Кому на Руси жить хорошо. | Ирон., с оттенком укора, к равному или младшему по возрасту, положению. *[Миловидов:] Ты откуда явился? [Бессудный:] Я-то не диковина, твоя-то милость какими судьбами не в указанные часы по чужим дворам жалует?* А. Островский. На бойком месте. | В совр. употр. только шутл.-ирон. *И тут Мишка появляется. Я говорю: «Где это ваша милость пропадает?» Мишка говорит: «Ситро пил».* В. Драгунский. Ровно 25 кило. ♦ **Его (её, их) милость.** ⌛ Прост. Почтит. называние третьего лица, высшего по положению.

[Владимир:] Что ж она [помещица] делает? [Мужик:] Да что вздумается её милости. М. Лермонтов. Странный человек. ♦ **Сделай/те милость.** ⌘ **1.** Интенсификатор вежливости, учтивости, экспрессивности в составе формул просьбы, приглашения, извинения; то же, что Пожалуйста (в 1 знач.). *Береги себя и, сделай милость, не простудись.* А. Пушкин. Письмо Н. Н. Пушкиной, 28 апр. 1834. *Сделайте милость, дайте сюжет, духом будет комедия из пяти актов, и, клянусь, будет смешнее чёрта. Ради Бога.* Н. Гоголь. Письмо А. С. Пушкину, 7 окт. 1835. *[Бальзаминов:] Ах, боже мой! Да как же это, страм какой! Акулина Гавриловна, сделай милость, выпусти как-нибудь! [Красавина:] Теперь «сделай милость», а давеча так из дому гнать!* А. Островский. За чем пойдёшь, то и найдёшь. *[Соня:] Пожалуйста, не капризничай. Может быть, это некоторым и нравится, но меня избавь, сделай милость! Я этого не люблю.* А. Чехов. Дядя Ваня. *— Сделайте милость, отсрочьте платежи-то, — попросил Фома, скромно опустив глаза.* М. Горький. Фома Гордеев. *— Матушка-голубушка, прости, сделай милость.* П. Бажов. Приказчиковы подошвы. ‖ *Разг.* В устном контактном общении может употребляться и без глагола как самостоятельная формула просьбы, когда её содержание понятно адресату. *[Халымов:] Ну, кум, задал ты мне задачу! [Каркунов:] Сделай милость! Будь друг!* А. Островский. Сердце не камень. *[Варравин (заступая дорогу):] Ваше превосходительство! Ваше сиятельство! А деньги-то. Сделайте милость.* А. Сухово-Кобылин. Дело. **2.** Вежл. или радушный положительный ответ на просьбу; утвердит. ответ на вопросит. обращение; то же, что Пожалуйста (во 2 знач.). *«Могу ли, — говорит, — я для этой надобности отлучиться от своей части домой на три или четыре дня?» — «Сделай милость, — хоть на неделю».* Н. Лесков. Интересные мужчины. *Самгин <…> спросил: «А мне можно?» — «Да — сделайте милость!» — ответил Фроленков с радостью.* М. Горький. Жизнь Клима Самгина. *«Ваше благородие, дозвольте вас прокатить по старой памяти?» — обратился Григорий к Евгению, заискивающе улыбаясь <…>. «Что ж, сделай милость, поедем».* М. Шолохов. Тихий Дон. ♦ **Сделай/те божескую милость** (сделайте что-л.). ⌘ *Прост. Экспрессив.* Формула усиленной просьбы к высшему по положению. *— Матушка Юлия Владимировна! Ваше высокоблагородие! Заступитесь за меня, сделайте божескую милость, примите всё на себя: вам ведь ничего не будет. Я, мол, его через силу заставила. Ваше высокоблагородие! Заставьте за себя вечно Бога молить! — Всё это говорил кучер, везя Юлию домой <…>.* А. Писемский. Тюфяк. | *Шутл. Если ты можешь влюбить в себя Елизу, то сделай мне эту божескую милость. Я сохранил свою целомудренность, оставя в руках её не плащ, а рубашку…* А. Пушкин. Письмо П. А. Вяземскому, март 1830. ♦ **Окажи/те (божескую) милость.** ⌘ ♦ **Яви/те божескую милость** (сделайте что-л.). ⌘ *Прост.* Формулы учтив. или самоуничижит. просьбы, мольбы. *Вот призывает она [барыня] одного знакомого человечка — первый был у неё здесь приятель, здешний лавошник, заядлый кулак, — наш церковный староста. «Так и так, мол, Маркел Трофимыч, окажи божецкую милость, схорони фамильное богатство моё, я уж тебя за то отблагодарствую».* И. Соколов-Микитов. На перекате. *[Гаврило:] И хозяин прогнал без расчёту. [Градобоев:] И прогнал? Ах, разбойник! Ну, что ж мне прикажете с ним делать? [Гаврило:] Явите божескую милость. [Градобоев:] Явлю. Подожди, вот придёт твой хозяин, проси у него расчёта при мне, а я с ним разделаюсь.* А. Островский. Горячее сердце. *— Ваше высокоблагородие, барин… — начал Лычков и заплакал. — Явите божескую милость, вступитесь… Житья нет от сына…* А. Чехов. Новая дача. ♦ **Если будет на то (такова) Ваша милость.** ⌘ Если позволите, если разрешите, если сочтёте возможным. Формула мягкой вежл. просьбы к высшему по положению. *Милостивый Государь / Александр Иванович! / Посылаю Вам ту строфу, о которой Вы мне вчера говорили, для известного употребления, если будет такова ваша милость.* М. Лермонтов. Письмо А. И. Тургеневу, дек. 1839. ♦ **Не будет ли на то (такой) Вашей (твоей) милости (Ваша милость)** (сделать что-л.). ⌘ *Прост.* Формула учтив. ненастойчивой просьбы к высшему по положению. *Барин его спрашивает: «Чего тебе нужно, мужичок?» —*

«К вашей милости, барин! Хлеба нету — нечего есть! Не будет ли ваша милость сколько-нибудь хлеба мне дати?» Сказка. Зап. в 1908. | Шутл.-ирон. Кирпиков, лёжа на печи, подумал, что глупо вот так молчать, Варвара маячила с кружкой чая по избе. — А не будет ли ваша такая милость, чтоб подать мне его на печку? — Варвара молча подала ему чай. В. Крупин. Живая вода. ♦ У меня милость к Вам. *Обл.* У меня к вам просьба. Форма просьбы. СРНГ. ♦ Милости просим (прошу). 1. ♦ Милости прошу (просим) (вашей, твоей). ⚡ *Прост.* Почтит. или самоуничижит. просьба к высшему по положению. [Хлестаков:] А, что ты, матушка? [Голоса двух женщин:] Милости твоей, отец, прошу! Н. Гоголь. Ревизор. Вдруг в одно прекрасное утро, вообразите себе, входит Арина <...> без доклада ко мне в кабинет — и бух мне в ноги <...>. «Чего тебе?» — «Батюшка, Александр Силыч, милости прошу». — «Какой?» — «Позвольте выйти замуж». Я, признаюсь вам, изумился. «Да ты знаешь, дура, что у барыни другой горничной нету?» И. Тургенев. Ермолай и мельничиха. 2. *Разг.* Вежл., радушное приглашение, предложение. ♦ Милости просим (прошу) (к нам, в гости, навестить, посетить нас). Корабли поморские в море идут, когда оно очистится ото льда. Перед походом дома — отвальный стол, проводинный обед. Накануне зуёк бегает, зазывает гостей. Зайдёт в избу, поклонится и скажет: — Хозяин с хозяюшкой, пожалуйте к нам на обед. Милости просим! Милости просим! Б. Шергин. Мурманские зуйки. ▭ [Торговец книгами], вежливо кланяясь и неожиданно смягчая тон, продолжает: — Милости просим как-нибудь ещё зайти, у меня по вашей части для вашей милости кое-что новенькое есть. Пожалуйста, не забывайте! Е. Иванов. Меткое московское слово. — Ко мне в землянку милости прошу, — сказал Серпилин. — Куранты послушаем, чайку попьём. К. Симонов. Живые и мёртвые. ‖ ♦ Милости просим (прошу) (входите, проходите). Пожалуйте, рады вам. Радушное приглашение пришедшему гостю. *Проворно подобрав подол своей амазонки, вбежала она по ступеням и, вскочив на террасу, весело воскликнула: «Вот и я!» — «Милости просим!» — промолвил Ипатов. — Вот неожиданно-то, вот отлично.* Позвольте поцеловать вашу ручку...» И. Тургенев. Затишье. — А-а, подпоручик Ромашов! Милости просим, милости просим... — сказал Рафальский приветливо. — Простите, не подаю руки — мокрая. <...> Хотите чаю? А. Куприн. Поединок. Вышли на крыльцо тятинька с мамонькой и с подноса подали каждому рюмочку, каждого именем-отчеством величали, каждому челом... — Милости просим в дом! — И опять поклонились. П. Еремеев. Обиход. В дверь постучали. А так как в деревнях нет привычки стучать и спрашивать, можно ли войти, то бабушка всполошилась, побежала в куть. — Какой это там лешак ломится?.. Милости просим, милости просим! — совсем другим, церковным голоском запела бабушка. Я понял: к нам нагрянул важный гость. В. Астафьев. Последний поклон. Женщины суетились в летней избе, и Дмитрий Иванович заметил их первыми. «Бог на помочь!» — приветствовал он, переступая порог и слегка кланяясь. «Милости просим, — отозвалась от самовара Надежда Васильевна. — Проходите в горницу к столу. Гостем будете». Маша улыбнулась ему и сделала знак рукой — проходи, мол. Б. Можаев. Мужики и бабы. ‖ ♦ Милости просим (прошу) (к столу). ♦ Милости прошу садиться. *Мальчик с красным жилетом вошёл и доложил, что обед готов. — Милости просим, — сказала хозяйка, поднимаясь с дивана. И все перешли в столовую. И. Тургенев. Два приятеля. [Вихорев:] Здравствуйте, почтеннейший Максим Федотыч, как вы поживаете? [Русаков:] Слава Богу, живём, пока Бог грехам терпит. Просим милости садиться... [Вихорев:] Сделайте одолжение, не беспокойтесь. (Садится.) А. Островский. Не в свои сани не садись. — Очень приятно, весьма приятно, — перебил Владимир Андреич, взяв гостя за обе руки, милости прошу садиться... Сюда, на диван. А. Писемский. Тюфяк. — Садитесь, милости просим, — ворковала Волосатиха, подталкивая Николая к свободному стулу. Она ему уже и чистый стакан принесла, и тарелку, и вилочку из нержавейки. — Гостя Бог послал — милости просим... Откушайте, не побрезгуйте. А. Рекемчук. Молодо — зелено. ‖ *Прост.* Вежл. ответ на приветствие, означающий одновременно и приглашение в дом, в компанию, к столу, если хозяева обедают.

Встречали нас [рабочие] весело и ласково. <...> Многих мы заставали за обедом или чаем, и всякий раз на привет наш: «хлеб да соль» или «чай да сахар», они отвечали: «просим милости» и даже сторонились, давая нам место. Л. Толстой. Так что же нам делать? *Немного погодя входит в избу такой молодец, что на поди! Кровь с молоком. «Здравствуйте, — говорит, — красные девицы». — «Здравствуй, добрый молодец». — «Гулянье вам!» — «Милости просим гулять к нам».* Упырь. Сказка из собр. А. Н. Афанасьева. ‖ *Прост.* Вежл. предложение хозяина, владельца, торговца угощаться чем-л., взять, купить что-л. *[Кабатчица:] Спирт самый чистый, самый настоящий! Сама бы пила, да деньги надо. Милости просим.* С. Есенин. Страна негодяев. *Мать, улыбаясь гостям, наливала в рюмки коньяк и, подвигая офицеру икру, говорила: — Милости прошу. Согрейтесь. Нам так совестно, что из-за нас вы обеспокоили себя в эту дурную погоду.* А. Аверченко. Люди. **3.** Вежл., радушный ответ на просьбу, вопросит. обращение, высказанное намерение сделать что-л. (прийти, заехать в гости, взять, купить что-л. и т. п.); то же, что Пожалуйста (во 2 знач.). *«<...> я завтра около твоей усадьбы похожу и, если позволишь, останусь ночевать у тебя в сенном сарае». — «Милости просим. Да покойно ли тебе будет в сарае? Я прикажу бабам постлать тебе простыню и принести подушку».* И. Тургенев. Хорь и Калиныч. *[Лебёдкина:] Прощай, душа моя! Жди, мы вернёмся к тебе чай пить. [Шаблова:] Милости прошу.* А. Островский. Поздняя любовь. *— В работники хочешь? — сказал он Алексею. — Что же? Милости просим. Про тебя слава идёт добрая, да и сам я знаю работу твою: знаю, что руки у тебя золото...* П. Мельников (Печерский). В лесах. ▭ *«Влей-ка мне супу». — «Милости просим!» Наливает ему супу в чашку.* Освобождение царской дочери солдатом. Сказка. Зап. в 1915. *На кухне бабушка кому-то обстоятельно рассказывала: — Культурная дамочка, в шляпке. «Я эти вот ягодки все куплю». — «Пожалуйста, милости прошу. Ягодки-то, говорю, сиротинка горемышный собирал».* В. Астафьев. Последний поклон. ♦ **Милости просим (прошу) (дорогие гости) хлеба-соли откушать (кушать, есть)!** ▯ ♦ **Милости просим откушать, пирога (нового хлеба, лебедя...) порушать!** ▯ ♦ **Просим милости, откушать зелена вина, отведать хлеба-соли!** ▯ *Прост.* и *обл. Фольк.* Формы учтив. приглашения в гости, к столу. *Говорят атаманы казачие: «Гой еси, Василий Буслаевич! Милости тебя просим за единый стол хлеба кушати». Втапоры Василий не ослушался, Садился с ними за единый стол.* Смерть Василия Буслаевича. Былина из собр. Кирши Данилова. *Хозяин, Андрей Александрыч, в сношениях с крестьянами строго соблюдавший народные обряды, <...> низко поклонился жнеям и молвил: «Жнеи молодые, серпы золотые, милости просим покушать, нового хлеба порушать». — «На здоровье свет государю боярину ласковому!» — заголосили мужчины и женщины.* П. Мельников (Печерский). На горах. *Вышел правитель из церкви, остановился на паперти, дал знак рукой, и вся толпа стихла. — Рад видеть вас всех, добрые люди: милости прошу хлеба-соли откушать. Садитесь по местам и кушайте, а пообедаете — ещё к вам выйду. — Сказал и пошёл в свои палаты.* В. Гаршин. Сказание о гордом Аггее. См. также: ♦ **Хлеб да соль.** ♦ **Милости прошу к нашему шалашу (хлебать лапшу) (я и пирогов покрошу, и откушать попрошу).** *Прост.* Шутл. приглашение присоединиться к компании, зайти в гости. [*Шалаш* здесь — «лёгкая постройка с прилавком для мелкой торговли, палатка». Выражение было пригласительной формулой мелких торговцев на ярмарке, зазывавших покупателей каждый к себе. Мелкие торговцы зазывали покупателей к лавкам, в которые нельзя было войти, а только можно было подойти. ШФС]. *[Анна Ивановна:] Мир честной компании! [Разлюляев:] Милости прошу к нашему шалашу. [Митя:] Наше почтение-с! Милости просим!.. Какими это судьбами?.. [Анна Ивановна:] А никакими, просто — взяли да и пришли.* А. Островский. Бедность не порок. *Остап Бендер живо вскочил и низко склонился перед Ипполитом Матвеевичем. — У нас хотя и не Париж, но милости просим к нашему шалашу.* И. Ильф, Е. Петров. 12 стульев. ♦ **Милости прошу к нашему шалашу хлебать лапшу (я и пирогов покрошу, и откушать попрошу).** ♦ **Милости прошу к нашему грошу со своим пята-**

ком. ⌧ ♦ **Милости просим к нам во двор со своим добром.** ⌧ ♦ **Милости просим (покорно просим) со своим хлебом-солью.** ⌧ *Прост.* Формы шутл. или ирон. приглашения, а также шутл. ответы на приветствие пришедших гостей. ♦ **Вперёд (наперёд, напередки) милости просим.** ⌧ *Прост. и обл.* Приходи/те к нам ещё. Вежл. приглашение при прощании с гостем. «*Понимаем-с, — возразил Онисим и медленно поднялся со стула. — Понимаем-с. Спасибо за угощенье». — «Вперёд милости просим». — «Ну, хорошо, хорошо».* И. Тургенев. Затишье. ♦ **Милости просим и напередки́ хлебать редьки́.** *Прост. и обл.* Шутл. или ирон. прощание с гостем. ♦ **Бог не без милости (казак не без счастья).** См. Бог. ♦ **Бог милости прислал.** См. Бог. ♦ **Перемени/те (смени/те, переложи/те) гнев на милость.** См. Переменить. ♦ **Пусть в день страшный вся милость (милостыня), тобою сотворённая, соберётся в чашу твою** (т. е. на весах). ⌧ *Возвыш.* Доброе пожелание при экспрессив. выражении благодарности. ♦ **Скажи/те на милость.** См. Сказать. ♦ **Вы (ты) (поэт, художник, столяр, лётчик, хирург...) милостью Божьей.** *Разг.* Вы (ты) талант, талантливый (поэт, художник...). Формула похвалы, комплимента. *Когда Мересьев вылез из машины и предстал перед начальством, по возбуждённому, радостному, лучащемуся всеми своими морщинками лицу Наумова понял он, что дело в шляпе. — Отличный почерк! Да... Лётчик, что называется, милостью Божьей, — проворчал полковник. — Вот что, синьор, не останешься ли у нас инструктором? Нам таких надо.* Б. Полевой. Повесть о настоящем человеке.

Милые бранятся — только тешатся. *Посл.* Ссоры, размолвки между влюблёнными не редкость, но они быстро заканчиваются примирением, и поэтому не надо воспринимать их слишком серьёзно. Употр. как форма утешения того, кто огорчён ссорой с близким, любимым человеком (обычно влюблённых, молодожёнов). *Надя долго плакала и не могла выговорить ни слова. «Позволь мне уехать из города! — сказала она наконец. — Свадьбы не должно быть и не будет — пойми! Я не люблю этого человека... И говорить о нём не могу». — «Нет, родная моя, нет, — заговорила Нина Ивановна быстро, страшно испугавшись. — Ты успокойся — это у тебя от нерасположения духа. Это пройдёт. Это бывает. Вероятно, ты повздорила с Андреем; но милые бранятся — только тешатся».* А. Чехов. Невеста.

Милый, -ая, -ое; -ые; мил, -ла́; -лы́. **1.** Славный, хороший. ♦ **Вы (ты) такой милый!** ♦ **Вы (ты) такая милая!** ♦ **Какой Вы (ты) милый!** ♦ **Какая Вы (ты) милая!** ♦ **Вы так (очень...) милы!** ♦ **Как Вы милы!** (♦ **Как ты мил!**) ♦ **У Вас (у тебя) (такой) милый (сын, брат, отец...; милая дочь, сестра, жена...; такие милые родители, дети, родственники, друзья...).** ♦ **Всё, что Вы говорите (пишете; ты говоришь, пишешь), так мило...** ♦ **Получил Ваше (твоё) милое (долгожданное...) письмо...** и т. п. Формулы комплиментов в адрес знакомого или его близких. *Получил, мой милый, милое письмо твоё.* А. Пушкин. Письмо Л. С. Пушкину, февр. 1825. *«Какое милое существо ваша меньшая! — сказала гостья. — Порох!» — «Да, порох, — сказал граф. — В меня пошла!»* Л. Толстой. Война и мир. *[Коринкина:] Вы такой милый и водитесь со Шмагой. [Незнамов:] Милый? Давно ли? Что вы мне поёте? ведь вы меня не любите?* А. Островский. Без вины виноватые. *[Анна (быстро встаёт):] Может быть, вы пройдёте туда, на веранду? [Притыкина:] С удовольствием, дорогая вы моя, пройдусь! Какая вы приветливая, какая милая... И так я рада, что вы приехали, так рада!* М. Горький. Варвары. ‖ Имеющий привлекательную внешность, симпатичный. *[Гусятников:] А как я выгляжу — ничего себе? [Юлия:] Ты очень мил. [Гусятников:] Вот и прекрасно! Мне просто необходимо хорошо выглядеть.* А. Арбузов. В этом милом старом доме. ‖ Только в кратк. ф. Добр, любезен, предупредителен. Употр. обычно при выражении благодарности. *Милая Оля, благодарю тебя за письмо, ты очень мила, и я тебя очень люблю, хоть этому ты и не веришь.* А. Пушкин. Письмо О. С. Пушкиной, 4 дек. 1824. *«Поедем, сделай одолженье! Ну, что ж?» — «Согласен». — «Как ты мил!»* А. Пушкин. Евгений Онегин. *«А что к ужину?» — спрашивает он. «Капуста кислая с лососиной, — сказала она ‹...›. — Потом теля-*

тина, каша на сковороде...»* — *«Вот это прекрасно! Как вы милы, что вспомнили, Агафья Матвеевна!»* И. Гончаров. Обломов. *И вслед за тем, вышед на несколько минут, он вернулся к своей гостье и уселся рядом с нею. «Право, вы очень милы, — продолжал он, что решились посетить меня в моей хандре. Долой вашу шляпу и давайте ваши ручки, — они удивительно хороши».* — *«Я к тебе на минуту; я хотела только тебя видеть, и прощай».* А. Писемский. Тюфяк. **2.** Этикетный эпитет, употр. в составе ласк., приветл. обращений к близкому знакомому, приятелю, родному, любимому человеку. Часто употр. в ряду с эпитетами добрый, дорогой, любимый, славный, хороший и т. п., а также в сочет. с местоимением м о й.
♦ **Милый мой** (Н.). ♦ **Милая моя** (Н.) (*в обращ. к близкому, родному человеку*). *Ты не можешь себе вообразить, милый и почтенный Павел Александрович, как обрадовало меня твоё письмо, знак неизменившейся твоей дружбы...* А. Пушкин. Письмо П. А. Катенину, сент. 1825. *Милый барон! вы обо мне беспокоитесь, и напрасно. Я человек мирный.* А. Пушкин. Письмо А. А. Дельвигу, 20 янв. 1826. *Между тем прощай, милый Пушкин. Пожалуйста, не поминай меня лихом.* Е. Баратынский. Письмо А. С. Пушкину, февр. 1828. *Я схватил её руку и прильнул к ней, обливая слезами умиления. Маша не отрывала её... и вдруг её губки коснулись моей щеки, и я почувствовал их жаркие и свежие поцелуи. <...>. — Милая, добрая Марья Ивановна, — сказал я ей, будь моею женою, согласись на моё счастие.* А. Пушкин. Капитанская дочка. — *Послушай, милая, добрая Бэла!* — *продолжал Печорин, — ты видишь, как я тебя люблю; я всё готов отдать, чтобы тебя развеселить: я хочу, чтоб ты была счастлива.* М. Лермонтов. Герой нашего времени. *Милый Лев Николаевич, / Я получил Ваше письмо и благодарю за обещание прислать статью.* И. Тургенев. Письмо Л. Н. Толстому, 19 окт. 1882. *Вот уже откуда пишем мы к вам, милая моя маменька и милые сёстры, — от Софьи Тимофеевны.* И. Аксаков. Письмо О. С. Аксаковой, 29 авг. 1851. *[Евлалия:] До свидания, милый Артемий Васильич! [Миулин:] Разве милый? [Евлалия:] Милый, милый! (Бросается к Миулину.)* А. Островский. Невольницы. *Милая Варенька! Дело в том, что я действитель-* но не читал этой книжонки, маточка. Ф. Достоевский. Бедные люди. — *Милый, добрый мой Лев Николаевич!* — *с чувством и с жаром сказал вдруг генерал.* — *<...> мы всё-таки тебя любим, любим искренно и уважаем, несмотря даже ни на что, то есть на все видимости.* Ф. Достоевский. Идиот. *Когда дама пишет к девице, которая моложе пишущей и коротко знакома с ней, то называет её просто «милая N. N.».* Хороший тон. Правила светской жизни и этикета (1889). *[Марья Львовна (негромко):] Милый, хороший мой юноша! Поверьте... Это скоро пройдёт у вас... Это пройдёт. И тогда в душе вы скажете мне — спасибо! [Влас (громко):] Тяжело мне, очень тяжело.* М. Горький. Дачники. *Милый, дорогой Евгений Павлович. Во-первых, простите меня, что я без конца не отвечаю на Ваше милое и замечательное письмо.* А. Блок. Письмо Е. П. Иванову, 15 июня 1904. *[Королевич:] А далее, милый мой Коля, позволь своему вечному оппоненту сердечно поздравить тебя с сорокалетием. (Подходит к Двойникову и целует его.)* А. Арбузов. Выбор. ▭ *Милые родители, Какие непонятные: По ночам гуляночки Самые занятные.* Частушка. | В постпозиции — обычно в эмоциональном обращении. *Галя милая! Я очень люблю Вас и очень дорожу Вами.* С. Есенин. Письмо Г. А. Бениславской, 15 апр. 1924. *[Татьяна (отчаянно):] Папа! Милый! (Бросается между опешившими часовыми и прижимается к отцу.)* Б. Лавренёв. Разлом. *[Леночка:] Лёнька, милый, я к тебе с огромной просьбой. [Леонид:] Ну? [Леночка:] Помоги нам, у тебя такая светлая голова...* В. Розов. В поисках счастья. — *Девушка, милая! Я прошу, продлите...* В. Высоцкий. 07. **3.** *В знач. сущ.* **а)** ♦ **Милый (ты мой).** ♦ **Милая (ты моя).** ♦ **Милые (вы мои).** Ласк., приветл. обращ. к близкому знакомому, другу, родственнику, равному или младшему по возрасту, положению. *Послушайся, милый, запрись да примись за романтическую трагедию в 18-ти действиях...* А. Пушкин. Письмо П. А. Катенину, сент. 1825. *Долли обняла Анну.* — *Милая моя, как я рада, что ты приехала, как я рада. Мне легче, гораздо легче стало.* Л. Толстой. Анна Каренина. *Увидав Алёшу, смутившегося при входе и ставшего в дверях, старец радостно улыбнулся ему и протянул руку: «Здравствуй, тихий, здрав-*

ствуй, милый, вот и ты. И знал, что прибудешь. — Алёша подошёл к нему, склонился перед ним и заплакал. <...> — Встань, милый, — продолжал старец Алёше, — дай посмотрю на тебя. Был ли у своих и видел ли брата?» Ф. Достоевский. Братья Карамазовы. *Приятели троекратно облобызались и устремили друг на друга глаза, полные слёз. Оба были приятно ошеломлены. — Милый мой! — начал тонкий после лобызания. — Вот не ожидал! Вот сюрприз!* А. Чехов. Толстый и тонкий. *Лукинична подумала, что Наталья колеблется в выборе наряда, и с материнским великодушием предложила: — Надевай, милая, мою синюю юбку.* М. Шолохов. Тихий Дон. *До свиданья, друг мой, до свиданья. Милый мой, ты у меня в груди.* С. Есенин. До свиданья, друг мой, до свиданья... *— Ну вот, — улыбаясь говорил Пал Палыч, — добро пожаловать, Тонечка. Ложитесь, милая... Полина, помоги-ка раздеться... Я выйду, а ты мне потом постучи в стенку — чай будем пить...* Ю. Герман. Наши знакомые. *— Ну давай, милый, с Богом, ступай, — сказал дедушка и поцеловал Ваню.* В. Крупин. Братец Иванушка. **б)** Милый (мой). Милая (моя). Ласк. обращ. к возлюбленному, возлюбленной; супругу, супруге. *[Наталья Дмитриевна:] Послушайся разочек, Мой милый, застегнись скорей. [Платон Михайлович (хладнокровно):] Сейчас.* А. Грибоедов. Горе от ума. *Милая моя, милая. Кроме телеграммы, которую я получил в тот же день, когда послал тебе свою, я получил от тебя два письма...* А. Блок. Письмо Л. Д. Блок, 19 февр. 1915. 🕮 *Ой, мой милый, мой хороший, Меня сватать подожди: Мой папаша нынче грозный, — До субботы отложи.* Частушка. *Капитанова невеста жить решила вместе, Прикатила, говорит: «Милый!..» — то да сё. Надо ж хоть букет цветов Подарить невесте: Что за свадьба без цветов! — пьянка да и всё.* В. Высоцкий. Песня о нейтральной полосе. **в)** Прост. Ласк. обращ. к незнакомому или малознакомому, младшему или равному по возрасту, положению. Употр. часто при выражении просьбы, извинения, благодарности, утешения. *Итак, она шла, задумавшись, по дороге, осенённой с обеих сторон высокими деревьями, как вдруг прекрасная легавая собака залаяла на неё. Лиза испугалась и закричала. В то же время раздался голос: «Tout beau, Sbogar, ici...» — и молодой охотник показался из-за кустарника. «Небось, милая, — сказал он Лизе, — собака моя не кусается».* А. Пушкин. Барышня-крестьянка. *Девочка не могла идти, а мать не в силах была поднять её. — Не беспокойтесь, моя милая, я донесу вашу бедную крошку, — кротко промолвила чёрная женщина и, охватив сильными руками девочку, бодро понесла её вверх по ступеням.* П. Мельников (Печерский). На горах. *Настасья угощала соседку по палубе пирогом и рассказывала про свою жизнь. «Мужик-то есть?» — спросила её соседка. «Нету, милая, нету. Одна и живу. Уж двадцать пять годов одна, как войну-то открыли, так его на второй день и вызвали».* В. Белов. Целуются зори... *Мы столпились у гроба. — Побудьте, милые, — говорила мать, — я вас никого не знаю, всё Женечка о вас рассказывал, побудьте с ним, милые. Не бойтесь...* В. Крупин. Женя Касаткин. **г)** С оттенком упрёка, иронии или фамильярной снисходительности к равному или младшему по возрасту, положению. *Графиня Ростова долго сидела одна, прикладывая платок к глазам. Наконец она позвонила. — Что вы, милая, — сказала она сердито девушке, которая заставила себя ждать несколько минут. — Не хотите служить, что ли? Так я вам найду место. — Графиня была расстроена горем и унизительною бедностью своей подруги и поэтому была не в духе, что выражалось у неё всегда наименованием горничной «милая» и «вы».* Л. Толстой. Война и мир. *Гимназисток, переводившихся из других городов и гимназий, где порядки были легче, начальница Марья Васильевна <...> приглашала в кабинет, сама подводила к кукле, таращившей нарисованные глаза, и говорила строго: — Прошу вас, милая, помнить, что у меня вы должны одеваться и причёсываться по форме, висюлек и чёлок я не допущу. Помните всегда, вы — гимназистка.* И. Соколов-Микитов. Ава. *[Председатель ЧК:] Когда вы сделались фрейлиной, вы сразу вступили в близкие отношения с царской семьёй? [Вырубова:] Что вы, милый!..* А. Толстой. Заговор императрицы. *[Зоя:] Это моя горничная Манюшка. <...> [Аметистов:] Милая, приволоки-ка мне пивца. Умираю от жажды.* М. Булгаков. Зойкина квартира. *Бабушка урезонивала никак не унимающуюся тётку Дуню: — *Ушла бы! Пробросаешься, милая! Ноне мужик какой пошёл? То-то, девонька! Твоему ить картуз такой не зря даден.* В. Астафьев. Последний поклон. ♦ **Мила(я) дочь.** См. **Дочь.** ♦ **Милый друг.** См. **Друг.** ♦ **Милая душа.** См. **Душа.** ♦ **За милу(ю) душу.** *Прост.* и *обл.* С удовольствием, пожалуйста. Форма радушного положительного ответа на просьбу, предложение. ▭ *«Бабушка, я у тебя подсолнушек сорву?» — «Да за милу душу. На-ка вон ножичек, да Валюшке ещё срежь».* (1992). ♦ **Милая (моя) косточка.** *Обл.* Ласк. обращ. ▭ *Ах ты, косточка моя милая!* СРНГ. ♦ **Милый сын.** См. **Сын.** ♦ **Милый человек (♦ Мил человек).** *Прост.* Вежл. обращ. пожилых людей к незнакомому или малознакомому мужчине, юноше (чаще с «ты»-формами). *Старик Антон спутал какую-то повертку и обратился к Спирьке: «Мил-друг, как нам проехать на Томск?» — «На Томск? <...> Да вы кто такие будете? Переселенцы?» — «Около этого, мил-человек... Рязанские, значит, Рязанской губернии вообще, значит, выходит, расейские».* Д. Мамин-Сибиряк. Озорник. *«Я ишо мальчишкой у него полтора года в работниках жил». — «Вот как!» — «Вот так, милый человек. А ты и не знал, что у Островнова всю жизнь в хозяйстве работники были? — Аржанов хитро сощурился: — Были, милый человек, были...»* М. Шолохов. Поднятая целина. *Я ему на это отвечаю, слышь: «Милый, говорю, человек! Ты мне в сыны годишься, а со мной так разговариваешь!»* В. Шукшин. Демагоги. ♦ **Милое дело.** *Разг.* **1.** Форма одобрения, удовлетворения по поводу сделанного или предложенного собеседником. ▭ *Зять у нас на все руки мастер, и воду в дом провёл — милое дело, зимой-то хорошо как...* (1993). **2.** ♦ **Милое (миленькое) дело.** *Ирон.* Выражение решительного или возмущённого несогласия, отказа. *«Товарищи из местного отделения союза писателей заказали для меня номер в гостинице». Костя пропускает известие мимо ушей. «Милое дело!» — отобрав чемодан, усмехнулся он; это его любимая присказка, в зависимости от тона и обстоятельства, в каждом отдельном случае имеет своё значение. Сейчас <...> оно звучит как вопрос: «А фигу не хочешь?»* Н. Почивалин. Летят наши годы. ♦ **Ми́лого добра́.**

Обл. Очень хороший. ▭ *Какая мастерица, а половики прямо милого добра!* (1982). **Ми́ленький**, -ая, -ое; -ие. *Разг.* Ласк. к **Милый** (в 1–3 знач.). ▭ *Какая у тебя миленькая брошка!* (1996). — *Потешь же, миленький дружочек! Вот лещик, потроха, вот стерляди кусочек!* И. Крылов. Демьянова уха. *Эта мудрость давалась Фоме легко, и вот он уже читал первый псалом первой кафизмы Псалтыря: «Бла-жен му-ж... иже не иде на... совет не-че-сти-вых...» — «Так, миленький, так! Так, Фомушка, верно!» — умиленно вторит ему тётка, восхищённая его успехами...* М. Горький. Фома Гордеев. *Григорий просунул иззябшую руку Аксиньи себе в рукав, сжимая пальцами узкую её кисть, спросил: «Как же будем?» — «Я, миленький, не знаю. Как ты, так и я».* М. Шолохов. Тихий Дон. — *Миленький... Миленький... — умоляла, просила, криком кричала фельдшерица. — Не мечись! Не мечись! Успокойся! Кровь... Шибчее кровотечение. Миленький... Миленький... Скоро. Город скоро. Миленький... Миленький! Сколько в тебе силы-то! Ты выживешь. Выживешь...* В. Астафьев. Печальный детектив. ǁ Ирон., с оттенком упрёка. *[Иннокентий:] Отнять-то я отниму, да вот беда: сила у меня большая и рука тяжела, кабы не повредить тебя, руки не оторвать прочь. [Вера Филипповна:] Ты, миленький, глядел когда на небо-то, лоб-то крестишь себе или нет?* А. Островский. Сердце не камень. ♦ **Миленький (ты) мой.** ♦ **Миленькая (Вы, ты) моя.** ♦ **Миленькие (вы) мои.** Ласк. к **Милый** (в 3 знач). *[Поликсена:] Миленький мой, хорошенький! Так бы вот и съела тебя! Только ты не подвигайся, а сиди смирно! [Платон:] При таких ваших словах смирно сидеть невозможно-с.* А. Островский. Правда — хорошо, а счастье лучше. *Миленький мой, это и есть самая чистая поэзия.* М. Горький. Письмо И. А. Бунину, апр. 1899. **Миле́йший. 1.** ▭ Элатив к **Милый** (в 1 и 2 знач.). *[Цыганов:] Благодарю вас! Захлопотались вы, а? [Притыкин:] Помилуйте!.. Пустяк... к тому же долг гостеприимства... [Цыганов:] Вы — милейший человек, право! А скажите — что у вас здесь пьют? [Притыкин:] Всё!* М. Горький. Варвары. *Письмо ваше обрадовало меня, милейший Александр Васильевич; особенно потому, что я с каждым днём всё собирался* писать вам и, без фразы, почти каждый день думал о вас. Л. Толстой. Письмо А. В. Дружинину, 21 сент. 1856. *Спешу, милейший Яша, отвечать на твоё письмо, отвечать хоть коротко, но всё-таки перемолвиться.* А. Майков. Письмо Я. П. Полонскому, 26 сент. 1857. *Здравствуйте, милейшая графиня. Я приехал благополучно сюда и поселился в Удельной конторе на Пречистенском бульваре <...>.* И. Тургенев. Письмо Е. Е. Ламберт, 18 янв. 1860. **2. Милейший.** *В знач. сущ.* То же, что **Милый** (в 3 г знач.). *Разг. Фамильярн.* или *ирон.-сниск.* [Пищик (Любови Андреевне):] *Не надо принимать медикаменты, милейшая... от них ни вреда, ни пользы... Дайте-ка сюда... многоуважаемая. (Берёт пилюли, высыпает их себе на ладонь, дует на них, кладёт в рот и запивает квасом.) Вот!* А. Чехов. Вишнёвый сад. *Он* [атаман], *не пригласив Петра в комнату, говорил с оттенком добродушной фамильярности: — Нет, милейший, делать вам в Мигулинской нечего. Без вас управились, — вчера вечером получили телеграмму.* М. Шолохов. Тихий Дон. *«Эй!» — позвал Меерсон. — Здравствуйте, милейший. Что это вы несёте?» — «Да вот лапок на помело. — Шуба остановилась и подошла поближе. — Доброго здоровья».* <...> *— «Скажи-ка, милейший, сможешь ты пройти прямо в ту деревню?» — «В Шибаниху-то? — Мужик широкими, тоже рваными валенками сделал от холода перепляс. — Да как сказать. Мне можно, тебе нельзя». — «Почему же нельзя именно мне?» — «Ежели бегом, так можно», — в задумчивости сказала шуба. «Так, так. Значит, бегом? Марш, марш вперёд, рабочий народ. Прикажете мелкими перебежками? Что ж, милейший, благодарю за ваши рекомендации». — «Не на чем!» — Шуба, не замечая меерсоновского негодования, ускакала за баню.* В. Белов. Год великого перелома. **Ми́ло,** *нареч.* к **Милый** (в 1 знач.). [Она:] *К тому же я пою очень тихим голосом, еле слышно. (Поёт тихонько.)* <...> [Он:] *Вы очень мило поёте, но тем не менее вам следует учитывать, что некоторые люди спят чрезвычайно чутко.* А. Арбузов. Старомодная комедия. ‖ *Безл. в знач. сказуем.* «*Вам она* [мантилья] *нравится?» — Варвара Павловна проворно спустила её с плеч. — Она очень простенькая, от madate Bandran». — «Это сейчас видно. От madate Bandran... Как мило и с каким вкусом! Я уверена, вы привезли с собой множество восхитительных вещей».* И. Тургенев. Дворянское гнездо. ‖ ♦ **Очень мило!** *Ирон.* Форма выражения неодобрения, несогласия, возражения. ▱ [Девушка — подругам:] *Значит, вы поедете, а я оставайся? Очень мило!* (1995). ♦ **Как это мило!** *Разг. Экспрессив.* ♦ **(Это) Очень мило с Вашей (твоей) стороны (что...).** Формула учтив. или шутл.-учтив. похвалы, одобрения, комплимента (употр. обычно при выражении благодарности). *Совестно писать на таком клочке, милая графиня, а другого нет — впрочем, мне хочется сказать Вам только два слова и поблагодарить — не за письмо (это само собою разумеется), а за то, что Вы три раза мне написали, не получивши от меня ни строчки. Это очень мило с Вашей стороны, и Вы очень добры. Если бы Вы знали, как мне хочется поскорей назад в Петербург!* И. Тургенев. Письмо Е. Е. Ламберт, 5 февр. 1860. *М-me Пылинкина увидела их ещё в дверях и с радостным изумлением воскликнула: «Боже ты мой, Павел Иваныч! Андрей Павлыч! Садитесь. Очень мило с вашей стороны, что заехали. Чашечку чаю?» — «Благодарю вас!» — ласково наклонил голову Андромахский. — Не откажусь».* Аверченко. Четверг. [Гусятников:] *Кстати, я давно хотел тебя спросить, а как ты сюда попала?* [Юлия:] *А вот приехала — и всё тут!* [Гусятников:] *Довольно мило с твоей стороны. Даже замечательно. Только неожиданно.* А. Арбузов. В этом милом старом доме. **Ми́лай.** *В знач. сущ. Обл.* — *Дело твоё, милай, маленькое: вот этот куб нагреешь, значит, утречком* <...> *— говорила она* [Фрося] *костромским говорком с ударением на «а».* Н. Островский. Как закалялась сталь. **Ми́лой.** *В знач. сущ. Обл.* «*Дай, — говорит, — заради Господа Бога ты мне кусочек хлебушка. Четвёртый день, — говорит, — маковой росинки во рту не было!» — «Эх, — говорю, — милой! кабы знатье, а то нет с собой хлебушка-то».* Н. Лесков. Разбойник. **Милачо́к. Мила́ш.** *Обл. Ласк. обращ.* [Миленковцы] *Похаживают мягко, важно, говорят ласково — милачок, милаш...* И. Шмелёв. Лето Господне. — *Продвигайтесь, милачки!* — *весело закричал им с машины мужик-продавец.* — *Дома налаятесь!* А. Крупчаткин. Снегирь на снегу. **Мила́ша** (моя), *м. и ж. Прост. Ласк. обращ.* к близкому, любимому человеку (чаще к женщине, девушке, ребёнку). ‖ *Прост. Фамильярн.-снисх.* — к равному или низшему по положению. *[Чубуков (Ломову):] Мамочка, зачем же кричать так? Криком, вот именно, ничего не докажете. <...> Уж коли на то пошло, милаша моя, ежели вы намерены оспаривать Лужки и прочее, то я скорее подарю их мужикам, чем вам. Так-то!* А. Чехов. Предложение. **Милашенька (моя). Милашечка (моя). Милашка (мой, моя).** *Прост. и обл.* Уменьш.-ласк. к Милаша. — *Да ты,* — говорю, — *не робей, милашечка. Не съест тебя с хлебом старый старикашка. Иди, говорю, садись на колени, верхом.* М. Зощенко. Счастливое детство. ▭ *«Бабушка, а мы тебе цветочков принесли, смотри, какие красивые!» — «Ах ты, милашка моя, дай я тебя поцелую!»* (1995). **Милёна (моя).** *Обл. Ласк.-шутл. обращ.* парня к любимой девушке. **Милёнок (мой).** *Прост. и обл. Ласк.-шутл. обращ.* девушки к любимому парню. *«Эй! Отдай! Это ты взяла? Татьяна, ты!» — «Иди, милёнок, ко мне... Иди!»* В. Шишков. Угрюм-река. ▭ *Не стой, милёнок, под окном, Не дожидай ответу! Моя мама дома спит — Простоишь до свету.* Частушка. **Милёночек (мой).** ▭ *Не гордись, милёночек, Что крестовый домичек. Я во домике была, на столе одна вода, А у меня в избушечке на столе ватрушечки.* Частушка. | *Ирон. Лушка сразу остановилась, вплотную придвинулась к Давыдову. В голосе её зазвучало злорадное торжество: — Вот с этого бы и начинал, милёночек! Ты только о себе беспокоишься, и тебе досадно стало, что именно тебя с бабой ночью в степи увидели.* М. Шолохов. Поднятая целина. **Милёныш. Милéнь. Милéш. Милёшка. Милéюшка (Милéюшко).** *Обл. Ласк. называние и обращ.* к любимому человеку, возлюбленному. ▭ *Миленький, милеюшка, Велика ль семеюшка?* СРНГ. **Милка (моя). 1.** *Прост. и обл. Ласк.-шутл. обращ.* парня к любимой девушке (чаще — в частушках). ▭ *Брякай, брякай, колокольце, Мотни, карий, головой. Выйди, милка, на крылечко — Я приехал за тобой.* Частушка. ‖ Милка (мой, моя), *м. и ж. Обл. Ласк. обращ.* к возлюбленному или возлюбленной. **2.** *Обл. Ласк.-шутл.* к жене. *Ну, милка, прощай, золотая. Не волнуйся.* А. Бородин. Письмо Е. С. Бородиной, 22–28 мая 1886. **3.** *Обл. Ласк. обращ.* к ребёнку. — *Дитятко моё, милка моя!* — *плакала она нараспев.* Д. Григорович. Четыре времени года. **Милко (мой).** *Обл.* То же, что Милок (во 2 знач.). ▭ *Ой ты, милко мой.* СРНГ. **Милоладушка.** *Обл. Ласк. называние и обращ.* к любимой женщине, девушке. ▭ *Он де при людях меня сестрицей называл, Без людей — милоладушкой.* СРНГ. **Милóк. 1.** *Прост. и обл. Ласк., дружелюбн. обращ.* к мужчине, юноше, мальчику. — *Собирайся, милок, на дачу с тобой едем!* — *кричит под окном детской Горкин.* И. Шмелёв. Лето Господне. *Трофимовна окрикнула тогда неведомого пришельца с курчавой седой бородою:* — *Тебе кого, милок?* В. Личутин. Любостай. | *Ирон.-снисх. «Вот ты оказывается какая штука,* — *негромко рассмеялся приезжий. — Гляди, толстуха, как бы ты первая слезой не умылась! Я только днём добрый, а по ночам таким толстым пощады не даю. Хоть не проси и не плачься!» Куприяновна фыркнула, но взглянула на отважного собеседника со сдержанным одобрением. «Гляди, милок, хвалюн нахвалится, а горюн нагорюется».* М. Шолохов. Поднятая целина. **2.** *Обл. Ласк. обращ.* к возлюбленному. **Милосын.** *Обл.* То же, что ♦ Милый сын (во 2 знач.). См. Сын. **Милотá (моя),** *м. и ж. Обл.* То же, что ♦ Милый человек. *«Здравствуй, батюшка, Гуга Карлыч! Здравствуй, мой кормилец!» Но Гуго этой сердечной простоты не понимал, он принимал её за обиду и всё на неё сердился. «Ступай прочь,* — *говорит,* — *мужик <...>». А добродушный Сафроныч отвечает: «И чего ты, милота моя, гневаешься, за что сердишься?..»* Н. Лесков. Железная воля. ▭ *Иде ходил, милота?* СРНГ. **Милóчек.** Уменьш.-ласк. к Милок. **Милочка,** *м. и ж.* **1.** *В знач. сказуем. Разг.* То же, что Милый (в 3 знач.), миленький. *[Пионова:] Я пойду в сад, удержу его. <...> [Антрыгина:] Ну и прекрасно. [Пионова (целуя руку Антрыгиной):] Милочка! (Уходит.).* А. Островский. Свои собаки грызутся, чужая не приставай! ▭ *[Девушка благодарно — подруге:] Какая ты милочка!* **2.** *Разг. Ласк. обращ.* к близкому знакомому, знакомой, родственнику, родственнице (преимущ. к женщине, девушке, девочке). — *А ну-ка, господа, пой-*

дёмте попробуем, — сказал Лобов молящим тоном, с загоревшимися глазами. — Бек, ми́лочка, пожалуйста, пойдём... А. Куприн. Поединок. **3.** *Прост.* Милочка (моя). Фамильярн.-снисх. к младшей по возрасту, положению. «Видела настоящие расстегаи или нет?» — «Видела», — думая о другом, ответила Антонина. «Врёшь, наверное, — недоверчиво сказал Вишняков и, понюхав уксус, полил им лук. — Настоящий расстегай с визигой, милочка моя, должен весь просвечивать, сияние должно от него исходить, подмигивать он должен, поняла?» Ю. Герман. Наши знакомые. ◊ [Гадалка (девушке):] *Карты, милочка, не милиция — имя-фамилию не говорят* (1996). Жена Херувимова сидела за компьютером. И вдруг раздался голос Инессы: — Что же вы, милочка, в такие допотопные игры играете? По-моему, ваш муж достаточно состоятельный человек, чтобы купить своей супруге набор лазерных дисков с видеоиграми. С. Петухов. Женская солидарность. **4.** *Обл.* Ласк. к Ми́лка. **Милу́нчик (Милю́нчик) (мой).** *Обл.* Ласк. обращ. к близкому, любимому человеку (чаще к ребёнку). *Приходит Анна Ивановна <...>. — С тобой посижу, милюнчик. Бульонцу тебе и миндального молочка с сухариком, доктор кушать велит.* И. Шмелёв. Лето Господне. **Милу́ша (моя)**, м. и ж. *Прост.* и *обл.* Ласк. или фамильярн. обращ. *«Тётя... А тётя...» — «Что? Христос с тобой...» — «Я приду к тебе», — шептал Фома. «Пошто? Спи-ка, милуша моя... спи...» — «Я боюсь!» — сознавался мальчик.* М. Горький. Фома Гордеев. *На слове «отлично» он начал чихать, потом они весело посмеялись, и Мухин заговорил о том предмете, ради которого вызвал Пирогова с репетиции. — Так вот что, милуша (с этой минуты Мухин стал называть Пирогова не иначе как милушей), — вот что, милуша, — молвил он, — я ведь тебя позвал для дела. Поедешь ли ты за границу?* Ю. Герман. Начало. **Милу́шенька,** м. и ж. *Обл.* Ласк. к возлюбленному или возлюбленной. **Ми́лушка (мой, моя),** м. и ж. *Прост.* и *обл.* То же, что Милочка (во 2 знач.). *Разговор у отца с дочерью почти каждое утро шёл такого рода: «Вы, Настасья Петровна, опять до утра засиделись... Нехорошо, моя милушка, право, нехорошо... надо давать время занятиям, время отдыху и время сну».*

«Я зачиталась, папенька...» А. Писемский. Тысяча душ. *Вспоминаются ему слова матери, сказанные как-то с тем, чтобы осушить его ребячьи слёзы: — Не кричи, милушка Кондрат, не гневай Бога. Бедные люди по всему белу свету и так кажин день плачут...* М. Шолохов. Поднятая целина. *[Катенька] почертила сандалией землю. «Я штишок жнаю». — «Да ну, — удивилась бабушка и присела перед балованной девчушкой на корточки, сделала умильное лицо: — Ну-ко, ну-ко, милушка, скажи баушке стишок».* В. Астафьев. Последний поклон. **Ми́лушко,** м. *Обл.* Ласк. обращ. ◊ *У нас свёкор тоже вот был приимчивый [гостеприимный]: хто придет, он так и бегат: — Милушко, милушко!* СРНГ. **Ми́лыш.** *Обл.* То же, что Мило́к (во 2 знач.). **Мильга́.** *Обл.* Похвала в адрес умного, смышлёного человека. **Ми́льчик.** *Обл.* Ласк. обращ. **Милю́сенький.** *Обл.* Миленький. **Милю́шенька.** *Обл., фольк.* Ласк. называние и обращ. к женщине, девушке. ◊ *Анюшенька, милюшенька, собой очень хороша.* СРНГ. **Миля́га.** *Прост.* и *обл.* **1.** В знач. сказуем. *Прост.* Милый, хороший, славный. *Слушайте, слушайте, Вы, конечно, народ хороший, Хоть метелью вас крой, Хоть порошей. Одним словом, миляги! Не дадите ли ковшик браги?* С. Есенин. Песнь о великом походе. **2.** *Прост.* Ласк. или фамильярн. обращ. ◊ *[Парикмахер шутит:] Не гляди, миляга, что седой — зато пахну резедой!* Е. Иванов. Меткое московское слово. *Глядя в землю, старуха затрясли головой, словно заклевала зерно, звонко засмеявшись, радостно сказала, приветствуя влюблённых: — Вот вы где обретаетесь, миляги!* В. Липатов. Серая мышь. **3.** *Обл.* Сочувственное называние или обращ. к тому, кто вызывает к себе жалость, сострадание. ◊ *Пропал, миляга!* **Миля́к.** *Обл.* Ласк.-фамильярн. обращ. к мужчине, молодому человеку; любезный. ◊ *Эй, миляк, далеко ли до деревни?* СРНГ. **Миля́ночек.** *Обл.* То же, что Мило́к (во 2 знач.). ◊ *Пойдём с тобой, миляночек, Во зелёный сад гулять.* СРНГ. **Миля́чок.** *Обл.* Уменьш.-ласк. к Миля́к. *«Аль холера?» — крикнул он Николаю. — Друг! Христом Богом прошу: не подходи ты ко мне, ради Создателя не подходи!» — «Какая, где холера?» — сказал удивлённый Николай. Что с тобой, Агафокл Иваныч?» — «Да в Гарденине». — «Никакой нет холеры». — «Ой ли? Побожись, милячок, побожись, желанненький». А. Эртель. Гарденины. **Миля́ша,** *м. Обл.* То же, что Милок (во 2 знач.). **Миляшечка,** *ж. Обл. Ласк.* **Миля́шка,** *м. и ж. Обл.* То же, что Милка (во 2 знач.).

Мину́та. ♦ **Одну́ мину́ту (мину́тку, мину́точку).** ♦ **Еди́ную мину́ту (мину́точку).** ⧖ **Мину́ту. Мину́тку. Мину́точку.** *Разг., только в устной речи.* Формы выражения просьбы немного подождать. *Митя вдруг вскочил со стула. — Одну минуту, господа, ради Бога одну лишь минутку; я сбегаю к ней...* Ф. Достоевский. Братья Карамазовы. — *Уж вы извините меня, батенька,* — *комично оправдывался Верёвкин, подхватывая Привалова под руку.* — *Дельце одно нужно было кончить, так в халате-от оно свободнее. Как надену проклятый сюртук,* — *мыслей в голове нет. Я сейчас, Сергей Александрыч... обождите единую минуточку.* Д. Мамин-Сибиряк. Приваловские миллионы. **Мину́ту. Мину́тку. Мину́точку.** *Разг.* ♦ **Мину́ту (мину́тку, мину́точку) внима́ния.** *Разг., только в устной речи.* Формы привлечения внимания. *Владимир Николаевич вместо ответа постучал вилкой по графину.* — *Друзья! Минуточку, друзья!.. Давайте организуем летку-енку? В пику этим...* В. Шукшин. Позови меня в даль светлую. *[Весёлый:] Ну, так что же, споём мы или нет? Романсик, а, какой-нибудь оригинальный? [Букин:] Нет, никаких романсов. Есть пожелание что-нибудь повеселее. (Поднимается.) Одну минуточку... Предлагаю кое-что сверх программы.* А. Вампилов. Прощание в июне. ♦ **Сию́ мину́ту (мину́тку, мину́точку). (**♦ **Се́ю мину́ту** ⧖**).** *Разг.* Исполню незамедлительно, в самом скором времени. Вежл. ответ на зов, вопросит. обращение, просьбу, требование; выражение готовности услужить высшему по положению. *Пообедав, Лаврецкий сказал, что он выпил бы чаю, если... «Сею минуту-с подам-с»,* — *перебил его старик* — *и сдержал своё обещание. Сыскалась щепотка чаю, завёрнутая в клочок красной бумажки...* И. Тургенев. Дворянское гнездо. *[Любовь Гордеевна:] Придёшь к нам наверх? [Митя:] Приду-с... сию минуту-с.* А. Островский. Бедность не порок. — *Сию минуточку-с!* — *кричали официанты на ходу.* И. Ильф, Е. Петров.

12 стульев. ♦ **Мо́жно Вас (тебя́) на мину́тку (на мину́точку)?** ♦ **Мне бы Вас на мину́тку (на мину́точку).** *Разг.* Просьба к равному или младшему по возрасту, положению ненадолго отвлечься от дел, подойти, уделить внимание говорящему в отсутствие посторонних. — *Антонина Никодимовна,* — *позвал Пал Палыч. Антонина обернулась, и вместе с ней обернулся Сивчук.* — *На минуточку бы мне вас,* — *сказал Пал Палыч и поправил свёрток под мышкой,* — *на два слова. Она вышла на лестницу и остановилась...* Ю. Герман. Наши знакомые. ♦ **Разреши́те (Позво́льте, Мо́жно) я займу́ мину́ту (мину́тку) Ва́шего вре́мени?** Подчёркнуто вежл. обращ. с намерением сообщить или попросить о чём-л. *«Молодой человек... простите, пожалуйста.* — *Подошла красивая молодая женщина с портфелем.* — *Разрешите, я займу минутку вашего времени?»* — *«Зачем?»* — *спросил Чудик. Женщина присела на скамейку. «Мы в этом городе находимся в киноэкспедиции...»* — *«Кино фотографируете?»* — *«Да. И нам для эпизода нужен человек. Вот такого... вашего типа».* В. Шукшин. Странные люди. ♦ **Я (к Вам, к тебе́) на мину́ту (на мину́точку, на не́сколько мину́т).** *Разг.* Форма косвенного извинения, с которой обычно обращается к хозяину или хозяйке гость, посетитель, пришедший без приглашения. Употр. нередко с целью узнать, расположен ли адресат к беседе. *[Флор Федулыч:] Милости просим! И прямо к обеду-с. [Юлия:] Я обедала. Я вам не помешаю, я на несколько минут, а впрочем, я могу и подождать. [Флор Федулыч:] Как можно, помилуйте-с!* А. Островский. Последняя жертва.

Мину́ть (Минова́ть). ♦ **Всё ми́нет, всё пройдёт.** *Погов.* ♦ **Всё мине́тся, с тобо́й не оста́нется.** *Погов.* Печаль, неприятности пройдут, забудутся, всё будет хорошо. Формы утешения, ободрения собеседника. *«Больно боюсь я, родная... Что такое это с ней поделалось* — *ума не могу приложить».* — *«Ничего, Аксинья Захаровна,* — *молвила в ответ Флёнушка.* — *Не беспокойтесь: всё минет, всё пройдёт».* — *«Дай-ка Бог, дай-ка Бог»,* — *вздохнула Аксинья Захаровна и пошла из Парашиной боковушки.* П. Мельников (Печерский). В лесах. ♦ **Всё мине́тся, одна́ пра́вда**

останется. *Погов.*, употр. как форма утешения того, с кем обошлись несправедливо, кто оказался по чьей-л. злой воле в затруднительном положении. ♦ **Двум смертям не бывать, а одной не миновать.** ♦ **Коли быть беде, то её не минуешь.** ♦ **Чему быть (бывать), того не миновать.** *Погов.* Что суждено человеку, то непременно сбудется. Формы утешения, ободрения собеседника, переживающего за судьбу адресанта (и за свою тоже).

Мир! Согласие, лад, отсутствие ссоры, вражды, войны; единодушие, приязнь, доброжелательность, дружелюбие, полюбовный союз; покой, спокойствие. ♦ **Мир дому сему.** ♦ **Мир Вашему (твоему, этому) дому.** *Прост.* Учтив. приветствие гостя, входящего в дом. [Из Библии. Иисус Христос, напутствовал апостолов: «А входя в дом, приветствуйте его, говоря: мир дому сему; И если дом будет достоин, то мир ваш придёт на него; если же не будет достоин, то мир ваш к вам возвратится». Мф., X; 12, 13.] *Вдруг тихо-тихохонько растворилась дверь, и в горницу смиренно, степенно вошла маленькая, не очень ещё старая женщина в чёрном сарафане, с чёрным платком в роспуск. По одёже знать, что Христова невеста. Положив уставной поклон перед иконами, низко-пренизко поклонилась она Дарье Сергеевне и так промолвила: — Мир дому сему и живущим в нём! С преддверием честной масленицы поздравляю, сударыня Дарья Сергеевна.* Мельников (Печерский). На горах. | *Шутл.-возвыш.* [Перчихин *(является в дверях, за ним молча входит Поля):*] *Мир сему дому, хозяину седому, хозяйке-красотке, чадам их любезным — во веки веков!* [Бессеменов:] *У тебя опять разрешение вина?* [Перчихин:] *С горя!* М. Горький. Мещане. *Гости ввалились в дом в шубах, в дохах. Кузьмин забасил: «Мир дому сему!» — «Милости просим», — в один голос ответили Агафья и дед Фишка.* Г. Марков. Строговы. ♦ **Мир Вам (тебе).** *Прост.* и *обл.* Учтив. приветствие-пожелание при встрече. [Из Библии. «В тот же первый день недели, вечером, когда двери дома, где собирались ученики Его, были заперты, из опасения от Иудеев, пришёл Иисус, и стал посреди, и говорит им: мир вам!» Иоан. XX; 19]. *Увидал их Фомка и спрашивает: «Вы кто таковы?» — «Мир тебе, добрый человек! Мы сильномогучие богатыри».* Фома Беренников. Сказка из собр. А. Н. Афанасьева. *Мир тебе, друг мой! Прости, что не писал тебе эти годы, и то, что пишу так мало и сейчас.* С. Есенин. Письмо Н. А. Клюеву, дек. 1921. — *Мир вам, люди добрые, чинно поклонилась Натаха и выложила свою снедь на общую скатерть.* Е. Носов. Усвятские шлемоносцы. ♦ **Мир вам, и я (мы) к вам!** *Прост., дружелюбно-шутл.* Приветствие входящего в дом хозяевам. *Домна Платоновна вошла, помолилась Богу, у самых дверей поклонилась на все четыре стороны (хотя, кроме нас двух, в комнате никого не было), положила на стол свой саквояж и сказала: — Ну, вот, мир вам, и я к вам!* Н. Лесков. Воительница. [Лапшин:] *Мир вам, и мы к вам.* [Клавдия Васильевна:] *Пожалуйста, Иван Никитич.* В. Розов. В поисках радости. ♦ **Мир (честно́й) беседе!** ♦ **Мир на беседе (на беседу)!** ♦ **Мир беседе да добрым соседям!** *Обл.* и *прост.* Приветствие подошедшего к компании, а также входящего в дом — хозяевам и гостям. *Подошёл Василий Борисыч, снял шапку, низенько поклонился и молвил: «Мир честной беседе». — «Просим милости на беседу», — приветно ответили ему и раздвинулись, давая место пришедшему собеседнику.* П. Мельников (Печерский). В лесах. [Васса *(входит):*] *Мир беседе. На кого это Наталья обозлилась?* М. Горький. Васса Железнова (Мать). ♦ **Мир на стану́!** *Обл.* Приветствие подошедшего к компании. *«Мир на стану!» — крикнул весело Кишкин, подходя к огоньку. «Милости просим», — ответил Зыков, не особенно дружелюбно оглядывая нежданного гостя.* Д. Мамин-Сибиряк. Золото. ♦ **Мир честно́й компании!** *Прост.,* с шутл. оттенком. То же, что ♦ **Привет честной компании.** [Анна Ивановна:] *Мир честной компании!* [Разлюляев:] *Милости прошу к нашему шалашу.* [Митя:] *Наше почтение-с! Милости просим!.. Какими судьбами?..* [Анна Ивановна:] *А никакими, просто — взяли да и пришли.* А. Островский. Бедность не порок. ♦ **Мир доро́гой!** (♦ **Мир-доро́га!** ♦ **Мир по доро́ге!**) *Обл.* Приветствие встречному путнику. *«Мир-дорога!» — приветливо крикнул ему Чапурин. «Здравствуйте, сударь Потап Максимыч», — ответил Сушило, снимая побуревшую от времени и запылённую в дороге широкополую шля-*

пу. П. Мельников (Печерский). В лесах. *Горшеня едет-дремлет с горшками. Догнал его государь Иван Васильевич. «Мир по дороге!» Горшеня оглянулся. «Благодарим, просим со смиреньем».* Горшеня. Сказка из собр. А. Н. Афанасьева. *«Мир дорогой, добрый человек, — поздоровался Арефа, рысцой подъезжая к вернику. — Куда Бог несёт?» — «По одной дороге едем, так увидишь».* Д. Мамин-Сибиряк. Охонины брови. ♦ **Мир да любовь.** ♦ **Мир да совет.** *Прост.* То же, что ♦ **Совет да любовь.** *Устин Морозов, подвыпивший и разлохматившийся, обнимая Захара, говорил, смахивая со щёк самые настоящие слёзы: — Захар Захарыч, дорогой ты наш председатель... Видим, видим, как вы любите друг друга... И мы радуемся твоему счастью. Мир да совет вам до гроба... Гляди, Стешка, береги его, заботься. Самое дорогое, что у нас есть, отдаём тебе. Сынов чтоб нарожала ему...* А. Иванов. Тени исчезают в полдень. *Матвей пробрался поближе к молодожёнам и, пожимая им руки, сказал с лёгким вздохом: — Мир да любовь!* Е. Мальцев. От всего сердца. ♦ **Мир ему (ей, им,** кому-л.**).** *Возвыш.* ♦ **Мир праху (твоему; его, её, их).** *Возвыш.* ♦ **Мир праху, костям упокой.** *Обл.* ♦ **Мир да покой и вечное поминанье.** *Обл.* ♦ **Мир да покой и лёгкое лежание.** *Обл.* Формулы доброго пожелания в адрес умершего. Говор. обычно на похоронах, поминках, при получении известия о смерти кого-л., а также (*вводн.*) при упоминании в разговоре о покойном. *[Фамусов:] Скончался; все о нём прискорбно поминают. Кузьма Петрович! Мир ему! — Что за тузы в Москве живут и умирают!* А. Грибоедов. Горе от ума. *— Смертью всё смирилось, — продолжал Пантелей. — Мир да покой и вечное поминанье!.. Смерть всё мирит...* П. Мельников (Печерский). В лесах. *Простясь с родными, мы пошли на новую часть кладбища. <...> «Тут Фёдор Иванович, помнишь ли? — спросила тётя Поля. — Конюх в лесхозе был, Городецких». — «Как не помнить? Мир праху, Фёдор Иванович».* В. Крупин. Боковой ветер. ♦ **(Желаю вам) мира и спокойствия (благ, благоденствия...).** Приветствие и пожелание благополучия. *А руководство изолятора познакомило нас с записками заключённых, перехваченными в ночь с 28 на 29 ноября. Из запис-*

ки Душмана, адресованной Рыбе: «Ночи доброй Волоха! Мира и благ Вам! Вчера мульку твою получил, всё ясно. По поводу шмона я вот что думаю...» М. Зеленчуков, А. Ветров. Фрагменты необъявленной войны. // «Кузнецкий рабочий», 28 дек. 1996. ♦ **Миром живите.** *Прост.* Дружно, в согласии. Пожелание старшего по возрасту новобрачным или членам семьи. Употр. обычно при прощании, напутствии. *— Ну, дак мне пора, — опять объявил Касьян, вставая с сундука и озирая напоследок углы и стены. — Миром живите.* Е. Носов. Усвятские шлемоносцы. ♦ **С честны́м пирком, да жить вам мирком!** *Прост.* и *обл.* Приветствие подошедших гостей хозяевам и всему застолью. ♦ **С миром.** *Прост.* То же, что ♦ **С Богом.** ♦ **С миром (ступайте, идите, поезжайте...).** *Разг.* Пожелание благополучия, спокойствия уходящему, уезжающему. ‖ Нередко употр. в конфликтной ситуации как выражение нежелания ссориться, наказывать, преследовать адресата. *[Председатель:] <...> старик, иди же с миром; Но проклят будь, кто за тобой пойдёт!* А. Пушкин. Пир во время чумы. ♦ **Да будет мир с тобою (с вами)!** *Возвыш.* Форма пожелания благополучия. ‖ При прощании означает то же, что ♦ **Иди (ступай, уходи) с миром.** *Тогда старик, приближась, рек: «Оставь нас, гордый человек! <...> Мы робки и добры душою, Ты зол и смел — оставь же нас, Прости, да будет мир с тобою».* А. Пушкин. Цыганы. ♦ **С миром оставайтесь.** *Разг.* Пожелание уходящего, уезжающего тем, кто остаётся. ♦ **С миром принимаем.** *Прост.* и *обл.* Учтив. ответ на приветствие: ♦ **Мир дому сему (**♦ **Мир вашему дому).** ♦ **Где мир да лад, там и Божья благодать.** См. **Лад**.

МИР². Вселенная, весь свет; Земля, всё земное; род человеческий, народ, люди; сельская община, крестьянская сходка. ♦ **Мир тесен (**♦ **Тесен мир). 1.** *Произносится обычно с восклицательной интонацией.* Возглас при неожиданной встрече со знакомым в месте, далёком от места обычных встреч. **2.** Выражение надежды на будущую встречу при прощании надолго или навсегда. ⇒ *Живы будем, может и встретимся ещё — мир тесен.* [Калька с итал. il mondo poco. Выражение приписывается X. Колумбу. ШФС]. ♦ **Так (уж) мир ус-**

троен. *Погов.* Употр. как формула утешения собеседника. ♦ **Мир (Свет) не без добрых людей.** См. Добрый. ♦ **Мир православный.** См. Православный. ♦ **Мир крещёный.** См. Крещёный. ♦ **Мир честно́й.** См. Честной.

Ми́рный. ♦ **Мирного неба (вам).** ♦ **Желаем вам мирного неба над головой.** *Возвыш.* ♦ **Мирного неба, душистого (свежего) хлеба, родниковой воды и никакой беды.** *Возвыш.-поэтич.* Пожелание благополучия, мира, спокойствия; употр. в торжественной обстановке (часто желают молодожёнам на свадьбе). ♦ **Мирной беседе! (Мирно беседье!)** *Обл.* Формы приветствия подошедшего к компании, вошедшего в дом — хозяевам и гостям. См. Беседа.

Мирово́й, -ая, -ое; -ые. *Прост. и обл.* Очень хороший. В формулах похвалы, комплимента. ▭ *Ты мировой парень.* ▭ *Какие вы мировые ребята!* **Мирово́,** *нареч.* Очень хорошо. ▭ *А мирово вышли валенки-то, красивые.* СРНГ. **Мирове́цко,** *нареч. Обл.* То же, что Мирово. ▭ *Мировецко было, ох добро!* СРНГ.

Миря́не. ⚥ *Прост.* Обращение к окружающим (обычно к крестьянам, членам сельской общины). — *Ну, так видите ль, миряне, Православны христиане, Наш удалый молодец Затесался во дворец.* П. Ершов. Конёк-горбунок. ‖ Обращ. священника к прихожанам. ▭ *Евангелие кончено. Преосвященный и говорит: — Я, миряне, не нахожу в священнике дурного ничего, может он служить до смерти...* Поп Пахом. Сказка из собр. А. Н. Афанасьева.

Мисс. [Англ. miss]. Наименование незамужней женщины (обычно присоединяемое к имени или фамилии) в Англии и Америке. ‖ В русск. этикете малоупотр. офиц. обращение к гражданке Англии или др. англоязычн. государств. ‖ ⚥ В дореволи. России — вежл. обращ. к англичанке-воспитательнице, гувернантке в дворянских и богатых помещичьих семьях. *Грябов сбросил шляпу и галстук. — Мисс... эээ... — обратился он к англичанке. — Мисс Тфайс! Же ву при... Ну, как ей сказать? Ну, как тебе сказать, чтобы ты поняла? Послушайте... туда! Туда уходите! Слышишь?* А. Чехов. Дочь Альбиона.

Ми́ссис. [Англ. mistress — госпожа.] Наименование замужней женщины (обычно присоединяемое к имени или фамилии) в Англии и Америке. ‖ В русск. этикете малоупотр. офиц. обращ. к гражданке Англии или др. англоязычн. государств.

Ми́стер. [Англ. mister — господин.] Наименование мужчины (обычно присоединяемое к имени или фамилии) в Англии и Америке. ‖ В русск. этикете малоупотр. офиц. обращ. к гражданину Англии или др. англоязычн. государств.

Мне́ние. ♦ **(Вполне, полностью, целиком...) Разделяю Ваше мнение.** ♦ **И я того (такого же) мнения.** Формулы вежл. согласия, солидарности с мнением собеседника. ♦ **Я придерживаюсь иного мнения (на этот счёт).** ♦ **У меня иное мнение (на этот счёт).** Формулы офиц.-вежл. возражения, несогласия, употр. обычно в дискуссиях образованных людей. Для вежливого смягчения употр. часто со словами: *к сожалению, очень (весьма) сожалею, но..., извините...*

Мно́гая ле́та. (♦ **Многие лета!** ♦ **Дай Бог многие лета!**) [Из церковного песнопения. От греч. Σis πολλα ετη — «многие лета». Употр. в церковной службе для приветствования архиерея.] ⚥ *Возвыш.* или *возвыш.-шутл.* Пожелание долголетней благополучной жизни (чаще при поздравлении в адрес именинника, молодожёнов). *Начнут князя с ангелом поздравлять, «Ура» ему закричат, певчие «многая лета» запоют.* П. Мельников (Печерский). Старые годы. *Дмитрию, Александре Васильевне, Анне Ивановне, чадам и домочадцам / многие лета.* А. Грибоедов. Письмо С. Н. Бегичеву, 4 янв. 1825. *Дай Бог вам здоровья и многие лета! Переживите молодых наших словесников, как ваши стихи переживут нашу словесность.* А. Пушкин. Письмо И. И. Дмитриеву, 14 июня 1836. *[Тропачев (с бокалом в руке):] За здоровье нового владельца! [Все:] За его здоровье! За его здоровье! [Карпачов (басом):] Многая лета! (Кузовкин благодарит, кланяется, улыбается.)* И. Тургенев. Нахлебник. *[Аметистов:] Итак, мы начинаем! За успех показательной школы и за здоровье её заведующей, товарища Зои Денисовны Пельц. Ура! (Пьют пиво.) А теперь здоровье нашего уважаемого председателя домкома и сочувствующего Анисима Зотниковича <...>. И пожелать ему... (Радостные мальчишки во дворе громад-*

ного дома запели: «Многая лета. Многая лета».) *Вот именно — многая лета! Многая лета!* М. Булгаков. Зойкина квартира. ♦ **Ангелу-хранителю злат венец, а имениннику (имениннице) многая лета!** ⚇ *Прост.* ♦ **Здравствуйте на многие лета (многолетно).** См. Здравствовать. ♦ **Празднику честному злат венец, а хозяевам (хозяину с хозяюшкой) многая лета!** ⚇ *Прост.* Формулы торжеств. пожелания благополучия и долголетия.

Много. *Прост.* Интенсификатор вежливости, экспрессивности в составе формул речев. этикета: ♦ **Много Вам благодарен.** ⚇ *Прост.* См. Благодарный. ♦ **Много Вам обязан.** ⚇ *Прост.* ♦ **Много довольны (Вами, Вашей милостью).** ⚇ *Прост.* См. Довольный. ♦ **Много о Вас слышал (наслышан).** *Разг.* См. Наслышан. Слышать; и др. ▭ «*Больше этого, — говорит Пётр Первый, — теперича дать не могу; не бессудьте; казна, вишь, на исходе. <...>*» — «*Много довольны твоею милостью, надёжа-царь*», — *отвечает Прохор Митрич.* Рыжечка. Рассказ зап. в XIX в. «*Экой ты, братец! — возразил я не без замешательства и, подняв четвертак, протянул ему его опять, — возьми, возьми на чай*». — «*Много благодарны, — отвечал мне Лукьяныч, спокойно улыбнувшись. — Не нужно; поживём и так. Много благодарны*». И. Тургенев. Три встречи. *[Гурмыжская:] А, впрочем, что ж тебе сомневаться, Иван Петрович; я тебе записку приготовила новую. <...> [Восмибратов:] Да-с. Это дело другое-с. Много вами благодарен.* А. Островский. Лес.

Многогрешный, -ая; -ые. ⚇ *Прост.* Обычно в сочет.: ♦ **Я, многогрешный.** ♦ **Я, многогрешная.** ♦ **Мы, многогрешные.** Самоуничижит. именование себя в общении с собеседником. Употр. обычно в речи монахов, пожилых верующих христиан. *Игуменья лежала в другой комнате на деревянной кровати. Та же послушница пригласила гостей к самой. «Кто там, крещёный человек? — спрашивал брюзжащий старушечий голос. — Никак ты, попадья?» — «Я, многогрешная, матушка... А какую гостью тебе я привела: то-то спасибо попадье скажешь! Радость всей вашей обители».* Д. Мамин-Сибиряк. Охонины брови. «*Отче святый! Из какого будете монастыря?*» *— спросил он* [Василий Борисыч]*, равняясь с иноком. «Аз, многогрешный, из преходящих*», *— ответил ему старец.* П. Мельников (Печерский). В лесах.

Многолéтствуй/те. ⚇ *Обл.* Приветствие-пожелание. — *Здравствуйте, крещёные, многолетствуйте, люди добрые! Жить бы вам Божьми милостями, а нам вашими! — громко крикнул Чапурин артели рабочих и, сняв картуз, поклонился.* П. Мельников (Печерский). На горах. ♦ **Здравствуй ты, многолетствуй я, ночевать пусти к своей милости!** См. Здравствовать.

Много ли вас, не надо ли нас? *Прост., шутл.* Вопросит. обращение подошедшего к собравшимся, входящего в дом к близким знакомым, родственникам.

Многоуважаемый, -ая, -ое; -ые. Достойный большого уважения. Этикетный эпитет при официальном или подчёркнуто вежливом обращении к лицу, занимающему высокое общественное положение или пользующемуся особым уважением, почётом. Употр. обычно в сочетании с именем-отчеством адресата, со словами *господин, товарищ, коллега,* с наименованиями титула, звания, должности. (В письмах усложнённое обращение пишется обычно отдельной строкой). *В заголовке письма к лицу более знакомому пишется «многоуважаемый N. N.» и т. д. или «уважаемый» и т. д. Хороший тон.* Правила светской жизни и этикета (1889). *Многоуважаемый Егор Петрович! Давно подумывал я о вас и собирался написать вам...* Л. Толстой. Письмо Е. П. Ковалевскому, 1 окт. 1856. *Многоуважаемая Александра Васильевна, / Сейчас получил от М. М. Стасюлевича письмо, в котором он извещает меня, что Вы находитесь в Париже и нездоровы...* И. Тургенев. Письмо А. В. Плетнёвой, 30 авг. 1882. *Товарищу Сталину / От драматурга и режиссёра / МХАТ СССР имени Горького / Михаила Афанасьевича / Булгакова. / Многоуважаемый Иосиф Виссарионович! / Разрешите мне сообщить Вам о том, что со мною произошло...* М. Булгаков. Письмо И. В. Сталину, 1 июня 1934. *Многоуважаемый господин Раннит! / Благодарю Вас за стихи (жаль, что Вы прислали только перевод) и милое письмо.* А. Ахматова. Письмо А.Ранниту, 18 февр. 1962. ‖ **Многоуважаемый. Многоуважаемая.** *В знач. сущ.*

⌛ *Употр. только в устной речи.* **а)** *Прост. Почтит.* к незнакомому или малознакомому, высшему по положению. *Я спросил его [крестьянина], почему деревня не поддержала «белых»? Он задумался: — Многоуважаемый, как бы это тебе получше растолковать? Тут не только в баловстве дело.* Б. Савинков. Конь вороной. **б)** *Разг. Вежл.,* с оттенком снисходительности или мягкого укора к равному или низшему по положению. *[Влас:] Многоуважаемая! Будьте великодушны, дайте чаю и закусить. [Саша:] Сейчас подам. Котлет угодно?* М. Горький. Дачники. *«Помилуйте, — уверенно ответил человек, — как же так без документа? Это уж — извиняюсь. Сами знаете, человеку без документов строго воспрещается существовать. Во-первых, домком...» — «При чём тут домком?» — «Как это при чём? Встречают, спрашивают — когда же ты, говорят, многоуважаемый, пропишешься?»* М. Булгаков. Собачье сердце.

Многочтимый, -ая, -ое; -ые. ⌛ *Возвыш.* или *шутл.-возвыш.* Этикетный эпитет в торжественных или шутл. обращениях; то же, что Высокоуважаемый. Высокочтимый. *[Из письма Кузьмы Кузьмича Телегину:] Как изволите убедиться, дорогой и многочтимый Иван Ильич, продали мы до самой Костромы...* А. Толстой. Хождение по мукам.

Могло быть хуже. *Разг.* Формула утешения. *Назавтра Пекарев нарочно задержался дома до десяти часов, чтобы жена успела просмотреть газету, где на первой полосе была информация о том, что бюро обкома объявляет ему строгий выговор за допущенную небрежность и невнимательность в работе, приведшую к грубой ошибке; он как раз брился, когда вошла жена с газетой в руках и осторожным, робким движением притронулась сзади к его плечу. — Ничего, Сеня, могло быть хуже, переживём.* П. Проскурин. Судьба.

Может, (+ глаг. в неопр. ф., или 2 л. ед. или мн. ч., или 1 л. мн. ч. со знач. совместности действия)? *Разг.,* с вопросит. интонацией. Формула мягкой, ненастойчивой просьбы, приглашения, предложения. *— Может, зайдёте к нам вечерком? — Может, налить ещё чашечку? — Может, сыграем партию?* и т. п. *Он ей понравился и, повинуясь желанию заплатить ему чем-нибудь за его слова о сыне, она предложила: — Может, чайку выпьете?* М. Горький. Мать.

Можно. ♦ **Это можно.** *Разг.* Да, пожалуйста, конечно. Форма выражения согласия, положит. ответ на вопросит. обращение, просьбу, предложение. *[Аграфена Кондратьевна:] Не выпить нам перед чаем-то бальсанцу, Устинья Наумовна? [Устинья Наумовна:] Можно, бралиянтовая, можно.* А. Островский. Свои люди — сочтёмся! *Постучались в ореховую дверь: «Гости к вам, Макарий Силуаныч... разрешите?» — «Мо-жно... — отозвался важно хриплый голос. <...> — Милости прошу...»* И. Шмелёв. Пути небесные. ‖ В составе формул вежл. вопросит. обращения, просьбы, приглашения, предложения: ♦ **Можно Вас (тебя) спросить (задать Вам / тебе вопрос; узнать, осведомиться, поинтересоваться у Вас / у тебя)?** ♦ **Можно вопрос? (Вопрос можно?)** ♦ **Можно (сделать что-л.)?** ♦ **Можно Вас попросить...?** ♦ **Можно Вам предложить?** ♦ **Можно Вас пригласить?** ♦ **Можно Вас проводить?** и др. *Лаврецкий вышел вслед за ней из церкви и догнал её на улице; она шла очень скоро, наклонив голову и спустив вуаль на лицо. — Здравствуйте, Лизавета Михайловна, — сказал он громко, с насильственной развязностью, — можно вас проводить? — Она ничего не сказала; он отправился с ней рядом.* И. Тургенев. Дворянское гнездо. ♦ **Можно, я (сделаю что-л.)?** *И покуда я пел эти песни, Владимир Константинович то улыбался, то хмурился. Но больше улыбался. И слушал. «А ещё, — сказал я, помявшись, — можно, я спою одну песню?» — «Разумеется», — кивнул представитель.* А. Рекемчук. Мальчики. **Можно войти?** ♦ **Можно (к Вам, к тебе)?** ♦ **Можно к Вам (на минутку)?** *Разг.,* только в устном, контактном общении. Формы вопросит. обращ. гостя, посетителя, входящего в дом, кабинет и т. п. *[Дудукин (в дверях):] Можно войти? [Иван:] Пожалуйте, сударь, Нил Стратоныч!* А. Островский. Без вины виноватые. *(В дверь из сада входит Антипа, нездоровый, встрёпанный, в толстом пиджаке, без жилета, ворот рубахи расстёгнут, на ногах валяные туфли.) [Софья (вспыльчиво):] Надо спрашивать — можно ли войти! [Антипа (равнодушно):] Ну, вот ещё... новости!.. Что я — чужой, что ли?* М. Горь-

кий. Зыковы. — *Подожди меня здесь, я сейчас вернусь, сказал он [Синцов] и открыл дверь в землянку Серпилина. «Можно войти, товарищ комбриг?» — «Войдите».* К. Симонов. Живые и мёртвые. ♦ **Можно Вас (тебя) на минутку (на два слова)?** *Разг.* Просьба к равному или младшему по возрасту, положению ненадолго отвлечься от дел, уделить внимание говорящему один на один. *«Игорь Константинович, можно вас на два слова?» — спросила Даная. «С удовольствием». — Они отошли в сторону.* И. Грекова. Пороги.
♦ **Можно Н. (пригласить к телефону)?** *Разг.* Просьба, к тому, кто снял телефонную трубку (обычно после приветствия, представления). ♦ **Как можно!** *Разг., экспрессив.* Форма выражения решительного несогласия с мнением, предложением или высказанным намерением собеседника. *[Флор Федулыч:] Милости просим! И прямо к обеду-с. [Юлия:] Я обедала. Я вам не помешаю, я на несколько минут, а впрочем, я могу и подождать. [Флор Федулыч:] Как можно, помилуйте-с!* А. Островский. Последняя жертва.

Мозгови́тый, -ая; -ые. *Прост.* Умный, сообразительный, толковый. Похвала, комплимент в адрес собеседника или близкого ему человека (чаще в адрес лица мужск. пола). *«Мозговитый, ох мозговитый!» — причитала тётка Васеня. «Н-ну, Санька! Н-ну, Санька!» — ахнул я. — Вот ушлый так ушлый!» — И, чтоб совсем уж ублаготворить дядю Левонтия и тётку Васеню, прибавил: — Кто-кто, а такой человек, как Санька, и на войне не пропадёт!»* В. Астафьев. Последний поклон.
♦ **С мозгом.** *Прост.* Умный. *«Что за чудесная женщина Анна Сергеевна», — воскликнул Аркадий, оставшись наедине со своим другом в отведённой им комнате. «Да, — отвечал Базаров, — баба с мозгом. <...> Я уверен, что она и своим имением отлично распоряжается».* И. Тургенев. Отцы и дети.

Моё Вам. *Прост., фамильярн.* Приветствие равному или низшему по положению. [Сокращ. от ♦ **Моё вам почтение**]. *В приёмную входит дьячок Вонмигласов <...>. — Ааа... моё вам! — зевает фельдшер. — С чем пожаловали?* А. Чехов. Хирургия. См. ♦ **Наше вам**.

Мои подшта́нники. *Обл.* Озорное мужск. приветствие: «моё почтение». СРНГ.

Мой. Моя. Моё. Мои. 1. *Местоим., притяжат.* **а)** Употр. в составе обращений к близкому, любимому человеку, другу, приятелю, родственнику и выражает любовь, приязнь, ласку. *Мой Дельвиг, я получил все твои письма и отвечал почти на все.* А. Пушкин. Письмо А. А. Дельвигу, 16 нояб. 1823. *Что ты делаешь, моя красавица, в моём отсутствии?* А. Пушкин. Письмо Н. Н. Пушкиной, 25 сент. 1835. *— Послушай, моя пери, — говорил он, — ведь ты знаешь, что рано или поздно ты должна быть моею, — отчего же только мучишь меня? Разве ты любишь какого-нибудь чеченца?* М. Лермонтов. Герой нашего времени. *«Катя моя!» — произнёс, обняв её, Сергей. «Ах ты, злодей ты мой!» — сквозь слёзы отвечала Катерина Львовна и прильнула к нему губами.* Н. Лесков. Леди Макбет Мценского уезда. *Руки Твои белые, изваянные, дрожащие, горячие, прижимая к губам, моё Откровение, мой Свет, моя Любовь.* А. Блок. Письмо Л. Д. Менделеевой, 31 мая 1903. *Бабушка подобрала волосы, вытерла глаза ушком платка и прижала меня к себе: — Чё ж тебя, как худу траву с поля, выживают? Удумал чего сказать! Дурачок ты мой, дурачок!* В. Астафьев. Последний поклон. *Иван Полетаев и Фрося возвращались в Савкин Затон дальней лесной дорогой. Шли не торопясь. Говорили мало, больше целовались, всякий раз останавливаясь. «Марьяжный мой, — шептала Фрося, обливая лицо его светом больших, ясных родниковых глаз. — Мой, мой! Ведь правда, Вань, мой ты... весь мой! Ну, скажи!» — «А то чей же? Знамо, твой».* М. Алексеев. Вишнёвый омут. **б)** В обращ. к не близкому знакомому или незнакомому придаёт оттенок фамильярности, снисходительности. *У него [богатого костромского помещика П. А. Шишова, державшего в руках всю губернию] было три формулы обращения с разными лицами. Дворянам, владеющим не менее двухсот душ и более, он протягивал свою руку и говорил сладчайшим голосом: «Как вы поживаете, почтеннейший Мартьян Прокофьевич?» Дворянам с восьмидесятью и до двухсот душ он делал только лёгкий поклон и говорил голосом сладким, но не сладчайшим: «Здоровы ли вы, мой почтеннейший Иван Иваныч?» Всем остальным, имевшим менее восьмидесяти душ, он только кивал головою и говорил просто голо-*

сом приятным: «Здравствуйте, мой любезнейший...» Н. Макаров. Мои семидесятилетние воспоминания. Известен случай, когда сенатор, приехавший с ревизией, в обращении к губернатору (а губернатор был из графов Мамоновых и славился своей гордостью) вместо положенного «Милостивый государь!» написал «Милостивый государь мой!» Обиженный губернатор ответное письмо начал словами: «Милостивый государь мой, мой, мой!» — сердито подчеркнув неуместность притяжательного местоимения «мой» в официальном обращении». Ю. Лотман. Беседы о русской культуре.

Молёный (и **Мо́леный**). *Обл. Ласк.* обращение к милому, дорогому человеку, к любимому ребёнку. ⇨ *Ох, ты мой моленый! Давного я тебя, родного, не видела.* ⇨ *Здорово, благословленный, моленый.* СРНГ.

Молить/ся. ♦ **Молю (Вас, тебя)** (о чём-л., сделать, сделай/те что-л.; не делать, не делай/те чего-л.). *Возвыш., экспрессив.* Формула усиленной просьбы, мольбы. — *Любимая... дай сына... молю тебя...* В. Личутин. Любостай. ♦ **Христом Богом молю (умоляю, прошу)**. *Прост.* Михеич поднял на Настёну слезящиеся глаза и устало, вымогающе сказал: «Он здесь, Настёна. Не отказывайся, я знаю. Никому не говори, откройся мне одному. Откройся, Настёна, пожалей меня. Я ить отец ему». Настёна покачала головой. «Дай один только и в последний раз увидаться. Христом-Богом молю, Настёна, дай. Не простится тебе, если ты от меня скроешь...» В. Распутин. Живи и помни. ♦ **Молю (Го́спода) Бога (о..., чтобы...)**. *Возвыш.* Формула пожелания благополучия. *Прощайте, милая бабушка, целую ваши ручки и Молю Бога, чтоб вы были здоровы и спокойны, и прошу вашего благословения.* М. Лермонтов. Письмо Е. А. Арсеньевой, 9–10 мая 1841. *Молю Господа Бога о ниспослании Вам долгоденствия <...>. Молю Бога о продлении на долгие годы Вашей жизни и ниспослании здоровья / Ваш / П... И...* (образцы писем). Хороший тон. Правила светской жизни и этикета (1889). ♦ **(Век, вечно) буду (за Вас) Бога молить (Богу молиться)!** *Разг., экспрессив.* ♦ **Детям и внукам закажу (накажу) молиться о Вас!** *Прост., экспрессив.* Формулы выражения горячей благодарности, употр. в связи с ранее высказанной просьбой или в ответ на оказанную услугу, благодеяние. «*Ну ладно, — молвила Флёнушка. — Повидаемся на днях; улучу времечко. Молчи у меня, беспременно сведу вас*». — «*Сведи, Флёна Васильевна, сведи, — радостно вскрикнул Алексей. — Век стану за тебя Богу молиться!*» П. Мельников (Печерский). В лесах. *На лбу у Фендрикова выступил холодный пот. <...> — Как перед истинным Богом, Ваше высокородие, — забормотал он. — Даже отец протоиерей могут подтвердить... Двадцать один год прослужил, и теперь это самое, которое... Век буду Бога молить...* А. Чехов. Экзамен на чин. ♦ **Заставь/те (Прикажи/те) за себя (о себе) (век, вечно) Бога молить!** ⚹ *Прост., экспрессив.* Формула усиленной просьбы, мольбы. *[Чуханов (Горскому):] Батюшка, боюсь обеспокоить... Батюшка! будьте ласковы, заставьте век о себе Бога молить... Как-нибудь между двумя словцами...* И. Тургенев. Где тонко, там и рвётся. «*Матушка Юлия Владимировна! Ваше высокоблагородие! Заступитесь за меня, сделайте божескую милость, примите всё на себя: вам ведь ничего не будет. Я, мол, его через силу заставила. Ваше высокоблагородие! Заставьте за себя вечно Бога молить!*» — *всё это говорил кучер, везя Юлию домой...* А. Писемский. Тюфяк. ♦ **Здорово молиться!** См. Здорово². ♦ **Я готов молиться на Вас!** *Возвыш., экспрессив.* Форма выражения благодарности. *[Валерия (театрально):] О, Вадим Андреич! Я готова... [Зилов:] На что? [Валерия:] Я готова на вас молиться. Честное слово. [Зилов:] Молись, дочь моя...* А. Вампилов. Утиная охота. ♦ **Молюсь Вам (тебе) о...** *Обл.* Формула просьбы. ⇨ *Вот, сват, о чём я хочу тебе молиться.* СРНГ.

Молодеть (Молодить). ♦ **Вы всё молодеете** (♦ **Ты всё молодеешь**)! *Разг. Шутл.* комплимент в адрес знакомой женщины. *[Гурмыжская:] Извините, господа, что я заставила вас ждать! <...> [Милонов (целует руку):] Вы прекрасны. (Отходит в сторону и смотрит издали.) Прекрасны! Вы всё молодеете. [Гурмыжская:] Мне и нужно молодеть. Господа, я вас звала для подписания завещания, но обстоятельства несколько изменились. Я выхожу замуж. Рекомендую вам будущего моего мужа. [Милонов:] Прекрасно! Прекрасно!*

А. Островский. Лес. ♦ **(Желаем вам) жить да молодеть, добреть да богатеть.** ⌛ ♦ **Не болейте, не старейте, а с годами молодейте.** *Разг.* Пожелания хозяевам в застолье. ♦ **Вас (тебя) молодит эта стрижка (причёска, костюм…).** Комплимент.

Молоде́ц (и **Мо́лодец**). **1. Молоде́ц. Мо́лодец.** *Прост. и нар.-поэт. Вежл.* или *комплиментное обращ.* старшего или равного по возрасту, положению к юноше, молодому мужчине. В фольк. обычно с постоянными этикетными эпитетами: добрый, дородный, удалый, удалой, удаленький, честной. *А й сидит, кручинен добрый молодец, Да й сидит печален добрый молодец, Он повесил свою буйную головушку Да й пониже плеч своих могучиих. «Ты чего сидишь печален, добрый молодец, Ты чего сидишь кручинен, добрый молодец?» — «Ещё как-то молодцу мне не кручиниться, Ещё как-то молодцу мне не печалиться?»* Молодец и худая жена. Былина. Зап. в 1871. *«Ой вы, молодцы честные, Братцы вы мои родные», — Им царевна говорит…* А. Пушкин. Сказка о мёртвой царевне… *«Путь добрый! А которая Матрёна Тимофеевна?» — «Что нужно, молодцы?»* Н. Некрасов. Кому на Руси жить хорошо. ‖ *Обл. Обращ.* к незнакомому молодому человеку. ⌨ *Эй, молодец, скажи, какая это деревня?* СРНГ. *«Ты откуда, молодец? — обратился к нему пан. — С какого хутора?» — «С Татарского», — переждав время, отозвался Степан и сделал шаг в сторону Григория.* М. Шолохов. Тихий Дон. *Из-за спины Ульяны высунулась Парасковья-пятница. Пётр даже ахнул про себя: сколько же ей сейчас лет? Ещё в войну была старухой. — Ты откуда, молодец, будешь-то? Из каких краёв-местов?* Ф. Абрамов. Дом. ‖ ⌛ *Обращ.* высшего по положению к слуге, лакею, половому. *[Маломальский (допивает, стучит по столу и кричит):] Эй, молодцы!.. Прибирай всё, слышь ты, прибирай…* А. Островский. Не в свои сани не садись. ‖ *Шутл.* или *ирон.* к близкому знакомому или родственнику. *[Илья:] Где погулял, добрый молодец? [Пётр:] В Москве места много, есть где погулять, была б охота.* А. Островский. Не так живи, как хочется. *«А ты, молодец, не завёл ещё себе собаку?» — спросила [баба Шура] у Васи. Мальчик растерялся, смутился, посмотрел на мать. Нина то-* же конфузливо замялась. *«Мы к вам затем и пришли…»* В. Куропатов. Завтра в Чудиновом Бору. ♦ **Экий (какой, каков) (Вы, ты) молодец (из себя) (стал/и)!** *Разг.* Как похорошел, вырос, возмужал. Комплимент старшего по возрасту знакомому, младшему родственнику, с которым давно не виделись. ‖ В обращ. взрослого к мальчику — *шутл.* — *Экой молодец стал! И то, не Серёжа, а целый Сергей Алексеич! — улыбаясь, сказал Степан Аркадьич.* Л. Толстой. Анна Каренина. *С старческой болтливостью в течение двух-трёх минут Лука успел рассказать почти всё <…>. — Ишь, чёлку-то расчесал! Только уж я сам доложу о вас, Сергей Александрыч… Да какой вы из себя-то молодец… а! Я живой ногой… Ах ты, Владычица Небесная!* Д. Мамин-Сибиряк. Приваловские миллионы. **2. Молоде́ц!** *М. и ж.* ♦ **Вы (ты) молодец!** *Разг.* Широкоупотр. формы похвалы, одобрения равного или младшего по возрасту, положению. *Похвалил его отец: «Ты, Данило, молодец!..»* П. Ершов. Конёк-горбунок. *У каменного купеческого дома стоял кучер в накинутом на плечи полушубке, и его Пётр Михайлыч считал за нужное обласкать. «Что, брат, объездил ли лошадёнку-то?» — спрашивал он. «Нешто-с… выламывается помаленьку», — отвечал тот. «Видел я… видел… Ты молодец… ловкий ездок!» Кучер самодовольно улыбался.* А. Писемский. Тысяча душ. *— Сладкая рыба, ой хорошая! Ухи наедимся от пузы. Ой, Лёшка-а, скажу тебе прямо: ты молодец! Мо-ло-дец, Лёшка, и всё тут!* В. Личутин. Любостай. ♦ **Какой (какая) (Вы, ты) молодец!** ♦ **Вот молодец, так молодец!** ♦ **Ну (и) молодец!** *Экспрессив.* ⌨ *Барин говорит [мужику]: «Вот молодец так молодец! Сумел всем поровну разделить и себя не забыл».* Делёж гуся. Сказка из собр. А. Н. Афанасьева. *«Я теперь сам хозяин и могу иметь семейство, я буду всё иметь». — «Молодец, — говорю, — молодец!.. и чёрт вас побери, какой вы молодец!..»* Н. Лесков. Железная воля. *— Ну, Наталья, ну, молодец! Эка рясна! Я-то? Спасибо, спасибо. А тебе благополучного третьего, богатыря-селяниновича…* Е. Носов. Усвятские шлемоносцы. ♦ **Молодец ты у меня.** В адрес близкого человека (ребёнка, младшего родственника и т. п.). *[Марфа Тимофеевна (Лизе):] Дай-ка мне воды. А что ты*

Паншина с носом отослала, за это ты у меня молодец; только не сиди ты по ночам с этой козьей породой, с мужчинами; не сокрушай ты меня, старуху!/ И. Тургенев. Дворянское гнездо. ♦ **Вы (ты) у нас молодец.** В адрес члена семьи, коллектива. *«Кто сегодня особо отличился?» — спрашивала тётя Настя. «Надя, Оля, Саша... Гриша... Лена...» — и Паша перечисляет всех, кроме себя. «Молодец, Наденька, молодец, Оленька... — и тётя Настя тоже перечисляет все имена в связке со словом «молодец». — И ты у нас, Павлуша, — молодец, а как же. Все молодцы, всем спасибо!..»* В. Куропатов. Разлюли-малина. ♦ **Молодец (мужчина, женщина, парень, девка...).** *[Огудалова:] А во сколько вы цените свою волюшку? [Паратов:] В полмиллиона-с. [Огудалова:] Порядочно. [Паратов:] Дешевле, тётенька, нельзя-с, расчёту нет, себе дороже, сами знаете. [Огудалова:] Молодец мужчина.* А. Островский. Бесприданница. *Рыжеватый сонный император осмотрел Крючкова, как лошадь, помогал кислыми сумчатыми веками, потрепал его по плечу. — Молодец, казак!* М. Шолохов. Тихий Дон. ♦ **Вы (ты) молодец, что...** *— Хорошо, — тихо и как бы издали произнёс дядя Вася. — Хорошо, — повторил он громче. — Молодец, что поступил на железную дорогу.* В. Астафьев. Последний поклон. ♦ **Ты молодец и я молодец: возьмём по коврите за конец.** ⌇ *Прост.* Шутл. предложение подкрепиться, закусить. ♦ **Будь/те молодцом.** *Разг.* Ласк. просьба к равному или младшему по возрасту, положению (чаще к ребёнку) вести себя хорошо. Употр. чаще при прощании. *Отвязав меринка, усаживаемся на кожаном сидении дрожек, и отец отвязывает, разбирает в руках вожжи. — Ну, с Богом! — говорит мать, целуя меня в голову. — Будь молодцом, слушайся отца!* И. Соколов-Микитов. На тёплой земле. **Молодца́,** м. и ж. ⌇ *Прост.* То же, что Молодец (во 2 знач.). *Молодцы. Праздный народ расступается чинно... Пот отирает купчина с лица И говорит, подбоченясь картинно: «Ладно... нешто... молодца!.. молодца!.. С Богом теперь по домам, — поздравляю!»* Н. Некрасов. Железная дорога. *«Глянь, лицо-то у мужика сияг, как медный таз. Чо с ним?» — «Дак, баба парнишку родила». — «Ах, будь она ладна... Молодца, молодца, Ульяна!»* П. Еремеев. Обиход. **Молодцо́м.** *Разг.* То же, что Молодец (во 2 знач.). *— Ну, друг любезный, поздравляю, поздравляю! — сказал Сергей Андреич, остановясь перед Алексеем. — Соболя добыл и чёрно-бурую лису поймал!.. Молодцом!..* П. Мельников (Печерский). В лесах. *«Молодцами, ребята!» — сказал князь Багратион. «Ради... ого-го-го-го-го!..» — раздалось по рядам.* Л. Толстой. Война и мир. ♦ **Вы (ты) (сегодня) выглядите (выглядишь) молодцом.** ♦ **Вы (ты) молодцом.** ♦ **Каким Вы (ты) сегодня молодцом!** *— А сегодня, дорогой мой, — начал Михаил Аверьяныч, — у вас цвет лица гораздо лучше, чем вчера. Да вы молодцом! Ей-богу, молодцом!* А. Чехов. Палата № 6. **Молодча́га,** м. и ж. *Прост., экспрессив.* То же, что Молодец (во 2 знач.). *— Ну и молодчага же ты, сукин сын Прошка!.. Вот тебе Христос. Женю... Девка есть у меня на примете. Сватом буду...* В. Шишков. Угрюм-река. *[Виктоша:] Гляжу по сторонам и понимаю — только на меня надежда! [Балясников:] Вы молодчага. В нашей работе надо верить, что всё от тебя зависит...* А. Арбузов. Сказки старого Арбата. *«Дмитрий! — писала Анна. — <...> Шлём тебе и всем Боярским штурмовикам свой горячий привет. Какие вы все молодчаги!»* Н. Островский. Как закалялась сталь. **Моло́дчик,** м. *Прост.* 1. Ласк. к Молодец (в 1 знач.). *Матрёна Тимофеевна Осанистая женщина, широкая и плотная, Лет тридцати осьми <...>. — Что нужно вам, молодчики? — Помалчивали странники, Покамест бабы прочие Не поушли вперёд...* Н. Некрасов. Кому на Руси жить хорошо. *Заметив, что Егорушка проснулся, он [старик] поглядел на него и сказал, пожимаясь, как от мороза: «А, проснулся, молодчик! Сынком Ивану Ивановичу-то доводишься?» — «Нет, племянник...»* А. Чехов. Степь. *[Горкин (рабочим):] Так, робятки, потрудимся для Матушки — Царицы Небесной... лучше здоровья пошлёт, молодчики!..* И. Шмелёв. Лето Господне. 2. Ласк. к Молодец (во 2 знач.) ⌷ *— Вот молодчик, вот спасибо!* ♦ **Каким Вы (ты) молодчиком (выглядите, выглядишь)!** *Шутл.* Комплимент красиво одетому, привлекательному знакомому мужчине, юноше, мальчику. *— Каким вы молодчиком! — прибавила она [горничная]* *с улыбкой, оглядывая моё новое платье. Замечание это заставило меня покраснеть; я перевернулся на одной ножке, щёлкнул пальцами и припрыгнул, желая ей этим дать почувствовать, что она ещё не знает хорошенько, какой я действительно молодчик.* Л. Толстой. Детство. **Молодчи́на.** 1. м. и ж. Разг., экспрессив. То же, что Молодец (во 2 знач.). *[Прохожий (берёт чашку):] Приношу чувствительную благодарность. Будьте здоровы. (Выпивает.) [Игнат:] Молодчина, как хлобыстнул, должно учёный, едрёна палка.* Л. Толстой. От ней все качества. *— Артист обязан волновать. Слышали, как ревела публика? Нет? Раз мы этого достигли, значит мы победили. И ты, Егор, молодчина!* К. Федин. Первые радости. *Вы молодчина, я восхищён глубиной Вашей прозорливости и не мог не высказать Вам восторга по этому поводу.* Б. Пастернак. Письмо М. В. Юдиной, 18 янв. 1954. 2. Обл. То же, что Молодец. ▭ *Какой стал молодчина из себя!* **Молодчи́нище.** Обл. Усилит. к Молодчина. **Молодчи́нушка.** Обл. Ласк. к Молодчина (во 2 знач.). **Молодчище. Молодчу́га.** Обл. То же, что Молодчага.

Молодой, -ая, -ое; -ые; мо́лод, молода́; мо́лоды. В составе комплиментов, пожеланий (чаще в адрес женщины или мужчины, который выглядит моложе своих лет). ♦ **Вы такая молодая, красивая (такой молодой, красивый).** ♦ **Оставайтесь такой же молодой, красивой... (таким же молодым...).** (Нередко при поздравлении). ♦ **Вы (очень, так) молодо выглядите (для своих лет).** ♦ **Вам не дашь Ваших лет (Вы выглядите гораздо моложе своих лет).** ♦ **Как Вы молодо выглядите!** Комплимент женщине или мужчине среднего и старшего возраста, когда он (она) объявляет о своём возрасте. *[Кукушкина:] Который вы год женаты? [Юсов:] Сорок третий год-с... [Кукушкина:] Скажите! А как вы молоды на лицо!* А. Островский. Доходное место. **Молодая.** В знач. сущ. Прост. и обл. **а)** Обращ. к невесте на свадьбе. *— Молодая!.. что же ты!* — *кричал Силантий, обращаясь к Акулине, которая молча и неподвижно сидела на месте и, несмотря на увещания соседок, не выпивала своего стакана.* Д. Григорович. Деревня. **б)** Обращ. мужа к молодой жене; его родителей и др. родственников к невестке (снохе). ▭ *Молодая, пришей крючок!* СРНГ. ♦ **Здравствуй, молодая!** См. Здравствовать. ♦ **Молодая, интересная.** Разг. Шутл. или ирон. обращ. равного или старшего по возрасту, положению к знакомой молодой женщине, девушке. *«Поедем к нему. Я объясню этим московским фраерам, что такое любовь человеческая». — «Сиди уж... не трепись!» — «Послушайте, вы!.. Молодая, интересная... — Пашка приосанился. — Мне можно съездить по физиономии, так? Но слова вот эти дурацкие я не перевариваю. Что значит — не трепись?» — «Куда ты поедешь сейчас? Ночь глубокая...» — «Наплевать. Одевайся. На кофту! — Пашка снял со спинки стула кофту, бросил Насте. — Послушайте, вы!.. Молодая, интересная... — Пашка опять заходил по горнице. — Из-за чего же это он приревновал?» — спросил он не без самодовольства.* В. Шукшин. Классный водитель. ♦ **Молода(я) жена + (Имя-отчество).** Нар.-поэт. Называние замужней женщины и учтив. обращение к ней. *Говорят весёлые молодцы: «А и гой еси, молодая жена, Авдотья Ивановна! А и мы тебе челобитье несём От гостя богатого, И по имени Терентища!» Гость Терентище.* Былина из собр. Кирши Данилова. ♦ **Молодой человек.** Вежл. или офиц. обращение значительно старшего по возрасту к незнакомому юноше, молодому мужчине. ▭ *Вот идёт посланник по городу, попадается ему старичок стречу. «Здрастуй, — говорит, — дедушка». — «Здрастуй, молодой человек», — вобратно ему.* Два брата. Сказка. Зап. в 1927. *«Давайте я его [ребёнка] подсажу», — сказал я матери. «Да, уж, пожалуйста, молодой человек, оттянули они мне все руки».* В. Крупин. Святое поле. ‖ Офиц.-вежл., снисх., с оттенком упрёка или назидания обращ. старшего по возрасту, положению к юноше, молодому мужчине. *— Стыдитесь, молодой человек,* — *сказал он [доктор] Охотникову. — Вы что же? не хотите скоро выздороветь, а?* Е. Шумигорский. Роман принцессы Иеверской. *Самгин услышал в столовой звон чайных ложек, глуховатое воркованье Кумова и затем иронический вопрос дяди Миши: — Это вы что же, молодой человек, Шеллинга начитались, что ли?* М. Горький. Жизнь Клима Самгина. *— Может быть, вы ещё что-нибудь прибавите, молодой человек? —*

с усиленной вежливостью, преувеличенно мягко спросил весь побледневший Завалишин. А. Куприн. Корь. Изобразив на лице английски замороженную любезную улыбку, Чохов обратился ко мне: «Вы-с, молодой человек, как, — в первый раз тут, в наших краях?» Я с вызовом оглядел его и резко сказал: «Позвольте довести до вашего сведения, что у воспитанных людей не принято называть кого-нибудь «молодой человек», «милейший», «мой дорогой». Это хамство. Осведомятся об имени-отчестве, и уж не забывают, не путают». <...> Он согнал с лица замороженную улыбку и смиренно спросил: «А как вас по имени-отчеству величать?» — «Владимир Александрович». — «Буду помнить-с». В. Вересаев. Чохов. Мой почтенный гость поглядел на Женю снисходительно и сказал: — Вы, молодой человек, относитесь к Есенину индивидуально. Вы ставите себя на его место. Но Есенин был окружён друзьями. Б. Шергин. Есенин. ♦ **Молодые люди.** Мн. к Молодой человек. — *Молодые люди,* — заявил Ипполит Матвеевич выспренно, — позвольте вас поздравить, как говаривалось раньше, с законным браком. И. Ильф, Е. Петров. 12 стульев. Старушка попросила: — *Молодые люди, отнесите милиционеру мой зонт, пожалуйста.* Р. Погодин. Ожидание. *Но в это время из-за дверей раздался голос жены Эрнеста Борисовича: — Молодые люди, стол накрыт! Можно и за столом продолжать ваши милые диспуты.* В. Тендряков. Свидание с Нефертити. **Молодёжь.** Собир. Разг. (**Мо́лодежь.** Прост.) Обращ. старшего к группе молодых людей (юношам и девушкам). — *Ну, молодёжь, выпьем!* — *поднял бокал хозяин.* — *За здоровье молодёжи! Счастливо жить... нам на смену.* В. Шишков. Угрюм-река. **Мла́день.** ⌛ Обл. Обращ. пожилых людей к юноше, молодому мужчине. **Молоди́ца. Молоди́чка. Моло́дка. Моло́дочка. Молоду́нюшка. Молоду́ха. Молоду́шечка. Моло́душка. Молоду́шь.** Обл. Формы обращения к молодой замужней женщине (до рождения ею первого ребёнка). ▪ [Муж — жене:] *Покупай, молодуха, что-нибудь.* ▪ *Топеря, говорит Трофим, заживём распрекрасно, а ты топеря, вези, молодушь, своё богатство, есть куды и положить.* ▪ *Вы скажите, молодунюшки, как замужем живут.* СРНГ. ▪ *Дома ли твой хозяин, молодушка?* (В. Даль). *Валька постояла на крыльце и облегчённо вздохнула <...>. Её окликнул Ефим Рыжов, выйдя за ворота своего дома: «Здорово, молодуха!»* — *«Здравствуй, Ефимушка!»* В. Чугунов. Таёжина. ‖ Обращ. к жене сына (невестке, снохе). ▪ *Меня свёкор мало Нюркой-то звал, всё молодуха да молодица да.* ▪ *Вечером Игнат уклался спать со своей женой, а свекровка и говорит:* — *А ты, молодушка, должна ведь завтра стряпать пироги: так у нас и ведётся.* СРНГ. ‖ Обращ. к девушке, молодой женщине. *«Куда ты, Каленик? Ты в чужую хату попал!* — *закричали, смеясь, позади его девушки <...>.* — *Показать тебе твою хату?»* — *«Покажите, любезные молодушки!»* — *«Молодушки? слышите ей,* — *подхватила одна,* — *какой учтивый Каленик! За это ему нужно показать хату...»* Н. Гоголь. Майская ночь.

Молодой, исправлюсь. Разг. Шутливое извинение немолодого человека (в ответ на нестрогое или шутл. замечание, мягкий или шутл. упрёк).

Молотить вам не перемолотить, возить не перевозить, таскать не перетаскать. ⌛ Прост. Приветствие-пожелание молотильщикам. *«Что с тобой?»* — *«А я, мама, шёл мимо гумна, там как раз хлеб молотили. Я шапку снял, поклонился и сказал: «Молотить вам три дня* — *намолотить три зерна!» Мужики почему-то осердились и меня давай бить!»* — *«Э, сынок, тебе бы надо по-другому сказать: «Молотить вам не перемолотить, возить не перевозить, таскать не перетаскать!»* — *этак по-людски бы и вышло».* Ваня-дурачок. Сказка. Зап. в 1975.

Молото́к. Прост. Молодец, смышлёный, ловкий, умелый. Шутл. преимущ. мужск. похвала в адрес равного или младшего по возрасту, положению. *Инженер из отдела главного механика такую технологию точнейшим образом записал, а Петрову сказал: «Молоток! Тебе надо инженерить. Поступай в институт».* Комс. правда, 20.05.1973. — *Ты молоток, Линда,* — *так сказал он...* В. Аксёнов. Звёздный билет. *Некоторые из прохожих всё-таки замечали Панчишкина с транспарантом, но так, походя: «Достукаешься!»* — *«Ну и отчебучил, батя!»* — *«Молоток! Крепче держи!»* А. Пряшников. Панчишкин требует свободы. ♦ **Молоток! Вырастешь — кувалдой будешь.**

Шутл. Похвала старшего по возрасту в адрес мальчика, подростка.

Момент. ♦ **Один момент.** *Разг.* ♦ **Сей момент.** *Прост.* Формы выражения просьбы к собеседнику немного подождать. То же, что ♦ **Одну минуту.** ♦ **Одну секунду.** См. М и н у т а. С е к у н д а. ♦ **Айн момент.** *Прост., шутл.* То же, что ♦ **Один момент.** [Нем. Ein Moment]. ♦ **Айн момент — сказал студент.** *Разг., шутл.* Прибаутка.

Мон шер. [Франц. mon cher — мой дорогой, мой милый.] ⌛ В дорevol. России салонное обращение на европейский (французский) манер к близкому знакомому, приятелю, родственнику, равному, младшему по возрасту, положению. *[Надежда Павловна (смеясь):] Ну, полноте, Сергей Платоныч, не горячитесь, поверьте, я не хуже вас знаю цену этим господам. [Аваков:] Да... знаете... А между тем, небось, что они меж собой говорят: что, мол, мон шер? чем ты теперь занимаешься, мон шер? Да ничем, мон шер, в меня одна русская княгиня влюбилась, а сам этак ножкой постукивает да цепочкой по пустому-то желудку играет, юн пренсесс рюс, мон шер, так я вот с ней от скуки, знаешь, мон шер...* И. Тургенев. Вечер в Сорренте. — *Разумеется, mon cher, и я всё готов для тебя сделать, — дотрагиваясь до его [Нехлюдова] колен, сказал Масленников, как бы желая смягчить своё величие, — это можно, но, видишь ли, я калиф на час.* Л. Толстой. Воскресение. ♦ **Ма шер.** [Франц. ma cher — моя милая, моя дорогая.] *«Вы послали в ...ий полк приглашение, Сергей Сергеич?» — спросила она мужа. «На сегодняшний вечер? Как же, ма шер, послал. (Ему запрещено было называть её матушкой.) Как же!»* И. Тургенев. Бретёр.

Море под корову (коровушку, бурёнушку, кормилицу, матуху...)! ♦ **Море под коровой, бурёнушкой, кормилицей...)!** *Обл.* ♦ **С моря ключ!** *Обл.* Формы приветствия-пожелания женщине, доящей корову, много нацедить молока. *«Той, которая доит корову, в Холмогорах говорят: "Море под бурёнушку!" (доильщица благодарно отвечает: "Река молока!")»* С. Максимов. Крылатые слова.

Мосе́т. *Обл.* Дорогой, любимый человек. Возлюбленный, поклонник. **Мосе́тка.** *Обл.* Дорогая, любимая. СРНГ.

Москва не сразу строилась. (♦ **И Москва не вдруг строилась**). *Посл.* Большое дело нельзя сделать быстро, в один приём; нужно время, терпение. Употр. как форма утешения, ободрения того, кто огорчён отсутствием скорых ощутимых результатов; призыв проявить терпение, настойчивость. — *Потерпите, старички! Не вдруг Москва строилась. Вот обладим завод по-хорошему, тогда вам большое облегченье выйдет.* П. Бажов. Две ящерки.

Мосьé (**Мосьё. Мсьё. Месьé. Мсье**). (*В просторечии* — **Мусьé. Мусьё. Мусьё́**). [Франц. monsieur — господин, сударь.] **1.** ⌛ В дорevol. России учтиво-полуофиц. светское обращение к мужчине на европейский (французский) манер. Употр. с «Вы»-формами. В сочет. с фамилией — вежл.-офиц. *[Графиня-внучка (вернувшись, направляет на Чацкого двойной лорнет):] Мсье Чацкий! Вы в Москве! как были, всё такие?* А. Грибоедов. Горе от ума. *Молодая женщина поспешно встала, обратясь к Печорину с каким-то неясным приветствием, потом подошла к князю и сказала ему: — Mon ami, вот господин Печорин, он старинный знакомый нашего семейства... Monsieur Печорин, рекомендую вам моего мужа.* М. Лермонтов. Княгиня Лиговская. — *Вы мсьé Чертков? — сказала дама. Художник поклонился.* Н. Гоголь. Портрет. *Дарья Михайловна встала. «Я вас не удерживаю, — промолвила она, подходя к окну, — не смею вас удерживать». Лежнев начал раскланиваться. «Прощайте, мосьé Лежнев! Извините, что обеспокоила вас». — «Ничего, помилуйте», — возразил Лежнев и вышел.* И. Тургенев. Рудин. | *Шутл.-ирон.* по отношению к лицу из непривилегир. сословия, равному или низшему по положению. *[Домна Пантелеевна (у окна):] Никак, князь подъехал? И то он. [Нароков:] Ну, так я уйду <...> через кухню. Адье, мадам. [Домна Пантелеевна:] Адье, мусьé!* А. Островский. Таланты и поклонники. **2.** ⌛ *Разг.* Обращ. к гувернёру или учителю-французу. *Когда встали из-за стола, Антон Пафнутьич стал вертеться около молодого француза, покрякивая и откашливаясь, и наконец обратился к нему с изъяснением. — Гм, гм, нельзя ли, мусьé, переночевать мне в вашей конурке, потому что изволите видеть...* А. Пушкин. Дубровский.

Мусье при детях, входя и взбивая хохол, сказал: «Фу, я севодни стригался!» Все захохотали. «Стригнулся», — поправила его, покачивая головою, мадам. В. Даль. ‖ После револ. сохранялось как знак «галантерейного обхождения» преимущ. в городском просторечии (в сфере частной торговли и бытового обслуживания, в мещанской и нэпманской среде). [Пуговичный разносчик:] 6 штук 20 копеек... Пожалте, мусью! В. Маяковский. Клоп. На безмятежном, невспаханном лбу Балаганова обозначилась глубокая морщина. Он неуверенно посмотрел на Остапа и промолвил: «Я знаю такого миллионера». <...> — «Идите, идите, <...> я подаю только по субботам, нечего тут заливать». — «Честное слово, мосье Бендер...» И. Ильф, Е. Петров. Золотой телёнок. ‖ В совр. употр. — фамильярно-шутл. или ирон. — к знакомому, приятелю. [Сильва:] А, мсье Сарафанов! (Подходит.) Жизнь бьёт ключом! (Жест в сторону домика Макарской.) Слыхал? [Бусыгин:] Слыхал. А. Вампилов. Старший сын.

Мочь. ♦ **Могу (ли) я (узнать, попросить, спросить, пригласить, видеть кого-л.; сделать что-л.)?** ♦ **Не могу ли я (узнать, попросить, спросить, видеть...; сделать что-л.)?** Формулы вежл. вопросит. обращения, просьбы, приглашения. *Любезнейший барон, мне непременно нужно Вас видеть — могу я приехать в среду в 12 часов утра или в 5? Дайте мне знать одним словом в Буживаль. Заранее благодарю.* И. Тургенев. Письмо Г. О. Гинзбургу, 1882. — *Теперь могу ли обратиться к вам с вопросом, если только позволите, — вдруг и совсем неожиданно спросил Фетюкович, — из чего состоял тот бальзам <...>, посредством которого вы в тот вечер, перед сном, как известно из предварительного следствия, вытерли вашу страдающую поясницу?* Ф. Достоевский. Братья Карамазовы. *«Могу ли я видеть господина Блистанова?» — спросил вошедший настройщик.* А. Чехов. Синяя Борода. [Рюмин:] *Варвара Михайловна! Могу я попросить вас остаться? Я не задержу вас долго!* М. Горький. Дачники. ▱ [Из разговора вузовских преподавателей:] *«Не могу ли я попросить вас об одолжении?» — «Да, пожалуйста...» — «Когда будете в Т..., зайдите на кафедру литературы, передайте, пожалуйста, этот пакет, здесь моя статья и письмо, они знают...»* (1994). ♦ **Могу ли я (Не могу ли я) (Вам, тебе) чем-либо помочь?** ♦ **Могу ли я (Не могу ли я) (Вам, тебе) быть чем-либо полезным?** ♦ **Я могу быть (Вам) чем-нибудь полезен?** Формы учтив. вопросит. обращения с предложением помощи, выражением готовности откликнуться на вопрос или просьбу собеседника. См. Полезный. ♦ **Можете ли Вы** (сказать, сделать что-л.)? ♦ **Не можете ли Вы** (сказать, сделать что-л.)? (♦ **Не можешь ли...?** ♦ **Не могли бы Вы...?**) Формулы вежл. вопросит. обращения, мягкой, ненастойчивой просьбы. Нередко для большего смягчения употр. в составе усложнённых формул вежливости. ♦ **Извините, не могли бы Вы** (сказать, сделать что-л.)? ♦ **Если Вам не трудно (если Вас не затруднит), не могли бы Вы** (сказать, сделать что-л.)? [Аксюша (вынув из кармана письмо):] *Послушай, Карп Савельич, не можешь ли ты?..* [Карп:] *Что вам угодно-с?* [Аксюша:] *... Передать. Ты уж знаешь кому.* А. Островский. Лес. — *Я очень рад, что вас здесь встретил, Коля, — обратился к нему князь, — не можете ли вы мне помочь? Мне непременно нужно быть у Настасьи Филипповны. Я просил давеча Ардалиона Александровича, но он вот заснул. Проводите меня, потому я не знаю ни улиц, ни дороги.* Ф. Достоевский. Идиот. ♦ **Можете ли гораздо?** *Обл.* Как ваше здоровье? В добром ли здоровье? Вежл. вопросит. обращ. при встрече. ♦ **Как живёте-можете (живёшь-можешь)?** ♦ **Как живётся-можется?** См. Как. ♦ **Можете идти.** ♦ **Можете быть свободным.** *Сугубо офиц.* Формулы завершения разговора с подчинёнными (в армии, на производстве). См. Свободный. *Однако в этот раз мне не повезло. Мой радикулит бесславно провалился. Явившись сказал мне: «Можете идти, сержант». И демонстративно раскрыл Сименона.* С. Довлатов. Зона.

Муж. *Только ед. Разг. Малоупотр.* обращение жены к мужу. В зависимости от принятых в семье норм обращения может употр. с различными эмоциональными оттенками: от строгого, отстранённо-псевдоофициального до шутливо-интимного. [Анна Андреевна (отворяя дверь):] *Муж! Антоша! Антон!* <...>

Антон, куда, куда? Что, приехал? ревизор? с усами! С какими усами? [Голос городничего:] После, после, матушка! Н. Гоголь. Ревизор. — *Муж, ты когда поедешь на промысел? — спрашивает его жена.* Три сестры и людоед. Сказка. Зап. в 1946. | Шутл.-ирон. ▯ *А ты, муж, опять не дюж... Чево сидишь молчком, твои детки, гляди, печь по кирпичу разнесут.* П. Еремеев. Обиход. ▯ *Ну-ка, муж, объелся груш, пойдём танцевать, хватит диван просиживать!* (1993). **Муженёк.** Разг. Ласк. или шутл. к **Муж**. — *Не садись, муженёк, на пенёк, всё вижу, всё слышу! — закричала из-под пирогов Марья.* Зайчик Иванович. Сказка из собр. А. Н. Афанасьева. *[Лесничий:] Зачем вам нужны все эти записи? [Мачеха:] Ах, муженёк дорогой, не мешай нам веселиться!* Е. Шварц. Золушка.

Мужик. Прост. **1.** Грубовато-фамильярное обращение к незнакомому мужчине (обычно к бедно одетому, неопрятному на вид), равному или низшему по положению. *Мать смотрела на Чепурного одинокими глазами. — Чего-то тебе, мужик, другого надо: малый мой как помер, так и кончился.* А. Платонов. Чевенгур. **2.** Обиходн. обращ. жены к мужу (чаще в сельской местности). — *Ты, мужик, кинь-ко глаза... Опять соседушко наш из монопольки бежит.* П. Еремеев. Обиход. ▯ *Возвращается мужик с собрания. — Ну, чо, мужик, на собраньи говорили? — спрашивает жена.* Крендельская туча. Сказка. Зап. в 1967. **3.** Шутл. Обращ. взрослого к маленькому мальчику. ▯ — *Здорово, мужик! Батька дома?* (1992). ‖ *В знач. сказуем.* Шутл. похвала, одобрение в адрес маленького мальчика: какой большой вырос, совсем мужчина. *Бабушка прекратила причитания, прижала меня к себе и перекрестила. «Ешь и ступай к дедушке на заимку». — «Один, баба?» — «Конечно, один. Ты уж у меня какой большой! Мужик!»* В. Астафьев. Последний поклон. **Мужики.** Прост. Дружеск. преимущ. мужск. обращ. к родственникам, равным или младшим по возрасту, приятелям, знакомым, односельчанам. — *Мужики! Мы без города, пожалуй, и проживём, а вот город без нас не проживёт. Пошто же он так и сяк вертит нами?!* П. Еремеев. Обиход. *«Ничего, мужики, ничего. До весны дотянем, а там...» Мужики — дедушка, Кольча-младший и я — слушали бабушку и понимали, что с нею не пропадём, лишь бы не сдала она, не свалилась.* В. Астафьев. Последний поклон. — *А вот, мужики, — говорил Фёдор, — вот, мужики, в этой войне было, значит, сперва только два героя, это Матросов Олександр да Тёркин, ну а уж после их дело скорее пошло.* В. Белов. Привычное дело. **Мужичо́к.** Ласк. к **Мужик** (в 1 и 3 знач.). *Через две минуты мы поравнялись с человеком. «Гей, добрый человек! — закричал ему ямщик. — Скажи, не знаешь ли где дорога?» «Дорога-то здесь; я стою на твёрдой полосе, — отвечал дорожный, — да что толку?» «Послушай, мужичок, — сказал я ему, — знаешь ли ты эту сторону? Возьмёшься ли ты довести меня до ночлега?»* А. Пушкин. Капитанская дочка. *Везёт Агап бревно. (Вишь, мало ночи глупому, Так воровать отправился Лес — среди бела дня!) Навстречу та колясочка И барин в ней: «Откудова Бревно такое славное Везёшь ты, мужичок?..»* Н. Некрасов. Кому на Руси жить хорошо. *Мать тормошит его, прижимает к тёплой груди. «Мужичок ты мой маленький, мужичок... Потерпи маленько. <...>» Ванька молчит. И молчит Ванькина гордость.* В. Шукшин. Далёкие зимние вечера.

Мужчина. Прост. Преимущ. женск. обращение к незнакомому мужчине (обычно на улице, в обществ. местах). | До револ. — малоупотр. *Если прохожий имел вид человека, не торопящегося по делу, она приближалась к нему и шептала, шагая рядом и глядя на крышу соседнего дома: — Мужчина... Зайдём за угол. Пойдём в ресторанчик — очень недорого: маленький графин водки и тарелка ветчины. Право. А?* А. Аверченко. Весёлый вечер. | В сочет. с «Вы»-формами получило широкое распространение в городском просторечии в советский период. *Нынче очень распространено обращение по обобщённому половому признаку: «Мужчина! Вы последний за сахаром?» Вынужден откликаться: «Нет, женщина! За мной ещё женщина. Отошла».* Ю. Соколов. Я к вам пишу — чего вам сделать // «Известия». 1991. 28 нояб. *А мы вот не знаем, как обращаться к людям незнакомым! «Улица корчилась безъязыкая» и, помучившись, выход нашла. «Женщина! У вас чулок порвался!» «Мужчина! Сдачу забыли!» Всё чаще слышишь эти окрики, и, по-моему, они ужасны, но чем заменить их, чем?* Н. Ильина. Дороги и судьбы. **Мужчи-**

ны, мн. Разг. Преимущ. женск. обращ. к группе знакомых мужчин, сослуживцев. [Получило распространение в советск. период, поначалу как альтернатива *прост.* мужики и «буржуазному» господа]. Чаще употр. в сочет. с этикетными эпитетами уважаемые, дорогие, милые и т. п. ⇒ *Дорогие наши мужчины! Поздравляем вас с Днём защитника отечества!* (1997).

Мы, *местоим.* **1.** В знач. 1 л. ед. ч. (**Мы** вместо «я»). **а)** ⌛ *Офиц.* Употр. в составе формул именования монарха (⌛) или патриарха в исходящих от них официальных документах. ♦ **Божиею Милостию Мы...** Пишется с прописной буквы. *Божиею Милостию / Мы, Александр Второй, / Император и Самодержец / Всероссийский, / Царь Польский, Великий Князь Финляндский / и прочая, и прочая, и прочая / объявляем всем нашим верноподданным...* Из Манифеста 19 февр. 1861. *Всем сердцем разделяя великую скорбь народную о кончине любвеобильного пастыря и благотворителя, Мы с особенным чувством обновляем в памяти Нашей скорбные дни предсмертного недуга в Бозе почивающего Родителя Нашего Императора Александра III, когда угасающий Царь, любимый народом, пожелал молитв и близости любимого народом молитвенника за Царя и Отечество.* Из Высочайшего рескрипта, адресованного императором Николаем II в Святейший Синод по поводу кончины Иоанна Кронштадтского. 12 янв. 1909. *Божиею Милостью Мы, смиренный Тихон, Патриарх Московский и Всея России, всем верным чадам Святой Православной Российской Церкви.* ‹...› *Чадца Мои! Пусть слабостью кажется иным эта Святая незлобивость Церкви* ‹...›, *— но Мы умоляем вас, умоляем всех Наших Православных чад, не отходить от этой единственно спасительной настроенности христианина, не сходить с пути крестного...* Из Послания Патриарха Тихона чадам Православной Российской Церкви 8/21 июля 1919. **б)** ⌛ *Прост.* и *обл.* Употр. преимущ. в речи крестьян. Скромное или самоуничижит. именование себя в учтивом разговоре с высшим по положению, когда говорящий не вычленяет своё я из сообщества, к которому он принадлежит, с которым связан своим происхождением, постоянным жительством, трудовой деятельностью. *Человек двадцать родных было у Янова — русский человек без них не живёт, — и он отписывал каждому порознь и поименно милостивого государя или государыню, любезного, возлюбленного или вселюбезнейшего — а затем нижайший, глубочайший, усердный, преусердный или другого разбора поклон; называл себя мы, сестру или брата вы, испрашивая у родителей, дядей, тёток и прочих, у каждого порознь, их родительского или родственного благословения, навеки нерушимого...* В. Даль. Денщик. *«Вы впервой здесь, честный отче?» — спросил Василий Борисыч. «Кажный год... Мы ведь преходящие, где люди, тут и мы», — ответил Варсонофий.* П. Мельников (Печерский). В лесах. *Кулинка, двигая локтями, отрезает, подаёт нищему большой ломоть. Он с поклоном принимает хлеб, кладёт в сумку. «Издалеча идёшь, дедушка?» — «Дальние мы, — отвечает дед, с трудом засовывая в суму ломоть, — дальние, дочушка, заугорские, нуждишка погнала».* И. Соколов-Микитов. На тёплой земле. *Половой смутился: видит, гости почтенные... «Ты-то углицкий?» — «Нет, мы подмосковные...»* В. Гиляровский. Москва и москвичи. *Приезжий, морща бритые губы улыбкой, раздвинул башлык. «Половцева помнишь?» И Яков Лукич вдруг испуганно озирнулся по сторонам, побледнел, зашептал: «Ваше благородие! Откель вас?.. Господин есаул!.. Лошадку мы зараз определим... Мы в конюшню... Сколько лет-то минуло...» — «Ну, ну, ты потише! Времени много прошло. Попонка у тебя есть? В доме у тебя чужих никого нет?»* М. Шолохов. Поднятая целина. | Шутл.-самоуничижит. *Приходит* [Гаврило], *садится ко мне. «Вы, Сусанна Петровна, понравились мне больше нашей лопешеньской Павлы, вы за меня нейдёте замуж?» А я смешком: «Какие мы невесты, далеко ещё нам до невест». (А мне двадцать, двадцать первый год.)* Б. Шергин. Знакомство с женихом. **в)** ⌛ *Прост.* и *обл.* Употр. с целью подчеркнуть значительность своей личности, уважение к самому себе. ⇒ *Раньше всякий уважающий себя сибиряк в официальных случаях считал долгом называть себя во множ. числе — мы (к собеседнику же обращался на ты!).* СРНГ. [Елохов:] *Мардарий, надо Виталия Петровича уведомить. Он в театре.* [Мардарий:] *Да уж я послал. Мы знаем, где их искать.* (*Уходит.*) А. Островский. Не от мира сего.

По городу шёл степенный мальчик-крепыш и изредка обращался к встречным, к тем, кто, по его мнению, заслуживал доверия: — Вопрос можно, товарищ? Мы, стало быть, пастухи... Г. Троепольский. Белый Бим Чёрное Ухо. **г)** *Проф.* «Авторское мы». Употр. преимущ. в письменной речи (научных, публицистических, критических и т. п. работах) по сложившимся нормам этикета научного изложения, с целью объединить адресата и адресанта как единомышленников, направить внимание адресата не на личность адресанта, а на предмет исследования. *Упомянув о синтаксических формах, мы вместе с тем незаметно перешли к тем процессам грамматического мышления, которые мы до сих пор оставляли в стороне ради упрощения задачи.* Д. Овсянико-Куликовский. О значении научного языкознания для психологии мысли. **2.** В знач. 2 л. ед. ч. (**Мы** вместо «ты» или «Вы»). **а)** *Разг., шутл.* В участливом или сочувственном. обращ. к младшему по возрасту, положению. — *А, милый юноша! — встретил его доктор. — Ну, как мы себя чувствуем?* А. Чехов. Произведение искусства. | *Фамильярн.-ирон.* «*А ты что это сразу в бутылку-то полез?» — «А вы что это сразу тыкать-то начали? Я вам не кум, не...» — «О-о!» — Командировочный удивился и засмеялся насильственно. — Да мы, оказывается, с гонором!»* В. Шукшин. Печки-лавочки. **б)** *Проф.* В вежл. обращ. парикмахеров, портных, официантов и др. лиц из «сферы обслуживания» к клиенту. ▭ *Головку помоем?* ▭ *Шею брить будем?* ▭ *Височки поправим?* ▭ *А мы тут вытачки сделаем.* ▭ *Добрый вечер. Что будем заказывать?* (Разг. речь. Зап. 1980 — 90-х гг.). **3.** В знач. неопр. местоим. (**Мы** вместо «некоторые», «кое-кто» из тех, к кому обращается адресант). Употр. при высказывании упрёка, обвинения, не называя прямо конкретных адресатов с целью избежать конфликтной ситуации. ▭ [Начальник отдела на собрании:] *Любим мы виноватого искать — хлебом нас не корми, нет чтобы с себя спросить, во всём у нас кто-то виноват.* (1996).

Мы думали свежи, а это всё те же. *Прост., шутл.* См. ♦ *Вы думали свежи, а это всё те же.*

Мыло в корыто! (♦ Мыло в корыте!) ⌥ *Обл.* Приветствие-пожелание женщине, стирающей бельё. ▭ *А нынче зайдут, дак только «Здравствуйте!» А раньше «Мыло в корыте!» хозяйке, которая стирает, говорили.* ▭ *А вот забыла, что говорили... Мыло в корыто! Мыло в корыто! а мыла не было в бане помыться, всё щёлок варили...* ▭ *«Мыло в корыте!» — говорят мне, когда я стираю. А я отвечаю: «Спасибо!» или «Помогай Бог!»* Л. Зорина. «С малиновой речью...».

Мысли врозь. *Обл.* Форма экспрессив. похвалы кого или чего-л.; очень хороший.

Мягкой посадки. ♦ Желаю (Вам, тебе) мягкой посадки. *Разг.* Пожелание благополучного полёта и приземления лётчику, авиапассажиру (употр. обычно при прощании). — *Здравствуйте, Игорь Саввович! — с начальственной медлительностью, тихо и потому хорошо слышно сказал [по телефону] управляющий Николаев. <...> — Приказываю срочно вернуться в город! Возьмите полуглиссер Орлова, держите курс в райцентр. Пока вы едете, мы вам закажем место на самолёте. Желаю мягкой посадки.* В. Липатов. Игорь Саввович.

Н

Набело́ (♦ Набеле́нько тебе). ⌥ *Обл.* То же, что Бело, беленько. ▭ *«Платье моешь — набеленько! скажут. А пол моешь — Лебеди летели! Значит, чистые, белые, пол такой будет».* Л. Зорина. «С малиновой речью...»

На большо́й па́лец (с присыпкой). *Прост.* Очень хороший, прекрасный; очень хорошо, прекрасно. Шутл. форма одобрения, похвалы, комплимента, употр. преимущ. в мужск. речи. [От жеста одобрения — сжатая в кулак кисть руки с поднятым вверх большим пальцем].

Нава́р на уши́цу! *Обл. и прост.* Ответ рыбака на пожелание: ♦ *Улов на рыбу!*

Наве́к(и) Ваш (Ваша; твой, твоя). ⌥ *Эпист. Возвыш.* В сочет. с подписью адресанта — заключит. формула вежливости в письме к близкому, любимому человеку. См. Ваш. Твой.

На веку́, как на долгом волоку́ (всякое, пережить придётся). *Посл.* То же, что ♦ *Век долог, всем полон.* Употр. как форма утешения собеседника, равного или младшего по возрасту.

Навсегда Ваш. (Ваша; твой, твоя). ◊ *Эпист.* В сочет. с подписью адресанта — заключит. формула вежливости в письме к близкому, любимому человеку. См. Ваш. Твой.

На все сто (выглядите, выглядишь; смотришься). См. Сто.

На всё воля Божья (Господня). См. Воля.

На всякий час не убережёшься. *Погов.* Употр. как форма утешения собеседника, пострадавшего из-за своей неосмотрительности.

Награди́ Бог (Господь) (Вас, тебя) (за...). ♦ **Бог наградит (вознаградит, не оставит) тебя (Вас) за...** *Прост.* Формы экспрессив. благодарности, употр. преимущественно пожилыми набожными людьми. ▪ *Бог тебя наградит за послугу твою.* (В. Даль). *«И вот что я тебе ещё скажу, Прохоровна: или сам он к тебе вскоре обратно прибудет, сынок твой, или наверно письмо пришлёт. Так ты и знай. Ступай и отселе покойна будь. Жив твой сынок, говорю тебе». — «Милый ты наш, награди тебя Бог, благодетель ты наш, молебщик ты за всех нас и за грехи наши...»* Ф. Достоевский. Братья Карамазовы. *[Ольга:] Прощайте, Василий Семёныч... Когда вы к себе переедете — не забывайте нас... Я буду рада вас видеть <...>. [Кузовкин (целуя у ней руку):] Ольга Петровна... Господь вас наградит.* И. Тургенев. Нахлебник. | *Шутл. Спасибо за доставление жизненных потребностей. О грамотах поговорим при свидании. / За книгу пребольшое спасибо вашему благородию. Наградит вас Господь за вашу добродетель. Век не забуду ваших милостей.* М. Яковлев. Письмо А. С. Пушкину, 15 янв. 1837.

На грех ма́стера нет. См. Грех.

Надежда. ♦ **Одна (Вся) надежда на Вас (на тебя).** Формула усиленной просьбы, употр. с целью убедить собеседника, что только он один может её исполнить. *Петя дёрнул его за руку, чтоб обратить на себя его внимание. — Ну что моё дело, Пётр Кирилыч. Ради Бога! Одна надежда на вас, — говорил Петя.* Л. Толстой. Война и мир. *«К твоей милости пришёл... Не откажи, будь отцом родным! На тебя вся надежда...» С последними словами он повалился в ноги. Неожиданность этого маневра заставила растеряться даже Карачун-*

ского. *«Дедушка, что ты... Дедушка, нехорошо...» — бормотал он, стараясь поднять Родиона Потапыча на ноги.* Д. Мамин-Сибиряк. Золото. ♦ **Будь/те в надежде.** ◊ *Прост.* Положительный ответ на просьбу: не беспокойтесь, сделаю так, как вы просите (хотите). *Барыня видит — вон какая женщина — живо скрутилась за деньгами, а сама наказывает: «Ты уж, милая, не продавай шкатулку». Настасья отвечает: «Это будь в надежде. От своего слова не отопрусь».* П. Бажов. Малахитовая шкатулка. **Надёжа,** м. и ж. ◊ *Прост. и обл.; фольк.* Ласковое обращение к близкому, любимому человеку. ‖ М. Ласк. женск. обращ. к жениху, мужу, отцу. ▪ *Э-ох, дак уж ты, здравствуй, душечка, да надёжа, Дак здравствуй, миленький, миленький сердечный друг.* ▪ *Прибудися, надёжа моя! СРНГ. Ты не верила, сквозь слёзы улыбалася, Улыбаясь, обняла меня и молвила: «Не покинь меня, надёжа, всё я вынесу, При тебе и злое горе будет радостью».* И. Никитин. *Уж не я ли тебя, милая, упрашивал.* ♦ **Мил надёжа.** ◊ *Фольк. А сама она змея уговаривает: «Воротись, мил надёжа, воротись, друг! Хошь, я Добрыню обверну клячею водовозною?» Добрыня и Маринка.* Былина из собрания Кирши Данилова. ♦ **Надёжа-царь (государь).** ◊ *Фольк.* Обращ. к царю. См. Царь. **Надеженька.** *Обл. Фольк.* Уменьш.-ласк. к Надёжа. ▪ *Надёженька, милый мой, Ты не ходишь ли с иной?* ▪ *Уж ты свет, ты мой надёженька, Ты надёженька — законный муж.* СРНГ. **Надё́юшка.** *Обл.* В похоронных обрядах — обращение к покойнику в причитаниях. ▪ *Пропала надеюшка моя милая, моя верная.* СРНГ.

Надеяться. ♦ **Надеюсь, (что) Вы не откажете (не откажетесь)** (сделать что-л.). *Учтив.* Формула просьбы, приглашения в обращ. к равному или низшему по положению. *«Господа, — сказал им Сильвио, — обстоятельства требуют немедленного моего отсутствия, еду сегодня в ночь; надеюсь, что вы не откажетесь отобедать у меня в последний раз».* А. Пушкин. Выстрел. ♦ **Надеюсь, (что) Вы извините (простите) меня (за...).** *Учтив.* Формула извинения перед равным или низшим по положению. *— Право, не знаю-с, — отвечал я Обноскину. — Надеюсь, вы извините, что не могу дать вам слова...* Ф. Достоевский.

Село Степанчиково... ♦ **Надеюсь, (что) у Вас все благополучно (хорошо, что Вы здоровы...).** ♦ **Надеюсь видеть (застать, найти...) Вас в добром здравии.** *Эпист. Учтив.* Формулы опосредованного пожелания благополучия (здоровья, успехов, удачи и т. п.). *Саша встал. Игорь тоже встал. Кепка упала, он наклонился и поднял её. Саша протянул ему руку. «До свидания, я надеюсь, вы устроитесь в конце концов». — «Постараюсь», — ответил Игорь печально. «Бывай!» — сухо кивнул Борис. А. Рыбаков. Дети Арбата.* ♦ **Надеюсь на Вашу благосклонность (благорасположение...).** ⌧ *Эпист.* В сочет. с эпист. комплиментом и подписью адресанта — заключит. формула вежливости в письме к равному или высшему по положению. *Надеюсь ещё на Вашу благосклонность и на Ваши стихи. А. Пушкин. Письмо Ф. Н. Глинке. 21 нояб. 1831.* ♦ **Смею надеяться на... (что...).** ⌧ К высшему по положению. См. Смею. ♦ **Могу ли я надеяться на Вашу благосклонность (благорасположение, разрешение, помощь...)?** ⌧ *Эпист.* ♦ **Позвольте (разрешите) мне надеяться (на Вашу благосклонность, благорасположение...).** ⌧ *Эпист.* Формулы учтив. просьбы. *Но позвольте мне надеяться, что Ваше Высокопревосходительство, по всегдашней ко мне благосклонности, удостоите меня предварительного разрешения... А. Пушкин. Письмо А. К. Бенкендорфу, окт. 1831. Милостивый Государь / Александр Иванович, / Могу ли я надеяться на Вашу благосклонность? Я издаю «Повести Белкина» вторым тиснением, присовокупя к ним «Пиковую даму» и несколько других уже напечатанных пиес. Нельзя ли Вам всё это пропустить? Крайне меня обяжете. А. Пушкин. Письмо А. В. Никитенко, 9 апр. 1834.* ♦ **Надейтесь (Надейся) на Бога.** *Разг.* Форма утешения, ободрения собеседника, употр. преимущ. пожилыми набожными людьми. *Вам, может быть, как и прежде, стыдно будет, но вы не стыдитесь: это ложный стыд. Только бы вы искренне раскаяние принесли. Надейтесь на Бога. Он всё устроит к лучшему. Ф. Достоевский. Бедные люди.*

Надо (Нужно). В составе формул утешения с оттенком необходимости, долженствования. ♦ **Вам надо (нужно) успокоиться (взять себя в руки).** ♦ **Надо (нужно) надеяться на лучшее (на Бога)** и т. п. См. также ♦ **Не надо...** ♦ **Надо (гостям) и честь знать.** *Разг.* То же, что ♦ **Пора (гостям) и честь знать.** ♦ **Надо избу выстудить, жарко.** ⌧ *Прост.* Намёк незваным, нежеланным, засидевшимся гостям убираться вон. ♦ **Надо думать.** *Разг.* ♦ **Надо полагать.** *Разг.* Формы утвердит. ответа на вопросит. обращение; реплики, выражающие согласие, солидарность с мнением собеседника: да, конечно, само собой разумеется. ♦ **Надо же! (♦ Ведь это надо же!)** *Прост. экспрессив.* Форма выражения удивления, изумления, восхищения по поводу сказанного собеседником. ♦ **Что на́до. 1.** *В знач. сказуем. Прост.* Очень хороший, самый лучший; подходящий, какой нужен, каким должен быть. Форма комплимента, похвалы, одобрения. — *Парень ты, оказывается, что надо. Н. Островский. Как закалялась сталь.* ▱ *«Ну как мой пирог? не пересолила?» — «Пирог что надо. Всем пирогам пирог» (1996).* **2.** Очень хорошо, так и следует. ▱ *Ты чудо, Алька, выглядишь что надо! (1995). Спасибо тебе преогромное. Движок работает что надо (1991).*

На добрую (долгую) память. См. Память.

На (доброе) здоровье. См. Здоровье.

Наилу́чший, -ая, -ее; -ие. Самый лучший. Этикетный эпитет, интенсификатор вежливости, употр. в формулах пожеланий при поздравлении, прощании. ♦ **Примите (мои, наши) наилучшие пожелания (в Новом году, в день вашего рождения...).** *Возвыш.-офиц.* ♦ **Шлю Вам (тебе) свои наилучшие пожелания...** *Эпист.* ♦ **Желаю Вам всего наилучшего.** ♦ **Всего наилучшего.** *Разг.* ♦ **Наилучшего.** *Прост.* Пожелания благополучия при расставании. См. Всего (наилучшего...). *«Прощайте, Михал Михалыч». — «Наилучшего, Иван Вианорыч». А. Куприн. Мирное житие.*

На кошку потягу́шки, на тебя пора́сту́шки. ♦ **На шута́ потягу́ши, на тебя порасту́ши.** См. Потягуши.

Налива́нье тебе! ⌧ *Обл.* Приветственное пожелание в бане наливающему в чан воду. *Один наливает воду в чан: «Наливанье тебе!» — Ответ: «Гуляние тебе! Сиденье к нам!» С. Максимов. Крылатые слова.*

На ловца́ и зверь бежит. *Посл.* Употр. шутл. при удачной встрече со знакомым, равным или младшим по возрасту, положению, кого говорящий хотел видеть, кто ему нужен. *«Так вы... вы к нам? Ой как хорошо!» — закричала Августа и обняла Надю. Григорий засмеялся: «На ловца и зверь бежит!»* П. Воронов. В дальней стороне. — *Очень хорошо, что вы пришли, товарищ Дорожин. На ловца, как говорится, и зверь бежит. Я тоже хочу посоветоваться с вами по одному вопросу.* А. Чаковский. У нас уже утро.

Налюбова́ться. ♦ **На Вас (на тебя, на кого, что-л.) нельзя налюбоваться.** ♦ **Не могу на Вас (на тебя, на кого-л., что-л.) налюбоваться.** ♦ **Не налюбуешься.** *Разг.* Очень красивый, очаровательный. Формулы комплимента в адрес собеседника, собеседницы или их близких, а также о том, что им принадлежит.

На мыльце-белильце, на шелковом веничке, малиновом паре! См. Пар.

На нет и суда нет. См. Нет.

На отры́в. *Прост. Экспрессив.* Очень хороший, замечательный, эффектный; замечательно, прекрасно. Похвала, восхищение какой-л. вещью, принадлежащей собеседнику или подаренной им. Употр. в совр. молодёжн. речи. *А день — паршивый какой-то: тёмный, густой — ложку не повернёшь, и Сонькины удивительные очки — «хамелеон» — сегодня совсем прозрачные. «Сонь, дай померить!» — «Мартышка и очки». — «Здоровски, на отрыв».* Т. Горбулина. Улица Коммунарка, чётная сторона.

На пару́, на бане (баньке), на веничках! См. Пар.

Наперёд накорми, а там уж попроси. (♦ **Сначала накорми-напои, а потом и расспрашивай**). *Погов.* Говорится (чаще в шутку) тому, кто с порога приступает к гостю с расспросами. [*«От обычая, не расспрашивать гостя, ни даже об имени его, не накормив и не упокоив».* В. Даль].

Наплюй (на кого-, на что-л.). *Прост.* **Наплю́нь.** *Обл.* Забудь, не думай (о ком или чем-л.). Форма утешения, совета. *«Что ж, Наталья, про мужа не слыхать?» — перебила кашулинская сноха, обращаясь к Наталье. «В Ягодном он...» — тихо ответила та. «Думаешь жить с ним, нет ли?» — «Она, может, и думала бы, да он об ней не понимает», — вмешалась хозяйка. Наталья почувствовала, как горячая до слёз кровь плеснулась ей в лицо. Она склонила над чулком голову, исподлобья глянула на баб и, видя, что на неё все смотрят, сознавая, что краски стыда не скрыть от них, намеренно, но неловко, так, что это заметили все, уронила с колен клубок и нагнулась, шаря пальцами по холодному полу. «Наплюй на него, бабонька. Была бы шея, а ярмо будет», — с нескрываемым сожалением посоветовала одна.* М. Шолохов. Тихий Дон. *Катерина и Иван Африканович, не сговариваясь, остановились у родника, присели на санки. Помолчали. Вдруг Катерина улыбчиво обернулась на мужа: «Ты, Иванушка, чего? Расстроился, вижу, наплюнь, ладно. Эк, подумаешь, самовары, и не думай ничего». — «Да ведь как, девка, пятьдесят рублей, шутка ли...»* В. Белов. Привычное дело. См. также Плюнь.

На погибель тому, кто завидует кому! ⌛ *Прост.* Шутл. тост.

Напоил, накормил и спать уложил (и в баню сводил). ⌛ Шутл. поговорка, употр. при выражении благодарности за гостеприимство.

На поми́н, будто (как) сноп на ови́н. См. Поминать.

На поми́нках, как лиса́ на ови́нках. См. Поминать.

Напрасно беспокоились. См. Беспокоиться.

Наречённый, -ая. (**Наречённый** ⌛). Официально объявленный, признанный таковым, названый. Этикетный эпитет, употр. преимущ. в составе фольклорн. обращений. ♦ **Нареченный жених.** ♦ **Нареченная невеста.** ♦ **Нареченный зять** и др. *Иван и говорит: «Ну, нареченный тесть и нареченная тёща, и ты, нареченная невеста, нельзя откладывать свадьбу, потому что работа не терпит...»* Молодая жена. Сказка. Зап. в 1910. — *Вот, нареченный мой зять и сватушко, принёс я вам пальто, как подойдёт или нет на моего зятя нареченного?* Котома. Сказка. Зап. в 1927. — *Послушай, мой нареченный жених, принеси мне принос бесцельнай, штоб никто не мог мой принос оценить.* Омелюшка. Сказка. Зап. в 1927.

Наслаждение! ♦ Какое наслаждение! ♦ Мы все испытали (испытываем) (огромное, неизъяснимое…) наслаждение! ♦ Вы доставили нам (мне) (величайшее, неизъяснимое, огромное…) наслаждение (своей игрой, своим пением…)! Формулы экспрессив. похвалы, комплимента, употр. обычно образованными людьми при выражении благодарности. *Молодой человек, стоявший около полки и давно уже ласкавший его взором, подошёл к нему. «Я, кажется, имею удовольствие видеть господина Калиновича?» — проговорил он. «Точно так», — отвечал тот. «Я читал вашу повесть с величайшим наслаждением», — прибавил молодой человек. Калинович поблагодарил молчаливым кивком головы.* А. Писемский. Тысяча душ. ♦ **Доставьте нам, (мне) (такое) наслаждение (спойте, сыграйте…).** Формула учтивой комплиментной просьбы.

Наслышан, -а; -ы. ♦ Наслышан/ы, наслышан/ы (о Вас). ⌂ ♦ Много (премного, столько) о (про) Вас наслышан (наслышался). ⌂ ♦ Давно о (про) Вас наслышан/ы. ⌂ Формулы комплиментов, употр. при знакомстве; то же, что ♦ Много о вас слышал (хорошего). См. Слышать. *«Татьяна Борисовна, — заговорила умоляющим голосом гостья, — извините мою смелость; я сестра вашего приятеля Алексея Николаевича К***, и столько наслышалась от него об вас, что решилась познакомиться с вами».* И. Тургенев. Татьяна Борисовна и её племянник. *После службы игумен, подойдя к Потапу Максимычу, познакомился с ним. «Любезненькой ты мой! Касатик ты мой! — приветствовал он, ликуясь с гостем. — Давно была охота повидаться с тобой. Давно наслышан, много про тебя наслышан, вот и привёл Господь свидеться».* П. Мельников (Печерский). В лесах. *Приятель представил Бурнашова, о. Александр воскликнул: «Как же, как же, премного наслышан!» — сгорбленно, шаркающе приблизился, подал крепкую толстую руку.* В. Личутин. Любостай.

Настоятельный, -ая, -ое; -ые. Очень настойчивый. ♦ **Настоятельная просьба.** См. Просьба. *Надеюсь, что и ты, и жена твоя, вы исполните мою настоятельную просьбу.* И. Тургенев. Письмо Я. П. Полонскому, 30 авг. 1882. **Настоятельно,** *нареч.* ♦ **Настоятельно прошу (советую).** Очень прошу (советую). См. Просить. Советовать.

Настоящий, -ая; -ие. Соответствующий всем требованиям, представляющий собой идеал кого-, чего-л. Оценочный эпитет, употр. в составе формул похвалы, комплиментов. — *Настоящэй гусар, молодой человэк, — крикнул полковник, ударив опять по столу.* Л. Толстой. Война и мир. *Поэма настоящая, и Вы — настоящая.* А. Блок. Письмо А. А. Ахматовой, 14 марта 1916. *Всеволод Сергеевич засмеялся. <…> «Понимаю. И, если позволите мне быть с вами откровенным, я вам кое-что скажу. Позволите?» — «Конечно». — «Вы, Саша, безусловно, человек. Настоящий человек! Советский человек! Это не комплимент, а констатация. Это прекрасно — быть настоящим, идейным, советским человеком».* А. Рыбаков. Дети Арбата. — *Ты, Егорыч, настоящий мужчина! Держи, — Алексей Алексеевич протянул Федюнину тёмную мозолистую руку ладонью вверх.* В. Куропатов. Завтра в Чудиновом Бору. *«Сколько вам нужно времени?» — спросил он [начальник] Четунова. «День, если предоставите самолёт», — в тон ему ответил Четунов. «Решено!» — хлопнул тот рукой по столу, поднялся и, обведя повеселевшим взглядом собрание, сказал: — А, каково? Настоящий Четунов!»* Ю. Нагибин. Четунов, сын Четунова.

На сухой лес будь помянуто (от слова не сбудется). См. Поминать (Помянуть).

На том коне сидит. ⌂ *Обл.* Хорошо знает какое-л. дело, специалист. Похвала, одобрение кого-л.

На угощéнье! ⌂ *Прост. и обл.* То же, что ♦ Благодарю (Спасибо) на угощенье. *Наелся-напился Андрюха, как на самом большом празднике либо на свадьбе, ящеркам поклонился: «На угощенье, хозяюшки!» А они сидят обе на скамеечке высоконькой, головёнкамц помахивают. «На здоровье, гостенёк! На здоровье!»* П. Бажов. Две ящерки.

Научи/те (нас, глупых) уму-разуму. ⌂ *Прост.* Почтит. (с оттенком самоуничижения) просьба к высшему по положению дать совет. — *Василий Фадеич! Будь отец родной, яви Божескую милость, научи дураков уму-разуму, присоветуй, как бы нам ладненько к хозяину-то? Смириться бы как?.. — стали* приставать рабочие, в ноги даже кланялись приказчику. П. Мельников (Печерский). На горах.

Начальник. 1. *Прост.* Фамильярн., чаще мужск. обращение подчинённого, посетителя, прохожего к должностному лицу муж. пола. «Это же государственная измена! — воскликнул Умрищев <...>. — За такие кабинеты надо вон с отметкой увольнять!» — «Тише, начальник, — попросил Височковский, — говорите негромко, я вас услышу всё равно». А. Платонов. Ювенильное море. 2. *Жаргон.* (с 1-й половины XX в.). Фамильярн. обращ. заключённых, подследственных (из среды «блатных» и «воров в законе») к следователю, работнику милиции, ИТУ. — *Начальник, — усмехнулся зэк, обращаясь к Сошнину, — ты зачем меня обижаешь? Я достоин более тонкого собеседника.* В. Астафьев. Печальный детектив. *Купцова я увидел в зоне. <...> Он подошёл и, не улыбаясь, спросил: «Как здоровье, начальник?» — «Ничего, — говорю, а ты по-прежнему в отказе?» — «Пока закон кормит».* С. Довлатов. Зона. ♦ **Товарищ начальник.** См. Товарищ. ♦ **Гражданин начальник.** См. Гражданин.

Начистéнько! Обл. То же, что Беленько! Набеленько! «Чаще *Бог помощь!* говорили. Это для всех дел доброе пожелание. А для белья чистого скажут и *начистенько!»* Л. Зорина. «С малиновой речью...».

На чужой (всякий, каждый) **роток не накинешь платок.** *Посл.* ♦ **На чужой рот пуговицы не нашьёшь.** *Посл.* Употр. как формы утешения того, кто расстроен, обеспокоен толками, пересудами, сплетнями о нём или о его близких. «Ну ладно, мать, — сдался сын. — Препятствовать я тебе, конечно, не буду. А всё-таки надо было хоть сказаться. Мало ли что, товарищи могут осудить: скажут, вот погнал старуху мать на работу <...>». — «Ой, да никто так не скажет, кто тебя знает! А на каждый роток не накинешь платок». А. Югов. На большой реке.

Наш брат. ♦ **Наш парень (человек).** *Разг.* Близкий, свой; такой же, как мы, которому можно доверять. Форма одобрения, комплимента (обычно при знакомстве). *А Глеб Иванович глаза вытаращил: «Да разве вы знакомы? Аполлон, ты знаешь его?» — «Ну вот ещё! Наш брат — лошадник».* В. Гиляровский. Друзья и встречи. *Они очутились перед столом секретаря горкома. «Товарищ Кружан! — торжественно и звонко начал Семчик. — Вот мой друг Алексей Гайдаш. Наш парень. Я за него ручаюсь».* Б. Горбатов. Моё поколение.

Наше вам. *Прост. Шутл.* или *фамильярн.* Форма преимущ. мужск. приветствия. Сокращение от ♦ **Наше Вам почтение.** *Его хлопнул по плечу <...> кум мастеровой и весело воскликнул: «Михайлу Нилычу, наше вам!» — «Здорово, кум!»* К. Станюкович. Вестовой Егоров. *Гараська обрадовался. — Наше вам! Баргамоту Баргамотычу!.. Как ваше драгоценное здоровье? — Галантно он сделал ручкой, но, пошатнувшись, на всякий случай упёрся спиной в столб.* Л. Андреев. Баргамот и Гараська. | *[Иван Иванович:] Привет! Наше вам и вашим и нашим достижениям.* В. Маяковский. Баня. ♦ **Наше (Моё) вам наиглубочайшее (нижайшее, всенижайшее).** 1. Форма учтив. или шутл., преимущ. мужск., приветствия. — *Здравствуй, Белостоцкий! лорд Черницкий, наше вам наиглубочайшее, — сказал он, ударив в ладонь господину, лежавшему на диване.* Д. Григорович. Похождения Накатова. *Марья Дмитриевна встала; Сергей Петрович тоже встал и поклонился. «Елене Михайловне наше нижайшее», — проговорил он и, отойдя в угол для приличия, принялся сморкать свой длинный и правильный нос.* И. Тургенев. Дворянское гнездо. *[Ежевикин:] Кстати уж и Ивану Ивановичу Мизинчикову наше всенижайшее. Пошли вам Господь всё, что сами себе желаете. Потому что и не разберёшь, сударь, что сами-то вы себе желаете: молчаливенькие такие-с...* Ф. Достоевский. Село Степанчиково... *Перед Алешиным шёл пожилой мужчина и то и дело поднимал кепку, когда обгонявшие парни здоровались с ним. «Привет, дядя Федя!» — «Дяде Феде моё нижайшее!» — «Здравия желаю, дядя Федя!»* Е. Воеводин. На том стоим. 2. Форма учтив. или шутл., преимущ. мужск., прощания. *И, зевнув во весь рот, [Морковников] протянул руку Никите Фёдорычу: «Приятного сна... Наше вам наиглубочайшее!» — И сонным шагом в каюту пошёл.* П. Мельников (Печерский). На горах. ♦ **Наше вам с кисточкой.** *Прост., шутл.-фамильярн.* — *А-а-а, Маркушин! — растянув губы* в деланной улыбке, тянет председатель. — *Наше вам с кисточкой! Гуляешь?* И. Давыдов. Сегодня мы прощаемся в последний раз. *«Ночевали здорово!» — сказал Иван Африканович. «Ивану Африкановичу наше с кисточкой».* В. Белов. Привычное дело. ♦ **Наше вам сорок одно (с кисточкой).** ♦ **Наше вам сорок одно, да кланяться холодно́.** *Прост., шутл.-фамильярн.* — *Да только это-то выговорила, руку-то, знаешь, поднявши, ему указываю, а он дёрг меня за саквояж. — Наше, — говорит, — вам сорок одно, да кланяться холодно, — да и мах от меня.* Н. Лесков. Воительница. ♦ **Наше вам, ваше нам.** *Прост., шутл.-фамильярн.* *[Порфишка] закачался, встал на ноги и подошёл к товарищам, протягивая им левую руку: «Здрасьте! Наше вам, ваше нам...»* М. Горький. Трое. ♦ **Наше вашим (шляпой машем).** *Прост., шутл.-фамильярное.*

Наше место свя́то! ⚜ *Обл. и прост.* Выражение-оберег, употр. верующими при внезапном возникновении опасности, упоминании в разговоре нечистой силы, чего-либо страшного. *«Так вот что: возьми-ка полтину, а много-много две да и поклонись колдуну, а уж он <...> познакомит тебя с чёртом!» — «Наше место свято, дедушка!» — «Знаю, знаю, Степан, только не мешай мне».* Рассказы о кладах. Зап. П. И. Якушкиным в 1840-х гг. *[Маргаритов:] Ну, уж я про то знаю, каково мне было. Веришь ли ты? Денег нет, трудовых, горбом нажитых, гнезда нет, — жена и так всё хворала, а тут умерла, не перенесла, доверия лишился, (шёпотом) хотел руки на себя наложить. [Дороднов:] Что ты? Наше место свято! Полоумный ты, что ли?* А. Островский. Поздняя любовь.

Нашего полку́ прибыло. *Посл.* Употр. как форма шутл., преимущ. мужск., одобрения, комплимента в адрес новоприбывшего, признание его своим («нашим») человеком в обществе, коллективе. *Услышав, что он студент, Голушкин <...> промолвил: «Славно! славно! Нашего полку прибыло».* И. Тургенев. Новь. *Через минуту Фёдор вынес ей опустевшую сумку, и Мария пошла в Желудевский конец села. Но возле школы её окликнул Бабосов: «Батюшки-светы! Да никак Маша? Сколько лет, сколько зим?» — подошёл, в сером мохнатом пальто, в необъятной кепке, галантно в щёчку* чмокнул. *— Нашего полку прибыло, значит». — «С каких это пор ты записал меня в однополчане?» — Мария насмешливо сощурилась. «Если гора не идёт к Магомету, то Магомет идёт к горе. Не вы ко мне, мадемуазель, а я к вам пошёл. Я! Поскольку время такое — грешно стоять в стороне».* Б. Можаев. Мужики и бабы.

Нашли́ (Нашёл, Нашла) о чём горева́ть (кручи́ниться, пла́кать...)! То же, что ♦ **Есть о чём горевать (кручиниться, плакать...)!**

На этом свете помучаемся (помучимся), на том порадуемся. *Погов.* Употребл. нередко шутл. как форма утешения, ободрения себя и своего собеседника.

На ять. *Прост.* **1.** Очень хороший, прекрасный по своим качествам. Форма похвалы, комплимента в адрес собеседника, его близких или того, что ему принадлежит. [От конфигурации старославянской буквы ѣ, напоминающей жест восхищения, одобрения: сжатую в кулак кисть руки с поднятым вверх большим пальцем. Ср. ♦ **На большой па́лец. Во!**]. *[Шервинский (Елене):] Вы посмотрите на себя в зеркало. Вы красивая, умная, как говорится — интеллектуально развитая. Вообще женщина на ять.* М. Булгаков. Дни Турбиных. **2.** ♦ **На ять** (сделано что-л.). Очень хорошо, прекрасно.

Не, *частица (безударная).* **1.** ♦ **Не** + неопр. ф. глагола + **ли?** Формула ненастойчивого совета, предложения. — *Не поехать ли нам в Кунцево?* — *Не обратиться ли тебе к врачу?* — *Не дать ли вам воды?* и т. п. ♦ **Не хотите (желаете, надо, нужно, угодно, лучше** и т. п.**) ли** + (сущ. в род. пад. или неопр. ф. глагола)**?** Формула вежл. вопросит. обращения к собеседнику с предложением чего-л. или сделать что-л. *Не хотите ли вина, закусить? Не желаете ли сигару? Не угодно ли присесть?* и т. п. *«А не лучше ли вам чего-нибудь съесть, Афанасий Иванович?» — «Не знаю, будет ли оно хорошо, Пульхерия Ивановна, впрочем, чего ж бы такого съесть?»* Н. Гоголь. Старосветские помещики. ♦ **Не** + глаг. изъявит. накл. буд. вр. + **ли?** Формула вежл. вопросит. обращения, мягкой просьбы, предложения. *Не скажете (ли), который час? Не поговорите ли вы с ним? Чайку не выпьете?* ♦ **Не** + глаг. сослаг. накл. + неопр. ф.**?** Формула мягкой вежлив. просьбы, предложения, приглашения. *Не согласились бы вы немного подождать? Не могли бы вы перенести встречу на завтра?* и т. п. **2.** ♦ **Не + глаг. повелит. накл.**, обозначающий проявление отрицательных эмоций. Формула: **а)** Утешения, ободрения собеседника. *Не горюй/те. Не плачь/те. Не расстраивайтесь* и т. п. **б)** Извинения. *Не сердитесь (на меня). Не гневайтесь. Не обессудьте (нас)* и т. п.

Не ахти́ (как). *Разг.* Так себе, похвастаться нечем. Ответ на вопросит. обращ. при встрече: *Как дела? Как жизнь?* и т. п.

Не бери́/те в го́лову. *Разг.* Не обращай/те внимания, не придавай/те значения. Форма утешения, ободрения собеседника. *Пётр, укладывая вещи в сани, как бы между прочим заметил: «Да видел я, как Володька у коновязи ошибался. Друг детства. Он и расстроил тебя… Не бери в голову».* П. Егоров. Личеля.

Не беспоко́йтесь. См. Беспокоиться.

Не бессу́дь/те. ⌛ *Прост. и обл.* Не обессудь/те, извини/те. *«Больше этого, — говорит Пётр Первый, — теперича дать не могу; не бессудьте; казна, вишь, на исходе».* Фольк. Рыжечка. Зап. в XIX в. *Каша съедена, лисица говорит: «Не бессудь, любезный кум! Больше потчевать нечем.* Лиса и журавль. Сказка из собр. А. Н. Афанасьева.

Не бо́йтесь. (Не бо́йся). *Разг.* Форма ободрения, утешения собеседника. *Ольга помертвела, ноги у неё подкосились. «Не бойся, не бойся, — твердил Василий, — положись на меня, я тебя не оставлю… я всё улажу… надейся на меня». Бедная женщина посмотрела на него с любовью…* И. Тургенев. Три портрета. ♦ **Не бойсь.** ♦ **Не боись.** *Прост.* *Они проезжали по Староалексеевской, когда таксист снова обернулся к ним, чуть не бросив руль. Видно, засевшая в голову мысль никак не давала покоя. «Тормоза должны быть в нашем деле и у политиков, — объявил он, багровея. — Но у этой своры не только тормозной — мозговой жидкости нету. И чего я за них голосовал, дурак? Русского человека всё время обманывают». — «Но обмануть до конца не могут, — добавил Гавр. — Вы руль-то не отпускайте, коли взяли в руки. А то перехватят. И в трамвай въедем». — «Не боись, сынок! Домчимся с песней».* А. Трапезников. Романтическое путешествие в Гонконг. **Небо́сь.** ⌛ *Обл.* То же, что ♦ **Не**

бо́йся. — *Небось, милая, — сказал он Лизе, — собака моя не кусается.* А. Пушкин. Барышня-крестьянка. *«Небось! мы не грабители!» — Сказал попу Лука.* Н. Некрасов. Кому на Руси жить хорошо. ♦ **Не бойся никого, кроме Бога одного.** *Погов.*

Не боле́й/те. *Разг.* **1.** То же, что Выздоравливайте. Пожелание больному при прощании. **2.** В составе формул пожелания благополучия. ♦ **Не болейте, не старейте, а с годами (год от года) молодейте!** *Шутл.* ♦ **Живите долго и счастливо, не болейте!** ♦ **Расти большим, счастливым, не болей…** и т. п.

Не бу́дем об э́том. *Разг.* ♦ **Давай/те не будем (больше об этом говорить).** Просьба, предложение, требование к собеседнику не касаться какой-л. темы, прекратить разговор на данную тему из-за невозможности достичь согласия или по другой причине. — *Пап, давай не будем. Зачем разжигать конфликт между поколениями? Мы же договорились <…> друг друга не подсекать.* В. Белов. Над светлой водой.

Не бу́дет (ли) (чего-л.)**?** *Разг.* Формула мягкой ненастойчивой просьбы. ⌧ *Извините, у вас спичек не будет?* См. также ♦ **Не найдётся (ли)?** ♦ **Нет ли?**

Не бу́дете ли Вы так добры́ (любезны) (сделать что-л.)**?.** Формула подчёркнуто вежливой просьбы. Употр. обычно образованными людьми старшего поколения. *Не будете ли вы так добры принять на себя труд нескольких денежных комиссий в Петербурге. Вы бы меня чрезвычайно обязали.* Л. Толстой. Письмо И. И. Панаеву, 8 авг. 1855. См. также: Добрый. Любезный.

Не бу́ду (бо́льше). ♦ **Я (больше) не буду** (делать что-л.). *Разг.* Формы признания своей вины, обещание не повторять подобного впредь. Употр. в сочет. с формами извинения или самостоятельно, как признание своей вины. — *Ну, не взыщите на старике, матушка Марфа Михайловна. Ни вперёд, ни после не буду. А что поначалили меня, за то вам великий поклон.* П. Мельников (Печерский). На горах. *Илье стало грустно. Он походил по двору ещё немного и смело пошёл в подвал. «Примите меня!» — сказал он, подходя к столу. Сердце у него билось, а лицо горело и глаза были опуще-*

ны. Яков и Маша молчали. «Я не буду ругаться!.. ей-богу, не буду!» — сказал Илья, взглянув на них. — «Ну, уж садись — эх ты!» — сказала Маша. А Яков строго добавил: «Дурачина! Не маленький... Понимай, что говоришь...» М. Горький. Трое. — *Да мать твою...* — Он [Фёдор] *хлопнул ладонью по столу и сам испугался, глянув на побледневшую Римму Львовну. — Извините, ради бога, Римма Львовна! Виноват, Маргоша! Больше не буду.* Б. Можаев. Мужики и бабы.

Не будь гостю запасен (запаслив), (а) будь ему рад. *Погов.* Употр. а) как форма совета; б) как форма извинения перед гостем за небогатое угощение. *Извековой прадедовский закон велит всякого пришедшего в дом, хотя бы и незваным, посадить и зачесть дорогим гостем <...>. Запасливость, впрочем, не обязательна; требуется лишь радушие, ласковое слово, добрая беседа: «не будь гостю запаслив, будь ему рад».* С. Максимов. Крылатые слова.

Не будь/те в претензии. ⚇ Форма извинения, то же, что ♦ Не сердитесь. ♦ Не гневайтесь. *Я вам при сем посылаю, Варенька, фунтик конфект; так вы их скушайте на здоровье, да ради Бога обо мне не заботьтесь и не будьте в претензии.* Ф. Достоевский. Бедные люди.

Неважно. *Разг.* Ответ на вопросит. обращ. при встрече: Как жизнь? Как дела? Как успехи? и т. п.

Не вдавайся в тоску́. *Прост.* Не расстраивайся. Форма утешения собеседника. — *А ты не вдавайся в тоску, Пётр Савельевич, может быть, ничего и не случится.* А. Платонов. Старый механик.

Не везёт в картах (в игре), повезёт в любви. *Разг.* Шутл. форма утешения, ободрения собеседника, огорчённого проигрышем в карточной игре. (♦ **Несчастлив в игре, так счастлив в любви**). [От существующего поверья].

Не вели казнить, прикажи говорить. См. ♦ Не прикажи казнить, прикажи слово молвить.

Не вернёшь (кого, что-л.). ♦ **Не вернуть** (кого, что-л.). ♦ **Пропавшее не вернёшь (не вернуть).** Ничего уже изменить нельзя, надо смириться. Формы утешения того, кто потерял родных, близких, безвозвратно утратил что-л. *Тётя стояла рядом, тоже плакала и тихонько говорила: — Петя, сынок, что же сделаешь?.. Что же теперь сделаешь? Перестань, сынок, люди услышат, перестань. Их теперь не вернёшь...* В. Шукшин. Любавины.

Не верь (чужим) речам, (а) верь (своим) очам. *Погов.* Употр. как форма совета. — *Что я там, над той праховой землёй, ему в ухо говорила, по порядку и не припомнить. Говорила: не верь, мол, пустым речам, верь своим очам!* Г. Николаева. Рассказы бабки Василисы про чудеса. Ср.: ♦ **Не всякому слуху верь.**

Неве́стушка, -и. *Прост.* Ласк. обращение к невестке. [Невестка — замужняя женщина по отношению к родным её мужа: отцу, матери, братьям, сёстрам, жёнам братьев и мужьям сестёр]. — *Ну, так ты нам скажи, невестушка,* — *говорила бабушка,* — *что твои детки едят.* С. Аксаков. Детские годы Багрова-внука. — *Так, невестушка, так, милая,* <...> — *повторял старик, глядя на неё любящими глазами.* Д. Мамин-Сибиряк. Хлеб. *И полюбилась кроткой датчанке мужнева мать: «Джон, останемся тут! Здесь такие добрые люди». Аграфена веселится: «Вери гуд, невестушка. Где лодья ни рыщет, а у якоря будет».* Б. Шергин. Ваня Датский.

Не вешай голову (нос). *Прост.* Не унывай, не горюй, не отчаивайся. Форма дружеск. ободрения, утешения. *«Нравится,* — *не сразу ответил Пашка.* — *Но, по-моему, пустые хлопоты».* <...> — *«Но ты не вешай голову»,* — *посоветовал он [Иван] Пашке.* В.Шукшин. Любавины. *«Не вешай нос, друг! Пойдём, да?»* — *«Куда?»* — *«На пристань, промочим горло».* В. Белов. Целуются зори... ♦ **Не вешай головушку на праву (на леву) сторонушку.** ⚇ *Погов.* Шутл. ободрение.

Не взыщи́/те. ♦ **Не взыщи/те за...** ♦ **Не взыщи/те, что...** *Разг.* ♦ **Не взыщи/те на мне (с меня)...** ⚇ *Прост.* Будьте снисходительны, не обессудь/те. Формы извинения или вежливого отказа. *Базаров <...> ещё раз наскоро обнялся с отцом и представил ему Аркадия. — Душевно рад знакомству,* — *проговорил Василий Иванович,* — *только уж вы не взыщите; у меня здесь всё по простоте, на военную ногу.* И. Тургенев. Отцы и дети. *Нет у бедного*

Гроша медного: «Не взыщи, солдат!» — «И не надо, брат!» Н. Некрасов. Кому на Руси жить хорошо. — Однако ж я отдохнул и мне пора идти, — сказал он, услышав над хозяйскою комнатой опять какое-то движение. — Прощайте, благодарю вас, извините, не взыщите за беспокойство. В. Даль. Павел Алексеевич Игривый. *Да не взыщите на мне, маточка, за то, что я вам такое письмо написал...* Ф. Достоевский. Бедные люди. — *Ты не взыщи с меня, что встречаю я тебя в таком одеянии,* — прибавил отец Тарасий, указывая на свою свитку, всю вымоченную водой. П. Мельников (Печерский). На горах. *За растрёпанность письма не взыщите — и за бессвязность.* А. Блок. Письмо Е. П. Иванову, 15 июня 1904. ♦ *Пожалуй, ищи; а как нет, так не взыщи.* ♦ *Обыщи, а не найдёшь, не взыщи.* Погов. (В. Даль.)

Не вини́/те (меня, за...). *Разг.* Форма извинения, употр. обычно при оправдании. ☞ *Ну не вини меня слишком строго! Я ведь не знал, что ты приедешь.* ♦ **Прошу не винить (меня) (за...).** *Вежл. или учтив.* (*Входит Галецкий. Он взволнован. Нервен даже.*) [Галецкий:] *За опоздание прошу не винить. День сегодня... пёстренький. Хозяин дома не нашёлся?* [Ковалёв (резко):] *Ещё не приходил.* А. Арбузов. Вечерний свет.

Не вмени́/те во грех. ⌛ *Прост.* Форма извинения за оплошность, нечаянный проступок. *Глаза Манефы так и горели. Всем телом дрожала Аркадия. — Прости, Христа ради, матушка,* — едва слышно оправдывалась она, творя один земной поклон за другим перед пылавшею гневом игуменьей. — <...> *Прости, Христа ради — не вмени оплошки моей во грех.* П. Мельников (Печерский). В лесах.

Не возражаете? См. Возразить (Возражать).

Не волнуйтесь. (♦ Не волнуйся). Форма утешения, успокаивания собеседника. *Учитель русского языка Пивомедов, стоявший в передней Х-го уездного училища вместе с Фендриковым и снисходительно куривший его папиросу, пожал плечами и успокоил: «Не волнуйтесь. У нас и примера не было, чтоб вашего брата на экзаменах резали».* А. Чехов. Экзамен на чин. [Марина (она очень возбуждена):] *Только не говори никому, Коля, умоляю — не говори!* [Коля:] *Марина, не волнуйся!.. Ты успокойся, ну прошу тебя! Мы только маме скажем, посоветуемся.* В. Розов. В поисках радости.

Не в похвальбу́ сказать, не в уко́р помяну́ть. *Вводн. Разг.* Оговорка, которую говорящий произносит, чтобы не показаться нескромным, перед тем как рассказать эпизод из своей жизни, где кто-л. из общих знакомых проявил себя в сравнении с ним не с лучшей стороны.

Не всем больши́м под святыми сиде́ть. ⌛ *Посл.* Не всем достойным людям достаются в равной мере слава и почёт. Форма утешения, ободрения того, кто незаслуженно обойдён вниманием. [От обычая сажать почётного гостя в красный угол, под образа, «под святые»].

Не всем казака́м в атама́нах быть. ⌛ *Посл.* Все не могут быть начальниками. Форма утешения, ободрения того, кто вопреки ожиданиям не продвинулся по службе, не занял руководящий пост.

Не всем чернеца́м в игу́мнах быть. ⌛ *Посл.* То же, что ♦ **Не всем казака́м в атама́нах быть.**

Не всё ненастье, прогля́нет и солнышко. *Посл.* Невзгоды не вечны, придёт и удача. Форма утешения, ободрения.

Не в слу́жбу, а в дру́жбу (сделай/те что-л.). См. Дружба.

Не вспоя́, не вскормя́, во́рога не уви́дишь. ⌛ *Посл.* Случается, бывшие друзья, близкие люди становятся врагами. Говорится в утешение тому, кто огорчён неблагодарностью, вероломством близкого человека, которому в прошлом не раз оказывал благодеяние, услуги.

Не вся́кая вина́ винова́та. *Посл.* То же, что ♦ **Не всякое лыко в строку.**

Не вся́кое лы́ко в строку́. *Посл.* **1.** Не следует ставить в вину всякую оплошность, необдуманное слово, проступок. Форма оправдания при извинении; просьба к собеседнику быть снисходительнее, не судить слишком строго. — *Крут я сердцем, да отходчив, Леонид. Да... Ты мне приглянулся с первого разу, а что я посердитовал тогда, так не всякое лыко в строку.* Д. Мамин-Сибиряк. Братья Гордеевы. — *Что он скажет или сделает не так, не по-твоему,* — промолчи, не всяко лыко в строку: не всяка вина виновата. С. Аксаков. Семейная хроника. **2.** Не всегда всё задуманное получается удачно, случаются и неудачи. Форма утешения. — *Что, батюшка, сорвалось? — встретил он Кольцова. — Ну, что ж делать? Не всякое лыко в строку...* Н. Гарин-Михайловский. Вариант. [Пословица отражает процесс изготовления крестьянами лаптей и др. изделий из *лыка* — длинных полосок из внутренней части коры молодых лиственных деревьев. Для лаптей отбирались ровные, без дефектов, полоски лыка. *Строка* — каждый ряд сплетённого лыка].

Не всякая пуля в кость да в мясо (иная и в поле). ⚡ *Погов.* Не всех на войне убивают и ранят; случается, живыми и невредимыми остаются. Говорится в утешение, ободрение тому, кто отправляется на войну, или провожающим его.

Не всякому слуху верь. *Погов.* Употр. как форма совета, утешения по отношению к тому, кто огорчён неприятными для него сведениями, достоверность которых пока не установлена.

Не в тете́рином гнезде родился. *Прост. Шутл.* форма похвалы, комплимента. — *А я разве чего говорю. Натолий — спаситель наш. И ты, наш председатель, не в тетерином гнезде родился,* — умасливала баба Женя. В. Куропатов. Завтра в Чудиновом Бору.

Не Вы (ты) первый, не Вы (ты) последний. *Разг.* Такое со многими случалось и со всяким может случиться. Форма утешения. *«Полно врать пустяки, — сказала ему капитанша, — ты видишь, молодой человек с дороги устал; ему не до тебя <...>. А ты, мой батюшка, — продолжала она, обращаясь ко мне, — не печалься, что тебя упекли в наше захолустье. Не ты первый, не ты последний. Стерпится, слюбится».* А. Пушкин. Капитанская дочка. *К кому старушка ни обратится, все ей в одном роде советуют: «Ах, сударыня, и охота же вам! Бросьте лучше! Нам очень вас жаль, да что делать, когда он никому не платит... Утешьтесь тем, что не вы первая, не вы и последняя».* Н. Лесков. Старый гений. *Сторож переменил тон. На его лице мелькнула улыбка, выражавшая сожаление и вместе с тем насмешку: «Что ж делать, барин! Не вы первый, не вы последний! Трудно только вам бу-*

дет с непривычки...» В. Гиляровский. Трущобные люди.

Не выдай. ⚡ *Прост. Экспрессив.* Просьба, мольба о помощи. *Конец приходит старику. «Степанушка, родной, не выдай, милой!» — Из-под медведя он взмолился Батраку.* И. Крылов. Крестьянин и работник. *Помещик возвращается С охоты. Я к нему: «Не выдай! Будь заступником!»* Н. Некрасов. Кому на Руси жить хорошо.

Не выросла та яблонька, чтоб её черви не точили. *Посл.* Употр. как форма утешения того, кто жалуется на свои болезни.

Не гневайтесь. (♦ Не гневайся). ⚡ *Прост.* Форма извинения, употр. обычно по отношению к старшему по возрасту, положению. *Маша испугалась, вспомнила приказание матушки и, громко рыдая, бросилась целовать её руки. «Бабушка-сударыня! — говорила она, — не гневайтесь на меня; я так рада, что опять вас увидела!»* А. Погорельский. Лафертовская маковница. *Парень подбежал к нему и, переводя дух, улыбаясь, сказал: «Таня наказала вам передать на дорогу. — Он подал Алмазову кусок сала и край хлеба. — Вы уж извините, не гневайтесь»,* — сказал он и поглядел Алмазову прямо в глаза... И. Соколов-Микитов. Пыль.
♦ **Не изволь/те гневаться.** *Учтив.* К высшему по положению. См. Изволить.

Не говори́/те. (♦ И не говори/те). *Прост.* **1.** Форма выражения согласия, солидарности с мнением собеседника: действительно, вот именно, так-так. Употр. чаще в женск. речи. *[Матрёна:] Маялась ты, маялась, сердечная, век-то свой с немилым, да и вдовой с сумой пойдёшь. [Анисья:] И не говори, тётка. Изныло моё сердце, и не знаю, как быть, и посоветовать не с кем.* Л. Толстой. Власть тьмы. **2.** Плохо. Лучше и не спрашивай. Ответ на вопросы при встрече: Как дела? Как жизнь? Как здоровье? и т. п. *Степановна слушала и тоже успевала говорить: «А я, матушка, уж давно к вам собиралась-то, а тут, думаю, дай-ко схожу попроведаю». — «Дак какова здоровьем-то?» — «И не говори, Евстольюшка, две неделюшки вылежала, и печь не могла топить, вот как руки тосковали...»* В. Белов. Привычное дело. ♦ **И не говори, кума, у самой муж пьяница.** *Прост. Шутл.* мужск. ответ, выражающий согласие с мнением собеседника.

Не горю́й/те. *Разг.* Форма утешения, ободрения. *«Ввек тебя я не забуду: Ты найдёшь меня повсюду, А теперь ты воротись, Не горюй и спать ложись».* А. Пушкин. Сказка о царе Салтане... *«Прощаюсь с вами в последний раз, бесценный мой, друг мой, благодетель мой, родной мой! Не горюйте обо мне, живите счастливо, помните обо мне, и да снизойдёт на вас благословение Божие!»* Ф. Достоевский. Бедные люди. — *А мы его добудем. Ты, Вощев, как говорится, не горюй.* А. Платонов. Котлован. *И сказал сержант спроста: «Вот что значит парню — счастье, Глядь — и орден, как с куста!» Не промедливши с ответом, Парень сдачу подаёт: «Не горюй, у немца этот Не последний самолёт...»* А. Твардовский. Василий Тёркин. *«А я вот думаю: если придётся тут зимовать, то ни дров у меня, ни картошки, ни капусты...» — «Не горюй, Лизавета. А мы-то на что? Подмогнём»,* — *утешил Семён Григорьевич.* В. Куропатов. Завтра в Чудиновом Бору.

Не грусти́/те. Форма утешения, ободрения. *Я получил твоё письмо, душенька моя Анет, через кн. Волконскую. <...> Не грусти, моя милая: я приеду, я постараюсь приехать к вашему выпуску.* Н. Гоголь. Письмо А. В. и Е. В. Гоголь, 15 окт. 1838. *«Ах Варенька, Варенька! вы не грустите; слезами горю помочь нельзя; это я знаю, маточка моя, это я на опыте знаю».* Ф. Достоевский. Бедные люди. *Целую тебя, родная моя. До скорой встречи. Не грусти и постарайся не очень ослабеть физически.* А. Фадеев. Письмо А. В. Фадеевой, 9 авг. 1942.

Не губи́/те. *Прост.* То же, что ♦ **Не погуби́/те.** *[Миловидов:] Ведь тебя теперь повесить за это мало! Ну, да вот я с мужем поговорю: он тебя рассудит по-своему. [Евгения:] Не губи! Ради Бога, не губи! Лучше возьми убей меня из своих рук, только мужу не говори.* А. Островский. На бойком месте.

Не дай Бог (Господь, Господи). *Разг.* Оберег, пожелание избежать чего-л. крайне нежелательного. *Посмотрим, как-то наш Сашка будет ладить с порфирородным своим тёзкой. <...> Не дай Бог ему идти по моим следам, писать стихи да ссориться с царями!* А. Пушкин. Письмо Н. Н. Пушкиной, 20—22 апр. 1834. ♦ **Не дай Бог греха.** *Прост.* и *обл.* *На другой день, не успевши помереть, дед Щукарь уже ковылял по хутору и каждому встречному рассказывал, как в гости к нему приходили Давыдов с Нагульновым <...>. «Лечись, говорят, дедушка, а то, не дай Бог греха, помрёшь, и мы пропадём без тебя!»* М. Шолохов. Поднятая целина.

Не держи́/те зла (на меня). *Прост.* Не сердитесь, не обижайтесь. Форма извинения. *«Парень! — позвал он, тормоша Анатолия. — Парень!» — «Что?» — «Я уж думал... уснул, — сказал Прон. — Да ты бы и поспал. Или не спи, поговорим. Ты уж на меня зла не держи, что так вышло».* В. Крупин. Ямщицкая повесть. ♦ **Я на Вас (на тебя) зла не держу.** *Прост.* Формула примирения; примирительный ответ на извинение.

Не до́рог пода́рок, до́рого внима́ние. ♦ **Не дорог подарок, дорога (Ваша, твоя) любовь.** *Разг.* Комплимент при выражении благодарности за подарок. *И при передаче ей подарков [графиня] сказала другие привычные слова: «Не дорог подарок, дружок, — спасибо, что меня, старуху, даришь...»* Л. Толстой. Война и мир.

Не доса́дуй/те (на меня). *Разг.* Не сердитесь, не обижайтесь. Форма извинения. *Мне так совестно, что всё вас мучаю моими комиссиями. Вот и третьего дня вы целое утро бегали. Но что делать! У нас в доме нет никакого порядка, а я сама нездорова. Так не досадуйте на меня, Макар Алексеевич.* Ф. Достоевский. Бедные люди.

Недосо́л на столе́, а пересо́л на спине́. *Посл.* Употр. как шутл. ответ, оправдание на замечание, что кушанье недосолено. *«А вот у нас есть о соли своя пословица, что «недосол на столе, а пересол на спине». <...> Недосоленное присолить можно, а за пересол наказывают».* Н. Лесков. Полунощники.

Не дрейфь. *Прост.* Дружеск. или фамильярн. форма утешения, ободрения собеседника. То же, что ♦ **Не трусь.** Употр. преимущ. в мужск. речи [первонач. в речи моряков]. *«Как мне плохо без тебя! Как же мне плохо!» — «Держись, старуха! Не плачь и не дрейфь!» — «Ты меня любишь?» — «Обожаю». — «Я тебя тоже».* В. Сидур. Пастораль на грязной воде.

Не ду́май/те об э́том. *Разг.* Форма утешения того, кто переживает, огорчён чем-л., по мнению адресанта, не очень существенным. Употр. нередко в сочет. с др. формами утешения: *пустяки, ерунда, стоит ли расстраиваться! забудьте об этом* и т. п.

Недурно́й, -а́я, -о́е; -ы́е; -рён, -рна́, -рно́; -рны́. Довольно хороший, неплохой, вполне приемлемый. В знач. определения или сказуем., употр. в составе формул сдержанной, преимущ. мужск., похвалы. *[Ипполит:] Я жениться хочу. [Ахов:] Дело недурное; только ведь хорошую за тебя не отдадут.* А. Островский. Не всё коту масленица. — *Недурные вещицы обретаются на вашем дворе,* — *игриво сказал ротмистр.* К. Федин. Первые радости. **Неду́рно,** *нареч.* ▱ *Недурно написано, недурно.* ∥ Безл., в знач. сказуем. ▱ *А у вас тут очень даже недурно.* **Неду́рственный.** *Разг., шутл.* То же, что Недурно́й. **Неду́рственно.** *Разг., шутл.* То же, что Неду́рно. *[Вера Иосифовна] читала о том, чего никогда не бывает в жизни, и всё-таки слушать было приятно, удобно, и в голову шли всё такие хорошие, покойные мысли, — не хотелось вставать. — Недурственно...* — *тихо проговорил Иван Петрович.* А. Чехов. Ионыч.

Не жёвано летит. *Прост.* Шутл. ответ на пожелание ♦ Приятный аппетит! ▱ *[Мужчина зашёл к соседу:] «Приятный аппетит!»* — *«Не жёвано летит. Спасибо, садись со мной»* (1991).

Не желаете (ли) (чего-л., сделать что-л.)? См. Желать.

Не́жный мой. ♦ **Не́жная моя.** Ласк., интимн. обращение к возлюбленному (возлюбленной).

Не жури́тесь. (♦ **Не жури́сь**). Обл. и прост. Форма дружеск. ободрения, утешения; то же, что ♦ Не горю́й/те. ♦ Не пережива́й/те. ♦ Не уныва́й/те. *Старик вышел, а Юрка взял веник и стал подметать. «Хорошо в деревне?» — спросил он. «Хорошо. Только скучно». — «Ну, это ты... не понимаешь. Разве там скучно? Это ты один там оказался, поэтому тебе показалось скучно. А так-то там не скучно». — «Может быть. Мне здесь больше нравится». — «Ну, конечно, — согласился Юрка. — Хорошо, что ты приехал». — «Я там скучал без вас», — признался и Витька. «Мы тоже тебя тут вспоминали...» Вошёл старик. «Вот и медок. Сейчас... загуляем, запьём и ворота запрём.*

Не журись, ребяты, — *не пропадём!»* В. Шукшин. Позови меня в даль светлую.

Незабу́дочка (мой, моя). *Нар.-поэт.* Ласк., интимн. обращ. к возлюбленному, возлюбленной. ▱ *Добрый день, весёлый час, Счастливая минуточка! Здравствуй, аленький цветочек, Коля-незабудочка.* Частушка. ♦ **Незабу́дный мой.** ♦ **Незабу́дная моя.** *Обл.*

Не забу́ду (век, до самой смерти, никогда...) (Ваших благодеяний; Вашей доброты; всего, что Вы для меня сделали...). См. Забыть (Забывать).

Не забыва́й/те (нас, меня). См. Забыть (Забывать).

Не заде́рживаю Вас. Я Вас больше не задерживаю. ♦ Не смею больше Вас задерживать. См. Задерживать.

Не́ за что. *Разг.* 1. ♦ **Не за что** (меня благодарить). Ответ на благодарность, часто имеющий целью принизить говорящим значимость своей услуги, оказать которую ему якобы не составило никакого труда. *[Платон:] Очень, очень премного вам благодарен. [Мавра Тарасовна:] Не за что, миленький.* А. Островский. Правда — хорошо, а счастье лучше. *Взяла я деньги и говорю: «Благодарствуйте,* — *говорю,* — *Леканида Петровна». Уж «вы» ей, знаешь, нарочно говорю. «Не за что-с»,* — *отвечает, а сама и глаз на меня даже с работы не вскинет...* Н. Лесков. Воительница. *Коля потрогал пуговицу и сказал, что пришита хорошо, большое спасибо. «Не за что»,* — *ответил полковник и разрешил обратиться по форме.* В. Росляков. Один из нас. ▱ *[Беседуют две женщины-соседки:] Спасибо тебе большое! Я так тебе обязана!»* — *«Да брось ты! Не за что! Чего для хорошего человека не сделаешь»* (1992). **2.** ♦ **Не за что** (извиняться). Утешительный ответ на извинение. *Успенский застал её за чтением тетради. Она оторвалась от чтения и залилась краской. «Ради Бога, извини. Я думала, ты готовишься к урокам и выписываешь истории».* — *«Извиняться не за что. Правильно сделала, что прочла. Для этого и написано мной».* Б. Можаев. Мужики и бабы.

Не знаю, как Вас и благодарить. См. Благодарить.

Не знаю, что и сказать (Вам, тебе). *Разг.* Так себе; скорее неважно, чем хорошо. Ответ на обычные вопросы при встрече: Как дела? Как живёте? Как здоровье? и т. п.

Не знаю, что бы я без Вас (тебя) делал! ♦ Я даже не представляю, что бы я без Вас (тебя) делал! *Экспрессив.* Формулы благодарности. *[Люся] Притянула за руку Анну Павловну и шепнула: — Анна Павловна, милая! Я вам так благодарна за вашу всегдашнюю заботу обо мне! Я не представляю, что бы я без вас делала. В. Вересаев. Невыдуманные рассказы.*

Не извольте (беспокоиться, гневаться, огорчаться, отчаиваться, сомневаться...). См. Изволить.

Неизме́нный, -ая, -ое; -ые. Постоянный в своих чувствах, доброжелательном отношении; верный, преданный. Этикетный эпитет, употр. в составе формул комплиментов, комплиментных обращений. *Ты был целителем моих душевных сил; О неизменный друг, тебе я посвятил И краткий век, уже испытанный судьбою, И чувства, может быть, спасённые тобою! А. Пушкин. Чаадаеву.* ♦ **С неизменным уважением (почтением...) (остаюсь Ваш...)** (подпись адресанта). ♦ **С чувством неизменного уважения (остаюсь Ваш)** (подпись адресанта). ♦ **Прошу принять уверение в неизменном (к Вам) уважении (неизменной преданности...)** (подпись адресанта). ⌛ ♦ **Ваш неизменный** (подпись адресанта). ⌛ ♦ **Неизменно Ваш** (подпись адресанта). ⌛ Заключительные формулы вежливости, эпистолярные комплименты. *Будьте здоровы и веселы и считайте все дни не иначе как именинами, в которые должны находиться всегда в весёлом расположении духа. / Ваш неизменный сын / Н. Гоголь. Н. Гоголь. Письмо М. И. и М. В. Гоголям, 19 сент. 1831.*

Не квась глаза. *Прост.* Форма утешения плачущего, близкого знакомого, родственника, младшего или равного по возрасту. ▭ *[Студентка (подруге):] Ну что ты, Танька, не реви, не квась глаза... Ерунда какая! Подумаешь, завтра же помиритесь... (1992).*

Не к ночи будь помя́нут. См. Поминать (Помянуть).

Не кручи́нься. ⌛ *Прост.* Форма утешения. *Вот жена и говорит: «Не кручинься, Ванюшка, не печалься, это не служба, а службишка. Ложись спать, утро вечера мудренее». Про Ива-* на-пастушка. Сказка. Зап. в 1937. *Гриша́ня <...> крутил головою, не зная, как ловчее подступиться к другу, чем утешить. — Ты не кручинься, Фёдорович. — Мужик жевал губами, подыскивая верное слово. — Всё лабуда. Я знаю. Ты, главное, не тужи. Бог дал, Бог взял. — Гришаня сипел, хрипло прочищая горло. В. Личутин. Любостай.*

Не круши́ себя (♦ **Не круши́ся**). ⌛ *Прост. и обл.* То же, что ♦ Не кручинься. ♦ **Не горю́ю.** *[Князь:] Несчастная! как быть? хоть для него Побереги себя; я не оставлю Ни твоего ребёнка, ни тебя. Со временем, быть может, сам приеду Вас навестить. Утешься, не крушися. Дай обниму тебя в последний раз. А. Пушкин. Русалка. — Полно... не круши себя, — говорил Пантелей, гладя морщинистой рукой по кудрям Алексея. — Не ропщи... Бог всё к добру строит: мы с печалями, он с милостью. П. Мельников (Печерский). В лесах. [Иван Сидоров (Муромскому):] Не крушися, мой отец, — ей, не крушися; всё в руках Господних! А. Сухово-Кобылин. Дело.*

Неловко. Стыдно, стеснительно, неудобно. ♦ **Мне очень (так) неловко, но...** ♦ **Я чувствую себя (крайне, очень) неловко, что...** ♦ **Неловко получилось...** Формулы косвенного извинения. *Возможной длительности этого ада и касался третий, главный Полин вопрос. <...> — Мне очень неловко отрывать вас от занятий, но... я спросить хотела: сколько же продлится этот ужас... полтора, три месяца? Л. Леонов. Русский лес.* ▭ *Простите, мне очень неловко... Не могли бы вы одолжить мне тысяч десять-пятнадцать?.. Зарплату, знаете, задерживают... (1996).*

Нельзя ли (чего-л.; сделать что-л.)? Формула вежл. просьбы. *Также вы писали про одну новую балладу и про Пушкина поэму «Онегина»; то прошу вас, нельзя ли мне и их прислать. Н. Гоголь. Письмо В. А. и М. И. Гоголям, 1 окт. 1824. «А нельзя ли чаю со сливками?» — «Извольте, сейчас». И. Тургенев. Контора. Кичунов грозно нахмурил брови: «Как же это его без сознания причащать? Священник не станет». — «Пожалуйста, уж будьте добры! Нельзя ли?» В. Вересаев. Невыдуманные рассказы.*

Не любо — не слушай, (а врать не мешай). *Погов.* Шутл. или грубовато-шутл.

реплика в адрес того, кто в компании перебивает говорящего, выражая недоверие, несогласие.

Не могу. (♦ *Я не могу.* ♦ *Никак не могу*). Формы отказа, отрицательные ответы на просьбу. Для смягчения категоричности часто употр. в сочет. с модальными словами *к сожалению, к несчастью,* формами извинения: *простите, извините,* а также в составе усложнённых формул ♦ **С удовольствием бы, но (никак) не могу.** ♦ **Охотно бы, но не могу.** ♦ **Всей бы душой (рад был), но не могу.** ♦ **Не хотелось бы Вас огорчать, но не могу.** ♦ **Мне очень жаль, но не могу** и т. п. *[Несчастливцев:] Так не дадите [денег]? [Гурмыжская:] Извини, мой друг, не могу.* А. Островский. Лес.

Не могу знать. ▨ *Воинск.* Уставный отрицат. ответ на вопросит. обращ. старшего по чину, званию. Употр. чаще с офиц. обращением. *«Сознавайся, кто ещё в комячейке?» — «Не могу знать, господин полковник».* Б. Савинков. Конь вороной. *«Генерал Бойко приказал доложить вам, что сюда, в нашу полосу, начинает прибывать стрелковый корпус, который намечено передать в состав нашей армии». — «С этого бы и начинали! Какой корпус? Кто командир?» — весело спросил Серпилин <...>. — «Не могу знать, товарищ командующий».* К. Симонов. Живые и мёртвые. ‖ ▨ *Учтив.* Отрицательный, (преимущ. мужск.) ответ на вопросит. обращ. высшего по положению. *«Ты, однако же, не сделал того, что я тебе говорил, — сказал Ноздрёв, обратившись к Порфирию и рассматривая тщательно брюхо щенка, — и не подумал вычесать его?» — «Нет, я его вычёсывал». — «А отчего же блохи?» — «Не могу знать».* Н. Гоголь. Мёртвые души. *«А змея не видать?» — «Нет, ваше высокоблагородие, не видать». — «Отчего же?» — «Да не можем знать. Кто его знает?»* Н. Успенский. Змей. *Николашка поднял вверх голову, вытянул шею и задумался. — Не могу знать, ваше высокоблагородие, — сказал он. — Был выпимши и не помню.* А. Чехов. Шведская спичка.

Не могу ли я (узнать, попросить, спросить, видеть кого-л.)? ♦ **Не можете ли Вы** (сделать что-л.)? См. **Мочь.**

Ненаглядный, -ая, -ое; -ые. Любимый, дорогой, желанный. Эмоционально-оценочный эпитет, употр. (часто с местоим. *мой, моя, моё, мои*) в составе ласк., интимн. обращений к близкому, любимому человеку; возлюбленному, возлюбленной. ▭ *Ненаглядная моя Машенька.* ▭ *Мой дружок ненаглядный.* ▭ *Ненаглядное ты моё солнышко* и т. п. *— Агеюшко! Голубчик ты мой ненаглядный, — заговорила Филицата Никаноровна, с робкою и молящею нежностью заглядывая ему в глаза, — послушай меня, старуху. Ради прежнего времечка, послушай. Слышишь, родненький?..* А. Эртель. Гарденины. ‖ ♦ **Ненаглядный мой.** ♦ **Ненаглядная моя.** *В знач. сущ.* Ласк., интимн. обращ. *Конечно, вы счастливы теперь будете, маточка, в довольстве будете, моя голубочка, ясочка моя, ненаглядная вы моя, ангельчик мой, — только вот, видите ли, Варенька, как же это так скоро?..* Ф. Достоевский. Бедные люди. *Спасибо тебе, моя ненаглядная, за твоё письмо, которое я ждал с таким нетерпением.* А. Бородин. Письмо Е. С. Бородиной, 7 июля 1866. *[Тузенбах (Ирине):] Через час я вернусь и опять буду с тобой. (Целует ей руки.) Ненаглядная моя...* А. Чехов. Три сестры. **Ненагляден,** -дна; -дны. *Обл.* Красивый, очаровательный. Употр. в функции сказуем. в составе формул комплиментов. *В антракт осмелел: «Не угодно пройтись в фойе?» — «С кем имею честь?» — «Такой-то». — «Марья Ивановна Кярстен». И в слове и в походке она мне безумно нравится. У ей всё так, как я желаю. «Что на меня зорко глядите?» — «Очень вы, Марья Ивановна, ненаглядны. Только во взорах эка печаль...»* Б. Шергин. Митина любовь. **Ненагляд,** *м. Обл., фольк.* Милый, дорогой человек. ▭ *Мой-ет милый ненагляд, Красоты в лице нисколько, Любил девушку недолго.* СРНГ. **Ненагляда,** *м. и ж. Обл., фольк.* Милый, дорогой; милая, дорогая. (Даль. СРНГ. **Ненаглядик,** *м. Обл., фольк.* Милый, дорогой человек. ▭ *Садик ты, садик-виноградик! Ой, ты миленький дружочек-ненаглядик!* Песня. СРНГ. **Ненаглядище,** *ср. Обл., фольк.* ▭ *Ах, ты моё ненаглядище!* СРНГ. **Ненаглядка,** *ж. Обл.* Ласк. обращ. к человеку, животному. ▭ *И внучку назову ненаглядкой, и скотину — се одно. Какой-нидь идет телочик: «У, ненаглядка моя!»* СРНГ. **Ненаглядник,** *м. Обл.* Ласк. Милый, дорогой. **Ненаглядничек,** *м. Обл.* Ласк. Милый, дорогой (обращение к ребенку). **Ненагля́дочка**, ж. Обл., фольк. Уменьш.-ласк. к Н е н а г л я д а. ⬚ *Скоро нас с тобой разлучат, моя ненаглядочка.* СРНГ. **Ненагля́дышек.** Обл. То же, что Н е н а г л я д н и ч е к.

Не на́до (Не нужно) (грустить, горевать, переживать, печалиться, плакать, отчаиваться...). Формула утешения (с оттенком необходимости, долженствования). — *Прокатилов — сила! — начала компания утешать Стручкова. — Час у твоей посидит, да зато тебе... десять лет блаженства. Фортуна, брат! Зачем огорчаться? Огорчаться не надо.* А. Чехов. На гвозде. — *Милая, не надо предаваться отчаянию: не всем же обладать талантами...* Л. Леонов. Русский лес. — *Не надо нервничать, мой друг, — Врач стал чуть-чуть любезней, — Почти у всех людей вокруг Истории болезней.* В. Высоцкий. История болезни. ♦ **Не надо (Не надобно, Не нужно) ли Вам (тебе)** (чего, кого-л.)? Разг. Формула предложения: не хотите ли? не желаете ли? ⬚ *Не нужно ли тебе второго одеяла, здесь у нас по ночам прохладно бывает.* ⬚ *Тётенька, вам котёнка не надо?* ⬚ *Помощь не нужна?* ⬚ *Помощников не нужно?* и т. п. ⬚ [Молодой человек пытается познакомиться:] — *Девушка, вашей маме, случайно, зять не нужен?* (1997).

Не найдётся (ли) (у Вас, у тебя) (чего-л.)? Разг. Формула мягкой, ненастойчивой просьбы. ⬚ *Извините, у вас спички не найдётся?* ⬚ *Закурить не найдётся?* ⬚ *Листочка не найдётся, адрес записать?* и т. п. [*Посетитель:*] *Прошу прощения... огонька не найдётся?* [*Пальчиков:*] *Извольте.* А. Арбузов. Вечерний свет.

Не́ на чем. ⚁ То же, что ♦ Не за что. [*Бальзаминова:*] *Благодарим за угощенье.* [*Ничкина:*] *Не на чем-с.* А. Островский. Праздничный сон — до обеда. *«Ну, спасибо, приятель! Без тебя мне, пожалуй, пришлось бы плохо!» — «Не на чем», — ответил он. «Ну, как не на чем? Эти молодцы, видно, народ отчаянный...»* В. Короленко. Убивец. [*Двоеточие:*] *Э-эхма! Вздохнёшь да охнешь, об одной сохнешь, а раздумаешься — всех жалко! А... Хороший вы человек, между прочим... (Смеётся.)* [*Марья Львовна:*] *Спасибо!* [*Двоеточие:*] *Не на чем. Вам спасибо!* М. Горький. Дачники. *«Что ж, милейший, благодарю за ваши рекомендации». — «Не на чем!»* В. Белов. Год великого перелома.

Не обессу́дь/те (меня, нас). ⚁ Прост. Просьба не отнестись строго, не осудить. Чаще употр. как форма вежлив. извинения. ♦ **Не обессудь/те на** (подарке, угощении, резком слове...). ♦ **Не обессудь/те за** (то, что...). ♦ **Не обессудь/те, если (ежели...).** *Старуха Прасковья подошла ко Льву Николаевичу. — Не обессудь, родимый, возьми вот ситничка мягкого, свежего спекла нынче. — И положила ему в сумочку. — А это сольцы, — подала она завёрнутую в тряпочку пригоршню соли.* И. Тенеромо. Л. Н. Толстой — пастух. *Не обессудьте на подарке: я всей душой его вам послал.* М. Салтыков-Щедрин. Письмо М. М. Ковалевскому, 28 сент. 1880. *Спохватилась мастерица, что этак, пожалуй, и гостинца не будет, тотчас понизила голос, заговорила мягко, льстиво, угодливо. <...> — Ах, сударыня ты моя Дарья Сергеевна. <...> Ведь жалеючи вас, моя болезная, так говорю. Может, что неугодное молвила — не обессудьте, не осудите...* П. Мельников (Печерский). На горах. — *Садитесь, Михей Зотыч, — приглашала хозяйка. — Не обессудьте на угощении.* Д. Мамин-Сибиряк. Хлеб. *«Ты вот давеча вытащил мне сапоги... Спасибо, сынок! Хорошие сапоги...» — «Не то ты говоришь, отец, — сказал Игнат. — При чём тут сапоги?» — «Не обессудь, если не так сказал, — я старый человек. Ладно, ничего...»* В. Шукшин. Ваш сын и брат. *Дед распахнул одну створку дверей, бабушка другую и напевно, с плохо скрытым волнением, стали приглашать гостей: «Милости прошу, гостеньки дорогие! Милости прошу отведать угощения нашего небогатого. Уж не обессудьте, чего Бог послал.* В. Астафьев. Последний поклон.

Не обижайтесь. (♦ **Не обижайся.**) ♦ **Не обижайтесь на меня** (за то, что...). Формы неофиц. извинения. *«Прощай, тётка Дарья, не обижайся, что я твою ригу сжёг». — «Бог простит, Алёша, теперь рига всё одно не моя».* А. Платонов. Котлован. *Дорогой Гриша! / Не обижайся на меня за то, что я иногда месяцами не отвечаю на твои письма, это объясняется исключительно занятостью.* А. Фадеев. Письмо Г. Х. Цапурину, 31 авг. 1947. *Маша прождала два часа, и как раз в ту минуту, ког-*

да она, решив больше не ждать, перебежала линию, чтобы вскочить в трамвай, из подъехавшей «эмочки» вылез Полыник. <...> Чувствовалось, что он считает каждую секунду. — Не обижайтесь, постоим, поговорим прямо тут, а то у меня там уже народ собран... Что у вас стряслось? К. Симонов. Живые и мёртвые.

Не обращай/те внимания (на это). *Разг.* Пустяки, не сто́ит расстраиваться. Форма утешения собеседника. «И стал [Стессель] ещё сильнее ругать моряков вообще и вас, в частности!» — «Без этого, конечно, не обошлось. <...>» — «Не обращайте внимания на это, Вильгельм Карлович, брань на вороту не виснет». А. Степанов. Порт-Артур.

Не́ о чем (горевать, плакать...). *Разг.* ♦ **Не об чем (горевать, плакать...).** *Прост.* Пустяки, не сто́ит расстраиваться. Форма утешения. «Не на счастье, не на радость уродилась я, — причитала Настя, — счастливых дней на роду мне не написано. Изною я, горемычная, загинуть мне в горе-тоске». «Да полно ты! — ободряла её Флёнушка. — Чего расплакалась!.. Не покойник на столе!.. Не хнычь, не об чем...» П. Мельников (Печерский). В лесах.

Необыкновенный, — ая, -ое; -ые. Незаурядный, выдающийся, исключительный; вызывающий восхищение. Оценочный эпитет, употр. в составе формул комплиментов, экспрессив. похвалы. ▱ *Ваш необыкновенный голос...* ▱ *С вашими необыкновенными способностями...* и т. п. — У вас необыкновенный талант, — сказала ей княгиня после того, как Варенька прекрасно спела первую пиесу. Л. Толстой. Анна Каренина. ǁ *В знач. сказуем.* — Ты необыкновенная девушка, Алёнка, — сказал Сокольцев, слегка касаясь пальцами её бровей, любуясь ею и неосознанно тоскуя... П. Проскурин. Судьба. **Необыкновенно,** нареч. Очень, чрезвычайно. ▱ *Вы необыкновенно вкусно готовите!* ǁ *Безл. в знач. сказуем.* Очень хорошо, прекрасно, замечательно. Варвара Павловна мастерски сыграла блестящий и трудный этюд Герца. У ней было очень много силы и проворства. — Необыкновенно! — подтвердила Марья Дмитриевна. — Ну, Варвара Павловна, признаюсь, — промолвила она, в первый раз называя её по имени, — удивили вы меня: вам бы хоть концерты давать. И. Тургенев. Дворянское гнездо.

Необычайный, -ая, -ое; -ые. То же, что Необыкновенный. «Вы необычайны, — говорил Вагаев. — В вас всё нежно, вы так прелестно говорите <...> — так детски-нежно, кроткая моя, мой ангел нежный!..» И. Шмелёв. Пути небесные. **Необычайно.** То же, что Необыкновенно.

Не огорчайтесь. (♦ Не огорчайся). Форма утешения, ободрения собеседника. Несколько минут брат и сестра молчали. — Ты, братец, поссорился с женой? — спросила, наконец, Лизавета Васильевна. Павел молчал. — Ты не огорчайся, друг мой, — мало ли что бывает в семействе? Я с моим благоверным раза три в иной день побранюсь. А. Писемский. Тюфяк. [Анастасия Ефремовна:] Счастливчик ты, Вадя! Институт внешней торговли... Как красиво звучит... [Андрей:] Мама, не огорчайся. Бауманское — тоже не бесславно. В. Розов. В добрый час. В темноте Зида протянула руку, нащупала его голову, погладила. «Не огорчайся, ты молодой, всё у тебя впереди. Сколько тебе осталось? Два года». — «Два года четыре месяца», — уточнил Саша. «Они пролетят быстро, Сашенька. Освободишься, уедешь». А. Рыбаков. Дети Арбата.

Не оставь/те (нас, меня) (милостью, расположением, благосклонным вниманием...). ♦ **Не оставьте** (сделать что-л.). ▱ Формулы почтит. (нередко с оттенком самоуничижения) просьбы к высшему по положению. [Аммос Фёдорович:] И если что случится, например какая-нибудь надобность по делам, не оставьте покровительством! <...> [Городничий:] Я готов с своей стороны, готов стараться. Н. Гоголь. Ревизор. Едва [Чапурин] вышел в сени, повалился ему в ноги какой-то человек. — Не оставь ты меня, паскудного, отеческой своей милостью, батюшка ты мой Потап Максимыч!.. Как Бог, так и ты — дай тёплый угол, дай кусок хлеба!.. — так говорил тот человек хриплым голосом. П. Мельников (Печерский). В лесах. «Не оставьте уж доброе слово замолвить...» — проговорил с улыбкою судья. — «О боже мой! — воскликнул князь, — это будет моей первой обязанностью». А. Писемский. Тысяча душ. ǁ Почтит. приглашение. *Не оставьте своим милым посещением / искренне преданную Вам / К... Д...* (образец пригласительного письма). Правила свет-

ской жизни и этикета (1889). *«Это всё единственно, Сергей Андреич... Был бы совет да любовь, а годы что?.. Последнее дело!.. — говорил Алексей. И, маленько помолчав, прибавил: — На свадьбу милости просим, не оставьте своим расположением». — «Благодарю покорно, — сухо ответил Сергей Андреич. — Когда свадьба-то?»* П. Мельников (Печерский). В лесах.
♦ **Прошу (и впредь) не оставлять меня (Вашим дружеским расположением, вниманием).** ⚜ *Эпист.* Формула учтивости в заключении письма к высшему или равному по положению. *Прощайте, почтеннейший Андрей Иванович, прошу не оставлять меня дружеским расположением, которое всегда с признательностью будет ценить / душою Вам преданный / А. Грибоедов.* А. Грибоедов. Письмо А. И. Рыхлевскому, февр. 1820.

Не осуди́/те (меня, нас). ⚜ *Разг.* Форма извинения. *Не осудите меня и не примите за наглость то, что я пишу Вам.* А. Блок. Письмо Л. А. Дельмас, 2 марта 1914. — *В чём грешен я перед тобой, сосед, — с тихой торжественностью произнёс Назар, — в чём обидел или оскорбил — прости... не осуди!* В. Горбатов. Непокорённые. ♦ **Не осуди в лаптях, сапоги в сенях.** ⚜ *Шутл.* извинение гостя за непарадный вид.

Не откажи́/те. ♦ **Не откажи/те в (просьбе, помощи, совете...).** ♦ **Не откажи/те в любезности** (сделать; сделайте что-л.). *Учтив.* См. Любезность. ♦ **Не откажи/те(сь)** (сделать что-л.). Формулы вежл. просьбы, приглашения. — *Умоляю вас <...> всем, что ни есть святого в жизни, — не откажите мне в моей просьбе.* А. Пушкин. Пиковая дама. — *Послушай же меня, Стахей Сергеевич. <...> Не откажи другу, поедем вместе!* В. Даль. Бедовик. — *Ваше степенство! Пров Викулыч! не откажи в совете благом — дело есть, — остановил его [буфетчика] в дверях вновь подскочивший Фомушка...* В. Крестовский. Петербургские трущобы. *Многоуважаемая / N... N.../ Не откажитесь быть восприемницею нашего первого ребенка. <...> Милый друг / Р... Д.../ Не откажитесь сделать великое одолжение своим посещением вечерком сегодня / Душевно тебе преданного / Л... Р...* (образцы пригласительных писем). Хороший тон. Правила светской жизни и этикета, 1889. *Дорогая моя, друг бесценный, / не откажите мне написать, что хочет от меня Николаев.* С. Есенин. Письмо А. А. Берзинь, 3 авг. 1925. *На старинном большом листе крупным почерком школьника было написано: «Прошение товарищу полномочному гражданину Мерсонову. <...> Потому вникните в нашу беду и в просьбе не откажите».* В. Белов. Год великого перелома. ♦ **Надеюсь, (что) Вы не откажете(сь)...** *Учтив. У меня до тебя просьба, надеюсь, что не откажешься оказать мне истинное одолжение.* А. Пушкин. Письмо В. И. Туманскому, 13 авг. 1825. *«Так вот, полковник, надеюсь, вы не откажете осветить вашим авторитетным мнением означенные у меня вопросы», — сказал Арнольдов, покосившись на тёмный, во весь рост, портрет императора Николая Первого.* А. Толстой. Хождение по мукам. ♦ **(Убедительно) Прошу не отказать в моей просьбе.** *Офиц.*, употр. преимущ. в деловых письмах (прошениях, заявлениях, ходатайствах).

Не откажу́сь. Форма согласия, положительный ответ на приглашение, предложение чего-л. *[Ярцев:] Угодно папироску, поручик? [Полевой:] Мерси, господин полковник. Не откажусь.* Б. Лавренёв. Разлом. *«Так как же, товарищ военный, — закусим? — Не откажите...» — «Да уж, пожалуй, не откажусь». — «Очень обяжете».* А. Толстой. Хождение по мукам.

Неотрази́мый, -ая, -ое; -ые. Оказывающий сильное воздействие на окружающих, покоряющий, очаровывающий. Оценочный эпитет-комплимент. ▱ *Вы произвели на всех неотразимое впечатление.* ‖ **Неотрази́м,** -а; -ы. В знач. сказуем. В составе формул комплиментов, употр. преимущ. шутл. в молодёжн. речи. *«Где вас носит?!» — сердито крикнул режиссёр Говоров, поджидая их в вестибюле клуба. — Я не могу задерживать передачу! Через минуту начинаем», — и он побежал вверх по лестнице, а Гавр шепнул Вере: «И тут нам отпущена только одна минута». Они быстро разделись в гардеробе, пригладили волосы перед зеркалом. <...> «Пойдём, — сказал Гавр. — Ты — неотразима».* А. Трапезников. Романтическое путешествие в Гонконг. ▱ *[Муж:] Ты сегодня просто неотразима. [Жена:] Для тебя старалась* (1998). **Неотрази́мо,** нареч. или в знач. сказуем. Прекрасно, очаровательно, восхитительно. ⌧ [Девушка перед подругами — в новом костюме:] «Девчонки, ну, как я выгляжу?» — «Ой, Валька, неотразимо... обалдеть!» (1992).

Не отчаивайтесь (♦ Не отчаивайся). Форма утешения, ободрения собеседника. *Мадам Шифон сама к вам придёт. Так вы и не отчаивайтесь; надейтесь, маточка, авось и всё-то устроится к лучшему — вот.* Ф. Достоевский. Бедные люди.

Не падай/те духом. Форма утешения, ободрения собеседника. *[Вышневская (мужу):] Я слышала от Акима Акимыча, с вами несчастье. Не падайте духом. Вы ужасно переменились. Вы дурно себя чувствуете? Я послала за доктором.* А. Островский. Доходное место. *До скорого свидания. Не падайте духом и живите тихо и мирно. Я Вам напишу накануне моего отъезда.* И. Тургенев. Письмо В. Я. Карташевской, 26 июня 1860. ♦ **Не нужно (Не надо, Не стóит...) падать духом.** *«Аркаша, у других есть матери <...>, старшие сёстры, а у меня никого, <...> ах, как это тяжело, Аркаша!» — «Горлинка, не нужно падать духом!..»* Д. Мамин-Сибиряк. Любовь.

Не переживай/те (так). Форма утешения, ободрения собеседника. — *Ну!* — *изменился лицом Егорка.* — *Не переживай. Ничего умного я тебе не сказал, напишу, а ты держись. Держись, Димок!* В. Лихоносов. Когда же мы встретимся? ⌧ [Студентки перед экзаменом:] *«Ой, я так зарубежки боюсь!»* — *«Не переживай, сдашь»* (1993).

Не печальтесь. (♦ Не печалься о...). Разг. Форма утешения, ободрения собеседника. *Отвечает золотая рыбка: «Не печалься, ступай себе с Богом, Будет вам новое корыто».* А. Пушкин. Сказка о рыбаке и рыбке. *Царь перестал и пить и есть, затосковал. Сыновья отца утешают:* — *Дорогой наш батюшка, не печалься, мы сами станем сад караулить.* Иван-царевич и серый волк. Сказка. Из собр. А. Н. Афанасьева. ♦ **Не печáлуйся.** ⌛ *Прост.* — *Не печалуйся, раба, не печалуйся!* — *снова забормотал блаженный.* — *Гряди домой с миром, хозяин твой пьян лежит, надо полагать, бить будет; а ты, раба Степанида, сто лет проживёшь.* — *Раба Степанида успокоилась и вздохнула.* В. Крестовский. Петербургские трущобы.

Не плачь/те. Форма утешения плачущего собеседника. *Рудин приблизился к ней.* — *Наталья Алексеевна! милая Наталья!* — *заговорил он с жаром,* — *не плачьте, ради Бога, не терзайте меня, утешьтесь...* И. Тургенев. Рудин. *Настенька подпрыгнула и выпустила жаворонка [«булочку»] из рук. Бедная птица упала прямо в свежий курящийся коровий блин. Увидя такое, Настенька залилась слезами. На её плач из дому выбежала мать, приняла дочь на руки и, смеясь и утешая, понесла в дом.* — *Бог с ним, доченька! Не плачь. Я тебе ещё испеку. Не плачь, моя золотая!* М. Алексеев. Вишневый омут. ♦ **Не плачься, Бог лучше полюбит.** ⌛ *Прост.* ♦ **Не плачь битый, плачь небитый.** *Посл.* Употр. как форма утешения того, кто наказан. ♦ **Не плачь — Бог подушечку подложит.** ⌛ *Обл.* Форма ласк. утешения упавшего ребенка. *«Младенец упадёт с высокого: "Не плачь — Бог подушечку подложит"».* С. Максимов. Крылатые слова. ♦ **Не плачь, (я) куплю тебе калач (не вой, куплю тебе второй, не реви, куплю тебе три, а будешь плакать, куплю тебе лапоть).** ⌛ *Прост.* Шутл. утешение плачущего ребёнка.

Неплохой, -ая, -ое; -ие. Форма сдержанной похвалы, одобрения. ⌧ *Неплохая задумка.*

Неплохо. 1. Форма сдержанной похвалы, одобрения. ⌧ [Учитель на уроке труда — ученику:] *Ну-ка, покажи, что у тебя получилось... Неплохо, неплохо...* (1992). **2.** *Разг.* Обходит. ответ на обычные при встрече вопросы: Как дела? Как жизнь? и т. п. *[Официант (подходит):] Привет, ребята. [Саяпин:] Привет, Дима. [Зилов:] Как ты, старина? [Официант:] Спасибо, нормально. А ты? [Зилов:] Неплохо.* А. Вампилов. Утиная охота. ♦ **Неплохо (было) бы.** Разг. Ответ на пожелания чего-л. благоприятного.

Не побеспокоил (ли я Вас)? См. Побеспокоить.

Не побрéзгуй/те. (♦ Не побрезгай/те) (хлебом-солью, угощением; прийти к нам, поужинать с нами...). ⌛ *Прост.* Учтив., с оттенком самоуничижения, просьба принять подарок, отведать угощения; приглашение к столу, в гости. *[Купцы:] Не побрезгай, отец наш, хлебом и солью: кланяемся тебе сахарцом и кузовком вина. [Хлестаков:] Нет, вы этого не думайте: я не беру совсем никаких взя-*

ток. *Вот, если бы вы, например, предложили мне взаймы рублей триста — ну тогда совсем другое дело...* Н. Гоголь. Ревизор. *Ходит [Потап Максимыч] потирая руки вокруг стола, потчует гостей, сам приговаривает: — Не побрезгуйте, Данило Тихоныч, деревенской хлебом-солью... Чем богаты, тем и рады... Просим не прогневаться, не взыскать на убогом нашем угощенье... Чем Бог послал! Ведь мы мужики серые, необтёсанные, городским порядкам не обыкли... Наше дело лесное, живём с волками да с медведями... Да потчуй, жена, чего молчишь, дорогих гостей не потчуешь?* П. Мельников (Печерский). В лесах. *Однажды утром он [Зеленьков] встретился с нею в мелочной лавочке и сказал с поклонцем: «Послушайте, Аграфена Степановна, как я, собственно, желаю решить судьбу насчёт своего сердца, так не побрезгуйте нонича ко мне на чашку кофию — притом же моя тётенька будут». — «Очень приятно», отвечала Груша и обещала быть беспременно.* В. Крестовский. Петербургские трущобы. *Она [соседка] кивает в мою сторону, берёт из моих рук кулёчек с «гонораром» и так же почтительно подаёт старухе. — Не побрезгуйте... от бедности нашей...* А. Никольская. Ведьма.

Не повещу́й/те. ◊ *Обл.* Не взыщи/те, извини/те. ♦ **Не повещу́йте на нас.** Не обижайтесь на нас. ♦ **Не повещу́йте на хлеб-соль.** Не обижайтесь на хлеб-соль. СРНГ.

Не повини́. *Обл.* Не осуди, не взыщи. ▭ *Не прогневайся, не повини.* СРНГ.

Не погне́вайтесь. (♦ **Не погневи́тесь**). ◊ *Обл.* То же, что ♦ **Не гневайтесь.** ♦ **Не прогневайтесь.** *«Уж не погневайтесь, что потревожила вас — вместе размыкать горе; вы нас так любите, как родной». — «Эх, матушка Анна Павловна, да кого же мне любить-то, как не вас? Много ли у нас таких, как вы? Вы цены себе не знаете».* И. Гончаров. Обыкновенная история. *«Да не хлопочи, отец Михаил, — говорил Потап Максимыч. — Напрасно». — «Как же это возможно не угощать мне таких гостей? — отвечал игумен. — Только уж не погневитесь, ради Христа, дорогие мои, не взыщите у старца в келье — не больно-то мы запасливы».* П. Мельников (Печерский). В лесах.

Не погнуша́йтесь. (♦ **Не погнушайся**) (мной, моим угощением, беседой со мной, моим советом и т. п.). ◊ *Прост. и обл.* Форма почтит. просьбы, предложения, совета; нередко с оттенком самоуничижения. — *Послушайте, Авдотья Марковна. Мне очень жалко вас, — сказал он [отец Прохор], когда они вошли в самый глухой, уединенный угол сада. — Не погнушайтесь моими словами, добрый совет желал бы вам дать.* П. Мельников (Печерский). На горах.

Не погуби́/те. ◊ *Прост. Экспрессив.* Самоуничижит. просьба, мольба о пощаде, прощении или помощи. *Я ехал крупной рысью. Савельич едва мог следовать за мною издали и кричал мне поминутно: «Потише, сударь, ради бога потише. Проклятая клячонка моя не успевает за твоим долгоногим бесом. Куда спешишь? Добро бы на пир, а то под обух, того и гляди... Пётр Андреич... батюшка Пётр Андреич!.. Не погуби!.. Господи владыко, пропадёт барское дитя!»* А. Пушкин. Капитанская дочка. *[Купцы (кланяются в ноги):] Не погуби, Антон Антонович. [Городничий:] Не погуби! Теперь: не погуби! А прежде что? Я бы вас...* Н. Гоголь. Ревизор. *«Постойте! я вас выручу!» — Вдруг объявила бойкая Бурмистрова кума И побежала к барину, Бух в ноги: — Красно солнышко! Прости, не погуби!»* Н. Некрасов. Кому на Руси жить хорошо. *А воры к нему навстречу, пали в ноги и просят, и молят: — Не погуби, не сказывай царю, вот тебе кольцо!* Знахарь. Сказка из собр. А. Н. Афанасьева.

Не подска́жете?.. *Прост.* Форма вежл. вопросит. обращения. ▭ *Не подскажете, который час?* ▭ *Не подскажете, как до «Берёзки» доехать?* ▭ *Где тут налоговая инспекция, не подскажете?* (1995). См. Подсказать.

Не поймал карася — поймаешь щуку. *Посл.* Не огорчайся, в другой раз обязательно повезёт. Употр. как шутл.-фамильярн. форма утешения, ободрения собеседника. См. также: ♦ **Карась сорвётся — щука навернётся.**

Не покойник на столе. *Прост.* Не велика беда, не сто́ит расстраиваться. Форма утешения, ободрения собеседника, равного или младшего по возрасту, положению. *«Не на счастье, не на радость уродилась я, — причитала Настя, — счастливых дней на роду мне не писано. Изною я, горемычная, загинуть мне в горе-тоске». — «Да полно же ты!» — ободряла* её Флёнушка. — Чего расплакалась!.. Не покойник на столе!.. Не хнычь, не об чем». П. Мельников (Печерский). В лесах.

Не помешал? -а. (♦ Я не помешал? ♦ Я не помешаю?) *Разг.* Неофиц. вежл. обращение к хозяину (кабинета) вошедшего без приглашения гостя, посетителя. Употр. нередко в сочет. со словами простите, извините. *Сижу у себя на Патриарших, разбираюсь в старье, вдруг входит Пастухов. «Не помешал?» — «Нет, просто так роюсь. Садись, Николай Иванович».* В. Гиляровский. Друзья и встречи. *Васисуалий Андреевич живо вскочил, поправил свой туалет и с ненужной улыбкой обратил лицо к вошедшему Бендеру. «Я вам не помешал?» — учтиво спросил великий комбинатор, щурясь. «Да, да, — пролепетал Лоханкин, шаркая ножкой, — видите ли, тут я был, как бы вам сказать, немножко занят... Но, кажется, я уже освободился?»* И. Ильф, Е. Петров. Золотой телёнок.

Не помина́й/те ли́хом (худом) (меня, нас). *Разг.* См. Поминать.

Не по́мни/те зла (на мне). ⌧ То же, что ♦ Не держи/те зла. *[Марфа Борисовна:] Прощай, мой милый, зла на мне не помни!* А. Островский. Козьма Захарьич Минин-Сухорук.

Не пообессу́дь/те. ⌧ *Обл.* Форма вежл. извинения: не обессудь/те, не осуди/те. ⟺ — *Спасибо! — Не пообессудь.* СРНГ.

Не посерча́й/те. *Обл.* Форма вежл. извинения: не прогневайтесь, не сердитесь. *Дуняша торопится и дрожащими руками пеленает маленький свёрточек. Потом кланяется старухе в пояс. Та снисходительно берёт кулёк. «Уж не посерчайте, бабушка, — робко обращается к ней Дуня, — двух яичек не хватает, донесу, как смогу только...» «Ничего, донесёшь в другой раз».* А. Никольская. Ведьма.

Не посе́туй/те. *Прост.* Форма вежл. извинения: не взыщи/те, не обессудь/те. ⟺ *Василий, не посе́туй, друг, садись за стол, угощайся... что осталось... ждали-ждали тебя...* (1992).

Не поскорби́. ⌧ *Обл.* Форма вежл. извинения: не обессудь, не прогневайся. *«Чего разглядываешь [купюру]? Не бойсь, справская», — сказал Потап Максимыч. — «Видим, что справская, настоящая государева, — отвечал*

дядя Онуфрий. — *А оглядеть всё-таки надо ‹...›. Не поскорби, ваше степенство, не погневайся... Без того, чтоб бумажку не оглядеть, в артели нельзя».* П. Мельников (Печерский). В лесах.

Не правда ли? См. Правда.

Не приведи Бог (Боже, Господь, Господи). *Разг.* То же, что ♦ Не дай Бог. ♦ Не приведи Царица Небесная. *Прост.* ♦ Не приведи ты мать Царица Небесная злому татарину! ⌧ *Прост. Экспрессив.* ♦ Не приведи возьми. *Обл. Экспрессив.* Обереги; пожелания избежать чего-л. крайне нежелательного. — *Страсти такой набрался, что и не приведи ты мать Царица Небесная злому татарину.* Н. Лесков. Разбойник. *— Ну, а если, не приведи Бог, какой переворот? Тогда что будешь делать? — хищно поблескивая зубами, щурился Максим.* М. Шолохов. Червоточина.

Не прикажи́/те казнить, прикажи́/те говорить. ♦ Не вели/те казнить, вели/те (прикажи/те) говорить (ми́ловать, слово молвить). ⌧ *Прост., фольк.* Формулы почтит. обращения фольклорного персонажа к царю, царице. Употр. преимущ. с «ты»-формами. *«Теперь пора! Царица спрашивает, чего хотите!» — сказал сам себе кузнец и вдруг повалился на землю. — Ваше царское величество, не прикажите казнить, прикажите миловать! Из чего, не во гнев будь сказано вашей царской милости, сделаны черевички, что на ногах ваших?»* Н. Гоголь. Ночь перед Рождеством. *Ермак отвечает: — Ваше царское величество! Не прикажи казнить, прикажи слово молвить.* Ермак. Народн. проза. Зап. во втор. пол. XIX в. *Приезжает во дворец, «Ты помилуй, царь-отец!» — Городничий восклицает И всем телом упадает. — Не вели меня казнить, Прикажи мне говорить!» Царь изволил молвить: «Ладно, Говори, да только складно».* П. Ершов. Конёк-горбунок.

Не прогне́вайтесь. (♦ Не прогневайся) (на нас; за что-л., на чём-л.). ⌧ *Прост.* Форма вежл. извинения. *Сойдя с крыльца, увидала она [мать Таисея] молодых людей, что кланялись с Манефиными богомольцами... «Не прогневайтесь, гости дорогие, на нашем убогом угощенье, — с низким поклоном сказала им Таисея. — Не взыщите Бога ради на наших недостатках... Много гостям рады, да немного запасливы». «Чтой-то вы, матушка?..*

Помилуйте! — молвил уралец, что был одет по-немецкому. — Оченно довольны остались на вашей ласке и угощенье». П. Мельников (Печерский). В лесах. ‖ Форма вежл. отказа. «*Ну, дай, — говорит, — грошик*». <...> — «*Нету, говорю, милый, и грошика, не прогневайся*». Н. Лесков. Разбойник. ♦ **Прошу (просим) не прогневаться.** ⚄ *Прост., учтив. Онуфрич и Ивановна были в крайнем замешательстве; но Мурлыкин подошёл к ним, всё так же улыбаясь. — Это ничего, сударь, — сказал он, сильно картавя, — ничего, сударыня, прошу не прогневаться! Завтра я опять приду, завтра дорогая невеста лучше меня примет.* А. Погорельский. Лафертовская маковница. ♦ **Просим не прогневаться, ищите лучше нас.** ⚄ *Прост. Вежлив. отказ свахе.*

Не принимай/те (так) близко к сердцу. *Разг.* Не переживай/те так о случившемся. Форма утешения.

Не про́мах. *В знач. сказуем.* Ловкий, расчётливый, сообразительный. ♦ **Вы (ты, он, она) не промах.** *Разг.* Форма шутл. или ирон. похвалы в адрес собеседника или его близких, знакомых. *(Он и она танцуют.) [Она:] Довольно. (Они останавливаются.) Я не ожидала. Вы молодец. [Он:] Вы тоже не промах.* А. Арбузов. Старомодная комедия.

Не прото́рьтесь! (♦ **Не прото́рься!**) ⚄ *Обл.* Форма вежл. отказа от угощения, подарков: не вводите себя в расходы, не беспокойтесь, не трудитесь. ▣ *Не проторься много-то, куманёк.* ▣ *Для нас ни в чем, пожалуйста, не проторьтесь.* СРНГ.

Не пугайтесь. (♦ **Не пугайся.** ♦ **Не пужайся.** *Прост.*) Формы утешения, ободрения собеседника. *— Ну, теперь признал меня, Степанушко? — спрашивает Малахитница, а сама хохочет-заливается. Потом, мало погодя, и говорит: — Ты не пужайся. Худого тебе не сделаю.* П. Бажов. Медной горы хозяйка.

Не радуйся, что нашёл, не горюй, что потерял. *Посл.* Употр. как форма утешения, ободрения собеседника, огорчённого утратой, потерей чего-л. или кого-л. (♦ **Не радуйся наше́д, не плачь потеряв.** ⚄) *Вечор узнал я о твоём горе [смерти матери] и получил твои два письма. Что тебе скажу? про старые дрожжи не говорят трожды; не радуйся нашед, не плачь потеряв — посылаю тебе*

мою наличность, остальные 2500 получишь вслед. <...> *Перенеси мужественно перемену судьбы твоей, то есть по одёжке тяни ножки — всё перемелется, будет мука. Ты видишь, что, кроме пословиц, ничего путного тебе сказать не сумею. Прощай, мой друг.* А. Пушкин. Письмо С. А. Соболевскому, 15 июля 1827.

Не расстраивайтесь. (♦ **Не расстраивайся**). Форма утешения собеседника. *[Он:] Какой-то кошмар! [Она:] Ну, Родион Николаевич, миленький, не расстраивайтесь, пожалуйста... вам это вредно — ну, прошу вас... Я ведь исправилась, я теперь совсем другой человек, совершенно не легкомысленная...* А. Арбузов. Старомодная комедия. ▣ *[Четырёхлетний внук — деду, вернувшемуся с рыбалки:] Да ты, дедуля, не расстраивайся, в другой раз пойдёшь, золотую рыбку поймаешь (1992).*

Не робей/те. *Разг.* Форма утешения, ободрения собеседника. *Подсудимых увели, уходя, они улыбались, кивали головами родным и знакомым, а Иван Гусев негромко крикнул кому-то: — Не робей, Егор!..* М. Горький. Мать. *Повар успокоил: «Не робей! Да с таким прекрасным аппетитом Ты проглотишь всех его коней!»* В. Высоцкий. Подготовка. ♦ **Не робей, воробей (дерись с вороной)!** *Прост., шутл.* ♦ **Не робей, Гурей.** *Прост., шутл.* — *Лапотки-т не по тебе, товарищ, — сказал он, оглядывая Настю. — Ну да Фрол и воробьиные сплетёт. Одним словом — не робей, Гурей.* Л. Леонов. Барсуки.

Не с деньгами (богатством) жить, а с человеком (с добрыми людьми). См. Деньги.

Не серди́тесь (на меня за ...). (♦ **Не сердись**). *Разг.* ♦ **Не серчай/те (на меня за...).** *Прост.* Формы мягкого дружелюбного извинения. *«Это вы продавили стул, Афанасий Иванович?» — «Ничего, не сердитесь, Пульхерия Ивановна: это я».* Н. Гоголь. Старосветские помещики. *Не сердитесь на меня за то, что уехал, не повидав Вас...* М. Горький. Письмо А. В. Амфитеатрову, 23 марта 1914. *Чохов встал, обошёл стол, сел рядом со мною, положил руку мне на локоть. Что-то детское появилось на его загорелом, темнобородом лице. «Что хамом вы меня назвали, так это, может, и верно. Какое я воспитание получил! Вы на меня не сердитесь». Я сконфузился и крепко по-*

жал ему руку. В. Вересаев. Невыдуманные рассказы. — *Ну, извините, извините, голубчик!* — *забормотал Филипп Филиппович. — Простите, я, право, не хотел вас обидеть. <...> Голубчик, не сердитесь, меня он так задёргал...* М. Булгаков. Собачье сердце. *Ей самой именно так Ульяна Васильевна и заявила: «Неправильно, Санечка, ты себя повела. Не сердись, но лучше я в лицо тебе укажу, чем другие по миру распустят».* Т. Горбулина. Улица Коммунарка, чётная сторона. ♦ **Прошу (Вас, тебя) не сердиться (не серчать) на меня (за...).** *Вежл. Прошу на меня не серчать. Может быть, сообщишь открыткой, когда будешь в Москве, я зайду. / Крепко жму руку. / Ал. Фадеев.* А. Фадеев. Письмо А. С. Серафимовичу, 3 апр. 1931. ♦ **Вы на меня не се́рдитесь?** (♦ **Ты на меня не сердишься?**) *Разг.* Вопросит.-извинительное обращение. ▫ *«Ты на меня не сердишься за вчерашнее?» — «Ну, что ты! Всё нормально». — «Да где уж там «нормально»! Перебор получился...» — «Ерунда! Не бери в голову...»* (1993).

Не ска́жете? См. Сказать.

Не скажи́/те. См. Сказать.

Несказа́нный, -ая, -ое; -ые. ▫ *Возвыш.* Такой, что трудно передать словами, неописуемый. *Письмо твоё доставило мне радость несказанную.* ♦ **Несказанный мой.** ♦ **Несказа́нная моя.** ▫ *Нар.-поэт. Ласк.,* интимн. обращение к возлюбленному, возлюбленной; то же, что ♦ **Несравненный мой.** ♦ **Несравненная моя. Неска́занно,** *нареч.* Очень, сильно. *Приветствую Вас — несказанно талантливый, могучий, молодой Михаил Михайлович! Болезнь помешала мне лично пожать Вам руку. Желаю Вам здоровья и здоровья! Всё остальное есть у Вас. / Александр Фадеев.* А. Фадеев. Письмо М. М. Пришвину, 5 февр. 1953.

Не скучай/те (тут, без меня). *Разг.* Форма дружелюбного утешения, с которым уходящий, отъезжающий обращается к остающимся (близким знакомым, друзьям, родственникам). *«Приходи скорее»,* — *попросила Айдым. «Ты не скучай без меня»,* — *сказал Назар.* А. Платонов. Джан. ▫ *«До встречи, доченька. Приезжайте». — «Ладно, мам! Не скучай»* (1992). ♦ **Не скучай в нынешний случа́й (время перехо́дчиво).** ▫ *Погов.* Употр. как форма утешения, шутл. ободрения собеседника.

Не слабо́. (**Неслабо́**). *Безл.,* в знач. сказуем. *Прост.* Форма сдержанного, преимущ. мужского, одобрения в адрес равного или младшего по возрасту, положению. *Накануне она коротко остриглась и выкрасила волосы в жгучий чёрный цвет. Да, в последнее время она стала другой, и вот теперь её портрет получил полное завершение: в зеркале на неё глядела жёсткая, решительная и властная женщина, способная повелевать судьбой и мужчинами. Зойка ахнула, не узнав её, а Сирега, заробев, пробормотал: «Неслабо...»* С. Дышев. До встречи в раю.

Не слушай, хоро́мина! (♦ **Не слушай, мшёна хоро́мина!** ♦ **Не слушай, избушка-хороминка!** ♦ **Не слушай, тепла избушка!**) ▫ *Обл.* Восклицание-оберег, употр., когда кто-л. из присутствующих упоминает о нечистой силе, произносит непристойные слова. *«Говорят и открещиваются старушки, если кто-либо киревосит чертовщину да матьки́ в дому или турусит разную околесину».* СРНГ. *Ланко и подкатился. «Тятя, ты видал голубую змейку?» Отец, хотя сильно выпивши был, даже отшатнулся, протрезвел и заклятье сделал: «Чур, чур, чур! Не слушай, наша избушка-хороминка! Не тут слово сказано!»* П. Бажов. Голубая змейка.

Не слушай, хлеб-соль! См. Хлеб да соль.

Не смею удерживать. См. Смею.

Не согласитесь ли Вы (сделать что-л.)? ♦ **Не согласились бы Вы** (сделать что-л.)? Формулы учтив. просьбы, приглашения. См. Согласиться.

Не сомневайтесь. (♦ **Не сомневайся.** ♦ **Да Вы не сомневайтесь.** *Разг.* ♦ **Ты не сумлева́йся.** *Прост.*). **1.** Формы утешения, ободрения собеседника, употр. нередко в сочет. с другими формами утешения: *всё будет хорошо, всё устроится, всё образуется* и т. п. *— Откуда только вызнают эти бабы!* — *удивлялся писарь и, хлопнув Галактиона по плечу, прибавил:* — *А ты не сумлевайся. Без стыда лицо не износишь, как сказывали старинные люди, а перемелется* — *мука́ будет.* Д. Мамин-Сибиряк. Хлеб. **2.** Всё будет так, как вы хотите. Положительный ответ на просьбу, требование. ▫ *[Старушка — квартиранту:] «Утюг у меня не греет, так я вальком». — «А что с утюгом?» <...> — «Да ты сумеешь ли?» — «Не сомневайтесь, Марья Никитишна, будет как новый...»* (1989). ♦ **Будьте без сомнения.** ⛝ *Прост.* То же, что ♦ **Не сомневайтесь** (во 2 знач.). *[Юлия:] Моего стыда никто, кроме вас, не знает и, надеюсь, не узнает; вы меня пощадите. [Флор Федулыч:] Это будьте без сомнения...* А. Островский. Последняя жертва.

Не сочти́/те за труд (сделать, сделайте что-л.). Пожалуйста, будьте добры, если вас (тебя) не затруднит. Формула вежл. неофиц. просьбы. ▫ *Валентина Петровна, не сочтите за труд, зайдите по пути в приёмную, узнайте номер приказа на зачисление* (1994).

Несравне́нный, -ая, -ое; -ые. Выше всяких сравнений, превосходный, замечательный, бесподобный. Оценочный эпитет-комплимент, употр. (преимущ. в XIX в.) в составе возвыш. или интим. обращений к близкому, любимому человеку. *Поздравляю Вас, бесценная и несравненная маменька, с радостным днём вашего ангела, желаю вам провести его в полном удовольствии.* Н. Гоголь. Письмо М. И. и М. В. Гоголям, 19 сент. 1831. ‖ *В знач. сущ.* **Несравненный (мой). Несравненная (моя).** ⛝ Возвыш. или интим. обращ. к любимому человеку. *О, дозовусь ли я тебя, мой несравненный, В мой край и мой приют благословенный?* Н. Языков. П. В. Киреевскому.

Несравненно, *нареч.* (*Входит Юлия Николаевна, она переоделась и прелесть как хороша.) [Сашенька:] Митя, оглянись! (Всплескивает руками.) Ты несравненно хороша, мама.* А. Арбузов. В этом милом старом доме.

Не сто́ит. *Разг.* **1.** То же, что ♦ **Не надо (Не нужно).** ♦ **Не сто́ит беспокоиться.** См. Беспокоиться. ♦ **Не сто́ит беспокойства.** См. Беспокойство. ♦ **Не сто́ит расстраиваться (горевать, переживать...)** См. ♦ **Не горюйте.** ♦ **Не переживайте.** ♦ **Не расстраивайтесь** и т. п. **2.** Ответ на благодарность, то же, что ♦ **Не сто́ит благодарности.** См. Благодарность. ▫ *[Женщина на лестничной площадке — соседу:] «Вы мне не поможете... что-то замок заело... <...> Вот спасибо вам большое!» — «Чего там, не стоит»* (1993). ♦ **Не сто́ит благодарности за такие малости.** ⛝ *Прост.* См. ♦ **Салфет вашей милости!**

Не столько смертей, сколько болестей (скорбей). ⛝ *Погов.* Люди часто болеют, но далеко не всякая, даже тяжёлая болезнь приводит к смерти. Форма утешения больного или его близких.

Не суди́/те меня (нас) (слишком) (строго). *Разг.* Форма неофиц. извинения. *[Коринкина:] Ах, боже мой, я и не говорю, что мы святые; и у нас есть недостатки <...>. Да простите нам их, <...> не судите нас строго! [Незнамов:] «Простите, не судите». Не хочу я ни судить, ни прощать вас; что я за судья!* А. Островский. Без вины виноватые. *Лиза легко повинилась. — Ой, не судите меня, бабоньки, я чё-то не то сказала.* В. Распутин. Живи и помни.

Не сча́стлив в игре — сча́стлив в любви́. *Погов.* То же, что ♦ **Не везёт в картах, повезёт в любви.**

Нет, *частица.* (*Может выступать в качестве предложения.*) Отрицательный ответ на вопросительное обращение, отказ в ответ на просьбу, предложение, приглашение или выражение несогласия с собеседником. Для смягчения категоричности обычно дополняется формами вежливого обращения, извинения, благодарности, а также последующим повторением того, что отрицается. *«Что это с вами, Пульхерия Ивановна? Уж не больны ли вы?» — «Нет, я не больна, Афанасий Иванович».* Н. Гоголь. Старосветские помещики. *«Да войди же в комнату». — «Нет, не нужно», — возразил Шубин.* И. Тургенев. Накануне. *«Может быть, ещё хотите, Пал Палыч?» — «Нет, нет, что вы!»* Ю. Герман. Наши знакомые. ♦ **Никак нет. 1.** *Воинск.* Формула уставного отрицат. ответа младшего по чину (званию) старшему. *Привели солдата. «Что же ты, брат, — говорит командир, — обманул барина?» — «Никак нет, ваше высокоблагородие», — сказал солдат...* Солдатская шинель. Сказка. Зап. в 1897. *[Ромашов] поднял голову с подушки и крикнул: «Гайнан!..» <...> В комнату ворвался денщик <...>. «Я, ваше благородие!» — крикнул Гайнан испуганным голосом. «От поручика Николаева никто не был?» — «Никак нет, ваше благородие!» — крикнул Гайнан. Между офицером и денщиком давно уже* установились простые, доверчивые, даже несколько любовно-фамильярные отношения. Но когда дело доходило до казённых официальных ответов, вроде «точно так», «никак нет», «здравия желаю», «не могу знать», то Гайнан невольно выкрикивал их тем деревянным, сдавленным, бессмысленным криком, каким всегда говорят солдаты с офицерами в строю. Это была бессознательная привычка, которая въелась в него с первых дней его новобранства и, вероятно, засела на всю жизнь. А. Куприн. Поединок. «Наконец-то прибыли! — недовольно сказал Серпилин. <...> — Как Ртищев, уже в дороге?» — «Никак нет, товарищ генерал, — с запинкой ответил начальник связи. — Штаб в дороге, а полковник Ртищев подорвался на мине». К. Симонов. Живые и мёртвые. ‖ ▨ *Прост.* (Употр. преимущ. в мужск. речи). Почтит. отриц. ответ низшего по положению высшему. «Федя! — воскликнула Марфа Тимофеевна. — Да ты, полно, не сочиняешь ли, отец мой?» — «Никак нет-с, я их самолично видел». И. Тургенев. Дворянское гнездо. «Стало быть, у вас достаточно земли?» — сказал Нехлюдов. «Никак нет-с», — отвечал с искусственно-весёлым видом бывший солдат, старательно держа перед собою свою разорванную шапку... Л. Толстой. Воскресение. ♦ **Нет ли у Вас (тебя)** (чего-л.)? *Разг.* Форма мягкой, ненастойчивой просьбы. — Нет ли у вас рублей двухсот взаймы? Я так издержался, что, ей-богу, даже совестно! А. Писемский. Тюфяк. ‖ ▨ «У рыбаков не спрашивай: «нет ли рыбы?» Хотя и множество рыбы, а откажут: «нет». А всегда спрашивай: «есть ли рыба?» — «Есть». Или: «продай рыбы!» — «Купи». С. Максимов. Крылатые слова. ♦ **На нет и суда нет.** *Погов.* Употр. как примирительный ответ на отказ (обычно при ответе «нет»). «Нет ли у вас сигарки, только фабрики Белобородова? Я других не курю...» — «К сожалению, нет-с», — отвечал Порфирий Павлович, пожимая плечами. — «На нет и суда нет. Жаль». Д. Григорович. Просёлочные дороги. «Сегодня вас не ждали, батюшка, говядинки не привезли», — промолвил Тимофеич, который только что вытащил базаровский чемодан. — «И без говядинки обойдёмся, на нет и суда нет. Бедность, говорят, не порок». И. Тургенев. Отцы и дети. ♦ **(А) почему бы и нет?** *Разг.* Да, вполне возможно. Положительный ответ на вопросит. обращение, просьбу, предложение. ♦ **Слов (спору) нет.** *Разг.* **1.** Да, конечно, безусловно, бесспорно. Форма согласия признания правильности, обоснованности сказанного собеседником. Чаще употребляется в конструкциях с противит. союзами *но, однако* в ситуациях неполного согласия для смягчения возражения. *А ей зеркальце в ответ: «Ты прекрасна, спору нет, Но царевна всех милее, Всех румяней и белее».* А. Пушкин. Сказка о мёртвой царевне и о семи богатырях. **2.** ♦ **Слов нет!** То же, что ♦ **Нет слов!** ♦ **Нет слов! (Слов нет!)** *Разг. Экспрессив.* Великолепно, превосходно, замечательно. Форма восторжен. или шутл. похвалы, комплимента. *[Юлия(обращаясь к присутствующим):] Конец! (Бросает гитару.) [Эраст (подходит к Юлии):] У меня нет слов. [Сашенька (взволнованно):] Как ты хорошо пела, мама!* А. Арбузов. В этом милом старом доме. ⇒ *«Ну, как я выгляжу?» — «О! Нет слов!»* ♦ **Нет (не хватает, не найду) слов, (чтобы благодарить, выразить свою благодарность).** *Наконец Сёма тоже уселся и захлопнул за собой дверцу. — У меня просто нет слов, — сказал он. — Так выручили нас, так выручили.* Ю. Герман. Наши знакомые. См. Благодарить. Благодарность.

Не так ли? См. Так.

Не так страшен чёрт, как его малюют. *Посл.* Не так страшно в действительности, как представляют, как кажется. Форма утешения, ободрения того, кто испытывает излишнее волнение, страх перед кем-, чем-л. неизвестным. *Я, озадаченный не менее Петрова, всё же счёл нужным успокоить его: — Не так уж страшен чёрт, как его малюют! Выдюжим, Иван Ефимович.* И. Тюленев. Через три войны.

Нет до́му без го́му. *Погов.* Во всякой семье случаются разногласия, ссоры. Говорится в утешение тому, кто огорчён семейной ссорой, бытовыми неурядицами. [*Гом* — *обл.* Шум, крик, громкая ссора, гомон].

Не тем будь помя́нут. См. Поминать (Помянуть).

Не теря́й/те вы́держки (присутствия, бодрости духа). Формула утешения, ободрения собеседника, равного или младшего по возрасту, положению.

Не то забота, что много работы, а то забота, как её нет. *Погов.* Шутл. форма утешения, ободрения того, кто огорчён или озабочен обилием свалившихся на него дел, хлопот.

Не томи́ себя́. ⚜ *Обл.* Форма утешения собеседника; не горюй, не грусти, не печалься. *Аксинья Захаровна бросила перемывать чашки и сказала, подойдя к дочери: — Полно, Настенька, не плачь, не томи себя. Отец ведь любит тебя, добра тебе желает. Полно же, пригожая моя, перестань!* П. Мельников (Печерский). В лесах.

Не тоску́й/те (так). *Разг.* Не грусти/те, не кручиньтесь. Форма утешения, ободрения. *Сядь-ка рядом, сядь-ка рядом, земляниночка моя, Мы разделим скуку-горе, Не тоскуй ни ты, ни я.* СРНГ.

Нет прия́тнее (жела́ннее) го́стя! См. Гость.

Нет пробле́м. [Англ. No problems. No problem]. *Разг.* Положительный ответ на просьбу, предложение. Употр. в современной, преимущ. в городской молодёжн. речи. *«Слышь, Гера, ты бы мне пару листов калечки не одолжил? Позарез нужно...» — «Нет проблем. Держи. Двух хватит?.. а то могу ещё, я сегодня добрый. Проект сдал, поздравь...»* (1992). ▭ *«Может, завтра к Надежде съездим? Ты как завтра?» — «Нет проблем...» — «Ну, тогда я тебе часиков в восемь звякну»* (1995). | Положительный ответ на извинение: «ничего, не беспокойтесь». *Сергей, пока раздевались-разувались, объяснил, что они муж и жена, что приехали к родственнице, долго плутали, замёрзли, а она, оказывается... вы извините, мы рано утром... — Нет проблем, — коротко заключил добрый человек. — И давайте знакомиться. И — ужинать.* А. Слаповский. Из цикла «Общедоступный песенник».

Не трево́жьтесь. (Не тревожься). 1. Форма утешения, уверения собеседника в благополучном исходе дела, в искренности намерений говорящего. *Выходило, что не Сеня утешал старика, а скорее старик примирял молодого с необходимостью смерти. — Не тревожься, паренёк, будь крепенёу.* Л. Леонов. Барсуки. **2.** Форма опосредованного выражения благодарности за оказанный знак внимания, предлагаемую услугу («не беспокойтесь»), а также вежливого отказа от предложения, приглашения, совета. *— Гражданин финспектор! Простите за беспокойство. Спасибо... не тревожьтесь... я постою...* В. Маяковский. Разговор с фининспектором...

Не труди́тесь. Форма офиц.-вежл. отказа в ответ на предложение, просьбу равного или низшего по положению. *«Вам не нужна бумага?» — ища какого-то сближения, спросил Туляков. Вихров благодарно кивнул, не отрываясь от страницы. «Не трудитесь, я принёс с собой».* Л. Леонов. Русский лес. ♦ **Не труди́тесь напра́сно (понапра́сну).** *[Пирамидов:] Я умоляю, ваше превосходительство! Ваше превосходительство, не заставьте плакать и просить на коленях!.. [Гневышев:] Не трудитесь, мой милый, не трудитесь напрасно...* А. Островский. Богатые невесты.

Не трусь. *Разг.* Форма ободрения собеседника, испытывающего страх, опасения в ситуации, не представляющей, по мнению говорящего, серьёзной опасности. *Смеялась потом до упаду, говорила: «Не трусь, до свадьбы заживёт, а как ты думаешь красоту наводить?!»* Т. Горбулина. Улица Коммунарка, чётная сторона.

Не тужи́/те. *Разг., нар.-поэт.* Форма утешения, ободрения собеседника; не горюй, не печалься. *Князю лебедь отвечает: «Вот что, князь, тебя смущает? Не тужи, душа моя, Это чудо знаю я...»* А. Пушкин. Сказка о царе Салтане. *Горько заплакал царевич. «Не тужи Иван-царевич! Будет и на твоей улице праздник, только слушайся меня, старуху <...>. Иван-царевич поблагодарил старушку, спрятался за смородиновый куст.* Морской царь и Василиса Премудрая. Сказка из собр. А. Н. Афанасьева. ♦ **Не тужи́, наживёшь ременны гужи.** ⚜ *Прост., шутл.*

Нет ху́да без добра́. *Погов.* Употр. как форма утешения, ободрения собеседника: не расстраивайтесь, случившееся с вами несчастье, происшествие может иметь (имеет) и благоприятные последствия. *«Скажите, это правда?» — «Да, правда, он умер», — ответила Надежда Фёдоровна. «Это ужасно, ужасно, дорогая! Но нет худа без добра. Ваш муж был, вероятно, дивный, чудесный, святой человек, а такие на небе нужнее, чем на земле».* А. Чехов. Дуэль.

Не убивайтесь (Вы так). (♦ **Не убивайся.** ♦ **Не убивай/те себя так** ⚡) *Разг.* Не горюй/те, не отчаивайтесь, не сокрушайтесь. Форма утешения очень расстроенного собеседника. *Я в моем горестном положении, — сказала печальным тоном Перепетуя Петровна, — сижу больше там, у себя, даже с закрытыми окнами: как-то при свете-то ещё грустнее». — «Что мудреного, что мудреного! — повторила гостья тоже плачевным голосом, покачивая головою. — Только я вам откровенно скажу, Бога ради, не убивайте вы себя так... Конечно, несчастье велико: в одно время умер зять и с сестрою паралич; но, Перепетуя Петровна, нужна покорность... Что делать! Ведь уж не поможешь...»* А. Писемский. Тюфяк. *[Антонина Николаевна:] Мне и так плакать хочется. Ну что за жизнь, что за жизнь! (Плачет.) [Варя:] Да не убивайтесь! Гости сегодня придут хорошие.* В. Розов. Вечно живые. *Только Ефим <...>, глядя на пришибленного горем Сергея Фёдорыча, сказал: «Ты не убивайся шибко-то, Фёдорыч. Никуда они не денутся». — «Да... не убивайся...» — Сергей Фёдорович часто заморгал и опять вытер глаза...* В. Шукшин. Любавины.

Не угодно ли (Вам будет)...? См. Угодно.

Неудобно. ♦ **Мне очень (так) неудобно..., но...** ♦ **Я чувствую себя (крайне, очень) неудобно, что...** ♦ **Неудобно получилось.** Формулы косвенного извинения. Стыдно, стеснительно, неловко. *«А можно тебя попросить об одной вещи?» — «Ну, господи!» — «Ты знаешь, неудобно... но так надо!» — «Да пожалуйста же!» — сказал я, тоже улыбаясь.* А. Крупчаткин. Ночные прогулки. *[Фёдор Иванович:] Садитесь, пожалуйста. [Чернов:] Благодарю. (Сел.) Простите, но я к вам с просьбой. Даже неудобно — в первый день знакомства.* В. Розов. Вечно живые. *Я подошла к девочке в пятнах. «Привет, Лена! Ты меня помнишь? Ты забыла у меня рюкзачок». <...> «Здравствуйте!» — тихо ответила Лена. «А я как раз хотела звонить Мите, извини, Егору, чтоб узнать, как вы тут. Вы так неприлично тогда смылись, что, не будь я доброй тётей...» — «Да, — тихо сказала Лена. — Неудобно получилось, извините...»* Г. Щербакова. Митина любовь.

Не узнал (Вас, тебя), **богатым будете** (будешь, быть). *Шутл.* фраза, которую говорящий произносит, чтобы сгладить неловкость от того, что при встрече (или в разговоре по телефону) со знакомым сразу не узнал его. *«Вот вам и зима пришла, — сказал студент, подходя к костру. — Здравствуйте!» Василиса вздрогнула, но тотчас же узнала его и улыбнулась приветливо. «Не узнала, Бог с тобой, — сказала она. — Богатым быть».* А. Чехов. Студент. *Серпилин поздоровался с офицерами, последним — с Ильиным. «Не узнал тебя, богатым быть». — «Постараюсь, товарищ командующий».* К. Симонов. Живые и мёртвые. 📧 *[Девушка звонит знакомой:] Алло! Здравствуйте, Машу можно? Это ты? Не узнала, богатой будешь...* (1992).

Не унывай/те. Форма утешения, ободрения собеседника. *Крепко жму руку. Не унывай, потому что у тебя есть все возможности ещё многое и многое сделать.* А. Фадеев. Письмо А. И. Бусыгину, 2 марта 1934. *«Ну, ладно, поправляйся. Будем заходить к тебе в приёмные дни. <...> Не унывай!» — «Счастливо!» Профорг пожал Пашке руку, сказал всем «до свидания» и ушёл.* В. Шукшин. Любавины. *Сосед Серёжа поступал в то лето в театральный институт. Все понимали, что с его фамилией в институт не поступить. Он и не поступил. В конце августа я встретила его у озера. Серёжа сидел на обрыве и смотрел на другой берег озера, пустынный, нежилой. <...> Надо было подойти и сказать что-нибудь бодрое, фальшивое: «Привет, Серёжа. Не унывай. На следующий год поступишь».* Н. Толстая. Вид из окна.
♦ **Не унывай, на Бога уповай (а Бога призывай).** ⚡ *Погов.* Употр. в речи набожных людей, считающих уныние большим грехом.

Не утруждай/те себя. Форма офиц.-вежл. отказа в ответ на предложение равного или низшего по положению.

Не уходи/те. ♦ **Не уходи/те, побудьте (посиди/те) ещё (с Вами так хорошо..., без Вас так плохо...).** *Разг.*, только в устной речи. Просьба к адресату отложить расставание на время, в смысле, что его присутствие, общение с ним необходимо и приятно адресанту. ♦ **Не уходите, без вас так хорошо.** *Прост., шутл.* Озорное приглашение остаться при прощании с близким знакомым, приятелем, родственником, младшим или равным по возрасту. См. также: ♦ **Приходите ещё, без вас лучше.** ♦ **Ходите почаще, без вас веселей.**

Не хвали в очи (в глаза), не хули́ за очи (за глаза). *Погов.* Употр. как форма совета.

Не хлопочи́те (много об нас). ⚜ *Прост.* Не беспокойтесь, не беспокойте себя из-за нас. Вежл., с оттенком благодарности, ответ на приглашение, предложение, угощение и др. знаки внимания. «Ушки-то покушайте, — потчевала Дарья Сергеевна. — Стерлядки свеженькие, сейчас из прорези <…>. Не то буженинки из свинины скушать не пожелаете ль?» — «Благодарю покорно, матушка, премного довольны остаёмся на вашем угощенье. Много об нас не хлопочите, что на столе, тому и рады», — сказал Потап Максимыч. П. Мельников (Печерский). На горах.

Не хоти́те (ли) (чего-л.; сделать что-л.)? См. Хотеть.

Нечего Бога гневить. См. Бог.

Нечи́стый попу́тал (меня). То же, что ♦ **Попутал бес (лукавый).**

Ни в сказке сказать, ни пером описа́ть. (♦ **Ни вздумать, ни взгадать, ни пером описать**). *Фольк.* Очень красивый, нарядный. Формулы похвалы, восхищения внешностью собеседника или третьего лица в русских народных сказках. ‖ *Разг.* Шутл. комплимент в адрес близкого, знакомого человека. ▭ [Дядя (племяннице):] *О, как выросла! А похорошела, прямо красавица стала — ни вздумать, ни взгадать, ни пером описать!* (1992).

Ни́зкий. Этикетный эпитет, интенсификатор вежливости в формулах почтит. приветствия, благодарности, просьбы к высшим или равным по положению. ♦ **Низкий поклон (Вам, тебе,** кому-л.**).** См. Поклон. **Нижайший,** -ая, -ее. Элатив к Низкий. ♦ **Нижайший поклон (Вам, тебе,** кому-л.**).** См. Поклон. ♦ **Нижайшая просьба.** См. Просьба. ♦ **Нижайшее почтение (Вам).** См. Почтение. ♦ **Наше (Моё) вам нижайшее.** См. ♦ **Наше вам. Низко, нижайше,** *нареч.* ♦ **Низко кланяюсь.** См. Кланяться. ♦ **Нижайше благодарю (благодарим).** См. Благодарим. **Благодарю.** ♦ **Нижайше прошу (Вас).** См. Прошу.

Никак нет. См. Нет.

Нико́ла в путь! ⚜ *Прост. и обл.* Прощальное пожелание благополучного пути. [У православных христиан святой Николай-угодник (в просторечии — Никола) издавна считается покровителем путешествующих]. ♦ **Бог на дорогу, Никола в путь!** ⚜ *Прост. и обл. Распрощался с ним Потап Максимыч. Ровно сына родного трижды перекрестил, крепко обнял и крепко расцеловал. Слёзы даже у старика сверкнули. — Храни тебя Господь!.. Бог на дорогу, Никола в путь!* — *сказал Чапурин оторопевшему Василью Борисычу. — Ворочайся, голубчик, скорее...* П. Мельников (Печерский). В лесах. ♦ **Никола в путь, Христос по дорожке (подорожник)!** ⚜ *Обл.* «По всей России отъезжающему: "Счастливый путь!", а на севере: "Никола в путь, Христос подорожник!" по тому исконному верованию, что Никола помогает и спасает не только в море и на реках, но и на сухом пути». С. Максимов. Крылатые слова. ♦ **Никола на стану́.** ⚜ *Обл. На Мсте, в начале опасных и грозных Боровицких порогов, лоцман, сняв шапку и перекрестясь, кричит: "Бог на помочь!" — Ему вторят: "Никола в путь!" Когда барка остановится у Потерпелиц, в конце порогов, говорят: "Бог на помочь!" — откликаются: "Никола на стану".* С. Максимов. Крылатые слова. ♦ **Никола (Микола) в стадо!** ⚜ *Обл.* Пожелание благополучия пастуху. ♦ **Помоги (помогай) тебе Никола-угодник.** См. Помоги/те.

Ни пера́ ни жу́чки. *Обл.* Пожелание рыбаку удачного промысла. СРНГ. [*Жучка* — костяная чешуя на красной рыбе, сидящая вдоль рядами. *Перо* — плавник. В. Даль].

Ни пу́ха ни пера́! ♦ **Желаю Вам (тебе) ни пуха ни пера!** [Первонач.: пожелание удачи отправляющемуся на охоту, высказанное в отрицат. форме, от противного, чтобы не сглазить, если пожелать прямо удачи]. *Разг.* Полушутлив. пожелание собеседнику удачи, успеха в задуманном или начатом деле. В ответ обычно шутл. говорят: **К чёрту!** *«Сейчас мы летим. Приготовиться к старту». — «Ну, товарищи, ни пуха ни пера, по охотничьему присловью», — пожелал юрисконсульт торгпредства, пожимая руки лётчикам.* Б. Лавренёв. Большая земля. *Машины тронулись* и медленно поплыли к воротам. — *Ни пуха ни пера. Счастливого пути!* — слышалось из толпы. Б. Полевой. Повесть о настоящем человеке. *Последним прошагал замешкавшийся Коля Воронов. Алёша сжал ему второпях руку, успел жарко шепнуть в самое ухо: «Ни пуха тебе, ни пера, дружище» — и получить в ответ традиционное: «Пошёл к чёрту».* Г. Семенихин. Над Москвою небо чистое. || В речи студентов и школьников — пожелание успешно сдать экзамен, зачёт. ⌐ *«Ну, девчонки, пошла я». — «Ни пуха ни пера!» — «К чёрту»* (1992). ♦ **Ни пуха, ни пера, ни двойки, ни кола!** *Разг. Шутл.* пожелание успехов школьнику, студенту.

Ничего. *Разг.* **1.** Обиходный ответ на вопрос. обращения при встрече: *Как живёте? Как здоровье? Как дела?* и т. п. В зависимости от интонации может означать: «довольно хорошо», «благополучно», «неплохо», «сносно», «так себе». Если по условиям общения однословный ответ оказывается недостаточно приветливым, он может быть уточнён, распространён рядом синонимичных знаков: *так себе, помаленьку, нормально, по-всякому, слава Богу* и т. п., если позволяет речевая ситуация — стереотипной шуткой: *Живём, хлеб жуём. Дела идут, контора пишет. Лучше всех, да никто не завидует* и т. п. *[Бородкин:] Домашние ваши здоровы ли-с, Авдотья Максимовна, Арина Федотовна? [Русаков:] Ничего, живут помаленьку.* А. Островский. Не в свои сани не садись. *«Ну, как дела? — спросил Колька Бирюков <…>. — Как жизнь?» — «Ничего, — ответил я. — Нормально».* А. Рекемчук. Мальчики. *[Телеведущий:] Вопрос, так сказать, человеческий: как здоровье? [Ю. Никулин:] Ничего. Как у нас в цирке говорят: «Как здоровье?» — «Наливай!» Это значит: ничего ещё.* (Из телеочерка «Все любят цирк», 1991). | *Игорь смял в руках кепчонку, русые, давно не стриженные, не мытые волосы торчали во все стороны. «Как дела?» — спросил Борис. «Ничего, хорошо», — Игорь обнажил в улыбке редкие зубы. «Хорошо — это хорошо. А ничего — это ничего. Опять проспали?»* А. Рыбаков. Дети Арбата. **2.** Ничего. ♦ **Очень даже ничего.** *Разг.* Похвала, одобрение, комплимент. (В устн. речи степень одобрения выражается интонацией, жестом, мимикой). *«А это жена, что ли?» — спросил наконец Ермолай. «Жена, — спохватился Игнат. — Познакомься». Женщина подала старику руку... Тот осторожно пожал её. «Тамара». — «Ничего, — сказал Ермолай, окинув оценивающим взглядом Тамару. — Красивая». — «А?!» — с дурашливой гордостью воскликнул Игнат.* В. Шукшин. Ваш сын и брат. *Хвалил [А. А. Реформатский] сдержанно: «Ничего. Получилось. Бойкое перо, бойкое!»* Н. Ильина. Дороги и судьбы. *Она заплакала и сказала маме: «Мама, я такая некрасивая!» — «Ну кто это тебе сказал, дочка! Ты очень даже ничего».* В. Крупин. Песок в корабельных часах. ⌐ *«Как тебе моя новая стрижка?» — «Ничего-о!.. тебе идёт короткая...»* (1993). **3.** Вежливо-скромный ответ на словесный знак внимания, предложение, приглашение; «не беспокойтесь», «не утруждайте себя из-за меня, я не стою, или это не стоит, такого внимания». *[Хлестаков:] Что? не ушиблись ли вы где-нибудь? [Бобчинский:] Ничего, ничего-с, без всякого-с помешательства, только сверх носа небольшая нашлёпка.* Н. Гоголь. Ревизор. *[Крутицкий (оглядывается):] Что это они другого стула не ставят? [Глумов:] Ничего-с, я и постою, ваше превосходительство.* А. Островский. На всякого мудреца довольно простоты. *«Проходите, сваточек, проходите!» — упрашивала Ильинична. — «Ничего, благодарствуем... пройдем».* М. Шолохов. Тихий Дон. **4.** Миролюбивый ответ на извинение; «не беспокойтесь, ничего страшного не произошло, я не в претензии». *Чичиков извинился, что побеспокоил неожиданным приездом. — Ничего, ничего, — сказала хозяйка. — В какое это время вас Бог принёс! Сумятица и вьюга такая...* Н. Гоголь. Мёртвые души. *«Прощайте, мосье Лежнев! Извините, что обеспокоил вас». — «Ничего, помилуйте», — возразил Лежнев и вышел.* И. Тургенев. Рудин. *Червяков кашлянул, подался туловищем вперёд и зашептал генералу на ухо: «Извините, ваше-ство, я вас обрызгал... я нечаянно...» — «Ничего, ничего...»* А. Чехов. Смерть чиновника. *«Простите, простите», — сказал он смущённо, справившись, наконец, со смехом. «Да ничего», — улыбаясь, Никита достал сигары и зажигалку, положил перед собою на столик. «Я не хотел вас обидеть», — сказав так, вдруг начал краснеть. «*Ничего-ничего, вы меня совсем не обидели,* — *Никита махнул рукой.* — *Это вы меня простите...*» А. Скоробогатов. Аудиенция у князя. **5.** Скромный ответ на благодарность; «не сто́ит благодарности». «*Гениальная мысль!* — *восторженно перебил Митя,* — *как благодарить мне вас, Кузьма Кузьмич?*» — «*Ничего-с*», — *склонил голову Самсонов.* — «*Но вы не знаете, вы спасли меня...*» — «*Не стоит благодарности-с*». Ф. Достоевский. Братья Карамазовы. **6.** Форма утешения, ободрения собеседника. Употр. часто в ряду с другими формами утешения: не горюй/те, не переживай/те и т. п. «*Доктор был, даже надежду подал*», — *солгала Арина Петровна.* «*Ну, вот как хорошо! Ничего, мой друг! Не огорчайтесь! может быть, и отдышится...*» М. Салтыков-Щедрин. Господа Головлёвы. *Ничего, родная! Успокойся. Это только тягостная бредь. Не такой уж горький я пропойца, Чтоб, тебя не видя, умереть.* С. Есенин. Письмо матери. *Иногда Марья почему-то плакала. А Сергей Фёдорыч говорил:* «*Ничего, ничего, дочка, обойдётся*». В. Шукшин. Любавины. ‖ Ничего или ♦ Это ничего говорится в ситуациях, когда адресант находится в неловком, затруднительном положении, вызывает сочувствие окружающих и говорит ничего для ободрения себя и собеседников. *Катушин сидел теперь к нему спиной, и за линялым ситцем его рубахи странно суетились стариковские лопатки.* «*Да о чём ты, Степан Леонтыч, старичок милый?*» — *кинулся к нему Сеня.* «*Ничего... ничего, дружок. Спасибо тебе за ласку твою...*» Л. Леонов. Барсуки. *Худощавый и низкорослый, Средь мальчишек всегда герой, Часто, часто с разбитым носом Приходил я к себе домой. И навстречу испуганной маме Я цедил сквозь кровавый рот:* «*Ничего! Я споткнулся о камень, Это к завтраму всё заживёт*». С. Есенин. Всё живое особой метой... «*Ничего, это ничего,* — *всхлипывала Варя, утирая платочком слёзы.* — *Это пройдёт. Я, должно быть, утомилась... Мало спала...*» — «*Нет, нет! Это оттого, что мало выпила,* — *крикнул Герасимов.* — *Мы сейчас, пожалуй, повторим по полной, по полной...*» — «*Выше голову, Варя!*» Б. Можаев. Мужики и бабы. **7.** С вопросит. интонацией употр. в препозиции или постпозиции при выражении просьбы, намерения с целью получить согласие собеседника; «можно? разрешите? не возражаете?» *Пехотный солдат подошёл к костру, присел на корточки, всунул руки в огонь и отвернул лицо.* — *Ничего, ваше благородие?* — *сказал он, вопросительно обращаясь к Тушину.* — *Вот отбился от роты, ваше благородие; сам не знаю где. Беда!* Л. Толстой. Война и мир. «*А вот этот чемодан в углу, я выброшу его, ничего?*» — *спросил я у Кати в первый же день.* «*Без проблем*», — *ответила она.* М. Угаров. Разбор вещей. **8.** С утвердит. интонацией употр. как положительный ответ на просьбу; «да, пожалуйста». [*Мурзавецкая:*] *Вот и сослужи своей благодетельнице службу великую, избавь её от заботы! Ведь иссушил меня племянничек-то.* [*Чугунов:*] *Ничего-с, можно-с, не извольте беспокоиться.* А. Островский. Волки и овцы. ▱ [*Женщина в электричке* — *мужчине в ватнике:*] *Дядечка, ничего, я тут сумку поставлю?*» — «*Ставь, ставь, ничего...*» (1992). **9.** Употр. как форма возражения, выражения несогласия со словами, действиями или намерениями собеседника. *А она смотрит на нас да усмехается по-своему, нехорошо.* «*Не понимаю я, говорит, зачем ему заходить? И для чего зовёте?*» *А он ей:* «*Ничего, ничего! Пусть зайдёт, если сам опять захочет... Заходите, заходите, ничего!*» В. Короленко. Чудная. [*Тятин:*] *Любезный братец...* [*Звонцов:*] *Некогда мне!* [*Тятин:*] *Ничего, успеешь совершить подвиги ума и чести.* [*Звонцов:*] *Это что за тон?* М. Горький. Достигаев и другие. ♦ **Ничего себе.** Разг. То же, что Ничего (в 1 и 2 знач.) *Он [гость] делал движение, чтобы отойти от меня, но тут же вспомнив, что до желанного ужина добрых десять минут,* — *раскачавшись на длинных ногах, томительно спрашивал:* «*Ну, как наши дела?*» — «*Ничего себе, спасибо*». — «*Учишься?*» — «*Учусь*». А. Аверченко. В ожидании ужина. ▱ *Квартирка у вас ничего себе.* (1994). ♦ **Ничего идут дела, голова ещё (пока) цела.** Разг. Шутл. ответ на вопрос при встрече: Как дела (идут)? [Из стихотворения С. Я. Маршака «Волк и лиса»]. ♦ **Ничего себе, мерси!** Разг. Шутл. ответ на шутл. вопрос при встрече: Как живёте, караси? ♦ **Ну, как оно «ничего»?** См. Как. ♦ **Ничего страшного.** Разг. То же, что Ничего (в 4 и 6 знач.). ▱ [Женщину в легковой машине укачало, она достала из сумочки валидол. Её знакомая забеспокоилась:] «*Тебе плохо, да? Может, остановимся?*» — «*Ничего страшного, сейчас пройдёт*». (1994). ▣ [Женщина в тамбуре электрички наступила мужчине на ногу:] «*Ой, извините, пожалуйста!*» — «*Ничего страшного, может, кумой будете...*» (1992). ▣ [Учитель физкультуры — ученику:] *Ничего страшного, давай ещё разок... обязательно получится.* (1992). **Ничтя́к (ништя́к).** *Прост., фамильярн.* То же, что Н и ч е г о (в 1 и 2 знач.). Употр. преимущ. в соврем. молодёжн. речи. ▣ «*Как жись?*» — «*Ништя́к*». ▣ «*Вчера это твоя [знакомая] была?*» — «*Ага... ну и чё?*» — «*Ништя́к девочка*» (1993). **Ничё. Ништо́ (Нешто́).** *Обл.* То же, что Н и ч е г о. *Праздный народ расступается чинно... Пот отирает купчина с лица И говорит, подбоченясь картинно: «Ладно... нешто... молодца́!.. молодца́!..»* Н. Некрасов. Железная дорога. **Ничёвый.** *Обл.* Хороший, бравый. ▣ *Ничёвый малец.* ▣ *Ничёвая девка.* ▣ *Хозяин ничёвый, и она ничёвая и разговорчивая.* СРНГ.

Ничего не поделаешь. Изменить существующее положение невозможно, надо смириться с обстоятельствами. ♦ **Ничего (уже) не изменишь (не изменить, нельзя изменить).** Формы утешения.

Ничего подобного. *Разг.* Форма выражения категорического несогласия со словами собеседника. «*Почему ты говорил о рабочих так... раздражённо?*» — «*Раздражённо?*» — *с полной искренностью воскликнул он.* — *Ничего подобного! Откуда ты это взяла?*» М. Горький. Жизнь Клима Самгина. ‖ В первой трети XX в. получило широкое распространение в разг. речи и просторечии в знач. *нет*, без особого подчеркивания отрицания как «претенциозно-культурное» отрицание, выражение. «*Обвиняемый! Вы действительно грозили дать Сидорову по лицу?*» — «*Ничего подобного! Я сказал, что дам ему в морду*». «Бузотёр». 1926. № 1. *У милова поговорка: «ничево подобнова». Где же девушке любить такова благороднова.* Частушка. «*Трудно объяснить пошлость этого выражения тому, кто её не чувствует. И что же сказать о тех, кто к нему прибегает как к некоей изысканности!.. Это один из тех культурных обманов, которыми обольщается и ублажается народ...*» С. Волконский. О русском языке (1923).

Ни чешу́йки ни хвоста́! (♦ Ни рыбки ни хвоста!) *Обл.* и *прост.* Пожелание рыбаку удачного лова (от противного, как ♦ Ни пуха ни пера — охотнику). *Виктор <...> отставил недопитый стакан с чаем, открыл дверцу кладовой, достал оттуда рюкзак, мичманку и подал мне: «Держи, Матвей... Каждому своё, как говорится. Привет ребятам!.. Да, вот ещё блесны возьми, самые ловчие. Для адмирала... Ну, будь здоров! Ни чешуйки вам, ни хвоста...»* — «*К чёрту!*» — *сказал я по студенческой привычке, хотя по-флотски, наверное, надо было сказать что-то другое.* О. Павловский. Мрассу — желтая река.

Ни ша́тко ни ва́лко. *Разг.* Так себе; ни хорошо, ни плохо. Обиходный ответ на обычные при встрече вопросы: «Как живёшь?», «Как идут дела?» и т. п. ▣ «*Ну, как твои дела?*» — «*Да так... ни шатко ни валко, но в общем ничего, ты как?*» (1994).

Ни ше́рсти ни пера́. *Обл.* Пожелание удачи охотнику; то же, что ♦ Ни пуха ни пера! СРНГ.

Ни ямки ни раската. *Обл.* Пожелание доброго пути уезжающему, проезжающему. — *Я только одной свадьбе уступил. Уступил без ссоры. Сошёл с кошёлки, снял шапку и пропустил встречный [свадебный] поезд. Тот дру́жка и постарше, и познаменитей. «Пожалуйста, проезжайте, Иван Михайлович. Скатертью дорога. Ни ямки вам, ни раската!»* П. Еремеев. Обиход.

Нормально. *Разг.* **1. ♦ Всё нормально.** Хорошо, благополучно, неплохо. Обиходный ответ на обычные при встрече вопросы: Как жизнь? Как дела? Как здоровье? и т. п. «*Здравствуйте, Денис Иванович, какими судьбами?*» — «*Товарища пришёл проведать*». — «*А, ну, ладно. Как жизнь?*» — «*Нормально*». — «*Ну, пока*». А. Слаповский. Гибель гитариста. *Когда Мишка закончил училище, мы с ним частенько встречались в городе. «Здравствуйте» — скажет и смутится. «Здравствуй. Ну, как твои дела?» — «Нормально», — ответит просто, с достоинством, и я не сомневался, что у него действительно всё в жизни хорошо, нормально.* В. Куропатов. Таинственная душа.

2. (♦ Всё нормально). Примирительный ответ на извинение. ▭ [Из диалога студенток:] — Извини, конечно, что так вышло. — Да ничего, всё нормально. 1996. **3.** Неплохо, хорошо. Форма сдержанной (преимущ. мужской) похвалы, одобрения. ▭ [На уроке труда ученик показывает учителю сделанную рамку для фотографии:] «*Пётр Григорьич, так пойдёт?*» — «*Нормально... вот тут подожми ещё...*» (1991). ♦ **Всё будет нормально.** Форма утешения, ободрения собеседника (часто употр. в сочетании с другими формами утешения). ▭ «*Смотри, осторожней там...*» — «*Не беспокойся, мам, всё будет нормально*». **Норма́льненько. Нормалёк.** *Прост., шутл.* (преимущ. в совр. молодёжн. речи). То же, что Нормально. ♦ **В норме.** *Утром я достал свою старенькую облезлую куртку, в которой ездил на дачу к Паше, кепку. <...> Никитин оглядел меня со всех сторон, оценил: — Нормалёк.* П. Алёшин. Я — убийца.

Носи платье — не сметывай, терпи горе — не сказывай. См. Терпеть.

Носить (бы) вам — не переносить, возить (бы) — не перевозить! ♦ **(Дай вам Бог) Носом не сносить, возом не свозить.** ▭ *Прост.* и *обл.* Пожелание большого достатка, богатого урожая (сеющим, жнущим или молотящим хлеб, заготавливающим хворост и т. п.). *Вот мужики озлобились и принялись его [дурака] цепами потчевать: так ошарашили, что едва домой приполз. «Что ты, дитятко, плачешь?» — спрашивает его старуха. Дурак рассказал ей своё горе. «Ах, сынок, куда же ты глупешенек. Ты бы сказал им [молотильщикам]: Бог помочь, добрые люди! Носить бы вам — не переносить, возить бы — не перевозить!»* Набитый дурак. Сказка из собр. А. Н. Афанасьева.

Нравиться. ♦ **Вы мне (очень) нравитесь.** ♦ **Мне (очень) нравится Ваш (характер, костюм, дом...).** ♦ **Мне (очень) нравится, что Вы... (как Вы...).** Формулы комплиментов, похвалы, одобрения. [Генеральша], *поворотив голову в другую сторону, где навытяжке сидела залитая в брильянтах откупщица, проговорила: «Как мне ваш браслет нравится! — Combien l' avez vous payé?» — «Не знаю, ваше превосходительство; это подарок мужа», — отвечала та, покраснев от удовольствия, что обратили на неё внимание.* А. Писемский. Тысяча душ. «*Вы мне нравитесь*, — сказал он, — *я такой идеал давно искал*». — «*Быстрый ты*», — *Настя в упор, спокойно смотрела на Пашку.* В. Шукшин. Любавины. *Гость поображдал недолго. «Вам, наверное, можно [открыть тайну]. Потому что вы мне всё-таки начинаете нравиться. Честное слово! Только вот за что — никак не могу понять. Наверное, потому, что морали мне не читаете. Слушаете, и всё. Не как другие...*» — «*Ну что ж, спасибо*». — «*Пожалуйста. А тайна, значит, такая...*» В. Куропатов. Третья заповедь.

Ну,[1] *междом.* (нередко с усилит. частицами *и, уж*). *Разг.* В реч. этикете служит для экспрессив. выражения восхищения, удивления. ♦ **Ну и ну!** *Разг.* ♦ **Ай да ну!** *Разг.* То же, что Ай[2] (во 2 знач.) или Ай да... *[Любовь:] А правда, если бы был жив Колька, он был бы нами довольный. Он бы сказал: «Ну, сёстры Ивановы, ну и ну!» [Вера (легонько ударяет её):] Не хвастайся, Любка!* А. Арбузов. Домик на окраине. *Наконец он свалился с полка и полез на карачках на улицу. «Ну и здоров ты!» — с восхищением заметил Платоныч. Николай, отдуваясь, отметил: «У нас отец парился... водой отливали. Кха!.. Насмерть заходился».* В. Шукшин. Любавины. *«Ну Лариска, ну баба! Какая силища!» — прошептал Вася, потирая затылок. «Иди, иди», — усмехнулась Лариса...* В. Крупин. Живая вода. ♦ **Ну что Вы!** *Разг.* Ответ на экспрессив. извинение, благодарность, комплимент, похвалу. ▭ «*Ой, спасибо вам большое!*» — «*Ну что вы...*» ▭ «*Простите меня ради Бога!*» — «*Ну что вы...*» «*Вы такой замечательный, такой замечательный!*» — «*Ну что вы...*» (1994). ♦ **Ну уж (Вы скажете тоже)!** *Разг.* Смущённый ответ на экспрессивную похвалу, комплимент.

Ну,[2] *частица. Разг.* **1.** Только в устн. речи. Вопросит. отклик на обращение равного или младшего по возрасту, положению собеседника, с которым говорящий на «ты». «*Илья Ильич!*» — «*Ну?*» — откликнулся он. «*А что же управляющему-то сказать?*» И. Гончаров. Обломов. «*Евгений!*» — воскликнул вдруг Аркадий. — «*Ну?*» — «*Я завтра с тобой уеду тоже*». И. Тургенев. Отцы и дети. ▭ «*Вань, а Вань!*» — «*Ну?*» — «*Карáльки гну!.. Бросай эту канитель, пошли лучше искупнёмся, а?*» (1994). **2.** Только в устной речи. Употр. для интонационного

выделения некоторых знаков речев. этикета в ситуации доброжелательного эмоционального общения. ▱ *Ну не сердись, ну извини меня!* ▱ *Гриша, ну золотко моё, пойдём домой!* ▱ *Красавица, ну просто красавица* и т. п.
3. Употр. при вхождении в речевой контакт (при приветствии, вопросит. обращениях и т. п.) или выходе из реч. контакта (при прощании) с родственниками, друзьями, знакомыми, равными или младшими по возрасту, положению. ▱ *Ну, здравствуй.* ▱ *Ну, как дела? (как жизнь? как вы тут?* и т. п.) ▱ *Ну, мне пора.* ▱ *Ну, я пошёл (пойду).* ▱ *Ну, пока* и т. п. — *Ну, так, значит, поприсядемте! —* продолжал Пётр Михайлыч, и на глазах его навернулись слёзы. Все сели <...> — *Ну! —* снова начал Пётр Михайлыч, вставая; потом, помолившись и пробормотав ещё раз «Ну», обнял и поцеловал Калиновича. Настенька тоже обняла его. Она не плакала... — *Прощайте, желаю благополучного пути туда и обратно, —* проговорил с какими-то гримасами капитан. А. Писемский. Тысяча душ. — *Ну, всего доброго! —* пожелал Самгин, направляясь к извозчику... М. Горький. Жизнь Клима Самгина. — *Не деритесь тут, —* шепнула мать <...> — *Ну всё, мы поехали, а то там Паша с Эдиком дожидают.* Т. Горбулина. Улица Коммунарка, чётная сторона.

Няня. Разг. *Обращение к женщине, ухаживающей за детьми в семье.* *Не спится, няня: здесь так душно! Открой окно да сядь ко мне.* А. Пушкин. Евгений Онегин. *Гуляли, гуляли* [царская дочь с няней], *видят другой сад. «Пойдём, няня, посмотрим!» — «Пойдём».* Протопей-прапорщик. Сказка. Зап. в 1893. [Протасов:] *Старуха, не говори глупостей! Я рассержусь.* [Лиза:] *Няня! Ты мешаешь Павлу заниматься...* М. Горький. Дети солнца. **Нянечка.** Разг. **1.** Ласк. к Няня. [Ольга:] *Нянечка, милая, всё отдавай. Ничего нам не надо, всё отдавай, нянечка...* А. Чехов. Три сестры. **2.** Вежл. обращ. к служащей больницы, детского сада, яслей, ухаживающей за больными, детьми. ▱ *Нянечка, грелку, пожалуйста...* ▱ *Вы, нянечка, за моим Ваней присмотрите, утром кашлял что-то.* **Нянюшка.** Разг. Ласк. к Няня. *Нянюшка спросит по Марининому научению: «Опять видна печаль по ясным очам, кручина по белу лицу. Что-то от нас прячешь, Володенька». — «Ох, нянюшка, думу в кандалы не забьёшь!»* Б. Шергин. Володька Добрынин.

О

О, *междом.* Восклицание, выражающее, в зависимости от интонации, различные чувства. В речевом этикете употребляется для усиления экспрессивности стилист. возвыш. обращений, комплиментов, просьбы, благодарности, извинения, согласия, возражения и т. п. [Может произноситься с различной степенью длительности **О-о-о!**]. ▱ *-О-о! Кого я вижу! Какими судьбами! Здравствуй, дорогой, здравствуй!* ▱ — *Ну, как* [я выгляжу в новом наряде]? — *О! бесподобно!* ▱ *Вот, возьмите.* — *О, благодарю вас!* и т. п. «*А что же ваша дочь? —* спросила вдруг Лиза и остановилась». — «*О, не беспокойтесь! Я уже послал письма во все места».* И. Тургенев. Дворянское гнездо. [Тузенбах:] *Вы печальны, вы недовольны жизнью... О, поедемте со мной, поедемте работать вместе!* А. Чехов. Три сестры.

Обалде́ть (можно). Прост. Экспрессив. Прекрасный, великолепный; прекрасно, великолепно. Форма выражения восхищения, похвалы; комплимент. Употр. преимущ. в совр. молодёжн. речи. ▱ — *Ой, Вер, покажи* [очки]!.. *Ну-ка...* (Примеряет перед зеркалом.) *Обалдеть!.. Где оторвала?* (1993). **Обалде́нный,** -ая, -ое; -ые. Прост. Экспрессив. Прекрасный, удивительный, восхитительный. Оценочный эпитет, употр. в формулах похвалы, одобрения, комплимента, преимущ. в совр. молодёжн. речи. ▱ *Обалденный костюмчик!* ▱ *Обалденная причёска (стрижка)!* **Обалде́нно,** *нареч.* ▱ *Обалденно выглядишь!* ▱ *Обалденно смотришься!*

Обая́тельный, -ая, -ое; -ые. Пленительный, чарующий, исполненный привлекательности, очарования. Оценочный эпитет, употр. образованными людьми в комплиментах; преимущ. в адрес женщины, девушки. ▱ — *Мне нравится, когда вы улыбаетесь, у вас такая обаятельная улыбка!* ‖ В знач. сказуем. ▱ — *Успокойся, не надо плакать. Ты молода, умна, обаятельна, у тебя вся жизнь впереди* (1994). **Обая́тельно,** *нареч.* ▱ — *Поговорите* с ней, вы это умеете; у вас это всегда так обаятельно получается... **Обая́тельница.** ⚜ *Шутл.* комплимент знакомой женщине. — *И не смейте мне говорить такие слова, обаятельница, волшебница!* Ф. Достоевский. Братья Карамазовы.

Обворожи́тельный, -ая, -ое; -ые; -лен, -льна, -льно; -льны. Пленительный, чарующий, исполненный привлекательности, обаяния. Оценочный эпитет, употр. образованными людьми в комплиментах; преимущ. в адрес женщины, девушки. ▱ *Вы сегодня просто обворожительны!* **Обворожительно,** *нареч.* ▱ *Вы пели превосходно, обворожительно!* **Обворожи́тельница.** ⚜ *Шутл.* То же, что Обаятельница.

Обеспоко́ить. ♦ Обеспокоил я Вас (тебя). ⚜ *Разг.* Форма признания своей вины, косвенного извинения за причинённое беспокойство. *Илья сел на постель, а она [хозяйка] на стул, единственный в комнате. — «Обеспокоил я вас», — смущённо улыбаясь, сказал Илья. — «Ничего», — ответила Татьяна Власьевна...* М. Горький. Трое. ♦ **Позвольте (разрешите) обеспокоить Вас просьбой.** ⚜ *Офиц., учтив.* *Между тем позвольте обеспокоить Вас ещё одною просьбою.* А. Пушкин. Письмо А. Х. Бенкендорфу, 23 ноября 1834. ♦ **(Я) Решился обеспокоить Вас...** *Преимущ. эпист.* Обращ. с просьбой к малознакомому, равному или высшему по положению.

Оби́да. ♦ Не в обиду будь (будет) сказано (кому). ♦ Не в обиду сказать (кому). *Вводн.* Форма косвенного извинения; употр. при высказывании чего-л. неприятного для адресата или окружающих. *[Лебедев:] Нынешняя молодёжь, не в обиду будь сказано, какая-то, господь с нею, кислая, переваренная.* А. Чехов. Иванов. *Я говорю о выставке работ Тимофеева. Этой выставкой мы целиком обязаны — да не в обиду будет сказано нашему руководству — одной из рядовых сотрудниц Союза, нашей милой Анастасии Семёновне.* К. Паустовский. Телеграмма. ♦ **Всякому своя обида горька́.** ♦ **Лучше в обиде быть, нежели в обидчиках.** *Посл.* Формы утешения, ободрения того, кто переживает нанесённую ему кем-л. обиду.

Облегчи́тесь (Облегчи́сь) (сделать что-л.). ⚜ *Обл.* Формула вежл. просьбы. «Это слово вставляется в разговоре как знак вежливости при выражении какой-либо просьбы». ▱ *Облегчитесь, батюшка, причастить больную.* ▱ *Облегчись, пожалуйста: зайди ко мне на пару слов.* ▱ *Облегчитесь расписаться за меня.* СРНГ.

Обнеси́ Го́споди (Госпо́дь). *Прост. и обл.* Не дай (Пронеси) Господь. Выражение-оберег, пожелание избежать возможного несчастья.

Обня́ть (Обнима́ть). ♦ Обнима́ю (тебя, Вас). *Эпист.* Форма прощания в письмах адресату, с которым пишущий находится в близких, дружеских отношениях. Употр. часто со словами-интенсификаторами и конкретизаторами чувств: «крепко», «сердечно», «нежно», «от всей души», «дружески», «(по-)братски» и т. п. ♦ **Обнимаю и целую.** *Прощай, дружески тебя обнимаю, крепко. Мой Шерасмин свидетельствует своё почтение...* А. С. Грибоедов. Письмо П. А. Катенину, февр. 1820. *Ну, прощай, мой Погодин. Обнимаю тебя очень крепко! Поцелуй за меня ручку супруги своей. / Твой Гоголь.* Н. Гоголь. Письмо М. П. Погодину, 6 дек. 1835. *Обнимаю вас от искреннего сердца. / Павел Б-П.* П. Бобрищев-Пушкин. Письмо И. И. Пущину, 20 янв. 1841. *Засим обнимаю вас всех, начиная с графини, если она это позволит, и остаюсь / душевно Вас любящий Иван Тургенев.* И. Тургенев. Письмо Л. Н. Толстому, 8 янв. 1883. *Ну, пора кончать мою длинную болтовню <...>. Обнимаю, целую тебя и желаю всего лучшего — ещё и того, что бы ты ни выдумала себе пожелать. / Твой Ф. К.* Ф. Кони. Письмо А. В. Капровой, 27 апр. 1877. *Спасибо Вам, крепко обнимаю Вас, целую и хочу видеть. / Ваш Ал. Блок.* А. Блок. Письмо М. С. Соловьеву, 23 дек. 1902. *Обнимаю и целую вас, милые мои мальчики. Да хранит вас Господь! / Ваш папа.* П. Б. Струве. Письмо сыновьям, 3 апр. 1920. *Я за вашу дружбу держусь. Обнимаю Вас и люблю.* М. Цветаева. Письмо Л. В. Веприцкой, 9 янв. 1940. *Обнимаю Вас и помню всегда. / Н. Столярова.* Н. Столярова. Письмо А. И. Солженицыну, 29 окт. 1977. ♦ **Обнимаю Вас за (письмо, подарок...)** *Эпист.* Форма дружеск. выражения благодарности равному или младшему по возрасту, положению. *Обнимаю вас от души, любезный друг Афанасий Афанасьевич, за ваше письмо и за вашу* дружбу и за то, что вы есть Фет. Л. Толстой. Письмо А. А. Фету, 12 мая 1861. ♦ **Позвольте (Разрешите) Вас обнять.** *Возвыш.* Форма приветствия, благодарности, поздравления, прощания. *Милый, бесценный Евгений Павлович. Получил Ваше письмо. Позвольте обнять вас крепко.* А. Блок. Письмо Е. П. Иванову, 28 июня 1904. ♦ **Обними́/те за меня** (Н.). *Эпист.* Привет и выражение дружеских чувств третьему лицу, с которым адресат находится в дружеских или родственных связях. *Введи меня в семейство Карамзиных, скажи, что я для них тот же. Обними из них кого можно, прочим — всю мою душу.* А. Пушкин. Письмо В. А. Жуковскому, окт. 1824. *Обнимите Катю, Шуру и Риту. Привет Яне и Соне.* С. Есенин. Письмо Г. А. Бениславской, 20 дек. 1924.

Обожа́емый, -ая; -ые. ⌛ *Преувелич.* восторж. эпитет-комплимент, употр. в галантн. обращениях. *[Аметистов:] Целую ручку, обожаемая Алла Вадимовна. Платье. Что сказать о вашем платье, кроме того, что оно очаровательно! [Алла:] Это комплимент Зое Денисовне.* М. Булгаков. Зойкина квартира. | *Он [К. И. Чуковский] вторично подарил мне свою книгу «От двух до пяти», в новом издании, с надписью «Обожаемой Ильиной!» Этой надписью я уже не упивалась. Мне он пишет «обожаемой», другому — «с пламенной любовью», третьему — ещё что-то в этом роде, но всё это ровно ничего не значит. Я знала, с какой щедростью расточает он направо и налево ласковые слова, действуя, видимо, по принципу: ему (ей) приятно, а мне — ничего не стоит».* Н. Ильина. Дороги и судьбы. ‖ *В знач. сущ.* Шутл. или фамильярн., с оттенком иронии. *«Ну вот...» — упавшим голосом сказала хозяйка, и мальчикам стало ясно, что барыню победили. «Такие деньжищи только в задачниках Евтушевского попадаются, обожаемая, — жёстко и речисто отрезал главный покупатель. — Ты не барыши свои, ты мои убытки считай».* Л. Леонов. Русский лес.

Обойдётся. ♦ **Всё обойдётся.** *Разг.* Всё устроится, уладится; всё будет хорошо. Форма утешения, ободрения. Употр. по отнош. к знакомому, близкому, родному человеку, часто в ряду с другими формами утешения: *ничего, не горюй/те, не переживай/те* и т. п. *[Петя (ласково):] Ну успокойся, мамочка, всё обойдётся.* Л. Андреев. К звёздам. *Софья Александровна опустилась в кресло, рыдания сотрясали её маленькое полное тело. — Да успокойтесь вы, всё обойдётся, — говорила Галя, поглаживая её по плечу, — вон у Алмазовых сына забрали, подержали, отпустили.* А. Рыбаков. Дети Арбата. ♦ **Бог (Господь) даст, всё обойдётся.**

Оборони́ Бог (Боже, Господь, Господи, Царю небесный). ⌛ *Прост.* (♦ **Борони́ Господи.** *Обл.*). Не дай (упаси) Бог. Выражения-обереги, пожелание избежать возможного несчастья. — *Вот беда! Не ушиблись ли вы, не сломали ли ещё, Боже оборони, шеи?* — лепетала заботливая Хивря. Н. Гоголь. Сорочинская ярмарка. — *Ох, боюсь я, чтоб он Потапа Максимыча на недоброе не навёл!.. Оборони, Царю небесный!* П. Мельников (Печерский). В лесах. ♦ **Оборони Бог греха.** ⌛ *Прост.* *[Сумбурова:] Ничего, я уж и карету с человеком сажен за двадцать отсель оставила; хоть правда, что на дворе и темно, да всё-таки, оборони Бог греха, мой-то старик узнает, — так с ним и не разделаешься.* И. Крылов. Модная лавка.

Образу́ется. ♦ **Всё образуется.** *Разг.* То же, что **Обойдётся** (♦ **Всё обойдётся**). *«Ах, Митя, мне так страшно!»* — *«Ничего, Бог даст — всё образуется».* Б. Можаев. Мужики и бабы. *[Нина:] Мне кажется, я не произвожу на мужчин нужного им впечатления. Видимо, мне недостаёт какого-то слагаемого. <...> [Юлия (негромко):] Всё образуется. Главное — не робеть. [Нина:] Я стараюсь.* А. Арбузов. В этом милом старом доме.

Обрати́/те внимание. См. **Внимание**.

Обрати́ться. ♦ **Позвольте обратиться.** Учтиво-офиц. форма обращения, обычно с вопросом или просьбой к равному или старшему по возрасту, положению. ♦ **Разрешите обратиться.** а) То же, что ♦ **Позвольте обратиться.** б) *Проф.* Офиц.-уставная форма обращения к старшему по чину, званию в армии или др. военизир. службах. См. **Разрешите.** ♦ **Обращаюсь к Вам (тебе)...** Офиц.-вежл. обращ. с просьбой, вопросом, предложением. *Обращаюсь к Вам как к человеку, о котором слышал много хорошего и который — я уверен — не откажет в помощи.*

М. Горький. Письмо Г. И. Успенскому, дек. 1889. ♦ **К Вам обращается** (+ наименование адресанта). Формула офиц. представления говорящего (пишущего) после обращения к адресату. *Перед тремя собеседниками остановился формальный человек и начал кричать с мостовой на крышу: «Распопов! Наблюдатель! К вам обращается инспектор пожарной охраны». А. Платонов. Чевенгур.*

Общий привет (салют, поклон)! См. Привет. Салют. Поклон.

Обязанность. Считаю (полагаю) своей обязанностью (сделать, сказать что-л.). ♦ **Вменяю себе в обязанность** (сделать, сказать что-л.). ⚅ *Преимущ. эпист.* Формулы офиц. учтивости. Употр. при поздравлении, выражении благодарности. *Вменяю себе в обязанность выразить Вам свою (мою) (душевную, сердечную) благодарность (мои поздравления)* (образец письма). *Правила светской жизни и этикета, 1889.*

Обязать. ♦ **Вы (ты) меня очень (весьма, чрезвычайно...) обяжете (обяжешь) (обязал/и бы).** Буду вам очень благодарен, признателен. Формула учтив. выражения благодарности, сопровождающая просьбу, приглашение или являющаяся ответом на обещание, предложение собеседника сделать что-л. в интересах говорящего. *Я не очень здоров — и занят. Если вы сделаете мне милость ко мне пожаловать с г. Сахаровым, то очень меня обяжете. Жду вас с нетерпением. А. Пушкин. Письмо В. Ф. Одоевскому, 1836. «Ну, хотите, я с господином полицеймейстером буду посредником и кончим в четверть часа?» — «Очень бы обязали, истинно обязали бы». А. Герцен. Кто виноват? «Позвольте мне, для первого знакомства, предложить мою колесницу. <…> У меня здесь многие помощники, приезжая в город, берут». — «Вы меня много обяжете; но мне совестно...» — «Что тут за совесть? Чем богаты, тем и рады». — «Благодарю вас». А. Писемский. Тысяча душ. Многоуважаемый батюшка, / Позвольте обратиться к Вам с некоторой для Вас, вероятно, неожиданной просьбой. А именно: где именно в Библии находятся известные изречения: «Смерть, где жало твое?» и «Нет больше подвига, как если кто душу свою положит за другую душу» (или «за брата своего»). Сообщением подлинных славянских текстов Вы бы крайне меня обязали. И. Тургенев. Письмо В. А. Прилежаеву, 21 авг. 1882. [Зоя:] Ну вот, а я берусь вам устроить это. И к Рождеству вы уедете, я вам за это ручаюсь. [Алла:] Зоя. Если вы это сделаете, вы обяжете меня на всю жизнь. И, клянусь, за границей я верну вам всю сумму до копейки. М. Булгаков. Зойкина квартира.*

Обяжи́те (меня) (сделайте то, о чём прошу). ⚅ Услужите, окажите услугу. Форма учтив. просьбы. ☞ *Обяжите меня, замолвьте за моего сына словечко! В. Даль.* ♦ **Весьма обязан (Вам).** *Учтив.* Благодарю (Вас). ♦ **Я Вам (тебе) очень (весьма, крайне, много, премного, по гроб жизни, так, чрезвычайно...) обязан.** *Экспрессив.* Формулы учтив. благодарности за оказанную услугу, проявленное внимание и т. п. *«Не прикажете ли ещё чашечку?» — «Покорно благодарствую», — отвечал Иван Иванович, ставя на поднос опрокинутую чашку и кланяясь. <…> «Иван Иванович! сделайте дружбу, одну чашечку!» — «Нет, весьма обязан за угощение». Сказавши это, Иван Иванович поклонился и сел. Н. Гоголь. Повесть о том, как поссорился Иван Иванович с Иваном Никифоровичем. — Я вам так обязана! Вы не можете даже представить себе, как много вы сделали для меня, мой хороший Саша! А. Чехов. Невеста.* ♦ **Почту (Сочту) себя весьма (очень, премного...) обязанным.** *Учтив.* ♦ **Я буду (был бы) очень обязан Вам (за..., если...).** *Учтив.* То же, что ♦ **Вы меня очень обяжете (обязали бы).** *Сочту себя много обязанным, если вы окажете помощь этому столь близкому моему сердцу делу, и буду рад случаю отплатить вам всем от меня зависящим. Л. Толстой. Письмо А. С. Суворину, апр. 1874. — Если бы вы пожаловали ко мне как-нибудь запросто, то я была бы вам чрезвычайно обязана. А. Чехов. Моя жизнь. Буду очень тебе обязан, если ты прихватишь с собой Кассиля. Уговорите его от моего имени... А. Фадеев. Письмо С. В. Михалкову, 27 июля 1950.* ♦ **Чем (чему) обязан?** Офиц. или подчёркнуто вежл. обращение к посетителю, нежданному гостю. *[Курчаев:] Bonjour! [Глумов:] Очень рад, чему обязан? [Курчаев:] Мы за делом. А. Островский. На всякого мудреца довольно простоты. Князь как вошёл и говорит: «Здравствуй,* *старый друг, испытанный!» А она ему отвечает: «Здравствуйте, князь! Чему я обязана?»* Н. Лесков. Очарованный странник. ♦ **Чему обязан счастьем (видеть, лицезреть... Вас)?** ⌛ Куртуазн. или шутл.-ирон. обращ. к нежданному гостю. *Офицерская шинель при её появлении вскочила с дивана, изобразила наиприятнейшую улыбку, расшаркалась туфлями и прилично запахнулась. «М-медам! — произнёс хрипловатый бас, налегая особенно на букву е, вероятно, ради пущего шику. — Же сюн шарме! Чему обязан счастьем зреть...» — «Я хотела бы видеть Поветийных...»* В. Крестовский. Петербургские трущобы.

Ого! *Междом. Разг.* Выражает удивление, восхищение, одобрение и т. п. — *Ого! — вскричал генерал, смотря на образчик каллиграфии, представленный князем, — да ведь это пропись! Да и пропись-то редкая!* Ф. Достоевский. Идиот. *[Колесов:] Добрый вечер. [Таня (не оборачиваясь):] Добрый вечер. [Колесов:] Давно нет автобуса? [Таня:] Не знаю. (Оборачивается.) [Колесов:] Ого... добрый вечер! [Таня:] Что значит «ого»? [Колесов:] Комплимент.* А. Вампилов. Прощание в июне.

Огонь. *В знач. сказуем. или приложения. Прост. и обл.* Одобрит. отзыв о бойком, расторопном, быстром в работе человеке. ⟹ *Девка на работу огонь.* ⟹ *Огонь девка.* СРНГ.

Огромный, *-ая, -ое. Разг. Экспрессив.* Интенсификатор вежливости, употр. в составе формул благодарности, комплиментов, эмоционального выражения согласия. ♦ **Огромное (Вам, тебе) спасибо!** ♦ **С огромной благодарностью (признательностью)...** ♦ **С огромным удовольствием.** ♦ **Вы доставили (мне, нам) огромное удовольствие (наслаждение)** (чем-л.) и т. п. **Огромнейший.** Электив к Огромный. ♦ **Огромнейшее (Вам, тебе) спасибо!**

Одежде пропадать, на плечах бы тлеть, а могучим плечам добреть да добреть! ⌛ *Прост. Шутл.* Пожелание юноше, мужчине здоровья, благополучия.

Один рот и тот дерёт. *Прост.* Шутл. поговорка, самоиронично употр. зевающим, чтобы шуткой сгладить неловкость. *«Простота хуже воровства, — согласилась Анна и широко зевнула. — О, Господи! Один рот и тот дерёт».* В. Колыхалов. Дикие побеги. *«Один рот, да и тот дерёт. Ох-хо-хонюшки». — У Матвея повело рот. Он перекрестился, стянул кирзачи и полез на полати...* В. Личутин. Любостай.

Одобряю. ♦ **(Я) Одобряю Вас (Ваш поступок, Ваши намерения...).** Формы похвалы, одобрения; выражение согласия, признания правильности решения или поступка собеседника, обычно младшего по возрасту или положению. *«Вы пришли со мной проститься?» — проговорил Николай Петрович, поднимаясь ему [Базарову] навстречу. — «Точно так-с». — «Я вас понимаю и одобряю вас вполне. Мой бедный брат, конечно, виноват: за то он и наказан...»* И. Тургенев. Отцы и дети. *«В высшей степени одобряю... хорошо», — сказал полковник и действительно в высшей степени одобрительно посмотрел в глаза Мышлаевскому.* М. Булгаков. Белая гвардия.

Одолжа́йтесь! ⌛ *Прост.* Приглашение угощаться (чаще как предложение понюхать табаку). *Иван Никифорович даст вам прямо в руки [табачный] рожок свой и прибавит только: «Одолжайтесь».* Н. Гоголь. Повесть о том, как поссорился Иван Иванович с Иваном Никифоровичем. *[Старички музыканты] сперва табачку понюхали и почихали для сладости, друг дружку угощали, и так все вежливо-вежливо, с поклончиками, и так приветливо угощали — «милости прошу... одолжайтесь...» — и манеры у них такие вальяжные и деликатные, будто они и сами графы такого тонкого воспитания, старинного.* И. Шмелёв. Лето Господне. *Встречаются на улице даже мало знакомые люди, поздороваются шапочно, а если захотят продолжать знакомство — табакерочку вынимают. — «Одолжайтесь». — «Хорош. А ну-ка моего...»* В. Гиляровский. Москва и москвичи. *Тряс Егор Ильич табакеркой, раздавал понюшки да наговаривал: «Нюхайте, одолжайтесь! Вкушайте, старые старушки, молодые молодушки, честные вдовушки, красные девицы — пирожные мастерицы, маленькие ребятёчки, зеленые сопелёчки... Садитесь покрепче на лавку, кабы не ударило в пятку...» Бабы нюхают, чихают всякая на свой манер, хохочут — веселым-весело в доме!* П. Еремеев. Обиход. *Верёвкин поспешно скрылся за низенькой японской ширмочкой, откуда через минуту до Привалова донеслось сначала тяжёлое сопение носом, а потом ка-*

кое-то забавное фырканье. <...> «Водку пили? — спрашивал Верёвкин, выставляя из-за ширмы свою кудрявую голову. — Вот тут графин стоит... Одолжайтесь. У меня сегодня какая-то жажда...» Д. Мамин-Сибиряк. Приваловские миллионы.

Одолжение. ♦ **Сделай/те одолжение. 1.** Интенсификатор вежливости, учтивости, экспрессивности в составе формул просьбы, приглашения, извинения; то же, что Пожалуйста (в 1 знач.). *Что ты? душа моя Катенин, надеюсь, что ты не сердишься на меня за письмо, а если сердишься, так сделай одолжение перестань.* А. Грибоедов. Письмо П. А. Катенину, 19 окт. 1817. *[Кочуев:] Не спорьте с ней, Ардалион Мартыныч! У них своя логика, логика сердца. [Муругов:] Извините меня, Ксения Васильевна, сделайте одолжение! Я и не думаю спорить.* А. Островский. Не от мира сего. *[Шпигельский:] Так как же, Михайло Александрыч, помогите мне, сделайте одолжение. [Ракитин:] Да чем могу я вам помочь, Игнатий Ильич?* И. Тургенев. Месяц в деревне. *Вошёл художник Фетисов. — А я к вам с просьбой, — начал он, обращаясь к Клочкову и зверски глядя из-под нависших на лоб волос. — Сделайте одолжение, одолжите мне вашу прекрасную девицу часика на два.* А. Чехов. Анюта. ‖ В сочет. с неопр. ф. глагола образует формулы офиц. просьбы, требования. *Милостивый Государь / Иван Михайлович, / Сделайте одолжение объяснить, на каком основании не пропускаете вы мною доставленное замечание в «Московский телеграф»?* А. Пушкин. Письмо И. М. Снегирёву, 9 апр. 1829. ‖ *Разг.* В устном контактном общении может употребляться без глагола как самостоятельная формула просьбы, когда её содержание понятно адресату. *[Кречинский (подбегая к Муромскому):] Пётр Константиныч! что же вы не садитесь? сделайте одолжение! Какие вам кресла — с высокой спинкою или с низкой?* А. Сухово-Кобылин. Свадьба Кречинского. *— Дак уж не придёте? — дрогнувшим голосом спросила Анисья. — Может, я не так приглашаю? — И вдруг она старинным, поясным поклоном поклонилась брату: — Брателко Павел Захарович, сделай одолженье...* Пелагея Прокопьевна... Ф. Абрамов. Дом. **2.** ⌂ Вежл. или радушный положительный ответ на просьбу; утвердит. ответ на вопросит. обращение, высказанное намерение; то же, что Пожалуйста (во 2 знач.). *«Можно поглядеть?»* — спросил Нехлюдов. *«Сделайте одолжение»,* — с приятной улыбкой сказал помощник и стал что-то спрашивать у надзирателя. Л. Толстой. Воскресение. *«Посошок, однако, на дорожку позвольте взять»,* — прибавил он, наливая и выпивая рюмку водки. *«Сделайте одолжение»,* — отвечал князь, скрывая гримасу и с заметно неприятным чувством пожимая протянутую ему Медиокритским руку, который, раскланявшись, вышел тихой и кроткой походкой. А. Писемский. Тысяча душ. *Господин, в лёгком костюме из шёлковой сырцовой материи и в соломенной шляпе <...>, встал со скамейки, мимо которой проходил Василий Петрович, и сказал: «Позвольте закурить». — «Сделайте одолжение»,* — ответил Василий Петрович. В. Гаршин. Встреча. *«Если вы мне позволите, Игорь Саввович, как человеку старому, битому и — простите — опытному, порассуждать о вас, то, поверьте, вашей снисходительностью я не злоупотреблю...» <...> «Сделайте одолжение, Сергей Сергеевич!» — молодым голосом в стиле главного инженера ответил Игорь Саввович. — Сделайте одолжение быть со мной откровенным. Я покорно признаю за вами право наставника и благожелателя...»* В. Липатов. Игорь Саввович. ♦ **Сделайте мне (для меня) (это, такое, Ваше...) одолжение.** ⌂ Вежл. усиленная просьба, приглашение. *— Ну, голубчик, Николай Ермолаич! Прошу вас! — Следователь махнул рукой и плюнул. — Прошу вас! Прошу не для себя, а в интересах правосудия! Умоляю наконец! Сделайте мне одолжение хоть раз в жизни! — Дюковский встал на колени.* А. Чехов. Шведская спичка. *— На-ка тебе яблоко, съешь, подкрепи свои истощённые силы. — Я не стал брать. — Возьми, пожалуйста, — сказала она [девушка], — для меня. Сделай мне одолжение.* В. Драгунский. Здоровая мысль. ♦ **Яви/те (такое, божеское, Ваше...) одолжение.** ⌂ *Прост.* Форма учтив. или самоуничижит. просьбы, мольбы (обычно к высшему по положению). *«К вашей милости, — несмело и тихо заговорил рыжий <...>. — Явите божеское одолжение, не дайте помереть с голоду...» — «Я, брат, подаяний не творю: не из чего. Ступай себе с Бо-*

гом — *Бог подаст!*» — *перебил Морденко, замахав рукою*. В. Крестовский. Петербургские трущобы.

Одолжить. ♦ **Вы меня очень одолжите...** (♦ **Ты меня очень одолжишь) (одолжил/и бы...).** ♦ **Вы меня очень одолжите, если** (сделаете то, о чём прошу). ⏵ Формулы учтив. выражения благодарности за будущую услугу в связи с высказанной просьбой; буду вам (тебе) очень благодарен (признателен, обязан). *Позвольте Вас попросить выслать мне <...> книжки Вашего журнала <...>. Очень бы Вы меня одолжили*. И. Тургенев. Письмо Ф. М. Достоевскому, 16 окт. 1861. *Но только что он подошёл к трактиру, как вдруг отворилось одно окно и сам брат Иван закричал ему из окна вниз: «Алёша, можешь ты ко мне сейчас войти сюда или нет? Одолжишь ужасно». — «Очень могу, только не знаю, как мне в моём платье»*. Ф. Достоевский. Братья Карамазовы. — *Будьте милостивы, обещайте наперёд, что нашу просьбу беспременно исполните... — вставши с места и низко кланяясь, сказал Марко Данилыч. <...> — Домишко у меня, изволите видеть, не тесный, есть где разгуляться... Так вы бы <...> погостили у нас... Порадуйте... Так бы одолжили, так бы одолжили, что и сказать не умею*. П. Мельников (Печерский). На горах.

Ой,[1] *частица. Прост. и обл.* Вопросительный отклик на обращение. То же, что **А**[1] и **Ай**[1] (в 1 знач.).

Ой,[2] *междом.* **1.** *Разг.* В составе формул комплимента, похвалы (♦ **Ой, как...** или ♦ **Ой, какой...**) выражает чувства восхищения, восторженного удивления. *[Васса:] Решила: покупаю у старухи Кугушевой дом — вот садик-то наш разрастётся, а? [Людмила:] Мамочка, ой, как хорошо!* М. Горький. Васса Железнова. **2.** *Фольк.* Употр. при обращении к кому-л., часто в сочет. с местоимениями «ты», «вы». *Царь Салтан гостей сажает За свой стол и вопрошает: Ой вы, гости-господа, Долго ль ездили? куда?* А. Пушкин. Сказка о царе Салтане. ♦ **Ой еси.** ⏵ *Обл.* То же, что ♦ **Гой еси.** *Говорил его дядюшка Да Микита Родоманович: «Уж ты ой еси, Кострюк-Демрюк! Еще мы к тебе пришли Да не с боём, не с дракою...»* Кострюк. Былина (зап. в I пол. XX в.).

Оказать. В сочет. с сущ. *внимание, дружбу, любезность, милость, помощь, услугу, честь* и некот. др. образует стилистически возвыш. формулы вежл., учтив. просьбы, приглашения. ♦ **Окажи/те внимание.** См. Внимание. ♦ **Окажите дружбу.** См. Дружба. ♦ **Окажи/те любезность.** См. Любезность. ♦ **Окажи/те (такую, божескую...) милость.** См. Милость. ♦ **Окажи/те услугу.** См. Услуга. ♦ **Окажи/те честь.** ⏵ См. Честь. ‖ В условно-сослагат. накл. образует формулы повышенно вежл., мягкой, некатегоричной просьбы. ♦ **Не могли бы Вы оказать (любезность, услугу, честь...)?** ♦ **Если бы Вы оказали (любезность, услугу, честь...).** ♦ **Вы оказали бы (любезность, услугу, честь...), если бы...** и т. п. *Осмеливаюсь обратиться к Вам с покорнейшею просьбою. Мне сказывали, что у Вас находится любопытная рукопись Рычкова, касающаяся времени Пугачёва. Вы оказали бы мне истинное благодеяние, если б позволили пользоваться несколько дней сею драгоценностию*. А. Пушкин. Письмо Г. И. Спасскому, около 18—22 июля 1833. *Гуля продолжал: — <...> комитет с удовольствием предоставит вам, Иван Егорович, особую витрину или, если вы пожелаете оказать честь артели, то — в качестве её члена, среди её экспонатов. Вы, конечно, будете нашим украшением, Иван Егорович.* Б. Шергин. Лебяжья река. ♦ **Прошу Вас оказать мне...** *Учтив.* или *офиц.-учтив.* ♦ **Я прошу Вас, окажите мне...** *Усилит.* См. Просить.

О'кей (О'кэй). *Междом.* [Англ. okay — «отлично», «хорошо», «нормально»]. **1.** *Разг.* Форма выражения одобрения, похвалы; согласия. Употр. преимущ. в молодёжной среде. *«Да, да, да, — заволновался Егор. — Такой небольшой бардак. Аккуратненький такой барделеро... Забег в ширину. Да, Михайлыч? Вы мне что-то с первого раза понравились! Я подумал: вот с кем я взлохмачу мои деньги!» Михайлыч искренне посмеялся. «А? — ещё раз спросил Егор. — Чего смеёшься?» — «О'кей! — весело сказал Михайлыч. — Ми фас поньяль»*. В. Шукшин. Калина красная. ▭ *[Молодой человек — подруге:] «Может, сходим завтра в кино?» — «О'кей». — «Ну, пока, я позвоню»* (1992). **2.** Употр. с вопросит. интонацией после предложений как обращение к собеседнику, равному или младшему по возрасту, положению, побуждающее подтвердить, поддержать сказанное; не так ли? не правда ли? согласны? *А я свою проблему, кажется, тоже скоро решу. <...> Так что мы с тобой ещё будем вместе гулять с малютками в вашем парке Победы. О'кей?* Н. Катерли. Тот свет. ♦ **Всё о'кей!** *Разг.* Ответ на приятельское обращение при встрече «Как жизнь?» «Как дела?» и т. п. ♦ **Всё будет о'кей.** *Разг.* Форма дружеск. ободрения, утешения равного или младшего по возрасту, положению. — *Не скисай, Игнат! — похлопал Крухин по плечу заместителя. — Всё будет о'кей.* М. Левитин. Соискатель.

Ол райт. (♦ **Гуд ол райт**). *Междом.* [Англ. good all right — «хорошо, всё нормально, правильно, прекрасно»]. *Разг.* Форма похвалы, одобрения, употр. (чаще шутливо) в молодёжной среде. *Всё я вам, голуба моя, наврал, — усмехаясь и облизывая красные губы, сказал Скворцов. — <...> Прощупал вас маленько, с кем, так сказать, имею честь и счастье. Оказалось — джентльмен. И ол райт! Сейчас мы выпьем.* Ю. Герман. Наши знакомые. *Таборский ещё издали, от озерины, высоко вскинув кулак, одобрительно загоготал: «Хорошо! Гуд ол райт, товарищи старухи! Есть ещё порох в пороховницах!»* Ф. Абрамов. Дом.

Он, *местоим.* **1.** О 3-м лице, не участвующем в разговоре, отсутствующем, равном или низшем по положению. Употребление местоим. *он, она* по отношению к собеседникам, без предварительного называния их по имени (имени-отчеству) считается невежливым: говорящий как бы исключает собеседника из общения, демонстрируя тем самым неуважительное к нему отношение. **2.** ⚠ *Прост.* О нечистом (бесе, дьяволе, чёрте; домовом, лешем, водяном и т. п.), прямое называние которого, по религиозным представлениям, небезопасно для говорящего. *По должности мельника дедушка Илья имел довольно близкое соотношение к водяному <...>. Дедушка Илья об нём всё знал и говорил: «Он меня любит. Он, если когда и сердит домой придёт за какие-нибудь беспорядки, он меня не обижает».* Н. Лесков. Пугало. **3.** *Собират. Прост.* О военном противнике, враге, захватчике. *«Это наши». — «Ах, наши! А там?..» — Пьер показал на* другой далёкий курган. *<...> — «Это опять он, — сказал офицер. <...> Вчера было наше, а теперь его».* Л. Толстой. Война и мир. *«<...> Я — смоленский. Я там дома. Я там — свой, а он — чужой».* А. Твардовский. Василий Тёркин. **Они. (Оне).** ⚠ В знач. ед. ч. — вместо «он», «она». *Почтит.* или подобострастно о 3-м лице, высшем по положению. *«Наталью Ильиничну видел? — спросил он [граф] у Семёна. — Где она?» — «Они с Петром Ильичём от Жаровых бурьянов стали, — отвечал Семён, улыбаясь. — Тоже дамы, а охоту большую имеют».* Л. Толстой. Война и мир. *«Вас Дарья Михайловна ко мне прислала, говорите вы?» — спросила она Пандалевского. — «Да-с, прислала-с, — отвечал он <...>, — они непременно желают и велели вас убедительно просить, чтобы вы пожаловали сегодня к ним обедать... Оне (Пандалевский, когда говорил о третьем лице, особенно о даме, строго придерживался множественного числа) — они ждут к себе нового гостя, с которым непременно желают вас познакомить».* И. Тургенев. Рудин. *В присутствии члена управы или попечителя школы она [учительница] встаёт, не осмеливается сесть и, когда говорит про кого-нибудь из них, то выражается почтительно: «они».* А. Чехов. На подводе. ◨ [Торговец птицами:] *Тихон Дмитриевич, когда запивают, то птиц вокруг себя вешают. Вы их не знаете? Большой любитель! У них своя булочная в Марьиной роще.* Е. Иванов. Меткое московское слово. | *Ирон.* [Присыпкин:] *Дом у меня должен быть полной чашей. Захватите, Розалия Павловна!* [Баян (подхихикивая):] *Захватите, захватите, Розалия Павловна! Разве у них пошлость в голове? Оне молодой класс, оне всё по-своему понимают. Оне к вам древнее незапятнанное пролетарское происхождение и профсоюзный билет в дом вносят, а вы рубли жалеете! Дом у них должен быть полной чашей.* В. Маяковский. Клоп.

Опричь хором со всем двором. (♦ **Со всем двором опричь хором**). ♦ **Просим (к нам) опричь хором всем двором.** ⚠ *Обл.* Приглашение в гости со всем семейством. (В. Даль). *В одно из путешествий моих по Тобольской губернии я попал с дороги в жарко натопленную избу, когда в ней собрались так называемые посиделки. Хозяйка избы, по сибирскому обычаю, созвала своих родственниц,* старух и молодых, из своей деревни и из соседних, погостить к себе, посидеть и побеседовать. Ходила сама, просила: — Всем двором опричь хором! Хлеба-соли покушать, пирогов отведать. С. Максимов. Крылатые слова. ‖ ▨ *Обл.* Шутл. поговорка, с которой обращается к хозяину гость, прибывший со своими родственниками, со всем семейством. СРНГ. *[Мурзавецкая:] Ну вот я к тебе со всем двором опричь хором. [Купавина:] Милости просим! [Мурзавецкая:] Да уж рада ль ты, не рада ли, делать нечего, принимать надо. Вот (указывает на племянника) пристал.* А. Островский. Волки и овцы. [Опричь — «кроме»].

Оревуа́р (О ревуа́р). [Франц. au revoir «до свидания»]. Форма прощания, употр. в XIX в. в дворянской полиязычной среде. *«Папа, — опять тем же тоном повторила красавица, — мы опоздаем». — «Ну, au revoir, прощайте».* Л. Толстой. Война и мир. *«Скоро ли мы будем обедать?» — спросила она [генеральша] у дочери. — «Скоро, maman», — отвечала та. Калинович понял, что время уехать, и встал. — «Au revoir, au revoir...» — начал было князь. — «Monsieur Калинович, может быть, будет так добр, что отобедает у нас?» — произнесла вдруг Полина.* А. Писемский. Тысяча душ. | С расширением сферы употребления эта форма приобрела в русск. разг. речи и просторечии разнообразные социостилистические оттенки: от манерно-«галантерейных» до фамильярно-иронич. или дружеск.-шутл. *Мастеру некогда: «Теперь до свидания, о ревуар! Значит, на солнышке сидите, друг на дружку не глядите, только на публику любуйтесь. Папа домой воротится, вас похвалит: по затылку свой колер наведёт. Ему от меня привет и поцелуй».* Б. Шергин. Золочёные лбы. *[Баян:] Оревуар! (Уходит, крича [Присыпкину] из дверей.) Не надевайте двух галстуков одновременно, особенно разноцветных.* В. Маяковский. Клоп. *[Первая:] До свиданья. (Уходит.) [Аметистов:] О ревуар, мадам. (Звонок.) Чтоб тебя громом убило! (Улетает.)* М. Булгаков. Зойкина квартира.

Орёл. В знач. сказуем. или обращения. Возвыш. или шутл. комплимент в адрес сильного, мужественного, статного мужчины, юноши, превосходящего в чем-л. других. *— Батюшка-то наш! Орёл! — проговорила громко няня из одной двери. Граф танцевал хорошо и знал это.* Л. Толстой. Война и мир. *«Славный у тебя комбат Горбунов», — проговорил вдруг командующий <...>. — «Орёл!» — подтвердил с неожиданной горячностью майор.* Г. Березко. Ночь полководца. *— Работал он здесь, а мы дрожали за него: заберут его от нас! Орёл! Ему высоко летать!* В. Овечкин. О людях «без стельки». **Орлы́.** *Мн.* Возвыш. обращ. к мужчинам, юношам (воинам). *Корнилов изо всей силы <...> осадил коня, откинул голову, крикнул отрывисто: «Спасибо, мои орлы! Благодарю вас за блестящее дело и ещё раз за то, что захватили снаряды... Низко вам кланяюсь».* А. Толстой. Хождение по мукам. | Шутл. или ирон. к младшим по возрасту, положению лицам мужск. пола. *«А кто, орлы, на мелькомбинат?» — перед фэзэошниками-практикантами <...> с пятки на носок, с носка на пятку раскачивается диспетчер, и вид у него такой, будто он держит за спиной булку с маслом.* В. Астафьев. Царь-рыба. **Орёлик.** *Прост. Ласк.* обращ. старшего по возрасту, положению к мальчику, юноше, молодому мужчине. *«Что делаю? — переспросил старик. — Мы тут, брат Витька, с разных сторон жизнь окружаем: я — сзади, он — спереду. Я себе гроб вот строгаю, вроде того, что досвиданькаюсь с ней, с жизнью-то, а Юрка в лоб ей метит — переделать норовит». <...> — «А что, заболел, что ли?» — «Ничего подобного. С пенсии — опять заболею. А так ни одно рёбрушко ещё не ноет. А гроб... Сделаю — пусть стоит, место-то не простое. Вот так, ребятушки, так, орёлики мои... Ничего тут удивительного нет: все помрём. Я уж, слава Богу, пожил. Да и ещё поживём! Пенсия вот скоро...»* В. Шукшин. Позови меня в даль светлую.

Оса́нна! [Греч. hosanna < др.-евр. «спасение» — хвалебный возглас в христианском и иудейском богослужении. У евреев это было приветствие, употреблявшееся при встрече, в котором выражалось пожелание человеку здоровья, мира и благополучия. По сказанию иудейского раввина Илии, слово *осанна* было возглашаемо у евреев в праздник сеней, кущей, т. е. палаток, или шатров, сплетаемых из древесных ветвей, в воспоминание о странствии израильтян в пустыне. В этот праздник народ, после сбора урожая плодов, восемь дней жил на полях, в шалашах, носил в руках ветви и, встречая друг друга радостным приветствием, восклицал: *Осанна!* отчего и сами ветви назывались *осанна!* В русск. язык вошло из Библии (Пс., CXVII; 25, 26. Мф. XXI; 9, 15. Мр. XI; 9, 10. Иоан. XII; 13). Этим восклицанием евреи выражали радость, благожелание, любовь и преданность Иисусу Христу во время его входа в Иерусалим]. ‖ ⚡ Как форма шутл.-восторженного приветствия, восхваления изредка встречается в речи образованных людей, однако христианами, относящими это восхваление исключительно Богу, такая шутка может быть воспринята как кощунство. *И я восклицаю — ура! и даже Осанна! и даже Эльен, что по-венгерски значит что-то хорошее. Я очень рад за Вас, что Вы действительно сделали добрую покупку — и успокоились и получили новое поле для деятельности.* И. Тургенев. Письмо А. А. Фету, 27, 31 авг. 1860. ǀ ♦ **Осанна чего-л.** *Возвыш., традиц.-поэт. Ты — Звенящая, Великая, Полная, Осанна моего сердца, бедного, жалкого, ничтожного.* А. Блок. Письмо Л. Д. Менделеевой, 10 нояб. 1902.

О сбежавшем молоке не плачут.
Прост. Женск. утешение подруги, знакомой, которую оставил муж (жених, ухажёр).

Ослепи́тельный, -ая; -лен, -льна. Великолепный, поражающий. О внешности, красоте кого-л. Оценочный эпитет, употр. в составе формул комплиментов. *— Ты совершенно ослепительна...* — *говорил он, сходя за нею по бархатному ковру лестницы, любуясь лёгкой её походкой, напевая: «Но царевна всех милее, всех...»* И. Шмелёв. Пути небесные. ǀ *Шутл.*
▱ *— Как же! Устоишь перед вашей ослепительной улыбкой!* **Ослепительно**, *нареч.*
▱ *— Ты просто ослепительно хороша в этом платье!*

Осме́люсь (Осме́ливаюсь) + (доложить, заметить, сказать, спросить, попросить, обратиться с просьбой, предложить, пригласить...). ⚡ Формула почтит. обращения к высшему по положению, а также галантн. мужск. обращ. к малознакомой или незнакомой даме. *Милостивый Государь, / Князь Михаил Александрович, / Пользуясь позволением, данным мне Вашим Сиятельством, осмеливаюсь прибегнуть к Вам с покорнейшею просьбою.* А. Пушкин. Письмо М. А. Дондукову-Корсакову, 18 марта 1836. *Ещё осмеливаюсь побеспокоить одною просьбою: ради Бога, если будете иметь случай, собирайте все попадающиеся вам древние монеты и редкости...* Н. Гоголь. Письмо М. И. Гоголь, 2 февр. 1830. *[Хлестаков:] Осмелюсь ли спросить вас: куда вы намерены были идти? [Марья Антоновна:] Право, я никуда не шла <...> [Хлестаков:] <...> Осмелюсь ли быть так счастлив, чтобы предложить вам стул? Но нет, вам должно не стул, а трон.* Н. Гоголь. Ревизор. *Вслед за Дуняшей подошёл к Ростову Алпатыч, ещё издали сняв свою шляпу. «Осмелюсь обеспокоить, ваше благородие», — сказал он с почтительностью, но с относительным пренебрежением к юности этого офицера и заложив руку за пазуху.* Л. Толстой. Война и мир. *«А осмелюсь ли, милостивый государь мой, обратиться к вам с разговором приличным? Ибо хотя вы и не в значительном виде, но опытность моя отличает в вас человека образованного и к напитку непривычного. <...> Мармеладов — такая фамилия; титулярный советник. Осмелюсь узнать, служить изволили?» — «Нет, учусь...» — отвечал молодой человек, отчасти удивлённый и особенным витиеватым тоном речи, и тем, что так прямо, в упор, обратились к нему.* Ф. Достоевский. Преступление и наказание. *[Мокроусов:] Осмелюсь доложить: большевики в городе есть. [Бетлинг:] Есть? [Мокроусов:] Так точно.* М. Горький. Достигаев и другие. *Стихи эти пока не появлялись, и я осмеливаюсь потревожить Вас, если некоторые из них предназначены к выходу, задержать «О товарищах весёлых», «О красном вечере задумалась дорога».* С. Есенин. Письмо А. Л. Волынскому, 30 нояб. 1916. ‖ ♦ **Осмелюсь заметить (сказать...).** ⚡ Форма учтив. замечания, пояснения. *Чувствуя в полной мере цену покровительства, Вами мне оказанного, осмеливаюсь, однако ж, заметить, во-первых, что мне совестно и неприлично поминутно беспокоить Ваше сиятельство ничтожными запросами...* А. Пушкин. Письмо М. А. Дондукову-Корсакову, 6 апр. 1836. *«Какую вы водку предпочитать изволите?» — «Я до обеда ничего не пью». — «Помилуйте, как это можно! А впрочем, как вам будет угодно. Гостю воля, гостю честь. Ведь здесь у нас по простоте. Здесь у нас, осмелюсь так выразиться, не то чтобы* *захолустье, а затишье...»* И. Тургенев. Затишье.

Оставаться. ♦ Счастливо оставаться. ♦ Оставайтесь с Богом (со Христом). *Прост.* ♦ Оставайтесь с миром (добром). ♦ Как копеечка с копьём, оставайся ты (хозяюшка) с добром. *Обл. Шутл.* ♦ Оставайтесь живы-здоровы. *Прост.* Пожелания благополучия при прощании. ‖ Формы прощания гостя с хозяевами, уходящего (уезжающего) с остающимися. — *Ну, ребята, прощайте, — сказал он смущенной дворне, — мне здесь делать нечего, счастливо оставаться.* А. Пушкин. Дубровский. — *Ну, и счастливо оставаться! Я уйду. Я здесь больше не хозяин, а гость.* И. Тургенев. Степной король Лир. *Приехавши в лес, Федот простился с дочерью, благословил её и сказал: «Ну, дитятко, оставайся с Богом! Может, тебе здесь будет лучше и ты будешь жива и здорова, а через три дня я тебя проведаю».* О злой мачехе. Сказка из собр. А. Н. Афанасьева. ▫ *Как копеечка с копьём — оставайся ты [хозяйка] с добром.* СРНГ. См. также Счастливый. ♦ Оставайся (оставайтесь) такой же (молодой, красивой, милой, очаровательной...); (таким же молодым, энергичным, милым, добрым...). Формула пожелания-комплимента (обычно при поздравлении адресата среднего и старшего возраста). ▫ *Милая моя мамочка! Поздравляю тебя с днём рождения, оставайся такой же молодой и красивой. Спасибо тебе за всё!* (Из частного письма, 1992). ♦ Остаюсь (+ эпист. комплимент и / или подпись адресанта). Формула вежливости в заключении письма. *Я, слава Богу, здорова, целую ваши ручки и остаюсь вас многолюбящая няня ваша / Арина Родионовна.* А. Р. Яковлева. Письмо А. Пушкину, 6 марта 1827. *Надеюсь, что вы на это мне дадите ответ. Ожидая ж оного, остаюсь вашим послушнейшим и искренно Вас любящим сыном.* Н. Гоголь. Письмо В. А. и М. И. Гоголям, 22 янв. 1824. *Прощайте, милая бабушка, будьте здоровы и уверены, что Бог вас вознаградит за все печали. Целую ваши ручки, прошу вашего благословения и остаюсь покорный внук / М. Лермонтов.* М. Лермонтов. Письмо Е. А. Арсеньевой, 19 апр. 1841. *Остаюсь с полным уважением Ваш готовый к услугам / Алексей Шахматов.* А. Шахматов.

Письмо И. В. Ягичу, март 1881. *К дамам и особам почтенных лет [принято писать]: «остаюсь готовый к услугам» и т. д. Хороший тон. Правила светской жизни и этикета (1889). Вот и пишу всё как есть. Начистоту, без утайки. Можно — приеду, а нельзя, дак нельзя: заслужил. Остаюсь в скором ожидании ответа твой бывший брат или настоящий (сама решай) Фёдор Пряслин.* Ф. Абрамов. Дом.

Осуда́рь. ⚜ *Обл.* То же, что Государь. *И проговорит ему Стольно-киевский Владимир-князь: «Гой-еси, Иван ты Годинович! А зачем ты, Иванушка, не женишься?» Отвечает Иван сын Годинович: «Рад бы, осударь, женился, да негде взять...»* Иван Годинович. Былина из собр. Кирши Данилова. — *Это, слышь ты, не пожар, Это свет от птицы жар, — молвил ловчий, сам со смеху надрываясь. — Потеху я привез те, осударь!* П. Ершов. Конёк-горбунок. *Владимир потупил голову, люди его окружили несчастного своего господина. «Отец ты наш, — кричали они, целуя ему руки, — не хотим другого барина, кроме тебя, прикажи, осударь, с судом мы управимся. Умрём, а не выдадим».* А. Пушкин. Дубровский. ▫ *Осударь мой, а все родной батюшка. Не секи древо кудреватое.* СРНГ. *Аниса полетела наверх [к мужу]. — Вот что, милостивый осударь, ты помощника имеешь, и я без прислуги одна в рыбну бочку не полезу.* Б. Шергин. Аниса. **Осуда́рыня. (Осуда́рына).** ⚜ *Обл.* Государыня. ▫ *Уж ты мати, ты мати моя. Да осударыня боярыня моя (песня).* СРНГ. *А министры Федьку оприметили, докладывают Ненилы: — Осударына, суседского Федьку испытывайте вне всяких очередей и со снисхождением.* Б. Шергин. Данило и Ненила.

Осчастливить. Осчастливьте меня (нас) (сыграйте, удостойте своим посещением...). ⚜ Формула почтит. комплиментной просьбы, приглашения в адрес лица, высшего по положению, а также галантная просьба мужчины к знакомой даме, девушке. *Ещё прошу уведомить меня — не приедете ли вы в Нежин когда-нибудь посетить нас и осчастливить меня своим присутствием. / Прощайте, дражайший папенька! / Ваш послушнейший и покорнейший сын / Николай Гоголь-Яновский.* Н. Гоголь. Письмо В. А. и М. И. Гоголям, 1 окт. 1824. *[Паратов (Ларисе):] Позволь-*

те, Лариса Дмитриевна, попросить вас осчастливить нас! Спойте нам какой-нибудь романс или песенку!* А. Островский. Бесприданница. ♦ **Осчастливили Вы нас** (чем-л.). ⌧ Формула почтит. благодарности лицу, высшему по положению, комплимент хозяина гостю. *Вечером того же дня Марко Данилыч при Дуне и при Дарье Сергеевне говорил своей гостье: «Осчастливили вы нас, матушка Марья Ивановна, своим драгоценным посещением. И подумать вы, сударыня, не можете, какую радость нам доставили! Дунюшка-то моя, Дунюшка-то!.. Ведь совсем другая стала при вас».* П. Мельников (Печерский). На горах.

Отблагодарить. ♦ **Как мне (нам) тебя (Вас) отблагодарить!** ♦ **Чем мне Вас (тебя) отблагодарить!** ♦ **(Уж и) не знаю, как (чем) мне Вас (тебя) отблагодарить!** *Разг.* Экспрессив. формулы выражения благодарности за оказанную услугу, помощь. ♦ **Позвольте (разрешите) Вас отблагодарить.** *Офиц.-возвыш.* (обычно при вручении вознаграждения за какую-л. услугу). ♦ **Я должен (считаю своим долгом) Вас отблагодарить (за...)** ♦ **Я хочу (мне хочется, хотелось бы) Вас (хоть как-то) отблагодарить (за...).** *Офиц.-возвыш.* С оттенком долженствования, необходимости при вознаграждении или намерении вознаградить за оказанную услугу. ♦ **Мне остаётся только отблагодарить Вас за...** *Офиц.-учтив.* благодарность при прощании. *— Мне остаётся только отблагодарить Настасью Филипповну за чрезвычайную деликатность, с которою она... со мной поступила, — проговорил, наконец, дрожащим голосом и с кривившимися губами бледный Ганя.* Ф. Достоевский. Идиот.

От (всей) души́. ♦ **От (всего) сердца.** См. Душа. Сердце.

Отдай (всё), да и ма́ло! *Обл. и прост.* Экспрессив. форма одобрения, похвалы; высокая оценка кого или чего-л. СРНГ.

Отдаю должное Вашему (твоему) таланту (старанию, терпению, умению...). Формула учтив. похвалы, комплимента, признания положительных качеств, заслуг собеседника, равного или младшего по положению. Употр. нередко перед тем, как высказать замечание, отказ, несогласие с целью смягчить возможное негативное воздействие.

🖃 *[Экзаменатор — студенту:] Отдаю должное вашей изобретательности, но, к сожалению, больше «тройки» за ответ поставить не могу* (1993).

Оте́рпимся (Обтерпимся, Оттерпимся) и мы людьми будем. ⌧ *Посл.* Форма утешения, ободрения того, кто вместе с говорящим испытывает трудности, терпит лишения, невзгоды.

Отец. 1. Обращение взрослого сына или дочери к отцу. Употр. преимущ. в серьёзном разговоре, нередко с оттенком отстранения, или в возвыш. эмоциональной речи. *«Отец, отец, оставь угрозы, Свою Тамару не брани; Я плачу: видишь эти слёзы, Уже не первые они».* М. Лермонтов. Демон. *Белея, крикнул Михаил: «Батя! Знаю я, чьё это дело!.. Гришка с Игнатом до худого тебя доведут!.. Ты ответишь за захват чужой собственности». Пахомыч голову угнул норовисто: «Наша теперя земля!..»* — «*Брось пахать, отец, иначе я прикажу атаману арестовать тебя!..»* М. Шолохов. Коловерть. ǁ Малоупотр. обращ. к свёкру или тестю. *[Сергей Николаевич:] Что, что с вами, Маруся? [Маруся:] Разбита прекрасная форма! Отец, разбита, разбита прекрасная форма!* Л. Андреев. К звёздам. **2.** *Прост.* Обращ. жены к мужу (обычно, когда в семье уже есть дети). *[Акулина Ивановна (всё время разговора отца с дочерью беспокойно вертится на стуле, несколько раз пытается что-то сказать и, наконец, ласково спрашивает):] Отец! Ватрушечки... не хочешь ли? От обеда остались... а? [Бессеменов (оборачиваясь к ней, смотрит на неё сначала сердито и потом, улыбаясь в бороду, говорит):] Ну, тащи ватрушки... тащи... Э-хе-хе!* М. Горький. Мещане. *— Выросли девчоночки... — вздохнула Катерина. — Давно ли в школу бегали? Вот и наша Танюшка скоро невеста будет. Ну спи, отец, спи, завтра и тебе рано, и мне на ферму бежать. Катерина провела ладонью по жёсткой щеке Ивана Африкановича, но он уже спал, а она слышала, как сильно и ровно билось мужнино успокоившееся сердце.* В. Белов. Привычное дело. *Шёл Сидорка, рассуждал таким образом, а рядом жена вышагивала. Кашлянула. Значит, что-то сказать надумала. Сказала: «И до каких пор, отец, ты этой дурью маяться будешь? Или тебе больше всех надо?»* <...> — «*Хватит,* мать, про это», — сдержанно сказал Сидорка, и они вошли в свой дом... В. Куропатов. Ржавые гвозди. **3.** *Прост.* Доброжелат. или фамильярн. обращ. младшего по возрасту к пожилому незнакомому мужчине, равному или низшему по положению. *[Лютов] заказывал старику лакею: «И дашь ты нам, отец, к водке ветчины вестфальской и луку испанского».* М. Горький. Жизнь Клима Самгина. *Молодой человек остановился, чтобы прикурить у дворника, который сидел на каменной скамеечке при воротах. «А что, отец, — спросил молодой человек, затянувшись, — невесты у вас в городе есть?»* И. Ильф, Е. Петров. 12 стульев. *Доктор задумчиво в который уже раз оглядел тёмную срубчатую келейку, посмотрел на красную лампадку, теплящуюся в переднем углу, на чёрные ящики божественных книг, грудой сложенных на лавке под лампадой. «Дети у тебя есть, отец?» — «Нету. Никого нету. Было два сына, оба воителями преставились. <...> Доктор опять помолчал, опять поводил вокруг глазами. «Ладно, отец, — сказал он глухо. — Будь по-твоему: помирай человеком...»* Ф. Абрамов. Дом. *Дядька (раненый) <...> прилипал к окну, хохотал, высказывался: «И тут на коровах пашут. Захудала Расея, захудала. Вшивец-Гитлер до чего нас довёл, мать его и размать!» — «Оте-ец! Оте-е-ец!» — остепеняли дядьку соседи, — сестра и няня здесь, женщины всё-таки».* В. Астафьев. Пастух и пастушка. **4.** *Прост.* Почтит. крестьянское обращ. к высшему по положению (барину, управляющему, офицеру, а также к незнакомому богато одетому мужчине). *«Где, в Киеве была?» — спросил старуху князь Андрей. «Была, отец, — отвечала словоохотливо старуха, — на самое Рождество удостоилась у угодников сообщиться святых, небесных тайн. А теперь из Колязина, отец, благодать великая открылась...»* Л. Толстой. Война и мир. *Мартин Лукьяныч пил чай и всё поглядывал в окно <...>. Вдруг в передней послышалось осторожное покашливанье. «Кто там?» — «Я, отец, староста Веденей. К твоей милости. Дозволь слово молвить...» — «А, здравствуй, здравствуй! Входи. Что это тебе понадобилось спозаранку?» — «Вот, отец, пришёл... пришёл... Что ж это будет такое?» — Умильное лицо Веденея перекосилось, и он всхлипнул. — «Что такое случилось?» — «Видно, отец, последние времена пришли... Сыновья родителям в бороду вцепляются. Вот пришёл, как твоя милость рассудит, Андрошка взбунтовался...»* А. Эртель. Гарденины. | *Шутл.* к равному, знакомому, приятелю с оттенком самоуничижения. *Отец и благодетель! На днях послал я к тебе горчаковскую 1000; отпиши, батюшка Павел Воинович, получил ли всё исправно...* А. Пушкин. Письмо П. В. Нащокину, 3 авг. 1831. *[Шпигельский:] Право, Михайло Александрыч (сбоку обнимая его), будьте друг, замолвите словечко... <...>. (Оглядывается.) А вот, кажется, и сама Наталья Петровна сюда идёт... Батюшка, отец, благодетель! Две рыжих на пристяжке, гнедая в корню! Похлопочите! [Ракитин (улыбаясь):] Ну, хорошо, хорошо...* И. Тургенев. Месяц в деревне. **5.** Вежл. обращ. к священнику, монаху (обычно с присоединением церковного имени или духовного звания). *По окончании ефимонов Пётр Михайлыч подошёл к настоятелю. «Молебен, отец игумен, желаем отслужить угоднику», — сказал он.* А. Писемский. Тысяча душ. *Вдали послышался звон колокола, залаяли собаки, и через несколько времени чей-то голос стал изнутри спрашивать: «Кого Господь дарует?» — «Люди знакомые, отец вратарь», — отозвался паломник.* П. Мельников (Печерский). В лесах. *Благочинный говорит протодьякону: «На свадьбу пировать?» — «Настаивали, о. благочинный, слово взяли. <...> Люди-то больно хороши, о. благочинный».* И. Шмелёв. Лето Господне. *Как-то, в сумерки, вскоре после похорон матери, Алексей Турбин, придя к отцу Александру, сказал: «Да, печаль у нас, отец Александр. Трудно маму забывать, а тут ещё такое тяжёлое время».* М. Булгаков. Белая гвардия. *[Булычов:] Отец... [Павлин:] Что скажете? [Булычов:] Всё — отцы. Бог — отец, царь — отец, ты — отец, я — отец. А силы у нас нет.* М. Горький. Егор Булычов и другие. **Отцы́.** Мн. к Отец (в 3–5 знач.). *[Людмила (Тарелкину и Расплюеву):] Скажите, отцы, Сила Силыч Копылов здесь, что ли, проживает?* А. Сухово-Кобылин. Смерть Тарелкина. *Ещё ниже сгорбился Веденей и ещё смирнее и умильнее сделался лицом. Не доходя шагов пяти до сходки, он снял свою шляпёнку, поклонился. <...> — Я миру не супротивник, — прошамкал он дрожащим голосом, — глядите, отцы, вам виднее... Кажись, добро своё не проматывал, нажитое не расточал... Вот, отцы, дом — полная чаша... коровы, овцы, лошади... А. Эртель. Гаденины. | *Шутл.* [А. А. Реформатский] Обращаясь к студентам, сидевшим к нему ближе других: «А ну, отцы, кто из вас поживее, бегите за тряпкой!» «Отцы» рванулись бежать оба, одного удержали, другому было крикнуто вслед: «Да чтоб была влажная!» И никакой академичности, никаких перегородок... Н. Ильина. Институт. ♦ **Мой отец (♦ Отец мой).** **1.** Возвыш. обращ. к отцу. Малоупотребительное. *Василий Иванович сидел подле Базарова. Казалось, какая-то особенная мука терзала старика. Он несколько раз собирался говорить — и не мог. «Евгений! — произнёс он наконец, — сын мой, дорогой мой, милый сын!» Это необычайное воззвание подействовало на Базарова... Он повернул немного голову и, видимо стараясь выбиться из-под бремени давившего его забытья, произнёс: «Что, мой отец?»* И. Тургенев. Отцы и дети. **2.** ⌧ *Прост.* Доброжелат., уважит. обращ. к мужчине, старшему по возрасту или высшему по положению. *«А, здорово, мой отец, — Молвил царь ему [мудрецу], — что скажешь? Подь поближе. Что прикажешь?»* А. Пушкин. Сказка о золотом петушке. *[Иван Сидоров (Муромскому):] Не крушися, мой отец, — ей, не крушися; всё в руках Господних!* А. Сухово-Кобылин. Дело. ‖ ⌧ *Прост.* (преимущ. в речи пожилых женщин). Доброжелат. обращ. к лицу мужск. пола независимо от возраста, положения. То же, что Батюшка (в 3 знач.) или ♦ **Мой батюшка.** *«Федя! — воскликнула Марфа Тимофеевна. — Да ты, полно, не сочиняешь ли, отец мой?» — «Никак нет-с, я их самолично видел».* И. Тургенев. Дворянское гнездо. *[Атуева (Муромскому):] Что вы, батюшко, кричите? Я не глухая. Вы мне скажите, Пётр Константинович, чего вам-то хочется?.. Богатства, что ли... У Лидочки своего-то мало? Что это у вас, мой отец, за алчность такая? Копите а всё мало.* А. Сухово-Кобылин. Свадьба Кречинского. | *Мн.* *[Мавруша (Варравину и др. чиновникам):] Сюда, отцы мои... <...> Сюда, су-да-ри-ки... ох... (голосит).* А. Сухово-Кобылин. Смерть Тарелкина. **3.** Обращ. к священнику, духовнику, монаху. Употр. преимущ. среди католиков. *[Донна Анна:] Отец мой, отоприте. [Монах:] Сейчас, сеньора; я вас ожидал.* А. Пушкин. Каменный гость. ♦ **Отец (ты) наш.** ⌧ *Прост. Экспрессив.* Почтит. обращ. к высшему по положению: господину, покровителю, благодетелю. *[Утром 12 июля 1812 г.] Звон колоколов <...> и громкое «ура!» раздались вместе в эту торжественную минуту и вскоре покрыты были новым восклицанием. «Веди нас, отец наш! — кричали верные дети Александра. — Умрём или истребим злодея!»* А. Ишимова. История России... *[Хлестаков:] Я не беру совсем никаких взяток. Вот если бы вы, например, предложили мне взаймы рублей триста — ну, тогда совсем дело другое: взаймы я могу взять. [Купцы:] Изволь, отец наш!* Н. Гоголь. Ревизор. *— Отец ты наш... — подхватил другой мужичок, — ведь мы люди тёмные. Может, ты майор, аль полковник, аль само ваше сиятельство, — как и величать-то тебя, не ведаем.* Ф. Достоевский. Село Степанчиково и его обитатели. | Почтит., с «Вы»-формами: *Тут Софрон помолчал, поглядел на барина и, как бы снова увлечённый порывом чувства (притом же и хмель брал своё), в другой раз попросил руки и запел пуще прежнего: «Ах вы, отцы наши, милостивцы... и... уж что! Ей-богу, совсем дураком от радости стал... Ей-богу, смотрю да не верю... Ах вы, отцы наши!»* И. Тургенев. Бурмистр. *[Стыров:] Что такое?.. я понять не могу. [Мирон (падая на колени):] Батюшка, отец наш... не жить вам! извести вас хотят, Евдоким Егорыч...* А. Островский. Невольницы. ♦ **Отец родной.** ⌧ *Прост.* Ласк., почтит. обращ. к старшему по возрасту, высшему по положению (барину, благодетелю и т. п.). Употр. обычно при выражении просьбы, благодарности. *«Защити, отец родной!» — «Вели свет видеть, батюшка!» — И мужики повалились [помещику] в ноги.* Ф. Достоевский. Село Степанчиково... *Весной Кондратьева жена бежит к Маркелу: «Пропали мы, Маркел Иванович! Тарара в поход собрался. Уговори, отец родной!»* Б. Шергин. Кондратий Тарара. *Догнала колдунов Гуревна, сама чуть дух переводит. «Отцы родные!» Молчат колдуны, идут потихоньку в поле. — «Батюшки!..» Как камень молчат колдуны. «Смилуйтесь!»* И. Соколов-Микитов. Записи давних лет. | *Шутл.*

к равному: *Плохо нам, отец родной, очень...* И. Тургенев. Письмо М. М. Стасюлевичу, 24 сент. 1877. *Приезду гостей он [Хлобуев] обрадовался, как бог весть чему. <...> «Константин Фёдорович! Платон Михайлович!» — вскрикнул он. — Отцы родные! вот одолжили приездом!»* Н. Гоголь. Мёртвые души. ♦ **Святой отец.** ▨ Обращ. к лицу духовного звания, священнослужителю; «почёт чёрному духовенству и папе». В. Даль. *«Здоровы ли вы?» — спросил отрывисто, но благосклонно настоятель. «Живу, святой отец», — отвечал Пётр Михайлович...* А. Писемский. Тысяча душ. — *Здравствуй, святой отец! — кивнул он [Самойленко] дьякону, который сидел у окна и что-то переписывал.* А. Чехов. Дуэль. ♦ **Честно́й (честны́й) отец.** ▨ То же, что ♦ Святой отец. *[Пимен:] Проснулся, брат. [Григорий:] Благослови меня, честный отец. [Пимен:] Благослови Господь тебя и днесь, и присно, и вовеки.* А. Пушкин. Борис Годунов. *«<...> Скажи ж ты нам по-божески: Сладка ли жизнь поповская? Ты как — вольготно, счастливо Живёшь, честной отец?..»* Н. Некрасов. Кому на Руси жить хорошо. ♦ **О́тче.** ▨ 1. То же, что Отец (в 5 знач.). *[Паисий:] Отче игумен! А отец игумен! Что же нам делать?* М. Булгаков. Бег. 2. *Шутл.* То же, что Отец (в 4 знач.). *Мне уже не будет ни надежды, ни предлога — страшно подумать, отче! Не брани меня и не сердись, когда я бешусь...* А. Пушкин. Письмо В. А. Жуковскому, 6 окт. 1825. *[Корпелов:] Динарии, юноша, имеешь? [Грунцов:] Нет, отче!* А. Островский. Трудовой хлеб. — *Хвост пистолетом, отче! — шепнул Прончатов на ухо, сдавливая пальцы и локоть Игоря Саввовича. — Шагай за моей широкой спиной.* В. Липатов. Игорь Саввович. ♦ **Отче святы́й.** ▨ То же, что ♦ Святой отец. *«Отче святый! Из какого будете монастыря?» — спросил он [Василий Борисыч], равняясь с иноком. «Аз, многогрешный, из преходящих», — ответил ему старец.* П. Мельников (Печерский). В лесах. ♦ **Честны́й отче.** То же, что ♦ Честной (честны́й) отец. *«Вы впервые здесь, честный отче?» — спросил Василий Борисыч. «Кажный год... Мы ведь преходящие, где люди, тут и мы», — ответил Варсонофий.* П. Мельников (Печерский). В лесах. ♦ **Будь/те отцом родным! (Будь отец родной!)** ♦ **Будь/те отцом и благодетелем!** *Прост. Экспрессив.* формулы настоятельной просьбы, мольбы. *«Пожалуйста, Федя, не откажи. Будь отцом и благодетелем. Твой и проч.».* И. Тургенев. Безденежье. — *Василий Фадеич! Будь отец родной, яви божеску милость, научи дураков уму-разуму, присоветуй, как бы нам ладненько к хозяину-то? Смириться бы как?.. — стали приставать рабочие, в ноги даже кланялись приказчику.* П. Мельников (Печерский). На горах. *«Иван Иванович! будьте отцом родным, батюшка!» — жалобно заговорил дьякон. — «Что такое?» — «Одолжите книжечек! Сделайте милость!» — «Какие есть, берите хоть сейчас».* Г. Успенский. Неизлечимый. | *Разг.* В совр. употр. — шутл.-самоуничижит. *«Может быть, мне попробовать?» — неожиданно для себя сиплым голосом спросил Нешатов. «Ой, Юрочка, золотко, будьте отцом родным!» — «Есть у вас схема?» — «Где-то есть». Нашли схему. <...> Наконец-то он чувствовал себя на месте. Через некоторое время писки и чириканья прекратились, и опять возник синтетический голос, вещавший о неограниченных возможностях кибернетики... «Хватит», — сказал Нешатов и выключил голос. «Юрочка, вы гений». — «Просто грамотный инженер. Даже не инженер, а техник...»* И. Грекова. Пороги.

Оте́цкий, -ая, -ое. ▨ *Прост.* и *нар.-поэт.* В сочет. со словами сын, дочь, дитя употр. как вежл. или ласк. эпитет в обращении или назывании собеседника или 3-го лица. *«Арина Федосова говорит в одном из своих причитаний о том, что после смерти своего мужа снова вышла замуж: «Я опять, горе-бедна, кинулась, За друга сына да за отцовского...». Франсуаза спрашивает: «Что же это значит: она вышла за брата своего мужа? За другого сына отца своего прежнего мужа?» Я говорю: «Да нет, это просто такое выражение, Федосова хочет сказать, что у её второго мужа тоже был отец». Франсуаза ещё больше удивляется: «Но разве не у каждого человека есть или был отец?» Я ей отвечаю: «Да, это так, но когда хочешь вспомнить о человеке с ласкою, то мысль невольно кружится вокруг того, что у него были родные — может быть, дети, может быть, братья и сёстры, жена, родители <...> Это очень русская черта».* Д. С. Лихачёв.

Заметки о русском. *Ах! что ты, парень, в девице Нашёл во мне хорошего? Где высмотрел меня? <...> Ошибся ты, отецкий сын! С игры, с катанья, с беганья, С морозу разгорелося У девушки лицо!* Н. Некрасов. Кому на Руси жить хорошо. — *Другие пошли, а вам не след. Худой славы, что ль, захотели? <...> Девки вы молодые, дочери отецкие: след ли вам по ночам хвосты мочить?* П. Мельников (Печерский). В лесах.

От имени (кого-л.). Составная часть формул офиц. приветствия, обращения, просьбы, извинения, поздравления, соболезнования. *[Роббер:] Зоя Денисовна, примите мои глубочайшие извинения, от имени Ивана Васильевича тоже. [Зоя:] Ну, какие пустяки. Бывает, бывает.* М. Булгаков. Зойкина квартира. *[Отрошкевич:] Глубоко уважаемая Виктория Львовна, как старший в чине, приветствую вас от имени собравшихся фендриков и желаю рождаться ещё бесчисленное множество раз.* Б. Лавренёв. Дым. ♦ **От имени и по поручению** (коллектива, группы лиц, руководства и т. п.). Офиц. Широко употр. в публ. речи советского периода. ▱ *От имени и по поручению дирекции комбината, парткома, профкома и комитета ВЛКСМ поздравляю вас с высокой трудовой наградой — вручением коллективу комбината переходящего Красного знамени.* (Из выступления зам. директора металлургич. комбината на торжественном собрании в 1988 г.).

Откланяться. Откла́ниваюсь. Разг. Форма прощания со знакомыми. *Степачев повёл рукой. — Прошу прощения, откланиваюсь. Вы уж тут, братцы, постарайтесь. В ваших интересах.* В. Крупин. Ямщицкая повесть. ♦ **Разрешите (позвольте) откланяться.** Учтив. форма прощания. *[Муратов:] Позвольте откланяться... [Софья (оглядывая его):] Прощайте. Отчего вы так легко одеты? Ветер, может пойти дождь...* М. Горький. Зыковы. *Игорь Саввович поднялся. — Разрешите откланяться, время позднее.* В. Липатов. Игорь Саввович. ♦ **Откланяйтесь** (кому-л.). Передайте привет, поклон. Употр. при прощании. *[Чернов:] Откланяйтесь вашей супруге. [Марк:] До свидания, Николай Николаевич.* В. Розов. Вечно живые.

Отку́да, нареч., вопросит. **1. Откуда идёшь (пришёл, приехал)?** Этикетное вопросит. обращ. к знакомому при нечаянной встрече.

Употр. при приветствии. *[Лаура:] Откуда ты? Давно ли здесь? [Дон Гуан:] Я только что приехал.* А. Пушкин. Каменный гость. **2.** Из каких мест родом? Вопросит. обращ. при знакомстве. *[Троеруков:] Ты откуда? [Иосиф:] Из слободы, из Комаровой.* М. Горький. Достигаев и другие. ♦ **Откуда будешь (будете)?** Разг. *«Сам-то откуда будешь?» — спросила бабушка. — «Из Кемерова». — «И давно там живёшь?» — «Да уж лет пятнадцать».* В. Куропатов. Слепой дождь. ♦ **Откуда родом?** Разг. *«Как фамилия?» — «Улыбин». — «Откуда родом?» — «Забайкальский казак».* К. Седых. Даурия. ♦ **Откуда и куда (путь держишь)?** Разг. Приветл. вопросит. обращ. к встречному знакомому. — *Путь-дорога, господа! Вы откуда и куда?* П. Ершов. Конёк-горбунок. *«Мир дорогой, добрый человек, — поздоровался Арефа, рысцой подъезжая к вершнику. — Куда Бог несёт?» <...> «Откуда путь держишь?» — полюбопытствовал вершник в свою очередь.* Д. Мамин-Сибиряк. Охонины брови. ♦ **Откуда Бог несёт (принёс)?** Прост., шутл. Обращ. к знакомому, равному или низшему по положению. *«Э, Влас? — вскрикнул Туман, вглядевшись в него. — Здорово, брат. Откуда Бог принёс?» — «Здорово, Михайла Савельич, — проговорил мужик, подходя к нам, — издалеча».* И. Тургенев. Малиновая вода. ♦ **Откуда ты, прекрасное (прелестное) дитя?** Шутл. Вопросит. обращ. взрослого к ребёнку, а также галантно-игрив. обращ. мужчины к девушке. [Выражение из драмы А. С. Пушкина «Русалка»]. **Откудова?** ⌧ Прост. **Отке́ль? Отке́лева?** ⌧ Прост. **Отко́ле? (Отколь?) Отку́ль?** ⌧ Прост. **Оку́лишны?** ⌧ Обл. То же, что Откуда (в 1 и 2 знач.). *[Фамусов (Чацкому):] Да расскажи подробно, Где был? Скитался сколько лет! Откудова теперь?* А. Грибоедов. Горе от ума. *[Кума (подходит к Матрёне):] Здорово, баушка, отколь Бог несёт? [Матрёна:] А из двора, милая.* Л. Толстой. Власть тьмы. *Восударь подходит к Ивану крестьянскому сыну. — Откуль вы есть, каких родов, каких городов? Откудов ты взялся сюда?* Сказка об Иване крестьянском сыне. Зап. в 1905 г. *Откуль будешь, дочка? — лез с вопросами к Люсе любящий всех людей на свете Карышев, раскрасневшийся от выпивки.* В. Астафьев. Пастух и пастушка. [Женщины] *На диван пали, еле дышут: «<...> Вы откулешны будете, мастер?» — «Мы европейских городов. Прошлом годе англиску королеву золотом покрывали, дак нам за услуги деплом из своих рук и двухтрубной мимоносец для доставки на родину».* Б. Шергин. Золочёные лбы.

Откушать. Откушайте. ♦ Прошу (просим) откушать. ♦ Не хотите (не желаете) ли откушать? ♦ Милости просим откушать (с нами). ♦ Сделайте честь откушать (с нами). ⌛ *Прост.* Формы учтив. приглашения к столу; употр. обычно хозяином при угощении гостей, а также при приглашении в гости (на угощение). — *Иди ужинать, Олеся,* — *позвала она внучку и после минутного колебания прибавила, обращаясь ко мне,* — *может быть, и вы, господин, с нами откушаете?* А. Куприн. Олеся. — *В воскресенье покорнейше просим вас откушать у нас чаю.* Г. Успенский. Очерки переходного времени. *После завтрака Чохов подошёл ко мне вместе с капитаном.* — *Владимир Александрович, не пожалуете ли вы ко мне сегодня пообедать чем Бог послал? Вот Люциан Адамович будет, ещё двое с вашего парохода. Я бы очень был рад, если бы и вы мне сделали честь откушать у меня. Не побрезгуйте.* В. Вересаев. Невыдуманные рассказы. — *Садитесь, милости просим,* — *ворковала Волосатиха, подталкивая Николая к свободному стулу. Она ему уже и чистый стакан принесла, и тарелку, и вилочку из нержавейки.* — *Гостя Бог послал* — *милости просим... Откушайте, не побрезгуйте.* А. Рекемчук. Молодо — зелено.

От лица (кого-л., группы, коллектива и т. п.). То же, что ♦ **От имени**. *«С праздником тебя поздравляю»,* — *молвила Манефа.* — *«Благодарим покорно, матушка, сладеньким, заискивающим голоском, с низкими поклонами стала говорить мать Таисея.* — *От лица всея нашей обители приношу тебе великую нашу благодарность».* П. Мельников (Печерский). В лесах. ▣ *Позвольте мне поблагодарить вас от лица всех собравшихся в этом зале...*

Отличный, -ая, -ое; -ые. **1.** Очень хороший, превосходный. Оценочный эпитет, часто употр. в составе формул комплиментов, похвалы, одобрения. ▣ *У вас отличный вкус!* ▣ *Вы отличная хозяйка!* ▣ *Сегодня ты в отличной форме!* и т. п. *«Ротмистр Шилохвостов Семён Терентьич,* — *сказал молодой корнет, представляя родителям своего гостя и попутчика, когда первые порывы восторга свидания успокоились.* — *Позвольте представить вам моего искреннего друга и отличного офицера».* — *«Ты меня заставляешь краснеть»,* — *сказал скромно Шилохвостов, взглянув на друга своего, потупив глаза и подходя к ручке матери и сестры его.* В. Даль. Павел Алексеевич Игривый. *Когда Мересьев вылез из машины и предстал перед начальством, по возбуждённому, радостному, лучащемуся всеми своими морщинками лицу Наумова понял он, что дело в шляпе.* — *Отличный почерк! Да... Лётчик, что называется, милостью Божьей,* — *проворчал полковник.* — *Вот что, синьор, не останешься ли у нас инструктором? Нам таких надо.* Б. Полевой. Повесть о настоящем человеке. — *Спасибо, товарищи, за отличную боевую подготовку! Спасибо за службу!* А. Бек. Волоколамское шоссе. **2.** ⌛ Особенный, исключительный по степени проявления (о чувствах). Употр. в составе формул комплиментов как интенсификатор вежливости. *С отличным почтением и преданностью честь имею быть Вашего Превосходительства покорнейший слуга М. Лермонтов.* М. Лермонтов. Письмо А. М. Гедеонову, около 20 дек. 1835. *«Милостивая Государыня / Мадам Беренгович! / Не имея отличного удовольствия знать вас близко, боюсь, что сочтёте моё письмо к вам за невежество».* А. Куприн. Мирное житие. **Отли́чнейший.** Элатив к **Отличный** *«Не хотите ли сигары?»* — *отнёсся он [губернатор] к предводителю.* — *«Дам не беспокоит ли это?»* — *спросил тот, принимая из рук губернатора сигару.* — *«Пожалуйста! Он меня уже приучил»,* — *разрешила хозяйка.* — *«Сигары недурны»,* — *произнёс губернатор.* — *«Отличнейшие!»* — *подхватил предводитель, намахивая себе рукой струю дыма на нос и не без зависти думая сам собой: «Хорошо курить такие, как откупщик тебе тысячами презентует».* А. Писемский. Тысяча душ. *Примите уверения в отличнейшем почтении и совершеннейшей преданности. / Душевно уважающий вас. / Александр Афанасьев.* А. Афанасьев. Письмо И. И. Срезневскому, 20 февраля 1854.

Отлично, *нареч.* Очень хорошо, превосходно.

⬛ *Вы сегодня отлично выглядите!* ⬛ *Продолжайте, пожалуйста, вы отлично рассказываете!* ‖ В знач. сказуем. Возглас одобрения. [Глумов:] <...> Дайте мне возможность самому видеть его насущные нужды и удовлетворять им скоро и сочувственно. [Городулин:] Отлично, отлично! Вот уж и это запишите! А. Островский. На всякого мудреца довольно простоты. «Ну, что ты, Егорыч, на это скажешь?» — «Так это же отлично, Алексей Алексеевич...» В. Куропатов. Завтра в Чудиновом Бору.

Отме́нный, -ая, -ое; -ые. Великолепный, превосходный, выдающийся по своим качествам. Оценочный эпитет, часто употр. в составе формул комплиментов, похвалы, одобрения. ⬛ *Благодарю за отменное угощение!* ⬛ *Молодец! Отменная работа.* **Отменно,** нареч. ⬛ *Отменно сработано!*

От обе́да до́брые лю́ди не отка́зываются. ♦ От(о) щей добрые люди не уходят (не отказываются). *Прост.* То же, что ♦ От хлеба-соли не отказываются. См. ♦ Хлеб-соль.

Отпа́д! (Отпад просто!) *Прост. Экспрессив.* Замечательный, потрясающий; замечательно, потрясающе. Форма похвалы, комплимента. Употр. в совр. молодёжн. речи. ⬛ *Джинса у тебя — отпад!* (1995). ⬛ *Ну-ка, повернись... Ленка!.. Отпад! Шубка что надо...* (1994).

Отпусти́/те (вину, грех, долг...). ⌛ Прости/те, извини/те. — *Прощай, мой Иван Кузьмич. Отпусти мне, коли в чем я тебе досадила.* А. Пушкин. Капитанская дочка. «*Что, приятель, видно, туго? — Молвил царь. — Постой-ка, брат!..» — «Ох, помилуй, виноват! Отпусти вину Ивану, Я вперёд уж врать не стану...*» П. Ершов. Конёк-горбунок. ‖ *Шутл. Ты спросишь: хороша ли городничиха? Вот то-то, что не хороша, ангел мой Таша, о том-то я и горюю. — Уф! кончил. Отпусти и помилуй.* А. Пушкин. Письмо Н. Н. Пушкиной, 2 сент. 1833.

Отпусти́/те ду́шу на покая́ние! 1. ⌛ *Прост.* Пощади/те, смилуйся (смилуйтесь). Просьба, мольба. *Несколько разбойников вытащили на крыльцо Василису Егоровну <...>. «Батюшки мои, — кричала бедная старушка. — Отпустите душу на покаяние. Отцы родные, отведите меня к Ивану Кузьмичу».* А. Пушкин. Капитанская дочка. [А приказчик] хлоп из одного ствола... в Хозяйку-то! Та пульку рукой поймала, в коленко приказчику бросила и тихонько молвила: «До этого места нет его». — Как приказ отдала. И сейчас же приказчик по самое коленко зеленью оброс. Ну, тут он, понятно, завыл: «Матушка-голубушка, прости, сделай милость. Внукам-правнукам закажу. От места откажусь. Отпусти душу на покаянье!» — А сам ревёт, слезами уливается. П. Бажов. Приказчиковы подошвы. **2.** *Разг. Шутл.* Перестань, оставь в покое, прекрати (делать, говорить что-л.). [Чацкий:] Я досказал. [Фамусов:] Добро, заткнул я уши <...> [Чацкий:] Я перестал... [Фамусов:] Пожалуй, пощади. [Чацкий:] Длить споры не моё желание. [Фамусов:] Хоть душу отпусти на покаянье! А. Грибоедов. Горе от ума.

Отрекомендова́ться. *Позвольте (разрешите) отрекомендоваться...* ⌛ Учтив. или офиц. формула представления при знакомстве без посредника. *Раскольников вдруг приподнялся и сел на диване. «Ну, говорите, чего вам надо?» — «А ведь я так и знал, что вы не спите, а только вид показываете, — странно ответил незнакомый, спокойно рассмеявшись, — Аркадий Иванович Свидригайлов, позвольте отрекомендоваться...»* Ф. Достоевский. Преступление и наказание.

От сме́рти не посторо́нишься. *Погов.* Употр. как форма утешения родственников и близких покойного: если уж пришёл человеку час умереть, ничего не поделаешь.

От судьбы́ не уйдёшь (не спря́чешься, не убежи́шь). *Погов.* Употр. как форма утешения: ничего не поделаешь, надо принимать всё, как есть, такова судьба. См. Судьба.

О́тче. ♦ Отче святы́й. См. Отец.

О́тчество. Обращение к адресату по отчеству (без имени): *Петрович, Ивановна* и т. п. характерно для русского просторечия как «средняя степень почёта» (В. Даль). Употр. обычно среди взрослых и пожилых людей (давних знакомых, приятелей, соседей, односельчан, родственников, а также в неофиц. деловом общении преимущественно по отношению к старшему по возрасту, равному или низшему по положению), чаще с «ты»-формами. *Сторож, кривой старик, прибежал с задворья. «Здравствуй, Миняич, — проговорил г-н Полутыкин, — а где же вода?»*

Кривой старик исчез и тотчас вернулся с бутылкой воды и двумя стаканами. И. Тургенев. Хорь и Калиныч. [Домна Пантелеевна:] А, Прокофьич, здравствуй! [Нароков (мрачно):] Здравствуй, Прокофьевна! [Домна Пантелеевна:] Я не Прокофьевна, я Пантелеевна, что ты! [Нароков:] И я не Прокофьич, а Мартын Прокофьич. [Домна Пантелеевна:] Ах, извините, господин аркист! [Нароков:] Коли хотите быть со мной на ты, так зовите просто Мартыном; всё-таки приличнее. А что такое «Прокофьич»! Вульгарно, мадам, очень вульгарно! [Домна Пантелеевна:] Люди-то мы с тобой, батюшка, маленькие, что нам эти комплименты разводить. [Нароков:] «Маленькие»? Я не маленький человек, извините! А. Островский. Таланты и поклонники. «Кто? — спросила сонным голосом хозяйка. — Кого надо?» — «Вставай, Алексеевна, а то корову проспишь», — бодро заговорил Размётнов. М. Шолохов. Поднятая целина. ⌧ *Приехал [старик] домой, старуху ревёт: «Фёдоровна, пошевеливайся!»* Лисичка-сестричка. Сказка. Зап. в 1976. *В этот момент на счастье Сидорки вошёл грузчик в синем халате, прошёл к самому столу заведующей. — Осиповна, куда велишь стиральный порошок сгружать?* В. Куропатов. Ржавые гвозди. | Прост. К малознакомому, равному или младшему по возрасту, как знак дружеского мужского расположения, признания «своим». «Тебя как зовут-то?» — «Меня-то? Павлом. Павел Егорыч». — «Тёзки мы с тобой, — сказал Прохоров, — я тоже по батьке Егорыч. Поехали ко мне, Егорыч». В. Шукшин. Классный водитель. «Тебя, Анатолий, как, значит, по батюшке-то?» — «Егорович». — «И как ты, Егорыч, думаешь <...> эту лошадку объезжать?» В. Куропатов. Завтра в Чудиновом Бору. | Шутл. или фамильярн. *«Подумаем, подумаем! — опять с той же прытью отозвалась [дочь] Вера. — Везде воды наносим. Только нервные клетки береги, Фёдоровна!» — «А ты брось мне эту привычку! — Раиса не закричала, вся просто затряслась, надо ж на ком-то сорвать злость. — Завела: "Фёдоровна, Фёдоровна!" Мать я тебе, а не Фёдоровна!»* Ф. Абрамов. Дом. См. также **Имя-отчество**.

Охо́та на рабо́ту! ⌧ Обл. Приветственное пожелание работающим. СРНГ.

Охо́тно,[1] нареч. или в знач. утвердит. частицы. То же, что ♦ С удовольствием. ⌧ «Поедемте с нами?» — «Охотно». ⌧ «Кофе выпьешь?» — «Охотно». ♦ **Охо́тно бы, но...** Формула мягкого отказа от приглашения, предложения со ссылкой на препятствующие обстоятельства.

Охо́тно![2] ⌧ Обл. Приветствие работающим, как ♦ **Охо́та на рабо́ту.** ♦ **Бог — помочь. Спешно.** (В. Даль).

Очарова́тельный, -ая, -ое; -ые; -лен, -льна; -льны. Чарующий, прелестный, восхитительный. Оценочный эпитет, употр. в составе формул похвалы, одобрения, комплиментов преимуществ. в адрес девушки, женщины. [Аметистов:] Целую ручку, обожаемая Алла Вадимовна. Платье. Что сказать о вашем платье, кроме того, что оно очаровательно! [Алла:] Это комплимент Зое Денисовне. М. Булгаков. Зойкина квартира. ♦ **Вы (сегодня, просто) очаровательны! (Ты очаровательна!)** Экспрессив. Комплимент девушке, женщине. **Очарова́тельно,** нареч. ♦ **Вы (сегодня) очарова́тельно вы́глядите.** ‖ В знач. сказуем. Разг. Экспрессив. Похвала, одобрение. *Прижав руки к груди, она торопливо уверяла, что сделает всё хорошо, незаметно, и в заключение, торжествуя, воскликнула: «Они увидят — Павла нет, а рука его даже из острога достигает, — они увидят!» Все трое оживились. Егор, крепко потирая руки, улыбался и говорил: «Чудесно, мамаша! Знали бы вы, как это превосходно? Прямо очаровательно».* М. Горький. Мать. ⌧ «Ну что ты, посиди ещё! Мы так редко встречаемся... У нас, правда, нет...» — «У вас всё прекрасно! всё очаровательно, но уже девять, а нам ещё на "семёрке" добираться» (1992). **Очарова́тельница.** ⌧ Разг. Интимн.-игрив. Комплиментное мужское обращение к знакомой привлекательной женщине, девушке. [Паратов:] Очаровательница! (Страстно глядит на Ларису.) Как я проклинал себя, когда вы пели! <...> Потерять такое сокровище, как вы, разве легко? А. Островский. Бесприданница. <...> *хорошенькая Любочка кротко глядела на него <...> «Садитесь, очаровательница, — сказал Пётр Дмитриевич, опускаясь на сено и потягиваясь. — Ну, расскажите мне что-нибудь». — «Вот ещё!*

Я стану рассказывать, а вы уснёте». — «Я усну? Аллах керим! Могу ли я уснуть, когда на меня глядят такие глазки?» А. Чехов. Именины. **Очарова́шка.** *Шутл. или фамильярн. Нередко в сочет. с какой (какая).* — *Это ваша маленькая [дочка]? Ах, какая очаровашка!* (1992).

Очарова́ть (Очаро́вывать). В составе разнообразных формул возвыш., экспрессив., галантн. или куртуазных комплиментов (преимущ. в адрес женщины, девушки). ♦ **Вы очаровали всех (меня, кого-л.) (чем-л.)!** ♦ **Вы не устаёте (не перестаёте) меня (всех нас) очаровывать (чем-л.)!** ♦ **Ваш голос (взгляд, смех, Ваша улыбка) очаровали (очаровывают, способны очаровать) (меня, нас, всех)!** и т. п. Очарован, -а, -о; -ы. ♦ **Я очарован (мы все очарованы) Вами (Вашей красотой, пением, игрой)!** и т. п. **Очарова́ние.** В формулах восторженных комплиментов: ♦ **Какое очарование!** ♦ **Вы (просто, само) очарование!** ♦ **Я покорён (мы все покорены) Вашим очарованием!** ♦ **Я (мы все) во власти Вашего очарования!** и т. п.

О́чень, *нареч.* Интенсификатор вежливости, экспрессивности. Употр. в составе формул речевого этикета: ♦ **Очень (Вас, тебя) прошу;** ♦ **Очень (Вас, тебя) благодарю;** ♦ **Очень (Вам, тебе) обязан (признателен, благодарен);** ♦ **Очень рад (познакомиться, видеть);** ♦ **Вы очень добры;** ♦ **Очень Вам сочувствую** и т. п. *Князь Мышкин привстал, вежливо протянул Рогожину руку и любезно сказал ему: «С величайшим удовольствием приду и очень вас благодарю за то, что вы меня полюбили».* Ф. Достоевский. Идиот. — *Здравствуйте, княгиня! — сказала Анна Павловна с притворной улыбкой <...>. — Очень приятно познакомиться, — обратилась она к князю. — Вас давно ждали, князь.* Л. Толстой. Анна Каренина. *«Здоровы ли вы?» — сказал князь, дружески сжимая руку Петра Михайлыча. — «Благодарю вас покорно, слава Богу живу ещё», — отвечал тот. «Очень, очень рад вас видеть», — продолжал князь. Пётр Михайлыч поклонился.* А. Писемский. Тысяча душ. | *И я тебя уважаю глубоко и люблю <...>. / Очень твой Саша.* А. Блок. Письмо Е. П. Иванову, 15 ноября 1906.

Па́ва. ♦ **Как (точно, словно...) пава.** ♦ **Пава павою.** ♦ **Настоящая пава.** ♦ **Пава да и только.** ⌂ *Прост., нар.-поэт.* Формы похвалы, комплимента в адрес женщины, девушки с горделивой, величавой осанкой и плавной походкой. *А сама-то величава, Выступает будто пава; А как речь-то говорит, Словно реченька журчит.* А. Пушкин. Сказка о царе Салтане... — *Да таких молодиц, как моя [жена], во всём Киеве немного, господин честной!.. Глаза, как цветы лазоревые, шея лебединая, а выступка-то какая, выступка, — что и говорить: идёт — как плывёт, — пава павою!* М. Загоскин. Аскольдова могила. **Па́венька. Па́вица. Па́вонька. Па́вочка. Па́вушка.** *Обл., нар.-поэт. Ласк. к* Пава. ⌂ *Ровно павенька плывёт, сама песенки поёт.* ⌂ *Еще девица идёт, словно павица плывёт.* СРНГ. ⌂ *Идёт, словно павушка плывёт.* В. Даль.

Па́даю к (Вашим, твоим) стопа́м (ногам). ♦ **Падаю в ноги (в ножки).** ♦ **Падаю на колени.** *Возвыш.* (⌂) *или шутл. Экспрессив.* Формы униженной или шутл.-униж. просьбы, мольбы. То же, что ♦ **Припадаю к стопам.** ♦ **Падаю в правую ногу.** *Обл.* Очень прошу. ⌂ — *Падаю в правую ногу: дай водки на вечер.* СРНГ.

Па́инька, *м. и ж.* **1.** *Разг.* Послушный, благовоспитанный ребёнок. || *В знач. сказуем.* Похвала ребёнку. ⌂ *Какой ты у меня сегодня паинька!* | *Шутл. по отношению к взрослому.* — *Вот теперь вы — паинька! — сказал он [Иудушка]. — Ах! хорошо, голубушка, коли кто с Богом в ладу живёт! И он к Богу с молитвой, и Бог к нему с помощью. Так-то, добрый друг маменька!* М. Салтыков-Щедрин. Господа Головлёвы. **2. Па́инька. Па́ичка.** *Обл. Фольк.* Ласк. обращение к возлюбленному, возлюбленной. *Дорогая дорожинка, Дорогая паинька, Нас с тобой поразлучила Твоя родна маменька.* Частушка. *Отворила бы окошечко, Петелечки скрипят, Поговорила б с тобой, паичка, Родители не спят.* Частушка. ♦ **Будь паинькой.** *Разг.* Будь умницей, будь послушным. Ласк. просьба к ребёнку или ласк.-шутл. к взрослому, близкому знакомому, родственнику.

Палка на палку нехорошо, а чарка на чарку ничего. ⧗ *Прост., шутл.* Настойчивая просьба хозяина к гостю выпить ещё чарку вина. Говорится обычно в ответ на вежл. отказ гостя: «хватит, довольно, я уже (не одну) выпил/а» и т. п. ♦ **Палка на палку нехорошо, а обед на обед нужды нет.** ⧗ *Прост., шутл.* Настойчивое приглашение хозяина гостю пообедать в ответ на вежл. отказ: «уже пообедал», «только что из-за стола» и т. п. *[Флор Федулыч:] Момент самый благоприятный — к обеду-с. [Глафира Фирсовна:] Я уже и позавтракала, и обедала раза два, и полдничала. [Флор Федулыч:] Это ничего-с. У нас простые люди говорят: палка на палку нехорошо, а обед на обед нужды нет. [Глафира Фирсовна:] Да я и не откажусь лишний раз пообедать, беда не большая, стерпеть можно...* А. Островский. Последняя жертва. ♦ **Палка на палку плохо, а чай на чай, — Якиманская, качай!** ⧗ *Обл., шутл.* Настойчивое приглашение хозяина гостю выпить чаю в ответ на вежл. отказ: «уже пил», «только что из-за стола» и т. п. *Здороваются за руку. Крапивкин пьёт чай на ящике. Медный зеленоватый чайник, толстый стакан гранёный. Горкин отказывается вежливо: только пили, — хоть мы и не пили. Крапивкин не уступает: «Палка на палку плохо, а чай на чай, — Якиманская, качай!» Горкин усаживается на другом ящике <...>, они попивают молча, изредка выдувая слово из блюдечка вместе с паром.* И. Шмелёв. Лето Господне.

Память. ♦ **Вечная память** (кому-л.). Форма выражения скорби и пожелания, чтобы покойного всегда помнили. [Первонач. — заключительная часть заупокойного церковного песнопения]. *Да будет вечная память незабвенным героям Шипки!* С. А. Драгомирова. Радецкий, Скобелев, Драгомиров. *Вечная память товарищам, погибшим в святой борьбе с проклятым фашизмом от руки подлых убийц.* В. Катаев. За власть Советов. ‖ *Вводн.* Говорится при упоминании о давно умершем, погибшем. *[Скотинин:] Дядя, вечная ему память, протрезвев, спросил только, целы ли ворота.* Д. Фонвизин. Недоросль. ♦ **Блаженной (светлой, незабвенной) памяти** (кто-л.). ⧗ Прибавление к имени умершего при почтительном упоминании о нём. ♦ **Прошу почтить память покойного (минутой молчания, вставанием...).** ♦ **Склоним голову перед светлой памятью** (кого-л.). Просьба, призыв почтить память покойного. ♦ **Склоняю голову перед светлой памятью** (кого-л.). ♦ **(Светлую) Память о нём (о ней, о них; о тебе, о вас) мы сохраним (навечно) в наших сердцах.** *Возвыш.* Формулы выражения скорбных чувств о покойном. — *Товарищи!.. от нас ушёл большой души и совести человек, наш дорогой друг и товарищ Родионов Кузьма Николаевич. Он был верный сын партии и народа. Всю жизнь свою, не жалея сил, отдал он день за днём нашему общему делу. И пусть прямая и ясная жизнь твоя, Кузьма Николаевич, будет служить нам примером. Память о тебе мы сохраним. Память о тебе светлая... кхах... Спасибо тебе за всё. Спи спокойно.* В. Шукшин. Любавины. ♦ **На (вечную, добрую, долгую) память (о..., от...).** Формула пожелания при вручении подарка. | Употр. часто как дарственная надпись на подарке (книге, фотографии и т. п.). *Какие-то далёкие и милые девушки посылали <...> кисеты на фронт с трогательными надписями: «Давай закурим!» «На вечную память и верную любовь!» «Любовь моя хранит тебя!»* В. Астафьев. Пастух и пастушка. ⧠ *Дорогой и любимой Любочке на добрую память от дедушки. 1 февраля 1970 г.* (надпись на оборотной стороне картины). ♦ **Жить (быть) тебе семь веков на людских памятях (на людской памяти).** См. Жить.

Пан. [Польск. *pan* — господин, барин.] Вежл. обращение к мужчине-поляку. ‖ ⧗ До револ. на Украине, в Белоруссии, Литве и некот. южн. обл. России вежливое обращ. к мужчине из привилегир. сословия, высшему или равному по положению, а также к хорошо одетому незнакомому мужчине; то же, что Господин. Барин. *Голова, прищуривши глаз свой, с изумлением увидел писаря с двумя десятскими. «А я к тебе иду, пан писарь». — «А я к твоей милости, пан голова». — «Чудеса завелись, пан писарь». — «Чудные дела, пан голова».* Н. Гоголь. Майская ночь, или Утопленница. — *Потолковали мы промеж себя трошки; вижу, выходит на крыльцо пан. Увидал меня и шумит: «Это ты, дед Захар?» — «Так точно,* ваше благуродие!» — «Зачем пришёл?» Подхожу к крыльцу, стал на колени. «Внуков пришёл из беды выручать. Поимей милость, пан! Папаше вашему, дай Бог царство небесное, век служил, вспомни, пан, моё усердие, пожалей старость!..» М. Шолохов. Лазоревая степь. *Инспектор, следуя за ним, осторожно спросил: «Пан атаман обедать не останется?» — «Нет», — отрывисто бросил Петлюра.* Н. Островский. Как закалялась сталь. *Офицер вопросительно смотрит на переводчика, затем на Сокольцева, и Сокольцев поясняет: — Как не понять, пан офицер, вещь простая. В мужицком деле прибыток и власти польза.* П. Проскурин. Судьба. ♦ **Вельможный пан.** ▨ Учтив. обращ. к незнакомому, высшему по положению. *«Кто ты, и откудова, и какого звания, добрый человек?» — сказал сотник ни ласково, ни сурово. — «Из бурсаков, философ Хома Брут». — «А кто был твой отец?» — «Не знаю, вельможный пан».* Н. Гоголь. Вий. ♦ **Ясновельможный пан.** ▨ Почтит. обращ. к польскому пану или украинскому гетману. **Па́ночку.** ▨ Обл. Ласк. к Пан. *«Здорово, небого! — обыкновенно говорил он [Иван Иванович], отыскавши самую искалеченную бабу, в изодранном, сшитом из заплат платье. — Откуда ты, бедная?» — «Я, паночку, из хутора пришла: третий день, как не пила, не ела, выгнали меня собственные дети». — «Бедная головушка, чего же ты пришла сюда?» — «А так, паночку, милостыни просить...»* Н. Гоголь. Как поссорился Иван Иванович с Иваном Никифоровичем. **Па́ни.** [Польск. pani — госпожа, барыня]. Вежл. обращ. к женщине-польке. *Приедет — я скажу по-польски: «Про́ше, пани, Прими таким, как есть, не буду больше петь».* В. Высоцкий. Она была в Париже. ‖ ▨ До револ. на Украине, в Белоруссии, Литве и некот. южн. обл. России вежл. обращ. к женщине из привилегир. слоёв общества, высшей или равной по положению, а также к богато одетой незнакомой женщине; то же, что Госпожа. Барыня. **Па́ныч (Па́нич).** ▨ Обл. Вежл. обращ. к молодому неженатому барину или к сыну барина (независимо от возраста). **Пани́чок.** ▨ Обл. Ласк. к Панич. *Вошёл на цыпочках Мойсей Мойсеич. Стараясь из деликатности не глядеть на кучу денег, он подкрался к Егорушке и дёрнул его сзади за рубаху. —*

А пойдём-ка, паничок, — сказал он вполголоса, какого я тебе медведика покажу! Такой страшный, сердитый! У-у! А. Чехов. Степь. **Панёнка. Панёночка. Па́ночка (Па́нночка). Па́нюшка (Па́ньюшка). Паня́нка. Паня́ночка.** ▨ Обл. Вежл. или ласк. обращ. к девушке, барышне. ▭ *«Здравствуй, панюшка моя!» — «А я, сударь, не твоя, А я батюшкина».* ▭ *Девушки, панянки, уважьте нам лавки.* СРНГ. **Па́нюхна.** ▨ Обл. Ласк. обращ. к барыне, госпоже, а также к незнакомой даме. — *Подари, моя панюхна, хоть копеечку.* СРНГ. **Па́ня.** ▨ Обл. Вежл. или ласк. обращ. к даме, барышне. **Пано́ве,** мн. Вежл. обращ. к мужчинам. *[Вакула] немного ободрился, узнавши тех самых запорожцев, которые проезжали через Диканьку, сидевших на шелковых диванах, поджав под себя намазанные дёгтем сапоги, и куривших самый крепкий табак, называемый обыкновенно корешками. — Здравствуйте, панове! помогай Бог вам! вот где увиделись! — сказал кузнец, подошедши близко и отвесивши поклон до земли.* Н. Гоголь. Ночь перед Рождеством. **Пановья́.** ▨ Обл. То же, что Панове. Употр. обычно в составе вежл. обращ. к мужчинам, участникам свадебного обряда: **Мужовья́-пановья́.** ▨ Обл. *Мужовья-пановья, благословите! Женочки-белоголовочки, благословите!* СРНГ. **Панабра́тья,** мн. ▨ Обл. Братья, товарищи. ▭ *Ну, вот что, панабратья.* СРНГ.

Па́па. 1. Широкоупотребительное вежл. обращение детей к своему отцу. *Лиза выбежала навстречу Григорию Ивановичу. «Что это значит, папа? — сказала она с удивлением, — отчего вы хромаете? Где ваша лошадь? Чьи это дрожки?»* А. Пушкин. Барышня-крестьянка. *[Людмила:] Как я рада за тебя, папа! [Маргаритов:] За меня? Мне уж, Людмила, ничего не нужно; я для тебя живу, дитя моё, для одной тебя. [Людмила:] А я для тебя, папа.* А. Островский. Последняя любовь. *Милый папа. / Поздравляю Вас с Праздниками и Новым Годом. Желаю Вам искренно здоровья и всего лучшего.* А. Блок. Письмо отцу, 30 дек. 1903. *А вечером папа спросил: «Ну как? Понравилось в цирке?» Я сказал: «Папа! Там в цирке есть девочка. Она танцует на голубом шаре».* В. Драгунский. Девочка на шаре. *Но тут зазвонил телефон, и Ким Андреевич, недовольно поморщась, снял* трубку. «Фролов слушает». — «Здравствуй, батя». — «Алло... Кого вам?» — «Папа, это я», — сказала трубка. «Юрка... Ты?» — «Ну, да. Я приехал, батя. Сегодня утром прилетел». А. Рекемчук. Соло на ударных. **2.** *Прост. и обл.* Вежл. обращ. к тестю или свёкру. *Тесть давай гостить, угушать. «Что, любезный зять, у меня будешь жить или у старика сапожника?» — «Я, папа, у тебя жить не буду и у сапожника не буду, а поеду к своему отцу», — сказал его зять. Иван-царевич и чудесный помощник.* Сказка. Зап. в 1927. **3.** ▨ *Обл.* Обращ. к дедушке. ▭ *Дедушка звали папой, а отца — тятенька.* СРНГ. **4.** ▨ *Обл.* Обращ. к бабушке. СРНГ. **Па. Пап.** *Разг.* (только в устн. речи). Звательн. формы к Папа. *«Па, а па! — вскинул на отца возбуждённый взгляд Сергунок. — А тебе чего дадут: ружьё или наган?» <...> — «Ружьё, Серёжа, ружьё». — «А ты стрелять умеешь?» — «Да помолчи ты...» — «Ну, пап!» — «Чего ж там уметь: заряжай да пали».* Е. Носов. Усвятские шлемоносцы. **Папа́.** [Франц. *papá* — папа, папаша, папенька, батюшка.] ▨ До револ. обращ. к отцу (реже — к свёкру или тестю) в дворянской полиязычной среде. — *Папа́, мы опоздаем, — сказала, поворачивая свою красивую голову на античных плечах, княжна Элен, ожидавшая у двери.* Л. Толстой. Война и мир. — *Позовите его, papa, папан позволяет, — решила Аглая. Генерал позвонил и велел звать князя.* Ф. Достоевский. Идиот. **Папа́ка.** *Обл.* Ласк. детск. обращ. к отцу. **Папа́нечка.** *Прост.* Ласк. к Папаня. [Жених — будущему тестю:] *Не желаете ли с морозцу ромку ямайского? <...> Папанечка, да вы присядьте... Ромок-то великолепнейший, от родителя покойного остаточек... Вам удобно ли на сих креслах, папанечка?» — «Мне, милый, везде удобно... И ромку я выпью... Хорошо у тебя, тепло».* П. Гнедич. Смерть курьера Мамошина. **Папа́нька** (и звательн. форма **Папа́ньк**). *Обл.* Детск. обращ. к отцу. *Полюшка неутешно рыдала, захлёбываясь слезами, просила мать: — Не пускай его! Не пускай, маманюшка! На войне не убивают! Папанька, не езди туда!* М. Шолохов. Тихий Дон. — *Папаньк, завтра Сашку побираться прогонишь? — спросил Прошка.* А. Платонов. Чевенгур. **Папа́ня** (и звательн. ф. **Папа́нь**). **1.** *Прост.* Обращ. к отцу. *Сыниш-*

ку Игнат на руки взял; часовой, как будто не видит, отвернулся. Пальцами прыгающими из камыша мельницу мастерит сыну Игнат. «Папаня, а чего у тебя кровь на голове?» — «Это я ушибся, сынок». М. Шолохов. Коловерть. *Да и сын его, официант Гаврилов, тоже <...> в другой раз, давясь от смеха, говорил старику, нарочно глядя в газету: — Сегодня, папаня, не ходите на улицу — ожидается облава на седых и рыжих.* М. Зощенко. Огни большого города. **2.** *Обл. и прост.* Обращ. к свёкру или тестю. **3.** *Обл.* Обращ. к дедушке. **4.** *Прост.* Фамильярн. обращ. к незнакомому мужчине, значительно старшему по возрасту. *Но когда этот горожанин, наевшись и напившись, дуреет, дичает и начинает губить и калечить землю, лес, реку, чудиновцы смотрят на него с негодованием и страхом. «Мил человек, уймись. Завтра ж тоже люди жить будут». <...> — «Ты, батя, в каком доме живёшь?» — «Вот в этом». — «В него и ступай. Могу послать и подальше куда». — «Я говорю, ты ж завтрашних людей, своих детей грабишь...» — «Папаня, у меня ещё несколько боевиков осталось. Хочешь, я их под твою халупку подложу?»* В. Куропатов. Завтра в Чудиновом Бору. **Папа́ша. 1.** ▨ Почтит. обращ. к отцу (преимущ. в речи взрослых детей). *«Папаша, — сказал он [Аркадий], — позволь познакомить тебя с моим добрым приятелем, Базаровым».* И. Тургенев. Отцы и дети. — *По правде доложить, она ничего почти не обнаруживала. Говорит: «как вам, папаша и мамаша, угодно — я вам повинуюсь».* Н. Лесков. Интересные мужчины. *Вошли они [царские сыновья] в могущие лета. — Папаша и мамаша, отпустите нас в чистое поле, широкое раздолье, самим себя показать и добрых людей посмотреть. Два брата.* Сказка. Зап. в 1927. — *Это тебе, папаша... — скороговоркой буркнул Григорий, на глазах у всех разворачивая новую казачью фуражку, с высоко вздёрнутым верхом и пламенно-красным околышем.* М. Шолохов. Тихий Дон. **2.** ▨ Учтив. обращ. к тестю, свёкру. *«Ну, рассказывай же, — сказал граф — что войска? Отступают или будет ещё сраженье?» — «Один Предвечный Бог, папаша, — сказал Берг, — может решить судьбы отечества».* Л. Толстой. Война и мир. *«Красивая, говоришь, [у сына] жена?» — «Да им глянется, а мне что?.. <...> Ни-*

что, уважительная бабёнка. Меня — «*папаша*», «*папаша*»... Весь вечер от меня не отходила. Одетая с иголочки. Спят ишо». — Ермолай кивнул на дом. В. Шукшин. Ваш сын и брат. ‖ *Обл.* ▱ *Сейчас зовём: папа, папаша, папка, папаня — это всё один отец. И про тестя так говорят, и свёкор то же самое.* ▱ *Родных невестка зовёт маманей, папаней, а жениховых — мамашей, папашей.* СРНГ. **3.** *Прост., фамильярн.* Обращ. к незнакомому пожилому небогато одетому мужчине, значительно старшему по возрасту, равному или низшему по положению. «*А зачем тебе пулемёт?*» — «*Как тебе сказать? Сынишка у меня с войны вернулся. Съезди да съезди, говорит, на станцию, пренись к пулемётику. Пуда за четыре пшенички я бы взял. А?*» — «*Кулачьё*, — *сказал солдат и засмеялся*, — *черти гладкие! А сколько у тебя лошадей, папаша?*» — «*Восемь Бог дал*». А. Н. Толстой. Хождение по мукам. *Сторож говорит: «Я обиды не стою. И мне самому вполне удобно, что меня от воров закрывают». — «В таком случае, — говорю, — ты, папаша, походил бы по магазину, размял бы свои ноги».* М. Зощенко. Ночное происшествие. *Синцов был моложе бойца с ведром, тому на вид было сорок, но Синцов не представлял себе, как сейчас выглядит он сам с отросшей за двенадцать дней бородой. Поэтому его удивило, когда боец с ведром, пристально поглядев на него, спросил: — Тебе чего, папаша?* К. Симонов. Живые и мёртвые. ‖ *Фамильярн.* к старшему по возрасту. «*Что-то вы меня, папаша, больно утесняете*», — *вдруг плаксиво выговорил человек. Филипп Филиппович покраснел, очки сверкнули. «Кто это тут вам папаша? Что это за фамильярность? Чтобы я больше не слышал этого слова! Называть меня по имени-отчеству!*» М. Булгаков. Собачье сердце. ‖ *Разг., проф.* (только с «Вы»-формами). Обращ. работниц современных детских учреждений к отцу ребёнка. ▱ *Папаша, вы, пожалуйста, жвачку в садик не приносите, пусть дома жуёт, а то нянечки жалуются, пол не отмоешь* (1995). **4.** ⌇ *Обл.* Обращ. к священнику. ▱ *Папаша, ты за свадьбу-то недорого клади.* СРНГ. **Папа́шенька.** *Разг.* Ласк. к Папаша (в 1 и 2 знач.). *[Лидочка (подбегая к отцу):] И точно, принарядитесь, папашенька, право, принарядитесь. Что вы в самом деле стариком прикинулись!.. Ангельчик вы мой (целует его)... пойдёмте... душенька моя... (ещё целует.)* А. Сухово-Кобылин. Свадьба Кречинского. — *Папашенька... Это я... — сказал Прохор. Он соскочил с седла и несмело стал подходить к тяжело пыхтевшему, чуть попятившемуся от него отцу.* В. Шишков. Угрюм-река. *Мы, бывало, всё отца просим: «Папашенька, приди за нами. Барских собак боимся».* В. Вересаев. Невыдуманные рассказы. **Папа́шка. 1.** ⌇ *Обл.* Детск. обращ. к отцу. *Когда смерклось, двенадцатилетняя Варя умело сварила похлёбку из картофельных шкурок и ложки пшена. — Папашка, слезай ужинать! — позвала Варя.* А. Платонов. Чевенгур. **2.** ⌇ *Обл.* Обращ. к свёкру. ▱ *Мамашка зовут свекровью и свёкра так: мамашка, папашка. Это сейчас — маманя, папаня.* СРНГ. **3.** *Обл.* Обращ. к крёстному отцу. **4.** ⌇ *Жарг.* Обращ. женщины лёгкого поведения, содержанки, проститутки к пожилому мужчине. *[Лидия:] Однако какая же вы можете быть мне родня! Для брата вы уж старенькы. Хотите быть папашей на время? [Кучумов (опускаясь на колена и целуя её руку):] Папашей, папашей. [Лидия (отнимая руку):] Шалишь, папашка! [Кучумов:] Шалю, шалю! (Опять целует руку.)* А. Островский. Бешеные деньги. *Кругленький Лаптев-Покатилов <...>, наклоняясь к плечу женщины, вполголоса сказал: «Странно будет, если меня завтра не вызовут в жандармское управление». — «А вы не балуйте, папашка», — ответила Елена.* М. Горький. Жизнь Клима Самгина. **Па́пелька.** *Обл.* Ласк. обращ. к отцу. — *Папелька, дай мне три копейки.* СРНГ. **Па́пенька.** ⌇ Почтит. обращ. к отцу. *В самом деле, дверь отворилась, и Марья Гавриловна подошла здороваться с папенькой и с маменькой. «Что твоя голова, Маша?» — спросил Гаврила Петрович. «Лучше, папенька», — отвечала Маша.* А. Пушкин. Дубровский. — *Я уж вам говорил, папенька, — сказал сын, — что ежели вам не хочется меня отпустить, я останусь.* Л. Толстой. Война и мир. **Папи́ка.** *Обл.* Обращ. к отцу. ▱ *Папика, ты свари макарон, а то Райка не умеет.* СРНГ. **Па́пка. 1.** *Прост. и обл.* Детск. обиходн. обращ. к отцу. — *Папка! Папка! — уже горланил и мчался, завидев Касьяна, старшой, и его колени дробно строчили, вымелькивали среди ромашек и колокольцев. — *Папка! Мы пришли!* Е. Носов. Усвятские шлемоносцы. **2.** ▨ *Обл.* Обращ. к бабушке. **Папо́ка.** *Обл. Ласк. обращ. к отцу.* ▭ *Наш папока, они всегда ласкова. Мамока, папока.* СРНГ. **Па́почка.** *Разг. Ласк.* к **Папа** (в 1 знач.). *Лев Ильич узнал Надин голосок. «Папочка! Ты когда освободишься?..»* Ф. Светов. Отверзи ми двери. *[Мальчик] схватил эту руку — она была горячая, сухая, со вздутыми суставами пальцев — и прижал к щеке. «Ты не сердись, папочка... — всхлипнул он. — Уроки я приготовил. Честное слово, папа...» Губы у отца запрыгали, и он отвернулся.* А. Битов. Но-га. **Папу́ля. Папу́лечка.** *Разг.* **Па́пушка.** *Обл. Ласковое обращ. к отцу.* ▭ *Пап, пойдём в зоопарк, а? Ну, папулечка, пойдём...* (1992).

Пар. ♦ **Пар (Вам, тебе) лёгкий!** *Разг.* ♦ **Лёгкого (Вам, тебе) пару (без угару)!** *Разг.* Формы доброго пожелания идущему в баню. *А бутошник-старичок ‹...› весело кричит: — Здравия желаю, Сергей Иванович! в баньку?.. Это хорошо, пар лёгкий!* И. Шмелёв. Лето Господне. *«А почему вы с корзинкой?» — подозрительно осведомился Рубенс. «Иду в баню». — «Ну, желаю вам лёгкого пара».* И. Ильф, Е. Петров. 12 стульев. ♦ **С лёгким паром!** *Разг.* Приветствие, поздравление и пожелание доброго здоровья тому, кто только что попарился и вымылся в бане. *[Дворник] с большим почтением приговаривал: «С лёгким паром честь имеем поздравить!»* И. Горбунов. Отжившие типы. *Из бани Прохор Ильич возвращался домой ‹...›, у каждой лавки раскланиваясь с купцами, которые поздравляли его с «лёгким паром».* Н. Успенский. При своём деле. ▭ *[Банщик — клиенту:] Веничек ваш домой завернём, чтобы сумления не становилось у хозяйки, где были?.. С лёгким паром-с!* Е. Иванов. Меткое московское слово. ▭ *Мой папа очень любит париться в бане. А когда он выходит из парной, дед ему говорит: «С лёгким паром!» — «Спасибо!» — «Лёгкий пар и лёгка жизнь, молодцом всегда держись!»* (1997). ♦ **С лёгким паром, с молодым жаром!** ♦ **С лёгкого пару, без угару!** ♦ **С тёплым паром!** *Прост.* и *обл.* То же, что ♦ **С лёгким паром!** См. также **Лёгкий.** ♦ **Пар вам, бояре!** *Обл.* ♦ **Пар в бане!** *Обл.* Формы приветствия парящимся в бане. ♦ **Пар в баню — чад за баню!** ▨ *Обл.* Благодарный отзыв на пожелание или ответное пожелание идущего в баню. *Хозяин вернулся из бани, помылся-попарился: «С лёгким паром!» — и ответ от находчивого: «Здоровье в голову!» Стали собираться и остальные домашние туда же: «Смыть с себя художества, намыть хорошества!» — и на это благодарный отзыв: «Пар в баню — чад за баню!»* С. Максимов. Крылатые слова. ♦ **На пару, на бане!** *Обл.* ♦ **На мыльце-белильце, на шелковом веничке, малиновом паре!** *Обл.* и *прост.* Формы благодарности хозяевам за баню. (В некотор. обл. хозяева на благодарность отвечают: «За баню не благодарят, не принято».) ♦ **Здорово ль парился?** См. **Здорово**[1].

Пардо́н. [*Франц.* pardon! — *извините, простите*]. Форма извинения, употреблявшаяся в России XIX в. наряду с другими галлицизмами, поначалу преимуществ. в среде лиц, свободно владеющих французским языком. В первые годы после револ. сохранялась в речи лиц старшего поколения. *Грибоедов, стоя на террасе, нечаянно толкнул высокого архиерея, стоявшего рядом. Грибоедов в забывчивости пробормотал: — Pardon...* Ю. Тынянов. Смерть Вазир-Мухтара. *— Отворить, дурак! — крикнул грозным голосом нежнейший прапорщик и, как истый рыцарь, вышел даже из себя для защиты дам; но потом, приняв, сколько возможно, любезную улыбку, побежал к карете. — Pardon, madate, тысячу раз виноват. Позвольте мне предложить вам руку, — говорил он, принимая из кареты наглухо закутанную даму.* А. Писемский. Тысяча душ. *Ежедневно в одно и то же время скрипела дверь и на кухне появлялась высокая, худая старуха, в чём-то длинном, тёмном, в шляпке, а в руке — эмалированные судки. Старуха произносила: «Добрый день!»; затем пересекала кухню по диагонали, разжимая тонкие уста, чтобы сказать: «Пардон!», если в кухонной тесноте кого-либо задевала.* Н. Ильина. Дороги и судьбы. ‖ С расширением сферы употребления эта форма приобрела разнообразные социостилистические оттенки: от манерно-«галантерейного» извинения (в речи приказчиков, мелких чиновников, лавочников, мещан, цирюльников, телеграфистов и т. п.) до фамильярно-иронич. или дружески-шутл. в совр. обиходно-бытовой речи. *[Оленька:]*

Когда сами увидите, тогда и говорите, а до тех пор нечего вам толковать да казни разные придумывать. [Татьяна Никоновна:] То-то уж я и вижу, что ты губы надула. Ну, извините-с (приседает), что об такой особе да смели подумать. Извините-с! Пардон, мадмуазель! А. Островский. Старый друг лучше новых двух. *Весовщик говорит: «Тара слабовата. Не пойдёт». Я говорю: «Разве она слабовата? А мне только сейчас её укрепляли. Вот тот, с клещами, укреплял». Весовщик отвечает: «Ах, пардон, пардон! Извиняюсь! Сейчас ваша тара крепкая, но она была слабая. Мне это завсегда в глаза бросается. Что пардон, то пардон».* М. Зощенко. Мелкий случай из личной жизни. *«Значит так... Да оторвись ты, сукин сын, от книги! Имей уважение». — «Пардон». — Чернышев отложил книгу.* В. Тендряков. Свидание с Нефертити. *«А тебе что, особый подъём сыграть? — Тётка дёрнула Стаса за ухо. — А ну поднимайся!» — «Ладно ты!» — Стас зевнул. — Не ори, у меня слабые нервы. Пардон, мамочка, сейчас встаю».* В. Белов. Целуются зори... ♦ **Миль пардон!** [Франц. mille pardons — тысяча извинений.] *Куртуазн.* (🕮) или *шутл.* (*разг.*). *[Купавина:] Если муж мой действительно был вам должен, вы получите... [Мурзавецкий:] Ах, оставьте, лесе! Вы мне надоели. Миль пардон, мадам! Я совсем о другом. Извольте видеть, я чист...* А. Островский. Волки и овцы. *— Миль пардон, мадам. Се ма фот!.. Это моя вина! — воскликнул Бобетинский, подлетая к ней <...> — Ваш-шу руку. <...> Господа, в залу, в залу!* А. Куприн. Поединок. *[Аметистов:] Виноват, миль пардон. Лизанькин поцелуй такого сорта, что спор неизбежен. Если б я вам рассказал, какие люди добивались её поцелуя... [Лизанька (пьяна):] И добились. [Аметистов:] Пардон-пардон...* М. Булгаков. Зойкина квартира. | *Ирон.* *«Совесть-то у тебя есть? Или её всю уж отшибли? Тьфу — в твои глазыньки бесстыжие! Пупок!..» Бронька наводит на жену строгий злой взгляд. Говорит негромко с силой: «Миль пардон, мадам... Счас ведь врежу!..»* В. Шукшин. Миль пардон, мадам!
♦ **Прошу пардона (пардону). 1.** 🕮 Просьба о пощаде: сдаюсь, помилуй, пощади. ▭ *На аман, на пардон у русского и слова нет. Аман и пардон уважай.* В. Даль (с пометой *солд<атское>*). **2.** *Прост.* Шутл. извинение. *Егору*

стало совсем невмоготу: он не переносил слёз. — Так... Всё, Любовь. Больше не могу — тяжело. Прошу пардона. В. Шукшин. Калина красная. **Пардоньте.** *Прост., манерно-шутл.* (Контаминация франц. *pardon* и русск. *простите*. Ср. *Гудбайте*).

Па́рень. 1. *Прост.* Обращение равного или старшего по возрасту, положению к молодому человеку. (Вошло в широкий обиход после революции из языка деревни, фабрики, низших городских слоёв. Употр. с «ты»-формами.) *[Варвара (сходит по тропинке и, закрыв лицо платком, подходит к Борису):] Ты, парень, подожди. Дождёшься чего-нибудь. (Кудряшу.) Пойдём на Волгу.* А. Островский. Гроза. *Данилушко и рассказал про себя. <...> Прокопьич пожалел: — Не сладко, гляжу, тебе, парень, житьишко-то задалось, а тут ещё ко мне попал.* П. Бажов. Каменный цветок. *[Уборщик (бегущий с врачом, придерживает и приподнимает Присыпкина, подавая ему вылетевшую шляпу):] И с треском же ты, парень, от класса отрываешься!* В. Маяковский. Клоп. *И однажды — как в угаре — Тот сосед, что слева, мне Вдруг сказал: — Послушай, парень, У тебя ноги-то нет.* В. Высоцкий. Жил я с матерью и батей... *[Геннадий (подходит к лежащему Севе):] Приветик! (Ударяет его по плечу.) Что тут делаешь, парень?* А. Арбузов. Моё загляденье. ‖ *Обл.* Обращ. к сыну, младшему брату, вообще к младшему родственнику (нередко с упрёком). *Григорий густо покраснел, отвернулся <...>. — Ты гляди, парень, — уже жестоко и зло продолжал старик, — я с тобой не так загутарю. Степан нам сосед, и с его бабой не дозволю баловать.* М. Шолохов. Тихий Дон. *Он еле-еле доволок ноги до тенистой берёзы, под которой расположился на перекур Михаил. <...> Проснулся он от суматошного крика: — Петро, Петро, вставай! Проспали мы с тобой, парень!* Ф. Абрамов. Дом. **2.** *Обл.* Дружеск. обращ. к лицу мужск. пола любого возраста. *«Ерёмиха, а Ерёмиха!» — зовёт Куров. «Чего, дедушко», — отзывается та, придерживая телёнка за шею. «Как чего, я с тобой сколь раз уж собираюсь поговорить». — «Да насчёт чего, парень?» — «Да дело у меня к тебе и претензия».* В. Белов. Привычное дело. *Где-то в конце мая пришёл Семён Григорьевич Супрунов к Князевым в полном расстройстве чувств. <...> «Беда, Лексей...» — «Да* ну! Что, Сеня, такое?!» — «Старуха прямо поедом ест», — вздохнул Семён Григорьевич. Усы Князева опустились, глаза прищурились лукаво, заискрились. «Ну это, парень, полбеды. А ещё-то что?» В. Куропатов. Завтра в Чудиновом Бору. ▱ [Пожилая крестьянка — 76-летнему мужу:] *Ты бы побрился, парень.* СРНГ. ‖ В интерпозиции может сближаться по функции с модальной частицей и употр. в общении с лицом любого пола. ▱ *А они, парень, и не сдоганулись, ште я его, парень, наумлил.* СРНГ. — *А хвосты-то — сущий смех! Чай, таких у куриц нету. А уж сколько, парень, свету, словно батюшкина печь!* П. Ершов. Конёк-горбунок. ‖ **Па́рни**, *мн. Разг.* Обращ. равного или старшего по возрасту к юношам. *[Анна Ивановна (Мите, Гуслину, Разлюляеву):] Парни, пойдёмте.* А. Островский. Бедность не порок. *[Гомыра:] Парни... Вася, Николай... [Букин:] Что такое? [Гомыра:] Ребята... [Колесов:] Что, уже наклюкался? Успел? [Гомыра:] Да нет, парни, не то. Мысль в голову ударила: быстро время летит... (Другим тоном.) Магазины-то закрываются.* А. Вампилов. Прощание в июне. **Паренёк.** *Разг.* Приветл. обращ. взрослого к подростку, юноше. *[Русаков:] Что, Иванушка, не весел?.. [Бородкин:] Маленько сгрустнулось что-то. [Русаков:] Об чём тебе грустить-то, паренёк, паренёк!* А. Островский. Не в свои сани не садись. *Сам Захар Денисович, мужик малосильный, согнутый какой-то нутряной болезнью, сидел на порожках крыльца и в упор, не мигая, разглядывал Фёдора водянистыми, расплывчатыми глазами. — Работник мне нужен — это верно. Одно вот: молод ты, паренёк, нет в тебе мужской силы...* М. Шолохов. Батраки. *Усевшись, помощник счетовода хлопал в ладоши и кричал срывающимся голосом: «Эй, паренёк, позови ко мне трактирщика! Что там у него есть?»* А. Аверченко. Странный человек. ▱ [Мужчина — мальчику, стоящему у подъезда:] *Паренёк, ты не знаешь, Рыжков Михаил, на «скорой» работает, седой такой, не в этом доме живёт?* (1993). **Паренёчушек.** *Обл. Фольк. Ласк.* Паренёк, парень. **Пареничо́к.** *Обл. Ласк.* Паренёк, мальчик. **Паренчо́к.** *Обл.* Паренёк. **Па́ренька.** *Обл. Ласк.* Парень, паренёк. **Па́реш.** *Обл.* Мальчик, паренёк. **Парешо́к.** *Обл. Ласк.* Парень, паренёк. **Парнёк.** *Обл.* **1.** Молодой человек, парень. **2.** Мальчик. **Парнёнка. Парне́нко. Парнёнок.** *Обл.* Мальчик. **Парнёночек (Парнёночка).** *Обл. Ласк.* к Парнёнок. **Парнёчек (Парнечо́к).** *Обл. Ласк.* к Парнёк. **Парничёшко.** *Обл.* Мальчик. **Парничи́шка.** *Обл.* Молодой человек, парень. **Парни́шек (Парнишо́к).** *Обл.* Мальчик, паренёк. **Парни́шенька.** *Обл.* Паренёк. **Парни́шка.** *Разг.* Приветл. обращ. к мальчику, подростку. **Парни́шко.** *Обл.* Парнишка, паренёк. **Парнишо́нок.** *Обл. Уменьш.-ласк.* к Парнишок. ▱ — *Эй, парнишонок, ты куда же удираешь? Тащи свои харчи, передам, что ли.* М. Шолохов. Путь-дороженька. **Парнишо́ночек.** *Обл. Уменьш.-ласк.* к Парнишок. **Парни́шша.** *Обл.* То же, что Парнище. *На борозде остался позабытый мелко витой, с нарядным махром арапник. Петро покрутил его в руках, головой покачал — и к Гришке: — Было б нам с тобой, парнишша. Ишь, это разве арапник? Это, брат, увечье, — голову отсечь можно!* М. Шолохов. Тихий Дон. **Парни́ще (Парни́ща).** *Обл. Ласк.* Молодой человек, парень. *«Здорово, парнище!» — «Ступай себе мимо!» — «Уж больно ты грозен, как я погляжу! Откуда дровишки?» — «Из лесу, вестимо; Отец, слышишь, рубит, а я отвожу».* Н. Некрасов. Крестьянские дети. — *Андрей! Разметнов! Тут, парнище, товару на воз не заберёшь!* М. Шолохов. Поднятая целина. — *Всё! Влип ты, парнища!* — *Кузьма понял: поторопился.* В. Шукшин. Любавины. **Парню́женька.** *Обл. Ласк.* То же, что Парнёк. *Холодно что-то, парнюженка, стало.* СРНГ. **Парню́к.** *Обл.* То же, что Парнёк. *«Позволь, девица-красавица, Со стадом поспрáвиться». — «Погоню домой, парнюк молодой».* СРНГ. **Парню́ха.** *Обл.* То же, что Парнёк (в 1 знач.). **Парню́шенька.** *Обл. Ласк.* То же, что Парнёк (в 1 знач.). ▱ — *Ну, парнюшенька, что-то у нас творится нехорошо.* СРНГ. **Парня́.** *Обл.* Обращ. к парню. **Парня́га.** *Обл.* То же, что Парнёк (во 2 знач.). **Парня́ка.** *Обл.* То же, что Парнёк (в 1 знач.). **Парня́нка.** *Обл.* То же, что Парнёк (во 2 знач.). **Парня́нок.** *Обл.* То же, что Парнёк (во 2 знач.). **Парня́чка.** *Обл.* То же, что Парнёк (во 2 знач.). **Па́ря** (и звательная ф. **Парь**). *Обл.* Обращ. к лицу мужск. пола. ▱ — *Паря — это мужчина так назовём: — Чево, паря, наработал? — Я, парь,* *на тебя в надёже. Ничо, парь, он не сказал, вот так, парь, простоял, кашлянул про себя и пошёл. Вот, парь, какой он человек.* СРНГ. ▱ *А что, парь, пойдём.* В. Даль. *Но проводник Нехлюдова не смутился строгостью часового. — Эка ты, паря, сердитый какой! — сказал он ему. — Ты пошуми старшого, а мы подождём.* Л. Толстой. Воскресение. *[Кривой мужик:] Известно, что господская воля. [Рябой мужик:] Не уйдёшь от неё тоже, паря, никуда.* А. Писемский. Горькая судьбина. *Тогда Иван направился за рецептом. Заходит к профессору на приём, поздоровался: «Здравствуйте, господин профессор!» — «Здравствуй, здравствуй, Иван!» — «Я явился за рецептом». А профессор спрашивает: «Что ваша жена, болеет?» — «Болеет, болеет, паря!» Вылеченная жена.* Сказка. Зап. в 1956. *Старик качнул головой. — Не пойму, паря, к чему ты? — Парень подошёл к нарам, налил в стаканы.* В. Шукшин. Охота жить. ‖ В интерпозиции может сближаться по функции с модальной частицей и употр. в общении с лицом любого пола и возраста. ▱ *Долго ты, паря, плясала.* ▱ *Ой ты, паря, какая дельщица.* ▱ *Не шибко красно одной жить; дрова ладить. Не шибко, паря, помогают.* СРНГ. ♦ **Паря-бача.** *Обл.* Шутливо-ирон. обращ. к собеседнику. ▱ *Вот так, паря-бача, тогда не шибко-то считались с нашим братом. У тебя почто брюхо-то голо? Ты чо это, паря-бача?* СРНГ. ♦ **Брат паря.** *Обл.* То же, что Брат (во 2 знач.) *— Нет, брат паря, — насмешливо возразил второй мужик, — ещё у тебя кишка тонка.* В. Шишков. Угрюм-река. ♦ **Эка паря!** *Обл.* Форма выражения сочувствия, сожаления, смешанного с удивлением. ▱ *Эка паря, эка втора, эка притча!* ▱ *Эка паря, вот попали!* СРНГ.

Пей/те. В поговорках, употр. хлебосольными хозяевами, угощающими гостей: ♦ **Пей до дна.** ♦ **Пей, кума, тут, на том свете не дадут.** ♦ **Пей за столом, да не пей за столбом (за углом).** ♦ **Пей, чтоб курочки велись, а пирожки не расчинялись.** ♦ **Ешьте, пейте, хозяйского хлеба не жалейте!** См. Ешь/те. ♦ **Кто не выпил до дна, не пожелал добра!** См. Выпить. ♦ **Пей по всей, привечай гостей! (Гости — хозяину.)** ♦ **Пей чай, наливай шею, как у быка... хвост.** См. Чай; и др.

Пе́рвый, -ая, -ое; -ые. **1.** Начальный. ♦ **Первый блин (всегда) комом.** *Посл.* ♦ **Первую песенку зардевшись спеть (поют).** *Посл.* Начало дела трудно и не всегда удаётся сразу. Употр. как формы утешения, ободрения. ♦ **Первая чарка и первая палка — старшему.** ⚓ *Погов.* Старшему по возрасту, положению полагается почёт и уважение, с него же и первый спрос за всё. Употр. шутл. при угощении гостей за столом. ♦ **Первая (рюмка, чарка) колóм, вторая соколóм, а потом мелкими пташечками.** *Погов.* Употр. как шутл. приглашение хозяина гостям приступить к выпивке или выпить следующую чарку. *— Господа, мы сегодня кутим! — приглашала она компанию. — Да вы не стесняйтесь, пожалуйста... Ха-ха! Ну, первая колом, вторая соколом, а потом мелкими пташечками.* Д. Мамин-Сибиряк. Башка. **2.** Превосходящий всех себе подобных. Употр. в составе формул похвалы, комплиментов: ♦ **Первая красавица.** ♦ **Первая дама.** *Разг., шутл.* ♦ **Первый парень на (по) деревне.** *Прост. или шутл.* ♦ **Первый мужик на селе.** *Прост.* *«Теперь как на берег сойду [с подвязанной щекой]? Ни погулять, ни девкам показаться. Ни котора на меня не обзарится». — «На экого винограда чтобы не обзарились! Да ты первый парень по деревне». — «Первый парень... А где наряды-то?» — «Ужо не ругай, подарю тебе манишку норвецку голубу».* Б. Шергин. Мурманские зуйки. ▱ *Это у нас первый мужик на селе.* В. Даль. ▱ *Машенька у нас, видишь, какая выросла; первая красавица... в 1 "б" классе, так что, считай, первоклассная красавица!* (1990). *Их ждали на веранде: все уже сидели за столом. <...> «Ага, что я говорил? Без тебя не начнут, — заголосил Костя от дверей, пропуская Марию вперёд. — Доблестные рыцари ордена ножа и вилки приветствуют первую даму почтительным ожиданием. Ура!» — «Она первая, а я, выходит, вторая? Коля, вызови его на поединок! Пропори его вилкой и на тарелку его», — кричала из сеней Варя.* Б. Можаев. Мужики и бабы. ♦ **Первый класс. (♦ Первого класса). Первоклассный.** ♦ **Первого разряда. Перворазрядный.** ♦ **Первый сорт. (♦ Первого сорта). Первосортный.** ♦ **Первой статьи. Первостатéйный.** *Разг.* Формы похвалы, комплиментов. *[Стеша (барыш-*

ням):] *Ну вот, мои барышни и готовы. Хоть сейчас женихи наезжайте, как на выставку выставлены, первый сорт. Такой форс покажем — в нос бросится. Генералу какому не стыдно показать!* А. Островский. Доходное место. [*Михайла (прохожему):*] *Ты что думаешь? (Обнимает Марфу.) Я мою старуху так уважаю, во как уважаю. Старуха моя, одно слово, первый сорт. Я её ни на кого не променяю.* Л. Толстой. От ней все качества. — *Васька первый мой задушевный друг и приятель, и свидетельствовать за него ложно не можно. По брюкам первый сорт!* Е. Иванов. Меткое московское слово. — *Уваров — первостатейный малый: пятёрочник, член партийного бюро, общественник.* Ю. Бондарев. Тишина. [*Лаша (Грише):*] *А правда, для своих лет Коленька многого добился? [Гриша:] Первостатейно...* А. Арбузов. Выбор. **3.** Имеющий важное значение, самый существенный; основной.
♦ **Первая честь, второй барыш.** См. Честь.
♦ **Сочту (своим) первым долгом.** См. Долг.

Перева́ливаемся из кулька́ в рого́жку. То же, что ♦ Перекладываемся из кулька в рогожку.

Переда́й/те (мой, от меня) приве́т (поклон, почтение) кому-л. См. Привет. Поклон. Почтение.

Пережи́ть (Пережива́ть). Переживём.
♦ **Ничего, переживём как-нибудь.** ♦ **Бог даст, переживём как-нибудь.** *Разг.* ♦ **Зима не лето, переживём и это.** *Разг., шутл.* Формы утешения, ободрения себя и собеседника в трудной ситуации. *Назавтра Пекарев нарочно задержался дома до десяти часов, чтобы жена успела просмотреть газету, где на первой полосе была информация о том, что бюро обкома объявляет ему строгий выговор за допущенную небрежность и невнимательность в работе, приведшую к грубой ошибке; он как раз брился, когда вошла жена с газетой в руках и осторожным, робким движением притронулась сзади к его плечу. — Ничего, Сеня, могло быть хуже, переживём.* П. Проскурин. Судьба. ♦ **Вы (ты) столько пе́режи́л/и!** ♦ **Сколько (же) Вам (тебе) пережи́ть пришло́сь!** *Экспрессив.* Формы выражения сочувствия. ♦ **(Глубоко, тяжело) Переживаю вместе с Вами (тяжёлую, невосполнимую) утрату (кончину)...** Формула соболезнования, сочувствия. *Дорогая Зоя Николаевна! / Вместе с Вами, всеми близкими, тяжело переживаю кончину Лидии Николаевны. Одна из зачинателей, она оставила глубокий след в развитии советской литературы. Примите моё соболезнование и сочувствие. / Ваш Александр Фадеев.* А. Фадеев. Письмо З. Н. Шапиро, 26 апр. 1954. ♦ **Переживаю за Вас.** ♦ **Мы все за Вас очень (так...) переживали.** Формы выражения сочувствия собеседнику, который находится или находился в трудном, опасном положении. См. также: ♦ **Не переживай/те (так).** ♦ **Не надо (не нужно, не стоит) (так) переживать.**

Перекла́дываемся из кулька́ в рого́жку. (♦ **Переваливаемся из кулька в рогожку).** ⌛ *Прост. Шутл.* ответ на обычные при встрече вопросы: Как поживаете? Каково вас Бог перевёртывает? и т. п. [*Рогожа (рогожка) — полотнище, изготовленное из мочала, т. е. особым способом обработанного лыка. Из рогожи шили мешки (кули, кульки). В кулях хранили зерно, муку и другие продукты. Если из порванного куля хлеб высыпался на подстилку, то не всё ли равно — он высыпался на ту же рогожу. Отсюда характеристика «одинаковости» результата.* С. Максимов, СРФ].

Переложи́/те (перемени́/те, смени́/те) гнев на ми́лость. См. Перемени/те гнев на милость.

Переме́лется — мука́ бу́дет. (♦ **Всё перемелется — мука́ будет.**) ♦ **Всё перемелется.** *Посл.* Всё неприятное, плохое со временем пройдёт, забудется. Употр. как форма утешения, ободрения собеседника, который удручён чем-л., испытывает трудности, беспокойство. *Перенеси мужественно перемену судьбы твоей, то есть по одёжке тяни ножки — всё перемелется, будет мука.* А. Пушкин. Письмо С. А. Соболевскому, 15 июля 1827. *«Нет, ты огорчён, а потому несправедлив... я вижу, я понимаю горе твоё; но успокойся, ради Бога, мы подумаем, посоветуемся — всё перемелется, мука будет!» — «Тлен будет, прах будет, а не мука; но долго и невыносимо тяжело этого ждать».* В. Даль. Отец с сыном. *Natalie сидела в креслах, закрывши лицо, и горько плакала. Старик потрепал её по плечу и сказал: —*

Успокойся, успокойся, всё перемелется. А. Герцен. Былое и думы. *Потом начал рассказывать Люсе всё, что пережил за это время. Она слушала молча. Если б она начала меня утешать, начала бы говорить, как говорят в таких случаях, что, мол, всё перемелется — я бы просто повернулся и ушёл.* В. Шефнер. Сестра печали.

Перемени́/те (переложи́/те, смени́/те) гнев на милость. ⌧ *Прост.* Не гневайтесь, смилуйтесь. Просьба к высшему по положению (обычно в ситуации извинения, оправдания). *Нашалившись досыта, усталые девицы, через силу переводя дух, расселись по лавкам, где кто попало. Пристают к Виринее: — Матушка, не сердись! Переложи гнев на милость!.. Мы ведь только маленько... Прости, Христа ради... Да пожалуйста, матушка... Мы тебе хорошую песню споём, духовную.* П. Мельников (Печерский). В лесах. ♦ **Перемени/те печаль на радость (слёзы на сме́х).** Успокойтесь, утешьтесь, развеселитесь. Форма утешения, ободрения собеседника. *И Володька на ответ: Тошнёхонько! Бил вас денёчек, сам плакал годочек! Марина Ивановна, мама! Перемените печаль на радость, слёзы на смех. Я и есть главный бургомистр Гамбурга. И я за вами на корабле пришёл.* Б. Шергин. Володька Добрынин.

Перст. ♦ **Хозяева и с персто́в наедятся (насы́тятся).** *Обл. и прост.* ♦ **Хозяйка (стряпка) перста́ми сыта́** (т. е. наелась, пока готовила). *Обл. и прост.* Шутл. ответы на замечание гостей, что хозяйка хлопочет, угощает, а сама мало ест. ♦ **Спица в нос, невелика, с перст.** См. ♦ Спица в нос.

Песчи́на (ты моя). (Песчи́нушка ты моя). ⌧ *Обл.* «Сердечный, одинокая сиротка» (В. Даль). *Экспрессив.* Выражение сочувствия, жалости, сострадания.

Печа́литься. ♦ **Брось/те печалиться.** См. Брось/те. ♦ **Не печалуйся.** См. Не печальтесь. ♦ **Полно печалиться, дело не поправится.** См. Полно.

Печа́ль. ♦ **Мы с печалью, а Бог с милостью.** См. Бог. ♦ **Ни печали без радости, ни радости без печали.** См. Радость. ♦ **Радость не вечна, печаль не бесконечна. (♦ Ни радость вечна, ни печаль бесконечна.)** См. Радость. ♦ **От всякой печали Бог избавляет.** См. Бог. ♦ **Я разделяю Вашу печаль (скорбь, Ваше горе...).** См. Разделяю ваше горе.

Печа́льник (ты мой). ♦ Печа́льница (ты моя). ⌧ *Обл. Ласк.* обращение к тому, кто оказал или постоянно оказывает заботу, внимание говорящему. То же, что Заботник. Доброхот. *Из-за слёз, не видя Гули Большакова, старик нашарил его руками и обнял: «Заботник ты мой, печальник ты мой, доброхот ты мой, Гулюшка! Не я украшение, это вы, молодые, великодушные, — всемирное наше украшение!»* Б. Шергин. Лебяжья река.

Пирог да варенье! *Прост.* Шутл. ответ на приветствия-пожелания: ♦ **Хлеб да соль!** ♦ **Чай да сахар!** ⧠ *«Хлеб да соль вам!» — «Пирог да варенье! Проходи, садись с нами»* (1996).

Пи́саный, -ая; -ые. Очень красивый, словно нарисованный (писаный) на картине. ♦ **Пи́саный красавец.** ♦ **Пи́саная красавица (краля, кралечка).** *Прост.* Формы комплиментов юноше, девушке. См. Красавец. Красавица. *Абрам Гордеич Ситников, Господский управляющий, Стал крепко докучать: «Ты писаная кралечка, Ты наливная ягодка...» — «Оставь, бесстыдник! ягодка, Да бору не того!»* Н. Некрасов. Кому на Руси жить хорошо. ‖ *В знач. сущ.* ♦ **Писаная моя.** *Обл. Ласк.* обращение к женщине, девушке. ⧠ *Ах ты, моя писаная!* СРНГ.

Пистоле́т. *Прост. Ласк.-шутл.* обращение взрослого к ребёнку (мальчику). *Посадил отец Мишку к себе на колено, спрашивает, улыбаясь: — Сколько ж тебе лет, пистолет?* М. Шолохов. Нахалёнок. ‖ *Обл.* Молодец, удалец. ⧠ *Ты у нас совсем пистолет.* СРНГ.

Пи́шешься. ♦ **Как ты пишешься?** ♦ **Чей ты пишешься?** ♦ **Чьих ты пишешься?** ⌧ *Прост. и обл.* Кто ты? Как твоя фамилия, как величают по отчеству? Вопросительные обращения при знакомстве. ⧠ *Как ты пишешься? — Пишемся-то мы Лукьяновы.* СРНГ. *Я пишусь Ивановым* — скромный ответ на вопрос об отчестве (В. Даль). См. Отчество. Как. Чей.

Пиши́/те. Этикетная просьба не забывать, чаще писать письма. Употр. обычно по отношению к родственникам, приятелям, а также знакомым, равным или низшим по положению, в заключит. части письма, при расставании надолго, при невозможности регулярно видеться. *Прощай, от души тебя целую. Пиши ко мне, непременно пиши. Стыдно тебе, коли меня забудешь. Поклонись Никите.* А. Грибоедов. Письмо С. Н. Бегичеву, 4 сент. 1817. *Пришлите 2 книги «Москвы кабацкой». Из Персии напишу подробней. / Целую и жму руки. / Сергей Есенин. / Пишите. Пишите.* С. Есенин. Письмо Г. А. Бениславской, 17 окт. 1924. *Витька встал... Подал Юрке руку. «Пока». — «До свиданья. Пиши». «Ладно. Ты тоже пиши. До свиданья, деда». — «До свиданья, Витька. Не забывай нас».* В. Шукшин. Позови меня в даль светлую. ♦ **Пишите письма.** То же, что Пишите. ‖ *Прост.* (только в устном контактном общении). Шутл.-фамильярн. форма прощания. — *Тише, дурак, — сказал Остап грозно, — говорят тебе русским языком — завтра, значит завтра. Ну, пока! Пишите письма!..* ⌂ [Прощаются приятели-студенты, которые завтра вновь встретятся на занятиях:] *«Пока. Пишите письма». — «Вы тоже. А скучно будет — высылайте денег». — «Может, лучше посылочку с продуктами?»* (1995).

Плакать. ♦ **Сколько ни плакать, а быть перестать.** ⌥ *Обл.* ♦ **Плачь не плачь, а есть-пить надо.** *Прост.* Погов., употр. при утешении плачущего от горя собеседника. См. также: ♦ **Не плачь/те.** ♦ **Слезами горю не поможешь.**

Пла́менный. *Возвыш.* Горячий (о чувствах). Этикетный эпитет, употр. в составе формул приветствия, поздравления, пожелания. ♦ **Пламенный привет (салют)!** *Разг.* Дружеск. или фамильярн. приветствие. *А жить то надо, надо жить красиво. Передохни, расслабься — перекур. Гуд дэй, дружище, пламенный бонжур!* В. Высоцкий. Баллада о маленьком человеке. ♦ **С пламенным приветом!** См. Привет. Салют.

Племя́нник. *Разг.* Малоупотр. (преимущ. шутл. или ирон.) обращение к сыну сестры или брата. Чаще употр. в сочет. с этикетными эпитетами дорогой (мой), милый (мой), любезный (мой) и т. п. *[Генерал:] Послушай, дорогой племянник... э... ты понимаешь свои поступки? [Захар:] Подождите, дядя, минутку...* М. Горький. Враги. **Племя́нничек.** *Разг.* Ласк., шутл. или ирон. обращ. к племяннику. — *Ну, племянничек, на матёрого становишься, — сказал дядюшка, — чур, не гладить.* Л. Толстой. Война и мир. *Павел Петрович повёл усами. «Ну, а сам господин Базаров, собственно, что такое?» — спросил он с расстановкой. «Что такое Базаров? — Аркадий усмехнулся. — Хотите, дядюшка, я вам скажу, что он, собственно, такое?» — «Сделай одолжение, племянничек». — «Он нигилист».* И. Тургенев. Отцы и дети. *Витька не без робости вошёл к дяде в кабинет. — Вот что, дорогой племянничек, — заговорил дядя, стоя посреди кабинета, — если ты будешь тут язык распускать, я с тобой по-другому поговорю.* В. Шукшин. Племянник главбуха. ‖ *Шутл.* Обращ. к подростку, юноше (не родственнику), обычно в ответ на его обращ. Дядя (Имя) или Тётя (Имя). *Догнал какого-то одинокого мужичка. «Здорово, дядя!» — «Здорово, племянничек. Откудова будешь?»* А. Аверченко. Полевые работы. *Родька выскочил из кабины — глаз чёрный блестит и улыбка во всё смуглое запотелое лицо. — Привет, привет, племянничек! — сказал Михаил, протягивая ему руку, и тоже начал улыбаться. Петра Родька тоже зачислил в свои родственники: — Как жизнь молодая, дядя Петя? — Не свои, чужие слова, даже фамильярные, а Петру было всё-таки приятно.* Ф. Абрамов. Дом. **Пле́мник.** *Обл.* Племянник. **Пле́мничек.** *Обл.* Племянничек. ⌂ *Ай же ты любимый мой племничек.* СРНГ. **Пле́мнятко.** *Обл.* Племянничек. **Племя́нушек.** *Обл. Ласк.* Племянник. ⌂ *Племянушек мой милый, племянушек мой любимый, ты ж то мне не племянушек, а все равно, як родная дочушка.* СРНГ. **Племя́тко.** *Обл.* 1. *Ласк.* Племянник. 2. Дитя; сын. ⌂ *Ты ставай, мое племятко, И чеши буйну голову.* СРНГ. **Племя́ш.** *Прост.* Племянник. — *А теперь, племяш, распряги-ка Савраску да спутай его за огородом, — как показалось Алёше, даже весело сказал дядя.* Е. Пермитин. Раннее утро. **Племя́ша.** *М. и ж. Обл. Ласк.* Племянник; племянница. **Племя́нница.** *Разг.* Малоупотр. (преимущ. шутл. или с укором) обращение к племяннице. — *Только вот что я тебе скажу, племянница: в наши времена, как я молода была, девкам за такие проделки больно доставалось.* И. Тургенев. Дворянское гнездо. *[Любовь Гордеевна:] Это вы, дяденька! [Любим Карпыч:] Я, племянница!* А. Островский. Бедность не порок. [Ларушка:] Как вы все неинтересно разговариваете. Скушно ведь. [Ляля:] Скоро развеселимся, племянница. А. Арбузов. Выбор. **Пле́мница.** *Обл.* **Пле́мничка.** *Обл., ласк.* **Племя́денка.** *Обл., ласк.* **Племя́ненка.** *Обл., ласк.* **Племя́нненька.** *Обл., ласк.* **Племя́нничка.** *Обл., ласк.* **Племя́ннушка.** *Прост. Ласк.* Племянница. — Жаль брата, очень, даже до слёз жаль. Всплакнёшь, да и опомнишься: а Бог-то на что! Неужто Бог хуже нашего знает, как и что? Поразмыслишь эдак — и ободришься. Так-то и всем поступать надо! И вам, маменька, и вам, племяннушки, и вам... всем! — обратился он [Иудушка] к прислуге. Посмотрите на меня, каким я молодцом хожу! М. Салтыков-Щедрин. Господа Головлёвы. **Пле́мячко.** *Обл. Ласк.* Племянница; дитятко. ▱ Ты послушай, мое племячко, Я скажу тебе по тайности: Во чужих-то людях живучи, Много нужды напримаешься, И голоду, и холоду (свадебн. песня). СРНГ. **Племя́шка.** *Прост* и *обл. Ласк.* Племянница. Передайте племяшке, что скоро её грозный усатый дядя перестреляет из своей пушки всех фашистов и вернётся домой из Берлина. К. Лапин. Когда говорят пушки. ▱ Молодчина моя племяшка Елька! Ишь ошлепела какого джигита! СРНГ.

Плоди́тесь и размножа́йтесь! *Разг. Шутл.* пожелание новобрачным. [Из Библии: «И благословил их Бог, и сказал им Бог: плодитесь и размножайтесь, и наполняйте землю, и обладайте ею <...>». Бт., I, 28; VIII, 17; IX, 1, 7.]

Плюнь. ♦ **Плюнь на него (на неё, на них).** ♦ **Плюнь на всё (береги своё здоровье).** ♦ **Плюнь на всё (на кого, что-л.) с высокой колокольни.** *Прост.* Не обращай внимания, не расстраивайся. Формы утешения близкого знакомого, приятеля, родственника, кем-л. или чем-л. расстроенного. — Я понимаю, что это досадно, но на твоём месте, Родька, я бы захохотал всем в глаза, или лучше: на-пле-вал бы всем в рожу, да погуще, да раскидал бы на все стороны десятка два плюх, уменько, как и всегда их надо давать, да тем бы и покончил. Плюнь! Ободрись! Стыдно! Ф. Достоевский. Преступление и наказание. ▱ [Мать, выслушав плачущую дочь, которая поссорилась с одноклассницей:] Ладно, плюнь на всё и береги своё здоровье. Что делать, если у человека совести нет... (1992). ♦ **Плюнь (ты на это дело).** *Прост. Дружеск.* совет отказаться от продолжения чего-л. ненужного или непосильного. — Поверь же ты мне, что женитьба блажь. Ну куда тебе возиться с женою да нянчиться с ребятишками? Эй, плюнь. А. Пушкин. Капитанская дочка. См. также Наплюй.

Побе́дный, -ая, -ое; -ые. *Обл.* То же, что Бедный. Горемычный. ♦ **Побе́дный (ты) мой.** ♦ **Побе́дная (ты моя) головушка (голова, головка).** [Даша:] Вот, матушка, сама ты погляди, как сладко мне жить-то! [Степанида:] Ах ты, дитятко моё родимое, головка победная! А. Островский. Не так живи, как хочется.

Побегу́ я. (♦ **Побежа́л я.** ♦ **Побежала я.**) ♦ **Ну, я побежал (я побежала, мы побежали).** *Разг.* (только в устной речи). То же, что ♦ **Пойду́ (пошёл) я.** Фраза, которую обычно произносит уходящий перед прощанием с остающимися, когда спешит. Иногда эта фраза употр. как самостоятельная форма прощания. ▱ «Ну, ладно, побежала я». — «Счастливо! Привет там нашим...» (1990). ♦ **Побёг я.** *Прост.* и *обл.* «Наталья, ты, часом, не видела, был тут у меня обвязочек...» — «Потом, мать, потом... — перебил Касьян. — Идти надо. Побёг я». Е. Носов. Усвятские шлемоносцы.

Побеспоко́ить. ♦ **Побеспокоил я Вас (тебя).** *Разг.* Форма признания своей вины, косвенного извинения за причиненное беспокойство. — Трудница ты наша, матушка, побеспокоила я тебя, — извинялась воеводша. — Давно я собиралась к тебе, да всё недосужилось... Д. Мамин-Сибиряк. Охонины брови. ♦ **Не побеспокоил ли я Вас?** ♦ **Я Вас не побеспокоил?** *Учтив. вопросит. обращ.* Зная привычку его наступать на ноги, он [Собакевич] <...> тот же час спросил: «Не побеспокоил ли я вас?» Но Чичиков поблагодарил, сказав, что ещё не произошло никакого беспокойства. Н. Гоголь. Мёртвые души. ♦ **Можно (могу ли я) Вас (тебя) побеспокоить?** ♦ **Разрешите (позвольте) Вас побеспокоить (просьбой).** *Учтив. просьба.* ▱ [В купе пассажир обращается к женщине, сидящей у столика:] Разрешите побеспокоить вас, я плащ возьму (1991). ♦ **Решился побеспокоить (обеспокоить) Вас просьбою...**

⚜ Эпист. ♦ Смею (Осмелюсь) побеспокоить Вас просьбой. ⚜ Учтив.

Поблагодари́ть. ♦ (Я) Хочу (Я хотел бы, Мне хотелось бы) поблагодарить Вас (за...). ♦ (Я) Должен (считаю своим приятным долгом) поблагодарить Вас (за...). ♦ Позвольте (разрешите) мне (от всей души, от всего сердца; душевно, сердечно, горячо...) поблагодарить Вас (за...). ♦ Пользуюсь случаем, чтобы поблагодарить Вас (за...). См. Пользуюсь случаем... ♦ Мне остаётся только (от всей души, от всего сердца; сердечно, горячо...) поблагодарить Вас (за...). Учтив., возвыш. или офиц. формы выражения благодарности. *Милый Бестужев, / Позволь мне первому перешагнуть через приличия и сердечно поблагодарить тебя за «Полярную звезду», за твои письма, за статьи о литературе, за Ольгу и особенно за «Вечер на бивуаке».* А. Пушкин. Письмо А. А. Бестужеву, 13 июня 1923. *Милостивые государыни, / Позвольте прежде всего поблагодарить вас за ваше письмо. Благодарю вас и за высказанное вами в столь лестных выражениях сочувствие к моей деятельности...* И. Тургенев. Письмо Е. Н. Трубниковой, Р. Рапп и др., 30 янв. 1882. *«Я прежде всего должен поблагодарить вас, Василий Назарыч...» — заговорил Привалов, усаживаясь в кресло напротив старика. «Как ты сказал: поблагодарить?» — «Да, потому что я так много обязан вам, Василий Назарыч».* Д. Мамин-Сибиряк. Приваловские миллионы. *[Раиса:] Я поступила так ещё и потому, что рассчитывала этим удержать тебя от твоего опрометчивого поступка. [Юлия:] Но я этим не воспользовалась, и мне остаётся одно — поблагодарить вас за вашу заботу о моих детях.* А. Арбузов. В этом милом старом доме. См. также Благодарить. Благодарный. ♦ **Поблагодарите (за меня, от моего имени) Н. (за...).** Формула благодарности третьему лицу через адресата-посредника. Употр. преимущ. в письмах. *Поблагодарите Вашу жену за память обо мне и поклонитесь графине. Дружески жму Вам руку. / Преданный Вам / Ив. Тургенев.* И. Тургенев. Письмо Е. М. Феоктистову, 11 нояб. 1860.

Побо́йтесь Бога! (♦ Побо́йся Бога!) Имей/те совесть; пощади/те. *Разг. Экспрессив.* Просьба, призыв к собеседнику быть благоразумным, не делать того, что он делает или намеревается сделать. *«Согрешил, брат Ефимыч, — сказал есаул, — так уж нечего делать, покорись!» — «Не покорюсь!» — отвечал казак. «Побойся Бога! Ведь ты не чеченец окаянный, а честный христианин...»* М. Лермонтов. Герой нашего времени. *[Константин:] Вон на столе деньги, и те мои. Прибирай, Иннокентий, благо карманы широки. [Вера Филипповна:] Что вы делаете, побойтесь Бога.* А. Островский. Сердце не камень. ‖ *Экспрессив.* Возражение, категорическое несогласие со словами собеседника. ⬜ *Побойтесь Бога, что вы такое говорите!*

Поболе́зный (ты мой). ♦ **Поболе́зная (ты моя).** ⚜ Обл. «Болезный, сердечный, кого люблю и жалею». В. Даль. Ласк. обращение к близкому, любимому человеку.

Повели́/те (сделать что-л.). ⚜ В сочет. с неопр. ф. глагола — формула почтит. просьбы к высшему по положению. *[Голоса двух женщин:] Милости твоей, отец, прошу! Повели, государь, выслушать! [Хлестаков (в окно):] Пропустить её.* Н. Гоголь. Ревизор.

Поверга́ю (свою) просьбу к Ва́шим (твои́м) стопа́м (к нога́м). См. Просьба.

Пове́рить. ♦ **Пове́рите (ли). (Пове́ришь ли.)** *Вводн. частица. Разг.* Форма привлечения внимания собеседника к тому, о чем говорящий сообщает или намерен сообщить. То же, что Верите (Веришь) ли. *[Ноздрёв (Чичикову):] — Ну, брат, если б ты знал, как я продулся. Поверишь ли, что не только четырёх рысаков, — всё спустил.* Н. Гоголь. Мёртвые души. *[Восмибратов (Гурмыжской):] Да чтоб уж вам весь его продать. Куда вам его беречь-то!.. Ведь с лесом, сударыня, поверите ли, только грех один, крестьянишки воруют, — судись с ними.* А. Островский. Лес. ♦ **Пове́рь/те (мне).** ♦ **Вы (ты) уж (мне) пове́рь/те.** ♦ **(Уж) Пове́рь/те (мне) на́ слово.** *Вводн. Разг.* Формы уверения собеседника в истинности сообщаемого. — *Поверьте, княгиня, что я никогда не забуду приятных минут, которые позволили вы мне провести в вашем обществе...* М. Лермонтов. Княгиня Лиговская. *Я боюсь ехать в Москву, потому что там придётся быть на новых заседаниях, доставать* новые удостоверения <...>. *Поверьте мне, что я не хочу Вас обидеть...* А. Блок. Письмо Н. А. Нолле-Коган, 3 янв. 1919.

По́ветерь в спи́ну (вам, тебе). ⌛ *Обл.* ♦ **Ска́тертью доро́га, в спи́ну по́ветерь.** *Обл.* Формулы пожелания доброго пути. [*По́ветерь* — попутный ветер]. См. также ♦ **Попу́тного ве́тра.** ♦ **Ска́тертью доро́га.**

Повини́ться. ⌛ *Прост.* Извиниться. ♦ **(Я) хочу́ (хоте́л бы; мне хоте́лось бы) повини́ться перед Ва́ми (тобо́й) (за...).** ♦ **(Я) до́лжен (счита́ю до́лгом) повини́ться перед Ва́ми (тобо́й) (за...).** ♦ **Я пришёл повини́ться пе́ред тобо́й.** ⌛ Формулы извинения. ♦ **Кто повини́лся, того́ суди́ Бог.** ⌛ *Прост.* Примирительный ответ на извинение.

Пови́нный, -ая, -ое; -ые; -нен, -нна, -нно; -нны. ♦ **Я (пришёл) к Вам с пови́нной.** ♦ **Я в э́том пови́нен.** Виноват, признаю свою вину. ♦ **Приношу́ (свою́) пови́нную го́лову.** ⌛ *Возвыш.* или *шутл.* Формулы извинения. *Царь лишь только пробудился, Спальник наш к нему явился. Стукнул крепко об пол лбом И запел царю потом: «Я с повинной головою, Царь, явился пред тобою. Не вели меня казнить, Прикажи мне говорить».* П. Ершов. Конёк-горбунок. *Приношу повинную голову, что не устоял в своём обещании по странному случаю.* Н. Гоголь. Письмо А. С. Пушкину, 16 авг. 1831. *Любезнейший Иван Петрович, мне даже стыдно вспоминать, как давно тому назад Вы ко мне писали — а я только теперь собрался отвечать! Приношу повинную голову — а её, по пословице, меч не рубит.* И. Тургенев. Письмо И. П. Борисову, 5 июня 1864. ♦ **Винова́т да пови́нен — Бо́гу не проти́вен.** ⌛ ♦ **Пови́нную го́лову (и) меч не сечёт.** *Посл.* Употр. как формы прощения, примирительные ответы на извинение, раскаяние. *Батюшка вышел к ним [крестьянам] на крыльцо <...>. «Ну что, дураки, — сказал он им, — зачем вы вздумали бунтовать?» — «Виноваты, государь ты наш», — отвечали они в голос. «То-то виноваты. Напроказя, да и сами не рады. Прощаю вас для радости, что Бог привёл мне свидеться с сыном Петром Андреичем. Ну, добро: повинную голову меч не сечёт».* А. Пушкин. Капитанская дочка. *«Винюсь», — склонил голову Николенька. «Повинную голову и меч не сечёт!»* Е. Фёдоров. Каменный пояс.

Погляди́/те (-ка). *Разг.* ♦ **Погля́нь-ка (-ко, -кось).** *Прост.* Формы привлечения внимания. То же, что **Гляди/те (-ка).** *И что тут у неё слёз и крику. Соседки сбежались. Хозяйка сидит ревёт: — Поглядите-ко, голубушки! Мой-то, подлый, подругу в городе завёл. Личность ейную на патрет списал и в кармане у сердца носи-ит!* Б. Шергин. Зеркальце.

Пого́да. Разговоры о погоде являются одной из ритуализированных форм общения в разных социальных слоях русского общества. О погоде говорят по поводу и без повода, часто, чтобы завязать беседу или с целью нарушить затянувшееся молчание. ♦ **Прекра́сная (Преле́стная) пого́да, суда́рыня, не пра́вда ли?** ⌛ *Учтив.* Фраза, с которой кавалер обращался к даме или барышне, чтобы завязать беседу. | Манерно-галантн. или шутл.-ирон. *[Попова:] Вы невоспитанный, грубый человек! Порядочные люди не говорят так с женщинами! [Смирнов:] Ах, удивительное дело! Как же прикажете говорить с вами? По-французски, что ли? (Злится и сюсюкает.) Мадам, же ву при... как я счастлив, что вы не платите мне денег... Ах, пардон, что обеспокоил вас! Такая сегодня прелестная погода! И этот траур так к лицу вам! (Расшаркивается.) [Попова:] Не умно и грубо.* А. Чехов. Медведь. ♦ **Ну и пого́да (пого́дка) (сего́дня)!** *Разг.* ♦ **Дал Бог пого́дку...** *Прост.* *[Мошкин:] Покорнейше прошу присесть. (Все садятся. Опять воцаряется молчание. Фонк с достоинством оглядывает всю комнату. [Мошкин, откашлявшись):] Какая сегодня, можно сказать, приятнейшая погода! Холодно немножко, а впрочем, очень приятно. [Фонк:] Да, сегодня холодно.* И. Тургенев. Холостяк. *«Доброго здоровья!» — спотыкаясь о порог, кукарекнул Пантелей Прокофьевич, и, сконфузясь зычного своего голоса, лишний раз перекрестился на образ. «Здравствуйте», — приветствовал хозяин, чёртом оглядывая сватов. «Погодку даёт Бог». — «Слава Богу, держится». — «Народ хучь трошки подуправится». — «Уж это так». — «Та-а-ак». — «Кгм». — «Вот мы и приехали, значится, Мирон Григорич, с тем, чтобы узнать, как вы промеж себя надумали и сойдёмся ли сватами али не сойдёмся...»* М. Шолохов. Тихий Дон. ‖ *Эпист.* Описание погоды и вопросы о погоде — характерная черта русских бытовых и дружеских писем. *Я с некоторых пор начал понемногу работать, почти не выхожу никуда — и на здоровье слишком жаловаться не буду. Погода стоит сырая, гнилая — но не холодная. / Прощайте, любезнейшая В. Я. Жму Вам дружески руку. Поблагодарите за меня Вашего брата за присылку «Искры» — и поклонитесь ему, также и Вашему мужу — и Надю за меня поцелуйте. / Преданный Вам / Ив. Тургенев.* И. Тургенев. Письмо В. Я. Карташевской, 22 нояб. 1860. ▱ *Как у вас с погодой? У нас золотая осень, такая красота! Хоть бы приехали на недельку, походили бы за грибами.* (Из письма родственникам, 1994).

Поговорите с па́пенькой (с ма́менькой). ▱ «Обычный ответ девицы, согласной на предложение жениться на ней». М. Михельсон. *Варя стыдливо взглянула кругом и молча подала мне руку... «Поговорите с папенькой», — промолвила она наконец...* И. Тургенев. Андрей Колосов.

Пода́ть. ♦ **Подайте Христа ради!** *Прост.* Просьба, мольба нищих о милостыне. См. Христос. *[Марко] идучи дорогою, увидел нищего: сидит старец и просит милостыни: «Подайте, православные, Христа ради!»* Скряга. Сказка из собр. А. Н. Афанасьева. ♦ **Бог пода́ст (не прогневайся).** ▱ *Прост.* Отказ просящему милостыню. *Ох, Варенька, мучительно слышать Христа ради, и мимо пройти, и не дать ничего, сказать ему «Бог подаст».* Ф. Достоевский. Бедные люди. *«К вашей милости, — несмело и тихо заговорил рыжий ‹...›. — Явите божеское одолжение, не дайте помереть с голоду...» — «Я, брат, подаяний не творю: не из чего. Ступай себе с Богом — Бог подаст!» — перебил Морденко, замахав рукою.* В. Крестовский. Петербургские трущобы. ♦ **Подай Вам (тебе), Господи!** ▱ *Прост.* То же, что ♦ **Дай Вам (тебе) Бог!** — *Ловко же спровадил ты, Якимушка, — с довольной улыбкой ответил игумен. — Подай тебе, Господи, доброго здоровья...* П. Мельников (Печерский). В лесах. ♦ **Кушать подано.** ♦ **Кушанье подано.** ♦ **Коляска подана.** ♦ **Лошади поданы.** ▱ Обычные учтивые фразы слуг, лакеев, обязательные при обращении к господину, ожидающему обед (коляску и т. п.). *Бежит лакей с салфеткою, Хромает: «Кушать подано!» Со всей своею свитою ‹...› Пошёл помещик завтракать, Работы осмотрев.* Н. Некрасов. Кому на Руси жить хорошо. — *Кушанье подано, — сказал лакей. Губернский предводитель повёл Марью Степановну в столовую.* А. Герцен. Кто виноват? | ♦ **Кушать подано.** В совр. употр. — шутл. приглашение к столу. *Наконец вышли обе хозяйки вместе и доложили весело: «Стол накрыт, кушать подано. Пожалуйста, господа мужчины!» — «Вы эти старорежимные выходки бросьте, — сказал Поспелов, вставая. — Не забывайтесь — мы и дома коммунисты».* Б. Можаев. Мужики и бабы.

Поди́/те. 1. *Обл. и прост.* То же, что Идите, ступайте. ▱ *Подите с Богом!* ▱ *Поди, Бог с тобою.* **2. Поди́! (и Пади́!)** *В знач. междом.* ▱ Окрик ямщиков, кучеров, извозчиков, предупреждающий об опасности: Эй! Посторонись! *Уж тёмно: в санки он садится. «Пади! пади!» — раздался крик; Морозной пылью серебрится Его бобровый воротник.* А. Пушкин. Евгений Онегин. *Спустясь с Вознесенского моста и собираясь повернуть направо по канаве, вдруг слышит он крик: «Берегись, поди!..» Прямо на него летел гнедой рысак...* М. Лермонтов. Княгиня Лиговская. *Все кучера в Туле кричали «берегись!» и только кучер полицмейстера кричал «поди!».* В. Вересаев. В юные годы. **3.** *В знач. междом. Обл.* Ответ на приветствие. ♦ **Поди здоро́во! (Поди здоров!)** *Обл.* Приветствие: здравствуй/те! *Анна спеленала своего первенца ‹...› и пошла к бабке на зорю. Вошла в низенькую, с короткими сенцами хату и, став около порога, помолилась Богу. «Здорово, бабушка». — «Поди здорово, касатка. Чего скажешь?» — «Не спит он. Заговорить пришла, просто никак за ним не уходишь».* С. Есенин. Яр. ♦ **Подите-ка!** *Обл.* Ответ на приветствие. ▱ — *Здорово ли спали-ночевали? — Подите-ка. Добро пожаловать!* СРНГ. ♦ **Поди-ко!** *Обл.* Приветствие; ответ на приветствие. ▱ — *Здорово, дяденька Ипат! — Поди-ко!* СРНГ. ♦ **Поди-кась (Поди-кось).** *Обл.* Приглашение: добро пожаловать. ▱ *Поди-кось, садись чай пить.* СРНГ. ♦ **Поди-ко-ста.** *Обл.* Ответ на приветствие. ▱ *Поди-ко-ста добро пожаловать!* СРНГ. ♦ **Поди-кося.** *Обл.* Ответ на приветствие. ▱ *Поди-кося добро жаловать!* СРНГ. ♦ **Поди-коть.** *Обл.* Ответ на приветствие. ▱ — *Здравствуй-*

те, Иван Евсеевич! — Поди-коть, добро жалую. СРНГ.

Подковы́ривай гора́здо! *Обл.* Пожелание доброго пути.

Подобру́-поздоро́ву. ⌇ *Прост.* Благополучно, хорошо. Вежл. ответ на этикетные вопросы при встрече: ♦ **Как (Каково) поживаете?** «Здравствуй, Екимовна, — сказал князь Лыков. — Каково поживаешь?» — «Подобру-поздорову, кум: поючи да пляшучи, женишков поджидаючи». А. Пушкин. Арап Петра Великого. ♦ **Подобру́ ли, поздоро́ву (ли) поживаете?** ♦ **Всё ли подобру́-поздоро́ву?** ⌇ *Прост.* Этикетные вопросы при встрече. Раздевшись, стал Потап Максимыч целовать сначала жену, потом дочерей по старшинству. Всё по-писанному, по-научениому, по уста́вному. «Подобру ли, поздорову ли без меня поживали?» — спрашивал он, садясь на диван и предоставив дочерям стаскивать с ног его дорожные валяные сапоги. «Всё слава Богу», — отвечала Аксинья Захаровна. П. Мельников (Печерский). В лесах. ‖ По-хорошему, миром, без ссоры. ♦ **Иди/те (ступай/те, убирайтесь, убирайся, уходи/те) подобру-поздорову.** *Прост.* Настойчивая просьба или требование (нередко с намёком: «не то хуже будет», «а то не поздоровится вам»).

Подру́га. 1. *Разг.* Дружеск.-шутл. женск. обращ. к близкой знакомой, подруге. ⌷ [Встретились две женщины, давние знакомые:] «Привет, подруга, где потерялась?» — «Закрутилась совсем, Машку в санаторий возила, теперь дома разгребаюсь» (1992). ‖ С оттенком иронии или упрёка. Обращ. к младшей родственнице (дочери, сестре, племяннице). ⌷ [Старшая сестра — младшей:] Ты это, подруга, куда навострилась? а пол кто за тебя сегодня мыть будет? (1997). 2. *Прост.* Фамильярн. обращ. к незнакомой, равной или младшей по возрасту, положению. ‖ ⌇ *Обл.* Женск. обращ. к незнакомой женщине-татарке. «Чего, подруга, продаёшь?» — «Нитки. Бери по грошу пасма, нитка шибко хорош». ⌷ «Это, подруга, твой баранчук?» — «Мой». СРНГ. ♦ **Подру́га** (чего-л.). ⌇ *Возвыш., традиц.-поэт.* Обращ. к близкой, дорогой, любимой женщине в поэзии XIX в. Подруга дней моих суровых, Голубка дряхлая моя! Одна в глуши лесов сосновых Давно, давно ты ждёшь меня. А. Пушкин. Няне. ♦ **Подруга жизни.** *Возвыш.* (В XX в. употр. преимущ. шутл.). Жена. **Подру́ги.** *Мн. Разг.* Дружеск. женск. обращ. к подругам или к близко знакомым ровесницам. Насте-Колесухе уж сорок лет, а она всё среди девок, всё замуж собиралась. Хвастала в нашем кругу: Ой, подруги... Я на ниточке держусь, вот-вот меня посватают! — Пристанет к иной девке: — Иди, иди замуж! — И опять своё: — Девки, еле-еле на ниточке держусь! П. Еремеев. Обиход. | В эмоц. обращении употр. с эпитетами: дорогие мои, милые мои и т. п. ⌷ Ой да, подруги мои дорогие! Как же хорошо, что вы приехали! (1990). **Подру́жка. Подру́женька.** *Разг.* Ласк. обращ. к подруге. Наконец бабушка появилась. Соседка ахнула: «Подружка, чем ты руки-то замарала? Что к чаю-то подавали?» — «Лак чёрный». Бабушка рассмеялась и села рядом. Б. Шергин. Коня в гости зовут... Бабушка <...> вынула из-под лавки бутылку с вином, на ходу начала наливать в рюмки и протяжно и певуче приговаривать: — А ну, бабоньки, а ну, подруженьки! Людям чтоб тын да помеха, нам чтоб смех да потеха! В. Астафьев. Последний поклон. ‖ В женск. речи — то же, что Подруга. Ты, подруженька моя, Зачем не в дело су́ешься? Я любила, ты отбила, Дура — накрасуешься! Частушка. ‖ В мужск. речи — ласк. обращ. к близкой, дорогой, любимой женщине, девушке. Опрокинутая кружка средь весёлых не для нас. Понимай, моя подружка, На земле живут лишь раз! С. Есенин. Ну, цслуй мсня, цслуй... Вот, моя золотая подружка, я и рассказал Вам всю свою жизнь. А. Фадеев. Письмо А. Ф. Колесниковой, 6 мая 1950. ‖ *Обл.* Ласк. обращ. к маленькой девочке. СРНГ. **Подру́жия (Подру́жья).** *Обл.* Подруга. — Здравствуй, здравствуй, подружья моя задушевна. <...> Да ты с припросом, подружия! На-ка вот селёдочки. П. Еремеев. Обиход. ‖ Обращ. к подруге невесты.

Подса́живайтесь (подса́живайся) (к нам, с нами). *Прост.* Форма приглашения подошедшего присоединиться к компании, к обеду и т. п. Поздоровались. «Подсаживайтесь с нами», — пригласил хозяин. «Спасибо, мы только из-за стола». Братья присели на лавку у порога. В. Шукшин. Брат мой. — Да уж ладно, — загомонили мужики. — Без твоей доли обойдёмся. *Нашёл об чём. Не тот день, чтоб считаться. Давай подсаживайся.* Е. Носов. Усвятские шлемоносцы. *[Шнейдер:] Вчера к больному срочно вызвали. Очень непростой случай... (Не сразу.) Сутки не ел. [Пальчиков:] Подсаживайся. Шампанское имеем. [Шнейдер:] Авантюрист. Сяду на мгновенье.* А. Арбузов. Вечерний свет.

Подсказать. ♦ Подскажи́те (пожалуйста)... ♦ (Вы) не подска́жете...? ♦ Не подскажете ли...? ♦ Вы бы не могли мне подсказать...? *Прост.* Формы вопросительного обращения к незнакомому или малознакомому адресату с просьбой помочь узнать что-л. ☞ *Вы не подскажете, который час?* ☞ *Не подскажете, где тут «пятёрка» останавливается?* ☞ *Подскажи, пожалуйста, как на Водную отсюда уехать?* и т. п. *Открыл дверь, и правда — рослый, лет двадцати семи парень. <...> — Здрасьте, извините. Не подскажете, куда Евдокия Васильевна отлучилась?* В. Куропатов. Третья заповедь.

Подумаешь, беда (какая)! ♦ Подумаешь, горе (какое)! *Прост.* То, что произошло, пустяки, мелочи; не стоит из-за этого расстраиваться. Формы утешения, ободрения собеседника. См. Беда. Горе.

Подшива́ются. *Разг.* Шутл. ответ на вопрос ♦ Как дела? Употр. работниками учреждений, имеющих отношение к делопроизводству. [Каламбур, основанный на смешении значений многозначного слова *дело*: 1. Занятие, деятельность. 2. Обстановка, положение вещей, обстоятельство. 3. Собрание офиц.-деловых бумаг, документов, подшиваемых по мере их поступления в папку. *Личное дело. Уголовное дело*].

Подыми голову. *Разг.* Форма ободрения, утешения собеседника, знакомого, родственника, равного или младшего по возрасту, положению. См. также: ♦ Держи голову выше! ♦ Не вешай голову!

Поехали! *Прост.* Призыв, предложение собеседнику совместно начать какое-либо дело. ‖ Краткий, преимущ. мужск., тост в неофиц. обстановке. *[Зилов:] Итак, друзья... (Взял в руки рюмку.) Поехали? [Саяпин:] Понеслись. [Валерия:] Стойте!.. «Понеслись, поехали!» Что вы в пивной, что ли. Здесь новоселье, по-моему. [Зилов:] Так, а что ты предлагаешь? [Валерия:] Ну есть же какие-то традиции, обычаи... Кто-нибудь знает, наверное...* А. Вампилов. Утиная охота. *«Я как к товарищу и пришёл», — вздохнул Валов. «Сейчас опрокинем по одной, другой, и всё уймётся. Ты не воровал — вот и всё. Подымай». <...> — «Так это ведь что теперь будет-то? Таскать начнут...» — «Брехня всё это! Держи, Василий, поехали!»* В. Куропатов. Односельчане. *Я только под конец замечу, что, когда водка была при полном молчании налита в приподнятые бокальчики и было произнесено неувядаемое гагаринское «Поехали!», Петров, прежде чем поднести к губам свою чарку, едва заметной скошенностью глаз задержался на Иванове.* Е. Носов. Уха на троих.

Пожалей/те. ♦ Пожалей/те Вы (ты) меня! *Разг. Экспрессив.* Просьба, мольба (обычно к высшему по положению) проявить жалость, милосердие. *[Любовь Гордеевна (подходит к отцу):] Тятенька! Я из твоей воли ни на шаг не выйду. Пожалей ты меня, бедную, не губи мою молодость!* А. Островский. Бедность не порок. *«В первый и последний в жизни раз я прошу вас быть у меня, так как сегодня мои именины. Родных и знакомых у меня нет. Умоляю вас, приходите. Даю вам слово, что я ничего не скажу вам обидного или неприятного. Пожалейте преданного вам / Ивана Никитина».* В. Гаршин. Происшествие. *Марья заплакала и сквозь слёзы тихонько запричитала: — Да как же я теперь... Хороший ты мой, отпусти ты его. Пожалей ты меня... Ну, куда же я одна-то?..* В. Шукшин. Любавины. ♦ Пожалей/те душу христианскую. ☒ *Прост.* Просьба, мольба нищих. *«Нету, говорю, милый, и грошика, не прогневайся». — «Врёшь, — говорит, — дай: пожалей душу христианскую».* Н. Лесков. Разбойник.

Пожа́ловать. Пожалуй/те. ☒ 1. Приходи/те, входи/те, заходи/те, проходи/те, пройди/те; садитесь, располагайтесь. Вежл., учтив. приглашение. Употр. преимущ. с «Вы»-формами, чаще с обращениями или в составе формул повышенной вежливости, учтивости: ♦ Пожалуйте к нам. ♦ Пожалуйте, милости просим! ♦ Прошу пожаловать (ко мне, к нам...). ♦ Извольте пожаловать (к нам, в..., на...). ♦ Милости просим пожаловать (к нам, на чай, на обед...). ♦ Добро пожаловать (к нам, в...). ♦ Сюда пожалуйте. ♦ Пожалуйте к столу. ♦ Пожалуйте на диван (в кресло...) и др. *Говорил тут князь Владимир таково слово: «Ты пожалуй ко мне, Вася, на почестен пир, Уж ты хлеба ле соли ко мне кушати». Васька-пьяница и Кудреванко-царь.* Былина. Зап. в 1899—1901. *Гости лавки отпирают, Люд крещёный закликают: «Эй, честные господа, К нам пожалуйте сюда!»* П. Ершов. Конёк-горбунок. *[Гурмыжская (Милонову и Бодаеву):] Я вас прошу, господа, пожаловать ко мне послезавтра откушать! Вы, вероятно, не откажетесь подписаться под завещанием? Оно будет готово, я думаю; впрочем, во всяком случае, милости просим.* А. Островский. Лес. *Теперь пожалуйте, господа, в залу, — приятным жестом указывая на дверь, сказал пристав.* Л. Толстой. Воскресение. *В сенях со свечой встретила его келейница. — Пожалуйте, гость дорогой... Вот сюда пожалуйте, — говорила она, проводя Василья Борисыча по внутренним закоулкам игуменьиной стаи...* П. Мельников (Печерский). В лесах. *Штабс-капитан стремительно бросился навстречу Коле. — Пожалуйте, пожалуйте... дорогой гость! — залепетал он ему. — Илюшечка, господин Красоткин к тебе пожаловал...* Ф. Достоевский. Братья Карамазовы. *Горничная — точно как барышня. — Доложите, — говорю, — умница, что, мол, кружевница Домна Платоновна желает их видеть. — Пошла и выходит, говорит: — Пожалуйте.* Н. Лесков. Воительница. *Потом [Николай Фёдорович] расшаркивается перед стоящею у лесенки дамою, указывает ей на каюту и галантно говорит: — Место для вас свободно... Пожалуйте!* В. Вересаев. Из воспоминаний о Н. Ф. Анненском. *— А вот, Сергей Иваныч, на Петров день пожаловать извольте-с, так всё увидите! — кричит Крынкин.* И. Шмелёв. Лето Господне. *«Р... В... Ч... был бы очень любезен, если бы пожаловал сегодня обедать к Ф..., который настоятельно этого просит и вместе с тем свидетельствует своё почтение»* (образец пригласительной записки). *«У Е. Е. П... в четверг будет В. Г. Д... и несколько других лиц, которые сочтут за особое удовольствие познакомиться с Т... Н... В..., которого и имеют честь просить пожаловать в сказанный день»* (образец пригласительной записки). Хороший тон. Правила светской жизни и этикета (1889). ‖ Пожалуйте. ⓥ Вежл. положительн. ответ на просьбу, вопросит. обращение посетителя «Можно (войти)?»; то же, что Пожалуйста (во 2 знач.). *[Васютин (в окно):] Ольга Петровна, можно войти? [Татьяна Никоновна:] Пожалуйте, пожалуйте!* А. Островский. Старый друг лучше новых двух. **2.** ⓥ Пожалуй/те (что-л.). Дай/те, подай/те; подари/те. Вежл. просьба, обычно к высшему по положению. *— Пожалуйте, батюшка, полотенце.* А. Сухово-Кобылин. Смерть Тарелкина. *[Дулебов:] Хочешь сигару? [Мигаев:] Пожалуйте, ваше сиятельство. (Берёт сигару.) Дорогие-с? [Дулебов:] Я дешёвых не курю.* А. Островский. Таланты и поклонники. *Домой [дочка] прибежала, братневы ягодки явила. «Вот вам ягодки синие, ягодки красные, пожалуйте мне-ка поясок лазоревый, атласный». — «А Романушко где-ка?»* Б. Шергин. Сказка о дивном гудочке. ‖ Пожалуй/те (делай/те, сделай/те).То же, что Пожалуйста (в 1 знач.). ⌑ *Пожалуй, постарайся о моём деле.* ⌑ *Пожалуйте, кушайте!* В. Даль. *— Откровенно говоря, я бы всех выпустил: уголовных, политических. Пожалуйте, — разберитесь в ваших желаниях... да! Моё почтение!* М. Горький. Жизнь Клима Самгина. **3.** ⓥ Возьми/те, прими/те. *Барин стал кошелёк развязывать, да сноровки нет, он и подал Сочню — развяжи-де. Сочень рад стараться: дёрнул ремешок, растянул устьице: — Пожалуйте!* П. Бажов. Сочневы камешки. ‖ Учтивос предложение угощаться. *[Купец:] Стаканчиком-то оно ещё способнее! (Откупоривает, наливает и подносит Татьяне Никоновне.) Честь имеем поздравить! Пожалуйте, хозяюшка! [Татьяна Никоновна:] Ох, много! [Купец:] Пожалуйте, без церемонии-с!* А. Островский. Старый друг лучше новых двух. *Голова, погладив бороду, собственноручно подлил хорошему человеку вина и примолвил: «Пожалуйте-с!..»* П. Мельников (Печерский). В лесах. *— Ну, дорогие гостеньки, пожалуйте поужинать... — радушно сказала она. — Гуляйте в столовую, гуляйте.* В. Шишков. Угрюм-река. *[Целованьева (с блюдом в руках, на блюде — кулебяка):] Пожалуйте закусить, прошу вас...* М. Горький. Зыковы. *На половине тетради чтец остановился. — Дайте отдохнуть. Пожалуйте* пока закусить. *Наливайте пива.* В. Гиляровский. Друзья и встречи. ▭ *Пожалуйте, чем Бог послал.* См. **Бог**. ♦ **Вот пожалуйте.** *Разг.* **1.** То же, что Пожалуйте (в 3 знач.). **2.** Форма привлечения внимания собеседника к тому, что хочет рассказать или продемонстрировать говорящий. — *Нет ли чего новенького?* — *Как не быть-с, как не быть-с, — возразил гость, — <...> вот пожалуйте, есть новость, и преудивительная: Лаврецкий Фёдор Иваныч приехал.* И. Тургенев. Дворянское гнездо. ♦ **Пожалуйте руку (ручку).** См. **Рука**. ♦ **Пожалуйте тем же трактом да и назад.** ▭ *Прост.* Шутл. или ирон. выпроваживание нежеланного, надоевшего гостя. *[Бальзаминов:] Как-с? так идти? [Красавина:] Уж что тут ещё! Видимое дело, что тем же трахтом, да и назад пожалуйте.* А. Островский. Свои собаки грызутся, чужая не приставай! См. также: ♦ **Добро пожаловать!**

Пожа́ловаться. ♦ **Нельзя пожаловаться.** ♦ **Не могу пожаловаться.** ♦ **Грех пожаловаться.** *Разг.* Всё благополучно, хорошо, неплохо. Ответы на обычные при встрече вопросы: Как дела? Как жизнь? Как здоровье? и т. п. *«Каково торгует ваша милость?» — спросил Андриян. «Э-хе-хе, — отвечал Шульц, — и так и сяк. Пожаловаться не могу. Хоть, конечно, мой товар не то, что ваш: живой без сапог обойдётся, а мёртвый без гроба не живёт». — «Сущая правда», — заметил Андриян...* А. Пушкин. Гробовщик.

Пожа́луй[1], глагол. См. **Пожаловать**.
Пожа́луй[2], частица. *Разг.* Форма выражения согласия. **а)** ▭ То же, что Пожалуйста (во 2 знач.). *«Не говорите ей обо мне ни слова; если она спросит, отнеситесь обо мне дурно». — «Пожалуй», — сказал Вернер, пожав плечами.* М. Лермонтов. Княжна Мери. *[Иногородний:] Подумайте, дело серьёзное-с. [Москвич:] Пожалуй! Меня уговорить нетрудно.* А. Островский. Последняя жертва. *[Ермил] Подходит к председателю. «Нельзя ли вашей милости Помешкать полчаса?» — «Пожалуй, час промешкаем!»* Н. Некрасов. Кому на Руси жить хорошо. *Я говорю: «Ничего, иди с Богом». — «Нет», — отвечает, — я очень рад с тобою поговорить. Подвинься-ка, я возле тебя сяду». — «Ну, мол, пожалуй, садись».* Н. Лесков. Очарованный странник. **б)** С оттенком нерешительности, неопределённости. *Онегин Ленского спросил: «Что ж, начинать?» — «Начнём, пожалуй», — сказал Владимир.* А. Пушкин. Евгений Онегин. *[Городничий:] Вы изволили, кажется, нуждаться в деньгах? [Хлестаков:] О нет, к чему это? (Немного подумав.) А впрочем, пожалуй.* Н. Гоголь. Ревизор. *[Кабанова:] Что ж, кум, зайди! Закусим чем Бог послал! [Дикой:] Пожалуй. [Кабанова:] Милости просим!* А. Островский. Гроза. *«Чайку не желаете ли?» — «Пожалуй...» — согласился Егорушка с некоторой неохотой.* А. Чехов. Степь. *«Правду ли я говорю?» — «Пожалуй... Ну, и что же?»* В. Короленко. Убивец. ♦ **Пожалуй что.** *Разг.* *Когда Никифор свёртывал цыгарку и делал первую затяжку, Алексей с серьёзным видом торопил его: «Давай начинать! Засиделись мы». — «Пожалуй что», — соглашался Никифор.* И. Акулов. В вечном долгу.

Пожа́луйста, частица. [От сочет. Пожалуй с усилит. частицей - ста. М. Фасмер]. **1.** Один из самых распространённых интенсификаторов вежливости при выражении просьбы, совета, приглашения, извинения, утешения. *Пожалуйста, мой друг, не езди в Калугу.* А. Пушкин. Письмо Н. Н. Пушкиной, 11 июня 1834. *Да и стал-то старой тут выспрашивать: «Ой ты гой еси, удалой добрый молодец! Да скажи ты мне нонче, пожалуйста: Да какой ты земли, какой вотчины?»* Бой Ильи Муромца с сыном. Былина. *[Хлестаков:] Скажите, пожалуйста, нет ли у вас каких-нибудь развлечений, обществ, где бы можно было, например, поиграть в карты?* Н. Гоголь. Ревизор. *[Татьяна Никоновна:] Вы меня, пожалуйста, извините, Пульхерия Андревна; я давеча по своему глупому характеру погорячилась.* А. Островский. Старый друг лучше новых двух. *— Приходи, пожалуйста, — попросил Макаров, Злобины в один голос повторили: — Пожалуйста.* М. Горький. Жизнь Клима Самгина. *Вера сидела напротив Саматохи и деятельно угощала его. — Пожалуйста, кушайте. Не стесняйтесь, будьте как дома. Ах уж эти кухарки, опять пережарили пирог, чистое наказанье.* А. Аверченко. Нянька. *«Проходите, пожалуйста. Садитесь, пожалуйста», — приглашала [сватов] хозяйка, кланяясь, обметая подолом длинной сборчатой юбки натёртый кирпичом пол. *«Не беспокойтесь, пожалуйста».* М. Шолохов. Тихий Дон. *— Ко мне, пожалуйста, — пригласил ехавший рядом с командиром мужик. — Хлеб да соль. И ты, Иван, — повернулся он к нищему, — разве я тебя обойду.* В. Крупин. Ямщицкая повесть. **2.** Вежл. или радушный положительный ответ на просьбу; утвердит. ответ на воспросит. обращение. *«Дам не беспокоит ли это?» — спросил [предводитель], принимая из рук губернатора сигару. «Пожалуйста! Он меня уже приучил», — разрешила хозяйка.* А. Писемский. Тысяча душ. *[Саша (входит):] Ольга Алексеевна сказали, что они сейчас придут. Готовить чай? [Варвара Михайловна:] Да, пожалуйста.* М. Горький. Дачники. *Который за столом, подозрительно говорит: «А пропуск у вас имеется?» — «Пожалуйста, — говорю, — вот пропуск».* М. Зощенко. Закорючка. *«Дайте мне взаймы рублей пятьдесят, я вам отдам не позже, чем послезавтра, честное благородное слово <...>» — «Ах, пожалуйста, пожалуйста».* В. Катаев. Святой колодец. *Они пошли к остановке. «Вы разрешите вам позвонить?» — спросил он, когда Варя поднялась на ступеньку трамвая. «Пожалуйста».* А. Рыбаков. Дети Арбата. | С оттенком безразличия, равнодушия. Ответ на просьбу, высказанное намерение или возражение собеседника. *«Разрешите у вас маленько обогреться?» — «Пожалуйста!» — вяло пригласила Антонина.* Ю. Герман. Наши знакомые. *«А как надо, по-твоему [телеграмму писать]?» — «Приедем. Точка. Или так: приедем после Нового года. Точка. Подпись: мама. Всё». Бабка даже обиделась. «В шестой класс ходишь, Шурка, а понятия никакого. Надо же уменьть помаленьку». Шурка тоже обиделся. «Пожалуйста, — сказал он. — Мы так, знаешь, на сколько напишем? Рублей на двадцать по старым деньгам».* В. Шукшин. Сельские жители. **3.** Вежл. ответ на благодарность. *«До свидания, — сказал я хозяину аппаратной Якову Насоновичу. — Спасибо». — «Пожалуйста, — ответил Яков Насонович. — До свидания».* А. Рекемчук. Мальчики. *— Приходит бабка Стукалова и говорит: «Взвесь-ка мне, доченька, кило сахару». Валентина взвесила. «Спасибо те, милая», — это опять бабка. А Валентина вдруг, что никогда с ней такого не бывало,* говорит бабке в ответ: *«Пожалуйста, бабуся. Приходите ещё». Смекаешь?.. Валентинину культуру общения ты на себе каждый день испытываешь — знаешь. И вдруг — «пожалуйста, бабуся».* В. Куропатов. Едришкина качель. **4.** Вежливый ответ на извинение. *[Штубе:] Я заставил вас долго ждать? Будьте великодушны. Устал и позволил себе немножко отдохнуть... [Полевой:] Бонжур, Лео. Знакомьтесь — полковник Ярцев. [Штубе:] Очень рад познакомиться. Ещё раз простите. [Ярцев:] Пожалуйста. Какой тут этикет! Люди свои.* Б. Лавренёв. Разлом. *А из магазина вышел человек <...> и, задев Забежкина локтем, приподнял шляпу и сказал: «Извиняюсь». — «Господи! — сказал Забежкин. — Да что вы? Пожалуйста...»* М. Зощенко. Коза. *[Наталья Сергеевна] извинилась, что без разрешения жиличек прибрала их комнату <...>. «Да пожалуйста, пожалуйста... какие пустяки», — в голос, виновато и невпопад сказали подруги, потому что обе ошиблись в своих предположениях относительно соседки.* Л. Леонов. Русский лес. ♦ **Большое пожалуйста.** Разг. Шутл. ответ на благодарность *«Большое спасибо!»* ♦ **Всегда пожалуйста.** Разг. Радушн. ответ на просьбу, благодарность. *Тётке звонили кавалеры. Лёнька, бывало, возьмёт трубку и, не здороваясь, грубо спрашивает: «Кого надо?» — «Липу». — «Нету у нас такой!» — «Как это нет?» — «Нет и всё!» Тётя скребнёт по трубке лапкой: «Мне это, мне...» — «Ах, вам тётю Липу? Так бы и сказали!.. Да, пожалуйста! Всегда пожалуйста!»* В. Астафьев. Печальный детектив. ♦ **Вот пожалуйста.** То же, что ♦ **Вот пожалуйте.** ♦ **Скажи/те (Смотри/те) пожалуйста!** В знач. междом. Разг. Форма выражения удивления, изумления или иронии по поводу сказанного собеседником. См. Сказать. Смотрите-ка. **Пожа́ло-ста.** ⚠ Старая форма Пожалуйста. *[Фамусов (Чацкому):] Пожало-ста, суда́рь, при нём остерегись: Известный человек, солидный <...>. Пожало-ста при нём веди себя скромне́нько <...>. Пожало-ста при нём не спорь ты вкривь и вкось И завиральные идеи эти брось.* А. Грибоедов. Горе от ума.

Пожа́ть. (Пожима́ть). ♦ **Разрешите (Позвольте) пожать Вашу руку.** ♦ **Дай/те пожать Вашу (твою) руку.** ♦ **Рад пожать**

Вашу (твою) руку. ♦ Хочу пожать Вашу (твою) руку и др. См. Рука. ♦ Пожимаю Вашу (Вам) руку. ⌛ То же, что ♦ Жму (Вашу, Вам) руку. См. Рука.

Пожелание. *Употр. чаще во мн. ч.* Пожелания. ♦ Прими/те (мои, наши, самые добрые, лучшие, наилучшие...) пожелания. *Вежл., с оттенком возвышенности, торжественности. Однако я вижу по вашей фигуре, что вы хотите спать. Спокойной ночи желаю вам, господин положительный человек, благонамеренный смертный. Примите это пожелание от другого смертного, который сам гроша медного не стоит. Addio, mio caro!* И. Тургенев. Затишье. ♦ Передай/те (прошу Вас / тебя передать) мои наилучшие (самые добрые...) пожелания (Н.). ♦ (Н.) передаёт (просил передать) Вам свои (наилучшие...) пожелания... Формулы пожелания благополучия, успехов адресату через посредника. *Ну, до свидания! / Возьмите «Новости дня» от воскресенья, там есть снимки с «Дна». / Ну, всего хорошего. / А. П. / От жены — всякие пожелания.* М. Горький. Письмо К. П. Пятницкому, 20—21 дек. 1902. *Самые лучшие пожелания и тысячу приветов передайте Ирме.* С. Есенин. Письмо И. И. Шнейдеру, 13 июля 1922. ♦ Шлю (посылаю) Вам (тебе, кому-л.) (свои наилучшие, самые добрые...) пожелания. ♦ (Н.) шлёт Вам (свои наилучшие, самые добрые...) пожелания... ♦ С (наилучшими, добрыми...) пожеланиями (подпись адресанта). *Эпист.* ♦ (Адресант) шлёт (Адресату) свои (наилучшие...) пожелания (чего-л.). ⌛ *Эпист. Учтив.* или *офиц. К... Л... П... интересуется положением больного П... О... Ф..., которому он(а) шлёт своё сердечное почтение и душевную преданность и пожелание скорого выздоровления (образец записки).* Хороший тон. Правила светской жизни и этикета (1899). *Композитор достал из кармана авторучку, подумал немного, написал поперёк наклейки [грампластинки]: «Жене Прохорову — с добрыми пожеланиями».* А. Рекемчук. Мальчики.

Пожелать. ♦ Позволь/те (разреши/те) (мне) пожелать (Вам, тебе) (что-л.). ♦ (Я) хочу (хотел бы; мне хочется, хотелось бы) пожелать Вам (тебе) (чего-л.). *Учтив., с оттенком возвышенности, торжественнос-*

ти формулы пожелания благополучия, успехов и т. п. *Употр. обычно при поздравлении или прощании.* — *Ну вот, теперь позвольте пожелать вам покойной ночи и приятных сновидений, — заключил, откланиваясь, офицер, и вся компания немедленно же удалилась...* В. Крестовский. Петербургские трущобы. *Будьте здоровы, позвольте пожелать вам приятного и отдохновительного лета.* А. Блок. Письмо В. В. Лужскому, 24 мая 1916. *[Тальберг (Алексею):] Итак, позволь пожелать тебе всего хорошего. Берегите Елену. (Протягивает руку.) Что это значит? [Алексей (спрятав руку за спину):] Это значит, что командировка ваша мне не нравится.* М. Булгаков. Дни Турбиных. ♦ Что (чего) пожелаете? ♦ Не пожелаете (не пожелаешь) ли (чего-л., сделать что-л.)? ♦ Если Вы пожелаете (ты пожелаешь), (я могу..., можно было бы...) (сделать что-л.). ⌛ Формы *учтив.* или *почтит.* обращения к собеседнику, посетителю; а также ответы на обращение; то же, что ♦ Не желаете ли? ♦ Что желает? См. Желать. *Входил незнакомый покупатель. «Что пожелаете?» — с поклоном обращался к нему продавец. «Из романов позвольте что-нибудь выбрать», — отвечал покупатель.* Е. Иванов. Меткое московское слово. ♦ Кто не выпил до дна, не пожелал добра. См. Выпить. ♦ Прими/те (мои, наши) (наилучшие, самые лучшие, тёплые, горячие, добрые, искренние, сердечные...) пожелания... См. Пожелание.

Позволе́ние. ♦ Прошу (Вашего) позволения (сделать что-л.). *Учтив.* или *офиц.* просьба, предложение. *[Балясников:] Виктория Николаевна, я прошу вашего позволения предложить вам провести эту ночь в соседней комнате. <...> [Виктоша:] Спасибо... Вы такой милый.* А. Арбузов. Сказки старого Арбата. ♦ С Вашего позволения. *Если вы позволите, если не будете возражать. Формула вежливости, употр. при обращении к собеседнику с вопросом, просьбой или намерением сделать что-л., на что требуется предварительное согласие собеседника. Он [Плюшкин] даже утёрся платком и, свернувши его в комок, стал им возить себя по верхней губе — Как же, с позволения вашего, чтобы не расстроить вас, вы всякий год берётесь платить за них по́дать?*

и деньги будете выдавать мне или в казну? Н. Гоголь. Мёртвые души. *Ревнивое беспокойство за отца подсказало Поле, что главное ещё впереди, и действительно, едва по установленному правилу профессор предложил задавать вопросы, из первого ряда поднялся неуязвимо корректной внешности молодой человек с предпоследнего курса, любимец и ближайший ученик Грацианского <...>. — С вашего позволения... у меня имеются сразу два вопроса, профессор, — поклонился он, поднимая и снова раздвигая механическую застёжку на куртке. Л. Леонов. Русский лес.* | *Учтиво-ирон.* «Можно, конечно, сделать вид, что такой проблемы — нету. Я с удовольствием тоже посмеюсь вместе с вами... — Глеб иронично улыбнулся. — Но от этого проблема как таковая не перестанет существовать. Верно?» — «Вы серьёзно всё это?» — удивлённо спросила Валя. «С вашего позволения. — Глеб привстал и сдержанно поклонился. — Вопрос, конечно, не глобальный, но с точки зрения нашего брата — было бы интересно узнать...» В. Шукшин. Срезал.

♦ **С позволения сказать.** *Вводн.* Оговорка, употр. при словах и выражениях, которые, по мнению говорящего, могут быть неприятными или неожиданными для собеседника. («...самая эта оговорка иногда придаётся как бы для смягчения, но даёт вместо этого — пикантное, двусмысленное, обидное и неудобное». М. Михельсон.) *— А ведь вот, — хриплым и резким голосом промолвил Лучков, — вот ты умный человек, ты учёный человек, а ведь тоже иногда, с позволения сказать, дичь порешь. И. Тургенев. Бретёр. [Домна Пантелеевна:] Так неужто ж со всяким нежничать, всякому, с позволения сказать... Сказала б я тебе словечко, да обижать не хочу. Неужто всякому «вы» говорить. А. Островский. Таланты и поклонники. [Притыкин:] Нет, господин студент, так со мной нельзя-с! Я человек всем здесь известный... и даже буду головой... да-с! А вы ещё, с позволения сказать, просто молодой человек... и больше ничего! М. Горький. Варвары.*

Позво́лить. Позво́ль/те? (♦ **Вы позволи́те?**) 1. *Разг.* Формы вежл. или учтив. вопросит. обращения, просьбы или приглашения. Употр. только в устн. контактном общении в ситуациях, когда содержание вопроса,

просьбы, приглашения не требует пояснения. То же, что **Разреши́те?** (в 1 знач.) *— Давайте сейчас, княжна, испытаем столы, пожалуйста, — сказал Вронский. — Княгиня, вы позволите? Л. Толстой. Анна Каренина. — Зина, — крикнул Филипп Филиппович, — подавай обед. Вы позволите, господа? М. Булгаков. Собачье сердце. «Кто ещё хочет сказать об Иване-дураке?» <...> — «Позвольте?» — это спрашивала Бедная Лиза. В. Шукшин. До третьих петухов.* **2.** ♦ **Позво́ль/те** (сделать что-л.). В сочет. с неопр. ф. глагола образует многочисленные и разнообразные формулы вежливости. Употр. в составе стилистически возвыш. форм учтив. или офиц. приветствия, вопросит. обращения, знакомства, просьбы, приглашения, предложения, благодарности, извинения, поздравления, пожелания, комплимента, соболезнования, прощания и др. То же, что **Разреши́те** (во 2 знач.). *«Позвольте вас попросить расположиться в этих креслах, — сказал Манилов. — Здесь вам будет покойнее». — «Позвольте, я сяду на стуле». — «Позвольте вам этого не позволить, — сказал Манилов с улыбкою. — Это кресло у меня уже ассигновано для гостя: ради или не ради, но должны сесть». Н. Гоголь. Мёртвые души. — Позвольте мне опять бывать у вас, видеть вас хоть ненадолго, хоть на минуту. А. Писемский. Тюфяк. — Что такое, позвольте взглянуть? — вежливо спросил Илья. М. Горький. Трое. — Позвольте пройти — вежливо обратился Глеб Иванович [Успенский] к стоящей на тротуаре против двери на четвереньках мокрой от дождя и грязи бабе. В. Гиляровский. Москва и москвичи. Я делаю Дуне знак, чтобы она задержалась немного. Та поняла. — Позвольте, бабушка, у вас здесь ребёнчишка покормить! В пути неспособно. А. Никольская. Ведьма.* ♦ **Прошу́ (Вас) позво́лить (мне)** (что-л., сделать что-л.). *Учтив. или офиц. Студент понял, что ему тоже пора убираться. «И я не смею вас больше беспокоить, — проговорил он, берясь за фуражку, — но прошу позволить мне, когда буду в лучшем ударе, прийти ещё к вам и почитать». — «С большим удовольствием», — отвечал сухо Калинович... А. Писемский. Тысяча душ.*

♦ **Позво́льте (Вас) спроси́ть?** ♦ **Позво́льте зада́ть (Вам) вопро́с?** ♦ **Позво́льте узна́ть**

(осведомиться)? ♦ **Позвольте полюбопытствовать (поинтересоваться)?** и т. п. Вежл. или офиц.-учтив. формы вопросит. обращения. — *Позвольте спросить, — обратился Пьер к офицеру, — это какая деревня впереди?* Л. Толстой. Война и мир. — *Позвольте вас спросить, — начал Павел Петрович, и губы его задрожали, — по вашим понятиям слова: «дрянь» и «аристократ» одно и то же означают?* И. Тургенев. Отцы и дети. *Деникин сел и сказал с мягкой душевностью: «Ваше превосходительство, позвольте, как человек человеку, задать вам вопрос». — «Я слушаю вас, Антон Иванович». — «Лавр Георгиевич, почему вы так непреклонны?»* А. Н. Толстой. Хождение по мукам. — *Позвольте узнать, — начал защитник с самою любезною и даже почтительною улыбкой <...>, — вы, конечно, тот самый и есть господин Ракитин, которого брошюру <...> я недавно прочёл с таким удовольствием?* Ф. Достоевский. Преступление и наказание. │ С оттенком явной или плохо скрываемой иронии. *[Татьяна Никоновна:] Я тебя замуж выдам, и таки скорёхонько. [Оленька:] За кого это, позвольте спросить? За мастерового какого-нибудь? [Татьяна Никоновна:] А хоть бы и за мастерового.* А. Островский. Старый друг лучше новых двух. *Гедеоновский принуждённо улыбнулся. — Позвольте полюбопытствовать, — спросил он после небольшого молчания, — кому назначается этот миленький шарф? Марфа Тимофеевна быстро взглянула на него.* И. Тургенев. Дворянское гнездо. *«Отлично-с, — поспокойнее заговорил он [профессор Преображенский], — дело не в словах. Итак, что говорит он, этот ваш прелестный домком?» — «Что ж ему говорить?.. Да вы напрасно его прелестным ругаете. Он интересы защищает». — «Чьи интересы, позвольте осведомиться?» — «Известно чьи — трудового элемента».* М. Булгаков. Собачье сердце.
♦ **Позвольте (Вам) доложить (сказать, заметить, напомнить...).** Вежл., офиц.-учтив. или ирон. формы обращения с целью привлечения внимания собеседника к сообщаемому. *Позвольте доложить Вашему Высокопревосходительству, что сие представляет разные неудобства.* А. Пушкин. Письмо А. Х. Бенкендорфу, 18–24 февр. 1832. *[Дудукин:] Позвольте вам доложить, Нина Павловна, что вы напрасно гневаться изволите.* А. Островский. Без вины виноватые. *[Варравин:] Ваше сиятельство, позвольте заметить: дело пять лет идёт.* А. Сухово-Кобылин. Дело. *Владимир Сергеич тоже положил руку за пазуху, но ноздрей не раздул. — Позвольте вам заметить, милостивый государь, — начал он, — вы через это можете вовлечь mademoiselle Veretieff в неприятность, и я полагаю...* И. Тургенев. Затишье. ♦ **Позвольте Вас приветствовать.** См. Приветствовать.
♦ **Позвольте засвидетельствовать Вам моё почтение.** См. Почтение. ♦ **Позвольте (Вас) побеспокоить.** См. Побеспокоить. ♦ **Позвольте представить Вам (Н.).**
♦ **Позвольте представиться.** См. Представить/ся. ♦ **Позвольте познакомить Вас с (Н.).** ♦ **Позвольте (с Вами) познакомиться.** См. Познакомить/ся. ♦ **Позвольте Вам рекомендовать (Н.) (себя).** ⌛ ♦ **Позвольте рекомендоваться (отрекомендоваться).** См. Рекомендовать/ся. Отрекомендоваться. ♦ **Позвольте Вас просить (попросить).** См. Попросить. Просить. ♦ **Позвольте обратиться к Вам с просьбой.** См. Просьба. ♦ **Позвольте Вам предложить** (что-л., сделать что-л.). См. Предложить. ♦ **Позвольте Вас пригласить.** См. Пригласить. ♦ **Позвольте дать Вам совет.** См. Совет. ♦ **Позвольте Вас поблагодарить.** См. Поблагодарить. ♦ **Позвольте выразить Вам мою благодарность.** См. Благодарность. ♦ **Позвольте принести Вам свои извинения.** См. Извинение. ♦ **Позвольте Вам пожелать...** См. Пожелать. ♦ **Позвольте поздравить Вас...** См. Поздравить. ♦ **Позвольте принести Вам мои поздравления.** См. Поздравление. ♦ **Позвольте выразить Вам моё восхищение (уважение...).** См. Восхищение. Уважение. ♦ **Позвольте выразить Вам мои (глубокие, искренние...) соболезнования.** См. Соболезнование.
♦ **Позвольте выразить Вам моё глубокое сочувствие.** См. Сочувствие. ♦ **Позвольте откланяться (попрощаться, удалиться).** См. Откланяться. Попрощаться. Удалиться. ♦ **Позвольте (Вашу) руку (ручку) (поцеловать).** См. Рука. **Позвольте, я** (сделаю что-л.)? Разг. Вежл. *[Хлестаков:] И сто-*

рож летит ещё на лестнице за мною со щёткою: «Позвольте, Иван Александрович, я вам, говорит, сапоги почищу». Н. Гоголь. Ревизор. «Правда, пора!» — сказала Варенька, вставая. <...> — «Позвольте, я провожу вас», — сказал полковник. Л. Толстой. Анна Каренина. Доктор осмотрел фигуру Ниночки, её молочно-белые плечи и развёл руками. — Всё-таки вам нужно раздеться... Я должен бросить на вас ретроспективный взгляд. Позвольте, я вам помогу. А. Аверченко. Ниночка. 3. Без вопросит. или просительной интонации. **Позвольте!** ♦ **Нет (уж) позвольте... ♦ Но позвольте...** Разг. Формы вежл. решительного возражения, несогласия. «Нет, я вижу, вы не хотите продать, прощайте». — «Позвольте, позвольте!» сказал Собакевич, не выпуская его руки и наступив ему на ногу... Н. Гоголь. Мёртвые души. [Юлия:] Что вы так смотрите на меня, Флор Федулыч! Переменилась я? [Флор Федулыч:] К лучшему-с. [Юлия:] Ну, что вы, не может быть. [Флор Федулыч:] Позвольте, позвольте-с! В этом мы не ошибаемся, на том стоим: очаровательность женскую понимаем. А. Островский. Последняя жертва. — Позвольте, профессор, — сказал Швондер, то вспыхивая, то угасая, — вы извратили наши слова. М. Булгаков. Собачье сердце. [Режиссёр:] Но, товарищ, позвольте... [Победоносиков:] Не позволю!!! Не имею права и даже удивляюсь, как это вообще вам позволили! В. Маяковский. Баня. ♦ **Если (Вы) позволите.** Форма учтив. обращ. с целью получить согласие собеседника при намерении сделать что-л. В тех случаях, когда согласия, позволения собеседника не требуется или когда оно очевидно, употр. как формула вежливости, учтивости, галантности. [Гурмыжская:] Я надеюсь, что ты погостишь у нас. [Несчастливцев:] Два-три дня, не больше, если позволите. А. Островский. Лес. — Много, много испытал я на своём веку. Вот, например, если позволите, я вам расскажу любопытный эпизод чумы в Бессарабии. И. Тургенев. Отцы и дети. — Если вы позволите, милый друг маменька, выразить моё мнение, — сказал он [Иудушка], — то вот оно в двух словах: дети обязаны повиноваться родителям, слепо следовать указаниям их, покоить их в старости — вот и всё... М. Салтыков-Щедрин. Господа Головлёвы. —

Не ждали гостя, Родион Романыч, — вскричал, смеясь Порфирий Петрович. — Давно завернуть собирался, прохожу, думаю — почему не зайти минут на пять проведать. Куда-то собрались? Не задержу. Только вот одну папиросочку, если позволите. Ф. Достоевский. Преступление и наказание. [Елена:] Пётр Васильевич! Идёте? [Пётр:] Если позволите... [Елена:] Благосклонно разрешаю! Вашу руку!.. М. Горький. Мещане. ♦ **(Я) Позволю себе (обратиться, просить, дать добрый совет, порекомендовать, предложить, заметить, сказать, возразить, не согласиться...)** Подчёркнуто-вежл. или учтив. формула обращения (обычно с просьбой, предложением, советом, заявлением, возражением). Слегка приподнявшись, он [Райский] произнёс с напыщенной вежливостью: — Если вас только не стеснит... э-э... я позволю себе предложить вам место за своим столом... А. Куприн. На покое. — Если уж вы обратились ко мне с этим вопросом, — сказал я, — то я позволю себе не согласиться с вами. В. Короленко. Убивец. Я позволю себе надеяться, что вы не припишете требований режиссёра его личному капризу. К. Станиславский. Письмо старшинам охотничьего клуба, 5 авг. 1894. На заседаниях «Всемирной литературы» с теми, кто высказывал враждебные Горькому взгляды, он старался быть бесстрастным и терпимым. Споря с ними, он старался уснащать свою речь всевозможными учтивыми фразами: «Я позволю себе заметить». «Я позволю себе указать». Но эта учтивость давалась ему нелегко. К. Чуковский. Горький. ♦ **Позволено ли будет мне (узнать, спросить, осведомиться...)?** Учтив. (☝) или ирон.-вежл. вопросит. обращение: То же, что ♦ **Позвольте спросить (узнать...).** [Мелузов:] А позволено ли мне будет спросить? [Трагик:] Спрашивай! [Мелузов:] Чему, например, вы учите? [Трагик:] Благородству. А. Островский. Таланты и поклонники.

Поздоро́ву. Обл. Благополучно. ♦ **Всё ли поздорову? ♦ Поздорову ли живёшь (поживаешь)? ♦ Всё ли подобру-поздорову?** Обл. Этикетные вопросы при встрече. ▪ Он выходит на платформу. Она встречается с ним. Здоровкаются. Ну, там: «Здравствуй, Танюшка! Всё ли поздорову? Всё ли благополучно? Как там ты поживаешь?» Покупка ума.

Сказка. Зап. в 1908. См. Подобру-поздорову.

Поздоро́вь Боже! *Обл.* То же, что ♦ Дай Бог здоровья.

Поздравление. ♦ Прими/те (мои, наши) поздравления. *Учтив.* ♦ Благоволите принять почтительное поздравление с... ⌛ *Почтит.* к высшему по положению. ♦ Усердно прошу принять моё искреннейшее поздравление... ⌛ *Учтив.* ♦ Прошу благосклонно принять мои искренние, сердечные поздравления с... ⌛ *Учтив.* ♦ Присоединяюсь к (высказанным, многочисленным) поздравлениям (говорит нередко очередной поздравляющий). ♦ Спешу, хотя заочно, принести моё усерднейшее поздравление и самые сердечные пожелания... ⌛ ♦ Шлю Вам свои поздравления с... *Эпист.* ♦ Передайте (прошу передать) мои поздравления (Н.). ♦ (Н.) передаёт (просил передать) Вам свои поздравления с... Формы поздравления через посредника. — *Командующий просил передать вам поздравление Военного совета с Новым годом,* — *сказал Серпилин, положив трубку.* К. Симонов. Живые и мёртвые.

Поздра́вить (Поздравля́ть). Поздравляю! ♦ Поздравляю Вас (тебя)! ♦ Поздравляю Вас (тебя) с (праздником, днём ангела, успехом...). Широкоупотребительные формы поздравления. Употр. нередко в сочетании с интенсификаторами вежливости и экспрессивности: горячо, душевно, искренне, сердечно, всей душой, от всей души, от всего сердца и др. *Поздравляю тебя с Рождеством Спасителя нашего Господа Иисуса Христа.* А. Пушкин. Письмо П. А. Вяземскому, 20 дек. 1823. *Вдруг он [граф Нессельроде] ткнул Грибоедову свою серую ручку.* — *Поздравляю вас, господин Грибоедов, вы награждены чином статского советника.* — *И быстро, ловко пожал грибоедовскую холодную руку.* Ю. Тынянов. Смерть Вазир-Мухтара. [*Жена Коробкина:*] *Душевно поздравляю вас, Анна Андреевна, с новым счастием.* Н. Гоголь. Ревизор. «*Поздравляю вас с таким-то чином, получа высокомонаршую милость, и желаю степень до степени выше дойти, и даруй Бог достойному достойное получить!*» — «*Благодарствую и желаю вам всякого благополучия. За Богом молитва, а за Государем служба не пропадает*». <...> «*Поздравляю, избавясь от греховного бремени*». — *Тому, кто вышел из церкви после исповеди. А ему ответно благодарить:* «*Грешник я, опять принимаюсь грешить. О невоздержанность!*» С. Максимов. Крылатые слова. [*Царь (громко и отчётливо, почти без выражения):*] *Сердечно поздравляю, дорогая Анна Александровна, от всей души. Примите эту безделку в знак моей дружбы и неизменного расположения. (Подаёт футлярчик.)* [*Вырубова:*] *Государь!..* А. Н. Толстой. Заговор императрицы. *Нагульнов шагнул ему навстречу, крепко обнял широкие сутулые плечи старого кузнеца:* — *Ну, вот, дядя Ипполит, как здорово оно вышло! Поздравляю всем сердцем! И остальные наши ребята-коммунисты поздравляют. Живи, не хворай и стучи молотом ишо лет сто на пользу Советской власти и нашего колхоза.* М. Шолохов. Поднятая целина. *Курочка взял Левина за плечи и поцеловал три раза в щёки.* — *Поздравляю, доктор,* — *сказал он,* — *поздравляю вас с первым орденом в этой великой войне. Очень за вас рад.* Ю. Герман. Подполковник медицинской службы. *Тёща вдруг решительно протянула руку зятю:* «*От души поздравляю вас, Игорёк! Счастья, здоровья, всего самого лучшего*». — «*С днём рождения, Игорь!*» — *спокойно сказал Иван Иванович Карцев.* — *Будьте здоровы! Это главное!*» В. Липатов. Игорь Саввович. ‖ Поздравляю (вас, тебя)! *Разг. Ирон.* Реплика по поводу сказанного или сделанного собеседником или предваряющая сообщение о неожиданном и неприятном для собеседника событии, факте. «*А позвольте спросить,* — *возразил Жорж, зевая,* — *из каких благ мы обязаны забавлять вас...*» — «*Оттого, что мы дамы*». — «*Поздравляю. Но ведь нам без вас не скучно...*» М. Лермонтов. Княгиня Лиговская. *Здесь просто приятная дама объяснила, что это отнюдь не пестро, и вскрикнула:* «*Да, поздравляю вас: оборок более не носят*». — «*Как не носят?*» — «*На место их фестончики*». Н. Гоголь. Мёртвые души. [*Анна:*] *Мне кажется... когда не соглашаются* — *это раздражает...* [*Черкун (насмешливо):*] *Да? Поздравляю... очень оригинальное наблюдение.* М. Горький. Варвары. [*Сильва (смотрит на часы, свистнул):*] *Слушай, а сколько времени?*

[Бусыгин (смотрит на часы):] Половина двенадцатого. [Сильва:] Сколько?.. Сердечно поздравляю, мы опоздали на электричку. А. Вампилов. Старший сын. ▭ *[Дочь-пятиклассница вернулась из школы:] «Ма, я двойку получила...» — «Поздравляю. Это по какому же?» — «По русскому...»* (1990). ♦ **С праздником поздравляю, с похмелья умираю, нет ли гривен шести, душу отвести?** ⌛ *Прост. Шутл.* или *шутл.-фамильярн.* приветствие, поздравление. — *С праздником поздравляю, с похмелья умираю, нет ли гривен шести, душу отвести? — кривляясь и кобенясь, кланялась Флёнушка головщице и потом снова зачала прыгать и петь.* П. Мельников (Печерский). В лесах. ♦ **С чем (Вас, тебя) и поздравляю.** *Маленький чернявый сапёр <...> скороговоркой доложил, что он командир отдельного двадцать девятого понтонно-мостового батальона майор Горелик, по приказанию командующего прибыл. — Что сам прибыл — хорошо. С чем и поздравляю, — сказал Серпилин, пожимая руку сапёру.* К. Симонов. Живые и мёртвые. | *Шутл.* или *ирон. Она взяла мой адрес и стращает меня перепискою и приездом в Петербург, с чем тебя и поздравляю.* А. Пушкин. Письмо Н. Н. Пушкиной, 12 сент. 1833. *«Я двадцать два года под начальством родного дядюшки... Иринарха Потугина прослужил. Вы его не изволили знать?» — «Нет». — «С чем вас и поздравляю».* И. Тургенев. Дым. ♦ **Поздравляю Вас соврамши.** ⌛ *Прост. Шутл.* или *ирон.* Реплика в ответ на неправдоподобное или заведомо вымышленное утверждение собеседника, равного или младшего по положению. *[Мирон:] Что мне хвастать! Была оказия! Наблюдать я поставлен. [Марфа:] Наблюдать? Над чем? [Мирон:] За вами. [Марфа:] За мной? Ну, уж это поздравляю вас соврамши!* А. Островский. Невольницы. ♦ **Позволь/те (Разреши/те) Вас (тебя) поздравить (с...).** *Возвыш.* или *офиц.* формулы поздравления. *Дражайшая маменька! / Позвольте, дражайшая маменька! позвольте поздравить вас с днём ангела вашего, с сим блаженнейшим днём для каждого нежного и благодарного сына.* Н. Гоголь. Письмо В. А. и М. И. Гоголям, 1 окт. 1824. *[Кулыгин (подходит к Ирине):] Дорогая сестра, позволь мне поздравить тебя с днём твоего ангела и пожелать искренно, от души,* здоровья и всего того, что можно пожелать девушке твоих лет. А. Чехов. Три сестры. *[Яков (с бокалом в руке):] Николай Андреевич!.. Коля... Дорогой!.. Позволь старому своему другу от души поздравить тебя с этой нешуточной датой. Ты выбрал нелёгкий путь и достойно прошёл его, достигнув вершины.* А. Арбузов. Выбор. ♦ **Имею счастие поздравить (Вас с...).** ⌛ ♦ **Имею честь поздравить.** ⌛ *Почтит., возвыш.* Форма поздравления высшего по положению. *Имею счастие поздравить Вас со внуком Григорием и поручить его Вашему благорасположению.* А. Пушкин. Письмо Н. И. Гончаровой, 14—16 мая 1835. *[Частный пристав:] Имею честь поздравить вас, ваше высокоблагородие. <...> [Городничий:] Спасибо, спасибо.* Н. Гоголь. Ревизор. *«Имеем честь поздравить и пожелать провести оные дни в добром здравии и благополучии... С Новым годом, сударь, с новым счастьем-с!» — После произнесения всей цитаты банщики, с унизительными поклонами, вынимали металлическое блюдо или поднос и, разложив на нём специальные поздравительные картинки, предлагали взять себе одну на память. Одариваемый платил, конечно, за это втридорога.* Е. Иванов. Меткое московское слово. ♦ **Хочу (хотел бы, хотелось бы) (Вас, тебя) поздравить с...** (Обычно в *торжеств.* обстановке). ♦ **Вас можно поздравить?** ♦ **Не поздравить ли Вас с...?** ♦ **С чем Вас (тебя) поздравить?** *Разг.* Вопросит. обращ. к знакомому, равному или младшему по положению, с намерением узнать об успешном завершении, положительном исходе его дела. ♦ **Поздравь/те (за меня, от меня)** (Н.). Форма поздравления адресата через посредника. *Коли увидишь Жуковского, поцелуй его за меня и поздравь с возвращением и звездою.* А. Пушкин. Письмо Н. Н. Пушкиной, 8 окт. 1833.

Познакомить/ся. ♦ **Разрешите (Позвольте) Вас познакомить: (это — Н.).** ♦ **Позволь/те (Разреши/те) познакомить Вас (тебя) с...** *Учтив.* Формы знакомства через посредника; обращение посредника к тем, кого он хочет познакомить, прежде чем представить их друг другу, аудитории. См. **Знакомить/ся.** *«Позвольте вас познакомить с моей дочерью», — сказала графиня, краснея. «Я имею удовольствие быть знакомым, ежели графиня* помнит меня», — сказал князь Андрей с учтивым и низким поклоном... Л. Толстой. Война и мир. *[Телятьев:] Позвольте вас познакомить! Савва Геннадьич Васильков, Егор Дмитрич Глумов. [Васильков (крепко жмёт руку Глумова):] Очень приятно.* А. Островский. Бешеные деньги. *Широко улыбаясь, Фроленков обратился к Самгину: — Разрешите познакомить: это — градской голова наш, скотовод, гусевод, Денисов, Василий Петров.* М. Горький. Жизнь Клима Самгина. ♦ **(Я) хочу (хотел/а бы, мне хотелось бы) Вас (тебя) познакомить. (Это — Н.). Познакомьтесь (Познакомься: это — Н.).** ♦ **Познакомьтесь, пожалуйста: ...** ♦ **Познакомьтесь, пожалуйста, с...** То же, что Знакомьтесь. См. Знакомить/ся. *«Познакомьтесь, Аркадий Осипович, — робея, сказала она, — вы, кажется, незнакомы? Это моя подруга, Рая Зверева». До самой последней секунды Рая думала, что женщина, когда её знакомят, вставать не должна, но в последнюю секунду вдруг решила, что встать надо непременно, и вскочила с диванчика с такой поспешностью, что Аркадий Осипович вздрогнул, но тотчас же учтиво улыбнулся. «Очень рад, — сказал он, пожимая Раину, точно неживую, сложенную дощечкой руку, — очень рад. Вы тоже учитесь?» — «Тоже».* Ю. Герман. Наши знакомые. *(Появляется Сарафанов. Он выглядит утомлённым, но настроение у него лирическое.) [Сарафанов:] Добрый вечер, архаровцы! (Замечает Кудимова.) Извините. [Нина:] Познакомься, папа... [Кудимов:] Кудимов, Михаил. [Сарафанов (церемонно, с подчёркнутым достоинством, слегка изображая блестящего гастролёра — любимца публики):] Сарафанов... Так-так... очень приятно... Наконец-то мы вас видим, так сказать, воочию. Очень приятно. Садитесь, пожалуйста.* А. Вампилов. Старший сын. *«Познакомьтесь, — предложила Лена. — Это Боря, мой друг. А это Дмитрий, студент первого курса». — «Очень приятно», — с улыбкой протянул руку Борис.* Г. Баженов. Пространство и время. ♦ **Позвольте (Разрешите) с Вами познакомиться.** Учтив. Предложение познакомиться, которое может быть обращено к равному, старшему и младшему по возрасту, положению в ситуациях, когда допускается знакомство без посредника; при этом инициатор знакомства обычно представляется (т. е. называет себя) первым. *— Позвольте, милостивый государь, познакомиться! — продолжал толстяк. — Я помещик того же Гадячского повета и ваш сосед <...>, а фамилия моя Григорий Григорьевич Сторченко.* Н. Гоголь. Иван Фёдорович Шпонька и его тётушка. *На пароходе одна молодая дама долго и почтительно приглядывалась к нему, наконец подходит: — Позвольте познакомиться... Давно желала этой чести... Я ваша восторженная поклонница...* В. Вересаев. Леонид Андреев. ♦ **Можно (Нельзя ли) с Вами познакомиться?** ♦ **(Я) Хочу (хотел бы; мне хотелось бы) с Вами познакомиться.** ♦ **Давай/те познакомимся... Познакомимся...** Разг. Формы знакомства без посредника; употр. в неофициальной обстановке по отношению к равному или младшему по возрасту, положению. *Степан и говорит [девице]: «Нельзя ли, голубушка, с тобой познакомиться?» — «Отчего же, можно».* Про Стеньку Разина и его сыновей. Фольк. Зап. в 1884. *[Черкун:] Ну... идите же к нам! Познакомимся, что ли... [Гриша:] Мне тут не перелезть... я — толстый... [Анна (смеясь):] А вы идите через ворота.* М. Горький. Варвары. *[Колесов:] Счастливо оставаться. [Таня:] Счастливо повеселиться. [Колесов (пошёл, вернулся):] Послушайте, давайте познакомимся. На прощание. (Протягивает ей руку.) Николай. Фамилия Колесов.* А. Вампилов. Прощание в июне. ♦ **Нам надо (нужно) (с Вами) познакомиться.** ♦ **Нам пора (бы, уже) познакомиться.** Разг., с оттенком необходимости, долженствования. Предложение познакомиться к равному (равным) или младшим по положению. Употр. в ситуации совместной деятельности, совместного времяпрепровождения, обычно после того как собеседники провели некоторое время вместе, обменялись репликами, впечатлениями по какому-л. поводу и т. п. *Чиновник, потирая свои красные, дрожащие руки, встал с места и с особенным каким-то сладеньким подходцем приблизился к Бодлевскому. — Нам надо познакомиться, — сказал он весьма любезно. — Вместе уху станем стряпать — вместе хлебать; значит, дело товарищеское. Честь имею рекомендоваться! — присовокупил он, отдавая скромный поклон, — отставной губернский секретарь Пахом Бори-*

сов Пряхин. Ныне приватно в конторе квартального надзирателя письмоводством занимаюсь. В. Крестовский. Петербургские трущобы. «Вам не кажется, что нам пора бы уже познакомиться? — протянул руку. — Алексей. А вас?» Я сказал. «Очень приятно. Давайте я унесу поднос...» В. Куропатов. Третья заповедь. ♦ **Очень (было) приятно с Вами познакомиться.** См. Приятный. ♦ **Очень рад (был) с Вами познакомиться.** См. Рад. ♦ **Счастлив (был) с Вами познакомиться.** См. Счастливый.

Позолоти́ ручку. *Прост.* Просьба цыганки-гадалки дать денег на гадание. Употр. нередко с комплиментными обращениями: красавец, красавица и т. п. *«Ты, молодой, позолоти ручку, всю правду тебе выложу». — «Наврёшь ведь. Ну, шкура ты, девка. Везу её, да ещё позолоти ручку».* И. Акулов. Касьян Остудный. ▫ *[Цыганка останавливает проходящую мимо девушку:] Красавица, позолоти ручку, расскажу всю правду, что было с тобой, что будет... (1992).*

Поизво́лить. *Обл.* То же, что Изволить. Позволить. Соизволить. *Поизволь нас заставить речь-ответ держать.* СРНГ.

Пойду́ я. (♦ Ну, ладно, пойду я.) ♦ Пошёл я. ♦ (Ну, ладно) Я пошёл (я пошла, мы пошли.) *Разг., только в устной речи.* Фраза, которую уходящий произносит обычно перед прощанием с остающимися с целью получить их согласие. Иногда эта фраза служит одновременно и формой прощания. *Пойду я* или *Я пойду*, хотя и означает то же, что *Пошёл я*, но произносится с меньшей степенью определённости, решительности. *«Ну что ж, я пойду, — сказала Таня. И, уже стоя в дверях, добавила: — До свидания». — «До свидания, — глухо отозвалась старуха, не поворачиваясь от машинки. — Спасибо, что пришли...»* К. Симонов. Живые и мёртвые. *Анатолий поднял с земли свой пиджак, отряхнул. — Я пошёл, — протянул руку Прону, сказал негромко: — утром жди.* В. Крупин. Ямщицкая повесть. *— Поцелуй её, — сказала Демьяновна, — мы отходчивые. Пошла я. Пошла, пошла. Спасибо вашему дому, пойду к другому. <...> Завтра приходите ко мне.* В. Лихоносов. На долгую память.

Пока́. *Прост.* Форма дружеск. или фамильярн. прощания. Сокращение форм ♦ Пока до свидания. ♦ Пока прощай/те. *«Весьма широко распространено во всех слоях общества «пока» в значении «до свидания» (вм. «пока до свидания»). — Ну, пока, Соня! Звони! Ну, ладно, в общем пока!* (Из разговоров в городе). А. Селищев. Язык революционной эпохи. 1927. *«Пока» значит теперь, в черте советской оседлости: «до свидания», «будьте здоровы», «не сомневайтесь в моём обещании» и много подобного. Это как маленькие пилюли советской обходительности...»* С. Волконский. О русском языке. 1923. *Уходя, он [дворник] спрашивал: «Писем от Татьяны не имеешь?» — «Нет». — «Ну, до свиданьица. Если дров, скажи, я принесу из подвала. Пока». — И уходил.* Ю. Герман. Наши знакомые. *— Ну так, Миша, пока, значит... это самое, уезжаю. Выходит, пока...* В. Белов. Привычное дело. *[Маша:] Ну хорошо, пока. Побегу, у меня ещё уйма дел...* А. Вампилов. Прощание в июне. ♦ **Пока всего хорошего.** ▫ ♦ **Пока до свидания.** ♦ **Пока простите.** ▫ *Прост.* ♦ **Пока прощай/те.** ▫ *[Фёдор Иваныч:] Да, непорядки, непорядки! (К мужикам.) Ну, так так-то, пока прощайте, ребята! [Мужики:] С Богом.* Л. Толстой. Плоды просвещения. *— Соседи, — продолжал он [незнакомец] как-то особенно весело. — Я ведь третий день в городе. Ну-с, пока до свидания.* Ф. Достоевский. Преступление и наказание. *Ты уж меня прости. Я извиняюсь перед тобою, но ты не знаешь, как это трудно. / Пока всего хорошего. / Жду ответа.* С. Есенин. Письмо Г. А. Панфилову, 16 июня 1913. **Поке́да. Поке́дова. Поке́ле. Поке́лева. Поке́леча. Поке́ль. Поко́лева. Поку́ль. Покы́ль.** *Обл.* То же, что Пока. ▫ *Покеда, сестра, скоро свидимся.* ▫ *Ну, поколева, будь здоров!* ▫ *Ну, поколева, бабоньки, пошла я.* ▫ *Ну, покуль, я пошёл.* СРНГ.

Пока́ (Ещё) не родила́. *Прост. Грубовато-шутл.* Женск. (преимущ. в кругу молодых приятельниц, подруг) ответ на обычный при встрече вопрос: Как дела? ▫ *— Привет! Как дела? — Пока не родила. Как рожу, так скажу... (1996).*

Покажи́те нам доро́жку! *Обл.* Возглас гостей за свадебным столом, обращённый к новобрачным: выпить вина и поцеловаться. СРНГ.

Пока толстый сохнет, тонкий (тощий) сдохнет. *Прост.* Форма грубовато-шутл. утешения того, кто огорчён своей полнотой, тучностью, переживает насмешки окружающих по этому поводу.

Поклон (Вам, тебе; кому-л.). **1. Поклон Вам (тебе,** кому-л.**).** ♦ **Прими/те (мой, низкий, земной...) поклон.** *Преимущ. эпист.* Привет (Вам, тебе; кому-л.). Формулы учтивого приветствия. Нередко употр. в сочетании со словами-интенсификаторами: низкий, земной, большой, глубокий, почтительный, сердечный, усердный и др. *Усердный поклон твоим спутникам Д. С. и А. С. Языковым, Кологривову и даже Поливанову — скамароху.* А. Грибоедов. Письмо С. Н. Бегичеву, 4 сент. 1817. *Прости, мой ангел. Поклон тебе, поклон — и всем вам.* А. Пушкин. Письмо П. А. Плетнёву, 7 янв. 1831. *Полные или неполные поклоны, смотря по количеству финансов Якова, — если он не решался упросить кого-нибудь написать письмо в долг, — составляло вообще самое существенное различие этих писем <...>. Человек двадцать родных было ещё у Якова — русский человек без них не живёт, — и он отписывал каждому порознь и поимённо милостивого государя или государыню, любезного, возлюбленного, вселюбезнейшего — а затем нижайший, глубочайший, усердный, преусердный или другого разбора поклон; называл себя мы, сестру или брата вы...* В. Даль. Денщик. *До свидания; будьте здоровы и примите от меня самый дружеский поклон. / И. Тургенев.* И. Тургенев. Письмо О. А. Киреевой, 29 янв. 1860. *— Осипу Захарычу — нижайший поклон! — неожиданно обратился он к худощавому старику. — Что поделываете, батенька, доброго?* В. Крестовский. Петербургские трущобы. **2.** ♦ **(Мой, земной, до земли, низкий) Поклон Вам (тебе,** кому-л.**) за...** ♦ **Прими/те (мой, низкий, земной...) поклон (за...).** Формулы учтивой, возвыш. благодарности. *— Ну, не взыщите на старике, матушка Марфа Михайловна. Ни вперёд, ни после не буду. А что поначалили меня, за то вам великий поклон.* П. Мельников (Печерский). На горах. [*Годун:*] *Земной поклон вам, Татьяна Евгеньевна. Не от меня, от всех. Кабы не вы, покормили бы мы рыбку, не дойдя до Питера.* Б. Лавренёв. Разлом. *Благодарно глядя на щедрую стряпуху,* [*дед Щукарь*] *сказал: — Спасибочка всем вам за угощение и водку, а тебе, Куприяновна, низкий поклон.* М. Шолохов. Поднятая целина. *Сердечно благодарим всех, кто помог в организации похорон и разделил с нами боль утраты любимого мужа, дорогого папы. Низкий поклон, люди! / Семья Петровых.* «Кузнецкий рабочий». — 1996, 12 марта. ♦ **Передай/те от меня (мой) (низкий...) поклон** (Н.). Привет через адресата-посредника его родственнику или кому-л. из общих знакомых. Употр. чаще в письмах, при прощании. *Передайте мой поклон Коршу и Фортунатову (от Филиппа Фёдоровича жду рецензии на словарь Миклошича) и не забывайте Вашего доброжелателя и друга. / Ваш И. В. Ягич.* И. Ягич. Письмо А. А. Шахматову, окт. 1886. *Передайте мой поклон братцу моему Николаю Васильевичу, сестрице Наталье Васильевне и бабушке Ольге Дмитриевне. / Всей душой любящий Вас сын Ваш / Григорий Волков.* (Образец письма родителям). Военная хрестоматия для полковых учебных команд, ротных, эскадронных и батарейных школ (1887). *Он* [*Егор*] *грузно прошёл к двери, надел полушубок, шапку. — Поклон Павлу Сергеевичу передайте. Ну, пиво у тебя, Маланья!* В. Шукшин. Сельские жители. ♦ **Снеси/те от меня поклон** (Н.). ⌛ То же, что ♦ Передайте поклон. ♦ **Посылаю (шлю) (мой) (низкий, земной, глубокий...) поклон** (Н.). *Эпист.* *Кланяйтесь ялтинцам. Всем шлю низкие поклоны и всех желал бы видеть в Арзамасе...* М. Горький. Письмо А. П. Чехову, 8—9 мая 1902. ♦ **(Н.) прислал (просил передать) Вам (тебе) поклон.** ⌛ Привет от 3-го лица через посредника. [*Пётр:*] *Здорово.* [*Матрёна:*] *Здравствуй, благодетель. Здравствуй, касатик. Хвораешь, видно, всё. И старик мой как жалеет. Поди, говорит, проведай. Поклон прислал. (Ещё раз кланяется.)* Л. Толстой. Власть тьмы. ♦ **Общий поклон.** *Разг.* Дружеск. или фамильярн. форма приветствия или прощания, адресованная группе близких знакомых, приятелей, родственников. [*Цыганов:*] *Хорошо! Беру это на себя... Кому приятны неприятности?* [*Исправник:*] *Вот именно! Ну-с... общий поклон.* М. Горький. Варвары. [*Королевич (поднимается на веранду... оглядывает всех):*] *Общий поклон. А далее,* милый мой Коля, позволь своему вечному оппоненту сердечно поздравить тебя с сорокалетием. А. Арбузов. Выбор. ♦ **Осо́бина-покло́н.** ⌂ *Обл. Фольк. Почтит.* приветствие особо чтимому адресату (отцу, матери, князю, царю). *Особину-поклон родителю-то батюшке. А особину поклон тебе, белой лебёдушке, Малых детушек родимой ли матушке.* СРНГ. ♦ **Покло́н поста́вить (поста́вити).** *Обл.* Передать поклон. *Говорил Добрыня таково слово: «Да ты здравствуй, Дюкова ты матушка! Послал вам Дюк по челомбитьицу, И всем по поклону вам поставити».* Дюк Степанович и Чурила Пленкович. Былина. Зап. в 1971. ♦ **По низку́ покло́н поста́вить (поста́вити)** (кому-л.). *Обл.* Передать низкий поклон. ▱ *Тебе сын послал челобитие, По низку велел поклон поставити.* СРНГ. ♦ **Первый покло́н Бо́гу, второ́й хозя́ину с хозя́йкой, тре́тий всем до́брым лю́дям** (В. Даль). ♦ **Поклоне́ние (моё)** Н. ⌂ *Возвыш.-почтит.* или *шутл.* То же, что **Покло́н**. *Здравствуйте; поклонение моё Анне Петровне, дружеское рукопожатие баронессе etc.* А. Пушкин. Письмо А. Н. Вульфу, 27 окт. 1828. *Манефа подала ей письмо, и та начала: «Пречестной матушке Манефе о еже во Христе с сестрами землекасательное поклонение».* П. Мельников (Печерский). В лесах.

Поклони́ться. ♦ **Поклони́тесь (Поклони́сь) (от меня́)** (Н.). То же, что ♦ **Переда́й/те покло́н, приве́т.** *Вы мне ничего не пишете о Вашем брате — из чего я заключаю, что ему должно быть лучше: пожалуйста, поклонитесь ему от меня — также Вашей кузине и всем приятелям. Дружески жму Вам руку и говорю: до скорого свидания. / Преданный Вам / Ив. Тургенев.* И. Тургенев. Письмо В. Я. Карташевской, 5 февр. 1860. *Юлия Сергеевна поднялась и протянула Лаптеву руку. — Виновата, — сказала она, — мне пора. Поклонитесь вашей сестре, пожалуйста.* А. Чехов. Три года. *Поклонись от меня Викентьичу, и поклонись ему очень. Хорошая он душа, и голова у него на месте. / Засим остаюсь на одной ноге, / твой Алексей.* М. Горький. Письмо Л. Н. Андрееву, 4 февр. 1904. ♦ **Я Вам (тебе́) в но́ги (но́жки) поклоню́сь.** *Разг. Почтит.* или *шутл.-почтит.* **1.** Интенсивная просьба. **2.** Буду вам (тебе) очень благодарен. Благодарность за будущую услугу в связи с высказанной просьбой. *[Мурзавецкая:] Батюшка, не погуби! [Беркутов:] Теперь моя главная забота: спасать вас. [Мурзавецкая:] Спасай меня, батюшка, спасай! В ножки поклонюсь!* А. Островский. Волки и овцы.

Поко́й. ♦ **Ве́чный поко́й** (кому-л.). ♦ **Дай Бог (ему́, ей, им) ве́чный поко́й!** Формулы пожелания умершему покоя в загробной жизни. *«Чу! похоронный звон!..» Прислушалися странники, И точно: из Кузьминского По утреннему воздуху Те звуки, грудь щемящие, Неслись. «Покой крестьянину и царствие небесное!» — Проговорили странники И покрестились все.* Н. Некрасов. Кому на Руси жить хорошо. — *Спят покойнички, спят родимые! — бормочет прохожий, громко вздыхая. — Царство им небесное, вечный покой.* А. Чехов. Недоброе дело. ‖ *Вводн. Употр.* при упоминании об умершем. ▱ *Я-то мало уж помню, а вот бабушка наша, дай Бог ей вечный покой, много всяких сказок знала* (1990). ♦ **Лёгкое (ему́, ей, им) лежа́ние (ве́чный поко́й, ца́рство небе́сное).** *Прост.* См. **Лёгкий.** ♦ **Мир да поко́й и ве́чное помина́нье.** *Обл.* ♦ **Мир да поко́й и лёгкое лежа́ние.** *Обл.* См. **Мир.** ♦ **Ца́рство небе́сное, ве́чный поко́й.** См. ♦ **Ца́рство небе́сное.**

Поко́й его́ (её, их) Бог. *Прост.* То же, что ♦ **Упоко́й Бог.** *Сходя с лестницы, он сопел, сморкался и говорил, вздыхая: — И Семёна жалко — покой его Бог! — и тебя, дурака, жалко!* М. Горький. Городок Окуров.

Поко́йный, -ая, -ое; -ен, -йна; -йны. ⌂ Спокойный. ♦ **(Жела́ю Вам, тебе́) Поко́йной но́чи.** ⌂ То же, что ♦ **(Жела́ю Вам, тебе́) Споко́йной но́чи.** *«Прощайте, Флегонт Михайлыч», — проговорил Калинович и пошёл. Настенька с некоторым беспокойством и грустью проводила его до передней. Капитан бросился ему светить, а Михеич, подав ему шубу и взяв от Флегонта Михайлыча свечку, последовал за вице-губернатором до самого экипажа. «Не ушибитесь тут, ваше превосходительство, сохрани вас Господи!» — предостерегал он его, слегка придерживая под руку, и потом, захлопнув за ним дверцы в карете, присовокупил, расшаркиваясь на грязи: — покойной ночи вашему превосходительству желаю!» — «Спасибо!» — сказал ласковым голосом Калинович и уехал.* А. Писемский. Тысяча душ. *«А вы собственник?» —*

«Нет, но буду... Покойной ночи. Приятного сна». — Он [Иван Лукич] тушит свечу и отворачивается к стене, к брезенту. Б. Савинков. Конь вороной. *В первом часу ночи Даша до того сразу и сладко захотела спать, что едва дошла до каюты и, прощаясь в дверях, сказала, зевая: — Покойной ночи. Смотрите, присматривайте за шулером-то.* А. Толстой. Хождение по мукам. ♦ **Будьте покойны (Будь покоен).** ◊ **1.** Не беспокойтесь, не волнуйтесь. Форма вежл. утешения, уверения в благополучном исходе дела. — *Будьте покойны, графиня,* — *сказал шутливо доктор, в мякоть руки ловко подхватывая золотой,* — *скоро опять запоёт и зарезвится. Очень, очень ей в пользу последнее лекарство.* Л. Толстой. Война и мир. *[Вершинин:] Жена моя и обе девочки проживут здесь ещё месяца два; пожалуйста, если что случится или что понадобится... [Ольга:] Да, да, конечно. Будьте покойны.* А. Чехов. Три сестры. ‖ Всё будет сделано как следует, как вы хотите. Вежл. положительный ответ на просьбу, распоряжение. *[Миша:] Он сказал-с, что всё будет прислано, как следует. Я особенно просил его о красном вине-с. Вы, говорят, будьте покойны-с. (Помолчав.) Позвольте узнать, Дарья Ивановна, вы кого-нибудь ожидаете?* И. Тургенев. Провинциалка. *[Полина:] Знаете, что я вам скажу? [Жадов:] Нет, не знаю. [Полина:] Только вы, пожалуйста, маменьке не сказывайте. [Жадов:] Не скажу, будьте покойны.* А. Островский. Доходное место. *«Берегите Медведева Мишку!» — обернувшись, приказала Настя. — Я к нему скоро в гости приеду». — «Будь покойна, барышня!» — пообещал колхоз.* А. Платонов. Котлован. **2.** *В знач. утвердит. частицы.* Да, именно так. *Прост.* Ответ на вопросит. обращение или на выражение недоверия, сомнения собеседника. *[Лизавета Ивановна:] Неужели это правда? Право, мне не верится. Что-нибудь да не так. [Андрей Титыч:] Уж это так точно-с, будьте покойны. Диви бы негде было учиться, или бы денег не было; а то денег угол непочатый лежит, девать куда, не сообразим.* А. Островский. В чужом пиру похмелье. *«Ты разве контра?» — спросил Кручёных, переходя на ты. «Нет — беспартийная оппозиция». — «Интересно...» — «Да уж будьте покойны...»* А. Новиков. Причина происхождения туманностей.

Поко́рный, -ая. **Покорнейший,** -ая. **Покорно. Покорнейше.** ◊ **1.** Интенсификаторы вежливости в формулах учтив. или почтит. просьбы, благодарности. ♦ **(У меня к Вам) покорная (покорнейшая) просьба.** ♦ **Я к Вам с покорной (покорнейшей) просьбой.** См. Просьба. **Покорно (покорнейше) (Вас) прошу.** См. Просить. ♦ **Покорно (покорнейше) (Вас) благодарю.** См. Благодарю. **2.** Этикетный эпитет в эпистолярных формулах подписи адресанта, употр. в заключении письма. ♦ **(Остаюсь всегда Ваш) покорный (покорнейший) к услугам...** ◊ См. Услуга. ♦ **Ваш покорный (покорнейший) слуга.** ♦ **Слуга покорный!** См. Слуга. ♦ **Ваш покорный (покорнейший)** (подпись адресанта). ◊ *Эпист.* Формула вежливости в заключении неофиц. писем к близким родственникам, а также знакомым, равным или низшим по положению, вместо ♦ Ваш покорный (покорнейший) слуга. *Прощайте, любезный мой; не взыщите на скоропись и недостаток склада. <...> / Алексею Александровичу моё почтение скажите. / Вам преданный и покорнейший / А. Грибоедов.* А. Грибоедов. Письмо Н. А. Каховскому, 25 июня 1820. *Извините... Не могу более писать. На первый раз довольно. / Ваш покорнейший, навек вам преданный сын / Н. Гоголь.* Н. Гоголь. Письмо М. И. Гоголь, 3 янв. 1829.

Покро́в Божий над тобою! ◊ *Прост.* Пожелание благополучия при прощании. Употр. в речи набожных людей. *Посидел гость и, видя, что больше ничего не добьётся от распевшегося Мемнона, сказал: — Поеду я, Мемнонушка. Покров Божий над тобою! — Дьякон только рукой махнул.* П. Мельников (Печерский). На горах.

Покройте нашу глупость своей лаской-милостью. *Обл.* Почтительно-самоуничижительное извинение. *Спохватилась мастерица, что этак, пожалуй, и гостинца не будет. Тотчас понизила голос, заговорила мягко, льстиво, угодливо. — Ах, сударыня ты моя Дарья Сергевна! Может что неугодное молвила — не обессудьте, не осудите, покройте нашу глупость своей лаской-милостью...* П. Мельников (Печерский). На горах.

Поку́шай/те. *Сов. в.* к **Кушай/те.** *Разг.* Вежл. форма угощения. ♦ **Вы нашу речь по-**

слушайте — приневольтесь да покушайте. ⚁ *Прост.* ♦ **Что ру́шано, да не покушано (скушано) — хозя́йке поко́р.** *Погов.* ⚁ Формулы настойчиво-шутливого угощения; употр. обычно как ответ на отказ гостя съесть ещё что-л. «*Соседушка, мой свет! Пожалуйста, покушай!*» — «*Соседушка, я сыт по горло*». — «*Нужды нет, Ещё тарелочку; послушай: Ушица, её-же-ей, на славу сварена!*» И. Крылов. Демьянова уха. «*Покушайте, гости дорогие,* — *заговорила в свою очередь Аксинья Захаровна. — Что мало кушаете, Данило Тихоныч? Аль вам хозяйской хлеба-соли жаль?*» — «*Много довольны, сударыня Аксинья Захаровна,* — *приглаживая бороду, сказал старый Снежков,* — *довольны предовольны. Власть ваша, больше никак не могу*». — «*Да вы нашу-то речь послушайте — приневольтесь да покушайте!* — *отвечала Аксинья Захаровна, ведь по-нашему, по-деревенскому, что порушено, да не скушано, то хозяйке покор. Пожалейте хоть маленько меня, не срамите моей головы, покушайте хоть маленечко*». П. Мельников (Печерский). В лесах.

Поле́зный, -ая; -зен, -зна; -зны. ♦ **Чем (я) могу быть полезен?** *Учтив. вопросит. обращение старшего или равного по положению к посетителю; что вы хотите? что вам угодно?* «*Я пришла к вам по очень важному делу*». — «*Чем могу быть полезен?*» — *спросил Алексей Алексеевич, показав вошедшей на стул, сам спокойно опустился в рабочее кресло и положил руки на подлокотники.* А. Толстой. Хождение по мукам. ♦ **Могу ли я (Не могу ли я) быть (Вам, тебе) чем-нибудь полезен (полезным)?** ♦ **Я могу быть (Вам) чем-нибудь полезен?** *Формы учтив. вопросит. обращения с предложением помощи, выражением готовности откликнуться на вопрос или просьбу собеседника. Моё первое знакомство с ним произошло после того, как он, вылетев из окна второго этажа, пролетел мимо окна первого этажа, где я в то время жил, — и упал на мостовую. Я выглянул из своего окна и участливо спросил: «Не могу ли я быть вам чем-нибудь полезным?» — «Почему не можете? — добродушно кивнул он головой <...>. Конечно же можете».* А. Аверченко. Рыцарь индустрии.

По́лно (Вам, тебе). ♦ **По́лноте (Вам).** *Прост.* Хватит. Перестаньте. Просьба или требование к адресату (адресатам) прекратить что-л. делать, говорить. «*Они [немцы] нас вздуют*». — «*Ну, как же!*» — «*Да разумеется, вздуют*». — «*Полноте, пожалуйста: не так-то это просто нас вздуть...*» Н. Лесков. Железная воля. *Толстый смотритель стоял на крылечке и дымил сигарой. «Вам лошадей?» — спросил он, не дав мне ещё и поздороваться. «Да, лошадей». — «Нет». — «Э, полноте, Василий Иванович! Я ведь вижу...»* — <...> *Василий Иванович засмеялся.* В. Короленко. Убивец. ‖ *Форма возражения.* — *Да полноте вы, Домна Платоновна, какой я ей любовник?* Н. Лесков. Воительница. *А однажды вечером в саду, задыхаясь от жары, он сообщил Климу, как новость: «Умираю. Осенью, наверное, умру». — «Полноте, что вы», — возразил Самгин, заботясь, чтоб слова его звучали не очень равнодушно.* М. Горький. Жизнь Клима Самгина. ‖ В знач. «Ну что вы! Не сто́ит!» *Ответ на усиленное извинение или многословную благодарность собеседника.* «*Конечно, мне должно быть совестно*», — *отвечал Николай Петрович, всё более и более краснея. «Полно, папаша, полно, сделай одолжение!» — Аркадий ласково улыбнулся.* И. Тургенев. Отцы и дети. «*Вы извините мне... этот монолог...*» — «*Полноте, что вы!*» — *воскликнул Самгин, уверенно чувствуя себя человеком более значительным и сильным, чем гость его.* М. Горький. Жизнь Клима Самгина. ♦ **По́лно/те (кручиниться, плакать, горевать, печалиться...).** *Прост.* Формула утешения. *И крупные слёзы выступили из горевших очей Флёнушки, и, порывисто рыдая, припала она рыдающим лицом к плечу Манефы. — Полно, а ты полно, Флёнушка!.. Полно, моя дорогая!.. — взволнованным донельзя голосом уговаривала её сама до слёз растроганная Манефа.* П. Мельников (Печерский). В лесах. — *Эх, Варвара, полно тебе, право; ну что ты себя понапрасну убиваешь.* Д. Григорович. Антон-горемыка. *Полно кручиниться! Как же это не стыдно вам! Ну полноте, ангельчик мой; как это вам такие мысли приходят.* Ф. Достоевский. Бедные люди. ♦ **По́лно печалиться, дело не поправится.** *Погов.* Употр. как форма утешения, ободрения собеседника.

По́лный, -ая, -ое. Большой. Интенсификатор вежливости в формулах речевого этикета.

♦ **С по́лным (мои́м, на́шим) удово́льствием.** ⌆ *Прост.* См. Удовольствие. ♦ **Оста́юсь с по́лным уваже́нием Ваш гото́вый к услу́гам...** ⌆ *Эпист.* См. Оставаться.

Положи́, Го́сподь, ка́мешком, подыми́ пёрышком! *Обл.* Пожелание спокойной ночи и лёгкого утреннего пробуждения. *Пробросав на меня крестики двумя соединёнными пальцами, ровно бы не ртом, а выветренным листом, она [бабушка] прошелестела: «Положи, Господь, камешком, подыми пёрышком!» — задёрнула ситцевую занавеску в проёме и неслышно удалилась.* В. Астафьев. Последний поклон.

Полоса́ пробежи́т — друга́я набежи́т. *Посл.* Трудности, неприятности в жизни сменяются радостью, благополучием. Употр. как форма утешения, ободрения собеседника.

По́льзуюсь слу́чаем (поблагодари́ть, вы́разить глубо́кую призна́тельность, уваже́ние, восхище́ние; поздра́вить и пожела́ть...). *Преимущ. эпист.* Формула учтив. благодарности, поздравления, пожелания. *Пользуюсь случаем выразить Вам своё глубокое чувство признательности и уважения, с которым остаюсь Вашим покорнейшим слугою / А... С... (образец поздравительного письма к знакомым).* Правила светской жизни и этикета (1899). *Пользуюсь случаем поблагодарить от всей души лично Вас за дружеское отношение ко мне, за хороший тон ваших славных писем и за это деликатное, даже щепетильное внимание ко мне.* М. Горький. Письмо К. П. Пятницкому, 25 июля 1900.

Польщён. ♦ **Весьма́ (о́чень) польщён.** 1. Вежл. ответ на похвалу, комплимент. *Я встал, отворил: у порога стоит высокая девушка в серой зимней шляпке ‹...›. «Я консерваторка, Муза Граф. Слышала, что вы интересный человек, и пришла познакомиться. Ничего не имеете против?» Довольно удивлённый, я ответил, конечно, любезностью: «Очень польщён, милости прошу. Только должен предупредить, что слухи, дошедшие до вас, вряд ли правильны: ничего интересного во мне, кажется, нет».* И. Бунин. Муза. **2.** ⌆ Учтив. ответ на представление при знакомстве; то же, что ♦ **О́чень (весьма́) прия́тно.** *[Монахов:] Маврикий Осипович Монахов, акцизный надзиратель. [Цыганов:] Весьма польщён... Сергей Николаевич Цыганов.* М. Горький. Варвары. | В совр. употр. — шутл. *«Познакомьтесь, — сказала Ирина Николаю и Иеремныку. — Это мои однокурсники Вова и Митя. Ещё их в институте звали верзилой и крошкой. Они работают в проектной конторе». Оказалось, что Крошкой звали длинного, а короткого — верзилой. «Мне так приятно...» — угрюмо буркнул Крошка. «Поверьте, я очень польщён», — шаркнул ножкой Верзила.* А. Рекемчук. Молодо — зелено.

Помале́ньку. ♦ **Живём помале́ньку.** *Разг.* Неплохо, так себе. Ответы на обычные при встрече вопросы: Как живёшь? Как поживаете? Как дела? и т. п. *[Шпигельский (Шаафу, подавая ему табакерку):] Ну, Адам Иваныч, ви бефинден зи зих? [Шааф (нюхая с важностью):] Карашо. А фи как? [Шпигельский:] Покорно благодарю, помаленьку.* И. Тургенев. Месяц в деревне. *[Ломов:] Как изволите поживать? [Чубуков:] Живём помаленьку, ангел мой, вашими молитвами.* А. Чехов. Предложение. ⌆ *[Две бывших одноклассницы случайно встретились на улице:] «Привет! Как жизнь? Что нового?» — «Да так, ничего, помаленьку... Ты как?»* (1992).

Помила́ша (моя́). Помила́шечка (моя́). *Обл.* Ласк. обращение парня к любимой девушке. *Помилашечка моя, Сделай уваженье! Стану, буду к вам ходить Кажно воскресенье.* Частушка. СРНГ.

Помилосе́рдствуй/те. Помилосе́рдуй/те. 1. ⌆ *Прост.* Проявите милосердие, смилуйтесь. Усиленная просьба, мольба. *[Извозчик в полицейском участке:] Помилуйте, не погубите, не держите, наше дело дорожное: нам сутки простою с лошадьми дороже головы... помилосердуйте!* В. Даль. Двухаршинный нос. *[Леонид Фёдорович:] Вот и бумага ваша. Не могу подписать. [3-й мужик:] А ты пожалей, отец, помилосердствуй!* Л. Толстой. Плоды просвещения. | В совр. употр. — шутл. *Отлично помню, как, весело глядя мне в лицо ‹...›, он [Мересьев] сказал, улыбаясь: — Помилосердствуйте! Честное слово, с ног валюсь. В ушах гудит. Вы кушали? Нет? Ну и отлично! Пойдёмте в столовку, поужинаем вместе.* Б. Полевой. Повесть о настоящем человеке. **2.** *Разг., экспрессив.* Форма выражения несогласия, возражения; то же, что Помилуй/те (во 2 знач.). «*Боже! — вскрикивал Митя, — если бы вы только знали, как мне необходимо и в каком я теперь отчаянии!*» — «*Нет уж, лучше бы вам повременить до утра*», — повторил батюшка. «*До утра? Помилосердствуйте, это невозможно!*» Ф. Достоевский. Братья Карамазовы. [*Расплюев:*] *Федорушка! Разве тебе радость какая или добыча будет, если меня в непутном-то месте отстегают?* [*Фёдор:*] *Помилосердствуйте, Иван Антоныч! дворянина? что вы!* А. Сухово-Кобылин. Свадьба Кречинского. «*Почему ж ты ей не понравился? Да отвечай же, ради Бога, чего ж ты стоишь?*» — «*Помилосердуйте, дядюшка! да разве можно задавать такие вопросы?*» Ф. Достоевский. Село Степанчиково и его обитатели.

Поми́луй/те. 1. ⌛ Пощадите, смилуйтесь. Просьба, мольба к высшему по положению о пощаде, снисхождении, прощении. [*Молчалин (ползает у ног её):*] *Помилуйте...* [*София:*] *Не подличайте, встаньте. Ответа не хочу, я знаю ваш ответ, Солжёте...* [*Молчалин:*] *Сделайте мне милость...* [*София:*] *Нет. Нет. Нет.* А. Грибоедов. Горе от ума. *Аркадий Павлыч нахмурился, закусил губу и подошёл к просителям. Оба молча поклонились ему в ноги <...>. — Помилуй, государь! Дай вздохнуть... Замучены совсем.* И. Тургенев. Бурмистр. **2.** *Разг.* Форма вежл., но решительного возражения, несогласия, в значении: «да что вы! как можно!» «*Дай ему мой заячий тулуп*». — «*Помилуй, батюшка, Пётр Андреич!* — *сказал Савельич, — зачем ему твой заячий тулуп? Он его пропьёт, собака, в первом кабаке*». А. Пушкин. Капитанская дочка. [*Хлестаков:*] *Как я счастлив, что наконец сижу подле вас!* [*Анна Андреевна:*] *Помилуйте, я никак не смею принять на свой счёт.* Н. Гоголь. Ревизор. «*Мочалов в этом отношении гораздо выше*», — *заметил Калинович, опять чтоб что-нибудь сказать.* «*Помилуйте, как это возможно!* — *воскликнул Белавин, — это лицедей, балетчик, а тот человек... Помилуйте: одно уж это осмысленное, прекрасное подвижное лицо, этот симпатичный голос, помилуйте!*» А. Писемский. Тысяча душ. «*Да мне не надо платья!*» — *отбивается от двух молодцов в поддёвках, ухвативших его за руки, какой-нибудь купец или даже чиновник.* «*Помилте, вашздоровье, — или, если чиновник, — васкобородие, да вы только поглядите товар*». В. Гиляровский. Москва и москвичи. **3.** *Разг. Вежл.* радушный ответ на просьбу, положительный ответ на вопросительное обращение; ну конечно же! [*Кречинский:*] *Ну, довольны вы, Пётр Константиныч?* [*Муромский:*] *Совершенно, совершенно доволен. Помилуйте! Просто с ума сошёл.* А. Сухово-Кобылин. Свадьба Кречинского. «*Так уж я надеюсь, что в случае чего вы меня поддержите*». — «*Как же, как же, помилуйте, с величайшим удовольствием*», — *сказал Миньчуков.* Ф. Сологуб. Мелкий бес. **4.** *Разг. Вежл.* ответ на извинение или благодарность в значении: «Ну что вы! Не за что!» *Лежнев начал раскланиваться.* «*Прощайте, мосьё Лежнев! Извините, что обеспокоила вас*». — «*Ничего, помилуйте*», — *возразил Лежнев и вышел.* И. Тургенев. Рудин. «*Вы на меня не претендуйте, Прохор Игнатьич!* — *сказал полковой командир <...> — Служба царская... нельзя... другой раз во фронте оборвёшь... Сам извинюсь первый, вы меня знаете <...>*». — «*Помилуйте, генерал, да смею ли я!*» — *отвечал капитан, краснея носом, улыбаясь...* Л. Толстой. Война и мир. «*Вы ведь, кажется, москвич?*» — *продолжал редактор, когда Калинович сел.* «*Да... Но, впрочем, последнее время я жил в провинции <...> и, приехав сюда, — прибавил он несколько официальным тоном, — я поставил себе долгом явиться к вам и поблагодарить, что вы в вашем журнале дали место моему маленькому труду*». — «*О, помилуйте! Это наша обязанность*», — *подхватил редактор, быстро опуская на ковёр глаза...* А. Писемский. Тысяча душ. ◆ **Помилуй/те-скажи/те.** ⌛ *Обл. и прост.* Решительное возражение, несогласие. — *Господи! да чтобы приятелей не угостить!.. Помилуй-скажи!* Н. Златовратский. Деревенские будни. ◆ **Помилуй тебя (Вас) Бог (Господь, Спаситель, Христос; ангел-хранитель).** ◆ **Помилуй тя и сохрани Господь на сто лет со днём (на сто лет с приле́тками)!** ◆ **Сохрани (спаси, упаси) Вас (тебя) Бог и помилуй!** ⌛ *Прост.* Формы доброго пожелания при прощании, поздравлении, выражении благодарности. ‖ Формы выражения благодарности, как ◆ **Спаси (Вас, тебя) Бог.** ‖ Формы предостережения; обереги. См. также: ◆ **Сохрани Бог.** ◆ **Спаси Бог.** ◆ **Помилуй Бог.** *В знач. вводн. Прост.* Оберег, употр.

в знач. пожелания: «пусть этого не случится» при упоминании о чём-л. страшном, крайне нежелательном. *[Лиза:] Сужу-с не по рассказам; Запрёт он вас; — добро ещё со мной; А то, помилуй Бог, как разом Меня, Молчалина и всех с двора долой. А. Грибоедов. Горе от ума. [Савелий (снохе):] <...> всё подле себя малого содержишь, всё с ним возишься; ну, помилуй Бог, ещё заснёшь как-нибудь... Долго ли до беды! Д. Григорович. Кошки и мышки.*

Помина́ть (Помяну́ть). ♦ **Помяни/те (Н.)** — просят нищего, подавая ему милостыню; с такой же просьбой родственники, близкие друзья обращаются к знакомым и незнакомым, угощая их или отдавая им какие-л. вещи покойного на память о нём. ♦ **Помянем (Давай/те помянем) (добрым словом) (Н., душу усопшего...).** Обращение к собравшимся за столом выпить, покушать, сказать доброе слово о покойном. — *А вот покойничек рябиновочку обожал... Помянем душу усопшего рябиновочкой... Отец Никодим, пожалуйте по единой, — подтягивал церковный староста, друг покойного. В. Гиляровский. Москва и москвичи. И вот кто же догадался сказать про родителя? Александра Баева, старушонка, которая помогала ей угощать гостей. — Ну, тепере-ка, думаю, не грешно и Ивана Дмитриевича добрым словом помянуть.* Ф. Абрамов. Дом. ♦ **На поми́н души (выпьем, прими/те, возьми/те).** ⌛ *Разг.* Помянем, помяни/те. ♦ **Лёгок на помине.** См. Лёгкий. ♦ **На помин, будто (как) сноп на овин.** ♦ **На поми́нках, как лиса на овинках.** ⌛ *Прост.* Шутл. поговорки, употр. при появлении близкого знакомого, приятеля как раз в тот момент, когда о нём заговорили. *[Иван Африканович] увидал мужиков, поздоровался со стариками. Присел на брёвна. — На помин, как сноп на овин, — сказал Куров. — Ивану Африкановичу наше почтение.* В. Белов. Привычное дело. *В дверь вошёл Сенька, замялся. — О! — сказал Шатунов. — На поминках, как лиса на овинках. Слушай приказ.* В. Крупин. Ямщицкая повесть. См. также: ♦ **На сухой лес будь помянуто (от слова не сбудется).** ⌛ *Прост.* Оберег; выражение, употр. при разговоре о чём-л. страшном, опасном (болезнях, несчастных случаях и т. п.). ♦ **Не к ночи будь помянут (помянутый, помянуто, сказано, сказать).** *Прост. Вводн.* Оберег, оборонительно-заклинательная приговорка, употр. пожилыми людьми при случайном произнесении в вечернее время имени покойника или нечистой силы. *Бабушка тихонько успокаивала <...> и добавляла: «Весь он в дедушку Григория. Тот, покойник, не к ночи будь помянутый, Онисью до полусмерти вожжами испонужал».* В. Юровский. Журавлиные корни. ♦ **Не тем будь помянут (покойник).** *Вводн. Разг.* Оговорка, когда случается говорить нелестное о покойном. [От обычая, распространённого едва ли не повсеместно, не говорить об умерших плохо из этических соображений или анимистического страха перед ними. Ср. лат.: De mortuis et absentibus nihil nisi bene — «о мёртвых и отсутствующих ничего, кроме хорошего»]. ♦ **Не поминай/те лихом (худом) (меня, нас).** *Разг.* Просьба при прощании (обычно надолго или навсегда): не обижайтесь, не сердитесь, не судите слишком строго, если что не так. [Лихо — зло. Первонач. только о покойниках *(Покойника не поминай лихом. О покойнике худа не молви.)* или как просьба умирающего. Из широко распростр. поверья, что покойнику на том свете будет плохо, если вспоминать о нём недобрым словом]. *Между тем прощай, милый Пушкин. Пожалуйста, не поминай лихом.* Е. Баратынский. Письмо А. С. Пушкину, февр. 1828. *«Еду. Прощай. Не поминай меня лихом». — «Ну, не поминай же лихом и меня... и не забудь, что я сказал тебе. Прощай...» Приятели обнялись.* И. Тургенев. Рудин. *[Глафира:] В монастырь собираюсь на днях. [Лыняев:] Нет, вы шутите? [Глафира:] Не шучу. Прощайте! Не поминайте лихом. В самом деле, не сердитесь на меня за мои шутки! Мне хочется оставить добрую память по себе.* А. Островский. Волки и овцы. *[Елена Андреевна:] Ну, давайте пожмём друг другу руки и разойдёмся друзьями. Не поминайте лихом.* А. Чехов. Дядя Ваня. *«Извините, говорю, ежели напугал вас... Не вовремя или что... Так я и уйду. Прощайте, мол, не поминайте лихом, добром, видно, не помянете». Встал он, в лицо мне посмотрел и руку подаёт.* В. Короленко. Чудная. *На другой день Аксинья, получив расчёт, собрала пожитки. Прощаясь с Евгением, всплакнула: «Не поминайте лихом, Евгений*

Николаевич». — «Ну что ты, милая!.. Спасибо тебе за всё». М. Шолохов. Тихий Дон. *С приходом Ивана Африкановича старики прикрыли этот интересный спор, к тому же зашёл Фёдор, и Иван Африканович заодно попрощался с ним: «Ежели что, худом не поминайте... Это... пока, значит...» — «Счастливо, Африканович...»* В. Белов. Привычное дело.

По́мнить. ♦ **Помните (меня, Вашего, любящего Вас...)** + (Имя или подпись адресанта). ♦ **Прошу помнить (Вашего, преданного Вам...)** + (Имя, имя-отчество, фамилия или подпись адресанта). *Эпист.* Заключительные формулы просьбы, употр. в дружеск., бытовых и любовных письмах для выражения любви, привязанности к адресату. *P. S. Моя душа так полна, так полна теперь слезами... Слёзы теснят меня, рвут меня. Прощайте. Боже! Как грустно!/ Помните, помните вашу бедную Вареньку!* Ф. Достоевский. Бедные люди. ♦ **Помни дни и по́лдни.** *Обл.* 1. Помни долго, не забывай. 2. Будь осторожным, остерегайся. Совет.

Помога́й (Помоги́) (Вам, тебе) Бог (Боже, Господь, Царица Небесная, Никола-угодник...). *Прост.* 1. Формы пожелания успехов в какой-л. деятельности. То же, что ♦ **Бог в помощь!** Употр. преимущ. в речи пожилых людей. *[Священник:] Теперь еду к архиерею на испытание. Боюсь, что сошлют в Соловецкий. <...> [Николай Иванович:] Ну, помогай Бог.* Л. Толстой. И свет во тьме светит. *«Ты куда же едешь?» — спросил он [старик], притопывая ногами. «Учиться», — ответил Егорушка. «Учиться? Ага... Ну, помогай Царица Небесная. Так. Ум хорошо, а два лучше...»* А. Чехов. Степь. *Старый жиган раздумчиво потупил голову и наконец махнул рукой как на дело совсем ему неподходящее. — Нет, брат, помогай тебе Микола-святитель одному бежать, а меня уж не замай, — ответил он Гречке.* В. Крестовский. Петербургские трущобы. *«Поедешь баб догонять?» — не скрывая удивления, спросил Устин. «Точно. Попробую и женщин уговорить, чтобы поработали сегодня». — «А подчинятся они тебе?» — «Там видно будет. Уговор — не приказ». — «Ну что же, помогай тебе боженька и матка бозка ченстоховска! Слушай-ка, председатель, возьми и меня с собой».* М. Шолохов. Поднятая целина. 2. **Помогай (помоги) Бог.** ⚜ *Обл.* (?) Форма приветствия. *Комната, в которую вступил Иван Иванович, была совершенно темна <...>. — «Помоги Бог!» — сказал Иван Иванович. — «А! здравствуйте, Иван Иванович!» — отвечал голос из угла комнаты. Тогда только Иван Иванович заметил Ивана Никифоровича, лежавшего на разостланном на полу ковре. — Извините, что я перед вами в натуре».* Н. Гоголь. Повесть о том, как поссорился Иван Иванович с Иваном Никифоровичем. ♦ **Помогай Бог и нашим и вашим!** ⚜ Приветствие-пожелание. ♦ **Челом четырём, а пятому помогай Бог.** См. **Челом.**

Помоги́/те (мне, моему горю). Просьба о помощи. Нередко для вежливости и усиления экспрессии употр. со словами-интенсификаторами: *ради Христа, ради Бога, пожалуйста, будьте добры* и др. *«А ты, милая моя, чево ко мне. Ко мне, знахарке, так просто не ходят...» — «Помоги, баушка! Ребёночек у меня сучит ножками, не спит по ночам».* П. Еремеев. Обиход. *Прошу Вас от всей души, помогите Вы устроить вечер.* А. Блок. Письмо А. Н. Чеботаревской, 19 янв. 1908. ♦ **Помогите мне советом.** См. **Совет.**

Помоли́мшись! (Помоле́мшись!) *Обл.* Формы приветствия, поздравления идущих из церкви. *[Силан (Параше с поклоном):] Помолимшись! [Параша:] Бог милости прислал, дядюшка Силантий.* А. Островский. Горячее сердце. *Толкутся в воротах нищие, поздравляют: — Помолемшись!* И. Шмелёв. Лето Господне.

Понемно́гу. Понемножку. Живём понемногу (понемножку). *Разг.* Формы ответа на обычные вопросы при встрече: *Как живёте (поживаете)? Как дела (здоровье)?* и т. п. То же, что **Помаленьку. Потихоньку.** *[Бородкин:] Наше вам почтенье, Авдотья Максимовна. [Авдотья Максимовна:] Здравствуйте, Иван Петрович. Здорова ли ваша маменька? [Бородкин:] Слава Богу, покорно вас благодарю. Ваше как здоровье-с? [Авдотья Максимовна:] Понемножку. Вы тятеньку дожидаетесь?* А. Островский. Не в свои сани не садись.

Понесли́сь. *Прост.* Краткий, преимущ. мужск., тост в неофиц. обстановке. То же, что **Поехали.** *[Зилов:] Итак, друзья... (Взял в руки рюмку.) Поехали? [Саяпин:] Понеслись.*

[Валерия:] Стойте!.. «Понеслись, поехали!» Что вы в пивной, что ли. Здесь новоселье, по-моему. А. Вампилов. Утиная охота.

Понима́ть (Поня́ть). ♦ **Я Вас (тебя) (очень, хорошо) понимаю.** ♦ **Я понимаю Ваше (твоё) положение.** ♦ **Как я Вас (тебя) понимаю!** *Экспрессив.* Формы выражения сочувствия, солидарности с собеседником. *[Улита:] Понимаю, матушка-барыня, понимаю. Пожалуйте ручку! (Целует руку Гурмыжской.) Уж как я вас понимаю, так это только одно удивление.* А. Островский. Лес. ▱ *[Из разговора студентки с сокурсником:] «Ну, что, сдал?» — «Не-а». — «А что попалось?» — «Да ерунда... Ей говоришь, она не слушает, я говорю — она вопросы задаёт...» — «Я тебя понимаю, сама через это прошла...»* (1992). ♦ **Я понимаю (Вас, тебя; Ваше / твоё положение...), но...** Формула мягкого возражения или отказа. — *Я понимаю ваше положение, — сказала она ему, — <...> но вы отдадите мне хоть ту справедливость, что со мной легко живётся; я не стану вам навязываться, стеснять вас; я хотела обеспечить будущность Ады; больше мне ничего не нужно.* И. Тургенев. Дворянское гнездо. ♦ **Вот это я понимаю!** *Разг. Экспрессив.* Форма похвалы, одобрения, восхищения в значении «очень хорошо, замечательно, именно то, что нужно». **Понимаете (Понимаешь) (ли)...** ♦ **Вы понимаете (Ты понимаешь).** *В знач. вводн. Разг.* Формы обращения к собеседнику в ходе беседы с целью привлечь его внимание к сообщаемому, подчеркнуть что-л. *[Надя:] Знаешь, тётя, выходим мы из лесу — вдруг трое пьяных рабочих... понимаешь? [Полина:] Ну вот! Я всегда говорила тебе...* М. Горький. Враги. — *Вот в чём, — начал [Нагульнов] нерешительно. — Этот Бородин <...> вместе с нами в восемнадцатом году добровольно ушёл в Красную гвардию. <...> И ты понимаешь, товарищ рабочий, как он нам сердце полоснул? Зубами, как кобель в падлу, вцепился в хозяйство, вернувшись домой... И начал богатеть...* М. Шолохов. Поднятая целина. ♦ **Пойми/те (меня).** *Разг.* Просьба, призыв к собеседнику с целью привлечь его внимание к сообщаемому, вызвать доверительное отношение, убедить в искренности своих слов и намерений. — *Милая тётушка, будьте мне другом, помогите мне, не сердитесь, поймите меня...* И. Тургенев. Дворянское гнездо. ♦ **Пойми/те меня правильно.** *Вводн.* Фраза, которую говорящий нередко употребляет из опасения, что его могут заподозрить в неискренности, неблаговидных намерениях. ▱ *[Выступает кандидат на пост губернатора:] Поймите меня правильно, я вовсе не сторонник «сильной руки», но сегодня порядок одними увещеваниями не наведёшь* (1996). ♦ **Как не понять (не понимать).** *Разг.* Понимаю. Форма выражения согласия, употр. обычно в ответ на вопросит. обращение «Понимаешь?» или на призыв «Поймите (меня)». См. Как не...

Поня́тно. ♦ **Понятное дело.** *В знач. утвердит. частицы. Разг.* Да, конечно, разумеется; я вас понял (понимаю). Формы выражения согласия со словами собеседника; принятия его сообщения, распоряжения к сведению, исполнению. *«Сделаете [мост] — вся армия будет благодарна, не сделаете — всю армию подведёте». — «Понятно, товарищ командующий».* К. Симонов. Живые и мёртвые.

Попла́чь, легче станет. (♦ **Вы / ты поплачь/те, Вам / тебе легче станет.**) *Разг.* Сочувственный совет близкому знакомому, родственнику, молча и тяжело переживающему большое горе. *А ввечеру Дросида Петровна говорит: «Ну, так нельзя, — ты не спишь, а между тем лежишь как каменная. Это не хорошо — ты плачь, чтобы из сердца исток был». Я говорю: «Не могу, тёточка, сердце у меня как уголь горит и истоку нет».* Н. Лесков. Тупейный художник. ▱ *[Пожилая соседка, утешая молодую женщину, у которой в аварии погиб муж, советует:] Ты, деточка, не держи в себе боль-то, ты поплачь, легче станет...* (1992).

Поправи́мое дело. ♦ (**Ну, ничего, это) Дело поправимое.** ♦ **Ну, это всё поправимо.** *Разг.* Формы утешения, успокаивания, ободрения собеседника: всё можно исправить, всё ещё может измениться к лучшему, восстановиться. *«Постарели, Николай Васильевич». — «Да, теперь я <...> похож на Расплюева после трёпки докучаевской». — «Ничего, это дело поправимое», — успокоил я его.* В. Гиляровский. Друзья и встречи.

Поправля́йтесь. (**Поправляйся.**) Пожелание больному при прощании. *До свиданья, поправляйтесь и укрепляйтесь, напишите мне* побольше. А. Блок. Письмо Н. А. Нолле-Коган, 2 июля 1921. *В палату вошёл доктор, посмотрел на часы. «Девушка, милая, сколько вы обещали пробыть?» — «Всё, доктор. Ухожу. Поправляйтесь, Павел».* В. Шукшин. Любавины.

Поприся́дем/те. ⚐ *Прост.* То же, что Присядем. *«Ну, так, значит, поприсядемте!» — продолжал Пётр Михайлыч, и на глазах его навернулись слёзы. Все сели <…>. — «Ну!» — снова начал Пётр Михайлыч, вставая; потом, помолившись и пробормотав ещё раз «Ну», обнял и поцеловал Калиновича. Настенька тоже обняла его. Она не плакала… — «Прощайте, желаю благополучного пути туда и обратно», — проговорил с какими-то гримасами капитан.* А. Писемский. Тысяча душ.

Попроси́ть. В разнообразных формулах просьбы. ♦ **Осмелюсь Вас попросить** (о чём-л., сделать что-л.). ⚐ *Учтив.* К высшему по положению. ♦ **Позвольте (разрешите) Вас попросить** (о чём-л., сделать что-л.). ♦ **Позволь/те (разреши/те) у Вас (у тебя) попросить** (что-л.). *Учтив.* или *галантн.* ♦ **Позволю себе попросить Вас** (о чём-л., сделать что-л.). *Учтив.* ♦ **Могу (ли) я (можно мне) попросить (Вас, тебя)** (о чём-л., сделать что-л.)? ♦ **Могу (ли) я (не могу ли я; можно мне) попросить (у Вас, у тебя)** (что-л.)? ♦ **Нельзя ли Вас (тебя) попросить** (о чём-л., сделать что-л.)? ♦ **Нельзя ли у Вас (у тебя) попросить** (что-л.)? ♦ **(Я) хочу (я хотел бы; мне хотелось бы) Вас (тебя) попросить** (о чём-л., сделать что-л.). ♦ **(Я) хочу (я хотел бы; мне хотелось бы) у Вас (у тебя) попросить** (что-л.). Формы вежл., учтив. или офиц. просьбы. *Позволь ещё тебя, единственный друг Герасим Иванович, попросить об одном деле… надеюсь, что ты не откажешь… а именно: нельзя ли заказать у вас в Петербурге портному самому лучшему фрак для меня?* Н. Гоголь. Письмо Г. И. Высоцкому, 26 июня 1827. *Молоденький круглолицый офицерик, ещё совершенный ребёнок, очевидно, только что выпущенный из корпуса <…>, строго обратился к Пьеру. — Господин, позвольте вас попросить с дороги, — сказал он ему, — здесь нельзя.* Л. Толстой. Война и мир. *«А можно тебя попросить об одной вещи?» — «Ну, господи!» — «Ты знаешь, неудобно… но так надо».* «Да пожалуйста же!» — сказал я, тоже улыбаясь.* А. Крупчаткин. Ночные прогулки. ▫ *«Оль, можно тебя попросить об одном одолженье?» — «Да, а что?» — «Позвони, а?» — «Кому?.. Вадику, что ли?»* (1992). ♦ **(Я) попрошу Вас (тебя)** (о чём-л., сделать что-л.). ♦ **(Я) попросил бы Вас** (о чём-л., сделать что-л.). *Вежл.* или *офиц.* *При сем я попросил бы Вас передать Майскому, чтоб он обождал печатать поэму до моего приезда, так как я её ещё значительней переделал.* С. Есенин. Письмо Е. Я. Белицкому, 14 авг. 1924. *[Надя:] Но, тётя же! Разве можно так говорить? [Полина:] Я попрошу не учить меня…* М. Горький. Враги. ♦ **Можно, я попрошу Вас (тебя)** (о чём-л., сделать что-л.). ▫ *— Можно, я попрошу вас, посмотрите за Колей, я в магазин сбегаю ненадолго* (1993). ♦ **Если я Вас попрошу…** ♦ **Что, если я Вас попрошу** (сделать что-л.)? *Разг.* Формулы мягкой просьбы. ♦ **Что я Вас попрошу…** *Разг.* — *Марина Ивановна, нянюшка, что я вас попрошу — сходите на болото по ягодки на полчасика. А я выкупаюсь.* Б. Шергин. Володька Добрынин. ♦ **Попрошу внимания!** См. Внимание.

Попроща́ться. ♦ **Позвольте (разрешите) попрощаться (с Вами).** ♦ **(Я) Хочу (хотел бы) попрощаться (с Вами).** ♦ **Я должен (мне необходимо) попрощаться (с Вами).** ♦ **Мне (нам) остаётся только попрощаться…** *Учтив.* или *офиц.-вежл.* формулы прощания. ▫ *[Ведущий радиопередачи:] На этом время нашей передачи заканчивается. Мне остаётся только попрощаться с вами и напомнить, что её подготовили для вас режиссёр Н. В., музыкальный редактор В. И., вела передачу С. Т.* (1992).

Попу́тал бес (грех, враг, лукавый, нечистый…) (меня). ⚐ *Прост.* Виноват, каюсь, поддался соблазну. Формула выражения сожаления, признания своей вины, раскаяния в содеянном, извинения перед высшим по положению. [Слова́ *нечистый, лукавый, враг* и т. п. являются эвфемизмами по отношению к слову *бес*, которое для многих верующих входит в число запретных слов, табу́.] *[Вакула:] Помилуй, государь! Я, слышь, вперёд не буду. Попутал бес меня.* И. Крылов. Подщипа. *[Приказчик] повалился генералу в ноги. «Батюшка, виноват — грех попутал — солгал».*

А. Пушкин. Дубровский. *[Купцы (кланяясь):] Виноваты, Антон Антонович! [Городничий:] Жаловаться? А кто тебе помог сплутовать <...>? [Один из купцов:] Богу виноваты, Антон Антонович! Лукавый попутал. И закаемся вперёд жаловаться. Уж какое хошь удовлетворение, не гневись только!* Н. Гоголь. Ревизор. *«Что же вы, гражданин, вводите нас в заблуждение?» — статистик вяло сморщился. «Кто его знает... враг попутал... верно, двадцать. Так точно... Вот, боже ты мой...»* М. Шолохов. Червоточинка. *— Стоит ли записывать, товарищ начальник? Бог с ним с пиджаком, с часами и деньгами. Наперёд буду умнее. Бес меня попутал связаться с такой, будь она неладна... девицей.* И. Соловьёв. Будни милиции. *Видя такое, Авдотья Тихоновна бледнела, осеняла себя крестным знамением. — Молчу, молчу, Илюша! — испуганной сорочьей скороговоркой твердила она, становясь впереди него и загораживая ему путь. — Господь с тобой! Что ж это я наделала, дура старая! Прости меня, Илья Спиридоныч, окаянный меня попутал, грех!..* М. Алексеев. Вишнёвый омут.

Попу́тного ве́тра! См. Ветер.

Пора́. ♦ **Мне пора.** ♦ **Мне пора уходить (отправляться...).** Разг. Фразы, которые обычно произносит гость перед тем, как попрощаться с хозяевами. Нередко со словами: «ну», «однако», «к сожалению», «извините» и т. п. *Юлия Сергеевна поднялась и протянула Лаптеву руку. — Виновата, — сказала она, — мне пора. Поклонитесь вашей сестре, пожалуйста.* А. Чехов. Три года. *Клим встал, протянул руку. «Мне пора». — «Я тоже иду», — сказал Робинзон.* М. Горький. Жизнь Клима Самгина. *[Борис:] Мне пора, папа. [Варвара Константиновна:] Уже? [Фёдор Иванович:] Ну что ж, пора так пора.* В. Розов. Вечно живые.
♦ **Пора и честь знать.** ♦ **Пора (надо) гостям и честь знать.** Разг. 1. *Шутл.* То же, что Пора. Говорится нередко гостем перед прощанием или в ответ на просьбу хозяев посидеть, погостить ещё. *«Что мало погостил?.. Аль соскучился?» — спросила Марьюшка. «Пора и честь знать, не век же гостить», — ответил Василий Борисыч.* П. Мельников (Печерский). В лесах. *[Годун:] Ну вот. Сказал, а теперь пора и честь знать... Прощайте...* Б. Лавренёв. Разлом. *Дядя Володя поднялся... «Ну, пора и честь знать, как говорят». — «Да посиди ещё! — воскликнул Николай. — Чего ты? Ещё успеешь. Куда торопиться-то?» «Посидите», — сказала и Груша. «Да нет, пойду... А то темно станет...» <...> «Ну, приходите... Не забывайте», — слышалось из большой комнаты. Мать говорила.* В. Шукшин. Позови меня в даль светлую. **2.** *Сухо-вежл.* Требование к засидевшемуся гостю, посетителю заканчивать встречу, уходить. *[Варя (Лопахину и Пищику):] Что ж, господа? Третий час, пора и честь знать. [Любовь Андреевна (смеётся):] Ты всё такая же, Варя. (Привлекает её к себе и целует.) Вот выпью кофе, тогда все уйдём.* А. Чехов. Вишнёвый сад. *— Ну, батюшка, <...> будет тебе прохлаждаться. Напился водицы, поговорил, да пора и честь знать.* А. Куприн. Олеся. ‖ ♦ **Пора и честь знать.** Настойчивая просьба или требование прекращать, заканчивать что-л. *«Ну, там посмотрим, господа». — «Давайте спать». — «Слушайте, оставьте споры, пора и честь знать, ведь остальные спать хотят». Возгоревшийся спор угасал.* М. Шолохов. Тихий Дон.

Пораде́й/те. ⚓ *Прост.* Помоги/те. Вежл. просьба. *Там [Чапурин] короткой речью сказал рядовичам, в чём дело, да, рассказавши, снял шапку, посмотрел на все четыре стороны и молвил: «Порадейте, господа купцы, выручите!» Получаса не прошло, семь тысяч в шапку ему накидали.* П. Мельников (Печерский). В лесах. | В речи образованных людей — шутл. *Дорогой Фёдор Дмитриевич! Прилагаю сию бумажку. Порадейте! Дело Божие, дело хорошее!* М. Горький. Письмо Ф. Д. Батюшкову, 10 дек. 1899.

Пора́довать. ♦ **Порадуй/те (нас, меня).** ♦ **Порадовал/и бы Вы нас...** ♦ **Не порадовали бы Вы нас?** ♦ **Как бы Вы (ты) нас порадовал/и!** Достав/те удовольствие, сделайте то, о чём прошу (просим). Вежл. просьба-комплимент к высшему или равному по положению; мужчины — к даме, девушке. *— Так уж я стану просить вас, милостивая наша барышня, чтобы сделали вы нам великое одолжение и милость несказанную, и мне, и Дунюшке, — говорил Смолокуров. — <...> Вы бы, пока не устроились в Фатьянке, погостили у нас... Порадуйте... Так бы одолжили!..* П. Мельников (Печерский). На горах. ♦ **Чем**

порадуете? (Чем порадуешь?) *Разг.* Какие новости? Что нового? Как успехи? Вопросит. обращ. к знакомому адресату, от которого говорящий надеется услышать приятные вести. | *Шутл.* или *ирон.* обращ. к знакомому адресату, равному или низшему по положению, от которого говорящий не надеется услышать ничего приятного для себя. Употр. обычно в ситуации, когда адресат приходит к адресанту. ▭ [В служебный кабинет зав. производством входит сотрудник отдела.] «А, Илья Петрович, заходите, заходите, присаживайтесь. Ну-с, как дела? чем порадуете?» — «На той неделе закончим». — «Это, мой дорогой, я уже слышал от вас на прошлой неделе... Нет ли чего новенького?» — «На той... точно. Может, даже к четвергу успеем...» (1990). ▭ [Мать — дочери, пришедшей из школы:] «Отучилась? Чем порадуешь?» — «Сегодня не спрашивали. А за контрольную — «четвертак». — «Ну и молодец... Переодевайся, иди ешь...» (1993).

Порасту́ши. Поростунушки. Поростунюшки. (Порастунюшки). Поростушеньки. (Порастушеньки). Поростушечки. (Порастушечки). Поростушки. (Порастушки). *Прост.* и *обл.* В ласковых обращениях и пожеланиях матери или няни к младенцу. См. Потягуши.

Порекомендова́ть (кого, что-л.; сделать что-л., не делать чего-л.). *Сов. вид к* Рекомендовать. ♦ **Порекомендую Вам (тебе)** (сделать что-л., не делать чего-л.). ♦ **Позволю себе порекомендовать Вам** (сделать что-л., не делать чего-л.). *Учтив.* ♦ **Я могу (мог бы) порекомендовать Вам (тебе)** (кого-л., что-л.; сделать что-л.). Формулы совета, предложения. Употр. обычно, когда адресат находится в затруднительной ситуации, ждёт или просит помощи, совета. — *Порекомендую нанять извозчика, — сказал сизый старик, — барышня поедет, это единственный выход из положения.* Ю. Герман. Наши знакомые. ▭ *Могу вам порекомендовать хорошего мастера.*

Поро́г. Порог в доме издревле имел ритуальную значимость. С ним связаны и некоторые нормы этикета. ▭ *Через порог не здороваются.* ▭ *Через порог руки не подают.* ▭ *Гостя встречай за порогом и пускай наперёд себя через порог.* ▭ *На пороге не стоят.* ▭ *Купцы на пороге в лавке не стоят (покупателей отгонишь).* ▭ *Через порог ничего не принимать — будет ссора.* ▭ *Убогий [нищий] за порогом стоит. Отсюда, вероятно, выражение* ♦ Стоять под порогами — «ходить по́ миру». В. Даль. ♦ **Вот тебе Бог, а вот — порог.** См. Бог.

Поро́да. *Обл.* Родня; родной, родимый. ♦ **Мама-порода.** ♦ **Ма́мушка-породушка.** ♦ **Матушка-породушка.** ⚐ *Обл. Ласк.* наименование матери или обращ. к ней. **Поро́дка.** ♦ **Породка моя.** ⚐ *Обл. Ласк.* обращ. к девушке или ребёнку. ▭ — *Ты снохе́ уважай! Че будет посылать, ты, породка, иди!* ▭ *Што милка моя, што породка моя, — это уж самые старые скажут.* СРНГ. **Поро́душка.** ⚐ *Обл.* То же, что Породка. ▭ *Породушка моя, соколушка моя, ох, милушка, вот жить-то как-то надоть.* ‖ *Ласк.* обращ. к матери или отцу. *Породушка моя матушка, какую ж ты меня горькую зародила!* ▭ *А невеста эта кричит на вечерушках: спасибо тебе, моя породушка, кормилец-батюшка за хлеб, за соль.* СРНГ.

Пороже́ный. ⚐ *Обл.* Родной, родимый, любезный, милый; рожёный, баже́ный. — *Здравствуй, моя маминька! Дайте лошадь богатырскую! — На что ж вам, дите мое пороженое?* СРНГ.

Поруча́ю (препоручаю) себя Вашему благорасположе́нию (Вашей благосклонности..., Вашему покровительству... в Ваше благорасположение...). ⚐ *Эпист.* Формула учтивости в заключении письма к высшему по положению. *Поручаю себя в ваше благорасположение и прошу принять уверения в искреннем моём уважении и преданности. / А. Пушкин.* А. Пушкин. Письмо И. М. Снегирёву, 9 апр. 1829. *Ожидая дальнейших Ваших приказаний, препоручаю себя Вашему благорасположению и честь имею быть с глубочайшим почтением и сердечной преданностью, / Милостивый Государь, Ваш покорнейший слуга / Александр Пушкин.* А. Пушкин. Письмо А. Н. Гончарову, 28 июня 1830. *Засим поручая себя Вашей доброй памяти, усердно кланяюсь Вашей жене и жму Вам руку — преданный Ив. Тур.* И. Тургенев. Письмо П. В. Анненкову, 22 янв. 1862.

Поря́док. ♦ **Вот (Ну) и порядок.** ♦ **Полный порядок.** *Разг.* Хорошо. Так, как должно быть. Формы похвалы, одобрения. «<...> *в шко-*

ле кто-нибудь есть?» — «Наша учительница, Людмила Сергеевна. <...> Она с отстающими ребятами занимается. Она каждый день с ними занимается после обеда». — «Значит, подтягивает их?» Девочка молча кивнула головой. «Порядок!» — одобрительно сказал Давыдов и вошёл в полутёмные сени. М. Шолохов. Поднятая целина. Я был несколько разочарован. Нет, не тем, что... Просто мне было очень жалко, что Саша Тиунова теперь уже не сумеет набрать проходного балла. — Вот и порядок, — сказал я бодро, намереваясь хоть чуточку её утешить. А. Рекемчук. Мальчики. ♦ **В (полном) порядке.** *В знач. сказуем. Разг.* Очень хороший; подходящий, какой нужен, каким должен быть. Форма комплимента, похвалы, одобрения. *[Валерия:] Красота! [Кушак:] Квартирка чудесная. <...> [Саяпин:] Нет, что и говорить, изба в порядке.* А. Вампилов. Утиная охота. ♦ **Всё в порядке.** *Разг.* Всё благополучно, всё хорошо. Ответ на вопросит. обращение: «Как дела? Как жизнь?» и т. п. *Придя домой, Варя первым делом позвонила Софье Александровне, беспокоилась за неё. «Как дела, Софья Александровна?» — «Всё в порядке». — «Он выехал?» — «Да».* А. Рыбаков. Дети Арбата. ♦ **Всё будет в (полном) порядке.** ♦ **Будет полный порядок.** *Разг.* Формы ободрения, утешения собеседника. *[Лютов:] Тебе-то, братец, уж стыдно! Забор-то не загородишь, ведь точно ворота проезжие. <...> Загороди, братец. [Епишкин:] Вы себя беспокоить не извольте, будет в порядке.* А. Островский. Не было ни гроша, да вдруг алтын. *«Я вижу!» — сказал Степан, кивая головой, и тотчас же добавил: — Насчёт багажа она беспокоится». Пётр хитро подмигнул матери и снова заговорил, успокоительно помахивая рукой: «Не беспокойтесь! Всё будет в порядке, мамаша! Чемоданчик ваш у меня...»* М. Горький. Мать. *[Николай:] Спи спокойно, полный порядок будет...* В. Розов. В день свадьбы. См. также ♦ **Всё будет хорошо.**

Посе́стра. *Обл.* Обращение к знакомой женщине, двоюродной сестре или приятельнице (при приветствии). ⊡ *Здравствуй, посестра!* СРНГ.

Посиде́ть. ♦ **Посиди/те ещё.** *Разг.* Просьба хозяев к гостю, собирающемуся уходить; употр. нередко как знак обычной вежливости в ответ на его слова: «Пойду я». «Ну, я пошёл (пошла)». «Мне пора». «Засиделся (запоздился) я» и т. п. *Дядя Володя поднялся... «Ну, пора и честь знать, как говорят». — «Да посиди ещё! — воскликнул Николай. — Чего ты? Ещё успеешь. Куда торопиться-то?» — «Посидите», — сказала и Груша. «Да нет, пойду... А то темно станет...» <...> «Ну, приходите... Не забывайте», — слышалось из большой комнаты. Мать говорила.* В. Шукшин. Позови меня в даль светлую. ♦ **Посидим перед дорогой (дорожкой).** То же, что ♦ **Присядем на дорожку.** ♦ **Сядем перед дорогой.** См. Сесть (Садиться).

Послужи́ (мне). ⊡ *Обл.* Вежл. просьба помочь; «сослужи мне службу, помоги». В. Даль.

Послу́шай/те. *Разг.* Форма обращения, привлечения внимания. (Употр. преимущ. в препозиции). ⊡ *Послушай, земляк! эй, слышь! «Говор. перед речью, обращённой вопросительно к кому-либо».* В. Даль. *[Борис:] Послушай, Кудряш. Можно с тобой поговорить по душе, ты не разболтаешь?* А. Островский. Гроза. *— Послушай-ка, Хорь, — говорил я ему, — отчего ты не откупишься от своего барина?* И. Тургенев. Хорь и Калиныч. *— Послушайте, что вы здесь делаете? — спросил Петя.* В. Катаев. Белеет парус одинокий. | Употр. перед возражением, выражением несогласия или недовольства. *Дубровский нахмурился. «Послушай, Архип, — сказал он, немного помолчав, — не дело ты затеял. Не приказные виноваты. <...>».* А. Пушкин. Дубровский. *— Послушай, — сказал Грушницкий очень важно, — пожалуйста, не подшучивай над моей любовью, если хочешь остаться моим приятелем.* М. Лермонтов. Княжна Мери. *«Приглашаете жену посмеяться?» — спросил Глеб. «Послушайте!..» — «Да мы уж послушали!»* В. Шукшин. Срезал. | При внезапно пришедшей мысли или при выражении удивления. *— Послушайте, князь, — сказал вдруг Ганя, как будто внезапная мысль осенила его, — у меня до вас есть огромная просьба... Но я, право, не знаю...* Ф. Достоевский. Идиот. *— Странно... — пробормотал он, надевая сапог. — Словно как будто это не правый сапог. Да тут два левых сапога! Оба левые! Послушай, Семён, да это не мои сапоги!..* А. Чехов. Сапоги. *Послушайте! Ведь если звёзды зажигают — значит — это кому-нибудь нужно? В. Маяковский. Послушайте! [Колесов:] Счастливо оставаться. [Таня:] Счастливо повеселиться. [Колесов (пошёл, вернулся):] Послушайте, давайте познакомимся. На прощание. (Протягивает ей руку.) Николай. Фамилия Колесов. А. Вампилов. Прощание в июне.

Пособи́/те (мне, моему горю, Христа ради...). *Прост.* То же, что Помогите. «Да вот беда-то моя, матушка, послать-то некого, — жалобно продолжала мать Таисея. — <...> Помоги Христа ради, матушка, пособи в великом горе моём, заставь за себя вечно Бога молить <...>». — «Как же помочь-то тебе? — молвила Манефа. — Нешто свою девицу при твоём письме в Казань послать?» «Яви божескую милость, матушка, заставь за себя вечно Бога молить», — встав с лавки и низко кланяясь, сказала Таисея. П. Мельников (Печерский). В лесах. — Пособите, братцы, хоть сколько-нибудь дайте денег! — промолвил он голосом отчаяния. Д. Григорович. Антон-горемыка.

Пособи́ (Вам, тебе) **Бог!** *Прост.* То же, что ♦ Помогай (Помоги) (Вам, тебе) Бог! *Говорила красная девица: — Пособи вам Бог переиграти И того царя собаку, Еще сына его да Перегуду...* Вавило и скоморохи. Былина. Зап. в 1901.

Посове́товать. ♦ Что Вы (ты) мне посоветуете (посоветуешь)? ♦ Не могли бы Вы мне посоветовать...? ♦ Посоветуй/те мне (пожалуйста)... Формулы выражения просьбы помочь советом. ♦ Позвольте (разрешите) посоветовать Вам... ♦ Если позволите (разрешите), я мог/ла бы посоветовать Вам... *Учтив.* Формулы совета. *Позвольте посоветовать Вам вот что: держитесь крепче с друзьями...* М. Горький. Письмо В. А. Каверину, окт. 1922. ♦ Я бы Вам (тебе) посоветовал... ♦ Я Вам (тебе) посоветую (делать, сделать что-л., не делать чего-л.). Формы совета, смягчённой просьбы, некатегорического требования в адрес равного или низшего по положению. [Городничий:] *Вам тоже посоветовал бы, Аммос Фёдорович, обратить внимание на присутственные места.* Н. Гоголь. Ревизор. *Следователь поднял голову от портфеля, пожевал выбритыми в пупырышках губами. «Я вам посоветую уехать отсюда. — И про себя: — Впрочем, я сам постараюсь об этом».*

«Почему, господин следователь?» М. Шолохов. Тихий Дон. ♦ Я бы Вам не посоветовал (делать что-л.). Форма вежл. выражения несогласия с намерением адресата. «Только я, пожалуй, тоже в кузов сяду», — сказал Синцов. Но Мосин вежливо запротестовал. «Я бы не посоветовал, товарищ политрук! Старшему по команде положено в кабине ехать, а то неудобно даже. Машину задержать могут». — И он снова приложил пальцы к фуражке. К. Симонов. Живые и мёртвые. См. также: Совет. Советовать.

Посоде́йствуй/те. Окажите содействие. Помогите. Нередко для вежливости и усиления экспрессии употр. со словами-интенсификаторами: ради Христа, ради Бога, пожалуйста, будьте добры и др. *Многоуважаемый Юлий Осипович, / сегодня я послал Адольфу Фёдоровичу деловое письмо; будьте добры, ознакомьтесь с его содержанием и посодействуйте.* А. Чехов. Письмо Ю. О. Грюнбергу, 28 сент. 1899.

Посошо́к на доро́жку. ♦ Выпей/те (давай/те выпьем) на посошок. См. Выпить. *Разг. Шутл.* Просьба, предложение гостю выпить ещё рюмку вина перед уходом. [«*Посох — шуточн. третья рюмка вина, на прощанье: первая на праву, вторая на леву ногу, третья на посох: надо, не захромал бы!*» В. Даль].

Поспеша́ю уве́домить (Вас...) (сообщить Вам...). ⌥ Спешу уведомить. *Эпист.* Формула официальной учтивости в письмах к высшим и равным по положению. *Милостивый Государь / Михайло Лукьянович, / Вследствие данного Вам начальством поручения касательно напечатания рукописи моей, под названием «История Пугачёвского бунта», и по личному моему с Вами о том объяснению, поспешаю Вас уведомить: <...>.* А. Пушкин. Письмо М. Л. Яковлеву, 3 июля 1834.

Поспеше́ние. ⌥ Успех, благополучие. ♦ Желаю Вам здравия и спасения, во всём благое поспешение (на врага же победу и одоление). ⌥ *Прост.* Пожелание здоровья, успехов, благополучия. Употр. в общении набожных людей. [Восходит к церковной молитве о многолетии]. ♦ (Желаем, желаю Вам) Во всём благое поспешенье! ♦ Поспешенница желаем! ⌥ *Прост.* Формы пожелания благополучия, удачи в делах. | «Иногда шуточное прощание (намёк на церковный возглас о многолетии)». М. Михельсон.

Поста́вить (Поставля́ть). То же, что Счесть. Почесть. (В составе формул офиц. учтивости, галантности: ♦ **Поставляю себе за долг (удовольствие, честь...)** (сделать что-л. угодное адресату). ☞ См. Долг. Удовольствие. Честь.

Постара́ться. Постара́йтесь (Постара́йся). ♦ **Вы уж постара́йтесь (Ты уж постара́йся).** Формы усиления ранее высказанной просьбы. — *Как же, товарищи активы, нам дальше-то жить? — спросил колхоз. — Вы горюйте об нас, а то нам терпежа нет! Инвентарь у нас исправный, семена чистые, дело теперь зимнее — нам чувствовать нечего. Вы уж постарайтесь!* А. Платонов. Котлован. **Постара́юсь.** (♦ **Я постара́юсь.** ♦ **Я постара́юсь выполнить Вашу просьбу).** Положительный, хотя и не вполне уверенный, ответ на просьбу сделать что-л. в будущем. *[Купцы:] Если уже вы, то есть, не поможете в нашей просьбе, то уж не знаем, как и быть: просто хоть в петлю полезай. [Хлестаков:] Непременно, непременно! Я постараюсь.* Н. Гоголь. Ревизор. *[Флор Федулыч:] Но, во всяком случае, прошу не забывать-с! Милости прошу откушать как-нибудь. Я всякий день дома-с; от пяти до семи часов-с. [Юлия:] Благодарю вас. Постараюсь, Флор Федулыч.* А. Островский. Последняя жертва. | Шутл. ответ на пожелание, просьбу. ☞ *[Бабушка — внучке:] Ну, я пошла, оставайся тут... будь умницей. — Постараюсь* (1996). ☞ — *Ну, пока, будь здоров! — Постараюсь. Ты тоже* (1994).

Постаре́ть. ♦ **Вы (ты) (ничуть, совсем, нисколько...) не постаре́л/и.** *Разг.* Комплимент пожилому знакомому, родственнику при встрече после длительной разлуки. *[Михаил (входит):] Анна Захаровна, позвольте поздравить с возвратом под свой кров <...>. Чему безмерно рад-с... [Анна:] Вы не постарели, дядя Миша... Молодец! Рада видеть вас. [Михаил:] И я! Душевно...* М. Горький. Васса Железнова (Мать).

Посто́ю. Постои́м. ♦ **(Спасибо) Ничего, я посто́ю (мы постои́м).** *Разг.* Вежл. отказ посетителя, гостя на предложение хозяина: «Садитесь». «Садись, пожалуйста». *[Елецкий:] Да вы что ж, господа, не садитесь... Милости просим. [Кузовкин (кланяясь):] Покорнейше благодарим-с... Постоим-с... [Елецкий:] Садитесь, прошу вас.* И. Тургенев. Нахлебник. «Садитесь!» — «Ничего, постоим!» — «За постой деньги платят, а посиделки даром!» В. Даль. *— Гражданин фининспектор! Простите за беспокойство. Спасибо... не тревожьтесь... я постою... У меня к вам дело деликатного свойства: о месте поэта в рабочем строю.* В. Маяковский. Разговор с фининспектором...

Посуди́/те сам/и́ (♦ **Сам/и́ посуди́/те).** ♦ **Вы (ты) вот что посуди́/те.** *Разг.* Рассуди́/те, поразмысли́/те, согласитесь. Формы обращения к собеседнику в ходе беседы с целью привлечь его внимание к сообщаемому, убедить в правильности своих слов. *— Уж поверьте мне, Гаврила Антоныч, — возразил голос толстяка, — уж мне ли не знать здешних порядков, сами посудите.* И. Тургенев. Контора. *«То-то вот и есть, — жалобно и грустно ответил рабочий. — <...> Ведь это, милый человек, четыре целковых — вот что посуди». «Верно, — подтвердил Василий Фадеич <...>. — Вот какие нонешним годом Господь цены устроил... Да!»* П. Мельников (Печерский). На горах. *— Сами посудите, Александр Анисимович, я в колхоз приведу пару быков <...>, кобылу с жеребёнком, весь инвентарь, хлеб, а другой — вшей полный гашник. Сложимся мы с ним и будем барыши делить поровну. Да разве ж мне не обидно? <...> И Яков Лукич полоснул себя по горлу ребром шершавой ладони.* М. Шолохов. Поднятая целина. ♦ **Сами извольте посуди́ть.** ☞ Почтит. к высшему по положению. *[Городничий (дрожа) — Хлестакову:] По неопытности, ей-богу, по неопытности. Недостаточность состояния... Сами извольте посудить. Казённого жалованья не хватает даже на чай и сахар. Если ж и были какие взятки, то самая малость...* Н. Гоголь. Ревизор. См. Изволить.

Посыла́ю (Вам, тебе́, кому́-л.) **привет** (поклон, поздравления, пожелания...). *Эпист.* То же, что ♦ **Шлю (Вам, тебе) привет.** *Посылаю Вам великую благодарность, а сам направляюсь в ГПУ (опять вызвали). / Искренне преданный Вам / М. Булгаков.* М. Булгаков. Письмо В. В. Вересаеву, 18 окт. 1926.

Поте́ря. Смерть близкого человека. ♦ (Это) Большая (огромная) потеря (для всех нас). ♦ Какая (тяжёлая...) потеря (утрата)! ♦ Ваша потеря непоправима (невосполнима, очень тяжела...). ♦ Разделяю (переживаю, несу) с Вами боль (горечь) невосполнимой потери... Формулы сочувствия, соболезнования. — *Сегодня ночью удар; прислали за мною в восемь часов — уже едва дышал; все медицинские пособия... в девять часов Богу душу отдал... Большая потеря, ваше сиятельство.* В. Одоевский. Живой мертвец. *Вскоре после отъезда князя Андрея княжна Марья писала из Лысых гор в Петербург своему другу Жюли Карагиной <...>, которая в это время была в трауре по случаю смерти своего брата, убитого в Турции. «Горести, видно, общий удел наш, милый и нежный друг Julie. Ваша потеря так ужасна, что я иначе не могу себе объяснить её, как особенной милостью Бога, который хочет испытать — любя вас — вас и вашу превосходную мать».* Л. Толстой. Война и мир. *К вечеру она выполнила всё, что смогла выполнить, — на кафедре у Любы побывала и даже в дирекции её института, быстро убедившись, что оттуда никакой помощи ждать нельзя — денег у них нет, тем более людей, согласных срочно заняться похоронами: «Ужасное известие! Любовь Григорьевна — какая потеря для института, для науки... Ах, ах. Но каникулы, все в отъезде, из руководства никого на месте. Вот дней бы через пять, через неделю...»* Н. Катерли. Тот свет.

Поте́шь/те (меня, нас; старика, старуху...). ⌛ *Разг.* Окажи/те услугу, сделай/те милость, достав/те удовольствие. Форма мягкой просьбы к равному или младшему по возрасту, положению. *[Анна Петровна:] Машенька, потешь ты меня на старости лет, послушайся матери. [Марья Андреевна:] Маменька! Я не могу теперь идти ни за Беневоленского, ни за кого.* А. Островский. Бедная невеста. *[Мужики — музыкантам:] И дело, други милые, Довольно бар вы тешили, Потешьте мужиков!* Н. Некрасов. Кому на Руси жить хорошо.

Потихо́ньку. *Разг.* Неплохо, так себе. Ответ на обычные при встрече вопросы: Как живёте? Как жизнь? Как дела? Как успехи? и т. п. ▱ *«Ну, как жизнь?» — «Да потихоньку. А ты как?»* ♦ Живём потихоньку. ♦ Живём потихоньку, жуём полегоньку. *Шутл.* См. Жить.

Потруди́тесь (делать, сделать что-л.). В сочет. с неопр. ф. глагола образует формулу учтив. или офиц.-вежл. просьбы, распоряжения по отношению к равному или низшему по положению. *Потрудитесь, Милостивая Государыня, засвидетельствовать глубочайшее моё почтение Карлу Фёдоровичу, коего любезность и благосклонность будут мне вечно памятны.* А. Пушкин. Письмо А. А. Фукс, 19 окт. 1834. *«Вот и устав новоучреждённой Владимирской архиепископии», — прибавил он [Василий Борисыч], вынимая из кармана тетрадку и подавая её Манефе. «Потрудитесь почитать, глаза-то у меня после болезни плохи, мало видят», — сказала Манефа.* П. Мельников (Печерский). В лесах. *— Я к вам по поручению командира полка, — сказал Федоровский сухим тоном, — потрудитесь одеться и ехать со мною.* А. Куприн. Поединок. *Софья Ивановна вспыхнула. <...> — Потрудитесь уйти! Я не могу вас оставить в квартире, почём я знаю, кто вы такая. А присматривать мне за вами некогда.* В. Вересаев. Невыдуманные рассказы. ♦ **Потрудитесь (потрудись) выбирать выражения.** *Офиц.* Требование к собеседнику быть учтивее, не употреблять в речи грубых, невежливых слов и выражений. *[Барбарисов:] <...> когда тебя грабят, и не то заговоришь. [Елохов:] Нет, вы уж сделайте одолжение, потрудитесь выбирать другие выражения. Вы у Виталия Петровича в доме и так об нём отзываетесь! Это неприлично и неосторожно.* А. Островский. Не от мира сего.

Потряса́ющий, -ая, -ее; -ие. *Разг., экспрессив.* Очень хороший, превосходный; производящий сильное положительн. впечатление, вызывающий восхищение. Употр. как оценочный эпитет в формулах похвалы, комплиментов. ▱ *Потрясающий у тебя костюмчик!* ▱ *Какое у тебя колечко потрясающее!* **Потряса́юще,** *нареч.* Очень хорошо, превосходно. *В одиннадцать сорок появился Дмитрий. И показался мне ещё более неотразимым. «Доброе утро, Вера. Извините, машина не заводилась. Вы потрясающе выглядите. Удалось ли что-нибудь сделать? Что? Вы перевели весь договор? Я поражён... Просто не знаю, как вас благода-*

рить...» Я слушала и таяла, таяла... Т. Лысенко. Имидж. ‖ *Безл., в знач. сказуем.* ▭ *Это ты сама связала? Потрясающе!* (1998). **Потрясный,** -ая, -ое; -ые. *Прост.* То же, что Потрясающий. Употр. преимущ. в совр. молодёжн. жаргоне. **Потрясно,** *нареч.* ▭ [*Из разговора студенток:*] *Привет! Постриглась, что ли? Потрясно выглядишь. Тебе идёт так* (1999). ‖ *Безл. в знач. сказуем.* ▭ [*Девушка перед зеркалом примеряет подаренное колье. Подруги в восхищении:*] *Потрясно, Валька! Вообще!..* (1999).

По́тчевать можно, (а) неволить грех. *Погов.* Употр. как форма согласия с тем, кто отказывается от угощения, предложения покушать, выпить. [«*Потчевать* — угощать, просить покушать и попить; радушно, хлебосольно предлагать пить и есть; настойчиво требовать или упрашивать гостя, чтобы он ел и пил. По-нашему, по-русски, гостя надо потчевать. Вином не потчуют, а наливают». В. Даль]. «*Прошу к столу. Сейчас яичницу сочиним*». — «*Спасибо,* — отозвался Фёдор Фёдорович. — *Только что пообедал*». — «*Потчевать можно, неволить грех*», — согласился Кравчук. Ф. Таурин. Ангара. ▭ «*Что ж вы так мало ели, ребятки, покушайте ещё, вот блинки горячие... налить ещё чайку?*» — «*Спасибо, Нина Степановна, наелись, напились, на три дня хватит*». — «*Ну, как говорится, потчевать можно, а неволить грех*» (1990).

Потягу́ши. Потягу́шеньки. Потягу́шечки. Потягу́шки. *Прост.* и *обл.* В ласковых обращениях и пожеланиях, которые приговаривают мать или няня, лаская и поглаживая потягивающегося младенца. ♦ **Потягушечки, поростушечки.** ♦ **Потягунюшки, порастунюшки, потянись, порасти!** ♦ **Потягушечки, поростушечки, ножечкам ходушечки, ручкам работушечки, язычку говорушечки.** ▭ *Какие славные потягушечки! Потягушеньки, моя доченька, порастушечки, моя милая.* СРНГ. ‖ В некот. обл. России слова *потягуша, потягуши, потягушки* означают «потягивание с зевотой, болезненное недомогание». Отсюда, вероятно, ласк., шутл. пожелания: ♦ **Потягушки на кошку, поростушки на (Васильюшку).** ♦ **На шута́ потягу́ши, на тебя порасту́ши.** *Ещё в самом раннем возрасте грудному младенцу сказываются эти ласковые приветы и добрые пожелания. Когда ребёнок, освободившись от пелёнок, потягивается и улыбается, ему спешат пожелать и сказать: «На шута потягуши, на тебя порастуши».* С. Максимов. Крылатые слова.

Похвала́ мо́лодцу́ па́губа. *Погов.* Употр. как шутл. ответ на похвалу, комплимент. Чаще так говорят родители, когда кто-л. чрезмерно хвалит их сына в глаза (вероятно, из опасения, чтобы не сглазили).

Похвали́ться не́чем. То же, что ♦ Хвалиться нечем.

Похва́льный, -ая, -ое; -ые. Заслуживающий похвалы, одобрения. Оценочный эпитет, используемый в формулах похвалы, одобрения. ▭ *Похвальный поступок.* ▭ *Похвальная привычка.* ▭ *Похвальные качества* и др. — *Я вижу, впрочем, с удовольствием, что вы читаете историю — занятие похвальное.* В. Соллогуб. Тарантас. **Похвально. 1.** *Нареч.* ▭ *Н. весьма похвально отозвался о вашей новой книге.* **2.** *Безл., в знач. сказуем.* Похвала, одобрение, чаще в адрес младшего по возрасту, положению. [*Глумов:*] *Не из журналов же учиться уму-разуму.* [*Крутицкий:*] *Ещё бы!* [*Глумов:*] *Молодому человеку и свихнуться не трудно!* [*Крутицкий:*] *Похвально, похвально! Приятно видеть такой образ мыслей в молодом человеке. Что там ни толкуй, а благонамеренность хорошее дело.* А. Островский. На всякого мудреца довольно простоты. *Отец Исаия тоже одобрял стихи Симы.* — *Похвально, Симеон, похвально!* — *говорил он...* М. Горький. Городок Окуров.

Похва́статься не́чем. То же, что ♦ Хвалить/ся (Хвастать/ся) нечем.

Похороше́ли. Похорошел. (А) Похорошела-то как! ♦ Как Вы похорошели! ♦ Как (же) ты похорошел/а! ♦ Вы (ты) очень (так...) похорошел/и! Широкоупотребительные формы комплиментов при встрече со знакомым, родственником после сравнительно долгой разлуки. Чаще употр. мужчинами в адрес женщины, девушки; старшими в адрес младших. [*Чацкий:*] *Однако, кто, смотря на вас, не подивится? Полнее прежнего, похорошели страх; Моложе вы, свежее стали; Огонь, румянец, смех, игра во всех чертах.* [*Наталья Дмитриевна:*] *Я замужем.* А. Грибоедов. Горе от ума. — *Перестань плакать,* — *сказала* она [бабушка], — я на тебя не сердита: знаю, что ты ни в чём не виновата, моё дитятко! Не плачь же, Машенька! Как ты выросла, как похорошела! А. Погорельский. Лафертовская маковница. *[Дарья Ивановна:] Да-с, граф, давно мы не видались... Видно, я много переменилась с тех пор. [Граф Любин:] Помилуйте, вы только похорошели. Вот я небось другое дело! [Дарья Ивановна (невинно):] Вы нисколько не изменились, граф.* И. Тургенев. Провинциалка. *[Лидия:] Говорите, я люблю вас слушать. Вы ведь милый! А? [Телятьев:] Ей-богу, милый. Как вы похорошели! Знаете, какая перемена в вас? Такая перемена всегда... [Лидия:] Нет, вы, пожалуйста, пожалейте меня! Я ещё недавно дама, не успела привыкнуть к вашим разговорам! Я знаю, какие вы вещи дамам рассказываете.* А. Островский. Бешеные деньги. *Борис поцеловал руку Наташи и сказал, что он удивлён происшедшей в ней переменой. «Как вы похорошели!» — «Ещё бы!» — отвечали сияющие глаза Наташи.* Л. Толстой. Война и мир. *Огромнейшая Анфимьевна встретила Клима тоже радостно. — Ой как похорошел, совсем мужчина! И бородка на месте.* М. Горький. Жизнь Клима Самгина.

Поцеловать. ♦ **Позво́ль/те (разреши́/те) Вас (тебя) поцелова́ть (я Вас поцелу́ю).** Возвыш. форма поздравления, приветствия, благодарности, употр. в торжественных случаях по отношению к знакомому, равному или старшему по возрасту, положению, когда адресант заведомо знает, что такая форма изъявления чувств с его стороны не будет неприятна адресату. ♦ **Дай/те я Вас (тебя) поцелу́ю!** Разг. Форма приветствия близкого, любимого человека, желанной встрече с которым адресант очень рад. ♦ **Дай/те я тебя (Вас) поцелу́ю (расцелу́ю) за это!** Разг. Экспрессив. Выражение благодарности близкому знакомому, с которым на «ты». (С «Вы»-формами чаще встречается в женск. речи.) ♦ **Позво́льте (да́й/те, дозво́льте, разреши́те) ру́ку (ру́чку) поцелова́ть.** См. Рука. ♦ **Поцелу́й/те за меня́ (Н.).** ♦ **Поцелу́й/те ру́ку (ру́чку) (Н.).** *Преимущ. эпист.* Привет, выражение дружеских, нежных чувств, а также благодарности лицу, близкому адресанту и адресату. Употр. обычно в заключит. части письма при прощании. *Коли увидишь Жуковского, поцелуй его за меня.* А. Пушкин. Письмо Н. Н. Пушкиной, 8 окт. 1833. *Прощай покудова; перед отъездом, может быть, ещё раз удастся написать к тебе. Поцелуй за меня дитя своё и Анну Ивановну. / Верный друг твой.* А. Грибоедов. Письмо С. Н. Бегичеву, 4 июня 1825. *Кланяюсь маме, поцелуй её за меня. Тоже Шуру. Кланяйся всем знакомым.* М. Горький. Письмо Е. П. Волжинской, 21 мая 1896. *Привет В. К., поцелуй маленького. / Твоя Ахматова.* А. Ахматова. Письмо В. К. Шилейко, 8 авг. 1928. *Анне Ильиничне поцелуй руку и попроси её поцеловать меня в лоб. Люся передаёт Вам искренний привет, а я тебя обнимаю. / Твой М.* М. Булгаков. Письмо П. С. Попову, 14 марта 1934.

Почём идёшь? ⌧ Обл. Вопросительное обращение к знакомому при встрече. *«Вместо Куда идёшь? По поверью простолюдинов, от такого вопроса не будет счастья тому, кому предложен вопрос, или, как они говорят, чтоб счастья не закудыкать».* СРНГ. Ср. Далеко ли?

Почёт (+ наименов. адресата в дат. п.)! *Прост.* Формула возвыш. или шутл. приветствия. *— Почёт дорогому гостю! — прокричал он [Безенчук], завидев Ипполита Матвеевича. — С добрым утром!* И. Ильф, Е. Петров. 12 стульев. ♦ **Почёт и ме́сто!** *Прост.* Почтит. или шутл.-почтит. приветствие дорогому гостю; то же, что Честь и место. *Дальним путём, мимо ребятишек, провели бабушку старшие сыновья в передний угол, отодвинули стул: — Мама, тебе почёт и место!* В. Астафьев. Последний поклон. ♦ **Почёт и уваже́ние!** *Прост.* Учтив. или шутл. приветствие. *[Фима (выглядывает):] Здрасьте, Назар Авдеевич! [Назар:] Почёт и уважение! Эх вы... маховая! Обманщица!* М. Горький. Дети солнца.

Почёсть (Почита́ть). Счесть, считать, полагать. ♦ **Почту́ (почита́ю) за сча́стье (долг, удово́льствие, честь)** (сделать что-л. угодное адресату). ♦ **Я почёл бы за сча́стье (долг, удово́льствие, честь)** (сделать что-л. угодное адресату). ⌧ Формулы вежливости, учтивости, употр. для выражения просьбы, предложения, приглашения, а также согласия в ответ на просьбу, предложение, приглашение. ▭ *Почту (почёл бы) за счастье видеть вас своим гостем.* ▭ *Почту за честь для себя* оказать вам услугу (быть вам полезным). ▫ Почту за долг (своим первейшим долгом) исполнить ваше поручение и т. п. См. Долг. Счастье. Удовольствие. Честь. ♦ **Почту сие за благодеяние.** ⌛ См. Благодеяние. ♦ **Почту себя весьма обязанным.** См. Обязать. ♦ **Почел бы за честь, но...** См. Честь.

Почита́ющий Вас (подпись адресанта). ⌛ Эпист. Формула учтивости, эпистолярный комплимент при оформлении подписи адресанта в конце письма к старшему по возрасту, положению. Употр. со словами-интенсификаторами: искренне, глубоко, всей душой и др. *Примите выражение моего душевного уважения и преданности, с которыми всегда буду Ваша усердно почитающая и искренняя слуга / Анна Виноградская.* А. П. Керн (Маркова-Виноградская). Письмо П. В. Анненкову, 17 июля 1859. <...> *Душевно преданный Вам и искренно Вас почитающий П... Н...* (образец благодарственного письма). Хороший тон. Правила светской жизни и этикета (1889). *Будьте добродетельны, сообщите мне, подошло что или нет из них, так как я нахожусь на военной службе и справиться лично не имею возможности. / Уважающий и почитающий Вас / Сергей Есенин.* С. Есенин. Письмо Л. Н. Андрееву, 20 окт. 1916.

Почте́ние (+ обращение или наименов. адресата в дат. п.). ⌛ Формула учтив. мужск. приветствия в адрес равного или старшего по возрасту, положению. *P. S. Глубокое почтение и поклон дедушке Ивану Матвеевичу, бабушкам Марье Ильиничне и Анне Матвеевне.* Н. Гоголь. Письмо М. И. Гоголь, 2 февр. 1830. *[Хлынов:] Павлину Павлинычу, предводителю нашему купеческому, почтение.* А. Островский. Горячее сердце. *[Перчихин:] Божьей дудке — почтение! Синиц ловить идём, дядя? [Тетерев:] Можно.* М. Горький. Мещане. ▫ *[Торговец на птичьем рынке — знакомому покупателю:] Ах, Михей Ильич, почтение! Прошлое воскресенье что не были?* Е. Иванов. Меткое московское слово. ♦ **Наше (Моё) (Вам) почтение.** 1. Форма учтив. (⌛) или шутл., преимущ. мужск., приветствия. *Увидав меня, он [барышник] медленно двинулся ко мне навстречу, подержал обеими руками шапку над головой и нараспев произнес: «А, наше вам почтение. Чай, лошадок угодно посмотреть?»* И. Тургенев. Лебедянь. *[Лавр Мироныч (почтительно кланяясь):] Честь имею кланяться, дяденька! Моё почтение, Глафира Фирсовна. (Кивает головой и садится.) [Флор Федулыч:] Откуда вы теперь, Лавр Мироныч?* А. Островский. Последняя жертва. *«Моё почтение, Евтихий Африканович!» — крикнул я, высовываясь из окошка. «А-а, моё почтение-с! Как здоровьице?» — отозвался он.* А. Куприн. Олеся. *[Иван Африканович] увидал мужиков, поздоровался с ними. Присел на брёвна. — На помин, как сноп на овин, — сказал Куров. — Ивану Африкановичу наше почтение...* В. Белов. Привычное дело. 2. Форма учтив. (⌛) или шутл., преимущ. мужск., прощания. *«Моё почтение, — сказал Евсей, нижайше откланиваясь, — моё почтение, Пётр Петрович», — и думал про себя: «Вот кошка!»* В. Даль. Бедовик. *— А теперь, господа, моё почтение-с. Вы свободны, рад буду видеть вас в другой раз.* А. Куприн. Поединок. *[Елена:] Ну, до свиданья! Мне надо идти... [Бессеменов:] Наше почтение. (Смотрит вслед ей и потом говорит.) Хороша шельма! Но всё же, однако, с превеликим удовольствием турнул бы я её долой с квартиры...* М. Горький. Мещане. 3. ⌛ Прост. Форма восхищения, одобрения. Употр. нередко с усилит. частицами «ну», «просто», «прямо». ▫ *— Ишь костюмчик какой дедушка тебе сшил, не костюмчик, а просто моё почтение!* (1989). 4. Разг. Ирон. Форма отказа от предложения, несогласия с предложением или советом собеседника. *— Вить гнезда не стану. Петь? — Моё почтенье! Сытый я не буду — не накормит пенье.* Я. Полонский. Собаки. ♦ **Наше (Моё) почтение** (адресату). Возвыш. или шутл. *[Елеся:] Михею Михеичу наше почтение! [Крутицкий:] Здравствуй, Елеся!* А. Островский. Не было ни гроша, да вдруг алтын. *— Имениннику наше почтение; лук и стрелу вам, батюшка, привез, сам целое утро делал; ребятишки мои помогали, вот ужо и будем спускать. А подрастёте, в офицеры поступите, турке голову срубите.* Ф. Достоевский. Село Степанчиково и его обитатели. ♦ **Нижайшее (всенижайшее) почтение** (адресату). Учтив. или почтит. *[Матвей (входит из залы и докладывает):] Игнатий Ильич приехали-с. [Шпигельский (входя по его следам):] О докторе не докладывают.*

(Матвей уходит.) Нижайшее моё почтение всему семейству. (Подходит к Анне Семёновне к ручке.) Здравствуйте, барыня. Чай, в выигрыше? И. Тургенев. Месяц в деревне. *«А, Яков Тарасович! — дружелюбно воскликнул губернатор, с улыбкой стиснув руку Маякина и потрясая её, в то время как старик прикладывался к руке архиерея. — Как поживаете, бессмертный старичок?» — «Покорнейше вас благодарю, ваше превосходительство! Софье Павловне нижайшее почтение!» — быстро говорил Маякин, вертясь волчком в толпе людей.* М. Горький. Фома Гордеев. *Жене вашей нижайшее почтение. / Душевно вам преданный / В. Ламанский.* В. Ламанский. Письмо К. Я. Гроту, 25 апр. 1891. ♦ **С нашим почтением.** ⌛ То же, что ♦ **Наше почтение.** *[Андрей Титыч:] С нашим почтением-с, Лизавета Ивановна! [Лизавета Ивановна:] Здравствуйте, Андрей Титыч! Садитесь.* А. Островский. В чужом пиру похмелье. ♦ **С (истинным, совершенным, глубоким, нижайшим…) почтением (остаюсь…) (Ваш…) (имею быть Ваш, Милостивый Государь, покорнейший слуга…)** (подпись адресанта). ⌛ Эпист. Формула учтивости, эпистолярный комплимент в заключении письма. *С истинным почтением и вечной признательностью ваш истинно любящий вас сын / Н. Гоголь.* Н. Гоголь. Письмо М. И. Гоголь, 30 апр. 1829. *С глубочайшим почтением честь имею быть, Милостивый Государь, / Вашего Превосходительства / покорнейший слуга / Александр Пушкин.* А. Пушкин. Письмо А. Н. Мордвинову, 26 мая 1834. *Его Высокоблагородию Александру Сергеевичу Пушкину. Пребываю с совершеннейшим почтением и преданностью / Ваш, Милостивый Государь, покорнейший слуга / А. Бенкендорф.* А. Бенкендорф. Письмо А. С. Пушкину, 9 июля 1826. *Многоуважаемый господин профессор! / <…> Если вам нужны какие-либо чешские книги, я с готовностью могу Вам их послать. / С совершеннейшим почтением / Ваш преданный ученик / Роман Якобсон.* Р. Якобсон. Письмо М. Н. Сперанскому, 25 авг. 1920. ♦ **(Засим) Приношу (позвольте, разрешите принести) Вам своё почтение…** ⌛ Эпист. Формула учтивости, употр. обычно в заключении письма к старшему или равному по возрасту, положению. ♦ **Примите (Прошу принять) чувства совершенного моего почтения** (подпись адресанта). ⌛ Эпист. Формула офиц. учтивости в заключении письма к высокопоставленному лицу. *Примите чувства совершенного моего почтения / Милостивый Государь / от Вашего покорнейшего / Александра Грибоедова.* А. Грибоедов. Рапорт поверенному в русских делах в Персии, 6 сент. 1819. *Милостивый Государь / Дмитрий Николаевич, / К крайнему моему сожалению, сегодня мне никак нельзя исполнить давнишнее моё желание: познакомиться с почтенным историком Малороссии. Надеюсь, что в другой раз буду счастливее. Покамест прошу Ваше Превосходительство принять изъявление глубочайшего почтения моего. / Вашего Превосходительства / покорнейший слуга / А. Пушкин.* А. Пушкин. Письмо Д. Н. Бантыш-Каменскому, 14 дек. 1831. ♦ **Свидетельствую Вам** (кому-л.) **своё (моё) почтение.** ⌛ Преимущ. эпист. Учтив. форма приветствия при встрече или прощании; в начале или заключении письма. *Профессор Сенковский судорожно метнулся, толкнулся назад, наскочил на пса, стал в позицию перед Грибоедовым. — Простите, — жеманно и медленно сказал он, приподнимая светлую шляпу с ярким бантом. — Александр Сергеевич, свидетельствую моё глубокое почтение.* Ю. Тынянов. Смерть Вазир-Мухтара. *Не зная, что дядюшка в Апалихе, я не писал к нему, но прошу извинения и свидетельствую ему моё почтение.* М. Лермонтов. Письмо М. А. Шан-Гирей, 20—21 дек. 1828. *Свидетельствую глубочайшее моё почтение любезному, почтенному Карлу Фёдоровичу.* А. Пушкин. Письмо А. А. Фукс, 20 февр. 1836. *П. П и М. Н. К…, свидетельствуя своё почтение В… В… В…, покорнейше просят его (её) почтить их, отобедавши у них (тогда-то).* ♦ *Н. Н. и М. М. свидетельствуют своё почтение М… С… Н… и непременно воспользуются их лестным приглашением на сегодняшний вечер…* (образцы записок). Хороший тон. Правила светской жизни и этикета (1889). *Свидетельствую моё искреннее почтение / А. Пешков.* Письмо Ф. Д. Батюшкову, 26 сент. 1898. ♦ **Позвольте (разрешите, имею честь) засвидетельствовать Вам моё почтение** (подпись адресанта). Эпист. Формула офиц. учтивости в заключении письма. ♦ **Засвидетельст-**

вуй/те (передай/те; прошу Вас/ тебя засвидетельствовать, передать) моё почтение (Н.). ⚐ *Учтив.* Просьба (обычно при прощании) передать привет кому-л. *Прошу вас дяденьке засвидетельствовать моё почтение, и у тётеньки Анны Акимовны целую ручки. Также прошу поцеловать за меня: Алёшу, двух Катюш и Машу.* М. Лермонтов. Письмо М. А. Шан-Гирей, весна 1829. *Поклонись от меня твоему брату, хотя я не имею удовольствия его знать — и передай моё усердное почтение Милютину, его жене и Ростовцевым. / Твой / Ив. Тургенев.* И. Тургенев. Письмо В. П. Боткину, 14 февр. 1862. *[Великатов:] Прощайте! Александре Николаевне засвидетельствуйте моё почтение. Может быть, не увидимся.* А. Островский. Таланты и поклонники. — *Так с Богом, в добрый час! Передайте моё почтение вашему батюшке!* М. Кузьмин. Круг царя Соломона. ♦ **Ваше почтение.** ⚐ *Прост.* Учтив. обращение к нечиновным лицам, к недворянам, например к волостным старшинам, как ♦ **Ваша милость.** ♦ **Ваше степенство.** *Подлетел половой в синей канаусовой рубахе, оторочённой тоненькими серебряными позументами. Ловко перекинул на левое плечо салфетку и, низко нагнувшись перед Морковниковым, спросил у него: — Что потребуется вашему почтению?* П. Мельников (Печерский). На горах. *Пришёл мужичок [к богатому]. «Что скажете, ваше почтение?» — «Да вот, братец, у меня что-то в доме неблагополучно».* О сварливой бабе. Сказка. Зап. в 1937. ♦ **Вашему сиденью наше почтенье!** *Прост. Шутл.* или *фамильярн.* **1.** ⚐ Приветствие подошедшего сидящим, отдыхающим. *Став в сторонке, [Агафонов] некоторое время наблюдал, как шефы «забивали козла», и оценивал, кто из мужиков поздоровее и, желательно, позлей. Сделав выбор, подходил к столу. — Вашему сиденью наше почтенье!..* — *Все взоры обращались на подошедшего, а он по-свойски, будто старого кореша, трепал по плечу своего избранника...* В. Куропатов. Калека. **2.** Форма прощания уходящего с остающимися. ‖ *Шутл.-ирон.* «Говорят, когда кто кому наскучит или не хотят долее ждать». В. Даль. **Почтеньице** (вам, кому-л.). ♦ **Наше Вам почтеньице.** ⚐ *Прост.* Ласк. или заискивающее приветствие в адрес высшего по положению. — *Почтеньице, Аркадий Осипович,* — *закричал сверху глухой голос,* — *чего поздно гуляете? — Артист ответил, что показывает театр своим дочкам.* Ю. Герман. Наши знакомые.

Почте́нный, -ая, -ое; -ые. ⚐ **1.** Этикетный эпитет в составе форм учтив. обращений к лицам, зрелого или пожилого возраста, имеющим заметное положение в обществе. Употр. обычно в сочет. с именем-отчеством адресата. *Поздравляю вас, почтенный Сергей Иванович, с благополучным прибытием из Турции чуждой в Турцию родную.* А. Пушкин. Письмо С. И. Тургеневу, 21 авг. 1821. *[Гневышев:] Вот что, почтенная Анна Афанасьевна!.. Вы не удивляйтесь, пожалуйста, тому, что я вам скажу. [Цыплунова:] Сделайте одолжение, говорите.* А. Островский. Богатые невесты. ‖ Подчёркнуто вежл., с оттенком лёгкой иронии или снисходительности к равному или низшему по положению. — *Так вот-с,* — *тихо журчавшим мягким басом говорил следователь,* — *обеспокоил я вас, почтенный Клим Иванович, по делу о таинственном убийстве клиентки вашей...* М. Горький. Жизнь Клима Самгина. **2.** *В знач. сказуем.* Достойный почтения по возрасту и положению. Похвала, комплимент. *Князь бросил газеты на окно, раскланялся, хотел что-то сказать, но из уст его вышли только отрывистые слова: — Конечно... мне очень приятно... семейство жены моей... что вы так любезны... я поставил себе за долг... ваша матушка такая почтенная дама... я имел честь вчерась быть у неё с женой.* М. Лермонтов. Княгиня Лиговская. *[Снафидина:] Ах, Макар Давыдыч! Очень вам благодарна, что навещаете Ксению. Вы человек почтенный, не то что нынешние кавалеры. <...> [Елохов:] <...> уж где мне за нынешними кавалерами гоняться! Ноги плохи стали.* А. Островский. Не от мира сего. **3.** Почтенный. *В знач. сущ.* ⚐ *Прост.* Вежл. обращение к незнакомому мужчине. Употр. преимущ. в речи лиц из непривилегир. сословий. *[Осип:] Ну, кто же спорит: конечно, если пойдёт на правду, так житьё в Питере лучше всего. <...> Разговаривают все на тонкой деликатности, что разве только дворянству уступит; пойдёшь на Щукин — купцы тебе кричат: «Почтенный!»* Н. Гоголь. Ревизор. — *Почтенный,* — *крикнул один меща-*

нин, — нет ли табачку понюхать? Н. Успенский. Лошадь. *И ведёт маклак мужичонку так-таки прямо в «Ерши». С буфетчиком у них давно уже печки-лавочки — дело заручённое, свои люди — только глазом мигнёт, так у того уж и смекалка соответствует: несёт он им графин, мужичонку почтенным величает и речь свою с ним на вы, по чистоте столичной, по политике держит.* В. Крестовский. Петербургские трущобы. | С оттенком снисходительности, фамильярности. Обращ. к незнакомому или малознакомому мужчине, низшему по положению. *[Черкун (Редозубову вслед, спокойно):] Почтенный, если вы побьёте сына — это будет стоить вам дорого... (Идёт за ними.)* М. Горький. Варвары. ♦ **Почтенный мой (Почтенная моя).** ⌇ К близкому знакомому, равному или низшему по положению. *Обращаюсь к тебе, почтенный мой Владимир Дмитриевич, с дружеской и покорнейшей просьбою...* А. Пушкин. Письмо В. Д. Вольховскому, 22 июля 1835. | *Шутл.* или *фамильярн.* — *Устинья Фёдоровна!* — крикнул он [дворецкий] *громким голосом своей жене, — поставьте-ка самоварчик, моя почтенная...* И. Тургенев. Муму. **Почте́нные.** ⌇ *Прост.* Вежл. обращ. к незнакомым мужчинам или к окружающим вообще. *[Дикой:] А за эти вот слова тебя к городничему отправить, так он тебе задаст! Эй, почтенные! послушайте-ка, что он говорит!* А. Островский. Гроза. *Так шли [мужики] — куда не ведая, Когда б им баба встречная, Корявая Дурандиха, Не крикнула: «Почтенные! Куда вы на ночь глядючи Надумали идти?..»* Н. Некрасов. Кому на Руси жить хорошо. | *Шутл.* К знакомым, друзьям. *Почтенные! Надеялся я праздновать сегодняшний день, день моего рождения, при звуках кимвальных и восклицаниях, среди друзей, венчанных розами <...> — и что же?* И. Тургенев. Письмо А. П. Ефремову и М. А. Бакунину, 16 окт. 1860. ♦ **Почтенный покупатель дороже денег.** ⌇ *Прост.* Комплимент торговца покупателю с целью улестить его, расположить к покупкам. **Почтеннейший (мой).** ⌇ Элатив к Почтенный (в 1 и 3 знач.). *Почтеннейший друг и благодетель Александр Сергеевич. Если бы я полагал, что мои письма до тебя доходят, то верно бы этого письма к тебе не писал, зная на опыте, сколь неприятны письма,* по которым просят денег. П. Нащокин. Письмо А. С. Пушкину, 5 июня 1834. *Появление его [Чичикова] на бале произвело необыкновенное действие. Всё, что ни было, обратилось к нему навстречу <...> «Павел Иванович! Ах, боже мой, Павел Иванович! Любезный Павел Иванович! Почтеннейший Павел Иванович! Душа моя Павел Иванович! Вот вы где, Павел Иванович! Вот он наш Павел Иванович! Позвольте прижать вас, Павел Иванович! Давайте-ка его сюда, вот я его поцелую покрепче, моего дорогого Павла Ивановича!»* Н. Гоголь. Мёртвые души. *[Вихорев:] Здравствуйте, почтеннейший Максим Федотыч, как вы поживаете? [Русаков:] Слава Богу, живём, пока Бог грехам терпит.* А. Островский. Не в свои сани не садись. *У него [костромского помещика П. А. Шишова, державшего в руках всю губернию] было три формулы обращения с разными лицами. Дворянам, владеющим не менее двухсот душ и более, он протягивал свою руку и говорил сладчайшим голосом: «Как вы поживаете, почтеннейший Мартьян Прокофьевич?» Дворянам с восьмидесятью и до двухсот душ он делал только лёгкий поклон и говорил голосом сладким, но не сладчайшим: «Здоровы ли вы, мой почтеннейший Иван Иваныч?» Всем остальным, имевшим менее восьмидесяти душ, он только кивал головою и говорил просто голосом приятным: «Здравствуйте, мой любезнейший...»* Н. Макаров. Мои семидесятилетние воспоминания. — *Позвольте, почтеннейший, позвольте,* — прервал толстяк, насмешливо прищуривая заплывшие свои глазки, — *как же вы-то, вы, сударь мой, никаких мер не принимали против такого беспорядка?..* Д. Григорович. В ожидании парома. *[Кирилловна] через полчаса возвратилась к Науму, которого оставила в буфете за самоваром. «Что вы мне скажете-с, моя почтеннейшая?» — проговорил Наум, щеголевато опрокинув допитую чашку на блюдечко. «А то скажу, возразила Кирилловна, что идите к барыне, она вас зовёт».* И. Тургенев. Постоялый двор. — *А, почтеннейший! Вот и вы... в наших краях...* — начал Порфирий, протянув ему [Раскольникову] *обе руки. — Ну, садитесь-ка, батюшка! Али вы, может, не любите, чтоб вас называли почтеннейший и... батюшка,* — этак *tout sourt? За фамильярность, пожалуйста, не сочтите... Вот* *сюда-с, на диванчик.* Ф. Достоевский. Преступление и наказание.

Почти́тельный, -ая, -ое; -ые. **1.** Относящийся к кому-л. с почтением, оказывающий кому-л. почтение. В формулах похвалы, одобрения, комплиментов в адрес собеседника или его близких. ▭ *Ваш сын такой вежливый, такой почтительный.* **2.** Содержащий в себе, выражающий почтение. Этикетный эпитет, интенсификатор вежливости, учтивости. ♦ **Почтительный поклон Вам от (Н.).** ♦ **Передайте (шлю, посылаю) мой почтительный (почтительнейший) поклон (привет) (Н.).** *Эпист.* Формулы приветствия. ♦ **Прошу принять чувства почтительной преданности Вашего покорного слуги** (подпись адресанта). ⁂ *Эпист.* Формула светской учтивости в заключении письма к старшему по возрасту, положению. ♦ **Почтительно (почтительнейше) осмелюсь доложить (спросить, просить...).** ⁂ Формула почтит. или подобострастного обращения к значительно высшему по положению. «*Ничего, ничего!* — благосклонно проговорил Фома, — *пригласите и Коровкина; пусть и он участвует во всеобщем счастье*». <...> — «*Почтительнейше-с осмелюсь доложить-с,* — заметил Видоплясов, — *что Коровкин изволят находиться не в своём виде-с*». Ф. Достоевский. Село Степанчиково и его обитатели. ♦ **Почтительно (почтительнейше) кланяюсь (Н.).** ⁂ Почтит. или шутл.-почтит. формы приветствия, прощания. *[Муратов:] Ну что ж? Ухожу. В воскресенье можно к вам? [Софья:] Пожалуйста. Но можно и не приезжать. [Муратов:] Я лучше приеду! Почтительно кланяюсь. Всяких удач и успехов... всяких.* М. Горький. Зыковы.

Почти́ть. ♦ **Прошу (покорно, покорнейше) почтить нас (меня) своим присутствием (посещением...).** ⁂ *Почтит.-возвыш.* ♦ **(Адресант) покорнейше просит** (адресата) **почтить его (своим посещением...).** ⁂ *Эпист.* Формулы учтив. или почтительного приглашения в гости равного или высшего по положению. *П. П. и М. Н. К..., свидетельствуя своё почтение В... В... В..., покорнейше просят его (ея) почтить их, отобедавши у них (тогда-то)* (образец записки). Хороший тон. Правила светской жизни и этикета (1889). *Нынче Общество, через моё посредство, просит вас почтить его концерт личным исполнением вашей симфонии.* Ц. Кюи. Письмо М. А. Балакиреву, 12 сент. 1899. ♦ **Прошу почтить память (умерших, погибших, павших...) минутой молчания (вставанием).** *Офиц.* Предложение собравшимся встать и скорбным молчанием выразить глубокое уважение к памяти покойных. Употр. на траурных церемониях или встречах, посвящённых годовщине трагических событий.

Пошёл я. См. Пойду я.

Пошли́ (Вам, тебе) **Бог** (Боже, Господь, Господи, Творец...) (что-л. благоприятное). *Прост.* То же, что ♦ **Дай (Вам, тебе) Бог.** *Прощайте, целую вас заочно. Пошли вам Бог всякого добра, а с тем вместе и высшее всех благо — вдохновение. /* Гоголь. Н. Гоголь. Письмо В. А. Жуковскому, окт. 1841. *[Устинья Наумовна (целуясь с Липочкой):] Вот и до тебя очередь дошла. Что это ты словно потолстела, изумрудная? Пошли Творец! Чего же лучше, как не красотой цвести!* А. Островский. Свои люди — сочтёмся! *Бабы, пригоняя скотину, весело здоровались. «Вот пригнали вам под начало живность нашу». «Сердечные вы, оживёт теперь скотинушка». «Пошли вам Господи!»* И. Тенеромо. Л. Н. Толстой — пастух. *И вручил [Потап Максимыч] отцу Михаилу четыре сотенных. — Ах ты, любезненькой мой!.. Ах ты, кормилец наш! — восклицал отец Михаил, обнимая Потапа Максимыча и целуя его в плечи. — Пошли тебе, Господи, доброго здоровья и успехов во всех делах твоих за то, что памятуешь сира и убога... Ах ты, касатик мой!..* П. Мельников (Печерский). В лесах. *«Дед, уступи её [кобылу] во дворец». — «А с полным нашим удовольствием!* <...> *». — «Вот тебе триста рублей, и — никаких претензий». — «Дай вам Господи. Пошли вам и деточкам вашим!»* Б. Шергин. Кобыла. *— Да и Галя, она, чай, тоже работница, пошли Бог здоровья. — Слова матери Августы так и приподняли Галю: она вдруг, сделавшись совсем серьёзной и сдерживая свой звонкий голос, запела...* И. Акулов. Родительский день. *— А ну-ка, повернись, — сказала Бабинька. — Да не достану. Ты сядь-ка, сядь. Вот та-ак.* <...> *Красивые парни. Пошли вам Бог невест хороших.* В. Лихоносов. Когда же мы встретимся? ♦ **Да пошлёт Вам (тебе) Бог... Возвыш.**

Пощади́те! 1. *Экспрессив.* Просьба, мольба к высшему по положению о пощаде, снисхождении, прощении. 2. *Разг.* Форма вежл., но решительного возражения, несогласия, отклонения, в значении: «да что вы (ты)! как можно!» *[Турусина:] Я насчёт Машеньки. Нет ли у вас кого на примете? [Городулин:] Жениха? Пощадите! Что за фантазия пришла вам просить меня! Ну, с какой стороны я похож на сваху московскую? Моё призвание решить узы, а не связывать. Я противник всяких цепей, даже и супружеских. А. Островский. На всякого мудреца довольно простоты.*

Пра́в/ы. ♦ **Вы правы.** ♦ **Ты прав/а́.** Форма согласия с замечанием, суждением или предположением собеседника. *«Что вы это говорите, Владимир Николаич! Этот немец — бедный, одинокий, убитый человек — и вам его не жаль? Вам хочется дразнить его?» Паншин смутился. «Вы правы, Лизавета Михайловна, промолвил он. — Всему виною — моя вечная необдуманность». И. Тургенев. Дворянское гнездо. Наконец он [ювелир] закончил осмотр и сказал: — Вы правы, сударыня. Это очень, очень большая редкость. В. Катаев. Жемчужина. Стены изнутри были только закопчены — звонко, как железо, зазвенели под обухом топора. «А ведь, пожалуй, ты прав! — обрадовался Пётр. — Кое-что мы тут найдём». — «Не кое-что, а что надо!» — сказал тоном бывалого человека Родька. Ф. Абрамов. Дом.*

Пра́ва рука, ле́во сердце. *Обл.* Форма приветствия при рукопожатии. *Права рука, лево сердце. Говорят, давая руку при свидании. В. Даль.*

Правда. 1. *В знач. сказуем.* Да, действительно, в самом деле так. ♦ **Ваша (твоя) правда. Вы (ты) прав/ы.** ♦ **Правду говорите (говоришь).** ♦ **И то правда.** *Разг.* ♦ **(Уж) и правда.** *Разг.* ♦ **Всё правда.** *Разг.* ♦ **Что правда, то правда.** *Разг.* ♦ **Совершенная (истинная, сущая, святая…) правда (Ваша).** *Разг.* Формы согласия со словами собеседника. *«Каково торгует ваша милость?» — спросил Андриян. «Э-хе-хе, — отвечал Шульц — и так и сяк. Пожаловаться не могу. Хоть, конечно, мой товар не то, что ваш: живой без сапог обойдётся, а мёртвый без гроба не живёт». — «Сущая правда», — заметил Андриян… А. Пушкин. Гробовщик. «А как вы нашли нашего губернатора?» — сказала Манилова. «Не правда ли, что препочтеннейший и прелюбезнейший человек?» — прибавил Манилов. «Совершенная правда, — сказал Чичиков, — препочтеннейший человек. И как он вошёл в свою должность, как понимает её!» Н. Гоголь. Мёртвые души. «Не правда ли, что Новицкая очень мила!..» — «Ваша правда». М. Лермонтов. Княгиня Лиговская. [Мамаева:] Кроме того, бедность убивает развязность, как-то принижает, отнимает этот победный вид, эту смелость, которые так простительны, так к лицу молодому человеку. [Глумова:] Всё правда, всё правда, Клеопатра Львовна! А. Островский. На всякого мудреца довольно простоты. «Да вам бы лучше записать на бумажке…» — «Да, да, и то правда». М. Салтыков-Щедрин. Помпадуры и помпадурши. И никогда она не противоречила ей, всегда соглашалась: правда, Лида, правда. А. Чехов. Дом с мезонином.* 2. **Правда. Истинная (святая, сущая…) правда.** Это действительно, в самом деле так. Формы уверения собеседника в истинности своих слов, искренности намерений. *— В тебе есть искра, поверь мне. Тебя будут любить девки, они-то и проверят твой талант. Не лыбься, святая правда. В. Лихоносов. Когда же мы встретимся? — А тот похож — нет, правда, Вань, — На шурина, — такая ж пьянь… В. Высоцкий. Диалог у телевизора.* 3. ♦ **(А) правда (ли), что…? Правда? ♦ Правду (ли) я говорю? ♦ Не правда ли?** *Разг.* Формы вопросит. обращения, употребляющиеся в начале или после предложений с целью побуждения собеседника подтвердить, поддержать сказанное; не так ли? а? *Кирила Петрович ‹…› обратился к новому исправнику ‹…›: «А что, поймаете хоть вы Дубровского, господин исправник?» Исправник струсил, поклонился, улыбнулся, заикнулся и произнёс наконец: «Постараемся, ваше превосходительство». — «Гм, постараемся. Давно, давно стараются, а проку всё-таки нет. Да, правда, зачем и ловить его. Разбои Дубровского благодать для исправников: разъезды, следствия, подводы, а деньги в карман. Как такого благодетеля извести? Не правда ли, господин исправник?» «Сущая правда, ваше превосходительство», — отвечал совершенно смутившийся исправник. Гости захохотали.*

А. Пушкин. Дубровский. «*Сам тоже понимаешь: так ли бы жить-то надо, если по Божьему закону?.. Всяк о себе думает, была бы мамона сыта. Ну, что ещё: который грабитель в кандалах закован идёт, и тот не настоящий грабитель... Правду ли я говорю?*» — «*Пожалуй... Ну и что же?*» В. Короленко. Убивец. «*Андрей Семёнович... Это хорошо, что вы позвали меня...*» Доронин взял её за руку. «*Правда?*» — *дрогнувшим голосом спросил он.* А. Чаковский. У нас уже утро. **4.** ♦ **Вот и правда!** ♦ **Чох на правду!** *Прост. Шутл.* Говорится, когда кто-л. из присутствующих или сам говорящий к слову чихнул.

Пра́ведные Бога молят. *Обл.* Ответ на просьбу кормщика «Благословите путь» при подъёме якоря.

Пра́вильный, -ая, -ое; -ые. Верный, такой, какой нужен. Употр. (нередко со словами-интенсификаторами *очень, совершенно, абсолютно* и т. п.) в составе формул похвалы, одобрения, поддержки слов или поступков собеседника. ▫ *Правильный поступок.* ▫ *Очень правильная мысль.* ▫ *Абсолютно правильное решение.* ▫ *Совершенно правильные слова.* **Правильно. 1.** *Нареч.* ▫ *Вы поступили абсолютно правильно.* ▫ «*Ты знаешь, я подумала и решила взять его с собой*». — «*И правильно сделала*». ▫ *Молодец, правильно мыслишь;* и т. п. «*Парни-то нынче ножовые <...>. У них своё на уме...*» — «*Это ты правильно, бабушка Лукерья...*» — *туго соглашалась Маремьяна.* Д. Мамин-Сибиряк. Золото. **2.** *В знач. утвердит. частицы. Разг.* Да, конечно. Употребляется при подтверждении слов собеседника как выражение согласия, солидарности с его мнением. «*Классовая точка зрения совершенно вычёркивает гуманизм, — верно?*» — «*Совершенно правильно*», — *отвечал он.* М. Горький. Жизнь Клима Самгина. «*А я уж подумала об этом, Петя. Ну только что же мне с собой поделать? Не могу же я с тем судиться?*» — «*Ну правильно, правильно!*» — *живо поддержал сестру Пётр.* Ф. Абрамов. Дом. **3. Правильно?** ♦ **Правильно (я) говорю?** Вопросительные обращения, употр. после предложений с целью побуждения собеседника подтвердить, поддержать сказанное; правда? не так ли? а? ♦ **Правильно говоришь (говорите, сказано).** То же, что Правильно (во 2 знач.).

Пра́во. *В знач. вводн.* Действительно, в самом деле. В речевом этикете употр. как интенсификатор эмоциональности при выражении просьбы, приглашения, уверения, извинения, благодарности, похвалы, комплиментов. — *А знаете, графиня,* — *сказал он [Анатоль], вдруг обращаясь к ней, как к старой давнишней знакомой,* — *у нас устраивается карусель в костюмах; вам бы надо участвовать в нём: будет очень весело. <...> Пожалуйста, приезжайте, право, а?* — *проговорил он.* Л. Толстой. Война и мир. — *Право, мне так совестно, что я злоупотребляю вашей добротой.* А. Куприн. Прапорщик армейский. ♦ **Пра́во слово.** *Прост.* — *Силан Петрович! Знаешь, чего они там визжали? Я знаю, право слово, знаю.* М. Горький. На плотах.

Правосла́вный. *Прост.* Обращ. к незнакомому. *Ефрем шёл сбоку телеги и торопил лошадь. <...> «Здорово, папаша!» — услышал вдруг Ефрем резкий крикливый голос. — «Путь дорога!» У самой дороги, положив голову на муравейный холмик, лежал длинноногий мужик лет 30-ти <...>. «Православный,* — *обратился к нему Ефрем,* — *далече ли тут до деревни?» — «Нет, не далече. До села Малого вёрст пять осталось».* А. Чехов. Встреча. ▫ *Едет купец на двух конях* — *на чёрном и белом <...>. Я подбежал и стал кричать:* — *Православный, возьми меня с собой!* Дурак-Сибиряк. Сказка. Зап. в 1946. ♦ **Правосла́вные христиане (хрестьяне, крестьяне). Правосла́вные.** (*В знач. сущ.*) ♦ **Мир правосла́вный.** ♦ **Народ правосла́вный.** *Прост.* В дорев. России, преимущ. в крестьянской среде — формы вежл. обращения к окружающим, мирянам. — *Эй, послушайте, миряне, Православны христиане!* П. Ершов. Конёк-горбунок. — *Ой люди, люди русские! Крестьяне православные! Слыхали ли когда-нибудь Вы эти имена?* Н. Некрасов. Кому на Руси жить хорошо. *[Никита:] Мир православный! Виноват я, каяться хочу.* Л. Толстой. Власть тьмы. *Народ толпами стоял около тюрьмы. Приходят к темнице сын и дочь и говорят народу:* — *Ступайте, мир православный, а мы с маменькой сквозь стенку поговорим.* Кривой Ерахта. Сказка. Зап. в 1913. ▫ *Ваше благородие... хрестьяне православные,* — *заговорил он умоляющим тоном,* — *не делал я этого. Верьте совести* — *не делал!..* В. Короленко. Убивец. [Гаврило:] Простите меня, православные, если я кого чем... А. Островский. Горячее сердце. [Марко] идучи дорогою, увидал нищего: сидит старец и просит милостыни: «Подайте, православные, Христа ради!» Скряга. Сказка из собр. А. Н. Афанасьева. — Православные! — крикнул ободрённый Филипп, всё более и более воодушевляясь, — выходи, братцы, кто к управителю поедет! Д. Григорович. Пахатник и бархатник. Платов взял стальную блоху и, как поехал через Тулу на Дон, показал её тульским оружейникам и слова государевы им передал, а потом спрашивает: — Как нам теперь быть, православные? Н. Лесков. Левша. Сотские остановились перед толпой, она всё росла быстро, но молча, и вот над ней вдруг густо поднялся голос Рыбина. — Православные! Слыхали вы о верных грамотах, в которых правда писалась про наше крестьянское житьё? Так вот — за эти грамоты страдаю, это я их в народ раздавал! М. Горький. Мать.

Праздник. ♦ С праздником! *Разг.* ♦ Поздравляю (Вас, тебя) с праздником! Формы поздравления. См. Поздравить, С. ♦ Празднику честно́му злат вене́ц, а хозяину (с хозяйкой) многая лета (доброго здоровья)! ⌘ *Прост.* Приветствие, поздравление и пожелание гостей хозяевам. ♦ Праздник души, именины сердца. *Разг.* То же, что ♦ Майский день, именины сердца. ▭ [Жена:] Ну, все наелись? Вкусно было? [Дочь:] Очень... [Муж:] Праздник, можно сказать, души, именины сердца! (1994). ♦ Будет и на нашей (вашей, твоей) улице праздник. См. Будет.

Пребольшой, -ая, ое. (Пребольшущий, -ая, -ее.). *Разг.* Элатив к Большой. ♦ Большое-пребольшое (Большущее-пребольшущее) (Вам, тебе) спасибо. ♦ У меня (к Вам, к тебе) пребольшая (пребольшущая) просьба. ♦ Я к Вам (к тебе) с пребольшой (пребольшущей) просьбой и т. п.

Пребываю с почтением (с душевным моим расположением; Вашим покорнейшим слугою, Вашим неизменным, верным, вечным, искренним... другом и т. п.). ♦ Засим (затем) пребываю... (в сочет. с эпист. комплиментом и подписью). ⌘ *Эпист.* Формула вежливости в заключении письма. *Приятным долгом поставляя Вас, Милостивый Государь, о сем уведомить, пребываю с совершенным почтением и преданностию / Ваш, Милостивый Государь, / покорнейший слуга / А. Бенкендорф.* А. Бенкендорф. Письмо А. С. Пушкину, 7 апр. 1831. [Жазиков (читает и улыбается иронически):] Хорош, хорош... «Любезный Тимофей Петрович, никак не могу удовлетворить твою просьбу. Впрочем, пребываю...» Впрочем, пребываешь! Вот оно и благорасположение! (Бросает письмо.) И. Тургенев. Безденежье. «*Любезный Пётр Михайлыч! / спешу отвечать на ваше послание и радуюсь, что мог исполнить просимую вами небольшую послугу от меня. <...> А затем, поручая, да хранит вас милость Божия, пребываю с душевным моим расположением»* — такой-то. А. Писемский. Тысяча душ. *Ну прощайте, мой ангельчик; целую все ваши пальчики и пребываю вашим вечным, неизменным другом Макаром Девушкиным.* Ф. Достоевский. Бедные люди. ♦ **Имею честь (пребыть) пребывать...** *Учтив.* или *офиц.* *Надеясь на крайнее Ваше снисхожденье, честь имею пребыть, Милостивый Государь, / Вашего Превосходительства всепокорнейший / слуга Александр Пушкин.* А. Пушкин. Письмо И. И. Мартынову, 28 нояб. 1815. ♦ **Имею счастие пребывать...** ⌘ *Почтит.* К высшему по положению. *<...> имею счастие пребывать / Вашего Императорского Величества верноподданным / Владимир Соловьёв.* В. Соловьёв. Письмо Николаю II <1888 ?>. См. также: Честь. Счастье.

Превеликий, -ая, -ое. *Разг.* Элатив к Великий (в 3 знач.). ♦ У меня к Вам (к тебе) превеликая просьба. ♦ Я (к Вам, к тебе) с превеликой просьбой. ♦ Спасибо Вам (тебе) превеликое! ♦ С превеликим удовольствием! и др.

Превзойти́. ♦ Вы превзошли (ты превзошёл) самого себя! ♦ Вам (тебе) удалось превзойти самого себя! Формы похвалы, комплимента.

Превосходи́тельство. ♦ Ваше Превосходительство, м. и ж. ⌘ В дореволюционной России (с конца XVIII в.) — формула титулования и офиц.-почтит. обращения к военным и гражданским чинам 3 и 4 классов по Табели о рангах (генералу, адмиралу, тайному советнику, действительному статскому советнику, обер-прокурору, ректору университета), а также к их жёнам. *Милостивый Государь / Александр Николаевич, / Осмеливаюсь беспокоить Ваше Превосходительство покорнейшей просьбой о позволении мне перепечатать в одну книгу сочинения мои в прозе, доныне изданные <...>. / С глубочайшим почтением честь имею быть, Милостивый Государь, / Вашего Превосходительства / покорнейший слуга /Александр Пушкин.* А. Пушкин. Письмо А. Н. Мордвинову, 26 мая 1834. *Ваше Превосходительство, / Милостивый Государь! / Получив от Вашего Превосходительства приказание объяснить Вам обстоятельства поединка моего с господином Барантом, честь имею донести Вашему Превосходительству, что <...>.* М. Лермонтов. Письмо Н. Ф. Плаутину, февр. — март 1840. *— Извините меня, ваше превосходительство, — начал он (Пьер был хорошо знаком с этим сенатором, но считал здесь необходимым обращаться к нему официально), хотя я не согласен с господином...* Л. Толстой. Война и мир. *— Я вон генеральше Шемельфеник верила; двадцать семь аршин кружевов ей поверила, да и пришла анамедни, говорю: «Старый должок, ваше превосходительство, позвольте получить», а она говорит: «Я тебе отдала».* Н. Лесков. Воительница. *Предводитель, действительный статский советник Ягодышев <...> сидел на софе и читал «Новое время». Увидев входящего, он кивнул головой и указал на кресло. «Я, ваше превосходительство, — начал Вывертов, — в неведении касательно своего звания, осмеливаюсь прибегнуть к вашему превосходительству за разъяснением...» «Позвольте, почтеннейший, — перебил его предводитель. — Прежде всего не называйте меня превосходительством. Прошу-с!» — «Что вы-с... Мы люди маленькие...» — «Не в этом дело-с! Пишут вот... (предводитель ткнул в «Новое время» и проткнул его пальцем) пишут вот, что мы, действительные статские советники, не будем уж более превосходительствами. За достоверное сообщают-с!»* А. Чехов. Упразднили. | *В разговорах с сими властителями он [Чичиков] очень искусно умел польстить каждому. Губернатору намекнул как-то вскользь, что в его губернию въезжаешь, как в рай, дороги везде бархатные, и что те правительства, которые назначают мудрых сановников, достойны большой похвалы. Полицеймейстеру сказал что-то лестное насчёт городских будочников; а в разговорах с вице-губернатором и председателем палаты, которые были ещё только статские советники, сказал даже ошибкою два раза: «ваше превосходительство», что очень им понравилось.* Н. Гоголь. Мёртвые души. ‖ После револ. сохранилось как офиц. обращ. к руководителям и членам правительств иностранных государств, а также при титуловании некоторых глав государств в соответствии с дипломатическим церемониалом и протоколом. *И по отношению к китайскому генералу Чжан-Цзо-Лину употребляется дипломатическая форма речи. «Я глубоко тронут телеграммой вашего превосходительства», — телеграфировал наркоминдел тов. Чичерин («Изв.» № 17, 1925). Эта форма речи, как средство общения с представителями других государств, так же необходима, как фрак для совпредставителя на Генуэзской конференции.* А. Селищев. Язык революционной эпохи (1927). | Шутл.-ирон. обращ. к тому, кто (якобы) высоко себя ставит. *— Не наступи, — вместо приветствия сказал Поташников, поведя глазами в сторону вошедшего. — Долгонько ждать заставляешь, ваше превосходительство! — Опустясь на колени, Егор Севастьяныч приоторвал с избача тяжёлое намокшее полотенце...* Л. Леонов. Русский лес. ♦ **Его (Её, Ея — эпист., Их) Превосходительство**. При почтит. указании на 3-е лицо или при обозначении титула адресата (в дат. пад.) в письмах, записках и т. п. *Ея Превосходительству госпоже Керн./ Пусть моё бедное произведение даст вам хоть несколько минут удовольствия, слушая его, подумайте о вашем всецело преданном слуге и друге М. Глинке.* М. Глинка. Письмо А. П. Керн, 21 апр. 1841. *— Его превосходительства Ивана Афанасьевича изволите знать?.. Нет? Ну так Божия человека не знаете!* Ф. Достоевский. Преступление и наказание. *Из Петербурга стали приходить конверты, на которых стояло: «Его Превосходительству, Действительному члену Российской Императорской Академии Художеств». Так совсем неожиданно для себя я стал генералом, «его превосходительством».* С. Коненков. Мой век.

Превосхо́дный, -ая, -ое; -ые. Очень хороший, замечательный. Оценочный эпитет в составе формул экспрессив. похвалы, комплиментов. ☞ *У вас превосходный вид.* ☞ *Превосходная квартира!* ☞ *Превосходное платье, замечательное!* ☞ *У тебя превосходные способности!* и т. п. ‖ Чаще в знач. сказуем. ☞ *Вы превосходная женщина!* ☞ *Твои родители превосходные люди* и т. п. [Стужин:] *Какая идиллия — мужчина читает мой «Огонёк», а превосходная женщина лопает под одеялом пирожки и мажется в повидле!* [Аня:] *Я не измажусь, я осторожно. И спасибо за «превосходная».* Э. Брагинский. Это всё из-за дождя.

Превосхо́дно. 1. *Нареч.* ☞ *Вы сегодня превосходно выглядите.* ☞ *Вы превосходно выступили.* ☞ *У тебя это всегда превосходно получается* и т. п. **2.** *Безл. в знач. сказуем.* [Глумов:] *<...> И из этих крепостей только вылетают в виде бомб сухие циркуляры и предписания.* [Городулин:] *Как это хорошо! Превосходно, превосходно! Вот талант!* [Глумов:] *Я очень рад, что вы сочувствуете моим идеям. Но как мало у нас таких людей!* А. Островский. На всякого мудреца довольно простоты. [Настенька] *взяла книгу, сначала просмотрела всю предназначенную для чтения сцену, а потом начала читать вовсе не шутя. Студент пришёл в восторг. — Превосходно! — воскликнул он и сам зачитал с жаром.* А. Писемский. Тысяча душ. *Князь подал ей альбом. «Превосходно! Вы удивительно написали; у вас чудесный почерк!» — «Благодарю вас...»* Ф. Достоевский. Идиот. *«Не знаю, — ответил я, — насколько могут способствовать раскрытию дела те сведения, какие я могу доставить. Но я рад бы был, если б они оказались полезны». — «Превосходно! Подобная готовность делает вам честь, милостивый государь».* В. Короленко. Убивец.

Пре́данность. ♦ *(Пребываю) С глубокой (душевной, безграничной...) преданностью...* (подпись адресанта). ♦ *С чувством глубокой (безграничной, искренней, сердечной...) преданности...* (подпись адресанта). ♦ *Прошу быть уверенным в неизменном к Вам почтении и преданности...* ♦ *Прошу принять чувства почтительной (почтительнейшей) преданности Вашего покорного (покорнейшего) слуги...* ♦ *Примите (Прошу принять) чувства уважения и преданности Вашего... (с которыми остаюсь Ваш...)* (подпись адресанта); и др. ▣ *Эпист.* Формулы учтивости, эпистолярные комплименты в заключении писем к высшим и равным по положению. *С отличной преданностью остаюсь, / Милостивый Государь, / Ваш покорнейший / А. Грибоедов.* А. Грибоедов. Письмо А. И. Рыхлевскому, нояб. 1820. *С чувством глубочайшего почитания и сердечной преданности, честь имею быть, / Милостивый Государь, Вашего Превосходительства / покорнейший слуга / Александр Пушкин.* А. Пушкин. Письмо А. Х. Бенкендорфу, 5 марта 1828. *Примите выражение моего душевного уважения и преданности, с которыми всегда буду Ваша усердно почитающая и искренняя слуга / Анна Виноградская.* А. П. Керн (Маркова-Виноградская). Письмо П. В. Анненкову, 17 июля 1859. *Разумихин развернул записку, помеченную вчерашним числом, и прочёл следующее: «<...> При чём, свидетельствуя моё особое почтение уважаемой Авдотье Романовне, прошу принять чувства почтительной преданности / вашего покорного слуги / П. Лужина».* Ф. Достоевский. Преступление и наказание.

Пре́данный Вам (тебе) (подпись адресанта). *Эпист.* Формула вежливости, эпистолярный комплимент при оформлении подписи адресанта в конце письма к близкому знакомому, другу, родственнику. Нередко употр. со словами-интенсификаторами: душевно, сердечно, искренне; (всей) душой, (всем) сердцем; до гроба и др. *Прощайте, почтеннейший Андрей Иванович, прошу не оставлять меня дружеским расположением, которое всегда с признательностью будет ценить / душою Вам преданный / А. Грибоедов.* А. Грибоедов. Письмо А. И. Рыхлевскому, февр. 1820. *Напиши мне хоть словечко и прости, что я тебе надоедаю. / Преданная тебе друг и сестра / Анна Виноградская.* А. П. Керн (Маркова-Виноградская). Письмо А. Н. Вульфу, 2 февр. 1871. *Будьте здоровы, сердечно кланяюсь Вашим всем. / Искренно Вам преданный / Влад. Соловьёв.* В. Соловьёв. Письмо Л. Н. Толстому, 2 авг. 1894. *Сообщите, Михаил Нестерович, не нужно ли Вам что-нибудь из новейших заграничных изданий — с удовольствием вышлю. / Искренне преданный*

Вам / Роман Якобсон. Р. Якобсон. Письмо М. Н. Сперанскому, 31 авг. 1825. *Не обижайтесь на меня. Вы знаете, как я ценю, люблю и как безмерно высоко ставлю Вас. / Остальное несущественно. / Преданный Вам / Б. Пастернак.* Б. Пастернак. Письмо М. В. Юдиной, 8 февр. 1941.

Предлага́ть (Предложи́ть). ♦ **(Я) предлагаю Вам** (что-л., сделать что-л.). Форма вежл. или офиц. предложения, приглашения, совета. — *Я ещё раз предлагаю вам свою руку, если вы хотите идти, — сказал Алексей Александрович, дотрагиваясь до руки [Анны].* Л. Толстой. Анна Каренина. *Заиграли вальс. Пашка прошёл через весь зал к Насте, слегка поклонился ей и громко сказал: — Предлагаю на тур вальса!* В. Шукшин. Классный водитель.
♦ **Предлагаю выпить за…** См. Выпить.
♦ **Позволь/те (разреши/те) (мне) предложить Вам (тебе)** (что-л., сделать что-л.). Учтив. *[Ирина:] Я стараюсь, но… [Флор Федулыч:] Но не имеете средств? Мы это препятствие устраним, моя обязанность, как близкого родственника, помочь вам. (Достаёт деньги.) Позвольте предложить вам на этот предмет пятьсот рублей. Понадобится ещё, скажите только, — отказу не будет.* А. Островский. Последняя жертва. *— Позвольте предложить вам закуску, Екатерина Степановна: икры, омаров… Что вы любите? Простите за нескромный вопрос: вы любите вино?* А. Аверченко. Весёлый вечер. *Позвольте мне предложить вам следующее: поднимите у себя в журнале агитацию за необходимость организовать Общество для помощи писателям-самоучкам…* М. Горький. Письмо Н. И. Иорданскому, янв. 1911.

Предста́вить/ся. То же, что Познакомить/ся. ♦ **Позвольте (разрешите) (мне) представить (Вам)** (такой-то; такого-то). Учтив. Формы знакомства через посредника; обращение посредника к тому, кому он представляет своего знакомого, родственника. См. Знакомить/ся. *«Ротмистр Шилохвостов Семён Терентыч, — сказал молодой корнет, представляя родителям своего гостя и попутчика, когда первые порывы восторга свидания успокоились. — Позвольте представить вам моего искреннего друга и отличного офицера». — «Ты меня заставляешь краснеть», — сказал скромно Шилохвостов, взглянув на друга своего, потупив глаза и подходя к ручке матери и сестры его. «Очень рады, милости просим, очень благодарны за доброе расположение ваше к Карпуше, просим покорно…» — сказала Анна Алексеевна.* В. Даль. Павел Алексеевич Игривый. *В антракте в ложе Элен пахнуло холодом, отворилась дверь, и, нагибаясь и стараясь не зацепить кого-нибудь, вошёл Анатоль. — Позвольте мне вам представить брата, — беспокойно перебегая глазами с Наташи на Анатоля, сказала Элен. Наташа через голое плечо оборотила к красавцу свою хорошенькую головку и улыбнулась. Анатоль, который вблизи был так же хорош, как и издали, подсел к ней и сказал, что давно желал иметь это удовольствие, ещё с нарышкинского бала, на котором имел удовольствие, которое он не забыл, видеть её.* Л. Толстой. Война и мир. *Пётр Михайлыч начал: — Рекомендую себя: предместник ваш, коллежский асессор Годнев. — Калинович подал ему конец руки. — Позвольте мне представить господ учителей, — добавил старик. — Калинович слегка нагнул голову. — Господин Экзархатов, преподаватель истории, — продолжал Пётр Михайлыч ‹…›.* А. Писемский. Тысяча душ. *— Разрешите представить вам, господин полковник, поручика Виктора Мышлаевского и доктора Турбина.* М. Булгаков. Белая гвардия. ♦ **Честь имею представить Вам** (такой-то, такого-то). ⚙ Учтив. или офиц., преимущ. мужск., представление кого-л. *Честь имею представить вам своего товарища и друга!* В. Даль. *[Телятьев:] Честь имею представить друга моего, Савву Геннадьича Василькова. [Надежда Антоновна:] Очень приятно. [Васильков:] Искренно желал. Знакомства в Москве не имею.* А. Островский. Бешеные деньги. ‖ Эпист. В рекомендательных письмах. *По сим причинам честь имею представить на благоусмотрение Вашего Превосходительства об определении к миссии служащего ныне в Астрахани городовым лекарем доктора медицины г. Александра Семашко.* А. Грибоедов. Письмо К. К. Родофиникину, 17 авг. 1828. ♦ **(Я) хочу (хотел/а бы…) представить Вам** (такой-то, такого-то). Вежл. ♦ **Представляю Вам (тебе)** (такой-то, такого-то). *[Мамаева:] Егор Дмитрич! Жорж! Подите сюда… (Городулину) Я вас* оставлю с ним на несколько времени. Вы после зайдёте ко мне! Я вас подожду в гостиной. (Глумов входит.) Представляю вам моего племянника. Егор Дмитрич Глумов. (Глумову.) Иван Иваныч хочет с вами познакомиться. (Уходит.) [Городулин (подавая Глумову руку):] Вы служите? А. Островский. На всякого мудреца довольно простоты. — Тонечка, представляю тебе нашего дорогого гостя, — рекомендовал Полововов своей жене Привалова. Д. Мамин-Сибиряк. Приваловские миллионы. ♦ **Позвольте (разрешите) (мне) представить себя:** (такой-то). ⌛ ♦ **Позвольте (разрешите) (мне) представиться:** (такой-то). *Учтив.* ♦ **Честь имею представиться:** (такой-то). ⌛ *Учтив.* или *офиц.* (*преимущ. мужск.*). Формулы представления при знакомстве без посредника. [Артемий Филиппович:] Имею честь представиться: попечитель богоугодных заведений, надворный советник Земляника. [Хлестаков:] Здравствуйте, прошу покорно садиться. Н. Гоголь. Ревизор. Приблизясь к Феничке, он [Базаров] скинул картуз. — Позвольте представиться, — начал он с вежливым поклоном, — Аркадию Николаевичу приятель и человек смирный. И. Тургенев. Отцы и дети. [Муромский:] Позвольте себя представить — ярославский помещик, капитан Муромский. [Варравин (продолжая писать):] Моё почтение. А. Сухово-Кобылин. Свадьба Кречинского. — Простите великодушно... Принял вас за своего коллегу <...>. Ещё раз виноват... Впрочем, знаете, такое сходство формы, что... Во всяком случае, позвольте представиться: местный пристав и, так сказать, громовержец — Ирисов, Павел Афиногеныч. — Кашинцев опять встал и назвал себя. — Если уж всё так необычайно вышло, то, позвольте, уж присяду к вам, — сказал Ирисов и опять ловко прикоснулся к козырьку и прищёлкнул каблуками. — Очень, очень приятно познакомиться. А. Куприн. Жидовка. [Хлудов:] Я слушаю. [Корзухин:] Честь имею представиться. Товарищ министра торговли Корзухин. Совет министров уполномочил меня, ваше превосходительство, обратиться к вам с тремя запросами. М. Булгаков. Бег. — Товарищ генерал, разрешите представиться: командир семнадцатой танковой бригады полковник Климович. К. Симонов. Живые и мёртвые.

♦ **Представьтесь, пожалуйста (кто Вы?).** *Вежл.-офиц.* Просьба должностного лица к незнакомому посетителю; ведущего собрание к незнакомому выступающему и т. п.

Представь/те (себе). ♦ **Можете (можешь) (себе) представить.** *В знач. вводн. Разг.* Формы привлечения внимания собеседника к излагаемому событию, факту. [Гурмыжская:] Представь, Алексис, я продала Ивану Петрову лес за три тысячи, а получила только две. [Буланов:] Как же это-с? А. Островский. Лес. — Проходит великая княгиня с каким-то послом, и на его беду зашёл у них разговор о новых касках. Великая княгиня и хотела показать новую каску... Видят, наш голубчик стоит. <...> Великая княгиня попросила себе подать каску, — он [Бузулуков] не даёт. Что такое? Только ему мигают, кивают, хмурятся. Подай. Не даёт. Можешь себе представить!.. Только этот... как его... хочет уже взять у него каску... не даёт! Он вырвал, подаёт великой княгине. «Вот эта новая», — говорит великая княгиня. Повернула каску, и, можешь себе представить, оттуда бух! груша, конфеты, два фунта конфет!.. Он это набрал, голубчик! Л. Толстой. Анна Каренина. — Она замужем была, овдовела и — можешь представить? — ханжой стала, занимается религиозно-нравственным возрождением народа. М. Горький. Жизнь Клима Самгина.

Прежде смерти не умрёшь (не умрём). То же, что ♦ **Раньше смерти не умрёшь.**

Преклоня́ть/ся. ♦ **Преклоняю колена (колени) (перед Вами,** кем-л.**).** *Возвыш.* Форма выражения почтения, признания выдающихся заслуг, высочайших достоинств адресата. *Молясь твоей многострадальной тени, Учитель, перед именем твоим Позволь смиренно преклонить колени!* Н. Некрасов. Сцены из лирической комедии «Медвежья охота».

♦ **(Я) преклоняюсь перед Вами (Вашим талантом...).** *Возвыш., экспрессив.*

Прекра́сный, -ая, -ое; -ые; -сен, -сна, -сно; -сны. Оценочный эпитет, употр. в составе формул похвалы, одобрения, комплиментов.
1. Отличающийся необыкновенной красотой, очень красивый. [Марья Антоновна:] Вы говорите по-столичному. [Хлестаков:] Для такой прекрасной особы, как вы. Н. Гоголь. Реви-

зор. — *Прекрасная барышня,* — *галантно обратился старец к робевшей Дариньке и выправил бакенбарды на плечи,* — *благоволите поразвлечься сиими приятными фрухтами, пра-а-шу, полакомьтесь... указал он на вазу с персиками.* И. Шмелёв. Пути небесные. ‖ В знач. сказуем. *[Гурмыжская:] Извините, господа, что я заставила вас ждать! <...> [Милонов (целует руку):] Вы прекрасны. (Отходит и смотрит издали.) Прекрасны! Вы всё молодеете.* А. Островский. Лес. *[Гриша (раскланивается перед Лялей:] А вы, Ляля, ещё прекрасней стали. [Ляля:] Финиширую. [Ларушка:] Да будет, Ляленька,* — *сорокá нет.* А. Арбузов. Выбор.
2. Очень хороший; превосходный. *Милостивый Государь / Михайло Николаевич, / Вы изволили вспомнить обо мне и прислали мне последнее, прекрасное Ваше творение; и не слыхали от меня спасибо. Вы имеете полное право считать меня неучем, варваром и неблагодарным. Но виноват приятель мой Соболевский...* А. Пушкин. Письмо М. Н. Загоскину, 9 июля 1834. *[Болесова:] Ну, теперь позвольте вас послушать; я много говорила. [Цыплунов:] И говорили очень хорошо. Прекрасные правила у вас.* А. Островский. Богатые невесты. *«Вы оставьте это, Николай Иванович!* — *решительно сказала мать.* — *Не надо меня утешать, не надо объяснять. Паша худо не сделает, даром мучить ни себя, ни других не будет! <...>»* — *«Ваш сын* — *прекрасный человек!* — *воскликнул Николай несвойственно громко.* — *Я очень уважаю его!»* М. Горький. Мать. **Прекрасно.** Нареч. *[Паншин] сел, кашлянул, оттянул воротнички и спел свой романс.* — *Charmant,* — *проговорила Варвара Павловна, вы прекрасно поёте, vous avez du style [«у вас есть стиль»].* И. Тургенев. Дворянское гнездо. — *Я хотел к вам ехать,* — *сказал [Левин] и тотчас же <...> смутился и покраснел.* — *Я не знал, что вы катаетесь на коньках, и прекрасно катаетесь.* Л. Толстой. Анна Каренина. *Танцевали на маленькой площадке перед оркестром. <...> «Вы прекрасно танцуете,* — *сказал Игорь Владимирович,* — *с вами очень легко».* — *«С вами тоже». Игорь Владимирович держался так, как пожилой воспитанный человек держится с юной девушкой. Но Варя чувствовала, что нравится ему.* А. Рыбаков. Дети Арбата. ‖ Безл. в знач. сказуем. Экспрессив. похвала,

одобрение; выражение полного удовлетворения. *«Я бы тебя свёл, пожалуй, на ссечки, тут у нас купцы рощу купили <...>. Там бы ты у них ось и заказал или готовую купил».* — *«И прекрасно!* — *радостно воскликнул я.* — *Прекрасно!..»* И. Тургенев. Касьян с Красивой Мечи. *[Гурмыжская:] Я выхожу замуж. Рекомендую вам будущего моего мужа. [Милонов:] Прекрасно! Прекрасно!* А. Островский. Лес. ǀ Ирон. *«Что это такое? <...> кто же сжёг эту карточку... Её бы надо подать маменьке!»* — *«Кажется, я,* — *отвечал Жорж,* — *раскуривал трубку!..»* — *«Прекрасно! я бы желала, чтобы Верочка это узнала... ей было бы очень приятно!.. Так-то, сударь, ваше сердце изменчиво!..»* М. Лермонтов. Княгиня Лиговская. *[Городничий (вытянувшись и дрожа всем телом):] Помилуйте, не погубите! Жена, дети маленькие... не сделайте несчастным человека. [Хлестаков:] Нет, я не хочу! Вот ещё! мне какое дело? Оттого, что у вас жена и дети, я должен идти в тюрьму, вот прекрасно!* Н. Гоголь. Ревизор.

Преле́стный, -ая, -ое; -ые; -стен, -стна, -стно; -стны. Вызывающий восхищение; очаровательный. Оценочный эпитет, употр. в составе формул похвалы, одобрения, комплиментов. *[Молчалин:] Ваш шпиц* — *прелестный шпиц, не более напёрстка, я гладил всё его: как шёлковая шёрстка! [Хлестова:] Спасибо, мой родной.* А. Грибоедов. Горе от ума. *Милостивый Государь / Александр Александрович, / Давно собирался я напомнить вам о своём существовании. Почитая прелестные ваши дарования и, признаюсь, невольно любя едкость вашей остроты, хотел я связаться с вами на письме...* А. Пушкин. Письмо А. А. Бестужеву, 21 июня 1822. — *Это его сын?* — *сказала она [графиня], обращаясь к Николеньке, который входил с Десалем.* — *Мы все поместимся, дом большой. О, какой прелестный мальчик!* Л. Толстой. Война и мир. *Прежде чем отвечать на Ваши два большие и прелестные письма, милая графиня, позвольте попенять Вам (хотя это слово отзывается неблагодарностью) за следующую фразу в Вашем письме...* И. Тургенев. Письмо Е. Е. Ламберт, 28 нояб. 1860. *[Даринька] в страхе от них метнулась, но заметивший это какой-то совсем незнакомый офицер услужливо предложил проводить её от этих* нахалов до извозчика, вежливо усадил, даже заметил номер и козырнул, сказавши: «Вы прелестны, сударыня!» И. Шмелёв. Пути небесные. ♦ **Прелестная моя (Моя прелестная).** *В знач. сущ. Разг.* Ласк., интимн. или шутл.-покровительств. обращ. к близкой, любимой женщине, девушке; то же, что ♦ **Моя прелесть. Преле́стнейший,** -ая, -ее; -ие. Элатив к Прелестный. *[Глумов:] Ну, а вы, Иван Иваныч? [Городулин:] Я ни слова. Вы прелестнейший мужчина. Вот вам рука моя. И всё, что вы говорили про нас, то есть про меня — про других я не знаю, — правда совершенная. А. Островский. На всякого мудреца довольно простоты.* **Прелестно,** *нареч. [Борис Андреич] подошёл к Поленьке, которая не без ужаса следила за его приближением. — Вы прелестно аккомпанировали вашей сестрице, — начал он, — прелестно! — Поленька ничего не отвечала, только покраснела до самых ушей. И. Тургенев. Два приятеля. Дорогая Вера!/ Книжечка «Как я была маленькая» доставила мне истинное удовольствие. Она написана прелестно. А. Фадеев. Письмо В. М. Инбер, 24 февр. 1955.* ‖ *В знач. сказуем. Экспрессив.* похвала. *Когда он кончил [петь], Лиза похвалила мотив, Марья Дмитриевна сказала: «Прелестно!» И. Тургенев. Дворянское гнездо. [Ксения:] Ах, как это прелестно! Да неужели всё это будет? Друг мой, какое счастие ты мне обещаешь! А. Островский. Не от мира сего.*

Пре́лесть. 1. Прелесть! ♦ **Вот прелесть-то!** ♦ **Какая прелесть!** ♦ **Ну просто прелесть!** ♦ **Что за прелесть!** ♦ **Вы (ты) (просто) прелесть!** ♦ **Прелесть как хорош (мил...)!** ♦ **Прелесть какой хороший (милый...)!** *Разг. Экспрессив.* Формы восторженной похвалы, комплимента в адрес собеседника, его близких или того, что ему принадлежит. *Стихи твои прелесть — не хочется мне отдать их в альманах; лучше отошлём их Дельвигу. А. Пушкин. Письмо П. А. Вяземскому, 2 янв. 1831. Через минуту графа впустили. Он был в синем фраке, чулках и башмаках, надушенный и напомаженный. — Папа, ты так хорош, прелесть! — сказала Наташа, стоя посреди комнаты и расправляя складки дымки. Л. Толстой. Война и мир. — Но уверяю вас, Ирина Павловна, оно [платье] прелесть как идёт к вам. И. Тургенев. Дым. «Ты что, красавица? Весело тебе?» — «Весело». — «То-то. А ты вот такие пояса видала?» Сестра равнодушна к эффектному виду брата, но, чтобы подмазаться к нему, хвалит: «Ах, какой пояс! Прямо прелесть!» А. Аверченко. Рождественский вечер у Киндяковых. «Вы сделали эту штуку ради Александра Марковича! — басом воскликнула Анжелика. — Да, не отрицайте. Это великолепно, Вячеслав Викторович, это чудесно. Вы — прелесть. Я в восторге». — «Очень рад!» — буркнул Баркан. Ю. Герман. Подполковник медицинской службы. [Юлия:] Далеко идти поздно, милый. Не тот возраст. [Гусятников:] При чём тут возраст — ты просто прелесть как хороша. И этот наряд... Удивительно шикарно! А. Арбузов. В этом милом старом доме.* **2.** *Обычно с местоим. «моя».* ♦ **Моя прелесть (Прелесть моя).** *Разг.* Ласк., интимн. обращ. к близкому, любимому человеку (чаще мужчины к женщине, девушке). *Одна просьба, моя прелесть: нельзя ли мне доставить или жизнь Железного колпака, или житие какого-нибудь юродивого. А. Пушкин. Письмо В. А. Жуковскому, 17 авг. 1825. [Дудукин:] Как ваше здоровье, моя прелесть? Вы вчера были как будто расстроены? [Коринкина:] С чего вы взяли? Я совершенно здорова. А. Островский. Без вины виноватые. [Чубуков:] Так зачем же во фраке, прелесть? Точно на Новый год с визитом! А. Чехов. Предложение.* | *Шутл. или ирон. Насилу упросил я Всеволожского, чтоб он позволил мне написать тебе несколько строк, любезный Мансуров, чудо-черкес! Здоров ли ты, моя радость; весел ли ты, моя прелесть — помнишь ли нас, друзей твоих (мужеского полу)... А. Пушкин. Письмо П. Б. Мансурову, 27 окт. 1819. [Аллилуя:] А на остальные-то комнаты как же? Ведь сегодня срок истекает. [Зоя:] На остальные комнаты, прелесть моя, мы вот что сделаем. (Достаёт бумагу.) Нате. М. Булгаков. Зойкина квартира.* | *[Яков:] Эх, милый! Женщины — позор человечества. [Ляля:] Ты сегодня совершенно разнуздался, моя прелесть. А. Арбузов. Выбор.*

Премерси́. *Прост., шутл.* Форма благодарности. *[Елена:] Это — там... во флигеле, нижний этаж... [Трошин:] Премерси! Искал его целый день... утомлён и едва стою на ногах... За угол? Бон вояж! Он только вчера имел счастье познакомиться со мной... и вот я иду к нему...*

это надо оценить! За угол? Очень просто! До приятного свидания!* М. Горький. Дети солнца.

Преми́лый, -ая, -ое; -ые. Разг. Элатив к Милый. Употр. в составе формул комплиментов, похвалы. ♦ Вы (ты) премилый человек (премилая женщина...). ♦ Премилое создание (существо...). О ком-л. близком адресату. *[Монахов:] Держу сто целковых против ваших пятидесяти, что вы влюбитесь в мою жену! Идёт? <...> [Цыганов (смеясь):] Вы — премилый человек... Но пока — оставим это, а? И поиграем в карты... Зовите доктора.* М. Горький. Варвары. **Премиленький.** Разг. Уменьш.-ласк. к Премилый.

Премно́го. ▨ Очень, в высшей степени. Интенсификатор вежливости в формулах благодарности, комплиментов; ♦ Премного (Вам) благодарен (обязан). ♦ Премного (Вами) довольны. ▨ ♦ Премного (о Вас) наслышан. ▨ См. Благодарный. Довольный. Обязать. Наслышан. *[Разбитной:] Князь поручил мне осведомиться об вашем здоровье <...>. [Хрептюгин:] Премного благодарны его сиятельству.* М. Салтыков-Щедрин. Невинные рассказы. *[Тетерев:] Акулина Ивановна! А не осталось ли чего-нибудь от обеда? Каши или в этом роде чего-либо?.. [Акулина Ивановна:] Изволь, батюшка, есть. Поля, принеси-ка там... [Тетерев:] Премного благодарен. Ибо сегодня, как вам это известно, не обедал я по случаю похорон и свадьбы...* М. Горький. Мещане. | В совр. употр. возвыш.-шутл. *[Виктоша (встаёт):] Панегирик в честь Балясникова Фёдора Кузьмича. (Поднимает рюмочку.) <...> Дорогой Фёдор Кузьмич, вы свели меня с ума, выношу вам за это благодарность. Старушкой, сидя у какого-нибудь атомного камелька, я буду со слезами на глазах рассказывать о вас своим внукам. Примите же уверение в моём огромном к вам почтении. (Опустошает рюмочку.) [Балясников:] Премного вам благодарен.* А. Арбузов. Сказки старого Арбата.

Преогро́мный, -ая, -ое. (Преогромнейший, -ая, -ее.). Разг. Элатив к Огромный. Употр. в экспрессив. формах благодарности. ♦ Спасибо Вам (тебе) преогромное (преогромнейшее)! ♦ Преогромная (преогромнейшая) Вам (тебе) благодарность! ♦ У меня к Вам (к тебе) преогромная (преогромнейшая) просьба. ♦ Я к Вам (к тебе) с преогромной (преогромнейшей) просьбой.

Преосвяще́нство. ♦ Ваше Преосвященство. Титулование или учтив. обращение к епископу. *«Злодеи-то — злодеи. А я бы, ваше преосвященство, будь я на вашем месте, отслужил бы панихиду по убиенным». Архиерей отстранил ухо, развёл над животом сухими, как гусиные лапы, руками и, склонив голову, кротко сказал: «На всяком месте свои терния. Я вот на вашем месте, ваше превосходительство, совсем и стрелять-то бы не стал, дабы не утруждать духовенство панихидами, да ведь что поделаешь: злодеи».* Л. Андреев. Губернатор. *Поглядел на него преосвященный, головкой так покивал и говорит: «Это он что же... в себе или не в себе?» И поулыбался грустно, от сокрушения. Горкин поклонился низко-низко и молитвенно так сказал: «Разогрелся малость, ваше преосвященство... От торжества». А преосвященный вдруг и признал Василь Василича: «А-а... помню-помню его... силач-хоругвеносец! Да воздастся ему по рвению его». И допустил подвести под благословение.* И. Шмелёв. Лето Господне. ♦ Его (Их) Преосвященство. При почтит. указании на 3-е лицо или при обозначении титула адресата (в дат. пад.) в письмах. ♦ Преосвященный (Преосвященнейший) Владыко. См. Владыка (во 2 знач.).

Преподо́бие. ♦ Ваше Преподобие. Титулование монашествующего священника; учтив. обращение к монашествующему священнику (иеромонаху). *— Ваше преподобие! — воскликнул он [Ф. П. Карамазов, обращаясь к старцу Зосиме] с каким-то мгновенным пафосом. — Вы видите перед собою шута воистину! Так и рекомендуюсь. Старая привычка, увы!* Ф. Достоевский. Братья Карамазовы. ‖ В практике совр. употр. — учтив. обращ. к священнику. ♦ Его (Их) Преподобие. При почтит. указании на 3-е лицо или при обозначении титула адресата (в дат. пад.) в письмах.

Препоруча́ю (Поруча́ю) себя Вашему благорасположе́нию (Вашей благосклонности..., Вашему покровительству..., в Ваше благорасположение...). ▨ Эпист. См. Поручаю себя Вашему благорасположению.

Пресве́тлый рай (ему, ей, всем)! *Прост.* ♦ Дай Бог (Боже) царство небесное, в земли упокой, пресветлый рай всем! *Прост.* Пожелания в адрес покойного. ▭ [Старушка в родительскую субботу, уходя с кладбища, оборачивается, крестится:] *Царство небесное, лёгкое лежанье, пресветлый рай всем!* (1995).

Преувели́чивать. ♦ Вы (явно) преувеличиваете (мои достоинства, заслуги). Вежливый ответ на похвалу, комплимент.

Преу́мница. *Обл., экспрессив.* Похвала, комплимент. См. У м н ы й.

Прехоро́ший, -ая, -ее; -ие. *Разг.* Элатив к Хоро́ший. Употр. в формулах похвалы, комплимента. **Прехоро́шенький**, -ая, -ое; -ие. Элатив к Хоро́шенький. *Раскольникову ужасно захотелось расслышать, что поют, точно в этом и было всё дело. «Не зайти ли? — подумал он. — Хохочут! Спьяну. А что ж, не напиться ли пьяным?» — «Не зайдёте, милый барин?» — спросила одна из женщин довольно звонким и не совсем ещё осипшим голосом. Она была молода и уже не отвратительна — одна из всей группы. «Вишь, хорошенькая!» — отвечал он, приподнявшись и поглядев на неё. Она улыбнулась; комплимент ей очень понравился. «Вы и сами прехорошенькие»*, — сказала она. Ф. Достоевский. Преступление и наказание. *«Ну... дай Бог. Как говорится». — «Спасибо», — повторял, кланяясь всем, растроганный отец. — Ей-богу, спасибо». Я сидел возле него, и знакомые спрашивали: — Ну, как ты поживаешь? Прехорошенький мальчишка! Славный ребёнок.* А. Аверченко. Ресторан «Венецианский карнавал».

Прибега́ю к Вам (к тебе) (за помощью). ♦ Прибегаю (позвольте прибегнуть; решился прибегнуть) к Вам с (покорнейшей...) просьбой (просьбою)... ✉ *Преимущ. эпист.* Просьба о помощи. *Генерал ходил взад и вперёд по комнате, куря свою пенковую трубку. Увидя меня, он остановился. <...> «Ваше превосходительство, — сказал я ему, — прибегаю к вам как к отцу родному: ради Бога, не откажите мне в моей просьбе: дело идёт о счастии всей моей жизни». — «Что такое, батюшка? — спросил изумлённый старик. — Что я могу для тебя сделать? Говори».* А. Пушкин. Капитанская дочка. *Многоуважаемый Николай Александрович! / Прибегаем к вам с просьбою: П. А. Стрепетова захворала и вряд ли будет в состоянии читать в воскресенье. Комитет просит вас заменить её и прочесть одну из ваших сценок в случае, если Пелагея Антипьевна не будет в состоянии приехать. Само собою разумеется, что мы вывесим, если это будет нужно, печатный анонс. / Будьте благосклонны, не откажитесь. <...> / Искренно ваш В. Гаршин.* В. Гаршин. Письмо Н. А. Лейкину, янв. 1887. См. также П р о с ь б а.

Привёл Бог (Господь) сви́деться. *Прост.* Фраза употр. при неожиданной встрече со знакомым. *— Вот где Бог привёл свидеться, — сказал маленький человек. — Тушин, Тушин — помните, довёз вас под Шенграбеном?* Л. Толстой. Война и мир. *[Вихорев:] Так-то, Андрюша!.. вот дела-то!.. Привёл Бог свидеться!.. Однако ты потолстел...* А. Островский. Не в свои сани не садись.

Приве́т! 1. *Разг.* Форма дружеск. приветствия при встрече с приятелями, близкими знакомыми, родственниками, равными или младшими по возрасту, положению. Употр. самостоятельно или с обращением. (Получила распространение в советский период преимущ. в молодёжной среде). *Игорь Саввович вошёл в гостиную. «Здравствуй, мама! Светлана, привет!» — «Здравствуй, Игорь! — низким голосом ответила мать. — Рада тебя видеть». <...> Светлана бросилась к мужу, обняла, поцеловала, потом расплакалась.* В. Липатов. Игорь Саввович. *[Васенька:] О, кого я вижу! [Макарская:] А, это ты. [Васенька:] Привет! [Макарская:] Привет, кирюшечка, привет. Что ты здесь делаешь?* А. Вампилов. Старший сын. *Девушка, которую ждал призывник, вышла из тридцатой квартиры. Стас и с ней был запросто: «Нинон? Привет!» — «Привет!»* В. Белов. Целуются зори... *Но в это время с улицы послышалось звонкое: «Здрасьте, дядь Костя!» — соседский мальчишка браво выхаживал по тротуару. <...> «Привет, Антошка — нос картошкой, — отозвался дядя Костя. — А что такое тяжёлое ты несёшь-то?»* В. Куропатов. Едришкина качель. | *Прост., фамильярн.* По отношению к незнакомым, малознакомым или знакомым, но старшим по возрасту. *Пусто в деревне. Вот только у скотного двора какие-то звуки. Митька направился* туда и встретил ещё одного старика — Фёдора, он ехал от фермы на телеге с бочкой. «Привет, дед!» — «Тпррры! Стой, хромоногая. Доброго здоровьица. Не Митрей? Вроде Митрей, Катеринин брат. — Фёдор остановил кобылу, сидя козырнул Митьке. — То-то Евстолья-то уж давно говорила, что сулишься. Надолго ли к нам?» В. Белов. Привычное дело. **2.** *Разг.* Форма дружеск. прощания с родственниками, приятелями, близкими знакомыми, равными или младшими по возрасту, положению. «Обрати внимание на Великий Океан, ты живёшь на его берегу, там плывут иногда советские корабли, это — мы. Привет». А. Платонов. Счастливая Москва. *Не можешь ли прислать что-либо в ближайшее время? Пиши на редакцию: Старо-Панский, 7. / Привет! / Ал. Фадеев.* А. Фадеев. Письмо В. М. Саянову, 3 марта 1931. *[Кущак:] Виктор!.. Мм... Могу я с тобой поговорить? [Кузаков:] Можете, можете. Я с ним уже наговорился. (Зилову) До свидания, Витя. [Зилов:] Привет, Коля. (Кузаков уходит.)* А. Вампилов. Утиная охота. **3.** *Прост., молодёжн.* Ну да! Как бы не так! Экспрессив. форма возражения, несогласия. «Дорогой сынок Паша, если уж ты хочешь, чтобы я приехала, то я, конечно, могу, хотя мне на старости лет...» — «Привет! — сказал Шурка. — Кто же так телеграммы пишет?» — «А как надо, по-твоему?» В. Шукшин. Сельские жители. ♦ **Привет Вам (тебе**; или наименов. адресата в дат. п.**). 1.** *Возвыш.* или *шутл.-торжеств.* Приветствие адресату при контактном общении, в письмах, посланиях. *Ты жива ещё, моя старушка? Жив и я. Привет тебе, привет!* С. Есенин. Письмо матери. *А через неделю вечером встретила его Анна <...>, крикнула обрадованно и звонко: — Привет товарищу Илье-комсомольцу!..* М. Шолохов. Илюха. *[Василий:] Начальнице привет! [Рита:] Здравствуй, вертихвост.* В. Розов. В день свадьбы. *Редкий день не появлялся в ихнем заулке Егорша. Крикнет снизу, махнёт рукой: — Привет строителям! Помощников не треба?* Ф. Абрамов. Дом. **2.** Приветствие 3-му лицу через адресата-посредника. *Привет Варваре Николаевне, Вашим детям и Ремизовым. / Жму Вашу руку. / С. Есенин.* С. Есенин. Письмо Р. В. Иванову-Разумнику, 4 дек. 1920. ♦ **Привет Вам (тебе) от** (кого-л.). Приветствие адресату, передаваемое адресантом-посредником от 3-го лица. ▭ *[Из разговора подруг:] — Да! Чуть не забыла... Тебе привет от Лизы Пономарёвой, встретила её в Орле совершенно случайно... — Спасибо, как она?..* (1994). ♦ **Пламенный (рабочий, дружеский, товарищеский, комсомольский, коммунистический...) привет** (наименов. адресата в дат. п.)! *Разг., возвыш.* или *шутл.-возвыш.* Формула приветствия, употр. в партийно-комсомольской среде 20—60 гг. XX в. *Брюханов отошёл в угол, устроился на диванчике; он мало знал Чубарева <...>. Чубарев тотчас узнал его и от Вальцева шагнул прямо к дивану. «Повезло!» — пророкотал он, размашисто протягивая Брюханову широкую тёплую ладонь. — Рабочий привет обкомовскому начальству!» — «Здравствуйте, Олег Максимович...»* П. Проскурин. Судьба. ♦ **Привет всем (Всем привет)! 1.** *Разг.* В устном контактном общении — дружеск. приветствие знакомым, равным по возрасту и положению. *[Редакция газеты. Пальчиков (входя):] Всем привет. Всем здравствуйте. Ковалёв прилетел? [Тамара:] Да.* А. Арбузов. Вечерний свет **2.** Приветствие через посредника; то же, что ♦ **Передайте (от меня, мой...) привет** (Н.). ♦ **Привет, мой свет!** ♦ **Привет от старых штиблет!** ♦ **Привет на сто лет!** ♦ **Привет честно́й компании!** *Разг.* Дружеск.-шутл. приветствия в адрес близких знакомых, приятелей, родственников, равных или младших по возрасту. *Малинин <...> неторопливо прошёл через всю сцену и остановился возле завалинки. — Привет честной компании, — сказал он. — Чегой-то это вы ровно проквашенные сидите?* А. Крупчаткин. Переход в середине сезона. ♦ **Привет, старушка, с тебя чекушка!** *Прост. Шутл.* или *фамильярн.* Приветствие приятельнице, близкой знакомой при встрече. Употр. преимущ. в молодёжн. среде в 60—70 гг. XX в. ♦ **Привет родителям. 1.** Привет родителям адресата при прощании с ним. **2.** *Прост., фамильярн.-шутл.* или *ирон.* Форма прощания. *В этом месте Матвей Семёнович взглянул на свои часы нового золота и заторопился. — О-ля-ля! Как я заболтался... Семья помещика Гузикова ждёт меня на пикник, и если я запоздаю, это будет нонсенс. Желаю здраство-*

вать! Привет родителям!* А. Аверченко. Молодняк. ♦ **Примите (мой, от меня, от Н.) (горячий, сердечный...) привет.** *Эпист. Жму руку, дружище, прими привет от всех ребят, а от меня приветище всему своему семейству «со чадами». / Александр.* А. Фадеев. Письмо И. И. Дольникову, 7 дек. 1921. ♦ **Передайте (Прошу передать) (от меня, мой, сердечный, горячий, пламенный, дружеский...) привет (Н.).** ♦ **(Н.) передаёт (передавал/а, просил/а передать) Вам (тебе) привет.** Формулы приветствия через посредника, часто употр. в устном общении и в письмах, обычно при прощании. *Прошу вас передать мой привет Вашему батюшке и принять для себя изъявление уважения и преданности, с которыми остаюсь / Ваш покорный слуга Иван Тургенев.* И. Тургенев. Письмо Сиднею Джеррольду, 20 нояб. 1882. *Люся передаёт Вам искренний привет, а я тебя обнимаю.* М. Булгаков. Письмо П. С. Попову, 14 марта 1934. *Желаю Вам бодрости, а главное энергии. И беритесь-ка за хорошую работу, — в конце концов, это лучшее, что мы можем делать на сей земле. / Крепко жму руку. / Привет дружеский Пере и Эсфири, если она приехала. / А. Фадеев.* А. Фадеев. Письмо С. М. Эйзенштейну, 16 янв. 1935. *«Будь здоров, учись хорошо. Передай, пожалуйста, мой привет и сердечную благодарность Владимиру Константиновичу. / Твоя Вера Ивановна. / P. S. Большой привет тебе от Розы Михайловны».* А. Рекемчук. Мальчики. ♦ **Снесите от меня привет** (Н.). ▨ То же, что Передайте. ♦ **Шлю (посылаю) Вам (тебе) привет.** ♦ **(Н.) шлёт (посылает) Вам (тебе) привет.** *Эпист.* См. Посылаю. Шлю. ♦ **Мой привет** (+ обращение или наименов. адресата в дат. п.)! **1.** В устном контактном общении с адресатом — шутл.-возвыш. приветствие. *[Замыслов (входит):] Мой привет, патронесса! Здравствуйте, Пётр Иванович. [Суслов (покашливая):] Моё почтение. Каким вы... мотыльком.* М. Горький. Дачники. **2.** Приветствие адресату через посредника; то же, что Передайте (от меня, мой...) привет (Н.). ♦ **Моя правая рука шлёт привет издалека.** *Прост.* Шутл. приветствие в бытовом или дружеск. письме. ♦ **Лети с приветом, вернись с ответом.** ▨ *Прост.* Шутл. надпись на письме или конверте (любовного, дружеского, бытового) письма. ♦ **С (горячим, дружеским, пламенным, сердечным...) приветом** (подпись адресанта). *Эпист.* Заключительная формула письма. *С глубоким уважением и коллегиальным приветом. / Преданный Вам / А. Лескин.* А. Лескин. Письмо А. А. Потебне, 13 марта 1881. *С душевным приветом, преданный Вам / Ив. Толстой.* И. Толстой. Письмо С. В. Меликовой, 18 сент. 1917. *С сердечным приветом от нас обоих / Марина Цветаева.* М. Цветаева. Письмо Л. Шестову, 25 янв. 1926. *Желаю Вам и Вашим здоровья и радостей, а Вам ещё творческой работы. / С дружеским приветом / уважающая Вас В. Бунина.* В. Бунина. Письмо И. С. Соколову-Микитову, 19 нояб. 1960. ♦ **С коммунистическим (комсомольским, товарищеским...) приветом.** После револ. Формы прощания среди членов коммунистич. партии и сочувствующих. *[Победоносиков:] Спасибо, до свидания! Я не хочу опошлять и отяжелять впечатления после такой изящной концовочки. С товарищеским приветом! [Иван Иванович:] С товарищеским приветом!* В. Маяковский. Баня. *— Да, товарищи... Чуть не забыл! В воскресенье, то есть послезавтра, День Конституции и Международный день промкооперации. Сходите в Новосёлки, в колхоз «Муравей», и проведите беседу... Ещё вот что — там работает тройка по чистке партии и аппарата. Помогите своей активностью... Всё! С комприветом!* — *Тяпин тиснул своей каменной пятернёй руки активистам и проводил их, поскрипывая хромовыми сапогами, до дверей.* Б. Можаев. Мужики и бабы. ♦ **Каков привет, таков и ответ.** ♦ **На добрый привет добрый ответ.** *Погов.* Употр. в ответ на приветствие или после ответа на приветствие в таком же тоне, в такой же манере. ♦ **Привет за привет и любовь за любовь, а завистливому — хрену да перцу, и то не с нашего стола.** ▨ *Прост.* Шутл. тост (за взаимное уважение, искренность и доброжелательность). ♦ **Привет из глубины души.** *Прост.* Шутливое извинение икнувшего за столом. **Приветик.** *Разг.* Дружеск.-шутл. приветствие, употр. в устном общении преимущ. в молодёжн. среде. *«Валюха, приветик!» — крикнул ей Вася. Заблажив: «Ой, кто* к нам пришёл!» — девка рухнула с печи, норовя попасть в объятия Васи. В. Астафьев. Последний поклон. [*Геннадий (подходит к лежащему Севе):*] *Приветик!* (*Ударяет его по плечу.*) *Что тут делаешь, парень?* А. Арбузов. Моё заглядение.

Приве́тный (мой). Приветная моя. ▣ *Обл. Ласк. обращение.* — *Здравствуй, голубушка моя Настасьюшка,* — *говорила Аграфена Петровна, крепко обнимая подругу детства.* — *Ох ты, моя приветная! Ох ты, моя любезная!* П. Мельников (Печерский). В лесах.

Приветствие. *Малоупотр. То же, что Привет. Ну как Роза и Клара? Как мать с отцом? Передай им самое большое приветствие.* С. Есенин. Письмо П. И. Чагину, 27 нояб. 1925.

Приветствовать. 1. *Кого-л.* Приветствую! *Разг.* ♦ (Я) Приветствую Вас (тебя или наименов. адресата в вин. п.)! *Формы приветствия с оттенком возвышенности, торжественности, официальности или шутл.-возвыш. В офиц., торжеств. обстановке и в письмах часто употр. со словами-интенсификаторами: горячо, сердечно, от всей души, от всего сердца и т. п.* «*Приветствую тебя,* — *сказала,* — *собрат, издавна чтимый мной...*» А. Пушкин. Руслан и Людмила. [*Муратов (сходя в сад):*] *Какая поэтическая картина: варенье варят, сладкие стихи читают... Добрый день, Павла Николаевна, вы всё хорошеете! Отставной проповедник правды и добра* — *приветствую! Здравствуй, Миша...* М. Горький. Зыковы. *В середине ужина бывало слышно, как в прихожей с грохотом снимали кожаные калоши и бархатный голос произносил: «Приветствую тебя, Великий Могол!»* — *и затем над стулом хозяйки склонялось бритое, с отвислыми жабрами, лицо любовника-резонёра:* — *Катюша, лапку!* А. Толстой. Хождение по мукам. *Приветствую Вас* — *несказанно талантливый, могучий, молодой Михаил Михайлович! Болезнь помешала мне лично пожать Вам руку. Желаю Вам здоровья и здоровья! Всё остальное есть у Вас. / Александр Фадеев.* А. Фадеев. Письмо М. М. Пришвину, 5 февр. 1953. *Пароход бросил причалы. Артельные ребята не стерпели, нарушили ряды. Бегут к Ивану да кричат:* — *Дядюшка Иван Акимович, с приездом!* — *Палка выпала из рук Ивана, гремя, покатилась по палубе... Девочка суёт Ивану букет. Мальчик звонким голосом читает по листу:* — *Мы, ученики Гусиновской артели, приветствуем нашего художника...* — *Иван сгрёб в охапку зараз пятерых ребятишек и спрятал лицо в их головёнках, чтобы не видно было его слёз.* Б. Шергин. Лебяжья река. «*Здравствуйте*», — *сказал Сёма. «Приветствую вас»,* — *словно не узнавая Щупака, ответил Пал Палыч.* Ю. Герман. Наши знакомые. *И вдруг звонок от него.* — *Приветствую тебя, Егор Владимирович,* — *кричал в трубку Антон как ни в чём не бывало,* — *я на Ярославском вокзале, до отхода поезда* — *час. Не смог бы ты оказать любезность и приехать?* В. Лихоносов. Когда же мы встретимся? ‖ ♦ (Сердечно, горячо...) приветствую Вас (подпись адресанта). *Эпист. Форма прощания в заключении письма. Прошу как можно скорее ответить и изложить Ваши соображения по поводу сказанного выше. В случае же невозможности для Вас дать к 15 ноября просимый обзор, не откажите ответить телеграфно. / Сердечно приветствую Вас. / М. Горький.* М. Горький. Письмо М. Н. Покровскому, 23 окт. 1915. *Книжки скоро вышлю. Сердечно приветствую обоих Вас, Любовь Дмитриевна просит кланяться.* А. Блок. Письмо Н. А. Нолле-Коган, 20 мая 1921. **2.** Приветствую *что-л.* ♦ (Я) Приветствую (Ваше начинание, Ваш поступок, Вашу деятельность...). *Формула офиц. похвалы, одобрения старшего по положению в адрес младшего.* ‖ ♦ Приветствую (Вас, тебя) (с чем-л.). ▣ *Поздравляю с чем-л. А теперь приветствую тебя с прибытием в Вечный город и желаю насладиться им по горло.* И. Тургенев. Письмо В. П. Боткину, 14 февр. 1862. *Сегодня ко мне под вечер, Как месяц, ввалился Прон: «Дружище! С великим счастьем! Настал ожидаемый час! Приветствую с новой властью! Теперь мы всех р-раз и квас!»* С. Есенин. Анна Снегина. ♦ Приветствую Вас от имени (от лица тех, кого представляет говорящий или пишущий). ♦ (Адресант) приветствует (адресата). ▣ *Эпист. Формула офиц. или возвыш. приветствия.* ♦ Позвольте (разрешите) Вас приветствовать. *Торжеств., офиц.-возвыш. Встал И. Ф. Горбунов, со своим типичным лицом, и заговорил:* — *Позвольте, господа, от ду-*

ши приветствовать вас, людей пера, такому же, как и все, любителю русской литературы! Н. Ежов. Александр Сергеевич Суворин. ♦ **(Я) Рад Вас приветствовать.** *Офиц.-вежл.* ▣ [Ведущий радиопередачи:] *Рад вас приветствовать в прямом эфире* (1994).

Привлека́тельный, -ая, -ое; -ые; -лен, -льна, -льно; -льны. Миловидный, вызывающий симпатию, влечение своим внешним видом. Оценочный эпитет, употр. в составе комплиментов, похвалы в адрес собеседника или его близких. «*Опять эта «Смешная недотрога»*, — *поддразнил её Гавр, протягивая соус.* — *А знаешь, ты потрясающе привлекательна! Как я мог проглядеть это? Ума не приложу*». — «*Репетируешь перед программой?* — *подозрительно покосилась Вера.* — *Не трудись. Я не пойду*». А. Трапезников. Романтическое путешествие в Гонконг. ▣ [Из беседы знакомых женщин:] «*Как выросла ваша Ниночка, стала такой милой, такой привлекательной девушкой*». — «*Спасибо... да, время идёт*» (1995). **Привлекательно,** *нареч.* ▣ «*Ты сегодня привлекательно выглядишь, тебе очень идёт твоя новая стрижка*». — «*Тебе, правда, нравится?*» — «*Да, очень...*» (1996).

Пригласить (Приглашать). **Пригласите, пожалуйста,** (Н.). В разговоре по телефону — просьба к взявшему трубку позвать адресата. ♦ **(Я) Приглашаю Вас (тебя) в гости (на день рождения, на вечер, на чашку чаю, на свадьбу...).** ♦ **(Я) Приглашаю Вас (отобедать с нами, посетить выставку, принять участие в ...).** Формулы вежл. приглашения прийти куда-л. с объявленной целью, принять участие в каком-л. деле. [Колесов:] Добрый вечер. [Репникова:] Здравствуйте. [Таня:] Мама, это... [Колесов:] Колесов. [Репникова:] Да?.. Что ж, интересно познакомиться. (Поставила блюдо на стол.) [Колесов:] Я, кажется, не вовремя, но... [Репникова:] Почему же?.. Приглашаем с нами пообедать. [Колесов:] Большое спасибо. Я уже пообедал. А. Вампилов. Прощание в июне. *Тут из соседнего купе пришла делегация девушек. «Сергей Фёдорыч... простите, пожалуйста...» — «Ну, ну», — сказал профессор. «Мы вас узнали... вы по телевидению выступали...» — «Выступал. Был грех». — «Пойдёмте к нам... Расскажите, пожалуйста... Мы вас приглашаем*

к себе. Мы — рядом». — «*Пошли, Иван. Недалеко.* — *Профессор встал.* — *Бутылочку брать с собой?*» — *спросил девушек. Девушки засмеялись. «Берите*». В. Шукшин. Печки-лавочки. ♦ **(Я) Хочу (хотел бы, мне хочется, хотелось бы) пригласить Вас...** *Вежл.* ♦ **Разрешите (позвольте) Вас пригласить...** *Учтив.* «*Многоуважаемый / П... Ю..., Позвольте Вас пригласить на завтра к нам в 5 часов дня на обед. Будут только свои, домашние да родственники. Надеюсь, что Вы не откажетесь от нашего приглашения. / М... Щ...*» (образец пригласительного письма). Хороший тон. Правила светской жизни и этикета (1889). *Несмотря на страшный недосуг, оделись мы с сестрицей для прогулки, побежали за Катей.* — *Прекрасная затворница! Позвольте вас пригласить для приятной прогулки по набережной, тем более ваш Отелло исчез!* — *Катя, как птичка, радёхонька.* Б. Шергин. Мимолётное виденье. ♦ **Разрешите (позвольте) Вас пригласить (на танец).** ♦ **Вы позволите (Разрешите; можно, могу ли я) пригласить Вас (на танец)?** *Учтив.* «*Вы разве танцуете?*» — *почтительно спросил Аркадий. «Танцую. А почему вы думаете, что я не танцую? Или я вам кажусь слишком стара?*» — «*Помилуйте, как можно... Но в таком случае позвольте мне пригласить вас на мазурку*». *Одинцова снисходительно усмехнулась. «Извольте*», — *сказала она и посмотрела на Аркадия не то чтобы свысока, а так, как замужние сёстры смотрят на очень молоденьких братьев.* И. Тургенев. Отцы и дети. [Посетитель (Пальчикову):] Горячего вам ещё не подали, а холодную закуску вы съели, и ваша дама скучает. Разрешите пригласить? [Пальчиков:] Пожалуйста. [Тамара (встаёт из-за стола):] Я с удовольствием. [Посетитель:] Тем более. (Звучит медленный вальс. Они танцуют.) А. Арбузов. Вечерний свет. ♦ **Имею честь пригласить Вас...** ▣ *Учтив.* См. **Честь.** ♦ **Осмелюсь пригласить Вас...** *Учтив.* См. **Осмелюсь.**

Приглашение. ♦ **Спасибо (благодарю Вас) за приглашение.** *Вежл.* Согласие или отказ в ответ на приглашение. ♦ **С удовольствием (непременно, обязательно) принимаю Ваше приглашение (воспользуюсь Вашим приглашением).** *Положит.*

ответ на приглашение. В XIX в. в привилегированной среде широко использовались пригласительные письма и записки, получившие название «Приглашение». *Бывало, он ещё в постеле: К нему записочки несут. Что? Приглашенья? В самом деле, Три дома на вечер зовут.* А. Пушкин. Евгений Онегин. «Н. с особенным удовольствием принимает любезное приглашение таких-то на...» (записка). «А... И... Ф... приносит С... А... Ж... свою искреннюю благодарность и считает за честь воспользоваться любезным приглашением» (записка). «М... В... Ш... покорнейше просит принять его благодарность; он поставит себе за удовольствие воспользоваться присланным ему приглашением» (записка). «Е... К... М... с величайшим удовольствием принимает приглашение В... Б... Н... и просит принять его глубочайшую благодарность» (записка). *«Лестным приглашением Г... З... О... не могут воспользоваться С. И. и М. Н. К...., о чём с сожалением и имеют честь известить; они ранее приглашены к Т... М... Л...»* (записка). Хороший тон. Правила светской жизни и этикета (1899).

Пригóжий, -ая, -ее; -ие; -гож, -гожа; -гожи. Нар.-поэт. Прост. Красивый, привлекательный. Оценочный эпитет, в формулах комплиментов: ♦ **Пригожий (пригожая; пригож, пригожа) собой (из себя).** ♦ **Пригожий (пригожая; пригож, пригожа) лицом (с лица).** ♦ **Какой пригожий!** ♦ **Какая пригожая!** ♦ **Пригожий-то какой!** ♦ **Пригожая-то какая!** и т. п. *«Здравствуй, Дунюшка, здравствуй, моя красавица»,* — молвила Аркадия, обращаясь к дочери Марка Данилыча. *И трижды поликовалась с ней. «Выросла-то как, пригожая какая из себя стала,* — любовалась на Авдотью Марковну мать Аркадия. — *Господь судьбы не посылает ли?»* — примолвила она, обращаясь к отцу. *Зарделось белоснежное личико Авдотьи Марковны, потупила она умом и кротостью сиявшие очи.* П. Мельников (Печерский). В лесах. ♦ **Добрая, пригожая, во всём на мать похожая.** Прост. Похвала девушке. ‖ Шутл. материнская похвала дочке. ♦ **Пригожий мой.** ♦ **Пригожая моя.** Прост. Ласк. обращ. к близкому, любимому человеку (чаще к девочке, девушке). *Аксинья Захаровна бросила перемывать чашки и сказала, подойдя к дочери: — Полно, Настенька,* не плачь, не томи себя. Отец ведь любит тебя, добра тебе желает. Полно же, пригожая моя, перестань! П. Мельников (Печерский). В лесах. **Пригóжица,** ж. Обл. Красавица. ▭ — *Не нахаживал я такой красавицы, Не видывал я эдакой пригожицы.* СРНГ. **Пригожýля,** м. и ж. Обл. Красивый, привлекательный человек. **Пригожýнья,** ж. Обл. Красавица. — *Ай, екая она пригожунья!* СРНГ.

Приголýбница, ж. Обл., фольк. В свадебных песнях и причитаниях эпитет нежной, любящей матери невесты. — *Ты ласкотница моя, приголубница.* СРНГ.

Придёт солнце и к нашим окошечкам. Посл. Употр. как форма утешения, ободрения собеседника.

Приезжáй/те (к нам, почаще, в гости, погостить...). Формула приглашения. *«Так не увидимся больше? —* сказал Яшвин, вставая и обращаясь к Вронскому. *— Где ты обедаешь?» — «Приезжайте обедать ко мне»,* — решительно сказала Анна. Л. Толстой. Анна Каренина. *«Приезжай к нам гостить. / Твоя сестра Анна».* А. Платонов. Котлован. *Поезд «Заря Севера» уважительно тронулся; почтительно отстранив гостя, одетый в парадную форму величавый проводник вагона поднял железный фартук. «Сиятельство» меж тем всё махало собольей шапкой, посылая воздушные поцелуи народу. Дамочки-общественницы рыдали: «Приезжайте! Приезжайте! Милости просим! Всегда пожалуйста!..»* В. Астафьев. Печальный детектив. | [Могильщик на кладбище] *Прощаясь, шутит: «Приезжайте чаще».* В. Крупин. Сороковой день.

Признáтельность. Употр. преимуществ. в составе учтивых и офиц.-возвышенных формул благодарности. ♦ **Выражаю Вам свою (глубокую, душевную, сердечную...) признательность (за...).** ♦ **Позволь/те (разреши/те) выразить Вам (мою, нашу глубокую, сердечную...) признательность...** ♦ **Приношу (позвольте, разрешите принести) (Вам) признательность (слова глубокой, сердечной... признательности)...** ♦ **Примите мою (нашу) (глубокую, душевную, сердечную...) признательность (за...).** ♦ **Хочу (хотелось бы) сказать (высказать) слова глубокой (сердечной...) признательности...** ♦ **Хочу (хо-**

тел бы, хотелось бы) *засвидетельствовать Вам свою (глубокую, искреннюю, сердечную...) признательность.* ⌛ ♦ *(Я) должен (считаю своим долгом) выразить... признательность (чувство глубокой признательности), (сказать слова сердечной признательности).* ♦ *У меня нет (не хватает) слов, чтобы выразить Вам мою глубокую (безграничную, сердечную...) признательность!* и т. п. Милостивая Государыня, / Александра Андреевна! / С сердечной благодарностью посылаю вам мой адрес и надеюсь, что обещание ваше приехать в Петербург не есть одно любезное приветствие. Примите, Милостивая Государыня, изъявление моей глубокой признательности за ласковый приём путешественнику, которому долго памятно будет минутное пребывание его в Казани. С глубочайшим почтением честь имею быть... А. Пушкин. Письмо А. А. Фукс, 8 сент. 1833. Не знаю, как тебе высказать всю мою признательность за твою дружбу к моим сёстрам. Я бы желал, чтоб ты... поселился в нашем доме. И. Пущин. Письмо Ф. Ф. Матюшкину, 9 сент. 1852. «Примите моё сердечное почтение и признательность / с уважением имеющего честь быть Вашим другом / Ф... И...» «Будьте уверены в моей безграничной признательности и преданности, с которыми имею честь быть / Вашим покорнейшим слугою / М... Ф...» (образцы благодарственных писем). Хороший тон. Правила светской жизни и этикета (1889). «Выражаем глубокую признательность всем оказавшим помощь в организации похорон К... М...» (Благодарность родственников покойного, опублик. в газете, 1992). ♦ *С истинной (глубокой, сердечной...) признательностью...* (подпись адресанта). Эпист. С истинным почтением и вечной признательностию ваш истинно любящий вас сын / Н. Гоголь. Н. Гоголь. Письмо М. И. Гоголь, 30 апр. 1829.

Призна́тельный, -ая; -ые; -лен, -льна; -льны. То же, что благодарный. *Прощайте, почтеннейшая маменька, будьте здоровы. / Ваш признательный сын / Николай.* Н. Гоголь. Письмо М. И. Гоголь, 26 июля 1836. ♦ *(Я) Очень (весьма, глубоко, душевно, крайне, сердечно, чрезвычайно, так...) Вам (тебе) признателен (за...; что...).* Формула учтив. благодарности. *Многоуважаемый Валерий Яковлевич. / Я глубоко признателен Вам за ваши слова, переданные Борисом Николаевичем...* А. Блок. Письмо В. Я. Брюсову, 18 апр. 1906. [Мышлаевский:] Вашу рюмку. [Лариосик:] Я, собственно, водки не пью. [Мышлаевский:] Помилуйте, я тоже не пью. Но одну рюмку. Как же вы будете селёдку без водки есть? Абсолютно не понимаю. [Лариосик:] Душевно вам признателен. М. Булгаков. Дни Турбиных. И, пожав руку Бойко, [Серпилин] добавил: — За прямоту признателен, и на этом закончим. К. Симонов. Живые и мёртвые. [Тамара (не сразу):] Я очень признательна, Лаврентий Егорович, что вы помогли мне и, почти не раздумывая, подписали приказ о моём освобождении. [Пальчиков:] Пустяки. А. Арбузов. Вечерний свет. — Благодарю вас. Большое вам спасибо. Очень вам признательна. И вам тоже, Александр Степанович, — прощается со всеми за руку ловкая студенточка. А. Крупчаткин. Вид из окна. ♦ *(Я) Буду (был бы) Вам очень (весьма, глубоко...) признателен (за...; если бы...).* Формула учтив. благодарности за будущую услугу в связи с высказанной просьбой или как ответ на обещание, предложение собеседника оказать услугу, содействие. *Буду Вам очень признателен, если Вы ответите на это письмо. / Дружески жму руку. / М. Горький.* М. Горький. Письмо Р. Роллану, 27 июля 1923. Посылаю Вам доверенность и прошу отпустить из Вашего склада за деньги 2 книги моей сестре — Когана и Устинова о новой литературе. Буду весьма признателен. С. Есенин. Записка В. И. Вольпину, 1 янв. 1924.

Призна́ть/ся. ♦ *Признайтесь, ... ?* ♦ *А признайтесь... ?* Формулы вопросит. обращения, употр. в ходе беседы с адресатом, равным или младшим по возрасту, положению, с целью побудить его к откровенному ответу или подтвердить сказанное. [Фамусов:] А, батюшка, признайтесь, что едва Где сыщется столица, как Москва. [Скалозуб:] Дистанции огромного размера. [Фамусов:] Вкус, батюшка, отменная манера... А. Грибоедов. Горе от ума. **Призна́юсь (Вам, тебе).** В знач. вводн. Разг. Употр. для выражения отношений откровенности, доверительности. *Милостивый Государь / Александр Александрович, / Давно собирался* я напомнить вам о своём существовании. Почитая прелестные ваши дарования и, признаюсь, невольно любя едкость вашей остроты, хотел я связаться с вами на письме... А. Пушкин. Письмо А. А. Бестужеву, 21 июня 1822. — Княгиня, — сказал Жорж... — извините, я ещё не поздравил вас... с княжеским титулом!.. поверьте, однако, что я с этим намерением спешил иметь честь вас увидеть... но когда взошел сюда, то происшедшая в вас перемена так меня поразила, что, признаюсь, забыл долг вежливости. М. Лермонтов. Княгиня Лиговская. ♦ **Признаю свою вину (свой грех).** См. Вина. Грех. ♦ **Признаюсь, виноват.** См. Виноват.

Приказа́ть. ♦ **Прикажете (прикажешь) (сделать что-л.)?** ♦ **Не прикажете ли (не прикажешь ли) (сделать что-л.)?** ⌧ Формулы учтив. вопросит. обращения к высшему или равному по положению с целью выяснить мнение собеседника (даже если ответ заранее ясен), получить его согласие, разрешение. *[Слуга (Фамусову):] Полковник Скалозуб. Прикажете принять?* А. Грибоедов. Горе от ума. *Марья Дмитриевна заговорила о музыке. «Я слышала, моя милая, — начала она, — вы удивительная виртуозка». — «Я давно не играла, — возразила Варвара Павловна, немедленно садясь за фортепьяно, и бойко пробежала пальцами по клавишам. — Прикажете?» «Сделайте одолжение».* И. Тургенев. Дворянское гнездо. *— Прикажете чемоданы внести? Постель постелить, чаю прикажете? — спрашивал камердинер.* Л. Толстой. Война и мир. *[Чугунов (вынув табакерку):] Не прикажете ли? [Беркутов:] Не нюхаю; а впрочем, позвольте! (Нюхает.) Чем это он пахнет? [Чугунов:] Жасмином-с. Нарочно проирощаю: и цветок приятно иметь на окне, и запах-с.* А. Островский. Волки и овцы. ♦ **Прикажете** (что-л.). ♦ **Прикажете (прикажешь)** (что-л.)? ♦ **Не прикажете ли (не прикажешь ли)** (чего-л.)? ⌧ Формулы учтив. предложения. *Когда гости усаживались за стол, Василий Николаевич представил Стёпу: — А вот, господа, мой родственник и друг Стефан Феодорович! Большой оригинал, но человек бывалый. Садитесь, Стефан Феодорович, вот тут. Водочки прикажете или наливочки?* А. Аверченко. Индейка с каштанами. *В дверь постучали. «Войдите». Вошла Маша в белом переднике, с чайным подносом в руках и ласково улыбнулась: «Не прикажете чаю, Александр Николаевич?»* Б. Савинков. То, чего не было. *[Разносчик яблок:] Ананасов! нету... Бананов! нету... Антоновские яблочки 4 штуки 15 копеек. Прикажите, гражданочка!* В. Маяковский. Клоп. ‖ В сочет. с вопросит. местоименными наречиями: ♦ **Где прикажете?**[1] ♦ **Как прикажете?** ♦ **Когда прикажете?** ♦ **Куда прикажете?** ♦ **Что прикажете?** и т. п. ⌧ Учтив. вопросит. обращения к высшему по положению, а также учтив. ответ на обращение, просьбу, распоряжение высшего или равного по положению. *[Бедонегова:] Виталий Петрович! [Пирамидалов:] Что прикажете? [Бедонегова:] Я сама замуж хочу идти. [Пирамидалов:] Сделайте одолжение! На здоровье!* А. Островский. Богатые невесты. *«Разочти завтра», — молвил Марко Данилыч. «Слушаю-с, — ответил приказчик и, прокашлявшись в руку, спросил, глядя в сторону: — За простойные дни как прикажете?» — «Чёрт с ними, отдай!» — сказал Смолокуров.* П. Мельников (Печерский). На горах. *Иван Иваныч поднял голову и посмотрел на слугу. <...> «Это, Семён, ничего. Это так. Ты вот дай мне графинчик очищенной». — «С чем прикажете?» — «С чем? С рюмкой. И побольше, чтобы не графинчик, а графин».* В. Гаршин. Происшествие. *В зелёном свете луны стоял гробовых дел мастер Безенчук. «Так как же прикажете, господин Воробьянинов?» — спросил мастер, прижимая к груди картуз. <...> — Я насчёт кистей и глазета. Как сделать, туды её в качель? Первый сорт, прима? Или как?»* И. Ильф, Е. Петров. 12 стульев. ♦ **Чем потчевать прикажете?** ⌧ Прост. Учтив. форма обращения к гостю; предложение выпить, закусить. *Судья сам подал стул Ивану Ивановичу, нос его потянул с верхней губы весь табак, что всегда было у него знаком особого удовольствия. «Чем прикажете потчевать вас, Иван Иванович? — спросил он. — Не прикажете ли чашку чаю?» — «Нет, весьма благодарю», — отвечал Иван Иванович, поклонился и сел.* Н. Гоголь. Повесть о том, как поссорился Иван Иванович с Иваном Никифоровичем. *[Аполлинария Панфиловна:] Я опять к вам с мужем приехала... [Вера Филипповна:] Очень рада гостям, милости прошу. Чем потчевать прикажете?* А. Островский. Сердце не камень. ♦ **Чем служить**

прикажете? ⌛ Что вам угодно? Чем могу служить? Учтив. или галантн. ответ на обращение. ♦ **Как прикажете** ². (Без вопросит. интонации.) Как хотите, как вам угодно, как скажете, так и будет сделано. Учтив. или сдержанно-вежл. ответ на распоряжение, возражение или пожелание высшего по положению. [*Зрелая девица (гуляя по набережной в лунную ночь):*] *Максим, способен ли ты восхищаться луною?* [*Слуга:*] *Как прикажете, ваше превосходительство.* П. Вяземский. Записная книжка. *«Вот что, — сказал Зайчиков, — откладывать больше нельзя. Садись, Серпилин, и пиши приказ о твоём назначении командиром дивизии. Вынесете или не вынесете, а командовать — я уже не командир». Серпилин пожал плечами. «Как прикажете». Он не хотел возражать, считая, что Зайчиков прав, это пора было сделать.* К. Симонов. Живые и мёртвые. ♦ **Приказал/и (велел/и) кланяться.** См. Кланяться. ♦ **Прикажи слово молвить.** ⌛ *Прост., фольк.* Почтит. обращение к высшему по положению. *Дядя Архип робко подошёл к казёнке и, став в дверях, молвил сидевшему за лепортицей приказчику. «Батюшка, Василий Фадеич, прикажи слово молвить». — «Чего ещё? — с досадой крикнул приказчик. — Мешаете только».* П. Мельников (Печерский). На горах. См. также: ♦ **Не прикажи казнить, прикажи слово молвить.** ♦ **Прикажи/те за себя (век) Бога молить.** *Прост.* То же, что ♦Заставьте за себя Бога молить.

Прики́нь (сам). (♦ **Сам прикинь.** ♦ **Ты вот что прикинь**). *Прост.* Рассуди, поразмысли, согласись. Формы обращения к собеседнику в ходе беседы, с целью привлечь его внимание к сообщаемому, убедить в правильности своих слов. Употр. в совр. молодёжн. общении только с «ты»-формами. ▭ *Прикинь, ну зачем я туда поеду?* (1997) ‖ **Прикинь?** В знач. вопросит. частицы. Употр. после предложений как обращение к собеседнику; равному или младшему по возрасту, положению, побуждающее подтвердить, поддержать сказанное; не так ли? не правда ли? ▭ *Вовремя мы смылись, прикинь?* ▭ *А путёво вчера посидели, прикинь?* (1998).

При́ма. [Лат. prima — первая. Нем. prima — первоклассный; высшего качества; первосортный]. *Разг.* Высший класс! Первый сорт! Экспрессив. похвала, одобрение. Употр. преимущ. в речи молодёжи и лиц среднего возраста. [*Шнейдер:*] *Получайте насос, молодой человек.* [*Степан (рассматривает подарок):*] *Прима... Экстра!* А. Арбузов. Вечерний свет.

Принести (Приноси́ть). Выразить (Выражать). В составе формул учтив. или офиц. благодарности, извинения, комплиментов, соболезнования: ♦ **Приношу (позволь/те, разреши/те принести) (Вам, тебе) благодарность (слова глубокой, сердечной... благодарности).** См. Благодарность. ♦ **Приношу Вам (тебе) (искреннее...) спасибо.** См. Спасибо. ♦ **Приношу (приносим) (свои) извинения...** ♦ **Позвольте (разрешите) принести Вам мои (искренние) извинения.** *Офиц., учтив.* ♦ **(Я) готов принести Вам свои извинения (за..., если...).** *Учтив.* ♦ **(Я) хочу (хотел бы, мне хотелось бы) принести Вам свои... извинения (за...).** ♦ **(Я) должен (считаю долгом) принести Вам свои извинения.** *Офиц., учтив.* С оттенком необходимости, долженствования. ♦ **(Адресант) приносит (адресату) свои извинения.** *Эпист., офиц., учтив.* См. Извинение. ♦ **Приношу вину свою.** См. Вина. ♦ **Приношу повинную голову.** См. Повинный. ♦ **Приношу (позвольте, разрешите; считаю, почитаю долгом принести) дань уважения.** См. Уважение. ♦ **Приношу Вам свои соболезнования.** См. Соболезнование.

Принце́сса. В знач. сказуем. ♦ **Принцесса просто!** ♦ **Ты (просто, настоящая, вылитая) принцесса.** *Разг.* Шутл. комплимент в адрес нарядной близко знакомой девочки, девушки.

Приня́ть (Принима́ть). ♦ **Прими/те (мой, наш) (глубокий, искренний, сердечный...)** (+ сущ. вин. п. со значением доброжелат. чувств). Формула многочисленных и разнообразных знаков речевого этикета, по значению синонимичных входящим в неё существительным. Знаки этой модели употр. преимущ. в эпист. стиле, а также в возвыш., торжеств. или офиц. речи. ♦ **Прими/те (мой, наш) (дружеский, горячий, искренний...) привет.** *Эпист.* Приветствие в начале или в конце письма. ‖ В устн. речи — *возвыш., торжеств.;* употр. преимущ. с местоим. *наш.*

♦ **Примите (моё, наше; искреннее, сердечное...) благодарение (спасибо).** См. Благодарение. Спасибо. ♦ **Прими/те (мою, нашу) (глубокую, горячую, искреннюю, душевную, сердечную...) благодарность (признательность) (за...).** См. Благодарность. Признательность. ♦ **Прими/те (мой, наш) (низкий, земной...) поклон.** См. Поклон. ♦ **Прими/те (мои, наши) (искренние, глубочайшие...) извинения.** См. Извинение. ♦ **Прими/те (моё, наше) поздравление.** См. Поздравление. ♦ **Прими/те (мои, наши, наилучшие, самые добрые...) пожелания.** См. Пожелание. ♦ **Прими/те моё (наше) восхищение.** См. Восхищение. ♦ **Прими/те наше (моё) (искреннее, глубокое...) соболезнование (сочувствие).** См. Соболезнование. Сочувствие. ♦ **Примите уверение в моём (Милостивый Государь) совершенном к Вам почтении и неизменной преданности, с коими имею честь пребывать...** ⌛ ♦ **Прошу принять уверение в моём совершенном (неизменном...) к Вам почтении...** ⌛ Эпист. См. Уверять (Уверить). ♦ **Примите и проч. (Примите и прочее.)** ⌛ Эпист. Сокращённая форма эпистолярного комплимента типа *Примите уверения в совершенном к Вам почтении и неизменной преданности, с которыми...* и т. п. Употр. только в письмах к равным или низшим по положению как форма дежурной вежливости. *Номер с моим стихотворением или рассказом перешлите по адресу: Пречистенка, Большой Афанасьевский пер., д. 10, кв. 4. Примите и проч. Сергей Есенин.* С. Есенин. Письмо Г. Д. Дееву-Хомяковскому, февр. 1915. | В совр. употр. — ирон. *Выход книги Горбачёва в такой момент, когда весь мир следит за тем, что у нас происходит, — хороший предлог для серьёзного публициста порассуждать о её содержании. Вместо этого вы занимаетесь дешёвкой. / Примите и прочее. / А. Черняев. / Помощник Президента СССР.* «Правда». — 14 нояб. 1991. ♦ **(Я) Принимаю Ваши/твои извинения (Вашу/твою благодарность; Ваше предложение, приглашение...).** С оттенком учтивости или официальности. Положительный ответ на извинение, благодарность, предложение. *«Я приехал, графиня, просить руки вашей дочери», — сказал князь Андрей. Лицо графини вспыхнуло, но она ничего не сказала. «Ваше предложение... — степенно начала графиня. Он молчал, глядя ей в глаза. — Ваше предложение... (она сконфузилась) нам приятно, и... я принимаю ваше предложение, я рада. И муж мой... я надеюсь... но от неё самой будет зависеть...»* Л. Толстой. Война и мир. *[Ераст:] Благодарность... ведь оно такое чувство, что его не удержишь <...>, сколько слёз пролито, пока я дождался, чтоб вам её выразить. [Вера Филипповна:] Ну, хорошо, я принимаю твою благодарность.* А. Островский. Сердце не камень. *Любезнейшая Ольга Алексеевна, я с удовольствием принимаю Ваше приглашение на вторник и буду у Вас завтра в 4 часа. / Примите уверение в совершенной моей преданности. / И. Тургенев. / Пятница.* И. Тургенев. Письмо О. А. Киреевой, 22 янв. 1860. *«Господин полковник, — сказал Студзинский <...>, — от моего лица и от лица офицеров, которых я толкнул на безобразную выходку, прошу вас принять наши извинения». — «Принимаю», — вежливо ответил полковник.* М. Булгаков. Белая гвардия. ♦ **Гостей (Гостя) принимаете?** ♦ **Принимайте гостей (хозяева)!** См. Гость. ♦ **Барыня не принимает (не может принять).** ⌛ Вежливый отказ (В. Даль).

Припада́ю к Ва́шим (твоим, его, её) стопа́м (ногам). 1. *Возвыш.* (⌛) или *шутл. Экспрессив.* Формы униженной или шутл.-униж. просьбы, мольбы. *[Мигачёва:] Разбойник, что ты делаешь! Что сделал, погляди! [Елеся (взглянув на Фетинью):] Окрасил. (Бросает кисть и с отчаянием опускает руки.) [Мигачёва (Фетинье):] Матушка, Фетинья Мироновна, утритесь! (Хочет утереть её.) <...> Матушка, припадаем к стопам твоим! Умойся!* А. Островский. Не было ни гроша, да вдруг алтын. *Ваше благородие, ангел мой Николай Владимирович! / Припадаю к стопам и прошу отложить отъезд до понедельника. Такие встретились обстоятельства. Простите великодушно. / Ваш Ив. Тургенев.* И. Тургенев. Письмо Н. В. Ханыкову, 26 нояб. 1870. 2. *Преимущ. эпист. Возвыш.* или *шутл.-галантн.* формула мужск. приветствия, выражения преданности, любви к адресату. *По письму дяди вижу, что княгиня Вера Фёдоровна* к тебе приехала; ты ничем не достоин твоей жены (разве стихами, да и тех уж не пишешь). Немедленно буду к ней писать. <...> En attendant mettez moi à ses pieds et dites lui qu'elle est une âme charmante. («А покамест передай, что я припадаю к её стопам, и скажи, что она — прелестная душа»). А. Пушкин. Письмо П. А. Вяземскому, 8—10 окт. 1824.

Приско́рбие. Горестное сожаление, печаль. ♦ **С глубоким (сердечным) прискорбием узнал о Вашем горе (о постигшем Вас горе, о постигшей Вас утрате).** *Преимущ. эпист.* Формула выражения сочувствия, соболезнования собеседнику. ♦ (Адресант) **с душевным прискорбием извещает о (безвременной) кончине (трагической гибели)** Н... В... К... **и имеет честь сообщить (уведомить), что** (сообщение о времени и месте панихиды, похорон). ⌛ *Офиц., эпист.* Формула извещения друзей и знакомых о смерти близкого человека и приглашения их на похороны. *Так продолжалось без малого ещё двадцать лет — до того самого дня, когда был разослан его друзьям и знакомым пригласительный билет с печальным текстом: «Александр Сергеевич и Лев Сергеевич Пушкины с душевным прискорбием извещают о кончине дяди своего Василия Львовича Пушкина, последовавшей сего августа 20 дня в два часа по полудни...»* В. Кунин. Василий Львович Пушкин. ♦ **С глубоким прискорбием извещаем** (Коллектив учреждения, предприятия **с глубоким прискорбием извещает**) **о (безвременной) кончине (трагической гибели)** (инженера, учителя...) К... Л... М... **и выражает искренние соболезнования родным и близким покойного.** Формула письменного или опубликованного в печати, переданного по радио, телевидению офиц. извещения о смерти сослуживца и выражения соболезнования близким покойного. *Управление механизацией АО «Кузбасстрансстрой» с глубоким прискорбием извещает о смерти старейшего работника Е... В... Л... и выражает соболезнования родным и близким покойного.* «Кузнецкий рабочий», 25 нояб. 1995.

Присоединя́йтесь (к нам). (Присоединя́йся к нам). *Разг.* Приглашение подошедшему знакомому или родственнику составить компанию. ‖ То же, что ♦ **Приса́живайтесь (приса́живайся) с нами (к столу).** ♦ **Подса́живайтесь (подса́живайся) (к нам, с нами).** — *Вот и он, вот и он! — завопил Фёдор Павлович, вдруг страшно обрадовавшись Алёше. — Присоединяйся к нам, садись, кофейку, — постный ведь, постный, да горячий, да славный! Коньячку не приглашаю, ты постник, а хочешь, хочешь? Нет, я лучше тебе ликёрцу дам, знатный!* Ф. Достоевский. Братья Карамазовы.

Присове́туй/те. *Прост.* То же, что Посове́туй/те. — *Василий Фадеич! Будь отец родной, яви божеску милость, научи дураков уму-разуму, присоветуй, как бы нам ладненько к хозяину-то? Смириться бы как?.. — стали приставать рабочие, в ноги даже кланялись приказчику.* П. Мельников (Печерский). На горах.

Приста́л/а. ⌛ То же, что идёт¹, к лицу (Вам). ▱ *Шляпка к вам пристала* (В. Даль).

Прися́дь/те (Приса́живайтесь). *Разг.* Приглашение сесть (гостю, посетителю и т. п.). *[Огудалова (подходя к столу):] Здравствуйте, господа! <...> [Вожеватов:] Харита Игнатьевна, присядьте, милости просим! (Подвигает стул. Огудалова садится.) Чайку не прикажете ли? [Огудалова:] Пожалуй, чашку выпью.* А. Островский. Бесприданница. — *Генерал вас просит, — сказал вошедший потом столоначальник Калиновичу. Тот вошёл в кабинет <...>. Сам директор сидел за письменным столом. — Присядьте, — проговорил он, поправляя крест на шее. Калинович сел на край деревянного кресла. — Voulez vous fumer? — продолжал довольно любезно директор, предлагая ему сигару и зажигая даже огня.* А. Писемский. Тысяча душ. *Всякий раз, когда она [сестра Гаврика] являлась в лавке, он вежливо подавал ей стул, приглашая: «Присядьте, пожалуйста!» — «Благодарю!» — кратко говорила она и, кивая головой, садилась.* М. Горький. Трое. *[Аметистов (входит):] Милости просим, Агнесса Ферапонтовна. [Агнесса:] Здравствуйте, здравствуйте, товарищ Аметистов. [Аметистов:] Присаживайтесь, Агнесса Ферапонтовна. [Агнесса:] Мерси, я на минуту.* М. Булгаков. Зойкина квартира. *«Садись, что стоять-то?» Парень улыбнулся. «Так не говорят, отец. Говорят — присаживайся». — «Ну,* присаживайся. А пошто не говорят? у нас говорят». В. Шукшин. Охота жить. ♦ **Присаживайтесь (присаживайся) с нами (к столу).** *Разг.* То же, что ♦ **Подсаживайтесь к нам.** *Секретарь помешал им. Оборвали песню, смотрели на него. — Присаживайтесь с нами, — пригласил Пашка.* В. Шукшин. Любавины. **Присядем?** *Разг.* Предложение собеседнику совместно сесть, отдохнуть, побеседовать. ♦ **Присядем на дорогу (на дорожку; перед дорогой, перед дорожкой).** *Разг.* Просьба, предложение к отправляющимся в дальний путь и к провожающим соблюсти обычай: молча посидеть перед дорогой. См. Садиться.

Приходи́/те. ♦ **Приходи/те к нам (в гости).** ♦ **Приходи/те (обедать, на чай...).** ♦ **Приходи/те (к нам) ещё.** ♦ **Приходи/те к нам запросто (без церемоний)** и т. п. *Разг.* Формы неофиц. приглашения. *Приходите ко мне, ради Бога, приходите сегодня; да послушайте, вы знаете, уж так прямо приходите к нам обедать.* Ф. Достоевский. Бедные люди. *[Кирику], очевидно, понравилось скромное лицо и серьёзное молчание постояльца, он улыбнулся и предложил: — Вечером приходи к нам чай пить...* М. Горький. Трое. *«Да посиди ещё! — воскликнул Николай. — Чего ты? Ещё успеешь. Куда торопиться-то?» «Посидите», — сказала и Груша. «Да нет, пойду... А то темно станет...» <...> «Ну, приходите... Не забывайте», — слышалось из большой комнаты. Мать говорила.* В. Шукшин. Позови меня в даль светлую. ♦ **Приходи/те ещё, без тебя (вас) лучше.** *Прост.* Озорное приглашение при прощании с близким знакомым, приятелем, родственником, младшим или равным по возрасту. ⌐ — *Мой дядя очень весёлый человек. Каждый раз, уходя от него, я говорю ему: «До свиданья, дядя Гриша!» На что всякий раз слышу: «До свиданья, до свиданья. Приходи ещё, без тебя лучше»* (1997). ♦ **Приходи, кума, любоваться.** См. Кум. ♦ **Вчера приходи.** ⌂ *Обл.* Оберег, охранительное пожелание при чихании говорящего или собеседника.

Прия́тель. *Разг.* 1. Приятель. **Приятель мой.** Дружески-шутл. мужск. обращение к близко знакомому, другу, приятелю. *Здравствуй, Вульф, приятель мой! Приезжай ко мне зимой Да Языкова поэта Затащи ко мне с собой...* А. Пушкин. Из письма А. Н. Вульфу, 20 сент. 1824. *[Мыкин:] Ну что, старый приятель, как поживаешь? [Жадов:] Плохо, брат. <...> А ты как? [Мыкин:] Ничего. Живу себе, учительствую понемногу.* А. Островский. Доходное место. *У забора, отделявшего сад от двора имения, догнал их Астахов Степан. «Здорово, приятель!» — «Здравствуй». — Григорий приотстал, встречая его чуть смущённым, с виноватцей взглядом.* М. Шолохов. Тихий Дон. **2. Приятель.** *Прост.* Дружеск.-фамильярн. мужск. обращ. к незнакомому или малознакомому, равному или младшему по возрасту, положению. ⌐ *Эй, приятель, далече ль до села?* (В. Даль). *Я обдумывал всё случившееся, ямщик только перебирал вожжи, спокойно понукая или сдерживая своих коней. Наконец я заговорил первый: «Ну, спасибо, приятель. Без тебя мне, пожалуй, пришлось бы плохо!» — «Не на чем», — ответил он.* В. Короленко. Убивец. *— Это что ж, — вспрашиваю, — приятель, на войне пострадал, в смысле пальцев-то?* М. Зощенко. Гиблое место. *Второй стакан пополней Демид Васильич осушил без приглашения <...>. — Ты хоть огурчиком закуси, приятель, а то и билетов на поезд не добудешь, — за поздним временем намекнул Иван Матвеевич.* Л. Леонов. Русский лес. *— Послушай, приятель, опять ты спишь прямо у станка, — тормошил его [рабочего] начальник смены.* В. Разбойников. Объявляем беспробудную спячку. // «Известия», 2 дек. 1991.

Прия́тный, -ая, -ое; -ые. Доставляющий удовольствие. Этикетный эпитет, употр. в составе формул приветствия, добрых пожеланий, комплиментов. ♦ **Приятная встреча. (♦ Какая приятная встреча!) ♦ Приятный визит. (♦ Вот приятный визит!)** *Разг.* Употр. только в устн. контактном общении. Комплименты при встрече со знакомым; при приёме гостя, посетителя. *Увидев меня, он [капитан] приятно и снисходительно улыбнулся и, сделав приветное движение рукой, подошёл ко мне. — Рад видеть мосье Лопатина, — сказал он. — Весьма приятная встреча.* В. Гаршин. Надежда Николаевна. *Дверь скрипнула. Рукавов оглянулся и увидел прижавшегося к притолоке и молча на него смотревшего Заклятьина. — А, здравствуйте! — равнодушно* сказал Рукавов. — Вот приятный визит. Входите... Ну, как дома? Всё благополучно? Чаю хотите? А. Аверченко. Сазонов. ♦ **(Какая) приятная неожиданность!** *Экспрессив.* Комплимент при неожиданной встрече со знакомым или неожиданном приходе гостя. ♦ **Редкое свиданье — приятный гость!** См. Гость. ♦ **Приятного аппетита!** *Разг.* (♦ **Приятный аппетит!** *Прост.*) Вежл. приветствие-пожелание вошедшего или мимо проходящего тем, кто ест. *[Артемьев (входит в трактир):] Приятного аппетита. (Кланяется Феде.) Познакомились с артистом-художником?* Л. Толстой. Живой труп. *Все Лизуновы были дома. Завтракали. «Приятного аппетита», — сказал Пашка. «Садись с нами», — пригласил хозяин.* В. Шукшин. Любавины. ▱ *[Мужчина зашёл к соседу:] «Приятный аппетит!» — «Не жёвано летит. Спасибо, садись со мной»* (1991). | Шутл. или ирон. *И это вконец расстроило Лёву Слободко, он бросил запачканные кисти, вставил грязную палитру в этюдник. «Пойду напьюсь!» — «Приятного аппетита», — подкинул ему Вячеслав Чернышев.* В. Тендряков. Свидание с Нефертити. ♦ **Приятного аппетиту целовать Вам Никиту (а коли нету его, так козла моего).** *Прост.* Шутл. или грубовато-шутл. пожелание. ♦ **Приятный день (Вам, тебе).** ▱ *Разг.* Вежл. дневное приветствие; то же, что ♦ **Добрый день.** *Сбрасывая с колен какую-то одежду, которую он чинил, и воткнув иглу в жёлтую рубаху на груди, [старичок] весело поздоровался: «Приятный день, Семён Гаврилыч!» — «Такой бы день на всю зиму, чтоб немцы перемёрзли», — сердито заворчал жандарм.* М. Горький. Жизнь Клима Самгина. ♦ **Приятный вечер (Вам, тебе).** ▱ *Разг.* То же, что ♦ **Добрый вечер.** *Поэты Грузии! Я нынче вспомнил вас. Приятный вечер вам, Хороший, добрый час!* С. Есенин. Поэтам Грузии. ♦ **Приятного сна (Вам, тебе).** ♦ **Приятных сновидений (Вам, тебе).** Вежл. пожелание отходящему ко сну или ответ на пожелание: ♦ **Доброй (спокойной) ночи.** *И, зевнув во весь рот, [Морковников] протянул руку Никите Фёдорычу: — Приятного сна... Наше вам наиглубочайшее! — И сонным шагом в каюту пошёл.* П. Мельников (Печерский). На горах. *[Первая девушка:] Значит, вы ошиблись. К нам ночью гости не ходят. [Сильва (Бусыгину):] Что ты на это скажешь? [Бусыгин:] Спокойной ночи! [Девушки (вместе):] Приятного сна!* А. Вампилов. Старший сын. ♦ **До приятного (свидания).** *Разг.* См. ♦ До свидания. ♦ **Приятный (ты) мой.** ♦ **Приятная (ты) моя.** ▱ *Прост.* и *обл.* Ласк. обращение. *[Фетинья:] Прощай покуда! Приходите скорей, пока сам дома. [Мигачёва:] Прощайте, приятная моя! Мы мигом.* А. Островский. Не было ни гроша, да вдруг алтын. *— Тут, приятный ты мой, места вполне гиблые. Смерть так и ходит, своей косой помахивает. Но если ты не из пугливых, то, конечно, оставайся.* М. Зощенко. Гиблое место. ♦ **Приятно познакомиться.** ♦ **Очень приятно познакомиться.** ♦ **Мне (очень, весьма, чрезвычайно...) приятно с Вами познакомиться.** Комплименты, формы вежл. ответа на представление при знакомстве. *[Зоя (Лотохину):] Вот мой муж, Аполлон Евгеньич Окоёмов! <...> Это, Аполлон, наш родственник, Наум Федотыч Лотохин. [Окоёмов:] Ах, очень рад! очень приятно познакомиться.* А. Островский. Красавец мужчина. *«Вот, — сказал приезжий, — прошу любить и жаловать: Юлия Ивановна. А меня зовут Виталием Сергеевичем, фамилия — Воронин». — «Очень приятно познакомиться, — сказал дед. — Костыря Тимофей Архипович. А это моя Максимовна». Максимовна вытерла руку о платье, и белая маленькая рука приезжей скрылась в её красной, мясистой лапе, как в толстой вязаной варежке. Тут все стали подходить и здороваться, кроме, конечно, ребят, потому что кто бы им стал подавать руку...* Н. Дубов. Беглец. ♦ **Очень приятно было познакомиться (Мне было очень приятно с Вами познакомиться).** Комплимент новому знакомому при прощании. ♦ **Очень приятно. 1.** То же, что ♦ Очень приятно познакомиться. *[Телятьев:] Честь имею вам представить друга моего, Савву Геннадьевича Василькова. [Надежда Антоновна:] Очень приятно.* А. Островский. Бешеные деньги. *Простояв несколько минут на одном месте, <...> он довольно свободно подошёл к Кураеву и произнёс обычное: «Честь имею представиться». — «Очень приятно, весьма приятно, — перебил Владимир Андреич, взяв гостя за обе руки, — милости прошу садить-*

ся... Сюда, на диван». А. Писемский. Тюфяк. [Николка:] Кузен наш из Житомира. [Студзинский:] Очень приятно. [Лариосик:] Душевно рад познакомиться. М. Булгаков. Дни Турбиных. [Зилов (всем):] Знакомьтесь... [Вера:] Меня зовут Вера. [Валерия:] Валерия. [Вера:] Очень приятно. А. Вампилов. Утиная охота. **2.** Очень приятно. Мне очень (чрезвычайно, весьма...) приятно, что... Комплименты в адрес собеседника или его близких, а также вежл. ответы на комплимент, лестное замечание, сообщение, приглашение, предложение. *Князь бросил газеты на окно, раскланялся, хотел что-то сказать, но из уст его вышли только отрывистые слова: — Конечно... мне очень приятно... семейство жены моей... что вы так любезны... я поставил себе за долг... ваша матушка такая почтенная дама — я имел честь вчерась быть у неё с женой.* М. Лермонтов. Княгиня Лиговская. *Однажды утром он [Зеленчуков] встретился с нею в мелочной лавочке и сказал с поклонцем: «Послушайте, Аграфена Степановна, как я собственно желаю решить судьбу насчёт своего сердца, так не побрезгуйте нониче ко мне на чашку кофею — притом же моя тётенька будут». — «Очень приятно», — отвечала Груша и обещала быть беспременно.* В. Крестовский. Петербургские трущобы. *[Лариосик:] Многоуважаемая Елена Васильевна! Не могу выразить, до чего мне у вас хорошо... [Елена:] Очень приятно. [Лариосик:] Многоуважаемый Алексей Васильевич. [Алексей:] Очень приятно.* М. Булгаков. Дни Турбиных. *Один раз я пришёл в редакцию. Не успел войти, Лидочка Григорьева, секретарша, объявляет: «Алексей Иванович, вам звонил митрополит!» Водружаю на вешалку свою сильно поношенную шинель и говорю: «Очень приятно». — «Нет, серьёзно!..»* Л. Пантелеев. Я верую. ♦ **(Мне) (очень) Приятно видеть (Вас, тебя, такого человека...).** ♦ **Приятно встретиться (встретить Вас / тебя).** Комплименты знакомому при встрече; реже — адресату при знакомстве через посредника. *[Городничий:] Осмелюсь представить семейство моё: жена и дочь. [Хлестаков (раскланиваясь):] Как я счастлив, сударыня, что имею в своём роде удовольствие вас видеть. [Анна Андреевна:] Нам ещё более приятно видеть такую особу. [Хлестаков (ри-* *суясь):] Помилуйте, сударыня, совершенно напротив: мне ещё приятнее. [Анна Андреевна:] Как можно-с! Вы это так изволите говорить для комплимента. Прошу покорно садиться. [Хлестаков:] Возле вас стоять уже есть счастие; впрочем, если вы так уже непременно хотите, я сяду. Как я счастлив, что наконец сижу возле вас. [Анна Андреевна:] Помилуйте, я никак не смею принять на свой счёт... Я думаю, вам после столицы вояжировка показалась очень неприятною. [Хлестаков:] Чрезвычайно неприятна.* <...> *Впрочем, сударыня, в эту минуту мне очень приятно. [Анна Андреевна:] Как можно-с. Вы делаете много чести. Я этого не заслуживаю.* Н. Гоголь. Ревизор. *— Так, так и мы, — сказал Левин. — Очень, очень приятно встретиться, — прибавил он, увидав подходившего к нему Свияжского.* Л. Толстой. Анна Каренина. *[Анна:] Ты с женой-то знакомь! [Семён:] Обязательно! Наташа, вот она — Анюта! Помнишь я тебе говорил, колошматила меня всё?..* <...> *[Анна (Наталье:)] Мне приятно видеть вас... будемте друзьями... [Наталья:] Хорошо-с.* М. Горький. Васса Железнова (Мать). ♦ **Приятно слушать. 1.** То же, что Приятно слышать (в 1 и 2 знач.). **2.** *Прост.* Шутл. ответ на приветствие-пожелание ♦ **Приятно кушать.** ♦ **(Мне, очень) Приятно слышать (это). 1.** Очень хорошо. Одобрение сказанного собеседником, похвала ему. *[Ахов:] Ты не гляди, что я стар! Я ух какой! Ты меня в скромности видишь, может, так обо мне и думаешь; в нас и другое есть. Как мне вздумается, так себя и поверну; я всё могу, могущественный я человек. [Агния:] Приятно слышать.* А. Островский. Не всё коту масленица. **2.** Вежл. ответ на комплимент. *[Алексей:] Всё хорошеете, Глаша. [Глафира (угрюмо):] Приятно слышать. [Алексей:] А мне — неприятно. (Встал на дороге Глафиры.) Не нравится мне хорошее, если оно не моё. [Глафира:] Пропустите, пожалуйста. [Алексей:] Сделайте одолжение.* М. Горький. Егор Булычов и другие. *В глазах Данаи появились слёзы. «Вы плачете? Дать валерьянки?» — «Не надо. У меня вообще слёзы близко. Выступят и уйдут внутрь. Это ненадолго, из-за стихов. Такая в них грусть: «Не наигрался я!» Вот и я не наигралась на своей балалаечке... Потому и боюсь смерти. Но не всегда. Иногда я её призываю,* чтобы не проходить позора старения». — «Слово «старение» применительно к вам не звучит». — «Приятно слышать. С этой точки зрения приятно общаться с людьми не своего возраста, а старше. Давайте не будем о смерти...» И. Грекова. Пороги. ♦ **Умного человека приятно послушать.** ♦ **Умные речи и слушать приятно.** ♦ **С умным человеком и поговорить приятно.** См. Умный. ♦ **Приятно кушать.** *Прост. и обл.* То же, что ♦ **Приятного аппетита.** ☞ «*Приятно кушать!*» — «*Приятно слушать!*» ♦ **Приятно (Вам, тебе) отдохнуть (посидеть, погулять, провести вечер...).** *Разг.* Формула пожелания благополучия при прощании. [*Елизар*] *посмотрел на Кузьму, на Марью, на стол... На этот раз он действительно усмехнулся. — Вот, Кузьма Николаевич... А то мало ли чего... — сказал он и пошёл к двери. — Приятно вам посидеть.* В. Шукшин. Любавины.

Продли́ (Вам, тебе) **Бог ве́ку (на со́рок сороко́в).** *Прост.* Формула пожелания долголетия при поздравлении, выражении благодарности и т. п. (*Поздравительный гул; слышнее других голоса:*) [*Частного пристава:*] *Здравия желаем, ваше высокоблагородие!* [*Бобчинского:*] *Сто лет и куль червонцев!* [*Добчинского:*] *Продли Бог на сорок сороков!* Н. Гоголь. Ревизор. ‖ *Вводн. Говор.*, когда речь касается будущей жизни собеседника. [*Вера Филипповна:*] *Потап Потапыч, при вашей жизни, продли вам Бог веку, я исполнять вашу волю с радостью готова.* А. Островский. Сердце не камень.

Продли́сь наша ма́слена до воскресного дня. ⌛ *Обл.* Шутл. пожелание совместного благополучия, веселия.

Пройдёт. ♦ **Всё пройдёт.** *Разг.* Формы утешения собеседника. «*Бессонница. Всё поясница болит, и нога, что повыше косточки, так вот и ломит*». — «*Пройдёт, пройдёт, матушка. На это нечего глядеть*». — «*Дай Бог, чтобы прошло...*». Н. Гоголь. Мёртвые души. *Долго ждали в этот день Наташу к обеду. Она сидела в своей комнате и рыдала, как ребёнок, сморкаясь и всхлипывая. Соня стояла над ней и целовала её в волоса. — Наташа, о чём ты? — говорила она. — Что тебе за дело до них? Всё пройдёт, Наташа.* Л. Толстой. Война и мир.

Пройди́/те (Проходи́/те). Формы приглашения вошедшему гостю, посетителю. Употр. только в устном контактном общении, часто с обращением и с интенсификаторами вежливости «пожалуйста, милости прошу», с приглашением садиться, чувствовать себя «как дома», не стесняться и т. п. Форма «Проходи/те» значительно более употребительна, чем «Пройди/те». *Илья опустил глаза и смущённо, с досадой пробормотал: «Я не умею сразу это сказать... Если время у вас есть... пройдите, присядьте...» И отступил перед нею. «Постой тут, Гаврик», — сказала девушка и, оставив брата у двери, прошла в комнату.* М. Горький. Трое. *Проходите, пожалуйста. Садитесь, пожалуйста, — приглашала хозяйка, кланяясь, обметая подолом длинной сборчатой юбки натёртый кирпичом пол.* М. Шолохов. Тихий Дон. *Заходит старик в избу, перекрестился, назвал старуху сватьей и сел на скамеечку. «Проходи, сват, проходи», — приглашает его старуха. <...> Немного погодя заходит* [*старуха*] *в избу. «Драствуй, сват! Христос воскрес!» — «Воистину воскрес, — отвечает старик. — Проходи, сватьюшка, за стол».* Гостья. Сказка. Зап. в 1942. «*Здравствуй, Евстольюшка*». — «*Ой, ой, Степановна, проходи, девка, проходи*». *Старухи поцеловались.* В. Белов. Привычное дело. [*Анастасия Ефремовна:*] *Проходите, проходите, будущие студенты. Как дела?* В. Розов. В добрый час. ♦ **Проходи/те, садитесь (садись).** *Виктор Васильевич открыл дверь сам. Лицо его выразило удивление, радость. — Проходите, Ольга Сергеевна, садитесь.* Л. Кабо. В трудном походе. ♦ **Проходи/те, (садитесь, садись) гостем (гостьей) будете (будешь).** См. Гость. ♦ **Проходи/те да хвастай/те.** *Прост.* Шутл. дружелюбный ответ на приветствие «Здравствуй/те!» вошедшего гостя, посетителя, с которым говорящий близко знаком, часто видится. *Я встал, оделся и настроился идти к Олёше, а когда принял это решение, то сразу стало как-то легче <...>. «Здравствуйте!» — «Проходите да хвастайте». — Настасья обмахнула лавку домотканым передником.* В. Белов. Плотницкие рассказы. ♦ **Проходите от порога — не засечена дорога.** *Прост.* Шутл. приглашение вошедшему гостю не стоять у порога, проходить в дом, помещение.

Промышля́ть вам с при́былью. ⌂ *Обл.* Пожелание успехов купцам, промысловикам. *И Фатьян поклонился народу в землю. Бабы встали и ответили Фатьяну поясным поклоном: — Промышлять вам с прибылью, гость торговый! За вашу добродетель, как вы есть превосходный мастер!..* Б. Шергин. Дождь.

Пронеси́, Го́споди. *Прост.* Не дай Бог. Оберег. Пожелание избежать возможного несчастья. ♦ **Пронеси́, Го́споди, ту́чу мо́роком!** ⌂ *Обл.* Пожелание, чтобы беды, несчастья миновали кого-л. СРНГ.

Проси́ть. В многочисленных и разнообразных формулах просьбы, приглашения. ♦ **Осме́люсь (осме́ливаюсь; сме́ю; прие́млю сме́лость) Вас проси́ть** (о чём-л., сделать что-л.). ⌂ *Учтив.* К высшему по положению. См. **Осмелюсь**. *Осмеливаюсь просить Ваше Сиятельство о разрешении получить мне сполна сумму, о которой принуждён я был просить Государя...* А. Пушкин. Письмо Е. Ф. Канкрину, 6 сент. 1835. *Милостивый Государь / Александр Христофорович, / Семейные обстоятельства требуют моего присутствия в Петербурге: приемлю смелость просить на сие разрешение у Вашего Превосходительства. / С глубочайшим почтением и душевной преданностию честь имею быть, / Милостивый Государь, Вашего Превосходительства / всепокорнейший слуга / Александр Пушкин.* А. Пушкин. Письмо А. Х. Бенкендорфу, 24 апр. 1827. ♦ **Позво́ль/те (разреши́/те) Вас (тебя́) проси́ть** (о чём-л.; сделать что-л.). *Учтив.* или *офиц.* *[Лавр Миро́ныч:] Вадим Григорьич, вы сделаете нам честь откушать с нами? Позвольте просить. [Дульчин:] Благодарю вас, с удовольствием.* А. Островский. Последняя жертва. *Каким-то холодом охватило вдруг Раскольникова при этом безобразном ответе. Свидригайлов поднял голову, пристально посмотрел на него и вдруг расхохотался <...>. — Сделайте же одолжение, — раздражительно продолжал Раскольников, — позвольте вас просить поскорее объясниться и сообщить мне, почему вы удостоили меня чести вашего посещения...* Ф. Достоевский. Преступление и наказание. ♦ **Име́ю честь проси́ть Вас...** ⌂ *Учтив.* или *офиц.* ♦ **(Я) позво́лю себе́ проси́ть Вас** (о чём-л., сделать что-л.). *Учтив.* ♦ **Могу́ (ли) я (мо́жно мне) проси́ть (Вас, тебя́)** (о чём-л., сделать что-л.)? ♦ **(Я) хочу́ (я хоте́л бы; мне хоте́лось бы) Вас (тебя́) проси́ть** (о чём-л., сделать что-л.); и др. Формы вежл., учтив. или офиц. просьбы. — *Фёдор Иванович, — начала она [Лиза] спокойным, но слабым голосом, я хотела вас просить: не ходите больше к нам, уезжайте поскорей.* И. Тургенев. Дворянское гнездо. *Глубокоуважаемая / А... И..., / Жена моя поручила мне покорнейше просить Вас сегодня вечерком посетить нас с супругом и деточками, чем премного обяжете / Искренне Вас уважающего и безгранично почитающего / Л... М...* (образец пригласительного письма). Хороший тон. Правила светской жизни и этикета (1889). ♦ **(Я) прошу́ (Вас, тебя́)** (о чём-л., сделать, сделай/те что-л.; не делать, не делайте чего-л.). Широкоупотр. формула вежл. или офиц. просьбы, приглашения, требования. Нередко употр. в сочетании со словами-интенсификаторами: *очень, убедительно, настоятельно; покорно, покорнейше, нижайше, от всей души, от всего сердца* и др. — *Я прошу вас, Афанасий Иванович, чтобы вы исполнили мою волю, — сказала Пульхерия Ивановна. — Когда я умру, то похороните меня возле церковной ограды.* Н. Гоголь. Старосветские помещики. *[Вышневская (мужу):] Ради Бога, не делайте меня участницею ваших поступков, если они не совсем честны. Не оправдывайте их любовью ко мне. Я вас прошу. Для меня это невыносимо. Впрочем, я не верю вам.* А. Островский. Доходное место. *[Астров:] Непосредственного, чистого, свободного отношения к природе и к людям уже нет... Нет и нет! (Хочет выпить.) [Соня (мешает ему):] Нет, прошу вас, умоляю, не пейте больше.* А. Чехов. Дядя Ваня. | Употр. как интенсификатор вежливости. *«Простите меня...» — начал Миусов. <...> — «Не беспокойтесь, прошу вас, — привстал вдруг с своего места на свои хилые ноги старец и, взяв за обе руки Петра Александровича, усадил его опять в кресла. — Будьте спокойны, прошу вас. Я особенно прошу вас быть моим гостем», — и с поклоном, повернувшись, сел опять на свой диванчик.* Ф. Достоевский. Братья Карамазовы. ǁ В сочет. с неопр. ф., отглагольным существительным или устойчивым глагольным сочетанием образует синонимичные формулы речевого этикета с оттенком учтивости или официальности: ♦ **Прошу извинить (меня, за...).** См. Извинить. ♦ **Прошу извинения.** См. Извинение. ♦ **Прошу простить (меня, за...).** См. Простить. ♦ **Прошу прощения.** См. Прощение. ♦ **Прошу (Вас) позволить (мне)** (сделать что-л.). См. Позволить. ♦ **Прошу (Вашего) позволения.** См. Позволение. ♦ **Прошу не забывать (меня, нас).** См. Забыть (Забывать). ♦ **Прошу не винить.** См. Не вините. ♦ **Прошу (просим) не прогневаться.** См. Не прогневайтесь. ♦ **Прошу принять уверения.** См. Уверять. ♦ **Прошу (и впредь) не оставлять меня Вашим (благосклонным...) вниманием (покровительством, расположением...).** ⌧ Эпист. См. ♦ Не оставь/те. *Обращаюсь к Вашему Превосходительству с просьбою о деле для меня важном. Знаю, что Вы неохотно решитесь её исполнить. Но Ваша слава принадлежит России и Вы не вправе её утаивать. Если в праздные часы занялись Вы славными воспоминаниями и составили записки о своих войнах, то прошу Вас удостоить меня чести быть Вашим издателем.* А. Пушкин. Письмо А. П. Ермолову, апр. 1833. *[Граф:] Я надеюсь, что эта безделка вам понравится. [Дарья Ивановна:] Может ли быть иначе? Только я наперёд прошу вашего снисхождения. [Граф:] О, помилуйте! напротив, я...* И. Тургенев. Провинциалка. *— Амалия Людвиговна! Прошу вас вспомнить о том, что вы говорите, — высокомерно начала было Катерина Ивановна (с хозяйкой она всегда говорила высокомерным тоном, чтобы та «помнила своё место»).* Ф. Достоевский. Преступление и наказание. *— Я прошу... Да, я прошу... оставить меня в покое... и... и... и... не говорить о моей матери... я... я прошу вас удалиться...* Б. Савинков. То, чего не было. *Прошу Вас телеграфировать о беспристрастном расследовании причин ареста и освобождении под надзор.* М. Горький. Телеграмма В. И. Ленину, 12 апр. 1919. *[Он:] Прошу простить, но в неприёмные часы я предпочитаю находиться в саду, возле окон своего кабинета. Прошу садиться. [Она:] Благодарю.* А. Арбузов. Старомодная комедия. ♦ **Прошу (Вас).** (Употр. только в устном контактном общении.) **1.** Форма вежл. приглашения (войти, пройти, выйти, сесть и т. п.). *Вошед в гостиную, Собакевич показал на кресла, сказавши опять: «Прошу!» Садясь, Чичиков взглянул на стены и висевшие на них картины.* Н. Гоголь. Мёртвые души. *[Надежда:] Вы на лошадях? [Исправников:] Всенепременно. Вас доставить на дом? Прошу!* М. Горький. Варвары. *«Надежда Васильевна, мы по делу». Надежда Васильевна улыбнулась. «Прошу вас», — сказала она.* Ф. Сологуб. Мелкий бес. *[Николка:] Последний ужин дивизиона, господин поручик, послезавтра выступаем. [Шервинский:] Ага... [Студзинский:] Где прикажете, господин полковник? [Шервинский:] Где прикажете? [Алексей:] Где угодно, где угодно. Прошу, господа! Леночка!* М. Булгаков. Дни Турбиных. *[Сильва:] Вы присаживайтесь. [Кудимов:] Чёрт побери! Почему ты говоришь мне «вы»? [Сильва:] А почему вы говорите «ты» мне и моему другу? Это нас шокирует. [Кудимов (весело):] Парни! Что за формальности? Мне эта субординация во как осточертела! Давайте проще!.. Выпьем по этому поводу! (Кудимов и Сильва пьют.) [Сильва (Бусыгину:)] Солдат всегда солдат. Его не переделаешь. (Садится на диван, Кудимову:) Прошу вас. [Кудимов:] Да что вы в самом деле! Парламент здесь, что ли?* А. Вампилов. Старший сын. *Я поднялся на лифте. Позвонил. Дверь отворил он сам. — Прошу! Сердечно рад...* А. Рекемчук. Мальчики. ‖ Офиц.-вежл. требование к гостю, посетителю выйти из помещения. *Я распахиваю дверь в коридор. «А ну! Прошу вас...» — «Что это вы?» — пугается она. Но при этом торопливо защёлкивает свой чемоданчик и поднимается.* Л. Пантелеев. Я верую. **2.** Форма вежл. предложения адресату взять, принять что-л. (угощение, подарок, вознаграждение и т. п.). *— Минутку, доктор, — приостановил его Филипп Филиппович, вынимая из кармана брюк бумажник. <...> — Сегодня вам, Иван Арнольдович, сорок рублей причитается. Прошу! — Пострадавший от пса вежливо поблагодарил и, краснея, засунул деньги в карман пиджака.* М. Булгаков. Собачье сердце. **3.** Да, конечно, пожалуйста. Вежл. положительн. ответ на просьбу, предложение. *[Калерия:] Вы просили прочитать стихи... Хотите, сейчас прочитаю? [Шалимов:] О да, прошу! Такой чудесный вечер... Это будет славно.* М. Горький. Дачники. *[Аметистов:] Пардон-пардон. Это большая* разница. Кстати, о разнице: нет ли у вас папиросочки? [Обольянинов:] Конечно, прошу вас. [Аметистов:] Мерси боку. М. Булгаков. Зойкина квартира. «Что это вы, ленинградцы, такие пугливые! Зайти-то к вам можно?» — «Да. Прошу вас. Заходите». Л. Пантелеев. Я верую. ♦ **Об одном (Вас, тебя) прошу:** (сделай/те что-л., не делайте что-л.). Разг. Формула настойчивой просьбы. «Василий Фёдорович, вы мне поручите что-нибудь? Пожалуйста... ради Бога...» — сказал он. Денисов, казалось, забыл о существовании Пети. Он оглянулся на него. «Об одном тебя пг'ошу, — сказал он строго, — слушаться меня и никуда не соваться». Л. Толстой. Война и мир. Об одном прошу: отвечайте мне, ангельчик мой, как можно подробнее. Ф. Достоевский. Бедные люди. ♦ **Нижайше прошу (просим).** Почтит. или самоуничижит. просьба к высшему по положению. Но тут выступил Фукс. «Мы нижайше просим вас, чтобы нам дали возможность открыть предприятия и защитить от погрома», — выдавил Фукс трудное слово. Петлюра злобно насупился: «Моя армия погромами не занимается. Вы это должны запомнить». Н. Островский. Как закалялась сталь. ♦ **Покорно (покорнейше) прошу (Вас, тебя)** (сделать что-л., не делать чего-л.). Учтив. просьба, приглашение. Покорнейше прошу, если впредь угодно будет Вам иметь дело со мною, ничего не поручать г. Фарикову, ибо он, кажется, человек ненадёжный и неаккуратный. / С истинным почтением честь имею быть / Вашим покорнейшим слугою. / А. Пушкин. А. Пушкин. Письмо К. А. Полевому, 11 мая 1836. [Фамусов:] Сергей Сергеич, к нам сюда-с, Прошу покорно, здесь теплее; Прозябли вы, согреем вас; Отдушничек отвернем поскорее. А. Грибоедов. Горе от ума. Неизвестно, до чего бы дошло взаимное излияние чувств обоих приятелей, если бы вошедший слуга не доложил, что кушанье готово. — Прошу покорнейше, — сказал Манилов. — Вы извините, если у нас нет такого обеда, какой на паркетах и в столицах, у нас просто, по русскому обычаю, щи, но от чистого сердца. Покорнейше прошу. Н. Гоголь. Мёртвые души. Владимир Андреич сел и написал зятю записку следующего содержания: «Павел Васильич! Прошу вас покорно немедля пожаловать ко мне; мне нужно очень с вами объясниться». А. Писемский. Тюфяк. На тесной площадке три двери. Бердников упёрся животом в среднюю и, посторонясь, пригласил Самгина: — Покорнейше прошу. М. Горький. Жизнь Клима Самгина. — Иван Арнольдович, покорнейше прошу пива Шарикову не предлагать. М. Булгаков. Собачье сердце. ♦ **Убедительно (настоятельно) прошу (Вас, тебя)** (сделать что-л., не делать чего-л.). Формула настойчивой просьбы. Решаюсь писать к вам сам; просил прежде Наталью Николаевну, но до сих пор не получил известия. Пришлите, прошу вас убедительно, если вы взяли с собою мою комедию, которой в вашем кабинете не находится и которую я принёс вам для замечаний. <...> Сделайте милость, пришлите скорее и сделайте наскоро хоть сколько-нибудь главных замечаний. Н. Гоголь. Письмо А. С. Пушкину, 7 окт. 1835. Пожалуйста, не поленись это сделать — а то выйдет замедление и вечер пострадает. Убедительно тебя прошу. / Ив. Тургенев. И. Тургенев. Письмо Н. А. Некрасову, янв. 1860. Убедительно прошу Вас написать о Мечникове! Очень прошу! Именно Вы, и только Вы, можете с долженствующей простотою и силой рассказать русской публике о том, как много потеряла она в лице этого человека... М. Горький. Письмо К. А. Тимирязеву, 2 авг. 1916. ♦ **Богом (Христом, Христом Богом) прошу...** Прост. Экспрессив. Настоятельная просьба. [Старый повар:] Кухарка! пор-рюмочки. Христа ради, говорю, понимаешь ты — Христом прошу! Л. Толстой. Плоды просвещения. [Иосиф:] Достопочтенный Алексей Матвеевич... [Губин:] Чего? [Иосиф:] Богом вас прошу — заплатите за гусей, коих вы перестреляли... М. Горький. Достигаев и другие. ♦ **Добром (Вас, тебя) прошу.** Разг. По-хорошему, мирно. Настойчивая просьба с оттенком скрытой или явной угрозы. «Арестовать ты меня можешь, а расписки не напишу и хлеб не дам!» — «Пиши, говорю!..» — «Трошки повремени...» — «Я тебя добром прошу». М. Шолохов. Поднятая целина. ♦ **Прошу Вас (тебя) честью.** Форма категорическ. настойчивой просьбы, требования. [Каркунов:] Жена, Вера Филипповна, выходи! Нейдёт, церемонится... Пожалуйте сюда, честью вас просим. А. Островский. Сердце не камень. ♦ **В упрос прошу, да об руку челом.**

⊠ *Обл. Вежл. настойчив. просьба, приглашение.* ♦ **Прошу не всех поимённо, а всех поголовно.** *Обл. Учтив. приглашение в гости.* ♦ **Прошу к столу (за стол).** *Вежл. приглашение хозяев гостям.* — *Прошу, господа, за стол! Пожалуйте! Чем Бог послал... Покорнейше прошу...* — *приглашал Кононов, толкаясь в тесной группе гостей. М. Горький. Фома Гордеев. [Галина (хлопнула в ладоши):] Внимание. Гостей прошу к столу. Прошу. (Все усаживаются.) А. Вампилов. Утиная охота.* ♦ **Прошу ко мне (к нам).** *Разг. Вежл. приглашение в гости.* [Марина] *встала.* — *Ну, прошу ко мне, часам к пяти, чайку попьём, потолкуем. М. Горький. Жизнь Клима Самгина.* ♦ **Прошу внимания.** См. **Внимание.** ♦ **Прошу слова.** *Разг. Обращение к собравшимся или к ведущему собрание, заседание с просьбой дать возможность выступить, сказать речь.* [Рюмин:] *Прошу слова! Позвольте мне сказать... моё последнее слово.* [Калерия:] *Надо иметь мужество молчать. М. Горький. Дачники.* [Комсорг:] *Товарищи! Внимание, товарищи...* [Гомыра (перебивает):] *Прошу слова! (Поднимается.) Тихо! Хочу сказать пару слов... А. Вампилов. Прощание в июне.* ♦ **(Я) Прошу Вашей руки.** *Учтив.-офиц. предложение мужчины девушке или женщине выйти за него замуж.* ♦ **(Я) Прошу руки Вашей дочери (сестры, племянницы...).** *Учтив.-офиц. просьба мужчины к родителям или к старшим родственникам девушки, на которой он хочет жениться.* — *Катерина Сергеевна,* — *проговорил он* [Аркадий] *дрожащим голосом и стиснув руки,* — *я люблю вас навек и безвозвратно, и никого не люблю, кроме вас. Я хотел вам это сказать, узнать ваше мнение и просить вашей руки, потому что я и не богат и чувствую, что готов на все жертвы... Вы не отвечаете? <...> Посмотрите на меня, скажите мне одно слово... Я люблю... я люблю вас... поверьте же мне! И. Тургенев. Отцы и дети.* «*Поди, Наташа, я позову тебя*», — *сказала графиня шёпотом. Наташа испуганными, умоляющими глазами взглянула на князя Андрея и на мать и вышла.* «*Я приехал, графиня, просить руки вашей дочери*», — *сказал князь Андрей. Лицо графини вспыхнуло, но она ничего не сказала.* «*Ваше предложение...* — *степенно начала графиня. Он молчал, глядя ей в глаза.* «*Ваше предложение... (она сконфузилась) нам приятно, и... я принимаю ваше предложение, я рада. И муж мой... я надеюсь... но от неё самой будет зависеть...*» — «*Я скажу ей тогда, когда буду иметь ваше согласие... даёте ли вы мне его?*» — *сказал князь Андрей.* «*Да*», — *сказала графиня и протянула ему руку и с смешанным чувством отчуждённости и нежности прижалась губами к его лбу, когда он наклонился над её рукой. Л. Толстой. Война и мир.* «*Теперь я еду и прошу её руки, и желаю, чтоб она осталась моей невестой*», — *заключил, с заметным усилием над собой, Калинович.* «*Да, да, конечно,* — *пробормотал старик и зарыдал.* — *Милый ты мой Яков Васильич! Неужели я этого не замечал?.. Благослови вас Бог; Настенька тебя любит; ты её любишь* — *благослови вас Бог!..*» — *воскликнул он, простирая к Калиновичу руки. Тот обнял его. А. Писемский. Тысяча душ.* ♦ **Прошу любить и (да) жаловать.** *Разг., употр. часто с шутл. оттенком. Просьба, предложение проявить расположение к тому, кого посредник представляет при знакомстве.* [*Вероятно, из свадебн. обряда. При заручение мать невесты подводила дочь к жениху и, обращаясь к нему, говорила:* «*Вот тебе суженая, ряженая, прошу любить да жаловать!*»] *Маменька и говорит:* — *Вот, граф, это моя дочь; прошу любить да жаловать. И. Гончаров. Обыкновенная история.* — *А это мой Валерий,* — *сказала Надина мама, всхлипывая и подводя тётю Полю к мужу.* — *Прошу любить и жаловать. Знаю я, как ты любила Алексея Викторовича. Ну да ведь жизнь... К. Симонов. Живые и мёртвые.* [Зилов (всем):] *Вот. Прошу любить и жаловать. Её зовут Ирина. (Ирине) Знакомься. Это Вадим Андреич.* [Кущак:] *Очень приятно. А. Вампилов. Утиная охота.* ‖ *Учтив. или шутл. фраза при представлении без посредника.* «*Что вам угодно, батюшка?*» — *спросила она, продолжая свое занятие. Я отвечал, что приехал на службу и явился по долгу своему к господину капитану <...>, но хозяйка перебила затверженную мною речь.* «*Ивана Кузьмича дома нет,* — *сказала она,* — *он пошел в гости к отцу Герасиму; да всё равно, батюшка, я его хозяйка. Прошу любить и жаловать. Садись, батюшка*». *А. Пушкин. Капитанская дочка.* [Паратов (подавая руку Карандышеву):] *Мы уже знако-*

мы. *(Кланяясь.)* Человек с большими усами и малыми способностями. *Прошу любить и жаловать. Старый друг Хариты Игнатьевны и Ларисы Дмитриевны. [Карандышев (сдержанно):] Очень приятно.* А. Островский. Бесприданница. *Мужчина в форменной фуражке лихо подлетел ко мне и скороговоркой выпалил: — Барон Дорфгаузен... Отто Карлович. Прошу любить и жаловать, — он шаркнул ножкой в опорках...* В. Гиляровский. Москва и москвичи. | Шутл. фраза входящего гостя (обычно в сочетании со словами «Вот и я (мы)». *Скоро пришли Передоновы. Варвара сделала реверанс директорше и больше обыкновенного дрожащим голосом сказала: — Вот и мы к вам. Прошу любить и жаловать.* Ф. Сологуб. Мелкий бес. ♦ **(Я) просил бы (Вас, тебя)** (о чём-л., сделать что-л., не делать чего-л.). Формула вежл. просьбы, приглашения или некатегорич. требования. *Просил бы прислать мне желаемое сообщение по возможности скорее.* М. Горький. Письмо Г. И. Успенскому, дек. 1889. *В гостиной воцарилось на минуту принуждённое тяжёлое молчание. Привалов чувствовал себя лишним в этом интимном кружке и напряжённо молчал. «Хотите кофе?» — предлагала Ляховская. Привалов отказался. «Я просил бы вас продолжать ваш прежний разговор, заметил он, если только я не мешаю...» — «Нет, зачем же мешать», — ответил за них Лоскутов.* Д. Мамин-Сибиряк. Приваловские миллионы. | С оттенком официальности. ▭ *[Декан — громко разговаривающим в коридоре студентам:] Молодые люди, я просил бы вас разговаривать потише: идут занятия. Кстати, почему вы не на лекции?* (1996). **Просим.** ♦ **Покорно (покорнейше) просим.** ▣ **1.** *Мн.* к Прошу. ♦ **Покорно (покорнейше) прошу. 2.** *В знач. 1 л. ед. ч.* Прост. Вежл. просьба, приглашение. *Один боярин выехал на торжище к горшене и говорит ему: «Бог за товаром, горшеня!» — «Просим покорно».* Горшеня. Сказка из собр. А. Н. Афанасьева. ‖ В значении: я и мы все». *[Фамусов:] А! Александр Андреич, просим, Садитесь-ка.* А. Грибоедов. Горе от ума. *Вошёл старик, белый как лунь и немножко сгорбленный. «Чай-сахар, купцы почтенные!» — сказал он. «Просим покорно, дедушка!» — ответил ему приказчик, но он, очевидно, счёл это приглашение за самую обыкновенную фразу и не обратил на него никакого внимания.* Н. Лесков. Разбойник. *Пыльников <...> попросил разрешения прочитать образцы солдатских писем. «Просим», — сказал старичок тоненьким голоском и очень благосклонно.* М. Горький. Жизнь Клима Самгина. ♦ **Просим со смирением.** ▣ *Обл.* То же, что ♦ Покорно (покорнейше) просим. *Горшеня едет-дремлет с горшками. Догнал его государь Иван Васильевич. «Мир по дороге!» Горшеня оглянулся. «Благодарим, просим со смирением».* Горшеня. Сказка из собр. А. Н. Афанасьева. ♦ **Просим к нашему хлебу-соли!** ▣ ♦ **Просим нашего хлеба есть.** ▣ *Прост.* Вежл. или учтив. приглашение к обеду, к столу. См. ♦ Хлеб да соль. ♦ **Просим к нам бывать.** См. Бывать. ♦ **Милости просим (прошу).** См. Милость. ♦ **(Адресант) (покорно, покорнейше, убедительно...) просит (имеет честь просить)** (адресата) **(прийти, явиться, назначить встречу, принять...).** ▣ *Эпист.* Формула учтив. или офиц. просьбы, приглашения. *Титулярный советник Пушкин просит г-на Кистера явиться к нему в Галерную в дом г-жи Брискорн для получения следующей ему суммы по векселю, данному в 1820 году.* А. Пушкин. Письмо В. И. Кистеру, после 18 февр. 1832. *«Т. И. П... покорнейше просит В... В... Н... назначить день и час для свидания, нужного для сообщения очень важного дела, близко касающегося его»* (образец пригласительной записки). *«И. И. Л..., справляя тезоименитство своей жены, просит пожаловать П... П... П... к ним (такого-то числа и в такой-то час) на чашку чая»* (образец пригласительной записки). *«Н. Г. О... извещает П... М... У... о предстоящем празднестве (таком-то) и убедительно просит не оставить (его) своим посещением, чем премного обяжет уважающего его / О...»* (образец пригласительной записки). *«К. Р. Ш... просит г. Ф... припомнить, что он был так любезен, обещая ему достать билет на выставку картин: он желает воспользоваться его любезностью и пользуется случаем засвидетельствовать своё почтение»* (образец пригласительной записки). *«Анна Александровна Орлова имеет честь просить Вас (или «просит») Ивана Николаевича (если он женат, то «с супругой»)* на вечер во вторник, 4 мая» (образец пригласительной записки). «*У А. С. С... в воскресенье предполагается небольшой вечер и танцы; она признала бы себя обязанною, если бы г. Ф... посетил этот праздник, о чём она и имеет честь их просить*» (образец пригласительной записки). «*Р... В... Ч... был бы очень любезен, если бы пожаловал сегодня обедать к Ф..., который настоятельно этого просит и вместе с тем свидетельствует своё почтение*» (образец пригласительной записки). «*У Е. Е. П... в четверг будет В. Г. Д... и несколько других лиц, которые сочтут за особое удовольствие познакомиться с Т... Н... В..., которого и имеют честь просить пожаловать в сказанный день*» (образец пригласительной записки). Хороший тон. Правила светской жизни и этикета (1889). ♦ (Н.) **Вас просит.** ♦ **Вас просят к телефону.** Формы просьбы, приглашения, употребляемые посредником. *[Аграфена:] Михаил Васильевич, вас просят Захар Иванович. [Михаил:] Наконец!* М. Горький. Враги. ▭ — *Наталья Ивановна, вас просят к телефону. — Спасибо, одну минуточку* (1996). **Прошу́.** Прост. То же, что Прошу. Шутл. в общении с близким знакомым, приятелем, родственником, равным или младшим по возрасту. ▭ «*Прошу*». — «*Мерсю*».

Прости́ть (Проща́ть). Прости/те. 1. Широкоупотр. форма извинения, просьбы о прощении. От синонимичной формы Извини/те отличается большей употребительностью в сфере обиходно-разговорной речи и просторечия. **а)** Самостоятельно, без слов-распространителей, без объяснения причин извинения (т. к. они очевидны) употр. преимущ. в устном контактном общении как форма извинения за незначительный проступок, неловкое поведение, доставленное беспокойство, неудобство, за невольное или вынужденное нарушение норм этикета и т. п. либо как обычный знак внимания, вежливости. *Почти тотчас дверь отворилась, и перед Ильёй встала тоненькая фигурка хозяйки, одетая в белое. «Затворяйте скорее! — сказала она каким-то незнакомым Илье голосом. — Холодно... я раздета... мужа нет...» — «Простите», — пробормотал Лунев.* М. Горький. Трое. *[Он:] Я найду стеклянную банку. Вы можете в этом решительно не сомневаться.* *Я её найду, товарищ Жербер. [Она (мягко):] Лидия Васильевна. [Он:] Да-да, простите.* А. Арбузов. Старомодная комедия. ▭ *[Из телефонного разговора:] «Алло! Здравствуйте. Это квартира Серовых?» — «Нет, вы ошиблись». — «Простите»* (1992). **б)** В сочетании с местоименными распространителями, с обращениями или словами-интенсификаторами вежливости, экспрессивности имеет более личностную, более вежливую тональность, произносится с ясно выраженной просительной интонацией. *Ежели преступил устав и учинил прошибку, не лги, но повинись перед товарищами и скажи: «Простите меня!» — и огрех мимо идёт. Ежели кто сделал ошибку, и бедственную, но понял её, и повинился, и исправился, не могите напомянуть ему о ней.* Б. Шергин. «Устьянский пра́вильник». *Вы меня простите, голубчик, и не церемоньтесь со мной, как не церемонюсь я с Вами...* М. Горький. Письмо Н. Д. Телешову, дек. 1900. *Я выпил, разревелся и сказал: «Извините меня». И ещё раз: «Простите меня, Александр Павлович!»* В. Крупин. Боковой ветер. **в)** В составе распространённых формул извинения с указанием на причину; со словами объяснения, оправдания, самоосуждения; заверения, что подобное впредь не повторится и т. п. — *Вот, как видишь, — продолжал Черевик, оборотясь к Грицьку, — наказал Бог, видно за то, что провинился перед тобою. Прости, добрый человек! Ей-богу, рад бы был сделать всё для тебя... Но что прикажешь? В старухе дьявол сидит!* Н. Гоголь. Сорочинская ярмарка. — *Князь, я сделал подло, простите меня, голубчик, — сказал он вдруг с сильным чувством. Черты лица его выражали сильную боль. Князь смотрел с изумлением и не тотчас ответил. — Ну, простите, ну, простите же! — нетерпеливо настаивал Ганя, — ну, хотите, я вашу руку сейчас поцелую! — Князь был поражён чрезвычайно и молча, обеими руками обнял Ганю. Оба искренно поцеловались.* Ф. Достоевский. Идиот. ♦ **Прости/те (меня, пожалуйста) за** (что-л.). — *А меня всё, знаешь, совесть мутит, что я её обидела. Помолилась я Богу — прочитала как ещё в Мценске священник учил от запаления ума: «Благого царя благая мати, пречистая и чистая», — и сняла с себя капотик, и подхожу к ней в одной юбке, и говорю: «По-*

слушайте меня, Леканида Петровна! В писании читается: «Да не зайдёт солнце во гневе вашем»; прости же ты меня за мою дерзость; давай помиримся!» — поклонилась ей до земли и взяла её руку и поцеловала <...>. И она, смотрю, наклоняется ко мне и в плечо меня чмок, гляжу — и тоже мою руку поцеловала, и сами мы между собою обе друг дружку обняли и поцеловались. Н. Лесков. Воительница. *Минут через двадцать Лора, с красными пятнами на щеках, догнала Анжелику возле бельевой и быстро ей сказала: — Простите меня, пожалуйста, Анжелика Августовна, за моё хамство. У меня характер очень плохой. Меня мамаша в своё время даже скалкой колотила за грубости, да, видать, не доколотила до добра. Извините, что я про пилу говорила и что вы слишком принципиальная, а я вольнонаёмная...* Ю. Герман. Подполковник медицинской службы. ♦ **Простите за беспокойство (что беспокою...).** Учтив. извинение в связи с обращением или просьбой. — *Гражданин фининспектор! Простите за беспокойство. Спасибо... не тревожьтесь... я постою... У меня к вам дело деликатного свойства: о месте поэта в рабочем строю.* В. Маяковский. Разговор с фининспектором... *Если вы можете помочь в получении новых материалов <...>, дайте указания; я сильно опасаюсь, что кроме меня писать о Гулаке сейчас некому. / Простите за беспокойство. / С всегдашним уважением к Вам / П. Флоренский.* П. Флоренский. Письмо В. И. Вернадскому, 5 дек. 1930. *Завтра зайду. Прости, что беспокою тебя. / Твоя Ахматова.* А. Ахматова. Письмо В. К. Шилейко. ♦ **Прости/те (меня) на** (чём-л.). ▨ *Прост. и обл.* То же, что ♦ **Простите (меня) за** (что-л.). *Мастер, поднявшись на палубу и став на степень, говорил: «В чём не уноровил и не по вашему обычаю сделал, на том простите». Все к нему стали подходить и поздравляться в охапочку.* Б. Шергин. Рождение корабля. *Тут Хозяйка улыбнулась и говорит: «<...> А ты, Катерина, и думать забудь, что я у тебя жениха сманивала. Сам он пришёл за тем, что теперь забыл». Поклонилась тут Катя: «Прости на худом слове!» — «Ладно, — отвечает, — что каменной сделается. Для тебя говорю, чтоб остуды у вас не было».* П. Бажов. Горный мастер. ♦ **Простите на глупости, не судите на про-** стоте! ▨ *Прост.* Форма самоуничижительного или шутл. извинения. ♦ **Прости/те мне.** ▨ То же, что ♦ **Простите меня.** *Простите мне: я так люблю Татьяну милую мою!* А. Пушкин. Евгений Онегин. — *Простите мне; я уж и не знаю, что говорю!* Ф. Достоевский. Село Степанчиково и его обитатели. *Простите мне... Я знаю: вы не та — Живёте вы с серьёзным, умным мужем; Что не нужна вам наша маета И сам я вам Ни капельки не нужен.* С. Есенин. Письмо к женщине. ♦ **Прости/те мне** (что-л.). *Простите мне долгое моё молчание, любезный Михайло Петрович.* А. Пушкин. Письмо М. П. Погодину, 1 июля 1828. *А Иван-царевич пораздумался <...>. — Воротись, бабушка, да прости мне моё слово глупое!* Морской царь и Василиса Премудрая. Сказка из собр. А. Н. Афанасьева. *Простите мне мою дерзость и навязчивость.* А. Блок. Письмо Л. А. Дельмас, 22 марта 1914. ♦ **Прости/те (меня, пожалуйста) за то, что... (♦ Прости/те, что...).** *Наташа быстрым и осторожным движением подвинулась к нему на коленях и, взяв осторожно его руку, нагнулась над ней лицом и стала целовать её, чуть дотрагиваясь губами. «Простите! — сказала она шёпотом, подняв голову и взглядывая на него. — Простите меня». — «Я вас люблю», — сказал князь Андрей. «Простите...» — «Что простить?» — спросил князь Андрей. «Простите меня за то, что я сде... лала», — чуть слышным, прерывным шёпотом проговорила Наташа и чаще стала, чуть дотрагиваясь губами, целовать руку.* Л. Толстой. Война и мир. *«Прости меня, тятя, голубчик, что давеча я тебя на гнев навела», — склонив головку на отцовскую грудь, молвила Настя. «Ну и меня прости», — сказал Потап Максимыч, поглаживая волосы Насти и целуя её в глаза.* П. Мельников (Печерский). В лесах. ♦ **Прости/те, если виноват.** ♦ **Прости/те, если что не так.** ♦ **Прости/те, если чем обидел.** Обычно при прощании. *Прощаясь, Космынин вывел нас с женой на лестничную площадку и, поймав мою кислую мину, вдруг сконфузился: «Ты прости, если что не так. Сам пойми мои обстоятельства».* В. Личутин. Любостай. ♦ **Простите, если можете (если сможете; если можно).** Употр., когда говорящий признаёт всю тяжесть своей вины перед адресатом. ‖ В бессоюзных конструкциях: ⬜ *Простите, не узнал.* ⬜ *Простите, я нечаянно.* ⬜ *Простите, мне пора.* ⬜ *Простите, не провожаю* и т. п. *Испроговорит-то Марья таково слово: «Ай же ты, Михайла Потык сын Иванович! Прости меня, дуру, жёнку-срамницу, — Муж по дрова — жена замуж пошла».* Михайла Потык. Былина. Зап. в 1871. *«Ничего, Софрон, ничего, — с улыбкой отвечал Аркадий Павлыч, — здесь хорошо». — «Да ведь, отцы вы наши, — для кого хорошо? Для нашего брата, мужика, хорошо; а ведь вы... ах вы, отцы мои, милостивцы, ах вы, отцы мои!.. Простите меня, дурака, с ума спятил, ей-богу, одурел вовсе».* И. Тургенев. Бурмистр. *Валерий поднял голову, в глазах стояли слёзы: — Простите меня, выпил лишнего.* Ф. Светов. Отверзи ми двери. ♦ **Простите (меня) великодушно (за..., если..., что...).** Учтив. или возвыш. Преимущ. в речи образованных людей среднего и старшего возраста. *Виноват я перед Вами, княгиня. Простите великодушно. На днях явлюсь к Вам с повинною. Целую Павлушу. / А. П.* А. Пушкин. Письмо В. Ф. Вяземской, 1 марта 1830. *[Кузовкин:] В другой раз, ей-богу, с удовольствием-с. (Старается принять весёлый вид.) А теперь простите великодушно, коли я в чём провинился... Погорячился, господа, что делать... Ну, и отвык тоже.* И. Тургенев. Нахлебник. *[Гость (вбегая):] Уважаемые новобрачные, простите великодушно за опоздание, но я уполномочен передать вам брачные пожелания нашего уважаемого вождя, товарища Лассальченко.* В. Маяковский. Клоп. ♦ **Прошу (меня) простить (за...).** Вежл., с оттенком официальности. ⬜ *Прошу простить меня за опоздание.* ♦ **Прошу прощения.** См. Прощение. ♦ **Прости/те (меня) ради Бога!** Разг. Экспрессив. *[Молчалин:] Я вас перепугал, простите ради Бога. [Скалозуб:] Ну! я не знал, что будет из того Вам ирритация...* А. Грибоедов. Горе от ума. *Дорогой Разумник Васильевич! / Простите, ради Бога, за то, что не смог Вам ответить на Ваше письмо и открытку.* С. Есенин. Письмо Р. В. Иванову-Разумнику, 4 дек. 1920. *[Сарафанов (стучится к Макарской):] Наташа!.. Наташенька!.. Наташенька!.. [Макарская (открыв окно):] Ну и ночь! Взбесились, да и только! Кто это ещё?! [Сарафанов:] Наташенька! Простите, ради Бога! Это Сара*фанов. *[Макарская:] Андрей Григорьевич?.. Я вас не узнала.* А. Вампилов. Старший сын. ♦ **Прости/те меня ради Господа (ради Христа; Христа ради)!** Прост. Экспрессив. Обычно в речи верующих. *[Никита (кланяется отцу в ноги):] Батюшка родимый, прости и ты меня окаянного! Говорил ты мне спервоначала, как я с этой блудной скверной занялся, говорил ты мне: «Коготок увяз, и всей птичке пропасть», не послушал я, пёс, твоего слова, и вышло по-твоему. Прости меня Христа ради. [Аким (в восторге):] Бог простит, дитятко родимое. (Обнимает его.)* Л. Толстой. Власть тьмы. *«Ну, я к вечерне пошёл, завтра «стояния» начнутся. Ну, давай друг у дружки прощенья просить, нонче прощёный день». Он [Горкин] кланяется мне в ноги и говорит: «Прости меня, милок, Христа ради». Я знаю, что надо делать, хоть и стыдно очень: падаю ему в ноги, говорю: «Бог простит, прости и меня, грешного», — и мы стукаемся головами и смеёмся. «Заговены нонче, а завтра строгие дни начнутся, Великий Пост».* И. Шмелёв. Лето Господне. ⬜ *Прости, матушка питаемая, Прости грешную, кормилушка, Ради Спас Христа, Честной Матери.* СРНГ. *Слушай, ты прости, Господа ради, — снова захлебнулся словами Пётр, — слушай, ты купи яиц у меня. Хорошие яйца.* В. Личутин. Любостай. ♦ **Вы уж (меня) простите** (♦ **Ты уж меня прости**) **(за..., если..., что...).** Разг. Усиленная просьба извинить, проявить снисходительность. *Ты уж меня прости. Я извиняюсь перед тобою, но ты не знаешь, как это трудно. / Пока всего хорошего. / Жду ответа.* С. Есенин. Письмо Г. А. Панфилову, 16 июня 1913. *Она быстро встала с постели. — Вот ведь какое со мной горе! Гостья пришла, а я лежу как бревно. Ты уж прости, прости меня, Марья Архиповна, недотёпу, — неожиданно для себя заговорила она своим прежним, полузабытым голосом, тем самым обволакивающим и радушным голосом, против которого никто, даже сам Пётр Иванович, не мог устоять.* Ф. Абрамов. Пелагея.

г) **Простите (меня).** Вводн. При употреблении в речи сниженных, грубых или откровенных, нелицеприятных для собеседника слов. *[Лопахин:] Местоположение чудесное, река глубокая. Только, конечно, нужно поубрать, почистить <...>, вырубить вишневый сад... [Любовь*

Андреевна:] Вырубить? Милый мой, простите, вы ничего не понимаете. А. Чехов. Вишневый сад. *А... — извините меня за нескромность! — должно быть, в самом деле тяжело вам, Любовь Яковлевна, жить с папашей... ветхозаветен он у вас и — простите — черствоват!* М. Горький. Фома Гордеев. *— Лиза, для чего, простите меня, вы всегда заводите такой разговор, что вам делается неловко и стыдно?* А. Толстой. Хождение по мукам. ♦ **Прости/те за выражение.** ♦ **Прости/те за грубое слово.** ♦ **Прости/те за любопытство.** ♦ **Прости/те за нескромный вопрос (за нескромность).** ♦ **Прости/те за откровенность (прямоту).** ♦ **Прости/те за сравнение** и др. Формы извинения, этической оценки говорящим своего словоупотребления, речевого поведения. *[Любовь Андреевна:] Этот дикий человек опять заболел, опять с ним нехорошо... Он просит прощения, умоляет приехать, и по-настоящему мне следовало бы съездить в Париж, побыть возле него. [Трофимов:] Простите за откровенность, бога ради: ведь он обобрал вас!* А. Чехов. Вишневый сад. *«Позвольте предложить вам закуску, Екатерина Степановна: икры, омаров... Что вы любите? Простите за нескромный вопрос: вы любите вино?» — «Люблю», — тихо сказала девица, смотря на цветочки на обоях.* А. Аверченко. Весёлый вечер. ♦ **Прости, Господи.** Прост. Вводн. При произнесении грубых, бранных слов; а также (обычно в речи верующих) при упоминании нечистой силы. Форма религиозно-нравственной оценки говорящим своего словоупотребления, речевого поведения. *[Потапыч:] Вот уж я и вижу, что вы рады; вас так и подмывает съявольничать что-нибудь. Тьфу, прости, Господи! Уж такой карахтер!* А. Островский. Воспитанница. *[Селивёрст:] Вся причина в том, что люди в городе живут бесчувственные... Удоблетворили их — какого им ещё рожна нужно — прости, Господи, моё прегрешенье! Экие черти, право, согрешил я, грешный! (Плюёт.)* И. Тургенев. Разговор на большой дороге. *— А я вот тебе такое скажу, — суетливо говорит дядя Митя, будто боясь, что Юрка выпьет раньше, чем он успеет сказать свои слова. — Хоть четыре руки счас окажись у тебя — всё одно калекой останешься. <...> Потому как, Юрка, душа у тебя маленькая и слепая. Колчедушный ты, прости Господи...* В. Куропатов. Калека. **д)** ♦ **Простите, но...** ♦ **Прошу простить, но...** Формулы вежл. отказа, несогласия, возражения, протеста и т. п. *«По-моему, самое лучшее, что можете теперь сделать, — это совсем оставить медицинский факультет». — «Простите, профессор, но это было бы с моей стороны по меньшей мере странно».* А. Чехов. Скучная история. *«С ума сошли?! Закройте дверь! Кто там? Закройте дверь сейчас же, кому говорю!» — «Простите, — ласково возразила Сонька, — но нам звонили и сообщили, что подняли доску...»* Т. Горбулина. Улица Коммунарка, чётная сторона. *[Она (окончательно вознегодовала):] А вы на себя взгляните — пуговицы на пиджаке как не было, так и нет. <...> Просто любопытно, куда ваша жена смотрит! [Он (холодно):] Прошу простить, но я холост, товарищ Жербер.* А. Арбузов. Старомодная комедия. ‖ ♦ **(Вы/ты) прости/те (меня), но...** При возражении, выражении осуждения, упрёка для смягчения откровенных, нелицеприятных слов в адрес собеседника. *[Мария Васильевна:] Тебе почему-то неприятно слушать, когда я говорю. Ты прости меня, Жан, но в последний год ты так изменился, что я тебя совершенно не узнаю.* А. Чехов. Дядя Ваня. *[Анна (искренно):] Я вам противна, да? Поймите, — я не могу жить иначе... [Лидия:] Простите меня... но, мне кажется, ваша... такая любовь — тяжела ему!* М. Горький. Варвары. *Тётенька терпела, терпела и говорит: — Вы простите меня, но вы, Анечка, истинная мещанка...* Т. Горбулина. Улица Коммунарка, чётная сторона. **е)** Учтив. обращ. к незнакомому (обычно с просьбой или вопросом). *Валицкий приблизился к столу, держа в вытянутой руке серый листок — повестку: <...> Простите великодушно! Куда мне надлежит обратиться?* А. Чаковский. Блокада. *«Простите, — вдруг сказал Скворцов <...>, — вы что — меня задерживаете?» — «Да, вы арестованы», — сказал военный и взглянул на Скворцова так, точно видел его в первый раз.* Ю. Герман. Наши знакомые. *(Входят Вера и Фира. Они здороваются.) [Фира:] Простите, Олег Савин здесь живёт? [Клавдия Васильевна:] Здесь. (Зовёт.) Олег, к тебе пришли.* В. Розов. В поисках радости. **2. Прости/те.** ♦ **Прости/те меня**

Христа (Господа) ради. ▣ То же, что Прощай/те. [От обычая при расставании просить прощения друг у друга, примиряться. Ср. русск. пословицы: *Гость гостит, а пошёл — прости. Сходись — бранись, расходись — мирись.* «Прости/те» — изначально просьба сделать «простым», т. е. освободить от вины, греха]. ▭ *Ну, мне надо домой, прости-ко.* СРНГ. *Прости, милый, до свидания — и до послания. Обними наших.* А. Пушкин. Письмо Я. Н. Толстому, 26 сент. 1822. *«Поди, оставь меня одну. Дай, няня, мне перо, бумагу. Да стол подвинь; я скоро лягу; Прости». И вот она одна.* А. Пушкин. Евгений Онегин. — *Простите, — сказала она [Катюша] чуть слышно. Глаза их встретились, и в странном косом взгляде и жалостной улыбке, с которой она сказала это не «прощайте», а «простите», Нехлюдов понял, что из двух его предположений о причине её решения верным было второе: она любила его...* Л. Толстой. Воскресение. *«Э, полноте, матушка, — ответила Марья Гавриловна. — Разве затем я в обитель приехала, чтоб по гостям на пиры разъезжать? Спокой мне нужен, тихая жизнь... Простите, матушка», — прибавила она, поклонясь игуменье и намереваясь идти домой. «До свиданья, сударыня, — ответила Манефа. — Вот я не на долгое время в келарню схожу, люди там меня ждут, а после к вам прибреду, коли позволите». — «Милости просим, удостойте, — отвечала Марья Гавриловна. — Будем ждать».* П. Мельников (Печерский). В лесах. ‖ Просьба о прощении при прощании надолго, навсегда. — *Прости надолго, витязь мой! Дай руку... там, за дверью гроба — Не прежде — свидимся с тобой!* А. Пушкин. Руслан и Людмила. — *Простите или прощайте навсегда, — сказал умирающий грамматик детям своим, прибавив: — то и другое одинаково правильно.* В. Даль. *Зажгёт батька или матка лампадку. Потом принесёт матка шубу овчинную, положит наземь кверху овчинами. Батька с маткой около шубы стоят, сын, который на Мурман походит, им в ноги кланяется — руки на шубу кладёт: «Татка, прости меня», — два раза поклонится, два раза скажет. А третий раз батька не даёт ему до ног доложиться. У него на руке на правой дельница (рукавица), тоже из овечьей шерсти. Дельницей за плечо захватит, сын-то встанет,* нет, *он его по голове гладит и говорит: «Поди, Бог с тобой!» Потом батька передаёт дельницу матке, и с ней таким же образом: тоже поклонится матке два раза, а третий матка не допустит, те же слова ему говорит, так же по голове гладит. Тут уж все на ногах стоят.* / *Потом он ходит со всеми прощается, руку даёт: «Прости, ну хоть — Устинья Степановна, прости Григорий Павлович!» Потом уж все и вон из избы пойдут.* Б. Шергин. На Мурман. *[Пётр:] Не увижу тебя... Помру нынче... Прости меня Христа ради, прости, когда согрешил перед тобой... Словом и делом, согрешил когда... Всего было. Прости. [Никита:] Что ж прощать, мы сами грешные. [Матрёна:] Ах, сынок, — ты чувствуй. [Пётр:] Прости, Христа ради (плачет.) [Никита (сопит):] Бог простит, дядя Пётр. Что ж, мне на тебя обижаться нечего. Я от тебя худого не видал. Ты меня прости. Может, я виноватее перед тобою. (Плачет.)* Л. Толстой. Власть тьмы. — *Мамынька, — тихо сказала она, — наклонись ко мне. — Аксинья Захаровна наклонилась. — Прости ты меня, Господа ради, — жалобно прошептала Настя. — Не жилица я на белом свете, прости меня, родная.* П. Мельников (Печерский). В лесах. — *Эх, думаю, не жилица она на свете — стал прощения просить: как бы, думаю, без прощения не померла. «Простите меня, говорю, коли вам зло какое сделал!» Известно, как по-нашему, по-христиански полагается...* В. Короленко. Чудная. ♦ **Прости-прощай.** ▣ Фольк. *Со мной, с красной девушкой, Со мной распростился: — Ты прости-прощай, моя любезная, Прощай, Бог с тобою!* (Песня.) *«Прости-прощай, моя безответная!» — прошептал он, кланяясь ей в последний раз, в церкви. Он плакал, бросая горсть земли в её могилу.* И. Тургенев. Дворянское гнездо. ♦ **И Вы меня простите (♦ Прости и ты меня). ♦ Это Вы меня простите. ♦ (Это ты меня прости).** Ответы на извинение; взаимное извинение. *[Даша:] Батюшка, прости нас. (Кланяется в ноги.) [Илья:] Простите и вы меня.* А. Островский. Не так живи, как хочется. *Мой дорогой Сергей Владимирович, простите и Вы меня, я в тысячу раз более виновата в этой глупой истории, чем Вы.* А. Ахматова. Письмо С. В. фон Штейну, 1906. ♦ **Бог простит. (♦ Бог простит, меня про-**

сти Христа ради. ♦ Бог простит, а я тебя прощаю. ♦ Бог тебя прости. ♦ Пусть тебя Бог простит, как я тебя прощаю. ♦ Бог простит, только вперёд не каверзи). *Прост.* **1.** Положительный ответ на извинение, просьбу о прощении «Прости/те меня (Христа ради)». *[Авдотья Максимовна:] Тятенька! простите меня. [Русаков:] Бог тебя простит, ты меня-то прости! А. Островский. Не в свои сани не садись. [Михрюткин:] Ну что же ты — не знаешь порядков, что ли? Извинения проси. [Ефрем:] Простите меня, Аркадий Артемьич. [Михрюткин:] Бог тебя простит. И. Тургенев. Разговор на большой дороге. Тут и другие придворные, видя, что Левши дело выгорело, начали его целовать, а Платов ему сто рублей дал и говорит: «Прости меня, братец, что я тебя за волосья отодрал». Левша отвечает: «Бог простит, — это нам не впервые такой снег на голову». Н. Лесков. Левша. После уж, когда болела [свекровь], в последнее время — двенадцать недель лежала, просила: «Уж ты прости меня, Симушка, ругала я тебя иногда». — «Бог простит, мама». П. Еремеев. Обиход.* ‖ ♦ Бог простит. Неясный (т. е. «не мне тебя прощать, я такой же грешник») или отрицательный ответ на извинение. *[Настя:] Тётенька, простите меня, не презирайте меня, мне хочется пожить получше! (Прилегает на грудь к Анне Тихоновне.) [Анна:] Бог тебя простит, я тебе не судья. А. Островский. Не было ни гроша, да вдруг алтын. Со строгим видом, пожевав губами, Иван Вианорыч брезгливо тронул его за рукав. «Ты что же это, любезный, распространился? Видишь — чужое место, а лезешь?» — сказал он сурово. Мужик низко поклонился и с покорной суетливостью затоптался в сторону. «Прости, батюшка, прости Христа ради». — «Бог простит», — сухо ответил старик. А. Куприн. Мирное житие. В первый же по приезде вечер он сказал Глахе все слова, какие придумал, приготовил, прося прощения. «Пусть вас Бог простит, Зиновий Игнатьевич, а у меня на это сил нету, силы мои в солёный порошок смололись, со слезами выскочились». В. Астафьев. Царь-рыба.* **2.** ♦ Бог простит (меня прости/те). ⌛ Ответ на прощание «Прости/те». *Лунёв разжал свою руку, — рука Якова слабо опустилась. «Ну, Яша, прости...» — «Бог простит! Заходи?» Илья вышел, не ответив. М. Горький. Трое. Афанасий хотел сказать ей что-нибудь обнадёживающее, поставил чемодан, потеребил в руках кепку, подошёл неуклюжий, растерянный, стыдясь своих слов, отводя глаза, буркнул: «Прости, Егоровна, если что не так». — «Бог простит», — нерешительно ответила она и ткнулась лицом в его грудь... С. Грамзин. После войны.* **3.** ♦ Бог (тебя) простит. Говорится в утешение виноватому, как ♦ Бог милостив! *«Да уж я и не знаю, маменька, мне можно ли...» — «Чего не можно! Садись! Бог простит! не нарочно ведь, не с намерением, а от забвения. Это и с праведниками случалось». М. Салтыков-Щедрин. Господа Головлёвы.* **4.** ♦ Бог простит (легко)! *Обл.* Пожелание беременной женщине благополучно родить. СРНГ. ♦ Прощаю Вас (тебя). ♦ Я Вас (тебя) прощаю. Положительный, иногда с оттенком официальной вежливости, ответ на извинение. *[Гурмыжская:] На всё есть форма, мой друг. Ты только представь себе, как ты меня оскорбил своим поведением! <...> [Буланов (развязно целует ей руку):] Прости меня! [Гурмыжская:] Прощаю, мой друг, прощаю. А. Островский. Лес.* ♦ Ладно уж (так и быть), прощаю (Вас, тебя). *Разг.* С оттенком снисхождения, в ответ на усиленную просьбу о прощении. ♦ На первый (на этот) раз прощаю. *Разг.* С предупреждением, чтобы подобное впредь не повторялось. ♦ На первый раз прощаю, в другой не дури. ⌛ *Прост.* ♦ На первый раз прощаю, на второй не обещаю. *Разг.* Полушутл. ответ на извинение. ♦ Тебя простишь — а ты опять напакостишь. ⌛ *Прост.* Неопределённый ответ тому, кто не внушает доверия, кого уже не раз прощали за провинности. ♦ И прощаю, и прощенья прошу. ⌛ *Обл. и прост.* Ответ на прощание: Прости/те или Прощай/те. *Сын онежского кормщика, живший на Двине у судового строения, заболел. Придя «к кончине живота», он пишет к отцу в Онегу: «Государь батька! Уже хочу умереть. Поспеши притти и отпустить меня». Отец отвечает: «Сын милый, подожди до Похвальной недели. Буде можешь, побудь на сем свете с две недельки. Прибежу оленями. Буде же нельзя ждать, увидимся на будущем. Но се аз,* батька твой, отпускаю тебя, и прощаю, и прощения прошу». Б. Шергин. Ответ отца.

Про́сьба. ♦ Обращаюсь к Вам (к тебе) с (большой, настоятельной, убедительной) просьбой (просьбою) (о чём-л.; сделать, сделайте что-л.). *Преимущ. эпист. Формула вежл. или офиц.-вежл. просьбы. Степень вежливости и настоятельности определяется обычно словами-интенсификаторами: большая, великая, нижайшая, покорнейшая и т.п. Словоформа просьбою более характерна для эпистолярного или официального стилей. Обращаюсь к Вашему Высокопревосходительству с просьбою о деле для меня важном. Знаю, что Вы неохотно решитесь её исполнить. Но Ваша слава принадлежит России и Вы не вправе её утаивать.* А. Пушкин. Письмо А. П. Ермолову, апр. 1833. ♦ Осмелюсь обратиться к Вам с (покорнейшей...) просьбою... ⚜ ♦ Осмеливаюсь беспокоить Вас (нижайшею) просьбою... ⚜ ♦ Осмеливаюсь (беру на себя смелость) утрудить Вас просьбою... ⚜ *Преимущ. эпист. Учтив. К высшему по положению. Милостивый Государь / Граф Егор Францевич. / Ободренный снисходительным вниманием, коим Ваше Сиятельство уже изволили меня удостоить, осмеливаюсь вновь беспокоить Вас покорнейшею моею просьбою. <...> Осмеливаюсь утрудить Ваше Сиятельство ещё одною, важною для меня просьбою.* А. Пушкин. Письмо Е. Ф. Канкрину, 6 нояб. 1836. *Ещё осмеливаюсь побеспокоить одною просьбою: ради Бога, если будете иметь случай, собирайте все попадающиеся вам древние монеты и редкости...* Н. Гоголь. Письмо М. И. Гоголь, 2 февр. 1830. ♦ Повергаю просьбу свою к Вашим (твоим) стопам! ⚜ *Почтит.-самоуничижит. к высочайшим особам. Повергаю просьбу к стопам твоим, Государь.* [«Просьба встарь подавалась, стоя на коленях и положив её на голову». В. Даль]. ‖ В XIX–XX вв. эта формула употр. преимущ. шутливо в неофиц. письмах к равным или высшим по положению.

♦ Позвольте (разрешите) мне обратиться к Вам с просьбой (с просьбою)? *Учтив. или офиц. Многоуважаемый батюшка, / Позвольте обратиться к Вам с некоторой для Вас, вероятно, неожиданной просьбой. А именно: где именно в Библии находятся известные изречения:* «Смерть, где жало твое?» *и* «Нет больше подвига, как если кто душу свою положит за другую душу» (*или* «за брата своего»). *Сообщением подлинных славянских текстов Вы бы крайне меня обязали.* И. Тургенев. Письмо В. А. Прилежаеву, 21 авг. 1882. — *Мы это всё проверим, ко всему ещё возвратимся при допросе свидетелей, который будет, конечно, происходить в вашем присутствии,* — *заключил допрос Николай Парфёнович.* — *Теперь же позвольте обратиться к вам с просьбою выложить сюда на стол все ваши вещи...* Ф. Достоевский. Братья Карамазовы. [*Яша:*] *Любовь Андреевна! Позвольте обратиться к вам с просьбой, будьте так добры! Если опять поедете в Париж, то возьмите меня с собой, сделайте милость. Здесь мне оставаться положительно невозможно.* А. Чехов. Вишневый сад.

♦ Прибегаю (позвольте прибегнуть; решился прибегнуть) к Вам с (покорнейшей...) просьбою... ⚜ *Эпист. Учтив. К высшему по положению. Ныне с надеждой на великодушие Вашего Императорского Величества, с истинным раскаянием и твёрдым намерением не противуречить моими мнениями общепринятому порядку <...> решился я прибегнуть к Вашему Императорскому Величеству со всеподданнейшею моею просьбою.* А. Пушкин. Письмо Николаю I, 11 мая — перв. пол. июня 1826. [*Жазиков (садится за стол и пишет):*] <...> «*Ваше Превосходительство, позвольте мне прибегнуть к Вам с покорнейшей (поправляет) всепокорнейшей просьбой: не можете ли Вы мне дать взаймы на несколько дней триста рублей ассигнациями*». И. Тургенев. Безденежье.

♦ К Вам (к тебе) (большая, убедительная...) просьба... ♦ У меня к Вам (к тебе) (есть, будет) (большая, убедительная...) просьба... ♦ Я к Вам (к тебе) с (большой...) просьбой... ♦ Я к Вам с покорной (покорнейшей) просьбой. ⚜ *Формулы неофициальной просьбы.* — *Да! постой! вот ещё к тебе просьба: не кричи на меня там, как давеча здесь кричал, а?* Ф. Достоевский. Село Степанчиково и его обитатели. — *У меня к вам просьба, доктор,* — *прошептал он.* — *Доставьте это письмо княгине завтра и, ради Бога, успокойте всех там насчёт моего здоровья.* Е. Шумигорский. Роман принцессы Иеверской. *Усердная моя просьба к тебе, но просьба* неважная. *Будь здоров — в этом весь смысл моей просьбы.* Н. Чернышевский. Письмо М. Н. Чернышевскому, 1 марта 1878. *Вошёл художник Фетисов. — Я к вам с просьбой, — начал он, обращаясь к Клочкову <...>. — Сделайте одолжение, одолжите мне вашу прекрасную девицу часика на два!* А. Чехов. Анюта. *[Пристав (журналисту):] А второе: покорнейшая к вам просьба об этом ни слова в газете не писать. Я даже протокола не составлял и дело прикончил сам.* В. Гиляровский. Москва и москвичи. *[Агнесса:] Зоя Денисовна, у меня большая просьба, нельзя ли к завтрашнему дню? [Зоя:] О да, это не сложно.* М. Булгаков. Зойкина квартира. *— У меня будет такая просьба, — обратился он к Лёле. — Кто будет звонить, говорите, что я уехал на реку.* В. Шукшин. Лёля Селезнёва с факультета журналистики. ♦ **У меня до Вас (до тебя) (есть, будет) (большая...) просьба...** ⌇ (В совр. употр. — прост.) *[Лиза:] Благодарствуйте. У меня до вас большая просьба есть. И мне не к кому обратиться, как к вам. [Каренин:] Всё, что могу.* Л. Толстой. Живой труп. ♦ **Моя последняя просьба.** ♦ **Исполни/те (Прошу исполнить) мою последнюю просьбу.** ♦ **Обращаюсь к Вам (к тебе) с моей последней просьбой.** Предсмертная, очень важная, которую нельзя не выполнить; завещание. *Милый и дорогой Лев Николаевич! / Долго Вам не писал, ибо был и есть, говоря прямо, на смертном одре. <...> Пишу же Вам собственно, чтобы сказать Вам, как я был рад быть Вашим современником — и чтобы выразить Вам мою последнюю искреннюю просьбу. Друг мой, / вернитесь к литературной деятельности! Ведь этот дар Вам оттуда же, откуда всё другое. Ах, как я был бы счастлив, если бы мог подумать, что просьба моя так на Вас подействует!!* И. Тургенев. Письмо Л. Н. Толстому, 29 июня 1883.

Против сы́тости не спо́рим, а бесче́стья на хозяина не кладите. ⌇ *Прост.* Настойчивая просьба хлебосольного хозяина к гостю, отказывающемуся от угощения: «Я сыт».

Профессор. *Разг. Полуофиц. вежл.* обращение к профессору. Употр. с «Вы»-формами, преимущ. в интер- или постпозиции. *— Я буду крайне благодарен вам, профессор!* Л. Леонов. Русский лес. *«Послушайте, голубчик, — сказал Гай, шагнув к молодому человеку, — как у вас с диссертацией?» Ассистент вздрогнул, согнал улыбку и словно погас. «Вы же отклонили мою тему, профессор!»* Ю. Нагибин. Пик удачи. ♦ **Господин профессор.** ⌇ *Офиц., учтив.* См. Господин. *Многоуважаемый господин профессор! / <...> Если вам нужны какие-либо чешские книги, я с готовностью могу Вам их послать. / С совершеннейшим почтением / Ваш преданный ученик / Роман Якобсон.* Р. Якобсон. Письмо М. Н. Сперанскому, 25 авг. 1920. ♦ **Товарищ профессор.** *Вежл. или офиц.* См. Товарищ. *[Зоя Берёзкина:] Товарищ! Товарищ профессор, прошу вас, не делайте этого эксперимента. Товарищ профессор, опять пойдёт буза... [Профессор:] Товарищ Берёзкина, вы стали жить воспоминаниями и заговорили непонятным языком. Сплошной словарь умерших слов. Что такое «буза»?* В. Маяковский. Клоп. ♦ **Профессор (+ фамилия).** *Сугубо офиц.* *«Что вы, профессор, смеётесь?» — возмутился Швондер. «Какое там смеюсь?! Я в полном отчаянии, — крикнул Филипп Филиппович, — что же теперь будет с паровым отоплением?» — «Вы издеваетесь, профессор Преображенский?» — «По какому делу вы пришли ко мне? Говорите как можно скорее, я сейчас иду обедать».* М. Булгаков. Собачье сердце.

Проходи́/те. См. Пройди́/те.

Проща́й/те. Широкоупотребительная форма прощания. [От старинного обычая просить прощения друг у друга при расставании. См. Прости/те (во 2 знач.). Это этимологическое созначение сохранилось ещё в диалектной форме прощания ♦ **Прощай/те меня.** *И стал портной сказки сказывать <...>. «Ну, так это не сказка, а присказка: сказка будет завтра, повечеру. Теперь меня прощайте!..» Ушёл.* О царе и царевиче. Сказка. Зап. в 1897. *[Лидия:] Так надо проститься? [Васильков:] Если вам угодно. [Лидия:] По-русски проститься — значит, попросить прощения. [Васильков:] Просите.* А. Островский. Бешеные деньги]. *У ворот столпились люди, мужики, бабы, ямщики, все уставились на Митю. «Прощайте, Божьи люди!» — крикнул им вдруг с телеги Митя. «И нас прости», — раздались два-три голоса.* Ф. Достоевский. Братья Карамазовы. *Мужик обнял соседа, поцеловал его трижды и попро-*

щался с ним. «Прощай, Егор Семёныч!» — «Не в чем, Никанор Петрович; ты меня тоже прости». А. Платонов. Котлован. ‖ ▨ Форма прощания независимо от срока предстоящего расставания. То же, что До свидания. На коня он [Илья] скочил да в стремена ступил, да и приснял он свой пухов колпак: «Вы прощайте, дружинушка хоробрая! Не успеете вы да штей котла сварить, — Привезу голову да молодецкую». Илья Муромец и Сокольник. Былина. [Чацкий (встаёт поспешно):] Простите; я спешил скорее видеть вас, Не заезжал домой. Прощайте. Через час Явлюсь, подробности малейшей не забуду; Вам первым, вы потом рассказывайте всюду. А. Грибоедов. Горе от ума. — Прощайте, сударыня! — продолжал он [Чичиков], подходя к ручке Маниловой. — Прощайте, почтеннейший друг! Н. Гоголь. Мёртвые души. Прощай, душа моя; надеюсь — до скорого свиданья! А. Майков. Письмо Ю. Д. Ефремовой, 30 сент. 1847. «Приезжай проведать», — кряхтел Петро, наваливаясь животом на острую хребтину лошади и занося правую ногу. «Как-нибудь». — «Ну, прощай!» — «Путь добрый». М. Шолохов. Тихий Дон. ‖ Форма прощания надолго или навсегда. [Доктор:] Ну, прощайте! [Барыня:] Не прощайте, а до свидания. Вечером я вас всё-таки жду; без вас я не решусь. Л. Толстой. Плоды просвещения. Не уезжайте в Россию, не повидавшись со мною. Не хочу Вам говорить: прощайте — и до свиданья — и жму Вам руку. / Преданный Вам / Ив. Тургенев. И. Тургенев. Письмо М. А. Маркович, 15 авг. 1860. — Ну, прощайте! — резко проговорил он вдруг. — Вы думаете, мне легко сказать вам: прощайте? Ха-ха! — досадливо усмехнулся он сам на свой неловкий вопрос и вдруг, точно разозлясь, что ему всё не удаётся сказать что хочется, громко и раздражительно проговорил: — Ваше превосходительство! Имею честь просить вас ко мне на погребение, если только удостоите такой чести, и... всех, господа, вслед за генералом!.. Ф. Достоевский. Идиот. Умирая, он хрипел: — Филицата, — за тебя стоял, — прощай! — Она плакала, закрыв лицо белыми руками. М. Горький. Городок Окуров. [Татьяна] Вдруг увидала Игната, вспыхнула радостно, подошла к нему, положила руки на плечи. — Ну, Игнат, прощай! Больше не увидимся: я на каторгу иду. В. Вере-

саев. Случай на Хитровом рынке. *Кажется, она захотела спросить что-то ещё, но не удержалась, не захотела, чтобы он снова первым начал прощаться. — Что ж, прощай... или до свидания... А в общем, как знаешь. — И подала руку, не вынув из варежки.* К. Симонов. Живые и мёртвые. | Форма прощания с покойным. *У него [старика], как видно, недоставало сил идти дальше за гробом; он провожал его глазами и крестил. — Прощай, Анисимыч, прощай... Скоро все там будем!* — *сказал он, махнул рукою и медленно побрёл к избам.* Д. Григорович. Пахарь. *Комиссара Ивана Гору на поднятых руках перенесли через реку, положили наверху кургана на весеннюю траву, причесали ему волосы и покрыли его вытянутое тело полковым знаменем. ‹...› Красноармейцы проходили по очереди мимо, каждый брал винтовку на караул. — Прощай, товарищ...* А. Толстой. Хождение по мукам. ♦ **Прощай/те до свидания (до вечера, до завтра, до новой встречи...).** ▨ ♦ **Прощай/те пока (покамест, покудова... Прост.).** ▨ *Прощай покудова; перед отъездом, может быть, ещё раз удастся написать тебе. Поцелуй за меня дитя своё и Анну Ивановну. / Верный друг твой.* А. Грибоедов. Письмо С. Н. Бегичеву, 4 июня 1825. *Что Софья Николаевна? царствует на седле? ‹...› Прощай же до свидания.* А. Пушкин. Письмо П. А. Вяземскому, 11 июня 1831. *Прощай до следующего письма. Жду от тебя обещанной тетради песен...* Н. Гоголь. Письмо М. А. Максимовичу, дек. 1833. *[Параша:] Ну, милый, прощай покуда! [Вася:] Прощай! (Целует её.)* А. Островский. Горячее сердце. *«Кажется, за нами следят? Давайте разойдёмся. И не входите к Людмиле, если вам покажется, что есть шпион». — «Я знаю!» — сказала мать. Но Саша настойчиво прибавила: «Не входите! Тогда — ко мне. Прощайте пока!» Она быстро повернулась и пошла обратно.* М. Горький. Мать. *На развилке Мишка свернул вправо, привстал на стременах. — Прощайте покеда, Степан Андреевич!* М. Шолохов. Тихий Дон. *И мельник, как будто с победы, Лукаво прищурил глаз: «Ну, ладно! Прощай до обеда. Другое сдержу про запас».* С. Есенин. Анна Снегина. *Секретарь Сапожков быстро взглянул на неё, и такая затаённая провинциальная мечта светилась в её глазах, что он не порешился ответить вторичным отказом. — Это сложно... насчёт билета на Октябрьский парад ничего посулить тебе не смогу, Вихрова, — сказал он. <...> — Не настолько я могучий волшебник, но... обещаю замолвить о тебе словечко при встрече с товарищами, от которых кое-что зависит. Теперь прощай пока... Л. Леонов. Русский лес. ♦ **Прости-прощай.** См. Прости/те. ♦ **Ты прости меня-прощай, вечно помнить обещай.** ▣ *Прост., фольк.* ♦ **Прощайте все рядом.** ▣ *Обл.* Форма прощания одновременно с несколькими лицами. СРНГ. ♦ **Прощайте, соседи, до будущей беседы.** *Прост. и обл. Шутл.* ♦ **Прощай, развозжай, разиня уже уехал.** ▣ *Обл. Шутл. или ирон.* [Развозжай — разболтанный, расхлябанный человек]. [*Бальзаминов:*] Прощай! (Кидается к ней на шею.) [*Красавина:*] Рад, рад, уж вижу, что рад; только смотри, под силу ли дерево-то рубишь? Ну, прощай, развозжай, разиня уж уехал. А. Островский. Праздничный сон до обеда. **Прощай/те. (Прощавай/те.)** *Прост. и обл.* Солдаты остановились. «Ну что, нашёл своих? — сказал один из них. — Ну, прощавай! Пётр Кириллович, кажись?» — «Прощавай, Пётр Кириллович!» — сказали другие голоса. «Прощайте», — сказал Пьер и направился с своим берейтором к постоялому двору. Л. Толстой. Война и мир. — Ну, прощевай! — сказал он, но не тронулся с места. Он нарочно сказал «прощевай», потому что так выходило душевнее... Л. Андреев. Гостинец. ♦ **(Ну, ладно) давай/те (будем, надо, пора...) прощаться.** *Разг.* Фразы, означающие окончание беседы, встречи, употр. обычно перед расставанием надолго. — Ладно. Давай прощаться. Поцеловать тебя на прощание после всех происшествий можно? Господь храни тебя от бед, как наши театральные старухи говорят... И она [Надя], сделав серьёзное, даже трагическое лицо, перекрестила Синцова. К. Симонов. Живые и мёртвые. ♦ **Я прощаюсь с Вами (до...).** *Офиц.* Форма прощания с публикой, аудиторией. ▭ [Ведущий информационной телепрограммы:] *На этот час все новости. Я прощаюсь с вами. Всего доброго* (1994). ♦ **Не прощаюсь (увидимся ещё).** ♦ **Я с Вами не прощаюсь.** *Разг.* Обращение уходящего к собеседнику, означающее: «мы с вами сегодня ещё встретимся», «я скоро вернусь» и т. п. «Между прочим, ваша машина здесь, Тихон Иванович. <...> Я вам сейчас покажу, где шофёр спит, я подходил». — «Спасибо, найду, Василий Сидорович. Не прощаюсь, к вечеру буду у вас опять». — «Рад, если понравилось, милости просим», — пробасил Чубарев, широко и гостеприимно разводя руки, точно собираясь всех немедленно заключить в объятия; Брюханов кивнул ему, Вахромейко и вышел... П. Проскурин. Судьба. ♦ **На свиданье прощаемся.** ▣ *Обл.* Форма прощания, то же, что ♦ До свидания. ‖ Ответ на прощание: Прощай/те. ♦ **Прощения просим.** «Прощенья просим!» — «На свиданье прощаемся. Живите Божьими милостями, а мы вашими». — «Путь вам чистый». С. Максимов. Крылатые слова.

Проще́ние. ♦ **Прошу прощения.** Вежл. форма извинения. То же, что Прости/те. *Тут же он* [Чичиков] *познакомился с весьма обходительным и учтивым помещиком Маниловым и несколько неуклюжим на взгляд Собакевичем, который с первого раза ему наступил на ногу, сказавши: «Прошу прощения».* Н. Гоголь. Мёртвые души. ‖ При обращ. к незнакомому или малознакомому с вопросом, просьбой. [*Посетитель:*] Прошу прощения... огонька не найдётся? [*Пальчиков:*] Извольте. А. Арбузов. Вечерний свет. ‖ *Вводн.* При употреблении в речи сниженных, грубых или откровенных, нелицеприятных для собеседника слов. [Корчагин] *сухо отчеканил:* — Берите лопату, товарищ Туманова, и становитесь в ряд. Не берите пример с этого откормленного буйвола. Прошу прощения, не знаю, кем он вам приходится. Н. Островский. Как закалялась сталь. *Им объяснили, чтобы не ругаться:* «Мы просим вас, уйдите, дорогие! Те, кто едят, ведь это — иностранцы, А вы, прошу прощенья, кто такие?» В. Высоцкий. Мы в очереди первые стояли... ♦ **(Я) Прошу у Вас (у тебя; Вашего, твоего) прощения (за..., что..., за то, что..., если...).** Усилит. или с оттенком официальности. — *Вот что, Дуня,* — начал он [Раскольников] *серьёзно и сухо,* — *я, конечно, прошу у тебя прощения, но я долгом считаю опять тебе напомнить, что от главного моего я не отступаюсь. Или я, или Лужин.* Ф. Достоевский. Преступление и наказание. ♦ **Тысячу раз прошу прощения (за...)!** *Экспрессив.* Дорогая, хорошая m-te Виардо, прошла целая неделя, в течение которой я не прибавил ни строки к этому письму; прошу у вас за это тысячу раз прощения; ведь не извинение же в самом деле то обстоятельство, что я был (и продолжаю быть) очень занят всё это время; все занятия в мире должны отступить на второй план, когда вопрос идёт о письме к вам. И. Тургенев. Письмо Полине Виардо, 1–12 нояб. 1850. ♦ **Позвольте (разрешите) попросить (у Вас) прощения (за…).** *Учтив.* Милостивый Государь / Николай Иванович / <…> позвольте поблагодарить Вас за ваше воспоминание и попросить у Вас прощения, не за себя, а за моих книгопродавцев, не высылающих Вам, вопреки моему наказу, ежегодной моей дани. А. Пушкин. Письмо Н. И. Хмельницкому, 6 марта 1831. ♦ **(Я) должен (считаю, почитаю своим долгом) попросить у Вас (Вашего) прощения (за…).** *Учтив.* или *офиц.* ♦ **(Я) готов просить (попросить) у Вас (тебя; Вашего, твоего) прощения (если…).** Выражение готовности признать свою вину. ♦ **Я готов на коленях (тысячу раз) просить прощения (у Вас, у тебя)!** *Экспрессив.* [Марья Антоновна:] Вы почитаете меня за такую провинциалку… (Силится уйти.) [Хлестаков (продолжая удерживать её):] Из любви, право, из любви. Я так только, пошутил, Марья Антоновна, не сердитесь! Я готов на коленках просить у вас прощения. (Падает на колени.) Простите же, простите! Вы видите, я на коленях. Н. Гоголь. Ревизор. ♦ **Это я должен (Это мне нужно) просить прощения (у Вас, у тебя за…).** Вежл. ответ на извинение; признание и своей вины в случившемся. Стук посуды возвратил мать к настоящему. «Ой, простите, заговорилась! Очень уж приятно земляка видеть…» — «Это мне нужно просить прощения за то, что я тут распоряжаюсь!» М. Горький. Мать. ♦ **Прощенья просим. 1.** ▱ *Прост.* Вежл. форма извинения. **2.** ▱ *Прост.* и *обл.* Вежл. форма прощания. «Гм! Ну, а впрочем, прощайте, Прасковья Ивановна». — «Просим прощенья вашему благородию. В другой раз милости просим. Чайку откушать». — «С особенным удовольствием, Прасковья Ивановна». И.Тургенев. Петушков. [Прохор Гаврилыч (взяв шляпу):] Маменька, прощайте! [Купец:] Прощенья просим, сударыня! Вы нас извините, потому как, собственно, мы из расположения, а не с тем, чтобы что-нибудь дурное. (Кланяется.) А. Островский. Старый друг лучше новых двух. Купец только пожал плечами. — Всякому, сударь, доложить вам, человеку своё счастье! — сказал он, вздохнув, и потом, приподняв фуражку и проговоря: — Прощенья просим, ваше высокоблагородие! — поворотил в свой переулок и скрылся за тяжеловесную дубовую калитку... А. Писемский. Тысяча душ. [Аллилуя:] Ну, Зоя Денисовна! Я вижу — вы добром разговаривать не желаете. Только на шишах далеко не уедете. Вот чтоб мне сдохнуть, ежели я вам завтра рабочего не вселю! Посмотрим, как вы ему шиши будете крутить. Прощенья просим. (Пошёл.) М. Булгаков. Зойкина квартира. ⇨ *Прощения просим,* — говорят гости, а хозяин отвечает: *Бог простит* (1930). СРНГ. ♦ **Просим прощенья, благодарим за угощенье!** ▱ *Прост.* Вежл. или шутл. форма прощания гостей с хозяевами. ♦ **Просим прощенья за Ваше угощенье (к нашему крещенью, рождества похлебать, масленицы отведать!)** ▱ *Прост.* Шутл. приглашение в гости. ♦ **Бог на прощенье!** ▱ *Обл.* Форма прощания при уходе откуда-то. ♦ **Бог на прощенье, приди в Крещенье, барана убьём.** ▱ *Обл.* Шутл. форма приглашения в гости при прощании. **Прощеньице.** *Обл.* и *прост.* Ласк. к Прощение. ♦ **Дай/те прощеньице.** ▱ *Обл. Фольк.* Формула учтив. просьбы дать родительское благословение на что-л. Ты, свет государыня, моя матушка! А и дай-ко мне прощеньице женитися. А на той ли на Мариночке Игнатьевской. СРНГ.

Прямина́ (прямота́) (вам, девушки,) в кро́сны, а кривизна́ в лес! ▱ *Обл.* Приветствие-пожелание ткачихам, навивающим нитяную основу на ткацкий станок.

Пта́ха. Пташка (моя). Пташечка (ты моя, канареечка). Птичка (ты моя). Птенчик (ты мой). *Разг.* Формы ласк., интим. обращения старшего по возрасту к близкому, любимому человеку (чаще — к женщине, девушке, ребёнку). Уж ей Филипьевна седая Приносит на подносе чай. «Пора, дитя моё, вставай: Да ты, красавица, готова! О пташка ранняя моя! Вечор уж так боялась я! Да, слава Богу! ты здорова!» А. Пушкин. Евгений Онегин. А уж я бы тогда и тем одним счастлив был, что хоть бы с улицы на вас в ярко освещённые окна взглянул, что хоть бы тень вашу увидал: от одной мысли, что вам там счастливо и весело, птичка вы моя хорошенькая, и я бы повеселел. Ф. Достоевский. Бедные люди. «Ты это што, птаха, по заугольям прячешься?» — спрашивал Кишкин, усаживаясь в тарантас. «Дедушки боюсь...» — откровенно призналась Наташка, краснея детским румянцем. Д. Мамин-Сибиряк. Золото. Бабушка выглянула из сенок и, хлопнув себя по фартуку, запела ещё протяжней и умильней, чем пела мне: — Да ягодницы-то наши являются! Да пташки вы, канарейки милые! В. Астафьев. Последний поклон. **Пта́ня. Пта́ша.** *Обл. Ласк. обращ. к милой, любимой девочке, девушке, женщине.* СРНГ.

Публика. ♦ **Достопочтенная публика!** ⁂ ♦ **Досточтимая публика!** ⁂ ♦ **Почтенная публика!** ⁂ ♦ **Уважаемая публика!** ⁂ *Разг., только в устной речи.* Обращение актёров, торговцев, зазывал к собравшимся на ярмарочной площади, в балагане, театре, цирке.

Пуд ше́рсти! ⁂ *Обл.* Приветствие-пожелание стригущему овец.

Пу́па. Пупочка. ⁂ *м. и ж. Обл. Ласк. обращение к маленькому ребёнку. Душечка, пупочка!* СРНГ.

Пу́сенька, *м. и ж. Разг. Ласк. обращение родителей к ребёнку или ласк.-интимн. мужск. обращ. к любимой женщине.* — Для тебя, учти это, пусенька, я всегда готов на всё! Б. Привалов. Садовое кольцо.

Пусть, *частица усилительн. Употр. в эмоц. возвыш. речи, в формулах пожелания, приветствия, здравиц и т. п. Стенные часы пробили густо и громко двенадцать часов, всё получилось очень торжественно. Пал Палыч поднял свой бокал и сказал взволнованным голосом:* «Ну, Тонечка, пусть этот год будет для нас хорошим и новым. Пусть жизнь будет новой. Пусть всё будет!» — «Да, Пал Палыч, да!» Ю. Герман. Наши знакомые. ⸗ *Пусть всё у вас будет хорошо!* ⸗ *Пусть всегда и во всём вам сопутствует удача!* ⸗ *Пусть минует в жизни вас всякое ненастье!* ⸗ *Пусть сбудутся все ваши мечты!* ⸗ *Пусть дом ваш всегда будет полной чашей!* ⸗ *Пусть всё лучшее сбудется, а плохое забудется!* и т. п.

Пустяки́! *Разг.* **1. Пустяки!** ♦ **(Да) это же пустяки!** ♦ **Какие пустяки!** (♦ **Пустяки какие!**) ♦ **Это (же, такие) пустяки!** *Разг.* Формы дружеск. утешения, ободрения собеседника. [Варвара Михайловна:] Поезжай, я достану тебе денег. [Ольга Алексеевна:] Ах, я так много должна тебе! [Варвара Михайловна:] Пустяки это! Успокойся, сядем здесь. М. Горький. Дачники. «Владимир Константинович, — сказала Роза Михайловна, покраснев, — но я не смогу аккомпанировать... у меня с собою нету нот». — «Пустяки, — ответил представитель. — Это не обязательно». А. Рекемчук. Мальчики. **2.** Ответ на извинение, благодарность. [Наталья Сергеевна] извинилась, что без разрешения жиличек прибрала их комнату <...>. «Да пожалуйста, пожалуйста... какие пустяки», — в голос, виновато и невпопад сказали подруги, потому что обе ошиблись в своих предположениях относительно соседки. Л. Леонов. Русский лес. [Тамара:] Я очень признательна, Лаврентий Егорович, что вы помогли мне и почти не раздумывая подписали приказ о моём освобождении. [Пальчиков:] Пустяки. А. Арбузов. Вечерний свет. ⸗ «Просто и не знаю, как вас благодарить!» — «Ну что вы, пустяки, не стоит благодарности» (1990). ♦ **(Всё) Пустяки в сравнении (по сравнению) с вечностью.** *Шутл.* Формула утешения. | Может употр. как шутл. ответ на извинение. [Крылатое выражение из повести Н. Г. Помяловского «Молотов» (1861). Восходит к лат. sub specie aeternitatis — «с точки зрения вечности» — выражению, принадлежащему нидерланд. философу Б. Спинозе (1632—1677)]. ♦ **Пустяки (Ерунда) по сравнению с мировой революцией.** *Шутл.* Формула утешения. | Может употр. как шутл. ответ на извинение. [Трансформация выражения ♦ Пустяки в сравнении с вечностью. После револ. 1917 г. офиц. коммунистическая пропаганда утверждала, что мировая революция — главная цель мирового пролетариата — дело ближайших дней, месяцев, лет]. ♦ **Пустяки, дело житейское!** *Разг. Шутл. форма утешения.* ‖ *Шутл. ответ на извинение, благодарность.* [В совр. употр. выражение получило распространение как крылатая фраза из популярной в Советском Союзе с 1973 г. книги шведск. писательницы А. Линдгрен «Три повести о Карлсоне, который живёт на крыше» и не менее популярного мультфильма «Малыш и Карлсон...»].

Путь. ♦ **Путь да доро́га!** ⌇ ♦ **Путь-дорога (дорожка)!** ⌇ ♦ **Путём-дорога! (♦ Путём-дорожкой!)** ⌇ *Прост. и обл.* Пожелание отъезжающему при прощании, а также приветствие-пожелание встречному в пути. — *Путь-дорога, господа! Вы откуда и куда?* П. Ершов. Конёк-горбунок. *Ефрем шёл сбоку телеги и торопил лошадь. <...> «Здорово, папаша!» — услышал вдруг Ефрем резкий крикливый голос. — «Путь-дорога!» У самой дороги, положив голову на муравейный холмик, лежал длинноногий мужик лет 30-ти <...>. «Православный, — обратился к нему Ефрем, — далече ли тут до деревни?» — «Нет, не далече. До села Малого вёрст пять осталось».* А. Чехов. Встреча. *Ивану-царевичу деваться некуда, пошёл сватать. Вдруг из стороны человек: «Путём-дорожкой!» — «Милости просим». — «Куда пошёл?» — «Алёну-мудрёну сватать».* Алёна-мудрёна. Сказка. Зап. в 1954. ♦ **Путём-дорогой здравствуйте!** ⌇ *Обл.* Поморское приветствие. См. Здравствовать. ♦ **Доброго пути! (Добрый путь! В добрый путь!)** См. Добрый. ♦ **Скатертью дорога, лентой ровный путь!** См. Скатертью дорога. ♦ **Счастливого пути! (Счастливый путь!)** См. Счастливый. ♦ **Путь чистый (Вам / тебе)!** См. Чистый. ♦ **Широкий путь — вольная дорожка (дороженька)!** *Разг.* Пожелание счастливого пути. См. Широкий. ♦ **Буераком путь!** См. Буераком. ♦ **Бог на дорогу, Никола в путь!** См. Бог. ♦ **Никола в путь (Христос по дорожке)!** См. ♦ Никола в путь. ♦ **Куда путь держишь (правишь)?** *Прост. Фольк.* Приветл. обращение к путнику при встрече. *Едут [братья] по дороге, видят, старик стоит. «Куда, добрые молодцы, путь держите?» — «Далёк наш путь, дедушка!» — «Ну, добрый путь вам, только не трусьте. Эта дорога в город повернет, а эта — в самый трудный путь!»* Богатый купец. Сказка. Зап. в 1951. ‖ *Разг. Шутл.* обращ. к знакомому при встрече. См. Куда. ♦ **Какими путями?** *Прост., экспрессив.* То же, что ♦ **Какими судьбами!** См. Судьба. *[Учительница], поражённая неожиданным появлением Мартына Мартыновича, ахнула <...>: — Мартын Мартынович!.. Голубчик!.. Какими путями?* Ф. Гладков. Берёзовая роща.

Пять с плюсом (Вам, тебе). ♦ **На пять с плюсом.** *Разг.* Превосходно, отлично, выше всяких похвал. Шутл. похвала. [От учительской практики ставить в исключительных случаях плюс к высшей школьной оценке «5»]. *[Инна:] Молодец, Боря... Право, молодец. Я не думала, что это так заметно. Пять с плюсом тебе за проницательность.* А. Арбузов. Вечерний свет. ‖ Очень хорошо. Шутл. ответ на вопросы при встрече: Как дела? Как жизнь? Как самочувствие? и т. п. *«Как вы себя чувствуете?» — спросила девушка, раскладывая на коленях большой блокнот. «На пять с плюсом. Фотографировать будете?»* В. Шукшин. Любавины.

Р

Раб Ваш (твой). ♦ **(Всенижайший) Раб Вашей милости (Вашего здоровья...).** ♦ **Раба́ Ваша (твоя; Вашей / твоей милости...).** ⌇ *Прост.* Формулы самоуничижения при почтительном обращении крепостного, слуги к своему господину. — *Смилуйся, отец, пожалей! — заплакал старик. — Кто себя считает вольным, тот считай... А мы завсегда рабы вашей милости. Смилуйся, рассуди, отец!* А. Эртель. Гарденины. *[Стыров:] Ты ещё здесь? [Мирон:] Здесь, Евдоким Егорыч, здесь я, на страже стою, как есть верный раб вашего здоровья.* А. Островский. Невольницы. ‖ ⌇ *Эпист.* «*Рабами писались сами, в унижении своем, безусловно преданные кому слуги, что ныне покорнейший слуга*». В. Даль. [Указом 15 февраля 1786 года Екатерина II повелела не подписываться на прошениях к ней рабом, но верноподданным]. *«Земский суд к нам едет отдать нас под начал Кирилу Петровичу Троекурову <...>. Остаюсь твоя верная раба, нянька».* А. Пушкин. Дубровский. «*А засим целую ручки вашего превосходительства <...> и остаюсь навеки усердная раба ваша анненская экономка Филицата*». А. Эртель. Гарденины. *Обломов начал читать письмо от старосты. <...> Затем следовали изъявления преданности и подпись: «Староста твой, всенижайший раб Прокофий Вытягушкин собственной рукой руку приложил».* И. Гончаров. Обломов.

Равных нет (Вам, тебе, ему, ей). *Разг.* ♦ **Равных не сыскать.** *Прост.* ♦ **Равных негде взять.** *Обл.* Формы выражения восторга, похвалы в адрес собеседника или третьего лица, обладающего, по мнению говорящего, исключительными качествами, способностями. *Знаменитые скандинавские кораблестроители прошлого века <...>, рассмотрев и сравнив кораблестроение разных морей, много дивились искусству архангельских мастеров. — Виват Ершов, Загуляев энд Курочкин, мастерс оф Соломбуль. Равных негде взять и не сыскать, и во всей России нет.* Б. Шергин. Рождение корабля. ▭ *«А чего меня? я простой плотник...» — «Нет, дорогой Родион Николаич, ты не «простой плотник», ты — мастер, ты — талант, тебе, можно сказать, равных нет!.. И не возражай. Всё решено и подписано. Завтра едем»* (1991).

Рад, -а; -ы. **Рад (Вам, тебе).** ♦ **Очень (весьма) рад (Вам, тебе).** ♦ **Рад (Вас, тебя) видеть.** ♦ **Я очень (весьма, душевно, сердечно, ужасно, чрезвычайно...) рад Вас (тебя) видеть.** ♦ **Рад Вас (тебя) видеть в добром здравии.** ♦ **Как я рад (Вас, тебя видеть)!** ♦ **Я так рад (Вас, тебя видеть)!** ♦ **Вы представить себе не можете (Вы не представляете / Ты не представляешь), как я рад (Вам / тебе, Вашему / твоему приходу, Вас / тебя видеть)!** *Экспрессив.* ♦ **(Я) (очень, весьма, так...) рад, что вижу Вас (что Вы пришли...)** и т. п. Формулы комплимента при встрече со знакомым; нередко употр. и как самостоятельные формы приветствия или ответа на приветствие. В зависимости от интонации, наличия или отсутствия слов-распространителей и интенсификаторов экспрессивности могут выражать различные оттенки: от дежурной вежливости до искреннего радушия, неподдельной радости, восторга. *[Чацкий:] И растерялся весь, и падал сколько раз — И вот за подвиги награда! [София:] Ах! Чацкий, я вам очень рада.* А. Грибоедов. Горе от ума. *«Как я рад, дорогой Максим Максимыч! Ну, как вы поживаете?» — сказал Печорин. «А... ты?.. а вы?..» — пробормотал со слезами на глазах старик... — сколько лет... сколько дней... да куда это?»* М. Лермонтов. Герой нашего времени. *[Горский:] Здравствуйте, Владимир Петрович! как я рад вас видеть... [Станицын:] И я... очень... Вы как... вы давно здесь?* И. Тургенев. Где тонко, там и рвётся. *[Курчаев:] Bonjour! [Глумов:] Очень рад, чему обязан? [Курчаев (садясь к столу на место Глумова):] Мы за делом...* А. Островский. На всякого мудреца довольно простоты. *Узнав, что приехала Анна, Кити хотела не выходить, но Долли уговорила её. Собравшись с силами, Кити вышла и, краснея, подошла к ней и подала руку. — Я очень рада, — сказала она дрожащим голосом.* Л. Толстой. Анна Каренина. *Несмотря на это, добрый юноша, услышав о болезни Калиновича, приотворил в одно утро осторожно дверь и, выставив одни только свои вихры, проговорил: «Вы больны?» — «Да, болен. Войдите», — отвечал Калинович слабым голосом. Немец вошёл. «Может быть, я вас беспокою?» — проговорил он, жеманно кланяясь. «Нет; что ж? я очень рад... Присядьте», — сказал Калинович, действительно довольный, что хоть какое-нибудь живое существо к нему зашло.* А. Писемский. Тысяча душ. *Кудряшов, обняв Василия Петровича за талию, повёл его прямо к дивану и усадил на мягких тюфяках. «Ну, очень рад, очень рад встретить старого товарища», — сказал он. «Я тоже... знаешь ли, приехал как в пустыню, и вдруг такая встреча!»* В. Гаршин. Встреча. *[Губин:] Здорово, Василий... [Достигаев:] Вот не ожидал! Рад... очень рад... [Губин:] Ну, где там — рад? Чему — рад? [Нестрашный:] Для радости, Василий Ефимович, — поздно! Здравствуй-ка!* М. Горький. Достигаев и другие. *— Вы приехали как нельзя более кстати, продолжал Ляховский <...>. — Я, право, так рад, так рад вас видеть у себя, Сергей Александрыч... Мы сейчас же и займёмся!..* Д. Мамин-Сибиряк. Приваловские миллионы. *[Манюшка (пролетая):] Зоя Денисовна, Агнесса Ферапонтовна приехали! (Исчезает.) <...> [Зоя (выходит):] Очень рада, очень рада... [Агнесса:] Здравствуйте, милая Зоя Денисовна.* М. Булгаков. Зойкина квартира. *Солдат перевёл глаза на Рощина, и вдруг брови его поднялись, лицо просияло. «Вадим Петрович, вы?» Рощин быстро оглянулся на Катю, но, — делать нечего, — «Здравствуй», — протянул руку; солдат крепко пожал её, сел рядом. Катя видела, что Рощину не по себе. — Вот, встретились, — сказал он кисло. — Рад видеть тебя в добром здравии,*

Алексей Иванович... А я, как видишь, — маскарад». А. Н. Толстой. Хождение по мукам. *Я поднялся на лифте. Позвонил. Дверь открыл он сам. — Прошу! Сердечно рад... — Мне даже показалось по его улыбке, что он и впрямь очень рад меня видеть — своего старого знакомца.* А. Рекемчук. Мальчики. ♦ **Рад Вас (тебя) слышать.** Приветствие-комплимент в ответ на обращ. знакомого по телефону. *Услышав в трубке тихий голос первого, она некоторое время не могла начать говорить <...>. «Здравствуйте, здравствуйте, Клавдия Георгиевна, — пришёл ей на помощь Петров со свойственными ему мягкими интонациями в голосе, особенно если он говорил с женщиной. — Рад вас слышать». — «Товарищ Петров, очень мне неудобно, но я бы хотела с вами увидеться, хотя бы на несколько минут». — «В чём же дело? — Клавдия почувствовала, что Петров на другом конце провода улыбнулся. — Ну хорошо, приходите. Приходите сегодня в четыре часа, Клавдия Георгиевна, — уточнил он, я рад буду видеть вас. Договорились?»* П. Проскурин. Судьба. ♦ **(Мы) Гостям (Вам) (всегда) рады. 1.** Комплимент при встрече, угощении гостей. *[Аполлинария Панфиловна:] Я опять к вам с мужем приехала. [Вера Филипповна:] Очень рада гостям, милости прошу. Чем потчевать прикажете?* А. Островский. Сердце не камень. *[Рюмин:] Вы извините за такое позднее вторжение... [Варвара Михайловна:] Я рада гостям...* М. Горький. Дачники. *— А я угощаю: «Кушайте, — говорю, — на здоровье... Мы вам рады всегда...»* Б. Савинков. То, чего не было. ‖ Разг. Вежл. ответ на шутливые приветствия-обращения: «Принимай/те гостя (гостей), хозяева!» «Гостей принимаете?» и т. п. См. Гость. **2.** Форма вежл. приглашения в гости или комплимента при прощании, то же, что ♦ Буду (Был бы) рад видеть вас (у себя в гостях). *[Епишкин:] Милости просим на полчасика! Особенной попотчевать могу. [Лютов:] Попозже зайду, теперь некогда. (Подаёт руку.) [Епишкин:] Как угодно-с. Завсегда рады, завсегда вы у нас первый гость. Поискать ещё таких-то благодетелей. (Лютов уходит.) Терпит же ведь земля, Господи!* А. Островский. Не было ни гроша, да вдруг алтын. ▣ *«Большое спасибо, Люся, вы меня выручили. До свидания». — «Не за что. Заходите ещё. Всегда вам рады»* (1992). ♦ **Хоть не богат, а гостям рад.** ♦ **Не тем богат, что есть, а тем богат, чем рад.** ♦ **Чем богаты, тем и рады.** (♦ **Чем богат, тем и рад.** ♦ **Чем хата богата, тем и рада.**) Погов. Употр. как формы вежл. просьбы к гостю отнестись со снисхождением к скромному (или якобы скромному) угощению, подарку; а также как предложение воспользоваться тем, что есть у хозяев. *— Не побрезгуйте, ваше превосходительство, нашим яством. Чем богаты, тем и рады, — повторяла, кланяясь, старуха.* Ф. Достоевский. Скверный анекдот. *Василий Логинович продолжал: — А я-с для вашего ангела осмелился подарочек привезти вам; не взыщите — чем богат, тем и рад; подарок недорогой — всего портовых и страховых рубль, пятнадцать копеек, весовых восемь гривен; вот вам, матушка, два письмеца от Владимира Петровича.* А. Герцен. Кто виноват? *«Позвольте мне, для первого знакомства, предложить мою колесницу. Лошадь у меня прекрасная, дрожки тоже, хоть и не модного фасона, но хорошие. У меня здесь многие помещики, приезжая в город, берут». — «Вы меня много обяжете; но мне совестно...» — «Что тут за совесть? Чем богаты, тем и рады». — «Благодарю вас».* А. Писемский. Тысяча душ. ♦ **Буду (Был бы) очень (весьма...) рад видеть Вас (у себя).** ♦ **Всегда рады будем (Вам, видеть Вас у себя).** Вежл. приглашение или комплимент (чаще — при прощании). *[Городничий:] А уж я так буду рад! А уж как жена обрадуется! У меня уже такой нрав: гостеприимство с самого детства, особливо если гость просвещенный человек. Не подумайте, чтобы я говорил это из лести; нет, не имею этого порока, от полноты души выражаюсь.* Н. Гоголь. Ревизор. *— Так вы заходите же к нам, когда удосужитесь... Посидим, покалякаем. Оченно будем рады, — провожая гостя, говорил Марко Данилыч.* П. Мельников (Печерский). На горах. *[Надежда:] Пора домой... До свиданья... Маврикий, я еду домой... До свиданья, Анна Фёдоровна! [Монахов:] Домой? Чудесно, Надя... [Анна:] Я всегда рада буду видеть вас... [Цыганов:] Я — тоже...* М. Горький. Варвары. *Когда будете в Петербурге, я буду очень рад Вас видеть.* А. Блок. Письмо В. Я. Брюсову, 17 окт. 1906. ♦ **Рад был пови-**

даться (встретиться, встрече...) с вами. Комплимент при прощании. ♦ (Очень был) Рад (был) Вашему (твоему) письму (получить Ваше / твоё письмо...). Эпист. ♦ Рад (Мы рады) Вас приветствовать (поздравить). *Возвыш.* — *Господин председатель, прошу слова... Дорогой Иван Иванович! Рад приветствовать вас с сорокалетием вашего славного служения русскому слову!* В. Вересаев. Невыдуманные рассказы. ⌐ — *Мы рады сегодня приветствовать нашего дорогого юбиляра!* (1994). ♦ Рад пожать Вашу (твою; Вам, тебе) руку. См. Рука. ♦ Рад за Вас (за тебя). ♦ (Очень) рад (Вашим успехам, Вашему счастью...). ♦ (Очень, весьма...) рад, что у Вас всё хорошо (что Вы довольны, что Вам понравилось...). Формулы вежл. выражения удовлетворения по поводу успехов, благополучия собеседника. *[Хлестаков:] Что, как ваш нос? [Бобчинский:] Слава Богу! не извольте беспокоиться: присох, теперь совсем присох. [Хлестаков:] Хорошо, что присох. Я рад...* Н. Гоголь. Ревизор. *[Марья Дмитриевна (Наташе):] Ну теперь поговорим. Поздравляю тебя с женишком. Подцепила молодца! Я рада за тебя...* Л. Толстой. Война и мир. — *Ну, я пойду, благодарствуйте! Рад, что видел вас здоровым,* — *с обидным равнодушием проговорил Туробоев.* М. Горький. Жизнь Клима Самгина. *Курочка взял Левина за плечи и поцеловал три раза в щёки. — Поздравляю, доктор, — сказал он, — поздравляю вас с первым орденом в этой великой войне. Очень за вас рад.* Ю. Герман. Подполковник медицинской службы. *[Юлия (подходит к Нине, обнимает её):] Квартира у меня в Москве прелестная, в театре успех, статейки в газетах и муж весельчак... Кстати, довольно красивый мужчина. Чего же ещё, девочка, чего же ещё? [Нина:] Я рада за вас...* А. Арбузов. В этом милом старом доме. ‖ Очень рад. Одобрение, комплимент. *[Надежда Антоновна:] Кто с нами? [Васильков:] Если позволите. [Надежда Антоновна (приятно улыбаясь):] Благодарю вас, очень рада.* А. Островский. Бешеные деньги.

♦ (Очень, весьма...) Рад с Вами познакомиться. ♦ (Очень, весьма...) Рад нашему знакомству. ♦ Очень (Весьма...) рад. Формулы вежливости, употр. при знакомстве. *[Полковник] представил их хозяйке. Лучков молча поклонился; Кистер пробормотал обычное: «Весьма рад».* И. Тургенев. Бретёр. *Базаров <...> повёл в дом ослабевшую старушку. Усадив её в покойное кресло, он ещё раз наскоро обнялся с отцом и представил ему Аркадия. — Душевно рад знакомству,* — *проговорил Василий Иванович.* И. Тургенев. Отцы и дети. *Когда Кочубей назвал ему князя Андрея, Сперанский медленно перевёл свои глаза на Болконского с той же улыбкой и молча стал смотреть на него. — Я очень рад с вами познакомиться, я слышал о вас, как и все,* — *сказал он.* Л. Толстой. Война и мир. *К удивлению Коли, Алёша вышел к нему без пальто, видно, что спешил. Он прямо протянул Коле руку. «Вот и вы наконец, как мы вас все ждали». — «Были причины. Во всяком случае, рад познакомиться. Давно ждал случая...»* Ф. Достоевский. Братья Карамазовы. *«Ирина... — Черемных встрепенулся. — Познакомься. Это Николай Бабушкин. Вот кто будет перестраивать цех. Он возглавит бригаду монтажников...» — «Мы знакомы... немножко, — сказала она. И добавила: — Очень рада».* А. Рекемчук. Молодо — зелено. *[Фредерик:] И с Алей познакомься, мама, она у нас альт... [Юлия:] Я очень рада... Фредерик мне писал о вас... А Макар рассказывал.* А. Арбузов. В этом милом старом доме.

♦ (Очень, весьма...) Рад был познакомиться (с Вами). ♦ (Очень, весьма...) ♦ Рад, что познакомился с Вами. Формулы комплиментов, употр. обычно при прощании с новым знакомым. *Ложась спать, Пюльканем ещё раз извинился и попросил у Антонины таз. «Я свой забыл, — сказал он <...>. — Ну, спокойной ночи. Очень рад, что познакомились».* — *«Спокойной ночи».* Ю. Герман. Наши знакомые. *[Сарафанов:] Ну что ж... (Подаёт Сильве руку.) До свидания. Рад был с вами познакомиться. В июне приезжайте вместе. [Сильва:] Обязательно.* А. Вампилов. Прощание в июне. *«До свидания». Мы с Володей пожали друг другу руки. «Очень рад был с вами познакомиться»,* — *соврал я. «И я очень рад»,* — *сказал Володя, но я ему не поверил.* М. Задорнов. Первый тамбур. ♦ Рад служить (помочь) Вам (чем могу). Вежл. положит. ответ на просьбу. *[Надежда Антоновна:] Лидия хочет закончить своё образование; в этом деле без руководителя нельзя; мы и решились обратиться к вам.*

[Васильков:] Всей душой рад служить вам; но чему же я могу учить Лидию Юрьевну? Сферической тригонометрии? А. Островский. Бешеные деньги. В келью с Манефой Аркадия да мать Таисея вошли. «С просьбой до тебя я, матушка, с докукой моей великою!..» — умильно, покорно, чуть не со слезами начала мать Таисея. «Рада служить, чем могу, — ласково, но сдержанно ответила Манефа. — Что в моей мочи, всем тебе, матушка, готова служить». П. Мельников (Печерский). В лесах. ♦ **Рад стараться (Рады стараться).** ⌘ В дореволюц. русской армии уставный солдатский ответ на похвалу, благодарность, призыв старшего по званию. «Ребята! — крикнул громким, самоуверенным и весёлым голосом Милорадович <…>. — Ребята, вам не первую деревню брать!» — крикнул он. «Рады стараться!» — прокричали солдаты. Лошадь государя шарахнулась от неожиданного крика. Л. Толстой. Война и мир. [Генерал] влез в коляску, сначала сел, потом опять встал и закричал во всю мочь своего богатырского голоса: «Спасибо, Старобельцы! Молодцами!» — «Рады стараться, ваше превосходительство!» — нестройно грянули солдаты. И мокрый генерал уехал вперёд. В. Гаршин. Из воспоминаний рядового Иванова. Однажды стирал он в прачечной своё бельё. Увидел дежурный офицер. «Вот молодец! Фельдфебель, а сам стирает! Каждый рядовой норовит теперь это на другого свалить, а он — сам. Молодец. Вот это хороший пример». Фельдфебель молча продолжал стирать. «Слышишь, я говорю тебе: «Молодец!» Скуратов молчал. Офицер грозно крикнул: «Ты что, скотина, не слышишь? я тебе говорю: «Молодец!» Нужно было ответить: «Рад стараться!» Но Скуратову противно было это сказать. И он неохотно ответил: «Не молодец, а нужда. Нет денег прачку нанять». В. Вересаев. Невыдуманные рассказы. ‖ Мужск. ответ на похвалу высшего по положению. [Хлестаков:] Вы очень хорошо угостили завтраком. [Артемий Филиппович:] Рад стараться на службу отечеству. Н. Гоголь. Ревизор. Барыня призвала тут Яшку и спрашивает: «Ты верно на три аршина в землю видишь?» <…> — «Пониже наклонюсь, так всяк камешок разгляжу». Барыня обрадовалась: «Такого, — кричит, — мне и надо». <…> Яшке с малого-то ума это лестно: «Рад, — отвечает, — стараться». П. Бажов. Травяная западенка. ♦ **Рад (был) бы (всей душой), но (нет, негде, нечем, не могу...)** *Разг.* ♦ **Рад радостью, да (нет, негде, нечем, не могу...)** ⌘ *Прост.* Формулы вынужденного отказа в ответ на просьбу, предложение, требование. — Да, брат, поеду, извини, что не могу остаться. Душой рад бы был, но не могу. — Зять долго повторял свои извинения, не замечая, что сам уже давно сидел в бричке... Н. Гоголь. Мёртвые души. [Дульчин (не слушая):] Достань мне денег! [Дергачев:] Где же я тебе достану? Я бы рад радостью, да негде. А. Островский. Последняя жертва. Тогда архивариус очень тихо спросил: «А деньги?» <…> — «Голуба, — пропел Остап, — ей-богу, клянусь честью покойного батюшки. Рад душой, но нету, забыл взять с текущего счета». И. Ильф, Е. Петров. 12 стульев. **Ра́ди.** ⌘ *Прост. и обл.* То же, что Рады. [Барабошев:] Ундер в порядке и нашивки имеет, и кавалерию, я его одобряю. [Грознов:] Ради стараться, ваше степенство. А. Островский. Правда — хорошо, а счастье лучше. Бойко, щёпетно вошёл Алексей. Щёголем был разодет, словно на картинке писан. Поставив шляпу на стол и небрежно бросив перчатки, с неуклюжей развязностью подошёл он к Потапу Максимычу. Как ни сумрачен, как ни взволнован был Чапурин, а еле-еле не захохотал, взглянув на своего токаря, что вырядился барином. — Наше вам наиглубочайшее! — закатывая под лоб глаза, нескладно повёртываясь и протягивая руку Потапу Максимычу, с ужимкой сказал Алексей. — Оченно ради, почтеннейший господин Чапурин, что удостоили нас своей визитой! П. Мельников (Печерский). В лесах. **Ра́дый.** *Обл.* То же, что Рад. С деланной весёлостью Яков Лукич ответил: — Вечерком, дорогие сваты, вечерком! Вечером радый буду и поприветить вас, и выпить с вами... М. Шолохов. Поднятая целина.

Ра́да, *ж.* ♦ **Рада ты моя. Раду́ша.** ⌘ *Обл.* Ласковое обращение к возлюбленной. *Рада ты моя милая.* СРНГ. **Раду́шник (ты мой),** *м.* **Раду́шница (ты моя),** *ж.* ⌘ *Обл.* То же, что Заботник. Заботница. ▱ *Ты, радушник мой, батюшко, Ты, радушница моя, матушка, Вы послушайте меня, девушку.* ▱ *Ты, радушница моя, матушка, Благослови-тко меня идти в банюшку.* СРНГ.

Ра́ди¹, *предикатив.* ⌇ *Прост. и обл.* Рады. См. Рад.

Ра́ди², *предлог.* ♦ **Ради** + (род. п. сущ. или местоимение). Типизированная модель интенсификаторов экспрессии в составе формул просьбы, мольбы, извинения, утешения: ♦ **Ради Бога.** (♦ **Бога ради.** ♦ **Ради Господа.** ♦ **Ради самого Господа Бога.**) См. Бог. ♦ **Ради Христа.** (♦ **Христа ради.**) См. Христос. ♦ **Ради Создателя.** ♦ **Ради Творца небесного.** ♦ **Ради всего святого.** ♦ **Ради** (кого-л., чего-л. близкого, дорогого адресанту и адресату). *Не написал ли ты чего нового? пришли, ради Бога, а то Плетнёв и Рылеев отучат меня от поэзии.* А. Пушкин. Письмо П. А. Вяземскому, март 1823. — *Так у вас разве есть выкройка?.. Душа моя, дайте её мне ради всего святого.* Н. Гоголь. Мёртвые души. *[Огудалова:] Сергей Сергеич, я на колени брошусь перед вами; ну, ради меня, извините его!* А. Островский. Бесприданница. *«Да нет!.. Пустяки — не статочное дело... Говорить не стоит», — сказал Алексей. «Да скажи, голубчик мой, скажи ради Господа!.. Что не сказать?.. Ради Творца Небесного!.. Да пожалуйста, Алёшенька!..» — молила его Марья Гавриловна.* П. Мельников (Печерский). В лесах. *Ради Бога не тревожьтесь, друг мой единственный, доброжелатель мой!* Ф. Достоевский. Бедные люди. — *Агеюшко! Голубчик ты мой ненаглядный, — заговорила Филицата Никаноровна, с робкою и молящею нежностью заглядывая ему в глаза, — послушай меня, старуху. Ради прежнего времечка, послушай. Слышишь, родненький?..* А. Эртель. Гарденины. *Провожая его, издатель сделал страшное лицо и сказал: — Только ради Создателя — чтобы ни редактор, ни сотрудники ничего не знали... Они меня съедят.* А. Аверченко. Трава, примятая сапогом. *Милый Коля! Ради революции, не обижайся на меня, голубарь!* С. Есенин. Письмо Н. К. Вержбицкому, 26 янв. 1925. *Лиза смахнула слезу, посмотрела в окошко на детей, игравших у крыльца с дядей, и с мольбой протянула руки. — Петя, Бога ради... Ради отца нашего... ради нашей мамы-покойницы... Напиши письмо Татьяне. Пущай она похлопочет за Фёдора...* Ф. Абрамов. Дом. ♦ **Только ради Вас (тебя).** *Разг.* Положительный ответ на просьбу. Употр. когда говорящий желает подчеркнуть своё особое расположение к адресату. См. ♦ **Только для вас. Для ради.** ⌇ *Прост.* **За ради** (**За-ради. Заради**). *Прост.* То же, что Ра́ди². *Солдат, ползя с пустым лукошком, Ворчал перед окошком: «Дай милостынку кто мне, для ради Христа, Подайте ради Бога».* А. Сумароков. Безногий солдат. *Прихожу я к нему, а он озирается да таково-то тихо говорит: — Дай, — говорит, — заради Господа Бога ты мне кусочек хлебушка. Четвёртый день, — говорит, — маковой росинки во рту не было.* Н. Лесков. Разбойник. — *Мы тебя об одном просим: отпусти ты нас за ради Бога. Лучше с сумою ходить, да от начальства подале...* Ю. Нагибин. Трудный путь.

Ра́доваться. ♦ **День плакать, а век радоваться!** ⌇ *Обл.* Пожелание подруг невесте. ♦ **(Желаем) Жить вам да радоваться! (Живите да радуйтесь!)** *Разг.* Пожелание гостей новобрачным, а также хозяевам на новоселье. ♦ **(Тебе) Радоваться надо (бы), а не огорчаться (не плакать...).** *Разг.* Формула утешения, ободрения. *[Перчихин:] Василь Васильич! Голубь! Что ты это? Чего кричишь? Тебе бы радоваться надо...* М. Горький. Мещане.

Ра́дость (моя). 1. Ласк., приветл. обращение к близкому, любимому человеку. *«Утеха моя, что или кого люблю, чему или кому радуюсь, услаждаюсь».* В. Даль. *Что до меня, моя радость, скажу тебе, что кончил я новую поэму — «Кавказский пленник».* А. Пушкин. Письмо А. А. Дельвигу, 23 марта 1821. *Целую крылья твоего Гения, радость моя.* А. Дельвиг. Письмо А. Пушкину, 20 марта 1825. *И стал нас [о. Серафим] благословлять и сказал о. Гурию: — Так, друг, так-то, радость моя, завтра с господином пожалуйте ко мне на ближнюю мою пажнинку, там меня обрящете, а теперь грядите с миром. До свидания, ваше Боголюбие!* Н. Мотовилов. Из воспоминаний о Серафиме Саровском. *[Дулебов (подходит и целует руку Негиной:] Ах, моя радость, я вас заждался. [Негина:] Извините, князь! с бенефисом всё хлопочу, такая мука...* А. Островский. Таланты и поклонники. *«Марья Ивановна!.. Голубушка!.. ясное солнышко! — всхлипывая, говорила она вполголоса. — Согласитесь!.. Умру без вас!.. Не жаль разве будет вам меня?» — «Полно, Дунюшка, полно, радость моя», — тихо* поднимая её, нежно промолвила Марья Ивановна... П. Мельников (Печерский). На горах. — *Сынишка!.. — глухо шептал Игнат. — Милый ты мой... радость ты моя!.. Учись, пока я жив... э-эх, трудно жить!* М. Горький. Фома Гордеев. *Я так тоскую по тебе, радость моя, умница! До свиданья, хорошая моя...* А. Фадеев. Письмо А. О. Степановой, 22 дек. 1937. | Шутл. или ирон. *Глаза доктора вдруг сузились и увлажнились. Он взял Воскресенского под руку и, баловливо прижимаясь головой к его плечу, зашептал: — Слушайте, радость, зачем же так кирпичиться?* А. Куприн. Корь. *«А, — сказал он [Бендер], видя, что отделён от вдовы закрытой дверью, — вы тоже здесь?» — «Здесь, здесь», — твердила вдова радостно. «Обними же меня, моя радость, мы так долго не виделись», — пригласил технический директор.* И. Ильф, Е. Петров. 12 стульев. **2.** *В знач. сказуем.* Форма комплимента, экспрессивного выражения любви, ласки. *— Я для чего пришла? — исступленно начала она [Катерина Ивановна] опять, — ноги твои обнять, руки сжать, опять сказать тебе, что ты бог мой, радость моя, что безумно люблю тебя.* Ф. Достоевский. Братья Карамазовы. ♦ **Вот радость (-то какая)!** ♦ **Какая радость!** ♦ **Вы представить себе не можете, какую Вы мне доставили радость!** и т. п. Разг. Экспрессив. Формулы комплиментов при неожиданной или долгожданной встрече со знакомым, приятелем, родственником. *Подъехав к коляске, она [Анна] без помощи соскочила и <...> подбежала навстречу Долли. — Я так и думала и не смела думать. Вот радость! Ты не можешь представить себе мою радость! — говорила она, то прижимаясь лицом к Долли и целуя её, то отстраняясь и с улыбкой оглядывая её.* Л. Толстой. Анна Каренина. ♦ **Гость на́ гость — хозяину радость.** См. Гость. ♦ **С (великой, величайшей, огромной) радостью.** **1.** Экспрессив. Радушный, положит. ответ на просьбу, предложение. *[Аполлинария Панфиловна:] А я к вам с просьбой! Надо помочь одному человеку. [Вера Филипповна:] С радостью, что могу.* А. Островский. Сердце не камень. **2.** Эпист. В сочет. с глаголами *получил, узнал* и т. п. образует формулы вежливости, то же, что ♦ **Рад был получить (узнать...).** ▭ *С радостью получил Ваше письмо...* ▭ *С радостью узнал о Вашем новом назначении...* и т. п. *Многоуважаемый Иннокентий Фёдорович. / С радостью получил я Ваши трагедии.* А. Блок. Письмо И. Ф. Анненскому, 12 марта 1906. ♦ **Ни печали без радости, ни радости без печали (не бывает).** ♦ **Радость не вечна, печаль не бесконечна. (**♦ **Ни радость вечна, ни печаль бесконечна).** Обл. Погов. Употр. как формы утешения, ободрения. *Воротился, сказываю. Только ахнули: месяц ждавши, с тоски порвались, а каково будет девять месяцев ждать! Помолились мы крепко, с рыданием, и зазимовали. Староста говорит: — Не тужи, ребята! Ни радость вечна, ни печаль бесконечна. Давайте избу на зиму налаживать.* Б. Шергин. Новая земля. ♦ **Дай Бог в честь да в радость (в лад да сладость).** См. Честь.

Ра́жесть, *ж.* ♦ **Ражесть (ты) моя.** ▭ Обл. Красота, краса, красавица (ты моя). Ласк. обращение к девушке. ▭ *Таня, Таня, ражесть моя, кто ленты купил* (песня). СРНГ.

Раз на раз не прихо́дится. Разг. Не всегда бывает удача в каком-л. деле, бывают и неудачи. Форма утешения, ободрения собеседника. ▭ *«Ну, как рыбалка?» — «Да ни шута нет!» — «Ничего, раз на раз не приходится...»* (1992).

Разахти́тельный, -ая, -ое; -ые. ▭ Обл. Очень хороший, превосходный. Оценочный эпитет в составе формул экспрессив. похвалы, комплиментов. ▭ *Табачок у тебя разахтительный.* СРНГ.

Раздо́брый, -ая, -ое; -ые. ▭ Обл. Фольк. Элатив к Добрый. ♦ **Раздобрый мо́лодец.** Обладающий положительными человеческими качествами, достойный уважения человек; добрый молодец. СРНГ.

Раздуша́, *м. и ж.* ♦ **Раздуша (ты) моя (наша).** ▭ Обл., нар.-поэт. Ласк. обращение к кому-л.; милый, любимый (милая, любимая). ▭ *Раздуша ты наша, Манютка, ты замуж зачем рано вышла?* (песня). ▭ *Ты ходи, ходи, Ванюша, ходи, раздуша* (песня). **Разду́шенька. Разду́шечка.** Уменьш.-ласк. к Раздуша. ▭ *Раздуша моя, раздушенька. Раздуша ли, красна девица, На кого душа, На кого душа надеется?* (песня). ▭ *Ты раздушенька мой, Казак бравый, молодой* (песня). **Раздуша́ночка,** *ж.* Ласк. обращ. к женщине; милая, любимая. СРНГ.

Разголу́бчик, м. *Обл.* Ласк. обращение к мужчине. ▭ *Разголубчик, душа мой, Отпусти меня домой* (песня). **Разголу́бушка.** Ласк. обращ. к женщине. Даль. СРНГ.

Раздева́йтесь, проходи́те (пожалуйста). (Раздевайся, проходи.) *Разг.* Предложение пришедшему гостю снять верхнюю одежду и приглашение пройти в комнату. — *Раздевайся, проходи, — как ни в чём не бывало пригласил Кондрат Елизара.* В. Шукшин. Любавины.

Разделя́ю Ваше го́ре (Вашу печаль, скорбь, утрату). ♦ Я разделяю (Мы разделяем) Ваше горе… Формула соболезнования, сочувствия. *Дорогая и уважаемая княгиня, ваше письмо причинило мне глубокую душевную боль. Я не имел понятия о несчастии, постигшем вас; не буду пытаться вас утешить, но всей душой разделяю ваше горе и вашу тревогу. Надеюсь, что в настоящее время князь и дети уже выздоравливают.* А. Пушкин. Письмо В. Ф. Вяземской, 24 марта 1825.

Разжела́нный, -ая, -ое; -ые. *Прост., фольк.* Элатив к Желанный. **♦ Разжеланный мой. ♦ Разжеланная моя. ♦ Разжеланненький мой.** Ласк. обращение к возлюбленному, возлюбленной. *Не носи, мой разжеланненькой, Широкого ремня, Я твою родиму маменьку Боюся как огня.* Частушка.

Разла́пка (моя), ж. **Разла́почка (моя). Разла́пуша (моя). Разла́пушка (моя). Разлапу́шечка (моя).** ⚡ *Прост.* и *обл., нар.-поэт.* Формы ласк. мужск. обращения к любимой, возлюбленной. ▭ *Встань, Дунька-Катюнка, Разлапка моя* (песня). ▭ *— Почему ты, милой, ой не зайдёшь ко мне посидеть? — Да разлапушечка, не смею я тебе доложить* (песня). СРНГ. *— Не сердись, не гневайся, моя разлапушка, — с притворной нежностью заговорил Алексей, целуя Настю.* П. Мельников (Печерский). В лесах.

Разлебёдка (моя), ж. **Разлебёдушка (моя). ♦ Разлебёдушка моя белая.** ⚡ *Прост.* и *обл., нар.-поэт.* Ласк. обращения к девушке, молодой женщине. ▭ *Ой ты, девка, девка красная, Разлебёдушка моя белая* (песня). СРНГ.

Разлюбе́зный, -ая, -ое; -ые. *Прост.* и *нар.-поэт.* Элатив к Любезный. **♦ Разлюбезный мой. ♦ Разлюбезная моя.** Ласк. обращение к близкому, любимому человеку; возлюбленному, возлюбленной, супругу, супруге. | *Ирон.* *— Да, теперь бы точно безделицу пропустить ничего, — отзывался Сергей и, преследуя для Сонеткиной потехи Катерину Львовну, произнёс: — Купчиха, а ну-ко по старой дружбе угости водочкой. Не скупись. Вспомни, моя разлюбезная, нашу прежнюю любовь, как мы с тобой, моя радость, погуливали, осенние долгие ночи просиживали, твоих родных без попов и без дьяков на вечный спокой спроваживали.* Н. Лесков. Леди Макбет Мценского уезда.

Разлюли́ мали́на. *Прост.* Очень хороший. Очень хорошо. Похвала (в том числе и в адрес собеседника). *— Вот и ладно, вот и хорошо. Сегодня я довольная тобой. Совсем довольная. Всё у тебя прямо разлюли малина, так что можно и без сахару обойтись…* В. Куропатов. Разлюли малина.

Разми́лый, -ая, -ое; -ые. ⚡ *Обл., нар.-поэт.* Элатив к Милый. ▭ *Ой, девчонушка размилая! С кем, девчоночка, ночку гуляла?* ▭ *Матушка, размила сестра, Ты послушайко, разлебёдушко, что тебя я буду спрашивать.* СРНГ.

Разреше́ние. См. Разрешить.

Разреши́ть. Разрешите? (♦ Вы разрешите?) 1. *Разг.* Форма вежл. вопросительного обращения, просьбы или приглашения. Употр. только в устн. контактном общении в ситуациях, когда содержание вопроса, просьбы, приглашения не требует пояснения. **а)** То же, что **♦ Разрешите войти?** *Игорь открыл двери, не надеясь услышать ответ, всё-таки громко спросил: — Разрешите?* В. Липатов. Игорь Саввович. *Испыток не убыток, пошёл к заведующей. «Разрешите?» — «Пожалуйста». — Совсем ещё молодая, в должности своей, наверное, состоит совсем недавно. «Садитесь. Что у вас?»* В. Куропатов. Газета помогла. **б)** То же, что **♦ Разрешите вас пригласить (на танец)? в)** То же, что **♦ Можно (сделать, сказать; я сделаю, скажу что-л.)?** *Зато Шмаков откровенно торжествовал. «Разрешите, товарищ полковой комиссар?» — обратился он, прежде чем кто-нибудь успел ответить Климовичу. «Да, слушаю вас».* К. Симонов. Живые и мёртвые. *За столом одиноко сидел капитан. «Разрешите?» — спросил я. «Садитесь».* В. Высоцкий. Встреча.

Учитель подошёл к стулу, на котором сидел Пашка, взялся за пиджак... Пашка прижал пиджак спиной. «Не дури... Выпей с нами». — «Разрешите!» — «Не обижайся... Просто нам тоскливо сделалось, мы и пришли к вам. Что тут обидного». В. Шукшин. Любавины. ▱ [В трамвае:] *Вы не выходите? Разрешите...*

2. ♦ **Разрешите** (+ неопр. ф.). Формула учтив. или офиц. приветствия, вопросит. обращения, знакомства, просьбы, приглашения, предложения, благодарности, извинения, поздравления, пожелания, комплимента, соболезнования, прощания и др. *«Здесь заседание украинской делегации?»* — *спросила Рита. Высокий ответил официально: «Да! А в чём дело?»* — *«Разрешите пройти».* Н. Островский. Как закалялась сталь. *Половцев услужливо метнулся к двери, но в неё уже входил ладный и статный кучер господина полковника. Он протянул Половцеву руку <...> и, обращаясь к полковнику, почтительно спросил:* — *Разрешите присутствовать? Наблюдение мною обеспечено.* М. Шолохов. Поднятая целина. *У Раискиных ворот увидал [Мартынко] ейну стару фрелину: «Яблочков не прикажете-с?»* — *«Верно, кисляшши». — «Разрешите вас угостить». Подал молодильного. Старой девки лестно с кавалером постоять.* Б. Шергин. Мартынко. *Постучал Тюльканем. «Можно!» — крикнула Антонина и отгрызла кусочек сахару. «Добрый вечер, — сказал Тюльканем, — работаете?» «Добрый вечер, — ответила она, не поднимая головы, — работаю». «Разрешите присесть?» — «Садитесь».* Ю. Герман. Наши знакомые. ♦ **Разрешите войти?** Вопросит. обращ. гостя, посетителя, входящего в дом, кабинет и т. п. *Стук в дверь, сильный тенорок:* — *Разрешите войти?* — *Входите.* М. Шолохов. Поднятая целина. ♦ **Разрешите доложить?** ♦ **Разрешите идти?** ♦ **Разрешите обратиться?** Воинск. Уставные формы обращ. военнослужащих к старшему по званию. *«Это что ещё за Пятьдесят первый полк? — проговорил Шкуро. — Кто командир?»* — *«Командует Пятьдесят первым полком граф Шамбертен, — не задумываясь, ответил Дундич. — Разрешите идти, ваше превосходительство?»* — *«Постойте, постойте, подполковник... — Мамонтов неуклюже стал поворачиваться на костыле. — Что-то знакомая фамилия, позвольте-ка...* — *А, чёрт!..* — *Можете идти, подполковник».* А. Толстой. Хождение по мукам. *«Товарищ политрук!* — *Люсин впервые за всю поездку подал голос из кузова.* — *Разрешите обратиться? Может, повернём до выяснения?» На его обычно румяном, а сейчас бледном лице был написан страх, который, однако, не помешал ему обратиться к Синцову по всей форме.* К. Симонов. Живые и мёртвые. *«Товарищ генерал!* — *внезапно заговорил Дроздовский тем особо чеканным строевым голосом, в котором была непоколебимая готовность выполнить любой приказ.* — *Разрешите доложить?» Бессонов с прежним вспоминающим выражением оглянулся на стройную, по-уставному подтянутую, напряжённую к действию фигуру молоденького и бледного лейтенанта, безразлично разрешил: «Слушаю вас». — «Батарея готова к бою, товарищ генерал!»* Ю. Бондарев. Горячий снег. | *«Я вас понял, Иван Владимирович, — сказал Фабрицкий, вставая. — Разрешите идти?» «Опять ваша казённая манера». — «Не казённая, а военная. На военной службе привык». Панфилов встал, провожая гостей.* И. Грекова. Пороги. ♦ **Разрешите спросить (узнать)?** Вежл. обращ. к незнакомому или к старшему по возрасту, положению. — *Очень извиняюсь... Разрешите спросить... Если вас не затруднит... Здесь есть такая картинная галерея, Третьяковская называется... Как мне до неё пройти?..* В. Тендряков. Свидание с Нефертити. — *Разрешите спросить, товарищ командующий, как дела в других дивизиях?* — *спросил Серпилин, когда командующий отпил первый глоток чаю.* К. Симонов. Живые и мёртвые. *«Почёт дорогому гостю!» — прокричал он [Безенчук] скороговоркой, завидев Ипполита Матвеевича.* — *С добрым утром! — Ипполит Матвеевич вежливо приподнял запятнанную касторовую шляпу. — Как здоровье тёщеньки, разрешите узнать?»* И. Ильф, Е. Петров. 12 стульев. ♦ **Разрешите (Вам) напомнить (заметить, сказать).** Формы учтив. обращения, употр. нередко в дискуссиях с целью привлечения внимания собеседника к сообщаемому. *А старик, ещё более обесцветив глаза свои лёгкой усмешкой, проговорил полушёпотом и тоном совета:* — *По чувству уважения и симпатии к вам, Клим Ивано-*

вич, разрешите напомнить, что в нашей практике юристов — и особенно в наши дни — бывают события, которые весьма... вредно раздуваются. М. Горький. Жизнь Клима Самгина. ♦ **Разрешите (Вас) побеспокоить.** См. Побеспокоить. ♦ **Разрешите (Вас) попросить.** См. Попросить. ♦ **Разрешите обратиться к Вам с просьбой.** См. Просьба. ♦ **Разрешите предложить (Вам)...** См. Предложить. ♦ **Разрешите (Вас) пригласить (в..., к..., на...).** См. Пригласить. ♦ **Разрешите дать Вам совет.** См. Совет. ♦ **Разрешите Вас приветствовать.** См. Приветствовать. ♦ **Разрешите засвидетельствовать Вам моё почтение.** См. Засвидетельствовать. ♦ **Разрешите познакомить Вас с (Н.).** ♦ **Разрешите (с Вами) познакомиться.** См. Познакомиться. ♦ **Разрешите представить Вам (Н.).** ♦ **Разрешите представиться.** См. Представиться. ♦ **Разрешите рекомендовать Вам (Н.).** См. Рекомендовать. ♦ **Разрешите отрекомендоваться.** См. Отрекомендоваться. ♦ **Разрешите принести Вам мои (искренние) извинения.** См. Извинение. ♦ **Разрешите (глубоко, сердечно, от всей души...) поблагодарить Вас...** См. Поблагодарить. ♦ **Разрешите выразить Вам (мою, нашу глубокую, сердечную...) благодарность.** ♦ **Разрешите принести (Вам) благодарность (высказать слова глубокой, сердечной благодарности)...** См. Благодарность. ♦ **Разрешите (мне) (сердечно, от всей души...) поздравить Вас...** См. Поздравить. ♦ **Разрешите принести Вам мои (самые горячие...) поздравления.** См. Поздравление. ♦ **Разрешите (от всего сердца, от всей души...) пожелать Вам...** См. Пожелать. ♦ **Разрешите выразить Вам моё восхищение (уважение).** См. Восхищение. Уважение. ♦ **Разрешите выразить Вам мои (глубокие, искренние...) соболезнования.** См. Соболезнование. **Разрешите выразить Вам моё (глубокое, искреннее...) сочувствие.** См. Сочувствие. ♦ **Разрешите откланяться (попрощаться, удалиться).** См. Откланяться. Попрощаться. Удалиться. ♦ **Разрешите, я** (сделаю что-л.)? *Разг.* То же, что ♦ **Разрешите (сделать что-л.),** но без оттенка официальности или возвышенности. ▭ *Разрешите, я пройду?* ▭ *Разрешите, я вам помогу?* ▭ *Разрешите, я вас поцелую.* ♦ **Если разрешите.** ♦ **С Вашего разрешения.** Формы вежл. обращ. с целью получить согласие собеседника при намерении сделать что-л. «*Тогда я сейчас, товарищ политрук! Если, разрешите, бойцов махоркой наделю*». — «*Ну конечно...*» К. Симонов. Живые и мёртвые. [*Кудимов (наливает всем шампанского):*] *С вашего разрешения — за вас, за наше знакомство. (Все встают.)* А. Вампилов. Прощание в июне. ♦ **Я бы (охотно, с удовольствием) разрешил, но (не имею права, это не в моей власти...).** Формула вынужденного отказа в ответ на просьбу дать разрешение на что-л.

Разуме́ется, утвердит. частица. *Разг.* Да, конечно, безусловно. Форма выражения согласия со словами собеседника, равного или младшего по возрасту, положению; положительный ответ на просьбу, предложение, приглашение. «*Будете на скачках?*» — прибавил он. «*Да, да, разумеется <...>*», — отвечал доктор. Л. Толстой. Анна Каренина. *Через день он снова спросил: «Скажи, ты хотела бы чувствовать то, что чувствую я?»* — «*О, разумеется*», — ответила она очень быстро. М. Горький. Жизнь Клима Самгина. «*А ещё,* — *сказал я, помявшись,* — *можно, я спою одну песню?*» — «*Разумеется*», — кивнул представитель. А. Рекемчук. Мальчики.

Разу́мный, -ая, -ое; -ые. Толковый, рассудительный, умный. Похвала, комплимент равному или младшему по возрасту, положению. «*Это твоя дочка?*» — спросил я смотрителя. «*Дочка-с,* — отвечал он с видом довольного самолюбия, — *да такая разумная, такая проворная*». А. Пушкин. Станционный смотритель. «*А потом: было б хотение, человек всё сможет*». — «*Рассуждение разумное*», — поощрил Князев... В. Куропатов. Завтра в Чудиновом Бору. | В формулах добрых пожеланий детям. ▭ *Расти разумным да удачливым (разумный да удачливый)!* **Разумненький,** -ая, -ое; -ие. *Разг.* Уменьш.-ласк. ▭ [*Бабушка* — *трёхлетнему внуку:*] *Какой ты у меня умненький да разумненький!* (1993). ▭ *Растите умненькими да разумненькими!* (пожелание детям). **Разумно. 1.** *Нареч.* ▭ *Вы разумно поступили.* ▭ *Разумно говоришь.* ‖ В знач. сказуем. ⌂ Это разумно. ⌂ Разумно, разумно! **2. В знач. утвердит. частицы. Обл.** Конечно, правильно, ты прав, так и следует поступить, так и поступим. Форма согласия со словами собеседника. **Разумник. Разумница. В знач. сказуем. Разг.** Похвала младшему (чаще ребёнку). *Кокованя даже удивился: — Какая ты у меня разумница, Дарья Григорьевна. Как большая рассудила.* П. Бажов. Серебряное копытце. ♦ **Умница-разумница (Умница и разумница).** См. Умный.

Раньше смерти не умрёшь (не умрём; не помрёшь, не помрём). ♦ **Прежде смерти не умрёшь (не помрёшь). Погов.** Срок жизни каждого человека определён Богом, судьбой. Употр. как форма утешения, ободрения собеседника. *— А я так полагаю, — сказал он [пекарь] покорно и грустно, что не иначе, как всё Господь. Не даст Господь здоровья, так никакие доктора тебе не помогут. Вон Аким правду говорит: «Раньше смерти не помрёшь».* И. Бунин. Деревня.

Раскраса́вец. ♦ **Раскрасавец (Вы, ты) мой (наш). Разг.** Элатив к Красавец. Ласк. или шутливо-комплиментное обращение к близко знакомому красивому юноше, мужчине, равному или младшему по возрасту, положению. *Здравствуй, милый наш птенец, Раскрасавец наш бесценный.* П. Вяземский. Гр. М. Ю. Виельгорскому. **Раскраса́вица.** ♦ **Раскрасавица (Вы, ты) моя (наша). Разг.** Элатив к Красавица. Ласк. возвыш.-комплиментное обращ. к близко знакомой женщине, девушке. *— И вам, раскрасавица наша, поклон, — продолжал он [Ежевикин], обращаясь к девице Перепелицыной.* Ф. Достоевский. Село Степанчиково и его обитатели. *Приезду своей Настасьи и дочери Аркадия Арсентьевича он [Мешков] обрадовался и после объятий сказал, подмигнув: — Наша-то мать тоже редко теперь ладан в домашней келье жжёт. А вам-то, раскрасавицы мои, и вовсе ни к чему вонючий дым глотать.* А. Иванов. Тени исчезают в полдень. ‖ **В знач. сказуем.** — *«Ой! Бабулечка приехала!..» — «Машенька!.. да как же ты выросла, да какая раскрасавица стала!..»* (1990). | Ирон. *— А ты, раскрасавица, не хлюпай там носом! — обратился он к дочери. — Я из-за твоих фокусов-мокусов не хочу ссориться со сватом. Одевайся и марш! Днём —*

милости прошу, приходи, а ночью — домой, домой, разлюбезная моя дочь!.. М. Алексеев. Вишневый омут.

Распого́дится. ♦ (Ничего, распогодится. Всё распогодится). **Разг.** Печали, невзгоды пройдут, всё будет хорошо. Форма утешения, ободрения. Ср.: ♦ Сколько ни застится, а снова прояснится.

Располага́йтесь. ♦ **Располагайтесь поудобнее. Разг.** Формы вежл. предложения при размещении, усаживании гостя, посетителя. ⌂ — *Вот ваша комната, располагайтесь. Я вас пока оставлю, через час, как договорились, встречаемся в фойе. Так что до встречи.* ⌂ — *Проходите, пожалуйста, садитесь, располагайтесь как вам удобнее. Можно вот сюда, в кресло.*

Рассуди́/те сам/и. (♦ Сам/и рассуди/те). ♦ **Вы (ты) вот что рассуди/те. Разг.** Посуди/те, поразмысли/те. Формы обращения к собеседнику в ходе беседы, привлечения его внимания к сообщаемому. *[Ненила Сидоровна:] Знаю, знаю, видала. Скажите! Где же глаза-то у него были! Так, творение какое-то... ни живности, ничего. [Настасья Панкратьевна:] Ну, вот сами рассудите. [Ненила Сидоровна:] Что говорить!* А. Островский. В чужом пиру похмелье. ♦ **Сами извольте рассудить.** ⚜ Почтит. К высшему по положению.

Расти́ большой. Разг. Пожелание ребёнку при поздравлении, вручении подарка, угощении и т. п. ♦ **Расти большой, да не будь лапшой (тянись верстой, да не будь простой). Шутл.** ♦ **Будь здоров, расти большой (да не будь лапшой).** См. Здоров¹. ♦ **Расти разумным да удачливым (удалым).** ♦ **Расти разумный да удачливый (удалый).** ♦ **Расти здоровым и счастливым (здоровый и счастливый)** и т. п. ♦ **Расти коса до пояса (не вырони ни волоса). Прост.** Пожелание здоровья, благополучия, красоты (так приговаривают мать или бабушка, расчёсывая волосы или заплетая косы маленькой дочке или внучке).

Расхоро́ший, -ая, -ее; -ие. **Разг.** Элатив к Хороший. ♦ **Расхороший (ты) мой.** ♦ **Расхорошая (ты) моя.** ♦ **Расхорошие (вы) мои. Разг.** Ласк. или шутл. обращение к близким, дорогим сердцу людям. ‖ **Прост.** Ласк. обращ. к незнакомым, употр. преимущ.

в речи пожилых женщин. ♦ **Какая (же Вы, ты) расхорошая!** *Разг.* Комплимент женщине, девушке, девочке. *[Матрёна:] Я на голбце лежала, соскочила. «Здравствуйте, говорю, ваше благородие!» А Лизунька-то что-то у печи тут возилась. «Здравствуй, говорит, старуха», и прямо к ней. «Твоими бы руками, Лизавета, надо золотом шить, а не кочергами ворочать. Ишь, говорит, какая ты расхорошая». А она, пёс, стоит да ухмыляется ему. Я сглупа тоже поклонилась ему. «Благодарим, говорю, батюшко, покорно за ваше ласковое слово...» А. Писемский. Горькая судьбина.*

Расцвести́ (Расцвета́ть). ♦ **Вы (ты) с каждым днём всё расцветаете (расцветаешь)!** ♦ **Как Вы (ты) расцвели (расцвела)!** ♦ **Расцвела-то как!** *Разг.* Комплименты девушке, женщине. *[Чацкий — Софье:] В седьмнадцать лет вы расцвели прелестно, Неподражаемо, и это вам известно, И потому скромны, не смотрите на свет. А. Грибоедов. Горе от ума. [Мамаева:] Поздравляю вас! Вы с каждым днём всё больше расцветаете. Очень рада вашему счастью. [Машенька:] В господине Глумове так много хороших качеств, что мне становится страшно, я не считаю себя достойною такого мужа. А. Островский. На всякого мудреца довольно простоты.*

Расцелова́ть. ♦ **Я готов(а) Вас (тебя) расцеловать (за...)** ♦ **Дай/те я Вас (тебя) расцелую (за...)** *Разг. Экспрессив.* Форма выражения благодарности близкому знакомому, родственнику. (С «Вы»-формами чаще встречается в женской речи). Употр., когда адресант заведомо знает, что такая форма изъявления благодарности с его стороны не будет неприятна адресату.

Расчуде́сный, -ая, -ое; -ые. *Разг.* Элатив к **Чуде́сный.** ▭ — *Расчудесный ты парень!* ▭ — *Расчудесная у вас наливочка, Марья Даниловна.* — *Кушайте на здоровье.* **Расчу́десно.** Элатив к Чуде́сно (в 1 и 2 знач.). ▭ — *Спасибо вам за всё; мы здесь расчудесно отдохнули.* ▭ — *А знаете что, приезжайте к нам в пятницу на выходные, прямо вечерней электричкой. Приедете? Ну вот и расчудесно* (1997). *[Дульчин:] Сватай мне вдову Пивокурову! <...> Вези меня к ней сейчас! [Глафира Фирсовна:] Вот и расчудесно. Поедем! А. Островский. Последняя жертва.*

Ребя́та. 1. *Разг.* Обращение взрослого к мальчикам, юношам. *И Семёныч так на ребят поглядел, что им страшно стало. Потом <...> усмехнулся и говорит: — Вот что, ребята, вы тут сидите у костерка и меня дожидайтесь, а я схожу — покучусь кому надо. Может, он нам поможет. Только, чур, не бояться, а то всё дело пропадёт. П. Бажов. Про Великого Полоза. Синцов открыл глаза и сел. Перед ним стояли два мальчика лет по шестнадцати <...>. — Что вы, ребята? — спросил Синцов, вставая. — Куда идёте? К. Симонов. Живые и мёртвые.* ‖ Обращ. взрослых к детям, подросткам (мальчикам и девочкам). *Все чужие взрослые люди, появлявшиеся иногда в нашем [детском] доме, назывались «представителями». Нам так и говорили: «Ребята, сегодня вы должны сидеть за обедом особенно тихо и дисциплинированно, потому что к нам придёт представитель». А. Рекемчук. Мальчики.* **2.** *Прост.* Доброжелательно-покровительственное обращ. высшего по положению к лицам мужск. пола (помещика к крестьянам, хозяина к работникам, командира к солдатам и т. п.). *Полковник наш рождён был хватом. Слуга царю, отец солдатам <...>, И молвил он, сверкнув очами: «Ребята! не Москва ль за нами? Умрёмте ж под Москвой, Как наши братья умирали!» М. Лермонтов. Бородино. — Бейте его! — кричал он [Ноздрёв] таким же голосом, как во время великого приступа кричит своему взводу: «Ребята, вперёд!» — какой-нибудь отчаянный поручик. Н. Гоголь. Мёртвые души. Говор вдруг умолк, шапки и картузы снялись, и все глаза поднялись к вышедшему [на балкон] графу. — Здравствуйте, ребята! — сказал граф быстро и громко. — Спасибо, что пришли. Я сейчас выйду к вам, но прежде всего нам надо управиться со злодеем. Л. Толстой. Война и мир. Смотрят мужики — что за диво! — Ходит барин в плисовых панталонах, словно кучер, и сапоги обул с оторочкой, рубаху красную надел и кафтан тоже кучерской; <...> и лицо такое мудрёное, — пьян, не пьян, а и не в своём уме. «Здорово, говорит, ребята! Бог вам в помощь». Мужики ему в пояс, — только молча, заробели, знаете. И. Тургенев. Однодворец Овсяников. Робко переступая затекшими ногами в тяжёлых сапогах, слушали урядники чёткую речь станового при-*

става: — *Ребята!* До сведения начальства дошло, что тут некоторые из населения занимаются художеством... А. Аверченко. Люди, близкие к населению. **3.** *Разг. Дружеск. обращ. к лицам мужск. пола, равным по возрасту, положению.* Некоторые мастерские считались своего рода постоялыми дворами. <...> Отворяется дверь, и вместе с зимним паром вваливается одетая по-летнему, покрытая инеем и снегом фигура какого-нибудь «фрачника». — *Ребята,* — вопрошает он, — щи у вас сегодня мясные? — Мясные, — отвечает старший. — Ну, так я остаюсь обедать, водку с собой принёс. Е. Иванов. Меткое Московское слово. Остановился он на обрывистом берегу небольшой речки Тенеш, огляделся, поразмыслил и сказал землякам: — А что, *ребята,* тут поди-ко, и сядем. Место баское... В. Куропатов. Завтра в Чудиновом Бору. — *Ребята,* я за папиросами хочу сперва забежать! — махнул [Михаил] рукой в сторону сельпо, чтобы объяснить напарникам свой необычный маршрут. Ф. Абрамов. Дом. [Появляется официант. Это ровесник Зилова и Саяпина, высокий, спортивного вида парень:] Привет, *ребята.* [Саяпин:] Привет, Дима. [Зилов:] Как ты, старина? [Официант:] Спасибо, нормально. А ты? [Зилов:] Неплохо. А. Вампилов. Прощание в июне. — Я вам, *ребята,* на мозги не капаю, Но вот вам перегиб и парадокс: Кого-то выбирают римским папою, Кого-то запирают в тесный бокс. В. Высоцкий. Беседа с сокамерниками... ‖ *Дружеск. обращ. к знакомым, равным по положению, независимо от возраста и пола.* Ребята, давайте жить дружно. **Ребятишки.** *Разг. Ласк. обращ. взрослых к детям, подросткам.* В этот день тятинька особенно кроток, не закричит на детей, никогда не заругается. Будит в день Бориса и Глеба: — Вставайте, *ребятишки,* гребь в копны смечем. П. Еремеев. Обиход. Мужики бросали огромные навильники в тёмный сеновал и ровно бы ненароком заваливали нас. Держись, ребята, не тони. «*Ребятишки,* вы живые там?» — «Живы!» В. Астафьев. Последний поклон. | *Шутл. обращ. старшего по возрасту к юношам и девушкам.* [Перчихин (Петру и Татьяне):] *Ребятишки!* Вы чего старика обижаете? [Поля (улыбаясь):] Да это ты его обидел... [Перчихин:] Я? в жизнь ни разу никого не обижал... М. Горький. Мещане. **Ребятки.** *Разг. Ласк. к Ребята.* <...> пришлось нам в рольне заночевать, то есть не то чтобы этак пришлось, а Назаров, надсмотрщик, запретил; говорит: «Что, мол, вам, *ребяткам,* домой таскаться; завтра работы много, так вы, *ребятки,* домой не ходите». И. Тургенев. Бежин луг. Понашли рабочие. Хозяин залебезил перед ними, задабривая, чтобы поскорее окончили молотьбу. — Вы, *ребятки,* уж постарайтесь, ради Христа. Приналяжьте, покеда погодка держится. М. Шолохов. Батраки. — Гляжу я на вас, детки... молоденькие совсем, а уж к табачку солдатскому прикоснулися, — вздыхала она. <...> — Не брани их, сестра... они солдаты теперь. Может, завтра им и в огонь... — очень волнуясь, вступился за них Иван Матвеич. — И это правильно, *ребятки:* пора и вам впрягаться в наш старый, священный плуг. Л. Леонов. Русский лес. [Вася:] А вдруг я действительно молодец. [Алиса:] Исключено. [Геннадий:] Ты посредственность. [Вася (незлобиво):] По-моему, вы преувеличиваете, *ребятки...* А. Арбузов. Моё загляденье.
Ребя́тушки (Ребяту́шки). *Прост. и обл. Ласк. к Ребята.* Бурмистр потупил голову. — Как прикажать изволите! Два-три денька хорошие, И сено вашей милости Всё уберём, Бог даст! Не правда ли, *ребятушки?..* — (Бурмистр воротит к барщине широкое лицо). Н. Некрасов. Кому на Руси жить хорошо. — Солдатушки, браво, *ребятушки!* Где же ваши сёстры? — Наши сёстры — пики-сабли востры, вот где наши сёстры. (Старинная солдатская песня). — Что-то сегодня мало пьёте, родимые? Нешто зареклись, голубчики? — ласково, заискивающим голосом говорила она [хозяйка избы] парням. — Аль и у вас, *ребятушки,* в карманах-то стало просторно? П. Мельников (Печерский). На горах. Ефим минуту щурит свой глаз на рыболовов, затем снимает лапти, сбрасывает с плеч мешочек и снимает рубаху <...>. — Постой, *ребятушки!* — кричит он. — Постой! Не вытаскивайте его зря, упустите... Надо умеючи! А. Чехов. Налим. В сорок четвёртом, в конце лета, председатель колхоза Клавдия Кравцова призвала Сидорку и Федю Романова и взмолилась: — *Ребятушки,* родненькие! Белые мухи не за горами. Полетят, а коровник недостроен. Помогайте. Фронту, говорю, папкам вашим маслице нужно. А? Ре-

бятишки?.. В. Куропатов. Ржавые гвозди. **Ребя́та. Робя́та (Робя́ты). Робя́тишки. Робя́тки. Робя́тушки. Ро́бя (Ре́бя). Ребятёжь.** *Обл. и прост. Дед поднял гранёный стакан, негромко, стеснительно призвал: — Ну, робята, со свиданьицем, за здоровье старухи!* В. Астафьев. Последний поклон. *[Отец наказывал детям:] А вы, робятки, будьте до Канона Иваныча ласковы, чтобы вас полюбил.* Б. Шергин. Рождение корабля. *[Горкин — наёмным рабочим:] Так, робятки, потрудимся для Матушки-Царицы Небесной... лучше здоровья пошлёт, молодчики!* И. Шмелёв. Лето Господне. *Тут же в горнице появилась бабушка: — Робятишки, вы не спите? — шёпотом спросила она.* В. Астафьев. Последний поклон. *— Три года я, робятушки, Жил у попа в работниках, Малина — не житьё!* Н. Некрасов. Кому на Руси жить хорошо. *Артель утомилась, а хозяин требует: — Старайся, робя, наддай ещё!* В. Гиляровский. Москва и москвичи. *И я увидел, что Мишка сейчас даст этому нахальному инженеру по шее, поэтому я быстро встал между ними и сказал: — Слушайте, ребя, а как мы назовём наш корабль?* В. Драгунский. Удивительный день.

Ре́дкий, -ая. Исключительный по своим (положительным) качествам. Употр. в знач. сказуем. в формулах комплиментов. ♦ **(Вы, ты) Редкий мужчина.** ♦ **(Вы, ты) Редкая женщина.** *[Юлия:] Что же значат все мои жертвы? Ты мне даришь счастие, ты мне даришь жизнь. Какое блаженство! Я никогда в жизни не была так счастлива. Я не нахожу слов благодарить тебя, милый, милый мой! [Дульчин:] Юлия, ты мало себя ценишь: ты редкая женщина, я отдаю тебе только должное.* А. Островский. Последняя жертва.

Река́ молока́! *Обл.* 1. Пожелание, приветствие при доении коров. 2. Ответ на приветствие-пожелание: Море под бурёнушку! *«Той, которая доит корову, в Холмогорах говорят: «Море под бурёнушку!» (доильщица благодарно отвечает: «Река молока!»)».* С. Максимов. Крылатые слова.

Рекомендова́ть/ся. ♦ **(Настоятельно, очень, усиленно...) Рекомендую Вам (тебе)** (что-л., сделать что-л., не делать чего-л.). Формула вежл. совета. *Я вам рекомендую <...> запастись хорошо вытертыми ахроматическими очками.* В. Одоевский. Русские ночи. *Я очень рекомендую тебе статьи в «Петербургских ведомостях» и «Свете»...* М. Горький. Письмо Л. Н. Андрееву, 13–15 нояб. 1904. *Краснощёкая Нюся принесла чай-пару, как любил Вишняков — с мелко наколотым сахаром, с сушками. «Только для вас или вообще так подаёте?» — спросил Пал Палыч. «Имеем в первом этаже чайную, — ответил Вишняков. — Рекомендую наведаться. <...> Зашли бы...» Пал Палыч пожал плечами: нет, благодарствуйте, он в такие заведения не ходок.* Ю. Герман. Наши знакомые. | *Разг.* Предложение угоститься чем-л., попробовать что-л. из кушаний, напитков. *Хозяин <...> жизнерадостно воскликнул: — Усиленно рекомендую вам селёдку! Во рту тает.* А. Аверченко. Широкая масленица. *— По одной для начала, — сказал Войнаровский, наполняя рюмки. — Сига особенно рекомендую, упоительная рыбка.* В. Панова. Времена года. ♦ **Рекомендую Вам (тебе)** (кого-л.). ⌘ Формула представления кого-л. при знакомстве через посредника. *Молодая женщина поспешно встала, обратясь к Печорину с каким-то очень неясным приветствием, потом подошла к князю и сказала ему: — Mon ami, вот господин Печорин, он старинный знакомый нашего семейства... Monsieur Печорин, рекомендую вам моего мужа.* М. Лермонтов. Княгиня Лиговская. *[Несчастливцев:] Тётушка, рекомендую: друг мой, Аркадий Счастливцев! [Гурмыжская:] Очень приятно!* А. Островский. Лес. *— Вот, рекомендую вам, моя дочка, — сказала Софья Николаевна, тронув девочку пальцем под кругленький подбородок, — никак не хотела дома остаться, упросила меня взять её с собой.* И. Тургенев. Яков Пасынков. ♦ **Имею честь рекомендовать Вам** (кого-л.). ⌘ *Учтив.-офиц.* Преимущ. мужск. ♦ **Позвольте (Разрешите) (Вам) рекомендовать** (кого-л., себя). ⌘ *Учтив.* *— Ну, а теперь, маменька, позвольте вам рекомендовать: вот наш молодой человек; он немного сконфузился, но вы его верно полюбите. Племянник мой, Сергей Александрович, — добавил он, обращаясь ко всем вообще.* Ф. Достоевский. Село Степанчиково и его обитатели. **Рекомендуюсь:** (такой-то). ⌘ ♦ **Рекомендую себя:** (такой-то). ⌘ ♦ **Имею честь рекомендовать себя (рекомендоваться):** (такой-то).

△ *Учтив.-офиц.* Преимущ. мужск. ♦ **Позвольте (Разрешите) (мне) рекомендовать себя (рекомендоваться):** (такой-то). *Учтив.* △ Формулы представления при знакомстве без посредника. *[Гневышев (подходя к Цыплуновой):] Рекомендуюсь, Всеволод Вячеславович Гневышев! [Цыплунова:] Очень приятно!* А. Островский. Богатые невесты. *Ожидали они около четверти часа; наконец дверь отворилась, Калинович показался. <...> Пётр Михайлыч начал: — Рекомендую себя: предместник ваш, коллежский асессор Годнев. — Калинович подал ему конец руки. — Позвольте мне представить господ учителей», — добавил старик.* Писемский. Тысяча душ. *Долго стояла она [Лиза] перед дверью гостиной, прежде чем решилась отворить её; с мыслью: «Я перед нею виновата», переступила она порог и заставила себя посмотреть на неё, заставила себя улыбнуться. Варвара Павловна пошла ей навстречу, как только увидала её, и склонилась перед ней слегка, но всё-таки почтительно. «Позвольте мне рекомендовать себя, — заговорила она вкрадчивым голосом, — ваша татап так снисходительна ко мне, что я надеюсь, что и вы будете... добры».* И. Тургенев. Дворянское гнездо. *«Вы, кажется, смотрите на меня с удивлением? Генерал Иволгин, имею честь рекомендоваться. Я вас на руках носил, Аглая Ивановна». — «Очень рада. Мне знакомы Варвара Ардалионовна и Нина Александровна», — пробормотала Аглая, всеми силами крепясь, чтобы не расхохотаться.* Ф. Достоевский. Идиот.

Роди́мый, -ая, -ое; -ые. △ *Обл.* и *прост. Нар.-поэт.* Милый, сердечный, желанный. Этикетный эпитет, употр. в составе формул ласк. обращения. ♦ **Родимый (ты мой) батюшка.** ♦ **Родимая (ты моя) матушка.** ♦ **Родимое (ты моё) дитятко.** ♦ **Деточки (вы мои) родимые;** и др. *«Родимый мой батюшка! Прошу ни злата, ни серебра, прошу твоего родительского благословения!» (невеста — родителю).* В. Даль. *Очень уж жалела отца Охоня и горько плакала над ним, как причитают по покойникам, — где только набрала она таких жалких бабьих слов! — Родимый ты мой батюшка, застава наша богатырская! — голосила Охоня, припадая своей непокрытой головой к железной решётке. — Жили мы с матушкой за тобой, как за горою белокаменной, зла-горя не ведали...* Д. Мамин-Сибиряк. Охонины брови. *Мамонька родимая, Указать ли милого? Вон-де, вон-де милой мой — В подпояске голубой.* Частушка. *[Даша:] Вот, матушка, сама ты погляди, как сладко мне жить-то! [Степанида:] Ах ты, дитятко моё родимое, головка победная!* А. Островский. Не так живи, как хочется. *«Сынок мой родимый! Ради меня, твоей матери, покорись им, злодеям!»* М. Шолохов. Поднятая целина. ‖ *В знач. сущ.* **Родимый. Родимая. Родимые.** ♦ **Родимый (ты) мой.** ♦ **Родимая (ты) моя.** ♦ **Родимые (вы) мои.** △ *Обл.* и *прост.* Формы ласк., приветл. обращения к близкому, дорогому человеку; к лицу, вызывающему жалость, сострадание, а также к высшему по положению (нередко в ситуации просьбы, с целью задобрить, улестить его). *Только что успел он [парень] произнести слово это — тамодий вместо тамошний, как я поглядел на него с улыбкой и сказал: «А не ярославские вы, батюшка?» Он побагровел, потом побледнел, взглянулся, забывшись, с товарищем и отвечал, растерявшись: «Не, родимый». — «О, да ещё не ростовский!» — сказал я, захохотав, узнав в этом «не, родимый» необлыжного ростовца.* В. Даль. Говор. *Дорогу нам загородила артель бурлаков с котомками. <...> Вперёд выделился сгорбленный седой старик и, сняв с головы что-то вроде вороньего гнезда, нерешительно и умоляюще заговорил: «Осип Иваныч! Мы уж к твоей милости...» — «Откуда вы?» — «Вятские мы, родимой, вятские...»* Д. Мамин-Сибиряк. Бойцы. *А старец уже заметил в толпе два горящие, стремящиеся к нему взгляда изнурённой, на вид чахоточной, хотя и молодой ещё крестьянки. Она глядела молча, глаза просили о чём-то, но она как бы боялась приблизиться. «Ты с чем, родненькая?» — «Разреши мою душу, родимый», — тихо и не спеша промолвила она, стала на колени и поклонилась ему в ноги.* Ф. Достоевский. Братья Карамазовы. *Родимая! Ну как заснуть в метель? В трубе так жалобно И так протяжно стонет.* С. Есенин. Ответ. *За плетнём Игнатов сынишка в песке играет. «Бабуня!» — «Аюшки, внучек?» — «Поглянь-ка, бабуня, чего вода принесла». — «Чего же она принесла, родимый?»* М. Шолохов. Коловерть. *Тогда, уложив ребёнка в зыбку, Поля пересела поближе, взяла ста-*

руку за руку: «А ты не убивайся, бабушка... мы их ещё подомнём, Разве солнышко погасишь?» — И ещё многое наговорила в тот раз, всю себя вкладывая в шёпот. — Ой, как им всё это отзовётся!» — «То-то и горе, родимая, что отзовётся: не за тебя одноё убиваются». Л. Леонов. Русский лес. *На бабку-странницу они наткнулись с молодым парнишкой-шофёром <...>. Вмиг догнали, дали тормоза. «Садись, старая!» — «Спасибо, родимые. Своим ходом пойду».* Ф. Абрамов. Дом. ♦ **Родименький (ты мой).** ▨ *Прост.* Ласк., преимущ. женск. обращ. — *Постойте! я вас выручу, — Вдруг объявила бойкая Бурмистрова кума И побежала к барину: Бух в ноги: — Красно солнышко! Прости, не погуби! Сыночек мой единственный, Сыночек надурил. Господь его без разуму Пустил на свет! Глупёшенек <...>, Смешлив... что с ним поделаешь? Из дурака, родименький, И горе смехом прёт!* Н. Некрасов. Кому на Руси жить хорошо. *Подаю я ему хлеб-от, а он не берёт, а только таково пристально смотрит на меня. Что за оказия, думаю. «Чего, мол, тебе надобно, родименький?» — «А вы не узнаёте меня?» — спрашивает.* Д. Мамин-Сибиряк. В худых душах. *Увидав на деревенской улице чужака, она [Трофимовна] предложила вдруг: «Родименький, допокой меня до смерти, домок свой отпишу. Он у меня светлый, праздничный».* В. Личутин. Любостай. **Родимушка (мой, моя)**, м. и ж. ▨ *Обл.* [*Матрёна:*] *Да зашла бы: пирожка, что-либо, покушала.* [*Спиридоньевна:*] *Спасибо, родимушка, неколды!..* А. Писемский. Горькая судьбина. *Я ножки его обнял, ползу по крыльцу. — Смилуйся, пан! Родимушка мой, вспомни, как дед Захар тебе услужал, не губи, у Сёмки мово ить дитё грудное!* М. Шолохов. Лазоревая степь.

Родно́й, -а́я; -ы́е. Дорогой, милый. Этикетный эпитет, употр. в составе формул ласк. или приветл. обращения. *Я получил вчера Твоё письмо, спасибо Тебе, родной мой Боря.* А. Блок. Письмо А. Белому, 31 янв. 1906. *«Сынок мой родимый! Ради меня, твоей матери, покорись им, злодеям!» — «Нет, родная мама, не выдам я своих товарищей, умру за свою идею...»* М. Шолохов. Поднятая целина. — *Что ты, мама, рано встала, Встала и заплакала? — Вставай, доченька родная, Я тебя просватала.* Частушка. ♦ **(Мой) Ро́дной (Ро́дный) батюшка (батюшко, папенька, тятенька).** ♦ **Моя́ ро́дна матушка (маменька).** ▨ *Обл.* и *прост. Нар.-поэт.* Ласк. обращ. к родителям. *Говорила Настасья таковы речи: «Уж ты гой еси, мой да родной батюшко! Я ведь видела да чудо чудное, Чудо чудное да диво дивное...»* Женитьба Добрыни. Былина. Зап. в 1898—99. — *Прощай, прощай, родной батюшка! Прощай, прощай, родна матушка!* Песня. СРНГ. *Неужели, родный тятенька, Я дочка не твоя? Всю тяжёлую работушку Свалили на меня.* Частушка. ‖ ♦ **Родной (Вы / ты мой).** ♦ **Родная (Вы / ты моя).** ♦ **Родные (вы мои).** *Разг.* Формы ласк., нежн. обращения к близкому, дорогому человеку. — *Степанидушка! — обратился он к старшей дочери, — поставь-ка, родная, самоварчик, гостье-то с дороги надо отогреться.* П. Мельников (Печерский). На горах. [*Любовь Андреевна* (нежно):] *<...> Родные мои...* (Обнимая Аню и Варю.) *Если бы вы обе знали, как я вас люблю. Садитесь рядом. Вот так.* А. Чехов. Вишневый сад. *Ничего, родная! Успокойся. Это только тягостная бредь. Не такой уж горький я пропойца, Чтоб, тебя не видя, умереть.* С. Есенин. Письмо матери. *В это время кто-то у самого уха прошептал Даше взволнованно и нежно: — Здравствуй, родная моя... — Даша, не оборачиваясь, стремительно поднялась, — в дверях стоял Иван Ильич.* А. Толстой. Хождение по мукам. | ▨ *Прост.* Приветл. обращ. к незнакомому или малознакомому (преимущ. в речи пожилых людей). *Сторож посмотрел на немца и отвечал: — Иди спать, родной, — что тебе такое!* Н. Лесков. Железная воля. | Ласк., сочувств. обращ. к лицу, вызывающему жалость, сострадание. [*Пелагея Егоровна:*] *Поди-ка, ты, Аринушка, пособи со стола собирать... да... А я отдохну, посижу — устала.* [*Арина:*] *Как не устать, родная ты моя, день-деньской на ногах, молоденькая ли ты!..* А. Островский. Бедность не порок. — *Витя?!.. — Мать трясущимися руками долго отодвигала засов и всё повторяла: — Господи, да что же это?.. Господи!.. Витенька, родной ты мой-то! — Она обняла сына, прижала к себе. — Господи!.. Да ты как? А дядя Коля где?* В. Шукшин. Позови меня в даль светлую. | Ласк. обращ. с просьбой или намерением просьбы (нередко с целью задобрить, улес-*

тить собеседника). [*Наташа (Ирине):*] *Бобику в теперешней детской, мне кажется, холодно и сыро. А твоя комната такая хорошая для ребёнка. Милая, родная, переберись пока к Оле.* А. Чехов. Три сестры. *Директор начинает подольщаться, сестрицей называть, Анастасией Петровной навеличивать, посулы суливать, словом, как смола к пальцу липнуть <...>. — Открой воротца, родная, мы ж все люди...* В. Куропатов. Разлюли малина. | Ирон. или фамильярн. обращ. к незнакомому или малознакомому. [*Паратов (Карандышеву):*] *Благодарите Хариту Игнатьевну. Я вас прощаю. Только, мой родной, разбирайте людей! Я еду-еду, не свищу, а наеду — не спущу.* А. Островский. Бесприданница. ♦ **(Мои) Дорогие родные.** Эпист. Обращ. к родственникам. ▫ *Здравствуйте, дорогие родные, мама, папа, Серёжа, Галя и бабуленька! Простите, что давно не писала вам...* (Из частного письма.) ♦ **Родненький (ты мой).** ♦ **Родненькая (ты моя).** ♦ **Родненькие (вы мои).** Разг. Уменьш.-ласк. *А старец уже заметил в толпе два горящие, стремящиеся к нему взгляда изнурённой, на вид чахоточной, хотя и молодой ещё крестьянки. Она глядела молча, глаза просили о чём-то, но она как бы боялась приблизиться. «Ты с чем, родненькая?» — «Разреши мою душу, родимый»,* — *тихо и не спеша промолвила она, стала на колени и поклонилась ему в ноги.* Ф. Достоевский. Братья Карамазовы. *Отвернувшись к окну, Давыдов слышал, как сквозь всхлипы она* [Варя] *шептала: — Маманюшка, родненькая! Я за ним хоть на край света пойду! Что он скажет, то я и сделаю...* М. Шолохов. Поднятая целина. *В горнице на стуле сидел Никита; Бабинька старательно, и правда как портниха, мерила ему пальцами спину. «Почти што четыре пядени, — насчитала она и отошла. — Ты от правды на пядень, — говорили, — а уж она от тебя на сажень». «Уж ты наша родненькая, — запричитал Егор и обнял её, — уж ты, Бабинька, чудесница! Его, лодыря, надо оглоблей по этой спине, и трудов-то всех».* В. Лихоносов. Когда же мы встретимся? ▫ [*В трамвае:*] «*Бабушка, садитесь, пожалуйста». — «Сиди, сиди, родненькая». — «Садитесь, садитесь...» — «Спасибо, деточка, дай Бог тебе здоровья»* (1992). **Роднýля. Роднýленька. Роднýлечка (моя). Роднýша. Рóд-**

нушка (моя). М. и ж. Разг. Формы ласкового обращ. к ребёнку, родственнику, близкому знакомому, равному или младшему по возрасту, положению. — *Лизонька!.. Ангел ты мой непорочный,* — *причитала она, трясясь с головы до ног, обливаясь слезами, покрывая горячими поцелуями руки, платье, волосы и щёки Элиз. — Что я натворила, окаянная!.. Очнись, рóднушка... Очнись, лебёдушка... Взгляни глазками-то ясненькими... Ведь это я... я... раба ваша... Фелицата... Прогляни, дитятко!.. Усмехнись, царевна моя ненаглядная... Побрани хрычовку-то старую...* А. Эртель. Гарденины. «*Тётя...» — умоляюще шепчет Фома. «Асиньки?» — «Я к тебе приду». — «Да иди, иди, роднуша моя...»* — *Перебравшись на постель к тётке, он жмётся к ней и просит: «Расскажи что-нибудь».* М. Горький. Фома Гордеев. *В глазах капитана болезненный застарелый испуг, и на выручку ему спешит ослепительная улыбка Касацкого. — Евгений Степанович, роднуля!* Ю. Крымов. Танкер «Дербент». [*Алла Петровна:*] *Пётр Матвеевич, куда же вы?* [*Бочаров:*] *Устал, роднуша.* Б. Ромашов. Бойцы. ▫ [*Пятилетний внук (бабушке):*] «*Бабушка, я тебе цветов нарвал». — «Ой какая красота! Спасибо, роднулечка!»* (1992).

Рожёный (Рожóный). В знач. сущ. ▫ Обл. Родной, родимый, милый, бажéный. ♦ **Рожоный ты мой.** ▫ Ласк. или приветл., преимущ. женск. обращение к мальчику, юноше, мужчине. — *Касатик ты мой!* — *говорила, рыдая, баба* [мужу], — *нешто я о своём горе убиваюсь... ох, рожоный ты мой... мне на тебя смотреть-то горько... ить заел он тебя... злодей, совсем... как погляжу я на тебя... индо сердечушко изнывает...* Д. Григорович. Антон-горемыка. [*Булычов:*] *Здравствуй, тётка! Это ты чертей отгоняла?* [*Зобунова:*] *Что ты, рожёный, разве с ними можно дело иметь?* М. Горький. Егор Булычов и другие. ♦ **Рожоное (ты) моё дитятко.** ▫ Обл. Нар.-поэт. Ласк. обращ. матери к сыну. *Говорила тут родитель ему матушка, А честна вдова Офимья Александровна: «А рожоное моё ты нынь же дитятко, Молодой Добрынюшка Никитинич! Богу ты молись да спать ложись, Буде утро мудро мудренее буде вечера — День у нас же буде там прибыточен».* Добрыня и змей. Былина. Зап. в 1871.

Роско́шный, -ая; -ые. Очень красивый, яркий, великолепный; богатый. Оценочный эпитет, употр. в составе форм экспрессивной похвалы, комплиментов. *[Солёный (Ирине):] Я не могу жить без вас. (Идя за ней.) О моё блаженство! (Сквозь слёзы.) О счастье! Роскошные, чудные, изумительные глаза, каких я не видел ни у одной женщины... А. Чехов. Три сестры.* ♦ **Какая у Вас (у тебя) роскошная (квартира, мебель, шляпка...)!** *Разг.*

Ро́скошь. ♦ **Роскошь какая!** *Разг. Экспрессив.* Какое богатство, какая красота! Восторженная похвала, комплимент. ♦ **Моя роскошь (Роскошь моя).** *Разг. Интимн.-игрив.* мужск. обращ. к жене, близкой, любимой женщине.

Рука́. ♦ **Вот Вам (тебе) моя рука.** *Разг.* **1.** Форма уверения в непременном выполнении данного обещания. *«Chère Анна Михайловна, — сказал он [князь Василий] с своей всегдашней фамильярностью и скукой в голосе. — <...> сын ваш будет переведён в гвардию, вот вам моя рука. Довольны вы?» — «Милый мой, вы благодетель! Я иного не ожидала от вас, я знала, как вы добры». Л. Толстой. Война и мир. — Ну, князь, вот вам моя рука, моё честное слово, что ближе года я докажу вам, что меры, вами избранные, недостаточны! А. Герцен. Сорока-воровка.* **2.** Форма примирения при извинении, объяснении в конфликтной ситуации. *— Ну, — промолвил он с тяжко сорвавшимся вздохом, — забудем всё прошлое... простим друг другу... Если виноват — каюсь... Вот вам рука моя! В. Крестовский. Петербургские трущобы.* **3.** Форма (преимущ. мужского) выражения расположения, одобрения, восхищения, признательности в адрес собеседника, равного или низшего по положению. *[Глумов:] Ну, а вы, Иван Иваныч? [Городулин:] Я ни слова. Вы прелестнейший мужчина! Вот вам рука моя. И всё, что вы говорили про нас, то есть про меня — про других я не знаю, — правда совершенная. А. Островский. На всякого мудреца довольно простоты.* ♦ **Дай/те (мне твою, Вашу) руку.** Просьба дать руку может означать: **1.** Приветствие при встрече: «Приветствую вас / тебя». **2.** Прощание: «Давай/те прощаться». (В XIX в. при встрече и прощании с дамой, девушкой мужчина целовал и/или пожимал протянутую ему руку). *Лаврецкий быстро подошел к Лизе. — Лиза, — начал он умоляющим голосом, — мы расстаемся навсегда, сердце мое разрывается, — дайте мне вашу руку на прощание. И. Тургенев. Дворянское гнездо.* **3.** Извинение: «Давай/те мириться, не сердитесь на меня». **4.** Благодарность, признательность; а также восхищение поступком или словами собеседника: «Хочу (почту за честь) пожать вашу (твою) руку в знак восхищения, благодарности и т. п.». ♦ **Дай/те пожму твою (Вашу) (мужественную, честную) руку!** *Разг.* То же, что ♦ **Дай/те мне Вашу (твою руку (в 4 знач.).** *«Я готовился когда-то в историки... Мечтал стать приват-доцентом. А что касается истории первой русской смуты, тут у меня к ней особое пристрастие...» — «Дайте я пожму вам руку! Честную руку русского патриота», — Михаил Николаевич протянул через стол свою массивную ладонь с узловатыми пальцами. Б. Можаев. Мужики и бабы.* ♦ **Позволь/те (Разреши/те) пожать Вашу (твою) руку.** *С оттенком возвышенности.* То же, что ♦ **Дай/те (мне твою, вашу) руку (в 4 знач.).** *«Господа! Это мать Павла Власова!» — негромко крикнул кто-то, и не сразу, но быстро все замолчали. «Позвольте пожать вам руку!» — Чья-то крепкая рука стиснула пальцы матери, чей-то голос взволнованно заговорил: «Ваш сын будет примером мужества для всех нас...» М. Горький. Мать. «Заявляю вам как представителю Советской власти: передайте крестьянам, что я с радостью вступаю к ним в колхоз. И отдаю им в полное коллективное владение мой дом, двор, сарай молотильный, весь инвентарь, лошадь и обеих коров». — «Дмитрий Иванович, позвольте пожать вашу щедрую руку!» — потянулся к нему Зенин. «Нет, не позволю, — сухо сказал Успенский. — Я вам не купец, сходно продавший товар. И вы не посредник на сделке». Б. Можаев. Мужики и бабы.* ♦ **Рад пожать (твою, Вашу, тебе, Вам) руку.** Форма выражения приветствия, восхищения, поздравления. *Рад пожать тебе руку также в связи с высокой правительственной наградой. А. Фадеев. Письмо И. Ф. Тевосяну, 14 янв. 1952.* ♦ **Жму (Вам, тебе; Вашу, твою) руку.** *Эпист.* Формула дружеского прощания с равным или младшим по возрасту, положению. Употр.

преимущ. в мужск. переписке; реже — в письмах мужчины к женщине и женщины к мужчине (когда отношения между ними допускают рукопожатие). *Кланяюсь Николаю Алексеевичу и дружески жму Вам руку. / Преданный Вам / Ив. Тургенев.* И. Тургенев. Письмо М. А. Милютиной, 28 марта 1868. *Прощайте, от души жму вашу руку и всех наших общих приятелей. / Ваш Л. Толстой.* Письмо П. В. Анненкову, 26 февр. 1857. *Прощайте, голубчик, милейшая барышня, жму вашу милую руку, Христос с вами...* Л. Толстой. Письмо В. В. Арсеньевой, 23–24 ноября 1856. *Желаю Вам скорого и окончательного выздоровления и крепко жму Вашу руку. / Душевно преданный Вам / Александр Блок.* А. Блок. Письмо С. К. Маковскому, 29 дек. 1909. *Жму руку, дружище, прими привет от всех ребят, а от меня приветище всему своему семейству «со чадами». / Александр.* А. Фадеев. Письмо И. И. Дольникову, 7 дек. 1921. *Если не нравится в санатории, не поехать ли на юг? К Серго на Кавказ? Серго устроит отдых <...>. Подумайте об этом? Крепко жму вашу руку. / Ваш Ленин.* Письмо И. Арманд. *Мне очень жаль, что так вышло и что я раньше не привела в ясность вопроса о договоре. Жму Вашу руку. / Ваша А. Ахматова.* Письмо Ф. К. Сологубу, 1923. ‖ Форма выражения благодарности, поздравления, сочувствия при дистантном общении. *Что я могу сказать Вам — матери, потерявшей единственного сына! Если бы я был в Петербурге — я бы плакал с Вами; а теперь я только протягиваю Вам обе руки и крепко и молча жму Ваши.* И. Тургенев. Письмо Е. Е. Ламберт, 15 нояб. 1861. *«Командиру 5-ой роты моё горячее спасибо!» — продолжал корпусный командир. «Где вы, капитан? А, вот!» — генерал несколько театрально, двумя руками поднял над головой фуражку <...> и низко поклонился Стельковскому. — «Ещё раз благодарю вас и с удовольствием жму вашу руку».* А. Куприн. Поединок. ♦ **Рукопожатие моё Вам (тебе,** кому-л.**).** Эпист. То же, что ♦ **Жму руку.** ♦ **Целую Вашу руку (ручку).** Эпист. Формула учтив. прощания в письме к родителям, старшим родственникам; к знакомой даме. ♦ **Целую Ваши руки (ручки).** Эпист. Формула прощания в мужск. письмах к близкой, любимой женщине, девушке. См. Целую. *Целую Ваши милые руки и остаюсь навсегда / Ваш старый друг Ив. Тургенев.* И. Тургенев. Письмо М. Г. Савиной, 27 нояб. 1882. ♦ **Пожалуйте (Вашу) ручку.** ♦ **Вашу ручку.** ♦ **Позвольте (Вашу) ручку (руку) (поцеловать).** ♦ **Дозвольте ручку (поцеловать).** *Прост.* Формулы галантн. мужск. приветствия, прощания, а также выражения благодарности знакомой даме, девушке. *[Капитан Чуханов (входит из саду; у него в руках грибы):] Здравствуйте, матушка вы моя! пожалуйте-ка ручку. [Г-жа Либанова (томно протягивая ему руку):] Здравствуйте, злодей!* И. Тургенев. Где тонко, там и рвётся. *[Вера Филипповна:] Ну, хорошо, я принимаю твою благодарность. [Ераст:] Позвольте ручку поцеловать.* А. Островский. Сердце не камень. *[Исправник:] Вашу ручку, мадам! Анна Фёдоровна, будьте здоровы. Сергей Николаевич, так я жду кое-чего! Почтенная Татьяна Николаевна, доброй ночи...* М. Горький. Варвары. ‖ Формы подобострастного приветствия, прощания, выражения благодарности высшему по положению. *Бурмистрова жена встретила нас с низкими поклонами и подошла к барской ручке. Аркадий Павлыч дал ей нацеловаться вволю и взошёл на крыльцо. <...> Бурмистр, должно быть, в Перове подгулял: и лицо-то у него отекло порядком, да и вином от него попахивало. — Ах вы, отцы наши, милостивцы вы наши, — заговорил он нараспев и с таким умилением на лице, что вот-вот, казалось, слёзы брызнут, — насилу-то изволили пожаловать!.. Ручку, батюшка, ручку, — прибавил он, уже загодя протягивая губы. — Аркадий Павлыч удовлетворил его желание.* И. Тургенев. Бурмистр. *[Юсов:] Поцелуемся! (Целуются.) [Белогубов:] Нет, позвольте ручку-с. [Юсов:] Не надо, не надо. [Белогубов:] Через вас человеком стал-с.* А. Островский. Доходное место. *Когда мы пошли садиться, в передней приступила прощаться докучная дворня. Их «пожалуйте ручку-с», звучные поцелуи в плечико и запах сала от их голов возбудили во мне чувство, самое близкое к огорчению у людей раздражительных.* Л. Толстой. Детство. *— А это, верно, племянничек ваш, что в учёном факультете воспитывался? Почтение наше всенижайшее, сударь; пожалуйте ручку. — Раздался смех. Понятно было, что ста-*

рик играл роль какого-то добровольного шута. <...> Я было отдёрнул руку; того только, кажется, и ждал старикашка. — Да ведь я только пожать её у вас просил, батюшка, если только позволите, а не поцеловать. А вы уж думали, что поцеловать? Нет, отец родной, покамест ещё только пожать. Вы, благодетель, верно, меня за барского шута принимаете? — проговорил он, смотря на меня с насмешкою. Ф. Достоевский. Село Степанчиково и его обитатели. ♦ **Позвольте предложить Вам руку.** ♦ **Пожалуйте (Вашу) руку (ручку).** ♦ **Вашу руку (ручку).** Учтив. мужское предложение своей услуги даме, девушке при совместном выходе (на прогулку, при подъёме или спуске, выходе из экипажа и т. п.). *[Прапорщик], приняв, сколько возможно, любезную улыбку, побежал к карете. — Pardon, madame, тысячу раз виноват. Позвольте мне предложить вам руку, — говорил он, принимая из кареты наглухо закутанную даму.* А. Писемский. Тысяча душ. — *Я ещё раз предлагаю вам свою руку, если вы хотите идти, — сказал Алексей Александрович, дотрагиваясь до руки [Анны].* Л. Толстой. Анна Каренина. *[Шалимов:] Варвара Михайловна, не хотите ли пройтись к реке? [Варвара Михайловна:] Пожалуй... Пойдёмте... [Шалимов:] Позвольте предложить вам руку? [Варвара Михайловна:] Нет, спасибо, я не люблю.* М. Горький. Дачники. ♦ **Предлагаю Вам свою руку и сердце.** ⚜ *Офиц.-учтив.* Прошу Вас, предлагаю Вам выйти за меня замуж. ♦ **Прошу Вашей руки.** ⚜ ♦ **Прошу руки Вашей дочери (сестры, племянницы...).** ⚜ См. Просить.

Рыбка (моя). Рыбонька (моя). Рыбочка (моя). М. и ж. Разг. Ласк., нежн. обращение к близкому, любимому человеку (чаще к ребёнку, любимой девушке, женщине). ▭ *«Мам, а завтра ещё будем играть?» — «Будем, будем; спи, моя рыбонька...»* (1990).

Рыбки с крючка! *Разг.* Пожелание удачи рыбаку (от противного, как ♦ **Ни пуха ни пера!** охотнику). См. также: ♦ **Ни чешуйки ни хвоста.** ♦ **Ни пера ни жучки.**

Рыцарь. ♦ **Рыцарь мой.** *Возвыш. или шутл.* Женск. обращение к кавалеру, возлюбленному. *[Замыслов:] Ну, я ухожу... до свиданья, моя радость... Нам всё-таки нужно держаться поосторожнее... подальше друг от друга... [Юлия Филипповна (с пафосом):] Вдали, вблизи — не всё ль равно, о мой рыцарь? Кого бояться нам, столь безумно влюблённым?* М. Горький. Дачники. ‖ *В знач. сказуем.* ♦ **Вы (ты) настоящий рыцарь.** ♦ **Да Вы (ты) действительно рыцарь.** ♦ **Вы поступили (ты поступил) как настоящий рыцарь.** ♦ **Это поистине рыцарский поступок.** ♦ **Вы поступили (повели себя) по-рыцарски;** и т. п. Формы возвыш. или полушутл. похвалы в адрес юноши, мужчины, отличающегося галантностью, благородством поведения, великодушием, самоотверженностью по отношению к даме. *Ипполит Матвеевич увидел, что от былой красоты не осталось и следа. «Как вы изменились!» — сказал он невольно. Старуха бросилась ему на шею. «Спасибо, — сказала она, — я знаю, чем вы рисковали, придя ко мне. Вы тот же великодушный рыцарь».* И. Ильф, Е. Петров. 12 стульев.

С

С (Со), *предлог.* **1.** ♦ **С** + сущ. тв. пад. со знач. события (+ **Вас / тебя**). Типизированная модель формул приветствий и поздравлений по случаю события. Сокращение формулы ♦ **Поздравляю с...** Чаще употр. в разг. речи и просторечии. ♦ **С новосельем!** Въезжающему или въехавшему в новый дом, в новую квартиру. ♦ **С законным браком!** Молодожёнам. [Первоначально — обвенчавшимся, вступившим в брак по Закону Божьему]. *«Молодые люди, — заявил Ипполит Матвеевич выспренно, — позвольте вас поздравить, как говаривалось раньше, с законным браком...»* И. Ильф, Е. Петров. 12 стульев. ♦ **С принятием Святых Тайн.** ♦ **Со Святым Причастием!** Причастившемуся. ♦ **С выздоровлением!** ♦ **С животом!** ⚜ *Обл.* С новорождённым. Поздравление недавно родившей женщине. ♦ **С днём рождения!** ♦ **С днём ангела.** ♦ **С ангелом.** Имениннику. См. Ангел. ♦ **С именинником (именинницей) Вас!** Родителям и другим родственникам именинника, именинницы. ♦ **С прибылью торговать!** ⚜ Пожелание торговцу. ♦ **С почином!** ⚜ Поздравляли купцы, торговцы друг друга. — *С почином. — Спасибо.*

А я седни еще без почину. СРНГ. ‖ *Прост.* Приветствие-поздравление начавшему важное, большое дело: пахоту, жатву, строительство и т. п. ♦ **С двумя полями сжатыми, третьим засеянным!** ▣ *Обл. и прост.* Поздравление в «пожинках», т. е. в праздник окончания жатвы. [С указанием на крестьянский севооборот.] *Распахнулись ворота, и первыми на господский двор жнеи вошли. Хозяин, Андрей Александрыч, в сношениях с крестьянами строго соблюдавший народные обряды, вышел навстречу жнеям. <...> Завидев Андрея Александрыча, громко закричали жнеи: — С двумя полями сжатыми, с третьим засеянным проздравляем вас, государь наш батюшка!* П. Мельников (Печерский). На горах. ♦ **С приездом! (С приехалом!** *Прост., шутл., молодёжн.*) ♦ **С (благополучным, счастливым) прибытием (возвращением)!** Приехавшему, возвратившемуся издалека. *С тётей Лидой здоровались, и со мной тоже. Многие не видели нас больше месяца. «С приездом, Лидия Ивановна!» — «Здравствуй, Лидочка!»* К. Икрамов. Скворечник, в котором не жили скворцы. ♦ **Со свиданием (свиданьицем)!** *Прост.* При встрече со знакомыми, родственниками, теми, кто долго отсутствовал, кого долго не видели. *На стук двери Гринька повернул голову, широко улыбнулся. «А-а! Здорово живёшь!» — «Здорово», — весело сказал Кузьма. «Со свиданьицем». — «Спасибо», — откликнулся Гринька.* В. Шукшин. Любавины. ‖ Краткий тост. *Крёстный поглядел усмешливо на крестника, на его козлиную бородку и принял стопку с водкой. «Ну что ж, значит, с возвращением», — сказал он. — «Точнее, со свиданьем, — поправил Лёшка и уточнил: — Возвращенья не будет».* С. Воронин. Проездом. *Дядя Левонтий и Мишка Коршуков, стоя рядом, чокнулись с бабушкой, дедушкой. — С ангелом, Катерина Петровна! С праздничком! Со свиданьицем!* В. Астафьев. Последний поклон. ♦ **С весёлым днём!** *Обл.* Дневное или утреннее приветствие. См. Весёлый. ♦ **С добрым утром!** Утренние приветствия. См. Добрый. ♦ **С лёгким паром!** Вышедшим, пришедшим из бани. См. Пар. ♦ **С праздником!** ♦ **С Новым годом (с новым счастьем)!** ▣ *«Здорово, Иван Григорьевич! С Новым годом вас, с новым счастьем!» — «Также и вас, Иннокентий Иванович, — ответит хозяин, — приходи-ко добропожаловать!»* СРНГ. ♦ **С наступающим (Новым годом, праздником...)!** ♦ **С Рождеством Христовым!** *Входит отец <...>. Все поднимаются. «С праздником Рождества Христова, милые гости, — говорит он приветливо, — прошу откушать, будьте как дома». Все гудят: «С праздничком! Дай вам Господи здоровьица!»* И. Шмелёв. Лето Господне. ♦ **С Днём (праздником) Победы!** ♦ **С Днём учителя!** и т. п. *[Вася:] С широкой масленицей! [Даша:] Здравствуй, Вася. Что ты? [Вася:] Маленько загулял.* А. Островский. Не так живи, как хочется. *У нашего берега шипел парами миноносный катер. «С благополучным переходом, Владимир Михайлыч!» — весело поздравил меня Фёдоров. «И вас также».* В. Гаршин. Из воспоминаний рядового Иванова. *Дронов тоже поздравил и как будто искренно. — С началом писательской карьеры! — вскричал он, встряхивая руку Самгина.* М. Горький. Жизнь Клима Самгина. *— С хорошим сеном вас, бабоньки! — крикнул он весело, проходя мимо брошенных валков.* Е. Носов. Шумит луговая овсяница. *[Клава:] Рита! (Обнимает её.) [Рита:] С окончанием! [Клава:] Да, всё. Спасибо.* В. Розов. В день свадьбы. **2.** ♦ **С** + сущ. тв. пад. со знач. доброжелательных чувств (**к Вам**) (+ подпись адресанта). Типизированная модель эпистолярных формул учтивости, вежливости; выражения благих пожеланий, тёплых чувств к адресату в заключении письма. ♦ **С (истинной) любовью** (подпись адресанта). См. Любовь. ♦ **С наилучшими (добрыми...) пожеланиями** (подпись адресанта). См. Пожелание. ♦ **С (совершенным, глубоким, истинным...) почтением (уважением)** (подпись адресанта). См. Почтение. Уважение. ♦ **С совершенной (истинной) преданностию** (подпись адресанта). См. Преданность. ♦ **С (горячим, дружеским...) приветом** (подпись адресанта). См. Привет. ♦ **С (глубокой, искренней...) признательностью (благодарностью)** (подпись адресанта). См. Благодарность. Признательность. ♦ **С (искренним, глубоким) уважением** (подпись адресанта). См. Уважение; и т. п. *С истинным почтением и совершенной преданностью честь имею быть Вашего*

Превосходительства, Милостивый Государь, покорнейшим слугою. / А. Пушкин. А. Пушкин. Письмо Е. П. Люценке, 19 авг. 1835. *С совершенным почтением и преданностью имею честь быть ваш покорный слуга / гр. Л. Толстой.* Л. Толстой. Письмо И. И. Панаеву, 14 июня 1855. *Прощай, моя дорогая, с истинной любовью твой / В. Соловьёв.* В. Соловьёв. Письмо Е. В. Селивиной, 27 янв. 1872. *С почтением к Вам / Алексей Пешков.* М. Горький. Письмо Н. К. Михайловскому, нояб. 1894. *С искренним уважением / В. Вернадский.* В. Вернадский. Письмо П. А. Флоренскому, 13 окт. 1929. *С приветом / В. Шукшин.* В. Шукшин. Письмо Л. Крячко, 1966. ♦ **С Богом!** См. Бог. ♦ **С удовольствием.** См. Удовольствие.

-с, *частица.* Словоерс. Употр. после любого слова в речи для придания ей оттенка учтивости, почтительности, подобострастия. [Остаточный элемент вежл. обращения сударь, сударыня]. *Никак нет-с. Пожалуйте-с, милости просим-с!* (В. Даль). *«Сосед наш неуч; сумасбродит; Он фармазон; он пьёт одно Стаканом красное вино; Он дамам к ручке не подходит; Всё да, да нет; не скажет да-с Иль нет-с». Таков был общий глас.* А. Пушкин. Евгений Онегин. *[Чацкий:] Взманили почести и знатность? [Молчалин:] Нет-с, свой талант у всех... [Чацкий:] У вас? [Молчалин:] Два-с: Умеренность и аккуратность.* А. Грибоедов. Горе от ума. *[Наталья Петровна:] Но вот в один прекрасный день твоя сестра приходит к тебе и говорит: вообрази себе, Вера, за тебя сватаются... А? что ты ей на это ответишь? Что ты ещё очень молода, что ты и не думаешь о свадьбе? [Вера:] Да-с. [Наталья Петровна:] Да не говори мне да-с. Разве сёстрам говорят: да-с? [Вера (улыбаясь):] Ну... да.* И. Тургенев. Месяц в деревне. *[Несчастливцев:] Куда и откуда? [Счастливцев:] Из Вологды в Керчь-с, Геннадий Демьяныч. А вы-с? [Несчастливцев:] Из Керчи в Вологду. Ты пешком? [Счастливцев:] На своих-с, Геннадий Демьяныч.* А. Островский. Лес. *«Николай Ильич Снегирев-с, русской пехоты бывший штабс-капитан-с, хоть и посрамлённый своими пороками, но всё же штабс-капитан. Скорее бы надо сказать: штабс-капитан Словоерсов, а не Снегирев, ибо лишь со второй половины жизни стал говорить словоерсами. Словоерс приобретается в унижении». — «Это так точно, — усмехнулся Алёша, — только невольно приобретается или нарочно?» — «Видит Бог, невольно. Всё не говорил, целую жизнь не говорил словоерсами, вдруг упал и встал с словоерсами. Это делается высшею силой».* Ф. Достоевский. Братья Карамазовы. *Затем стали подходить другие приказчики и поздравлять с законным браком. Все они были одеты по моде и имели вид вполне порядочных, воспитанных людей. Говорили они на* **о**, **г** *произносили как латинское* **g**; *оттого, что почти через каждые два слова они употребляли* **с**, *их поздравления, произносимые скороговоркой, например фраза: «желаю вам-с всего хорошего-с» слышалась так, будто кто хлыстом бил по воздуху — «жвыссс».* А. Чехов. Три года. *В разговоре [парикмахеру] следовало ещё проявить утончённую деликатность, завершая фразу словом с окончанием «-с». Выходило не «как прикажете», а «как прикажете-с».* Е. Иванов. Меткое московское слово. ‖ В подчёркнуто офиц. обращении, с оттенком упрёка или отчуждения. *— Я Бога боюсь, Егор Ильич, а происходит всё оттого, что вы эгоисты-с и родительницу не любите-с, — с достоинством отвечала девица Перепелицына... Они вам мать-с. А я вам неправды не стану говорить-с. Я сама подполковничья дочь, а не какая-нибудь-с.* Ф. Достоевский. Село Степанчиково и его обитатели. *Теперь смутился штабс-капитан. Он выпрямился, выпятил грудь вперёд и зачем-то внушительно крякнул. Потом плечи его опустились, и отечески вразумительно он сказал мальчику: — Стыдно-с! Наследник такого именитого и уважаемого лица... Недостойно-с вашего положения... Можете идти... Но если ещё раз повторится происшедшее... принуждён буду сообщить вашему батюшке... которому, между прочим, имею честь свидетельствовать моё почтение!..* М. Горький. Фома Гордеев. | В совр. употр. — шутл. или с оттенком мягкой снисходительности в общении с равными и младшими по возрасту, положению. *Подкова при моём приближении раздвигалась, обнаруживался в облаке сигаретного дыма А. А. [Реформатский], сидевший в кресле, вид оживлённый, в глазах весёлость, а иногда то ласковое ехидство, какое появлялось на его лице, если он не был согла-*

сен с собеседником, оспаривал его, неизменно в этом случае прибегая к словоерсу: — «Нет-с, извините-с, не так-с!» Н. Ильина. Дороги и судьбы. *Я быстро подбежал к роялю. «Ну-с, что вы будете исполнять?» — вежливо спросил Борис Сергеевич. Я сказал: «Песня гражданской войны «Веди ж, Будённый, нас смелее в бой». В. Драгунский. Слава Ивана Козловского. Разговор с пациентом он [доктор] обычно начинал, слегка присюсюкивая: «Ну-с, молодой человек (или «голубчик») <...>». Но однажды жена передразнила его «ну-с» в «гнус», доктор сильно обиделся и больше так не говорил. С. Дышев. До встречи в раю.*

Садиться (Сесть). Садитесь (Садись) (пожалуйста). Предложение гостю, посетителю сесть. *[Пульхерия Андревна:] Здравствуйте, здравствуйте! <...> Ну, как поживаете? Иду мимо, думаю: как не зайти? Ну и зашла. [Татьяна Никоновна:] Садитесь! Что новенького? А. Островский. Старый друг лучше новых двух. Подошёл к двери, стукнул — дверь сразу открыли: открыла Ахматова — она сидит на кухне и беседует с «бабушкой», кухаркой О. А. Судейкиной. — Садитесь, это единственная тёплая комната. К. Чуковский. Дневник, запись 14 февр. 1922. Давыдов догадался, что это и есть секретарь гремяченской партячейки. «Я уполномоченный райкома. Ты секретарь гремяченской партячейки, товарищ?» — «Да, я секретарь ячейки Нагульнов. Садитесь, товарищ...» М. Шолохов. Поднятая целина. «Садись, что стоять-то?» Парень улыбнулся. «Так не говорят, отец. Говорят — присаживайся». — «Ну, присаживайся. А пошто не говорят? у нас говорят». В. Шукшин. Охота жить.* ‖ Предложение садиться тем, кто встал для приветствия или знакомства. *[Вершинин (Маше и Ирине):] Честь имею представиться: Вершинин. [Ирина:] Садитесь, пожалуйста. Нам очень приятно. А. Чехов. Три сестры. (Появляется Сарафанов. Он выглядит утомлённым, но настроение у него лирическое.) [Сарафанов:] Добрый вечер, архаровцы! (Замечает Кудимова.) Извините. [Нина:] Познакомься, папа... [Кудимов:] Кудимов, Михаил. [Сарафанов:] Сарафанов... Так-так... очень приятно... Наконец-то мы вас видим, так сказать... воочию. Очень приятно. Садитесь, пожалуйста. А. Вампилов. Старший сын.* [Учительница вошла в класс. Ученики встали.] *Здравствуйте. Садитесь, пожалуйста (1994).* ♦ **Прошу садиться.** Вежл. или офиц.-вежл. *[Городничий (чиновникам):] Прошу садиться, господа! Н. Гоголь. Ревизор. «Вы изволили, — начал он <...>, — приказать мне прийти к себе». «Да, я хотел поговорить с вами насчёт квартиры. Прошу садиться!» — вежливо отвечал Обломов. И. Гончаров. Обломов. Дантист был человек весьма общительный. Он любезно встретил Егоровича в прихожей и пригласил в чистый, со множеством каких-то непонятных приборов кабинет. — Прошу садиться, любезный, прошу садиться! Из деревни, по всей вероятности? В. Белов. Целуются зори... [Она:] Не найдя вас в кабинете, я, по совету дежурной сестры <...>, спустилась в сад. Очень рада, что обнаружила вас. [Он:] Прошу простить, но в неприёмные часы я предпочитаю находиться в саду, возле окон своего кабинета. Прошу садиться. [Она:] Благодарю. А. Арбузов. Старомодная комедия.* ♦ **Покорно (покорнейше) прошу (просим) садиться.** ♦ **Милости прошу (просим) садиться.** ♦ **Садиться (сесть) не угодно ли?** Учтив. Обычно к старшему по возрасту, положению. *[Белогубов:] Здравствуйте-с, Филицата Герасимовна! (К барышням.) Здравствуйте-с. (Показывает на Юсова.) Вот-с, они желали-с... Это-с мой начальник и благодетель, Аким Акимыч Юсов-с. Всё-таки лучше-с, Филицата Герасимовна, когда начальство с. [Кукушкина:] Милости просим, милости просим! Садиться покорно просим. А. Островский. Доходное место.* | В совр. употр. с оттенком шутл. торжественности. *— Прошу садиться, товарищи! — деловито произнёс Валентинов. — Кузьма Юрьевич, вам, как гостю, самое удобное кресло... Покорнейше прошу садиться! В. Липатов. Игорь Саввович.* ♦ **Садитесь (садись) с нами (за компанию).** Разг. Приглашение сидящих (за столом) пришедшему знакомому вместе пообедать, побеседовать. *— Садись с нами чай пить, — по деревенскому обычаю пригласила хозяйка гостью к столу. Ф. Абрамов. Дом. — Садись с нами, поешь, — пригласил Емельян Спиридоныч. — Мать, поставь ему табуретку. В. Шукшин. Любавины.* ♦ **(Проходи/те) Садитесь (садись), гостем будете (будешь).** Разг. Приветливое приглашение хозяев вошедшему в дом. См. Гость. *[Коршунов:] Примите меня в свою компанию. [Любовь Гордеевна:] Мы никого от себя не гоним. [Анна Ивановна:] Садитесь, так гости будете.* А. Островский. Бедность не порок. — *Федул Ермолаич! Сколько лет, сколько зим! Садись, брат, гость будешь! — приветствует его Струнников.* М. Салтыков-Щедрин. Пошехонская старина. ♦ **Садись в круг, будешь друг.** *Прост.* Дружески-шутл. мужск. приглашение присоединиться к компании подошедшего знакомого, приятеля. ♦ **Садитесь, коль не боитесь.** *Разг.* Шутл. приглашение садиться или ответ на вопросит. обращение: «Можно рядом сесть?» ▱ *[Бабушка рассказывает:] Молоды-то были, как соберёмся на пригорочку. Девчата румяны сидят, косы, дак по пояс. А парни так и ходят кругом, потом подойдут да спрашивают: «Мы сядем с вами?» А мы смеёмся: «Садитесь, коль не боитесь»* (1999). ♦ **Садись (да) хвастай.** *Прост., шутл.-фамильярн.* Приглашение пришедшему в гости близкому знакомому, приятелю, родственнику (обычно равному или младшему по возрасту, положению). *«Что я враг, что ли ей?» — подумала мать, надела шубу, да и на Карельский, к Радюшиным. Приплыла только вечером. Сидят паужинают. «Хлеб да соль!» — «Хлеба кушать! Милости просим. Садись, хвастай!»* М. Пришвин. В краю непуганых птиц. ♦ **Садись (сядем, сядь) рядком (да) потолкуем (поговорим) ладком. (♦ Сядем рядом да поговорим ладом).** *Прост.* Шутл.-приветл. приглашение сесть и поговорить по душам. *«Ну, князь, я всё сделала, как вы хотели: скажите же теперь, что у вас за дело такое ко мне?» А он отвечает: «Ну, что там дело!.. дело не медведь, в лес не убежит, а ты прежде подойди-ка сюда ко мне: сядем рядом да поговорим ладом, по-старому, по-бывалому».* Н. Лесков. Очарованный странник. *«Да полно тебе шутить да баловаться, — с досадой сказал Самоквасов. — Чем бы дело говорить, она с проказами». — «Ну, так и быть, давай про дело толковать, — подхватила Флёнушка и, опустившись на траву, промолвила: — Сядь-ка рядком, потолкуем ладком».* П. Мельников (Печерский). В лесах. *«А, ты уже пришёл? Я без тебя соскучилась». — «Вот и хорошо! Садись рядком, поговорим ладком».* *Она села рядом с братом за стол и печально спросила: «Скажи, Вася, ты был когда-нибудь влюблён?»* В. Саянов. Страна родная. ♦ **Сядем (Присядем) на дорожку.** ♦ **Сядем (Посидим) перед дорогой.** *Разг.* Предложение отъезжающим по обычаю молча посидеть перед дорогой, чтобы путешествие было благополучным, удачным. — *Ехать, ехать! — закричал Анатоль. Балага было пошёл из комнаты. — Нет, стой, — сказал Анатоль. — Затвори двери, сесть надо. Вот так. — Затворили двери, и все сели. — Ну, теперь марш, ребята! — сказал Анатоль, вставая.* Л. Толстой. Война и мир.

Салфе́т Ва́шей ми́лости! ⌛ *Прост.* Выражение приветствия и/или доброго пожелания чихнувшему. ♦ **Салфет Вашей милости! — Красота Вашей чести! Премного Вам благодарны! — Не стоит благодарности за такие малости!** Формула привета при чихании (говорилось при Петре I). *Чихнул губернатор. Встали и поклон отдали. Привстал и князь. И все в один голос сказали: — Салфет Вашей чести.* П. Мельников (Печерский). Старые годы. *При дворе (прибавляет автор) говорили* салют (Salut) *вашей милости; в провинции* салют *переделали в* салфет. *В глухих городах* салфет *до сих пор водится. Салфет — латинск.* salvete *— «будьте здоровы».* М. Михельсон. │ В XIX в. и совр. употр. *Разг.* Шутл. пожелание чихнувшему человеку, который также шуткой отвечает: «Красота вашей чести» (ФСРГС). *«Салфет вашей милости, Елена Дмитриевна!» — приветствовал её чихание мужской голос.* П. Небольсин. Заметки на пути из Петербурга в Барнаул.

Салю́т! *В знач. междом.* [Франц. salut < лат. salus (salutis) — пожелание здоровья, приветствие. От правила отдавать салют, то есть почести при приветствии и прощании в официальной торжественной обстановке. *Воинский салют* — поднятие вверх оружия, троекратные или многократные залпы. *Пионерский салют* — приветствие, выражавшееся в поднятии над головой кисти правой руки с вытянутыми сомкнутыми пальцами]. *Разг.* Форма дружеск. или фамильярн. приветствия или прощания; то же, что Привет! *Шаткой походкой спешил к ним Саша Скобликов, привет-*

ливая улыбка играла на его сочных, по-детски припухлых губах: — Андрею Ивановичу салют! — Он подошёл и поздоровался за руку, открытая, обнажающая ядрёные зубы улыбка так и не сходила с его крепкого широкого лица. Б. Можаев. Мужики и бабы. *Люди шли, до Алешина доносились смех и голоса: «Андреич, привет!» — «Сашка, салют!»* Е. Воеводин. На том стоим. *«<...> Перехожу к поцелуям. А ещё кланяюсь любезной супружнице, в вере и благочестии хранящей тепло домашнего очага. И деточек любезных целую и чаю встречи, хоть и не скорой, но желанной. Салют!»* В. Крупин. Сороковой день. *[Галина:] Привет вам, тёти Моти и дяди Пети. Прощай, предместье, мы едем на Бродвей! [Зилов:] Салют.* А. Вампилов. Утиная охота. ♦ **Мой (наш) (дружеский, пламенный...) салют** (кому-л.). *Торжеств.* или *шутл.* приветствие. *От всей души крепко тебя целую. Мой самый дружеский салют Коле, Володе и всем вашим друзьям! / Папа.* А. Фадеев. Письмо сыну, 19 июля 1953. ♦ **Салют, камра́ды!** *Разг.* Дружеск.-шутл. приветствие в адрес приятелей, близких знакомых, равных или младших по возрасту. (В СССР получило распространение во время и после гражданской войны в Испании 1936—39 гг.). **Салю́тик!** *Прост.* Шутл. приветствие преимущ. в совр. молодёжн. среде; то же, что Приветик.

Саля́м (Сала́м)! ♦ **Салям (салам, селям)-але́йкум!** [тюрк., арабск. Salamalejcum. Salam — благодать, alejk — над тобой]. *Разг.* Употр. русскими в областях, граничащих со среднеазиатскими республиками, или в местах совместного проживания с узбеками, казахами и др. тюркоязычными народами как дружелюбное или шутл.-дружелюбное приветствие адресата на его родном языке. ▱ *[В студенческом общежитии Новокузнецка:] «Салам алейкум, Рустамчик!» — «Здравствуй, дорогой, заходи, заходи...»* (1968). | В русскоязычной среде употр. преимущ. в просторечии как шутл.-дружеск. или фамильярн. приветствие равных по возрасту, положению. *Во втором часу дня прибежал запыхавшийся Сёма Щупак. <...> «Салям-алейкум». — «Здравствуйте», — сказала Антонина и натянула одеяло до самого подбородка.* Ю. Герман. Наши знакомые. ▱ *«При-*

вет, Витёк!» — «Салам алейкум!» — «Маленько салам, а ты как?» (1995).

Сам. *Прост.* Почтит. или уважит. называние за глаза мужа, хозяина, господина, начальника. *На деревне послышался топот и крики. — Сам едет, — крикнул казак, стоявший у ворот, — едет! — Болконский и Денисов подвинулись к воротам, у которых стояла кучка солдат (почётный караул), и увидели подвигавшегося по улице Кутузова, верхом на невысокой гнедой лошадке.* Л. Толстой. Война и мир. *[Вера Филипповна:] Я поджидаю, когда сам выдет. [Аполлинария Панфиловна:] Что это вы, Вера Филипповна, точно русачка из Тележной улицы, мужа-то «сам» называете! [Вера Филипповна:] Как его ни называй: муж, хозяин, сам, — всё он больший в доме.* А. Островский. Сердце не камень. *<...> Митька порешил дождаться вечера и идти самому — знал: отцово упрямство что вяз на корню: гнуться — гнётся, а сломить и не пробуй. Дошёл до парадного, посвистывая, а тут оробел. Потоптался и пошёл через двор. На крыльце спросил у горничной, гремевшей накрахмаленным фартуком: — Сам дома?* М. Шолохов. Тихий Дон. **Сама́.** *Прост.* О хозяйке, госпоже, начальнице. | *Шутл.* ▱ **Это сам идёт, само́е ведёт** (о муже с женой, хозяине с хозяйкой).

Само́ собо́й. ♦ **Это уж само собой.** *Прост.* Да, конечно, так именно и есть. Формы выражения согласия, солидарности с собеседником; а также положительный, утвердительный ответ на вопросит. обращение равного или низшего по положению. Сокращение от выражения ♦ **Само собой (собою) разумеется.** *[Борис:] Какова бы ей здесь жизнь была — и представить страшно. [Кудряш:] Уж само собой. Нешто они обращение понимают?* А. Островский. Гроза.

Са́хар. ♦ **Сахар медо́вич.** ⌛ *Прост.* Шутл. или ирон. называние сладкоречивого, льстивого человека, в том числе — ухажёра, расточающего комплименты. ‖ В. И. Даль отмечает другое значение: «*Сахар и сахар медович — человек негодный, мот и пройдоха. Экой сахар! Хорош сахар! Сахар медович*». — *Пора бы и тебе, сахар медович, понять, что знакомство твоё — не ахти благостыня какая!* М. Салтыков-Щедрин. Современная идиллия. ♦ **Сахаром в уста!** ⌛ *Обл.* Спасибо на добром слове. Шутл. или ирон. ответ на похвалу, комплимент. «У-ух! И здорова же водка у тебя, Петровна! Аж в лоб стукнула, пропади она пропадом». — «Сахаром в уста, любезный!» И. Бунин. Деревня. **Са́харный.** (Удар. ?) В знач. сущ. ▲ *Прост.* и *обл.* Ласк. или шутл.-ирон. обращение. *Засмеялась русалка, аж по спине у него холодок ужом прополз. — Сойди-ка, сахарный, поближе. Дай гармонь в руках подержать, авось обменяю.* С. Чёрный. Солдат и русалка. ♦ **Целую Вас (тебя) во уста са́харные.** См. Целую.

Сват, м. (и **Сва́тья,** ж.). *Прост.* Обращение родителей супругов друг к другу. *[Русаков (пьёт):] А ты, сват, выпьешь? [Маломальский:] Я, сват... я выпью... я нынче загулял.* А. Островский. Не в свои сани не садись. *Через час сваты сидели так тесно, что смолянистые кольца мелеховской бороды щупали прямые рыжие пряди коршуновской. Пантелей Прокофьевич сладко дышал солёным огурцом и уговаривал. — Дорогой мой сват, — начинал он гудящим шёпотом, — дорогой мой сваточек! — сразу повышал голос до крика. — Сват! — ревел он, обнажая чёрные, притупленные резцы* <...>. *— Ты вздумай, дорогой сват, вздумай, как ты меня желаешь обидеть...* М. Шолохов. Тихий Дон. ‖ *Прост.* и *обл.* «Родители молодых и их родственники друг друга взаимно зовут *сватами, сватьями; сватушка* (м.), *свашенька, сватьюшка, свахонька* (ж.) то же, все, кто в сватовстве, в свойстве». В. Даль. *«И ты, сват, — отозвалась сидевшая на лежанке, поджавши под себя ноги, своячница, — будешь всё это время жить у нас без жены?» — «А для чего она мне?»* Н. Гоголь. Майская ночь... — *Сватья, сватьюшка! Ух, как хорошо! А я ведь к тебе собралась. Где, говорю, у вас Прокопьевна? Куды вы её подевали? — Пелагея готова была разорвать свою сватьюшку, сестру жены двоюродного брата из соседней деревни, так уж не к месту да не ко времени была эта встреча! А заговорила, конечно, по-другому, так, как будто и человека для неё дороже на свете нет, чем эта красрожая баба с хмельными глазами. — Здорово, здорово, сватьюшка! — сказала нараспев Пелагея да ещё и поклонилась: вот мы как свою родню почитаем.* Ф. Абрамов. Пелагея. **Свато́к. Сва́точек. Сва́тушка (Сватушко).** *Прост.* и *обл.*

Ласк. к Сват. **Сва́тьюшка.** *Прост.* Ласк. к Сватья. ▭ *Нарядилась старуха и ушла. Немного погодя заходит в избу. «Драствуй, сват! Христос воскрес!» — «Воистину воскрес, — отвечает старик. — Проходи, сватьюшка, за стол».* Гостья. Сказка. Зап. в 1942. — *Уж ты сватья, ты, сватьюшка, да гордокняжая сватьюшка!* СРНГ. **Сва́ха.** *Обл.* То же, что Сватья. **Сва́хонька. Сва́шенька.** *Обл.* Ласк. к Сваха. (Сватья). *Свахи, обнявшись, сидели на сундуке* <...>. *— Дитё, таких-то и на свете нет! Была б тебе слухмяная и почтительная, уж эта из-под власти не выйдет. Слово, милая свашенька, всопёрек боится сказать.* М. Шолохов. Тихий Дон. **Сва́ты** (и *прост.* **Сваты́**). Мн. **1.** Обращ. к тем, кто пришёл сватать. **2.** Обращ. к свату и сватье. **Сва́точки.** Ласк. к Сваты.

Свеже́нько (тебе, Вам)! *Обл.* Приветственное пожелание девушке, женщине, стирающей или полощущей бельё; то же, что ♦ **Беле́нько (тебе, Вам)!** *Набежала досужая мастерица на лёгкое слово и на такую, которая шла бельё полоскать. «Свеженько тебе!»* С. Максимов. Крылатые слова. ‖ Приветственное пожелание черпающей воду из колодца, проруби. ▭ *[Студентка рассказывает:] Я ездила в деревню к бабушке. Пошла за водой. У колодца встретила бабушкину соседку. Она мне говорит: «Свеженько тебе!» Я растерялась даже, говорю: «Спасибо». Первый раз такое слышала* (1997).

Свёкор-ба́тюшка. ▲ *Прост.* и *обл.,* преимущ. *фольк.* Почтительное обращение к свекру, тестю. *«Свекровушку называли матушкой, свёкра — батюшкой».* СРНГ. *Свёкру-батюшке Поклонилася: Свёкор-батюшка, Отними меня От лиха мужа, Змея лютого!* Н. Некрасов. Кому на Руси жить хорошо.

Свет. ▲ *Прост., нар.-поэт.* Ласковое, приветливое обращение. Может употр. самостоятельно, но чаще — в составе осложнённых формул обращения. ♦ **Мой свет.** ♦ **Свет ты мой,** м. и ж. К близкому знакомому, родственнику, равному или младшему по возрасту. — *Соседушка, мой свет! Пожалуйста, покушай!* И. Крылов. Демьянова уха. — *Кушай яблочко, мой свет, Благодарствуй за обед. — Старушоночка сказала, Поклонилась и пропала.* А. Пушкин. Сказка о мёртвой царевне...

Марфа Тимофеевна отказалась от поездки. — Тяжело мне, свет, — сказала она [Лаврецкому], — кости старые ломать; и ночевать у тебя, чай, негде, да мне и не спится в чужой постели. Пусть эта молодёжь скачет. И. Тургенев. Дворянское гнездо. — Что ты, свет, что ты, сударь, Григорий Иваныч? — посмеиваясь и поёживаясь, говорила бабушка. — Куда уж мне плясать. М. Горький. Детство. ‖ ⌘ Свет. Обращ. монаха или др. духовного лица к мирянину («светский, суетный человек»). ⌐ А ты, свет, удаляйся греха. В. Даль.
♦ **Свет (ты) мой ясный.** ♦ **Свет (ты) мой ненаглядный.** Ласк. или шутл. обращ. к близкому, любимому человеку, приятелю. — Охонюшка, милая... да тебя ли я вижу, свет мой ясный! — откликнулся Арефа, подходя к окончу. — Да как в город-то попала, родная? Д. Мамин-Сибиряк. Охонины брови. — Христос воскресе, Егорушка! Свет ты мой ненаглядный! — с плачем и рыданьями обнимая и целуя племянника, голосила Варвара Петровна. — Насилу-то дождались мы тебя! Со дня на день ожидали. П. Мельников (Печерский). На горах. Сергей встрепенулся. — Да ведь, Катерина Ильвовна! свет ты мой ясный! — заговорил он. — Ты сама посмотри, какое наше с тобою дело. Н. Лесков. Леди Макбет Мценского уезда. ‖ В совр. употр. — *шутл.* — Здравствуй, здравствуй, свет мой ясный! (1997).
♦ **Свет моё солнышко.** ⌘ ♦ **Свет государь** (имя, отчество). ⌘ ♦ **Свет честна(я) вдова** (имя, отчество). ⌘ *Прост., фольк.* Ласк., учтив. обращ. *Да сама [Апраксия] говорила таково слово: «Свет государь ты Владимир-князь! Да премладому Чуриле сыну Пленковичу Не на этой а ему службы быть...» Чурила и князь.* Былина. Зап. в 1871. *Молодой Добрынюшка Микитинец А он бьёт челом ещё по другой раз, А он желтыми кудрями до кирпичных пол: «Здравствуй, свет честна вдова Мамерфа Тимофеевна!» Добрыня и Василий Казимирович.* Былина. Зап. в 30-е гг. XX в. ♦ **Свет очей моих.** ⌘ *Возвыш., книжно-поэт.* Ласк. обращ. к близкому, любимому человеку. *[Василий Иванович:] Родная, свет очей моих, прости.* И. Лажечников. Матери-соперницы. ‖ Шутл. *Папа сидит в комнате фрейлин, близко наклонившись к этой последней, держа её руку в своей руке. При появлении Ниночки он сконфужен-* но откидывается назад и говорит с немного преувеличенной радостью и изумлением: — А-а! Кого я вижу! Наша многоуважаемая дочь! Ну, как ты себя чувствуешь, свет моих очей? А. Аверченко. День делового человека. ♦ **(Имя полное) свет (отчество).** ⌘ *Нар.-поэт.* Формула ласк.-учтив. обращения. ‖ В совр. речи употр. шутл., с оттенком мягкой снисходительности к близкому знакомому, приятелю, родственнику. *Половцев в этот день был необычно весел, любезен даже с Яковом Лукичом. <...> — Подпоручик Лятьевский останется у тебя недели на две, а я сегодня, как только стемнеет, уеду. Всё, что понадобится Вацлаву Августовичу, доставляй, все его приказы — мои приказы. Понял? Так-то, Яков свет Лукич!* М. Шолохов. Поднятая целина. *Степанов открыл крышку пианино, сыграл «чижика», вздохнул <...>. И спросил: — Ну что, Антонина свет Никодимовна? Что грустная сидишь?* Ю. Герман. Наши знакомые. **Светик (ты мой).** *Нар.-поэт., прост.* Ласк. (чаще женское или стариковск.) обращ. — *Нет препятства никакого Завтра утром, светик мой, Обвенчаться мне с тобой.* П. Ершов. Конёк-горбунок. *И словно чуяла она, Феклиста-то, что ему от воды погибель произойдёт. Бывало пойдёт-от Вася с нами, с ребятками, летом в речку купаться, — она так вся и встрепенётся. <...> поставит корыто наземь и станет его кликать: «Вернись, мол, вернись, мой светик! ох, вернись, соколик!»* И. Тургенев. Бежин луг. *[Марина (целует Серебрякова в плечо):] Пойдём, батюшка, в постель... Пойдём, светик... Я тебя липовым чаем напою, ножки твои согрею... Богу за тебя помолюсь...* А. Чехов. Дядя Ваня. **Светушка (ты мой).** ⌘ *Обл.* То же, что Светик (ты мой). ♦ **Батюшки-светы.** *Прост.* **Светики-кормильцы.** *Обл.* В знач. междом. Женск. восклицание изумления. — *Светики-кормильцы, я-то как стряпалась, так и не скинула буднюю юбку!* — вскудахталась хозяйка. М. Шолохов. Тихий Дон. **Свет-посвет.** *Обл.* Ласк. обращение. — *Здравствуй, свет-посвет!* СРНГ.

Свет (Мир) не без добрых людей. См. Добрый.

Свет не клином сошёлся (на ком, чём-л.). *Погов.* Можно обойтись, прожить без кого или чего-л. Употр. как форма утешения, ободрения собеседника, вынужденного расстаться с кем или с чем-л. Нередко со словами: «не беда, подумаешь...» и т. п.

Светлейший Князь. См. Светлость.

Светлость. ♦ **Ваша Светлость**, *м. и ж.* ⌛ ♦ **Светлейший Князь.** ⌛ В дореволюц. России форма титулования и офиц.-почтит. обращения к младшим членам императорской фамилии и светлейшим князьям. [Нем. Durchlaucht; франц. altesse, serenissime. Титул первонач. немец. курфюрстов, затем вообще владетельных князей. В России титул *Светлейший* жаловался с нач. XVIII в. некот. княжеским родам за особые заслуги. По закону титул *Светлейший* присваивался младшим детям правнуков императора и их потомству в мужском поколении. Пожалование титулом *Светлейшего князя* наследственных князей стало практиковаться только во второй четверти XIX в. при императоре Николае I]. «*Что?* — *в середине изложения Денисова проговорил Кутузов.* — *Уже готовы?»* — *«Готов, ваша светлость»,* — *сказал генерал.* <...> *«Я тебя вызвал, чтоб оставить при себе».* — *«Благодарю вашу светлость,* — *отвечал князь Андрей,* — *но я боюсь, что не гожусь больше для штабов»,* — *сказал он с улыбкой, которую Кутузов заметил.* <...> *«Ну, прощай, дружок; помни, что я всей душой несу с тобой твою потерю и что я тебе не светлейший, не князь и не главнокомандующий, а я тебе отец. Ежели что нужно, прямо ко мне. Прощай, голубчик».* — *Он опять обнял и поцеловал его.* Л. Толстой. Война и мир. *Вспомнил, что на кухне «Дома Искусств» получают дешёвые обеды, встречаясь галантно, два таких пролетария, как бывший князь Волконский и бывшая княжна Урусова. У них в разговоре французские, английские фразы, но у неё пальцы распухли от прошлой зимы и на лице покорная тоска умирания. Я сказал ему в шутку на днях: «Здравствуйте, ваше сиятельство». Он обиженно и не шутя поправил: «Я не сиятельство, а светлость...» И стал подробно рассказывать, почему его дед стал светлейшим. В руках у него было помойное ведро.* К. Чуковский. Дневник. Зап. 28 июня 1920. ‖ Эпист. В письмах правила светской учтивости рекомендовали обращаться: ♦ **Ваша Светлость.** ♦ **Светлейший Князь.** После чего следовали другие учтивые обращения, в том числе — по имени-отчеству. **Светлейший.** ⌛ *В знач. сущ.* То же, что ♦ Светлейший князь. Употр. преимущ. при почтит. назывании светлейшего князя в его отсутствии. *Гусарский подполковник обратился к нарядному денщику, и денщик главнокомандующего сказал ему с той особенной презрительностью, с которой говорят денщики главнокомандующих с офицерами: — Что, светлейший? Должно быть, сейчас будет. Вам что?* Л. Толстой. Война и мир. ♦ **Его (Её,Ея — эпист., Их) Светлость.** При почтит. указании на 3-е лицо или при обозначении титула адресата (в дат. пад.) в письмах. «*Магнус, как ты попал к принцессе?»* — *воскликнул барон по-немецки, забыв обычную свою сдержанность в обращении с людьми, стоявшими ниже его по общественному положению. «Меня рекомендовал граф Пален ея шталмейстеру, господин барон.<...> Когда ея светлость изволит быть у старой императрицы <...>,* — *самодовольно отвечал Магнус,* — *всегда меня берут с собою, господин барон».* Е. Шумигорский. Роман принцессы Иеверской.

Светлый, -ая, -ое; -ые. **1.** Эпитет, используемый в формулах похвалы, комплиментов. **а)** Приятный, доставляющий удовольствие, радость. *Обними Зосю и поцелуй ей руку. У меня самые светлые воспоминания о ней.* С. Есенин. Письмо Н. К. Вержбицкому, 6 марта 1925. **б)** Прекрасный, высокий, чистый в нравственном отношении. *Перед рядами многих поколений Прошёл твой светлый образ; чистых впечатлений И добрых знаний много сеял ты.* Н. Некрасов. Сцены из лирической комедии «Медвежья охота». **в)** Ясный, чистый, логичный (об уме, мыслях). ♦ **Светлый ум.** ♦ **Светлая голова.** *[Пётр Михайлыч] неимоверно восхищался, замечая, что Настенька с каждым днём обогащается сведениями или, как он выражался, расширяет свой умственный кругозор. — Экая ты у меня светлая головка! Если бы ты была мальчик, из тебя бы вышел поэт, непременно поэт,* — *говорил старик.* А. Писемский. Тысяча душ. *[Леночка:] Лёнька, милый, я к тебе с огромной просьбой. [Леонид:] Ну? [Леночка:] Помоги нам, у тебя такая светлая голова...* В. Розов. В поисках счастья. **2.** ⌛ *Нар.-поэт.* Постоянный эпитет в почтит. обращении к царю, боярину. *[Купава:] Ба-*

тюшка, светлый царь! [Царь:] Сказывай, слушаю! А. Островский. Снегурочка. ♦ **Светлой памяти** (кто). См. Память. ♦ **Светлое (ему, ей, им) место.** *Прост.* То же, что ♦ Царство небесное. ♦ **Пресветлый рай (ему, ей, им).** — *Маруся-то глядит на меня и спрашивает: «Баба, баба, а мама-то пошто не встаёт, она спит, наверно?» Я говорю: «Спит, милая, спит, уснула твоя мама...» — «Царство небесное, светлое ей место», — сказала Степановна и перекрестилась. В. Белов. Привычное дело.*
Светлейший. ⌛ Высший княжеский титул в дорев. России. См. Светлость.

Свидетельствовать. (Засвидетельствовать). Выражать. (Выразить). ♦ **Свидетельствую (Вам,** кому-л.**) своё (моё) почтение (уважение).** ♦ **Хочу (хотел бы, разрешите, позвольте, считаю приятным долгом...) засвидетельствовать (Вам) (моё, своё) почтение (уважение, восхищение, благодарность...).** ⌛ Формулы учтив. или офиц.-учтив. выражения приветствия, благодарности, комплиментов в адрес высшего или равного по положению. *Батюшка поручил мне засвидетельствовать глубочайшую свою благодарность за участие, принимаемое Вами в несчастии, которое нас постигло. А. Пушкин. Письмо И. И. Дмитриеву, 14 июня 1836. Это был Рощин, Вадим Петрович. Катя поднесла обе руки к груди. Рощин, не опуская глаз, сказал медленно и твердо: «Я зашёл к вам, чтобы засвидетельствовать почтение. Ваша прислуга рассказала мне о несчастии. Я остался потому, что счёл нужным сказать вам, что вы можете располагать мной, всей моей жизнью». А. Н. Толстой. Хождение по мукам.* ♦ **Засвидетельствуй/те моё почтение** (Н.). См. Благодарность. Восхищение. Почтение. Уважение.

Свидимся. ♦ **Свидимся ещё.** ♦ **Даст Бог, свидимся.** ♦ **Живы будем — свидимся.** *Прост.* То же, что Увидимся (ещё). ▭ [*Прощаются две пожилые близко знакомые женщины:*] *«Ну иди, а то поздно уже». — «И то правда. Ну, пойду я. Живы будем — свидимся». — «До свидания»* (1995).

Свободный, -ден, -дна; -дны. ♦ **Вы свободны? (Ты свободен?)** ♦ **Вы (ты) (сейчас, сегодня, вечером, завтра...) свободны (свободен)?** **1.** *Только в устн. контактном* общении. Форма вопросит. обращения входящего в кабинет к должностному лицу, означающая просьбу: «я могу (можно мне, разрешите) войти?» ▭ *«Вы свободны, Иван Петрович?» — «Да, да; входите, пожалуйста».* **2.** Употр. с намерением обратиться к собеседнику с просьбой, приглашением, предложением сделать что-л., каким-л. образом совместно провести время. ▭ — *Ты как в субботу, свободен? Может, сходим к Вере Васильевне, поздравим?* (1994). ♦ **Вы свободны.** ♦ **Можете быть свободны (свободным).** *Сугубо офиц.* Разговор окончен, можете идти, я вас больше не задерживаю. Форма прощания с подчинёнными по службе. С целью смягчения офиц. тона употр. обычно с обращениями. — *А теперь, господа, моё почтение-с. Вы свободны, рад буду видеть вас в другой раз. А. Куприн. Поединок. «Всё, товарищи, — опять раздался голос Васильева. — У тебя, комиссар, ничего нет? Тогда все свободны. А вы, Дерюгин, задержитесь». П. Проскурин. Судьба. «Я — старый врач и великолепно знаю все эти штуки, но сейчас, слава Богу, иные времена, и мы с вами не состоим в цехе врачей, где всё шито-крыто... Запомнили?» — «Запомнил», — сказал Баркан. «Можете быть свободным!» — опять крикнул Александр Маркович. Баркан, склонив мягкое тело в некоем подобии полупоклона, исчез в дверях. Ю. Герман. Подполковник медицинской службы.* ♦ **Разрешите быть свободным?** *Офиц. Преимущ. в среде военнослужащих.* Уставное обращение к старшему по званию, чину, должности. ♦ **Здесь свободно?** *Разг. Только в устн. контактном общении.* Вопросит. обращ. к кому-л. с намерением занять место, получить разрешение сесть рядом. ♦ **Свободно Вам?** ⌛ То же, что ♦ Вы свободны? (в 1 знач.). — *Свободно вам, Марко Данилыч? — спросила она, осторожно входя в его комнату. — Мне бы чуточку поговорить с вами. П. Мельников (Печерский). На горах.*

Свои люди — сочтёмся. *Посл.* Между близкими, своими людьми не стоит считать взаимные услуги. Употр. в ситуации оказания помощи, услуги близкому знакомому, родственнику. Если пословицу произносит тот, кто оказал услугу, это может означать: **а)** «Не считай себя должником, мы друзья (соседи, родственники); может быть, в будущем и ты мне чем-нибудь поможешь». — *Недоимок за тобой больше нет, шабёр: я все погасил. Свои люди — сочтёмся. Друзья в беде узнаются. Росли мы вместе, а отцы из века из одной чашки ели.* Ф. Гладков. Повесть о детстве. *Как льну много — одной бабе и подступиться к нему страшно. Вот и звала она родню, соседок, кои поближе и посвободней. <...> Никому и в голову не приходило в таких-то вот случаях какую-то плату спрашивать. Скажут: «Свои люди — сочтёмся». — «Ну, спасибо!» — «Зови ещё, как нужда подопрёт». Тем и кончалось.* П. Еремеев. Обиход. **б)** Ладно, чего там, не беспокойся. Ответ на благодарность. ▭ *«Дядь Вань, я к тебе с просьбой: одолжи тысяч пятнадцать, а?» — «Пятнадцать?.. на, держи». — «Спасибо. Послезавтра получу, сразу отдам». — «Ладно, чего там, свои люди — сочтёмся!»* (1996). ‖ Если пословицу произносит тот, кому оказали услугу, это обычно означает: «я в долгу не останусь, при случае готов оказать посильную услугу». *[Большов:] Бери всё, только нас со старухой корми да кредиторам заплати копеек по десяти. [Подхалюзин:] Стоит ли, тятенька, об этом говорить-с. Нешто я не чувствую. Свои люди — сочтёмся.* А. Островский. Свои люди — сочтёмся.

Святая душа на костылях! *Обл.* Шутл. приветствие близкого знакомого, приятеля при встрече. — *Вот он, святая душа на костылях, — без всякого удивления сказала Дарья и поднялась за стаканом <...>. — А мы говорим: Богодул чё-то не идёт. Садись, покуль самовар совсем не остыл.* В. Распутин. Прощание с Матёрой.

Святейшество. ♦ **Ваше Святейшество**, *м.* Титулование и почтит. обращение к православному патриарху, а также к папе римскому. *[Корреспондент — Патриарху Алексию II:] Как вы считаете, Ваше Святейшество, существует ли сегодня в России правовая основа для передачи Церкви культурных ценностей, находящихся в собственности государства?* Известия. — 1992, 13 нояб. ♦ **Его (Их) Святейшество.** При почтит. указании на 3-е лицо или при обозначении титула адресата (в дат. пад.) в письмах. ♦ **Святейший Патриарх.** Титулование православного патриарха. См. также ♦ **Ваше Блаженство.**

Свящéнствуй. ♦ **Батюшка, священствуй!** ⧖ *Обл.* и *прост.* Почтит. приветствие, с которым мирянин обращался к священнику при встрече. *«Священника привечать: "Батюшка, священствуй!", а этому отвечать: "Сын духовный, здравствуй!"»* С. Максимов. Крылатые слова.

Сглáзить. ♦ **Не дай Бог сглазить.** ♦ **Только бы не сглазить.** ♦ **Чтобы не сглазить.** *Прост.* Обереги, употр. при выражении похвалы, комплиментов. [От поверья, что хвалить человека в глаза не следует, чтобы не сглазить, т. е. не вызвать несчастье, болезнь, порчу «дурным глазом»]. — *Здравствуй, сестрица, здравствуй, Парашенька, — продолжала она [Аграфена Петровна], обнимая младшую дочь Потапа Максимыча. — Да как же раздобрела ты, моя ясынька, чтоб только не сглазить! Ну, да у меня глаз-от лёгкий, не бойся.* П. Мельников (Печерский). В лесах.

С горы́ виднéй. ♦ **Вам (тебе) с горы виднéй.** *Прост.* Поступайте как знаете, дело ваше. Форма согласия (нередко вынужденного) с намерением или решением высшего по положению. Употр. при нежелании спорить, переубеждать начальство. ▭ *Ну, не хотите, как хотите. Вы начальство, вам с горы виднéй.* ▭ *Оно, конечно, вам с горы виднéй, только сомневаюсь я всё ж таки...* (1995).

С гу́ся водá, с лéбедя водá, а с тебя худобá! См. **Вода**.

Сдéлать. В сочет. с сущ. *благодеяние, дружбу, милость, одолжение, честь* и т. п. образует формулы интенсификаторов учтивой просьбы, приглашения. ♦ **Сделай/те благодеяние.** ⧖ См. **Благодеяние**. ♦ **Сделай/те дружбу.** ⧖ См. **Дружба**. ♦ **Сделай/те любезность.** См. **Любезность**. ♦ **Сделай/те милость.** ⧖ См. **Милость**. ♦ **Сделай/те одолжение.** См. **Одолжение**. ♦ **Сделай/те честь.** См. **Честь**. ‖ В условно-сослагат. накл. образует формулы повышенно вежл., мягкой, некатегоричной просьбы. ♦ **Не могли бы Вы сделать...** ♦ **Если бы Вы сделали мне (любезность, одолжение, честь)...** ♦ **Вы сделали бы (мне) (истинное благодеяние, величайшее одолжение, большую честь), если бы...**; и т. п. *К нему подошёл в облаке крепких духов его противник по судебному процессу Нифонт Ермолов. <...> —*

Дорогой мой Клим Иванович, не можете ли вы сделать мне великое одолжение отложить дело, а? М. Горький. Жизнь Клима Самгина. *После завтрака Чохов подошёл ко мне вместе с капитаном. — Владимир Александрович, не пожалуете ли вы ко мне сегодня пообедать чем Бог послал? Вот Люциан Адамович будет, ещё двое с вашего парохода. Я бы очень был рад, если бы и вы мне сделали честь откушать у меня. Не побрезгуйте.* В. Вересаев. Невыдуманные рассказы. ♦ **(Я) Прошу (хотел бы просить) Вас сделать (сделайте) мне (одолжение, честь)** (сделать что-л.). *Учтив. или офиц.-учтив. Он [Берг] ещё приятнее улыбнулся. — Я хотел просить графиню и вас сделать мне честь пожаловать к нам на чашку чая и... на ужин.* Л. Толстой. Война и мир. *— Но во всяком случае прежде изложения я бы попросил вас покорнейше сделать мне величайшее одолжение дать мне честное и благородное слово дворянина и порядочного человека, что всё услышанное вами от меня останется между нами в глубочайшей тайне...* Ф. Достоевский. Село Степанчиково и его обитатели. ♦ **Сделаю всё, что могу (смогу).** ♦ **Сделаю всё, что в моих силах.** *Положительные ответы на просьбу, распоряжение в ситуации, когда говорящий не вполне уверен, что их выполнение зависит только от него. [Лиза:] Ну, так скажите ему, чтобы он вернулся, что ничего не было, что всё забыто. Сделайте это из любви к нему и дружбы к нам. [Каренин:] Сделаю всё, что могу.* Л. Толстой. Живой труп. *[Первая:] Мосье! К пятнице! [Аметистов:] Всё, что в моих силах, всё будет сделано.* М. Булгаков. Зойкина квартира.

Сей (Сия. Сие), *местоим.* ⌛ ♦ **Сим извещаю Вас...** ♦ **Сим извещаетесь...** ⌛ *Эпист.* Формулы офиц. извещения, уведомления. *Любезнейший князь, / Сим Вы извещаетесь, что наши вечера переменены с субботы на четверг — и начнутся с будущего четверга, т. е. с 27-го.* И. Тургенев. Письмо П. В. Долгорукову, 8 дек. 1860. ♦ **К сему** (подпись адресанта). ⌛ *Эпист.* Форма подписи адресанта в конце офиц. письма [< от более архаичной канцелярской формулы: ♦ **К сему** (наименование адресанта по общественному, должностному положению, имени, отчеству, фамилии) **руку приложил.** *Затем [в письме] следовали изъявления преданности и подпись: «Староста твой, всенижайший раб Прокофий Вытягушкин собственной рукой руку приложил». За неумением грамоты поставлен был крест. «А писал со слов оного старосты шурин его, Демка Кривой».* И. Гончаров. Обломов]. ♦ **За сим остаюсь...** ⌛ *Эпист.* См. Засим. ♦ **Сию минуту (минутку).** См. Минута. ♦ **Сей момент.** См. Момент. ♦ **Сию секунду (секундочку).** См. Секунда. ♦ **Сей час.** См. Сейчас.

Сейчас. [< Сей час]. ‖ *В знач. утвердит. частицы. Разг.* Да, тотчас же, без промедления исполню. Утвердит. ответ на зов, просьбу, требование. Как наиболее часто употребительное из ряда синонимичных (ср. ♦ Сию минуту. ♦ Сию секунду. ♦ Сей момент) утратило оттенок вежливости, поэтому для придания вежливости, учтивости употр. с обращениями или с другими формами выражения готовности откликнуться за зов, просьбу. *[Большов (из двери):] Жена, поди сюда! [Аграфена Кондратьевна:] Сейчас, батюшка, сейчас!* А. Островский. Свои люди — сочтёмся! ‖ *Прост. Ирон.* Форма категорического несогласия или отказа; как бы не так! Для смягчения категоричности нередко произносится шутл.-искажённо, на просторечный манер: *Щас!* или *Щазз!*

Секунда. Секунду. Секундочку. ♦ **Одну секунду (секундочку).** ♦ **Сию секунду (секундочку).** ⌛ *Разг.* Только в устном контактном общении. Исполню незамедлительно, в самом скором времени. Вежл. ответ на зов, вопросит. обращение, просьбу, требование; выражение готовности услужить высшему по положению. *«Ну что, кончил?» — обратился он [Кутузов] к Козловскому. «Сию секунду, ваше высокопревосходительство».* Л. Толстой. Война и мир. ♦ **Сею секундой.** ⌛ *Прост. «Собери-ка нам, любезный человек, поскорее самоварчик», — приказал Смолокуров влетевшему на звонок коридорному. «Сею секундой-с», — быстро ответил тот и вихрем полетел назад.* П. Мельников (Печерский). На горах. ♦ **В секунт.** ⌛ *Прост. [Арина:] Да ты беги поскорей за девками-то. [Егорушка:] В секунт! (Уходит.)* А. Островский. Бедность не порок. ‖ ♦ **(Одну) секунду (секундочку).** *Разг.* В устном контактном общении и в разговоре по телефону. Просьба к собеседнику, равному или младшему по положению, на время прервать свою речь в связи с внезапно возникшими обстоятельствами, а также (в ситуации полемики) в связи с необходимостью возразить, внести уточнение, задать вопрос по ходу общения. Обычно с извинениями: ▭ *Извините, одну секундочку, я сейчас посмотрю, там, кажется, кто-то пришёл.* ▭ *Одну секунду, простите, давайте всё же сначала уточним, о каких именно постройках, на ваш взгляд незаконных, идёт речь?* (1996).

Се ля ви́. [Франц. C'est la vie — такова жизнь.] ♦ **Се ля ви, как говорят французы.** *Разг.* Ничего не поделаешь, надо принимать всё как есть. Шутл. форма утешения. «*Может, научишь хитрому приёмчику, лейтенант?» — «Нет, не научу». — «Смотри, не прогадай, ещё моей дружбы попросишь. Я ведь парень ёжик, в голенище ножик. Сегодня твоя взяла, завтра — моя». — «Се ля ви, как говорят французы...»* — сказал с ответной деланной любезностью Илья и так передразнивающе-нежно похлопал ладонью по крутому плечу Лазарева, что тот лишь каменно сжал челюсти.* Ю. Бондарев. Выбор.

Семь фу́тов под ки́лем! (Желаю вам / тебе семь футов под килем!) *Проф.* Преимущ. в речи моряков. Пожелание счастливого пути уходящим в плавание. [Фут как линейная мера длины (30,5 см) использовался и в качестве морской меры длины. Глубины на морских картах обозначались в саженях и футах. Издавна моряки считали глубину в одну морскую сажень, равную 6 футам (1 м 83 см), безопасной для плавания по мелководью. Традиционным для них было поэтому пожелание шестифутовой глубины под *килем* — продольной балкой, к которой крепится днищевая обшивка судна. Появление числа *семь* объясняется тем, что это число с древних времён у многих народов, в том числе и у русских, имело символическое значение; так, в Библии оно нередко означает вообще «полноту» чего-л. СРФ].

Сенкью́. [Англ. thank you — благодарю вас, спасибо вам]. ‖ *Прост.* В современной преимущ. молодёжн. русскоязычн. среде — шутл. или фамильярн. форма благодарности. «*Говори, сколько с меня причитается». Баба Фрося мнётся <...>. «Не надо уж... Светланка приезжает... Пригодятся, поди». — «Субсидируешь, значит? Безвозмездно? От меня и сестрицы огромное сенкью!»* А. Ткаченко. Цветок Гёте.

Сеньо́р. См. Синьор.

Серде́чный, -ая, -ое; -ые. **1.** *Только полн. ф.* Искренний, идущий от сердца; исполненный доброжелательства. Интенсификатор вежливости, учтивости в этикетных формулах приветствия, благодарности, поздравления, пожеланий и др. Нередко в экспрессив. неофиц. общении употр. в форме элатива: «самый сердечный». *Сердечный привет (вам). Сердечные пожелания (вам). Примите мои сердечные поздравления. Сердечная благодарность (Вам). Сердечное спасибо (Вам);* и др. *Анне Абрамовне мой самый сердечный привет. Поцелуйте её за меня в щёку.* С. Есенин. Письмо Г. А. Бениславской, 20 дек. 1924. **2.** Милый, дорогой, любимый. ♦ **Серде́чный друг.** *Нар.-поэт.* Ласк. обращ. к близкому, любимому человеку. См. Друг. **3.** **Серде́чный (Серде́шный) (мой). Серде́чная (Серде́шная) моя.** *В знач. сущ. Прост.* Ласково-сострадательное обращение к тому, «о ком всем сердцем сожалею, соболезную» (В. Даль). Употр. чаще в женской или стариковской речи. *[Пелагея Егоровна:] Ах ты, сердечный! Экой ты горький паренёк-то, как я на тебя посмотрю!* А. Островский. Бедность не порок. *[Матрёна (Анисье):] Ох, ягодка, отдаст [муж] денежки помимо твоих рук, век плакаться будешь. Сопхают они тебя со двора ни с чем. Маялась ты, маялась, сердечная, век-то свой с немилым, да и вдовой с сумой пойдёшь.* Л. Толстой. Власть тьмы. *А это Горкин, уже ночной, в рубахе, присел ко мне на постельку. — Намаялся ты, сердешный... Что ж, воля Божья, косатик, плохо папашеньке.* И. Шмелёв. Лето Господне. ‖ К любимому, любимой. *[Даша:] Помнишь, мой сердечный, дома-то ты, бывало, на меня не наглядишься, а выйдем мы с тобою в праздник на улицу — и сидим целый день обнявшись, за белую руку ты меня держишь. Народ-то идёт — на нас радуется. Скоро-то, скоро всё это миновалося! (Плачет.)* А. Островский. Не так живи, как хочется. ▭ *Никогда, никогда, ни до жизни вечной Не забуду я тебя, милый мой сердечный.* СРНГ. **Серде́чно,**

нареч. Интенсификатор вежливости, экспрессивности. *Сердечно благодарю Вас. Сердечно Вам признателен. Сердечно тронут. Сердечно поздравляю Вас. Сердечно рад Вам. Сердечно желаю Вам... Сердечно Вам сочувствую;* и др. *Позвольте мне, Милостивый Государь Афанасий Николаевич, ещё раз сердечно Вас благодарить за отеческие милости, оказанные Вами Наталии Николаевне и мне. Смею надеяться, что со временем заслужу Ваше благорасположение.* А. Пушкин. Письмо А. Н. Гончарову, 7 июня 1830. *Прощайте. Жду ответа вашего с нетерпением. <...> / Вас сердечно любящая / Варвара Доброселова.* Ф. Достоевский. Бедные люди. *Ещё раз — спасибо за письмо! / Сердечно Ваш / М. Горький.* М. Горький. Письмо С. Цвейгу, 6 нояб. 1923. *[Царь (громко и отчётливо, почти без выражения):] Сердечно поздравляю, дорогая Анна Александровна, от всей души. Примите эту безделку в знак моей дружбы и неизменного расположения. (Подаёт футлярчик.) [Вырубова:] Государь!..* А. Н. Толстой. Заговор императрицы. *Я поднялся на лифте. Позвонил. Дверь отворил он сам. — Прошу! Сердечно рад...* А. Рекемчук. Мальчики. **Сердя́га.** *Прост.* То же, что Бедняга. Бедолага. См. **Бедный.** *Пришёл в постовальню Сидор-коваль, поглядел, как промеж двух кирпичей растирает Петька зёрна кукурузы, вздохнул: — Эх, сердяга, страданьев сколько ты принимаешь!.. Ну, ничего, не падай духом, скоро придут наши, легче будет жить! А завтра беги ко мне, я те муки меры две всыплю.* М. Шолохов. Путь-дороженька.

Сердце. ♦ **Сердце (ты) моё.** ♦ **Сердечко (сердечушко) (ты) моё (милое).** *Прост.* ♦ **Серде́нько (ты моё милое).** *Укр. и обл.* ♦ **Мил-серде́чушко.** ⚠ *Обл. и нар.-поэт.* Ласк. обращение к близкому, любимому человеку (чаще — к возлюбленному, возлюбленной, ребёнку). *— Что ты, моё сердце, стонешь всё? глянь: вон тебе ленты новые купили, кофту суконную, юбки пошили.* Г. Данилевский. Беглые в Новороссии. *«Что, сундук мой готов?» — «Будет готов, моё серденько, после праздника будет готов».* Н. Гоголь. Ночь перед Рождеством. *Дорогая, хорошая, сердце моё! Как медлителен времени бег!* А. Сурков. Дорогая, хорошая... ♦ **Большое сердце (у Вас / у тебя,** у кого, в ком-л.**).** ♦ **Доброе (благородное) сердце (у Вас / у тебя,** у кого, в ком-л.**).** ♦ **(Вы / ты,** кто-л.**) (человек, мужчина, женщина...) с сердцем.** Формулы одобрительного отзыва о том, кто способен горячо и сильно чувствовать, быть отзывчивым, добрым, великодушным. *[Глумова:] Уж очень он рад, что его, сироту, обласкали; от благодарности плачет. [Мамаева:] Да, да, с сердцем мальчик, с сердцем! [Мамаева:] Да уж что говорить! Натура кипяток.* А. Островский. На всякого мудреца довольно простоты. ♦ **От (всего, искреннего, чистого) сердца.** Искренне, горячо, сердечно. Интенсификатор вежливости, учтивости, экспрессивности, употр. при выражении благодарности, просьбы, приглашения, пожелания благополучия, поздравления, сочувствия. *Обнимаю вас от искреннего сердца. / Павел Б-П.* П. Бобрищев-Пушкин. Письмо И. И. Пущину, 20 янв. 1841. *— Милости просим от всего сердца, — ответил игумен. — Господа! Позволю ли себе, — прибавил он вдруг, — просить вас от всей души, оставив случайные распри ваши, сойтись в любви и родственном согласии за смиренной трапезою нашей.* Ф. Достоевский. Братья Карамазовы. ♦ **(Всем) Сердцем Ваш** (подпись адресанта). *Эпист.* Формула вежливости в конце письма к близкому, дорогому человеку. См. **Ваш.** ♦ **Сердце не камень.** *Разг.* Так и быть, уговорил(а). Форма вынужденного (или якобы вынужденного) согласия на настойчивую просьбу, мольбу равного или низшего по положению. Нередко употр. шутл.

Серебряный, -ая; -ые. *Прост., нар.-поэт.* Эпитет-комплимент в составе ласк. обращений к близкому, дорогому человеку. *Золоты родители, Брат родной серебряный, Отпустите погулять, — сегодня день не ведреный.* Частушка. ‖ *В знач. сущ.* ⚠ *Прост.* Ласк. или льстивое, преимущ. женск. обращение к лицу, равному или высшему по положению. *[Устинья Наумовна:] Сам, серебряный, не хочешь, — приятелю удружу. У тебя ведь, чай, знакомых-то по городу, что собак.* А. Островский. Свои люди — сочтёмся!

Сестра́. 1. Малоупотр. обращение к родной или двоюродной сестре. **а)** В препозиции и постпозиции употр. в возвышенной эмоциональной речи или с оттенком отчуждения (в конфликтной ситуации). [Аксюша:] Братец, братец! [Несчастливцев:] Прости меня, прости! Я бедней тебя, я прошёл пешком сотни вёрст, чтоб повидаться с родными; я не берёг себя, а берёг это платье, чтоб одеться приличнее, чтоб меня не выгнали. Ты меня считаешь человеком, благодарю тебя! Ты у меня просишь тысячи — нет у меня их. Сестра, сестра! Не тебе у меня денег просить! А ты мне не откажи в пятачке медном, когда я постучусь под твоим окном и попрошу опохмелиться. Мне пятачок, пятачок! Вот кто я! А. Островский. Лес. [Ольга (обнимает обеих сестёр):] О Боже мой! Пройдёт время, и мы уйдём навеки <...>, но страдания наши перейдут в радость для тех, кто будет жить после нас! <...> О милые сёстры, жизнь наша ещё не кончена. Будем жить! А. Чехов. Три сестры. [Татьяна (в исступлении):] Говори! Сестра!.. Я знаю... я подозреваю, что затеяно преступление. Слышишь? Преступление!.. Оно может обрушиться на наш дом... Б. Лавренёв. Разлом. Григорий молча поцеловал Дуняшку, сказал: — Великое спасибо тебе, сестра! Я знал, что не откажешь. М. Шолохов. Тихий Дон. б) В интерпозиции употр. преимущ. в серьёзном разговоре взрослых и пожилых братьев и сестёр. Разговор обещал быть серьёзным. — Ну, вот что, сестра, — промолвил наконец дядюшка, — дело это не простое, и надобно нам семь раз отмерить, прежде чем один раз отрезать, не так ли? — Вместо ответа мать заплакала сильнее и горше прежнего: по тону тишайшего Андрея Филимоновича она поняла, что в нём не найти ей союзника и что сейчас всё будет кончено — Николаша уедет за море. Ю. Герман. Начало. «Да, вот так, братья дорогие, — сказала Лиза, — не хватило духу написать, а теперь судите сами. Все на виду». Григорий заплакал, как маленький ребёнок. Навзрыд. А Пётр? А Пётр что скажет? Он какой приговор вынесет? Пётр сказал: «Мы не судьи тебе, сестра, а братья»... И тут Лиза уже сама зарыдала, как малый ребёнок. Ф. Абрамов. Дом. **2.** В женск. монастырях обращение монахинь друг к другу. **3.** Обращ. к сестре милосердия, медицинской сестре. | Разг. Зов лежачего больного, обращ. к медсестре или к санитарке. **4.** В возвыш. торжеств. речи обращ. к женщине, девушке, объединённой с адресантом общими интересами, положением, условиями. ♦ **Братия и сёстры!** Церк. (♦ **Братья и сёстры!** Высок. риторич.) См. Брат. ♦ **Сестра названая.** ⌛ Обл., фольк. Так называют побратимки друг друга; «две девушки меняются крестами и обнимаются, иногда делают это в Семик при обряде крестить кукушку, и это называют сестриться». В. Даль. ♦ **Наша сестра.** Разг., только в речи женщин. Мы, женщины. **Сестрёнка.** Разг. **1.** Уменьш.-ласк. к Сестра (в 1 знач.). [Несчастливцев (Аксюше):] Кто здесь откликнется на твоё богатое чувство? Кто оценит эти перлы, эти брильянты слёз? Кто, кроме меня? А там... <...> Эх, сестрёнка! Посмотри на меня. Я нищий, жалкий бродяга, а на сцене я принц. А. Островский. Лес. [Варвара Михайловна:] Брось, Влас! Не надо болтать. [Влас:] Хорошо, — сказал он, — и грустно замолчал. Н-да! Ты не великодушна, сестрёнка! М. Горький. Дачники. **2.** Прост. Дружеск. или фамильярн. обращ. к подруге, приятельнице, а также к малознакомой или незнакомой, равной или младшей по возрасту, положению. После революции получило распространение в партийно-комсомольской среде. Ср. Братишка. [Хрущ (читает телефонограмму):] А где Мазухин? Сестрёнка, кликни-ка товарища Мазухина! [Вторая комсомолка:] Товарищ Мазухин! К товарищу Хрущу! К. Тренёв. Любовь Яровая. — О, ты уже связала мои пожитки... молодец. Значит, целая минутища в нашем распоряжении. Меня ждут товарищи внизу... — Быстро переодевшись, она обняла Полю за плечи <...>. — Ну, о чём ты задумалась, сестрёнка? — спросила Варя тоном, от которого саднило сердце. Л. Леонов. Русский лес. **Сестрица.** ⌛ Разг. Ласк. к Сестра (в 1–3 знач.). ▭ Позвал он свою сестру и говорит ей: — Прощай, сестрица! Я иду своею охотою служить Богу и великому государю. Оклеветанная купеческая дочь. Сказка из собр. А. Н. Афанасьева. [Юлинька:] А я тебе, Полинька, шляпку привезла. [Полина:] Ах, какая прелесть! Спасибо, сестрица, душенька. (Целует её.) А. Островский. Доходное место. ▭ — Душа не терпит, сестрица! Хоть тебе признаюсь. В родительском-то доме нашем, во всём умный распоряд, а у свёкра... П. Еремеев. Обиход. «Сестрица, а вот Семён вас что-то спросить хочет, робеет». Даша подошла к сидящему на койке мужику <…>. «Смеются они, сестрица, я всем доволен, благодарю покорно». Даша улыбнулась. А. Н. Толстой. Хождение по мукам. А Лукашевич робко попросил у Анжелики, наводившей порядок в своём хозяйстве: — Будьте добры, сестрица, дайте мне тридцать граммов спирта с вишнёвым сиропом. Простыл я в самолёте. Ю. Герман. Подполковник медицинской службы. ‖ ⌂ *Обл.* Вежл. обращ. к золовке, сестре мужа. ▭ *Назову я свёкра батюшком, Назову свекровку маменькой, Назову деверей братцами, Назову золовок сестрицами. За это млада да не буду худа* (нар. песня). **Сестричка.** *Разг.* Ласк. к Сестра (в 1 и 3 знач.). *Здравствуй, Галя, здравствуй, дорогая моя сестричка, сто лет тебе не писал — прости, не обижайся* (из частного письма сестре. 1990). *В палату вошла Клавдия Михайловна, вошла и удивилась тяжёлому напряжению, которое она увидела на лицах больных. «В чем дело?» — спросила она, бессознательным движением заправляя под косынку локон. «Беседуем про жизнь, сестричка! Наше дело такое, стариковское, — беседовать», — весь просияв, улыбнулся ей майор.* Б. Полевой. Повесть о настоящем человеке.

Сжа́льтесь. Сжалься. ♦ **Сжальтесь надо мною (над нами, над** кем-л.**).** *Экспрессив.* Просьба, мольба к высшему по положению проявить милосердие, жалость. *«Я пришла, Яков Васильич, просить вас за отца. Сжальтесь, наконец, вы над ним!» — начала она прямо. «Но что я могу сделать, Катерина Ивановна?» — спросил Калинович. «Господи! говорят, вы всё можете, — воскликнула* madame *Четверикова, всплеснув руками. — <…> Послушайте, я всю жизнь буду вам благодарна, всю жизнь буду любить вас; только спасите отца моего, спасите его, Калинович!»* А. Писемский. Тысяча душ.

Сиденье к нам! ⌂ *Обл.* Ответ сидящих, отдыхающих, беседующих на приветственные пожелания подошедшего; присаживайся, садись с нами. *Один наливает воду в чан: «Наливанье тебе!» — Ответ: «Гуляние тебе! Сиденье к нам!»* С. Максимов. Крылатые слова.

Сила. ♦ **Сила (тебе) в плечи!** ⌂ *Обл.* Приветственное пожелание мужчине, выполняющему тяжёлую физическую работу, как ♦ **Бог в помощь!** *Тешет домохозяин сосновое бревно, ухнет, ударит топором и отрубит щепу: «Си-ла тебе в плечи!» — ответа <…> не требуется или довольно и «спасиба».* С. Максимов. Крылатые слова. ♦ **Силы в ноги для дальней дороги!** ⌂ *Обл.* Пожелание отправляющемуся в путь. **Сила! Си́лища!** *Прост.* Форма экспрессив. выражения похвалы, восхищения. *— Силища мужик! — нахваливал Свербеева Егор. — Душа нараспашку.* В. Лихоносов. Когда же мы встретимся? ▭ *— Ну, как моя настоечка? — У! Сила!* (1992).

Сильный, -ая, -ое; -ые; -лён, -льна; -льны. В формулах похвалы, комплиментов: **а)** Отличающийся незаурядными физическими, интеллектуальными, моральными качествами. *Родис помолчала, вглядываясь в инженера <…>. — Хорошо, Таэль! Побуждения ваши прекрасны. Вы по-настоящему сильный человек. Будущее планеты в руках таких, как вы.* И. Ефремов. Час быка. *[Брюханов] с трудом распрямившись, одеревенело опёрся на лопату, глядя на всё сильнее раскачивающиеся тени, и понял, что это его самого шатает из стороны в сторону; он тряхнул головой, лицо Терентьева тотчас вынырнуло откуда-то из темноты. «Ну, брат, силён! — услышал он глухо, словно сквозь забившую уши вату. — Ну, молодец! Вот не думал! Да ты сам откуда?» — «Из Заежска», — сказал он в тон Терентьеву, неожиданно остро радуясь похвале и раздвигая одеревеневшие губы в непослушной улыбке.* П. Проскурин. Судьба. ▭ *— Вам легко говорить, вы сильный человек, а я слабая женщина* (1996). **б)** Талантливый, способный, глубоко знающий своё дело. ▭ *— Ваш сын и в школе был сильным учеником.* **в)** Оказывающий значительное воздействие на кого-л. ▭ *Прочитал вашу повесть. Сильная вещь.* **г)** Только в кратк. ф. ♦ **Силён** (в чём-л., делать что-л.), т. е. имеешь (имеет) талант, способности, успехи. ▭ *— Слышь, Дим, ты в математике силён, ну-ка посмотри, а то мы уже не знаем, сколько дважды два четыре* (1994). | *Разг.* Шутл. или ирон. ▭ *Ну ты силён! Ох и силён ты сочинять!* **Си́льно,** *нареч. Прост.* Очень. Интенсификатор экспрессивности в формулах похвалы, одобрения. *Сильно хорошо. Сильно трудолюбивый. Сильно уважаем тебя* и т. п. ♦ **Сильно сказано!** *Разг.* Очень хорошо, метко, впечатляюще. ‖ В значении безл. сказуемого. ▭ *Сильно, ничего не скажешь!*

Сильфи́да. ◊ *Традиц.-поэт.* [Франц. sylphide. В кельтской и германской мифологии, а также в средневековом фольклоре многих европейских народов — лёгкое подвижное существо в образе женщины, являющееся олицетворением стихии воздуха]. *В знач. сказуем. Возвыш.* или *шутл.* комплимент в адрес лёгкой в движениях, изящной девушки, женщины. *Вы сами знаете давно, Что вас любить немудрено, Что нежным взором вы Армида, Что лёгким станом вы Сильфида.* А. Пушкин. Ел. Н. Ушаковой. | *Варвара Павловна мастерски сыграла блестящий и трудный этюд Герца. У ней было очень много силы и проворства. «Сильфида!» — воскликнул Гедеоновский. «Необыкновенно!» — подтвердила Марья Дмитриевна.* И. Тургенев. Дворянское гнездо.

Симпати́чный, -ая, -ое; -ые; -чен, -чна; -чны. В формулах похвалы, комплиментов: **а)** О человеке: милый, привлекательный, вызывающий влечение, расположение. *[Тузенбах:] Я часто сержусь на вас <...>, но всё же вы мне симпатичны почему-то.* А. Чехов. Три сестры. *[Колобашкин (подходя к Лиде, шёпотом):] Симпатичная, однако, вы девушка. [Лида:] Это вы всем так говорите или через раз?* Э. Радзинский. Обольститель Колобашкин. **б)** О чём-л., принадлежащем адресату. ▭ — *Ой какая симпатичная брошка! Вер, дай посмотреть... Где купила? — Сестра подарила. — Блеск!* (1994) **Симпатично выглядишь (смотришься...).** *Разг.* Комплимент девушке, женщине. **Симпатуля. Симпатулечка (ты моя).** *Разг. Ласк., шутл.* обращение к близкому, любимому человеку (чаще к девушке, ребёнку).

Синьо́р. Синьо́ра. Синьори́на. [Наименования и обращения соответственно к мужчине, замужней женщине, девушке или незамужней женщине в Италии]. **Сеньо́р. Сеньо́ра. Сеньори́та.** [Наименования и обращения в Испании]. ‖ В русскоязычной среде — *Разг. Шутл.* или *фамильярно-ирон.* обращ. к собеседнику или собеседнице, равным или младшим по возрасту, положению. Употр. преимущ. с «Вы»-формами. *«Прощай, брат! — сказал он [Базаров] Аркадию, уже взобравшись на телегу, и, указав на пару галок, сидевших рядышком на крыше конюшни, прибавил: — Вот тебе! изучай!» — «Это что значит?» — спросил Аркадий. «Как? Разве ты так плох в естественной истории или забыл, что галка самая почтенная, семейная птица? Тебе пример!.. Прощайте, синьор!» Телега задребезжала и покатилась.* И. Тургенев. Отцы и дети. *«Да и вонь же у вас, синьор!» — сказал я, входя и кладя чемодан на стол. Смотритель понюхал воздух и недоверчиво покачал головой. «Пахнет обыкновенно, — сказал он и почесался. — Это вам с морозу. Ямщики при лошадях дрыхнут, а господа не пахнут».* А. Чехов. Ночь перед судом. *На жену Анатолия шляпа произвела сильное впечатление <...>. «Ты что, сдурел?» — спросила жена. «В чём дело?» — «Зачем ты её [шляпу] купил-то?» — «Носить». — «У тебя же есть фуражка!» — «Фуражку я дарю вам, синьорина, — в коровник ходить».* В. Шукшин. Дебил.

Сия́тельный князь (граф). ♦ **Сиятельнейший князь (граф).** См. Сиятельство.

Сия́тельство. ♦ **Ваше Сиятельство**, м. и ж. ◊ В дореволюц. России форма титулования и офиц.-почтит. обращения к князьям, графам (и их супругам), за исключением тех, кому был пожалован более высокий титул Светлость. ♦ **Сиятельный Князь (Граф).** ♦ **Сиятельная Княгиня (Графиня).** ◊ *Офиц.* Титул, употр. при наименовании адресата в 3-м л. ♦ **Сиятельнейший Князь (Граф).** ♦ **Сиятельнейшая Княгиня (Графиня).** ◊ *Почтит.* обращения. [Лат. illustris; нем. Erlaucht. При Петре I этим титулом пользовались только сенаторы; с конца XVIII в. титул *Сиятельство (Сиятельный)* был присвоен всем княжеским и графским родам]. *«Сильвио! — вскричал граф, вскочив со своего места, — вы знали Сильвио?» — «Как не знать, ваше сиятельство; мы были с ним приятели; он в нашем полку принят был, как свой брат-товарищ <...>. Так и ваше сиятельство, стало быть, знали его?»* А. Пушкин. Выстрел. *«Князь! Сиятельнейший князь! — закоробился опять Лебедев, — ведь вы не позволяете говорить всю правду; я ведь уже вам начинал о правде; не раз; вы не позволили продолжать...» Князь помолчал и подумал. «Ну, хорошо, говорите правду», — тяжело проговорил он, видимо, после большой борьбы.* Ф. Достоевский. Идиот. ▭ *[Из рассказа крестьянина Овсянкина:] Князь свалил на мою полосу каменья* для постройки. Я к нему. Его нет. Застаю князя Льва, его сына. — Ваше сиятельство, я к вашей милости. — Чего тебе, Игнаша? — Неправильно вы с моей рожью поступили... — Я, дорогой, ничего не знаю... вот приедет отец, разберёт... — Через день прихожу я опять — к старику: ваше сиятельство, так и так... К. Чуковский. Дневник. Зап. 10 июля 1921. ‖ ⌛ Эпист. В офиц. письмах к знатным особам, имевшим княжеский или графский титулы, следовало писать: *Ваша Светлость* (если князь пожалован титулом Светлейшего), *Ваше Сиятельство* (к лицам мужск. и женск. пола из княжеского или графского рода), *Сиятельнейший Князь (Граф), Сиятельнейшая Княгиня (Графиня).* После чего следовали другие учтивые обращения, в том числе — по имени-отчеству. *Ваше Сиятельство, почтеннейший мой бесценный покровитель Граф Иван Фёдорович. / Возвратясь от вас, я схвачен был жестокою лихорадкою и пролежал в постели, также и Мальцев. <...> С искренним чувством душевной приверженности / Вашего Сиятельства всепокорнейший слуга / А. Грибоедов.* А. Грибоедов. Письмо И. Ф. Паскевичу, 23 авг. 1828. *Ваше Сиятельство Граф Михаил Юрьевич. Вам угодно было почтить память моего покойного мужа принятием на себя трудной обязанности пещись об несчастном его семействе.* Н. Н. Пушкина. Письмо М. Ю. Вильегорскому, весна 1838. | В неофиц. общении с близкими знакомыми, приятелями — шутл. *Ваше сиятельство! Его сиятельство, несмотря на свою ревность, позволил моему благородию написать вам несколько строф (то есть строк).* А. Пушкин. Письмо В. Ф. Вяземской, 26 апр. 1828. ♦ **Ваш(е) сиясь.** ♦ **Вась-сиясь.** ⌛ Прост. (Только в устной речи). Стяжённая форма обращ. *Ваше сиятельство.* ‖ Вежл. или льстив. обращ. извозчиков к богато одетому прохожему, которого они зазывают сесть в повозку. *[Извозчики] Набрасывались на прохожих с предложением услуг, <...> величая каждого, судя по одежде, — кого «ваше степенство», кого «ваше здоровье», кого «ваше благородие», а кого «вась-сиясь!»* В. Гиляровский. Москва и москвичи. *Ждать пришлось долго, в ноги дуло из пустых с махающими дверями сеней, где стояли рослые, в синих мокрых кафтанах извозчики и весело и нагло предлагали выходящим: —

Вот на резвой, ваше сиясь! А. Толстой. Хождение по мукам. ♦ **Его (Её, Ея — эпист. Их) Сиятельство.** При почтит. указании на 3-е лицо или при обозначении титула адресата (в дат. пад.) в письмах. *Его сиятельство граф Александр Христофорович просит Вас доставить к нему письмо, полученное Вами от Кюхельберга, и с тем вместе желает непременно знать через кого Вы его получили.* А. Н. Мордвинов. Письмо А. Пушкину, 28 апр. 1836. *[Князь:] Объясняйте дело! (Молчание. Муромский сконфузился и трёт себе лоб.) [Муромский (в замешательстве):] О... Когда... а... Теперь... а... [Варравин:] Извольте объяснить их сиятельству ваше дело.* А. Сухово-Кобылин. Дело. *Москва. / Домохамовнический переулок, собственный дом. / Его Сиятельству / Графу Льву Николаевичу Толстому.* И. Тургенев. Адрес на конверте письма Л. Н. Толстому, 19 окт. 1882.

Сказа́ть. ♦ **(Да) Ка́к Вам (тебе) сказа́ть?..** ♦ **(Ну) Что́ Вам (тебе) сказа́ть?..** ♦ **(Даже и) Не зна́ю, что́ (Вам, тебе) и сказа́ть...** Разг. Так себе, ни хорошо, ни плохо, ничего особенного. Неопределенные ответы на вопросы при встрече: *Как дела (успехи)? Как жизнь? Как здоровье?* и т. п. ♦ **Как сказа́ть! (♦ Ну это ещё как сказа́ть!)** Разг. Формы выражения несогласия или неуверенности в правоте собеседника. *Мы подошли к ларьку на углу Гатчинской и встали в очередь. «Вы не озябли, Аркадий Тимофеевич? Обратите внимание. Чем ближе к окошечку, тем торжественнее двигается очередь. У меня иногда в очереди за пивом возникает ощущение, что я на первомайской демонстрации». — «Как сказать, как сказать, коллега! Торжественно — да. Но и похоронные процессии торжественны...»* В. Конецкий. Огурец на вырез. ♦ **Не при вас сказа́ть.** Вводн. Прост. Формула вежливости, употр. при произнесении грубого слова, осуждения в чей-л. адрес в присутствии уважаемого гостя. **Скажи́/те. 1.** Вопросит. обращение к собеседнику. Употр. преимущ. в устном общении. Для усиления вежливости употр. с вежл. обращениями, со словами и выражениями — интенсификаторами вежливости: *пожалуйста, будьте добры* и т. п. *«Скажите, — спросила его княгиня с тем участием, которое так похоже на обыкновенную вежливость, когда не знают, что сказать незнакомому человеку, — скажите: вы, я думаю, ужасно замучены делами... я воображаю эту скуку: с утра до вечера писать и прочитывать эти длинные и бессвязные бумаги...» М. Лермонтов. Княгиня Лиговская. — *Скажи, служивый, рано ли Начальник просыпается?* Н. Некрасов. Кому на Руси жить хорошо. — *Катаются мирно так,* — удивлённо подумал Николка и спросил у парня ласковым голосом: — *Скажите, пожалуйста, чего это стреляют там наверху?* М. Булгаков. Белая гвардия. ‖ Скажи. Прост. Обращ. к собеседнику за поддержкой; правда? не так ли? а? *[Бусыгин:] Подожди. Кто-то идёт. [Сильва (мёрзнет):] А ведь прохладно, скажи!* А. Вампилов. Старший сын. — *Сказать по-нашему, мы выпили немного. Не вру, ей-богу! Скажи, Серёга!* В. Высоцкий. Милицейский протокол. ‖ Скажи/те. Вводн. Разг., только в устн. речи. Употр. как форма привлечения внимания. — *А чистый народ, ребята,* — сказал первый. — *Белый, вот как берёза белый, и бравые есть, скажи, благородные.* Л. Толстой. Война и мир. **2.** Скажи/те! ♦ Скажи/те пожалуйста! ♦ Ты скажи пожалуйста! (♦ Вы скажите пожалуйста!) В знач. междом. Разг. Экспрессив. Только в устном общении. Выражения удивления, заинтересованности (или якобы заинтересованности) тем, о чём рассказывает собеседник. В реч. этикете употр. с целью поддержания беседы. *[Артемий Филиппович:] Здесь есть один помещик, Добчинский <...>; и как только этот Добчинский куда-нибудь выйдет из дому, то он [почтмейстер] там уж и сидит у жены его, я присягнуть готов <...>. [Хлестаков:] Скажите пожалуйста! а я никак этого не думал.* Н. Гоголь. Ревизор. *[Лотохин:] Окоёмов в Москве очень разжалобил её тем, что он очень несчастлив. [Сосипатра (с удивлением):] Скажите пожалуйста!* А. Островский. Красавец мужчина. *«Я, конечно, беспокоюсь о судьбе моего произведения... езжу, спрашиваю... <...> Мне на это отвечают, что «Ермак» мой может быть напечатан, но только с значительными сокращениями и пропусками». — «С пропусками! скажите!» — воскликнул Калинович серьёзнейшим тоном. «Да,* — отвечал его собеседник многозначительно. <...> — *Я уж не говорю,* — продолжал он, — *сколько обижен я был тут как автор; но главное, как человек небогатый, и всё-таки был так глуп, или прост, или деликатен,* — не знаю, как хотите назовите, но только и на это согласился». — *«Скажите пожалуйста!»* — повторил Калинович, сохраняя в лице по-прежнему серьёзное внимание. — *Что ж потом было?»* А. Писемский. Тысяча душ. *[Мешков:] Бросил [пить]. Категорически бросил. Как будто её [водки] и не было. [Степан Иванович:] Скажи пожалуйста! Давно ли?* К. Финн. Девчонка. ‖ Ирон. *[Дудукин:] Я даже обязан быть здесь. [Коринкина:] Скажите пожалуйста! Зачем это, позвольте вас спросить?* А. Островский. Без вины виноватые. *«Как вы попали в плен? Ранены были?»* — *«Нет. Просто попали в окружение... Это долго рассказывать, профессор».* — *«Скажите пожалуйста, какой он занятой!»* В. Шукшин. Экзамен. ♦ Скажи/те (мне) на милость. ⚜ Вежл. То же, что ♦ Скажи/те (в 1 знач.). *[Шпуньдик:] Но, Катерина Савишна, скажите мне на милость* — *я вижу, вы женщина рассудительная,* — *отчего это молодые люди нашего брата старика никогда слушаться не хотят? Ведь мы им же добра желаем. Отчего бы это, а? [Пряжкина:] А по причине ветрености, Филипп Егорыч.* И. Тургенев. Холостяк. ‖ С оттенком недоумения, недовольства, упрёка в адрес равного или младшего по возрасту, положению. *Лицо больного приняло ещё более грустное и несколько раздосадованное выражение. «Что тебе за охота пришла повести писать, скажи на милость?»* — вдруг проговорил он. Калинович окончательно было растерялся. *«Призвание на то было!»* — отвечал он, краснея и с принуждённою улыбкою... А. Писемский. Тысяча душ. *Доктор опять поднял брови, потом нахмурился, потом недовольно засопел.* — *Пришли бы попросту,* — сердито сказал он, — *а то комедию ломать, больной представляться. Ну зачем это вам, скажите на милость?* Ю. Герман. Наши знакомые. ♦ Скажи/те на милость! Разг. Экспрессив. То же, что Скажи/те (во 2 знач.). *Говорила она басом, покровительственно, подчёркивая своё превосходство в летах, и с первых же слов грубовато заявила Григорию: «И ты носом не крути, не задавайся, а гутарь со мной толком: скоро замирень выйдет?» — «Прогоним красных и замиримся». — «Скажи*

на милость!» — Старуха кидала на острые углы высохших колен пухлые в кистях руки с искривлёнными работой и ревматизмом пальцами, горестно жевала коричневыми и сухими, как вишнёвая кора, губами... М. Шолохов. Тихий Дон. — И вот, скажи на милость! Бывает же так, что пристанет к тебе одно слово и не даёт покоя. К. Паустовский. Золотая роза.
♦ **Не ска́жете (скажешь) ли...? (♦ Вы не ска́жете...?)** *Разг.* Формула вежл. вопросительного обращения. ▻ Не скажете, который час? ▻ Не скажете, как пройти к универмагу? и т. п. — Не скажете ли, Нина Худякова дома? — Женщина ничего не ответила, равнодушно отошла, оставив дверь открытой, — нелюбезное приглашение: входи, если хочешь. Значит, Нина дома. В. Тендряков. Свидание с Нефертити. ♦ **Не скажи́/те (этого).** *Разг. Экспрессив.* Форма выражения несогласия с мнением собеседника, равного или младшего по возрасту, положению. [Мигачёва:] Что ж, ваш характер очень даже лёгкий. [Фетинья:] Не скажи ты этого, не скажи! Женщина я добрая, точно... И если б мой не вздорный характер, дурацкий, что готова я до ножей из всякой малости, кажется, давно бы я была святая. А. Островский. Не было ни гроша, да вдруг алтын. [Бабкина:] Не скажите, душечка; хоть они [выигрышные билеты] и в большой цене, а держать в них капитал невыгодно. А. Чехов. Иванов. «С японкой, дядь Ефим, я бы и то сразился! Дохлый народец». — «Ну, не скажи, брат. Он, язва, на эти дела шибкой мастак». И. Акулов. Седой. ♦ **Я бы не сказал (этого, так).** *Разг.* Форма мягкого возражения.

Скатертью дорога (дорожка)! 1. *Прост.* Пожелание счастливого пути (уходящему, отъезжающему, путнику). *Ямщик оглянулся: всё ли-де готово, ладно ли уселся, не забыл ли чего? «С Богом!» — отвечаю я ему. «С Богом — со Христом!» — проговорил он и ударил по лошадям. «Скатертью дорога!» — подговорил кто-то со стороны. «Буераком путь!» — подшутила разбитная девушка из гостивших и угощавших прях.* С. Максимов. Крылатые слова. *— Я только одной свадьбе уступил. Уступил без ссоры. Сошел с кошелки, снял шапку и пропустил встречный [свадебный] поезд. Тот дру́жка и постарше, и познаменитей.*

«Пожалуйста, проезжайте, Иван Михайлович. Скатертью дорога. Ни ямки вам, ни раската!» П. Еремеев. Обиход. *«Что же мы теперь будем делать?» — проговорил Привалов, приходя в себя. «Ты — не знаю, что будешь делать, а я получил приглашение на заводы Отметышева, в Восточную Сибирь», — сказал Бахарев. <...> «Так... Что же, скатертью тебе дорога, — ответил задумчиво Привалов, глядя в пространство, — а нам деваться некуда».* Д. Мамин-Сибиряк. Приваловские миллионы. **2.** *Прост.* Ну и уходи, убирайся (пусть уходит, убирается); никто не удерживает. Ироническое или грубо-бесцеремонное прощание с равным или младшим по возрасту, положению в конфликтной ситуации. *— Хочешь из дому уйти? Уходи, счастливый путь!.. Скатертью дорога!* А. Яшин. Алёна Фомина. *«Если вы не согласитесь со мной, я буду вынужден уехать». — «Ну и уезжай, скатертью дорога!» — заорал он.* В. Тевекелян. Гранит не плавится. ♦ **Скатертью дорога, в спину по́ветерь.** *Обл.* ♦ **Скатертью дорога, лентой ровный путь.** *Обл.* Формулы пожелания доброго пути. См. также ♦ Поветерь в спину.

Скачки на сковороду! (Удар. ?) *Обл.* Пожелание хозяйке, жарящей яичницу, пекущей блины и т. п. *В другой избе хозяйка печёт овсяные или яшные блины и стряпает яичницу-глазунью (она же исправница и верещага), — и эту заласкивают пожеланием: «Скачки на сковороду!»* С. Максимов. Крылатые слова.

Склоняю голову (перед кем, чем-л.). *Возвыш.* Форма выражения почтительного уважения. (Чаще употр. как знак почтения памяти покойного). *Теперь, в день годовщины смерти Алексея Максимовича Горького, я низко склоняю голову перед всем, что он сделал для своей советской страны и для своего народа.* А. Куприн. Отрывки воспоминаний.
♦ **Склони́м голову перед светлой памятью** (кого-л.). *Возвыш.* Призыв, предложение совместно почтить память покойного. См. Память.

Сколько в болоте кочек, столько желаем вам дочек, сколько в лесу пеньков, столько желаем сынков. (Сколько в поле пеньков, столько б вам сынков, а сколько кочек, столько б дочек!) *Разг. Шутл.* пожелание молодым на свадьбе. См. также Желаю.

Сколько Вам (тебе) лет? Вопрос, который нередко задают в разговоре с малознакомым при более близком знакомстве. Правила этикета запрещают мужчине при знакомстве задавать подобные вопросы женщине. ▣ [Встретились две молодые учительницы:] — *Это ваша доченька? Ну, здравствуй! Как тебя зовут?.. А сколько тебе лет?.. О, совсем большая, скоро в школу пойдёшь. Хочешь в школу?.. Нет?.. Я тоже не хочу...* (1996). ▣ — *Сколько же вам лет, бабушка? — Скоро девяносто будет* (1992).

Сколько лет, сколько зим (не виделись, не видались)! *Разг. Экспрессив.* Возглас радостного приветствия при встрече со знакомым, близким человеком, с которым давно не встречались. *В просторной каюте, по убранству во всём походившей на торговую контору, Веденеев встретил радушно Марко Данилыча. — Сколько лет, сколько зим! Как поживаете? Авдотья Марковна как в своём здоровье?* П. Мельников (Печерский). На горах. — *А... дорогая гостья! Сколько лет, сколько зим не видались, — приветствовал радостно о. Крискент, встречая гостью в уютной чистенькой гостиной, походившей на приёмную какой-нибудь настоятельницы монастыря.* Д. Мамин-Сибиряк. Дикое счастье. *А он-то, Дмитрий Наумыч, депутат советский, доходит до меня мелким шагом и здоровается. «Здравствуйте, — говорит, — Анисья Васильевна. — Сколько, — говорит, — лет, сколько зим не виделись с вами...»* М. Зощенко. Пациентка. *Чургин вышел в переднюю, заулыбался. — А-а... сколько лет, сколько зим, старина! Давно, давно ждём...* М. Соколов. Искры.

Сколько ни зáстится, а снова проя́снится. ⊠ *Посл.* Трудности, горести в жизни не вечны, придут и радостные, счастливые дни. Употр. как форма утешения, ободрения собеседника. См. также: Взойдёт солнце (солнышко) и к нам во двор. Распогодится.

Скóра помощь! *Обл.* Приветствие-пожелание работающему, как ♦ Бог в помощь!

Скорблю́ (о...). ♦ Глубоко (сердцем, душевно...) скорблю (скорбим) о... *Возвыш.* Формула выражения сочувствия, соболезнования в связи с несчастьем, постигшим адресата или его близких. Употр. чаще в письмах, телеграммах. *О болезни твоей глубоко скорблю и не хотел бы тебе напоминать об этом, слишком больно травить свою душу.* С. Есенин. Письмо Г. А. Панфилову, янв. 1914. ♦ (Адресант) **глубоко скорбит (о, по поводу...).** *Офиц.* Коллектив Н...го рудничного управления скорбит по поводу безвременной кончины главного инженера М... И... В... и выражает глубокие соболезнования родным и близким покойного (объявление в городск. газете. 1989).

Ску́шай/те (пожалуйста, на здоровье...) (что-л.). *Сов. в.* к Кушать. Формула вежл. предложения чего-л. из еды. *«Вот друга я люблю! — вскричал Демьян. — Зато уж чванных не терплю. Ну, скушай же ещё тарелочку, мой милой!»* И. Крылов. Демьянова уха. *Я вам при сем посылаю, Варенька, фунтик конфет; так вы их скушайте на здоровье, да ради Бога обо мне не заботьтесь и не будьте в претензии.* Ф. Достоевский. Бедные люди. *[Старушка мать] трясёт седой головой и умоляет: — Ну скушай котлетку, Рувчик!* Б. Горбатов. Моё поколение.

Слáва (Вам, тебе, кому-л.)! *В знач. межд. Экспрессив.* Возглас возвыш. торжеств. приветствия, восхваления. *Гей вы, ребята удалые, Гусляры молодые, Голоса заливные! Красно начинали — красно и кончайте, Каждому правдою и честью воздайте. Тороватому боярину слава! И красавице боярыне слава! И всему народу христианскому слава!* М. Лермонтов. Песня про <...> купца Калашникова. ▣ *Слава вам, доблестные воины!* ♦ **Вечная слава** (кому-л.). *Возвыш.* Форма выражения глубокого почтения перед памятью и подвигами героев. — *Сергей <...> жил как человек, работал как коммунист, умер как герой. Вечная ему слава.* А. Арбузов. Иркутская история. **Честь и слава (Вам, тебе, кому-л.).** См. Честь. ♦ **Слава Богу.** [Выражение, в простонародном обхождении широко употребительное, т. к. по христианскому обычаю человеку следует за всё и постоянно благодарить Бога. Восходит к словам многих молитв, прежде всего к ангельской песне в честь Рождества Иисуса Христа: *Слава в вышних Богу, и на земли мир и в человецех благоволение* и к молитве Пресвятой Троице: *Слава Отцу и Сыну и Святому Духу, и ныне и присно, и вовеки веков. Аминь*].

1. *Разг.* Выражение радости, успокоения, удовлетворения, употр. по окончании или благополучном исходе трудного (для верующих — любого) дела, опасного события. *Ночь была нехороша для Базарова... Жестокий жар его мучил. К утру ему полегчало. Василий Иванович оживился немного. — Слава Богу! — твердил он. — Наступил кризис... прошёл кризис.* И. Тургенев. Отцы и дети. *[Графиня Ростова] по привычке сказала слова, всегда говоримые ею при возвращении Пьера или сына: «Пора, пора, мой милый; заждались. Ну, слава Богу».* Л. Толстой. Война и мир. *— Ну, слава Богу и спасибо нам всем — управились с сенокосом, — сказал Алексей Алексеевич, сматывая верёвку.* В. Куропатов. Завтра в Чудиновом Бору. *Наконец я увидел в боковом проходе тётю Дусю и Марью Николаевну. У них были белые лица, и я побежал к ним <...>. — Слава Богу, цел. Пошли домой.* В. Драгунский. Денискины рассказы. **2.** *Обл.* Ответ на приветствие при встрече: «здорово», «здорово живёте», «здорово ночевали» и т. п. *Подозвал его сосед как-то в праздник: «Здорово живёшь, Иван Алексеев!» — «Слава Богу».* М. Шолохов. Алёшкино сердце. *Дед шёл к Чевелихину. «Здорово ночевал», — приветствовал он своего друга. «Слава Богу, ничего».* В. Яковлев. Сивка. **3.** *Прост. и обл.* Благополучно, неплохо, хорошо. Ответ на обычные при встрече вопросы: «Как живёте?» «Как здоровье?» «Как дела?» и т. п. *[Хлестаков:] Здравствуй, братец! Ну, что ты, здоров? [Слуга:] Слава Богу.* Н. Гоголь. Ревизор. *[Бородкин:] Наше вам почтенье, Авдотья Максимовна. [Авдотья Максимовна:] Здравствуйте, Иван Петрович. Здорова ли ваша маменька? [Бородкин:] Слава Богу, покорно вас благодарю. Ваше как здоровье-с? [Авдотья Максимовна:] Понемножку. Вы тятеньку дожидаетесь?* А. Островский. Не в свои сани не садись. **4.** *В знач. вводн.* Оберег («чтобы не сглазить») при выражении удовлетворения благополучным состоянием, положением дел. *Я, слава Богу, здоров — а на бале был не в своей тарелке, оттого что разные глупые мысли взошли на ум.* И. Тургенев. Письмо К. С. Аксакову, апр. 1844. *«Вы, Пётр Михайлыч, в отставку вышли?» — говорили ему. «Да, сударь», — отвечал он. «Что ж вам вздумалось?» — «А что же? Будет с меня, послужил!» — «Да ведь вы бы двойной оклад получали?» — «Зачем мне двойной оклад? У меня, слава Богу, кусок хлеба есть: проживу как-нибудь».* А. Писемский. Тысяча душ. *Мы все, слава Богу, живы-здоровы, чего и вам от всей души желаем...* (из частного письма родственникам, 1996). ♦ **Слава Богу, здоровы.** *Прост.* Ответ на приветствие: Здорово (живёшь)! или на вопросительные обращения: Как жив/ы-здоров/ы? Как здоровье? и т. п. ♦ **И слава Богу!** (♦ **Вот и слава Богу!** ♦ **Ну и слава Богу!**) *Разг.* Вот и хорошо. Одобрительный или вежливый ответ на сообщение, адресата о чём-л. позитивном, благоприятном. *[Бедонегова:] Виталий Петрович! [Пирамидалов:] Извольте говорить, я слушаю. [Бедонегова:] У меня ведь деньги есть, и даже очень много. [Пирамидалов:] Ну и слава Богу!* А. Островский. Богатые невесты. *[Гриша:] Хорошо вам живётся? [Ларушка:] По-всякому. Коля ведь трудный. В общем — хорошо. [Гриша:] И слава Богу... Значит счастливы? [Ларушка:] Если не задумаюсь — счастлива...* А. Арбузов. Выбор. ⌧ *«Как дела?» — «Хорошо». — «Ну и слава Богу»* (1995). ♦ **Слава Богу — всего лучше (лучше всего).** ⌧ *Прост.* Отзыв на ответ ♦ **Слава Богу** (в 3 знач.). *Базаров взял на руки ребёнка, который, к удивлению и Фенечки и Дуняши, не оказал никакого сопротивления и не испугался. «Вижу, вижу... Ничего, всё в порядке: зубастый будет. Если что случится, скажите мне. А сами вы здоровы?» — «Здорова, слава Богу». — «Слава Богу — лучше всего. А вы?» — прибавил Базаров, обращаясь к Дуняше.* И. Тургенев. Отцы и дети. ♦ **Слава Богу! Бог душу простил, а другую на свет пустил.** ⌧ *Обл.* «Говорится, когда женщина родит». С. Максимов. Крылатые слова. ♦ **Слава Создателю (Творцу)!** ⌧ *Возвыш.* То же, что ♦ **Слава Богу.** *[Устинья Наумовна (целуясь):] Здравствуй, Аграфена Кондратьевна! Как встала, ночевала, всё ли жива, бралиянтовая? [Аграфена Кондратьевна:] Слава Создателю! Живу — хлеб жую; целое утро вот с дочкой балясничала.* А. Островский. Свои люди — сочтёмся! *Что же до меня, то я, слава Творцу, здорова и благополучна!* Ф. Достоевский. Бедные люди. ♦ **Слава тебе (те), Господи!** *Прост.* Выражение радости, успокоения, облегчения, удовлетворения; то же, что ♦ **Слава Богу** (в 1 и 4 знач.). *«Чем же ты живёшь теперь? Жалованье получаешь?» — «Какое, батюшка, жалованье! Харчи выдаются — и то слава тебе, Господи! много довольны. Продли Бог века нашей госпоже!»* И. Тургенев. Льгов. ♦ **Во славу Божию (Божью).** *Прост.* Ответ православных набожных людей на благодарность за угощение, подарок. ▱ *— Спасибо, бабушка! — Во славу Божию.* ♦ **В Божью славу, в тук да в сало, в буйну голову; вам испить, а мне челом ударить!** ▱ *Прост.* Говорит хозяин или хозяйка, угощая гостей. ♦ **На славу. 1.** *В знач. сказуем. Разг.* Очень хороший, превосходный. Похвала, комплимент. *Дом у тебя — на славу!* **2.** Очень хорошо, превосходно. *Сделано на славу.*

Сла́вный, -ая, -ое; -ые. *Только в полн. ф.* **1.** Эпитет-комплимент, употр. в составе обращений. **а)** ▱ *Фольк.* Стяжавший славу или достойный славы. *Говорил Самсон да таковы слова: «Ай же славные мои богатыри вы святорусские, Вы скорешенько седлайте-ко добрых коней!»* Илья Муромец и Калин-царь. Былина. Зап. в 1871. **б)** *Разг.* Хороший, добрый, милый. *[Соня:] Дядя Ваня, ты взял морфий? [Астров:] Он взял. Я в этом уверен. [Соня:] Отдай. Зачем ты нас пугаешь? (Нежно.) Отдай, дядя Ваня! <...> Дорогой, славный дядя, милый, отдай! (Плачет.)* А. Чехов. Дядя Ваня. ♦ **Славный мой. (♦ Славная моя.)** *В знач. сущ.* Нежн., ласк. обращ. к близко знакомому, равному или младшему по возрасту. *[Катя (обнимая Анну):] Милая, славная моя! Вы не плачьте... он подлец. <...> Вы его бросьте... вы молодая, полюбите ещё! Полюбите другого, хорошего, доброго...* М. Горький. Варвары. *«Толк-то будет, бабуня?» — «Толк? А кто ж его знает, славный мой... Должно, будет толк».* М. Шолохов. Тихий Дон. **2.** *В знач. сказуем. Разг.* Очень хороший. Похвала, комплимент в адрес собеседника, его близких, а также одобрительный отзыв о том, что ему принадлежит. *— А ведь это Федя! — раздался вдруг в соседней комнате <...> голос Марфы Тимофеевны, — Федя, точно! — И старушка проворно вошла в гостиную. Лаврецкий не успел ещё подняться со стула, как уж она обняла его. — Покажи-ка себя, покажи-ка, — промолвила она, отодвигаясь от его лица. — Э! да какой же ты славный.* И. Тургенев. Дворянское гнездо. *— Люблю я вас, Александр Сергеич: ей-богу, славный вы человек! — Бахтияров поклонился. — Право, ей-богу, — продолжал Мансуров, — я очень склонен к дружбе.* А. Писемский. Тюфяк. *Наташа смотрела на неё <...>, этот пристальный взгляд смутил мать. «Вы извините мою глупость, — я ведь от души!» — тихо добавила она. «Славная вы какая!» — тоже негромко отозвалась Наташа, быстро пожав её руку.* М. Горький. Мать. *[Кущак (преподносит Галине цветы):] С новосельем. Сердечно поздравляю. [Валерия (идёт по комнате):] Ну-ну, дайте, дайте взглянуть. [Саяпин:] Годится, годится. Подходящая изба. [Кущак:] Славная квартирка, славная. Желаю, желаю от души.* А. Вампилов. Утиная охота.

Славно, *нареч.* ▱ *Славно придумано!* ▱ *Славно выглядишь!* ∥ *Безл., в знач. сказуем.* *«Батюшка, Митрий Фёдорович, — возгласил Трифон Борисович, — да отбери ты у них деньги-то, то, что им проиграл!» — «Ни за что не отберу, пусть ему в утешенье останутся». — «Славно, Митя! Молодец, Митя!» — крикнула Грушенька.* Ф. Достоевский. Братья Карамазовы. ▱ *[Пятилетняя внучка (дедушке):] — Деда, я на всё лето у вас останусь. — Ну и славно!* (1992).

Сла́дкий (мой). ♦ **Сладкая моя.** ♦ **Сладенький мой.** ♦ **Сладенькая моя.** *Разг.* Ласк. женск. обращение к ребёнку. ▱ *— Сладенькая моя, ложись баиньки. — А сказку расскажешь?* (1995).

Сладок мёд, да не по две ложки в рот. *Посл.* См. **Мёд.**

Слеза́ми го́рю не помо́жешь. *Погов.* Употр. как форма утешения того, кто плачет, тяжело переживая несчастье. С таким утешением чаще обращаются к близкому знакомому или родственнику, равному или младшему по возрасту. *— И-и, касатка, — говорила она [Ольга], ложась на сене рядом с Марьей, — слезами горю не поможешь! Терпи и всё тут. В писании сказано: аще кто ударит тебя в правую щеку, подставь ему левую... И-и, касатка!* А. Чехов. Мужики. *Толпа баб, разных кумушек, тёток, золовок и своячениц, окружала Акулину. <...> — Не плачь, — говорила какая-то краснощёкая старуха, — ну о чём плакать-то? Слезами не поможешь... знать, уж Господу Богу так угодно...* Д. Григорович. Деревня.

«Эх, Ланс, Ланс. Какой мастер был...» — тут я не смог сдержаться и заплакал. Афанасий Платонович насупился: «Отставить нюни, Алексей. Слезами горю не поможешь, мёртвого не подымешь. Если бы можно было, я первый бы заревел...» В. Куропатов. Третья заповедь.
♦ **Слезами горе не зальёшь.** ♦ **Слезою моря не наполнишь.** ♦ **Не наполним моря слезами, не утешим супостата печалью.** ♦ **Слезою сыт не будешь, думою горя не размыкаешь.** «*Ах Варенька, Варенька! вы не грустите; слезами горю помочь нельзя; это я знаю, маточка моя, это я на опыте знаю*». Ф. Достоевский. Бедные люди. [Василиса] *подождала, но Александра всё не успокаивалась. Василиса подумала и подошла к самой кровати. — Слезами горе не зальёшь, — негромко, чтобы только дать о себе знать, — сказала Василиса.* В. Распутин. Василий и Василиса.

Слов нет! См. Нет.

Слуга. ♦ **Ваш покорный (покорнейший, всепокорнейший) слуга** (подпись адресанта). **1.** Эпист. Формула вежливости (учтивости, почтительности) в заключении мужских офиц. и полуофиц. писем. Женщинам рекомендовалось подписываться *готовая к услугам* (В. Даль). Употр. регулярно до середины XIX в. (а позднее — в 1860—90 гг. — сохранялось в переписке лиц старшего поколения). *Надеясь на крайнее Ваше снисхожденье, честь имею пребыть, Милостивый Государь, / Вашего Превосходительства всепокорнейший / слуга Александр Пушкин.* А. Пушкин. Письмо И. И. Мартынову, 28 нояб. 1815. *Его Высокоблагородию Александру Сергеевичу Пушкину. <...> Пребываю с совершеннейшим почтением и преданностью, / Ваш, Милостивый Государь, / покорнейший слуга / А. Бенкендорф.* А. Бенкендорф. Письмо А. С. Пушкину, 9 июня 1826. *А я, упрашивая вас не переменять вашего расположения ко мне, остаюсь с совершенным почтением и вечною признательностью / Вашего Высокопревосходительства покорнейшим слугою / Николай Гоголь.* Н. Гоголь. Письмо И. И. Дмитриеву, около 20 июля 1832. «*Ну, что нового у вас?*» — *спросил Обломов.* «*Да много кое-чего: в письмах отменили писать "покорнейший слуга", пишут "примите уверение"...*» И. Гончаров. Обломов. *В ожидании вашего ответа с истинным уважением, имею*

честь быть, / милостивый государь, ваш покорный слуга Л. Н. Л. Толстой. Письмо Н. А. Некрасову, 15 сент. 1852. *Примите выражение моего душевного уважения и преданности, с которыми всегда буду ваша усердно почитающая и искренняя слуга / Анна Виноградская.* А. Маркова-Виноградская (Керн). Письмо П. В. Анненкову, 17 июня 1859. *С истинным почтением и совершенной преданностью / Ваш покорнейший слуга / А. Майков.* А. Майков. Письмо Е. П. Ковалевскому, 6 дек. 1861. *Подписываться в письмах «ваш покорный слуга» теперь уже не принято. Вместо этого теперь пишут: «Готовый к услугам» или «Преданный Вам», или же «Примите уверения в моём почтении и искреннем к вам расположении» и т. п.* Хороший тон. Правила светской жизни и этикета (1889). **2.** В вежл., почтит. речи употр. вместо «я» (в совр. речи — чаще с шутл. оттенком). — *Зовут меня оригиналом... А на деле-то оказывается, что нет на свете человека менее оригинального, чем ваш покорнейший слуга.* И. Тургенев. Гамлет Щигровского уезда. ♦ **Ваш слуга.** Всегда к вашим услугам. Форма мужского учтивого прощания. Употр. только в устном общении. *[Скалозуб:] Явлюсь, но к батюшке зайти я обещался. Откланяюсь. [София:] Прощайте. [Скалозуб (жмёт руку Молчалину):] Ваш слуга. (Уходит.)* А. Грибоедов. Горе от ума. — *Ну до свидания... ах да! Ведь вот что забыл! Передайте, Родион Романович, вашей сестрице, что в завещании Марфы Петровны она упомянута в трёх тысячах. <...> Ну-с, ваш слуга. Я ведь от вас недалеко стою. — Выходя, Свидригайлов столкнулся в дверях с Разумихиным.* Ф. Достоевский. Преступление и наказание.
♦ **Слуга покорный.** (♦ **Покорный слуга.**) Ирон. Выражение категорического отказа или несогласия. *[Каурова:] Да Бог с ним! Ты-то когда нас, батюшка, делить будешь? [Пехтерьев:] Я? покорный слуга; что это вы? меня за другого, должно быть, принимаете?* И. Тургенев. Завтрак у предводителя. *[Жадов:] Делать нечего. Не дают дела. [Юсов:] Мало ли дела у нас! [Жадов:] Переписывать-то? Нет уж, я слуга покорный! На это у вас есть чиновники способнее меня.* А. Островский. Доходное место. «*А что ж, барышня! вы бы и взаправду с нами пожили! Может*

быть, они бы и посовестились при вас!» — «Ну нет! слуга покорная! ведь у меня терпенья недостанет в глаза ему смотреть!» М. Салтыков-Щедрин. Господа Головлёвы.

Слу́жба. ☒ *Прост.* Обращ. к солдату (менее вежл., чем Служи́вый. Кавале́р). ▭ *Постучался солдат в дверь. «Что тебе, служба, надобно?» — «Пусти, добрый человек, ночь переночевать...» Подземный ход. Сказка. Он [Сашка, слуга Грибоедова] белокурой птицей бродил по трём дворам и затевал разговоры с казаками. — Вы, служба, родились, конечно, в Донских областях, — говорил он молодому казаку, — вам рано, как говорится, забрили лоб и отдали под барабан. Моё же дело — казённое, я по статской части.* Ю. Тынянов. Смерть Вазир-Мухтара. *Подошёл и кавалер с церковным старостой, со всеми поздоровался, и все ему по поклону отдали. Присел на приступочке, снял фуражку, синим бумажным платком лицо отёр. «Отколь, господин служба, Бог несёт?» — ласково, приветливо спросил волостной голова. «Из Польши идём, из самой Аршавы», — ответил служивый.* П. Мельников (Печерский). На горах. ♦ **Дай Бог, чтоб пилось да елось, а служба на ум не шла!** См. Дай Бог. ♦ **Не в службу, а в дружбу** (сделай то, о чём прошу). См. Дружба. ♦ **Сослужи́/те службу.** См. Сослужи́.

Служи́вый. ☒ *Прост.* До револ. приветл. обращение невоенных к солдату, реже — к полицейскому. *[Филицата:] Ну-ка, служивый, поздравь нас. [Грознов:] Честь имею поздравить Платона Иваныча и Поликсену Амосовну! Тысячу лет жизни и казны несметное число! Ура!* А. Островский. Правда — хорошо, а счастье лучше. *Видит девка, как я в лице расстроился, спрашивает: «Что, говорит, служивый, с тобой?» — «Тише, говорю, что орёшь... барышня-то померла».* В. Короленко. Чудная. ▭ *Шёл солдатик со службы. Время было осеннее. Он дошёл до одной деревни и попросился у мужичка ночевать. «Эй, хозяин, дома ли?» — «На что, служивой?» — «Пусти ночевать прохожего солдата!» — «Милости просим!»* Солдат и покойник-колдун. Сказка. Зап. в 1915. ▭ *[Извозчик (городовому):] Уважь, почтенный служивый, возьми тридцать... Право, не сработал! Завсегда я городовым уважителен, я и стою в переулке. В другой раз больше попользуешься.* Е. Иванов. Меткое московское слово. | После револ. сохранялось в говорах и просторечии. *В правлении, кроме Размётнова и счетовода, никого не было. Размётнов, увидев Давыдова, заулыбался: — Прибыл, служивый? Ну, теперь у меня гора с плеч! Морока с этим колхозным хозяйством — не дай и не приведи Господь!* М. Шолохов. Поднятая целина. **Служи́венький (Служи́венькой).** *Прост.* и *обл.* Ласк., преимущ. женск. и стариковск. к Служи́вый. *— На! выпивай, служивенькой! С тобой и спорить нечего: Ты счастлив — слова нет!* Н. Некрасов. Кому на Руси жить хорошо.

Служи́ть. ♦ **Готов (всегда, завсегда) служить Вам (Вашей милости...).** См. Гото́вый. ♦ **Рад (Вам) служи́ть.** См. Рад. ♦ **Чем могу служи́ть?** Учтив. вопросит. обращение или ответ на обращение посетителя; что вам угодно? что вы хотите? какое у вас ко мне дело? *[Зыбкина (кланяясь):] Я к вам, Амос Панфилыч. [Барабошев:] Очень вижу-с. Чем могу служить? Приказывайте! [Зыбкина:] Наше дело — кланяться, а не приказывать...* А. Островский. Правда — хорошо, а счастье лучше. *[Федя:] Так что вам от меня угодно? Чем могу вам служить? <...> [Князь Абрезков:] Не буду отрицать, вы угадали. У меня есть дело.* Л. Толстой. Живой труп. *Калинович по крайней мере раз пять позвонил, наконец на лестнице послышались медленные шаги, задвижка щёлкнула, и в дверях показался высокий, худой старик <...>. «У себя господин почтмейстер?» — спросил Калинович. «Я самый, сударь, почтмейстер. Чем могу служить?» — отвечал старик протяжным, ровным и сиповатым голосом. Калинович объяснил, что приехал с визитом.* А. Писемский. Тысяча душ. *Затем доктор сел за письменный стол, указал посетителю стул напротив: «Ну-с, чем могу служить?» Офицер тихо, с какой-то раздирающей нежностью проговорил: «Где Даша?»* А. Н. Толстой. Хождение по мукам. ♦ **Чем служи́ть прикажете? (♦ Чем прикажете служи́ть?)** Учтив., с оттенком офиц. почтительности. *Через несколько лет привелось мне свезти в одну из временных тифозных больниц одного бедняка. Сложив его на койку, я искал, кому бы его препоручить хоть на малейшую ласку и внимание. «Старшой», — говорят. «Ну, попросите, — прошу, — стар-*

шую». *Входит женщина с отцветшим лицом и отвисшими мешками щёк у челюстей. «Чем, — говорит, — батюшка, служить прикажете?»* Н. Лесков. Воительница. ♦ **Служить, не тужить (желаю Вам, тебе)!** ♦ **Служи/те, не тужи/те!** *Прост.* Шутл. пожелание военнослужащему. ♦ **Служу трудовому народу!** (▨ после револ. в Красной Армии). ♦ **Служу Советскому Союзу!** (▨ в Советской Армии). ♦ **Служу Отечеству!** (с 1992 в Российской Армии). *Воинск.* Уставные ответы военнослужащих на поздравление, благодарность, похвалу старшего по званию, должности. *«Да-да, — радостно подтвердил комбат Рябченко, — я сам слышал. Поздравляю вас, товарищ Синцов!» Синцов сказал: «Служу Советскому Союзу!» — но, к собственному удивлению, не почувствовал радости...* К. Симонов. Живые и мёртвые. *Лысогор встал, надел фуражку. «Ну так, Константин Михайлович. Держи! — Он протянул Косте пакет. — С окончанием действительной службы тебя, Карамычев! Родителям передавай привет от командования. Службой твоей довольны». — «Служу Советскому Союзу!» — отчеканил Костя, тыкаясь пальцами в висок.* С. Каледин. Стройбат. *Десантники толпились, дыбили загривки. Шеф протолкался, глянул, махнул рукой, чтобы закрыли. Я козырнул издали. Он подошёл, пожал мне руку. <...> «Не представляю, как уж ты тут управился, но молодец. Герой!» — «Служу Отечеству!»* А. Белай. Миссия.

Слу́шать (Слы́шать). Слушай/те. *Разг.* Форма обращения к равному или младшему по возрасту, положению. Употр. в начале фразы для привлечения внимания адресата. *[Юлия Филипповна (негромко):] Как это хорошо. Грустно... чисто... [Замыслов:] Слушайте! Это надо читать в костюме — белом... широком... и пушистом, как эдельвейс! Вы понимаете? Это будет безумно красиво! Великолепно!* М. Горький. Дачники. *На лестнице Вандербуля догнал старик: — Слушай, хлопец, постой. Поздоровкаемся.* Р. Погодин. Ожидание... *Бурнашов тронул лошадь. «Слушай, ты, прости Господа ради, — снова захлебнулся словами Пётр, — слушай, ты купи яиц у меня. Хорошие яйца».* В. Личутин. Любостай. **Слу́хай.** *Прост.* и *обл. — Слухай, дядя Семён!* ♦ **Слушай (слухай) сюда.** *Прост. Здоровенный казак, взобравшись на брусья, убеждающе и значительно трясёт ногтястым чёрным пальцем: — Вы, стрелки, слухайте сюда!* М. Шолохов. Тихий Дон. *Костя набрал телефон первой попавшейся подружки Алевтины. Светы какой-то... «Света?» — спросил он вежливо. — «Да-а, — пропел ему в ухо голосок. — Кто это?» — «Света, это брат Алкин... Слушай сюда, у нас же это... прибавление...»* В. Шукшин. Други игрищ и забав. **Слушаю. 1. Слушаю.** ♦ **Слушаю вас.** ♦ **Я вас (внимательно) слушаю.** *Офиц.* или *офиц.-учтив.* Формы обращения к посетителю, а также ответ на обращение (при непосредственном общении или по телефону). *Печорин, сложив руки на груди, прислонясь к железным перилам и прищурив глаза, окинул взором противника с ног до головы и сказал: — Я вас слушаю!..* М. Лермонтов. Княгиня Лиговская. *[Мамаева:] Полно вам болтать-то! У меня серьёзное дело. [Городулин:] Слушаю-с. [Мамаева:] Моему племяннику нужно... [Городулин:] Что же нужно вашему племяннику? Курточку, панталончики?* А. Островский. На всякого мудреца довольно простоты. *«Разрешите войти?» — В дверь вошёл и, войдя, закрыл её за собой низенький капитан со знакомым Синцову лицом. «Слушаю вас», — сказал Ильин после короткой паузы.* К. Симонов. Живые и мёртвые. *Зазвонил телефон. Лёля взяла трубку. — Слушаю вас.* В. Шукшин. Лёля Селезнёва с факультета журналистики. *Впрочем, нашу беседу прервал официант. «Слушаю вас», — сказал он. Колька раскрыл меню. Распорядился: «Две селёдки, два борща, двое котлет».* А. Рекемчук. Мальчики. **2. Слушаю. Слушаю-с.** ▨ Вежл., покорный ответ на приказание, распоряжение, просьбу высшего по положению. *Бурмистр перед помещиком, Как бес перед заутренней, Юлил: «Так точно! Слушаю-с!» — И кланялся помещику Чуть-чуть не до земли.* Н. Некрасов. Кому на Руси жить хорошо. *[Жадов:] Скажи Анне Павловне, что я хочу её видеть. [Антон:] Слушаю-с.* А. Островский. Доходное место. *«Захар! — крикнул он [Обломов] утром. — Если от Ильинских придёт человек за мной, скажи, что меня дома нет, в город уехал». — «Слушаю».* И. Гончаров. Обломов. *[Наталья Петровна:] Нет, не стреляй-*

те, пожалуйста, в саду... Дайте этой бедной птице пожить... Притом вы бабушку испугать можете. [Беляев:] Слушаю-с. [Наталья Петровна (смеясь):] Ах, Алексей Николаич, как вам не стыдно? «Слушаю-с» — что это за слово? Как можно... так говорить? Да постойте, мы вот с Михайло Александрычем займёмся вашим воспитаньем... И. Тургенев. Месяц в деревне. ‖ Слушаю. Слушаю-с. ⏃ **Слушаюсь.** Воинск. Уставный ответ на приказание, распоряжение старшего по чину, званию. «Диспозиция, — желчно вскрикнул Кутузов, — а это вам кто сказал?.. Извольте делать, что вам приказывают». — «Слушаю-с». Л. Толстой. Война и мир. «Хороший был мужик, верно, товарищ Мосин», — как эхо, ответила Таня, продолжая смотреть ему в глаза, до тех пор пока он не отвёл их. «А что ты с ним так официально?» — обрывая их разговор, сказал Коширин. — У него имя есть — Николай, можно и Коля». — «Слушаюсь, товарищ полковник». — «Чего "слушаюсь"?» — «Буду звать товарища капитана Колей». К. Симонов. Живые и мёртвые. ♦ **Вас слушают.** Ответ на обращ. по телефону. «Гольцов. Соедините с кабинетом Валентинова». — «Вас слушают». — «Гольцов говорит... Здравствуйте, Сергей Сергеевич! Не помешаю, если минут через двадцать заеду к вам?» В. Липатов. Игорь Саввович. **Слышите (Слышишь). 1.** Разг. То же, что Слушай/те. — Слышишь, Фетинья! — сказала хозяйка, обратясь к женщине, выходившей на крыльцо со свечою <...>. — Ты возьми ихний-то кафтан вместе с исподним и прежде просуши их перед огнём... Н. Гоголь. Мёртвые души. **2.** В постпозиции — употр. для экспрессивного подчёркивания сказанного, настоятельного указания на что-л. — Помни же, Александр, что у тебя есть дядя и друг — слышишь? И. Гончаров. Обыкновенная история. [Репникова:] Татьяна! [Таня:] Что — Татьяна? Я не хочу, чтобы папа из-за меня делал подлости! Слышите! (Уходит.) А. Вампилов. Прощание в июне. **Слышь. Слышь-ка. Слышь ты.** Прост. **1.** Форма привлечения внимания собеседника; то же, что Слышишь. [Васин:] Эй, слышь, хозяйка, а это что за человек у стола заснул? А. Арбузов. Таня. — Нат, а Нат... — покликал он сторожким шёпотом [жену]. — Слышь-ка. Е. Носов. Усвятские шлемоносцы. И уже

пошли в разные стороны, но Никитич остановился, крикнул парню: — Слышь!.. А вить ты, парень, чуток не вляпался: Протокин-то этот — начальник милиции. В. Шукшин. Охота жить. **2.** Вводн. Употр. при разъяснении чего-л., обозначая: видишь ли, знаешь ли. — Это, слышь ты, не пожар, Это свет от птицы-жар, — молвил ловчий, Сам со смеху надрываясь. — Потеху я привёз те, осударь! П. Ершов. Конёк-горбунок. — Самому мне невесело, барин: Сокрушила злодейка жена!.. Слышь ты, смолоду, сударь, она В барском доме была учена. Н. Некрасов. В дороге. ♦ **Слышь-послышь.** Обл., нар.-поэт. Форма привлечения внимания, обращение. Уж ты слышь-послышь, братец родненький. Песня. СРНГ. ♦ **Много слышал о Вас (хорошего).** Разг. Комплимент при знакомстве с равным или младшим по возрасту, положению. [Лютов] протянул руку Самгину: — Рад знакомству. Много слышал о вас хорошего. Не забывайте: Лютов, торговля пухом и пером... М. Горький. Жизнь Клима Самгина. Дойдя до Нешатова, Фабрицкий окинул его быстрым взглядом светло-коричневых глаз <...>. «Юрий Иванович, если не ошибаюсь?» — «Не ошибаетесь», — ответил Нешатов <...>. «Много о вас слышал, рад познакомиться», — сказал Фабрицкий, сияя белизной и золотом зубов. И. Грекова. Пороги.

Слы́хом слыха́ть, ви́дом вида́ть! ⏃ Обл. Возглас радостного приветствия при неожиданной встрече знакомого, приятеля, с которым давно не виделся. «А! слыхом слыхать, видом видать...» — вскричал вдруг судья, увидев входящего Ивана Ивановича. — «Бог в помощь! желаю здравствовать!» — произнёс Иван Иванович, поклонившись на все стороны, с свойственной ему приятностию. Н. Гоголь. Повесть о том, как поссорился Иван Иванович...

Сме́лость. ♦ **Беру (возьму) на себя смелость (обратиться, просить, сказать, утверждать...).** ♦ **Позволю себе смелость (взять на себя смелость) (обратиться, просить, сказать, утверждать...).** ♦ **Приемлю смелость (обратиться, просить, сказать, утверждать...).** ⏃ Формулы офиц. учтивости, синонимичные входящим в них глаголам; употр. при обращении, просьбе, объяснении, возражении (обычно в адрес высшего по положению). *Почтенный Александр Иванович! Будучи совершенно чужд ходу деловых бумаг, не знаю, вправе ли отозваться на предписание Его Сиятельства. Как бы то ни было, надеюсь на вашу снисходительность и приемлю смелость объясниться откровенно насчёт моего положения.* А. Пушкин. Письмо А. Н. Казначееву, 22 мая 1824. ♦ **Извините (простите) мою смелость.** См. Извините.

Смею (+ неопр. ф.). ⌘ Формула почтит. или учтив. обращения или утверждения, синонимичная входящему в неё глаголу. ♦ **Смею надеяться на... (что...)** <...> *я оставил вымысел и написал «Историю Пугачёвщины». Осмеливаюсь просить через Ваше Сиятельство дозволения представить оную на Высочайшее рассмотрение. Не знаю, можно ли мне будет её напечатать, но смею надеяться, что сей исторический отрывок будет любопытен для Его Величества особенно в отношении тогдашних военных действий, доселе худо известных.* А. Пушкин. Письмо А. Х. Бенкендорфу, 6 дек. 1833. *Смею надеяться, Ваше Сиятельство, что благосклонно примете мою просьбу и если не заблагорассудите её исполнить, то сохраните мне Ваше благорасположение.* П. Чаадаев. Письмо А. Ф. Орлову. ♦ **Смею просить Вас** (о чём-л., сделать что-л.). ⌘ Учтив. или почтит. Просьба, предложение. *«Скажите, пожалуйста, на что вам это ружьё <...>?» — Тут Иван Иванович поднёс табаку. — «Смею ли просить об одолжении?» «Ничего, одолжайтесь! я понюхаю своего!» — При этом Иван Никифорович пощупал вокруг себя и достал рожок.* Н. Гоголь. Повесть о том, как поссорился Иван Иванович... — *Только не поздно, граф, ежели смею просить; так без десяти минут в восемь, смею просить. Партию составим, генерал наш будет. Он очень добр ко мне. Поужинаем, граф. Так сделайте одолжение.* Л. Толстой. Война и мир. ♦ **Смею сказать.** Вводн. ⌘ Позволю себе так выразиться. Употр. для придания речи вежл., учтив. тональности или для снижения категоричности своего суждения. *Вы одни не действовали, и Вы в этом случае кругом неправы. Как гражданин лишены Вы правительством одного из прав всех его подданных; Вы должны были оправдываться из уважения к себе и, смею сказать, из уважения к Государю...* А. Пушкин. Письмо И. В. Киреевскому, 11 июля 1832. *[Егор:] Хлопотливую должность изволили получить-с. [Трембинский:] Да, смею сказать, не даром хлеб свой ем...* И. Тургенев. Нахлебник. ♦ **Смею (Вас) спросить...?** ⌘ Учтив. Форма вопросит. обращения к высшему по положению или к незнакомому; позвольте узнать? *Старичок своим одиноким глазом поглядывал на меня с любопытством. «Смею спросить, — сказал он, — вы в каком полку изволили служить?» Я удовлетворил его любопытство.* А. Пушкин. Капитанская дочка. *«А смею ли спросить, в какие места изволите ехать?» — «В собственный хутор-с. Вытребеньки».* Н. Гоголь. Иван Фёдорович Шпонька и его тётушка. *«А вы, смею спросить, тоже из господ будете?» — «Нет, я саратовский купец Никита Фёдоров Меркулов». — «Так-с. Хорошее дело, подходящее... <...> Я и сам, государь мой, алатырский купец Василий Петров Морковников».* П. Мельников (Печерский). На горах. *[Барышник (покупателю):] «А, наше вам почтение. Чай, лошадок угодно посмотреть?» — «Да, пришёл лошадок посмотреть». — «А каких именно, смею спросить?»* И. Тургенев. Лебедянь. | С оттенком официальности к знакомому, равному или младшему по возрасту, положению. *[Синцов:] Меня просил сходить за вами бухгалтер. [Михаил:] Да? Что это за привычка у вас смотреть исподлобья и демонски кривить губы? Чему вы рады, смею спросить?.. [Синцов:] Я думаю — это моё дело.* М. Горький. Враги. ♦ **Смею Вас уверить.** Форма вежливого усиления утверждения. *«А как его звали?» — спросил я Максима Максимыча. «Его звали... Григорьем Александровичем Печориным. Славный был малый, смею вас уверить; только немножко странен».* М. Лермонтов. Герой нашего времени. ♦ **Не смею возражать (спорить, сомневаться...).** ⌘ Формы учтив. выражения согласия в ответ на замечание, суждение собеседника, высшего или равного по положению. *[Евлалия:] ...у меня очень важное дело; я не могу ждать. [Мулин:] Важное ли, Евлалия Андреевна? [Евлалия:] Очень важное и серьёзное. [Мулин:] Сомневаться не смею. Извольте, я вас слушаю.* А. Островский. Невольницы. ♦ **Не смею больше (более, долее) беспокоить (обременять...) Вас (своим присутстви-**

ем). ⌛ *Только в устной речи. Учтив.* или *офиц. фраза*, употр. гостем или посетителем перед прощанием с хозяином или должностным лицом (если встреча имела деловой характер). *[Артемий Филиппович:] Не смея беспокоить своим присутствием, отнимать времени, определённого на священные обязанности... (Раскланивается с тем, чтобы уйти.) [Хлестаков (провожая):] Нет, ничего. Это всё очень смешно, что вы говорили. Пожалуйста, и в другое тоже время... Я это очень люблю.* Н. Гоголь. Ревизор. *«Священники пришли-с», — доложила она [горничная] в заключение. «Хорошо... Приготовляйте там, — отвечал вдовец. — Панихиду сейчас будут служить!» прибавил он. «Ну уж на это-то ты меня не подденешь», — подумал про себя Калинович и встал. «Не смею более беспокоить», — проговорил он. «Благодарю вас, благодарю», — отвечал хозяин, крепко, крепко пожимая его руку и с полными слёз глазами.* А. Писемский. Тысяча душ. *[Дядин:] Не смею больше утруждать вас своим присутствием... Пойду к себе на мельницу и засну немножко... Нынче я встал раньше Авроры. [Елена Андреевна:] Когда проснётесь, приходите, вместе чай будем пить. (Уходит в дом.)* А. Чехов. Леший. | В совр. употр. преимущ. шутл. или ирон. — *Ну, пока, — сказал он [Остап], сощурясь,— я вас, кажется, сильно обеспокоил. Не смею больше обременять своим присутствием. Вашу руку, правитель канцелярии.* И. Ильф, Е. Петров. 12 стульев. ♦ **Не смею Вас задерживать (удерживать). 1.** *Учтив.* Согласие с намерением собеседника попрощаться и уйти. *[Городничий:] Как-с? Изволите ехать? [Хлестаков:] Да, еду. [Городничий:] А когда же, то есть... вы изволили сами намекнуть насчёт, кажется, свадьбы? [Хлестаков:] А это... На одну минуту только... на один день к дяде — богатый старик; а завтра же и назад. [Городничий:] Не смеем никак удерживать, в надежде благополучного возвращения. [Хлестаков:] Как же, как же, я вдруг. Прощайте, любовь моя...* Н. Гоголь. Ревизор. **2.** *Учтив.-офиц.* Формула завершения делового разговора, аудиенции, совещания и т. п., употр. высшим по положению. *Дарья Михайловна встала. «Я вас не удерживаю, — проговорила она, подходя к окну, — не смею вас удерживать». Лежнев начал раскланиваться. «Прощайте, мосье Лежнев! Извините, что обеспокоила вас». — «Ничего, помилуйте», — возразил Лежнев и вышел.* И. Тургенев. Рудин. | В совр. употр. — чаще шутл. или с оттенком иронии. ◊ *[Руководитель отдела, завершая совещание, — сотрудникам:] На сегодня всё, товарищи. Как говорится, не смею больше вас задерживать. Завтра в девять тридцать встречаемся на ковре у Сарычева. Попрошу без опозданий. Всего хорошего. Желаю успехов в труде и счастья в личной жизни... Коля останься, ты мне нужен* (1990).

Смилосе́рдуйтесь. (Смилосердуйся). ⌛ *Прост.* Усиленная просьба, мольба. То же, что **Помилосердствуйте. Смилуйтесь.** *[3-й мужик (помещику):] Отец! смилосердуйся. Как жить таперича? Земля малая, не то что скотину — курицу, скажем, и ту выпустить некуда.* Л. Толстой. Плоды просвещения.

Сми́луйтесь. (Смилуйся.) ⌛ Пощади/те, помилуй/те. Просьба, мольба к высшему по положению о помощи, пощаде, снисхождении, прощении. *Приплыла к нему рыбка и спросила: «Чего тебе надобно, старче?» Ей с поклоном старик отвечает: «Смилуйся, государыня рыбка, Разбранила меня моя старуха, Не даёт старику мне покою: Надобно ей новое корыто; Наше-то совсем раскололось».* А. Пушкин. Сказка о рыбаке и рыбке. *Не стерпела такого хозяйка Гуревна, подошла к колдунам, показала рукой на божницу: «Вот вам, дорогие гости, Бог, — говорит, — а вот порог!» — И другой рукой на выход. Закусили колдуны бороды, покрутили очами: что станешь делать? ‹…› «Прощевай! — говорят с порога. — Попомнишь ты нас, Гуревна!» И только из сеней вышли — бежит со двора Машутка, Гуревнина дочка, кричит в голос: «Ой, мамка, корова-то наша Красавка лежит врастяжку!» ‹…› Догнала колдунов Гуревна, сама чуть дух переводит. «Отцы родные!» Молчат колдуны, идут потихоньку в поле. «Батюшки!..» Как камень молчат колдуны. «Смилуйтесь!..» Обернулся рыжий: «Что, — говорит, — будешь теперь нашего брата щунять?» — «Зарекусь, не буду». — «То-то, — говорит, — ну, пойдём назад».* И. Соколов-Микитов. Записи давних лет.

Смотри́/те (-ка). *Разг.* Форма привлечения внимания к происходящему или к тому, о чём говорится. *«Надо нам в обратный путь». — «Нет, дай птиц-то мне пугнуть! — Говорит Иван. — Смотри-ка, Вишь населися от крика!»* П. Ершов. Конёк-горбунок. ▣ [*Женщина — соседкам:*] *Собака у него потерялась, так, смотри, что выдумал: распечатал её фотокарточку, где он с ей сфотографирован, себя отстриг, а её на объявления понаклеил...* (1991). ∥ В составе формул совета, наставления, предостережения. ▣ *Смотри не простудись.* ▣ *Смотрите, ребятишки, с огнём поосторожней, сено не запалите* (1992). ♦ **Смотрите пожалуйста!** *В знач. междом. Разг.* Форма удивления, изумления по поводу сказанного собеседником. Употр. нередко с целью проявления заинтересованности, поддержания речевого контакта. [*Пётр:*] *А Белую рощу посетили? Я там Наталью Ивановну замуж за меня выйти убедил <...>.* [*Антон:*] *Смотри пожалуйста.* А. Арбузов. Потерянный сын.

Смыть с себя художества, намыть хорошества! (♦ Смыть с себя художество, намыть хорошества.) *Обл.* Пожелание идущему в баню. *Хозяин вернулся из бани, помылся-попарился: «С лёгким паром!» — и ответ от находчивого: «Здоровье в голову!» Стали собираться и остальные домашние туда же: «Смыть с себя художества, намыть хорошества!» — и на это благодарный отзыв: «Пар в баню — чад за баню!»* С. Максимов. Крылатые слова.

Смышлёный, -ая, -ое; -ые. *Разг.* Разумный, понятливый, сообразительный. Похвала в адрес собеседника или (чаще) в адрес его ребёнка, младшего брата, сестры. *Смышлёный малый. Смышлёная девочка.*

С нами крёстная сила! ♦ **С нами Бог (и крёстная сила)!** *Прост. Экспрессив.* Выражения-обереги, употр. верующими при внезапном возникновении опасности, упоминании в разговоре нечистой силы, чего-либо страшного. *«Мёртвые в хозяйстве! Эк куда хватили! Воробьёв разве пугать по ночам в вашем огороде, что ли?» — «С нами крёстная сила! Какие ты страсти говоришь!» — проговорила старуха, крестясь.* Н. Гоголь. Мёртвые души. *И вот, не прошло двух мигов <...>, послышали, кто-то идёт по скрипучему снегу... прямо к окну: стук, стук. — С нами крёстная сила! — вскричала хозяйка, устремив на окна* испуганные очи. *— Наше место свято! — повторила она, не могши отвратить взглядов от поразившего её предмета. — Вон, вон, кто-то страшный глядит сюда!* А. Бестужев-Марлинский. Страшное гадание.

Снизойти. ♦ **Снизойдите ко мне (к нам).** ♦ **Снизойдите на просьбу нашу.** ▣ Отнеситесь великодушно, проявите сочувствие, снисхождение. Просьба, мольба к высшему по положению (с оттенком самоуничижения).

Снимаю шляпу (перед Вами, тобой, кем-л.). *Возвыш. или шутл.* Форма мужск. приветствия, выражения почтения, восхищения, благодарности. ▣ *Ну, Семёныч! Ну, уважил! Вот это подарок! Просто снимаю шляпу... нет слов!* (1990).

Снисходительный. Будьте снисходительны. Форма экспрессив. просьбы, извинения. [*Вера:*] *Наталья Петровна, простите меня... я... я сама не знаю... что со мною, простите меня, будьте снисходительны... (Заливается слезами и быстро уходит в дверь коридора. Молчание.)* И. Тургенев. Месяц в деревне.

Снисхождение. ♦ **Прошу (просим) Вашего милостивого снисхождения.** ▣ ♦ **Окажите снисхождение (мне, нам).** ▣ ♦ **Не могли бы Вы оказать мне (нам) снисхождение?** ▣ *Почтит.,* с оттенком самоуничижения. Формулы просьбы к высшему по положению.

Сношенька. *Прост. Ласк.* или с оттенком иронии. Обращение к снохе. Нередко в сочет. с эпитетами *милая, дорогая (моя, наша)* и др. *Свекровь <...> на другой же день после гульбы рано разбудила Аксинью, привела её на кухню и, бесцельно переставляя рогачи, сказала: — Вот что, милая моя сношенька, взяли мы тебя не кохаться, да не вылёживаться. Иди-ка подои коров, а после становись к печке стряпать.* М. Шолохов. Тихий Дон. *Перед ними [молодыми], загораживая путь, возвышалась большая и круглая, как гора, бабушка Настасья Хохлушка. Она осыпала их душистым хмелем и приговаривала: — Иди, иди, моя золотая сношенька, в ридну хатыну!* М. Алексеев. Вишнёвый омут.

Снявши голову, по волосам не плачут. *Посл.* Если уж что-то сделано непоправимое по вине или не по вине адресата, то поздно и бессмысленно сожалеть о мелочах, деталях. Употр. как форма утешения того, кто задним числом сожалеет о своём поступке, когда уже ничего изменить нельзя. *[Илья:] Дарья, не плачь, не гневи Бога! Снявши голову, по волосам не плачут.* А. Островский. Не так живи, как хочется. *«Как ты думаешь, Сергей, верно я поступила?» — непривычно робко спросила Варя. «Снявши голову, по волосам не плачут. Огрела Горемыкина, об этом и вспоминать не стоит, значит, того заслужил».* А. Степанов. Семья Звонаревых.

Соблаговоли́/те (♦ Соблаговоли/те сделать что-л.). То же, что Благоволи/те. *Если Вы соблаговолите снабдить меня свидетельством для цензуры, то, вследствие Вашего снисходительного позволения, осмеливаюсь просить Вас о доставлении всех сих бумаг издателю моих сочинений...* А. Пушкин. Письмо А. Х. Бенкендорфу, 20 июля 1827. *Базаров провёл носком сапога черту по земле. «Вот и барьер. А кстати: на сколько шагов каждому из нас от барьера отойти? Это тоже важный вопрос. Вчера об этом не было дискуссии». — «Я полагаю, на десять, — ответил Павел Петрович, подавая Базарову оба пистолета. — Соблаговолите выбрать». — «Соблаговоляю. А согласитесь, Павел Петрович, что поединок наш необычен до смешного. Вы посмотрите только на физиономию нашего секунданта». — «Вам всё желательно шутить, — ответил Павел Петрович. — Я не отрицаю странности нашего поединка, но я считаю долгом предупредить вас, что я намерен драться серьёзно».* И. Тургенев. Отцы и дети. *С подвесками я к Залёжеву: так и так, идём, брат, к Настасье Филипповне. Отправились. <...> Прямо к ней в залу вошли, сама вышла к нам. Я то есть тогда не сказался, что это я самый и есть; а «от Парфёна, дескать, Рогожина, — говорит Залёжев, — вам в память встречи вчерашнего дня; соблаговолите принять». Раскрыла, взглянула, усмехнулась: «Благодарите, говорит, вашего друга господина Рогожина за его любезное внимание», — откланялась и ушла.* Ф. Достоевский. Идиот. *Глухой голос произнес: — Господин, соблаговолите, пожалуйста, отворить.* А. Куприн. Штабс-капитан Рыбников. *Не соблаговолите ли Вы дать для нашего издания статью.* М. Горький. Письмо К. А. Тимирязеву, 16 окт. 1915. ‖ Соблаговоли́те (что-л.). ⚠ *Прост. Учтив.* Дайте, подайте, пожалуйста. *[Иннокентий:] Господа милостивые, соблаговолите странному человеку на пропитание.* А. Островский. Сердце не камень. *Мартынко взглянул, и сердце у него задрожало. Конечно, против экой красоты кто же устоит! Глядел, глядел, дале выговорил: — Соблаговолите шайку воды. — Подала. Он бороду и краску смыл. Раиска узнала, — где стояла, тут и села.* Б. Шергин. Мартынко.

Соболе́знование, -ия. Сочувствие горю, беде, страданиям. ♦ **Примите мои (наши) (глубокие, искренние) соболе́знования.** *Офиц.* ♦ **Прошу (Вас) принять (мои, наши) (глубокие, искренние) соболезнования.** *Офиц.* ♦ **(Я) Выражаю (приношу) Вам свои (мои) (глубокие, искренние) соболезнования.** *Офиц.* ♦ **Позвольте (разрешите) выразить (принести) Вам мои соболезнования.** *Возвыш., офиц.* ♦ **(Я) хочу (считаю своим печальным долгом) выразить (принести) Вам (мои, свои) (глубокие, искренние) соболезнования.** *Офиц., риторич.* ♦ **(Адресант) выражает (глубокое) соболезнование (адресату).** *Офиц., в письменной речи.* Формулы офиц. выражения соболезнования человеку, переживающему большое несчастье, горе, страдание (смерть родных и близких). В устном контактном общении с адресатом и в письмах к нему выражение соболезнования этими формулами, как правило, не исчерпывается. Далее обычно следуют констатирующие фразы: «Вас (нас) постигла тяжёлая (большая, огромная, невосполнимая) утрата». «Вы (мы вместе с вами) понесли тяжёлую (невосполнимую...) утрату». «Вас (всех нас) постигло большое горе (несчастье)» и т. п. *Дорогая Зоя Николаевна! / Вместе с Вами, всеми близкими, тяжело переживаю кончину Лидии Николаевны. Одна из зачинателей, она оставила глубокий след в развитии советской литературы. Примите моё соболезнование и сочувствие. / Ваш Александр Фадеев.* А. Фадеев. Письмо З. Н. Шапиро, 26 апр. 1954. *«Вы уж простите меня, ради Бога, что я рассказал вам эту идиотскую историю. Знаете, я почему-то думаю, и даже почти уверен, что вы меня понимаете. И не* осуждаете... Ведь так?» — «Да, — сказал Саня, взглянув на него на секунду, а затем снова опустил глаза. — У меня ведь тоже недавно умерла мама». — «Примите мои соболезнования», — тихо сказал Никита. Саня не ответил. А. Скоробогатов. Аудиенция у князя. Коллектив Н-ского УВД извещает о трагической гибели старшего лейтенанта милиции Ю... К... Л... и выражает глубокое соболезнование семье и друзьям покойного (извещение в городск. газете, 1996).

Соболе́зную Вам (тебе). Сочувствую, скорблю, сострадаю. ♦ Я глубоко (всей душой) соболе́зную Вашему (твоему) горю. ⌛ ♦ Я Вам (тебе) (глубоко, искренне, от всей души) соболе́зную. Формулы выражения сочувствия, соболезнования. *Чичиков заметил, что в самом деле неприлично подобное безучастие к чужому горю, и потому вздохнул тут же и сказал, что соболезнует. — Да ведь соболезнование в карман не положишь, — сказал Плюшкин.* Н. Гоголь. Мёртвые души.

Соверше́нный, -ая; -ые. Обладающий совершенством, полнотою достоинств; безукоризненный во всех отношениях. Оценочный эпитет, употр. в составе возвышенных, восторженных комплиментов. **Соверше́ннейший**, -ая; -ие. Элатив к Совершенный. *[Дудукин:] До свидания, совершеннейшая из женщин. (Целует руку у Кручининой.) Я вас так и буду называть совершенством. [Кручинина:] До свидания, Нил Стратоныч!* А. Островский. Без вины виноватые. *Моей любви нет границ, преград, пределов ни здесь ни там. И Ты везде бесконечно Совершенная, Первая и Последняя.* А. Блок. Письмо Л. Д. Менделеевой, 10 нояб. 1902. ♦ **С совершенным почтением (уважением...).** ♦ **С совершенною преданностью** (подпись адресанта). ⌛ *Эпист.* Формулы вежливости, учтивости в заключении письма. См. Почтение. Преданность. Уважение. *Милостивый Государь, / Князь Пётр Андреевич. / Письмо к вам от г. д'Аршиака, о несчастном происшествии, которому я был свидетелем, я читал. <...> По всем другим обстоятельствам я свидетельствую справедливость показаний г. д'Аршиака. / С совершенным и проч. / К. Данзас.* К. Данзас. Письмо П. А. Вяземскому, 6 февр. 1837.

♦ **Соверше́нная правда (Ваша).** ⌛ *Прост.* ♦ **Совершенно верно (правильно, справедливо).** ♦ **Совершенно с Вами согласен.** *Разг.* Формы выражения полного согласия со словами собеседника. См. Верно. Правда. Правильно. Справедливо.

Соверше́нство. ♦ **Это (настоящее, подлинное, само) совершенство!** ♦ **Верх совершенства!** Формы комплимента, восторженной похвалы в адрес собеседника, близких ему людей или того, что им сделано, ему принадлежит. *— Вы мсье Чертков? — сказала дама. Художник поклонился. — Об вас столько пишут; ваши портреты, говорят, верх совершенства.* Н. Гоголь. Портрет. *— Развернул ваш роман и зачитался. Иван Петрович! Ведь это совершенство!* Ф. Достоевский. Униженные и оскорблённые. ♦ **Вы (ты, он, она) само совершенство.** *Возвыш., галантн.* или *шутл.-ирон.* похвала, комплимент в адрес знакомого (знакомой). *«Я никогда в азартные игры не играю», — заметил Санин. «В самом деле? Да вы совершенство».* И. Тургенев. Вешние воды.

Со́вестно. ♦ **Мне (очень, так) совестно (за..., что...).** Формула признания своей вины, опосредованного извинения. *Милостивый Государь, Ефим Петрович! Мне, право, совестно за хлопоты, по которым ввожу Ваше Превосходительство. Смирдин не сдержал своего слова...* А. Пушкин. Письмо Е. П. Люценке, 19 авг. 1835. *Мне так совестно, что всё вас мучаю моими комиссиями. Вот и третьего дня вы всё утро бегали. Но что делать! У нас в доме нет никакого порядка, а я сама нездорова. Так не досадуйте на меня, Макар Алексеевич.* Ф. Достоевский. Бедные люди.

Сове́т. 1. Наставление, указание, предложение, как поступить, чтобы результат был в пользу адресата. (Совет дают обычно старшие младшим по возрасту, положению, близко знакомым, родственникам; в остальных случаях — либо в ответ на просьбу адресата дать совет, либо в вежливо-вопросительной, некатегоричной форме, чтобы не показаться навязчиво-поучающим, фамильярным, высокомерным.) *Восторженность не идет к Вам, скажу по совести. Нужно быть более скептиком — это ценнее, а главное — это красивее. Извините за совет...* М. Горький. Пись-

мо Б. В. Бергу, 1 окт. 1895. ♦ **Дай/те мне (пожалуйста) (добрый, дельный) совет.** ♦ **Помогите мне советом.** ♦ **Вы бы не могли мне помочь советом?** *Вежл.* ♦ **(Мне) нужен (Ваш, твой) совет.** ♦ **Я к Вам (к тебе, пришёл) за советом;** и др. Формы выражения просьбы помочь советом. — *Ваше степенство! Пров Викулыч! не откажи в совете благом — дело есть, — остановил его [буфетчика] в дверях вновь подскочивший Фомушка...* В. Крестовский. Петербургские трущобы.
♦ **Примите мой (дружеский, искренний...) совет: ...** ♦ **Мой Вам (тебе) (добрый) совет: ...**
♦ **Вот Вам (тебе) мой (добрый) совет: ...** — *Нам везёт, — сказал Николай, потирая руки. — Но как я боялся за вас! Чёрт знает как! Знаете, Ниловна, примите мой дружеский совет — не бойтесь суда! Чем скорее он, тем ближе свобода Павла, поверьте!* М. Горький. Мать. *На ...ской почтовой станции, куда я прибыл вечером, лошадей не оказалось. — Эх, батюшка, Иван Семёныч! — уговаривал меня почтовый смотритель, толстый добряк, с которым во время частых переездов я успел завязать приятельские отношения. — Ей-богу, мой вам совет: плюньте, не ездите к ночи. Ну их и с делами! Своя-то жизнь дороже чужих денег. Ведь тут теперь на сто вёрст кругом только и толков что о вашем процессе да об этих деньжищах. Бакланщики, поди, уже заметались... Ночуйте! — Я, конечно, сознавал всю разумность этих советов, но последовать им не мог.* В. Короленко. Убивец. — *Еда, Иван Арнольдович, штука хитрая. Есть нужно уметь <...>. Если вы заботитесь о своём пищеварении, мой добрый совет — не говорите за обедом о большевизме и о медицине, и — Боже вас сохрани — не читайте до обеда советских газет.* М. Булгаков. Собачье сердце. ♦ **Послушай/те (послушайтесь, послушайся) доброго совета: ...** ♦ **Если хотите послушаться доброго совета** (сделайте то, что я вам предлагаю). Доброжелат., с оттенком настоятельности. *Между тем соседка продолжала ей рассказывать, что он хотя из мещанского состояния, но поведения хорошего и трезвого и сидельцем в суконном ряду. Денег у него больших нет; зато жалованье получает изрядное, и кто знает? может быть, хозяин когда-нибудь примет его в товарищи. — Итак,* прибавила она, — послушайся доброго совета: не отказывай молодцу. Деньги не делают счастья! А. Погорельский. Лафертовская маковница. — *Сюда их! - хищно скомандовал Филипп Филиппович. — Доктор Борменталь, умоляю вас, оставьте икру в покое. И если хотите послушаться доброго совета: налейте не английской, а обыкновенной русской водки.* М. Булгаков. Собачье сердце. ♦ **Хотите (хочешь) (дам Вам/тебе) (добрый) совет?**
♦ **Хочу (хотел бы, желал бы, хотелось бы) дать Вам (тебе) (добрый) совет.** *Разг.* — *Послушайте, Авдотья Марковна. Мне очень жалко вас, — сказал он [отец Прохор], когда они вошли в самый глухой, уединенный угол сада. — Не погнушайтесь моими словами, добрый совет желал бы вам дать...* П. Мельников (Печерский). На горах. ♦ **Разрешите (позвольте) (мне) дать Вам (добрый) совет?** *Вежл.* ♦ **Позволю себе дать Вам (добрый) совет.** *Вежл.* ♦ **Если позволите, (я) дам Вам (добрый) совет.** *Вежл. Старик уже в сравнении с Вами, я позволю себе дать Вам добрый совет: всегда неутомимо точите Ваше оружие, изучайте неисчерпаемо богатый, мягкий, прекрасный язык народа!* М. Горький. Письмо А. С. Черемнову, 7 февр. 1907. ♦ **Благодарю (Вас, тебя) за совет.** ♦ **Спасибо (Вам, тебе) за совет.** См. Благодарю. Спасибо. **2. Согласие, лад.** ♦ **Совет да любовь (вам)!** ♦ **Дай вам Бог совет да любовь!** *Нар.-поэт.* Пожелание счастливой, согласной жизни жениху и невесте, молодожёнам. *Казалось, суровая душа Пугачёва была тронута. «Ин быть по-твоему! — сказал он. — Казнить так казнить, жаловать так жаловать: таков мой обычай. Возьми себе свою красавицу; вези её куда хочешь, и дай вам Бог любовь да совет!»* А. Пушкин. Капитанская дочка. *[Прохор Гаврилыч:] прости! Ведь по нашей жизни замотаешься; а тут ещё маменька пристаёт. [Оленька:] Ну, Бог с тобой! Расстроила только я себя. Давай помиримся. [Татьяна Никоновна:] Вот так-то лучше! Дай вам Бог совет да любовь!* А. Островский. Старый друг лучше новых двух. ♦ **Любовь да совет (и горя нет).** ♦ **Лад да совет!** То же, что ♦ **Совет да любовь!** См. также Лад.

Сове́товать. ♦ **(Я) советую Вам (тебе)** (делать, сделать что-л.; не делать чего-л.)

Формула совета, предложения младшему по возрасту, положению, а также равному (близко знакомому, приятелю, родственнику). Для усиления употр. с интенсификаторами настоятельно, горячо, искренне и др. *[Цыплунова:] Всякая болезнь неприятна... [Гневышев:] Я лечусь гомеопатией; советую и вам, помогает удивительно...* А. Островский. Богатые невесты. *Матвей Ильич все-таки был сановником, хоть и считался либералом. — Я советую тебе, друг мой, съездить с визитом к губернатору, — сказал он Аркадию...* И. Тургенев. Отцы и дети. *Искреннейше советую: избегайте сологубовской слащавости и андреевских устрашений!* М. Горький. Письмо И. С. Шмелёву, 1 марта 1910. *Официантка принесла водку и хлеб, Гурский налил рюмки и, не дожидаясь, пока принесут закуску, отломил корку хлеба, густо намазал её горчицей и посолил. — Советую п-последовать моему п-примеру. Б-будьте здоровы. — Он опрокинул рюмку, не дожидаясь Синцова.* К. Симонов. Живые и мёртвые. | С оттенком официальности. *[Городничий:] Вас посекут, да и только, а мужа и поминай как звали. Ты, душа моя, обращалась с ним так свободно, как будто с каким-нибудь Добчинским. [Анна Андреевна:] Об этом я уж советую вам не беспокоиться. Мы кой-что знаем такое...* Н. Гоголь. Ревизор. *Негров встал в ознаменование конца заседания и сказал: — Только прошу вас не думать о Любонькиной руке, пока не получите места. После всего советую, государь мой, быть осторожным: я буду иметь за вами глаза да глаза.* А. Герцен. Кто виноват? ♦ **Я бы советовал Вам (тебе)** (делать, сделать что-л.; не делать чего-л.). Вежл., смягчённая форма совета. *«Что вам сто́ит сказать слово государю, и он [Анатоль] прямо будет переведён в гвардию», — просила она. «Поверьте, что я сделаю всё, что могу, княгиня, — отвечал князь Василий, — но мне трудно просить государя; я бы советовал вам обратиться к Румянцеву, через князя Голицына: это было бы умнее».* Л. Толстой. Война и мир. *Вы очень славный человек и хорошо относитесь к людям, но я советовал бы вам не входить никуда третьим лицом. Это тяжёлая роль.* М. Горький. Письмо Е. К. Малиновской, февр. 1904. ♦ **Я тебе советую: залепи газетою.** Прост., шутл. Ответ на часто повторяющиеся вопросы близкого знакомого, приятеля, родственника: «Что ты мне советуешь (посоветуешь)?» «А ты что советуешь?» ‖ Шутл. форма утешения, ободрения; то же, что Ерунда. Пустяки (в 1 знач.). ♦ **Не советую.** ♦ **Я Вам (тебе) не советую** (делать что-л.). *[Дергачёв:] Ты опять играть? Ох, не советую, Вадим, не советую. [Дульчин:] Поди ты прочь! Я люблю игру, вот и всё. Мне теперь нужно играть и рисковать... может быть, я выиграю...* А. Островский. Последняя жертва. ♦ **Я бы не советовал Вам (тебе)** (делать что-л.). Формула выражения не столько совета, сколько вежл. несогласия с намерениями адресата. *«Видишь, Надя, какое дело выходит, — заговорил старик, — не сидел бы я, да и не думал, как добыть деньги, если бы моё время не ушло. Старые друзья-приятели кто разорился, кто на том свете <...>. Не знаю вот, что ещё в банке скажут: может, и поверят, а если не поверят, тогда придётся обратиться к Ляховскому». — «Я не советовала бы, папа, тебе».* Д. Мамин-Сибиряк. Приваловские миллионы.

Согласен, -сна; -сны. ♦ **Я согласен.** ♦ **Я (абсолютно, совершенно, целиком и полностью...) согласен с Вами (с Вашим мнением...).** Формы выражения согласия с предложением или мнением собеседника. *[Мамаев:] Старый стиль сильнее был. Куда! Далеко нынче! [Крутицкий:] Я согласен; но всё-таки, как хотите, в настоящее время писать стилем Ломоносова или Сумарокова, ведь, пожалуй, засмеют.* А. Островский. На всякого мудреца довольно простоты. *«Давай серпы! Все семеро Как станем завтра — к вечеру Всю рожь твою сожнём!» Смекнула Тимофеевна, Что дело подходящее. «Согласна», — говорит.* Н. Некрасов. Кому на Руси жить хорошо. *— Я с вашим мнением согласен, — отвечал Мизинчиков.* Ф. Достоевский. Село Степанчиково и его обитатели. ♦ **(Я) Не согласен.** ♦ **Я с Вами (с тобой) не согласен.** Формы отказа, возражения. Для смягчения категоричности употр. с формами извинения: простите, извините.

Согласие. ♦ **(Желаем вам) Мира и согласия!** ♦ **Живите в любви и согласии!** ♦ **Согласия вам!** и т. п. Формы пожелания молодым на свадьбе.

Согласиться. ♦ **Согласитесь (согласись) (со мной).** ♦ **Согласитесь (согласись) сам/и** (♦ **Сами согласитесь**). *Разг.* Обращ. к собеседнику с целью побудить его признать или подтвердить правильность, справедливость сказанного. Употр. в ситуациях полемики, объяснения, оправдания; а также с целью привлечения внимания, поддержания речевого контакта. *[Милонов (Бодаеву):] Ах, Уар Кирилыч, я сам за свободу; я сам против стеснительных мер... Ну, конечно, для народа, для нравственно несовершеннолетних необходимо... Но, согласитесь сами, до чего мы дойдём! Купцы банкротятся, дворяне проживаются... Согласитесь, что, наконец, необходимо будет ограничить законом расходы каждого, определить норму по сословиям, по классам, по должностям. А. Островский. Лес. [Захар:] Но я вас приглашал! Синцов ходил за вами... вы отказались... [Николай:] Согласитесь, что мне трудно в день смерти брата заниматься делами. М. Горький. Враги.* ♦ **Должен (вынужден) (с Вами) согласиться.** *Вежл., офиц.* ♦ **Не могу (с Вами) не согласиться.** *Вежл.* ♦ **Придётся согласиться (ничего не поделаешь).** *Разг.* Формы вынужденного согласия, признания убедительности аргументов собеседника. ♦ **Должен (вынужден) (с Вами) не согласиться.** *Вежл., офиц.* ♦ **Не могу с Вами (с тобой) согласиться.** ♦ **Позвольте (Разрешите) мне с Вами не согласиться.** *Учтив.* Формы вежл. возражения, несогласия с собеседником. Для смягчения категоричности, усиления вежливости в препозиции нередко используются вежл. обращения, извинения или комплименты. ▭ *Извините, пожалуйста, но я не могу с вами согласиться.* ▭ *Я очень уважаю вас, Андрей Викторович, высоко ценю как специалиста, но в данном случае не могу с вами согласиться.* ♦ **Не согласитесь ли Вы** (сделать что-л.)? ♦ **Вы бы не согласились** (сделать что-л.)? Формулы вежл., ненастойчивой просьбы, предложения, приглашения. *Девица <...> молча, исподлобья взглянула на стоящих перед ней людей. «Что вам нужно?» — «Ради бога, — засуетился Вика, — не подумайте, что мы хотели употребить во зло ваше доверие, но... скажите... не согласились бы вы отужинать вместе с нами, — конечно, где-нибудь в приличном месте?» А. Аверченко. Весёленький вечер.*

С огурцом одиннадцать (пятнадцать)! ⧗ *Прост.* Шутл. приветствие или ответ на шутливое приветствие. См. ♦ **С пальцем девять!**

Сожалеть. **Сожале́ю.** ♦ **(Я) (очень, весьма, глубоко, искренне, крайне...) сожалею, что... (об этом).** *Вежл.* Формула выражения огорчения по поводу случившихся неприятностей с адресатом и/или адресантом, а также в связи с обстоятельствами, воспрепятствовавшими осуществлению их намерений. Употр. обычно при объяснениях, извинениях, выражении отказа и т. п.; то же, что ♦ **Мне (очень) жаль, что...** ♦ **Я (очень) жалею, что...** См. **Жалею.** *Я завален по самое горло всякими работами — и потому почти не имею минуты свободного времени: однако земно кланяюсь Вам за Ваше заступничество — и сожалею только о неприятностях, которые Вы навлекли на себя Вашей статьёй. И. Тургенев. Письмо И. В. Павлову, 15, 21 апр. 1860. Вечером, в день, когда он приехал домой, явился Митрофанов и сказал с натянутой усмешкой: «Пришёл проститься, перевожусь в Калугу, а — почему? Неизвестно. Не понимаю. Вдруг...» <...> — «Очень сожалею, я к вам так привык», — искренно сказал Самгин. М. Горький. Жизнь Клима Самгина. Гриша, ты сожалеешь о том, что не мог со мною проститься. Я тоже очень сожалею, что не пришлось нам в последний раз поговорить, но что делать. С. Есенин. Письмо Г. А. Панфилову, 1912. Всюду заметно, что писалась книга торопливо. Фигуры и отношения их не разработаны. И очень много натуралистической грубости в диалогах, а ведь эта грубость не нужна. / Сожалею, что не могу сказать ничего иного. М. Горький. Письмо Ф. В. Гладкову, 28 марта 1933.* ♦ **Мне остаётся только сожалеть, что... (об этом, о случившемся).** *Вежл.* Формула выражения сожаления, огорчения, употр. обычно при офиц. прощании. ♦ **(Адресант) (глубоко) сожалеет** (о чём-л., что..., о том, что...). *Эпист. Офиц., учтив. Александр Пушкин сердечно благодарит Игнатия Семеновича Зеновича за его заочное гостеприимство. Он оставляет его дом, искренно сожалея, что не имел счастия познакомиться с почтенным хозяином.*

А. Пушкин. Письмо И. С. Деспоту-Зеновичу, 8 авг. 1824. ♦ **(Весьма, очень) Сожалею, но...** Формула вежливого, нередко вынужденного отказа. *[Балясников:] Брось заговаривать зубы... Ты должен немедленно исправить ошибку. [Мужской голос (по телефону):] Сожалею, но ничем не могу тебе помочь. Сегодня твой сын взял обратно свои эскизы.* А. Арбузов. Сказки старого Арбата.

Сожаление. ♦ **К (моему, большому, великому, величайшему, глубокому...) сожалению.** *Вводн.* Выражение огорчения; то же, что ♦ **Я (очень, глубоко...) сожалею.** См. **Сожалеть.** *Милостивый государь, / многоуважаемый Фёдор Михайлович, / собирался сегодня заехать повидаться с Вами, но, к величайшему моему сожалению, одно неприятное и непредвиденное обстоятельство заняло всё утро, так что никак не мог заехать.* В. Соловьёв. Письмо Ф. М. Достоевскому, 1873. *«Вот что, э... — внезапно перебил его Филипп Филиппович, очевидно, терзаемый какой-то думой, — нет ли у вас в доме свободной комнаты? Я согласен её купить». Жёлтенькие искры появились в карих глазах Швондера. «Нет, профессор, к величайшему сожалению. И не предвидится».* М. Булгаков. Собачье сердце. ♦ **(Я) Выражаю своё (глубокое, искреннее...) сожаление (по поводу того, что произошло, о случившемся).** *Офиц.* ♦ **(Адресант) выражает (Адресату) своё (глубокое, искреннее...) сожаление (по поводу чего-л., о чём-л.; что..., о том, что...).** *Энист. Офиц., учтив.* Дипломатич. извинение. ♦ **Мне (нам) остаётся только выразить (своё, глубокое...) сожаление (по поводу чего-л., что... о том, что...).** *Учтив., офиц.* Выражение огорчения или опосредованного извинения, обычно при прощании.

Создатель. Бог. ♦ **Ради (Небесного) Создателя.** *Возвыш.* То же, что ♦ **Ради Бога** (в 1 знач.). См. **Бог.** — *Эх, Архипушка! деньги — голуби: прилетят и опять улетят! Пусти ради Небесного Создателя, — молил Васильев тонким дребезжащим голосом, высунув из кузова голову.* Ф. Достоевский. Село Степанчиково и его обитатели. *Лекарь приехал. Стрелой полетел навстречу к нему Потап Максимыч. С рыданьем кинулся ему в ноги и, охватив колена, восклицал трепетным голосом: — Ба-*

тюшка!.. Будь отец родной!.. Вылечи дочку... Тысяч не пожалею... Помоги ради Создателя... не умерла бы, не покинула б меня, горького... П. Мельников (Печерский). В лесах. ♦ **Благодарение Создателю.** *Возвыш.* То же, что ♦ **Благодарение Богу.** ♦ **Слава Создателю.** *Возвыш.* То же, что ♦ **Слава Богу** (в 1, 3 и 4 знач.).

Соизво́лить. *Сов. вид.* к **Изволить.** ▧ В сочет. с неопр. формой глагола употр. вместо личных форм этого глагола для выражения почтительности по отношению к высшему по положению. *Если Ваше Превосходительство соизволите мне испросить от Государя сие драгоценное дозволение, то вы мне сделаете новое, истинное благодеяние.* А. Пушкин. Письмо А. Х. Бенкендорфу, 21 апр. 1828. | В совр. употр. — *ирон.* — *Я вам два раза звонила, вы даже не соизволили подойти к телефону.* К. Федин. Похищение Европы. ♦ **С Высочайшего соизволения.** ▧ С разрешения императора, императрицы или по их указанию. *Офиц.* См. **Высочайший.**

Со́кол. 1. *В знач. сказуем.* Нередко в сочет. с *какой, экий.* ▧ *Прост.* Похвала, комплимент в адрес статного, красивого юноши, мужчины. *[Огудалова:] Экой сокол! Глядеть на тебя да радоваться. [Паратов:] Очень лестно слышать от вас. Ручку пожалуйте. (Целует руку.)* А. Островский. Бесприданница. *[Бобова:] Я тебя помню, каков ты сокол был.* М. Горький. Фальшивая монета. 2. ♦ **Сокол мой.** ♦ **Сокол (мой) ясный.** (♦ **Ясный сокол.**) ▧ *Прост. и нар.-поэт.* а) «*Милый, любимый, друг, молодчик мой. Жениха в песнях величают соколом, невесту — голубкою, лебёдушкой*». В. Даль. *Ласк. обращ.* к юноше, мужчине. Употр. преимущ. в речи девушек, женщин; а также в обращ. пожилых мужчин и женщин к младшему по возрасту. — *Прощай, Марья Ивановна, моя голубушка! Прощайте, Пётр Андреевич, сокол наш ясный! — говорила добрая попадья.* А. Пушкин. Капитанская дочка. *[Евгения:] Ну пойдём же, мой сокол ясный! Сколько теперь часов-то? [Миловидов (смотрит на часы):] Одиннадцатый в исходе. [Евгения:] О, ещё до свету-то как далеко!* А. Островский. На бойком месте. *Старуха помолчала, пристально вглядываясь, потом вдруг вся преобразилась. — Ах, ты, касатик,* а я-то дура, не вознала: я думаю, какой прохожий, — притворно ласковым голосом заговорила она. — Ах ты, сокол ты мой ясный... Л. Толстой. Воскресение. *Стосковалось моё ретивое что давно не вижу тебя сокола яснаго!* Из письма крестьянина Г. Я. Захарова Н. А. Некрасову, 20 апр. 1869. *«Гм! Может быть, ты и прав, Гаврила, — пробормотал я, приостановленный этим замечанием. — Веди же меня к дядюшке!» — «Сокол ты мой! да я не могу на глаза показаться, не смею».* Ф. Достоевский. Село Степанчиково и его обитатели. *Мать за рукав его [Мишку] тянет, орёт: — Иди на двор, играйся!.. Иди, говорят тебе, варнак этакий! — И отца просит: — Пусти его, Фома Акимыч! Пусти, пожалуйста!.. Не даст он и поглядеть на тебя, сокола ясного. Два года не видались, а ты им займаешься!* М. Шолохов. Нахалёнок. | Шутл. или с оттенком иронии — к близко знакомому, родственнику, равному или младшему по возрасту, положению. *[Глафира Фирсовна:] А, сокол ясный! Сто лет не видались! [Дульчин:] Меньше, Глафира Фирсовна.* А. Островский. Последняя жертва. *— Да, дружок, наша-то сестра, особенно русская, в любви-то куда ведь она глупа: «на, мой сокол, тебе», готова и мясо с костей срезать да отдать; а ваш брат, шаматон, этим и пользуется.* Н. Лесков. Воительница. **б)** Сокол. Соколы, *мн.* То же, что Богатырь. Орёл. *Возвыш.-поэт.* Обращ. к храброму воину, солдату. *Взвейтесь, соколы, орлами! Полно горе горевать. То ли дело под шатрами В поле лагерем стоять.* (Старинная солдатск. песня). В 30—50 годы XX в. *соколами, красными соколами* в газетах и по радио возвышенно-риторически называли военных лётчиков. *«Я, пожалуй, здесь останусь, — сказал тот [лётчик] неторопливо и решительно ‹...›. — Винтовку дашь?» — «Не дам, — мотнул головой капитан. — Не дам, дорогой сокол! Ну куда ты мне и что это даст? Иди туда, — он ткнул забинтованной пятернёй в небо. — Иди летай, ради бога, всё, что от тебя требуется! Остальное сами сделаем!»* К. Симонов. Живые и мёртвые. ♦ **Ясён сокол.** ⌧ *Обл., нар.-поэт.* ♦ **Ясмен соко́л.** ⌧ *Нар.-поэт.* То же, что ♦ Ясный сокол. *— Что? Иль не любо? Глянь-ко, глянь, мой ясмен сокол, каково прекрасно! — Катерина Львовна засмеялась и страстно поцеловала Сергея при муже.* Н. Лесков. Леди Макбет Мценского уезда. ♦ **Соколик (ты мой).** ⌧ ♦ **Соколик (ты) мой ясный.** ⌧ *Прост., нар.-поэт.* Ласк. женск. или стариковское обращ. к мальчику, юноше, мужчине. *«Государь ты наш, Владимир Андреевич, — я, твоя старая нянька, решилась тебе доложить о здоровье папенькином. Он очень плох, иногда заговаривается, и весь день сидит, как дитя глупое — а в животе и смерти Бог волен. Приезжай ты к нам, соколик мой ясный, мы тебе и лошадей вышлем на Песочное ‹...›. / Остаюсь твоя верная раба нянька / Орина Егоровна Бузырева».* А. Пушкин. Дубровский. *«Что ж, тебе скучно здесь?» — спросил Пьер. «Как не скучно, соколик. Меня Платоном звать; Каратаевы прозвище, — прибавил он, видимо, с тем, чтобы облегчить Пьеру обращение к нему. — Соколиком на службе прозвали. Как не скучать, соколик!»* Л. Толстой. Война и мир. *Дарья, любившая засыпать под шумок скрипки своего болезного хозяина, приподымалась с своего сундука и, отворив осторожно дверь, произносила вполголоса, жалобно качая головою: — Рожоный ты мой... Ох, болезный, соколик ты наш, вишь как умаялся...* Д. Григорович. Капельмейстер Сусликов. *Со всеми отец пошутил, каждой [женщине] ласковое словечко подарил. А уж они-то ему! «Опять весёлый, соколик наш!» — «Дай, Господи, долго жить, здраву быть!..»* И. Шмелёв. Лето Господне. *«Да, — как же? — смущённо и тревожно говорил Фома, касаясь рукой её головы. — Ты не сердись... ведь сама же...» — «Я не сержусь! — громким шёпотом ответила она. — За что сердиться на тебя? Ты не охальник... чистая ты душа! Эх, соколик мой пролётный! Сядь-ка ты рядом со мной...»* М. Горький. Фома Гордеев. **Соко́лики.** *— Ну, соколики. — Селиван поднял свою стопку, взмахнул ею сверху вниз, справа налево, окрестя застольную тайную вечерю. — За шеломы ваши!* Е. Носов. Усвятские шлемоносцы. | *Ирон.* *[Городничий:] А! Здорово, соколики! [Купцы (кланяясь):] Здравия желаем, батюшка! [Городничий:] Что, голубчики, как поживаете? как товар идёт ваш? Что, самоварники, аршинники, жаловаться? Архиплуты, протобестии, надувайлы мирские! жаловаться? Что, много взяли? Вот, думают, так в тюрьму его и засадят!..* Н. Гоголь. Ревизор. ⌫ *Что при-*

уныли, соколики? Али выпить захотели, алкоголики? Шутл. обращ. к приятелям. **Соколушка моя,** *ж.* Обл. Ласк. обращ. к собеседнице. ▭ *Породушка моя, соколушка моя, ох, милушка, вот жить-то как-то надоть.* СРНГ.

Сокро́вище. 1. *В знач. сказуем.* ♦ **Ты (Вы) (настоящее) сокровище.** *Разг., экспрессив.* Восторженная похвала, комплимент в адрес собеседника, обладающего, по мнению говорящего, редкими, бесценными качествами. *Ах, Пастернак, ну что вы за сокровище!* М. Юдина. Письмо Б. Л. Пастернаку, 7–8 февр. 1947.
♦ **Ты (вы) моё (у меня) сокровище!** *Разг., экспрессив.* В адрес дорогого, любимого, обожаемого человека (ребёнка, возлюбленного, возлюбленной).* ▭ *[Мать (ласкает и целуя трёхлетнюю дочь):] Да ты моя лапочка, ты у меня самая любимая, ты моё сокровище ненаглядное!* (1992). **2.** ♦ **Моё сокровище (♦ Сокровище ты моё).** *Разг.* Ласк. обращение к близкому, любимому человеку (чаще к ребёнку, девушке, женщине). *Прощай, моё сокровище <…>. Обнимаю тебя от души. <…> / Верный твой / А. Грибоедов.* А. Грибоедов. Письмо П. А. Катенину, 17 окт. 1824. *«Я остаюсь?» — спросила Елена. «Нет, моя чистая девушка; нет, моё сокровище. Ты сегодня вернёшься домой, но будь готова».* И. Тургенев. Накануне. *[Даша (встаёт):] Матушка, ты ли это? [Степанида:] Дочушка!.. Дашенька! (Даша кидается ей на шею.) Дитятко ты моё родимое, солнышко моё красное, заря ты моя восхожая, сокровище ты моё ненаглядное!..* А. Островский. Не так живи, как хочется. *«Сима, почто у тебя родимое петенышко очутилося на правым плече? У тебя этого не было». — «Друг мой любезнай, я ведь не твоя. Я вот по такой-то улице, под таким-то номером мастерская — тут живёт сапожник. Мой Ванюшка, я ведь его жана, а не твоя. А твоя жана у моего у Ванюшка. Поедем со мной, разменяемся <…>». — «Симушка, — он [купец] отвечает, — сокровишшо моё, не поедем, живи у меня до смерти своей».* Жена сапожника и купчиха. Сказка. Зап. в 1925.

Солдатик. *Разг.* Ласк., преимущественно женск. или стариковск. обращ. к незнакомому солдату. *«Вот, — говорит старуха, — скажи мне, солдатик, как живёт генерал в городе Печенском Курухан Куруханович?» — «Нет, — говорит солдат, — жил, бабушка, Курухан Куруханович в городе Печенском, а теперь его перевели в город Суминск. Так!»* Проделки солдата. Сказка. Зап. в 1939. ▭ *[На вокзале женщина с мальчиком остановилась в зале ожидания и смотрит, где можно устроиться. Встаёт сержант, сидевший неподалёку.] — Сиди, сиди, солдатик, мы вон туда пройдём, там есть место* (1993).

Солнце (моё). ♦ **Солнце моё лучистое.** *Возвыш., интимн.-ласк.* Называние близкого, любимого человека или обращение к нему (чаще употр. в адрес девушки, женщины, ребёнка). *Ты — моё Солнце, моё Небо, моё Блаженство. Я не могу без Тебя жить ни здесь, ни там.* А. Блок. Письмо Л. Д. Менделеевой, 10 нояб. 1902. *Петухов смотрел на неё затуманенными глазами и спрашивал: «Когда? Когда?» — «Ни-ког-да! Впрочем, завтра я буду без неё». — «Спасибо!..» — «Я не понимаю, за что вы меня благодарите?» — «Мы поедем куда-нибудь, где уютно-уютно. Клянусь вам, я не позволю себе ничего лишнего!!» — «Я не понимаю… что вы такое говорите? Что такое уютно-уютно?» — «Солнце моё лучистое!» — уверенно сказал Петухов.* А. Аверченко. Петухов.

Солнышко. ♦ **Солнышко моё.** ♦ **Солнышко (моё) красное (ясное).** *Разг., нар.-поэт.* Ласковое обращение к близкому, дорогому, любимому человеку. *На его [пса] визг выскочила дьячиха и по обычаю повалилась мужу в ноги. — Родимый ты мой, Арефа Кузьмич! — причитала она <…> — и не думала я тебя в живых видеть, солнышко ты моё красное!..* Д. Мамин-Сибиряк. Охонины брови. *[Пётр:] Что мне себя жалеть-то? Уж и так пропащая моя голова, заодно пропадать-то! Говори, моё солнышко, что тебе нужно: золота, серебра, каменьев самоцветных — себя заложу, а тебе подарю. [Груша:] Ничего мне, голубчик ты мой беленький, не надо, всего у меня довольно.* А. Островский. Не так живи, как хочется. *Люся <…> откинула с лица волосы и опустила руки на плечи Бориса: — Спасибо тебе, солнышко ты моё! Взошло, обогрело… Ради одной этой ночи стоило жить на свете.* В. Астафьев. Пастух и пастушка. | Шутл. или ирон. *Въехав в город, он [Калинович] не утерпел и велел себя везти прямо к Godневым. Нужно ли говорить, как ему там обрадовались? Первая увидела его*

Палагея Евграфовна, мывшая, с засученными руками, в сенях посуду. «Ай, батюшка, Яков Васильич!» — *вскрикнула она, стыдливо обдёргивая заткнутый фартук. «А! солнышко наше красное! Откуда взошло и появилось?* — *воскликнул Пётр Михайлыч.* — *Настенька!* — *кричал он,* — *Яков Васильич приехал».* А. Писемский. Тысяча душ. *[Яков:] Его шеф, покойник Сергачёв, вовсе в рубище гулял. Знаменитым так полагается. [Ляля:] Смени интонацию на более ласковую, солнышко. Ты на редкость противный малый, когда злишься.* А. Арбузов. Выбор. *«А я в это время сдался в плен немцам».* — *«Сдался? Ты хочешь сказать: тебя взяли в плен?»* — *«Володя, солнышко! Я всегда преклонялся перед твоей чистотой и совестью... с детства!»* — *«Я прошу тебя, Илья, без этого кулуарного тона. На кой чёрт!»* — *«Володя, дорогой мой бывший друг детства!..»* — *«Ну что, Илья, дорогой мой бывший друг детства?»* — *«Какая разница: «взяли», «попал», «захватили»... Пленным не был тот, кто до плена стрелялся, а в плену вспарывал вены ржавым гвоздём, бросался на проволоку с током, разбивал голову о камень... Те умирали. А тот, кто хотел жить, независимо от того, сам сдался или взяли,* — *всё равно был пленным».* Ю. Бондарев. Выбор. ♦ **Красно солнышко.** Нар.-поэт. *«Постойте! я вас выручу!* — *Вдруг объявила бойкая Бурмистрова кума И побежала к барину; Бух в ноги:* — *Красно солнышко! Прости, не погуби!»* Н. Некрасов. Кому на Руси жить хорошо. ♦ **Солнышко князь (стольно-киевский).** Фольк. Почтит. обращ. героев былин, преданий к князю Владимиру (прозванному в народе Владимир Красное Солнышко). *Говорит Сухмантий Одихмантьевич:* — *Солнышко князь стольно-киевский! Мне, мол, было не до лебёдушки: А за той за матушкой Непрой рекой Стояла сила татарская неверная...* Сухман. Былина. Зап. в 1860. ♦ **Свет ты моё солнышко.** Нар.-поэт. *Уж ты свет моё солнышко, ты дитя благословенное! Ты живи, моя голубушка* (песня). ♦ **Солнышку моему сиятелю, свету моему совету, сахару белому (почтение, почтеньице).** Обл. Форма почтит. или шутл. радушного приветствия.

Соотечественники. *Возвыш., ритор.* Публичное обращение к согражданам (обычно с целью призыва) в агитационных выступлениях. ▭ — *Друзья мои, дорогие соотечественники! Я призываю вас прийти на избирательные участки и сделать правильный выбор. Судьба страны в ваших руках!* (1996).

Со́рок одно́ (два) с ки́сточкой! Прост. Шутл.-фамильярн. приветствие при встрече. *[Худощавый мещанин] подходит к Анисье Осиповне.* — *Наше почтение, барышня! Сорок два с кисточкой!* — *говорит он и протягивает ладонь.* Ф. Решетников. Свой хлеб. *[Галах] подошёл к незнакомцу.* — *Вашему превосходительству сорок одно с кисточкой,* — *проговорил он ходячую типографскую остроту.* Д. Мамин-Сибиряк. Пустынька. ♦ **Наше вам с кисточкой.** ♦ **Наше вам сорок одно.** См. ♦ **Наше вам.**

Соро́чке б тоне́ть, а тебе бы добре́ть! См. Добреть.

Сосе́д. Прост. Обиходн., преимущ. мужск. обращение к соседу, равному или младшему по возрасту. — *Это ты правильно, сосед: родима деревня краше любого города.* П. Еремеев. Обиход. *«Здорово, сосед»,* — *первым приветствовал Егор. «Здорово»,* — *ответил Яша.* В. Шукшин. Любавины. **Соседка.** Женск. к Сосед. *С горы, покачиваясь, сходила Аксинья, ещё издали голосисто крикнула [Григорию]: «Чертяка бешеный! Чудок конём не стоптал! Вот погоди, я скажу отцу, как ты ездишь».* — *«Но-но, соседка, не ругайся. Проводишь мужа в лагеря, может, и я в хозяйстве сгожусь».* М. Шолохов. Тихий Дон. **Соседушка,** м. и ж. Прост. Ласк., приветл. обращ. к соседу или соседке. *«Соседушка, мой свет! Пожалуйста, покушай».* — *«Соседушка, я сыт по горло».* — *«Нужды нет, Ещё тарелочку <...>».* — *Так потчевал сосед Демьян соседа Фоку <...>.* И. Крылов. Демьянова уха. *[Филицата:] Снова здорово, соседушка! [Зыбкина:] Здравствуй, Филицатушка!* А. Островский. Правда — хорошо, а счастье лучше. ▭ — *Ох и звонкая ты, соседушка!* СРНГ. **Сосе́ди. Сосе́дки. Сосе́душки.** Мн. ▭ — *Прощайте, соседи, до будущей беседы!* **Сусе́д. Суседка. Суседи. Суседки.** Обл. *Дед Егор тоже поднялся, закурил под взглядами старух и, выходя, предупредил:* — *Недолго, суседки. Надоть трогаться.* В. Распутин. Прощание с Матёрой.

Сослужи́/те службу (мне, нам). *Разг.* [Из нар.-поэт. речи.] Неофиц. просьба равному или низшему по положению; помоги/те, окажи/те услугу. Употр. преимущ. с «ты»-формами. *Слушай, сослужи службу. Когда будешь писать к Брадке, намекни ему о мне вот каким образом <...>.* Н. Гоголь. Письмо М. А. Максимовичу, 20 апр. 1834. *[Мурзавецкая:] Как по-твоему, кому ты должен служить: мне или ей? [Чугунов:] Никому, кроме вас, благодетельница. [Мурзавецкая:] Вот и сослужи своей благодетельнице службу великую, избавь её от заботы! Ведь измучил меня племянничек-то!* А. Островский. Волки и овцы. *[Лариса (со слезами):] Уж если быть вещью, так одно утешение — быть дорогой, очень дорогой. Сослужите мне последнюю службу: подите пошлите ко мне Кнурова. [Карандышев:] Что вы, что вы, опомнитесь!* А. Островский. Бесприданница. *«Я тебе говорю, Балага, — сказал Анатоль, кладя ему руки на плечи, — любишь ты меня или нет? А? Теперь службу сослужи... На каких приехал? А?» — «Как посол приказал, на ваших, на зверьях», — сказал Балага.* Л. Толстой. Война и мир.

Сохрани́ Бог! ♦ **Сохрани (и помилуй) Вас (тебя) Бог (Боже, Господь, Господи; Пресвятая Богородица, Матерь Божья, Царица Небесная...)!** См. Храни (Сохрани) Бог.

Сочу́вствие. ♦ **(Я) Выражаю Вам моё (своё) (глубокое, искреннее...) сочувствие.** ♦ **(Я) Хочу (хотел бы) выразить Вам моё (своё) (глубокое, искреннее...) сочувствие.** ♦ **Примите моё (глубокое, искреннее...) сочувствие.** *Офиц.* Формулы выражения участия, сострадания к собеседнику, переживающему большие неприятности, горе. *Примите уверение в искреннем моём сочувствии к Вам. / Ив. Тургенев.* И. Тургенев. Письмо И. Р. Родионову, 27 марта 1860. *«Тогда здравия желаю, товарищ генерал. Примите моё сочувствие вашему горю». — «Спасибо». — Серпилин положил трубку.* К. Симонов. Живые и мёртвые.

Сочу́вствую (Вам, тебе). ♦ **(Я) Вам (тебе) очень (глубоко, искренне, всей душой, всем сердцем...) сочувствую.** Формула выражения участия, сострадания к собеседнику, переживающему большие неприятности, го-

ре. *«Ну, что отец?» — «Вчера получил известие о его кончине», — коротко сказал князь Андрей. Кутузов испуганно-открытыми глазами посмотрел на князя Андрея, потом снял фуражку и перекрестился: «Царство ему небесное! Да будет воля Божия над всеми нами!» — «Он тяжело, всей грудью вздохнул и помолчал. «Я его любил и уважал и сочувствую тебе всей душой». Он обнял князя Андрея, прижал его к своей жирной груди и долго не отпускал от себя. Когда он отпустил его, князь Андрей увидал, что расплывшие губы Кутузова дрожали и на глазах были слёзы.* Л. Толстой. Война и мир. *Я сочувствую Вам всем сердцем: видел, как мужественно и беззаветно Вы боролись за его жизнь, не щадя себя, — мне многое хотелось бы сказать Вам о Вас...* А. Фадеев. Письмо Е. С. Булгаковой, 15 марта 1940. ♦ **Как я Вам (тебе) сочувствую!** ♦ **Я Вам (тебе) так сочувствую!** *Экспрессив.* Преимущ. в женск. общении.
♦ **Сочувствую Вам (тебе), но (к сожалению) ничем не могу помочь.** Фраза, которую произносят (иногда лишь из вежливости) в ответ на жалобы, рассказ собеседника о своих проблемах. Часто эта фраза означает также отказ в ответ на просьбу из-за невозможности или нежелания помочь. *[Еремеев:] Ох-хо-хо... [Шаманов:] Что, дед, как твои дела? [Еремеев:] Дела, ядрёная бабушка. Человеку не верят, бумагам верят. (Шум подъезжающей машины.) [Шаманов (поднимается):] Сочувствую тебе, дед. Помочь ничем не могу.* А. Вампилов. Прошлым летом в Чулимске.

Спа́ли, почива́ли, ве́село ль встава́ли? *Прост.* и *обл.* ⌘ Утреннее приветствие гостям (В. Даль).

С па́льцем де́вять! ♦ **С пальцем девять, с огурцом одиннадцать (пятнадцать)!** ⌘ *Прост.* Шутл. или фамильярн. мужск. приветствие близкому знакомому, приятелю при подаче руки [«т. е. по четыре пальца, с прибавкой одного большого. *С пальцем* — с прибавкой, с хвостиком». М. Михельсон. По другой версии, это выражение восходит к жаргону московских парикмахеров: «За девять грошей брили цирюльники самым примитивным приёмом, засовывая для оттягивания щеки в рот палец, за пятнадцать же предоставляли клиентам удобства пользоваться для той же цели огурцом». Е. Иванов. Меткое московское слово]. [*Любим Карпыч (входит):*] *Гур, гур, гур... буль, буль, буль!.. С пальцем девять, с огурцом пятнадцать!.. Приятелю! (Протягивает руку Коршунову.) Наше вам-с!.. Тысячу лет со днём не видались! Как поживаете? [Коршунов:] А, это ты, Любим? [Любим Карпыч (загораживая лицо руками):] Я не я, и лошадь не моя, и я не извозчик.* А. Островский. Бедность не порок. *Обе спутницы переступили порог. «Ай, Чух — пёсий дух! Наше вам!» — «С пальцем девять!» — сипло поприветствовал вошедшую старуху один из обитателей ночлежной, где шла игра в косточки. «С огурцом одиннадцать!» — кивнул другой из той же компании. «С редькой пятнадцать!» — подхватил третий. И все трое засмеялись собственным остротам.* В. Крестовский. Петербургские трущобы.

Спаси́ Бог (Господь, Господи, Христос) (Вас, тебя). *Прост.* **1.** Напутственное пожелание благополучия уходящим, отъезжающим; то же, что ♦ **Храни Бог (Вас, тебя).** Употр. преимущ. в речи пожилых верующих. ▭ [*Бабушка (внукам):*] *Ну, поезжайте с Богом. Спаси вас Христос* (1993). **2.** Форма выражения благодарности. *«Я, матушка, завсегда рад по силе помощь подать неимущему, — сказал Пётр Степаныч. — И на святые обители тоже... Извольте на раздачу принять». — И подал ей две сотенных. <...> «Спаси тебя Христос! Благодарна за усердие», — сказала Манефа и, вставши с лавки, положила перед иконами семипоклонный начал.* П. Мельников (Печерский). На горах. *Матушка Агния <...> перекрестилась на сад, в окошко, и умиленно пропела: «А мы к вашей милости, сударь, премного вами благодарны за заботы о нас, сиротах... втайне творите, по слову Божию... спаси вас Господи, Христос воскресе».* И. Шмелёв. Пути небесные. ‖ *«Уж он мне спасал, спасал за это»*, — т. е. приговаривал: «спаси Бог!» В. Даль. ♦ **Бог спасёт (Вас, тебя).** *Обл.* Спасибо. *Бросилась в передний угол именинница и начала класть земные поклоны. Помолившись, кинулась мужу в ноги. — Бог тебя спасёт, Максимыч, — сказала она, всхлипывая. — Отнял ты печаль от сердца моего.* П. Мельников (Печерский). В лесах.

Спаси́бо. Самая распространённая форма выражения благодарности. [«Нар. сокращ.

♦ **Спаси Бог!** В. Даль. *«Староверы избегают этого выражения, потому что они видят в нём «спаси бай» и усматривают якобы в бай название языческого бога».* М. Фасмер. *Проклятов дома, на Урале, никогда не божился, а говорил «ей-ей» и «ни-ни», никогда не говорил «спасибо», а «спаси тя Христос»; входя в избу, останавливался на пороге и говорил: «Господи Иисусе Христе Сыне Божий, помилуй нас!» — и выжидал ответного: «Аминь».* В. Даль. Уральский казак]. Употр. самостоятельно или в сочет. со словами-распространителями для выражения повыш. вежливости, учтивости, а также для указания на причину благодарности.
♦ **Спасибо Вам (тебе).** ♦ **Спасибо (Вам, тебе) за** (что-л., за то, что..., что...). *Когда князь Андрей вошёл в кабинет, старый князь в стариковских очках и своём белом халате, в котором он никого не принимал, кроме сына, сидел за столом и писал. Он оглянулся. «Едешь?» — И опять стал писать. «Пришёл проститься». — «Целуй сюда, — он показал щеку. — Спасибо, спасибо». — «За что вы меня благодарите?» — «За то, что не просрочиваешь, за бабью юбку не держишься. Служба прежде всего. Спасибо, спасибо!»* Л. Толстой. Война и мир. ▭ [*Банщики благодарили за чаевые:*] *Спасибо, с поклоном за ваше неоставление.* Е. Иванов. Меткое московское слово. *— А через день меня на самые верха, к самому главному начальству: «Спасибо, товарищ Дунаева, за ударный труд». Да, сам Косарев руку жмёт.* Ф. Абрамов. Дом. | Для усиления экспрессии употр. со словами-интенсификаторами: большое, великое, огромное, сердечное и др. *Спасибо, великое спасибо Гоголю за его «Коляску», в ней альманах может далеко уехать...* А. Пушкин. Письмо П. А. Плетнёву, 11 окт. 1835. *За письмо спасибо, искреннейшее спасибо, Владимир Галактионович...* М. Горький. Письмо В. Г. Короленко, 26 апр. 1895. *Душевное Вам спасибо, что не забываете своих, преданных Вам, друзей...* (образец благодарств. письма). Хороший тон. Правила светской жизни и этикета (1889). *Вера Ивановна, пока разогревалась каша для Жени, нашла в шифоньере старые дырявые носки. «Ну-ка давай». — «Сыновье вам спасибо, Вера Ивановна», — поблагодарил Женя, взял носки и задумался.* С. Каледин. Поп и работник. | В сочет. с вежл., ласк. обращениями

и комплиментами. *Лаврецкий подошёл к Лизе и, всё ещё взволнованный, украдкой шепнул ей: «Спасибо, вы добрая девушка; я виноват...»* И. Тургенев. Дворянское гнездо. *«Спасибо, старобельцы! Молодцами!» — «Рады стараться, ваше превосходительство!» — нестройно грянули солдаты.* В. Гаршин. Из воспоминаний рядового Иванова. *«Ну, а ты, бабка, что ж, — проговорил он [Антон] голосом, в котором не заметно уже было и тени досады, — аль с хозяйкой надломила хлебушка? — чего отнекиваешься, режь да ешь, коли подкладывают, бери ложку — садись, — человек из еды живёт, что съешь, то и проживёшь». — «Спасибо, отец родной, и то хозяюшка твоя накормила, дай ей Господь Бог много лет здравствовать...»* Д. Григорович. Антон-горемыка. *[Любовь Андреевна:] Спасибо, родной. Я привыкла к кофе. Пью его и днём и ночью. Спасибо, мой старичок. (Целует Фирса.)* А. Чехов. Вишневый сад. *[Вася:] Спасибо, Сева, ты поступил как настоящий человек. [Сева (застенчиво):] Да ладно... да что уж...* А. Арбузов. Моё заглядение. ♦ **Спасибо за внимание.** Формула вежл. заключения публичн. речи, выступления. 🖃 *[Ведущий телепередачи:] Наша передача окончена, спасибо за внимание...* (1991). ♦ **Спасибо за компанию.** Форма вежл. прощания с попутчиками, собеседниками, в компании с которыми случилось провести какое-то время. *Девица с непонятным беспокойством в глазах встала и сказала: «Мне пора, спасибо за компанию». — «Мы довезём вас до вашей квартиры в автомобиле». — «Ой, нет, нет, не надо! Ради Бога, не надо. Ой нет, нет, спасибо!»* А. Аверченко. Весёлый вечер. ♦ **Спасибо за (комплимент, привет, поздравление, пожелание, подарок...).** Вежл. ответ на поздравление, пожелание, комплимент. 🖃 *«Бог в помощь!» — «Спасибо!»* 🖃 *«Будь здоров!» — «Спасибо».* 🖃 *«С праздничком!» — «Спасибо, и вас также!»* и т. п. *На стук двери Гринька повернул голову, широко улыбнулся. «А-а! Здорово живёшь!» — «Здорово, — весело сказал Кузьма. — Со свиданьицем». — «Спасибо», — откликнулся Гринька.* В. Шукшин. Любавины. 🖃 *«Приятного аппетита!» — «Спасибо, садись с нами».* — *«Спасибо, я сыт»* (1997). ♦ **Спасибо, хорошо (ничего, нормально, всё в порядке...).** Разг., преимущ. в устном общении.

Вежл. ответ на обычные при встрече вопросы: *Как живёте? Как дела? Как здоровье?* и т. п., а также на словесные знаки внимания: *«Вам удобно?» «Вы не устали?»* и т. п. *В коридоре её догнал Савелий Егорович. <...> «Ну, как живёшь?» — «Ничего, спасибо».* Ю. Герман. Наши знакомые. *«Как отдохнули?» — приглаживая и без того плоско лежавшие волосы, спросил Серпилин <...>. «Спасибо, хорошо», — ответил Синцов.* К. Симонов. Живые и мёртвые. ♦ **Спасибо за совет.** Благодарность или дежурно-вежлив. (иногда со скрытой или явной иронией) ответ советующему, поучающему. *[Ахов:] <...> твоё дело, Федосеевна, только кланяйся. Всем кланяйся и за всё кланяйся, что-нибудь и выкланяешь, да и глядеть-то на тебя всякому приятнее. [Круглова:] Спасибо за совет! Дай Бог тебе здоровья.* А. Островский. Не всё коту масленица. ♦ **Спасибо за угощение.** ♦ **Спасибо за гостеприимство.** Офиц.-вежл. ♦ **Спасибо за хлеб, за соль, за ласку.** Прост. ♦ **Спасибо за хлеб, за соль, за милость вашу.** 🖃 Прост. Формы благодарности, с которыми гость обращается к хозяевам (обычно при прощании). *Фома поднялся на ноги, снял картуз и, поклонившись наборщикам, громко и весело сказал: — Спасибо, господа, за угощенье! Прощайте!* М. Горький. Фома Гордеев. *[Астров:] Само собой, если случится что, то дайте знать, — приеду. (Пожимает руки.) Спасибо за хлеб, за соль, за ласку... одним словом, за всё.* А. Чехов. Дядя Ваня. ♦ **Спасибо всем богам, а кухарку вверх ногам!** 🖃 Прост. Грубовато-шутл. благодарность за угощение. ♦ **Спасибо этому (вашему) дому, пойдём (поедем) к другому.** Прост. Шутл. прощание гостей с хозяевами. *[Мурзавецкая:] Спасибо этому дому, поедем к другому! Прощайте, крали! Уж не знаю, скоро ли попаду к тебе. [Купавина:] Я сама к вам заеду.* А. Островский. Волки и овцы. *Поглядел [Андрей] на узорчатую палату, полюбовался, как всё устроено, и говорит: «Спасибо этому дому — пойду к другому». <...> А Хозяйка говорит: «Наверх больше ходу нет. Другой дорогой пойдёшь. О еде не беспокойся. Будет тебе, как захочешь, — заслужил...»* П. Бажов. Две ящерки. ♦ **Спасибо, что пришли (что зашёл, навестил/и).** ♦ **Спасибо, что не забываете (нас).** Благодарит обычно хозяин гостей (чаще при прощании). «*Ну что ж, я пойду,* — *сказала Таня. И, уже стоя в дверях, добавила: — До свидания*». — «*До свидания,* — *глухо отозвалась старуха, не поворачиваясь от машинки.* — *Спасибо что пришли...*» К. Симонов. Живые и мёртвые. ♦ **Спасибо за письмо (за память).** *Эпист.* Благодарность в ответном частном письме. *Дорогая Мария Вениаминовна! Спасибо за письмо, я сам был бы очень рад повидать Вас.* Б. Пастернак. Письмо М. В. Юдиной, 14 дек. 1953. ♦ **Спасибо, что позвонил/и.** Благодарность позвонившему по телефону, чтобы справиться о здоровье, жизни, делах или чтобы сообщить адресанту интересующие его сведения. ♦ **Спасибо (Вам, тебе) на (**чём-л.**).** ⚜ *Обл.* То же, что ♦ Спасибо (Вам, тебе) за что-л. *Нагульнов дрожащими руками расправил на столе список, глухо сказал: «Садись, Григорий Матвеич».* — *«Спасибо на приглашении».* М. Шолохов. Поднятая целина. ♦ **Спасибо на добром (ласковом) слове.** ♦ **На добром слове кому не спасибо?** ⚜ Благодарность в ответ на комплимент, похвалу, приветственное пожелание, утешение, ободрение. *«Ну, Алексеюшка,* — *молвил Потап Максимыч,* — *молодец ты, паря. И в глаза и за глаза скажу, такого, как ты, днём с огнём поискать. <...> Мастер, брат, неча сказать».* — *«Спасибо на добром слове, Потап Максимыч. Что смогу да сумею сделать* — *всем готов служить вашему здоровью»,* — *отвечал Алексей.* П. Мельников (Печерский). В лесах. *Увидев меня, все сняли шапки. «Бог в помощь!» — приветливо пожелал я. «Спасибо на добром слове».* — *«Работать идёте?»* — *«Это уж так, барин».* А. Аверченко. Полевые работы. *[Татьяна:] Во всяком случае, желаю успеха. [Годун:] Правда? [Татьяна:] Да. [Годун:] Ну, спасибо на добром слове...* Б. Лавренёв. Разлом. *[Солдат:] Погоди, не век тебе терпеть. Молодая ты ещё, доживёшь и до хорошего. [Падчерица:] Спасибо на добром слове.* С. Маршак. Двенадцать месяцев. ♦ **Спасибо на хлебе, на соли да на добром слове.** ⚜ *Прост.* и *обл., фольк.* Благодарность сына или дочери родителям за воспитание (обычно в свадебном обряде). *[Марфа Митревна] Целует дядюшку во уста сахарные, Сама бьёт челом, кланяется во резвы ноги: «Ай спасибо тебе, дядюшка любимый мой, Ай на хлебе-то тебе, соли-то, На всяких твоих да на словах ласковых! Я осталась-то от батюшка малешенька, От родимой своей матушки глупешенька. Воспоил ты, воскормил меня, повыростил...»* Идолище сватает племянницу князя Владимира. Былина. Зап. в 1898–1899. ▭ *Спасибо вам, батюшка И родимая матушка, На хлебе и на соле, На большой добродетели.* СРНГ. ǁ Благодарность хозяевам за угощение, гостеприимство. ♦ **Спасибо тому, кто кормит и поит, а вдвое тому, кто хлеб-соль помнит.** *Прост.* Ответ на благодарность за услугу, помощь. ▭ *[Студентка рассказывает:] У соседей бабушки моей случилась беда — загорелся дом. Пожар быстро потушили, так что ущерб был невелик, но всё же нужно было время, чтобы всё привести в порядок. Бабушка предложила пожить у неё. Соседи согласились. Вскоре они вернулись в дом. На «новоселье» пригласили и бабушку. Они принялись благодарить её, но она улыбнулась, обняла хозяйку и сказала: «Спасибо тому, кто поит и кормит, а вдвойне тому, кто хлеб-соль помнит»* (1996). ♦ **Ай спасибо!** ♦ **Вот спасибо!** ♦ **Вот (уж) спасибо так спасибо! Ну, спасибо!** ♦ **То-то спасибо!** *Разг., экспрессив.* [*Каркунов:*] *Ах, кум ты мой милый, вот уж спасибо!* [*Халымов:*] *Да за что?* [*Каркунов:*] *Как за что? Я тебе шепнул: «Приезжай, мол»,* — *а ты и приехал.* А. Островский. Сердце не камень. — *Вот спасибо, выручил, голубчик,* — *сказал ему [князю Андрею] Тушин.* Л. Толстой. Война и мир. *«Дай хоть копеечку на счастье...»* — *«На, разживайся!»* — *И отдал обратно кошелёк. «Вот спасибо! Век не забуду... Ведь почин дороже денег? Теперь отыграюсь!..».* В. Гиляровский. Москва и москвичи. *«А ты... А ты, еловая голова, иди за мною...» Красноармеец сперва не понял. Потом поднял испуганные глаза. Потом, крестясь, и путаясь, и снова крестясь, забормотал невнятной скороговоркой: «Вот спасибо... Вот так спасибо... Вот так уж на самом деле спасибо...»* Б. Савинков. Конь вороной. ǀ *Ирон.* Ответ равному или младшему, кто своим поведением, поступком, словом, доставил говорящему неприятность, огорчение. *[Русаков:] Ну, сестрица, голубушка, отблагодарила ты меня за мою хлеб-соль! Спасибо! Лучше б ты у меня с плеч голову сняла, ничем ты это сделала...* А. Островский. Не в свои сани не садись. *Телеграфист, думая, что Забежкин начнёт его*

сейчас бить, размахнулся и ударил Забежкина. — Ну так! — сказал Забежкин, падая и вставая снова. — Так. Спасибо! Осчастливили.* М. Зощенко. Коза. *«А может, у меня заночуешь?» — «И это можно», — не нашёлся иного сказать растерявшийся Андрей. И Марина, мстя за глупое слово, согнула в поклоне полнеющий стан. «То-то спасибо, кормилец! Уважил бедную вдову. А я-то, грешница, боялась, думала — откажешься...»* М. Шолохов. Поднятая целина. *[Нина:] Ты нахал! Нахал и выскочка! [Бусыгин:] Да? [Нина:] И псих! Папа твой псих, и ты такой же. [Бусыгин:] Спасибо. [Нина:] Пожалуйста!* А. Вампилов. Старший сын.
♦ **Спасибо (тебе, Вам) заранее.** Благодарность за будущую услугу в связи с ранее высказанной просьбой. ♦ **(Это) Вам (тебе) спасибо.** ♦ **И Вам (тебе) спасибо (за...).** *Разг.*, обычно в устном общении. Ответ на благодарность, взаимная благодарность. *[Двоеточие:] Э-эхма! Вздохнёшь да охнешь, об одной сохнешь, а раздумаешься — всех жалко! А... Хороший вы человек, между прочим... (Смеётся.) [Марья Львовна:] Спасибо! [Многоточие:] Не на чем. Вам спасибо! Вот вы говорите мне — бедный... хо-хо! Этого я никогда не слыхал... все говорили — богатый! Хо-хо! И сам я думал — богатый... А оказалось: бедный я...* М. Горький. Дачники. *«Спасибо вам, — сказал Лев Ильич. — Я очень ваш ответ и разговор запомнил». — «Тебе спасибо. И всем вам, люди добрые». — Она низко поклонилась.* Ф. Светов. Отверзи ми двери. ♦ **И за то (и на том, и на этом, хоть за это) спасибо.** *Разг.* Выражение благодарности (нередко с оттенком иронии), удовлетворения по поводу незначительного проявления внимания, малой услуги, уступки или небольшого везения. *«Позволь и тебя спросить в таком случае: считаешь ты и меня, как Дмитрия, способным пролить кровь Езопа, ну, убить его, а?» — «Что ты, Иван! Никогда и в мыслях у меня этого не было! Да и Дмитрия я не считаю...» — «Спасибо хоть за это», — усмехнулся Иван.* Ф. Достоевский. Преступление и наказание. *[Зилов:] Ты тоже хорош. Живым людям венки разносишь, а ведь наверняка пионер. Я бы в твоём возрасте за такое дело не взялся бы. [Мальчик:] Я не знал, что вы живой. [Зилов:] А если бы знал, не понёс бы? [Мальчик:] Нет. [Зилов:] Спасибо и на этом.* А. Вампилов. Утиная охота. ♦ **Прими/те моё (сердечное) спасибо (за...).** *Учтив.* ♦ **Приношу Вам моё спасибо.** *Учтив.* ♦ **Хочу сказать Вам (большое, огромное...) спасибо (за...).** ♦ **Позвольте (разрешите) сказать Вам (сердечное) спасибо (за...).** *Возвыш.* Употр. обычно в письмах и публичн. торжеств. речи. *Помогай тебе Бог в этом новом деле, а от меня прими, добрый друг, сердечное спасибо за твоё дружеское воспоминание.* И. Пущин. Письмо Ф. Ф. Матюшкину, 9 сент. 1852. *Я должен принести Вам искреннее спасибо за высылку глинкинской музыки, которая, может быть, будет вынесена на суд здешней публики.* И. Тургенев. Письмо В. Я. Карташевской, 15 янв. 1863. *Примите моё сердечное спасибо за Ваши указания и советы.* М. Горький. Письмо Н. К. Михайловскому, ноябрь 1894. *Иван Губа говорил: — Краше тёплого лета эти осенние дни. Любо мне, деревенскому мастеру, быть на таком блестящем собрании. И при всех хочу назвать и от всей Лебяжьей реки спасибо сказать нашим комсомольцам Гурию Большакову и Василию Меньшенину. Ты, Гуля Большой, и ты, Вася... стараясь для пользы деревни, вы погасили многолетнюю вражду.* Б. Шергин. Лебяжья река. ♦ **(Нет,) (большое) Спасибо (не надо, не могу, не хочу, не стоит...).** ♦ **Спасибо (большое), но (никак не могу, завтра я занят...).** *Преимущ.* в устном общении. Формы вежл. отказа от предложения, приглашения. *«Да не нужно ли чем потереть спину?» — «Спасибо, спасибо. Не беспокойтесь, а прикажите только вашей девке повысушить и вычистить моё платье».* Н. Гоголь. Мёртвые души. *Она [Ниловна] пошла в кухню, Саша медленно двинулась за ней. «Помочь вам?» — «Спасибо, что вы?!»* М. Горький. Мать. *На Пелагею доброта нахлынула: не подумавши, выхватила из плата жакет — красиво росомахой взыграл чёрный плюш на белом снегу. «На, забирай, Антонида Петровна!» <...> — «Нет, нет, спасибо, что вы...» — «Да чего спасибо-то! Что ты, Антонида Петровна...»* Ф. Абрамов. Пелагея. *«А хочешь, я тебе их подарю? — прищурившись, предложила Татьяна. — Возьму и подарю. <...> На, бери!» — «Не надо, спасибо...» — «"Спасибо" себе оставь. Бери...» — «Чего же вы будете дарить, — негромко, но твёрдо сказала Антонина, — у меня есть чулки».* Ю. Герман. Наши

знакомые. *«Может, чаю попьём?» — «Спасибо, но уже поздно». — «Ну, приходите вместе. Что надо будет, пиши».* В. Лихоносов. Когда же мы встретимся? ♦ **Спасибо на аминь, на Иисусовой молитве.** ⌛ *Учащийся грамоте входит к своему учителю и, стоя у дверей, говорит: «Молитвами святых отец наших Господи Иисусе Христе Боже наш, помилуй нас!» Учитель говорит: «Аминь!» В старину ученик, войдя, кланялся: «Спасибо на аминь, на Иисусовой молитве».* С. Максимов. Крылатые слова. См. **Аминь.** ‖ ♦ **Спасибо (тебе, Вам, ему, ей, им; кому-л.).** *В знач. безл. сказуем.* Нужно, следует быть благодарным (кому-л.). *[Мерчуткина:] Я уж и голову потеряла, да спасибо зятю Борису Матвеевичу, надоумил к вам сходить.* А. Чехов. Юбилей. ‖ *Вводн.* «*Дуни дома нет, мамаша?» — «Нет, Родя. Очень часто её дома не вижу, оставляет меня одну. Дмитрий Прокофьич, спасибо ему, заходит со мной посидеть и всё об тебе говорит. Любит он тебя и уважает, мой друг».* Ф. Достоевский. Преступление и наказание. ♦ **Из спасиба шубы (шапки) не сошьёшь.** ♦ **Спасибо в карман не положишь (домой не принесёшь).** ♦ **Спасибом сыт не будешь.** ♦ **Спасибо на хлеб не намажешь.** ♦ **Спасибо в стакан (в рюмку) не нальёшь.** ♦ **«Спасибо» много, а (100) рублей хватит;** и др. *Прост.* Полушутл. ответы на «Спасибо!» с намёком на то, что одной словесной благодарности мало. *«На пол досок я тебе не дам, отрезал Захар Петрович <...>. — А горбылей прикажу отпустить сколько надо <...>». — «Спасибо, Захар Петрович». — «Со спасиба шубы не сошьёшь», — хитро подмигнул Колесников.* Н. Рыленков. У разборчивого гнезда. *[Елена:] А кому посвящается [стихотворение]? [Лариосик:] Одной женщине. [Елена:] Секрет? [Лариосик:] Секрет... Вам. [Елена:] Спасибо вам, милый. [Лариосик:] Что мне спасибо... Эх... из спасиба шинели не сошьёшь... Ох, извините, это я от Мышлаевского заразился. Все такие выражения повторяются... [Елена:] Я вижу. По-моему, вы в Мышлаевского влюблены. [Лариосик:] Нет, я в вас влюблён. [Елена:] Не надо в меня влюбляться, Ларион, не надо.* М. Булгаков. Дни Турбиных. ♦ **За спасибо чина не прибавляют.** ⌛ *Прост.* Шутл. ответ на отказ от угощения: «Спасибо, не хочу, сыт» и т. п. *«Поешь, поешь,*

сынок, — *настаивал дедушка Селиван. — Тебя как звать-то?» — «Александр... Саша». — «Ну дак, вишь, и зван по-нашему. А по-нашему такое правило: хоть ты генерал будь, а от хлеба-соли не отказывайся. А по-солдатски и того гожей устав: ешь без уклону, пей без поклону. Я солдатом тоже бывал, дак у нас так: где кисель, там служивый и сел, а где пирог, там и лёг. За спасибо чина не прибавляют». — «Ну, отец, от тебя, видать, и ротой не отбиться!» — засмеялся лейтенант.* Е. Носов. Усвятские шлемоносцы. ♦ **Восточное спасибо.** *Прост.* Шутка, которой сглаживают неловкость, когда кто-л. икнёт за столом. **Спасибочко. Спасибочки. Спасибочка.** *Прост. и обл., ласк.* То же, что **Спасибо.** *Чужой человек достал из бокового кармана серебряный, с лодочкой на крышке, портсигар; угощая Федота папироской, продолжал расспросы: «Большой ваш хутор?» — «Спасибочко, покурил. Хутор-то наш? Здоровый хутор. Никак, дворов триста».* М. Шолохов. Тихий Дон. *«Вот что, газетка... Вот тебе маленькая лепёшка». — Она даже отмахивается в испуге: «Ай, что вы... <...>. Ну зачем это... у самих мало... Ну, спасибочко вам... ба-льшое спасибо! ба-а-льшое...» — смущённо захлёбывается Ляля, разглядывая лепёшку, и всё пятится, пятится в кипарис.* И. Шмелёв. Солнце мёртвых. *Опорожнив вторую миску жидкой пшённой каши, лишь слегка сдобренной салом, дед Щукарь пришёл в состояние полного довольства и лёгкой сонливости. Благодарно глядя на щедрую стряпуху, сказал: — Спасибочка всем вам за угощение и водку, а тебе, Куприяновна, низкий поклон. Ежели хочешь знать, так ты ничуть не баба, а сундук с золотом, факт.* М. Шолохов. Поднятая целина. *— Ой, спасибочки тебе, Вася́та, помог ты бабке обдурить дедку.* В. Куропатов. Завтра в Чудиновом Бору.

Спех за стан! ♦ **Спех за кро́сна!** ⌛ *Обл.* Формы приветственного (преимущ. женск.) пожелания тому, кто ткёт.

Спе́шно! *Обл.* Приветственное пожелание работающим, как ♦ **Бог в помощь! Охотно!**

Спешу сообщить (ответить, уведомить...) (что...). *Эпист.* Формула вежливости; употр. преимущ. в ответных письмах или в связи с каким-л. событием. *Милостивый Государь / Александр Христофорович, / Ваше Вы-*

соковпревосходительство изволили требовать от меня объяснения, каким образом стихотворение моё, «Древо яда», было напечатано в альманахе без предварительного рассмотрения Государя Императора: спешу ответствовать на запрос Вашего Высокопревосходительства. *А. Пушкин. Письмо А. Х. Бенкендорфу, 7 февр. 1832. Милостивый Государь Измаил Иванович, / Спешу препроводить Вам изданный мною 1-й выпуск «Народных русских сказок» и покорнейше прошу Вас принять этот экземпляр как выражение моего искреннего уважения к Вашим учёным заслугам. А. Н. Афанасьев. Письмо И. И. Срезневскому, 26 окт. 1855. Уважаемый Сергей Дмитриевич! / В ответ на Ваше письмо спешу сообщить Вам, что мы готовы издать все Ваши работы, касающиеся образной поэтики. С. Есенин. Письмо С. Д. Балухатому, 22 янв. 1921.*

Спи/те спокойно. См. Спокойный.

Спи́ца в нос! ♦ Спица (Спичку) в нос! ♦ Спица в нос, невелика — с перст. ⚭ *Прост. и обл.* Шутл. пожелание чихнувшему. [Спица, спичка — *обл.* Остроконечная палка или жердь.]

С позволения сказать. ♦ С Вашего позволения. См. Позволение.

Споко́йный, -ая, -ое; -ые; -ен, -йна; -йны. ♦ Желаю (Вам, тебе) спокойной ночи. *Вежл.* ♦ Спокойной ночи (Вам, тебе)! Формы доброго пожелания при прощании на ночь, перед сном. *[Аня:] Я спать пойду. Спокойной ночи, мама. (Целует мать.) А. Чехов. Вишнёвый сад. Когда Андрей отправился спать, мать незаметно перекрестила его, а когда он лёг и прошло с полчаса времени, она тихонько спросила: «Не спите, Андрюша?» — «Нет, — а что?» — «Спокойной ночи!» — «Спасибо, ненько, спасибо!» — благодарно ответил он. М. Горький. Мать. Ложась спать, Тюльканем ещё раз извинился и попросил у Антонины таз. «Я свой забыл, — сказал он <...>. — Ну, спокойной ночи. Очень рад, что познакомились». — «Спокойной ночи». Ю. Герман. Наши знакомые.* 🖭 *[Дочь (ложась спать):] Спокойной ночи. [Мать:] Приятного сна... (1992).* ♦ Спокойной ночи, спать (Вам, тебе) до полночи, а с полночи кирпичи ворочать. *Прост., шутл.-фамильярн. Мальчишка взял ведро и пошёл. От дома он повернулся и крикнул: — Спокойной ночи, спать до полночи, а с полночи кирпичи ворочать, — и засмеялся. В. Крупин. Ямщицкая повесть.* ♦ Спокойной Вам ночи, приятного сна, желаю увидеть осла и козла. *Прост., шутл.-фамильярн.* [Из шуточного детского стихотворения: *Спокойной вам ночи, приятного сна; Желаю увидеть осла и козла. Осла до полночи, козла до утра, Спокойной вам ночи, приятного сна!*]. ♦ Спокойной ночи, малыши! *Разг.* Шутл. пожелание при вечернем прощании. [С 70-х гг. XX в. < От названия ежевечерней телепередачи для детей]. ♦ Будьте (абсолютно, совершенно) спокойны (♦ Будь спокоен). ♦ Можете быть (абсолютно, совершенно) спокойны (♦ Можешь быть спокоен). 1. Формы утешения, уверения собеседника в том, что всё (будет, было, есть) именно так, как он этого хочет, и нет причин беспокоиться. *«То-то благодетели!.. Чтобы духу их не было, пока Прасковья у тебя гостит», — строго сказал Потап Максимыч. «Будь спокоен, Потапушка, будь спокоен, ухраню, уберегу», — уверяла его Манефа. П. Мельников (Печерский). В лесах. Софья Андреевна всё меня уговаривала ехать поосторожнее. — Будьте спокойны, и назад привезу, — успокаивал я. В. Гиляровский. Друзья и встречи.* 2. *Разг.* Уверение собеседника в полной достоверности сообщаемого. *[Евлалия (в испуге):] Кто, ты говоришь, сватается? [Марфа:] Артемий Васильич. [Евлалия:] Не может быть, не может быть; я бы знала. [Марфа:] Уж так точно, будьте спокойны. А. Островский. Невольницы.* ♦ Будь спок. *Прост.* Употр. преимущ. в молодёжн. и мужск. речи. То же, что Будь спокоен. *«Ну, особенно скоро не получится, — сказали умудрённые опытом военных перегонов коллеги. — Машина тихоходна, а главное, насидишься на промежуточных аэродромах <...>». Действительно, машине, которую мне предстояло перегонять, по дороге от Ташкента до Москвы требовалось по крайней мере две, а то и три посадки. Но мой механик Саша Демченко <...> сделал ответственное заявление: «Перегоним за один день. Будь спок». М. Галлай. Я думал, это давно забыто.* ♦ Будь/те в спокое. *Прост.* ⚭ То же, что ♦ Будьте спокойны (в 1 знач.). *Барыня своё наказывает: «Гляди, чтоб Саломировску чего не донеслось, коли новое найдёшь!» Яшка, понятно, хвостом* завилял. «*Будьте в спокое! Будьте в спокое! Которое я открою, то ни единой саломировской собачонке не унюхать*». П. Бажов. Травяная западенка. ♦ **Спи/те спокойно. 1.** Пожелание спокойной ночи, спокойного сна ложащемуся спать. «*Извини. Я дерьмо*». — «*Бывает. Спи спокойно*». А. Слаповский. Из цикла «Общедоступный песенник». ‖ Не волнуйтесь, всё (будет) хорошо. Форма утешения равного или младшего по положению. **2.** *Преимущ.* с «ты»-формой. *Возвыш.* Пожелание в адрес покойного (обычно в траурной речи на похоронах, в надписях на надгробных памятниках). — *Товарищи!.. от нас ушёл большой души и совести человек, наш дорогой друг и товарищ Родионов Кузьма Николаевич. Он был верный сын партии и народа. Всю жизнь свою, не жалея сил, отдал он день за днём нашему общему делу. И пусть прямая и ясная жизнь твоя, Кузьма Николаевич, будет служить нам примером. Память о тебе мы сохраним. Память о тебе светлая... кхах... Спасибо тебе за всё. Спи спокойно.* В. Шукшин. Любавины. ♦ **Можете (можешь) спать спокойно.** *Разг.* Ни о чём не беспокойтесь, нет причины для опасений. Форма утешения, успокоения собеседника. [*Вася:*] *Ты можешь спать совершенно спокойно, солнышко.* [*Милочка-2:*] *Вот и хорошо. Тогда и ты спи спокойно.* [*Вася:*] *Спасибо. Будь здорова, Милочка.* А. Арбузов. Моё загляденье.

Спокойно. *Безл.-предикатив.* Форма успокоения, утешения равного или младшего по возрасту, положению. «*Спокойно, Зинуша,* — *молвил он* [проф. Преображенский], *простирая к ней руку,* — *не волнуйся, мы всё устроим*». М. Булгаков. Собачье сердце. ‖ *Офиц.* Требование не повышать голос, вести себя сдержанно. «*Да вы что же* — *Таборского выгораживать? Его шайку? За этим сюда приехали?*» — «*Спокойно, спокойно, товарищ Пряслин. С Таборского мы спросим, не беспокойтесь*». Ф. Абрамов. Дом.

Спороди́ мне молодца: станом в меня, белым личиком в себя, очи ясны в сокола, брови чёрны в соболя. *Прост.* «Заздравное причитанье хозяина хозяйке». В. Даль.

Спорынья́. [Спорина́, спо́рость, *обл.* — успех, удача, выгода, прибыль, прок, рост. В. Даль. Иная версия: «Распространённым приветствием-пожеланием является обращение к Спорынье — одному из древних Славянских духов». Б. А. Рыбаков. Язычество Древней Руси]. В формулах приветственных пожеланий: ♦ **Спорынья́ (Спори́на) в квашню́ (в те́сто)!** *Обл.* Приветствие женщине, когда она месит хлебы, заводит квашеное тесто. Обычный ответ: *Сто рублей в мошну!* или *Здоровье в голову!* ♦ **Спорынья в стряпню!** *Обл.* Пожелание стряпухе. ♦ **Спорынья в корыто (в корыте)!** *Обл.* Пожелание стирающей бельё. См. также: ♦ **Мыло в корыто!** ♦ **Сто рубах в корыто!** ♦ **Спорынья в дойник (в молоко)!** *Обл.* Пожелание доящей корову, козу. См. также: ♦ **Ведром тебе!** ♦ **Море под кормилицу!** ♦ **Маслом цедить, сметаной доить.** ♦ **Спорынья в работе!** *Обл.* То же, что ♦ **Бог в помощь!** ♦ **Спорынья (спорина) за щеку (в щёки)!** *Обл. (шутл.?).* Пожелание обедающим, как ♦ **Приятного аппетита!** — *Спорина в щеки,* — *говорит остряк едящему.* — *Кумоха в зубы,* — *отвечает тот.* СРНГ.

Справедли́во. ♦ **Совершенно справедливо!** *Разг.* Формы выражения полного согласия с высказанным мнением собеседника. «*Но знаете ли,* — *прибавил Манилов,* — *все если нет друга, с которым бы можно поделиться...*» — «*О, это справедливо, это совершенно справедливо!* — *прервал Чичиков.* — *Что все сокровища тогда в мире!* «*Не имей денег, имей хороших людей для обращения*», — *сказал мудрец*». Н. Гоголь. Мёртвые души. ♦ **(Совершенно) Справедливо, но (однако, только...).** Формула вежл. возражения в споре или отказа от предложения, несмотря на логичные доводы собеседника. [*Юлия:*] *Я вам дёшево продам.* [*Флор Федулыч:*] *Ни себе дёшево купить у вас, ни вам дёшево продать я не дозволю. Зачем дёшево продавать то, что дорого стоит? Это плохая коммерция-с.* [*Юлия:*] *Но если я желаю дёшево продать? Это моё имение, мне запретить нельзя.* [*Флор Федулыч:*] *Совершенно справедливо-с. Только вы извольте обращаться к другому покупателю, а не ко мне-с.* А. Островский. Последняя жертва.

-ста, частица усилит. *Обл.* [Вероятно, от вводн. *стало быть*. М. Фасмер]. Употр. исключительно в устн. общении для усиления слова, после которого произносилась без ударения. В речевом этикете служила интенсификатором вежливости в формах обращения, просьбы, приглашения и др. *Староста Трифон и земский Авдей стояли подле него без шапки с видом подобострастия и в глубокой горести. «Все ли здесь?» — спросил незнакомец. «Все ли-ста здесь?» — повторил староста. «Все-ста», — отвечали граждане.* А. Пушкин. История села Горюхина. — *Никита-ста! Великий государь жалует тебя блюдом со своего стола.* А. К. Толстой. Князь Серебряный. *Пожалуй-ста.* ‖ При употр. с местоим. я, мы придаёт речи оттенок хвастовства, самовозвышения, самоуверенности. *«Аль не узнал меня, дядя Елистрат? — заискивающим голосом заговорил Алексей. — Ведь ты постом посуду возил из Осиповки? Чапуринскую, Потапа Максимыча??» — «Мы-ста возили. Да ты кто ж такой будешь?» — спросил Елистрат.* П. Мельников (Печерский). В лесах.

Стани́чник. Стани́шник. ◊ *Обл.* Обращение к казаку, жителю станицы. *Как-то у одного из связных Яков Лукич осмелился тихо спросить: «Ты откуда, станишник?» Мерцающий огонёк спички осветил под башлыком бородатое, добродушное по виду лицо пожилого казака <...>. «С того света, станишник!» — таким же тихим шёпотом ответил приезжий.* М. Шолохов. Поднятая целина. *А на окне наличники... Гуляй да пой, станичники! Черны глаза в окошке том, Гуляй да пой, казачий Дон!* А. Розенбаум. Есаул.

Стари́к. 1. *Прост.* Обиходное или фамильярное, преимущ. мужск. обращение высшего по положению к незнакомому старику из простонародья; то же, что Дед (во 2 знач.). *«А отколе ты?» — продолжал старик. Владимир не имел духа отвечать на вопросы. «Можешь ли ты, старик, — сказал он, — достать мне лошадей до Жадрина?» — «Какие у нас лошади», — отвечал мужик.* А. Пушкин. Метель. *Странный старичок говорил очень протяжно. Звук его голоса также изумил меня. <...> — Послушай, старик, — заговорил я, коснувшись до его плеча, — сделай одолжение, помоги.* И. Тургенев. Касьян с Красивой Мечи. *Я спрыгнул с пролётки, подбежал, подхватил ось, а старателя в драповой шапке слегка отодвинул в сторону: — Пусти, старик, я помоложе!* В. Гиляровский. Москва и москвичи.

Пробежав по инерции несколько шагов, вошедший остановился перед стариком швейцаром в фуражке с золотым зигзагом на околышке и молодецким голосом спросил: «Ну что, старик, в крематорий пора?» — «Пора, батюшка, — ответил швейцар, радостно улыбаясь, — в наш советский крематорий». И. Ильф, Е. Петров. Золотой телёнок. **2.** *Прост.* Обращ. жены к мужу (в пожилом возрасте). *Кряхтя, влез в дверь Пантелей Прокофьевич. Он помолился на образа, крякнул: «Ну, ишо раз здоро́во живёте!» — «Слава Богу, старик... Замёрз? А мы ждали: щи горячие, прямо с пылу», — суетилась Ильинична, гремя ложками.* М. Шолохов. Тихий Дон. — *Старик, — сказала баба Шура Алексею Алексеевичу, — сходи-ка за Евгеньей, и пообедаем все вместе.* В. Куропатов. Завтра в Чудиновом Бору. **3.** *Разг.* Шутл. или фамильярн. обращ. к молодому человеку, приятелю. *Но Коля уже стоял у постельки Илюши. <...> Он шагнул к нему, подал руку и, почти совсем потерявшись, проговорил: — Ну что, старик... Как поживаешь? — Но голос его пресекся, развязности не хватило, лицо как-то вдруг передёрнулось, и что-то задрожало около его губ.* Ф. Достоевский. Братья Карамазовы. *Старик! Ведь годы бегут, а по заповеди так: 20 дней пиши, а 10 дней кахетинскому. Здесь же пойдут на это все 30.* С. Есенин. Письмо Н. К. Вержбицкому, 6 марта 1923. *«Слышь, старик, я, наверное, с вами в кино пойду», — сказал Юрка. «Ну, хохма, — удивился курчавый. — Даёшь ты».* В. Макашев. Кому рассказать. **Старина́. 1.** *Прост.* Доброжелат. или фамильярн. обращ. к пожилому человеку. *Между тем подали ужин. Аркадий Павлыч начал кушать. Сына своего старик прогнал — дескать, духоты напущаешь. — Ну что, размежевался, старина? — спросил г-н Пеночкин, который явно желал подделаться под мужицкую речь и мне подмигивал.* И. Тургенев. Бурмистр. *Старик замолчал и потом что-то начал шептать Порфирычу на ухо, но тот его тотчас же остановил. — Ты, старина, таких слов остерегайся!* Г. Успенский. Нравы Растеряевой улицы. *Давыдов взобрался на крышу, вилами снял солому с двух прогонов, спросил: «Ну как, старина, виднее теперь?» — «Хватит разорять крышу! Зараз тут светло, как на базу», — отозвался изнутри* сарая *Шалый*. М. Шолохов. Поднятая целина. **2.** ⚜ *Прост.* Обращ. жены к мужу (в пожилом возрасте). *[Степанида:] Что это ты, старина, замешкался? [Агафон:] Я всё с лошадкой: отпрёг, поставил на место, сенца дал. Животину-то жалеть надо: ведь она не скажет.* А. Островский. Не так живи, как хочется. **3.** *Разг.* Мужск. доброжелат. обращ. к давнему другу, приятелю. *В шестом часу вечера воротился Дюковский. Он был взволнован, как никогда. <...>. — Veni, vidi, vici! — сказал он, влетая в комнату Чубикова и падая в кресло. <...> — Слушайте и удивляйтесь, старина! Смешно и грустно!* А. Чехов. Шведская спичка. *[Официант (подходит):] Привет, ребята. [Саяпин:] Привет, Дима. [Зилов:] Как ты, старина? [Официант:] Спасибо, нормально, а ты? [Зилов:] Неплохо.* А. Вампилов. Утиная охота.

Старинушка. ⚜ *Прост.* Ласк. к Старина (в 1 знач.). *«Дай ему мой заячий тулуп». — «Помилуй, батюшка, Пётр Андреич! — сказал Савельич, — зачем ему твой заячий тулуп? Он его пропьёт, собака, в первом кабаке». — «Это, старинушка, уж не твоя печаль, — сказал мой бродяга, — пропью ли я или нет».* А. Пушкин. Капитанская дочка. *«Плохо, брат, ты живёшь», — говорил я хозяину-вотяку <...>. «Что, бачка, делать? мы бедна, деньга бережём на чёрная дня». — «Ну чернее мудрено быть дню, старинушка, — сказал я ему, наливая рюмку рому, — выпей-ка с горя».* А. Герцен. Былое и думы. *«Как ваша деревня называется, старинушка?» — спросил Никифор Захарыч, войдя в избу <...>. «Деревня Поромово, милый человек, деревня Поромово», — отвечал старик хозяин.* П. Мельников (Печерский). На горах.

Старичок. *Прост.* Ласк. к Старик (в 1 и 3 знач.). 📖 *Наезжает погоня: — Эй, старичок! Не видал ли ты — не проскакал ли здесь добрый молодец с красной девицей?* Морской царь и Василиса Премудрая. Сказка из собр. А. Н. Афанасьева. *[Матрёна (дяде Никону):] Шёл бы ты, батюшко старичок, домой... тоже умаялся, чай, с дороги. Из кушанья ничего уж больше не будет, извини на том!* А. Писемский. Горькая судьбина. *Купец умел с народом обходиться! Кого хочешь обвести мог. — Постарайтесь, — говорит, — старички, а я уж вам по гроб жизни.* П. Бажов. Две ящерки. *[Сильва (Бусыгину):] Смотри, старичок, задымишь ты на этом деле. Говорю тебе по-дружески, предупреждаю: рвём когти, пока не поздно.* А. Вампилов. Старший сын. *Бурнашов краем уха поймал разговор: «Старичок, ты написал честную книгу». — «Спасибо, старичок... Тогда толкни в газетёнку небольшую рецензию».* В. Личутин. Любостай.

Старче. ⚜ *Нар.-поэт.* Вежл. обращ. к старику, старцу. *Много жестокого, страшного старец о пане слыхал И в поучение грешнику тайну свою рассказал. Пан усмехнулся: «Спасения Я уж не чаю давно, В мире я чту только женщину, Золото, честь и вино. Жить надо, старче, по-моему: Сколько холопов гублю, Мучу, пытаю и вешаю, А поглядел бы, как сплю!»* Н. Некрасов. Кому на Руси жить хорошо. *Вот шёл он, шёл и повстречал Николу-угодника <...>. «Здравствуй, старче!» — говорит поп. «Здравствуй. Куда Бог несёт?» — «Иду куда глаза глядят!»* Исцеление. Фольк. Зап. в XIX в. | В совр. употр. — шутл.-возвыш. обращ. к близко знакомому, приятелю, пожилого возраста. *Вихров нахмурился: «Не уловлю связи, поясни. Мы тут в провинции несколько поотстали от светского обращения». — «Я к тому, что... трепещи, старче! Сперва разорю тебя на молоке, а там глядишь...»* Л. Леонов. Русский лес. *[Ларуша:] А к вам ещё гости, Николай Андреевич. [Яков (выходя вперёд):] Рад видеть тебя, старче. Поздравляю.* А. Арбузов. Выбор.

Старое по-старому, а вновь ничего. *Прост.* Всё по-прежнему, без особых новостей. Ответ на обычный при встрече вопрос знакомого: ♦ Что нового (новенького)? *[Круглова:] Здравствуй, голубчик. <...> Что новенького? [Ипполит:] Старое по-старому, а вновь ничего-с.* А. Островский. Не всё коту масленица.

Старуха. 1. ⚜ *Прост.* (преимущ. в крестьянск. обиходе). Обиходно-фамильярн. мужск. обращение высшего по положению к старой женщине из простонародья; то же, что Бабка (в 1 знач.). *— Я так и обмерла. Он услышал: «А кто это у тебя охает, старуха?» Я вору в пояс: «Племянница моя, государь, захворала, лежит, вот уж другая неделя».* А. Пушкин. Капитанская дочка. *«Ну, доброе утро, старуха! Ты что-то немного сдала?» И слышу сквозь кашель глухо: «Дела одолели, дела».* С. Есенин. Анна Снегина. **2.** *Прост.* Обращ. мужа к жене (в пожилом возрасте). [Агафон:] *Ну, вот, старуха, Бог дал, и приехали, а ты всё торопилась. Зачем торопиться-то? Тише едешь, дальше будешь.* [Степанида:] *Да мне больно доченьку-то увидать хотелось.* А. Островский. Не так живи, как хочется. [Дед Щукарь] *оглянулся и на всякий случай окликнул:* «Старуха! Ты живая?» *Из горницы послышался слабый голос:* «Только что живая... Лежу с вечера, головы не поднимаю. Всё у меня болит, моченьки нету. <...> А ты чего явился, старый?» М. Шолохов. Поднятая целина. ▭ — *Старух! Собирай вечерять, а то темно будет.* СРНГ. | В совр. употр. — шутл. «*Старуха, надо гостей накормить*». — «*Ничего нет, Миша*, — *говорит жена*. — *Только немного супу осталось*». В. Субботин. 1000 фраз Светлова. **3.** Прост. (преимущ. в молодёжн. среде 1960—70-х годов). Дружеск. или фамильярн. обращ. к подруге, приятельнице. <...> *такие, как Звонарёв, остались звонарями — вечными мальчиками из той жизни, где их называли «стариками»*. «*Привет, старик, привет, старуха*» — *ах, как веселы мы были, проклиная и пропивая ту ужасную жизнь!* А. Гербер. Двое на краю пропасти. — Лит. газета. 14 окт. 1992. *Когда сослуживец узнал, что я еду в командировку в Швецию, он оживился:* «*Так там же давно Серёжка Клейн живёт! Бывший журналист Московский. Помнишь такого? Ваш сосед по даче. Пиши телефон, в гости зайдёшь*». / «*Привет, старуха*, — *раздался в трубке Серёжин голос.* — *Ждём тебя к ужину, жена будет рада*». Н. Толстая. Вид из окна. **Стару́шка.** Ласк. к Старуха (в 1–3 знач.). [Устинья Наумовна (Фоминишне):] *Ну, и с тобой, божья старушка, поцелуемся уж кстати. Правда, на дворе ведь здоровались, серебряная, стало быть, и губы трепать нечего.* А. Островский. Свои люди — сочтёмся! [Берсенёв (встаёт навстречу жене и целует ей руку):] *Здравствуй, старушка.* [Софья Петровна:] *Как ты бледен. Утомился?* Б. Лавренёв. Разлом. *Бурнашов не ответил, неожиданно притянул девушку за тонкие прямые плечи и шепнул куда-то в пазушку за ухом:* — *Милая старушка, выходи за меня замуж.* В. Личутин. Любостай. ♦ **Моя старушка (♦ Старушка моя).** Разг. Ласк. обращ. к близкой, любимой женщине пожилого возраста (бабушке, матери, жене). *Ты жива ещё, моя старушка? Жив и я. Привет тебе,* привет! *Пусть струится над твоей избушкой Тот вечерний несказанный свет.* С. Есенин. Письмо матери. ♦ **Привет, старушка, с тебя чекушка!** См. Привет.

Ста́рый. В знач. сущ. То же, что Старик (в 1 и 2 знач.). *Ближе же всех стоявший у перил невысокий лохматый старик, которого Нехлюдов сначала не заметил, не перекрестился <...>.* — *Ты что же, старый, не молишься?* — *сказал нехлюдовский ямщик, надев и оправив шапку.* — *Аль некрещёный?* Л. Толстой. Воскресение. *В кухне зажгли огонь. Зашивать бредень села Дарья. Старуха, укачивая дитя, бурчала:* — *Ты, старый, сроду на выдумки. Спать ложились бы, час всё дорожает, а ты жгёшь. Какая теперича ловля?* М. Шолохов. Тихий Дон. **Ста́рая.** В знач. сущ. То же, что Старуха (в 1 и 2 знач.). [Астров (пожимает руки):] *Спасибо за хлеб, за соль, за ласку... одним словом, за всё. (Идёт к няне и целует её в голову.) Прощай, старая.* [Марина:] *Так и уедешь без чаю?* [Астров:] *Не хочу, нянька.* [Марина:] *Может, водочки выпьешь?* [Астров (нерешительно):] *Пожалуй.* А. Чехов. Дядя Ваня. — *Подожди, бабушка,* — *сказал посетитель, придерживая створку одним унтом.* — *Ты пойми, старая, что мне покоя не будет, пока я не выясню всё про Гейне.* В. Пьецух. Драгоценные черты. *Семёновна уж который раз зудила с печи:* «*Я бы где же одна ш чужим мужиком поехала. Да ишо по нонешним-то временам. О гошподи! Не знают, на кого и вешаться*». <...> — *Ладно, ладно, старая, не выдумывай,* — *остановил её Михеич.* — *Лежишь* — *ну лежи себе, не насобирай что попало. Нашла за кого бояться* — *за Настёну!*» В. Распутин. Живи и помни. **Стара́.** Обл. То же, что Старая. — *Ну, хлопцы, полно спать! Пора, пора! Напойте коней. А где стара?* (*Так он* [Тарас] *обыкновенно называл жену свою.*) *Живее, стара, готовь нам есть: путь лежит великий!* Н. Гоголь. Тарас Бульба.

Степе́нство. ♦ **Ваше степенство.** ▭ Прост. В дореволюц. России почтит. (хотя офиц. не установленное законом) обращение или комплиментное величание купцов и других состоятельных лиц из непривилегированных сословий; «*почёт и величание волостных голов, ваше степенство; народ чествует так и вообще почётных людей из своей и торговой среды, также почётных граждан; по Сибири,*

Оренбургу, Кавказу честят так азиатских султанов, мурз, князьков и старшин, а киргизским султанам *степенство* присваивается законом; ханов же величают *высокостепенными*» (В. Даль). См. Высокостепенство. «Что у вас батюшка-то, каков?» — «Не могим знать, ваше благородие», — отрезал караульщик. «Да ты благородием-то меня не чествуй... Я из купечества... Так как же батюшка-то?.. Каков?..» — спрашивал Самоквасов, наливая другой стаканчик померанцевой. «Со всячинкой, ваше степенство, — улыбаясь ответил Груздок. — Известное дело, что поп, что кот, не поворча, и куска не съест». П. Мельников (Печерский). В лесах. *[Дикой:]* Поди ты прочь! Кака польза! Кому нужна эта польза? *[Кулигин:]* Да хоть бы для вас, ваше степенство, Савел Прокофьич. А. Островский. Гроза. Великан положил обе руки на дверцы и, наклонив вперёд свою мохнатую голову и оскалясь, произнёс тихим, ровным голосом и фабричным говорком следующее: — Господин почтенный, едем мы с честного пирка, со свадебки; нашего молодца, значит, женили; как есть, уложили; ребята у нас молодые, головы удалые — выпито было много, а опохмелиться нечем; то не будет ли ваша такая милость, не пожалуете ли нам деньжонок самую чуточку — так, чтобы по косушке на брата? Выпили бы мы за ваше здоровье, помянули бы ваше степенство; а не будет вашей к нам милости — ну, просим не осерчать! И. Тургенев. Стучит. — Ваше степенство! Пров Викулыч! не откажи в совете благом — дело есть, — остановил его [буфетчика] в дверях вновь подскочивший Фомушка... В. Крестовский. Петербургские трущобы. Едет [фабрикант] по улице верхом на осле и что-то проповедует собравшейся публике. Подходит городовой. — Ваше степенство! Прекратите! Нет на это дозволения начальства! В. Вересаев. Невыдуманные рассказы.

Стéрпится, слю́бится. *Посл.* Употр. как форма утешения собеседника, которому приходится поступать против воли, желания (чаще о браке не по любви, иногда о чём-л. новом, непривычном). «Хорошо, — отвечал Иван Петрович — вижу, что ты послушный сын; это мне утешительно; не хочу ж и я тебя неволить; не понуждаю тебя вступить... тотчас... в статскую службу; а покамест намерен я тебя женить». — «На ком это, батюшка?» — спросил изумлённый Алексей. «На Лизавете Григорьевне Муромской, — отвечал Иван Петрович, — невеста хоть куда; не правда ли?» <...> «Воля ваша, Лиза Муромская мне вовсе не нравится». — «После понравится. *Стерпится, слюбится*». А. Пушкин. Барышня-крестьянка. Итак, у Вас новое лицо в семействе, новая жизнь влилась в Вашу жизнь. Сначала это всегда причиняет маленькую неловкость: *стерпится, слюбится*. А мне хочется посмотреть на всё это. И. Тургенев. Письмо Е. Е. Ламберт, 5 февр. 1860. Настя безропотно стала одеваться. Кузнечиха ей помогала и всё шептала ей на ухо: «Иди, лебёдка! ничего уже не сделаешь. Иди, терпи: *стерпится, слюбится*. От дождя-то не в воду же?» Н. Лесков. Житие одной бабы. Сколько раз мужички всем миром ходили, хабару носили, на коленях просили, — не приемлет и не приемлет. «Глупенькие! — говорит, — *стерпится, слюбится*, а после вы меня же благодарить будете». М. Салтыков-Щедрин. Игрушечного дела людишки. (♦ Стерпится — слюбится. ♦ Лихо терпеть, а стерпится, слюбится. ♦ Что стерпится, то слюбится).

Сто. Интенсификатор экспрессивности в формулах пожеланий, поздравлений, приветствий, благодарности. ♦ **Дай Бог (Вам, тебе) прожить (здравствовать, проздравствовать) сто лет.** «А, старый хрыч! — сказал ему Пугачёв. — Опять Бог дал свидеться. Ну, садись на облучок». — «Спасибо, государь, спасибо, отец родной! — говорил Савельич усаживаясь. — *Дай Бог тебе сто лет здравствовать* за то, что меня, старика, призрил и успокоил. Век за тебя буду Бога молить, а о заячьем тулупе и упоминать уж не стану». А. Пушкин. Капитанская дочка. ♦ **Сто лет и куль червонцев!** ⚜ *Прост., шутл.* [Поздравительный гул; слышнее других голоса: <...> Бобчинского:] *Сто лет и куль червонцев!* Н. Гоголь. Ревизор. ♦ **Сто лет жизни и миллион денег!** ⚜ *Прост.* [Трагик:] Поздравляй за двоих, у меня сегодня красноречие не в порядке. [Вася:] Честь имею поздравить-с с успехом-с. *Сто лет жизни и миллион денег-с!* А. Островский. Таланты и поклонники. ♦ **Помилуй тя и сохрани Господь на сто лет со днем (на сто лет с прилетками).** ⚜ *Прост. и обл.* Доброе пожелание при выражении благодарности. ♦ **Всем гостям по сту лет, а хозяину двести, да всем бы вместе!** ⌾ *Прост.* Застольное пожелание, тост. ♦ **Сто лет, да двадцать, да маленьких пятнадцать (жить тебе)!** ⌾ *Обл.* ♦ **Жить тебе сто годов с годом!** *Прост.* ♦ **(Дай Бог Вам / тебе) Жизни сто годов и здоровья сто пудов!** *Прост., шутл.* ♦ **Будь здоров на сто годов (а что жил, то не в зачёт пошло)!** *Прост., шутл.* См. Здоров¹. «Здравствуйте, крещёные, многолетствуйте, люди добрые! Жить бы вам божьими милостями, а нам вашими!..» — громко крикнул Чапурин артели рабочих и, сняв картуз, поклонился. «На добром слове благодарны. С приездом поздравляем. Всякого добра пошли тебе Господи! Жить бы тебе сто годов с годом! Богатеть ещё больше, из каждой копейки сто рублёв тебе!» — весело и приветливо заголосили рабочие. П. Мельников (Печерский). На горах. ♦ **Сто лет жить, да двадцать на карачках ползать.** ⌾ *Прост., шутл.-фамильярн.* «Ах, благодетель, да нам-то это надо, чтобы тебя как можно дольше Бог сохранил, я в том детям внушаю: не забывайте, говорю, птенцы, чтобы ему, благодетелю нашему, по крайней мере, сто лет жить, да двадцать на карачках ползать». — «Что такое «на карачках ползать»?» — соображал Пекторалис. — «Сто жить, а двадцать ползать... на карачках». Хорошо это или нехорошо «на карачках ползать»? — Он решил об этом осведомиться и узнал, что это более нехорошо, чем хорошо, и с тех пор это приветствие стало для него новым мучением. А Софроныч всё своего держится, всё кричит: «Живи и здравствуй, и ещё на карачках ползай». <...> судья нашёл, что ползать на карачках, после ста лет жизни, в устах Софроныча есть выражение высшего благожелания примерного благоденствия Пекторалису. Н. Лесков. Железная воля. ♦ **Жить (тебе) сто годов, нажить сто коров, меринов стаю, овец хлев, свиней подмостье, кошек шесток, собак подстолье!** ⌾ *Обл.* Пожелание долголетия, достатка. ♦ **Сто тебе быков, пятьдесят меринов: на речку бы шли да помыкивали, а с речки бы шли — побрыкивали!** ⌾ *Обл.* (У С. В. Максимова с пометой «пожелание тем, кто навстречу гонит корову с поля»). ♦ **Сто лет носить, на другую сторону переворотить да опять носить!** ⌾ *Обл.* Пожелание купившим обнову. По случаю последнего дня гулянья покупатели не торопились расходиться, сидели вокруг палатки, балаболили, хвастались покупками. Фатьян, выйдя из пустой палатки, весело крикнул: — Желаю всем эти обновки сто лет носить, на другую сторону переворотить да опять носить! Б. Шергин. Дождь. ♦ **По сту на день, по тысячу на неделю!** ⌾ *Прост. и обл.* Приветственное пожелание молотильщикам. ▭ *А мать бранити, Жена пеняти, Сестра-то также: «А глупый дурень, Неразумный бабин! То же бы ты слово Не так же бы молвил; Ты бы молвил Четырём братам, Крестьянским детям: «Дай вам Боже По сту на день, По тысячу на неделю!»* Про дурня. Сказка из собр. Кирши Данилова. ♦ **Из каждой копейки сто рублёв (тебе)!** ⌾ *Обл.* ♦ **Всем бы денежкам вашим покатом со двора, а на их место сто на сто!** ⌾ *Обл.* Пожелание богатеть. ♦ **Сто рублей в мошню (мошну)!** ⌾ *Обл.* Ответное пожелание на приветствие: Спорыньи в квашню! «Спорынья (т. е. прибыль, избыток) в тесто! — говорят той, которая месит тесто. — Сто рублей в мошню или здоровье в голову — её ответ». СРНГ. ♦ **Сто рубах в корыто!** ⌾ *Обл.* Пожелание достатка женщине, стирающей бельё. ♦ **Сто рублей на мелкие расходы!** ⌾ *Обл.* Шутл. пожелание чихнувшему. ♦ **Сто сот стои́шь (стои́т)!** ⌾ *Прост. и обл.* Похвала, комплимент в адрес собеседника или близкого, дорогого ему человека. ▭ «Мужик у тебя, Герасимовна, ко всякому делу способный, сто сот стоит, золото, а не мужик, а что выпьет когда... так живой человек!» — «А я чё разве говорю... я-то с им жизнь прожила — знаю...» (1992). ♦ **Выглядишь (смотришься) на все сто!** *Разг.* Очень хорошо (выглядишь). Комплимент близкому знакомому, знакомой. [От выражения *на все сто процентов*]. ♦ **Сто лет не видались (не виделись)!** ♦ **Сто лет тебя (Вас) не видел!** *Разг.* Восклицание при встрече со старым знакомым, с которым давно не встречались. *[Глафира Фирсовна:] А, сокол ясный! Сто лет не видались. [Дульчин:] Меньше, Глафира Фирсовна.* А. Островский. Последняя жертва. ♦ **Сто (тысячу) раз целую (тебя).** *Эпист.* См. Целую.

Стол. ♦ **Стол да ска́терть!** *Обл.* **1.** Приглашение к столу. ⌐ *Когда ни придёшь к ним, всегда стол да скатерть. ⌐ От стола-скатерти не отказываются.* В. Даль. **2.** Приветствие-пожелание сидящим за столом, как ♦ **Хлеб да соль!** ♦ **Чай да сахар!** И. Подюков. Народная фразеология в зеркале народной культуры (1990). ♦ **Милости прошу к столу.** ♦ **К нашему столу милости просим.** Вежл., радушная форма приглашения гостей к столу. См. Просить.

Страшен сон, да милостив Бог. *Посл.* Употр. как форма утешения того, кто встревожен неприятным сновидением, в значении: «не всякий сон сбывается, надо надеяться на лучшее, на милость Божью». *[Уланбекова:] Не поспалось что-то! Дурной сон видела. [Василиса Перигриновна:] Что сон, благодетельница! И страшен сон, да милостив Бог. Не сон, а наяву-то что делается, расстраивает вас, благодетельницу. Вижу я это, давно вижу.* А. Островский. Воспитанница. ‖ Говорится в утешение тому, кто огорчён, встревожен предчувствием опасности, возможностью неблагополучного исхода какого-л. важного дела и т. п. *«И то по ней всё говорю, — отвечал Потап Максимыч. — Боюсь, в самом деле не наделала бы чего. Голову, кумушка, снимет!.. Проходу тогда мне не будет». — «Страшен сон, да милостив Бог», — успокаивала его Никитишна.* П. Мельников (Печерский). В лесах. *«Я за тобой приехала...» — «Ох, не отпустит он меня. Грозится всех убить... зверь зверем ходит». — «Ну, страшен сон, да милостив Бог... Дай-ка я сама с ним переговорю».* Д. Мамин-Сибиряк. Пир горой.

Стрекоза́. *Разг.* Шутл. наименование или обращение значительно старшего по возрасту к близко знакомой девочке, девушке (чаще к младшей родственнице). ⌐ *[Дядя (10-летней племяннице):] — Привет, стрекоза, как делишки? — Да, так себе...* (1994).

Ступа́й/те с Богом. ♦ **Ступай/те себе с Богом.** *Прост.* То же, что ♦ **Иди/те с Богом.** *«Это твоя дочка, Касьян, что ли?» — спросил я. (Лицо Аннушки слабо вспыхнуло). «Нет, так, сродственница, — проговорил Касьян с притворной небрежностью. — Ну, Аннушка, ступай, — прибавил он тотчас, — ступай с Богом».* И. Тургенев. Касьян с Красивой Мечи. *[Помещик (мужикам):] Ступайте с Богом, а я рад, рад... будьте покойны, я вас не оставлю.* Ф. Достоевский. Село Степанчиково и его обитатели. *«Пожалуйте мне свидетельство для воинского начальника». — «Ступай с Богом. Фёдор Фёдорович, напишите ему самое лучшее свидетельство».* В. Гиляровский. Трущобные люди.

Стыд. ♦ **Стыд не дым, глаз (глаза) не выест.** *Посл.* ♦ **Без стыда лица не износишь. (Без греха века не проживёшь, без стыда лица не износишь).** *Посл.* Употр. как формы утешения, ободрения того, кто стыдится сделать что-л. или уже совершённого им. — *Лучше, касатка, в деревне со стыдом жить, чем тут пропадать. Ты взгляни на гулящих-то, — смотреть на них страшно! Стыд не дым, глаза не выест. А там глядишь, время пройдёт и забудется всё. Может, ещё и замуж выйдешь за какого вдового человека.* А. Вьюрков. Рассказы о старой Москве. — *Откуда только вызнают эти бабы! — удивлялся писарь и, хлопнув Галактиона по плечу, прибавил: — А ты не сумлевайся. Без стыда лицо не износишь, как сказывали старинные люди, а перемелется — мука будет.* Д. Мамин-Сибиряк. Хлеб. ♦ **Мне (очень, ужасно, страшно...) стыдно (за..., что...).** Формула признания своей вины, опосредованного извинения. — *Мне ужасно стыдно перед вами, Кузьма Николаевич, — призналась Майя. — Я не знаю, зачем я давеча в райком побежала...* В. Шукшин. Любавины.

су, *частица.* ⍰ *Обл.* [Сокращ. слова сударь]. Употр. в интерпозиции при вежл. обращении к собеседнику. ⌐ *Покушай, это порат су можно! Это порато су порато, т. е. это, сударь, очень хорошо; много, довольно.* В. Даль.

Су́дарь. ⍰ *Разг.* (**Суда́рь,** прост., более архаичное. **Су́дырь,** прост.) [От государь (во 2 знач.) или обл. осударь]. Обиходно-бытовое вежл. обращение к мужчине, юноше. Употр. обычно в устном общении преимущ. лицами средних и низших сословий. Имело разные стилист. оттенки в зависимости от речевой ситуации. **а)** *Почтит.,* учтив. (только с «Вы»-формами). Простонародное обращ. к высшему по положению (слуги, служанки — к барину, торговца — к покупателю и т. п.). *[Чацкий (Софье):] Вы ради? В добрый час. Однако искренно кто ж радуется эдак?* ‹...›

[Лиза:] Вот, сударь, если бы вы были за дверями, Ей-богу, нет пяти минут, Как поминали вас мы тут. Сударыня, скажите сами. [Софья:] Всегда, не только что теперь. — Не можете вы сделать мне упрёка. А. Грибоедов. Горе от ума. *[Карп:] Что это, сударь, как вы постарели. [Несчастливцев:] Жизнь, братец... [Карп:] Понимаю, сударь, как не понимать, тоже ведь эта служба... [Несчастливцев:] Да, братец, эта служба... [Карп:] Опять же, сударь, и походы... [Несчастливцев (со вздохом):] Ох, походы, походы!* А. Островский. Лес. *Столяр присел к нам, пел песни, и всё просил меня прочесть ту песню, которую он спел. В заключение величал меня «сударь» и «Ваше благородие». Надо заметить, что я выдал себя за лакея...* П. Якушкин. Журнал пешехода (1845–1846). *[Фирс (входит; он принёс пальто):] Извольте, сударь, надеть, а то сыро. [Гаев (надевает пальто):] Надоел ты, брат.* А. Чехов. Вишневый сад. *А потом хозяин [антикварной лавки] вежливенько поклонится: «Вы, сударь, как-нибудь зайдите, всенепременно сыщем». Покупатель, дурень, и верит...* Е. Иванов. Меткое московское слово. **б)** Вежл. или вежл.-офиц. (только с «Вы»-формами). Обращ. к незнакомому или малознакомому, равному или низшему по положению. *«Вы весело жили в деревне?» — спросил я его. «У меня, сударь, — отвечал он с расстановкой и глядя мне прямо в глаза, — было двенадцать смычков гончих, таких гончих, каких, скажу вам, немного».* И. Тургенев. Пётр Петрович Каратаев. *У указанной двери стояли два человека ‹...›. Они разговаривали о цене шерсти, когда к ним подошёл Нехлюдов и спросил, здесь ли комната присяжных. — Здесь, сударь, здесь. Тоже наш брат, присяжный? — весело подмигивая, спросил добродушный купец.* Л. Толстой. Воскресение. **в)** Сугубо офиц. (нередко с оттенком иронии или с укором). Обращ. к равному или младшему по возрасту, низшему по положению (с «Вы» и «ты»- формами, чаще в конфликтной ситуации). *[Фамусов (Молчалину):] Ты, посетитель, что? ты здесь, сударь, к чему?* А. Грибоедов. Горе от ума. *— Па-азвольте, сударь, — сухо-неприятно обратился князь Андрей по-русски к князю Ипполиту, мешавшему ему пройти.* Л. Толстой. Война и мир. *Престарелый генерал Иван Иванович Дроздов ‹...› заспорил на одном из вечеров Варвары Павловны с одним знаменитым юношей. Тот ему первым словом: «Вы, стало быть, генерал, если так говорите», то есть в том смысле, что уже хуже генерала он и брани не мог найти. Иван Иванович вспылил чрезвычайно: «Да, сударь, я генерал и генерал-лейтенант, и служил государю моему, а ты, сударь, мальчишка и безбожник!»* Ф. Достоевский. Бесы. *[Фёдор (Расплюеву, наставительно):] Иван Антоныч! в карты, сударь, играть — не лапти плести.* А. Сухово-Кобылин. Свадьба Кречинского. *«Палашка! Подай-ка мне лодиколону обтереться. Оботрись-ка, Павел, и ты». — «Да мне-то зачем, тётушка?» — «Пустяки, сударь, изволь-ка обтереться да поедем вместе со мной». — «Это куда?» — «К Феоктисте Саввишне. Небось не привезу в какое-нибудь неприличное место». — «Помилуйте, тётушка! Я с ней незнаком».* А. Писемский. Тюфяк. *«Неумный... да, неумный господин», — говорил об этом чиновнике Горький. «Как вы смеете!» — рассердился начальник. «Потому что это правда, сударь». — «Я вам не сударь, а ваше превосходительство». Горький закашлялся и сквозь кашель отрывисто, но отчётливо выговорил: «Идите, ваше превосходительство, к чёрту!»* К. Чуковский. Горький. ♦ **Сударь (ты) мой.** Прост. **а)** Ласк., доверительное, преимущ. женск. или стариковское обращ. к знакомому мужчине, юноше, мальчику, равному по положению. *[Аграфена Кондратьевна:] Посмотри-ка, Самсон Силыч, полюбуйся, сударь ты мой, как я дочку-то вырядила!* А. Островский. Свои люди — сочтёмся! *— Вот тут-то, сударь мой, наша армеюшка и пошла чесать шведскую. ‹...› Всю, сударь мой, лоском положили!* Рыжечка. Фольк. зап. XIX в. *«Расскажи что-нибудь...» — «Ночью-то?» — сонно протестует тётка. «Пожа-алуйста...» Её не приходится долго просить. Позёвывая, осипшим от сна голосом, старуха, закрыв глаза, размеренно говорит: «И вот, сударь ты мой, в некотором царстве, в некотором государстве жили-были муж да жена, и были они бедные-пребедные!..»* М. Горький. Фома Гордеев. **б)** Вежл., с оттенком укора или иронии к равному или младшему по возрасту, положению. *[Неуеденов:] Эти деньги, я так считаю, у общества украдены. Как вы об этом думаете, сударь мой?*

[Бальзаминов:] Не все же в таких направлениях, как вы говорите. А. Островский. Праздничный сон — до обеда. «Кстати, — сказал Веденеев. — Приходили к нам на каравай кой-кто из рыбников с вашими приказами насчёт рыбы. Им не отпустили». — «Отчего же так?.. — весь вспыхнувши, воскликнул Марко Данилыч. — Нешто я ста тысяч рублёв вам не выдал?.. на что же это похоже, сударь мой?..» П. Мельников (Печерский). На горах. [Илья] вошёл в церковь ‹...› встал там в тёмный угол, где стояла лестница для зажигания паникадила. ‹...› Какая-то старушка в салопе подошла к нему и брюзгливо сказала: «Не на своё место встали, сударь мой...» Илья посмотрел на воротник её богатого салопа, украшенный хвостами куницы, и молча отодвинулся, подумав: «И в церкви свои места...» М. Горький. Трое. **в)** В знач. вводн. частицы. Форма привлечения внимания (независимо от количества, возраста и пола собеседников). «Знаете ли, господа, кто это? ‹...› Это, господа, сударь мой, не кто другой, как капитан Копейкин! ‹...› После кампании двенадцатого года, сударь ты мой, — так начал почтмейстер, несмотря на то что в комнате сидел не один сударь, а целых шестеро, — после кампании двенадцатого года вместе с ранеными прислан был и капитан Копейкин». Н. Гоголь. Мёртвые души. ♦ **Сударь-ба́тюшка**. ▫ *Прост., нар.-поэт.* См. **Батюшка**. ♦ **Суда́рик (ты мой)**. ▫ *Прост. Ласк., дружелюбн. обращ. к знакомому и незнакомому. Употр. преимущ. в женской и стариковской речи.* ▫ *Вот, сударики мои, прошу покушать, хозяйкина пирога поручать!* В. Даль. На дворе у Афоньки Беспалого наши учёные мужи встретили саму хозяйку, здоровеннейшую бабу в ситцевом сарафане. Она тащила, ухватив за ушки, огромную лоханку с помоями, которую, однако, тотчас же оставила и поклонилась, проговоря: «Здравствуйте, сударики, здравствуйте». — «Нельзя ли, моя милая, доложить господину Калиновичу, что господа учителя пришли представиться?», — сказал ей Пётр Михайлыч. А. Писемский. Тысяча душ. *Старичок снег откидывает от двора. «Дедушко, как ближе вот туда-то проехать?» — «А, сударик, поедешь прямо, а от ельничка влево своротишь...»* Б. Шергин. Из записей. *Сказала [Анна Ивановна] ласково, пропела словно: — Бобиков сладких, сударик, покушайте... поразвлекается малость.* И. Шмелёв. Лето Господне. ‖ *Ж. Обл.* «Ох ты, мой сударик», — говорит Антон двухлетней девочке, которую нянчит на руках. И. Тургенев. Дворянское гнездо. ♦ **Суда́ричок (ты мой)**. ▫ *Обл.* ▭ *Сударичок ты мой! Жаланник — слова означают ласку.* СРНГ. **Суда́рыня**. ▫ [от *Государыня* или обл. *Осуда́рыня*]. *Разг. Обиходно-бытовое вежливое обращение к женщине, девушке. Употр. обычно в устном общении преимущ. лицами средних и низших сословий.* (Уже в 1-й трети XIX в. обращ. *сударыня* прозападно настроенными дамами и девицами из «светского общества» воспринималось как простонародное, архаичное. [Чацкий:] *Воскреснем ли когда от чужевластья мод? Чтоб умный, бодрый наш народ Хотя по языку нас не считал за немцев. «Как европейское поставить в параллель С национальным? — странно что-то! Ну как перевести мадам и мадмуазель? Ужли сударыня?!» — забормотал мне кто-то... Вообразите, тут у всех На мой же счёт поднялся смех. «Сударыня! Ха! ха! ха! ха! прекрасно! Сударыня! Ха! ха! ха! ха! ужасно!!» — Я, рассердясь и жизнь кляня, Готовил им ответ громовый; Но все оставили меня.* А. Грибоедов. Горе от ума. В 70—80-х гг. XIX в. употр. преимущ. в разговорно-обиходн. речи и просторечии. *В наше время в приличном обществе уже не говорят «сударыня» и «сударь», теперь эти слова употребляются только приказчиками и вообще людьми простого звания, в благовоспитанной же среде называют по имени и по отчеству, а если особа, к которой обращаются с речью, носит титул, то ей говорят: «княгиня», «княжна», «графиня» или «баронесса».* Хороший тон. Правила светской жизни и этикета, 1889). Имело разные стилист. оттенки в зависимости от речевой ситуации. **а)** *Учтив. или почтит.* (только с «Вы»-формами). Простонародное обращение к высшей по положению (слуги, служанки — к барыне, барышне; торговца — к покупательнице и т. п.). [Лизанька:] *Господа, Эй, Софья Павловна, беда: Зашла беседа ваша за ночь; Вы глухи? — Алексей Степаныч! Сударыня!.. — И страх их не берёт!* А. Грибоедов. Горе от ума. *Наташа отошла подальше, чтобы осмотреться в трю-*

мо. Платье было длинно. — Ей-богу, сударыня, ничего не длинно, — сказала Мавруша, ползая на полу за барышней. Л. Толстой. Война и мир. [Атуева:] Колокольчик немец принёс? [Тишка:] Принёс, сударыня; он его принёс. А. Сухово-Кобылин. Свадьба Кречинского. **б)** *Разг.* Учтив. или галантн. к малознакомой или незнакомой женщине, девушке (только с «Вы»-формами). «*Лизанька,* — *сказал Манилов с несколько жалостливым видом.* — *Павел Иванович оставляет нас*». — «*Потому что мы надоели Павлу Ивановичу*», — *отвечала Манилова*. «*Сударыня! здесь,* — *сказал Чичиков,* — *здесь, вот где,* — *тут он положил руку на сердце,* — *да, здесь пребудет приятность времени, проведённого с вами! и поверьте, не было бы для меня большего блаженства, как жить с вами если не в одном доме, то по крайней мере в самом ближайшем соседстве.* <...> *О! это была бы райская жизнь!* — *сказал Чичиков, вздохнувши.* — *Прощайте, сударыня!* — *продолжал он, подходя к ручке Маниловой*». Н. Гоголь. Мёртвые души. [Лебёдкина:] *Вам передано заёмное письмо, выданное мной купцу Дороднову.* [Маргаритов:] *Так точно, сударыня.* [Лебёдкина:] *Я желаю заплатить деньги.* [Маргаритов:] *И прекрасно делаете, сударыня.* А. Островский. Поздняя любовь. — *Только вдруг, сударь мой, порх этак передо мной какой-то господин. В пальте, в фуражке это, в калошах, ну, одно слово, барин.* <...> «*Скажите, говорит, сударыня (ещё «сударыней», подлец, назвал), скажите, говорит, сударыня, где тут Владимирская улица?*» — *А вот,* — *говорю,* — *милостивый государь, как прямо-то пойдёте, да сейчас будет переулок направо... Да только это-то выговорила, руку-то, знаешь, поднявши, ему указываю, а он дёрг меня за саквояж.* «*Наше,* — *говорит,* — *вам сорок одно да кланяться холодно*», — *да и мах от меня.* Н. Лесков. Воительница. «*Кто там?*» — *послышался через минуту женский голос.* «*Это я-с!*» — *начал жалобным голосом Муркин, становясь в позу кавалера, говорящего с великосветской дамой,* — <...> *Будьте, сударыня, столь долюбезны, дайте мне мои сапоги!*» А. Чехов. Сапоги. *Ипполит Матвеевич снял свою касторовую шляпу.* <...> — *Прекрасное утро, сударыня,* — *сказал Ипполит Матвеевич. Голубоглазая сударыня засмеялась и без всякой видимой связи с замечанием Ипполита Матвеевича заговорила о том, какие дураки живут в соседнем пенале.* И. Ильф, Е. Петров. 12 стульев. **в)** *Офиц.* Обращ. должностных лиц к незнакомой женщине, девушке из непривилегир. сословия (употр. только с «Вы»-формами). — *И не знаю, сколько бы времени продолжалось это оцепенение, если бы с набережной кто-то не закричал мне:* «*Эй, мадам! Сударыня!*» *Я не обёртывалась.* «*Сударыня, пожалуйте на панель!*» *Кто-то сзади меня начал спускаться по лестнице.* <...> *Я обернулась: спускался городовой, стучала его шашка.* В. Гаршин. Происшествие. *Опять зазвенели шпоры, и уже другой повелительный голос сказал:* — *Сударыня, именем закона. Полиция. Отворите.* Б. Савинков. То, чего не было. — *Сударыня! Сколько вам лет?* — *очень сурово спросил её Филипп Филиппович. Дама испугалась и даже побелела под коркой румян.* М. Булгаков. Собачье сердце. | Офиц. с оттенком иронии или с укором. Обращ. к близкой знакомой, воспитаннице, родственнице, младшей по возрасту, положению. Употр. в конфликтной ситуации с «Вы» и «ты»-формами. [Фамусов (Софье):] *А ты, сударыня, чуть из постели прыг, С мужчиной! с молодым!* — *Занятье для девицы!* А. Грибоедов. Горе от ума. [Анна Андреевна:] *Это что значит, сударыня? Это что за поступки такие?* [Марья Антоновна:] *Я, маменька...* [Анна Андреевна:] *Поди прочь отсюда! слышишь, прочь, прочь! И не смей показываться на глаза.* Н. Гоголь. Ревизор. «*Прекрасно, сударыня,* — *начала Марфа Тимофеевна трепетным и прерывистым шёпотом,* — *прекрасно! У кого ты это только выучилась, мать моя... Дай мне воды, я говорить не могу*». — «*Успокойтесь, тётушка, что с вами?*» — *говорила Лиза, подавая ей стакан воды.* И. Тургенев. Дворянское гнездо. [Кукушкина:] *Вы знаете, сударыня, что у меня ни за мной, ни передо мной ничего нет.* [Юлинька:] *Знаю, маменька.* [Кукушкина:] *Пора знать, сударыня! Доходов у меня нет ниоткуда, одна пенсия.* А. Островский. Доходное место. | С начала 1990-х гг. употр. эпизодически, преимущ. в мужск. речи с шутл.-галантн. оттенком. ◻ [Ведущий радиопередачи — слушателям:] *Добрый день, дамы и господа, милостивые сударыни и достопочтимые судари* (1994). ♦ **Сударыня моя**

(Моя сударыня). ⬦ *Разг.* Женск. ласк. доверительное обращ. к близкой знакомой, приятельнице, соседке. *Перепетуя Петровна вздохнула. — Что он? Ничего... мужчина! У них, знаете, как-то чувств-то таких нет... А уж он и особенно, всегда был такой неласковый. Ну, вот хоть ко мне: я ему, недалеко считать, родная тётка; ведь никогда, сударыня моя, не придёт; чтобы этак приласкаться, поговорил бы, посоветовался, рассказал бы что-нибудь — никогда!* А. Писемский. Тюфяк. *Анисья Терентьевна, маленько помолчав, повела умильные речи. — А я на базар ходила, моя сударыня, да и думаю, давно не видала я болезную мою Дарью Сергевну, сем-ка забреду к ней да узнаю, как вы все живёте-можете.* П. Мельников (Печерский). На горах. ♦ **Сударыня-барыня.** ⬦ См. Барыня. ♦ **Сударыня-матушка.** ⬦ См. Мать. **Сударка.** ⬦ *Прост.* Приветл. обиходное обращ. старшего по возрасту или положению к знакомой женщине, девушке, девочке. *[Арина Петровна:] — Поди-ка, сударка, подслушай потихоньку у дверей, что они там говорят! — Но Евпраксеюшка хотя и подслушала, но была настолько глупа, что ничего не поняла.* М. Салтыков-Щедрин. Господа Головлёвы. **Сударынька.** ⬦ *Прост.* Ласк. обращ. к девушке или молодой женщине. *«Вы купец Понитков?» — спросила Даринька. «Самый я. Чего изволите, сударынька?..»* И. Шмелёв. Пути небесные. **Сударушка.** ⬦ *Прост., нар.-поэт.* Ласк. к Сударка. ⇒ *Баба, бабушка, золотая сударушка: Бога молишь, хлебцем кормишь, дом бережёшь, добро стережёшь.* В. Даль. *«Не хотите ли чаю?» — «Нет, спасибо, не требуется. Так за вами домик остался, — прибавил он, отделяясь от стены. — Спасибо и на этом. Прощенья просим, сударушка».* И он обернулся и вышел вон. Кирилловна одёрнула свой фартук и отправилась к барыне. И. Тургенев. Постоялый двор. *И подалась [мать Августа] вся к Кате, не удержала покаянной и осуждающей слезы: — Сударушка милая, не осуди нас. Мы своё прожили.* И. Акулов. Родительский день. ‖ **Сударушка (моя).** ⬦ *Прост. и обл., нар.-поэт.* Ласк. мужск. обращ. к любимой девушке, женщине (обычно в песнях, частушках). ⇒ *Чернобровая сударушка, Пойдёшь ли за меня? Только батюшка да матушка, Зо-

ловушка да я.* ⇒ *Ой ты, девушка, сударушка моя, Поглянулася походушка твоя.* ⇒ *Кабы ты, моя сударушка, Была не по душе, Не ходил бы ночки тёмные, Не спал бы в шалаше.* ⇒ *Холостой парень меня за рученьку подержал. Он при добрых людей мене кумушка назвал. Одные мне наедине сударушкой взвеличал.* СРНГ.

Судить. ♦ **Не суди/те меня (нас) (слишком строго).** См. Не суди/те. ♦ **Суди/те сам/и.** То же, что Посуди/те сам/и. ⇒ *Ну, судите сами, зачем ему бежать да скрываться? Нет, тут что-то другое...* (1991). ♦ **Так уж, знать (видно), Бог (Господь) судил.** ♦ **Так уж, видно, суждено (было).** *Разг.* Формы утешения.

Судьба. ♦ **Видно (знать), судьба (судьбина) (у тебя, у него, у неё, у нас) такая (такова).** ♦ **Так судьбе угодно.** [Лат. Sic fata voluerunt]. ♦ **От судьбы не уйдёшь (не спрячешься, не убежишь).** *Погов.* Употр. как формы утешения: ничего не поделаешь, надо принимать всё, как есть, такова судьба; так на роду написано. ♦ **Какими судьбами?** *Разг., нередко экспрессив.* Вопрос при неожиданной встрече со знакомым, означающий: как ты очутился здесь? что тебя (Вас) привело сюда? каким ветром занесло? *«Возможно ли? — вскричал я. — Иван Иваныч, ты ли?» — «Ба, ба, ба, Пётр Андреич! Какими судьбами? Откуда ты? Здорово, брат».* А. Пушкин. Капитанская дочка. *[Анна Ивановна:] Мир честной компании! [Разлюляев:] Милости прошу к нашему шалашу. [Митя:] Наше почтение-с! Милости просим!.. Какими это судьбами?.. [Анна Ивановна:] А никакими, просто — взяли да и пришли.* А. Островский. Бедность не порок. *Заслышав голос куманька, не утерпела Никитишна, встала с постели и пошла к нему навстречу. «Какими судьбами до наших дворов?» — спрашивала она у Потапа Максимыча. «Да вот, ехал неподалече и завернул, — отвечал он. — Нельзя же куму не наведать».* П. Мельников (Печерский). В лесах. *Красный отблеск озарил знакомое ему лицо. «Николай, друг мой! Ты ли это?» — «Василий Петрович?» — «Он самый... Ах, как я рад! Вот не думал, не гадал, — говорил Василий Петрович, заключая друга в объятия и троекратно лобызая его. — Какими судьбами?» — «Очень просто, на службе. А ты как?» — «Я учителем гимназии сюда

назначен. Только что приехал». В. Гаршин. Встреча. — Ба! Это вы?! Вы здесь?.. Какими судьбами?.. Вот неожиданная встреча!.. давно ли? — Карозича внутренне передёрнуло от этой действительно неожиданной встречи, застигшей его врасплох на лестнице генеральши Фон Шпильце, однако он весьма любезно улыбнулся и ещё любезнее пожал протянутую ему руку. В. Крестовский. Петербургские трущобы.
♦ **Желаю (Вам, тебе) счастливой судьбы.**
♦ **Чистого неба, душистого хлеба, ключевой воды да счастливой судьбы!** Формы добрых пожеланий. См. Счастливый. Чистый.

Су́женый (мой). ♦ **Суженый-ря́женый.** ⌛ *Прост., нар.-поэт.* (употр. преимущ. в фольк. текстах). Обращ. невесты к жениху. ▭ [Девушки, гадая о женихе, произносят:] *Суженый, ряженый, дай на себя поглядеть!* В. Даль. [И *суженый* < от *судить*, и *ряженый* < от *рядить* имеют одно значение — «назначенный, предопределённый судьбой»]. *Превратилась старушка в прекрасную девушку и спрашивает Ванюшку: — Ну как, сужден-ряжден, ндравлюсь или нет я тебе?* Царевна-старушка. Зап. в 1927.

Сухих рукаво́в (вам)! *Разг., проф.* Пожелание благополучия пожарным. [Рукава, *проф.* — пожарные шланги]. ▭ [Телеведущий поздравляет команду пожарников с их профессиональным праздником:] *Поздравляю вас с праздником! Сухих рукавов вам, ребята!* (17 апр. 1998).

Счастли́вый, -ая, -ое; -ые; -лив, -лива, -ливо; -ливы. ♦ **(Вы, ты) счастливый (человек)!** Комплимент знакомому, с оттенком доброй зависти или шутл. *«А что вы пишете?» — спросил Клочков. «Психею. Хороший сюжет, да всё как-то не выходит. <...>. А вы всё зубрите! Счастливый человек, терпение есть».* А. Чехов. Анюта. *[Майк:] Ты счастливый, мой мальчик, тебе везёт, тебе всегда и во всём везёт.* А. Н. Толстой. Чёртов мост. ♦ **Счастливый к обеду (роковой под обух).** *Разг.* Шутл., комплиментный ответ обедающих или собирающихся обедать хозяев на приветствие и/или извинение неожиданно пришедшего гостя. [От якобы существующего поверья, что невзначай приходят к обеду счастливые, хорошие люди]. ♦ **(Я) (был, был бы, буду) (безмерно, бесконечно, очень...) сча́стлив** (+ неопр. ф. со знач. действия, направленного на адресата; или: + придаточное предложение, в котором субъектом или объектом является адресат). *Возвыш.* Формула комплиментарной учтивости или галантности. ♦ **(Я) счастлив видеть Вас (встретиться с Вами...; что вижу Вас, что Вы пришли ко мне, навестили меня...).** При встрече с равным или высшим по положению. *На пригородном вокзале в буфете опять она: пьёт чай с каким-то евреем. Он подозрителен... Я подхожу к ней: — Счастлив встретиться снова! — Она смеётся.* Б. Савинков. Конь бледный. *— Дарья Дмитриевна, — проговорил он тихо. — Я вас не узнал в первую минуту. — Даша села на стул решительно, так же, как и вошла, сложила на коленях руки в лайковых перчатках и насупилась. — Дарья Дмитриевна, я счастлив, что вы посетили меня. Это большой, большой подарок.* А. Н. Толстой. Хождение по мукам. ♦ **(Я) Счастлив познакомиться с Вами (что познакомился с Вами; нашему знакомству...).** Комплимент при знакомстве.
♦ **(Я) был счастлив познакомиться (побеседовать, приятно провести время...) с Вами.** Формула учтивости или галантности, употр. при прощании; комплиментное уверение адресата в том, что знакомство, общение с ним доставило большое удовольствие. *(В ресторане. Музыка закончилась. Посетитель ведёт Тамару к столику.) [Посетитель (Пальчикову):] Очень вам обязан. (Усаживает Тамару за столик.) Был счастлив. Поверьте. (Уходит.)* А. Арбузов. Вечерний свет. ♦ **Я был бы (буду) счастлив видеть Вас (поздравить Вас; работать с Вами...).** ♦ **Я был бы счастлив, если бы (Вы согласились, позволили** сделать то, о чём прошу**).** Формулы учтивости или галантности, употр. при выражении просьбы, предложения, приглашения, пожелания, намерения. *[Хлестаков:] Как бы я был счастлив, сударыня, если б мог прижать вас в свои объятия. [Марья Антоновна (смотрит в окно):] Что это там как будто полетело? Сорока или какая другая птица?* Н. Гоголь. Ревизор. *«Парус» ставит целью поднять интерес читателя к серьёзной литературе. От себя лично скажу, что был бы очень счастлив работать рядом с Вами.* / *Будьте здоровы*

и желаю всего доброго. *А. Пешков. М. Горький. Письмо С. Н. Сергееву-Ценскому, 1 дек. 1916.* ♦ **Будь/те сча́стлив/ы.** Пожелание счастья при поздравлении, прощании, напутствии (например, новобрачным). *Ты, слышал я, женишься в августе, поздравляю, мой милый — будь счастлив, хоть это чертовски мудрено. Целую руку твоей невесте и заочно люблю её, как дочь Салтыкова и жену Дельвига. А. Пушкин. Письмо А. А. Дельвигу, 23 июля 1825. Ну, будьте счастливы, маточка! Я рад; да, я буду рад, если вы будете счастливы. Я бы пришёл в церковь, маточка, да не могу, болит поясница. Ф. Достоевский. Бедные люди. Перед концом обеда он [Николай Петрович] встал и, взяв бокал в руки, обратился к Павлу Петровичу: «Ты нас покидаешь... ты нас покидаешь, милый брат, — начал он, — конечно, ненадолго; но всё же я не могу не выразить тебе, что я... что мы... <...> Просто, брат, позволь тебя обнять, пожелать тебе всего хорошего, и вернись к нам поскорее!» Павел Петрович облобызался со всеми, не исключая, разумеется, Мити; у Фенечки он, сверх того, поцеловал руку, которую та ещё не умела подавать как следует, и, выпивая вторично налитый бокал, промолвил с глубоким вздохом: «Будьте счастливы, друзья мои! Farewell!» И. Тургенев. Отцы и дети. [Атуева (подходит к Кречинскому и Лидочке):] Дети мои! будьте счастливы! А. Сухово-Кобылин. Свадьба Кречинского. [Юлия:] Беги, дружочек... (Обнимает её.) (Гудки автобуса.) [Нина (целует Юлию):] Будь счастлива! (Убегает.) А. Арбузов. В этом милом старом доме.* ♦ **Счастливого (Нового года, праздника, путешествия, плавания, полёта, пребывания на родной земле...)!** ♦ **Счастливой (рыбалки, охоты, поездки...)!** *Разг.* Формула пожелания счастья, благополучия, удачи. [Сокращ. от ♦ **Желаю вам...** ♦ **Дай Бог вам счастливого (счастливой, счастливых)...**]. ♦ **Счастливого пути! (Счастливый путь!** ⚡ **Счастливой дороги!)** *Разг.* Пожелание уходящему, отправляющемуся в путь при прощании. ‖ Формы прощания с уходящими, отправляющимся в путь. *Седой мудрец младому другу Кричит вослед: «Счастливый путь! Прости, люби свою супругу, Советов старца не забудь!» А. Пушкин. Руслан и Людмила. Царь тотчас приказ даёт,* Чтоб посыльные дворяна Всё сыскали для Ивана, Молодцом его назвал И «Счастливый путь!» сказал. П. Ершов. Конёк-горбунок. [Глумов:] До свиданья. [Телятьев:] Прощай, Глумов. Счастливого пути! Вспомни обо мне в Париже: там на каждом перекрёстке ещё блуждает моя тень. А. Островский. Бешеные деньги. [Тальберг:] До свидания, Никол. [Николка:] Счастливого пути, господин полковник. [Тальберг:] Елена, вот тебе деньги, из Берлина немедленно переведу. Будьте здоровы, будьте здоровы... (Стремительно идёт в переднюю.) Не провожай меня, дорогая, ты простудишься! М. Булгаков. Дни Турбиных. «Всё по-джентльменски, старик. Не волнуйся. Мы с Юлей едем вдвоём на Камчатку», — закольцевал он [Вадим] разговор. Мы обменялись рукопожатием. «Счастливой дороги», — пробормотал я... И. Фаликов. Белое на белом.* ♦ **Живите сча́стливо (счастли́во, счастли́вее нашего)!** Пожелание молодым. См. **Жить.** ♦ **Счастли́во (Вам, тебе) (отдохну́ть, повеселиться, съездить, добраться, доехать...).** *Разг.* Пожелание благополучия при прощании или самостоятельная форма дружеск. прощания с уходящим, уезжающим. [Сокращ. от ♦ **Желаю** или ♦ **Дай Бог (вам) счастливо отдохнуть, доехать...**]. *Кондрат и Ефим молчали. Только у ворот пожали один за другим руку Захара. Ефим сказал: «Счастливо добраться». Егор подстегнул коня и пропал в темноте. В. Шукшин. Любавины. [Колесов:] Соглашайтесь! Ручаюсь, скучно не будет. [Таня:] Нет... И потом, меня тоже ждут. [Колесов:] Жаль... Ну что же... Придётся пригласить артистку Голошубову... Счастливо оставаться. [Таня:] Счастливо повеселиться. А. Вампилов. Прощание в июне.* ♦ **Счастли́во оставаться.** *Разг.* Пожелание благополучия при прощании или самостоятельная форма дружеск. прощания уходящего, уезжающего с остающимися. *Потом подбежал весёлый солдат, прося огоньку в пехоту. «Огоньку горяченького в пехоту. Счастливо оставаться, землячки, благодарим за огонёк, мы назад с процентой отдадим», — говорил он, унося куда-то в темноту краснеющую головешку. Л. Толстой. Война и мир. Егор встал, пошёл к коню. Подвязал обрез к седлу, сел, тронул в ворота. «Счастливо оставаться!» — «Будь здоров!»*

В. Шукшин. Любавины. ♦ **Счастливо оставаться, век (бы) не расставаться.** ⌂ *Прост.* Шутл. или фамильярн. форма прощания уходящего с остающимися. «*Счастливо оставаться, век не расставаться*», — *проговорил Гусарёнок, не получая от Наташи ответа, и вышел, залихватски заломив картуз.* Л. Андреев. У окна. **Счастливо (Вам, тебе)!** *Прост.* Пожелание благополучия при прощании или самостоятельная форма дружеск. прощания. *Посадили её* [*Аннушку*] *в кибитку, укутали, и все разом глубоко вздохнули.* — *Счастливо!* — *раздалось за ней, когда повозка тронулась.* М. Салтыков-Щедрин. Господа Головлёвы. «*Прощай, браток, счастливо тебе!*» — «*И тебе счастливо добраться до Кашар*». — «*Благодарствую. Эй, сынок, пойдём к лодке*». М. Шолохов. Судьба человека. «*Ну, счастливо, Африканович, с Богом*». — «*До свиданьица, ежели...*» — «*Пока...*» — «*Письмо-то напиши, как что*». — «*С квартерой, работа какая будет*». — «*В час добрый*». В. Белов. Привычное дело. *Идёт молчаливо В распадок рассвет. Уходишь — счастливо! Приходишь — привет!* Ю. Визбор. Серёга Санин. ♦ **Дай Бог (Вам, тебе) счастли́во.** ⌂ *Прост.* [*Фетинья (завёртывает бумагу в платок):*] *Да вот так, против груди и держите! (Отдаёт бумагу Насте и Анне.) Вот так, вот! Ну, ступайте! Дай Бог счастливо! (Анна и Настя медленно уходят.)* А. Островский. Не было ни гроша, да вдруг алтын. ♦ **Дай Бог вам счастливо день дневать и ночь ночевать (коротать)!** ⌂ *Прост.* Пожелание благополучия. **Счастли́венько (тебе, Вам)!** *Прост.* [*Сильва:*] *Итак, когда солнце позолотит верхушки деревьев...* [*Макарская (в дверях, смеясь):*] *Хорошо, хорошо... счастливенько!* А. Вампилов. Старший сын.

Счастье. ♦ **Моё счастье.** *Возвыш., традиц.-поэтич., экспрессив.* Восторженное обращение к любимой (любимому); а также ласк. материнское обращ. к младенцу. [*Солёный (Ирине):*] *Я не могу жить без вас. (Идя за ней.) О моё блаженство! (Сквозь слёзы.) О счастье! Роскошные, чудные, изумительные глаза, каких я не видел ни у одной женщины...* А. Чехов. Три сестры. *Счастье моё, я смотрел на Ваше окно в 11 часов и сейчас; Ваше окно светится, Вы никуда не уходили.* А. Блок. Письмо Л. А. Дельмас, 6 мая 1914. ♦ **Счастья Вам (тебе; Вашему дому...)!** [Сокращ. от ♦ *Желаю Вам* (*тебе*) *счастья.* ♦ **Дай Бог Вам (тебе) счастья**]. *Разг.* Пожелание удачи, благополучия при поздравлении, выражении благодарности, при прощании. ♦ **Это (будет, было бы) для меня (такое, большое...) счастье.** *Возвыш.* Комплимент в адрес высшего по положению при выражении ему благодарности за оказанную или будущую услугу, благодеяние. [*Глумов:*] *Если уж хотите вознаградить меня, так осчастливьте, ваше превосходительство!* [*Крутицкий:*] *Что такое? В чём дело?* [*Глумов:*] *Брак — такое дело великое, такой важный шаг в жизни... не откажитесь!.. благословение такого высокодобродетельного лица будет служить залогом... уже знакомство с особой вашего превосходительства есть счастие, а в некотором роде родство, хотя и духовное, это даже и для будущих детей!* А. Островский. На всякого мудреца довольно простоты. [*Виктоша:*] *Милый и замечательный Фёдор Кузьмич, боюсь, что здесь в Москве я заведу новую фамилию <...>. Вам она придётся по душе... ей-богу. (Тихо.) Балясникова.* [*Балясников:*] *То, что вы сказали, это такое счастье для меня... И если это не шутка и вы действительно решили... Значит, и тут не догнала меня молодёжь.* А. Арбузов. Сказки старого Арбата. ♦ **На чём записать такое счастье!** ⌂ *Прост.* Радостное или шутл. восклицание при встрече дорогого гостя. [*Огудалова:*] *На чём записать такое счастие! Благодарна, Мокий Парменыч, очень благодарна, что удостоили. Я так рада, растерялась, право... не знаю, где и посадить вас.* [*Кнуров:*] *Всё равно, сяду где-нибудь. (Садится.)* А. Островский. Бесприданница. ♦ **Почитаю (считаю; почту, сочту; почёл бы, счёл бы) за (великое...) счастье** (*что-л.*; *делать или сделать что-л.*). ⌂ *Почтит., учтив. или галантн.* Формула комплиментного выражения готовности выполнить волю, желание адресата, высшего по положению. *Милостивый Государь / Александр Христофорович, / С благоговением и благодарностию получил я через Ваше Превосходительство отзыв Государя Императора. Почитаю за счастие во всём повиноваться Высочайшей его воле.* А. Пушкин. Письмо А. Х. Бенкендорфу, 10 сент. 1827. ‖ ♦ **Почту (сочту) за счастье.** *Почтит.* Положитель-

ный ответ на просьбу, приглашение, предложение. *[Хлестаков:]* Не можете ли вы мне дать триста рублей взаймы? *[Почтмейстер:]* Почему же? почту за величайшее счастие. Н. Гоголь. Ревизор. *[Надежда Антоновна:]* Я принимаю от двух до четырёх; лучше всего вы приезжайте к нам обедать запросто. По вечерам мы ездим гулять. *[Вальсков:]* Почту за счастие быть у вас при первой возможности. А. Островский. Бешеные деньги. ♦ **Имею (имел, буду иметь) счастье** (делать, сделать что-л.). ♦ **Не имею (не имел) счастья** (делать, сделать что-л.). ⚜ В сочет. с неопр. ф. образует формулы почтительности, офиц. учтивости, синонимичные соответствующим глаголам. Употр. преимущ. в мужск. речи. по отношению к высшему по положению. *Письмо, коего Ваше Сиятельство удостоили меня, и статью о взятии Дрездена имел я счастие получить.* А. Пушкин. Письмо М. А. Дондукову-Корсакову, апр. 1836. *[Муров (с улыбкой):]* Муров, Григорий Львович! Честь имею представиться. (Кланяется.) Я вчера два раза к вам в гостиницу заезжал, но не имел счастья заставать. <...> *[Кручинина:]* Что же вам угодно? А. Островский. Без вины виноватые. *Студент не заставил себя долго дожидаться: ещё не встали из-за чая, как он явился с сияющим от удовольствия лицом. «Как я вам благодарен!» — проговорил он Калиновичу. Тот представил его Белавину. «Monsieur Белавин!» — проговорил он с усмешкою. Студент пришёл в окончательный восторг. «Как я рад, что имею счастие... — начал он с запинкою и садясь около своего нового знакомого. — Яков Васильич, может быть, говорил вам...» Белавин отвечал ему вежливой улыбкой.* А. Писемский. Тысяча душ. *Дорогой Михаил Михайлович! / Сердечно поздравляю Вас в день 75-летия. Сам уже немолодой человек, я имею счастие помнить Ваши книги с детства.* А. Фадеев. Письмо М. М. Пришвину, 5 февр. 1948. ♦ **Имею счастие (с глубочайшим почтением и совершенной преданностию...) быть (пребывать, оставаться), (Милостивый Государь) Ваш (покорнейший слуга)** (подпись адресанта). ⚜ Эпист. Формула почтительности, офиц. учтивости в заключении письма к старшему по возрасту, высшему по положению. *С глубочайшим почтением и искренно сыновней преданностию имею счастие быть, Милостивый Государь дедушка, / Вашим покорнейшим слугой / и внуком / Александр Пушкин.* А. Пушкин. Письмо А. Н. Гончарову, 24 февр. 1831.
♦ **Людское счастье, что вода в бредне.** *Посл.* Употр. как форма утешения того, кто огорчён неожиданной переменой своей жизни к худшему по независящим от него причинам.

Сын. Малоупотр. обращение родителей к юному или взрослому сыну. | В зависимости от сложившихся в семье норм обращения может употр. как в обиходной, так и в возвыш. речи, а также в конфликтной ситуации с оттенком отчуждения, отстранения. ⌑ *Давай, сын, поговорим.* ⌑ *Нет, сын, так не годится; и т. п. Решили пожениться, поехали к его родителям. Отец на это сказал: «Дело, сын, твоё». Мать же и особенно сёстры были решительно против...* В. Куропатов. Завтра в Чудиновом Бору. | В сочет. с эпитетами «дорогой», «любимый» и т. п., местоимениями «мой», «наш», а также с именем собственным; употр. преимущ. в возвыш. речи и эпист. стиле. *Здравствуй, дорогой сын! Получили твоё письмо и очень рады, что у тебя всё благополучно...* (из частного письма, 1974). ♦ **Милый сын. 1.** Ласк. обращение к сыну. *Сын онежского кормщика, живший на Двине у судового строения, заболел. Придя «к кончине живота», он пишет к отцу в Онегу: «Государь батька! Уже хочу умереть. Поспеши притти и отпустить меня». Отец отвечает: «Сын милый, подожди до Похвальной недели. Буде можешь, побудь на сем свете с две недельки. Прибегу оленями. Буде же нельзя ждать, увидимся на будущем. Но се аз, батька твой, отпускаю тебя, и прощаю, и прощения прошу».* Б. Шергин. Ответ отца. **2.** ⚜ *Прост.* Ласк. обращ. пожилого человека к мальчику, юноше, молодому мужчине (не к сыну), знакомому, реже — к малознакомому или незнакомому. *Только был тут старичок один. <...> Да и говорит Данилушке: — Ты, милый сын, по этой половице не ходи! Из головы выбрось! А то попадёшь к хозяйке в горные мастера.* П. Бажов. Каменный цветок. ⌑ *[Бабушка — соседскому мальчику:] Костя, поди сюда... На-ко яблочка, милой сын* (1993).
♦ **Сын мой (♦ Мой сын). 1.** Возвыш. экс-

прессив. обращ. к сыну. *Перемена к лучшему продолжалась недолго. Приступы болезни возобновились. Василий Иванович сидел подле Базарова. Казалось, какая-то особенная мука терзала старика. Он несколько раз собирался говорить — и не мог. «Евгений! — произнёс он наконец, — сын мой, дорогой мой, милый сын!» Это необычное воззвание подействовало на Базарова. Он повернул немного голову и, видимо стараясь выбиться из-под бремени давившего его забытья, произнёс: «Что, мой отец?»* И. Тургенев. Отцы и дети. **2.** Обращ. священника, монаха; духовника к мирянину, прихожанину (юноше, мужчине). — *Очень это скорбно всё, сын мой! Прихожанин ты примерный, а вот поспособствовать тебе в деле твоём и я не могу.* М. Горький. Жизнь Матвея Кожемякина. *Он [священник] сказал лишь: «Грех берёшь на душу. В самом соку, сын мой, а бродишь по миру, баклуши бьёшь».* В. Личутин. Любостай. **3.** *Разг.* Шутл.-покровительственное мужск. обращ. к приятелю, близкому знакомому, обычно младшему по возрасту. *Волынцев взглянул на него [Лежнева]. «А не солгал ли он, как ты думаешь?» — «Нет, сын мой, не солгал. А впрочем, знаешь ли что? Довольно рассуждать об этом. Давай-ка, братец, закурим трубки, да попросим сюда Александру Павловну... При ней и говорится лучше, и молчится легче. Она нас чаем напоит».* И. Тургенев. Рудин. ♦ **Отецкий сын.** См. Отецкий. **Сы́на.** *Прост.* Ласк. обращ. родителей (чаще матери) к сыну. ▭ — *Сына, сбегай в магазин за хлебом* (1993). **Сы́не.** ⚑ Обращ. священника, монаха; духовника к мирянину, прихожанину (юноше, мужчине). *Пошёл к попу: так и так, батюшка. Поп подумал-подумал, да и говорит: — Надо бы тебе, сыне, обещанье дать, что первый камешок из добычи на венчик Богородице приложишь.* П. Бажов. Сочневы камешки. **Сыни́шка.** *Разг.* Ласк. обращ. к малолетнему сыну. *Игнат, должно быть, по глазам сына отгадал его чувства: он порывисто встал с места, схватил его на руки и крепко прижал к груди. А Фома обнял его за шею и, прижавшись щекой к его щеке, молчал, дыша ускоренно. — Сынишка!.. — глухо шептал Игнат. — Милый ты мой... радость ты моя!.. Учись, пока я жив... Э-эх, трудно жить!* М. Горький. Фома Гордеев. **Сыни́ще.** *Разг.* Ласк.-шутл. обращ. к малолетнему сыну. *Дорогой ты мой большущий Шура, славный ты мой сынище! Спасибо тебе за письмецо.* А. Фадеев. Письмо сыну, 19 июля 1953. ♦ **Сы́нка.** *Обл.* Ласк. обращ. к малолетнему сыну. *«Ничего нельзя убивать. Нехорошо это». — «Одних фасыстов мозно, да, пап?» — «Ну дак фашистов — другое дело!» — «Потому сто они с фасыским знаком. Ты поди и всех их плибей, ладно, пап?» — «Пойду, Митя, пойду вот... Ну, ступай, сынка, ступай, а то я тут... работаю».* Е. Носов. Усвятские шлемоносцы. **Сыно́к.** *Разг.* **1.** Ласк. обращ. к сыну. *[Глумов:] Мне бы только войти к ней в дом, а уж я женюсь непременно. [Глумова:] Так, сынок, но первый-то шаг самый трудный.* А. Островский. На всякого мудреца довольно простоты. *Я сказал: «Ты, папа, свари что-нибудь простое <...>. Что-нибудь, понимаешь, самое быстрое!» Папа сразу согласился: «Верно, сынок!»* В. Драгунский. Куриный бульон. ‖ *Прост.* Ласк. обращ. к зятю. ▭ *Царь посылат за зятевьями: — Один раз, сынки, побили вы богатырей, теперь опять же выручайте.* Незнайушка. Сказка. Зап. в 1968. **2.** Ласк. обращ. значительно старшего по возрасту к молодому мужчине, юноше, мальчику. *Как-то, дня два спустя после того, как в первый раз вышел Петро на двор, перед сном, умащиваясь на печке, спросил Гаврила: «Откуда ты родом, сынок?» — «С Урала».* М. Шолохов. Чужая кровь. *Вдруг идёт носильщик. Старуха подозвала его к себе и говорит: — Сынок, моя дочь не могла меня встретить...* М. Зощенко. Сынок и пасынок. — *Вот и живи: тыщу прожил, вторую откупоривай... правильно сказал я, сынки?* — *бросил Кнышев в расступившуюся толпу под одобрительный гул лесорубов.* Л. Леонов. Русский лес. *Я молча пошагивал рядом с тётей, а она говорила: — Ты, сынок, не серчай на меня, старую, — дело-то тут больно сурьёзное.* В. Куропатов. Разлюли малина. **Сыно́чек.** *Разг.* Ласк. к Сынок (в 1 и 2 знач.). — *Минюшка, сыночек, что же ты спишь? Батяшка твой со службы пришёл!* — *кричит мамка.* М. Шолохов. Нахалёнок. *У Прокопьича даже слёзы закапали, — до того это ему по сердцу пришлось. — Сыночек, — говорит, — милый Данилушко... Что ещё знаю, всё тебе открою... Не потаю...* П. Бажов. Каменный цветок. ▭ *Снарядила мать старших сыновей,* напекла им в дорогу пирогов белых, нажарила-наварила курятины да гусятины: — Ступайте, сыночки! *Летучий корабль. Сказка из собр. А. Н. Афанасьева.* «*Орден, што ли?*» — наконец с сомнением предположил Лёха. «*Егорий*», сыночки, «*егорий*»! — обрадованно закивал дедушко Селиван, задрожав губами. Е. Носов. Усвятские шлемоносцы. **Сыночка.** *Прост. и обл. Ласк. к* Сы́на. *Настасья Хохлушка умерла весной. Перед самой смертью она подозвала младшего правнука и попросила:* «*Мишенька, полезь-ка, риднесенький, на подволоку и достань яблочко…*» *Фрося, услышав это, добавила от себя:* «*От медовки, сыночка, слышь?*» М. Алексеев. Вишневый омут. ▱ *Сыночка, ты беги на крылечек, а то запах будет тяжёлый.* Словарь просторечий русских говоров среднего Приобья (1977). **Сыну́ля. Сыну́ленька. Сыну́лечка.** *Разг. Ласк. (преимущ. материнское) обращение к малолетнему сыну.* «*Мам, что ты так дрожишь? Ты захворала, мам?*» — «*Нет, сынуля. Я озябла. Придвинься ко мне плотнее. Вот так. А теперь усни*». М. Алексеев. Вишневый омут. *Марья побыла немного со всеми и пошла домой. Дорогой, не в силах сдержать радость, то и дело останавливалась, откидывала одеяльце, смотрела на сына.* — *Сынуленька мой хороший!* — *шептала она.* В. Шукшин. Любавины. **Сы́нушка. (Сы́нушко.)** *Обл. Ласк. обращ. к сыну.* «*Пойдём домой, папаня? Ты мне мельницу дома сделаешь*». — «*Ты с бабушкой иди, сынушка…*» М. Шолохов. Нахалёнок. ▱ *Посылала меня мать Во большой Убрень гулять:* «*Поди, сынушко, гуляй, Себе невесту выбирай*». Частушка.

Сэр. [Англ. sir.] **1.** *Титул, предшествующий титулу баронета в Англии, а также офиц. обращение к лицу, носящему этот титул.* **2.** *Самостоятельное или присоединяемое к фамилии учтив. обращение к мужчине, гражданину Англии, США или др. англоязычн. страны.* **3.** *В русскоязычн. среде — шутл. или ирон. обращ. к близкому знакомому, приятелю. Недавно здесь в коренной купецкой семье разыгралась драмочка — прелесть! Вам бы, сэр, надо эту тему тронуть.* М. Горький. Письмо Н. Д. Телешову, 22 дек. 1900.

Сядем рядко́м да поговорим (потолку́ем) ладко́м. См. Садиться.

Т

Так. 1. Так? ♦ **Ведь так?** ♦ **Так (ли) я говорю?** ♦ **Не так (ли)?** *В знач. вопросит. частицы. Употребляется после предложений как обращение к собеседнику, побуждающее подтвердить, поддержать сказанное; не правда ли?* [*Русаков:*] *Это ты хорошо, Иванушка, делаешь, что к старшим за советом ходишь. Ум хорошо, а два лучше… Хоть ты парень и умный, а старика послушай… старик тебе худа не посоветует. Так ли я говорю, а?* [*Маломальский:*] *Это ты правильно.* А. Островский. Не в свои сани не садись. **2. Так. Так, так.** ♦ **Это так.** ♦ **Что так, то так.** *В знач. утвердит. частицы. Разг. Да, конечно, правильно. Употр. при подтверждении слов собеседника как выражение согласия, одобрения, солидарности.* [*Хлестаков:*] *Посуди сам, любезный, как же? ведь мне нужно есть. Этак могу я совсем отощать. Мне очень есть хочется; я не шутя это говорю.* [*Слуга:*] *Так-с.* Н. Гоголь. Ревизор. [*Вихорев:*] *А они стараются как можно больше копить и как можно меньше проживать; а уж доказано всеми науками, что это вредно… для торговли… и для целого общества.* [*Баранчевский:*] *Так, так, душа моя, так!* А. Островский. Не в свои сани не садись. «*Вот как, вот как она! Как на праздник вышла!*» — *одобрительно закивали, зашамкали беззубыми ртами старухи* <…>. «*Дак ведь праздник сегодня и есть!* — *с задором ответила Лиза.* — *Когда домашний сенокос в тягость был?*» — «*Так, так, девка!* — *опять с одобрением закивали старухи.* — *Это мы все обасурманились* — *кто в чём пришёл, а родители-то наши блюли обычаи*». Ф. Абрамов. Дом. **Так. Так, так.** *Употр. как знак внимания к словам собеседника. С горячим участием стал* [*Розанов*] *расспрашивать* [*о больном*]*, справлялся о всех подробностях.* — *Так, так… Это очень важно. Так.* В. Вересаев. К жизни. **3.** *В знач. нареч. Разг. Очень. Интенсификатор экспрессивности в формулах благодарности, просьбы, извинения, пожелания, комплиментов, сочувствия.* ♦ **Я так Вам благодарна!** ♦ **Я так хочу, чтобы Вы приехали.** ♦ **Я так хочу, чтобы Вы были счастливы!** ♦ **Вы так добры!** ♦ **Вы так любезны!** ♦ **Я так**

виноват перед Вами! ♦ Я так Вас (тебя) понимаю! ♦ Я Вам (тебе) так сочувствую! и т. п. *Все эти разнообразные лица — деловые, родственники, знакомые — все были одинаково хорошо расположены к молодому наследнику, все они, очевидно и несомненно, были убеждены в высоких достоинствах Пьера. Беспрестанно он слышал слова: «С вашею необыкновенною добротой», или: «При вашем прекрасном сердце», или: «Вы сами так чисты, граф...», или: «Если бы он был так умён, как вы», и т. п., так что он искренно начинал верить своей необыкновенной доброте и своему необыкновенному уму, тем более, что и всегда, в глубине души, ему казалось, что он действительно очень добр и очень умён.* Л. Толстой. Война и мир. ♦ **(Да) Та́к себе.** ♦ **(Да) Та́к как-то (знаете ли...).** *Разг.* Ни плохо, ни хорошо. Ответ на обычные при встрече вопросы: Как живёте? Как дела? Как здоровье? и т. п. *Ноздрёв приветствовал его по-дружески и спросил, каково ему спалось. — Так себе, — отвечал Чичиков весьма сухо.* Н. Гоголь. Мёртвые души. *Русский, пребывающий за границею, спрашивал земляка своего, прибывшего из России: «А что делает литература наша?» — «Что сказать на это? Буду отвечать, как отвечают купчихи одного губернского города на вопрос об их здоровье: не так, чтобы так, а так, что не так, что не очень так».* П. Вяземский. Записная книжка. ♦ **Так, так, не перета́кивать стать.** *Прост.* Да, конечно, разумеется; что об этом лишний раз говорить! Ответ равному или младшему по возрасту, положению на докучливые вопросы «так?» «ведь так?» «не так ли?» *[Епишкин:] Подмёл бы уж кстати кругом лавочки. [Елеся:] С нашим удовольствием. Я как расхожусь, так мне только дела подавай. [Епишкин:] Ну, и действуй. [Елеся (смеётся):] Не пыльна работа, а выгодна. Так, Истукарий Лупыч, я говорю? [Епишкин:] Так, так, не перетакивать стать.* А. Островский. Не было ни гроша, да вдруг алтын. ♦ **Так-то (оно) так, но... (да..., однако..., только...).** *Разг.* Формула мягкого, нерешительного выражения несогласия или неполного согласия с мнением собеседника. *Лицо Егорова вытянулось. «Жалко, товарищ капитан <...>. Куда ж он денется в тылу-то? У него там никого нету родных. Круглый сирота. Пропадёт». — «Не про-

падёт. Есть специальные детские дома для сирот». — «Так-то оно, конечно, так», — сказал Егоров, всё ещё продолжая держаться семейного тона, хотя в голосе капитана Енакиева уже послышались твёрдые командирские нотки. «Что?» — «Так-то оно так, — повторил Егоров, переминаясь на шатких ступенях лестницы. — А всё-таки, как бы это сказать, мы уже думали его у себя оставить, при взводе управления. Уж больно смышлёный паренёк. Прирождённый разведчик».* В. Катаев. Сын полка. ♦ **Так то́чно.** *Преимущ. в речи военных.* Утвердительный мужск. ответ на вопрос высшего по положению. *«Вы, стало быть, отказываетесь, не хотите взять землю?» — спросил Нехлюдов, обращаясь к нестарому, с сияющим лицом босому крестьянину в оборванном кафтане, который держал особенно прямо на согнутой левой руке свою разорванную шапку так, как держат солдаты свои шапки, когда по команде снимают их. «Так точно», — проговорил этот, очевидно ещё не освободившийся от гипнотизма солдатства, крестьянин.* Л. Толстой. Воскресение. *Вагаев спрашивал Карпа: «Так это ты Карп, братец?» — «Так точно, ваше благородие, Карп... а что-с?» — «Солдат!» — «Были в солдатах...» — «Гвардеец?» — «Никак нет, ваше благородие...»* И. Шмелёв. Пути небесные. *«Ишь как ты пряжечку изогнул, по моде. — Лысогор почти без усилия разогнул пряжку в положенное уставное состояние и вернул ремень Рехту. — Ещё раз увижу — на губу... Понятно говорю?» — «Так точно!» — отчеканил Рехт.* С. Каледин. Стройбат. | *Прост.* ⚥ Вежл. мужск. ответ на обращение, вопрос женщины. *[Юлия:] Флор Федулыч? [Флор Федулыч:] Что прикажете? [Юлия:] Вы давеча приезжали занять денег у меня? [Флор Федулыч:] Так точно-с.* А. Островский. Последняя жертва. ♦ **Точно так.** ⚥ Вежл. подтверждение, согласие; утвердительный ответ на вопросит. обращение. *[Елецкий:] Как тебя зовут, любезный? [Пётр:] Петром-с. [Елецкий:] А! Ну, так позови же мне управляющего — как бишь его зовут — Егором, что ли? [Пётр:] Точно так-с.* И. Тургенев. Нахлебник. *Молодой человек, стоявший около полки и давно уже ласкавший его взором, подошёл к нему. «Я, кажется, имею удовольствие видеть господина Калинови-*

ча?» — проговорил он. «Точно так», — отвечал тот. «Я читал вашу повесть с величайшим наслаждением», — прибавил молодой человек. Калинович поблагодарил молчаливым кивком головы. А. Писемский. Тысяча душ. *Встретил меня генерал и говорит: «Здравствуй, Домна Платоновна!» — Превежливый барин. «Здравствуйте, — говорю, — ваше превосходительство». — «У жены, что ль, была?» — спрашивает. «Точно так, — говорю, — ваше превосходительство».* Н. Лесков. Воительница. *Фендриков был не согласен с тем, что география есть наука почтальонов <...>, но из почтительности сказал: "Точно так".* А. Чехов. Экзамен на чин. ♦ **Так и быть. (♦ Ладно уж, так и быть).** *Разг.* Формы выражения согласия, уступки в ответ на просьбу, уговоры собеседника, равного или низшего по положению. *«Чем прикажете потчевать вас, Иван Иванович? — спросил он [судья]. — Не прикажете ли чашку чаю?» — «Нет, весьма благодарю», — отвечал Иван Иванович, поклонился и сел. «Сделайте милость, одну чашечку!» — повторил судья. «Нет, благодарю, весьма доволен гостеприимством», — отвечал Иван Иванович, поклонился и сел. «Одну чашку», — повторил судья. «Нет, не беспокойтесь, Демьян Демьянович!» При этом Иван Иванович поклонился и сел. «Чашечку?» — «Уж так и быть, разве чашечку!» — произнёс Иван Иванович и протянул руку к подносу. Господи Боже! какая бездна тонкости бывает у человека! Нельзя рассказать, какое приятное впечатление производят такие поступки!* Н. Гоголь. Повесть о том, как поссорился Иван Иванович... *«Да полно тебе шутить да баловаться, — с досадой сказал Самоквасов. — Чем бы дело говорить, она с проказами». — «Ну, так и быть, давай про дело толковать, — подхватила Флёнушка и, опустившись на траву, промолвила: — Сядь-ка рядком, потолкуем ладком».* П. Мельников (Печерский). В лесах. ♦ **Так держать!** [От *морск.* команды рулевому придерживаться взятого курса: «Так держать!»] *Разг., шутл.* Похвала, одобрение в адрес собеседника, равного или младшего по возрасту, положению, в связи с его успехами, достижениями. ▭ *«Бабушка, а я сегодня пятёрку по физкультуре получила!» — «Молодец, Так держать!»* (1992). ♦ **Так бы платьице мылось, как бы вовсе не носилось!** *Обл.* Приветственное пожелание женщине, девушке, стирающей или полощущей бельё. ♦ **Так (уж) мир устроен. (♦ Так уж жизнь устроена). ♦ (Видно, знать) Так уж Бог (Господь) судил (велел). Так уж, видно, Богу было угодно. ♦ Так, видно, судьбе угодно.** [Лат. Sic fata voluerunt.] **(♦ Так суждено, так на роду написано).** Формулы утешения собеседника.

Такой, -ая, -ое; -ие. Интенсификатор экспрессивности в формулах похвалы, комплиментов. ▭ *Ты такая красивая сегодня!* ▭ *Ваш сын такой умный мальчик!* ▭ *Такая красавица стала!* ▭ *Вы такой добрый, такой внимательный!* и т. п. ♦ **Вот такой!** *Разг.* Очень хороший, замечательный, превосходный. Похвала, комплимент. Нередко сопровождается жестом: сжатая в кулак кисть с поднятым вверх большим пальцем. То же, что Во!² *[Гусев:] Я хотел, чтобы из окна моей квартиры всегда было видно море... [Женя:] У тебя гениальная квартира! [Гусев:] Ну! У меня гениальная квартира, гениальная служба, вот такие друзья.* М. Рощин. Валентин и Валентина. ‖ В формулах утешения, ободрения. ♦ **Видно (знать), судьба (судьбина) (у тебя, у него, у неё, у нас) такая (такова).** См. Судьба. ♦ **Такова (такая уж) жизнь.** См. Жизнь. ♦ **Такова се ля ви.** *Разг., шутл.* см. Се ля ви.

Тала́н. *Обл.* Счастье, удача. ♦ **Как в поле туман, так ему счастье, тала́н.** *Прост.* и *обл.* Пожелание счастья, удачи новорождённому (у В. И. Даля с пометой: «слова повитухи, за кашей»). ♦ **Тала́н на майда́н!** *Обл.* Приветственное пожелание успеха, удачи. ‖ Приветствие подошедшего сидящим, беседующим или играющим (в карты, в кости) на деньги. В. Даль. ‖ Приветствие охотнику. Ответ: «Шайтан на гайтан!» С. Максимов. [*Майдан* — 1. Сборное место. ‖ Станичная изба, где собираются для совета, беседы, принятия решений. 2. Охотничья хижина в лесу, на прогалине. 3. Торг, базар или место на нём, где собираются мошенники для игры в кости, в зернь, орлянку, карты. В. Даль]. ♦ **Талан на уду!** *Обл.* Пожелание удачи идущим на рыбалку.

Тала́нт. ♦ **У Вас (у тебя) несомненный (настоящий, большой, замечательный...)**

талант (на что-л., к чему-л., делать что-л.).
♦ **Вы (ты) (настоящий, большой) талант.**
♦ **Вот (это) талант!** ♦ **Какой талант!** *Разг. Экспрессив.* Формулы похвалы, комплимента в адрес человека, обладающего, по мнению говорящего, незаурядными способностями. [Глумов:] И из этих крепостей только вылетают в виде бомб сухие циркуляры и предписания. [Городулин:] Как это хорошо! Превосходно, превосходно! Вот талант! [Глумов:] Я очень рад, что вы сочувствуете моим идеям. Но как мало у нас таких людей! А. Островский. На всякого мудреца довольно простоты. *Татьяна Борисовна, за чаем, велела племяннику показать гостю свои рисунки. «А он у вас рисует?» — не без удивления произнёс г. Беневоленский и с участием обратился к Андрюше. <...> Андрюша, краснея и улыбаясь, поднёс гостю свою тетрадку. Г-н Беневоленский начал, с видом знатока, её перелистывать. «Хорошо, молодой человек, — промолвил он наконец, — хорошо, очень хорошо». И он погладил Андрюшу по головке. Андрюша на лету поцеловал его руку. «Скажите, какой талант!.. Поздравляю вас, Татьяна Борисовна, поздравляю!»* И. Тургенев. Татьяна Борисовна и её племянник. *Роман твой свидетельствует о незаурядном таланте его автора.* А. Фадеев. Письмо А. М. Семёнову, март 1939. *[Баян:] Потритесь, передёрнитесь, сверкните глазами и скажите: «Я вас поня́л, коваррная, вы мной играете... но...» и опять пусти́тесь в танец, как бы постепенно охлаждаясь и успокаиваясь [Присыпкин:] Вот так? [Баян:] Браво! Хорошо! Талант у вас, товарищ Присыпкин! Вам в условиях буржуазного окружения и построения социализма в одной стране — вам развернуться негде.* В. Маяковский. Клоп. **Талантище!** ♦ **Какой талантище!** *Разг., экспрессив.*

Тала́нтливый, -ая, -ое; -ые; -лив, -лива, -ливо; -ливы. **1.** *О ком-л.* Обладающий талантом. Оценочный эпитет, употр. в формулах похвалы, комплимента (преимущ. в адрес людей творческого труда). ♦ **Вы (ты) (безусловно, бесспорно, очень) талантливый человек (артист, художник, музыкант, писатель...).** ♦ **(Какой) Талантливый ребёнок.** Комплимент не столько ребёнку, сколько его родителям. **2.** *О чём-л.* Выполненный с талантом. Комплимент в адрес автора, мастера. *Талантливое произведение. Талантливая пьеса.* **Талантливо,** *нареч.* ⌧ *Вы так тонко, так талантливо сыграли эту сцену!* ♦ *Книга ваша написана очень талантливо.*

Та́та. *Обл.* Отец. Обращение к отцу; то же, что **Тятя. Та́ту.** *Укр. и обл.* (звательн. форма). — *Никому не давай читать по мне, но пошли, тату, сей же час в Киевскую семинарию и привези бурсака Хому Брута...* Н. Гоголь Вий. **Та́танька. Та́тенька. Та́тка. Та́точка. Тату́ля. Тату́лька. Тату́ленька. Тату́лечка. Тату́сенька. Тату́ся.** *Обл. Ласк.* [Дочь] *говорит: «Татенька, хоть на полгода». Отец говорит сватовьям; сватовья говорят, что долго.* Иван-царевич и купеческая дочка. Сказка. Зап. в 1908.

Твой. 1. См. **Ты. 2.** ♦ **Твой (твоя)** (+ подпись адресанта). *Эпист.* Преданный тебе, любящий тебя, дружески к тебе относящийся. Выражение доброжелательности, которым заканчивается письмо к родственнику, другу или близко знакомому адресату, с которым адресант на «ты». Пишется обычно в отдельную строку. *Милый Алёша. / <...> Поцелуй за меня ручку у Варвары Александровны и прощай. Будь здоров и счастлив. / Твой Лермонтов.* М. Лермонтов. Письмо А. А. Лопухину, 12 сент. 1840. *Затем обнимаю, прощай. / Твой Г. Н. Гоголь.* Письмо Н. М. Языкову, 8 янв. 1846. *До свидания; жму тебе крепко руку. Надеюсь, что ты совершенно излечился от последствий постигшего тебя несчастного случая. / Твой / Ив. Тургенев.* И. Тургенев. Письмо И. И. Маслову, 6 янв. 1860. *Все тебе кланяются. Я тоже кланяюсь и желаю всяких благ, видимых и невидимых. Будь здрав. / Твой А. Чехов.* А. Чехов. Письмо И. П. Чехову, 4 мая 1891. [Из письма директора детского дома бывшему воспитаннику:] *Будь здоров, учись хорошо. Передай, пожалуйста, мой привет и сердечную благодарность Владимиру Константиновичу. / Твоя Вера Ивановна.* А. Рекемчук. Мальчики. | Со словами-интенсификаторами вежливости, экспрессивности. ♦ **Весь твой** (подпись адресанта). *Как правило, мужск.* ♦ **Навсегда (навеки) твой (твоя)** (подпись адресанта). ♦ **До гроба (по гроб жизни, до гробовой доски) твой (твоя)** (подпись адресанта). *Любезный Сергей Дмитриевич, / На днях приехал я в Петербург, о чём* и даю тебе знать <...>. / *Весь твой Пушкин.* А. Пушкин. Письмо С. Д. Киселёву, 15 нояб. 1829. *Сегодня не могу зайти я к тебе: недосуг. / Весь твой М. Я.* М. Яковлев. Письмо А. С. Пушкину, 5 сент. 1835. *Прощай, / твой навсегда / M. Lerma.* М. Лермонтов. Письмо С. А. Раевскому, март 1837. ‖ В письмах к родным и друзьям в сочет. со словами *отец, мать, брат, сестра, сын, дочь, муж, жена, друг* и т. п. *Касьян, недоумевая, развернул синий клочок от рафинадной пачки. Неровными полупечатными буквами там было накарябано: «Родной брат Касьян Тимофеич. / Кланяется тебе твой родной брат Никифор Тимофеич и Катерина Лексеевна. А притить мы не можем, со всем нашим удовольствием, а нельзя. Завтра я призываюсь, так что притить не могу, нету время. <...> А так у нас всё хорошо, все живы-здоровы. / Твой родной брат Никифор Тимофеич».* Е. Носов. Усвятские шлемоносцы. ♦ **Твоя милость.** См. Милость.

Терпе́ние. ♦ **Терпенье и труд всё перетрут.** *Посл.* Любые трудности преодолимы, если прилежно трудиться и терпеливо переносить невзгоды. [Неточная калька с лат. Labor improbus omnia vincit — «упорный труд всё побеждает» из «Георгик» («Поэмы о земледелии») Вергилия — 29 г. до Р. Х.]. ♦ **Терпенье — лучшее спасенье.** *Посл.* ♦ **Терпенье лучше спасенья.** *Посл.* Терпеливое, безропотное перенесение житейских невзгод выше монашеского подвига. ♦ **За терпенье даёт Бог спасенье.** *Посл.* Формы ободрения собеседника, призыв перетерпеть невзгоды, не отчаиваться. Употр. обычно пожилыми набожными людьми в адрес близких знакомых, родственников, равных или младших по возрасту.

Терпе́ть. ♦ **Носи платье — не смётывай, терпи горе — не сказывай.** *Посл.* Употр. как форма совета или утешения в адрес младшего по возрасту, положению, часто жалующегося на свою судьбу. ♦ **Терпи, казак, атаманом (атаман) будешь!** *Посл.* Употр. (чаще шутл.) как форма утешения, ободрения собеседника, равного или младшего по возрасту, положению, жалующегося на трудности, жизненные неудобства, боль и т. п. *[Андрей Титыч:] Прихожу я домой-с <...>, а тятенька вдруг ко мне: «Что, говорит, ты шляешься, как саврас* без узды! Собирайся, говорит, ехать невесту смотреть!» Как тут жить! *[Досужев:] Что делать-то! Терпи, казак, атаманом будешь!* А. Островский. Тяжёлые дни. *Григорий Мелехов стоял рядом с Коршуновым Митькой, переговаривались вполголоса. «Сапог ногу жмёт, терпения нету», — жаловался Митька. «Терпи, атаманом будешь».* М. Шолохов. Тихий Дон. ♦ (**Терпи.**) **Бог (Господь, Христос) терпел и нам велел.** *Погов.* См. Господь.

Тесть. ♦ **Дорогой (любезный) тесть. Тестенёк. Тестюшка.** *Прост., преимущ. фольк.* Малоупотр. формы учтив. обращения зятя к тестю. — *А вот это дело, дорогой тесть!* Н. Гоголь. Страшная месть. *А потом начал их зять кланяться: — Милости просим, тестенёк, тёщенька, на пирог к нам, на беседу.* Строгий зять. Сказка. Зап. в 1902. | Ирон. *[Коршунов:] Любезный тестюшка! Нет, шалишь, я даром себя обидеть не позволю. Нет, ты теперь приди-ка ко мне да покланяйся, чтоб я дочь-то твою взял. [Гордей Карпыч:] Я к тебе пойду кланяться?* А. Островский. Бедность не порок.

Тётя. 1. Обращение к сестре отца или матери, а также к жене брата отца или матери (часто в сочетании с бытовым именем собственным). *Капитолина Марковна посмотрела на свою племянницу. — Пойдёмте, тётя, я готова, — сказала та.* И. Тургенев. Дым. *[Надя:] Знаешь, тётя, выходим мы из лесу — вдруг трое пьяных рабочих... понимаешь? [Полина:] Ну вот! Я всегда говорила тебе...* М. Горький. Враги. *[Анастасия Ефремовна:] Не знаю, будет ли тебе удобно у нас... [Алексей:] Что вы, тётя Настя, не беспокойтесь!* В. Розов. В добрый час! **2.** *Разг.* Обращ. детей, подростков, молодых людей к знакомой женщине, значительно старшей по возрасту (обычно в сочет. с бытовым именем собственным). — *И вдруг навстречу мне идёт тётя Дуся из старого дома, добрая, она в прошлом году нам с Мишкой билет в клуб подарила. <...> Она говорит: «Это ты откуда?» Я говорю: «Из магазина. Помидоров купил. Здравствуйте, тётя Дуся!»* В. Драгунский. Не хуже вас, цирковых. **Тёть.** *Разг.* Зват. ф. от Тётя. *Но вот одна тёлка заупрямилась, стала взбрыкивать и никак не шла. «Вредная ты была, вредная и будешь, — решила пожилая телятница. — Пишите ей имя*

Вредная». — «Тёть Наташ, а может, она исправится?» — спросила молодая весёлая доярка. В. Крупин. Братец Иванушка. **Тётенька. 1.** ◊ Ласк.-почтит. к Тётя (в 1 знач.). Употр. обычно с «Вы»-формами. *Прощайте, милая тётенька, целую ваши ручки; и остаюсь ваш покорный племянник* / М. Лермонтов. М. Лермонтов. Письмо М. А. Шан-Гирей, осень 1827. *[Вышневский:] Ты зачем? [Жадов:] Дядюшка, извините. [Полина:] Здравствуйте, дяденька! Здравствуйте, тётенька! (Шепчет Вышневской.) Пришёл место просить.* А. Островский. Доходное место. *«Что это ты читаешь, Федя?» — спросила его, усевшись в кресле, Катерина Львовна. «Житие, тётенька, читаю». — «Занятно?» — «Очень, тётенька, занятно».* Н. Лесков. Леди Макбет Мценского уезда. **2.** *Прост.* Вежл. детское обращ. к незнакомой женщине. *Ребята кинулись бежать, да золотой обруч не пускает <...>. Женщина смеётся: «Из моих кругов никто не выйдет, если сама не уберу». Тут Лейко с Ланком взмолились: «Тётенька, мы тебя не звали». — «А я, — отвечает, — сама пришла поглядеть на охотников добыть золото без работы». Ребята просят: «Отпусти, тётенька, мы больше не будем».* П. Бажов. Голубая змейка. *Дубравка подбежала к молодой женщине с кожаным чемоданом. — Тётенька, можно я постою с вами?* Р. Погодин. Дубравка. ‖ ◊ Приветл. или шутл. обращ. молодых людей к женщине из простонародья, значительно старшей по возрасту. *[Марина:] Здорово, деушки! [Девки:] Здорово, тётенька! [Марина:] На свадьбу, миленькие? [1-я девка:] Да уж отошла. Так, поглядеть.* Л. Толстой. Власть тьмы. *[Паратов (всю сцену ведёт в шутливо-серьёзном тоне):] Тётенька, ручку! [Огудалова (простирая руки):] Ах, Сергей Сергеич! Ах, родной мой! [Паратов:] В объятия желаете заключить? Можно. (Обнимаются и целуются.)* А. Островский. Бесприданница. *«И чего тебе, Ильинична, надоть, — привязывая к перилам жеребца, удивился Митька. — Я к Гришке приехал. Он где?» — «Под сараем спит. Тебя, что ж, аль паралик вдарил? Пешки, стал быть, не могешь ходить?» — «Ты, тётенька, кажной дыре гвоздь!» — обиделся Митька.* М. Шолохов. Тихий Дон. ▫ *[1916 г. Уличный торговец «вечными» стаканами:] Тётенька, купите для дома!.. Не бьётся, не ломается, порче никакой не подвергается... Сорок копеек за штуку!* Е. Иванов. Меткое московское слово. *Ступили дальше по сходням. Смотрю: великолепный букет цветов у булочницы. «Продай, тётенька». — «Не продам». — «Да мне надо, а тебе зачем? Я тридцать лет назад тут жил, и мне дорого, с родины».* В. Розанов. Русский Нил. **Тётечка** *Прост.* Ласк. к Тётя. *Подошёл и Сашка. Горло его перехватывало. «Тётя, а тётя, — сказал он, стремясь говорить ласково, но выходило ещё более грубо, чем всегда. <...> — Тё... Тётечка. Дай мне одну штуку с ёлки, — ангелочка». — «Нельзя, — равнодушно ответила хозяйка. Ёлку будем на Новый год разбирать. И ты уже не маленький и можешь звать меня по имени, Марьей Дмитриевной».* Л. Андреев. Ангелочек. **Тётка. 1.** *Обл.* и *прост.* Грубоват. или шутл. обращ. племянника или племянницы (не детск. возраста) к тёте. В некот. обл. такое обращ. может и не иметь грубоватого оттенка, как *папка, мамка, Валька, Петька* и т. п. *Вдруг Алька резко подалась вперёд, вся вытянулась. «Тётка, тётка, эвон-то!» — «Чего ещё высмотрела?» — «Да иди ты, иди скорей!» — Алька захохотала, заёрзала на табуретке. Анисья, наставлявшая самовар у печи, за занавеской, подошла сзади, вытянула шею.* Ф. Абрамов. Пелагея. *Разговаривать с Галькой — было опасно. Она и понятия не имела о том, что существуют обходные маневры, или считала их лишними для своей тётки, с которой, мол, не стоит цацкаться, а надо, как курицу, хватать, пока она сидит на месте, и щипать. <...> — А ты что, тётка, не допиваешь? — разглядела она. — Всех хитрей хочешь быть?* В. Распутин. Деньги для Марии. *[Лаpyшa:] Тётка, пойдём лучше на кухню, к ужину готовиться надо. [Ляля:] Пошли, милое дитя.* А. Арбузов. Выбор. **2.** *Прост.* и *обл.* Грубоват. (преимущ. мужское) обращ. к незнакомой пожилой женщине из простонародья. *[Зобунова:] Здравствуйте, богомиластивый человек, по имени Егорий! [Булычов:] Здравствуй, тётка! Это ты чертей отгоняла?* М. Горький. Егор Булычов и другие. *Верховой <...>, въехав в хутор, спросил у встречной женщины: «А ну, скажи, тётка, где тут у вас Яков Островнов живёт?» — «Яков Лукич-то?» — «Ну да». — «А вот за тополем его курень, кры-*

тый черепицей, видите?» — «Вижу. Спасибо». М. Шолохов. Поднятая целина. **3.** ⌛ *Прост. и обл.* В сочет. с полным именем собственным. Обращ. младшего по возрасту к пожилой знакомой, соседке. [*Анисья:*] *Что ж мне, тётка Матрёна, от тебя хорониться? Ты все дела знаешь. Согрешила я, полюбила сына твоего.* Л. Толстой. Власть тьмы. «*Прощай, тётка Дарья, не обижайся, что я твою ригу сжёг*». — «*Бог простит, Алёша. Теперь рига всё одно не моя*». А. Платонов. Котлован. *Угощают парни и хозяйку, приговаривают: — Тётка Прасковья, ешь как своё!* П. Еремеев. Обиход. **Тётушка. 1.** ⌛ Вежл. или учтив. обращ. племянников к тёте. *— Я думаю, чай готов? — промолвила Одинцова. — Господа, пойдёмте; тётушка, пожалуйте чай кушать.* И. Тургенев. Отцы и дети. **2.** *Прост.* Ласк. или шутл. обращ. младшего по возрасту к женщине из простонародья. [*Анисья:*] *Она и сюда к нему бегала, Маринка-то. Веришь ли, тётушка, как сказали мне, что женишь его, как ножом по сердцу полоснуло меня. Думаю, в сердце она у него.* [*Матрёна:*] *И, ягодка! Что ж он дурак, что ли?* Л. Толстой. Власть тьмы. «*Отколь будешь, девица?*» — *спросила её та женщина.* «*Из Комарова, тётушка*», — *робко ответила Таня, доверчиво глядя в добрые глаза приветливой незнакомки.* П. Мельников (Печерский). В лесах. *Тот, у которого на плечах были золотые полоски, быстрыми, блестящими глазами обежал избу, воскликнул, подмигивая Мане-большой (за хозяйку принял):* «*Гуляем, тётушки?*» — «*Маленько, товарищ...*» Ф. Абрамов. Пелагея. **Тёта.** *Обл.* Обращ. к тёте (в 1 знач.). **Тёточка. Тетýнька. Тетýня. Тетýся.** *Обл.* Ласк. *А ввечеру Дросида Петровна говорит:* «*Ну, так нельзя, — ты не спишь, а между тем лежишь как каменная. Это не хорошо — ты плачь, чтобы из сердца исток был*». *Я говорю:* «*Не могу, тёточка, сердце у меня как уголь горит и истоку нет*». Н. Лесков. Тупейный художник.

Тёща. ♦ **Тёща-матушка.** ⌛ *Прост., фольк.* Почтит. обращение зятя к тёще. *Наконец* [*зять*] *набрался духу и решил спросить: — Тёща-матушка, как называют это кушанье?* Бурдучок. Сказка. Зап. в 1938. **Тёщенька.** *Прост.* Ласк.-шутл. или ирон. обращ. к тёще. *Дорогая моя тёщенька, Платочек голубой, Че-* *тыре годика ухаживал За дочерью твоей.* Частушка. *Устинья Марковна выглянула в окно и даже ахнула: перед воротами стояла чья-то долгушка <...>, а под окном расхаживал Мыльников с кнутом.* «*В гости приехал, тёщенька... — объяснил он. — Пусти-ка в избу, дельце есть маленькое*». — «*Да ты бы днём, Тарас, а то на ночь глядя лезешь*». Д. Мамин-Сибиряк. Золото.

Товáрищ. [Общеслав., заимств. из тюрк. *tavar* — «скот, домашнее животное» + *iš* — «друг». Первонач., вероятно, «компаньон в торговле». Другая версия: из чувашск. *tavra* — «по кругу» + *iš* «спутник». М. Фасмер]. **1. Товарищ (мой). Товарищи (мои).** ♦ **Товарищ/и** (чего-л.). (*Возвыш.*) Мужское обращение к другу, приятелю, равному по положению, связанному с говорящим общим делом, общей целью, общими идеями, интересами. (*До конца XIX в. употр. преимущ. с «ты»-формами исключительно по отношению к лицам мужск. пола*). *Прощайте, товарищи! — кричал он* [*Тарас Бульба*] *им сверху. — Вспоминайте меня и будущей же весной прибывайте сюда да хорошенько погуляйте!* Н. Гоголь. Тарас Бульба. «*Как же, — отвечал козак с совиным носом. — Мы все его приятели и ждём не дождёмся радости, когда его высокородие к нам в гости пожалует*». — «*Да разве он хотел у вас побывать?*» — «*И не хочет, да будет, — прервал козак с большой головою. — Не так ли, товарищи?*» М. Загоскин. Нежданные гости. *Товарищ, верь: взойдёт она, Звезда пленительного счастья, Россия вспрянет ото сна, И на обломках самовластья Напишут наши имена!* А. Пушкин. К Чаадаеву. *Поглядевшись в зеркало и в той самой позе, которую он взял перед зеркалом, став перед Долоховым, он взял стакан вина. — Ну, Федя, прощай, спасибо за всё, прощай, — сказал Анатоль. — Ну, товарищи, друзья... — он задумался... — молодости... моей, прощайте, — обратился он к Макарину и другим.* Л. Толстой. Война и мир. *— Что непонятно для меня, — сказал один из офицеров <...>, — так это то, что и после Аустерлица цесаревич всё на нас злобствует. Ведь это, товарищи, первый наш не придворный, а военный подвиг...* Е. Шумигорский. Роман принцессы Иеверской. [*Счастливцев:*] *Куда же, Геннадий Демьяныч?* [*Несчастливцев:*] *Куда? (Указывает на столб).*

Читай! [Счастливцев (читает):] В усадьбу «Пеньки», помещицы г-жи Гурмыжской. [Несчастливцев:] Туда ведёт меня мой жалкий жребий. Руку, товарищ. А. Островский. Лес. Когда подали шампанское, мы попросили губернского секретаря Оттягаева, нашего Ренана и Спинозу сказать речь. Поломавшись малость, он согласился и, оглянувшись на дверь, сказал: — Товарищи! Между нами нет ни старших, ни младших! Я, например, губернский секретарь, не чувствую ни малейшего поползновения показывать свою власть над сидящими здесь коллежскими регистраторами и в то же время, надеюсь, здесь сидящие титулярные и надворные не глядят на меня, как на какую-нибудь чепуху. А. Чехов. Рассказ, которому трудно подобрать название. *Многоуважаемый товарищ, / Филипп Фёдорович! / Я нашёл Ваше письмо в моём письменном столе, когда вернулся вчера вечером из-за границы.* В. Ягич. Письмо Ф. Ф. Фортунатову, 29 сент. 1892. ∥ ☒ *Прост. и обл.* Обращ. к спутнику, попутчику. *Бежал скорым шагом шульвер звать своего товарища из-за ворот. — Иди, товарищ мой любезный, я нашёл кусок хлеба. Можем пожить на свете, можем купца подоить.* Жена сапожника и купчиха. Сказка. Зап. в 1925. *Вылечил Котома безрукого и слепого и говорит им: — Но, товарищи, теперь можете идти по своим местам, и я пойду.* Котома. Сказка. Зап. в 1927. **2. Товарищ,** м. и ж. С конца XIX в. — обращение друг к другу членов революционных кружков социал-демократического толка; после Окт. революции 1917 г. — большевиков, коммунистов; а также их обращ. к рабочему, крестьянину, солдату, матросу и др., сочувствующим революции. При обращ. к знакомым — в сочет. с фамилией:
♦ **Товарищ (Луначарский, Крупская…),** полным именем или партийной кличкой.
♦ **Товарищ Артём (Антонина…).** ♦ **Товарищ Ленин (Сталин…).** Обращение *товарищ* к незнакомому в речи коммунистов в годы гражданской войны и послевоенный период означало «свой (своя), наш (наша)», в противоположность официальным обращениям: гражданин, гражданка. *[Во время демонстрации в Харькове в октябре 1905 г. девушка назвала спутника привычным для неё словом «дяденька»:] — Какой я тебе дяденька, — прервал её сознательный член организации, — я товарищ и ты товарищ, так и зови меня товарищем. Тут мы все товарищи. <…> Ты знаешь, что такое «товарищ»? Это — великое слово, это больше отца, больше матери, больше детей. Нет на свете лучше этого слова, верно я тебе говорю!.. За товарища нужно жизнь отдать. В одиночку все мы — соломинки, а вместе мы — великая армия. Товарищество — это «один за всех и все за одного». Поняла, товарищ, мои слова?* В. Львов-Рогачевский. Октябрьские дни 1905 г. (из дневника). *Смело, товарищи, в ногу! Духом окрепнем в борьбе, В царство свободы дорогу Грудью проложим себе.* Л. Радин. Смело, товарищи, в ногу… *Маракуев уже кончил критику марксистов, торопливо пожимает руки уходящих, суёт руку и Дьякону, но тот, прижимая его к стене, внушительно советует: — Вы, товарищ Пётр, скажите этому курносому, чтоб он зря не любопытствовал…* М. Горький. Жизнь Клима Самгина. *Молодой солдат в шлеме улыбается и прячет её [записку] за рукав. «Ничего больше, товарищ?» — «Ничего». — «Счастливо оставаться, товарищ». Для него я «товарищ», а не «господин полковник» и уж, конечно, не «его благородие». Вреде не признаёт этих «коммунистических новшеств». <…> «Товарищ» звучит для него оскорблением.* Б. Савинков. Конь вороной. *[Галаньба:] С чем задержали? [Человек с корзиной:] Помилуйте, товарищ военный… [Галаньба:] Що? Кто ж тут тебе товарищ? [Человек с корзиной:] Виноват, господин военный. [Галаньба:] Я тебе не господин. Господа с гетманом в городе вси сейчас. И мы твоим господам кишки повыматываем. <…> Сапоги… Ого-го… Це гарно! [Человек с корзиной:] Виноват, уважаемый гражданин, они не наши, из хозяйского товару.* М. Булгаков. Дни Турбиных. *[Кошкин:] Да вы, товарищ, кто? [Дунька:] Конечно ж, прислуга! [Кошкин:] Так вы должны войти в союз и защищать свои интересы сообща. [Дунька:] Это мне без надобности. Я сама защищусь.* К. Тренёв. Любовь Яровая. *— Если я лаццарони, то ты просто недорезанный буржуй, — глухо ответил он [Корчагин] путейцу и, переведя взгляд на Тоню, сухо отчеканил: — Берите лопату, товарищ Туманова, и становитесь в ряд.* Н. Островский. Как закалялась сталь. *[Розалия Павлов-*

на:] Товарищ Присыпкин... [Присыпкин:] Не называйте меня товарищем, гражданка, вы ещё с пролетариатом не породнились. [Розалия Павловна:] Будущий товарищ, гражданин Присыпкин, ведь за эти деньги пятнадцать человек бороды побреют, не считая мелочей, усов и прочего. В. Маяковский. Клоп. [Шариков:] «Да что вы всё попрекаете — помойка, помойка. Я свой кусок хлеба добывал! А ежели бы я у вас помер под ножиком? Вы что на это выразите, товарищ?» — «Филипп Филиппович!» — раздражённо воскликнул Филипп Филиппович, — я вам не товарищ! Это чудовищно!» ‹...› — «Уж конечно, как же... — иронически заговорил человек и победоносно отставил ногу, — мы понимаем-с! Какие уж мы вам товарищи! Где уж! Мы в университетах не обучались, в квартирах по пятнадцать комнат с ваннами не жили! Только теперь пора бы это оставить. В настоящее время каждый имеет своё право...» М. Булгаков. Собачье сердце. Слово «товарищ»! Какое прекрасное, священное слово! Товарищ по школе, товарищ по полку, товарищ по несчастию... Вспомните только, как Пушкин употребляет это слово, вспомните «Лицейские годовщины». Что же сделали из него? Незнакомый к незнакомому подходит: «Товарищ, позвольте закурить». Чекист обыскивает вас: «Ну, товарищ, выворачивайте ваши карманы». Оно превратилось в совершенно бессодержательное обращение, — вылущенное, выпотрошенное слово. С. Волконский. О русском языке (1923). **3.** Товарищ, м. и ж. С конца 30-х гг. и после Великой Отечественной войны — широкоупотр. офиц. или полуофиц. обращение к гражданам СССР, а также к иностранным гражданам социалистических стран. *Остап вынул деньги, тщательно пересчитал их и, пододвинув пачку к Александру Ивановичу, сказал: «Ровно десять тысяч. Потрудитесь написать расписку в получении».— «Вы ошиблись, товарищ, — сказал Корейко очень тихо. — Какие десять тысяч? Какая расписка?»* И. Ильф, Е. Петров. Золотой телёнок. *«Что, что он сказал?» — переспросила она [Поля] у пожилой и чопорной соседки справа* ‹...›. *«Не мешайте работать, товарищ!» — раздражённо бросила стенографистка.* Л. Леонов. Русский лес. *— Эй, товарищ! — слышит Кузьма голос человека в белой майке и оборачи*вается. *— Послушай, а что если мы тебе предложим обменяться вагонами вот с товарищем? — Человек в белой майке показывает на преферансиста. — Он вот тут рядом едет в купейном, а у нас, видишь ли, выявились общие интересы, хотелось бы вместе.* В. Распутин. Деньги для Марии. ♦ **Товарищ (Петров, Петрова...).** Офиц. В офиц. письмах нередко заменяется сокращением-сиглем **тов.** или **т.** *т. Покровский! / Мне случилось как-то беседовать с т. Луначарским о необходимости издания хорошего словаря русского языка.* ‹...› */ Будьте любезны проверить, делается ли, и черкнуть мне. / Ваш Ленин. 5 мая 1920.* В. Ленин. Записка. *Уважаемый тов. Литвинов! / Будьте добры, если можете, то сделайте так, чтобы мы выбрались из Германии и попали в Гаагу.* С. Есенин. Письмо М. М. Литвинову, 29 июня 1922. *Уважаемая товарищ Эренбург! / Вы положили очень много труда на составление рекомендательного указателя ‹...›. / Ещё раз благодарю Вас за внимание и желаю Вам успеха. / А. Фадеев.* А. Фадеев. Письмо К. Эренбург, авг. 1950. *И вот Иван Африканович косил по ночам, как вор либо какой разбойник. Ворона на ветке лапами переменится или сучок треснет — оглядывайся, того и жди, выйдет бригадир, либо председатель, либо уполномоченный. «А что вы, — скажут, — товарищ Дрынов, в лесу делаете? А где, товарищ Дрынов, ваша колхозная совесть, с которой мы вперёд идём?» Возьмут субчика под белы руки и поведут в сельсовет. Дело привычное.* В. Белов. Привычное дело. *[Она:] Ведь вы вызвали меня для беседы.* ‹...› *[Он:] Прошу извинить, товарищ Жербер, но я назначил вам приём на десять утра, а сейчас как-никак уже второй час дня.* А. Арбузов. Старомодная комедия. *— Товарищу Сидоркину позвольте, товарищи, от вашего имени выразить самую искреннюю благодарность. Именно так и должны поступать честные рабочие, как поступил товарищ Сидоркин, наш активный народный контролёр!.. — и директор снова скосил взгляд на товарища из района...* В. Куропатов. Ржавые гвозди. ♦ **Товарищ (преподаватель, водитель, милиционер, директор, начальник...),** м. и ж. Офиц. обращ. к знакомому или незнакомому в служебной обстановке. *Старуха Губина докладывала: — Письма от мужа были, адрес не* пишет, для того, что на месте не сидит. И я спрошу тебя, товарищ председатель: ужели по теперешней науке нельзя дознать местоположенье хоть бы нашего Губы? Узнать бы да стребовать письмом. *Б. Шергин. Лебяжья река. Нестор хитро прищурился на неё и окликнул: — Товарищ уполномоченный, а товарищ уполномоченный! Тут вот наша сегодняшняя ударница изъявляет желание с тобой завтра до Кирды прокатиться. В. Распутин. Живи и помни. «Нет, ни в коем случае! Мальчик должен окончить училище!» — «Можете не беспокоиться, товарищ директор, он окончит другое училище». А. Рекемчук. Мальчики.* ♦ **Товарищ (сержант, лейтенант, майор, генерал…; замполит, командир, комиссар, военврач…).** Офиц. уставные обращ. к военнослужащему в Красной, Советской, с 1992 г. Российской армии. *«Прошу задержаться на два слова, товарищ батальонный комиссар!» — «Слушаю вас, товарищ майор», — сказал Шмонов с оттенком недоумения: ему казалось, что говорить больше не о чем. К. Симонов. Живые и мёртвые. «А меня вы помните, товарищ военврач?» — спросил лётчик Бобров. «Ещё бы не помнить!..» Ю. Герман. Подполковник медицинской службы. «Здравия желаю, товарищ лейтенант! — козырнул Валерка, повысив Бурята на одну звёздочку. — Записочки подпишите об арестовании». <…> «Давай, — важно сказал Бурят. — По сколько суток?» С. Каледин. Стройбат.* **Товарищи!** ♦ **Товарищи (делегаты, депутаты, колхозники, родители, взрослые, студенты, пассажиры, радиослушатели, телезрители…).** Широкоупотребительные формы обращ. к публике, аудитории. *«Тебе слово, товарищ», — сказал Сидоров, когда аплодисменты наконец стихли. «Товарищи! — мягко и негромко начала Антонина. — В решающем году пятилетки мы должны были дать промышленности миллион женщин, свободных от непроизводительного рабского труда в домашнем хозяйстве». Ю. Герман. Наши знакомые. И я вспомнил другого такого агитатора — перед пьесой «Разбойники» в Большом Драматическом он сказал: — Товарищи, русский писатель, товарищи, Гоголь, товарищи, сказал, что Россия — это тройка, товарищи. Россия — это тройка, товарищи, — и везут эту тройку, товарищи, — крестьяне, кормильцы революционных городов, товарищи, рабочие, создавшие революцию, товарищи, и, товарищи, — вы, дорогие красноармейцы, товарищи. Так сказать, Гоголь, товарищи, великий русский революционный писатель земли русской (не делая паузы), товарищи, курить в театре строго воспрещается, а кто хочет курить, товарищи, выходи в коридор. К. Чуковский. Дневник. Зап. 7 дек. 1919. Но тут ударила в свои струны Суса-балалайка. <…> — У нас, товарищи рабочие, худо выполняется важнейшее постановление… в части увеличения скота в личном пользовании… Ф. Абрамов. Дом. [Распахивается дверь, вбегает запыхавшаяся Анна Михайловна. Бросается к Володе:] Вовочка! Вовулька мой!.. Фёдор Иванович, Ирина!.. Товарищи! Радость-то какая! В. Розов. Вечно живые. — Товарищи учёные, доценты с кандидатами, Напутали вы с цифрами, запутались в нулях. Сидите, разлагаете молекулы на атомы, Забыв, что разлагается картофель на полях. В. Высоцкий. Товарищи учёные…* ♦ **Дорогой (уважаемый) товарищ (Иванов, Иванова…).** ♦ **Дорогие (уважаемые) товарищи (депутаты, делегаты, студенты, колхозники…).** См. **Дорогой. Уважаемый.** *Дорогой т. Бескин! / Я послал письмо Белицкому и просил прислать мне денег из причитающейся мне суммы в 284 рубля… С. Есенин. Письмо О. М. Бескину, 1 сент. 1924.* | Обращ. *дорогой товарищ, дорогие товарищи* нередко употр. с ирон. оттенком. *«Ирония по отношению к товарищам коммунистам по поводу каких-нибудь разногласий часто выражается обращением: дорогой товарищ, дорогие товарищи. И в обыденной жизни стали часто употреблять это обращение с некоторым, иногда очень слабым, оттенком иронии. — Это есть издевательство над демократизмом, дорогие товарищи. Никто вам этого абсолютно не позволит, дорогие товарищи». А. Селищев. Русский язык революционной эпохи (1927). Серпилин разговаривал с людьми круто, но не обидно. Только старшему политруку, оправдывающемуся тем, что он шёл, хотя и без оружия, но в полном обмундировании и с партбилетом в кармане, Серпилин желчно возразил, что коммунисту на фронте надо хранить оружие наравне с партбилетом. — Мы не на Голгофу идём, товарищ доро-*

гой, — сказал Серпилин, — а воюем. К. Симонов. Живые и мёртвые. | С начала 90-х гг. XX в. сфера употребления обращения *товарищ* значительно сузилась в связи с социально-экономическими и политическими изменениями. *И даже в Верховном Совете России избегают обращения товарищ. Обычное обращение, судя по стенограмме заседаний сессии, — уважаемый депутат, уважаемые коллеги.* В. Трофименко, А. Волгин. Поговорим об этикете (1991). *Меня всё время терзают этими вопросами. Начинают: Кто вы, товарищ Горбачёв? Или господин Горбачёв? Коммунист, социалист, демократ?* М. Горбачев. Каждый народ — это Божье явление // Лит. газета. — 4 дек. 1991. [Корр. «Известий» отвечает читателю, врачу-фтизиатру, на его упрёк газете за употребление обращения *господа* вместо привычного *товарищи*:] *Вам нравится обращение «товарищ»? Обращайтесь! Как врач и целитель вы, безусловно, понимаете, что у одних пациентов аллергия к слову «господа», а у других — к слову «товарищ». Помните товарища первого секретаря обкома?.. Он был вам товарищ? Вы по-товарищески входили к нему в кабинет и говорили: «Дружище, что-то ты забурел!» <...> Он бы вызвал товарища милиционера и строго указал: «Ты пустил этого товарища?! Проводи в отделение и разберись!»* Ю. Соколов. Я к вам пишу — чего вам сделать. // Известия. — 28 нояб. 1991. ▱ [Мужчина, лет 60-ти, пытается влезть в переполненный автобус:] *Ну, господа-товарищи, давайте ещё немного потеснимся...* (1996).

Това́рка. ♦ **Това́рка моя́.** ▱ *Обл. и прост.* Подруга, подружка, другиня; пособница, помощница, участница в деле. *Товаркою (сиб.) муж зовёт жену свою.* В. Даль. || Женск. обращение к подруге. ▱ *Ты, товарка, запевай И чаем горе запивай. Я повесила головушку, И ты не подымай.* Частушка. ▱ *Теперичка в Колпашево поехала. Одна себе. Куда, товарка?* СРНГ. **Товарочка (моя).** *Фольк.* Ласк. к Товарка. ▱ *А теперь, мои товарочки, одна домой хожу* (из частушки). ▱ *Ой, товарочка моя, Что я знаю про тебя* (из частушки). ▱ *Товарочка моя, у нас миленький один* (из частушки). Словарь просторечий русских говоров среднего Приобья (1977).

Толк. ♦ **Толк будет (выйдет) (из тебя, из кого-л.).** *Прост.* Похвала в адрес младшего по возрасту, положению (чаще так взрослые хвалят способного, смышлёного ребёнка). *Елисей Антонович заставлял меня проделывать всевозможные штуки с картами, учил всё новым и новым приёмам, очень меня хвалил и Кудимычу каждый раз говорил: — Из малого будет толк. Руки на редкость, и не дурак.* В. Гиляровский. Друзья и встречи.

Толко́вый. *Разг.* Разумный, понятливый, смышлёный. Похвала в адрес собеседника или (чаще) в адрес его ребёнка, младшего брата, сестры. *Толковый малый. Толковый ученик.* || Дельный, умный. Похвала, одобрение сказанного или написанного собеседником. *Толковый доклад. Толковый совет.* **Толково,** нареч. ▱ *Толково придумано!* || В знач. сказуем. ▱ *Толково, толково!*

Только для Вас (для тебя). *Разг.* Почтит.-льстив. приговорка продавца, сбывающего припрятанный товар покупателю. ♦ **Только ради Вас (тебя).** *Разг.* Форма вынужденного согласия в ответ на просьбу, уговоры помочь, оказать услугу; употр. с целью подчеркнуть, что делается это исключительно из личного расположения к собеседнику.

То́чно. ♦ **Это точно.** ♦ **Это Вы точно говорите (сказали, заметили, подметили...).** *Разг.* Формы выражения полного согласия со словами собеседника. *[Большов:] То-то вот; все они кругом мошенники, а на нас слава. [Рисположенский:] Это точно, Самсон Силыч, это вы правду говорить изволите.* А. Островский. Свои люди — сочтёмся! ♦ **Точно так.** См. Так.

Тра́вочкой (да) за ко́сочку! ▱ *Прост. и обл.* Приветственное пожелание косарям.

Тро́нут, -а. ♦ **(Я) Весьма (очень, душевно...) тронут (Вашим вниманием, участием, заботой...).** Формула учтивой благодарности за оказанный знак внимания. *[Феликс (входит):] Добрый день, Анна Александровна. [Вырубова (слегка изумлённая его появлением):] Милый князь, я очень тронута... [Феликс:] Поздравляю вас... [Вырубова:] Ах, было бы с чем.* А. Толстой. Заговор императрицы. *[Варвара (подавая руку):] Ну, желаю вам всего хорошего. [Мокроусов (целуя руку):] Сердечно тронут. (Ушёл, пятясь задом, притопывая.)* М. Горький. Егор Булычов и другие. *[Мышлаевский:] Господа, обратите внимание, не красивая она женщина, вы скажете? [Студзинский:] Елена Васильевна очень красива. Ваше здоровье![Елена:] Я очень, очень тронута.* М. Булгаков. Дни Турбиных. *Тронут высокой — думаю: незаслуженно высокой — оценкой Вашей «Самгина», мне очень приятно знать, что Вы, большой оригинальный художник, так ласково отнеслись к этой тяжёлой и трудной книге.* М. Горький. Письмо А. П. Чапыгину, 16 июня 1933. *«Вот, самая та марсала... благоволите... как свидетельство глубочайшего... — говорил Виктор Алексеевич, ставя кулёчек в ногах у старца, — парочка бутылок, с «паспортом»... сардины французской, высшей марки, ваши любимые, и мармелад от Абрикосова...» — «Тронут вниманием... господин полковник, судя по вашим регалиям?..»* И. Шмелёв. Пути небесные.

Труд на пользу! Прост. и обл. Приветственное пожелание работающему, как ♦ Бог в помощь. *Тут же рядом с навозным бунтом разгружали воз сена. Работали женщины. <...> — Труд на пользу! — весело поздоровался Фёдор. — Не видали Варвару Степановну?* В. Тендряков. Не ко двору. *Мизгирёв сидел боком к двери и, занятый делом, сосредоточенно сопел висловатым носом. — Труд на пользу, — несколько смущённо приветствовал Бурнашов. Мизгирёв приподнял очки, хмыкнул что-то и вновь принялся за рукоделье.* В. Личутин. Любостай. *У дома Егоровича спозаранку открылась домашняя парикмахерская. Старик сидит на табуретке у поленницы, на его жидкие плечи накинуто вафельное полотенце. Старуха, его жена, истово стрижёт патлатую стариковскую голову. «Труд, бабушка, на пользу!» — громко говорит Лёшка. «На пользу!» — огрызнулся Егорович...* В. Белов. Целуются зори...

Трудно. ♦ **Вам не трудно** (сделать что-л.)? ♦ **Если Вам не трудно** (сделайте что-л.). Формы вежл. просьбы.

Ты, местоим. Широкоупотр. форма обращения к родственнику, другу, приятелю, близкому знакомому, а также обращение взрослых к незнакомому ребёнку, подростку. [Исконно русское обращение *ты* до XVIII в. было единственным и потому стилистически нейтральным в любой речевой ситуации; вежливость, ласку, приветливость речи придавали в сочетании с *ты* другие обращения: *ты, батюшка (государь), ты, матушка (государыня); ты, мать моя; ты, отец мой; ты, братец; ты, мой друг; ты, (мой) голубчик, (моя голубушка)* и т. п. В Петровскую и послепетровскую эпоху придворная знать, а позднее и другие слои общества переняли западноевропейский обычай вежливого обращения на *вы* к одному лицу, высшему или равному по положению. (См. **Вы**). В крестьянском речевом обхождении *ты* как единственная форма обращения к равному, старшему и младшему сохранялась до середины XIX в.]. *«Искажённая вежливость заменяет слово это [«ты»] мнж-м числом, но у нас доселе простой человек говорит всякому ты, и Богу, и Государю (на фрнц. и Богу говорят вежливо, вы; на немцк., вместо ты, говр. вы, он и они); вместо тщеславной похвальбы сельского учителя (эмансипированного), что он крестьянским мальчикам говорит вы, он бы лучше сделал, заставив их себе говорить ты; в этом было бы более смысла». Мужик всякому тыкает. Лучше по чести тыкать, чем с подвохой выкать.* В. Даль. *[Александр II] был последний государь, который обращался на «ты» ко всем лицам мужского пола, будь то фельдмаршал или дровосек. В этом выражалось социальное равенство всех подданных Империи перед царём. <...> В этом отношении крестьяне были ещё при Александре II даже в несколько привилегированном положении: они тоже обращались к царю на «ты», что было немыслимо для лиц других сословий. В этом взаимном «тыканье» был порою грубоватый юмор. <...> Однажды император Николай I прибыл с визитом в одно великорусское село. После преподнесения хлеба и соли сельский староста начал подготовленную приветственную речь. Он воскликнул: «Царь, ты столп!», смешался, воскликнул вторично: «Царь, ты столп!»... и снова смешался. Наступило долгое неловкое молчание. Тогда Николай воскликнул ему в ответ: «А ты дубина!» Среди крестьян поднялся весёлый хохот, атмосфера разрядилась.* А. Столыпин. Россия в эпоху реформ. *Солдат, которому приказано было идти за зарядами, столкнулся с Пьером. — Эх, барин, не место тебе тут, — сказал он и побежал вниз.* Л. Толстой. Война и мир. ‖ В случаях, когда говорящие пользуются обращениями ты и вы, на «ты» обычно обращаются: **а)** Разг. К родственникам, знакомым, друзьям в обиходно-бытовых ситуациях. — *А, Браницкий, — воскликнул Печорин, — я очень рад, что ты так кстати заехал, ты непременно будешь у нас обедать.* М. Лермонтов. Княгиня Лиговская. *Ты пишешь: «Да ты поэт, поэт истинный!» Друг, можешь ли ты постигнуть всё то, что производят эти слова?* А. Герцен. Былое и думы. *Придя домой, Червяков рассказал жене о своём невежестве. <...> — А всё-таки ты сходи, извинись, — сказала она.* А. Чехов. Смерть чиновника. **б)** Разг. Взрослые люди — к незнакомому ребёнку, подростку. *«Разрешите обратиться», — сказал Ваня, стараясь как можно больше походить на солдата. «Ну что ж, обратись», — сказал капитан весело.* В. Катаев. Сын полка. **в)** Разг. ⚡ Высшие по положению к низшему. *Максим Максимыч рассердился: он тронул неучтивца по плечу и сказал: «Я тебе говорю, любезный...» — «Чья коляска?.. моего господина...» — «А кто твой господин?» — «Печорин». — «Что ты? что ты? Печорин?.. Ах, боже мой!.. <...> Мы с твоим барином были приятели», — прибавил он, ударив дружески по плечу лакея, так что заставил его пошатнуться... «Позвольте, сударь; вы мне мешаете», — сказал тот, нахмурившись. «Экой ты, братец!.. Да знаешь ли? мы с твоим барином были друзья закадычные, жили вместе...»* М. Лермонтов. Герой нашего времени. *[Городничий (квартальному):] Слышишь! Да смотри: ты! ты! я знаю тебя: ты там кумаешься да крадёшь в ботфорты серебряные ложечки, — смотри, у меня ухо востро!.. Что ты сделал с купцом Черняевым — а? Он тебе на мундир дал два аршина сукна, а ты стянул всю штуку. Смотри! не по чину берёшь! Ступай.* Н. Гоголь. Ревизор. *Я был в сильном нетерпении: взлез на свою лошадку, смотрел ей между ушей и делал по двору разные эволюции. «Собак не извольте раздавить», — сказал мне какой-то охотник. «Будь покоен: мне не в первый раз», — отвечал я гордо.* Л. Толстой. Детство. *«А вы разве не богомольны?» — заметила, пришепетывая, Настасья Карповна. — И сегодня к ранней обедне не пошли, а к поздней пойдёте». — «Ан нет, — ты одна пойдёшь: обленилась я, мать моя, — возразила Марфа Тимофеевна, — чаем уж очень себя балую». — Она говорила Настасье Карповне «ты», хотя и жила с ней на ровной ноге — недаром же она была Пестова: трое Пестовых значатся в синоднике Ивана Васильевича Грозного; Марфа Тимофеевна это знала.* И. Тургенев. Дворянское гнездо. | Как знак расположения к низшему по положению. *[Дулебов:] Ты бы водевили писал. Извините, я вам говорю «ты» <...>. Но это только знак расположения, мой милый. [Мигаев:] А из чего же мы и бьёмся, как не из расположения. Только осчастливьте, ваше сиятельство... А там «ты» ли «вы» ли — это решительно всё равно.* А. Островский. Таланты и поклонники. — *Ты, Городцова, — любимым ученицам начальница говорила «ты», а «вы» в гимназии было плохим знаком начальницыного недовольства и нелюбви, — ты, Городцова, стала учиться хуже, что это значит?* И. Соколов-Микитов. Ава. *«Я коммунист, политрук по званию, и я прошу вас оставить меня здесь. Что будет с вами, то будет и со мной. Будем живы — напишу всё, как было, а обузой я вам не стану, надо будет — умру не хуже других». «Смотри, товарищ Синцов, не пожалей потом!» — смерив его долгим взглядом, вдруг на «ты» сказал Серпилин.* К. Симонов. Живые и мёртвые. | В современной официально-деловой обстановке одностороннее *ты*, если оно исходит от старшего по должности, воспринимается как грубо-пренебрежительное, высокомерное; а если от младшего — как фамильярное; двустороннее же *ты* придаёт общению оттенок панибратства. **г)** ⚡ Возвыш., ритор. К высшему по положению в торжественных обращениях. *Государь! не попусти упасть под бременем чувствования страждущей чести! И не лиши действия Богом Тебе врученного, а тобою любимого правосудия, того, который не щадил ни имения, ни самой жизни для запечатления Тебя, Государь, опытами своего усердия и верноподданнической преданности. / Есмь с глубочайшим благоговением / Всемилостивейший Государь! / Вашего Императорского Величества / верноподданнейший / Дмитрий Сенявин.* Адмирал Д. Сенявин. Письмо Александру I, 31 марта 1814. *Ты, безмятежный ангел, обвеяла меня своими крылами и разрушила сомнения моей больной души, которая стремится к Тебе только и не находит выхода.* А. Блок. Письмо К. М. Садовской, март 1898.

Блондинистый, почти белесый, В легендах ставший как туман, О Александр! Ты был повеса, Как я сегодня хулиган. Но эти милые забавы Не затемнили образ твой, И в бронзе выкованной славы Трясёшь ты гордой головой. С. Есенин. Пушкину.

Переход с «Вы» на «ты» обычно происходит:

а) В общении знакомых, лиц одного пола — с взаимного согласия перейти на неофициальные, дружеские отношения; при этом инициатива перехода на «ты» принадлежит старшему или равному по возрасту, положению. *Милый Бестужев, / Позволь мне первому перешагнуть через приличия и сердечно поблагодарить тебя за «Полярную звезду», за твои письма, за статьи о литературе, за Ольгу и особенно за «Вечер на биваке».* А. Пушкин. Письмо А. А. Бестужеву, 13 июня 1923. *[Глов:] Господа! я... [Утешительный:] Без церемонии, без церемонии. Равенство первая вещь, господа! Глов, здесь, видишь, все товарищи, и поэтому к чёрту все этикеты! Съедем прямо на «ты»! [Швохнев:] Именно на «ты»! [Глов:] На «ты»! (Подаёт им всем руку).* Н. Гоголь. Игроки. *«Да вы, — говорит он, раскрывая её [книгу], — вы — Герцен?» — «Да, а вы — Кетчер?» Начинается разговор — живей, живей... «Позвольте, грубо перебивает меня Кетчер, — позвольте, сделайте одолжение, говорите мне ты». — «Будемте говорить ты». И с этой минуты мы были неразрывными друзьями.* А. Герцен. Былое и думы. *[Тузенбах (целует Андрея).] Чёрт возьми, давайте, выпьем, Андрюша, выпьем на «ты». И я с тобой, Андрюша, в Москву, в университет.* А. Чехов. Три сестры. *«Вы из интеллигентов, правильно?» — «Правильно». — «Только из мелких, — уточнил Алексей. — Потому что в квартире у вас ничего солидного. И сами вы такой несолидный, что на «ты» звать хочется», — захохотал. «Зови, если хочется». — «Вот видите! — Алексей в восторге ударил ладонью о ладонь. — Солидный человек сразу бы в бутылку полез, а вы... словом, вы без строгих правил».* В. Куропатов. Третья заповедь. **б)** В общении знакомых, лиц разного пола — при дружеском или интимном сближении; в этой ситуации инициатива перехода на «ты» принадлежит, как правило, женщине. *Пустое вы сердечным ты Она, обмолвясь, заменила И все счастливые мечты В душе влюблённой возбудила. Пред ней задумчиво стою, Свести очей с неё нет силы; И говорю ей: как вы милы! И мыслю: как тебя люблю!* А. Пушкин. Ты и Вы. *«Знаете что? — сказала вдруг Сонечка, — я с одними мальчиками, которые к нам ездят, всегда говорю ты; давайте и с вами говорить ты. Хочешь?» — прибавила она, встряхнув головкой и взглянув мне прямо в глаза. <...> «Давай... те», — сказал я в то время, когда музыка и шум могли заглушить мои слова. «Давай ты, а не давайте», — поправила Сонечка и рассмеялась. Гросфатер кончился, а я не успел сказать ни одной фразы с ты, хотя не переставал придумывать такие, в которых местоимение это повторялось бы несколько раз. У меня недоставало на это смелости. «Хочешь?», «давай ты» звучало в моих ушах и производило какое-то опьянение: я ничего и никого не видал, кроме Сонечки.* Л. Толстой. Детство. *Торопясь, чтобы никто не помешал, [Павел] начал напрямик: — Послушай, Тая, будем говорить друг другу «ты», — к чему нам эти китайские церемонии.* Н. Островский. Как закалялась сталь. *Люба вошла в другом уже платье, вечернем, на открытой груди бусы. — Итак, поскольку муж в командировке, отсутствует, — сказала она, глядя мимо Льва Ильича, — кидаемся в разгул. <...> Давайте, Митя, для начала выпьем на «ты».* Ф. Светов. Отверзи ми двери. **г)** Если в семье принято обращаться к родителям вежливо на «Вы», эпизодический переход на «ты» может выражать ласку, нежность, жалость, любовь. *Саша в обыкновенном, спокойном, житейском разговоре с отцом и матерью всегда говорила им «вы»; но когда заходила речь от сердца, она безнамеренно устраняла это «вы» и говорила отцу и матери «ты».* Н. Лесков. *Он [Павел] говорил ей «вы» и называл «мамаша», но иногда вдруг обращался к ней ласково: «Ты, мать, пожалуйста, не беспокойся, я поздно ворочусь домой...» Ей это нравилось, в его словах она чувствовала что-то серьёзное и крепкое.* М. Горький. Мать. **д)** При намеренном обострении конфликтной ситуации (в ответ на невежливое «ты»). *[Генерал:] Молчать! Не признаёшь власти. Я тебя заставлю признавать. [Борис (садится на стул):] Как вы дурно делаете, что кричите. <...> [Генерал:] Молчать, я сказал! Слушай, что я буду говорить. [Борис:] Совсем не хочу слушать, что ты, ты будешь говорить. [Генерал:] Да он сумасшедший. Его надо в госпиталь, на испытание. Л. Толстой. И свет во тьме светит. «В чём дело? Немедленно откройте ворота!» — Тётя Настя повернулась и очутилась лицом к лицу с высоким областным начальником. <...> «Предъявите пропуск, тогда и открою», — сказала тётя Настя по-доброму, вежливо. Областной начальник исподлобья осмотрел охранницу снизу вверх, насупился. «Ты кто такая?» — спросил, будто и рассмотрев тётю Настю, не видел и не понимал, кто она. <...> «Кто я? Честный человек. А ещё, — тут она немного возвысила голос и повыше подняла голову, — а ещё — капитанша я. Мой муж капитаном воевал и остался изувеченным. Или это мало тебе?» — также перешла на «ты»: если уж окунулась по уши, то и по маковку туда же. В. Куропатов. Разлюли малина.

Тысяча. Интенсификатор экспрессивности в формулах неофиц. пожеланий, поздравлений, приветствий, благодарности, извинений. *[Дельвиг] Приказывает тебе кланяться, мысленно тебя целуя 100 раз, желает тебе 1000 хороших вещей (например, устриц).* А. Пушкин. Письмо Л. С. Пушкину, 22 апр. 1825. ♦ **Тысячу раз (поздравляю, желаю, целую, обнимаю...).** *Буду писать вам завтра. В Куртавнель я не могу приехать раньше среды или четверга. А до тех пор — будьте здоровы и тысячу раз да благословит вас Бог.* И. Тургенев. Письмо Полине Виардо, 29 мая 1849. *Милый, милый, тысячу раз дорогой друг мой Машенька.* Л. Толстой. Письмо М. Н. Толстой, 10–15 окт. 1863. ♦ **Тысяча приветов (пожеланий, поцелуев...).** *«Тысяча поцелуев твоим ручкам и ножкам. Я жду тебя. / Эрнест».* И. Тургенев. Дворянское гнездо. *P. S. Тысяча пожеланий на Новый Год.* А. Ахматова. Письмо С. В. фон Штейну, 31 дек. 1906. *Милый Вася! / Тысячу приветов тебе и тысячу лучших пожеланий. Будь другом, милый! Устрой мне этой вещью гонорар в 10 червонцев. В ней 90 строк.* С. Есенин. Письмо В. В. Казину, 28 июня 1924. ♦ **Тысячу лет жизни и казны несметное число!** Прост. Пожелание при приветствии и поздравлении. *[Грознов:] Честь имею поздравить Платона Иваныча и Поликсену Амосовну! Тысячу лет жизни и казны несметное число! Ура!* А. Островский. Правда — хорошо, а счастье лучше. ♦ **Тысячу лет (со днём) не видались (тебя, Вас не видел)!** Разг. Восклицание при встрече со старым знакомым, с которым давно не встречались. *[Любим Карпыч:] С пальцем девять, с огурцом пятнадцать!.. Приятелю! (Протягивает руку Коршунову.) Наше вам-с!.. Тысячу лет со днём не видались! Как поживаете? [Коршунов:] А, это ты, Любим?* А. Островский. Бедность не порок. ♦ **Тысяча благодарностей!** См. Благодарность. ♦ **Тысяча извинений!** ♦ **Тысячу раз прошу (извинить, простить; извинения, прощения)!** См. Извинение. Прощение.

Тяжело в учении — легко в бою. Посл. Употр. как шутл. форма утешения, ободрения собеседника, испытывающего трудности в учёбе, освоении чего-л. нового, непривычного. [Одно из правил А. В. Суворова].

Тятя. Прост. и обл. **1.** Обращение детей к отцу. *Прибежали в избу дети Второпях зовут отца: «Тятя! тятя! наши сети Притащили мертвеца».* А. Пушкин. Утопленник. *Прибрал он свою девчушку, сходил к соседям за похлёбкой, поужинали, и Таютка сейчас же свернулась на скамеечке, а сама наказывает: — Тятя, смотри не забудь меня разбудить.* П. Бажов. Таюткино зеркальце. *Тятя милый, тятя мой, Давай разделимся с тобой: Тебе — косуля, борона, Мне — чужая сторона.* Частушка. ‖ Обл. Обращ. к деду. *К Поликарпу на подмогу приставлен его же внук, Вася, мальчик лет двенадцати, кудрявый и быстроглазый; Поликарп любит его без памяти и ворчит на него с утра до вечера. Он же занимается и его воспитанием. «Вася, — говорит, — скажи: Бонапартишка разбойник!..» — «А что дашь, тятя?»* И. Тургенев. Татьяна Борисовна и её племянник. **2.** Обращение к свёкру или (реже) к тестю. *Когда сорочины свекрови отвели, свёкор мне и говорит: свези меня, дочка, в приют. Какая тебе корысть от меня, сидня, — к той поре у него ноги стали отказывать. Да и кто, говорит, я тебе? Чужой дядька... Вот оно как <...>. Ох, и разобиделась же я на него! Говорю: «Так какая же тогда, тятя, я тебе дочка, коли говоришь: свези. А не совестно тебе?» Заплакал. Я — следом.* В. Куропатов. Слепой дождь.

Тять. Звательн. ф. к Тятя. *Егор вошёл с улицы — полушубок нараспашку. Не снимая шап-*

ки, сразу начал: «Тять, хочу жениться». — «Хм. Кого хочешь брать?» — «Марью... Попову». В. Шукшин. Любавины. **Тя́тенька.** *Прост. и обл.* Ласк. или уважит., учтив. к Тятя. *«Домой хочу, — говорил он, глотая слюну. <...> — Тятенька, возьмите меня домой». — «Нельзя, — отвечал отец, — надобно учиться; все учатся, и ты не маленький...» Н. Помяловский. Очерки бурсы. Ровно кошечки, ластились к отцу дочери, спрашивали: — Привёз гостинцу с базару, тятенька? П. Мельников (Печерский). В лесах. [Большов:] Ну, а дочь любишь? [Подхалюзин:] Изныл весь-с! Вся душа-то у меня перевернулась давно-с! [Большов:] Ну, а коли перевернулась, так мы тебя поправим. Владей, Фаддей, нашей Маланьей. [Подхалюзин:] Тятенька, за что жалуете? Не стою я этого, не стою! И физиономия у меня совсем не такая. А. Островский. Свои люди — сочтёмся! Один раз, утром, заявился Емельян Спиридоныч. <...> — Тятенька, завтракать с нами, — пригласила Марья, немножко взволнованная приходом свёкра. В. Шукшин. Любавины.* **Тя́тька.** ⌂ *Прост. и обл.* **1.** То же, что Тятя (в 1 знач.), но более грубоватое, хотя в некот. обл. такое обращ. может и не иметь грубоватого оттенка, как папка, мамка и т. п. *Отец повёл своего сына учить. Заблудились они. Пришли нечаянно к какому-то дому. — Станем мы, тятька, к забору: не так будет нас дождь бить. Ванюшка. Сказка из собр. А. Н. Афанасьева. Машутка отцу закричала: — Возьми меня, тятька, с собой! Н. Некрасов. Мороз, Красный нос.* **2.** *Обл.* Обращ. к свёкру. ▣ *Мы мать-то мамой звали, а свекровку — мамкой, свёкра — тятькой.* СРНГ.

У

У, *междом.* Разг. Выражает различные чувства, в том числе одобрение, восторг, восхищение. *А Марков? Как он восхищался Петровым, «Петровым чином» или «Учителем рисования»: «У! как хорошо! У! у! прелесть!» И. Крамской. Письмо В. В. Стасову, 21 июля 1876.*

У аппара́та. ⌂ В конце XIX — нач. XX в. Офиц. ответ на звонок по телефону: Алло, слушаю вас. *[Телефонистка:] У аппарата! Товарища Хруща? Сейчас. (Бежит вниз.) К. Тре-* нёв. Любовь Яровая. | Шутл. *Зазвонил телефон. «У аппарата, — выговорил Теппе, — отлично». Затем перешёл на эстонский. С. Довлатов. Компромисс.*

Убеди́тельный, -ая. Интенсификатор вежливости, экспрессивности при выражении настойчивой просьбы. ♦ (У меня) Убедительная просьба (к Вам, к тебе). ♦ Обращаюсь к Вам (к тебе) с убедительной просьбой... См. Просьба. **Убедительнейший,** -ая. Элатив к Убеди́тельный. **Убедительно,** *нареч.* Убедительно прошу (Вас, тебя). См. Просить.

Убо́гий, -ая, -ое; -ие. Эпитет, употр. в просторечии для самоуничижения с целью возвышения собеседника. *Ходит [Потап Максимыч], потирая руки, вокруг стола, потчует гостей, сам приговаривает: — Не побрезгуйте, Данило Тихоныч, деревенской хлебом-солью... Чем богаты, тем и рады... Просим не прогневаться, не взыскать на убогом нашем угощенье... Чем Бог послал! Ведь мы мужики серые, необтёсанные, городским порядкам не обыкли... Наше дело лесное, живём с волками да с медведями... Да потчуй, жена, чего молчишь, дорогих гостей не потчуешь? П. Мельников (Печерский). В лесах.*

Уважа́емый, -ая, -ое; -ые. Этикетный эпитет в составе форм офиц.-вежл. обращений. Употр. как средняя степень вежливости, обычно в сочет. с именем-отчеством адресата, со словами *господин* (+ фамилия адресата), *товарищ* (+ фамилия адресата), *коллега,* с наименованиями по должности, званию, социальн. положению. *[Ломов:] Я приехал к вам, уважаемый Степан Степаныч, чтобы обеспокоить вас одною просьбою. А. Чехов. Предложение. [Михаил (волнуется):] Ф-фу! Уважаемый компаньон, давайте говорить серьёзно. Речь идёт о деле, а не о справедливости <...>. [Захар:] Позвольте, дорогой! Вы говорите парадоксы! М. Горький. Враги. «А что это?» — спросил я. «Это? — сказал Ефим Григорьевич, — это, уважаемый товарищ, я пострадал в Октябрьскую революцию». М. Зощенко. Жертва революции. Уважаемый тов. Литвинов! / Будьте добры, если можете, то сделайте так, чтобы мы выбрались из Германии и попали в Гаагу. С. Есенин. Письмо М. М. Литвинову, 29 июня 1922.* | *От пригла-*

шения приехать на Конгресс соотечественников кое-кто отказался... Одному не понравилось, что к нему обратились так: уважаемый. Он прав. Когда-то подобное обращение считалось невежливым, надо было: «много...» или «глубокоуважаемый». Но давно ли он сам, здесь родившийся <...>, узнал об этих тонкостях? Узнал, быть может, лишь попав за границу, от старых эмигрантов, а пока тут с нами мыкался, ничего не замечал. Мы уже так давно в официальных письмах называем друг друга «уважаемый», что впору говорить не о дурном воспитании, а об изменении речевого этикета. Не нравится? Мне тоже. Но тут уж ничего не поделаешь! Н. Ильина. Из-под одного сапога. // Лит. газета. — 1991. — 16 окт. 1991. ‖ Уважаемый. Уважаемая. *В знач. сущ. Разг., употр. только в устной речи.* С оттенком снисходительности или упрёка. *[Басов (Марье Львовне):] Нельзя же так, уважаемая! По-вашему выходит, что если писатель, так уж это непременно какой-то эдакий... герой, что ли?* М. Горький. Дачники. ▭ *[Торговец книгами (покупателю):] Ну, уважаемый, Назаров книжечку мимо себя не просолит! Не так обучен!* Е. Иванов. Меткое московское слово.

Уважа́ть. ♦ **Я уважаю Вас (тебя).** ♦ **Я очень уважаю Вас (тебя) за...** ♦ **Я уважаю Ваш (труд, талант...).** ♦ **Я уважаю Вашего (брата, мужа, отца, сына; Вашу дочь, жену, мать, сестру...).** Формулы комплиментов знакомому, знакомой. *[Хеверн:] Вы знаете, что я очень уважаю ваши идеи, они вполне отвечают моим задачам. [Софья:] Весьма лестно слышать это.* М. Горький. Зыковы. ♦ **Уважающий Вас (тебя)** (подпись адресанта). *Эпист.* Комплимент в заключении письма к знакомому. Часто употр. со словами-интенсификаторами вежливости: *горячо, искренне, сердечно* и т. п. Пишется обычно отдельной строкой. *Я надеялся быть сегодня у Вашего Сиятельства и услышать трагедию г. Якимова — но невозможно. Мне назначили деловое свидание к 8 часам, и я жертвую Вами и Шекспиром подьяческим разговорам. Однако до свидания. / Искренне Вас уважающий / А. Пушкин.* А. Пушкин. Письмо В. Ф. Одоевскому, 28 марта 1833. *Прошу вынести гуманное решение — отпустить меня! / Уважающий Вас / М. Булгаков.* М. Булгаков. Письмо А. М. Горькому, 28 сент. 1929. *Будем Вам очень признательны, если до 15 марта пришлёте Ваши замечания. / Искренне уважающий Вас / Р. Якобсон.* Р. Якобсон. Письмо Л. В. Щербе, 14 февр. 1931.

Уваже́ние. ♦ **С уважением** (подпись адресанта). *Вежл.* К незнакомому или малознакомому, равному или низшему по положению. ♦ **С глубоким (искренним...) уважением** (подпись адресанта). *Вежл.* К знакомому, равному или старшему по возрасту, положению. ♦ **С истинным (совершенным, глубочайшим...) уважением, имею честь быть, Милостивый Государь, Ваш покорный слуга** (подпись адресанта). ⚜ *Офиц., учтив.* ♦ **С истинным чувством уважения имею честь оставаться Вашим, Милостивый Государь, покорнейшим слугою** (подпись адресанта). ⚜ *Офиц., учтив.* ♦ **С глубочайшим уважением Ваш покорный и любящий сын** (имя, фамилия адресанта). ⚜ *Учтив.* К родителям. ♦ **Пользуюсь случаем выразить Вам моё истинное (глубочайшее...) уважение и искреннюю благодарность...** (подпись адресанта). ⚜ *Учтив.* ♦ **Примите выражение моего душевного уважения и преданности (с коими имею честь пребывать...)** (подпись адресанта). ⚜ ♦ **Примите изъявления моего глубочайшего уважения...** ⚜ ♦ **Примите (Милостивый Государь, Милостивая Государыня) уверения в неизменном (совершенном) к Вам уважении (почтении...)** (подпись адресанта). ⚜ ♦ **Позвольте (разрешите) выразить моё глубокое уважение...** (подпись адресанта). ⚜ *Учтив.* Эпистолярные формулы комплиментов в конце письма к высшему или равному по положению. Часто употр. со словами-интенсификаторами вежливости: *глубоким, глубочайшим, искренним, истинным, совершенным* и т. п., выбор которых определяется характером отношений с адресатом. *В ожидании вашего ответа, с истинным уважением, имею честь быть, / милостивый государь, ваш покорный слуга Л. Н.* Л. Толстой. Письмо Н. А. Некрасову, 15 сент. 1852. *А потому говорю Вам до свидания, дружески жму Вашу руку и прошу передать Вашей супруге и всему Вашему семейству изъявление моего искреннего уважения. / Преданный Вам / Ив. Тургенев.* И. Тургенев.

Письмо Н. И. Тургеневу, 26 марта 1861. *Позвольте ещё раз выразить моё глубокое уважение к Вам и благодарность за Ваше отношение к моим стихам / Александр Блок. Письмо В. Я. Брюсову, 18 апр. 1906. Шлю вам сердечный привет и крепко жму вашу руку. / С искренним уважением / Alexandra Tolstoy. А. Толстая. Письмо А. К. Баборенко, 14 июня 1975.* ♦ **Приношу Вам дань своего (глубокого, глубочайшего, безмерного, безграничного…) уважения.** ⌛ *Учтив.* ♦ **Считаю (полагаю, почитаю приятным долгом) принести Вам дань (своего, глубокого…) уважения…** ⌛ *Учтив., возвыш.* Комплименты адресату, имеющему заметное общественное положение, какие-л. заслуги. *Чичиков уже хотел было выразиться в таком духе, что, наслышась о добродетели и редких свойствах души его, почёл долгом принести лично дань уважения. Н. Гоголь. Мёртвые души.* ♦ **Свидетельствую Вам своё (моё) (глубокое, искреннее…) уважение.** ⌛ *Учтив.* или *почтит.* ♦ **Позвольте засвидетельствовать Вам моё (своё) глубокое (искреннее…) уважение.** ⌛ *Возвыш.* Формулы приветствия. *Позвольте засвидетельствовать вам моё глубочайшее уважение, как человеку знаменитому и другу Жуковского. А. Пушкин. Письмо И. Ф. Мойеру, 29 июля 1825. [Ежевикин:] Анфиса Петровна, моё вам всяческое уважение свидетельствую. Ещё сегодня за вас Бога молил и за сыночка вашего тоже, чтоб ниспослал ему всяких чинов и талантов: особенно талантов! Ф. Достоевский. Село Степанчиково и его обитатели* ♦ **Доспею уважение.** См. Доспеть. ♦ **Почёт и уважение!** См. Почёт.

Ува́жить. ♦ **Уважь/те (нас, меня; нашу, мою просьбу).** *Прост.* Формы вежл. настоятельной просьбы к равному или высшему по положению. *Убедительно тебя прошу, милый Н., не печатать этой статьи: она кроме неприятностей ничего мне наделать не может, она несправедлива и резка — я не буду знать, куда деваться, если она напечатается. Пожалуйста, уважь мою просьбу. — Я заеду к тебе. / Тв. / И. Т. И. Тургенев. Письмо Н. А. Некрасову, (19) февр. 1860. Налив стаканчик дедушке, Опять пристали странники: «Уважь! скажи нам, Власушка, Какая тут статья?» Н. Некрасов. Кому на Руси жить хорошо. — Петра Кузьмич! господин Спица! майор ты наш милостивый! — просительски заклянчили бабёнки. — Уж уважь ты нас, сирот, — оставь младенцев-то до завтрева!.. В. Крестовский. Петербургские трущобы. [Двоеточие (Варваре Михайловне):] Пойдёмте, погуляем, а? Уважьте старика!.. М. Горький. Дачники. — Сергей Иваныч, ну, хошь один бокальчик!.. Нет, уважьте, для ради нашей матушки-Москвы! И. Шмелёв. Лето Господне.* ♦ **Уважил/и Вы (ты) меня!** ♦ **Вот уважил/и (так уважил/и)!** *Разг.* Формулы экспрессив. благодарности. *— Ну, банька у тебя, отче!.. — сказал Потап Максимыч, низко кланяясь отцу Михаилу. — Спасибо… Вот уважил, так уважил! П. Мельников (Печерский). В лесах. — Господи!.. Сергей Иваныч!.. в-вот уважили!.. это-то что ж такое!.. — загремел он [Крынкин] и за голову схватился. — В другой раз так меня уважили, за сердце прихватили! Да ведь это-то, прямо!.. во-от, куда дошло, в-вот!.. И. Шмелёв. Лето Господне. Маклак с Чувалом мигом спешились, кинули связки сухих дров, стали снимать оброти и стреноживать коней. — Вот спасибо, робятки! Дровец привезли, уважили старика, — распрямившись от костра, радостно говорил Селькин. — А я картохи прихватил… Напечём, едрит твою лапоть. Вот и нам праздник будет. Б. Можаев. Мужики и бабы.*

Ува́р на уши́цу! *Обл. и прост.* **1.** Пожелание рыбаку удачного лова. **2.** Ответ рыбака на приветственное пожелание Клёв на уду! *На реке бьёт вальком прополосканное бельё младшая невестка из соседней избы <…>. Детки её тут же подле ловят рыбу на удочку: «Клёв на уду!» — и в ответ от них: «Увар на ушицу». С. Максимов. Крылатые слова.*

Уверя́ть / Уве́рить. ♦ **Уверяю Вас (тебя).** ♦ **Уверяю Вас честью.** ♦ **Могу Вас (честью) уверить.** ♦ **Смею Вас уверить.** Формулы уверения в истинности сказанного, употр. с целью рассеять выраженные или возможные сомнения собеседника. *— Славный был малый, смею вас уверить, только немножко странен. М. Лермонтов. Бэла. [Городничий:] Там купцы жаловались вашему превосходительству. Честью уверяю, и на половину нет того, что они говорят. Н. Гоголь. Ревизор. «Да ведь я здесь, через стенку, у мадам Ресслих* стою <...>. Сосед-с». — «Вы?» — «Я, — продолжал Свидригайлов, колыхаясь от смеха, — и могу вас честью уверить, милейший Родион Романович, что удивительно вы меня заинтересовали». Ф. Достоевский. Преступление и наказание. *[Яша:]* Это шампанское не настоящее, могу вас уверить. А. Чехов. Вишнёвый сад. *[Варвара Михайловна:]* Вы странный какой-то... Что с вами? *[Рюмин (смеясь):]* Ничего... Уверяю вас. М. Горький. Дачники. Вы поймёте лучше, почему мы не едем к Цулукидзе, когда увидите Шахматово. Уверяю Вас, что прекрасное место. А. Блок. Письмо Е. П. Иванову, 15 июня 1904. ♦ **Будь/те уверен/ы.** ♦ **Можете быть уверены** (♦ **Можешь быть уверен**). Не сомневайтесь, не беспокойтесь, всё будет так, как вы хотите. Положит. ответ на просьбу. «*Пожалуйста, батюшка, по Питеру-то не рассказывай такого вздору, ну, что скажет министр или особа какая — «Баба, а не товарищ председателя». — «О, нет, будьте уверены — я вообще с особами ни о чём не говорю».* А. Герцен. Мимоездом. «*Только уж вы, пожалуйста, ни про наших господ, ни про Денисова, ни про их богохульную веру ничего им не рассказывайте. Ежели донесётся об этом до Луповиц, пострадать могу. Так уж вы, пожалуйста, Богом прошу вас, Авдотья Марковна...» — «Будьте уверены, слова никому не вымолвлю, — отвечала Дуня. — И разве можно говорить мне, ежель это повредит вам».* П. Мельников (Печерский). На горах. ♦ **Будьте уверены в неизменном моём к Вам уважении (почтении, в моей преданности...).** ⌛ ♦ **Будьте уверены (Милостивый Государь, Милостивая Государыня) в моей безграничной признательности и преданности, с которыми (с коими) имею честь быть Вашим покорнейшим слугою** (подпись адресанта). ⌛ ♦ **Прошу быть уверену в неизменном уважении (почтении, признательности...), с коим/и (с каковым/и) честь имею пребывать (остаюсь)...** ⌛ ♦ **Примите уверение в моём (Милостивый Государь) совершенном к Вам почтении и неизменной преданности, с коими имею честь пребывать...** ⌛ ♦ **Прошу принять уверение в моём совершенном (неизменном...) к Вам почтении...** ⌛ ♦ **Прошу Вас принять уверения глубокого почтения и безграничной преданности / Вашего покорнейшего слуги /** (подпись адресанта). ⌛ *Эпист.* Формулы вежливости, комплимента в заключении письма к высшему или равному по положению. *Примите уверение в непритворном чувстве уважения и преданности беспредельной, Вашего Превосходительства всепокорнейший слуга / А. Грибоедов.* А. Грибоедов. Письмо Родофиникину, 12 июля 1828. *Будьте уверены в моей преданности и ради Бога не спешите осуждать моё усердие. / С глубочайшим почтением и преданностию честь имею быть, Милостивый Государь, / вашим покорнейшим слугою. / Александр Пушкин.* А. Пушкин. Письмо Н. А. Дуровой, 25 июня 1836. *Примите уверение совершенного уважения и преданности вашего покорного слуги / гр. Толстого.* Л. Толстой. Письмо А. С. Суворину, апр. 1874. *Примите, Милостивый Государь, и передайте всем членам Пушкинского собрания уверение в совершенном уважении и преданности / Вашего покорного слуги / Ив. Тургенева.* И. Тургенев. Письмо Н. П. Макарову, 27 окт. 1882. «*<...> Прошу принять уверение в совершенном моём почтении и преданности, с коими имею честь пребыть / Вашего Превосходительства / покорнейшим слугою / Пётр Годнев».* А. Писемский. Тысяча душ. *Прошу вас ещё раз не сердиться на меня и быть уверену в том всегдашнем почтении и в той привязанности, / с каковыми честь имею пребывать / наипреданнейшею покорнейшею услужницей вашей / Варварой Доброселовой.* Ф. Достоевский. Бедные люди. «*Ну, что нового у вас?» — спросил Обломов. «Да много кое-чего: в письмах отменили писать «покорнейший слуга», пишут «примите уверение».* И. Гончаров. Обломов. *Служили генералы всю жизнь в какой-то регистратуре; там родились, воспитались и состарились, следовательно, ничего не понимали. Даже слов никаких не знали, кроме: «примите уверение в совершенном моём почтении и преданности».* М. Салтыков-Щедрин. Повесть о том, как один мужик двух генералов прокормил. *К лицам, занимающим видное положение в свете, пишут: «Примите уверение в моём совершенном почтении».* Хороший тон. Правила светской жизни и этикета (1889). *Может быть, если бы мы го-*

ворили с Вами, нам удалось бы выяснить подробности наших отношений <...>. Пока же, примите моё уверение в уважении к Вам / *Александр Блок*. А. Блок. Письмо А. Белому, 15—17 авг. 1907.

Уви́димся. ♦ **Уви́димся ещё.** ♦ **Наде́юсь, ско́ро уви́димся.** *Разг.* Формы выражения надежды на скорую встречу. Употр. обычно при прощании с равными или младшими по положению. *Таня сказала, что её начальники готовят материал, чтобы доложить об этом сегодня же. — Значит, готовишь почву для их доклада? — усмехнулся Серпилин. — Видимо, так и сделаем. Сами уж начали думать об этом. Спасибо за службу. Будем в Минске — увидимся. К. Симонов. Живые и мёртвые.* 📧 *[Расстаются приятели:] «Ну, давай...» — «Ты пошёл? Ну, ладно, пока. Увидимся» (1992).*
♦ **(Я) не проща́юсь, уви́димся ещё.** (В течение дня).

Уво́ль/те. ♦ **Уво́ль/те меня́.** *Разг.* Форма категорич. отказа в ответ на просьбу, предложение, приглашение, совет. Для вежлив. смягчения категоричности часто употр. в сочет. со словами: *уж, право, пожалуйста* и устойч. сочетаниями: *сделайте милость, премного благодарен* и т. п. *[Лука Лукич:] Не могу, не могу, господа. Я, признаюсь, так воспитан, что заговори со мною одним чином кто-нибудь повыше, у меня просто и души нет и язык, как в грязь, завязнул. Нет, господа, увольте, право, увольте. Н. Гоголь. Ревизор. [Тропачев:] Вы поёте, друг мой?.. Ах, сделайте одолженье, покажите нам свой талант! <...> Окажите же дружбу... а? <...> [Кузовкин:] Увольте-с, сделайте милость. И. Тургенев. Нахлебник. Крепко жал Меркулов руку Флору Гаврилову, звал его в рубку чайку напиться, поужинать, побеседовать. Надивиться не может приказчик таким ласкам хозяйского приятеля. «Пьян, беспременно пьян, — он думает. — Покорнейше благодарим, Никита Фёдорыч, только увольте, пожалуйста», — отвечает он на приглашение Меркулова. П. Мельников (Печерский). На горах. «Ну, достаточно, — сказал он, — сыт». — «Ах, вы так мало ели!.. Скушайте ещё кусочек». — «Ну, будет там канитель тянуть. Я так налопался, что чертям тошно». — «Миша, Миша, — горестно воскликнула девочка, с укоризной глядя на своего друга. — Разве так* говорят? Надо сказать: Нет уж, увольте, премного благодарен. Разрешите закурить?» — «Ну, ладно, ладно... Увольте, много благодарен. Дай-ка папироску». А. Аверченко. Нянька.

У вся́кой избу́шки свои́ поскрипу́шки. *Посл.* В каждой семье есть свои проблемы. То же, что ♦ **Нет до́му без го́му.** Употр. как форма утешения, ободрения того, кто огорчён семейными неурядицами.

Уго́дно (Вам, тебе, кому-л., что-л., сделать что-л.). В речевом этикете употр. как синоним слов *нужно, желательно, хотите, желаете* в формулах вежл. вопросит. обращений, предложения, совета, а также в сочет. с неопр. ф. в составе формул вежливости, учтивости, по содержанию синонимичных глаголу. *В 1827 году Государю Императору угодно было объявить мне, что у меня, кроме Его Величества, никакого цензора не будет. А. Пушкин. Письмо А. Х. Бенкендорфу, 18—24 февр. 1832. «Через Феоктисту Саввишну, — продолжал Владимир Андреич, — угодно было вам сделать нам честь... искать руки нашей старшей дочери». — «Я был бы очень счастлив...» — проговорил наконец Павел. А. Писемский. Тюфяк. [Продавец клея:] Знаменитый экцельзиор, клей-порошок, клеит и Венеру и ночной горшок. Угодно, сударыня? В. Маяковский. Клоп. [Ярцев:] Угодно папироску, поручик? [Полевой:] Мерси, господин полковник. Не откажусь. Б. Лавренёв. Разлом.* ♦ **Если Вам уго́дно...** *Учтив.* Если хотите, если желаете. *Покорнейше прошу, если впредь угодно будет Вам иметь дело со мною, ничего не поручать г. Фарикову, ибо он, кажется, человек ненадёжный и неаккуратный. А. Пушкин. Письмо К. А. Полевому, 11 мая 1836. [Цыплунова:] Как я ни рада за сына, но, извините меня, я вам пока решительно ничего сказать не могу. [Гневышев:] Если вам угодно знать подробности о приданом, пойдёмте в эту комнату, мы там можем говорить без помех. А. Островский. Богатые невесты.*
♦ **Не уго́дно ли** (чего-л., сделать что-л.)? Формула вежл. ненастойчивого предложения, мягкой учтивой просьбы. *— Приезжаю, — рассказывает Денисов. — «Ну, где у вас тут начальник?» Показали. «Подождать не угодно ли». — «У меня служба, я за тридцать вёрст приехал, мне ждать некогда, доложи». Л. Толстой. Война и мир. [Мирволин:] Нико-*

лай Иванович сейчас пожалуют-с. Не угодно ли пока присесть? [Алупкин:] Покорнейше благодарю. *Постоим-с.* И. Тургенев. Завтрак у предводителя. *По праздникам Пётр Михайлыч был ещё спокойнее, ещё веселее. — Не угодно ли вам, возлюбленный наш брат, одолжить нам вашей трубочки и табачку? — говорил он, принимаясь за кофе, который пил один раз в неделю и всегда при этом выкуривал одну трубку табаку. Эта просьба брата всегда доставляла капитану большое наслаждение.* А. Писемский. Тысяча душ. ♦ **Не в угоду ли (будет Вам, Вашей милости...) (сделать что-л.)?** ▨ *Прост.* То же, что ♦ *Не угодно ли? «После обеда царь и говорит: "Не в угоду ли, Василий Васильевич, со мной в баньку сходить?"» Василиса Васильевна.* Сказка из собр. А. Н. Афанасьева. *Неводкóм не будет ли в угоду вашей милости белячка половить? — снимая картуз и нагибаясь перед Самоквасовым, спросил старший ловец.* П. Мельников (Печерский). На горах. ♦ **Что Вам угодно?** Учтив. или офиц. вопросит. обращение; а также офиц. ответ на обращение. *[Наталья Петровна (после некоторого молчания):] Вера! [Вера (не поднимая головы):] Что вам угодно? [Наталья Петровна:] Вера, ради Бога, не будь же так со мной... ради Бога, Вера... Верочка...* И. Тургенев. Месяц в деревне. «*Князь, — сказала я сухо, — что вам угодно в моей комнате в такое время?» — «Ну, пойдём в мою, — отвечал князь, — я не так грубо принимаю гостей, я гораздо добрее тебя».* А. Герцен. Сорока-воровка. *[Николай:] Начнём. Павел Рябцов! [Рябцов:] Ну? [Бобоедов:] Не — ну, дурак, а — что угодно!* М. Горький. Враги. *«Что вам от меня угодно?» — с ледяною вежливостью спросила наконец Шадурская, которая ни сама не садилась, ни посетительнице не указала на кресло.* В. Крестовский. Петербургские трущобы. *Однажды, если не ошибаюсь, в начале 60-х годов в Ленинграде пришла ко мне женщина... Я был дома один, дверь на звонок открыл сам. Стоит передо мной, нос к носу, пожилая особа, этакая сваха из комедии Островского. <...> И первое, что она делает, — открывает, расстегивает этот ридикюль. Он смотрит на меня своей чёрной разверстой пастью, и у меня тут же мелькает мысль: «Магнитофон!» Спрашиваю: «Что вам угодно?» — «Пантелеев Алексей Иванович здесь живёт?» — «Да, здесь. Это я».* Л. Пантелеев. Я верую. ♦ **Как Вам угодно (будет).** Форма вежл. согласия с решением или намерением собеседника. | Нередко такой ответ служит для выражения вынужденного согласия («воля ваша», «ваша власть») или безразличного отношения к сказанному собеседником («поступайте как хотите, мне всё равно»). *«Какую вы водку предпочитать изволите?» — «Я до обеда ничего не пью». — «Помилуйте, как это можно! а впрочем, как вам будет угодно. Гостю воля, гостю честь. Ведь здесь у нас по простоте».* И. Тургенев. Затишье. *[Гурмыжская:] Если ты так, я не согласна. [Восмибратов:] Как вам угодно-с. Прощенья просим. Пойдём, Пётр!* А. Островский. Лес. *«Для бюро похоронных процессий желание ваше — закон», — сказал человек, почтительно кланяясь, и объявил цену церемонии. «Дорого», — сообразил Самгин, нахмурясь, но торговаться не стал, находя это ниже своего достоинства. «Значит — священник не провожает», — сказал представитель бюро. — Как вам угодно», — добавил он.* М. Горький. Жизнь Клима Самгина. *«Посидите здесь, я отлучусь. А сюда Рыбочкина, адъютанта пришлю». — «К-как в-вам угодно. В к-крайнем случае с-справлюсь с-сам», — посмотрев на телефон, сказал Гурский...* К. Симонов. Живые и мёртвые. ‖ В конструкциях с противительн. союзами *а, но* и в бессоюзных сложных предложениях: ♦ **Как Вам (будет) угодно, но...** ♦ **Как Вам угодно: (я не согласен).** Формулы вежл. выражения несогласия с собеседником, высшим или равным по положению. *«Что вы говорите! — сказала она [Лиза], побледнев. — Берестовы, отец и сын! Завтра у нас обедать! Нет, папа, как вам угодно: я ни за что не покажусь».* А. Пушкин. Барышня-крестьянка. *[Михрюткин (недовольным голосом):] Ну, не рассуждай. (Помолчав.) И на этой ещё поедим. [Ефрем:] Как вашей милости угодно будет, а только эта лошадь, воля ваша, просто никуда.* И. Тургенев. Разговор на большой дороге. ♦ **Видно (знать), так Богу угодно (было).** См. Бог.

Угощáйтесь. (Угощайся). *Разг.* Просьба хозяина к гостю, собеседнику поесть, выпить, закурить, попробовать то, чем угощает. *— А вы кладите на тарелку, угощайтесь!*

потчевала повеселевшая хозяйка. М. Шолохов. Тихий Дон. [Князь (протягивая Завалишину табакерку):] Угощайтесь, сударь. [Завалишин:] Благодарствуйте. С утра охоты не имею. А. Толстой. Любовь — книга золотая. ♦ **Разрешите (Позвольте) вас угостить.** *Учтив.* или *галантн.* У Раискиных ворот увидал [Мартынко] ейну стару фрелину: «Яблочков не прикажете-с?» — «Верно, кисляшши». — «Разрешите вас угостить». Подал молодильного. Старой девки лестно с кавалером постоять. Б. Шергин. Мартынко.

Удали́ться. ♦ **Позвольте (Разрешите) (мне) удалиться.** *Учтив.* Форма прощания. — Я до сих пор не обманывал Варвару Павловну, — возразил Лаврецкий, — она мне поверит и так. <...> А теперь позвольте мне удалиться. — Он поклонился обеим дамам и торопливо вышел вон. И. Тургенев. Дворянское гнездо. **Удаляюсь.** (♦ **Я удаляюсь.**) Высокопарная (▨) или шутл. фраза, употр. перед прощанием уходящего с остающимися; иногда употребляется как самостоятельная форма прощания.

Уда́лый (Удало́й), -ы(е). Обладающий, отличающийся удалью; храбрый, смелый, доблестный, отважный. ▨ *Нар.-поэт.* Этикетный эпитет в составе учтив. обращений к незнакомому юноше, молодому мужчине (обычно к богатырю в былинах): ♦ **Удалый (дородный) добрый молодец.** ▨ *Как скоро он, Михайлушка, доклад держал, Клонится Михайло на все стороны, А клонится на четыре сторонушку, Царю да Вахрамею в особину: «Здравствуй, царь ты Вахрамей Вахрамеевич!» — «Ах здравствуй-ка, удалый добрый молодец! Не знаю я тебе да ни имени, Не знаю я тебе ни изотчины».* Михайло Потык. Былина. Зап. в 1871. *Начал спрашивать [Святогор] да он, выведывать: «Ты скажи, удалый добрый молодец, Ты коей земли да ты какой орды? Если ты богатырь святорусский, Дак поедем мы да во чисто поле, Попробуем мы силу богатырскую».* Святогор. Былина. **Уда́ленький.** *Ласк.* к Удалый. *Да й случись быть тут красны девушки; Они клеплют тонко беленькое платьице, Говорят они молодому Добрынюшке: «Ты уда́ленький дородный добрый молодец! То во нашей во славной во Пучай-реке Наши добры молодцы не куплются, Они куплются в тонких* белых полотняных рубашечках». Добрыня и Змей. Былина. Зап. в 1871. ♦ **Мал, да удал.** (♦ **Малый, да удалый.** ♦ **Маленький, да удаленький).** *Разг.* Шутл. похвала в адрес мальчика, подростка, который, несмотря на свой малый возраст, рост, обладает незаурядными качествами. ♦ **Расти разумный да удалый (удачливый, счастливый...).** Пожелание мальчику. См. Расти.

Уда́ча. 1. ▨ То же, что удалый, удалой; «храбрый, смелый, доблестный, отважный, притом расторопный, толковый, которому в отваге всегда удача» (В. Даль). *Говорил ему ласковый Владимир-князь: «Гой еси, удача добрый молодец! Откуль приехал, откуль тебе Бог принёс? Ещё как тебе, молодца, именем зовут? А по имени тебе можно место дать, По изотчеству можно пожаловати».* Михайла Казаренин. Былина. Из собр. Кирши Данилова. ▭ *Он парень удача* (В. Даль). **2.** Счастливый, желательный исход чего-л.; счастливое для кого-л. стечение обстоятельств; успех. В формулах пожеланий: ♦ **Желаю (Вам, тебе) удачи.** ♦ **Дай Бог (Вам, тебе) удачи.** *Разг.* ♦ **Удачи (Вам, тебе)!** ♦ **Удач и успехов!** *Разг.* ♦ **Пусть всегда и во всём Вам (тебе) сопутствует удача!** *Возвыш.* [Софья:] Жалко мне тебя. [Шохин:] И мне тебя. Одна ты тут <...>. Дай тебе Бог во всём удачи!.. Прощай, Софья Ивановна! М. Горький. Зыковы. «Желаю удачи». — «Спасибо. Верю — удача будет». Б. Горбатов. Алексей Гайдаш. ▭ *Желаю, чтоб удачи тебе улыбнулась.* ♦ **За удачу!** Краткий тост. См. За.

Уда́чный. ♦ **Удачного путешествия (лова...).** ♦ **Удачной охоты (рыбалки...)** и т. п. *Разг.* Формы пожелания успехов в задуманном или начинаемом деле.

Удиви́тельный, -ая, -ое; -ые. Необычайный, необыкновенный по каким-л. качествам, свойствам; замечательный. | В реч. этикете употр. преимущ. в функции сказуем. в составе формул восторженной похвалы, комплиментов. — Нет, послушайте, — сказал Пьер, успокоиваясь. — Вы удивительный человек. То, что вы сейчас сказали, очень хорошо, очень хорошо. Л. Толстой. Война и мир. — Я всё слышала — ваши заботы. Да, вы удивительный муж! — сказала [Бетси Каренину] со значительным и ласковым видом. Л. Толстой.

Анна Каренина. «*Как тебе нравятся, мой милый, мои усы?*» — «*Превосходные, дядюшка, удивительные!*» Ф. Достоевский. Дядюшкин сон. «*Ты удивительная!..*» — *воскликнул Виктор Алексеевич. Она спрятала лицо в руки.* И. Шмелёв. Пути небесные. **Удивительно,** *нареч.* Очень, в высшей степени. Интенсификатор экспрессивности при выражении похвалы, комплимента. — *Алексей Фёдорович, вы удивительно хороши, но вы иногда как будто педант... а между тем, смотришь, вовсе не педант.* Ф. Достоевский. Братья Карамазовы.

Удо́бно (Вам, тебе; так, здесь)? Вопросит. обращение, употр. как знак внимания к собеседнику. «*Вам удобно будет здесь?*» — *спросил Николай, вводя мать в небольшую комнату с одним окном в палисадник и другим на двор, густо поросший травой. И в этой комнате все стены были заняты шкафами и полками книг.* «*Я бы лучше в кухне,* — *сказала она.* — *Кухонька светлая, чистая...*» М. Горький. Мать. [*Анастасия Ефремовна:*] *Не знаю, будет ли тебе удобно у нас...* [*Алексей:*] *Что вы, тётя Настя, не беспокойтесь!* В. Розов. В добрый час!

Удово́льствие. ♦ **Доставьте (нам, мне) удовольствие** (сделайте что-л.). ♦ **Не могли бы Вы доставить (нам, мне) удовольствие** (сделать что-л.). ♦ **Не откажите в удовольствии (доставить удовольствие)** (сделать что-л.). Формулы учтив. комплиментной просьбы, приглашения при обращении к равному или низшему по положению. ‖ ▨ «*Если вы приглашаете особу, поставленную в свете выше вас, то слово «удовольствие» заменяется словом «честь».* Хороший тон. Правила светской жизни и этикета (1899). [*Грубек:*] *Доставьте мне удовольствие, пожалуйста, сыграйте что-нибудь Вагнера.* К. Симонов. Под каштанами Праги. ♦ **Сделайте удовольствие.** ▨ 1. То же, что ♦ **Доставьте удовольствие.** 2. Радушное согласие в ответ на просьбу или высказанное намерение адресата. ⟹ «*Извините, тороплюсь. Если позволите, я на обратном пути к вам заеду*». — «*Сделайте удовольствие. По вечерам я всегда дома*» (1992). ♦ **Вы доставили (нам, мне) (огромное, истинное, неизъяснимое...) удовольствие** (чем-л., сделав что-л.). Комплимент при выражении благодарности. *Вы поистине доставили мне огромное удовольствие, прислав дивную картину Репина.* М. Горький. Письмо Ф. Д. Батюшкову, янв. 1900. ♦ **С удовольствием** (сделаю то, о чём вы просите). Вежл. положительный ответ на просьбу, приглашение, предложение. Для усиления экспрессии, выражения готовности, согласия часто распространяется интенсификаторами. ♦ **С (большим, великим, величайшим, превеликим...) удовольствием,** а в просторечии: ♦ **С нашим (полным, всяким, всяческим) удовольствием.** *Увидав меня, он* [*барышник*] *медленно двинулся ко мне навстречу, поддержал обеими руками шапку над головой и нараспев произнёс:* «*А, наше вам почтение. Чай, лошадок угодно посмотреть?*» — «*Да, пришёл лошадок посмотреть*». — «*А каких именно, смею спросить?*» — «*Покажите, что у вас есть*». — «*С нашим удовольствием*». И. Тургенев. Лебедянь. «*Приходи ко мне, князь. Мы эти штиблетики-то с тебя поснимаем, одену тебя в кунью шубу первейшую <...>*». *Князь Мышкин привстал, вежливо протянул Рогожину руку и любезно сказал ему:* «*С величайшим удовольствием приду и очень вас благодарю за то, что вы меня полюбили*». Ф. Достоевский. Идиот. *Чохов сказал:* «*У меня тут под городом есть небольшая дачка. Так, паршивенькая. От скуки не желаете ли — прокатимся, поглядим*». — «*С удовольствием*». В. Вересаев. Невыдуманные рассказы. «*Не хотите ли со мной отобедать где-нибудь тут?*» — *проговорил он.* «*С большим удовольствием*», — *отвечал Дубовский.* А. Писемский. Тысяча душ. [*Анна (идёт к доктору):*] *Доктор, хотите пройтись по саду?* [*Доктор:*] *Пожалуй... идёмте.* [*Анна:*] *Хоть бы сказали — с удовольствием...* [*Доктор:*] *Я разучился говорить человеческим языком...* М. Горький. Варвары. ♦ **Почту за (величайшее...) удовольствие.** ▨ ♦ **Поставляю себе за (величайшее...) удовольствие** (сделать угодное адресату). ▨ ♦ **Сочту за удовольствие.** ▨ *Учтив.* или *галантн.* То же, что ♦ **С (величайшим) удовольствием.** ♦ **С удовольствием бы, но (да)...** Формула вежл. (обычно вынужденного) отказа в ответ на просьбу, приглашение, предложение. [*Дудукин:*] *Помилуйте, Елена Ивановна, в кои-то веки дождались такого счастья, что видим вас в нашем обществе; <...> а вы нас покидать собираетесь.* [*Кручинина:*] *Я очень вам* благодарна, Нил Стратоныч, и с удовольствием бы осталась, да не могу. А. Островский. Без вины виноватые. *Если какая-нибудь соседская баба обращалась к нему с убедительной просьбой насчёт двугривенного, то в ответ на это он запускал два грязных пальца в дырявый карман жилета, вытаскивал заплесневелый екатерининский грош и почти детски невинным голосом говорил: «С великим бы, матушка моя, удовольствием, да вот только всего и денег-то у меня...»* Г. Успенский. Нравы Растеряевой улицы. *«Может, по лугам хочешь проветриться? Поедем». — «С удовольствием бы, да... — Пётр Иванович взялся за сердце. Несколько раз его скручивал у них в колхозе тяжёлый недуг. — Чувствую, отдохнуть надо...»* А. Иванов. Тени исчезают в полдень. ♦ **Имею (имел, буду иметь) удовольствие (видеть, слышать** кого, что-л.; **знать, встречаться, быть знакомым** с кем, чем-л.**).** ⌛ Формула вежливости, учтивости, употр. вместо соответствующих глаголов для выражения почтительности, радушия, симпатии к собеседнику или третьему лицу. *Э. П. Перцов, которого на минуту имел я удовольствие видеть в Петербурге, сказывал мне, что он имел у себя письмо от Вас ко мне...* А. Пушкин. Письмо А. А. Фукс, 19 окт. 1834. *[Хлестаков (раскланиваясь):] Как я счастлив, сударыня, что имею в своём роде удовольствие вас видеть. [Анна Андреевна:] Нам ещё более приятно видеть такую особу.* Н. Гоголь. Ревизор. *[Алупкин:] Хотя я всего два раза имел удовольствие их видеть, но я столько наслышался о их справедливости... [Мирволин:] Да вот они сами-с. (Входит Балагалаев. Алупкин кланяется.) [Балагалаев:] Мне очень приятно. Прошу присесть... я... я, помнится, имел удовольствие видеть вас у почтенного Афанасия Матвеевича. [Алупкин:] Точно так-с.* И. Тургенев. Завтрак у предводителя. *«Чокнемтесь, Александр Сергеич!» Они чокнулись. «Я сейчас имел удовольствие танцевать с вашей супругой». — «Что вы? Да разве она здесь?»* А. Писемский. Тюфяк. ♦ **Не имел удовольствия (знать, видеть, слышать...).** *Вчера был я у Вас и не имел удовольствия застать Вас дома.* А. Пушкин. Письмо А. А. Краевскому, 25 мая 1836. *«Как же мы вместе немного не съехались», — сказал дежурный штаб-офицер, приятно улыбаясь Болконскому. «Я не имел удовольствия вас видеть», — холодно и отрывисто сказал князь Андрей.* Л. Толстой. Война и мир. | Шутл. или ирон. *[Соня:] Нет, милый дедушка, право, я не забуду вас! Вы такой простой, хороший! А я так люблю простых людей! Но... вы не видали маму мою? [Двоеточие:] Не имел удовольствия.* М. Горький. Дачники. ♦ **С кем имею удовольствие (говорить, разговаривать)?** Формула учтив. обращения к собеседнику (обычно при знакомстве с равным или низшим по положению). *«Тоже наш брат, присяжный? — весело подмигивая, спросил добродушный купец. — Ну что же, вместе потрудимся, — продолжал он на утвердительный ответ Нехлюдова, — второй гильдии Баклашов, — сказал он, подавая мягкую широкую несжимающуюся руку, — потрудиться надо. С кем имею удовольствие?» Нехлюдов назвался...* Л. Толстой. Воскресение. *[Манюшка:] Да кого вам? [Аметистов:] Мне Зою Денисовну. С кем имею удовольствие разговаривать? [Манюшка:] Я племянница Зои Денисовны. [Аметистов:] Очень приятно. Очень. Я и не знал, что у Зойки такая хорошенькая племянница. Позвольте представиться: кузен Зои Денисовны. (Целует Манюшке руку.)* М. Булгаков. Зойкина квартира.

Удосто́ить (кого, чем). Счесть кого-л. достойным своего внимания, интереса, расположения и т. п. | В реч. этикете XIX в. употр. при почтит. или учтиво-офиц. обращении к лицу, высшему по положению; при учтив. или галантн. обращ. мужчины к даме. *Письмо, коего Ваше Сиятельство удостоили меня, и статью о взятии Дрездена имел я счастие получить.* А. Пушкин. Письмо М. А. Дондукову-Корсакову, апр. 1836. ♦ **Удостойте (нас, меня) (своим) ответом (посещением, вниманием...).** ⌛ ♦ **Удостойте (нас, меня) чести навестить (посетить, ответить...).** ⌛ Формулы почтит. или учтиво-офиц. просьбы к лицу, высшему по положению. *Удостойте меня Вашим ответом и потешьте матушку Москву. / С глубочайшим уважением и совершенной преданностью честь имею быть, Милостивый Государь, / Вашего Превосходительства / покорнейший слуга / Александр Пушкин.* А. Пушкин. Письмо М. Н. Загоскину, 9 июля 1834. *— Ежели туда поедете, сде-*

лайте ваше одолжение, удостойте нас своим посещением, — встав с места и низко кланяясь, просил Марью Ивановну Смокуров. — Домишко у меня, слава Богу, не тесный, найдётся место, где успокоить вас. П. Мельников (Печерский). На горах. ♦ **Удостойте счастья (счастия).** ⌧ Почтит.-самоуничижит. к высшему по положению; галантн. к даме, барышне. *[Липочка:] Какое приятное занятие эти танцы! Ведь уж как хорошо! Приедешь в Собранье, али к кому на свадьбу, сидишь, натурально, — вся в цветах, разодета, как игрушка али картинка журнальная, — вдруг подлетает кавалер: «Удостойте счастия, сударыня!» Ну, видишь: если человек с понятием али армейской какой — возьмёшь да и прищуришься, отвечаешь: «Извольте, с удовольствием!»* А. Островский. Свои люди — сочтёмся. | Шутл. или ирон. к младшему по возрасту, низшему по положению. *[Фома:] Хочу и вас потешить спектаклем, Павел Семеныч. — Эй ты, ворона, пошёл сюда! Да удостойте подвинуться поближе, Гаврила Игнатьич! — Это вот, видите ли, Павел Семеныч, Гаврила; за грубость и в наказание изучает французский диалект.* Ф. Достоевский. Село Степанчиково...

Удружи́/те. Разг. Форма дружеск. просьбы. — *Не возьмёшься ли ты, Наталюшка, заготовить мне тысячонки две гусиных и лебяжьих яиц? Удружи, право, а?* Арамилев. На острове Лебяжьем. **Удружил!** ♦ **Вот удружил так удружил!** Разг. Форма экспрессив. благодарности. *[Подхалюзин:] Помилуйте, Самсон Силыч, в огонь и в воду полезу-с. [Большов:] Эдак-то лучше! <...> Спасибо тебе, Лазарь. Удружил!* А. Островский. Свои люди — сочтёмся.

Уйми́сь. Прост. Форма утешения собеседника, равного или младшего по возрасту; то же, что успокойся. — *Ну ты чего, чего, — тётя тронула Фросю за плечо. Фрося уронила голову ей на грудь. — Уймись, голуба моя, ты ж не нарочно. Уймись, тут все свои, чужих нет. Ну, ягодка... — уговаривала тётя Настя ласковым гортанным баском и гладила Фросю по кудрям.* В. Куропатов. Разлюли малина.

У кошки боли, у собачки боли, а у (Коленьки...) заживи. Разг. Форма ласк. шутл. утешения упавшего или поцарапавшегося ребёнка.

Укрепи́ Вас (тебя) Бог! Прост. Пожелание выдержки, сил, терпения в каком-л. деле, испытании. *[Марфа:] И давно вы это... урезонились? [Мирон (нюхая табак):] С мироносицкой предел положил. <...> И вот, надо Бога благодарить, Марфа Севостьяновна, до сих пор... как видите! И чтобы тянуло тебя, манило али тоска... ничего этого нет. [Марфа:] Ну, укрепи вас Бог!* А. Островский. Невольницы.

Уло́в на рыбу! Обл. и прост. Пожелание рыболову при приветствии. Обычный ответ: «Навар на ушицу!»

Умилосе́рдитесь (Умилосе́рдься). ⌧ Смилуйтесь, будьте милосердным. Форма экспрессив. просьбы, мольбы, обращённой к высшему по положению. — *Ваше сиятельство, — вскрикнул Чичиков, — умилосердитесь <...>. Не меня пощадите — старуха-мать.* Н. Гоголь. Мёртвые души. — *Умилосердись, добейся против обидчиков моих указа, чтоб их за это воровство разорить, в старцы сослать навечно, деревни их неимущим раздать.* А. Н. Толстой. Пётр Первый.

Умный, -ая, -ое; -ые (-ен, -мна, -мно; -мны). Обладающий здравым умом, сообразительностью. | В реч. этикете употр. преимущ. в функции сказуем. в составе формул похвалы, комплиментов, нередко с целью улестить собеседника: ♦ **Вы (ты) умный (человек).** ♦ **Вы (ты) умная (женщина)** и т. п. *«Дорогой наш брат Иваша, что переться — дело наше. Но возьми же ты в расчёт Некорыстный наш живот. <...> Да к тому ж старик неможет, Работать уже не может; А ведь надо ж мыкать век, — Сам ты умный человек!» — «Ну коль этак, так ступайте, — говорит Иван, — продайте...»* П. Ершов. Конёк-горбунок. *Паншин начал с комплиментов Лаврецкому <...>. Выражения: «Вот что бы я сделал, если б я был правительством»; «Вы, как умный человек, тотчас со мной согласитесь», — не сходили у него с языка.* И. Тургенев. Дворянское гнездо. *[Варвара Михайловна (скрывая улыбку):] Так мы отложим беседу о моём настроении до поры... когда у тебя будет более свободное время... Ведь это не важно? [Басов (успокоительно):] Ну, конечно! Ведь это я так... что может быть? Ты милая женщина... умная, искренняя... и прочее. Если б ты имела что-нибудь против меня — ты сказала бы...* М. Горький. Дачники.

«Я вас давно заприметил, сразу вижу: умный человек. А меня, знаете, вопросы всякие мучают, хочется ответ услышать от умного человека. Можно вас спросить?» — «Пожалуйста!» В. Вересаев. Невыдуманные рассказы. [Надя:] Они обрадовались ему: «Греков! Идём с нами, ты — умный!» Он действительно, тётя, очень умный... вы извините меня, Греков, но ведь это правда!.. [Греков (усмехаясь):] Вы ставите меня в неловкое положение... М. Горький. Враги. ‖ Благоразумный, послушный. Обычно в сочет. ♦ **Будь умным (умной, умён, умна)**. Просьба (чаще к ребёнку, девушке, женщине) быть благоразумным, послушным; то же, что ♦ Будь умницей. *Будь здорова, умна, мила, не езди на бешеных лошадях, за детьми смотри, чтоб за ними няньки их смотрели.* А. Пушкин. Письмо Н. Н. Пушкиной, 11 июня 1834. *[Катя] обратилась к Алёше и попросила его оставить нас на полчаса одних. — Ты не сердись, Алёша ‹...›. Будь же умён, поди.* Ф. Достоевский. Униженные и оскорблённые. *— Тёма, — говорит ласково Зина, — будь умным мальчиком, не распускай себя.* Н. Гарин-Михайловский. Детство Тёмы. ♦ **С умным человеком (и) говорить (поговорить) приятно**. *Погов.* ♦ **С умным разговориться, что мёду напиться**. *Погов.* ♦ **Умные (хорошие) речи приятно и слушать**. *Погов.* Формы комплимента (иногда шутл.) в адрес собеседника, а также выражения полного согласия с его словами. *[Василий:] А вот что, сударь: померяйте обе, которая [шляпа] впору, та и ваша. [Телятьев:] Вот, Василий Иванович, умные речи приятно и слушать. (Примеривает сначала свою.) Это моя. А эта чья же? Да это князинькина. Значит, он здесь?* А. Островский. Бешеные деньги. | Ирон. *[Карандышев:] Я, господа, не меньше вашего восхищён пением Ларисы Дмитриевны. Мы сейчас выпьем шампанского за её здоровье. [Вожеватов:] Умную речь приятно и слышать.* А. Островский. Бесприданница. **Умно́**, *нареч. или в знач. сказуем.* Похвала, комплимент в адрес собеседника по поводу сказанного или сделанного им. *[Глумов:] В таком случае это будут не реформы, а поправки, починки. [Крутицкий (ударяя себя карандашом по лбу):] Да, так, правда! Умно, умно! У вас есть тут, молодой человек, есть. Очень рад; старайтесь! [Глу-*

мов:] Покорнейше благодарю, ваше превосходительство. А. Островский. На всякого мудреца довольно простоты. ♦ **С умом**. Умный. *[Хеверн:] Теперь — вы: вы женщина с умом и характером. [Софья:] Благодарю вас... [Хеверн:] Это — правда!* М. Горький. Зыковы.

Умник. ♦ **Вы (ты) умник**, *м.* То же, что Умный. **Умница**. *[Вадим:] Скверная книга, устарела. А новую написать не мешает, к сожалению, многим требуется. [Анастасия Ефремовна:] Ты умник, Вадя, умник! (Андрею.) Слушай.* В. Розов. В добрый час. **Умница**, *м. и ж.* ♦ **Вы (ты) умница**, *м. и ж.* ♦ **Моя умница**, *м. и ж.* ♦ **Какой (какая) Вы (ты) умница!** *Разг.* Формы комплимента, похвалы в адрес младшего или равного по возрасту (чаще ребёнка, девушки, женщины). *«А какой у нас лучший город?» — спросил опять Манилов. ‹...› «Петербург», — отвечал Фемистоклюс. «А ещё какой?» — «Москва», — отвечал Фемистоклюс. «Умница, душенька!» — сказал на это Чичиков. — Скажите, однако ж... — продолжал он, обратившись тут же с некоторым видом изумления к Маниловым, — в такие лета и уже такие сведения!»* Н. Гоголь. Мёртвые души. *— «‹...› небось не спросил обо мне: что, дескать, жива ли тётка? А ведь ты у меня на руках родился, пострел эдакой! Ну, да это всё равно; где тебе было обо мне вспомнить! Только ты умница, что приехал».* И. Тургенев. Дворянское гнездо. *[Елизавета:] Всё пойдёт хорошо! Ведь всё очень просто! Очень просто, Вася... [Достигаев:] Умница моя! Твоё здоровье.* М. Горький. Достигаев и другие. *Надо ли говорить, Эсфирь, как желаю я успеха тебе и как я рад, что ты живёшь и работаешь, такая умница и красавица?* А. Фадеев. Письмо Э. И. Шуб, 1 марта 1935. *Маруся, старшая сестрёнка двух лежащих в колыбели братьев, подошла к люльке, загремела им погремушкой ‹...›. — Покачай ты их, Маруся, — сказала бабка, — покачай, хорошая девушка. Вот, вот, за верёвочку-то. Умница! Вот оне вырастут, тебя на машине покатают.* В. Белов. Привычное дело. ‖ *Разг. Ласк.* обращ. старшего по возрасту, положению к девочке, девушке, молодой женщине. *Приезжий обращается к стоящей на крыльце женщине в красном сарафане: «Что, умница, барин у себя?»* Н. Успенский. На бивуаках. ♦ **Умница (и) разум-**

ница. *Разг.* — *Вот, Евсей, Лида, мой верный друг, умница и разумница!* М. Горький. Жизнь ненужного человека. ♦ **Умница-преумница.** *Обл. Умница-преумница девочка.* СРНГ. ♦ **Будь/те умницей.** *Разг. Ласк.* просьба к равному или младшему по возрасту, чаще к ребёнку, девушке, женщине. *[Донат:] Ты, девушка, будь умницей — уйди! И ты, Глаха...* М. Горький. Достигаев и другие. *И вот мама стала меня посылать спать, и, когда я не хотел ложиться, эта Марья Петровна вдруг говорит: «Будь умницей, ложись спать, а в следующее воскресенье я тебя на дачу возьму, на Клязьму».* В. Драгунский. Старый мореход. **Умничка.** ♦ **Умничка моя.** *Разг.* То же, что **Умница**.

Умоляю. ♦ **Умоляю Вас (тебя).** ♦ **Я Вас (тебя) умоляю.** ♦ **Богом (Христом-Богом) умоляю (Вас, тебя).** ♦ **На коленях умоляю (Вас, тебя)** (сделать, сделайте; не делать, не делайте что-л.). *Разг. Экспрессив.* Формулы страстной просьбы, мольбы. *[Пирамидалов:] Я умоляю, ваше превосходительство! Ваше превосходительство, не заставьте плакать и просить на коленях!.. [Гневышев:] Не трудитесь, мой милый, не трудитесь напрасно...* А. Островский. Богатые невесты. *[Степан Аркадьич:] «Нет, почему же тебе не приехать? Хоть нынче обедать? Жена ждёт тебя. Пожалуйста, приезжай. И главное, переговори с ней. Она удивительная женщина. Ради Бога, на коленях умоляю тебя!» — «Если вы так хотите этого — я приеду», — вздохнув, сказал Алексей Александрович.* Л. Толстой. Анна Каренина. *[Муромский (князю):] Рассмотрите, ваше сиятельство, Богом умоляю вас, рассмотрите! Вопиющее дело!* А. Сухово-Кобылин. Дело. *— Сюда их! — хищно скомандовал Филипп Филиппович. — Доктор Борменталь, умоляю вас, оставьте икру в покое. И если хотите послушаться доброго совета: налейте не английской, а обыкновенной русской водки.* М. Булгаков. Собачье сердце.

Упаси. ♦ **Боже упаси.** *Разг.* ♦ **Упаси Бог (Господь, Царица Небесная).** *Разг.* ♦ **Упаси (Господь) и помилуй.** *Прост.* **1.** Выражения-обереги, употр. в знач. пожелания: «пусть этого не случится» при упоминании о чём-л. страшном, крайне нежелательном. Ср. ♦ **Избави Бог.** ♦ **Не дай Бог.** ♦ **Не приведи Бог.** *Читая Антона Павловича [Чехова], наслаждайтесь языком, вникайте в его магическое умение говорить кратко и сильно — но настроению его не поддавайтесь — Боже Вас упаси!* М. Горький. Письмо М. Г. Ярцевой, дек. 1900. *— Робята... упаси Бог... только не зароните!..* И. Шмелёв. Лето Господне. *«Расстрелы были у вас?» — «Нет, упаси Бог! Такого не слыхать».* М. Шолохов. Тихий Дон. *«Ну, а если я не буду петь?» — спросил тенор. «Упаси Боже, как можно? — Капитан даже побледнел. — Ежели вы петь не будете, так они всем скопом невесть что наделают!»* Л. Борисов. Песня. **2.** *Разг. Экспрессив.* Формулы решительного отрицания чего-л. предполагаемого. *«А вы-то сами, фрау Шмидт? Уж не собираетесь ли вы делать генеральскую карьеру?» — «Упаси и помилуй!» — замахала та руками.* А. Анциферов. Фрау Мюллер в генералах? *Ширяев смеётся. — Ты не подумай, что я хочу тебя испортить. Или ругаться научить. Упаси Бог.* В. Некрасов. В окопах Сталинграда. ♦ **Упаси Бог (от) греха.** *Прост.* То же, что ♦ **Упаси Бог** (в 1 знач.).

Упоко́й его (её, их) Бог. ♦ **Упокой Бог (Господь, Господи) его душу.** [Краткая заупокойная молитва]. Доброе пожелание в адрес умершего. Говорится на похоронах, поминках или (как вводн. конструкция) при упоминании об умершем в разговоре; нередко в сочет. с другими добрыми словами (по обычаю говорить об умершем только хорошее). *— Не жилец был плотник Мартын, не жилец на земле: уж это так. Нет, уж какому человеку не жить на земле, того и солнышко не греет, как другого, и хлебушек тому не впрок, — словно что его отзывает... Да; упокой Господь его душу...* И. Тургенев. Касьян с Красивой Мечи. *«Тётушка приказала долго жить!» — сказал он, не дав себе даже времени сперва поздороваться. Маша и Ивановна взглянули друг на друга. «Упокой, Господи, её душу!» — воскликнул Онуфрич, смиренно сложив руки.* А. Погорельский. Лафертовская маковница. *«Смерть Марфы Петровны, кажется, производит на него впечатление...» — «Упокой, Господи, её душу!» — воскликнула Пульхерия Александровна, — вечно, вечно за неё Бога буду молить! Ну, что бы с нами было теперь, Дуня, без этих трёх тысяч! Господи, точно с неба* упали!» Ф. Достоевский. Преступление и наказание. [Слова молитвы: «Упокой, Господи, душу усопшего раба твоего...» *С минуту они молча посмотрели вслед уплывающему «гостю»* [утопленнику]. *Потом вахтенный <...>, крестясь, произнёс: «Упокой, Господи, душу раба твоего».* М. Горький. Гость]. ♦ **Со святыми упокой.** ♦ **Упокой, Господи, душу усопшего раба твоего (усопших раб твоих).** [Из церковного песнопения.]

Ура́! *Междом.* **1.** *Воинск.* Боевой клич при атаке. *Телегин выскочил первым, обернулся к ползущим через борт хвалынцам: — За мной! Ура!* А. Н. Толстой. Восемнадцатый год. **2.** *Воинск.* Приветствие стоящих в строю в адрес главы государства, командующего. [Троекратное **Ура! Ура! Ура!]** *Криком «ура» войска встречают государя, полководцев.* В. Даль. *И се — равнину оглашая Далече грянуло ура: Полки увидели Петра.* А. Пушкин. Полтава. | *Аплодисменты, которыми делегаты приветствовали появление Молотова за столом президиума, вспыхнули с новой, ещё большей силой — сбоку вышел Сталин. Аплодисменты нарастали, смешивались со стуком опрокидываемых сидений, отодвигаемых пюпитров, все встали, сверху крикнули: «Да здравствует товарищ Сталин! Ура!..». Все закричали: «Ура! Да здравствует великий штаб большевизма! Ура! Да здравствует великий вождь мирового пролетариата! Ура! Ура! Ура!».* А. Рыбаков. Дети Арбата. ‖ Строевой ответ (обычно троекратный) на приветствие, поздравление главы государства, командующего. *Из-за этих звуков отчётливо послышался один молодой, ласковый голос императора Александра. Он сказал приветствие, и первый полк гаркнул: «Урра!» — так оглушительно, продолжительно, радостно, что сами люди ужаснулись численности и силе той громады, которую они составляли.* Л. Толстой. Война и мир. ▭ [*На Красной площади маршал А. А. Гречко объезжает выстроившиеся для военного парада войска:*] «*Здравствуйте, товарищи!*» — «*Здравия желаем, товарищ маршал Советского Союза!*» — «*Поздравляю вас с пятидесятилетней годовщиной Великой Октябрьской социалистической революции!*» — «*Ура-а-а!.. Ура-а-а!.. Ура-а-а!..*» (1967). **3.** *Разг.* Возглас восторженного или шутливого одобрения, радости, приветствия. *Ура! Ты заслужил венок себе лавровый И твердостью души и смелостью ума.* А. Пушкин. Второе послание цензору. [*Павлик:*] *А я хочу выпить за всех женщин, вообще за всех, кого мы любим!* [*Тамара:*] *Ура, ура, спасибо!* Б. Лавренёв. Дым. *Оказывается, пока я болел, на улице стало совсем тепло <...>. Я когда пришёл в школу, все закричали: «Дениска пришёл, ура!»* В. Драгунский. Смерть шпиона Гадюкина.

Уроди́ Бог хле́ба: солома в оглоблю, колос в дугу, зерно в напа́лок! ▱ *Обл.* Пожелание крестьянину (пашущему землю, сеющему хлеб). [*Напалок* — 1. «Напёрсток; ‖ палец перчатки, рукавицы. 2. Короткая рукоятка косья, для правой руки, с боку». В. Даль. «Часть сохи, служащая для отвала земли при пахоте». СРНГ.]

Усе́рдный, -ая, -ое; -ые. ▱ То же, что Сердечный (в 1 знач.). Интенсификатор вежливости в формулах приветствия, просьбы, благодарности, поздравления, пожелания. ♦ **Усердный поклон (Вам, тебе,** кому-л.**).** ▱ *Эпист.* См. Поклон. ♦ **Усердная просьба.** См. Просьба. **Усердне́йший.** ▱ Элатив к Усердный. *Спешу, хотя заочно, принести моё усерднейшее поздравление и самые сердечные пожелания...* ▱ *Эпист.* Учтив. **Усе́рдно,** нареч. ♦ **Усердно прошу принять моё искреннейшее поздравление...** ▱ Учтив. ♦ **Усердно почитающий Вас** (подпись адресанта). ▱ *Эпист.* Учтив. *Примите выражение моего душевного уважения и преданности, с которыми всегда буду Ваша усердно почитающая и искренняя слуга / Анна Виноградская.* А. П. Керн (Маркова-Виноградская). Письмо П. В. Анненкову, 17 июля 1859.

Услу́га. ♦ **(Я) к Вашим (твоим) услугам.** ♦ **(Что-л. принадлежащее адресанту) к Вашим (твоим) услугам.** Формулы вежливости, употр. как выражение готовности быть полезным адресату. *Я надеюсь, что Вы скоро покончите свои дела в университете — не забудьте, что, если Вам только нужны будут мои рекомендательные письма при вступлении на службу, я к Вашим услугам.* И. Тургенев. Письмо Д. Я. Колбасину, 18 дек. 1852. — *В таком случае, мы можем ехать, — сказал Вилларский. — Карета моя к вашим услугам.* Л. Толстой. Война и мир. ‖ ♦ **(Я) к вашим (твоим) услугам.** Формула вежл. или офиц.-вежл.

согласия в ответ на обращение, просьбу, приглашение, предложение. *В одно утро полковник Адольф Берг, которого Пьер знал, как знал всех в Москве и Петербурге <...>, приехал к нему. «Я сейчас был у графини, вашей супруги, и был так несчастлив, что моя просьба не могла быть исполнена; надеюсь, что у вас, граф, я буду счастливее», — сказал он [Берг], улыбаясь. «Что вам угодно, полковник? к вашим услугам».* Л. Толстой. Война и мир. *[Миулин:] Что вам угодно? [Евлалия:] Вы обещали со мной чай пить. [Миулин:] Я это очень хорошо помню. Теперь ещё рано; через час, через полтора я буду к вашим услугам.* А. Островский. Невольницы. ‖ Вежл. или офиц.-вежл. ответ на вопросит. обращение. По отношению к незнакомому означает: «да, это я», «я вас слушаю». Употр. нередко совместно с формулами представления при знакомстве. *[Лебедкина:] Вы адвокат Маргаритов? [Маргаритов:] К вашим услугам, сударыня. Коллежский асессор Герасим Порфирьич Маргаритов.* А. Островский. Поздняя любовь. *«Я, кажется, имею честь говорить с Варварой Александровной», — сказала, сходя и приседая, Татьяна Ивановна. «К вашим услугам», — отвечала Мамилова.* А. Писемский. С. П. Хозаров и Мари Ступицына. *«Я хотела видеть директора музея...» — «Да, да, я к вашим услугам: директор музея Красин», — рекомендуется мой новый знакомый.* А. Никольская. Пропавшие письма. ‖ ✉ Офиц.-учтив. ответ на дуэльный вызов. *Я говорю, помолчав: «Вы будете драться?» Он отстегнул кобуру, нехотя вынул револьвер. Потом подумал и говорит: «Хорошо... Я к вашим услугам».* Вот он уже у барьера. Б. Савинков. Конь бледный. ♦ **(Остаюсь, всегда) готовый (покорный) к (Вашим) услугам...** ✉ Эпист. В сочет. с подписью адресанта — формула вежливости, учтивости в заключении письма; эпистолярный комплимент. *Засим с почтением и преданностью пребыть честь имею, покорный ко услугам вашим / Милостивый Государь / такой-то* (образец письма). И. Н-в. Необходимость переписки между родными // Моск. телеграф. — 1827. — № 11. *С истинным почтением и неизменным усердием остаюсь всегда готовым к вашим услугам / А. Пушкин.* А. Пушкин. Письмо А. А. Орлову, 24 нояб. 1831 и 9 янв. 1832. *«...Прими*

уверение в совершенном моём почтении и преданности, с коими и остаюсь покорный ко услугам / Хозаров». А. Писемский. С. П. Хозаров и Мари Ступицына. ♦ **Окажи/те (мне) услугу.** ♦ **Не могли бы Вы оказать мне услугу?** ♦ **Вы оказали бы мне большую (неоценимую...) услугу** (чем-л., если...). Формулы вежл. просьбы. *[Лыняев:] Оставить добрую память вы очень можете. [Глафира:] Каким образом? [Лыняев:] Окажите мне маленькую услугу! [Глафира:] С особенным удовольствием.* А. Островский. Волки и овцы. *Между тем у меня до Вас есть большая просьба. <...> И потому весьма бы Вы меня обязали, если б нашли возможным уделить некоторое время на исполнение этой задачи. Большую Вы оказали бы мне услугу.* И. Тургенев. Письмо П. К. Маляревскому, 3–5 июля 1876. ▱ [На улице пожилая женщина обращается к юноше:] *Молодой человек, окажите услугу. Объясните, как проехать на улицу Циолковского?* (1992). ♦ **Вы оказали мне большую (неоценимую...) услугу.** ♦ **Если б Вы знали, какую услугу Вы мне оказали!** Экспрессив. ♦ **Вы даже не представляете (представить себе не можете), какую услугу мне оказали!** Экспрессив. Формы выражения благодарности.

Успех. ♦ **Успехов (Вам, тебе)!** ♦ **Успеха (Вам, тебе)!** Разг. Формы пожелания адресату положительных результатов в делах. Употр. при поздравлении, совместном выпивании вина (краткий тост), расставании и т. п. Сокращ. от ♦ **Дай Бог успехов (успеха) (Вам, тебе)!** ♦ **Желаю Вам (тебе) успехов (успеха)** (в чём-л.). *[Прохожий (пьёт, к Михайле и Игнату):] Желаю успеха во всех предприятиях.* Л. Толстой. От неё все качества. *[Ярцев:] Дай вам Бог успеха. [Штубе:] Благодарю.* Б. Лавренёв. Разлом. ▱ [Ведущий — участникам телепередачи:] *Я благодарю вас за то, что вы пришли к нам, в этот кабинет. Успехов вам.* [Гость:] *Спасибо!* (1992). ▱ *Желаю Вам крепкого сибирского здоровья, успехов во всём. Будьте счастливы! / Ваша М. А.* Из поздравит. открытки (1993). ♦ **Желаю Вам успехов в труде и счастья в личной жизни.** Широко распростр. в советский период формула офиц. пожелания при поздравлении. ♦ **Вы делаете (ты делаешь) успехи.** Похвала, одобрение, комплимент в адрес равного или младшего по возрасту, положению. — *Вы делаете успехи, Трубецкой,* — *одобрил редактор,* — *но хотелось бы ещё больше... Вы понимаете?* И. Ильф, Е. Петров. 12 стульев. ♦ **Как успехи?** См. Как. ♦ **Пью (предлагаю выпить, давайте выпьем) за успех (за Ваши / твои успехи).** Формула краткого тоста. ♦ **С успехом!** *Обл.* Приветствие-пожелание работающему, как ♦ **Бог в помощь!** *Карп Павлович по пути завернул во двор Глебовны, чтобы увидеть Алексея. <...> Глебовна с лейкой в руках ходила между грядами, а Алексей, голый по пояс, нёс с Кулима две бадьи воды. «С успехом, соседи». — «Спасибо, Карп Павлович».* И. Акулов. В вечном долгу.

Успоко́йтесь. (Успоко́йся!) Форма утешения расстроенного, взволнованного собеседника. Часто употр. со словами-интенсификаторами просьбы: *пожалуйста, ради Бога, прошу вас (тебя)* и т. п., с ласк. обращениями, а также в сочет. с другими формами утешения. *[Беляев:] Вера Александровна, вы так взволнованы... Успокойтесь, ради Бога... [Вера (отворачиваясь от него):] О, вы обращаетесь со мной, как с ребёнком... Вы даже не удостоиваете меня серьёзного ответа... Вы просто желаете отделаться... Вы меня утешаете!* И. Тургенев. Месяц в деревне. *Правда, он [Иудушка] слегка побледнел и бросился к матери с криком: «Маменька! душенька! Христос с вами! успокойтесь, голубушка! Бог милостив! всё устроится!* М. Салтыков-Щедрин. Господа Головлёвы. *«Господа!* — *воскликнул он.* — *Я ведь вижу, что я пропал. Но она? скажите мне про неё, умоляю вас, неужели и она пропадёт со мной? Ведь она невинна <...>».* — *«Решительно успокойтесь на этот счёт, Дмитрий Фёдорович»,* — *тотчас же и с видимою поспешностью ответил прокурор.* Ф. Достоевский. Братья Карамазовы. *Вдруг я понял, что она сейчас заплачет. А плакала Марина отчаянно, горько, вскрикивая и не щадя себя. Как актриса после спектакля...* — *Прошу тебя, успокойся. Всё будет хорошо. Все знают, что я к тебе привязан...* С. Довлатов. Компромисс. ♦ **Вам (тебе) надо (нужно, необходимо) успокоиться. Вы должны (ты должен) успокоиться.** С оттенком необходимости, долженствования. См. Надо (Нужно).

Устано́в кросна́! ⌧ *Обл.* Пожелание работающему за ткацким станком. То же, что ♦ **Зев в кросна.**

Утеше́ние. ♦ (Сделай/те что-л.) **на утешение (мне, нам).** См. Утешиться.

Уте́шить/ся. ♦ **Утешь/те (меня, нас)** (чем-л.). *Разг.* Доставь/те удовольствие, порадуй/те чем-л. Форма дружеск. просьбы. *Прощайте, друг мой! Весьма бы вы утешили меня, если б пришли к нам сегодня.* Ф. Достоевский. Бедные люди. — *Ну-ка, повеселимся, коли живы! Василий Никитич,* — *доставай, что ли, гусли-то! Утешь!* М. Горький. Жизнь Матвея Кожемякина. *Мне мельник прислал письмо: «Сергуха! За милую душу! Привет тебе, братец, привет! Ты что-то опять в Криушу Не кажешься целых шесть лет. Утешь! Соберись, на милость! Прижваривай по весне!* С. Есенин. Анна Снегина. ♦ **Сделайте (что-л.) нам (мне) на утешение.** *Разг.* *«А что, поди теперь у вас и дыни, и арбузы?»* — *«Есть,* — *молвил Пахом,* — *только не совсем ещё дозрели». «Станут дозревать, прислал бы Андрей Александрыч сколько-нибудь на утешение нашему убожеству, а мы всегдашние его богомольцы»,* — *сказал отец Израиль.* П. Мельников (Печерский). На горах. **Уте́шьтесь. (Уте́шься).** *Разг.* Форма утешения; то же, что Успокойтесь. *Наталья вдруг закрыла лицо руками и заплакала. Рудин приблизился к ней.* — *Наталья Алексеевна! милая Наталья!* — *заговорил он с жаром,* — *не плачьте, ради Бога, не терзайте меня, утешьтесь...* И. Тургенев. Рудин. — *Ну, что же утешительного сказать тебе, Иван <...>. Утешься, старина, прогресс не остановится... по истощении местных лесов он просто переберётся в другие, нетронутые районы...* Л. Леонов. Русский лес. ♦ **Да утешит Вас (тебя) Бог (Господь)!** *Возвыш.* Форма утешения. *Пиши ко мне, когда будешь иметь досуг: общая наша потеря не должна нас разлучить, напротив, ещё более сблизить. Эти чувства утешат нас, и если Марья нас видит, то они и её порадуют <...>. Обнимаю тебя крепко. Да утешит тебя Бог!* И. Пущин. Письмо И. В. Малиновскому, 23 сент. 1844.

Утра́та. *Возвыш.* Смерть, кончина близкого человека. В формулах офиц. утешения и соболезнования родным и близким покойного:

♦ Вас постигла тяжёлая (невосполнимая) утрата. ♦ Вы (мы все вместе с Вами) понесли тяжёлую (невосполнимую...) утрату. ♦ Разделяю (переживаю, несу) с Вами боль (горечь) невосполнимой утраты; и др.

Утро ве́чера мудрене́е. *Посл.* Формула утешения, ободрения. Употр. обычно в ситуации, когда день закончился, а нужного решения по какому-л. делу не найдено, в надежде на то, что утром на свежую голову всё будет яснее, виднее. — *Полно грустить заранее, хозяин, утро вечера мудренее, авось всё пройдёт ладно.* Н. Некрасов, Н. Станицкий. Три страны света. *Приходит башмачник домой и Ивану-царевичу говорит: «Знаешь, я в таку беду попал: королевна мне черевики заказала, а я не имею понятия, что за черевики да ещё с разным набором». — «Спи. Утро вечера мудренее».* Анастасия золотая коса. Сказка. Зап. в 1882. ♦ **Утро вечера мудренее, а мы будем поумнее.** *Шутл.* ♦ **Утро мудренее живёт вечера.** *Обл.* *Говорила тут Добрыне родна матушка: «Ты молоденький Добрынюшка Микитинец! А ты ешь-ка, пей да на спокой ложись, Утро мудренее живёт вечера».* Добрыня и змей. Былина. Зап. в 1871.

Учитель. Возвыш.-почтит. обращение взрослого человека к лицу, являющемуся высоким авторитетом в области религии, философии, науки, которого говорящий считает или готов считать своим учителем, духовным, идейным наставником. (В русском речевом обхождении это обращение малоупотребительно, вероятно, не без влияния норм христианской этики: «Также [книжники и фарисеи] любят предвозлежания на пиршествах и приседания в синагогах, И приветствия в народных собраниях, и чтобы люди звали их: учитель! учитель! А вы не называйтесь учителями: ибо один у вас Учитель, Христос; все же вы братья». Мф. 23; 6–8). *Белинский был особенно любим... Молясь твоей многострадальной тени, Учитель! Перед именем твоим Позволь смиренно преклонить колени!* Н. Некрасов. Сцены из лирической комедии «Медвежья охота». *«Учитель!» — повергся он [Ф. П. Карамазов] вдруг на колени [перед старцем Зосимой], — что мне делать, чтобы наследовать жизнь вечную?» Трудно было и теперь решить, шутит он или в самом деле в таком умилении?* Ф. Достоевский. Братья Карамазовы. ♦ **Дорогой учитель.** В препозиции — возвыш.; в интер- и постпозиции может употр. с различными оттенками: от разг.-учтив. до ирон. *Борменталь вдруг засучил рукава и произнёс, кося глазами к носу: — Тогда вот что, дорогой учитель, если вы не желаете, я сам на свой риск накормлю его мышьяком. Чёрт с ним, что папа судебный следователь.* М. Булгаков. Собачье сердце. *«Как видный мыслитель здешнего района скажите, милейший Шамин, ведь правильно я истолковал их досадное бегство, не так ли?» — «Кротким-то голосом вы их так застращали, дорогой учитель, — солидно ухмыльнулся Никанор, — что я и сам, пожалуй, враз сообразил бы смыться...»* Л. Леонов. Пирамида.

Ф

Фамилия. 1. Форма обращения. **а)** Дружеск. обращ. к знакомому, приятелю. | В XIX в. употр. с «ты» и «Вы»-формами в светском общении преимущ. между юношами и молодыми мужчинами. *Здравствуй, Вульф, приятель мой...* А. Пушкин. Письмо А. Н. Вульфу, 20 сент. 1824. *«Ты что, Ростов, точно из бани?» — «Тут, брат, у нас такая каша второй день». <...> «Вы не знаете, Болконский, — обратился Билибин к князю Андрею, — что все ужасы французской армии <...> ничто в сравнении с тем, что наделал между женщинами этот человек».* Л. Толстой. Война и мир. *Милый Панаев, я получил твоё письмо.* И. Тургенев. Письмо И. И. Панаеву, 21 сент. 1856. | Со второй пол. XIX в. отмечается в общении эмансипированных дам с мужчинами. — *Да, да, я знаю вас, Базаров, — повторила она [Кукшина]. (За ней водилась привычка, свойственная многим провинциальным и московским дамам, — с первого дня знакомства звать мужчин по фамилии.) Хотите сигару?* И. Тургенев. Отцы и дети. | В XX в., после револ., стало употребительным как в мужск., так и в женском общении между равными по возрасту, положению; употр. обычно с «ты»-формами. — *Я от пионерского форпоста, — сказала Зверева, — Сысоева как староста, а Валька из* библиотеки тебе записку принесла. Говори, Сысоева. И мы лица официальные, — пошутила Рая, — ты имей это, пожалуйста, в виду. Ну, говори, Аня... — Аня перекинула косу за плечо и вдруг покраснела так, как умеют краснеть пятнадцатилетние девушки, да ещё блондинки. — Мы пришли, — сказала она, — узнать, что ты думаешь со школой, Старосельская. И почему ты прекратила?.. Ю. Герман. Наши знакомые. [Балясников (с подозрением глядит на телефонный аппарат):] Молчит всё утро. <...> Всё это странно, Блохин. Я вдруг почему-то никому не нужен. [Христофор:] Успокойся, Федя, и выпей чаю. Съешь колбаски, в конце концов. А. Арбузов. Сказки старого Арбата. | Разг. В совр. употр. шутл. или с оттенком иронии обращ. к лицу другого пола (чаще — женщины к мужчине), с которым говорящий находится или находился прежде в близких, интимных отношениях. — Как же я любила-то вас, Грацианский. И даже когда вы со шлюхой этой под ручку из Дарьяла выходили, всё равно и тогда любила! Л. Леонов. Русский лес. — Никогда не подозревала, Сорокин, что такой жуткий Иезекииль до поры таится в вас! — поощрительно улыбнулась Юлия. — Но продолжайте же, дорогой! Л. Леонов. Пирамида. ▱ [Жена — мужу (в гостях):] Тимохин, мы с тобой сегодня домой пойдём или нет? Поздно уже... (1995). | При отсутствии дружеских, приятельских отношений обращение к знакомому по фамилии воспринимается как невежливое, фамильярное. <...> Шариков немедленно заложил [документы] в карман пиджака и немедленно же после этого позвал доктора Борменталя: «Борменталь!» — «Нет, уж вы меня по имени и отчеству, пожалуйста, называйте!» — отозвался Борменталь, меняясь в лице. М. Булгаков. Собачье сердце. **б)** Офиц. обращ. к равному или низшему по положению. | В XIX в. употр., как правило, в сочет. со словами господин, госпожа, мсье, мадам, мадемуазель. | В XX в., после револ., со словами гражданин, гражданка, товарищ, а также в сочет. с наименованиями по должности, званию: *капитан Смирнов, доктор Нечаева*, с «Вы»-формами. Официальное обращ. только по фамилии малоупотребительно и допустимо лишь в случаях, когда между собеседниками сложились деловые доброжелательные отношения. *[Зазвонил телефон] и Ильин услышал далёкий голос Артемьева. «Здравствуйте, Ильин. Как дела?» — «Здравия желаю. Выполняем приказ!»* К. Симонов. Живые и мёртвые. *«Лавров, ты сделал Вологду?» — «Да нет же, у меня Канск в работе». — «Смотри, Лавров! До отъезда сдай Вологду...»* А. Аграновский. Репортаж из будущего. | При обращ. старшего по возрасту, положению к одному из группы лиц. ▱ [Учительница на уроке:] *К доске пойдёт Сидоренко... Ивченков, убери, пожалуйста, сумку с прохода* (1995). **2.** Форма офиц. представления при знакомстве. В зависимости от ситуации может употр. в сочет. с личным именем, именем и отчеством, наименованием по должности, званию и т. п. — *Келлер, поручик в отставке*, — отрекомендовался он с форсом. — *Угодно врукопашную, капитан...* Ф. Достоевский. Идиот. — *Это брат мой, а это племяш*, — представил Игнатий. Молодой человек легко поднялся, протянул руку: — *Закревский*. В. Шукшин. Любавины. *«Моя фамилия — Матёрин. Я художник». — «Так, так...* — Николай Филиппович вышел из-за сверкающего новым лаком стола. — *Очень приятно».* В. Тендряков. Свидание с Нефертити. Следователь сделал два шага навстречу, но руки не протянул. — *Селезнев Юрий Ильич, старший лейтенант милиции... Прошу садиться!* В. Липатов. Игорь Саввович. *Она протянула ему руку. «Проскурова Наталия Викторовна. Наташа». — «Гущин Сергей Иванович».* Ю. Нагибин. Срочно требуются седые человеческие волосы. **3.** Эпист. В сочет. с наименованием по чину, должности, званию, с указанием полного (паспортного) имени, имени-отчества или инициалов — подпись адресанта в конце офиц.-делов. письма. *1864 г., февраля 4 дня, я, нижеподписавшийся, даю сию подписку Канцелярии с-петербургского военного генерал-губернатора в том, что в случае требования Правительствующего сената я обязуюсь немедленно явиться в оный из-за границы, где буду проживать или в Бадене, или в Париже. / Отставной коллежский секретарь / Иван Тургенев.* И. Тургенев. Официальные письма и деловые бумаги. ▱ «Когда старший пишет к младшему, то обыкновенно при означении звания, чина и фамилии он подписывает собственноручно только свою фамилию; когда младший пишет к старшему, то сам подписывает звание, чин и фамилию». Я. Толмачев. Военное красноречие... (1825).

Феномена́льный, -ая, -ое; -ые. *Разг.* Бесподобный, исключительный, превосходный. Оценочный эпитет-комплимент. ▭ *У вас феноменальная память!* ▭ *Поздравляю! Феноменальный успех!* ▭ *С вашими феноменальными способностями убеждать добиться успеха вам будет нетрудно.* **Феноменально!** *В знач. сказуем.* Прекрасно, восхитительно, великолепно. ▭ *Вы это всё своими руками сделали? Феноменально!*

Фе́я. ♦ **Моя фея.** Восторженно-возвыш. или шутл.-игривое мужское обращ. к близкой, любимой женщине. *[Ирина:] Но я, Вадим, боюсь. [Дульчин:] Чего, моя фея, чего? [Ирина:] Нас могут разлучить, есть препятствие... А. Островский. Последняя жертва.* ǁ *В знач. сказуем.* ♦ **Вы (ты) фея.** ♦ **Вы (ты) моя (добрая) фея.** *Разг.* Форма восторженного или шутл. комплимента в адрес женщины, чарующей своей грациозностью, красотой, незаурядными способностями и т. п.; то же, что волшебница. См. Волшебник. *«У вас есть зельтерская вода?» — «Есть», — отвечает аптекарша. «Браво! Вы не женщина, а фея». А. Чехов. Аптекарша.*

Физкультприве́т! [Первонач. — форма приветствия командам физкультурников. Получило употребление в советск. период]. *Шутл.* Дружеск. или фамильярн. приветствие. ▭ [Мужчина лет сорока входит в магазин в весёлом расположении духа:] *Работникам прилавка физкультпривет!* (1991).

Фо́ра (Форо́). *Междом.* [Итал. Fuori]. ▭ Возглас, выражающий восхищение и требование повторения только что исполненного артистом номера; бис. *Через неделю публика смягчилась и принуждена была хлопать, кричать браво и форо куплетам Писарева и вызывать его за новый водевиль. С. Аксаков. Литературные и театральные воспоминания. Народу было много. <...> Кончилась песня, сотня голосов закричала: «Фора! Ещё!» Ф. Решетников. Где лучше.*

Фра́у. [Нем. Frau]. Вежл. обращение к замужней женщине-немке, жительнице Германии, как госпожа, сударыня. | В сочет. с фамилией — офиц.-вежл. *«Скажите, господин Никитин, неужели мы всё ещё помним, что была война?» — «К сожалению, фрау Герберт».* Ю. Бондарев. Берег.

Фре́йлейн. (Фрейлен. Фройлен). [Нем. Fraulein]. Вежл. Обращение к девушке-немке или к молодой незамужней женщине, как барышня. | В сочет. с именем или фамилией — офиц.-вежл.

Футболист роди́лся. *Прост., шутл.* То же, что ♦ (Тихий) Ангел пролетел. См. также: ♦ Милиционер родился. ♦ Хулиган родился. ♦ Цыган родился. ♦ Человек родился.

Х

Хай! [Англ. Hail — «Привет!» Оклик]. *Прост., фамильярно-шутл.* В русскоязычной молодёжной среде приветствие на английский или американский манер (1980—90-х гг.).

Хау ду ю ду. [Англ. How do you do — «Как поживаешь? Здравствуй!»] В русскоязычной преимущ. молодёжн. среде — *разг.* шутл.-фамильярн. форма приветствия. *Через собратьев ты переступаешь, Но успеваешь, всё же успеваешь Знакомым огрызнуться на ходу: — Салют! День добрый! Хау ду ю ду!* В. Высоцкий. Баллада о маленьком человеке. ▭ [Из разговора учеников 10 кл.:] *«Хау ду ю ду, девочки!» — «Привет, мальчики!» — «Кого ждёте?» — «Вас»* (1994).

Хвала́ (Вам, тебе, кому-л.**).** ♦ **Хвала и честь (Вам, тебе,** кому-л.**).** *Экспрессив.* Возвыш. торжеств. форма похвалы, одобрения, восхищения. *Ты, Горчаков, счастливец с первых дней, Хвала тебе — фортуны блеск холодный Не изменил души твоей свободной.* А. Пушкин. 19 октября. *— Ну, знаете ли, Николай Иваныч, — вам хвала и честь! Вы реноме прапорщика подняли на большую высоту.* С. Сергеев-Ценский. Лютая зима. *— Хвала вам и честь, Сергей Владимирович, хотя я ещё не вполне осознал до конца все последствия, вытекающие из вашего сегодняшнего предложения.* А. Степанов. Порт-Артур.

Хвали́ть/ся. ♦ **Хвалить не устать, было бы под стать.** ▭ *Погов.* Формула шутл. похвалы, одобрения. ♦ **Хвалю (Вас, тебя).** ♦ **Хвалю, хвалю.** Формы похвалы в адрес равного или младшего по возрасту, положению. *Дронов тоже поздравил [Самгина] и как будто искренно. <...> а Робинзон повторил отзыв Елизаветы Львовны: — Хвалю, однако ж всё-таки замечу вот что: статейка похожа на витрину гастрономического магазина: всё вкусно, а — не для широкого потребления. М. Горький. Жизнь Клима Самгина. «Ну, — сказал Остап, — вам памятник нужно нерукотворный воздвигнуть. Однако ближе к делу. Например, буква В». — «Есть буква В, — охотно отозвался Коробейников <...>. — Десять стульев в Москву, в музей мебельного мастерства <...>». — «Хвалю, — сказал Остап, ликуя, — это конгениально! Хорошо бы и на ордера посмотреть». И. Ильф, Е. Петров. 12 стульев.* ♦ **Хвалиться нечем.** *Разг.* Ответ на обычные при встрече вопросы: «Как дела (здоровье, жизнь, успехи...)?»

Хва́стать/ся. ♦ **Хва́стать/ся не́чем.** *Разг.* То же, что Хвалиться нечем. ♦ **Проходи́/те (Сади́/те/сь) да хвастай/те.** См. Пройдите. Садитесь.

Хват. *Разг.* Бойкий, ловкий, удалой человек. | *В знач. сказуем.* Похвала, одобрение, употр. обычно в адрес юноши, мужчины, равного или младшего по возрасту, положению. — *Эх, хват! за это люблю! — говорил Черевик, немного подгулявши и видя, как нареченный зять его налил кружку величиною с полкварты и, нимало не поморщившись, выпил до дна, хватив её потом вдребезги. Н. Гоголь. Сорочинская ярмарка.* ♦ **Хват парень.** *Разг.*

Хелло́! (**Хелло́у!**) [Англ. hello, hullo — «здравствуй/те; привет»]. *Разг. шутл.* или *фамильярн.* форма приветствия, употр. преимущ. в речи молодёжи. ☞ *«Хелло, мальчики!» — «Привет!» (1995). Пока он так гадал, уткнувшись в окно, девушка оглянулась и тоже узнала его. «Володя?.. Ой, здравствуй!» — «Хелло!» — воскликнул Володя. И сделал вид, что очень-очень удивился, и остро почувствовал свою фальшь — и это «хелло», и наигранное удивление. В. Шукшин. Медик Володя. Он набрал номер. Тоненький, нездешний голос произнёс: «Хеллоу?» — с английским акцентом. «Это кто?» — спросил Нешатов. «Соня». — «Мама дома?» И. Грекова. Пороги.*

Херуви́мчик (мой). *Прост., нар.-поэт.* Похвала, комплимент или ласк. обращение в адрес красивой нарядной девушки, ребёнка. То же, что Ангелочек. *[Аграфена Кондратьевна:] Посмотри-ко, Самсон Силыч, полюбуйся, сударь ты мой, как я дочку-то вырядила. Фу ты, прочь поди! Что твой розан пионовый! (Дочери.) Ах ты моя ангелика, царевна, херувимчик ты мой! А. Островский. Свои люди — сочтёмся! Вы помещицей хотите быть, маточка? Но, херувимчик вы мой! Вы поглядите-ка на себя, похожи ли вы на помещицу?.. Да как же может быть такое, Варенька! Ф. Достоевский. Бедные люди.*

Хлеб да соль! (♦ **Хлеб-соль!** ♦ **Хлеб да соль вам!** ♦ **Хлеб-соль есть!** ♦ **Хлеб есть!**) *Прост.* Приветствие-пожелание тем, кто ест, как ♦ Приятного аппетита! (В ответ обедающие обычно благодарят: «Спасибо!» и приглашают: «Садитесь с нами». «Подсаживайтесь к нам». «Хлеба кушать (с нами)». «Милости просим (хлеба кушать)». «Просим нашего хлеба есть». «Просим к нашему хлебу-соли». В редких случаях нежеланному гостю, с которым не считают нужным церемониться, на *Хлеб-соль!* иногда могут ответить полушутя-полусерьёзно: «Ем, да свой (а ты рядом постой, о́даль стой)», «Мимо стола дорога столбова» или: «Милости просим мимо нашего стола щи хлебать», «Покорно просим со своим хлебом-солью», а на приветствие *Хлеб есть!* такие шутники отвечают: «Да негде сесть»). *Встречали нас везде весело и ласково. <...> Многих [рабочих] мы заставали за обедом или чаем, и всякий раз на привет наш: «хлеб да соль» или «чай да сахар», они отвечали: «просим милости» и даже сторонились, давая нам место. Л. Толстой. Так что же нам делать? В одном месте они [бурсаки] натолкнулись на кучку рабочих, которые <...> на берегу варили кашу. «Хлеб да соль», — говорят. — «Хлеба-соли кушать». Н. Помяловский. Очерки бурсы. Поздоровавшись, Ларион говорит: «Хлеб-соль вашей милости!» — «Садись с нами откушать», — приглашает Фроська добродушно. А. Новиков-Прибой. Лишний. Смотрит [мужик]: сидят на дороге чумаки да варят кашицу. «Здравствуйте, земляки!» — «Здравствуй, добрый человек!» — «Хлеб-соль вашей милости!» — «Спасибо!» Мена. Сказка из собр. А. Н. Афанасьева. «Что я враг, что ли, ей?» — подумала мать, надела шубу, да и на Карельский, к Радю-*

шиным. Приплыла только вечером. Сидят паужинают. «Хлеб да соль!» — «Хлеба кушать! Милости просим. Садись, хвастай!» М. Пришвин. В краю непуганых птиц. «Здравствуйте, хозяева!» — Найдёнов стащил свою промасленную кепку, приглаживая поднявшиеся вихры. «Здравствуйте, коли не шутите», — отвечал, чуть заметно улыбаясь, простой и весёлый в обхождении Аким Младший. Нагульнов бы в ответ на шутливое приветствие сдвинул разлатые брови <...>, а Ванюшка Найдёнов, будто не замечая холодноватой сдержанности хозяев, улыбаясь, сказал: «Хлеб-соль вам!» Не успел Аким и рта раскрыть, чтобы, не приглашая к столу, проронить скупое «спасибо» или отделаться грубовато-шутливым: «Ем, да свой, а ты рядом постой», — как Найдёнов торопливо продолжал: «Да вы не беспокойтесь! Не надо! А впрочем, можно и подзавтракать... Я, признаться, сегодня ещё не ел <...>». Аким Младший расхохотался: «Ну, вот это по-служивски! Счастлив ты, парень, что успел вперёд меня заскочить, а то я уж было хотел сказать на твою «хлеб-соль», мол, «едим свой, а ты рядом постой!» Девки! Дайте ему ложку». М. Шолохов. Поднятая целина. ♦ **Хле́ба на стол.** ⌇ *Обл.* То же, что ♦ Хлеб-соль (вам, тебе). ♦ **Бью хлебом да солью, да третьей любовью.** ⌇ *Прост.* Вежл. приглашение в гости, на угощение. *Отошла хозяйка от печи, отвесила длинный поклон в пояс, во всю спину, да и спела речисто и звонко с переливами в голосе: — Гостьюшки-голубушки! Покидайте-ко прялочки, умывайте-ко рученьки! Не всякого по имени, а всякого челом. Бью хлебом да солью, да третьей любовью. С. Максимов. Крылатые слова.* ♦ **Просим к нашему хлебу-соли!** ⌇ ♦ **Просим нашего хлеба есть.** ⌇ Приглашение к обеду, к столу. ♦ **Хлеба-соли покушать, лебедя порушать (пирогов отведать) (милости просим к нам).** ⌇ ♦ **Милости просим (прошу) (дорогие гости) хлеба-соли откушать (кушать, есть)!** ⌇ ♦ **Милости просим откушать, нового хлеба (пирога, лебедя...) порушать!** ⌇ ♦ **Просим милости откушать зелена вина, отведать хлеба-соли!** ⌇ *Прост.* и *обл.* *Фольк.* Формы учтив. приглашения в гости, к столу. *Говорил тут Владимир стольнокиевский: «Уж вы ой еси, удалые добрые молодцы! Как поедете вы мимо да красен Киев-град, Милости просим да хлеба-соли исть, Хлеба-соли исть да пива с медом пить К молодой княгине да ко Опраксии». Сорок калик со каликою. Былина. Зап. в 1889–1901. Говорил Владимир таково слово: «Молодой ты боярский Дюк Степанович! Гости-ко, пожалуй во высок терем, А хлеба-соли ты покушати, А белого лебедя порушати». Дюк Степанович и Чурила Пленкович. Былина. Зап. в 1971. Хозяйка избы, по сибирскому обычаю, созвала своих родственниц, старух и молодых, из своей деревни и из соседних, погостить к себе, посидеть и побеседовать. Ходила сама, просила: — Всем двором, опричь хором! Хлеба-соли покушать, лебедя порушать, пирогов отведать. С. Максимов. Крылатые слова.* ♦ **Без соли, без хлеба худая (какая) беседа.** *Разг.* Погов., с которой хозяин обращается к гостю, предлагая ему угощение. *— Бертенька! а ну, дай нам, матушка, что-нибудь такое позабавиться. — И из комнаты Берты Ивановны тотчас же появляется поднос с холодною закускою, графинчиком Doppel-corn, бутылкой хересу и бутылкой портеру. — Без соли, без хлеба — худая беседа. Н. Лесков. Островитяне.* ♦ **У меня хлеб чистый, квас кислый, ножик острый, отрежем гладко, поедим сладко.** ⌇ *Прост.* Шутл. форма приглашения гостя пообедать, закусить. ♦ **Хлеб-соль на столе, а руки свое.** *Обл.* ♦ **Бог на стене, хлеб на столе.** *Прост.* Формы приглашения приступать к еде, угощаться, с которыми хозяин или хозяйка обращаются к собравшимся за столом. ♦ **От хлеба-соли (от обеда, от щей) (добрые люди) не отказываются (и царь не отказывается).** *Прост.* **1.** Форма настоятельного приглашения к столу, к обеду гостя, который из вежливости отказывается от угощения. *«Поешь, поешь, сынок, — настаивал дедушка Селиван. — Тебя как звать-то?» — «Александр... Саша». — «Ну дак, вишь, и зван по-нашему. А по-нашему такое правило: хоть ты генерал будь, а от хлеба-соли не отказывайся. А по-солдатски и того гожей устав: ешь без уклону, пей без поклону. Я солдатом тоже бывал, дак у нас так: где кисель, там служивый и сел, а где пирог, там и лёг. За спасибо чина не прибавляют». — «Ну, отец, от тебя, видать, и ротой не отбиться!» — засмеялся лейтенант.*

Е. Носов. Усвятские шлемоносцы. **2.** Форма вежливого согласия на приглашение к обеду. *[Гурмыжская:] Ты на меня не сердись, Иван Петрович! Я женщина, с меня строго взыскать нельзя. Сделай милость, приезжай ко мне завтра обедать. [Восмибратов:] От хлеба, от соли не отказываются.* А. Островский. Лес. ♦ **Не слушай, хлеб-соль.** ♦ **Не за хлебом-солью (будь) сказано.** ⌛ *Прост.* Обереги, употр. преимущ. пожилыми людьми, когда за обедом говорится грубое слово. — *Два сына у меня в дружине ходят, а ты меня большевиком обозвал! Сам ты, не слушай хлеб-соль, большевик!* В. Балябин. Забайкальцы. ♦ **Спасибо, хлеб-соль.** ⌛ *Прост.* Фраза, которую произносит хозяин или хозяйка, поев и вставая из-за стола. ♦ **Спасибо за хлеб-соль (на хлебе-соли** ⌛**).** **1.** *Разг.* Благодарность хозяевам за угощение. *Когда было съедено и это блюдо, мы встали из-за стола и простились с хозяевами. Лев Николаевич торопился домой. Дед пошутил: «Оно по-настоящему пастухам у нас и ночевать бы черед». «Нет-нет, — заторопил Лев Николаевич, — мы домой. Спасибо вам за хлеб-соль и за милость вашу».* И. Тенеромо. Лев Толстой — пастух. **2.** ⌛ *Прост. и обл.* Возвыш. форма сыновней (дочерней) благодарности родителям за то, что выкормили, вырастили, помогли стать на ноги. — *Спасибо вам, батюшка И родимая матушка, На хлебе и на соле, На большой добродетели.* СРНГ. ♦ **Челом бью на хлебе, на соли.** ♦ **На хлебе, на соли да на добром слове (здоровье) (благодарим).** ⌛ *Прост.* ♦ **За хлеб, зá соль, зá щи с квасом, за лапшу, за кашу, за милость Вашу (благодарим).** ⌛ *Прост.* ♦ **За хлеб, зá соль, зá щи — спляшем, а за винцо — песенку споём.** ⌛ *Прост. Шутл.* Формулы благодарности хозяевам за угощение, гостеприимство. ♦ **Дай Бог с нами пожить да хлеб-соль поводить.** ⌛ *Прост.* Форма пожелания при прощании хозяев с гостями. *Вот, например, какие возможны сцены, когда употчеванные гости прощаются с хозяевами. «На хлебе — на соли, да на добром здоровье!» — заводит один. Ему отвечают хозяева: «Дай Бог с нами пожить да хлеб-соль поводить».* С. Максимов. Крылатые слова. ♦ **Покорно просим со своим хлебом-солью.** ⌛ *Прост.* **1.** *Шутл.* приглашение в гости. **2.** Грубовато-шутл. ответ на пожелание «Хлеб да соль!» тому, с кем не считают нужным церемониться.

Хлóпец. [Укр.] *Прост. и обл.* **1.** Дружелюбн., чаще мужское обращение взрослого к незнакомому мальчику, подростку. ▭ *[Мужчина (мальчику, стоящему у калитки):] «Хлопец, Черемновы здесь живут?» — «Не, вон там»* (1992). **2.** *Обл.* Доброжелат. обращ. старшего по возрасту, положению к молодому человеку, парню. *Белоусый подошёл к нему вплотную <...>. — Крепкий ты, хлопец... Я тебя милую, запишу до батька у вийсько.* М. Шолохов. Путь-дороженька. *— Ну как, хлопцы, дождя не будет? — кричал он [председатель] ещё издали, подъезжая.* Е. Носов. Шумит луговая овсяница. **Хлóпчик.** [Укр.] *Прост. и обл.* Уменьш.-ласк. к Хлопец (в 1 знач.). *Парень достал ломоть ржаного хлеба и глечик кислого молока. Он поднёс глечик ко рту, и тут взгляд его случайно упал на меня. Очевидно, он заметил блеск моих глаз. Он отнял глечик ото рта и, пошарив за своим изголовьем, достал большую жестяную кружку без ручки. Наклонив над ней глечик, он опорожнил его до половины, вопрошающе глянул на меня и, долив ещё половину остатка, сказал: — Рубай, хлопчик, — указал на кружку и хлеб и, так как я мешкал, добавил: — Я сытый, тут на харчи не скупятся.* Ю. Нагибин. Трубка. *А ко мне подошёл <...> немолодой уже такой товарищ в вышитой украинской рубахе: — Як думаешь, хлопчик, у мэнэ — писни... Чи маю ладно — з писнямы?* А. Рекемчук. Мальчики. **Хлóпче.** *Обл.* Зватель. ф. от Хлопец. Хлопчик. *Эй, хлопче! — тут оборотился он [помещик] к мальчику в казацкой свитке, принесшему перину и подушки, — постели постель мне на полу посреди хаты!* Н. Гоголь. Иван Фёдорович Шпонька и его тётушка. *Мы уселись. Якуб взобрался последний. — Ну, с Богом, в час добрый. В дорогу, хлопче, в дорогу!..* В. Короленко. Эпизоды из жизни искателя.

Ходи, миленький (милая), почаще, носи пряников (пряничков) послаще. *Погов. Шутл.* или *фамильярн.* форма приглашения в гости при прощании. *[Пётр:] Эх, девка! Что балясы-то точишь! Видишь, я в каком разе! Проси, чего хочешь. Дорогого проси! [Груша:] Чего у тебя просить-то? А вот что:*

ходи почаще, носи пряничков послаще, да ещё ленту поалее, да гляди на меня помилее, да целуй покрепче... ха, ха, ха!.. А. Островский. Не так живи, как хочется. *Попрощавшись, Саша проводил Людмилу до калитки. Пошёл бы и дальше, да не велела. Он остановился у калитки и сказал: «Ходи, милая, почаще, носи пряничков послаще».* Ф. Сологуб. Мелкий бес.
♦ **Заходи́те (заезжа́й/те) к нам поча́ще.** См. Заходи́/те. Заезжа́й/те.

Ходи́те поча́ще, без вас весеᴫе́й. *Разг., шутл.* Озорная форма прощания. *[Пётр:] Не пущу я тебя! [Груша:] И рад бы не пустить, да пустишь. Воевать-то много не дадим. (Тихо.) Ты думаешь, мне Вася сказал? Жена твоя здесь была. <...> [Пётр (хватает себя за голову):] Жена! [Груша:] Запевайте, девушки, песню. (Обращаясь к Петру.) Ходите почаще — без вас веселей!* А. Островский. Не так живи, как хочется.

Хозя́ин. *Прост.* **1.** Обращение (преимущ. мужск., на «ты») гостя, посетителя к мужчине, владельцу, собственнику (дома, усадьбы, лавки, магазина и т. п.). *Стук в дверь, сильный тенорок: «Разрешите войти?» — «Входите». — Яков Лукич хотел сказать громко, но голос съехал на шёпот. Давыдов постоял и отворил дверь. <...> «Здравствуй, хозяин!» — «Здравствуйте, товарищ!» — в один голос ответили Яков Лукич и его жена.* М. Шолохов. Поднятая целина. *«Хозяин! Дёготь у вас хороший есть?» — «Такого дёгтю, любезный, у твоего деда на свадьбе не было!»* И. Бунин. Деревня. *Угощай, хозяин, да не очень. Много роз цветёт в твоём саду. Незадаром мне мигнули очи, приоткинув чёрную чадру.* С. Есенин. *Улеглась моя былая рана... Касьян <...>, вздрогнув, как под бичом, услышал у ворот конский топот и чужой, незнакомый окрик: — Хозяин! А, хозяин! А ну выдь-ка сюда.* Е. Носов. Усвятские шлемоносцы. **2.** ⌛ Обращение работника к своему хозяину. *Знакомым ходом подошёл он [приказчик] к Марку Данилычу. Тот спал, но пришлый смело подошёл к нему, взял за здоровую руку и сказал вполголоса: — Проснись, хозяин, пробудись, ваше степенство, Корней Евстигнеич проститься пришёл с твоей милостью.* П. Мельников (Печерский). На горах. *Быт портных был колоритен и своеобразен. Придёт мастер к хозяину в тёплое время <...> и скажет: «Хозяин, посадишь работать?»* Е. Иванов. Меткое московское слово. *Фрол-зубарь смачно жевал, двигая ушами, и болтал без умолку. «Ну как, дорогой хозяин, доволен работой?» — «Доволен, доволен. И чему доволен?» — гнусавил Захар Денисович.* М. Шолохов. Батраки. *Мальчишко прилетел, оглядел, заслонку вытащил — всё в горшочке выгорело <...>. Бежит бегом к хозяину: — Хозяин, у хозяйки ничего не выходит. Хозяюшка-то всё в горшочке сожгла, воды-то не налила, всё сухо в печку запихала!* Жена сапожника и купчиха. Сказка. Зап. в 1925. **3.** **Хозя́ин (мой).** ⌛ *Прост. и обл.* Почтит. или шутл.-почтит. обращ. жены к мужу. *[Вера Филипповна:] Мы с Потап Максимычем люди не модные, немножко старинки придерживаемся. Да не всё ли равно. Как его ни называй: муж, хозяин, сам, — всё он большой в доме. [Аполлинария Панфиловна:] Ну нет, разница. «Хозяин» — уж это совсем низко, у нас кучерова жена своего мужа хозяином зовёт.* А. Островский. Сердце не камень. ⌾ *[Жена — мужу:] Ну, мой хозяин, ты чего рубаху в ремезьях надел? В горнице, на лавке, цела лежит, выстирана и накатана.* П. Еремеев. Обиход. **Хозя́инушка (Хозя́йнушко).** ⌛ *Прост. и обл.* Ласк. к Хозяин. ⌾ *Хозяинушка, наш батюшка! Дари гостей лалынщичков.* СРНГ. *Говорит тут верный богатырский конь Человеческим да он голосом: «Как прости-тко ты меня, хозяюшко, А позволь-ка ты мне слово вымолвить».* Святогор. Былина. **Хозя́йка.** *Прост.* **1.** Обращ. гостя, посетителя к хозяйке дома. *Двое красноармейцев внесли в кухню мешок с мукой, поставили его около порога. — Затопляй, хозяйка, печь! — сказал один из них. — К вечеру придём за хлебами.* М. Шолохов. Тихий Дон. ‖ К владелице чего-л. ⌾ *[Мужчина (продавщице):] Хозяйка, хлеб свежий?* (1992). **2.** ⌛ Обращ. работника или работницы к своей хозяйке. ⌾ *[Портные учат горничную, пришедшую получать заказ:] Дай бабе перебеситься, а то слюной изойдёт. Ты её потешь, хозяйка, мол, слушаю... Сопли себе под носом утюгом вытрите, не расстраивайтесь. И всё тут... Нужно умение вежливо обойтись...* Е. Иванов. Меткое московское слово. **3.** Доброжелательно-шутл. обращ. мужа к жене. *[Павла (ласково):] Кричать меньше надо... вы вот всё кричите, это не нужно... [Антипа (мягко):] Я не со зла, а... просто такой голос грубый. Надо бы чайку попить, а, хозяйка? Поди-ка, снаряди... Здесь накрыть вели. И — закуску... Иди, милая! М. Горький. Зыковы. [Захар Денисович] щедро угощал рабочих, под конец даже Фёдору сказал: — Ты чего же, брат Федя, без хлеба ишь? Хозяйка, отрежь ему краюху!.. М. Шолохов. Батраки.

Хозяюшка. Ласк. к Хозяйка. Землемер первый шагнул через порог, низко согнувшись под притолокой. — Здравствуй, хозяюшка! — сказал он приветливо и развязно. Высокая, худая женщина, стоявшая у открытого устья печи, слегка повернулась в сторону Жмакина, сурово и безмолвно поклонилась, не глядя на него, и опять закопошилась у шестка. А. Куприн. Болото. Приходит к ним женщина. <...> На спине котомочка холщовая, в руке черёмуховый бадожок, вроде как странница. Просится у Настасьи: — Нельзя ли, хозяюшка, у тебя денёк-другой отдохнуть? Ноженьки не несут, а идти не близко. П. Бажов. Малахитовая шкатулка. Наконец [приёмщица камеры хранения] пришла, важно открыла свою контору. «Хозяюшка, можно сдать?» — Мишка знал правила городского обхождения. — «Можно». В. Белов. Целуются зори... [Владимир (официантке):] Девушка... [Ходкин (ласково):] Здесь нет девушек. Это ресторан русской кухни, и называются они тут (окая) хозяюшка! (Официантке) А ну, хозяюшка, что у вас хорошего, что сами кушаете? Э. Радзинский. Пейзаж с рекой и крепостными стенами. Пришло время — утро — хозяйке вставать. Он [муж] говорит: «Время, хозяюшка, вставать, постряпать и отца с матерью позвать». Строгий зять. Сказка. Зап. в 1902. Вечерами [отец] говаривал матери: «Ты, моя хозяюшка, мастера наблюдай, пироги ему пеки, да колобы <...>. А вы, робятки, будьте до Конона Ивановича ласковы, чтобы вас полюбил. Б. Шергин. Рождение корабля. **Хозяева.** Прост. Обращ. гостя, посетителя к хозяевам дома. К бывшему «курощупу» — деду Акиму Бесхлебному — пришли они в курень, когда вся бесхлебновская семья завтракала. <...> — Здравствуйте, хозяева! — Найдёнов стащил свою промасленную кепку, приглаживая поднявшиеся вихры. М. Шолохов. Поднятая целина.

Хоро́брый, -ая; -ые. См. Храбрый.

Хороше́ете. ♦ (Вы) всё (с каждым днём, день ото дня) хорошеете! (♦ Ты всё хорошеешь!) Разг. Шутл. комплимент при встрече со знакомой молодой женщиной, девушкой. [Муратов (сходя в сад):] Какая поэтическая картина: варенье варят, сладкие стихи читают... Добрый день, Павла Николаевна, вы всё хорошеете! Отставной проповедник правды и добра — приветствую! Здравствуй, Миша... М. Горький. Зыковы.

Хоро́ший, -ая, -ее; -ие; -рош, -а, -о; -и. 1. Оценочный эпитет в составе ласк., комплиментарных обращений. Обычно употр. в ряду с др. эпитетами: добрый, дорогой, милый и т. п. [Ольга:] Будет, Маша! Перестань, милая... [Кулыгин (в смущении):] Ничего, пусть поплачет, пусть... Хорошая моя Маша, добрая моя Маша... А. Чехов. Три сестры. Нет под рукой бумаги, простите, Анна Абрамовна, простите, милая, хорошая, добрая, если не ко всем, то ко мне, простите за то, что не писал Вам. С. Есенин. Письмо А. А. Берзинь, дек. 1924. | Прост. В составе обращений для придания им большей вежливости, доброжелательности или почтительности. «Сосед хороший, что борода у тебя так прёт?» — «А лешак её знает, пылью, что ли, питатся...» П. Еремеев. Обиход. Человек в белой майке, насвистывая что-то весёленькое, выходит, и из коридора доносится его голос: — Девушка, хорошая, загляните в наше купе, пожалуйста. — Через минуту в дверях появляется проводница... В. Распутин. Деньги для Марии. ♦ Барин хороший. См. Барин. ♦ Господин хороший. См. Господин. ♦ Гражданин хороший. См. Гражданин. ♦ Хороший мой (♦ Мой хороший). ♦ Хорошая моя (♦ Моя хорошая). ♦ Хорошие мои (♦ Мои хорошие). В знач. существ. Ласк. обращ. к близкому, любимому человеку. [Ольга:] Ты посиди, нянечка... Устала ты, бедная... (Усаживает её.) Отдохни, моя хорошая. Побледнела как! А. Чехов. Три сестры. — Раненый-от вовсе ослаб. Вот и говорит своей наречённой: «Прощай, милая моя невестушка!» <...> Она, конечно, всплакнула женским делом и всяко его уговаривает: «Не беспокой себя, любезный друг. Выхожу тебя, поживём сколь-нибудь». А он ей опять: «Нет уж, моя хорошая, не жилец я на этом свете...» П. Бажов. Дорогое имечко.

| *Прост.* Ласк. обращ. пожилых людей к значительно младшим по возрасту (знакомым и незнакомым). *Старуха сурово улыбнулась, удивив Христоню густым рядом несъеденных мелких зубов. «Ишь ты, какая зубастая, чисто щука. Хучь бы мне на бедность подарила с десяток. Молодой вот, а жевать нечем». — «А я с чем останусь, хороший мой?»* М. Шолохов. Тихий Дон. **2.** В составе формул комплиментов, похвалы, одобрения: ♦ **Вы (ты) (очень, такой) хороший (человек, гид, специалист...).** ♦ **У Вас (у тебя) хороший вид (вкус...; хороший сын, хорошая дочь...).** ♦ **Вы так хороши!** ♦ **Как Вы хороши!** и т. п. *Письмо твоё о твоём брате ужасно хорошо.* А. Пушкин. Письмо П. В. Нащёкину, 29 янв. 1832. *«А позвольте узнать фамилию вашу. Я так рассеялся... приехал в ночное время...» — «Коробочка, коллежская секретарша». — «Покорнейше благодарю. А имя и отчество?» — «Настасья Петровна». — «Настасья Петровна? Хорошее имя — Настасья Петровна. У меня тётка родная, сестра моей матери, Настасья Петровна».* Н. Гоголь. Мёртвые души. *[Глумова:] Сына у меня совсем отбили. Он меня совсем любить перестал, только вами и грезит. Всё про ваш ум да про ваши разговоры; только ахает да удивляется. [Мамаев:] Хороший мальчик, хороший.* А. Островский. На всякого мудреца довольно простоты. — *Как вы хороши, как вы хороши! — вскрикнула Кити и, остановив её [Вареньку], поцеловала. — Если бы я хоть немножко могла быть похожа на вас!* Л. Толстой. Анна Каренина. *«Душой рада с тобой видеться, Наталья, извини, что не знаю, как величать по отчеству. Не привёл Господь прежде ознакомиться, но с хорошим человеком знакомство николи не поздно свести». — «На ласковом слове спасибо, сударыня», — снова кланяясь Марье Гавриловне, молвила тётка Егориха.* П. Мельников (Печерский). В лесах. *[Двоеточие:] Э-эхма! Вздохнёшь да охнешь, об одной сохнешь, а раздумаешься — всех жалко! А... Хороший вы человек, между прочим... (Смеётся.) [Марья Львовна:] Спасибо! [Двоеточие:] Не на чем. Вам спасибо!* М. Горький. Дачники. *«Что вижу, Паша, то и говорю». — «Хорошие у тебя глаза... Ворожея ты моя! Вот бы, правда, птицами нам с тобой заделаться?»* Е. Носов. Шумит луговая овсяница. ♦ **Во всех ты, душенька, нарядах хороша.** *Шутл.* Комплимент жене, сестре, дочери или близко знакомой женщине, девушке, девочке при разговоре об её одежде, туалете. [Строка из поэмы И. Ф. Богдановича «Душенька». 1778]. ♦ **Вы (ты) в хорошей форме.** *Проф.* Хорошо подготовлен к чему-л. (чаще о физической, профессиональной подготовке). *Лётчик ещё сильнее сжал зубы: вот оно, наступает его день. — Вы в хорошей форме, — продолжал военврач, вы в форме почти идеальной для вашей специальности. <...> Вы бы пошли пилотом на такую машину?* Ю. Герман. Подполковник медицинской службы. ♦ **Много слышал о Вас хорошего.** См. Слышать. ♦ **Хорошее дело.** *Разг.* Похвала, одобрение поступка, деятельности, намерений, высказанных собеседником. *«Скажите мне, мой милый, вы теперь служите в конной гвардии?» — спросил старик [Болконский], близко и пристально глядя на Анатоля. «Нет, я перешёл в армию», — отвечал Анатоль, едва удерживаясь от смеха. «А! хорошее дело. Что ж, хотите, мой милый, послужить царю и отечеству?»* Л. Толстой. Война и мир. *«Всё играешь, Славка?» — спросил дядя Володя. «Играет!» — встряла мать. <...> «Хорошее дело», — сказал дядя Володя.* В. Шукшин. Вянет, пропадает... ‖ ♦ **Хорошее (хорошенькое) дело!** *Ирон., неодобр.* *«Что у тебя с пальцем?» <...> — «Да вот, стукнул нечаянно», — сказал я очень небрежно. «Хорошее дело — стукнул! Он распух у тебя».* В. Белов. Старая крепость. **3.** В составе формул пожелания благополучия при поздравлении, прощании: ♦ **Желаю Вам (тебе) всего (самого) хорошего.** ♦ **Всего хорошего.** См. Всего. ♦ **Хорошего аппетита!** *Разг.* То же, что ♦ **Приятного аппетита.** ♦ **Хороших снов!** *Разг.* То же, что ♦ **Приятных снов.** ♦ **Хорошей глубины под килем.** *Морск.* То же, что ♦ **Семь футов под килем.** *[Второй мичман:] Разрешите шпиль, господин капитан первого ранга? Пошёл шпиль! [Панов (из-за борта):] Хорошей глубины под килем, братишки!* Б. Лавренёв. Разлом. ♦ **Хорошего клёва!** ♦ **Хорошей рыбалки (охоты)!** *Разг.* Пожелание рыбаку, охотнику. ♦ **Хорошую речь хорошо и слушать.** *Разг.* Формула комплимента в адрес собеседника по поводу сказан-

ного им; выражение полного согласия с его словами. См. **У м н ы е речи приятно и слушать.**
Хорошенький, -ая, -ое; -ие. Уменьш.-ласк. к **Хороший,** симпатичный, привлекательный, милый. *[Поликсена:] Миленький мой, хорошенький! Так бы вот и съела тебя! Только ты не подвигайся, а сиди смирно! [Платон:] При таких ваших словах смирно сидеть невозможно-с.* А. Островский. Правда — хорошо, а счастье лучше. *«Не зайдёте ли, милый барин?» — спросила одна из женщин довольно звонким и не совсем ещё осипшим голосом. Она была молода и даже не отвратительна — одна из всей группы. — «Вишь, хорошенькая!» — отвечал он [Раскольников], приподнявшись и поглядев на неё. Она улыбнулась, комплимент ей очень понравился.* Ф. Достоевский. Преступление и наказание. *Деточка вы моя хорошенькая! да что это вы там толкуете про четыре рубашечки-то, которые я вам послал. Ведь надобно же вам их было, — я от Федоры узнал.* Ф. Достоевский. Бедные люди.
Хорошо^1, нареч. В составе формул похвалы, одобрения, комплимента: ♦ **Хорошо сделали.** ♦ **Хорошо написали.** ♦ **Хорошо выглядите** и т. п. *Ты хорошо сделал, что первый возвысил за неё голос — французская болезнь умертвила б нашу отроческую словесность.* А. Пушкин. Письмо П. А. Вяземскому, 6 февр. 1823. *«Маменька говорит, что девушка в семнадцать лет так же благоразумна, как мужчина в двадцать пять». — «Ты очень хорошо делаешь, что слушаешься маменьки». Эта фраза, по-видимому похожая на похвалу, показалась насмешкой...* М. Лермонтов. Княгиня Лиговская. *[Катя:] Вот это вы хорошо сделали! Так и нужно... [Черкун:] Наконец-то удостоился вашей похвалы...* М. Горький. Варвары. *Потом [командующий] повернулся к Серпилину и оглядел его с головы до ног: «Совсем хорошо выглядишь!» — «Не только выгляжу, но и чувствую себя хорошо, товарищ командующий».* К. Симонов. Живые и мёртвые. ‖ В сочет. с неопр. ф. ♦ **Хорошо (Вам, тебе) отдохнуть (посидеть, повеселиться, съездить...).** Разг. Формула пожелания успехов, благополучия, удачи при прощании. То же, что ♦ **Счастливо (отдохнуть, съездить...).** *«А ты что же, Витя, не пьёшь?» — спросил Матвеич. Витька молча выпил. «Хорошо вам посидеть»,* — *пожелала баба Нюра, встала и, поклонясь гостям, ушла.* А. Рекемчук. Старое русло Клязьмы. **Хорошо**^{2}, безл., в знач. сказуем. **1.** Одобрение, похвала, комплимент. Употр. нередко со словами-интенсификаторами как, так, очень и т. п. *Лиза вернулась; Паншин уселся к окну, развернул альбом. — Ага! — воскликнул он. — Я вижу, вы начали срисовывать мой пейзаж — и прекрасно. Очень хорошо!* И. Тургенев. Дворянское гнездо. *«А вы по какому делу сюда?» — «По личному». — «К родне, значит?» — «К родне». «Хорошо, молодец»,* — *одобрил старик.* В. Крупин. Святое поле. ‖ ♦ **(Это) хорошо, что...** Формула выражения удовлетворения, похвалы, одобрения сказанного или сделанного собеседником. *— Это хорошо, что вы пришли, будем чай пить...* М. Горький. Жизнь Клима Самгина. *Я решил зайти к Борташевичу. Это был единственный офицер, говоривший мне «ты». Я разыскал его в штрафном изоляторе. — Гуд ивнинг, — сказал Борташевич, — хорошо, что ты появился. Я тут философский вопрос решаю — отчего люди пьют?* С. Довлатов. Зона. **2.** Ответ на этикетные вопросительные обращения при встрече: Как дела? Как живёте? и т. п. *Расшаркавшись перед князем, он [Кадников] прямо подошёл к княжне, стал около неё и начал обращаться к ней с вопросами. «Как ваше здоровье?» — «Хорошо»,* — *отвечала та. «Как изволите время проводить?» — «Хорошо»,* — *отвечала опять княжна и взглянула на Калиновича, который стоял у одного из окон <...>.* А. Писемский. Тысяча душ. *«Как здоровьишко, отец?» — спросил его Фёдор. «Хорошо, Бог милует».* В. Шукшин. Любавины. **3.** Форма выражения согласия, положительный ответ на просьбу, извинение, предложение, совет. *«У меня к вам просьба, доктор, — прошептал он. — Доставьте это письмо княгине завтра и, ради Бога, успокойте всех там насчёт моего здоровья. <...> — «Хорошо, хорошо, всё сделаю и скажу, но молчите и постарайтесь заснуть».* Е. Шумигорский. Роман принцессы Иеверской. *[Крутицкий:] Так скажите ему, чтобы зашёл как-нибудь пораньше, часу в восьмом. [Мамаев:] Хорошо, хорошо. Будьте покойны.* А. Островский. На всякого мудреца довольно простоты. *«Мой долг сказать вам, что вы должны изменить образ жизни, место, воздух,*

занятие — всё, всё». — «Хорошо, я подумаю, — сказал Обломов. — Куда же мне ехать и что делать?» — спросил он. И. Гончаров. Обломов. *[Марк:] Сколько? [Чернов:] Ничего, ничего. Потом сочтёмся. Пустяк. Я оставлю, да? [Марк:] Хорошо, Николай Николаевич, спасибо.* В. Розов. Вечно живые. ♦ **С Вами (с тобой) (всегда) так хорошо.** Комплимент собеседнику (нередко в связи с выражением благодарности или просьбой остаться погостить ещё, не уходить). — *Наташенька, куда же вы? С вами так хорошо. Присядьте.* В. Лихоносов. Когда же мы встретимся. ♦ **Не уходите, без Вас так хорошо.** См. Не уходи/те. ♦ **Всё хорошо.** То же, что Хорошо² (во 2 знач.). ▱ *«Ну, как съездил?» — «Всё хорошо».* ♦ **Всё хорошо, прекрасная маркиза (всё хорошо, всё хорошо).** *Разг. Шутл.-ирон.* Ответ с намёком на то, что в действительности далеко не всё так благополучно, как хотелось бы или как кажется. [Строка-рефрен из популярной юмористич. песенки]. ♦ **Всё (у Вас, у тебя) будет хорошо (я уверен, я надеюсь, вот увидишь** и т. п.). См. Всё будет хорошо. ♦ **Пусть всё у Вас (у тебя) будет хорошо!** ♦ **(Я) Хочу, чтобы у Вас (у тебя) всё было хорошо.** Добрые пожелания. ♦ **Очень хорошо. 1.** См. Хорошо² (в 1 знач.). **2.** ▨ *Обл.* Вежл. женск. ответ на пожелание «Кланяйтесь мужу». СРНГ. ♦ **Хорошо было бы, если (бы)...** Форма ненастойчивого предложения, приглашения, мягкой просьбы. ▱ *Хорошо было бы, если б ты тоже пришёл.*

Хотеть. 1. Хотите? Хочешь? В составе неофиц. формул приглашения, предложения (употр. с вопросит. интонацией). ♦ **Хотите (хочешь) (чаю, кофе, вина, молока...)?** ♦ **Хотите (хочешь) (поехать, погулять, пообедать... с нами, со мной)?** ♦ **Не хотите (не хочешь) (ли) (чаю, покушать... с нами, за компанию)?** ♦ **Если хотите (хочешь) (могу предложить Вам / тебе...).** *«Максим Максимыч, не хотите ли чаю?» — закричал я ему в окно. «Благодарствуйте; что-то не хочется». — «Эй, выпейте! Смотрите, ведь уже поздно, холодно». — «Ничего, благодарствуйте».* М. Лермонтов. Герой нашего времени. *[Купавина:] А вы чаю не хотите? [Мурзавецкий:] Муа? Чаю? Ни за какие пряники!* А. Островский. Волки и овцы. *«Вы что же, монах будете?» — «Рясофорный. Я рясофорный монах. <...> Не хотите ли у меня чаю откушать?» Я и мои спутники поблагодарили его, но обещали зайти на обратном пути...* В. Розанов. Русский Нил. *«Прекрасная у вас собачка! Рублей сто стоит?» — «Что вы! Жена её за пять рублей щенком купила. Ах, да! Не хотите ли вы закусить? Пожалуйте к столу».* А. Аверченко. Визит. — *Выпить не хотите? — предложил Пашка.* В. Шукшин. Любавины. *«<...> К вам приблизится мужчина с чемоданом, скажет он: "Не хотите ли черешни?" Вы ответите: "Конечно..."»* В. Высоцкий. Пародия на плохой детектив. ▱ *Хотите партию в шахматы?* ♦ **Не хоти́тца ли пройти́тца (там, где мельница верти́тца, лимонадику напитца и обратно воротитца)?** *Прост.* Шутливое дружеское приглашение сходить куда-л. вместе. **2.** Хочу. Хотел бы. Хотелось бы. Хочется. В составе возвыш. или офиц.-вежл. формул благодарности, просьбы, знакомства, приглашения, извинения, поздравления, пожелания. ♦ **(Я) хочу (хотел бы; мне хочется, хотелось бы) поблагодарить Вас...** ♦ **(Я) хочу (хотел бы; мне хочется, хотелось бы) попросить Вас...** ♦ **(Я) хочу (хотел бы; мне хочется, хотелось бы) пригласить Вас...** ♦ **(Я) хочу (хотел бы; мне хочется, хотелось бы) попросить у Вас прощения (принести свои извинения)...** ♦ **(Я) хочу (хотел бы; мне хочется, хотелось бы) поздравить Вас (и пожелать Вам)...** и т. п. *[Черкун:] Ну-с, что скажете? [Матвей:] Хочу поблагодарить вас, барин, за то, что взяли меня... [Черкун:] Меня зовут Егор Петров, я так же, как и вы, крестьянин, а не барин. Благодарить нам друг друга не за что: вы будете работать, я буду платить вам деньги.* М. Горький. Варвары. *[Артур:] В чём дело? Кому я понадобился? А!.. Чем могу? [Чарнота:] Видите ли, я хотел вас попросить... [Артур:] Нет! (Скрывается.) [Чарнота:] Что это за хамство! Куда ты скрылся, прежде чем я сказал?* М. Булгаков. Бег. ▱ *[На научной конференции:] Вот, Иван Петрович... я хотел бы познакомить вас. Это мой коллега, доцент нашей кафедры К... И... Н...* (1994). ♦ **(Я) Хочу, чтобы...** Формула пожелания равному или младшему по возрасту, положению. *«Прощай,*

Федя, — сказала Нина. — Хочу, чтоб у тебя всё было хорошо. Честное слово...» — «*Спасибо, Нина*». В. Тендряков. Свидание с Нефертити. ♦ **Хочешь быть сыт — садись рядом с хозяйкой, хочешь быть пьян — садись рядом с хозяином.** *Разг.* Шутл. совет при рассаживании гостей за стол. *Все захохотали. Засмеялась и Васеня. — Хочешь быть сыта — садись подле хозяйки. Хочешь быть пьяна — трись ближе к хозяину, — советовали Васене, на что она оживлённо отозвалась: «А я у обоих!»* В. Астафьев. Последний поклон. ♦ **Я не хотел (так получилось).** ♦ **Я не хотел Вас (тебя) обидеть.** *Разг.* Формы оправдания при извинении. *«Простите, простите», — сказал он смущённо, справившись, наконец, со смехом. «Да ничего», — улыбаясь, Никита достал сигары и зажигалку, положил перед собою на столик. «Я не хотел вас обидеть», — сказав так, вдруг начал краснеть. «Ничего-ничего, вы меня совсем не обидели, — Никита махнул рукой. — Это вы меня простите...»* А. Скоробогатов. Аудиенция у князя.

Хоть куда. *Прост.* **1.** Очень хороший, отличный. Похвала, комплимент. ⌐ *Парень ты хоть куда.* ⌐ *Татьяна девка у тебя работящая такая, хоть куда.* **2.** Очень хорошо, отлично. ⌐ *Сработано хоть куда, на совесть сделал.*

Хоть (сейчас) под вене́ц (к венцу́). *Разг.* Молодо, привлекательно выглядишь. Шутл. комплимент в адрес немолодого холостого мужчины или незамужней женщины. *«Заседанье там уже кончилось?» — сквозь яснеющую муть вспоминается Дымкову. «Проспал, соня... уж поздно, давно ушли. Хватит, хорош, хоть к венцу... Ну, он ждёт тебя, ступай!»* Л. Леонов. Пирамида. *Башмаки сидели так ловко, что создавалось впечатление живых обутых ног. — Калошки надеть, так хоть под венец! — сказал мастер, любуясь поверх очков изделием своих рук.* Б. Полевой. Повесть о настоящем человеке.

Хоть помирать ложись. (♦ **Жизнь — хоть помирать ложись**). ♦ **Хоть в гроб ложись.** *Прост.* Плохо, неважно. Шутл.-ирон. ответ на обычный при встрече вопрос «Как жизнь?». ♦ **Хоть ложись да помирай.** ♦ **Хоть матушку репку пой.** ⌛ [«Матушку-репку» — у В. И. Даля с пометой: «непристойная песня»].

Храбрый, -ая; -ые. Этикетный эпитет в составе формул комплимента (преимущ. в адрес юноши, мужчины). ♦ **Вы (ты) храбрый человек (солдат** и т. п.**).** — *Послушай, Казбич, — говорил, ласкаясь к нему, Азамат, — ты добрый человек, ты храбрый джигит <...>; отдай мне свою лошадь...* М. Лермонтов. Герой нашего времени. ♦ **Дружина (дружинушка) хоробрая.** ⌛ *Фольк.* Этикетная форма обращения былинных богатырей к своей дружине. *Как доехали они до города до Корсуня, Становил-то Глеб своего добра коня: «Уж вы гой еси, дружина моя хоробрая! Сходите вы скоро со добрых коней, Становите вы шатры полотняные...»* Глеб Володыевич. Былина. Зап. в 1898.

Храни (Сохрани) (Вас, тебя) **Бог** (Боже, Господь, Господи, Христос; Пресвятая Богородица, Матерь Божия, Царица Небесная...). *Прост.* **1.** Формула пожелания благополучия. Употр. обычно верующими людьми при прощании, расставании с близким, дорогим человеком. *Прощай, Христос вас храни. Целую тебя крепко — будьте здоровы.* А. Пушкин. Письмо Н. Н. Пушкиной, 25 сент. 1834. *Распрощался с ним Потап Максимыч. Ровно сына родного трижды перекрестил, крепко обнял и крепко расцеловал. Слёзы даже у старика сверкнули. — Храни тебя Господь!.. Бог на дорогу, Никола в путь! — сказал Чапурин оторопевшему Василию Борисычу. — Ворочайся, голубчик, скорее...* П. Мельников (Печерский). В лесах. *«В добрый час! Господь благословит! — кричала с крыльца бабушка. — Ты же, Саша, пиши нам из Москвы!» — «Ладно. Прощайте, бабуля». — «Сохрани тебя Царица Небесная!»* А. Чехов. Невеста. *Девочка важно протягивала мне пухлую ручку и говорила: — Прощай до завтра! Бабушка, как нужно сказать? — Храни тебя Господь, — говорила бабушка.* М. Горький. В людях. *— Давай прощаться. Поцеловать тебя на прощание после всех происшествий можно? Господь храни тебя от бед, как наши театральные старухи говорят... — И она [Надя], сделав серьёзное, даже трагическое лицо, перекрестила Синцова.* К. Симонов. Живые и мёртвые. *И вот — капитаны, лейтенанты, ефрейторы и рядовые — в серых непарадных фронтовых шинелях, прижимая к левой стороне груди свои полевые фуражки* и ушанки, — двинулись к амвону. И каждому, когда он целовал крест, батюшка истово, по-отцовски, по-дедовски говорил: «Храни тебя Господь!..» Л. Пантелеев. Я верую. — *Ну, час добрый!.. Час добрый, сынок. Смотри там... Храни тебя Господь!* Е. Носов. Усвятские шлемоносцы. **2.** Формула благодарности. Употр. обычно в речи пожилых людей. — *Баба с ребёнком просит милостыню, любопытно, что она считает меня счастливее себя. А что, вот бы и подать для курьёзу. Ба, пятак уцелел в кармане, откуда? На, на...* — «Сохрани тебя Бог!» — *послышался плачевный голос нищей.* Ф. Достоевский. Преступление и наказание. **3.** ♦ **Храни Бог.** ♦ **Сохрани Бог.** ♦ **Боже сохрани.** ♦ **Сохрани Господи (и помилуй).** *Экспрессив.* Ни за что, ни в коем случае. Формула решительного отказа, возражения, несогласия со словами собеседника. *[Кудряш:] Ведь это, значит, вы её совсем загубить хотите, Борис Григорьич! [Борис:] Сохрани Господи! Сохрани меня Господи! Нет, Кудряш, как можно. Захочу ли я её погубить!* А. Островский. Гроза. *«Добрая она у нас, Флёнушка, и смиренная, даром что покричит иной раз, — сказала Настя. — Сил моих не станет супротив маменьки идти... Так и подмывает всю правду ей рассказать... что я... ну да про него...»* — «Сохрани тебя Господи и помилуй!..» — *возразила Флёнушка. — Говорила тебе и теперь говорю, чтоб про это дело, кроме меня, никто не знал. Не то быть беде на твоей голове».* П. Мельников (Печерский). В лесах. *Вы хотите занимать деньги — сохрани вас Господи! после не оберётесь беды, когда отдавать будет нужно.* Ф. Достоевский. Бедные люди. *«Арсений Иванович». — «Что, кормилец?» — «Так, значит, отсрочить нельзя?» — «Ни-ни-ни... Храни Бог!»* Б. Савинков. То, чего не было. ‖ *Вводн.* Обереги; выражения предостережения о нежелательности чего-л., то же, что Упаси Бог. — *Студенты выучат тебя только трубку курить, да пожалуй — Боже сохрани — вино пить.* И. Гончаров. Обрыв. *Мне нечего Вас просить поступать с ними осторожно во время поездки — как бы чего, Боже сохрани, не случилось — эти деньги для меня заветные.* И. Тургенев. Письмо Н. А. Щепкину, 7 июня 1877. *[Филицата:] Меркулыч, ты мешок-то с яблоками убрал бы*

куда подальше, а то в кустах-то его видно. Сама пойдёт да заметит, сохрани Господи! [Глеб:] Прибрано. А. Островский. Правда — хорошо, а счастье лучше. *Если, храни Бог, я с почтовым опоздаю, то выеду с шестичасовым.* М. Чехов. Письмо А. П. Чехову, 12 апр. 1893. *Старшина с брюшком, борода тёмно-рыжая, лопатой, хихикнул и сказал: «До чего вы крепки, отец Ипат, Бог вас храни... Даже удивительно».* В. Шишков. Угрюм-река. — *Еда, Иван Арнольдович, штука хитрая. Есть нужно уметь <...>. Если вы заботитесь о своём пищеварении, мой добрый совет — не говорите за обедом о большевизме и о медицине, и — Боже вас сохрани — не читайте до обеда советских газет.* М. Булгаков. Собачье сердце. ♦ **Да хранит (сохранит) Вас (тебя) Бог (Господь, Царица Небесная)!** ♦ **Пусть хранит (сохранит) Вас (тебя) Бог (Господь...)!** ♦ **Да (пусть) хранят (сохранят) Вас Силы Небесные!** *Возвыш., экспрессив.* Пожелание благополучия, удачи, обычно при прощании, поздравлении. *Милого Виардо целую в обе щеки, целую Шарля, целую всех. Да хранит вас Бог! / Ваш И. Тургенев.* И. Тургенев. Письмо П. Виардо, 26 сент. 1850. *Видишь, и я не умею по-прежнему писать письма. Но пусть хранит Тебя Господь. Знаю о Твоём страдании...* А. Блок. Письмо А. Белому, 23 дек. 1904. *Низко кланяюсь Вам за себя, П. П. С. и Л. Б.! Да хранят Вас Силы Небесные! / Целую Вас, Зинаиду Николаевну и Лёнечку.* М. В. Юдина. Письмо Б. Л. Пастернаку, 14 окт. 1959. ♦ **Будь/те храним/ы Богом (Господом, небом...).** ⌘ *Крепко обнимаю Вас и весь Ваш дом, за исключением Жителя и Буренина, которым прошу только кланяться и которых давно бы уже пора сослать на Сахалин. <...> / Будьте хранимы небом. / Ваш А. Чехов.* А. Чехов. Письмо А. С. Суворину, 9 дек. 1890.

Христо́в челове́к. ⌘ *Прост. и обл.* Милый, добрый человек. Ласк.-вежл. обращение крестьян к незнакомому мужчине, равному по положению. *«Отколе тебя Бог несёт, христов человек?» — начал Матюшка. «Мы из троскинских... Знаете село Троскино?..» — отвечал со вздохом Антон.* Д. Григорович. Антон-Горемыка. **Христо́вый. Христо́вая. Христо́вые.** *В знач. сущ.* ⌘ *Прост. и обл.* Ласк. обращ., то же, что Христов человек.

На бабку-странницу они наткнулись с молодым парнишкой-шофёром <…> нежданно-негаданно. Вмиг догнали, дали тормоза. «Садись, старая!» — «Спасибо, родимые. Своим ходом пойду». — «Садись, говорят. Кто теперь пешком ходит!» — «Нет, нет. Спасибо, христовые. Меня и свои могли подвезти...» Ф. Абрамов. Дом. **Христо́венький,** -ая; -ие. ⧖ *Прост. и обл.* Уменьш.-ласк. к Христовый. *В последние годы, когда пошли слухи, а затем и началась суета с переселением, Богодул был единственный, кого они словно бы никаким боком не касались <…>. — Ты-то, христовенький, куда денешься? — с жалостью спрашивали старухи.* В. Распутин. Прощание с Матёрой. **Христо́вушка.** ⧖ *Обл.* Милый, сердечный, болезный, дорогой мой. В. Даль.

Христо́с. ♦ **Христос воскре́се (воскрес)!** Приветствие-поздравление, с которым верующие христосуются на Пасху, т. е. трижды радостно целуют друг друга (а также вручают друг другу крашеное яйцо; если христосуются неравные, то яйцо вручает старший по возрасту, положению). Ответ: ♦ **Воистину (Христос) воскресе!** *Воротился Потап Максимыч. Подойдя к Алексею, сказал: «Похристосуемся. Завтра ведь не свидимся... Христос воскресе!» — «Воистину Христос воскресе!» — отвечал Алексей. Потап Максимыч крепко обнял его и трижды поцеловал, потом дал ему деревянное красное яйцо. «Будешь дома христосоваться — вскрой — и вспомни про меня, старика».* П. Мельников (Печерский). В лесах. *«Христос воскресе, маменька!» — торжественно сказал Онисим Варфоломеич и троекратно облобызался со старушкой. «Христос воскресе, Анфиса Митревна!» — проговорил он, подходя к жене. «Христос воскресе, Марфутка», — сказал он, подставляя губы старшей девочке. И долго слышались в горнице звуки поцелуев и слова: «Христос воскресе! Христос воскресе!» — «Воистину воскресе, Онисим!» — «Воистину воскресе, Онисим Варфоломеич!» — «Воистину воскресе, тятенька!»* А. Эртель. Гарденины. *Он [отец] стоит в передней, у корзин с красными яйцами, христосуется. Тянутся из кухни гусем. Встряхивают волосами, вытирают кулаком усы и лобызаются по три раза. «Христос воскресе!» — «Воистину воскресе»... — «Со светлым праздничком»... — Получают яйцо и отходят в сени. Долго тянутся — плотники, народ русый, маляры — посуше, порыжее... плотогоны — широкие крепыши...* И. Шмелёв. Лето Господне. *Христос Воскресе! / дорогой ты мой боярин / Николай Алексеевич. / Дай Бог тебе всякого благополучия и доброго здравия да поскорей бы воротитца в Карабиху, об ком же и вспоминать, как не о тебе в такой великий и светлый праздник.* Из письма крестьянина Г. Я. Захарова Н. А. Некрасову, 20 апр. 1869. | Некоторые набожные христиане употребляют это приветствие не только в праздник Пасхи, но и в другие дни (до Троицы, а иногда и круглый год). *К каждому [посетителю], видя в нём образ Божий, относился старец с любовью: всех встречал земным поклоном, целованием и неизменным пасхальным приветствием: «Радость моя, Христос воскресе!»* Краткое житие преподобного Серафима Саровского, чудотворца (1993). *— Христос воскресе, Егорушка! Свет ты мой ненаглядный! — с плачем и рыданьями обнимая и целуя племянника, голосила Варвара Петровна. — Насилу-то дождались мы тебя! Со дня на день ожидали.* П. Мельников (Печерский). На горах. ♦ **Христос с Вами (с тобой).** То же, что ♦ **Бог с Вами** (в 1–3 знач.). *Кланяюсь всем твоим. Будьте здоровы. Христос с вами.* А. Пушкин. Письмо П. А. Плетневу, 22 июля 1831. *«Не обык я зря, с ветру говорить, отец Михаил, — резко подхватил Потап Максимыч. — Коли говорю — значит, дело говорю». — «Ну, ну, касатик ты мой! — ублажал его игумен, заметив подавленную вспышку недовольства. — Ну, Христос с тобой... На утешительном слове благодарим». И низко-пренизко поклонился Потапу Максимычу.* П. Мельников (Печерский). В лесах. *«Ты решился уморить, что ли, меня? — спросил опять Обломов. — Я надоел тебе — а? Ну, говори же?» — «Христос с вами! Живите на здоровье! Кто вам зла желает?» — ворчал Захар.* И. Гончаров. Обломов. *Собрав все силы, стараясь говорить меньше, она сжала руку сына и, задерживая дыхание, медленно, тихо сказала: «До свидания, Паша. Всё взял, что надо?» — «Всё. Не скучай...» — «Христос с тобой...» Когда его увели, она села на лавку и, закрыв глаза, тихо завыла.* М. Горький. Мать. ♦ **Христа ради.** (♦ **Ради Христа.** ♦ **Ради истинного Христа**) (сделай/те что-л., не делай/те чего-л.). *Прост.* Интенсификаторы вежливости и экспрессии в составе формул просьбы, мольбы; извинения, утешения; то же, что Пожалуйста (в 1 знач.). *На днях пришлю вам прозу — да Христа ради, не обижайте моих сирот-стишонков опечатками и т. д.* А. Пушкин. Письмо М. П. Погодину, 19 февр. 1828. *[Иван Ксенофонтыч (падая на колени):] Отдайте, Христа ради, отдайте! Я её [расписку] изорву, при вас же изорву.* А. Островский. В чужом пиру похмелье. *— Ах, боже мой, я ведь всё прерываю вас, Анфиса Петровна, — спохватился дядя, не поняв восклицания Сашеньки. — Извините, ради Христа!* Ф. Достоевский. Село Степанчиково и его обитатели. *— Хозяин! Эй, добрые люди! Пустите, ради Христа, заночевать.* М. Шолохов. Тихий Дон. *Павел громко откашлялся. Жучок вместе с ним подбежал к дверям избы. «Пашка, это... Не говори никому! Ради Христа...» — «Не христарадничал бы, Северьян Кузьмич». Жучок схватил его за руку. «Ради Христа, не сказывай...»* В. Белов. Год великого перелома. ☞ *Не плачь, ради Христа, не убивайся так.* ♦ **(Подайте, дайте) Христа ради.** *Прост.* Просьба, мольба нищих. *Оборванный мальчишка остановился перед ним, робко посмотрел на него, протянул руку... — Христа ради, барин хороший. — Петушков достал грош.* И. Тургенев. Петушков. *Остановившись около избы, которая казалась побогаче и новее, перед открытыми окнами, Ольга поклонилась и сказала громко, тонким, певучим голосом: «Православные христиане, подайте милостыню Христа ради, что милость ваша, родителям вашим царство небесное, вечный покой».* А. Чехов. Мужики. *— Голубчик барин! Христа ради, копеечку на хлеб пожалуйте! Работы нет, целый день не евши... Истомились... Ваше благородие, будь милостив Бога для!..* М. Горький. Нищенка. ♦ **Прими Христа ради,** говорят пожилые верующие, подавая милостыню нищему. *[Раскольников] почувствовал, что кто-то суёт ему в руки деньги. Он посмотрел: пожилая купчиха, в головке и в козловых башмаках, и с нею девушка <...>, вероятно дочь. «Прими, батюшка, ради Христа». Он взял, и они прошли мимо. Денег — двугривенный. По платью и по виду они очень могли принять его за нищего, за настоящего собирателя грошей на улице...* Ф. Достоевский. Преступление и наказание. *Вот я отрезала ломоть хлеба, высунула руку в окошко и говорю: «Прими Христа ради...» Вижу, что мужчина стоит в рваном этаком зипунишке и даже совсем синий из себя.* Д. Мамин-Сибиряк. В худых душах. ♦ **Ради Христа! (♦ Да ради Христа!)** *Да, конечно, разумеется. Прост.* Форма радушного согласия в ответ на просьбу. ☞ *«Баб, я огурчик сорву?» — «Да ради Христа, миленький, хоть два!»* (1994). ♦ **Христом-Богом прошу (молю).** *Прост. Экспрессив.* Формула усиленной просьбы, мольбы. *Сергей Фёдорыч — точно только этой фразы и ждал — поднялся. — Спиридоныч! Христом-Богом прошу: поедем, привезём их!..* В. Шукшин. Любавины. *Михеич поднял на Настёну слезящиеся глаза и устало, вымогающе сказал: «Он здесь, Настёна. Не отказывайся, я знаю. Никому не говори, откройся мне одному. Откройся, Настёна, пожалей меня. Я иль отец ему». Настёна покачала головой. «Дай один только и в последний раз увидаться. Христом-Богом молю, Настёна, дай. Не простится тебе, если ты от меня скроешь...»* В. Распутин. Живи и помни. ♦ **Спаси (Вас, тебя) Христос. 1.** *Прост.* То же, что ♦ Спаси Бог (в 1 знач.). **2.** *Прост. и обл.* Формула выражения благодарности. Употр. обычно в речи пожилых верующих, в частности — староверов. *Проклятов дома, на Урале, никогда не божился, а говорил «ей-ей» и «ни-ни», никогда не говорил «спасибо», а «спаси тя Христос»; входя в избу, останавливался на пороге и говорил: «Господи Иисусе Христе Сыне Божий, помилуй нас!» — и выжидал ответного: «Аминь».* В. Даль. Уральский казак. *«Овсец коням есть?» — «Есть трошки», — отозвался Петро. «А то зайдите ко мне, всыплю мерки две». — «Спаси Христос, дедушка!»* М. Шолохов. Тихий Дон. ♦ **Со Христом. (♦ Со Христом, со великим. ♦ С Богом — со Христом).** *Прост. и обл.* **1.** Формулы напутственного пожелания благополучия при прощании. Употр. обычно в речи верующих. *Ямщик оглянулся: всё ли-де готово, ладно ли уселся, не забыл ли чего? «С Богом», — отвечаю я ему. «С Богом, со Христом!» — проговорил он и ударил по лошадям.* С. Максимов. Крылатые слова. *Старик поцеловал его [Прохора] в губы. — Плыви* со Христом. *А про Ниночку помни. Эй, лодку! Со Христом.* В. Шишков. Угрюм-река. **2.** ♦ **Со Христом.** Форма радушного согласия в ответ на просьбу. *«Добры самовары-ти, — сказала гостья. — А я бы, Евстольюшка, один дак взяла бы, ей-богу». — «Со Христом бери». — «Всё и собиралась к вам-то, думаю, и попроведаю, и самовар унесу».* В. Белов. Привычное дело. ♦ **Христос терпел и нам велел.** То же, что ♦ **Господь терпел и нам велел.**

Хулига́н роди́лся. *Прост., шутл.* То же, что ♦ (Тихий) Ангел пролетел. См. также: ♦ Милиционер родился. ♦ Футболист родился. ♦ Цыган родился. ♦ Человек родился.

Ц

Ца́рство небе́сное (ему, ей; им). ♦ **Дай Бог (ему, ей, им) царство (царствие) небесное.** Пожелание в адрес умершего загробной жизни в раю. Говорится верующими людьми обычно на похоронах, поминках, при получении известия о смерти кого-л., а также при упоминании в разговоре о покойном. *«Ну что отец?» — «Вчера получил известие о его кончине», — коротко сказал князь Андрей. Кутузов испуганно-открытыми глазами посмотрел на князя Андрея, потом снял фуражку и перекрестился: «Царство ему небесное! Да будет воля Божия над всеми нами!» — Он тяжело, всей грудью вздохнул и помолчал. — Я его любил и уважал и сочувствую тебе всей душой». Он обнял князя Андрея, прижал его к своей жирной груди и долго не отпускал от себя. Когда он отпустил его, князь Андрей увидал, что расплывшиеся губы Кутузова дрожали и на глазах были слёзы.* Л. Толстой. Война и мир. *«Как твои поживают?» — спросила Манефа Самоквасова. — Дядюшка Тимофей Гордеич здоров ли?.. Тётушка, сестрицы?» — «Здравствуют вашими святыми молитвами, — ответил Пётр Степаныч. — А прадедушка Михайла Сампсоныч приказал долго жить». — «Скончался?» — «Шестнадцатого сего июня месяца», — подтвердил Самоквасов. «Царство ему небесное!» — молвила Манефа и, встав с места, обратилась к иконам и положила пред ними начал за новопреставленного. Вместе с нею и мать Таисея и оба гостя начал сотворили.* П. Мельников (Печерский). В лесах. *Кто-то... — Анна Ивановна?.. — говорит шёпотом, который меня пугает: — Вставай, помяни папеньку... царство ему небесное... отмучился, отошёл... ти-хо отошёл... разок вздохнул только... и губками, так вот... будто кисленького отпил...* И. Шмелёв. Лето Господне. *— Царство небесное милой бабушке, — потупясь, произнесла Лерка, зачерпнула ложечкой кутью из широкой вазы, подставив ладонь, поднесла её до рта и долго жевала, не поднимая глаз.* В. Астафьев. Печальный детектив. | *Вводн. — Дед мой (царство ему небесное! чтоб ему на том свете елись одни только буханцы пшеничные да маковники в меду!) умел чудесно рассказывать.* Н. Гоголь. Вечер накануне Ивана Купала. *Был у меня дядя — царствие ему небесное! Последнее прибавляю единственно потому, что так уже принято, когда говорят о покойниках...* Д. Григорович. Мой дядя Бандурин. *«Нет, — сказала Вера, — я там не жила, слыхала. Это отца Николая, батюшку, у вас убили?» — «Его. Вон как, знаешь. Хороший был батюшка, царство ему небесное, отмучился».* Ф. Светов. Отверзи ми двери. ♦ **Царство небесное, вечный покой.** *— Спят покойнички, спят родимые! — бормочет прохожий, громко вздыхая. — Царство им небесное, вечный покой.* А. Чехов. Недоброе дело. ♦ **Дай Бог (Боже) (ему, ей, им) царство небесное, в земле упокой, пресветлый рай всем.** *Обл. Идет-то дурень Домой-та, плачет, Голосом воет; Мать бранити, Жена пеняти, Сестра-та также: — А глупый, дурень, Неразумный, бабин! То же ты слово Не так же бы молвил; Ты бы молвил: «Прости, Боже, Благослови, дай, Боже, Им царство небесное, В земле упокой, Пресветлый рай всем!» Тебя бы, дурня, Блинами накормили, кутьёй напитали.* Дурень. Сказка из собр. Кирши Данилова. ♦ **Царство небесное, святое место!** *Обл. «Несли покойника, а я крикнул им: «Возить не перевозить, таскать не перетаскать!» — меня хуже прежнего поколотили». — «Ое-е, что ж мне с тобой делать? Тебе в таком случае надо бы встать на колени в светлое место, помолиться да сказать: «Царство небесное, святое место!»* Ваня-дурачок. Сказка. Зап. в 1975.

Царь. *Прост., фольк.* В речевом этикете XIX–XX вв. употр. в основном как неофиц. обращение фольклорного персонажа к царю (чаще в интерпозиции, с «ты»-формами). *Спальник наш, собравшись с силой, Говорит царю: «Помилуй! Вот те истинный Христос, Справедлив мой, царь, донос».* П. Ершов. Конёк-горбунок. ♦ **Царь-батюшка.** ♦ **Царь-отец.** ♦ **Царь-государь.** ♦ **Царь-надёжа.** *Прост., фольк.; почтит.* Сели *царь с царицей на лавку, а царевич рядом встал. Вышел вперёд золотых дел мастер: — Прикажи, царь-батюшка, большой чан воды принести.* Деревянный орёл. Сказка из собр. А. Н. Афанасьева. *Да пировал, жировал государь. Говорил его шурин тут, Кострюк Демрюков сын: «Уж ты ой, царь-государь! У вас есть ли в каменной Москвы, У вас есть ли таковы борцы А со мной побороться, А с Кострюком поводиться?»* Кострюк. Былина. Зап. в 1889–1901 гг. *Пал этот Гриша в ноги Петру Первому и говорит: «Надёжа-царь государь! Не прикажи казнить, прикажи слово вымолвить».* Пётр Первый и Вытегоры. Зап. в 1872. *И стал [портной] сказки сказывать. «<...> Слыхали ль этакую сказку вы, господа бояре, и ты, надёжа — великий царь?»* О царе и портном. Сказка. Зап. в 1897. *— Ты помилуй, царь-отец! — Городничий восклицает И всем телом упадает. — Не вели меня казнить, Прикажи мне говорить! <...> Так и сталось, царь-надёжа! И поехал я — и что же? Предо мною конный ряд...* П. Ершов. Конёк-горбунок. ♦ **Царь Небесный.** То же, что Бог. В составе возвыш. формул пожелания благополучия; благодарности, просьбы и т. п. ♦ **Спаси (Храни) Вас (тебя) Царь Небесный.** ♦ **Ради Царя Небесного** (сделай/те, не делай/те что-л.). ♦ **Царь Небесный воздаст (возблагодарит, заплатит) Вам за Вашу доброту (милость, благодеяние)** и т. п. *«Пётр Михайлыч! — обратился он с той же просьбой к Годневу, — не погубите навеки молодого человека. Царь Небесный заплатит вам за вашу доброту». Проговоря эти слова, Медиокритский стал перед Петром Михайлычем на колени.* А. Писемский. Тысяча душ. **Цари́ца.** *Прост. Фольк.* Обращение фольклорного персонажа к царице (обычно в интерпозиции, с «ты»-формами). *И ей зеркальце в ответ: «Ты, конечно, спору нет; Ты, царица, всех милее, Всех румяней и белее».* А. Пушкин. Сказка о мёртвой царевне... ♦ **Государыня-царица.** ♦ **Матушка-царица (**♦ **Царица-матушка).** *Прост., фольк.; почтит.* [Царица услыхала громкий разговор, открыла дверь и спрашивает:] *«Что это за страсть явилась?» Солдат отвечает: «Я дома был, и двадцать пять лет на службе служил, и не видывал страсти, и не знаю, что есть за страсть. Царица-матушка, скажите, это что за такая страсть?»* Страсть. Сказка. Зап. в 1915. ♦ **Моя царица.** ♦ **Царица моего сердца (моей души).** *Возвыш., традиц.-поэт.* Мужск. обращ. к любимой женщине. *Для вас, души моей царицы, Красавицы, для вас одних Времён минувших небылицы <...> Рукою верной я писал; Примите ж вы мой труд игривый!* А. Пушкин. Руслан и Людмила. *Вот тебе, царица моя, подробное донесение: путешествие моё было благополучно. 1-го мая переночевал я в Твери, а 2-го ночью приехал сюда.* А. Пушкин. Письмо Н. Н. Пушкиной, 4 мая 1836. *— Что изволит моя царица — то закон! — произнёс пан, галантно поцеловав ручку Грушеньки.* Ф. Достоевский. Преступление и наказание. ♦ **Царица Небесная.** Богородица. В составе прост. формул пожелания благополучия; благодарности и т. п. ♦ **Спаси (и помилуй; храни, сохрани) Вас (тебя) Царица Небесная.** *Григорий наскоро позавтракал; попрощался с родными. — Храни тебя Царица Небесная! — исступлённо зашептала Ильинична, целуя сына.* М. Шолохов. Тихий Дон. **Царе́вна.** **1.** *Прост. Фольк.* Обращение фольклорного персонажа к дочери царя (обычно в интерпозиции, с «ты»-формами). **2. Царевна!** ♦ **Ты (просто, прямо, действительно, настоящая...) царевна!** ♦ **Как (чисто, что твоя...) царевна.** *Прост.* Похвала, комплимент в адрес красивой, нарядной девушки. [Аграфена Кондратьевна:] *Посмотри-ко, Самсон Силыч, полюбуйся, сударь ты мой, как я дочку-то вырядила. Фу ты, прочь поди! Что твой розан пионовый! (Дочери.) Ах ты моя ангелика, царевна, херувимчик ты мой!* А. Островский. Свои люди — сочтёмся! ♦ **Моя царевна.** *Возвыш., традиц.-поэт.* Обращ. к любимой девушке. *Господь с Тобой, моя Прекрасная, Золотокудрая, моя Принцесса, моя Царевна. / Твой.* А. Блок. Письмо Л. Д. Менделеевой, 15 мая 1903.

Цветёте (всё). ♦ **Вы всё цветёте (Ты всё цветёшь).** ♦ **Вы всё цветёте, всё хорошеете.** ♦ **Вы цветёте (Ты цветёшь), как (майская) роза.** *Разг., шутл.* или *галантно-шутл.* Комплименты в адрес знакомой девушки, женщины при встрече. *[Павлин:] Цветёте, Шурочка? Простите, не поздоровался... [Шура:] Это я должна была сделать, отец Павлин, но папа схватил меня, как медведь...* М. Горький. Егор Булычов и другие. *Миловидная секретарша с розовыми ушами поглядела на него с любопытством. Александр Маркович отнёс это на счёт своего личного обаяния и, пригарцовывая, сказал: «Ниночка, вы сегодня цветёте, как казанлыкская роза. Этой осенью я был в Болгарии ‹...›. Земной рай. Миллионы роз, и все как одна похожи на вас». Вместо того чтобы улыбнуться, Ниночка поспешно сообщила: «Иван Владимирович вас ждёт».* И. Грекова. Пороги. ♦ **Ты просто цветёшь и пахнешь.** *Прост., шутл.* или *ирон.*

Цветочек. ♦ **Цветочек мой (родимый, родненький, милый).** *Разг. Ласк. интимн.* обращение к близкому, любимому человеку. *«Андрюшенька мой, цветочек мой родимый! Я уж какую ночь не сплю и подушку свою оболью слезами. Нашу любовь с тобой я помню и на том свете буду помнить...»* М. Шолохов. Поднятая целина. ♦ **Как цветочек.** *В знач. сказуем.* Красивый, пригожий. Похвала, комплимент.

Целова́ние (моё) Вам (тебе, Н.). ⧖ *Эпист.* То же, что ♦ Целую вас (тебя). *Милый Илья Ильич! / Привет Вам и целование. Простите, что так долго не писал Вам, берлинская атмосфера меня издёргала вконец.* С. Есенин. Письмо Шнейдеру, 21 июня 1922.

Целу́ю (Вас, тебя). *Эпист.* (или *в разг. по телефону*). ǁ Выражение нежных чувств при прощании, реже — при приветствии. ǁ Форма прощания в письмах родственникам, друзьям, близким знакомым. Часто употр. в сочет. со словами-интенсификаторами: *горячо, крепко, крепко-крепко, нежно, с нежностью, сердечно, от всего сердца, от всей души, сто (тысячу) раз; бессчётно* и т. п. *Прощай, от души тебя целую. Пиши ко мне, непременно пиши.* А. Грибоедов. Письмо С. Н. Бегичеву, 4 сент. 1817. *Завтра буду тебе писать. Сегодня мочи нет, устал. Целую тебя, женка, мой ангел.* А. Пушкин. Письмо Н. Н. Пушкиной, 6 дек. 1831. *Прощай. Целую тебя несколько раз. Хотелось бы мне очень побывать теперь в Москве, да не знаю, удастся ли прежде лета. / Твой Гоголь.* Н. Гоголь. Письмо М. П. Погодину, 18 янв. 1836. *Целую Вас крепко, если Вы позволите, и очень нежно, если Вы тоже позволите. Дайте о себе весточку. / Ваш преданный друг Ив. Тургенев.* И. Тургенев. Письмо М. Г. Савиной, 28 авг. 1882. *«Молишься ли ты Богу, Родя, по-прежнему и веришь ли в благость Творца и Искупителя нашего? Боюсь я, в сердце своём, не посетило ли и тебя новейшее модное безверие? Если так, то я за тебя молюсь ‹...›. Прощай, или, лучше, до свидания! Обнимаю тебя крепко-крепко и целую бессчётно. / Твоя до гроба / Пульхерия Раскольникова».* Ф. Достоевский. Преступление и наказание. *Скоро напишу ещё. / Целую нежно. М. Ц.* М. Цветаева. Письмо Л. Е. Чириковой, 16 окт. 1922. *Вот и всё. Пишите. Я целую вас, скажите всем, что нехорошо так забывать, я же люблю и думаю, и вспоминаю! / Любящая вас Саша.* А. Л. Толстая. Письмо А. И. Толстой-Поповой и П. С. Попову, 11 мая 1930. *[Егор (по телефону):] До свиданья, дорогая моя! До свиданья, целую тебя... Да я понимаю, понимаю. До свиданья.* В. Шукшин. Калина красная. ǁ В устном контактном общении — *шутл.-фамильярн.* форма прощания. *«А трамвай снимать не будете?» — спросил Треухов застенчиво. «Видите ли, — промычал кожаный режиссёр, — условия освещения не позволяют. Придётся доснять в Москве. Целую!»* И. Ильф, Е. Петров. 12 стульев. ♦ **Целую (Н.).** *Эпист.* (или *в разговоре по телефону*). Приветствие, выражение дружеских, нежных чувств третьему лицу. *На днях явлюсь к Вам с повинною. Целую Павлушу.* А. Пушкин. Письмо В. Ф. Вяземской, 1 марта 1830. ♦ **(Н.) Вас (тебя) целует.** *Эпист.* Привет и выражение дружеских чувств адресату от третьего лица. *Наши все тебя целуют. Прощай, пиши скорее ответ. / Твой А. Майков.* А. Майков. Письмо Я. П. Полонскому, 7 окт. 1857. ♦ **Целую (Вашу) руку (руки; ручку, ручки).** ⧖ *Эпист.* Формула выражения почтительных, нежных чувств, употр. в письмах к родителям, старшим родственникам, благодетелям. Наиболее широко была употребительна в письмах мужчин к женщинам. *Кланяюсь княгине и целую ручки, хоть это из моды вышло.* А. Пушкин. Письмо П. А. Вяземскому, 19 февр. 1825. *При сем, любезный друг, я целую ваши ручки с позволения вашего сто раз и желаю вам то, чего и вы желаете, и пребуду к вам с искренним почтением. / Арина Родионовна.* А. Р. Яковлева. Письмо А. С. Пушкину, 30 янв. 1827. *Катюшу же целую и благодарю за подвязку. / Прощайте, милая тётенька, целую ваши ручки; и остаюсь ваш покорный племянник / М. Лермонтов.* М. Лермонтов. Письмо М. А. Шан-Гирей, осень 1827. *Целую заочно ручки милой тётеньки Катерины Ивановны и милую сестрицу, также и маленьких.* Н. Гоголь. Письмо М. И. Гоголь, 2 февр. 1830. *Вы не любите, что я всё одинаковым образом кончаю мои письма — да коли мне всегда, расставаясь с Вами, в действительности, или на бумаге — хочется у Вас руку поцеловать? Сердитесь или нет — а я у Вас целую руку — со всей подобающей нежностью. / Преданный Вам / Ив. Тургенев.* И. Тургенев. Письмо Е. Е. Ламберт, 11 мая 1860. *Прощайте, мой ангельчик. Целую вашу ручку и умоляю вас выздоравливать.* Ф. Достоевский. Бедные люди. *Пожалуйста, выручайте меня и простите. Целую Вашу руку. / Искренно любящий Вас Александр Блок.* А. Блок. Письмо В. П. Веригиной, 24 февр. 1907. *Целую Вашу руку. Бесконечное Вам спасибо. / Ваш Б. Пастернак.* Б. Пастернак. Письмо М. В. Юдиной, 4 февр. 1947. ‖ В устн. контактн. общении — формула *шутл.-галантн.* мужского приветствия или прощания с дамой. *[Алла (ослепительная женщина, входит):] Здравствуйте, Зоя Денисовна. Простите, если я не вовремя. [Зоя:] Нет, нет, очень рада. Пожалуйста. [Аметистов:] Целую ручку, обожаемая Алла Вадимовна. Платье. Что сказать о вашем платье, кроме того, что оно очаровательно! [Алла:] Это комплимент Зое Денисовне.* М. Булгаков. Зойкина квартира. ♦ **Целую ручку (ручки, руки, руку)** (Н.). Приветствие, выражение дружеских, нежных чувств третьему лицу через посредника (преимущ. мужчины по отнош. к даме). *[Барбарисов:] Ничего не прикажете сказать Евлампии Платоновне? [Кочуев:] Скажите, что почтительнейше целую её ручки, и больше ничего... (Уходит.)* А. Островский. Не от мира сего.

См. также Рука. ♦ **Целую Вас (тебя) в (во) уста саха́рные.** [Выражение *уста саха́рные* — ⧖ нар.-поэт.]. *Эпист.* В XIX–XX вв. употр. преимущ. как шутл. форма прощания. *Ну, прощайте. Целую вас в уста сахарные и жду ответа. Кланяйтесь всем приятелям...* И. Тургенев. Письмо П. В. Анненкову, 30 сент. 1860. ♦ **Целую руки, жду конца разлуки.** ⧖ *Прост., эпист.* Заключит. формула любовных писем.

Цены́ нет (Вам, тебе; кому-л.). *Разг.* Похвала, комплимент в адрес собеседника или третьего лица. *«Хорошо ездит, а? А на коне-то каков, а?» — «Картину писать! <...> лошадь тысяча рублёв, а седоку цены нет! Да, уж такого молодца поискать!»* Л. Толстой. Война и мир.

Ценю́. *Разг.* Похвала, одобрение в адрес младшего по возрасту, положению. *[Юлия:] Флор Федулыч, милый, ведь я ни к кому другому не обратилась, а прямо к вам, цените это. [Флор Федулыч:] Ценю-с, очень ценю.* А. Островский. Последняя жертва. *«Алло, слушаешь? Старший лейтенант Мересьев у телефона. Передаю трубку». У уха зарокотал незнакомый сиплый бас: «Ну, спасибо, старший лейтенант! Классный удар, ценю. Спас меня. Да. Я до самой земли его проводил и видел, как он ткнулся... Водку пьёшь? Приезжай на мой КП, за мной литр. Ну, спасибо, жму пять. Действуй!»* Б. Полевой. Повесть о настоящем человеке. ♦ **(Я очень высоко) Ценю Ваш талант (Ваше внимание ко мне, Вашу заботу...).** *Учтив.* Комплимент, употр. при выражении благодарности или (в конструкции с противит. союзами *но, однако, только* и др.) отказа от предложения, приглашения. *Поверьте, что глубоко благодарю и ценю Вашу удивительную заботливость и чуткость, доброту и мудрую мягкость Петра Семёновича.* А. Блок Письмо Н. А. Нолле-Коган, 20 мая 1921. ⊟ *Я очень признателен вам, очень ценю ваше внимание... нет, серьёзно, я очень ценю ваше доброе отношение, но, к сожалению, прийти не смогу. Спасибо большое, извините* (1993).

Церемо́ния. ♦ **Без церемоний (входи́те, проходи́те, располага́йтесь)**, т. е. запросто. ♦ **Пожа́луйста, без церемоний; будьте как (у себя) до́ма.** Формула радушного приглашения, предложения гостю не слишком утруждать себя соблюдением правил этикета, а располагаться запросто, чувствовать себя свободнее. *[Глов:] Господа! я... [Утешительный:] Без церемонии, без церемонии. Равенство первая вещь, господа! Глов, здесь, видишь, все товарищи, и поэтому к чёрту все этикеты! Съедем прямо на «ты»! [Швохнев:] Именно на «ты»! [Глов:] На «ты»! (Подаёт им всем руку).* Н. Гоголь. Игроки. *«Господа, не хотите ли пить шампанское, — пригласила вдруг Настасья Филипповна. — У меня приготовлено. Может быть, вам станет веселее. Пожалуйста, без церемоний».* Ф. Достоевский. Идиот. *Тётенька с величественной важностью поклонилась Аграфене Степановне, а Аграфена Степановна очень сконфузилась и не знала, как сесть и куда девать свои руки. — Садитесь, пожалуйста! без церемоний! — шаркал и лебезил Иван Иванович. — Чем угощать прикажете? тут всяких питаньев наставлено — кушайте-с.* В. Крестовский. Петербургские трущобы. *— Входи, братец, входи без церемоний. Ты как родной мне, всё едино. — Он [Куприянов] сидел в халате у огромного письменного стола, заваленного книгами, бланками товаров, и брякал на счётах.* В. Шишков. Угрюм-река. | *«Есть люди, которые дают себе право принимать эту стереотипную фразу за настоящее позволение считать всё своим и поэтому [в гостях] не церемонятся в самом широком смысле этого слова...»* Хороший тон. Правила светской жизни и этикета (1889). ♦ **(Ну,) какие могут быть церемонии (мы свои люди)!** ♦ **Не церемоньтесь, пожалуйста.** Ответ старшего по возрасту или высшего по положению на подчёркнуто учтивое поведение собеседника; просьба, предложение перейти на неофициальное или менее официальное общение. *[Лотохин:] Только, сударыня, я заранее прошу вашего извинения: может быть, придётся сказать что-нибудь такое... [Сосипатра:] Пожалуйста, не церемоньтесь!* А. Островский. Красавец мужчина. ♦ **Весь Ваш без церемоний.** ⊠ Эпист. Заключит. формула неофиц. вежливости в письме равному или низшему по положению. *До свидания, милый и любезный. / Весь Ваш без церемоний.* А. Пушкин. Письмо М. П. Погодину, 31 авг. 1827.

Цыга́н роди́лся. Прост., шутл. То же, что ♦ **(Тихий) Ангел пролетел.** См. также: ♦ Ми-

лиционер родился. ♦ Футболист родился. ♦ Хулиган родился. ♦ Человек родился.

Цы́пка (моя). Цыпо́нька (моя). Цы́почка (моя). Разг. Формы ласк.-шутл., нежного обращения к ребёнку, девушке, супруге. *«Садитесь здесь, — говорила Вера Иосифовна, сажая гостя возле себя. — Вы можете ухаживать за мной. Мой муж ревнив, это Отелло, но ведь мы постараемся вести себя так, что он ничего не заметит». — «Ах ты, цыпка, баловница... — нежно пробормотал Иван Петрович и поцеловал её в лоб. — Вы очень кстати пожаловали, — обратился он опять к гостю, — моя благоверная написала большинский роман и сегодня будет читать его вслух».* А. Чехов. Ионыч. *Игнат позвонил. Открыла Тамара. «Цыпонька! Лапочка!.. Что же ты сидишь-то? Я думал, у тебя тут дым коромыслом. Надо ж собираться в дорогу-то!» — «А у меня всё собрано».* В. Шукшин. Ваш сын и брат.

Ч

Ча́до. 1. ⊠ Нар.-поэт., возвыш. Обращение к сыну, дочери (независимо от их возраста). Обычно в сочет. ♦ **Чадо (моё) милое (любимое).** *Дал ему батюшка благословеньице Со буйной-то головы да до сырой земли. Ещё сам он Михайлушку наказывал, Наказывал Михайлу да наговаривал: «Уж ты ой еси, моё да чадо милоё, Чадо милоё, чадушко да любимоё! Ты топерича поедешь да во чисто полё...»* Данило Игнатьевич и сын его Михайло. Былина. Зап. в 1899–1901. *На другой день царица разболелась-расхворалась, позвала к себе царевича и говорит ему таково слово: — Чадо моё милое, Иван-царевич! Съезди в поле чистое, убей чудище о трёх головах, вынь из него три сердца и привези ко мне: скушаю — авось поправлюсь!* Притворная болезнь. Сказка из собр. А. Н. Афанасьева. *Под крутой горой, что ль под тыном, Расставалась мать с верным сыном. «Ты прощай, мой сын, прощай, чадо, Знать, пришла пора, ехать надо!»* С. Есенин. Ус. ▢ *Не гордись [т. е. не сердись] на меня, чадо милое...* СРНГ. **2.** Обращ. духовного лица к младшему по сану или к мирянину. *Архиерей ответствует разрешительным словом: — Властию, мне данною от Бога, прощаю и раз-*

решаю тебя, чадо. Н. Лесков. Запечатленный ангел. «*Батюшка, прошептала Анна. — Отец Варсонофий, за помощью пришла, не откажи*». — «*Говори, чадо,* — *мягко, ласково откликнулся священник,* — *ты в доме Божьем*». Т. Грай. Сгинь, дикая сила. «*Скажи, чадо, грешил ты перед Богом? Морковку в чужом огороде не дёргал ли? Горошку не воровал ли?*» — «*Нет, батюшка, не дёргал*». В. Белов. Плотницкие рассказы. | В совр. обиходн. употреблении — шутл. или ирон. обращ. к равному или младшему по возрасту, положению, обычно близкому знакомому, родственнику, в том числе сыну, дочери, внуку, внучке. *[Лида:] Добрый день. Извините за беспокойство! Здравствуй, папа! [Валентин Алексеевич:] Ты ещё откуда, чадо моё?* Э. Брагинский. Это всё из-за дождя. *Они [приятели] пришли в общежитие, там сидел Владька. — И вы ещё ходите трезвые? — сказал он. — Смочить бы удачу, а? Егорка?* <...> *Дима, ты мне дорог, чадо.* В. Лихоносов. Когда же мы встретимся. **Ча́делко. Ча́дочко. Чаду́нюшка. Ча́душка. Ча́душко. Ча́дышко.** *Обл. и прост.* Ласк. или шутл. обращ. к сыну, дочери, внуку, внучке, а также к ребёнку, молодому человеку, девушке (не родственникам). *Говорит старичище-пилигримище: «Ай же ты, моё чаделко крестовое, молодой курень, не попархивай, На своего крестового батюшка не наскакивай!»* Василий Буслаевич и новгородцы. Былина. *Увидала тут Добрыню родна матушка, Она стала тут Добрынюшку выспрашивать: «Ай же чадочко мое любимое, Молодой Добрынюшка Микитинец!* <...>». Добрыня и Василий Казимирович. Былина. *Жалился дед Гришака Наталье — любимой внучке: «Шерстяные чулки, а не греют мои ноженьки. Ты мне, чадушка, свяжи крючковые».* <...> — «*Что ты, дедуня, ить зараз лето! — смеялась Наталья и, подсаживаясь на завалинку, глядела на большое морщеное и желтое ухо деда...*» — «*Дык что ж, моя чадунюшка, хучь оно и лето, а кровь, как земля в глубе, холодная*». М. Шолохов. Тихий Дон. | Ирон. *[Кречинский (надев шляпу и шубу, подходит к Расплюеву):] Ну, чадушко, кончил?* А. Сухово-Кобылин. Свадьба Кречинского.

Чай. ♦ **Чай да сахар! (**♦ **Чай-сахар!** ♦ **Чай с сахаром!)** *Прост.* (♦ **Чай да сахары.** *Обл.*) Формы вежл. приветствия и доброго пожелания пьющим чай, как Хлеб да соль — обедающим. Обычные ответы на приветствие: «Милости просим (к чаю)», «Садитесь с нами» и др. *[Семён:] Чай да сахар! [1-й мужик:] Милости просим, садись. [Семён (подходит к столу):] Благодарю покорно. (1-й мужик наливает ему чай.)* Л. Толстой. Плоды просвещения. *Вошёл старик, белый как лунь и немножко сгорбленный. «Чай-сахар, купцы почтенные!» — сказал он. «Просим покорно, дедушка!» — ответил ему приказчик, но он, очевидно, счёл это приглашение за самую обыкновенную фразу и не обратил на него никакого внимания.* Н. Лесков. Разбойник. «*Чай да сахар!» — молвил Смолокуров, здороваясь со знакомцами. «К чаю милости просим», — отвечал тучный лысый купчина.* П. Мельников (Печерский). На горах. *Мой собеседник, оставив стакан, начинает опять мерно шагать из угла в угол... В окне показывается голова Вахрушки. — Чай с сахаром! — приветствует он не без галантности.* Д. Мамин-Сибиряк. Отрава. *Самовар на столе сипел, Надежда с Царицей пили чай. «Чай да сахары!» — приветствовал хозяев от порога Ванятка. «Прямо к столу угодил. Быть тебе богатым... Садись, Иван Евсев!» — пригласил его хозяин, пододвигая к столу табуретку.* Б. Можаев. Мужики и бабы. ♦ **Приходите (Милости просим, Приглашаю...) на чай (чашку чая),** т. е. в гости, «на вечер» *[Берг (Пьеру):] Я хотел просить графиню и вас сделать мне честь пожаловать к нам на чашку чая и... на ужин.* Л. Толстой. Война и мир. ♦ **Чайку покушать да орга́нчика послушать (милости просим).** ⌛ *Прост.* Шутл. приглашение в гости. ♦ **Чашечку чаю?** *Разг.* Вежл. ненастойчивое предложение гостю, посетителю. *М-те Пылинкина увидела их ещё в дверях и с радостным изумлением воскликнула: «Боже мой, Павел Иваныч! Андрей Павлыч! Садитесь. Очень мило с вашей стороны, что заехали. Чашечку чаю?» — «Благодарю вас! — ласково наклонил голову Андромахский. — Не откажусь».* А. Аверченко. Четверг. ♦ **Пей чай, наливай шею, как у быка... хвост.** *Прост.* Шутл. говор. тому, кто, по мнению хозяина (хозяйки), мало поев (или выпив вина), рано переходит к чаю; а также при предложении выпить ещё чашку чаю. ♦ **Чай пить — не дрова рубить.** *Прост.*

Шутл. Положительный ответ на приглашение выпить чаю (ещё). «*Присаживайся, Назарыч, — чай пить...*» *Сняв шапку и расстегнув пальто, Назарыч пригладил волосы <...>. «Чай пить — не дрова рубить, — отозвался он. — Только один чай и по карману нашему брату».* И. Реутов. Уральский вклад. ♦ **Чай не водка — много не выпьешь.** *Прост. Шутл.* Отказ от предложения выпить ещё чашку чаю. ♦ **Чаем на Руси ещё никто не подавился.** ⌛ *Прост.* Шутл. ответ на извинение хозяйки, что чаинки попали в чашку.

Ча́йки летя́т! *Обл.* Приветствие женщине, стирающей или полощущей бельё.

Ча́о! [Итал. ciao — «Привет!»] *Прост., молодёжн. Шутл.-фамильярн.* Пока, до свидания. Друческ. форма прощания, употр. преимущественно в молодёжн. среде. *Подозвал официанта. Мы расплатились, вышли. Я говорю: «Ну-с, был счастлив лицезреть вас, мадам». — «Чао, Джонни!» — сказала Алла. — «Тогда уж не Джонни, а Джованни». — «Гуд бай, Джованни!» И она ушла в громадной коленкоровой шляпе, тоненькая, этакая сыроежка. А я поспешил в редакцию.* С. Довлатов. Компромисс. ♦ **Чао, бамби́но!** ♦ **Чао-какао! Ча́ушки!** *Прост., молодёжн., шутл.-фамильярн.* «*Ну ладно, счастливо. Счастливо, то есть, оставаться! Как это говорится: «Каждый спасается в одиночку». — «На миру и смерть красна». — «Прощай, Алексей. Ауфвидерзеен». — «Чао, бамбино». — «Аривидерчи, Рома». — «Мамбу итальяно».* Ф. Чирсков. Через воскресение. Отечество.

Чаровни́ца. *Разг.* То же, что Очаровательница. См. Очаровать.

Чароде́й. *В знач. сказуем.* ♦ **Вы (ты) (просто, прямо, действительно, настоящий...) чародей!** ♦ **(Вы, ты) (просто...) Маг и чародей.** Формы шутливой похвалы, комплимента в адрес юноши, мужчины, удивляющего, восхищающего своими незаурядными способностями делать что-л. сложное, незаурядное легко и быстро. См. также Маг и волшебник. **Чароде́йка.** *Женск.* к Чародей. ‖ *Шутл.* мужск. комплимент в адрес близко знакомой молодой женщины, чарующей, пленяющей своим обаянием и красотой.

Час. ♦ **Дай Бог час!** См. Дай Бог. ♦ **В добрый час! (♦ Добрый час тебе, Вам!)** ♦ **Дай Бог (в) добрый час! ♦ В добрый (святой) час архангельский (благовещенский)!** ♦ **В добрый час молвить.** См. Добрый. ♦ **Весёлый час!** См. Весёлый. ♦ **В долгий век и в добрый час!** См. Долгий. ♦ **Часом с квасом, порой с водой.** ⌛ *Прост.* Шутл. ответ на вопросит. обращ. при встрече: «Как живёшь?» «Как поживаешь?» *Михаил Васильевич осведомляется, как поживает сосед. «Часом с квасом, порой с водой», — отвечает Александр Иванович. В свою очередь и он спрашивает, каковы дела у Михаила Васильевича.* Е. Дорош. Сухое лето.

Ча́ять. ♦ **Чаю встречи.** ⌛ *Эпист.* То же, что Жду встречи. | В совр. употр. — шутл. «*Перехожу к поцелуям. А ещё кланяюсь любезной супружнице, в вере и благочестии хранящей тепло домашнего очага. И деточек любезных целую и чаю встречи, хоть и не скорой, но желанной. Салют!* В. Крупин. Сороковой день. ♦ **(Вот уж) не чаял я такой встречи (встретить/ся)!** *Разг., экспрессив.* Радостное восклицание при неожиданной встрече с близким знакомым, приятелем, с которым давно не виделись. ⌨ *Ба-ба-ба! Кого я вижу! Сколько лет, сколько зим! Вот уж не чаял встретить!* (1996).

Чего изволите? См. Изволить.

Чей. ♦ **Ты (сам-то) чей (будешь)? ♦ Вы (сами-то) чьи (будете)?** *Прост.* ♦ **Вы чьих будете?** *Обл.* Кто такой? Как фамилия? Кто твои (Ваши) родители? Формулы вопросит. обращения при знакомстве с собеседником. *Но если хотите знать прозвание казака и хотите, чтобы он понял вопрос ваш, то спросите его: «Чей ты?» или «Чьи вы?» или даже, пожалуй: «Чей ты прозываешься?» На вопрос «чей?» казак ответит: «Карпов, Донсков, Харчов, Гаврилов, Мальгин, Казаргин», и вы из окончания видите, что это прямой ответ на ваш вопрос. <...> В Сибири спрашивают вместо этого: «чьих вы?» И от этого вопроса произошли прозвания: Кривых, Нагих, Ильиных и прочих.* В. Даль. Уральский казак. *Девушка оглядела его [Митьку] озорными, неспокойными глазами. «Вы здешний?» — «Тутошний». — «Чей же это?» — «Коршунов».* М. Шолохов. Тихий Дон. *Вот Баба-яга это дело всё справила, Ивана-царевича накормила, напоила и на постелю уложила; села к изголовью и стала спрашивать: — Чей* ты, дорожный человек, добрый молодец, да откуда? Какой ты земли? Какого отца-матери сын? Сказка о молодильных яблоках и живой воде. (Из собр. А. Н. Афанасьева). *По деревне, бывало, пойдёшь, да ежели забывчивы старики от завалин спросят, остановишься, с поклоном головы поздороваешься. «Так вы чьи же, девчонки, будете?» — «А мы однодомны, Карпушевы!» — «Это какова же Карпушева?» — «Рожоны Осиповны». — «Ну, эдак, эдак... Кланяйтесь Осипу Фёдоровичу!»* П. Еремеев. Обиход. *— Дак чей будешь-то? — не оставлял меня в покое шорник... — Потолицыных значит? Катерина Петровна Потолицына кем доводится тебе?* А. Астафьев. Последний поклон. ♦ **Чьей земли (чьей орды)?** ⌛ *Прост. Фольк.* ♦ **Чьей короны?** ⌛ *Прост.* Из какой страны? Подданный какого царя (короля)? ♦ **Чьего отца-матери?** ⌛ *Прост. Фольк.* Кто твои родители? *Не гордись на меня, чадо милое, Скажи, чьей орды, скажи, чьей земли, Чьего отца да чьево матери, Чьего урождения великого?* СРНГ. *— А ты думаешь как? У него [Наполеона] от всех званий набраны. — А ничего не знают по-нашему, — с улыбкой недоумения сказал плясун. — Я ему говорю: «Чьей короны?», а он своё лопочет. Чудесный народ!* Л. Толстой. Война и мир. ♦ **Чей ты пишешься?** ♦ **Чьих ты пишешься?** ⌛ *Обл.* Кто ты? Как твоя фамилия, как величают по отчеству? Вопросительные обращения при знакомстве.

Челночек в основку! *Обл.* Приветствие-пожелание текущему успеху в работе. Употр. преимущ. в женск. речи.

Человек. 1. ⌛ В дореволюц. России обращение господ к дворовому слуге, крепостному. *[Чичиков:] Как с того времени много у вас умерло крестьян? [Манилов:] А не могу знать; об этом, я полагаю, нужно спросить приказчика. Эй, человек! позови приказчика, он должен быть сегодня здесь.* Н. Гоголь. Мёртвые души. *[Елецкий:] Эй! кто там? Человек! [Пётр (выходя из передней):] Чего изволите-с? [Елецкий:] Как тебя зовут, любезный?* И. Тургенев. Нахлебник. **2.** ⌛ В дореволюц. России мужск. обращ. состоятельных посетителей к официанту, половому, слуге в трактире, ресторане, на постоялом дворе, в гостинице и т. п. *«Че-о-эк, э, трубку!» — произнёс в галстук какой-то господин высокого роста, с правильным лицом и благороднейшей осанкой — по всем признакам шулер. Человек побежал за трубкой и, вернувшись, доложил его сиятельству, что, дескать, ямщик Балага их спрашивают-с.* И. Тургенев. Лебедянь. *Официанты загородных ресторанов‹...› приезжали кутнуть в своём кругу ‹...›, важничали и пробирали половых в белых рубахах за всякую ошибку ‹...›. «Человек, это тебе на чай». И давал гривенник «человек» во фраке человеку в рубашке.* В. Гиляровский. Москва и москвичи. *— Человек, — подзываю я полового, — поставь машину из «Корневильских колоколов».* Б. Савинков. Конь бледный. ♦ **Добрый человек.** См. Добрый. ♦ **Милый (мил) человек.** См. Милый. ♦ **Будь человеком.** *Разг.* Просьба к равному или младшему по возрасту, положению вести себя как следует. *Артём, отодвинув от себя пустую чашку, сказал, обращаясь к Павке: — ‹...› Мамка служить больше не будет. Хватит ей горб гнуть ‹...›, но ты смотри, Павка, будь человеком.* Н. Островский. Как закалялась сталь. ♦ **Человек родился.** *Разг. Шутл.* То же, что ♦ **(Тихий) Ангел пролетел.** См. также: ♦ **Футболист родился.** ♦ **Хулиган родился.** ♦ **Цыган родился. Человече.** ⌛ *Прост.* Дружеск. или шутл. обращ. к собеседнику, читателю, приятелю или незнакомому мужчине. *А русалка-то как взговорит ему [Гавриле]: «Не креститься бы тебе, человече, жить бы тебе со мной на веселии до конца дней...»* И. Тургенев. Бежин луг. *О, человече! Лучше тебе дома по миру ходити, куски собирати, нежели в море позориться, преступая вечную заповедь морскую.* Б. Шергин. Устьянский правильник. *Прилёг Арефа на соломку, сотворил молитву и восплакал. Лежит, молится и плачет. — Ты это о чём, человече? — послышался голос из темноты.* Д. Мамин-Сибиряк. Охонины брови. *— Сергей, ты горишь! Уповай, человече, Теперь на надёжность строп!* В. Высоцкий. Песня лётчика. **Человечек.** ⌛ *Обл.* Ласк., вежл. обращ. к незнакомцу. *В одно время шёл солдат со службы домой. Доходит до царя. Царь спрашивает: «Как вас звать, человечек?» — «Меня зовут Иваном», — говорит.* Сабля-невидимка. Сказка. Зап. в 1973.

Челóм бью. ⌛ Земно кланяюсь. [Первонач. кланяться, касаясь лбом земли, пола. Так в Древней Руси приветствовали знатных, уважаемых людей или обращались с почтительной просьбой. «Речение сие употреблялось исстари во всех прошениях, в присутственные места подаваемых; но <...> по высочайшему соизволению Екатерины II возведения Россиян на верх славы, отменено, как и производные от него: челобитье, челобитная, челобитчик, челобитчиковый» (СЦСРЯ — 1847). Обычай бить челом сохранил и следы религиозного воззрения, как выражение почтения, покорности и смирения. «Ещё к XI столетию правилами русского общежития при входе в чужой дом требовалось поклониться в землю хозяину и стать перед ним со сложенными руками». СРФ]. *Прост.* **1.** ♦ **Челом бью вам (тебе,** кому-л.**).** Чаще эпист. Формула почтит. или шутл.-почтит. приветствия. *Не в моде нынче красный цвет. Итак, в знак мирного привета, снимаю шляпу, бью челом, Узнав философа-поэта Под осторожным колпачком.* А. Пушкин. В. С. Филимонову. *Ваше Атмосфераторство! / Милостивая Государыня, София дочь Александрова!.. ваш раб всепокорнейший Михайло, сын Юрьев, бьёт челом вам.* М. Лермонтов. Письмо С. А. Бахметьевой, июль 1832. *Фёдору Ивановичу бью челом доземи.* С. Есенин. Письмо А. М. Ремизову, 24 апр. 1915. *«Здравствуй, Фёдор! / Мать тебе бьёт челом, и я тоже...»* В. Тендряков. Свидание с Нефертити. **2.** ♦ **Челом бью (о чём-л.).** Формула почтит. или шутл.-почтит. просьбы. *Вложенный здесь конверт возьмите на себя труд передать Роману Ивановичу; челом бью о пересылке по адресу.* А. Грибоедов. Письмо Н. А. Каховскому, 27 дек. 1820. *[Хлестаков:] А что вы, любезные? [Купцы:] Челом бьём вашей милости! [Хлестаков:] А что вам угодно? [Купцы:] Не погуби, государь. Обижательство терпим совсем понапрасну.* Н. Гоголь. Ревизор. *Они [товарищи] сели вдоль стены, чинно. Я встал перед ними, нога к ноге, руки к сердцу и выговорил: — Челом бью всем вам, и большим и меньшим, и средним; прошу принять меня в морскую службу, в каков чин годен буду. И о том пречестности вашей челом бью, челом бью. — И, отведя руки от сердца, поклонился большим обычаем, дважды стукнув лбом об пол.* Б. Шергин. Егор увеселялся морем. *Гурьян <...> встретил Михаила Аверьяновича с удивлением. «Зачем пожаловал, Аника-воин?» Михаил Аверьянович вышел на середину избы, встал перед образами. <...> «Хочу в Савкин Затон переехать. Бью тебе челом, Гурьян Дормидонтович. Не откажи. Вовек не забуду».* М. Алексеев. Вишневый омут. **3.** ♦ **Челом бью за** что-л. **(на** чём-л.**).** Формула почтит. или шутл.-почтит. благодарности. *[Проторгуев с женою:] Бьём челом за угощенье. За хлеб, за соль и за честь.* М. Матинский. Санкт-Петербургский гостиный двор. *Дорогой Александр Валентинович, бью челом Вам за ваше милое письмо и за обе рецензии.* А. Чехов. Письмо А. В. Амфитеатрову, 13 апр. 1904. ♦ **Челом бью на хлебе (и) на соли.** Благодарю за угощение, гостеприимство. *[Проторгуев с женою:] Бьём челом за угощенье. За хлеб, за соль и за честь.* М. Матинский. Санкт-Петербургский гостиный двор. ♦ **Челом (тебе, Вам).** ♦ **Челом да об руку!** ♦ **Челом до земли!** ♦ **Челом здорóво! 1.** *Прост. и обл.* Почтит. приветствие. *«Челом куме. Сядь. Почто пришла?» — «Да так»* (В. Даль). *«Брат, здорово!» — «Брату челом!» — «Откуда?» — «Из города Ростова».* Хорошо да худо. Сказка из собр. А. Н. Афанасьева. *— Челом тебе, князь Михаил Иваныч! Откуда? Где побывал?* А. Островский. Василиса Мелентьевна. **2.** ♦ **Челом (тебе, вам) (до земли) за...** *Прост. и обл.* Почтит. экспрессив. благодарность. *— Благодетель вы наш, — отвечала Дарья Сергеевна. — Нежданный-эт гость лучше жданных двух, а вы к нам не гостить, а с Божьей милостью приехали. <...> Челом до земли за ваше оставленье. — И, встав со стула, низко поклонилась Потапу Максимычу.* П. Мельников (Печерский). На горах. ♦ **Челом четырём, а пятому помогай Бог!** *Обл.* Шутл.-почтит. приветствие вошедшего в дом гостя хозяину. [Вероятно, имеются в виду четыре угла в доме и пятый — хозяин?] ♦ **Бью челом да солью, да третьей любовью!** *Обл.* Приветствие хозяина гостям. ♦ **Не всякого по имени, а всякому челом!** *Обл.* Вежл. приветствие и приглашение к столу, с которыми хозяин или хозяйка обращается к гостям. *Отошла хозяйка от печи, отвесила длинный поклон в пояс, во всю спину, да и спела речисто и звонко с переливами в голосе: — Гостьюшки-голубушки! Покидайте-ко прялочки, умывайте-ко рученьки! Не всякого по* имени, а всякому челом. Бью хлебом да солью, да третьей любовью. С. Максимов. Крылатые слова. ♦ **Вашим добром да Вас (Вам) же челом.** ☒ *Прост.* Погов., употр., когда угощают гостя его же приношением. *Он <...> кашу мою на скамью поставил и говорит: «Ну, покушай у меня, владыко; твоим же добром да тебе же челом».* Н. Лесков. На краю света.

Чем Бог послал. См. Бог.

Чем бога́т/ы, тем и ра́д/ы. См. Рад.

Чем могу быть полезен? См. Полезный.

Чем могу (смогу) — помогу. ♦ **Чем сможем, (тем) поможем.** *Разг.* Положит. ответы на просьбу. ▱ *[Девушка у телефона-автомата (прохожему):] Извините, вы мне не разменяете пятнашками? [Мужчина (доставая мелочь из кармана):] Чем смогу — помогу* (1992).

Чем могу служить? См. Служить.

Чем прикажете служить? См. Служить.

Чем порадуете? См. Порадовать.

Чему быть, того не миновать. *Погов.* Употр. как форма утешения собеседника, переживающего большое горе, утрату; или ободрения того, кто решается на рискованное дело.

Чему не год, так и семена́м не род (не всход). *Погов.* Употр. как форма утешения огородника, огорчённого плохими всходами, неурожаем.

Честно́й, -а́я; -ы́е. ☒ *Прост.* и *нар.-поэт.* Уважаемый, почтенный. Этикетный эпитет в составе вежл. обращений. ♦ **Честна́я вдова.** ♦ **Честно́й господин.** ♦ **Честны́е господа́.** ♦ **Честна́я княгиня.** ♦ **Люд честно́й.** ♦ **Честно́й народ.** ♦ **Мир честно́й** и т. п. ▱ *Здравствуйте, князь со княгиней, бояре, сваты, дружки и все честные поезжане* (В. Даль.) ▱ *Поздравляю вас, господин честной... Тебя с новым-то годушком, Со великим тебя ластием, А со добрым здоровьицем.* СРНГ. *Говорит тут Илья-де Муромец: «Ай же ты, честная княгиня вдовица Апраксия! Я иду служить за веру христианскую...»* Илья Муромец и голи кабацкие. Былина. Зап. в 1871. *Сорога-рыба, не дошедши рыбы-сом, кланялась. И говорит ей сом: «Здравствуй, сорога-рыба, вдова честная!»* Сказка о Ерше Ершовиче, сыне Щетиникове. Из собр. А. Н. Афанасьева. *Иван-царевич говорит: «Не бойтесь, честные гости, это моя лягушонка в коробчонке приехала».* Царевна-лягушка. Сказка из собр. А. Н. Афанасьева. *Гости лавки отпирают, Люд крещёный закликают: «Эй, честные господа, К нам пожалуйте сюда!»* П. Ершов. Конёк-горбунок. — *Из Осиповки едете, честные господа, аль подале откуда? — сидя на передней скамье, спросил хозяин у Никифора, тоже залезшего на полати поразогреть себя после такой вьюги.* П. Мельников (Печерский). На горах. — *И-и, нельзя, купцы честные, — сказал старик. — Вас-то сдашь, надо вертаться, а он-те тут где-нибудь с лягой и караулит, да гляди с товарищем.* Н. Лесков. Разбойник. *У Антона Коробова на смуглом лице светлые глаза и светлая, ровно подрубленная бородка. <...> «Здоровы будем, мир честной», — приветствовал он. «Здоров, коли не шутишь», — отозвался доброхот.* В. Тендряков. Пара гнедых. ♦ **Отец честно́й (честны́й).** ☒ Обращ. к духовному лицу. См. Отец. ♦ **Привет честно́й компании.** См. Привет. ♦ **Честна́я компания! (Честно́й компании!)** *Прост.* Приветствие знакомым. (Сокращ. от *Честная компания, здравствуй!* или *Привет честной компании!* Честной компании наше почтение!) *[Счастливцев:] Честная компания! [Улита:] Милости просим!* А. Островский. Лес. — *Честной компании! — Григорий тряхнул от порога шапкой.* М. Шолохов. Тихий Дон. ♦ **Мир честно́й беседе.** ☒ *Прост.* и *обл.* Приветствие. См. Мир. ♦ **Честна́я беседушка, здравствуй.** ☒ *Прост.* и *обл.* Приветствие. См. Беседа. Здравствуйте беседовать. ♦ **Празднику честному злат венец, а хозяину (с хозяйкой) многая лета (доброго здоровья).** ☒ *Прост.* Приветствие гостей хозяевам в праздничный день. См. Многая лета. ♦ **С честны́м пирко́м, да жить вам мирко́м!** См. Мир.

Честь. ♦ **Ваша (твоя) честь.** ☒ *Прост.* Неофиц.-почтит. обращ. к высшему по положению. «В дорев. России в комплиментарных целях в быту употреблялись и некоторые произвольные, законом не установленные титулы вроде *ваше степенство, ваша милость, ваша честь* и т. п. Чаще всего так обращались к представителям купеческого сословия, если они не имели официальных титулов».

М. Шепелев. Титулы, мундиры, ордена в Российской империи. *Слышу, кличут гости пьяные: «<...> Что возьмёшь за короб весь?» Усмехнулся я легонько: — Дорог будет, ваша честь.* Н. Некрасов. Коробейники. *Войдя в избу и поставив жбан на стряпной поставец, тётка Арина сотворила перед иконами семипоклонный начал. Клала крест по-писанному, поклоны вела по-наученному, потом приезжему гостю низёхонько поклонилась и с ласковой ужимкой примолвила: — Доброго здоровья вашей чести, Герасим Силыч, господин честной! С приездом вас!.. — И ещё раз поклонилась. Встал с лавки Герасим и молча отдал Арине поклон.* П. Мельников (Печерский). На горах. ♦ **Честь имею** (♦ **Имею честь**) (+ неопр. ф.). ⌛ Формула учтивости, офиц. вежливости, синонимичная соответствующему глаголу. Употр. преимущ. в мужск. речи. *Честь имею препроводить на рассмотрение Вашего Превосходительства новые мои стихотворения.* А. Пушкин. Письмо А. Х. Бенкендорфу, 20 июля 1827. *Николай Афанасьевич и Наталья Ивановна Гончарова имеют честь объявить о помолвке дочери своей Наталии Николаевны с Александром Сергеевичем Пушкиным, сего мая 6 дня 1830 года. Пригласительный билет. Милостивый Государь Константин Константинович. / Почтеннейшее письмо Вашего Превосходительства от 25 сентября имел честь получить вчера и спешу благодарить за участие, которое Вам угодно принимать в домашних и дипломатических моих делах.* А. Грибоедов. Письмо К. К. Родофиникину, 30 окт. 1828. *— Княгиня, — сказал Жорж... — извините, я ещё не поздравил вас... с княжеским титулом!.. поверьте, однако, что я с этим намерением спешил иметь честь вас увидеть... но когда взошел сюда, то происшедшая в вас перемена так меня поразила, что, признаюсь, забыл долг вежливости.* М. Лермонтов. Княгиня Лиговская. *— Хотите пороху понюхать? — сказал он [Кутузов] Пьеру. — Да, приятный запах. Имею честь быть обожателем супруги вашей, здорова ли она? Мой привал к вашим услугам.* Л. Толстой. Война и мир. *[Мелузов:] <...> господин, позволяющий себе подобный образ действий, не имеет права считать себя честным человеком. О чем я и имею честь объявить вам перед публикой.* А. Островский. Таланты и поклонники. *Разумихин развернул записку, помеченную вчерашним числом, и прочёл следующее: «Милостивая государыня Пульхерия Александровна, имею честь вас уведомить, что, по происшедшим внезапным задержкам, встретить вас у дебаркадера не мог, послав с тою целью человека, весьма расторопного...»* Ф. Достоевский. Преступление и наказание. *Приглашение было составлено весьма вежливо, — чуть ли, помнится, не было написано: «Директор департамента полиции имеет честь просить вас...»* В. Вересаев. Невыдуманные рассказы. ♦ **Честь имею доложить.** ⌛ *Воинск.* *Молоденький офицерик подбежал, с рукой к киверу, к старшему. — Имею честь доложить, господин полковник, зарядов имеется только восемь, прикажете ли продолжать огонь? — спросил он.* Л. Толстой. Война и мир. ♦ **Честь имею явиться.** ⌛ *Воинск.* Формулы офиц. обращения к старшему по званию в дорев ол. Российской армии и на флоте. *«Честь имею явиться», — повторил довольно громко князь Андрей, подавая конверт. «А, из Вены? Хорошо. После, после!» — Кутузов вышел с Багратионом на крыльцо.* Л. Толстой. Война и мир. *[Берсенев (подходит, взяв под козырёк):] Честь имею явиться, ваше превосходительство. [Милицын:] Где вы были, господин капитан первого ранга? Где ваш вахтенный начальник?»* Б. Лавренёв. Разлом. ♦ **Имею честь быть (пребывать) Ваш (Милостивый Государь, Милостивая Государыня) (покорнейший слуга)** (подпись адресанта). ⌛ *Эпист.* В сочет. с подписью адресанта — заключит. формула вежливости в офиц. письмах к высшим и равным по положению. *Надеясь на крайнее Ваше снисхожденье, честь имею пребыть, Милостивый Государь, / Вашего Превосходительства всепокорнейший / слуга Александр Пушкин.* А. Пушкин. Письмо И. И. Мартынову, 28 нояб. 1815. *С глубочайшим почтением и совершенной преданностию честь имею быть, / Милостивая Государыня, / Вашим покорнейшим слугою.* А. Пушкин. Письмо А. О. Ишимовой, 27 янв. 1837. *В ожидании вашего ответа, с истинным уважением, имею честь быть, милостивый государь, ваш покорный слуга / Л. Толстой.* Л. Толстой. Письмо Н. А. Некрасову, 15 сент. 1852. *Надеюсь, что Вы примите моё предложение.*

/ Честь имею быть / с совершенным уважением / Ваш покорнейший / А. Майков. А. Майков. Письмо А. Ф. Кони, 17 марта 1860. ♦ **Честь имею (кланяться).** ⌧ **1.** Формула учтив. или офиц.-учтив. прощания. Употр. преимущ. в мужск. речи. [До револ. употр. в дворянском, а затем и в мещанском, купеческом обиходе. Обычно сопровождалась учтивым сдержанным поклоном. В настоящее время употр. шутливо]. *Павел Петрович достал свою трость... — Засим, милостивый государь, мне остаётся только благодарить вас и возвратить вас вашим занятиям. Честь имею кланяться. И. Тургенев. Отцы и дети. — Без жалованья, членом, — повторил Аракчеев. — Имею честь. Эй! зови! Кто ещё? — крикнул он, кланяясь князю Андрею. Л. Толстой. Война и мир. [Карандышев (Огудаловой):] Харита Игнатьевна, я отправляюсь домой, мне нужно похлопотать кой о чём. (Кланяясь всем.) Я вас жду, господа. Честь имею кланяться! (Уходит.) А. Островский. Бесприданница. [Суслов:] Ну, идём, Сергей!.. До свиданья, Варвара Михайловна. Честь имею... (Кланяется Замыслову.) М. Горький. Дачники. [Геннадий (по телефону):] Да? Театр. Контрамарок не даём. Честь имею. (Кладёт трубку.) М. Булгаков. Багровый остров.* | *[М. Л. Лозинский] произносит на прощанье почтительно и веско: — Чик! «Чик» — придуманное им сокращение. Теперь мода на сокращения. Надо идти в ногу с веком, серьёзно объясняет он недоумевающим. «Честь имею кланяться» Ч. И. К. — Чик! Я не могу без смеха слышать этот с важной серьёзностью произносимый им «Чик»! И. Одоевцева. На берегах Невы.* **2.** Учтив. или офиц. форма приветствия при встрече. Употр. преимущ. в мужск. речи. *[Юлия:] А, Лука Герасимыч, здравствуйте! [Дергачев:] Честь имею кланяться <...>. [Флор Федулыч (кланяясь и подавая руку):] Честь имею... Прошу извинить! [Юлия:] Забыли, Флор Федулыч, забыли. Прошу садиться. А. Островский. Последняя жертва. Влетел Алексей Трифоныч, разряженный в пух и прах. За ним робкой поступью выступала скорбная Марья Гавриловна. Вексель был в руках Алексея. — Наше вам наиглубочайшее, почтеннейший господин Чапурин! Честь имею вам кланяться, — сказал он свысока Потапу Максимычу. Научился Лохматый модным словам от маклера Олисова да в купеческом клубе, где в трынку стал шибко поигрывать. Много новых речей заучил; за Волгой таких и не слыхивал. П. Мельников (Печерский). В лесах. В правление вошёл высокий рыжеватый старик Прохор Уклейкин. — Честь имею! — по-военному отрапортовал он. А. Мусатов. Земля молодая.* ♦ **Честь имею откланяться.** ⌧ То же, что ♦ **Честь имею (кланяться)** (в 1 знач.). *Выпрямился господин Шефер, заложил левую ручку за спину. Сделал он шаг к Грибоедову. Низко поклонился. — Exellenz, — сказал он важно и медленно, — честь имею откланяться. Ю. Тынянов. Смерть Вазир-Мухтара. [Берг:] Не трудитесь искать: она так же хорошо спрятана, как ваша машина. Честь имею откланяться. (Уходит.) В. Набоков. Изобретение Вальса.* ♦ **Имею честь поздравить.** ⌧ Формула учтив. или офиц.-учтив. поздравления высшего по положению. Употр. преимущ. в мужск. речи. *[Коробкин:] Имею честь поздравить Антона Антоновича! Анна Андреевна! (Подходит к ручке Анны Андреевны.) Марья Антоновна! (Подходит к её ручке.) [Жена Коробкина:] Душевно поздравляю вас, Анна Андреевна, с новым счастием. [Люлюков:] Имею честь поздравить, Анна Андреевна! (Подходит к ручке и потом, обратившись к зрителям, щёлкает языком с видом удальства.) Марья Антоновна! Имею честь поздравить. (Подходит к её ручке и обращается к зрителям с тем же удальством.) Н. Гоголь. Ревизор. Честь имею поздравить Вас, любезнейший Елисей Яковлевич с поступлением на службу! И. Тургенев. Письмо Е. Я. Колбасину, 12 нояб. 1860. [Филицата (Грознову):] Ну-ка, служивый, поздравь нас. [Грознов:] Честь имею поздравить Платона Иваныча и Поликсену Алисовну! Тысячу лет жизни и казны несметное число! Ура! А. Островский. Правда — хорошо, а счастье лучше. — Имею честь поздравить с праздником! — кричит он [Денис] по-солдатски храбро. — Живой рыбки принёс. И. Шмелёв. Лето Господне.* ♦ **Имею честь представить (Вам)...** ⌧ Формула учтив.-офиц. представления при знакомстве через посредника. *Хозяйка встретила ещё в зале Перепетую Петровну и Павла. «Честь имею представить племянника», — сказала Перепетуя Петровна, целуясь с хозяйкой. «Очень приятно, — отвечала*

Феоктиста Саввишна, жеманно кланяясь Павлу <...>. — Милости прошу, Перепетуя Петровна, — продолжала она, указывая на дверь в гостиную, — Павел Васильич, сделайте одолжение». А. Писемский. Тюфяк. [Вожеватов:] Честь имею представить вам нового друга моего: лорд Робинзон. [Огудалова:] Очень приятно. А. Островский. Бесприданница. [Муромский:] А, Владимир Дмитрич, друг милый! Насилу-то! (Расплюеву.) Честь имею представить: Владимир Дмитрич Нелькин, наш добрый сосед и друг нашего дома. (Оборачивается к Нелькину.) Иван Антоныч Расплюев. (Раскланиваются.) [Расплюев:] Я уже имел честь... [Нелькин:] Имел эту честь и я... А. Сухово-Кобылин. Свадьба Кречинского. ♦ **Имею честь представиться.** ⌥ Формула учтив. или учтив.-офиц. представления при знакомстве с высшим или равным по положению. Употр. преимущ. в мужск. речи. Он [Рудин] проворно подошёл к Дарье Михайловне и, поклонясь коротким поклоном, сказал ей, что он давно желал иметь честь представиться ей и что приятель его, барон, очень сожалел о том, что не мог проститься лично. И. Тургенев. Рудин. Постояв несколько минут на одном месте и видя, что уже нет никакой возможности вернуться назад, Павел <...> довольно свободно подошёл к Кураеву и произнёс обычное: «Честь имею представиться». — «Очень приятно, весьма приятно, — перебил Владимир Андреич, взяв гостя за обе руки, — милости прошу садиться... Сюда, на диван». А. Писемский. Тюфяк. [Вершинин (Маше и Ирине):] Честь имею представиться: Вершинин. Очень, очень рад, что наконец я у вас. Какие вы стали! Ай! ай! [Ирина:] Садитесь, пожалуйста. Нам очень приятно. А. Чехов. Три сестры. ♦ **Имею честь рекомендовать/ся (Вам)...** ⌥ То же, что Имею честь представить/ся. ♦ **Не имею чести (знать) (Вас, Вашего имени-отчества)...** ⌥ Офиц.-вежл. или учтив. обращ. к незнакомому или ответ на обращение незнакомого с целью узнать его имя, отчество, фамилию. «Батюшка, — сквозь слёзы проговорила старушка, — имени и отчества не имею чести знать...» — «Аркадий Николаич», — с важностью, вполголоса, подсказал Василий Иваныч. И. Тургенев. Отцы и дети. «Добрый вечер, господин Ипполит Матвеевич!» — сказал он [Колесов] почтительно. Воробьянинову сделалось не по себе. «Не имею чести», — пробормотал он. И. Ильф, Е. Петров. 12 стульев. ♦ **С кем имею честь (говорить)?** ⌥ Офиц. или учтив.-офиц. встречный вопрос на обращение незнакомого: «Кто вы такой? С кем я говорю?», побуждающий собеседника представиться, назвать своё имя (фамилию, должность). Часто употр. в сочет. с формами извинения (простите, извините) или в составе осложнённой формулы вопросит. обращения: ♦ **Позвольте (разрешите) узнать, с кем (я) имею честь (говорить)?** [Князь Абрезков:] Простите меня. Я невольно был свидетелем неприятной сцены. [Федя:] С кем имею честь?.. (Узнаёт.) Ах, князь Сергей Дмитриевич. (Здоровается.) Л. Толстой. Живой труп. [Алексей:] Позвольте узнать, с кем я имею честь говорить? [Лариосик:] Как с кем? Вы меня не знаете? [Алексей:] К сожалению, не имею удовольствия. М. Булгаков. Дни Турбиных. В антракт осмелел: «Не угодно ли пройтись в фойе?» — «С кем имею честь?..» — «Такой-то». «Марья Ивановна Кярстен». И в слове и в походке она мне безумно нравится. У ей всё так, как я желаю. Б. Шергин. Митина любовь. Человек некоторое время молчал. «Кто это говорит?» — «Это Лёля Селезнева с факультета журналистики. С кем имею честь?» В. Шукшин. Лёля Селезнева... ♦ **Сделайте (окажите) мне (нам) честь.** ⌥ 1. В сочет. с неопр. ф. или повелит. накл. глагола — формула учтив. просьбы, приглашения (обычно — при обращ. к высшему по положению). [Лавр Мироныч:] Вадим Григорьич, вы сделаете нам честь откушать с нами? Позвольте просить. [Дульчин:] Благодарю вас, с удовольствием. А. Островский. Последняя жертва. [Миша:] А может быть, вы сделаете мне честь пожаловать сегодня в девять часов на Троицкую, ресторан «Париж»? [Чепурной:] Нет, знаете, не сделаю я этой чести и вам. М. Горький. Дети солнца. После завтрака Чохов подошёл ко мне вместе с капитаном. — Владимир Александрович, не пожалуете ли вы ко мне сегодня пообедать чем Бог послал? Вот Люциан Адамович будет, ещё двое с вашего парохода. Я бы очень был рад, если бы и вы мне сделали честь откушать у меня. Не побрезгуйте. В. Вересаев. Невыдуманные рассказы. —

К соседу нá гости-то придёшь? Приходи, честь сделай, погутарим. — Степан отказался, но Пантелей Прокофьевич просил неотступно, обижался, и Степан сдался. М. Шолохов. Тихий Дон. **2.** ⌘ Учтив. ответ на просьбу. То же, что Пожалуйста (во 2 знач.). Сделайте милость (во 2 знач.). ♦ **(Вы делаете нам, мне) много чести.** *Разг.* ♦ **(Это) для нас (для меня) большая честь.** Вежл. ответы на проявленный знак внимания со стороны высшего по положению (посещение, комплимент, услугу, приглашение, подарок и т. п.). *[Хлестаков:] Впрочем, сударыня, в эту минуту мне очень приятно. [Анна Андреевна:] Как можно-с. Вы делаете много чести. Я этого не заслуживаю. [Хлестаков:] Отчего же не заслуживаете? Вы, сударыня, заслуживаете.* Н. Гоголь. Ревизор. *Татьяна Борисовна испугалась, хотела было приподняться, да ноги подкосились. «Татьяна Борисовна, — заговорила умоляющим голосом гостья, — извините мою смелость; я сестра вашего приятеля Алексея Николаевича К***, и столько наслышалась от него об вас, что решилась познакомиться с вами». — «Много чести»*, — *пробормотала изумлённая хозяйка.* И. Тургенев. Татьяна Борисовна и её племянник. ♦ **Почту (сочту) за честь. 1.** ⌘ Учтив. положит. ответ на вопросит. обращение, приглашение, предложение, просьбу высшего по положению. *[Дульчин:] Теперь вот в чём вопрос: нравлюсь ли я вам? [Лавр Миронычь:] Вы? Как же, помилуйте, мы ваше знакомство за честь себе считаем. [Дульчин:] Да погодите, не распространяйтесь! Я хочу жениться на вашей дочери, вы отец, вас обойти нельзя, так согласны вы или нет, так сказать, осчастливить нас? [Лавр Мироныч:] С полным удовольствием. За честь почту.* А. Островский. Последняя жертва. *Состояние желудка не позволило Самгину путешествовать, он сказал, что предпочёл бы остаться [у Денисова]. — Сделайте одолжение! За честь сочту, — с радостью откликнулся Денисов и даже, привстав со стула, поклонился гостю.* М. Горький. Жизнь Клима Самгина. | Галантный мужск. ответ на просьбу, предложение дамы. *[Инна Александровна:] Я бы вас поцеловала, да знаю, что ваш брат этого не любит. [Трейч:] Сочту за особенную честь.* Л. Андреев. К звёздам. **2.** ⌘ ♦ **Сочту (считаю, почитаю, поставлю) за (большую, высокую...) честь** (сделать что-л.). Формула учтивости, синонимичная входящему в неё глаголу. *Я бы за честь себе поставил препроводить сочинения мои в Смоленскую библиотеку.* А. Пушкин. Письмо Н. И. Хмельницкому, 6 марта 1831. | Галантн. *А Адель Петровне — скажите, что кланяюсь я ей земно и с почтением глубоким, по приезде же в Нижний город нанести ей визит за высокую честь сочту.* М. Горький. Письмо Б. В. Бергу, 4 июня 1893. ♦ **Благодарю Вас (Я благодарен Вам) за высокую честь (доверие, награду...).** ♦ **Благодарю (Вас) за честь, но...** ♦ **Весьма (много, премного) благодарен (Вам) за честь, но...** См. Благодарю. Благодарный. ♦ **Почёл бы за честь, но...** ⌘ Формула учтив. отказа. ♦ **(Это) делает Вам (тебе, ему) честь.** Похвала, одобрение в адрес собеседника или третьего лица по поводу сказанного или сделанного им. *Твоё замечание о просвещении русского народа очень справедливо и делает тебе честь, а мне удовольствие.* А. Пушкин. Письмо Н. Н. Пушкиной, 28 апр. 1834. *[Несчастливцев:] Тётушка, поздравляю! Замуж выходите? Время, тётушка, время! И для вас хорошо, и для родственников приятно. Это делает вам честь, а нам удовольствие. Я, с своей стороны, очень рад и одобряю ваш союз.* А. Островский. Лес. ♦ **Надо (можно) чести приписать.** *Прост.* ⌘ Похвала, одобрение, комплимент. *[Курослепов:] Вот так угощение! Дай только Бог перенести. Хоть какого губернатора этаким манером уважить можно. Надо тебе чести приписать! [Хлынов:] А из чего ж мы и бьёмся, как не из чести: одно дело, на том и стоим.* А. Островский. Горячее сердце. *Лишь только вышел Потап Максимыч из Настиной светлицы, вбежала туда Флёнушка. — Ну вот, умница, — сказала она, взявши руками раскрасневшиеся от подавляемого волнения Настины щёки. — Молодец, девка! можно чести приписать!..* П. Мельников (Печерский). В лесах. *«Что, как пшеничка-то у вас — рожается?» — спросил у Николая Исай Исаич. «Да-с... В прошлом году сам-пятнадцать-с». — «Ну, обработка почём?» — «У нас свои-с, дёшево». — «Да уж тятенька твой — чести приписать. Кому продали-то?»* А. Эртель. Гарденины. ♦ **По заслугам и честь.** *Разг.* Формула комплимента в связи с награждением собеседника или повышением его по службе. *[Городничий:] Да, признаюсь, господа, я, чёрт возьми, очень хочу быть генералом. [Лука Лукич:] И дай Бог получить! [Растаковский:] От человека невозможно, а от Бога всё возможно. [Аммос Фёдорович:] Большому кораблю — большое плаванье. [Артемий Филиппович:] По заслугам и честь.* Н. Гоголь. Ревизор. ♦ **Позвольте честь заявить.** ⌛ *Прост. Почтит.-возвыш.* форма приветствия. — *Прямо из города, благодетель! прямо оттуда, отец родной! всё расскажу, только позвольте сначала честь заявить, — проговорил вошедший старичок и направился прямо к генеральше...* Ф. Достоевский. Село Степанчиково... ♦ **Честь и место.** ⌛ *Прост.* Форма почтит. или шутл.-почтит. приветствия при встрече и усаживании гостя на почётное место. ☞ *«Честь и место!» — «Господь над нами». — «Садись под святые».* В. Даль. — *А, ваше благородие, — сказал Пугачёв, увидя меня. — Добро пожаловать; честь и место, милости просим!* А. Пушкин. Капитанская дочка. — *Честь и место! — сказал Горохов, стараясь улыбнуться и показывая на кресло против себя.* А. Писемский. Мещане. ♦ **Честь и место, стул и кресло (садись да хвастай)!** ♦ **Честь и место, а за пивом пошлём!** ⌛ *Прост., шутл.* (Обычный ответ: ♦ **Честь пива лучше**). В. Даль. ♦ **Честь и хвала (слава) (Вам, тебе)!** *Возвыш.-ритор.* приветствия, восхваление. — *Честь и хвала тебе, барин! — сказал молодец. — Насилу нашёл я товарища.* А. Бестужев-Марлинский. Страшное гадание. ♦ **Богу хвала, а вам (добрым людям) честь и слава!** ⌛ *Прост. Возвыш.* приветствие. ♦ **Дай Бог в честь да в радость (в лад да в сладость)!** ⌛ *Прост.* Пожелание дальнейшего благополучия при успехе, удачном приобретении. ‖ *Обл.* Ответ торговца на пожелание «С прибылью торговать!» ♦ **Первая честь, второй барыш.** ⌛ *Погов.* Честь, уважение людей важнее материальной выгоды. Употр. в среде купцов, торговцев как комплимент покупателю. ♦ **Пора (надо) (гостям) и честь знать.** *Разг.* См. Пора. ♦ **Была бы честь предложена (приложена).** *Разг.* Ответная реплика на отказ собеседника от предложения, приглашения. (Употр. по отнош. к равному или младшему как знак безразличия к его отказу: «моё дело — предложить, а ты как знаешь»). *«Пил ты чай?» — «Нет, говорю, и не стану». — «Была бы честь приложена».* Ф. Достоевский. Идиот. [От посл. *Была бы честь предложена, а от убытка Бог избавил*]. ♦ **Прошу Вас (тебя) честью.** См. Просить.

Чиж. Чижик (мой). *Разг.* Ласк.-шутл. обращ. родителей, близких старших родственников, няни к ребёнку (мальчику). — *Ты чего, чиж, не спишь? — хватает меня отец и вскидывает на мокрые колени <...>. — Поймали барочки! Денис — молодчик, на все якорьки накинул и развернул... Знаешь Дениса-разбойника, солдата? И Горка наш, старина, и Василь Косой... все! <...> Порадовали чер... молодчики! <...> — А иди-ка ты, чижик, спать?* И. Шмелёв. Лето Господне.

Чин. Слово общеславянского происхождения, употреблявшееся в допетровскую и Петровскую эпоху (не без влияния церковнославянского языка) в значениях: «Учинённый, установленный порядок совершения чего-л., степень последования, устав, обряд, ритуал, церемония». *Церковный чин; чин литургии, чин крещенья, погребенья. Чин венчанья на царство. Чин править, наблюдать* (т. е. вести, соблюдать) церемониал, установленный обряд или порядок. ‖ «Степень, на коей человек стоит в обществе, звание, сан, сословие, состоянье». *Люди духовного чина, звания. Воинские чины, гражданские чины, служащие.* ‖ «Степень жалованного служебного значенья, достоинства, класс... *Чин чина почитай, а меньшой садись на край*, местничество». Ср.: *подчинение, чиновник, чинопочитание, чинный* («благопристойный»), *чинно* («благопристойно», «стройно»), *чин чином, чин по чину* («как следует, по установленному обычаю, порядку, приличию»), *бесчинствовать, зачинать, зачин*, а также фольк. *свадебные чины: князь* и *княгиня* (новобрачные), *дружки, малые бояре, большие бояре* и др. С XVIII в. при дворе и в высшем дворянском обществе слово *чин* заменилось французским словом *Etiquette* (этикет). ♦ **Чин чи́на почитай.** ⌛ *Погов.* Употр. (обычно шутл.) в ситуациях, когда объясняют необходимость соблюдения субординации, почтит. отношения к вышестоящим по чину, званию, обществ. положению. *В самом деле, что было бы с нами, если бы вме-*

сто общеудобного правила: *чин чина почитай*, ввелось в употребление другое, например: *ум ума почитай?* А. Пушкин. Станционный смотритель. В. И. Даль приводит поговорку: *Чин чина почитай, а меньшой, садись на край*, с пояснением: «местничество, старинный обычай считаться местами предков и занимать должности по этому, а не по заслугам своим: чей отец либо дед занимал высшую должность, того потомок считал и себя выше родом и не подчинялся по службе тому, у кого предки занимали низшие места». ♦ **Без чинов.** *Разг.* Форма радушного приглашения располагаться, общаться запросто, без церемоний, невзирая на разницу должностей и званий. Употр. по отношению к нижестоящим по общественному положению. *[Хлестаков (Городничему):] Что вы, господа, стоите? Пожалуйста, садитесь! [Городничий:] Чин такой, что ещё можно постоять. [Артемий Филиппович:] Мы постоим. [Лука Лукич:] Не извольте беспокоиться! [Хлестаков:] Без чинов, прошу садиться. (Городничий и все садятся.) Я не люблю церемонии. Напротив, я даже стараюсь всегда проскользнуть незаметно...* Н. Гоголь. Ревизор. ♦ **Дай Вам Бог здоровья и генеральский (капральский) чин.** См. **Дай Бог.**

Число. См. **Дата.**

Чистый. ♦ **Путь (Вам) чистый!** *Обл.* Пожелание доброго пути; приветствие встречному. *Поравнявшись, [женщина] окинула девушку пытливым, но добрым и ласковым взором и с приветной улыбкой ей молвила: — Путь тебе чистый, красавица! — Таня поклонилась, но ни слова не ответила на привет незнаемой женщине.* П. Мельников (Печерский). В лесах. ♦ **Чистого (Вам) неба!** *Разг.* Пожелание благополучия, мира. ♦ **Чистого неба, душистого хлеба, ключевой воды да счастливой судьбы (и никакой беды)!** *Возвыш.* пожелание благополучия (обычно при поздравлении именинников, молодожёнов). ♦ **Чистенько (тебе, Вам)!** *Обл.* То же, что ♦ **Беленько (тебе, Вам).** ♦ **От чистого сердца.** См. **Сердце.**

Чох на́ ветер! *Обл.* Пожелание благополучия чихнувшему. [Возможно, от *обл.* ♦ **Чох на́ ветер: шкура на́ шест, а голова — чертям в сучку играть!** «Пожелание бранное чихнув-

шему». В. Даль]. ♦ **Чох на правду.** *Прост.* См. **Правда.**

Чрезвычайно, *нареч.* Интенсификатор вежливости, экспрессивности. Употр. в составе формул комплиментов, просьбы, благодарности, преимущ. в речи образованных людей среднего и старшего возраста. ⊟ *Чрезвычайно рад вас видеть.* ⊟ *Мне чрезвычайно понравились ваши стихи.* ⊟ *Я вам чрезвычайно благодарен (признателен).* ⊟ *Буду вам чрезвычайно обязан* и т. п. *«А я к вам по делу, товарищ Щукин». — «Чрезвычайно буду рад вам служить».* И. Ильф, Е. Петров. 12 стульев.

Что. *Местоим., вопросит.* В составе формул вопросит. обращений. ♦ **Что (у Вас, у тебя) нового (новенького) (слышно)?** *Разг.* ♦ **Что Ваши дети (Ваш муж, Ваша супруга** и т. п.**)?** *Разг.* ♦ **Что Ваше здоровье?** *Разг.* ♦ **Что Ваши (твои) дела?** *Разг.* ♦ **Что поделываете (поделываешь)?** *Разг.* Обращ. при встрече со знакомым или в письме. *Что твоё здоровье? Каков ты с министрами? И будешь ли ты в службе новой?* А. Пушкин. Письмо П. А. Вяземскому, 16 марта 1830. *[Мирволин:] Наше вам, Евгений Тихоныч! [Суслов:] А, здравствуй! [Балагалаев:] А что ваша супруга? [Суслов:] Жива... Экая жара!* И. Тургенев. Завтрак у предводителя. *«Погляди-ка на меня, дружочек мой, — продолжала Перепетуя Петровна, обращаясь к племяннице, — как ты похорошела, пополнела. Видно, мать моя, не в загоне живёшь? Не с прибылью ли уж? Ну, что мужёнек-то твой? Я его, голубчика, уж давно не видала». — «Он дома остался; слава Богу, здоров»,* — *отвечала Лизавета Васильевна, целуя у тётки руку.* А. Писемский. Тюфяк. *Приказчик уже ждал в конторе. «Ну, что нового?» — спросил Гарусов. — «Нового, слава Богу, ничего нет, Тарас Григорьич...»* Д. Мамин-Сибиряк. Охонины брови. *Мужики помолчали, проводили глазами скотину и начали свёртывать цигарки. «Что нового слышно?» — спросил Хотяй. «Новенького? — ответил Дудач. — Есть новенькое».* И. Соколов-Микитов. Тихий вечер. ♦ **Что (чего) желаете (пожелаете)?** ♦ **Что (чего) изволите?** *Разг.* ♦ **Что прикажете?** Формы учтив. или почтит. обращения к собеседнику, посетителю; а также ответы на обращение. См. **Желать. Пожелать. Изволить. Прика-**

зать. [Жазиков:] Матвей! [Матвей (входя):] Чего изволите? [Жазиков:] Ты отнесёшь от меня письмо к Криницыну. [Матвей:] Слушаю-с. [Жазиков:] Матвей! [Матвей:] Что прикажете-с? И. Тургенев. Безденежье. ♦ **Что скажете (скажешь)?** *Разг.* Вопросит. обращение к вошедшему знакомому, равному или низшему по возрасту, положению. «Что скажешь?» — «А что спросишь». В. Даль. | *Разг., фамильярн.* Обращ. к посетителю. «Ну? — спросил Персицкий. — Что скажете?» Мадам Грицацуева (это была она) возвела на репортёра томные глаза и молча протянула ему бумажку. И. Ильф, Е. Петров. 12 стульев. ♦ **Что (Вам) угодно?** См. Угодно. ♦ **Что с Вами (с тобой)?** *Разг.* Участлив. вопросит. обращение к собеседнику, явно огорчённому, расстроенному чем-л. — Я вижу, что с вами случилось что-то, — сказала она [княгиня]. — Что с вами? Л. Толстой. Воскресение. ♦ **Что не весел? Что головушку (нос) повесил?** *Разг.* Шутл.-ободрит. Обращение к приуныдшему, огорчённому собеседнику, равному или младшему по возрасту, положению. «Что, Иванушка, не весел? Что головушку повесил?» — Говорит ему конёк, У его вертяся ног. П. Ершов. Конёк-горбунок. [Устинья Наумовна (входя, Большову, Аграфене Кондратьевне, Липочке):] Здравствуйте, золотые! Что вы невеселы — носы повесили? (Целуются.) А. Островский. Свои люди — сочтёмся! ♦ **Что Бог даровал?** ⚜ *Прост.* Вопросит. обращ. к родителям новорождённого. Что Бог даровал? сына или дочь? (СЦСРЯ — 1847). ♦ **Что Бог послал?** ⚜ «Речение вопросительное у промышленников, а особенно рыбных и звериных, о пойманном звере или рыбе. «Что Бог в вершу послал?» столько такой-то рыбы. — «Что Бог в колодицу послал?» — «Соболя» (СЦСРЯ — 1847).

Чтобы (Чтоб), *союз.* В составе разг. формул пожеланий, тостов (нередко в сочет. со словами ♦ **Дай Бог...,** желаю, желаем, хочу пожелать и т. п.). ♦ **Чтобы дом ваш был полной чашей.** *Разг.* Пожелание хозяевам благополучия и достатка. ♦ **Чтоб Вам дал Господь всякое б доброе так лилось** (как опрокинутая, вылитая наземь рюмка вина). ⚜ *Обл.* ♦ **Чтобы дома не журились!** *Обл.* Шутл. тост. ♦ **Чтобы курочки велись, а пи-**рожки не расчинялись! ⚜ *Обл.* Шутл. тост. ♦ **Людям чтоб тын да помеха, а нам чтоб смех да потеха.** *Прост.* Шутл. тост. *Бабушка <...> вынула из-под лавки бутылку с вином, на ходу начала наливать в рюмку и протяжно и певуче приговаривать: — А ну, бабоньки, а ну, подруженьки! Людям чтоб тын да помеха, нам чтоб смех да потеха!* В. Астафьев. Последний поклон. ♦ **Чтоб (дал вам Бог) на святом денёчке этим кусочком разговеться.** ⚜ *Обл.* Пожелание разделывающим скотскую тушу, запасающим мясо впрок. ♦ **Чтоб вам руками не переносить, возами не перевозить.** ⚜ *Обл.* Пожелание сеющим, жнущим, обмолачивающим зерно, горох и т. п. ♦ **Чтобы платьице тонело, а хозяюшка добрела.** ⚜ *Прост. и обл.* Пожелание купившей или примеряющей обнову; и др. ♦ **Чтобы не сглазить.** См. Сглазить. ♦ **Чтобы это было в последний раз.** *Разг.* Обычно со словами: *ладно, прощаю* и т. п. Ответ на извинение близкого знакомого, родственника, младшего по возрасту, положению.

Что было, то было (закат доалел). *Разг.* Шутл. ответ на комплимент по поводу прошлых заслуг, былой удали, красоты и т. п. [Строка из песни, популярной в 1960—70-х гг.].

Что было, то быльём поросло. ♦ **Что было, то прошло (и быльём поросло).** *Прост. Погов.* Примирительный ответ на извинение. [*Былье* первонач. собир. сущ. «трава, былинки»]. «Зида, — сказал Саша, — я был не прав тогда, зря обидел тебя и очень жалею об этом. Если сможешь, прости меня». Она наконец подняла на него глаза. «Ладно, сынок, что было, то прошло». — «Я понимаю, что прошло, — сказал Саша, — и понимаю, что сломано, того уже не склеишь. Но я хочу, чтобы мы остались друзьями». — «Конечно, — Зида улыбнулась, — конечно, как же иначе». А. Рыбаков. 35-й и другие годы.

Что в Москве в торгу́, то бы вам в дому́! ⚜ *Прост. и обл.* Пожелание благополучия хозяевам. ♦ **Что в Москве в торгу́, чтоб было у тебя в долгу́!** ⚜ *Обл.*

Что́ вы! 1. ♦ **Ну что вы!** ♦ **(Ну) что Вы, не стоит (не беспокойтесь, не за что)!** *Разг.* Ответы на экспрессивное выражение благодарности, извинения. *Матушка Анисья <...>*

умилённо пропела: «А мы к вашей милости, сударь, премного вами благодарны за заботы о нас, сиротах... втайне творите, по слову Божию... спаси вас Господи, Христос воскресе». <...> Он растерянно повторял: «Что вы, что вы», — и увидал благоговеющий взгляд <...> и ему стало не по себе, — чего-то стыдно. И. Шмелёв. Пути небесные. ▫ «Вы на меня не сердитесь? Простите, пожалуйста!» — «Ну что вы!» (1993) **2.** ♦ **(Да, ну) что вы (успокойтесь, не расстраивайтесь).** *Разг.* Форма утешения. «Пропала рота. — Он покачал головой и добавил с несправедливым презрением к себе: — Проспал роту, а сам жив остался!..» — «Да что вы, Алексей Денисыч!» К. Симонов. Живые и мёртвые.

Что (и) говорить! ♦ **Это уж что и говорить (толковать)!** *Разг.* Да, конечно, несомненно. Форма выражения согласия со словами собеседника. [Вихорев:] Ну, знаешь, поразговорились, то да сё, а тут уж долго ли влюбиться. [Баранчевский:] Что толковать! А. Островский. Не в свои сани не садись. [Оленька:] А ведь я, маменька, буду барыня хоть куда! [Татьяна Никоновна:] Ещё бы! Только, ох — как пуст малый-то! [Оленька:] Всё-таки лучше мастерового. [Татьяна Никоновна:] Что говорить! А. Островский. Старый друг лучше новых двух. «<...> А мы этим пользуемся, да вместо того, чтоб Богу на свечку из достатков своих уделить, мы — в кабак да в кабак! Вот за это за самое и не подаст нам Бог ржицы — так ли, друг?» — «Это уж что говорить! Это так точно». М. Салтыков-Щедрин. Господа Головлёвы.

Что делать! ♦ **Что (же) поделаешь (сделаешь)!** *Разг.* Ничего изменить здесь человек не в силах, надо смириться с обстоятельствами. Форма утешения. «Вот она всегда так, — проговорила Марья Дмитриевна, проводив свою тётку глазами, — всегда!» — «Лета ихние! Что делать-с!» — заметил Гедеоновский. И. Тургенев. Дворянское гнездо. Тётя стояла рядом, тоже плакала и тихонько говорила: — Петя, сынок, что же сделаешь?.. Что же теперь сделаешь? Перестань, сынок, люди услышат, перестань. Их теперь не вернёшь... В. Шукшин. Любавины. Они пожали друг другу руки — обеими руками, в четыре руки, крепко, горестно. Башкатов был возбуждён и за-

плакан. <...> «Какой мужик был, а!..» — «Что поделаешь». А. Рекемчук. Хлопоты.

Что, если (я сделаю что-л.; **мы сделаем** что-л.**)?** ♦ **(А) Что, если бы** (я сделал что-л.; **мы** сделали что-л., **нам с вами** сделать что-л.**)?** *Разг.* Формулы вопросит. обращения с мягкой просьбой, предложением. ▫ *Что, если я вас попрошу зайти к нему перед отъездом?* ▫ *Что, если нам посидеть как-нибудь? Потолкуем, обсудим... и т. п. Фёдор уже взялся за ручку, как Эрнест Борисович решительно произнёс: — Молодые люди, что, если я обращусь к вам с просьбой?* В. Тендряков. Свидание с Нефертити.

Что есть в печи́ — (всё) на стол мечи́! *Прост.* Шутл. поговорка, которую произносит радушный хозяин, обращаясь к хозяйке, когда в доме гости. «Наше хлебосольство: что есть в печи — на стол мечи». П. Еремеев. Обиход. Отец и мать повисли на сыне. Добрых пять минут слышались только поцелуи да вздохи. А потом Александр Степанович скомандовал своей старухе: — Что есть в печи, всё на стол мечи! В. Трихманенко. Чайка. — Соня! — кричала она. — Что есть в печи, всё на стол мечи. Для такого парня ничего не жаль. А. Вьюрков. Рассказы о старой Москве.

Что на столе — всё бра́тское (а что в клети́ — то хозя́йское). ⌇ *Прост.* Шутл. поговорка, которую произносит хлебосольный хозяин, обращаясь к гостям; не стесняйтесь, угощайтесь всем, что есть на столе.

Что за, частица, усилит. Интенсификатор экспрессивности в формулах похвалы, комплиментов. ♦ **Что за прелесть!** ♦ **Что за чудо!** ♦ **Что за богатырь!** ♦ **Что за мастерица!** и т. п. *Что за прелесть этот дядюшка! — сказала Наташа, когда они выехали на большую дорогу.* Л. Толстой. Война и мир.

Что за вопрос! См. Вопрос.

Что застала на уто́к, то себе на плато́к. ⌇ *Прост.* и обл. Ответ на приветствие-пожелание ♦ **Спех за стан!** Употр. в женской речи.

Что (чего) и вам желаем. См. Желать.

Что на́до. См. Надо.

Что ни делается — всё к лучшему. ♦ **Что Бог (Господь) ни делает — всё к лучшему.** *Разг.* Формула ободрения, утешения собеседника. См. ♦ **Всё к лучшему.**

Что о том тужить, чего не воротить. ♦ Что о том тужить, чему не пособить. *Погов.* Употр. как формы утешения, ободрения собеседника: если ничего исправить нельзя, то не стоит и продолжать горевать.

Что с возу упало, то (и) пропало. *Посл.* Употр. как форма утешения: что потеряно, утрачено, того уже не вернёшь; надо смириться, не надо больше расстраиваться. — *Видно, что с возу упало, то и пропало. Что и толковать о старом: не воротишь.* И. Кокорев. Саввушка.

Что там. (♦ Чего́ там. ♦ Ладно, чего там...) *Разг.* Ничего, не стоит (беспокоиться, извиняться, оправдываться). Примирительный ответ на извинение, оправдание. ▱ *«Не, ну ты не сердись... ну я не нарочно... ну забыл, понимаешь, вылетело из головы...» — «Ладно, чего там...»* (1994).

Чувствительный, -ая, -ое; -ые. ⚑ Исполненный глубокого чувства, сердечный. **Чувствительнейший,** элатив к чувствительный. Интенсификаторы вежливости в составе формул благодарности. ♦ **Приношу (выражаю) Вам (свою) чувствительную (чувствительнейшую) благодарность (признательность).** ⚑ *Учтив., почтит.* ♦ **Позвольте (разрешите) выразить (принести) Вам мою (нашу) чувствительную (чувствительнейшую) благодарность.** ⚑ *Возвыш.* См. Благодарный. Благодарность. Благодарю. *[Михайла (наливает чашки и подвигает матери, а потом и прохожему):] Пей и ты. [Прохожий (берёт чашку):] Приношу чувствительную благодарность. Будьте здоровы. (Выпивает.)* Л. Толстой. От ней все качества. ♦ **Чувствительно (чувствительнейше) (Вам) благодарен (Вас благодарю).** ⚑ *Учтив., почтит.* См. Благодарный. Благодарю. **Чувствительно (чувствительнейше) (Вам) обязан.** ⚑ *Учтив., почтит.* См. Обязать. ♦ **Чувствительно тронут.** ⚑ *Учтив.* См. Тронуть. — *Чувствительнейше вам обязан, почтеннейший Иван Севостьянович!* Н. Гоголь. Нос. *«Ступай к своему делу, — приказал Васютке Тимофей Гордеич... — Кушак да шапка за мной. Завтра получишь». — «Чувствительнейше вас благодарим, Тимофей Гордеич», — низко кланяясь, молвил Васютка, и лицо его просияло. Шапка не простая, а мерлушчатая! Больно хотелось такой ему.* П. Мельников (Печерский). На горах. *[Телегин (принимая стакан):] Чувствительно вам благодарен!* А. Чехов. Дядя Ваня. | *Шутл.* или *ирон.* *[Елена (уходя):] Нянька ответит вам... [Назар (вслед ей):] Чувствительно тронут... Ишь какая... Подожди... я те хвост прижму!* М. Горький. Дети солнца. *Дочь подавала ему большую кружку чаю, сахар и хлеб; он [Перфишка], посмеиваясь, говорил: — Покорнейше благодарю, Марья Перфильевна. Чувствительно растрясён.* М. Горький. Трое.

Чувство. ♦ **С чувством (глубокого, искреннего...) уважения (почтения, благодарности...).** *Эпист.* В сочет. с подписью адресанта — комплимент, заключит. формула вежливости в письме к равному или высшему по положению. *С чувством полного уважения, любви и благодарности Вашего Сиятельства всепокорнейший слуга / А. Грибоедов.* А. Грибоедов. Письмо И. Ф. Паскевичу, 12 апр. 1828. *С самыми добрыми чувствами и наилучшими пожеланиями / Ваш А. К.* (Из частного письма, 1978).

Чувствуй/те себя как дома. *Разг.* То же, что ♦ Будь/те как дома. ♦ **Чувствуй/те себя как дома, но не забывай/те, что Вы (ты) в гостях.** *Разг. Шутл.* ▱ *[Н. пришла в гости к подруге:] «Привет». — «Привет. Раздевайся, проходи в зал... Чувствуй себя как дома, но не забывай, что ты в гостях...»* (1992).

Чудесный, -ая, -ое; -ые. **1.** Прекрасный, удивительный по красоте, прелести. Оценочный эпитет-комплимент в галантн. обращении к знакомой даме. *[Андронников (входит с коробкой конфет и цветами, подходит к ручке):] Поздравляю, поздравляю, чудесная Анна Александровна...* А. Толстой. Заговор императрицы. **2.** *В знач. сказуем.* Очень хороший, отличный, великолепный, замечательный. Экспрессивный комплимент в адрес собеседника, его близких или того, что ему (им) принадлежит. ▱ *Вы чудесный человек.* ▱ *Вы чудесная хозяйка; и т. п. [Валерия (проходит на кухню):] Холодная? Горячая?.. Красота!.. Газ? Красота!* <...> *[Кушак:] Квартирка чудесная.* А. Вампилов. Прощание в июне. **Чудеснейший.** Элатив к Чудесный. *«Каково письмецо-с и каков этот человек, мой почтенный Фёдор Фёдорыч?» — воскликнул Пётр Михайлыч,* кончив чтение. «Чудный, должно быть, он человек!» — подхватила Настенька. «Чудеснейший, — повторил Пётр Михалыч, — сердца благородного, ума возвышенного — чудеснейший!» А. Писемский. Тысяча душ. **Чудесно,** нареч. ▭ *Вы чудесно выглядите.* ▭ *Вы сегодня чудесно пели; и т. п. Большое спасибо тебе за «Трансваль». Написано чудесно и очень перекликается с моей юностью...* А. Фадеев. Письмо М. В. Исаковскому, 8 апр. 1948. ‖ *Безл., в знач. сказуем.* Форма экспрессив. похвалы, одобрения. *Прижав руки к груди, она торопливо уверяла, что сделает всё хорошо, незаметно, и в заключение, торжествуя, воскликнула: «Они увидят — Павла нет, а рука его даже из острога достигает, — они увидят!» Все трое оживились. Егор, крепко потирая руки, улыбался и говорил: «Чудесно, мамаша! Знали бы вы, как это превосходно? Прямо очаровательно».* М. Горький. Мать. ‖ Чудесно. ♦ **Ну и чудесно.** *В знач. утвердит. частицы. Разг.* Формы выражения полного согласия. *«Я скажу, что тебе дала лошадь, а сама где-нибудь была». — «Ну и чудесно».* А. Писемский. Тюфяк. *«О, не беспокойтесь, я довольно плотно закусил в дорогу... и, может быть, с вашего позволения, мы перейдём прямо к делу?» — стряхнув оцепенение, зашевелился Морщихин. <...>. «Тогда чудесно...» — согласился хозяин.* Л. Леонов. Русский лес.

Чу́дный, -ая, -ое; -ые. Прекрасный, великолепный. То же, что Чудесный. *[Вершинин (Маше, целует руку):] Вы великолепная, чудная женщина. Великолепная, чудная!* А. Чехов. Три сестры. *Она менялась, игриво создавая ту простоту, которая устраняла интимность. «А ты сегодня красив», «А у тебя звонкий голос», «И вообще ты чудный», — награждала она, чтобы он не обижался, мимолётно, без волнения.* В. Лихоносов. Когда же мы встретимся? ‖ *В знач. сущ.* Интимн., возвыш. обращение. *[Солёный (Ирине):] Клянусь вам всем святым, соперника я убью... О, чудная!* А. Чехов. Три сестры. ♦ **Чудный мой.** ♦ **Чу́дная моя.** (Нередко в сочет. с именем или с именем-отчеством.) Экспрессив. ласк.-интимн. обращ. к близкому, любимому человеку. **Чу́дно,** нареч. ▭ *«А, Нина Петровна! Здравствуйте,* здравствуйте. Чу́дно выглядите!..» — «Не подлизывайся, я пришла ругаться»* (1992). ▭ *Чу́дно сработано, чудно!* **Чудно.** ♦ **Ну и чу́дно.** ♦ **Вот и чу́дно.** *В знач. утвердит. частицы. Разг.* Формы согласия, одобрения. *«Только не торопи меня». — «Я не буду торопить». — «Вот и чудно».* Д. Гранин. Иду на грозу. **Чу́дненько.** ♦ **Ну и чу́дненько.** ♦ **Вот и чу́дненько.** Разг. Ласк. к Ч у д н о.

Чу́до. *В знач. сказуем. Разг. Экспрессив.* Комплимент, восторженная похвала в адрес собеседника, его близких или того, что ему принадлежит. Нередко в сочет с усилит. частицами «какое», «просто», «прямо» и т. п. ▭ *Ты просто чудо!* ▭ *Кофточку эту сами связали? Чудо какое!* и т. п. *[Юлия:] Эраст Петрович, вы чудо. [Эраст:] Чёрта с два! Вот лет тридцать назад я выглядел!.. А сейчас... ерунда.* А. Арбузов. В этом милом старом доме. ‖ Очень хорошо, прекрасно, восхитительно. ▭ *Как у вас здесь хорошо! Тихо, светло, птицы поют... — чудо!* (1993). ♦ **Чудо (ты) моё.** ♦ **Чудо в перьях.** ♦ **Чу́дечко на блюдечке.** *Разг.* Ласк.-шутл. (нередко с оттенком мягкой укоризны) обращение матери или бабушки к ребёнку. ▭ *[Мать (трёхлетней дочери):] Ну, скоро ты? Давай я поправлю... Чудо ты моё в перьях!* (1990). *— Ну как ты тут, чудечко на блюдечке? — Я аж вздрогнул и выронил картошки из рук. Бабушка пришла. Явилась, старая!* В. Астафьев. Последний поклон.
♦ **Чудо как (какой)...** *Разг.* Очень. Интенсификатор экспрессивности в формулах восторженной похвалы, комплиментов. ▭ *Чудо как хороша!* ▭ *Чудо как мила!* ▭ *Чудо какой симпатичный!* и т. п.

Чу́ешь. *Обл.* Оклик, форма привлечения внимания; то же, что слышишь, слышь. *Постоянно мрачный и нелюдимый Гетько почему-то привязался к Михею, изводил его одной и той же шуткой: «Михей, чуешь? Ты якой станицы?..»* — *спрашивал его.* М. Шолохов. Тихий Дон.

Чур. ♦ **Чур меня.** ♦ **Чур наш аминь.** ♦ **Чур на округу.** ♦ **Чу́р-чура́.** *Прост.* и *обл.* Обереги, оборонительно-заклинательные оговорки при произнесении кем-л. дурного слова, упоминании нечистой силы.

Ш

Шабёр. *Обл.* Друг, приятель, сосед. ‖ Обращение к близкому знакомому, приятелю, соседу. — *Недоимок за тобой больше нет, шабёр: я всё погасил. Свои люди — сочтёмся. Друзья в беде узнаются. Росли мы вместе, а отцы от века из одной чашки ели.* Ф. Гладков. Повесть о детстве. *В тот же день как ни в чём не бывало Карпушка сидел у Подифора Кондратьевича и вовсю философствовал: — Человека нельзя неволить, шабёр! Грешно!* <...> *Мы с тобой соседи, шабры по-нашему, по-затонски. Должны, стало быть, проживать в согласии и дружбе. Так что желаю вам счастья. Совет да любовь. За ваше здоровье! — Они выпили по одной, по другой и по третьей выпили.* М. Алексеев. Вишнёвый омут.

Шайта́н на гайта́н. *Обл.* Ответ охотника на пожелание ♦ Талан на майдан. [Тюркск. Букв. означает «чёрт на подпояску».]

Шала́ш. ♦ К нашему шалашу (просим, милости просим, давай...). *Прост.* Шутл. приглашение принять участие в беседе, в компании, в угощении. То же, что ♦ **Милости прошу к нашему шалашу.** См. Милость. — *Да вот не знаю... — растерялся дед Василий. — Тут ребята морокуют того... Я, поди, ещё побуду маленько... Да и ты, Кузьмич, давай к нашему шалашу.* Е. Носов. Шопен. Соната номер два. *Поздно вечером в блиндаж вошёл пожилой, рослый, плечистый полковой комиссар. «Алексей Петрович, просим к нашему шалашу!» — «Спасибо, друзья, я сыт, и пит, и нос в табаке».* Ю. Нагибин. Павлик.

Шарма́н. [Фр. Charmant — «милый, очаровательный, прелестный».] ♦ *Безл., в знач. сказуем.* Очаровательно, прелестно. Похвала, комплимент. (В дореволюц. России, преимущ. в дворянской полиязычной среде). *«Как это мило, как это хорошо!» — проговорила она [княгиня], рассматривая наряд. «C'est très joli, maman», — подхватила с чувством княжна. «Ба! О, я, вандал, и не заметил!» — воскликнул князь и, вынув лорнет, стал рассматривать Полину. — Charmant, charmant!» — говорил он.* А. Писемский. Тысяча душ. *[Атуева (указывая на уходящего Кречинского):] Вот что называется, Владимир Дмитрич, светский человек!* <...> *Charmant, charmant.* А. Сухово-Кобылин. Свадьба Кречинского. — *Это ваша дочь! Charmante, charmante! — бормочет князь, с жадностью лорнируя Зину.* Ф. Достоевский. Дядюшкин сон. ‖ ♦ **Шарма́н мой.** *Ласк.* обращение к близкому, любимому человеку. То же, что ♦ Милый мой. | *Прост., манерно-куртуазн.* В речи лакеев, прислуги, мещан и купеческих дочек как подражание дворянской светской речи. — *Всхожу с заднего хода, никого нет. Я потихонечку топы-топы, да одну комнату прошла и другую, и вдруг, сударь ты мой, слышу Леканидкин голос: «Шарман мой, — говорит, — я, — говорит, — люблю тебя; ты одно моё счастье земное!»* Н. Лесков. Воительница.

Шёлк да бумага! *Обл.* Пожелание работающей за ткацким станком. См. также: ♦ Спех за стан.

Шелковый веник (Вам, тебе)! *Обл.* Пожелание идущему в баню хорошо, с удовольствием помыться, попариться.

Шерстка на овечку! *Обл.* Пожелание стригущему овец. См. также: ♦ Пуд шерсти!

Шеф. [Фр. chef — «глава, начальник, командир, атаман».] 1. *Разг.* В русскоязычн. среде — неофиц. обращение на европейский или американский манер подчинённого к руководителю, начальнику. — *Благодарю за похвалу! — шутливо поклонившись, сказал Игорь Саввович. — Приятно, что вы, шеф, не разделяете мнения моих друзей.* В. Липатов. Игорь Саввович. 2. *Прост.* Фамильярн. мужск. обращ. к водителю такси. ▭ — *Шеф, свободен?*

Шика́рный, -ая, -ое; -ые. *Прост. Экспрессив.* Прекрасный, превосходный, замечательный. Форма комплимента, восторженной похвалы. ▭ — *Спасибо за шикарный обед.* ▭ — *Квартирка у вас шикарная!* **Шика́рно,** *нареч.* Роскошно, богато; очень хорошо, замечательно. *Владимир Сергеевич, даром что молодой, сразу оценил усадьбу. — Шикарно, шикарно живём! — сказал он, когда они шумной гурьбой подошли к дому.* Ф. Абрамов. Пелагея. *«Там подарки. Деревенские гостинцы, вам всем. Ну, и одежда. Всё же ехала в такую даль, аж во вторую столицу. А то скажете ещё: совсем одичала баба в своём лесу». — «Да какие уж там наряды в нашем возрасте? — гнула своё Зинчик. — С пенсионеров что за спрос? Не обо-*

рвались — и то счастье. — И вдруг без перехода: — А ты, Химера, выглядишь шикарно. Шуба... И располнела. Дети кормят? Выбилась в новые русские?» Н. Катерли. Тот свет. ‖ *Безл.*, *в знач. сказуем.* [Гусятников:] Юлия, ты несомненно далеко пойдёшь. [Юлия:] Далеко идти поздно, милый, не тот возраст. [Гусятников:] При чём тут возраст — ты просто прелесть как хороша. И этот наряд... Удивительно шикарно! Вот для меня ты никогда так не наряжалась. А. Арбузов. В этом милом старом доме. *Варю поражало: такой беспощадный во всём, что касается дела, Костя мог подолгу любоваться её нарядами, приходил в восторг, глядя на неё, радовался, как ребёнок. — Шикарно, Ляленька, шикарно.* А. Рыбаков. Дети Арбата. **Шик.** ♦ **Шик-блеск (тру-ля-ля).** ♦ **Шик модерн.** *В знач. сказуемого. Прост.* То же, что Шикарный, шикарно. *«Ну, глядите!» — сказала Нюра. Кофточка так её скрасила, так преобразила!.. Нюра покраснела под взглядами мужчин. Засмеялась милым своим смехом. «Идёт вам». — «Это кому же вы такое богатство везёте?» — спросила Нюра. «Носите на здоровье», — просто сказал конструктор. «Да что вы!» — испугалась Нюра. «Ничего, носите. Это так вам к лицу!.. — Смугловатый джентльмен улыбнулся. — У нас хватит. Ах как она вам идёт! Шик-блеск — тру-ля-ля, как мы говорим, когда заканчиваем какую-нибудь конструкцию».* В. Шукшин. Печки-лавочки.

Широкий путь, вольная дорожка (дороженька)! *Прост.* и *обл.* Пожелание доброго пути при прощании. *[Панов:] Ну, Артём, широкий путь — вольная дороженька. Дай тебе нашего матросского счастья! (Целуются.)* Б. Лавренёв. Разлом.

Шла баба из замо́рья, несла кузов здоровья, тому, сему кусочек, тебе весь кузовочек. *Прост.* и *обл.* Пожелание здоровья ребёнку.

Шлю (Вам, тебе, кому-л.) **привет** (поклон, поздравления, пожелания...). *Эпист.* Формула приветствия (поздравления, пожелания) в письмах, поздравительных открытках, телеграммах. *Дорогой и глубокоуважаемый и любимый Борис Леонидович! Шлю Вам запоздалые пожелания в Новом Году здоровья и исполнения — неведомых мне — Ваших любых желаний <...>. Низко кланяюсь Вам и шлю привет Зинаиде Николаевне и Лёнечке.* М. Юдина. Письмо Б. Л. Пастернаку, 9 янв. 1955. См. также: Поклон. Привет. Пожелание. Поздравление.

Щ

Щи да каша — пища наша. *Посл.* Говорится в шутку, когда едят или подают к столу эти блюда. При этом тот, кто угощает, произносит её обычно с оттенком извинения за неизысканность, простоту угощения. А тот, кого угощают, — с оттенком одобрения: угощение нам привычное, надёжное. [*Щи и каша* — старинные русские горячие блюда, широко распространённые и ставшие своеобразным символом русской кухни. СРФ]. *В комнате уже был накрыт стол на две персоны, стояли миски с борщом и кашей. — Прошу садиться, — подставил стул капитан. — Питаюсь я из солдатского котла. «Щи да каша — пища наша», — как говорит наша русская пословица.* А. Степанов. Порт-Артур. *«Я и не готовила сегодня ничего. Вот разве щей поешь, хорошие, с бараниной, горячие ещё... налить, а?» — «Можно и щец... Щи да каша — пища наша, я, признаться, проголодался»* (1996).

Э

Э, *междом. Разг.* [Произносится с разной степенью длительности Э-э-э!]. Употр. перед обращением для выражения радости, радушия при встрече, появлении, узнавании родственника, приятеля, знакомого, равного или низшего по положению. *Я оглянулся и увидал мужика лет пятидесяти, запыленного, в рубашке, в лаптях, с плетёной котомкой и армяком за плечами. Он подошел к ключу, с жадностью напился и приподнялся. «Э, Влас? — вскрикнул Туман, вглядевшись в него. — Здорово, брат. Откуда Бог принёс?» — «Здорово, Михайла Савельич, — проговорил мужик, подходя к нам, — издалеча».* И. Тургенев. Малиновая вода.

Эй! *Междом. Прост.,* только в устном контактном общении. Оклик, обращение к равным или низшим по положению, находящимся на отдалении или вне поля зрения говорящего. В среде образованных, культурных людей воспринимается как невежливое обращение. Видимо, поэтому такой оклик и в просторечии обычно смягчается ласковыми обращениями. ▭ *Наезжает погоня: — Эй, старичок! Не видал ли ты — не проскакал ли здесь добрый молодец с красной девицей?* Морской царь и Василиса Премудрая. Сказка из собр. А. Н. Афанасьева. ▭ *Эй, миляк, далеко ли до деревни?* ▭ *Эй, любый, ходи-ка суды!* СРНГ. *Аграфена стала вечером выручку подсчитывать — двадцать пять рублей лишних! Зашумела на всю пристань: — Эй, женки-торговки! Кто-то мне в булки двадцать пять рублей обронил! Может, инглишмен какой полоротой?..* Б. Шергин. Ваня Датский. ♦ **Эй вы (Эй ты)!** *Прост., пренебреж.* К низшему по положению. *[Хлестаков:] Эй вы! как вас? я всё позабываю, как ваше имя и отчество. [Артемий Филиппович:] Артемий Филиппович.* Н. Гоголь. Ревизор. *— Эй, кто там? — крикнул он таким голосом, каким кричат только люди, уверенные, что те, кого они кличут, стремглав бросятся на их зов.* Л. Толстой. Война и мир.

Экий, -ая, -ое; -ие. *Прост.* То же, что Какой. В составе формул экспрессивной похвалы, одобрения. ♦ **Экий молодец!** ♦ **Экая прелесть!** ♦ **Экое богатство!** и т. п. *— Экая прелесть какая! — воскликнула генеральша в истинном упоении, только что кончилось чтение, — чьи это стихи?* Ф. Достоевский. Идиот. ♦ **Экая (Эка) беда!** ♦ **Экая (Эка) невидаль!** *Прост.* Пустяки, обычное дело, не стоит внимания, расстройства. Формы утешения.

Экстра. [Лат. extra — сверх меры, чересчур]. ♦ **Экстракласс.** *Разг., экспрессив.* Восторженная похвала, высокая оценка качества какой-л. вещи, принадлежащей адресату, или его подарка. Употр. преимущ. в речи молодёжи и лиц среднего возраста. *[Шнейдер (достал из своего огромного портфеля велосипедный звонок):] Ну? Такой подойдёт? [Степан (звонит):] Экстра. Люкс. (Целует Шнейдера.)* А. Арбузов. Вечерний свет.

Элегантный, -ая, -ое; -ые. Изысканно-изящный. Оценочный эпитет в составе форм похвалы, комплимента по поводу внешнего вида собеседника или его близких. ▭ *— Какой у вас сегодня элегантный вид!* ▭ *— Прекрасный костюм! строгий, элегантный.* ▭ *— Вчера видела вашего сына. Такой элегантный молодой человек!* и т. п. **Элегантно,** *нареч.* ▭ *— Вы сегодня элегантно выглядите.* ▭ *— Вы всегда так элегантно одеваетесь, у вас прекрасный вкус.*

Этак. *Разг.* (и **Эдак.** *Прост.*), *частица.* ♦ **Этак-этак (Эдак-эдак).** То же, что ♦ **Так-так. 1.** Форма согласия со словами собеседника. **2.** Форма одобрения слов, намерений или поступков собеседника.

Это. ♦ **Это (вот)** — (Н.). *Разг.* Формула представления при знакомстве через посредника. *Иван Фёдорович, как воспитанный кавалер, подошёл сначала к старушкиной ручке, а после к ручкам обеих барышень. — Это, матушка, наш сосед, Иван Фёдорович Шпонька! — сказал Григорий Григорьевич.* Н. Гоголь. Иван Фёдорович Шпонька и его тётушка. *— Милости просим, милости просим, Яков Васильич, — говорил Пётр Михайлыч, встречая гостя и вводя его в гостиную. — Это вот-с мой родной брат, капитан армии в отставке, а это дочь моя Анастасия, — прибавил он.* А. Писемский. Тысяча душ. *— Здравствуй, Ксеня! — сказала Вера. — Это моя дочь, — познакомила она девочку с Чагатаевым.* А. Платонов. Джан. *Владимир Константинович <...> уже заметил, что я стою в дверях. — Входи, — сказал он и представил меня гостю. — Это Женя Прохоров.* А. Рекемчук. Мальчики. ♦ **Это Вам (тебе) спасибо.** ♦ **Это я Вас (тебя) должен благодарить.** Ответы на благодарность. ♦ **Это Вы меня простите (извините).** ♦ **Это Вы мне простите мою вину.** ♦ **Это я должен просить у Вас (у тебя) прощения.** Ответы на извинение. ♦ **Это (этого) больше не повторится.** Уверение при извинении. ♦ **Вы (ты) ли это?!** *Разг. Экспрессив.* Возглас радостного удивления при неожиданной встрече со знакомым, приятелем, родственником. *Разговор этот был прерван приездом Перепетуи Петровны. — Лизанька! Друг мой! Ты ли это? — вскрикнула она, почти вбежавши в комнату, и бросилась обнимать племянницу; затем следовало с полдюжины поцелуев; потом радостные слёзы.* А. Писемский. Тюфяк. «*Матуш-*

ка, — говорю, — Домна Платоновна, вы ли это?» — «Да некому, — отвечает, — друг мой, и быть как не мне». Поздоровались. Н. Лесков. Воительница. *На вокзале Николаевской железной дороги встретились два приятеля: один толстый, другой тонкий. <...> — Порфирий! — воскликнул толстый, увидев тонкого. — Ты ли это? Голубчик мой! Сколько зим, сколько лет!* А. Чехов. Толстый и тонкий.

Это не в моих силах (не в моей власти). Формула отказа из-за невозможности выполнить просьбу. Для вежливого смягчения употр. часто со словами: *к сожалению, очень (весьма) сожалею, но..., увы, извините* и т. п.

Ю

Юноша. Обращение старшего по возрасту, положению к молодому человеку: **а)** *Вежл.* или *офиц.*— к незнакомому или малознакомому. Употр. преимущ. с «Вы»-формами. *Несколько мгновений Серёжа, потупясь, глядел в пол перед собою. «Ну... готовность совершить нечто для ближнего без всякой личной выгоды». Александр Яковлевич улыбнулся. «Тогда, пожалуй, наиболее бескорыстное, что мы совершаем для ближнего, — это храп по ночам... Нет, я вовсе не хочу принизить ваше благородное намеренье, юноша»*, — поторопился он, заметив нетерпеливое Серёжино движение. Л. Леонов. Русский лес. — *Всё хорошо, юноша! Всё хорошо. — Доктор поднял пальцами мой подбородок.* В. Астафьев. Последний поклон. | При незначительной разнице в возрасте между адресантом и адресатом такое обращение может восприниматься последним как фамильярное, иронически-снисходительное. *Во второй комнате трактира сидел поручик за блюдом сосисок и бутылкою вина. «А, и вы заехали, юноша»*, — *сказал он, улыбаясь и высоко поднимая брови. «Да», — сказал Ростов, как будто выговорить это слово стоило большого труда...* Л. Толстой. Война и мир. **б)** *Шутл.* или *ирон.*— к знакомому. (Употр. с «Вы» и «ты»-формами.) *[Корпелов:] Динарии, юноша, имеешь? [Грунцов:] Нет, отче.* А. Островский. Трудовой хлеб. *[Соня:] А теперь иду слушать, как Макс будет говорить мне о вечной любви... [Зимин:] Как же... Дожидайтесь...* *[Соня:] Посмотрим, юноша! До свиданья. Луна ещё есть? [Зимин:] И я не юноша... В Спарте... Позвольте, Соня, зачем же толкать человека, который... [Соня:] Ещё не человек... вперёд — Спарта! (Их голоса и смех долго звучат где-то около дома.) <...> [Влас:] Что вы там мелете? [Суслов (зло):] Терпение, юноша! Я до сего дня молча терпел ваши выходки!.. Я хочу сказать вам, что, если мы живём не так, как вы хотите, почтенная Марья Львовна, у нас на то есть свои причины!* М. Горький. Дачники.

Юрий (Егорий) в стадо! *Обл.* Пожелание благополучия пастуху. См. также ♦ Никола в путь.

Я

Я, *личн. местоим.* Одно из основных правил речевого этикета предписывает говорящему ставить в центр внимания не собственное «я», а «Вы/ты» собеседника, не навязывать ему своих мнений упорно и категорично, быть скромным в самооценках. В мужской почтит., вежл. речи в XIX в. (и с шутл. оттенком в совр. употр.) вместо *я* используется выражение *Ваш покорный (покорнейший) слуга.* См. Слуга. ‖ В составе разнообразных формул речевого этикета *я* служит для подчёркивания личного отношения адресанта к адресату, для придания более вежливой, возвышенной или официальной тональности общению в отличие от синонимичных формул без «я»: ▫ *Я поздравляю вас.* ▫ *Я благодарю вас.* ▫ *Я прошу вас.* ▫ *Я прошу у вас прощения.* ▫ *Я прошу вас извинить меня.* ▫ *Я желаю вам удачи.* и т. п. *[Он:] Позвольте провозгласить тост. [Она:] Слушаю внимательно. [Он (поднимает бокал):] Я вас благодарю, Лидия Васильевна. [Она:] И это всё? [Он:] Вы обещали быть внимательной. Повторяю тост. (С большим чувством.) Я вас благодарю, Лидия Васильевна. [Она:] На этот раз куда лучше.* А. Арбузов. Старомодная комедия. ♦ **Я —** (+ называние адресанта по имени, отчеству, фамилии, должности, чину, профессии, социальному положению, по отношению к адресату или его знакомым). Формула представления при знакомстве без посредника. — *Татьяна Борисовна*, — заговорила умоляющим голосом гостья, — извините мою смелость; я сестра вашего приятеля Алексея Николаевича К***, и столько наслышана от него об вас, что решилась познакомиться с вами. И. Тургенев. Татьяна Борисовна и её племянник. Давыдов догадался, что это и есть секретарь гремяченской партячейки. «Я — уполномоченный райкома. Ты — секретарь гремяченской партячейки, товарищ?» — «Да, я секретарь ячейки Нагульнов. Садитесь, товарищ...» М. Шолохов. Поднятая целина. **Я!** *Воинск.* Уставный ответ на оклик старшего по званию. *А рядовой Попов, <...> будучи от рождения полной тюхой, на уставной окрик старшины: «Рядовой Попов!» — вместо чёткого, простого и однозначного «Я!» позволял себе спрашивать «А?» Вот и вся помеха, ан поди ж ты!* И. Смоктуновский. Быть!

Я́блоня в са́ни! *Обл.* Пожелание успехов едущим сватать/ся.

Я́блочко (моё, наше) наливно́е (нали́вчатое). *Прост. и обл.* Ласк. обращение близких к ребёнку, девушке, женщине. — *Александра Егоровна, яблочко наше наливное, — продолжал он [Ежевикин], обходя стол и подбираясь к Сашеньке, — позвольте ваше платьице поцеловать; от вас, барышня, яблочком пахнет и всякими деликатностями.* Ф. Достоевский. Село Степанчиково и его обитатели. — *Не кручинься, моя ягодка, не горюй, яблочко наливчатое, — отвечал Морковкин, обнимая свою разлапушку. — Бог милостив: будет праздник и на нашей улице.* П. Мельников (Печерский). В лесах.

Яви́те божескую милость. ♦ **Явите божеское одолжение.** См. Милость. Одолжение.

Я́годка (моя). *Прост.* Ласк. обращение старшего по возрасту, положению к ребенку, девушке, женщине. *[Анисья:] Что ж, тётка Матрёна, аль и вправду женить хотите? [Матрёна:] С чем женить-то, ягодка! Наш, ведашь, какой достаток?* Л. Толстой. Власть тьмы. *Тоскует бабушка день и ночь. И говорит ей Марья: «Не плачь, бабушка, я сестрицу отыщу». — «Куда тебе, ягодка, сама только пропадёшь».* Кикимора. Сказка из собр. А. Н. Афанасьева. *Ильинична совала Наталье мягких бурсаков, шептала: «Может, Дуняшку бы взять погонять быков?» — «Управимся и двое». — «Ну гляди, ягодка, Христос с тобой».* М. Шолохов. Тихий Дон. *Муж уехал, а к ней Шишанушко в гости. Засуетилась, блинов напекла гору, масла налила море, щей сварила. А у мужа колесо по дороге лопнуло, он сторопился домой. Жена видит в окно: — О, беда! Мой-то хрен без беды не ездит. Ягодка, ты залез в кадку, она пустая...* Б. Шергин. Праздник окатка. ǁ *В знач. сказуем.* ♦ **Ты (как, словно) ягодка.** Комплимент привлекательной девушке, женщине. *Абрам Гордеич Ситников, Господский управляющий, Стал крепко докучать: «Ты писаная кралечка, Ты наливная ягодка...» — «Оставь, бесстыдник! ягодка, Да бору не того!»* Н. Некрасов. Кому на Руси жить хорошо. ♦ **Уха сладка, варея́ гладка, будто я́годка.** *Обл.* Шутл. комплимент стряпухе в благодарность за угощение. **Ягоди́на. Ягоди́нка. Ягоди́ночка,** *м. и ж. Прост. и обл. Фольк.* Милый, любимый (мой); милая, любимая (моя). Ласк. называние любимого или любимой; обращ. к возлюбленному, возлюбленной (обычно в нар. песнях, частушках). ▱ *Ягодина, ягодина, Ягодина, гину я. Почему не выручаешь Из погибели меня?* ▱ *Ягодинка, из-за вас Много плакала я раз. Хоть и жаль, а делать нечего — Придётся бросить вас.* ▱ *Дорогой мой, дорогой, Милый ягодиночка! Приезжай скорей домой — Вяну, как травиночка* (частушки).

Я ду́маю! Конечно! Ещё бы! Разумеется! *Разг.* Форма выражения согласия с мнением, предположением собеседника. ▱ *«Ну ничего, приедет отец, он ему задаст». — «Я думаю!»* (1993).

Ясновельмо́жный, -ая, -ое; -ые. ⌘ [Польск. jasnie wielmošny]. Почётно-почтит. эпитет польских панов и украинских гетманов. ♦ **Ясновельможный пан.** См. Пан.

Я́сный, -ая, -ое; -ые. Этикетный эпитет в ласк. *прост. и фольк.* обращениях. [Первонач. «сияющий, искрящийся». Ср. *обл.* Ясочка — «звёздочка»]. ♦ **Свет (ты) мой ясный.** ♦ **Со́кол (ты мой ясный).** См. Свет. Сокол. ♦ **Я́сный (мой).** ♦ **Я́сная (моя).** *Разг.* Ласк. обращ. *[Мышлаевский:] Лена, ясная, позволь я тебя обниму и поцелую.* М. Булгаков. Дни Турбиных. ♦ **Ясное дело. Ясно.** *В знач. утвердит. частицы. Разг.* Да, конечно, разумеется; я вас понял (понимаю). Формы выражения согласия со словами собеседника; принятия его сообщения, распоряжения к сведению, исполнению. *«Прощай. Я буду в Ленинграде, ты в Москве. Если напишу тебе, Исанка, — ответишь?» — «Ясно, — отвечу!»* В. Вересаев. Исанка. *«Так вот, до особого распоряжения он тут у вас за главного. Понятно?» — «Ясно».* А. Попов. Воспоминание о костре. **Ясненько.** *Прост. Дружеск.-шутливое.* То же, что Ясно.

Я́сочка (моя). ⚜ *Прост. и обл.* [«звёздочка»].

Я́сынька (моя). ⚜ *Обл. Ласк. обращ. к ребёнку, девушке, любимой женщине. Смотрите же, маточка, ясочка ненаглядная, успокойтесь, и Господь да пребудет с вами, я пребываю вашим верным другом Макаром Девушкиным.* Ф. Достоевский. Бедные люди. *— Полно, полно, моя ясынька, полно, приветная, полно, — говорил растроганный Потап Максимыч, лаская девушку.* П. Мельников (Печерский). В лесах.

Я́хонтовый, -ая, -ое; -ые. **Яхонтовый мой. Яхонтовая моя.** ⚜ *В знач. сущ. Прост. Ласк. или льстиво-почтит., преимущ. женское обращение к равному или высшему по положению. [Аграфена Кондратьевна:] Не выпить ли нам перед чаем-то бальсанцу, Устинья Наумовна? [Устинья Наумовна:] Можно, бралиянтовая, можно. [Аграфена Кондратьевна (наливает):] Кушай-ка на здоровье! [Устинья Наумовна:] Да ты бы сама-то прежде, яхонтовая. (Пьёт.)* А. Островский. Свои люди — сочтёмся!

Тематический указатель
*слов и выражений, помещённых в Словаре русского речевого этикета**

1. Приветствие при встрече

Аминь-аминь!
Ангел встречу (навстречу)!
Ангел за трапезу!
Андели послали [**Ангел**]
Ба (Ба-ба-ба)!
Ба! Знакомые всё лица!
Батюшка, **священствуй**!
Бело (Беленько) тебе!
Бело в корыто!
Бело мыть (стирать, полоскать...)!
Бело на воде!
Бело на платье!
Белы лебеди лететь (летят)! [**Лебедь**]
Беседа вам!
Беседе вашей! [**Беседа**]
Беседуйте! [**Беседа**]
Бог за товаром!
Бог милости прислал!
Бог навстречу!
Бог на поль!
Бог (в, на) помощь (помочь)!
Бог на помочь с силой!
Бог на привале!
Бог на (по) пути!
Богу хвала, а вам (добрым людям) честь и слава!
Божья помочь!
Большой **привет** (Вам от...; кому-л.)
Бонжур!
Будьте **готовы**!
Будьте здоровы! [**Здоров**¹]
Будь здоров на сто годов [**Здоров**¹]
Будьте здравы! [**Здрав**]

Бывайте здоровы! [**Здоров**¹]
Бью челом да солью, да третьей любовью [**Челом бью**]
Вал в подоенку!
Вас (тебя) ли я вижу?! [**Видеть**]
Вашему сиденью наше **почтенье**!
Вашу ручку (пожалуйте) [**Рука**]
Ведром тебе!
Велели **кланяться**
Весёлый час!
Весело работать! [**Весёлый**]
Виват!
В кои-то веки! [**Век**]
Возами бы вам не вывозить да мешками не выносить! [**Возом возить**]
Возом (возами) возить!
Возом не свозить, носом не сносить! [**Возом возить**]
Во имя Отца и Сына и Святого Духа
Вот так **встреча**!
Всегда рады Вам [**Рад**]
Всем крещёным яму! [**Крещёный**]
Всем **привет**!
Всенижайшее почтение!
Гип! (Гип-гип-гип! Ура!)
Глубокое (глубочайшее) **почтение**
Гора с горой не сходится, а человек с человеком сходится
Горячий **привет**!
Горячо **приветствую**
Господи Иисусе Христе (Сыне Божий), помилуй нас! [**Господь**]
Господь тебе встречу!

---

* В пределах тематических групп и подгрупп единицы располагаются в алфавитном порядке. Указание на соответствующее заглавное слово или слово-указатель, под которым в Словаре даётся толкование значения этой единицы, осуществляется двумя способами: а) посредством выделения слова или компонента устойчивого сочетания жирным шрифтом, если данное слово в словарной статье помещается как заглавное; б) посредством отсылки к слову-указателю или фразеологизму, помещённому рядом в квадратных скобках. Единицы с синкретичной семантикой (например, приветствия-пожелания: *Бог в помощь!*, приветствия-поздравления: *С приездом!*, обращения-комплименты: *Красавица*) приводятся в каждой из соответствующих тематических групп. Единицы, имеющие «Вы»- и «ты»-формы, подаются в «Вы»-форме. Выражения с широкой вариативностью представлены одним из вариантов. Многоточие указывает на наличие в Словаре и других вариантов.

Приветствие при встрече

Гостям всегда рады [**Рад**]
Гулянье Вам!
Гутен морген!
Гутен таг!
Да здравствует (кто, что-л.)!
Дай (давай) руку (лапу, пять...) [**Рука**]
Дайте я Вас поцелую [**Поцеловать**]
Деревня горит!
Держи (руку, лапу, пять...)
Доброго здоровья (здоровьица...)! [**Здоровье**]
Доброго здравьица! [**Здравие**]
Доброе утро! [**Добрый**]
Добро жаловать! [**Добро пожаловать**]
Доброжалую! [**Добро пожаловать**]
Доброму соседу на беседу! [**Беседа**]
Добро пожаловать!
Добропожаловать! [**Добро пожаловать**]
Добрый вечер!
Добрый день!
Добрый день, весёлый час!
Добрый день, весёлый час,
  пишу письмо и жду от Вас
Добрый день или вечер!
Добрый день, а может, вечер,
  не могу об этом знать, это дело
  почтальона, как сумеет передать
Дозвольте приветствовать (Вас)
Доспею уважение [**Доспеть**]
Душевно рад (Вас видеть) [**Душевный**]
Душою рад Вас видеть [**Душа**]
Желаю **здравствовать!**
Жив, курилка! [**Живой**]
Живого видеть! [**Живой**]
Живые-крепкие! [**Живой**]
Здоров! [**Здорово**[2]]
Здорова́! [**Здорово**[2]]
Здорове́ньки! [**Здорово**[2]]
Здорове́ньки булы́! [**Здорово**[2]]
Здорове́нько! [**Здорово**[2]]
Здорове́нько ночевали! [**Здорово**[2]]
Здоро́во! [**Здорово**[2]]
Здоро́во бываешь! [**Здорово**[2]]
Здоро́во были! [**Здорово**[2]]
Здоро́во Вам! [**Здорово**[2]]
Здоро́во, Ваше здоровье, на все
  четыре ветра! [**Здорово**[2]]
Здоро́во вечеряли! [**Здорово**[2]]
Здоро́во в избу! [**Здорово**[2]]
Здоро́во, дед, на сто лет! [**Здорово**[2]]
Здоро́во дневали! [**Здорово**[2]]

Здоро́во живёте (-можете)! [**Здорово**[2]]
Здоро́во заговелись (на хрен, на
  редьку, на кислу капусту)! [**Здорово**[2]]
Здоро́во идёте (сидите, стоите)! [**Здорово**[2]]
Здоро́во ли живёте (поживаете) [**Здорово**[1]]
Здоро́во молиться! [**Здорово**[2]]
Здоро́во ночевали (спали-почивали)!
  [**Здорово**[2]]
Здоро́во париться! [**Здорово**[2]]
Здоро́во, шишка елова! [**Здорово**[2]]
Здоро́во, я бык, а ты корова [**Здорово**[2]]
Здоровья вам многолетнего на всех
  ветрах! [**Здоровье**]
Здоровы будем [**Здоров**[1]]
Здоровы будьте (будете)! [**Здоров**[1]]
Здрав будь (буди)!
Здравия! [**Здравие**]
Здравия желаю [**Здравие**]
Здравия желаем, с похмелья умираем, нет ли
  гривен шести душу отвести? [**Здравие**]
Здравствовать Вам!
Здравствуешь! [**Здравствовать**]
Здравствуйте! [**Здравствовать**]
Здравствуйте Вам! [**Здравствовать**]
Здравствуйте беседовать! [**Здравствовать**]
Здравствуй, здравствуй, свет мой ясный
  (друг прекрасный...)! [**Здравствовать**]
Здравствуйте на многие лета
  (многолетно)! [**Здравствовать**]
Здравствуйте о Христе Иисусе!
  [**Здравствовать**]
Здравствуйте, здравствуйте, **проходите**
  да хвастайте [**Здравствовать**]
Здравствуйте, с кем не виделись
  (кого не видел...) [**Здравствовать**]
Здравствуй ты, здравствуй я,
  здравствуй, милая моя! [**Здравствовать**]
Здравствуй ты, многолетствуй я, ночевать
  пусти к своей милости [**Здравствовать**]
Здравствую! [**Здравствовать**]
Зев в бердо! [**Зев в кросна**]
Зев в кросна (чтобы я прошла)!
Земной поклон
**Из колоска осьминка, из (единого)
  зёрнышка каравай!**
**Илье-пророку злат венец, а хозяину
  здравствовать!**
Имя, отчество, фамилия (в им. или дат. пад.)
Исполать тебе!
Какая **встреча!** [**Какой**]

Какие гости! [**Какой**]
Какие люди по улицам ходят
    (и без охраны)! [**Какой**]
Какие люди в Голливуде! [**Какой**]
Как я **рад** Вас видеть!
Кланяется тебе (имя адресанта) [**Кланяться**]
Кланяйтесь Н. [**Кланяться**]
Кланяюсь Вам (Н.) [**Кланяться**]
Ковыль по дороге!
Кого я вижу! [**Видеть**] [**Кто**]
Колесом дорога!
Красны Ваши белила [**Красный**]
Кто к нам пришёл (пожаловал...)!
Лебеди лететь (летят) [**Лебедь**]
Лёгок на помине (Лёгонький на поминках)
    [**Лёгкий**]
Масло комом!
Масло на мутовку! [**Масло комом**]
Маслом цедить, сметаной доить!
    [**Масло комом**]
Мир вам!
Мир вам и я к вам
Мир вашему дому!
Мир дому сему!
Мир-дорога! (дорогой)
Мир (честной) беседе! [**Мир**[1]]
Мир на беседе! [**Мир**[1]]
Мир на стану!
Мирно беседье! [**Мирный**]
Мирной беседе! [**Мирный**]
Мир по дороге!
Мир тесен!
Многолетнего здравия! [**Здравие**]
Моё вам!
Мои подштанники!
Моё **почтение**!
Мой **привет**!
Моя правая рука шлёт **привет** издалека
**Молотить вам не перемолотить, возить
    не перевозить, таскать не перетаскать**
Море под бурёнушку! [**Море под корову**]
Море под кормилицу (кормилицей)!
    [**Море под корову**]
Море под корову (коровой)!
Море под матушу! [**Море под корову**]
Мыло в корыто!
Набело! (Набеленько)
На ловца и зверь бежит
На помин, будто сноп на овин [**Поминать**]
На поминках, как лиса на овинках [**Поминать**]

Начистенько!
Наше вам!
Наше вам, ваше нам!
Наше (Вам) наиглубочайшее!
Наше (Вам) нижайшее (всенижайшее)!
Наше (Вам) почтение!
Наше Вам почтеньице! [**Почтение**]
Наше вам с кисточкой!
Наше вам сорок одно!
Наше вам сорок одно, да кланяться холодно!
Наше вашим (шляпой машем)! [**Наше вам**]
Нашего полку прибыло
Низкий (Нижайший) **поклон**
Нижайшее **почтение**!
Носить (бы) вам — не переносить,
    возить (бы) — не перевозить!
Носом не сносить, возом не свозить!
    [**Возом (возами) возить**]
Обнимаю Вас [**Обнять**]
Общий **привет (салют, поклон)!**
Осанна!
Особина-**поклон**
Откланяйтесь Н. [**Откланяться**]
Охота на работу!
Охотно!
Пар в бане!
Пар вам, бояре!
Первый **поклон** Богу, второй —
    хозяину с хозяйкой, а третий —
    всем добрым людям
Передайте **поклон** Н.
Передайте **привет** Н.
Передайте (моё) **приветствие** Н.
Пламенный **привет**!
Пламенный **салют**!
Поди здорово!
Подковыривай гораздо!
Пожалуйте ручку (поцеловать) [**Рука**]
Позвольте засвидетельствовать Вам
    мое **почтение** (уважение)
Позвольте Вас **поцеловать**
Позвольте Вас **приветствовать**
Позвольте **честь** заявить
Поклон Вам от Н.
Поклон до земли
Поклон (поклонение) моё Н.
Поклонитесь за (от) меня Н.
Полагаю приятным долгом
    засвидетельствовать Вам
    моё почтение (уважение...) [**Долг**]

Приветствие при встрече

Помогай Бог!
Помоги Боже! [**Помогай Бог**]
Помолемшись!
Понизку поклон (поставить)
Посылаю (Вам, Н.) **привет (поклон...)**
Поцелуйте за меня Н. [**Поцеловать**]
Поцелуйте руку Н. [**Поцеловать**]
Почёт дорогому гостю!
Почёт и место!
Почёт и уважение!
Почитаю приятным долгом
  засвидетельствовать Вам моё почтение
  (уважение...) [**Долг**]
Почтение моё Н.
Почтеньице Вам! [**Почтение**]
Права рука, лево сердце!
Празднику честному злат венец,
  а хозяину с хозяйкой **многая лета!**
Привёл Бог (Господь) свидеться
Привет!
Привет тебе!
Привет Вам (тебе) от Н.
Привет, мой свет!
Привет на сто лет!
Привет от старых штиблет!
Привет, старушка, с тебя чекушка!
Привет честной компании!
Приветик! [**Привет**]
Приветствую Вас [**Приветствовать**]
Приветствую Вас от имени... [**Приветствовать**]
(Адресант) приветствует (адресата)
  [**Приветствовать**]
Приказали кланяться
Приказали кланяться, да не велели чваниться
Примите мой **привет**
Примите **привет** от Н.
Припадаю (падаю) к Вашим ногам (стопам...)
Приятно кушать! [**Приятный**]
Приятного аппетита! [**Приятный**]
Приятного аппетита целовать вам Никиту
  (а коли нету его, так козла моего)
  [**Приятный**]
Приятный аппетит!
Приятный вечер!
Приятный день!
**Прямина (вам, девушки) в кросны,
  а кривизна в лес!**
Пуд шерсти!
Путём-дорóгой здравствуйте! [**Здравствовать**]
Путём-дорожкой! [**Путь**]

Путь-дорога!
Путь да дорога!
Рад Вам
Рад Вас видеть
Рад Вас видеть в добром здравии
Рад Вас **приветствовать**
Рад Вас слышать
Рад пожать Вашу руку [**Рука**]
Радость-то какая (Вот радость)!
Разрешите Вас **поцеловать**
Разрешите Вас **приветствовать**
Разрешите засвидетельствовать Вам
  моё **почтение (уважение)**
Редкое свидание — приятный **гость**
Рукопожатие моё Вам [**Рука**]
Салфет Вашей милости!
Салют!
Салют, камрады!
Салютик [**Салют**]
Салям (Салам, Селям) (алейкум)!
Сам Бог Вас послал!
С весёлым днём! [**Весёлый**]
Свидетельствую (Вам, Н.) **своё (моё) почтение
  (уважение)**
С возвращением!
С выздоровлением!
Святая душа на костылях!
**С двумя полями сжатыми, с третьим
  засеянным!**
С добрым утром! [**Добрый**]
Сердечно приветствую Вас! [**Приветствовать**]
Сердечно **рад** Вам
Сердечный **поклон** Вам
Сердечный **привет** Вам
Сколько лет, сколько зим!
Скора помощь!
Слава!
С лёгким паром! [**Пар**]
С лёгким паром, с молодым жаром [**Пар**]
С лёгкого пару без угару! [**Пар**]
Слыхом слыхать, видом видать!
С нашим **почтением** [**Почтение**]
Снесите (мой, наш) **поклон** Н.
Снова здорóво! [**Здорово**[2]]
С огурцом одиннадцать!
Солнышку моему сияетелю, свету
  моему совету, сахару белому! [**Солнце**]
Сорок оно с кисточкой!
Со свиданьицем!
С пальцем девять (с огурцом одиннадцать)!

Спорынья в дойник (в молоко)!
Спорынья в квашню (в тесто)!
Спорынья в корыто!
Спорынья в работе!
Спорынья за щеку!
С прибытием!
С приездом!
С приехалом!
С редькой пятнадцать! [**С пальцем девять**]
Старый знакомый, снова здорово! [**Здорово**²]
С тёплым паром! [**Пар**]
Сто лет Вас не видел (не виделись)!
Сто раз **целую**!
Стол да скатерть!
Сто рубах в корыто!
С успехом! [**Успех**]
Счастливый к обеду!
Счастливый к обеду, роковой под обух
Считаю приятным долгом засвидетельствовать
 Вам моё почтение (уважение) [**Долг**]
Талан на майдан!
Твоему здоровьицу! [**Здоровье**]
Тесен мир!
Ткэв да зев! [**Зев в кросна**]
Труд на пользу!
Тысячу лет Вас не видел (не виделись)!
Улов на рыбу!
Ура!
Усердный поклон Вам
Установ кросна!
Физкультпривет
Хай!
Хау ду ю ду!
Хелло!
Хлеб есть! [**Хлеб да соль**]
Хлеб да соль!
Хлеб-соль есть! [**Хлеб да соль**]
Хлеба на стол! [**Хлеб да соль**]
Хорошего аппетита! [**Хороший**]
Хоть не богат, а гостям **рад** [**Гость**]
Хочу (хотел бы) **засвидетельствовать**
 Вам своё почтение (уважение)
 [**Свидетельствовать**]
Христос воскресе!
Целую вечность Вас не видел (не виделись,
 не видались)
Чай (да) сахар!
Чай с сахаром!
Чайки летят!
Челночек в основку!

Челом бью!
Челом Вам (тебе)! [**Челом бью**]
Челом да об руку! [**Челом бью**]
Челом здоро́во! [**Челом бью**]
Челом четырём, а пятому помогай Бог!
 [**Челом бью**]
Честной беседе! [**Честной**]
Честной компании! [**Честной**]
Честь да место!
Честь да место, а за пивом пошлём
Честь и место, стул и кресло!
Честь имею!
Честь имею кланяться
Честь и слава (хвала)!
Чистенько тебе! [**Чистый**]
Шёлковый веник тебе!
Шерстка на овечку!
Шлю (Вам, Н.) **поклон**
Шлю (Вам, Н.) **привет**

Ответы на приветствие

Аминь!
Взаимно
Воистину воскресе!
Всегда готов/ы!
Господь над нами
Гулянье Вам
Добро жаловать! [**Добро пожаловать**]
Добрый привет и кошке люб
Здоровей видали
Здорово, если (коль) не шутишь [**Здорово**²]
Здорово, я бык, а ты корова [**Здорово**²]
Здоровье в голову!
Здравствуй, здравствуй, **проходи** (садись)
 да хвастай! [**Здравствовать**]
Здравствуйте, если (коли) не шутите
 [**Здравствовать**]
Здравствуйте, на что (почто)
 собак дразните? [**Здравствовать**]
И тебе здравствуй [**Здравствовать**]
Каков привет, таков и ответ
Лезь в избу
Милости просим [**Милость**]
Милости просим, дорогие гости, хлеба-соли
 откушать [**Милость**]
Милости просим к нам во двор со своим
 добром [**Милость**]
Милости прошу к нашему грошу со своим
 пятаком [**Милость**]

Милости прошу к нашему шалашу (хлебать лапшу, я и пирогов накрошу, и откушать попрошу) [**Милость**]
На **добрый привет** добрый ответ
Очень хорошо [**Хороший**]
Пирог да варенье!
Подите-ка (Поди-ко. Поди-кося.)
Просим к нашему **хлебу-соли** [**Просить**]
Просим нашего хлеба есть [**Хлеб да соль**]
Просим милости на беседу [**Беседа**]
Сиденье к нам
Слава Богу!
С миром принимаем [**Мир**[1]]

2. Обращение, привлечение внимания

А [**А**[1]]
Августейший Монарх
Агу
Агунюшки [**Агу**]
Агусеньки [**Агу**]
Агушеньки [**Агу**]
Ай-бо (ты, вы)
Алло
Алмазный
Аминь хто крешшо́ной?
Ангел (мой)
Ангелёнок (мой) [**Ангел**]
Ангелок (мой) [**Ангел**]
Ангелочек (мой) [**Ангел**]
Ангельчик (мой) [**Ангел**]
Ангелюточка [**Ангел**]
Андел [**Ангел**]
Анделёнок [**Ангел**]
Анделёночек [**Ангел**]
Аюшка (мой, моя)
Аяйка
Аяюшка [**Аяйка**]
Ба [**Баба**]
Баб [**Баба**]
Баба
Баба [**Имя**]
Бабака [**Баба**]
Бабалька [**Баба**]
Бабаня [**Баба**]
Бабаша [**Баба**]
Бабашенька [**Баба**]
Ба́бенка [**Баба**]
Бабенька [**Баба**]
Бабина [**Баба**]
Бабица [**Баба**]
Бабка (Имя) [**Баба**]
Бабонька [**Баба**]
Бабоньки [**Баба**]
Бабочка [**Баба**]
Бабошь [**Баба**]
Бабука [**Баба**]
Бабуленька [**Баба**]
Бабулечка [**Баба**]
Бабулька [**Баба**]
Бабуля (Бабуль) [**Баба**]
Бабунечка [**Баба**]
Бабунюшка [**Баба**]
Бабуня (Бабунь) [**Баба**]
Бабусенька [**Баба**]
Бабусечка [**Баба**]
Бабуся (Бабусь) [**Баба**]
Бабуша (Бабуш) [**Баба**]
Бабушка [**Баба**]
Бабушка (Имя) [**Баба**]
Бабы [**Баба**]
Бабынька [**Баба**]
Бажаный [**Баженый**]
Бажатик [**Баженый**]
Баженёночек [**Баженый**]
Баженик [**Баженый**]
Баженица [**Баженый**]
Баженичек [**Баженый**]
Баженка [**Баженый**]
Бажёночек [**Баженый**]
Баженый
Баженчик [**Баженый**]
Бажоный [**Баженый**]
Барин
Барин хороший
Баринок [**Барин**]
Баринушка[**Барин**]
Барич [**Барин**]
Барон
Баронесса [**Барон**]
Барчук [**Барин**]
Барынька [**Барин**]
Барыня [**Барин**]
Барыня-сударыня [**Барин**]
Барышня [**Барин**]
Батенька [**Батя**]
Батька [**Батя**]
Батько [**Батя**]
Батюнька [**Батя**]
Батюнь [**Батя**]

Обращение, привлечение внимания

Батюня [Батя]
Батюш [Батя]
Батюшка [Батя]
Батюшка-барин
Батюшка-государь
Батюшка наш [Батя]
Батюшка-царь
Батюшко [Батя]
Батя
Батяка [Батя]
Батянька [Батя]
Батянюшка [Батя]
Батяня [Батя]
Баушенька [Баба]
Баушка [Баба]
Бацка [Батя]
Бачка [Батя]
Бачко [Батя]
Беляночка
Белянушка
Белянчик [Беляночка]
Беру (возьму) на себя смелость обратиться
    (сказать, заметить...)
Бесподобнейший Н. [Бесподобный]
Бесподобный Н.
Бесценнейший Н. [Бесценный]
Бесценный Н.
Бесценный друг
Благоверная моя [Благоверный]
Благоверный (мой)
Благоданный батюшка [Батя]
Благодетель (мой, наш)
Благодетельница [Благодетель]
Благородный Н.
Благословенный
Богиня (моя)
Богоданный батюшка [Батя]
Божат
Божатка [Божат]
Божатко [Божат]
Божаток [Божат]
Божаточка [Божат]
Божатушка [Божат]
Болезенка [Болезнь]
Болезка [Болезнь]
Болезненький (мой) [Болезный]
Болезный
Болезнь
Болезочка [Болезнь]
Болесть [Болезнь]

Болечка [Болезнь]
Болява [Болезнь]
Боляка [Болезнь]
Болярин [Боярин]
Боярин
Боярыня [Боярин]
Боярышня [Боярин]
Бранные (бранны) гости [Гость]
Брат
Брат крестовый
Брат названый
Брат-паря [Парень]
Брат почестный
Братак [Брат]
Братан [Брат]
Братанушко [Брат]
Братанчик [Брат]
Братанька [Брат]
Братаня [Брат]
Братаха [Брат]
Браташ [Брат]
Браташа [Брат]
Братва [Брат]
Брате [Брат]
Братейка [Брат]
Братейко [Брат]
Братейник [Брат]
Брателка [Брат]
Брательник [Брат]
Братена [Брат]
Братенек [Брат]
Братеник [Брат]
Братенко [Брат]
Братень [Брат]
Братенька [Брат]
Братеня [Брат]
Братец [Брат]
Братечек [Брат]
Братечко [Брат]
Братие [Брат]
Братик [Брат]
Братику [Брат]
Братило [Брат]
Братич [Брат]
Братичка [Брат]
Братиш [Брат]
Братишечка [Брат]
Братишечко [Брат]
Братишка [Брат]
Братишко [Брат]

Обращение, привлечение внимания

Братище [Брат]
Братка [Брат]
Братке [Брат]
Братко [Брат]
Браток [Брат]
Браточек [Брат]
Браточка [Брат]
Братунька [Брат]
Братунюшка [Брат]
Братуня [Брат]
Братуха [Брат]
Братуша [Брат]
Братушка [Брат]
Братцы [Брат]
Братцы-кролики [Брат]
Братченька [Брат]
Братчик [Брат]
Братька [Брат]
Братьюшка [Брат]
Братья [Брат]
Братья и сестры [Брат]
Братюн [Брат]
Братяга [Брат]
Братяха [Брат]
Бриллиантовый
Будьте добры [Добрый]
Будьте любезны [Любезный]
Вам не трудно...?
Вас не затруднит...?
Василий Иванович
Вась-сиясь [Сиятельство]
Ваше Благородие
Ваше Благословение
Ваше Блаженство
Ваше вашество [Ваш]
Ваше Величество
Ваше Высокоблагородие
Ваше Высокоблагословение
Ваше Высокопревосходительство
Ваше Высокопреосвященство
Ваше Высокопреподобие
Ваше Высокородие
Ваше Высокостепенство
Ваше Высочество
Ваше здоровье [Здоровье]
Ваше Императорское Величество
Ваша милость
Ваше почтение
Ваше Превосходительство
Ваше Преосвященство

Ваше Преподобие
Ваша Светлость
Ваше Святейшество
Ваше Священство
Ваше Сиятельство
Вашескородие [Ваш]
Вашество [Ваш]
Ваше степенство
Вашеть [Ваш]
Вашец [Ваш]
Ваше Царское Величество
Ваша Честь
Великая Княгиня [Великий]
Великая Княжна [Великий]
Великий Князь
Вельможный пан
Вербушка
Верите ли...
Верный друг
Верно (я говорю)? [Верный]
Ветляный (ты мой)
Видите ли
Виноват
Вишь ты [Видите ли]
Владыка
Владыко [Владыка]
Внимание!
Вниманию (кого-л.) [Внимание]
Внука [Внучек]
Внуча [Внучек]
Внучек
Внученька [Внучек]
Внучечка [Внучек]
Внучка [Внучек]
Внучок [Внучек]
Внучонок [Внучек]
Внучоночек [Внучек]
Внучочек [Внучек]
Внýчушка [Внучек]
Возлюбленный (мой) (брат)
Возлюбленная (моя) [Возлюбленный]
Возлюбленные о Христе братия и сестры
    [Возлюбленный]
Вообразите
Вопрос можно?
Вот пожалуйте
Всеавгустейший Монарх
Всемилостивейшая Государыня [Всемилостивый]
Всемилостивейший Государь [Всемилостивый]
Всепресветлейшая Государыня

Обращение, привлечение внимания

Всепресветлейший Государь
Все ли живы-здоровы? [**Живой**]
Всё ли **подобру**-поздорову?
Всё ли **поздорову**?
Вы
Вы не знаете? [**Знать**]
Вы **не подскажете**? [**Подсказать**]
Вы не скажете? [**Сказать**]
Вынужден обратить Ваше **внимание** на...
Вы по какому вопросу (делу)? [**Какой**]
Вы свободны? [**Свободный**]
Высокопреосвященнейший Владыко [**Владыка**]
Высокоуважаемый Н.
Высокочтимый Н.
Гей
Герр
Глубокоуважаемый Н.
Глубокочтимый Н.
Глядите (-ка)
Глянь (-ка) [**Глядите**]
Гой (еси)
Голова
Головушка [**Голова**]
Голуба (моя) [**Голубь**]
Голуба душа [**Голубь**]
Голубарь [**Голубь**]
Голубёнок [**Голубь**]
Глубёночек [**Голубь**]
Голубёша [**Голубь**]
Голубеюшко [**Голубь**]
Голубка (моя) [**Голубь**]
Голубок [**Голубь**]
Голубонька [**Голубь**]
Голубочек [**Голубь**]
Голубочка [**Голубь**]
Голубушка [**Голубь**]
Голубчик [**Голубь**]
Голубынька [**Голубь**]
Голубь (мой)
Голубь мой ясный (сизый, сизокрылый)
Гордокняжая
Горе (горюшко) ты моё (луковое)
Горебедный [**Горе**]
Горевой [**Горе**]
Горемыка [**Горе**]
Горемычный [**Горе**]
Горлинка
Горлица [**Горлинка**]
Горюша [**Горе**]
Горюшенька [**Горе**]

Горюшка [**Горе**]
Господа [**Господин**]
Господарёк [**Господарь**]
Господарёчек [**Господарь**]
Господарка [**Господарь**]
Господарушка [**Господарь**]
Господарыня [**Господарь**]
Господарь
Господин
Господин (фамилия, звание, должность)
Господин **барон**
Господин хороший
Господушка [**Господин**]
Госпожа [**Господин**]
Госпожа (фамилия) [**Господин**]
Госпожа **баронесса**
Госпожа хорошая [**Господин**]
Гостей принимаете? [**Гость**]
Гостёк [**Гость**]
Гостенёк [**Гость**]
Гостенёчек [**Гость**]
Гостеньки почита́ны [**Гость**]
Гостечки [**Гость**]
Гости дорогие [**Гость**]
Гость дорогой
Гостюшка [**Гость**]
Гостьюшки [**Гость**]
Государев
Государынька [**Государь**]
Государыня [**Государь**]
Государыня (моя родна) матушка [**Государь**]
Государыня-**царица**
Государь
Государь мой
Государь (мой родный) **батюшка**
Граждане [**Гражданин**]
Граждане (пассажиры...) [**Гражданин**]
Гражданин
Гражданин (фамилия, должность...)
Гражданин начальник
Гражданин хороший
Гражданка [**Гражданин**]
Гражданка (фамилия) [**Гражданин**]
Гражданочка [**Гражданин**]
Граф
Графинечка [**Граф**]
Графинюшка [**Граф**]
Графиня [**Граф**]
Да?
Далеко ли (собрался, пошёл?..)

Далече ли (собрался, пошёл?..) [**Далеко**]
Дама
Дамочка [**Дама**]
Дамы и господа [**Дама**]
Дева
Дева болезная
Дева матушка
Деваха [**Дева**]
Девахонька [**Дева**]
Девача [**Дева**]
Деверёк [**Деверь**]
Деверёчек [**Деверь**]
Деверилко [**Деверь**]
Деверилушка [**Деверь**]
Деверилушко [**Деверь**]
Деверинушка [**Деверь**]
Деверинушко [**Деверь**]
Деверь
Деверьице [**Деверь**]
Деверьюшка [**Деверь**]
Деверюшко [**Деверь**]
Девица [**Дева**]
Девицы-души красные [**Дева**]
Девица-красавица [**Дева**]
Девичка [**Дева**]
Девка [**Дева**]
Девки [**Дева**]
Девонька [**Дева**]
Девонько [**Дева**]
Девонюшка [**Дева**]
Девоня [**Дева**]
Девочка [**Дева**]
Девочка моя [**Дева**]
Девочки [**Дева**]
Девунька [**Дева**]
Девушка [**Дева**]
Девча [**Дева**]
Девчата [**Дева**]
Девчонка [**Дева**]
Девчонки [**Дева**]
Девчонушка [**Дева**]
Девчурка [**Дева**]
Девчушечка [**Дева**]
Девынька [**Дева**]
Дед
Деда [**Дед**]
Дедай [**Дед**]
Дедан [**Дед**]
Деданько [**Дед**]
Деданя [**Дед**]

Дедачка [**Дед**]
Дединька [**Дед**]
Дедичка [**Дед**]
Дедко [**Дед**]
Дедок [**Дед**]
Дедуленька [**Дед**]
Дедулечка [**Дед**]
Дедуль [**Дед**]
Дедуля [**Дед**]
Дедунюшка [**Дед**]
Дедунь [**Дед**]
Дедуня [**Дед**]
Дедусечка [**Дед**]
Дедусь [**Дед**]
Дедуся [**Дед**]
Дедушка [**Дед**]
Дедушко [**Дед**]
Дедушка (имя) [**Дед**]
Дело пытаешь, аль от дела лытаешь?
Державнейший Государь
Детёшки [**Дети**]
Дети
Дети (мои)
Детина [**Дети**]
Детинушка [**Дети**]
Детишки [**Дети**]
Детка [**Дети**]
Детонька [**Дети**]
Деточка [**Дети**]
Деточки (вы мои) родимые [**Родимый**]
Детушки [**Дети**]
Детюк (Дитюк) [**Дети**]
Деушка [**Дева**]
Джентльмены [**Джентльмен**]
Джигит
Дивная (моя) [**Дивный**]
Дивчина [**Дева**]
Дивчинушка [**Дева**]
Дитёнок [**Дети**]
Дитенько [**Дети**]
Дитюсенька [**Дети**]
Дитя благословенное [**Дети**]
Дитятко [**Дети**]
Добрейший [**Добрый**]
Добродей [**Добродетель**]
Добродетель
Добродетельница [**Добродетель**]
Добродетельный Н.
Добросердный
Добротушка [**Доброта**]

Обращение, привлечение внимания

Доброхот
Доброхотинка [Доброхот]
Доброхотница [Доброхот]
Добрый (господин, мальчик...)
Добрые люди [Добрый]
Добрый мо́лодец
Добрый человек
Дозвольте (спросить, узнать...)
Доктор
Должен (считаю долгом) обратить
  Ваше **внимание** (на...)
Донча [Доня]
Донька [Доня]
Донюшка [Доня]
Доня
Дорогой
Дорогой Н.
Дорогой друг
Дорогой товарищ
Дорогуша [Дорогой]
Дородный добрый мо́лодец
Достойнейший Н. [Достойный]
Достойный Н.
Достолюбезный Н.
Достопочтеннейший Н. [Достопочтенный]
Достопочтенный Н.
Достоуважаемый Н.
Досточтимый Н.
Доча [Дочь]
Доченька [Дочь]
Дочеринка [Дочь]
Дочечка [Дочь]
Дочи [Дочь]
Дочка [Дочь]
Дочурка [Дочь]
Дочурочка [Дочь]
До́чушка [Дочь]
До́чушь [Дочь]
Дочь
Дочь (моя)
Драгоценный Н.
Драгой Н.[Дорогой]
Дражайший Н. [Дорогой]
Дроленька [Дроля]
Дролечка [Дроля]
Дролёночек [Дроля]
Дролик [Дроля]
Дролька [Дроля]
Дролюшка [Дроля]
Дроля

Друг
Друг (ты мой) любезный
Друг (ты мой) сердечный
Друг (ты мой) сердечный, таракан запечный
Друг (ты мой) ситный
Друг ситцевый
Друган [Друг]
Други (мои) [Друг]
Други (мои) милые [Друг]
Други-товарищи [Друг]
Друже (мой) [Друг]
Друженька [Друг]
Дружечка [Друг]
Дружище [Друг]
Дружок [Друг]
Дружочек [Друг]
Дружьё-братьё [Друг]
Дружья-братья [Друг]
Друзья (мои) [Друг]
Друзья дорогие [Друг]
Дружина моя хоробрая [Храбрый]
Дурачок (мой)
Дурашка (мой, моя) [Дурачок]
Дуся (моя)
Душа (моя)
Душа-девица
Душа-зазнобушка
Душа любезная (милая, добрая...)
Душака [Душа]
Душаль (мой) [Душа]
Душанюшка [Душа]
Душатка [Душа]
Душаточка [Душа]
Душенёк [Душа]
Душенька [Душа]
Душечка [Душа]
Душка [Душа]
Душок [Душа]
Душонок [Душа]
Душоночек [Душа]
Душочек [Душа]
Душуль [Душа]
Душунь [Душа]
Дяденька [Дядя]
Дядечка [Дядя]
Дядечку [Дядя]
Дядька [Дядя]
Дядюшка [Дядя]
Дядя
Единственный (мой)

Обращение, привлечение внимания

Единственный и неповторимый Н.
Есочка
Есть ли кому **аминь** отдать?
Есть кто дома?
Есть кто живой (живая душа)? [**Есть кто дома**]
Есть ли крещёные? [**Есть кто дома**]
Жадоба
Жадобенький [**Жадоба**]
Жадобина [**Жадоба**]
Жадобинка [**Жадоба**]
Жадобиночка [**Жадоба**]
Жадобинушка [**Жадоба**]
Жадобненький [**Жадоба**]
Жадобный [**Жадоба**]
Жадобочка [**Жадоба**]
Жадобушка [**Жадоба**]
Жаладный [**Желанный**]
Жаланненький [**Желанный**]
Жаланник [**Желанный**]
Жаланница [**Желанный**]
Жаланнушка [**Желанный**]
Жаланный (мой) [**Желанный**]
Жалёна
Жалёнушка [**Жалёна**]
Жалёный (ты мой) [**Жалёна**]
Жалкенький (мой) [**Жалёна**]
Жалкий (мой) [**Жалёна**]
Жалоба (ты моя) [**Жалёна**]
Жалобливый (ты мой) [**Жалёна**]
Жалобнуша (ты моя) [**Жалёна**]
Жалобный (ты мой) [**Жалёна**]
Жалобочный (ты мой) [**Жалёна**]
Жалочка (ты моя) [**Жалёна**]
Жаль (ты моя) [**Жалёна**]
Жаля (ты моя) [**Жалёна**]
Желанный (мой)
Желанчик [**Желанный**]
Желанщик [**Желанный**]
Жена
Жёнка [**Жена**]
Жёночка [**Жена**]
Жёнушка [**Жена**]
Женщина
Жив (живой) ещё (покуда)
Жив ли ты собе? [**Живой**]
Живот мой
Животок [**Живот**]
Животочек [**Живот**]
Живы-здоровы? [**Живой**]
Живые-то крепкие? [**Живой**]

Жизнь моя
Жинка [**Жена**]
Забава
Забавушка [**Забава**]
Заботник (ты мой)
Заботница (ты моя) [**Заботник**]
Зазноба (моя)
Зазнобина [**Зазноба**]
Зазнобинка [**Зазноба**]
Зазнобиночка [**Зазноба**]
Зазнобочка [**Зазноба**]
Зазнобушка [**Зазноба**]
Заинька (мой, моя) [**Зайка**]
Зайка (мой)
Зайчик [**Зайка**]
Залёта [**Залётка**]
Залётка
Залёточка [**Залётка**]
Заметьте
Здесь свободно? [**Свободный**]
Здоров (ли)?
Здоровенько ли живёшь
 (поживаешь)? [**Здорово**[1]]
Здорово ли (доехал, съездил...)? [**Здорово**[1]]
Здорово ль парился? [**Здорово**[1]]
Здравствуете ли? [**Здравствовать**]
Зёма [**Земляк**]
Земеля [**Земляк**]
Земляк
Земляки [**Земляк**]
Земляниночка (моя)
Земляниченька [**Земляниночка**]
Земляничина [**Земляниночка**]
Земляче [**Земляк**]
Землячок [**Земляк**]
Знаете ли (что...) [**Знать**]
Знашь [**Знать**]
Золовочка
Золовушка [**Золовочка**]
Золотенький (ты мой) [**Золотой**]
Золотко (моё) [**Золото**]
Золото (моё)
Золото ненаходное
Золото (золотко, золотце ты моё)
 самоварное (бронзовое)
Золотой (ты мой)
Золотой мой, серебряный
Золотой ты мой, по краям серебряный
Золотце (моё) [**Золото**]
Зятёк [**Зять**]

Обращение, привлечение внимания

Зятенёк [**Зять**]
Зятенёчек [**Зять**]
Зять
Зятюшка [**Зять**]
Извините, Вы не скажете...? [**Извиниться**]
Извините за беспокойство... [**Извиниться**]
Извините за любопытство [**Извиниться**]
Извините за нескромный вопрос...
  [**Извиниться**]
Извиняйте, где тут...? [**Извиниться**]
Извиняюсь, Вы не **подскажете**..?
  [**Извиниться**]
Изволите видеть (знать, понимать...)
  [**Изволить**]
Изумруд (ты) мой (брильянтовый, яхонтовый)
Изумрудный (мой) [**Изумруд**]
Имею **честь** обратиться
Имя
Имя-отчество
Кавалер
Как Вас Бог (Господь) милует?
Как Вас Бог (Господь) носит?
Как Ваше спасение?
Как встали, ночевали?
Как Вы? (Ну, как Вы?)
Как Н. (жена, дети..?)
Как Вы думаете?
Как Вас Дух Святый соблюдает?
Как Вы (Ваши близкие) в своём здоровье?
Как дела (делишки)?
Как делишки, как детишки
  (как здоровьице твоё)?
Как делишки? Сколько на сберкнижке?
Как дома?
Как живёте (поживаете...)?
Как живёте, как животик (не болит ли голова)?
Как живёте, караси?
Как живёте-кормитесь?
Как живёте-можете?
Как живёте, хлеб жуёте?
Как живётся-можется?
Как живы-здоровы?
Как жизнь?
Как жизнь молодая?
Как житьё (бытьё)?
Как житьишком?
Как здоровье?
Как здоровьем?
Как здоровьице (здоровьечко...)?
Как здравствуете?

Как можете?
Как мы себя чувствуем?
Как оно «ничего»?
Как отдохнули?
Как поживаете?
Как почивали (почивать изволили)?
Как прикажете? [**Приказать**]
Как работа (работается)?
Как самочувствие?
Как себя чувствуете?
Как спали (спалось)?
Как спали-почивали, весело ли вставали?
Как съездили (доехали, добрались...)?
Как успехи?
Как учёба?
Какие ветры занесли? [**Ветер**]
Каким ветром Вас занесло? [**Ветер**]
Какими ветрами? [**Ветер**]
Какими путями? [**Путь**]
Какими судьбами? [**Судьба**]
Каков здоровьем?
Каково Вас Господь носит?
Каково Вас Господь перевёртывает?
Каково Ваши дела (идут)?
Каково живёшь?
Каково живёшь-можешь?
Каково здоровье?
Каково поживаете?
Каково почивали?
Каково спали (спалось)?
Каково спали-почивали (весело ли вставали)?
Каковы (Ваши) дела? [**Каков**]
Каковы-то Вы в Вашем здоровье? [**Каков**]
Какой **ветер** занёс?
Касат [**Касатик**]
Касатка [**Касатик**]
Касатик
Касаточка [**Касатик**]
Касатушка [**Касатик**]
Касатчик [**Касатик**]
К Вам обращается (адресант) [**Обратиться**]
Киса
Киска [**Киса**]
Кисонька [**Киса**]
Кнезгиня [**Князь**]
Княгинюшка [**Князь**]
Княгиня [**Князь**]
Княгиня молода жена [**Князь**]
Княгиня молодая [**Князь**]
Княжна [**Князь**]

Обращение, привлечение внимания

Князенька [Князь]
Князинюшка [Княгиня]
Князиня [Князь]
Князь
Князюшка [Князь]
Кого Бог (Господь) несёт (принёс)? [Кто]
Кого Бог (Господь) дарует (даровал...)? [Кто]
Кого Вам? [Кто]
Кого Вам угодно?
Кого потерял? [Кто]
Коллега
Командир
Корень [Кореш]
Кореш
Корешок [Кореш]
Корешочек [Кореш]
Корефан [Кореш]
Кормилец
Кормилец-батюшка
Кормилица [Кормилец]
Кормилка [Кормилец]
Кормилушка [Кормилец]
Кормильцы [Кормилец]
Котёночек [Котик]
Котик
Которой земли, какой украины? [Который]
Который из Вас будет (Н.)?
Кохалина [Коханый]
Коханка [Коханый]
Коханчик [Коханый]
Коханый
Кралечка [Краля]
Краля
Краса (моя, ненаглядная)
Красава [Красавец]
Красавец
Красавица (моя) [Красавец]
Красавушка [Красавец]
Красавчик (ты мой...) [Красавец]
Красна девица [Дева]
Красный мой
Красно моё на золоте [Красный]
Красно солнышко [Солнце]
Красовитушка [Красовитый]
Красота моя
Красотка [Красота]
Красотулечка [Красота]
Красотуля [Красота]
Крестинька [Крёстный]
Крёсна [Крёстный]

Крёстная [Крёстный]
Крёстная маменька [Крёстный]
Крестник [Крёстный]
Крестница [Крёстный]
Крестничек [Крёстный]
Крёстный
Крёстный папенька
Крестовая [Крестовый]
Крестовая моя дочь [Крестовый]
Крестовая кума [Крестовый]
Крестовая матушка (божатушка...)
  [Крестовый]
Крестовая сестра [Крестовый]
Крестовое дитятко [Крестовый]
Крестовый
Крестовый батюшка
Крестовый брат
Крестовый кум
Крестовый мой сын
Крещёные [Крещёный]
Крещёный
Крещёный человек
Кровинка
Кровиночка [Кровинка]
Кровинушка [Кровинка]
Кровушка [Кровинка]
Кроха моя [Крошка]
Крохотуля моя [Крошка]
Крохотулечка моя [Крошка]
Крошечка [Крошка]
Крошечка-хаврошечка [Крошка]
Крошечка-хорошечка [Крошка]
Крошка
Кто там?
Куда Бог (Господь) несёт?
Куда Бог послал?
Куда идёте?
Куда направляетесь (направились)?
Куда прикажете? [Приказать]
Куда путь держишь (правишь)?
Кузен
Кузина [Кузен]
Кум
Кума [Кум]
Куманёк [Кум]
Кумушка [Кум]
Кумушко [Кум]
Кумушок [Кум]
Лагожий
Лада

Обращение, привлечение внимания

Ладо [Лада]
Ладушка [Лада]
Ладый (мой)
Ланюшка
Лапа
Лапонька [Лапа]
Лапочка [Лапа]
Лапушка [Лапа]
Ласкавый [Ласковый]
Ласкательница [Ласковый]
Ласкашница [Ласковый]
Ласковец [Ласковый]
Ласковый
Ласточка
Ластонька [Ласточка]
Ластушка [Ласточка]
Лебедёк [Лебедь]
Лебедёнок [Лебедь]
Лебедёночек [Лебедь]
Лебедик [Лебедь]
Лебедики [Лебедь]
Лебедин [Лебедь]
Лебёдка [Лебедь]
Лебедок [Лебедь]
Лебедочек [Лебедь]
Лебёдочка [Лебедь]
Лебёдушка [Лебедь]
Лебедь
Легки ли, девушка, твои встречи? [Лёгкий]
Лёгкое твоё порожденье [Лёгкий]
Леди
Леди и джентльмены
Лёлечка [Лёля]
Лёлька [Лёля]
Лёля
Люба
Любава [Люба]
Любавушка [Люба]
Любаночка [Люба]
Любанчик [Люба]
Любаша [Люба]
Любашенька [Люба]
Любашечка [Люба]
Любезненький [Любезный]
Любезнейший (мой) [Любезный]
Любезнейший Н. [Любезный]
Любезница [Любезный]
Любезный (мой)
Любезный Н.
Любезный друг

Любезный (любезнейший) моему сердцу Н. [Любезный]
Любенький [Любый]
Любименький [Любимый]
Любимый (мой)
Любимый (мой) Н.
Любка [Люба]
Любовь-душа
Любовь моя
Любонька [Люба]
Любонький мой [Любый]
Любулечка [Люба]
Любулька [Люба]
Любусечка [Люба]
Любушашечка [Люба]
Любушка [Люба]
Любчик [Люба]
Любый (мой)
Люд честной
Люди
Люди добрые [Добрый]
Лялечка
Ма [Мама]
Мадам
Мадамочка [Мадам]
Мадемуазель
Маленький (мой) [Малый]
Малец [Малый]
Малой [Малый]
Малушка [Малый]
Малый
Малыш [Малый]
Малышечка [Малый]
Малышка [Малый]
Мальчик
Мальчик мой
Мальчики [Мальчик]
Мальчишки [Мальчик]
Мальчуган [Мальчик]
Малютка [Малый]
Малюточка [Малый]
Мам [Мама]
Мама
Мама Нина (Галя...)
Мама-порода
Мама́ [Мама]
Мама́ка [Мама]
Мама́н [Мама]
Маманечка [Мама]
Мама́нь [Мама]

Обращение, привлечение внимания

Маманька [**Мама**]
Маманюшка [**Мама**]
Маманя [**Мама**]
Мамаша [**Мама**]
Мамашенька [**Мама**]
Мамашечка [**Мама**]
Мамашка [**Мама**]
Мамека [**Мама**]
Мамелька [**Мама**]
Маменька [**Мама**]
Маменька-крёсна [**Мама**]
Маменька **родимая** [**Мама**]
Мамзель [**Мадемуазель**]
Мамиза [**Мама**]
Мамика [**Мама**]
Мамина [**Мама**]
Маминка [**Мама**]
Ма́мистая [**Мама**]
Ма́мистя [**Мама**]
Мамичка [**Мама**]
Мамишна [**Мама**]
Мамка [**Мама**]
Мамо́к [**Мама**]
Мамока [**Мама**]
Мамонька [**Мама**]
Мамонька родимая [**Мама**]
Мамочка [**Мама**]
Мамука [**Мама**]
Мамулечка [**Мама**]
Мамуль [**Мама**]
Мамуля [**Мама**]
Мамунь [**Мама**]
Мамунька [**Мама**]
Мамунюшка [**Мама**]
Мамуня [**Мама**]
Мамусенька [**Мама**]
Мамусечка [**Мама**]
Мамуся [**Мама**]
Мамухна [**Мама**]
Мамуша [**Мама**]
Мамушка [**Мама**]
Мамушка-породушка [**Мама**]
Мамушь [**Мама**]
Мамца [**Мама**]
Мамча [**Мама**]
Мамынька [**Мама**]
Марьяжный мой
Масленый мой(моя)
Мата [**Мать**]
Матанёчек [**Матаня**]

Матанечка [**Матаня**]
Матанька [**Матаня**]
Матанюшка [**Матаня**]
Матаня
Матери [**Мать**]
Мати [**Мать**]
Матка [**Мать**]
Матонька [**Мать**]
Маточка [**Мать**]
Матуха [**Мать**]
Матухна [**Мать**]
Матуша [**Мать**]
Матушка [**Мать**]
Матушка (имя) [**Мать**]
Матушка-барыня [**Барин**]
Матушка-барышня [**Барин**]
Матушка-голубушка
Матушка-государыня [**Государь**]
Матушка родимая [**Родимый**]
Матушка-сударыня [**Мать**]
Матушка **царица** [**Мать**]
Ма́тушь [**Мать**]
Матца [**Мать**]
Матынька [**Мать**]
Матышка [**Мать**]
Мать
Мать (имя)
Мать моя
Ма шер [**Мон шер**]
Мачка [**Мать**]
Маэстро
Медам [**Мадам**]
Медам и мусью [**Мадам**]
Медовинка [**Мёд**]
Медовый [**Мёд**]
Мезонька
Мил [**Милый**]
Мил друг (дружок)
Мил-сердечный друг
Мил надёжа [**Надежда**]
Мил человек [**Милый**]
Милай [**Милый**]
Мила(я) **дочь**
Мила(я) **душа**
Мила косточка [**Милый**]
Милачок [**Милый**]
Милаш [**Милый**]
Милаша [**Милый**]
Милашенька [**Милый**]
Милашечка [**Милый**]

Обращение, привлечение внимания

Милашка (мой, моя) [**Милый**]
Миледи
Миле́йший [**Милый**]
Миле́йший Н. [**Милый**]
Милёна [**Милый**]
Милёнок [**Милый**]
Милёночек [**Милый**]
Милёныш [**Милый**]
Милень [**Милый**]
Миленький [**Милый**]
Милеш [**Милый**]
Милёшка [**Милый**]
Милеюшка [**Милый**]
Милеюшко [**Милый**]
Милка [**Милый**]
Милко [**Милый**]
Милой [**Милый**]
Милой **сын**
Милок [**Милый**]
Милоладушка [**Милый**]
Милорд
Милосердный (благодетель, господин)
Милосердый [**Милосердный**]
М.Г. [**Государь**]
Милостивая государыня [**Государь**]
Милостивейшая государыня [**Государь**]
Милостивейший **государь**
Милостивец (ты мой, наш)
Милостивица [**Милостивец**]
Милостивый
Милостивый **государь**
Милостивый **государь** мой
Милостисдарь [**Государь**]
Милосын [**Милый**]
Милота (моя) [**Милый**]
Милочек [**Милый**]
Милочка [**Милый**]
Мил-сердечушко [**Сердце**]
Милунчик [**Милый**]
Милуша [**Милый**]
Милушенька [**Милый**]
Милушка [**Милый**]
Милушко [**Милый**]
Милый друг
Милый (мой)
Милый (мой) Н.
Мил(ый) человек
Мильчик [**Милый**]
Милюнчик [**Милый**]
Милюсенький [**Милый**]

Миляга [**Милый**]
Миляк [**Милый**]
Миляночек [**Милый**]
Милячок [**Милый**]
Миляша [**Милый**]
Миляшечка [**Милый**]
Миляшка [**Милый**]
Минуту (минутку) [**Минута**]
Минуту (минутку) внимания [**Внимание**]
Мир **крещёный**
Мир **православный**
Мир **честной**
Миряне
Мисс
Миссис
Мистер
Мла́день
Много ли вас, не надо ли нас?
Многоуважаемый
Многоуважаемый Н.
Многочтимый Н.
Могу ли я быть чем-нибудь **полезен** (Вам)?
Могу ли я узнать? [**Мочь**]
Можете ли гораздо? [**Мочь**]
Можете представить (себе)... [**Представьте**]
Можно (войти)?
Можно Вас на **минуту** (минутку)?
Можно я займу минуту Вашего времени? [**Минута**]
Можно Вас **побеспокоить**?
Можно **вопрос** (задать)?
Можно (Вас) спросить?
Можно (ли) узнать...
Мой (дорогой, любимый...)
Молёный
Молодая
Молодая жена (+ Имя, отчество) [**Молодой**]
Молодая, интересная [**Молодой**]
Мо́лодежь [**Молодой**]
Молодёжь [**Молодой**]
Мо́лодец
Молодица [**Молодой**]
Молодичка [**Молодой**]
Молодка [**Молодой**]
Молодой человек
Молодочка [**Молодой**]
Молодунюшка [**Молодой**]
Молоду́ха [**Молодой**]
Молодушечка [**Молодой**]
Моло́душка [**Молодой**]

Обращение, привлечение внимания

Молодушь [**Молодой**]
Молодчик [**Молодец**]
Молодые люди [**Молодой**]
Мон шер
Мосет
Мосетка [**Мосет**]
Месье [**Мосье**]
Мосье
Мсье [**Мосье**]
Мусью [**Мосье**]
Муж
Муженёк [**Муж**]
Мужик
Мужики [**Мужик**]
Мужички [**Мужик**]
Мужичок [**Мужик**]
Мужовья-пановья [**Пан**]
Мужчина
Надёжа [**Надежда**]
Надёжа-царь (государь)
Надёженька [**Надежда**]
Надеюшка [**Надежда**]
Народ **православный**
Начальник
Не беспокоит? [**Беспокоит**]
Не будете ли Вы так добры (любезны)
  [**Добрый**] [**Любезный**]
Не вели казнить, вели говорить (слово
  молвить) [**Не прикажи казнить...**]
Невестушка
Не желаете ли (чаю, закусить)? [**Желать**]
Нежный мой
Нежная моя [**Нежный мой**]
Незабудная моя [**Незабудочка**]
Незабудочка (мой, моя)
Не изволите ли (чаю, закусить)? [**Изволить**]
Не могу ли я быть (Вам) чем-нибудь полезен?
  [**Полезный**]
Не можете ли (Не могли бы) Вы сказать..?
  [**Мочь**]
Ненагляд [**Ненаглядный**]
Ненагляда [**Ненаглядный**]
Ненаглядик [**Ненаглядный**]
Ненаглядище [**Ненаглядный**]
Ненаглядка [**Ненаглядный**]
Ненаглядник [**Ненаглядный**]
Ненагляднычек [**Ненаглядный**]
Ненаглядный (мой)
Ненаглядочка [**Ненаглядный**]
Ненаглядышек [**Ненаглядный**]

Не побеспокоил (ли я Вас)? [**Побеспокоить**]
Не подскажете...? [**Подсказать**]
Не помешал?
Не **правда** ли?
Не прикажете ли (сделать что-л.)? [**Приказать**]
Не прикажи казнить, прикажи говорить (слово
  молвить)
Не прикажите казнить, прикажите миловать
Не скажете...? [**Сказать**]
Несказа́нная (моя) [**Несказанный**]
Несказанный (мой)
Несравненная (моя) [**Несравненный**]
Несравненный (мой)
Не **так** ли?
Не хотите (ли)...? [**Хотеть**]
Нянечка [**Няня**]
Нянюшка [**Няня**]
Няня
Обаятельница [**Обаятельный**]
Обворожительница [**Обворожительный**]
Обожаемая (Н.) [**Обожаемый**]
Обратите **внимание** (на...)
Обращаю Ваше **внимание** (на...)
Обращаюсь к Вам...[**Обратиться**]
Ой еси...
Орёлик [**Орёл**]
Орлы [**Орёл**]
Осмелюсь доложить (заметить, спросить...)
Осударь
Осударыня [**Осударь**]
Отец
Отец мой
Отец (ты) наш
Отец родной
Отецкий сын (Отецкая дочь)
Откелева (идёшь, пришёл...)? [**Откуда**]
Отколь (идёшь, пришёл...)? [**Откуда**]
Откуда (идёшь, пришёл...)?
Откуда Бог несёт (принёс)?
Откуда и куда путь держишь?
Откуда ты, прекрасное дитя?
Откудова (идёшь, пришёл...)? [**Откуда**]
Откуль (идёшь, пришёл...)? [**Откуда**]
Отче [**Отец**]
Отче святый [**Отец**]
Отчество
Очаровательница [**Очаровательный**]
Па [**Папа**]
Паинька
Паичка [**Паинька**]

Обращение, привлечение внимания

Пан
Пан (писарь, голова, Н.)
Панабратья [**Пан**]
Панёнка [**Пан**]
Панёночка [**Пан**]
Пани [**Пан**]
Паничок [**Пан**]
Панове [**Пан**]
Пановья [**Пан**]
Паночка [**Пан**]
Паночку [**Пан**]
Паныч (Панич) [**Пан**]
Панюхна [**Пан**]
Паньюшка [**Пан**]
Панюшка [**Пан**]
Паня [**Пан**]
Панянка [**Пан**]
Паняночка [**Пан**]
Паня [**Пан**]
Пап [**Папа**]
Папа
Папá [**Папа**]
Папака [**Папа**]
Папанечка [**Папа**]
Папань [**Папа**]
Папанька (Папаньк) [**Папа**]
Папаня [**Папа**]
Папаша [**Папа**]
Папашенька [**Папа**]
Папашка [**Папа**]
Папелька [**Папа**]
Папенька [**Папа**]
Папика [**Папа**]
Папка [**Папа**]
Папока [**Папа**]
Папочка [**Папа**]
Папулечка [**Папа**]
Папуля [**Папа**]
Пáпушка [**Папа**]
Паренёк [**Парень**]
Паренёчушек [**Парень**]
Паренúчок [**Парень**]
Паренчок [**Парень**]
Парень
Паренька [**Парень**]
Пареш [**Парень**]
Парешок [**Парень**]
Парнёк [**Парень**]
Парнёнка [**Парень**]
Парненко [**Парень**]

Парнёночек [**Парень**]
Парнёночка [**Парень**]
Парнéчек [**Парень**]
Парнечок [**Парень**]
Парни [**Парень**]
Парничёшко [**Парень**]
Парничишка [**Парень**]
Парнишек [**Парень**]
Парнишенька [**Парень**]
Парнишка [**Парень**]
Парнишок [**Парень**]
Парнишонок [**Парень**]
Парнишоночек [**Парень**]
Парнишша [**Парень**]
Парнища [**Парень**]
Парнище [**Парень**]
Парнюженька [**Парень**]
Парнюк [**Парень**]
Парнюха [**Парень**]
Парнюшенька [**Парень**]
Парня [**Парень**]
Парняга [**Парень**]
Парняка [**Парень**]
Парнянка [**Парень**]
Парнянок [**Парень**]
Парнячка [**Парень**]
Парь [**Парень**]
Пáря [**Парень**]
Пáря-бáча [**Парень**]
Печальник (ты мой)
Печальница (ты моя) [**Печальник**]
Писаная (моя) [**Писаный**]
Пистолет
Племник [**Племянник**]
Племница [**Племянник**]
Племничек [**Племянник**]
Племничка [**Племянник**]
Племнятко [**Племянник**]
Племяденка [**Племянник**]
Племяненка [**Племянник**]
Племянненька [**Племянник**]
Племянник
Племянничка [**Племянник**]
Племянница [**Племянник**]
Племянничек [**Племянник**]
Племянушек [**Племянник**]
Племяннушка [**Племянник**]
Племятко [**Племянник**]
Племячко [**Племянник**]
Племяш [**Племянник**]

Племяша [**Племянник**]
Племяшка [**Племянник**]
Поболезный (ты мой)
Поверите (ли)
Поглядите (-ка)
Поглянь-ка [**Поглядите**]
Подобру ль поздорову (живёте, съездили...)?
Подруга
Подруги [**Подруга**]
Подруженька [**Подруга**]
Подруженьки [**Подруга**]
Подружия [**Подруга**]
Подружка [**Подруга**]
Подружья [**Подруга**]
Подскажите (пожалуйста), где... (как...)? [**Подсказать**]
Позволено ли будет мне (узнать, спросить, осведомиться...)[**Позволить**]
Позволите? (Вы позволите?)[**Позволить**]
Позвольте обратить Ваше **внимание** на...
Позвольте обратиться (доложить, заметить, сказать...)
Позвольте полюбопытствовать (спросить, узнать...)
Позволю себе обратить Ваше **внимание** на...
Позволю себе **смелость** обратиться
Поздорову ли живёте (добрались...)?
Поймите меня [**Понимать**]
Поймите меня правильно [**Понимать**]
По какому делу пожаловали? [**Какой**]
Помилаша
Помилашечка [**Помилаша**]
Понимаете (ли) [**Понимать**]
Породка (моя) [**Порода**]
Породушка (моя) [**Порода**]
Пороженый
Посестра
Послушайте (меня)
Посудите сами (вот что...)
Потягушечки, порастушечки [**Потягуши**]
Почем идёшь?
Почтеннейший [**Почтенный**]
Почтеннейший Н. [**Почтенный**]
Почтенный
Почтительно осмелюсь доложить (спросить, просить, обратиться...) [**Почтительный**]
Правда?
Правда ли, что...?
Правду я говорю? [**Правда**]
Правильно? [**Правильный**]

Правильно я говорю? [**Правильный**]
Православные [**Православный**]
Православны(е) христиане [**Православный**]
Представьте себе...
Прелестная (моя) [**Прелестный**]
Прелесть (моя)
Преосвященный **владыко**
Приветный мой
Приветная (моя) [**Приветный**]
Приемлю смелость обратиться
Признайтесь... [**Признаться**]
Признаюсь (Вам...) [**Признаться**]
Прикажете (чаю, закусить...)? [**Приказать**]
Прикинь
Приятель
Приятный (ты мой)
Простите (Вы не скажете...)? [**Простить**]
Простите за беспокойство... [**Простить**]
Простите за нескромный вопрос... [**Простить**]
Профессор
Прошу (Попрошу) внимания [**Внимание**]
Прошу обратить Ваше **внимание**...
Прошу прощения (Вы не скажете...)? [**Прощение**]
Птаня [**Птаха**]
Птаха
Пташа [**Птаха**]
Пташечка (моя) [**Птаха**]
Пташка (моя милая) [**Птаха**]
Птенцы [**Птаха**]
Птенчик (мой) [**Птаха**]
Птичка (моя) [**Птаха**]
Пупа
Пупочка [**Пупа**]
Пусенька
Рада (ты моя)
Радость (моя)
Радуша [**Рада**]
Радушник [**Рада**]
Радушница [**Рада**]
Ражесть (моя)
Разголубчик
Разголубушка [**Разголубчик**]
Раздуша
Раздушаночка [**Раздуша**]
Раздушенька [**Раздуша**]
Раздушечка [**Раздуша**]
Раздобрый молодец
Разжеланный (мой)

Обращение, привлечение внимания

Разлапка (моя)
Разлапочка [**Разлапка**]
Разлапуша [**Разлапка**]
Разлапушечка [**Разлапка**]
Разлапушка [**Разлапка**]
Разлебёдка (моя)
Разлебёдушка [**Разлебёдка**]
Разлебёдушка моя белая [**Разлебёдка**]
Разлюбезный (мой)
Разрешите доложить
Разрешите Вам заметить (напомнить...)
Разрешите обратиться
Разрешите я займу минутку Вашего времени? [**Минута**]
Разрешите Вас **побеспокоить**
Раскрасавец
Раскрасавица (моя) [**Раскрасавец**]
Рассудите сами (вот что...)
Расхорошая (моя) [**Расхороший**]
Расхороший (мой)
Расчудесно [**Расчудесный**]
Расчудесный
Ребя [**Ребята**]
Ребята
Ребятёжь [**Ребята**]
Ребятки [**Ребята**]
Ребятишки [**Ребята**]
Ребятушки [**Ребята**]
Решился обеспокоить (**побеспокоить**) Вас...
Робя [**Ребята**]
Робята [**Ребята**]
Робятишки [**Ребята**]
Робятки [**Ребята**]
Робятушки [**Ребята**]
Родимое (моё) дитятко [**Родимый**]
Родимая матушка [**Родимый**]
Родименький (мой) [**Родимый**]
Родимушка [**Родимый**]
Родимый (мой)
Родна матушка [**Родной**]
Родненький (мой) [**Родной**]
Родной (ты мой)
Родуленька (мой, моя) [**Родной**]
Роднулечка (моя) [**Родной**]
Роднуля (моя) [**Родной**]
Роднуша (моя) [**Родной**]
Роднушка [**Родной**]
Рожёный (ты мой)
Рожоное моё дитятко [**Рожёный**]
Роскошь моя

Рыбка (моя)
Рыбонька (моя) [**Рыбка**]
Рыбочка (моя) [**Рыбка**]
Рыцарь (мой)
Сахар Медович
Сахарный (мой) [**Сахар**]
Сват
Сваток [**Сват**]
Сваточек [**Сват**]
Сваточки [**Сват**]
Сватушко [**Сват**]
Сваты [**Сват**]
Сватьюшка [**Сват**]
Сватья [**Сват**]
Свахонька [**Сват**]
С Вашего разрешения [**Разрешить**]
Свашенька [**Сват**]
Свёкор-батюшка
Свет (мой)
Свет государь
Свет моё солнышко [**Солнце**]
Свет очей моих
Свет ты мой ненаглядный
Свет ты мой ясный
Свет честная вдова
Светик (мой) [**Свет**]
Светики-кормильцы [**Свет**]
Светлейший князь [**Светлость**]
Светлый царь
Свет-посвет
Светушка (ты мой) [**Свет**]
Свободно Вам? [**Свободный**]
Святейший патриарх [**Святейшество**]
Святой отец
Серденько (моё) [**Сердце**]
Сердечко (ты моё) [**Сердце**]
Сердечушко (ты моё) [**Сердце**]
Сердешный (мой) [**Сердечный**]
Сердечный друг (Н.)
Сердце моё
Сердяга [**Сердечный**]
Серебряный
Сестра
Сестра названая
Сестрёнка [**Сестра**]
Сестрица [**Сестра**]
Сестричка [**Сестра**]
Симпатуля (моя) [**Симпатичный**]
Симпатулечка (ты моя) [**Симпатичный**]
Сеньор [**Синьор**]

Обращение, привлечение внимания

Сеньора [Синьор]
Сеньорита [Синьор]
Синьор
Синьора [Синьор]
Синьорина [Синьор]
Сиятельнейший князь (граф) [Сиятельство]
Сиятельный князь (граф)[Сиятельство]
Скажите, пожалуйста (на милость...)? [Сказать]
Сколько Вам лет?
Славная (моя) [Славный]
Славный (мой)
Сладенький (мой) [Сладкий]
Сладкий (мой)
Служба
Служивенький [Служивый]
Служивый
Слушай (сюда) [Слушать]
Слушайте [Слушать]
Слышишь [Слушать]
Слышь [Слушать]
Слышь-послышь [Слушать]
Смею обратить Ваше **внимание** на...
Смею обратиться (спросить...)
Смотрите
Сношенька
Согласитесь (со мной) [Согласиться]
Сами согласитесь [Согласиться]
Сокол (мой)
Сокол ты мой ясный
Соколик (мой) [Сокол]
Соколики (мои) [Сокол]
Соколушка (моя) [Сокол]
Сокровище (моё)
Солдатик
Солнце (моё)
Солнышко (моё, красное, ясное) [Солнце]
Солнышко-князь [Солнце]
Соотечественники
Сосед
Соседка [Сосед]
Соседушка [Сосед]
Спали, почивали, весело ль вставали?
Станичник (Станишник)
Стара́ [Старый]
Старая [Старый]
Старик
Старина [Старик]
Старинушка [Старик]
Старичок [Старик]

Старуха
Старушка (моя) [Старуха]
Старче [Старик]
Старый
Стрекоза
Сударик (ты мой) [Сударь]
Сударики [Сударь]
Сударичок [Сударь]
Сударка [Сударь]
Сударушка [Сударь]
Сударынька [Сударь]
Сударыня [Сударь]
Сударыня-барыня [Барин]
Сударыня-матушка [Мать]
Сударь
Сударь-батюшка
Судите сами [Судить]
Суженый (мой)
Суженый-ряженый (мой)
Счастье моё
Сын
Сын мой
Сына [Сын]
Сыне [Сын]
Сынишка [Сын]
Сынка [Сын]
Сынок [Сын]
Сыночек [Сын]
Сыночка [Сын]
Сынуленька [Сын]
Сынулечка [Сын]
Сынуля [Сын]
Сынушка [Сын]
Сэр
Тата
Татанька [Тата]
Татенька [Тата]
Татка [Тата]
Таточка [Тата]
Тату [Тата]
Татуленька [Тата]
Татулечка [Тата]
Татулька [Тата]
Татуля [Тата]
Татусенька [Тата]
Татуся [Тата]
Твоя милость
Твоя честь
Тестенёк [Тесть]
Тестюшка [Тесть]

Обращение, привлечение внимания

Тесть дорогой
Тёта [**Тётя**]
Тётенька [**Тётя**]
Тётка [**Тётя**]
Тётка (Имя) [**Тётя**]
Тёточка [**Тётя**]
Тетунька [**Тётя**]
Тетуня [**Тётя**]
Тетуся [**Тётя**]
Тётушка [**Тётя**]
Тётя
Тётя (Имя) [**Тётя**]
Тёща (моя)
Тёща-матушка
Тёщенька [**Тёща**]
Товарищ
Товарищ (директор, Н.)
Товарищи
Товарка
Товарочка [**Товарка**]
Ты
Тятенька [**Тятя**]
Тятечка [**Тятя**]
Тятька [**Тятя**]
Тятя
Уважаемый (Н.)
Уважаемые друзья (товарищи...)
Уважаемая публика
Удалой дородный добрый мо́лодец
Удача добрый мо́лодец
Удобно Вам?
У меня (у нас) к Вам **вопрос**
Учитель
Фамилия
Фея (моя)
Фрау
Херувимчик (ты) мой
Хлопец
Хлопцы [**Хлопец**]
Хлопче [**Хлопец**]
Хлопчик [**Хлопец**]
Хозяева [**Хозяин**]
Хозяин
Хозяин мой
Хозяинушка [**Хозяин**]
Хозяинушко [**Хозяин**]
Хозяйка [**Хозяин**]
Хозяюшка [**Хозяин**]
Хорошая (моя) [**Хороший**]
Хорошие (мои) [**Хороший**]
Хороший (мой) [**Хороший**]
Христов человек
Христовенький [**Христов человек**]
Христовушка [**Христов человек**]
Христовый [**Христов человек**]
Царевна [**Царь**]
Царица [**Царь**]
Царица моя [**Царь**]
Царица-матушка [**Царь**]
Царица моего сердца (моей души) [**Царь**]
Царь
Царь-батюшка
Царь-государь
Царь-надёжа
Царь-отец
Цветочек мой
Цыпка
Цыпонька [**Цыпка**]
Цыпочка [**Цыпка**]
Чаделко [**Чадо**]
Чадо (моё)
Чадо милое
Чадочко [**Чадо**]
Чадунюшка [**Чадо**]
Чадушка (Чадушко) [**Чадо**]
Чадышко [**Чадо**]
Чего желаете (пожелаете)? [**Желать. Пожелать**]
Чего изволите? [**Изволить**]
Человек
Человече [**Человек**]
Человечек [**Человек**]
Чем могу быть (Вам) полезен? [**Полезный**]
Чем могу **служить**?
Чем (чему) обязан? [**Обязать**]
Чем порадуете? [**Порадовать**]
Чем прикажете (потчевать...)? [**Приказать**]
Чем **служить** прикажете? [**Приказать**]
Честна́я вдова [**Честной**]
Честна́я княгиня [**Честной**]
Честно́й господин
Честно́й народ
Честно́й отец
Честны́е господа [**Честной**]
Честны́й отче [**Отец**]
Чиж (чижик) (мой)
Что Бог (Господь) даровал?
Что Бог (Господь) послал?
Что Вам угодно?
Что Ваше здоровье (Ваша супруга, Ваши дети...)?

Что желаСте (пожелаете)?
Что изволите...? [Изволить]
Что не весел, что головушку (нос) повесил?
Что нового (новенького) (слышно)?
Что поделываете?
Что прикажете? [Приказать]
Что с Вами?
Что скажете?
Что слышно (нового)?
Чудесная (моя) [**Чудесный**]
Чудечко на блюдечке [**Чудо**]
Чудный мой (**Чу́дная моя**)
Чудо моё (**в перьях**)
Чуешь?
Шабёр
Шарман (мой)
Шеф
Э!
Эй (вы, ты)!
Юноша
Яблочко моё наливное (**наливчатое**)
Я Вам не мешаю? [**Мешать**]
Ягодина [**Ягодка**]
Ягодинка [**Ягодка**]
Ягодиночка (моя) [**Ягодка**]
Ягодка (моя)
Я могу быть чем-нибудь полезен? [**Полезный**]
Ясмен сокол
Ясновельможный пан
Ясный мой
Ясный сокол
Ясное солнышко [**Солнце**]
Ясочка (моя)
Ясынька (моя) [**Ясочка**]
Яхонтовый (мой)

Ответы на вопросительные обращения

А[1]
А́инька [**Ай**[1]]
А́иньки [**Ай**[1]]
Ай[1]
А Вы как (поживаете)? [**А**[1]]
А как же (А то как же) [**А**[1]]
Алло!
Аминь будь
А́сенька [**Ась**]
А́сеньки [**Ась**]
А́сетко [**Ась**]
А́сечки [**Ась**]

А́синь [**Ась**]
Ась
А́сюшка [**Ась**]
А то нет [**А**[1]]
А ты думаешь как [**А**[1]]
А́юшка [**Ай**[1]]
А́юшки [**Ай**[1]]
А́я [**Ай**[1]]
Благодарение Богу (Господу, Всевышнему, Создателю...)
Благодарю Вас (неплохо, хорошо...) [**Благодарить**]
Бог милует (пока)
Вас слушают [**Слушать**]
Вашими (святыми) молитвами (как шестом подпираемся)
Внимательно Вас слушаю [**Внимательный**]
Во грехах, да на ногах [**Грех**]
В одном покое
Войдите
Всё благополучно [**Благополучный**]
Всё в порядке [**Порядок**]
Всё о'кей
Всё хорошо [**Хороший**]
Входите [**Войдите**]
Гневить Бога нечего [**Бог**]
Грех жаловаться (пожаловаться)
Да (да, да, да)
Да как Вам сказать...
Дела идут, контора пишет... [**Дело**]
Дела, как в Польше... [**Дело**]
Дела **как** сажа бела [**Дело**]
Дела у прокурора, у нас делишки [**Дело**]
Ещё не родила [**Пока не родила**]
Живём в лесу, молимся колесу [**Жить**]
Живём в лесу, молимся пенью, да и то с ленью [**Жить**]
Живём, день да ночь, и сутки прочь (так и отваливаем) [**Жить**]
Живём — крошки клюём [**Жить**]
Живём не широко, а узким Бог помилует [**Жить**]
Живём, пока Бог (милосердный Господь) грехи терпит [**Жить**]
Живём-покашливаем, ходим-похрамываем [**Жить**]
Живём помаленьку (потихоньку) [**Жить**]
Живём потихоньку, жуём полегоньку [**Жить**]
Живём, хлеб жуём (а ино и посаливаем) [**Жить**]

Знакомство

Живём, хлеба не жуём, проглотим —
 подавимся [**Жить**]
Живём хорошо: за нуждой в люди не ходим,
 своей хватает [**Жить**]
Живы-здоровы [**Живой**]
Живы, поколе **Господь** (**Бог**) грехам терпит
 [**Грех**]
Живы своими грехами, Вашими молитвами
Жизнь бьёт ключом (и всё по голове)
Жизнь всё хуже: юбка всё у́же
Жись — только держись [**Жизнь**]
Жись — **хоть помирать ложись** [**Жизнь**]
Житьё — вставши да за вытьё
Как Вам **сказать**...
Как в Польше: тот пан, у кого денег больше
Как в сказке: чем дальше, тем страшнее
Какие у нас (наши) дела! [**Дело**]
Как не (понимать, знать...)
Как сажа бела (Дела как сажа бела) [**Дело**]
Как на пароходе: горизонты широкие,
 земли не видно, тошнит, но плывём
Как у арбуза (живот растёт, а хвостик вянет)
Как у жёлудя: вокруг одни дубы, и каждая
 свинья съесть норовит
Как у картошки: если зимой не съедят,
 то весной посадят
Как у пуговицы: как день, так в петлю
Лёг — свернулся, встал — встряхнулся:
 вот (и вся) моя **жизнь**
Лучше всех (только никто не завидует)
 [**Лучший**]
Лучше не спрашивай/те
Не ахти́ (как)
Неважно
Не говори
Не жалуюсь [**Жаловаться**]
Не знаю, что и сказать
Не имел счастья (знать, видеть...)
Нельзя пожаловаться
Не могу знать
Не могу пожаловаться
Неплохо [**Неплохой**]
Нечего Бога гневить [**Бог**]
Никак нет
Ничего
Ничего идут дела, голова ещё цела
Ничего себе
Ничего себе, мерси
Ничтя́к [**Ничего**]
Ни шатко ни валко

Нормально
Ой[1]
Перекладываемся из кулька в рогожку
Под Богом [**Бог**]
Подобру-поздорову
Подшиваются
Пожалуйста
Пока **Бог** (**Господь**...) грехам терпит [**Грех**]
Пока не родила
Помаленьку
Потихоньку
Похвалиться нечем
Похвастаться нечем
Слава Богу (здоров)
Слава Богу — всего лучше
Слушаю Вас [**Слушать**]
Спасибо (хорошо, ничего...)
Старое по-старому, а вновь ничего
Так себе
Так как-то
У аппарата
Хвалиться нечем
Хвастать(ся) нечем
Хорошо [**Хороший**]
Хоть в гроб ложись [**Хоть помирать ложись**]
Хоть ложись да помирай
 [**Хоть помирать ложись**]
Хоть матушку репку пой
 [**Хоть помирать ложись**]
Хоть помирать ложись
Часом с квасом, порой с водой [**Час**]
Что Вам **сказать**...
Что изволите? [**Изволить**]
Что желаете? [**Желать**]
Что прикажете? [**Приказать**]
Что Вам угодно?
Я!
Я Вас (внимательно) слушаю [**Внимательный**]
Я весь **внимание**
Я к Вашим услугам [**Услуга**]

3. Знакомство

(Адресант) — к вашим услугам [**Услуга**]
Будем знакомы [**Знакомиться**]
Будьте знакомы [**Знакомиться**]
Вас **беспокоит** Н.
Вас **беспокоят** из...
Ваши друзья — наши друзья!
 [**Друзья наших друзей — наши друзья**]

Знакомство

Вот (Вам) Н.
Всегда желал случая Вам **представиться**
Вы (не) знакомы? [**Знакомиться**]
Вы какие? [**Какой**]
Вы (сами) из каких **будете**? [**Какой**]
Вы (сами) **кто** (ему) **будете**?
Вы (сами) откуда **будете**?
Вы (сами) чьи **будете**?
Давайте **знакомиться**
Давайте познакомимся [**Познакомиться**]
Давно желал (искал случая) с Вами
    познакомиться
Давно о Вас **наслышан**
Дозвольте представить
Дозвольте представиться
Дозвольте узнать Ваше имя (отчество)
Друзья наших друзей — наши друзья
Знакомьтесь: (это — Н.) [**Знакомиться**]
Зовут зовуткой (а величают уткой) [**Звать**]
Имею честь **представить**
Имею честь **представиться**
Имею честь **рекомендовать**
Имею честь **рекомендоваться**
Имя
Имя-отчество
Имя **свет** отчество
Имя, отчество, фамилия
Как Вас **величать** (величают)?
Как он Вам доводится? [**Доводиться**]
Как тебя жалуют? [**Жаловать**]
Как Вас **звать** (зовут)?
Как Вас звать прикажете? [**Приказать**]
Как тебя звать-**величать**?
Как Ваше имя?
Как имечко Ваше святое?
Как Ваше имя-отчество?
Как изволите **величаться**?
Как ты **пишешься**?
Как Вас по батюшке (звать)? [**Батя**]
Как Ваша фамилия?
Какие Вы? [**Какой**]
Какое Ваше имя (отчество, звание...)?
    [**Какой**]
Какой веры-племени?
Какой земли, какой литвы?
Какой земли, какой орды?
Какой земли, какой украины?
Какого отца, (какой) матери? [**Какой**]
Какого роду-племени? [**Какой**]
Кем Вы ему доводитесь? [**Доводиться**]

Кем он Вам доводится? [**Доводиться**]
Коего отца, (коей) матери? [**Какой**]
Коей земли, коей орды? [**Какой**]
Кто (Вы) **будете** (ему)?
Кто такой?
Кто такие **будете**?
Люби и жалуй [**Любить**]
Меня зовут (...) [**Звать**]
Много о Вас **наслышан** (слышал)
Можно с Вами **познакомиться**?
Моя **фамилия** (...)
Нам надо (пора) **познакомиться**
Наслышан о Вас
Не имею удовольствия (знать) [**Удовольствие**]
Не имею чести (знать) [**Честь**]
Нельзя ли с Вами **познакомиться**?
Откуда (сами) будете?
Откуда (сами) родом?
Откулишны будете? [**Откуда**]
Очень приятно (**познакомиться**) [**Приятный**]
Очень **рад** (был с Вами) познакомиться
Позвольте (наперёд) быть знакому?
    [**Знакомиться**]
Позвольте **отрекомендоваться**
Позвольте **познакомить** Вас с (Н.)
Позвольте с Вами **познакомиться**
Позвольте **представить** Вам (Н.)
Позвольте **представиться**
Позвольте **рекомендовать** Вам (Н.)
Позвольте себя **рекомендовать**
Познакомимся? [**Познакомиться**]
Познакомьтесь [**Познакомиться**]
Польщён (весьма, очень...)
Представляю Вам Н. [**Представить/ся**]
Представьтесь, пожалуйста [**Представить/ся**]
Приятно (было) **познакомиться** [**Приятный**]
Просим покорно знакомыми быть
    [**Знакомиться**]
Прошу **знакомиться**
Прошу любить и жаловать [**Просить**]
Рад нашему знакомству
Рад был с Вами познакомиться
Разрешите **отрекомендоваться**
Разрешите **познакомить** Вас (с Н.)
Разрешите (Вам) **представить**: (это — Н.)
Разрешите **представиться**: ...
Рекомендую Вам (кого-л.)
    [**Рекомендовать/ся**]
Рекомендую Вам: (это — Н.)
    [**Рекомендовать/ся**]

Просьба. Приглашение. Предложение. Совет

Рекомендую себя: (такой-то) [**Рекомендовать/ся**]
Рекомендуюсь: ... [**Рекомендовать/ся**]
С какого Вы года (рождения)? [**Какой**]
С кем имею **удовольствие** (говорить...)?
С кем имею **честь**?
Счастлив (был) с Вами **познакомиться**
Хочу (Я хочу, Я хотел бы...) с Вами **познакомиться**
Хочу (хотел бы) **представить** Вам Н.
Чей ты?
Чей ты пишешься?
Чей такой (будешь)?
Честь имею **представить** (Вам Н.)
Честь имею **представиться**: (...)
Чьего отца, чьей матери? [**Чей**]
Чьей земли (чьей орды)? [**Чей**]
Чьей короны? [**Чей**]
Чьих Вы(будете)? [**Чей**]
Чьих ты пишешься? [**Чей**]
Это — Н.
Я — (+ название адресанта по имени, должности...)

4. Просьба. Приглашение. Предложение. Совет

А? [**А¹**]
А **если** бы (что-л.)
Айн **момент**
Без соли, без хлеба худая беседа [**Хлеб да соль**]
Без церемоний [**Церемония**]
Без чинов [**Чин**]
Берегите себя
Беру (возьму) на себя **смелость** (просить, спросить...)
Беседуйте [**Беседа**]
Благоволите (сделать что-л.)
Благословите меня (на что-л.)
Благословите (что-л.)
Благословите под злат венец стать, закон Божий принять (чудный крест целовать)
Благословите путь
Бог на прощенье, приходи в Крещенье, барана убьём [**Прощение**]
Бог на стене, хлеб на столе [**Хлеб да соль**]
Богом прошу [**Просить**]
Боже (Вас) **сохрани** (делать что-л.) [**Храни Бог**]
Большая **просьба** к Вам

Будет (Вам)
Будешь рядом — **забегай**, будут деньги — высылай!
Буду ждать (Вас) [**Жду**]
Буду (очень) **рад** (Я буду рад) (видеть Вас у себя...)
Будь другом [**Друг**]
Будьте ангелом [**Ангел**]
Будьте благодетелем [**Благодетель**]
Будьте благодетельны [**Благодетель**]
Будьте **великодушны**
Будьте джентльменом [**Джентльмен**]
Будьте добреньки [**Добрый**]
Будьте добродетельны [**Добродетельный**]
Будьте добры [**Добрый**]
Будьте достолюбезны [**Достолюбезный**]
Будьте как дома
Будьте как дома, но не забывайте, что вы в гостях
Будьте лапушкой [**Лапа**]
Будьте ласковы [**Ласковый**]
Будьте любезны [**Любезный**]
Будьте милосердны [**Милосердный**]
Будьте милостивы [**Милостивый**]
Будьте молодцом [**Молодец**]
Будьте отцом родным [**Отец**]
Будь паинькой [**Паинька**]
Будь умным [**Умный**]
Будьте умницей [**Умный**]
Будьте человеком [**Человек**]
Бывайте к нам (у нас)
Бывайте с беседой
Был бы (очень) **рад** (Я был бы рад) (видеть Вас у себя...)
Был бы (очень) **счастлив** (видеть Вас у себя)
Вам не **трудно** (сделать что-л.)?
Вас не **затруднит** (сделать что-л.)?
Вас просят к телефону [**Просить**]
Вашим добром да Вам же челом [**Челом бью**]
В гостях воля хозяйская [**Гость**]
В ногах правды нет
Возьмите на себя **труд** (сделать что-л.)
Во имя (чего, кого-л.) (сделайте...)
Войдите
Войдите в моё положение
Вперёд милости просим [**Милость**]
Всегда (будем) **рады** видеть Вас (у себя)
Всенижайшая **просьба**
Всепокорнейшая **просьба**
Всепокорнейше прошу [**Всепокорный**]

Просьба. Приглашение. Предложение. Совет

Вся **надежда** на Вас
В упрос прошу, да об руку челом [**Просить**]
Входите [**Войдите**]
Вы всегда желанный **гость**
Вы к нам **будете**?
Выкушайте (на здоровье...)
Вы нашу речь послушайте: приневольтесь
    да **покушайте**
Вы оказали бы (любезность, большую
    помощь, услугу...), если бы (сделали
    что-л.) [**Оказать**]
Выпьем за... [**Выпить**]
Выпьем на «ты» (на брудершафт) [**Выпить**]
Выпьем на дорожку (на посошок...) [**Выпить**]
Выручите
Где **лад** да совет, там и горя нет.
Где мир да **лад**, там и Божья благодать
Горько!
Го́сти — люди подневольные [**Гость**]
Гости́, ведь не семеро по лавкам у тебя
    (ведь не соха в поле торчит) [**Гость**]
Грех пополам
Гуляйте (к нам в гости)
Давайте (делать, сделаем что-л.)
Давайте выпьем за... (на...) [**Выпить**]
Дайте **благословение**
Дайте мне (добрый...) **совет**
Дайте прощеньице [**Прощение**]
Дайте ручку поцеловать [**Рука**]
Деньги будут — **заходи**
Для Бога (сделай что-л.) [**Бог**]
Добропожаловать [**Добро пожаловать**]
Добро пожаловать (в..., к...)
Добром прошу [**Просить**]
Дозвольте (сделать что-л.)
Доставьте **удовольствие** (**наслаждение**) нам
    (сделайте что-л.)
Душа мера
Душа меру знает
Если будет такова Ваша **милость**
    (сделать что-л.)
Если бы Вы были так (столь...) добры
    [**Добрый**]
Если Вас не **затруднит** (сделайте что-л.)
Если Вам не затруднительно (сделайте что-л.)
    [**Затруднит**]
Если Вам не **трудно** (сделайте что-л.)
Если Вы не возражаете ... [**Возражать**]
Если **можно** (можете) (сделайте)
Если позволите... [**Позволить**]

Если позволите, дам Вам **совет**...
Если разрешите... [**Разрешить**]
Если я Вас попрошу [**Попросить**]
Ешь (пей), дружки, набивай брюшки
    (по самые ушки, точно камешки)
Ешь, пока хлеб (рот) свеж
Ешьте, пока не почернешь
Ешьте, пейте, хозяйского хлеба не жалейте
Ещё чашечку (рюмочку...)
Ещё по стопке и жмём на кнопки
    [**Ещё чашечку (рюмочку...)**]
Жалуйте к нам [**Жаловать**]
Жду (Вас в гости)
Желаете?
Забега́й (в гости, на огонёк)
Забудем прошлое [**Забыть**]
Завтра **будь** сусло дуть
Заглядывайте (к нам)
Заезжайте (к нам)
Заклинаю Вас (чем, кем-л.)
Замолвите слово
Запросто, без мягких, чем Бог послал
Заскакивай
Заставьте за себя Бога **молить**
Заходите (к нам почаще)
Заходите, гостем будете
Заходи, гостем будешь, бутылка есть —
    хозяином будешь [**Гость**]
Звоните
Звоните, если что
Идите (ступайте) **подобру-поздорову**
Избавьте (меня от...)
Извольте (сделать что-л.) [**Изволить**]
Извольте пожаловать
Имею честь **просить** Вас
Испей маленько, да выпей всё [**Выпить**]
Кланяйся по-новому, а живи по-старому
    [**Кланяться**]
Кланяюсь в ноги [**Кланяться**]
К нашему шалашу (хлебать лапшу)
    [**Шалаш**]
Коли **гость** рано подымается, так ночует
Кто не выпил до дна, тот не пожелал добра
    [**Выпить**]
Кушайте (на здоровье, за угоду...)
Кушайте, гости, не стыдитесь, рушайте гуся,
    не студите
Кушать подано (Кушанье подано) [**Подать**]
Ладно Вам [**Ладный**]
Люби и жалуй [**Любить**]

Просьба. Приглашение. Предложение. Совет

Милости просим (прошу) [**Милость**]
Милости просим, дорогие гости, хлеба-соли откушать [**Милость**]
Милости просим и напередки хлебать редьки [**Милость**]
Милости просим к нам во двор со своим добром [**Милость**]
Милости прошу к нашему грошу со своим пятаком [**Милость**]
Милости прошу к нашему шалашу (хлебать лапшу, я и пирогов накрошу, и откушать попрошу) [**Милость**]
Минуту. Минутку. Минуточку. [**Минута**]
Могу ли я **надеяться** на Вашу (благосклонность...)?
Могу (ли) я **просить (попросить)** Вас (сделать что-л.)? [**Мочь**]
Могу Вам **порекомендовать** (кого-л., что-л.; сделать что-л.)
Могу ли я (Не могу ли я) (Вам, тебе) чем-либо помочь? [**Мочь**]
Можете ли Вы (сделать что-л.)? [**Мочь**]
Можно?
Можно Вас на минутку? [**Минута**]
Можно войти?
Можно Вас **пригласить**
Можно пригласить Н. к телефону?
Можно к Вам?
Можно мне (сделать что-л.)?
Можно, я (сделаю что-л.)?
Мой (Вам, добрый...) **совет**: ...
Молю (Вас)
Молюсь тебе [**Молиться**]
Надеюсь, что Вы не откажете(сь)... [**Не откажите**]
Наперёд накорми, а там уж поспроси
На помин души (выпьем, возьмите) [**Поминать**]
Настоятельно прошу (Вас) [**Просить**]
Настоятельно советую (Вам) [**Советовать**]
Научите (нас глупых) уму-разуму
На **чай** к нам (милости просим)
Не будем об этом
Не будет ли (чего)?
Не будете ли Вы столь добры (сделать что-л.) [**Добрый**]
Не будете ли Вы столь любезны (сделать что-л.) [**Любезный**]
Не будет ли такой Вашей милости... [**Милость**]

Не вели казнить, прикажи говорить [**Не прикажи казнить...**]
Не верь чужим речам, а верь своим очам
Не возражаете (Вы не возражаете)? [**Возражать**]
Не в службу, а в дружбу (сделайте что-л.)
Не всякая вина виновата
Не всякое лыко в строку
Не всякому слуху верь
Не в угоду ли будет Вам (что-л.) [**Угодно**]
Не выдайте
Не губите
Не желаете ли (чаю, закусить...)?
Не забывайте (нас) [**Забыть**]
Нельзя ли (сделать что-л.)?
Не могли бы Вы **оказать** (любезность, помощь, услугу...)? [**Мочь**]
Не могу ли я **попросить** Вас...? [**Мочь**]
Не можете ли Вы (сделать что-л.)? [**Мочь**]
Не надо (нужно) ли Вам чего?
Не найдётся ли (чего-л.)?
Не оставьте (своей милостью)
Не откажите
Не откажите в любезности...
Не откажите в просьбе
Не откажитесь (сделать что-л.) [**Не откажите...**]
Не побрезгуйте (нашим угощением...)
Не погнушайтесь (нашим хлебом-солью)
Не погубите
Не подскажете ли...?
Не пожелаете ли (чего-л.)? [**Пожелать**]
Не поминайте лихом [**Поминать**]
Не прикажете ли (чего)? [**Приказать**]
Не прикажи казнить, прикажи слово молвить
Не прикажите казнить, прикажите миловать
Не согласились бы Вы (сделать что-л.)? [**Согласиться**]
Не согласитесь ли Вы (сделать что-л.)? [**Согласиться**]
Не сочтите за труд (сделать что-л.)
Не тем богат, что есть, а тем богат, чем рад
Нет ли у Вас (чего-л.)?
Не **трудно** ли Вам (сделать что-л.)
Не советую. Не советовал бы. Я бы Вам не советовал (делать что-л.) [**Советовать**]
Не согласитесь ли Вы (сделать что-л.) [**Согласиться**]
Не угодно ли Вам (будет)...? [**Угодно**]
Не в угоду ли...? [**Угодно**]

Просьба. Приглашение. Предложение. Совет

Не уходите
Не уходите, без вас так хорошо
Не хотите ли...? [**Хотеть**]
Не хотитца ли пройтитца? [**Хотеть**]
Не церемоньтесь, пожалуйста [**Церемония**]
Нижайше прошу [**Просить**]
Носи платье, не смётывай, терпи горе, не сказывай [**Терпеть**]
Нужен (Мне нужен) Ваш **совет**
Облегчитесь (сделать что-л.)
Об одном прошу: ... [**Просить**]
Обращаюсь (к Вам) с просьбой [**Просьба**]
Обяжите меня (сделайте что-л.) [**Обязать**]
Один момент
Одна надежда на Вас
Одну минуту (минуточку)
Одну секунду (секундочку)
Одолжайтесь
Окажите внимание
Окажите дружбу
Окажите любезность
Окажите милосердие
Окажите (божескую) **милость**
Окажите снисхождение
Окажите услугу [**Услуга**]
Окажите честь
Опричь хором всем двором
Осмеливаюсь просить (обратиться с просьбой...) [**Просить**]
Осмелюсь побеспокоить (утрудить) Вас просьбою [**Просьба**]
Осчастливьте нас (меня) [**Осчастливить**]
От всей души прошу... [**Просить**]
Отпустите душу на покаяние
От хлеба-соли не отказываются (и царь не отказывается) [**Хлеб да соль**]
Ото щей (**От обеда**) добрые люди не уходят
От чистого сердца прошу... [**Просить**]
Очень прошу (Вас)... [**Просить**]
Очень советую (Вам)... [**Советовать**]
Падаю в ноги (Вам)
Падаю в правую ногу
Падаю к ногам (стопам) (Вашим)
Падаю на колени
Палка о палку нехорошо, а чарка на чарку ничего
Палка на палку нехорошо, а обед на обед нужды нет

Палка на палку плохо, а чай на чай — Якиманская, качай [**Палка на палку нехорошо...**]
Пей до дна!
Пей за столом, да не пей за столбом
Пей, кума, тут, на том свете не дадут
Пей по всей, привечай гостей
Пей чай, наливай шею, как у быка хвост
Пей, чтоб курочки велись, а пирожки не расчинялись
Первая рюмка колом, вторая соколом, а потом мелкими пташечками [**Первый**]
Передайте привет (поклон, наилучшие пожелания... Н.)
Переложите гнев на милость [**Перемените гнев на милость**]
Перемените гнев на милость
Пирог **ешь**, хозяйку тешь, а вина не пить — хозяина не любить
Плюнь (ты на это дело)
Побойтесь Бога!
Повели выслушать
Повергаю просьбу мою к Вашим стопам [**Просьба**]
Подайте милостыню на **бедность** (Христа ради) [**Подать**]
Подайте Христа ради [**Христос**]
Подикась (**Поди-ко-ста. Поди-кося. Поди-коть**)
Подсаживайтесь к нам (с нами)
Подскажите (пожалуйста) [**Подсказать**]
Поехали
Пожалейте Вы меня
Пожалей душу христианскую
Пожало-ста [**Пожалуйста**]
Пожалуйста
Пожалуйте
Пожалуйте (к нам, на...)
Пожалуйте ручку (поцеловать) [**Рука**]
Пожалуйте тем же трактом да и назад
Позволите? (Вы позволите?)
Позвольте (сделать что-л.)
Позвольте Вас **побеспокоить**
Позвольте Вам **предложить**...
Позвольте Вас **пригласить** (в, к, на...)
Позвольте Вас **просить** (попросить, обратиться к Вам с просьбой...)
Позвольте дать Вам (добрый) **совет**
Позвольте мне **надеяться** на...
Позвольте пожать Вашу руку [**Рука**]

Просьба. Приглашение. Предложение. Совет

Позвольте **посоветовать** Вам...
Позвольте предложить Вам руку [**Рука**]
Позвольте Вас **пригласить**
Позвольте вас угостить [**Угощайтесь**]
Позволю себе (дать Вам **совет**, просить Вас, обратиться к Вам с просьбой, предложением...) [**Позволить**]
Позволю себе **смелость** просить
Позолоти ручку
Поизвольте (сделать что-л.) [**Поизволить**]
Покажите нам дорожку
Поклонитесь от меня Н.
Покорнейшая **просьба** (к Вам) [**Покорный**]
Покорно просим со своим хлебом-солью [**Хлеб да соль**] [**Просить**]
Покорно (покорнейше) прошу [**Покорный. Просить**]
Покушайте
Полно (Вам, тебе)
Полноте [**Полно**]
Помилосердуйте [**Помилосердствуйте**]
Помилосердствуйте
Помилуйте
Помните Вашего Н. [**Помнить**]
Помни дни и полдни [**Помнить**]
Помогите (пожалуйста)
Помогите мне советом [**Совет**]
Помянем (душу усопшего) [**Поминать**]
Помяните (Н.) [**Поминать**]
Понеслись
Поплачь, легче станет
Поприсядемте
Попрошу Вас (сделать что-л.) [**Попросить**]
Порадейте
Порадуйте меня (нас) [**Порадовать**]
Порекомендую Вам (кого, что-л.; сделать что-л.) [**Порекомендовать**]
Посидим перед дорогой [**Посидеть**]
Посидите (ещё) [**Посидеть**]
Последняя (моя) **просьба**
Послужи мне
Послушайте(сь) доброго совета [**Совет**]
Пособите (мне, моему горю)
Посоветовал бы (Я бы посоветовал Вам) (сделать что-л.) [**Посоветовать**]
Посоветуйте мне... [**Посоветовать**]
Посоветую Вам (Я Вам посоветую) (сделать что-л.) [**Посоветовать**]
Посодействуйте
Посошок на дорожку

Постарайтесь (Вы уж постарайтесь) [**Постараться**]
Потешьте меня (нас)
Потрудитесь (сделать что-л.)
Потрудитесь выбирать выражения
Потчевать можно, неволить грех
Пощадите (меня)
Предлагаю **выпить** за...
Предлагаю Вам свою руку и сердце [**Рука**]
Прибегаю к Вам за помощью
Прибегаю к Вам с просьбой [**Просьба**]
Пригласите, пожалуйста, (Н.) [**Пригласить**]
Приглашаю Вас (в..., к..., на...) [**Пригласить**]
Приглашаю Вас (сделать что-л.) [**Пригласить**]
Приезжайте к нам (в гости...)
Приемлю **смелость просить** Вас...
Прикажите (что-л.). [**Приказать**]
Прикажите за себя Бога **молить**
Прими Христа ради [**Христос**]
Примите мой (дружеский) **совет**
Припадаю (падаю) к Вашим стопам
Присоединяйтесь к нам
Присаживайтесь (к нам, с нами...)
Присоветуйте
Присядем [**Присядьте**]
Присядем на дорожку [**Присядьте**]
Присядьте
Приходите к нам (в гости...)
Приходи ещё, без тебя лучше
Пройдите
Просил бы (Я просил бы) Вас... [**Просить**]
Просим [**Просить**]
Просим к нам **бывать**
Просим милости [**Просить**]
Просим **милости** откушать зелена вина, отведать хлеба-соли [**Просить**]
Просим к нашему **хлебу-соли** [**Просить**]
Просим нашего хлеба есть [**Хлеб да соль**]
Просим **опричь хором всем двором**
Просим покорно [**Просить**]
Просим прощенья за ваше угощенье, к нашему крещенью, рождества похлебать, масленицы отведать [**Прощение**]
Просим со смирением [**Просить**]
Просим хлеба-соли покушать, лебедя (пирога) порушать [**Хлеб да соль**]
(Адресант) просит (адресата сделать что-л.) [**Просить**]
(Адресант) покорнейше просит (адресата) **почтить** его (своим посещением...)

Просьба. Приглашение. Предложение. Совет

Просю [**Просить**]
Про тебя, про света всё приспето;
   щуки да сиги, **кушай да сиди**
Против сытости не спорим,
   а бесчестья на хозяина не кладите
Проходите [**Пройдите**]
Проходите (садитесь) гостем будете
   [**Пройдите**] [**Гость**]
Проходи, гостем будешь, бутылка есть —
   хозяином будешь [**Гость**]
Проходите, не стесняйтесь [**Пройдите**]
Проходите от порога, не засечена дорога
   [**Пройдите**]
Прошу (Вас) [**Просить**]
Прошу (Вас) (сделать что-л.) [**Просить**]
Прошу Вашего **благословения**
Прошу Вашей руки (руки Вашей
   дочери, сестры...) [**Просить**]
Прошу внимания [**Внимание**]
Прошу доброжаловать [**Добро пожаловать**]
Прошу ко мне (к нам в гости...) [**Просить**]
Прошу к столу [**Просить**]
Прошу любить и жаловать [**Просить**]
Прошу не всех поимённо, а всех поголовно
   [**Просить**]
Прошу не забывать нас [**Забыть**]
Прошу не оставлять меня
   Вашим расположением
   (покровительством...) [**Просить**]
Прошу не отказать [**Не откажите**]
Прошу **оказать честь**
Прошу **откушать** (с нами)
Прошу **пожаловать** (в..., к..., на...)
Прошу **позволения** (сделать что-л.)
Прошу покорно (покорнейше) [**Просить**]
Прошу (покорнейше) **почтить** нас
   своим присутствием (посещением...)
Прошу **почтить** память покойного
   (вставанием, минутой молчания)
Прошу **садиться** [**Просить**]
Прошу **слова** [**Просить**]
Прошу (Вас) честью [**Просить**]
Рад буду видеть Вас у себя
Ради Бога (Христа, всего святого...)
   (сделайте что-л., не делайте чего-л.)
   [**Бог**]
Раздевайтесь, проходите [**Пройдите**]
Разрешите?
Разрешите (сделать что-л.)?
Разрешите войти?

Разрешите дать Вам (добрый) **совет** (посоветовать Вам ...) [**Советовать**]
Разрешите идти?
Разрешите мне **надеяться** на (что-л.)
Разрешите обратиться?
Разрешите побеспокоить Вас...
Разрешите попросить Вас (обратиться
   к Вам с просьбой...) [**Просьба**]
Разрешите предложить Вам...
Разрешите пригласить Вас (в..., к..., на...)
Разрешите вас угостить [**Угощайтесь**]
Разрешите (я сделаю что-л.)?
Располагайтесь (поудобнее...)
Рассчитываю иметь **честь** видеть Вас у себя
Рекомендую Вам (что-л., сделать что-л.)
   [**Рекомендовать**]
Решился **побеспокоить** Вас просьбою
Решился прибегнуть к Вам (к Вашей
   помощи...) [**Прибегаю к Вам**]
Ручку пожалуйте [**Рука**]
Садитесь (пожалуйста)
Садитесь (**ешьте**), дружки, набивайте брюшки
Садитесь с нами (за компанию)
Садись в круг, будешь друг
Садись, гость (гостем) будешь [**Гость**]
Садись да хвастай.
Садитесь, коль не боитесь
Садись рядком, потолкуем ладком
Садиться (сесть) не угодно ли?
С Вашего **дозволения**
С Вашего **позволения**
С Вашего **разрешения**
Сделайте **благодеяние**
Сделайте **дружбу**
Сделайте божескую **милость**
Сделайте **любезность**
Сделайте **милость**
Сделайте (что-л.) на утешение (мне, нам)
   [**Утешить**]
Сделайте **одолжение**
Сделайте **удовольствие**
Сделайте **честь**
Сжальтесь (надо мною, над нами)
Скажите (пожалуйста, на милость,
   ради Бога...) [**Сказать**]
Склоним голову перед светлой
   памятью (кого-л.) [**Память**]
Скушайте (пожалуйста) (ещё)
Смените гнев на милость [**Переменить**]
Смею **надеяться**...

Согласие, положительный ответ на просьбу, предложение, распоряжение

Смею **побеспокоить** Вас просьбою
Смею ли **просить** об одолжении?
Смилосердуйтесь
Смилуйтесь
Снесите от меня **поклон** (**привет**) Н.
Снизойдите (ко мне, на нашу просьбу...)
Соблаговолите (сделать что-л.)
Советовал бы (Я советовал бы) Вам...
    [**Советовать**]
Советую (Я советую) Вам... [**Советовать**]
Соизвольте (сделать что-л.)
Сослужите (мне) службу
С покорной (покорнейшей) просьбой к Вам
    [**Просьба**]
Сходись — бранись, расходись — мирись
    [**Простить**]
Сядем рядком да поговорим ладком
    [**Садиться**]
Только кости на собак покидайте,
    дорогие гости, а опричь того, чтобы
    всё чисто было [**Гость**]
Ты молодец и я молодец: возьмём по коврите
    за конец
Убедительная **просьба** к Вам...
Убедительно прошу Вас... [**Просить**]
Уважьте (меня, мою просьбу...) [**Уважить**]
Угодно (ли Вам) (что-л., сделать что-л.)?
Угощайтесь
Удостойте (меня, нас) (своим вниманием,
    посещением...) [**Удостоить**]
Удостойте (меня, нас) чести (счастья...)
    [**Удостоить**]
Удружите
У меня **милость** к Вам
У меня к Вам (большая, огромная...) **просьба**
У меня хлеб чистый, квас кислый,
    ножик острый, отрежем гладко,
    поедим сладко [**Хлеб да соль**]
Умилосердитесь
Умоляю Вас (Богом, Христом Богом...)
    [**Христос**]
У себя как хочешь, а в гостях как велят
    (пей, ешь...)[**Гость**]
Усиленно рекомендую (что-л., сделать что-л.)
    [**Рекомендовать**]
Утешьте (меня, нас) [**Утешить**]
Хлеба кушать [**Хлеб да соль**]
Хлеб-соль на столе, а руки свое
Ходи миленький почаще, носи
    пряников послаще

Хорошо было бы, если бы Вы (сделали...)
    [**Хороший**]
Хотите добрый **совет**?..
Хочешь быть сыт — садись подле хозяйки,
    хочешь быть пьян — садись (трись) ближе
    к хозяину [**Хотеть**]
Хочу (хотел бы) дать Вам добрый **совет**
Хочу (хотел бы) **просить** (**попросить**) Вас
Хочу (Хотел бы) **пригласить** Вас...
Хочу (Я хочу), чтобы... [**Хотеть**]
Христом Богом прошу (молю, умоляю...)
    [**Христос**]
Христа ради (подайте) [**Христос**]
Чайку покушать, да органчика послушать [**Чай**]
Чашечку чаю (кофе...)? [**Чай**]
Челом бью (Вам)
Чем Бог (Господь) послал (угощайтесь)
Чем богаты, тем и рады [**Рад**]
Чем хата богата, тем и рада [**Рад**]
Через **порог** не здороваются (проходите)
Честь и место (стул и кресло)
Честь да место, а за пивом пошлём
Честь пива лучше
Честью прошу [**Честь**]
Что если бы (Вам, нам) (сделать что-л.)?
Что есть в печи — всё на стол мечи
Что на столе — всё братское (а что в клети,
    то хозяйское)
Что рушано, да не покушано — хозяйке покор
    [**Покушать**]
Что, если я Вас попрошу [**Попросить**]
Что я Вас попрошу [**Попросить**]
Чувствуйте себя как дома (но не забывайте,
    что вы в гостях)
Я Вам в ноги поклонюсь [**Поклониться**]
Я Вам советую (не советую...) [**Советовать**]
Я Вас прошу (**умоляю**...) [**Просить**]
Явите божескую **милость** (одолжение)
Я к Вам за советом [**Совет**]
Я к Вам с (большой...) **просьбой**
Я не видал, как ты ел, покажи [**Ешьте**]
Я попрошу (просил бы) Вас (сделать...)
    [**Попросить. Просить**]

Согласие, положительный ответ на просьбу, предложение, распоряжение

(Адресант) считает за честь воспользоваться
    любезным **приглашением** (адресата)
Без проблем

Согласие, положительный ответ на просьбу, предложение, распоряжение

Благодарю (Вас) [**Благодарить**]
Благословляю Вас [**Благословить**]
Бог с Вами
Будь по-вашему
Будьте без сомнения [**Не сомневайтесь**]
Будьте **благонадёжны**
Будьте в надежде [**Надежда**]
Будьте в спокое [**Спокойный**]
Будьте покойны [**Покойный**]
Будьте спокойны [**Спокойный**]
Будь спок [**Спокойный**]
Будьте уверены [**Уверять**]
Быть по-вашему
Быть по сему
Ваша **власть**
Ваши гости [**Гость**]
Верно (Верно-верно говорите)
Вестимо
Вестимое дело [**Вестимо**]
Во[1] (Во-во)
Воистину (так)
Вот **именно**
Всегда пожалуйста
Всей душой [**Душа**]
В секунт [**Секунда**]
Вы **правы**
Годится
Готов к (Вашим) услугам [**Услуга**]
Готов служить (Вам), чем могу
Готов стараться
Да (Да-да-да)
Давайте
Дай (-то) **Бог**
Добре [**Добро**[2]]
Добро[2]
Должен с Вами **согласиться**
Есть
Есть такое дело
Ещё бы!
Ещё бы нет (не...)
За милую душу [**Милый**]
Знамо
Знамо дело
Золотые слова (Ваши) [**Золотой**]
Идёт[2]
Известно
Известное дело [**Известно**]
Извольте [**Изволить**]
Именно (так)
И не говорите [**Не говорите**]

Истинная **правда** (Ваша) [**Истинный**]
Истинно так [**Истинный**]
Истинное слово [**Истинный**]
И то **правда**
Как изволите [**Изволить**]
Как прикажете [**Приказать**]
Как (Вам) **угодно** (будет)
Как же (-с)
Как не быть (не знать...)
Конечно
Куда ни шло [**Идёт**[2]]
Ладен [**Ладный**]
Ладненько [**Ладный**]
Ладно [**Ладный**]
Ладнушко [**Ладный**]
Ладушки [**Ладный**]
Лады [**Ладный**]
Лёгко ли! [**Лёгкий**]
Любо [**Любый**]
Меня это (совсем...) не затруднит
Можете быть уверены [**Уверять**]
Не возражаю [**Возражать**]
Не говорите
Не могу с Вами не **согласиться**
Не откажусь
Не смею возражать (спорить...)
Не сомневайтесь
Нет проблем
Охотно[2]
Поговорите с папенькой
Пожалуй[2]
Пожалуй что
Пожалуйста
Пожалуйте
Понятно
Понятное дело [**Понятно**]
Постараюсь (Я постараюсь выполнить
  Вашу просьбу...) [**Постараться**]
Почему бы и нет?
Почту долгом (за долг)...
Почту за (величайшее...) **счастье**
Почту за (величайшее...) удовольствие
Почту за (величайшую...) **честь**...
Правда (Ваша)
Праведные Бога молят
Правильно (говорите...) [**Правильный**]
Придётся **согласиться**...
Принимаю Ваше предложение (приглашение)
Ради Бога! (Да ради Бога!) [**Бог**]
Рад служить (помочь) (чем могу)

Разумеется
Разумно [**Разумный**]
Садитесь, коль не боитесь
Само собой (разумеется)
Святые отцы благословляют [**Благословить**]
Сделайте **любезность**
Сделайте **милость**
Сделайте **одолжение**
Сделайте **удовольствие**
Сделайте **честь**
Сделаю всё, что смогу (что в моих силах)
    [**Сделать**]
Сейчас
Секунду (секундочку)
Сей момент
Сердце не камень (так и быть...)
Сею секундой [**Секунда**]
Слов **нет**
Слушаю [**Слушать**]
Слушаюсь [**Слушать**]
Совершенно **верно**
Совершенно правильно [**Правильный**]
Совершенно **справедливо**
Согласен
Со Христом [**Христос**]
Сочту первым долгом [**Долг**]
Сочту за **честь**
Спору **нет**
С (великим, превеликим...) удовольствием
    [**Удовольствие**]
С удовольствием **принимаю** Ваше **приглашение**
Сущая **правда** (Ваша)
Так (Так-так)
Так и быть
Так, так, не перетакивать стать
Так точно
Только ради Вас
Точно (Точно-точно)
Точно так
Хорошо [**Хороший**]
Чай пить не дрова рубить
Чем могу (смогу) — помогу
Что верно, то верно
Что за **вопрос**!
Что и говорить!
Что правда, то правда
Что так, то **так**
Этак (Этак-этак. Эдак. Эдак-эдак)
Это Вы **точно** говорите
Это так

Я думаю
Я — за [**За**^{2}]
Я к Вашим услугам [**Услуга**]
Ясненько [**Ясно**]
Ясно
Ясное дело [**Ясно**]
Я (вполне, полностью...) (с Вами) **согласен**

Несогласие, возражение, отказ

Аминь будь
Барыня не принимает [**Принимать**]
Благодарствую [**Благодарить**]
Благодарю (Вас) [**Благодарить**]
Благодарю (Вас) за честь, но... [**Благодарить**]
Благодарю покорно [**Благодарить**]
Бог подаст (даст) (не прогневайся) [**Подать**]
Бог с Вами (совсем)
Боже **сохрани**! [**Храни Бог**]
Боже **упаси**!
Ваша **власть**, но...
Виноват (это не так...)
Воля Ваша, но...
Всей бы душой, но... [**Душа**]
Вынужден Вам **возразить**
Вынужден Вас огорчить (но это
    невозможно...)
Вынужден Вам отказать
Вынужден с Вами не **согласиться**
Господь с Вами!
Должен Вам **возразить**
Должен с Вами не **согласиться**
Душа мера
Душа меру знает
Здравствуй, молодая!
Здравствуйте пожалуйста!
Избавьте
Извините, но (это не так...) [**Извиниться**]
Извини-подвинься! [**Извиниться**]
Как **сказать**!
Как **можно**!
К несчастью, **не могу**
К сожалению, (ничем **не могу** Вам помочь,
    вынужден Вам отказать...)
Милое (миленькое) дело!
Милосердствуйте
Мне **кажется**, Вы заблуждаетесь (ошибаетесь...)
Мне очень жаль, но... [**Жалею**]
Много (**премного**) благодарен (за честь, но...)
    [**Благодарный**]

Моё **почтение**
Не могу
Не могу с Вами **согласиться**
Не проторьтесь
Не скажите [**Сказать**]
Нет
Нет (уж), извините! [**Извиниться**]
Нет (уж) позвольте
Не тревожьтесь
Не трудитесь
Не хлопочите много об нас
Никак **не** могу
Ничего подобного
Охотно бы, но... [**Охотно**[1]]
Очень жаль (Мне очень жаль), но...
    [**Жалею**]
Очень **мило**! [**Милый**]
Побойтесь Бога!
Позвольте (Но позвольте...) [**Позволить**]
Позвольте Вам **возразить**
Позвольте с Вами не **согласиться**
Позволю себе **возразить** (Вам)
Поздравляю вас соврамши
Покорно (покорнейше) Вас благодарю
    [**Благодарить**]
Полно
Полноте [**Полно**]
Помилосердуйте [**Помилосердствуйте**]
Помилосердствуйте
Помилуйте
Помилуй Бог!
Постою (Постоим, ничего, спасибо)
Почёл бы за **честь**, но...
Пощадите
Привет
Просим не прогневаться, ищите лучше нас
    [**Не прогневайтесь**]
Простите, но... [**Простить**]
Прошу **извинить** (**простить**) но...
Рад был бы, но...
Рад радостью, да (нет, негде...)
Разрешите Вам **возразить**
Разрешите с Вами не **согласиться**
Ради Бога (не надо, не сто́ит) [**Бог**]
Сладок **мёд**, да не по две ложки в рот
Слуга покорный
Совершенно **справедливо**, но...
Сожалею, но...
Сохрани Вас Бог (и помилуй) [**Храни Бог**]
Сочувствую Вам, но (помочь не могу)

Спасибо (не надо, не хочу...)
Стряпка перстами сыта [**Перст**]
С удовольствием бы, но... [**Удовольствие**]
Так-то оно так, но...
Увольте
У меня (на этот счёт) иное **мнение**
Упаси (Вас) Бог
Хозяева и с перстов насытятся [**Перст**]
Хозяйка перстами сыта [**Перст**]
Хорошее (хорошенькое) **дело**! [**Хороший**]
Христос с Вами!
Чай не водка — много не выпьешь
Что Вы, что Вы!
Это не в моих силах (не в моей власти)
Я благодарен Вам (благодарю Вас) за честь,
    но... [**Благодарить**] [**Благодарный**]
Я бы не сказал (этого, так) [**Сказать**]
Я бы разрешил, но... [**Разрешите**]
Я **вынужден** возразить Вам...
Я **вынужден** отказать Вам (отказаться)
Я придерживаюсь иного **мнения**
Я с Вами не **согласен**
Я очень **ценю** Вашу щедрость
    (готовность помочь...), но...

Ответы на возражение, отказ

Была бы **честь** предложена (приложена)
Ваша **власть**
Вольному **воля** (а спасённому рай)
Воля Ваша
Гость хозяину не указчик
Гостю воля, гостю честь [**Гость**]
Дело ваше
Жаль[1] [**Жалею**]
За постой деньги платят, а посиделки даром
За спасибо чина не прибавляют [**Спасибо**]
Как знаете
Как изволите [**Изволить**]
Как прикажете [**Приказать**]
Как (Вам) угодно
На нет и суда нет
С горы видней

5. Благодарность

Благодарен (Я благодарен Вам за...)
    [**Благодарный**]
Благодарение (моё Вам) (за...)
Благодарим (Вас) (за) [**Благодарить**]

(Адресант) благодарит (адресата) за...
[**Благодарить**]
Благодарность Вам (за...)
Благодарный Вам (подпись адресанта)
Благодарные мы [**Благодарный**]
Благодарствуем [**Благодарить**]
Благодарствуйте [**Благодарить**]
Благодарствую [**Благодарить**]
Благодарю (Вас за...) [**Благодарить**]
Благодарю за внимание [**Благодарить**]
Благодарю Вас за всё, что Вы для меня
  сделали [**Благодарить**]
Благодарю (Вас) за комплимент [**Благодарить**]
Благодарю за службу [**Благодарить**]
Благодарю (Вас) за угощение [**Благодарить**]
Благодарю (Вас) на добром слове
  [**Благодарить**]
Благодарю на угощении [**Благодарить**]
Благодарю, не ожидал [**Благодарить**]
Благо дающим
Благослови (Вас) Бог (Господь...)
  [**Благословить**]
Бога буду **молить** за Вас [**Бог**]
Бог воздаст Вам (за Вашу доброту...)
Бог заплатит Вам (за Вашу милость...)
Бог Вас наградит (вознаградит) (за...)
  [**Награди Вас Бог**]
Бог не оставит Вас (за...)
Бог Вас спасёт (за...) [**Спаси**]
Большое (огромное...) (Вам) **спасибо** (за...)
Буду (Я буду) Вам **очень** (чрезвычайно...)
  благодарен (за..., если...) [**Благодарный**]
Буду (Я буду) Вам очень (чрезвычайно...)
  признателен (за..., если...)
Был бы (Я был бы) Вам очень
  (чрезвычайно...) благодарен (за..., если...)
  [**Благодарный**]
Был бы (Я был бы) Вам очень
  (чрезвычайно...) **признателен** (за..., если...)
В долгу (Я в долгу) не останусь [**Долг**]
Век (всю жизнь...) буду Вас **благодарить**
Век буду Бога **молить** (Богу **молиться**) за Вас
Век не забуду (Вас, Ваше благодеяние...)
  [**Забыть**]
Великое **спасибо**
Весьма (и весьма) благодарен (**польщён,
  тронут...**) [**Благодарный**]
Вовек не забуду [**Забыть**]
Во всём благодарен [**Благодарный**]
Всё было очень хорошо (вкусно, мило...)

Вы делаете мне **честь** (много чести)
Вы не представляете (представить себе
  не можете), как я Вам благодарен (за...)
  [**Благодарный**]
Вы так великодушны [**Великодушный**]
Вы **великодушный** человек
Вы меня очень выручили [**Выручить**]
Вы оказали мне большую услугу [**Услуга**]
Вы очень (так) внимательны [**Внимательный**]
Вы очень (так) любезны [**Любезный**]
Выражаю Вам (свою безграничную,
  огромную...) **благодарность** (за...)
Выражаю Вам (свою глубокую...)
  признательность (за...)
Вы сама **доброта**
Господь Вас наградит (за...) [**Награди Вас Бог**]
Господь Вас не оставит (за...)
Готов (Я готов) **молиться** на Вас
Гран **мерси**
Да воздаст Вам **Бог** (Господь) за...
Дай Бог Вам здоровья [**Здоровье**]
Дай пожму твою руку [**Рука**]
Дайте я Вас поцелую (расцелую) (за...)
  [**Поцеловать. Расцеловать**]
Детям (и внукам) закажу (накажу) Бога **молить**
  за Вас (**благодарить** Вас)
До гроба (гробовой доски) буду помнить
  (не забуду...) Вас [**Гроб**]
Дозвольте Вас поблагодарить (за...)
Должен (Я должен) **поблагодарить** Вас (за...)
Должен (Я должен) выразить Вам свою
  (безграничную...) **благодарность** (за...)
Должен (Я должен) (хоть как-то...)
  отблагодарить Вас (за...)
Душевно Вам **благодарен** (**признателен**)
  [**Душевный**]
Если бы Вы знали, как я Вам
  благодарен (признателен) (за...)
Если бы Вы знали, какую услугу мне оказали
  [**Услуга**]
Жить (быть) тебе семь веков на людских
  памятях (на людской памяти)
Заранее Вас благодарю [**Благодарить**]
Заранее Вам благодарен [**Благодарный**]
Заранее Вам **спасибо**
За хлеб, за соль, за щи с квасом, за лапшу,
  за кашу, за милость Вашу [**Хлеб да соль**]
За хлеб, за́ соль, за́ щи — спляшем,
  а за винцо — песенку споём [**Хлеб да соль**]
И на том благодарю (**спасибо**) [**Благодарить**]

Благодарность

Исполать (Вам, тебе)
Как Вы великодушны [**Великодушный**]
Как Вы добры [**Добрый**]
Как мне Вас **благодарить**
Как мне Вас **отблагодарить**
Как я Вам благодарен [**Благодарный**]
Как я Вам признателен [**Признательный**]
Кланяюсь (Вам) в ноги (в ножки) (за...)
    [**Кланяться**]
Крайне Вам благодарен [**Благодарный**]
Крайне Вам обязан [**Обязать**]
Крайне Вам **признателен**
Мерси
Мерси боку́
Мир не без добрых людей [**Добрый**]
Мне остаётся (осталось) только поблагодарить
    Вас (за...)
Много благодарен Вам (за...) [**Благодарный**]
Много благодарны Вам (Вами) (за...)
    [**Благодарный**]
Много благодарю Вас (за...) [**Благодарить**]
Много довольны (Вами) [**Довольный**]
Много чести (мне, нам) [**Честь**]
Могу только **благодарить**
Награди Вас Бог (Господь)
На добром слове кому не **спасибо**
На мыльце-белильце, на шелковом веничке,
    малиновом паре [**Пар**]
На пару́, на бане, на веничках [**Пар**]
Напоил, накормил и спать уложил
Напрасно беспокоились [**Беспокоиться**]
На угощенье
На хлебе, на соли да на добром слове
    [**Хлеб да соль**]
Не беспокойтесь [**Беспокоиться**]
Не дорог подарок, дорого внимание
    (дорога Ваша любовь)
Не забуду (Вашей доброты...) [**Забыть**]
Не знаю, как мне Вас **благодарить**
Не знаю, как (чем) мне Вас **возблагодарить**
Не знаю, как (чем) мне Вас **отблагодарить**
Не знаю, что бы я без Вас делал!
Не извольте беспокоиться [**Изволить**]
Не имею (Я не имею) слов для изъяснения
    (выражения, изъявления) благодарности
Не могу выразить (передать...), как я Вам
    благодарен [**Благодарный**]
Не представляю, что бы я без Вас делал!
    [**Не знаю, что бы я без Вас делал**]
Не стоит **беспокоиться**

Не стоит **беспокойства**
Нет слов **благодарить** Вас
Нет слов, чтобы выразить Вам
    свою (глубокую...) **благодарность**
Не хватает (У меня не хватает) слов,
    чтобы **возблагодарить** Вас
Не хлопочите (много об нас)
Нижайше благодарим (Вас) [**Благодарить**]
Обнимаю Вас за (письмо...) [**Обнять**]
Объявляю (Вам) **благодарность** (за...)
Огромное (преогромное...) (Вам) спасибо
Остаётся (Мне остаётся) только отблагодарить
    (поблагодарить) Вас (за...)
Осчастливили Вы нас [**Осчастливить**]
От всей души благодарю Вас (за...)
    [**Благодарить**] [**Душа**]
От всего сердца благодарю Вас (за...)
    [**Благодарить**] [**Сердце**]
Очень Вам благодарен [**Благодарный**]
Очень (оченно) довольны Вами (на...)
    [**Довольный**]
Поблагодарите за меня Н. [**Поблагодарить**]
По гроб жизни (дней) благодарен Вам
    [**Благодарный**]
По гроб жизни обязан Вам [**Обязать**]
Подай Вам Господи [**Подать**]
Позвольте **благодарить** Вас
Позвольте выразить Вам (мою, свою)
    благодарность
Позвольте **отблагодарить** Вас
Позвольте **поблагодарить** Вас
Позвольте принести (высказать...) Вам слова
    глубокой (сердечной...) благодарности
    [**Благодарность**]
Позвольте сказать Вам сердечное **спасибо**
Поклон Вам (земной, низкий...) за...
Покорно (покорнейше) Вас благодарю
    [**Благодарить**]
Пользуюсь случаем поблагодарить Вас...
Почту сие за **благодеяние**
Почту себя очень обязанным[**Обязать**]
Пошли Вам Бог (Господь...) (здоровья)
Премерси
Премного Вам благодарен [**Благодарный**]
Премного Вам обязан [**Обязать**]
Премного Вами довольны [**Довольный**]
Признателен весьма (Я Вам весьма
    признателен)
Признательный Вам (подпись адресанта)
Примите (моё, наше...) **благодарение**

Благодарность

Примите (мою, нашу глубокую...) **благодарность**
Примите (мою, нашу глубокую...) **признательность**
Примите (моё, наше сердечное...) **спасибо**
Приношу Вам (свою, глубокую, чувствительную...) **благодарность** (своё **спасибо**)
Приношу Вам слова (глубокой...) благодарности [**Благодарность**]
Продли Бог веку на сорок сороков
Просим прощенья, благодарим за угощенье [**Прощение**] [**Благодарить**]
Пусть в день страшный вся **милость** (милостыня), тобою сотворённая, соберётся в чашу твою
Разрешите Вас **поблагодарить**
Разрешите высказать Вам слова глубокой (сердечной...) благодарности [**Благодарность**]
Разрешите высказать Вам слова глубокой (сердечной...) **признательности**
С благодарностью... [**Благодарность**]
Свет не без добрых людей [**Добрый**]
Сенкью
Сердечно благодарю Вас (за...) [**Благодарить**]
Сердечная **благодарность** Вам (за...)
Спасибо (Вам, за...)
Спасибо всем богам, а кухарку вверх ногам
Спасибо за внимание
Спасибо за гостеприимство
Спасибо за добрые пожелания
Спасибо за компанию
Спасибо за письмо
Спасибо за совет
Спасибо за угощение
Спасибо за хлеб-соль (за кашу, за милость Вашу)
Спасибо за чай-сахар
Спасибо и за это (на этом)
Спасибо на (угощении...)
Спасибо на Аминь, на Иисусовой молитве
Спасибо на добром слове
Спасибо на пару, на бане
Спасибо на хлебе, на соли да на добром слове
Спасибо, что (пришли, не забываете...)
Спасибо, что выручили (меня) [**Выручить**]
Спасибо, что позвонили
Спасибо этому дому (пойдём к другому)
Спасибочка [**Спасибо**]
Спасибочки [**Спасибо**]
Спасибочко [**Спасибо**]
Спаси Бог (Господь, Христос...)
С признательностью... [**Признательность**]
Считаю долгом выразить Вам свою благодарность (**признательность**, за...) [**Долг**]
Считаю долгом (хоть как-то) Вас отблагодарить [**Долг**]
С чувством (глубокой, сердечной...) благодарности [**Благодарность**]
Тронут (очень, чувствительно, глубоко...)
Тысяча благодарностей! [**Благодарность**]
Уважили! (Вот уважили, так уважили!) [**Уважить**]
Удружили! (Вот удружили, так удружили!) [**Удружить**]
У меня **нет** (не хватает) слов, чтобы выразить Вам свою **благодарность** (**признательность**)
Хочу (хотел бы, хотелось бы) засвидетельствовать Вам свою (глубокую...) **благодарность** (**признательность**) [**Свидетельствовать**]
Хочу (хотел бы, хотелось бы) горячо (сердечно...) Вас **поблагодарить** (за...)
Хочу (хотел бы, хотелось бы) хоть как-то Вас **отблагодарить**
Хочу (хотел бы, хотелось бы) высказать Вам слова сердечной (глубокой...) благодарности [**Благодарность**]
Хочу (хотел бы, хотелось бы) высказать Вам слова сердечной (глубокой...) признательности [**Признательность**]
Хочу сказать Вам (сердечное...) **спасибо**
Царь Небесный заплатит Вам за Вашу доброту
Ценю (Я очень ценю) Вашу щедрость (готовность помочь...)
Челом бью за Ваше неоставленье
Челом бью на хлебе-соли
Чем мне Вас **отблагодарить**!
Чрезвычайно Вам благодарен [**Благодарный**]
Чрезвычайно Вам обязан [**Обязать**]
Чрезвычайно Вам **признателен**
Чувствительно (чувствительнейше) Вам благодарен [**Благодарный**]
Чувствительно (чувствительнейше) Вас благодарю [**Благодарить**]
Это весьма (очень...) любезно с Вашей стороны [**Любезный**]

Я в большом (неоплатном...) долгу
    перед Вами [**Долг**]
Я Вам очень (сердечно, так...) благодарен
    [**Благодарный**]
Я Вам очень (так...) **обязан** [**Обязать**]
Я Вам в ноги **поклонюсь** [**Поклониться**]
Я Вам очень (сердечно, так...) **признателен**
Я в долгу не останусь [**Долг**]
Я Ваш (вечный) **должник**
Я готов **молиться** на Вас
Я готов Вас **расцеловать** за...

Ответы на благодарность

Богу Иисусу [**Бог**]
Большое **пожалуйста**
Взяток не берём, а благодарности принимаем
    [**Благодарность**]
Во **здравие**
Во славу Божию
Всегда **пожалуйста**
Всей душой [**Душа**]
Ерунда
И Вам спасибо
И Вас благодарю
Извините, что мало едите [**Извиниться**]
Из спасиба шубу не сошьёшь [**Спасибо**]
Какие могут быть благодарности!
    [**Благодарность**]
Какие **пустяки**!
Кушайте на здоровье
Кушай с булочкой
На (доброе) **здоровье** (кушайте, носите...)
Не гостям хозяина, а хозяину гостей
    благодарить надо
Не за что (благодарить)
Не на чем
Не стóит (благодарности)
Ну что Вы!
Пожалуйста
Полно (тебе, Вам)
Полноте [**Полно**]
Помилуйте!
Пустяки
Ради Бога [**Бог**]
Рад стараться [**Рад**]
Свои люди — сочтёмся
Служу Отечеству [**Служить**]
Служу Советскому Союзу [**Служить**]
Служу трудовому народу [**Служить**]

Спасибо в карман не положишь
Спасибо в рюмку не нальёшь
Спасибо домой не унесёшь
Спасибо много, а (100) рублей хватит
Спасибо на хлеб не намажешь
Спасибом не отбудешь, век работать будешь
    [**Спасибо**]
Спасибом сыт не будешь [**Спасибо**]
Спасибо тому, кто кормит и поит, а вдвое тому,
    кто хлеб-соль помнит
Что Вы!
Что за благодарности! [**Благодарность**]
Что там... (Чего там...)
Это Вам **спасибо**
Это мой (служебный, гражданский...) **долг**
Это я должен Вас **благодарить**

6. Извинение

Бес (меня) **попутал**
Благоволите извинить (меня)
Богу **виноват**
Будьте великодушны [**Великодушный**]
Великодушно извините (простите)
    [**Великодушный**]
Виноват
Виноват, исправлюсь
Виноват, ошибка вышла
Виноват так виноват
Винюсь
Враг (меня) **попутал**
Вы (ты) уж меня прости/те [**Простить**]
Выражаю своё глубокое (искреннее...)
    сожаление...
Господи, прости (меня грешного,
    мою душу грешную) [**Господь**]
Гость дорогой, да день середной
Готов (Я готов) **извиниться** перед Вами (за...,
    если...)
Готов (Я готов) на коленях просить у Вас
    прощения
Готов (Я готов) принести Вам свои извинения
    [**Извинение**]
Грех попутал (меня)
Грешен (**каюсь**) [**Грешный**]
Грешник [**Грешный**]
Грешница [**Грешный**]
Грешным делом [**Грешный**]
Грешный человек (я) [**Грешный**]
Дайте (мне Вашу) руку [**Рука**]

Извинение

Должен (Я должен) **извиниться** перед Вами
Должен (Я должен) **повиниться** перед Вами
Должен (Я должен) попросить у Вас **извинения** (**прощения**) (за...)
Должен (Я должен) принести Вам свои извинения [**Извинение**]
Есть (был) **грех**
Извините (меня) [**Извиниться**]
Извините (меня) великодушно [**Извиниться**]
Извините (меня), если (виноват, обидел, что не так...) [**Извиниться**]
Извините (меня), если можете [**Извиниться**]
Извините за выражение [**Извиниться**]
Извините за любопытство [**Извиниться**]
Извините за нескромный вопрос [**Извиниться**]
Извините за откровенность (прямоту) [**Извиниться**]
Извините (меня) за то, что... [**Извиниться**]
Извините мою смелость [**Извиниться**]
Извините ради Бога (Христа) [**Извиниться**]
Извините, что (задержал, заставил себя ждать...) [**Извиниться**]
Извиняйте [**Извиниться**]
Извиняюсь [**Извиниться**]
Как мне **извиниться** перед Вами!
Какое **беспокойство** я Вам доставил!
Каюсь (виноват, грешен...)
Конь о четырёх ногах и тот (и то) спотыкается
Кругом **виноват**
Кто мал не бывал, кто пелёнок не марал!
Лукавый попутал
Мил **гость**, да велик пост
Миль **пардон**
Мой **грех**
Мне (очень) **неловко** (за..., что...)
Мне (очень) **неудобно** (за..., что...)
Мне остаётся только выразить своё глубокое (искреннее...) **сожаление...**
Мне (очень) **совестно** (за..., что...)
Мне (очень) стыдно (за..., что...) [**Стыд**]
Молодой, исправлюсь
Надеюсь, что Вы извините меня [**Надеяться**]
Не бессудьте
Не буду больше (Я больше не буду)
Не будьте в претензии
Не взыщите
Не вмените во грех
Не во **гнев** будет (будь) сказано
Не во **гнев** сказать

Не во **гнев** твоей милости, не в зазор твоей чести
Не в обиду будь сказано [**Обида**]
Не в обиду сказать [**Обида**]
Не всякое лыко в строку
Не держите зла на меня
Не досадуйте (на меня)
Не извините [**Извиниться**]
Не извольте гневаться [**Изволить**]
Неловко получилось...
Не обессудьте
Не обижайтесь (на меня)
Не осудите
Не осуди в лаптях, сапоги в сенях
Не повещуйте (на нас, на хлеб-соль...)
Не погневайтесь
Не погневитесь [**Не погневайтесь**]
Не помните зла на мне
Не пообессудьте
Не посерчайте
Не посетуйте
Не поскорби
Не прогневайтесь
Не сердитесь (на меня)
Не судите меня (нас) (слишком строго)
Не тем богат, что есть, а тем богат, чем **рад**
Неудобно (получилось)
Нечистый **попутал**
Обеспокоил я Вас [**Обеспокоить**]
Отпустите (мне) вину (грех...)
Пардон
Пардоньте [**Пардон**]
Позвольте попросить у Вас **прощения**
Позвольте принести Вам мои извинения [**Извинение**]
Покройте нашу глупость своею лаской-милостью
Признаю свою **вину** (свой **грех**...)
Признаюсь, **виноват**
Примите мои (глубокие, искренние...) **извинения**
Примите мои оправдания [**Принять**]
Приношу вину свою [**Вина**]
Приношу Вам мои (свои, искренние...) извинения [**Извинение**]
Приношу свою **повинную** голову
(Адресант) приносит (адресату) свои глубокие (искренние...) извинения [**Извинение**]

(Адресант) просит (адресата) принять его глубокие (искренние...) извинения [Извинение]
Просим не прогневаться [Не прогневайтесь]
Просим не прогневаться, ищите лучше нас [Не прогневайтесь]
Просим прощения [Прощение]
Просим прощенья, благодарим за угощенье [Прощение] [Благодарить]
Простите (меня) [Простить]
Простите (меня) великодушно [Простить]
Прости (меня), Господи [Простить]
Простите (меня), если (виноват, обидел, что не так...) [Простить]
Простите (меня), если можете [Простить]
Простите за выражение [Простить]
Простите за нескромный вопрос [Простить]
Простите за откровенность (прямоту) [Простить]
Простите (меня) за то, что... [Простить]
Простите на глупости, не судите на простоте [Простить]
Простите ради Бога (Христа) [Простить]
Простите, что (задержал, заставил себя ждать...) [Простить]
Прошу извинения (за..., что...) [Извинение]
Прошу извинить (меня) (за...) [Извиниться]
Прошу не прогневаться [Не прогневайтесь]
Прошу (Вас) не сердиться на меня [Не сердитесь]
Прошу пардона (пардону) [Пардон]
Прошу Вас о снисходительном извинении (в том, что...) [Извинение]
Прошу (Вас) принять мои (глубокие, искренние...) извинения [Извинение]
Прошу (Вас) простить меня (за..., если...)
Прошу прощения (у Вас, за...) [Прощение]
Прошу (Вашего) снисхождения
Прощенья просим (ежели что...) [Прощение]
Разрешите попросить у Вас прощения [Прощение]
Разрешите принести Вам свои (искренние...) извинения [Извинение]
Сожалею (Я весьма сожалею) (о..., что...)
Считаю своим долгом извиниться перед Вами (за...)
Тысяча извинений [Извинение]
Тысячу раз прошу прощения [Прощение]
Хочу (Я хочу, хотел бы) извиниться перед Вами (за...)
Хочу (Я хочу, хотел бы) повиниться перед Вами (за...)
Хочу (Я хочу, хотел бы) принести Вам свои извинения [Извинение]
Христа ради простите [Простить]
Это больше не повторится
Я больше не буду [Не буду больше]
Я виноват (чувствую себя виноватым) перед Вами
Я винюсь перед Вами (за...)
Я к Вам с повинною (головой) (пришёл...)
Я глубоко (искренне...) сожалею (о..., что...)
Я не хотел (Вас обидеть...) [Хотеть]

Ответы на извинение

Бог простит [Простить]
Бог простит, а я тебя прощаю [Простить]
Бог простит, меня простите Христа ради [Простить]
Бог простит, только вперёд не каверзи [Простить]
Бог Вам судья
Бог Вас суди
Бывает
Была вина, да вся прощена
Виноват да повинен Богу не противен [Повинный]
Вот Вам моя рука
В тесноте, да не в обиде
Всё (в жизни) бывает
Всё (уже) забыто [Забыть]
Всё нормально
Всё пустяки в сравнении с вечностью
Всё это мелочи
Всякое (в жизни) бывает
Где пировать, тут и пиво наливать (проливать) [Где пьют, там и льют]
Где пьётся, там и льётся [Где пьют, там и льют]
Где потеснее, там и дружнее [В тесноте, да не в обиде]
Где тесно, там и место
Где пьют, там и льют
Господь простит [Простить]
Господь Вам судья
Господь Вас суди
Ерунда (какая)!
Ерунда (Пустяки) по сравнению с мировой революцией
И Вы меня простите (извините)

Из твоей вины (мне) не шубу шить [**Вина**]
Какая **ерунда**!
Какие **мелочи**!
Какие **пустяки**!
Конь о четырёх ногах и то (тот) спотыкается
Кто мал не бывал, кто пелёнок не марал!
Кто повинился, того суди Бог [**Повиниться**]
Кто старое помянет, тому глаз вон
Кто старое помянет, того чёрт на расправу потянет [**Кто старое помянет, тому глаз вон**]
Ладно (уж, чего там...) [**Ладный**]
На первый раз прощаю (на второй не обещаю) [**Простить**]
На этот раз прощаю [**Простить**]
Не беспокойтесь [**Беспокоиться**]
Не дом хозяина красит, а хозяин дом
Не за что (извиняться)
Незваный, да **желанный**
Не сто́ит **беспокоиться**
Не сто́ит **беспокойства**
Не сто́ит **извинений** [**Извинение**]
Не стоит извиняться [**Извиниться**]
Нет проблем
Ничего
Ничего, бывает
Ничего, помилуйте
Ничего страшного
(Ну) ладно, чего там (понимаю...) [**Ладный**]
(Ну) хорошо [**Хороший**]
Ну **что Вы**! [**Ну**¹]
Повинную голову и меч не сечёт
Пожалуйста
Помилуйте!
Принимаю Ваши извинения
Прощаю (Я прощаю) Вас [**Простить**]
Пусть Бог тебя простит, как я тебя прощаю [**Простить**]
Пустяки
Пустяки, дело житейское
Пустяки в сравнении с вечностью
Пустяки (Ерунда) по сравнению с мировой революцией
Ради Бога (не беспокойтесь) [**Бог**]
С кем не **бывает**?
Со всяким **бывает**
Так и быть (на этот раз прощаю) [**Простить**]
Тебя простишь, а ты опять напакостишь [**Простить**]
Чаем на Руси ещё никто не подавился [**Чай**]

Что было, то быльём поросло
Что было, то прошло (и быльём поросло) [**Что было, то быльём поросло**]
Чтобы это было в последний раз
Что нам званые, были бы желанные (жданные)! [**Желанный**]
Это **бывает**
Это Вы меня **извините** (**простите**)
Это (такая) **ерунда**
Это **мелочь** (Это такие мелочи)
Это (такие) **пустяки**
Это я **виноват** (перед Вами...)
Это я должен (это мне нужно) просить прощения [**Прощение**]
Я на Вас зла не держу [**Не держите зла**]
Я уже (и) забыл об этом [**Забыть**]

7. Пожелания, поздравления

Аминь под бок
Ангел встречу (навстречу)
Ангел за трапезу
Ангел-хранитель в путь
Ангел-хранитель над тобой
Ангелу-хранителю злат венец, а имениннику **многая лета**
Беленько (Вам) [**Бело**]
Бело (Вам)
Бело в корыто
Бело колотить
Бело мыть да стирать
Бело на воде
Бело намывать
Бело на платье
Бело полоскать
Белы лебеди лететь (летят) [**Лебедь**]
Берегите себя
Благоволите принять **почтительное** поздравление (с...)
Благополучного путешествия (возвращения...)
Благословение (моё Вам, Н.)
Благослови Вас Бог (Господь...) [**Благословить**]
Благословляю Вас (на что-л.) [**Благословить**]
Бог в помощь
Бог навстречу
Бог на дорогу, Никола в путь
Бог на́ поль
Бог на помощь (помочь) (с силой)
Бог на привале

Пожелания, поздравления

Бог по дороге, а чёрт стороной
Бог на (по) пути
Бог простит (легко) [**Простить**]
Бог (**Господь**, **Христос**) с Вами
Богатого улова [**Богатый**]
Боже упаси Вас от...
Божья помочь
Болезнь в подполье, а Вам **здоровье**
Болести в землю, могута в тело, а душа заново к Богу [**Болезнь**]
Большой вам любви и маленьких деток
Брёвничком за брёвничко, дай вам Бог домичка
Будем! (Ну, будем!)
Будем живы (-здоровы) [**Живой**]
Будем здоровы [**Здоров**[1]]
Будь! (Ну, будь!)
Будьте благополучны [**Благополучный**]
Будьте благословенны [**Благословенный**]
Будьте здоровы [**Здоров**[1]]
Будьте здоровы, живите богато [**Здоров**[1]]
Будьте здоровы, живите богато, насколько позволит ваша зарплата [**Здоров**[1]]
Будь здоров, Иван Петров [**Здоров**[1]]
Будь здорова, как вода, богата (плодовита), как земля [**Здоров**[1]]
Будь здоров на сто годов (а что жил, то не в зачёт пошло) [**Здоров**[1]]
Будь здоров, не кашляй [**Здоров**[1]]
Будь здоров, расти большой (не будь лапшой) [**Здоров**[1]]
Будьте счастливы [**Счастливый**]
Будьте хранимы Богом (небом...) [**Храни Вас Бог**]
Буераком путь
Бывайте живы (здоровы) [**Живой**]
Вал в подоенку
Ваше здоровье
Вашим пожиткам **дай Бог** нажитки (прибытки)
В Божью **славу**, в тук да в сало, в буйну голову; вам испить, а мне челом ударить
В день (славного юбилея...) примите наши **поздравления**
В добрый путь
В добрый час
В добрый час архангельский (благовещенский)
В долгий век и в добрый час
Ведром тебе
Весёлый час

Ветра в паруса [**Ветер**]
Вечная **память**
Вечная **слава**
Вечный **покой**
Во всём благое **поспешенье**
Вода б книзу, а сам бы ты кверху
Во здравие
Возом (возами) возить (носом носить)
Возами бы вам не вывозить да мешками не выносить [**Возом возить**]
Возом не свозить, носом не сносить [**Возом возить**]
В святой **час** (да в архангельский)
Всего хорошего (доброго, наилучшего...)
Всем бы денежкам Вашим покатом со двора, а на их место **сто** на сто [**Деньги**]
Всем гостям по сту лет, а хозяину двести, да всем бы вместе [**Сто**]
Всем крещёным яму [**Крещёный**]
Всех благ [**Благо**]
Всякого блага [**Благо**]
Вши в голову
Выздоравливайте
Выпьем за... [**Выпить**]
Гвоздь в шину
Гладкой (Гладенькой) **дорожки**
Горячо **поздравляю** (Вас с...)
Господь тебе встречу
Господь с Вами (да пребудет)
Господь с тобой и ангелы в изголовье
Господь Вас храни (сохрани)
Гуляньe Вам
Да благословит Вас Бог (Господь, Всевышний...) [**Благословить**]
Да будет... [**Будет**]
Да будет благословен... [**Благословенный**]
Да будет мир с тобою (с вами)
Да будет (пребудет) над Вами святое (Божье) **благословение**
Давай Бог (Боже) [**Дай Бог**]
Да здравствует (кто-л.) [**Здравствовать**]
Дай Бог (Боже, Господь...) Вам...
Дай Бог в добрый час
Дай Бог в честь да в радость (в лад да сладость)
Дай Бог вам деток, что колосьев, да денег (богатства), что волосьев
Дай Бог добрый путь [**Добрый**]
Дай Бог вам жизни под венцом да с одним концом [**Жизнь**]

Дай Бог (Вам, тебе) прожить **сто** лет
Дай Бог долго **жить**, здраву быть
Дай Бог вам **жить** да богатеть,
  спереди горбатеть
Дай Бог (Вам) здоровья [**Здоровье**]
Дай Бог (Вам) здоровья и генеральский
  (капральский) чин
Дай Бог (вам) из колоска осьмину, из единого
  зёрнышка каравай
Дай Бог (Вам) из (каждой) копейки **сто** рублёв
Дай Бог износить (обнову) да лучше нажить
  (купить)
Дай Бог (Вам) **многая (многие) лета**
Дай Бог нажить не прожить (наживать
  не проживать)
Дай Бог нашему дитяти на ножки стати,
  дедушку величати, отца с матерью
  почитати, расти да умнеть, ума-разума
  доспеть
Дай Бог нашему теляти волка поймати
Дай Бог не последнюю
Дай Бог носить не переносить, возить
  не перевозить
Дай Бог (вам) под злат венец стать
  и закон Божий принять
Дай Бог поздравствовать Вам ещё много лет
Дай Бог самому жить, а дому гнить
Дай Бог с нами пожить да хлеб-соль поводить
  [**Хлеб да соль**]
Дай Бог (вам) **совет да любовь**
Дай Бог (Господи) тебе с нашей руки
  куль муки
Дай Бог счастливо день дневать
  и ночь ночевать [**Счастливый**]
Дай Бог (Вам) удачи [**Удача**]
Дай Бог **царство небесное**
Дай Бог (Боже) **царство небесное**, в земли
  упокой, **пресветлый рай** всем
Дай Бог час
Дай Бог, чтоб земля на нём (ней) лёгким
  пухом лежала [**Земля пухом**]
Дай Бог, чтоб пилось да елось, а служба на ум
  не шла
Дай Бог (вам) этим кусочком в Христов день
  разговеться
Дай Бог этому не быть, другое нажить
Дай Боже, чтоб всё было гоже [**Дай Бог**]
Дай вам Господи **возами возить**, а дома
  костром класть! [**Во́зом (воза́ми) возить!**]
Дай/те (мне Вашу) руку [**Рука**]

Дай пожму твою (мужественную, честную...)
  руку [**Рука**]
Дай пять (руку, кардан, краба...)
Да пошлёт Вам Бог... [**Пошли Бог**]
Даст Бог — **свидимся**
Да хранит (сохранит) Вас Бог (Господь...)
  [**Храни Бог**]
День плакать, а век **радоваться**
Деревня горит
Держи пять (руку, краба...)
Добро кверху, а худо ко дну [**Добро**[1]]
Доброго (Вам) здоровья (здоровьечка...)
  [**Здоровье**]
Доброй ночи [**Добрый**]
Доброй ухватки [**Добрый**]
Добром — так вспомни, а злом, так полно
  [**Добро**[2]]
Доброму добро, а худому пополам
  ребро [**Добро**[1]]
Добру расти, а худу по норам ползти [**Добро**[1]]
Добрый путь (Доброго пути)
Добрый час (Добрым часом)
Долгих лет жизни (Вам) [**Долгий**]
Дозвольте пожелать Вам (поздравить Вас...)
Душевно поздравляю [**Поздравить**]
Желаю (Вам)... [**Желать**]
Желаю благоденствия [**Благоденствие**]
Желаю благополучия [**Благополучие**]
Желаю благополучного (путешествия,
  возвращения...) [**Благополучный**]
Желаю вам деток, как на дереве веток
  [**Желать**]
Желаю Вам того, чего Вы сами желаете
  [**Желать**]
Желаю долгих лет жизни [**Долгий**]
Желаю (доброго, крепкого...) здоровья
  [**Здоровье**]
Желаю Вам здравия и спасения, во всём
  благое **поспешенье**, на врага же победу
  и одоление
Желаю вам столько мордашек, сколько в поле
  ромашек [**Желать**]
Желаю **здравствовать** (Вам многие годы)
Желаю лёгкого пара (без угара) [**Пар**]
Желаю вам мира и спокойствия [**Мир**]
Желаю всего наилучшего [**Наилучший**]
Желаю (обновку) **сто** лет носить, на другую
  сторону перевернуть да опять носить
Желаю счастья [**Желать**]
Желаю удачи [**Удача**]

Пожелания, поздравления

Желаю успехов (в...) [**Успех**]
Желаю успехов в труде и счастья в личной жизни [**Желать**]
Желаю, чтобы... [**Желать**]
Жениху и невесте — сто лет (жить) вместе!
Живи [**Жить**]
Живите Божьими милостями, а мы Вашими [**Жить**]
Живите в любви и согласии [**Жить**]
Живите да радуйтесь [**Жить. Радоваться**]
Живите дружно и счастливо [**Жить**]
Живите с Богом [**Жить**]
Живите с миром [**Жить**]
Живцам **жить**, мертвецов хоронить (мёртвых поминать)
Живы будем — **свидимся**
Жизни **сто** годов и здоровья сто пудов
Жить да богатеть, спереди горбате́ть
Жить, богатеть, добра наживать, лиха избывать
Жить да молодеть, добреть да богатеть
Жить-поживать да добра наживать
Жить (Вам) да **радоваться**
Жить (Быть) тебе семь веков на людской памяти
Жить тебе **сто** годов с годом
Жить сто годов, нажить **сто** коров, меринов стаю, овец хлев, свиней помостье, кошек шесток, собак подстолье
За (Ваше здоровье, встречу, дружбу, удачу...)
За Ваше **здоровье**, а там хоть в стойло коровье
За **здоровье** глаз, что пленили (глядят на) нас
За **здоровье** лошадей, что возят милых гостей
За **здоровье** тамошних и здешних и всех наших присердечных
За **здоровье** тех, кто любит всех
За **здоровье** того, кто любит кого
За **здравие** (кого-л.)
Здоро́веть тебе
Здоро́во жить [**Здорово**[1]]
Здоровье (кого-л.)
Здоровье в голову
Здоровья Вам [**Здоровье**]
Здоровья Вам многолетнего на всех ветрах [**Здоровье**]
Здравия желаю [**Здравие**]
Здравствуйте [**Здравствовать**]
Здравствуй в новый год [**Здравствовать**]
Здравствуйте все [**Здравствовать**]
Зев в бердо [**Зев в кросна**]

Зев в кросна (чтобы я прошла)
Земля пухом (кому-л.)
Избави Бог (Господь) (Вас от...) [**Избавь**]
Из колоса осьминка, из зерна коврига
Из колоска осьминка, из единого зёрнышка каравай! [**Из колоса осьминка, из зерна коврига**]
Илье-пророку злат венец, а хозяину здравствовать
Имею счастье **поздравить** (с...)
Имею честь **поздравить** (с...)
Исполать (тебе/ Вам) (делать что-л.)
Исполнения желаний
Кабы вам пять-шесть сразу
Как в поле туман, так ему счастье, **талан**
Как копеечка с копьём, оставайся ты (хозяюшка) с добром [**Оставаться**]
Канун да ладан [**Канун да свеча**]
Канун да молитва (молитвенка) [**Канун да свеча**]
Канун да свеча
Клёв на уду
Ковыль по дороге
Колесом дорога
Красота Вашей чести
Лад да совет
Лебеди лететь (летят) [**Лебедь**]
Лебеди (Вам) на буки [**Лебедь**]
Лёгкого ветра (по пути) [**Лёгкий**]
Лёгких дверей [**Лёгкий**]
Лёгкой дороги [**Лёгкий**]
Лёгкое лежанье (вечный покой) [**Лёгкий**]
Легко (Вам) париться (желаем супруге понравиться) [**Лёгкий**]
Лёгкого пару (без угару) [**Лёгкий**]
Лёгкого поля [**Лёгкий**]
Легонько ему (ей) икнись [**Лёгкий**]
Лёгонько тебе в дорогу [**Лёгкий**]
Лежи земля на нём (ней) лёгким пёрышком [**Земля пухом**]
Лет до ста расти вам без старости
Лети с приветом, вернись с ответом [**Привет**]
Люби и жалуй [**Любить**]
Любовь да **совет** (и горя нет)
Людям **чтоб** тын да помеха, нам чтоб смех да потеха
Ляг да усни, встань да будь здоров
Масло комом
Масло (Маслице) на мутовку (мутовочку) [**Масло комом**]

Пожелания, поздравления

Маслом цедить, сметаной доить [**Масло комом**]
Мир вашему дому
Мир да любовь
Мир да совет
Мир да покой (и лёгкое лежание, и вечное поминанье)
Мир дому сему
Мир ему (ей, им)
Мир на беседе [**Мир**^{1}]
Мир на стану!
Мирно беседье [**Мирный**]
Мирного неба (над головой) [**Мирный**]
Мирного неба, душистого хлеба, родниковой воды и никакой беды [**Мирный**]
Миром живите [**Мир**^{1}]
Мир павшим
Мир по дороге
Мир праху его (её)
Мир праху, костям упокой
Мир честной беседе
Многая лета
Многолетствуйте
Можно (Вас) поздравить?
Молотить вам не перемолотить, возить не перевозить, таскать не перетаскать
Молю (Господа) Бога о ниспослании Вам... [**Молить**]
Молю (Господа) Бога, чтобы... [**Молить**]
Море под корову (кормилицу, матуху...)
Мыло в корыто
Мягкой посадки
Набеленько [**Набело**]
Набело
Награди Вас Бог (Господь)
Надеюсь видеть (застать...) Вас в добром здравии [**Надеяться**]
Надеюсь, что (Вы здоровы, что у Вас всё благополучно...) [**Надеяться. Здоров**^{1}]
На (доброе) **здоровье** (здоровьице, здоровьечко...)
На (добрую, долгую) **память** (о...)
Наилучшего (Всего наилучшего) [**Наилучший**]
Наилучшие пожелания (в...) [**Наилучший**]
На многие лета
На погибель тому, кто завидует кому
Начистенько
На кошку потягушки, на (Н.) порастушки [**Потягуши**]
На шута **потягуши**, на тебя порастуши

Не болейте
Не болейте, не старейте, а с годами молодейте [**Молодеть**]
Не дай Бог (Господь) (Вам...)
Не поминайте лихом [**Поминать**]
Не приведи Бог (Господь) (Вам...)
Не приведи возьми [**Не приведи Бог**]
Не приведи ты Мать Царица Небесная (злому татарину) [**Не приведи Бог**]
Никола в путь (Христос по дорожке...)
Никола в стадо [**Никола в путь**]
Никола на стану [**Никола в путь**]
Ни пера ни жучки
Ни пуха, ни пера, ни двойки, ни кола [**Ни пуха ни пера**]
Ни шерсти ни пера
Ни ямки ни раската
Носить бы вам не переносить, возить бы не перевозить
Носом не сносить, возом не свозить [**Носить бы вам не переносить...**]
Одеже пропадать, на плечах бы тлеть, а могучим плечам добреть да добреть
Оставайтесь живы-здоровы [**Живой**]
Оставайтесь таким же (молодым, красивым...) [**Оставаться**]
От всего сердца (благодарю, желаю, поздравляю...) [**Благодарить**] [**Желать**] [**Поздравлять**] [**Сердце**]
От всей души (благодарю, желаю, поздравляю...) [**Благодарить**] [**Желать**] [**Поздравлять**] [**Сердце**]
Охота на работу
Охотно^2
Пар вам, бояре
Пар в бане
Пар в баню, чад за баню
Пар (Вам) лёгкий
Платьице б тонело, а хозяюшка добрела [**Добреть**]
Плодитесь и размножайтесь
По́ветерь (вам) в спину
Подай (Вам) Господи (Боже...) [**Подать**]
Подковыривай гораздо
Позвольте (Вам) пожелать...
Позвольте (Вас) **поздравить** (с...)
Поздоровь Боже
Поздравление Н.
Поздравляю (Вас с...) [**Поздравлять**]
Покой (его, её, их) Бог

Пожелания, поздравления

Покойной ночи
Покров Божий над тобою
Полагаю своим приятным долгом
  (поздравить, пожелать...) [**Долг**]
Положи, Господь, камешком, подыми пёрышком
Помилуй Бог (Вас)
Помилуй тя и сохрани Господь на **сто** лет со днём (на сто лет с прилетками)
Помогай (помоги) (Вам) **Бог** (Боже...)
Помогай Бог и вашим и нашим
Помогай тебе Николай-угодник [**Помогай Бог**]
Помогай тебе Царица Небесная (Мать Пресвятая Богородица) [**Помогай Бог**]
Помолемшись
Поправляйтесь
Попутного ветра [**Ветер**]
Пособи (Вам) **Бог** (Господь)
Поспешеньица желаем [**Поспешение**]
По сту на день, по тысячу на неделю [**Сто**]
Потягушечки, порастушечки [**Потягуши**]
Почитаю своим приятным долгом
  (поздравить, пожелать...) [**Долг**]
Пошли Вам Бог (Боже, Господь...)
Празднику **честному** злат венец, а хозяину (с хозяйкой) **многая лета** (доброго здоровья) [**Праздник**]
Пресветлый рай (ему, ей, им)
Привет за привет, любовь за любовь, а завистливому хрену да перцу, и то не с нашего стола
Приветствую (Вас) с...
Приветствую и **поздравляю** Вас с...
Примите мои (сердечные **поздравления**, наилучшие **пожелания**...)
Присоединяюсь к многочисленным поздравлениям [**Поздравление**]
Приятно (Вам) (отдохнуть, посидеть...) [**Приятный**]
Приятно кушать [**Приятный**]
Приятного аппетита (**Приятный** аппетит)
Приятного (Вам) (отдыха, путешествия...) [**Приятный**]
Приятного сна [**Приятный**]
Приятный вечер (день) (Вам)
Приятных сновидений [**Приятный**]
Продли Бог веку на сорок сороков
Продлись наша маслена до воскресного дня
Промышлять вам с прибылью

Пронеси Господи
Прошу (благосклонно) принять мои (сердечные...) **поздравления** (с...)
Прямина вам (девушки) в кросны, а кривизна в лес
Пуд шерсти
Пусть в день страшный вся **милость**, тобою сотворённая, соберётся в чашу твою
Пусть всегда и во всём Вам сопутствует удача (успех...)
Пусть всё лучшее сбудется, а плохое забудется [**Лучший**]
Пусть всё у Вас будет хорошо [**Хороший**]
Путь да дорога
Путь добрый
Путь чистый
Рад за Вас
Разрешите (**пожелать** Вам..., **поздравить** Вас...)
Расти большой (да не будь лапшой, тянись верстой, да не будь простой)
Расти коса до пояса (не вырони ни волоса) [**Расти большой**]
Расти разумный да удалый (удачливый, счастливый...)
Река молока
Рыбки с крючка
С + (сущ. тв. пад. со знач. события: С покупкой. С новосельем...)
Салфет Вашей милости
С ангелом (С днём ангела) [**Ангел**]
С Богом [**Бог**]
С Богом жить [**Бог**]
С Богом — со Христом [**Христос**]
Свеженько (тебе)
С весёлым днём
Светлое ему (ей, им) место [**Светлый**]
С возвращением
С выздоровлением
С гуся вода, с тебя худоба
С гуся вода, с лебедя вода, а с тебя, моё дитятко, вся худоба
С гуся вода, с тебя худоба на пустой лес, на большую воду
С двумя полями сжатыми, с третьим засеянным
С днём рождения
С Днём Победы (Днём учителя...)
Сердечно (желаю Вам..., поздравляю Вас...)
С животом [**Живот**]
С законным браком

Пожелания, поздравления

Семь футов под килем
Сила (тебе) в плечи
Силы в ноги для дальней (долгой) дороги [**Сила**]
С именинником
Скатертью дорога (дорожка)
Скатертью дорога, в спину пове́терь
Скатертью дорога, лентой ровный путь
Скачки на сковороду
Сколько в поле (в лесу) пеньков, столько бы вам сынков, а сколько (в болоте) кочек, столько бы дочек
Скора помощь!
С лёгким паром [**Пар**]
С лёгким паром, с молодым жаром [**Пар**]
С лёгкого пару без угару [**Пар**]
Служи́ть (Вам) не тужить
С миром [**Мир**[1]]
С моря ключ! [**Море под корову**]
Смыть с себя художества, намыть хорошества
С наступающим (Вас)
С новосельем
С Новым годом (с новым счастьем)
Совет да любовь
Согласия (вам)
Сорочке б тонеть, а тебе бы **добреть**
Со свиданьицем
Со Святым Причастием
Со святыми **упокой**
Сохрани Вас Бог (и **помилуй**) [**Храни Бог**]
Спаси Вас Бог (и **помилуй**)
Спех за стан (за кросна)
Спешно
Спешу, хотя заочно, принести Вам моё усерднейшее **поздравление** и самые сердечные **пожелания**
Спица (Спичка) в нос (невелика — с перст)
Спите спокойно [**Спокойный**]
Спокойной ночи [**Спокойный**]
Спокойной ночи, малыши [**Спокойный**]
Спокойной (Вам) ночи, спать до полночи, а с полночи кирпичи ворочать [**Спокойный**]
Спороди мне молодца: станом в меня, белым личиком в себя, очи ясны в сокола, брови чёрны в соболя
Спорынья в дойник (в молоко)
Спорынья в квашню (в стряпню, в тесто...)
Спорынья в корыто (в корыте)
Спорынья в работе

Спорынья в щёки (за щеку)
С почином
С праздником (С праздничком)
С праздником **поздравляю**, с похмелья умираю, нет ли гривен шести душу отвести?
С прибылью торговать
С прибытием
С приездом
С приехалом
С принятием Святых Тайн
С Рождеством Христовым
С тёплым паром [**Пар**]
Сто лет и куль червонцев
Сто лет, да двадцать, да маленьких пятнадцать
Сто лет жизни и миллион денег
Сто лет жить да двадцать на карачках ползать
Сто рубах в корыто
Сто рублей в мошну
Сто рублей на мелкие расходы
Сто тебе быков, пятьдесят меринов: на речку чтоб шли да помыкивали, а с речки шли — побрыкивали
Стол да скатерть
С успехом! [**Успех**]
Счастливо Вам (сделать что-л.) [**Счастливый**]
Счастливо жить [**Счастливый**]
Счастливо оставаться [**Счастливый**]
Счастливо оставаться, век не расставаться [**Счастливый**]
Счастливого пути (**Счастливый** путь)
Счастливой дороги [**Счастливый**]
Счастливой (охоты, рыбалки...) [**Счастливый**]
Счастья Вам [**Счастье**]
С чем Вас и поздравляю [**Поздравить**]
С честны́м пирком, да жить вам мирком [**Мир**]
Считаю своим приятным **долгом** поздравить Вас (с...) и пожелать (Вам...)
Сухих рукавов (вам)
Так бы платьице мылось, как бы вовсе не носилось
Талан на майдан
Талан на уду
Твоему здоровьицу [**Здоровье**]
Ткэв (пев) да зев [**Зев в кросна**]
Травочкой да за косочку
Труд на пользу
Тысяча пожеланий
Тысячу лет жизни и казны несметное число

Тысячу раз (да благословит Вас Бог)
Увар на ушицу!
Удачи Вам [Удача]
Удач и успехов [Удача]
Удачного лова (похода...) [Удачный]
Укрепи Вас Бог
Улов на рыбу
Упаси Бог греха
Упаси Вас Бог (Царица Небесная...) (от...)
Упокой Бог (Господь...) его (её) душу
Уроди Бог хлеба: солома в оглоблю, колос в дугу, зерно в напалок
Усердно прошу принять моё искреннейшее поздравление (с...)
Успехов (Вам)
Установ кросна (чтобы я прошла)
Хлеб есть [Хлеб да соль]
Хлеб (да) соль (Вам) [Хлеб да соль]
Хлеба на стол [Хлеб да соль]
Хозяину желаем здравствовать, всех нас перездравствовать
Хорошего аппетита [Хороший]
Хорошего клёва (Хорошей рыбалки, охоты...) [Хороший]
Хорошей глубины под килем [Хороший]
Хороших снов (Вам...) [Хороший]
Хорошо (Вам) отдохнуть (посидеть...) [Хороший]
Хочу (хотел бы, хотелось бы) пожелать Вам...
Хочу (хотел бы...) поздравить Вас (с...)
Хочу (Я хочу), чтобы (всё у Вас было хорошо...) [Хороший]
Храни Вас Бог (Царица Небесная...)
Христос воскресе
Христос с Вами
Царство (Царствие) (ему, ей, им) небесное (вечный покой)
Царство небесное, святое место!
Чай (да) сахар
Чай с сахаром
Час добрый
Чего и Вам от всей души желаю [Желать]
Челночек в основку
Челом четырём, а пятому помогай Бог [Челом бью]
Честь имею поздравить (Вас) (с...)
Чистенько тебе [Чистый]
Чистого неба, душистого хлеба, ключевой воды да счастливой судьбы
Чох на ветер

Что в Москве в торгу, чтоб было у тебя в долгу (в дому)
Чтоб Вам дал Господь всякое доброе так лилось
Чтобы дом ваш был полной чашей
Чтоб тебе на святом денёчке этим кусочком разговеться
Чтоб вам руками не переносить, возами не перевозить
Чтобы курочки велись, а пирожки не расчинялись (пей до дна)
Чтобы платьице тонело, а хозяюшка добрела [Добреть]
Шёлк да бумага
Шёлковый веник Вам
Шерстка на овечку
Широкий путь, вольная дорога
Шла баба из заморья, несла кузов здоровья, тому, сему кусочек, тебе весь кузовочек
Шлю Вам свои (добрые пожелания..., поздравления...)
Юрий (Егорий) в стадо!
Я желаю Вам... [Желать]
Я поздравляю Вас (с...) [Поздравлять]
Я хочу (хотел бы...) пожелать Вам... (поздравить Вас с...)

Обереги

Аминь-слово
Аминь-аминь, рассыпься
Боже сохрани [Храни Бог]
Борони Господи [Оборони Бог]
В добрый час будь сказано
В добрый час молвить (в худой промолчать)
Вчера приходи
Если Бог даст [Дай Бог]
Избави Бог (Боже) [Избавь]
Легонько ему икнись [Лёгкий]
На сухой лес будь помянуто [Поминать]
Наше место свято
Не дай Бог
Не дай Бог греха
Не за хлебом-солью будь сказано [Хлеб-соль]
Не к ночи будь помянут [Поминать]
Не приведи Бог (Господь)
Не приведи возьми [Не приведи Бог]
Не приведи Царица Небесная [Не приведи Бог]
Не приведи ты Мать Царица Небесная злому татарину [Не приведи Бог]

Не слушай, **хлеб-соль**
Не слушай, **хоромина** (тепла избушка...)
Не тем будь помянут [**Поминать**]
Обнеси Господи
Оборони Бог (греха)
От слова не доспейся [**Доспеться**]
Помилуй Бог
Пронеси, Господи
Пронеси, Господи, тучу мороком
Слава Богу
С нами Бог (и крестная сила) [**С нами крестная сила**]
С нами крестная сила
Сохрани Бог (Господи) (и **помилуй**) [**Храни Бог**]
Упаси Бог (Господь, Царица Небесная)
Упаси (Господь) и **помилуй**
Чтобы не **сглазить**
Чур-чура
Чур на округу
Чур наш аминь

Ответы на пожелания, поздравления

Благодарю Вас (за поздравления, пожелания) [**Благодарить**]
Ваши бы речи (слова) да Богу в уши [**Бог**]
Вашими бы устами да **мёд** пить
Вашим бы мёдом да нас по губам [**Мёд**]
В долгий век и в добрый час
Велел Бог, чтобы ты помог
Взаимно
Воистину воскресе
Гулянье Вам
Дай (-то) **Бог**
Дай Бог и Вам того же
Дай Бог в **честь** да в радость (в лад да сладость)
Дал бы Бог [**Дай Бог**]
Да негде сесть [**Хлеб да соль**]
Ем, да свой (а ты рядом постой)
За Богом молитва, а за государем служба не пропадает
Зароди Господь и на вашу долю
Здоровье в голову
И Вам не хворать [**И Вам то же...**]
И Вам то же (того же) (желаю)
И Вас (тоже) поздравляю [**И Вам то же...**]
И тебя тем же концом по тому же месту [**И Вам то же...**]

Красота Вашей чести
Кумоха в зубы [**Спорынья**]
К чёрту [**Ни пуха ни пера**]
Навар на ушицу
Не жёвано летит
Неплохо (было) бы [**Неплохой**]
Одаль стой (А ты одаль стой) [**Ем, да свой**]
Пирог да варенье!
Приятно слушать [**Приятный**]
Река молока
Сиденье к нам
Спасибо (за поздравление, добрые пожелания)
Сто рублей в мошну
Увар на ушицу
Хлеба-соли кушать [**Хлеб да соль**]
Хорошо (было) бы, если... [**Хороший**]
Что застала на уток, то тебе на платок

8. Комплименты, похвала, одобрение. Этикетные эпитеты. Интенсификаторы вежливости

Августейший
Ай^2 (Ай! Ай! Ай!)
Ай да... [**Ай**^{2}]
Ай да ну! [**Ай**^{2}]
Ай же ребята! [**Ай**^{2}]
Ай как... [**Ай**^{2}]
Ай какой... [**Ай**^{2}]
Ангел
Ангел во плоти
Ангелёнок [**Ангел**]
Ангелок [**Ангел**]
Ангелочек [**Ангел**]
Ангелушка [**Ангел**]
Ангельский [**Ангел**]
Ангельчик [**Ангел**]
Андельной [**Ангел**]
Безгранично [**Безграничный**]
Безграничный
Безмерно [**Безмерный**]
Безмерный
Бесконечно [**Бесконечный**]
Бесконечный
Бесподобнейший [**Бесподобный**]
Бесподобно [**Бесподобный**]
Бесподобный
Бесценнейший [**Бесценный**]
Бесценный
Бис!

Благоговейный [**Благоговение**]
Благоговение
Благодетель
Благодетельница [**Благодетель**]
Благороднейший [**Благородный**]
Благородно [**Благородный**]
Благородный
Блаженной памяти (кто) [**Память**]
Блеск
Блестяще [**Блестящий**]
Блестящий
Бог (Ты — бог).
Богатырь (Какой богатырь!)
Богиня (Моя богиня)
Бог труды любит
Больно
Большой
Большой-пребольшой
Большое **сердце** (у Вас)
Большому кораблю — большое плаванье [**Большой**]
Большущий (-пребольшущий) [**Большой**]
Брависсимо [**Браво**]
Браво
Будь она ладна [**Ладный**]
Будьте уверены в моей безграничной **признательности** и **преданности**, с которыми имею честь быть Вашим покорнейшим слугою (подпись адресанта) [**Уверять**]
Был бы (Я был бы) очень **счастлив** (видеть Вас..., побеседовать с Вами...)
Было (Мне было) очень приятно (повидаться, побеседовать, познакомиться...) с Вами [**Приятный**]
Вам (очень) **идёт** (эта причёска, шляпка...; улыбаться; коротко стричься...)
Вам (очень) **к лицу** (эта причёска, этот галстук...)
Вам не дашь (Ваших...) лет
Вас красит (улыбка, эта причёска...) [**Красить**]
Вас молодит (эта причёска, этот костюм...) [**Молодить**]
Ваш (подпись адресанта)
Ваш всепокорный (всепокорнейший) **слуга** (подпись адресанта)
Ваш искренний (**преданный**...) друг (подпись адресанта)
Ваш покорный (покорнейший) **слуга** (подпись адресанта)

Великий
Великодушно [**Великодушный**]
Великодушный
Великолепно [**Великолепный**]
Великолепный
Величайший [**Великий**]
Верноподданнейший Вашего Императорского Величества (подпись адресанта с указанием чина, имени, фамилии)
Верноподданный Вашего Императорского Величества (подпись адресанта с указанием чина, имени, фамилии)
Верный Вам (Ваш) (подпись адресанта)
Верх совершенства [**Совершенство**]
Верьте чувствам (любящего Вас, преданного Вам...) (подпись адресанта)
Весь **Ваш** (подпись адресанта)
Весь Ваш без церемоний (подпись адресанта) [**Церемония**]
Весьма польщён (тронут, обрадован...)
Виртуоз
Внимательно [**Внимательный**]
Внимательный
Во! [2]
Во всех ты, душенька, нарядах хороша [**Хороший**]
Волшебник
Волшебница [**Волшебник**]
Волшебные руки [**Волшебный**]
Волшебный
Восторг!
Восхитительно [**Восхитительный**]
Восхитительный
Восхищаюсь (Я восхищаюсь) Вами
Восхищён (Я восхищён) [**Восхищаюсь**]
Вот (умница, молодец; девка, парень...)!
Вот (за это) люблю [**Любить**]
Вот такой!
Вот это да!
Вот это я понимаю! [**Понимать**]
В порядке [**Порядок**]
Всегда **готовый** к (Вашим) услугам (подпись адресанта) [**Услуга**]
Всем взял
Всем (N дат. пад. мн. ч.) + (N им. пад. ед. ч.) (Всем пирогам пирог. Всем головам голова...)
Всеми статями вышел [**Всем взял**]
Всемилостивейше [**Всемилостивый**]
Всемилостивейший [**Всемилостивый**]

Комплименты, похвала, одобрение. Этикетные эпитеты. Интенсификаторы вежливости

Всемилостивый
Всенижайше [**Всенижайший**]
Всенижайший
Всенижайший **раб** (Ваш, Вашей милости...)
Всеподданнейше [**Всеподданнейший**]
Всеподданнейший Вашего Императорского Величества (подпись адресанта с указанием чина, имени, фамилии)
Всех мер [**Меры нет**]
Всепокорнейше [**Всепокорный**]
Всепокорнейший [**Всепокорный**]
Всепокорно [**Всепокорный**]
Всепокорный
Всепреданнейший
Всепресветлейший
Всё было (очень) хорошо (мило, чудесно...)
Всё **хорошеете** (Вы всё хорошеете...)
Вы (великодушны, великолепны...)
Вы (бесподобно, замечательно...) **выглядите**
Вы всегда желанный **гость**
Вы всё молодеете [**Молодеть**]
Вы делаете мне **честь** (слишком много чести)
Вы доставили мне (нам) огромное **удовольствие** (наслаждение...)
Вы идеал (чего-л.) (Вы мой идеал)
Вы (ты) ли это?!
Вы молодо выглядите [**Молодой**]
Вы нас совсем забыли [**Забыть**]
Вы очаровали меня (всех нас) [**Очаровать**]
Вы очень (так...) внимательны [**Внимательный**]
Вы очень (так...) добры [**Добрый**]
Вы очень (так...) любезны [**Любезный**]
Вы **редкий** мужчина (редкая женщина)
Вы сама **доброта**
Вы такой **внимательный**
Вы такой **добрый**
Вы такой **любезный**
Вы такая молодая (красивая...) [**Молодой**]
Вырос-то как!
Вы ничуть (совсем...) не **изменились**
Вы (с каждым днём) всё расцветаете (**цветёте**) [**Расцветать**]
Вы умная женщина [**Умный**]
Вы **умный** человек
Высокий
Высоко [**Высокий**]
Высокопочтенный
Высокоуважаемый
Высокочтимый

Высочайше [**Высокий**]
Высочайший [**Высокий**]
Высший сорт
Галантный (Вы такой галантный...)
Гениально [**Гениальный**]
Гениальный
Гений (Вы гений. Вы мой добрый гений)
Героиня (Вы героиня) [**Герой**]
Герой (Вы герой)
Гигант
Гигант мысли (и отец русской демократии)
Глаз — ватерпас (сердце — компа́с)
Глаз намётан (набит)
Глаз не отвести (не оторвать...)
Глазам своим не верю! [**Глаз**]
Глубокий
Глубоко [**Глубокий**]
Глубокоуважаемый
Глубокочтимый
Глубочайший [**Глубокий**]
Говорит — Москва!
Годится
Годы молоды, да руки золоты [**Золотой**]
Гоже [**Гожий**]
Гожий
Голова (Ты голова)
Горазд (на что-л., делать что-л.)
Гораздый [**Горазд**]
Горжусь (Я горжусь Вами)
Горячий
Горячо [**Горячий**]
Гость на гость — хозяину радость
Гость на порог — счастье в дом
Гость на хрен, на редьку — дорогой гость
Готовый к (Вашим) услугам (подпись адресанта) [**Услуга**]
Дай Бог на Пасху
Дайте Вашу руку [**Рука**]
Дай пожму твою мужественную (честную...) руку [**Рука**]
Далеко пойдёшь
Далеко пойдёшь, если милиция не остановит
Дело
Державнейший (Монарх, Государь...)
Джентльмен (Вы настоящий джентльмен)
Джигит
Дивно [**Дивный**]
Дивный
Для друга и семь вёрст не околица
Для милого дружка и серёжку из ушка

Комплименты, похвала, одобрение. Этикетные эпитеты. Интенсификаторы вежливости

Добрая, **пригожая**, во всём на мать похожая
Добрейший [**Добрый**]
Добро²
Доброе дело
Добрый
Добрый (**хороший**) гость (человек) к обеду (к чаю)
До гроба (До гробовой доски, по **гроб**) **твой** (подпись адресанта)
Дома хорошо, а в гостях лучше [**Гость**]
Дорогой
Достойнейший [**Достойный**]
Достойный
Достолюбезнейший [**Достолюбезный**]
Достолюбезный
Достопочтеннейший [**Достопочтенный**]
Достопочтенный
Достоуважаемый
Досточтимый
Дражайший [**Дорогой**]
Дружески [**Дружеский**]
Дружеский
Друзья наших друзей — наши друзья
Душевно **преданный** Вам (любящий Вас...) (подпись адресанта) [**Душевный**]
Душка (какая) [**Душа**]
Единственный
Единственный и неповторимый
Желанный
Загляденье (просто)
Закачаешься
Залюбуешься
Замечательно [**Замечательный**]
Замечательный
За тобой, как за каменной стеной
Зашибись
Здо́рово
Здо́ровски [**Здо́рово**]
Земной **поклон** (Вам)
Знаменательный
Знаменитый
Знатный
Золотая голова [**Золотой**]
Золото
Золото ненаходное
Золотой (человек, характер...)
Золотые руки [**Золотой**]
Золотые слова (Ваши) [**Золотой**]
И в коренью, и в пристяжке
Идеал (Вы мой идеал, идеал чего-л.)

Идеальный
И жнец, и швец, и на дуде игрец
Имею (имел, буду иметь) **счастье** (видеть, знать...)
Имею счастье **пребывать** (с истинным почтением и преданностью) (подпись адресанта)
Имею **удовольствие** (видеть Вас...)
Имею **честь** быть (Вашим покорнейшим слугою...) (подпись адресанта)
Искренне [**Искренний**]
Искренне **Ваш** (подпись адресанта)
Искренне **преданный** Вам (подпись адресанта) [**Искренний**]
Искренне уважающий Вас (подпись адресанта) [**Искренний**]
Искренний
Истинный
И то **дело**!
И швец, и жнец, и на дуде игрец [**И жнец, и швец, и на дуде игрец**]
Казак (парень, девка...)
Как Вы великодушны! [**Великодушный**]
Как (это) великодушно (с Вашей стороны)! [**Великодушный**]
Как ты выросла (**похорошела**...)!
Как Вы добры! [**Добрый**]
Как Вы милы! [**Милый**]
Как Вы молодо выглядите [**Молодой**]
Как Вы хороши [**Хороший**]
Как картинка
Как (это) мило! [**Милый**]
Как расцвела! [**Расцветать**]
Как Вы хорошо (**молодо**...) выглядите!
Как (это) хорошо! [**Хороший**]
Как я **рад**, что (вижу Вас...)!
Как я **счастлив**, что (вижу Вас...)!
Какая (приятная) встреча! [**Какой**]
Какая **королева**! [**Какой**]
Какая **краля** (кралечка)! [**Какой**]
Какая **красавица**! [**Какой**]
Какая **красота**! [**Какой**]
Какая лапочка! [**Лапа**]
Какая **прелесть**! [**Какой**]
Какая **приятная** неожиданность! [**Какой**]
Какая расхорошая! [**Расхороший**]
Какая ты стала **красивая**! [**Какой**]
Какая у Вас **красивая** (прелестная, чудная...) (кофточка, причёска...) [**Какой**]
Какие гости! [**Какой**]

Комплименты, похвала, одобрение. Этикетные эпитеты. Интенсификаторы вежливости

Какие люди (по улицам ходят, и без охраны)! [**Какой**]
Какие люди в Голливуде! [**Какой**]
Каким Вы (сегодня) молодцом (молодчиком) [**Молодец**]
Каков (талант, силач...)!
Каково, а!
Какое **наслаждение**!
Какое **очарование**!
Какой Вы **добрый**!
Какой Вы **милый**!
Какой милый (мальчик; костюмчик...)
Какой Вы (у нас) **молодец** (**молодчина**...)!
Какой Вы (сегодня) (**милый, нарядный**...)!
Какой Вы **умный** (**умница**)!
Какой у Вас **красивый** (**великолепный, чудесный**) (костюм, галстук...)!
Канареечка [**Канарейка**]
Канарейка
Клад (просто, прямо...)
Кладезь премудрости
Классненький [**Классный**]
Классно [**Классный**]
Классный
Клёво [**Клёвый**]
Клёвый
К лицу Вам
Кого я вижу! [**Кто**] [**Видеть**]
Королева (просто)
Кралечка (какая) [**Краля**]
Краля
Краса (какая)
Краса да и только
Краса и гордость
Красавец (писаный)
Красавец мужчина
Красавица (писаная) [**Красавец**]
Красавчик [**Красавец**]
Красиво [**Красивый**]
Красивый
Красно [**Красный**]
Красовито [**Красовитый**]
Красовитый
Красота
Кругом двадцать
Круто [**Крутой**]
Крутой
Кто к нам пришёл (пожаловал)!
Куда с добром
Куда тебе

Куды хошь [**Куда**]
Кудес [**Кудесник**]
Кудесник
Кудесница [**Кудесник**]
Куколка (просто, прямо)
Кумир (Вы мой, наш кумир)
Пагожий
Ладный
Ладный собой
Лапонька (какая)! [**Лапа**]
Лёгкая у Вас рука [**Лёгкий**]
Лепота
Лестный
Лестно [**Лестный**]
Лестно познакомиться [**Лестный**]
Лестное Ваше внимание (знакомство...)
Лихой
Лихо [**Лихой**]
Ловкий
Ловко [**Ловкий**]
Лучше всех [**Лучший**]
Лучше не бывает (не придумаешь, нет...) [**Лучший**]
Любезнейший [**Любезный**]
Любезнейший моему сердцу [**Любезный**]
Любезненький [**Любезный**]
Любезный
Люблю (и помню Вас) [**Любить**]
Люблю молодца за обычай [**Любить**]
Люблю я, когда Вы (делаете что-л.) [**Любить**]
Любо [**Любый**]
Любо да мило [**Любый**]
Любо два (с два, да два) [**Любый**]
Любо-дорого поглядеть (посмотреть) [**Любый**]
Любота [**Любый**]
Любуюсь Вами (Вашим...) [**Любоваться**]
Любящий Вас (подпись адресанта) [**Любить**]
Люкс
Маг и волшебник
Маг и чародей [**Маг и волшебник**]
Майский день, именины сердца
Мал, да удал [**Малый**] [**Удалой**]
Маленький, да удаленький [**Малый**] [**Удалой**]
Мал золотник, да дорог [**Малый**]
Мастак
Мастер (своего дела)
Мастер высшего класса
Мастер на все руки
Мастерица [**Мастер**]

Меры нет
Мила косточка (в тебе есть) [**Милый**]
Милаша [**Милый**]
Милашка [**Милый**]
Милейший [**Милый**]
Миленький [**Милый**]
Миллиардная
Миллионный
Милое дело [**Милый**]
Милого добра [**Милый**]
Милостиво (соизволил, позволил...)
    [**Милостивый**]
Милостью Божьей (мастер...) [**Милость**]
Милочка [**Милый**]
Милый
Мильга [**Милый**]
Милюшенька [**Милый**]
Мировецко [**Мировой**]
Мирово [**Мировой**]
Мировой
Много (**премного**) про (о) Вас **наслышан**
Много **слышал** о Вас хорошего [**Хороший**]
Можно чести приписать [**Честь**]
Мозговитый
Моё почтение
Молодéц
Молодец (мужчина, женщина, девка, парень...)
Молодец, что (сделал что-л.)
Молодой
Молодцá [**Молодец**]
Молодцом [**Молодец**]
Молодчага [**Молодец**]
Молодчик [**Молодец**]
Молодчиком [**Молодец**]
Молодчина [**Молодец**]
Молодчинище [**Молодец**]
Молодчинушка [**Молодец**]
Молодчище [**Молодец**]
Молодчуга [**Молодец**]
Молоток (вырастешь — кувалдой будешь)
Мысли врозь
На большой палец (с присыпкой)
Навеки Ваш (подпись адресанта)
Навсегда Ваш (подпись адресанта)
На все **сто** (выглядишь, смотришься...)
Надеюсь на Вашу благосклонность
    (благорасположение...) [**Надеяться**]
Надо же! (Ведь это надо же!)
Наилучший
На красоту [**Красота**]

На отрыв
На славу [**Слава**]
Наслаждение!
Наслышан (о Вас...)
Настоящий (Вы настоящий человек,
    джентльмен, герой...)
На том коне сидит
Наш брат (парень, человек)
Наш Тарас на всё **горазд** (и водку пить,
    и овин молотить)
Нашего полку прибыло
На ять
Не в тетерином гнезде родился
Не **голова**, а Дом Советов
Не дом хозяина **красит**, а хозяин дом
Не дорог подарок, дорого внимание (дорога
    Ваша любовь)
Недурная вещь [**Недурной**]
Недурно [**Недурной**]
Недурной
Недурственно [**Недурной**]
Нежданный **гость** лучше жданных двух
Незабвенной памяти (кто) [**Память**]
Незваный **гость** лёгок, а званый тяжёл
Незваный, да **желанный**
Неизменный
Нельзя (не могу) налюбоваться
Ненаглядный
Не налюбуешься [**Налюбоваться**]
Необыкновенно [**Необыкновенный**]
Необыкновенный
Необычайно [**Необычайный**]
Необычайный
Неотразимо [**Неотразимый**]
Неотразимый
Неплохо [**Неплохой**]
Неплохой
Не постарели ничуть (Вы ничуть не **постарели**)
Не промах
Несказáнно [**Несказанный**]
Несказáнный
Не слабо
Несравненный
Нет приятнее (желаннее) гостя! [**Гость**]
Нет слов!
Не сочтите за **комплимент**, но...
Не устаю **восторгаться** Вами (Вашим
    талантом...)
Ни вздумать, ни взгадать, ни пером описать
    [**Ни в сказке сказать...**]

Комплименты, похвала, одобрение. Этикетные эпитеты. Интенсификаторы вежливости

Ни в сказке сказать, ни пером описать
Нижайше [**Низкий**]
Нижайший [**Низкий**]
Низкий
Низко [**Низкий**]
Ничего
Ничего себе
Ничёвый [**Ничего**]
Ничтяк (Ништяк) [**Ничего**]
Нормалёк [**Нормально**]
Нормальненько [**Нормально**]
Нормально
Нравитесь Вы мне [**Нравиться**]
Нравится мне (как Вы..., когда Вы...)
 [**Нравиться**]
Ну и ну!
Нужное дело
О! (О-о-о!)
Обалденно (выглядишь, смотришься...)
 [**Обалдеть**]
Обалденный [**Обалдеть**]
Обалдеть (можно)
Обаятельница [**Обаятельный**]
Обаятельно (выглядите...) [**Обаятельный**]
Обаятельный
Обворожительница [**Обворожительный**]
Обворожительно (говорите, пели...)
 [**Обворожительный**]
Обворожительный
Обожаемый
Ого!
Огонь
Огромнейший [**Огромный**]
Огромный
Одобряю
Ой как (хорошо...) [**Хороший**]
Ой какой (хороший...) [**Хороший**]
О'кей
Ол райт
Орёл
Ослепительно (выглядите...) [**Ослепительный**]
Ослепительный
Оставайтесь таким же (молодым, красивым...)
 [**Оставаться**]
От всего **сердца** (благодарю, поздравляю...)
От всей души (поздравляю благодарю...)
 [**Душа**]
Отдай (всё), да и мало!
Отдаю должное Вашему таланту...
Отецкий сын (Отецкая дочь...)

Отличнейший [**Отличный**]
Отлично [**Отличный**]
Отличный
Отменно [**Отменный**]
Отменный
Отпад
Очарован (Я очарован...) Вами (Вашим...)
 [**Очаровать**]
Очарование (Вы само очарование...)
Очаровательница [**Очаровательный**]
Очаровательно [**Очаровательный**]
Очаровательный
Очаровашка [**Очаровательный**]
Очень
Очень мило (с Вашей стороны) [**Милый**]
Очень приятно (познакомиться) [**Приятный**]
Очень **рад** (был) (видеть Вас, **познакомиться** с Вами...)
Очень **счастлив** (был) (видеть Вас, **познакомиться** с Вами...)
Очень **хороший**
Очень хорошо [**Хороший**]
Пава
Павенька [**Пава**]
Павица [**Пава**]
Павонька [**Пава**]
Павочка [**Пава**]
Павушка [**Пава**]
Паинька (какой, какая)
Первая дама [**Первый**]
Первая красавица [**Первый**]
Первая **честь**, второй барыш
Первого класса (разряда, сорта) [**Первый**]
Первой статьи [**Первый**]
Первоклассный [**Первый**]
Перворазрядный [**Первый**]
Первосортный [**Первый**]
Первостатейный [**Первый**]
Первый мужик на селе
Первый парень на деревне
Первый класс
Первый сорт
Первой статьи [**Первый**]
Первая чарка (и первая палка) старшему
 [**Первый**]
Писаная кралечка (красавица)
Писаный красавец
Пистолет
Пламенный
По заслугам и **честь**

Позвольте выразить Вам моё **восхищение** (глубочайшее **уважение**)

Покорнейший (Ваш покорнейший) **слуга** (подпись адресанта) [**Покорный**]

Покорный (Ваш покорный) слуга (подпись адресанта)

Покорный к (ко) услугам (подпись адресанта) [**Услуга**]

Полагаю долгом выразить (засвидетельствовать) Вам своё почтение (глубокое уважение...) [**Долг**]

Полный

Пользуюсь случаем выразить Вам своё глубочайшее **уважение** (**чувство** глубокого уважения...), с которым остаюсь (Вашим покорнейшим слугою) (подпись адресанта)

По-рыцарски (Вы поступили, повели себя по-рыцарски) [**Рыцарь**]

Порядок

Поставил бы (Я поставил бы) себе за **удовольствие** (**честь**) (сделать угодное адресату)

Поставляю себе за **удовольствие** (**честь**) (сделать угодное адресату)

Потрясно [**Потрясающий**]

Потрясный [**Потрясающий**]

Потрясающе [**Потрясающий**]

Потрясающий

Похвально [**Похвальный**]

Похвальный

Похорошела (-то как)

Почитаю за **честь** (и **удовольствие**) быть преданным и уважать Вас (подпись адресанта)

Почитаю своим долгом засвидетельствовать Вам (почтение, уважение...) [**Долг**]

Почитающий Вас (подпись адресанта)

Почтенный покупатель дороже денег

Почту (Почёл бы) за **счастье** (**удовольствие**, **честь**) (видеть Вас у себя, быть Вашим гостем...)

Пошли Бог гостей, и хозяин будет сытей [**Гость**]

Правильно (делаете, сделали...) [**Правильный**]

Праздник души, именины сердца

Пребольшой

Пребольшущий [**Пребольшой**]

Пребуду навсегда **преданный** Ваш (Вашим покорным слугою...) (подпись адресанта)

Пребываю Вашим покорнейшим слугою (подпись адресанта)

Пребываю с душевным моим расположением... (подпись адресанта)

Превеликий

Превзошли (Вы превзошли) самого себя [**Превзойти**]

Превосходно [**Превосходный**]

Превосходный

Преданный Вам (по **гроб** жизни, до гроба) (подпись адресанта)

Преклоняю колени (перед Вами) [**Преклонять**]

Преклоняюсь перед Вами (Вашим талантом...) [**Преклоняться**]

Прекрасно [**Прекрасный**]

Прекрасно выглядите (держитесь...) [**Прекрасный**]

Прекрасный

Прелестнейший [**Прелестный**]

Прелестно [**Прелестный**]

Прелестно (выглядите...) [**Прелестный**]

Прелестный

Прелесть

Прелесть как хорош (мил...)

Прелесть какой ...

Премиленький [**Премилый**]

Премилый

Преумница

Прехорошенький [**Прехороший**]

Прехороший

Привлекательно [**Привлекательный**]

Привлекательный

Пригожий

Пригожица [**Пригожий**]

Пригожуля [**Пригожий**]

Пригожунья [**Пригожий**]

Приголубница

Прима

Примите наше **восхищение**

Примите выражение моего душевного **уважения** и **преданности** (с коими имею честь пребывать...) (подпись адресанта)

Примите изъявления моего глубочайшего **уважения**...

Примите моё (глубочайшее) **почтение**...

Примите (Милостивый государь, Милостивая государыня) уверения в неизменном (совершенном) к Вам почтении (**уважении**...) (подпись адресанта) [**Уверять**]

Комплименты, похвала, одобрение. Этикетные эпитеты. Интенсификаторы вежливости

Принёс Бог гостя, дал хозяину пир [**Гость**]
Приношу дань уважения... [**Принести**]
Приношу своё **почтение**...
Принцесса (просто, настоящая...)
Пристала Вам эта (косыночка, брошка...)
Приходи, кума, **любоваться**
Приятная (Какая приятная) встреча
Приятно видеть (Вас) [**Приятный**]
Приятно познакомиться [**Приятный**]
Приятно слышать [**Приятный**]
Приятный визит
Просто **прелесть**
Просто **чудо**
Прошу быть уверенным в неизменном к Вам почтении (и **преданности**...) (подпись адресанта) [**Уверять**]
Прошу принять уверения в неизменном к Вам **почтении** (и **преданности**...) (подпись адресанта) [**Уверять**]
Прошу принять чувства **почтительной преданности** Вашего покорного слуги (подпись адресанта)
Прошу принять чувства совершенного моего **почтения**... подпись адресанта)
Пять с плюсом (на пять с плюсом)
Раб Ваш (Вашей милости...)
Раба Ваша (Вашей милости) [**Раб Ваш**]
Равных нет (негде взять, не сыскать)
Рад (буду, был) видеть Вас (повидаться с Вами...)
Рад пожать Вашу (мужественную, честную) руку [**Рука**]
Рад был Вашему письму (получить Ваше письмо...)
Рад за Вас
Радость (Ты моя радость)
Ражесть (моя)
Разахтительный
Раздобрый
Разлюли малина
Размилый
Разрешите выразить Вам своё **восхищение** (глубокое **уважение**...)
Разумник [**Разумный**]
Разумница [**Разумный**]
Разумный
Раскрасавец
Раскрасавица [**Раскрасавец**]
Расхороший (ты мой)
Редкое свиданье — приятный **гость**

Роскошный
Роскошь (какая)!
Рыцарский поступок [**Рыцарь**]
Рыцарь (Настоящий рыцарь)
С благоговением и преданностью [**Благоговение**] [**Преданность**]
С Вами (всегда) так хорошо [**Хороший**]
Светлая голова [**Светлый**]
Светлой памяти (кто) [**Память**]
Светлый ум
Свидетельствую Вам своё **почтение** (**уважение**...)
С головой [**Голова**]
С горячим приветом... (подпись адресанта) [**Привет**]
Сердечно
Сердечно Ваш (подпись адресанта)
Сердечный
Сердцем Ваш (подпись адресанта) [**Сердце**]
Серебряный
Сила
Силища [**Сила**]
Сильно [**Сильный**]
Сильный
Сильфида
Симпатичный
Симпатично [**Симпатичный**]
Симпатуля [**Симпатичный**]
Симпатулечка [**Симпатичный**]
С истинною **преданностью** (истинным **почтением**, уважением...) (подпись адресанта)
Склоняю голову (перед Вами, Вашим...)
Славно [**Славный**]
Славный
Слов **нет**!
Слышал много (хорошего) о Вас [**Хороший**]
С любовью к Вам (подпись адресанта) [**Любовь**]
С мозгом [**Мозговитый**]
Смышлёный
С наилучшими **пожеланиями**... (подпись адресанта)
С нижайшим **почтением**... (подпись адресанта)
Снимаю шляпу (перед Вами...)
Совершеннейший [**Совершенный**]
Совершенный
Совершенство (Вы само **совершенство**)
Сокровище

Комплименты, похвала, одобрение. Этикетные эпитеты. Интенсификаторы вежливости

Сочту (Счёл бы) за **счастье** (**удовольствие**, **честь**...) (видеть Вас у себя, быть Вашим гостем...)

С совершенным **почтением**... (подпись адресанта)

С совершенным **почтением** и **преданностию** имею честь быть Ваш, Милостивый государь (Милостивая государыня), покорнейший **слуга** (подпись адресанта)

С сердцем человек [**Сердце**]

С совершенным **уважением** имею честь быть, Милостивый государь (Милостивая государыня), Ваш покорнейший **слуга**... (подпись адресанта)

Сто сот сто́ит

С (глубоким, неизменным...) **уважением** (подпись адресанта)

С умным разговориться, что мёду напиться [**Умный**]

С умным человеком и поговорить приятно [**Умный**]

С умом [**Умный**]

Счастлив видеть Вас (встретиться с Вами...)

Счастлив с Вами познакомиться

Счастливый

Счастливый к обеду (роковой под обух)

Счастье (Вы моё счастье)

Считаю (приятным) долгом засвидетельствовать Вам своё **почтение** [**Долг**]

Так (Так-так)

Так держать

Такой **красивый** (**красавец**...) стал!

Талант

Талантище [**Талант**]

Талантливо [**Талантливый**]

Талантливый

Твой (подпись адресанта)

Твой до гроба (по гроб жизни, до гробовой доски...) (подпись адресанта)

То ли любо [**Любый**]

Толк будет (выйдет)

Толково [**Толковый**]

Толковый

У!

Убогий

Уважаемый

Уважаю (я уважаю Вас за...) [**Уважать**]

Уважающий Вас (подпись адресанта) [**Уважать**]

Угодно (было) Вам (сделать, сказать...)

Удаленький [**Удалый**]

Удалой (**Удалый**)

Удивительно [**Удивительный**]

Удивительный

Умник [**Умный**]

Умница [**Умный**]

Умница (и) разумница [**Умный**]

Умничка [**Умный**]

Умно [**Умный**]

Умного человека приятно послушать [**Умный**]

Умные речи приятно и слушать [**Умный**]

Умный

Усерднейший [**Усердный**]

Усердно [**Усердный**]

Усердный

Уха сладка, варея гладка, будто **ягодка**

Фея (Вы фея)

Фора (Форо)!

Хвала

Хвала и **честь**

Хвалить не устать (было бы под стать)

Хвалю [**Хвалить**]

Хват

Хват парень

Хорошее дело [**Хороший**]

Хорошеете (Вы всё хорошеете)

Хорошенький [**Хороший**]

Хороший (Вы такой хороший...)

Хороший **гость** всегда к обеду

Хорошо [**Хороший**]

Хорошую речь хорошо и слушать [**Хороший**]

Хоть куда

Хоть (сейчас) под венец (к венцу)

Храбрый (Вы храбрый человек)

Цветёте всё

Цены нет

Чаровница

Чародей

Чародейка [**Чародей**]

Честно́й

Что за (прелесть, чудо...)!

Что надо

Что нам званые, были бы желанные (жданные)!

Чувствительнейше [**Чувствительный**]

Чувствительнейший [**Чувствительный**]

Чувствительный

Чувствительно [**Чувствительный**]

Чуднейший [**Чудесный**]

Чудесно [**Чудесный**]
Чудесный
Чудненько [**Чудный**]
Чу́дно [**Чудный**]
Чудный
Чудо как (хороша, мила...)
Чудо (просто)
Шарман
Шик [**Шикарный**]
Шик-блеск [**Шикарный**]
Шик модерн [**Шикарный**]
Шикарно [**Шикарный**]
Шикарный
Экий (молодец, богатырь...)
Экстра
Экстракласс
Элегантно [**Элегантный**]
Элегантный
Этак (Этак-этак)
Это **да**!
Это делает Вам **честь**
Это очень **любезно** (**благородно, мило**...) с Вашей стороны
Я в восторге от Вас (Вашего...) [**Восторг**]
Я восторгаюсь (Вами..., Вашими...) [**Восторгаться**]
Я (очень, весьма...) доволен Вами (Вашей работой...) [**Довольный**]
Я (очень) доволен (нашей встречей, беседой..., что мы так приятно побеседовали...) [**Довольный**]
Я **счастлив**, что...

Ответы на похвалу, комплимент

Благодарю (Вас за комплимент) [**Благодарить**]
Весьма **польщён**
Взаимно
Вы делаете мне много чести [**Честь**]
Вы мне делаете **комплимент**
Вы мне льстите [**Льстить**]
Вы **преувеличиваете** (мои достоинства)
Доброе (ласковое) слово и кошке приятно [**Добрый**]
Добрый привет и кошке люб
Лестно слышать [**Лестный**]
Много (слишком) чести [**Честь**]
На добром слове кому не **спасибо**!
Ну уж (Вы скажете тоже)!
Ну что Вы!

Польщён (весьма польщён)
Похвала молодцу пагуба
Приятно слышать [**Приятный**]
Рад (Я очень рад), что Вам понравилось
Сахаром в уста [**Сахар**]
Спасибо (за комплимент)
Что было, то было (закат доалел)

9. Соболезнование, сочувствие, утешение, ободрение

Ай[2] (Ай-ай-ай!)
Беда
Беда не беда, лишь бы не было греха
Бедная (ты моя) головушка [**Бедный**]
Бедненький [**Бедный**]
Бедность не порок
Бедный (ты мой)
Бедняга [**Бедный**]
Бедняжечка [**Бедный**]
Бедняжка [**Бедный**]
Бедняк [**Бедный**]
Бедолага [**Бедный**]
Без греха века не проживёшь (без стыда лица не износишь) [**Грех**][**Стыд**]
Без спотычки и конь не пробежит
Без стыда лица не износишь [**Стыд**]
Битая посуда два века живёт
Бог виноватого найдёт
Бог всё к добру строит
Бог дал, Бог и взял
Бог дал живот, даст и здоровье
Бог даст, всё **обойдётся**
Бог даст день, даст и пищу
Бог милостив
Бог не без милости (казак не без счастья)
Бог не выдаст — свинья не съест
Бог неправду сыщет
Бог отымет, Бог и подаст
Бог по силе крест налагает
Бог простит [**Простить**]
Бог с тобой
Бог терпел и нам велел
Брань на вороту не виснет
Бросьте (горевать, печалиться...)
Будем живы — не помрём [**Живой**]
Будет (Вам горевать...)
Будет день, будет и пища
Будет и на нашей (на Вашей) улице праздник
Будет платье и на нашей братье

Соболезнование, сочувствие, утешение, ободрение

Будьте покойны [**Покойный**]
Будьте спокойны (в спокое) [**Спокойный**]
Бывает
Бывает и костыль (палка...) стреляет
Бывает и медведь (корова...) летает
Бывает и у девушки муж помирает
Бывает хуже, но реже
Бывают в жизни огорченья... [**Бывает**]
Были бы **кости**, мясо нарастёт
Вам **надо** успокоиться [**Успокойтесь**]
Вас постигло большое **горе**
Вас постигла тяжелая (большая, невосполнимая...) **утрата**
Ваша **потеря** непоправима (невосполнима, очень тяжела...)
Век долог, всем полон
Взойдёт солнышко и к нам (к Вам) во двор
Видно, **судьба** (судьбина) такая
Видно, так Богу угодно (было) [**Бог**]
В могилке, что в перинке
Возьмите себя в руки
Время всё лечит (залечит)
Время лучший лекарь
Время переходчиво
Всего горя не переплачешь (даст Бог, ещё много впереди) [**Горе**]
Все (мы) под Богом ходим
Все там будем (да не все сразу, не все в одно время)
Всем там быть — кому раньше, кому позже [**Все там будем**]
Всё будет в ажуре [**Всё будет хорошо**]
Всё будет в порядке [**Порядок**]
Всё будет в самом лучшем виде [**Всё будет хорошо**]
Всё будет **нормально** [**Всё будет хорошо**]
Всё будет **о'кей** [**Всё будет хорошо**]
Всё будет **путём** [**Всё будет хорошо**]
Всё будет хорошо
Всё в жизни **бывает**
Всё в воле Божьей [**Всё в руках Господних**]
Всё в руках Господних
Всё ещё **впереди** (у Вас, у тебя)
Всё **к лучшему** (в этом лучшем из миров)
Всё минет, всё пройдёт [**Минуть**]
Всё минется, одна правда останется [**Минуть**]
Всё минется, с тобой не останется [**Минуть**]
Всё **обойдётся**
Всё **образуется**
Всё от Бога [**Бог**]

Всё **перемелется** (мука будет)
Всё **пройдёт**
Всё **пустяки** в сравнении с вечностью
Всё **распогодится**
Всё **устроится**
(Всё) что ни делается (что Бог ни делает) — всё к лучшему [**Всё к лучшему**]
Всякое в жизни **бывает**
Всяк умрёт, как смерть придёт
Всякому своя **обида** горька
В тесноте, да не в обиде
Выброси это из головы
Вы в этом не виноваты [**Виноват**]
Вы не должны огорчаться (расстраиваться...) [**Должен**]
Вы ни в чём не виноваты [**Виноват**]
Вы понесли большую (невосполнимую...) **утрату**
Выражаю Вам глубокое **соболезнование** (сочувствие)
Высохни глазами
Вытьём делу не пособишь
Выше голову [**Держи голову выше**]
Где потеснее, там и дружнее (веселее) [**В тесноте, да не в обиде**]
Где тесно, там и место [**В тесноте, да не в обиде**]
Глаза боятся, а руки делают [**Глаз**]
Горе-то какое!
Горе да беда с кем не была!
Горе (Горюшко) (ты) моё (горькое, горемычное, луковое...)
Горе не беда
Горебедный [**Горе**]
Горевой [**Горе**]
Горемыка [**Горе**]
Горемычный [**Горе**]
Горюша [**Горе**]
Горюшенька [**Горе**]
Горюшка [**Горе**]
Грех да беда на кого не живёт
Грех да беда с кем не была
Господь дал, Господь (и) взял
Да утешит Вас Бог! [**Утешить**]
Двум смертям не бывать (а одной не миновать) [**Минуть**]
Дело поправимое
Деньги — дело наживное
Деньги не голова, наживное дело
Деньги потерял — ничего не потерял

Соболезнование, сочувствие, утешение, ободрение

Держи голову (нос) выше
Держите себя в руках
Держи хвост пистолетом (морковкой, трубой)
Держитесь
До свадьбы заживёт
Ерунда (какая)!
Ерунда (Пустяки) по сравнению с мировой революцией
Есть о чём горевать (кручиниться...)
Ещё не вечер
Живы будем — не помрём [Живой]
Жизнь не по молодости, смерть не по старости
Жизнь прожить не поле перейти
Жить бы ему (ещё) да жить
Забудьте всё, живите как в раю [Забыть]
Забудьте об этом [Забыть]
Заживёт
За одного битого двух небитых дают (да и то не берут)
За терпенье даёт Бог спасенье
Зима не лето, переживём и это [Пережить]
И на Машку бывает промашка
И на небе грозы бывают (случаются) [Бывает]
И на старуху бывает проруха
И не нам чета без доли живут
И не наши сени подламываются
И не такое бывает
И почище нас, да слезой умываются
Искренне Вам сочувствую
Какая ерунда (чепуха)!
Какая жалость! [Какой]
Какие мелочи! [Какой]
Какие пустяки! [Какой]
Какое горе (несчастье)! [Какой]
Как я Вам сочувствую!
Как я Вас понимаю! [Понимать]
Когда будем помирать, тогда будем горевать
Кого Бог любит, того и наказует
Коли быть беде, то её не минуешь [Беда] [Минуть]
Колотись да бейся, а всё же надейся (а на Бога надейся)
Кому (суждено) быть повешену, тот не утонет [Кому что на роду написано]
Кому суждено опиться, тот обуха не боится [Кому что на роду написано]
Кому суждено сгореть, тот не утонет [Кому что на роду написано]
Кому что Бог даст [Кому что на роду написано]
Кому что на роду написано
Конь о четырёх ногах и то (тот) спотыкается
Кости целы — мясо нарастёт
Крепитесь
Крута гора, да забывчива, лиха беда, да сбывчива
Кто без греха! [Грех]
Кто без греха и кто бабе не внук? [Грех]
Кто Богу не грешен, кто бабе не внук? [Грешный]
Кто Богу не грешен (царю не виноват)! [Грешный]
Кто горя не знавал! [Горе]
Кто мал не бывал, кто пелёнок не марал!
Кто не умер в пелёнках, не умрёт и в портянках
Лёгкая беда [Лёгкий]
Лёгко ли! [Лёгкий]
Лиха беда, да сбывчива
Лиха беда начало
Лихо терпеть, а стерпится, слюбится [Стерпится, слюбится]
Лучше в обиде быть, чем в обидчиках [Обида]
Лучше маленькая рыбка, чем большой таракан
Лучше плохо ехать, чем хорошо идти
Лучше хлеб с водою, чем пирог с бедою
Люди не ангелы [Ангел]
Людское счастье, что вода в бредне
Мало ли что в жизни бывает
Мёртвый не без гроба (могилы), живой не без кельи (места)
Милые бранятся — только тешатся
Мир не без добрых людей [Добрый]
Могло быть хуже
Можете спать спокойно [Спокойный]
Москва не сразу строилась
Мы с печалью, а Бог с милостью
На веку, как на долгом волоку (разное пережить придётся)
На всё воля Божья (Господня)
На всякий час не убережёшься
На грех мастера нет
Надейтесь на Бога (на милость Божью) [Надеяться]
Надо (Вам надо) успокоиться (взять себя в руки) [Успокойтесь]
Наплюй
Наплюнь [Наплюй]
На чужой роток не накинешь платок
На чужой рот пуговицы не нашьёшь [На чужой роток...]

Соболезнование, сочувствие, утешение, ободрение

Нашли о чём горевать (кручиниться...)
На этом свете помучаемся, на том порадуемся
Не беда
Не берите в голову
Не беспокойтесь [Беспокоиться]
Не бойся [Не бойтесь]
Не бойтесь
Небось [Не бойтесь]
Не в деньгах счастье [Деньги]
Не вдавайся в тоску
Не везёт в картах, повезёт в любви
Не велика беда
Не вернёшь (кого, что-л.)
Не вешай голову (нос)
Не всем большим под святыми сидеть
Не всем казакам в атаманах быть
Не всем чернецам в игуменах быть
Не всё ненастье, проглянет и солнышко
Не вспоя, не вскормя, ворога не увидишь
Не всякая пуля в кость да в мясо (иная и в поле)
Не всякое лыко в строку
Не всякому слуху верь
Не Вы первый, не Вы последний
Не выросла та яблонька, чтоб её черви не точили
Не горюйте
Не грустите
Не дрейфь
Не думайте об этом
Не журитесь
Не извольте беспокоиться (сомневаться...) [Изволить]
Не квась глаза
Не кручиньтесь
Не круши себя
Не крушися [Не круши себя]
Не место красит человека, а человек место
Не надо (Не нужно) (горевать, огорчаться...)
Не наполним моря слезами, не утешим супостата печалью [Слезами горю не поможешь]
Не нашим умом, а Божьим судом [Бог]
Не обращайте внимания
Не огорчайтесь
Не отчаивайтесь
Не о чем (плакать, расстраиваться...)
Не падайте духом
Не переживайте
Не печалуйся [Не печальтесь]
Не печальтесь

Не плачьте
Не плачь битый, плачь небитый
Не плачь — Бог подушечку положит
Не плачь, я куплю тебе калач
Не плачься, Бог лучше полюбит [Не плачь/те]
Не поймал карася, поймаешь щуку
Не покойник на столе
Не принимайте близко к сердцу
Не пугайтесь
Не радуйся нашед, не плачь потеряв [Не радуйся, что нашёл...]
Не радуйся, что нашёл, не горюй, что потерял
Не расстраивайтесь
Не робейте
Не робей, воробей (дерись с вороной) [Не робейте]
Не робей, Гурей [Не робейте]
Не с деньгами (богатством) жить, а с человеком (с добрыми людьми) [Деньги]
Не скучайте
Не скучай в нынешний случа́й (время переходчиво) [Не скучайте]
Не сомневайтесь
Не столько смертей, сколько болестей (сколько скорбей)
Не счастлив в игре, так счастлив в любви
Нет дому без гому
Не теряйте выдержки (присутствия духа)
Нет худа без добра
Не так страшен чёрт, как его малюют
Не то забота, что много работы, а то забота, как её нет
Не томи себя
Не тоскуйте
Не тревожьтесь
Не трусь
Не тужите
Не тужи, наживешь ременны гужи
Не убивайтесь (так)
Не убивайте себя так [Не убивайтесь]
Не унывайте
Не унывай, а Бога призывай (на Бога уповай)
Ни печали без радости, ни радости без печали (не бывает) [Радость]
Ничего
Ничего (уже) не изменишь (нельзя изменить...) [Ничего не поделаешь]
Ничего не поделаешь
Ничего, распогодится

Соболезнование, сочувствие, утешение, ободрение

Ничего страшного
Носи платье, не смётывай, терпи горе, не сказывай [**Терпеть**]
Нужно (Вам нужно) успокоиться (взять себя в руки...) [**Надо**]
Обойдётся (Всё обойдётся)
Образуется (Всё образуется)
Один Бог без греха [**Грех**]
Одна **беда** не беда
О сбежавшем молоке не плачут
От всякой печали **Бог** избавляет
От греха не уйдёшь [**Грех**]
От смерти не посторонишься
От судьбы не уйдёшь [**Судьба**]
От судьбы не спрячешься [**Судьба**]
Отерпимся и мы людьми будем
Память о нём мы сохраним в наших сердцах
Первую песенку зардевшись спеть [**Первый**]
Первый блин (всегда) комом
Переживаю вместе с Вами [**Переживать**]
Переживаю за Вас [**Переживать**]
Переживём и это [**Переживать**]
Перемелется — мука́ будет
Перемените печаль на радость [**Перемените гнев на милость**]
Песчина (ты моя)
Песчинушка (ты моя) [**Песчина**]
Плачь не плачь, а есть-пить надо [**Плакать**]
Плюнь на всё (береги своё здоровье)
Плюнь на него (на неё, на них...)
Плюнь на всё с высокой колокольни
Победный (ты мой)
Победная ты моя головушка [**Победный**]
Подумаешь, беда какая
Подумаешь, горе (какое)
Подыми голову
Поживёшь на веку, поклонишься и хряку [**Век**]
Позвольте выразить Вам мои (наши) глубокие (искренние...) **соболезнования**
Пока толстый сохнет, тонкий (тощий) сдохнет
По ком беда не ходила!
Покорись беде, и **беда** покорится
Полно (не плачь, не горюй...)
Полно Вам плакать (горевать...)
Полно печалиться, дело не поправится
Полноте [**Полно**]
Полоса пробежит, другая набежит
Поправимое дело
Прежде смерти не умрёшь [**Раньше смерти не умрёшь**]

Придёт солнце и к нашим (Вашим) окошечкам
Примите моё (глубокое, искреннее...) **сочувствие**
Примите мои (глубокие, искренние...) **соболезнования**
Приношу (Приносим) Вам свои глубокие, искренние **соболезнования** (в связи с постигшим Вас горем, невосполнимой **утратой**...)
Пришла беда — не брезгуй и ею
Пройдёт (Всё пройдёт)
Пропавшее **не вернёшь** (не вернуть)
Пустяки (какие)
Пустяки в сравнении с вечностью
Пустяки (Ерунда) по сравнению с мировой революцией
Пустяки, дело житейское
Радоваться (Вам) надо (бы), а не горевать (не плакать...)
Радость не вечна, печаль не бесконечна
Разделяю (Я разделяю) Ваше горе (Вашу скорбь, печаль...)
Раз на раз не приходится
Разделяю вместе с Вами горечь (боль) невосполнимой **потери** (утраты)
Разрешите выразить Вам мои (наши) (глубокие, искренние...) **соболезнования** (в связи с постигшим Вас горем..., тяжёлой утратой...)
Раньше смерти не умрёшь (не помрём)
Распогодится
С Богом не поспоришь [**Бог**]
Свет не без добрых людей [**Добрый**]
Свет не клином сошёлся (на ком, чём-л.)
С глубоким (душевным) **прискорбием** узнал о (постигшем Вас горе..., постигшей Вас утрате)
С глубоким **прискорбием** извещаем о...
Се ля ви (как говорят французы)
Сердяга [**Сердечный**]
С кем не **бывает**?
С кем греха не бывает? [**Грех**]
Склоняю голову перед светлой памятью (кого-л.) [**Память**]
Сколько ни за́стится, а снова проя́снится
Сколько ни **плакать**, а быть перестать
Скорблю (Я скорблю) вместе с Вами
Слезами горе не зальёшь [**Слезами горю не поможешь**]
Слезами горю не поможешь

Слезою моря не наполнишь [**Слезами горю не поможешь**]
Слезою сыт не будешь, думою горя не размыкаешь [**Слезами горю не поможешь**]
Снявши голову, по волосам не плачут
Соболезную Вам (Я глубоко, искренне Вам соболезную)
Со всяким **бывает**
Сожалею, что...
Сочувствую Вам (Я глубоко, искренне...) Вам сочувствую
Спокойно [**Спокойный**]
Стерпится — слюбится
Страшен сон, да милостив Бог
Стыд не дым, глаза не выест
Так **Бог**, видно (знать), судил [**Судить**]
Так, видно (знать), Богу угодно (было) [**Бог**]
Так, видно (знать) на роду (было) написано
Так, видно, суждено (было) [**Судить**]
Так мир устроен [**Мир** ^{2}]
Такова **жизнь**
Твоя **беда** износится
Терпенье и труд всё перетрут
Терпенье — лучшее спасенье
Терпи, казак, атаманом будешь [**Терпеть**]
То не **беда**, что денег просят, а то беда, как даёшь, да не берут
Тут нет Вашей вины [**Вина**]
Тяжело в учении — легко в бою
У Бога милости (милостей) много [**Бог**]
У Вас большое **горе**
У Вас ещё вся жизнь впереди [**Всё ещё впереди**]
У всякой избушки свои поскрипушки
Уймись
У кошки боли, у собачки боли, а у (Наденьки) заживи
Успокойтесь
Утешьтесь [**Утешиться**]
Утро вечера мудренее (а мы будем поумнее)
Утро мудренее живёт вечера [**Утро вечера мудренее**]
Хочу (хотел бы) выразить Вам моё (глубокое, искреннее...) **соболезнование (сочувствие)**
Христос терпел и нам велел [**Господь**]
Человек не **ангел**
Человек предполагает, а **Бог** располагает
Человек с лихостью, а **Бог** с милостью
Чему быть (бывать), того не **миновать**

Чему не год, так и семенам не род (не всход)
Что Бог ни делает, **всё к лучшему**
Что делать!
Что за **беда**!
Что (же) поделаешь (сделаешь)... [**Что делать**]
Что о том тужить, чего не воротить
Что о том тужить, чему не пособить [**Что о том тужить, чего не воротить**]
Что с возу упало, то пропало
Что стерпится, то слюбится [**Стерпится, слюбится**]
Эка паря! [**Парень**]
Экая (Эка) **беда**!
Экая (Эка) невидаль!
Эта **беда** не беда
Это всё поправимо [**Поправимое дело**]
Это **горе** — полгоря
Это дело **поправимое**
Это **ерунда**
Это не Ваша **вина**
Это **пустяки**
Я Вам (глубоко...) **сочувствую**
Я (так...) Вас понимаю [**Понимать**]
Я тебе советую: залепи газетою [**Советовать**]

10. Прощание

Адью
Аля́-улю́!
Аривидерчи
Бай-бай
Бог по дороге, а чёрт стороной
Бог на дорогу, Никола в путь
Бог на прощенье [**Прощение**]
Бог на прощенье, приходи в Крещенье, барана убьём [**Прощение**]
Бога видишь, дверь знаешь [**Бог**]
Бог простит [**Простить**]
Будь
Будьте здоровы [**Здоров** ^{1}]
Будь здоров на сто годов (а что жил, то не в зачёт пошло) [**Здоров** ^{1}]
Будьте (Бывайте) здоровы, живите богато (а мы уезжаем до дому, до хаты) [**Здоров** ^{1}]
Будь здорова, моя черноброва [**Здоров** ^{1}]
Будь здоров, не кашляй [**Здоров** ^{1}]
Будьте при месте [**Место**]
Бывайте
Бывайте здоровы (живы-здоровы) [**Здоров** ^{1}]
Бывайте к нам (у нас)

Прощание

Бывайте с беседой
Ваш **слуга**
Вашему сиденью наше **почтенье**
Вашу ручку [**Рука**]
В **добрый** путь
Ветра в паруса [**Ветер**]
Вот тебе **Бог**, а вот порог
Всего [**Всего хорошего**]
Всего доброго [**Всего хорошего**]
Всего лучшего [**Всего хорошего**]
Всего наилучшего [**Всего хорошего**]
Всего хорошего
Всех благ [**Благо**]
Всякого блага [**Благо**]
Вы (можете быть) свободны [**Свободный**]
Гладкой (Гладенькой) **дорожки**
Гора с горой не сходится, а человек с человеком сходится
Горячо обнимаю (и **целую**) Вас [**Обнять**]
Господь с Вами
Гость гости, а пошёл — прости
Гуд бай
Гудбайте [**Гуд бай**]
Да будет **мир** с тобою (с вами)
Давай
Давайте прощаться [**Прощайте**]
Дай Бог добрый путь [**Добрый**]
Дай (давай) руку (пять, краба...) [**Рука**]
Дальние (долгие) проводы — лишние слёзы [**Долгий**]
Доброго здоровья [**Здоровье**]
Доброго пути [**Добрый**]
Доброй ночи [**Добрый**]
Добрый путь
До (новой, скорой...) встречи
До завтра
Долгие (дальние) проводы — лишние слёзы [**Долгий**]
Должен (Я должен) с Вами **попрощаться**
До первого поцелуя
До побачення (побаченья)
До приятного (свидания)
До свидания (в...)
До свиданья, милое создание
До свиданьица
До скорого (свидания)
До следующего письма
Жду нашей встречи
Жду ответа
Жду ответа, как соловей лета

Желаю Вам здравия и спасения, во всём благое **поспешенье**, на врага же победу и одоление
Желаю **здравствовать**
Жму руку (лапу, длань...) [**Рука**]
Запоздился я...
Засиделся я...
Засим прощайте (прощенья просим, счастливо оставаться, остаюсь **покорный слуга**...)
Затем (прощайте, остаюсь...)
Здравия желаю
Идите с Богом [**Бог**]
Идите с миром [**Мир**]
Извините, мне **пора** (мне нужно..., я должен идти)
Имею **счастье** пребывать Вашим покорнейшим слугою (подпись адресанта)
И прощаю, и прощенья прошу [**Простить**]
Как копеечка с копьём, оставайся ты (хозяюшка) с добром [**Оставаться**]
К вам на беседу [**Беседа**]
Кланяйся нашим, как увидишь своих [**Кланяться**]
Кланяйся своим (да не забывай и наших) [**Кланяться**]
Кланяйтесь от меня (от нас) (Н.) [**Кланяться**]
Кланяться велел (приказал...)
Кланяюсь Вам (Вашим близким...) [**Кланяться**]
Колесом дорога
Крепко жму Вашу **руку**
Крепко обнимаю (и **целую**) Вас [**Обнять**]
К сожалению, мне **пора** (нужно, я должен идти)
Милые гости, не надоели ли вам хозяева? [**Гость**]
Мне остаётся только **попрощаться**
Моё **почтение**
Можете быть свободны [**Свободный**]
Можете идти [**Мочь**]
Мы ещё увидимся (не прощаюсь) [**Прощайте**]
Мягкой посадки
Надеюсь, скоро **увидимся**
Надо гостям и честь знать
Надо избу выстудить, жарко
На свиданье прощаемся [**Прощайте**]
Наше Вам наиглубочайшее
Наше (Вам) **почтение**
Не буду Вам **мешать**

Прощание

Не забывайте нас [**Забыть**]
Не задерживаю Вас (Я Вас больше не задерживаю) [**Задерживать**]
Не поминайте лихом (худом) [**Поминать**]
Не прощаюсь (мы ещё **увидимся**)
Не **смею** больше Вас **задерживать**
Не **смею** Вас более обременять (беспокоить) (своим присутствием)
Не **смею** (Вас) удерживать (задерживать)
Низко кланяюсь (Вам, Вашим близким) [**Кланяться**]
Никола в путь (Христос по дорожке)
Ну, мне **пора**
Ну, я пошёл (**пойду**, побежал...)
Обнимаю Вас (и **целую**) (подпись адресанта) [**Обнять**]
Общий **поклон**
Общий **привет**
Оревуар
Оставайтесь живы-здоровы [**Оставаться**]
Оставайтесь с Богом (со Христом) [**Оставаться**]
Оставайтесь с добром [**Оставаться**]
Оставайтесь с миром [**Оставаться**.] [**Мир**[1]]
Остаюсь Ваш (любящий Вас..., Ваш **покорный слуга**...) (подпись адресанта) [**Оставаться**]
Откланиваюсь [**Откланяться**]
Откланяйтесь Н. [**Откланяться**]
Передайте (мой) **привет** Н.
Пишите
Пишите письма
Побегу я
Побёг я [**Побегу я**]
Побежал я [**Побегу я**]
Поди, Бог с тобой
Пожимаю Вам руку [**Пожать**]
Позвольте откланяться
Позвольте **попрощаться**
Позвольте **удалиться**
Пойду я
Пока
Пока всего хорошего
Пока до свидания
Пока простите [**Простить**]
Пока прощайте
Покеда [**Пока**]
Покедова [**Пока**]
Покеле [**Пока**]
Покелева [**Пока**]
Покелеча [**Пока**]
Покель [**Пока**]
Покеля [**Пока**]
Поколева [**Пока**]
Покров Божий над тобой
Покуль [**Пока**]
Покыль [**Пока**]
Попутного ветра [**Ветер**]
Пора (мне)
Пора (гостям) и честь знать
Поручаю себя Вашей благосклонности (Вашему благорасположению...)
Поцелуйте за меня Н. [**Поцеловать**]
Почтительно (почтительнейше) **кланяюсь** (Вам, Н.) [**Почтительный**]
Пошёл я [**Пойду я**]
Пребуду навсегда **почитающий** (любящий...) Вас (подпись адресанта)
Пребываю (Засим пребываю) Вашим покорнейшим слугою... (**преданный Вам**..., любящий Вас...) (подпись адресанта)
Пребываю с **почтением** и **преданностию** в ожидании ответа (Ваш **покорный слуга**...) (подпись адресанта)
Препоручаю себя Вашему благорасположению (покровительству, Вашей благосклонности...) (подпись адресанта) [**Поручаю себя**]
Привет
Привет (и наилучшие **пожелания**) Н.
Привет родителям
Приказали (Н. приказал) **кланяться**
Примите **привет** (мой, от Н.)
Примите чувства **уважения** и **преданности**...
Примите и проч. [**Принять**]
Присядем на дорожку [**Присядьте**]
Просим прощенья [**Прощение**]
Просим прощенья, благодарим за угощенье [**Прощение**] [**Благодарить**]
Прости-прощай [**Простить**]
Прощайте
Прощайте все рядом
Прощайте до встречи (в...)
Прощайте до свидания
Прощайте меня
Прощай пока (покудова...)
Прощай, развозжай, разиня уже уехал
Прощайте, соседи, до будущей беседы
Прощевайте (покудова) [**Прощайте**]
Путь да дорога
Путь добрый

Прощание

Путь (Вам) **чистый**
Рад был видеть (повидать...) Вас
Разрешите быть свободным? [**Свободный**]
Разрешите идти?
Разрешите **откланяться**
Разрешите **попрощаться**
Разрешите **удалиться**
Салют
С Богом [**Бог**]
Скатертью дорога (дорожка)
Скатертью дорога, в спину пóветерь
Скатертью дорога, лентой ровный путь
С (сердечным, дружеским, коммунистическим...) приветом (подпись адресанта) [**Привет**]
Со Христом со великим [**Христос**]
Ступайте с Богом [**Бог**]
Ступайте с миром [**Мир**]
Счастливенько (Вам) [**Счастливый**]
Счастливо (Вам) (съездить, добраться...) [**Счастливый**]
Счастливо оставаться [**Счастливый**]
Счастливо оставаться, век не расставаться [**Счастливый**]

Счастливой дороги [**Счастливый**]
Счастливого пути (**Счастливый** путь)
Ты прости меня, **прощай**, вечно помнить обещай
Тысяча приветов (поцелуев)
Увидимся (ещё)
Удаляюсь (Я удаляюсь) [**Удалиться**]
Ходите почаще, без вас веселей
Хочу **попрощаться** (с Вами)
Христос с Вами
Целованье тебе
Целую Вас (крепко, нежно, горячо...)
Целую Вашу руку (ручку)
Целую руки, жду конца разлуки
Чао
Чао, бамбино
Чао-какао
Чаушки [**Чао**]
Чаю встречи
Честь имею (кланяться, откланяться)
Широкий путь, вольная дорожка
Я Вас больше не задерживаю [**Задерживать**]
Я прощаюсь с Вами (до...) [**Прощайте**]
Я (с Вами) не прощаюсь... [**Прощайте**]

Русские пословицы и поговорки о языке, речи и культуре речевого поведения

Балаболит, как балаболка.
Без языка и колокол нем.
Безобычному человеку с людьми не жить.
Беседа не без красного словца.
Блюди хлеб на обед, а слово на ответ (на привет).
Бог дал два уха и один язык.
Богу-то молись, да и чёрту не груби.
Бойся Вышнего, не говори лишнего.
Больно тонко прохаживаться изволите: чулочки отморозите.
Больше дела, меньше слов.
Бормочет, что глухарь.
Бранись, бранись, да на мир слово оставляй.
Бритва скребёт, а слово режет.
В добрый час молвить, в худой промолчать.
Всякая ссора красна миром.
В умной беседе ума набраться, в глупой свой потерять.
В чужой беседе всяк ума купит.
В чужом доме не будь приметлив, а будь приветлив.
В чужом доме не указывают.
Верёвка хороша длинная, а речь короткая.
Вертит языком, что корова хвостом.
Во многом глаголании несть спасения.
Во многословии не без пустословия.
Всё мы говорим, да не всё по-говореному выходит.
В сердце льстец всегда отыщет уголок.
Вчера солгал, а сегодня лгуном называют.
Выстрелив, пулю не схватишь, слово сказав — не воротишь.
Где много толков, там мало толку.
Говори с другими поменьше, а с собою побольше.
Говори, да назад оглядывайся.
Говори, да не заговаривайся.
Говори, да не спорь, а хоть и спорь, да не вздорь.
Говорит день до вечера, а послушать нечего.
Говорит как по писаному.
Говорит красно, да слушать тошно.
Говорит крестом, а глядит пестом.
Говорит направо, а глядит налево.
Говорит прямо, а делает криво.
Говорит, будто клеит.
Говорит, как клещами на лошадь хомут тащит.
Говорит редко, да метко.
Говорит, словно реченька журчит.
Говорит, что родит.
Говорить беда, а молчать другая.
Говорить не устать, было б что сказать.

Пословицы и поговорки о языке и речи

Гость гости, а пошёл — прости.
Гостю — почёт, хозяину — честь.
Губы да зубы — два запора (забора), а удержу нет.
Держи язык за зубами.
Держи язык короче.
Держи язык на привязи (на верёвочке).
Для красного словца не пощадит ни матери, ни отца.
Доброе (ласковое) слово и кошке приятно.
Доброе молчанье лучше худого ворчанья.
Доброе словечко в жемчуге.
Доброе слово сотни пустых стóит.
Добрым словом и бездомный богат.
Дома, как хочу, а в людях, как велят.
Если говоришь, что думаешь, так думай, что говоришь.
Ешь пирог с грибами, а язык держи за зубами.
Живое слово дороже мёртвой буквы.
За правое дело говори (стой) смело.
За словом в карман не полезет (ему слово, а он — десять).
За спасибо мужичок в Москву сходил, да ещё полспасиба домой принёс.
За твоим языком не поспеешь босиком.
За хлеб-соль не платят, кроме спасиба.
За худые слова слетит и голова.
Звону много, да толку мало.
Знала б наседка, узнает и соседка.
Знать сороку по язычку.
И дорого б дал за словечко, да не выкупишь.
И собака ласковое слово знает (понимает).
И собаку ласково примолвишь, так хвостом вертит (так не скоро укусит).
Из пустого в порожнее переливает.
И хорошее слово хорошо один раз.
Кабы я ведал, где ты ныне обедал, знал бы я, чью ты песню поёшь.
Каковы свойства, таковы и речи.
Каркает, как ворона.
Клади крест по писаному, поклон веди по-учёному.
Кланяйся по-новому, а живи по-старому.
Коня на вожжах удержишь, а слова с языка не воротишь.
Короткую речь слушать хорошо, под долгую речь думать хорошо.
Короток язык, так вытянут, а длинен, так окоротают.
Красна речь притчею (поговоркой).
Красна речь слушаньем (а беседа смиреньем).
Красно поле пшеном, а беседа умом.
Красное словцо не ложь.
Красную речь красно и слушать.
Кстати бранись, а и некстати — мирись.
Кстати промолчать, что большое слово сказать.
Кто говорит, тот сеет, кто слушает — собирает (пожинает).
Кто говорит, что хочет, — сам услышит, чего не хочет.
Кто кого заглазно бранит, тот того боится.
Кто мало говорит, тот больше делает.
Кто меньше толкует, тот меньше тоскует.

Пословицы и поговорки о языке и речи

Кто много говорит, тот мало делает.
Кто станет доносить, тому головы не сносить.
Кто языком штурмует, не много навоюет.
Ласковое слово и кость ломит.
Ласковое слово лучше мягкого пирога.
Ласковое слово многих прельщает.
Ласковое слово нетрудно, да споро.
Ласковое слово пуще дубины.
Ласковое слово что вешний денёк.
Ласковое слово что вешний лёд.
Ласковый телёнок двух маток сосёт.
Лишнее говорить — себе вредить.
Лучше недоговорить, чем переговорить.
Лучше ногою запнуться, нежели языком.
Льстец под словами — змей под цветами.
Мал язык, да всем телом владеет.
Манят: козонька, козонька, а приманят: волк тебя съешь!
Мелева много, да помолу нет.
Мели, Емеля, твоя неделя.
Мелким бесом рассыпается.
Меньше говори, да больше делай.
Мирская молва, что морская волна.
Много баять не подобает.
Много говорено, да мало сказано.
Много говорить — голова заболит.
Много знай, да мало бай.
Мягко стелет, да жёстко спать.
На великое дело — великое слово.
Наговорили, что наварили, глянь — ан и нет ничего.
На грубое слово не сердись, на ласковое не сдавайся.
На добром слове кому не спасибо?
На кого проговор не живёт.
На ласковое слово не кидайся, на грубое не гневайся.
Начал гладью, а кончил гадью.
Начал за здравие, а кончил за упокой.
На чужой рот пуговицы не пришьёшь.
На чужой роток не накинешь платок.
На языке мёд, да под языком лёд.
На языке медок, а на сердце ледок.
Называет другом, а обирает кругом.
Наперёд накорми, а там уж поспроси.
Напой, накорми, а после (вестей) расспроси.
Начал за здравие, а кончил за упокой.
Не бранись с тюрьмою да с приказною избою.
Не бранись: не чисто во рту будет.
Не будь в людях приметлив, будь дома приветлив.
Не будь гостю запасен, а будь ему рад.
Не всё вслух да в голос.
Не всё годится, что говорится.
Не всё мели, что знаешь.

Не всё та́ской, ино и лаской.
Не всякое слово (лыко) в строку.
Не гостям хозяина, а хозяину гостей благодарить.
Не груби малому, не вспомянет старый.
Не давай воли языку во пиру, во беседе, а сердцу в гневе.
Не дал слова — крепись, а дал — держись.
Не дорого ничто, дорого вежество.
Не люби поноровщика, люби спорщика.
Не любо — не слушай, (а врать не мешай).
Не мудрён привет, а сердца покоряет.
Не ножа бойся, а языка.
Не пройми копьём, пройми языком.
Не сквернит в уста, а сквернит из уст.
Не спеши языком, торопись (да не ленись) делом.
Не спрашивают, так не сплясывай.
Не спрашивают: чей да кто и откуда, а садись обедать.
Не стать говорить, так и Бог не услышит.
Не стыдно молчать, коли нечего сказать.
Не та хозяйка, которая говорит, а та, которая щи варит.
Не тот доброхот, у кого на устах мёд.
Не хвали в очи, не хули за глаза.
Невежа и Бога гневит.
Недобранка лучше перебранки.
Нетрудно ласковое слово, да споро.
Носи платье — не смётывай, терпи горе — не сказывай.
Обычай (старше) выше закона.
Один говорит — красно, двое говорят — пестро.
Он на ветер слов не бросает.
От доброго слова язык не усохнет.
От кого чают, того и величают.
От лихого не услышишь доброго слова.
От одного слова да навек ссора.
От поклона голова не отвалится (не заболит).
От приветливых слов язык не отсохнет.
От языка не уйдёшь, везде достанет.
Ошибка в слове не спор.
Падок соловей на таракана, а человек на льстивые речи.
Первая брань лучше последней.
Петь хорошо вместе, а говорить порознь.
Платье чисто, так и речь честна.
Плевка не перехватишь, сло́ва не воротишь.
По привету и собачка бежит.
Пожалуйста не кланяется, а спасибо спины не гнёт.
Поклониться — вперёд пригодится.
Поклоном поясницы не переломишь.
Поклоном спины не надсадишь, шеи не свихнёшь.
Поменьше говори, побольше услышишь.
Пошёл на обед, паси (неси) словцо на привет.
Праздное слово сказать, что без ума камнем бросить.
Про одни дрожди не говорят трожди.

Пословицы и поговорки о языке и речи

Птицу кормом, а человека словом обманывают (приманывают).
Пустая мельница и без ветру мелет.
Рад не рад, а говори: милости просим!
Ради красного словца не пожалеет родного отца.
Раз солгал, а навек лгуном стал.
Рассказчики не годятся в приказчики.
Речами тих, да сердцем лих.
Речи, как мёд, а дела, как полынь.
Речи, что снег, а дела, что сажа.
Рот нараспашку, язык на плечо.
Ртом болезнь входит, а беда выходит.
С брани люди сохнут, а с похвальбы толстеют.
С кем перекланиваться, с тем не перебраниваться.
С кем побранюсь, с тем и помирюсь.
С людьми мирись, а с грехами бранись.
С умным разговориться, что мёду напиться.
Свинья скажет борову, а боров всему городу.
Своего спасиба не жалей, а чужого не жди.
Скажешь — не воротишь, напишешь — не сотрёшь, отрубишь — не приставишь.
Сказал бы словечко, да волк недалечко.
Сказано — сделано.
Сказано — серебро, не сказано — золото.
Складно бает, да дела не знает.
Сколько ни говорить, а с разговору сытым не быть.
Сладко поёт, ино заслушаешься.
Словами, что листьем, стелет, а делами, что иглами, колет.
Слово — серебро, молчанье — золото.
Слово вымолвит, ровно жвачку пережуёт.
Слово дадено, как пуля стрелена.
Слово держать — не по ветру бежать.
Слово за слово цепляется.
Слово молвит, что рублём подарит.
Слово не воробей, вылетит — не поймаешь.
Слово не обух, а от него люди гибнут.
Слово не стрела, а пуще стрелы разит.
Слово не удар, а хуже удара.
Слово по слову, что на лопате подаёт.
Слово сказал, так на нём хоть терем клади.
Слово слову розь: словом Господь мир создал, словом Иуда предал Господа.
Словом и комара не убьёшь.
Слушай больше, а говори меньше.
Спасибо — великое дело.
Сперва подумай, потом говори.
Спорить спорь, а браниться грех.
Станут подносить, умей речь заносить.
Стрекочет, как сорока.
Сходись — бранись, расходись — мирись.
Тараторит, как тараторка.
Ты ему слово, а он тебе десять.
У злой Натальи все люди канальи.

Пословицы и поговорки о языке и речи

У кого что болит, тот про то и говорит.
У него вехотка во рту.
У него на всякий спрос ответ есть.
У него слово — олово (*т. е. тяжело, веско*).
У него слово слово родит, третье само бежит.
У него слово слову костыль подаёт.
У него суконный язык.
У него язык, что бритва.
У него язык, что помело.
Умей вовремя сказать, умей и смолчать.
Умные речи приятно и слушать.
Хорошо и там и тут, где по имени зовут.
Хорошую речь хорошо (приятно) и слушать.
Хоть хлеба краюшка да пшена четвертушка, от ласкова хозяина и то угощенье.
Честно величать, так на пороге встречать.
Честное (учтивое) слово и буйну голову смиряет.
Честь пива дороже (лучше).
Что кого веселит, тот про то и говорит.
Что написано пером, не вырубить (не вырубишь) топором.
Чужих слов не перебивай.
Я — последняя буква в алфавите.
Язык — стяг, дружину водит.
Язык блудлив, что коза (что кошка).
Язык до добра не доведёт.
Язык доведёт до кабака.
Язык до Киева доведёт.
Язык — жёрнов: мелет что попало (что на него ни попало).
Язык и с Богом беседует.
Язык кормит, и поит, и спину порет.
Язык мал, великим человеком ворочает.
Язык мой — враг мой (прежде ума глаголет).
Язык мой — враг мой: прежде ума рыщет, беды ищет.
Язык мягок: что хочет, то и лопочет.
Язык телу якорь.
Язык хлебом кормит и дело портит.
Язык царствами ворочает.
Язык языку ответ даёт, а голова смекает.
Языком болтай, а рукам воли не давай.
Языком и лаптя не сплетёшь.
Языком кружева плетёт.
Языком масла не собьёшь.
Языком не расскажешь, так пальцами не растычешь.
Языком, что рычагом.
Язычок ведёт в грешок.
Яйца курицу не учат.

Указатель имён*

Абрамов Ф. А. (1920–1983), русский писатель.
Аверченко А. Т. (1881–1925), русский писатель.
Адеракс Б. А. — в 1816–26 гг. псковский гражданский губернатор.
Аксаков И. С. (1823–1886), сын С. Т. Аксакова, русский публицист, поэт.
Аксаков К. С. (1817–1860), сын С. Т. Аксакова, русский писатель, филолог.
Аксаков С. Т. (1791–1859), русский писатель.
Аксакова О. С. — жена С. Т. Аксакова.
Аксёнов В. П. (род. в 1932 г.), русский писатель. 📖 1960–90-е гг.
Акулов И. И. (1922–1988), русский писатель.
Александр I (Александр Павлович Романов, 1777–1825), российский император.
Александр II (Александр Николаевич Романов, 1818–1881), российский император.
Александр III (Александр Александрович Романов, 1845–1894), российский император.
Алексеев М. Н. (род. в 1918 г.), русский писатель.
Алексеев Н. С. — кишинёвский приятель А. С. Пушкина.
Алёшин П. — русский писатель, 📖 1990-е гг.
Амфитеатров А. В. (1862–1938), русский писатель.
Ананьев А. А. (род в 1925 г.), русский писатель.
Андреев Л. Н. (1871–1919), русский писатель.
Анненков П. В. (1812–1887), русский лит. критик.
Антонов С. (род. в 1915 г.), русский писатель.
Анциферов А. — русский поэт 📖, 1970-е гг.
Арбузов А. Н. (1908–1986), русский драматург.
Арсеньева В. В. (1836–1909), соседка Л. Н. Толстого по имению.
Арсеньва Е. А. — бабушка М. Ю. Лермонтова.
Арсеньев В. К. (1872–1930), русский этнограф, писатель.
Астафьев В. П. (род. в 1924 г.), русский писатель.
Афанасьев А. Н. (1826–1871), русский историк, фольклорист.
Ахматова А. А. (1889–1966), русская поэтесса.

Бабореко А. К. — критик, публицист, 📖 1970-е гг.
Баженов Г. — русский писатель, 📖 1970–80-е гг.
Бажов П. П. (1879–1950), русский писатель.
Бакунин А. А. — шестой из братьев Бакуниных, с которыми И. С. Тургенев был в дружеских отношениях.
Бакунин М. А. — старший из братьев Бакуниных, с которыми И. С. Тургенев был в дружеских отношениях.
Балабина М. П. — ученица Н. В. Гоголя.
Балакирев М. А. (1836–1910), русский композитор, музыкальный деятель.
Балухатый С. Д. (1892–1945), литературный критик.
Бальзамова М. П. — константиновская знакомая С. Есенина.
Бантыш-Каменский Д. Н. — (1788–1850), русский историк.
Баратынский Е. А. (1800–1844), русский поэт.
Батюшков К. Н. (1787–1855), русский поэт.
Батюшков Ф. Д. (1857–1920), литературный критик.
Бахметьева С. А. (род. в 1800 г.), приятельница М. Ю. Лермонтова с детских лет.
Башилов М. С. (1820–1870), русский художник.
Бегичев С. Н. (1785–1859), полковник, декабрист, ближайший друг А. С. Грибоедова.
Белай А. — русский писатель, 📖 1996 г.
Белинский В. Г. (1811–1848), русский лит. критик.
Белов В. И. (род. в 1932 г.), русский писатель.
Белый А. (1880–1934), русский поэт.
Беляев Б. Л. (род. в 1912 г.), литературовед.
Беляев В. П. (род. в 1907 г.), русский писатель.
Бениславская Г. Н. (1897–1926), близкий друг С. Есенина.
Бенкендорф А. Х. (1783–1844), граф, генерал-адъютант, шеф корпуса жандармов и нач. III отделения.

---

* В указателе помещены фамилии авторов художественных произведений, адресантов и адресатов писем, встречающиеся в иллюстративной части словаря. В отдельных случаях значком 📖 отмечено время прижизненного издания или событий, описываемых в цитируемом тексте.

Указатель имен

Берг Б. В. — поэт, переводчик, друг М. Горького.

Берёзко Г. С. — русский писатель, 📖 1940—60 гг.

Берзинь А. А. (1897—1961), издательский работник, знакомая С. Есенина.

Бертенсон Л. Б. (1850—1929), медик, знакомый И. С. Тургенева.

Бестужев (Марлинский) А. А. (1797—1837), русский писатель, декабрист.

Битов А. Г. (род. в 1937 г.), русский писатель.

Блок А. А. (1880—1921), русский поэт.

Боборыкин П. Д. (1836—1921), русский писатель.

Бобрищев-Пушкин П. С. (1802—1865), декабрист.

Бондарев Ю. В. (род. в 1924 г.), русский писатель.

Боровик В. — русский писатель, 📖 1969 г.

Бородин А. П. (1833—1887), русский композитор.

Бородина Е. С. — жена композитора А. П. Бородина.

Боткин В. П. (1811—1869), врач, друг И. С. Тургенева.

Брагинский Э. В. (1921—1998), русский драматург, киносценарист.

Брюсов В. Я. (1873—1924), русский поэт.

Бубеннов М. — русский писатель, 📖 1940—50 гг.

Булгаков М. А. (1891—1940), русский писатель.

Булгаков С. Н. (1871—1944), русский философ, богослов.

Булгарин Ф. В. (1789—1859), русский писатель, журналист.

Булгакова Е. С. — жена М. А. Булгакова.

Бунин И. А. (1870—1953), русский писатель.

Бунина А. П. (1774—1829), русская поэтесса.

Бусыгин А. И. (1900—1943), русский писатель, член правления РАПП.

Вампилов А. В. (1937—1972), русский драматург.

Варпаховский Л. В. (1908—1976), театральный режиссёр, друг Ю. О. Домбровского по пересыльному лагерю.

Васильев Б. Л. (род. в 1924 г.), русский писатель.

Вересаев В. В. (1867—1945), русский писатель.

Вержбицкий Н. К. — журналист, друг С. Есенина.

Веригина В. П. (род в 1885 г.), актриса, знакомая А. Блока.

Вернадский В. И. (1863—1945), русский учёный, философ.

Веселовский К. С. (1819—1901), непременный секретарь Российской Академии наук.

Вильегорский М. Ю. (1788—1856), граф, гофмейстер двора, композитор и меценат, помогавший семье А. С. Пушкина после его гибели.

Виноградов А. К. (1888—1946), русский писатель.

Вирта Н. А. (1906—1976), русский писатель.

Воеводин С. — русский писатель, 📖 1981 г.

Волгин А., Трофименко В. — авторы популярной книги «Поговорим об этикете». — М., 1991.

Волжинская Е. П. — жена М. Горького.

Волконская М. Н. (1805—1863), русская княгиня, жена декабриста С. Г. Волконского.

Волконский С. М. (1860—1937), внук декабриста С. Г. Волконского, искусствовед, директор Императорских театров.

Волынский А. Л. (1863—1926), русский лит. критик.

Вольховский В. Д. (1798—1841), лицейский товарищ А. С. Пушкина.

Воронин С. А. (род. в 1913 г.), русский писатель.

Воронцов М. С. (1782—1856), граф, русский генерал, участник войн с Турцией и Францией.

Всеволожский А. В. (1793—1864), богатый помещик, заводчик и промышленник, приятель А. С. Грибоедова, знакомый А. С. Пушкина.

Всеволодов В. — русский писатель, 📖 1998 г.

Вульф А. Н. (1805—1881), приятель А. С. Пушкина.

Вырубов Г. Н. (1843—1913), естествоиспытатель, философ, знакомый И. С. Тургенева.

Высоцкий В. С. (1938—1980), русский поэт, бард, актёр.

Высоцкий Г. И. — товарищ Н. В. Гоголя по Нежинской гимназии.

Высоцкий С. — русский писатель, 📖 1970—80-е гг.

Вяземская В. Ф. (1790—1886), жена П. А. Вяземского.

Вяземский П. А. (1792—1878), князь, близкий друг А. С. Пушкина.

Галлай М. — 📖 1999 г.

Гарин-Михайловский Н. Г. (1852—1906), русский писатель.

Гаршин В. М. (1855—1888), русский писатель.

Гедеонов А. М. (1790—1867), директор Императорских театров с 1834 по 1858 г.

Указатель имен

Гербер А. — публицист, 📖 1980–90-е гг.
Герман Ю. П. (1910–1967), русский писатель.
Герцен А. И. (1812–1870), русский писатель, публицист.
Гиляровский В. А. (1853–1935), русский писатель.
Гинцбург Г. О. (1833–1909), банкир, меценат, знакомый И. С. Тургенева.
Гиппиус А. В. (ум. в 1942 г.), поэт, юрист, друг юности А. Блока.
Гладков Ф. В. (1883–1958), русский писатель.
Глазков Н. И. (1919–1979), русский поэт.
Глинка М. И. (1804–1857), русский композитор.
Глинка Ф. Н. (1786–1880), русский поэт, участник войны 1812 г., декабрист.
Гнедич П. — русский писатель, 📖 1915 г.
Гоголь В. А. — отец Н. В. Гоголя.
Гоголь М. И. — мать Н. В. Гоголя.
Гоголь Н. В. (1809–1852), русский писатель.
Гольдин В. Е. — русский лингвист, 📖 1983 г.
Гольцман Э. Д. (род. в 1934 г.), русский поэт.
Гончаров А. Н. — дед Н. Н. Пушкиной.
Гончаров И. А. (1812–1891), русский писатель.
Гончарова Н. И. — мать Н.Н.Пушкиной.
Гончарова Н. Н. (см. Пушкина Н. Н.).
Горбатов Б. Л. (1902–1954), русский писатель.
Горбачёв М. С. — первый и последний президент СССР (1991).
Горбулина Т. — русская писательница, 📖 1980-е гг.
Горбунов И. Ф. (1831–1895), русский писатель и актёр.
Горышин Г. — русский писатель, 📖 1990-е гг.
Горький М. (1868–1936), русский писатель.
Грай Т. — 📖 1992 г.
Грамзин С. — русский писатель, 📖 1980-е гг.
Грановский Т. Н. (1813–1855), русский историк, обществ. деятель.
Грекова И. (род. в 1907 г.), русская писательница, 📖 1960–70-е гг.
Гдешинский А. Г. — друг киевских лет М. А. Булгакова.
Грибоедов А. С. (1795–1829), русский драматург, поэт, дипломат.
Грибоедова Н. А. — жена А. С. Грибоедова.
Григорович Д. В. (1822–1900), русский писатель.
Грот К. Я. (1852–1899), русский философ, сын лингвиста Я. К. Грота.
Гуревич Л. Я. (1866–1940), русская писательница.

Гусев Б. — внук известного в Петербурге в начале XX в. врача Жамсарана Бадмаева, 📖 1989 г.
Даль В. И. (1801–1872), русский этнограф, лексикограф, писатель.
Данзас К. К. (1801–1870), лицейский товарищ, секундант А.С. Пушкина.
Данилевский Г. П. (1829–1890), русский писатель.
Дельвиг А. А. (1798–1831), русский поэт, лицейский товарищ А. С. Пушкина.
Дельмас Л. А. (1879–1969), оперная актриса, близкая знакомая А.А.Блока.
Дементьев Н. И. (1907–1935), русский писатель.
Деспот-Зенович И. С. — помещик села Колпино, знакомый А.С. Пушкина.
Дмитриев И.И. (1760–1837), русский поэт.
Добролюбов Н. А. (1836–1861), русский литературный критик, публицист.
Довлатов С. (1941–1990), русский писатель.
Дольников И. И. (1902–1941), школьный товарищ А. Фадеева.
Домбровский Ю. О. (1909–1978), русский писатель.
Дондуков-Корсаков М. А. (1794–1869), князь, председатель Санкт-Петербургского цензурного комитета.
Дорош Е. Я. (1908–1972), русский писатель.
Достоевский Ф. М. (1821–1881), русский писатель.
Драгомирова С. А. (ум. в 1912 г.), жена генерал-адъютанта М. И. Драгомирова.
Драгунский В. Ю. (1913–1972), русский писатель.
Дубельт Л. В. (1792–1862), генерал-лейтенант, начальник штаба корпуса жандармов с 1835 г.
Дудин М. А. (род. в 1916 г.), русский писатель, поэт.
Дудинцев В. Д. (род. в 1918 г.), русский писатель.
Дурова Н. А. (1783–1866 г.), участница войн 1807–1814 гг., «кавалерист-девица», писательница.
Дышев С. — русский писатель, 📖 1996 г.
Егоров П. — русский писатель, 📖 1990-е гг.
Ежов Н. М. (1862–1941), русский беллетрист и журналист, сотрудник журнала «Новое время», приятель А. П. Чехова, А. С. Суворина, 📖 1915 г.

Указатель имен

Екимов Б. — русский писатель, 📖 1997 г.

Емельянова Н. А. (род в 1896 г.), русская писательница.

Ергольская Т. А. — тётка и воспитательница Л. Толстого.

Еремеев П. В. — русский писатель, 📖 1990 г.

Ермолов А. П. (1772—1861), русский генерал, в 1817—1827 главноуправляющий Грузии.

Ершов П. П. (1815—1869), русский писатель.

Есенин С. А. (1895—1925), русский поэт.

Есенина Е. А. — младшая сестра С. Есенина.

Есенина Т. Ф. — мать С. Есенина.

Ефремов А. П. (1814—1876), друг И. С. Тургенева.

Ефремов И. А. (1907—1972), русский учёный, писатель.

Ефремова Ю. Д. — двоюродная сестра А. Н. Майкова.

Жуковский В. А. (1783—1852), русский поэт.

Заболоцкий-Десятовский М. П. — приятель А. Н. Майкова со студенческих лет.

Загоскин М. Н. (1789—1852), русский писатель.

Зальц А. И. — дядя О. Л. Книппер, жены А. П. Чехова.

Засодимский П. В. (1843—1912), русский писатель.

Захаров Г. Я. — крестьянин д. Шоды Костромской губернии, приятель Н. А. Некрасова по совместной охоте.

Заходер Б. В. (род. в 1918 г.), русский поэт.

Зорина Л. — русский лингвист, 📖 1992 г.

Зотов В. Р. (1821—1896), русский писатель, журналист.

Зощенко М. М. (1894—1958), русский писатель.

Иванов А. С. (род. в 1928 г.), русский писатель.

Иванов А. А. (1806—1858), русский художник.

Иванов В. Д. (1902—1975), русский писатель.

Иванов Е. П. (1884—1967), русский писатель, драматург, этнограф.

Иванов Е. П. (1880—1942), литератор, близкий друг А. А. Блока.

Иванов-Разумник Р. В. (1878—1946), русский критик и публицист, приятель С. Есенина.

Измайлов А. А. (1873—1921), русский поэт, беллетрист и критик.

Ильина Н. И. (род. в 1914 г.), русская писательница.

Ильф И. А. (1897—1937), русский писатель, соавтор широко известных сатирических романов «12 стульев» и «Золотой телёнок».

Инбер В. М. (1890—1972), русская поэтесса.

Искандер Ф. А. (род. в 1929 г.), русский писатель.

Ишимова А. О. (1805—1881), русская писательница, историк.

Кабо Л. — 📖 1987 г.

Каверин В. А. (1902—1989), русский писатель.

Казаков Ю. П. (1927—1982), русский писатель.

Казин В. В. (1898—1981), русский поэт, друг С. Есенина.

Каледин С. — русский писатель, 📖 1989 г.

Канкрин Е. Ф. (1774—1845), граф, министр финансов.

Караваева А. А. (1893—1979), русская писательница.

Карташевская В. Я. (1832—1902), знакомая И. С. Тургенева.

Кассиль Л. А. (1905—1970), русский писатель.

Катаев В. П. (1897—1986), русский писатель.

Катенин П. А. (1792—1853), русский поэт, драматург, лит. критик, гвардейский полковник.

Катерли Н. С. — русская писательница, 📖 1999 г.

Каховский Н. А. (род. в 1802 г.), офицер Кавказского корпуса, знакомый А. С. Грибоедова.

Керн А. П. (1800—1879), приятельница А. С. Пушкина.

Ким Ю. А. — русский поэт-бард, 📖 1960—90-е гг.

Киреева О. А. (Новикова О. А., 1840—1925), русская писательница-публицистка, знакомая И. С. Тургенева.

Киреевский И. В. (1806—1856), русский критик, публицист, идеолог славянофильства.

Киселёв А. С. — помещик, земский начальник, знакомый А. П. Чехова.

Киселёв С. Д. (ум. в 1851 г.), офицер, знакомый А. С. Пушкина.

Кистер В. И. — ростовщик, знакомый А. С. Пушкина.

Клюев Н. А. (1887—1937), русский поэт, друг С. Есенина.

Ковалевский М. М. (1851—1916), историк, социолог, академик.

Ковалевский Е. П. (1811—1868), председатель Общества для пособия нуждающимся литераторам, брат министра народного просвещения, в ведении которого находилась цензура; знакомый А. Н. Майкова.

Козаков М. М. — актёр, 📖 1996 г.

Козлов В. — русский писатель, 📖 1969 г.

Кокорев В. — русский писатель, 📖 1960-е гг.

Кокорев И. — русский писатель, 📖 1970-е гг.

Колбасин Д. Я. (1827–1890), старший брат писателя Е. Я. Колбасина, приятель И. С. Тургенева.

Колбасин Е. Я. (1831–1885), русский беллетрист и историк литературы, сотрудник «Современника», приятель И.С. Тургенева.

Колесникова А. Ф. (род. в 1901 г.), друг детства и юности А. Фадеева.

Кондаков Н. П. (1844–1925), археолог, историк искусства, ординарный академик.

Коненков С. Т. (1874–1971), русский скульптор.

Конецкий В. В. (род. в 1929 г.), русский писатель, 📖 1998 г.

Кони А. Ф. (1844–1927), русский юрист, литератор, общественный деятель.

Кони Ф. А. (1809–1879), русский писатель, театральный деятель.

Коновалов Г. И. (род. в 1908 г.), русский писатель.

Конюхов И. С. (1791–1881), сибирский купец, автор «Памятной исторической записки или летописи о городе Кузнецке».

Коняев Н. — русский писатель, 📖 1994 г.

Копелев Л. — русский учёный, лит. критик, автор мемуаров о ГУЛАГе 📖 1960–90-е гг.

Коптяева А. Д. (род. в 1909 г.), русская писательница.

Короленко В. Г. (1853–1921), русский писатель.

Коршунов М. П. (род. в 1924 г.), русский писатель, 📖 1975 г.

Косяровский П. П. (ум. в 1849 г.), двоюродный дядя Н. В. Гоголя.

Коцюбинский М. М. (1864–1913), украинский писатель, общественный деятель революционно-демократического направления.

Кочетов В. А. (1912–1973), русский писатель.

Крамской И. Н. (1837–1887), русский художник.

Крестовский В. (1840–1895), русский писатель.

Крупин В. Н. (род. в 1941 г.), русский писатель.

Крупская Н. К. (1869–1939), русский партийный и государственный деятель, жена В. И. Ленина.

Крупчаткин А. — русский писатель, 📖 1970–80-е гг.

Крылов И. А. (1769–1844), русский баснописец.

Крымов Ю. С. (1908–1941), русский писатель.

Кузьмин М. А. (1875–1936), русский писатель, композитор.

Куприн А. И. (1870–1938), русский писатель.

Куропатов В. Ф. (род. в 1939 г.), русский писатель.

Кюи Ц. А. (1835–1918), русский композитор, музыкальный критик, военный инженер.

Кюхельбекер В. К. (1797–1846), русский поэт, декабрист, лицейский товарищ А. С. Пушкина.

Лавренёв Б. А. (1891–1959), русский писатель.

Лазутин И. Г. (род. в 1923 г.), русский писатель.

Ламанский В. И. (1833–1914), русский филолог-славист.

Ламберт Е. Е. (1821–1883), графиня, знакомая И. С. Тургенева.

Ланская Н. Н. (фамилия Н. Н. Пушкиной во втором браке).

Лаптев Ю. (род. в 1903 г.), русский писатель.

Ларин Б. А. (1893–1964), русский лингвист.

Лебеденко А. Г. (род. в 1892 г.), русский писатель, 📖 1930-е гг.

Левитин М. — русский писатель, 📖 1960–70-е гг.

Левитов А. И. (1835–1877), русский писатель.

Лейкин Н. А. (1841–1906), русский писатель, журналист.

Ленин В. И. (В. И Ульянов, 1870–1924), русский политический и государственный деятель, организатор Октябрьской революции 1917 г., возглавлял ЦК Коммунистической партии и Совет Народных Комиссаров.

Леонов Л. М. (1899–1996), русский писатель.

Лермонтов М. Ю. (1814–1841), русский поэт.

Лескин А. (1840–1916), немецкий языковед.

Лесков Н. С. (1831–1895), русский писатель.

Липатов В. В. (1927–1979), русский писатель.

Литвинов М. М. (1876–1951), дипломат, зам. наркома иностр. дел.

Литвинова А. — 📖 1998 г.

Лихачёв Д. С. (1906–1999), академик, историк русской культуры, литературовед.

Лихоносов В. И. (род. в 1936 г.), русский писатель.

Личутин В. В. (род. в 1940 г.), русский писатель.

Лопухин А. А. (1813–1872), брат Варвары и Марии Лопухиных, близкий друг М. Ю. Лермонтова.

Лотман Ю. М. (ум. в 1993 г.), русский литературовед, историк культуры.

Лужский В. В. (1809–1931), сценический псевдоним актёра и режиссёра В. В. Калужского.

Указатель имен

Львов-Рогачевский В. Л. (1873–1930), лит. критик.

Любимов Н. — переводчик, автор мемуаров, 📖 1996 г.

Люценко Е. П. (1776–1869), чиновник, литератор.

Майков А. Н. (1821–1897), русский поэт.

Макаров Н. Я. (1828–1892), журналист, общественный деятель.

Маковский С. К. (род. в 1877 г.), русский поэт, художественный критик, редактор журнала «Аполлон».

Максимов С. В. (1831–1901), русский этнограф, писатель, историк российской культуры.

Максимович М. А. (1804–1873), этнограф, историк, фольклорист, земляк и товарищ Н. В. Гоголя.

Малиновская Е. Ф. — друг семьи М. Горького, участница революционного движения.

Малиновский И. В. (1796–1873), лицейский товарищ А. С. Пушкина.

Мальцев Е. Ю. (род. в 1917 г.), русский писатель.

Мамин-Сибиряк Д. Н. (1852–1912), русский писатель.

Мансуров П. Б. (род. в 1795 г.), приятель А. С. Пушкина, член общества «Зелёная лампа».

Мариенгоф А. Б. (1897–1962), русский поэт, друг С. Есенина.

Марин С. Н. (1776–1813), полковник л.-гвардии Преображенского полка. В 1812 г. исполнял обязанности дежурного генерала 2-й Западной армии. Поэт, сатирик.

Марков Г. М. (род. в 1911 г.), русский писатель.

Маркова-Виноградская А. П. (см. Керн А. П.).

Маркович М. А. (1834–1907), украинская и русская писательница (псевдоним — Марко Вовчок).

Маркс А. Ф. (1838–1904), петербургский книгоиздатель.

Мартынов И. И. (1771–1833), литератор, директор департамента народного просвещения.

Маршак С.Я. (1887–1964), русский поэт.

Маслов И. И. (1817–1891), управляющий Московской удельной конторой, приятель И. С. Тургенева.

Матинский М. А. (1750–1818), русский драматург, композитор, педагог.

Маяковский В.В. (1893–1930), русский поэт.

Медынский Г. А. (1889–1984), русский писатель.

Мельников П. И. (Андрей Печерский, 1818–1883), русский писатель, этнограф.

Менделеева Л. Д. — девичья фамилия жены А. А. Блока.

Метальников Б. А. (род. в 1925 г.), кинодраматург, 📖 1990-е гг.

Мизинова Л. С. (1870–1937), близкая приятельница А. П. Чехова.

Мин Е. — русский писатель, 📖 1968 г.

Миницкий И. Ф. — приятель И.С. Тургенева.

Михайловский Н. К. (1842–1904), русский писатель.

Михалков С. В. (род. в 1913 г.), русский писатель, общественный деятель.

Можаев Б. А. (род. в 1923 г.), русский писатель.

Мордвинов А. Н. (1792–1869), управляющий III отделением в 1831–39 г.

Нагибин Ю. М. (род. в 1920 г.), русский писатель.

Наумов Н. И. (1838–1901), русский писатель.

Нащокин П. В. (1800–1854), друг А. С. Пушкина.

Небольсин П. — публицист, 📖 1990-е гг.

Неверов А. С. (1886–1923), русский писатель.

Некрасов В. П. (род. в 1911 г.), русский писатель.

Некрасов Н. А. (1821–1878), русский поэт.

Никитин И. С. (1824–1861), русский поэт.

Никитин Н. Н. (1895–1963), русский писатель.

Николаева Г. Е. (1911–1963), русская писательница.

Николай I (Николай Павлович Романов, 1796–1855), российский император.

Николай II (Николай Александрович Романов, 1868–1918), российский император.

Никольская А. Б. — русская писательница, 📖 1968 г.

Нилин П. Ф. (1908–1981), русский писатель.

Новиков А. (1888–1941), русский писатель.

Новиков-Прибой А. С. (1877–1944), русский писатель.

Нолле-Коган Н. А. — переводчица, близкая знакомая А. А. Блока.

Норов А. С. (1795–1869), министр народного просвещения.

Носов Е. И. (род. в 1925 г.), русский писатель.

Одоевский В. Ф. (1803–1869), князь, русский писатель, философ, музыкант.

Осеева В. А. (1902–1969), русская писательница.

Островский А. Н. (1823–1886), русский драматург.

Островский Н. А. (1904–1936), русский писатель.

Павленко П. А. (1899–1951), русский писатель.
Павлищев Н. И. (1802–1879), чиновник и литератор, муж сестры А. С. Пушкина.
Павлов И. В. (1823–1904), мценский помещик, знакомый И. С. Тургенева.
Павловский О. П. — русский писатель, 📖 1977 г.
Панаев И. И. (1812–1862), писатель, журналист, критик, соредактор «Современника».
Панова В. Ф. (1905–1973), русская писательница.
Пантелеев Л. (1908–1987), русский писатель.
Панфилов Г. А. — друг детства и юности С. Есенина.
Панченко А. М. — академик, русский филолог, историк литературы, 📖 1993 г.
Паскевич И. Ф. — русский гвардейский генерал, в 1927 г. Главноуправляющий Грузией, руководил персидской кампанией в 1827–28 гг.
Пастернак Б. Л. (1890–1960), русский поэт.
Паустовский К. Г. (1892–1968), русский писатель.
Первенцев А. А. (1905–1981), русский писатель.
Пермитин Е. Н. (1895–1971), русский писатель.
Пермяк Е. А. (1902–1982), русский писатель.
Петров Е. П. (1902–1942), русский писатель, соавтор широко известных сатирических романов «12 стульев» и «Золотой телёнок».
Петрункевич И. И. (1843–1928), близкий знакомый В. И. Вернадского. С 1919 г. в эмиграции.
Петрушевская Л. С. (род. в 1938 г.), русская писательница.
Петухов С. — 📖 1998 г.
Пешкова Е. П. — жена М. Горького.
Писемский А. Ф. (1821–1881), русский писатель.
Платонов А. П. (1899–1951), русский писатель.
Плаутин Н. Ф. (1794–1866), генерал-майор, командир л.-гвардии гусарского полка, в котором служил М. Ю. Лермонтов.
Плетнёв П. А. (1792–1866), русский поэт и критик; академик Петерб. Академии наук.
Плещеев А. Н. (1825–1893), русский поэт.
Победоносцев К. П. (1827–1907), обер-прокурор Синода.
Погодин М. П. (1800–1875), русский историк, журналист, писатель, академик Петерб. Академии наук.
Погодин Н. Ф. (1900–1962), русский драматург.
Погодин Р. П. (род. в 1925 г.), русский писатель.

Погорельский А. (1787–1836), русский писатель.
Полевой Б. Н. (1908–1981), русский писатель.
Полонский Я. П. (1819–1898), русский поэт.
Полосухин В. И. — русский полковник, Герой Советского Союза.
Помяловский Н. Г. (1835–1863), русский писатель.
Попов А. А. (род. в 1918 г.), русский писатель, режиссёр.
Попов В. — русский писатель, 📖 1997 г.
Попов П. С. (1892–1964), логик, философ, литературовед, первый биограф М. А. Булгакова.
Поповкин Е. Е. (1907–1968), русский писатель.
Потебня А. А. (1835–1891), украинский и русский языковед.
Почивалин Н. М. (род. в 1921 г.), русский писатель.
Прилежаев В. А. (1831–1887), протоиерей, настоятель русской посольской церкви в Париже, знакомый И. С. Тургенева.
Пришвин М. М. (1873–1954), русский писатель.
Прокопович Н. Я. (1810–1857), поэт, педагог, соученик Н. В. Гоголя по Нежинской гимназии, один из его ближайших друзей.
Проскурин П. Л. (род. в 1928 г.), русский писатель.
Пушкин А. С. (1799–1837), русский поэт.
Пушкин Л. С. (1805–1852), брат А. С. Пушкина.
Пушкин С. Л. (1770–1848), отец А. С. Пушкина.
Пушкина Н. Н. (урожд. Гончарова, 1812–1863), жена А. С. Пушкина.
Пущин И. И. (1798–1859), декабрист, лицейский друг А. С. Пушкина.
Пьецух В. — русский писатель, 📖 1990-е гг.
Пятницкий К. П. (1864–1938), основатель общества «Знание», издатель, друг М. Горького.
Радзинский Э. С. (род. в 1936 г.), русский драматург.
Раевский С. А. (1808–1876), чиновник, литератор, этнограф, ближайший друг М. Ю. Лермонтова.
Разбойников В. — публицист, 📖 1980–90-е гг.
Раннит А. (1910–1970), эстонский поэт-эмигрант, искусствовед, литературовед.
Распутин В. Г. (род. в 1937 г.), русский писатель.
Рекемчук А. Е. (род. в 1927 г.), русский писатель.
Ремизов А. М. (1877–1957), русский писатель.
Репин И. И. (1844–1930), русский художник.

Указатель имен

Решетников Ф. М. (1841—1871), русский писатель.

Родофиникин К. К. (1760—1838), директор Азиатского департамента Министерства иностранных дел.

Розанов В. В. (1856—1919), русский философ, лит. критик, публицист.

Розенбаум А. — русский поэт, бард, 📖 1980—90-е гг.

Розов В. С. (род. в 1913 г.), русский драматург.

Роллан Р. (1866—1944), французский писатель.

Романов М. П. (1798—1849), Вел. князь, младший брат Николая I; в нач. 30-х гг. командир Отдельного гвардейского корпуса и гл. нач. военно-учебных заведений.

Романовский С. — русский писатель, 📖 1980-е гг.

Ромашов Б. С. (1895—1958), русский драматург.

Рощин М. М. (род. в 1933 г.), русский писатель.

Рыбаков А. Н. (род. в 1911 г.), русский писатель.

Рылеев К. Ф. (1795—1826), русский поэт, один из руководителей Северного общества декабристов.

Рыленков Н. И. (1909—1969), русский поэт.

Савина М. Г. (1854—1915), русская драматическая актриса.

Савинков Б. В. (лит. псевдоним В. Ропшин, 1879—1925), русский политический деятель, один из лидеров партии эсеров, руководитель боевой организации, писатель.

Садовская К. М. (1862—1925), близкая знакомая, первая любовь А. А. Блока.

Салтыков-Щедрин М. Е. (1826—1889), русский писатель.

Сафонов В. А. (род. в 1904 г.), русский писатель.

Саянов В. М. (1903—1959), русский писатель.

Светов Ф. — русский писатель, 📖 1991 г.

Седых К. Ф. (1908—1979), русский писатель.

Селевина Е. В. — двоюродная сестра В. С. Соловьёва.

Селищев А. М. (1886—1942), русский языковед и педагог.

Сельвинский И. Л. (1899—1968), русский поэт.

Семенихин Г. — русский писатель, 📖 1960—80-гг..

Сенявин Д. Н. (1763—1831), русский адмирал.

Серафимович А. С. (1863—1949), русский писатель.

Сергеев-Ценский С. Н. (1875—1958), русский писатель.

Серебрякова Г. И. (1905—1980), русская писательница.

Сидоренко Н. Н. (1905—1982), русский поэт.

Сидур В. А. (1924—1986), русский писатель, скульптор.

Симонов К. М. (1915—1979), русский писатель.

Скоробогатов А. — русский писатель, 📖 1995 г.

Слаповский А. — русский писатель, 📖 1996 г.

Случевский К. К. (1837—1904), русский поэт.

Смирнов В. А. (1905—1979), русский писатель.

Смирнова А. О. (урожд. Россет, 1809—1882), русская писательница, знакомая А. С. Пушкина и Н. В. Гоголя.

Смоктуновский И. М. (1925—1994), русский актёр.

Соболевский С. А. (1803—1870), библиограф, поэт, друг А. С. Пушкина, А. С. Грибоедова, А. А. Дельвига.

Соколов Ю. — публицист, 📖 1980—1990-е гг.

Соколов-Микитов И. С. (1892—1975), русский писатель.

Солженицын А. И. (род. в 1918 г.), русский писатель, 📖 1960—1990-е гг.

Соллогуб В. А. (1813—1882), граф, русский писатель.

Соловьёв В. С. (1853—1900), русский философ, поэт, публицист, лит. критик.

Сологуб Ф. К. (1863—1927), русский писатель.

Солоухин В. А. (род. в 1924 г.), русский писатель.

Спасский Г. И. (1784—1864), горный инженер, историк Сибири.

Сперанский М. Н. (1863—1938), профессор, русский палеограф.

Средин Л. В. — врач-хирург, друг М. Горького.

Срезневский И. И. (1812—1880), русский филолог-славист, палеограф, педагог.

Сталин И. В. (И. В. Джугашвили, 1879—1953), советский партийный и государственный деятель, Генеральный секретарь ЦК КПСС, Председатель Совнаркома, Верховный главнокомандующий, генералиссимус.

Станюкович К. М. (1843—1903), русский писатель.

Стасов В. В. (1824—1906), русский художественный и музыкальный критик.

Стасюлевич М. М. (1826—1911), русский журналист, публицист, историк.

Указатель имен

Степанов А. Н. (1892–1965), русский писатель.
Степанова А. И. (О.) (1905–2000), жена А. Фадеева, актриса МХАТа.
Столыпин А. А. (род. в 1863 г.), брат российского государственного деятеля П. А. Столыпина, журналист.
Столярова Н. — знакомая А. И. Солженицына.
Страхов Н. Н. (1828–1896), русский лит. критик, публицист, философ.
Струве П. Б. (1870–1944), русский политический деятель, экономист, философ.
Стругацкие А. и Б. (Аркадий Натанович, род. в 1925 г., Борис Натанович, род. в 1933 г.), русские писатели, соавторы.
Субботин В. Е. (род. в 1921 г.), русский писатель.
Суворин А. С. (1834–1912), русский писатель, издатель, театральный деятель.
Сурков А. А. (1899–1983), русский поэт.
Сухово-Кобылин А. В. (1817–1903), русский драматург.
Сухотина (Толстая Т. Л., 1864–1950), дочь Л. Н. Толстого.
Тарасенков Д. — русский писатель, 📖 1960–70 гг.
Таурин Ф. Н. (род. в 1911 г.), русский писатель.
Твардовский А. Т. (1910–1971), русский поэт.
Твардовский И. Т. — брат А. Т. Твардовского, 📖 1980-е гг.
Телешов Н. Д. (1867–1957), русский писатель.
Тендряков В. Ф. (1923–1984), русский писатель.
Тенеромо И. Б. — знакомый Л. Н. Толстого.
Тимирязев К. А. (1843–1920), русский естествоиспытатель, физиолог.
Толстая А. Л. (род. в 1884 г.), дочь Л. Н. Толстого.
Толстая Н. — русская писательница, 📖 1996 г.
Толстая Т. Л. (См. Сухотина Т. Л.).
Толстой А. Н. (1882–1945), русский писатель.
Толстой Л. Н. (1828–1910), русский писатель.
Толстой Я. Н. (1791–1867), офицер, член общества «Зелёная лампа», знакомый А. С. Пушкина.
Трапезников А. — русский писатель, 📖 1995 г.
Тренёв К. А. (1876–1945), русский писатель, драматург.
Троепольский Г. Н. (род. в 1905 г.), русский писатель.
Трофименко В. — русский лингвист, см. Волгин А.
Туманский В. И. (1800–1860), русский поэт.
Тургенев А. И. (1784–1845), русский историк, член литературного общества «Арзамас».
Тургенев И. С. (1818–1883), русский писатель.
Тургенев Н. И. (1789–1871), декабрист.
Тынянов Ю. Н. (1894–1943), русский писатель, литературовед.
Тюленев И. В. (род. в 1892 г.), русский военачальник, генерал армии, 📖 1972 г.
Угаров М. — русский писатель, 📖 1996 г.
Ульянова М. И. (1878–1937), сестра В. И. Ленина.
Успенский Г. И. (1843–1902), русский писатель.
Успенский Н. В. (1837–1889), русский писатель.
Ушакова Е. Н. (1810–1872), знакомая А. С. Пушкина.
Фадеев А. А. (1901–1956), русский писатель, секретарь Союза писателей СССР.
Фадеева А. В. (1873–1954), мать А. А. Фадеева.
Федин К. А. (1892–1977), русский писатель, председатель правления Союза писателей СССР.
Фёдоров Е. А. (1897–1961), русский писатель.
Фёдоров-Юровский Ф. А. — режиссёр, знакомый А. П. Чехова.
Феоктистов Е. М. (1829–1898), русский литератор, историк.
Фет А. А. (1820–1892), русский поэт.
Финн К. Я. (1904–1975), русский писатель.
Флоренский П. А. (1882–1943), русский учёный, философ.
Фонвизин Д. И. (1745–1792), русский писатель.
Фортунатов Ф. Ф. (1848–1914), русский языковед и педагог, академик.
Фукс А. А. (ум. в 1853 г.), жена профессора К. Ф. Фукса, хозяйка литературного салона в Казани.
Хвостов Д. И. (1757–1835), русский поэт, граф.
Хмельницкий Н. И. (1789–1845), русский драматург.
Холчев Б. В. (1895–1971), архимандрит.
Цветаева М. И. (1892–1941), русская поэтесса.
Чаадаев П. Я. (1794–1956), русский публицист.
Чаковский А. Б. (род. в 1913 г.), русский писатель.
Чапыгин А. П. (1870–1937), русский писатель.
Чеботаревская А. Н. (1876–1921), русская писательница, жена и лит. сотрудник Ф. К. Сологуба.

Указатель имен

Черемнов А. С. — поэт, переводчик, адресат М. Горького.
Чернышев А. И. (1785–1857), граф, военный министр.
Чернышевский М. Н. — сын Н. Г. Чернышевского.
Чернышевский Н. Г. (1828–1889), русский писатель, революционер.
Черняев А. — помощник президента СССР М. С. Горбачёва, 📖 1991 г.
Чехов А. П. (1860–1904), русский писатель.
Чехов И. П. — брат А. П. Чехова.
Чугунов В. — русский писатель, 📖 1970–80-е гг.
Чуковский К. И. (1882–1969), русский писатель, литературовед.
Шан-Гирей М. А. (урожд. Хастатова, 1799–1845), двоюродная тётка М. Ю. Лермонтова.
Шапошникова С. — русская писательница, 📖 1970 г.
Шахматов А. А. (1864–1920), русский языковед, историк, академик.
Шепелев Н. Д. — русский историк, 📖 1991.
Шергин Б. В. (1886–1973), русский писатель.
Шестов Л. (Шварцман Л. И., 1866–1938), литератор, философ.
Шефнер В. С. (род. в 1915 г.), русский писатель.
Шилейко В. К. — муж А. А. Ахматовой.
Ширяевец А. В. (1887–1924), поэт, друг С. Есенина.
Шишков А. А. (1799–1832), русский поэт, лицейский товарищ Пушкина.
Шишков В. Я. (1873–1945), русский писатель.
Шмелёв И. С. (1873–1950), русский писатель.
Шнейдер И. И. — руководитель балетной школы, созданной А. Дункан, знакомый С. Есенина.
Шолохов М. А. (1905–1984), русский писатель.
Шуб Э. И. (1894–1959), режиссёр.
Шукшин В. М. (1929–1974), русский писатель.
Шумигорский Е. С. — русский историк, писатель, 📖, 1915–1916 гг.
Шуртаков С. И. (род. в 1918 г.), русский писатель, 📖 1970–80-е гг.
Щелоков А. — русский писатель, 📖 1967 г.
Щепкин М. С. (1788–1863), русский актёр.
Щепкин Н. А. (1850–1914), управляющий имением И. С. Тургенева.
Щерба Л. В. (1880–1944), академик, русский лингвист.
Щербакова Г. — русская писательница, 📖 1997 г.
Эйзенштейн С. М. (1898–1948), кинорежиссёр.
Эртель А. И. (1855–1908), русский писатель.
Югов А. К. (1902–1979), русский писатель, литературовед.
Юдина М. В. — пианистка, близкая знакомая Б. Л. Пастернака.
Ягич И. В. (1838–1923), филолог-славист.
Языков Н. М. (1803–1847), русский поэт.
Якобсон Р. О. (1896–1982), русский лингвист, литературовед.
Яковлев М. Л. (1798–1868), лицейский товарищ А. С. Пушкина.
Яковлева А. Р. (1758–1828), няня А. С. Пушкина.
Якушкин П. И. (1822–1872), русский писатель, фольклорист, этнограф.
Яшин А. Я. (1913–1968), русский поэт.

Содержание

Предисловие	3
Состав и структура словаря, лексикографическая характеристика знаков речевого этикета	6
Лексикографические источники	17
Список сокращений	18
Условные обозначения	19
Словарь	21
Тематический указатель	
1. Приветствие при встрече	587
Ответы на приветствие	591
2. Обращение, привлечение внимания	592
Ответы на вопросительные обращения	610
3. Знакомство	611
4. Просьба. Приглашение. Предложение. Совет	613
Согласие, положительный ответ на просьбу, предложение, распоряжение	619
Несогласие, возражение, отказ	621
Ответы на возражение, отказ	622
5. Благодарность	622
Ответы на благодарность	626
6. Извинение	626
Ответы на извинение	628
7. Пожелания, поздравления	629
Обереги	636
Ответы на пожелания, поздравления	637
8. Комплименты, похвала, одобрение. Этикетные эпитеты. Интенсификаторы вежливости	637
Ответы на похвалу, комплимент	647
9. Соболезнование, сочувствие, утешение, ободрение	647
10. Прощание	652
Русские пословицы и поговорки о языке, речи и культуре речевого поведения	656
Указатель имен	662

Балакай Анатолий Георгиевич

СЛОВАРЬ РУССКОГО РЕЧЕВОГО ЭТИКЕТА

Справочное издание

Ответственные редакторы *И. Сазонова, Т. Носенко*
Художественный редактор *З. Буттаев*
Технический редактор *Л. Стёпина*
Корректоры *И. Дмитриева, Т. Коновалова, Н. Ильина*
Компьютерная верстка *И. Мамонтов*

ИД № 02824 от 18.09.2000.

Подписано в печать 10.08.01. Формат 70×100/16. Печать офсетная.
Бумага типографская. Печ. л. 42,0. Тираж 5000 экз. Заказ № 4281. С-140.

Налоговая льгота – общероссийский классификатор продукции ОК-005-93, том 2 – 953 000.
Гигиенический сертификат № 77.99.02.953.Д.003869.07.01 от 11.07.2001 г.

ЗАО «КОМПАНИЯ «АСТ-ПРЕСС».
107078, Москва, ул. Новорязанская, дом 8а, корп. 3.

Отпечатано в полном соответствии с качеством предоставленных диапозитивов
в ОАО «Можайский полиграфический комбинат».
143200, г. Можайск, ул. Мира, 93.